판례 신탁법

변호사 **전경준** 편저

진 원 사

머리말

이 책은 직·간접적으로 신탁법 이슈를 다루고 있는 다양한 사례를 최대한 많이 소개하는데 일차적인 목적이 있습니다.

이에 따라 이 책에서는 우리나라의 신탁법 관련 단행본(기본서)과 논문, 판례평석 등에서 언급된 판례, 편저자가 20여 년간 신탁법 이슈를 접하면서 직·간접적으로 참고한 판례 및 기타 2017. 12. 31.까지 선고된 신탁법 이슈 관련 판례를 분석 및 취사선택하여 최대한 많은 사례(총 430여개)를 게재하였습니다.

편저자는 당초 대법원 판례와 원심판결 및 1심판결 전문을 모두 게재하려 했으나, 과도한 분량으로 인해 판결문의 이유 부분을 위주로 주요 판시내용만을 선별하여 소개하는데 만족하기로 하였습니다. 따라서, 이 책에 소개된 내용만으로 만족되지 않은 부분이나 명확하지 않다고 생각되는 부분은 반드시 해당 판결의 원문을 입수하여 직접 확인하실 것을 권고드립니다.

이 책에서는 신탁법에 관한 직접적인 이슈를 다루고 있는 판례뿐만 아니라 간접적으로 신탁실무와 관련성이 있다고 판단되는 판례들도 다수 포함하고 있으며, 특히 총 430여개의 판례들 중에는 100여개 이상의 미공개 판결이 포함되어 있습니다.

이 책의 주요 구성은 다음과 같습니다.

■ **판례**

[대법원판결]

2017. 12. 31.까지 선고된 대법원판결을 선고일의 역순으로 다음 내용으로 소개

- 논점 : 해당 판결에서 다루고 있거나 관련된 신탁과련 이슈
- 이유 : 해당 판결 전문의 이유 부분 중 논점과 관련이 있는 부분

[원심판결, 1심판결]

각 대법원판결의 원심판결, 1심판결 중 편저자가 입수가능하고 실무에 도움이 될 수 있다고 판단되는 판결을 다음의 구성으로 소개

- 주문, 청구(신청)취지 및 항소취지

- 이유 : 해당 판결 전문의 이유 부분 중 논점과 관련이 있는 부분

■ 실무참고

해당 판결 또는 신탁법 이슈와 관련된 실무상 이슈를 정리

■ 각주

해당 판결에 대한 평석, 해당 판결에서 언급된 법조문의 현행 조문, 해당 판결에 대한 편저자의 의견, 기타 실무상 문제가 되는 사항들이 포함됨

다만, 대법원판결이 그 선고일의 역순으로 논점과 함께 소개되어 있고 목차에 선고일과 논점이 함께 기재되어 있으므로 별도의 판례 및 임의어 색인은 포함시키지 않았으며, 독자별 호불호를 고려하여 판결내용 중에 별도의 밑줄이나 음영표시 등은 하지 않았습니다.

이 책이 편저자의 당초 의도대로 신탁법에 관한 판례의 동향을 이해하는데 조금이나마 도움이 될 수 있기를 바랍니다.

무엇보다도 사법연수원 시절부터 지금까지 왕성하게 연구활동을 하시면서 편저자에게 끊임없는 자극과 가르침을 주시는 서울대 법학대학원의 김화진 교수님, 편저자의 스승이신 송현웅 변호사님께 감사의 말씀을 드립니다. 또한, 약 4개월여에 걸쳐 이 책에 소개된 판례의 검색, 취사선택 및 내용의 편제 등 이 책을 만드는데 많은 도움을 준 아내 유정희에게도 고마움을 전합니다.

끝으로 어려운 출판시장 상황 속에서도 이 책의 출판을 허락해 주신 진원사의 양진수 사장님, 출판의 기획, 편집, 교정에 이르기까지 세심하게 챙겨주신 직원분들께 감사의 마음을 전합니다.

2018년 5월

편저자 씀

목 차

[실무참고]

[법령약어]

별도의 언급이 없는 한 법령 약칭은 다음과 같음.

- 건분법 : 건축물의 분양에 관한 법률
- 기촉법 : 기업구조조정촉진법
- 국토계획법 : 국토의 계획 및 이용에 관한 법률
- 독점규제법 : 독점규제 및 공정거래에 관한 법률
- 자본시장법 : 자본시장과 금융투자업에 관한 법률
- 집합건물법 : 집합건물의 소유 및 관리에 관한 법률
- 약관규제법 : 약관의 규제에 관한 법률
- 채무자회생법 : 채무자 회생 및 파산에 관한 법률
- 체육시설법 : 체육시설의 설치·이용에 관한 법률

[언급된 현행 법령은 2018. 3. 31. 기준]

판례 신탁법

1. 대법원 2017. 12. 5. 선고 2014다227492 판결 [사용료]

[논점] 신탁계약에 근거한 대지사용권이 그 신탁계약에서 정한 소멸사유 발생으로 소멸하였는지 여부

【이 유】

1. 대지사용권은 구분소유자가 전유부분을 소유하기 위하여 건물의 대지에 대하여 갖는 권리로서 반드시 대지에 대한 소유권과 같은 물권에 한정되는 것은 아니고 등기가 되지 않는 채권적 토지사용권도 대지사용권이 될 수 있다(대법원 2004. 4. 16. 선고2002다12512 판결 등 참조). 그러나 대지사용권은 권리로서 유효하게 존속하고 있어야 하므로 사후에 효력을 상실하여 소멸한 토지사용권은 더 이상 전유부분을 위한 대지사용권이 될 수 없다(대법원 2011. 9. 8. 선고 2010다15158 판결 등 참조).

2. 원심판결 이유와 채택된 증거들에 의하면 다음과 같은 사실을 알 수 있다.

가. 주식회사 백산종합건설(이하 '백산종합건설'이라고 한다)은 김해시 (주소 생략) 외 16필지 지상에 ○○ ○○ 빌라트(현재 명칭 △△△△△아파트, 이하 '이 사건 아파트'라고 한다)를 신축하기로 하였다.

나. 주택사업공제조합(1999. 6. 3. 원고가 그 권리·의무를 포괄승계 하였는데, 이하 포괄승계 전·후를 구별하지 아니하고 '원고'라고 한다)은 1997. 6. 12. 백산종합건설과 백산종합건설이 이 사건 아파트의 수분양자들에게 분양계약에 따른 주택의 분양을 이행하지 못할 경우 원고가 수분양자들이 납부한 계약금 및 중도금의 환급이행 또는 분양이행을 책임지기로 하는 내용의 주택분양보증계약을 체결하였다. 그 무렵 원고는 백산종합건설과 위와 같은 분양보증의 이행을 목적으로 백산종합건설이 소유하는 이 사건 아파트의 대지와 건축 중인 주택 및 부대복리시설을 원고에게 신탁하기로 하는 내용의 이 사건 신탁계약을 체결하였다.

다. 백산종합건설은 1998년 6월경 부도가 나면서 이 사건 아파트의 신축공사를 중단하였고, 장백건설 주식회사(이하 '장백건설'이라고 한다)가 이 사건 아파트에 대한 시공권을 이전받았다. 원고는 그 무렵 장백건설과 이 사건 아파트 신축에 관한 승계사업계약을 체결하고, 장백건설이 사업주체가 되어 이 사건 아파트의 잔여공사 및 분양을 시행하도록 하였다. 원고의 백산종합건설에 대한 주택분양보증은 장백건설에게 승계되었고, 이 사건 신탁계약의 위탁자 지위도 장백건설에게 이전되었다. 이에 따라 이 사건 아파트의 대지 중 일부인 원심 판시 이 사건 제2 내지 5 토지에 관하여 1998. 6. 29. 장백건설 앞으로 소유권이전등기가 마쳐졌다가, '신탁'을 원인으로 주택공제사업조합 앞으로 소유권이전등기가 마쳐졌고, 다시 2002. 4. 4. '수탁자경질 및 신탁'을 원인으로 원고 앞으로 소유권이전등기가 마쳐졌다.

라. 그런데 장백건설도 1999년 10월경 부도를 내면서 이 사건 아파트에 대한 공사를 중단함으로써 이 사건 아파트에 대한 분양계약을 이행할 수 없게 되었다. 이에 원고는 위 주택분양보증계약에 따라 이 사건 아파트를 직접 완공하고 2004. 7. 6. 원고 앞으로 소유권보존등기를 마쳤다.

마. 한편 장백건설은 이 사건 아파트의 부지 중 일부인 이 사건 제2, 5 토지 지상에 △△△△△아파트 상가동(이하 '이 사건 상가'라고 한다)을 신축하고 있었는데, 장백건설의 부도 후인 1999. 11. 8. 이 사건 상가에 관하여 가압류등기의 촉탁을 원인으로 한 소유권보존등기가 장백건설 앞으로 마쳐졌고, 1999. 11. 22. 채권최고액 6,630,000,000원, 채무자 장백건설, 근저당권자 주식회사 한국주택은행인 근저당권설정등기가 마쳐졌다.

바. 이 사건 상가는 2004. 6. 2. 사용승인을 받았는데, 피고들은 위 근저당권의 실행으로 인한 임의경매 또는 그 이후의 매매를 통하여 이 사건 상가의 각 전유부분을 취득한 소유자이거나 소유자이었던 사람들이다.

사. 이 사건 신탁계약 제4조 제1항은 이 사건 아파트 신축자인 위탁자는 수탁자의 특별한 요구가 있

을 때까지는 사업주체로서 신탁부동산을 사용·관리할 수 있다고 정하고 있다. 한편 같은 조 제2, 3항은 수탁자는 위탁자가 분양계약서에 의한 계약이행이 불가능하다고 인정하는 경우에는 시행중인 사업의 중지를 요구할 수 있고, 위탁자는 이에 응하여야 하며, 이러한 경우에 위탁자는 수탁자가 신탁목적을 원활히 달성할 수 있도록 신탁부동산에 대한 점유권 및 제반 권리를 양도하여야 한다고 정하고 있다.

3. 위와 같은 사실관계를 앞서 본 법리에 비추어 살펴본다.

우선 원심의 판단처럼, 이 사건 상가에 관하여 장백건설 앞으로 소유권보존등기가 마쳐진 1999. 11. 8.경에는 그 신축자인 장백건설의 구분소유권이 성립하였고, 당시 이 사건 신탁계약에 따라 장백건설은 이 사건 제2, 5 토지를 사용할 권리를 보유하고 있었으므로 그 대지사용권도 성립하였다고 볼 여지는 있다. 그러나 위 주택분양보증계약 및 이 사건 신탁계약의 내용을 종합하여 보면, 수탁자가 위탁자의 부도 등으로 분양계약서에 의한 계약이행이 불가능하다고 인정하는 경우에는 시행중인 사업의 중지를 요구할 수 있고, 위탁자는 이에 응하여야 하므로, 수탁자의 사업 중지 요구가 있으면 위탁자의 신탁부동산에 대한 사용권은 소멸한다고 봄이 타당하다. 그리고 이처럼 사후에 효력을 상실하여 소멸한 토지사용권은 더 이상 이 사건 상가의 전유부분을 위한 대지사용권이 될 수 없다.[1)]

이 사건의 경우 장백건설이 부도난 후 원고가 위 주택분양보증계약에 따라 이 사건 아파트를 직접 완공하고 2004. 7. 6. 원고 앞으로 소유권보존등기를 마친 사실 등에 근거해서 보면, 원고가 이 사건 아파트 공사를 인수하여 진행할 무렵에는 원고가 위탁자인 장백건설에 대하여 사업 중지 요구를 하여 장백건설의 신탁부동산에 대한 사용권도 소멸하였다고 볼 여지가 있다.

원심으로서는 원고가 이 사건 신탁계약 제4조 제2항에 따라 시행중인 사업의 중지를 요구하였는지 여부 등을 심리하여 신탁부동산에 대한 사용권이 소멸하였는지 여부 및 그 시점이 언제인지 등을 심리해 보았어야 한다.

그럼에도 원심은 이 사건 신탁계약이 여전히 유효하다는 등 그 판시와 같은 이유만으로 이 사건 신탁계약에 근거한 위탁자의 신탁부동산에 대한 사용권도 여전히 유효하다고 보아, 이 사건 상가 전유부분의 소유자이거나 혹은 소유자이었던 피고들은 원고에게 이 사건 제2, 5 토지에 관한 차임 상당의 부당이득금을 반환할 의무가 없다고 판단하였다. 이러한 원심의 판단에는 신탁계약에 의한 대지사용권에 관한 법리를 오해하여 필요한 심리를 다하지 아니함으로써 판결에 영향을 미친 잘못이 있다.

2. 대법원 2017. 11. 23. 선고 2015다47327 판결 [근저당권말소등기의회복등기절차이행등]

[논점] 위탁자가 저당권을 설정한 다음 그 부동산에 관하여 부동산 신탁계약을 체결하고 수탁자 앞으로 신탁을 원인으로 하는 소유권이전등기를 마쳐준 후에 위탁자에 대하여 회생절차가 개시된 경우, 회생계획이 위 저당권에 영향을 미치는지 여부

【이 유】

2. 피고 국제자산신탁 주식회사에 대한 상고이유에 관하여

---

1) 신축 중이거나 완공된 집합건물의 일부(전유부분)나 1필의 토지 위에 2개동 이상의 집합건물이 있는 경우 그 집합건물이나 그 부지를 매수·신탁하거나 공·경매로 취득하거나 또는 담보로 제공받는 경우에는 구분소유권이 성립하였는지(건물의 원시취득자 및 그 취득시점 포함) 및 그에 따른 전유부분에 대한 대지(사용)권이 존속하는지 여부, 대지(사용)권의 지분비율, 대지사용권의 성질(소유권, 채권적 권리 등), 대지사용권이 채권적인 성질의 것일 경우 토지소유자에게 대지사용권을 주장할 수 있는지 여부 등을 반드시 검토해야 한다. 실무에서는 (특히) 신축 중인 건물이나 그 부지를 취득하거나 신탁, 담보로 제공받았으나 추후 대지(사용)권이 존재하지 않거나 반대로 대지(사용)권이 존재하는 것으로 인정되어 그 취득자에게 예상하지 못한 손해가 발생하는 경우가 자주 발생한다. 특히 대법원 판례상 신축 중인 건물의 원시취득자 및 그 취득시점, 그리고 구분소유권의 성립시점 등을 일률적으로 확정할 수 없기 때문에 더욱 신중한 검토가 요구되고 있다.

가. 채무자회생법 제250조 제2항 제2호는, 회생계획은 채무자 외의 자가 회생채권자 또는 회생담보권자를 위하여 제공한 담보에 영향을 미치지 않는다고 규정하고 있다. 이는 회생계획에 따라 채무자의 채무가 면책되거나 변경되더라도 물상보증인 등의 의무는 면책되거나 변경되지 아니한다는 취지를 규정한 것이다. 여기서 '채무자 외의 자가 회생채권자 또는 회생담보권자를 위하여 제공한 담보'라고 함은 회생채권자 등이 채무자에 대한 채권을 피담보채권으로 하여 제3자의 재산상에 가지고 있는 담보권을 말한다. 위 규정의 취지 등에 비추어 보면 채무자회생법 제251조, 제252조 제1항에 따라 채권자의 권리가 실권되거나 변경된 경우에도 채무자회생법 제250조 제2항 제2호의 규정이 적용되어 실권되거나 변경된 채권의 권리자의 물상보증인에 대한 권리에는 영향을 미치지 않는다(대법원 2003. 5. 30. 선고 2003다18685 판결 참조). 이는 회생절차 개시 전에 채권자가 채무자에 대한 채권을 피담보채권으로 하여 저당권을 설정한 저당부동산에 대한 소유권을 채무자로부터 취득한 제3취득자가 있는 경우에도 마찬가지이다. 따라서 그 후 채무자에 대하여 회생절차가 개시된 경우 채권자가 제3취득자가 취득한 부동산에 대하여 갖는 저당권은 채무자회생법 제250조 제2항 제2호의 '채무자 외의 자가 회생채권자 또는 회생담보권자를 위하여 제공한 담보'에 해당하여 회생계획이 여기에 영향을 미치지 않는다. 또한 회생절차에서 채권자의 권리가 실권되거나 변경된 경우에도 실권되거나 변경된 채권의 권리자의 제3취득자에 대한 권리에는 영향을 미치지 않는다(대법원 2007. 4. 26. 선고 2005다38300 판결 참조).

한편 신탁자가 그 소유의 부동산에 채권자를 위하여 저당권을 설정하고 저당권설정등기를 마친 다음, 그 부동산에 대하여 수탁자와 부동산 신탁계약을 체결하고 수탁자 앞으로 신탁을 원인으로 한 소유권이전등기를 해 주어 대내외적으로 신탁부동산의 소유권이 수탁자에게 이전하였다면, 수탁자는 저당부동산의 제3취득자와 같은 지위를 가진다. 따라서 그 후 신탁자에 대한 회생절차가 개시된 경우 채권자가 신탁부동산에 대하여 갖는 저당권은 채무자회생법 제250조 제2항 제2호의 '채무자 외의 자가 회생채권자 또는 회생담보권자를 위하여 제공한 담보'에 해당하여 회생계획이 여기에 영향을 미치지 않는다. 또한 회생절차에서 채권자의 권리가 실권되거나 변경되더라도 이로써 실권되거나 변경되는 권리는 채권자가 신탁자에 대하여 가지는 회생채권 또는 회생담보권에 한하고, 수탁자에 대하여 가지는 신탁부동산에 관한 담보권과 그 피담보채권에는 영향이 없다(대법원 2003. 5. 30. 선고 2003다18685 판결 참조).

다. 이러한 사실관계를 앞에서 본 법리에 비추어 살펴본다.

주경산업개발이 그 소유의 이 사건 건물에 관하여 원고를 위하여 근저당권을 설정하고 근저당권설정등기를 마친 다음, 부동산 담보신탁계약을 체결하고 피고 국제자산신탁 앞으로 신탁을 원인으로 한 소유권이전등기를 마쳤으므로, 피고 국제자산신탁은 저당부동산의 제3취득자와 같은 지위를 가진다. 그 후 주경산업개발에 대한 회생절차가 개시되었으므로 원고가 이 사건 건물에 대하여 갖는 근저당권은 채무자회생법 제250조 제2항 제2호의 '채무자 외의 자가 회생채권자 또는 회생담보권자를 위하여 제공한 담보'에 해당하여 이 사건 회생계획이 여기에 영향을 미치지 않는다. 또한 회생절차에서 채무자회생법 제251조, 제252조 제1항에 따라 원고의 권리가 실권되거나 변경되더라도 이로써 실권되거나 변경되는 권리는 원고가 주경산업개발에 대하여 가지는 권리에 한하고, 피고 국제자산신탁에 대하여 가지는 이 사건 건물에 관한 담보권과 그 피담보채권에는 영향이 없다. 이는 이 사건에서 이 사건 회생계획에 대한 인가결정 후 이 사건 건물이 부동산 담보신탁계약의 해지로 다시 주경산업개발에게 소유권이 귀속되었다고 하더라도 달리 볼 수 없다.

라. 그럼에도 원심은 이와 달리 그 판시와 같은 이유로 이 사건 근저당권설정등기가 확정된 회생계획의 이행으로 적법하게 말소되었다고 판단하였다. 이러한 원심판결에는 회생계획의 효력 등에 관한 법리를 오해하여 판결에 영향을 미친 위법이 있다. 이 점을 지적하는 상고이유 주장은 이유 있다.[2)]

[실무참고 1] 위탁자가 신탁을 담보에 활용하는 방안

<table>
<tr><th colspan="3">담보유형</th><th>내 용</th><th>위탁자의 도산절차 절연여부3)</th><th>채권자(담보권자)의 지위</th><th>근거법률</th></tr>
<tr><td rowspan="2">근저당권·질권</td><td>설정자</td><td>수탁자</td><td>수탁자가 신탁계약에 따라 담보권설정자의 지위에서 신탁목적물(담보목적물)을 채권자에게 근저당권·질권 설정</td><td>절연 ○</td><td>○ 수탁자에 대한 근저당권·질권자 (3자 담보)</td><td>민법
신탁법</td></tr>
<tr><td>설정자</td><td>위탁자</td><td>위탁자가 신탁목적물(담보목적물)을 채권자에게 근저당권·질권 설정 후 신탁</td><td>절연 ○</td><td>○ 수탁자에 대한 근저당권·질권자(3자 담보)</td><td>민법
신탁법</td></tr>
<tr><td colspan="3">수익권 질권 또는 양도담보권4)</td><td>위탁자가 자신을 (후순위)수익자로 신탁목적물(담보목적물)을 (자익)신탁 한 후 신탁계약상 수익권에 채권자를 위한 질권을 설정하거나 양도담보권을 설정</td><td>절연 ×</td><td>○ 위탁자에 대한 회생담보권자, 별제권자</td><td>민법
신탁법</td></tr>
<tr><td colspan="3">타익신탁 수익권</td><td>위탁자가 채권자를 (우선)수익자로 지정하여 신탁목적물(담보목적물)을 신탁5)</td><td>절연 ○</td><td>○ 수탁자에 대한 수익자
○ 위탁자에 대한 회생채권자, 파산채권자
○ 위탁자의 도산절차에 관계없이 신탁계약에 따라 수탁자에 대한 수익권 행사</td><td>신탁법</td></tr>
<tr><td colspan="3">담보권 신탁</td><td>위탁자가 채권자를 (우선)수익자로 지정하여 담보목적물에 대한 담보권을 수탁자에게 설정(신탁)6)</td><td>절연 ×</td><td>○ 수탁자는 위탁자에 대한 회생담보권자, 별제권자의 지위에 있게 되므로 신탁계약상의 수익자 역시 위탁자의 도산절차로부터 절연되기 어려움</td><td>민법
신탁법</td></tr>
<tr><td colspan="3">담보부사채신탁7)</td><td>위탁자가 사채에 물상담보를 붙이기 위하여 수탁자와 신탁계약을 체결하고 수탁자에게 물상담보8)를 설정(신탁)9)</td><td>절연 ×</td><td>○ 수탁자는 위탁자에 대한 회생담보권자, 별제권자의 지위에 있게 되므로 담보부사채신탁계약상의 수익자 역시 위탁자의 도산절차로부터 절연되기 어려움</td><td>민법
담보부사채
신탁법</td></tr>
</table>

2) 이에 따라 위탁자가 저당권설정자로서 근저당권을 설정 후 신탁을 하는 경우와 신탁 후 위탁자의 요청 또는 신탁계약에 따라 수탁자가 저당권설정자로서 근저당권을 설정하는 경우, 해당 근저당권은 모두 현행 채무자회생법상 '채무자 외의 자가 회생채권자 또는 회생담보권자를 위하여 제공한 담보'에 해당하게 되어 위탁자의 도산절연 측면에서는 차이가 없다. 또한 전자의 경우에는 현행 신탁법 제22조 제1항 단서의 '신탁 전의 원인으로 발생한 권리'에, 후자의 경우에는 동 단서의 '신탁사무의 처리상 발생한 권리'에 각각 해당한다.

3) 수탁자의 도산절차로부터의 절연은 현행 신탁법 제24조.

4) 수익권을 담보권 설정이 아닌 매각시에도 진정매각(True-sale)이 문제된다.

5) 수익자를 미지정하거나 수익자를 '특정채권(권리)의 보유자'로 불특정하면서 신탁계약에 신탁관리인을 정하는 경우에는 수익자인 채권자 변경시에도 수익자 변경이 불필요 하다.

6) 수익자인 채권자 변경시에도 수탁자가 수익자를 위하여 담보권을 계속 보유하므로 담보권자 변경이 불필요 하다(담보물권의 부수성 완화).

7) 사채에 물상담보를 제공하는 모든 경우에 반드시 담보부사채신탁법에 따른 담보부사채로 발행해야 하는지 문제가 된다. 그런데 동법에서는 '사채에 물상담보를 붙이려면 그 사채를 발행하는 회사와 신탁업자 간에 신탁계약에 의하여 사채를 발행하

3. 대법원 2017. 11. 14. 선고 2014두47099 판결 [전부금]

[논점] 기존 채무의 담보를 위한 우선수익자 지정행위가 부가가치세 부과대상 거래인지 여부

【이 유】

1. 주위적 상고이유에 대하여

가. 구 부가가치세법(2013. 6. 7. 법률 제11873호로 전부개정되기 전의 것, 이하 같다) 제6조 제1항은 "재화의 공급은 계약상 또는 법률상의 모든 원인에 의하여 재화를 인도 또는 양도하는 것으로 한다."라고 규정하고 있다.

신탁법상의 신탁은 위탁자가 수탁자에게 특정한 재산권을 이전하거나 기타의 처분을 하여 수탁자로 하여금 신탁 목적을 위하여 그 재산권을 관리·처분하게 하는 것이므로, 수탁자가 위탁자로부터 재산권을 이전받고 이를 전제로 신탁재산을 관리·처분하면서 재화를 공급하게 된다. 따라서 채무자인 위탁자가 기존 채무의 이행을 담보하기 위하여 수탁자에게 재산을 신탁하면서 채권자를 수익자로 지정하였더라도, 그러한 수익권은 신탁계약에 의하여 원시적으로 채권자에게 귀속되는 것이어서 위 지정으로 인하여 당초 수탁자에 대한 신탁재산의 이전과 구별되는 위탁자의 수익자에 대한 별도의 재화의 공급이 존재한다고 볼 수 없다(대법원 2017. 6. 15. 선고 2014두6111 판결 참조).

다. 이러한 사실관계를 앞서 본 법리와 기록에 비추어 살펴보면,

위탁자인 소외 회사가 원고의 소외 회사에 대한 채권의 보전 등을 위하여 이 사건 신탁계약을 체결하면서 원고를 우선수익자로 지정하더라도, 이러한 우선수익권은 신탁계약에 의하여 원시적으로 원고에게 귀속될 뿐이다. 따라서 그와 같은 신탁설정에 따른 거래가 있었다는 사정만으로는 위탁자인 소외 회사와 우선수익자인 원고 사이에 부가가치세 과세원인이 되는 재화의 공급 자체를 상정할 수 없다. 그렇다면 이 사건 수정신고 및 처분은 신고 내용에 의하더라도 과세대상이 되는 법률관계나 사실관계가 전혀 없어서 납세의무 자체가 성립하지 아니하는 경우에 대한 것으로서 객관적으로 타당한 법적 근거와 합리성이 없으므로 그 하자가 중대할 뿐 아니라 명백하여 무효라고 할 것이다.

원심의 이유 설시에 일부 부적절한 점이 없지 아니하나, 이 사건 수정신고 및 처분이 무효라고 본 결론은 정당하고, 거기에 상고이유 주장과 같이 구 부가가치세법 제6조 제1항에서 정한 '재화의 공급'이나 신고행위와 과세처분 등의 무효에 관한 법리를 오해하여 판결에 영향을 미친 잘못이 없다.

여야 한다'고 규정하고 있고(동법 제3조), '물상담보가 붙은 사채'를 담보부사채로 규정하고 있으며, 동법상의 담보부사채는 수탁자가 신탁계약에 따라 설정받은 담보권을 수익자인 사채권자를 위해 행사함으로써 개별 사채권자 각각에 대한 담보제공에 따른 절차적 번거로움을 완화하고, 그 소요비용을 절감하며, 나아가 사채의 전전유통에 따른 담보물권의 부수성을 완화하고 사채의 유통성 등을 제고하기 위한 것이라는 점에 비추어 보면, 사채의 발행회사가 담보부사채신탁법에 따른 이점을 자발적으로 포기하여 개별 사채권자에 대한 담보제공의 절차적 번거로움과 소요비용을 감수하고 나아가 사채권자 변경시 해당 담보권의 근거법에 따른 담보권의 개별적인 이전절차를 전제로 하여 당사자 간의 개별계약에 의한 담보물권을 설정하는 것을 금지할 필요는 없다고 생각된다. 현재 실무상으로도 (특히 자산유동화에 관한 법률에 따른 유동화사채 등) 이와 같은 입장에서 당사자 간의 개별계약에 의한 담보물권의 설정이 이루어지고 있다.

8) 동산질(1호), 증서있는 채권질(2호), 주식질(3호), 부동산저당이나 그 밖에 법령에서 인정하는 각종 저당(4호. 이상 담보부사채신탁법 제4조 제1항). 다만, 2018년 2월 21일 공포되어 같은 해 8월 22일부터 시행되는 담보부사채신탁법 일부개정법률에서는 물상담보의 범위에 동산·채권 등의 담보에 관한 법률상의 담보권(5호), 그 밖에 재산적 가치가 있는 것으로서 대통령령으로 정하는 담보권(6호)을 추가 하였다. 특히 추가된 6호는 지적재산권의 담보 제공을 염두에 둔 규정이라고 하나, 아직 동 시행령은 개정되지 않은 상태이다.

9) 수익자인 사채권자 변경시에도 수탁자가 담보권을 수익자를 위해 계속 보유하므로 담보권자 변경이 불필요함(담보물권의 부수성 완화).

[실무참고 2] 신탁관련 조세법령[10)]

1. 소 득 세

[소득세법]

제2조의2(납세의무의 범위)

⑥ **신탁재산에 귀속되는 소득은 그 신탁의 수익자(수익자가 특별히 정해지지 아니하거나 존재하지 아니하는 경우에는 신탁의 위탁자 또는 그 상속인)에게 귀속되는 것으로 본다.**

제4조(소득의 구분) ① 거주자의 소득은 다음 각 호와 같이 구분한다.

1. 종합소득

이 법에 따라 과세되는 모든 소득에서 제2호 및 제3호에 따른 소득을 제외한 소득으로서 다음 각 목의 소득을 합산한 것

가. 이자소득

나. 배당소득

다. 사업소득

라. 근로소득

마. 연금소득

바. 기타소득

2. 퇴직소득

3. 양도소득

② **제1항에 따른 소득을 구분할 때 제17조제1항제5호에 따른 집합투자기구 외의 신탁(「자본시장과 금융투자업에 관한 법률」 제251조에 따른 집합투자업겸영보험회사의 특별계정은 제외한다)의 이익은 「신탁법」 제2조에 따라 수탁자에게 이전되거나 그 밖에 처분된 재산권에서 발생하는 소득의 내용별로 구분한다.**

제12조(비과세소득) 다음 각 호의 소득에 대해서는 소득세를 과세하지 아니한다.

1. 「공익신탁법」에 따른 공익신탁의 이익

제17조(배당소득) ① 배당소득은 해당 과세기간에 발생한 다음 각 호의 소득으로 한다.

5. 국내 또는 국외에서 받는 대통령령으로 정하는 집합투자기구로부터의 이익

제127조(원천징수의무) ① 국내에서 거주자나 비거주자에게 다음 각 호의 어느 하나에 해당하는 소득을 지급하는 자(제3호의 소득을 지급하는 자의 경우에는 사업자 등 대통령령으로 정하는 자로 한정한다)는 이 절의 규정에 따라 그 거주자나 비거주자에 대한 소득세를 원천징수하여야 한다.

1. 이자소득
2. 배당소득
3. 대통령령으로 정하는 사업소득(이하 "원천징수대상 사업소득"이라 한다)
4. 근로소득. 다만, 다음 각 목의 어느 하나에 해당하는 소득은 제외한다.

가. 외국기관 또는 우리나라에 주둔하는 국제연합군(미군은 제외한다)으로부터 받는 근로소득

나. 국외에 있는 비거주자 또는 외국법인(국내지점 또는 국내영업소는 제외한다)으로부터 받는 근로소득. 다만, 다음의 어느 하나에 해당하는 소득은 제외한다.

1) 제120조제1항 및 제2항에 따른 비거주자의 국내사업장과 「법인세법」 제94조제1항 및 제2항에 따른 외국법인의 국내사업장의 국내원천소득금액을 계산할 때 필요경비 또는 손금으로 계상되는 소득

2) 국외에 있는 외국법인(국내지점 또는 국내영업소는 제외한다)으로부터 받는 근로소득 중 제156조의7에 따라 소득세가 원천징수되는 파견근로자의 소득

5. 연금소득
6. 기타소득. 다만, 다음 각 목의 어느 하나에 해당하는 소득은 제외한다.

가. 제8호에 따른 소득

나. 제21조제1항제10호에 따른 위약금·배상금(계약금이 위약금·배상금으로 대체되는 경우만 해당한다)

다. 제21조제1항제23호 또는 제24호에 따른 소득

---

10) 신탁과 조세의 전반적인 내용에 대해서는 (1) 광장신탁법연구회, 주석 신탁법(2판), 박영사, 621면 이하, (2) 손영철·서종군, 금융상품과 세법(2016년 개정증보판), 삼일인포마인, 제10장 이하, (3) 전동흔·김동수, 신탁과 지방세(2017년), 영화조세통람을 각 참고할 것.

7. 퇴직소득. 다만, 제4호 각 목의 어느 하나에 해당하는 근로소득이 있는 사람이 퇴직함으로써 받는 소득은 제외한다.
8. 대통령령으로 정하는 봉사료

② 제1항에 따른 원천징수를 하여야 할 자(제1항제3호에 따른 소득의 경우에는 사업자 등 대통령령으로 정하는 자로 한정한다)를 대리하거나 그 위임을 받은 자의 행위는 수권(授權) 또는 위임의 범위에서 본인 또는 위임인의 행위로 보아 제1항을 적용한다.

④「자본시장과 금융투자업에 관한 법률」에 따른 신탁업자가 신탁재산을 운용하거나 보관·관리하는 경우에는 해당 신탁업자와 해당 신탁재산에 귀속되는 소득을 지급하는 자 간에 원천징수의무의 대리 또는 위임의 관계가 있는 것으로 보아 제2항을 적용한다.

⑦ 제1항부터 제6항까지의 규정에 따라 원천징수를 하여야 할 자를 "원천징수의무자"라 한다.

제155조의2(특정금전신탁 등의 원천징수의 특례) **제4조제2항에 따른 집합투자기구 외의 신탁의 경우에는 제130조에도 불구하고 제127조제2항에 따라 원천징수를 대리하거나 위임을 받은 자가 제127조제1항제1호 및 제2호의 소득이 신탁에 귀속된 날부터 3개월 이내의 특정일(동일 귀속연도 이내로 한정한다)에 그 소득에 대한 소득세를 원천징수하여야 한다.**

[소득세법시행령]

제4조의2(신탁소득금액의 계산) ① 신탁업을 경영하는 자는 각 과세기간의 소득금액을 계산할 때 신탁재산에 귀속되는 소득과 그 밖의 소득을 구분하여 경리하여야 한다.

② 법 제2조의2제6항에 따른 수익자의 특정 여부 또는 존재 여부는 신탁재산과 관련되는 수입 및 지출이 있는 때의 상황에 따른다.

③「자본시장과 금융투자업에 관한 법률 시행령」 제103조제1호에 따른 특정금전신탁으로서 법 제4조제2항을 적용받는 신탁은 제26조의2제6항을 준용하여 신탁의 이익을 계산한다.

제26조의2(집합투자기구의 범위 등) **① 법 제17조제1항제5호에서 "대통령령으로 정하는 집합투자기구"란 다음 각 호의 요건을 모두 갖춘 집합투자기구를 말한다.**

1.「자본시장과 금융투자업에 관한 법률」에 따른 집합투자기구(같은 법 제251조에 따른 보험회사의 특별계정은 제외하되, 금전의 신탁으로서 원본을 보전하는 것을 포함한다. 이하 "집합투자기구"라 한다)일 것
2. 해당 집합투자기구의 설정일부터 매년 1회 이상 결산·분배할 것. 다만, 다음 각 목의 어느 하나에 해당하는 이익금은 분배를 유보할 수 있으며,「자본시장과 금융투자업에 관한 법률」 제242조에 따른 이익금이 0보다 적은 경우에도 분배를 유보할 수 있다(같은 법 제9조제22항에 따른 집합투자규약에서 정하는 경우에 한정한다).
   가.「자본시장과 금융투자업에 관한 법률」 제234조에 따른 상장지수집합투자기구가 지수 구성종목을 교체하거나 파생상품에 투자함에 따라 계산되는 이익
   나.「자본시장과 금융투자업에 관한 법률」 제238조에 따라 평가한 집합투자재산의 평가이익
   다.「자본시장과 금융투자업에 관한 법률」 제240조제1항의 회계처리기준에 따른 집합투자재산의 매매이익
3. 금전으로 위탁받아 금전으로 환급할 것(금전 외의 자산으로 위탁받아 환급하는 경우로서 해당 위탁가액과 환급가액이 모두 금전으로 표시된 것을 포함한다)

② 제1항을 적용할 때 국외에서 설정된 집합투자기구는 제1항 각 호의 요건을 갖추지 아니하는 경우에도 제1항에 따른 집합투자기구로 본다.

③ 집합투자기구가 제1항 각 호의 요건을 갖추지 아니하는 경우에는 다음 각 호의 구분에 따라 과세한다.

1.「자본시장과 금융투자업에 관한 법률」 제9조제18항에 따른 투자신탁·투자조합·투자익명조합으로부터의 이익은 법 제4조제2항에 따른 집합투자기구 외의 신탁의 이익으로 보아 과세한다.
2.「자본시장과 금융투자업에 관한 법률」 제9조제18항에 따른 투자회사·투자유한회사·투자합자회사 및 같은 조 제19항 제1호에 따른 경영참여형 사모집합투자기구(「조세특례제한법」 제100조의15에 따른 동업기업과세특례를 적용받지 않는 경우에 한정한다)로부터의 이익은 법 제17조제1항제1호의 배당 및 분배금으로 보아 과세한다.

⑥ 집합투자기구로부터의 이익은「자본시장과 금융투자업에 관한 법률」에 따른 각종 보수·수수료 등을 뺀 금액으로 한다.

⑧「자본시장과 금융투자업에 관한 법률」 제9조제19항에 따른 사모집합투자기구로서 다음 각 호의 요건을 모두 갖춘 집합투자기구에 대해서는 제1항 각 호의 요건을 모두 충족하는 경우에도 제1항에 따른 집합투자기구로 보지 아니하고 법 제4조제2항을 적용한다.

1. 투자자가 거주자(비거주자와 국내사업장이 없는 외국법인을 포함한다. 이하 이 조에서 같다) 1인이거나 거주자 1인 및 그 거주자의 「국세기본법 시행령」 제1조의2제1항부터 제3항까지의 규정에 따른 특수관계인(투자자가 비거주자와 국내사업장이 없는 외국법인인 경우에는 다음 각 목의 어느 하나에 해당하는 관계에 있는 자를 말한다)으로 구성된 경우

가. 비거주자와 그의 배우자·직계혈족 및 형제자매인 관계
나. 일방이 타방의 의결권 있는 주식의 100분의 50 이상을 직접 또는 간접으로 소유하고 있는 관계
다. 제3자가 일방 또는 타방의 의결권 있는 주식의 100분의 50 이상을 직접 또는 간접으로 각각 소유하고 있는 경우 그 일방과 타방 간의 관계
2. 투자자가 사실상 자산운용에 관한 의사결정을 하는 경우
⑨ 제8항제1호나목 및 다목에 따른 주식의 간접소유비율의 계산에 관하여는 「국제조세조정에 관한 법률 시행령」 제2조제2항을 준용한다.
⑩ 집합투자기구로부터의 이익에 대한 과세표준 계산방식 등은 기획재정부령으로 정한다.

제46조(배당소득의 수입시기) 배당소득의 수입시기는 다음 각 호에 따른 날로 한다.
7. 집합투자기구로부터의 이익
집합투자기구로부터의 이익을 지급받은 날. 다만, 원본에 전입하는 뜻의 특약이 있는 분배금은 그 특약에 따라 원본에 전입되는 날로 한다.

2. 법 인 세

[법인세법]

제5조(신탁소득) ① **신탁재산에 귀속되는 소득은 그 신탁의 이익을 받을 수익자(수익자가 특정되지 아니하거나 존재하지 아니하는 경우에는 그 신탁의 위탁자 또는 그 상속인)가 그 신탁재산을 가진 것으로 보고 이 법을 적용한다.**
② 「자본시장과 금융투자업에 관한 법률」의 적용을 받는 법인의 신탁재산(같은 법 제251조제1항에 따른 보험회사의 특별계정은 제외한다. 이하 같다)에 귀속되는 수입과 지출은 그 법인에 귀속되는 수입과 지출로 보지 아니한다.

제51조(비과세소득) 내국법인의 각 사업연도 소득 중 「공익신탁법」에 따른 공익신탁의 신탁재산에서 생기는 소득에 대하여는 각 사업연도의 소득에 대한 법인세를 과세하지 아니한다.

제73조(원천징수) ① 다음 각 호의 금액(금융보험업을 하는 법인의 수입금액을 포함하되, 대통령령으로 정하는 금융회사 등에 지급되는 소득으로서 대통령령으로 정하는 것과 법인세가 부과되지 아니하거나 면제되는 소득 등 대통령령으로 정하는 것은 제외한다)을 내국법인에 지급하는 자(이하 이 조에서 "원천징수의무자"라 한다)가 그 금액을 지급하는 경우에는 지급하는 금액에 100분의 14(「소득세법」 제16조제1항제11호의 비영업대금의 이익인 경우에는 100분의 25)의 세율을 적용하여 계산한 금액에 상당하는 법인세를 원천징수하여 그 징수일이 속하는 달의 다음 달 10일까지 납세지 관할 세무서등에 납부하여야 한다.
1. 「소득세법」 제127조제1항제1호의 이자소득금액
2. 「소득세법」 제127조제1항제2호의 배당소득금액[같은 법 제17조제1항제5호에 따른 집합투자기구로부터의 이익 중 「자본시장과 금융투자업에 관한 법률」에 따른 투자신탁(이하 제8항에서 "투자신탁"이라 한다)의 이익만 해당한다]
② 제1항을 적용할 때 같은 항 각 호의 소득금액이 「자본시장과 금융투자업에 관한 법률」에 따른 투자신탁재산에 귀속되는 시점에는 해당 소득금액이 어느 누구에게도 지급된 것으로 보지 아니한다.

[법인세법시행령]

제111조(원천징수) ① 법 제73조제1항 각 호 외의 부분에서 "법인세가 부과되지 아니하거나 면제되는 소득 등 대통령령으로 정하는 것"이란 다음 각 호의 어느 하나의 소득을 말한다.
1. 법인세가 부과되지 아니하거나 면제되는 소득
2. 삭제
3. 신고한 과세표준에 이미 산입된 미지급 소득
4. 법령 또는 정관에 의하여 비영리법인이 회원 또는 조합원에게 대부한 융자금과 비영리법인이 당해 비영리법인의 연합회 또는 중앙회에 예탁한 예탁금에 대한 이자수입
5. 법률에 따라 설립된 기금을 관리·운용하는 법인으로서 기획재정부령으로 정하는 법인(이하 이 호에서 "기금운용법인"이라 한다)과 법률에 따라 공제사업을 영위하는 법인으로서 기획재정부령으로 정하는 법인 중 건강보험·연금관리 및 공제사업을 영위하는 비영리내국법인(기금운용법인의 경우에는 해당 기금사업에 한정한다)이 「국채법」 또는 「공사채등록법」에 따라 등록한 다음 각 목의 국공채 등을 발행일부터 이자지급일 또는 상환일까지 계속하여 등록·보유함으로써 발생한 이자 및 할인액
가. 국가 또는 지방자치단체가 발행한 채권 또는 증권
나. 「한국은행 통화안정증권법」에 의하여 한국은행이 발행한 통화안정증권

다. 기획재정부령이 정하는 채권 또는 증권

6. 다음 각 목의 어느 하나에 해당하는 조합의 조합원인 법인(한국표준산업분류상 금융보험업을 영위하는 법인을 제외한다)이 해당 조합의 규약에 따라 조합원 공동으로 예탁한 자금에 대한 이자수입
가. 상장유가증권에 대한 투자를 통한 증권시장의 안정을 목적으로 설립된 조합으로서 기획재정부령으로 정하는 조합
나. 채권시장의 안정을 목적으로 설립된 조합으로서 기획재정부령이 정하는 조합

7. 「한국토지주택공사법」에 따른 한국토지주택공사가 「주택도시기금법」 제6조제2항에 따라 주택도시기금에 예탁한 자금(「국민연금법」에 의한 국민연금 및 「우체국예금·보험에 관한 법률」에 의한 우체국예금으로부터 사채발행을 통하여 조성한 자금을 예탁한 것으로서 이자소득 지급당시 국민연금 및 우체국예금이 그 사채를 계속 보유하고 있는 경우에 한한다)에 대한 이자수입

② 법 제73조제1항 각 호 외의 부분에서 "대통령령으로 정하는 금융회사 등"이란 다음 각 호의 법인을 말한다.

1. 제61조제2항제1호부터 제28호까지의 법인
2. 「한국은행법」에 의한 한국은행
3. 「자본시장과 금융투자업에 관한 법률」에 따른 집합투자업자
4. 「자본시장과 금융투자업에 관한 법률」에 따른 투자회사, 투자목적회사, 투자유한회사 및 투자합자회사(같은 법 제9조제19항제1호에 따른 경영참여형 사모집합투자기구는 제외한다)
5. 「농업협동조합법」에 의한 조합
6. 「수산업협동조합법」에 따른 조합
7. 「산림조합법」에 따른 조합
8. 「신용협동조합법」에 따른 조합 및 신용협동조합중앙회
9. 「새마을금고법」에 따른 금고
10. 「자본시장과 금융투자업에 관한 법률」에 따른 증권금융회사
11. 한국거래소(위약손해공동기금에 한정한다)
12. 「자본시장과 금융투자업에 관한 법률」에 따른 한국예탁결제원
13. 「한국투자공사법」에 따른 한국투자공사
14. 「국가재정법」의 적용을 받는 기금(법인 또는 법인으로 보는 단체에 한정한다)
15. 법률에 따라 자금대부사업을 주된 목적으로 하는 법인 또는 기금(다른 사업과 구분 경리되는 것에 한정한다)
16. 「조세특례제한법」 제104조의3제1항에 따른 자본확충목적회사
17. 그 밖에 기획재정부령으로 정하는 금융보험업을 영위하는 법인

③ 법 제73조제1항 각 호 외의 부분에서 "대통령령으로 정하는 것"이란 다음 각 호의 소득을 말한다.

1. 「자본시장과 금융투자업에 관한 법률」에 따른 투자회사 및 제2항제16호의 자본확충목적회사의 경우: 법 제73조제1항 각 호에서 정하는 이자소득금액 및 투자신탁의 이익
2. 그 밖의 금융회사 등의 경우: 법 제73조제1항 각 호에서 정하는 이자소득금액 및 투자신탁의 이익 중 법 제73조제8항에 따른 원천징수대상채권등(「전자단기사채등의 발행 및 유통에 관한 법률」에 따라 발행되는 만기 1개월 이내의 전자단기사채를 제외한다)의 이자, 할인액 및 투자신탁의 이익(이하 제4항, 제113조 및 제138조의3제1항에서 "이자등"이라 한다)을 제외한 소득

⑥ 법 제73조를 적용할 때 이자소득금액의 지급시기는 「소득세법 시행령」 제190조 각호에 규정된 날로 한다. 다만, 제61조제2항제1호부터 제7호까지 및 제10호의 법인이 같은 법 시행령 제190조제1호에 따른 조건의 어음을 발행하여 매출하는 경우에는 해당 어음을 할인매출하는 날에 이자등을 지급하는 것으로 보아 원천징수하고, 「자본시장과 금융투자업에 관한 법률」에 따른 신탁업자가 운용하는 신탁재산에 귀속되는 소득금액은 「소득세법」 제155조의2에 따른 특정일에 지급하는 것으로 보아 원천징수한다.

⑦ 법 제73조를 적용할 때 「자본시장과 금융투자업에 관한 법률」에 따른 신탁업자가 신탁재산을 직접 운용하거나 보관·관리하는 경우 해당 신탁업자와 법 제73조제1항 각 호의 소득금액을 신탁재산에 지급하는 자 간에 대리 또는 위임관계가 있는 것으로 본다.

3. 지 방 세[11)]

[지방세기본법]

제139조(납세관리인) ① 국내에 주소 또는 거소를 두지 아니하거나 국외로 주소 또는 거소를 이전하려는 납세자는 지방세에

11) 신탁과 지방세(취득세, 재산세 등)에 관한 자세한 설명은 전동흔·김동수, 신탁과 지방세(2017년), 영화조세통람을 참고할 것.

관한 사항을 처리하기 위하여 납세관리인을 정하여야 한다.

② 제1항에 따른 납세관리인을 정한 납세자는 대통령령으로 정하는 바에 따라 지방자치단체의 장에게 신고하여야 한다. 납세관리인을 변경하거나 해임할 때에도 또한 같다.

③ 지방자치단체의 장은 납세자가 제2항에 따른 신고를 하지 아니하면 납세자의 재산이나 사업의 관리인을 납세관리인으로 지정할 수 있다.

④ 재산세의 납세의무자는 해당 재산을 직접 사용·수익하지 아니하는 경우에는 그 재산의 사용자·수익자를 납세관리인으로 지정하여 신고할 수 있다.

⑤ 지방자치단체의 장은 재산세의 납세의무자가 제4항에 따라 재산의 사용자·수익자를 납세관리인으로 지정하여 신고하지 아니하는 경우에도 그 재산의 사용자·수익자를 납세관리인으로 지정할 수 있다.

⑥ 「지방세법」 제107조제1항제3호에 따른 신탁재산의 재산세 납세의무자는 위탁자를 납세관리인으로 지정하여 신고할 수 있다.

[지방세징수법]

제5조(납세증명서의 제출 및 발급) ① **납세자(미과세된 자를 포함한다. 이하 이 조에서 같다)는 다음 각 호의 어느 하나에 해당하는 경우에는 대통령령으로 정하는 바에 따라 납세증명서를 제출하여야 한다. 다만, 제4호에 해당하여 납세증명서를 제출할 때에는 이전하는 부동산의 소유자에게 부과되었거나 납세의무가 성립된 해당 부동산에 대한 취득세, 재산세, 지방교육세 및 지역자원시설세의 납세증명서로 한정한다.**

1. 국가·지방자치단체 또는 대통령령으로 정하는 정부관리기관으로부터 대금을 받을 때
2. 지방세를 납부할 의무가 있는 외국인이 출국할 때
3. 내국인이 외국으로 이주하거나 1년을 초과하여 외국에 체류할 목적으로 외교부장관에게 거주목적의 여권을 신청할 때
4. **「신탁법」에 따른 신탁을 원인으로 부동산의 소유권을 수탁자에게 이전하기 위하여 등기관서의 장에게 등기를 신청할 때**

② 납세자로부터 납세증명서의 발급신청을 받으면 세무공무원은 그 사실을 확인하여 즉시 발급하여야 한다.

* 취 득 세

[지방세법]

제7조(납세의무자 등) ① 취득세는 부동산, 차량, 기계장비, 항공기, 선박, 입목, 광업권, 어업권, 골프회원권, 승마회원권, 콘도미니엄 회원권, 종합체육시설 이용회원권 또는 요트회원권(이하 이 장에서 "부동산등"이라 한다)을 취득한 자에게 부과한다.

② 부동산등의 취득은 「민법」, 「자동차관리법」, 「건설기계관리법」, 「항공안전법」, 「선박법」, 「입목에 관한 법률」, 「광업법」 또는 「수산업법」 등 관계 법령에 따른 등기·등록 등을 하지 아니한 경우라도 사실상 취득하면 각각 취득한 것으로 보고 해당 취득물건의 소유자 또는 양수인을 각각 취득자로 한다. 다만, 차량, 기계장비, 항공기 및 주문을 받아 건조하는 선박은 승계취득인 경우에만 해당한다.

③ 건축물 중 조작(造作) 설비, 그 밖의 부대설비에 속하는 부분으로서 그 주체구조부(主體構造部)와 하나가 되어 건축물로서의 효용가치를 이루고 있는 것에 대하여는 주체구조부 취득자 외의 자가 가설(加設)한 경우에도 주체구조부의 취득자가 함께 취득한 것으로 본다

④ 선박, 차량과 기계장비의 종류를 변경하거나 토지의 지목을 사실상 변경함으로써 그 가액이 증가한 경우에는 취득으로 본다.

⑤ 법인의 주식 또는 지분을 취득함으로써 「지방세기본법」 제46조제2호에 따른 과점주주(이하 "과점주주"라 한다)가 되었을 때에는 그 과점주주가 해당 법인의 부동산등(법인이 「신탁법」에 따라 신탁한 재산으로서 수탁자 명의로 등기·등록이 되어 있는 부동산등을 포함한다)을 취득(법인설립 시에 발행하는 주식 또는 지분을 취득함으로써 과점주주가 된 경우에는 취득으로 보지 아니한다)한 것으로 본다. 이 경우 과점주주의 연대납세의무에 관하여는 「지방세기본법」 제44조를 준용한다.

⑦ 상속(피상속인이 상속인에게 한 유증 및 포괄유증과 신탁재산의 상속을 포함한다. 이하 이 장과 제3장에서 같다)으로 인하여 취득하는 경우에는 상속인 각자가 상속받는 취득물건(지분을 취득하는 경우에는 그 지분에 해당하는 취득물건을 말한다)을 취득한 것으로 본다. 이 경우 상속인의 납부의무에 관하여는 「지방세기본법」 제44조제1항 및 제5항을 준용한다.

⑧ 「주택법」 제11조에 따른 주택조합과 「도시 및 주거환경정비법」 제16조제2항에 따른 주택재건축조합(이하 이 장에서 "주택조합등"이라 한다)이 해당 조합원용으로 취득하는 조합주택용 부동산(공동주택과 부대시설·복리시설 및 그 부속토지를 말한다)은 그 조합원이 취득한 것으로 본다. 다만, 조합원에게 귀속되지 아니하는 부동산(이하 이 장에서 "비조합원용 부동산"

이라 한다)은 제외한다.[12)]

제9조(비과세) ③ 신탁(「신탁법」에 따른 신탁으로서 신탁등기가 병행되는 것만 해당한다)으로 인한 신탁재산의 취득으로서 다음 각 호의 어느 하나에 해당하는 경우에는 취득세를 부과하지 아니한다.[13)] **다만, 신탁재산의 취득 중 주택조합등과 조합원 간의 부동산 취득 및 주택조합등의 비조합원용 부동산 취득은 제외한다.**[14)]

1. 위탁자로부터 수탁자에게 신탁재산을 이전하는 경우

2. 신탁의 종료로 인하여 수탁자로부터 위탁자에게 신탁재산을 이전하는 경우

3. 수탁자가 변경되어 신수탁자에게 신탁재산을 이전하는 경우

* 재 산 세

[지방세법]

제106조(과세대상의 구분 등) ① 토지에 대한 재산세 과세대상은 다음 각 호에 따라 종합합산과세대상, 별도합산과세대상 및 분리과세대상으로 구분한다.

1. 종합합산과세대상: 과세기준일 현재 납세의무자가 소유하고 있는 토지 중 별도합산과세대상 또는 분리과세대상이 되는 토지를 제외한 토지. 다만, 다음 각 목의 어느 하나에 해당하는 토지는 종합합산과세대상으로 보지 아니한다.
   가. 이 법 또는 관계 법령에 따라 재산세가 비과세되거나 면제되는 토지
   나. 이 법 또는 다른 법령에 따라 재산세가 경감되는 토지의 경감비율에 해당하는 토지
2. 별도합산과세대상: 과세기준일 현재 납세의무자가 소유하고 있는 토지 중 다음 각 목의 어느 하나에 해당하는 토지. 다만, 제1호가목 및 나목에 따른 토지는 별도합산과세대상으로 보지 아니한다.
   가. 공장용 건축물의 부속토지 등 대통령령으로 정하는 건축물의 부속토지
   나. 차고용 토지, 보세창고용 토지, 시험·연구·검사용 토지, 물류단지시설용 토지 등 공지상태(空地狀態)나 해당 토지의 이용에 필요한 시설 등을 설치하여 업무 또는 경제활동에 활용되는 토지로서 대통령령으로 정하는 토지
   다. 철거·멸실된 건축물 또는 주택의 부속토지로서 대통령령으로 정하는 부속토지
3. 분리과세대상: 과세기준일 현재 납세의무자가 소유하고 있는 토지 중 국가의 보호·지원 또는 중과가 필요한 토지로서 다음 각 목의 어느 하나에 해당하는 토지
   가. 공장용지·전·답·과수원 및 목장용지로서 대통령령으로 정하는 토지
   나. 산림의 보호육성을 위하여 필요한 임야 및 종중 소유 임야로서 대통령령으로 정하는 임야
   다. 제13조제5항에 따른 골프장용 토지와 같은 항에 따른 고급오락장용 토지로서 대통령령으로 정하는 토지
   라. 「산업집적활성화 및 공장설립에 관한 법률」 제2조제1호에 따른 공장의 부속토지로서 개발제한구역의 지정이 있기 이전에 그 부지취득이 완료된 곳으로서 대통령령으로 정하는 토지
   마. 국가 및 지방자치단체 지원을 위한 특정목적 사업용 토지로서 대통령령으로 정하는 토지
   바. 에너지·자원의 공급 및 방송·통신·교통 등의 기반시설용 토지로서 대통령령으로 정하는 토지
   사. 국토의 효율적 이용을 위한 개발사업용 토지로서 대통령령으로 정하는 토지
   아. 그 밖에 지역경제의 발전, 공익성의 정도 등을 고려하여 분리과세하여야 할 타당한 이유가 있는 토지로서 대통령령으로 정하는 토지

② 주거용과 주거 외의 용도를 겸하는 건물에서 주택의 범위를 구분하는 방법, 주택 부속토지의 범위 산정은 다음 각 호에서 정하는 바에 따른다.

1. 1동(棟)의 건물이 주거와 주거 외의 용도로 사용되고 있는 경우에는 주거용으로 사용되는 부분만을 주택으로 본다. 이 경우 건물의 부속토지는 주거와 주거 외의 용도로 사용되는 건물의 면적비율에 따라 각각 안분하여 주택의 부속토지와 건축물의 부속토지로 구분한다.
2. 1구(構)의 건물이 주거와 주거 외의 용도로 사용되고 있는 경우에는 주거용으로 사용되는 면적이 전체의 100분의

---

12) 주택조합 및 주택재건축조합사업과 취득세 과세문제에 관한 입법연혁에 대해서는, (1) 노상범·고동원, 부동산금융법(3판)-이론과 실무-, 박영사, 219면 이하, (2) 전동흔·김동수, 신탁과 지방세, 영화조세통람, 97면 이하를 각 참조할 것.

13) 다만, 수탁자가 신탁재산의 관리·처분 과정에서 취득세 과세대상을 취득하는 경우에는 취득세가 과세된다. 예를 들면, 수탁자가 수탁받은 금전으로 부동산을 매수한 경우(대법원 2005. 5. 30. 선고 98두10950 판결[219번 판례]), 위탁자가 사실상 신탁재산인 토지의 지목을 변경하여 지방세법상 간주 취득세의 과세대상이 되는 경우(대법원 2012. 6. 14. 선고 2010두2395 판결[96번 판례]) 등에 있어서 수탁자를 취득세의 납세의무자로 판시하고 있다.

14) 제7조 제8항 및 제9조 제1항 단서의 입법연혁에 대해서는, (1) 노상범·고동원, 부동산금융법(3판)-이론과 실무, 박영사, 219면 이하, (2) 전동흔·김동수, 신탁과 지방세(2017년), 영화조세통람, 97면 이하를 각 참조할 것.

50 이상인 경우에는 주택으로 본다.

3. 주택 부속토지의 경계가 명백하지 아니한 경우 주택 부속토지의 범위 산정에 필요한 사항은 대통령령으로 정한다.

③ 「신탁법」에 따른 신탁재산에 속하는 종합합산과세대상 토지 및 별도합산과세대상 토지의 합산 방법은 다음 각 호에 따른다.

1. 신탁재산에 속하는 토지는 수탁자의 고유재산에 속하는 토지와 서로 합산하지 아니한다.

2. 위탁자별로 구분되는 신탁재산에 속하는 토지의 경우 위탁자별로 각각 합산하여야 한다.

제107조(납세의무자) **① 재산세 과세기준일 현재 재산을 사실상 소유하고 있는 자는 재산세를 납부할 의무가 있다. 다만, 다음 각 호의 어느 하나에 해당하는 경우에는 해당 각 호의 자를 납세의무자로 본다.** 〈개정 2014.1.1〉

1. 공유재산인 경우: 그 지분에 해당하는 부분(지분의 표시가 없는 경우에는 지분이 균등한 것으로 본다)에 대해서는 그 지분권자
2. 주택의 건물과 부속토지의 소유자가 다를 경우: 그 주택에 대한 산출세액을 제4조제1항 및 제2항에 따른 건축물과 그 부속토지의 시가표준액 비율로 안분계산(안분계산)한 부분에 대해서는 그 소유자
3. **「신탁법」에 따라 수탁자 명의로 등기·등록된 신탁재산의 경우: 위탁자별로 구분된 재산에 대해서는 그 수탁자. 이 경우 위탁자별로 구분된 재산에 대한 납세의무자는 각각 다른 납세의무자로 본다.**[15)]

② 제1항에도 불구하고 재산세 과세기준일 현재 다음 각 호의 어느 하나에 해당하는 자는 재산세를 납부할 의무가 있다.

1. 공부상의 소유자가 매매 등의 사유로 소유권이 변동되었는데도 신고하지 아니하여 사실상의 소유자를 알 수 없을 때에는 공부상 소유자
2. 상속이 개시된 재산으로서 상속등기가 이행되지 아니하고 사실상의 소유자를 신고하지 아니하였을 때에는 행정안전부령으로 정하는 주된 상속자
3. 공부상에 개인 등의 명의로 등재되어 있는 사실상의 종중재산으로서 종중소유임을 신고하지 아니하였을 때에는 공부상 소유자
4. 국가, 지방자치단체, 지방자치단체조합과 재산세 과세대상 재산을 연부(연부)로 매매계약을 체결하고 그 재산의 사용권을 무상으로 받은 경우에는 그 매수계약자
5. 삭제 〈2014.1.1〉
6. 「도시개발법」에 따라 시행하는 환지(환지) 방식에 의한 도시개발사업 및 「도시 및 주거환경정비법」에 따른 정비사업(재개발사업만 해당한다)의 시행에 따른 환지계획에서 일정한 토지를 환지로 정하지 아니하고 체비지 또는 보류지로 정한 경우에는 사업시행자

③ 재산세 과세기준일 현재 소유권의 귀속이 분명하지 아니하여 사실상의 소유자를 확인할 수 없는 경우에는 그 사용자가 재산세를 납부할 의무가 있다.

제119조의2(신탁재산에 대한 특례) **「신탁법」에 따라 수탁자 명의로 등기된 신탁재산에 대한 재산세가 체납된 경우에는 「지방세징수법」 제33조에도 불구하고 재산세가 체납된 해당 재산에 대해서만 압류할 수 있다. 다만, 재산세가 체납된 재산이 속한 신탁에 다른 재산이 있는 경우에는 그 다른 재산에 대하여 압류할 수 있다.**

제120조(신고의무) **① 다음 각 호의 어느 하나에 해당하는 자는 과세기준일부터 10일 이내에 그 소재지를 관할하는 지방자치단체의 장에게 그 사실을 알 수 있는 증거자료를 갖추어 신고하여야 한다.**

4. 「신탁법」에 따라 수탁자 명의로 등기된 신탁재산의 수탁자

4. 종합부동산세

[종합부동산세법]

제7조(납세의무자) **①과세기준일 현재 주택분 재산세의 납세의무자로서 국내에 있는 재산세 과세대상인 주택의 공시가격을 합산한 금액이 6억원을 초과하는 자는 종합부동산세를 납부할 의무가 있다.**

제12조(납세의무자) **①과세기준일 현재 토지분 재산세의 납세의무자로서 다음 각호의 어느 하나에 해당하는 자는 해당 토지에 대한 종합부동산세를 납부할 의무가 있다.**

1. 종합합산과세대상인 경우에는 국내에 소재하는 해당 과세대상토지의 공시가격을 합한 금액이 5억원을 초과하는 자

2. 별도합산과세대상인 경우에는 국내에 소재하는 해당 과세대상토지의 공시가격을 합한 금액이 80억원을 초과하는 자

---

15) 헌법재판소 2016. 2. 25. 선고 2015헌바185등(병합) 지방세법 제107조 제1항 제3호 등 헌법소원사건[23번 판례]에서 합헌결정됨.

5. 부가가치세

[부가가치세법]

제3조의2(신탁 관련 수탁자의 물적납세의무)[16] **다음 각 호의 어느 하나에 해당하는 부가가치세·가산금 또는 체납처분비(이하 "부가가치세등"이라 한다)를 체납한 제3조에 따른 납세의무자에게 대통령령으로 정하는 신탁재산(이하 "신탁재산"이라 한다)이 있는 경우로서 그 납세의무자의 다른 재산에 대하여 체납처분을 하여도 징수할 금액에 미치지 못할 때에는 그 신탁재산으로써 「신탁법」 제2조에 따른 수탁자(이하 이 조, 제10조제8항, 같은 조 제9항제4호 및 제52조의2에서 "수탁자"라 한다)는 이 법에 따라 납세의무자의 부가가치세등을 납부할 의무가 있다.**

1. 신탁 설정일 이후에 「국세기본법」 제35조제1항제3호에 따른 법정기일이 도래하는 부가가치세 또는 가산금(부가가치세에 대한 가산금으로 한정한다)으로서 해당 신탁재산과 관련하여 발생한 것

2. 제1호의 금액에 대한 체납처분 과정에서 발생한 체납처분비

제9조(재화의 공급) ① 재화의 공급은 계약상 또는 법률상의 모든 원인에 따라 재화를 인도(引渡)하거나 양도(讓渡)하는 것으로 한다.

② 제1항에 따른 재화의 공급의 범위에 관하여 필요한 사항은 대통령령으로 정한다.

제10조(재화 공급의 특례) ⑦ 위탁매매 또는 대리인에 의한 매매를 할 때에는 위탁자 또는 본인이 직접 재화를 공급하거나 공급받은 것으로 본다.[17] 다만, 위탁자 또는 본인을 알 수 없는 경우로서 대통령령으로 정하는 경우에는 수탁자 또는 대리인에게 재화를 공급하거나 수탁자 또는 대리인으로부터 재화를 공급받은 것으로 본다.

⑧ 신탁재산을 수탁자의 명의로 매매할 때에는 「신탁법」 제2조에 따른 위탁자(이하 "위탁자"라 한다)가 직접 재화를 공급하는 것으로 본다. 다만, 위탁자의 채무이행을 담보할 목적으로 대통령령으로 정하는 신탁계약을 체결한 경우로서 수탁자가 그 채무이행을 위하여 신탁재산을 처분하는 경우에는 수탁자가 재화를 공급하는 것으로 본다.[18]

⑨ 다음 각 호의 어느 하나에 해당하는 것은 재화의 공급으로 보지 아니한다.

4. 신탁재산의 소유권 이전으로서 다음 각 목의 어느 하나에 해당하는 것

가. 위탁자로부터 수탁자에게 신탁재산을 이전하는 경우

나. 신탁의 종료로 인하여 수탁자로부터 위탁자에게 신탁재산을 이전하는 경우

다. 수탁자가 변경되어 새로운 수탁자에게 신탁재산을 이전하는 경우

⑩ 제1항부터 제9항까지에서 규정된 사항 외에 재화 공급의 특례에 관하여 필요한 사항은 대통령령으로 정한다.

6. 기타 조세, 부담금, 분담금

수탁자는 취득세, 부가가치세, 재산세, 종합부동산세 외에도 등기부상 소유자의 지위에서 지역자원시설세(지방세법 제11장) 등 기타 조세, 교통유발부담금(도시교통정비촉진법 제36조), 개발부담금(개발이익 환수에 관한 법률 제6조), 도로점용료(도로법 제66조) 등 각종 부담금 및 분담금을 납부할 의무가 부과될 수 있다.

4. 대법원 2017. 8. 29. 선고 2016다224961 판결 [공탁금출급청구권확인]

[논점] 신탁 이후에 신탁재산에 대하여 위탁자를 납세의무자로 하는 재산세가 부과된 경우, 위 조세채권에 기하여 수탁자 명의의 신탁재산을 압류하거나 신탁재산에 대한 집행법원의 경매절차에서 배당을 받을 수 있는지 여부

---

16) 2017. 12. 19. 신설된 조문이나 현재 해당 조문에 관한 시행령이 개정되지 않았다.

17) 이는 대법원 2017. 5. 18. 선고 2012두22485 전원합의체 판결[14번 판례] 이전에 위탁자(자익신탁) 또는 우선수익자(타익신탁)를 부가가치세 납세의무자로 판시하는 근거로 이용된 조문이다.

18) 제10조 제8항은 대법원 2017. 5. 18. 선고 2012두22485 전원합의체 판결[14번 판례] 이후 동 판결 내용을 반영하여 신설된 조문이나 아직 해당 조항에 대한 시행령이 개정되지 않고 있다. 그런데, 위 2012두22485 전원합의체 판결의 사안이 담보신탁에 관한 것이기는 하나, 동 판결은 담보신탁 여부를 불문하고 수탁자 명의로 이루어진 신탁재산의 관리·처분의 경우에는 수탁자를 부가가치세의 납세의무자로 보아야 하는 것으로 판시하고 있음에도, 위 개정조문은 담보신탁과 다른 신탁을 구분하여, 전자의 경우에는 수탁자를, 후자의 경우에는 그 명의에도 불구하고 위탁자를 부가가치세의 납세의무자로 본다는 취지로 규정하고 있다.

【이 유】

1. 구 지방세법(2014. 1. 1. 법률 제12153호로 개정되기 전의 것) 제107조 제2항 제5호는 신탁법에 따라 수탁자 명의로 등기·등록된 신탁재산에 대하여는 수탁자가 아닌 위탁자를 재산세의 납세의무자로 규정하고 있고,[19] 신탁법 제22조 제1항은 신탁재산에 대하여 신탁 전의 원인으로 발생한 권리 또는 신탁사무의 처리상 발생한 권리에 기한 경우에만 강제집행, 담보권 실행 등을 위한 경매, 보전처분 또는 국세 등 체납처분을 허용하고 있다.

그런데 위탁자가 수탁자에게 부동산의 소유권을 이전함으로써 당사자 사이에 신탁법에 의한 신탁관계가 설정되는 경우 신탁재산은 대내외적으로 소유권이 수탁자에게 완전히 이전되어 신탁 후에는 더 이상 위탁자의 재산으로 볼 수 없을 뿐 아니라, 신탁 이후에 신탁재산에 대하여 위탁자를 납세의무자로 하여 부과된 재산세는 신탁법 제22조 제1항 소정의 '신탁 전의 원인으로 발생한 권리'에 해당된다고 볼 수 없고, 이러한 재산세는 같은 항이 규정한 '신탁사무의 처리상 발생한 권리'에도 포함되지 않으므로, 그 조세채권에 기하여는 수탁자 명의의 신탁재산에 대하여 압류하거나 그 신탁재산에 대한 집행법원의 경매절차에서 배당을 받을 수 없다[20](대법원 1996. 10. 15. 선고 96다17424 판결, 대법원 2012. 7. 12. 선고 2010다67593 판결 등 참조).

2. 원심은 그 채택증거를 종합하여 판시와 같은 사실을 인정한 다음,

① 지방자치단체인 피고는 이 사건 신탁계약 제22조 제1항 제2호, 즉 수탁자가 신탁재산을 환가하여 정산할 경우 '처분대금 수납 시까지 고지된 재산세 등 당해세'[21]를 제2순위로 충당하도록 한 내용을 근거로, 수탁자인 아시아신탁 주식회사(이하 '아시아신탁'이라고만 한다)에 대하여 위탁자인 주식회사 우황이앤씨(이하 '우황이앤씨'라고만 한다)에 부과된 재산세 등 상당액을 피고 자신에게 직접 지급할 것을 요구하고 있으나, 조세법률주의의 원칙상 원래의 납세의무자가 아닌 아시아신탁이 사법상 계약에 불과한 이 사건 신탁계약에 기하여 조세채무를 부담한다고 볼 수 없는 점, ② 이 사건 신탁계약 제22조 제1항 제2호를 피고로 하여금 아시아신탁에 대한 권리를 직접 취득하게 하는 '제3자를 위한 계약'으로도 볼 수 없는 점, ③ 위탁자인 우황이앤씨에 대한 조세채권에 기하여는 수탁자인 아시아신탁 소유의 신탁재산을 압류하거나 그 신탁재산에 대한 집행법원의 경매절차에서 배당을 받을 수도 없는 점 등을 종합하면, 피고는 아시아신탁을 상대로 우황이앤씨를 납세의무자로 하는 재산세 등 상당액의 지급을 구할 수 없다는 이유로, 신탁재산인 이 사건 각 부동산의 처분대금에 관하여 원고들보다 우선하여 정산받을 권리가 있다는 피고의 주장을 배척하였다.

앞서 본 법리와 기록에 비추어 살펴보면, 원심의 위와 같은 판단에 상고이유 주장과 같이 조세채무자의 특정 및 조세법률주의, 이 사건 신탁계약의 해석 등에 관한 법리를 오해한 잘못이 없다.

[원심판결] 서울고등법원 2016. 5. 19. 선고 2015나2070349 판결 [공탁금출급청구권확인]

【주 문】

1. 제1심판결을 취소한다.

---

19) 다만, 2014. 1. 1. 개정된 지방세법에서는 수탁자를 재산세의 납부의무자로 규정하고 있다([실무참고 2] 신탁과 조세 3. 지방세 부분 참조).

20) 현행 지방세법 하에서는 재산세의 납세의무자는 수탁자이므로, 이제는 수탁자 명의로 부과된 재산세 조세채권에 기하여도 수탁자 명의의 신탁재산에 대하여 압류하거나 그 신탁재산에 대한 집행법원의 경매절차에서 배당을 받을 수 있다. 다만, 신탁 이전에 신탁재산과 관련하여 위탁자에게 부과된 재산세 조세채권 및 신탁 이후에 위탁자에게 부과된 기타 조세채권에 기해서는 신탁 이후에는, 신탁 이전에 체납처분 등의 법적조치를 취하지 않은 이상, 여전히 수탁자 명의의 신탁재산에 대하여 압류하거나 그 신탁재산에 대한 집행법원의 경매절차에서 배당을 받을 수 없을 것이다.

21) 이는 '수탁자를 납세의무자로 하여 신탁재산에 부과된 당해세'를 의미한다.

2. 원고들과 피고 사이에, 아시아신탁 주식회사가 2014. 6. 27. 서울중앙지방법원 2014년 금 제13821호로 공탁한 452,744,160원 및 이에 대한 이자에 관한 공탁금출급청구권이 원고들에게 있음을 확인한다.

3. 소송총비용은 피고가 부담한다.

【청구취지 및 항소취지】

주문과 같다.

【이 유】

3. 판단

가. 살피건대, 피고가 주장하는 것처럼 이 사건 신탁계약에 따라 아시아신탁이 이 사건 각 부동산을 환가하여 그 처분대금을 정산할 때 제2순위로 충당되는 이 사건 신탁계약 제22조 제1항 제2호에서 정한 "처분대금 수납 시까지 고지된 재산세 등 당해세"에 위탁자인 우황이앤씨에 부과된 당해세도 포함된다고 하더라도, 다음과 같은 점을 고려하면, 피고가 이 사건 신탁계약 제22조 제1항 제2호를 근거로 하여 직접 아시아신탁에 대하여 우황이앤씨에 부과한 재산세 등 상당액의 지급을 구할 수는 없다고 보는 것이 타당하다.

1) 피고가 아시아신탁에 이 사건 각 부동산의 처분대금에서 지급하여 줄 것을 요구한 금액은 피고가 이 사건 각 부동산의 위탁자인 우황이앤씨에 부과한 재산세 등으로 조세채권이다. 그런데 조세채권은 국가 또는 지방자치단체 재정수입을 확보하기 위 하여 국세징수법 또는 지방세기본법에 의하여 우선변제권 및 자력집행권이 인정되는 권리로서 사적 자치가 지배하는 사법상의 채권과는 그 성질을 달리하여 그 성립과 행 사는 조세법률주의의 원칙상 오직 법률에 의해서만 가능한 것이고, 조세에 관한 법률에 의하지 아니한 사법상의 계약에 의하여 조세채무를 부담하게 하거나 이를 보증하게 하여 이들로부터 일반채권의 행사방법에 의하여 조세채권의 종국적 만족을 실현하는 것은 허용될 수 없다(대법원 1990. 12. 26. 선고 90누5399 판결, 대법원 2014. 3. 13.선고 2013다217054 판결 등 참조), 따라서 사법상 계약에 불과한 이 사건 신탁계약에 의하여 위 조세채권의 원래 조세채무자인 우황이앤씨 외에 이 사건 각 부동산의 수탁자인 아시아신탁까지 피고에 대하여 위 조세채무를 부담하게 된다고 볼 수는 없다.

2) 또한, 이 사건 신탁계약의 목적과 계약당사자의 의사 등에 비추어 보면 위 신탁계약 제22조 제1항 제2호를 피고에게 수탁자인 아시아신탁에 대한 권리를 직접 취득하게 하는 것을 목적으로 하는 제3자를 위한 계약으로 보기도 어렵고, 설령 위 조항을 제3자를 위한 계약으로 볼 여지가 있다고 하더라도, 사법상 계약인 이 사건 신탁계약에 의하여 피고가 아시아신탁에 대하여 조세채권을 취득하거나 행사할 수 있게 되는 것이 아닌 점은 마찬가지이다.

나. 그뿐만 아니라 다음과 같은 점을 종합적으로 고려하면, 이 사건 신탁계약 제22조 제1항 제2호에서 정한 "처분대금 수납 시까지 고지된 재산세 등 당해세"에는 이 사건 각 부동산과 관련하여 수탁자인 아시아신탁이 납세의무자로서 부담하는 당해세만이 포함된다고 해석하는 것이 보다 합리적이다.

1) 앞서 본 바와 같이 사법상 계약인 신탁계약에 의하여 수탁자에 대한 조세채권이 새로 성립될 수는 없고, 위탁자에 대한 조세채권에 기하여는 수탁자 소유의 신탁재산을 압류하거나 그 신탁재산에 대한 집행법원의 경매절차에서 배당받을 수 없는 것인바(대법원 2012. 4.12. 선고 2010두4612 판결, 대법원 2012. 7.12. 선고 2010다67593판결 등 참조), 위 조항에서 말하는 당해세에 위탁자에 대하여 부과된 재산세 등도 포함된다고 보더라도, 수탁자가 신탁부동산의 처분대금을 정산할 때 위탁자에 대하여 부과된 재산세나 종합부동산세 등 당해세를 임의로 지급하지 아니하는 경우에도 지방자치단체는 수탁자에 대하여 그 조세채권을 직접 행사할 수 없으므로, 위탁자에 대하여 부과된 당해세까지 포함하는 것

으로 해석할 실질적인 의의가 없다. 또한, 이 사건 신탁계약 제22조 제1항에서 우선수익자의 채권보다 우선하여 정산하여야 할 것으로 정하고 있는 채권 중 위 당해세를 제외한 나머지 채권들(수탁자의 보수, 신탁설정 전 근저당권자의 채권, 대항력 있는 임차인의 임대차보증금 등)은 모두 처분대금의 정산 시 충당순서를 규정한 위 제22조 제1항에 의하여 그 채권자들이 비로소 권리를 취득하는 것이 아니라 당사자 사이의 계약이나 그 밖의 법률상 근거에 의하여 원래 우선수익자의 권리에 우선하는 권리가 있는 경우를 규정한 것으로 보인다. 그렇다면 당해세의 경우에도 위 제22조 제1항의 존부와 무관하게 지방자치단체가 원래 수탁자를 상대로 하여 행사할 수 있는 수탁자에게 부과된 당해세로 한정된다고 보는 것이 타당하다.

2) 이 사건 신탁계약 제22조 제1항 제2호에서 우선수익자의 채권에 우선하는 당해세를 명시적으로 수탁자에게 부과된 당해세로 한정하고 있지는 아니하나, 이 사건 신탁계약 당시 시행되던 구 신탁법(2011. 7. 25. 법률 제10924호로 전부 개정되기 전의 것, 이하 같다) 제21조 제1항(현행 신탁법 제22조 제1항)에서 예외적으로 신탁재산에 대하여 강제집행 등을 할 수 있다고 규정한 사유 중 하나인 '신탁사무의 처리상 발생한 권리에 기한 경우'에 관하여도, 판례는 신탁법에 의한 신탁재산은 대내외적으로 소유권이 수탁자에게 완전히 귀속되고 위탁자와의 내부관계에서 그 소유권이 위탁자에게 유보되어 있는 것이 아닌 점, 구 신탁법 제21조 제1항은 신탁의 목적을 원활하게 달성하기 위하여 신탁재산의 독립성을 보장하는 데 그 입법취지가 있는 점 등을 종합적으로 고려할 때 위 '신탁사무의 처리상 발생한 권리'에는 수탁자를 채무자로 하는 것만이 포함되며, 위탁자를 채무자로 하는 것은 포함되지 않는다고 해석하고 있다(위 2010두4612 판결 참조).

3) 한편, 이 사건 신탁계약 제15조에서는 신탁부동산에 대한 제세공과금은 위탁자가 부담하고, 위탁자가 이를 지급시기에 납부하지 않는 경우 수탁자가 대신 납부할 수 있으며 이 경우 위탁자는 지연손해금을 포함하여 수탁자에게 이를 상환하도록 정하고 있고, 특약사항 제7조에서도 신탁재산과 관련된 세무 및 회계사항은 위탁자의 부담으로 위탁자가 신고납부 하여야 한다고 정하고 있는바, 기본적으로 신탁부동산과 관련하여 위탁자에게 부과되는 제세공과금은 위탁자가 부담하는 것을 전제로 하고 있다. 이 사건 신탁계약 제15조 제4항에 의하여 수탁자가 위탁자에게 부과된 제세공과금을 대신 납부한 경우 그 비용이 우선수익자에게 지급할 금전보다 우선 정산되는 경우가 생길 수 있고 이러한 경우에는 실질적으로 국가나 지방자치단체의 조세채권이 우선수익자의 권리보다 우선하여 만족을 얻는 결과가 될 것이나, 이는 위탁자가 부담하여야 하는 제세공과금을 수탁자가 대신 납부하였고 위탁자가 이를 상환하지 아니한 경우에만 발생하는 결과이므로 이와 같은 사정을 고려하여 위 제22조 제1항 제2호의 당해세에 위탁자에게 부과된 세금도 당연히 포함되는 것으로 해석해야 할 필요는 없다.

4) 이 사건 신탁계약 체결 당시 시행되던 구 지방세법(2010. 3. 31. 법률 제10221호로 전부 개정되기 전의 것) 제183조 제1, 2항에 의할 때, 신탁법에 따라 수탁자명의 등기·등록된 신탁재산의 경우에는 위탁자가 재산세의 납세의무자이나, 신탁재산이 라 하더라도 수탁자명의로 등기되지 않은 신탁재산의 경우에는 원칙적인 납세의무자인 재산을 사실상 소유하고 있는 자로서 수탁자가 납세의무자가 되는 점(대법원 2014. 11. 27. 선고 2012두26852 판결 등 참조)을 고려하면, 위탁자에게 부과된 재산세가 위 제22조 제1항 제2호에 포함되지 않는다고 하여 위 규정이 아무런 의미가 없다고 볼 수는 없다.

다. 따라서 이 사건 공탁금은 위탁자인 우황이앤씨에 대한 재산세 등 조세채권을 가지고 있는 피고에게 우선 정산되어야 할 금원이 아니라 우선수익자들에게 지급되어야 할 금원이므로 이 사건 공탁금의 출급청구권자는 피고가 아니라 이 사건 신탁계약상 우선수익자 또는 우선수익자의 파산관재인인 원고들이라 할 것이고, 상대적 불확지 변제공탁의 다른 피공탁자인 피고가 자신에게 출급청구권이 있다고 주장하면서 이를 다투고 있는 이상 확인의 이익도 있다.

5. 대법원 2017. 9. 21. 선고 2015다52589 판결 [소유권이전등기등][22]

[논점] 담보신탁의 경우, 금전채권이 제3자에게 양도 또는 전부되었다는 사정만으로 우선수익권이 금전채권에 수반하여 제3자에게 이전되거나 금전채권과 우선수익권의 귀속이 달라졌다는 이유만으로 우선수익권이 소멸하는지 여부

【이 유】

1. 위탁자가 금전채권을 담보하기 위하여 그 금전채권자를 우선수익자로, 위탁자를 수익자로 하여 위탁자 소유의 부동산을 신탁법에 따라 수탁자에게 이전하면서 채무불이행 시에는 신탁부동산을 처분하여 우선수익자의 채권 변제 등에 충당하고 나머지를 위탁자에게 반환하기로 하는 내용의 담보신탁을 해 둔 경우, 특별한 사정이 없는 한[23] 우선수익권은 경제적으로 금전채권에 대한 담보로 기능할 뿐 금전채권과는 독립한 신탁계약상의 별개의 권리가 된다. 따라서 이러한 우선수익권과 별도로 금전채권이 제3자에게 양도 또는 전부되었다고 하더라도 그러한 사정만으로 우선수익권이 금전채권에 수반하여 제3자에게 이전되는 것은 아니고, 금전채권과 우선수익권의 귀속이 달라졌다는 이유만으로 우선수익권이 소멸하는 것도 아니다(대법원 2017. 6. 22. 선고 2014다225809 전원합의체 판결 참조).

2. …원심은 위와 같은 사실관계를 토대로, 크레타건설의 우선수익권은 이 사건 대여금채권에 대한 비전형 담보물권으로서 이 사건 전부명령에 따라 대여금채권과 함께 소외인에게 이전되었으므로, 이 사건 신탁계약은 유효하게 존속한다고 판단하였다. 그리고 피고가 이 사건 전부명령에 따라 이 사건 대여금채권과 우선수익권의 귀속주체가 달라져서 우선수익권이 소멸하였고 이 사건 신탁계약도 해지 또는 종료되었음을 전제로 하여, 원고가 운남조합에 이 사건 토지의 소유권을 반환할 의무를 부담하고 피고가 운남조합으로부터 위 토지를 양수하였으므로, 피고 명의의 소유권보존등기는 실체관계에 부합하여 유효하고, 원고가 피고를 상대로 위 토지에 관하여 소유권이전등기절차의 이행을 구하는 것은 신의칙에 반하거나 권리남용에 해당한다고 주장하나, 이 사건 신탁계약이 유효하게 존속하는 이상 이와 다른 전제에서 하는 주장은 받아들일 수 없다는 이유로 피고의 주장을 배척하였다.

3. …원심의 판단 중 이 사건 대여금채권이 소외인에게 전부되었다는 사정만으로 위 대여금채권과는 독립한 별개의 권리인 우선수익권도 소외인에게 이전되었다고 판시한 부분은 부적절하다. 그러나 이 사건 대여금채권이 동일성을 유지한 채 소외인에게 전부되어 종전과 귀속주체만 달리하게 되었을 뿐, 위 대여금채권과 독립한 별개의 권리인 크레타건설의 우선수익권은 소멸하지 않았으므로, 이 사건 담보신탁계약은 여전히 유효하게 존속한다.[24] 따라서 이 사건 신탁계약이 유효하게 존속한다는 이유로, 위 신탁계약이 해지 또는 종료되었음을 전제로 한 피고의 주장을 배척한 원심의 판단은 결론에 있어서는 정당하고, 거기에 상고이유 주장과 같이 전부명령의 효력, 신탁계약에서 우선수익권의 법적 성질, 담보물권의 수반성, 신탁계약의 해지에 관한 법리를 오해하여 판결에 영향을 미친 잘못이 없다.

[원심판결] 서울고등법원 2015. 7. 16. 선고 2013나65064 판결 [소유권이전등기등]

【주 문】

1. 피고의 항소를 기각한다.
2. 항소비용은 피고가 부담한다.

---

22) 이 사안은 대법원 2017. 6. 22. 선고 2014다225809 전원합의체 판결[7번 판례]의 사실관계와 동일하다.

23) 신탁계약의 당사자 사이에 다른 약정을 한 경우가 이에 해당할 수 있을 것이다.

24) 이 부분 판시에 대한 개인적인 의견은 대법원 2017. 6. 22. 선고 2014다225808 전원합의체 판결[7번 판례]의 각주를 참고할 것.

【청구취지 및 항소취지】

1. 청구취지

피고는 원고에게 별지2 목록 기재 부동산에 관하여 진정명의회복을 원인으로 한 소유권이전등기절차를 이행하라.

2. 항소취지

제1심판결을 취소하고 원고의 청구를 기각한다.

【이 유】

2) 판단

가) 앞서 본 기초사실에 비추어 인정되는 다음과 같은 사정 즉, ① 운남조합이 크레타건설로부터 이 사건 대여금 합계 220억 원을 차용하면서 이 사건 대여금 채권의 담보를 위하여 원고와 부동산담보신탁을 체결하고 그 담보신탁의 우선수익자를 크레타건설로 하되 그 우선수익권에 대하여 지에스건설이 질권을 설정하여 우선수익권 증서를 지 에스건설에게 주기로 한 점, ② 운남조합이 대여금을 모두 변제하지 못할 경우 우선수익자인 크레타건설뿐 아니라 질권자인 지에스건설도 수탁자인 원고에게 처분을 요청할 수 있고 그에 따라 담보부동산을 지에스건설이 직접 취득하거나 지에스건설이 지정하는 자에게 소유권을 이전할 수 있도록 한 점, ③ 운남조합과 크레타건설, 지에스건설 사이의 제1, 2차 대여금 약정에 따라 제1, 2차 담보신탁계약이 체결되었는데 그 신탁계약의 신탁 목적이 신탁부동산의 소유권관리와 위탁자가 부담하는 채무 내지는 책임의 이행을 보장하기 위하여 수탁자가 신탁부동산을 보전·관리하고 채무불이행시 환가·정산하는데 있는 점 등을 종합하면, 제1, 2차 담보신탁계약은 채무자인 운남조합이 자신의 채무를 담보하기 위하여 저당권 등의 담보권을 설정하는 대신 채권자인 크레타건설을 우선수익자로 하여 그 수탁자인 원고에게 담보의 목적으로 부동산의 소유권을 이전하고, 채무자인 운남조합이 채무를 이행하지 아니할 때 임의매각 등의 방법으로 부동산을 처분하여 그 매각대금을 우선수익자인 크레타건설에게 우선 지급하고 잔액이 있으면 채무자인 운남조합에게 반환하게 하는 신탁계약으로서, 크레타건설의 우선수익권을 크레타건설의 운남조합에 대한 이 사건 대여금 채권에 대한 담보로 제공한 비전형 담보물권으로서의 성격을 가지고 있다고 할 것이다.

…

다) 그렇다면 A의 이 사건 전부명령에 의하여 제1, 2 담보신탁계약의 우선수익자의 지위가 크레타건설에서 A에게 이전되는가에 관하여 본다.

우리 민법상 담보물권은 피담보채권에 부종하고(민법 제361조), 피담보채권에 대한 채권압류 및 전부명령이 있을 경우 담보물권은 피담보채권의 전부에 따라 당연히 전부채권자에게 이전된다. 이와 같은 법리는 비전형 담보물권의 성질을 가진 제1, 2차 담보신탁계약과 같은 내용의 부동산담보신탁계약에 대해서도 동일하게 적용되어야 하는데, 이러한 부동산담보신탁계약의 경우 담보권의 형태가 채권자인 우선수익자가 취득하는 우선수익권의 형태로 발현되므로 그 우선수익권의 이전이라는 방식에 의하여 부종성(수반성)이 발현되어야 할 것이다.

따라서 A의 이 사건 전부명령에 의하여 제1, 2 담보신탁계약의 우선수익권은 크레타건설에서 A에게 이전되었다고 할 것이다.

6. 대법원 2017. 7. 11. 선고 2013다55447 판결 [분양대금반환][25)]

[논점] 건축물 분양에 관한 법률에 따라 분양자와 신탁사 간에 체결된 분양관리신탁계약 및 대리사무계약이 체결되고 수분양자가 분양대금을 전부 신탁사의 계좌로 납입하였는데, 그 후 수분양자가 분양자와 신탁사를 상대로 분양계약 해제로 인한 원상회복 또는 분양계약 취소로 인한 부당이득반환으로 수분양자가 납부한 분양대금 등의 지급을 청구할 수 있는지 여부

【이 유】

2. 피고 케이비부동산신탁 주식회사에 대한 상고이유에 관하여

가. 상고이유 제1점, 제2점에 관하여

1) 계약의 일방당사자가 계약상대방의 지시 등으로 급부과정을 단축하여 계약상대방과 또 다른 계약관계를 맺고 있는 제3자에게 직접 급부한 경우(이른바 삼각관계에서의 급부가 이루어진 경우), 그 급부로써 급부를 한 계약당사자의 상대방에 대한 급부가 이루어질 뿐 아니라 그 상대방의 제3자에 대한 급부도 이루어지는 것이므로 계약의 일방당사자는 제3자를 상대로 하여 법률상 원인 없이 급부를 수령하였다는 이유로 부당이득반환청구를 할 수 없다. 이러한 경우에 계약의 일방당사자가 계약상대방에 대하여 급부를 한 원인관계인 법률관계에 무효 등의 흠이 있거나 그 계약이 해제되었다는 이유로 제3자를 상대로 하여 직접 부당이득반환청구를 할 수 있다고 보면 자기 책임 아래 체결된 계약에 따른 위험부담을 제3자에게 전가하는 것이 되어 계약법의 원리에 반하는 결과를 초래할 뿐만 아니라 수익자인 제3자가 계약상대방에 대하여 가지는 항변권 등을 침해하게 되어 부당하다(대법원 2003. 12. 26. 선고 2001다46730 판결, 대법원 2015. 4. 23. 선고 2014다77956 판결 등 참조).

2) 원심은, 주위적 청구에 관하여 피고 리얼스페이스가 원고들에게 이 사건 각 분양계약상 이 사건 상가를 수산물유통센터로 기능할 수 있도록 기본시설을 갖추어 상가를 공급하여야 할 계약상 의무가 있음에도 이를 이행하지 않았다는 점, 이 사건 상가의 기본시설이 갖추어져 있지 않아 원고들이 분양계약상 본래의 목적을 달성할 수 없다는 점, 이 사건 상가에 수산물유통센터로서의 구조적, 기능적 결함이 존재한다는 점을 인정할 증거가 부족하고, 피고 리얼스페이스가 원고들로 하여금 이 사건 상가의 주차장 부분을 1층 상가를 위한 전용 부속 주차장으로 사용할 수 있게 하고 위 주차장 공간에 1층 상가 영업을 위한 창고, 경매장 및 업무시설 등을 설치한다고 약정하였더라도, 그 약정은 이 사건 각 분양계약의 부수적 채무에 불과하므로 원고들이 그 채무불이행을 원인으로 이 사건 각 분양계약 및 주차장 분양계약을 해제할 수 없다고 판단하여 원고들의 주위적 청구를 모두 배척하였다.

나아가 원심은, 제1예비적 청구에 관하여 피고 리얼스페이스가 원고들과 이 사건 각 분양계약을 체결할 당시 이 사건 각 분양대금채권을 피고 케이비부동산신탁 주식회사(이하 '피고 케이비신탁'이라고 한다)에 양도하였고 원고들이 이를 승낙하였으며 원고들이 이 사건 각 분양대금을 전부 피고 케이비신

---

25) 대법원 2017. 6. 15. 선고 2013다8960 판결[10번 판례] 및 대법원 2015. 4. 23. 선고 2014다77956 판결[36번 판례]도 같은 취지이다. 이 판결들은 '건축물 뷴양에 관한 법률이 적용되는 분양사업으로서 동법에 따라 분양관리신탁계약과 자금관리대리사무계약이 체결되고 분양대금채권이 신탁업자에게 양도되어 분양대금채권이 신탁재산을 구성하면서 분양대금이 신탁업자의 계좌로 납입되는 경우'를 다루고 있는 사안이다(특히 위 2013다8960 판결과 2013다55447 판결은 사실관계가 동일하다). 한편, 대법원은 '건분법이 적용되지 않은 분양사업으로서 부동산담보신탁계약 및 자금관리대리사무계약이 체결되고 분양대금채권이 신탁업자에게 양도되지 않았으나 분양대금이 신탁업자의 계좌로 납입되는 사안'에 대해서도 분양계약의 해제, 취소로 인한 신탁업자의 원상회복 및 부당이득 반환을 부정하고 있다(대법원 2015. 1. 1. 5. 선고 2013다26838 판결[42번 판례], 대법원 2014. 12. 11. 선고 2013다71784 판결[45번 판례], 대법원 2014. 12. 11. 선고 2012다70852 판결[46번 판례]). 위 사안들에 관한 판결의 흐름에 대해서는, 광장신탁법연구회, 주석 신탁법(제2판), 박영사, 591면 이하, 노상범·고동원, 부동산 금융법(제3판)-이론과 실무-, 박영사, 254면 이하를 각 참고할 것.

탁 계좌로 납입한 사실을 인정한 다음, 이 사건 각 분양대금채권이 양도됨으로써 채무자인 원고들과 양수인인 피고 케이비신탁 사이에 직접적인 채권·채무관계가 설정되었고 피고 케이비신탁이 양수한 분양대금채권의 행사가 그 고유의 이익을 위한 것이 아니어서, 그 기초가 된 이 사건 각 분양계약이 취소되어 소급적으로 무효가 된 경우에 위 채권·채무관계에 의하여 원고들이 피고 케이비신탁에 이행한 급부는 법률상 원인이 없게 되었다는 이유로, 수탁자인 피고 케이비신탁은 이 사건 분양관리신탁계약 및 대리사무계약에 따라 관리하고 있는 신탁재산의 한도 내에서만[26] 수분양자인 원고들에게 분양대금을 반환할 책임이 있다는 취지로 판단하였고, 이 사건 각 분양계약의 당사자인 피고 리얼스페이스와 또 다른 계약관계에 있는 제3자인 피고 케이비신탁은 이 사건 각 분양계약의 취소로 인한 부당이득반환청구의 상대방이 될 수 없다는 위 피고의 주장을 배척하였다.

3) 앞서 본 법리에 비추어 보면,

원고들이 이 사건 각 분양계약에 따라 피고 케이비신탁 명의의 계좌에 분양대금을 입금한 것은 이른바 '단축급부'에 해당하고, 이러한 경우 피고 케이비신탁은 피고 리얼스페이스와의 이 사건 분양관리신탁계약 및 대리사무계약에 따른 변제로서 정당하게 분양대금을 수령한 것이므로, 원고들이 피고 케이비신탁을 상대로 법률상 원인 없이 급부를 수령하였다는 이유로 원상회복청구나 부당이득반환청구를 할 수 없다.[27]

원심이 주위적 청구에 관하여 피고 리얼스페이스가 이 사건 상가를 수산물유통센터로서 기능을 다할 수 있도록 필요한 기본시설을 설치할 의무를 부담하지 않거나 그러한 의무를 위반하였음을 인정할 수 없다고 판단한 것과, 이 사건 상가의 주차장 부분에 상가를 위한 부대시설을 설치·구비하여야 할 의무를 이 사건 각 분양계약의 부수적 채무에 불과하다고 본 것은 적절하지 않다고 볼 여지가 있지만, 이러한 판단과 상관없이 피고 케이비신탁에 이 사건 각 분양계약 해제에 따른 원상회복의무가 있음을 인정할 수 없다고 한 원심의 판단[28]은 결과적으로 정당하다. 그러므로 주위적 청구에 관한 원심판단에는 상고이유 주장과 같이 판결에 영향을 미친 잘못이 없다.[29]

---

26) 신탁재산 잔액이 아니라 '위탁자가 수탁자에게 신탁한 부동산 및 금전 등 재산 전체'를 의미하는 취지로 보아야 할 것이다.

27) 이 사안은 분양대금채권이 신탁사인 피고에게 양도되었고 신탁재산을 구성하고 있으며 이에 대해 원고도 승낙한 것이므로 피고는 분양대금채권양도에 의해 원고로부터 분양대금을 직접 수령 및 청구할 수 있는 지위(채권자-채무자의 지위)에 있다고 보아야 한다. 즉 수분양자인 원고와 신탁사인 피고는 직접 채권채무관계가 있으며, 분양계약, 분양관리신탁계약 및 대리사무계약에 따라 분양대금채권의 양도가 이미 이루어진 이상 신탁사가 분양대금을 수령한 것은 채권자의 지위에서 이루어진 것이다. 따라서 '단축된 급부' 또는 '삼각관계에서의 급부'라는 논리를 이 사안에서 원용하기에는 타당하지 않은 것으로 생각된다. 한편 이 사안과 동일한 사안을 다루고 있는 대법원 2013다8960 판결[10번 판례]에서도 수분양자들의 신탁사에 대한 부당이득반환청구를 인정하지 않고 있다. 다만, 동 판결은 부당이득을 부인하는 근거에 있어서는 '단축된 급부' 또는 '삼각관계에서의 급부'라는 표현을 직접적으로 사용하지 않고 있다는 점에 약간 차이가 있다.

28) 원심판결은 '단축된 급부' 또는 '삼각관계에서의 급부'이기 때문이 아니라 분양계약의 해제사유가 인정되지 않는다는 이유로 분양계약 해제로 인한 수분양자들의 신탁사에 대한 원상회복청구를 부정하고 있는 것뿐이다. 그런데 이 사안의 경우에는 분양대금채권의 양도가 이루어졌다는 점과 민법 제548조 제1항 단서에서 규정하고 있는 제3자란 일반적으로 계약이 해제되는 경우 그 해제된 계약으로부터 생긴 법률효과를 기초로 하여 해제 전에 새로운 이해관계를 가졌을 뿐 아니라 등기·인도 등으로 완전한 권리를 취득한 자를 말하고, 계약상의 채권을 양수한 자는 여기서 말하는 제3자에 해당하지 않는다는 판례(대법원 2003. 1. 24. 선고 2000다22850 판결[참고판례 1], 대법원 2000. 4. 11. 선고 99다51685 판결 등 참조)에 비추어 볼 때, 이 사안에서 만일 계약해제사유가 인정되어 분양계약이 해제되었더라면 신탁사는 일단 형식상으로는 위 2000다22850 판결에서 말하는 제3자에 해당한다고 볼 여지가 있다. 따라서 대법원 판결에서는 우선, (신탁사가 분양대금채권을 양수한 취지 등 건분법의 취지, 분양관리신탁계약 및 대리사무계약의 취지 및 내용 등을 고려하여) 이 사안에서 위 2000다22850 판결과 달리 신탁사가 제3자에 해당하지 않는다고 보아야 할 다른 논거(이유)가 있는지(예를 들면, 원심판결이 들고 있는 '계약취소로 인한 부당이득' 사안에 관한 판결에서와 같은 논거로 제3자의 범위를 제한할 것인지 등), 아니면 제3자에 해당하더라도 자금관리자에 불과한 신탁사의 원상회복을 부인할 다른 특단의 사정이 있는 것인지 여부에 대한 판단이 이루어졌어야 할 것인데 이에 대한 판단이 없다는 아쉬움이 있다.

29) 이 경우 원고들은 분양자를 대위하여, 분양자의 피고에 대한 자금인출 요청권 및 대출금융기관들에 대한 자금인출 동의

한편 앞서 본 법리에 비추어 보면, 원심이 그 판시와 같은 이유만으로 제1예비적 청구를 일부 인용한 것은 잘못이지만, 원고들만이 상고한 이 사건에서 불이익변경금지의 원칙상 원고들에게 더 불리한 청구기각의 판결을 선고할 수는 없으므로, 이 부분에 관한 원심판결을 그대로 유지할 수밖에 없다. 원심이 인용한 대법원 2003. 1. 24. 선고 2000다22850 판결[30]은 이 사건과 사안을 달리하므로 이 사건에 원용할 수 있는 것이 아니다.

[원심판결] 서울고등법원 2013. 5. 30. 선고 2011나82454 판결 [분양대금반환]

【주 문】

1. 당심에서 확장 및 추가된 원고들의 청구를 포함하여 제1심판결 중 원고들에 대한 부분을 다음과 같이 변경한다.

가. 원고들의 주위적 청구를 모두 기각한다.

나. 원고들의 제1 예비적 청구에 기하여, 원고들에게,

1) 피고 주식회사 K는 별지1 "분양계약 내역표"의 "납부한 분양대금"란 기재 각 금원 및 이에 대하여 같은 표의 "최종납입일"란 기재 각 일자부터 다 갚는 날까지 연 6%의 비율에 의한 금원을 지급하고,

2) 피고 케이비부동산신탁 주식회사는 원고들로부터 별지2 "등기현황표"의 "목적부동산"란 기재 각 부동산에 관하여 수원지방법원 용인등기소의 같은 표 중 "소유권이전등기"란 기재 각 소유권이전등기의 말소등기절차를 이행받음과 동시에, 신탁재산의 한도 내에서 피고 주식회사 K와 각자 위 1)항 기재 금원 중 별지1 "분양계약 내역표"의 "납부한 분양대금"란 기재 각 금원 및 이에 대하여 2010. 12. 3.부터 다 갚는 날까지 연 6%의 비율에 의한 금원을 지급하라.

다. 원고들의 나머지 예비적 청구를 모두 기각한다.

2. 소송총비용은 피고들이 부담한다.

3. 제1의 나.항은 가집행할 수 있다.

【청구취지 및 항소취지】

1. 청구취지

피고들은 연대하여 원고들에게 별지1 "분양계약 내역표"의 "납부한 분양대금"란 기재 각 금원 및 이에 대하여 같은 표 중 "최종납입일"란 기재 각 일자부터 이 사건 소장부본 송달일까지는 연 6%, 그 다음 날부터 다 갚는 날까지는 연 20%의 각 비율에 의한 금원을 지급하라(원고들은 당초 주위적으로 분양계약 해제로 인한 원상회복청구를, 예비적으로 분양계약의 취소로 인한 부당이득반환청구를 하다가, 당심에 이르러 최종적으로 사기의 불법행위를 원인으로 한 손해배상청구를 제2 예비적 청구로 추가하면서, 위와 같이 청구취지를 확장하였다. 그러나 원고들의 주위적 및 제1 예비적 청구는 성질상 양립 가능한 청구인바, 이는 선택적 관계에 있는 청구를 심판의 순위를 붙여 구하는 이른바 부진정 예비적 병합으로서 허용된다).

2. 항소취지

제1심 판결 중 원고들에 대한 부분을 취소한다. 일부 청구로서, 피고들은 연대하여 원고들에게 각

요청권을 함께 행사하는 것을 고려해 볼 수 있을 것이다.

30) 원심판결에서 인용하는 이 대법원 판결은 해제에 관한 사안이어서 '계약취소로 인한 부당이득'을 인정하고 있는 원심판결의 사안에 원용하기에는 적절하지 않은 측면이 있다. 대법원 판결에서도 이 부분을 지적하고 있는 것으로 보인다.

31,000,000원 및 이에 대한 이 사건 소장부본 송달 다음 날부터 다 갚는 날까지 연 20%의 비율에 의한 금원을 지급하라.

【이 유】

4. 원고들의 주장에 대한 판단

…피고 K가 이 사건 각 분양계약 체결 당시 이 사건 각 분양대금 채권을 피고 케 이비신탁에게 양도하였고 원고들이 이를 승낙하였으며(이 사건 각 분양계약 제13조 제2항), 원고들이 이 사건 각 분양대금을 전부 피고 케이비신탁 계좌로 납입한 사실은 1. 기초사실에서 인정한 바와 같다.

이러한 사실관계에서 이 사건 각 분양계약이 취소된 경우의 법률관계에 관하여 보건대, 이 사건 각 분양대금채권이 양도됨으로써 채무자인 원고들과 양수인인 피고 케이비신탁 사이에는 직접적인 채권·채무관계가 설정되었는바, 그 기초가 된 이 사건 각 분양계약이 취소되어 소급적으로 무효로 된 경우에는 특별한 사정이 없는 한 위 채권·채무관계에 의하여 원고들이 피고 케이비신탁에게 이행한 급부는 법률상 원인이 없게 되었다고 할 것이므로, 급부를 이행받은 피고 케이비신탁은 원고들에게 이를 반환할 의무가 있다(대법원 2003. 1. 24. 선고 2000다22850 판결 참조).[31]

그리고 피고 K는 이 사건 각 분양대금채권을 전부 피고 케이비신탁에게 양도함에 따라 원고들로부터 어떠한 급부도 이행받은 사실이 없기는 하지만, ① 피고 케이비신탁은 분양관리신탁계약의 수탁자로서 건축물의 분양에 관한 법률이 정한 바에 따라 분양수입금을 적정하게 관리·집행함으로써 피분양자들을 보호하기 위하여 이 사건 분양대금채권을 양수하여 수납·관리할 권리와 의무를 가지게 된 것이고, 이 사건 분양대금채권의 실질적, 종국적 귀속 주체는 시행사인 피고 K인 점, ② 뒤에서 상술하는 바와 같이 피고 케이비신탁은 이 사건 분양신탁계약 및 대리사무계약에 따라 관리하고 있는 신탁재산의 한도 내에서만 분양계약의 취소로 인한 반환의무를 질 뿐이므로, 그 종국적인 반환의무는 시행사이자 분양자인 피고 K에게 있다고 봄이 합당한 점 등을 고려하여 보면, 피고 K도 또한 원고들에 대하여 이 사건 각 분양계약의 취소로 인한 부당이득반환의무를 부담한다.

한편 피고 K와 피고 케이비신탁의 각 부당이득반환채무는 서로 동일한 경제적 목적을 가지고 어느 일방이 채무를 이행함으로써 다른 일방의 채무도 함께 소멸되는 관계에 있으므로 각 채무가 중첩되는 범위 내에서는 서로 부진정연대채무의 관계에 있다.

…그러나 피고 케이비신탁이 이 사건 각 분양대금 채권을 행사하여 원고들로부터 분양대금을 지급받은 것은, 앞서 살펴본 바와 같이 원고 및 피고들이 각 당사자가 된 이 사건 각 분양계약 체결 당시 피고 K가 이 사건 각 분양대금 채권을 피고 케이비신탁에게 양도하였고 원고들이 이를 승낙한 것에 따른 것이고, 더욱이 피고 케이비신탁은 분양관리신탁계약의 수탁자로서 건축물의 분양에 관한 법률이 정한 바에 따라 분양수입금을 적정하게 관리·집행함으로써 피분양자들을 보호하기 위하여 이 사건 분양대금채권을 양수하여 수납·관리한 것일 뿐, 그가 양수한 분양대금채권의 행사가 피고 케이비신탁 고유의 이익을 위한 것이 아니므로, 피고 케이비신탁이 제3자를 위한 계약의 수익자에 불과하다거나 지시에 의한 단축급부의 단순한 상대방에 불과하다고 할 수 없다. 이와 반대의 전제에 선 피고 케이비신탁의 위 주장은 더 나아가 살필 필요 없이 이유 없다.

…우선 이 사건 각 분양계약서 제13조 제2항에 의하면, 피고 K의 피분양자에 대한 분양대금채권을 피고 케이비신탁에게 양도하고, 피분양자(원고들)는 이를 승낙한다.'라고 규정되어 있는 사실은 앞서

31) 원심판결에서 인용하는 이 대법원 판결은 해제에 관한 사안이어서 '계약취소로 인한 부당이득'에 관한 원심판결의 사안에 원용하기에는 적절하지 않다. 원심판결에 대한 대법원 판결에서도 이 부분을 지적하고 있다.

인정한 바와 같다. 그러나 ① 이 사건 각 분양계약이 체결됨과 동시에 분양대금채권의 양도 및 승낙이 함께 이루어졌는바, 원고들이 이 사건 각 분양계약 체결 당시에는 피고 K에게 기망 당하였다는 사실을 알지 못하여 그에 관한 이의를 보류하고 채권양도에 승낙한다는 것은 애당초 가능하지 않았던 점, ② 민법 제451조 제1항은 양수인의 신뢰를 보호하고 채권양도 거래의 안전을 보장하려는 규정인데, 앞서 살펴본 바와 같이 피고 케이비신탁이 이 사건 분양대금채권을 양수하여 수납관리하게 된 것은 분양관리신탁계약의 수탁자로서 피분양자들을 보호하기 위한 것일 뿐, 피고 케이비신탁 고유의 이익을 위한 것이 아닌 점 등을 고려하여 보면, 원고들은 이 사건 각 분양계약의 취소로서 채권양수인인 피고 케이비신탁에게 대항할 수 있다. 피고 케이비신탁의 이 부분 주장은 이유 없다.

…살피건대, 사기를 이유로 한 법률행위의 취소로써 대항할 수 없는 민법 제110조 제3항 소정의 제3자라 함은 사기에 의한 의사표시를 기초로 하여 새로운 법률원인으로써 이해관계를 맺은 자를 의미하고(대법원 1997. 12. 26. 선고 96다44860 판결 등 참조), 이에 해당하는지 여부는 형식적으로만 판단할 것이 아니라 권리관계에 기초하여 실질적으로 판단하여야 할 것인데, 앞서 본 바와 같이 피고 케이비신탁은 수탁자로서 분양수입금의 관리·집행을 위하여 분양자인 피고 K로부터 이 사건 분양대금채권을 양수하였을 뿐 양수한 분양대금채권에 관하여 고유한 법률상의 이익을 가지는 것은 아닌 점, 뒤에서 상술하는 바와 같이 피고 케이비신탁은 신탁재산의 범위 내에서 분양계약의 취소로 인한 반환의무를 질뿐인 점 등을 고려하면, 피고 케이비신탁은 이 사건 각 분양계약의 취소로써 대항할 수 없는 민법 제110조 제3항 소정의 제3자에 해당한다고 볼 수 없다. 피고 케이비신탁의 이 부분 주장도 이유 없다.

…앞서 본 바와 같이 원고들이 각 분양받은 이 사건 상가 중 해당 점포에 관하여 수원지방법원 용인등기소의 별지2 “등기현황표” 중 “소유권이전등기”란 기재와 같이 각 소유권이전등기를 마친 사실이 인정되고, 이 사건 각 분양계약이 적법하게 취소되었으므로, 원고들은 피고 케이비신탁에게 이 사건 각 분양계약의 취소에 따른 부당이득반환으로서 위 각 부동산에 대하여 마쳐진 원고들 명의의 위 각 소유권이전등기를 말소할 의무가 있으며, 위 각 소유권이전등기의 말소의무와 피고들의 원고들에 대한 분양대금반환의무는 동시이행관계에 있다.

…마지막으로 피고 케이비신탁이 이 사건 분양신탁계약 및 대리사무계약에 따라 관리 중인 신탁재산의 한도 내에서만 반환의무를 부담하는 지에 관하여 보건대, ① 이 사건 각 분양계약서 제13조 제1항은 “신탁 및 대리사무”라는 제목 아래 피고 케이비신탁 이 사업부지 신탁등기 및 분양수입금 등의 자금관리를 담당하며 그 외 매도인으로서의 책임을 지지 않는다고 정하고 있고, 제2항에는 피고 K가 피고 케이비신탁에게 분양대금채권을 양도하도록 정하고 있는바, 이는 피고 케이비신탁이 신탁 및 대리사무의 업무를 수행하는 수탁자로서 분양수입금의 관리를 위하여 분양대금채권을 양도받은 것이고, 그 업무 목적을 초과하여서는 이 사건 각 분양계약에 따른 책임이 없음을 명확히 한 것으로 해석되는 점, ② 이 사건 분양신탁계약에 따르면, 수탁자는 분양수입금을 사업약정 및 대리사무계약에 따라 본건 분양사업에 사용하고(제6조), 수탁자가 신탁사무의 집행에 관하여 선관주의의무를 위반하지 않는 한 신탁사무의 처리와 관련하여 발생한 제반 비용이나 채무에 관하여 책임이 없고, 다만 신탁재산으로부터 지급할 수 있을 뿐이며(제14조, 제16조, 제19조, 제24조), 이 사건 분양신탁계약서는 등기된 신탁원부로서 그 내용으로 제3자에게 대항할 수 있는 점(갑 제34호증, 을가 제7호증) 등을 종합하여 보면, 수탁자인 피고 케이비신탁은 달리 그 고유의 불법행위책임이 인정되는 경우가 아닌 한, 이 사건 분양신탁계약 및 대리사무계약에 따라 관리하고 있는 신탁재산의 한도 내에서만 반환책임이 있다. 피고 케이비신탁의 이 부분 주장은 이유 있다.

그리고 수탁자가 신탁재산의 한도 내에서 책임을 부담하는 경우 채권자의 수탁자에 대한 이행판결 주문에는 수탁자의 고유재산에 대한 강제집행을 할 수 없도록 집행력을 제한하기 위하여 신탁재산의 한도에서 지급을 명하는 취지를 명시하여야 한다(대법원 2010. 2. 25. 선고 2009다83797 판결 등 참조).

[참고판례 1] 대법원 2003. 1. 24. 선고 2000다22850 판결 [손해배상(기)][32)]

【이 유】

…민법 제548조 제1항 단서에서 규정하고 있는 제3자란 일반적으로 계약이 해제되는 경우 그 해제된 계약으로부터 생긴 법률효과를 기초로 하여 해제 전에 새로운 이해관계를 가졌을 뿐 아니라 등기·인도 등으로 완전한 권리를 취득한 자를 말하고, 계약상의 채권을 양수한 자는 여기서 말하는 제3자에 해당하지 않는다고 할 것인바(대법원 2000. 4. 11. 선고 99다51685 판결 등 참조), 계약이 해제된 경우 계약해제 이전에 해제로 인하여 소멸되는 채권을 양수한 자는 계약해제의 효과에 반하여 자신의 권리를 주장할 수 없음은 물론이고, 나아가 특단의 사정이 없는 한 채무자로부터 이행받은 급부를 원상회복하여야 할 의무가 있다고 할 것이므로, 같은 취지에서 원심이 이 사건 분양계약상의 분양대금채권 중 미수금채권을 양도받은 피고는 원고에게 그 양수 이후 원고로부터 지급받은 판시 금원을 반환할 의무가 있다고 판단한 것은 옳고, 거기에 상고이유에서 주장하는 바와 같은 계약해제시 보호되는 제3자의 범위에 관한 법리오해의 위법이 있다고 할 수 없다.

[실무참고 3] 건축물 분양에 관한 법률에 따른 건축물 개발·분양

위 대법원판결의 사안은 건분법 적용대상 건축물을 개발·분양한 사안이다. 이 사건에서 피고 리얼스페이스는 이 사건 상가를 개발·분양하기 위해 건분법에서 정하는 바에 따라 신탁업자인 피고 케이비신탁과 신탁계약(실무상 통상 '분양관리신탁계약'이라고 한다)과 대리사무계약(실무상 통상 '자금관리대리사무계약'이라고 한다)을 체결하였고, 동 법에 따라 수분양자들인 원고들에 대한 분양대금채권을 케이비신탁에 양도하였다.

이와 같은 경우, 피고 리얼스페이스는 그의 명의로 건축인허가를 받게 되고 그의 명의로 수분양자들인 원고들과 분양계약을 체결하게 된다. 또한 분양관리신탁계약의 신탁목적물은 사업부지이고 건축물은 제외되므로 건축물에 대한 분양대금은 원칙적으로 신탁재산에 해당하지 않게 된다. 그러나 분양관리신탁계약에서 분양대금채권 역시 신탁재산에 포함됨을 규정하는 경우에는 분양대금채권 및 분양대금 역시 신탁재산에 포함된다고 할 것인데, 현재 실무상 이용되고 있는 분양관리신탁계약 표준양식(약관)에서는 분양대금채권이 신탁재산에 포함됨을 규정하고 있는 것이 일반적이다. 따라서, 현재 실무상 체결되는 분양관리신탁계약 및 자금관리대리사무계약에 따르면, 분양대금채권 및 분양대금 역시 신탁재산을 구성한다고 할 것이다. 건분법에서도 수분양자 보호를 위해 신탁업자는 분양사업자로부터 별도로 분양대금채권을 양도받아 자금관리대리사무계약에 따라 신탁업자 명의로 개설된 예금계좌로 분양대금이 직접 입금되도록 규정하고 있다.

한편, 신탁업자(신탁회사)가 토지신탁에 의해 개발사업을 시행하는 경우에는(건분법 제4조 제2항의 경우) 신탁업자가 그의 명의로 건축인허가를 받아 직접 분양계약으로 당사자로서 수분양자들과 분양계약을 체결하게 되고, 해당 분양대금(채권) 역시 신탁재산을 구성하게 되므로 이 경우에는 토지신탁계약만 체결될 뿐 분양관리신탁계약과 대리사무계약의 체결 및 분양대금채권의 양도가 필요없다. 다만, 건축인허가권자인 지방자치단체에 따라서는 건분법 적용대상 사업을 분양관리신탁 및 대리사무계약 방식 이외에 토지신

---

32) 이 판결에 대한 평석은, (1) 양창수, 매매대금채권 일부의 양수인이 대금을 수령한 후에 매매계약이 해제된 경우 그 금전반환의무는 매수인의 목적물인도의무와 동시이행관계에 있는가?, 민법연구 제7권, 박영사, 367면 이하, (2) 정태륜, 민법 제548조 제1항 단서의 제3자의 범위 : 채권이 양도되어 이행된 후에 기본계약이 해제된 경우와 관련하여, 민사판례연구 31권, 박영사, 325면 이하를 각 참고할 것.

탁 방식으로 시행하는 것에 대해 익숙하지 않아 토지신탁방식으로 진행하는데에 어려움이 있을 수 있다.

건축물 분양에 관한 법률 제4조(분양 시기 등) ① 분양사업자는 다음 각 호의 구분에 따라 건축물을 분양하여야 한다.

1. **「자본시장과 금융투자업에 관한 법률」에 따른 신탁업자와 신탁계약 및 대리사무계약을 체결한 경우 또는 금융기관 등으로부터 분양보증을 받는 경우: 「건축법」 제21조에 따른 착공신고 후**

② 제1항제1호의 적용과 관련하여 신탁회사가 분양사업자로 되는 신탁계약이 체결된 경우에는 착공신고 후 분양을 위한 별도의 신탁계약이 필요하지 아니하다.

④ 제1항제1호에 따른 신탁계약·대리사무계약의 방법과 기준, 분양보증을 할 수 있는 금융기관 등의 종류 및 범위는 대통령령으로 정한다.

건축물 분양에 관한 법률 시행령 제3조(신탁계약 및 대리사무계약 등) ① 법 제4조제1항제1호에 따른 신탁계약(이하 "신탁계약"이라 한다)에는 다음 각 호의 사항이 포함되어야 한다.

1. 분양받은 자의 소유권등기 전날까지의 토지와 그 정착물의 소유권 관리에 관한 사항
2. 신탁받은 소유권의 처분에 관한 사항
3. **신탁을 정산할 때에 분양받은 자가 납부한 분양대금을 다른 채권 및 수익자의 권리보다 우선하여 정산하여야 한다는 사항**

② 법 제4조제1항제1호에 따른 대리사무계약(이하 "대리사무계약"이라 한다)에는 다음 각 호의 사항이 포함되어야 한다.〈개정 2013.3.23.〉

1. 분양받은 자를 보호하기 위한 분양수입금 관리계좌의 개설에 관한 사항
2. **분양사업자는 분양수입금 총액을 신탁업자(「자본시장과 금융투자업에 관한 법률」에 따른 신탁업자를 말한다. 이하 같다)에게 양도하여야 한다는 사항**
3. 분양대금은 신탁계약 및 대리사무계약에서 정한 토지매입비, 공사비, 설계비, 감리비 또는 그 밖의 부대사업비 등 해당 분양사업과 관련된 용도로만 사용할 수 있다는 사항
4. 그 밖에 신탁계약의 목적을 달성하기 위하여 국토교통부령으로 정하는 사항

③ 신탁업자는 제2항제2호에 따라 양도받은 분양수입금을 별도의 독립된 계정으로 회계처리하여야 하며, 신탁계약 및 대리사무계약에서 정한 목적으로만 사용하여야 한다.

④ 신탁업자가 분양받은 자로부터의 입출금, 분양계약의 해제, 주소 관리 등 분양업무를 수행하는 경우에는 그 관리 내용을 공정하고 투명하게 전산으로 관리하여야 하고, 분양 개시일부터 6개월마다 분양사업자에게 통지하여야 한다.

7. 대법원 2017. 6. 22. 선고 2014다225809 전원합의체 판결 [대여금][33]

[논점] 부동산담보신탁의 경우 우선수익권이 대여금채권의 전부에 수반하여 전부채권자에게 이전되는지 여부 및 대여금채권과 우선수익권의 귀속주체가 달라졌다고 하여 우선수익권이나 이를 목적으로 한 권리질권이 소멸하는지 여부

【이 유】

[다수의견]

…우선수익권 질권 등 침해의 점에 관하여 본다.

위탁자가 금전채권을 담보하기 위하여 그 금전채권자를 우선수익자로, 위탁자를 수익자로 하여 위탁자 소유의 부동산을 신탁법에 따라 수탁자에게 이전하면서 채무불이행 시에는 신탁부동산을 처분하여 우선수익자의 채권 변제 등에 충당하고 나머지를 위탁자에게 반환하기로 하는 내용의 담보신탁을 해

33) 이 판결에 대한 평석은, (1) 임혜원, 우선수익권에 대한 질권설정 후 우선수익자의 위탁자에 대한 채권이 전부된 때에 우선수익권, 대법원판례해설 제111호, 법원도서관, 17면 이하, (2) 최수정, 부동산담보신탁상 우선수익권의 성질과 우선수익권질권의 효력 : -대법원 2017. 6. 22. 선고 2014다225809 전원합의체판결을 계기로-, 인권과 정의 제470호, 대한변호사협회, 40면 이하를 각 참고할 것.

둔 경우, 특별한 사정이 없는 한 우선수익권은 경제적으로 금전채권에 대한 담보로 기능할 뿐 금전채권과는 독립한 신탁계약상의 별개의 권리가 된다. 따라서 이러한 우선수익권과 별도로 금전채권이 제3자에게 양도 또는 전부되었다고 하더라도 그러한 사정만으로 우선수익권이 금전채권에 수반하여 제3자에게 이전되는 것은 아니고, 금전채권과 우선수익권의 귀속이 달라졌다는 이유만으로 우선수익권이 소멸하는 것도 아니다.[34)]

원심은 증거에 의하여, ① 이 사건 대여금의 변제를 담보하기 위하여 피고가 2007. 12. 28. 및 2009. 1. 7. 두 차례에 걸쳐 한국토지신탁과 체비지 41필지에 관하여 이 사건 담보신탁계약을 체결하고 참가인 회사를 우선수익자로 하는 우선수익권증서를 발급받아 준 사실, ② 피고는 참가인 회사가 위 우선수익권에 대하여 원고를 1순위 질권자로 하는 질권을 설정하는 데에 동의하고, 수탁자인 한국토지신탁도 참가인 회사와 원고 사이의 위 질권 설정계약에 동의한 사실, ③ 참가인 2는 2010. 10. 11. 참가인 회사에 대한 약 269억 원의 채권을 청구채권으로 하여 참가인 회사의 피고에 대한 약 257억 원의 대여금 및 이에 대한 이자 등의 채권 중 청구채권 금액에 이르기까지의 금액을 압류 및 전부하는 이 사건 전부명령을 받았고, 위 전부명령이 2010. 11. 2. 확정된 사실 등을 인정하였다.

한편 기록에 의하면, 이 사건 담보신탁계약의 특약사항 제13조 제2항에서는 '이 사건 합의서 및 추가합의서에서 정한 기한 내에 위탁자(피고)가 대출원리금을 전액 상환하지 아니할 경우 우선수익권에 관한 질권자(원고)가 신탁재산의 환가를 요청할 수 있다'고 정하였고, 제7조 제5항에서는 '신탁재산을 처분하는 경우 처분대금은 위탁자(피고)와 우선수익자(참가인 회사), 질권자(원고) 간에 이 사건 추가합의서에 따라 수납하기로 하며, 처분대금 완납 시 위 합의서에서 정한 계좌로 입금을 완료하여야 한다'라고 정하면서, 같은 조 제6항에서는 '신탁재산의 처분대금 완납 사실 확인 후 질권자는 신탁해지에 동의하기로 한다'라고 정한 사실을 알 수 있다. 앞에서 본 이 사건 합의서 및 추가합의서와 이 사건 담보신탁계약, 우선수익권에 대한 질권 설정계약의 내용 및 위 각 계약의 체결 경위와 위 담보신탁계약의 특약사항의 규정 내용, 위탁자와 수탁자가 우선수익권에 대한 질권 설정계약에 동의한 사실관계[35)] 등에 비추어 보면, 이 사건 담보신탁계약의 당사자들과 원고는, 위탁자가 대출원리금을 전액 상환하지 아니할 경우 우선수익권에 대한 질권자인 원고가 이 사건 대여금 채권의 귀속 주체와 상관없이 우선수익권을 행사할 수 있는 것으로 약정하였다고 봄이 타당하다.[36)]

---

34) 신탁수익권의 부수성(신탁수익권은 신탁계약에 따른 독립된 별개의 권리라는 점에서 부수성은 적당하지 않은 용어이나 일단 편의상 이와 같은 용어를 사용한다) 여부에 대해서는 이전부터 논란이 있었다. 이와 같은 의문점으로 인해 실무상으로는 신탁수익권이 담보목적으로 제공된 경우(특히, 권순일 대법관의 반대의견과 같은 이유에서)에는 그 피담보채권과 신탁수익권을 함께 담보(질권, 양도담보)로 제공받고 있는 것이 일반적이다. 또한 신탁계약에 따르면 신탁수익권에 대한 담보제공 시에는 수탁자(신탁업자)의 승낙이 필요한바, 수탁자는 승낙서에 '질권설정에도 불구하고 기존 신탁계약에 따른 항변 등이 그대로 계속 적용되며, 우선수익자의 피담보채권 소멸 시에는 신탁수익권 및 그에 대한 질권도 소멸한다'는 조건 등 이 사건과 같은 경우를 대비한 조건을 부가하는 경우가 많다. 만일 신탁계약서에 이점이 명확히 기재되지 않은 경우에는 당사자들은 피담보채권 이전시 신탁수익권 및 그에 대한 질권 소멸(이전) 여부에 대해 명확히 기재하여야 할 것이다.

35) 신탁수익권에 대한 질권설정 시에는 수탁자의 동의(승낙)를 받아야 한다는 점은 신탁계약에 일반적으로 포함된 내용이므로 이 사안에서 수탁자인 한국토지신탁이 질권설정에 동의하였다는 사실은 이 사안을 다른 사안과 달리 해석할 수 있는 중요한 논거는 되지 않을 것으로 생각된다.

36) 다수의견과 보충의견의 가장 중요한 논거는 결국 이 사건 담보신탁계약 특약사항에 포함된 질권자 관련 내용이다. 즉 이 사건 담보신탁계약 특약사항 중 질권자에 관한 사항을 이유로 당사자들이 "……이 사건 대여금 채권의 귀속 주체와 상관없이 우선수익권을 행사할 수 있는 것으로 약정하였다"라는 결론을 내린 것이다. 즉, 다수의견과 보충의견은 이와 같은 약정 내용이 권순일 대법관의 반대의견에서 지적하는 이 사건 담보신탁계약의 다른 내용(우선수익권의 내용, 범위, 신탁종료 등)에 우선하는 약정으로 해석한 것으로 생각된다(이점은 김신 대법관의 보충의견에 명확히 나타난다). 그러나, 다수의견과 보충의견이 근거로 드는 약정의 내용은 우선수익권 및 질권이 유효하게 존속하는 경우를 전제로 적용되는 것임에 반해, 이 사건에서 문제되는 것은 해당 약정의 적용 전제가 되는 우선수익권 및 질권의 존속여부이다. 즉 우선수익권 및 질권의 존속이 인정되어야 동 약정이 적용될 수 있음에도 다수의견 및 보충의견은 그 반대로 동 약정을 근거로 그

위와 같은 사정을 앞서 본 법리에 비추어 살펴보면, 참가인 회사의 피고에 대한 이 사건 대여금채권이 이 사건 전부명령에 따라 전부채권자인 참가인 2에게 전부되었다고 하더라도, 그러한 사정만으로 이 사건 담보신탁계약에 따른 참가인 회사의 우선수익권이 이 사건 대여금채권의 전부에 수반하여 전부채권자에게 이전되었다고 볼 수 없다. 또한 이 사건 대여금채권과 우선수익권의 귀속주체가 달라졌다고 하여 곧바로 참가인 회사의 우선수익권이나 이를 목적으로 한 원고의 권리질권이 소멸한다고 볼 수도 없다.

그런데도 원심은, 위 전부명령 확정에 따라 참가인 회사의 우선수익권은 소멸하였고 위 우선수익권을 목적으로 하는 원고의 권리질권 역시 그 목적물의 소멸로 인하여 소멸하였으므로 피고가 부동산담보신탁계약의 목적물인 체비지를 임의매각하고 그 매각대금을 약정된 계좌에 입금하지 아니하더라도 원고에 대하여 담보권의 침해 내지 담보가치의 훼손이 발생할 수 없다고 판단하였다. 이러한 원심의 판단에는 이 사건 담보신탁계약 등에 의하여 형성된 법률관계와 전부명령에 따른 법률효과에 관한 법리 등을 오해하여 판결에 영향을 미친 잘못이 있다.

[대법관 권순일의 반대의견]

가. 신탁법상의 신탁은 위탁자가 수탁자에게 특정한 재산권을 이전하거나 기타의 처분을 하여 수탁자로 하여금 신탁 목적을 위하여 그 재산권을 관리·처분하게 하는 것이다. 이는 위탁자가 금전채권을 담보하기 위하여 금전채권자를 우선수익자로, 위탁자를 수익자로 하여 위탁자 소유의 부동산을 신탁법에 따라 수탁자에게 이전하면서 채무불이행 시에는 신탁부동산을 처분하여 우선수익자의 채권 변제 등에 충당하고 나머지를 위탁자에게 반환하기로 하는 내용의 담보신탁을 체결한 경우에도 마찬가지이다(대법원 2017. 5. 18. 선고 2012두22485 전원합의체판결 참조).

신탁행위로 정한 바에 따라 수익자로 지정된 사람은 당연히 수익권을 취득한다(신탁법 제56조 제1항). 수익자는 신탁재산으로부터 이익을 향수하는 사람이므로, 신탁재산에 속한 재산의 인도와 그 밖에 신탁재산에 기한 급부를 요구하는 청구권(이하 '수익채권'이라 한다)이 수익권의 주된 내용을 이룬다. 그러나 수익자는 수익채권 외에도 신탁법상 수익자의 지위에서 여러 가지 권능을 가지며, 수익권의 구체적인 내용은 특별한 사정이 없는 한 계약자유의 원칙에 따라 신탁계약에서 다양한 내용으로 정할 수 있다.

우선수익권은 구 신탁법이나 신탁법에서 규정한 법률 용어는 아니나, 거래계에서는 통상 부동산담보신탁계약에서 우선수익자로 지정된 채권자가 채무자의 채무불이행시에 신탁재산을 처분한 대금에서 자신의 채권을 위탁자인 채무자나 그 밖의 다른 채권자들에 우선하여 변제받을 수 있는 권리를 지칭한다. 이러한 우선수익권의 법적 성질에 관하여 학계에서는 담보신탁은 형식은 신탁이지만 그 실질은 담보이므로 담보물권의 법리가 함께 적용되며 우선수익권을 변칙담보물권으로 이해하는 견해와 물권법정주의와의 관계에서 법률에 명문의 규정이 없는 이상 채권자는 담보신탁을 통하여 담보권을 얻는 것이 아니라 신탁이라는 법적 형식을 통하여 도산 절연 및 담보적 기능이라는 경제적 효과를 달성하게 되는 것일 뿐이므로 그 우선수익권은 우선 변제적 효과를 채권자에게 귀속시킬 수 있는 신탁계약상의

적용 전제에 해당하는 우선수익권 및 질권의 존속을 인정하고 있는 것이다. 따라서, 다수의견 및 보충의견은 이점에 있어 타당하지 않은 것으로 생각된다. 또한, 이 사안에 대한 다수의견 및 보충의견이 타당하다고 하더라도, 다수의견과 보충의견은 우선수익권 및 질권의 존속에 대하여 당사자들이 별도로 약정하였음을 근거로 하므로, 이와 같은 별도의 약정이 신탁계약 내지 신탁원부에 포함되지 않은 경우(오히려 신탁수익권 발급 및/또는 수익권에 대한 질권 설정 시 신탁계약 내지 신탁원부 등에 이와 같은 내용이 특약사항으로 포함되는 경우는 흔하지 않은 것으로 보인다)에도 다수의견 및 보충의견과 동일한 결론에 이르게 될지는 미지수이다. 따라서 담보신탁의 우선수익권의 부수성 여부와 관련하여 이 다수의견 및 보충의견의 결론을 다른 사안에도 일률적으로 적용하기는 어려울 것으로 생각된다.

권리로 이해하는 견해 등이 대립되고 있다. 판례는 후자의 입장을 취하고 있다(대법원 2014. 2. 27. 선고 2011다59797 판결, 대법원 2016. 5. 25.자 2014마1427 결정 등 참조).

한편 구 신탁법(2011. 7. 25. 법률 제10924호로 전부 개정되기 전의 것)은 수익권의 양도나 질권 설정에 관한 규정을 두고 있지 않았으나, 신탁법은 제64조 제1항에서 수익권의 양도성에 관하여 "수익자는 수익권을 양도할 수 있다. 다만, 수익권의 성질이 양도를 허용하지 아니하는 경우에는 그러하지 아니하다."고 규정하고, 제66조 제1항에서 수익권에 대한 질권에 관하여 "수익자는 수익권을 질권의 목적으로 할 수 있다. 다만, 수익권의 성질이 질권의 설정을 허용하지 아니하는 경우에는 그러하지 아니하다."고 규정하고 있다. 이러한 법리는 구 신탁법 시행 당시에 체결된 신탁계약상의 수익권에 대하여도 특별한 사정이 없는 한 그대로 적용된다고 할 것이다(대법원 2012. 11. 29. 선고 2011다84335 판결 참조).

다. 기록에 의하면, 이 사건 담보신탁계약의 법률관계는 다음과 같다.

(1) 이 사건 담보신탁계약의 목적은 신탁부동산의 소유권 관리와 위탁자가 부담하는 채무 내지 책임의 이행을 보장하기 위하여 수탁자가 신탁부동산을 보전·관리하고 위탁자의 채무불이행 시에 이를 환가·정산하는 것이다(제1조). 그리고 이 사건 담보신탁계약상 신탁기간은 신탁계약 체결일로부터 우선수익자의 채권 소멸 시까지(단 신탁계약체결일로부터 30년 이내)로 하되, 위탁자는 신탁종료 전에 수탁자와 협의하여 그 기간을 연장할 수 있다(제2조, 별첨2의1).

(2) 수익자는 신탁원본 우선수익자, 신탁원본 수익자 및 신탁수익 수익자로 구분하되, 신탁원본 우선수익자는 참가인 회사, 신탁원본 및 신탁수익 수익자는 피고로 하며, 위탁자는 수탁자의 승낙을 얻어 수익자를 추가 지정하거나 변경할 수 있다(제3조, 별첨2의2). 우선수익자의 수익권의 범위는 우선수익자와 그 채무자 간의 여신거래로 발생하여 증감 변동하는 우선수익자의 원금, 이자 및 지연손해금 등에 한하고(제7조 제1항), 우선수익자는 수탁자가 발행하는 수익권증서에 기재된 금액을 최고한도로 하여 이 한도 내에서 수익을 얻을 권리가 있다(같은 제2항). 신탁원본에 대한 우선수익자의 수익권은 위탁자의 수익권보다 우선하고(같은 제3항), 우선수익자가 갖는 수익권의 유효기간은 이 신탁계약에 의한 우선수익자의 채권발생일로부터 본 계약 종료일까지로 하며(같은 제4항), 우선수익자는 수탁자의 사전 동의 없이는 신탁기간 중 우선수익자의 지위를 타인에게 양도 또는 명의변경하거나 수익권에 대하여 질권의 설정 등 기타 처분행위를 할 수 없다(같은 제5항).

(3) 수탁자는 신탁기간 종료 전이라도 우선수익자와 채무자간에 체결한 여신거래계약 위반시 우선수익자의 요청에 의하여 신탁부동산을 처분할 수 있다(제18조 제1항 제1호). 수탁자가 신탁부동산을 처분한 경우, 수탁자는 그 처분대금에서 신탁계약과 관련된 비용과 보수, 신탁부동산에 대한 소액임대차 보증금 등 선순위 채권 등에 이어 '우선수익자의 채권'을 5순위로 지급하고, 순차 변제하고 잔여액이 있을 경우 그 잔여분을 6순위로 수익자(수익자가 없으면 위탁자)에게 지급한다(제22조 제1항).

(4) 이 사건 신탁은 신탁기간 만료, 신탁기간 중 위탁자가 우선수익자에게 채무를 변제하고 신탁계약을 해지하는 때, 위탁자가 수익권증서를 교부받은 후 우선수익자와 여신거래를 하지 아니하고 그 수익권증서를 반환하여 신탁계약을 해지하는 때 및 위탁자나 수탁자에 의한 신탁해지, 신탁부동산의 처분 등에 의하여 종료한다(제25조).

라. 앞서 본 법리에 비추어 이 사건 사실관계 및 담보신탁계약의 내용 등을 살펴본다.

(1) 이 사건 우선수익권은 채무자인 피고의 채무불이행시 수탁자에게 신탁부동산의 처분을 요청할 수 있는 권리 및 신탁부동산을 처분한 대금에서 우선수익자인 참가인 회사의 대여금채권을 피고의 수익채권에 우선하여 변제받을 수 있는 권리를 그 내용으로 한다. 그러므로 이 사건 우선수익권은 담보물권은 아니지만 신탁계약에 의하여 자신의 대여금채권에 대한 우선변제를 요구할 수 있는 권리이므로

그 대여금채권과 분리하여 우선수익권에 대해서만 질권을 설정하는 것은 원칙적으로 허용되지 아니한다고 보아야 한다(원고로서는 우선수익권에 대한 질권 설정 계약 시 대여금 채권에 대하여도 함께 질권을 설정하였어야 한다. 이 사건에서 우선수익권 질권자인 원고 스스로도 이 사건 예비적 청구로서 위탁자인 피고를 상대로 굳이 우선수익권에 대한 질권 침해를 이유로 손해배상을 구하고 있을 뿐, 곧바로 수탁자를 상대로 수익채권의 지급을 구하지는 않고 있다).[37]

(2) 구 신탁법 제55조는 "신탁행위로 정한 사유가 발생한 때 또는 신탁의 목적을 달성하였거나 달성할 수 없게 된 때에는 신탁은 종료한다"고 규정하고 있다. 뿐만 아니라, 이 사건 담보신탁계약에서도 신탁기간의 만료를 신탁종료 사유의 하나로 들면서, 신탁기간은 신탁계약 체결일로부터 '우선수익자의 채권 소멸 시까지'로 정하고 있다. 앞서 본 사실관계에 의하면, 이 사건 전부명령이 확정됨으로써 우선수익자인 참가인 회사의 위탁자인 피고에 대한 이 사건 대여금채권이 소멸한 이상, 이 사건 담보신탁계약은 신탁기간의 만료로 인하여 종료되었을 뿐만 아니라 구 신탁법 제55조에 의한 법정종료사유도 발생하였다 할 것이다. 따라서 참가인 회사는 더 이상 수탁자에 대하여 이 사건 담보신탁계약에 기한 우선수익자로서의 권리를 행사할 수 없고, 원고 역시 우선수익권에 대한 질권자로서의 권리를 행사할 수 없다고 보아야 한다.

(3) 이와 달리, 원심이 참가인 회사의 우선수익권은 그 피담보채권인 대여금채권의 소멸로 인하여 부종성에 따라 소멸하였고, 우선수익권을 목적으로 하는 원고의 권리질권 역시 그 목적물의 소멸로 인하여 존재하지 않게 되었다고 판단한 부분은 잘못이다. 그러나 참가인 회사나 원고가 이 사건 담보신탁계약에 기한 우선수익권이나 그 권리질권을 더 이상 행사할 수 없게 된 이상, 피고가 이 사건 담보신탁계약의 목적물인 체비지 또는 체비지가 환지된 후의 토지들을 임의로 매도하거나 담보 제공을 하는 등의 행위를 하였다고 하더라도 그로 인하여 원고의 담보권의 침해 내지 담보가치의 훼손이 발생할 수 없다는 이유로 원고의 이 부분 주장을 배척한 결론은 정당하므로, 원심의 판단에 판결에 영향을 미친 잘못은 없다.

[대법관 김신의 보충의견]

신탁법상 수익권은 재산권의 하나로서, 그 성질상 제한이 없는 한 원칙적으로 양도성을 가지며 질권의 목적이 된다. 신탁법 제64조 제1항 단서, 제66조 제1항 단서에서 규정한 수익권의 성질상 양도나 질권이 허용되지 않는 경우란, 주로 수익권이 귀속상의 일신전속성을 가지는 것으로서 수익자의 부양을 목적으로 하는 부양신탁의 수익권, 특정인의 생존 중에만 지급하기로 정한 수익권, 무상 수익권으로서 수익자 변경을 허용하지 않는 수익권 등을 의미하는 것으로 해석된다. 이 사건 담보신탁계약의 우선수익권은 경제적으로 이 사건 대여금 채권에 대한 담보적 기능을 수행하고 있을 뿐 일신전속적인 성격을 갖는다고 볼 수는 없고, 이 사건 담보신탁계약에서 우선수익권의 양도를 제한하거나 질권 설정을 제한하는 특별한 약정을 두지 않은 이상 이 사건 담보신탁계약의 우선수익권 역시 재산권으로서 권리 질권의 목적이 될 수 있다. 이 사건 담보신탁계약의 우선수익권은 우선수익자의 수탁자에 대한 신탁계약상의 권리이지 이를 담보물권과 동일하게 볼 수 없으므로, 우선수익권에 대한 질권 설정계약 체결 시 반드시 이 사긴 대여금 채권에 대한 질권 설정계약도 함께 체결해야 한다고 볼 수 없다. 이 사건 대여금채권과 분리하여 우선수익권에 대해서만 질권을 설정하는 것은 허용되지 않는다고 해석하는 의견은 결

37) 우선수익권은 신탁계약에 따른 별개의 독립된 권리이고, 우선수익자가 여전히 피담보채권을 보유하고 있는 동안에는 우선수익자로서의 권리를 행사할 수 있으므로, 달리 우선수익권만에 대한 질권 설정 등을 금지하는 약정이 없는 한, 당사자들이 우선수익권에 대해서만 질권을 설정하는 경우에는 우선수익권에 대한 질권도 유효하다고 보는 것이 타당할 것으로 생각한다. 다만, 이 경우에는 양도, 전부 기타의 사유로 우선수익자가 피담보채권자의 지위를 상실하는 경우에는 이 사건에서와 같이 우선수익권 및 질권의 소멸 여부가 문제될 것이다.

과적으로 담보신탁계약의 우선수익권을 담보물권으로 이해하는 견해와 실질적으로 다르지 않고, 그렇게 본다면 담보신탁계약의 우선수익권을 담보물권이 아닌 신탁계약상의 권리로 파악한 대법원 2013. 6. 27. 선고 2012다79347 판결을 비롯한 판례의 태도에 반한다.

우선수익자인 참가인 회사의 위탁자인 피고에 대한 이 사건 대여금 채권에 대하여 참가인 2의 신청에 의한 이 사건 전부명령이 확정됨으로써 참가인 회사의 피고에 대한 이 사건 대여금 채권이 소멸하게 되었다고 하더라도, 위탁자인 피고는 여전히 이 사건 담보신탁계약에서 정한 합의서 및 추가합의서에서 정한 대출원리금 채무를 부담하고 있다. 피고가 위 대출원리금을 전액 변제하여 채무가 소멸하지 않은 이상, 채권이 동일성을 유지한 채 전부되어 단순히 이 사건 대여금 채권의 채권자가 참가인 회사에서 참가인 2로 변경되었다는 사유만으로, 곧바로 위탁자인 피고의 위 채무의 이행을 확보하기 위하여 체결된 이 사건 담보신탁계약의 목적 달성이 불가능하게 되었다거나 이 사건 담보신탁계약의 신탁기간이 만료되었다고 할 수 없다.[38] 특히 이 사건 담보신탁계약의 당사자들과 원고가, 위탁자인 피고가 대출원리금을 전액 상환하지 아니할 경우 우선수익권에 대한 질권자인 원고가 이 사건 대여금 채권의 귀속 주체와 상관없이 우선수익권을 행사할 수 있는 것으로 약정한 이상, 이 사건 대여금 채권과 이 사건 우선수익권의 귀속주체가 달라졌다는 사정만으로 이 사건 담보신탁계약의 우선수익권이나 이를 목적으로 한 원고의 권리질권이 곧바로 소멸한다는 해석은 위 약정의 내용에도 부합하지 아니한다. 결론적으로 참가인 2가 참가인 회사의 피고에 대한 이 사건 대여금 채권에 대하여 전부명령을 받았다는 사정만으로, 참가인 회사가 더 이상 수탁자에 대하여 이 사건 담보신탁계약에 기한 우선수익자로서의 권리를 행사할 수 없고, 원고 역시 우선수익권에 대한 질권자로서의 권리를 행사할 수 없다고 해석하는 반대의견에는 찬성하기 어렵다.

8. 대법원 2017. 6. 15. 선고 2014두6111 판결 [부가가치세부과처분취소]

[논점] 기존 채무에 갈음한 우선수익자 지정행위가 부가가치세 부과대상 거래인지 여부

【이 유】

신탁법상의 신탁은 위탁자가 수탁자에게 특정한 재산권을 이전하거나 기타의 처분을 하여 수탁자로 하여금 신탁 목적을 위하여 그 재산권을 관리·처분하게 하는 것이다. 따라서 수탁자가 위탁자로부터 이전받은 신탁재산을 관리·처분하면서 재화를 공급하는 경우 수탁자 자신이 신탁재산에 대한 권리와 의무의 귀속주체로서 계약당사자가 되어 신탁업무를 처리한 것이므로, 이때의 부가가치세 납세의무자는 재화의 공급이라는 거래행위를 통하여 그 재화를 사용·소비할 수 있는 권한을 거래상대방에게 이전한 수탁자로 보아야 하고, 그 신탁재산의 관리·처분 등으로 발생한 이익과 비용이 거래상대방과 직접적인 법률관계를 형성한 바 없는 위탁자나 수익자에게 최종적으로 귀속된다는 사정만으로 달리 볼 것은 아니다(대법원 2017. 5. 18. 선고 2012두22485 전원합의체 판결 참조).

---

38) 이와 같은 해석이 이 사건 담보신탁계약상의 우선수익권의 내용 및 범위에 부합하는지 의문이다. 이 사건 담보신탁계약에서는 '우선수익자의 수익권의 범위는 우선수익자와 그 채무자 간의 여신거래로 발생하여 증감 변동하는 우선수익자의 원금, 이자 및 지연손해금 등에 한한다'고 규정하고 있으므로 우선수익자의 여신거래에 따른 채권이 전부명령에 의해 제3자에게 전부되어 존재하지 않는다면 우선수익권 및 이를 기초로 하는 질권에 기초하여 수익을 지급받을 수 없을 것으로 생각된다. 즉, 앞서 언급한 바와 같이, 이와 같은 해석은 특약사항을 이유로 그 특약사항 적용의 전제를 인정한 측면이 있고, 나아가 다수의견 및 보충의견이 들고 있는 이 사건 담보신탁계약 특약사항만으로 당사자 사이에 우선수익권에 대한 질권자인 원고가 이 사건 대여금 채권의 귀속 주체와 상관없이 우선수익권을 행사할 수 있는 것으로 약정하였다고 해석할 수 있는지도 의문이다. 오히려 신탁계약의 내용과 부동산담보신탁의 취지 등을 고려할 때 이 사안에 대해서도 권순일 대법관의 반대의견이 더 타당하다고 생각한다.

이와 같이 수탁자는 위탁자로부터 재산권을 이전받고 이를 전제로 신탁재산을 관리·처분하면서 재화를 공급하는 것이므로, 채무자인 위탁자가 기존 채무의 이행에 갈음하여 수탁자에게 재산을 신탁하면서 채권자를 수익자로 지정하였더라도, 그러한 수익권은 신탁계약에 의하여 원시적으로 채권자에게 귀속되는 것이어서 위 지정으로 인하여 당초 신탁재산의 이전과 구별되는 위탁자의 수익자에 대한 별도의 재화의 공급이 존재한다고 볼 수 없다.

…위탁자인 원고가 이 사건 신탁계약[39]을 통하여 롯데건설에 대한 미지급 공사대금 채무에 갈음하기로 하면서 수탁자인 주식회사 코람코자산신탁에게 이 사건 상가 등을 이전하고 롯데건설을 우선수익자로 지정하였다고 하더라도, 그와 같은 신탁설정에 따른 거래가 있었다는 사정만으로는 부가가치세 과세대상이 존재한다고 볼 수 없다.

[원심판결] 서울고등법원 2014. 3. 26. 선고 2013누28420 판결 [부가가치세부과처분취소]

【주 문】

1. 원고의 항소를 기각한다.
2. 항소비용은 원고가 부담한다.

【청구취지 및 항소취지】

제1심판결을 취소한다. 피고가 2012. 1. 2. 원고에 대하여 한 2006년 제2기분 부가가치세 463,427,640원의 부과처분 중 160,328,222원을 초과하는 부분을 취소한다.

【이 유】

이 사건 신탁계약은 원고와 롯데건설 사이의 이 사건 도급계약 중 특약사항에 따라 공사대금을 미분양 주택 및 상가로 변제한 것이다. 원고가 롯데건설에 공사대금 대신 이 사건 상가를 제공한 것은 본래 채무이행인 금전의 이행에 갈음하여 다른 급여를 제공한 민법 제466조의 대물변제로서, 이 사건 상가를 제공하고 반대급부로 롯데건설의 원고에 대한 채권이 소멸한 것이어서 이 사건 상가를 공급하고 그 대가를 금전으로 받았다고 할 수는 없고, 금전 외의 대가를 받은 경우에 해당한다. 따라서 이 사건 신탁계약은 구 부가가치세법 제6조 제1항에서 정한 재화의 공급에 해당한다.

9. 대법원 2017. 6. 15. 선고 2014두13393 판결 [부가가치세부과처분취소]

[논점] 분양보증회사에 주택분양신탁계약을 원인으로 부동산의 소유권을 이전하는 주택분양신탁의 경우, 분양보증회사가 주택분양보증계약에 기초하여 분양계약자들에게 분양대금을 환급하였다는 사정만으로 당초 신탁재산의 이전과 구별되는 별도의 재화의 공급이 존재한다고 볼 수 있는지 여부

【이 유】

1. 구 부가가치세법(2013. 6. 7. 법률 제11873호로 전부 개정되기 전의 것, 이하 같다) 제6조 제1항은 "재화의 공급은 계약상 또는 법률상의 모든 원인에 의하여 재화를 인도 또는 양도하는 것으로 한다."라고 규정하고 있다.

---

39) 부동산담보신탁, 부동산관리신탁, 부동산처분신탁, 부동산관리·처분신탁은 신탁계약상 신탁목적물에 대한 관리, 처분권을 수탁자가 어느 범위에서 보유하느냐에 주요 차이가 있는 것으로 실무상 사용되는 명칭이다. 그러나 그 명칭이나 내용에도 불구하고 타익신탁 형태로 채무의 담보로 또는 채무에 갈음하여 채권자 등 제3자를 우선수익자로 지정할 수 있다는 점에서 그 명칭이 사건의 결론에 영향을 미치지는 않을 것으로 생각된다.

신탁법상의 신탁은 위탁자가 수탁자에게 특정한 재산권을 이전하거나 기타의 처분을 하여 수탁자로 하여금 신탁 목적을 위하여 그 재산권을 관리·처분하게 하는 것이다. 따라서 수탁자가 위탁자로부터 이전받은 신탁재산을 관리·처분하면서 재화를 공급하는 경우 수탁자 자신이 신탁재산에 대한 권리와 의무의 귀속주체로서 계약당사자가 되어 신탁업무를 처리한 것이므로, 이때의 부가가치세 납세의무자는 재화의 공급이라는 거래행위를 통하여 그 재화를 사용·소비할 수 있는 권한을 거래상대방에게 이전한 수탁자로 보아야 하고, 그 신탁재산의 관리·처분 등으로 발생한 이익과 비용이 거래상대방과 직접적인 법률관계를 형성한 바 없는 위탁자나 수익자에게 최종적으로 귀속된다는 사정만으로 달리 볼 것은 아니다(대법원 2017. 5. 18. 선고 2012두22485 전원합의체 판결 참조).

그리고 주택분양보증을 위하여 위탁자인 사업주체가 수익자 겸 수탁자인 분양보증회사에게 주택분양신탁계약을 원인으로 부동산의 소유권을 이전하는 주택분양신탁의 경우, 분양보증회사는 사업주체로부터 신탁계약에 따라 신탁재산의 소유권을 이전받고 이를 전제로 신탁재산을 관리·처분하면서 재화를 공급하는 것이므로, 분양보증회사가 주택분양보증계약에 기초하여 분양계약자들에게 분양대금을 환급하였다는 사정만으로는 당초 신탁재산의 이전과 구별되는 별도의 재화의 공급이 존재한다고 볼 수 없고, 수탁자의 지위에서 신탁재산을 처분할 때 비로소 재화를 사용·소비할 수 있는 권한을 거래상대방에게 이전하는 재화의 공급이 있다고 할 것이다.

나. 이러한 사실관계를 앞서 본 법리와 기록에 비추어 살펴보면,

이 사건 신탁계약은 대한주택보증을 수익자 겸 수탁자로 하는 주택분양신탁에 해당하고, 대한주택보증은 위 신탁계약을 원인으로 이 사건 건물의 소유권을 이전받아 수탁자의 지위에서 이를 제3자에게 처분한 것이므로, 대한주택보증이 주택분양보증계약에 따라 분양대금을 환급하였다는 사정만으로는 이 사건 건물에 관하여 원고로부터 대한주택보증에게 신탁계약에 따른 신탁재산의 이전과 구별되는 재화의 공급이 별도로 존재한다고 볼 수 없다.

그런데도 원심은 이와 달리 보증사고가 발생하여 대한주택보증이 분양계약자들에게 계약금 등을 환급하고 원고에게 구상채무금 납입통지를 함으로써 2010.경 이 사건 건물에 대한 권리가 원고로부터 대한주택보증에 이전되었고, 이는 구 부가가치세법 제6조 제1항에서 정한 재화의 공급에 해당한다고 판단하였다. 이러한 원심의 판단에는 구 부가가치세법상 재화의 공급 등에 관한 법리를 오해하여 판결에 영향을 미친 잘못이 있다.

[실무참고 4] 주택분양보증에 관한 주택법 조문

주택법 제61조(저당권설정 등의 제한) ① 사업주체는 주택건설사업에 의하여 건설된 주택 및 대지에 대하여는 입주자 모집공고 승인 신청일(주택조합의 경우에는 사업계획승인 신청일을 말한다) 이후부터 입주예정자가 그 주택 및 대지의 소유권이전등기를 신청할 수 있는 날 이후 60일까지의 기간 동안 입주예정자의 동의 없이 다음 각 호의 어느 하나에 해당하는 행위를 하여서는 아니 된다. 다만, 그 주택의 건설을 촉진하기 위하여 대통령령으로 정하는 경우에는 그러하지 아니하다.

1. 해당 주택 및 대지에 저당권 또는 가등기담보권 등 담보물권을 설정하는 행위
2. 해당 주택 및 대지에 전세권·지상권(地上權) 또는 등기되는 부동산임차권을 설정하는 행위
3. 해당 주택 및 대지를 매매 또는 증여 등의 방법으로 처분하는 행위

② 제1항에서 "소유권이전등기를 신청할 수 있는 날"이란 사업주체가 입주예정자에게 통보한 입주가능일을 말한다.

③ 제1항에 따른 저당권설정 등의 제한을 할 때 사업주체는 해당 주택 또는 대지가 입주예정자의 동의 없이는 양도하거나 제한물권을 설정하거나 압류·가압류·가처분 등의 목적물이 될 수 없는 재산임을 소유권등기에 부기등기(附記登記)하여야 한다. 다만, 사업주체가 국가·지방자치단체 및 한국토지주택공사 등 공공기관이거나 해당 대지가 사업주체의 소유가 아닌 경우 등 대통령령으로 정하는 경우에는 그러하지 아니하다.

④ 제3항에 따른 부기등기는 주택건설대지에 대하여는 입주자 모집공고 승인 신청(주택건설대지 중 주택조합이 사업계획승인 신청일까지 소유권을 확보하지 못한 부분이 있는 경우에는 그 부분에 대한 소유권이전등기를 말한다)과 동시에 하여야 하고, 건설된 주택에 대하여는 소유권보존등기와 동시에 하여야 한다. 이 경우 부기등기의 내용 및 말소에 관한 사항은 대통령령으로 정한다.

⑤ 제4항에 따른 부기등기일 이후에 해당 대지 또는 주택을 양수하거나 제한물권을 설정받은 경우 또는 압류·가압류·가처분 등의 목적물로 한 경우에는 그 효력을 무효로 한다. 다만, 사업주체의 경영부실로 입주예정자가 그 대지를 양수받는 경우 등 대통령령으로 정하는 경우에는 그러하지 아니하다.

⑥ 사업주체의 재무 상황 및 금융거래 상황이 극히 불량한 경우 등 대통령령으로 정하는 사유에 해당되어 「주택도시기금법」에 따른 주택도시보증공사(이하 "주택도시보증공사"라 한다)가 분양보증을 하면서 주택건설대지를 주택도시보증공사에 신탁하게 할 경우에는 제1항과 제3항에도 불구하고 사업주체는 그 주택건설대지를 신탁할 수 있다.

⑦ 제6항에 따라 사업주체가 주택건설대지를 신탁하는 경우 신탁등기일 이후부터 입주예정자가 해당 주택건설대지의 소유권이전등기를 신청할 수 있는 날 이후 60일까지의 기간 동안 해당 신탁의 종료를 원인으로 하는 사업주체의 소유권이전등기청구권에 대한 압류·가압류·가처분 등은 효력이 없음을 신탁계약조항에 포함하여야 한다.

⑧ 제6항에 따른 신탁등기일 이후부터 입주예정자가 해당 주택건설대지의 소유권이전등기를 신청할 수 있는 날 이후 60일까지의 기간 동안 해당 신탁의 종료를 원인으로 하는 사업주체의 소유권이전등기청구권을 압류·가압류·가처분 등의 목적물로 한 경우에는 그 효력을 무효로 한다.

주택공급에 관한 규칙 제15조(입주자모집 시기) ① **사업주체(영 제16조에 따라 토지소유자 및 등록사업자가 공동사업주체인 경우에는 등록사업자를 말한다. 이하 이 조에서 같다)는 다음 각 호의 요건을 모두 갖춘 경우에는 착공과 동시에 입주자를 모집할 수 있다.**

2. **다음 각 목의 어느 하나에 해당하는 기관으로부터 「주택도시기금법 시행령」 제21조제1항제1호에 따른 분양보증(이하 "분양보증"이라 한다)을 받을 것**

가. **「주택도시기금법」 제16조에 따른 주택도시보증공사**

주택공급에 관한 규칙 제20조(입주자모집 승인 및 통보) ① 사업주체(제18조 각 호의 사업주체는 제외한다)는 입주자를 모집하려면 다음 각 호의 서류를 갖추어 시장·군수·구청장의 승인을 받아야 한다. 이 경우 시장·군수·구청장은 「전자정부법」 제36조제1항에 따른 행정정보의 공동이용을 통하여 토지 등기사항증명서를 확인하여야 한다.

1. 입주자모집공고안
2. 삭제
3. 제15조 **및 제17조에 따른 보증서**·공증서·건축공정확인서 및 대지사용승낙서(해당하는 자만 제출한다)

[실무참고 5] 공동주택 개발사업 PF와 부동산담보신탁

아파트 등 주택법이 적용되는 공동주택 개발사업의 사업주체(시행자)는 해당 사업부지에 대한 부동산담보신탁계약상의 우선수익권을 금융기관등에게 제공 방법으로 사업부지 매수자금 등을 조달한다. 그러나 시행자는 해당 주택에 대한 사전분양을 위한 입주자모집공고(분양공고) 신청 전에 사업부지에 관한 부동산담보신탁계약을 해지하여야 하고(주택법 제61조 참조), 나아가 시공사, 금융기관 등 해당 주택개발사업 관련자들의 권리는 주택분양보증에 따른 주택도시보증공사의 구상권 등 주택도시보증공사의 권리에 대해 후순위임을 확약하는 것 등을 내용으로 하는 별도의 협약서를 주택도시보증공사에 제출하여야 한다. 또한 시행자가 주택도시보증공사(구 대한주택보증)으로부터 주택분양보증을 받기 위하여서는 주택도시보증공사의 요구가 있는 경우에는 해당 사업부지를 주택도시보증공사에 신탁하여야 한다.

10. 대법원 2017. 6. 15. 선고 2013다8960 판결 [매매대금]

[논점] 건축물 분양에 관한 법률에 따라 분양관리신탁계약 및 대리사무계약이 체결된 상가개발사업에서 분양자와 신탁사를 상대로 분양계약 취소로 인한 인한 부당이득반환을 구할 수 있는지 여부

【이 유】

(3) 원심판결 이유 및 적법하게 채택된 증거들에 의하면, 아래와 같은 사정들을 알 수 있다.

(가) 피고들은 원고들과 이 사건 각 분양계약서를 작성하기에 앞서 2008. 12. 17. 위 분양관리신탁계약 및 대리사무계약을 체결하였는데, ① 위 분양관리신탁계약은 구 건축물의 분양에 관한 법률(2009. 4. 1. 법률 제9593호로 개정되기 전의 것, 이하 '건축물분양법'이라 한다)에 근거하여 피고 리얼스페이스가 신탁부동산에 건물을 신축 또는 증축하여 분양하는 사업에 관하여 신탁부동산의 소유권을 보전·관리하여 피분양자를 보호하고 피고 리얼스페이스의 채무불이행 시에 신탁부동산을 환가·처분하여 정산함을 목적으로 한 계약으로서(제1조), 피고 리얼스페이스의 부도·파산 등으로 사업추진이 불가한 경우 등의 사유로 중도에 신탁계약을 해지하여 정산하는 경우에는 신탁부동산의 처분대금 등 신탁재산에서 우선수익자 등 다른 권리자에 우선하여 피분양자의 분양대금반환에 우선 지급한다고 약정하였고(제12조), ② 또한 위 대리사무계약에서, 피고 케이비신탁은 대리사무 신탁자로서 선관의무에 따른 분양수입금 관리계좌 개설 및 분양대금의 수납·관리와 자금관리계좌에서의 제반 비용 지급 등의 업무를 수행하며(제3조 제3항 제3호, 제5호), 건축물분양법 등 관련 법령에 따라 그 효력을 가진다는 취지로 약정하였다(제4조).

(나) 건축물분양법은 건축물 분양과정의 투명성과 거래의 안전성을 확보하여 분양받는 자를 보호하고 국민경제의 건전한 발전에 이바지함을 목적으로 하여 건축물의 분양 절차 및 방법에 관한 사항을 정한 법률로서, 자본시장과 금융투자업에 관한 법률에 따른 신탁업자와 신탁계약 및 대리사무계약을 체결한 경우 또는 금융기관 등으로부터 분양보증을 받는 경우에 착공신고 후의 건축물 분양을 허용하고(제4조 제1항 제1호), 신탁계약·대리사무계약의 방법과 기준, 분양보증을 할 수 있는 금융기관 등의 종류와 범위는 대통령령으로 정하도록 하는 한편(제4조 제4항), 분양사업자가 분양받을 자로 선정된 자와 체결하는 분양계약서에는 분양 건축물의 표시, 신탁계약·대리사무계약 또는 분양보증계약의 종류, 신탁업자 또는 분양보증기관의 명칭 등 분양계약의 체결에 영향을 줄 수 있는 사항으로서 대통령령으로 정하는 사항을 포함하도록 규정하였다(제6조 제4항).

그리고 구 건축물분양법 시행령(2009. 8. 18. 대통령령 제21696호로 개정되기 전의 것, 이하 '건축물분양법 시행령'이라 한다)은 ① 제3조 제1항에서 위 신탁계약에 '신탁을 정산하는 때에 피분양자가 납부한 분양대금을 다른 채권 및 수익자의 권리보다 우선하여 정산하여야 한다는 사항'(제3호)을 포함하도록 규정하고, 제2항은 '피분양자 보호를 위한 분양수입금 관리계좌의 개설에 관한 사항'(제1호), '분양사업자는 분양수입금 총액을 신탁업자에게 양도하여야 한다는 사항'(제2호), '분양대금은 신탁계약 및 대리사무계약에서 정한 토지매입비, 공사비, 설계비, 감리비, 그 밖의 부대사업비 등 해당 분양사업과 관련된 용도로만 사용할 수 있다는 사항'(제2호의2) 등을 포함하도록 규정하고, ② 제3조 제3항에서 제2항 제2호의 규정에 의하여 양도받은 분양수입금을 별도의 독립된 계정으로 회계처리하여야 하며, 신탁계약 및 대리사무계약에서 정한 목적으로만 사용하도록 규정하고, ③ 제9조는 분양계약서에 '분양대금 계좌번호 및 예금주, 분양대금의 관리자'(제4호), 착공신고 후 분양을 하는 경우에 '신탁계약 및 대리사무계약 또는 분양보증계약의 종류와 신탁업자 또는 분양보증기관의 명칭'(제5호) 등을 포함하도록 규정하였다.

(다) 이러한 위 분양관리신탁계약 및 대리사무계약의 내용 및 건축물분양법령 규정들에 비추어 보면,

① 피고들은 건축물분양법 및 건축물분양법 시행령의 관련 규정들에 근거하여 제1심 판시 이 사건 상가의 분양에 관하여 위 분양관리신탁계약 및 대리사무계약을 맺은 후, 원고들과 이 사건 각 분양계약을 맺으면서 그 내용을 반영하여 이 사건 분양계약 조항과 같이 약정하였다고 보이고, ② 피고 케이비신탁이 이 사건 분양계약 조항에 따라 원고들에 대한 분양대금채권을 양도받았다 하더라도 이는 건축물분양법령과 위 분양관리신탁계약 및 대리사무계약에서 정한 바에 따라 신탁재산을 이루는 분양수입금의 관리 및 그 분양수입금에 의한 분양대금의 우선적 정산 등의 업무처리를 위한 것으로 보이

며,[40] ③ 결국 피고 케이비신탁은 원고들에 대한 관계에서 이 사건 각 분양계약에 관하여 피고 리얼스페이스와 같은 매도인으로서의 책임을 지지 아니하고 다만 위 분양관리신탁계약 및 대리사무계약에 의하여 위 분양수입금을 보유하면서 그 관리 및 정산 등의 사무를 처리할 뿐이므로,[41] 피고 리얼스페이스가 이 사건 각 분양계약에 의한 분양대금 수령자로서 분양계약의 취소에 따라 분양대금에 관한 부당이득반환의무를 지며, 원고들은 분양계약의 취소를 이유로 피고 케이비신탁을 상대로 부당이득반환청구를 할 수 없다고 할 수 있다[42](대법원 2015. 4. 23. 선고 2014다77956 판결 등 참조).[43]

(3) 원심판결 이유를 적법하게 채택된 증거들을 비롯한 기록에 비추어 살펴보면, 원심이 위 청구들에 관하여 구체적으로 판단하지 아니한 것은 적절하다고 할 수 없으나, 계약해제 사유가 인정된다 하더라도 원상회복의무나 그 범위 역시 앞에서 본 부당이득반환의무와 다르지 아니하고[44] 또한 사기의 불법행위에 관한 증명이 충분하지 아니하여 추가로 위 청구들을 받아들일 수 없다고 보이므로, 결국 위와 같은 원심의 판단에 상고이유 주장과 같이 병합된 청구의 판단에 관한 법리를 오해하고 판단을 누락하는 등의 사유로 판결에 영향을 미친 위법이 있다고 할 수 없다.

[원심판결] 서울고등법원 2012. 11. 29. 선고 2011나106145 판결 [매매대금]

【주 문】

1. 제1심 판결 중 피고 주식회사 AN, 케이비부동산신탁 주식회사에 대한 부분을 다음과 같이 변경한다.

가. 원고들에게,

1) 피고 주식회사 AN는 별지1 표 '인용금액'란 기재 각 돈 및 이에 대하여 별지13표 '최종납입일'란 기재 각 일자 다음날부터 2012. 11. 29.까지는 연 6%, 그 다음날부터 다 갚는 날까지는 연 20%의 각 비율로 계산한 돈을 지급하고,

2) 피고 케이비부동산신탁 주식회사는 신탁재산의 한도 내에서 피고 주식회사 AN와 각자 위 1)항 기재 돈 중 별지1 표 '인용금액'란 기재 각 돈 및 이에 대하여 2010. 9. 15.부터 2012. 11. 29.까지는 연 6%, 그 다음날부터 다 갚는 날까지는 연 20%의 각 비율로 계산한 돈을 지급하라.

나. 원고들의 피고 주식회사 AN, 케이비부동산신탁 주식회사에 대한 나머지 청구를 각 기각한다.

2. 원고들의 피고 AO, AP, AQ, 주식회사 다우와키움건설, 주식회사 신우디앤씨, 주식회사 나래디앤씨에 대한 항소와 당심에서 확장된 별지3 표 기재 각 원고들의 피고들에 대한 청구를 각 기각한다.

3. 소송총비용 중 원고들과 피고 주식회사 AN, 케이비부동산신탁 주식회사 사이에 생긴 부분은 피고 주식회사 AN, 케이비부동산신탁 주식회사가 부담하고, 원고들과 피고 AO, AP, AQ, 주식회사 다우와키

---

40) 건분법이 적용되지 않은 사업장의 경우에는 부동산담보신탁계약 및 (자금관리)대리사무계약에 따라 분양대금채권의 양도가 이루어지지 않은 상태에서도 분양계약, 부동산담보신탁계약 및 (자금관리)대리사무계약에 따라 분양대금이 신탁사의 계좌로 직접 납입되고 있으므로 이 부분 설시는 반드시 타당하지는 않다.

41) 따라서 피고 케이비신탁의 분양대금채권 양수, 분양대금 수령, 분양관리신탁계약 및 대리사무계약에 따른 자금관리는 건분법에 따라 원고들의 보호 등을 위해 이루어진 것이라는 점에서 피고에게는 '실질적인 이득'이 없다고 볼 여지가 있을 것이다.

42) 이 사안과 동일한 사실관계를 다루고 있는 대법원 2017. 7. 11. 선고 2013다55447 판결[6번 판례]에서는 '단축된 급부' 또는 '삼각관계에서의 급부'에 해당함을 이유로 수분양자들의 신탁사에 대한 부당이득반환청구를 부정하고 있다.

43) 이 경우 원고들은 분양자를 대위하여, 대출금융기관(및 자금인출 동의권자 등) 등에 대한 자금인출 동의 요청권을 행사한 후 피고에 대한 자금인출 요청권 행사하는 방안을 고려해 볼 수 있을 것이다.

44) 대법원 2017. 7. 11. 선고 2013다55447 판결[6번 판례]에서 수분양자의 신탁사 계좌로의 분양대금 납입이 '단축된 급부' 또는 '삼각관계에서의 급부'에 해당함을 이유로 분양계약의 해제로 인한 수분양자의 신탁사에 대한 원상회복청구도 부인하는 취지로 판시하고 있으나, 분양대금채권 양도로 수분양자와 신탁사 사이에서는 직접 채권자-채무자의 관계가 형성된다는 점에서 '단축된 급부' 또는 '삼각관계에서의 급부'라는 논거는 타당하지 않은 것으로 생각된다.

움건설, 주식회사 신우디앤씨, 주식회사 나래디앤씨 사이에 생긴 부분은 원고들이 부담한다.

4. 제1의 가.항은 가집행할 수 있다.

【청구취지 및 항소취지】

1. 청구취지

피고 주식회사 AN, 케이비부동산신탁 주식회사는 각자 원고들에게 별지1 표 '납부한 분양대금'란 기재 각 돈 및 각 이에 대하여 같은 표 '최종 납입일'란 기재 각 일자 다음날부터 이 사건 소장 부본 송달일까지는 연 6%, 그 다음날부터 다 갚는 날까지는 연 20%의 각 비율로 계산한 돈을 각 지급하라(원고들은 당초 분양계약의 취소 또는 해제로 인한 부당이득반환청구 또는 원상회복청구를 선택적으로 구하다가, 당심에서 불법행위를 원인으로 한 손해배상청구를 예비적으로 추가하였고, 제1심에서 구한 예비적 청구는 취하하였다).

피고들은 각자 별지3 표 기재 각 원고에게 각 같은 표 '이자'란 기재 각 돈 및 각 이에 대하여 이 사건 소장 부본 송달일 다음날부터 다 갚는 날까지 연 20%의 비율로 계산한 돈을 각 지급하라(원고들은 당초 위자료 등 지급을 구하다가, 당심에서 일부 원고들이 위자료 등 지급청구를 취하하고 나머지 별지3 표 기재 각 원고들은 위와 같이 청구를 확장하였다.

2. 항소취지

[원고들] 제1심 판결 중 아래에서 지급을 명하는 부분에 해당하는 원고들 패소 부분을 취소한다.

피고 주식회사 AN는 피고 케이비부동산신탁 주식회사와 각자 원고들에게 별지1 표 '납입한 분양대금'란 기재 각 돈 및 각 이에 대하여 같은 표 '최종 납입일'란 기재 각 일자 다음날부터 이 사건 소장 부본 송달일까지는 연 6%, 그 다음날부터 다 갚는 날까지는 연 20%의 각 비율로 계산한 돈을 각 지급하라.

피고 케이비부동산신탁 주식회사는 피고 AN와 각자 원고들에게 별지2 표 '이자 및 지연손해금 합계'란 기재 각 돈을 지급하라.

피고들은 각자 원고들에게 각 1,000,000원 및 이에 대하여 이 사건 소장 부본 송달 다음날부터 다 갚는 날까지 연 20%의 비율로 계산한 돈을 지급하라.

[피고 케이비부동산신탁 주식회사] 제1심 판결 중 피고 케이비부동산신탁 주식회사의 패소 부분을 취소하고, 위 취소 부분에 해당하는 원고들의 피고 케이비부동산신탁 주식회사에 대한 청구를 모두 기각한다.

【이 유】

…이러한 사실관계에서 이 사건 각 분양계약이 취소된 경우의 법률관계에 관하여 보건대, 이 사건 각 분양대금채권이 양도됨으로써 채무자인 원고들과 양수인인 피고 케이비신탁 사이에는 직접적인 채권·채무관계가 설정되었는바, 그 기초가 된 이 사건 각 분양계약이 취소되어 소급적으로 무효로 된 경우에는 특별한 사정이 없는 한 위 채권·채무관계에 의하여 원고들이 피고 케이비신탁에게 이행한 급부는 법률상 원인이 없게 되었다고 할 것이므로, 급부를 이행받은 피고 케이비신탁은 원고들에게 이를 반환할 의무가 있다(대법원 2003. 1. 24. 선고 2000다22850 판결 참조).

그리고, 피고 AN는 이 사건 각 분양대금채권을 전부 피고 케이비신탁에게 양도함에 따라 원고들로부터 어떠한 급부도 이행받은 사실이 없기는 하지만, ① 피고 케이비신탁은 분양관리신탁계약의 수탁자로서 건축물의 분양에 관한 법률이 정한 바에 따라 분양수입금을 적정하게 관리·집행함으로써 피분양자들을 보호하기 위하여 이 사건 분양대금채권을 양수하여 수납·관리할 권리와 의무를 가지게 된 것이고, 이 사건 분양대금채권의 실질적, 종국적 귀속 주체는 시행사인 피고 AN인 점, ② 뒤에서 상술하는 바와 같이 피고 케이비신탁은 이 사건 분양신탁계약 및 대리사무계약에 따라 관리하고 있는 신탁재산의 한도 내에서만 분양계약의 취소로 인한 반환의무를 질 뿐이므로, 그 종국적인 반환의무는 시행사이자 분양자인 피고 AN에게 있다고 봄이 합당한 점 등을 고려하여 보면, 피고 AN도 또한 원고들에 대하여 이 사건 각 분양계약의 취소로 인한 부당이득반환의무를 부담한다고 할 것이다.

(2) 다음으로 피고 케이비신탁이 이 사건 분양신탁계약 및 대리사무계약에 따라 관리 중인 신탁재산의 한도 내에서만 반환의무를 부담하는 지에 관하여 보건대, ① 이 사건 각 분양계약서 제13조 제1항은 "신탁 및 대리사무"라는 제목 아래 피고 케이비신탁이 사업부지 신탁등기 및 분양수입금 등의 자금관리를 담당하며 그 외 매도인으로서의 책임을 지지 않는다고 정하고 있고, 제2항에는 피고 AN가 피고 케이비신탁에게 분양대금채권을 양도하도록 정하고 있는바, 이는 피고 케이비신탁이 신탁 및 대리사무의 업무를 수행하는 수탁자로서 분양수입금의 관리를 위하여 분양대금채권을 양도받은 것이고, 그 업무 목적을 초과하여서는 이 사건 분양계약에 따른 책임이 없음을 명확히 한 것으로 해석되는 점, ② 이 사건 분양신탁계약에 따르면, 수탁자는 분양수입금을 사업약정 및 대리사무계약에 따라 본건 분양사업에 사용하고(제6조), 수탁자가 신탁사무의 집행에 관하여 선관주의의무를 위반하지 않는 한 신탁사무의 처리와 관련하여 발생한 제반 비용이나 채무에 관하여 책임이 없고, 다만 신탁재산으로부터 지급할 수 있을 뿐이며(제14조, 제16조, 제19조, 제24조), 이 사건 분양신탁계약서는 등기된 신탁원부로서 그 내용으로 제3자에게 대항할 수 있는 점(을나 1호증) 등을 종합하여 보면, 수탁자인 피고 케이비신탁은 이 사건 분양신탁계약 및 대리사무계약에 따라 관리하고 있는 신탁재산의 한도 내에서만 반환책임이 있다고 할 것이므로, 피고 케이비신탁의 이 부분 주장은 이유 있다.

그리고 수탁자가 신탁재산의 한도 내에서 책임을 부담하는 경우 채권자의 수탁자에 대한 이행판결 주문에는 수탁자의 고유재산에 대한 강제집행을 할 수 없도록 집행력을 제한하기 위하여 신탁재산의 한도에서 지급을 명하는 취지를 명시하여야 한다(대법원 2010. 2. 25. 선고 200983797 판결 등 참조).

[실무참고 6] 자금관리 신탁사의 수분양자에 대한 원상회복 및부당이득반환 의무

분양계약의 취소, 해제의 경우 수분양자가 분양대금을 관리하는 신탁사에 대해 원상회복청구 및 부당이득반환청구를 할 수 있는지 여부에 대한 대법원 판결을 정리하면 다음과 같다.

1. 건분법 적용 개발사업(건분법+분양관리신탁계약+대리사무계약+분양대금채권 양도+분양대금 신탁사 납입)의 경우

대법원 2017. 7. 11. 선고 2013다55447 판결[6번 판례], 대법원 2017. 6. 15. 선고 2013다8960 판결[10번 판례] 및 대법원 2015. 4. 23. 선고 2014다77956 판결[36번 판례]은 '건축물 분양에 관한 법률이 적용되는 사업장으로서 동법에 따라 분양관리신탁계약과 자금관리대리사무계약이 체결되고 분양대금채권이 신탁업자에게 양도되어 분양대금채권이 신탁재산을 구성하면서 분양대금이 신탁업자의 계좌로 납입되는 경우'를 다루고 있는 사안이다(특히 위 2013다8960 판결과 2013다55447 판결은 사실관계가 동일하다). 동 판결들은 분양계약의 해제, 취소로 인한 수분양자의 신탁사에 대한 원상회복반환 및 부당이득반환청구를 모두 인정하지 않고 있다. 다만, 대법원 2013. 10. 31. 선고 2013다62575 판결[77번 판례]은 분양계약의 최소로 인한 수분양자의 신탁사에 대한 부당이득반환청구를 일부 인정한 원심판결에 대한 상고를 심리불속행 기각하여 분양계약의 최소로 인한 수분양자의 신탁사에 대한 부당이득반환청구를 일부 인용하는 결과에 이르렀으나, 그 이후 선고된 위 일련의 판결에 비추어 볼 때 대법원 판결의 기본입장은 신탁사에 대한 원상회복반환 및 부당이득반환청구를 부정하고 있는 것으로 보인다.

2. 건분법 미적용 개발사업(부동산담보신탁계약+대리사무계약+분양대금 신탁사 납입)의 경우

한편, 대법원은 '건분법이 적용되지 않은 사업장으로서 부동산담보신탁계약 및 자금관리대리사무계약이 체결되고 분양대금채권이 신탁업자에게 양도되지 않고 분양대금이 신탁업자의 계좌로 납입되는 사안'에 대해서도 분양계약의 해제, 취소로 인한 신탁업자의 수분양자에 대한 원상회복 및 부당이득 반환 의무를 인정하지 않고 있다(대법원 2015. 1. 1. 5. 선고 2013다26838 판결[42번 판례], 대법원 2014. 12. 11. 선고 2013다71784 판결[45번 판례], 대법원 2014. 12. 11. 선고 2012다70852 판결[46번 판례], 대법원 2014. 12. 11. 선고 2013다82388 판결[47번 판례], 대법원 2014. 11. 27. 선고 2012다21621 판결[49번 판례]). 나아가 이 경우 수분양자들의 분양자(위탁자)에 대한 분양대금반환채권을 보전하기 위하여 분양자(위탁자)로부터 분양수입금 등의 자금관리를 위탁받은 신탁사를 상대로 분양대금 상당의 사업비 지출요청권을 대위행사할 수 없다고 판시하고 있다(대법원 2014. 12. 11. 선고 2013다71784 판결[45번 판례]).[45)]

3. 수분양자들이 취할 수 있는 조치

수분양자들은 시행자(분양자)에 대한 분양대금반환채권을 보전하기 위하여, 시행자(분양자)를 대위하여, 대출금융기관(및 시공사 등 자금인출 동의권자)에 대한 자금인출 동의 요청권을 행사 한 후 신탁사에 대한 자금인출요청권을 행사하는 방안을 고려해 보아야 할 것이다(대법원 2014. 12. 11. 선고 2013다71784 판결[45번 판례], 대법원 2014. 11. 27. 선고 2012다21621 판결[49번 판례]의 이유 취지 참조).

11. 대법원 2017. 6. 8. 선고 2016다230317,230324 판결 [부당이득반환청구의소등]

[논점] 신탁법을 위반하여 이루어진 신탁재산과 고유재산 간 거래의 효력

【이 유】

2. 가. 구 신탁법 제31조[46)] 제1항 본문에 의하면, 수탁자는 누구의 명의로 하든지 신탁재산을 고유재산으로 하거나 이에 관하여 권리를 취득하지 못하므로, 고유재산을 신탁재산이 취득하도록 하는 것도 허용되지 아니하고, 위 규정을 위반하여 이루어진 거래는 무효라고 보아야 한다(대법원 2009. 1. 30. 선고 2006다62461 판결 참조).[47)]

또한 이 사건 신탁계약과 그에 부수한 사업약정에서 차입의 규모와 이율 등의 조건을 정하여 두고 이후 그에 따라 필요한 때에 자금을 신탁회사의 고유계정에서 신탁계정으로 이체한 경우에는, 이 사건 신탁계약과 사업약정에 의하여 금전소비대차계약이 체결되고 이후 그에 따른 자금의 이전은 금전소비대차계약에 따른 이행이 이루어진 것으로 봄이 상당하므로, 구 자본시장과 금융투자업에 관한 법률(2007. 8. 3. 법률 제8635호로 제정되어 2009. 2. 4.부터 시행된 것) 제105조 제2항, 제103조 제1항 제5호에 의하여 신탁업자가 부동산만을 신탁받는 경우 신탁의 계산으로 신탁업자의 고유재산으로부터 금전을 차입하는 것이 허용되었다고 하더라도(이 경우에도 신탁업자가 충실의무에 따른 제한을 받는 것은 물론이다), 새로이 신탁계약을 체결하는 등의 특별한 사정이 없는 한 위 법률의 시행 전에 체결된 이 사건 금전소비대차가 새로이 유효한 것으로 된다고 볼 수 없다(대법원 1991. 7. 26. 선고 90다15488 판결 등 참조).

---

45) 위 판결들에 대한 간단한 평석은, 오상민, 담보신탁 및 자금관리대리사무에서 신탁회사의 분양대금반환책임, 서울지방변호사회, 판례연구 제29집(2권), 105면 이하를 참고할 것.

46) 현행 신탁법 제34조.

47) 현행 신탁법 제34조 제2항에서는, 신탁행위에서 정하는 경우(1호), 수익자의 승인을 받은 경우(2호), 법원의 허가를 받은 경우(3호)에는 제1항에서 금지하는 행위를 할 수 있도록 예외를 규정하고 있으나, 신탁업자에 대해서는 위 예외 규정이 적용되지 아니한다(현행 자본시장법 제104조 제1항).

나. 구 신탁법 제42조[48] 제1항은 수탁자가 신탁재산에 관하여 부담한 조세, 공과 기타의 비용과 이자 또는 신탁사무를 처리하기 위하여 자기에게 과실 없이 받은 손해를 신탁재산에서 상환받을 수 있다고 규정하고 있다. 그런데 수탁자가 미리 조달한 자금을 자신의 고유계정에 보관하고 있다가 신탁계정에 대여하면서 조달이자에 이자를 가산하는 경우, 가산이자 부분은 신탁사무의 처리를 위해 실제로 정당하게 지급하거나 부담한 비용 내지 이자 등에 해당한다고 볼 수 없으므로(대법원 2011. 6. 10. 선고 2011다18482 판결 참조), 이 사건 신탁계약 제17조 제4항에 정한 비용상환청구권의 대상으로 볼 수 없다.

[원심판결] 서울고등법원 2016. 6. 14. 선고 2015나20571799(본소), 2057186(반소) 판결

【주 문】

1. 피고(반소원고)의 항소를 모두 기각한다.
2. 항소비용은 피고(반소원고)가 부담한다.

【청구취지 및 항소취지】

1. 청구취지

○ 본소 : 피고(반소원고, 이하 '피고'라 한다)는 원고(반소피고, 이하 '원고'라 한다)에게 677,903,248원 및 이에 대한 2011. 12. 8.부터 이 사건 청구취지 및 청구원인 변경신청서 부본 송달일까지 연 5%, 그 다음 날부터 다 갚는 날까지 연 20%의 비율에 의한 금원을 지급하라.

○ 반소 : 원고는 피고에게 22,000,000원 및 이에 대한 2013. 1. 6.부터 이 사건 반소장 부본 송달일까지 연 6%, 그 다음 날부터 다 갚는 날까지 연 20%의 비율에 의한 금원을 지급하라.

2. 항소취지

○ 본소 : 제1심 판결 중 피고 패소 부분을 취소하고, 그 취소부분에 해당하는 원고의 청구를 기각한다.

○ 반소 : 제1심 판결을 취소한다. 원고는 피고에게 22,000,000원 및 이에 대한 2013. 1. 6.부터 이 사건 반소장 부본 송달일까지 연 6%, 그 다음 날부터 다 갚는 날까지 연 20%의 비율에 의한 금원을 지급하라.

【이 유】

○ 이 판결에서 인용한 제1심 판결의 이유를 통하여 본 바와 같이 피고의 고유계정에서 이 사건 신탁사업을 위한 신탁계정으로 이 사건 대여금을 제공한 근거가 된 이 사건 신탁계약의 관련 조항의 내용, 피고가 이 사건 대여금에 관하여 그 이자 명목으로 이 사건 조달이자 외에 이 사건 가산이자를 더하여 수취한 점, 피고는 이 법원에 이르러서도 이 사건 대여금은 이 사건 신탁계약 등 적법한 근거에 의하여 대여한 금원으로서 이에 대하여 이자를 수취하는 것은 정당하다는 주장도 함께 하고 있는 점 등에 비추어 피고는 이 사건 대여금을 제공할 당시에는 어디까지나 대여금의 성격을 갖는 금원으로 제공한 것이라고 할 것이고, 이와 달리 이 사건 신탁사업을 위한 비용의 대납금으로 지급한 것이라고 볼 수는 없다. 따라서 피고가 이 사건 대여금에 관하여 그 이자 명목으로 일정한 금원을 수취한 것이 정당한 근거가 있는지 여부는 우선적으로는 피고의 고유계정에 있는 자금을 이 사건 신탁계정으로 대여하는 행위가 적법, 유효한 지 여부에 달려 있다고 보아야 한다. 그런데 위 제1심 판결을 통하여 본 바와 같이 이 사건 대여금의 대여는 관련 법령에 따라 무효로 봄이 상당하므로 특별한 사정이 없는 한 피고가 이 사건 대여금에 관하여 그 이자 명목으로 수취한 금원은 정당한 근거가 없다고 할 수밖에 없다.

---

48) 현행 신탁법 제46조.

○ 구 신탁업법(2007. 8. 3. 법률 제8635호 자본시장과 금융투자업에 관한 법률에 의하여 폐지된 법률, 이하 같다) 제15조의2 제1항에서는 '신탁회사는 신탁재산에 속하는 금전을 다음 각호의 방법에 한하여 운용할 수 있다'고 규정하고 있고, 제3항에서는 '금융위원회는 위탁자의 보호 및 건전한 신탁거래 질서의 유지를 위하여 필요하다고 인정되는 경우에는 대통령령이 정하는 바에 의하여 제1항의 규정에 의한 신탁자금운용의 대상·조건 및 규모 등에 관하여 필요한 기준을 정할 수 있다'고 규정하고 있으며, 구 신탁업법 시행령(2008. 7. 29. 대통령령 제20947호 자본시장과 금융투자업에 관한 법률 시행령에 의하여 폐지된 것, 이하 같다) 제13조에서는 '금융위원회가 법 제15조의2 제3항의 규정에 의하여 정할 수 있는 기준은 다음 각호와 같다'고 하면서 3호에 '고유계정과의 자금대차의 조건에 관한 사항'을 규정하고 있고, 한편 구 신탁업감독규정(금융위원회고시 제2008-8호, 이하 같다) 제13조의2 제4항에서는 '시행령 제13조의 규정에 의하여 제4조 제1항 제5호 및 제6호의 신탁을 인수하는 경우를 제외하고는 신탁계정은 고유계정에서 차입할 수 없다. 다만 감독원장의 승인을 얻은 경우에는 그러하지 아니하다'고 규정하고 있다. 이러한 관련 법령의 규정에 의하면 구 신탁업감독규정의 위 조항은 일정한 경우 피고와 같은 신탁회사의 고유계정과 신탁계정 사이의 자금 대여 거래가 허용됨을 전제로 하는 것처럼 보인다. 그러나 ① 구 신탁업법에서는 신탁자금운용의 대상·조건 및 규모 등에 관하여 금융위원회가 정할 수 있다고 규정하면서도 그 조건의 설정이 위탁자의 보호를 위한 것이어야 한다고 규정하고 있는 점, ② 구 신탁법 제31조 제1항 본문에 의하면, 수탁자는 특별한 사정이 없는 한 누구의 명의로 하든지 신탁재산을 고유재산으로 하거나 이에 관하여 권리를 취득하지 못할 뿐만 아니라, 고유재산을 신탁계정에서 취득하는 것도 허용되지 아니하고, 금전신탁 이외의 신탁에 있어서 수탁자가 신탁회사인 경우에는, 구 신탁업법 제12조 제1항이 "단, 수익자에게 이익이 되는 것이 명백하거나 기타 정당한 이유가 있는 경우에는 법원의 허가를 얻어 신탁재산을 고유재산으로 할 수 있다"고 규정하고 있는 구 신탁법 제31조 제1항 단서마저 그 적용을 배제하여 이익상반행위를 엄격하게 규율하고 있는 것으로 보아 신탁회사에 의한 고유계정과 신탁계정 사이의 이자부 소비대차거래는 무효라고 할 것인 점(대법원 2009. 1. 30. 선고 2006다62461 판결 등 참조), ③ 구 신탁업감독규정은 토지와 정착물의 신탁의 경우 포괄적으로 자금대차를 허용하도록 규정하고 있을 뿐인 점 등에 비추어 보면, 구 신탁업감독규정의 위 조항을 근거로 이 사건과 같은 신탁관계에서 신탁회사의 신탁계정에 대한 자금 대여가 적법, 유효한 것으로 허용되어 있다고 볼 수도 없다.

○ 이 사건 신탁계약의 수탁자인 피고는 이 사건 신탁계약 제17조 제1항, 제2항, 제4항에 따라 위탁자인 원고로부터 차입금을 비롯하여 신탁사무의 처리를 위하여 지출한제비용을 보상받을 수 있다고 할 것이나, 수탁자가 이러한 비용으로 보상받을 수 있는 금원은 신탁사무의 처리를 위하여 실제로 정당하게 지급하거나 부담하게 되었음이 증명된 금원에 한정되는 것이고(대법원 2011. 6. 10. 선고 2011다18482 판결 등 참조), 막연히 비용이 지출되었을 것이라는 점만으로 그 비용의 보상 청구를 인정할 수는 없다. 따라서 피고가 이 사건 가산이자를 수취한 것이 이 사건 조달이자에 대한 이자로 수취한 것이기 때문에 정당하다고 할 수 있기 위해서는 이 사건 조달이자가 실제로 이 사건 신탁사업의 수행을 위하여 정당하게 지출된 비용에 해당한다는 점이 증명되어야 한다.[49]

---

49) 고유재산으로부터의 자금대여로 보는 경우에는 신탁재산과 고유재산간의 거래에 해당하여 해당 대여금 및 그에 대한 약정이자(조달금리+가산금리)를 청구할 수는 없지만, 실제 투입비용 및 (입증이 이루어진 경우) 그 조달금리의 범위 내에서는 신탁사무처리비용으로 상환을 받을 수 있다는 취지이다. 이와 관련하여, 토지신탁의 경우 등 현행 자본시장법에 따라 신탁업자의 고유재산으로부터의 자금차입이 허용되는 경우(현행 자본시장법 제105조 제2항, 동 시행령 제106조 제4항)가 있으므로 신탁업자가 신탁을 위하여 고유재산으로부터 자금을 집행한 경우 이를 신탁사무처리비용의 선집행으로 볼 것인지, 위 자본시장법에 따른 고유재산으로부터의 차입으로 볼 것인지 여부가 문제될 수 있는데, 이 문제는 신탁계약의 내용과 위탁자 및 수탁자 등 당사자의 의사에 따라야 할 것으로 생각된다. 따라서 고유재산으로부터의 차입에 관한 조건이나 내용 등이

그러나 ① 이 사건 조달이자의 산정을 위하여 산출된 조달평균 가중금리는 제1심 판결의 별지1과 같이 기업어음, 회사채, 일반대출 등을 종합적으로 고려하여 산정된 금리에 불과하고, 실제 피고가 이 사건 대여금의 차입을 위하여 직접적으로 지출된 비용이 아니어서 피고가 자금 마련에 있어서 이 사건 조달이자가 실제로 언제, 어떻게 지출되었는지 알 수 없는 점, ② 이 사건 가산이자가 이 사건 조달이자에 대한 이자에 해당하기 위해서는 이 사건 조달이자만을 기준으로 이 사건 가산이자를 산정하여야 함에도 피고는 이 사건 대여금에 대여금리(을2의 이율1로 표시된 수치 + 이율2로 표시된 수치)를 적용하여 이 사건 이체금의 구성부분의 일부로 이 사건 가산이자를 산정한 점, ③ 피고는 2011. 5. 2. 자금업무예규 개정 이전에는 조달금리 산정시 예대마진손실율을 포함하지 않았다가 개정 이후 예대마진손실율을 포함하여 조달금리를 산정하고 있는 점에 비추어 볼 때 이 사건 조달이자는 피고가 업무지침으로 규정하고 있는 산정방식에 따라 산정된 이자에 해당할 뿐이고 그 전부를 실제로 지출된 비용으로 보기 어려운 점 등을 고려하면, 피고가 이 사건 대여금의 차입을 위하여, 이 사건 신탁계정으로부터 그 해당 금액을 수취하기 전에 이 사건 조달이자 상당 금원을 실제로 지출하였다고 보기 어렵고, 나아가 이 사건 가산이자가 이 사건 조달이자 상당 금액에 대한 이자에 해당한다고 보기도 어렵다.

[1심판결] 서울중앙지방법원 2015. 9. 22. 선고 2014가합526996(본소), 2015가합539234(반소) 판결

【주 문】

1. 피고(반소원고)는 원고(반소피고)에게 655,903,248원 및 그 중 200,000,000원에 대하여는 2014. 5. 10.부터, 455,903,248원에 대하여는 2014. 11. 18.부터 각 2015. 9. 22.까지는 연 5%의, 그 다음 날부터 다 갚는 날까지는 연 20%의 각 비율로 계산한 돈을 지급하라.
2. 원고(반소피고)의 나머지 본소청구 및 피고(반소원고)의 반소청구를 각 기각한다.
3. 소송비용은 본소, 반소를 합하여 원고(반소피고)가 10%를, 피고(반소원고)가 90%를 각 부담한다.
4. 제1항은 가집행할 수 있다.

【청구취지】

○ 본소 : 피고(반소원고, 이하 '피고'라 한다)는 원고(반소피고, 이하 '원고'라 한다)에게677,903,248원 및 이에 대한 2011. 12. 8.부터 이 사건 청구취지 및 청구원인 변경신청서 부본 송달일까지는 연 5%의, 그 다음 날부터 다 갚는 날까지는 연 20%의 각 비율로 계산한 돈을 지급하라.

○ 반소 : 원고는 피고에게 22,000,000원 및 이에 대한 2013. 1. 6.부터 이 사건 반소장 부본 송달일까지는 연 6%의, 그 다음 날부터 다 갚는 날까지는 연 20%의 각 비율로 계산한 돈을 지급하라.

【이 유】

나. 판단

1) 관련 법리

신탁회사가 신탁법 제31조 제1항을 위반하여 행한 신탁재산과 고유재산 간의 거래는 무효라고 할 것이고, 그 거래가 수익자에게 이익이 된다는 사정만으로는 그와 같은 거래를 유효하다고 볼 수 없다. 다만 신탁회사가 고유계정에서 신탁계정으로 자금을 대 여한 경우 이를 주장하는 것은 무효의 대여금채권을 근거로 비용보상청구권을 주장하는 것이라기보다는 신탁사무의 처리를 위하여 외부 금융기관 등

신탁계약에 규정되지 않거나 달리 위탁자 등 당사자 사이에 차입에 관한 의사의 합치가 없는 한 차입금이 아닌 신탁사무처리 비용에 해당하는지 여부가 검토해야 할 것이다.

으로부터 차입한 신탁관련 차입금채무를 신탁회사가 부담·변제하거나 그 차입금을 가지고 신탁사무의 처리등에 사용하였음을 근거로 하여 비용보상청구권을 주장하는 것으로 선해할 수 있다(대법원 2009. 1.30. 선고 2006다62461 판결 등 참조).

2) 원고의 본소 청구원인에 관한 판단

가) 피고는 소요예상자금을 미리 차입하여 고유계정에 보관하고 있다가 이를 신탁계정에 대여하는 방식으로 필요한 자금을 조달하면서, 고유계정에서 신탁계정으로 자금을 대여할 때에 이 사건 조달이자 및 가산이자를 가산한 사실은 앞서 본 바와 같다.

앞서 본 법리에 비추어 보면, 이것을 이자부 소비대차 거래라고 볼 때 위 거래는 구 신탁법 제31조 제1항에 위배되어 무효이다.

나) 다만, 피고가 외부에서 차입한 돈이 최종적으로 신탁계정에 입금되어 신탁사무의 처리에 사용된 이상 이 사건 대여금을 이 사건 신탁계약 제17조 제1항의 대지급금으로 선해할 수 있다.

이 사건 대여금이 이 사건 신탁사업의 비용으로 사용되었고, 이 사건 조달이자가 피고가 외부에서 고유계정으로 차입하는데 투입된 금원으로서 피고가 이 사건 신탁계약 제17조 제1, 4항에 따라 수취할 권한이 있다는 점에 관하여는 다툼이 없다.

그러나 이 사건 가산이자에 관하여, 피고는 대지급금에 이 사건 대여금 및 조달이자가 포함되고 그에 대한 사용대가인 이자로서 부당이득이 아니라고 주장하는 반면 원고는 해당 사업비용 자체만이 대지급금이고, 합리적으로 인정될 수 있는 대지급금에 대한 이자는 이 사건 조달이자에 한정될 뿐 이 사건 가산이자는 피고가 근거 없이 수취한 것으로 부당이득에 해당한다고 주장한다. 따라서, 수탁자가 이 사건 가산이자를 비용보상청구권에 의해 수취할 수 있는지에 관하여 본다.

(1) 이 사건 신탁계약 제17조 제4항은 "피고는 전 각 항의 제비용을 대지급한 경우 에는 당해 대지급금 및 이에 대한 이자를 신탁재산에서 받는 것으로 한다."고 정하고 있다. 그런데 이 사건 신탁계약 및 사업약정에는 명시적으로 위 '이자'의 산정 방식에 관해 정한 규정이 존재하지 않는다.

앞서든 증거 및 변론 전체의 취지에 비추어 인정되는 다음과 같은 사정에 비추어 볼 때, 피고가 자금을 차입하면서 이 사건 조달이자 외에도 정당하게 추가비용을 지출하게 되었다 하더라도 그 비용의 내용을 구체적으로 주장·입증하여 비용보상을 청구하는 것은 별론으로 하더라도, 위 제17조 제4항의 대지급금에 대한 '이자'는 이 사건 조달이자 상당을 의미한다고 보는 것이 타당하다.

① 피고는, 이 사건 사업약정 제14조 제3항에서 피고가 차입금에 대한 차입이자율에 부대비용을 가산하여 산정한 금리를 적용할 수 있고 그 조건을 피고의 내부규정에 의한다고 정한 것은 이 사건 신탁계약 제17조 제4항의 대지급금에 대한 이자를 정한 것이고, 설령 이 사건 가산이자의 수취가 이자부 소비대차에 기초한 것으로서 무효라 하여도 무효행위 전환의 법리에 따라 비용지출에 따른 약정이자로서 유효하다고 주장한다.

그러나, 계약당사자 사이에 어떠한 계약 내용을 처분문서인 서면으로 작성한 경우에 문언의 객관적인 의미가 명확하다면, 특별한 사정이 없는 한 문언대로의 의사표시의 존재와 내용을 인정하여야 할 것이고(대법원 2002. 5. 24. 선고 2000다72572 판결 참조), 이 사건 사업약정 및 신탁계약상 이 사건 대여금에 대하여 가산이자를 지급하기로 한 약정을 그 문언의 내용과는 달리 비용보상청구권의 범위에 속하는 부대비용에 관한 약정으로 해석하여야 할 아무런 근거가 없다. 또한, 피고가 제출한 증거만으로 당사자들이 이자부 소비대차가 무효라는 사실을 알았더라면 비용지출에 따른 이자의 형식으로 신탁재산에서 수취하였을 것이라는 점을 인정하기에 부족하고, 이를 인정할 다른 증거도 없다.

② 수탁자는 신탁목적에 따라 신탁재산을 관리해야 하고, 신탁재산을 운용하면서 수탁자 개인을 상대방으로 하여 거래행위를 행하는 것은 물론, 거래가 아니더라도 상반되는 법률관계에 서는 것을 원칙적으로 회피해야 한다(구 신탁법 제29조, 제31조). 그러나 신탁재산이 당연히 부담해야 할 비용을 수탁자가 지급하고, 신탁사무의 처리에 따라 과실 없이 손해를 입은 경우에도 신탁재산으로부터 보상받을 수 없다면 형평에 어긋난다. 위와 같은 취지에서 구 신탁법 제42조는 위 비용 및 손해에 관해 위 제31조의 의무를 배제하고 수탁자에 대해 신탁재산 그 자체로부터 보상을 받을 수 있도록 하였다. 따라서, 수탁자의 비용보상청구권은 신탁재산이 당연히 부담해야 할 비용 및 신탁사무의 처리에 따라 과실 없이 입은 손해에 한정된다(현행 신탁법 제46조 및 민법 제688조 역시 같다).

그런데, 앞서 본 바와 같이 피고가 이 사건 대여금을 외부로부터 차입하여 이 사건 신탁사업에 필요한 비용으로 사용한 이상 피고가 제출한 증거만으로 이 사건 대여와 관련해 이 사건 조달이자 외에 추가 비용이 발생하였다고 보기 어렵다. 그렇다면 이 사건 가산이자는 피고가 이 사건 신탁으로 인해 지출한 비용으로서 신탁재산이 당연히 부담해야 할 비용이라고 볼 수 없고, 신탁사무의 처리에 따라 과실 없이 입은 손해라고 볼 수도 없어 비용보상청구권의 범위에 포함된다고 해석할 근거가 없다.

③ 피고는 이 사건 조달이자 상당액이 미리 외부 금융기관 등에 지급된다는 점에서 다른 의미의 비용으로 보아야 한다고 주장한다. 그러나 비용의 상환으로 대지급금에 해당하는 순수비용과 그 이자만을 인정하는 이 사건 규정들의 문언과 취지를 고려하면 그렇게 보기 어렵다. 즉 피고가 이 사건 조달이자 상당액 전부를 미리 지출한 것인지 명백하지도 않고, 설령 그렇더라도 피고에게는 이 사건 신탁사업을 위하여 지출이 필 요한 대지급금의 구체적 금액과 시기를 예상하여 그 때까지 사용할 자금을 미리 확보해야 할 책임이 있다. 피고가 그 확보를 위한 전체적인 대가로서 이 사건 조달이자 상 당액을 지출한 셈이 되므로, 대지급금에 대한 기회비용에 해당하는 일반적인 이자는 그것이라고 보는 것이 합리적인 해석이다. 그러면 이 사건 가산이자는 피고가 일반적인 이자 외에 임의로 추가한 성격의 돈이 되어 특별한 사정이 밝혀지지 않는 이상 비용 상환의 대상에 포함된다고 볼 수는 없다.

(2) 피고는, 수탁자는 대지급금에 대해 법정이율인 6%의 이자를 수취할 수 있는데, 이 사건 대여금 및 조달이자가 '대지급금'에 해당하고, 이 사건 가산이자 상당의 금원은 대지급금에 대한 '이자'로서 이는 법정이율에도 미치지 못하므로 그 수취가 정당하다고 주장한다(피고는 이 사건 대여금과 조달이자의 합계액 전부에 대해 상법상 6%의 이자를 수취할 수 있을 것이나 계산의 편의를 위하여 이 사건 대여금만을 기준으로 이자를 계산하였다고 주장한다).

그러나, 이 사건 대여금은 최종적으로 별지 2표 기재 적요란과 같이 이 사건 신탁계약 제17조 제1항 제1, 2, 4, 5, 6호의 비용으로 사용되었다. 이 사건 조달이자는 피고가 외부에서 금원을 차용하는데 사용된 외부차입비용으로서, 이를 위 각 호의 비용으로서 대지급금에 포함된다고 해석할 수 없다. 그런데 피고는 대지급금인 이 사건 대여금에 대해 이 사건 조달이자와 가산이자를 합한 연 10.7% 내지 연 11.6% 정도의 이 자를 수취하여, 법정이율인 6%나 가중평균 조달금리를 훨씬 초과하는 이자를 수취하였다.

다) 따라서, 피고는 특별한 사정이 없는 한 원고에게 이 사건 가산이자 상당인 677,903,248원 및 이에 대한 지연손해금을 반환할 의무가 있다.

[실무참고 7] 자행예금의 신탁재산과 고유재산간의 거래 금지 위반 여부

실무상 신탁겸영은행 등 수탁자에게 수신기능이 있는 경우에는 신탁재산을 자행예금(자신의 본·지점에 예금)으로 운용하는 사례가 있는데 그 유효성에 대해 논란이 되고 있다. 이를 엄격하게 해석하면 예금에 의해 신탁재산인 금전의 소유권은 수탁자인 은행에 귀속하고 신탁계정은 고유계정에 대한 예금반환채권을 취득하기 때문에[50] 신탁재산과 고유재산간의 거래(현행 신탁법 제34조 제1항 제1호)에 해당하여 금지된다고 할 수 있다(신탁재산을 자행예금보다 더 고율의 타행예금 등에 운용할 수 있음에도 불구하고 이자율이 더 낮은 자행예금에 운용하는 경우에는 사안에 따라서는 수탁자의 충실의무 위반도 문제될 수 있으나 이는 구체적인 사실관계의 판단이 필요한 문제이므로 여기서는 일단 논외로 한다).

한편, 현행 신탁법에서는 신탁행위에서 허용된 경우(1호), 수익자의 승인을 받은 경우(2호)에는 신탁재산과 고유재산 간의 거래를 허용하고 있지만(현행 신탁법 제34조 제2항) 현행 자본시장법은 신탁업자에 대해서는 위 신탁법 제34조 제2항을 적용하지 않고 신탁계약이 정하는 바에 따라 신탁재산을 고유재산으로 취득할 수 있는 경우를 한정하고 있고(현행 자본시장법 제104조), 나아가 신탁재산으로 신탁업자의 고유재산과 거래하는 것을 불건전영업행위로 금지하고 있다(현행 자본시장법 제108조 제6호).[51] 따라서 신탁겸영은행 등의 경우에는 현행 신탁법에도 불구하고 여전히 자행예금의 유효성이 문제될 수 있다.

이에 대해서는 자금관리의 효율성 등 그 현실적인 필요에 의해 그 유효성을 긍정하여야 한다는 견해도 있으나, 현행 신탁법 및 자본시장법에 위반되는 것임은 부인할 수 없다. 특히 현행 자본시장법에서는 수탁액 3억원 이상의 특정금전신탁의 경우에는 자행예금도 불건전영업행위에 해당하지 않는다는 규정을 두고 있지만(현행 자본시장법 시행령 제109조 제1항 4호 아목) 동 규정과 현행 자본시장법 제104조 및 신탁법 제34조과의 관계도 명확하지 않다. 가사 동 규정에 의해 수탁액 3억원 이상의 특정금전신탁의 경우에 자행예금이 허용된다 하더라도 특정금전신탁 외의 채권 등 재산신탁의 경우에는 그 자금운용에 있어서 여전히 자행예금이 금지된다고 볼 수 있다.

나아가 이상과 같은 자행예금에 대한 논의가 신탁재산 운용을 위한 경우 뿐만아니라 신탁목적물인 매출채권, 부실채권(NPL) 등 신탁재산으로부터의 회수를 위해 수탁자 명의의 예금계좌를 수탁은행의 본·지점에 개설하는 경우에도 역시 적용되는지 문제될 수 있다. 현행 자본시장법 등 관련 규정상으로는 양자 모두 신탁재산이라는 측면에서 금전을 운용하는 경우와 차이가 없다고 할 수 있으나, 이 경우에는 신탁재산의 운용 목적이 아닌 신탁재산 회수에 목적이 있다는 점을 고려하여 신탁재산 운용 목적의 자행예금과 달리 보아야 하지 않을까 생각한다. 실무에서는, 특히 매출채권 신탁거래에서는, 신탁재산인 매출채권의 추심·회수계좌를 수탁은행의 다른 지점에 개설하여 신탁재산을 회수하는 것이 일반적으로 보인다.

다만, 이와 같은 실무에도 불구하고, 신탁재산이 부실채권(NPL)인 사안에서 그 회수계좌를 자행에 개설하는 것이 신탁재산과 고유재산 간의 거래에 해당한다는 취지의 감독당국의 해석이 존재하고 있다는 점을 유의하여야 할 것이다.

[실무참고 8] 수탁자의 수익권 또는 수익권에 대한 질권 취득

실무상 수탁자가 수익자의 지위를 겸하거나 수익권에 대한 질권을 취득하는 것이 현행 신탁법상 이익에 반하는 행위의 금지(현행 신탁법 제34조) 및 수탁자의 이익향수금지(현행 신탁법 제36조) 등에 위반되는지 여부가 문제된다.

---

50) 예금채권의 채권자와 채무자가 동일하게 되나, 신탁재산의 경우에는 혼동에 관한 특칙이 적용되므로 예금이 가능하다(현행 신탁법 제26조).

51) 단, 수탁액이 3억원 이상인 특정금전신탁인 경우에는 자행예금이 허용된다(현행 자본시장법 시행령 제109조 제1항 4호 아목).

1. 수탁자의 수익권 취득

(1) 먼저, 다수의 대법원 판결에서 보는 바와 같이 수익권은 신탁재산 및 신탁재산에 관한 권리와는 구별되는 별도의 권리이므로 수탁자가 수익권을 취득하였다고 하여 신탁재산 및 신탁재산에 관한 권리를 고유재산으로 귀속시킨 경우(현행 신탁법 제34조 제1항 제1호)에 해당하지 않는다고 해석하는 것이 타당하다.

(2) 다음으로, 수탁자는 공동수익자의 1인인 경우를 제외하고는 신탁의 이익을 누리지 못하므로 단독수익자가 될 수 없다. 다만, 다음의 경우에는 수익자가 될 수있다.

① 공동수익자의 1인인 경우(현행 신탁법 제36조 단서)

여기서 수탁자가 공동수익자 중 1인이라는 것은 같은 종류의 수익권을 가진 수익자가 더 있다는 의미뿐만 아니라 종류와 내용, 수익권 취득시기 등이 다른 수익권을 가진 수익자가 더 있는 경우도 포함한다고 하면서 공동수익자 중 1인만이 우선수익권을 가지는 경우에도 그 밖의 수익자가 이 규정의 적용을 배제하기 위한 형해화된 형식적 수익자가 아닌한 예외에 해당한다는 견해가 있다.[52] 이 견해에 따르면 위탁자를 단독 후순위 수익자로 하고, 수탁자가 단독 선순위 수익자를 겸하게 되면 위 규정에 위반되는 것으로 해석될 가능성을 배제할 수 없다. 따라서 실무에서는 이점을 감안하여 수탁자가 수익자를 겸하도록 하지 않거나 수탁자 외에도 수탁자와 동순위의 수익자가 존재하는 경우에 한하여 수탁자가 수익자를 겸하도록 하는 경우가 많다.

② 신탁업자가 자본시장법 제104조 제2항에 따라 산정한 가격으로 수익증권을 매수하는 경우(현행 자본시장법 제111조)

이 경우에는 신탁법 제36조가 적용되지 않고 수탁자는 자신이 발행한 수익증권을 매수할 수 있다. 다만, 신탁과 관련하여 자본시장법상 수익증권은 '금전신탁의 수익증권'을 의미하므로(현행 자본시장법 제110조), 현행 자본시장법 하에서는 금전신탁계약에 따라 발행된 수익증권에 한하여 위 규정이 적용될 수 있다. 또한, 위 규정의 적용범위에 대해서는 위 자본시장법의 규정상 기 발행된 수익증권을 '매수'하는 경우만을 의미하고 최초로 발행되는 수익증권을 '취득'할 수는 없다는 견해도 있다,

2. 수익권에 대한 질권 취득

(1) 먼저, 다수의 대법원 판결에 따르면 수익권은 신탁재산 및 신탁재산에 관한 권리와는 구별되는 별도의 권리이므로 수탁자가 수익권에 대한 질권을 취득하였다고 하여 신탁재산 및 신탁재산에 관한 권리를 고유재산으로 귀속시킨 경우(현행 신탁법 제34조 제1항 제1호)에 해당하지 않는다고 해석하는 것이 타당하다(아래 각주의 일본판례도 마찬가지 견해이다).

(2) 다음으로, 수익권에 대한 질권 취득에 대해서도 현행 신탁법 제36조(신탁이익 향수금지)가 적용되는지 여부가 문제되는데, 일본의 판례[53]는 수익권에 대한 질권 설정은 일본 신탁법 제8조(신탁이익 향수금지)에 위반되지 않는다고 판시한 바 있다.[54] 그러나, 현행 신탁법 제36조에서는 수탁자에 의한 일체의 직·간접적인 신탁이익의 향수를 금지하고 있는데[55] 수익권에 대한 질권설정은 간접적으로 신탁수익을 향수하

---

52) 김상용 감수, 신탁법 해설, 법무부, 303면 이하.

53) 日本大審院判例(大判 昭和 8. 3. 14. 民集 12卷4號 350면).

54) 위 일본판결에 대한 설명은, (1) 임채웅, 신탁법 연구, 박영사, 118면 주 16, (2) 안성포 역, 新井 誠, 信託法(第3版), 전남대학교 출판부, 197면 이하, (3) 中野正俊, 信託法判例研究(新訂版), 酒井書店, 102면 이하를 각 참고할 것.

55) 실무에서는 수탁자가 수탁자의 지위에서 신탁자금을 대출, 증권 매입 등에 운용하면서, 신탁보수 외에 차주 또는 발행회사로부터 금융자문수수료, 주간사수수료 등을 고유계정에서 수취하는 경우가 있는데, 이는 수탁자의 지위를 이용하여 별도의 이익을 수취하는 것이므로 수탁자와 위탁자간의 이해상충행위로 충실의무 및 수탁자의 이익향수금지에 위반되는 행위로 보는 것이 타당하다고 생각된다. 감독당국의 감사에서도 이점을 지적받은 사례가 있으므로 특히 신탁업자들은 유의해야

는 경우에 해당하고, 질권실행의 경우에는 직접적으로 신탁수익을 향수하게 되므로 결국 수익권에 대한 질권 역시 직·간접적으로 신탁이익을 향수하는 경우에 해당한다고 보아야 한다. 따라서 수익권에 대한 질권 취득의 경우에도 수익권의 취득의 경우[위 1. (2) ①]에 준하여, 수익권에 대한 공동질권자가 존재하거나 공동수익자가 존재하는 경우에 한하여 질권을 취득할 수 있다고 생각된다. 또한 자본시장법에 따른 수익증권 매수도 허용되므로[위 1. (2) ②]에 수익증권에 대한 질권 취득 역시 허용되나, 그 질권실행에 의한 취득의 경우에는 자본시장법에 따른 제한이 따른다고 해석하는 것이 타당할 것이다.

12. 대법원 2017. 6. 8. 선고 2015두49696 판결 [취득세등부과처분취소][56)]

[논점] 주택보증신탁계약에 따른 신탁재산 취득과 분양보증 이행으로 인한 취득세 과세 여부

【이 유】

구 신탁법(2011. 7. 25. 법률 제10924호로 전부 개정되기 전의 것, 이하 같다) 제5조 제2항은 '신탁은 그 목적이 위법 또는 불능한 때에는 무효'라고 규정하고 있다. 이러한 구 신탁법 제5조 제2항의 취지는 신탁법상의 신탁은 위탁자가 수탁자에게 특정의 재산권을 이전하거나 기타의 처분을 하여 수탁자로 하여금 신탁 목적을 위하여 그 재산권을 관리·처분하게 하는 것이므로(제1조 제2항), 그와 같은 신탁이 강행법규에 반하는 등 목적이 위법하거나 신탁계약 당시부터 실현이 불가능하여 원시적 불능인 급부를 목적으로 하는 것이라면 그 효력을 인정할 수 없다는 데에 있다. 따라서 사업주체가 수분양자에게 분양계약을 이행할 수 없는 경우 분양보증회사가 분양이행 또는 환급이행 후 신탁부동산을 처분할 목적으로 신탁계약을 체결하고 그에 따른 신탁등기를 마친 것이라면, 그와 같은 신탁 목적이 일정한 행위를 금지하는 구체적 법규정에 반하는 것이라거나 이를 달성하는 것이 계약 당시부터 사실상 또는 법률상 불가능한 상태였다고 할 수 없는 만큼, 위 신탁계약 등이 그 목적이 위법하거나 불능한 때에 해당하여 무효라고 할 수 없다.

…부동산 취득세는 재화의 이전이라는 사실 자체를 포착하여 이에 담세력을 인정하고 부과하는 유통세의 일종으로 부동산의 취득자가 그 부동산을 사용·수익·처분함으로써 얻어질 이익을 포착하여 부과하는 것이 아니다. 구 지방세법 제105조 제1항의 '부동산 취득'은 특별한 사정이 없는 한 부동산 취득자가 실질적으로 완전한 내용의 소유권을 취득하는지 여부와 관계없이 소유권이전등기를 넘겨받는 등으로 부동산을 취득하는 모든 경우를 포함한다(대법원 2007. 4. 12. 선고 2005두9491 판결 등 참조). 구 지방세법 제110조 제1호 가목은 신탁법상의 신탁을 원인으로 수탁자가 신탁재산인 부동산을 이전받는 것 또한 제105조 제1항의 '취득'에 해당함을 전제로 일정한 요건 하에 취득세를 부과하지 않도록 한 것이다.

분양보증회사가 주택분양보증을 위하여 위탁자와 신탁계약을 체결하고 이를 원인으로 위탁자로부터 신탁재산인 토지를 이전받았다면 이는 구 지방세법 제105조 제1항에서 정한 '부동산 취득'에 해당한다. 그 후 주택분양보증의 이행으로 수분양자들에게 분양대금을 환급해주었다고 하더라도 이미 취득한 토지를 다시 취득한 것으로 볼 수 없다. 이 경우 당초 신탁계약을 원인으로 한 신탁재산 토지의 취득에 관하여 구 지방세법 제110조 제1호 가목에 의해 취득세가 부과되지 않았다고 하여 달리 볼 것이 아니다.

할 것이다.

56) 이 판결에 대한 평석은, 김희철, 신탁계약에 따른 신탁재산 취득과 분양보증사고의 발생으로 인한 취득세 과세, 대법원판례해설 제111호, 624면 이하를 참고할 것.

13. 대법원 2017. 6. 8. 선고 2014두43554 판결 [취득세등부과처분취소]

[논점] 주택보증신탁계약에 따른 신탁재산 취득과 분양보증 이행으로 인한 취득세 과세 여부

【이 유】

구 지방세법(2010. 3. 31. 법률 제10221호로 전부 개정되기 전의 것, 이하 같다) 제105조[57] 제1항은 '취득세는 부동산·차량·기계장비·입목·항공기·선박·광업권·어업권·골프회원권·승마회원권·콘도미니엄회원권 또는 종합체육시설이용회원권을 취득한 자에게 부과한다'고 규정하고 있고, 제110조 제1호 (가)목[58]은 '신탁(신탁법에 의한 신탁으로서 신탁등기가 병행되는 것에 한한다)으로 인한 신탁재산의 취득으로서, 위탁자로부터 수탁자에게 신탁재산을 이전하는 경우에 대하여는 취득세를 부과하지 아니한다'고 규정하고 있다.

부동산 취득세는 재화의 이전이라는 사실 자체를 포착하여 이에 담세력을 인정하고 부과하는 유통세의 일종으로 부동산의 취득자가 그 부동산을 사용·수익·처분함으로써 얻어질 이익을 포착하여 부과하는 것이 아니다. 구 지방세법 제105조 제1항의 '부동산 취득'은 특별한 사정이 없는 한 부동산 취득자가 실질적으로 완전한 내용의 소유권을 취득하는지 여부와 관계없이 소유권이전등기를 넘겨받는 등으로 부동산을 취득하는 모든 경우를 포함한다(대법원 2007. 4. 12. 선고 2005두9491 판결 등 참조). 구 지방세법 제110조 제1호 (가)목은 신탁법상의 신탁을 원인으로 수탁자가 신탁재산인 부동산을 이전받는 것 또한 제105조 제1항의 '취득'에 해당함을 전제로 일정한 요건하에 취득세를 부과하지 않도록 한 것이다.

따라서 분양보증회사가 주택분양보증을 위하여 신탁계약을 체결하고 이를 원인으로 하여 위탁자로부터 신탁재산인 토지를 이전받았다면 이는 구 지방세법 제105조 제1항에서 정한 '부동산 취득'에 해당한다. 그 후 주택분양보증의 이행으로 수분양자들에게 분양대금을 환급해 주거나 신탁부동산을 제3자에게 매각한다고 하여 재차 동일한 토지를 취득하는 것으로 볼 수 없다. 이 경우 당초 신탁계약을 원인으로 한 신탁재산 토지의 취득에 관하여 구 지방세법 제110조 제1호 (가)목에 의하여 취득세가 비과세되었다고 하여 달리 볼 것이 아니다.

14. 대법원 2017. 5. 18. 선고 2012두22485 전원합의체 판결 [부가가치세부과처분취소][59]

[논점] 신탁부동산의 관리·처분에 따른 부가가치세 납세의무자

【이 유】

가. 부가가치세는 재화나 용역이 생산·제공되거나 유통되는 모든 단계에서 창출된 부가가치를 과세표준으로 하고 소비행위에 담세력을 인정하여 과세하는 소비세로서의 성격을 가지고 있지만, 앞서 본 바와 같이 부가가치세법은 부가가치 창출을 위한 '재화 또는 용역의 공급'이라는 거래 그 자체를 과세대상으로 하고 있을 뿐 그 거래에서 얻은 소득이나 부가가치를 직접적인 과세대상으로 삼고 있지 않다. 이와 같이 우리나라의 부가가치세는 실질적인 소득이 아닌 거래의 외형에 대하여 부과하는 거래세

---

57) 현행 지방세법 제7조.

58) 현행 지방세법 제9조 제3항 1호.

59) 이 판결에 대한 평석은, (1) 서순성, 신탁부동산의 관리·처분과 부가가치세 납세의무자 : - 대법원 2017. 5. 18. 선고 2012두22485 전원합의체 판결 -, 법조 통권 726호, 531면 이하, (2) 김성균, 신탁관계에 있어서의 부가가치세 납세의무자 : - 대법원 2017. 5. 18. 선고 2012두22485 전원합의체 판결 -, 법학논문집 제41호 제2호, 중앙대학교 법학연구소, 311면 이하, (3) 신철민, 신탁재산의 공급에 따른 부가가치세 납세의무자는 수탁자, 조세 350호, 80면 이하, (4) 송동진, 신탁부동산의 관리·처분과 부가가치세 납부의무자, 법률신문 4517호, 법률신문사, 11면을 각 참고할 것.

의 형태를 띠고 있으므로, 부가가치세법상 납세의무자에 해당하는지 여부 역시 원칙적으로 그 거래에서 발생한 이익이나 비용의 귀속이 아니라 재화 또는 용역의 공급이라는 거래행위를 기준으로 판단하여야 한다. 그리고 부가가치세의 과세원인이 되는 재화의 공급으로서의 인도 또는 양도는 재화를 사용·소비할 수 있도록 소유권을 이전하는 행위를 전제로 하므로, 재화를 공급하는 자는 위탁매매나 대리와 같이 부가가치세법에서 별도의 규정을 두고 있지 않는 한 계약상 또는 법률상의 원인에 의하여 그 재화를 사용·소비할 수 있는 권한을 이전하는 행위를 한 자를 의미한다고 보아야 한다.

그런데 구 신탁법(2011. 7. 25. 법률 제10924호로 전부 개정되기 전의 것) 제1조 제2항은 '신탁이라 함은 위탁자와 수탁자가 특별한 신임관계에 기하여 위탁자가 특정의 재산권을 수탁자에게 이전하거나 기타의 처분을 하고 수탁자로 하여금 수익자의 이익을 위하여 또는 특정의 목적을 위하여 그 재산권을 관리, 처분하게 하는 법률관계를 말한다'고 규정하고 있다. 이와 같이 신탁법상의 신탁은 위탁자가 수탁자에게 특정한 재산권을 이전하거나 기타의 처분을 하여 수탁자로 하여금 신탁 목적을 위하여 그 재산권을 관리·처분하게 하는 것이다. 이는 위탁자가 금전채권을 담보하기 위하여 금전채권자를 우선수익자로, 위탁자를 수익자로 하여 위탁자 소유의 부동산을 신탁법에 따라 수탁자에게 이전하면서 채무불이행 시에는 신탁부동산을 처분하여 우선수익자의 채권 변제 등에 충당하고 나머지를 위탁자에게 반환하기로 하는 내용의 담보신탁을 체결한 경우에도 마찬가지이다.

따라서 수탁자가 위탁자로부터 이전받은 신탁재산을 관리·처분하면서 재화를 공급하는 경우 수탁자 자신이 신탁재산에 대한 권리와 의무의 귀속주체로서 계약당사자가 되어 신탁업무를 처리한 것이므로, 이때의 부가가치세 납세의무자는 재화의 공급이라는 거래행위를 통하여 그 재화를 사용·소비할 수 있는 권한을 거래상대방에게 이전한 수탁자로 보아야 하고, 그 신탁재산의 관리·처분 등으로 발생한 이익과 비용이 거래상대방과 직접적인 법률관계를 형성한 바 없는 위탁자나 수익자에게 최종적으로 귀속된다는 사정만으로 달리 볼 것은 아니다. 그리고 세금계산서 발급·교부 등을 필수적으로 수반하는 다단계 거래세인 부가가치세의 특성을 고려할 때, 위와 같이 신탁재산 처분에 따른 공급의 주체 및 납세의무자를 수탁자로 보아야 신탁과 관련한 부가가치세법상 거래당사자를 쉽게 인식할 수 있고, 과세의 계기나 공급가액의 산정 등에서도 혼란을 방지할 수 있다.

이와 달리 신탁재산의 공급에 따른 부가가치세의 납세의무자는 그 처분 등으로 발생한 이익과 비용이 최종적으로 귀속되는 신탁계약의 위탁자 또는 수익자가 되어야 한다는 취지로 판시한 대법원 2003. 4. 22. 선고 2000다57733, 57740 판결, 대법원 2003. 4. 25. 선고 99다59290 판결, 대법원 2003. 4. 25. 선고 2000다33034 판결, 대법원 2006. 1. 13. 선고 2005두2254 판결, 대법원 2008. 12. 24. 선고 2006두8372 판결 등은 이 판결의 견해에 저촉되는 범위에서 이를 변경한다.[60]

나. 원심이 인용한 제1심판결은 증거에 의하여, ① 원고가 성남시 분당구 (주소 생략)에 있는 ○○○ ○○ 비(B) 107호, 108호, 112호, 112-1호, 113호, 113-1호 등 6개 상가건물(이하 '이 사건 건물'이라고 한다)의 매수자금에 사용하기 위하여 피고보조참가인으로부터 42억 원을 대출받은 사실, ② 원고는 위 대출금채무를 담보하기 위하여 2008. 6. 30. 수탁자인 케이비부동산신탁 주식회사(이하 '케이비부동산신탁'이라고 한다)와 이 사건 건물에 관하여 신탁원본의 우선수익자를 피고보조참가인으로, 수익권증서 금액을 58억 8,000만 원으로 정한 부동산담보신탁계약(이하 '이 사건 신탁계약'이라고 한다)을 체결하면서, 신탁부동산이 환가되는 경우 피고보조참가인의 채권을 우선적으로 변제하고 잔액은 원고에게 지급하기로 약정한 사실, ③ 이 사건 부동산에 관하여 2008. 7. 1. 원고 명의의 소유권이전등기를 마친 다

60) 변경된 위 판결들은, 자익신탁(위탁자와 수익자가 동일한 경우)의 경우에는 위탁자를, 타익신탁(위탁자와 수익자가 다른 경우. 위탁자를 수익자로, 제3자를 우선수익자로 지정하는 경우를 포함)의 경우에는 해당 수익권의 범위 내에서 그 수익자를 각 부가가치세 납세의무자로 보아야 한다는 취지의 판결들이다.

음, 곧이어 신탁을 원인으로 하여 케이비부동산신탁 명의의 소유권이전등기를 마친 사실, ④ 원고가 위 대출금채무를 제때 변제하지 못하자 피고보조참가인은 케이비부동산신탁에 환가를 요청하였으나 공개매각이 수차례 유찰되었고, 이에 피고보조참가인이 2009. 2. 23. 수의계약으로 위 대출원리금과 같은 액수인 4,517,005,143원에 이 사건 건물의 소유권을 취득한 사실, ⑤ 피고는 위탁자인 원고가 피고보조참가인에게 이 사건 건물을 공급함으로써 부가가치세의 납세의무자가 되었다고 보아 2010. 1. 16. 원고에게 2009년 제1기분 부가가치세를 부과하는 이 사건 처분을 한 사실을 인정하였다.

다. 이러한 사실관계를 앞서 본 법리에 비추어 살펴보면,

…수탁자인 케이비부동산신탁은 신탁계약을 원인으로 위탁자인 원고로부터 신탁재산인 이 사건 건물을 이전받은 다음 신탁재산의 관리·처분권한에 기초하여 이를 처분한 거래행위를 한 것이므로, 이 사건 건물이 2009. 2. 23. 피고보조참가인에게 공급됨에 따라 발생하는 부가가치세 납세의무를 부담하여야 하는 자는 원칙적으로 수탁자인 케이비부동산신탁이다.[61]

원심의 이유설시는 부적절하지만,[62] 원고가 이 사건 건물의 공급으로 인한 부가가치세 납세의무자가 아니라는 이유로 이 사건 처분이 위법하다고 본 결론은 정당하고,…

[1심판결] 수원지방법원 2011. 12. 14. 선고 2011구합6463 판결 [부가가치세부과처분취소][63]

【주 문】

1. 피고가 2010. 1. 16. 원고에 대하여 한 2009년 1기분 부가가치세 금 243,249,960원의 부과처분을 취소한다.
2. 소송비용은 피고가 부담한다.

【청구취지】

주문과 같다.

【이 유】

일반적으로 부가가치세는 사업상 독립적으로 재화 또는 용역을 공급하는 자 즉 사업자가 이를 납부할 의무를 지는 것이고(부가가치세법 제2조 제1항), 한편 신탁법상의 신탁은 위탁자가 수탁자에게 특정의 재산권을 이전하거나 기타의 처분을 하여 수탁자로 하여금 신탁 목적을 위하여 그 재산권을 관리·처분하게 하는 것인바(신탁법 제1조 제2항), 수탁자가 신탁재산을 관리·처분하면서 재화 또는 용역을 공급하거나 공급받게 되는 경우 수탁자 자신이 계약당사자가 되어 신탁업무를 처리하게 되는 것이나 그 신탁재산의 관리·처분 등으로 발생한 이익과 비용은 최종적으로 위탁자에게 귀속하게 되어 실질적으로는 위탁자의 계산에 의한 것이라고 할 것이므로, 신탁법에 의한 신탁 역시 부가가치세법 제6조 제5항 소정의 위탁매매와 같이 '자기(수탁자) 명의로 타인(위탁자)의 계산에 의하여' 재화 또는 용역을 공급하거나 또는 공급받는 등의 신탁업무를 처리하고 그 보수를 받는 것이어서, 신탁재산의 관리·처분

---

61) 이 판결 선고 이후 현행 부가가치세법 제10조 제8항이 신설되었다. 그런데, 이 판결의 사안이 담보신탁에 관한 것이기는 하나, 이 판결은 담보신탁 여부를 불문하고 수탁자 명의로 이루어진 신탁재산의 관리·처분의 경우에는 수탁자를 부가가치세의 납세의무자로 보아야 하는 것으로 판시하고 있음에도 위 부가가치세법 제10조 제8항은 담보신탁과 다른 신탁을 구분하여 전자의 경우에는 수탁자를, 후자의 경우에는 그 명의에도 불구하고 위탁자를 부가가치세의 납세의무자로 본다는 취지로 규정하고 있다.

62) 원심판결과 1심판결은 부가가치세 납세의무자를 우선수익자인 한국저축은행으로 판단한 반면, 대법원은 수탁자인 케이비부동산신탁을 부가가치세의 납세의무자로 보았기 때문이다.

63) 항소심판결인 서울고법 2012. 9. 6. 선고 2012누2421 판결은 1심판결을 그대로 인용하여 피고의 항소를 기각함.

등 신탁업무의 처리와 관련하여 사업자 및 이에 따른 부가가치세 납세의무자는 원칙적으로 위탁자라고 봄이 상당하다 할 것이다. 그런데 신탁계약에 있어서 위탁자 이외의 수익자가 지정되어 신탁의 수익이 우선적으로 수익자에게 귀속하게 되어 있는 타익(他益)신탁의 경우에는, 그 우선수익권이 미치는 범위 내에서는 신탁재산의 관리·처분 등으로 발생한 이익과 비용도 최종적으로 수익자에게 귀속되어 실질적으로는 수익자의 계산에 의한 것으로 되므로, 이 경우 사업자 및 이에 따른 부가가치세 납세의무자는 위탁자가 아닌 수익자로 봄이 상당하다(대법원 2003. 4. 25. 선고 99다59290호 판결 참조).

따라서 앞서 본 바와 같이 위탁자인 원고와 수탁자인 케이비신탁이 한국상호저축은행을 우선수익자로 하는 내용의 이 사건 신탁계약을 체결하였고 이는 이른바 담보신탁이면서 타익신탁에 해당하므로 이 사건 건물의 양도로 인한 부가가치세의 납세의무자는 이 사건 신탁계약의 수익자인 한국상호저축은행이라고 할 것이므로(앞서 본 바와 같은 경위로 이 사건 건물의 소유권을 한국상호저축은행이 취득하였으므로 결국 재화를 공급하는 자와 공급받는 자가 동일하여 부가가치세를 과세할 수 없을 것이다), 이 사건 처분은 납세의무자가 아닌 자에 대한 것으로서 위법하다[위 판례의 법리에 대하여는 부가가치세의 과세구조 등에 부합하지 않는다는 비판이 있으나, 위와 같은 법리는 부가가치세법상 부동산 수탁자가 신탁재산을 양도하는 등 처분을 하는 경우에 대한 입법적 규율이 전무한 이상 과세대상의 귀속에 관한 실질주의를 채택하고 있는 우리 국세기본법(제14조)이나 신탁재산에 귀속되는 소득의 귀속자를 수익자로 규정하고 있는 법인세법(제5조), 소득세법(제46조 제4항) 등의 규정 체계에 비추어 불가피한 해석으로 보인다].

15. 대법원 2017. 1. 25. 선고 2015다203578, 203585 판결 [공매배분금지급청구·임치청구]

[논점] 수탁자가 우선수익자에 대하여 비용상환을 청구할 수 있는 경우, 수탁자가 채무자 회생 및 파산에 관한 법률 제418조를 근거로 우선수익자의 파산관재인에 대하여 민사소송의 방법으로 비용상환액에 대한 임치의 이행을 청구할 수 있는지 여부

【이 유】

다. 원심은 위와 같은 사실관계를 토대로 하여,

별건 신탁계약의 목적인 부동산과 관련하여 피고가 납부한 간주취득세는 신탁부동산에 대한 제세공과금으로 신탁사무 처리에 필요한 비용에 해당하여 수탁자인 피고는 별건 신탁계약 및 대리사무계약에서 정한 바에 따라 이를 수익자인 원고(원래 수익자는 제일저축은행인데, 파산관재인인 원고가 제일저축은행의 지위를 포괄적으로 승계하였다)에게 청구하거나 상환받을 수 있다고 판단하였다. 이어 원심은, 위와 같이 별건 신탁계약과 별도로 대리사무계약 제25조가 신탁사무 처리비용에 관하여 규정하고 있는 것은, 신탁부동산이 별건 신탁계약에 따라 처분되는 것이 아니라 선순위 근저당권의 실행으로 처분되는 경우에는 피고는 그 경매절차에서 잉여금을 받아 피고가 신탁사무 처리와 관련하여 지출한 비용의 상환채권에 충당할 수밖에 없는데, 별건 신탁계약 체결 당시 이미 그 신탁재산에는 채권최고액 합계 300억 원이 넘는 선순위 근저당권이 설정되어 있어 그 근저당권이 실행되는 경우 발생할지 모르는 비용상환채권 충당 부족분을 수익자인 원고가 부담하기로 하는데 그 취지가 있는 것으로 보이는 점에 비추어 볼 때, 원고의 신탁비용 부담의무는 선순위 근저당권의 실행으로 인한 잉여금을 비용상환채권에 충당한 후에도 부족분이 있을 경우에 발생하는 것으로 봄이 상당하고, 피고가 원고에게 가지는 이 사건 비용상환채권은 대리사무계약 제25조에서 정한 사실이 발생하는 경우에 인정되므로 정지조건부채권의 성질을 가지는 것으로 봄이 상당하다고 판단하였다.

원심판결 이유를 앞서 본 법리와 기록에 비추어 살펴보면, 원심의 위와 같은 판단은 정당하다.

…

나. 원심은, 정지조건부채권인 이 사건 비용상환채권의 채권자인 피고가 파산관재인인 원고에 대하여 임치청구할 수 있는 금액은 피고의 채권액을 한도로 하고, 그 한도는 별건 신탁계약의 신탁부동산에 설정된 선순위 근저당권이 실행되어 이 사건 비용상환채권의 부족분이 확정되어야 하겠으나, 피고가 신탁비용인 간주취득세 명목으로 지출한 금액은 2,581,844,880원인 반면 선순위 근저당권의 채권최고액의 합계가 300억 원이 넘고, 신탁부동산에 대한 공매절차가 29차까지 유찰될 당시 공매예정가가 38억 700만 원에 불과한 점에 비추어 볼 때, 이 사건 비용상환채권액의 부족분은 피고가 원고에 대하여 임치를 청구하는 채무변제액을 초과할 것으로 보인다는 이유를 들어, 원고는 정지조건부채권인 이 사건 비용상환채권의 채권자인 피고로부터 이 사건 공매정산금 채무액으로 그 판시와 같은 금원을 지급받은 다음, 그 변제금 중에서 피고가 구하는 바에 따라 1,654,791,965원 및 이에 대한 지연손해금을 원고가 서울중앙지방법원의 허가를 받아 개설한 임치금 계좌에 임치할 의무가 있다고 판단하여, 피고의 예비적 반소청구를 일부 받아들였다.

다. 원심판결 이유를 앞서 본 법리와 기록에 비추어 살펴보면, 원심의 이유 설시에 다소 미흡한 부분이 있기는 하나 피고의 예비적 반소청구를 그 판시와 같은 범위에서 받아들인 결론은 정당하다.

[원심판결] 서울고등법원 2014. 12. 12. 선고 2014나2013172, 2013189 판결 [공매배분금지급청구·임치청구]

【주 문】

1. 제1심 판결 중 예비적 반소에 관한 부분을 다음과 같이 변경한다.

가. 원고(반소피고)는 피고(반소원고)로부터 1,654,791,965원 및 이에 대하여 2013. 4. 30.부터 2014. 3. 28.까지는 연 5%의, 그 다음날부터 다 갚는 날까지는 연 20%의 각 비율에 의한 금원을 지급받은 다음 위 금원 중 1,654,791,965원 및 이에 대하여 2013. 4. 30.부터 2014. 3. 28.까지 연 5%의 비율에 의한 금원을 원고(반소피고)가 서울중앙지방법원의 허가를 받아 개설한 임치금 계좌에 임치하라.

나. 피고(반소원고)의 나머지 예비적 반소청구를 기각한다.

2. 피고(반소원고)의 본소에 관한 항소를 기각한다.

3. 소송총비용은 본소, 반소를 합하여 그 1/2은 원고(반소피고)가, 나머지는 피고(반소원고)가 각 부담한다.

【청구취지 및 항소취지】

1. 청구취지

본소 : 피고(반소원고, 이하 피고라 한다)는 원고(반소피고, 이하 원고라 한다)에게 1,654,791,965원 및 이에 대하여 2013. 4. 30.부터 이 사건 소장 부본 송달일까지는 연 5%의, 그 다음날부터 다 갚는 날까지는 연 20%의 각 비율에 의한 금원을 지급하라.

예비적 반소 : 원고는 피고로부터 1,654,791,965원 및 이에 대하여 2013. 4. 30.부터 제1심 판결 선고일까지 연 5%의 비율에 의한 금원을 지급받은 다음 위 금원을 원고가 서울중앙지방법원의 허가를 받아 개설한 임치금 계좌에 임치하라.

2. 항소취지

제1심 판결의 본소에 관한 부분 중 피고 패소부분을 취소하고, 그 취소부분에 해당하는 원고의 본소

청구를 기각한다. 제1심 판결 중 반소에 관한 부분을 취소한다. 예비적 반소청구취지와 같은 판결.

【이 유】

…별건 신탁계약의 목적인 부동산과 관련하여 피고가 납부한 간주취득세는 신탁부동산에 대한 제세공과금으로 신탁사무 처리에 필요한 비용에 해당하여 수탁자인 피고는 별건 신탁계약 및 대리사무계약에서 정한 바에 따라 이를 수익자인 원고에게 청구하거나 상환받을 수 있다(원고는, 위 간주취득세는 납부의무의 주체가 수탁자인 피고인 점을 고려할 때 신탁사무 처리에 필요한 비용에 해당되지 않으므로 피고가 상계의 자동채권으로 주장하는 이 사건 비용상환채권은 발생하지 않는다는 취지로 주장하나, 제세공과금의 납부의무자가 누구인지의 문제와 제세공과금이 신탁비용에 해당하는지의 문제는 별개의 문제로서 위 간주취득세는 별건 신탁계약의 목적인 부동산에 부과된 것이므로 별건 신탁계약의 신탁사무 처리에 필요한 비용으로 보아야 한다. 원고의 위 주장은 받아들일 수 없다).

…앞서 보았듯이 별건 신탁계약 제15조는, 신탁비용의 부담자는 위탁자임을 전제로 수탁자인 피고가 이를 부담하였을 때에는 위탁자는 그 금원 및 이에 대한 지연손해금을 피고에게 지급하여야 하고, 수탁자는 위 금원을 위탁자 또는 우선수익자에게 지급할 금전 또는 재산 중에서 이를 우선 공제, 수취할 수 있다고만 하고 있을 뿐 일반적으로 수익자인 원고에게 신탁비용을 청구할 수 있는 것으로 정하고 있지 않은 점에 비추어 볼 때, 이 사건 비용상환채권은 수익자인 원고에 대한 관계에서는 수익자에게 지급할 신탁수익 등이 존재할 것을 전제로 그 한도 내에서 상환을 구할 수 있을 뿐이라고 보이고, 앞서 보았듯이 대리사무계약 제25조는 "신탁재산에 대한 선순위 근저당권자의 권리실행으로 인하여 신탁재산이 처분될 시 피고에게 부과된 제비용(제세공과금, 소송비용 등)의 부족자금에 대해서는 제일저축은행이 부담하기로 한다"라고 정하고 있는바, 위 별건 신탁계약과 별도로 이를 규정하고 있는 것은, 신탁부동산이 별건 신탁계약에 따라 처분되는 것이 아니라 선순위 근저당권의 실행으로 처분되는 경우에는 피고는 그 경매절차에서 잉여금을 받아 이 사건 비용상환채권에 충당할 수밖에 없는데, 별건 신탁계약 체결 당시 이미 그 신탁재산에는 채권최고액 합계 300억 원이 넘는 선순위 근저당권이 설정되어 있어 그 근저당권이 실행되는 경우 발생할지 모르는 이 사건 비용상환채권 충당 부족분을 수익자인 원고가 부담하기로 하는 데 그 취지가 있는 것으로 보이는 점에 비추어 볼 때, 원고의 신탁비용 부담의무는 선순위 근저당권의 실행으로 인한 잉여금을 이 사건 비용상환채권에 충당한 후 부족분이 있을 경우에 발생하는 것으로 봄이 상당하다.

이러한 사정을 종합해 보면, 이 사건 비용상환채권에 대한 원고의 지급의무는 별건 신탁계약과 대리사무계약에서 정한 사실이 발생하지 않는 경우에까지 인정된다고 할 수 없고, 이를 위 법리에 비추어 보면, 이 사건 비용상환채권은 정지조건부채권의 성질을 가지는 것으로 봄이 상당하다.

…피고는, 원고가 함양리조트의 채무불이행 사유가 발생하였음에도 저당권 실행이나 신탁재산에 대한 공매요청을 하지 않은 점, 신탁비용 상환과 관련하여 비용상환청구권 양수의 방법이 있음에도 아무런 조치도 취하지 않은 채 방치하고 있는 점, 피고가 공매절차를 진행하려고 하였으나 원고가 공매중지가처분을 신청하는 등 피고의 채권회수를 고의적으로 방해하고 있는 점, 별건 신탁계약의 신탁부동산은 현재 재산가치가 거의 없는 점 등을 근거로 원고가 신의성실에 반하여 조건 성취를 방해하였으므로 조건이 성취된 것으로 보아야 한다고 주장하나, 원고가 대출원리금 회수를 위하여 근저당권을 실행하거나 공매를 요청하는 것은 원고의 권한일 뿐 의무가 아니고, 원고에게 비용상환청구권을 양수하여야 할 의무가 있다고 할 수 없는 점 등에 비추어 볼 때, 피고가 주장하는 위와 같은 사정만으로 원고가 신의성실에 반하여 조건 성취를 방해한 것으로 평가할 수는 없고, 별건 신탁계약의 신탁부동산의 매각이 불가능하다고 단정할 수 없을 뿐만 아니라 그 매각이 불가능하다는 사정만으로 조건이 성취되었다

고 할 수도 없으며, 앞서 본 대리사무계약 제25조의 약정 취지에 비추어 볼 때, 위 조항의 "근저당권자의 권리실행"을 실제 권리실행 없이 별건 신탁계약상 사업이 실패하여 근저당권이 실행될 상황에 이른 경우도 이에 해당하는 것으로 해석할 수는 없다.

따라서 이 사건 비용상환채권의 조건이 성취되었음을 전제로 이를 자동채권으로 하는 상계가 가능하다는 피고의 위 주장도 받아들일 수 없다.

[1심판결] 서울중앙지방법원 2014. 3. 28. 선고 2013가합528100(본소), 556723(반소) 판결 [공매배분금지급청구·임치청구]

【주 문】

1. 피고(반소원고)는 원고(반소피고)에게 1,654,791,965원 및 이에 대하여 2013. 4. 30.부터 2014. 3. 28.까지 연 5%의, 그 다음날부터 다 갚는 날까지 연 20%의 각 비율에 의한 금원을 지급하라.
2. 원고(반소피고)의 나머지 본소청구를 기각한다.
3. 피고(반소원고)의 예비적 반소를 각하한다.
4. 소송비용은 본소, 반소를 통틀어 모두 피고(반소원고)가 부담한다.
5. 제1항은 가집행할 수 있다.

【청구취지】

본소 청구취지 : 소장부본 송달 다음날부터 연 20%의 비율에 의한 지연손해금의 지급을 구하는 외에는 주문 제1항과 같다.

예비적 반소 청구취지(이하에서는 반소로 인한 당사자표시를 생략한다) : 원고는 피고로부터 1,654,791,965원 및 이에 대하여 2013. 4. 30.부터 이 사건 판결 선고일까지 연 5%의 비율에 의한 금원을 지급받은 다음, 위 금원을 원고가 서울중앙지방법원의 허가를 받아 개설한 임치금계좌에 임치하라.

【이 유】

⑴ …별건 신탁계약과 관련하여 수탁자인 피고에게 부과된 간주취득세는 신탁부동산의 유지, 관리 등에 필요한 제비용으로서 약정에 따라 수익자인 원고에게 아래에서 보는 바와 같은 방법으로 상환받을 수는 있다(이하에서는 이를 이 사건 비용상환채권이라 한다). 피고는 이 사건 비용상환채권에 기한 상계의사표시에 따라 원고의 피고에 대한 이 사건 공매정산금채권이 소멸하였다고 항변하는 반면, 원고는 그 상계는 허용되지 않는다고 주장한다.

⑵ 파산법 제422조 제1호는 파산선고 후에 파산재단에 대하여 채무를 부담한 때를 상계제한사유의 하나로 들고 있으나, 파산법 제417조 후문에서는 파산채권자의 채권이 파산선고시에 기한부 또는 해제조건부이거나 장래의 청구권에 관한 것인 때에도 상계할 수 있도록 되어 있다. 이 사건의 경우, 수동채권인 이 사건 공매정산금채권이 제일저축은행의 파산선고 후에 확정적으로 발생하기는 하였으나, 그 이전에 이 사건 신탁계약에 따라 그 발생의 기초법률관계가 형성되어 있었으므로, 위 파산법의 규정에 따라 상계가 가능하다고 보아야 한다(자동채권인 이 사건 비용상환채권의 경우도 상계가 가능하다).

⑶ 한편, 별건 신탁계약서 제15조에 의하면, 위탁자가 제세공과금 등을 납부하지 않은 경우 수탁자가 대신 납부할 수 있고, 수탁자는 그 대지급금을 위탁자 또는 우선수익자에게 지급할 금전 또는 재산 중에서 이를 우선 공제, 수취할 수 있다고 되어 있고, 별건 신탁계약의 부속계약인 대리사무계약 제25조에 의하면, '신탁재산에 대한 선순위 근저당권자의 권리실행으로 인하여 신탁재산이 처분될 시 피고

에게 부과된 제비용(제세공과금, 소송비용 등)의 부족자금에 대해서는 제일저축은행이 부담하기로 한다'고 정해져 있는 점은 앞서 본 바와 같다. ① 이 사건과 같이 대출은행 앞으로 근저당권이 설정된 상태에서 신탁계약이 체결되거나 대출은행이 신탁계약상 우선수익자인 경우, 시행사나 동업자가 아닌 대출은행이 근저당권자 내지 우선수익자로서 신탁부동산의 처분 등을 통해 받을 금원의 범위 내에서 수탁자가 대위지출한 비용을 상환키로 약정하는 것은 몰라도, 그 범위를 넘어 대출은행의 일반재산으로 인적 책임을 진다는 약정을 하는 것은 경험칙상 극히 이례적인 점, ② 별건 신탁계약서 제15조에서도 수탁자는 대지급금을 '우선수익자에게 지급할 금전 또는 재산'에서 우선공제할 수 있다고 정하고 있는 점 등에 비추어 볼 때, 별건 신탁계약 및 그 부속계약인 대리사무계약에 따른 비용상환약정의 취지는 수탁자인 피고가 우선수익자 내지 근저당권자인 제일저축은행에게 지급할 금원 범위 내에서 부족한 비용을 상환받거나, 근저당권자인 제일저축은행이 근저당권을 실행하여 대출금을 상환받게 될 경우, 제일저축은행이 받을 배당금의 범위 내에서 비용상환책임을 진다는 뜻으로 볼 것이지, 이를 넘어 제일저축은행이 일반재산으로 변제책임을 진다는 것으로는 볼 수 없다. 따라서, 별건 신탁계약 등에 따른 이 사건 비용상환채권으로서 별건 신탁계약과 관계 없는 일반재산인 이 사건 공매정산금채권과 상계할 수 없다 할 것이므로 피고의 상계항변은 이유 없다.

16. 대법원 2016. 11. 25. 선고 2016다20732 판결 [사해행위취소][64)]

[논점] 위탁자가 담보신탁된 부동산을 제3자에게 처분하고 신탁계약을 해지하는 것이 사해행위를 구성하는지 여부

【이 유】

가. 위탁자가 금전채권을 담보하기 위하여 그 금전채권자를 우선수익자로, 위탁자를 수익자로 하여 위탁자 소유의 부동산을 신탁법에 따라 수탁자에게 이전하면서 채무불이행시에는 신탁부동산을 처분하여 우선수익자의 채권 변제 등에 충당하고 나머지를 위탁자에게 반환하기로 하는 내용의 담보신탁을 해 둔 경우, 그 신탁부동산에 대하여 위탁자가 가지고 있는 담보신탁계약상의 수익권은 위탁자의 일반채권자들에게 공동담보로 제공되는 책임재산에 해당한다(대법원 2013. 12. 12. 선고 2012다111401 판결 참조).

위탁자가 위와 같이 담보신탁된 부동산을 당초 예정된 신탁계약의 종료사유가 발생하기 전에 우선수익자 및 수탁자의 동의를 받아 제3자에게 처분하는 등으로 담보신탁계약상의 수익권을 소멸하게 하고, 그로써 위탁자의 소극재산이 적극재산을 초과하게 되거나 채무초과상태가 더 나빠지게 되었다면 이러한 위탁자의 처분행위는 위탁자의 일반채권자들을 해하는 행위로서 사해행위에 해당한다.

그 경우 사해행위취소에 따른 원상회복의 방법으로 제3자 앞으로 마쳐진 소유권이전등기를 단순히 말소하게 되면 당초 일반채권자들의 공동담보로 되어 있지 아니한 부분까지 회복시키는 것이 되어 공평에 반하는 결과가 된다. 이때는 그 부동산에 대하여 위탁자가 가지고 있던 담보신탁계약상 수익권의 평가금액 한도 내에서 위탁자의 법률행위를 취소하고 그 가액의 배상을 명하여야 한다.

나. 앞에서 본 사실관계를 위와 같은 법리에 비추어 보면,

더비이피앤코가 이 사건 각 부동산을 아시아신탁에 담보신탁하여 둔 상태에서의 책임재산은 이 사건 각 부동산에 대한 이 사건 신탁계약상의 수익권이라 할 것이다. 그리고 더비이피앤코가 담보신탁된

64) 이 판결에 대한 평석은, 박정제, 위탁자가 담보신탁된 부동산을 제3자에게 처분하는 것이 사해행위를 구성하는지 여부, 대법원판례해설 제109호, 법원도서관, 127면 이하를 참고할 것.

이 사건 각 부동산을 당초 예정된 신탁계약의 종료사유가 발생하기 전에 우선수익자인 대주단 및 수탁자인 아시아신탁의 동의를 받아 피고에게 처분하고 이 사건 각 부동산에 관하여 신탁계약 해지에 따른 신탁재산귀속을 원인으로 더비이피앤코 앞으로 소유권이전등기를 마친 다음 피고 앞으로 소유권이전등기를 마쳐 준 일련의 행위로 인하여 더비이피앤코의 책임재산인 이 사건 각 부동산에 대한 위 수익권이 소멸하게 되었다. 이로써 더비이피앤코의 소극재산이 적극재산을 초과하게 되거나 채무초과상태가 더 나빠지게 되고 더비이피앤코도 그러한 사실을 인식하고 있었다면 이 사건 각 매매계약은 더비이피앤코의 일반채권자들을 해하는 행위로서 사해행위에 해당한다고 할 것이다.

다. 따라서 원심으로서는 우선 이 사건 각 부동산에 대한 이 사건 신탁계약상의 수익권이 적극재산으로서의 가치가 있는지 여부를 심리하여, 만일 적극재산으로서의 가치가 없다면 더비이피앤코가 이 사건 각 부동산을 매각하면서 신탁계약을 종료하고 이 사건 각 부동산을 환수하여 피고 앞으로 소유권이전등기를 넘겨주어도 이는 사해행위로 되지 아니한다고 할 것이다. 반면 위 수익권이 적극재산으로서의 가치가 있다면, 위 수익권의 소멸로 더비이피앤코가 채무초과 상태에 빠지게 되었거나 채무초과 상태가 더 악화되었는지 여부 등을 심리하여 이 사건 각 매매계약이 사해행위에 해당하는지 여부를 판단하여야 할 것이다.

라. 그럼에도 불구하고 원심은 위와 같은 점에 대한 심리 없이 이 사건 각 부동산은 이 사건 각 매매계약 당시 아시아신탁에 담보신탁이 되어 있어서 더비이피앤코의 적극재산에 포함될 수 없고 이 사건 매매계약이 원고를 포함한 더비이피앤코의 일반채권자를 해할 의사로 한 법률행위에 해당하기 어렵다고 단정하였다. 거기에는 사해행위취소 소송에서 사해행위 여부 판단에 관한 법리를 오해한 나머지 필요한 심리를 다하지 아니함으로써 판결에 영향을 미친 잘못이 있다.[65]

17. 대법원 2016. 9. 23. 선고 2015다223480 판결 [추심금][66]

[논점] 시행사가 사업약정에서 정한 바에 따라 건물을 담보신탁한 것이 사해행위가 되는지 여부

【이 유】

1. 상고이유 제3점에 대하여

가. 원심은 사해행위 여부를 판단할 때 이 사건 신탁계약과 그에 앞선 이 사건 사업 약정 및 이에 이은 일련의 변경약정을 동일한 법률행위로 보아야 한다는 피고의 주장에 대하여, ① 이 사건 사업약정에는 신탁재산을 '대주가 지정하는 자'에게 신탁하도록 되어 있을 뿐이고, 대주 중에서도 주식회사 하나은행(이하 '하나은행'이라 한다)이 수탁자가 될 것임이 예정되어 있었다고 볼 자료가 없는 점, ② 이 사건 사업약정 제10조 제2호, 제15조 제5항, 제6항의 규정만으로는 신탁기간, 신탁부동산의 처분사유, 처분가격, 처분방법과 절차 등 이 사건 신탁계약의 내용이 특정되어 있거나 특정할 수 있는 방법과 기준이 정하여져 있다고 볼 수 없는 반면, 이 사건 신탁계약은 이를 구체적으로 정하고 있고, 특히 신

---

65) 이 사안에서 위탁자가 이 사건 매매계약을 체결하고 그 이행을 위해 신탁계약을 해지한 것은 이미 위탁자의 채무불이행에 따라 신탁계약상 신탁부동산의 환가사유가 발생한 상황 하에서 신탁계약에 따른 공매 또는 수의계약이 여의치 않아 우선수익자 및 수탁자와의 합의 하에 이루어진 것으로 결국에는 신탁부동산의 환가 및 우선수익자에 대한 채무변제의 일환으로 이루어진 것으로 볼 수 있다. 만일 이 사건 부동산이 우선수익자의 처분지시에 의해 신탁계약에 따른 공매 또는 수의계약의 방법으로 매각되었다면 사해행위 여부가 문제되지 않았을 것임에도 불구하고 위탁자의 행위가 개입되었다는 이유로 동일한 목적과 효과를 위해 이루어진 이 사건 매매계약 및 신탁계약 해지를 사해행위로 판단하여야 하는지 의문이다.

66) 이 판결에 대한 평석은, 김세용, 대주단의 자금으로 진행되는 건물신축분양사업에서 시행사가 대주단 및 시공사와의 일련의 사업약정에 따라 건물을 담보신탁한 것이 사해행위가 되는지 여부, 대법원판례해설 제109호, 법원도서관, 109면 이하를 참고할 것. 한편, 대법원 2009. 11. 12. 선고 2009다53437 판결[126번 판례]과 이 판결은 사실관계에 다소 차이가 있다고는 하나 그것이 결론을 달리할 만큼 본질적인 차이인지는 의문이다. 양 판결의 차이점에 대해서는 역시 위 김세용을 참고할 것.

탁부동산의 처분에 관하여 수탁자와 시공사 및 대주의 재량권을 폭넓게 인정하되 위탁자의 개입은 허용하지 아니하고 있는 점, ③ 이 사건 사업약정 제15조 제5항은 '본건 사업의 분양 부진으로 사용승인일까지 상환되지 아니한 대출원리금 및 미지급 공사대금이 존재하는 경우'라는 조건부로 담보신탁계약 내지 처분신탁계약을 체결할 의무를 부과하는 약정으로서 이 사건 신탁계약과 같은 최종적인 법률행위가 조건 없이 예정되어 있다고 볼 수 없는 점 등에 비추어 보면, 이 사건 신탁계약과 그에 앞선 이 사건 사업약정 및 이에 이은 일련의 변경약정을 동일한 법률행위라고 볼 수 없고, 따라서 사해행위 여부에 대한 판단은 이 사건 사업약정 및 일련의 약정과는 별도로 이 사건 건물에 대한 신탁등기의 원인이 된 법률행위인 이 사건 신탁계약 당시를 기준으로 하여야 한다고 판단하였다.

나아가 원심은 이 사건 신탁계약 체결 당시 위탁자인 삼종지위드건설 주식회사(이하 '삼종지위드건설'이라 한다)가 채무초과 상태에 있었고 이 사건 신탁계약에 따라 이 사건 건물의 소유권이 삼종지위드건설에서 하나은행에게 이전되었으므로 이 사건 신탁계약은 사해행위에 해당한다고 판단하였다.

나. 그러나 원심의 이러한 판단은 그대로 수긍하기 어렵다.

(1) 원심판결 이유와 기록에 의하면 다음 사정을 알 수 있다.

(가) 이 사건 사업약정은 시행사 겸 차주로 삼종지위드건설이, 시공사로 피고가, 대주로 하나은행 외 4개 금융기관이, 자금관리자로 하나은행이 당사자가 되어 2006. 5. 15. 체결된 것으로서, 이 사건 주상복합건물의 신축·분양 사업과 관련하여 시행사 겸 차주가 사업부지 취득과 공사대금(당초 872억 원이었다가 1,202억 3,500만 원으로 증액되었다) 등에 필요한 자금 조달을 위하여 대주로부터 합계 1,650억 원(이후 2006. 9. 27.자 1차 변경계약에서 1,840억 원으로 증액되었다. 그 중 하나은행의 대출약정금은 1,000억 원이다)을 대출받고 대주는 대출금에 대한 담보를 설정받는 등 대출과 관련한 사항을 정하는 것을 주된 내용으로 한다.

(나) 이 사건 사업약정에 의하면, 차주(삼종지위드건설)는 대출금에 대한 담보로 사업부지에 대하여 부동산신탁회사와 담보신탁계약을 체결하고(제10조 제1호, 그에 따라 사업부지에 대하여 삼종지위드건설과 하나은행 사이에 부동산신탁계약이 체결되었다), 이 사건 사업의 분양 부진으로 주상복합건물의 사용승인일까지 상환되지 아니한 대출 원리금 및 미지급 공사대금이 존재하는 경우 미분양 건축물 등에 대하여 '대주가 지정하는 자'에게 담보신탁 또는 처분신탁을 설정하기로 되어 있다(제10조 제2호, 제15조 제5항). 또한 이 사건 사업약정은 미분양 건축물 등에 대한 신탁계약에 관한 우선수익자 및 그 수익권을 상세하게 정하였고, 그 처분방법에 관하여 대주는 시공사와 협의하여 할인분양 등의 방법으로 처분할 수 있다고 정하였다(제15조 제6항).

한편 이 사건 사업약정은 제10조에서 사업부지에 대한 담보신탁계약제1호), 미분양 건축물 등에 대한 추가신탁의 설정(제2호) 외에도 예금채권근질권설정계약(제3호), 차주 주주의 주식근질권설정(제4호), 차주 대표이사의 연대보증(제5호) 등 차주의 다양한 담보제공의무를 규정하고 있다.

(다) 그 후 이 사건 사업약정에 관하여 2009. 6. 8. 기존 대출의 만기를 연장하는 2차 변경계약이 체결되었으나 삼종지위드건설이 이 사건 주상복합건물의 사용승인일까지 대출금 등을 상환하지 못하고 연장된 대출 만기가 다가오자, 2009. 7. 2. 만기를 재 연장하는 3차 변경약정이 체결됨과 아울러 미분양 건축물 등에 대하여 이 사건 신탁계약이 체결되었다.

(라) 이 사건 신탁계약은 삼종지위드건설이 부담하는 채무의 이행을 보장하기 위하여 하나은행이 신탁부동산을 관리하면서 일정한 경우 이를 환가하여 채무를 정산하는 것을 목적으로 체결된 것이다. 이 사건 신탁계약은 사업부지에 대한 신탁계약과 마찬가지로 이 사건 사업약정상의 시행사 겸 차주인 삼종지위드건설과 대주이자 자산관리자인 하나은행 사이에서 체결되었는데, 이는 이 사건 사업약정이 차

주는 미분양 건축물 등에 대하여 '대주가 지정하는 자'에게 신탁을 설정하기로 정한 것에 따른 것이다.

또한 이 사건 신탁계약에서 정한 우선수익자 및 그 수익권은 이 사건 사업약정에서 정한 것과 동일하고, 이 사건 신탁계약의 목적 부동산도 이 사건 사업약정이 예정한 미분양 건축물 등의 범위에 따른 것으로 보인다.

(2) 이러한 사정에 비추어 보면, 원심이 이 사건 신탁계약과 그에 앞선 이 사건 사업약정 및 이에 이은 일련의 변경약정을 동일한 법률행위라고 볼 수 없다는 근거로 들고 있는 사유는 다음과 같은 이유에서 납득하기 어렵다.

(가) 이 사건 사업약정상의 최대 대주이자 자금관리자인 하나은행은 이 사건 사업약정에 따라 사업부지에 대한 신탁계약의 수탁자가 되었음은 물론 그 후 '대주가 지정하는 자'로서 이 사건 신탁계약의 수탁자가 되었던 것으로 보이고, 이 사건 사업약정에 신탁재산을 '대주가 지정하는 자'에게 신탁하도록 되어 있다는 사정만으로 이 사건 사업약정과 이 사건 신탁계약의 당사자가 다르다고 할 수 없다.

(나) 이 사건 신탁계약은 신탁계약의 내용을 특정하는 핵심적 요소인 신탁목적, 신탁부동산, 우선수익자 및 그 수익권에 관하여 이 사건 사업약정이 예정한 신탁계약과 동일한 내용으로 체결되었다. 비록 이 사건 사업약정에서 원심이 지적하는 것처럼 신탁기간, 신탁부동산의 처분사유, 처분가격, 처분방법, 절차 등이 구체적으로 정하여져 있지 아니하더라도 이러한 사정만으로 이 사건 사업약정에서 이 사건 신탁계약의 핵심적인 내용이 특정되어 있지 아니하거나 특정할 수 있는 방법과 기준이 정하여져 있지 아니한 것으로 볼 수 없다. 또한 신탁기간을 제외하고 이 사건 신탁계약이 정한 신탁부동산의 처분사유, 처분가격, 처분방법, 절차 등은 일반조항에 가까운 것이거나 이 사건 사업약정에서 예상되는 신탁계약 내용의 범위를 벗어나는 것으로 보기도 어렵다.

(다) 한편 이 사건 사업약정 제15조 제5항의 '본건 사업의 분양 부진으로 사용승인일까지 상환되지 아니한 대출원리금 및 미지급 공사대금이 존재하는 경우'는 미분양 건축물 등에 대한 신탁계약 체결의 '조건'이라기보다는 이 사건 사업약정이 차주의 담보제공의무에 관하여 정한 다양한 담보제공방법의 하나를 특정하는 요소에 가깝다.

(3) 그리고 앞서 살펴본 사정에 의하면 이 사건 주상복합건물은 처음부터 삼종지위드건설이 스스로의 자력으로 소유하고 있던 재산이 아니라 일련의 사업약정 및 신탁계약과 이를 통하여 융통한 자금으로 만들어진 것이라고 할 수 있으므로, 이러한 전체적인 취득과정을 고려하지 아니한 채 이 사건 신탁계약을 분리하여 그 직전과 직후의 일반 채권자의 지위를 비교하는 것만으로 사해행위성을 판단하는 것은 타당하다고 볼 수없다(대법원 2012.10. 11자 2010마2066 결정 참조).

다. 그럼에도 원심은 그 판시와 같은 이유로 이 사건 신탁계약이 이 사건 사업약정과 별개의 계약이라고 보고 양자 사이의 관계나 그를 전후하여 이루어진 자금 융통의 과정, 이를 통한 사업의 계속 등의 사정은 고려하지 아니한 채, 삼종지위드건설이 채무 초과의 상태에서 그 소유의 미분양 건축물 등에 대하여 하나은행과 이 사건 신탁계약을 체결하고 소유권이전등기를 마쳐주었음을 들어 이 사건 신탁계약이 사해행위에 해당한다고 보았으니, 이러한 원심의 판단에는 사해행위와 채권자취소권의 대상에 관한 법리를 오해하여 판결 결과에 영향을 미친 위법이 있다.

[원심판결] 서울고등법원 2015. 6. 2. 선고 2014나2025618 판결 [추심금]

【주 문】

1. 피고의 항소를 기각한다.

2. 항소비용은 피고가 부담한다.

【청구취지 및 항소취지】

1. 청구취지

가. 주식회사 하나은행과 삼종지위드건설 주식회사 사이에 별지 부동산 목록 기재 부동산에 관하여 2009. 7. 2. 체결된 신탁계약을 취소한다.

나. 피고는 원고에게 1,086,374,020원을 지급하라.

2. 항소취지

제1심 판결 중 피고 패소부분을 취소하고, 위 취소부분에 해당하는 원고의 청구를 기각한다.

【이 유】

나. 이 사건 사업약정 제10조 제2항 및 제15조 제5항, 제6항의 규정만으로는 이 사건 신탁계약의 신탁기간, 신탁부동산의 처분사유, 특히 이 사건 신탁계약 제3조 제2항(신탁부동산을 우선수익자 및 우선수익자가 지정하는 제3자에게 직접 소유권이전등기를 경료함과 동시에 신탁등기를 말소할 수 있다)과 같은 처분방법 등 이 사건 신탁계약의 내용이 특정되어 있거나 특정할 수 있는 방법과 기준이 정해져 있다고 볼 수 없고, 또한 이 사건 사업약정 제15조 제5항은 '본건 사업의 분양 부진으로 사용승인일까지 상환되지 않은 대출원리금 및 미지급 공사대금이 존재하는 경우'라는 조건부로 담보 내지 처분신탁계약을 체결할 의무를 부과하는 약정으로서 이 사건 신탁계약과 같은 최종적인 법률행위가 조건 없이 예정되어 있다고는 볼 수 없는 점 등에 비추어 보면, 이 사건 신탁계약과 그에 앞선 이 사건 사업약정 및 이에 이은 일련의 변경약정을 동일한 법률행위라고 볼 수 없고, 따라서 사해행위 여부에 대한 판단은 이 사건 사업약정 및 일련의 약정과는 별도로 이 사건 건물에 대한 신탁등기의 원인이 된 법률행위인 이 사건 신탁계약 당시를 기준으로 하여야 한다.

다. 피고는, 삼종지위드건설은 이 사건 신탁계약의 체결 여부를 임의로 정할 수 없고, 이 사건 사업약정이 정하는 바에 따라 신탁계약을 체결할 의무를 부담하며, 따라서 이 사건 신탁계약은 이 사건 사업약정에 따른 담보제공의무를 이행하기 위하여 종속적으로 체결된 부속약정에 불과하므로 이 사건 신탁계약의 체결에 관하여 삼종지위드건설에게 사해의사가 있다고 볼 수 없다고 주장한다.

살피건대, 이 사건 사업약정이 정하는 바에 따른 신탁계약을 체결할 의무를 부담한다고 하더라도 바로 이 사건 신탁계약을 체결하여야 할 의무가 있다고 볼 수 없을 뿐만 아니라, 삼종지위드건설이 채무초과 상태에서 이 사건 신탁계약을 체결한 이상 삼종지위드건설에게 이 사건 신탁계약으로 인한 공동담보의 부족에 의하여 원고와 같은 일반채권자가 채권변제를 받기 어렵게 될 위험이 생긴다는 사실을 인식하는 사해의사가 있었다고 봄이 상당하므로 피고의 위 주장도 이유 없다.

18. 대법원 2016. 6. 28. 선고 2012다44358, 44365 판결 [채무부존재확인·신탁재산회복]

[논점] 신탁법에 따른 손해배상 또는 신탁재산의 원상회복을 원인으로 금전채무의 전부 또는 일부의 이행을 명하는 판결을 선고할 경우, 민법과 소송촉진 등에 관한 특례법에서 정한 이율에 의한 지연손해금의 지급을 명할 수 있는지 여부

【이 유】

다. 반소청구 중 지연손해금청구 부분과 관련된 상고이유에 대하여

구 신탁법(2011. 7. 25. 법률 제10924호로 개정되기 전의 것, 이하 '구 신탁법') 제38조는 "수탁자가 관

리를 적절히 하지 못하여 신탁재산의 멸실, 감소 기타의 손해를 발생하게 한 경우 또는 신탁의 본지에 위반하여 신탁재산을 처분한 때에는 위탁자, 그 상속인, 수익자 및 다른 수탁자는 그 수탁자에 대하여 손해배상 또는 신탁재산의 회복을 청구할 수 있다."라고 규정하고 있다. 여기서 말하는 '손해배상 또는 신탁재산의 회복'이란 그 청구권자에 대한 손해배상 또는 신탁재산의 원상회복을 말하는 것이 아니라 금전배상액을 신탁재산에 편입하거나 또는 원물을 재취득하여 신탁재산에 편입하는 것을 말하므로, 이러한 손해배상 또는 신탁재산의 원상회복을 하여야 할 의무는 그 편입의 대상이 금전인 경우라도 단순히 금전의 급부를 목적으로 하는 금전채무라고 할 수 없다. 따라서 구 신탁법 제38조에 따른 손해배상 또는 신탁재산의 원상회복을 원인으로 금전채무의 전부 또는 일부의 이행을 명하는 판결을 선고할 경우에는 달리 특별한 약정이 없는 한 민법과 그 특별규정인 소송촉진 등에 관한 특례법 제3조 제1항에 정한 이율에 의한 지연손해금의 지급을 명할 수 없다.

그럼에도 이와 달리 구 신탁법 제38조에 따른 신탁재산의 원상회복의무의 성질을 금전채무로 보아 원심 변론종결 다음 날부터 민법 및 위 특례법 제3조 제1항에 정한 이율에 따른 지연손해금의 지급을 명한 원심의 판단에는 구 신탁법 제38조에 정한 신탁재산회복의무의 성질에 관한 법리를 오해하여 판결에 영향을 미친 잘못이 있다.

19. 대법원 2016. 6. 23. 선고 2013다66287 판결 [손해배상(기)등][67]

[논점] 주택분양보증인이 분양이행을 한 경우, 분양자로서 하자담보책임을 부담하는지 여부

【이 유】

가. 사용검사 전 하자 및 사용검사 후 1년차, 2년차, 3년차 하자에 관한 청구 부분

1) 구 집합건물의 소유 및 관리에 관한 법률(2003. 7. 18. 법률 제6925호로 개정되기 전의 것, 이하 '구 집합건물법'이라고 한다) 제9조 제1항은 집합건물 분양자의 담보책임에 관하여 민법상 도급인의 담보책임에 관한 규정을 준용함으로써 집합건물을 건축하여 분양한 자가 집합건물의 하자로 인한 담보책임을 부담하도록 하고 있다.

그런데 주택분양보증인은 사업주체가 파산 등의 사유로 분양계약을 이행할 수 없게 되는 경우 해당 주택의 분양의 이행 또는 납부한 계약금 및 중도금의 환급을 책임져야 하고, 보증채무의 이행방법이 분양이행으로 결정된 때에는 해당 주택의 건축공사를 완료한 다음 사용검사 또는 사용승인을 받고 소유권보존등기를 마친 후 수분양자 앞으로 소유권이전등기를 마쳐주게 된다. 이와 같이 분양이행을 한 집합건물의 주택분양보증인은 비록 분양계약을 체결한 당사자는 아니지만 분양보증계약의 내용에 따라 주택 건축공사를 완료하고 사용검사 또는 사용승인, 등기 등 분양계약의 기본적인 사항을 이행하게 되므로, 집합건물을 건축하여 분양한 자에 해당한다고 할 수 있다.

또한 사업주체는 해당 주택의 건축공사를 완료할 능력을 상실하여 분양계약상의 주택공급의무를 이행하지 못한 이상 건물을 건축하였다거나 그 분양을 완료하였다고 볼 수 없으므로, 실제로 건축공사를 맡는 주택분양보증인으로 하여금 하자가 없는 안전하고 견고한 건물을 짓도록 유도하고 집합건물이 부실하게 건축된 경우 수분양자와 그로부터 건물을 양수한 구분소유자를 두텁게 보호하기 위해서 주택분양보증인을 하자담보책임을 부담하는 분양자로 보는 것이 타당하다.

따라서 주택분양보증인이 분양이행을 한 경우에는 구 집합건물법 제9조 제1항의 분양자로서 하자담

67) 이 판결에 대한 평석은, 방웅환, 분양이행을 한 주택분양보증인과 집합건물법에 따른 하자담보책임, 대법원판례해설 107호, 법원도서관, 295면 이하를 참고할 것.

보책임을 부담한다고 할 것이다.

2) 그런데도 원심은, 그 판시와 같은 이유로 피고는 주택분양보증인으로서 분양이행을 하였더라도 구 집합건물법 제9조의 분양자에 해당하지 아니하므로 그에 따른 하자담보책임을 부담하지 아니하고, 다만 분양보증계약에 기초하여 하자보수에 갈음하는 손해배상을 하여야 하지만, 그 손해배상청구권은 상행위에 해당하는 분양보증계약에 기초하여 취득하는 상사채권으로서 10년이 아니라 5년의 소멸시효 기간이 적용되므로, 사용검사 전 하자 및 사용검사 후 1년차, 2년차, 3년차 하자에 대하여는 손해배상 청구권의 소멸시효가 완성되었다고 판단하여, 그에 해당하는 청구를 기각하였다.

이러한 원심판결에는 주택분양보증과 구 집합건물법 제9조의 하자담보책임에 관한 법리를 오해하여 판결 결과에 영향을 미친 잘못이 있다.

[원심판결] 서울고등법원 2013. 7. 24. 선고 2012나28778 판결 [손해배상(기)등]

【주 문】

1. 제1심 판결 중 피고에 대한 부분을 다음과 같이 변경한다.

가. 피고는 원고에게 272,100,840원 및 그중 101,000,000원에 대하여는 2010. 9. 29.부터, 171,100,840원에 대하여는 2011. 9. 15.부터 각 2013. 7. 24.까지 연 5%, 그 다음 날부터 다 갚는 날까지 연 20%의 각 비율에 의한 금원을 지급하라.

나. 원고의 나머지 주위적 청구와 사용검사 후 5년차 하자에 대한 예비적 청구 중 108,124,018원 및 그 지연손해금 부분을 각 기각한다.

2. 소송총비용 중 3/4은 원고가, 나머지는 피고가 각 부담한다.

3. 제1의 가항은 가집행할 수 있다.

【청구취지 및 항소취지】

1. 청구취지

피고는 원고에게 주위적으로 1,216,378,046원 및 이에 대하여 이 사건 소장 부본 송달 다음 날부터 제1심 판결 선고일까지는 연 5%, 그 다음 날부터 다 갚는 날까지는 연 20%의 각 비율에 의한 금원을, 예비적으로 331,491,312원 및 이에 대하여 이 사건 소장 부본 송달 다음 날부터 제1심 판결 선고일까지는 연 6%, 그 다음 날부터 다 갚는 날까지는 연 20%의 각 비율에 의한 금원을 지급하라(원고는 제1심에서 양 청구 간의 관계를 분명히 하지 아니하였다가 당심에서 이를 주위적 및 예비적 청구로 정리하였다).

2. 항소취지

제1심 판결 중 피고 패소부분을 취소하고, 그 취소부분에 해당하는 원고의 청구를 기각한다.

【이 유】

가. 피고가 집합건물법 제9조의 '분양자'에 해당하는지 여부

다음과 같은 점들을 종합하여 보면, 피고는 집합건물법 제9조의 '분양자'에 해당한다고 할 수 없고, 따라서 위 규정에 의한 책임을 부담하지 아니한다. 다만, 피고는 이 사건 분양보증계약의 내용에 따라 분양계약의 기본적인 사항을 이행할 의무를 부담하므로, 그 의무 중 공사를 완성할 의무를 불완전하게 이행하여 이 사건 아파트에 하자가 발생한 경우에는 수분양자 또는 그 수익자의 지위를 승계한 구분소유자들에 대하여 하자를 보수하거나 그에 갈음하여 손해를 배상할 책임이 있으나, 이는 이 사건 분양

보증계약에 근거한 책임일 뿐이다.

(1) 집합건물법 제9조 제1항은 같은 법 제1조 또는 제1조의2의 건물을 건축하여 분양한 자의 담보책임에 관하여는 민법 제667조부터 제671조까지의 규정을 준용한다고 규정하고 있는데, 이 사건 아파트에 관한 분양계약은 금융종합건설과 수분양자들 사이에 체결되었고, 피고는 그 분양계약의 당사자가 아니다.

(2) 구 '주택건설촉진법'(2003. 5. 29. 법률 제6916호 주택법으로 전부 개정되기 전의 것) 및 같은 법 시행령에 의한 피고(종전의 주택사업공제조합)의 주택분양보증은, 같은 법에 의한 사업계획승인을 얻은 자가 분양계약상의 주택공급의무를 이행할 수 없게 되는 경우 피고가 이미 납부된 계약금 및 중도금의 환급 또는 주택의 분양에 대하여 이행책임을 부담하기로 하는 조건부 제3자를 위한 계약으로서, 제3자의 지위에 있는 수분양자는 분양보증계약의 내용에 따라 수익의 의사표시에 의하여 주택분양보증인에 대한 분양계약상의 권리를 취득함과 동시에 그와 반대급부의 관계에 있는 의무를 부담하게 될 수도 있다(대법원 2006. 5. 12. 선고 2005다68783 판결, 대법원 2006. 5. 25. 선고 2003다45267 판결 등 참조).

그런데 주택분양보증인이 분양보증계약에 따라 부담하는 채무의 내용은 그 분양보증계약의 내용에 따라 결정되는 것일 뿐, 분양계약의 내용에 따르는 것이 아니고, 주택분양보증인이 수분양자에 대하여 원래의 분양계약에 따른 의무의 이행을 하기로 한 경우에도 주택분양보증인은 분양보증계약의 내용에 따라 분양계약의 기본적인 사항을 이행할 의무를 부담하게 될 뿐, 사업주체의 분양계약상 권리·의무를 승계하는 것은 아니다(위 대법원 2005다68783 판결과 대법원 2005. 3. 11. 선고 2004다58215 판결, 대법원 2005. 5. 26. 선고 2004다66285 판결 등 참조). 여기서 '분양계약의 기본적인 사항'이라 함은 대상 아파트에 관하여 공사를 완성하여 사용검사를 받고 수분양자들을 입주시키며 제한물권이나 각종 보전처분 등이 없는 상태로 수분양자 앞으로 소유권이전등기를 마쳐 주는 것을 의미한다고 볼 수 있을 것이다(대법원 2003. 7. 11. 선고 2002다71924 판결, 대법원 2010. 7. 15. 선고 2009다44365 판결 참조).

(3) 예컨대 분양계약상의 지체상금 지급책임도 피고가 이를 당연히 부담하는 것은 아니다.

즉, 앞서 본 바와 같이 이 사건 분양보증계약의 약관에서는 보증채무의 내용을 ① 조합원이 파산 등으로 분양계약에 따라 당해 주택의 분양(사용검사를 포함한다)이행을 하지 못하는 경우, 기납부된 계약금 및 중도금의 환급이행 또는 당해 주택의 분양이행채무를 보증하는 것으로(제1조), ② 보증채무의 이행에 대한 선택권은 피고에게 있는 것으로(제5조), ③ 피고가 기납부된 계약금 및 중도금의 환급이행으로 보증채무를 이행하는 경우에는 기납부된 계약금 및 중도금에 한하여 지급하는 것으로(제6조 제1항) 각 정하고 있는바, 이 사건 분양보증계약의 일부가 된 주택분양보증약관의 내용이 위와 같은 이상, 금용종합건설이 분양계약상의 분양이행을 하지 못하게 되어, 금용종합건설과 분양계약을 맺은 수분양자들이 피고에 대하여 보증이행을 청구하고, 피고가 이에 응하여 보증채무의 이행으로 분양이행의 방법을 택하였다면, 수분양자들은 피고에 대하여 이 사건 분양보증계약의 내용에 따른 권리를 취득함과 동시에 그에 따른 의무도 부담하기로 승인한 것이라고 보아야 하며, 따라서 피고가 수분양자들에게 부담할 보증채무의 내용은 피고가 금용종합건설과 맺은 이 사건 분양보증계약의 내용에 한정된다.

그런데 ① 피고는 주택건설에 대한 각종 보증을 행함으로써 주택분양계약자를 보호할 뿐만 아니라 주택건설을 촉진한다는 공익적 목적을 위하여 설립되었다는 점과 ② 보증채무의 이행방법으로 기납부된 계약금 및 중도금의 환급이행과 분양이행 중 하나를 피고가 선택할 수 있고, 환급이행의 방법을 선택할 경우 보증금액을 한도로 계약금 및 중도금의 반환의무만을 부담한다는 점 등에 비추어 볼 때, 피고가 보증채무의 이행으로 분양이행의 방법을 택함으로써 수분양자들에게 부담하는 채무의 내용은, 중단된 공사를 계속 진행하여 수분양자과 금융종합건설이 맺은 분양계약의 내용에 따른 입주 및 소유권 이전등기 등을 마쳐 줄 의무에 그칠 뿐이지, 더 나아가 금융종합건설이 수분양자들에 대하여 부담하는 분양계약상의 지체상금 지급책임까지 당연히 부담하는 것은 아니라고 보아야 한다(대법원 2003. 1. 10. 선고 2001다82736 판결, 대법원 2004. 6. 25. 선고 2004다18934 판결 참조).

(4) 주택분양보증약관에서 수분양자가 분양이행으로 보증채무를 이행하는 주택분양보증인에게 직접 잔여 분양대금을 납부하도록 정하고 있다고 하더라도, 그 잔여 분양대금 납부의무는 분양보증계약의 내용에 따라 부담하게 된 것일 뿐이고, 더욱이 이 사건의 경우에는 앞서 본 바와 같이 주택분양보증약관 제6조 제3항이 피고가 분양이행으로 보증채무를 이행하는 경우에 잔여 분양대금은 승계시공자에게 납부하도록 정하고 있다(다만 실제로는, 갑 제12호증의 3 내지 6, 을나 제3호증의 각 기재에 의하여 알 수 있듯이, 피고와 신도종합건설 사이에 체결된 승계사업계약 제27조가 분양대금은 피고 명의의 단독계좌로 입금하고, 입금된 분양대금은 피고가 사용검사시까지 관리한다고 정하고 있어, 피고 명의의 계좌로 잔여 분양대금이 입금되었다).

(5) 을나 제5호증의 기재에 의하면, 피고가 주택분양보증인으로서 이 사건 아파트에 대한 사용검사를 받았을 뿐, 사업시행자는 금융종합건설 및 금융산업개발 주식회사로 남아 있는 사실을 인정할 수 있다. 피고가 이 사건 아파트의 소유권을 원시취득하였다고 하더라도, 이는 건축주의 사정으로 건축공사가 중단된 미완성의 건물을 인도받아 나머지 공사를 하게 된 경우에는 그 공사의 중단 시점에 이미 사회통념상 독립한 건물이라고 볼 수 있는 정도의 형태와 구조를 갖춘 경우가 아닌 한 이를 인도받아 자기의 비용과 노력으로 완공한 자가 그 건물의 원시취득자가 되고, 이러한 법리는 주택분양보증인이 보증채무의 이행으로 분양이행의 방법을 선택함으로써 사업주체로부터 중단된 공사를 이어받아 자기의 비용과 노력으로 건물을 완공한 경우에도 마찬가지로 적용되기(위 대법원 2005다68783 판결 참조) 때문이지, 피고가 사업주체의 지위를 승계하였기 때문은 아니다.

(6) 한편, 분양이행을 선택한 주택분양보증인은 분양보증계약의 내용에 따라 아파트를 완공하여 수분양자들을 입주시킬 의무가 있는바, 그 의무를 불완전하게 이행하여 아파트에 하자가 발생한 경우에는 수분양자 또는 그 수익자의 지위를 승계한 구분소유자들에 대하여 하자를 보수하거나 그에 갈음하여 손해를 배상할 책임이 있다.

그러나 집합건물법 제9조는 건축업자 내지 분양자로 하여금 견고한 건물을 짓도록 유도하고 부실하게 건축된 집합건물의 소유자를 두텁게 보호하기 위하여 집합건물의 분양자의 담보책임에 관하여 민법상의 도급인의 담보책임에 관한 규정을 준용하도록 함으로써 분양자의 담보책임의 내용을 명확히 하는 한편, 이를 강행규정화한 것으로서 집합건물법 제9조에 의한 책임은 분양계약에 기한 책임이 아니라 집합건물의 분양자가 집합건물의 현재의 구분소유자에 대하여 부담하는 법정책임인데(대법원 2008. 12. 11. 선고 2008다12439 판결 등 참조), 주택분양보증인은 보증이행 방법으로 분양이행을 선택하였다고 하더라도 분양계약의 당사자가 아니고, 사업주체의 분양계약상 권리·의무를 승계한 것도 아니므로, 주택분양보증인이 위와 같이 부담하는 손해배상책임은 여기서 말하는 「'분양자의' 담보책임」이라고 할 수 없다.

(7) 주택분양보증제도가 마련된 취지는 사업주체가 주택의 완공 이전에 분양을 함으로써 발생하는 분양계약상의 의무를 이행하지 못할 위험으로부터 주택을 공급받고자 하는 선의의 수분양자를 보호하기 위한 것인데(대법원 2011. 6. 24. 선고 2011다4162 판결 등 참조), 전항과 같이 본다면, 분양이행을 선택한 주택분양보증인이 분양보증계약에 따른 공사완성의무를 불완전하게 이행하여 아파트에 하자가 발생한 경우 구분소유자들이 가지는 손해배상청구권은, 사업주체에 대하여 상행위에 해당하는 분양보

증계약에 기하여 취득하는 상사채권으로서 그 소멸시효기간은 상법 제64조에 의하여 5년이고, 이는 하자가 발생한 시점부터 진행한다고 보아야 할 것이므로, 집합건물법 제9조에 의한 손해배상청구권에 대하여 민법 제162조 제1항에 따라 10년의 소멸시효기간이 적용되는 것(위 대법원 2008다12439 판결 등 참조)과 비교하여 구분소유자들에게 다소 불리한 결과가 되기는 한다.

그러나 ① 소멸시효의 기산점에 관한 증명책임은 시효의 이익을 주장하는 사람에게 있으므로(대법원 2012. 8. 23. 선고 2012다18748 판결 등 참조), 소멸시효 완성을 주장하는 주택분양보증인이 예컨대 소 제기일로부터 역산하여 5년 이전에 하자가 발생하였다는 것을 증명하여야 하고, 따라서 특히 주택법 제46조, 같은 법 시행령 제59조 제1항, [별표 7]이 하자보수기간을 10년 또는 5년으로 정하고 있는 '내력구조부에 발생한 결함으로 인하여 당해 공동주택이 무너지거나 무너질 우려가 있다고 판정된 경우'에는 주택분양보증인의 소멸시효 완성 주장이 받아들여지기 어려울 것으로 보이는 점, ② 그 밖의 하자의 경우에는 하자 발생 후 5년 이상이 지나도록 하자보수에 갈음하는 손해배상청구권의 소멸시효 중단행위에 나아가지 않은 구분소유자들을 뒤에서 보는 문제점을 감수하면서까지 보호해야 하는지 의문인 점, ③ 사업주체가 일단 분양계약을 이행한 후 무자력으로 된 경우에는 구분소유자들이 하자보수에 갈음하는 손해배상을 받기가 더 어려울 것이며, 부동산 개발사업의 시행사가 대부분 일시적인 목적을 달성하기 위한 특수목적회사(SPC)로서 최소한의 자본출자요건만을 갖추어 인적·물적 자본 없이 설립되고 있는 현실에서는 이러한 경우가 많을 것으로 보이는 점 등에 비추어 보면, 위와 같이 구분소유자들에게 다소 불리한 결과가 된다고 하여 바로 주택분양보증제도의 취지에 반한다고 할 것은 아니다.

(8) 오히려 ① 앞서 본 바와 같이 피고가 분양보증의 이행방법으로 기납부된 계약금 및 중도금의 환급이행과 분양이행 중 하나를 선택할 수 있고, 환급이행을 선택할 경우 보증금액을 한도로 계약금 및 중도금의 반환의무만을 부담하는 점, ② 이와 같은 경우의 계약금 및 중도금 반환청구권은 상행위에 해당하는 주택분양보증계약에 기하여 취득하는 상사채권으로서 그 소멸시효기간은 상법 제64조에 의하여 5년이라고 보아야 할 것인 반면, 집합건물법 제9조에 의한 손해배상청구권의 소멸시효기간은 10년인 점, ③ 분양이행을 선택할 경우에는 피고가 잔여 분양대금만 받고 공사를 완성해 주어야 하는 점(을가 제5, 6호증, 을나 제4호증의 각 기재에 의하면, 이 사건의 경우 피고가 총분양대금의 33.54%에 해당하는 잔여 분양대금만 받고 전체 공정의 61.5%에 해당하는 잔여 공정을 완료한 사실이 인정된다) 등에 비추어 볼 때, 분양이행을 선택한 경우 피고로 하여금 집합건물법 제9조의 분양자로서 그 규정에 의한 손해배상책임을 부담하게 한다면, 피고는 앞으로 분양보증료를 대폭 인상하거나 아예 분양보증의 이행방법으로 분양이행을 선택하지 않게 될 것으로 보이는바, 이는 선의의 수분양자를 보호하려는 주택분양보증제도의 취지에 비추어 보더라도 바람직하지 않을 것이다.

나. 피고의 분양보증계약상 하자보수에 갈음하는 손해배상책임이 사용검사 전 하자에 대하여만 인정되는지 여부

피고는, 주택법령이 분양보증 외에 하자보수보증을 따로 규정하고 있는 취지 등에 비추어 볼 때, 이 사건 분양보증계약에 따라 피고에게 하자보수에 갈음하는 손해배상책임이 인정된다고 하더라도 그 책임은 하자보수보증으로 보증되지 않는 범위에 한하여, 따라서 사용검사 전에 발생한 하자에 대하여만 인정되는 것으로 제한되어야 한다고 주장한다.

그러나 분양보증계약에 기한 수분양자들의 손해배상청구권과 주택법령에 의한 입주자대표회의의 하자보수이행청구권 및 보증금지급청구권은 그 인정근거와 권리관계의 당사사 및 권리내용 등이 서로 다른 별개의 권리이므로, 주택법령이 분양보증 외에 하자보수보증을 따로 규정하고 있고, 그에 따라 피고가 사용검사 후 발생하는 하자에 대하여 이 사건 각 하자보수보증계약을 체결하였다고 하여, 피고가 이 사건 분양보증계약에 따라 부담하는 하자보수에 갈음하는 손해배상책임이 사용검사 전 하자에 대하

여만 인정되는 것으로 제한되어야 한다고 할 수는 없다. 피고의 위 주장은 이유 없다.

20. 대법원 2016. 5. 25.자 2014마1427 결정 [회생][68)]

[논점] 위탁자에 대한 회생절차에서의 담보신탁 우선수익자의 지위

【이 유】

…새마을금고와 부산저축은행은 채무자 회사의 골프코스를 포함한 골프장시설 등을 신탁재산으로 한 부동산담보신탁계약의 우선수익자인바, 신탁재산인 골프장시설 등은 대내외적으로 채무자 회사 소유의 재산이 아니라 담보신탁계약의 수탁자 소유의 재산이므로(대법원 2003. 5. 30. 선고 2003다18685 판결 등 참조), 새마을금고나 부산저축은행이 위탁자인 채무자 회사에 대한 신탁 관련 대여금 채권으로 채무자 회사의 재산으로부터 다른 일반 채권자에 우선하여 변제받을 권리가 있다고 볼 수 없다. 한편, 채무자 회사에 대하여 입회금 반환채권 등을 가지는 회원들도 체육시설법 제27조에서 규정한 영업양도 등의 사유가 발생한 경우 자신들에 대한 의무를 승계한 인수인의 자산으로부터 입회금 등을 반환받을 수 있는 것이어서, 채무자 회사의 재산으로부터 다른 일반 채권자에 우선하여 변제받을 권리가 있다고 볼 수 없다. 그러므로 담보신탁계약의 우선수익자인 새마을금고 및 부산저축은행의 신탁 관련 대여금 채권이나 회원들의 입회금 반환채권 등은 모두 채무자회생법 제217조 제1항 제2호 소정의 '일반의 우선권 있는 회생채권'이 아니라 같은 항 제3호 소정의 '일반 회생채권'에 해당하고, 원칙적으로는 동일한 종류의 권리로서 같은 순위로 취급되어야 한다.

…기록에 의하면, 새마을금고나 부산저축은행은 골프장시설 등에 관한 담보신탁계약의 우선수익자로서 채무자 회사에 대한 신탁 관련 대여금 채권이 전액 변제되지 않는 이상 언제든지 수탁자에게 골프장 영업에 필수적인 골프장시설에 대한 처분을 요청할 수 있는바, 새마을금고 등이 회생계획에서 정해진 변제조건대로 변제받는다고 하더라도 신탁 관련 대여금 채권이 전액 변제되지 않으면 수탁자에 대하여 가지는 신탁재산인 골프장시설 등에 대한 처분요청권한을 포함한 담보신탁계약의 수익권에는 아무런 영향을 미칠 수 없으므로(대법원 2001. 7. 13. 선고 2001다9267 판결 등 참조), 골프장 영업을 전제로 한 이 사건 회생계획의 수행을 위해서는 새마을금고나 부산저축은행 등으로부터 신탁계약상의 권리포기 또는 신탁계약의 해지에 대한 동의 등을 받는 것이 반드시 필요하고, 이를 위하여 담보신탁계약의 우선수익자인 새마을금고 등의 요구를 받아들여 이 사건 회생계획의 내용과 같이 새마을금고 등의 신탁 관련 회생채권을 회원들의 회생채권보다 우월하게 변제조건을 정한 것이 반드시 부당하다고 볼 수는 없다.

[원심결정] 서울고등법원 2014. 7. 30.자 2013라1505 결정 [회생]

【주 문】

1. 이 사건 항고를 모두 기각한다.
2. 항고비용은 항고인들이 부담한다.

【신청취지 및 항고취지】

제1심 결정을 취소한다. 회생채무자 태양시티건설 주식회사를 상대로 한 회생계획을 취소하고 다시

68) 부동산담보신탁의 회생절차상의 취급에 대해서는, (1) 남동희, 부동산신탁의 위탁자에 대한 회생절차의 실무상 쟁점, 사법 15호, 사법발전재단, 121면 이하, (2) 고일광, 부동산신탁에 관한 회생절차상 취급 : 부동산담보신탁의 경우를 중심으로, 사법 9호, 사법발전재단, 59면 이하를 각 참고할 것.

적절한 결정을 한다.

【이 유】

살피건대, ① 신탁수익권자의 경우 신탁대상 자산은 채무자 소유의 재산이 아니라 수탁자 소유의 재산이고, 따라서 채무자의 다른 채권자들은 신탁대상 자산의 환가대금으로부터 변제를 받을 수 없으므로, 신탁수익권자는 채무자의 재산으로부터 다른 일반 채권자에 우선하여 변제를 받는다고 볼 수 없고, ② 체육시설법 제27조에 의하여 권리가 보장되는 회원들은 채무자의 재산에 대한 환가대금으로부터 입회금을 받는 것이 아니라, 체육시설법에 따라 영업양도 등으로 인해 회원에 대한 의무를 승계한 인수인의 자산으로부터 변제를 받는 것이어서 채무자의 재산으로부터 다른 일반 채권자에 우선하여 변제를 받는다고 볼 수 없으므로, 결국 신탁수익권자나 회원들이 '일반의 우선권 있는 채권을 가진 회생채권자'에 해당함을 전제로 하는 항고인들의 위 주장은 이유 없다.

…회생담보권이란 회생절차개시 당시 채무자의 재산상에 존재하는 유치권, 질권, 저당권 등의 담보권을 말하는 것인데, 앞에서 본 바와 같이 신탁수익권자는 채무자의 재산에 담보권을 가지는 자가 아니어서 채무자의 회생절차에서 회생담보권자가 될 수 없으므로, 항고인들의 위 주장도 이유 없다.

21. 대법원 2016. 5. 23. 선고 2016다204585 판결 [부당이득금][69) 70)]

[논점] 수익자들의 의사결정방법

[원심판결] 서울고등법원 2015. 12. 24. 선고 2015나2025011 [부당이득금]

【주 문】

1. 이 법원에서 확장 및 감축한 청구를 포함하여 제1심 판결 중 원고들(탈퇴한 한국자산관리공사는 제외, 이하 모두 같다)과 원고 한국자산관리공사의 승계참가인에 대한 부분을 다음과 같이 변경한다.

가. 피고는 원고들과 원고 한국자산관리공사의 승계참가인에게 별지2 표 '청구금액(A)'란 기재 해당 금액 및 이에 대하여 2015. 7. 10부터 2015. 12. 24.까지는 연 6%의, 그 다음 날부터 다 갚는 날까지는 연 20%의 비율로 계산한 돈을 지급하라.

나. 원고들과 원고 한국자산관리공사의 승계참가인의 나머지 청구를 모두 기각한다.

2. 소송총비용 중 1/10은 원고들과 원고 한국자산관리공사의 승계참가인이, 나머지는 피고가 부담한다.

3. 제1의 가항은 가집행할 수 있다.

【청구취지 및 항소취지】

제1심 판결 중 원고들 및 원고 한국자산관리공사의 승계참가인(이하 '참가인'이라 한다)에 대한 부분을 취소한다. 피고는 원고들 및 참가인에게 별지2 표 기재 '청구금액(A)'란 기재 해당 금액 및 이에 대하여 이 사건 청구취지 및 항소취지 변경신청서 부본 송달일 다음 날부터 다 갚는 날까지 연 20%의 비율로 계산한 돈을 지급하라(원고들과 참가인은 이 법원에서 별지2 표 기재와 같이 청구취지를 확장 및 감축하였다).

---

69) 심리불속행 기각으로 확정됨.

70) 이 판결에 대한 평석은, 오상민, 수익자가 여럿인 신탁에서 수익자들의 의사결정방법에 대한 소고, 변호사 제49집, 서울지방변호사회, 252면 이하를 참고할 것.

【이 유】

나아가 수익자가 여럿인 신탁에서 구 신탁법(2011. 7. 25. 법률 제10924호로 전부 개정되기 전의 것, 이하 같다) 제63조에 규정된 계산승인권의 행사 방법(수익자의 의사결정의 방법)에 관하여 본다.

수익권은 크게 자익권과 공익권으로 구분할 수 있는데, 자익권은 통상 신탁재산으로부터의 일정한 급부를 수령할 권리인 급부수령권을 의미하고, 공익권은 단체적 법률관계인 신탁관계를 안정적으로 유지하기 위한 단체법적 권리를 의미하며, 공익권은 다시 신탁재산 보호의 관점에서 인정되는 신탁감독적 권능과 신탁재산관리 방법의 변경 기타 신탁의 운영에 참가할 신탁운영권으로 나누어지고, 그 중 신탁운영권에는 신탁재산관리 방법의 변경(구 신탁법 제36조), 신탁약관의 변경 기타 신탁의 구조조정, 신탁위반 처분행위에 대한 취소 여부(제52조), 신탁의 해지결의(제56조), 신탁의 해지청구(제57조), 신탁종료 시 계산의 승인(제63조) 등이 포함되어 있다. 그런데 수익자가 공익권을 행사함에 있어서 각 수익자가 단독으로 권리를 행사하여도 수탁자의 신탁사무관리에 영향을 미치지 아니하는 권리[서류열람청구권(제34조 제1항, 제2항), 신탁사무에 대한 설명요구권(제34조 제2항) 등], 수익권의 행사가 법원의 판단을 구하는 형태로 되어 있어 단독행사를 인정하여도 폐해가 없는 경우[법원에 대한 수탁자의 해임청구(제15조), 필요한 처분을 구하는 청구(제64조) 등], 신탁재산의 보전을 위한 공익권의 경우(신탁재산에 대한 손해를 이유로 한 손해배상청구권, 신탁재산의 변경을 이유로 한 원상회복청구권(제38조), 분별관리 위반을 이유로 한 손해배상청구권, 원상회복청구권(제39조) 등]에는 각 수익자가 단독으로 행사할 수 있으나, 신탁 종료의 계산의 승인(제63조)과 같이 예외적인 상황에서 수익자가 신탁운영을 결정하는 신탁운영권은 수익자 전원의 만장일치로써 행사하지 아니하면 아니 된다고 봄이 타당하다[신탁법(2011. 7.25 법률 제10924호로 전부 개정된 것)도 수익자가 여럿인 신탁에서 수익자의 의사는 수익자 전원의 동의로 결정하되(제71조 제1항), 의사결정 방법은 신탁행위로 달리 정할 수 있고(제71조 제3항), 제61조 각 호에 규정된 권리는 개별적으로 행사할 수 있도록 규정하고 있는데, 제103조에 규정된 계산서류 승인권은 제61조 각 호에 규정되어 있지 아니하여 신탁행위로 달리 정하지 아니하는 한 수익자 전원의 동의로 결정하여야 하는 것으로 해석된다].

이 사건에서 담보신탁계약은 수익자가 여럿인 경우의 의사결정 방법에 관하여 정하고 있지 아니하므로 원고들과 한국자산관리공사가 계산 승인을 하기 위해서는 전원이 승인을 하여야 한다고 봄이 타당하다.[71] 그런데 원고 솔로몬저축은행의 파산관재인 예금보험공사가 2014. 4. 8. 피고로부터 환가처분대금 정산결과 내역을 통보받고 그로부터 10일 내인 2014. 4. 10. 피고가 대리사무 미수보수로 19억 5,750만 원을 공제한 것을 수용할 수 없다는 의견을 회신하였고, 이는 2014. 4. 11. 피고에게 도달하였다. 따라서 원고 솔로몬저축은행의 파산관재인 예금보험공사를 제외한 나머지 수익자가 10일 내에 환가처분대금 정산결과 내역에 대하여 이의를 제기하지 아니하여 계산을 승인한 것으로 간주되더라도 수익자 중 원고 솔로몬저축은행의 파산관재인 예금보험공사가 10 일 내에 이의를 제기하였으므로 수익자 전원이 일치하여 계산의 승인을 한 것으로 볼 수 없어 계산 승인의 효과가 발생하지 아니한다. 피고의

71) 실무상 수익자가 여럿인 경우에도 (선·후순위 우선수익자 간의 권리행사 순위 이외의) 수익자의 의사 결정방법에 대해서는 신탁계약서에 명시적인 규정을 두지 않고, 피담보채무의 발생근거가 되는 대출계약서, 대주간 합의서 등에서 대주간 의사결정 방법에 관한 규정만을 두는 경우가 많다. 이와 같은 경우에 신탁계약상 수익자들의 의사결정이 필요할 때(예를 들면, 각종 승인, 동의, 처분지시 등) 신탁계약에는 의사결정방법이 없는 것으로 보아(특히 신탁계약의 당사자인 수탁자는 대출계약서나 대주간 합의서 등 피담보채무의 발생근거에 관한 계약의 당사자가 아니어서 신탁계약에 별도의 포섭규정이 없는한 대출계약서 등의 내용이 당연히 신탁계약의 일부를 구성하는 것으로 해석되기 어렵다) 신탁법에 따라 수익자 전원의 동의가 필요한지 여부가 문제될 수 있다. 따라서, 수익자가 여럿인 경우 수익자 전원에 의한 동의를 배제하고자 하는 경우(일부 수익자의 배제, 일부 수익자에 의한 의사결정 등)에는 수익자들의 의사 결정방법을 신탁계약서에 명시하여야 할 것이다. 다만 이 경우에도 수익자의 일정한 권리를 제한할 수 없도록 규정하고 있는 현행 신탁법 제61조에 위반되지 않도록 유의해야 한다.

주장은 이유 없다[피고는 대리사무약정 제4조에서 대출금융기관의 권리행사(대리사무약정상의 동의나 협의 사항 등)는 한국저축은행이 주관하고, 나머지 대출금융기관은 한국저축은행에 모든 업무를 위 임하여 행한다고 규정하고 있으므로 환가처분대금 정산결과 승인도 한국저축은행이 하여야 하는데 한국저축은행이 이의를 제기하지 아니하였으므로 대출금융기관이 이를 승인한 것으로 보아야 한다고 주장한다. 살피건대, 대리사무약정 제4조는 '대리사무약정'상의 동의나 협의 사항 등을 한국저축은행이 주관한다고 하고 있을 뿐이므로 '담보신탁계약'에 따른 환가처분대금 정산결과 승인도 한국저축은행이 하여야 한다고 보기 어렵고, 나아가 대리사무약정 제4조 단서는 담보권 확보 및 대출원리금 상환에 관계되는 주요사항은 대출금융기관의 합의에 의하여 정하기로 하였는데 환가처분대금 정산결과 승인은 담보권 확보 및 대출원리금 상환에 관계되는 주요사항에 해당한다고 볼 수 있으므로 피고의 주장은 이유 없다].

22. 대법원 2016. 3. 10. 선고 2012다25616 판결 [수익금]

[논점] 자익신탁[72]의 경우, 위탁자 겸 수익자가 수익권 포기를 통해 이미 발생한 비용상환의무를 면할 수 있는지 여부 및 토지개발신탁에서 수탁자의 비용상환청구권 행사를 제한할 수 있는 경우

【이 유】

1. 원고의 상고이유 및 수익권 포기의 효력에 관한 피고의 상고이유에 대하여

구 신탁법(2011. 7. 25. 법률 제10924호로 전부 개정되기 전의 것, 이하 같다) 제42조 제2항에 의하면, 수탁자는 수익자에게 신탁재산에 관하여 부담한 조세, 공과, 기타의 비용과 이자 또는 신탁사무를 처리하기 위하여 자기에게 과실 없이 받은 손해의 보상을 청구하거나 상당한 담보를 제공하게 할 수 있다. 한편, 구 신탁법 제51조 제3항은 수익자가 수익권을 포기할 수 있도록 규정하고, 제42조 제3항은 수익자가 그 권리를 포기한 경우에는 제42조 제2항을 적용하지 아니하도록 규정하고 있다.[73]

그런데 구 신탁법 제51조 제3항이 수익권의 포기를 인정하는 취지는, 수익자는 구 신탁법 제42조 제2항에 따라 비용상환의무를 지게 되므로 수익자가 자기의 의사에 반하여 수익권을 취득할 것을 강제당하지 않도록 하기 위한 데에 있다. 따라서 신탁계약상 위탁자가 스스로 수익자가 되는 이른바 자익신탁의 경우,[74] [75] 위탁자 겸 수익자는 스스로 신탁관계를 형성하고 신탁설정 단계에서 스스로를 수익자

---

72) 실무상 신탁회사가 수탁업무를 담당하는 경우에는 위탁자가 제3자를 우선수익자로 지정하여 우선수익권을 제3자에게 부여하고, 위탁자는 최후순위 수익권을 취득하는 자익·타익신탁 혼합형태(타익신탁의 일종으로 볼 수 있을 것이다)가 일반적인 것으로 보인다. 다만, 주택조합이나 재개발·재건축의 경우에는 (자금조달을 위하여 별도로 금융기관 등에게 우선수익권을 부여하지 않는 한) 위탁자가 수익자를 겸하는 자익신탁 구조를 취하는 것이 일반적이다.

73) 현행 신탁법 제57조 제2항에서는 수익권 포기에 대한 소급효를 인정하되, 제3자의 권리를 침해할 수 없다고 규정하고 있다. 이와 관련하여 수익권을 포기한 이후에 발생한 비용상환등의 책임이 면제되는 것은 해석상 당연히 인정되나, 수익권을 포기하기 전에 이미 발생한 신탁채무로 인하여 발생한 비용상환등의 책임도 면제되는지 여부에 대해서는 견해의 대립이 있을 수 있다.
먼저, 자익신탁인 경우에는 현행 신탁법 하에서도 위 판결이 적용될 수 있을 것으로 생각된다. 그리고 타익신탁인 경우에도, 수익권 포기를 인정하는 취지, 현행 신탁법에서 수익권 포기에 대한 소급효를 인정하여 포기시까지 지급받은 수익도 반환하여야 하는 것으로 규정하고 있다는 점, 수익권의 포기로 그 권리를 침해할 수 없는 "제3자"는 수익채권을 압류하는 등 수익권에 기하여 새로운 이해관계를 가지게 된 자를 의미하므로 수익권 포기 의사표시의 상대방인 수탁자는 포함되지 않는다는 점 및 현행 신탁법 제46조 제4항 단서의 규정에 비추어 볼 때 수익권을 포기한 수익자는 그 포기시까지 이미 발생한 비용상환등의 책임도 면하는 것으로 해석하여야 할 것이다(최수정, 신탁법, 박영사, 124면 참조).

74) 자익신탁에서 위탁자가 유일한 수익자인 경우에는 수익권 포기의 의사표시를 하였다면 현행 신탁법 제99조 제2항에 의한 신탁의 종료 의사표시로 해석(위 최수정)하거나, 신탁의 목적을 달성할 수 없게 된 경우(현행 신탁법 제99조 제1호)에 해당하여 종료되는 것으로 보아야 할 것이다. 그리고 타익신탁의 경우 유일한 수익자가 수익권 포기의 의사표시를 한 경우에는

로 지정함으로써 그로부터 이익을 수취하려는 자이므로, 그 신탁의 결과 발생하는 이익뿐만 아니라 손실도 부담하도록 해야 하고, 수익권 포기를 통해 비용상환의무를 면하도록 할 필요가 없다. 그러므로 자익신탁에서 위탁자 겸 수익자는 수익권을 포기하더라도 이미 발생한 비용상환의무를 면할 수 없다고 봄이 타당하다.

원심의 이유 설시에 부적절한 점이 없지 아니하나,[76] 원고의 수익권 포기로 인하여 원고의 피고에 대한 1996. 12. 27.자 분양형 토지신탁계약(이하 '선행 신탁계약'이라 한다)에 따른 비용상환의무가 소멸하지 않는다고 판단한 원심의 결론은 정당하다.

2. 피고의 나머지 상고이유에 대하여

(1) 신탁재산 귀속에 따른 정산청구권에 관한 상고이유에 대하여

원심은, 선행 신탁계약의 경우 신탁계약서 제22조에서 귀속권리자에 관하여 정하고 있으므로 구 신탁법 제60조가 적용되지 아니하고, 설령 구 신탁법 제60조[77]가 선행 신탁계약에 적용된다고 하더라도, 선행 신탁계약에 따른 신탁사업에서 발생한 비용은 수익자가 수탁자에 대하여 부담하는 채무일 뿐이므로 신탁재산에 해당하지 아니한다고 판단하여, 피고가 원고에 대하여 신탁재산 귀속에 따른 정산청구권을 가진다는 피고의 주장을 배척하였다. 관련 법리와 기록에 의하여 살펴보면, 원심의 위와 같은 판단은 정당하다

(2) 신탁계약 종료 후 미분양 물량의 처분에 관한 상고이유에 대하여

원심은, 피고가 선행 신탁계약 종료 후 미분양 물량을 처분한 것은 신탁이 종료된 후에도 수탁자가 비용보상을 받는 방법으로 자조매각권을 행사할 수 있도록 한 선행 신탁계약 신탁계약서 제16조에 따라 피고가 자조매각권을 행사한 것으로서 신탁사무의 처리에 해당하지 아니하므로, 피고는 원고에 대하여 미분양 물량의 처분과 관련한 신탁보수를 청구할 수 없다고 판단하였다. 관련 법리와 기록에 의하여 살펴보면, 원심의 위와 같은 판단은 정당하다.

(3) 비용상환청구권 행사의 제한에 관한 상고이유에 대하여

토지개발신탁에서는 장기간에 걸쳐 사업이 진행되고 부동산 경기를 예측한다는 것이 쉽지 않은 일이어서 경우에 따라 대규모의 손실이 발생할 수 있는 것인데, 수탁자가 부동산신탁을 업으로 하는 전문가로서 보수를 지급받기로 한 후 전문지식에 기초한 재량을 갖고 신탁사업을 수행하다가 당사자들이 예측하지 못한 경제상황의 변화로 신탁사업의 목적을 달성하지 못한 채 신탁계약이 종료되고, 이로 인하여 위탁자 또는 수익자가 막대한 신탁비용상환의무를 부담하게 된 사정이 인정된다면, 이러한 사정을 고려하여 신의칙과 손해의 분담이라는 관점에서 상당하다고 인정되는 한도로 수탁자의 비용상환청

목적을 달성할 수 없게 된 경우(현행 신탁법 제99조 제1호)에 해당하여 종료되는 것으로 보아야 할 것이다.

75) 타익신탁인 경우 수익자가 수익의 의사표시를 한 이후에도 수익권의 포기를 허용할 것인지 여부가 문제되는데, 이에 대해 수익의 의사표시는 포기권의 포기로서 더 이상 수익권의 포기는 허용되지 않는다는 견해(위 최수정)가 있다. 다만, 위 판결과 그 원심판결에서는 자익신탁과 타익신탁을 구별하지 아니하고 원칙적으로 수익권의 포기는 인정하고 있는 점에 비추어 타익신탁의 수익자가 수익의 의사표시를 하였다는 사정만으로 수익권 포기가 허용되지 않는 것으로 해석될지는 의문이다.

76) 원심판결은, 수익권 포기의 소급효 제한문제로 접근하였다는 점에서 대법원 판결이 이 부분을 설시한 것으로 보인다. 다만 대법원 판결만으로는 위 대법원 판결이 원심판결과 마찬가지로, 원칙적으로 수익권 포기에 소급효가 인정되고 예외적으로 소급효가 제한될 수 있다는 입장인지, 아니면 구 신탁법상 명문의 규정이 없는 이상 수익권 포기에는 소급효를 인정할 수 없다는 입장인지는 명확하지 않다. 현행 신탁법에서는 수익권 포기에 소급효가 있음을 명문으로 규정하였다(현행 신탁법 제57조 제2항).

77) 구 신탁법 제60조(동전-신탁종료후의 신탁재산의 귀속) 신탁이 종료된 경우에 신탁재산의 귀속권리자가 신탁행위에 정하여 있지 아니한 때에는 그 신탁재산은 위탁자 또는 그 상속인에게 귀속한다.

구권의 행사를 제한할 수 있다(대법원 2008. 3. 27. 선고 2006다7532, 7549 판결 참조).

원심은, 수탁자인 피고는 부동산신탁을 업으로 하는 전문가로서 원고로부터 보수를 지급받기로 한 후 전문지식에 기초한 재량을 가지고 신탁사업을 수행한 점, 선행 신탁계약에 따른 신탁사업은 이른바 IMF 외환위기로 인하여 신탁기간이 종료된 후에도 미분양 물량이 남아 있었고, 이를 공매 처분한 결과 약 391억 원의 손실이 발생한 점, 피고는 선행 신탁계약에 따른 신탁보수로 약 25억 원을 사실상 지급받은 점 등의 사정을 고려하여 신의칙 및 손해의 공평분담이라는 취지에서 피고의 비용상환청구권 행사를 60%로 제한함이 상당하다고 판단하였다. 앞에서 본 법리와 기록에 의하여 살펴보면, 원심의 위와 같은 판단은 정당하다.

[원심판결] 서울고등법원 2012. 2. 2. 선고 2010나84835 판결 [수익금][78]

【주 문】

1. 제1심 판결 중 아래에서 지급을 명하는 금원을 초과하는 피고 패소 부분을 취소하고, 그 취소 부분에 해당하는 원고의 청구를 기각한다.

피고는 원고에게 16,388,561,516원 및 이에 대하여 2007. 2. 2.부터 2012. 2. 2.까지는 연 6%의, 그 다음날부터 다 갚는 날까지는 연 20%의 각 비율에 의한 금원을 지급하라.

2. 피고의 나머지 항소를 기각한다.

4. 소송총비용 중 6/10은 원고가, 나머지는 피고가 각 부담한다.

【청구취지 및 항소취지】

1. 청구취지

피고는 원고에게 39,152,951,804원 및 이에 대한 2007. 2. 2.부터 이 사건 소장부본 송달일까지는 연 6%의, 그 다음날부터 다 갚는 날까지는 연 20%의 각 비율에 의한 금원을 지급하라.

2. 항소취지

제1심 판결 중 피고 패소부분을 취소하고, 그 취소부분에 해당하는 원고의 청구를 기각한다.

【이 유】

나. 신탁계약 종료 후 이 사건 정산청구권을 자동채권으로 한 상계 주장에 대한 판단

신탁법 제60조에 의하면, '신탁이 종료된 경우에 신탁재산의 귀속권리자가 신탁행위에 정하여 있지 아니한 때에는 그 신탁재산은 위탁자 또는 그 상속인에게 귀속한다'고 규정되어 있으므로 신탁법 제60조는 신탁재산의 귀속권리자가 신탁행위에 정하여 있지 아니한 경우에 적용된다. 그런데 이 사건 대전○○○빌 신탁계약의 경우 신탁계약서 제22조에서 신탁계약이 종료된 경우 귀속권리자에 관하여 정하고 있으므로 신탁법 제60조는 이 사건 대전○○○빌 신탁계약에 적용되지 않는다. 따라서 신탁법 제60조가 이 사건에 적용됨을 전제로 한 피고의 이 부분 주장은 이유 없다.

설령 이 사건에 신탁법 제60조가 적용된다 하더라도 다음과 같은 이유로 피고의 주장은 이유 없다.

신탁법 제60조의 신탁재산에 소극재산이 포함된다 하더라도 신탁재산은 대내외적으로는 수탁자의 소유이고 법인격이 인정되지 않는 신탁재산이 수탁자에 대해서 채무를 부담하는 것은 아닌 점 등에 비추어 볼 때 그 소극재산은 신탁재산 또는 수탁자가 신탁사무에 관하여 제3자에 대하여 부담하는 채무

---

78) 이 판결에 대한 평석은, 최수정, 신탁상 발생한 비용의 배분, 비교사법 19권 2호, 한국비교사법학회, 667면 이하를 참고할 것.

를 뜻한다고 보아야 한다. 그런데 피고가 주장하는 이 사건 대전○○○빌 신탁사업에서 발생한 비용은 신탁법 제42조 제1항, 제2항에 의하여 신탁재산 또는 수익자에 대하여 인정되는 독립적인 권리로서 수익자가 피고에 대하여 부담하는 채무일 뿐 신탁재산이나 피고가 제3자에 대하여 부담하는 채무는 아니므로 신탁법 제60조의 신탁재산(소극재산)에 해당하지 않는다고 봄이 상당하다. 따라서 피고가 주장하는 이 사건 대전○○○빌 신탁사업에서 발생한 비용이 신탁자의 비용상환채무로서 소극재산인 신탁재산임을 전제로 하는 피고의 주장은 더 나아가 살펴볼 필요 없이 이유 없다.

다. 피고의 이 사건 비용상환청구권을 자동채권으로 한 상계 주장에 대한 판단

1) 이 사건 비용상환청구권이 항변권이 붙은 채권인지 여부

을 제3, 5, 7호증의 각 기재 및 변론 전체의 취지를 종합하면, 원고는 피고를 상대로, 피고가 이 사건 대전○○○빌 신탁계약 상 사전협의의무 내지 선량한 관리자로서의 주의의무를 위반하여 원고의 동의 없이 시공사인 경남기업 주식회사가 부담하기로 되어 있던 미분양오피스텔 인수의무를 면제하여 줌으로 인하여 원고에게 손해를 입혔으므로 그에 대한 손해배상을 구하는 손해배상청구의 소(대전지방법원 2007가합5834호 사건)를 제기하였는데 위 법원은 2008. 7. 9. '피고가 사전협의의무를 위반하였다거나 선량한 관리자로서의 주의의무를 위반하였다고 볼 수 없다'는 취지로 위 손해배상청구 부분에 대하여는 기각하는 판결을 선고하였고, 이에 대한 항소심(대전고등법원 2008나7183호 사건)에서 대전고등법원은 2010. 2. 4. '피고가 사전협의절차를 적절히 이행하지 아니하여 수탁인으로서의 선량한 관리자의 주의의무를 위반하였다고 볼 수 있으나 그로 인하여 손해가 발생하였다고 보기는 어렵다'는 취지로 원고의 항소를 기각하였고, 이에 원고는 상고하였으나 대법원은 2010. 6. 10. 원고의 상고를 기각하여 위 제1심 판결이 확정된 사실을 인정할 수 있다. 위 인정사실에 의하면 원고에게 피고에 대하여 피고의 이 사건 대전○○○빌 신탁계약 상 선관주의의무 위반으로 인한 손해배상청구권이 있다고 할 수 없으므로, 원고의 이 부분 주장은 이유 없다.

2) 신탁재산독립의 원칙, 신탁법 제20조와 제30조 및 수탁자의 충실의무에 반하는 상계로서 상계가 금지되는지 여부

신탁법 제20조가 '신탁재산에 속하는 채권과 신탁재산에 속하지 아니하는 채무와는 상계하지 못한다.'고 규정한 취지는 수탁자가 신탁의 수탁자로서 상대방에 대하여 가지고 있는 채권과 수탁자가 개인적으로 상대방에 대하여 부담하는 채무를 상계하는 것을 금지하는 것이지 수탁자 개인이 수익자에 대하여 가지는 고유의 채권을 자동채권으로 하여 수익자의 수탁자에 대한 수익채권과 상계하는 것을 금지하려는 것이 아니다. 한편 신탁법 제30조에서 말하는 신탁재산 독립의 원칙은 신탁재산의 감소 방지와 수익자의 보호 등을 위하여 수탁자의 고유재산과 신탁재산은 분별하여 관리하여야 하고 양자는 별개 독립의 것으로 취급하여야 한다는 것을 의미함에 그칠 뿐, 신탁재산 자체가 그 소유자 내지 명의자인 수탁자와 구별되는 법인격을 가진다는 것까지 의미하는 것은 아니므로, 수탁자가 수익자에 대하여 갖는 고유의 채권을 자동채권으로 하여 수익자가 수탁자에 대하여 갖는 수익채권과 상계하는 것이 신탁관계에 신탁재산 독립의 원칙이 적용된다는 이유만으로 금지된 것이라고 할 수는 없다(대법원 2007. 9. 20. 선고 2005다48956 판결 참조). 그런데 원고의 이 사건 용인동백지구 신탁계약상 발생한 수익금채권과 피고의 이 사건 대전○○○빌 신탁계약상 발생한 비용상환청구권을 상계하는 것은 두 개의 독립된 신탁사업에서 발생한 개별적인 채권을 서로 상계하는 경우이므로, 피고의 위 상계는 신탁법 제20조가 금지하고 있는 상계 또는 신탁재산독립의 원칙 및 신탁법 제30조에 반하는 상계에 해당한다고 볼 수 없다.

또한 원고가 이 사건 용인동백지구 신탁계약 상 수익이 발생하여 수익금을 지급받더라도, 이 사건

대전○○○빌 신탁계약 상 수익자인 원고는 이 사건 대전○○○빌 신탁사업의 결과 손실이 발생하여 피고가 비용상환을 청구하는 경우 이에 응하여야 할 의무가 있으므로, 피고의 상계를 허용하는 것이 수익자인 원고에게 전혀 불리하다거나 수익자의 이익을 해치는 경우라고 볼 수도 없으므로 그와 같은 경우의 상계를 수탁자의 충실의무 위반이라고 볼 수도 없다. 따라서 원고의 이 부분 주장은 이유 없다.

3) 원고의 이 사건 대전○○○빌 신탁사업에 대한 수익권 포기로 이 사건 비용상환청구권이 소멸하였는지 여부

① 자익신탁의 경우 수익권 포기 불가능 주장에 대하여

신탁법 제51조 제1항은 신탁행위에 의하여 수익자로 지정된 자는 신탁이익의 향수를 승낙한 것으로 추정한다고, 제2항은 수익권이 부담 있는 경우에는 수익자로 지정된 자의 신탁이익향수의 의사표시가 있어야 한다고, 제3항은 수익자는 수익권을 포기할 수 있다고 각 규정하고 있는바, 위 규정의 형태·순서에 비추어 볼 때 제1항, 제2항은 수익권 취득 단계에 관한 규정이고 제3항은 수익권 취득 이후에 관한 규정이라고 보는 것이 합리적이므로 이미 수익권을 승낙하였다 하더라도 수익자는 신탁법 제51조 제3항에 따라 수익권을 포기할 수 있다고 봄이 상당한 점(만약 이와 달리 피고의 주장대로 수익권 취득시 수익권을 승낙한 이상 수익권 포기를 할 수 없다면 이는 신탁법 제51조 제3항을 별도로 두어 수익권 포기를 인정하고 있는 취지에 반하게 된다), 현행 신탁법[79]상 자익신탁의 경우 수익권 포기를 제한하는 취지의 규정이 없는 점, 현행[구] 신탁법은 수탁자의 수익자에 대한 비용상환청구권을 규정하고 있을 뿐 수탁자의 위탁자에 대한 비용상환청구권을 규정하고 있지 않은바(이는 위탁자는 신탁재산에 대하여 아무런 관리처분권을 가지고 있지 않으므로 위탁자에게 신탁재산 이상의 비용 등을 부담시키는 것은 타당하지 않다는 입법정책적 판단의 산물로 보아야 한다), 위탁자와 수익자가 동일한 자익신탁의 경우 수익권 포기를 부정하는 것은 결론적으로 위탁자로 하여금 신탁재산 이상의 비용을 부담시키는 결과를 초래하여 수탁자의 위탁자에 대한 비용상환청구권을 규정하고 있지 않은 취지에도 반하는 점 등에 비추어 볼 때, 수익자는 당해 신탁계약이 자익신탁인지 타익신탁인지에 관계없이 수익자로서의 권리를 포기할 수 있다고 봄이 상당하다.

② 수익권 포기 금지 특약 주장에 대하여

이 사건 대전○○○빌 신탁계약서 제15조는 신탁법 제42조 규정의 일반적인 취지에 따른 전형적인 규정으로서 단지 그 비용의 범위 및 상환의 시기에 대하여 구체적으로 규정한 것에 불과하고, 이 사건 대전○○○빌 신탁계약서 제13조 제1항은 수익자의 수익권 양도, 승계, 질권설정에 관한 규정으로 수익권 포기와 관련이 있다고 볼 수 없다. 한편 신탁법 제56조에 의하면, 위탁자가 신탁 이익의 전부를 향수하는 신탁(자익신탁)은 위탁자가 언제든지 해지할 수 있는바, 이 사건 대전○○○빌 신탁계약 제20조에서 신탁계약은 해지할 수 없고 다만 부득이한 사유가 있는 경우 수탁자와 협의하여 신탁계약을 해지할 수 있으며, 이 경우 수탁자는 수익자에게 해지로 인하여 발생한 손해의 발생을 청구할 수 있다고 규정하고 있는 취지는 위탁자인 원고가 수탁자인 피고의 귀책사유 없이 위탁자인 원고측 사정에 의하여 신탁계약을 해지하고자 하는 경우에 신탁법 제56조에서 정하고 있는 임의해지권을 제한하고자 하는 취지의 규정이라고 봄이 상당하고, 원고가 수익권을 포기하여 이 사건 신탁계약을 종료시키는 방식의 일방적인 신탁계약 해지는 불가능하다는 의사를 명백히 표시해 두기 위한 규정이라고 보기 어려우며, 수익권 포기 여부에 대하여는 이 사건 대전○○○빌 신탁계약서에 언급이 없으므로 수익권 포기 금지 특약이 존재한다고 볼 수 없다.

따라서, 피고가 주장하는 이 사건 신탁계약서상 조항들로 인하여 원고의 수익권 포기가 제한된다거

79) 2011. 7. 25. 법률 제10924호로 전문개정되기 전의 것(구 신탁법)을 말한다. 이하 같다.

나 당사자 사이에 신탁법 제42조 제2, 3항의 적용을 배제하기로 약정한 것으로 보기는 어렵다.

③ 신탁종료 후 수익권 포기 불가 주장에 대하여

신탁법 제51조 제3항에 수익권 포기의 시기를 제한하는 규정이 없고, 뒤에서 보는 바와 같이 이 사건 대전○○○빌 신탁사업의 경우 신탁계약 종료 후 법정신탁관계가 성립하지 않으므로, 신탁종료 후 법정신탁관계가 성립함을 전제로 한 피고의 주장은 이유 없다.

⑤ 수익권 포기 효력의 장래효 또는 수익권 포기 시기의 제한 주장에 대하여

신탁법 제51조 제3항에 따른 수익권의 포기는 수익채권의 포기가 아니라 수익자 지위의 포기이고, 이러한 수익자 지위의 포기의 의사표시는 원칙적으로 소급효가 있다고 보아야 하는 점,[80] 신탁법 제51조 제2항은 수탁자가 수익자에게 이미 발생한 비용 또는 손해의 보상을 청구할 수 있다는 취지의 규정인데 같은 조 제3항은 수익자가 그 권리를 포기한 경우 제2항의 규정을 적용하지 아니한다고 규정하고 있으므로 이미 발생한 비용 또는 손해에 관한 수익자의 보상의무도 소멸한다고 해석하는 것이 합리적인 점 등에 비추어 수익자가 신탁법 제51조 제3항에 따라 수익권을 포기하면 이미 발생한 비용 또는 손해에 관한 상환의무도 소급적으로 소멸한다고 봄이 상당하다.

다만 원칙적으로 수익권 포기의 소급효가 인정된다 하더라도, 기존에 발생한 법률효과를 번복하여 법적 안정성 등을 침해하거나 수익권의 포기가 신의칙 또는 금반언의 원칙 등에 반하는 등 특별한 사정이 있는 경우에는 예외적으로 수익권 포기의 소급효가 제한된다고 보아야 한다.

이 사건의 경우와 같이 피고의 상계의 의사표시로 이미 이 사건 수익금 채권과 이 사건 비용상환청구권이 대등액의 범위 내에서 소멸한 경우까지 수익권 포기의 소급효를 인정하게 된다면 기왕에 법률행위로 인하여 정당하게 소멸한 채권을 부활시키는 결과가 되어 원고의 선택에 따라 기존 법률관계가 불안정하게 되는 점, 원고는 피고의 상계 의사표시 통지시인 2007. 2. 2.경 이미 그 전인 2007. 1.경 피고로부터 이 사건 대전○○○빌 신탁사업으로 인하여 약 391억 원의 손실이 발생했다는 내용의 최종 수지계산서를 통보받아 이를 알고 있음에도 수익권 포기의 의사표시를 하지 않았고, 또한 2007. 6. 13. 피고를 상대로 손해배상청구소송을 제기하여 1심, 2심에서 각 패소판결을 선고받을 때까지도 수익권 포기의 의사표시를 하지 않다가 2010. 6. 10. 대법원(2010다21887)에서 원고 상고기각 판결이 선고되자 2010. 6. 16. 이 사건 제1심 소송계속 중 뒤늦게 수익권 포기를 한 것은 신의칙이나 금반언의 원칙에 반한다고 볼 여지가 있는 점, 부동산개발신탁은 신탁원본을 초과하는 손해가 발생할 가능성이 매우 높은 고위험, 고수익형 사업이고, 수탁자는 개발의 대상이 되는 토지만을 신탁재산으로 가지고 있을 뿐이며 개발에 필요한 막대한 자금은 수탁자가 자신의 명의로 조달하여야 하는 부담을 안게 되며 신탁계약의 내용이 되는 부동산개발사업 자체도 부동산 경기, 금리현황, 사업부지의 용도, 발전가능성 등 수많은 변수에 따라 사업의 성공여부를 쉽사리 단정할 수 없는 위험이 존재하는바, 위탁자이자 수익자인 원고가 이 사건 대전○○○빌 신탁사업으로 인한 손실 발생을 이미 파악하고 있음에도 피고의 상계의사표시 이전에 수익권 포기의 의사표시를 하지 않은 것은 이 사건 비용상환의무를 부담하되 대신 피고에 대한 손해배상청구권을 행사하여 이를 보전하려고 한 것으로 보이는데, 오래 기간에 걸친 소송을 진행한 결과 원고의 피고에 대한 손해배상청구권이 존재하지 않는다는 결론이 나자 뒤늦게 수익권 포기를 하는 경우에까지 그 소급효를 인정하는 것은 형평의 원칙에 크게 어긋나는 것으로 보이는 점 등

80) 현행 신탁법 제57조 제2항에서는 이와 같은 소급효를 명문으로 규정하고 있다.
현행 신탁법 제57조(수익권의 포기) ① 수익자는 수탁자에게 수익권을 포기하는 취지의 의사표시를 할 수 있다.
② 수익자가 제1항에 따른 포기의 의사표시를 한 경우에는 처음부터 수익권을 가지지 아니하였던 것으로 본다. 다만, 제3자의 권리를 해치지 못한다.

에 비추어 보면 이 사건의 경우 원고의 수익권 포기의 소급효는 인정되지 않는다고 봄이 상당하다.

4) 이 사건 대전○○○빌 신탁사업의 비용상환청구권의 존부 및 범위

① 원고의 승인이 필요한지 여부

신탁법 제63조는 신탁이 종료하면 수탁자는 신탁사무를 최종적으로 계산하여야 할 당연한 의무가 있다는 것과 그 계산을 수익자가 승인한 때에는 수탁자의 수익자에 대한 책임이 면제되어 수익자가 수탁자에 대하여 최종 계산의 내용과 다른 내용을 주장하여 최종 계산에 따른 것 이외의 권리의 이전이나 금전의 지급, 그 밖의 재산상의 책임을 물을 수 없다는 법리를 선언하고 있는 것뿐이고, 이를 신탁이 종료한 경우에 수탁자가 비용 또는 보수를 청구하기 위한 요건을 규정하고 있는 것으로 볼 수는 없다(대법원 2007. 9. 7. 선고 2005다9685 판결 참조). 따라서 이 사건 대전○○○빌 신탁사업의 비용상환청구권의 존재 및 금액에 관하여 원고의 승인이 필요하다는 원고의 주장은 이유 없다.

② 이 사건 대전○○○빌 신탁계약 종료 후에 발생한 비용(자조매각권 행사로 인한 비용)이 포함되는지 여부

…위 인정사실 및 을 제28호증, 을 제29호증의 1 내지 3, 을 제30호증의 각 기재에 변론 전체의 취지를 종합하여 보면 알 수 있는 다음과 같은 사정, 즉 이 사건 대전○○○빌 신탁계약 종료 후 위에서 본 원고와 피고 간 손해배상청구소송 진행으로 신탁계약 제22조에 따라 신탁재산의 정산이 이루어지지 않았고, 원고가 피고에게 신탁계약 22조 제1호 단서에서 정한 처분신탁 전환요청을 한 적도 없는 점, 신탁계약 제16조에 피고가 신탁재산을 처분할 수 있는 권한(자조매각권)이 규정되어 있는데, 신탁계약 종료 후의 수탁자의 비용상환청구권 실행방법에 관한 신탁법 제62조는 강행규정이라고 볼 수 없고 사적 자치의 원칙상 신탁계약에서 당사자간 특약으로 신탁계약 종료 후의 비용보상 방법으로 수탁자의 자조매각권을 인정할 수 있는 점, 신탁계약 제16조는 자조매각권의 행사시기에 관하여 아무런 제한을 두지 않고 있는 점, 신탁계약 제16조는 신탁법 제42조와 유사한 내용으로 신탁계약기간 중에만 수탁자인 피고의 자조매각권을 인정하려고 하였다면 굳이 위와 같은 규정을 둘 필요가 없는 점 등에 비추어 볼 때, 신탁계약 제16조는 신탁관계가 종료된 이후에도 수탁자가 비용보상을 받은 방법으로 자조매각권을 행사할 수 있도록 하는 당사자간 특약이고, 피고가 이 사건 대전○○○빌 신탁계약 종료 후 미분양물량을 처분한 행위는 피고의 신탁계약 제16조에 의한 자조매각권의 행사로 봄이 상당하다. 따라서 자조매각권 행사를 위한 비용은 그로 인한 수익에서 공제할 수 있을 뿐 신탁사무에 관한 비용으로서 원고에게 청구할 수는 없고, 피고가 이 사건 대전○○○빌 신탁계약 종료 후 미분양물량을 처분한 행위는 신탁사무가 아니므로 보수를 청구할 수도 없으며 다만 자조매각권 행사로 인한 수익은 피고가 상환을 청구할 수 있는 비용에서 공제하여야 한다.

③ 외부조달금리와 신탁계정부담금리의 차액이 포함되는지 여부

신탁법 제31조 제1항 본문에 의하면, 특별한 사정이 없는 한 누구의 명의로 하든지 신탁재산을 고유재산으로 하거나 이에 관하여 권리를 취득하지 못할 뿐만 아니라, 고유재산을 신탁재산이 취득하도록 하는 것도 허용되지 아니하고(대법원 2007. 11. 29. 선고 2005다64552 판결 참조), 위 규정에 위반하여 이루어진 거래는 무효이다(대법원 2009. 1. 30. 선고 2006다62461 판결 참조).

이 사건의 경우, 을 제28호증의 기재에 의하면 이 사건 대전○○○빌 신탁사업에서의 외부조달금리와 신탁계정부담금리의 차액이 2002. 12. 31. 기준으로 754,501,173원[을 제28호증 참조, 1997년(6,452,529원), 1998년(-79,079,657원), 1999년(-232,126,011원), 2000년(199,019,189원), 2001년(433,595,916원), 2002년(426,639,207원)]인 사실을 인정할 수 있는바, 이는 이자부 소비대차거래에 해당하여 신탁법 제31조 제1항에 위반된 거래로서 무효이므로 비용에서 제외함이 상당하다.

⑤ 책임의 제한

토지개발신탁에 있어서는 장기간에 걸쳐 사업이 진행되고 부동산 경기를 예측한다는 것이 쉽지 않은 일이어서 경우에 따라 대규모의 손실이 발생할 수 있는데, 수탁자가 부동산신탁을 업으로 하는 전문가로서 보수를 지급받기로 한 후 전문지식에 기초한 재량을 갖고 신탁사업을 수행하다가 당사자들이 예측하지 못한 경제상황의 변화로 신탁사업의 목적을 달성하지 못한 채 신탁계약이 중도에 종료되고, 이로 인하여 위탁자는 막대한 신탁비용채무를 부담하는 손실을 입게 된 사정이 인정된다면, 신탁비용의 지출 또는 부담에서의 수탁자의 과실과 함께 이러한 사정까지도 고려하여 신의칙과 손해의 분담이라는 관점에서 상당하다고 인정되는 한도로 수탁자의 비용상환청구권의 행사를 제한할 수 있다(대법원 2006. 6. 9. 선고 2004다24557 판결 참조).

위 인정사실에 을 제2호증의 2, 을 제23호증의 1, 2, 을 제24, 25, 28, 30호증의 각 기재에 변론 전체의 취지를 종합하여 보면 알 수 있는 다음과 같은 사정, 즉 이 사건 대전○○○빌 신탁사업은 1997. 11.말경 시작된 외환위기로 인하여 신탁기간이 만료된 뒤에도 미분양물량이 발생한 점, 피고는 이 사건 대전○○○빌 신탁사업의 신탁보수로 2,514,140,340원(=2,971,958,490원-457,818,150원)을 수익에서 공제하는 방법으로 사실상 지급받은 점, 피고는 부동산신탁을 업으로 하는 전문가로서 보수를 지급받기로 한 후 전문지식에 기초한 재량을 가지고 신탁사업을 수행하는 자인 점 등에 비추어 볼 때, 신의칙 및 손해의 공평분담이라는 취지에서 수익자인 원고가 상환할 신탁비용액을 이 사건 대전○○○빌 비용상환청구액의 60%로 제한함이 상당하다.

[실무참고 9] 금융투자회사의 영업 및 업무에 관한 규정[81)]

별표 15 토지신탁수익의 신탁종료 전 지급 기준[82)]

1. 관리형토지신탁

구 분	내 용
1. 목적 및 정의	□ 목적 ○ 관리형토지신탁(사업비의 조달의무를 위탁자가 부담하는 신탁[83)]을 말한다)에서 토지비 대출원리금의 상환 등을 목적으로 신탁수익을 신탁종료 전에 선지급 할 경우 안정적 사업관리가 가능한 선지급 범위를 정함. □ 용어 정의 ○ 분양수입금 : 부동산개발사업에 따른 수입. 다음 등식이 성립됨. [분양수입금=사업비+토지비+사업이익] - 사업비 : 공사비, 광고비, 분양비 등 부동산개발사업에 드는 모든 비용에서 토지비를 제외한 금액 - 토지비 : 부동산 자체의 취득가액과 등기비용, 그 밖에 부동산 취득에 관련된 부대비용을 합한 금액 - 사업이익 : 분양수입금에서 사업비와 토지비를 공제한 금액

81) 이 규정은 금융투자협회 및 금융투자회사간의 자율규정으로 자본시장과 금융투자업에 관한 법률 규칙 및 금융위원회의 금융투자업규정에서 자본시장법 제283조에 따라 설립된 한국금융투자협회에 위임 또는 위탁한 업무의 수행과 금융투자회사(금융위원회로부터 금융투자업을 인가받거나 금융위원회에 등록하여 이를 영위하는 자를 말한다)가 영업 및 업무를 수행함에 있어 필요한 사항을 정함으로써 건전한 거래질서의 유지 및 투자자 보호에 기여함을 목적으로 제정된 것이다(위 규정 1-1조). 따라서 이 규정(예를 들면, 별표 15의 토지신탁수익의 신탁종료 전 지급 기준)을 위반하더라도 그 약정의 법률상 효력이 부인되지는 않을 것으로 생각된다.

82) 별표 15의 내용은 법규적인 효력이 있는 것은 아니나 실무상으로는 신탁업자의 요청에 의해 토지신탁계약서에 반영되어 신탁계약의 내용으로 편입되고 있다.

<table>
<tr><td></td><td>○ 신탁수익 : 신탁계약 종료시 신탁계약에 따라 수익자에게 지급하는 금액. 다음 등식이 성립됨.
[신탁수익=토지비+사업이익]
○ 책임준공 : '천재지변, 내란, 전쟁 등 불가항력적인 경우'를 제외하고는 시공사가 공사비 지급 지연 또는 민원 등 여하한 이유로도 공사를 중단하거나 지연할 수 없고 예정된 기간 내에 사용승인(임시사용승인을 제외, 이하 같음) 또는 준공인가를 득하기로 하는 의무를 부담하는 것
○ 자금보충약정 : 사업비 부족분에 대한 자금조달 부담의무를 지기로 하는 약정
○ 관계회사 : 「주식회사의 외부 감사에 관한 법률」상 관계회사</td></tr>
<tr><td>2. 선지급 조건[84]</td><td>[시공사]
□ 지급시점을 기준으로 회사채 신용등급 BBB0 이상 시공사의 책임준공약정이 있어야 함
※ 회사채 미발행 시공사의 경우 CP등급과 기업신용평가등급을 기준으로 신용도를 판단하며, 지급시점을 기준으로 CP등급이 A3이상 이거나 기업신용평가가 BBB0 이상인 때에는 '회사채 신용등급 BBB0 이상'에 해당하는 것으로 봄. 이하 같음.
□ 지급시점을 기준으로 회사채 신용등급 BBB- 이하의 시공사가 책임준공 약정을 한 경우에는 BBB+ 이상 시공사(당해 사업의 공사도급금액 이상의 시공능력평가액도 함께 보유)가 자금보충약정 또는 책임준공 연대보증을 하여야 함
[신탁계약서 및 개별약정서]
□ 토지비를 대여한 자가 수익권에 대한 질권자 또는 우선수익자의 지위에 있을 경우에 한하여 토지비를 대여한 자에 대한 토지비 등의 선지급이 가능함을 관리형 토지신탁 계약서에 명기하여야 함
□ 「토지신탁수익의 신탁종료 전 지급 기준」에서 정한 범위 내에서 선지급이 가능하다는 취지의 조항을 관리형토지신탁 계약서 및 개별약정서 등에 명기하여야 함[85]
[분양계약서]
□ 수분양자의 보호를 위해 분양대금이 토지비, 공사비 등의 지급에 사용될 수 있음을 분양계약서에 명기하여야 함
[법인세 등 지급][86]
□ 다음 조건이 모두 충족되는 경우에는 신탁사업에서 발생한 위탁자의 법인세, 법인지방소득세, 종합소득세, 개인지방소득세(이하, "법인세 등"이라 한다.) 지급을 목적으로 선지급금액 범위 내에서 수익자에 대한 선지급 가능
① 위탁자가 해당 신탁사업의 법인세 등 산정 내역(전체 사업 및 사 업별로 구분된 사업매출, 비용, 산출세액 등 신탁회사가 신탁사업의 법인세 등 확인을 위해 요구하는 자료 등)을 신탁회사에게 제출
② 우선수익자 및 수익권에 대한 질권자 전원이 법인세 등 납부를 위한 선지급에 동의
③ 위탁자가 신탁회사 앞으로의 법인세 등 환급금 양도를 약정</td></tr>
<tr><td>3. 선지급 금액</td><td>□ 선지급 금액의 산정
① 선지급 금액 ≦ 분양수입금* × [토지비 / (토지비+사업비)]
(기 수납된 분양수입금 중 토지비 비율만큼 선지급 가능)
* 지급시점의 분양분에 대한 기수납 분양수입금
※ 토지비와 사업비는 신탁계약시 사업수지표상 자료를 적용. 다만, 토지취득에 따른 이자비용은 계산에서 제외함
② 시공사의 회사채 신용등급이 BBB+ 이상이며, 예상 분양수입금이 사업비의 110%를 초과하고, 전체 공사비(부지 매입비 제외)의 50% 이상 투입이 확인된 경우(다만, 아파트의 경우 동별 건축공정이 30% 이상이어야 함)로서 직전 회차 중도금이 완납된 때에는 다음의 기준을 적용할 수 있다.</td></tr>
</table>

	- 선지급금액 ≦ (분양수입금* - 사업비**) * 지급시점의 분양분에 대한 기 수납 및 장래수납예정 분양수입금 총액 ** 지급시점 까지 지급된 사업비 및 향후 지급 예상되는 사업비 ※ 지급기준 ②의 적용 이후에는 ①의 기준에 의한 지급 불가 ③총 선지급 금액은 예상 신탁수익금액을 초과할 수 없음
4. 적용예외	□ 다음 각호의 어느 하나에 해당하는 경우에는 「토지신탁수익의 신탁종료 전 지급 기준」의 2. 선지급조건 및 3.선지급금액의 적용 없이 선지급 가능 ○ 대출금융기관이 자금보충약정을 한 경우 ○ 시공사(2. 선지급조건의 시공사 요건을 갖춘 시공사)의 관계회사인 시공사(회사채 신용등급 BBB+ 이상이어야 함)가 자금보충약정 및 책임준공 연대보증을 한 경우 ○ 사용승인일 이후 ○ 기관투자자나 펀드 등이 단독 또는 공동으로 분양물건을 일괄매수한 경우로서 매수자가 확정되고 시공사(회사채 신용등급 BBB0이상)의 책임준공 약정이 체결 되었으며 위탁자 및 시공사의 요청과 매수자 전원의 서면동의가 있는 경우. 다만, 매수자가 중도금을 납입한 이후 또는 사용승인일 까지 계약해제를 금지한 경우에 한함
5. 금지사항	□ 대출약정의 효력이 신탁계약의 효력과 동등하거나 우선하게 하는 내용의 신탁계약 체결금지[87)] □ 신탁회사는 「토지신탁수익의 신탁종료 전 지급 기준」에 반하는 금융기관과의 임의인출약정, 금융기관과의 자금집행순서 및 방법 임의변경약정 등 체결 금지 □ 신탁회사가 당사자가 되는 토지비 대출약정 체결 금지 □ 신탁재산(분양대금계좌, 운영계좌, 보험금 및 건축중인 건축물 등)에 대한 대출금융기관의 질권설정 또는 대출금융기관에 대한 양도담보 제공 등 금지

83) 일반적으로 관리형 토지신탁은 위탁자가 토지 매매대금 잔금 및 기타 사업비를 조달하여 토지 매매대금을 지급하고 그 잔액을 신탁계약에 따른 사무처리비용의 선지급 형태로 신탁사 명의로 개설된 계좌(운영계좌 등)에 입금하게 되며, 이후 신탁사에 의해 동 자금이 관리된다.

84) 이 선지급 기준은 분양수입금을 재원으로 하는 토지비 대여자 및 위탁자에 대한 수익지급이 제한되는 것이므로, ① 토지신탁에 따라 수탁자가 해당 신탁사업과 관련하여 지급하여야 하는 사업비와 ② 위탁자가 신탁계좌로 선지급한 자금을 재원으로 하는 집행은 이 기준의 제한을 받지 않는 것으로 보아야 할 것이다. 한편, 위탁자가 신탁계좌에 투입한 사업비를 분양수입금을 재원으로 반환(지급)하는 경우 이 기준에 의해 제한되는지 여부가 명확하지 않으나, 이 기준은 '신탁수익'을 지급하는 경우 적용되는 것이고 이 기준상 '신탁수익=토지비+사업이익"인데, 위탁자가 신탁계좌에 투입한 기타 사업비는 이 기준상 신탁수익이 아니므로 이 기준에 의한 제한을 받지 않는 것으로 보는 것이 타당할 것으로 생각된다. 금융위원회 등 감독기관에서도 같은 의견으로 이해된다(금융투자업권 11주차 현장방문 건의사항에 대한 회신내용('15. 6. 8. ~6. 12.), 금융위·금감원 합동 금융개혁 현장점검반).

85) 예를 들면, '이 특약사항상 분양수입금에 관한 자금집행은 금융투자회사의 영업 및 업무에 관한 규정 별표 15. 토지신탁수익의 신탁종료 전 지급기준에서 정한범위 내에서 집행한다.'와 같은 내용으로 규정한다.

86) 위 선지급 기준은 선지급 대상, 항목을 토지비를 대여한 자(우선수익자, 수익권의 질권자)에 대한 토지비 지급 등으로 국한하고 있으며 위탁자는 선지급 대상에서 제외되고 있었다. 실질적인 시행사인 위탁자는 일반적으로 해당 신탁사업 및 다른 개발사업에 가용 현금을 대부분 투여하기 때문에 현금 유동성이 부족하여 신탁사업기간 중 법인세 등의 제세공과금을 납부하지 못하는 상황이 발생하였다. 따라서 신탁계좌에 분양수입금 잔고가 충분함에도 불구하고 위탁자가 신탁사업과 관련한 법인세를 납부하지 못하는 문제점을 개선할 필요가 있어서 여타 수익권자와의 이해상충 소지가 없는 경우 해당 신탁사업과 관련한 위탁자의 법인세등 납부목적의 선지급을 허용한 것이다(2016. 1. 22. 시행).

87) 위 기준 시행 이전에는 대출약정서 또는 사업약정서가 신탁계약에 우선하는 것으로 규정하는 것이 일반적이었으나 위 기준에서는 그와 같은 약정을 금지하고 있다. 따라서 토지신탁방식으로 사업추진시에는 분양수입금 등 자금집행, 시행권 양수도, 사업부지 매각 등에 있어서 토지신탁계약서와 대출약정서나 사업약정서 간에 불일치가 발생하지 않도록 유의하여야 할 것이다. 다만, 위 기준에도 불구하고 (대주가 신탁계약의 날인 당사자가 아님을 이유로) 만일의 불일치의 경우에 대비하여 (대주가 날인하는) 대출약정서나 사업약정서에 '대출약정서나 사업약정서가 신탁계약에 우선'하는 것으로 규정하는 경우가 있는데, 위 기준으로 인해 당사자간의 그와 같은 약정의 효력이 부인되지는 어려울 것으로 생각된다.

2. 차입형토지신탁

구 분	내 용
1. 목적 및 정의	□ 목적 ○ 차입형토지신탁(사업비의 조달의무를 신탁사가 부담하는 신탁을 말한다)에서 토지비 대출 원리금의 상환 등을 목적으로 신탁수익을 신탁종료 전에 선지급 할 경우 안정적 사업관리가 가능한 선지급 범위를 정함 □ 용어 정의 ○ 분양수입금 : 부동산개발사업에 따른 수입. 다음 등식이 성립됨. [분양수입금=사업비+토지비+사업이익] - 사업비 : 공사비, 광고비, 분양비 등 부동산개발사업에 드는 모든 비용에서 토지비를 제외한 금액 - 토지비 : 부동산 자체의 취득가액과 등기비용, 그 밖에 부동산 취득에 관련된 부대비용을 합한 금액 - 사업이익 : 분양수입금에서 사업비와 토지비를 공제한 금액 ○ 신탁수익 : 신탁계약 종료시 신탁계약에 따라 수익자에게 지급하는 금액. 다음 등식이 성립됨. [신탁수익=토지비+사업이익]
2. 선지급 조건	[신탁계약서 및 개별약정서] □ 토지비를 대여한 자가 수익권에 대한 질권자 또는 우선수익자의 지위에 있을 경우에 한하여 토지비를 대여한 자에 대한 토지비 등의 선지급이 가능함을 차입형 토지신탁 계약서에 명기하여야 함 □ 「토지신탁수익의 신탁종료 전 지급 기준」에서 정한 범위 내에서 선지급이 가능하다는 취지의 조항을 차입형토지신탁 계약서 및 개별약정서 등에 명기하여야 함 [분양계약서] □ 수분양자의 보호를 위해 분양대금이 토지비, 공사비 등의 지급에 사용될 수 있음을 분양계약서에 명기하여야함 [법인세 등 지급] □ 다음 조건이 모두 충족되는 경우에는 신탁사업에서 발생한 위탁자의 법인세, 법인지방소득세, 종합소득세, 개인지방소득세(이하, "법인세 등"이라 한다.) 지급을 목적으로 선지급금액 범위 내에서 수익자에 대한 선지급 가능 ① 위탁자가 해당 신탁사업의 법인세 등 산정 내역(전체 사업 및 사 업별로 구분된 사업매출, 비용, 산출세액 등 신탁회사가 신탁사업의 법인세 등 확인을 위해 요구하는 자료 등)을 신탁회사에게 제출 ② 우선수익자 및 수익권에 대한 질권자 전원이 법인세 등 납부를 위한 선지급에 동의 ③ 위탁자가 신탁회사 앞으로의 법인세 등 환급금 양도를 약정
3. 선지급 금액	□ 선지급 금액의 산정 ○ 선지급금액 ≦ 분양수입금* - 사업비** (지급시점에서 안정적인 사업비 확보가 예상되는 경우 선지급 가능) * 지급시점의 분양분에 대한 기 수납 및 장래 수납예정 분양수입금총액 ** 지급시점까지 지급된 사입비 및 향후 지급 예상되는 사입비 ○ 총 선지급 금액은 예상 신탁수익금액을 초과할 수 없음
4. 적용예외	□ 사용승인일 이후 「토지신탁수익의 신탁종료 전 지급 기준」의 2.선지급조건 및 3.선지급금액의 적용 없이 선지급 가능
5. 금지사항	□ 대출약정의 효력이 신탁계약의 효력과 동등하거나 우선하게 하는 내용의 신탁계약 체결 금지

	ㅁ 신탁회사는「토지신탁수익의 신탁종료 전 지급 기준」에 반하는 금융기관과의 임의인출 약정, 금융기관과의 자금집행순서 및 방법 임의변경약정 등 체결 금지 ㅁ 신탁회사가 당사자가 되는 토지비 대출약정 체결 금지 ㅁ 신탁재산(분양대금계좌, 운영계좌, 보험금 및 건축중인 건축물 등)에 대한 대출금융기관의 질권설정 또는 대출금융기관에 대한 양도담보 제공 등 금지 ㅁ 신탁회사의 분양수입금 관리계좌에서 선지급 및 사업비 집행을 위한 이체 외에 시공사 등 제3자의 계좌로 이체 금지

23. 헌법재판소 2016. 2. 25. 선고 2015헌바127, 2015헌바185, 241, 345, 346, 347, 348, 350, 351(병합) 지방세법 제107조 제1항 제3호 등 위헌소원

[논점] 지방세법 제107조 제1항 제3호(수탁자를 신탁재산의 재산세 납세의무자로 하는 개정 규정)의 위헌 여부

【이 유】

가. 신탁법상 신탁

신탁법상 신탁이란, 신탁을 설정하는 위탁자와 신탁을 인수하는 수탁자 간의 신임관계에 기하여 위탁자가 특정의 재산을 수탁자에게 이전하거나 기타의 처분을 하고, 수탁자로 하여금 수익자의 이익 또는 특정의 목적을 위하여 그 재산의 관리, 처분, 운용, 개발, 그밖에 신탁 목적의 달성을 위하여 필요한 행위를 하게 하는 법률관계를 말한다(신탁법 제2조 참조).

신탁법상 신탁계약이 이루어져 수탁자 앞으로 부동산의 소유권이전등기가 마쳐지면 대내외적으로 그 소유권이 수탁자에게 완전히 이전되어 수탁자는 신탁의 목적에 따라 신탁재산인 부동산을 관리, 처분할 수 있는 권능을 갖게 되는 한편, 신탁의 목적 범위 내에서 신탁재산을 관리, 처분하여야 하는 신탁계약상의 의무만을 부담하게 되는 것이고, 위탁자와의 내부관계에 있어서 부동산의 소유권이 위탁자에게 유보되어 있는 것이 아니다(대법원 2014. 11. 27. 선고 2012두26852 판결 등 참조).

즉 신탁법상 신탁은 단순히 소유권의 명의만 이전된 것이 아니라 수탁자에게 신탁재산에 대한 관리 처분의 권한과 의무가 적극적, 배타적으로 부여되어 있다는 점에서 명의신탁과 구별된다. 이처럼 수탁자가 대내외적 소유권을 취득함으로써 신탁법상 신탁재산은 위탁자의 책임재산으로부터 분리되고, 신탁목적 달성을 위하여 수탁자의 고유재산으로부터도 독립성을 가지게 되므로, 위탁자의 채권자나 수탁자의 채권자는 신탁재산에 대하여 원칙적으로 강제집행이나 체납처분 등을 할 수 없으며, 예외적으로 신탁 전의 원인으로 발생한 권리 또는 신탁사무의 처리상 발생한 권리에 기한 경우에만 강제집행 등을 할 수 있다(신탁법 제22조 제1항). 그런데 이 사건에서 문제가 되고 있는 신탁재산에 대한 재산세는 신탁재산에 대하여 체납처분이 가능한 권리인 위 "신탁사무의 처리상 발생한 권리"에 해당하는바, 신탁법 제2조의 취지에 의하면 신탁법에 의한 신탁재산은 대내외적으로 소유권이 수탁자에게 완전히 귀속되고 위탁자와 내부관계에서 그 소유권이 위탁자에게 유보되어 있는 것이 아닌 점, 신탁법 제22조 제1항은 신탁의 목적을 원활하게 달성하기 위하여 신탁재산의 독립성을 보장하는 데 입법취지가 있는 점 등을 종합적으로 고려하면, 위 "신탁사무의 처리상 발생한 권리"에는 수탁자를 채무자로 하는 것만이 포함되며, 위탁자를 채무자로 하는 것은 포함되지 않는다고 보아야 하므로(대법원 2012. 4. 12. 선고 2010두4612 판결), 위탁자에 대한 조세채권으로는 신탁재산에 대하여 체납처분을 할 수 없다.

나. 이 사건 과세조항에 대한 판단

(2) 과잉금지원칙 위반으로 인한 재산권 침해 여부

가) 입법목적의 정당성 및 수단의 적합성

지방세법 개정 전에는 신탁재산에 대한 재산세의 납세의무자를 위탁자로 규정하였는데, 앞서 본 바와 같이 대법원이 신탁재산에 대하여 예외적으로 체납처분이 가능한 권리인 신탁법 제22조 제1항 소정의 "신탁사무의 처리상 발생한 권리"에는 수탁자를 채무자로 하는 것만이 포함되고, 위탁자를 채무자로 하는 것은 포함되지 않는다고 봄으로써(대법원 2012. 4. 12. 선고 2010두4612 판결), 위탁자에 대한 재산세에 기해서는 신탁재산에 대하여 체납처분을 할 수 없었다. 이 사건 과세조항은 신탁재산에 대한 재산세의 납세의무자를 수탁자로 규정함으로써 수탁자에 대한 재산세에 기해서 신탁재산에 대한 압류 등 체납처분을 할 수 있도록 하여 세수를 확보하고자 하는 것으로서, 그 입법목적의 정당성이 인정되고 수단의 적합성 또한 인정된다.

나) 최소침해성

신탁법상 신탁의 경우 수탁자에게 신탁재산의 소유권이 대내외적으로 완전히 이전되는 이상, 재산세 확보라는 목적을 달성하기 위하여 신탁재산에 대한 재산세를 그 소유자인 수탁자에게 부과하는 이 사건 과세조항이 단지 형식적 소유자에 불과한 자에게 불합리하게 과도한 조세부담을 지우는 것이라고 보기는 어렵다.

또한 개정 지방세법은 이 사건 과세조항에서 "위탁자별로 구분된 재산에 대한 납세의무자는 각각 다른 납세의무자로 본다."라고 규정하여 신탁법상 신탁재산에 관하여는 재산세의 과세표준을 위탁자별로 산정하여야 함을 명확하게 밝히고 있고, 지방세법 제106조 제3항에서 신탁재산에 속하는 토지의 과세대상합산 방법에 관한 규정을 신설함으로써 복수의 위탁자로부터 수탁받은 신탁재산의 전부가 수탁자의 과세대상으로 합산되어 수탁자가 높은 세율을 적용받게 되는 불이익을 차단하고 있다.

그리고 지방세법 제119조의2는 "신탁법에 따라 수탁자 명의로 등기된 신탁재산에 대한 재산세가 체납된 경우에는 지방세기본법 제91조에도 불구하고 재산세가 체납된 해당 재산에 대해서만 압류할 수 있다. 다만, 재산세가 체납된 재산이 속한 신탁에 다른 재산이 있는 경우에는 그 다른 재산에 대하여 압류할 수 있다."라고 규정하여, 신탁재산에 대한 재산세에 기한 압류는 신탁재산에 대해서만 할 수 있고 수탁자의 고유재산에 대해서는 할 수 없도록 하는 등 수탁자의 재산권이 필요 이상으로 침해되지 않도록 제도적 장치를 마련하고 있다.

나아가 수탁자는 일단 납부한 재산세를 신탁사무 처리비용 명목으로 신탁재산의 환가대금에서 우선하여 회수할 수 있다.

이상의 사정들을 종합하여 보면, 이 사건 과세조항이 최소침해성 원칙에 반한다고 볼 수도 없다.

다) 법익의 균형성

이 사건 과세조항으로 인하여 제한되는 수탁자 등의 이익이 신탁재산에 대한 체납처분을 가능하게 하여 세수를 확보하고자 하는 공익에 비하여 크다고 할 수 없으므로, 침해되는 사익과 추구하는 공익 사이의 법익균형성 요건도 충족한다.

다. 이 사건 부칙조항에 대한 판단

(1) 진정소급입법 여부

재산세는 과세기준일인 매년 6월 1일 현재 신탁법에 따라 등기된 신탁재산의 명의인인 수탁자에게 부과된다. 과세관청은 이 사건 과세조항 및 이 사건 부칙조항에 따라 청구인 신탁회사들이 재산세 과세기준일인 2014. 6. 1. 현재 수탁자임을 원인으로 이 사건 부과처분을 하였는바, 이는 종료된 사실관계나 진행 중인 사실관계에 대하여 신법을 적용한 것이 아니라 법률 시행 후의 사실관계에 대하여 적용한 것이므로 소급입법이라고 할 수 없다.

그리고 재산세는 재산의 보유사실에 대하여 부과하는 조세로서 매년 도래하는 과세기준일 현재의 현황에 따라 납세의무가 성립하는 조세이므로, 개정법 시행 전에 체결한 신탁계약에 의한 신탁재산이라 하여 달리 볼 것은 아니다.

결국 이 사건 부칙조항은 과세요건 완성 후에 새로운 입법으로 과세하거나 이미 성립한 납세의무를 가중한 것이 아니므로 소급입법금지원칙에 위반되지 아니하고(헌재 2012. 12. 27. 2011헌바132 참조), 다만 개정법 시행 이전에 체결된 신탁계약에 관한 기존의 법적인 상태에 대한 신뢰를 헌법적으로 보호해주어야 할 것인지 여부가 문제될 뿐이다.

(2) 신뢰보호원칙 위반 여부

신뢰보호원칙은 헌법상 법치국가의 원칙으로부터 파생되는 것으로서, 법률의 제정이나 개정 시 구법질서에 대한 당사자의 신뢰가 합리적이고도 정당하며 법률의 제정이나 개정으로 야기되는 당사자의 손해가 극심하여 새로운 입법으로 달성하고자 하는 공익적 목적이 그러한 당사자의 신뢰의 파괴를 정당화할 수 없다면 그러한 새 입법은 허용될 수 없다는 것이다. 그러나 국민이 가지는 모든 기대 내지 신뢰가 헌법상 권리로서 보호될 것은 아니고, 신뢰의 근거 및 종류, 상실된 이익의 중요성, 침해의 방법 등에 의하여 개정된 법규·제도의 존속에 대한 개인의 신뢰가 합리적이어서 권리로서 보호할 필요성이 인정되어야 하며, 특히 조세법의 영역에 있어서는 국가가 조세·재정정책을 탄력적·합리적으로 운용할 필요성이 매우 큰 만큼, 조세에 관한 법규·제도는 신축적으로 변할 수밖에 없다는 점에서 납세의무자로서는 구법질서에 의거한 신뢰를 바탕으로 적극적으로 새로운 법률관계를 형성하였다든지 하는 특별한 사정이 없는 한 원칙적으로 현재의 세법이 변함없이 유지되리라고 기대하거나 신뢰할 수는 없다.

신탁재산의 재산세 납세의무자에 관하여는 그동안 수차례 지방세법의 개정이 있었다. 신탁재산에 관한 별도 규정을 마련하기 전에는 "재산세 과세대장에 재산의 소유자로 등재되어 있는 자"를 납세의무자로 규정하여(제182조 제1항) 수탁자를 납세의무자로 보았고(대법원 1993. 4. 27. 선고 92누8163 판결), 1993. 12. 27. 법률 제4611호로 지방세법을 개정하여 신탁재산에 관한 별도 규정을 마련하면서는 위탁자를 납세의무자로 규정하였다가(제182조 제5항), 2014. 1. 1. 법률 제12153호로 개정하면서는 다시 수탁자를 납세의무자로 규정하였다(이 사건 과세조항인 제107조 제1항 제3호). 그런데 신탁법상 신탁계약에 따라 수탁자 앞으로 부동산 소유권이전등기가 마쳐지면 수탁자는 신탁재산에 대한 완전한 대내외적 소유권을 가진다는 법리에 비추어 보면, 신탁재산에 대한 재산세의 납세의무자를 위탁자로 규정한 개정 전의 규정이 오히려 예외적인 것이라고 이해함이 합리적이며, 달리 위탁자가 납세의무자라는 규정이 변함없이 존속되리라고 기대하거나 신뢰할 만한 특별한 사정이 있다고 할 수도 없다.

또한 이 사건 부칙조항에 의해 개정법 시행 후 재산세 납세의무가 성립된 경우부터 신탁재산에 대한 재산세를 수탁자에게 부과함으로써 달성하려는 공익은 신탁재산에 대한 재산세 징수를 용이하게 하려는 데에 있고, 그와 같은 공익적 가치는 지방자치단체의 재원 충실을 도모하고자 하는 지방세법의 목적 등에 비추어 볼 때 매우 크다. 한편 신탁재산에 대한 재산세 납세의무자는 불변적인 것이 아니라 조세행정의 필요에 따라 변경될 수 있는 것인 점 등에 비추어 보면, 개정법 시행 이전에 체결된 신탁계약에 의한 신탁재산에 대해서는 개정 전 지방세법 규정이 적용될 것이라는 청구인의 신뢰는 주관적인 기대에 불과하고 그 보호가치가 앞서 본 공익적 가치에 비하여 크다고 볼 수 없다.

24. 대법원 2016. 2. 18. 선고 2014다61814 판결 [토지인도등][88]

[논점] 점유취득시효 완성 후 신탁재산이 제3자에게 처분된 후 수탁자가 별개의 신탁계약에 의해 소유권이전등기를 한 경우, 점유자의 수탁자에 대한 취득시효 완성을 원인으로 한 소유권이전등기청구 가능 여부

【이 유】

1. 점유로 인한 소유권취득시효가 완성된 점유자는 그 취득시효 완성 당시의 소유자에 대하여 시효취득을 원인으로 한 소유권이전등기청구권을 가지는 것이므로 이를 등기하지 아니하고 있는 사이에 먼저 소유권이전등기를 마쳐 그 부동산 소유권을 취득한 제3자에 대하여는 취득시효 완성으로 대항할 수 없다(대법원 1991. 4. 9. 선고 89다카1305 판결 등 참조). 그러나 이로 인하여 점유자가 취득시효 완성 당시의 소유자에 대한 소유권이전등기청구권을 상실하는 것은 아니고 단지 소유자의 점유자에 대한 소유권이전등기의무가 이행불능이 되는 것뿐이므로, 그 후 어떠한 사유로 취득시효 완성 당시의 소유자에게로 소유권이 회복되었다면 원칙적으로 점유자는 소유자에게 취득시효 완성을 주장할 수 있다(대법원 1991. 6. 25. 선고 90다14225 판결 등 참조).

한편 신탁법상 신탁계약에 따라 수탁자 앞으로 부동산의 소유권이전등기가 마쳐지면 대내외적으로 소유권이 수탁자에게 완전히 이전되고 위탁자와의 내부관계에서 부동산의 소유권이 위탁자에게 유보되어 있는 것은 아니다(대법원 2002. 4. 12. 선고 2000다70460 판결 등 참조).

그렇지만 신탁법상의 신탁재산은 수탁자의 고유재산 또는 다른 신탁재산으로부터 구별되어 관리되는 독립성을 가지게 되므로, 비록 어느 신탁재산이 외형상으로는 수탁자의 소유에 속하더라도 그에 관한 권리관계를 수탁자의 고유재산이나 다른 신탁재산과 동일하게 취급할 수는 없다(대법원 2002. 12. 6.자 2002마2754 결정 등 참조). 이러한 신탁재산 독립의 원칙을 보장하기 위하여 구 신탁법(2011. 7. 25. 법률 제10924호로 개정되기 전의 것. 이하 같다)은 수탁자가 신탁재산을 수탁자의 고유재산 또는 다른 신탁재산과 구별하여 관리하여야 하고(제30조),[89] 신탁재산에 속하는 채권과 그 신탁재산에 속하지 아니하는 채무와는 상계하지 못하며(제20조),[90] 신탁재산에 관하여 부합, 혼화 또는 가공이 있은 경우에는 각 신탁재산과 고유재산은 각각 다른 소유자에게 속하는 것으로 간주하여 민법상의 부합·혼화·가공에 관한 규정을 준용한다(제24조)[91]는 등의 규정을 두고 있다. 그리고 구 신탁법은 신탁재산이 부동산인 경우 그 부동산에 관하여 신탁등기를 함으로써 제3자에 대하여 수탁자의 고유재산 또는 다른 신탁재산으로부터 구별되는 신탁재산임을 주장하여 대항할 수 있도록 규정하고 있다(제3조[92] 제1항).

---

88) 이 판결에 대한 평석은, 이종환, 신탁재산에 속하는 부동산에 대한 점유취득시효 완성의 효과와 신탁재산 독립의 원칙, 대법원판례해설 107호, 법원도서관, 39면 이하를 참고할 것.

89) 현행 신탁법 제37조.

90) 현행 신탁법 제25조.

91) 현행 신탁법 제28조.

92) 현행 신탁법 제4조. 구 신탁법 제3조 제1항에서는 '등기 또는 등록하여야 할 재산권에 관하여는 신탁은 그 등기 또는 등록을 함으로써 제3자에게 대항할 수 있다'고 규정하고 있었는데, 동 규정과 '신탁원부는 등기기록의 일부로 간주된다'는 부동산등기법 제81조의 규정을 근거로 대법원 판례는 신탁의 공시가 있는 경우 신탁재산이라는 사실뿐만 아니라 그와 관련된 신탁원부에 기재된 신탁조항(예를 들면, 신탁재산인 부동산을 임대하여 발생한 보증금반환채무가 신탁종료시 위탁자에게 귀속한다는 내용 등)이 공시를 통하여 포괄적으로 대항력을 갖는 것으로 해석하여 왔고(대법원 1975. 12. 23. 선고 74다736 판결[234번 판례], 대법원 2001. 11. 9. 선고 2001다58054(본소)·2001다58061(반소)[215번 판례], 대법원 2004. 4. 16. 선고 2002다12512 판결[186번 판례], 대법원 2011. 9. 8. 선고 2010다15158 판결[105번 판례], 대법원 2012. 5. 9. 선고 2012다13590 판결[98번 판례] 등) 이에 대해서는 비판이 있었다. 그런데, 현행 신탁법 제4조 제1항에서는 '등기 또는 등록 할 수 있는 재산권에 관하여는 신탁의 등기 또는 등록을 함으로써 그 재산이 신탁재산에 속한 것임을 제3자에게 대항할 수 있다'고 규정하여 대항력의 범위는 등기 또는 등록된 재산이 '신탁재산에 속하는 것임'에 한정됨을 명확히 하였다. 따라서, 현행 신탁법이 적용되는 사안에서도 대법원이 그 이전과 마찬가지로 대항력의 범위를 신탁조항에까지 확대 해석하기는 어려울 것으로

이러한 신탁재산의 소유관계, 신탁재산의 독립성, 신탁등기의 대항력, 관련 구 신탁법 규정들의 취지 등에 비추어 보면, 부동산에 대한 점유취득시효가 완성될 당시 그 부동산이 구 신탁법상의 신탁계약에 따라 수탁자 명의로 소유권이전등기와 신탁등기가 되어 있더라도 수탁자가 신탁재산에 대하여 대내외적인 소유권을 가지는 이상 점유자가 수탁자에 대하여 취득시효 완성을 주장하여 소유권이전등기청구권을 행사할 수 있을 것이지만, 이를 등기하지 아니하고 있는 사이에 부동산이 제3자에게 처분되어 그 명의로 소유권이전등기가 마쳐짐으로써 점유자가 그 제3자에 대하여 취득시효 완성을 주장할 수 없게 되었다면 그 제3자가 다시 별개의 신탁계약에 의하여 동일한 수탁자 명의로 소유권이전등기와 신탁등기를 마침으로써 부동산의 소유권이 취득시효 완성 당시의 소유자인 그 수탁자에게 회복되는 결과가 되었더라도 그 수탁자는 특별한 사정이 없는 한 취득시효 완성 후의 새로운 이해관계인에 해당하므로 점유자는 그에 대하여도 취득시효 완성을 주장할 수 없다고 할 것이다. 이 경우 점유자가 수탁자의 원래 신탁재산에 속하던 부동산에 관하여 점유취득시효 완성을 원인으로 하는 소유권이전등기청구권을 가지고 있었다고 하여 수탁자가 별개의 신탁계약에 따라 수탁한 다른 신탁재산에 속하는 부동산에 대하여도 소유권이전등기청구권을 행사할 수 있다고 보는 것은 위와 같이 신탁재산을 수탁자의 고유재산이나 다른 신탁재산으로부터 분리하여 보호하려는 신탁재산 독립의 원칙의 취지에 반하기 때문이다.

3. 이러한 사정을 앞서 본 법리에 비추어 살펴보면,

이 사건 토지가 피고들의 각 해당 점유 부분에 대한 점유취득시효 완성 당시에는 소외인으로부터 원고에게 신탁되어 있었던 이상 피고들이 당시 소유자인 원고에 대하여 시효취득을 주장하여 소유권이전등기청구권을 행사할 수 있었지만, 이를 등기하지 아니하는 사이에 이 사건 토지가 제3자인 이 사건 저축은행들에게 처분되어 그들 명의로 소유권이전등기가 마쳐짐으로써 피고들이 이 사건 저축은행들에게는 시효취득을 주장할 수 없게 되었고, 그 후 이 사건 저축은행들이 다시 별개의 신탁계약에 의하여 원고에게 소유권이전등기와 신탁등기를 마침으로써 이 사건 토지가 원래의 신탁재산과 다른 신탁재산에 속하게 된 이상 외형상으로 취득시효 완성 당시의 소유자인 원고에게 소유권이 회복되는 결과가 되었더라도 피고들은 새로운 신탁재산에 속하는 이 사건 토지에 관하여 원고를 상대로 시효취득의 효과를 주장할 수 없다고 할 것이다.

[원심판결] 서울고등법원 2014. 8. 21. 선고 2013나59298 판결 [토지인도등]

【주 문】

1. 제1심 판결 중 아래에서 이행을 명하는 피고 1, 주위적 피고 3 주식회사에 대한 원고 패소 부분을 취소한다.

가. 피고 1은 원고에게,

(1) 광주시 (주소 1 생략) 전 26,846㎡ 중 별지 도면 표시 1, 2, 3, 4, 5, 6, 7, 8, 1의 각 점을 차례로 연결한 선내 ①부분 108㎡를 인도하고,

(2) 위 지상 철근콘크리트조 주택을 철거하며,

생각된다(자세한 내용은 최수정, 신탁법, 255면 이하). 이를 의식한 것인지 이 대법원 판결에서는, 구 신탁법이 적용되는 사안임에도 불구하고, 이전의 판결에서와는 달리 '구 신탁법은 신탁재산이 부동산인 경우 그 부동산에 관하여 신탁등기를 함으로써 제3자에 대하여 수탁자의 고유재산 또는 다른 신탁재산으로부터 구별되는 신탁재산임을 주장하여 대항할 수 있도록 규정하고 있다(제3조 제1항)'이라고 설시하고 있다. 다만, 부동산등기법에 따라 신탁등기시에 신탁원부(신탁계약)가 등기부의 일부로 등기되어 공시되고 있고, 그에 따라 운영되어온 신탁실무를 고려할 때 부동산등기법과 현행 신탁법 제4조 제1항을 어떻게 조화롭게 해석하는 것이 타당할지 검토가 필요하다고 본다.

(3) 2,527,200원 및 이에 대한 2012. 8. 31.부터 2013. 6. 27.까지 연 5%의, 그 다음날부터 다 갚는 날까지 연 20%의 각 비율에 의한 돈과, 2012. 8. 31.부터 위 (1)항 기재 토지의 인도 완료시까지 월 223,236원의 비율에 의한 돈을 지급하라.

나. 주위적 피고 3 주식회사는 원고에게 광주시 (주소 1 생략) 전 26,846㎡ 중 별지 도면 표시 1, 2, 3, 4, 5, 6, 7, 8, 1의 각 점을 차례로 연결한 선내 ①부분 108㎡에서 퇴거하라.

2. 원고의 피고 1에 대한 나머지 항소 및 피고 2, 주위적 피고 3 주식회사의 항소를 모두 기각한다.

3. 소송총비용은 피고들이 부담한다.

4. 제1의 가, 나항은 각 가집행할 수 있다.

【청구취지 및 항소취지】

1. 청구취지

주문 제1의 가의 (1), (2)항과 같다. 피고 1은 원고에게 2,527,200원 및 이에 대한 2012. 8. 30.부터 2013. 6. 27.까지 연 5%, 그 다음날부터 다 갚는 날까지 연 20%의 각 비율에 의한 돈과, 2012. 8. 31.부터 이 사건 ①부분 토지의 인도 완료시까지 월 223,236원의 비율에 의한 돈을 지급하라.

피고 2는 원고에게, (1) 광주시 (주소 1 생략) 전 26,846㎡(이하 '이 사건 토지'라 한다) 중, (가) 별지 도면 표시 9, 10, 11, 12, 9의 각 점을 차례로 연결한 선내 ②부분 108㎡ 지상 양철판넬 무벽사 건물을, (나) 같은 도면 표시 13, 14, 15, 16, 13의 각 점을 차례로 연결한 선내 ③부분 191㎡ 지상 블록조 건물(이하 '이 사건 ③블록조 건물'이라 한다)을, (다) 같은 도면 표시 17, 18, 19, 20, 17의 각 점을 차례로 연결한 선내 ④부분 125㎡ 지상 천막파이프조 건물을, (라) 같은 도면 표시 21, 22, 23, 24, 21의 각 점을 차례로 연결한 선내 ⑤부분 163㎡ 지상 천막파이프조 건물을, (마) 같은 도면 표시 25, 26, 27, 28, 25의 각 점을 차례로 연결한 선내 ⑥부분 36㎡ 지상 컨테이너를, (바) 같은 도면 표시 29, 30, 31, 32, 29의 각 점을 차례로 연결한 선내 ⑦부분 18㎡ 지상 컨테이너를, (사) 같은 도면 표시 33, 34, 35, 36, 33의 각 점을 차례로 연결한 선내 ⑧부분 7㎡ 지상 부속콘크리트 벽돌조 건물을, (아) 같은 도면 표시 37, 38, 39, 40, 37의 각 점을 차례로 연결한 선내 ⑨부분 2㎡ 지상 벽돌조 건물화장실을, (자) 같은 도면 표시 41, 42, 43, 44, 41의 각 점을 차례로 연결한 선내 ⑩부분 1㎡ 지상 에어컨실외기(이하 위 각 지장물을 통틀어 '이 사건 각 지장물'이라 한다)를 각 철거하고, (2) 이 사건 토지 중 별지 도면 표시 2, 3, 4, 5, 6, 7, 8, 9, 36, 35, 34, 33, 32, 30, 29, 28, 27, 2의 각 점을 차례로 연결한 선내 ㄴ, ㄷ 부분 토지(별지 도면 표시 1, 2, 3, 4, 5, 6, 7, 8, 1의 각 점을 차례로 연결한 선내 ① 부분 108㎡는 제외) 2,726㎡(이하 순차로 '이 사건 ㄴ, ㄷ 토지'라고 한다)를 인도하고, (3) 63,788,400원 및 이에 대한 2012. 8. 30.부터 2013. 6. 27.까지 연 5%, 그 다음날부터 다 갚는 날까지 연 20%의 각 비율에 의한 돈과, 2012. 8. 31.부터 위 (2)항 기재 토지의 인도 완료시까지 월 5,634,642원의 비율에 의한 돈을 지급하라.

원고에게, (1) 주위적으로, 피고 3 주식회사(이하 '피고 3 회사'라 한다)는 이 사건 토지 중 별지 도면 표시 1, 2, 3, 4, 5, 6, 7, 8, 1의 각 점을 차례로 연결한 선내 ①부분 108㎡(이하 '이 사건 ①부분 토지'라 한다) 지상 철근콘크리트조 주택(이하 '이 사건 주택'이라 한다)과 이 사건 각 지장물에서 각 퇴거하고, (2) 예비적으로, 피고 4는 이 사건 주택과 이 사건 각 지장물에서 각 퇴거하라.

2. 항소취지

[원고]

제1심 판결 중 피고 1, 주위적 피고 3 회사에 대한 원고 패소 부분을 모두 취소한다. 원고에게, 피고 1은 이 사건 ①부분 토지를 인도하고, 이 사건 주택을 철거하며, 2,527,200원 및 이에 대한 2012. 8. 30.

부터 2013. 6. 27.까지 연 5%, 그 다음날부터 다 갚는 날까지 연 20%의 각 비율에 의한 돈과, 2012. 8. 31.부터 이 사건 ①부분 토지의 인도 완료시까지 월 223,236원의 비율에 의한 돈을 지급하고, 주위적 피고 3 회사는 이 사건 주택에서 퇴거하라.

[피고 2, 주위적 피고 3 회사]

제1심 판결 중 위 피고들 패소 부분을 모두 취소한다. 그 취소 부분에 해당하는 원고의 위 피고들에 대한 청구를 모두 기각한다.

【이 유】

4) 원고가 피고 1에 대한 관계에서 이 사건 토지의 소유권을 회복한 자에 해당하는지 아니면 취득시효 완성 후의 새로운 이해관계인에 해당하는지

위 인정사실을 앞서 본 법리에 비추어 보면, 이 사건 토지에 관한 원고의 2009. 6. 29.자 소유권 취득은 소외 1의 수탁자 지위에서 이 사건 토지에 대한 대내외적인 관리권을 가지게 된 것이고, 원고의 2011. 8. 31.자 소유권 취득은 이 사건 저축은행들의 수탁자 지위에서 이 사건 토지에 대한 대내외적인 관리권을 가지게 된 것이며, 이때 원고의 관리권은 각기 다른 신탁원부에 기재됨으로써 부동산 등기부에 공시된 위탁자, 수탁자, 수익자 및 신탁의 목적 등의 제한을 받게 되고, 이러한 제한으로써 제3자인 피고 1에게도 대항할 수 있다.

따라서 설령 피고 1의 주장과 같이 2009. 10. 11. 이 사건 토지에 대한 피고 1의 점유취득시효가 완성되었다고 하더라도 완성 당시 소유자이던 원고의 피고 1에 대한 소유권이전등기절차이행 의무는, 신탁재산 처분으로 이 사건 제1신탁계약이 종료되어 이 사건 제1신탁등기가 말소되고 이 사건 저축은행들 명의로 이 사건 토지에 관한 소유권이 이전됨으로써 더 이상 이행이 불가능하게 되었다. 그리고 앞서 본 부동산에 관한 거래의 안전과 등기제도의 기능, 등기로 공시되어 제3자에게 대항할 수 있는 신탁원부의 기재내용 및 신탁재산 독립성의 원칙에 비추어 볼 때, 이 사건 제2신탁으로 원고가 다시 이 사건 토지의 소유자로 등재되었다 하더라도 이는 신탁원부의 기재로써 공시된 범위 내에서 제한을 받는 대내외적인 관리권을 가지는 데에 불과할 뿐 이를 원고가 이 사건 제1신탁으로 취득하였던 소유자 즉 수탁자의 지위를 회복한 것과 동일하게 평가할 수는 없으므로, 이 경우 원고는 취득시효기간 만료 후의 새로운 이해관계인이라고 봄이 타당하다. 따라서 이를 지적하는 원고의 재항변은 이유 있고, 피고의 점유취득시효 항변은 더 나아가 살펴볼 필요 없이 이유 없다.

[1심판결] 수원지방법원 성남지원 2013. 8. 20. 선고 2012가합2015 판결 [토지인도등]

【주 문】

1. 피고 2는 원고에게,

가. 광주시 (주소 1 생략) 전 26,846m² 중,

(1) 별지 도면 표시 9, 10, 11, 12, 9의 각 점을 차례로 연결한 선내 ② 부분 108m²지상 양철판넬 무벽사 건물을,

(2) 같은 도면 표시 13, 14, 15, 16, 13의 각 점을 차례로 연결한 선내 ③ 부분 191m² 지상 블록조 건물을,

(3) 같은 도면 표시 17, 18, 19, 20, 17의 각 점을 차례로 연결한 선내 ④ 부분 125m² 지상 천막파이프조 건물을,

(4) 같은 도면 표시 21, 22, 23, 24, 21의 각 점을 차례로 연결한 선내 ⑤ 부분 163㎡ 지상 천막파이프조 건물을,

(5) 같은 도면 표시 25, 26, 27, 28, 25의 각 점을 차례로 연결한 선내 ⑥ 부분 36㎡ 지상 컨테이너를,

(6) 같은 도면 표시 29, 30, 31, 32, 29의 각 점을 차례로 연결한 선내 ⑦ 부분 18㎡ 지상 컨테이너를,

(7) 같은 도면 표시 33, 34, 35, 36, 33의 각 점을 차례로 연결한 선내 ⑧ 부분 7㎡ 지상 부속콘크리트벽돌조 건물을,

(8) 같은 도면 표시 37, 38, 39, 40, 37의 각 점을 차례로 연결한 선내 ⑨ 부분 2㎡ 지상 벽돌조 건물 화장실을,

(9) 같은 도면 표시 41, 42, 43, 44, 41의 각 점을 차례로 연결한 선내 ⑩ 부분 1㎡ 지상 에어컨실외기를 각 철거하고,

나. 광주시 (주소 1 생략) 전 26,846㎡ 중 별지 도면 표시 2, 3, 4, 5, 30, 29, 28, 27, 2의 각 점을 차례로 연결한 선내 ㄴ 부분 토지(같은 도면 표시 1, 2, 3, 4, 5, 6, 7, 8, 1의 각 점을 차례로 연결한 선내 ① 부분 108㎡는 제외) 1,914㎡를 인도하고,

다. 44,787,600원 및 이에 대한 2012. 8. 30.부터 2013. 6. 27.까지는 연 5%, 그 다음날부터 다 갚는 날까지는 연 20%의 각 비율에 의한 돈과, 2012. 8. 31.부터 위 나.항 기재 토지 인도 완료시까지 월 3,956,238원의 비율에 의한 돈을 지급하라.

2. 주위적 피고 3 주식회사는 원고에게 제1의 가.항 기재 각 지장물에서 퇴거하라.

3. 원고의 피고 1, 예비적 피고 4에 대한 각 청구와 피고 2, 주위적 피고 3 주식회사에 대한 각 나머지 청구를 모두 기각한다.

4. 소송비용 중 원고와 피고 1, 예비적 피고 4 사이에 생긴 부분은 원고가 부담하고, 원고와 피고 2, 주위적 피고 3 주식회사 사이에 생긴 부분의 1/3은 원고가, 나머지는 위 피고들이 각 부담한다.

5. 제1, 2항은 가집행할 수 있다.

【청구취지】

1. 피고 1에 대한 청구

피고 1은 원고에게, (1) 광주시 (주소 1 생략) 전 26,846㎡ 중 별지 도면 표시 1, 2, 3, 4, 5, 6, 7, 8, 1의 각 점을 차례로 연결한 선내 ① 부분 108㎡를 인도하고, (2) 위 지상 철근콘크리트조 주택을 철거하며, (3) 2,527,200원 및 이에 대한 2012. 8. 30.부터 2013. 6. 27.까지 연 5%, 그 다음날부터 다 갚는 날까지 연 20%의 각 비율에 의한 돈과, 2012. 8. 31.부터 위 (1)항 기재 토지의 인도 완료시까지 월 223,236원의 비율에 의한 돈을 지급하라.

2. 피고 2에 대한 청구

피고 2는 원고에게, (1) 주문 제1의 가.항 및 (2) 광주시 (주소 1 생략) 전 26,846㎡ 중 별지 도면 표시 2, 3, 4, 5, 6, 7, 8, 9, 36, 35, 34, 33, 32, 30, 29, 28, 27, 2의 각 점을 차례로 연결한 선내 ㄴ, ㄷ 부분 토지(별지 도면 표시 1, 2, 3, 4, 5, 6, 7, 8, 1의 각 점을 차례로 연결한 선내 ① 부분 108㎡는 제외) 2,726㎡(이하 순차로 '이 사건 ㄴ, ㄷ 부분 토지'라고 한다)를 인도하고, (3) 63,788,400원 및 이에 대한 2012. 8. 30.부터 2013. 6. 27.까지 연 5%, 그 다음날부터 다 갚는 날까지 연 20%의 각 비율에 의한 돈과, 2012. 8. 31.부터 위 (2)항 기재 토지의 인도 완료시까지 월 5,634,642원의 비율에 의한 돈을 지급하라.

3. 피고 3 주식회사 및 피고 4에 대한 청구

원고에게, (1) 주위적으로, 피고 3 주식회사는 (가) 주문 제2항 및 (나) 광주시 (주소 1 생략) 전 26,846㎡ 중 별지 도면 표시 1, 2, 3, 4, 5, 6, 7, 8, 1의 각 점을 차례로 연결한 선내 ① 부분 108㎡ 지상 철근콘크리트조 주택에서 퇴거하고, (2) 예비적으로, 피고 4는 광주시 (주소 1 생략) 전 26,846㎡ 중 별지 도면 표시 1, 2, 3, 4, 5, 6, 7, 8, 1의 각 점을 차례로 연결한 선내 ① 부분 108㎡ 지상 철근콘크리트조 주택 및 주문 제1의 가.항 기재 각 지장물에서 퇴거하라.

【이 유】

(2) 또한 원고는 피고 1이 2009. 10. 11. 이 사건 ① 부분 토지를 점유시효취득 하였다고 하더라도 그 소유권이전등기를 경료하지 않고 있는 사이에 소외 은행들이 2011. 8. 31. 위 ① 부분 토지를 포함한 이 사건 토지에 관하여 소유권이전등기를 마쳤으므로, 원고에 대하여 취득시효 완성을 주장할 수 없다는 취지로 주장한다.

살피건대, 부동산에 대한 점유로 인한 소유권취득시효가 완성되었다고 하더라도 이를 등기하지 않고 있는 사이에 그 부동산에 관하여 제3자에게로 소유권이전등기가 마쳐지면 점유자가 그 제3자에게는 그 시효취득으로 대항할 수 없으나, 그로 인하여 점유자가 취득시효 완성 당시의 소유자에 대한 시효취득으로 인한 소유권이전등기청구권을 상실하는 것은 아니고 단지 위 소유자의 점유자에 대한 소유권이전등기의무가 이행불능으로 되는 것뿐이므로, 그 후 어떠한 사유로 취득시효 완성 당시의 소유자에게로 소유권이 회복되었다면 점유자는 그 소유자에게 시효취득의 효과를 주장할 수 있다(대법원 1994. 2. 8. 선고 93다42016 판결 등 참조). 이 사건의 경우, 피고 1의 점유취득시효가 완성된 2009. 10. 11. 당시 이 사건 토지의 소유자는 원고였는데, 이후 2011. 8. 31. 소외 은행들 앞으로 매매를 원인으로 소유권이전등기가 마쳐졌다가 다시 같은 날 원고 앞으로 신탁을 원인으로 소유권이전등기가 마쳐진 사실은 위에서 본 바와 같고, 이와 같이 점유취득시효 완성 당시의 소유자인 원고 앞으로 이 사건 토지에 관한 소유권이 회복된 이상 피고 1로서는 원고에 대하여 이 사건 ① 부분 토지에 대한 시효취득의 효과를 주장할 수 있다고 할 것이므로, 이와 다른 전제에 선 원고의 위 주장 역시 이유 없다.

25. 대법원 2016. 1. 14. 선고 2013다47651 판결 [수익금지급등]

[논점] 수탁자의 과실로 확대된 신탁비용에 대한 비용보상청구권이 인정되는지 여부

【이 유】

1. 피고의 상고이유에 대하여

가. 관련 법리

구 신탁법(2011. 7. 25. 법률 제10924호로 전부 개정되기 전의 것, 이하 같다) 제1조, 제28조, 제38조, 제42조[93] 등에 의하면, 신탁이란 수탁자가 수익자의 이익을 위하여 또는 특정의 목적을 위하여 위탁자로부터 이전받은 재산권을 관리, 처분하는 법률관계로서, 수탁자는 신탁의 본지에 따라 선량한 관리자의 주의로써 신탁재산을 관리 또는 처분하여야 하는데, 수탁자가 신탁의 본지에 따라 신탁사업을 수행하면서 정당하게 부담한 비용 또는 과실 없이 받은 손해에 관하여는 신탁재산 또는 수익자에 대하여 그 보상을 청구할 수 있지만, 선량한 관리자의 주의를 위반하여 신탁비용을 지출한 경우에는 그 과실로 인하여 확대된 비용은 신탁비용의 지출 또는 부담에 정당한 사유가 없는 경우에 해당하여 수탁자는 비용의 보상을 청구할 수 없다고 봄이 상당하다(대법원 2008. 3. 27. 선고 2006다7532, 7549 판결 등 참조).

---

93) 현행 신탁법 제2조, 제38조, 제43조, 제46조.

라. 이 법원의 판단

(1) 미승인 건축부분에 대한 하자보수금

이 사건 신탁계약에 따라 분양을 목적으로 공동주택을 분양한 사업주체인 피고는 집합건물의 소유 및 관리에 관한 법률(2005. 5. 26. 법률 제7502호로 개정된 것) 제9조 제1항, 민법 제667조 내지 제671조에 의하여 이 사건 아파트의 구분소유자들에 대하여 하자담보책임을 부담하므로, 위 하자담보책임을 이행하기 위하여 지출한 하자관련비용은 이 사건 신탁계약 제19조 제1항의 '분양(처분) 및 임대사무 처리에 필요한 비용'으로서 원칙적으로 수익자인 원고들이 부담할 비용에 해당한다.

그리고 앞서 본 법리에, ① 이 사건 신탁계약에서는 '공사도급계약상 시공사인 세창의 귀책사유로 인한 피고의 손해에 대해 원고들이 연대하여 책임진다(특약사항 제6조 제2항).'고 약정하여 시공사의 책임으로 인한 손해에 대해서는 피고의 책임을 감경하고 있는 점, ② 주택법 제24조는 사업계획승인권자가 지정한 감리자는 '시공자가 설계도서에 적합하게 시공하는지 여부'를 확인하여 그 수행상황을 사업계획승인권자와 사업주체에게 보고하도록 규정하고 있고, 이 사건에서도 주식회사 성광엔지니어링 건축사무소(이하 '성광'이라 한다)가 감리자로 지정되어 위와 같은 감리업무를 맡은 점, ③ 피고는 시공사인 세창으로부터 미승인 건축부분에 관하여 보고를 받거나 검토요청을 받은 사실이 없을 뿐 아니라 감리자인 성광이 작성한 분기별 감리보고서와 최종보고서에도 미승인 건축부분에 관한 설계변경 사항이 기재되어 있지 않았기 때문에 미승인 건축부분에 관하여 사업계획변경승인이 필요한 사정을 알지 못한 점, ④ 피고는 2005. 1. 중순경 경미한 사항의 변경보고를 하면서 미승인 건축부분을 변경내역 목록에 기재하지 않았지만 수정 설계도면에는 반영하여 제출한 점, ⑤ 북구청장은 2005. 3. 11. 사용승인을 하였음에도 민원이 제기되자, 미승인 건축부분에 대한 재시공 등의 시정조치를 명령한 점, ⑥ 사업승인도면은 사업주체가 주택건설사업계획의 승인을 받기 위하여 사업계획승인권자에게 제출하는 기본설계도서에 불과하고 대외적으로 공시되는 것이 아니어서 별도의 약정이 없는 한 사업주체와 수분양자 사이에 사업승인도면을 기준으로 분양계약이 체결되었다고 보기 어렵고, 실제 건축과정에서 공사의 개별적 특성이나 현장의 여건을 감안하여 공사 항목 간의 대체시공이나 가감시공 등 설계변경이 빈번하게 이루어지고 있는 점 등에 비추어 특별한 사정이 없는 한 아파트에 하자가 발생하였는지 여부는 준공도면을 기준으로 판단하여야 하는 점(대법원 2014. 10. 15. 선고 2012다18762 판결 등 참조) 등을 종합하여 보면, 미승인 건축부분에 대해 사업계획변경승인 없이 변경시공되었다고 하더라도 그것이 수탁자인 피고의 이 사건 신탁계약상의 선량한 관리자의 주의를 위반한 과실로 인한 것이라고 볼 수는 없다.

따라서 미승인 건축부분에 대한 하자보수금 984,738,552원은 신탁비용으로서 피고가 이를 신탁재산에서 지출한 것은 정당하다고 할 것이므로, 이 부분 원심판결에는 수탁자의 선관주의의무 위반에 관한 법리를 오해하여 판결에 영향을 미친 잘못이 있다.

(2) 행정소송비용

사업계획변경승인 절차의 이행 여부 등과 관련하여 이 사건 아파트 건설을 위한 주택건설사업계획의 시행주체인 피고에게 부과된 행정처분을 다투기 위한 소송비용은 피고가 이 사건 신탁계약에 따른 신탁사무를 처리하는 과정에서 발생한 것이므로, 그 비용 지출에 피고의 과실이 없다면 이 사건 신탁계약 제19조 제3항의 손해에 해당하여 비용으로 간주하여 신탁재산에서 지급할 수 있다고 할 것이다.

그런데 앞서 본 바와 같이 미승인 건축부분이 사업계획변경승인 없이 변경시공된 것에 대하여 피고에게 과실이 있다고 할 수 없는 점, 원고들은 이 사건 말소처분에 대해서는 하자보수금 소송에 영향을 줄 수 있는 중대한 사안이라고 보아 피고가 소송대리인을 선임하여 취소소송을 제기하는 것에 동의하였을 뿐 아니라 효력정지가처분 신청사건의 소송대리인을 추천하여 추가 선임하도록 한 반면, 이 사건 영업정지처분에 대해서는 피고가 불복하여 취소소송을 제기하려고 하자 이에 동의하지 않고 신탁사업과 관련 없는 비용 지출이라면서 항의한 점, 이 사건 말소처분 취소소송이 피고의 승소로 확정된 후 후속처분인 이 사건 영업정지처분은 그 판결의 취지에 따라 처분을 감경한 것이므로 피고가 이를 다툴 합리적인 이유가 있다고 보기 어려운 점 등 기록에 나타난 각 행정소송을 제기하게 된 목적 내지 경위, 소송의 결과 등을 종합하여 보면, 이 사건 영업정지처분 취소소송비용은 피고의 과실로 인한 것으로 볼 수 있으나, 이 사건 말소처분 취소소송비용은 피고가 신탁사무의 처리를 위하여 과실 없이 정당하게 지출한 것이라고 보아야 할 것이다.

결국 원심판결 중 이 사건 말소처분 취소소송비용 132,235,720원에 관하여는 신탁계약의 해석이나 수탁자의 선관주의의무의 범위에 관한 법리를 오해하여 판결에 영향을 미친 잘못이 있다.

[원심판결] 서울고등법원 2013. 5. 23. 선고 2011나83334 판결 [수익금지급등]

【주 문】

1. 당심에서 변경된 청구를 포함하여 제1심 판결을 다음과 같이 변경한다.

가. 예비적 청구 중 신탁재산존재확인청구 부분에 관한 소를 각하한다.

나. 피고는 1,166,934,932원을 원고들과 피고 사이에 2002. 10. 13. 체결된 분양형 토지신탁계약의 신탁재산으로 회복하라.

다. 원고의 주위적 청구, 나머지 예비적 청구 및 나머지 청구를 모두 기각한다.

2. 소송총비용은 이를 5분하여 그 4는 원고들이, 나머지는 피고가 각 부담한다.

【청구취지 및 항소취지】

1. 청구취지

가. 주위적으로, 피고는 원고 명수건설 주식회사에게 1,632,660,968원, 원고 동남개발 주식회사에게 1,492,049,019원 및 위 각 금원에 대한 2008. 12. 4.부터 이 사건 소장부본 송달일까지는 연 6%, 그 다음날부터 다 갚는 날까지는 연 20%의 각 비율에 의한 금원을 지급하고, 예비적으로, (1) 원고들과 피고 사이에 2002. 10. 13. 체결된 분양형 토지신탁계약에 기한 신탁재산이 원고 명수건설 주식회사에 대하여 1,632,660,968원, 원고 주식회사 동남개발에 대하여 1,492,049,019원임을 확인한다. (2) 피고는 위(1)항의 각 금원을 원고들과 피고 사이에 2002. 10. 13. 체결된 분양형 토지신탁계약의 신탁재산으로 회복하라.

나. 원고들에게 별지 제1목록 순번 1기재 부동산에 관하여 울산지방법원 중부등기소 2004. 12. 28. 접수 제99127호로 경료된, 순번 2기재 부동산에 관하여 같은 등기소 2003. 10. 22. 접수 제82016호로 경료된, 순번 3 기재 부동산에 관하여 같은 등기소 2004. 12. 28. 접수 제99127호로 경료된, 순번 4 기재 부동산에 관하여는 같은 등기소 2003. 10. 22. 접수 제82016호로 경료된, 순번 5기재 부동산에 관하여는 같은 등기소 2003. 10. 22. 접수 제82017호로 경료된 각 소유권이전등기의 각 말소등기절차를 이행하고, 별지 제1목록 순번 6 내지 10 기재 부동산 중 원고 명수건설 주식회사에게 100분의 52.25 지분, 원고 주식회사 동남개발에게 100분의 47.75 지분에 관하여 각 2008. 12. 4.자 신탁재산의 인계를 원인으로 한 소유권이전등기 절차를 각 이행하며, 원고들에게 별지 제1목록 순번 6 내지 10 기재 부동산을 각 인도하라.

2. 항소취지

제1심 판결 중 아래에서 인용하는 부분에 해당하는 원고들 패소 부분을 취소한다.

청구취지 기재와 같은 판결.

【이 유】

3. 본안에 관한 판단

가. 금전지급을 구하는 주위적 청구에 관한 판단

(2) 판단

살피건대, 신탁법 제38조는 수탁자가 관리를 적절히 하지 못하여 신탁재산의 멸실, 감소 기타의 손해를 발생하게 한 경우 또는 신탁의 본지에 위반하여 신탁재산을 처분한 때에는 위탁자, 그 상속인, 수익자 및 다른 수탁자는 그 수탁자에 대하여 손해배상 또는 신탁재산의 회복을 청구할 수 있다고 규정하고 있는바, 수탁자가 선관주의의무를 위반함으로써 위탁자가 입게 되는 손해라 함은 감소되는 신탁재산 그 자체라고 볼 수는 없고, 선관주의의무를 위반한 수탁자의 행위로 인하여 멸실되거나 감소되는 신탁재산에 관하여 이러한 신탁재산이 신탁재산으로서 유지되는 경우에 원고들이 얻을 수 있는 신탁이익과 신탁재산의 감소로 인하여 원고들이 얻을 수 있는 신탁이익의 차액이라고 할 것인바, 원고들이 이와 같은 손해를 입었다는 점에 관하여 아무런 주장 입증이 없으므로 이를 전제로 하는 원고의 위 주장은 이유 없다(또한 신탁법 제38조의 규정에 따라 수탁자가 부담하는 손해배상의무는 특정 권리자에게 발생한 손해를 전보할 목적 이라기보다는 위탁자, 수탁자, 수익자 등 신탁계약에 따라 신탁재산에 대하여 이해관계를 가지게 되는 다수인의 이익을 보호하기 위하여 신탁재산을 보전할 목적으로 인정되는 의무라고 보이는 점, 개정된 신탁법 제43조는 수탁자의 의무위반으로 신탁재산에 손해가 생긴 경우 손해의 전보는 원상회복을 원칙으로 하되 원상회복이 불가능하거나 현저하게 곤란한 경우 기타 원상회복이 적절하지 아니한 특별한 사정이 있는 경우에는 손해배상을 청구할 수 있다고 규정하여 신탁재산 보전이라는 목적을 명확히 하고 있는 점, 이 사건 신탁계약의 특약사항 제5조와 같이 신탁재산에서 지출할 자금집행의 순서를 정해놓은 경우 수탁자의 의무위반이 없었더라면 보전되었을 신탁재산은 그 순서에 따라 분배되어야 하는데, 만일 특정 손해배상청구인에 대하여 직접 금전에 의한 손해배상을 하게 된다면 신탁수익에 대한 다른 이해관계인의 권리를 해하는 결과가 되는 점 등에 비추어 보면, 신탁법 제38조에 규정된 수탁자의 손해배상은 감소된 신탁재산을 신탁재산에 편입한 후 정산을 한 다음 위탁자 등에게 손해가 발생하였는지 여부를 판단하는 방법으로 이루어져야 하고, 위탁자 또는 수익자가 자신에게 손해배상금을 지급할 것을 청구하는 방법으로 행사할 수는 없다고 할 것인데, 이 사건에서 이 사건 신탁계약에서 정한 방법에 따른 정산이 이루어졌음을 인정할 증거가 없다).

따라서, 원고들이 이 사건 신탁계약상 피고의 선관주의의무위반을 이유로 피고에 대하여 원고들에게 직접 손해배상을 청구하는 주위적 금전지급청구 부분은 나머지 점에 나아가 살펴볼 필요 없이 이유 없다.

나. 신탁재산의 회복을 구하는 예비적 청구에 관한 판단

(2) 판단

(가) 행정소송비용 지출이 선관주의의무 위반인지 여부

1) 이 사건 신탁계약 제19조 제1항은 신탁재산에 대한 제세공과금 및 등기비용, 설계, 감리비용 및 공사대금, 차입금, 임대보증금 등의 상환금 및 이자, 신탁부동산의 수선, 보존, 개량비용 및 화재보험료, 분양 및 임대사무 처리에 필요한 비용, 기타 이에 준하는 비용을 원고들의 부담으로 한다고 규정하는바, 행정소송비용이 위에서 정한 어느 하나에 해당하는 비용이라고 할 수는 없으나, 만일 행정소송비용을 지출하게 된 데에 피고에게 과실이 없다면 이 사건 신탁계약 제19조 제3항에 의하여 이를 비용으

로 간주하여 신탁재산에서 지급할 수는 있다고 할 것이다.

2) 갑 제20, 22, 35, 38, 49호증, 을 제18, 26, 56호증의 각 기재(가지번호 포함)에 변론 전체의 취지를 종합하면, 이 사건 아파트 4단지를 건축하면서 지하주차장 출입구 벽체, 외벽 법면, 405동 옹벽에 각 자연석을 쌓는 것으로 사업계획을 승인받았음에도 불구하고, 사업계획변경승인을 받지 아니하고 각 콘크리트 옹벽으로 변경시공하였고, 휴식공간을 H으로 승인받았음에도 불구하고 사업계획변경승인을 받지 아니하고 어린이 놀이터로 변경시공한 사실(이하 '미승인 건축부분'이라 한다), 피고는 2005. 1. 중순 경 울산 북구청장으로부터 이 사건 사업의 기간연장과 법면 증가를 내용으로 하는 사업계획변경승인을 받으면서도 미승인 건축부분에 관해서는 변경승인을 받은 바 없고, 그 무렵 울산 북구청장에게 경미한 사항의 변경보고를 하면서 변경내역 목록과 수정된 설계도면을 첨부하였는데, 미승인 건축부분은 수정된 설계도면에만 표시하였을 뿐 변경내역 목록에는 기재하지 않았던 사실, 울산 북구청장은 2005. 1. 21. 피고에게 이 사건 공동주택에 관하여 학교부지 미조성 등 사업승인조건 미이행을 이유로 동별 사용승인만을 하였다가 2005. 3. 11.에 이르러 위 공동주택에 관하여 사용승인을 하였는데,

당시 담당공무원은 감리완료보고서 등 감리의견서에 설계도서와 같이 공사가 마무리되었다는 의견이 기재됨에 따라 현장 확인을 하면서 설계도면과 비교하여 일일이 검토하지 않고 건물의 완성도 등 개괄적인 사항만을 조사하였던 사실, 4단지 입주자대표회의가 울산 북구청장에게 이 사건 변경내역에 관하여 민원을 제기하자, 울산 북구청장은 위 변경내역에 관하여 재검토한 결과 미승인 건축부분이 경미한 사항의 변경에 해당하지 않는다고 판단하고, 2006. 8. 1. 피고, 세창 및 성광에게 옹벽 재시공 및 하자보수 신속처리를 통보하고, 피고에게 시정조치 명령을 하였으나(기록 제417년), 피고는 이를 시정하지 아니한 사실, 피고는 2007. 10. 30. 서울 강남구청장으로부터 '이 사건 아파트 4단지를 건축하면서 사업계획변경승인을 받지 아니하고 사업계획을 변경하여 시공하였고, 이에 대한 관할관청의 시정조치 명령도 이행하지 아니하였다'는 사유로 주택건설사업자 등록말소처분(이하 '이 사건 행정처분'이라 한다)을 받게 된 사실, 피고는 이 사건 행정처분에 불복하여 서울행정법원 2007구합42751호로 그 취소를 구하는 소를 제기한 사실, 위 법원은 2009. 2. 4. 피고가 이 사건 아파트에 관하여 당초 승인받은 사업계획과 다르게 시공한 부분이 변경승인을 요하지 않는 경미한 변경에 해당한다고 볼 수 없고, 피고가 관할관청의 시정조치명령에 불응한 점이 인정되어 처분사유는 존재하나, 제반 사정을 고려할 때 등록말소처분은 피고의 위반행위로 인한 공익 침해의 정도에 비추어 피고가 입게 될 불이익의 정도가 지나치게 커서 재량권을 남용한 위법이 있다는 이유로 위 처분을 취소하는 내용의 판결을 선고한 사실, 서울 강남구청장은 위 판결의 취지에 따라 처분을 감경하여 2009. 7. 14. 다시 6개월의 주택건설사업 영업정지처분을 하였고, 피고는 이에 불복하여 서울행정법원 2009구합28179호로 그 취소를 구하는 소를 제기하였으나 2010. 4. 28. 처분사유가 존재하고 재량권의 남용이라고 볼 수 없다는 이유로 청구기각 판결을 선고받은 사실, 피고는 위 판결에 대하여 항소하였다가 법원의 화해권고에 의하여 3개월간 영업정지로 처분을 변경하는 것으로 위 사건을 종결한 사실, 피고는 위 행정소송비용으로 182,196,380원(이하 '이 사건 행정소송비용'이라 한다)을 신탁재산에서 지출한 사실을 인정할 수 있는바, 위 인정사실에 의하면, 비록 감리자가 감리완료보고서 등 감리의견서에 설계도서와 같이 공사가 마무리되었다는 의견을 제시하였고, 시공사나 감리자가 피고에게 알려주지 않아 미승인 건축부분에 관하여 사업계획변경승인이 필요하다는 사정을 알지 못하였다고 하더라도, 피고는 2005. 1. 중순경 울산 북구청장에게 경미한 사항의 변경보고를 하면서 미승인 건축부분을 수정된 설계도면에만 표시하고 변경내역 목록에는 기재하지 않았을 뿐만 아니라, 특히 울산 북구청장으로부터 시정명령을 받아 법령위반사실을 알게 되었음에도 불구하고 위 시정명령에 응하지 않음으로써 결과적으로 이 사건 행정처분을 받게 되었는바, 이러한 사정에 의하면, 피고는 수탁자로서의 선관주의의무를 위반하여 관리를 적절하게 하지 못한 과

실이 있다고 할 것이어서, 행정소송비용으로 지출된 금원은 신탁계약 제19조 제3항의 '신탁사무처리 과정에서 과실 없이 받은 손해'에 해당하지 아니하여 신탁비용으로 처리될 수 없는데도 피고는 위 비용을 신탁재산에서 지출하였으므로, 피고는 이 사건 행정소송비용을 신탁재산으로 회복할 의무가 있다고 할 것이다.

(나) 하자관련비용 지출이 선관주의의무 위반인지 여부

1) 이 사건 신탁계약에 의하면 신탁재산에 대한 제세공과금 및 등기비용, 설계, 감리비용 및 공사대금, 차입금, 임대보증금 등의 상환금 및 이자, 신탁부동산의 수선, 보존, 개량비용 및 화재보험료, 분양 및 임대사무 처리에 필요한 비용, 기타 이에 준하는 비용은 원고들의 부담으로 하고, 피고가 신탁사무 처리 과정에서 과실없이 받은 손해에 대하여도 비용으로 간주하며(제19조 제1항, 제3항), 민원 및 사업 진행 관련 우발채무 및 비용을 원고들에 대한 신탁이익에 우선하여 지급하고, 사업과 관련하여 발생하는 일체의 민원(시행관련 민원, 분양계약자 관련민원 등)에 대한 책임은 원고들이 부담한다고 규정하고 있다(특약사항 제5조 제2항, 제18조). 그런데 위 특약사항 제5조 제2항은 신탁계정에서 지급할 수 있는 비용들 사이에서 지급의 순서를 정해놓은 것에 불과하므로 하자관련비용이 우발채무에 해당한다고 하더라도 위 특약사항에 의하여 바로 신탁계정에서 지급할 수 있다고 볼 수는 없고 그보다 먼저 신탁사무 처리의 비용에 관한 다른 계약조항들에 의하여 정당한 비용으로 인정되어야 할 것인바, 이 사건 신탁계약 제19조 제1항 중 신탁부동산의 수선비용이란 이 사건 아파트의 유지, 관리를 위하여 통상적으로 소요되는 비용을 뜻한다고 할 것이므로 시공 자체에 하자가 있어 입주자들에게 하자보수에 갈음한 손해배상금을 지급하는 것까지 여기에 포함된다고 할 수 없고, 하자관련비용이 위 계약조항에서 정한 그 외의 비용 항목 중에 포함된다거나 이 사건 사업과 관련하여 발생한 민원에 대한 책임이라고 보기도 어려우나, 만일 하자관련비용을 지출하게 된 데에 피고에게 과실이 없다면 이 사건 신탁계약 제19조 제3항에 의하여 이를 비용으로 간주하여 신탁재산에서 지급할 수는 있다고 할 것이다.

2) …위 인정사실에 의하면, 피고는 수탁자로서 신탁의 본지에 따라 선량한 관리자의 주의로써 신탁재산을 관리하여야 하는바, 당초의 설계도면이 변경되는 등 사업계획변경승인을 받아야 할 사정이 생긴 경우에는 그 변경승인을 받아야 할 주체인 피고는 변경승인을 받은 후 시공사로 하여금 시공을 하게 하여야 하는 점, 피고가 사업계획변경승인을 받으면서도 미승인 건축부분에 대하여는 변경승인을 받지 않았고, 변경보고를 하면서도 변경내역 목록에 미승인 건축부분을 누락하였으며, 도급계약상 시공사가 공사를 완료한 후 시행사에게 통지하면 시행사는 시공사의 입회하에 검사를 하여야 하는 점 등에 비추어 보면, 피고는 사업계획변경승인을 받아야 하는 주체로서 위와 같은 과정을 통하여 변경승인을 받아야 할 사항이 발생하였음을 알 수 있었다고 보여지고, 피고가 이를 알게 되었다면 사업계획변경승인을 받은 후에 세창으로 하여금 시공하게 하여야 하였음에도 이러한 조치를 취하지 아니하여 입주자대표회의에게 미승인 하자로 인한 손해를 배상하기에 이르렀다면 미승인 하자 부분에 관하여 피고에게 선관주의의무를 게을리 한 과실이 있다고 하지 않을 수 없으므로 미승인 하자에 관한 하자관련비용은 신탁비용으로 볼 수 없다.

3) 원고들은 나아가, 세창이 미시공하거나 부실시공한 오시공 하자도 피고의 선관주의의무 위반으로 인한 것이라고 주장하나, 공사도급계약에 있어서 수급인은 도급인에 대하여 독립적인 지위에서 일을 완성하는 것이어서 도급인인 피고가 세창의 시공을 구체적으로 관리, 감독하여야 할 의무까지 있다고 보기 어려운 점, 이 사건 신탁계약 특약사항 제6조에서 원고들은 세창의 귀책사유로 인한 피고의 손해에 관하여 세창과 연대하여 책임지기로 약정한 점 등에 비추어 보면, 위와 같이 피고의 과실이 개재됨이 없이 세창의 과실로 인하여 발생한 손해는 이 사건 신탁계약 제19조 제3항에서 정한 비용에 해당하여 이 사건 신탁재산에서 이를 지출할 수 있다고 할 것이므로, 원고의 이 부분 주장은 이유 없다.

4) …그러나 하자보수금소송 과정에서 소요된 감정용역비와 소송비용은 미승인 하자에 관한 부분과 오시공 하자에 관한 부분이 혼재되어 있다고 할 것인데, 위 비용을 각 해당부분으로 구분하는 것이 불가능하고 미승인 건축부분이 없었더라도 하자보수소송 과정에서 어차피 지출될 비용이었다고 보이므로 전부를 정당한 신탁사업 관련 비용으로 인정함이 상당하고, 직접 하자보수공사에 소요된 공사비에 관해서는 이것이 피고의 선관주의의무위반으로 인한 미승인 하자에 관한 비용임을 인정할 증거가 없으므로, 이 부분도 정당한 신탁사업 관련 비용으로 인정함이 상당하다고 할 것이다.

(다) 세창에 대한 채권확보 미조치가 선관주의의무 위반인지 여부

이 사건 아파트의 사용승인이 난 후 2006. 8. 1.경 울산 북구청장은 피고에게 이 사건 아파트 4단지에서 시공상 하자에 관한 민원이 제기되었으니 신속하게 하자를 보수할 것을 통보한 사실, 2007. 6.경 이 사건 아파트 1, 2, 3, 4단지 각 입주자대표회의는 피고와 건설공제조합을 상대로 하자보수에 갈음한 손해배상소송을 시작한 사실은 앞서 본 바와 같고, 갑 제9, 20, 34호증, 을 제14, 45호증의 각 기재(가지번호 포함)에 의하면, 피고와 세창 사이의 2003. 2. 3.자 이 사건 아파트에 관한 공사도급계약 특수조건 제8조에는 피고는 이 사건 아파트 시공에 있어서 세창의 귀책사유로 인하여 피고가 입게 될 손해를 세창이 수익자로 되어 있는 양주시 소재 T의 토지신탁사업의 수익에서 보전할 수 있도록 하고, 세창에 대한 채권보전을 위하여 세창의 신탁수익권에 공사금액의 10%에 해당하는 금액으로 질권을 설정받도록 약정되어 있으나 피고는 세창으로 부터 위 질권을 설정받지 아니한 사실, 피고는 세창에 대한 6,322,824,000원의 공사대금 지급에 갈음하여 양도한 67세대의 아파트에 관하여 2005. 3. 11. 부동산담보신탁계약을 체결하고 2006. 7. 24. 이에 대한 변경계약을 체결하였는바, 위 부동산담보신탁계약 특약사항에 의하면 피고가 필요하다고 판단하는 경우(하자보수지연, 하도급업체 민원제기 등)에는 세창에 대한 잔여수익(분양대금)의 지급을 유보할 수 있다고 약정한 사실, 피고는 2006. 9.경 430,840,323원을 유보한 채 나머지 분양대금을 세창에게 지급한 사실, 세창은 2006. 10. 31. 최종부도처리되어 회생절차가 개시되었다가 2010. 9.경 파산선고를 받은 사실을 인정할 수 있다.

그러나 다른 한편, 갑 제34호증, 을 제33, 34, 35, 40, 45호증의 각 기재(가지번호 포함), 당심 법원의 세창의 파산관재인에 대한 사실조회결과에 변론 전체의 취지를 종합하면, T에 관한 신탁수익에 관해서는 2003. 1.경 이미 세창에 대한 채권자인 엘지화재가 우선수익권자로 지정되어 있었기 때문에 피고는 세창에 대한 후순위 수익권에 대하여 질권을 설정받는데 불과하였던 사실, 세창이 2005. 3. 11. 피고로부터 대물변제받은 67세대에 관해서 체결된 부동산담보신탁계약에는 세창에 대한 채권자인 중소기업은행 을지6가지점이 우선수익자로 지정되어 위 67세대의 분양대금은 세창의 우선수익자에 대한 채무에 우선적으로 충당되었던 사실, 피고는 하자담보를 위하여 유보한 430,840,323원을 하자보수채권과 상계처리한 사실 등을 인정할 수 있는바, 이러한 사실에 비추어 보면, 앞서 인정한 사실만으로는 피고가 선관주의의무를 위반하여 세창에 대한 채권확보조치를 취하지 아니한 과실이 있다고 인정하기에 부족하고 달리 이를 인정할 증거가 없으므로, 원고의 위 주장은 이유 없다.

다. 등기이행 및 인도 청구에 관한 판단

(나) 판단

1) 그러므로 먼저 이 사건 신탁 및 관리신탁이 종료되었는지 여부에 관하여 보건대, 이 사건 신탁계약 제25조는 신탁의 종료원인으로 신탁의 목적을 달성한 경우, 신탁의 목적을 달성할 수 없는 경우, 신탁기간이 만료한 경우, 중도에 계약이 해지된 경우를 규정하고 있고, 특히 신탁의 종료와 정산과의 관계를 규정한 이 사건 신탁계약 제26조에 의하면, 신탁계약이 종료된 경우에 피고는 최종계산에 관하여 소정의 방법에 따라 신탁재산 등을 수익자에게 교부하기로 약정하였으므로, 신탁이 목적의 달성 등으

로 인하여 종료된 이후에 정산을 하는 것이어서 정산이 완료되어야 비로소 신탁이 종료되는 것으로 볼 수는 없는바, 앞서 본 바와 같이 이 사건 신탁계약 제23조에 의하면 신탁기간은 2005. 3. 31.까지로 되어 있고, 피고가 2008. 10. 17. 이 사건 아파트의 분양을 완료한 점, 별지 제1목록 순번 2, 3 기재 각 부동산도 학교용지로 지정되어 학교건물이 신축될 때까지 타에 처분되는 것을 방지할 목적으로 울산 북구청을 수익자로 한 관리신탁이 설정되었다가 울산 북구청장이 2012. 5. 21자로 이 사건 관리신탁계약상 수익자 지위를 포기하고 신탁해지에 동의함으로써 그 목적을 달성하게 된 점 등을 인정할 수 있으므로 이 사건 신탁계약 및 관리신탁계약은 모두 목적달성으로 종료되었다고 할 것이다.

한편, 신탁법 제61조 본문은 "신탁이 종료한 경우에 신탁재산이 그 귀속권리자에게 이전할 때까지는 신탁은 존속하는 것으로 간주한다"고 규정하고 있는바, 이는 신탁이 종료하여도 그 잔여재산을 귀속권리자에게 완전히 이전시킬 때까지 상당한 시일이 걸리므로, 귀속권리자의 권리를 보호하고 신탁의 나머지 업무를 마치도록 하기 위한 것에 불과하므로(대법원 2002. 3. 26. 선고 2000다25989 판결 참조), 위 규정으로 인하여 신탁이 종료되지 않았다고 볼 수 없고, 또한 정산문제와 관련하여 위 부동산에 관한 소송이 계속 중이라거나 원고들에 대한 신탁수익금의 지급보다 선순위 채권자가 존재한다거나 학교부지 중 일부에 관하여 민원합의에 따른 이행문제가 남아 있다는 등의 사유는 정산에 따른 신탁재산의 계산문제일 뿐이므로 이를 이유로 이 사건 신탁이나 관리신탁이 종료되지 않았다고 볼 수는 없다.

2) 나아가 별지 제1목록 순번 1, 4, 5기재 각 부동산은 이 사건 신탁계약으로 피고에게 신탁되었다가 사업대상 부지에서 제외된 토지들이고, 순번 2, 3 기재 각 부동산도 이 사건 신탁계약으로 피고에게 신탁되었다가 울산 북구청장이 2012. 5. 21.자로 위 관리신탁상 수익자 지위를 포기하고 신탁해지에 동의한 토지들인 사실, 별지 제1목록 순번 6, 7 기재 각 부동산은 이 사건 신탁계약 체결 후 이 사건 사업의 수행을 위해 피고가 2004. 7. 19. 취득한 토지 및 건물로서 신탁부동산에 속하지 않지만 신탁재산에 포함되는 사실, 별지 제1목록 순번 8, 9, 10 기재 각 부동산은 이 사건 사업에 의하여 신축된 건물들로 2005. 2. 4. 피고 명의로 소유권보존등기가 경료된 신탁부동산인 사실은 앞서 본 바와 같고, 이 사건 신탁계약 제26조는 신탁계약이 종료된 경우 피고는 신탁부동산에 대하여 피고의 신탁등기를 말소하여 현존하는 상태대로 원고들에게 인도하고, 신탁부동산 이외의 신탁재산에 대하여는 피고가 정하는 방법에 의하여 금전으로 환가하여 교부하거나, 피고가 상당하다고 인정할 경우 그 재산의 일부 또는 전부를 현존하는 상태대로 교부할 수 있다고 정하고 있으므로, 특별한 사정이 없는 한 피고는 원고들에게 신탁부동산인 별지 제1목록 순번 1 내지 5 기재 각 부동산에 관하여는 청구취지 기재와 같이 신탁으로 인한 소유권이전등기의 말소등기절차를 이행하고, 같은 목록 순번 6 내지 10 기재 각 부동산에 관하여는 원고들의 신탁지분 비율에 따라 원고 명수건설에게 52.25/100 지분에 관하여, 원고 동남개발에게 47.75/100 지분에 관하여 각 신탁종료를 원인으로 한 소유권이전등기절차 이행하며 위 각 부동산을 인도할 의무가 있다고 할 것이다.

(2) 피고의 항변에 관한 판단

이에 대하여 피고는, 원고들이 피고에 대하여 가지는 신탁수익권에 설정된 질권의 효력이 별지 제1목록 기재 각 부동산에도 미치므로 피고는 원고들에게 위와 같은 등기절차의 이행이나 인도를 할 수 없다는 취지로 주장하므로 살피건대, 을 제2, 3, 4, 12, 61, 66호증의 각 기재(가지번호 포함)에 변론 전체의 취지를 종합하면, 이 사건 사업을 위하여 피고에게 신탁한 토지들은 원고들이 2000. 2. 7. F으로부터 120억 원에 매수한 것인데, 원고들은 F에 대한 80억 원의 내내잔대금채무를 담보하기 위하여 2007. 11. 12. F에게 이 사건 신탁계약상의 수익권에 관하여 채권최고액이 96억 원인 질권을 설정하고 피고는 같은 날 확정일자 있는 증서에 의하여 질권설정을 승낙한 사실, 위 질권의 피담보채무가 적어도 75억 원인 사실(이에 대하여는 당사자 사이에 다툼이 없다), 위 질권의 목적물은 이 사건 신탁계약 및 이 사건 관리신탁에서 발생하는 원고들의 수익권으로 되어 있고, 위 수익권은 신탁의 종료 또는 해지시 신탁부동산, 신탁금, 분양대금, 임대보증금과 임료 등의 신탁재산에서 신탁관련 채무 및 제비용과 신탁보수를 차감한 신탁수익을 교부받을 수 있는 권리라고 되어 있는 사실, 한편 별지 제1목록 기재 각 부동산의 가액이 2,381,891,900원인 사실, 원고들의 피고에 대한 수익금채권에 대한 압류 및 가압류된 채권금액이 약 40억 원이 이르는 사실, 신탁재산으로 남아있는 은행 잔고가 합계 49,004,122원인 사실을 인정할 수 있는바, 위 인정사실에 의하면, 원고들이 피고에 대하여 별지 제1목록 기재 각 부동산의 이전을 구할 권리들도 위 수익권에 포함되어 이에 질권의 효력이 미친다고 할 것이고,[94] 위 질권의 피담보채무가 적어도 75억 원이므로, 앞서 인정한 피고가 신탁재산으로 회복해야 할 금원 1,166,934,932원과 별지 제1목록 기재 각 부동산의 가액 2,381,891,900원, 은행 잔고 49,004,122원을 합하더라도 위 질권의 채권최고액의 범위 내에 있게 되어 원고들은 그 권리의 이전을 할 수 없다고 할 것이므로, 피고의 위 항변은 이유 있다.

26. 대법원 2016. 1. 14. 선고 2014다18131 판결 [부인결정이의]

[논점] 대출금의 변제기 연장을 목적으로 담보신탁계약을 체결하고 기존 채권자를 1순위 우선수익자로 지정한 행위가 채무자 회생 및 파산에 관한 법률에 따라 부인의 대상이 되는지 여부

【이 유】

채무자 회생 및 파산에 관한 법률(이하 '채무자회생법'이라 한다) 제100조 제1항 제1호에서 정한 '채무자가 회생채권자 또는 회생담보권자를 해하는 것을 알고 한 행위'에는 총채권자의 공동담보가 되는 회사의 일반재산을 절대적으로 감소시키는 이른바 사해행위뿐만 아니라 특정한 채권자에 대한 변제와 같이 다른 회생채권자들과의 공평에 반하는 이른바 편파행위도 포함된다. 위와 같은 고의부인이 인정되기 위해서는 주관적 요건으로서 '회사가 회생채권자들을 해함을 알 것'을 필요로 하는데, 특히 편파행위의 경우에는 채무자회생법이 정한 부인대상행위 유형화의 취지를 몰각시키는 것을 방지하고 거래안전과의 균형을 도모하기 위해 회사회생절차가 개시되는 경우에 적용되는 채권자평등의 원칙을 회피하기 위하여 특정 채권자에게 변제한다는 인식이 필요하다고 할 것이지만, 더 나아가 회생채권자 등에 대한 적극적인 가해의 의사 내지 의욕까지 필요한 것은 아니다(대법원 2006. 6. 15. 선고 2004다46519 판결 등 참조). 한편 위 행위로 인하여 이익을 받은 자(이하 '수익자'라고 한다)가 그 행위 당시 회생채권자 등을 해하는 사실을 알지 못한 경우에는 그 행위를 부인할 수 없으나, 수익자의 악의는 추정되므로, 수익자 자신이 그 선의에 대한 증명책임을 부담한다(대법원 2014. 7. 10. 선고 2014다24112 판결 등 참조).

…

그러나 원심의 이러한 판단은 다음과 같은 이유로 수긍하기 어렵다.

채무자의 일반재산의 유지·확보를 주된 목적으로 하는 채권자취소권의 경우와 달리, 이른바 편파행위까지 규제 대상으로 하는 채무자회생법의 부인권 제도에 있어서는 반드시 해당 행위 당시 부채의 총액이 자산의 총액을 초과하는 상태에 있어야만 부인권을 행사할 수 있다고 볼 필요가 없으므로(대법원 2005. 11. 10. 선고 2003다271 판결 등 참조), 원심이 참가인을 우선수익자로 하는 이 사건 담보신탁계약을 특정 채권자에 대한 담보제공행위로서 편파행위에 해당한다고 판단하면서 당시 엘아이지건설이

94) 원심판결의 이 부분 판시를 부동산신탁 수익권 질권의 효력에 관하여 판시한 대법원 2014. 8. 20. 선고 2012다97420,97437 판결[58번판례]과 비교해 볼 것.

채무초과 상태에 있었는지에 대한 참가인의 인식 여부를 선의 인정의 주된 근거로 삼은 것은 잘못이다.[95)]

또한 원심판결 이유와 기록에 의하여 인정되는 다음과 같은 사정, 즉 ① 참가인은 2009. 5. 19. 최초로 시행사인 주식회사 김앤파트너스(이하 '김앤파트너스'라 한다)에 이 사건 대출금을 변제기 1년으로 정하여 대여하였고, 2010. 5. 27. 연대보증인이자 시공사인 엘아이지건설이 김앤파트너스의 채무를 인수하면서 이 사건 대출금의 변제기를 2010. 11. 27.까지로 정하였는데, 이 사건 사업의 공사는 2009. 5. 경부터 중단되었고 분양실적도 없었으며, 공매를 통해 이 사건 사업 부지를 취득하기로 한 엘아이지건설이 2010. 10. 21.경 공매예정가가 14,173,000,000원으로 떨어졌음에도 공매 유찰을 방치하는 등 이 사건 사업의 정상적인 추진이 불가능하였고 참가인도 이와 같은 사정을 잘 알고 있었던 점, ② 참가인은 김앤파트너스와 주식회사 하나다올신탁의 신탁계약에 따른 1순위 우선수익권과 엘아이지건설의 2순위 우선수익권에 대한 근질권, 엘아이지건설이 교부한 백지어음을 담보로 가지고 있었는데, 위와 같이 이 사건 사업을 통한 대출금 회수가 불가능하게 되자, 2010. 11. 26. 엘아이지건설로부터 그 소유의 이 사건 부동산(이 사건 사업과 관계없는 진주시 강남동 소재 51필지 토지로 2010. 10. 6. 당시 감정평가액은 약 182억 원임)에 관한 우선수익권을 추가 담보로 제공받기로 하고 이 사건 대출금의 변제기를 2011. 5. 27.까지로 연장하였고, 엘아이지건설은 같은 날 원고와 사이에 이 사건 부동산에 관하여 부동산 담보신탁계약을 체결한 뒤 참가인을 1순위 우선수익자로 정하였으며, 2010. 11. 29. 이 사건 부동산에 관하여 위 담보신탁을 원인으로 한 원고 명의의 소유권이전등기를 경료하였는데, 추가담보를 제공받으면서 당해 프로젝트 파이낸싱 대출과 관련 없는 토지에 대해 제3자에게 보수를 지급하여야 하는 부동산 담보신탁계약을 이용하는 것은 금융거래관행상 이례적이라고 보이는 점,[96)] ③ 엘아이지건설의 총차입금, 부채비율이 2008년부터 1년에 2,000억 원씩 증가하는 추세에 있었고, 특히 자기자본 대비 우발채무 비율이 2008년도에 2배에서 2010. 9.경 3.5배까지 증가하여 이 사건 부동산을 추가담보로 제공할 때에도 참가인에게 향후 특수목적법인을 설립하여 과천시 타운하우스 사업의 사업권을 인수시키고 이 사건 대출의 차주를 특수목적법인으로 변경하는 것을 조건으로 내걸었는데 이는 엘아이지건설의 부채비율을 낮추기 위한 것이었던 점, ④ 한국신용정보평가는 엘아이지건설의 단기 유동성 위험에 대하여 '2010. 10. 기준 총 차입금 5,251억 원 중 1년 내 만기도래하는 차입금이 4,803억 원으로 유동성 부담이 존재하고, 엘아이지그룹의 지원가능성 등을 고려할 경우 대응 가능한 것'으로 전망하고 있어 엘아이지그룹의 지원이 없다면 우발채무로 인한 단기 유동성 위험이 현실화될 가능성이 예상되었고, 실제로 이 사건 담보신탁계약 후 4개월 이내인 2011. 3. 21. 엘아이지건설이 회생을 신청한 점 등을 종합하여 보면, 참가인에게는 채무자인 엘아이지건설과 마찬가지로 회생절차가 개시되는 경우에 적용되는 채권자 평등의 원칙을 회피하기 위하여 이 사건 담보신탁계약의 우선수익자로 지정됨으로써 다른 채권자들을 해한다는 인식이 있었다고 볼 여지가 충분하다.

그럼에도 원심은 그 판시와 같은 이유만으로 참가인이 선의의 수익자라는 항변을 받아들였으니, 이러한 원심의 판단에는 고의부인에 있어 수익자의 선의에 관한 법리를 오해하여 판결에 영향을 미친 위법이 있다.

---

95) 즉, 편파행위의 경우 수익자의 '선의' 여부는, '회사회생절차가 개시되는 경우에 적용되는 채권자평등의 원칙을 회피하기 위하여 특정 채권자에게 변제한다는 인식'을 의미하는 것이지, '채무자가 채무초과 상태에 있었는지에 대한 인식'을 의미하는 것은 아니라는 취지이다.

96) 채무자에게 다른 부동산이 있는 경우 도산절연을 목적으로 동 부동산에 대한 부동산담보신탁계약을 체결하고 우선수익권을 제공하는 것은 금융실무에서 자주 있는 일이다. 물상보증인의 경우에도 도산절연을 목적으로 신탁을 이용하여 담보를 제공하는 것뿐이다. 그 근거도 명확하지 않은 이 부분 설시가 굳이 필요했는지 의문이 든다.

[원심판결] 서울고등법원 2014. 1. 17. 선고 2013나14455 판결 [부인결정이의]

【주 문】

1. 제1심 판결을 취소한다.

2. 서울중앙지방법원이 2011회기14호 부인의 청구 사건에 관하여 2011. 12. 19. 한 부인결정을 취소하고, 피고의 원고에 대한 위 사건 부인의 청구를 기각한다.

3. 소송총비용은 피고가 부담한다.

【청구취지 및 항소취지】

주문과 같다.

【이 유】

3. 판단

가. 사해행위 또는 편파행위에 해당한다는 주장에 대하여(법 제100조 제1항 제1호)

1) 이 사건 담보신탁계약체결과 사해행위 또는 편파행위 여부

가) 법 제100조 제1항 제1호에서 정한 '회생회사가 회생채권자 또는 회생담보권자를 해하는 것을 알고 한 행위'에는 총채권자의 공동담보가 되는 채무자의 일반재산을 절대적으로 감소시키는 이른바 사해행위뿐만 아니라 특정한 채권자에 대한 변제나 담보의 제공과 같이 그 행위가 채무자의 재산관계에 영향을 미쳐 특정한 회생채권자를 배당에서 유리하게 하고 이로 인하여 회생채권자들 사이의 평등한 배당을 저해하는 이른바 편파행위도 포함된다. 또한, 위 부인행위에 해당하기 위해서는 주관적 요건으로서 채무자가 '회생채권자 등을 해함을 알 것'을 필요로 하는데, 위 요건의 해당 여부를 판단할 때에는 특정 채권자에게 변제하거나 담보를 제공하는 편파행위가 회생절차가 개시되는 경우에 적용되는 채권자평등의 원칙을 회피하기 위하여 특정 채권자에게만 변 제 혹은 담보를 제공한다는 인식이 있는지를 고려하여야 한다. 위 기초사실에서 본 것처럼, A은 과천시 타운하우스 사업이 중단되는 등으로 위 사업을 통하여서는 이 사건 대출금을 변제하는 것이 불가능해지자 이 사건 담보신탁계약을 체결하고 참가인을 1순위 우선수익자로 지정하였다. 여기에 당시 A의 차입금 및 PF 보증채무 규모, 담보신탁계약 체결 및 회생절차 개시 경위에 비추어 보면, 이 사건 대출금 채무의 변제기를 연장할 목적으로 참가인에 대하여 추가로 이 사건 부동산을 담보로 제공하여 총채권자의 공동담보를 감소시킨 행위는 특정 채권자에 대한 담보 제공 행위로서 회생채권자 등을 해함을 알면서 한 행위라고 할 것이므로, 법 제100조 제1항 제1호에 의하여 부인의 대상이 된다.

나) 한편 부인의 대상이 되는 행위가 회생채권자에게 유해하더라도, 행위 당시의 개별적·구체적 사정에 따라서는 당해 행위가 사회적으로 필요하고 상당하였다거나 불가피하였다고 인정되어 회생채권자가 공동담보가 되는 회사의 일반재산 감소나 불공평을 감수하여야 한다고 볼 수 있는 경우가 있고, 그와 같은 예외적인 경우에는 채권자 평등, 채무자의 보호와 이해관계의 조정이라는 법의 지도이념이나 정의관념에 비추어 부인권의 대상이 될 수 없다고 보아야 할 것이며, 여기에서 그 행위의 상당성 여부는 행위 당시의 회생회사의 재산 및 영업 상태, 행위의 목적·의도와 동기 등 회생회사의 주관적 상태를 고려함은 물론, 변제행위에 있어서는 변제자금의 원천, 회생회사와 채권자와의 관계, 채권자가 회생회사와 통모하거나 회생회사에 변제를 강요하는 등의 영향력을 행사하였는지 여부 등을 기준으로 하여 신의칙과 공평의 이념에 비추어 구체적으로 판단하여야 한다.

살피건대, 이 사건 대출의 기초가 된 과천시 타운하우스 사업은 중단 및 공매진행으로 인하여 수익

성이 떨어진 반면 이 사건 담보신탁계약의 목적물인 이 사건 토지는 위 사업과는 아무런 관련성이 없었던 점, 이 사건 담보신탁계약의 체결로 A이 얻은 이익은 6개월의 변제기 연장인 점, 이 사건 부동산을 참가인에게 담보로 제공하는 것이 A의 변제 능력 향상을 위하여 불가피하였다는 등의 사정은 보이지 않는 점 등에 비추어 보면, 이 사건 담보신탁계약 체결 행위가 사회적으로 필요하고 상당하였다거나 불가피하였다고 인정되어 회생채권자가 회사의 일반재산 감소나 불공평을 감수하여야 하는 경우라고 볼 수 없다.

2) 참가인의 선의 여부

가) 법 제100조 제1항 제1호 단서에 의하면 채무자의 사해행위 또는 편파행위로 이익을 받은 자가 그 행위 당시 회생채권자 등을 해하는 사실을 알지 못한 경우에는 그 행위를 부인할 수 없다. 수익자가 다른 채권자를 해함을 알았다는 것은 그 행위의 결과로 모든 채권자의 공동담보인 책임재산이 감소하거나 다른 채권자의 만족을 저하함으로써 다른 채권자 등에게 손해가 생기게 한다는 인식이 있었는지 여부이다.

한편 피고가 사해행위, 혹은 편파행위로 주장하는 이 사건 담보신탁계약으로 '이익을 받은 자'는 1순위 우선수익권자이자 이 사건 대출의 채권자인 참가인이므로, 선의 여부는 참가인을 기준으로 판단하여야 한다.

나) 위에서 든 증거들, 위 기초조사실에서 인정한 사실들을 종합하여 인정되거나 추인되는 이 사건 담보신탁계약 체결 전, 후의 다음과 같은 사정들을 종합하면, 참가인은 A이 채무초과상태에 있거나 곧 채무초과상태로 인하여 회생개시신청을 하게 될 상태에 있음을 알지 못한 채 이 사건 2010. 11. 26.자 계약을 체결한 것으로 보인다. 또 참가인이 A의 채무초과상태나 채무초과상태에 이를 정도로 재무상황이 악화되었음을 알지 못한 채 이 사건 담보신탁계약을 체결하였다면, 이 사건 담보신탁계약으로 이 사건 부동산에 관하여 제1순위 우선수익권을 취득하였다고 하더라도 그로 인해 다른 채권자들의 만족을 저하시키거나, 책임재산이 감소시키는 사정 또한 알 수 없었을 것으로 판단된다.

…

나. 채무자의 의무에 속하지 아니한 행위이거나, 무상행위라는 주장에 대하여(법 제 100조 제1항 제3호, 제4호)

먼저 이 사건 담보신탁계약이 채무자의 의무에 속하지 아니한 행위를 한 것이라는 취지의 주장에 관하여 본다. 갑 제2호증의 3, 갑 제48호증의 각 기재에 의하면, A과 참가인이 이 사건 대출계약을 체결할 당시 A은 담보가치의 감소 등의 사유로 참가인이 요구하는 경우 추가로 담보를 제공하기로 약정한 사실이 인정된다. 여기에 위에서 본 것처럼 참가인과 A 사이의 이 사건 2010. 11. 26.자 계약이나 이 사건 담보신탁계약이 체결된 경위와 과정, 즉 원래 이 사건 대출 채무에 담보로 제공되었던 과천시 토지에 대한 1순위 수익권 등의 담보가치가 현저히 떨어져 참가인이 대출금 상환을 요구하자 A이 새롭게 이 사건 부동산을 담보로 제공한 것인 점, 참가인이 A에 대하여 위와 같은 추가담보제공약정에 의해 추가담보를 요구하고 그에 따라 대출기한을 6개월(종전 대출기간과 같은 기간임) 연장하여 준 것은 통상적으로 예상할 수 있는 금융기관의 채무자에 대한 거래행위로 볼 수 있는 점 등을 종합하면, 이 사건 담보신탁계약이 채무자인 A이 그 의무에 속하지 않는 행위를 한 것이라고 볼 수는 없다. 또 설령 그렇지 않다고 하더라도 위에서 본 것처럼 참가인은 이 사건 담보신탁계약 체결 당시 다른 채권자들을 해하게 됨을 알지 못한 것으로 보인다. 이 부분 피고의 주장은 받아들일 수 없다.

다음으로, 무상행위에 해당하는지에 관하여 본다. 법 제100조 제1항 제4호에서 정한 '무상부인'은 회사가 대가를 받지 않고 적극재산을 감소시키거나 소극재산인 채무를 증가시키는 일체의 무상행위 또는 이와 동시하여야 하는 행위, 즉 상대방이 반대급부로서 출연한 대가가 지나치게 근소하여 사실상 무상행위와 다름없는 행위를 그 대상으로 하는 것이다(대법원 2002. 3. 12. 선고 2000다55478 판결 참조).

그런데 이 사건 담보신탁계약 혹은 이 사건 2010. 11. 26.자 계약은, 앞서 본 것처럼 참가인으로서는 기존에 제공되었던 과천시 토지에 대한 우선수익권이 이 사건 공매절차를 통해 그 실질가치가 매우 하락하였음을 확인한 후(위에서 본 것처럼 최종 유찰된 공매가격은 약 141억 원이었고, 참가인은 원래 A이 이 사건 공매절차를 통해 위 토지의 소유권을 취득할 것으로 신뢰하였을 것인데 A은 이 사건 공매절차가 계속되어 유찰되도록 방치하였을 뿐만 아니라 참가인에게 과천시 타운하우스 사업의 사업권을 회수하는 소송을 제기할 예정이며 그 소송에 1년 정도 기간을 예상한다는 통지를 보내기도 하였다. 따라서 당시 참가인으로서는 이 사건 공매절차를 통해 이 사건 대출금을 회수하기는 어렵다고 판단하였을 것으로 추인된다), A로부터 추가담보를 제공받아 이 사건 대출금의 만기를 6개월간을 연장한 것으로, 사실상 새로운 대출계약이 체결된 것이나 다름없는 것으로 판단된다. 이를 무상행위로 볼 수는 없어, 이 부분 피고의 주장도 받아들일 수 없다.

27. 대법원 2015. 12. 23. 선고 2015다231092 판결 [투자금반환]

[논점] 신탁업자가 특정금전신탁의 신탁재산인 금전의 구체적인 운용방법을 미리 정하여 놓고 고객에게 계약 체결을 권유하는 등 실질적으로 투자를 권유하였다고 볼 수 있는 경우, 고객에 대한 주의의무

【이 유】

특정금전신탁은 위탁자가 신탁재산인 금전의 운용방법을 지정하는 금전신탁으로서 신탁업자는 위탁자가 지정한 운용방법대로 자산을 운용하여야 하고, 그 과정에서 신탁업자가 신탁재산에 대하여 선량한 관리자의 주의의무를 다하였다면 자기책임의 원칙상 신탁재산의 운용 결과에 대한 손익은 모두 수익자에게 귀속되는 것이지만(대법원 2007. 11. 29. 선고 2005다64552 판결 참조), 신탁업자가 특정금전신탁의 신탁재산인 금전의 구체적인 운용방법을 미리 정하여 놓고 고객에게 그 계약 체결을 권유하는 등 실질적으로 투자를 권유하였다고 볼 수 있는 경우에는, 신탁업자는 신탁재산의 구체적 운용방법에 따르는 수익구조와 위험요인을 합리적으로 조사하여 올바른 정보를 고객에게 제공하고 이를 고객이 이해할 수 있도록 명확히 설명함으로써 고객이 그 정보를 바탕으로 합리적인 투자판단을 할 수 있도록 고객을 보호하여야 할 주의의무가 있고, 이러한 주의의무를 위반한 결과 고객에게 손해가 발생한 때에는 불법행위로 인한 손해배상책임을 진다.

원심판결 이유에 의하면, 원심은 그 채택 증거에 의하여 판시와 같은 사실을 인정한 다음, 이 사건 특정금전신탁상품의 수익구조, 거래경위와 거래방법, 원고들의 투자상황 및 투자목적, 거래의 위험도 및 이에 대한 설명의 정도 등에 비추어 피고[97]는 이 사건 특정금전신탁상품의 안전성에 대한 검증을 제대로 하지 않았고, 피고 직원인 소외 1은 이 사건 특정금전신탁계약 체결 당시 원고들의 대리인인 소외 2에게 이 사건 특정금전신탁상품의 안전성에 관한 설명을 제대로 하지 않았으므로 피고는 민법 제756조의 사용자책임에 따라 원고들이 입은 손해를 배상할 책임이 있다고 판단하였다.

앞서 본 법리와 기록에 비추어 살펴보면, 원심의 위와 같은 판단은 정당하고,…

---

97) 이 사안에서 피고는 특정금전신탁을 설정하여 피고의 명의로 대주단의 일원으로 참가하여 이 사건 대출을 하는 방법으로 자금을 운용하였다. 이와 같이 특정금전신탁의 경우에는 수탁자가 대외적인 법률행위의 주체가 된다. 투자신탁 형태의 집합투자기구 역시 집합투자업자와 신탁업자간의 금전신탁관계가 개입하게 되므로 집합투자업자(자산운용사)의 운용지시에 따라 신탁업자인 수탁자가 투자신탁의 계산으로 대외적인 법률행위(예를 들면, 부동산집합투자기구가 부동산을 매수하는 경우 및 자금을 차입하는 경우)를 하게 된다(다만, 실무상 집합투자업자의 운용지시 등 책임관계를 명확히 하기 위하여 집합투자업자도 계약의 당사자로 참여시키는 것이 일반적이다).

[원심판결] 대구고등법원 2015. 7. 8. 선고 2014나22346 판결 [투자금반환]

【주 문】

1. 제1심판결 중 아래에서 지급을 명하는 돈을 초과하는 피고 패소부분을 취소하고, 그 취소부분에 해당하는 원고들의 청구를 모두 기각한다.

피고는 원고 1에게 269,241,460원, 원고 2에게 215,393,175원, 원고 3, 원고 4에게 각 161,544,886원 및 각 이에 대하여 2009. 3. 23.부터 2015. 7. 8.까지는 연 5%, 그 다음날부터 다 갚는 날까지는 연 20%의 각 비율로 계산한 돈을 지급하라.

2. 피고의 나머지 항소를 모두 기각한다.

3. 소송총비용 중 60%는 원고들이 부담하고, 40%는 피고가 부담한다.

4. 제1항에서 돈의 지급을 명하는 부분은 가집행할 수 있다.

【청구취지 및 항소취지】

1. 청구취지

가. 주위적 청구취지 : 피고는 원고 1에게 678,712,850원, 원고 2에게 542,970,289원, 원고 3, 원고 4에게 각 407,227,724원 및 각 이에 대하여 2013. 2. 15.부터 이 사건 소장 부본 송달일까지는 연 6%, 그 다음날부터 다 갚는 날까지는 연 20%의 비율로 계산한 돈을 지급하라.

나. 예비적 청구취지 : 피고는 원고 1에게 384,630,658원, 원고 2에게 307,704,536원, 원고 3, 원고 4에게 각 230,778,409원 및 각 이에 대하여 2009. 3. 23.부터 2013. 10. 30.까지는 연 5%, 그 다음날부터 다 갚는 날까지는 연 20%의 각 비율로 계산한 돈을 지급하라.

2. 항소취지

제1심판결 중 피고 패소부분을 취소하고, 그 취소부분에 해당하는 원고들의 청구를 모두 기각한다.

【이 유】

2) 책임의 제한

불법행위로 인한 손해배상사건에서 피해자에게 손해의 발생이나 확대에 관하여 과실이 있는 경우에는 배상책임의 범위를 정함에 있어서 당연히 이를 참작하여야 한다(대법원 2013. 1. 24. 선고 2012다29649 판결 등 참조).

앞서 본 인정사실과 갑 제1 내지 18호증, 을 제1 내지 15호증(각 가지번호 포함)의 각 기재에 변론 전체의 취지를 종합하여 알 수 있는 다음과 같은 원고의 과실이나 이 사건 특정금전신탁상품의 특징 등의 모든 사정을 참작하여 보면, 이 사건에서 피고의 책임은 형평의 원칙상 원고들이 입은 손해액의 70% 정도로 제한함이 타당하다.

① 기본적으로 금융상품의 투자자는 자기책임의 원칙에 따라 투자하고자 하는 금융상품의 개념과 내용, 손익구조, 투자위험성 등에 관하여 신중히 검토한 다음 투자 여부를 결정하여야 한다(대법원 2014. 2. 27. 선고 2011다112407 판결 참조). 따라서 원고들 내지 원고들을 대리하여 이 사건 특정금전신탁계약을 체결한 소외 2는 자기책임의 원칙에 따라 투자상품의 내용 등에 관하여 신중히 검토한 다음 투자 여부를 결정하여야 함에도 불구하고, 만연히 소외 2와 기존 거래관계에 있던 소외 1의 말만 믿고 이 사건 특정금전신탁상품에 가입하였다.[98)]

98) 1심판결은 "이 사건 특정금전신탁상품은 일본에 있는 △△△△ 골프장 인수에 필요한 자금의 대출채권에 투자하는 것으로,

② 더구나 원고들이 가입한 '특정금전신탁'은 위탁자가 지정한 운용방법에 따른 자산운용에 의하여 그 수익률이 변동함으로써 항상 위험이 따르고, 그 위험은 신탁회사가 신탁재산에 대하여 선량한 관리자로서의 주의의무를 다하지 아니하였다는 등의 특별한 사정이 없는 한 모두 수익자에게 귀속되는 상품으로(원본 보전과 이익 보족의 약정도 금지되어 있다), 자기책임주의와 실적배당주의를 그 본질로 하고 있다(대법원 2007. 11. 29. 선고 2005다64552 판결 등 참조).

③ 이 사건 특정금전신탁상품은 일본에 있는 리조트사업에 대출하여 연 12%의 높은 수익률을 추구하는 것으로, 필연적으로 높은 투자위험이 상존하고 있었다.

④ 소외 2는 과거 여러 차례에 걸쳐 주식형 펀드, ELS, 부동산시행사업 등의 원금손실위험이 있는 상품에 투자한 경험이 있었으므로, 이 사건 특정금전신탁상품에 가입하는 데 따르는 손실발생의 위험성을 충분히 인식할 수 있었다.

[1심판결] 대구지방법원 2014. 9. 4. 선고 2013가합10141 판결 [투자금반환]

【주 문】

1. 원고들의 주위적 청구를 모두 기각한다.

2. 피고는 원고 1에게 384,630,658원, 원고 2에게 307,704,536원, 원고 3, 원고 4에게 각 230,778,409원 및 위 각 돈에 대하여 2009. 3. 23.부터 2013. 10. 30.까지는 연 5%, 그 다음날부터 다 갚는 날까지는 연 20%의 각 비율로 계산한 각 돈을 지급하라.

3. 소송비용 중 45%는 원고들이, 나머지 55%는 피고가 각 부담한다.

4. 제2항은 가집행 할 수 있다.

【청구취지】

주위적 청구취지 : 피고는 원고 1에게 금678,712,850원, 원고 2에게 금542,970,289원, 원고 3, 원고 4에게 각 407,227,724원 및 위 각 돈에 대하여 2013. 2. 15.부터 이 사건 소장부본 송달일까지는 연 6%, 그 다음날부터 다 갚는 날까지는 연 20%로 계산한 각 돈을 각 지급하라.

예비적 청구취지 : 주문 제2항과 같다.

【이 유】

나. 손해배상책임의 발생

1) 관련법리[99]

투자신탁상품 판매자가 고객에게 투자신탁상품의 매입을 권유할 때에는 그 투자에 따르는 위험을

개인투자자에 불과한 소외 2 또는 원고들로서는 이 사건 대출약정에 따라 제공된 담보물의 담보가치에 대한 정보를 직접 수집하기가 어려워 피고를 통하여 얻은 정보에 의존하여 이 사건 특정금전신탁계약 체결 여부를 결정할 수밖에 없었던 점, 이 사건 특정금전신탁계약에 따라 손실이 발생하게 된 주요 원인은 피고가 북성골프그룹(주) 또는 한양증권(주)로부터 교부받은 자료에 의존하여 북성골프그룹(주)가 제공한 담보 및 신용보강방안의 실질적 내용을 제대로 확인하지 않은 과실로 인한 것임을 고려할 때, 원고들에게 이 사건 특정금전신탁계약 체결에 대한 과실이 있다고 보기 어렵다."고 하였으나, 원심판결은 원고들이 피고를 통해 얻은 정보를 신중한 검토없이 신뢰하였다는 점을 과실상계의 주요 이유로 들고 있다.

99) 이 사안은 자본시장법 시행 이전의 사안이어서 투자권유단계에서의 고객보호의무를 투자신탁에 관한 법리를 유추적용 또는 원용하고 있다. 자본시장법 하에서는 특정금전신탁의 경우에도 신탁업자에게는 투자권유와 관련하여 신의성실의무(제37조), 적합성의 원칙(제46조), 적정성의 원칙(제26조의2), 설명의무(제47조), 부당권유금지(제49조) 등 이와 같은 판례법리에 의해 인정되던 투자권유와 관련된 고객보호의무의 내용을 구성하는 각종 의무가 인정된다. 단, 자본시장법상의 적합성의 원칙(제46조), 적정성의 원칙(제46조의2) 및 설명의무(제47조)는 고객이 일반투자자인 경우에 한하여 적용된다.

포함하여 당해 투자신탁의 특성과 주요 내용을 설명함으로써 고객이 그 정보를 바탕으로 합리적인 투자판단을 할 수 있도록 고객을 보호하여야 할 주의의무가 있고, 이때 고객에게 어느 정도의 설명을 하여야 하는지는 투자 대상인 상품의 특성 및 위험도의 수준, 고객의 투자 경험과 능력 등을 종합적으로 고려하여야 한다(대법원 2003. 7. 11. 선고 2001다11802 판결 참조).

특정금전신탁은 은행의 전통적인 신용중개업무와는 달리 처음부터 고객의 기업에 대한 직접 투자를 신탁의 형식으로 중개 내지 알선하는 것으로서 그 업무의 성질상 증권회사나 투자신탁회사의 그것과 유사할 뿐만 아니라 신탁계약에 있어서 수탁자에게 선량한 관리자로서의 주의의무나 신의성실의무가 부여된다.

따라서, 특정금전신탁업무를 처리하는 은행직원은 일반금융상품을 판매할 때보다 고객에게 당해 투자대상에 대한 특성, 관련 경제지표의 동향, 원본의 결손 우려가 있을 때에는 그 취지 및 당해 사유 등에 관하여 설명의무를 다하여야 함은 물론, 증권회사 임직원과 유사하게 허위표시 또는 단정적 판단의 제공 등과 같은 부당권유의 방법으로 당해 투자행위에 필연적으로 수반되는 위험성에 관한 고객의 올바른 인식형성을 방해하지 아니하고, 고객의 투자상황에 비추어 과대한 위험이 수반하는 거래를 적극적으로 권유하는 것을 회피하여야 할 고객보호의무를 부담한다.

3) 판단

위 인정사실 및 갑 제6, 7호증, 제15호증의 1, 을 제1, 2호증의 각 기재, 증인 소외 1의 증언에 변론 전체의 취지를 종합하여 인정할 수 있는 다음과 같은 사정 등 이 사건 특정금전신탁상품의 수익구조, 거래경위와 거래방법, 원고의 투자상황 및 투자목적, 거래의 위험도 및 이에 대한 설명의 정도 등을 종합하여 보면, 피고의 이 사건 특정금전신탁상품 개발 담당 직원들은 이 사건 특정금전신탁상품의 안전성에 대한 검증을 제대로 하지 않았고, 소외 1은 이 사건 특정금전신탁계약 체결 당시 소외 2에게 이 사건 특정금전신탁상품의 안전성에 관한 설명을 제대로 하지 않았다고 봄이 상당하므로, 피고는 민법 제756조의 사용자책임에 따라 피고 직원들의 원고들에 대한 보호의무 또는 설명의무 위반으로 인하여 원고들이 입은 손해를 배상할 책임이 있다.

① 이 사건 특정금전신탁상품은 일본에 있는 골프장 및 리조트 인수에 필요한 자금의 대출채권에 투자하는 것으로, 개인투자자에 불과한 소외 2 또는 원고들로서는 일본 소재 골프장의 실질 가치, 양도담보로 제공된 협약골프장에 예치된 이용보증금의 존재 여부 등 이 사건 대출약정에 따라 제공된 담보물의 담보가치에 대한 정보를 직접 수집하기가 어려워 피고를 통하여 얻은 정보에 의존하여 이 사건 특정금전신탁계약 체결 여부를 결정할 수밖에 없었다.

② 그런데, 위 인정사실에서 본 바와 같이 피고 직원인 소외 1이 이 사건 특정금전신탁계약 체결 당시 소외 2에게 제시·교부하며 설명한 위 인수금융 설명서의 제2항 채권보전방안의 담보는 존재하지 않거나 그 가액 및 인수대금이 과다하게 부풀려진 것이었고, 신용보강방안 역시 실질적으로는 가치가 없는 것으로 확인되었다.[100]

③ 위 인수금융 설명서에 기재된 채권보전방안은 피고가 주관사인 한양증권(주)로부터 교부받은 자료에 근거한 것이기는 하다. 그러나, 피고가 한양증권(주)로부터 교부받은 자료에는 △△△△ 골프장

100) 신용보강과 관련하여, 실무상 시행사의 주식에 대한 담보는 주식 그 자체의 가치보다는 추후 시행사 대주주 또는 시행사 교체 등 시행사 통제를 목적으로 질권이나 양도담보권의 형태로 설정하는 것이고, 시행사의 대표이사 및/또는 대주주의 연대보증(이 경우에는 보증인 보호를 위한 특별법이 적용되지 않는다. 동법 제2조 제1호) 역시 그 보증인의 자력 여하에 관계없이 여신심사 등의 목적으로 요구되고 있는 실정이므로 이 부분이 중대한 고려요소가 되기에는 한계가 있는 것으로 생각된다.

과 △△△△△△ 골프장의 감정평가액, 인수(투자)금액, 협약골프장 이용보증금의 직접적인 근거가 무엇인지에 대한 자료가 부족하다. 또한 △△△△ 골프장 및 △△△△△△ 골프장에 대한 일본인 감정평가사의 감정평가액과 나라감정평가법인 소속 감정평가사인 소외 6의 감정평가액이 3~4배 가량 차이가 나는데, 피고는 위 두 골프장에 대하여 직접 감정평가를 하거나, 어떠한 근거에서 위와 같은 금액이 감정평가액으로 결정된 것인지, 두 감정평가액이 크게 차이가 나는 이유가 무엇인지에 관하여 검증하지 아니하였다.

금융기관인 피고로서는 개인투자자인 원고들로부터 신탁금을 지급받아 이 사건 대출약정에 따른 대출금채권에 투자를 하면서, 주관사인 한양증권(주)로부터 교부받은 자료에만 의존할 것이 아니라, 피고 스스로 대출금 회수 가능성을 좌우하는 담보의 존재 및 가치에 관하여 직접 확인하여야 함에도 피고의 담당직원들은 이를 확인하지 아니하였다.

또한, 피고 직원 소외 1은 이 사건 특정금전신탁계약 체결 당시 소외 2에게 △△△△리조트 인수금융 참여제안서(갑 제6호증), △△△△리조트 인수금융 설명서(갑 제7호증)을 제시하며 설명하는데 그쳤고, 위 인수금융 설명서에 기재된 담보의 감정평가액, 인수(투자)금액, 유효담보가 등이 어떠한 근거에 의하여 책정된 것인지, 담보와 관련하여 피고가 직접 확인한 사항은 어떤 것이고, 확인하지 못한 사항은 어떤 것인지를 제대로 설명하지 않았다.

위와 같은 점을 고려하면, 주관사인 한양증권(주)로부터 교부받은 자료를 확인하였다 하는 사정만으로 피고가 원고들에 대한 보호의무 또는 설명의무를 다하였다고 보기는 어렵다.[101]

④ 위 인수금융 설명서에는 '관련 리스크'라는 항목 아래, ㉮ 카지노(게임센터) 인허가 리스크, ㉯ 일본업제연구소의 투자금 입금 리스크, ㉰ 투자금 회수 관련 법적 리스크, ㉱ 회원권 분양 리스크, ㉲ 골프장 매매가 하락 리스크, ㉳ 담보물건의 환가기간 및 투자기간의 불확실성 리스크를 설명하는 항목이 있기는 하다.

그러나, 위 ㉮, ㉯, ㉰, ㉱, ㉳항의 각 위험성은 이 사건 대출금 회수 과정에서 손실 발생에 영향을 끼친 주요 요소가 아니었을 뿐만 아니라 위 각 위험성 설명 항목에 대하여는 아래와 같은 내용의 부연 설명이 있었다.

…

위 설명 내용 중 ㉯, ㉱, ㉲항은 그 내용의 진실성에 대하여 조사 및 검증을 거쳤는지 확인할 자료가 부족하다. 특히 ㉲항의 설명은 앞서 본 바와 같이 △△△△ 골프장과 △△△△△△ 골프장의 실제 매수금액 및 담보가치, 협약골프장의 보증금 유무에 대한 조사 및 검증이 제대로 이루어지지 아니한 상태에서 허위의 사실을 기초로 한 설명에 불과하다.

⑤ 피고는 이 사건 대출약정을 체결한 다음날인 2008. 3. 20. 각 대주단의 대출금 선취이자와 취급수수료 등 제 비용을 공제한 나머지 금액인 10,600,050,004원 및 연장시이자 6개월분 예치금 147,123,288원을 북성골프그룹(주)의 계좌로 입금하여, 대주단이 이 사건 대출약정에 따라 북성골프그룹(주)에게 실제로 지급하여야 할 대출금액의 대부분을 이 사건 대출약정 체결 직후 북성골프그룹(주)의 계좌로 입금하였다.

북성골프그룹(주)의 계좌로 입금된 위 돈 중 10,363,050,003원(1,205,274,823엔)은 2008. 3. 21. 북성골

---

101) 실무상 대주단에의 참여는 주관사가 제시하는 자료를 신뢰하여 이루어지는 경우가 일반적이나, 위 판결에 따르면 주관사가 제시하는 자료에만 의존해서는 아니 되고, 그 근거, 타당성, 회수가능성 여부 등에 대한 독자적인 판단이 요구된다고 할 것이다.

프그룹(주)의 일본 내 자금 관리계좌인 국민은행 계좌로 이체된 후 2008. 3. 24. △△△△ 골프장 인수잔금 명목으로 9억 7,000만 엔이 지급된 것을 비롯하여 2008. 6. 30.까지 거의 대부분 사용되었다.

피고로서는 위 대출금이 △△△△ 골프장 매수자금으로 사용되는 것을 보장하기 위하여 위 골프장의 매도인에게 직접 매수대금을 지급하는 등의 방식으로 위 대출금을 지급할 수 있었음에도 위와 같이 이 사건 대출약정 체결일 다음날 대출금의 거의 대부분을 북성골프그룹(주)의 계좌로 입금하였다.[102]

⑥ 피고는 2011. 1. 14. 이 사건 특정금전신탁상품에 투자하기로 결정한 담당직원인 소외 10 본부장, 소외 11 부장, 소외 12 과장에 대하여, 자체 징계절차를 거쳐 이 사건 대출약정에 따라 담보로 제공된 협약골프장 이용보증금 등 담보확인을 소홀히 한 것에 대한 책임을 물어 징계처분 및 변상처분을 하였다.

…

2) 책임제한에 관한 판단

나) 판단

…위 인정사실 및 이 사건 특정금전신탁상품이 원금이 보장되지 않을 수도 있는 상품이라는 점만으로 이 사건 특정금전신탁계약 체결에 있어 원고들에게 과실이 있다고 인정하기에 부족하고, 달리 이를 인정할 만한 증거가 없다.

오히려, 앞서 본 바와 같이 이 사건 특정금전신탁상품은 일본에 있는 △△△△ 골프장 인수에 필요한 자금의 대출채권에 투자하는 것으로, 개인투자자에 불과한 소외 2 또는 원고들로서는 이 사건 대출약정에 따라 제공된 담보물의 담보가치에 대한 정보를 직접 수집하기가 어려워 피고를 통하여 얻은 정보에 의존하여 이 사건 특정금전신탁계약 체결 여부를 결정할 수밖에 없었던 점, 이 사건 특정금전신탁계약에 따라 손실이 발생하게 된 주요 원인은 피고가 북성골프그룹(주) 또는 한양증권(주)로부터 교부받은 자료에 의존하여 북성골프그룹(주)가 제공한 담보 및 신용보강방안의 실질적 내용을 제대로 확인하지 않은 과실로 인한 것임을 고려할 때, 원고들에게 이 사건 특정금전신탁계약 체결에 대한 과실이 있다고 보기 어렵다.

28. 대법원 2015. 12. 23. 선고 2013다83428 판결 [손해배상(기)등]

[논점] 채무자가 기존 채무의 이행을 유예받기 위하여 채권자 중 한 사람을 수익자로 하는 신탁계약을 체결하고 신탁을 원인으로 소유권이전등기를 하는 행위가 사해행위에 해당하는지 여부

【이 유】

1. 채무초과상태에 있는 채무자가 그 소유의 부동산을 채권자 중의 어느 한 사람에게 채권담보로 제공하는 행위는 특별한 사정이 없는 한 다른 채권자들에 대한 관계에서 사해행위에 해당하지만, 자금난으로 사업을 계속 추진하기 어려운 상황에 처한 채무자가 자금을 융통하여 사업을 계속 추진하는 것이 채무 변제력을 갖게 되는 최선의 방법이라고 생각하고 신규자금을 융통하기 위하여 부득이 부동산을 특정 채권자에게 담보로 제공하고 그로부터 신규자금을 추가로 융통받았다면 특별한 사정이 없는 한 채무자의 담보권 설정행위는 사해행위에 해당하지 아니한다(대법원 2001. 5. 8. 선고 2000다50015 판결 등 참조). 이러한 법리는 위 담보권 설정에 갈음하여 신규로 자금을 제공하는 채권자와 사이에 위 채권

102) 대출실무상 대출금이 차주 명의의 계좌로 입금되는 방법으로 대출을 실행하는 것이 일반적이다. 따라서 대출금이 차주의 계좌로 입금되었다는 점이 중요한 고려요소가 되어서는 안 될 것으로 생각된다.

자 혹은 그가 지정하는 제3자를 수익자로 하는 신탁계약을 체결하고 신탁을 원인으로 소유권이전등기를 하는 경우에도 마찬가지로 적용된다 할 것이고, 이러한 방식의 신탁행위의 사해성 여부는 신탁계약 당시의 채권채무관계를 비롯하여 신탁의 경위 및 목적과 경제적 의미, 신탁을 통하여 제공받은 자금의 사용처, 다른 일반 채권자들에 대한 관계에서 실효적 강제집행이나 그 밖의 채권 만족의 가능성에 새로운 장애가 생겨났는지 여부 등 관련 사정들을 종합적으로 고려하여 합목적적으로 판단하여야 한다(대법원 2008. 10. 23. 선고 2008다42874 판결, 대법원 2011. 5. 23.자 2009마1176 결정 등 참조).

그런데 이미 채무초과 상태에 빠진 채무자 및 그의 일반채권자에 대한 관계에서 사업 활동에 실제로 활용할 수 있는 신규자금의 유입과 기존채무의 이행기의 연장 내지 채권회수의 유예는 사업의 갱생이나 계속적 추진을 위하여 가지는 경제적 의미가 동일하다고 볼 수 없다. 따라서 비록 사업의 갱생이나 계속 추진의 의도에서 이루어진 행위라 하더라도, 기존 채무의 이행을 유예받기 위하여 채권자 중 한 사람에게 그 소유의 부동산을 담보로 제공하거나 그 채권자를 수익자로 하는 신탁계약을 체결하고 신탁을 원인으로 소유권이전등기를 하는 행위는 다른 특별한 사정이 없는 한 사해행위에 해당한다고 볼 수 있다(대법원 2009. 3. 12. 선고 2008다29215 판결, 대법원 2010. 4. 29. 선고 2009다104564 판결 등 참조). 이에 비추어 보면, 채무초과 상태인 채무자가 새로운 채권자에게 그 소유의 부동산을 담보로 제공하거나 그를 수익자로 하는 신탁계약을 체결하고 자금을 빌려 그 자금의 전부 또는 대부분으로 기존 채무를 변제하는 경우에도, 그 실질은 신규자금의 유입 없이 단지 기존채무의 이행을 유예받기 위하여 특정채권자에게 담보를 제공하거나 담보 목적의 신탁계약을 체결하는 것과 크게 다르지 않으므로, 이러한 사정을 참작하여 그 신탁행위의 사해성 여부를 판단하여야 한다.

…

3. 위와 같은 사실관계를 앞에서 본 법리에 비추어 살펴보면,

(1) 우리개발이 이 사건 신탁계약 당시 채무초과 상태였고, 위 이사회 결의와 같이 위 신규대출 자금의 전부 또는 대부분을 기존 채무의 변제에 사용하였다면, 설령 우리개발이 위 골프장 조성사업의 갱생이나 계속적 추진을 위한 의도에서 신규자금을 대출받았다 하더라도, 위 골프장의 조성사업을 위하여 실제로 활용할 수 있는 자금이 새로 유입되었다 할 수 없고 실질적으로 이는 위 변제액 상당의 기존 채무에 관하여 담보를 제공하고 기한의 유예를 받은 것과 마찬가지에 불과하여, 별다른 사정이 없는 한 이 사건 신탁계약이 원고들을 비롯한 다른 일반 채권자들에 대한 관계에서 공동담보를 해치는 결과를 초래함을 쉽게 부정할 수 없으므로, (2) 이러한 사정에 불구하고 이 사건 신탁계약의 사해성이 인정되지 아니한다고 보기 위해서는, 이 사건 신탁계약 당시 우리개발의 채무초과 여부 및 정도, 기존 채무의 내용 및 위 신규자금의 사용처, 기존 채무 변제에 의한 기한의 유예가 골프장 조성사업의 갱생이나 계속적 추진에 대하여 기여한 내용 및 실질적인 효과를 구체적으로 밝히고, 이러한 사정들을 종합하여 볼 때에 이 사건 신탁계약에 의한 위 신규 대출이 객관적으로 다른 일반 채권자들에 대한 채무 변제력을 높이거나 유지하는 데에 기여할 수 있었다고 인정될 수 있어야 한다.

4. 그럼에도, 이와 달리 원심은 위와 같은 사정들에 관하여 충분히 살펴보지 아니한 채, 우리개발이 골프장 사업을 계속 진행하기 위해서는 기존 대출금을 변제함으로써 골프장 사업부지인 이 사건 토지 등에 대한 강제집행을 막아야 할 필요가 있었고 그에 필요한 자금을 한국저축은행 등으로부터 융통하기 위해서는 담보제공 방법으로서 신탁계약을 체결할 필요가 있었다는 사정만을 주된 이유로 들어, 이 사건 신탁계약이 원고들에 대한 관계에서 사해행위에 해당하지 아니한다고 단정하고 말았다.

따라서 이러한 원심의 판단에는 사해행위의 요건에 관한 법리 등을 오해한 나머지 필요한 심리를 다하지 아니한 위법이 있다.

[원심판결] 서울고등법원 2013. 9. 12. 선고 2012나84167 판결 [손해배상(기)]

【주 문】

원고들의 항소를 모두 기각한다.

원고들이 이 법원에서 추가한 사해행위취소청구와 원상회복청구를 모두 기각한다.

항소 이후의 소송비용은 원고들이 부담한다.

【청구취지 및 항소취지】

1. 청구취지

제1심 공동피고 ㈜C(이하, 'C'이라 한다)이 피고 ㈜하나다올신탁(이하, '하나신탁'이라 한다)과 2010. 2. 11. 체결한 별지1 목록 기재 각 부동산에 관한 신탁계약을 취소한다는 판결(원고들은 주위적으로 C에 대한 채권(피보전채권)의 한도에서 사해행위의 일부취소와 예비적으로 사해행위의 전부 취소를 구한다. 그러나 예비적 청구는 주위적 청구와 양립되지 않는 모순 관계에 있는 것이 필요하므로 동일한 목적물에 관하여 동일한 청구원인을 내용으로 하면서 주된 청구의 수량만을 감축한 청구는 소송상의 예비적 청구로 볼 수 없고, 이 경우에 수량을 감축한 청구 부분에 대하여 따로 나누어 판단할 필요가 없고(대법원 1972. 2. 29. 선고 71다1313 판결 참조), 이는 이 사건과 같이 주된 청구의 수량을 확장한 반대의 경우에도 마찬가지이다. 따라서 원고들의 피고 하나신탁에 대한 사해행위취소에 관한 청구는 그 취소범위만을 달리한 것에 불과하므로 소송상의 주위적, 예비적 청구로 볼 수 없다.

[원상회복에 관한 주위적 청구취지] 피고 하나신탁은 C에 별지1 목록 기재 각 부동산에 관하여 춘천지방법원 2010. 2. 11. 접수 제7008호로 마친 소유권이전등기의 말소등기절차를 이행하라는 판결(원고들은 피고 하나신탁에 대하여 주위적으로 가액배상을, 예비적으로 원물반환으로 소유권이전등기의 말소등기청구를 구한다. 그러나 사해행위에 해당하는 법률행위의 전부 취소와 원물인 부동산 자체의 반환을 구하는 청구취지 속에는 위와 같이 일부 취소를 하여야 할 경우에 그 일부 취소와 가액배상을 구하는 취지도 포함되어 있다고 볼 수 있으므로 채권자가 원상회복만을 구하는 경우에도 청구취지의 변경이 없더라도 법원은 가액의 배상을 명할 수 있다(대법원 2001. 6. 12. 선고 99다20612 판결 참조), 따라서 원고들의 피고 하나신탁에 대한 주위적, 예비적 청구도 진정한 의미의 주위적, 예비적 청구로 볼 수는 없다).

[원상회복에 관한 예비적 청구취지] 파산채무자 한국저축은행(이하, 피고들 상호에서 '㈜'는 생략한다), 진흥저축은행, 경기저축은행, 피고 영남저축은행은 피고 하나신탁에 별지1 목록 기재 각 부동산 중 별지2 목록 기재 공유자지분에 관하여 춘천지방법원 2011. 6. 28. 접수 제35032호로 마친 각 소유권이전등기의 말소등기절차를 이행하라는 판결(원고들은 이 법원에서 별지1 목록 순번 1에서 24, 26에서 42 기재 각 부동산에 대한 사해행위취소청구 및 사해행위취소로 인한 원상회복에 관한 주위적, 예비적 청구를 추가하였다).

2. 항소취지

제1심 판결 중 피고들에 대한 부분을 취소한다. 별지1 목록 순번 25 기재 부동산에 대한 사해행위취소에 관한 청구취지 및 원상회복에 관한 주위적, 예비적 청구취지 기재와 같은 판결.

【이 유】

3. 이 법원의 판단

가. 원고들의 C에 대한 입회금반환채권 또는 손해배상채권이 채권자취소권의 피보전채권이 될 수 있

는지 여부

채권자취소권은 사해행위에 의하여 손해를 입은 채권자에게 부여되는 것이므로 채권자취소권에 의하여 보호될 수 있는 채권은 원칙적으로 사해행위라고 볼 수 있는 행위가 행하여지기 전에 발생되어 있어야 한다. 그러나 사해행위에 당시에 채권이 발생하고 있지 않아도 그 사해행위 당시에 이미 채권 성립의 기초가 되는 법률관계가 발생 되어 있고, 가까운 장래에 그 법률관계에 기하여 채권이 성립될 것이라는 고도의 개연성이 있으며, 실제로 가까운 장래에 그 개연성이 현실화되어 채권이 성립된 경우에는 그 채권도 채권자취소권의 피보전채권이 될 수 있다(대법원 1995. 11. 28. 선고 95다27905 판결, 대법원 1999. 4. 27. 선고 98다56690 판결 등 참조).

앞서 본 전제사실에 의하면, 원고들은 2010. 1. 중순 무렵 C과 사이에 골프클럽의 회원 입회계약을 체결하여 계약금을 납입함으로써 C이 2010. 2. 11. 피고 하나신탁과 사이에 신탁계약을 체결할 당시 이미 채권의 기초가 되는 법률관계가 발생하였고 그 이후 골프장 조성공사가 중단되는 등 가까운 장래에 그 법률관계에 기초하여 골프클럽의 회원가입계약 이행불능에 따른 계약해제를 원인으로 한 입회금반환채권 또는 손해배상채권이 성립하리라는 점에 대한 고도의 개연성이 있었으며 실제로 그로부터 얼마 지나지 않아 그 개연성이 현실화되어 입회금반환채권 또는 손해배상채권이 성립하였으므로 원고들의 C에 대한 입회금반환채권 또는 손해배상채권은 채권자취소권의 피보전채권이 될 수 있다. 원고들의 주장은 이유 있다.

나. C이 피고 하나신탁과 체결한 신탁계약이 사해행위에 해당하는지 여부

(2) 채무초과상태에 있는 채무자가 그 소유의 부동산을 채권자 중의 어느 한 사람에게 채권담보로 제공하는 행위는 특별한 사정이 없는 한 다른 채권자들에 대한 관계에서 사해행위에 해당한다. 그러나 자금난으로 사업을 계속 추진하기 어려운 상황에 처한 채무자가 자금을 융통하여 사업을 계속 추진하는 것이 채무 변제력을 갖게 되는 최선의 방법이라고 생각하고 자금을 융통하기 위하여 부득이 부동산을 특정 채권자에게 담보로 제공하고 그로부터 신규자금을 추가로 융통받았다면 특별한 사정이 없는 한 채무자의 담보권 설정행위는 사해행위에 해당하지 아니한다. 이는 담보권 설정에 갈음하여 신규로 자금을 제공하는 채권자와 사이에 그 채권자나 그가 지정하는 제3자를 수익자로 하는 신탁계약을 체결하고 신탁을 원인으로 소유권이전등기를 하는 경우에도 마찬가지이다(대법원 2001. 5. 8. 선고 2000다50015 판결, 대법원 2001. 7. 27. 선고 2001다13709 판결 등 참조). 따라서 이러한 방식의 신탁행위가 사해행위에 해당하는지는 신탁계약 당시의 채권채무관계를 비롯하여 신탁의 경위와 목적 및 경제적 의미, 신탁을 통하여 제공받은 자금의 사용처 등 관련 사정들을 종합적으로 고려하여 판단하여야 한다(대법원 2008. 10. 23. 선고 2008다42874 판결 참조). 그리고 사해행위취소소송에 있어서 채무자의 악의의 점에 대하여는 그 취소를 주장하는 채권자가 입증하여야 한다(대법원 1997. 5. 23. 선고 95다51908 판결 참조).

앞서 본 전제사실과 위 인정사실에 의하면, 채무자인 C은 골프장 조성사업과 관련한 기존 채무를 변제하기 위하여 저축은행들로부터 자금을 조달하면서 그 대출금채무를 담보하기 위하여 골프장 사업 부지인 이 사건 토지에 관하여 신탁계약을 체결하였다. C로서는 원고들을 포함한 골프클럽의 회원으로 가입한 계약자들과의 계약을 이행하고 기존 채권자들에 대한 채무를 변제하기 위해서는 어떠한 방법으로든 골프장 조성공사를 마쳐 골프장 사업을 정상적으로 운영하여야 할 처지에 있었다. C이 골프장 사업을 계속 진행하기 위해서는 기존 대출금 채무를 변제함으로써 C의 자산으로서 골프장 사업 부지인 이 사건 토지 등에 대한 강제집행을 막아야 할 필요도 있었고, 그에 필요한 자금을 파산채무자 한국저축은행 등으로부터 융통하기 위해서는 담보제공 방법으로서 신탁계약을 체결할 필요가 있었다.

그러므로 C이 피고 하나신탁과 체결한 신탁계약은 C이 기존 대출금채무를 변제하고 골프장 조성사업을 계속 진행하는 것만이 원고들을 비롯한 골프장 회원 입회계약자나 일반채권자들의 피해를 줄이고 자신의 채무변제력을 갖게 되는 최선의 방법이라고 생각한 끝에 한국저축은행 등으로부터 대출을 받으면서 그 대출금채무를 담보하기 위한 것으로서 원고들에 대한 관계에서 사해행위에 해당한다고 볼 수 없다.

29. 대법원 2015. 10. 29. 선고 2013다83992 판결 [사해행위취소][103]

[논점] 채무자가 유일한 재산인 부동산을 매각하여 소비하기 쉬운 금전으로 바꾸는 행위가 사해행위에 해당하는지 여부

【이 유】

1. 채무자가 자기의 유일한 재산인 부동산을 매각하여 소비하기 쉬운 금전으로 바꾸는 행위는 원칙적으로 사해행위가 된다고 할 것이지만(대법원 1998. 4. 14. 선고 97다54420 판결 등 참조), 그 부동산의 매각 목적이 채무의 변제 또는 변제자력을 얻기 위한 것이고, 그 대금이 부당한 염가가 아니며, 실제 이를 채권자에 대한 변제에 사용하거나 변제자력을 유지하고 있는 경우에는, 채무자가 일부 채권자와 통모하여 다른 채권자를 해할 의사를 가지고 변제를 하는 등의 특별한 사정이 없는 한, 사해행위에 해당한다고 볼 수 없다(대법원1966. 10. 4. 선고 66다1535 판결 등 참조).

2. 원심판결 이유 및 기록에 의하면 다음과 같은 사실을 알 수 있다.

가. 주식회사 맥스리얼티(이하 '맥스리얼티'라고 한다)가 주식회사 코람코자산신탁(이하 '코람코자산신탁'이라고 한다)에 신탁해 놓은 이 사건 각 부동산에 대하여 2009. 4. 17. 근저당권자인 한국외환은행의 신청에 따라 서울중앙지방법원 2009타경15801호로 임의경매절차가 개시되었다.

나. 맥스리얼티는 자금을 확보하여 경매를 취하시키기 위하여 주식회사 우림엠에스(이하'우림엠에스'라고 한다)에게 이 사건 각 부동산의 환매조건부 매수를 제의하였다. 그러나 우림엠에스는 이 사건 각 부동산의 예상 매각가격인 100억 원을 현금으로 마련할 수 없었고 대기업으로 분류되어 담보대출을 받을 수도 없었으므로, 우림엠에스가 90%의 주식을 소유하고 있는 피고가 이 사건 각 부동산을 매수하기로 하였다.

다. 그에 따라 맥스리얼티는 피고와 사이에, 이 사건 각 부동산의 대금을 130억 원으로 정하되, 경매취하 등에 필요한 90억 원은 즉시 지급받고 나머지 대금은 3년 후 지급받기로 합의하고, 2009. 6. 24.경 '이 사건 각 부동산 및 그에 설치되거나 비치된 각종 시설과 설비및 영업권을 139억 6,425만 원(부가가치세 9억 6,425만 원 포함)에 매도하되 계약금 및 중도금으로 2009. 6. 29. 90억 1,425만 원을 지급받고 잔금 지급일은 추후 시설 및 설비목록을 작성하여 실물조사를 마친 후 협의한다'는 내용의 매매계약서를 작성하였다.

라. 맥스리얼티는 2009. 6. 24.경 피고와 사이에 피고가 이 사건 각 부동산에 대한 소유권이전등기를 마친 후 3년 내에 맥스리얼티가 매매대금 85억 원과 피고가 매매비용으로 부담한 5억 원을 피고에게 반환하고 이 사건 각 부동산을 환매할 수 있으며, 피고는 이 사건 각 부동산을 신탁회사에 신탁하고 미지급된 매매잔금 49억 5,000만 원 중 피고가 인수하는 임대차보증금 8억 5,000만 원을 제외한 41억 원에 대하여 맥스리얼티를 2순위 수익권자로 하여 수익권 증서를 발행하기로 하는 약정을 하였으며, 한

103) 이 판결에 대한 평석은, 박정제, 채무자가 유일한 부동산을 상당한 대가를 받고 매각하고 그 매각 대금으로 일부 채권자에게 변제한 경우 매각행위가 사해행위에 해당하는지 여부, 대법원판례해설 제105호, 법원도서관, 69면 이하를 참고할 것.

편 같은 날 맥스리얼티의 환매대금에서 이 사건 각 부동산의 매매대금 130억 원 중 잔금 45억 원이 제외된다는 의미로 맥스리얼티가 피고에게 이 사건 각 부동산을 대금 85억 원에 매도하기로 하는 계약(이하 '이사건 매매계약'이라고 한다)과 이 사건 각 부동산에 설치되거나 비치된 각종 시설과 설비 및 영업권을 대금 45억 원(부가가치세 별도)에 매도하되 매매대금은 3년 후인 2012. 6. 29. 지급받기로 하는 계약을 나누어서 체결하였다.

마. 피고는 위와 같은 매수 계획에 따라 2009. 6. 29. 케이비부동산신탁 주식회사(이하 '케이비부동산신탁'이라고 한다)에게 이 사건 각 부동산을 신탁기간 2009. 6. 29.부터 2012. 8. 29.까지로 정하여 신탁하고, 국민은행을 1순위 우선수익자(수익권리금액 104억 원), 맥스리얼티를 2순위 우선수익자(수익권리금액 41억 원)로 정하는 내용의 신탁계약을 체결하였다.

바. 맥스리얼티는 코람코자산신탁에 신탁되어 있던 이 사건 각 부동산에 관하여 2009. 7. 14. 신탁재산의 귀속을 원인으로 하여 자신에게 소유권이전등기를 마친 다음 피고에게 이사건 매매계약을 원인으로 한 소유권이전등기를 마쳐주었으며, 같은 날 피고는 케이비부동산신탁에게 위 신탁계약을 원인으로 한 소유권이전등기를 마쳐주었다.

사. 피고는 2009. 7. 14. 위와 같이 이 사건 각 부동산에 관하여 순차로 소유권이전등기를 마침과 동시에 근저당권자인 한국외환은행에 44억 원, 코람코자산신탁과의 신탁계약에 따른 1순위 우선수익권자인 부림상호저축은행에 41억 원, 가압류채권자인 소외 1에게 4억4,950만 원, 코람코자산신탁에 4,500만 원을 각 지급하여 맥스리얼티의 채무를 대위변제하고, 가압류채권자에 대한 공탁금으로 1,800만 원 등을 지출하는 등의 방법으로 맥스리얼티에게 이 사건 각 부동산의 매매대금 90억 1,425만 원을 지급하였다. 한국외환은행은 같은 날 임의경매를 취하함과 동시에 근저당권설정등기를 말소하였다.

아. 맥스리얼티는 2009. 7. 14. 이 사건 각 부동산 중 일부에 관한 분양계약 해제에 따른 분양대금 반환채권을 갖게 된 소외 2외 10명의 채권자들에게 위 채권의 담보를 위하여 맥스리얼티의 2순위 우선수익권 및 그 피담보채권인 맥스리얼티의 피고에 대한 매매대금 잔금지급 채권에 공동 1순위 근질권을 설정하여 주었고, 피고는 2009. 8. 28. 위 질권설정을 승낙하였다. 소외 2외 10명의 채권자들의 분양대금 반환채권의 합계액은 32억 3,220만 원이다.

3. 원심은 위와 같은 사실관계를 기초로, 이 사건 매매계약 당시 맥스리얼티로서는 이 사건 각 부동산을 조기에 처분하여 경매를 취하시켜야 하는데 복잡한 채무관계로 인하여 경매절차 외에서 제3자에게 정상적으로 매도하기 어려웠던 것으로 보이는 점, 당시 경매절차에서 매각되는 경우에는 더 낮은 가격에 매각될 개연성이 높았던 점 등의 사정을 종합적으로 고려하여 볼 때, 맥스리얼티와 피고가 합의한 실질적인 매각대금 130억 원은 비록 임의경매절차에서의 감정가 또는 피고가 의뢰한 국민은행의 감정가보다 다소 적다고 하더라도 부당하게 염가라고 볼 수 없다고 판단하였다.

나아가 원심은 이 사건 각 부동산의 매매대금 중 계약금 및 중도금 90억 1,425만 원은 모두 맥스리얼티의 채권자들에 대한 채무변제에 사용되었고, 3년 후에 지급하기로 한 매매잔금 49억 5,000만 원에서 피고가 인수하는 이 사건 각 부동산의 임대차보증금 8억 5,000만원을 공제한 41억 원의 지급채무를 담보하기 위하여 신탁 후 맥스리얼티에게 이 사건 각부동산에 대한 2순위 우선수익권이 부여되었으며, 맥스리얼티는 매매잔금 채권 및 위 우선수익권에 대하여 분양대금 반환채권자들에게 근질권을 설정하여 주었고, 위 우선수익권은 채권자들이 채권 실현을 위하여 강제집행을 할 수 있는 적극재산으로서 이 사건 매매계약으로 인하여 이 사건 각 부동산이 소비하기 쉬운 금전으로 바뀌어 채권자가 그 채권의 실현을 위하여 집행행위로 나아가기가 불가능하거나 지극히 곤란하게 되었다고 보기 어려우므로 이 사건 매매계약은 채권자들을 해하는 사해행위가 아니라고 판단하였다.

4. 앞서 본 법리에 비추어 기록을 살펴보면, 원심의 위와 같은 판단은 정당하고,…

[원심판결] 서울고등법원 2013. 10. 2. 선고 2013나17393 판결 [사해행위취소]

【주 문】

1. 제1심 판결을 취소한다.
2. 원고의 청구(당심에서 확장된 부분 포함)를 기각한다.
3. 소송총비용은 원고가 부담한다.

【청구취지 및 항소취지】

1. 청구취지

주식회사 맥스리얼티와 피고 사이에 별지 목록 기재 각 부동산에 관하여 2009. 6. 24. 체결된 매매계약을 460,176,438원의 한도 내에서 취소하고, 피고는 원고에게 460,176,438원 및 이에 대한 이 판결 확정일 다음날부터 다 갚는 날까지 연 5%의 비율에 의한 돈을 지급하라(원고는 당심에서 청구취지를 확장하였다).

2. 항소취지

제1심 판결을 취소한다. 원고의 청구를 기각한다.

【이 유】

4) 판단

위 인정사실에다가 기초사실 부분에서 인정된 사실을 더하여 인정되는 다음과 같은 사정들을 위 법리에 비추어 보면, 맥스리얼티가 이 사건 각 부동산의 매매대금으로 일반채권자에 대한 채무를 변제한 행위 또는 2순위 우선수익권에 관하여 일반채권자에게 질권을 설정해 준 행위가 다른 일반채권자에 대한 관계에 있어서 사해행위가 될 수 있음은 별론으로 하고, 이 사건 매매계약은 맥스리얼티의 채권자들을 해하는 사해행위에 해당한다고 볼 수 없다.

가) 맥스리얼티는 이 사건 각 부동산이 경매절차에서 저가로 매각되는 것을 피하기 위하여 이 사건 각 부동산을 피고에게 매도한 것인바, 통상 경매절차에서는 부동산이 시가보다 낮은 가격으로 매각되는 점에 비추어 보면 이는 맥스리얼티의 총재산의 감소를 막기 위한 것으로서 맥스리얼티 뿐만 아니라 맥스리얼티의 채권자들에게도 유리한 선택이라고 할 수 있다.

나) 맥스리얼티는 환매권을 유보한 채 이 사건 각 부동산을 매각하여 경매절차를 취하시킴으로써 이 사건 각 부동산에 관한 분양사업 뿐만 아니라 다른 사업도 계속할 수 있게 되었다. 그리고, 향후 부동산 가치가 상승하는 경우 환매권을 행사하여 이 사건 각 부동산의 소유권을 회복함으로써 채권자들을 위한 공동담보를 확보할 수 있고, 하락하더라도 이미 매매잔금 채권을 2순위 우선수익권으로 확보하고 있으므로, 맥스리얼티가 환매권을 가지는 것이 채권자들에게 불리하다고 볼 수 없다.

다) 이 사건 각 부동산의 매매대금 중 계약금 및 중도금은 모두 맥스리얼티의 채권자들에 대한 채무변제에 사용되었고, 매매잔금 지급을 위하여 맥스리얼티에 부여된 우선수익권은 채권자들이 채권 실현을 위하여 강제집행을 할 수 있는 적극재산으로서, 실제로 일부 채권자들이 이에 실권을 설정하여 채권자들에 대한 담보로 제공되었으므로, 이 사건 매매계약으로 인하여 이 사건 각 부동산이 소비하기 쉬운 금전으로 바뀌어 채권자가 그 채권의 실현을 위하여 집행행위로 나아가기가 불가능하거나 지극히 곤란하게 되었다고 볼 수 없다.

라) 당시 채권자들도 이 사건 매매계약에 동의하였고, 비록 원고의 동의는 받은 바 없으나, 당시 피고가 원고의 채권의 존재를 알았다면 다른 채권자들과 같이 우선수익권에 대한 질권 설정 등으로 그 보전을 위한 조치를 할 수 있었을 것으로 보인다.

마) 비록 이 사건 각 부동산의 매매대금이 경매절차에서의 감정가의 83.7%, 국민은행의 감정가의 89.7%인 130억 원으로 시가에는 미치지 못하나, 당시 경매절차에서 매각되는 경우에는 더 낮은 가격에 매각될 개연성이 높았고, 복잡한 채무관계로 인하여 경매절차 외에서 제3자에게 정상적으로 매도하기가 어려웠으며, 맥스리얼티로서는 경매절차가 진행되고 있어서 급하게 매도하지 않으면 안되었으므로 시가보다 낮은 가격으로 매도할 수밖에 없었던 사정 등을 감안하면, 위 매매대금이 부당하게 염가라고 보기는 어렵다.

바) 이에 대하여 원고는 이 사건 매매계약에 따른 매매대금이 85억 원이고, 이 사건 설비등 매매계약에 따른 매매대금 45억 원을 피고가 지급하지 않은 것을 이유로 부당하게 염가라는 취지의 주장을 하나, 앞서 본 바와 같이 이 사건 각 부동산의 실질적인 매매대금은 130억 원이고, 위 85억 원은 환매권 행사시의 환매대금을 명확하게 하기 위하여 형식적으로 정한 대금에 불과하며, 나머지 대금에 대하여는 맥스리얼티에 우선수익권이 부여되어 있을 뿐만 아니라 우림엠에스가 그 지급을 보증하고 있어서 그 지급이 담보되어 있으며, 피고가 매매잔금을 지급하지 못하고 있는 이유는 맥스리얼티의 우선수익권 해제동의 거부 때문이고, 위 우선수익권이나 그 피담보채권인 매매잔금 지급채권에 대한 맥스리얼티의 채권자들의 강제집행이 금지되는 것도 아니므로, 원고의 위 주장은 이유 없다.

30. 대법원 2015. 10. 29. 선고 2014다6107 판결 [임료등]

[논점] 토지신탁에서의 구분소유권의 성립 시점 및 대지사용권의 종류

【이 유】

1. 상고이유 제1, 2, 3점에 대하여

가. 집합건물의 소유 및 관리에 관한 법률(이하 '집합건물법'이라고 한다) 제2조 제6호는 대지사용권을 '구분소유자가 전유부분을 소유하기 위하여 건물의 대지에 대하여 가지는 권리'라고 정의하고 있는데, 집합건물법이 이와 같이 대지사용권에 대한 정의 규정을 두고 있는 이유는 집합건물법 제20조에 의하여 전유부분과 처분의 일체성이 인정되는 대지사용권의 범위를 명확하게 하기 위한 것이다. 따라서 전유부분의 처분에 따르고 전유부분과 분리하여 처분할 수 없는 집합건물법상의 대지사용권은 집합건물법 제2조 제6호가 정의하고 있는 권리, 즉 '구분소유자가 전유부분을 소유하기 위하여 건물의 대지에 대하여 가지고 있는 권리'라고 할 것이고, 그 권리가 아닌 다른 권리를 구분소유자가 임의로 집합건물법상의 대지사용권으로 정할 수는 없다. 다만 집합건물법상의 대지사용권을 가진 구분소유자는 전유부분과 대지사용권의 분리처분을 허용하는 규약 또는 공정증서를 작성하는 방법으로(집합건물법 제20조 제2항, 제4항, 제3조 제3항), 집합건물법상의 대지사용권 일부를 자신이 유보한 채 나머지 일부만 전유부분과 함께 이전하거나 또는 대지사용권의 전부를 자신이 유보하면서 그 이외의 권리를 전유부분의 매수인이 취득하도록 할 수 있다.

나. 원심판결 이유와 기록에 의하면 다음과 같은 사실을 알 수 있다.

(1) 주식회사 바이뉴테크먼트(이하 '바이뉴테크먼트'라 한다)는 피고와 사이에 이 사건 토지 위에 상가건물을 신축하여 분양하기로 하는 내용의 토지신탁계약(이하 '이 사건 신탁계약'이라 한다)을 체결하고, 위 신탁계약을 원인으로 1996. 12. 24. 이 사건 토지 중 서울 종로구 (주소 1 생략) 토지에 관하여,

1997. 10. 22. 이 사건 토지 중 (주소 2 생략) 및 (주소 3 생략) 토지에 관하여 피고 앞으로 소유권이전등기를 해 주었다.

바이뉴테크먼트는 이 사건 토지 전부에 관하여 2000. 10. 25. 자기 앞으로 신탁재산 귀속을 원인으로 한 소유권이전등기를 하였다가, 다음 날인 2000. 10. 26. 다시 피고 앞으로 신탁계약을 원인으로 한 소유권이전등기를 해 주었다.

(2) 이 사건 신탁계약에 의하면, 피고는 건설회사를 선정하여 그 건설회사로 하여금 건물을 건축하게 하고(제3조 제1항), 건물 건축에 필요한 자금을 신탁재산으로 충당하거나 바이뉴테크먼트와 수익자의 부담으로 차입할 수 있으며(제4조 제1항), 신탁이 종료되면 이 사건 건물을 비롯한 신탁부동산을 최초 수익자인 바이뉴테크먼트에 귀속시키기로 하였다(제24조 제3호).

피고는 이 사건 신탁계약에 따라 1997. 7. 14. 피고를 건축주로 하여 건축허가를 받고, 건설회사와 이 사건 집합건물의 신축공사계약을 체결하여 이 사건 집합건물을 건축하게 하였다.

(3) 2000. 2. 27. 이 사건 집합건물의 지붕 슬래브 배근 공사가 완료되었고, 피고는 2000. 10. 28. 이 사건 집합건물의 건축주 명의를 바이뉴테크먼트로 변경하였다.

이에 따라 2000. 11. 16. 바이뉴테크먼트 명의로 이 사건 집합건물의 각 구분건물에 관한 소유권보존등기가 이루어졌고, 피고는 2000. 11. 21. 이 사건 집합건물의 각 구분건물에 관하여 2000. 11. 7.자 신탁계약을 원인으로 하여 소유권이전등기를 하였다.

(4) 한편 피고와 바이뉴테크먼트는 1997. 8. 무렵부터 1999. 7. 무렵까지 아직 완공되지 아니한 이 사건 집합건물 중 일부 구분건물들을 분양하면서 수분양자들과 사이에, 별도의 임대차계약을 체결하지 아니하고 수분양자들이 입점개시일로부터 만 40년간 이 사건 토지를 재계약 없이 사용하되 그 사용료는 분양금액에 포함시키고, 이 사건 토지의 사용권은 수분양자의 구분건물 매도에 따라 매수인에게 이전되며, 이를 구분건물의 유지, 관리, 이용 목적으로만 사용할 수 있고, 구분건물과 별도로 매매하거나 임대할 수 없다는 내용의 약정을 하였다.

(5) 피고는 2002. 6. 18. 바이뉴테크먼트와 사이에 이 사건 신탁계약을 해지하고 신탁재산을 정산하면서 원심판결 별지 목록 제8, 9, 11, 12번의 이 사건 각 구분건물의 소유권은 피고가 그대로 보유한 채 이 사건 토지 전부와 집합건물 중 이 사건 각 구분건물을 제외한 일부 미분양분의 소유권을 바이뉴테크먼트에 이전하기로 합의하였고, 이에 따라 2002. 6. 19. 이 사건 토지 및 집합건물 중 이 사건 각 구분건물을 제외한 일부에 관하여 바이뉴테크먼트 앞으로 신탁재산의 귀속을 원인으로 한 소유권이전등기가 이루어졌다.

(6) 원고는 한국자산관리공사가 시행한 공매절차에서 이 사건 토지를 매수하여 2009. 8. 21. 매각대금을 완납하고, 2009. 11. 5. 그 소유권이전등기를 하였다.

피고는 2011. 2. 18. 피고보조참가인에게 이 사건 각 구분건물에 관한 소유권이전등기를 해 주었고, 1997. 8.경부터 1999. 7.경 사이에 분양된 이 사건 제1 내지 7, 10번 구분건물에 관하여는 2010. 12. 31.과 2011. 11. 16.에 수분양자들 앞으로 소유권이전등기를 해 주었다.

다. 이러한 사실관계에 의하여 알 수 있는 이 사건 신탁계약의 내용과 이 사건 집합건물 신축공사의 진행 경과 등에 비추어 보면,

2000. 2. 27. 이 사건 집합건물에 대하여 구분소유가 성립함으로써[104] 피고가 이 사건 각 구분건물의 소유권을 원시취득하였다고 할 것이고, 당시 피고는 이 사건 토지의 소유자로서 대지소유권을 이 사건

---

104) 그 논거에 대해서는 아래 원심판결의 이유 부분 중 3. 가. 대지사용권의 성립부분 참조

각 구분건물의 소유를 위한 권리로 가지고 있었으므로 그 대지소유권이 이 사건 각 구분건물을 위한 대지사용권으로 성립하였다고 할 것이다.

그리고 앞에서 본 법리에 비추어 피고의 대지소유권이 집합건물법상의 대지사용권으로서 전유부분과 처분의 일체성을 가지게 되었으므로, 피고와 바이뉴테크먼트가 함께 이 사건 집합건물의 완공 이전에 수분양자들과 분양계약을 체결하는 과정에서 대지소유권이 아닌 '건물의 입점개시일부터 만 40년간 재계약 없이 토지를 사용할 수 있는 권리'를 대지사용권으로 정할 의사를 표시하였다고 하더라도, 그와 같이 임의로 정한 권리가 집합건물법상의 대지사용권이 될 수는 없다. 나아가 이 사건에서 전유부분과 대지사용권의 분리처분을 허용하는 규약 또는 공정증서가 작성되었다는 사정도 보이지 아니하므로, 2002. 6. 19. 바이뉴테크먼트가 한 이 사건 토지에 관한 소유권이전등기 중 이 사건 각 구분건물과 분리하여 이루어진 이 사건 각 구분건물의 대지사용권에 해당하는 부분에 대한 것은 무효이고, 공매절차에서 이 사건 토지를 매수한 원고 역시 이 사건 토지 중 이 사건 각 구분건물의 대지사용권에 해당하는 부분의 소유권은 취득하지 못하였다.

따라서 피고와 바이뉴테크먼트가 이 사건 집합건물에 관한 분양계약에서 임의로 정한 토지사용권이 집합건물법상의 대지사용권으로 유효하게 성립하였고 이에 따라 원고가 이 사건 토지 중 이 사건 각 구분건물의 대지사용권에 해당하는 부분의 소유권을 취득하였음을 전제로 하는 원고의 주장은 받아들일 수 없다.

원심의 이 부분에 관한 이유 설시에 다소 부적절한 점은 있으나,[105] 원고의 이 부분 주장을 배척한 결론은 정당하고,…

2. 상고이유 제4점에 관하여

대지사용권은 구분소유자가 전유부분을 소유하기 위하여 건물의 대지에 대하여 가지는 권리로서 그 성립을 위해서는 집합건물의 존재와 구분소유자가 전유부분 소유를 위하여 당해 대지를 사용할 수 있는 권리를 보유하는 것 이외에 다른 특별한 요건이 필요하지 않다. 이러한 사정을 고려하면, 집합건물법 제20조 제3항의 분리처분금지로 대항할 수 없는 '선의의 제3자'라 함은 원칙적으로 집합건물의 대지로 되어 있는 사정을 모른 채 대지사용권의 목적이 되는 토지를 취득한 제3자를 의미한다(대법원 2009. 6. 23. 선고 2009다26145 판결 참조).

원심판결 이유를 위와 같은 법리 및 기록에 비추어 살펴보면, 원심이 원고가 주장하는 사정만으로 원고를 집합건물법 제20조 제3항에서 정한 선의의 제3자라고 보기 어렵다고 판단한 것은 정당하여 수긍할 수 있고,…

[원심판결] 서울고등법원 2013. 10. 31. 선고 2012나56063 판결 [임료등]

【주 문】

1. 제1심판결 중 피고 패소 부분을 취소하고, 그 취소 부분에 해당하는 원고의 청구를 기각한다.
2. 원고의 항소를 기각한다.
3. 소송총비용은 보조참가로 인한 비용을 포함하여 모두 원고가 부담한다.

【청구취지 및 항소취지】

1. 청구취지

105) 원심판결의 이유 부분 중 '이 사건 건물을 피고가 아니라 바이뉴테이크가 원시취득하였다고 판단한 부분, 대지사용권의 성립시기 등'

피고는 원고에게 138,083,622원 및 그 중 4,550,135원에 대하여는 2011. 1. 1.부터, 103,475,045원에 대하여는 2011. 2. 19.부터, 30,058,442원에 대하여는 2011. 11. 17.부터 각 다 갚는 날까지 연 20%의 비율에 의한 금원을 지급하라.

2. 항소취지

가. 원고

제1심판결 중 원고 패소 부분을 취소한다. 피고는 원고에게 71,129,084원 및 그 중 4,550,135원에 대하여는 2011. 1. 1.부터, 36,520,507원에 대하여는 2011. 2. 19.부터, 30,058,442원에 대하여는 2011. 11. 17.부터 각 다 갚는 날까지 연 20%의 비율에 의한 금원을 지급하라.

나. 피고

주문 제1항과 같다.

【이 유】

3. 판단

가. 대지사용권의 성립

1) 집합건물의 대지사용권은 구분소유자가 전유부분을 소유하기 위하여 건물의 대지에 대하여 가지는 권리로서 그 성립을 위해서는 ① 집합건물의 존재와 ② 구분소유자가 ③ 전유부분 소유를 위하여 당해 대지를 사용할 수 있는 권리를 보유하는 것 이외에는 다른 특별한 요건이 필요하지 않는다(대법원 2012. 1. 27. 선고 2011다73090 판결 등 참조).

2) 먼저 이 사건 건물에 대하여 언제 구분소유가 성립하였는지 본다.

가) 1동의 건물에 대하여 구분소유가 성립하기 위해서는 객관적·물리적인 측면에서 1동의 건물이 존재하고, 구분된 건물부분이 구조상·이용상 독립성을 갖추어야 할 뿐 아니라, 1동의 건물 중 물리적으로 구획된 건물부분을 각각 구분소유권의 객체로 하려는 구분행위가 있어야 한다. 여기서 구분행위는 건물의 물리적 형질에 변경을 가함이 없이 법률관념상 건물의 특정 부분을 구분하여 별개의 소유권의 객체로 하려는 일종의 법률행위로서, 그 시기나 방식에 특별한 제한이 있는 것은 아니고 처분권자의 구분의사가 객관적으로 외부에 표시되면 인정된다. 따라서 구분건물이 물리적으로 완성되기 전에도 건축허가신청이나 분양계약 등을 통하여 장래 신축되는 건물을 구분건물로 하겠다는 구분의사가 객관적으로 표시되면 구분행위의 존재를 인정할 수 있고, 이후 1동의 건물 및 그 구분행위에 상응하는 구분건물이 객관적·물리적으로 완성되면 아직 그 건물이 집합건축물대장에 등록되거나 구분건물로서 등기부에 등기되지 않았더라도 그 시점에서 구분소유가 성립한다(대법원 2013. 1. 17. 선고 2010다71578 전원합의체 판결 참조).

나) 살피건대, 을나 제2호증의 기재에 의하면 2000. 2. 27. 이 사건 건물 지붕의 슬래브 배근 작업이 완료되었음이 인정되므로, 2000. 2. 27.경에는 지하 2층부터 지상 13층까지 각 층의 기둥과 지붕 그리고 주벽이 모두 이루어져 이 사건 각 구분건물을 비롯하여 이 사건 건물 내부의 각 전유부분이 구조상·이용상 독립성을 갖추었다고 봄이 상당하다.

나아가 바이뉴테크먼트, 피고가 1997. 8. 22.부터 이 사건 제1 내지 7, 10번 구분건물 등 이 사건 건물의 구분건물 각각에 관하여 분양계약을 체결하였음은 앞서 인정한 바와 같고, 이로써 구분의사가 객관적으로 외부에 표시되었으므로, 2000. 2. 27. 이전에 구분행위의 존재도 인정된다.

다) 따라서 2000. 2. 27. 이 사건 건물에 대하여 구분소유가 성립하였다.

3) 다음으로 누가 이 사건 건물 각 전유부분을 원시적으로 구분소유하였는지 본다.

가) 자기 비용과 노력으로 건물을 신축한 자는 특별한 사정이 없는 한 그 건축허가가 타인의 명의로 된 여부와 관계없이 그 소유권을 원시취득한다(대법원 2002. 4. 26. 선고 2000다16350 판결 등 참조).

나) 을나 제3호증, 을나 제4호증의 1의 각 기재에 의하면 이 사건 건물에 관하여 1997. 7. 14. 피고 명의로 건축허가를 받았음이 인정된다.

그러나 한편 앞에서 든 각 증거 및 변론 전체의 취지에 의하여 인정되는 다음의 각 사정, 즉 ⓐ 이 사건 신탁계약 제4조 제1항은 이 사건 건물의 건축에 필요한 자금을 신탁재산으로 충당하거나 바이뉴테크먼트 및 수익자의 부담으로 차입할 수 있다고 정하고 있고, 제17조 제1항은 설계, 감리비용 및 공사대금 등을 최초수익자인 바이뉴테크먼트의 부담으로 하도록 정하고 있어, 피고 고유의 재산이 아니라 신탁재산 및 바이뉴테크먼트의 부담으로 차입한 자금 등으로 이 사건 건물을 신축하도록 하고 있는 점, ⓑ 이 사건 신탁계약 제24조 제3호는 신탁종료시 이 사건 건물을 비롯한 신탁부동산을 최초수익자인 바이뉴테크먼트에게 귀속시키도록 하고 있고, 이 사건 건물에 관하여 건축주 명의가 당초 피고였다가 2000. 10. 28. 바이뉴테크먼트로 변경되고 2000. 11. 16. 바이뉴테크먼트 앞으로 소유권보존등기가 마쳐진 점에 비추어 피고와 바이뉴테크먼트 사이에 완성된 건물의 소유권을 바이뉴테크먼트에게 귀속시키기로 하는 합의가 있었다고 볼 수 있는 점 등을 종합하여 보면,[106] 바이뉴테크먼트가 이 사건 건물을 원시취득함으로써 이 사건 건물 각 전유부분에 대한 최초의 구분소유자가 되었다고 봄이 상당하다(따라서 바이뉴테크먼트가 아닌 피고가 이 사건 건물을 원시취득하였음을 전제로 하는 피고의 선택적 주장은 받아들이지 않는다).

4) 나아가 구분소유자인 바이뉴테크먼트가 이 사건 건물의 각 전유부분 소유를 위하여 당해 대지를 사용할 수 있는 권리를 보유하였는지 본다.

가) 대지사용권은 구분소유자가 전유부분을 소유하기 위하여 건물의 대지에 대하여 갖는 권리로서 반드시 대지에 대한 소유권과 같은 물권에 한정되는 것은 아니고 등기가 되지 않는 채권적 토지사용권도 대지사용권이 될 수 있으며, 신탁계약이나 그에 따른 토지사용승낙을 통한 토지사용권도 대지사용권이 될 수 있다(대법원 2011. 9. 8. 선고 2010다15158 판결 참조)

나) 바이뉴테크먼트는 2000. 2. 27. 이 사건 건물의 각 전유부분에 대한 구분소유권을 취득할 당시 이 사건 신탁계약에 따라 이 사건 토지에 대하여 채권적 토지사용권을 보유하고 있었으므로(당시 이 사건 토지에 관하여 이 사건 신탁계약을 원인으로 하는 피고 명의의 소유권이전등기가 마쳐져 있었음은 앞서 인정한 바와 같고, 을가 제1호증의 1의 기재에 의하면, 이 사건 신탁계약 특약사항 제19조는 신탁사업으로 건설된 부동산의 관리는 바이뉴테크먼트가 한다고 정하고 있고, 이 사건 신탁계약 제8조 제5항은 신탁부동산의 관리사무 수임자는 관리사무를 수행하기 위하여 필요한 경우에 신탁부동산의 일부를 무상으로 사용할 수 있다고 정하고 있음이 인정된다), 위 채권적 토지사용권은 2000. 2. 27. 이 사건 건물의 각 전유부분 소유를 위한 대지사용권으로 성립하였다.

다) 그 후 바이뉴테크먼트가 2000. 10. 25. 이 사건 토지에 관하여 신탁재산의 귀속을 원인으로 소유

---

106) 토지신탁의 취지 및 실무, 그리고 토지신탁계약의 내용에 비추어 보면, 이 사건 신탁계약과 같은 토지신탁은 수탁자가 건축주로서 그의 명의로 건축허가를 받아 건축물을 신축하여 수탁자 명의로 소유권보존등기를 하는 등 신축되는 건축물을 수탁자에게 원시적으로 귀속시키려는 것이 오히려 당사자의 의사에 부합하고, 나아가 이 사안에서는 이 사건 건물에 관한 건축주 명의가 당초 수탁자인 피고에서 바이뉴테크먼트로 변경되고 바이뉴테크먼트 앞으로 소유권보존등기가 마쳐진 시점인 2000. 10. 28. 및 2000. 11. 16.은 이 사건 건물에 관한 구분소유권이 성립한 시점인 2000. 2. 27. 이후라는 점에서 이와 같은 점들을 이유로 바이뉴테크먼트를 이 사건 건물의 원시취득자로 판시한 것은 타당하지 않다고 생각되며, 대법원 판결에서도 이점을 지적하고 있다.

권이전등기를 마쳤음은 앞서 인정한 바와 같고, 이에 따라 이 사건 토지에 대하여 소유권과 신탁계약에 따른 채권적 토지사용권인 대지사용권이 모두 바이뉴테크먼트에게 귀속하게 되면서 채권적 토지사용권이 혼동으로 인하여 소멸하므로, 결국 이 사건 토지의 소유권이 이 사건 건물 각 전유부분의 소유를 위한 대지사용권이 된다[이에 대하여 원고는, 바이뉴테크먼트, 피고가 1997년경부터 이 사건 건물에 관하여 40년간 임차권에 기한 대지사용권을 인정하는 내용의 분양계약을 체결함으로써 이 사건 건물을 둘러싼 이해당사자들 사이에 위와 같은 내용의 대지사용권을 설정하겠다는 의사의 합치가 이루어졌고, 이에 따라 늦어도 이 사건 건물이 준공된 시점에 이미 40년간 임차권에 기한 채권적 대지사용권이 확정적으로 성립하였으므로, 이 사건 건물에 대하여 소유권에 기한 대지사용권이 성립할 수 없다고 주장한다. 그러나 대지사용권의 성립을 위해서는 집합건물의 존재와 구분소유자가 전유부분 소유를 위하여 당해 대지를 사용할 수 있는 권리를 보유하는 것 이외에는 다른 특별한 요건이 필요하지 않고(대법원 2012. 1. 27. 선고 2011다73090 판결 등 참조), 구분소유자가 그 전유부분 소유를 위하여 당해 대지를 사용할 수 있는 권리를 취득하면 별도의 설정행위 없이 그 권리가 바로 대지사용권이 되는 것이므로, 이와 달리 분양계약 체결 등 별도의 법률행위 내지 설정행위를 통하여 대지사용권이 성립함을 전제로 하는 원고의 위 주장은 받아들이지 않는다].

나. 분리처분의 무효

1) 집합건물의 소유 및 관리에 관한 법률(이하 '집합건물법'이라고 한다)은 제20조에서 구분소유자의 대지사용권은 그가 가지는 전유부분의 처분에 따르고(제1항), 구분소유자는 규약 또는 공정증서로써 달리 정하지 않는 한 그가 가지는 전유부분과 분리하여 대지사용권을 처분할 수 없으며(제2항, 제4항), 그 분리처분금지는 그 취지를 등기하지 아니하면 선의로 물권을 취득한 제3자에게 대항하지 못한다(제3항)고 규정하고 있는데, 위 규정의 취지는 집합건물의 전유부분과 대지사용권이 분리되는 것을 최대한 억제하여 대지사용권이 없는 구분소유권의 발생을 방지함으로써 집합건물에 관한 법률관계의 안정과 합리적 규율을 도모하려는 데 있으므로, 전유부분과 대지사용권의 일체성에 반하는 대지의 처분행위는 그 효력이 없다(대법원 2013. 1. 17. 선고 2010다71578 전원합의체 판결 등 참조).

2) 앞서 본 바와 같이 이 사건 토지의 소유권이 2000. 10. 25. 대지사용권이 됨에 따라, 이 사건 건물 각 전유부분은 그 대지사용권인 이 사건 토지 중 각 전유부분의 면적 비율에 해당하는 지분의 소유권과 일체가 되었다.

위와 같이 대지사용권이 성립한 후 피고가 이 사건 토지와 건물의 소유권을 일체로 보유하는 상태에서(바이뉴테크먼트가 2000. 10. 25. 이 사건 토지의 소유권을 대지사용권으로 취득한 후 이 사건 토지에 관하여 2000. 10. 26. 피고 앞으로 소유권이전등기를 마쳐준 것은 집합건물법 제20조에 위배되어 무효이나, 이후 피고가 2000. 11. 21. 바이뉴테크먼트로부터 이 사건 건물에 관한 소유권을 이전받으면서 동시에 바이뉴테크먼트가 보유하고 있던 대지사용권을 승계하게 되었으므로, 이 사건 토지에 관하여 피고 앞으로 마친 위 소유권이전등기는 실체관계에 부합하는 유효한 등기가 되었다), 피고와 바이뉴테크먼트가 2002. 6. 18. 이 사건 각 구분건물의 소유권은 피고가 그대로 보유한 채 이 사건 토지 전부와 이 사건 건물 중 이 사건 각 구분건물을 제외한 일부 미분양분의 소유권을 바이뉴테크먼트에게 이전하기로 하는 이 사건 합의를 하고 그에 따라 2002. 6. 19. 이 사건 토지 전부와 이 사건 건물 중 일부에 관하여 바이뉴테크먼트 앞으로 신탁재산의 귀속을 원인으로 소유권이전등기를 마쳤음은 앞서 인정한 바와 같은데, 이 사건 합의 중 이 사건 각 구분건물과 분리하여 그 대지사용권인 이 사건 토지 중 이 사건 각 구분건물에 해당하는 지분의 소유권을 바이뉴테크먼트에 이전하기로 한 부분은, 집합건물법 제20조에 따라 금지되는 전유부분과 대지사용권의 분리처분에 해당한다.

그런데 이 사건 건물의 구분소유자로 구성된 관리단 집회에서 전유부분과 대지사용권의 분리처분을 가능하게 하는 규약을 설정하였거나 이 사건 건물의 전유부분 전부를 소유하였던 바이뉴테크먼트 등이 집합건물법 제20조 제4항, 제3조 제3항에 따라 분리처분을 가능하게 하는 규약에 상당하는 것을 공정증서로 정하였음을 인정할 증거가 없으므로, 이 사건 합의 중 이 사건 각 구분건물과 분리하여 대지사용권을 처분하기로 한 부분 및 그에 따라 마친 소유권이전등기는 집합건물법 제20조에 위배되어 무효이다.

3) 한편 원고는 이 사건 건물에 대하여 40년간의 임차권이 대지사용권이 된 것으로 알고 이 사건 토지를 매수하였고 소유권에 기한 대지사용권이 성립하였다는 취지가 등기되지 않아 이를 알 수 없었던 이상, 집합건물법 제20조 제3항의 선의의 제3자에 해당하는 원고에 대하여 피고는 분리처분금지로 대항할 수 없다는 취지의 주장도 한다.

그러나 집합건물법 제20조 제3항의 분리처분금지로 대항할 수 없는 선의의 제3자라 함은 원칙적으로 집합건물의 대지로 되어 있는 사정을 모른 채 대지사용권의 목적이 되는 토지를 취득한 제3자를 의미하고(대법원 2009. 6. 23. 선고 2009다26145 판결 참조), 집합건물의 대지로 되어 있는 사정은 알고 있지만 어떠한 내용의 대지사용권이 성립하였는지는 모른 채 토지를 취득한 제3자까지 집합건물법 제20조 제3항의 선의의 제3자에 포함된다고 볼 수는 없는바, 원고가 주장하는 사정만으로 원고를 선의의 제3자로 인정하기 어렵고, 달리 이를 인정할 증거가 없다. 오히려 앞서 인정한 바와 같이 이 사건 건물은 원고가 공매절차에서 이 사건 토지를 매수하기 전에 이미 완공되어 구분건물로서 등기부에 등기되었고, 이 사건 토지에 대한 공매절차에서도 이 사건 토지 지상에 이 사건 건물이 소재하고 있음이 공고되었으므로, 원고는 이 사건 토지가 집합건물의 대지로 되어 있는 사정을 알고 있었다고 봄이 상당하다.

4) 결국, 이 사건 합의 중 전유부분과 대지사용권의 분리처분에 해당하는 부분이 집합건물법 제20조에 따라 무효가 됨으로써, 바이뉴테크먼트는 이 사건 토지의 소유권 중 이 사건 각 구분건물의 대지사용권에 해당하는 부분을 취득하지 못하였고, 바이뉴테크먼트로부터 이 사건 토지를 전득한 원고 역시 이를 취득하지 못하였다. 한편 피고는 이 사건 각 구분건물을 소유하는 동안 계속하여 이 사건 토지 중 이 사건 각 구분건물에 해당하는 지분의 소유권을 대지사용권으로 보유하였다.

따라서 이와 다른 전제에 선 원고의 주장은 더 나아가 살필 필요 없이 모두 이유 없다.

31. 대법원 2015. 9. 24. 선고 2014다74919 판결 [소유권이전등기말소등]

[논점] 소송행위를 하게 하는 것을 주목적으로 체결된 매매계약의 효력 및 소송행위를 하게 하는 것이 주목적인지 판단하는 기준

【이 유】

1. 상고이유 제2점, 제3점에 대하여

가. 소송행위를 하게 하는 것을 주목적으로 매매계약이 이루어진 경우 그 매매계약이 신탁법상의 신탁에 해당하지 아니하더라도 신탁법 제6조가 유추적용되므로 무효라고 할 것이고, 소송행위를 하게 하는 것이 주목적인지는 매매계약이 체결된 경위와 방식, 매매계약이 이루어진 후 제소에 이르기까지의 시간적 간격, 매매계약 당사자의 신분관계 등 제반 상황에 비추어 판단하여야 할 것이다(대법원 2002. 12. 6. 선고 2000다4210 판결 등 참조).

나. 원심은 그 판시와 같은 사실을 인정한 다음, 아래와 같은 사정에 비추어 보면 원고와 제1심공동피고 4의 이 사건 매매계약은 소송행위를 주된 목적으로 하여 체결된 것으로서 무효라고 봄이 타당하다고 판단하였다.

(1) 이 사건 매매계약 체결 당시 이 사건 건물에 관하여 감정가격을 훨씬 넘는 전세권, 근저당권 등이 설정되어 있었고, 이 사건 건물의 대지만을 소유한 피고 1, 피고 2가 이 사건 건물에 대한 철거소송을 제기하여 승소확정판결을 받았으며, 제1심 공동피고 4가 소외 1을 상대로 이 사건 경매의 근거가 된 이 사건 근저당권이전등기의 말소청구소송을 제기하였으나 제1심에서 패소한 상태였던 데다가, 이 사건 경매절차에서 매각허가결정이 내려져 제1심공동피고 4의 이 사건 건물의 소유권 상실이 임박한 상황이었음에도 원고가 2012. 2. 14. 제1심공동피고 4로부터 이 사건 건물을 30억 원에 매수하기로 하는 이 사건 매매계약을 체결하였다는 것은 납득하기 어렵다.

(2) 원고가 제1심공동피고 4와 이 사건 건물에 관한 1차 계약을 체결한 것은 2011. 7. 1.이고 이 사건 소가 제기된 것은 2012. 8. 2.로서 시간적 간격이 있으나, 1차 계약 당시 제1심공동피고 4는 소외 1을 상대로 제기한 이 사건 근저당권이전등기 말소청구소송 제1심에서 패소한 상태였다. 원고와 제1심공동피고 4는 2012. 2. 14. 이 사건 매매계약을 체결하면서 그 이전에 체결된 1차, 2차 계약을 합의해제하기로 약정하였고, 제1심공동피고 4는 2012. 7. 9. 이 사건 매매계약에 따른 매매대금 30억 원을 모두 지급받았다는 내용의 영수증을 작성하였으나 피고 1, 피고 2가 이 사건 건물에 관하여 소유권이전등기를 마친 2012. 7. 16. 이후인 2012. 7. 26.에야 이 사건 매매계약서와 영수증을 공증받았고, 원고는 그 직후인 2012. 8. 2. 이 사건 소를 제기하였으므로, 원고와 제1심공동피고 4는 1차 계약을 체결할 무렵 이미 소송을 통하여 이 사건 건물의 소유권을 찾아올 것을 예정하고 있었던 것으로 보인다. 따라서 원고는 제1심공동피고 4가 이 사건 근저당권이전등기 말소청구소송에서 패소한 상황에서 이 사건 건물에 대한 경매절차가 진행되어 피고 1, 피고 2가 낙찰받아 그 소유권을 취득하기에 이르자, 원고 이름으로 새로운 소송을 제기하기로 하고 이 사건 매매계약서 및 영수증에 공증을 받은 후 이 사건 소송을 제기한 것으로 보인다.

(3) 원고와 제1심공동피고 4는 이 사건 매매계약 당시 매매대금 30억 원 중 25억 원은 원고 또는 한국유동화자산관리 주식회사(이하 '한국유동화자산관리'라 한다)가 이 사건 건물에 관하여 설정된 전세권 등 제한물권으로 인한 채무를 인수하는 것으로 그 변제에 갈음하기로 약정하였는데, 2012. 7. 9.까지 한국유동화자산관리가 이십일세기컨설팅 주식회사, 이십일세기티앤디 주식회사(이하 두 회사를 통칭하여 '이십일세기'라 한다), 소외 2, 소외 3으로부터 양수한 전세금반환채권 등은 합계액이 15억 6,500만 원에 불과함에도 제1심공동피고 4는 같은 날 원고에게 매매대금 30억 원을 모두 지급받았다는 내용의 영수증을 작성하여 주었다. 한국유동화자산관리는 원고와 제1심공동피고 4 사이에 이 사건 건물에 관한 1차 계약이 체결된 2011. 7. 1. 이후인 2011. 10. 7. 설립되었고, 원고와 한국유동화자산관리는 사내이사 소외 4가 대표자로서 실질적으로 이해관계를 같이 하는 회사로 보인다. 한국유동화자산관리는 제1심공동피고 4가 2012. 7. 9. 원고에게 위 영수증을 작성해 준 직후인 2012. 7. 13. 이 사건 경매에서 배당요구를 하였고, 한국유동화자산관리가 소외 1을 상대로 제기한 배당이의의 소의 항소심(서울고등법원 2013나23169 사건)에서 한국유동화자산관리가 이십일세기 등으로부터 전세금반환채권 등을 양수한 행위가 소송신탁 또는 통정허위표시에 해당한다는 이유로 한국유동화자산관리의 청구가 배척되었다(이러한 항소심판결은 대법원 2015. 3. 26. 선고 2014다68594 판결로 상고기각되어 확정되었다). 이러한 사정에 비추어 보면 한국유동화자산관리가 이십일세기 등으로부터 전세금반환채권 등을 양수한 것은 제1심공동피고 4를 대신하여 배당에 참여하기 위한 것이라 할 것이고, 이 사건 매매계약도 원고가 제1심공동피고 4를 대신하여 이 사건 소송을 제기하기 위한 목적에서 체결한 것으로 보인다.

다. 원심판결 이유를 앞서 본 법리에 비추어 살펴보면 원심의 판단은 정당한 것으로 수긍이 가고, 거기에 상고이유의 주장과 같은 부동산 매매계약에서의 당사자 의사해석이나 신탁법 제6조에 관한 법리오해, 채증법칙 위반 등으로 판결 결과에 영향을 미친 위법이 없다.

2. 상고이유 제1점에 대하여

채권자대위권을 행사함에 있어서 채권자가 채무자를 상대로 하여 그 보전되는 청구권에 기한 이행청구의 소를 제기하여 승소판결을 선고받고 그 판결이 확정되면 제3채무자는 그 청구권의 존재를 다툴 수 없다고 보는 것이 원칙이나(대법원 1988. 2. 23. 선고 87다카961 판결, 대법원 1998. 3. 27. 선고 96다10522 판결, 대법원 2007. 5. 10. 선고 2006다82700, 82717 판결 등 참조), 그 청구권의 취득이 소송행위를 하게 하는 것을 주목적으로 이루어진 것으로서 신탁법 제6조가 유추적용되어 무효인 경우 등에는 제3채무자는 그 존재를 다툴 수 있다고 보아야 할 것이다.

원고는 제1심공동피고 4 및 피고들을 상대로 이 사건 소를 제기하면서, 제1심공동피고 4에 대하여는 이 사건 부동산에 관하여 이 사건 매매계약을 원인으로 한 소유권이전등기절차의 이행을 구하고, 피고들에 대하여는 제1심공동피고 4를 대위하여 이 사건 건물에 관한 소유권이전등기, 근저당권설정등기의 말소 등을 구한 사실, 제1심공동피고 4는 제1심에서 원고의 소장을 송달받고도 이를 다투지 아니하였고, 제1심은 2013. 7. 2. 원고 승소판결을 선고하였으며, 제1심공동피고 4는 적법한 항소기간 내에 항소하지 아니하여 제1심판결이 확정된 사실은 기록상 분명하다.

그러나 이 사건 매매계약이 소송행위를 주된 목적으로 하여 체결된 것으로서 무효라고 할 것임은 위에서 본 바와 같으므로, 앞서 본 법리에 비추어 보면 채권자대위소송의 제3채무자인 피고들로서는 원고의 제1심공동피고 4에 대한 소유권이전등기청구권의 존재를 다툴 수 있다고 할 것이다.

원심이 같은 취지에서 이 사건 매매계약이 무효이므로 원고는 채권자대위권을 행사할 채권자의 지위에 있지 아니하다는 피고들의 주장을 받아들여 원고의 피고들에 대한 이 사건 소를 부적법하다고 보아 각하한 것은 정당하고,…

32. 대법원 2015. 9. 10. 선고 2013다6872 판결 [예탁금반환]

[논점] 신탁회사가 특정금전신탁의 신탁재산인 금전의 구체적인 운용방법을 미리 정하여 놓고 고객에게 계약 체결을 권유하는 등 실질적으로 투자를 권유하였다고 볼 수 있는 경우, 고객에 대한 주의의무

【이 유】

1. 피고의 상고이유 제1, 2점에 관하여

가. 특정금전신탁은 위탁자가 신탁재산인 금전의 운용방법을 지정하는 금전신탁으로서 신탁회사는 위탁자가 지정한 운용방법대로 자산을 운용하여야 하고, 그 과정에서 신탁회사가 신탁재산에 대하여 선량한 관리자의 주의의무를 다하였다면 자기책임의 원칙상 신탁재산의 운용 결과에 대한 손익은 모두 수익자에게 귀속되는 것이지만(대법원 2007. 11. 29. 선고 2005다64552 판결 참조), 신탁회사가 특정금전신탁의 신탁재산인 금전의 구체적인 운용방법을 미리 정하여 놓고 고객에게 그 계약 체결을 권유하는 등 실질적으로 투자를 권유하였다고 볼 수 있는 경우에는, 신탁회사는 신탁재산의 구체적 운용방법을 포함한 신탁계약의 특성 및 주요 내용과 그에 따르는 위험을 고객이 이해할 수 있도록 명확히 설명함으로써 고객이 그 정보를 바탕으로 합리적인 투자판단을 할 수 있도록 고객을 보호하여야 할 주의의무가 있고, 이러한 주의의무를 위반한 결과 고객에게 손해가 발생한 때에는 불법행위로 인한 손해배상책임을 진다. 이 경우 신탁회사가 고객에게 어느 정도의 설명을 하여야 하는지는 신탁재산 운용방법의 구체적 내용 및 위험도의 수준, 고객의 투자 경험 및 능력 등을 종합적으로 고려하여 판단할 것이다(대법원 2015. 4. 23. 선고 2013다17674 판결 참조).

나. 원심은, 피고가 이 사건 대출금채권을 이 사건 각 특정금전신탁의 신탁재산으로 편입하는 것으

로 신탁재산의 운용방법을 미리 정하였고, 원고들은 피고가 그 내용을 기재한 운용지시서에 날인함으로써 이를 소극적으로 승인하는 데 그친 사실을 비롯한 그 판시와 같은 사실을 인정한 다음, ① 이 사건 대출약정 당시 주채무자인 주식회사 쓰리지케어(이하 '쓰리지케어'라 한다)는 2007 회계연도 기준으로 자산이 약 340억 원, 부채가 약 425억 원으로 이미 자본이 전액 잠식된 상태였고, 연대보증인인 우리담배 주식회사(이하 '우리담배'라 한다)는 2007 회계연도 기준으로 자산이 약 674억 원, 부채가 약 492억 원, 당기순손실이 약 107억 원이고, 설립 이후 계속 적자가 누적되어 왔음에도 피고는 원고들에게 위 회사들의 재무제표를 포함한 관련 자료를 제공하지 아니한 점, ② 피고는 이 사건 대출금채권의 이자율이 2008. 6. 중순경 이미 연 20%의 고율로 확정되었음에도 불구하고 이 사건 각 특정금전신탁계약 체결 무렵인 2008. 7.경에 원고들에게 제공한 투자설명서에는 이를 명시하지 아니한 채 예상수익률을 연 9.5%(2008. 7. 14.자 특정금전신탁계약 관련 투자설명서), 연 12.5% 이상(2008. 8. 22.자 특정금전신탁계약 관련 투자설명서), 연 12% 이상(2008. 7. 17.자 특정금전신탁계약 관련 투자설명서)이라고만 기재하였고, 원고들에게 제시한 운용지시서에도 2008. 7. 17.자 특정금전신탁계약의 운용지시서(계약 체결 후에 교부된 것으로 보인다) 외에는 이 사건 대출금채권의 이자율을 기재하지 아니한 것에 비추어, 피고는 이 사건 대출금채권의 안정성과 수익성만을 강조하였을 뿐 이 사건 대출금채권의 위험성을 가늠할 수 있는 징표인 대출 이자율에 관한 설명을 제대로 하였다고 보기 어려운 점, ③ ○○회계법인 작성의 기업가치 평가보고서는 우리담배가 수립한 장래의 사업계획이 모두 실현될 것을 가정하여 우리담배의 현재 기업가치를 평가한 것일 뿐 우리담배의 재무제표에 대한 감사를 실시하거나 이를 기반으로 우리담배의 기업가치를 평가한 것이 아니어서 위 평가보고서만으로는 이 사건 대출금채무에 대한 우리담배의 현실적인 채무상환능력을 제대로 평가하기 어려웠음에도, 피고는 원고 중곡3동새마을금고에 제공한 투자설명서에 위 보고서를 근거로 우리담배의 추정가치를 3,119억 원이라고 기재하여 우리담배의 채무상환능력을 과장한 점, ④ 피고가 원고 중곡3동새마을금고에 교부한 투자설명서에는 우리담배가 자회사인 우리담배판매 주식회사(이하 '우리담배판매'라 한다)를 삼미정보시스템 주식회사(이하 '삼미정보시스템'이라 한다)에 매각하여 받게 될 매각대금을 이 사건 대출금채권의 상환재원으로 한다고 기재되어 있음에도, 피고는 우리담배판매의 실제 기업가치를 파악하는 등으로 이 사건 대출금에 대한 상환계획의 타당성을 검토하지 아니한 채 투자설명서에 이 사건 대출금채권의 상환 위험이 적다고 기재한 점 등을 종합적으로 고려하면, 피고는 이 사건 각 특정금전신탁의 신탁재산 운용에 따라 발생할 수 있는 위험성에 관하여 설명함으로써 원고들이 그 정보를 바탕으로 합리적인 투자판단을 할 수 있도록 원고들을 보호하여야 할 주의의무를 게을리하였고, 그로 인하여 원고들이 손해를 입었다고 봄이 상당하다고 판단하였다.

다. 원심판결 이유를 앞서 본 법리와 기록에 비추어 살펴보면, 원심의 이유 설시에 일부 부적절한 점이 있으나 원심의 위와 같은 판단은 정당한 것으로 수긍이 가고, 거기에 투자자 보호의무 및 손해배상에서의 인과관계에 관한 법리를 오해하고 논리와 경험의 법칙에 반하여 자유심증주의의 한계를 벗어나거나 필요한 심리를 다하지 아니하는 등의 잘못이 없다.

2. 손해배상책임의 범위에 관한 원고들의 상고이유에 관하여

원심은 그 판시와 같은 사실을 인정한 다음, 원고들의 손해액을 이 사건 각 특정금전신탁계약에 따라 투자한 신탁자금 상당액으로 보고, 이를 기준으로 과실상계하여 산출된 금액에서 원고들이 위 신탁계약 종료 시에 피고로부터 받은 신탁이익, 고유계정대 이자, 주식회사 포비스티앤씨의 주식 가액을 공제하여 피고가 원고들에게 배상할 최종적인 손해배상액을 산출하였다.

그러나 원심이 인정한 사실관계에 의하더라도, 원고들의 손해는 이 사건 각 특정금전신탁이 종료되어 위 금원 등을 수령한 시점에 현실적·확정적으로 발생하므로, 원고들이 받은 위 금원 등은 과실상계

이전에 원고들의 손해액을 산정하는 요소에 해당하는 것이지, 이를 고려하지 않고 원고들의 손해액을 산정한 후 과실상계를 하여 산출한 금액에서 공제할 것은 아니다(대법원 2011. 7. 28. 선고 2010다76368 판결 참조).

그럼에도 불구하고 원심은 위와 같이 과실상계를 먼저 한 후에 원고들이 받은 위 금원 등을 공제하여 피고의 손해배상책임 범위를 정하였는바, 이는 손해의 범위 또는 손익상계에 관한 법리를 오해하여 판단을 그르친 것이다.

3. 피고의 상고이유 제4점에 관하여

상법 제54조의 상사법정이율은 상행위로 인한 채무나 이와 동일성을 가진 채무에 관하여 적용되는 것이고, 상행위가 아닌 불법행위로 인한 손해배상채무에는 적용되지 아니하는 것이므로(대법원 2004. 3. 26. 선고 2003다34045 판결 참조), 원심이 피고의 원고들에 대한 투자자 보호의무 위반이 불법행위가 된다고 판단하면서도 그로 인한 이 사건 각 손해배상금 원금에 대하여 2009. 1. 24.부터 원심판결 선고일까지 민사 법정이율인 연 5%가 아닌 상사 법정이율인 연 6%의 지연손해금을 가산한 것은 위 법리를 오해하여 판단을 그르친 것이다.

4. 신탁보수의 부당이득반환에 관한 원고들의 상고이유 및 피고의 상고이유 제3점에 관하여

신탁보수약정을 한 경우에 신탁사무를 완료한 수탁자는 위탁자에게 그 약정된 보수액을 전부 청구할 수 있는 것이 원칙이지만, 신탁사무처리의 내용 및 경과, 신탁기간, 신탁사무로 인한 위탁자의 손실 규모 및 발생 경위, 기타 변론에 나타난 제반 사정을 고려하여 약정된 보수액이 부당하게 과다하여 신의성실의 원칙이나 형평의 원칙에 반한다고 볼 만한 특별한 사정이 있는 경우에는 상당하다고 인정되는 범위로 보수액을 제한할 수 있다(대법원 2006. 6. 9. 선고 2004다24557 판결 참조).

원심이 든 그 판시와 같은 사정에 더하여, 이 사건 각 특정금전신탁계약 체결 당시 만기를 2009. 1. 23.로 정하였음에도 대출금 회수가 지연되어 신탁기간이 2012. 4. 26.까지 연장된 결과 피고의 신탁보수가 현저히 증가한 점 등을 고려하면, 원심이, 신탁보수 전액에 관하여 피고의 보수청구권을 인정하는 것은 그 보수액이 부당하게 과다하여 신의성실의 원칙이나 형평의 원칙에 반한다는 이유로 피고가 원고들에게 구할 수 있는 신탁보수를 이 사건 각 특정금전신탁계약에서 약정한 신탁보수의 60%로 정함이 상당하다고 보아 피고가 이를 초과하여 받은 신탁보수 상당액을 원고들에게 반환할 것을 명한 것은 정당하고, 거기에 신탁보수의 부당이득반환에 관한 법리를 오해하는 등의 잘못이 없다.

[원심판결] 서울고등법원 2012. 12. 21. 선고 2011나65701 판결 [예탁금반환]

【주 문】

1. 제1심 판결 중 아래에서 지급을 명하는 금원에 해당하는 원고들 패소부분을 취소한다.

피고는 원고 상도1동새마을금고에게 351,561,694원 및 그 중 294,836,106원에 대하여 2009. 1. 24.부터 2012. 12. 21.까지는 연 6%의, 그 다음날부터 다 갚는 날까지는 연 20%의 각 비율에 의한 금원을, 56,725,588원에 대하여 2012. 7. 6.부터 2012. 12. 21.까지는 연 5%의, 그 다음날부터 다 갚는 날까지는 연 20%의 각 비율에 의한 금원을 각 지급하고, 원고 중곡3동새마을금고에게 182,011,769원 및 그 중 155,565,194원에 대하여 2009. 1. 24.부터 2012. 12. 21.까지는 연 6%의, 그 다음날부터 다 갚는 날까지는 연 20%의 각 비율에 의한 금원을, 26,446,575원에 대하여 2012. 7.6.부터 2012. 12. 21.까지는 연 5%의, 그 다음날부터 다 갚는 날까지는 연 20%의 각 비율에 의한 금원을 각 지급하라.

2. 원고들의 나머지 항소를 모두 기각한다.

3. 소송총비용 중 70%는 원고들이, 나머지는 피고가 각 부담한다.

4. 제1항 중 금원지급부분은 가집행할 수 있다.

【청구취지 및 항소취지】

제1심 판결을 취소한다.

1. 피고는 원고 상도1동새마을금고에게 1,216,650,077원 및 그 중 1,074,836,106원에 대하여는 2009. 1. 24.부터 이 사건 소장 부본 송달일까지는 연 6%의, 그 다음날부터 다 갚는 날까지는 연 20%의 각 비율에 의한 금원을, 141,813,971원에 대하여는 2012. 7. 5.자 청구취지 및 청구원인 변경신청서 송달일 다음날부터 다 갚는 날까지 연 20%의 비율에 의한 금원을 각 지급하라.

2. 피고는 원고 중곡3동새마을금고에게 641,681,677원 및 그 중 575,565,194원에 대하여는 2009. 1. 24.부터 이 사건 소장 부본 송달일까지는 연 6%의, 그 다음날부터 다 갚는 날까지는 연 20%의 각 비율에 의한 금원을, 66,116,483원(66,116,438월의 오기로 보인다)에 대하여는 2012. 7. 5.자 청구취지 및 청구원인 변경신청서 송달일 다음날부터 다 갚는 날까지 연 20%의 비율에 의한 금원을 각 지급하라.

【이 유】

2. 손해배상청구에 관한 판단

나. 투자자보호의무 위반 여부

신탁업을 영위하는 금융기관의 임직원이 고객에게 신탁상품의 매입을 권유할 때에는 당해 신탁의 수익구조와 위험요인을 포함하여 당해 신탁의 특성과 주요 내용에 관한 올바른 정보를 제공하고 설명함으로써 고객이 그 정보를 바탕으로 합리적인 투자판단을 할 수 있도록 고객을 보호하여야 할 주의의무가 있고, 이때 고객에게 어느 정도의 정보를 제공하고 설명을 하여야 하는지는 투자 대상인 상품의 특성 및 위험도의 수준, 고객의 투자 경험과 능력 및 기관투자자인지 여부 등을 종합적으로 고려하여야 할 것이다.

한편, 특정금전신탁은 위탁자가 신탁재산의 운용방법을 특정하는 금전신탁으로서 수탁자는 위탁자가 지정한 방법대로 자산을 운용하여야 하고 다른 신탁상품과는 합동 운용할 수 없으며 원본 보전과 이익 보족이 금지되어 있으며, 특정금전신탁은 위탁자가 지정한 운용방법에 따른 자산운용에 의하여 그 수익률이 변동함으로써 항상 위험이 따르고, 그 위험은 신탁회사가 신탁재산에 대하여 선량한 관리자로서의 주의의무를 다하지 아니하였다는 등의 특별한 사정이 없는 한 수익자가 부담하여야 하므로, 그 신탁재산의 운용 결과에 대한 손익은 모두 수익자에게 귀속되는 자기책임주의와 실적배당주의를 그 본질로 한다(대법원 2007. 11. 29. 선고 2005다64552 판결 참조).

이러한 점을 고려하여 보면, 특정금전신탁상품의 매입을 권유하는 금융기관은 위탁자가 지정하는 운용방법에 따라 신탁재산을 운영하고 이에 따르는 모든 위험이 수익자에게 귀속되는 특정금전신탁의 본질적 특성을 감안하여 볼 때 당해 특정금전신탁상품을 매입하고자 하는 고객인 위탁자에게 그를 대신하여 투자 여부 및 투자 금액을 판단하기에 필요한 일체의 자료와 정보를 수집하고 이를 분석한 다음 투자에 따른 손익 가능성까지 정확하게 분석·예측하여 이를 설명할 의무까지 있다고 볼 수는 없지만, 특정금전신탁의 위험성은 신탁된 금원의 구체적 운용방법에 의하여 결정되는 것이므로, 당해 특정금전신탁의 수탁자인 금융기관이 사실상 신탁재산의 운용방법 또한 미리 특정하여 둔 상품의 매입을 위탁자에게 권유함으로써 위탁자는 수탁자에 의해 특정된 신탁재산의 운용방법을 소극적으로 승인할 뿐 스스로 그 운용방법을 지정한다고 볼 수 없는 경우라면 수탁자인 금융기관은 위탁자에게 그러한 신탁재산의 운용에 따라 발생할 수 있는 위험성에 관한 기초 자료와 정보를 적절한 범위 내에서 수집하여 그 위험성을 파악한 후 이를 설명함으로써 위탁자가 그 정보를 바탕으로 합리적인 투자판단을 할 수 있도록 위탁자를 보호하여야 할 주의의무가 있다고 할 것이다.

이 사건에 관하여 보건대, 갑 제1 내지 3호증의 각 4, 을 제1호증의 1내지 3, 을 제27 내지 42호증의 각 1, 2의 각 기재에 의하면, 원고들은 제2금융권에 해당하는 금융기관으로서 이 사건 각 특정금전신탁계약 체결 이전에도 피고와 사이에 원고 상도1동새마을금고는 총 10건 투자액 합계 91억 원 상당의 특정금전신탁계약을, 원고 중곡3동새마을금고는 총 6건 투자액 합계 25억 원 상당의 특정금전신탁계약을 각 체결한 경험이 있는 사실, 피고는 이 사건 각 특정금전신탁계약을 체결하기 이전에 원고들에게 투자설명서를 각 교부하고 이를 통하여 이 사건 특정금전신탁은 A가 B을 인수하는데 필요한 기업인수자금을 지원해 주기 위하여 이 사건 대출금채권을 신탁재산으로 편입하여 운용되는 상품이라는 점과 이 사건 대출금채권의 담보 및 상환재원에 관한 사항 등을 개략적으로 설명한 사실, 피고는 원고들과 이 사건 각 특정금전신탁계약을 체결하면서 원고들로부터 위 특정금전신탁과 관련된 주요 내용에 관한 설명을 들었다는 내용의 특정금전신탁 고객상담 확인서를 작성 받은 사실은 인정된다.

그러나 한편, 이 사건 특정금전신탁에 편입된 신탁재산인 이 사건 대출금채권에 관한 운용방법이 사실상 피고에 의하여 지정되고, 원고들은 그와 같은 내용이 미리 기재된 운용지시서에 날인함으로써 이를 소극적으로 승인한 사실은 앞서 본 바와 같고, 앞서 든 증거들에 갑 제9호증, 갑 제13 내지 17호증, 갑 제42호증, 갑 제44호증의 1, 2, 갑 제45, 46호증, 갑 제49, 50호증의 각 2, 을 제23호증의 1, 을 제25호증의 각 기재 및 제1심 증인 D, 당심 증인 G의 각 증언과 당심 증인 H의 일부 증언에 변론 전체 의 취지를 종합하여 인정되는 다음과 같은 사정들 즉, 원고들이 이 사건 각 특정금전신탁계약 체결 이전에 피고와 체결하였던 각 특정금전신탁계약에 따라 신탁재산으로 편입된 각 대출금채권의 이자율은 연 8.5% 내지 12%였음에 반하여 이 사건 대출금채권의 이자율은 상당히 고율인 연 20%로 수익성이 높은 만큼 그 위험성 또한 매우 높다고 볼 수 있는 점, 이 사건 대출금채권의 이자율이 2008. 6. 중순경 이미 연 20%로 확정되었음에도 불구하고 피고가 2008. 7. 이후에 원고들에게 각 교부한 것으로 보이는 투자설명서에는 위 대출 이자율이 명시되지 아니한 채 이 사건 특정금전신탁상품의 예상수익률이 연 9.5%(2008. 7. 14.자 특정금전신탁계약 관련 투자설명서), 연 12.5% 이상(2008. 8. 22.자 특정금전신탁계약 관련 투자설명서), 연 12% 이상(2008. 7. 17자 특정금전신탁계약 관련 투자설명서)으로만 기재만 되어 있어 위 투자설명서만으로는 원고들이 이 사건 특정금전신탁에 신탁재산으로 편입될 이 사건 대출금채권의 위험성 정도를 명확히 인식할 수 없었고, 피고는 원고들에게 투자설명을 하면서 이 사건 대출금채권의 안정성과 수익성 부분만을 강조하였을 뿐 위험성의 징표인 대출 이자율에 관한 설명은 제대로 하지 아니한 것으로 보이는 점, 피고가 미리 작성하여 원고들로부터 날인을 받은 운용지시서를 보더라도 원고 중곡3동새마을금고와 체결된 2008. 7. 17.자 특정금전신탁계약의 운용지시서를 제외한 나머지 운용지시서에는 이 사건 대출금채권의 이자율이 기재되어 있지 아니하고, 이자율이 기재된 위 운용지시서 또한 원고 중곡3동새마을금고가 신탁자금 7억 원을 피고에게 송금한 이후에 위 원고에게 교부된 것으로 보이는 점, 이 사건 대출약정 당시 주채무자인 C는 2007회계연도 기준으로 총 자산 340억 원, 총 부채 425억 원으로 이미 자본이 전액 잠식된 상태였고, 연대보증인인 A는 2007회계연도 기준으로 총 자산이 674억 원, 총 부채 492억 원, 당기순손실이 107억 원이고, 설립 이후 순이익의 발생 없이 매년 적자가 누적되고 있는 상태였으며, 이는 위 회사들의 재무제표에 대한 감사보고서 등을 통하여 어렵지 않게 파악할 수 있음에도 피고는 위와 같은 절차를 거쳐 C나 A의 재무상태나 채무상환능력을 검토하지 아니하였고 그에 따라 원고들에게 관련 자료를 교부하지 아니한 것으로 보이는 점, 피고는 이정회계법인의 2007. 12. 31.자 A에 대한 기업가치 평가보고서를 기준으로 이 사건 대출약정상의 연대보증인이자 실질적인 채무자인 A의 채무상환능력을 파악한 것으로 보이는데, 위 기업가치 평가보고서는 A가 수립한 향후 사업계획이 모두 실현될 것을 가정하여 장래 위 회사로 유입될 것으로 추정되는 현금흐름을 기초로 A의 현재 기업가치를 3,119억 원으로, A 주식의 1주당 가치를 5,198원으로 평가한 것에 불과할 뿐 A의 과거 재무제표에 대한 감사를 실시하거나 이를 기반으로 A의 기업가치를 평가한 것이 아니어서 위 평가보고서만으로는 이 사건 대출금채무에 대한 A의 현실적 채무상환능력을 제대로 파악하기는 어렵다고 보이며, 위 자료 또한 원고들에게 교부하지 아니한 점, 피고가 원고 중곡3동새마을금고에게 교부한 투자설명서 및 피고가 내부 결재를 거쳐 작성한 문서인 특정금전신탁 운용(대출채권) 사전 협의에는 이 사건 대출금채권의 상환재원으로 A의 자회사인 E 주식회사(이후 K 주식회사로 상호가 변경되었다. 이하 'E'라고 한다)를 B에 매각하여 받게 될 매각대금이 기재되어 있는데, 피고는 E의 실제 기업가치를 파악하는 등으로 이 사건 대출금에 대한 상환계획의 실현가능성을 검토하지 아니한 점, 피고는 이 사건 대출금채권의 담보로 취득한 A 및 B의 주식에 관하여 담보 취득 당시의 거래가격을 기준으로 담보가치를 파악하였을 뿐 위 회사들의 재무상태 등을 고려한 실질적 담보가치에 관한 평가는 특별히 하지 아니한 점 등을 고려해 보면, 이 사건 특정금전신탁의 수탁자이자 신탁재산의 운용방법까지도 사실상 지정한 피고는 신탁재산의 운용에 따라 발생할 수 있는 위험성에 관한 기초자료와 정보를 적절한 범위 내에서 수집하여 그 위험성을 파악한 후 이를 설명함으로써 위탁자인 원고들이 그 정보를 바탕으로 합리적인 투자판단을 할 수 있도록 원고들을 보호하여야 할 주의의무를 게을리 하였다고 봄이 상당하고, 이는 원고들에 대한 관계에서 불법행위가 된다고 할 것이다.

다. 신탁재산관리에 관한 선관주의의무 위반 여부

살피건대, 이 사건 각 특정금전신탁계약의 중도해지가 가능한 사실은 앞서 본 바와 같고, 을 제5호증의 각 기재에 의하면, 이 사건 대출약정상 차주의 영업, 자산 또는 재무상태에 중대한 부정적인 변화가 있어 차주가 대출원리금 상환채무를 이행하지 못할 것으로 대주가 합리적으로 판단하는 경우'는 채무불이행 사유에 해당하고(제12조 제1항 제15호), 채무불이행 사유가 발생하는 경우 피고는 C에게 모든 대출원리금의 상환채무 및 C가 피고에게 지급하여야 할 수수료와 비용 등의 지급채무의 이행기가 도래하였음을 선언하는 통지를 할 수 있고, 피고가 위 통지를 한 날에 위 각 채무의 이행기가 도래한 것으로 보며{제12조 제2항 (1)의 제2호}, 피고는 담보권 행사 등 금융관련계약 및 법령이나 규정에 의해 주어진 다른 조치를 취하거나 권리를 행사할 수 있다{제12조 제2항 (1)의 제3호}고 규정하고 있는 사실이 인정되는바, 우선 원고들이 피고에게 이 사건 특정금전신탁계약을 중도해지한다는 의사를 표시함으로써 이 사건 대출금의 조기 상환을 요구하였음을 인정할 증거가 없을 뿐만 아니라, 설령 A 또는 B의 유상증자 등이 계획대로 실현되지 못하였다고 하더라도 이는 이 사건 대출약정상의 채무자인 C 자체의 영업, 자산 또는 재무상태에 중대한 부정적 변화가 발생한 것이 아니어서 이를 이 사건 대출약정상의 채무불이행 사유로 볼 수 없으므로, A 또는 B의 유상증자 등이 계획대로 실현되지 못한 것이 이 사건 대출약정상의 채무불이행 사유에 해당됨을 전제로 하는 원고들의 위 주장은 받아들일 수 없다.

3. 부당이득반환청구에 관한 판단

나. 판단

피고가 2012. 4. 26. 이 사건 각 특정금전신탁의 종료에 따른 최종계산의 승인을 거쳐 신탁보수 명목으로 원고 상도1동새마을금고로부터 141,813,971원(= 109,802,739원 + 32,011,232원)을, 원고 중곡3동새마을금고로부터 66,116,438원을 각 지급받은 사실은 앞서 본 바와 같다.

이 사건의 경우 피고가 원고들과 이 사건 각 특정금전신탁계약을 체결함에 있어 투자자보호의무를 게을리 함으로써 원고들에게 손해가 발생한 점, 위와 같은 손해의 발생에 원고들과 피고의 과실 모두가 그 원인이 된 점 기타 변론에 나타난 제반 사정 등을 고려하여 보면, 이 사건 각 특정금전신탁계약에서 정한 신탁보수 전액에 관하여 피고의 보수청구권을 인정하는 것은 그 보수액이 부당하게 과다하여 신의성실의 원칙이나 형평의 원칙에 반한다고 할 것이어서 피고가 원고들에게 구할 수 있는 신탁보수는 이 사건 각 특정금전신탁계약에서 약정한 신탁보수의 60%로 정함이 상당하므로, 피고는 이를 초과하여 원고들로부터 지급받은 신탁보수 상당액을 부당이득으로 반환할 의무가 있다.

33. 대법원 2015. 8. 27. 선고 2013다203833 판결 [배당이의][107]

[논점] 위탁자의 채권자에 의한 위탁자의 신탁계약상 정산금채권에 대한 강제집행 관련 사례[108]

【이 유】

1. 상고이유 제1점에 관하여

가. 현행법상 체납처분절차와 민사집행절차는 별개의 절차이고 두 절차 상호 간의 관계를 조정하는 법률의 규정이 없어 한쪽의 절차가 다른 쪽의 절차에 간섭할 수 없으므로, 체납처분에 의하여 압류된 채권에 대하여도 민사집행법에 따라 압류 및 추심명령을 할 수 있고, 그 반대로 민사집행법에 따른 압류 및 추심명령의 대상이 된 채권에 대하여도 체납처분에 의한 압류를 할 수 있다.

이처럼 민사집행법에 따른 압류 및 추심명령과 체납처분에 의한 압류가 경합하는 경우에 제3채무자는 민사집행절차에서 압류 및 추심명령을 받은 채권자와 체납처분에 의한 압류채권자 중 어느 한쪽의 청구에 응하여 그에게 채무를 변제하고 그 변제 부분에 대한 채무의 소멸을 주장할 수 있으며, 또한 민사집행법 제248조 제1항에 따른 집행공탁을 하여 면책될 수도 있다(대법원 2007. 9. 6. 선고 2007다29591 판결, 대법원 2015. 7. 9. 선고 2013다60982 판결 참조).

한편 체납처분에 의한 압류는, 비록 그 자체만을 이유로 집행공탁을 할 수 있는 민사집행법 제248조 제1항의 '압류'에는 포함되지 않지만(대법원 2007. 4. 12. 선고 2004다20326 판결 참조), 제3채무자에게 채무자에 대한 지급을 금지하고 채무자에게 채권의 처분과 영수를 금지하는 효력을 가지는 것으로서 민사집행절차에서 압류명령을 받은 채권자의 전속적인 만족을 배제하고 배당절차를 거쳐야만 하게 하는 민사집행법 제229조 제5항의 '다른 채권자의 압류'나 민사집행법 제236조 제2항의 '다른 압류'에는 해당한다.

그런데 민사집행법에 따른 압류 및 추심명령과 체납처분에 의한 압류가 경합한 후 제3채무자가 민사집행절차에서 압류 및 추심명령을 받은 채권자의 추심청구에 응하거나 민사집행법 제248조 제1항에 따른 집행공탁을 하게 되면, 그 피압류채권은 소멸하게 되고 이러한 효력은 민사집행절차에서 압류 및 추심명령을 받은 채권자에 대하여는 물론 체납처분에 의한 압류채권자에 대하여도 미치므로, 민사집행법에 따른 압류 및 추심명령과 함께 체납처분에 의한 압류도 그 목적을 달성하여 효력을 상실하는 것으로 보아야 한다.

---

107) 이 판결에 대한 평석은, 지은희, 체납처분에 의한 압류와 민사집행법상 압류 또는 가압류가 경합하는 경우 집행공탁 허용 여부, 사법논집 제63집, 법원도서관, 377면 이하를 참고할 것

108) 위탁자의 채권자들은, 신탁계약 자체에 대해 사해신탁 또는 사해행위로 취소를 구하는 경우가 아닌 한, 수탁자 명의의 신탁재산에 대해 강제집행을 할 수 없으므로, 실무상으로는 신탁재산 자체에 대한 압류, 가압류, 가처분을 하지 않고, 위탁자가 신탁계약에 따라 가지는 권리(후순위 수익권, 수익정산채권, 신탁종료 또는 신탁재산 귀속으로 인한 소유권이전등기청구권)를 대상으로 압류, 가압류, 가처분을 신청하고 있다. 한편, 실무상 신탁계약(신탁원부)을 특정하지 않고 신탁부동산 또는 제3채무자(신탁사)만을 기재하여 보전처분의 신청이 이루어지고 그에 대해 법원에서도 인용하는 결정이 내려지는 사례가 있으나, 원칙적으로 신청의 대상은 위탁자의 수탁자에 대한 신탁계약상의 권리(후순위 수익권, 수익정산채권, 신탁종료로 인한 신탁재산 귀속으로 인한 소유권이전등기청구권)라는 점에서 신탁부동산, 제3채무자(신탁사) 및 신탁원부를 특정해야 할 것으로 생각된다.

따라서 민사집행절차에서 압류 및 추심명령을 받은 채권자뿐만 아니라 체납처분에 의한 압류채권자의 지위도 민사집행법상의 배당절차에서 배당을 받을 채권자의 지위로 전환된다고 할 것이어서, 체납처분에 의한 압류채권자가 공탁사유신고 시나 추심신고 시까지 민사집행법 제247조에 의한 배당요구를 따로 하지 않았다고 하더라도 그 배당절차에 참가할 수 있다(대법원 2015. 4. 23. 선고 2013다207774 판결 참조).

나. 원심판결 이유에 의하면, 원심은 이 사건 정산금채권에 대하여 원고의 민사집행법에 따른 압류 및 추심명령 등과 피고의 체납처분에 의한 이 사건 압류가 경합한 후에 제3채무자인 케이비부동산신탁 주식회사가 그 정산금을 민사집행법 제248조 제1항에 따라 집행공탁한 사실 등을 인정한 다음, 위 집행공탁에 따른 이 사건 배당절차에서 체납처분에 의한 압류채권자인 피고는 배당을 받을 채권자의 지위에 있다는 취지로 판단하였다.

앞서 본 법리와 기록에 비추어 살펴보면 원심의 위와 같은 판단은 정당하고, 거기에 상고이유 주장과 같이 교부청구나 배당요구의 효력에 관한 법리를 오해하는 등의 위법이 없다.

2. 상고이유 제2점, 제3점에 관하여

원심판결 이유에 의하면, 원심은 그 판시와 같은 사실을 인정한 다음, 피고가 이 사건 정산금채권을 포함한 주식회사 삼보에이치디가 케이비부동산신탁 주식회사에 대하여 가지는 신탁재산교부청구권 전부를 대상으로 체납처분에 의한 이 사건 압류를 한 이상, 이 사건 압류에서 압류할 채권이 특정되지 않았다고 볼 수 없다고 판단하였고, 나아가 이 사건 압류에 관계된 체납액인 2007년 6월 수시분 고지 종합부동산세 1,009,794,260원 중 788,194,410원을 초과하는 부분만이 이 사건 압류 이후의 충당으로 소멸하였다고 보아 피고에 대한 배당액 중 788,194,410원 부분은 적법하다고 판단하였다.

기록에 비추어 살펴보면 원심의 위와 같은 판단은 모두 정당하고, 거기에 상고이유 주장과 같이 논리와 경험의 법칙을 위반하여 자유심증주의의 한계를 벗어나거나 압류에 있어 피압류채권의 특정이나 배당액 산정에 관한 법리를 오해하고 필요한 심리를 다하지 아니하는 등의 위법이 없다.

[원심판결] 서울고등법원 2013. 3. 15. 선고 2012나43685 판결 [배당이의]

【주 문】

제1심판결을 다음과 같이 변경한다.

가. 서울중앙지방법원 2009타기1978 배당절차 사건에 관하여 위 법원이 2011. 8. 26 작성한 배당표 중 피고에 대한 배당액 000원을 000원으로, 원고에 대한 배당액 0000원을 00000원으로 각 경정한다.

나. 원고의 나머지 청구를 기각한다

2. 소송비용 중 70%는 원고가, 그 나머지는 피고가 각 부담한다.

【청구취지 및 항소취지】

제1심판결을 취소한다 서울중앙지방법원 2009타기1978호 배당절차 사건에 관하여 위 법원이 2011. 8. 26. 작성한 배당표 중 피고(소관청 서초세무서)에 대한 배당액 000원을 삭제하고, 원고에 대한 배당액 000원을 000원으로 경정한다.

【이 유】

다. 이 사건 압류가 피압류채권을 특정하지 않아 무효인지

2) 판단

가) 피고가 이 사건 과세처분에 따른 압류조서 및 채권압류통지서에서 압류채권으로 이 사건 정산금채권을 포함하여 위탁자 삼보에이치디가 신탁계약조건에 따라 신탁기간의 만료, 신탁계약의 해지, 신탁부동산의 처분에 의한 종료 등으로 케이비부동산신탁에 대하여 가지는 신탁재산교부청구권(신탁수익금 및 소유권이전등기청구권) 전부를 표시하여 압류한 점은 앞서 본 바와 같다.

나) 한편 채권에 대한 가압류 또는 압류명령을 신청하는 채권자는 신청서에 압류할 채권의 종류와 액수를 밝혀야 하고(민사집행법 제225조, 제291조), 특히 압류할 채권 중 일부에 대하여만 압류명령을 신청하는 때에는 그 범위를 밝혀 적어야 한다(민사집행규칙 제159조 제1항 제3호, 제218조). 그럼에도 채권자가 가압류나 압류를 신청하면서 압류할 채권의 대상과 범위를 특정하지 않음으로 인해 가압류결정 및 압류명령에서도 피압류채권이 특정되지 않은 경우에는 그 압류 등 결정에 의해서는 압류 등의 효력이 발생하지 않는다 할 것이고(대법원 2012. 11. 15. 선고 2011다38394 판결 참조), 이러한 법리는 체납처분에 따른 이 사건 압류에도 마찬가지로 적용되어야 할 것이다.

다) 그러나 국세징수법 제43조에 의하면, 세무서장은 채권을 압류할 때에는 체납액을 한도로 하여야 하지만, 압류할 채권이 체납액을 초과하는 경우에 필요하다고 인정하면 그 채권 전액을 압류할 수 있도록 규정하고 있다. 이 사건 압류의 대상인 신탁재산교부청구권은 신탁계약조건에 따라 신탁기간의 만료, 신탁계약의 해지, 신탁부동산의 처분에 의한 종료 등에 따라 장차 발생하게 되는 채권이므로 피고의 이 사건 압류 당시에는 그 채권의 종류나 액수가 불확실하였고, 채권액이 체납액을 초과할지도 확실하지 아니하였다. 앞서 본 바와 같이 이 사건 정산금채권에 관하여는 원고의 위 압류 전에 이미 피고의 압류 등을 포함하여 여러 건의 가압류, 압류 등이 있었고, 결국 그 집행채권의 총액이 이 사건 정산금채권의 총액을 이미 초과하여 민사집행법상 압류의 경합 상태에 있었음이 판명되었다. 이러한 상황을 고려하여 피고가 삼보에이치디가 케이비부동산신탁에 대하여 가지는 신탁재산교부청구권 전부를 압류할 필요가 있다고 판단하고 위 신탁재산교부청구권 전부를 대상으로 이 사건 압류를 한 것이다. 이처럼 피고가 압류할 채권 전부를 대상으로 압류한 이상, 압류할 채권 중 일부에 대하여만 압류하거나 여러 개의 채권 전부를 압류의 대상인 채권으로 나열하고 그 중 집행채권액과 동등액에 대한 압류를 구하는 등으로 금액만을 한정하여 압류결정을 받는 경우와는 달리, 이 사건 압류에서 압류할 채권이 특정되지 않았다고 볼 수는 없다. 원고의 이 부분 주장도 이유 없다.

34. 대법원 2015. 6. 11. 선고 2013두15262 판결 [사업시행인가무효확인][109]

[논점] 부동산에 담보신탁 또는 처분신탁 등이 이루어진 경우, 도시 및 주거환경정비법에서 정한 사업시행자로서 사업시행인가를 신청하는 토지 등 소유자 및 신청에 필요한 동의를 얻어야 하는 토지 등 소유자는 위탁자인지 여부

【이 유】

1. 부동산이 담보신탁 또는 처분신탁된 경우에 토지 등 소유자는 수탁자라는 주장에 관하여

가. 구 도시 및 주거환경정비법(2010. 4. 15. 법률 제10268호로 개정되기 전의 것, 이하 '도시정비법'이라 한다) 제2조 제9호 (가)목의 규정에 의하면, 도시환경정비사업의 경우 토지 등 소유자는 정비구역 안에 소재한 토지 또는 건축물의 소유자 또는 그 지상권자를 말하고, 같은 법 제28조 제7항 본문에 의하면, 토지 등 소유자가 도시환경정비사업을 시행하고자 하는 경우에는 사업시행인가를 신청하기 전에

109) 이 판결에 대한 평석은, 한석종, 도시환경정비사업에서 신탁 부동산의 '토지 등 소유자' : (대법원 2015. 6. 11. 선고 2013두15262 판결), 행정판례평석. 1, 화우 정부관계 법제팀, 228면 이하를 참고할 것.

제30조에 따른 사업시행계획서에 대하여 토지 등 소유자의 4분의 3 이상의 동의를 얻어야 한다. 그리고 도시환경정비사업의 경우에 토지 등 소유자의 동의자 수 산정방법에 대하여 구 도시 및 주거환경정비법 시행령(2010. 7. 15. 대통령령 제22277호로 개정되기 전의 것, 이하 '도시정비법 시행령'이라 한다) 제28조 제1항 제1호 각 목은 1필지의 토지 또는 하나의 건축물이 수인의 공유에 속하는 때에는 그 수인을 대표하는 1인을 토지 등 소유자로 산정하고[(가)목], 토지에 지상권이 설정되어 있는 경우 토지의 소유자와 해당 토지의 지상권자를 대표하는 1인을 토지 등 소유자로 산정하며[(나)목], 1인이 다수 필지의 토지 또는 다수의 건축물을 소유하고 있는 경우에는 필지나 건축물의 수에 관계없이 토지 등 소유자를 1인으로 산정하되, 다만 토지 등 소유자가 정비구역 지정 후에 정비사업을 목적으로 취득한 토지 또는 건축물에 대하여는 종전 소유자를 토지 등 소유자의 수에 포함하여 산정하고, 이 경우 동의 여부는 이를 취득한 토지 등 소유자에 의하도록 규정하고 있다[(다)목].

도시정비법 제8조 제3항, 제28조 제1항에 따라 사업시행인가를 받은 토지 등 소유자가 직접 시행하는 도시환경정비사업에서 토지 등 소유자에 대한 사업시행인가 처분은 정비사업을 시행할 수 있는 권한을 가지는 행정주체로서의 지위를 부여하는 일종의 설권적 처분의 성격을 가지고(대법원 2013. 6. 13. 선고 2011두19994 판결 참조), 도시환경정비사업을 직접 시행하려는 토지 등 소유자가 작성한 사업시행계획에 대한 정비구역 내 토지 등 소유자 4분의 3 이상의 동의는 이러한 설권적 처분의 절차적 요건에 해당한다.

그리고 앞서 본 것과 같이 도시정비법 시행령 제28조 제1항이 토지 등 소유자가 정비구역 지정 후에 도시환경정비사업을 목적으로 취득한 토지 또는 건축물에 대하여 종전 소유자를 포함하여 동의자의 수를 산정하도록 정한 것은 도시환경정비사업을 시행하려는 토지 등 소유자가 사업시행인가 신청에 앞서 적극적으로 토지 또는 건축물을 매수할수록 동의 대상자 및 동의자인 토지 등 소유자의 수가 줄어들어 결과적으로 동의율이 낮아지는 불합리한 결과를 방지하려는 취지로 보이고, 결국 도시환경정비사업의 경우에 사업시행인가 신청 당시의 사법(私法)상 소유자와 동의를 얻어야 하는 토지 등 소유자가 일치하지는 아니한다.

또한 이와 같이 토지 등 소유자로 하여금 도시환경정비사업을 시행할 수 있도록 하고 토지 등 소유자의 동의를 얻도록 요구하는 것은 도시환경정비사업과 직접적인 이해관계가 있는 당사자를 주체로 하여 사업을 추진하고 또한 그러한 이해관계인의 의견을 반영하려는 취지이다. 따라서 토지 등 소유자가 도시환경정비사업 시행을 위하여 또는 그 사업 시행과 관련하여 직접적인 이해관계를 가지는 당사자로서 부동산을 신탁한 경우에 그 사업의 시행은 신탁의 목적에 부합하고, 오히려 부동산 신탁은 토지 등 소유자의 의사에 기하여 추진되는 도시환경정비사업 시행을 위한 수단으로서 기능하게 되므로, 위와 같은 신탁의 경우에 도시환경정비사업의 시행 및 토지 등 소유자의 동의 절차에서는 해당 부동산에 관한 소유권 등의 행사 및 그 사업 시행에 직접 이해관계를 가지는 종전 토지 등 소유자인 위탁자가 주체가 되어 그의 의견이 반영될 수 있도록 함이 타당하다.

한편 신탁법에 의한 신탁재산은 대내외적으로 소유권이 수탁자에게 완전히 귀속되며, 위탁자와의 내부관계에서 그 소유권이 위탁자에게 유보되어 있는 것은 아니다(대법원 2013. 1. 24. 선고 2010두27998 판결 등 참조). 그렇지만 구 신탁법(2011. 7. 25. 법률 제10924호로 전부 개정되기 전의 것)은 수탁자가 신탁재산을 수탁자의 고유재산과 구별하여 관리하도록 정하고(제30조), 수탁자는 누구의 명의로 하든지 신탁재산을 고유재산으로 하거나 이에 관하여 권리를 취득하지 못한다고 정하는 등(제31조) 신탁재산을 수탁자의 고유재산과 구분하여 권리·의무관계를 규정하고 있으므로, 비록 신탁재산이 수탁자의 소유에 속한다 하더라도 그에 관한 권리관계를 수탁자의 고유재산과 마찬가지로 취급할 수는 없다.

위와 같은 도시정비법에서 정한 토지 등 소유자의 법적 성격과 그 제도의 목적, 도시정비법 시행령

제28조 제1항 제1호 (다)목 단서의 의미와 그 입법 취지, 도시환경정비사업의 시행을 위한 부동산 신탁의 특수성 및 신탁재산에 관한 법률관계 등을 종합하여 보면, 도시환경정비사업에서 사업시행인가 처분의 요건인 사업시행자로서의 토지 등 소유자의 자격 및 사업시행계획에 대한 토지 등 소유자의 동의를 일반적인 사법(私法)관계와 동일하게 볼 수 없다. 따라서 도시환경정비사업 시행을 위하여 또는 그 사업 시행과 관련하여 부동산에 관하여 담보신탁 또는 처분신탁 등이 이루어진 경우에, 도시정비법 제28조 제7항에서 정한 사업시행자로서 사업시행인가를 신청하는 토지 등 소유자 및 그 신청에 필요한 동의를 얻어야 하는 토지 등 소유자는 모두 수탁자가 아니라 도시환경정비사업에 따른 이익과 비용이 최종적으로 귀속되는 위탁자로 해석함이 타당하며, 토지 등 소유자의 자격 및 동의자 수를 산정할 때에는 위탁자를 기준으로 하여야 할 것이다.

나. 원심이 인용한 제1심판결 이유와 적법하게 채택된 증거들 및 기록에 의하면, 다음과 같은 사실을 알 수 있다.

(1) 서울특별시장은 2008. 7. 24. 서울 마포구 (주소 생략) 외 71필지 10,544.9㎡(이하 '이 사건 정비사업구역'이라 한다)에 대하여 도시환경정비사업 정비계획을 결정하고 정비사업구역으로 지정하였다.

(2) 피고 보조참가인(이하 '참가인'이라 한다)은 도시정비법 제8조 제3항에 의하여 이 사건 정비사업구역 내 토지 등 소유자의 자격으로 자신을 사업시행자로 하는 사업시행계획을 작성하여 2009. 12. 29. 피고에게 인가신청(이하 '이 사건 인가신청'이라 한다)을 하였다.

(3) 피고는 2010. 4. 8. 참가인에게 도시정비법 제28조 제1항에 의한 사업시행인가(이하 '이 사건 사업시행인가'라 한다)를 하였는데, 이에 대한 토지 등 소유자의 동의율을 80.30%(동의자 수 53명 ÷ 토지 등 소유자 수 66명)로 산정하여 도시정비법 제28조 제7항에 의한 동의율을 충족하였다고 판단하였다.

(4) 참가인이 분양신청절차를 거쳐 2011. 1. 13. 피고로부터 관리처분계획을 인가받은 후 위 관리처분계획이 고시되었고, 원고는 이 사건 정비사업구역 내 토지 등 소유자였으나 분양신청을 하지 않아 원고 소유의 토지 및 건물에 대한 수용재결이 완료되었다.

(5) (가) 참가인은 도시환경정비사업의 시행을 위하여 2006. 9.경부터 2006. 12.경까지 원심판시 19개의 쟁점 부동산(이하 '쟁점 부동산'이라 한다) 및 소외 1 등 31명(이하 '쟁점 동의자들'이라 한다) 소유의 각 부동산을 매수하면서, 해당 토지 등 소유자로 하여금 주식회사 신한은행(이하 '신한은행'이라 한다)과 부동산관리 및 처분신탁계약을 체결하고, 신한은행 앞으로 신탁을 원인으로 한 소유권이전등기를 마치게 하였다.[110)]

(나) 참가인은 위 매수 부동산들 중 쟁점 부동산에 대하여는, 이 사건 인가신청일인 2009. 12. 29. 이전까지 토지 등 소유자에게 잔금을 모두 지급하고 참가인 명의로 매매를 원인으로 한 소유권이전등기를 마친 다음, 신한은행과 체결한 부동산담보신탁계약에 따라 신한은행 앞으로 신탁을 원인으로 한 소유권이전등기를 마쳤다.

(다) 그리고 참가인은 쟁점 동의자들의 각 부동산에 대하여는, 이 사건 인가신청일인 2009. 12. 29.부터 2011. 4. 25.까지 사이에 쟁점 동의자들에게 잔금을 지급하고 참가인 명의로 소유권이전등기를 마친 다음, 신한은행 또는 주식회사 코리아신탁(이하 '코리아신탁'이라 한다)과 체결한 부동산담보신탁계약에 따라 신한은행 또는 코리아신탁 앞으로 신탁을 원인으로 한 소유권이전등기를 마쳤으며, 신한은행과의 부동산담보신탁계약이 종료된 일부 부동산에 대하여는 다시 코리아신탁에 부동산담보신탁을 하

110) 시행자가 토지소유자와 매매계약을 체결하였으나 잔금지급까지 기한이 다소 남아있는 경우에는 이와 같이 매수인인 시행자나 제3자를 신탁종료시의 수익자 및/또는 귀속권리자로 지정한 부동산(관리)처분신탁계약을 체결하도록 하여 해당 부동산을 통제하기도 한다.

였다.

(라) 그 후 참가인은 2012. 7.경 코리아신탁과 관리형 토지신탁계약[111]을 체결하고, 2012. 9. 18. 피고로부터 사업시행자를 참가인에서 코리아신탁으로 변경하는 내용의 사업시행변경인가를 받았다.

다. 위 사실관계를 앞서 본 법리에 비추어 살펴보면, 다음과 같이 판단된다.

(1) 이 사건 인가신청 당시 참가인은 도시환경정비사업의 시행을 위하여 매수한 쟁점 부동산에 관하여 소유권을 취득한 후 그 사업 시행을 위하거나 이와 관련하여 신한은행에 담보신탁한 상태였음을 알 수 있다. 따라서 쟁점 부동산에 관하여 도시정비법 제28조 제7항에서 정한 도시환경정비사업을 시행하고자 하는 토지 등 소유자는 수탁자인 신한은행이 아니라 위탁자인 참가인이라고 볼 수 있어, 참가인이 그 토지 등 소유자로서 사업시행자의 자격이 있다.

(2) 도시정비법 시행령 제28조 제1항 제1호 (다)목 단서에 의하여, 참가인이 이 사건 정비사업구역 지정 후에 정비사업을 목적으로 취득한 토지 또는 건축물에 대하여는 종전 소유자를 토지 등 소유자의 수에 포함하여 산정하여야 한다.

그런데 2008. 7. 24. 이 사건 정비사업구역 지정 당시 쟁점 동의자들은 모두 그들 소유의 부동산들을 참가인에게 매도한 후 참가인의 도시환경정비사업 시행을 위하거나 이와 관련하여 신한은행에 처분신탁을 마친 상태임을 알 수 있으므로, 위 부동산들에 관하여는 그 후 이 사건 인가신청일까지 참가인이 그 소유권을 취득하였는지를 가릴 필요 없이, 도시정비법 제28조 제7항에서 정한 동의권자로서의 토지 등 소유자 역시 수탁자인 신한은행이 아니라 종전 소유자로서 위탁자인 쟁점 동의자들이라고 봄이 타당하다.

따라서 피고가 위 부동산들에 관하여 참가인 또는 신한은행이 아니라 해당 토지 등의 종전 소유자를 토지 등 소유자 및 동의자 수에 포함하여 동의율을 산정한 것은 적법하다.

라. 이와 결론이 같은 원심판결에, 상고이유 주장과 같이 부동산이 신탁된 경우의 도시정비법상 토지 등 소유자의 해석, 사업시행자, 동의를 얻어야 하는 토지 등 소유자 및 동의자 수 산정에 관한 법리를 오해하고 필요한 심리를 다하지 아니하거나 자유심증주의의 한계를 벗어나 판결에 영향을 미친 위법이 없다.

2. 동의정족수 관련 주장에 관하여

원심은 제1심판결을 인용한 판시와 같은 이유로, 이 사건 사업시행인가 당시 동의율은 79.1%[동의자 수 53인 ÷ 토지 등 소유자 수 67인(피고가 인정한 66인 + 1인)]로서, 도시정비법 제28조 제7항에서 정한 법정동의율을 넘는다는 취지로 판단하였다.

도시정비법상 사업시행인가를 위한 동의정족수는 그 인가신청 시를 기준으로 판단하여야 하는데(대법원 2014. 4. 24. 선고 2012두21437 판결 참조), 이 사건 인가신청 시를 기준으로 한 동의율을 살펴보면, 토지 등 소유자의 수는 67인, 동의자 수는 52인(원심이 인정한 53인 중 이 사건 인가신청 후에 동의서를 제출한 소외 2 1인을 제외한다)이고, 동의율은 77.61%(52인/67인)로서 법정동의율인 토지 등 소유자의 4분의 3 이상을 충족한다.

따라서 원심이 이 부분에 관하여 설시한 이유는 일부 잘못이나, 토지 등 소유자의 4분의 3 이상의 법

111) 이 방식은 수탁자인 부동산신탁사가 직접 사업주체로서 각종 인허가를 받아 사업을 수행하고 분양계약을 체결하여 공사도급계약을 체결하고 수분양자들에게 소유권이전등기를 한다는 점에서는 토지신탁의 일종이나 초기사업비를 위탁자가 우선수익권을 담보(우선수익권 부여)로 자금을 조달(차입)하여 수탁자에게 신탁사무처리비용 선지급하는 등 사업비 조달책임을 부담한다는 점에서 차이가 있다. 관리형 토지신탁계약의 실무상 쟁점에 대해서는, 법무법인 지평 건설부동산팀, 부동산 PF 개발사업법, 박영사, 167면 이하를 참고할 것.

정동의 요건을 갖추었다고 인정한 결론은 정당하고, 거기에 상고이유 주장과 같이 토지 등 소유자를 정하는 기준일 및 동의율 산정 등에 관한 법리를 오해하는 등의 사유로 판결에 영향을 미친 위법이 없다.

35. 대법원 2015. 5. 14. 선고 2012다41359 판결 [추심금]

[논점] 위탁자가 매수인과 기 체결한 매매계약상 매매대금채권에 대한 제3자의 채권압류 후 매매계약에 대한 매도인의 지위를 신탁사로 이전하는 계약인수가 이루어진 경우, 신탁사는 압류명령에 의하여 권리가 제한된 상태의 매매대금채권을 이전받는지 여부

【이 유】

1. 채권의 압류는 제3채무자에 대하여 채무자에게 지급 금지를 명하는 것이므로 채무자는 채권을 소멸 또는 감소시키는 등의 행위를 할 수 없고 그와 같은 행위로 채권자에게 대항할 수 없는 것이지만, 채권의 발생원인인 법률관계에 대한 채무자의 처분까지도 구속하는 효력은 없다(대법원 1991. 11. 12. 선고 91다29736 판결 참조).

그런데 계약 당사자로서의 지위 승계를 목적으로 하는 계약인수의 경우에는 양도인이 계약관계에서 탈퇴하는 까닭에 양도인과 상대방 당사자 사이의 계약관계가 소멸하지만(대법원 2007. 9. 6. 선고 2007다31990 판결 참조), 양도인이 계약관계에 기하여 가지던 권리의무가 동일성을 유지한 채 양수인에게 그대로 승계된다. 따라서 양도인의 제3채무자에 대한 채권이 압류된 후 그 채권의 발생원인인 계약의 당사자 지위를 이전하는 계약인수가 이루어진 경우 양수인은 압류에 의하여 권리가 제한된 상태의 채권을 이전받게 되므로, 제3채무자는 계약인수에 의하여 그와 양도인 사이의 계약관계가 소멸하였음을 내세워 압류채권자에 대항할 수 없다고 봄이 상당하다.

2. 가. 원심판결 이유 및 기록에 의하면 다음과 같은 사실을 알 수 있다.

① 주식회사 유니버스하우징(이하 '유니버스하우징'이라 한다)은 2006. 8. 18. 피고에게 서울 성북구 (주소 생략) 일대에 건축되는 주상복합건물 중 피고가 대형할인판매시설로 사용할 지하 6층 내지 지상 1층 부분(이하 '이 사건 건물 부분'이라 한다)을 매매대금 87,161,000,000원(부가가치세 별도)에 매도하였고(이하 '이 사건 매매계약'이라 한다), 계약 당일 피고로부터 계약금으로 191억 원을 지급받았다.

② 유니버스하우징, 피고보조참가인 주식회사 생보부동산신탁(이하 '생보부동산신탁'이라 한다) 및 위 주상복합건물 신축공사의 시공자인 주식회사 동일하이빌, 주식회사 동일토건(이하 '동일하이빌', '동일토건'이라 한다)은 2007. 5. 25. 위 신축사업의 수행을 위하여 유니버스하우징이 위 신축공사의 사업부지를 생보부동산신탁에 신탁하고, 생보부동산신탁은 위 사업의 시행주체로서 분양·관리업무를 담당하기로 하는 내용의 '토지신탁사업 약정서'를 작성하였고, 생보부동산신탁은 2007. 6. 29. 위 사업부지에 관하여 2007. 6. 28. 신탁을 원인으로 한 소유권이전등기를 마치고 그 신탁원부를 공시하였다.

③ 유니버스하우징과 생보부동산신탁은 2007. 11. 15. 위 토지신탁사업 약정서의 내용을 일부 변경한 '토지신탁사업 (변경)약정서'를 작성한 다음 2008. 4. 17. 신탁원부를 변경하였는데, 거기에는 "유니버스하우징 등은 이 사건 사업약정상 절차에 따라 유니버스하우징의 명의 등 대외적인 지위를 생보부동산신탁에 이전 또는 승계하여야 하고(특약사항 제21조), 신탁계약 체결 전 유니버스하우징이 기분양을 하였을 경우 유니버스하우징은 기분양분에 대하여 신탁계약 체결과 동시에 생보부동산신탁과 승계계약이 체결될 수 있도록 조치하고 유니버스하우징이 기수납한 분양대금은 생보부동산신탁의 신탁계좌에 전액 환입하기로 한다(특약사항 제22조)."는 신탁조항이 포함되어 있다.

④ 피고는 2008. 6. 10. 유니버스하우징에게 1차 중도금으로 136억 원을 지급하였다.

⑤ 원고는 유니버스하우징에 대한 집행력 있는 판결 정본에 기하여 2009. 2. 16. 유니버스하우징의 피고에 대한 위 매매대금채권 중 2,392,885,368원에 대하여 채권압류 및 추심명령을 받았고, 2009. 2. 20. 위 채권압류 및 추심명령이 피고에게 송달되었다.

⑥ 피고는 2010. 2. 17. 생보부동산신탁의 신탁계좌에 2차 중도금으로 13,585,386,618원을 입금하였다.

⑦ 생보부동산신탁, 피고, 동일토건, 유니버스하우징은 2010. 4. 15. 이 사건 건물 부분에 관하여 매도인 및 분양사업자를 생보부동산신탁, 매수인을 피고, 책임준공사를 동일토건, 위탁자를 유니버스하우징으로 하고, 계약금, 중도금 및 잔금의 지급에 관하여는 이 사건 매매계약을 일부 변경하는 내용의 계약(이하 '이 사건 분양계약'이라 한다)을 체결하였다.

나. 위와 같은 사실관계를 앞서 본 법리에 비추어 볼 때,

이 사건 분양계약에 의하여 유니버스하우징과 생보부동산신탁이 이 사건 매매계약상 매도인 지위를 유니버스하우징에서 생보부동산신탁으로 이전하기로 합의하고 피고가 이에 동의함으로써 계약인수가 성립하고, 그에 따라 유니버스하우징은 계약관계에서 탈퇴하고 유니버스하우징과 피고 사이의 계약관계는 소멸하지만, 유니버스하우징이 이 사건 매매계약에 기하여 가지고 있던 권리의무가 동일성을 유지한 채 생보부동산신탁에 그대로 승계되므로 생보부동산신탁은 이 사건 압류명령에 의하여 권리가 제한된 상태의 매매대금채권을 이전받는다고 할 것이다. 따라서 피고는 위 계약인수에 의하여 그와 유니버스하우징 사이의 채권 발생원인인 계약관계가 소멸하였음을 내세워 압류채권자인 원고에 대항할 수 없다.

다. 그런데 원심은 계약인수에 의하여 유니버스하우징이 계약관계에서 탈퇴하여 더 이상 매도인의 지위에 있지 아니하고 그에 따라 피압류채권인 매매대금채권 역시 소멸하였다고 보아 원고의 이 사건 추심금 청구를 기각하였는바, 이는 채권압류와 계약인수에 관한 법리를 오해하여 판단을 그르친 것이다.

원심이 들고 있는 대법원 1998. 1. 23. 선고 96다53192 판결은 이 사건과 사안을 달리하여 이 사건에 원용하기에 적절하지 아니하다.

[원심판결] 서울고등법원 2012. 3. 27. 선고 2011나34615 판결 [추심금]

【주 문】

1. 제1심 판결을 취소한다.
2. 원고의 청구를 기각한다.
3. 소송총비용은 원고가 부담한다.

【청구취지 및 항소취지】

1. 청구취지

피고는 원고에게 2,392,885,368원 및 이에 대한 이 사건 소장 부본 송달 다음날부터 다 갚는 날까지 연 20% 비율에 의한 돈을 지급하라.

2. 항소취지

주문과 같다.

【이 유】

다. 판단

살피건대, 채권의 압류는 제3채무자에 대하여 채무자에게 지급 금지를 명하는 것이 므로 채권을 소멸 또는 감소시키는 등의 행위는 할 수 없고 그와 같은 행위로 채권자에게 대항할 수 없는 것이지만, 채권의 발생 원인인 법률관계에 대한 채무자의 처분까지도 구속하는 효력은 없다고 할 것인바(대법원 1998. 1. 23. 선고 96다53192 판결 등 참조), 계약 당사자로서의 지위 승계를 목적으로 하는 계약인수는 계약상 지위에 관한 양도인과 양수인 사이의 합의와 나머지 당사자가 이를 동의 내지 승낙하는 방법으로도 할 수 있으며, 나머지 당사자가 동의 내지 승낙을 함에 있어 양도인의 권한이나 책임을 유보하였다는 등의 특별한 사정이 없는 한 양도인은 계약관계에서 탈퇴하고, 따라서 나머지 당사자와 양도인 사이에는 계약관계가 존재하지 아니하게 되어 그에 따른 채권채무관계도 소멸한다(대법원 2007. 9. 6. 선고 2007다31990 판결 참조)

이 사건으로 돌아와 보건대, 위와 같이 이 사건 분양계약으로써 생보부동산신탁과 유니버스하우징은 이 사건 건물에 대한 분양자 지위를 유니버스하우징에서 생보부동산신탁으로 이전하기로 합의하고 피고가 이에 동의한 사실이 인정되므로, 특별한 사정이 없는 한 양도인인 유니버스하우징은 계약관계에서 탈퇴하여 더 이상 매도인 지위에 있지 않으므로, 유니버스하우징이 매도인으로서 피고에게 매매대금 채권자의 지위에 있음을 전제로 한 원고의 추심금 청구는 이유 없다.

이에 대하여 원고는, 이 사건 분양계약이 아무런 합리적 이유 없이 원고의 추심금 청구를 회피할 목적으로 체결된 것이어서 이 사건 분양계약으로써 원고에게 대항할 수 없다고 주장한다. 살피건대, 채무자와 제3채무자가 아무런 합리적 이유 없이 채권의 소멸만을 목적으로 계약관계를 처분한다는 등의 특별한 사정이 인정된다면, 채무자와 제3채무자는 이로써 압류채권자에게 대항할 수 없다고 할 것인바(대법원 2001. 6. 1. 선고 98다17930 판결 참조), 이 사건에서는 이러한 사정을 인정할 증거가 부족하고, 오히려 위 인정사실과 같이 유니버스하우징은 위 압류 및 추심명령이 피고에게 송달되기 이전인 2007. 5. 25.경 생보부동산신탁에게 이 사건 사업부지를 신탁하였는데, 위 신탁계약에 의하면 기분양분에 대해서는 생보부동산신탁이 매수인과 승계계약을 체결할 수 있도록 유니버스하우징이 조치할 의무를 부과하고 있는바(특약사항 제22조), 이 사건 분양계약은 이러한 약정을 이행하기 위한 것이 명백할 뿐, 유니버스하우징과 피고가 아무런 합리적인 이유 없이 유니버스하우징의 피고에 대한 매매대금 채권의 소멸만을 목적으로 그 매매계약을 처분한 것으로 판단되지 아니한다. 따라서 원고의 이 부분 주장은 이유 없다.

원고는 또한, 유니버스하우징이 이 사건 분양계약으로써 면책적으로 분양자 지위를 상실한 것이 아니고 병존적으로 분양자 지위를 가지므로, 이 사건 분양계약 이후에도 여전히 피고에게 매매대금 채권을 갖고 있어 원고의 피고에 대한 추심금 청구는 정당하다고 주장한다. 살피건대, 계약인수가 유효하게 성립하여도 그 효과에 있어서 계약상 이미 발생한 채권, 채무뿐만 아니라 장래 발생할 채권, 채무와 계약에 따르는 취소권이나 해제권도 이전하는 경우와 단계적으로 그때그때 발생한 채권, 채무를 이전함에 그치는 경우 혹은 양도인의 채무가 면책적으로 이전하는 경우와 병존적으로 이전하는 경우 등이 있어 이는 구체적 계약의 내용에 따라 해석하여야 할 것이고(대법원 1982. 10. 26. 선고 82다카508 판결 참조), 양도인의 권한이나 책임을 유보하였다는 등의 특별한 사정이 있으면 양도인은 그 한도에서 계약관계에서 탈퇴하지 않고, 그에 따른 채권채무관계도 소멸하지 않는다고 할 것이다(대법원 2007. 9. 6. 선고 2007다31990 판결 참조), 이 사건으로 돌아와 보건대, 갑 제15호증, 을 제6호증의 각 기재에 의하면, 생보부 동산신탁과 유니버스하우징 및 피고는 이 사건 분양계약 이후에도 유니버스하우징이 피고에게 매도인으로서의 채무를 부담하고 그 채무불이행을 원인으로 피고가 이 사건 분양계약을 해제할 수 있으며, 이 사건 분양계약상 일체의 채무에 대하여 생보부동산신탁은 신탁재산을 한도로만 책임을 지고, 신탁재산 범위를 초과하는 부분에 대하여는 유니버스하우징이 책임을 지기로 약정한 점이 인정되는바, 이는 이 사건 분양계약으로 인하여 매도인 겸 분양사업자가 유니버스하우징에서 생보부동산신탁으로 변경됨을 전제로 유니버스하우징에게 매수인인 피고와 새 분양사업자인 생보부동산신탁을 위하여 위와 같은 책임을 별도로 부담시키기 위해 특별히 약정한 것으로 인정될 뿐이므로, 이러한 사정만으로는 유니버스하우징이 이 사건 분양계약 이후에도 피고와의 관계에서 생보부동산신탁과 더불어 매도인 지위를 병존적으로 유지하여 피고에 대해 매매대금 채권을 가지거나 혹은 매도인 지위 자체는 상실하더라도 피고에 대한 매매대금 채권만은 분리하여 계속 보유하고 있다고 보기 부족하고, 달리 이를 인정할 사정을 발견할 수 없다. 따라서 원고의 이 부분 주장도 이유 없다.

[참고판례 2] 대법원 1998. 1. 23. 선고 96다53192 판결 [소유권이전등기][112)]

【이 유】

채권의 가압류는 제3채무자에 대하여 채무자에게 지급 금지를 명하는 것이므로 채권을 소멸 또는 감소시키는 등의 행위는 할 수 없고 그와 같은 행위로 채권자에게 대항할 수 없는 것이지만, 채권의 발생원인인 법률관계에 대한 채무자의 처분까지도 구속하는 효력은 없다 할 것이다(대법원 1991. 11. 12. 선고 91다29736 판결 등 참조).

원고들이 상고이유에서 주장하는 바와 같이, 원고들의 주장을, 원고들이 소외 세중유통 주식회사(이하 '소외 회사'라고 한다)의 피고에 대한 이 사건 상가에 관한 소유권이전등기청구권에 대하여 가압류결정을 받아 그 결정이 피고에게 송달되었음에도, 피고가 가압류에 위배하여 이 사건 상가의 판시 점포들에 관하여 판시 소외인들 명의로 소유권이전등기를 경료하여 가압류의 효력을 상실하게 하였으니 피고는 그 불법행위로 인한 손해배상책임이 있다는 취지의 주장으로 보아준다고 하더라도, 기록과 원심판결 이유에 의하면, 피고와 소외 회사는 소외 회사가 피고로부터 매수한 이 사건 상가의 점포들을 타에 분양함에 따른 분양계약상의 분양자 지위를 피고가 승계하기로 약정하고, 피분양자들이 이에 동의함으로써 계약인수가 성립하였고, 이에 기하여 이 사건 상가의 판시 점포들에 관하여 피고로부터 피분양자 또는 피분양자가 지정하는 소외인들 앞으로 소유권이전등기가 경료되었음을 알 수 있는바, 위와 같이 계약인수가 적법하게 이루어진 이상 소외 회사는 계약관계에서 탈퇴하고 계약인수 후에는 특별한 사정이 없는 한 피고나 피분양자들과 소외 회사 사이에는 계약관계가 존재하지 않게 되며 그에 따른 채권·채무관계도 소멸하는 것이고(대법원 1987. 9. 8. 선고 85다카733, 734 판결 참조), 그 가압류의 효력은 위와 같이 계약인수에 의하여 소유권이전등기청구권의 발생 원인인 소외 회사와 피고 사이의 매매계약에 따른 채권·채무관계를 소멸시키는 것까지 구속하는 것은 아니므로, 피고가 계약인수에 따라 이 사건 상가의 점포들에 관하여 소외인들 앞으로 소유권이전등기를 경료하였다고 하여 그러한 사실만으로 가압류채권자인 원고들에 대하여 불법행위가 성립한다고 볼 수는 없다.

36. 대법원 2015. 4. 23. 선고 2014다77956 판결 [분양대금반환]

[논점] 건분법에 따라 분양자와 신탁사 간에 체결된 분양관리신탁계약 및 대리사무계약이 체결된 상가개발사업에서 수분양자가 분양대금을 전부 신탁사의 계좌로 납입하였는데, 그 후 수분양자가 신탁사를 상대로 분양계약 해제로 인한 부당이득반환으로 수분양자가 납부한 분양대금 등의 지급을 청구할 수 있는지 여부

112) 이 판결에 대한 평석은, 양창수, 채권가압류 후 채무자와 제3채무자 간의 계약관계 소멸에 관한 합의의 효력, 민법연구 제5권, 박영사, 429면 이하를 참고할 것.

【이 유】

1. 계약의 일방당사자가 계약상대방의 지시 등으로 급부과정을 단축하여 계약상대방과 또 다른 계약관계를 맺고 있는 제3자에게 직접 급부한 경우(이른바 삼각관계에서의 급부가 이루어진 경우), 그 급부로써 급부를 한 계약당사자의 상대방에 대한 급부가 이루어질 뿐 아니라 그 상대방의 제3자에 대한 급부도 이루어지는 것이므로 계약의 일방당사자는 제3자를 상대로 하여 법률상 원인 없이 급부를 수령하였다는 이유로 부당이득반환청구를 할 수 없다.[113] 이러한 경우에 계약의 일방당사자가 계약상대방에 대하여 급부를 한 원인관계인 법률관계에 무효 등의 흠이 있거나 그 계약이 해제되었다는 이유로 제3자를 상대로 하여 직접 부당이득반환청구를 할 수 있다고 보면 자기 책임하에 체결된 계약에 따른 위험부담을 제3자에게 전가하는 것이 되어 계약법의 원리에 반하는 결과를 초래할 뿐만 아니라 수익자인 제3자가 계약상대방에 대하여 가지는 항변권 등을 침해하게 되어 부당하다(대법원 2008. 9. 11. 선고 2006다46278 판결 등 참조).

2. 원심판결 이유와 기록에 의하면 다음과 같은 사실을 알 수 있다.

가. 주식회사 필러스건설(이하 '필러스건설'이라고 한다)은 이 사건 부지에 건물을 신축하는 사업과 관련하여 2010. 4. 8. 피고에게 부지를 신탁하는 내용의 분양관리신탁계약을 피고와 체결하였다.

나. 필러스건설은 2011. 11. 29. 피고, 시공사인 에이치엔종합건설 주식회사(이하 '에이치엔종합건설'이라고 한다), 대출금융기관인 일산농업협동조합과 사업약정 및 대리사무변경계약(이하 '대리사무계약'이라고 한다)을 체결하였다. 위 대리사무계약에 의하면, 필러스건설은 위 건물의 분양수입금 등의 수납, 관리, 집행을 피고에게 위임하고, 위 사업과 관련된 분양대금채권을 피고에게 양도하여야 한다.

다. 원고는 2012. 6. 7. 피고와 에이치엔종합건설이 참여한 가운데 필러스건설과 이 사건 호실을 분양받는 내용의 분양계약을 체결하였다. 위 분양계약에는 다음과 같은 내용이 포함되어 있다.

○ 필러스건설은 원고에 대한 분양대금채권을 피고에게 양도하고 원고는 이를 승낙한다.

○ 원고는 분양대금을 피고 명의 계좌에 입금한다.

○ 원고는 분양관리신탁계약과 대리사무계약에 따라 피고가 분양대금을 관리하는 데 동의한다.

라. 원고는 2012. 6. 7. 분양대금 중 계약금과 중도금을 피고 명의 계좌에 입금하였다.

마. 원고와 필러스건설은 2012. 7. 분양계약을 합의해제하였다.

3. 위 사실에서 알 수 있는 바와 같이, 필러스건설은 피고와의 대리사무계약에 따라 피고에게 분양대금채권을 양도하고, 원고로 하여금 피고에게 분양대금을 직접 납부하도록 하는 내용의 분양계약을 원고와 체결하였다. 그리고 원고는 분양계약에 따라 분양대금 지급 과정을 단축하여 피고에게 직접 분양대금을 납부하였다. 앞서 본 법리에 의하면, 피고의 분양대금 수령은 필러스건설과의 대리사무계약을 법률상 원인으로 하여 실질적으로 필러스건설로부터 분양대금을 수령한 것으로서 그 법률상 원인이 없다고 볼 수 없다. 또한, 피고는 대리사무계약이 해지되지 않는 한 적법하게 분양대금을 보유할 권리가 있고, 원고는 대리사무계약에 기한 피고의 위와 같은 권리 행사에 동의하면서 분양계약을 체결하였다. 만약 원고가 분양계약 해제에 따라 피고를 상대로 분양대금의 반환을 구하는 것을 허용한다면, 이는 원고가 자기 책임하에 체결된 계약에 따른 위험부담을 피고에게 전가하는 것이 되어 계약법의 원리에 반하는 결과를 초래할 뿐만 아니라, 피고가 필러스건설과의 대리사무계약에 기하여 가지는 권리를 침해하게 되어 부당하다. 따라서 원고는 필러스건설과의 분양계약 해제를 이유로 하여 피고를 상대로 부

113) 대법원 2017. 7. 11. 선고 2013다55447 판결[6번 판례] 및 대법원 2017. 6. 15. 선고 2013다8960 판결[10번 판례]도 같은 취지이다.

당이득반환청구를 할 수 없다고 보아야 한다.

4. 그런데도 피고가 원고로부터 분양대금을 수령함으로써 이를 부당이득하였다고 보아 원고의 부당이득반환청구를 인용한 원심판결에는 부당이득에 관한 법리를 오해한 잘못이 있다. 원심판결에서 들고 있는 대법원 2003. 1. 24. 선고 2000다22850 판결[114]은 이 사건과 사안을 달리하므로 이 사건에 원용하기에 적절하지 않다.[115]

[원심판결] 서울고등법원 2014. 10. 16. 선고 2014나9252 판결 [분양대금반환]

【주 문】

피고의 항소를 기각한다.

항소비용은 피고가 부담한다.

【청구취지 및 항소취지】

1. 청구취지

피고는 원고에게 3억 3,000만 원 및 이에 대한 2012. 8. 30.부터 이 사건 소장부본이 송달된 날까지는 연 6%의, 그 다음날부터 다 갚는 날까지는 연 20%의 비율에 따른 금원을 지급하라는 판결.

2. 항소취지

제1심판결 중 피고 패소부분을 취소한다. 취소부분에 해당하는 원고의 청구를 기각한다는 판결.

【이 유】

[판단]

계약의 합의해제에서 해제의 효과를 소급시킬 것인지 아닌지는 합의로 정하는 것이지만 합의가 없다면 합의로 곧바로 계약관계를 백지상태로 되돌리는 것으로 약정하는 것이므로 소급적 소멸로 해석하여야 하고, 계약의 합의해제에 있어서도 민법 548조의 계약해제의 경우와 같이 이로써 제3자의 권리를 해할 수 없다(대법원 2005. 6. 9. 선고 2005다6341 판결 참조). 여기에서 제3자란 일반적으로 계약이 해제되는 경우에 그 해제된 계약으로부터 생긴 법률효과를 기초로 하여 해제 전에 새로운 이해관계를 가졌을 뿐 아니라 등기·인도 등으로 완전한 권리를 취득한 자를 말하고, 계약상의 채권을 양수한 자는 여기서 말하는 제3자에 해당하지 아니한다. 따라서 계약이 해제된 경우 계약해제 이전에 해제로 인하여 소멸되는 채권을 양수한 자는 계약해제의 효과에 반하여 자신의 권리를 주장할 수 없음은 물론이고, 나아가 특별한 사정이 없다면 채무자로부터 이행으로 받은 급부를 부당이득반환으로서 원상회복하여야 할 의무가 있다(대법원2003. 1. 24. 선고 2000다22850 판결 참조).

앞서 본 기초사실에 의하면, 원고와 필러스건설은 상가 분양계약을 체결하면서 매도인으로서의 책임은 필러스건설이 부담하고, 피고는 신탁회사로서 분양계약대리사무를 수행하기로 하는 한편, 필러스건설은 원고에 대한 분양대금채권을 피고에게 양도하였고, 원고는 이를 승낙하였다. 이에 따라 필러스건설의 원고에 대한 분양대금채권이 양도됨으로써 채무자인 원고와 양수인인 피고 사이에는 직접적인 채권·채무관계가 설정되었다.

그런데 앞서 본 바와 같이 그 기초가 된 상가 분양계약이 해제되어 소급적으로 무효로 되었다면 특

114) [참고판례 1] 참조

115) 이 사안은 합의해제에 관한 건이고, 위 대법원 2000다22850 판결[참고판례 1]의 사안은 이행불능을 이유로 해제한 경우이다.

별한 사정이 없는 한 이러한 채권·채무관계에 의하여 원고가 피고에게 이행한 급부는 법률상 원인이 없게 되었으므로 급부를 이행받은 피고는 원고에게 이를 반환할 의무가 있다. 그리고 피고가 부담하는 부당이득반환의무는 상가 분양계약의 매도인 또는 그 대리인의 지위에서 발생하는 것이 아닐뿐더러 피고가 필러스건설과 체결한 분양관리신탁계약의 신탁회사로서 그 분양관리신탁계약에서 정한 사유로 인하여 신탁계약이 해지될 경우 신탁부동산 처분대금을 정산하는 과정에서 부담하는 의무도 아니다. 그러므로 피고는 사업약정 및 대리사무변경계약의 실효 여부나 피고와 필러스건설 사이의 내부 규정에 불과한 사업약정 및 대리사무변경계약에 따른 자금집행의 요건과 관계없이 원고에 대하여 부당이득반환의무를 부담한다.

그리고 피고가 원고로부터 받은 분양대금은 필러스건설과 사이의 분양관리신탁계약에 따른 신탁재산에 포함되고, 피고는 분양관리신탁계약 및 대리사무변경계약에 따라 이를 관리하고 있는 것이다. 상가 분양계약이 해제됨에 따라 분양대금채권 양수인으로서 피고가 원고에게 부담하는 부당이득반환의무는 신탁사무의 처리와 관련하여 발생한 채무에 해당한다. 따라서 피고는 필러스건설과 사이의 분양관리신탁계약과 사업약정 및 대리사무변경계약에 따라 관리하고 있는 신탁재산의 한도 내에서 분양대금을 반환할 의무가 있다. 피고의 위 주장은 이유 없다.

37. 대법원 2015. 4. 23. 선고 2013다17674 판결 [손해배상등][116)]

[논점] 특정금전신탁에 있어서 투자자에 대한 설명의무의 정도

【이 유】

1. 원고들의 상고이유 제1점에 대하여 본다.

금융투자업자는 일반투자자에게 투자권유를 하기 전에 면담· 질문 등을 통하여 일반투자자의 투자목적 · 재산상황 및 투자경험 등의 정보를 파악하여야 하고, 일반투자자에게 투자권유를 하는 경우에는 일반투자자의 투자목적 · 재산상황 및 투자경험 등에 비추어 그 일반투자자에게 적합하지 아니하다고 인정되는 투자권유를 하여서는 아니 된다[자본시장과 금융투자업에 관한 법률(이하 '자본시장법'이라 한다) 제46조 제2항, 제3항].

원심은 판시와 같은 이유로, 원고들 및 원고들의 대리인 C의 경력, 재산상황, 투자경험, 투자목적 등에 관한 원심 판시 사정들에 비추어 보면, 피고가 원고들에게 엘아이지건설 주식회사(이하 '엘아이지건설'이라 한다) 발행의 기업어음(이하 '이 사건 기업어음'이라 한다)에 투자하여 운용하기로 하는 내용의 각 특정금전신탁계약(이하 '이 사건 각 신탁계약'이라 한다)의 체결을 권유한 것이 적합성 원칙을 위반하였다고 인정하기에 부족하다는 취지로 판단하였다.

원심판결 이유를 앞서 본 관련 법령과 적법하게 채택된 증거들에 비추어 살펴보면, 위와 같은 원심의 판단에 상고이유 주장과 같이 적합성 원칙 준수여부 판단의 기준시점을 비롯하여 적합성 원칙에 관한 법리를 오해하거나 투자자정보확인서 교부의무 위반에 대한 판단을 누락하고 필요한 심리를 다하지 아니하는 등의 사유로 판결에 영향을 미친 위법이 없다.

2. 원고들의 상고이유 제2점 및 피고의 상고이유 제1점, 제2점에 대하여 함께 본다.

가. (1) 금융투자업자는 일반투자자를 상대로 투자권유를 하는 경우에는 금융투자상품의 내용, 투자에

116) 이 판결에 대한 평석은, (1) 이창열, 기업어음에 투자하는 특정금전신탁상품의 투자를 권유하는 경우 금융투자업자의 투자자보호의무, BFL 72호, 서울대학교 금융법센터, 58면 이하, (2) 곽희경·송영은, 특정금전신탁에 있어서의 투자권유규제 적용 여부, 율촌판례연구, 박영사, 299면 이하를 각 참고할 것.

따르는 위험, 그 밖에 대통령령으로 정하는 사항을 일반투자자가 이해할 수 있도록 설명하여야 하고, 투자자의 합리적인 투자판단 또는 해당 금융투자상품의 가치에 중대한 영향을 미칠 수 있는 중요사항을 거짓 또는 왜곡하여 설명하거나 중요사항을 누락하여서는 아니 되며, 이를 위반한 경우 이로 인하여 발생한 일반투자자의 손해를 배상할 책임이 있다(자본시장법 제47조 제1항, 제3항, 제48조 제1항).

(2) 이 경우 금융투자업자가 투자자에게 어느 정도의 설명을 하여야 하는지는 해당 금융투자상품의 특성 및 위험도의 수준, 투자자의 투자경험 및 능력 등을 종합적으로 고려하여 판단하여야 할 것이나(대법원 2010. 11. 11. 선고 2008다52369 판결 등 참조), 투자자나 그 대리인이 그 내용을 충분히 잘 알고 있는 경우에는 그러한 사항에 대하여서까지 금융투자업자에게 설명의무가 인정된다고 할 수는 없다(대법원 2010. 11. 11. 선고 2010다55699 판결 등 참조).

나. 원심은 판시와 같은 이유로, (1) 피고에게 엘아이지건설의 신용상태와 자산건전성 등에 대해 별도로 조사하여 이를 설명할 의무나, 엘아이지그룹의 엘아이지건설 지원가능성에 대한 불확실성을 제거하여 설명할 의무가 있다고 할 수 없고, (2) 금융감독원의 투자자 권유제도 개선안이 피고에게 별도의 법적 의무를 발생시킨다고 볼 수도 없으며, (3) 피고가 엘아이지그룹의 엘아이지건설 지원가능성에 대하여 단정적 판단을 제공하거나 확실하다고 오인하게 함으로써 왜곡하여 설명하였다고 보기 어렵고, (4) C의 경력, 투자경험 등 원심 판시 사정들에 비추어 C는 피고의 직원 D으로부터 고지받은 이 사건 기업어음의 신용등급 'A3-'의 의미를 알고 있었으므로 신용등급을 알린 것과 관련하여 설명의무 위반 책임을 물을 수 없다고 보는 한편, (5) 신용평가회사의 평가보고서를 제공한 것만으로는 설명의무를 다하였다고 볼 수 없으며, 이 사건 각 신탁계약 체결 당시 고객인 원고들의 대리인 C가 그 정보를 바탕으로 합리적인 투자판단을 할 수 있도록 엘아이지건설의 재무상황이나 자산건전성 등 투자에 따르는 위험에 관한 균형 있는 정보를 제공하였다고 볼 수 없어, 고객을 보호하여야 할 주의의무를 다하지 못하였다고 판단하였다.

다. 먼저 피고에게 설명의무 위반 책임을 물을 수 없다는 취지의 위 나. (1) 내지 (4)의 원심 판단에 관한 원심판결 이유를 적법하게 채택된 증거들에 비추어 살펴보면, 위와 같은 원심의 판단은 앞서 본 법리에 부합되며, 거기에 원고들의 상고이유 주장과 같이 투자자보호의무, 설명의무 및 그 증명책임 등에 관한 법리를 오해하거나 필요한 심리를 다하지 아니하고 이유를 제대로 밝히지 아니하는 등의 사유로 판결에 영향을 미친 위법이 없다.

라. 그렇지만 피고가 엘아이지건설의 재무상황이나 자산건전성 등 투자에 따르는 위험에 관한 설명의무를 위반하였다고 인정한 위 나. (5)의 원심 판단은 다음과 같은 이유로 이를 수긍하기 어렵다.

(1) 원심판결 이유 및 적법하게 채택된 증거들에 의하면, 다음과 같은 사실을 알 수 있다.

(가) 원고들의 대리인으로서 이 사건 각 신탁계약을 체결한 C는 한국산업은행과 성업공사에서 합계 30년 이상 근무하였고 퇴직 후에는 E 주식회사, 주식회사 F 등의 대표이사를 지냈다.

(나) C는 이 사건 각 신탁계약을 체결하기 이전에도 주식, 펀드 등 다양한 금융투자상품에 투자하여 왔는데, 그 중에는 주가지수연계증권(ELS), 이 사건 기업어음의 신용등급 'A3-'와 비슷한 'BBB' 또는 'BBB-' 신용등급의 회사채뿐만 아니라 기업어음이나 채권 등에 투자하는 특정금전신탁 상품도 포함되어 있다.

(다) 이 사건 각 신탁계약이 체결되기 이전에 작성되어 C가 확인하고 서명 또는 날인한 C 및 원고들 명의의 각 투자자정보확인서에는 자신의 투자경험과 가까운 금융투자상품으로 주식워런트증권(ELW), 선물옵션, 시장수익률 이상의 수익을 추구하는 주식형펀드, 파생상품에 투자하는 펀드 등 공격투자형 상품이, 금융상품투자에 대한 지식수준으로 '높음'(투자할 수 있는 대부분의 금융상품의 차이를 구별할

수 있는 정도) 또는 '매우 높음'(금융상품을 비롯하여 모든 투자대상 상품의 차이를 이해할 수 있는 정도)이 각 선택되어 있다.

(라) 피고의 직원인 D은 C에게 이 사건 각 신탁계약의 체결을 권유할 당시 이 사건 기업어음의 신용등급이 'A3-'임을 고지함과 아울러 이 사건 기업어음의 발행기업인 엘아이지건설의 부도위험 및 그로 인한 원본 손실 가능성에 대하여 설명하였다.

(마) D은 위와 같은 설명 과정에서 C에게 피고가 제작한 투자설명자료 및 한국신용평가 주식회사와 한신정평가 주식회사가 작성한 이 사건 기업어음에 대한 각 신용평가서를 함께 교부하였는데, 투자설명자료의 투자포인트란에는 각 신용평가서의 내용 중 엘아이지그룹의 지원가능성 등 긍정적인 요인이 강조되어 있고 D도 이를 토대로 설명하기도 하였으나, 한편 위 각 신용평가서에는 그와 같은 긍정적인 요인 외에 주택경기침체에 따른 사업위험 확대, 예정사업장 사업지연에 다른 사업수지 악화 등 부정적인 요인도 기재되어 있다.

(2) 위와 같은 사실관계를 앞서 본 법리에 비추어 살펴본다.

자본시장법 제4조 제3항에서 정한 기업어음은 기업이 사업에 필요한 자금을 조달하기 위하여 발행한 약속어음이므로, 기업어음에 투자하는 것으로 운용방법을 지정하는 특정금전신탁의 경우에 그 투자에 따르는 위험은 기업어음이 만기에 지급되지 아니할 위험, 즉 발행기업의 신용위험 및 그로 인한 원금 손실 가능성이라고 할 수 있다. 이에 따라 위와 같은 특정금전신탁에 투자권유를 하는 경우에 금융투자업자는 일반적으로 투자에 따르는 위험과 관련하여 투자자에게 기업어음 발행기업의 신용위험이 존재하고 이로 인하여 원본 손실의 가능성이 있다는 사실 등을 설명하여야 한다.

그런데 기업어음의 신용등급은 금융위원회의 인가를 받은 신용평가회사가 기업어음의 신용상태를 평가하여 그 결과에 대하여 기호, 숫자 등을 사용하여 표시한 등급으로서 기업어음 발행기업의 적기상환능력 내지 위험을 나타내는 지표가 된다. 그리고 자본시장법 시행령 제183조 제1항 제1호는 금융투자업자인 투자매매업자 또는 투자중개업자가 매매, 중개 등을 하는 기업어음에 대하여는 둘 이상의 신용평가회사의 신용평가를 받도록 규정하고 있다. 이와 같은 기업어음에 관한 신용평가와 신용등급의 취지 및 기능 등에 비추어 보면, 금융투자업자가 투자자에게 기업어음의 신용등급과 아울러 신용평가 내용을 고지하고 해당 신용등급의 의미와 그것이 전체 신용등급에서 차지하는 위치에 대하여 투자자가 이해할 수 있도록 설명하였다면, 특별한 사정이 없는 한 이는 재무상황이나 자산건전성 등을 포함하여 발행기업의 긍정적인 요인과 부정적인 요인을 종합적으로 평가한 결과로서의 발행기업의 신용위험이 어느 정도인지를 설명하였다고 할 수 있다.

이 사건에서 피고의 직원 D은 신용등급의 의미와 체계를 이미 알고 있던 C에게 이 사건 기업어음의 신용등급이 'A3-'임을 고지하였을 뿐만 아니라 발행기업인 엘아이지건설의 부도위험 및 그로 인한 원본 손실 가능성에 대하여 설명하였고, 나아가 엘아이지건설의 긍정적인 요인과 부정적인 요인이 모두 기재되어 있는 각 신용평가서까지 교부하였으므로, 이로써 이 사건 각 신탁계약의 체결에 따르는 위험과 관련하여 기업어음 발행기업의 신용위험이 존재하고 그로 인한 원금 손실의 가능성이 있다는 사실을 설명한 것으로 볼 수 있다.

한편 투자설명자료에 긍정적인 요인으로 기재되어 있는 엘아이지그룹의 지원가능성은 각 신용평가서의 내용에 기초한 것으로서 그 자체로 단정적 판단이 아닌 불확실한 가능성에 지나지 아니하므로, 앞서 본 C의 투자경험 및 능력을 고려할 때 그것이 C로 하여금 투자에 따르는 위험에 대한 올바른 인식형성을 방해할 정도의 균형성을 상실한 정보라고 보기도 어렵다.

따라서 이러한 사정들에 비추어 보면, 비록 D이 각 신용평가서를 바탕으로 그 신용등급 평가의 근거가 된 엘아이지건설의 재무상황이나 자산건전성 등에 대하여 일일이 구체적으로 설명하지 아니하였다거나 투자설명자료에 엘아이지건설의 긍정적인 요인이 강조되어 있고 D도 이를 토대로 설명한 바 있다 하더라도, 그러한 사정만으로 피고가 이 사건 각 신탁계약의 체결에 따르는 위험에 대하여 합리적인 투자판단을 그르치게 할 정도로 균형성을 상실한 설명을 하였다고 단정하기에는 부족하다.

(3) 그럼에도 이와 달리 원심은 투자설명의무 위반을 인정하기에 충분하지 아니한 위와 같은 사정들을 이유로 들어, 피고가 이 사건 각 신탁계약 체결 당시 투자에 따르는 위험에 관한 균형 있는 정보를 명확히 설명함으로써 고객인 원고들이 그 정보를 바탕으로 합리적인 투자판단을 할 수 있도록 고객을 보호하여야 할 주의의무를 다하지 아니하였다고 판단하였다.

따라서 이러한 원심의 판단에는 기업어음에 대한 투자 위험 및 그 설명의무 등에 관한 법리를 오해함으로써 판결에 영향을 미친 위법이 있다. 이를 지적하는 피고의 상고이유 주장은 이유 있다.

[원심판결] 서울고등법원 2013. 2. 8. 선고 2012나2189 판결 [손해배상등]

【주 문】

1. 당심에서 확장된 원고들의 청구를 포함하여 제1심 판결의 주문 제1, 2항을 아래와 같이 변경한다.

가. 피고는 원고 A에게 57,776,551원 및 이에 대하여 2011. 4. 16.부터 2013. 2. 8.까지 연 5%의, 그 다음날부터 다 갚는 날까지 연 20%의 각 비율로 계산한 돈을 지급하고, 원고 B에게 28,886,775원 및 이에 대하여 2011. 5. 14.부터 2013. 2. 8.까지 연 5%의, 그 다음날부터 다 갚는 날까지 연 20%의 각 비율로 계산한 돈을 지급하라.

나. 원고들의 나머지 청구를 기각한다.

2. 원고들의 부대항소를 기각한다.

3. 소송총비용 중 70%는 원고들이, 나머지 30%는 피고가 각 부담한다.

4. 제1의 가항 중 제1심에서 가집행이 선고되지 아니한 부분은 가집행할 수 있다.

【청구취지, 항소취지 및 부대항소취지】

1. 청구취지

피고는 원고 A에게 200,000,000원 및 이에 대하여 2011. 4. 16.부터 이 사건 소장 부본 송달일(2011. 8. 18.)까지는 연 5%의, 그 다음날부터 다 갚는 날까지 연 20%의 각 비율로 계산한 돈을 지급하고, 원고 B에게 100,000,000원 및 이에 대하여 2011. 5. 14.부터 이 사건 소장 부본 송달일(2011. 8. 18.)까지는 연 5%의, 그 다음날부터 다 갚는 날까지 연 20%의 각 비율로 계산한 돈을 지급하라(원고는 당초 위 각 원금 및 이에 대한 이 사건 소장부본이 송달된 다음날부터 다 갚는 날까지 연 20%의 비율로 계산한 지연손해금을 구하였으나, 부대항소를 제기하면서 지연손해금에 관하여 위와 같이 청구취지를 확장하였다).

2. 항소취지

제1심 판결 중 피고 패소 부분을 취소하고, 위 취소 부분에 해당하는 원고들의 청구를 모두 기각한다.

3. 부대항소취지

제1심 판결 중 원고들 패소 부분을 취소한다. 피고는 원고 A에게 80,000,000원 및 이에 대하여 2011. 4.16.부터 이 사건 소장 부본 송달일(2011. 8. 18.)까지는 연 5%의, 그 다음날부터 다 갚는 날까지 연

20%의 각 비율로 계산한 돈을 지급하고, 원고 B에게 40,000,000원 및 이에 대하여 2011. 5. 14.부터 이 사건 소장 부본 송달일(2011. 8. 18.)까지는 연 5%의, 그 다음날부터 다 갚는 날까지 연 20%의 각 비율로 계산한 돈을 지급하라.

【이 유】

3. 판단

가. 적합성의 원칙 위반 여부에 대한 판단

(1) 관련 법리

금융투자업자는 일반투자자에게 투자권유를 하는 경우에는 일반투자자의 투자목적·재산상황 및 투자경험 등에 비추어 그 일반투자자에게 적합하지 아니하다고 인정되는 투자권유를 하여서는 아니 된다(자본시장법 제46조 제1항 참조).

고객의 자산을 관리하는 금융기관은 고객에 대하여 선량한 관리자로서의 주의의무를 부담하는 것이므로, 고객의 투자목적·투자경험·위험선호의 정도 및 투자예정기간 등을 미리 파악하여 그에 적합한 투자방식을 선택하여 투자하도록 권유하여야 하고, 조사된 투자목적에 비추어 볼 때 고객에게 과도한 위험을 초래하는 거래행위를 감행하도록 하여 고객의 재산에 손실을 가한 때에는 그로 인한 손해를 배상할 책임이 있다. 그러나 투자자가 금융기관의 권유를 받고 어느 특정한 상품에 투자하거나 어떠한 투자전략을 채택한 데에 단지 높은 위험이 수반된다는 사정만으로 일률적으로 금융기관이 적합성의 원칙을 위반하여 부당하게 투자를 권유한 것이라고 단정할 수는 없으며, 투자자로서도 예상 가능한 모든 위험을 회피하면서 동시에 높은 수익률이 실현될 것을 기대할 수는 없고 위험과 수익률의 조합을 스스로 투자목적에 비추어 선택할 수 밖에 없는 것이다(대법원 2010. 11. 11. 선고 2010다55699 판결 등 참조).

(2) 이 사건의 경우

이 사건에 관하여 살피건대, 을 제6호증의 1, 2, 을 제10호증, 을 제12호증의 1, 2, 을 제15호증, 을 제16호증의 1, 2, 3, 을 제17호증의 1내지 6, 을 제18호증, 을 제19호증의 1 내지 4, 을 제20호증의 1 내지 5, 을 제21호증의 1, 2, 을 제22호증의 1내지 4, 을 제23호증의 1, 2, 을 제52, 53호증의 각 1 내지 5, 을 제54호증의 1내지 8의 각 기재, 제1심 증인 E의 증언에 변론 전체의 취지를 종합하여 인정할 수 있는 다음과 같은 사실과 그로부터 알 수 있는 다음과 같은 사정 등에 비추어보면, E의 C에 대한 투자권유가 적합성의 원칙을 위반하였다고 인정하기에 부족하고, 달리 이를 인정할 증거가 없으므로, 이를 전제로 한 원고들의 위 주장은 더 나아가 살필 필요 없이 이유 없다.

① C는 한국산업은행과 한국자산관리공사의 전신인 성업공사에서 30년 이상 근무하다 퇴직한 후 F㈜, ㈜G의 대표이사를 지낸 적이 있고, 이 사건 각 신탁계약을 체결할 당시 만 84세였으며, 자본시장법상 일반투자자에 해당한다.

② C는 이 사건 각 신탁계약을 체결하기 이전에도 자신이 보유하고 있는 자산 중 5% 정도(C는 위 5%가 금액으로는 2~3억 원이라고 진술하고 있는데, 이에 비추어보면 C의 재산은 대략 40~60억 원에 이를 것으로 보인다)를 주식과 펀드 등에 투자하여 왔는데, C가 투자한 상품에는 ELS 상품이나 회사채(중앙일보사, 아시아나항공 등)뿐만 아니라 기업어음이나 채권 등에 투자하는 특정금전신탁상품도 포함되어 있었다.

③ 이 사건 각 신탁계약을 체결하기 이전에 작성된 C 및 원고들 명의의 투자자 정보확인서(을 제4호증의 1, 2, 3의 각 기재 참조)에는 투자경험에 대하여 '공격형투자' 상품; ELW, 선물옵션, 시장수익율 이상의 수익을 추구하는 주식형펀드, 파생상품에 투자하는 펀드, 주식신용거래 항목이, 금융상품에 대한

지식수준에 대하여 '높음(투자할 수 있는 대부분의 금융투자상품의 차이를 이해할 수 있는 정도)' 항목이, 감내할 수 있는 손실수준에 대하여 '기대수익이 높다면 위험이 높아도 상관하지 않겠다' 항목이, 투자목표와 투자성향을 가장 잘 설명하는 투자자 유형에 대하여 '공격투자형 : 시장평균 수익률을 훨씬 넘어서는 높은 수준의 투자수익을 추구하며, 이를 위해 자산가치의 변동에 따른 손실위험을 적극 수용, 투자자금 대부분을 주식, 주식형 펀드 또는 파생상 품 등의 위험자산에 투자할 의향이 있음' 항목이 각 체크가 되어 있는데, 이는 E이 C와 면담하면서 C의 말을 듣고 체크한 것이고, 이후 C가 이를 확인하고 위 투자자정보 확인서에 서명 또는 날인한 것이다.

④ E은 C로부터 '시중금리가 너무 낮은데, 단기적으로 운용할 수 있는 상품을 추천하여 달라'는 말을 듣고, ELS 상품을 추천하였다가 C가 별 관심을 보이지 않자, 이 사건 기업어음증권을 추천하였다. 이 사건 기업어음증권의 수익률은 연 8.4%인데, 위 수익률은 당시 국고채권이나 저축은행의 정기예금, 시중 은행의 정기예금의 수익률을 두 배 이상 초과하는 것이다.

⑤ C는 금융상품에 대한 상당한 수준의 지식과 경험이 있었고, 안정성보다는 단기간에 고수익을 올릴 수 있는 형태의 상품을 추구한 것으로 보이고, 이 사건 기업어음증권의 신용등급인 'A3-'는 일반투자자에게 투자권유를 할 수 있는 범위 내로 보인다.

나. 설명의무 위반 여부에 대한 판단

(1) 관련 법리

자본시장법은 '금융투자업자는 일반투자자를 상대로 투자권유를 하는 경우에는 금융투자상품의 내용, 투자에 따르는 위험, 그 밖에 대통령령으로 정하는 사항을 일반투자자가 이해할 수 있도록 설명하여야 하고, 그 설명을 함에 있어서 투자자의 합리적인 판단 또는 해당 금융투자상품의 가치에 중대한 영향을 미칠 수 있는 사항을 거짓 또는 왜곡(불확실한 사항에 대하여 단정적 판단을 제공하거나 확실하다고 오인하게 할 소지가 있는 내용을 알리는 행위를 말한다)하여 설명하거나 중요사항을 누락하여서는 아니 된다'라고 규정하고 있다(자본시장법 제47조 제1항, 제3항 참조).

그리고 금융기관의 임직원이 고객에게 투자상품의 매입을 권유할 때에는 그 투자에 따르는 위험을 포함하여 당해 투자상품의 특성과 주요내용을 명확히 설명함으로써 고객이 그 정보를 바탕으로 합리적인 투자판단을 할 수 있도록 고객을 보호하여야 할 주의의무가 있으며, 투자에 따르는 위험과 관련하여 투자권유자는 투자에 따르는 제반 위험이 존재하고 이로 인하여 원본손실의 가능성이 있다는 사실 등을 설명하여야 하는 것이나, 고객에게 어느 정도의 설명을 하여야 하는지는 투자대상인 상품의 특성 및 위험도의 수준, 고객의 투자 경험 및 능력, 기관투자자인지 여부 등을 종합적으로 고려하여야 한다(대법원 2010. 11. 11. 선고 2008다52369 판결, 2003. 7. 11. 선고 2001다11802 판결 등 참조).

한편 금융투자에 있어서 지켜져야 할 투자자 자기책임원칙은 투자자가 합리적 투자판단을 할 수 있도록 투자를 권유하는 금융기관으로부터 투자자에게 충분하고도 균형적인 투자정보가 제공됨을 전제로 한다.

(2) 이 사건의 경우

위와 같은 법리를 이 사건에 비추어 피고가 C에게 충분하고도 균형적인 투자정보를 제공하였는지에 관하여 아래와 같은 주요 쟁점별로 살피기로 한다.

(가) 피고에게 LIG 건설의 신용상태와 자산의 건전성 등에 대해 별도의 조사를 행하고, 이를 설명할 의무를 인정할 수 있는지 여부

자본시장법 시행령은 투자매매업자 또는 투자중개업자는 둘 이상의 신용평가회사로부터 신용평가를

받은 기업어음증권에 대해서만 매매, 중개, 주선 등을 할 수 있다는 취지로 규정하고 있는데(자본시장법 시행령 제183조 참조), 위 규정의 취지는 신용평가회사로 하여금 전문적이고 객관적이며 공정한 방법으로 기업어음 발행회사의 신용상태와 자산의 건전성 등을 조사하게 하고, 그 결과를 쉽게 인식할 수 있도록 미리 체계화된 내용에 따라 등급화하여 공개함으로써 궁극적으로 투자자 보호 및 기업어음의 공신력을 강화하고, 기업어음의 유통성을 높여 기업의 자금조달을 원활하게 하기 위한 것이다.

위와 같은 관련 규정의 취지와 피고가 기업어음증권 발행회사의 신용상태와 자산의 건전성 등을 조사하더라도 신용평가회사보다 더 정밀한 조사를 하는 것은 불가능할 것으로 보이고, 오히려 거래비용만 증가시킬 것으로 보이는 점 등을 종합하여 보면, 기업어음증권의 중개 또는 판매자에 불과한 피고에게 LIG 건설의 신용상태와 자산의 건전성 등에 대해 별도로 조사할 의무를 부과할 수 없다.

(나) 피고에게 LIG 그룹의 지원가능성에 대한 불확실성을 제거할 의무를 인정할 수 있는지 여부

위에서 본 바와 같이 피고에게 LIG 건설의 신용상태와 자산의 건전성 등에 대해 별도의 조사의무를 인정할 수 없는 점과 피고가 LIG 건설에게 LIG 그룹의 지원가능성에 대한 객관적인 자료를 제공하라는 등의 요구를 할 수는 없을 것으로 보이는 점 등에 비추어보면, 비록 피고가 LIG 건설이 발행한 기업어음 중 상당부분(언론 보도에 따르면 LIG 건설은 1,800억 원 규모의 기업어음을 발행하였는데 그 중 약 70%인 1,290억 원 규모의 기업어음이 피고가 고객들과 체결한 신탁계약의 목적이 되었다)에 대한 투자자를 모집한 사실을 인정할 수 있다고 하더라도 피고에게 LIG 그룹의 지원가능성에 대한 불확실성을 제거할 의무까지 있다고 볼 수는 없으므로, 이를 전제로 한 원고들의 주장은 이유 없다.

(다) 피고에게 취약투자자 보호의무를 인정할 수 있는지 여부

원고들은 금융감독원의 취약투자자에 대한 보호를 강화하는 투자자 권유제도 개선안에 따라 65세 이상인 원고는 취약투자자로서 보호받아야 한다고 주장하나, 위 개선안이 피고에게 부과된 여러 법적 의무와 별도로 피고에게 어떠한 법적 의무를 구체적으로 발생시킨다고는 볼 수 없으므로, 원고들의 위 주장은 이유 없다.

(라) 피고가 LIG 그룹의 지원가능성을 왜곡하여 설명하였는지 여부

을 제2호증의 기재와 제1심 증인 E, C의 각 증언에 변론 전체의 취지를 종합하면, E이 C에게 이 사건 각 신탁상품을 권유하면서 스스로 참고하고, C에게도 제공한 투자설명자료(을 제2호증)의 상단 부분에 투자 포인트로 'LIG 건설은 전(前)㈜건영으로 06년 LIG 그룹이 인수하였으며 LIG 그룹 대주주가 ㈜엘아이지타스자동차손해(LIG 그룹 대주주와 LIG 홀딩스가 100% 지분 보유)를 통해서 LIG 건설 지분 89.28%를 보유하고 있습니다.', 'LIG 건설은 LIG 그룹 인수 후 신규 수주 활동 전개하고 있으며, 현금성 자산과 우수한 자본구조 그리고 우량 그룹사들의 지원 가능성 등을 고려 시 LIG 건설의 안전성은 긍정적으로 평가됩니다.', 'LIG 그룹은 대주주 직접투자회사인 LIG 손해보험, LIG 홀딩스, 타스자동차손해 등이 나머지 계열사를 소유하는 구조로 이루어져' 있으며 안정된 재무구조를 시현하고 있습니다.', 'LIG 그룹은 LIG 손해보험(손해 보험시장에서 1위 삼성화재 다음의 2위권을 유지하는 우량회사)을 주축으로 LIG 넥스원(정부가 수요처이며 안정적 사업구조가 확보된 방위산업업체)과 LIG 투자증권 등 10 여 개 계열사를 보유하고 있습니다.'라고 기재되어 있는 사실, E이 C에게 LIG그룹이 LIG건설에 자금을 지원하지 않을 수도 있다는 말을 하지는 않았고(제1심 기록 제133쪽), LIG 그룹이 계열사를 갖고 있고 그룹에서 자금이 부족하면 어차피 H일가가 지분을 갖고 있는 것이니까 자금지원을 해 줄 수 있다는 취지로 설명(제1심 기록 제136쪽 참조)하기도 한 사실을 인정할 수 있으나, 이는 우리나라 재벌그룹이 계열회사가 재정적인 어려움을 겪을 때 그룹 차원에서 계열회사를 지원하여 오던 관행(을 제43호증의 기재 참조)을 반영한 '가능성'을 언급한 것에 불과하고, C 역시 그 동안의 경제활동과 투자경험 등을 통하여 투자

설명자료에 기재된 내용과 E이 말한 내용이 단순한 '가능성'을 넘어 '확실하다'고 생각하였을 것으로 보기는 어려운 점 등에 비추어보면, 위 인정사실만으로는 피고가 C에게 LIG 그룹의 LIG 건설 지원가능성에 대하여 단정적 판단을 제공하거나 확실하다고 오인하게 하였다고는 보기 어렵고, 달리 이를 인정할 증거가 없으므로, 이를 전제로 한 원고들의 주장은 받아들일 수 없다.

원고들은, 갑 제4, 7호증의 기재 등을 근거로 피고가 LIG 그룹의 LIG 건설지원가능성에 대하여 단정적 판단을 제공하거나 확실하다고 오인하게 하였다고 주장하나, E이 위 갑 제4, 7호증을 사용하여 C에게 이 사건 각 신탁계약 체결을 권유하였음을 인정할 증거가 없으므로 이 사건 각 신탁계약 체결 이후에 작성된 것으로 보이는(당심 증인 I의 증언과 변론 전체의 취지를 종합하면 위 증거들은 2011. 2. 이후에 작성된 것으로 보인다) 위 증거들만으로 원고들의 위 주장 사실을 인정할 수 없고, 따라서 원고들의 위 주장은 이유 없다.

(마) LIG 건설의 신용등급을 알린 것만으로 설명의무를 다하였다고 볼 수 있는지 여부

피고는 C에게 LIG 건설의 신용등급이 'A3-'에 해당하는 사실을 알렸으므로 자신이 이행하여야 할 설명의무를 다하였다는 취지로 주장하므로 살피건대, 기업어음의 거래에 있어서 신용등급은 그 기업어음의 가치에 중대한 영향을 미치는 중요정보에 해당(대법원 2006. 6. 29. 선고 2005다49799 판결 등 참조)함은 분명하나, 고객이 이미 신용등급의 의미를 알고 있었다거나 신용등급의 의미를 제대로 고지하였더라도 그 기업어음증권에 투자하였으리라는 등의 특별한 사정이 없는 한, 해당 신용등급이 전체 신용등급체계에서 어느 정도의 위치에 있는 것인지, 해당 신용등급이 의미하는 신용상태 및 자산건전성이 어느 정도인지 등에 관하여 구체적인 설명을 덧붙이지 않은 채, 신용등급만을 고지하였다고 하여 기업어음증권을 판매함에 있어서 판매회사가 지켜야 할 설명의무를 다하였다고 볼 수는 없다.

E이 C에게 LIG 건설의 신용등급이 'A3-'에 해당한다는 사실을 알린 사실은 당사자 사이에 다툼이 없고, E이 C에게 'A3-' 등급의 의미에 대하여 구체적으로 설명하였음을 인정할 증거가 없는 것은 사실이나, 앞서 본 바와 같이 C는 30년 이상 금융기관에 종사하였고, 회사채에 투자한 경험(C가 투자한 중앙일보사의 당시 등급은 'BBB-'였고, 아시아나항공은 'BBB'였다)까지 보유하고 있는 점 등에 비추어보면 C는 'A3-' 등급이 의미하는 바를 알고 있었다고 봄이 상당하므로(회사채의 신용등급과 기업어음의 신용등급이 동일한 것은 아니라고 하더라도 회사채의 신용등급을 이해할 정도의 투자경험이라면 기업어음의 신용등급까지 이해하고 있다고 봄이 상당하다), 이와 관련하여 피고에게 어떠한 설명의무 위반의 책임을 물을 수는 없다.

(바) 신용평가회사의 평가보고서를 제공한 것만으로 설명의무를 다하였다고 볼 수 있는지 여부

피고는 C에게 이 사건 각 신탁계약 체결 당시 이 사건 기업어음에 대하여 설명하면서 두 개의 신용평가회사가 평가한 신용평가서를 교부하였으므로 충분한 설명을 다하였다는 취지로 주장한다.

살피건대, 을 제1호증의 1, 2의 각 기재와 제1심 증인 E, C의 각 증언에 변론 전체의 취지를 종합하면, B은 C에게 이 사건 각 신탁계약 체결을 권유할 당시 투자 설명자료를 바탕으로 이 사건 각 신탁계약 및 이 사건 기업어음에 대하여 설명하면서 한국신용평가 주식회사(이하 '한국신용평가'라고 한다), 한신정평가 주식회사(이하 '한신정평가'이라고 한다)가 각 2010. 6. 30. 평가한 이 사건 기업어음에 관한 신용평가서를 함께 제공하였고, 이 사건 각 신탁상품은 원금손실가능성이 있다는 점을 설명한 사실, 한신정평가는 2010. 6. 30.을 기준으로 LIG 건설에 대한 단기신용등급을 'A3-'로 평가하면서 평가의견에 '이는 주택경기 침체에 따른 사업위험 확대, 예정사업장 사업지연에 따른 사업수지 악화, PF우발채무 부담 등의 부정적 요인과 예정사업장 사업시기 조절 및 수도권 위주의 사업전략을 통한 사업위험 관리, LIG한보건설 합병을 통한 공공토목 수주경쟁력 강화, LIG그룹의 직·간접적인 지원가능성 등의 긍

정적 요인을 종합적으로 감안한 것이다.'라고 기재하고 있고, 한국신용평가 역시 2010. 6. 30.을 기준으로 LIG 건설의 기업어음 신용등급을 'A3-'로 평가하면서 평가의견에 주요 평가요소는 다음과 같다. 주택 및 해외사업 위주의 사업구조로 영업 위험 가능성 존재하나, LIG한보건설 합병으로 토목부분 경쟁력 강화되고 계열공사 증가추세 등으로 영업가변성을 완화, 운전자본 부담과 선투자 증가, 합병으로 인한 차입금승계로 차입부담 확대, 우수한 자본구조 및 재무안전성 견지, 유사시 신용도 우수한 그룹 계열사 지원여력, 동사는 2006년 10월 LIG그룹에 피인수된 국내 시공능력순위 66위의 건설업체로 주택사업 및 해외사업 중심의 사업구조를 보유하고 있다. 동사는 민간주택 및 해외공사 수주 증가(2009년 말 이월잔액, 2조 3천억 원)로 향후 외형성장의 기반이 마련되었으나, 부동산 경기침체에 따른 영업위험 가능성도 상존하는 것으로 판단된다. 또한 주택사업을 통한 외형성장과 분양경기 침체로 운전자본부담이 증가한 가운데, 신규사업 확대에 따른 선 자, LIG한보건설 흡수합병 등으로 차입금과 PF지급보증규모가 증가하는 등 재무부담이 확대되고 있다. 다만 합병으로 토목부분 경쟁력제고가 기대되고, 계열공사 물량 가세로 사업가변성을 완화하고 있으며, 주택공사의 경우 분양경기에 따라 선별적으로 진행하고 있어 적정수준에서 사업위험을 제한하고 있다. 또한 2010년 대부분 지방사업지 완공으로 추가공사비투입부담이 작고 자체사업의 양호한 분양실적시현, 예정현장의 양호한 입지조건, 우수한 자본완충력, 추가차입여력 및 계열 지원 가능성 감안시 안정적인 재무구조 유지 가능할 것으로 예상된다.'라고 기재하고 있는 사실을 인정할 수 있다.

그러나 ① E은 위 두 신용평가회사의 신용평가서를 C에게 제공만 하였을 뿐, 이를 바탕으로 LIG 건설의 재무상황이나 자산건전성 등에 대하여 어떠한 구체적인 설명을 하지는 않은 점, ② 당시 만 84세에 이른 C가 신용평가서를 전달받았다고 하더라도 이를 자세히 검토하기를 기대하는 것은 쉽지 않을 것이므로 E으로서는 위 신용평가서의 기재 내용에 대하여도 C가 이해할 수 있도록 설명할 의무가 있고, 신용평가서를 단지 교부한 것만으로 설명의무를 다하였다고 보기는 어려운 점, ③ 위에서 본 바와 같이 두 신용평가회사가 작성한 LIG 건설에 대한 신용평가서를 보면 비록 LIG그룹 계열사들의 직·간접적인 지원가능성을 언급하고는 있으나, 그 밖에 주택경기 침체에 따른 사업위험 확대, 예정사업장 사업지연에 따른 사업수지 악화, PF우발채무 부담 등으로 인한 재무부담 확대 등의 부정적인 요인도 종합적으로 인정하고 있음에도 피고가 제작하고, E이 C에게 설명하면서 제시한 투자설명자료에는 투자포인트로 LIG 그룹의 계열사에 대한 내용만이 집중적으로 기재되어 있고, 부정적인 요인에 대하여는 아무런 기재가 없고, E도 부정적인 요인에 대하여는 아무런 설명을 하지 않아 균형성을 상실한 것으로 보이는 점, ④ 피고는 이 사건 기업어음을 판매할 당시 LIG 그룹 계열사들의 지원가능성을 부각시키기도 한 점(앞서 인정한 바와 같이 E은 C에게 LIG 그룹이 계열사를 갖고 있고 그룹에서 자금이 부족하면 어차피 H일가가 지분을 갖고 있는 것이니까 자금지원을 해 줄 수 있다는 취지로 설명하기도 하였다) 등에 비추어보면 피고는 이 사건 각 신탁계약을 체결함에 있어 C가 합리적인 투자판단을 할 수 있을 정도로 충분하고 균형적인 투자정보를 제공하였다고 볼 수 없다.

다만 원고들은, 이 사건 각 신탁계약 체결 당시 E이 C에게 이 사건 각 신탁상품이 채권이라고 설명하였고, 절대 안전하고, 절대 부도날 염려가 없다는 취지로 설명하였다고 주장하나, 앞서 본 C의 사회경력, 투자경험과 을 제10호증의 기재(제1심기록 제203쪽, 위 증거에 의하면 당시 C는 자신이 투자한 상품이 기업어음이라는 점을 명확하게 알고 있었던 것으로 보인다) 및 제1심 증인 E의 증언에 비추어 보면 이를 믿기 어렵고, 달리 이를 인정할 증거가 없으므로 원고들의 위 주장은 받아들이지 않는다.

다. 소결(손해배상의 범위와 책임 제한)

(2) 책임 제한

다만, 위에서 인정한 각 사실에 변론 전체의 취지를 종합하여 인정되는 다음과 같은 사정, 즉 ① 원고들도 자기책임의 원칙 아래 투자하려고 하는 이 사건 기업어음의 내용, 투자에 따르는 위험 등에 관하여 사전에 파악하여 신중히 검토한 다음 투자하였어야 하는 점, ② 원고들을 대리한 C는 금융투자상품에 대한 지식수준이 높고 이른바 공격투자형 상품에 대한 투자경험을 가지고 있었으므로 기업어음의 본질적인 위험성 등에 대해 어느 정도는 인지하고 있었을 것으로 보이는 점, ③ 피고의 설명의무 위반의 정도가 비교적 가벼운 점 등을 참작하여, 피고의 책임을 30%로 제한한다.

38. 대법원 2015. 4. 9. 선고 2012다109798 판결 [손해배상금]

[논점] 저작권 신탁이 종료되어 저작권이 원저작권자인 위탁자에게 이전된 경우, 저작물 이용자가 신탁종료에 따른 저작권 이전 후의 이용행위에 대하여 수탁자의 이용허락이 있었음을 들어 원저작권자에게 대항할 수 있는지 여부[117] [118]

【이 유】

1. 원고의 상고이유에 관한 판단

가. 상고이유 제1점에 관하여

저작물 이용자가 저작권자와의 이용허락계약에 의하여 취득하는 이용권은 저작권자에 대한 관계에서 자신의 저작물 이용행위를 정당화할 수 있는 채권으로서의 성질을 가지는 데 불과하므로, 저작권신탁[119]이 종료되어 저작권이 원저작권자인 위탁자에게 이전된 경우에는 원저작권자와 수탁자 사이에 수탁자가 행한 이용허락을 원저작권자가 승계하기로 하는 약정이 존재하는 등의 특별한 사정이 없는 한 저작물 이용자는 신탁종료에 따른 저작권 이전 후의 이용행위에 대해서까지 수탁자의 이용허락이 있었음을 들어 원저작권자에게 대항할 수 없다.

원심판결 이유와 원심이 채택한 증거에 의하면, 사단법인 한국음악저작권협회(이하 '음악저작권협회'라고만 한다)는 1998. 2. 25. 피고 티제이미디어 주식회사(이하 '피고 티제이미디어'라고만 한다)에게 이 사건 음악저작물에 관하여 이용허락을 한 사실, 음악저작권협회는 2004. 4.경 원고에게 '이 사건 음악저작물에 관하여 원고와 음악저작권협회 사이에 체결된 신탁계약은 2004. 4. 6.자로 해지되었다'는 취지의 통보를 한 사실을 알 수 있다.

이러한 사실관계를 앞에서 본 법리에 비추어 보면, 원고와 음악저작권협회 사이의 신탁계약이 종료되어 이 사건 음악저작물의 저작권이 원저작권자인 원고에게 이전된 이상, 피고 티제이미디어는 특별한 사정이 없는 한 그 이후 이 사건 음악저작물을 노래반주기와 노래반주기용 DVD 타이틀 제조에 이용하는 행위에 대하여 음악저작권협회의 이용허락을 들어 원고에게 대항할 수는 없다.

그리고 설령 위 이용허락에서 이용기간을 제한하지 아니하였고 이용료 지급방식이 정액제로 정하여져 있었다고 하더라도, 원고가 이와 같은 사정을 모두 알면서 이의 없이 위 이용허락에 따른 이용료를 지급받았음을 인정할 자료가 없는 이상, 그러한 사정만으로는 원고가 위 이용허락에 관한 음악저작권

---

117) 저작권 신탁의 전반적인 내용에 대해서는, 방석호, 저작권 신탁관리계약의 법적의미와 분석, 민사판례연구 27권, 민사판례연구회, 박영사, 646면 이하를 참고할 것.

118) 음악저작권 신탁의 법률관계 일반에 대해서는, 허중혁, 음악저작권 신탁관리단체의 권리행사와 그 한계, 변호사 제49집, 서울지방변호사회, 446면 이하를 참고할 것.

119) 저작권법 제2조 제26호
"저작권신탁관리업"은 저작재산권자, 배타적발행권자, 출판권자, 저작인접권자 또는 데이터베이스제작자의 권리를 가진 자를 위하여 그 권리를 신탁받아 이를 지속적으로 관리하는 업을 말하며, 저작물등의 이용과 관련하여 포괄적으로 대리하는 경우를 포함한다.

협회의 지위 또는 의무를 승계하는 데에 묵시적으로라도 동의하였다고 보기에 부족하고, 기록을 살펴 보아도 달리 이를 인정할 증거가 없으므로, 이 사건에서는 피고 티제이미디어가 원고에게 대항할 수 있는 특별한 사정이 있다고 할 수도 없다.

그럼에도 원심은 이와 달리 피고 티제이미디어가 음악저작권협회로부터 받은 이용허락의 효력을 신탁계약의 종료와 무관하게 원고에게도 주장할 수 있다고 판단하였으니, 이러한 원심판결에는 저작권 신탁 및 저작물의 이용허락에 관한 법리를 오해하여 판결에 영향을 미친 위법이 있고, 상고이유 중 이를 지적하는 부분은 이유 있다.

39. 대법원 2015. 4. 9. 선고 2011다101148 판결 [손해배상][120)]

[논점] 저작권 신탁이 종료되어 저작권이 원저작권자인 위탁자에게 이전된 경우, 저작물 이용자가 신탁종료에 따른 저작권 이전 후의 이용행위에 대하여 수탁자의 이용허락이 있었음을 들어 원저작권자에게 대항할 수 있는지 여부

【이 유】

1. 원고의 상고이유에 관한 판단

가. 상고이유 제1점에 관하여

저작물 이용자가 저작권자와의 이용허락계약에 의하여 취득하는 이용권은 저작권자에 대한 관계에서 자신의 저작물 이용행위를 정당화할 수 있는 채권으로서의 성질을 가지는 데 불과하므로, 저작권 신탁이 종료되어 저작권이 원저작권자인 위탁자에게 이전된 경우에는 원저작권자와 수탁자 사이에 수탁자가 행한 이용허락을 원저작권자가 승계하기로 하는 약정이 존재하는 등의 특별한 사정이 없는 한 저작물 이용자는 신탁종료에 따른 저작권 이전 후의 이용행위에 대해서까지 수탁자의 이용허락이 있었음을 들어 원저작권자에게 대항할 수 없다.

원심판결 이유와 원심이 채택한 증거에 의하면, 사단법인 한국음악저작권협회(이하 '음악저작권협회' 라고만 한다)는 1998. 5. 15. 및 2003. 7. 20. 피고 주식회사 금영(이하 '피고 금영'이라고만 한다)에게 이 사건 음악저작물에 관하여 이용허락을 한 사실, 음악저작권협회는 2004. 4.경 원고에게 '이 사건 음악저작물에 관하여 원고와 음악저작권협회 사이에 체결된 신탁계약은 2004. 4. 6.자로 해지되었다'는 취지의 통보를 한 사실을 알 수 있다.

이러한 사실관계를 앞에서 본 법리에 비추어 보면, 원고와 음악저작권협회 사이의 신탁계약이 종료되어 이 사건 음악저작물의 저작권이 원저작권자인 원고에게 이전된 이상, 피고 금영은 특별한 사정이 없는 한 그 이후 이 사건 음악저작물을 노래반주기와 노래반주기용 DVD 타이틀 제조에 이용하는 행위에 대하여 음악저작권협회의 1998. 5. 15.자 및 2003. 7. 20.자 각 이용허락을 들어 원고에게 대항할 수는 없다.

그리고 설령 위 각 이용허락에서 이용기간을 제한하지 아니하였고 이용료 지급방식이 정액제로 정하여져 있었다고 하더라도, 원고가 이와 같은 사정을 모두 알면서 이의 없이 위 각 이용허락에 따른 이용료를 지급받았음을 인정할 자료가 없는 이상, 그러한 사정만으로는 원고가 위 각 이용허락에 관한 음악저작권협회의 지위 또는 의무를 승계하는 데에 묵시적으로라도 동의하였다고 보기에 부족하고, 기

120) 이 판결에 대한 평석은, (1) 최승재, 저작권신탁계약종료시 저작권신탁관리업자가 체결한 계약의 효력, 대법원판례해설 제103호, 법원도서관, 303면 이하, (2) 임상민, 저작권관리신탁계약이 해지될 경우 수탁자와 체결하였던 포괄 이용계약의 승계 여부, 판례연구 28집, 부산판례연구회, 675면 이하를 각 참고할 것.

록을 살펴보아도 달리 이를 인정할 증거가 없으므로, 이 사건에서는 피고 금영이 원고에게 대항할 수 있는 특별한 사정이 있다고 할 수도 없다.

그럼에도 원심은 이와 달리 피고 금영이 음악저작권협회로부터 받은 이용허락의 효력을 신탁계약의 종료와 무관하게 원고에게도 주장할 수 있다고 판단하였으니, 이러한 원심판결에는 저작권 신탁 및 저작물의 이용허락에 관한 법리를 오해하여 판결에 영향을 미친 위법이 있고, 상고이유 중 이를 지적하는 부분은 이유 있다.

40. 대법원 2015. 1. 29. 선고 2013다215256 판결 [소유권이전등기말소등]

[논점] 신탁법에 의한 신탁계약의 해지권이 제척기간의 대상이 되는지 여부

【이 유】

제척기간은 권리자로 하여금 해당 권리를 신속하게 행사하도록 함으로써 법률관계를 조속히 확정시키려는 데 그 제도의 취지가 있는 것으로서, 그 기간의 경과 자체만으로 곧 권리 소멸의 효과를 가져오게 하는 것이다(대법원 2014. 8. 20. 선고 2012다47074 판결 참조).

한편 의용 신탁법 제57조[121]에 의하면 위탁자가 신탁이익의 전부를 향수하는 신탁은 위탁자 또는 그 상속인이 언제든지 해지할 수 있고, 제59조[122]에 의하면 신탁의 해지에 관하여 신탁행위에 특별히 정함이 있는 경우에는 위 규정에 불구하고 그 정함에 따르게 되어 있다. 규정의 내용과 입법 취지를 고려하면, 의용 신탁법 제57조에 의한 해지권은 원래의 신탁계약이 존속하는 이상 언제든지 행사할 수 있는 것으로 법률관계의 조속한 확정이 요구되는 것이 아니므로 제척기간의 대상이 된다고 할 수 없다.

그리고 의용 신탁법 제56조[123]에 의하면 신탁행위로 정한 사유가 발생한 때 또는 신탁의 목적을 달성하거나 달성할 수 없게 된 때에는 신탁이 종료하나, 이 경우는 신탁이 절대적으로 종료하는 것이어서 종료 이후의 해지가 따로 문제 될 수 없다(대법원 2006. 1. 13. 선고 2004다61419 판결 참조).

나아가 의용 신탁법 제63조 본문[124]에 의하면 신탁이 종료한 경우에 신탁재산이 그 귀속권리자에게 이전할 때까지는 신탁은 존속하는 것으로 간주되나, 귀속권리자의 신탁재산반환청구권은 특별한 사정이 없는 한 원래의 신탁이 종료한 때로부터 이를 10년간 행사하지 아니하면 시효로 소멸하는 것이어서(대법원 2014. 1. 16. 선고 2012다101626 판결 참조), 위 규정에 의한 법정신탁관계가 존속한다고 하여 제척기간의 대상이 되는 해지권이 따로 문제 될 수 없다.

그러므로 신탁계약이 성립한 때로부터 제척기간이 기산되어 10년의 경과로 이 사건 신탁계약의 해지권이 소멸한다고 볼 수 없다. 그럼에도 원심은 이와 달리 판단하고 말았으니, 이러한 원심판단에는 신탁계약의 해지권 소멸에 관한 법리를 오해한 잘못이 있다.

41. 대법원 2015. 1. 15. 선고 2011두28714 판결 [취득세등부과처분취소][125]

[논점] 위탁자의 과점주주에게 지방세법상 간주취득세를 부과할 수 있는지 여부

121) 현행 신탁법 제99조 제2항
122) 현행 신탁법 제99조 제4항
123) 현행 신탁법 제98조 1호
124) 현행 신탁법 제101조 제4항
125) 이 판결에 대한 평석은, 전영준·백현민, 법인의 매매계약 해제가 과점주주의 간주취득세에 미치는 효과, 조세 324호, 조세통람사, 34면 이하를 참고할 것.

【이 유】

1. 상고이유 제1점에 대하여

구 지방세법(2007. 12. 31. 법률 제8835호로 개정되기 전의 것. 이하 '구 지방세법'이라 한다) 제105조 제6항 본문은 '법인의 주식 또는 지분을 취득함으로써 과점주주가 된 때에는 그 과점주주는 당해 법인의 부동산 등을 취득한 것으로 본다'고 규정하고, 구 지방세법 시행령(2007. 12. 31. 대통령령 제20517호로 개정되기 전의 것) 제78조 제2항 본문은 '이미 과점주주가 된 주주 또는 유한책임사원이 당해 법인의 주식 또는 지분을 취득함으로써 당해 법인의 주식 또는 지분의 총액에 대한 과점주주가 가진 주식 또는 지분의 비율이 증가된 경우에는 그 증가된 분을 취득으로 보아 법 제105조 제6항의 규정에 의하여 취득세를 부과한다'고 규정하고 있다.

이처럼 법인의 과점주주에 대하여 그 법인의 재산을 취득한 것으로 보아 취득세를 부과하는 것은 과점주주가 되면 해당 법인의 재산을 사실상 임의처분하거나 관리운용할 수 있는 지위에 서게 되어 실질적으로 그 재산을 직접 소유하는 것과 크게 다를 바 없다는 점에서 담세력이 있다고 보기 때문이다(대법원 1994. 5. 24. 선고 92누11138 판결 참조). 그런데 신탁법상의 신탁은 위탁자가 수탁자에게 특정의 재산권을 이전하거나 기타의 처분을 하여 수탁자로 하여금 신탁 목적을 위하여 그 재산권을 관리·처분하게 하는 것이므로, 부동산 신탁에 있어 수탁자 앞으로 소유권이전등기를 마치게 되면 대내외적으로 소유권이 수탁자에게 완전히 이전되고 위탁자와의 내부관계에서 소유권이 위탁자에게 유보되는 것이 아니며, 이와 같이 신탁의 효력으로서 신탁재산의 소유권이 수탁자에게 이전되는 결과 수탁자는 대내외적으로 신탁재산에 대한 관리권을 갖게 된다(대법원 2011. 2. 10. 선고 2010다84246 판결 참조). 따라서 신탁계약이나 신탁법에 의하여 수탁자가 위탁자에 대한 관계에서 신탁 부동산에 관한 권한을 행사할 때 일정한 의무를 부담하거나 제한을 받게 되더라도 그것만으로는 위탁자의 과점주주가 신탁 부동산을 사실상 임의처분하거나 관리운용할 수 있는 지위에 있다고 보기도 어렵다.

이와 같은 과점주주에 대한 간주취득세제도의 취지와 신탁의 법률관계 등에 비추어 보면, 어느 법인의 부동산이 신탁법에 의한 신탁으로 수탁자에게 소유권이 이전된 후 그 법인의 과점주주가 되거나 그 법인의 주식 또는 지분 비율이 증가된 경우에는 특별한 사정이 없는 한 신탁 부동산을 그 법인이 보유하는 부동산으로 보아 그 법인의 과점주주에게 구 지방세법 제105조 제6항 등에서 정한 간주취득세를 부과할 수는 없다고 봄이 타당하다(대법원 2014. 9. 4. 선고 2014두36266 판결 참조).

그럼에도 원심은, 그 판시와 같은 이유만을 들어 신탁법에 의한 신탁으로 수탁자 앞으로 소유권이전등기가 경료된 부동산도 위탁자 법인이 보유하는 부동산으로 보아 그 과점주주에게 간주취득세를 부과할 수 있다고 전제한 다음, 이 사건 처분 중 원고가 푸룸시티 주식회사(이하 '푸룸시티'라고 한다)의 과점주주가 될 당시 푸룸시티가 케이비부동산신탁 주식회사(이하 'KB신탁'이라고 한다)에 신탁하여 KB신탁 앞으로 소유권이전등기가 경료되어 있던 각 부동산에 관하여 간주취득세 등을 부과한 부분이 적법하다고 판단하였으니, 원심의 이러한 판단에는 법인의 신탁 부동산에 대한 과점주주의 간주취득세 납세의무 성립 여부에 관한 법리를 오해하여 판결에 영향을 미친 잘못이 있다. 이 점을 지적하는 상고이유의 주장은 이유 있다.

[1심판결] 대전지방법원 2011. 4. 27. 선고 2010구합4850 판결 [취득세등부과처분취소]

【주 문】

1. 원고의 청구를 기각한다.
2. 소송비용은 원고가 부담한다.

【청구취지】

피고가 2008. 12. 4. 원고에 대하여 한 취득세 198,177,220원, 농어촌특별세 27,783,470원의 부과처분을 취소한다.

【이 유】

2) 원고가 이 사건 각 부동산을 취득하였다고 간주할 수 있는지 여부

가) 먼저, 원고가 푸름시티의 과점주주로 될 무렵 이미 이 사건 각 부동산이 KB신탁 명의로 신탁등기 되어 있었으므로 원고가 이 사건 각 부동산을 취득하였다고 간주할 수 없는지에 관하여 살피건대, 다음과 같은 사정들, 즉 ① 부동산의 신탁에 있어서 수탁자 앞으로 소유권이전등기를 마치게 되면 대내외적으로 소유권이 수탁자에게 완전히 이전되고, 위탁자와의 내부관계에 있어서 소유권이 위탁자에게 유보되어 있는 것은 아니라 할 것이지만(대법원 2002. 4. 12. 선고 2000다70460 판결 등 참조), 이러한 경우에도 수탁자는 신탁의 목적 범위 내에서 신탁계약에 정하여진 바에 따라 신탁재산을 관리·처분하여야 하는 제한이 있고, 원칙적으로 신탁재산을 고유재산으로 하거나 이에 관하여 권리를 취득하지 못하며(신탁법 제31조 제1항), 신탁재산에 대한 관리를 적절히 하지 못하여 신탁재산의 멸실, 감소 기타의 손해를 발생하게 한 경우 또는 신탁의 본지에 위반하여 신탁재산을 처분한 때에는 손해배상책임을 부담하기도 하는 등(신탁법 제38조) 위탁자와 수탁자의 관계에서는 일정한 제한이 유보된 소유권을 취득하는 것인바, 이 사건과 같이 제3자의 보호가 문제되지 않고 납세의무의 성립 및 과세표준의 확정 등이 문제될 뿐인 경우에까지 수탁자인 신탁회사에 대내외적으로 당해 부동산의 소유권이 완전히 이전되었다는 이유로 위탁자인 법인 소유의 부동산이 아니라는 전제 아래 납세의무자 및 과세표준을 확정하는 것은 법인과 신탁회사 사이에 이루어지는 신탁의 동기, 조세부과의 목적 등에 비추어 볼 때 타당하지 않다고 판단되는 점(특히 앞서의 인정사실에 의하면 이 사건에서의 신탁은 담보신탁이라 할 것인바, 이러한 담보신탁의 경우에는 더욱 그러하다), ② 위와 같은 견지에서 구 지방세법에서도 제110조에서 '형식적인 소유권의 취득'이라고 볼 수 있는 경우에는 취득세를 부과하지 않는다고 명시하면서 신탁법상 신탁등기가 병행되는 신탁으로 인한 신탁재산의 취득으로서 위탁자로부터 수탁자에게 신탁재산을 이전하는 경우 또는 신탁의 종료·해지로 인하여 수탁자로부터 위탁자에게 신탁재산을 이전하는 경우의 취득 등에 관하여 취득세를 부과하지 아니한다고 규정하고 있을 뿐만 아니라, 제183조 제2항 제5호에서 신탁법에 의하여 수탁자 명의로 등기·등록된 신탁재산의 경우에는 위탁자를 재산세 납세의무자로 규정하고 있는 점, ③ 이 사건 법률조항의 입법취지는 법인의 과점주주가 되면 당해 법인의 재산을 사실상 임의처분하거나 관리·운용할 수 있는 지위에 서게 되어 실질적으로 그 재산을 직접 소유하는 것과 크게 다를 바 없게 되어 담세력이 있다고 보고 취득세를 부담하도록 하려는 데 있는바, 이러한 입법취지에 비추어 볼 때 법인 소유 부동산의 신탁 여부에 따라 과점주주의 간주취득세 납부의무 유무가 결정되는 것은 불합리하다고 판단되는 점 등을 종합하여 보면, 법인인 위탁자가 신탁법에 의하여 수탁자 명의로 재산을 등기한 후에 그 법인의 과점주주가 된 자는 신탁등기에도 불구하고 이 사건 법률조항에 따라 당해 신탁재산에 대한 취득세를 납부할 의무가 있다고 봄이 상당하다.

따라서, 원고는 과점주주로 되기 이전에 이미 이 사건 각 부동산에 관하여 KB신탁 명의로 신탁등기 되어 있었는지 여부와 관계 없이 과점주주가 됨으로써 이 사건 각 부동산을 취득하였다고 간주되어 이 사건 법률조항에서 정한 간주취득세를 납부할 의무가 있으므로, 원고의 이 부분 주장은 이유 없다.

나) 다음으로, 원고가 과점주주로 될 무렵 푸름시티가 이 사건 각 부동산을 실질적으로 점유·관리하고 있지 않았으므로 원고에게 간주취득세 납부의무가 없는 것인지에 관하여 보건대, 취득세는 재화의 취득행위라는 사실 자체를 포착하여 거기에 담세능력을 인정하여 취득행위를 과세객체로 하여 부과하

는 유통세·행위세이므로 소유권이전의 형식만 있으면 취득세 납세의무가 발생하는 것인 점(대법원 1999. 9. 3. 선고 98다12171 판결, 대법원 1996. 2. 9. 선고 95누12750 판결 등 참조), 구 지방세법 제105조 제2항은 부동산의 취득에 있어서는 관계법령의 규정에 의한 등기를 이행하지 아니한 경우라도 사실상으로 취득한 때에는 각각 취득한 것으로 본다고 규정하고, 같은 법 시행령 제73조 제1항 및 제2항에서는 부동산 등의 취득에 있어 관계 법령에 의한 등기일 또는 잔금 완납일 중 먼저 도래하는 날에 부동산 등을 취득한 것으로 본다고 규정하고 있는 점 등을 종합하여 볼 때, 부동산에 관한 취득세 납부의무가 있는지를 판단함에 있어 소유권이전의 형식이 있는지, 소유권이전의 형식이 없다고 하더라도 사실상 취득이라고 볼 수 있는지 여부만이 문제될 뿐, 당해 부동산의 점유·관리 여부는 취득세에 있어 '취득'인지 여부를 판단하는 데 아무런 영향이 없다고 봄이 상당하므로, 원고의 이 부분 주장 또한 이유 없다.

42. 대법원 2015. 1. 15. 선고 2013다26838 판결 [매매대금반환]

[논점] 부동산담보신탁계약 및 자금관리대리사무계약에 따라 분양대금을 신탁사의 계좌로 납입한 수분양자가 분양자를 대위하여 분양수입금 등의 자금관리를 위탁받은 신탁사를 상대로 분양계약 해제에 따른 분양대금반환을 청구할 수 있는지 여부

【이 유】

1. 원심판결과 적법하게 채택된 증거들에 의하면 다음과 같은 사실을 알 수 있다.

가. 주식회사 평*종합건설(이하 '평*종건'이라 한다)은 이 사건 사업부지 지상에 13개동의 상가건물을 신축하여 분양하는 이 사건 사업을 시행하기로 하고, 2004. 6. 29. 시공사인 신*종합개발 주식회사(이하 '신*종합개발'이라고만 한다), 대출금융기관인 녹*자생명보험 주식회사(이하 '녹*자생명보험'이라고만 한다), 주식회사 푸*상호저축은행(이하 '푸*상호저축은행'이라고만 한다) 및 신탁회사인 피고와 사이에 평*종건이 녹*자생명보험, 푸*상호저축은행으로부터 사업비를 대출받으면서 그 담보로 이 사건 사업부지와 이 사건 상가를 피고에게 신탁하고, 분양수입금 등의 수납, 관리, 집행 등 자금관리업무도 피고에게 위탁하기로 하는 내용의 사업약정을 체결하였고, 이후 사업비 대출금융기관이 녹*자생명보험에서 한국상호저축은행 주식회사, 진흥상호저축은행 주식회사, 경기상호저축은행 주식회사로 변경되자, 평*종건과 피고, 신*종합개발, 푸*상호저축은행은 2005. 5. 13. 한국상호저축은행 주식회사 등과 사이에 다시 위와 같은 내용의 이 사건 사업약정을 체결하였다.

나. 이 사건 사업약정 제5조 제1항이 평*종건과 피고 사이에 담보신탁계약 및 대리사무계약을 체결하도록 정함에 따라, 평*종건은 2005. 5. 13. 피고와 이 사건 상가 분양대금의 수납, 관리, 인출 및 집행 업무 등을 피고에게 위임하는 내용의 이 사건 대리사무계약을 체결하였고, 2005. 8. 11. 피고와 신탁부동산을 이 사건 상가 중 101동을 제외한 나머지 12개동의 구분건물로 하고, 우선수익자를 한국상호저축은행 주식회사 등으로 하며, 수익자 및 채무자를 평*종건으로 하는 내용의 이 사건 담보신탁계약을 체결하였다.

다. 한편 원고는 2004. 2. 16. 평*종건과 사이에 이 사건 상가 중 ㅇㅇ동 ㅇㅇ호를 134,417,668원에 분양받기로 하는 이 사건 분양계약을 체결하였고, 위 분양계약에 따라 2004. 8. 13.까지 계약금 및 중도금 합계 107,480,000원을 납부하였다. 그런데 그 후 원고는 평*종건을 상대로 위 분양대금의 반환을 구하는 내용의 소를 제기하여 위 사건의 1심에서 패소판결을 선고받았으나, 이에 대하여 항소를 제기하여 2008. 8. 20. 서울고등법원 2007나35536 호로 '평*종건은 원고에게 107,480,000원 및 이에 대한 지연손해금을 지급하라는 내용의 승소판결을 받았으며, 위 판결이 그대로 확정되었다.

2. 원심은 위와 같은 사실관계 아래 그 판시와 같은 이유를 들어,

① 이 사건 담보신탁계약과 이 사건 대리사무 약정은 그 계약 체결의 목적이나 규율내용이 전혀 다른 별개의 계약으로 보아야 하고, 평*종건이 수분양자들과 사이에 체결한 분양계약을 토대로 피고가 이 사건 대리사무계약에 따라 수령하게 되는 '분양대금'은 이 사건 담보신탁 계약에서 정하고 있는 '신탁부동산의 처분대금이나 이에 준하는 것'에 해당한다고 볼 수 없고, ② 평*종건과 수분양자 사이에 체결된 분양계약이 해제되어 소급적으로 그 효력을 상실한다고 하더라도, '본인'이 평*종건이 당해 분양계약의 수분양자들로부터 분양대금을 더 이상 수령하지 못하게 됨에 따라 '대리인'인 피고로서도 당해 분양계약의 수분양자들로부터 분양대금을 더 이상 수령하지 못하게 되는 것일 뿐이지 곧바로 이 사건 대리사무계약의 효력이 소급적으로 상실되어 피고가 이미 수령한 분양대금을 수납·관리할 법률상 원인이 없게 된다고 볼 수 없다고 판단한 다음, 평*종건과 원고 사이에 체결된 분양계약이 해제되어 소급적으로 그 효력을 상실하여 평*종건을 대리하는 피고가 분양대금을 수납·관리할 법률상 원인이 없게 되는 것이므로 평*종건은 자신을 대리하여 분양대금을 수납한 피고에게 그 분양대금의 반환을 요구할 수 있다는 원고의 주장을 배척하였다.

관련 법리와 기록에 비추어 살펴보면, 위와 같은 원심의 판단에 상고이유 주장과 같이 대리에 관한 법리를 오해하거나 분양대금의 성격, 분양계약의 해제와 분양대금 반환의 관계에 관한 법리를 오해한 잘못이 없다.

[원심판결] 서울고등법원 2013. 2. 22. 선고 2012나56285 판결 [매매대금반환]

【주 문】

1. 제1심 판결 중 피고 패소부분을 취소하고, 위 취소부분에 해당하는 원고의 청구를 기각한다.
2. 소송총비용은 원고가 부담한다.

【청구취지 및 항소취지】

1. 청구취지

피고는 원고에게 금 107,480,000원 및 이에 대하여 2005. 10. 21.부터 2008. 8. 20.까지는 연 5%의, 그 다음 날부터 다 갚는 날까지는 연 20%의 각 비율로 계산한 돈을 지급하라.

2. 항소취지

제1심 판결 중 피고 패소부분을 취소하고, 위 취소부분에 해당하는 원고의 청구를 기각한다.

【이 유】

(가) 이 사건 각 사업약정은 시행사인 평*종건과 신탁회사인 피고뿐만 아니라 대출금융기관 및 시공사가 함께 체결한 것으로서 이 사건 사업에 있어서 각자의 역할분담과 권리의무를 정하는 기본적인 계약에 해당한다. 그리고 이 사건 각 신탁계약과 이 사건 각 대리사무계약은 이 사건 각 사업약정에 터 잡아 평*종건과 피고 사이에 체결된 개별계약의 성격을 가진 것으로, 그 계약 체결의 목적이나 규율내용이 전혀 다른 별개의 계약으로 보아야 한다. 즉, 이 사건 각 신탁계약의 목적(제1조), 신탁부동산의 처분시기(제17조), 처분방법(제18조), 처분대금의 정산방법(제21조) 등의 규정에 비추어 보면, 이 사건 각 신탁계약은 평*종건의 우선수익자(=대출금융기관 등)에 대한 채무의 이행을 보장하기 위하여 피고가 신탁부동산을 보전·관리하는 한편 평*종건이 여신거래계약을 불이행하는 등의 경우에는 피고가 그 처분주체로서 신탁부동산을 환가·처분하여 우선수익자의 채권을 만족시키는 것을 주된 목적으로 하는

것이다. 한편, 이 사건 각 대리사무계약의 목적(제1조), 분양계약 체결의 주체와 사업비의 집행방법(제14조) 등의 규정에 비추어 보면, 이 사건 각 대리사무계약은 평*종건이 그 분양주체로서 이 사건 상가를 분양하는 것을 전제로, 평*종건이 대출금융기관으로부터 대출받은 금원이나 이 사건 상가의 분양수입금 등을 피고가 관리하는 것을 주된 목적으로 하는 것이다.

결국, ①이 사건 각 신탁계약은 평*종건의 채무불이행 등으로 인해 이 사건 사업이 정상적으로 진행되지 아니할 경우에, 대출금융기관 등의 우선수익자가 채권을 회수할 수 있도록 하기 위하여 체결된 것(채권담보의 목적)인 반면에, ②이 사건 각 대리사무계약은 평*종건이 이 사건 상가를 제대로 분양하는 등 이 사건 사업이 정상적으로 진행되는 경우에, 사업자금의 수납과 지출이 제3자에 의하여 적정하고 투명하게 이루어질 수 있도록 하기 위하여 체결된 것(제3자에 의한 재원관리의 목적)으로 판단된다. 위와 같이 이 사건 각 신탁계약이 '채권담보의 목적'으로 체결된 것이라는 점과 이 사건 각 신탁계약에서는 신탁부동산의 처분주체를 피고로 정하고 있는 반면에 이 사건 각 대리사무계약에서는 이 사건 상가의 분양주체를 평*종건으로 정하고 있는 점에다가 이 사건 각 신탁계약 제17조, 제18조, 제21조의 규정내용 등을 모두 종합하여 보면, 평*종건이 수분양자들과 사이에 체결한 분양계약을 토대로 피고가 이 사건 각 대리사무계약에 따라 수령하게 되는 '분양대금'은 이 사건 각 신탁계약 제4조에서 정하고 있는 '신탁부동산의 처분대금이나 이에 준하는 것'에 해당한다고 볼 수 없다(평*종건과 같은 시행사가 대리사무계약은 '갑'과 체결하고, 신탁계약은 '을'과 체결한 경우에, '갑'이 대리사무계약에 따라 수령하게 되는 분양대금이 '을'의 수탁재산이 될 수는 없는 것으로서, 이러한 법리는 평*건이 대리사무계약과 신탁계약을 동일한 회사인 피고와 체결한 경우에도 마찬가지로 적용된다).

결국, 이 사건 각 신탁계약 제4조에서 정하고 있는 신탁재산에 '분양대금'이 포함되는 것임을 전제로, 분양계약이 실효된 경우 피고가 그 분양대금을 평*종건에게 반환하지 않는다면 이 사건 상가 자체에 더하여 위와 같이 수납된 분양대금도 신탁재산으로 남게 되는 부당한 결과가 초래된다는 취지의 원고의 주장은 받아들일 수 없다(게다가 원고의 위와 같은 주장은 분양계약이 해제될 당시까지 분양대금이 그대로 남아있다는 것을 전제로 하고 있다. 그러나 이 사건 사업과 같은 대규모 부동산개발사업에 있어서는, 대출금융기관으로부터 대출받은 금원과 수분양자들로부터 수령한 분양대금이 주된 재원이 되어 토지매입 및 건물신축공사가 진행되고 그에 따라 이 사건 상가와 같은 신탁부동산이 형성되는 것이므로, 이 사건 상가와 더불어 분양대금이 신탁재산으로 남게 된다는 취지의 위 주장은 경제적 관점에서도 그 합리성을 수긍하기 어렵다).

㈏ 평*종건과 수분양자 사이에 체결된 분양계약이 해제되어 소급적으로 그 효력을 상실한다고 하더라도, '본인'인 평*종건이 당해 분양계약의 수분양자들로부터 분양대금을 더 이상 수령하지 못하게 됨에 따라 '대리인'인 피고로서도 당해 분양계약의 수분양자들로부터 분양대금을 더 이상 수령하지 못하게 되는 것일 뿐이지 곧바로 이 사건 각 대리사무계약(혹은 위 대리사무계약 중 해제된 분양계약과 관련된 부분)의 효력이 소급적으로 상실되어 피고가 이미 수령한 분양대금을 수납·관리할 법률상 원인이 없게 된다고 볼 수는 없다. 한편, 분양계약의 해제와 관련하여 평*종건과 피고 사이에 분양대금의 반환에 관한 어떠한 약정이 있다는 등의 특별한 사정이 없는 한 분양계약이 해제되었다는 사정만을 들어 평*종건의 '대리인'에 불과한 피고가 이미 수령한 분양대금을 '본인'인 평*종건에게 반환하여야 하는 법률관계가 형성된다고 볼 수는 없다(평*종건과 피고 사이에 분양대금의 반환에 관한 어떠한 약정이 있는지에 관하여는 원고가 아무런 주장·입증도 하지 않고 있다. 한편, 이 사건 각 대리사무계약 제4조는 "본 계약에 의하여 피고가 행한 대리사무의 법률효과는 평*종건에게 귀속하며, 평*종건은 피고에게 권리를 주장하거나 의무이행을 청구하지 아니하기로 한다"라고 규정하고 있는데, 위와 같은 규정은 대리인인 피고가 행한 행위의 법률효과가 평*종건에게 귀속된 경우에 본인인 평*종건은 이와 관련하여 피

고를 상대로 권리행사를 하지 아니하기로 한다는 취지로 해석된다. 따라서 분양계약에 따른 분양대금 수령의 효과가 본인인 평ㅁ종건에게 귀속된 이상, 분양계약이 해제되었다는 사정을 들어 평*종건이 피고에게 분양대금의 반환을 요구하는 것은 허용되지 않는다고 봄이 상당하다).

43. 대법원 2014. 12. 24. 선고 2012다74304 판결 [용역비]

[논점] 전수탁자의 파산선고 후 전수탁자를 그대로 당사자로 표시한 판결의 효력이 신수탁자에게 미치는지 여부

【이 유】

1. 신탁으로 말미암은 수탁자의 위탁임무가 끝난 때에 소송절차는 중단되고, 이 경우 새로운 수탁자가 소송절차를 수계하여야 하지만(민사소송법 제236조), 소송대리인이 있는 경우에는 소송절차가 중단되지 아니하고(민사소송법 제238조), 그 소송대리권도 소멸하지 아니한다(민사소송법 제95조 제3호). 따라서 전수탁자가 파산의 선고를 받아 그 임무가 종료되었으나 소송대리인이 있어서 소송절차가 중단되지 아니하는 경우에는 원칙적으로 소송수계의 문제가 발생하지 아니하고, 그 소송대리인은 당사자 지위를 당연승계하는 신수탁자를 위하여 소송을 수행하게 되는 것이며, 그 사건의 판결은 신수탁자에 대하여 효력이 있다. 이때 신수탁자로 당사자의 표시를 정정하지 아니한 채 전수탁자를 그대로 당사자로 표시하여도 무방하며, 신탁재산에 대한 관리처분권이 없는 자를 신당사자로 잘못 표시하였다고 하더라도 그 표시가 전수탁자의 소송수계인 등 신탁재산에 대한 관리처분권을 승계한 자임을 나타내는 문구로 되어 있으면 잘못 표시된 당사자에 대하여는 판결의 효력이 미치지 아니하고 여전히 정당한 관리처분권을 가진 신수탁자에 대하여 판결의 효력이 미친다(대법원 1992. 11. 5.자 91마342 결정, 대법원 2010. 12. 23. 선고 2007다22859 판결 참조).

한편 청구를 기각하는 판결의 경우 주문에 청구 전부에 대한 판단이 기재되어 있는지 여부는 청구취지와 판결이유의 기재를 참작하여 판단하여야 한다(대법원 2003. 5. 30. 선고 2003다13604 판결 참조).

2. 원심판결 이유와 기록에 의하면 다음과 같은 사실을 알 수 있다.

가. 주식회사 코레트신탁(이하 '코레트신탁'이라고 한다)은 1995. 10. 24. 신미개발 주식회사(이하 '신미개발'이라고 한다)로부터 부산 사하구 (주소 생략) 외 4필지를 신탁받아 그 지상에 주상복합건물을 건축하여 분양하기로 하는 토지신탁계약(이하 '이 사건 신탁계약'이라고 한다)을 체결하고, 1995. 12. 4. 원고와 위 주상복합건물에 관한 설계용역계약(이하 '이 사건 설계용역계약'이라고 한다)을 체결하였다.

나. 원고는 2001. 8. 22. 코레트신탁을 상대로 이 사건 설계용역계약에 따른 용역비 1,476,480,000원의 지급을 구하는 소(이하 '전소'라고 한다)를 제기하여 일부 승소판결을 받았는데, 쌍방의 항소로 항소심 계속 중이던 2002. 12. 30. 코레트신탁이 파산선고를 받았다.

다. 코레트신탁의 소송대리인인 변호사 소외 1은 2003. 1. 23. 코레트신탁의 파산관재인 소외 2를 소송수계인으로 하는 소송수계신청을 하였다.

라. 원고는 파산절차에서 코레트신탁에 대한 설계용역비채권 2,232,560,796원을 파산채권으로 신고하였으나 파산관재인 소외 2가 그 전액을 부인하자, 2003. 3. 24. 기존의 용역비지급청구에 1,895,427,156원의 파산채권확정을 구하는 청구를 선택적으로 추가하는 내용의 청구취지 및 원인변경신청서를 제출하였다.

마. 전소의 항소심은 2005. 7. 27. 파산관재인 소외 2를 코레트신탁의 소송수계인으로 표시하여 판결(이하 '전소 원심판결'이라고 한다)을 선고하였다. 전소 원심판결의 주문 제1항에는 "제1심판결을 다음

과 같이 변경한다. 당심에서 추가된 선택적 청구에 기하여 원고가 파산자 주식회사 코레트신탁에 대하여 1,240,121,079원의 파산채권이 있음을 확정한다. 원고의 나머지 청구를 기각한다."라고 기재되어 있고, 청구취지에는 코레트신탁에 대하여 1,476,480,000원과 그 지연손해금의 지급을 구하는 청구와 1,895,427,156원의 파산채권확정을 구하는 청구를 선택적으로 구하는 것으로 기재되어 있으며, 판결이유 중에는 '원고가 1,476,480,000원의 지급을 구하나 코레트신탁에 대한 파산선고가 내려진 이상 금전지급을 구할 수 없다'는 이유로 용역비지급청구를 배척하는 취지의 설시가 기재되어 있다.

바. 전소 원심판결 정본은 2005. 8. 1. 쌍방 대리인에게 각 송달되었고, 쌍방은 상고를 제기하지 아니하였다.

사. 피고는 신미개발의 신청에 따라 2009. 4. 29. 서울중앙지방법원 2009비단13호로 이 사건 신탁계약에 기한 신탁사무에 관하여 신수탁자로 선임되었다.

아. 원고는 2010. 12. 24. 피고를 상대로 이 사건 설계용역계약에 따른 용역비 1,240,121,079원의 지급을 구하는 지급명령신청을 하였는데, 피고가 그 지급명령에 대한 이의를 신청함에 따라 이 사건 소송절차로 이행되었다.

3. 위와 같은 사실을 앞서 본 법리에 비추어 살펴본다.

신탁사무의 처리상 발생한 설계용역비채권을 가진 원고는 수탁자의 경질 이전에 이미 발생한 위 채권의 파산선고 당시의 채권 전액에 관하여 파산재단에 대하여 파산채권자로서 권리를 행사할 수 있고(대법원 2004. 10. 15. 선고 2004다31883, 31890 판결 등 참조), 구 신탁법(2011. 7. 25. 법률 제10924호로 전부 개정되기 전의 것) 제48조 제3항[126]에 의하여 신탁재산의 범위 내에서 전수탁자의 지위를 포괄적으로 승계하는 신수탁자에 대하여도 권리를 행사할 수 있다(대법원 2007. 6. 1. 선고 2005다5812, 5829, 5836 판결 등 참조). 이러한 원고의 권리는 병존하면서 중첩적으로 행사할 수 있는 것이므로 원고가 파산재단에 관한 소송인 파산채권확정청구와 신탁재산에 관한 소송인 용역비지급청구를 선택적 청구로 병합하여 청구하였다고 하더라도 그 청구의 병합 형태가 선택적 병합 관계로 바뀌는 것은 아니다(대법원 2012. 9. 27. 선고 2011다76747 판결 등 참조). 그리고 이러한 관계에 있는 양 청구에 대하여 선고된 전소 원심판결의 청구취지에 용역비지급청구의 기재가 있고, 판결이유에 용역비지급청구를 배척하는 이유도 설시되어 있으며, 주문에 원고의 나머지 청구를 기각한다는 취지의 기재가 있다면, 그 판결이유의 당부는 별론으로 하고 전소 원심판결에는 원고의 용역비지급청구에 대한 판단이 있었다고 봄이 상당하다.

한편 파산선고로 코레트신탁의 수탁자로서의 임무가 종료하더라도 전소의 항소심에서 코레트신탁에게 소송대리인이 있었던 이상 신탁재산에 관한 소송인 용역비지급청구 부분은 그 소송절차가 중단되지 아니하고, 코레트신탁의 소송대리인이 당사자 지위를 당연승계하는 신수탁자를 위하여 소송을 수행하게 되는 것이며, 원고의 용역비지급청구를 배척한 전소 원심판결은 신수탁자인 피고에게도 그 효력이 미친다고 할 것인데, 이는 전소 원심판결에 신탁재산에 대한 관리처분권이 없는 파산관재인이 소송수계인으로 표시되어 있더라도 달리 볼 것이 아니다.

따라서 통상의 경우라면 심급대리의 원칙상 전소 원심판결 정본이 전소 항소심에서의 피고 측 소송대리인에게 송달된 때에 용역비지급청구의 소는 그 소송절차가 중단되었다고 할 것이지만, 만일 위 소송대리인에게 상소제기에 관한 특별수권이 부여되어 있었다면 소송절차는 중단되지 아니하고 상고기간이 진행하는 것이어서 쌍방이 상고를 제기하지 아니한 채 상고기간이 도과한 때에 전소 원심판결은

126) 현행 신탁법 제53조 제2항.

확정되었다고 할 것이다(대법원 2010. 12. 23. 선고 2007다22859 판결 등 참조).

그렇다면 원심으로서는 위 소송대리인에게 상소제기에 관한 특별수권이 부여되어 있었는지 여부를 심리하여 전소 원심판결이 이미 확정되어 이 사건 소가 용역비지급청구를 배척한 전소 원심판결의 기판력에 저촉되는 것인지, 아니면 전소 원심판결 정본의 송달 시에 용역비지급청구 부분의 소송절차가 중단됨으로써 이 사건 소가 중복제소에 해당하는 소인지를 판단하였어야 했다.

그런데도 원심은 이러한 심리를 다하지 아니한 채 본안으로 나아가 판단하였으니, 원심판결에는 소송절차의 중단과 기판력 또는 중복제소에 관한 법리를 오해하여 판결에 영향을 미친 위법이 있다. 이 점을 지적하는 상고이유 주장은 이유 있다.

[원심판결] 서울고등법원 2012. 7. 26. 선고 2011나92147 판결 [용역비]

【주 문】

1. 제1심 판결 중 피고 패소 부분을 취소하고, 그 취소 부분에 해당하는 원고의 청구를 기각한다.
2. 소송총비용은 원고가 부담한다.

【청구취지 및 항소취지】

1. 청구취지

피고는 원고에게 1,240,121,079원 및 이에 대한 2002. 12. 30.부터 이 사건 청구취지변경신청서 부본 송달일까지 연 6%, 그 다음날부터 다 갚는 날까지 연 20%의 각 비율로 계산한 돈을 지급하라.

2. 항소취지

주문과 같다.

【이 유】

가) 원고는, 이 사건 소에서 구하는 용역비 채권과 이 사건 확정판결에 의하여 확정된 파산채권은 서로 다른 별개의 채권이 아니라 하나의 설계용역비 채권으로 동일하고, 다만 그 권리행사방법이 이행의 소와 파산채권 확정의 소로 다른 것에 불과한데, 원고가 2001. 8. 22. 코레트신탁을 상대로 용역비지급청구의 소를 제기함으로써 이 사건 용역비 채권의 소멸시효는 그 무렵 중단되었고, 그 후 선택적으로 추가된 파산채권 확정청구에 관하여 이 사건 확정판결이 선고되어 2005. 8. 17. 위 판결이 확정되었으므로, 원고의 코레트신탁에 대한 이 사건 용역비 채권은 판결에 의해 확정된 채권으로서 그 무렵부터 10년의 소멸시효가 적용되어 아직 소멸시효기간이 도과하지 않았다고 주장한다.

그러나 이 사건 소는 이 사건 신탁계약상의 수탁자인 피고를 상대로 한 것이고, 그 청구원인도 피고가 이 사건 신탁계약상의 신수탁자로서 신탁사무와 관련하여 발생한 채무인 용역비 채무를 이전 수탁자인 코레트신탁으로부터 승계하였으므로 신탁재산의 범위 내에서 용역비를 지급하여야 한다는 것으로, 이 사건 신탁계약 및 신탁법에 그 법적 근거를 두고 있음에 반하여, 이 사건 확정판결은 이 사건 신탁계약상의 수탁자가 아니라 이 사건 설계용역계약의 계약상대방인 코레트신탁의 파산관재인을 상대로 한 것이고{신탁법 제11조는 '수탁자의 파산으로 수탁 임무가 종료된 경우 수탁자의 파산관재인은 신수탁자가 신탁사무를 처리할 때까지 신탁재산을 보관하고 신탁사무인계에 필요한 행위를 하여야 한다'고 규정하고 있으나, 위 규정은 파산관재인에게 신탁재산에 대한 임시적인 관리의무만을 부담시킨 것일 뿐 그로써 신탁재산에 대한 소송수행권을 포함한 관리처분권을 부여한 것으로는 볼 수 없어서 위 규정만으로 파산관재인에게 신탁재산에 대한 소송의 수계적격을 인정할 수 없으므로(대법원 2008. 9.

11.자 2006마272 결정 참조), 이 사건 확정판결의 피고인 코레트신탁의 파산관재인은 이 사건 신탁재산의 보관자로서가 아니라 코레트신탁의 파산재단의 관리자로서 원고가 항소심에서 추가한 파산채권확정의 소에 관하여 소송수계를 하였다고 할 것이다}, 그 청구원인도 이 사건 설계용역계약에 기한 용역비 채권을 코레트신탁의 고유재산으로 구성되는 파산재단에 대한 파산채권으로 확정해달라는 것으로 이 사건 설계용역계약 및 파산법을 그 법적 근거로 하는 등 이 사건 용역비 채권과 이 사건 확정판결의 파산채권은 그 권리행사방법을 포함하여 집행의 대상, 발생 원인, 법적 근거 등이 모두 다른 별개의 채권이고, 다만 '원고가 받지 못한 용역비를 청구할 수 있다'는 경제적 이익이 동일한 것에 불과하므로, 위 파산채권에 대한 확정판결이 있다는 이유만으로 별개의 채권인 이 사건 용역비 채권도 판결에 의하여 확정된 채권이 되었다고 할 수 없다. 원고의 위 주장은 이유 없다.

나) 원고는 또한, 신탁법은 수탁자의 파산으로 수탁 임무가 종료된 경우 수탁자의 파산관재인은 신수탁자가 신탁사무를 처리할 때까지 신탁재산을 보관하고 신탁사무인계에 필요한 행위를 하도록 규정하고 있으므로, 수탁자의 파산관재인은 신탁채권의 존재에 대하여 유효한 승인을 할 수 있는 능력이 있는데, 코레트신탁의 파산관재인은 원고의 용역비 채권을 부인하다가 2008. 8. 8.경 이 사건 확정판결상의 금액 범위 내에서 설계용역비 채권을 시인하고 종전의 이의를 철회하였으므로, 이로써 코레트신탁의 파산관재인은 그 무렵 이 사건 용역비 채권을 승인한 것이라고 주장한다.

그러나 코레트신탁의 파산관재인이 신탁재산에 대한 보관자로서의 지위와 파산재단에 대한 관리자로서의 지위를 겸하기는 하지만 신탁법 규정에 따른 신탁재산에 대한 보관행위와 수탁자의 고유재산으로 구성되는 파산재단에 대한 관리행위는 구분되어야 할 것이므로, 파산관재인이 위와 같이 이 사건 확정판결에 따라 파산절차에서 설계용역비 채권을 파산재단에 대한 파산채권으로 시인하였다고 하여, 그것을 이 사건 신탁재산에 대한 용역비 채권에 관하여 승인을 한 것이라고 할 수는 없다. 원고의 위 주장도 이유 없다.

[1심판결] 서울중앙지방법원 2011. 9. 8. 선고 2011가합20749 판결 [용역비]

【주 문】

1. 피고는 원고에게 소외 신미개발 주식회사와 주식회사 코레트신탁 사이의 1995. 10. 24.자 신탁계약에 따른 신탁재산의 범위 내에서 1,240,121,079원 및 그 중 1,010,409,373원에 대하여는 2002. 12. 30.부터, 나머지 229,711,706원에 대하여는 2011. 1. 11.부터 각 2011. 9. 8.까지 연 6%의, 그 다음날부터 다 갚는 날까지 연 20%의 각 비율로 계산한 돈을 지급하라.
2. 원고의 나머지 청구를 기각한다.
3. 소송비용 중 1/5은 원고가, 나머지는 피고가 부담한다.
4. 제1항은 가집행할 수 있다.

【청구취지】

피고는 원고에게 1,240,121,079원 및 이에 대하여 2002. 12. 30.부터 이 사건 청구취지변경신청서 부본 송달일까지 연 6%의, 그 다음날부터 다 갚는 날까지 연 20%의 각 비율로 계산한 돈을 지급하라.

【이 유】

나. 피고의 항변 등에 대한 판단

(1) 피고는, 원고가 코레트신탁과 사이에 설계용역계약을 체결하였고, 그에 대한 설계용역비 소송에

서 파산채권확정판결을 받았으므로, 파산절차에서 배당을 회수하면 되므로, 원고의 청구에 응할 수 없다고 주장한다.

살피건대, 수탁자가 파산한 경우 신탁재산은 수탁자의 고유재산이 된 것을 제외하고는 파산재단을 구성하지 않는 것이지만(신탁법 제22조), 신탁사무의 처리상 발생한 채권을 가진 채권자는 파산선고 당시의 채권 전액에 관하여 파산재단에 대하여 파산채권자로서 권리를 행사할 수 있는 것이고(대법원 2004. 10. 15. 선고 2004다31883, 31890 판결, 대법원 2005. 5. 27. 선고 2005다5454 판결), 파산채권확정판결 및 파산채권표 기재의 효력은 파산재단에만 미칠 뿐 이로써 파산재단에 포함되지 않는 신탁재산에 대하여는 강제집행을 할 수 없으므로, 수탁자에 대한 수익자 이외의 제3자 중 신탁재산에 대하여 강제집행을 할 수 있는 채권자는 파산재단에 포함되지 않는 신탁재산에 대한 집행을 위하여 수탁자 또는 그 승계인을 상대로 별도의 소를 제기할 수 있으므로, 피고의 이 부분 주장은 이유 없다.

(2) 피고는, 원고가 4차 중도금 지급조건인 납품설계도서의 검수승인을 받은 바 없고, 잔금 지급조건인 준공검사 접수가 된 바 없으므로, 코레트신탁의 4차 중도금 및 잔금지급의무는 발생하지 않았으며, 이후에도 코레트신탁의 설계요구에 따른 설계도서작성을 거부하며 용역계약에 따른 의무를 이행하지 않았음을 이유로 코레트신탁이 이 사건 설계용역계약을 해지하였으므로, 원고의 청구에 응할 수 없다고 주장한다.

살피건대, 파산절차에서 파산채권으로 확정되어 채권표에 기재되면 그 채권표의 기재는 구 파산법 제259조 제1항(현행 채무자 회생 및 파산에 관한 법률 제535조 제1항)의 규정에 의하여 파산자에 대하여 확정판결과 동일한 효력을 가지므로, 파산채권으로 확정된 후에는 파산자가 채권표에 기재된 채권에 관하여 이의를 하려면 청구이의의 소를 제기할 수 있으나 그 이의사유는 파산채권이 확정된 뒤에 그 채권의 존부나 범위 등을 다툴 수 있는 실체적인 사유가 생겼음을 이유로 하여야 하는바(대법원 2007. 10. 11. 선고 2005다45544, 45551 판결), 파산채권의 확정에 관한 소송에 대한 판결은 파산채권자 전원에 대하여 기판력이 아닌 파산절차 내부에 있어 불가쟁의 효력을 가지는데 불과하나, 그 확정에 관한 소송의 당사자 사이에는 소송의 일반원칙에 따라 파산절차 밖에서도 기판력이 미친다고 봄이 상당하다.

또한 신탁법 제48조에 의하면, 수탁자가 경질된 경우에 신수탁자는 신탁행위에 의해 수익자에 대하여 부담하는 채무를 승계하고, 신탁사무의 처리에 관하여 생긴 채권은 신탁재산의 한도 내에서 신수탁자에 대하여도 행사할 수 있는데, 위 기초사실에서 본 바와 같이, 원고의 코레트신탁에 대한 용역비 채권은 신탁사무인 괴정동 주상복합빌딩공사사무의 처리에 관하여 생긴 채권이고, 피고는 이 사건 확정판결 이후인 2009. 4. 29. 위탁자 신미개발의 신청에 의해 법원으로부터 신수탁자로 선임됨으로써 코레트신탁의 수탁자로서의 지위를 승계하였는바, 이 사건 확정판결의 변론종결 후 승계인인 피고는 이 사건 확정판결의 변론종결 전에 주장할 수 있었던 사유를 들어 다툴 수 없으므로, 피고의 이 부분 주장은 이유 없다.

44. 대법원 2014. 12. 24. 선고 2014다207245,207252 판결 [신탁재산반환·공탁금출급청구권확인]

[논점] 신탁계약의 해지 또는 종료시 수탁자가 누구에게 신탁재산을 지급하여야 하는지 알 수 없는 경우, 신탁재산을 변제공탁할 수 있는지 여부

【이 유】

1. 원심은, 변제공탁의 목적인 채무는 채무면제의 효과를 가져올 수 있는 현존하는 확정채무임을 요

하고 다만 그 채권자가 누구인지 알 수 없는 경우여야 한다고 전제한 후, 이 사건 사실관계에 의하면, 원고가 중소기업은행에 대하여 주장하는 채권은 퇴직신탁계약 해지를 원인으로 한 신탁잔여재산 반환청구권이고, 피고가 중소기업은행에 대하여 주장하는 채권은 퇴직신탁계약의 수익자로서 퇴직신탁계약에 의한 퇴직급부금 지급청구권이므로, 원·피고가 주장하는 채권은 동일한 채권이 아니라 그 성격을 달리하는 채권인데도 중소기업은행이 그와 같은 사정을 공탁원인사실로 기재하면서 채권자가 누구인지 알 수 없다고 한 것은 특정한 채무에 대하여 단지 채권자만을 알 수 없는 경우가 아니라 채무 자체를 선택적으로 기재한 것이고, 변제공탁의 목적인 채무를 확정하지 않은 위 공탁은 변제공탁으로서의 효력이 없으므로, 유효한 변제공탁임을 전제로 공탁금출급청구권의 확인을 주장하는 원고와 피고의 주장은 모두 이유 없다고 판단하였다.

2. 그러나 원심의 위와 같은 판단은 다음과 같은 이유로 수긍하기 어렵다.

가. 원심의 판단과 같이 변제공탁의 목적인 채무는 현존하는 확정채무여야 하지만, 그 의미는 장래의 채무나 불확정채무는 원칙적으로 변제공탁의 목적이 되지 못한다는 것일 뿐, 채무자에 대한 각 채권자의 채권이 동일한 채권이어야 한다는 의미는 아니다. 따라서 원고의 신탁잔여재산 반환청구권과 피고의 퇴직급부금 지급청구권이 동일한 채권이 아니더라도, 채무자인 중소기업은행은 다른 요건이 충족되면 유효한 변제공탁을 할 수 있다.

나. 민법 제487조 후단의 '변제자가 과실 없이 채권자를 알 수 없는 경우'라고 함은 객관적으로 채권자 또는 변제수령권자가 존재하고 있으나 채무자가 선량한 관리자의 주의를 다하여도 채권자가 누구인지를 알 수 없는 경우를 말한다(대법원 2008. 10. 23. 선고 2007다35596 판결 등 참조). 위탁자와 수탁자 사이에 신탁계약이 해지 또는 종료되었을 때 수탁자가 최종 계산을 거쳐 수익자에게 신탁재산을 교부한 후 잔여재산이 있는 경우 이를 위탁자에게 반환하기로 약정하였다면, 수탁자는 그 절차에 따라 수익자에게 신탁재산을 교부하고 남은 재산이 있으면 이를 위탁자에게 반환하면 된다. 그러나 신탁재산을 수령할 권한이 있는 수익자인지 여부에 관한 다툼이 있다면, 수탁자는 그 사람이 정당한 수익자인지 여부에 따라 신탁재산을 수익자 또는 위탁자 중 누구에게 지급하여야 하는지가 결정된다. 만일 수탁자가 선량한 관리자의 주의를 다하여도 수익자라고 주장하는 자와 위탁자 중 누구에게 신탁재산을 지급하여야 하는지 알 수 없다면 '과실 없이 채권자를 알 수 없는 경우'에 해당하므로, 수탁자는 민법 제487조 후단의 채권자 불확지를 원인으로 하여 신탁재산을 변제공탁할 수 있다.

다. 이 사건을 보면, 피고가 정당한 수익자인지 여부에 관한 다툼이 있어 수탁자인 중소기업은행으로서는 선량한 관리자의 주의를 다하여도 원고와 피고 중 누가 진정한 채권자인지를 알 수 없는 경우에 해당하므로, 중소기업은행은 채권자 불확지를 원인으로 하여 잔여재산을 변제공탁할 수 있다.

라. 그런데도 원심은 원고와 피고의 중소기업은행에 대한 각 채권의 성격이 다르다는 이유만으로 변제공탁의 목적인 채무 자체가 특정되지 않아 변제공탁의 효력이 없다고 판단하고 말았으니, 이러한 원심판결에는 민법 제487조 후단에서의 불확지공탁에 관한 법리를 오해하여 판결에 영향을 미친 위법이 있다.

[원심판결] 서울중앙지방법원 2014. 2. 13. 선고 2013나14889(본소), 2013나55934(반소) 판결 [신탁재산반환등]

【주 문】

1. 제1심판결을 취소한다.
2. 원고(반소피고)의 본소청구를 기각한다.

3. 당심에서 제기된 피고(반소원고)의 주위적·예비적 반소청구를 모두 기각한다.

4. 소송총비용 중 본소로 인한 부분은 원고(반소피고)가, 반소로 인한 부분은 피고(반소원고)가 각 부담한다.

【청구취지 및 항소취지】

1. 본소청구취지: 중소기업은행이 2012. 7. 18. 서울중앙지방법원 2012년 금제13808호로 공탁한 70,904,881원의 출급청구권이 원고(반소피고, 이하 '원고'라고만 한다)에게 있음을 확인한다.

2. 반소청구취지: 주위적으로, 중소기업은행이 2012. 7. 18. 서울중앙지방법원 2012년 금제13808호로 공탁한 70,904,881원의 출급청구권이 피고(반소원고, 이하 '피고'라고만 한다)에게 있음을 확인하고, 원고는 주식회사 상승정보통신이 중소기업은행과 체결한 퇴직신탁계약에 따라 중소기업은행에 퇴직급부금 지급 통보절차를 이행하라. 예비적으로, 원고는 피고에게 70,904,881원과 이에 대하여 이 사건 반소장부본 송달일 다음 날부터 다 갚는 날까지 연 20%의 비율로 계산한 돈을 지급하라(피고는 당심에서 반소를 제기하였다).

3. 항소취지: 제1심판결을 취소한다. 원고의 본소청구를 기각한다.

【이 유】

…민법 제487조 후단에 따른 변제공탁은 변제자가 과실 없이 채권자를 알 수 없는 경우 변제의 목적물을 공탁하여 채권자에게 공탁금출급청구권을 부여하고 채무자는 그 채무를 면하게 하는 것이므로, 변제공탁의 목적인 채무는 채무면제의 효과를 가져올 수 있게끔 현존하는 확정채무임을 요하고 다만 그 채권자가 누구인지 알 수 없는 경우여야 한다. 그런데 앞서 인정한 사실에 의하면, 원고가 중소기업은행에 대하여 주장하는 채권은 퇴직신탁계약 해지를 원인으로 한 신탁잔여재산 반환청구권이고, 피고가 중소기업은행에 대하여 주장하는 채권은 퇴직신탁계약의 수익자로서 퇴직신탁계약에 의한 퇴직급부금 지급청구권이므로, 원·피고가 주장하는 채권은 동일한 채권이 아니라 그 성격을 달리하는 채권이다. 그럼에도 중소기업은행이 그와 같은 사정을 공탁원인사실로 기재하면서 채권자가 누구인지 알 수 없다고 한 것은 특정한 채무에 대하여 단지 채권자만을 알 수 없는 경우가 아니라 채무 자체를 선택적으로 기재한 것이다. 변제공탁의 목적인 채무를 선택적으로 기재하여 확정하지 않은 중소기업은행의 위 공탁은 변제공탁으로서의 효력이 없으므로, 유효한 변제공탁임을 전제로 공탁금출급청구권의 확인을 주장하는 원고와 피고의 주장은 이유 없다.

45. 대법원 2014. 12. 11. 선고 2013다71784 판결 [분양대금반환][127)]

[논점] 부동산담보신탁계약 및 자금관리대리사무계약에 따라 분양대금을 신탁사의 계좌로 납입한 수분양자가 분양계약 해제에 따른 분양자에 대한 분양대금 반환채권을 보전하기 위해 분양자를 대위하여 그로부터 분양수입금 등의 자금관리를 위탁받은 신탁사를 상대로 분양대금 상당의 사업비 지출 요청권을 행사할 수 있는지 여부

【이 유】

1. 채권자대위 청구에 관하여

127) 이 사안은 건분법이 적용되지 않는 분양사업(부동산담보신탁계약+자금관리대리사무계약+분양대금 신탁사 계좌 납입)이다. 다만, 대법원은 분양계약의 해제, 취소에 따른 수분양자의 신탁사에 대한 분양대금 원상회복 및 부당이득반환에 관해서는 건분법이 적용되는 사안(분양대금채권의 신탁사 양도)과 동일한 결론을 내리고 있다([실무참고 6] 자금관리 신탁사의 수분양자에 대한 원상회복 및 부당이득반환 의무 참조).

가. 채권자대위권 행사요건에 대하여

(1) 채권자는 채무자에 대한 채권을 보전하기 위하여 채무자를 대위해서 채무자의 권리를 행사할 수 있는데, 채권자가 보전하려는 권리와 대위하여 행사하려는 채무자의 권리가 밀접하게 관련되어 있고 채권자가 채무자의 권리를 대위하여 행사하지 않으면 자기 채권의 완전한 만족을 얻을 수 없게 될 위험이 있어 채무자의 권리를 대위하여 행사하는 것이 자기 채권의 현실적 이행을 유효·적절하게 확보하기 위하여 필요한 경우에는 채권자대위권의 행사가 채무자의 자유로운 재산관리행위에 대한 부당한 간섭이 된다는 등의 특별한 사정이 없는 한 채권자는 채무자의 권리를 대위하여 행사할 수 있어야 한다(대법원 2001. 5. 8. 선고 99다38699 판결 등 참조).

(2) 원심판결과 원심이 일부 인용한 제1심판결의 이유 및 적법하게 채택된 증거들에 의하면 다음과 같은 사실을 알 수 있다.

(가) 주식회사 에스티에이건설(이하 '에스티에이건설'이라 한다)은 2007. 12. 26. 피고와 사이에 우선수익자를 대출금융기관들로, 수익자를 에스티에이건설로 하여 원심 판시 "스타피카소" 건물(이하 '이 사건 상가'라 한다)에 관한 부동산담보신탁계약(이하 '이 사건 담보신탁계약'이라 한다)을 체결하면서, 신탁의 원본을 신탁부동산 또는 그 물상대위로 취득한 재산, 신탁부동산의 처분대금 등 신탁재산에 속하는 금전의 운용에 의하여 발생한 이익 및 기타 이에 준하는 것으로 약정하였다.

(나) 에스티에이건설은 2007. 12. 26. 이 사건 상가에 관하여 점포별로 소유권보존등기를 마친 다음 피고에게 신탁을 원인으로 하는 소유권이전등기를 마쳐주었다.

(다) 에스티에이건설은 2008. 3. 31. 피고 및 시공사, 대출금융기관들과 사이에 원심 판시 "사업 및 대리사무 약정"(이하 '이 사건 대리사무 약정'이라 한다)을 체결하면서, 피고가 이 사건 상가의 분양수입금 등의 수납·관리·집행 등 자금관리업무를 위탁받아 에스티에이건설을 대리하여 이를 처리하되, 대출금·분양수입금 등 목적사업과 관련한 수입금 일체를 피고 명의로 개설된 분양수입금 관리계좌에 입금하도록 하고, 분양개시 후 분양수입금 관리계좌에 입금된 수입금 중 공사비를 제외한 모든 사업비의 지출은 시공사와 대출금융기관들의 확인을 받은 에스티에이건설의 서면요청에 의하여 피고가 집행하기로 정하였다.

(라) 원고는 2009. 11. 20. 에스티에이건설과 사이에 이 사건 상가 중 4층 (호수 생략)(이하 '이 사건 점포'라 한다)에 관하여 원심판시 분양계약(이하 '이 사건 분양계약'이라 한다)을 체결하였다가 2010. 6. 경 이를 해제하였다.

(마) 원고는 에스티에이건설을 상대로 서울중앙지방법원 2010가단273747호로 이 사건 분양계약의 해제에 따른 원상회복으로 분양대금(이하 '이 사건 분양대금'이라 한다)의 반환을 청구하는 소송을 제기하여 승소판결을 받았고 그 판결이 확정되었다.

(3) 이러한 사실관계에 의하면, 에스티에이건설은 이 사건 대리사무 약정에 의하여 피고에게 분양수입금 등의 자금관리를 위탁하면서 공사비를 제외한 사업비 지출을 위하여 필요한 경우 시공사와 대출금융기관들의 확인과 같은 일정한 요건을 갖추어 지급을 요청할 수 있도록 약정하였고, 그 사업비에는 분양계약이 해제될 경우 수분양자에게 반환하여야 할 분양대금도 포함되므로, 에스티에이건설은 이 사건 분양계약의 해제에 따른 이 사건 분양대금 반환을 위하여 피고에게 위 요건을 갖추어 그 상당의 사업비 지출을 요청할 수 있는 권리(이하 '이 사건 사업비 지출 요청권'이라 한다)를 가진다고 할 것이며, 따라서 이 사건 사업비 지출 요청권은 원고가 보전하려는 권리인 에스티에이건설에 대한 이 사건 분양대금 반환채권과 밀접하게 관련되어 있다고 할 것이다.

나아가, 에스티에이건설은 피고에게 이 사건 상가를 신탁하였으므로 소유권이 남아 있지 않고 신탁계약에 따른 수익권만을 가지고 있을 뿐인데, 이러한 수익권은 장래의 채권으로서 강제집행에 의한 현금화와 변제가 즉시 이루어지기 어려우므로, 분양계약을 해제한 수분양자로서는 에스티에이건설의 피고에 대한 이 사건 사업비 지출 요청권과 같은 이 사건 대리사무 약정상의 권리를 대위하여 행사하지 않으면 이 사건 분양대금 반환채권의 유효·적절한 만족을 얻을 수 없을 위험이 있다고 볼 수 있으며, 결국 원고가 에스티에이건설의 피고에 대한 이 사건 사업비 지출 요청권을 대위하여 행사하는 것이 이 사건 분양대금 반환 채권의 현실적 이행을 유효·적절하게 확보하기 위하여 필요한 경우라 할 수 있다.

한편 원고가 분양받은 이 사건 점포는 이 사건 분양계약의 해제에 따라 미분양상태로 되고, 에스티에이건설이나 수탁자인 피고 등은 이를 제3자에게 다시 분양하거나 이 사건 담보신탁계약에 따라 처분하여 그 대금으로 사업비나 에스티에이건설의 채무의 변제 등에 충당할 수 있으므로, 분양계약을 해제한 수분양자인 원고가 분양자인 에스티에이건설의 이 사건 사업비 지출 요청권과 같은 이 사건 대리사무 약정상의 권리를 대위하여 행사하는 것이 채무자의 자유로운 재산관리행위에 대한 부당한 간섭이 된다고 보이지도 않는다.

이러한 사정들을 앞서 본 법리에 비추어 보면, 이 사건 점포의 수분양자인 원고로서는 분양자인 에스티에이건설에 대한 이 사건 분양대금 반환채권을 보전하기 위하여 에스티에이건설을 대위하여 피고에게 이 사건 분양대금 상당의 이 사건 사업비 지출 요청권을 행사할 수 있다고 보아야 할 것이다.

(4) 그럼에도 이와 달리 원심은, 에스티에이건설이 무자력인 경우에만 원고가 에스티에이건설의 피고에 대한 권리를 행사할 수 있다는 잘못된 전제 아래 에스티에이건설이 무자력이라고 인정하기에 부족하므로 보전의 필요성이 없다고 인정하여 이 사건 소 중 채권자대위 청구 부분을 부적법하다고 판단하였다.

따라서 이러한 원심의 판단에는 채권자대위권의 행사요건인 채권보전의 필요성을 인정하기 위한 판단기준에 관한 법리를 오해하여 필요한 심리를 다하지 아니한 잘못이 있다.[128)]

나. 피대위채권의 존부에 관한 상고이유에 대하여

(1) 원심은 앞서 본 것처럼 원고의 채권자대위 청구가 부적법하다고 보는 한편 그 청구가 적법할 경우를 가정하여 피대위채권의 존재에 관하여 판단하면서, 판시와 같은 이유를 들어, (가) 이 사건 담보신탁계약과 이 사건 대리사무 약정은 그 계약 체결의 목적이나 규율내용이 전혀 다른 별개의 계약으로 보아야 하고, 이 사건 대리사무 약정에 따라 피고가 관리하는 분양수입금은 애초부터 이 사건 담보신탁계약에서 정하고 있는 '신탁부동산의 처분대금이나 이에 준하는 것'에 해당한다고 볼 수 없다고 판단한 다음, (나) 피고가 이 사건 담보신탁계약상 신탁 원본에 편입되는 이 사건 분양대금을 취득하였음을 전제로 하여 이 사건 분양계약의 해제로 에스티에이건설이 피고에게 이 사건 분양대금반환청구를 할 수 있다는 원고의 주장은 이유 없고,[129)] 또한 설령 이 사건 분양대금이 이 사건 담보신탁계약의 신탁

---

128) 이 판결은 피보전채권이 금전채권임에도 불구하고, "채무자의 무자력"을 요건으로 하지 않았다는 점에 특징이 있다. 이와 관련하여 1심판결에서는 "이 사건 분양계약의 해제에 따른 분양대금 반환 채권이라는 것이 특정채권으로서의 성질도 겸유하고 있어, 이 사건과 같은 경우 채무자인 소외 회사의 무자력 요건을 엄격하게 적용할 것은 아니라고 할 것인 점"을 설시하고 있으나, 이 사안과 같이 피보전채권이 금전채권인 경우에도 특정채권으로서의 성질을 겸유하고 있다고 한다면 어느 경우가 특정채권에 해당하는지 그 기준이 명확하지 않다. 따라서 일단 대법원 판례의 입장은, 금전채권이 피보전채권인 경우에는 원칙적으로는 "채무자의 무자력"을 요구하되, 이 사안과 같이 수분양자등 채권자 보호 등이 필요한 특수한 상황에서는 예외적으로 채무자의 무자력을 요구하지 않고 있다(예를 들며, 대법원 1989. 4. 25. 선고 88다카4253, 4260 판결 및 대법원 1968. 6. 18. 선고 68다663 판결)는 정도로 이해하면 될 것으로 생각된다.

129) (이 사건 담보신탁계약의 신탁원본은 사업부지이고 분양대금채권의 양도도 이루어지지 않았으므로) 사업부지상의 신축건물에 대한 분양대금은 신탁재산(신탁원본)을 구성하지 않는다는 취지이다. 반면, 건분법이 적용되는 분양사업에서 체결되는 분양관리신탁계약 및 자금관리대리사무계약에서는 분양대금이 신탁재산에 포함됨을 명시적으로 규정하고 있으므로 이

원본에 해당한다고 하더라도 이 사건 담보신탁계약 제21조에서 정한 정산 순위의 제한을 받지 않고 우선 청구할 수 있다고 볼 수는 없다고 판단하였다.

원심판결 이유를 앞서 본 사실관계와 적법하게 채택된 증거들에 비추어 살펴보면, 위와 같은 원심의 판단에 상고이유 주장과 같이 분양계약의 해제, 이 사건 담보신탁계약과 이 사건 대리사무 약정의 해석, 신탁법 제22조 제1항 단서에 관한 법리를 오해한 위법이 있다고 할 수 없다.

상고이유에서 들고 있는 대법원판결들은 이 사건과 사안이 다르므로 이 사건에 원용하기에 적절하지 않다.

(2) 그리고 원심판결 이유 및 앞서 본 사실관계에 의하여 살펴보면, 원고와 에스티에이건설 사이의 이 사건 분양계약이 해제되었다고 하더라도, 피고와 에스티에이건설 사이의 이 사건 담보신탁계약의 효력이 상실되거나 이를 일부 해지할 수 있다고 볼 수 없고, 여전히 피고는 유효하게 존속하는 이 사건 대리사무 약정에 기하여 에스티에이건설로부터 위탁받은 자금을 관리하므로, 원고가 주장하는 사정만으로는 이 사건 분양계약과 관련한 에스티에이건설과 피고 사이의 이 사건 담보신탁계약이 해제·해지되었다고 할 수 없다.

따라서 이와 다른 전제에서 그 신탁해지권을 대위행사할 수 있고 피고는 그 신탁해지에 따른 분양대금 반환의무를 진다는 상고이유 주장 부분 역시 받아들일 수 없다.

상고이유에서 들고 있는 대법원판결은 이 사건과 사안이 다르므로 이 사건에 원용하기에 적절하지 않다.

(3) 또한 원심은 이 사건 분양계약 해제에 따라 피고가 에스티에이건설에 이 사건 대리사무 약정에 의하여 이 사건 분양대금을 반환할 의무를 지는지에 관하여 살펴보면서, (가) 판시와 같은 이유를 들어, 이 사건 대리사무 약정이 해지되었다거나 이 사건 분양계약의 해제와 관련하여 에스티에이건설과 피고 사이에 이 사건 분양대금의 반환에 관한 어떠한 약정이 있다는 등의 특별한 사정이 없으면 이 사건 분양계약이 해제되었다는 사정만을 들어 피고가 이 사건 분양대금을 에스티에이건설에 반환하여야 하는 법률관계가 형성된다고 볼 수 없고, (나) 또한 이 사건 대리사무 약정 제12조 제2항에 의하면 분양 개시 후 분양수입금관리계좌에 입금된 수입금 중 공사비를 제외한 모든 사업비의 지출은 시공사와 대출금융기관의 확인을 얻은 에스티에이건설의 서면요청에 의하여 피고가 집행하여야 하는데, 위 확인을 얻었다고 인정할만한 증거가 없는 이상, 에스티에이건설이 이 사건 대리사무 약정에 의하여 피고에게 바로 이 사건 분양대금 반환을 청구할 수 없어 이 사건 사업비 지출 요청권을 행사할 수 없다는 취지로 판단하였다.[130)]

이러한 원심판결 이유를 앞서 본 사실관계 및 적법하게 채택된 증거들에 비추어 살펴보면, 위와 같은 원심의 판단 역시 수긍할 수 있다.

2. 직접 청구에 관한 상고이유에 대하여

원심은, 분양계약의 해제에 따른 부당이득으로서 또는 이 사건 담보신탁계약 제14조 제1항, 제21조 제1항 제1호나 신탁법 제22조 제1항 단서에 의하여 원고에게 직접 분양대금을 반환할 의무가 있다는 원고의 주장에 대하여, 피고는 이 사건 분양계약의 당사자가 아니고 원고는 이 사건 담보신탁계약이나 이 사건 대리사무 약정의 당사자가 아니라는 취지에서, 원고가 피고에 대하여 직접 이 사건 분양대금

경우에는 분양대금은 신탁재산을 구성한다.

130) 원고들은 에스티에이건설을 대위하여, 시공사 및 대출금융기관에 대한 자금인출 동의 요청권을 행사한 후 피고에 대한 자금인출 요청권을 행사하는 방안을 고려해 볼 수 있을 것이다.

의 반환을 구할 수 없다고 판단하여, 원고의 위 주장을 모두 배척하였다.

원심판결 이유를 앞서 본 사실관계 및 위 1. 나. (1)항의 판단에 비추어 살펴보면, 위와 같은 원심의 판단을 수긍할 수 있으므로, 이를 다투는 취지의 상고이유 주장은 받아들이지 아니한다.

[원심판결] 서울중앙지방법원 2013. 8. 14. 선고 2012나46537 판결 [분양대금반환]

【주 문】

1. 제1심 판결 중 피고 패소 부분을 취소한다.
2. 이 사건 소 중 채권자대위 청구 부분을 각하하고, 원고의 피고에 대한 직접 청구 부분을 기각한다.
3. 소송총비용은 원고가 부담한다.

【청구취지 및 항소취지】

1. 청구취지

피고는 원고에게 32,362,400원과 이에 대하여 이 사건 소장 부본 송달 다음 날부터 갚는 날까지 연 20%의 비율로 계산한 돈을 지급하라(원고는 피고에 대한 직접 청구와 채권자대위 청구를 선택적으로 청구하였다).

2. 항소취지

제1심 판결 중 피고 패소 부분을 취소한다. 그 취소 부분에 대한 원고의 청구를 기각한다.

【이 유】

3. 원고의 채권자대위 청구에 관한 판단

가. 피보전채권의 인정

원고가 소외 회사를 상대로 서울중앙지방법원 2010가단273747호로 자신이 낸 분양대금 등의 반환 등을 구하는 소를 제기하여, 2010. 11. 27. 소외 회사에 대하여 원고에게 이 사건 분양계약의 해제에 따른 원상회복으로서 원고의 위 납부금 합계 32,362,400원 및 그에 대한 지연손해금의 지급을 명하는 판결을 받았고, 그 판결이 2010. 12. 10. 확정된 사실은 앞서 본 바와 같으므로, 원고는 소외 회사에 대하여 채권자의 지위에 있다.

나. 무자력에 대한 본안전 항변에 관한 판단

1) 채권자대위에 의하여 보전될 채권자의 채무자에 대한 권리가 금전채권인 경우에는 그 보전의 필요성으로 채무자가 무자력인 때에만 채무자를 대위하여 채무자의 제3채무자에 대한 권리를 행사할 수 있다(대법원 2009. 2. 26. 선고 2008다76556 판결 등 참조).

2) '이 사건 상가건물 및 그 부지'가 소외 회사의 적극재산에 포함되는지를 본다.

채권자대위의 당사자적격 요건으로서의 무자력이란 채무자의 변제능력이 없음을 뜻하는 것이고 특히 임의 변제를 기대할 수 없는 경우에는 강제집행을 통한 변제가 고려되어야 하므로 소극재산이든 적극재산이든 위와 같은 목적에 들어맞을 수 있는 재산인지가 변제능력 유무 판단의 중요한 고려요소가 되어야 하는바(대법원 2006. 2. 10. 선고 2004다2564 판결 등 참조), 신탁법상의 신탁재산은 수탁자의 고유재산으로부터 구별되어 관리될 뿐만 아니라 위탁자의 재산권으로부터도 분리되어 독립성을 갖게 되는 것이고, 위 신탁재산은 신탁법(2011. 7. 25. 법률 제10924호로 전부 개정되기 전의 것, 이하 '구 신탁법'이라 한다) 제21조 제1항 본문의 규정에 따라 원칙적으로 강제집행이나 경매가 금지되어 있으며 다만 그 단서의 규정에 따라 '신탁 전의 원인으로 발생한 권리 또는 신탁사무처리상 발생한 권리에 기한 경우'에만 예외적으로 강제집행이 허용되는데, 여기에서 '신탁 전의 원인으로 발생한 권리'라 함은 신탁 전에 이미 신탁부동산에 저당권이 설정된 경우 등 신탁재산 그 자체를 목적으로 하는 채권이 발생되었을 때를 의미하는 것이고 신탁 전에 위탁자에 관하여 생긴 모든 채권이 이에 포함된다고 할 수 없다(대법원 1987. 5. 12. 선고 86다545, 86다카2876 판결 등 참조).

그런데 이 사건 상가건물과 부지에 관하여 2007. 12. 26. 수탁자인 피고 명의로 신탁을 원인으로 한 소유권이전등기가 경료되기 이전에 원고를 비롯한 채권자들이 위 상가건물과 부지에 대하여 미리 저당권 등을 설정하였다거나 신탁재산 그 자체를 목적으로 하는 채권이 발생되었다는 점에 관한 입증이 없으므로 위 건물과 부지는 원고를 비롯한 채권자들의 강제집행 대상이 될 수 없어, 위 상가건물과 그 부지 자체를 소외 회사의 적극재산에 포함할 수 없다.

3) 나아가 '이 사건 상가건물에 대한 수익권'을 포함하여 본다.

채권자대위의 무자력 여부를 판단하기 위하여 적극재산을 산정함에 있어서 실질적으로 재산가치가 있는 재산을 강제집행이나 현금화의 용이성이 다소 떨어진다는 이유만으로 채무자의 적극재산에서 제외할 수는 없으며(대법원 2012. 10. 11. 선고 2010다85102 판결 참조), 그 재산이 채권인 경우에는 그것이 쉽게 변제를 받을 수 있는 확실성이 있는 것인지를 합리적으로 판정하여 그것이 긍정되는 경우에 한하여 적극재산에 포함시켜야 한다(대법원 2005. 1. 28. 선고 2004다58963 판결 참조).

갑 9와 변론 전체의 취지를 종합하면 인정할 수 있는 다음과 같은 사정 즉, 소외 회사는 이 사건 상가건물 신축사업을 위한 사업부지인 이 사건 토지 및 위 상가건물(상가 총 489호)을 피고에게 신탁하고 그 신탁 재산에 관한 수익권을 갖고 있는 점, 비록 위 상가건물 신축분양사업은 장기간의 시간이 소요되고 그 사업을 수행하는 과정에서 경제·정책·사회적 여건 등 많은 요인이 작용하여 그 사업의 결과를 정확하게 예견하기 어렵기는 하나 미분양 상가가 많다는 이유만으로는 당심 변론 종결일 기준으로 소외 회사가 위 상가건물 신축분양사업을 진행하기 어려울 정도로 경영상황이 악화되어 있었다거나 분양사업을 원활하게 진행하여 수익을 얻기가 불가능할 만한 정치·경제·정책·사회적 사정이 있어 당심 변론 종결 당시 소외 회사가 위 상가 신축분양사업을 통하여 수익을 얻을 수 없는 사정이 있다고 인정할 아무런 증거가 없어 위 수익권을 적극재산에서 배제할 수 없는 점, 이 사건 상가건물(대지지분권을 포함한다)의 가치는 약 948억 원에 이르지만, 대출금융기관인 우선 수익자들의 채권액은 약 447억 원 정도에 불과한 점, 그 외에 소외 회사는 상표권과 그 이전청구권 등을 가지고 있는 점 등에 비추어 보면 앞서 본 인정사실과 원고가 제출한 증거만으로는 소외 회사가 당심 변론 종결일인 2013. 7. 17. 기준으로 무자력이라고 인정하기에 부족하다.

따라서 원고의 위 대위청구는 보전의 필요성이 없어 부적법하다.

다. 피대위채권의 존재 여부

원고의 위 대위청구는 부적법하지만, 나아가 피대위채권이 존재하는지도 살펴본다.

1) 이 사건 분양대금이 부동산담보신탁계약의 신탁 원본에 해당하는지 여부 및 피고가 소외 회사에게 위 분양대금을 반환할 의무가 있는지 여부

가) 위 부동산담보신탁약정과 대리사무 약정의 관계를 살피건대, ① 위 부동산담보신탁계약은 소외 회사의 우선 수익자에 대한 채무의 이행을 보장하기 위하여 피고가 신탁부동산을 보전·관리하는 한편 소외 회사가 채무를 불이행하는 경우에는 피고가 그 처분주체로서 신탁부동산을 환가·처분하여 우선 수익자의 채권을 만족하게 하는 것을 주된 목적(채권담보의 목적)으로 하지만, 이 사건 대리사무 약정은 소외 회사가 그 분양주체로서 이 사건 상가건물을 분양하는 것을 전제로 소외 회사가 대출금융기관

으로부터 대출받은 금원이나 위 상가건물의 분양수입금 등을 피고가 관리하는 것을 주된 목적(제3자에 의한 재원관리의 목적)으로 하고, ② 부동산담보신탁계약의 당사자는 소외 회사와 피고이고 대리사무 약정의 당사자는 소외 회사와 피고, 대출금융기관, 시공사여서 양 계약은 계약 주체를 달리하며, ③ 담보신탁계약상 신탁재산은 대내외적으로 완전히 수탁자의 소유로 환가대금 채권도 수탁자에게 직접 귀속이 되나 대리사무 약정상 분양대금 채권은 직접적으로 본인인 위탁자에게 귀속됨은 앞서 본 바와 같고, ④ 더구나 대리사무 약정은 소외 회사가 종전의 대출금융기관 중 일부로부터 추가 대출을 받아 종전 대출금을 상환한 후 미분양분에 대해 재분양을 하기 위하여 새로이 체결한 사실(다툼없는 사실, 을1 내지 3, 변론 전체의 취지)을 인정할 수 있어, 양 계약은 그 계약 체결의 목적이나 규율내용이 전혀 다른 별개의 계약으로 보아야 한다.

위와 같이 위 부동산담보신탁계약과 대리사무 약정은 목적과 내용을 달리하는 별개의 계약이고, 갑1, 을1 내지 3, 5 내지 9 및 변론 전체의 취지를 종합하여 알 수 있는 다음과 같은 사정 즉, ① 대리사무 약정에 따라 피고가 관리하는 분양수입금은 수탁자인 피고가 우선 수익자에게 담보로 제공된 신탁재산을 처분하여 받은 대금이 아니라 수분양자들과 분양계약을 체결한 소외 회사가 받은 소외 회사의 자금을 피고가 대신 관리하고 있는 것이며 소외 회사와 수분양자들 사이에 분양계약이 체결되고 분양대금이 납부되더라도 우선 수익자들에게 담보로 제공된 이 사건 상가건물에 관한 부동산담보신탁계약이 해지되는 않는 한 위 상가건물은 신탁재산으로 그대로 유지되고 있는 점, ② 소외 회사가 수분양자로부터 분양대금을 완납받은 경우 소외 회사는 위 분양대금을 확인한 우선 수익자 등의 동의를 얻어 해당 상가에 대한 부동산담보신탁계약의 해지를 요청하며 그에 따라 소유권을 이전받은 소외 회사는 수분양자에게로 다시 소유권을 이전하여 주는 구조인 점 등에 비추어 보면, 위 대리사무 약정에 따라 피고가 관리하는 분양수입금은 애초부터 위 부동산담보신탁계약 제4조에서 정하고 있는 '신탁부동산의 처분대금이나 이에 준하는 것'에 해당한다고 볼 수 없는바, 피고가 이 사건 분양계약으로 부동산담보신탁계약상 신탁 원본에 편입되는 위 분양대금을 취득하였음을 전제로 피고의 위 분양대금 취득은 이 사건 분양계약 해제로 법률상 원인이 없으므로 소외 회사는 피고에게 위 분양대금반환 청구를 할 수 있다는 원고의 위 주장은 더 나아가 살펴볼 필요 없이 이유 없다(설령 분양대금이 신탁 원본에 해당한다고 하더라도, 위 부동산담보신탁계약 제21조에 정한 정산 순위의 제한을 받지 않고 우선 청구할 수 있다고 볼 수는 없다).

나) 또한, 원고는 이 사건 분양계약이 실효된 경우 피고가 그 분양대금을 소외 회사에게 반환하지 않는다면 이 사건 상가 자체에 더하여 위와 같이 수납된 분양대금도 신탁재산으로 남게 되는 부당한 결과가 초래된다는 취지로 주장하므로 살피건대, 위탁자의 사업 관련 채무가 모두 변제되고 사업이 종료된 후에도 남는 재산은 대리사무약정에 따라 정산되어 사업정산금 형식으로 소외 회사에 귀속되므로 수탁자나 우선 수익자 누구도 이중의 이익을 취득하게 되지 않으며, 앞서 살핀 바와 같이 이 사건 부동산담보신탁계약과 대리사무 약정은 그 목적과 내용이 다른 별개의 계약이어서 위 담보신탁 계약 제4조에서 정하고 있는 신탁 원본에 위 분양대금은 포함되지 아니하므로, 원고의 위 주장도 이유 없다.

2) 이 사건 분양계약 해제에 따라 피고가 소외 회사에게 대리사무 약정상 위 분양대금을 반환할 의무를 부담하는지 여부

위 인정사실과 갑2, 을1 내지 3을 종합하여 알 수 있는 다음과 같은 사정 즉, ① 대리사무 약정에 따라 대리인인 피고의 이 사건 분양대금 수령의 효과는 곧 본인인 소외 회사에세 법률효과가 귀속되어 위 분양대금에 관하여 피고와 소외 회사 사이에 새로운 법률관계가 형성되지는 않는 점, ② 소외 회사와 원고 사이에 체결된 이 사건 분양계약이 해제되어 소급적으로 그 효력을 잃는다고 하더라도, '본인'인 소외 회사가 당해 분양계약의 수분양자들로부터 분양대금을 더는 받지 못하게 됨에 따라 '대리인'인

피고로서도 당해 분양계약의 수분양자들로부터 분양대금을 더는 받지 못하게 되는 것일 뿐이지 곧바로 대리사무계약(혹은 대리사무계약 중 해제된 분양계약과 관련된 부분)의 효력이 소급적으로 상실되어 피고가 이미 받은 분양대금을 수납·관리할 법률상 원인이 없게 된다고 볼 수는 없는 점, ③ 아무런 제한 없이 분양대금의 반환을 청구할 수 있다고 보게 되면 원고뿐만 아니라 소외 회사의 일반채권자들까지도 소외 회사의 피고에 대한 위 분양대금반환 채권에 대하여 강제집행을 할 수 있게 되어 수분양자들에게 실질적으로 불리한 결과가 초래될 수 있는 점(대법원 2008. 12. 24. 선고 2006다7426 판결 참조) 등에 비추어 보면, 대리사무 약정이 해지되었다거나 분양계약의 해제와 관련하여 소외 회사와 피고 사이에 분양대금의 반환에 관한 어떠한 약정이 있다는 등의 특별한 사정이 없으면 이 사건 분양계약이 해제되었다는 사정만을 들어 소외 회사의 '대리인'에 불과한 피고가 이미 받은 분양대금을 '본인'인 소외 회사에게 반환하여야 하는 법률관계가 형성된다고 볼 수는 없다.

더 나아가, 대리사무 약정 제12조 제2항에 의하면 분양 개시 후 분양수입금 관리계좌에 입금된 수입금 중 공사비를 제외한 모든 사업비의 지출은 시공사와 대출금융기관의 확인을 얻은 소외 회사의 서면요청에 의하여 피고가 집행하여야 하는데, 위 확인을 얻었다고 인정할 만한 증거가 없는 이상, 소외 회사가 피고에게 바로 위 분양대금 반환을 청구할 수는 없다.

3) 따라서 설령 원고의 주장과 같이 소외 회사가 당심 변론 종결 당시 무자력이라고 하더라도, 소외 회사의 피고에 대한 피대위채권이 존재하지 아니하므로 원고의 청구는 더 나아가 살펴볼 필요 없이 이유 없다.

4. 원고의 피고에 대한 직접 분양대금 반환청구에 관한 판단

계약자 일방이 분양계약을 적법하게 해제하였다고 하더라도 그 계약관계의 청산은 계약의 상대방 사이에 이루어져야 하고 계약 당사자가 아닌 자를 상대로 분양대금 지급이 부당이득이라는 이유로 그 반환을 구할 수 없는바(대법원 2003. 12. 26. 선고 2001다46730 판결 참조), 이 사건 분양계약의 당사자는 원고와 소외 회사여서 위 분양계약의 해제로 인한 원상회복의무를 부담하는 자도 위 계약의 당사자인 소외 회사이다. 따라서 이 사건 대리사무 약정에 따른 대리인에 불과한 피고는 이 사건 분양계약의 당사자가 아니어서, 원고가 피고에게 직접 자신이 낸 위 분양대금의 반환을 구할 근거가 없으므로, 원고의 피고에 대한 위 분양대금반환의 직접 청구 역시 이유 없다.

[1심판결] 서울중앙지방법원 2012. 9. 6. 선고 2011가단304273 판결 [분양대금반환]

【주 문】

1. 피고는 원고에게 별지 목록 기재 각 금원을 지급하라.
2. 원고의 나머지 청구를 기각한다.
3. 소송비용은 피고가 부담한다.
4. 제1항은 가집행할 수 있다.

【청구취지】

피고는 원고에게 32,362,400원 및 이에 대하여 이 사건 소장 부본 송달 다음 날부터 다 갚는 날까지 연 20%의 비율로 계산한 돈을 지급하라.

【이 유】

3. 원고의 채권자대위 청구에 관한 판단

가. 피보전채권의 존재

원고가 소외 회사를 상대로 서울중앙지방법원 2010가단273747호로 자신이 납입한 분양대금 등의 반환 등을 구하는 소를 제기하여, 2010. 11. 27. 소외 회사에 대하여 원고에게 이 사건 분양계약의 해제에 따른 원상회복으로서 원고의 위 납입금 합계 32,362,400원 및 그에 대한 지연손해금의 지급을 명하는 판결을 받아, 그 판결이 이후 2010. 12. 10. 확정된 사실은 앞서 본 바와 같으므로, 원고는 소외 회사에 대하여 채권자의 지위에 있다.

나. 피대위권리의 존재

소외 회사와 피고 회사 사이에 체결된 부동산담보신탁계약에 의하면, 위 계약의 목적은 "신탁부동산의 소유권 관리와 소외 회사가 이행하여야 할 책임 및 그가 부담하여야 할 채무를 보장하기 위하여 피고 회사가 신탁부동산을 보전·관리하고 채무 불이행시 환가·정산하는데" 있고, 그 신탁의 원본은 "신탁부동산 또는 그 물상대위로 취득한 재산, 신탁부동산의 처분대금 및 처분절차와 관련하여 발생되는 위약금 등 신탁재산에 속하는 금전의 운용에 의하여 발생한 이익, 기타 이에 준하는 것"이고, 신탁의 수익은 "신탁부동산으로부터 발생하는 임대료 등 기타 이에 준하는 것"이라는 것이며, 신탁부동산 처분과 관련하여 피고 회사가 받은 계약보증금(계약 해제시 위약금 포함), 중도금, 잔금 등은 이해관계인에게 지불할 때까지 피고 회사가 관리하며, 그 운용수익금은 신탁 원본에 산입하도록 하고 있고, 한편 대리사무 약정에 의하면, 피고 회사는 그 명의로 개설한 분양수입금 관리계좌에 의한 분양(임대)수입금의 수납, 관리, 집행 등 자금관리업무와 분양(임대)수입금 관리를 통한 공사비 등 사업비 집행 업무를 위임받아 이를 주관하며, 이에 따라 소외 회사는 대출원금, 분양 또는 임대수입금(청약금), 수분양자 연체료, 금융기관 등의 이자 수입, 제세공과금에 대한 환급금 등 목적사업과 관련한 수입금 일체를 피고 회사 명의의 분양수입금관리계좌에 입금하여야 하고, 피고 회사는 위 계좌에 입금된 수입금으로써 우선수익자들에 대한 대출 원리금과 사업비를 집행하도록 하고 있음은 앞서 본 바와 같다.

살피건대, 위 부동산담보신탁계약 및 대리사무 약정의 관련 규정에 의할 때, 소외 회사와 원고와의 사이에 체결된 이 사건 분양계약이 해제되어 소급적으로 그 효력을 상실한 이상, 원고가 납입한 분양대금은 위 부동산담보신탁계약에서 정한 신탁의 원본 내지 대리사무 약정에서 정한 분양수입금에 해당하지 않게 되는 것이므로, 피고 회사로서는 그에 따라 더 이상은 위 분양대금을 수납·관리할 법률상의 원인을 상실한다 할 것이어서, 소외 회사는 위와 같은 사정을 들어 피고 회사에게 원고가 납입한 분양대금의 반환을 요구할 수 있다고 할 것이다(그렇게 보지 않는다면, 이 사건 분양계약의 해제에 의하여 다시 미분양 상태의 신탁재산으로 환원된 이 사건 부동산에 더하여 위 분양대금 또한 피고 회사가 이를 신탁재산으로 보유하여 사업비나 우선수익자에 대한 원리금의 변제에 이중으로 사용할 수 있다는 부당한 결과에 이르게 된다).

이에 대하여 피고 회사는 앞서 본 바와 같이 대리사무 약정 제12조 2항의 규정을 들어 위 분양대금의 반환을 위하여는 시공사와 우선수익자인 대출금융기관의 확인이 필요하다는 취지로 다투나, 분양계약의 해제에 따라 원고가 납입한 분양대금이 신탁의 원본이나 분양수입금에 해당하지 않게 된 이상, 위 분양대금은 우선수익자들에 대한 대출 원리금이나 사업비의 변제에 사용될 수 없는 금원이어서, 그 반환을 위하여 시공사나 우선수익자의 확인이나 동의가 필요하다고는 볼 수 없으므로, 피고 회사의 위와 같은 주장은 이를 받아들이지 아니한다.

다. 보전의 필요성

소외 회사가 현재 '상표권과 그 이전청구권' 그리고 피고 회사에 신탁한 이 사건 상가건물 및 그 부지 이외에는 별다른 재산이 없는 상태에 있음은 앞서 본 바와 같은바, 소외 회사가 재산명시신청에 따라 신고한 위 '상표권과 그 이전청구권'이라는 것은 그 재산적 가치가 의심스럽고, 이 사건 상가건물 및 그 부지는 피고 회사에 신탁됨에 따라 소외 회사의 재산으로부터 분리되어 독립성을 가지게 된 까닭에, 소외 회사는 그 책임 재산이 원고의 위 피보전채권을 만족시키기에 부족한 상태에 처하여 있다고 봄이 상당한바(이에 대하여 피고 회사는 소외 회사가 위 부동산담보신탁계약의 수익자로서 피고 회사에 대하여 장래 신탁계약 종료에 따른 수익금 반환 채권이나 대상 부동산에 관한 소유권이전등기청구권 등의 수익권을 가지고 있다고 할 것인데, 위 상가건물의 가치가 948억 원을 상회하는 반면, 대출금융기관인 우선수익자들의 채권액은 447억 원 정도에 불과한 까닭에, 소외 회사가 현재 무자력 상태에 있다고 할 수 없다는 취지로 다투나, ① 피고 회사가 주장하는 소외 회사의 수익권이라는 것은 결국 신탁재산인 이 사건 상가건물 및 그 부지의 변형물에 지나지 아니한 데다, ② 그 내용을 이루는 위 수익금 반환 채권이나 소유권이전등기청구권이라는 것은 그 실질이 장래의 채권으로서 앞서 본 부동산담보신탁계약 제1조, 제21조 및 대리사무 약정 제12조, 제13조, 제25조 등의 규정이나 변론에서 엿보이는 소외 회사의 사정 등에 의할 때 그것이 과연 장래에 발생할 것인지의 여부조차 짐작하기 어려워, 이를 현재 소외 회사의 적극 재산으로서 파악하기는 어려운 점, ③ 신탁의 원본이 종래 이 사건 부동산에서 분양계약의 체결에 따라 그 분양대금으로 되었다가 위 분양계약의 해제에 따라 다시 이 사건 부동산으로 환원되는 등의 사정을 고려할 때 이 사건 분양계약의 해제에 따른 분양대금 반환 채권이라는 것이 특정채권으로서의 성질도 겸유하고 있어, 이 사건과 같은 경우 채무자인 소외 회사의 무자력 요건을 엄격하게 적용할 것은 아니라고 할 것인 점 등에 비추어, 피고 회사의 위와 같은 주장은 이를 받아들이지 아니한다), 그럼에도 소외 회사가 피고 회사에 대하여 가지는 자신의 위 권리를 행사하지 아니하고 있음은 피고 회사가 이를 자인하고 있는 터이다.

4. 피고 회사의 항변에 관한 판단

이에 대하여 피고 회사는, 수탁자인 피고 회사로서는 그 신탁재산의 한도 내에서만 신탁자인 소외 회사를 대위한 원고에게 위 채무를 이행할 책임이 있다고 항변하므로 살피건대, 구 신탁법(2011. 7. 25. 법률 제10924호로 전부 개정되기 전의 것) 제32조는 "수탁자가 신탁행위로 인하여 수익자에 대하여 부담하는 채무에 관하여는 신탁재산의 한도 내에서 이행의 책임을 진다"고 규정하고 있고, 이 사건 분양계약의 해제에 따라 피고 회사가 소외 회사에게 원고의 분양대금을 반환하는 것은 수탁자인 피고 회사가 신탁행위로 인하여 수익자인 소외 회사에 대하여 부담하는 채무라고 할 것이나, 이와 달리 그에 대한 지연손해금 부분은 신탁행위로 인하여 부담하는 채무라기보다는 피고 회사가 분양대금의 반환을 지체한 스스로의 고유한 귀책사유에 기하여 발생한 것이고, 이와 함께 피고 회사와 소외 회사와의 부동산담보신탁계약 제14조 제1항 또한 "신탁부동산 및 신탁이익에 대한 제세공과금, 유지관리비 및 금융비용 등과 기타 신탁사무의 처리에 필요한 제 비용 및 신탁사무의 처리에 있어서의 피고 회사의 책임 없는 사유로 발생한 손해를 소외 회사가 부담"하는 것으로 정하고 있는 점 등을 고려할 때, 피고 회사의 책임 제한에 관한 위 항변은 원고가 납입한 위 분양대금 상당액의 범위 내에서 이유 있고, 그에 대한 지연손해금 부분에 관하여는 이유 없다(이와 관련하여, 앞서 본 대리사무 약정 제20조는 수분양자가 피고 회사를 상대로 소송을 제기하여 피고 회사가 소송의 주체가 될 경우 소외 회사가 그 판결 원리금 내지 소송비용을 부담하는 것으로 정하고 있지만, 수분양자인 원고가 소외 회사를 대위하여 구하는 이 사건의 경우에도 면책에 관한 위 약정이 적용된다고는 볼 수 없다. 이는 피대위자인 소외 회사가 직접 피고 회사를 상대로 위 분양대금의 반환을 구하는 경우 그 반환을 지체한 피고 회사가 위 면책약정을 들어 그에 따른 지연손해금의 면책까지 주장할 수 없는 것과 같은 이유이다).

46. 대법원 2014. 12. 11. 선고 2012다70852 판결 [매매대금반환][131) 132)]

[논점] 부동산담보신탁계약 및 자금관리대리사무계약에 따라 분양대금을 신탁사의 계좌로 납입한 수분양자가 분양계약 해제에 따른 분양자에 대한 분양대금 반환채권을 보전하기 위해 분양자를 대위하여 그로부터 분양수입금 등의 자금관리를 위탁받은 신탁사를 상대로 분양대금 상당의 사업비 지출 요청권을 행사할 수 있는지 여부

【이 유】

1. 상고이유 제3점에 관하여

원심은, 원고가 채무자인 주식회사 평*종합건설(이하 '평@종건'이라 한다)을 대위하여 제기한 이 사건 소는 채권자대위권 행사의 요건인 채무자의 무자력 요건을 갖추지 못하여 부적법하므로 각하되어야 한다는 피고의 본안 전 항변을 그 판시와 같은 이유로 배척하였다. 원심판결 이유를 관련 법리 및 적법하게 채택된 증거들에 비추어 살펴보면, 원심의 이유 설시에 일부 적절하지 아니한 부분은 있으나, 원고가 채권자대위권 행사의 요건을 갖추었다고 본 원심의 판단에 채권자대위권 행사의 요건에 관한 법리를 오해하거나 필요한 심리를 다하지 아니함으로써 판결 결과에 영향을 미친 위법이 없다.

2. 상고이유 제2점에 관하여

가. 법률행위의 해석은 당사자가 그 표시행위에 부여한 객관적인 의미를 명백하게 확정하는 것으로서, 사용된 문언에만 구애받는 것은 아니지만, 어디까지나 당사자의 내심의 의사가 어떤지에 관계없이 그 문언의 내용에 의하여 당사자가 그 표시행위에 부여한 객관적 의미를 합리적으로 해석하여야 한다. 그리고 당사자가 표시한 문언의 의하여 그 객관적인 의미가 명확하게 드러나지 않는 경우에는 그 문언의 형식과 내용, 그 법률행위가 이루어진 동기 및 경위, 당사자가 그 법률행위에 의하여 달성하려는 목적과 진정한 의사, 거래의 관행 등을 종합적으로 고려하여 사회정의와 형평의 이념에 맞도록 논리와 경험의 법칙, 그리고 사회 일반의 상식과 거래의 통념에 따라 합리적으로 해석하여야 한다.(대법원 2001. 3. 23. 선고 2000다40858 판결 등 참조).

나. 원심판결과 원심이 일부 인용한 제1심판결의 이유 및 적법하게 채택된 증거들에 의하면 다음과 같은 사실을 알 수 있다.

(1) 평*종건은 이 사건 사업부지 지상에 이 사건 상가 11개 동을 신축하여 분양하는 이 사건 사업을 시행하기로 하고, 2004. 6. 29. 부동산신탁회사인 피고, 대출금융기관인 녹십자생명보험 주식회사, 시공사인 신원종합개발 주식회사와 사이에 평*종건이 녹십자생명보험 주식회사로부터 사업비를 대출받으면서 그 담보로 이 사건 사업부지와 이 사건 상가를 피고에게 신탁하고 분양수익금 등의 수납, 관리, 집행 등 자금관리업무도 피고에게 위탁하기로 하는 내용의 사업약정을 체결하였고, 2005. 5. 18. 변경된 대출금융기관인 한국상호저축은행 주식회사, 진흥상호저축은행 주식회사, 경기상호저축은행 주식회사 등과 사이에 다시 위와 같은 내용의 이 사건 사업약정을 체결하였다.

(2) 평*종건은 2005. 5. 13. 피고와 이 사건 상가 분양대금의 수납, 관리, 인출 및 집행업무 등을 피고에게 위임하는 내용의 내리사무계약을 체결하였다.

---

131) 이 판결에 대한 평석은, 서희경, 시행사와 수분양자간의 분양계약이 해제된 경우 시행사와 담보신탁 및 자금관리대리약정을 체결한 신탁회사의 분양대금반환책임 : 대법원 2014. 12. 11. 선고 2012다70852 판결·대법원 2014. 12. 11. 선고 2013다82388 판결, 재판과 판례 제26집, 대구판례연구회, 199면 이하를 참고할 것.

132) 이 사안은 건분법이 적용되지 않은 분양사업으로서 부동산담보신탁계약 및 자금관리대리사무계약이 체결되고, 분양대금채권이 신탁업자에게 양도되지 않았으나 자금관리대리사무계약에 따라 분양대금이 신탁업자의 계좌로 납입된 사안이다([실무참고 6] 자금관리 신탁사의 수분양자에 대한 원상회복 및 부당이득반환 의무 참조).

(3) 평*종건은 이 사건 사업약정서에서 대출금·분양수입금 등 목적사업과 관련한 수입금 일체를 피고 명의의 분양수입금 관리계좌에 입금하도록 하고, 분양개시 후 분양수익금 관리계좌에 입금된 수입금 중 공사비를 제외한 모든 사업비의 지출은 시공사와 대출금융기관들의 확인을 받은 평*종건의 서면 요청에 의하여 피고가 집행하기로 정하였다.

(4) 이에 따라 평*종건은 2005. 8. 17. 이 사건 상가 중 101동을 제외한 나머지 건물들에 관하여 소유권보존등기를 마친 다음 피고를 수탁자로 하는 소유권이전등기를 마쳐 주었고, 피고는 평*종건을 대리하여 분양대금을 수납하고 대출원금, 분양수입금, 수분양자 연체료 등 이 사건 사업과 관련한 수입금 일체를 피고 명의로 개설한 분양수입금 관리계좌에 입금하여 관리하였다.

(5) 원고는 2004. 2. 16.경 평*종건과 이 사건 상가 ○○동 ○○호를 134,417,668원에 분양받기로 하는 이 사건 분양계약을 체결하고, 2004. 8. 15. 까지 계약금 및 중도금 합계 107,480,000원을 납부하였는데, 그 후 평*종건을 상대로 이 사건 분양계약의 해제를 원인으로 위 분양대금의 반환을 청구하는 소송을 제기하여 2008. 8. 20. 원고 승소 판결을 선고받고 그 판결이 그대로 확정되었다.

(6) 평*종건은 위 분양대금을 반환하기 위한 자금의 지출에 관하여 시공사와 대출금융기관들의 확인을 받지 않았다.

다. 위와 같은 사실관계를 앞서 본 법리에 비추어 살펴보면, 평*종건은 이 사건 사업약정에 의하여 피고에게 분양수입금 등의 자금관리를 위탁하면서 공사비를 제외한 사업비 지출을 위하여 필요한 경우 시공사와 대출금융기관들의 확인을 받은 후 지급을 요청할 수 있도록 약정하였는데, 그 사업비에는 분양계약이 해제될 경우 수분양자에게 반환하여야 할 분양대금도 포함된다고 보아야 할 것이다. 그러나 그 지급을 요청하기 위해서는 이 사건 사업약정에서 정한 바에 따라 먼저 시공사와 대출금융기관들의 확인을 받아야 하므로, 평*종건이 시공사와 대출금융기관들의 확인을 받지 않은 이상 이 사건 분양계약이 해제되고 평*종건이 그 분양대금의 지급을 요청하였다고 하더라도 피고는 평*종건에게 그 분양대금 상당액을 반환하여야 하는 의무가 있다고 할 수 없다. 그리고 피고는 이 사건 사업약정 및 위 대리사무계약에 기하여 평*종건으로부터 위탁받은 자금을 관리하는 것인데, 원고는 이 사건 사업약정 및 위 대리사무계약의 당사자가 아니고 또한 원고와 평*종건 사이의 이 사건 분양계약이 해제되었다고 하여 피고와 평*종건 사이의 이 사건 사업약정 및 위 대리사무계약의 효력이 상실되지는 아니하므로, 이 사건 분양계약이 해제된 것만으로 곧바로 피고가 평*종건에게 그 분양대금을 반환하여야 한다고 볼 수도 없다.

라. 그럼에도 이와 달리 원심은, 이 사건 분양계약이 해제되었다는 사정만을 이유로 들어 평*종건이 피고에게 그 분양대금의 반환을 구할 수 있는 채권을 가진다고 보아 원고가 평*종건을 대위하여 그 채권을 청구할 수 있다고 판단하였다. 따라서 이러한 원심의 판단에는 계약해석에 관한 법리나 부당이득에 관한 법리를 오해하여 이 사건 사업약정과 위 대리사무계약의 해석을 그르침으로써 판결에 영향을 미친 위법이 있다. 이를 지적하는 취지의 상고이유 주장은 이유있다.

[원심판결] 서울고등법원 2012. 7. 6. 선고 2011나105128 판결 [매매대금반환]

【주 문】

1. 피고의 항소를 기각한다.
2. 항소비용은 피고가 부담한다.

【청구취지 및 항소취지】

1. 청구취지

피고는 원고에게 107,480,000원 및 이에 대하여 2005. 10. 21.부터 2008. 8. 20.까지는 연 5%의, 그 다음날부터 다 갚는 날까지는 연 20%의 각 비율에 의한 금원을 지급하라.

2. 항소취지

제1심 판결 중 피고 패소부분을 취소하고, 위 취소부분에 해당하는 원고의 청구를 기각한다.

【이 유】

…를 종합하면, ① 소외 회사와 피고는 2004. 6. 29. 신탁계약을 체결하여, '사업부지를 신탁부동산으로 하고, 소외 회사가 피고에게 위 신탁부동산을 신탁하며, 신탁의 원본을 위 신탁부동산 또는 그 물상대위로 취득한 재산, 위 신탁부동산의 처분대금 등 위 신탁부동산에 속하는 금전의 운용에 의하여 발생한 이익 및 기타 이에 준하는 것'으로 약정한 점, ② 이 사건 분양계약이 해제된 경우 피고가 그 명의의 분양수입금관리계좌로 수납된 분양대금을 소외 회사에게 반환하고 소외 회사가 이를 다시 수분양자에게 반환하면 이 사건 상가가 미분양 상태에서 신탁재산으로 남게 되어, 원래 이 사건 상가 자체가 신탁재산이었다가 이의 분양으로 그 분양대금이 신탁재산이 된 후 다시 분양계약의 해제로 이 사건 상가 자체가 신탁재산으로 환원되는 것인 점 등을 인정할 수 있는바, 이에 의하면 이 사건 분양계약 해제로 인한 원고의 소외 회사에 대한 분양대금 반환채권은 위 신탁계약의 성격상 특정채권으로서의 성질도 겸유하고 있는 것이므로, 이 사건의 경우 채무자(소외 회사)의 무자력 요건을 엄격하게 적용할 것은 아니다. 그리고 이 사건 상가는 원고가 분양계약을 해제한 이후 타 수분양자인 D이 분양대금 반환청구소송(서울고등법원 2009나106937)에서 승소한 후 강제경매를 신청함으로써 2011. 10. 4. E에게 낙찰된 사실에서 볼 수 있는 바와 같이 소외 회사는 이 사건 신탁재산 이외에 별다른 재산이 없는 것으로 보이는 점, D이 피고를 상대로 제기한 위 분양대금 반환청구 소송에서도 소외 회사가 무자력 상태에 있다는 사실이 인정되었던 점을 더하여 보면, 소외 회사의 무자력은 입증되었다고 판단된다. 결국 피고의 위 주장은 이유 없다.

[1심판결] 수원지방법원 안산지원 2011. 9. 29. 선고 2011가합4541 판결 [매매대금반환]

【주 문】

1. 피고는 신탁재산의 한도 내에서 원고에게 107,480,000원 및 이에 대하여 2011. 5. 5.부터 2011. 9. 29.까지는 연 5%, 그 다음날부터 다 갚는 날까지는 연 20%의 각 비율로 계산한 돈을 지급하라.
2. 원고의 나머지 청구를 기각한다.
3. 소송비용 중 1/10은 원고가, 나머지는 피고가 부담한다.
4. 제1항은 가집행할 수 있다.

【청구취지】

피고는 원고에게 107,480,000원 및 이에 대하여 2005. 10. 21.부터 2008. 8. 20.까지 연5%, 그 다음날부터 다 갚는 날까지 연 20%의 각 비율로 계산한 돈을 지급하라.

【이 유】

2. 주장 및 판단

가. 채권자대위청구

1) 피보전채권

위 인정사실에 의하면, 원고는 소외 회사와 이 사건 분양계약을 체결한 뒤 계약금과 중도금 합계

107,480,000원을 납부하였고, 피고는 위 분양대금을 피고 명의의 분양수입금관리계좌로 수납·관리하였는데, 원고가 이 사건 분양계약을 해제하고 그에 따른 분양대금 반환을 구하는 소를 제기하여 그 청구를 인용하는 판결이 확정되었으므로, 원고는 소외 회사에 대하여 기납부된 분양대금 107,480,000원 및 이에 대한 지연손해금의 지급을 구할 수 있는 채권을 갖는다.

2) 피대위채권

가) 위 인정사실에 의하면, 피고가 분양계약자인 소외 회사를 대리하여 수분양자의 분양대금을 피고 명의의 분양수입금관리계좌로 수납·관리하는 것은 소외 회사의 위임에 따라 이루어지는 것이므로, 소외 회사와 수분양자 사이에 체결된 분양계약이 해제되어 소급적으로 그 효력을 상실하는 경우에는 소외 회사를 대리하는 피고가 위 계약에 따른 분양대금을 수납·관리할 법률상 원인이 없게 된다 할 것이다. 앞서 인정한 바와 같이 원고는 소외 회사와의 이 사건 분양계약을 해제하였으므로, 소외 회사는 자신을 대리하여 분양대금을 수납·관리한 피고에 대하여 위와 같은 분양계약 해제를 이유로 그 분양대금의 반환을 요구할 수 있다고 할 것이다.

나) 피고는, 분양계약의 해제 등을 이유로 분양수입금을 반환하여야 한다면, 언제 반환하여야 할지도 모르는 분양수입금을 제대로 집행, 운용할 수 없게 되므로, 사업의 안정적 운용 및 투하자금의 회수라는 신탁제도 자체의 취지에 정면으로 반한다고 주장한다.

그러나 앞서 본 사실 및 갑 제5호증, 을 제1호증의 각 기재에 변론 전체의 취지를 종합하면, 소외 회사가 피고에게 신탁한 부동산은 사업부지 및 이 사건 상가 13개동 가운데 101동을 제외한 나머지 12개동이고, 신탁의 원본에는 위 신탁부동산 또는 그 물상대위로 취득한 재산, 위 신탁부동산의 처분대금 등 위 신탁부동산에 속하는 금전의 운용에 의하여 발생한 이익 및 기타 이에 준하는 것이 모두 포함되는 사실이 인정되는바, 분양계약이 해제되어 피고가 그 명의의 분양수입금관리계좌로 수납된 분양대금을 소외 회사에게 반환하고 소외 회사가 이를 다시 수분양자에게 반환하게 되더라도 해제된 계약의 목적물인 상가 자체가 다시 미분양 상태의 신탁재산으로 환원되고 소외 회사나 피고는 그 상가 자체를 다시 분양하거나 처분할 수 있어 신탁재산의 전체적인 가치는 그대로 유지된다고 할 것이므로, 분양계약의 해제로 피고가 분양대금을 반환하게 되는 것만으로 다른 사업관련자의 이익이나 권리를 침해한다거나 신탁제도 자체의 취지에 반한다고 볼 것은 아니다. 오히려 피고의 주장과 같이 원고와 소외 회사 사이의 이 사건 분양계약이 해제되었음에도 피고가 그 분양수입금을 소외 회사에게 반환하지 않는다면, 원고가 이 사건 상가 111동 105호에 대한 수분양자로서의 지위를 상실한 상태에서 피고가 그 수납된 분양대금을 그대로 보유하게 되어, 미분양 상태로 환원된 위 상가 자체에 더하여 위 분양대금도 신탁재산으로 남게 되는 부당한 결과가 초래된다고 할 것이다.

다) 그러므로 소외 회사는 피고에 대하여 그 명의의 분양수입금관리계좌에서 수납·관리하고 있는 원고의 분양대금 107,480,000원의 반환을 구할 수 있는 채권을 갖는다고 할 것이다.

3) 따라서 피고는 무자력인 소외 회사를 대위한 원고에게 위 분양대금 상당액과 이에 대하여 원고가 소외 회사를 대위하여 분양대금의 반환을 구한 이후의 지연손해금을 지급할 의무가 있다(원고는 위 분양대금에 대하여 2005. 10. 21.부터 지연손해금의 지급을 구하나, 소외 회사를 대위하여 피고에게 분양대금의 반환을 구하는 의사표시를 하기 이전의 지연손해금 청구 부분은 이유 없다).

나. 피고의 주장에 관한 판단

이에 대하여 피고는, 신탁재산의 한도 내에서만 분양대금을 반환할 의무가 있다고 주장한다.

살피건대, 신탁법 제32조는 "수탁자가 신탁행위로 인하여 수익자에 대하여 부담하는 채무에 관하여는 신탁재산의 한도 내에서 이행의 책임을 진다"고 규정하고 있고, 위와 같은 분양계약의 해제에 따라 피고가 소외 회사에게 분양대금을 반환하는 것은 수탁자인 피고가 신탁행위로 인하여 수익자인 소외 회사에 대하여 부담하는 채무라 할 것이므로, 결국 피고는 원고에게 위와 같은 신탁재산의 한도 내에서 위 분양대금 상당액을 지급할 의무가 있다고 할 것이어서, 피고의 위 주장은 이유 있다.

[2012다70852 판결 후 환송심 판결] 서울고등법원 2015. 5. 22. 선고 2014나61021 판결 [매매대금 반환]

【주 문】

1. 제1심 판결 중 피고 패소부분을 취소하고, 그 취소부분에 해당하는 원고의 주위적 청구를 기각한다.

2. 환송후 당심에서 추가된 원고의 예비적 청구를 기각한다.

3. 가. 가지급물반환신청에 기하여 원고는 피고에게 129,447,146원 및 이에 대하여 2012. 9. 19.부터 갚는 날까지 연 5%의 비율에 의한 금원을 지급하라.

나. 위 가항은 가집행할 수 있다.

4. 소송총비용(가지급물반환신청비용 포함)은 원고가 부담한다.

【청구취지, 항소취지 및 가지급물반환신청취지】

1. 청구취지

피고는 원고에게 107,480,000원 및 이에 대하여 2005. 10. 21.부터 2008. 8. 20.까지는 연 5%, 그 다음 날부터 갚는 날까지는 연 20%의 각 비율에 의한 금원을 지급하라(원고는 환송전 당심까지 채권자대위권 행사로서 부당이득반환청구를 하였는데 환송후 당심에 이르러 자신의 권리 행사로서 부당이득반환청구를 예비적 청구원인으로 추가하였다).

2. 항소취지

주문 제1항과 같다.

3. 가지급물반환신청취지

주문 제3항과 같다.

【이 유】

2. 주위적 청구에 관한 판단

1) 법률행위의 해석은 당사자가 그 표시행위에 부여한 객관적인 의미를 명백하게 확정하는 것으로서, 사용된 문언에만 구애받는 것은 아니지만, 어디까지나 당사자의 내심의 의사가 어떤지에 관계없이 그 문언의 내용에 의하여 당사자가 그 표시행위에 부여한 객관적 의미를 합리적으로 해석하여야 한다. 그리고 당사자가 표시한 문언에 의하여 그 객관적인 의미가 명확하게 드러나지 않는 경우에는 그 문언의 형식과 내용, 그 법률행위가 이루어진 동기 및 경위, 당사자가 그 법률행위에 의하여 달성하려는 목적과 진정한 의사, 거래의 관행 등을 종합적으로 고려하여 사회정의와 형평의 이념에 맞도록 논리와 경험의 법칙, 그리고 사회일반의 상식과 거래의 통념에 따라 합리적으로 해석하여야 한다(대법원 2001. 3. 23. 선고 2000다40858 판결 등 참조).

2) 앞서 인정한 사실 및 앞서 든 증거들에 의하면 다음과 같은 사실을 알 수 있다.

가) 소외 회사는 사업부지 지상에 이 사건 상가 11개 동을 신축하여 분양하는 이 사건 사업을 시행하기로 하고, 2004. 6. 29. 부동산신탁회사인 피고, 대출금융기관인 녹***명보험 주식회사, 시공사인 신

개발 주식회사와 사이에 소외 회사가 녹명보험 주식회사로부터 사업비를 대출받으면서 그 담보로 이 사건 사업부지와 이 사건 상가를 피고에게 신탁하고 분양수입금 등의 수납, 관리, 집행 등 자금관리 업무도 피고에게 위탁하기로 하는 내용의 사업약정을 체결하였고, 2005. 5. 18. 변경된 대출금융기관인 한국상호저축은행 주식회사, 진흥상호저축은행 주식회사, 경기상호저축은행 주식회사 등과 사이에 다시 위와 같은 내용의 이 사건 사업약정을 체결하였다.

나) 소외 회사는 2005. 5. 13. 피고와 이 사건 상가 분양대금의 수납, 관리, 인출 및 집행업무 등을 피고에게 위임하는 내용의 대리사무계약을 체결하였다.

다) 소외 회사는 이 사건 사업약정에서 대출금·분양수입금 등 목적사업과 관련한 수입금 일체를 피고 명의의 분양수입금 관리계좌에 입금하도록 하고, 분양개시 후 분양수입금 관리계좌에 입금된 수입금 중 공사비를 제외한 모든 사업비의 지출은 시공사와 대출금융기관들의 확인을 받은 소외 회사의 서면요청에 의하여 피고가 집행하기로 정하였다.

라) 이에 따라 소외 회사는 2005. 8. 17. 이 사건 상가 중 101동을 제외한 나머지 건물들에 관하여 소유권보존등기를 마친 다음 피고를 수탁자로 하는 소유권이전등기를 마쳐 주었고, 피고는 소외 회사를 대리하여 분양대금을 수납하고 대출원금, 분양수입금, 수분양자 연체료 등 이 사건 사업과 관련한 수입금 일체를 피고 명의로 개설한 분양수입금 관리계좌에 입금하여 관리하였다.

마) 원고는 2004. 2. 16.경 소외 회사와 이 사건 상가 ㅇㅇ동 ㅇㅇ호를 134,417,668원에 분양받기로 하는 이 사건 분양계약을 체결하고, 2004. 8. 15.까지 계약금 및 중도금 합계 107,480,000원을 납부하였는데, 그 후 소외 회사를 상대로 이 사건 분양계약의 해제를 원인으로 위 분양대금의 반환을 청구하는 소송을 제기하여 2008. 8. 20. 원고 승소판결을 선고받고 그 판결이 그대로 확정되었다.

바) 소외 회사는 위 분양대금을 반환하기 위한 자금의 지출에 관하여 시공사와 대출금융기관들의 확인을 받지 않았다.

3) 위와 같은 사실관계를 앞서 본 법리에 비추어 살펴보면, 소외 회사는 이 사건 사업약정에 의하여 피고에게 분양수입금 등의 자금관리를 위탁하면서 공사비를 제외한 사업비 지출을 위하여 필요한 경우 시공사와 대출금융기관들의 확인을 받은 후 지급을 요청할 수 있도록 약정하였는데, 그 사업비에는 분양계약이 해제될 경우 수분양자에게 반환하여야 할 분양대금도 포함된다고 보아야 할 것이다. 그러나 그 지급을 요청하기 위해서는 이 사건 사업약정에서 정한 바에 따라 먼저 시공사와 대출금융기관들의 확인을 받아야 하므로, 소외 회사가 시공사와 대출금융기관들의 확인을 받지 않은 이상 이 사건 분양계약이 해제되고 소외 회사가 그 분양대금의 지급을 요청하였다고 하더라도 피고는 소외 회사에게 그 분양대금 상당액을 반환하여야 하는 의무가 있다고 할 수 없다(원고는 원고가 소외 회사를 상대로 진행한 분양대금반환청구 소송과 피고를 상대로 진행한 이 사건 소송의 진행과정이 시공사와 대출금융기관들의 확인에 갈음할 수 있다고 주장하나, 원고의 소송 진행을 소송당사자도 아닌 시공사와 대출금융기관들의 확인에 갈음할 수 있다고 볼 만한 아무런 근거가 없으므로, 원고의 위 주장은 이유 없다). 그리고 피고는 이 사건 사업약정 및 위 대리사무계약에 기하여 소외 회사로부터 위탁받은 자금을 관리하는 것인데, 원고는 이 사건 사업약정 및 위 대리사무계약의 당사자가 아니고 또한 원고와 소외 회사 사이의 이 사건 분양계약이 해제되었다고 하여 피고와 소외 회사 사이의 이 사건 사업약정 및 위 대리사무계약의 효력이 상실되지는 아니하므로, 이 사건 분양계약이 해제된 것만으로 곧바로 피고가 소외 회사에게 그 분양대금을 반환하여야 한다고 볼 수도 없다.

4) 따라서 이 사건 분양계약이 해제됨으로써 소외 회사가 피고에게 그 분양대금의 반환을 구할 수 있음을 전제로 한 원고의 주장은 더 나아가 살필 필요 없이 이유 없다.

3. 예비적 청구에 관한 판단

원고는 이 사건 상가 중 원고가 분양받은 ○○동 ○○호가 이 사건 분양계약 해제 이후의 경매절차에서 79,902,230원에 매각되었는데, 위 매각대금과 원고가 계약금 및 중도금으로 납부한 107,480,000원의 합계 187,382,230원이 이 사건 분양계약에서 정한 분양대금 134,417,668원을 초과하므로 그 초과분 52,964,562원은 피고의 부당이득이 된다고 주장한다. 살피건대, 이 사건 상가 중 원고가 분양받은 ○○동 ○○호가 경매되어 그 매각대금이 피고의 채권자들에게 배당되거나 피고가 일부를 잉여금으로 지급받더라도 이는 피고가 소유자이기 때문이므로 이를 두고 법률상 원인이 없는 부당이득이라고 할 수 없다. 또한 앞서 본 바와 같이 원고와 소외 회사 사이의 이 사건 분양계약이 해제되었다고 하더라도 피고와 소외 회사 사이의 이 사건 사업약정 및 위 대리사무계약의 효력이 상실되는 것은 아니므로, 피고가 원고가 납부한 계약금 및 중도금 107,480,000원을 보유하더라도 이를 두고 법률상 원인 없는 부당이득이라고 할 수도 없다. 따라서 원고의 위 주장은 이유 없다.

47. 대법원 2014. 12. 11. 선고 2013다82388 판결 [분양대금반환]

[논점] 부동산담보신탁계약 및 자금관리대리사무계약에 따라 분양대금을 신탁사의 계좌로 납입한 수분양자가 분양계약 해제에 따른 분양자에 대한 분양대금 반환채권을 보전하기 위해 분양자를 대위하여 그로부터 분양수입금 등의 자금관리를 위탁받은 신탁사를 상대로 분양대금의 반환을 청구할 수 있는지 여부

【이 유】

1. 계약당사자 사이에 어떠한 계약내용을 처분문서인 서면으로 작성한 경우에 문언의 객관적인 의미가 명확하다면 특별한 사정이 없는 한 문언대로의 의사표시의 존재와 내용을 인정하여야 하고, 특히 문언의 객관적 의미와 달리 해석함으로써 당사자 사이의 법률관계에 중대한 영향을 초래하게 되는 경우에는 그 문언의 내용을 더욱 엄격하게 해석하여야 할 것이다.(대법원 2008. 11. 13. 선고 2008다46531 판결, 대법원 2010. 11. 11. 선고 2010다26769 판결 등 참조).

2. 원심판결 이유 및 원심이 인용한 제1심판결 이유에 의하면, 원심은 그 채택 증거들에 의하여 그 판시와 같은 사실을 인정한 다음, ① 이 사건 담보신탁계약 제4조는 '신탁의 원본은 신탁부동산 또는 그 물상대위로 취득한 재산, 신탁부동산의 처분대금 및 처분절차와 관련하여 발생되는 위약금 등 신탁재산에 속하는 금전의 운용에 의하여 발생한 이익 기타 이에 준하는 것'으로 규정하고 있으나 위 담보신탁계약의 내용과 취지를 고려할 때 신탁원본인 '신탁부동산의 처분대금'은 부산 남구 C 신축, 분양사업(이하 '이 사건 사업'이라 하고, 위 사업의 결과 신축되는 건물을 '이 사건 상가'라 한다)이 정상적으로 운영되지 않아 피고가 신탁부동산을 처분한 경우 그 처분대금을 의미하는 것일 뿐 분양계약 체결에 따라 수령한 분양대금을 의미하지는 않는 점, ② 이 사건 사업약정 및 담보신탁계약은 주식회사 신한은행을 비롯한 채권자들에 대한 주식회사 학*건설(이하 '학*건설'이라 한다)의 채무이행을 보장하기 위하여 피고가 신탁 부동산의 소유권을 관리하고 학*건설이 위 채무를 불이행할 경우 피고가 신탁재산을 환가·처분하여 채권자들의 채권을 만족시키기 위한 채권담보의 목적으로 체결된 것인데 반하여 이 사건 대리사무계약은 이 사건 상가의 분양대금을 비롯한 사업자금의 출납이 제3자에 의하여 적정하고 투명하게 이루어질 수 있도록 하기 위한 재정관리의 목적으로 체결된 것으로 그 계약 목적이나 규율 내용이 전혀 다른 별개의 독립된 계약이고, 따라서 피고가 이 사건 대리사무계약에 따라 학*건설을 대리하여 수령한 분양대금이 곧 이 사건 사업약정과 담보신탁계약 상 신탁재산을 대체하는 재산이 된다고 보기 어려우므로 이 사건 분양계약이 해제되어 목적물이 신탁재산으로 환원되었다 하더라도 이 사건 상가 자체에 더하여 위와 같이 수납된 분양대금도 신탁재산으로 남게 되는 결과는 발생하지 않는 점,

③ 한편 이 사건 상가 등 신탁재산은 이 사건 사업약정과 담보신탁계약에 기초하여 대내외적으로 수탁자인 피고의 소유로 귀속되는 반면 피고가 학*건설을 대리하여 수취한 분양대금은 이 사건 대리사무계약 제6조 등 규정에 따라 학*건설에게 귀속되고 피고는 이를 학*건설을 위하여 보관하는 지위에 있을 뿐이고 이 사건 분양계약이 해제되었다 하여 이 사건 대리사무계약이 자동으로 실효된다고 볼 수도 없으므로 학*건설이 이 사건 분양계약이 해제되었음을 이유로 당연히 피고에게 이 사건 분양대금의 반환을 청구할 권리를 갖게 되는 것은 아닌 점, ④ 한편 이 사건 사업약정 제3조 제1항은 '분양수입금 등은 제18조에 정의된 바에 따른다.'고 규정하고 제18조 제3항은 분양수입금에서 사업비를 인출할 때에는 씨제이 개발 주식회사의 확인을 통한 학*건설의 서면요청에 의하여 피고의 날인으로 인출되었다고 규정하고 있으므로 학*건설이 피고인에게 이 사건 분양대금 반환을 청구할 수 있다 하더라도 분양대금이 분양수입금에 해당하는 이상 이를 인출하기 위해서는 씨제이개발주식회사의 확인 절차를 거쳐야 하는데 학*건설이 위 절차를 거친 사실이 없는 점 등의 사정을 종합하면, 이 사건 분양계약이 해제되었다는 이유만으로 학*건설이 피고에게 이 사건 분양대금의 반환을 청구할 법률상, 계약상의 권리가 있다고 할 수 없으므로 원고가 학*건설을 대위하여 피고를 상대로 구하는 이 사건 분양대금반환 청구는 이유 없다고 판단하였다.

원심판결 이유를 기록에 비추어 살펴보면, 원심의 위와 같은 판단은 수긍할 수 있고, 거기에 상고이유 주장과 같이 신탁재산의 범위, 처분문서 해석에 관한 법리를 오해하거나 필요한 심리를 다하지 아니한 위법이 없다.

[원심판결] 서울고등법원 2013. 10. 11. 선고 2013나27208 판결 [분양대금반환]

【주 문】

1. 제1심판결 중 피고 패소 부분을 취소하고, 그 취소 부분에 해당하는 원고의 청구를 기각한다.
2. 소송총비용은 원고가 부담한다.

【청구취지 및 항소취지】

청구취지 : 피고는 원고에게 369,980,000원과 이에 대하여 2007. 11. 29.부터 2012. 22.까지 연 5%, 그 다음 날부터 갚는 날까지 연 20%의 각 비율로 계산한 금원을 지급하라.

항소취지 : 주문과 같다.

【이 유】

나. 채권자대위청구에 관한 판단

이 사건 분양계약이 해제되어 무효로 됨에 따라 피고가 C회사에게 이 사건 분양계약에 따른 분양대금을 반환할 법률상, 계약상의 의무가 있는지 살핀다. 앞서 본 사실, 을 제2호증의 기재에 변론 전체의 취지를 종합하면 다음과 같은 사정을 알 수 있다.

① 이 사건 담보신탁계약 제4조는 '신탁의 원본은 신탁부동산 또는 그 물상대위로 취득한 재산, 신탁부동산의 처분대금 및 처분절차와 관련하여 발생되는 위약금 등 신탁재산에 속하는 금전의 운용에 의하여 발생한 이익 기타 이에 준하는 것'으로 한다고 규정하고 있으나 위 담보신탁계약의 내용과 취지를 고려할 때 신탁 원본인 '신탁부동산의 처분대금'은 이 사건 사업이 정상적으로 운영되지 않아 피고가 신탁부동산을 처분한 경우 그 처분대금을 의미하는 것일 뿐 분양계약의 체결에 따라 수령한 분양대금을 의미하지는 않는 것으로 보인다.

② 이 사건 사업약정 및 담보신탁계약은 주식회사 신한은행을 비롯한 채권자들에 대한 C회사의 채무이행을 보장하기 위하여 피고가 신탁부동산의 소유권을 관리하고 C회사가 위 채무를 불이행할 경우 피고가 신탁재산을 환가·처분하여 채권자들의 채권을 만족시키기 위한 채권담보의 목적으로 체결된 것인데 반하여 이 사건 대리사무계약은 이 사건 상가의 분양대금을 비롯한 사업자금의 출납이 제3자에 의하여 적정하고 투명하게 이루어질 수 있도록 하기 위한 재정관리의 목적으로 체결된 것으로 그 계약 체결 목적이나 규율 내용이 전혀 다른 별개의 독립된 계약이고, 따라서 피고가 이 사건 대리사무계약에 따라 C회사을 대리하여 수령한 분양대금이 곧 이 사건 사업약정과 담보신탁계약 상 신탁재산을 대체하는 재산이 된다고 보기 어려우므로 이 사건 분양계약이 해제되어 분양계약 목적물이 신탁재산으로 환원되었다 하더라도 이 사건 상가 자체에 더하여 위와 같이 수납된 분양대금도 신탁재산으로 남게 되는 결과는 발생하지 않는다.

③ 한편 이 사건 상가 등 신탁재산은 이 사건 사업약정과 담보신탁계약에 기초하여 대내외적으로 수탁자인 피고의 소유로 귀속되는 반면 피고가 C회사을 대리하여 수취한 분양대금은 이 사건 대리사무계약 제6조1)등 규정에 따라 C회사에게 귀속되어 피고는 이를 C회사을 위하여 보관하는 지위에 있을 뿐이고 이 사건 분양계약이 해제되었다 하여 이 사건 대리사무계약이 자동으로 실효된다고 볼 수도 없으므로 C회사이 이 사건 분양계약이 해제되었음을 이유로 당연히 피고에게 이 사건 분양대금의 반환을 청구할 권리를 갖게 되는 것은 아니다.

④ 이 사건 대리사무계약 제5조 제3항 라호는 청약 해지사유가 있는 경우 피고는 C회사의 동의를 요하지 않고 청약금을 환불할 수 있다는 취지로 규정하고 있으나, 이는 피고가 청약금을 반환할 수 있다는 것일 뿐 피고의 청약금 반환의무를 규정하는 것은 아니고 그 반환대상도 청약자로 규정하고 있어 위 규정을 근거로 피고가 C회사에게 이 사건 분양대금을 반환할 의무가 있다고 보기는 어렵다.

⑤ 한편 이 사건 사업약정 제3조 제1항 은 '분양수입금 등은 제18조 에 정의된 바에 따른다'고 규정하고 제18조 제1항 은 '대출금 및 그에 따른 이자 수입, 분양 또는 임대수입금(청약금, 보증금, 임료 등), 수분양자 연체료, 금융기관 등의 이자 수입, 제세공과금에 대한 환급금 등 목적사업과 관련한 수입금 일체'를 분양수입금으로 규정하고 있으므로 원고가 피고에게 납부한 분양대금은 이 사건 분양계약이 해제되었는지와 관계없이 분양수입금에 해당하고, 분양수입금관리계좌의 자금집행 순서를 규정하는 위 사업약정 제19조 제1항 은 기존 분양자의 해약에 따른 분양대금 반환금을 별도의 집행순위로 규정하지 않아 사업약정 당시 약정당사자들이 분양수입금에서 분양계약 종료에 따른 분양대금을 우선 반환할 것을 예정하고 있지 않았다.

⑥ 이 사건 사업약정 제18조 제3항 은 분양수입금에서 사업비를 인출할 때에는 씨×이개발 주식회사의 확인을 통한 C회사의 서면요청에 의하여 피고의 날인으로 인출한다고 규정하고 있으므로 C회사이 피고에게 이 사건 분양대금 반환을 청구할 수 있다 하더라도 분양대금이 분양수입금에 해당하는 이상 이를 인출하기 위해서는 씨×이개발주식회사의 확인절차를 거쳐야 하는데 C회사이 위 절차를 거친 사실이 없다.

⑦ 이 사건 사업과 같은 대규모 부동산 개발사업에 있어서는 금융기관으로부터 대출받은 금원과 수분양자들로부터 받은 분양대금이 주요 재원이 되어 부동산 개발공사가 진행되는 것이고 이 사건 사업약정에서도 분양대금을 사업비로 사용할 것을 예정하고 있으며 실제로 2012. 10. 10. 현재 피고의 분양수입금 관리계좌에는 11,537원이 남아있을 뿐인데, 이처럼 피고가 C회사을 대리하여 분양대금을 수령하여 이를 C회사의 사업비로 지출하면 그에 비례하여 C회사의 채무가 줄어들게 되므로 분양계약이 종료되었다는 이유로 분양대금 전액을 C회사에게 반환할 의무가 있다고 본다면 피고에게 자금관리자로

서의 업무를 넘어서는 반환의무를 명하는 것이 되어 부당하다.

위와 같은 사정을 종합하면 이 사건 분양계약이 해제되었다는 이유로 C회사가 피고에게 이 사건 분양대금의 반환을 청구할 법률상, 계약상의 권리가 있다고 할 수 없으므로 원고의 위 대위청구는 피대위권리가 인정되지 않아 이유 없다.

48. 대법원 2014. 11. 27. 선고 2012두26852 판결 [종합부동산세등부과처분취소]

[논점] 신탁재산이 신탁법에 따른 신탁등기나 등록이 마쳐지지 아니한 경우, 신탁재산에 관한 재산세 또는 종합부동산세 납세의무자의 결정방법

【이 유】

나. (1) 구 지방세법 제183조 제2항 제5호는 신탁법에 따른 신탁등기나 등록이 마쳐진 재산에 대하여만 적용되는 예외규정이므로, 신탁재산이라고 하더라도 신탁법에 따른 신탁등기나 등록이 마쳐지지 아니한 것에 대하여는 적용되지 않는다(대법원 2005. 7. 28. 선고 2004두8767 판결 참조). 따라서 신탁법에 따른 신탁등기나 등록이 마쳐지지 아니한 신탁재산에 관한 재산세 또는 종합부동산세 납세의무자는 구 지방세법 제183조 제1항에 따라 결정되어야 한다. 구 지방세법 제183조 제1항이 정한 '재산을 사실상 소유하고 있는 자'라 함은 공부상 소유자로 등재된 여부를 불문하고 당해 재산에 대한 실질적인 소유권을 가진 자를 말한다(대법원 2012. 12. 13. 선고 2010두9105 판결 참조).

그런데 신탁법상 신탁계약이 이루어져 수탁자 앞으로 부동산의 소유권이전등기가 마쳐지면 대내외적으로 그 소유권이 수탁자에게 완전히 이전되어 수탁자는 신탁의 목적에 따라 신탁재산인 부동산을 관리·처분할 수 있는 권능을 갖게 되고 수탁자는 신탁의 목적 범위 내에서 신탁재산을 관리·처분하여야 하는 신탁계약상의 의무만을 부담하며 위탁자와의 내부관계에 있어서 부동산의 소유권이 위탁자에게 유보되어 있는 것이 아니므로(대법원 1993. 4. 27. 선고 92누8163 판결, 대법원 2012. 5. 10. 선고 2010두26223 판결 등 참조), 신탁법에 따른 신탁등기가 마쳐지지 아니한 경우 신탁재산인 부동산에 관한 사실상의 소유자는 수탁자로 보아야 한다.

따라서 신탁법상 신탁재산에 해당하나 신탁법에 따른 신탁등기가 마쳐지지 아니한 이 사건 토지와 주택에 관한 종합부동산세의 납세의무자는 수탁자인 원고로 보아야 함에도, 원심은 이와 달리 위탁자인 조합원들이 그 사실상의 소유자로서 종합부동산세의 납세의무자가 된다고 보았으니, 이러한 원심의 판단에는 신탁법에 따른 신탁등기가 마쳐지지 아니한 부동산에 관한 종합부동산세의 납세의무자에 관한 법리를 오해한 위법이 있다고 할 것이다.

(2) 한편 구 종합부동산세법은 종합부동산세의 과세표준을 원칙적으로 납세의무자별로 종합부동산세 과세대상인 토지나 주택의 재산세 과세표준을 합산한 금액에서 일정한 과세기준금액을 공제하여 산정하도록 하고 있다. 그런데 신탁법상 신탁재산은 강제집행이 원칙적으로 금지되고(구 신탁법 제21조 제1항), 파산재단에서 제외되며(구 신탁법 제22조), 수탁자의 고유재산과 구별하여 관리되어야 한다(구 신탁법 제30조). 이처럼 신탁법상 신탁재산은 수탁자의 고유재산으로부터 독립되어 있을 뿐만 아니라 위탁자별로도 각각 독립되어 있으므로, 수탁자가 신탁재산인 부동산을 대내외적으로 보유하면서 신탁의 목적에 따라 관리·처분할 수 있는 권능을 가진다고 하더라도 이는 개별 신탁관계에 기초하여 각각의 부동산을 보유하는 것으로 보아야 한다. 구 종합부동산세법의 입법 목적은 고액의 부동산 보유자에 대하여 종합부동산세를 부과하여 부동산보유에 대한 조세부담의 형평성을 제고하고 부동산의 가격안정을 도모하고자 함에 있다(구 종합부동산세법 제1조). 만약 어느 한 수탁자가 다수의 위탁자로부터 부동산을 신탁받았다고 하여 그 재산세 과세표준을 합산하는 방법으로 종합부동산세의 과세표준을 산정

한다면 종합부동산세를 도입한 취지와 어긋날 뿐만 아니라, 세제상의 불이익으로 인하여 신탁법상 신탁관계의 이용을 꺼리게 하는 결과를 초래한다. 이에 2014. 6. 3. 법률 제12738호로 개정된 지방세법 제107조 제1항 제3호도 '위탁자별로 구분된 신탁법상의 신탁재산에 대한 납세의무자는 각각 다른 납세의무자로 본다'는 규정을 신설함으로써 신탁법상 신탁재산에 관하여는 재산세의 과세표준을 위탁자별로 산정하여야 한다는 것을 명확하게 하였다. 그렇다면 위탁자별로 구분된 신탁법상 신탁재산인 토지나 주택의 종합부동산세 과세표준은 수탁자가 보유한 모든 토지나 주택의 재산세 과세표준을 합산할 것이 아니라, 위탁자별로 구분하여 그 신탁재산의 재산세 과세표준을 합산한 금액에서 각각 일정한 과세기준금액을 공제하는 방법으로 산정하여야 한다고 봄이 타당하므로, 종합부동산세의 납세의무자인 수탁자는 위탁자별로 산정한 각각의 종합부동산세액과 자신의 고유재산에 관하여 산정한 종합부동산세액을 합산한 금액을 납부할 의무가 있다고 보아야 한다.

따라서 위탁자인 조합원별로 구분하여 그들이 보유한 부동산의 종합부동산세 과세표준을 각각 산정한 후 그 종합부동산세액을 합산하여 원고에게 부과하지 아니한 채 수탁자인 원고가 신탁재산인 이 사건 토지와 주택을 모두 보유한 것으로 보아 하나의 종합부동산세 과세표준을 산정하여 종합부동산세액을 부과한 이 사건 처분은 그 정당한 세액을 초과하는 범위 내에서 위법하다고 할 것이다.

[원심판결] 서울고등법원 2012. 11. 2. 선고 2012누4670 판결 [종합부동산세등 부과처분취소]

【주 문】

1. 피고의 항소를 기각한다.
2. 항소비용은 피고가 부담한다.

【청구취지 및 항소취지】

1. 청구취지

피고가 2010. 5. 3. 원고에게 한 2005년 귀속 종합부동산세 851,420,860원, 농어촌특별세 170,284,170원의 각 부과처분을 취소한다.

2. 항소취지

제1심 판결을 취소한다. 원고의 청구를 기각한다.

【이 유】

위 각 규정 및 법리에 비추어 이 사건에 관하여 보건대, 앞서 든 증거들 및 변론 전체의 취지를 종합하여 인정되는 다음과 같은 사정들, 즉 ① 이 사건 각 조합은 조합원들로부터 출자받은 돈으로 이 사건 부동산을 취득하여 원고의 전신인 134제일지역주택조합 명의로 소유권이전등기를 경료하였고, 그 후 원고 명의로 소유권변경등기를 경료하는 한편, 2010. 11. 19. 원고 명의로 신탁등기를 경료한 점, ② 이 사건 사업의 시행자인 원고로서는 조합원들로부터 출자받은 돈과 부동산 및 출자금으로 취득한 부동산을 기초로 토지에 주택을 신축한 다음 조합원들에게 주택을 귀속시킨 후 개별 조합원들로부터 받은 돈이나 부동산 가액 등을 고려하여 정산을 하여야 하고, 입주 및 등기절차 등이 완료된 후에는 해산하게 되어 있는 점, ③ 위와 같이 이 사건 사업을 통해 신축되는 주택의 소유권이 궁극적으로 조합원들에게 귀속되는 것이라면, 조합원들이 출자한 돈과 부동산은 사실상 원고 조합에 신탁된 것으로 볼 수 있고, 원고 조합에 신탁된 돈으로 취득한 이 사건 부동산 역시 원고 조합에 신탁된 재산으로 볼 수 있는 점(그 후 이 사건 부동산에 관하여 앞서 본 바와 같은 원고 명의의 신탁등기가 경료된 점에 비추어 보더라도 위와 같이 봄이 타당해 보인다), ④ 원고 조합의 설립 목적 및 이 사건 사업의 내용, 원고 조합이 이 사건 부동산을 취득하게 된 경위 등을 종합해 보면, 이 사건 부동산의 실질적인 소유권은 원고의 조합원들에게 있다고 봄이 상당하고, 원고가 이 사건 부동산에 관하여 원고에게 부과된 2007년 귀속 재산세를 다투지 않고 납부하였다고 하여 이와 달리 볼 것은 아니다.

따라서 이와 달리 원고가 이 사건 부동산에 대한 실질적 소유권자로서 종합부동산세 납세의무자임을 전제로 한 이 사건 처분은 위법하다.

…

관련 규정에다가 변론 전체의 취지를 보태어 인정되는 아래와 같은 사정들에 비추어 보면, 피고의 위 주장은 모두 받아들일 수 없고, 달리 피고의 이 사건 처분이 적법함을 인정할 만한 증거도 없다.

1) 지방세법 제183조 제2항이 '제1항에도 불구하고'라고 규정하고 있는 점에 비추어 보면 제2항은 실질과세원칙을 규정한 제1항에 대한 예외규정이라고 봄이 상당하다. 그러나 종합부동산세 과세기준일인 2005. 6. 1. 현재 신탁법에 의한 원고 명의의 신탁등기가 마쳐지지 아니한 점에 대하여는 당사자 사이에 다툼이 없으므로 실질과세원칙을 규정한 제1항에 대한 예외규정인 지방세법 제183조 제2항 제5호는 이 사건에 적용될 여지가 없다. 이 사건에 위 예외규정이 적용되지 않는다면 다시 원칙으로 돌아가 지방세법 제183조 제1항에 따라 이 사건 부동산의 실질적인 소유권이 누구에게 있는지를 다시 판단해 보아야 할 것인데, 실질과세원칙에 따라 판단한 이 사건 부동산의 실질적인 소유권자가 원고의 조합원들임은 앞서 본 바와 같다. 따라서 납세의무자를 위탁자로 규정한 지방세법 제183조 제2항 제5호가 적용되지 않는다는 사정만으로 곧바로 수탁자인 원고가 납세의무자가 된다는 취지의 피고 주장은 받아들일 수 없다.

2) 이 사건 사업을 통해 신축되는 주택의 소유권이 궁극적으로 조합원들에게 귀속되는 것이라면, 조합원들이 출자한 돈은 사실상 원고 조합에 신탁된 것으로 볼 수 있고, 원고 조합에 신탁된 돈으로 취득한 이 사건 부동산 역시 원고 조합에 신탁된 재산으로 볼 수 있음은 앞서 본 바와 같은 점, 취득세 비과세대상인 신탁재산에 관한 규정인 지방세법상 제110조 제1호는 그 단서에서 주택법 제32조의 규정에 주택조합과 조합원간의 신탁재산 취득을 위 규정의 적용대상에서 제외하고 있는 점, 지방세법 제105조 제10항은 취득세 납세의무자를 규정하면서 주택법 제32조의 규정에 의한 주택조합이 당해 조합원용으로 취득하는 조합과 조합주택용 부동산(공동주택과 부대·복리시설 및 그 부속토지를 말한다)은 그 조합원이 취득한 것으로 본다고 규정하고 있는 점 등에 비추어 보면, 원고 조합이 조합원들로부터 당초에 돈을 신탁받아 그 돈으로 매수한 부동산도 신탁재산에 해당되어 그 실질적인 소유권은 원고의 조합원들에게 있다고 봄이 상당하다.

[1심판결] 서울행정법원 2012. 1. 13. 선고 2011구합11174 판결 [종합부동산세등부과처분취소]

【주 문】

1. 피고가 2010. 5. 3. 원고에게 한 2005년 귀속 종합부동산세 851,420,860원, 농어촌특별세 170,284,170원의 각 부과처분을 취소한다.
2. 소송비용은 피고가 부담한다.

【청구취지】

주문과 같다.

【이 유】

4) 원고 조합이 이 사건 부동산에 대한 종합부동산세를 납부해야 하는지 여부

종합부동산세법(2005. 12. 31. 법률 제7836호로 개정되기 전의 것) 제7조 제1항에 '과세기준일 현재 주택분 재산세의 납세의무자로서 국내에 있는 재산세 과세대상인 주택의 공시가격을 합산한 금액이 4억 5천만 원을 초과하는 자는 종합부동산세를 납부할 의무가 있다'고 규정하고, 지방세법 제183조 제1항에 '재산세 과세기준일 현재 재산을 사실상 소유하고 있는 자는 재산세를 납부할 의무가 있다'고 규정하고 있는바, 여기에서 '재산을 사실상 소유하고 있는 자'라 함은 공부상 소유자로 등재된 여부를 불문하고 당해 재산에 대한 실질적인 소유권을 가진 자를 말한다(대법원 2010. 10. 14. 선고 2010두10501 판결 등 참조).

위 법리에 비추어 이 사건에 관하여 보건대, ① 원고로서는 조합원들로부터 받은 분담금과 부동산 및 분담금으로 취득한 부동산을 기초로 토지에 주택을 신축한 다음 조합원들에게 주택을 귀속시킨 후 개별 조합원들로부터 받은 돈이나 부동산 가액 등을 고려하여 정산해야 할 것인 점, ② 이 사건 사업을 통해 궁극적으로 주택의 소유권이 조합원들에게 귀속되는 것이라면, 조합원들이 원고에게 재산을 신탁한 것으로 해석함이 타당한 점, ③ 이 사건 6개 조합의 조합원들이 각 조합에 돈이나 부동산을 신탁하였고, 이 사건 6개 조합은 조합원들로부터 신탁받은 돈(분담금)으로 이 사건 부동산 등을 취득하여 모든 부동산에 대하여 134제일지역주택조합 명의로 소유권 이전등기를 한 점, ④ 134제일지역주택조합과 그 실질이 동일한 원고 조합이 이 사건 부동산에 관한 소유권이전등기를 마친 후 2010. 11. 19. 신탁등기를 마친 점 등 원고 조합의 사업 내용과 설립 목적, 원고 조합이 이 사건 부동산을 취득하게 된 경위 등을 종합하면, 이 사건 부동산의 실질적인 소유권은 원고의 조합원들에게 있다고 보아야 하므로, 이 사건 부동산에 대한 종합부동산세 역시 원고의 조합원들이 납부의무자가 되어야 한다.

49. 대법원 2014. 11. 27. 선고 2012다21621 판결 [분양대금반환등][133]

[논점] 부동산담보신탁계약 및 자금관리대리사무계약에 따라 분양대금을 신탁사의 계좌로 납입한 수분양자가 분양계약 해제에 따른 분양자에 대한 분양대금 반환채권을 보전하기 위해 분양자를 대위하여 그로부터 분양수입금 등의 자금관리를 위탁받은 신탁사를 상대로 매매대금 상당액의 반환을 청구할 수 있는지 여부

【이 유】

1. 원심은, 그 채택 증거에 의하여 인정되는 다음과 같은 사정, 즉 ① 토투개발 주식회사(이하 '토투개발'이라고 한다)가 주식회사 한국토지신탁(이하 '한국토지신탁'이라고 한다)과의 부동산담보신탁계약에 따라 한국토지신탁에 서울 용산구 (주소 생략) 소재 용산 토투밸리 오피스텔을 신탁하였고, 그 중 원심판결 별지 제1목록 호수란 기재 부동산(이하 '이 사건 오피스텔'이라고만 한다)에 관한 이 사건 매매계약에 따라 원고들이 피고의 분양수입금관리계좌로 매매대금(분양수입금)을 입금하였으므로, 위 매매대금은 결국 신탁부동산에 속하는 금전으로서 위 부동산담보신탁계약상 신탁의 원본인 신탁재산인 점, ② 피고가 이 사건 매매계약의 해제를 이유로 피고 명의의 분양수입금관리계좌로 수납된 매매대금을 토투개발에 반환하고, 토투개발이 이를 다시 수분양자들인 원고들에게 반환하더라도, 해제된 이 사건 매매계약의 목적물인 이 사건 오피스텔 자체가 다시 미분양 상태의 신탁재산으로 환원되므로, 토투개발이나 한국토지신탁은 이 사건 오피스텔 자체를 다시 분양하거나 처분할 수 있어 신탁재산의 전체적인 가치는 그대로 유지된다고 볼 수 있는 점, ③ 이처럼 신탁재산의 전체적인 가치는 그대로 유지되므로, 이 사건 매매계약의 해제로 매매대금이 수분양자들인 원고들에게 반환되는 것만으로는 대주들

---

133) 이 사안은 분양대상물인 신축건물이 부동산담보신탁계약의 목적물로 신탁된 사안이다([실무참고 6] 자금관리 신탁사의 수분양자에 대한 원상회복 및 부당이득반환 의무 참조).

등의 이익이나 권리를 침해한다고 보기는 어려운 점, ④ 만일 피고가 이 사건 매매계약이 해제되었음에도 이 사건 매매대금을 토투개발에게 반환하지 않는다면, 토투개발 내지 한국토지신탁은 수납된 매매대금을 그대로 보유하게 되어, 미분양 상태로 환원된 이 사건 오피스텔에 더하여 이 사건 매매대금도 신탁재산으로 남게 되는 부당한 결과가 초래되는 점 등에 비추어 보면, 이 사건 매매계약의 해제로 이 사건 매매계약의 목적물인 이 사건 오피스텔 자체가 다시 미분양 상태의 신탁재산으로 환원되면, 이 사건 오피스텔과 대가관계에 있는 이 사건 매매대금은 이 사건 자금관리계약서 제2조에 규정된 분양수입금의 성격을 상실한다고 할 것이므로, 이 사건 매매계약의 해제로 인하여 매매대금을 원상회복함에 있어서는 이 사건 자금관리계약 제7조, 제9조의 제한을 받지 않는다고 할 것이어서, 피고는 토투개발을 대위한 원고들에게 그 명의의 분양수입금관리계좌에 입금되어 있는 금액의 한도 내에서 원고들의 매매대금 중 원심판결 별지 제1목록 기재 납입금액 해당란 기재 금액을 반환할 의무가 있다고 판단하였다.

2. 그러나 원심의 이러한 판단은 아래와 같은 이유에서 그대로 수긍할 수 없다.

가. 계약당사자 사이에 어떠한 계약내용을 처분문서인 서면으로 작성한 경우에 문언의 객관적인 의미가 명확하다면 특별한 사정이 없는 한 문언대로의 의사표시의 존재와 내용을 인정하여야 하고, 특히 문언의 객관적 의미와 달리 해석함으로써 당사자 사이의 법률관계에 중대한 영향을 초래하게 되는 경우에는 그 문언의 내용을 더욱 엄격하게 해석하여야 할 것이다(대법원 2008. 11. 13. 선고 2008다46531 판결, 대법원 2010. 11. 11. 선고 2010다26769 판결 등 참조).

나. 먼저 원심판결 이유와 기록에 의하면 다음과 같은 사실을 알 수 있다.

1) 토투개발은 2006. 7. 18. 한국토지신탁과 용산 토투밸리 오피스텔의 각 구분건물에 관하여 위 오피스텔 사업과 관련한 자금대여자인 주식회사 삼화상호저축은행, 주식회사 삼화두리저축은행, 주식회사 대전저축은행, 주식회사 으뜸저축은행 총 4개 저축은행(이하 '이 사건 대주들'이라고 한다)을 우선수익자로 하여 부동산담보신탁계약(위 계약 체결 이후 수차 변경되었는데, 그 최종적으로 변경된 계약을 '이 사건 부동산담보신탁계약'이라 한다)을 체결하고, 2006. 7. 19. 위 용산 토투밸리 오피스텔의 각 구분건물에 관하여 한국토지신탁 앞으로 신탁을 원인으로 한 소유권이전등기를 마쳤다.

2) 이 사건 부동산담보신탁계약서에서는, 이 사건 신탁은 신탁부동산의 소유권 관리와 위탁자가 부담하는 채무 내지는 책임의 이행을 보장하기 위하여 수탁자가 신탁부동산을 보전·관리하고 채무불이행 시 환가·정산하는 데 그 목적이 있고(제1조), 신탁의 원본은 신탁부동산 또는 그 물상대위로 취득한 재산, 수탁자인 한국토지신탁이 임대인으로서 취득·보관하는 임차보증금, 신탁부동산의 처분대금 및 처분절차와 관련하여 발생되는 위약금 등, 신탁재산에 속하는 금전의 운용에 의하여 발생하는 이익, 기타 이에 준하는 것으로 하며(제4조), 신탁부동산은 공개시장에서 경쟁을 통하여 처분하는 것을 원칙으로 하되, 유찰 시 다음 처분일 공고 전까지 직전 처분 시 조건으로 수의 계약할 수 있고(제19조), 신탁부동산 처분대금은 처분계약을 체결한 날로부터 60일 이내에 완납하는 것을 원칙으로 하며(제21조), 수탁자가 신탁부동산을 환가하여 정산할 때에는 그 지급순위에 따라 정산하여야 한다(제22조)고 규정하고 있다. 또한 이 사건 부동산담보신탁계약서 특약사항에서는, 개발사업과 관련한 수분양자의 보호, 개발사업의 원활한 수행, 신탁부동산의 담보가치보전 등 기타 사업상 필요에 의하여 위탁자 및 우선수익자 전원이 매수인을 지정하여 수탁자에게 신탁부동산의 처분을 요청하는 경우에는 수탁자는 지정된 매수인에게 신탁부동산을 처분할 수 있으며, 위탁자가 우선수익자의 서면 동의를 득한 후 위탁자가 매수인과 매매계약을 체결하고 위탁자가 매매대금을 직접 수령할 경우에는 수탁자는 매매계약서에 수탁자로서 날인 후 매수인에게 소유권을 이전하기로 규정(제10조)하고 있다.

3) 이후 토투개발은 2008년경 이 사건 부동산담보신탁계약의 우선수익자들인 이 사건 대주들의 대출 원리금 회수를 위하여, 피고 및 위 대주들과 사이에 자금관리 대리사무계약(이하 '이 사건 자금관리계약'이라 한다)을 체결하고 피고에게 위 오피스텔의 분양계약과 관련한 토투개발의 자금관리 업무를 위임하였다.

4) 이 사건 자금관리계약서에서는, 토투개발이 피고에게 분양대금수입계좌인 신탁관리계좌에서 자금인출을 요청할 때에는 위 자금관리계약서 제5조 제1항의 사업비 예산서 범위 내에서 인출요청서를 해당 증빙과 함께 피고와 대주들 중 주식회사 삼화상호저축은행에게 제출하여야 하고, 피고는 대주들 중 주식회사 삼화상호저축은행의 사전 동의를 받아 자금을 인출하여야 한다고 규정하고 있다(제7조).

5) 원고들이 토투개발과 이 사건 매매계약을 체결할 당시 피고도 자금관리자로서 위 매매계약에 참여하였는데, 이 사건 매매계약서에서는 매수인(원고들)이 토투개발에 대한 매매대금을 피고 명의 농협중앙회 계좌에 입금하고, 피고는 매매대금 등의 자금관리를 담당하며 그 외 사업주체 및 매도인으로서 책임을 지지 아니하고, 매매계약과 관련한 일체의 책임도 사업주체인 매도인(토투개발)에게 있으며(제1조), 매도인은 매매대금의 잔금 수령과 동시에 매수인에게 위 부동산을 인도하여야 하며, 신탁해지 등 소유권이전등기에 필요한 모든 서류를 교부하여 등기절차에 협력한다고 규정(제3조)하고 있다.

다. 사실관계가 이와 같다면, 위탁자인 토투개발의 채무불이행 시 신탁부동산을 환가·처분하여 수익자에게 우선변제하는 것을 목적으로 하는 이 사건 부동산담보신탁계약과 수분양자가 자신이 분양받은 오피스텔의 매매대금을 피고 계좌에 완납함과 동시에 토투개발이 이 사건 부동산담보신탁계약 중 위 오피스텔에 관한 부분을 일부 해지하여 그 앞으로 소유권을 회복한 후 다시 수분양자에게 소유권이전등기를 마쳐줄 의무를 부담하는 이 사건 매매계약의 각 내용과 성격에 비추어 볼 때, 신탁재산인 이 사건 오피스텔은 그 분양대금이 완납되고 신탁계약이 해지되어 매매계약에 기한 소유권이전등기가 마쳐지기 전까지는 그대로 수탁자 소유의 신탁재산으로서 권리관계에 변동이 없고, 이 사건 오피스텔에 관한 분양수입금은 토투개발과 피고 사이에 체결된 자금관리대리사무계약에 의하여 피고가 관리함으로써 대주들의 대출 원리금 회수가 보장되도록 하였을 뿐 신탁재산이 아니라 위탁자인 토투개발의 재산으로 봄이 타당하다.[134] 나아가 이 사건 자금관리계약에 따른 피고의 자금관리대리사무가 종료되어 정산이 실시되기 이전에 토투개발이 분양수입금계좌인 신탁관리계좌에 있는 자금을 인출하기 위해서는 대주의 사전 동의가 필요하다고 할 것이며, 이는 이 사건 매매계약의 해제로 인하여 매매대금을 원상회복하는 경우에도 마찬가지라고 할 것이다.

따라서 토투개발이 대주의 사전 동의를 받지 않은 이상, 이 사건 매매계약이 해제되고 토투개발 또는 토투개발을 대위한 원고들이 피고에게 그 매매대금의 지급을 요청하였다 하더라도 피고가 토투개발 또는 이를 대위한 원고들에게 곧바로 위 신탁관리계좌에 있는 매매대금 상당액을 반환하여야 하는 의무가 있다고 할 수 없다.[135]

라. 그럼에도 원심은 이와 달리 이 사건 매매계약을 해제한 원고들이 대주의 사전동의 없이도 시행자인 토투개발을 대위하여 피고에게 매매대금의 반환을 청구할 수 있다고 판단하고 말았다. 이러한 원심의 판단에는 신탁재산의 범위나 처분문서 해석에 관한 법리를 오해하여 판결 결과에 영향을 미친 위법이 있다고 할 것이다.

---

134) 이 사건 오피스텔은 부동산담보신탁계약의 목적물이지만, 토투개발이 매도인으로서 분양을 하였으므로 분양분양대금채권이나 분양대금은 분양계약상 분양자인 토투개발의 소유이고(타인의 권리매매) 신탁재산이 아니라는 취지로 보인다.

135) 이 경우 원고들은 토투개발을 대위하여, 대주들에 대한 자금인출 동의 요청권을 행사한 후 토투개발의 피고에 대한 자금인출 요청권을 행사하는 방안을 고려해 볼 수 있을 것이다.

[원심판결] 서울고등법원 2012. 1. 19. 선고 2011나40573 판결 [분양대금반환등]

【주 문】

1. 당심에서 확장된 원고 J의 청구를 포함하여 제1심 판결 중 피고에 대한 부분을 다음과 같이 변경한다.

가. 피고는 제1심 공동피고 토투개발 주식회사와 각자 피고 명의의 분양수입금관리계좌(예금주: 대한토지신탁, 계좌번호 : 농협중앙회 094 - 01 - 159460)에 입금되어 있는 금액의 한도에서 별지 제1목록 청구금액란 기재 각 금원 중 별지 제1목록 납입금액 해당란 기재 각 금원 및 이에 대하여 2010. 4.2.부터 2012. 1. 19.까지는 연 6%, 그 다음 날부터 다 갚는 날까지는 연 20%의 각 비율로 계산한 금원을 지급하라.

나. 원고들의 나머지 청구를 모두 기각한다.

2. 원고들과 피고 사이의 소송총비용은 피고가 부담한다.

3. 제1의 가항은 가집행할 수 있다.

【청구취지 및 항소취지】

1. 청구취지

피고는 제1심 공동피고 토투개발 주식회사(이하 '토투개발'이라 한다)와 각자 원고들에게 피고 명의의 분양수입금관리계좌(예금주: 대한토지신탁, 계좌번호 : 농협중앙회094-01- 159460)에 입금되어 있는 금액의 한도에서 별지 제1목록 청구금액란 기재 각 금원 중 별지 제1목록 납입금액 해당란 기재 각 금원 및 이에 대하여 이 사건 소장 부본 최종송달일 다음날부터 다 갚는 날까지 연 20%의 비율에 의한 금원을 지급하라.(원고 J은 당심에 이르러 별지 제1목록 납입금액란 기재 금원을 확장하여 피고에 대한 청구취지를 확장하였다.)

2. 항소취지

제1심 판결 중 원고들 패소 부분을 취소한다. 피고는 토투개발과 각자 원고들에게 피고 명의의 분양수입금관리계좌(예금주: 대한토지신탁, 계좌번호 : 농협중앙회 094-01159460)에 입금되어 있는 금액의 한도에서 별지 제2목록 청구금액란 기재 각 금원 중 별지 제2목록 납입금액 해당란 기재 각 금원 및 이에 대하여 이 사건 소장 부본 최종 송달일 다음날부터 다 갚는 날까지 연 20%의 비율에 의한 금원을 지급하라.

【이 유】

(2) 채권자대위 청구에 관한 판단

원고들이 토투개발에 대하여 이 사건 매매계약의 해제에 따른 매매대금반환채권을 가지고 있는 사실은 앞서 본 바와 같고, 갑 제9 내지 12호증의 각 기재 및 제1심법원의 전국은행연합회, 근로복지공단에 대한 각 사실조회결과에 변론 전체의 취지를종합하면, 피고 토투개발은 소극재산이 적극재산을 초과한 무자력 상태인 사실을 인정할 수 있으므로, 원고들이 토투개발을 대위하여 피고에 대하여 매매대금의 반환을 구 하기 위하여는 토투개발이 피고에 대하여 매매대금의 반환을 구할 수 있는지 여부가 문제로 된다.

그러므로 살피건대, 토투개발은 한국토지신탁과 이 사건 오피스텔에 관한 부동산담보신탁계약을 체결하는 한편, 피고와 이 사건 오피스텔의 분양에 따른 분양대금에 관한 이 사건 자금관리계약을 체결한 사실, 이 사건 자금관리계약에 의하면, 토투개발이 피고에게 신탁관리계좌의 자금인출을 요청할 때에는 인출요청서를 해당 증빙과 함께 피고와 대주들 중 주식회사 삼화상호저축은행에게 제출하여, 위 은행의 사전 동의를 받은 경우에야 신탁관리계좌의 예금을 인출할 수 있는 사실(제7조 제2항), 위와 같은 인출을 통한 수익의 교부는 원칙적으로 피고 및 대주들이 본 사업의 성과가 확실하다고 판단하는 시기까지 유보되며, 수익금을 집행하더라도, 기존분양자의 해약에 따른 중도금 상환금액의 경우 집행순위가 5순위로서, 제세공과금, 신탁보수, 사업비 및 금융비용 보다 후순위인 사실, 위와 같은 자금집행순위를 변경할 때에는 토투개발, 피고 및 대주들의 협의가 필요한 사실(제7조 제3항)은 앞서 본 바와 같다.

그러나, 갑 제8호증의 기재에 변론 전체의 취지를 종합하면, 토투개발과 한국토지신탁 사이에 체결된 부동산담보신탁계약 제4조는 신탁의 원본은 신탁부동산 또는 그 물상대위로 취득한 재산, 수탁자인 한국토지신탁이 임대인으로서 취득·보관하는 임대 차보증금, 신탁부동산의 처분대금 및 처분절차와 관련하여 발생되는 위약금 등, 신탁재산에 속하는 금전의 운용에 의하여 발생하는 이익, 기타 이에 준하는 것으로 규정하고 있는 사실을 인정할 수 있고, 토투개발이 한국토지신탁과 이 사건 오피스텔에 관한 부동산담보신탁계약을 체결하는 한편, 이 사건 부동산담보신탁계약 제14조 제2항에 따라 피고와 분양대금에 관한 이 사건 자금관리계약을 체결한 사실은 앞서 인정한 바와 같으므로, 이 사건 부동산담보신탁계약과 이 사건 자금관리계약은 불가분의 일체를 이루고 있는바, 앞서 든 증거 및 변론 전체의 취지를 종합하여 인정할 수 있는 다음과 같은 사정, 즉 ① 토투개발이 한국토지신탁에게 신탁한 부동산은 이 사건 오피스텔인데, 이 사건 오피스텔 중 별지 제1목록 호수란 기재 부동산(이하 '이 사건 오피스텔'이라고만 한다)에 관한 이 사건 매매계약에 따라 원고들이 피고의 분양수입금관리계좌로 입금한 매매대금(분양수입금)은 결국 신탁부동산에 속하는 금전으로서 위 부동산담보신탁계약상의 신탁의 원본인 신탁재산인 점, ② 피고가 이 사건 매매계약의 해제를 이유로 피고 명의의 분양수입금관리계좌로 수납된 매매대금을 토투개발에게 반환하고, 토투개발이 이를 다시 수분양자들인 원고들에게 반환하더라도, 해제된 이 사건 매매계약의 목적물인 이 사건 오피스텔 자체가 다시 미분양 상태의 신탁재산으로 환원되므로, 토투개발이나 한국토지신탁은 이 사건 오피스텔 자체를 다시 분양하거나 처분할 수 있어 신탁재산의 전체적인 가치는 그대로 유지된다고 볼 수 있는 점, ③ 이처럼 신탁재산의 전체적인 가치는 그대로 유지되므로, 이 사건 매매계약의 해제로 매매대금이 수분양자들인 원고들에게 반환되는 것만으로는 대주들 등의 이익이나 권리를 침해한다고 보기는 어려운 점, ④ 만일 피고가 이 사건 매매계약이 해제되었음에도 이 사건 매매 대금을 토투개발에게 반환하지 않는다면, 토투개발 내지 한국토지신탁은 수납된 매매 대금을 그대로 보유하게 되어, 미분양 상태로 환원된 이 사건 오피스텔에 더하여 이 사건 매매대금도 신탁재산으로 남게 되는 부당한 결과가 초래되는 점 등에 비추어 보면, 이 사건 매매계약의 해제로 이 사건 매매계약의 목적물인 이 사건 오피스텔 자체가 다시 미분양 상태의 신탁재산으로 환원되면, 이 사건 오피스텔과 대가관계에 있는 이 사건 매매대금은 이 사건 자금관리계약서 제2조에 규정된 분양수입금의 성격을 상실한다고 할 것이므로, 이 사건 매매계약의 해제로 인하여 매매대금을 원상회복함에 있어서는 이 사건 자금관리계약 제7조, 제9조의 제한은 받지 않는다고 할 것이다.

결국 이 사건 매매계약이 적법하게 해제된 이 사건에 있어, 피고는 토투개발을 대위한 원고들에게 그 명의의 분양수입금관리계좌에 입금되어 있는 금액의 한도 내에서 원고들의 매매대금 중 별지 제1목록 기재 납입금액 해당란 기재 금액을 반환할 의무가 있다고 할 것이다.

50. 대법원 2014. 11. 27. 선고 2012다80231 판결 [청구이의]

[논점] 위탁자가 장래매출채권을 신탁하여 특수목적법인을 수익자로 지정하고, 특수목적법인은 해당 수익권을 담보로 금융기관으로부터 자금을 차입하여 동 차입금으로 수익권 인수대금을 위탁자에게 지급하며,

특수목적법인은 해당 신탁수익권으로 회수되는 자금으로 차입금을 상환하는 거래가 양도담보부 차입거래인지 여부

【이 유】

…이 부분 상고이유 주장은 이 사건이 남한제지가 이 사건 판결금 채권의 청구 대상인 원고에 대한 물품대금채권을 하나은행에 양도담보로 제공하였다가 피담보채무를 변제하고 담보인 위 물품대금채권을 회수한 사안임을 전제로 하여 남한제지가 원고에 대하여 계속하여 위 물품대금채권을 가지고 있었던 경우와 실질이 동일하므로 이 사건 판결금 채무는 원고가 남한제지의 파산선고 당시 부담하는 채무에 해당한다는 취지이다. 그렇지만 원심이 적법하게 채택한 증거들에 의하면 신탁을 이용한 이 사건 거래구조는, 위탁자인 남한제지가 보유 중인 현재 및 장래의 외상매출채권을 수탁자인 하나은행에 신탁하고, 하나은행은 제1종 수익자인 남한제일차 유한회사에 제1종 수익권을 부여하며, 위 유한회사는 위 수익권을 담보로 대주로부터 차입을 하여 하나은행에 수익권대금을 지급하고, 하나은행은 남한제지에 이를 다시 지급하며, 위 유한회사는 위 수익권에 의한 수익으로 대주에 대한 차입금을 상환하는 구조임을 알 수 있다. 따라서 이 부분 상고이유 주장은 실제 이루어진 거래구조와는 전제를 달리하고 있다는 점에서도 받아들일 수 없다.[136)]

원심은, ① 하나은행이 위 물품대금채권을 양수한 것은 남한제지와 체결한 채권신탁계약[137)]에 기한 것이고, 피고가 파산재단 조사 중 제1종 수익자에 대한 수익지급이 완료된 것(원심판결의 '완료되지 않은 것'은 오기로 보인다)을 확인하고 하나은행의 미추심채권을 양수하여 정산하기로 합의하자 하나은행이 위 신탁계약을 해지하고 이 사건 판결금 채권을 피고에게 양도함에 따라 파산선고 후에 피고가 이 사건 판결금 채권을 취득하고 원고가 그 채무자가 된 것일 뿐 피고가 파산선고 시점에 이 사건 판결금 채권을 당연히 돌려받을 것을 예정하고 있었다고 볼 수 없고, ② 채권신탁에서 신탁종료의 사유가 발생하더라도 수탁자가 수익자나 위탁자에게 목적채권을 양도할 의무를 부담하게 됨에 불과할 뿐 당연히 목적채권이 수익자나 위탁자에게 복귀된다고 볼 수 없으며, ③ 또한 남한제지가 하나은행에 채무의 담보 목적으로 위 물품대금채권을 양도하였다고 하더라도 원고에 대한 관계에서는 채권이 확정적으로 양도된 것이어서 원고는 파산선고 당시 하나은행에만 채무를 부담하고 있었을 뿐 남한제지에도 조건부 채무를 부담하였다고 볼 수 없다는 이유로, 이 사건 판결금 채무가 채무자회생법 제422조 제1호의 적용이 배제되는 채무자회생법 제417조 후문의 조건부 채무에 해당하지 않는다고 판단하였다.

원심판결 이유를 관련 법리 및 적법하게 채택된 증거들에 비추어 살펴보면, 남한제지가 하나은행에 채무담보 목적으로 위 물품대금채권을 양도하였다고 한 부분은 적절하지 않지만, 이 사건 판결금 채무가 채무자회생법 제417조 후문의 조건부 채무에 해당하지 않는다고 본 원심의 결론은 정당하고, 거기에 상고이유 주장과 같이 채무자회생법 제417조의 조건부 채무에 관한 법리를 오해한 위법이 없다.

[원심판결] 서울고등법원 2012. 8. 21. 선고 2011나78264 판결 [청구이의]

【주 문】

1. 원고의 항소를 기각한다.

---

136) 전형적인 장래매출채권 신탁수익권 유동화거래 구조인데, 그 경제적인 실질은 위탁자가 장래매출채권을 담보로 자금을 조달하는 것으로 볼 수 있으나, 이 대법원 판결은 명시적으로 이와 같은 거래를 법률적으로는 (양도)담보부차입거래로 판단하지 않고 있음을 알 수 있다(아래 '…남한제지가 하나은행에 채무담보 목적으로 위 물품대금채권을 양도하였다고 한 부분은 적절하지 않지만,…' 부분도 참조).

137) 실무에서는 이 사안과 같은 장래매출채권의 신탁은 금전채권거래기본신탁약관 및 금전채권신탁거래기본약관에 대한 특약을 체결함으로써 설정된다.

2. 항소비용은 원고가 부담한다.

【청구취지 및 항소취지】

제1심 판결을 취소한다. 피고의 원고에 대한 서울중앙지방법원 2009. 10. 23. 선고 2009가합31654 판결에 의한 강제집행을 불허한다.

【이 유】

도산법 제422조 제1호는 '파산선고 후에 파산재단에 대하여 채무를 부담한 때'를 상계 제한 사유의 하나로 규정하고 있으나, 도산법 제417조에서는 파산채권자는 조건부 채권을 수동채권으로 하여서도 상계할 수 있다고 규정하고 있으므로 이에 해당되는 경우 그 조건이 파산 선고 후에 성취되었다고 하더라도 그 상계는 적법한 것으로 볼 것이다(대법원 2002. 11. 26. 선고 2001다833 판결 참고). 따라서 원고가 조건 성취 등으로 구체적으로 채무를 부담한 시점이 이 사건 파산 선고 이후일지라도 도산법 제417조가 적용될 수 있는 한에서는 도산법 제422조 제1호 상계 금지 사유의 적용이 배제된다고 할 것이다.

따라서 과연 이 사건 판결금 채권이 도산법 제417조의 조건부 채권에 해당하는지 여부에 관하여 살펴보면, 하나은행이 위 물품대금채권을 양수한 것은 남한제지와 체결한 채권 신탁계약에 기한 것이었고, 피고가 파산재단 조사 중 위 금전신탁에 따른 1종 수익자에 대한 변제가 완료되지 않은 것을 확인하고 하나은행의 미추심채권을 피고가 양수하여 정산하기로 합의하자 하나은행이 위 신탁계약을 해지하고 이 사건 판결금 채권을 피고에게 양도한 것이고(을 제1호증의 1의 기재, 제1심 법원의 하나은행에 대한 사실조회 결과), 이에 따라 피고는 파산선고 이후 이 사건 판결금 채권을 취득하였고 원고는 그 결과로 파산선고 이후 피고에 대한 채무자가 된 것일 뿐 파산 선고 시점에서 이 사건 판결금 채권을 당연히 돌려받을 것을 예정하고 있었다고는 볼 수 없으며, 채권신탁에 있어서 신탁 종료의 사유가 발생하더라도 수탁자가 수익자나 위탁자에게 목적채권을 양도할 의무를 부담하게 됨에 불과할 뿐 당연히 목적채권이 수익자나 위탁자에게 복귀된다고 볼 수 없고, 또한 남한제지가 하나은행에 대하여 채무의 담보 목적으로 원고에 대한 물품대금채권을 양도하였다고 하더라도 원고에 대한 관계에서는 채권이 확정적으로 양도된 것이어서 원고는 파산선고 당시 하나은행에 대하여만 채무를 부담하고 있었을 뿐 남한제지에 대하여도 조건부 채무를 부담하였다고 볼 수 없으므로, 결국 이 사건 판결금 채권은 조건부 채권이라 할 수 없고, 따라서 이 사건 판결금 채권은 도산법 제417조 후단에 해당하지 않아 결과적으로 도산법 제422조 제1호의 적용이 배제된다고 할 수 없으므로, 원고의 위 주장도 이유 없다.

[실무참고 10] 장래매출채권 신탁에 의한 유동화거래(ABL, ABS) 관련 도산절연에 관한 신탁 법률의견[138)]

이 사안과 같이 위탁자가 장래매출채권을 수탁자에게 신탁하여 특수목적법인("SPC")을 제1종 수익자로 지정하고, SPC는 차입 또는 사채를 발행하여 조달한 자금으로 제1종 수익권(또는 선순위 수익권. 이하 같

138) 장래매출채권 양도(신탁)에 대해 회계적으로는 선수금(부채)계정으로 처리되고 있으므로 위탁자에게 회생절차가 개시되는 경우에는 회생관리인이 이와 같은 회계처리를 존중하여 위탁자의 장래매출채권의 신탁에 의한 양도의 효력을 부인하거나 장래매출채권 양도담보부 차입거래로 재구성하여 이를 회생담보권으로 시부인하게 되는 경우가 있고, 이와 같은 경우에는 회생절차 내에서만 수익을 지급받을 수 있게 되어 우선수익자인 특수목적법인의 차입금 등 채무 상환에 영향을 미치게 된다. 따라서 실무에서는 장래매출채권 신탁 유동화거래의 경우에는 이와 같은 법률의견서를 발급하게 된다. 또한 회생법원에서도 회생관리인이 이와 같이 시부인하는 경우에는 해당 신탁이 (매매의 형식이 아님에도 불구하고) 자산유동화에 관한 법률 제13조 각 호의 요건(진정매매 요건)에 준하는 요건을 갖추었음을 소명하도록 하고 있다고 한다.

음) 인수대금을 수탁자에게 지급하며, 수탁자는 인수대금을 위탁자에게 지급한 후, SPC는 수탁자로부터 지급받는 제1종 수익권에 관한 수익으로 차입금 또는 사채 원리금을 상환하는 구조의 유동화거래 시 발급되는 법률의견서에는, 대주 또는 주간사 등의 요청에 의해, 해당 장래매출채권의 신탁이 위탁자의 회생절차 등의 도산절차에서 절연된다는 취지의 내용이 포함된다. 그런데 이와 관련하여서는 아래에서와 같이 대법원 2013. 3. 28. 선고 2010다63836 판결이 선고된 이후에는 동 판결이 이 사건에서와 같은 '신탁수익권 인수방식에 의한 유동화거래'에도 적용될 수 있는지 여부에 대한 논란이 있다.[139] 아래는 이와 같은 신탁의 도산절연성에 관하여 통상 발급되는 법률의견의 내용이다.[140]다만, 이 사건에 관한 대법원 판결 및 아래의 법률의견서 등에 비추어 보면, 〈위탁자가 채무자 겸 위탁자가 되어 장래매출채권을 담보목적으로 신탁한 후 채권자를 동 신탁의 제1종 수익자로 지정하는 방안(채무자 겸 위탁자 - 수탁자 - 채권자 겸 제1종 수익자. 편의상 "위탁자 담보신탁 차입방식")〉보다는 이 사건에서와 같이 중간에 SPC를 매개하여 SPC가 채무자로서 자금을 조달하여 제1종 수익권 인수대금을 수탁자에게 지급하고 수탁자가 이를 위탁자에게 지급하는 방법으로 위탁자가 자금을 조달하도록 하는 방식(위탁자 - 수탁자 - 제1종 수익자 겸 채무자(SPC) - 채권자. 편의상 "SPC 수익권 인수거래 방식")〉을 채택하는 것이 도산절연성이나 위탁자의 워크아웃절차 개시의 경우 제1종 수익자인 SPC의 기업구조조정촉진법 적용 여부(채권금융기관 해당 여부)와 관련하여 더 안정성을 확보할 수 있을 것으로 판단된다.

[장래매출채권 신탁의 도산절연 관련 법률의견 예시 ①]

"…… 신탁재산인 재산의 소유권은 수탁자에게 귀속하게 되며, 신탁 후에도 여전히 위탁자의 재산을 구성하는 것은 아니므로, 일정한 예외적인 경우를 제외하고 위탁자의 채권자가 이에 대하여 강제집행할 수 없습니다(신탁법 제22조, 대법원 1996년 10월 15일 선고 96다17424판결 등). 마찬가지로 위탁자의 파산절차나 회생절차의 경우에 있어서도 신탁된 재산은 위탁자의 재산을 구성하지 아니합니다.

나아가 대법원은 2001년 7월 13일 선고 2001다9267 판결에서 "신탁법상의 신탁은 위탁자가 특정의 재산권을 수탁자에게 이전하거나 기타의 처분을 하고 수탁자로 하여금 수익자의 이익을 위하여 또는 특정의 목적을 위하여 그 재산권을 관리, 처분하게 하는 법률관계를 말하므로, 신탁자가 채무에 대한 담보를 위하여 자기 소유의 부동산에 대하여 수탁자와 담보신탁용 부동산 관리·처분신탁계약을 체결하고 채권자에게 신탁원본 우선수익권을 부여하고서, 수탁자 앞으로 신탁을 원인으로 한 소유권이전등기를 경료하였다면, 위탁자의 신탁에 의하여 신탁부동산의 소유권은 수탁자에게 귀속되었다고 할 것이고, 그 후 신탁자에 대한 회사정리절차가 개시된 경우 채권자가 가지는 신탁부동산에 대한 수익권은 회사정리법 제240조 제2항에서 말하는 '정리회사 이외의 자가 정리채권자 또는 정리담보권자를 위하여 제공한 담보'에 해당하여 정리계획이 여기에 영향을 미칠 수 없다고 할 것…"이라고 판시하고 있습니다. 이러한 대법원 판결의 취지에 의하면 담보신탁으로 인정되는 경우에도 신탁된 재산은 그 후 위탁자에 대하여 파산절차나 회생절차가 개시되더라도 위탁자의 재산을 구성하지 아니하게 됩니다.

한편, 대법원은, 피고가 자신이 가지고 있는 국민건강보험공단에 대한 향후의 요양급여비 및 의료급여비

139) 실무의 다수의견은 장래매출채권 유동화거래 방식 중 '위탁자 담보신탁 차입방식'의 경우(장래매출채권 담보신탁의 경우)에는 대법원 2013. 3. 28. 선고 2010다63836 판결[81번 판례]이 적용될 수 있다고 보는 듯하다. 그러나 신탁의 독자성을 인정하여 법적으로 양도담보(담보)와 구별하는 대법원 판결의 입장에 비추어 볼 때 엄연히 신탁이 매개되어 있음에도 불구하고 양도담보에 관한 위 2010다63836 판결과 동일한 결론을 내릴 수 있을지에 대해서는 좀 더 생각해 보아야 할 것이다.

140) 금융감독원의 전자공시시스템에 공시된 내용을 발췌·수정한 것이다. 이와 같은 법률의견서는 금융감독원의 전자공시시스템(DART)에서 쉽게 찾아볼 수 있다. 아래의 법률의견서에 대한 비판에 대해서는 위 2010다63836 판결[81번 판례] 부분 각주를 참고할 것.

채권을 원고에 대한 대출금 채권을 담보하기 위하여 양도한 후 회생절차 개시된 사안에서, "원고가 피담보채권인 대출금채권 전액의 만족을 얻지 아니한 이상, 그 후 발생하는 채권에 대해서도 담보권을 실행할 수 있을 것이나, 회생절차가 개시된 후 발생하는 채권은 채무자가 아닌 관리인의 지위에 기한 행위로 인하여 발생하는 것으로서 채권양도담보의 목적물에 포함되지 아니하고, 이에 따라 그러한 채권에 대해서는 담보권의 효력이 미치지 아니한다"고 판시한 바 있습니다(대법원 2013. 3. 28. 선고 2010다63836 판결). 이 대법원 판결은 장래채권에 대한 양도담보 설정에 대하여 채무자의 회생절차 개시 이후 발생하는 채권은 "채무자가 아닌 관리인의 지위에 기한 행위로 인하여" 발생하는 것으로서 채권양도담보의 목적물에 포함되지 않는다고 판시한 것입니다.

이러한 대법원 판시의 취지에 따라, 위탁자에 대하여 파산 또는 회생절차가 개시된 경우 파산 또는 회생절차 개시된 후에 발생하는 장래매출채권에 대해서는 본건 신탁의 효력이 미치지 아니한다고 볼 것인지 즉 신탁재산에 포함되지 않는다고 볼 것인지 검토가 필요합니다.

위 대법원 판결은 장래채권에 대한 양도담보권 설정시 그 담보권의 목적물 범위에 대해 판시하면서 그 논거로서 채무자 회생 및 파산에 관한 법률 제56조 제1항(회생절차개시결정이 있는 때에는 채무자의 업무의 수행과 재산의 관리 및 처분을 하는 권한은 관리인에게 전속한다)에 따라 '회생절차가 개시된 후 발생하는 채권은 채무자가 아닌 관리인의 지위에 기한 행위로 인하여 발생하는 것으로서 채권양도담보의 목적물에 포함되지 아니한다'는 일반론을 설시하고 있을 뿐이기 때문에 진정매매(신탁)의 요건을 갖추고 있는 본건 신탁의 경우에도 동일한 판시 취지가 적용될 수 있을지에 대하여 견해 대립이 있을 수 있습니다.

그러나, ① 위 대법원 판결은 개인 채무자가 채권자를 위하여 양도담보를 제공한 사안에서의 담보목적물의 범위에 대한 것이고, 이를 법인 채무자의 진정매매(신탁)의 경우까지 동일하게 적용된다고 확대 적용할만한 명확한 근거는 없다는 점, ② 서울중앙지방법원은 주식회사 두루넷이 신용카드회사들에 대한 신용카드매출채권을 SPV에 양도하고 이를 기초자산으로 하여 자산담보부대출거래(ABL)를 한 사례에서, 주식회사 두루넷 관리인이 주식회사 두루넷의 회생절차개시 이후에 발생한 신용카드매출채권은 두루넷의 관리인이 영업을 통하여 취득한 것으로 관리인의 관리처분권에 속하는 것이므로 더 이상 SPV의 소유에 속하지 아니하여 '진정매매'의 목적물이 될 수 없다고 주장한 것에 대하여, 자산담보부대출거래가 신용카드매출채권의 진정매매에 해당하므로 주식회사 두루넷이 회생절차 개시 후 영업을 통하여 발생시킨 신용카드매출채권은 두루넷이 아닌 SPV의 재산에 속한다고 판시한 바 있고(서울중앙지방법원 2006. 3. 29. 2003회7 결정[141]), 회생절차 또는 파산절차 개시 후 진정매매를 통한 장래채권의 양도에 대하여 이와 달리 판시된 사례는 발견되지 아니하는 점, ③ 장래채권의 양도담보 효력을 검토대상으로 하고 있는 논문인 '집합채권양도담보와 도산절차의 개시'(오영준, 사법논집 제43집(2006), 법원도서관)에서도, 장래채권에 대한 '양도담보'와 '진정매매'의 경우를 구분하여 '양도담보'의 경우에는 회생절차 개시 후 발생하는 장래채권에 대하여는 '양도담보'의 효력이 미치지 않는다는 입장을 취하면서도, '진정매매'에 대해서는 위 서울중앙지방법원의 입장이 정당하다고 평가하고 있는 점, ④ 채무자 회생 및 파산에 관한 법률 제65조 제1항은 "회생절차 개시 이후 회생채권 또는 회생담보권에 관하여 채무자의 재산에 대한 권리를 채무자의 행위에 의하지 아니하고 취득한 때에도 회생절차와의 관계에 있어서는 그 효력을 주장하지 못한다"고 규정하고 있는바, 위 대법원 판결의 취지에 따라 설사 회생절차 또는 파산절차 개시 이후에 발생하는 장래채권이 채무자가 아닌 관리인의 지위에 기한 행위로 인하여 발생하는 것이라고 하더라도 회생절차 또는 파산절차와의 관계에서 그 효력이 부정되는 것은 회생절차 개시 후 회생채권자 또는 회생담보권자 또는 파산절차 개시 후 파산재단의 채권자가 취득한 권리이고, 회생

141) 개인적으로 이 결정문을 확인한 결과 이 결정문은 주식회사 코리아닷컴커뮤니케이션즈에 대한 회사정리절차 종결에 관한 것으로, 이 결정문에는 본 법률의견에서 인용하는 설시 내용이 포함되어 있지 않다. 전자공시시스템에 공시된 법률의견에서 사건번호를 잘못 인용한 것으로 보인다. 아래 법률의견 예시 ②에서도 마찬가지이다.

채권자 또는 회생담보권자, 파산재단의 채권자가 아닌 채권의 진정한 양수인에 대하여까지 위 규정의 효력을 확대 적용할 근거는 없다는 점 등을 종합적으로 고려하여 볼 때, 위 대법원 판결 내용에도 불구하고, 본건 신탁과 같이 진정매매(신탁)의 요건을 충족하는 경우에는 본건 신탁을 통하여 신탁재산에 대한 권리가 수탁자에게 확정적으로 이전한 것으로 보는 것이 합리적인 견해인 것으로 보입니다."

이러한 입장에 따를 때, 위탁자에 대한 파산 또는 회생절차가 개시되는 경우에도 그 신탁재산이 위탁자에 대한 파산 또는 회생절차 개시 이후에 발생하는 채권인 경우라도 위탁자에 대하여 개시된 파산 또는 회생절차에 의하여 영향을 받지 않을 것으로 보입니다.

[장래매출채권 신탁의 도산절연 관련 법률의견 예시 ②]

"...... 신탁은 위탁자와 수탁자의 특별한 신임관계에 기하여 위탁자가 수탁자에게 특정의 재산권을 이전하거나 담보권의 설정 또는 기타의 처분을 하고 수탁자로 하여금 수익자의 이익을 위하여 그 재산권을 관리, 처분, 운용 등을 하게 하는 법률관계를 의미합니다(신탁법 제2조). 신탁법에 따라 신탁이 유효하게 설정되면 일정한 예외적인 경우를 제외하고는 신탁재산은 위탁자의 재산으로부터 구별되어 독립성을 가지므로, 신탁재산에 대하여는 위탁자의 채권자들이 원칙적으로 강제집행을 할 수 없습니다(신탁법 제22조, 대법원 1987. 5. 12. 선고 86다545, 86다카2, 1996. 10. 15. 선고 96다17424판결 등 참조). 이러한 신탁의 법률관계에 비추어 보면, 위탁자가 파산하거나 회생절차에 들어가더라도 신탁재산은 위탁자의 파산재단이나 위탁자의 재산을 구성하지 않는 것으로 사료됩니다.

한편, 대법원은, 의사가 장래에 국민건강보험공단으로부터 수령할 의료비 등 채권을 은행에 대한 대출금채권을 담보하기 위한 목적으로 양도담보로 제공하였다가 회생절차에 들어가게 된 사안에서, "장래 발생하는 채권이 담보목적으로 양도된 후 채권양도인에 대하여 회생절차가 개시되었을 경우, 회생절차개시결정으로 채무자의 업무의 수행과 재산의 관리 및 처분 권한은 모두 관리인에게 전속하게 되는데, 관리인은 채무자나 그의 기관 또는 대표자가 아니고 채무자와 그 채권자 등으로 구성되는 이른바 이해관계인 단체의 관리자로서 일종의 공적 수탁자에 해당한다 할 것이므로, 회생절차가 개시된 후 발생하는 채권은 채무자가 아닌 관리인의 지위에 기한 행위로 인하여 발생하는 것으로서 채권양도담보의 목적물에 포함되지 아니하고, 이에 따라 그러한 채권에 대해서는 담보권의 효력이 미치지 아니한다"라고 판시하였습니다(대법원 2013. 3. 28. 선고 2010다63836 판결). 위 대법원 판결은 채무자가 제3자에 대하여 보유한 장래채권을 양도담보로 제공한 후 그 채무자에 대한 회생절차가 개시된 경우 회생절차 개시 이후에 발생하는 채권은 채무자가 아닌 관리인이 이해관계인 단체의 공적 수탁자 지위에 기하여 한 행위로 인하여 발생하는 채권이므로 해당 장래채권은 양도담보의 목적물에 포함되지 않는다는 취지인바, 위 판시가 본건 신탁과 같이 진정한 신탁에의해 장래에 발생할 채권을 양도하는 경우에도 그대로 적용된다고 보아야 할 것인지에 대한 논의가 있습니다.

이와 관련하여, 위 사안에서 대법원이 회생절차 개시 이후에 발생하는 채권은 양도담보목적물에 채무자가 아닌 관리인의 행위로 인하여 발생한 채권'이기 때문이라는 것인 바, 이러한 논거는 채무자가 장래에 발생할 채권을 양도담보로 제공한 경우이거나 신탁법에 따른 진정한 신탁의 방식에 따라 제공한 경우이거나 공통적으로 적용될 수 있는 법리이므로, 신탁의 경우에도 위 대법원 판결이 그대로 적용되어 채무자가 장래 채권을 신탁한 이후에 회생절차에 들어가게 될 경우 그 이후에 발생한 채권에 대하여는 신탁(즉, 양도)의 효력을 주장할 수 없다고 보아야 한다는 견해도 있습니다.

그런데, ① 위 대법원 판결에서 문제된 사안은 양도인(채무자)이 장래채권을 '담보목적'으로 양도한 것이었는바, 이와 같은 담보목적의 양도는 신탁자의 신탁행위 완료시에 신탁목적물인 장래채권에 대한 소유권이 수탁자에게 확정적으로 이전되는 신탁법에 따른 진정한 신탁과는 처분행위의 성격, 효과 및 본질이 다르고, 오히려 신탁법에 따른 진정한 신탁은 이른바 '진정매매'에서의 처분행위와 그 성격, 효과 및 본질이 유사하다는 점, ② 하급심 결정이기는 하나 서울중앙지방법원은 2006. 3. 29. 2003회7 결정에서 장래채권 양도인이 장래채권(신용카드매출채권)을 특수목적법인(양수인)에게 양도하고 이를 기초자산으로 하여 자산담보부대출 거래를 한 사안에서 위 장래채권 양도는 진정매매에 해당하므로 비록 장래채권양도인에 대한 회생절차 개시 이후의 영업에 따라 발생한 신용카드매출채권이더라도 이는 양도인이 아닌 양수인의 재산에 속한다고 설시하였는 바, 법원이 '진정매매'가 이루어진 사안에 대한 판단을 함에 있어 위 '담보목적 양도' 사안에 대한 대법원 판례와는 구분되는 판시를 한 사례가 실제로 존재하는 점, ③ 자산유동화를 통한 진정매매가 도산절차에서 어떻게 취급되는지에 관하여는 그 동안 위 서울중앙지방법원의 선례가 타당하다고 평가되어 이에 따라 실무를 처리하여 온 점, ④ 위 대법원 판결에서는 신탁에 관하여는 전혀 언급이 없는 점 등을 종합할 때, 위 대법원 판결이 담보신탁이 아닌 신탁법에 따른 진정한 신탁방식을 이용한 본건 신탁의 경우에도 그대로 확대 적용된다고 보기는 어렵고 그에 따라 위탁자에 대하여 회생절차가 개시된다고 하더라도 그 회생절차가 개시된 이후에 발생하는 장래매출채권은 위탁자의 회생절차에 의해 영향을 받지 않는다고 보는 것이 합리적이라 사료됩니다.

결론적으로, 위 대법원 판결의 본건 신탁에의 적용여부와 관련해서는 이견이 있을 수는 있으나, 본건 신탁은 신탁법에 따른 진정한 신탁에 해당하여 신탁재산인 장래매출채권은 위탁자의 파산재단이나 회생절차 개시시의 위탁자의 재산을 구성하지 않을 것으로 보입니다."

51. 대법원 2014. 11. 13. 선고 2012다43508 판결 [신탁이익금]

[논점] 특정금전신탁이 해지 등에 의하여 종료된 경우, 잔여재산의 이전이 지연되었다는 사정만으로 수탁자에게 지체책임이 있는지 여부 및 수탁자의 선관주의의무 위반 여부

【이 유】

1. 특정금전신탁은 위탁자로부터 금전을 수탁하여 위탁자가 지정한 운용방법에 따라 수탁자가 그 금전을 대출·유가증권·기타 유동성 자산 등에 운용한 다음 신탁종료 시 수익자에게 금전의 형태로 잔여재산을 교부하는 신탁으로(대법원 2007. 11. 29. 선고 2005다64552 판결 참조), 수탁한 금전을 대출의 방법으로 운용한 특정금전신탁이 해지 등에 의하여 종료된 경우 수탁자는 차주로부터 대출금을 상환받는 등의 방법으로 신탁재산을 환가하여 환가한 금전에서 보수 등을 공제한 금액을 잔여재산으로 귀속권리자에게 이전할 의무를 부담하고, 신탁의 잔여재산이 귀속권리자에게 이전될 때까지는 위와 같은 사무를 처리하는 범위 내에서 귀속권리자를 수익자로 하는 신탁이 존속하게 된다. 따라서 신탁종료 후 잔여재산의 이전이 지연되었다는 사정만으로 수탁자에게 그 지체에 대한 책임이 있다고 할 수 없고, 수탁자가 위와 같은 사무를 처리함에 있어 선량한 관리자의 주의를 다하지 아니한 경우에 그로 인한 손해를 배상할 책임이 있을 뿐이다.

2. 원심판결 이유 및 원심이 적법하게 채택한 증거들에 의하면,

① 한진그룹의 특수목적법인인 프라임밸류 유한회사(이하 '프라임밸류'라고 한다)는 주식회사 한진해운(이하 '한진해운'이라고 한다)의 자사주 320만 주(이하 '이 사건 주식'이라고 한다)를 매입하면서 2009. 11. 25. 그 매입자금 600억 원을 주식회사 케이티캐피탈(이하 '케이티캐피탈'이라고 한다)로부터 대출받았는데, 그 대출약정(이하 '이 사건 대출약정'이라고 한다)에 의하면, 이율은 연 8.49%, 지연손해금률은 연 19%이고, 대출일로부터 48개월 후 일시상환하고 다른 방법에 의한 조기상환은 허용하지 아니하되 대출 후 6개월 이자지급일 또는 24개월 이자지급일의 각 20영업일 전에 대주가 대출원금의 전액에 대하여 조기상환을 요청하는 경우 차주는 위 각 이자지급일에 대출원금의 전액을 상환할 의무가 있는 것

으로 되어 있었던 사실, ② 프라임밸류는 한진해운으로부터 이 사건 주식을 매수하고 위 대출금채무의 담보를 위하여 케이티캐피탈에게 이 사건 주식에 관하여 1순위 근질권을 설정해 준 사실, ③ 프라임밸류는 다른 한진그룹 계열사인 주식회사 싸이버로지텍(이하 '싸이버로지텍'이라고 한다)과 사이에, 싸이버로지텍은 프라임밸류에게 이 사건 주식 전부를 600억 원에 매도할 수 있는 권리를 부여하고 프라임밸류는 싸이버로지텍에게 이 사건 주식 전부를 600억 원에 매수할 수 있는 권리를 부여하는 약정(이하 '이 사건 주식옵션약정'이라고 한다)을 체결한 사실, ④ 피고는 케이티캐피탈로부터 프라임밸류에 대한 위 대출금채권과 위 근질권을 대금 600억 원에 양수한 사실, ⑤ 피고는 원고로부터 40억 원을 특정금전신탁으로 지급받는 등 다수의 금융기관과 특정금전신탁계약을 체결하여 위 양수대금을 조달하였는데, 원고와 사이에 체결된 특정금전신탁계약(이하 '이 사건 특정금전신탁계약'이라고 한다)에 의하면, 위탁자 겸 수익자는 원고, 수탁자는 피고, 신탁금액은 40억 원, 신탁기간은 2009. 11. 25.부터 2013. 11. 25.까지, 목표수익률은 연 8.4%, 신탁기본보수는 연 0.09%이고, 신탁재산은 프라임밸류에 대한 600억 원의 대출금으로 운용되어야 하며 이 사건 주식에 1순위 근질권을 설정하여야 하고, 신탁 후 6개월 이익지급일 또는 24개월 이익지급일에 신탁원금의 개별 조기상환을 신청할 수 있는 것으로 되어 있었던 사실, ⑥ 피고는 2010. 3.경 프라임밸류로부터 담보물을 이 사건 주식에서 주식회사 한진해운홀딩스(이하 '한진해운홀딩스'라고 한다) 주식으로 교체하여 달라는 요청을 받고 원고 등 특정금전신탁계약의 위탁자들에게 담보물 교체에 대한 동의 여부를 물었는데, 위탁자 중 58.4%가 담보물 교체에 동의하였으나 원고 등 5개 금융기관이 이에 동의하지 아니하자, 과반수 위탁자의 동의를 근거로 담보물을 이 사건 주식에서 한진해운홀딩스 주식으로 교체해 주고, 원고 등 5개 금융기관에 대하여는 특정금전신탁계약에 정한 바에 따라 신탁원금의 조기상환신청을 하도록 통지한 사실, ⑦ 원고는 2010. 3. 26. 피고에게 신탁 후 6개월 이익지급일인 2010. 5. 25.을 기하여 신탁원금 40억 원을 상환하여 줄 것을 청구하였고, 피고는 실질적인 차주로서 프라임밸류의 의사를 결정할 수 있는 싸이버로지텍에게 대출금 중 원고 등 5개 금융기관의 신탁원금 합계 상당액인 180억 원을 대출 후 6개월 이자지급일인 2010. 5. 25.까지 상환하여 줄 것을 요청하였으나, 싸이버로지텍으로부터 이 사건 대출약정에 의하면 대출금 전액에 대한 조기상환청구만이 가능하다는 이유로 조기상환을 거절당한 사실, ⑧ 이에 피고는 새로운 위탁자를 구하여 그로부터 특정금전신탁을 받아 원고 등에게 신탁원금을 상환하기로 하기로 하고 원고에게 신탁원금의 상환이 다소 지연되는 데 대하여 양해를 구하였으나, 원고는 담보권의 실행 등을 통하여 대출금을 상환받아 신탁원금을 상환하여 줄 것만을 요구한 사실, ⑨ 피고는 2010. 8. 말경 새로운 위탁자를 구하여 그와 특정금전신탁계약을 체결하고 2010. 8. 25.에 2010. 5. 26.부터 2010. 8. 25.까지 92일의 기간에 대하여 연 8.49%의 비율로 계산한 이자에서 같은 기간에 대하여 연 0.09%의 비율로 계산한 보수를 공제한 신탁이익금 84,690,411원을, 그 다음 날에 신탁원금 40억 원을 원고에게 상환하였으나, 원고는 위 기간에 대하여 연 8.49%의 비율로 계산한 이자가 아닌 연 19%의 비율로 계산한 지연손해금이 지급되어야 한다고 다투고 있는 사실을 알 수 있다.

3. 위와 같은 사실관계를 앞서 본 법리에 비추어 살펴본다.

가. 이 사건 특정금전신탁계약 중 신탁 후 6개월 이익지급일 또는 24개월 이익지급일에 신탁원금의 개별 조기상환을 신청할 수 있다는 조항은 위 일시에만 신탁의 해지가 허용된다는 해지권 행사시기를 규정함과 아울러 해지의 효력발생일을 규정한 것이라고 할 것이므로, 원고의 2010. 3. 26.자 신탁원금 조기상환청구에 의하여 원고의 피고에 대한 특정금전신탁은 신탁 후 6개월 이익지급일인 2010. 5. 25. 종료되었다고 할 것이다. 그런데 이 사건 특정금전신탁계약 및 이 사건 대출약정에 의하면, 신탁의 종료에 의하여 피고로서는 프라임밸류로부터 대출금을 상환받는 등의 방법으로 신탁재산인 대출금채권을 환가한 다음 환가한 금전에서 보수 등을 공제한 금전을 잔여재산으로 원고에게 교부할 의무를 부담

할 뿐이고, 신탁재산을 환가하였는지 여부와 무관하게 신탁종료일을 이행기로 하여 신탁원금 상당의 금전을 지급할 의무 및 그 지체에 대한 책임을 부담한다고는 볼 수 없다. 따라서 신탁종료일인 2010. 5. 25.까지 신탁원금 상당의 금전이 원고에게 지급되지 않았다고 하여 피고가 민법 제397조에 따른 금전채무불이행의 책임을 부담한다고는 할 수 없고, 다만 대출금채권을 환가하는 등의 신탁사무를 처리함에 있어 선량한 관리자로서의 주의의무 위반이 있는 경우에 한하여 그로 인한 손해배상책임을 부담한다고 할 것이다.

나. 그런데 이 사건 대출약정은 다른 방법에 의한 대출금의 조기상환은 허용하지 아니하면서 대출 후 6개월 이자지급일 또는 24개월 이자지급일에 대출원금 '전액'에 대한 조기상환만을 허용하고 있고,[142] 원고 등 5개 금융기관을 제외한 나머지 특정금전신탁의 위탁자들은 대출금의 조기상환을 원하지 아니하였으므로, 피고가 프라임밸류로부터 대출금의 일부 조기상환을 받지 못하였다고 하여 피고가 잔여재산 이전 사무처리에 관하여 선량한 관리자의 주의의무를 위반하였다고 할 수 없다.

또한 원고의 의사는 금전으로 잔여재산을 이전받고자 하는 것이었는데, 원고가 대출금채권 중 일부를 양도받더라도 이 사건 대출약정상 대출금 일부에 대한 조기상환이 제한됨으로 인하여 자신이 양수한 대출금채권 부분에 대하여 조기상환을 받을 수 없었으므로, 피고가 원고에게 대출금채권 중 일부를 양도하겠다고 하였더라도 원고가 이를 거절하였을 것으로 보이고, 따라서 피고가 대출금채권 중 일부를 양도하는 방법으로 원고에게 잔여재산을 이전하지 아니한 점을 들어 피고에게 선량한 관리자로서의 주의의무 위반이 있다고 할 수도 없다.

다. 원심이 같은 취지에서 신탁원금의 상환지연에 대하여 피고에게 선량한 관리자로서의 주의의무 위반이 없다는 이유로 원고의 손해배상청구를 배척한 것은 수긍할 수 있고, 거기에 상고이유 주장과 같이 민법 제397조에 관한 법리나 이 사건 대출약정의 해석에 관한 법리 또는 특정금전신탁 수탁자의 선관주의의무에 관한 법리를 오해하여 판결 결과에 영향을 미친 잘못이 없다.

한편 피고가 원고의 동의 없이 담보물을 교체한 점이나 한진해운홀딩스가 스스로 새로운 위탁자가 되기로 약정하였음에도 피고가 이러한 약정의 이행을 요구하지 아니한 것이 신탁원금 상환지연에 관한 선관주의의무 위반의 원인이 된다는 취지의 상고이유 주장은, 원심 변론종결 시까지 주장하지 아니하였던 사유를 상고심에서 하는 새로운 주장이므로 적법한 상고이유가 되지 못한다.

[원심판결] 서울고등법원 2012. 4. 19. 선고 2011나68380 판결 [신탁이익금]

【주 문】

1. 제1심판결 중 피고 패소 부분을 취소한다.

---

142) 특정금전신탁의 중도해지로 인한 신탁원본 및 수익금 반환에 필요한 재원을 마련하기 위해서는 원칙적으로 특정금전신탁이 투자하는 대출등의 기초자산으로부터 상환자금이 회수되어야 하므로, 특정금전신탁 등 투자 vehicle(SPC 또는 신탁 등)을 통하여 이와 같은 매칭 또는 백투백 거래를 하는 경우에는 대출등 기초자산과 관련하여 별도의 신용보강(자금보충약정 등)이 제공되지 않는 한, 원금 조기상환일 및 상환금액, 이자지급액(원천징수), 원리금 상환일, 만기일, 이자율, 이자기간 등에 있어 양 거래사이에 자금 불일치가 발생하지 않도록 자금흐름(cash-flow)에 유의해야 한다. 다만, 실무상 (특히) 특정금전신탁을 통한 자금 조달의 경우에는 신탁은행이 (위탁자의 요청 등으로 인하여) 특정금전신탁에 의해 자금을 조달한다는 사실을 공개하지 않는 경우가 있고(이 경우 신탁은행이 신탁자금을 운용하기 위해 외부와 체결하는 대출약정서 등에는 고유계정과 신탁계정의 구별없이 수탁자가 단독 대주로 표시된다), 투자 vehicle(SPC 또는 신탁 등)을 통한 거래시 차주가 전부 조기상환만을 고집하여 신탁은행이 다른 대안을 마련할 수 있다고 판단하는 등(추후 새로운 특정금전신탁의 설정, 신탁수익권의 양수도 등)의 사유로 인하여 이 사안과 같이 대출약정서에 대출원금의 일부 조기상환 조항을 포함시키지 않는 경우도 발생한다. 특히 이 사안에서는 이 사건 주식옵션약정상 주식 600만주 전부에 대한 옵션만이 허용되었음이 고려되어 같은 연장선에서 대출금의 전부 조기상환이 규정되었을 것으로 생각된다.

2. 위 취소 부분에 해당하는 원고의 청구를 기각한다.

3. 소송총비용은 원고가 부담한다.

【청구취지 및 항소취지】

1. 청구취지

피고는 원고에게 108,953,424원 및 이에 대하여 2010. 8. 26.부터 2010. 10. 27.까지는 연 6%, 그 다음 날부터 다 갚는 날까지는 연 20%의 각 비율로 계산한 돈을 지급하라.

2. 항소취지

제1심판결 중 피고 패소 부분을 취소하고 그 부분에 해당하는 원고의 청구를 기각한다.

【이 유】

3) 신탁원리금 지급 지연에 따른 손해배상책임의 발생 여부

피고가 2010. 8. 25.이후 신탁원리금을 지급하였음은 앞에서 본 바와 같은바, 이와 같은 신탁원리금의 지급 지연이 수탁자로서의 선관주의의무에 위반하여 원고에게 손해를 발생하게 한 것인지에 관하여 본다.

이 사건 대출약정의 해석상 대주의 일부 조기상환청구가 불가능함은 앞에서 본 바와 같으므로, 피고가 대출금을 회수하여 2010. 5. 25. 원고에게 이를 지급할 의무가 있다고 할 수 없고, 피고로서는 선량한 관리자의 주의의무로써 기타 상당한 방법에 의하여 조기상환의무를 이행하여야 할 것이다.

원고는 '운용자산 중 환가 및 회수가 곤란하거나 수익자가 신탁재산을 운용 현상대로 교부할 것을 요청한 경우에는 신탁재산을 운용 현상대로 교부한다'는 이 사건 특정금전신탁계약 제17조 제2항 제1문을 근거로, 피고가 운용 현상대로 신탁재산을 교부하여 주지 아니한 잘못이 있다고 주장한다.

그러나 원고가 '운용 현상대로 교부한다'는 위 규정(갑 4호증의 1)에 따라 대출채권 중 신탁재산 상당 부분을 양도받았다 하더라도, 대출채권에 대한 일부 조기상환이 불가능함은 앞에서 본 바와 같으므로 이 부분 대출채권에 대하여 이행기가 도래하지 않으며 따라서 2010. 5. 26. 이후 연 19%의 지연손해금이 발생한다고 볼 수 없고, 다만 이 사건 대출약정에서 정한 연 8.49%의 이자만이 발생하는바, 피고가 원고에게 92일간 연 8.49%의 비율로 계산한 이자를 지급한 이상, 피고가 원고에게 신탁재산에 상당하는 대출채권을 교부하지 아니하였다 하더라도 원고에게 어떠한 손해가 발생하였다고 할 수 없다.

결국 피고가 위탁자를 교체하는 과정에서 신탁원리금의 지급이 92일간 지연된 바 있으나, 앞에서 본 여러 가지 사정에 비추어 보면 위와 같은 방법의 선택이 선관주의의무를 위반하였다고 볼 수 없고, 이 사건 특정금전신탁계약상 피고가 신탁원리금의 지급을 지체하는 경우의 지연손해금율에 대하여 아무런 정함이 없으며, 피고가 프라임밸류로부터 실제 2010. 5. 26.부터 2010. 8. 25.까지의 지연손해금을 회수하였다는 점을 인정할 증거도 없으므로, 피고가 원고에게 이 사건 대출약정상 이자율인 연 8.49%을 초과하는 지연손해금을 지급할 의무가 있다고 할 수 없다.

52. 대법원 2014. 10. 30. 선고 2013다53939 판결 [건물인도등]

[논점] 부동산 신탁이 이중양도로서 민법 제103조에 따라 무효에 해당할 수 있는 경우

【이 유】

1. 원심은, 피고들이 주식회사 디앤아이(이하 '디앤아이'라고 한다)로부터 이 사건 상가를 분양받거나

디앤아이의 동의 아래 수분양자 지위를 양수한 사실, 디앤아이는 그 후 한국자산신탁 주식회사(이하 '한국자산신탁'이라고 한다)에게 이 사건 상가가 포함된 신축건물인 울산 중구 성남동 소재 ○○○○ ○○ 101동(이하 '이 사건 건물'이라고 한다) 및 그 부지에 관하여 각 신탁을 원인으로 한 소유권이전등기를 마쳐준 사실, 피고들이 디앤아이를 대위하는 등으로 한국자산신탁과 디앤아이를 상대로 울산지방법원 2008가단25922호로 소송을 제기하여 2009. 6. 17. 위 법원으로부터 디앤아이와 한국자산신탁의 신탁계약이 이중매매로서 민법 제103조에 의하여 무효라는 이유로 "한국자산신탁은 디앤아이에게 이 사건 건물과 그 부지 중 분양계약에 표시된 이 사건 상가의 전유부분, 공유지분 및 대지권에 해당하는 부분에 관하여 마쳐진 각 소유권이전등기의 말소등기절차를 이행하고, 디앤아이는 피고들로부터 잔금을 지급받음과 동시에 피고들에게 각 매매를 원인으로 한 소유권이전등기절차를 이행하라."는 판결을 선고받았고, 위 판결은 그 무렵 확정된 사실(이하 '이 사건 전소'라고 한다), 원고는 한국토지신탁이 진행한 공매절차에서 이 사건 상가 부분이 포함된 이 사건 건물과 그 부지를 매수하여 2011. 1. 31. 그 명의로 소유권이전등기를 마친 사실 등을 인정하였다.

그리고 원심은 승계인에게 기판력이 미치기 위해서는 전소의 소송물과 승계인에 대한 후소의 소송물이 동일하거나 모순관계 또는 선결관계가 성립하는 등으로 객관적 기판력이 미쳐야 할 것이라고 전제하고, 원고가 피고들을 상대로 이 사건 건물의 인도 및 차임 상당 부당이득의 반환을 구하는 후소인 이 사건 소의 소송물은 건물인도청구권 등으로서 말소등기청구권이 소송물인 이 사건 전소와 소송물이 다르므로 이 사건 전소 판결의 기판력이 미치지 아니한다고 한 다음, 나아가 피고들이 이 사건 전소에서 대위행사한 디앤아이의 권리가 소유권에 기한 물권적방해배제청구권인 점 등 그 판시와 같은 사정을 들어 원고가 변론종결 후 승계인으로서 이 사건 전소 판결의 기판력을 받으므로, 물권적인 소유권이전등기의 말소등기의무를 부담하는 한국자산신탁으로부터 등기를 이전받은 원고는 이 사건 상가에 관한 소유권을 취득할 수 없다고 판단하여 위 소유권을 전제로 하는 원고의 청구를 기각하였다.

2. 그러나 원심의 위와 같은 판단은 그대로 수긍하기 어렵다.

가. 확정판결의 기판력은 그 판결의 주문에 포함된 것, 즉 소송물로 주장된 법률관계의 존부에 관한 판단의 결론 그 자체에만 생기는 것이고, 판결이유에 설시된 그 전제가 되는 법률관계의 존부에까지 미치는 것은 아니므로, 원인이 무효라는 이유로 소유권이전등기의 말소등기청구를 인용하는 판결이 확정되었어도 그 확정판결의 기판력은 소송물인 말소등기청구권의 존부에만 미치는 것이고 그 전제가 되는 소유권 자체의 존부 등 판결이유 중의 부동산 권리귀속에 관한 판단 부분에까지 미치지는 아니한다(대법원 1986. 8. 19. 선고 84다카1792 판결, 대법원 2010. 12. 23. 선고 2010다58889 판결 등 참조). 그리고 기판력은 기판력 있는 전소 판결의 소송물과 동일한 후소를 허용하지 않음과 동시에, 후소의 소송물이 전소의 소송물과 동일하지는 않다고 하더라도 전소의 소송물에 관한 판단이 후소의 선결문제가 되거나 모순관계에 있을 때에는 후소에서 전소 판결의 판단과 다른 주장을 하는 것을 허용하지 않는 작용을 하는 것이므로(대법원 2002. 12. 27. 선고 2000다47361 판결 등 참조), 이와 같이 소송물이 동일하거나 선결문제 또는 모순관계에 의하여 기판력이 미치는 객관적 범위에 해당하지 아니하는 경우에는 전소 판결의 변론종결 후에 당사자로부터 계쟁물 등을 승계한 자가 후소를 제기하더라도 그 후소에 전소 판결의 기판력이 미치지 아니한다.

나. 원심판결 이유를 앞서 본 법리에 비추어 살펴보면, 이 사건 전소의 소송물인 소유권이전등기말소청구권의 존부는 이 사건 소의 소송물인 건물인도청구권 및 부당이득반환청구권의 존부와 다르다. 이 사건 전소 판결의 기판력이 미치는 법률관계 즉 소송물로 주장된 법률관계는 디앤아이의 한국자산신탁에 대한 이 사건 상가에 관한 말소등기청구권의 존부이고 이 사건 상가의 소유권(또는 그 원인인 신탁계약의 효력)의 존부는 그 전제가 되는 법률관계에 불과하여 이 사건 전소 판결의 기판력이 미치

지 아니한다. 또한 이 사건 전소의 소송물인 말소등기청구권에 대한 판단이 이 사건 건물인도 등 청구의 소의 선결문제가 되거나, 이 사건 소의 소송물인 건물인도청구권 등의 존부가 이 사건 전소의 소송물인 말소등기청구권의 존부와 모순관계에 있다고 볼 수 없어서, 이 사건 전소 판결의 기판력이 이 사건 소에 미친다고 할 수 없다. 이는 원고가 이 사건 전소 판결의 변론종결 후에 한국자산신탁으로부터 이 사건 상가를 포함한 이 사건 건물을 매수하여 소유권이전등기를 마쳤더라도 마찬가지이다.

원심이 승계인에게 기판력이 미치기 위해서는 객관적 기판력이 미쳐야 한다고 하고 이 사건 전소 판결의 기판력이 이 사건까지 미친다고 볼 수 없다고 한 다음, 이와 정반대로 이 사건에서 원고가 변론종결 후의 승계인이므로 이 사건 전소 판결의 기판력을 받는다고 판단한 것은 이유모순에 해당한다고 할 것이다. 원고에 대한 승계집행문 부여 가능성은 별론으로 하고, 피고들이 이 사건 전소 판결을 집행하지 아니하여 이 사건 건물에 관하여 원고 명의의 소유권이전등기가 마쳐져 있는 이상 원고는 적법한 등기원인에 의하여 소유권을 취득한 것으로 추정되므로, 이 사건에 기판력이 미치지 아니하는 이 사건 전소 판결의 기판력을 원고가 받는다는 이유만으로 원고의 소유권을 부정할 수는 없다. 따라서 원심은 이 사건 전소 판결과 관계없이 이 사건 상가에 관한 소유권을 전제로 하는 원고의 이 사건 청구에 대한 당부를 심리하여 판단했어야 할 것이다.[143)]

그럼에도 이와 달리 원고가 변론종결 후의 승계인이어서 이 사건 전소 확정판결의 기판력이 미쳐서 소유권을 취득할 수 없다는 이유로 원고의 청구를 기각한 원심판단에는 이유모순, 기판력의 효력에 관한 법리오해 등 판결에 영향을 미친 위법이 있다. 이를 지적하는 상고이유 주장은 이유 있다.

[원심판결] 울산지방법원 2013. 6. 19. 선고 2012나6240 판결 [건물인도 등]

【주 문】

1. 제1심 판결을 취소한다.
2. 원고의 피고들에 대한 청구를 모두 기각한다.
3. 소송총비용은 원고가 부담한다.

【청구취지 및 항소취지】

1. 청구취지 원고에게,

가. 별지 '부동산의 표시' 기재 건물 9층 1136.54㎡ 중

(1) 피고 B는 별지 도면 표시 2, 3, 10, 11, 2의 각 점을 순차로 연결한 선내 ㉮부분 6.4㎡를,

(2) 피고 C는 같은 도면 표시 3, 4, 9, 10, 3의 각 점을 순차로 연결한 선내 ㉯부분 6.4㎡를,

(3) 피고 D은 같은 도면 표시 5, 6, 7, 8, 5의 각 점을 순차로 연결한 선내 ㉰부분 6.42㎡를 각 인도하고,

나. 피고들은 각 2011. 2. 1.부터 2012. 1. 30.까지는 월 904,000원, 그 다음날부터 위 인도완료일까지는 월 91만 원의 비율로 계산한 돈을 지급하라.

---

143) 원심판결에서는 이미 "…원고가 이 사건 상가에 관하여 J으로부터 소유권이전등기를 경료받았다고 하더라도 앞서 본 바와 같이 J이 'E로부터 J으로의 소유권이전등기가 민법 제103조 위반으로 무효이므로 J은 이 사건 상가에 관한 소유권이전등기를 말소하라'는 확정판결을 선고받은 이상, 이 사건 상가에 관한 J명의의 소유권이전등기는 절대적 무효로서 설령 원고가 선의라고 하더라도 이 사건 상가에 관한 소유권을 취득한다고 보기는 어려운 점…"이라고 설시하고 있는바, 이는 J의 소유권취득은 민법 제103조에 위반되어 무효이고 원고의 취득은 무권리자인 J로부터 취득이어서 그 소유권 취득 역시 무효이므로 원고는 소유권자라고 할 수 없다는 취지로 해석될 수도 있지 않을까 생각된다.

2. 항소취지

주문과 같다.

【이 유】

나. 원고가 소유권을 취득하는지 여부에 대하여

마지막으로, 원고가 청구원인으로 내세우는 바와 같이 과연 이 사건 상가에 관한 소유권을 취득하였는지 여부에 관하여 본다.

민사소송법 제218조 제1항은 "확정판결은 당사자, 변론을 종결한 뒤의 승계인(변론없이 한 판결의 경우에는 판결을 선고한 뒤의 승계인) 또는 그를 위하여 청구의 목적물을 소지한 사람에 대하여 효력이 있다"고 규정하고 있다. 이는 확정판결의 기판력은 원칙적으로 당사자들 사이에만 미치지만 특수한 관계에 있는 제3자에 대하여는 확정판결의 효력이 미친다는 의미로 해석할 수 있다.

원고가 ② 확정판결의 사실심 변론종결 후인 2011. 1. 31. 이 사건 상가에 관하여 J으로부터 소유권이전등기를 마친 사실은 앞서 본 바와 같으므로, 과연 원고가 J으로부터 이 사건 상가에 관한 소유권을 취득할 수 있는지 여부에 관하여 본다.

앞서 본 증거들에 을9호증의 1 내지 5의 각 기재와 변론 전체의 취지를 종합하여 인정되는 다음과 같은 사정, 즉 ① 피고들이 E와 J을 상대로 ② 소송을 제기하여 "이 사건 상가에 관한 J의 소유권이전등기는 민법 제103조에 위반하여 무효이므로 J은 E에게 이 사건 상가에 관한 소유권이전등기의 각 말소등기절차를 이행하라"는 판결이 선고되어 확정되었고, 위 소송절차에서 E도 피고로 참가하였으므로 그 확정판결의 효력은 E에게도 미치는데, 피고들이 대위행사한 E의 권리는 소유권에 기한 물권적방해배제청구권인 점, ② 이 사건 상가에 관하여 비록 집합건물등기가 되어 있지 않지만, 당초 E가 이 사건 상가를 포함한 건물 전체를 집합건물로 등록하였다가 2009. 11. 23. 일반건물로 등록전환하였는데, E가 피고들과 사이에 분양계약을 체결할 당시에도 이 사건 상가들을 각각 구분건물로 특정하여 분양하였고, 현재까지도 피고들이 이를 구분소유하면서 그에 대한 세금을 납부하는 것으로 보여 이 사건 상가는 집합건물로 봄이 상당한 점(대법원 2013. 1. 17. 선고 2010다71578 전원합의체 판결의 취지 참조), ③ 원고가 이 사건 상가에 관하여 J으로부터 소유권이전등기를 경료받았다고 하더라도 앞서 본 바와 같이 J이 "E로부터 J으로의 소유권이전등기가 민법 제103조 위반으로 무효이므로 J은 이 사건 상가에 관한 소유권이전등기를 말소하라"는 확정판결을 선고받은 이상, 이 사건 상가에 관한 J명의의 소유권이전등기는 절대적 무효로서 설령 원고가 선의라고 하더라도 이 사건 상가에 관한 소유권을 취득한다고 보기는 어려운 점(대법원 1996. 10. 25. 선고 96다29151 판결 등 참조, 피고들에 대한 이 사건 ② 확정판결이 있는 이상, 다른 수분양자들에 대하여 이와 다른 취지의 판결이 있다고 하여 달리 볼 수는 없다) 등에 비추어 보면, 원고는 '변론종결 후의 승계인'으로서 ② 확정판결의 기판력을 받는다(대법원 1963. 9. 27. 선고 63마14 판결, 대법원 1980. 5. 13. 선고 79다1702판결 등 참조).

따라서 ② 확정판결에 따라 물권적인 소유권이전등기의 말소등기의무를 부담하는 J으로부터 등기를 넘겨받은 원고는 이 사건 상가에 관한 소유권을 취득할 수 없다.

53. 대법원 2014. 10. 21.자 2014마1238 결정 [채권압류및전부명령]

[논점] 신탁사무의 처리상 발생한 채권을 가지고 있는 채권자가 그 후 파산한 수탁자의 당해 신탁재산에 대하여 강제집행을 할 수 있는지 여부

【이 유】

1. 원심은, 채권자들이 파산 전 한국부동산신탁 주식회사(이하 '한국부동산신탁'이라 한다)를 상대로 서울중앙지방법원 2001가합14813호로 매매대금 청구소송을 제기하여 2002. 4. 30. 일부 승소판결을 선고받았고 위 판결이 항소, 상고를 거쳐 확정된 사실, 한국부동산신탁은 2003. 6. 2. 파산선고되었고, 이후 채무자가 파산관재인으로 선임된 사실, 채권자들은 위 판결에 의하여 확정된 채권의 시효완성일이 다가오자 채무자를 상대로 춘천지방법원 2013가합522호로 시효연장을 위한 소송을 제기하여 무변론 판결 선고를 받았고, 위 판결에 의한 채권을 청구채권으로 하여(이하 '이 사건 청구채권'이라 한다) 채무자의 제3채무자 주식회사 우리은행에 대한 예금채권(이하 '이 사건 예금채권'이라 한다)에 대하여 이 사건 채권압류 및 전부명령을 신청한 사실을 인정한 후, 위 인정 사실에 의하면, 채권자들의 채무자에 대한 채권은 파산선고 전에 발생한 채권으로 파산채권이고, 채무자에 대한 파산선고는 집행장애사유에 해당하여 파산선고 후에는 파산채권이나 재단채권에 기한 새로운 강제집행이 허용되지 않는다고 판단하여, 사법보좌관의 이 사건 채권압류 및 전부명령 신청 인용결정을 인가한 제1심결정을 취소하고 이 사건 채권압류 및 전부명령 신청을 모두 기각하는 한편, 이 사건 청구채권이 신탁사무의 처리상 발생한 채권이고 이 사건 예금계좌에는 채무자가 신탁재산을 자조매각하여 그 매매대금을 입금한 돈이 포함되어 있어 적어도 그 매매대금 상당은 신탁재산이므로 이에 대하여는 한국부동산신탁의 파산에 관계없이 강제집행이 허용된다는 채권자들의 주장에 대하여는 별도로 심리·판단하지 아니하였다.

2. 그러나 원심의 위와 같은 판단은 그대로 수긍하기 어렵다.

가. 수탁자가 파산한 경우에 신탁재산은 수탁자의 고유재산이 된 것을 제외하고는 파산재단을 구성하지 아니하므로[구 신탁법(2011. 7. 25. 법률 제10924호로 전부 개정되기 전의 것, 이하 '구 신탁법'이라 한다) 제22조], 신탁사무의 처리상 발생한 채권을 가지고 있는 채권자는 수탁자가 그 후 파산하였다 하더라도 신탁재산에 대하여는 강제집행을 할 수 있다.

나. 기록에 의하면, 한국부동산신탁이 1996. 11. 23. 홍천온천개발 주식회사와 사이에, 강원도 홍천군 (주소 생략) 등 5필지 상에 지하 3층, 지상 5층 건물 및 단지 내 공용시설을 건축하고 토지와 건물, 온천수 이용 및 관리에 관한 권리를 신탁재산으로 하여 이를 분양하는 것을 내용으로 하는 토지신탁계약을 체결한 사실, 채권자들은 1997년경 한국부동산신탁과 각기 위 건물 상가 중 일정 부분에 관하여 분양계약을 체결하고 계약금 및 중도금을 납부한 사실, 이 사건 청구채권은 채권자들이 한국부동산신탁을 상대로 위 분양계약에 기한 소유권이전등기의무가 이행불능이 되었음을 들어 계약해제의 의사표시를 하고 이미 지급한 매매대금의 반환을 구하는 소(위 서울중앙지방법원 2001가합14813호)를 제기하여 일부승소한 데 따른 매매대금 반환금 채권인 사실을 알 수 있다.

다. 그렇다면 이 사건 청구채권은 신탁사무의 처리상 발생한 채권이라 할 것이고, 채권자들이 이 사건 청구채권으로써 파산한 수탁자의 고유재산이 아닌 신탁재산에 대하여 강제집행하는 것은 수탁자의 파산에 관계없이 허용되는바, 채권자들이 이 사건 예금채권의 적어도 일부가 위 신탁계약에 따른 신탁재산을 자조매각한 매각대금으로서 역시 신탁재산에 속한다고 주장하는 이상, 원심으로서는 이 사건 예금채권에 위 신탁재산을 매각한 대금이 포함되어 있는지 여부, 채권자들의 주장과 같이 채무자가 위 신탁재산에 관하여 자조매각권을 행사한 것인지 여부 및 그 경우 구 신탁법 및 신탁계약에 의할 때 그 자조매각한 매각대금이 신탁재산으로 남게 되는지 또는 채무자의 고유재산으로 되는지 등에 관하여 추가로 심리하여, 만약 이 사건 예금채권 중 신탁재산으로 인정되는 부분이 있는 경우 이에 대하여는 이 사건 채권압류 및 전부명령 신청을 인용하였어야 할 것이다.

라. 그럼에도 원심은 위와 같은 점에 관하여 심리·판단하지 아니한 채 이 사건 예금채권 전부가 파

산재단에 속한다고 단정하여 제1심결정을 취소하고 이 사건 채권압류 및 전부명령 신청을 기각하고 말았다. 이러한 원심결정에는 수탁자의 파산 시 신탁재산에 대한 강제집행의 법리를 오해하고 필요한 심리를 다하지 아니한 위법이 있다.

[원심결정] 서울중앙지방법원 2014. 7. 4.자 2013라1878 결정 [채권압류및전부명령]

【주 문】

1. 이 사건에 관한 2014. 6. 20.자 항고기각 결정을 취소한다.
2. 제1심 결정을 취소한다.
3. 채권자들의 이 사건 채권압류 및 전부명령 신청을 모두 기각한다.

【이 유】

살피건대, 구 파산법 제61조 제1항에 의하면(현재의 채무자 회생 및 파산에 관한 법률 제348조와 동일하다), 파산채권에 관하여 파산재단에 속하는 재산에 대하여 행하여진 강제집행, 가압류 또는 가처분은 파산재단에 대하여는 그 효력을 잃는다 할 것인바, 이는 파산선고 후 파산채권에 기하여 파산재단에 속하는 재산에 대하여 새로운 강제집행 및 보전처분을 하는 경우에도 적용된다.

이 사건에서 보건대, 기록에 의하면, 채권자들은 한국부동산신탁 주식회사를 상대로 서울중앙지방법원 2001가합14813호로 매매대금 청구소송을 제기하여 2002. 4. 30. 일부 승소판결을 선고받은 사실(이에 대해 한국부동산신탁 주식회사가 항소하여 항소심이 진행되었으나 항소기각되었고, 상고하였으나 심리불속행으로 기각되어 확정되었다), 한국부동산신탁 주식회사는 2003. 6. 2. 파산 선고되었고, 이후 채무자가 파산관재인으로 선임된 사실, 채권자들은 채무자를 상대로 위 판결의 시효가 완성되어 오자 춘천지방법원 2013가합522호로 시효연장을 위한 소송을 제기하여 무변론 판결 선고를 받았고, 위 판결에 기해 이 사건 채권압류 및 전부명령을 신청한 사실을 인정할 수 있는바, 이에 의하면, 채권자들의 채무자에 대한 채권은 파산선고 전에 발생한 채권으로 파산채권이고, 채무자에 대한 파산선고는 집행장애사유에 해당하여 파산선고 후에는 파산채권이나 재단채권에 기한 새로운 강제집행이 허용되지 않는다 할 것이다.

따라서 집행장애 사유를 간과한 제1심 결정은 부당하며, 이 사건 채권압류 및 전부명령 신청은 기각되어져야 한다.

54. 대법원 2014. 10. 15. 선고 2014두37658 판결 [건축주변경신고수리처분취소][144]

[논점] 주상복합주택 분양신탁계약을 체결하여 주상복합아파트 개발사업의 진행 중에 사업부지와 미완성 건물에 대한 공매가 이루어져 그 양수인으로 건축주 명의를 변경하는 경우 구비서류

【이 유】

1. 건축주 명의변경신고 수리의 요건에 관한 상고이유에 대하여

가. 구 건축법(2014. 1. 14. 법률 제12246호로 개정되기 전의 것. 이하 같다) 제16조 제1항 본문은 건축주가 허가를 받았거나 신고한 사항을 변경하려면 그 전에 대통령령으로 정하는 바에 따라 허가권자의 허가를 받거나 특별자치도지사 또는 시장·군수·구청장에게 신고하여야 한다고 규정하고 있고, 구

144) 사업부지와 신축건물을 대한주택보증에 신탁하는 내용의 주상복합주택분양신탁계약을 체결하여 주상복합아파트 개발사업의 진행 중에 사업부지와 미완성 건물에 대한 공매가 이루어져 그 양수인으로 건축주 명의를 변경하는 일련의 과정을 파악할 수 있는 사안이다.

건축법 시행령(2012. 12. 12. 대통령령 제24229호로 개정되기 전의 것. 이하 같다) 제12조 제1항 제3호는 건축주를 변경하는 경우에는 특별자치도지사 또는 시장·군수·구청장에게 신고하여야 한다고 규정하면서, 제4항에서는 건축물의 건축허가를 받으려는 자가 국토해양부령으로 정하는 바에 따라 건축허가신청서에 관계 서류를 첨부하여 허가권자에게 제출하여야 한다는 제9조 제1항의 규정을 허가나 신고사항의 변경에 관하여도 준용한다고 규정하고 있다. 아울러 구 건축법 시행규칙(2012. 12. 12. 국토해양부령 제522호로 개정되기 전의 것. 이하 같다) 제11조 제1항은 건축 또는 대수선에 관한 허가를 받거나 신고를 한 후에 건축 또는 대수선 중인 건축물을 양수하거나 허가를 받거나 신고를 한 건축주가 사망하거나 또는 허가를 받거나 신고를 한 법인이 다른 법인과 합병을 한 경우에는 그 양수인·상속인 또는 합병 후 존속하거나 합병에 의하여 설립되는 법인은 그 사실이 발생한 날부터 7일 이내에 [별지 제4호 서식]의 건축관계자 변경신고서에 '변경 전 건축주의 명의변경동의서' 또는 '권리관계의 변경사실을 증명할 수 있는 서류'를 첨부하여 허가권자에게 제출(전자문서로 제출하는 것을 포함한다)하여야 한다고 규정하고, 제3항은 이러한 건축관계자 변경신고서를 받은 때에는 그 기재내용을 확인한 후 [별지 제5호 서식]의 건축관계자 변경신고필증을 신고인에게 교부하여야 한다고 규정하고 있다.

이와 같은 구 건축법과 구 건축법 시행령 및 구 건축법 시행규칙의 규정 내용에 비추어 보면, 구 건축법 시행규칙 제11조의 규정은 단순히 행정관청의 사무집행의 편의를 위한 것에 지나지 아니한 것이 아니라, 허가대상 건축물의 양수인에게 건축주의 명의변경을 신고할 수 있는 공법상의 권리를 인정함과 아울러 행정관청에게는 그 신고를 수리할 의무를 지게 한 것으로 봄이 타당하므로, 허가대상 건축물의 양수인이 구 건축법 시행규칙에 규정되어 있는 형식적 요건을 갖추어 시장·군수 등 행정관청에 적법하게 건축주의 명의변경을 신고한 때에는 행정관청은 그 신고를 수리하여야지 실체적인 이유를 내세워 그 신고의 수리를 거부할 수는 없다고 할 것이다[145](대법원 1992. 3. 31. 선고 91누4911 판결 참조).

나. 원심판결 이유와 기록에 의하여 다음과 같은 사실을 알 수 있다.

(1) 원고를 비롯한 안양시 동안구 비산동 소재 ㅇㅇ아파트, △△아파트, ㅁㅁ아파트의 구분소유자들로 구성된 재건축추진위원회(이하 '이 사건 추진위원회'라 한다)는 2004. 6. 6.경 주식회사 화평(이하 '화평'이라 한다)과 사이에 이 사건 각 토지에 주상복합건물을 신축하여 분양하는 사업(이하 '이 사건 사업'이라 한다)에 관한 시행계약을 체결하였다. 그 시행계약에 의하면 이 사건 추진위원회는 화평에 위 아파트들의 부지(이하 '이 사건 아파트부지'라 한다)를 제공하고, 화평은 시행계약 후 30일 내에 이 사건 각 토지 중 이 사건 아파트부지를 제외한 나머지 토지(이하 '이 사건 나머지 토지'라 한다)의 매입을 완료하여 건축공사를 시행하되, 신축된 건물의 일부는 이 사건 추진위원회에 공급하고 나머지 건물 부분은 일반분양하여 공사비와 사업경비에 충당한 후 그 분양수익을 화평에 분배하는 것으로 되어 있다.

(2) 이 사건 추진위원회가 설립한 재건축조합(이하 '이 사건 조합'이라 한다)과 화평은 공동시행주체로서 2005. 5. 31. 성원건설 주식회사(이하 '성원건설'이라 한다)와 사이에 이 사건 사업에 관한 공사도급계약을 체결하였는데, 그 공사도급계약에는 화평이 이 사건 조합을 대신하여 행한 행위는 이 사건 조합과 그 조합원들 전체의 행위로 간주하도록 되어 있다. 그리고 원고를 비롯한 이 사건 조합의 조합원 79명과 화평은 2006. 7. 11. 피고로부터 이 사건 각 토지에 지하 4층, 지상 24층 규모의 주상복합건물 3개동을 건축하는 내용의 건축허가를 받았다(이하 '이 사건 건축허가'라 하고, 그 건축주들을 통틀어 '기존 건축주'라 한다).

(3) 원고를 비롯한 이 사건 조합의 조합원들은 2007. 3. 26. 대한주택보증 주식회사(이하 '대한주택보

145) 이 사안은 주택법이 적용되지 않은 사안이다. 이와 달리 주택법상의 사업계획승인 및 변경승인(사업주체변경승인 등)은 행정관청의 재량행위에 해당한다(아래의 [참고판례 3] 참조).

증'이라 한다)와 사이에 이 사건 사업의 시행을 위하여 이 사건 아파트부지와 신축 건물을 대한주택보증에 신탁하는 내용의 주상복합주택분양신탁계약을 체결하였고, 화평도 위 신탁계약과 동일한 내용으로 2007. 4. 13. 대한주택보증과 사이에 이 사건 나머지 토지와 신축 건물을 대한주택보증에 신탁하는 내용의 주상복합주택분양신탁계약을 체결하였으며(이하 이러한 신탁계약들을 통틀어 '이 사건 신탁계약'이라 한다), 이 사건 각 토지에 관하여 대한주택보증 명의로 신탁등기가 마쳐졌다. 그런데 이 사건 신탁계약에는 '이 사건 조합의 조합원들과 화평이 부도·파산 등으로 분양계약을 이행할 수 없다고 대한주택보증이 인정하여 대한주택보증이나 그가 지정하는 자로 건축주변경의 신청 등 승계사업이 이루어지는 경우 이 사건 조합의 조합원들과 화평은 이의를 제기할 수 없다'고 되어 있다.

(4) 이 사건 건축허가 신청을 받은 피고는 2005. 7. 8. '건축주가 다수인으로 구성되어 있으므로 건축허가 신청에 대한 건축주 의사를 확인하고자 하오니 이를 확인할 수 있는 증빙서류의 제출과 건축주 대표자를 선정하여 주시기 바란다'는 내용의 보완요구를 하였고, 이에 원고를 비롯한 이 사건 조합의 조합원들은 2005. 8.경 화평을 건축주 대표자로 선정하는 취지의 건축주 대표자 선임선정날인서를 피고에게 제출하였다.

(5) 원고를 비롯한 이 사건 조합의 조합원들은 2007. 1.경 이 사건 사업의 진행을 위하여 '분양계약의 체결, 분양보증서의 발급, 제반 행정행위의 신청 및 그 결과의 수령, 대출금의 수령·상환 및 그 연대보증'에 관한 대리권 등을 화평에 위임하는 내용의 동의서를 작성하여 주었다. 화평은 2007. 6. 1. 대한주택보증에 '이 사건 사업의 시행자로서 부도·파산 등 부득이한 사유로 더 이상 사업을 계속할 수 없게 되는 경우에는, 대한주택보증이 수분양자에 대하여 보증책임을 부담한다는 조건하에 이 사건 각 토지와 그 지상 신축 건물을 포함하여 이 사건 사업에 관한 일체의 권리를 대한주택보증에 양도하고 대한주택보증이 이 사건 사업의 주체를 자신의 명의로 변경하거나 이 사건 사업을 계속하는 데 대하여 화평의 동의나 승낙이 필요한 경우에는 당연히 그 동의나 승낙을 받은 것으로 보며 이에 대하여는 일체 이의가 없다'는 내용의 양도각서를 작성하여 주었다. 이에 대한주택보증은 2007. 6. 18. 화평에 이 사건 사업의 일반분양분에 관하여 보증금액 44,827,580,000원의 분양보증서를 발급하여 주었다.

(6) 화평은 2007. 6. 22.경 이 사건 사업에 따른 일반분양을 시작하였는데, 그 후 시공사인 성원건설의 부도로 이 사건 사업의 진행이 불가능하게 되었다. 이에 대한주택보증은 일반분양분의 분양보증인으로서 그 수분양자들에게 합계 26,492,605,750원의 분양대금을 환급하여 준 후 이 사건 신탁계약에 따라 환급에 소요된 비용을 회수하기 위하여 이 사건 각 토지와 그 위에 신축 중인 건물(이하 '이 사건 미완성건물'이라 한다)에 대한 공매를 실시하였고, 2011. 9. 6. 낙찰자인 주식회사 제이에스제이홀딩스(이하 '제이에스제이'라 한다)와 매매대금을 22,400,000,000원으로 정하여 이 사건 각 토지와 이 사건 미완성건물에 관한 매매계약(이하 '이 사건 매매계약'이라 한다)을 체결하였다.

(7) 제3자 소송참가인(이하 '참가인'이라 한다)은 2011. 10. 7. 제이에스제이 및 대한주택보증과 사이에 이 사건 매매계약의 매수인인 제이에스제이의 지위를 그대로 인수하기로 하는 내용의 인수계약을 체결하였다.

(8) 대한주택보증은 2012. 6. 29. 참가인으로부터 제이에스제이가 이미 지급한 계약금을 제외한 나머지 매매대금과 그에 대한 연체이자를 전액 지급받음과 동시에 참가인에게 이 사건 각 토지에 관한 소유권이전등기서류를 교부하면서, '이 사건 미완성건물은 이 사건 조합의 조합원들과 화평이 대한주택보증에 신탁한 물건으로서 대한주택보증이 소유하고 있었으나, 대한수택보증은 이를 적법한 설차에 따라 2011. 10. 7. 참가인에게 매도하였고, 2012. 6. 29. 참가인으로부터 중도금과 잔금을 지급받아 그 소유권을 이전한다'는 내용의 건축물소유권이전확인서를 작성하여 주었다. 한편 참가인은 2012. 6. 29. 매

매를 원인으로 이 사건 각 토지에 관한 소유권이전등기를 마쳤다.

다. 이와 같은 사실관계를 앞서 본 법리에 비추어 살펴보면,

참가인이 2012. 6. 29. 피고에게 이 사건 미완성건물을 양수하였음을 원인으로 이 사건 건축허가의 건축주를 기존 건축주에서 참가인으로 변경하는 신고를 하면서 제출한 「① 이 사건 조합의 조합원들과 대한주택보증 사이에 작성된 신탁계약서, ② 화평과 대한주택보증 사이에 작성된 신탁계약서, ③ 이 사건 조합의 조합원들이 2007. 1.경 화평에 작성하여 주었던 대리권 등을 위임하는 내용의 동의서, ④ 화평이 대한주택보증에 이 사건 사업에 관한 분양보증을 신청하기 전에 작성하여 주었던 양도각서, ⑤ 참가인이 대한주택보증으로부터 작성·교부받은 건축물소유권이전확인서, ⑥ 대한주택보증과 제이에스제이 사이에 작성된 이 사건 각 토지와 이 사건 미완성건물에 관한 매매계약서, ⑦ 참가인과 대한주택보증, 제이에스제이 사이에 작성된 이 사건 매매계약에 관한 인수계약서, ⑧ 참가인이 대한주택보증으로부터 작성·교부받은 매매대금완납증명서」는 구 건축법 시행규칙 제11조 제1항이 정한 '권리관계의 변경사실을 증명할 수 있는 서류'에 해당한다고 볼 수 있으므로, 참가인이 허가대상 건축물의 양수인으로서 구 건축법 시행규칙에 규정되어 있는 형식적 요건을 갖추어 피고에게 적법하게 건축주의 명의변경을 신고한 이상 피고로서는 이를 수리할 의무가 있다고 할 것이다.

따라서 이 사건 건축허가의 건축주를 참가인으로 변경하는 내용의 건축주 명의변경신고를 수리한 이 사건 처분이 적법하다고 본 원심의 판단은 정당한 것으로 수긍할 수 있고, 거기에 상고이유의 주장과 같이 구 건축법 시행규칙 제11조 제1항에 따라 건축주 명의변경신고를 수리하기 위하여 제출되어야 하는 '권리관계의 변경사실을 증명할 수 있는 서류'에 관한 법리를 오해하거나, 이유를 갖추지 못하였거나 이유가 모순되는 등의 위법이 없다.

[원심판결] 서울고등법원 2014. 6. 3. 선고 2014누40540 판결 [건축주변경신고수리처분취소]

【주 문】

1. 제1심 판결을 취소한다.
2. 원고의 청구를 기각한다.
3. 소송총비용은 소송참가 및 보조참가로 인한 비용을 포함하여 모두 원고가 부담한다.

【청구취지 및 항소취지】

1. 청구취지

피고가 2013. 3. 18. 소송참가인에 대하여 한 건축주명의변경신고 수리처분을 취소한다.

2. 항소취지

주문과 같다.

【이 유】

1) 갑 제3, 20호증의 각 기재에 변론 전체의 취지를 종합하면, 소송참가인이 대한주택보증으로부터 이 사건 부동산을 매수할 당시 이 사건 미완성건물은 A동의 경우 지상 6층까지, B동의 경우 지상 3층까지, C동의 경우 지상 4층까지의 골조공사와 외벽공사가 완성되고, A동의 경우 지상 7층, B동의 경우 지상 4층, C동의 경우 지상 5층의 골조공사가 진행되다가 공사가 중단된 상태였던 사실을 인정할 수 있는데, 위 인정사실에 의하면 위 매수 당시 이 사건 미완성건물은 지상 3층 내지 6층까지는 기본적인 골조공사와 외벽공사가 완료되어 사회통념상 건물로서의 구조와 형태를 갖춘 독립한 건물에는 해당하

나, 아직 사용승인 등은 이루어지지 아니하여 건축물대장과 등기부가 생성될 수 없는 결과 이에 관한 소송참가인 명의로의 소유권이전등기는 불가능한 상태였다. 따라서 소송참가인은 비록 이 사건 미완성 건물을 매수하였지만 아직 이에 관한 소유권은 취득할 수 없었고, 그 결과 소유권 취득 사실을 등기부 등으로 증명할 수도 없었다.

2) 그런데 이 사건과 같이 건축허가를 받은 건축주로부터 건축 중인 미완성건물로서 소유권이전등기가 불가능한 허가 대상 건축물을 매수한 매수인 등 양수인도 그 건축주명의를 자신의 명의로 변경할 필요가 있음은 의문의 여지가 없는바(대법원 1989. 5. 9. 선고 88다카6754 판결 참조), 구 건축법 제16조 제1항, 건축법 시행령 제12조 제1항 제3호, 건축법 시행규칙 제11조 제1항 제1호, 제3항은, '건축허가를 받은 건축주가 허가 대상 건축물을 양도한 경우 그 양수인은 건축관계자변경신고서에 권리관계의 변경사실을 증명할 수 있는 서류를 첨부하여 허가권자에게 제출하여야 하고, 허가권자는 이를 확인한 후 건축관계자변경신고필증을 양수인에게 교부하여야' 한다고 규정하고 있는데(이하 '이 사건 규정'이라 한다), 이는 허가권자인 행정청에 건축주명의변경신고를 수리할 의무를 지게 한 것으로서 행정청으로 하여금 허가 대상 건축물의 양수인이 이 사건 규정에 규정되어 있는 형식적 요건을 갖춘 이상 그 신고를 수리하도록 함으로써 위와 같은 양수인이 건축 중인 건축물에 관하여 건축주명의변경을 할 수 있도록 하기 위한 것이다(대법원 1992. 3. 31. 선고 91누4911 판결 참조). 따라서 이 사건 규정의 문언과 위와 같은 입법취지에 비추어 위 '권리관계의 변경사실'은 '소유권의 귀속에 관한 사실'을 의미하기보다 행정청에 의해 판단 가능한 형식적 요건을 갖춘 '허가 대상 건축물의 양도 사실'을 의미한다고 봄이 타당하다.

3) 원고의 제1주장은 이 사건 규정에서 정한 '권리관계의 변경사실'은 '법률행위에 의하여 허가 대상 건축물에 관한 소유권이전등기청구권을 취득한 사실'로는 부족하고 나아가 '법률행위에 의하여 허가 대상 건축물에 대한 소유권까지 취득한 사실'이 인정되어야 함을 전제로 한다. 그러나 이러한 해석은 '소유권이전등기에 의한 소유권 취득'이라는 실체관계에 의한 판단을 배제하고 보다 폭넓게 형식적 요건이 충족되면 행정청에 의해 '미완성인 허가 대상 건축물의 양도 사실'만으로 권리관계의 변동을 인정하려는 이 사건 규정의 입법취지에 반할 뿐만 아니라, 소송참가인과 같이 건축 중인 건축물을 양수한 양수인으로서는 이 사건 규정에 의해서는 건축주명의변경을 할 수 없게 되는 부당한 결과가 발생하게 되어 받아들일 수 없다. 또한 위와 같은 양수인이 건축법 시행규칙 제11조 제1항에 정한 '건축주의 명의변경동의서'를 제출하거나 양도인을 상대로 건축주명의변경절차이행을 소구(소구)함으로써 건축주명의 변경을 할 수 있는 방법은 있으나, 이를 근거로 이와 별개의 절차로 행정청에 의한 건축주명의변경신고 수리 방법으로 규정된 이 사건 규정도 원고 주장과 같이 양도인을 상대로 한 소송에 의해서만 건축주명의변경이 가능한 규정이라고 해석할 것은 아니다. 결국 '법률행위에 의하여 허가 대상 건축물에 대한 소유권까지 취득한 사실'이 인정되어야 이 사건 규정에 정한 '권리관계의 변경사실'이 인정됨을 전제로 하는 원고의 제1주장은 이유 없다.

4) 오히려 위 처분의 경위에서 살펴본 인정사실과 같이, 피고로부터 건축허가를 받은 건축주인 화평과 이 사건 조합원이 이 사건 신탁계약에 의하여 허가 대상 건축물인 이 사건 미완성건물을 대한주택보증에 양도하였고, 이후 대한주택보증이 위 신탁계약에 근거한 정당한 처분권 행사로 이 사건 매매계약 및 인수계약에 의하여 소송참가인에게 이 사건 미완성건물을 양도하였다면, 처분청인 피고로서는 이 사건 각 증명서류에 의하여 권리관계의 변경사실이 형식적으로 충분히 증명된 경우에 해당한다고 할 것이므로, 달리 특별한 사정이 없는 한 피고의 이 사건 처분은 이 사건 규정에 따른 것으로서 적법하다고 할 것이다.

5) 원고는 '이 사건 처분이 이루어질 무렵 이 사건 미완성건물의 소유권을 둘러싸고 신탁등기말소 등

청구소송과 신탁위반처분행위 취소소송이 계속 중이었으므로 판결로 소유권의 귀속이 확정 될 때까지 소송참가인의 건축주명의변경신고의 수리를 거부해야 하였다'는 취지로도 주장한다. 물론 건축물의 소유권을 둘러싸고 소송이 계속 중이어서 판결로 소유권의 귀속이 확정될 때까지 건축주명의변경신고의 수리를 거부함이 상당한 경우도 있다고 할 것이나(대법원 1993. 10. 12. 선고 93누883 판결 참조), 위 판례는 건축물을 둘러싼 다수의 관련자들 사이에 여러 소송이 있어 그 법률관계가 매우 복잡함이 명백히 드러나는 경우인 반면, 이 사건은 앞서 살펴본 바와 같이 소송참가인이 이 사건 미완성건물의 유일한 양수인으로서 법률관계가 단순함에도 원고가 이유 없는 주장으로 패소가 명백한 여러 소송을 제기하였을 뿐이므로, 이를 건축물의 소유권을 둘러싸고 소송이 계속 중이어서 판결로 소유권의 귀속이 확정될 때까지 건축주명의변경신고의 수리를 거부함이 상당한 경우로 보기는 어렵다. 따라서 원고의 이 부분 주장은 이유 없다.

[1심판결] 수원지방법원 2013. 11. 28. 선고 2013구합5457 판결 [건축주변경신고수리처분취소]

【주 문】

1. 피고가 2013. 3. 18. 소송참가인에 대하여 한 건축주명의변경신고 수리처분을 취소한다.
2. 소송비용 중 참가로 인한 부분은 피고 소송참가인이 부담하고, 나머지는 피고가 부담한다.

【청구취지】

주문과 같다.

【이 유】

다. 판단

(1) 먼저 원고의 ① 주장, 즉 이 사건 각 증명서류가 건축법 시행규칙 제11조 제1항 소정의 '권리관계의 변경사실을 증명할 수 있는 서류'에 해당하는지 여부에 관하여 본다.

갑 제3, 20호증의 각 기재에 변론 전체의 취지를 종합하면, 소송참가인이 대한주택보증으로부터 이 사건 부동산을 양수할 당시 이 사건 미완성건물은 A동의 경우 지상 6층까지, B동의 경우 지상 3층까지, C동의 경우 지상 4층까지의 골조공사와 외벽공사가 완성되고, A동의 경우 지상 7층, B동의 경우 지상 4층, C동의 경우 지상 5층의 골조공사가 진행되다가 공사가 중단된 상태였던 사실을 인정할 수 있다. 위 인정사실에 의하면 위 양수 당시 이 사건 미완성건물은 지상 3층 내지 6층까지는 기본적인 골조공사와 외벽공사가 완료되어 사회통념상 건물로서의 구조와 형태를 갖춘 독립한 건물로서 당시 건축주인 화평과 이 사건 조합의 조합원들 소유였다고 볼 수 있다.

대한주택보증이 일반분양분의 분양보증인으로서 그 수분양자들에게 합계 26,492,605,750원의 분양대금을 환급하여 준 후 이 사건 신탁계약 제17, 18조에 따라 그 환급에 소요된 비용을 회수하기 위하여 이 사건 부동산에 대한 공매를 실시하였음은 앞서 본 바와 같은바, 이 사건 신탁계약 제17, 18조에 따르면 대한주택보증은 대지급금 등의 회수를 위해 신탁재산을 매각할 수 있도록 되어 있고, 이 사건 신탁계약 제1조에 건축중인 건물도 신탁재산으로 한다는 규정이 있기는 하다. 그러나 이 사건 미완성건물이 위와 같이 독립된 부동산인 이상 특별한 사정이 없는 한 법률행위로 인한 소유권 변동에는 등기를 필요로 하고, 이 사건 미완성건물에 대해 사용승인 등도 이루어지지 아니하여 건축물대장과 등기부 자체가 생성될 수 없으므로 이는 미등기 무허가건물에 준한다 할 것인데, 그 양수인에게 사실상의 소유권이라는 권리 또는 법률상의 지위를 인정할 수 없으므로(대법원 2006. 10. 27. 선고 2006다49000 판결 참조), 이 사건 신탁계약에 의해 이 사건 미완성건물에 대한 소유권 내지 사실상의 소유권이 대한주택보증에게 귀속되었다고 보기는 어렵다.

위와 같이 이 사건 신탁계약에 의해 이 사건 미완성건물에 대한 소유권 내지 사실상의 소유권이 대한주택보증에게 귀속되지 않았던 이상 대한주택보증이나 소송참가인이 위 신탁계약이나 공매를 통해 취득할 수 있는 권리는 이 사건 미완성건물에 대한 권리 자체가 아니라 소유권이전을 구할 권리에 불과하다 할 것이므로, 그로써 막바로 이 사건 미완성건물에 대한 권리관계가 변동되었다고 보기는 어렵다.

이 사건 조합의 조합원들이 2005. 8.경 화평을 건축주 대표자로 선정하는 취지의 건축주 대표자 선임선정날인서(이 사건 제⑨증명서류)를 피고에게 제출한 사실, 2007. 1.경 화평에게 일반분양계약의 체결과 분양보증서의 발급 등에 관하여 화평에게 대표성을 위임하는 내용의 동의서(이 사건 제③증명서류)를 작성하여 준 사실, 화평이 2007. 6. 1. 대한주택보증에게 부도·파산 등의 부득이한 사유로 더 이상 사업을 계속할 수 없게 되는 경우에 '이 사건 각 토지 및 미완성건물을 포함하여 이 사건 사업에 관한 일체의 권리를 양도한다'는 내용의 양도각서(이 사건 제④증명서류)를 작성하여 준 사실은 앞서 본 바와 같으나, 이 사건 제⑨증명서류는 그 작성 경위에 비추어 볼 때 건축허가신청과 관련된 대표자 선정서로 볼 수 있고, 이 사건 제③증명서류는 일반분양계약의 체결, 행정행위의 신청, 대출금 수령 등과 관련된 부분만이 위임 대상으로 명시되어 있을 뿐이어서 화평이 2007. 6. 1. 대한주택보증에게 한 바와 같은 이 사건 부동산 전부에 대한 양도 등 권한을 위임한 것인지는 명확하지 않다. 나아가 이 사건 제④증명서류에는 그 양도인이 화평으로만 되어 있고, 화평이 이 사건 조합의 조합원들을 대표하여 하는 것이라는 취지도 나타나 있지 않다.

소송참가인이 피고를 상대로 제기한 수원지방법원 2012구합10032호 사건에서 이 사건 제① 내지 ⑧증명서류가 건축법 시행규칙 제11조 제1항의 권리관계의 변경사실을 증명할 수 있는 서류라는 이유로 소송참가인의 청구가 인용하기는 하였으나, 이에 대하여 피고가 항소하여 이 사건 처분 당시 항소심 소송 계속 중에 있었고, 이 사건 신탁계약이 무효라고 주장하며 원고가 대한주택보증을 상대로 제기한 신탁등기말소 청구소송 또한 법원에 계속되어 있는 등 이 사건 각 토지 및 미완성건물에 관한 권리관계의 변동 여부를 둘러싼 다툼이 계속되고 있었고 이러한 사정을 피고도 잘 알고 있었다.

이 사건 제① 내지 ④, ⑨증명서류 및 수원지방법원 2012구합10032 판결이 '권리관계의 변경사실을 증명할 수 있는 서류'로서 미흡함은 위에서 본 바와 같고, 나머지 이 사건 제⑤ 내지 ⑧증명서류는 대한주택보증 또는 대한주택보증과 제이에스제이 등 사이에 작성된 서류들로서 이 사건 미완성건물에 대한 조합원들의 권리 이전사실을 증명하기에는 부족하다.

(2) 따라서 이 사건 각 증명서류와 수원지방법원 2012구합10032 판결만으로는 이 사건 미완성건물에 대하여 건축법 시행규칙 제11조 제1항의 '권리관계의 변경사실을 증명할 수 있는 서류'가 갖추어졌다고 볼 수 없음에도 불구하고 이와 다른 전제에서 한 피고의 이 사건 처분은 원고의 나머지 주장에 관하여 더 나아가 살펴볼 필요 없이 위법하다.

[참고판례 3] 청주지방법원 2005.3.18. 선고 2004가합3113 판결 [손해배상(기)]

【주 문】

1. 원고의 청구를 기각한다.
2. 소송비용은 원고가 부담한다.

【청구취지】

피고는 원고에게 200,000,000원 및 이에 대하여 2004. 5. 25.부터 이 사건 판결선고일까지는 연 5%,

그 다음날부터 다 갚는 날까지는 연 20%의 각 비율에 의한 돈을 지급하라.

【이 유】

주택법 제16조 제2항이 정하는 주택건설사업계획승인은 법령에 행정처분의 요건에 관하여 일의적(일의적)으로 규정되어 있지 아니한 이상 행정청의 재량행위에 속하는바(대법원 2002. 6. 14. 선고 2000두10663호 판결 참조), 주택건설사업주체의 변경승인은 실질적으로 양수인에 대하여 종전에 승인된 사업계획과 동일한 사업계획을 새로이 승인해 주는 행위라 할 것이므로, 위 법리는 주택건설사업계획변경승인의 경우에도 그대로 적용할 수 있다.

이 사건에 관하여 보건대, 위에서 살펴본 바와 같이 이 사건 주택건설사업권의 귀속을 둘러싸고 원고와 보명주택 사이에 다툼이 있어, 기존 사업권자 보명주택은 원고에게 이 사건 주택건설사업권을 양도한 사실이 없다며 이 사건 신청에 대하여 주택건설사업계획변경승인을 해서는 안 된다는 취지의 민원을 제기하였고, 원고는 보명주택을 상대로 건축주명의변경절차이행을 구하는 소를 제기하여 소송 계속중에 있으며, 원고와 보명주택 사이에 인쇄된 양식이 같고 작성일자도 같은 날로 되어 있는데도 수기(수기) 부분이나 양수인인 원고의 대표이사 도장의 인영에 차이가 있는 건축허가권양도양수서가 여러 개 존재하는데다가 위 건축허가권양도양수서의 내용과 달리 보명주택으로부터 다미기업에게로 건축허가권 등이 양도되었다는 내용의 양도양수계약서도 제출되어 있어 권리변동관계 증빙서류들에 의문점 및 모순점이 있고, 보명주택과 원고 사이의 위 각 건축허가권양도양수서 및 각서 등에 관하여, 작성명의인으로 되어 있는 보명주택의 전 대표이사 이선강이 위 서류들의 작성 사실을 부인하는 내용의 확인서를 제출하고 있는바, 이러한 사정하에서 이 사건 신청을 승인할 경우 또 다른 분쟁과 피해자가 발생할 우려도 있으므로, 피고로서는 이 사건 주택건설사업권이 보명주택으로부터 원고에게로 양도되었는지를 확인하기 위한 증빙서류의 제출을 요구할 수 있다 할 것이고, 이에 대하여 증빙서류가 제출되지 아니하였을 뿐만 아니라 원고와 보명주택 사이에 이 사건 주택건설사업권의 양도·양수와 관련한 소송이 계속되고 있었으므로, 피고는 이 사건 주택건설사업권의 귀속이 확정될 때까지 다미기업에 대한 주택건설사업계획의 변경승인을 보류하는 뜻에서 이 사건 신청을 반려할 수도 있다고 봄이 상당하다(대법원 1993. 10. 12. 선고 93누883 판결 참조).

따라서 피고가 이 사건 신청을 반려한 것은 재량권의 범위 내에서 행하여진 적법한 처분이라고 할 것이므로 이 사건 처분이 위법함을 전제로 그로 인한 손해배상을 구하는 원고의 위 주장은 이유 없다.

[실무참고 11] 부동산 개발사업과 건축주 및 사업주체 명의 변경

부동산 개발사업에 있어서 사업부지 및 미완성 건축물을 공·경매 기타 매수 등의 방법으로 취득하여 개발사업을 계속진행하고자 하는 경우에는 건축법 및 주택법 등 관련 법령에 따라 건축주 또는 사업주체 명의변경 등의 변경절차가 이루어져야 한다.

통상 부동산 개발사업에 관한 PF금융 약정서에서는 기한의 이익 상실사유가 발생하여 대주가 차주(시행자)에게 통지하는 경우에는 다른 절차없이 그 통지와 동시에 사업부지(사업부지에 관한 신탁계약상의 권리 포함), 미완성 건축물, 건축주 또는 사업부체 명의 등 일체의 사업시행권이 대주가 지정하는 자에게 양도된다는 내용을 규정하고, 차주(시행자) 등으로부터 날짜를 공란으로 하여 건축주 관계자 변경신청서, 건축주 또는 사업주체 명의변경 동의서, 위임장, 시행권 양도증서 등의 서류와 인감증명서를 교부받아 대주가 이를 보관하면서 인감증명서는 갱신하도록 하는 취지의 규정을 포함시키고, 나아가 필요한 경우 대출실행 전에 위 내용이 반영된 제소전화해조서를 신청하거나 제소전화해조서를 받도록 하고 있다.

그러나, 현재 법원에 따라서는(특히 서울중앙지방법원의 경우) 이와 같은 목적의 제소전화해조서의 신청을 인용하지 않고 있으며,[146] 차주(시행자)로부터 이와 같은 날짜 공란의 서류를 미리 작성받아 추후 대주 또는 양수인이 공란을 기입하여 행정관청에 명의변경을 신청한다고 하더라도, 관할 행정관청에 따라서는 (특히 주택법에 따른 사업주체 명의변경의 경우에는 그 변경여부가 재량행위 임을 이유로) 반드시 명의변경 신청 시에 양도인(기존 사업주체)의 동의서(토지사용승낙서) 등 추가서류를 요구하는 경우가 다수 있으므로 주의를 요한다.

또한, 대주가 위와 같은 내용의 제소전화해조서를 미리 받아두거나 PF의 기한의 이익 상실 후 위 약정을 이유로 차주를 상대로 사업주체 명의변경 절차 이행에 관한 판결을 받았더라도(아래 2012다118815 판결 참조), 그 후 차주(기존 사업주체)가 제3자와 공모하여 의제자백 등의 판결을 통해 동일한 내용의 시행권을 제3자에게 양도(명의변경)하라는 취지의 판결을 만들어 내는 경우도 있으며, 이 경우 행정관청은 2개의 (확정)판결의 존재를 이유로 추후 민원제기 등을 고려하여 대주가 지정하는 양수인에게로의 사업주체 명의변경을 거부하기도 한다.

특히, 개발사업 도중 시행자의 부도사유 발생으로 인하여 사업부지 및 미완성 건물을 공·경매로 취득하는 경우에는 관련 약정서나 공고문등의 매각 조건에 건축주 또는 사업주체 등 개발사업 속행에 필요한 명의변경 등 인허가를 취득자(매수인)의 책임과 위험부담으로 이행하여야 함을 명시적으로 포함하고 있는 경우가 일반적이다.

따라서 개발사업 도중 시행자의 부도사유 발생으로 인하여 사업부지 및 미완성 건물을 공·경매 등으로 취득하고자 하는 자는 이 점에 유의하여 미리 관할 행정관청(지자체등)에 건축주 또는 사업주체 명의변경 등 취득 후 양수인이 개발사업을 속행하기 위해 필요한 명의변경 등 인허가 절차, 소요기간 및 관련 소요서류를 문의하여 동 서류의 구비가능성 등 인허가 가능성을 반드시 확인하여야 한다.

[참고판례 4] 대법원 2013. 3. 28. 선고 2012다118815 판결 [사업시행자 명의변경절차 이행][147] [148]

[1심판결] 서울중앙지방법원 2012. 2. 16. 선고 2010가합125296 판결 [사업시행자 명의변경절차 이행]

【주 문】

1. 별지 목록 기재 사업에 관하여,

가. 피고 주식회사 **주택은 피고 주식회사 엠에이치***에게 사업시행자 명의를 피고 주식회사 **주택으로부터 피고 주식회사 엠에이치***로 변경하는 절차를,

나. 피고 주식회사 엠에이치***는 *****목적 주식회사(110111-4625725, 주소: 서울 **구 ***)에게 사업시행자 명의를 피고 주식회사 엠에이치***로부터 *****목적 주식회사로 변경하는 절차를 각 이행하라.

2. 소송비용은 피고들이 부담한다.

【청구취지】

주문과 같다.

---

146) 실무상으로는 법원으로부터 제소전화해조서나 아래 2012다118815 판결[참고판례 4]과 같이 확정판결을 받았다고 하더라도 주문(화해조항)의 불특정성 등 때문에 그 집행과정에서 집행가능성에 이의가 제기되기도 하였다. 또한, 주택법상의 사업계획 승인이나 변경승인과 같이 어떠한 인·허가가 관할관청의 재량행위에 해당하는 경우에는 사인(私人)간의 약정, 그들을 당사자로 하는 제소전화해조서나 확정판결이 행정청의 인·허가 (변경)을 보증하는 것도 아니므로 주의를 요한다.

147) 피고의 상고를 심리불속행 기각함.

148) 항소심판결인 서울고등법원 2012. 11. 16. 선고 2012나33923 판결은 1심판결을 그대로 인용하면서 항소를 기각함.

【이 유】

1. 인정사실

가. 피고 주식회사 **주택(이하 '**주택'이라 한다)은 1997년경부터 용인시 수지구 풍덕천동 산24-3 외 8필지에 노인복지주택 및 복리시설 336세대 12개 동을 신축하는 사업(별지 목록 기재사업, 이하 '이 사건 사업'이라 한다)을 추진하여 용인시로부터, 1999. 12. 21. 도시계획시설결정을 받았고, 2000. 9. 6. 이 사건 사업의 사업시행자로 지정됨과 동시에 이 사건 사업에 관한 실시계획인가를 받았으며, 2010. 4. 13. 주택건설사업계획승인을 받았다.

나. 피고 **주택은 2005. 4. 27. 피고 주식회사 엠에이치***(이하 '엠에이치***'라 한다)에 "각서인은 이 사건 사업의 시행자로서 부득이한 사정으로 인하여 더 이상 사업시행을 할 수 없어 이 사건 사업시행과 관련한 일체의 권리를 귀사에 양도하며, 아울러 귀사가 이 사전 사업시행을 계속함에 있어 어떠한 이의도 제기하지 않을 것임을 각서합니다"라고 기재된 사업포기각서를 작성해 주었다.

다. 원고는 집합투자 재산의 운용업무 등을 영위하은 자산운용회사로서 이 사건 사업에 관한 프로젝트 파이낸싱을 하기 위하여 부동산투자신탁인 "00 *** 사모부동산투자신탁1호"를 설정하였고, 2007. 7. 20. 대주 겸 수탁회사 한국증권금융 주식회사, 차주 겸 시행사 피고 엠에이치***, 시공사 겸 연대보증인 주식회사 **건설과 사이에 '용인시 ***동 유로노인복지주택 신축공사 프로젝트 금융사업 및 대출약정(이하 '이 사건 대출약정'이라 한다)'을 체결하였다. 이 사건 대출약정 중 이 사건과 관련된 주요 내용은 별지 기재와 같다.

라. 한국증권금융 주식회사는 2007. 7. 20. 이 사건 대출약정에 따라 피고 엠에이치***에게 360억 원을 대출기간은 18개월, 이자는 연 9.8%로 정하여 대출하였고, 피고 엠에이치***는 같은 날 원고에게 이 사건 대출약정상의 채무불이행 사유가 발생하는 경우 이 사건 사업에 대한 사업시행권을 포함한 이 사건 사업에 관한 일체의 권리를 원고가 지정하는 제3자에게 조건 없이 양도하겠다는 내용의 '사업시행권 포기 및 양도각서'를 작성해주었다.

마. 피고 엠에이치***는 이 사건 대출약정의 만기일인 2009. 1. 20. 대출원리금을 상환하지 아니하였고, 한국증권금융 주식회사는 2010. 9. 13. 이사건 대출약정에 따라 피고 엠에이치***에 대하여 내용증명우편으로 기한의 이익상실 통지를 하여 그 통지가 그 무렵 피고 엠에이치***에 도달하였다.

바. 원고는 2011. 9. 16. 피고 엠에이치***에 대하여 이 사건 사업에 관한 피고 엠에이치***의 일체의 권리를 양수받을 자로 *****목적 주식회사를 지정한다는 통지를 하였고, 그 통지가 그 무렵 피고 엠에이치***에 도달하였다.

[인정근거] 다툼없는 사실, 갑 제1내지6, 11호증, 을나 제7호증의 각 기재, 변론 전체의 취지

2. 피고 주식회사 **주택에 대한 청구에 관한 판단

가. 청구원인에 관한 판단

갑 제3호증의 기재에 변론 전체의 취지를 종합하면, 피고 **주택이 2005. 4. 27. 피고 엠에이치***에 이 사업시행에 관한 일체의 권리를 양도하기로 약정한 사실을 인정할 수 있으므로 특별한 사정이 없는 한 피고 **주택은 피고 엠에이치***에게 이 사건 사업에 관한 사업시행자 명의변경절차를 이행할 의무가 있다.

나. 피고 **주택의 주장에 관한 판단

(1) 주장의 요지

피고 **주택은 동룡건설 주식회사(이하 '동룡건설'이라 한다)와 이 사건 사업시행권에 관한 양도계약을 체결하였고, 동룡주택은 피고 엠에이치***와 이 사건 사업시행권에 관한 양도계약을 체결하였다. 그 후에 피고 **주택이 피고 엠에이치***에 대하여 이사건 사업시행에 관한 권리를 양도하기로 약정한 것은 피고 **주택이 동룡건설로부터 양도대금을 모두 지급받고, 동룡건설이 피고 엠에이치***로부터 양도대금을 모두 지급받는 것을 조건을 한 것인데, 그 조건이 성취되지 아니한 이상 피고 엠에이치***에 이 사건 사업시해자 명의변경절차를 이행할 의무가 없다.

(2) 판단

(가) 조건은 법률행위의 효력의 발생 또는 소멸을 장래의 불확실한 사실의 성부에 의존케 하는 법률행위의 부관으로서 법률행위에 있어서의 효과의사와 일체적인 내용을 이루는 의사표시 그 자체이므로 조건의사가 법률행위의 내용으로 외부에 표시되어야 하고, 어느 법률행위에 어떤 조건이 붙어 있었는지 아닌지는 사실인정의 문제로서 그 조건의 존재를 주장하는 자가 이를 입증하여야 한다. 한편 처분문서는 그 성립의 진정함이 인정되는 이상 법원은 그 기재 내용을 부인할 만한 분명하고도 수긍할 수 있는 반증이 없는 한 그 처분문서에 기재되어 있는 문언대로의 의사표시의 존재 및 내용을 인정하여야 한다(대법원 2006. 11. 24. 선고 2006다35766 판결, 대법원 2009. 7. 23. 선고 2008다46210 판결 등 참조).

(나) 을가 제1호증, 을나 제2내지9, 10내지 17호증의 각 기재에 변론 전체의 취지를 종합하면 다음과 같은 사실을 인정할 수 있다.

1) 동룡건설은 2003. 1. 30. 피고 **주택, 차희원으로부터는 이 사건 사업부지에 속하는 용인시 수지읍 풍덕천리 산 24-2, 3 각 임야를 각 양수하기로 하는 내용의 사업시행권 양수도 및 부동산매매계약을 체결하였다.

2) 피고 엠에이치***는 2004. 7. 23. 동룡건설과 사이에 동룡건설 소유의 용인시 수지읍 풍덕천리 429 외 3필지를 대금 4억 원에, 이 사건 사업시행권을 대금 65억 원(=동룡건설이 피고 **주택에 이미 지급한 사업시행권 양도대금 50억 원+미지급 양도대금 15억 원)에 각 양수하기로 하는 이 사건 사업부지(사업권 포함) 양도·양수계약을 체결하고, 차희원으로부터는 위 풍덕천리 산 24-2, 3 각 임야를 대금 271억 원으로 정하여 매수하였다.

3) 피고 **주택이 동룡건설에 사업시행권 양도대금으로서 4억 원을 추가로 지급할 것을 요구함에 따라 2005. 4. 27. 피고 엠에이치***와 동룡건설은 이 사건 사업시행권의 양도대금을 65억 원에서 69억 원으로 증액하기로 합의하고, 피고 엠에이치***는 동룡건설의 피고 **주택에 대한 미지급 사업시행권 양도대금 19억 원을 피고 **주택에 직접 지급하였다. 같은 날 피고 엠에이치***는 동룡건설에 상업시행권 양도대금에 1억 원을 추가하여 지급하기로 하여 이 사건 사업시행권의 양도대금은 70억 원이 되었다.

4) 이 사건 변론 종결일 무렵까지도 피고 엠에이치***는 동룡건설에 사업부지 및 사업시행권 양도대금 74억 원 중 44억 4,000만 원, 차희원에게 토지 매매대금 271억 원 중 33억 5,000만 원을 지급하지 아니하였다.

(다) 그러나 한편 양도인, 양수인, 최종양수인 사이에 순차 양도약정이 있은 후 양도인이 최종양수인에게 직접 양도절차의 이행을 약정한 경우에도 3자 사이의 특수한 관계, 양도인과 최종양수인 사이에 무조건의 양도약정을 할 만한 경제적인 유인의 존재 등에 의하여 양도인이 최종양수인에게 조건을 붙이지 아니한 채 양도절차의 이행을 약정할 수 있는 것이고, 처분문서인 사업포기각서에 '동룡건설과 피고 엠에이치*** 사이의 대금지급 완료'라는 사업시행권 양도의 조건이 전혀 기재되어 있지 아니하며(갑 제3호증), 동룡건설과 피고 엠에이치***의 사이의 이 사건 사업부지(사업권 포함) 양도·양수 계약서 제4조 제4항에 "부동산 매매대금 및 사업권 양도대금 중 잔금은 건축허가(사업승인) 완료 후 20일 이내에

소유권이전과 동시에 미지급된 금액을 금융기관 프로젝트 파이낸스 자금으로 지급하기로 한다", 제6조 제3항에 "도시계획심의 완료 후 또는 피고 엠에이치***가 요구하는 시기에 피고 **주택 명의에서 피고 엠에이치*** 명의로 사업주체변경이 가능하도록 본 계약시 사업주체변경과 관련된 제반서류를 피고 엠에이치***에게 제출하고, 피고 엠에이치***가 사업주체변경을 요구할 경우에는 즉시 변경할 수 있도록 적극 협조한다"라고 되어 있는 점(을 제2호증)에 비추어 보면, 이 사건 사업부지 및 사업권 양도·양수 계약에서 사업시행자 명의변경절차 이행의무는 양도대금의 지급과 이행상 견련관계가 있는 의무로 보이지 아니한다. 사정이 그러하다면 위 (나)항에서 인정한 피고 **주택, 동룡건설, 피고 엠에이치*** 사이의 순차적인 계약 간계 및 대금지급 상황 등만으로는 피고 **주택이 3자 사이의 양도대금 정산완료를 조건으로 하여 피고 엠에이치***에 대하여 직접 사업시행권 양도절차를 이행하기로 약정하였다고 단정하기 어렵고, 을나 제10호증의 기재만으로는 이를 인정하기에 부족하며 달리 증거가 없다.

(라) 따라서 피고 **주택의 주장은 이유 없다.

3. 피고 엠에이치***에 대한 청구에 대한 판단

가. 청구원인에 대한 판단

피고 엠에이치***가 2007. 7. 20. 원고에게 이 사건 대출약정상의 채무불이행 사유가 발생하는 경우 사업시행권을 포함한 이 사건 사업에 관한 일체의 권리를 원고가 지정하는 제3자에게 조건 없이 양도하겠다고 약정한 사실, 이 사건 대출약정은 대출원리금을 상환하지 못하였을 경우를 채무불이행 사유 중 하나로 규정하고 있는데, 피고 엠에이치***가 이 사건 대출약정의 만기일인 2009. 1. 20. 대출원리금을 상환하지 아니한 사실, 원고가 2011. 9. 16. 피고 엠에이치***의 채무불이행 사유 발생에 따라 이 사건 사업에 관한 일체의 권리를 양도받을 자로 *****목적 주식회사를 지정한 사실은 각 앞서 인정한 바와 같으므로 특별한 사정이 없는 한 피고 엠에이치***는 *****목적 주식회사에게 이 사건 사업에 관한 사업시행과 명의변경절차를 이행할 의무가 있다.

나. 피고 엠에이치***의 주장에 관한 판단

피고 엠에이치***는, 피고 **주택으로부터 동룡건설을 거쳐 순차로 사업시행자 명의를 이전받아야 하는데 동룡건설에 대금을 지급할 수 없어 이 사건 사업시행자명의를 이전받을 수 없고, **주택으로부터의 직접적인 사업시행자 명의 이전도 동률건설에 대한 대금지급 완료라는 조건이 성취되지 아니하여 불하능하므로 이사건 사업시행자 명의를 원고가 지정하는 제3자에게 이전할 수 없다고 주장한다.

살피건대, 피고 엠에이치***가 피고 **주택 또는 동룡건설로부터 사업시행자 명의를 이전받을 수 있는지 여부는 피고 엠에이치***의 사업시행자 명의변경절차의무에 관한 집행상의 문제에 관계될 뿐 피고 엠에이치***의 사업시행자 명의변경절차 이행의무를 인정함에는 영향을 미치지 아니한다고 할 것이므로 피고 엠에이치***의 주장은 이유 없다(한편 앞서 본 바와 같이 피고 **주택과 피고 엠에이치*** 사이의 사업시행자 명의변경절차의 이행에 조건이 붙어있다고 보기도 어렵다).

4. 결론

그렇다면, 피고 **주택은 피고 엠에이치***에게 이 사건 사업에 관한 사업시행자 명의를 피고 **주택으로부터 피고 엠에이치***로 변경하는 절차를 이행할 의무가 있고, 원고는 피고 엠에이치***의 채권자로서 피고 엠에이치***를 대위하여 피고 **주택에 대하여 그 이행을 구할 수 있다 할 것이며, 피고 엠에이치***는 *****목적 주식회사에게 이 사건 사업에 관한 사업시행자 명의를 피고 엠에이치***로부터 *****목적 주식회사로 변경하는 절차를 이행할 의무가 있으므로 원고의 피고들에 대한 각 청구는 모두 이유 있어 이를 인용한다.

[판결원문 별지]

[이 사건 대출약정 주요 내용의 표시]

제5-2조 (차주의 본 건 사업시행권 포기, 양도 등)

① 차주에게 본 약정상 불이행 사유가 발생하여 자산운용회사가 제3항에 의한 서면통지를 하는 경우, 제2항에 기재된 본 건 사업과 관련한 차주의 시행사로서의 모든 권리 및 의무는 본 조에서 정하는 바에 따라 자산운용회사가 지정하는 제3자에게 조건 없이 이전된다.[149] 단, 본 조에 따른 사업시행권의 포기, 양도에도 불구하고 차주의 대주에 대한 대출원리금 상환채무는 시공사가 피담보채무를 변제하지 아니하는 한도 내에서 계속 존속한다.

② 제1항 기재 사업시행권의 포기, 양도로 양수인에게 이전될 권리, 의무는 다음과 같으며, 본 조에서 달리 정한 바를 제외하고는 다음 각 호 이외에 차주의 책임, 의무는 면책되지 아니한다. 이 경우 차주는 일체의 대가정산을 요구할 수 없고, 기타 본 건 사업과 관련된 모든 권리를 상실하며, 민·형사상의 이의, 소제기, 기타 민원 등 본 건 사업 시행에 직·간접적으로 영향을 미칠 수 있는 일체의 행위를 할 수 없다.

1) 사업부지의 소유권 및 그에 관련된 일체의 권리, 제4-3조 제1항의 담보신탁계약상의 위탁자 및 수익자로서의 지위

2) 사업건물 등 사업부지 지상 및 지하의 모든 건축물(건축 중인 건물을 포함한다)의 소유권 및 기타 그에 관련된 일체의 권리

55. 대법원 2014. 9. 4. 선고 2012두26166 판결 [개발부담금부과처분취소][150]

[논점] 토지신탁에서의 개발이익의 귀속 주체와 개발부담금의 납부의무자

【이 유】

1. 상고이유 제1, 2점에 대하여

토지로부터 발생되는 개발이익을 환수하여 이를 적정하게 배분함으로써 토지에 대한 투기를 방지하고 토지의 효율적인 이용을 촉진하여 국민 경제의 건전한 발전에 이바지 한다는 개발이익 환수에 관한 법률(이하 '개발이익환수법'이라고 한다)의 제정 목적이나, 개발사업 시행으로 정상지가 상승분을 초과하여 개발사업을 시행하는 자(이하 '사업시행자'라고 한다)나 토지 소유자에게 귀속되는 토지가액 증가분이 개발부담금 부과대상임을 고려하면, 개발이익환수법 제6조 제1항 본문에서 정한 개발부담금 납부의무자로서의 사업시행자는 특별한 사정이 없는 한 개발사업의 시행으로 불로소득적 개발이익을 얻게 되는 토지 소유자인 사업시행자를 말한다(대법원 1993. 8. 24. 선고 92누19354 판결 등 참조). 부동산신탁에서 수탁자 앞으로 소유권이전등기를 마치게 되면 대내외적으로 소유권이 수탁자에게 완전히 이전되고, 위탁자의 내부관계에서 소유권이 위탁자에게 유보되는 것은 아니며(대법원 2012. 6. 14. 선고 2010두2395 판결 등 참조), 신탁재산의 관리·처분·멸실·훼손 기타의 사유로 수탁자가 얻은 재산은 신탁재산에 속하게 되므로(신탁법 제19조), 토지 소유자인 사업시행자가 부동산신탁회사에 토지를 신탁

149) 이와 같은 시행권양도조항이 현행 채무자회생법상 부인의 대상이 되는지 여부(위 조항을 일방예약으로 볼 수 있는지, 채무자의 행위가 아닌 예약권자의 예약완결권 행사에 의한 양도의 경우에도 부인의 대상이 되는지 등), 이와 같은 내용이 포함된 사업약정서 등이 현행 채무자회생법상의 쌍방미이행 상무계약에 해당하는지 여부 등 도산법 관련 이슈에 대해 생각해 볼 필요가 있다.

150) 토지신탁의 경우 개발부담금 납부의무자에 대해서는, 광장신탁법연구회, 주석 신탁법(2판), 박영사, 587면 이하를 참고할 것.

하고 부동산신탁회사가 수탁자로서 사업시행자의 지위를 승계하여 신탁된 토지상에서 개발사업을 시행한 경우에 그 토지가액의 증가로 나타나는 개발이익은 당해 개발토지의 소유자이자 사업시행자인 수탁자에게 실질적으로 귀속된다고 봄이 타당하고, 수탁자를 개발부담금의 납부의무자로 보아야 한다.

원심은 그 판시와 같은 이유로, 원고는 주식회사 반도주택(이하 '반도주택'이라고 한다)과 체결한 이 사건 신탁계약에 따라 이 사건 토지에 관한 소유권이전등기를 마친 수탁자로서 개발이익환수법 제6조 제1항 본문에서 정한 토지 소유자인 사업시행자이므로 개발부담금의 납부의무자에 해당하고, 개발이익환수법 제6조 제1항 단서 제1호에서 정한 개발사업만을 위탁받아 시행한 자에 해당한다고 볼 수는 없다고 판단하였다.

위 법리와 기록에 비추어 살펴보면, 원심의 위와 같은 판단은 정당하고, 거기에 상고이유의 주장과 같이 개발이익환수법 제6조에서 정한 개발부담금 납부의무자에 관한 법리나 같은 조 제1항 단서 제1호에서 정한 '개발사업을 위탁한 경우'에 관한 법리 등을 오해한 위법이 없다.

2. 상고이유 제3점에 대하여

개발이익환수법 제6조 제1항 단서 제3호는 개발사업 완료 전에 사업시행자의 지위가 승계된 경우 그 지위를 승계한 자가 개발부담금을 납부할 의무가 있다고 규정하고 있다. 위 법률조항은 개발사업이 승계된 경우 그 승계 시까지 발생한 개발이익과 승계 후에 발생한 개발이익을 가려내는 것이 쉽지 아니한 점을 고려하여 마련된 규정으로서, 개발사업의 승계 당사자들 사이에 개발이익과 개발부담금의 승계에 관한 약정이 가능함을 전제로 하여 그러한 약정이 불가능하다는 등의 특별한 사정이 없는 한 사업시행자의 지위를 승계한 자로 하여금 개발부담금의 납부의무를 부담하도록 하는 것이다(대법원 2009. 3. 12. 선고 2008두19321 판결 등 참조).

원심은 그 판시와 같은 사실을 인정한 다음, 원고와 반도주택이 이 사건 신탁계약 체결 당시 이 사건 사업의 시행에 따른 개발부담금의 분담과 승계에 관한 약정을 하였다고 보아, 원고는 개발이익환수법 제6조 제1항 단서 제3호에서 정한 개발사업을 완료하기 전에 사업시행자의 지위를 승계한 자에도 해당한다고 판단하였다.

원심판결 이유를 위 법리에 비추어 살펴보면, 원심의 이유 설시에 다소 미흡한 부분이 있으나, 원고와 반도주택 사이에 개발이익과 개발부담금의 승계에 관한 약정을 하는 것이 불가능하였다고 볼 사정을 찾을 수 없는 이 사건에서, 원고는 위 규정에서 정한 사업시행자의 지위를 승계한 자로서 그 승계 시까지 발생한 개발이익을 포함하여 산정한 전체의 개발부담금을 납부할 의무가 있다고 보아야 하므로, 원고가 사업시행자의 지위를 승계한 자에 해당한다고 본 원심의 결론은 수긍할 수 있고, 거기에 상고이유의 주장과 같이 논리와 경험의 법칙을 위반하고 자유심증주의의 한계를 벗어나거나, 개발이익환수법 제6조 제1항 단서 제3호에서 정한 '개발사업을 완료하기 전에 사업시행자의 지위를 승계한 자'에 관한 법리를 오해하는 등의 위법이 없다.

[원심판결] 대구고등법원 2012. 10. 26. 선고 2012누1243 판결 [개발부담금부과처분취소]

【주 문】

1. 원고의 항소를 기각한다.
2. 항소비용은 원고가 부담한다.

【청구취지 및 항소취지】

제1심 판결을 취소한다. 피고가 2011. 4. 14. 원고에 대하여 한 개발부담금 95,887,360원의 부과처분을 취소한다.

【이 유】

(1) 개발이익환수법 제2조 제1, 4호, 제3조에 의하면, '개발이익'이란 개발사업의 시행이나 토지이용계획의 변경, 그 밖에 사회적·경제적 요인에 따라 정상지가 상승분을 초과하여 개발사업을 시행하는 자(이하 '사업시행자'라 한다)나 토지 소유자에게 귀속되는 토지 가액의 증가분을 말하고, '개발부담금'이란 개발이익 중 개발이익환수법에 따라 국가가 부과·징수하는 금액을 말한다.

개발이익환수법 제3, 5, 6조에 의하면, 개발부담금의 부과 대상인 개발사업은 택지개발사업(주택단지조성 사업을 포함한다) 등에 해당하는 사업 등으로 하고, 국가는 개발부담금 부과 대상 사업이 시행되는 지역에서 발생하는 개발이익을 개발부담금으로 징수하여야 한다.

한편 개발이익환수법 제6조 제1항에 의하면, 제5조 제1항 각 호의 사업시행자는 개발부담금을 납부할 의무가 있는데, 다만 개발사업을 위탁하거나 도급한 경우에는 그 위탁이나 도급을 한 자, 타인이 소유하는 토지를 임차하여 개발사업을 시행한 경우에는 그 토지의 소유자, 개발사업을 완료하기 전에 사업시행자의 지위 등을 승계하는 경우에는 그 지위를 승계한 자가 개발부담금을 납부하여야 한다.

(2) 살피건대 토지로부터 발생되는 개발이익을 환수하여 이를 적정하게 배분함으로써 토지에 대한 투기를 방지하고 토지의 효율적인 이용을 촉진하여 국민 경제의 건전한 발전에 이바지 한다는 개발이익환수법의 제정 목적이나 개발사업 시행으로 정상지가 상승분을 초과하여 개발사업 시행자에게 귀속되는 토지가액 증가분이 개발부담금 부과대상임을 고려하면, 1993. 6. 11. 법률 제4563호로 개정되기 전의 개발이익환수법 제6조 제1항 소정의 개발부담금 납부의무자로서의 사업시행자는 특단의 사정이 없는 이상 개발사업 시행으로 불로소득적 개발이익을 얻게 되는 토지 소유자인 사업시행자를 말하고, 토지가액 증가로서 나타나는 개발이익을 얻지 않고 단순히 개발사업을 위탁 또는 도급받아 시행한 자나 토지를 임차하여 사업을 시행하는 자 등은 제외된다고 해석함이 상당하다 할 것이다(대법원 1993. 8. 24. 선고 92누19354 판결 등 참조).

나아가 개발이익환수법 제6조 제1항 제3호는, 개발사업 완료 전에 사업시행자의 지위가 승계된 경우 그 지위를 승계한 자가 개발부담금을 납부할 의무가 있다고 규정하고 있는바, 이 규정은 원칙적으로 개발이익이 실질적으로 귀속되는 자에게 개발부담금을 부과하여야 하나, 개발사업이 승계된 경우 그 승계 시까지 발생한 개발이익과 승계 후에 발생한 개발이익을 가려내는 것이 쉽지 아니한 점을 고려하여 마련된 규정으로서 개발사업의 승계 당사자들 사이에 개발이익 및 개발부담금의 승계에 관한 약정이 가능함을 전제로 하는 것이므로, 이러한 약정이 불가능한 경우까지 이 규정을 적용할 것은 아니다(대법원 2002. 4. 12. 선고 2000두2655 판결 등 참조).

한편 토지소유자가 부동산신탁회사에게 토지를 신탁하고 부동산신탁회사가 수탁자로서 신탁된 토지상에 건물을 신축하거나 택지를 조성하는 등 적절한 개발행위를 한 후 토지 및 지상건물을 일체로 분양 또는 임대하여 그 수입에서 신탁회사의 투입비용을 회수하고 수익자에게 수익을 교부하는 취지의 계약은 신탁법상의 신탁계약으로 볼 것이다(대법원 2006. 6. 9. 선고 2004다24557 판결 참조). 그리고 이와 같은 신탁계약에 의하여 재산권이 위탁자로부터 수탁자에게로 이전된 경우 그 신탁재산의 소유권은 수탁자에게 절대적으로 이전되고, 수탁자는 내부적으로 우선수익자나 수익자에 대한 관계에서 신탁계약에 따른 제한을 부담할 수는 있으나, 제3자에 대한 관계에서는 법률행위의 주체로서 완전한 소유권을 행사할 수 있다(대법원 2008. 3. 13. 선고 2007다54276 판결 등 참조).

(3) 앞서 본 인정 사실과 법리에 비추어 보면, 이 사건 신탁계약은 원고가 반도주택으로부터 이 사건 토지를 신탁받아 이 사건 토지에 아파트를 신축하는 등 개발행위를 한 후 이 사건 토지 및 아파트를

일체로 분양하여 그 수입에서 원고의 투입비용을 회수하고 반도주택에게 수익을 교부하는 계약으로 신탁법상의 신탁계약에 해당한다고 할 것이다. 또한 이 사건 신탁계약에 의하여 이 사건 토지 등이 반도주택으로부터 원고에게로 이전되었으므로, 이 사건 토지 등의 소유권은 원고에게 절대적으로 이전되고 원고는 내부적으로 반도주택에 대한 관계에서 신탁계약에 따른 제한을 부담할 수는 있으나, 제3자에 대한 관계에서는 법률행위의 주체로서 완전한 소유권을 행사할 수 있다.

따라서 이 사건 개발행위로 인한 개발이익은 이 사건 개발사업의 시행 등에 따라 정상지가 상승분을 초과하여 발생한 이 사건 토지 가액의 증가분을 의미하므로, 그 개발이익은 제3자인 피고와의 관계에서 이 사건 토지의 소유자인 원고에게 실질적으로 귀속되고, 다만 이 사건 신탁계약상의 수익분배 약정은 신탁계약의 종료 시 원고와 반도주택과의 사이에서 실시할 사업정산 기준에 관한 내부적인 약정에 불과하다고 봄이 상당하다.

또한 이 사건 신탁계약에 따라 반도주택이 원고에게 이 사건 개발사업을 위탁한 행위가 개발이익환수법 제6조 제1항 단서 제1호에서 규정하는 '개발사업을 위탁한 경우'에 해당되는지에 관하여 보면, ① 위탁은 '남에게 사물이나 사람의 책임을 맡김' 또는 '법률행위나 사무의 처리를 다른 사람에게 맡겨 부탁하는 일'을 의미하고, 반드시 신탁과 같이 '자기(수탁자) 명의로 타인(위탁자)의 계산에 의하여' 법률행위를 하게 하는 경우만을 의미하지는 않는 점, ② 앞서 본 법리를 종합하면 단순히 개발사업을 위탁받아 시행한 자가 개발부담금 납부의무자에서 제외되고 위탁자가 납부의무자가 되는 이유는 토지가액 증가로서 나타나는 개발이익이 위탁자에게 귀속되기 때문인 것으로 보아야 하는 점, ③ 지방세법은 제107조 제2항 제5호상의 재산세 납부 의무자에 관하여 '신탁법에 따라 수탁자명의로 등기·등록된 신탁재산의 경우에는 위탁자'라고 규정하고 있음에 비해, 개발이익환수법은 제6조 제1항 단서 제1호상의 개발부담금 납부의무자에 관하여 신탁이라는 용어는 사용하지 않고 단지 '개발사업을 위탁한 경우에는 위탁을 한 자'라고 규정하고 있는 점 등에 비추어 보면, 이 사건과 같이 신탁계약 관계에 의하여 개발사업이 수행되어 수탁자인 원고에게 개발이익이 귀속되는 것으로 보아야 하는 경우는 원고가 지적하는 개발이익환수법 제6조 제1항 단서 제1호에서 규정하는 '개발사업을 위탁한 경우'에 해당되지 않는다고 보아야 한다.

나아가 앞서 본 바와 같이 원고는 2007. 5. 3.자 주택건설사업계획변경승인에 의하여 이 사건 개발사업의 주체가 됨으로써 반도주택으로부터 이 사건 개발사업시행자의 지위를 승계하였다 할 것이고, 이 사건 신탁계약에서 원고가 이 사건 개발사업의 추진에 따라 부과되는 제세공과금이 발생한 경우 신탁재산에서 납부할 수 있도록 정하였으므로 원고와 반도주택과의 사이에 개발부담금의 승계에 관한 약정도 한 것으로 봄이 상당하다.

(4) 결국 원고가 반도주택과의 사이에 이 사건 신탁계약을 체결한 후 반도주택으로부터 이 사건 개발사업의 사업시행자 지위를 넘겨받음으로써 이 사건 개발사업으로 인한 개발이익의 실질적 귀속자가 반도주택에서 원고로 변경되었다 할 것이고, 이 사건 신탁계약에서 개발부담금의 승계에 관한 약정도 하였으므로, 원고는 개발이익환수법 제6조 제1항 제3호상의 '개발사업을 완료하기 전에 사업시행자의 지위를 승계한 자'에 해당된다 할 것이다.

따라서 원고는 개발이익환수법 제6조 제1항 제3호에 의하여 이 사건 개발행위로 인한 개발부담금을 납부할 의무가 있다 할 것이므로, 이를 전제로 원고에게 이 사건 개발부담금을 부과한 이 사건 처분은 적법하고, 원고의 주장은 이유가 없다.

56. 대법원 2014. 9. 4. 선고 2014두36266 판결 [취득세부과처분취소][151)]

[논점] 신탁부동산에 대한 위탁자의 과점주주에게 지방세법상 간주취득세를 부과할 수 있는지 여부

【이 유】

구 지방세법(2010. 3. 31. 법률 제10221호로 전부 개정되어 2011. 1. 1.부터 시행되기 전의 것. 이하 '구 지방세법'이라 한다) 제105조 제6항 본문은 '법인의 주식 또는 지분을 취득함으로써 과점주주가 된 때에는 그 과점주주는 당해 법인의 부동산 등을 취득한 것으로 본다'고 규정하고, 구 지방세법 시행령(2010. 9. 20. 대통령령 제22395호로 전부 개정되어 2011. 1. 1.부터 시행되기 전의 것) 제78조 제2항 본문은 "이미 과점주주가 된 주주 또는 유한책임사원이 당해 법인의 주식 또는 지분을 취득함으로써 당해 법인의 주식 또는 지분의 총액에 대한 과점주주가 가진 주식 또는 지분의 비율이 증가된 경우에는 그 증가된 분을 취득으로 보아 법 제105조 제6항의 규정에 의하여 취득세를 부과한다."고 규정하고 있다.

이처럼 법인의 과점주주에 대하여 그 법인의 재산을 취득한 것으로 보아 취득세를 부과하는 것은 과점주주가 되면 해당 법인의 재산을 사실상 임의처분하거나 관리운용할 수 있는 지위에 서게 되어 실질적으로 그 재산을 직접 소유하는 것과 크게 다를 바 없다는 점에서 담세력이 있다고 보기 때문이다(대법원 1994. 5. 24. 선고 92누11138 판결 참조). 그런데 신탁법상의 신탁은 위탁자가 수탁자에게 특정의 재산권을 이전하거나 기타의 처분을 하여 수탁자로 하여금 신탁 목적을 위하여 그 재산권을 관리·처분하게 하는 것이므로, 부동산 신탁에 있어 수탁자 앞으로 소유권이전등기를 마치게 되면 대내외적으로 소유권이 수탁자에게 완전히 이전되고 위탁자와의 내부관계에서 소유권이 위탁자에게 유보되는 것이 아니며, 이와 같이 신탁의 효력으로서 신탁재산의 소유권이 수탁자에게 이전되는 결과 수탁자는 대내외적으로 신탁재산에 대한 관리권을 갖게 된다(대법원 2011. 2. 10. 선고 2010다84246 판결 참조). 따라서 신탁계약이나 신탁법에 의하여 수탁자가 위탁자에 대한 관계에서 신탁 부동산에 관한 권한을 행사할 때 일정한 의무를 부담하거나 제한을 받게 되더라도 그것만으로는 위탁자의 과점주주가 신탁 부동산을 사실상 임의처분하거나 관리운용할 수 있는 지위에 있다고 보기도 어렵다.

이와 같은 과점주주에 대한 간주취득세제도의 취지와 신탁의 법률관계 등에 비추어 보면, 어느 법인의 부동산이 신탁법에 의한 신탁으로 수탁자에게 소유권이 이전된 후 그 법인의 과점주주가 되거나 그 법인의 주식 또는 지분 비율이 증가된 경우에는 특별한 사정이 없는 한 신탁 부동산을 그 법인이 보유하는 부동산으로 보아 그 법인의 과점주주에게 구 지방세법 제105조 제6항 등에서 정한 간주취득세를 부과할 수는 없다고 봄이 타당하다.

그럼에도 원심은, 그 판시와 같은 이유만을 들어 신탁법에 의한 신탁으로 수탁자 앞으로 소유권이전등기가 마쳐진 부동산도 위탁자 법인이 보유하는 부동산으로 보아 그 과점주주에게 간주취득세를 부과할 수 있다고 전제한 다음, 다인종합건설 주식회사의 과점주주인 원고의 보유주식 비율이 10% 증가하였음을 이유로 그 전에 이미 신탁법에 의한 신탁등기가 이루어진 이 사건 부동산 중 원고의 보유주식 비율 증가분에 해당하는 부분을 원고가 취득하였다고 보아 원고에게 간주취득세 등을 부과한 이 사건 처분이 적법하다고 판단하였으니, 원심의 이러한 판단에는 법인의 신탁 부동산에 대한 과점주주의 간주취득세 납세의무 성립 여부에 관한 법리를 오해하여 판결에 영향을 미친 위법이 있다. 이 점을 지적하는 상고이유의 주장은 이유 있다.

---

151) 이 판결에 대한 평석은, 임태욱·양인준, 신탁부동산에 대한 과점주주의 간주취득세 과세, 조세연구 제17권 제2집, 한국조세연구포럼, 219면 이하를 참고할 것.

57. 대법원 2014. 8. 28. 선고 2013두14696 판결 [개발부담금부과처분취소][152]

[논점] 토지신탁에서의 개발부담금의 납부의무자

【이 유】

1. 토지로부터 발생되는 개발이익을 환수하여 이를 적정하게 배분함으로써 토지에 대한 투기를 방지하고 토지의 효율적인 이용을 촉진하여 국민 경제의 건전한 발전에 이바지한다는 개발이익환수에 관한 법률(이하 '법'이라 한다)의 제정 목적이나, 개발사업 시행으로 정상지가 상승분을 초과하여 개발사업을 시행하는 자(이하 '사업시행자'라 한다)나 토지 소유자에게 귀속되는 토지가액 증가분이 개발부담금 부과대상임을 고려하면, 법 제6조 제1항 본문에서 정한 개발부담금 납부의무자로서의 사업시행자는 특별한 사정이 없는 한 개발사업의 시행으로 불로소득적 개발이익을 얻게 되는 토지 소유자인 사업시행자를 말한다(대법원 1993. 8. 24. 선고 92누19354 판결 등 참조). 부동산 신탁에서 수탁자 앞으로 소유권이전등기를 마치게 되면 대내외적으로 소유권이 수탁자에게 완전히 이전되고, 위탁자의 내부관계에서 소유권이 위탁자에게 유보되지는 아니하며(대법원 1991. 8. 13. 선고 91다12608 판결, 대법원 2012. 6. 14. 선고 2010두2395 판결 등 참조), 신탁재산의 관리, 처분, 운용, 개발, 멸실, 훼손, 그 밖의 사유로 수탁자가 얻은 재산은 신탁재산에 속하게 되므로(신탁법 제27조), 토지 소유자인 사업시행자가 부동산신탁회사에 토지를 신탁하고 부동산신탁회사가 수탁자로서 사업시행자의 지위를 승계하여 신탁된 토지에서 개발사업을 시행한 경우에 그 토지가액의 증가로 나타나는 개발이익은 해당 개발토지의 소유자이자 사업시행자인 수탁자에게 실질적으로 귀속된다고 봄이 타당하고, 수탁자를 개발부담금의 납부의무자로 보아야 한다.

원심은 판시와 같은 이유로, 원고는 소외 회사와 체결한 이 사건 신탁계약에 따라 이 사건 토지에 관한 소유권이전등기를 마친 수탁자로서 법 제6조 제1항 본문에서 정한 토지 소유자인 사업시행자이므로 개발부담금의 납부의무자에 해당하고, 법 제6조 제1항 단서 제1호에서 정한 단순히 개발사업을 위탁받아 시행한 자에 해당한다고 볼 수는 없다고 판단하여, 이와 달리 이 사건 토지에 관한 개발이익은 수탁자인 원고가 아니라 수익자에게 귀속된다는 원고의 주장을 배척하였다.

원심판결 이유를 적법하게 채택된 증거들에 비추어 살펴보면, 위와 같은 원심의 판단은 앞서 본 법리에 기초한 것으로서, 거기에 상고이유의 주장과 같이 개발부담금의 납부의무자, 수탁자의 이익향수금지 및 신탁재산에 관한 이익취득금지의 원칙 등에 관한 법리를 오해한 위법이 없다.

2. 법 제6조 제1항 단서 제3호는 개발사업을 완료하기 전에 사업시행자의 지위가 승계된 경우에 그 지위를 승계한 자가 개발부담금을 납부할 의무가 있다고 규정하고 있다. 위 법률조항은 개발사업이 승계된 경우에 그 승계 시까지 발생한 개발이익과 승계 후에 발생한 개발이익을 가려내는 것이 쉽지 아니한 점을 고려하여 마련된 규정으로서, 개발사업의 승계 당사자들 사이에 개발이익 및 개발부담금의 승계에 관한 약정이 불가능하다는 등의 특별한 사정이 없는 한 사업시행자의 지위를 승계한 자로 하여금 개발부담금의 납부의무를 부담하도록 하는 것이다(대법원 2002. 4. 12. 선고 2000두2655 판결, 대법원 2009. 3. 12. 선고 2008두19321 판결 등 참조).

원심은 판시와 같은 사실을 인정한 다음, 원고와 소외 회사가 이 사건 신탁계약 체결 당시 이 사건 사업의 시행에 따른 개발부담금의 분담 및 승계에 관한 약정을 하였다고 보아, 원고는 법 제6조 제1항 단서 제3호에서 정한 개발사업을 완료하기 전에 사업시행자의 지위를 승계한 자에도 해당한다고 판단하였다.

---

152) 토지신탁의 경우 개발부담금 납부의무에 대해서는, 광장신탁법연구회, 주식 신탁법(2판), 박영사, 587면 이하를 참고할 것.

원심판결 이유를 앞서 본 법리와 아울러 적법하게 채택된 증거들에 비추어 살펴보면, 원고와 소외 회사 사이에 개발이익 및 개발부담금의 승계에 관한 약정을 하는 것이 불가능하였다고 볼 사정을 찾을 수 없는 이 사건에서, 원고는 위 법률조항에서 정한 사업시행자의 지위를 승계한 자로서 그 승계 시까지 발생한 개발이익을 포함하여 산정한 전체의 개발부담금을 납부할 의무가 있다고 보아야 한다. 따라서 원심의 이유 설시에 다소 미흡한 부분이 있으나, 위와 같은 취지에서 원고가 사업시행자의 지위를 승계한 자에 해당한다고 본 원심의 결론에 상고이유의 주장과 같이 법 제6조 제1항 단서 제3호에서 정한 사업시행자의 지위를 승계한 자에 관한 법리를 오해한 위법이 있다고 할 수 없다.

[원심판결] 대전고등법원 2013. 6. 20. 선고 2012누3192 판결 [개발부담금부과처분취소]

【주 문】

1. 원고의 항소를 기각한다.
2. 항소비용은 원고가 부담한다.

【청구취지 및 항소취지】

제1심 판결을 취소한다. 피고의 원고에 대한 2011. 3. 17.자 개발부담금 1,471,060,000원의 부과처분을 취소한다.

【이 유】

2) 원고가 개발이익환수법 제6조 제1항 본문 소정의 개발부담금 납부의무자인지

가) 제1항에서 인정한 바와 같이, 소외 회사는 원고에게 이 사건 토지를 신탁하고, 원고는 이 사건 토지상에 아파트를 신축, 분양하여 그 수입에서 투입비용을 회수하고, 수익을 위탁자에게 교부하며, 신탁사업에 관한 신탁보수만을 지급받기로 하는 내용의 약정을 하였고, 이 사건 토지에 관하여 원고 명의로 소유권이전등기 및 신탁등기를 마친 사실에 비추어 보면, 원고와 소외 회사 사이에 체결된 이 사건 신탁계약의 성격은 신탁법상의 신탁계약이라고 할 것이다.

그러므로 제1항의 인정사실과 신탁법상의 신탁계약에 관한 법리에 비추어 보건대, 신탁재산에 관하여 수탁자 명의로 소유권이전등기 및 신탁등기가 마쳐지면 신탁이 종료될 때까지는 수탁자가 대내외적으로 신탁재산의 완전한 소유권자가 되며, 위탁자와의 내부관계에 있어서도 신탁재산의 소유권은 수탁자에게 이전되는 것이어서 이 사건 토지를 포함한 신탁재산은 대내외적으로 수탁자인 원고에게 완전히 귀속되고, 이 사건 사업의 완료에 따른 개발이익의 발생 당시에도 원고는 이 사건 토지의 완전한 소유권자이므로, 원고는 개발이익환수법 제6조 제1항 본문 소정의 토지소유자인 사업시행자로서 개발부담금의 납부의무자에 해당하며, 이와 달리 원고를 개발이익환수법 제6조 제1항 단서 제1호 소정의 개발사업만을 위탁받아 시행한 자에 해당한다고 볼 수는 없다.

나) 이에 대하여 원고는 신탁법상 수탁자의 이익향수금지 및 신탁재산에 관한 이익취득금지 원칙 등에 따라 이 사건 토지에 관한 개발이익은 수탁자인 원고에게 귀속되지 않고 수익자에게 귀속되므로 원고는 개발부담금의 납부의무가 없다는 취지로 주장한다.

살피건대, 이 사건 사업의 시행으로 인하여 발생한 토지가액의 증가분인 “개발이익”은 신탁재산의 관리, 처분, 운용, 개발에 따라 발생한 “신탁수익”과는 별개의 개념이며, 이 사건 토지가액의 증가분은 이 사건 토지에 귀속하는 이익이고, 이 사건 토지의 소유자는 원고이므로 개발부담금이 원고에게 부과되는 것은 신탁재산인 이 사건 토지의 소유권이 절대적으로 원고에게 귀속하도록 되어 있는 신탁법상 신탁의 법리에 기인하는 점, 신탁의 수익자나 잔여이익귀속자는 신탁이 종료되었을 때에서야 신탁재산으

로부터 신탁에 따른 보수나 비용 등을 공제한 나머지 신탁수익을 향유할 수 있는 상태가 되고, 그 권리의 성격도 채권적인 성질의 것인 점, 개발이익환수법상의 "개발이익"은 개발사업의 준공인가 등 부과종료시점과 개발사업의 인가 등 부과개시시점 사이의 토지가액의 차액을 기초로 하여 산정되는바, 이러한 개발사업의 준공인가 등을 기준으로 하여 개발이익환수법에 따라 산정되는 "토지가액의 증가분"만을 특별히 수익자에게 바로 귀속되는 이익이라고 해석할 근거가 없는 점, 신탁법 제114조 제1항에 의하면, 신탁행위로 수탁자가 신탁재산에 속하는 채무에 대하여 신탁재산만으로 책임지는 신탁인 "유한책임신탁"을 설정할 수 있는데, 원고가 유한책임신탁을 설정하거나 이를 등기하였다는 점을 인정할 자료가 없으므로, 신탁재산이 남아 있지 않다는 사유를 들어 수탁자에게 개발부담금의 납부의무가 존재하지 않는다고 주장할 수 없는 점 등에 비추어 보면, 원고의 위 주장은 이유 없다.

3) 원고가 개발이익환수법 제6조 제1항 단서 제3호 소정의 사업시행자의 지위를 승계한 자인지

소외 회사는 2006. 12. 20. 피고로부터 이 사건 사업에 관하여 사업계획승인을 받은 뒤 2007. 2. 15. 원고와 사이에 이 사건 신탁계약을 체결한 사실, 원고는 2007. 3. 13. 피고로부터 사업계획변경승인을 받아 이 사건 사업의 사업시행자 지위를 승계하고이 사건 사업을 시행하여 2010. 3. 30. 이 사건 사업에 따라 완공한 아파트에 관하여 주택사용승인을 받은 사실은 제1항에서 인정한 바이며, 갑 제1호증의 1, 2의 각 기재에 변론 전체의 취지를 종합하면, 원고와 소외 회사 사이에 체결된 이 사건 신탁계약의 토지신탁사업약정서(갑 제1호증의 1) 제19조와 분양형토지신탁계약서(갑 제1호증의 2) 제17조에 의하면, 원고와 소외 회사는 이 사건 신탁계약 당시 이 사건 사업의 추진에 따라 부과되는 제세공과금에 대하여는 이를 수탁자인 원고 명의로 부과되는 것이라도 위탁자인 소외 회사의 부담으로 하되, 원고는 이를 신탁재산에서 지급하거나 소외 회사로부터 상환받을 수 있다는 취지의 합의를 한 사실이 인정되는바, 위 각 인정사실에 비추어 볼 때, 원고와 소외 회사는 이 사건 신탁계약 체결 당시 이 사건 사업의 시행에 따른 개발부담금의 분담 및 승계에 관한 약정을 하였다고 할 것이며, 원고는 개발이익환수법 제6조 제1항 단서 제3호 소정의 개발사업을 완료하기 전에 사업시행자의 지위를 승계한 자에도 해당한다고 봄이 상당하다.

58. 대법원 2014. 8. 20. 선고 2012다97420,97437 판결 [관광사업자명의및건축주명의변경절차이행][153]

[논점] 부동산신탁 수익권에 대한 질권의 효력

【이 유】

가. 원심판결 이유 및 기록에 비추어 보면, ① 이 사건 사업약정은 이 사건 사업부지 위에 콘도미니엄 및 부대시설을 건축하고 그 대지와 건물을 신탁재산으로 하여 이를 분양하는 것을 목적으로 하는 사실, ② 이 사건 신탁계약은 이 사건 사업 수행을 신탁사무로 정하고 있고, 이 사건 관광사업자명의 및 이 사건 건축주명의(이하 이를 통틀어 '이 사건 각 명의'라고 한다)의 유지 등에 필요한 제반 비용이 신탁재산에서 지출된 사실, ③ 이 사건 사업약정 제27조 제2항은 '분양승인 전 이 사건 사업약정이 해지되는 경우 피고는 국민은행의 요청에 따라 신탁재산(사업권리 포함)을 국민은행이 지정한 감정평가기관의 감정평가금액으로 공매처분하거나, 국민은행 또는 국민은행이 지정하는 자에게 소유권을 이전한다.'라는 취지로, 제34조 제2항 제4호는 '원고의 채무불이행 사유 등이 발생하는 경우 원고는 사업약정에 따른 계약상 권리는 물론 신탁계약상 권리 등 이 사건 사업의 인허가와 관련된 일체의 권리를 포

153) 대법원 2014. 8. 26. 선고 2013다49404, 49411 판결(인터넷 종합법률정보에서 검색 가능)도 같은 취지임.

기한다.'는 취지로 각 규정하고 있는 사실을 알 수 있다.

그렇다면 위 사실에 나타난 다음과 같은 사정, 즉 ① 이 사건 각 명의는 이 사건 사업 진행을 위하여 다른 신탁재산들과 더불어 반드시 필요하였던 것으로 보이는 점, ② 이 사건 각 명의의 유지 등에 지출된 비용이 신탁재산 처리비용에 포함된 것으로 보이는 점, ③ 이 사건 사업약정 및 이 사건 신탁계약의 당사자들은 이 사건 사업부지와 이 사건 각 명의 등 사업에 관한 권리 일체를 이 사건 대출금채무를 담보하는 환가재산으로 삼은 것으로 보이는 점 등에 비추어 보면, 원·피고, 대주단을 비롯한 이 사건 사업의 관련자들은 이 사건 각 명의를 신탁재산으로 하기로 합의하였다고 봄이 상당하다.

따라서 원심이 이 사건 각 명의가 이 사건 신탁계약 제11조 제8호에서 정한 '기타 신탁사무의 처리에서 발생한 자산'에 해당한다고 설시한 것은 적절하지 아니하나, 이 사건 각 명의가 신탁재산에 해당한다고 본 원심의 결론은 정당하여 수긍할 수 있고, 거기에 상고이유 주장과 같이 논리와 경험의 법칙을 위반하고 자유심증주의의 한계를 벗어나는 등의 위법이 없다.

나. 나아가 원심은, 참가인이 이 사건 대출금채무를 대위변제하여 변제자대위로서 대주단의 이 사건 1순위 근질권을 행사하거나 참가인의 이 사건 2순위 근질권을 행사하여 이 사건 신탁계약상의 이 사건 수익권을 취득한 이상 참가인은 수익자의 자격에서 위 신탁계약 종료에 따라 신탁재산인 이 사건 각 명의의 이전을 구할 수 있다는 취지로 판단하였다.

관련 법리와 기록에 비추어 살펴보면, 원심의 이유 설시에 다소 적절하지 않은 점이 있으나 참가인이 수익자의 자격에서[154] 이 사건 신탁계약 종료에 따라 신탁재산인 이 사건 각 명의의 이전을 구할 수 있다는 원심의 결론은 정당하여 수긍할 수 있고, 거기에 상고이유 주장과 같이 근질권의 대상과 관련한 법리를 오해한 위법이 없다.

3. 상고이유 제6점에 대하여

원심판결 이유에 의하면, 원심은, 이 사건 신탁계약상 수익권은 '신탁부동산에서 발생하는 금전 및 그 금전의 운용수익과 이에 준하는 것을 교부받을 수 있는 권리'로서 이 사건 각 부동산에 관한 소유권이전등기청구권과는 구별되는 점 등에 비추어 보면, 이 사건 각 부동산에 관한 소유권이전등기청구권이 이 사건 각 근질권의 목적물인 이 사건 신탁계약상 수익권에 포함되어 있다고 보기 어려우므로 이 사건 각 근질권설정계약이 무효라고 볼 수 없다고 판단하였다.[155] [156]

---

154) 수익권에 대한 근질권의 행사로써 이 사건 각 명의의 이전을 구하는 것이 아니라 '수익자의 지위'에서 명의 이전을 구하는 것이라는 취지이다.

155) (1) 이 대법원 판결과 위 대법원 2013다49404, 49411 판결(주 153)은, 이 사건 신탁계약 제12조를 근거로 이 사건 신탁계약상의 '수익권'은 이 사건 신탁계약 제12조의 '신탁수익에 대한 권리'만을 의미하고, 수익자는 이 사건 신탁계약 제13조 제3항에 따라 '잔여재산의 귀속권리자'로 지정된 것뿐이므로, '수익권'과 '잔여재산 귀속권'은 별개의 권리로서 이 사건 신탁계약의 경우에는 '잔여재산 귀속권(그에 속하는 소유권이전등기청구권)'은 '수익권'에 포함되지 않는다는 입장을 전제로 하고 있는 것으로 이해된다. 이는 기본적으로 신탁계약이 종료되기 전의 관계인 '신탁관계'와 신탁계약 종료 후의 관계인 '법정신탁관계'를 구분하면서(대법원 2005. 4. 15. 선고 2004다24878 판결 참조), '수익권'과 '잔여재산 귀속권'을 별개의 권리로 보는 대법원 판결의 입장과도 일맥상통하는 것으로 이해된다(다만, 수익권은 신탁종료 전후를 불문하고 '신탁계약에 따른 수익자의 권리의 총체'를 의미하고, 이 사건 신탁계약 제12조의 '신탁수익'과 이 사건 신탁계약에서의 '수익권'이 반드시 동일한 개념이라고 해석되어야 하는 것이 아니므로 이 사건 신탁계약에 의하더라도 '수익권'을 '신탁수익'에 대한 권리로만 한정하여 해석할 이유는 없지 않나 생각된다). 그런데, 현행 신탁법에서는 '수익자가 수탁자에게 신탁재산에 속한 재산의 인도와 그 밖에 신탁재산에 기한 급부를 요구하는 청구권'을 '수익채권'으로 정의하고 '수익채권'은 '수익권'의 내용을 이루는 것으로 규정하고 있다(현행 신탁법 제62조, 제66조). 따라서 수익자가 잔여재산 귀속자인 경우에도 동 권리는 '수익권'에 포함되는 것으로 해석될 여지가 있다. 따라서 현행 신탁법 하에서, '수익권'과 '잔여재산 귀속권'의 관계, '신탁관계'와 '법정신탁관계'에 관한 명확한 해석 기준이 필요할 것으로 생각된다.

(3) 나아가, 이 사안에서는 '수익권' 외에 '신탁계약에 따라 수익자에게 지급될 기타 모든 자산에 대한 권리'도 질권의 목적물에 포함되어 있으므로, 수익권의 범위와는 관계없이, 잔여재산 귀속권에 따르는 소유권이전등기청구권도 이 사건

관련 법리와 기록에 비추어 살펴보면, 원심의 위와 같은 판단은 정당하고, 거기에 상고이유의 주장과 같이 이 사건 신탁계약상 수익권에 관한 법리를 오해하는 등의 위법이 없다.

[원심판결] 서울고등법원 2012. 10. 11. 선고 2011나96569, 2011나96576(참가) 판결 [관광사업자명의및건축주명의변경절차이행]

【주 문】

1. 원고의 피고 및 독립당사자참가인에 대한 항소를 모두 기각한다.
2. 항소비용은 원고가 부담한다.

【청구취지 및 항소취지】

1. 청구취지

본소 : 피고는 원고에게 별지1 기재 관광사업자명의(이하 '이 사건 관광사업자명의'라 한다) 변경절차를 이행하고, 별지2 기재 건축주명의(이하 '이 사건 건축주명의'라 하고, 이 사건 관광사업자명의와 이 사건 건축주명의를 통칭하여 '이 사건 각 명의'라 한다) 변경절차를 이행하라.

독립당사자참가 : 원고와 독립당사자참가인(이하 '참가인'이라 한다) 사이에, 이 사건 각 명의에 관한 각 변경절차이행청구권은 참가인에게 있음을 확인한다. 피고는 참가인에게 이 사건 각 명의의 변경절차를 이행하라.

2. 항소취지

제1심 판결 중 원고에 대한 부분을 취소한다. 피고는 원고에게 이 사건 각 명의의 변경절차를 이행하라. 참가인의 원고에 대한 청구를 기각한다.

【이 유】

2. 기초사실

(3) 이 사건 분양형 신탁계약의 주요 내용은 아래와 같다.

○ 제12조 (신탁수익)

신탁부동산에서 발생한 분양금(계약금 및 중도금 포함), 각종 보증금, 임료 등 신탁재산에 속하는 금전 및 그 금전의 운용수익과 이에 준하는 것을 신탁수익으로 한다.

○ 제13조 (수익자와 수익권)

① 이 신탁의 수익자는 원고로 한다. 그러나 제3자의 동의를 얻어 그를 수익자로 할 수 있다.

질권의 목적물에 포함된 것으로 볼 수 있을 것이다(즉, 이 사안에서의 질권의 목적물은 '수익권'과 '잔여재산 귀속권에 따르는 소유권이전등기청구권을 포함한 수익자의 기타 권리(이하 "수익자의 기타 권리")'라고 볼 수 있다). 따라서 '수익자의 기타 권리'에 포함되어 있는 잔여재산 귀속권(그에 따른 소유권이전등기청구권) 부분에 대한 질권의 효력에 관해서는 여전히 추가적인 판단이 필요하나, 원고가 '이 사건 신탁계약상 수익권의 내용에 이 사건 각 부동산의 소유권이전등기청구권이 포함되어 있어.."라고 주장하였기 때문에 대법원에서는 '수익자의 기타 권리'에 포함된 신탁(잔여)재산에 관한 소유권이전등기청구권에 대한 질권의 유효 여부에 대해서는 명시적으로 판단하지는 않은 것으로 보인다.

156) 부동산의 취득을 내용으로 하는 수익권(원본수익권)에 대한 질권을 설정할 수 없다는 견해로는 최수정, 신탁법, 박영사, 131면 이하를 참고할 것. 이 견해에 따르면, 수익권에 신탁(잔여)재산에 관한 소유권이전등기청구권이 포함된 경우에는 그에 관한 질권은 무효로 될 것이다. 이때 수익권 전부에 대한 질권을 무효로 볼 것인지, 아니면 해당 부분에 대한 질권만을 무효로 볼 것인지 여부가 문제될 수 있다. 실무에서는 이상의 의문점을 반영하여 부동산신탁 수익권에 대한 질권설정 시에 '어느 부분에 대한 질권이 무효인 경우에도 나머지 부분에 대한 질권의 효력에는 영향이 없음(일부무효 법리)'을 명시적으로 약정하기도 한다.

② 수익자는 신탁계약에서 정한 방법으로 계산한 신탁수익을 취득한다.

③ 수익자는 신탁계약 종료시 그 정한 방법에 따라 신탁재산을 교부받는다.

라. 근질권설정계약 체결

(1) 또한 원고는 2008. 3. 27. 국민은행 등 대주단과 사이에, 이 사건 대출금채무 등을 담보하기 위하여 '이 사건 신탁계약상 수익권 및 위 신탁계약에 따라 수익자에게 지급될 현금 기타 모든 자산에 대한 권리'에 대하여 1순위 근질권설정계약(이하 '이 사건 1순위 근질권설정계약'이라 한다)을 체결하였다.

(2) 한편 원고는 같은 날 참가인과의 사이에도, 원고가 이 사건 사업과 관련하여 참가인에게 부담하게 될 일체의 채무를 담보하기 위하여 마찬가지로 '이 사건 신탁계약상 수익권 및 위 신탁계약에 따라 수익자에게 지급될 현금 기타 모든 자산에 대한 권리'에 대하여 2순위 근질권설정계약(이하 '이 사건 2순위 근질권설정계약'이라 한다)을 체결하였다.

다. 이 사건 각 명의가 이 사건 신탁계약의 신탁재산에 포함되는지 여부

(1) 그런데, 이 사건에서 참가인은 이 사건 대출금채무의 대위변제로 인한 변제자대위의 효과로서 대주단의 이 사건 1순위 근질권 또는 자신의 이 사건 2순위 근질권을 행사하여 참가인이 이 사건 신탁계약의 수익권을 취득하였고, 이 사건 각 명의도 신탁재산에 포함되므로 이 사건 각 명의를 이전받을 수 있다고 주장하고, 이에 대하여 원고는 이 사건 각 명의는 신탁재산에 포함되지 않는다고 주장하므로, 먼저 이 사건 각 명의가 이 사건 신탁계약상의 신탁재산에 포함되는지 여부에 관하여 본다.

(2) 살피건대, 앞서 든 증거들에 변론 전체의 취지를 종합하여 인정할 수 있는 다음과 같은 사정, 즉 ① 이 사건 사업약정 및 신탁계약은 이 사건 사업부지 위에 콘도미니엄 및 부대시설을 건축하고, 그 대지와 건물을 신탁재산으로 하여 이를 분양하는 것을 목적으로 하고 있는 점, ② 이러한 사업 목적을 고려하면 이 사건 각 명의의 확보는 이 사건 사업 진행을 위하여 다른 신탁재산들과 함께 반드시 필요한 것이라 할 것인 점, ③ 이 사건 신탁계약은 이 사건 사업 수행을 신탁사무로 정하고 있고, 원고가 이 사건 각 명의를 유지하고, 조건을 성취하는 등 인허가 업무를 처리하기 위해 그 제반비용을 신탁사무 처리 비용으로서 신탁재산에서 지출하였던 점, ④ 이 사건 사업약정 제27조 제2항은 "(분양승인 전 이 사건 사업약정이 해지되는 경우) 피고는 국민은행의 요청에 따라 신탁재산(사업권리 포함)을 국민은행이 지정한 감정평가기관의 감정평가금액으로 공매처분하거나, 국민은행 또는 국민은행이 지정하는 자에게 소유권을 이전한다"고 규정하고 있고, 제34조에서도 "(원고의 채무불이행 사유 등이 발생하는 경우) 원고는 사업약정에 따른 계약상 권리는 물론 신탁계약상 권리 등 이 사건 사업의 인허가와 관련된 일체의 권리(제2항 제4호)를 포기한다"고 규정하고 있어, 결국 위 사업약정 및 신탁계약의 당사자는 이 사건 사업부지와 이 사건 각 명의 등 사업에 관한 권리를 일체로 신탁재산에 포함시키면서, 위 대출금채무를 담보하는 환가재산으로 삼고 있는 것으로 보이는 점, ⑤ 원고는 이 사건 각 명의는 이 사건 신탁계약 제32조에 따라 피고에게 별개로 이전된 것이고, 신탁재산의 범위에 관한 제11조와 별도로 규정하고 있으므로 신탁재산이 아니라고 주장하나, 위 제32조에 이 사건 각 명의 등의 대외적 지위를 이전하는 규정을 별도로 규정하고 있다고 하여 이 사건 각 명의를 신탁재산에서 제외시킨 것이라고 볼 수는 없는 점, ⑥ 원고는 이 사건 사업은 이 사건 신탁계약 체결 이전인 1995년경부터 진행되어 왔고, 이 사건 각 명의는 이 사건 신탁계약 체결 전에 취득한 것으로서 '신탁사무 처리에서 발생한 자산'이 아니라고 주장하나, 이 사건 신탁계약 체결 후 이 사건 각 명의가 계속 관리되면서 연장되어 온 것이고, 앞서 본 바와 같이 그 비용은 신탁재산에서 지출된 것으로 넓은 의미에서 '신탁사무 처리에서 발생한 자산'에 포함시킬 수 있는 점, ⑦ 앞서 본 바와 같이 이 사건 각 근질권설정계약상 근질권의 목적물을 '수익권 및 신탁계약에 따라 수익자에게 지급될 현금 기타 모든 자산에 관한 권리'로 포괄적으로

규정하고, 이 사건 각 명의에 관한 반환청구권을 예외적으로 분리하여 원고에게 교부한다는 규정은 두고 있지 않은 점, ⑧ 이 사건 각 명의는 그 자체로서 경제적 가치를 가지는 무형적 자산이라 할 것이고, 참가인이 이 사건 신탁의 수익권을 취득하기 위하여 시행한 회계법인의 이 사건 수익권에 대한 감정에서도 이 사건 각 명의의 존재를 전제로 이 사건 각 부동산의 가치를 평가하고 있는 점, ⑨ 신탁법상 신탁재산은 신탁재산의 관리, 처분, 운용, 개발, 멸실, 훼손, 그 밖의 사유로 수탁자가 얻은 재산은 신탁재산에 속한다(신탁법 제27조)고 규정하고 있고, 통상 양도가능한 각종 인허가권, 면허권 등도 신탁재산에 포함되는 재산권으로 보고 있는 점 등을 종합하면, 이 사건 각 명의는 이 사건 신탁계약 제11조 제8호에서 정하고 있는 '기타 신탁사무 처리에서 발생한 자산'에 해당하여 이 사건 신탁계약상 신탁재산에 포함된다고 볼 것이다.

라. 참가인의 대위변제에 따른 법률관계

(1) 변제자 대위의 성립 여부

(가) 변제할 정당한 이익이 있는 자는 변제로 당연히 채권자를 대위하고(민법 제481조), 채권자를 대위한 자는 자기의 권리에 의하여 구상할 수 있는 범위에서 채권 및 그 담보에 관한 권리를 행사할 수 있다 할 것이다(민법 제482조 제1항).

먼저 이 사건에서 참가인이 한 이 사건 대출금채무 변제의 성격에 관하여 보건대, 중첩적 채무인수에서 인수인이 채무자의 부탁 없이 채권자와의 계약으로 채무를 인수하는 것은 매우 드문 일이므로 채무자와 인수인은 원칙적으로 주관적 공동관계가 있는 연대채무관계에 있고, 인수인이 채무자의 부탁을 받지 아니하여 주관적 공동관계가 없는 경우에는 부진정연대관계에 있는 것으로 보아야 한다(대법원 2009. 8. 20. 선고 2009다32409 판결 등 참조).

앞서 본 증거들에 의하여 인정되는 다음과 같은 사정, 즉 이 사건 대출약정에서 참가인이 책임준공의무 및 책임분양의무를 다하지 못한 경우 이 사건 대출금채무를 병존적으로 인수하기로 한 점, 이 사건 사업약정상 원고가 이 사건 사업의 자금을 조달하기로 하였고, 이 사건 대출약정의 채무자도 원고인 점, 원고가 이 사건 대출금채무의 기한의 이익을 상실하게 된 것은 원고가 이 사건 대출금채무의 차주로서 이자지급채무를 제때에 이행하지 못하였기 때문인 점, 이 사건 공사도급계약에 의하면 원고는 참가인이 이 사건 대출약정에 의한 책임준공의무를 다하지 못하여 대주 또는 제3자에게 부담하여야 하는 모든 책임에 대한 손해배상을 청구할 수 있는 점, 이 사건 신탁 사업의 목적 달성을 위해 원고는 시행사, 참가인은 시공사의 역할을 분담한 것으로서 그 자체로 주관적 공동관계가 있는 것으로 볼 수 있고, 이 사건 신탁계약에서 참가인의 병존적 채무 인수를 명시하고 있는 점 등을 종합하여 보면, 이 사건 대출금채무의 채무자는 원고이고, 참가인은 이 사건 사업약정 및 이 사건 공사도급계약에서 정한 책임준공의무를 담보하기 위하여 이 사건 대출금채무를 정지조건부로 병존적으로 인수하였다 할 것이고, 이는 이 사건 대출금채무에 대한 연대보증의 의미를 가진다고 볼 것이다.

따라서 참가인이 대주단에게 이 사건 대출금채무를 전액 변제함에 따라, 참가인은 채무자인 원고에게 위 변제액 상당의 구상권을 가지고 그 변제로써 당연히 채권자인 대주단을 대위하여 그 담보에 관한 권리를 행사할 수 있다고 할 것이다.

(2) 담보권의 행사

(가) 따라서 참가인은 이 사건 대출금채무의 변제에 따라 법정대위에 기하여 대주단이 원고에 대해 가지고 있던 담보에 관한 권리, 즉 이 사건 1순위 근질권을 행사할 수 있다 할 것이고, 또한 앞서 본 바와 같이 참가인은 1순위 근질권에 의하여 담보되는 채무가 전액 변제되었으므로 자신의 이 사건 2순위 근질권에 의하여도 담보권을 행사할 수 있다 할 것이며, 여기서의 담보에 관한 권리에는 이 사건 신

탁재산 일체의 이전을 구할 수 있는 수익권으로서 이 사건 각 명의에 대한 변경절차이행청구권도 포함된다 할 것이므로, 피고는 참가인에게 이 사건 각 명의를 이전하여야 할 의무가 있다 할 것이다.

(나) 원고의 주장에 대한 판단

① 이에 대하여 원고는, 이 사건 각 명의는 사법상 재산권이 아니고 공법상의 인허가명의이고 환가도 불가능한 권리이므로 애초부터 근질권이 설정될 수 있는 목적물이 될 수 없다고 주장한다.

살피건대, 민법 제345조는 권리질권의 목적에 관하여 "질권은 재산권을 목적으로 할 수 있다"고 규정하고 있고, 이 사건 근질권설정계약서 제1조 제1호는 "근질권의 목적을 수익권 및 토지신탁계약에 따라 토지신탁계약상 수익자에게 지급될 현금 기타 모든 자산에 관한 권리"로 규정하고 있으며, 이 사건 신탁계약 제13조 제3항은 "수익자는 신탁계약 종료시 그 정한 방법에 따라 신탁재산을 교부받는다"고 규정하고 있는 점, 이 사건 각 명의는 그 자체로 상당한 재산적 가치를 가지고 일정한 대가를 전제로 제3자에게 자유로이 양도되기도 하는 일종의 재산권으로서 앞서 본 바와 같이 신탁재산에 포함된다고 볼 것인 점, 근질권은 이 사건 각 명의 자체를 목적으로 하는 것이 아니라 이 사건 각 명의의 반환청구권을 목적으로 하는 것으로 볼 수 있는 점 등을 종합하여 보면, 이 사건 근질권의 효력은 이 사건 각 명의의 반환청구권에 대하여도 미친다 할 것이므로, 이와 다른 전제의 원고의 위 주장은 이유 없다.

② 원고는 변제자대위가 성립한다 하더라도 이 사건 사업약정 제27조 또는 제34조에 의한 이 사건 사업권의 '요청권'은 국민은행이 이 사건 사업약정이라는 계약 당사자의 지위에서 보유하는 계약상 권한에 불과하고, 변제자대위로 이전되는 것은 채권 및 담보에 관한 권리에 한정되므로 참가인에게 이 사건 사업약정상 권한이 이전되는 것을 전제로 참가인에게 이 사건 각 명의의 이전을 구할 수 없다는 취지로 주장한다.

그러나 앞서 본 바와 같이 참가인은 이 사건 대출금채무의 대위변제에 따른 변제자대위에 기하여 대주단이 원고에 대하여 가지고 있던 담보에 관한 권리로서 이 사건 사업약정과는 별도의 이 사건 각 근질권설정계약에 기한 근질권에 의하여 담보에 관한 권리로서 이 사건 신탁재산 일체의 이전을 구할 수 있는 수익권의 내용으로 이 사건 각 명의의 반환을 구할 수 있는 것이므로, 원고의 위 주장도 이유 없다.

③ 원고는, 민법 제345조는 "질권은 재산권을 그 목적으로 할 수 있다. 그러나 부동산의 사용, 수익을 목적으로 하는 권리는 그러하지 아니하다"고 규정하고 있는바, 이 사건 신탁계약상 수익권의 내용에 이 사건 각 부동산의 소유권이전등기청구권이 포함되어 있어 이를 근질권의 목적으로 하는 이 사건 각 근질권설정계약은 강행법규에 위반되어 무효이므로, 위 근질권이 유효함을 전제로 하는 참가인의 주장은 법률상 허용될 수 없다고 주장한다.

살피건대, 앞서 본 인정사실 및 증거들에 의하여 인정되는 다음과 같은 사정, 즉 이 사건 신탁계약상 수익권은 '신탁부동산에서 발생하는 금전 및 그 금전의 운용수익과 이에 준하는 것을 교부받을 수 있는 권리'로서[157] 이 사건 각 부동산에 관한 소유권이전등기청구권과는 구별되는 점, 참가인은 수익자의 지위에서 이 사건 신탁계약 제13조 제3항에 의하여 신탁계약상 수익자가 신탁계약 종료시 신탁재산을 교부받는 귀속권리자로 정하여졌기 때문에 신탁재산에 대한 교부청구권을 갖는 것인 점, 특히 이 사건에서는 참가인이 수익권을 취득한 수익자의 지위에서 신탁재산의 일종인 이 사건 각 명의의 이전을 구하는 것인 점등을 종합하면, 이 사건 각 부동산에 관한 소유권이전등기청구권이 위 근질권의 목적물인 이 사건 신탁계약상 수익권에 포함되어 있다고 보기 어렵고 달리 이 사건 각 근질권설정계약에 무효사유가 있다고 볼 수 없으므로, 원고의 위 주장도 이유 없다.

---

157) 이 사건 신탁계약 제12조.

59. 대법원 2014. 7. 24. 선고 2012다62561,62578 판결 [건물인도·건물명도][158)]

[논점] 부동산을 신탁한 경우 수탁자에게 승계되는 임대차의 범위

【이 유】

(2) 피고 은성교회가 이 사건 조항에 정한 '임차인'에 해당하는지 여부

원심은, 그 채용 증거를 종합하여, 피고 은성교회가 피고 다인종합건설과 사이의 이 사건 건물에 관한 2008. 7. 1.자 임대차계약에 기하여 임차보증금 273억 8,400만 원의 반환채권을 가지고 있는 사실, 피고 은성교회가 이 사건 재건축사업의 시행으로 인하여 임차권의 목적을 달성할 수 없음을 이유로 이 사건 2011. 9. 2.자 준비서면의 송달로써 임대차계약을 해지한 사실 등을 인정한 다음, 이로써 위 임대차계약은 해지되었다고 할 것인데 이 경우 피고 은성교회는 이 사건 조항에 따라 사업시행자인 원고에게 그 보증금의 반환을 구할 수 있으므로, 결국 원고는 피고 은성교회에 대하여 위 보증금 상당의 금전을 반환할 의무가 있고, 이러한 의무는 피고 은성교회의 점유부분에 대한 인도의무와 동시이행 관계에 있다고 보아 피고 은성교회의 동시이행항변을 받아들였다.

그러나 원심의 이러한 판단은 다음과 같은 이유에서 이를 수긍할 수 없다.

신탁법상의 신탁은 위탁자가 수탁자에게 특정의 재산권을 이전하거나 기타의 처분을 하여 수탁자로 하여금 신탁 목적을 위하여 그 재산권을 관리·처분하게 하는 것이므로(신탁법 제1조 제2항), 부동산의 신탁에 있어서 수탁자 앞으로 소유권이전등기를 마치게 되면 대내외적으로 소유권이 수탁자에게 완전히 이전되고, 위탁자와의 내부관계에 있어서 소유권이 위탁자에게 유보되어 있는 것은 아니라 할 것이며, 이와 같이 신탁의 효력으로서 신탁재산의 소유권이 수탁자에게 이전되는 결과 수탁자는 대내외적으로 신탁재산에 대한 관리권을 갖는 것이다(대법원 2002. 4. 12. 선고 2000다70460 판결 등 참조).

원심판결 이유 및 기록에 의하면, 피고 다인종합건설은 2008. 6. 19. 참가인과 이 사건 부동산에 관하여 부동산 담보신탁계약을 체결하고, 같은 날 참가인에게 위 신탁계약을 원인으로 한 소유권이전등기를 마쳐준 사실, 위 신탁계약에 따라 신탁원부로 등기된 신탁조항 중 제9조는 "위탁자는 수탁자의 사전승낙이 없는 경우에는 신탁부동산에 대하여 임대차 등 권리설정 또는 신탁부동산의 현상을 변경하는 방법으로 가치를 저감하는 행위를 하지 못 한다"고 정하고 있고, 제10조 제1항은 "위탁자가 신탁부동산에 이 신탁계약 이전에 체결한 임대차계약현황은 별첨5와 같고, 동 임대차계약 임차인의 임대차보증금 반환채권은 우선수익자의 수익권보다 우선한다"고 정하고 있으며, 같은 조 제3항은 "이 신탁계약 체결 후 신규 임대차 또는 재임대차계약은 수탁자의 사전승낙을 조건으로 위탁자 명의로 체결하되, 임대차보증금은 수탁자에게 입금하여야 한다"고 정하고 있는 사실, 위 별첨5로 신탁원부에 첨부된 '임대차계약 현황'에는 피고 은성교회가 임대차보증금 없이 월 임대료 5,800만 원으로 이 사건 건물 중 일부(1층 6-2호, 2층 4호, 3층 5-9호, 4층 2호)를 임차한 것으로만 기재되어 있는 사실을 알 수 있다.

위와 같은 사실관계를 위 법리에 비추어 살펴보면, 위 신탁계약에 따라 이 사건 부동산의 대내외적 소유권은 신탁등기일인 2008. 6. 19.에 수탁자인 참가인에게 완전히 이전되었으므로, 위 신탁등기일 당시 이 사건 부동산에 존재하는 위 별첨5 기재 임대차에 대한 임대인 지위만 수탁자에게 승계되고, 위 신탁등기일 이후로는 위 신탁조항 제10조 제3항에 따라 수탁자의 사전승낙 등을 거쳐 체결된 임대차만이 소유자인 수탁자에게 대항할 수 있게 된다.

---

158) 이 판결에 대한 평석은, 이상훈, 구 도시 및 주거환경정비법 제44조 제2항에 따라 사업시행자를 상대로 임대차보증금의 반환을 구할 수 있는 임차인의 범위, 고요한 정의의 울림 : 신영철 대법관 퇴임기념 논문집 : 공의를 향한 사랑, 고민, 열정을 기리며, 사법발전재단, 262면 이하를 참고할 것.

따라서 피고 은성교회가 2008. 7. 1. 피고 다인종합건설과 사이에 체결한 위 임대차계약에 대하여 이 사건 부동산의 소유자인 참가인의 사전승낙을 받았다는 등의 특별한 사정이 없는 한, 참가인은 위 임대차계약에 정한 위 보증금에 대하여 피고 은성교회에게 반환채무를 부담하지 않게 되고, 그러한 경우 위 (1)항에서 본 법리에 비추어 결국 피고 은성교회는 원고에 대하여 이 사건 조항에 기한 위 보증금의 반환청구권을 행사할 수 없게 된다고 할 것이다.

그런데 참가인은 위 별첨5의 기재에 따라 피고 은성교회가 임대차보증금이 없는 임차인인 것으로 알았을 뿐, 위 임대차계약에 따른 임대차보증금의 존재를 알지 못하였다는 취지로 주장하고 있고, 달리 기록을 살펴보아도 당시 피고 은성교회나 피고 다인종합건설이 참가인으로부터 임대차계약 체결에 대한 사전승낙을 받았다는 점을 인정할 만한 증거를 찾아보기 어렵다.

그럼에도 원심은 이와 달리 피고 은성교회나 피고 다인종합건설이 위 임대차계약 체결 당시 참가인의 사전승낙을 받았는지 여부 및 그에 따라 피고 은성교회가 이 사건 조항에 정한 '임차인'에 해당하는지 여부 등에 관하여 심리하지 않은 채, 그 판시 사정만을 들어 피고 은성교회의 동시이행항변을 받아들이고 말았으니, 이러한 원심판단에는 이 사건 조항에 정한 '임차인'의 범위 등에 관한 법리를 오해하고 필요한 심리를 다하지 아니하여 판결에 영향을 미친 위법이 있다.

60. 대법원 2014. 6. 26. 선고 2012다2682 판결 [손해배상(기)]

[논점] 주택법에 따라 사업주체가 사업부지를 대한주택보증 주식회사에 분양보증신탁[159]한 경우, 신탁종료를 원인으로 사업주체가 가지는 소유권이전등기청구권이 처분제한 기간이 지나기 전에 압류·가압류 대상이 될 수 있는지 여부

【이 유】

1. 구 주택법(2009. 2. 3. 법률 제9405호로 개정되기 전의 것, 이하 '구 주택법'이라 한다) 제40조[160] 제1항은 사업주체가 사업계획승인을 받아 시행하는 주택건설사업에 의하여 건설된 주택 및 대지에 대하여는 입주자 모집공고 승인 신청일 이후부터 입주예정자가 그 주택 및 대지의 소유권이전등기를 신청할 수 있는 날 이후 60일까지의 기간 동안 입주예정자의 동의 없이 해당 주택 및 대지를 처분하거나 제한물권을 설정하는 등의 행위를 하여서는 아니 된다고 규정하고, 제2항은 제1항의 '소유권이전등기를 신청할 수 있는 날'이란 사업주체가 입주예정자에게 통보한 입주가능일을 말한다고 규정하며, 제3항은 제1항에 따른 저당권설정 등의 제한을 할 때 사업주체는 당해 주택 또는 대지가 입주예정자의 동의 없이는 양도하거나 제한물권을 설정하거나 압류·가압류·가처분 등의 목적물이 될 수 없는 재산임을 소유권등기에 부기등기하여야 한다고 규정하고, 제4항은 제3항에 따른 부기등기는 주택건설대지에 대하여는 입주자 모집공고 승인 신청과 동시에 하여야 하고, 건설된 주택에 대하여는 소유권보존등기와 동시에 하여야 한다고 규정하며, 제5항은 제4항에 따른 부기등기일 이후에 당해 대지 또는 주택을 양수하거나 제한물권을 설정받은 경우 또는 압류·가압류·가처분 등의 목적물로 한 경우에는 그 효력을 무효로 한다고 규정하고 있다.

이러한 각 규정의 취지는, 입주예정자가 주택건설 사업에 의하여 건설된 주택 및 대지의 소유권을 안전하게 취득할 수 있도록 일정 기간 당해 주택 또는 대지에 관한 사업주체의 처분행위와 담보물권 설정행위 등을 금지하되, 이러한 처분 제한으로 말미암아 제3자가 불측의 손실을 입는 것을 방지하기

159) 분양보증신탁에 대해서는, 이계정, (신탁법의 제 문제)담보신탁과 분양보증신탁에 관한 연구, 사법 41호, 사법발전재단, 83면 이하를 참고할 것.

160) 현행 주택법 제61조.

위하여 일정한 금지사항의 취지를 부기등기하도록 하고, 부기등기 이후에는 위 금지사항에 위반되는 처분행위나 당해 주택 또는 대지에 관한 압류·가압류·가처분 등의 효력을 부정함으로써 사업주체와 그 채권자에 우선하여 입주예정자를 보호하려는 데 있다.

한편 구 주택법 제40조 제6항은 사업주체의 재무상황 및 금융거래상황이 극히 불량한 경우 등 대통령령이 정하는 사유에 해당되어 제76조에 따라 설립된 피고 회사[161]가 분양보증을 하면서 주택건설대지를 대한주택보증에 신탁하게 할 경우에는 제40조 제1항과 제3항에도 불구하고 사업주체는 그 주택건설대지를 신탁할 수 있다고 규정하고, 구 주택법 시행령 제45조 제5항[162] 제3호는 위 대통령령이 정하는 사유 중 하나로 '사업주체가 구 주택법 제40조 제3항의 규정에 의한 부기등기를 하지 아니하고 피고 회사에 주택건설대지를 신탁하고자 하는 경우'를 규정하고 있는데, 이는 주택건설대지에 관하여 피고 회사에 신탁이 설정되면 당해 대지는 위탁자인 사업주체의 재산권으로부터 분리될 뿐만 아니라 수탁자의 고유재산으로부터 구별되어 관리되고, 수탁자 고유의 이해관계로부터 분리되는 등 독립성이 확보되어 마치 금지사항 부기등기가 마쳐진 것과 동일한 효과를 누릴 수 있기 때문이라고 할 것이다. 즉 사업주체가 주택건설대지에 관하여 금지사항 부기등기를 마치는 대신에 구 주택법 제40조 제6항, 구 주택법 시행령 제45조 제5항 제3호에 기하여 피고 회사와 신탁계약을 체결하고 신탁등기를 마친 경우, 주택건설대지의 소유권은 피고 회사에 귀속되고 사업주체의 책임재산에서 완전히 이탈하여, 더 이상 사업주체가 임의로 주택건설대지를 처분하거나 사업주체의 채권자가 주택건설대지를 압류·가압류·가처분 등의 목적물로 할 수 없게 되고, 입주예정자는 금지사항 부기등기가 마쳐진 경우와 마찬가지로 위와 같은 위험으로부터 보호받게 되므로, 신탁등기를 하는 경우에는 금지사항 부기등기를 하지 않아도 되도록 규정한 것이다.

그런데 위와 같이 주택건설대지에 관하여 신탁등기를 마치면 주택건설대지 자체의 처분이나 이에 대한 압류·가압류 등은 막을 수 있으나, 사업주체의 채권자가 신탁의 종료를 원인으로 한 사업주체의 피고 회사에 대한 소유권이전등기청구권을 압류·가압류할 가능성은 여전히 남게 되는데, 만약 이를 유효한 것으로 보아 제한 없이 허용한다면, 위 압류 등으로 인하여 피고 회사는 사업주체에게 임의로 소유권이전등기절차를 이행하는 것이 금지되고 사업주체 또한 피고 회사로부터 주택건설대지의 소유권을 이전받아 이를 다시 입주예정자들에게 이전할 수 없게 되는 한편, 사업주체의 채권자나 피고 회사의 신청으로 보관인이 선임되고 위 주택건설대지에 관하여 사업주체 명의로 소유권이전등기가 마쳐진 후에는 사업주체의 채권자가 그 집행권원에 기하여 강제경매 등으로 이를 현금화함으로써 결국 입주예정자가 주택건설대지의 소유권을 취득할 수 없게 되는 결과를 초래할 우려가 있으므로, 결국 사업주체의 채권자가 신탁 종료를 원인으로 하는 소유권이전등기청구권을 압류·가압류하는 것을 허용하는 것은 주택건설대지 자체를 압류·가압류하는 것을 허용하는 것과 실질적으로 아무런 차이가 없게 된다. 이는 입주예정자를 보호하기 위하여 주택건설대지를 신탁하도록 한 것이 오히려 입주예정자로 하여금 당해 대지의 소유권을 취득할 수 없게 하는 수단으로 변질될 수 있다는 점에서 구 주택법 제40조의 취지에 반한다.

따라서 이러한 구 주택법 제40조의 입법 취지와 규정 내용, 금지사항 부기등기와 신탁등기의 관계 등에 비추어 보면, 사업주체가 주택건설대지를 피고 회사에 신탁한 경우, 구 주택법 제40조 제1항의 처분제한 기간이 경과하기 전에는 특별한 사정이 없는 한 당해 대지에 관하여 사업주체가 피고 회사에 대하여 가지는 신탁의 종료를 원인으로 하는 소유권이전등기청구권은 그 성질상 압류·가압류의 대상

161) 현행 주택도시기금법에 따라 설립된 주택도시보증공사.
162) 현행 주택법 시행령 제72조 제5항.

이 될 수 없고, 이러한 권리를 대상으로 한 압류·가압류결정은 효력이 없다고 할 것이다.

또한 사업주체가 구 주택법상의 주택건설사업을 시행하면서 주택건설대지에 관하여 피고 회사 앞으로 신탁등기를 마치는 경우 당해 주택건설대지가 구 주택법의 적용을 받는 대지임이 등기 및 신탁원부에 의하여 대외적으로 공시되므로, 위와 같이 주택건설대지에 관한 소유권이전등기청구권의 압류·가압류를 제한함으로 인하여 사업주체의 채권자가 불측의 손실을 입게 된다고 할 수도 없다.

나아가 구 주택법 제40조가 금지사항 부기등기와 신탁등기를 선택적으로 규정한 점, 이와 같이 규정한 것은 신탁등기에 의하든 금지사항 부기등기에 의하든 입주예정자가 동등하게 보호됨을 전제로 한 것이고, 금지사항 부기등기를 마친 경우에만 입주예정자에게 추가적인 보호를 부여하고자 한 것은 아닌 점을 고려하면, 주택건설대지에 관하여 신탁등기 이전에 금지사항 부기등기가 마쳐졌는지 여부에 따라 신탁해지를 원인으로 하는 소유권이전등기청구권의 압류 등의 효력이 좌우되는 것은 아니라 할 것이다.

2. 원심이 인용한 제1심판결 이유에 의하면, 주식회사 위마인(이하 '위마인'이라 한다)은 이 사건 아파트를 지어 분양사업을 하기 위하여 2004. 3. 30. 이 사건 각 토지를 매수하여 자신의 명의로 소유권이전등기를 마친 사실, 위마인은 관할관청으로부터 2004. 6. 21. 이 사건 아파트 건축허가를 받고, 같은 해 11. 26. 이 사건 아파트 15층 4개동 214세대에 관한 입주자 모집공고 승인처분을 받고 입주자를 모집한 사실, 한편 위마인은 2004. 11. 2. 피고 회사에 이 사건 각 토지에 관하여 신탁을 원인으로 한 소유권이전등기를 마쳐준 사실, 원고는 2006. 5. 10.자 서울중앙지방법원 2006타채6384호 결정으로 위마인이 피고 회사에 대하여 가지는 신탁해지에 기한 소유권이전등기청구권에 대한 압류결정(이하 '이 사건 압류'라 한다)을 받았고, 그 결정이 2006. 5. 12. 피고 회사에 송달된 사실, 위마인이 시공사인 주식회사 성광건설산업(이하 '성광건설'이라 한다)에게 이 사건 아파트에 관한 사업권을 모두 양도함에 따라 2007. 7. 20. 이 사건 아파트 건설사업의 건축주가 성광건설로 변경된 사실, 그 무렵 이 사건 각 토지에 관한 신탁계약이 해지됨에 따라 피고 회사는 2007. 7. 20. 이 사건 각 토지에 관하여 위마인에게 신탁재산 귀속을 원인으로 한 소유권이전등기를 마쳐주었고, 위마인은 같은 날 이 사건 각 토지에 관하여 성광건설에 매매를 원인으로 한 소유권이전등기를 마쳐준 사실 등을 알 수 있다.

이러한 사실관계를 앞서 본 법리에 비추어 보면, 이 사건 압류는 주택건설대지로서 피고 회사에 신탁된 이 사건 토지에 관하여 구 주택법 제40조 제1항의 처분제한 기간이 경과하기 전에 신탁의 종료를 원인으로 하는 위마인의 피고 회사에 대한 소유권이전등기청구권을 압류한 것으로서, 그 성질상 압류의 대상이 될 수 없는 권리를 대상으로 한 것이므로 효력이 없다고 할 것이다.

그럼에도 원심은 이와 달리 대지 또는 주택의 처분제한의 효력 유무는 사업주체가 구 주택법 제40조 제3항의 부기등기를 경료하였는지에 의해서만 결정하여야 하고, 신탁을 원인으로 한 소유권이전등기를 위 부기등기와 동일하게 취급할 수 없음을 전제로 위마인이 이 사건 압류의 효력발생일까지 이 사건 각 토지에 관하여 위 부기등기를 마치지 아니하였으므로 이 사건 압류를 무효로 볼 수 없다고 판단하고 말았다. 이러한 원심판결에는 구 주택법 제40조에 관한 법리를 오해하여 판결에 영향을 미친 위법이 있다. 이 점을 지적하는 상고이유 주장은 이유 있다.

[원심판결] 서울고등법원 2011. 12. 2. 선고 2011나55063 판결 [손해배상(기)]

【주 문】

1. 피고의 항소를 기각한다.

2. 항소비용은 피고가 부담한다.

【청구취지 및 항소취지】

1. 청구취지

피고는 원고에게 500,000,000원 및 이에 대한 2007. 7. 20.부터 이 사건 소장부본 송 달일까지는 연 5%의, 그 다음날부터 다 갚는 날까지는 연 20%의 각 비율에 의한 금원을 지급하라.

2. 항소취지

제1심 판결을 취소한다. 원고의 청구를 기각한다.

【이 유】

나. 피고는 주택법 제40조의 입법취지에 비추어 볼 때, 주택법상 주택건설대지가 피고에게 신탁된 이후 사업주체가 피고에 대하여 가지는 소유권이전등기청구권에 대한 압류에 대하여는 처분제한의 부기등기일 이후에 분양목적물인 대지 및 주택에 이루어지는 압류와 마찬가지로 그 효력을 부정하여야 하고, 최근의 대법원 판결(대법원 2010. 11. 25. 선고 2010다60189 판결)에서도 이와 같은 법리를 적용하였다고 주장하나, 앞서 본 바와 같이 주택법 제40조 제6항의 규정을 피고에 대한 신탁을 원인으로 한 소유권이전등기와 처분제한의 부기등기를 동일한 것으로 볼 수 있다는 의미로 해석할 수 없고, 피고가 든 대법원 판결의 사안은 주택건설대지에 주택법 제40조 제3항에 기한 금지사항에 관한 부기등기가 마쳐졌다가, 분양보증을 한 업체에 대하여 신탁등기가 이루어지면서 그 부기등기가 신탁을 원인으로 말소되었는바, 주택건설대지에 경료된 부기등기를 그대로 둔 상태로는 분양보증을 한 업체에 신탁을 할 수 없어 부기등기의 말소와 함께 신탁등기를 마친 경우로 보일 뿐만 아니라, 주택건설대지 위에 이미 아파트 대부분의 골조공사가 완료되어 이미 독립성을 갖춘 집합건물이 들어서 있는 사안인 점에서 이 사건과는 사실관계가 달라 이 사건에 적용하기에 적절하지 아니하므로, 피고의 위 주장 역시 이유 없다.

[환송후 고등법원 판결] 서울고등법원 2015. 1. 22. 선고 2014나32054 판결 [손해배상(기)][163)]

【주 문】

1. 제1심 판결 중 피고 패소부분을 취소하고, 그 취소부분에 해당하는 원고의 청구를 기각한다.
2. 소송총비용은 원고가 부담한다.

【청구취지 및 항소취지】

1. 청구취지

피고는 원고에게 5억 원 및 이에 대하여 2007. 7. 20부터 이 사건 소장 부본 송달일까지는 연 5%, 그 다음날부터 다 갚는 날까지는 연 20%의 각 비율로 계산한 돈을 지급하라.

2. 항소취지

주문과 같다.

【이 유】

다. 구 주택법의 규정에 반하여 무효인지 여부

1) 구 주택법 제40조의 규정 내용

163) 상고없이 확정됨.

구 주택법 제40조 제1항은 사업주체가 사업계획승인을 받아 시행하는 주택건설사업에 의하여 건설된 주택 및 대지에 대하여는 입주자 모집공고 승인 신청일 이후부터 입주예정자가 그 주택 및 대지의 소유권이전등기를 신청할 수 있는 날 이후 60일까지 의 기간 동안 입주예정자의 동의 없이 해당 주택 및 대지를 처분하거나 제한물권을 설정하는 등의 행위를 하여서는 아니 된다고 규정하고, 제2항은 제1항의 소유권이전등기를 신청할 수 있는 날'이란 사업주체가 입주예정자에게 통보한 입주가능일을 말한다고 규정하며, 제3항은 제1항에 따른 저당권설정 등의 제한을 할 때 사업주체는 당해 주택 또는 대지가 입주예정자의 동의 없이는 양도하거나 제한물권을 설정하거나 압류·가압류·가처분 등의 목적물이 될 수 없는 재산임을 소유권등기에 부기등기하여야 한다고 규정하고, 제4항은 제3항에 따른 부기등기는 주택건설대지에 대하여는 입주자 모집공고 승인 신청과 동시에 하여야 하고, 건설된 주택에 대하여는 소유권보존등기와 동시에 하여야 한다고 규정하며, 제5항은 제4항에 따른 부기등기일 이후에 당해 대지 또는 주택을 양수하거나 제한물권을 설정받은 경우 또는 압류·가압류·가처분 등의 목적물로 한 경우에는 그 효력을 무효로 한다고 규정하고 있다.

2) 판단

가) 이러한 구 주택법 제40조 규정의 취지는, 입주예정자가 주택건설 사업에 의하여 건설된 주택 및 대지의 소유권을 안전하게 취득할 수 있도록 일정 기간 당해 주택 또는 대지에 관한 사업주체의 처분행위와 담보물권 설정행위 등을 금지하되, 이러한 처분 제한으로 말미암아 제3자가 불측의 손실을 입는 것을 방지하기 위하여 일정한 금지사항의 취지를 부기등기하도록 하고, 부기등기 이후에는 위 금지사항에 위반되는 처분행위나 당해 주택 또는 대지에 관한 압류·가압류·가처분 등의 효력을 부정함으로써 사업주체와 그 채권자에 우선하여 입주예정자를 보호하려는 데 있다.

한편, 구 주택법 제40조 제6항은 사업주체의 재무상황 및 금융거래상황이 극히 불량한 경우 등 대통령령이 정하는 사유에 해당되어 제76조에 따라 설립된 피고가 분양보증을 하면서 주택건설대지를 피고에 신탁하게 할 경우에는 제40조 제1항과 제3항에도 불구하고 사업주체는 그 주택건설대지를 신탁할 수 있다고 규정하고, 구 주택법시행령 제45조 제5항 제3호는 위 대통령령이 정하는 사유 중 하나로 '사업주체가 구 주택법 제40조 제3항의 규정에 의한 부기등기를 하지 아니하고 피고에 주택건설대지를 신탁하고자 하는 경우'를 규정하고 있는데, 이는 주택건설대지에 관하여 피고에 신탁이 설정되면 당해 대지는 위탁자인 사업주체의 재산권으로부터 분리될 뿐만 아니라 수탁자의 고유재산으로부터 구별되어 관리되고, 수탁자 고유의 이해관계로부터 분리되는 등 독립성이 확보되어 마치 금지사항 부기등기가 마쳐진 것과 동일한 효과를 누릴 수 있기 때문이라고 할 것이다. 즉 사업주체가 주택건설대지에 관하여 금지사항 부기등기를 마치는 대신에 구 주택법 제40조 제6항, 구 주택법 시행령 제45조 제5항 제3호에 기하여 피고와 신탁계약을 체결하고 신탁등기를 마친 경우, 주택건설대지의 소유권은 피고에 귀속되고 사업주체의 책임재산에서 완전히 이탈하여, 더 이상 사업주체가 임의로 주택건설대지를 처분하거나 사업주체의 채권자가 주택건설대지를 압류·가압류·가처분 등의 목적물로 할 수 없게 되고, 입주예정자는 금지사항 부기등기가 마쳐진 경우와 마찬가지로 위와 같은 위험으로부터 보호받게 되므로, 신탁등기를 하는 경우에는 금지사항 부기등기를 하지 않아도 되도록 규정한 것이다.

그런데 위와 같이 주택건설대지에 관하여 신탁등기를 마치면 주택건설대지 자체의 처분이나 이에 대한 압류·가압류 등은 막을 수 있으나, 사업주체의 채권자가 신탁의 종료를 원인으로 한 사업주체의 피고에 대한 소유권이전등기청구권을 압류·가압류할 가능성은 여전히 남게 되는데, 만약 이를 유효한 것으로 보아 제한 없이 허용한다면, 위 압류 등으로 인하여 피고는 사업주체에게 임의로 소유권이전등기절차를 이행하는 것이 금지되고 사업주체 또한 피고로부터 주택건설대지의 소유권을 이전받아 이를 다시 입주예정자들에게 이전할 수 없게 되는 한편, 사업주체의 채권자나 피고의 신청으로 보관인이 선임되고 위 주택건설대지에 관하여 사업주체 명의로 소유권이전등기가 마쳐진 후에는 사업주체의 채권자가 그 집행권원에 기하여 강제경매 등으로 이를 현금화함으로써 결국 입주예정자가 주택건설대지의 소유권을 취득할 수 없게 되는 결과를 초래할 우려가 있으므로, 결국 사업주체의 채권자가 신탁 종료를 원인으로 하는 소유권이전등기청구권을 압류·가압류하는 것을 허용하는 것은 주택건설대지 자체를 압류·가압류하는 것을 허용하는 것과 실질적으로 아무런 차이가 없게 된다. 이는 입주예정자를 보호하기 위하여 주택건설대지를 신탁하도록 한 것이 오히려 입주예정자로 하여금 당해 대지의 소유권을 취득할 수 없게 하는 수단으로 변질될 수 있다는 점에서 구 주택법 제40조의 취지에 반한다.

따라서 이러한 구 주택법 제40조의 입법 취지와 규정 내용, 금지사항 부기등기와 신탁등기의 관계 등에 비추어 보면, 사업주체가 주택건설대지를 피고에 신탁한 경우, 구 주택법 제40조 제1항의 처분제한 기간이 경과하기 전에는 특별한 사정이 없는 한 당해 대지에 관하여 사업주체가 피고에 대하여 가지는 신탁의 종료를 원인으로 하는 소유권이전등기청구권은 그 성질상 압류·가압류의 대상이 될 수 없고, 이러한 권리를 대상으로 한 압류·가압류결정은 효력이 없다고 할 것이다.

또한 사업주체가 구 주택법상의 주택건설사업을 시행하면서 주택건설대지에 관하여 피고 앞으로 신탁등기를 마치는 경우 당해 주택건설대지가 구 주택법의 적용을 받는 대지임이 등기 및 신탁원부에 의하여 대외적으로 공시되므로, 위와 같이 주택건설대지에 관한 소유권이전등기청구권의 압류·가압류를 제한함으로 인하여 사업주체의 채권자가 불측의 손실을 입게 된다고 할 수도 없다.

나아가 구 주택법 제40조가 금지사항 부기등기와 신탁등기를 선택적으로 규정한 점, 이와 같이 규정한 것은 신탁등기에 의하든 금지사항 부기등기에 의하든 입주예정자가 동등하게 보호됨을 전제로 한 것이고, 금지사항 부기등기를 마친 경우에만 입주예정자에게 추가적인 보호를 부여하고자 한 것은 아닌 점을 고려하면, 주택건설대지에 관하여 신탁등기 이전에 금지사항 부기등기가 마쳐졌는지 여부에 따라 신탁해지를 원인으로 하는 소유권이전등기청구권의 압류 등의 효력이 좌우되는 것은 아니라 할 것이다.

나) 위마인은 이 사건 아파트를 지어 분양사업을 하기 위하여 2004. 3. 30. 이 사건 각 토지를 매수하여 자신의 명의로 소유권이전등기를 마친 사실, 위마인은 관할관청으로부터 2004. 6. 21. 이 사건 아파트 건축허가를 받고, 같은 해 11. 26. 이 사건 아파트 15층 4개동 214세대에 관한 입주자 모집공고 승인처분을 받고 입주자를 모집한 사실, 한편 위마인은 2004.11. 2. 피고에게 이 사건 각 토지에 관하여 신탁을 원인으로 한 소유권이전등기를 마쳐준 사실, 원고는 2006. 5. 10.자 서울중앙지방법원 2006타채6384호로 이 사건 압류결정을 받았고, 그 결정이 2006. 5. 12. 피고에게 송달된 사 실, 위마인이 시공사인 서광건설에게 이 사건 아파트에 관한 사업권을 모두 양도함에 따라 2007. 7. 20. 이 사건 아파트 건설사업의 건축주가 서광건설로 변경된 사실, 그 무렵 이 사건 각 토지에 관한 신탁계약이 해지됨에 따라 피고는 2007. 7. 20. 이 사건 각 토지에 관하여 위마인에게 신탁재산 귀속을 원인으로 한 소유권이전등기를 마쳐주었고, 위마인은 같은 날 이 사건 각 토지에 관하여 서광건설에 매매를 원인으로 한 소유권이전등기를 마쳐준 사실은 앞서 본 바와 같다.

다) 이러한 사실관계를 앞서 본 법리에 비추어 보면, 이 사건 압류는 주택건설대지로서 피고에 신탁된 이 사건 각 토지에 관하여 구 주택법 제40조 제1항의 처분제한기간이 경과하기 전에 신탁의 종료를 원인으로 하는 위마인의 피고에 대한 소유권이전등기청구권을 압류한 것으로서, 그 성질상 압류의 대상이 될 수 없는 권리를 대상으로 한 것이므로 효력이 없다고 할 것이다.

[실무참고 12] 주택법상 처분제한 관련 조문

[주택법]

제61조(저당권설정 등의 제한) ① **사업주체는 주택건설사업에 의하여 건설된 주택 및 대지에 대하여는 입주자 모집공고 승인 신청일(주택조합의 경우에는 사업계획승인 신청일을 말한다) 이후부터 입주예정자가 그 주택 및 대지의 소유권이전등기를 신청할 수 있는 날 이후 60일까지의 기간 동안 입주예정자의 동의 없이 다음 각 호의 어느 하나에 해당하는 행위를 하여서는 아니 된다. 다만, 그 주택의 건설을 촉진하기 위하여 대통령령으로 정하는 경우에는 그러하지 아니하다.**

1. 해당 주택 및 대지에 저당권 또는 가등기담보권 등 담보물권을 설정하는 행위

2. 해당 주택 및 대지에 전세권·지상권(地上權) 또는 등기되는 부동산임차권을 설정하는 행위

3. 해당 주택 및 대지를 매매 또는 증여 등의 방법으로 처분하는 행위

② 제1항에서 "소유권이전등기를 신청할 수 있는 날"이란 사업주체가 입주예정자에게 통보한 입주가능일을 말한다.

③ **제1항에 따른 저당권설정 등의 제한을 할 때 사업주체는 해당 주택 또는 대지가 입주예정자의 동의 없이는 양도하거나 제한물권을 설정하거나 압류·가압류·가처분 등의 목적물이 될 수 없는 재산임을 소유권등기에 부기등기(附記登記)하여야 한다.** 다만, 사업주체가 국가·지방자치단체 및 한국토지주택공사 등 공공기관이거나 해당 대지가 사업주체의 소유가 아닌 경우 등 대통령령으로 정하는 경우에는 그러하지 아니하다.

④ 제3항에 따른 부기등기는 주택건설대지에 대하여는 입주자 모집공고 승인 신청(주택건설대지 중 주택조합이 사업계획 승인 신청일까지 소유권을 확보하지 못한 부분이 있는 경우에는 그 부분에 대한 소유권이전등기를 말한다)과 동시에 하여야 하고, 건설된 주택에 대하여는 소유권보존등기와 동시에 하여야 한다. 이 경우 부기등기의 내용 및 말소에 관한 사항은 대통령령으로 정한다.

⑤ 제4항에 따른 부기등기일 이후에 해당 대지 또는 주택을 양수하거나 제한물권을 설정받은 경우 또는 압류·가압류·가처분 등의 목적물로 한 경우에는 그 효력을 무효로 한다. 다만, 사업주체의 경영부실로 입주예정자가 그 대지를 양수받는 경우 등 대통령령으로 정하는 경우에는 그러하지 아니하다.

⑥ **사업주체의 재무 상황 및 금융거래 상황이 극히 불량한 경우 등 대통령령으로 정하는 사유에 해당되어 「주택도시기금법」에 따른 주택도시보증공사(이하 "주택도시보증공사"라 한다)가 분양보증을 하면서 주택건설대지를 주택도시보증공사에 신탁하게 할 경우에는 제1항과 제3항에도 불구하고 사업주체는 그 주택건설대지를 신탁할 수 있다.**

⑦ **제6항에 따라 사업주체가 주택건설대지를 신탁하는 경우 신탁등기일 이후부터 입주예정자가 해당 주택건설대지의 소유권이전등기를 신청할 수 있는 날 이후 60일까지의 기간 동안 해당 신탁의 종료를 원인으로 하는 사업주체의 소유권이전등기청구권에 대한 압류·가압류·가처분 등은 효력이 없음을 신탁계약조항에 포함하여야 한다.**

⑧ **제6항에 따른 신탁등기일 이후부터 입주예정자가 해당 주택건설대지의 소유권이전등기를 신청할 수 있는 날 이후 60일까지의 기간 동안 해당 신탁의 종료를 원인으로 하는 사업주체의 소유권이전등기청구권을 압류·가압류·가처분 등의 목적물로 한 경우에는 그 효력을 무효로 한다.**[164)]

[주택법 시행령]

제72조(부기등기 등) ① 법 제61조제3항 본문에 따른 부기등기(附記登記)에는 같은 조 제4항 후단에 따라 다음 각 호의 구분에 따른 내용을 명시하여야 한다.

1. 대지의 경우: "이 토지는 「주택법」에 따라 입주자를 모집한 토지(주택조합의 경우에는 주택건설사업계획승인이 신청된 토지를 말한다)로서 입주예정자의 동의 없이는 양도하거나 제한물권을 설정하거나 압류·가압류·가처분 등 소유권에 제한을 가하는 일체의 행위를 할 수 없음"이라는 내용
2. 주택의 경우: "이 주택은 「부동산등기법」에 따라 소유권보존등기를 마친 주택으로서 입주예정자의 동의 없이는 양도하거나 제한물권을 설정하거나 압류·가압류·가처분 등 소유권에 제한을 가하는 일체의 행위를 할 수 없음"이라는 내용

② 법 제61조제3항 단서에서 "사업주체가 국가·지방자치단체 및 한국토지주택공사 등 공공기관이거나 해당 대지가 사업주체의 소유가 아닌 경우 등 대통령령으로 정하는 경우"란 다음 각 호의 구분에 따른 경우를 말한다.

1. 대지의 경우: 다음 각 목의 어느 하나에 해당하는 경우. 이 경우 라목 또는 마목에 해당하는 경우로서 법원의 판결이 확정되어 소유권을 확보하거나 권리가 말소되었을 때에는 지체 없이 제1항에 따른 부기등기를 하여야 한다.
   가. 사업주체가 국가·지방자치단체·한국토지주택공사 또는 지방공사인 경우
   나. 사업주체가 「택지개발촉진법」 등 관계 법령에 따라 조성된 택지를 공급받아 주택을 건설하는 경우로서 해당 대지의 지적정리가 되지 아니하여 소유권을 확보할 수 없는 경우. 이 경우 대지의 지적정리가 완료된 때에는 지체

---

164) 제7항, 제8항은 위 대법원 판결의 사실관계 발생 이후인 2011년 9월 16일 개정 시에 신설되었다.

없이 제1항에 따른 부기등기를 하여야 한다.
다. 조합원이 주택조합에 대지를 신탁한 경우
라. 해당 대지가 다음의 어느 하나에 해당하는 경우. 다만, 2) 및 3)의 경우에는 법 제23조제2항 및 제3항에 따른 감정평가액을 공탁하여야 한다.
1) 법 제22조 또는 제23조에 따른 매도청구소송(이하 이 항에서 "매도청구소송"이라 한다)을 제기하여 법원의 승소판결(판결이 확정될 것을 요구하지 아니한다)을 받은 경우
2) 해당 대지의 소유권 확인이 곤란하여 매도청구소송을 제기한 경우
3) 사업주체가 소유권을 확보하지 못한 대지로서 법 제15조에 따라 최초로 주택건설사업계획승인을 받은 날 이후 소유권이 제3자에게 이전된 대지에 대하여 매도청구소송을 제기한 경우
마. 사업주체가 소유권을 확보한 대지에 저당권, 가등기담보권, 전세권, 지상권 및 등기되는 부동산임차권이 설정된 경우로서 이들 권리의 말소소송을 제기하여 승소판결(판결이 확정될 것을 요구하지 아니한다)을 받은 경우
2. 주택의 경우: 해당 주택의 입주자로 선정된 지위를 취득한 자가 없는 경우. 다만, 소유권보존등기 이후 입주자모집공고의 승인을 신청하는 경우는 제외한다.
③ 사업주체는 법 제61조제4항 후단에 따라 법 제15조에 따른 사업계획승인이 취소되거나 입주예정자가 소유권이전등기를 신청한 경우를 제외하고는 제1항에 따른 부기등기를 말소할 수 없다. 다만, 소유권이전등기를 신청할 수 있는 날부터 60일이 지나면 부기등기를 말소할 수 있다.
④ 법 제61조제5항 단서에서 "사업주체의 경영부실로 입주예정자가 그 대지를 양수받는 경우 등 대통령령으로 정하는 경우"란 다음 각 호의 어느 하나에 해당하는 경우를 말한다.
1. 제71조제1호 또는 제2호에 해당하여 해당 대지에 저당권, 가등기담보권, 전세권, 지상권 및 등기되는 부동산임차권을 설정하는 경우
2. 제71조제3호에 해당하여 다른 사업주체가 해당 대지를 양수하거나 시공보증자 또는 입주예정자가 해당 대지의 소유권을 확보하거나 압류·가압류·가처분 등을 하는 경우
⑤ 법 제61조제6항에서 "사업주체의 재무 상황 및 금융거래 상황이 극히 불량한 경우 등 대통령령으로 정하는 사유"란 다음 각 호의 어느 하나에 해당하는 경우를 말한다.
1. 최근 2년간 연속된 경상손실로 인하여 자기자본이 잠식된 경우
2. 자산에 대한 부채의 비율이 500퍼센트를 초과하는 경우
3. 사업주체가 법 제61조제3항에 따른 부기등기를 하지 아니하고 「주택도시기금법」에 따른 주택도시보증공사(이하 "주택도시보증공사"라 한다)에 해당 대지를 신탁하려는 경우

61. 대법원 2014. 6. 26. 선고 2014다18988 판결 [사해행위취소등]

[논점] 자금난으로 사업을 추진하기 어려운 상황에 처한 채무자가 자금을 융통하여 사업을 계속 추진하는 것이 채무 변제력을 갖게 되는 최선의 방법이라고 생각하고 부동산을 신탁한 경우 사해행위 여부

【이 유】

1. 채무초과상태에 있는 채무자가 그 소유의 부동산을 채권자 중의 어느 한 사람에게 채권담보로 제공하는 행위는 특별한 사정이 없는 한 다른 채권자들에 대한 관계에서 사해행위에 해당한다. 그렇지만 자금난으로 사업을 계속 추진하기 어려운 상황에 처한 채무자가 자금을 융통하여 사업을 계속 추진하는 것이 채무 변제력을 갖게 되는 최선의 방법이라고 생각하고 자금을 융통하기 위하여 부득이 부동산을 특정 채권자에게 담보로 제공하고 그로부터 신규자금을 추가로 융통받았다면 특별한 사정이 없는 한 채무자의 담보권 설정행위는 사해행위에 해당하지 아니한다(대법원 2001. 5. 8. 선고 2000다50015 판결 참조). 이러한 법리는 위 담보권 설정에 갈음하여 신규로 자금을 제공하는 채권자와 사이에 위 채권자 혹은 그가 지정하는 제3자를 수익자로 하는 신탁계약을 체결하고 신탁을 원인으로 소유권이전등기를 하는 경우에도 마찬가지로 적용된다 할 것이고, 이러한 방식의 신탁행위의 사해성 여부는 신탁계약 당시의 채권채무관계를 비롯하여 신탁의 경위 및 목적과 경제적 의미, 신탁을 통하여 제공받은 자금의 사용처 등 관련 사정들을 종합적으로 고려하여 합목적적으로 판단하여야 한다(대법원 2008. 10.

23. 선고 2008다42874 판결 등 참조).

2. 원심은 판시와 같은 이유를 들어, 이 사건 신탁계약은 분양사업을 계속 추진함으로써 아성에이치디 주식회사의 채무변제력이나 자력을 회복하고, 관련 금융기관, 대다수의 수분양자, 시공자를 위한 최선의 방법이라는 판단 아래 이루어진 것으로서, 원고들을 비롯한 채권자를 해하고 채무를 회피할 목적으로 이루어진 사해행위에 해당한다고 볼 수 없다고 판단하였다.

원심판결 이유를 적법하게 채택된 증거들에 비추어 보면 위와 같은 원심의 판단은 앞서 본 법리에 기초한 것으로 볼 수 있고(대법원 2003. 12. 12. 선고 2001다57884 판결 참조), 거기에 상고이유의 주장과 같이 사해성에 관한 판단, 사해의사의 증명책임 및 수익자의 선의에 대한 증명 정도 등에 관한 법리를 오해하여 필요한 심리를 다하지 아니하거나 헌법상의 기본권을 침해하고 판결의 이유를 밝히지 아니하는 등의 이유로 판결에 영향을 미친 위법이 있다고 할 수 없다.

[원심판결] 서울고등법원 2014. 1. 24. 선고 2013나45749 판결 [사해행위취소등]

【청구취지 및 항소취지】

1. 원고들의 항소를 기각한다.
2. 항소비용은 원고들이 부담한다.

【청구취지 및 항소취지】

제1심 판결을 취소한다. 피고와 아성에이치디 주식회사(이하 '아성'이라 한다) 사이에 별지 1. 목록 기재 각 부동산에 관하여 2009. 11. 23. 체결한 부동산신탁계약을 3,923,139,022원(항소심에서 일부 원고들의 항소취하로 이 사건 원고들의 청구금원 합계는 2,048,977,472원이 되었으나, 원고들이 별도의 청구취지 감축을 하지는 않았다)의 한도 내에서 취소한다. 피고는 원고들에게 각 별지 2. 청구금액표 청구금액란 기재 금액 및 각 이에 대한 이 사건 판결 확정일 다음 날부터 다 갚는 날까지 연 5%의 비율에 의한 금원을 지급하라.

【이 유】

원고들이 아성에 대하여 일정액의 분양대금채권을 갖고 있는 점 및 아성이 이 사건 신탁등기를 마침으로써 무자력 상태가 된 점은 앞서 본 바와 같다. 그러나 앞서 본 증거에 의하여 인정되는 다음의 사정, 즉 ① 이 사건 신탁계약은 피고 회사가 이 사건 아파트 분양사업을 계속하여 금융기관 및 시공사 또는 일반채권자들에 대한 채무를(우선)변제하고 자산 구조가 약한 아성의 파산 등에 의한 불측의 손해를 피하는데 그 목적이 있는 점, ② 이 사건 아파트는 주로 금융기관의 대출금을 통해 취득 내지 신축된 재산으로서, 이 사건 신탁계약이 예정되어 있지 않았다면 대출을 받을 수 없었던 것으로 보아야 하는 점, ③ 아성이 피고 회사에게 이 사건 아파트를 신탁하지 않았다면 일반채권자들의 보전처분 등에 의하여 계약을 유지하고 있던 대다수의 수분양자들이 가장 큰 피해를 입게 될 가능성이 있었던 점, ④이 사건 신탁계약의 제3순위 우선수익자인 임광토건 주식회사 및 진흥산업 주식회사는 이 사건 아파트의 시공사로 유치권을 행사할 수 있었던 지위에 있는 점 등을 종합해보면, 이 사건 신탁계약이 아성이 갖는 책임재산의 감소를 가져오는 것이었다고 단정하기 어렵고, 이 사건 신탁계약은 분양사업을 계속 추진함으로써 아성의 채무변제력이나 자력을 회복하고, 관련 금융기관, 대다수의 수분양자, 시공자를 위한 최선의 방법이라는 판단 아래 이루어진 것으로서 원고들을 비롯한 채권자를 해하고 채무를 회피할 목적으로 이루어진 사해행위에 해당한다고 볼 수 없다. 원고들의 주장은 이유 없다(원고들은 또한 이 사건 신탁계약으로 인하여 대부분의 수분양자들이 보호를 받게 되는 것이 사실이라고 하더라도,

원고들과 같이 분양계약 해제를 통하여 수분양자의 지위를 벗어난 분양계약자들이 이 사건 신탁계약으로 인하여 더 이상 아성을 상대로 강제집행을 할 수 없게 되는 등 아성의 책임재산 감소로 인한 손해를 입게 된 이상, 이 사건 신탁계약은 원고들의 아성에 대한 채권금액 한도 내에서는 사해행위에 해당하는 것이라고도 주장하나, 이 사건 신탁계약 및 신탁등기는 앞서 본 바와 같은 경위로 진행된 것이라는 점, 아성이 원고들에 대한 분양대금반환청구채무를 면탈할 목적으로 이 사건 신탁계약을 체결한 것이라고 단정하기도 어려운 점 등의 사정에 비추어 볼 때, 원고들의 위 주장 역시 이유 없다).

62. 대법원 2014. 6. 26. 선고 2013다17971 판결 [어음금]

[논점] 특정금전신탁을 통하여 어음을 매입한 경우 기업구조조정촉진법상 채권금융기관 해당 여부

【이 유】

2. 상고이유(어음금 200억 원 청구 부분은 제외)를 판단한다.

원심은 제1심판결을 인용하여, 그 판시와 같은 이유로 기업구조조정 촉진을 위한 금융기관 감독규정 제3조 제1항 본문이 금융기관이 특정금전신탁에 따라 기업어음을 매입한 것을 채권금융기관의 신용공여에서 제외시키지 않았다고 하여 기촉법 제2조 제6호[165]의 위임범위를 벗어났다고 볼 수 없고, 증권회사로서 금융기관에 해당하는 원고가 위탁자들과 체결한 특정금전신탁계약에 따른 이 사건 각 기업어음의 매입도 기촉법 제2조 제6호 소정의 채권금융기관의 신용공여에 해당한다고 판단하였다.

관련 법리와 기록에 비추어 보면, 원심의 위와 같은 판단은 정당한 것으로 수긍할 수 있고, 거기에 상고이유의 주장과 같이 특정금전신탁과 기촉법 제2조 제6호 소정의 신용공여 및 위임입법의 효력에 관한 법리를 오해한 위법이 없다.

[원심판결] 서울고등법원 2013. 1. 23. 선고 2011나95962 판결 [어음금][166]

[1심판결] 서울중앙지방법원 2011. 10. 27. 선고 2010가합134986 판결 [어음금]

【주 문】

1. 원고의 청구를 기각한다.
2. 소송비용은 원고가 부담한다.

【청구취지】

피고는 원고에게 20,000,000,000원 및 그 중 2,000,000,000원에 대하여는 2010. 9. 3.부터, 18,000,000,000원에 대하여는 이 사건 청구취지 변경신청서 부본 송달일 다음날부터 각 다 갚는 날까지 연 20%의 비율에 의한 금원을 지급하라.

【이 유】

3. 채권행사유예 의결의 효력

나. 판단

1) 관련 법령의 규정

---

165) 현행 기업구조조정촉진법 제2조 제8호.

166) 1심판결을 그대로 인용하여 원고의 항소를 기각함.

[기촉법]

제1조 (목적)

이 법은 기업구조조정이 신속하고 원활하게 추진될 수 있도록 필요한 사항을 규정함으로써 시장기능에 의한 상시적인 기업구조조정이 촉진될 수 있도록 함을 목적으로 한다.

제2조 (정의)

1. "채권금융기관"이란 해당 기업에 대하여 신용공여를 한 자로서 다음 각 목의 어느 하나에 해당하는 자를 말한다.

마. 「증권거래법」에 따른 증권회사

3. "주채권은행"이란 해당 기업의 주된 채권은행(주된 채권은행이 없는 경우에는 신용공여액이 가장 많은 은행)을 말한다. 이 경우 주채권은행의 선정 및 변경 등에 관한 사항은 금융위원회가 정한다.

4. "기업"이란 채권금융기관으로부터 신용공여를 받은 회사로서 신용공여액의 합계가 500억원(이하 이 호에서 "기준금액"이라 한다) 이상인 회사를 말한다. 이 경우 부실징후기업으로 인정된 후 채권재조정·채무변제 등으로 신용공여액의 합계가 기준금액 미만으로 감소한 경우에도 이를 기업으로 본다.

6. "신용공여"란 다음 각 목의 어느 하나에 해당하는 것으로서 금융위원회가 정하는 것을 말한다.

가. 대출

나. 어음 및 채권 매입

다. 시설대여

라. 지급보증

마. 지급보증에 따른 대지급금의 지급

바. 거래상대방의 지급불능시 이로 인하여 금융기관에 손실을 초래할 수 있는 거래

사. 금융기관이 직접적으로 가목부터 바목까지의 규정에 해당하는 거래를 한 것은 아니나 실질적으로 그에 해당하는 결과를 가져올 수 있는 거래

[기업구조조정 촉진을 위한 금융기관 감독규정]

제3조 (신용공여의 범위)

① 기촉법 제2조 제6호에 따른 '신용공여'는 대출채권, 지급보증, 유가증권 및 기타채권 등 당해 기업에 대하여 상환을 청구할 수 있는 모든 채권으로 한다. 다만 채권금융기관 간의 보증에 의하여 보증된 채권액은 피보증 채권금융기관의 채권액에서 제외한다.

② 제1항에도 불구하고 기촉법 제2조 제3호 및 제4호의 규정에 의한 신용공여액은 같은 법 제2조 제1호 가목 내지 카목에 해당하는 금융기관의 대차대조표 계정과목 중 〈별표〉에서 정하는 것 및 같은 법 제2조 제1호 타목 및 파목에 해당하는 채권금융기관이 이와 동일한 성격으로 보유하고 있는 채권의 합계액을 말한다.

〈별표〉 신용공여의 범위

기관	대분류	중분류	소분류
은행	은행계정	대출채권	원화대출금, 외화대출금, 내국수입유산스, 역외외화대출금, 외화차관자금대출금, 지급보증대지급금, 원화환어음매입(매입어음), 매입외환, 외상채권매입(팩토링채권), 기업구매자금전용카드, 신용카드채권(직불카드 포함), 환매조건부채권매수, 콜론, 사모사채
		유가증권	CP(보증어음 포함), 매입어음, 대여유가증권, 공모사채
		기타	여신성가지급금, 미수금, 자산유동화에 따른 신용보강수단, 예치금
		주석	확정지급보증, 미확정지급보증
			외화대출약정(역외 포함), 배서어음, 환매권부대출채권매각
	신탁계정	대출채권	대출금, 신용카드채권, 환매조건부채권매수, 콜론, 사모사채, 금전채권
		유가증권	매입어음, 공모사채
		기타	여신성가지급금, 자산유동화에 따른 신용보강수단, 예치금
		주석	환매권부대출채권매각
	종금계정	대출채권	할인어음(CMA할인어음 포함), 팩토링어음(CMA팩토링어음 포함), 할인무역어음, CMA할인무역어음, 기일경과어음, 관리어음, 지급보증대지급금

		리스채권	금융리스채권(금융리스선급금 포함)
			운용리스채권(운용리스선급금 포함)
		기타	여신성가지급금
		주석	어음지급보증, 무역어음인수, 담보배서어음매출
증권회사		대출채권	콜론, 기업어음할인, 사모사채인수, 환매조건부채권매수
		유가증권	기업어음매입, 공모사채

2) 감독규정이 기촉법의 위임범위를 초과하는지 여부

기촉법 제2조 제6호가 '신용공여'를 '다음 각 목의 어느 하나에 해당하는 것으로서 금융위원회가 정하는 것'이라고 정의하면서 바.목에서 '거래상대방의 지급불능시 이로 인하여 금융기관에 손실을 초래할 수 있는 거래'를 규정하고 있으나, 위 조항의 규정 내용 및 형식에 비추어 볼 때 위 바.목이 가.~마.목에 열거한 항목들에도 공통적으로 적용되어야 할 신용공여의 범위에 관한 제한을 규정한 것으로서 공통적인 위임입법의 한계를 정한 규정으로는 보이지 아니하고, 위 바.목의 내용 자체도 형식적인 관점에서 거래상대방의 지급불능시에 거래의 주체인 금융기관이 거래상대방으로부터 일정한 경제적 급부를 얻지 못하게 되는 거래를 포괄적으로 규정한 것에 불과할 뿐 경제적·실질적인 관점에서 지급불능으로 인한 경제적 손실을 최종적으로 부담하는 자가 금융기관일 것을 요구하는 내용으로 보기는 어려우므로, 감독규정이 특정금전신탁에 의한 어음매입을 신용공여의 대상에서 제외시키지 아니하였다고 하여 기촉법의 위임범위를 일탈한 위법한 규정이라고 볼 수 없다. 따라서 이에 관한 원고의 주장은 받아들이지 않는다.

3) 원고의 특정금전신탁에 의한 기업어음매입이 기촉법의 적용을 받는 채권금융기관의 신용공여에 해당하는지 여부

가) 기촉법 제2조 제1호 마목은 '증권거래법에 의한 증권회사'가 '채권금융기관'의 범위에 포함된다고 규정하고, 자본시장법 부칙(제8635호, 2007. 8. 3.) 제44조 제2항은 "이 법 시행 당시 다른 법률에서 종전의 증권거래법에 따른 증권회사를 인용하고 있는 경우에는 그 범위에서 이 법에 따른 금융투자업자를 인용한 것으로 본다"고 규정하고 있으므로, 원고가 기촉법 제2조 제1호의 '채권금융기관'에 해당함은 명백하다.

나) 기촉법 제2조 제6호는 "신용공여"를 '다음 각 목의 어느 하나에 해당하는 것으로서 금융위원회가 정하는 것'이라고 정의하면서, 나.목에서 어음 및 채권 매입이 이에 해당함을 명시하고 있고, 감독규정 제3조 제1항은 "기촉법 제2조 제6호에 따른 '신용공여'는 대출채권, 지급보증, 유가증권 및 기타채권 등 당해 기업에 대하여 상환을 청구할 수 있는 모든 채권으로 한다"고 규정하고 있으며, 감독규정 제3조 제2항도 기촉법 제2조 제3호 및 제4호의 규정에 의한 신용공여액의 산정과 관련하여 별표에서 증권회사의 기업어음매입을 포함시키고 있으므로, 기촉법 및 감독규정의 해석상 이 사건 각 기업어음금 채권이 '신용공여'에 해당함이 명백하다.

다) ① 특정금전신탁도 신탁의 일종으로서 신탁법에 따라 그 신탁재산의 소유권은 수탁자에게 이전되고 수탁자는 신탁재산의 소유권을 위탁의 취지에 반하여 행사하지 아니할 의무를 부담하면서 위탁자의 위탁 취지에 적합하게 신탁재산을 운용함으로써 그 수익을 위탁자에게 귀속시킨다는 점에서 일반금전신탁과 별다른 차이가 없으므로(더구나 위탁자는 수탁자에게 이 사건 기업어음을 신탁한 것이 아니라 금전을 신탁한 것이다), 해당 기업에 대하여 신용공여를 한 자는 이 사건 각 기업어음에 대하여 법률상 소유권을 가진 채권금융기관으로 보아야 할 것인 점, ② 기촉법 제2조 제1호에 의하면, '채권금융기관'에 해당하는지 여부는 당해 금융기관이 해당 기업에게 신용공여를 하였는지 여부에 따라 결정되

는 것일 뿐 당해 금융기관이 신용공여에 따른 경제적 효과의 실질적 귀속주체인지 여부 또는 자금운용 권한을 가지는지 여부에 따라 결정되는 것은 아닌 점, ③ 기촉법 제2조 제6호 및 감독규정도 신용공여의 범위를 '기업어음매입'이라고만 규정하고 있어 그 기초적 법률관계가 특정금전신탁인 경우를 특별히 제외하고 있지 않은 점, ④ 회계처리 및 세법상 과세방법, 기관투자자 해당여부 판단, 불건전 영업행위 판단 등에 있어서 관련법규가 특정금전신탁의 경우 불특정금전신탁과 달리 개별투자자들이 직접 투자하는 것과 동일하게 취급하고 있다고 하더라도, 이는 경제적 효과의 실질적 귀속주체를 기준으로 한 규정으로서 그러한 해석이 기촉법의 해석에 그대로 적용되어야 한다고 볼 수 없는 점 등에 비추어 볼 때, 원고가 특정금전신탁에 의하여 이 사건 각 기업어음을 매입한 것도 기촉법이 정한 '채권금융기관의 신용공여'에 해당한다고 할 것이다.

라) 원고는 특정금전신탁에 의하여 매입한 채권의 경우에도 기촉법을 적용할 경우 기촉법의 연혁 및 입법취지에 반하고 다른 법령 및 헌법에 반하게 된다고 주장하나, 특정금전신탁에 의한 투자를 기촉법의 적용대상에서 제외하는 내용의 입법론을 주장함은 별론으로 하고, 그러한 내용의 명시적인 규정이 없는 현행 기촉법의 해석에 있어서 기촉법의 입법취지를 감안하고 법률의 합헌적 해석의 원칙을 적용한다고 하더라도 특정금전신탁의 경우에 특히 '채권금융기관의 신용공여'에서 제외된다고 보기는 어렵다.

4) 기촉법 및 감독규정이 헌법에 위반되는지 여부

원고는 특정금전신탁에 의한 매입어음이 기촉법에 의한 유예대상채권에 포함된다고 볼 경우 감독규정이 위법·위헌으로 무효이거나, 기촉법이 위헌으로 무효라고 주장하나, 앞서 본 바와 같이 감독규정은 기촉법의 위임범위 내에서 기촉법이 정한 '어음 및 채권 매입'의 종류를 규정하고 있을 뿐이므로, 결국 원고의 위 주장은 기촉법 자체가 헌법에 반한다는 주장에 다름 아니라고 할 것인데, 이는 이 법원의 판단대상이라고 보기 어려울 뿐 아니라, 아래와 같은 점에서 기촉법 및 감독규정이 위헌 또는 위법으로 무효라고 볼 수 없다.

가) 기촉법이 채권금융기관의 채권 행사를 제한하여 원고 또는 위탁자들의 재산권 행사가 제한되나, 이러한 재산권은 그것이 본질적인 내용을 침해하지 않는 한 공공필요를 위하여 법률로써 제한할 수 있는바, ① 기촉법의 입법취지가 대상기업의 회계투명성을 제고하고 채권금융기관이 신용위험을 효율적으로 관리할 수 있는 체제를 마련하는 한편, 기업구조조정을 신속하고 원활하게 추진함으로써 대상기업을 회생시킴과 동시에 그를 통하여 채권금융기관의 채권회수율을 높이는 것을 목적으로 하는 것임에 비추어 기촉법은 공공필요를 위하여 제정되었음이 분명한 점, ② 기촉법 제24조에서 협의회 의결에 참석하지 않거나 반대의사를 표시한 채권금융기관들이 협의회 의결일로부터 7일 이내에 협의회에 대하여 자기의 채권을 매수하도록 청구할 수 있게 함으로써 위 채권을 매도할 수 있는 길을 열어 놓은 점, ③ 기촉법 제26조 내지 제28조에 의하면 협의회의 심의사항에 대하여 이견이 있는 경우 채권금융조정위원회에 조정신청을 할 수 있고 그 조정결과에 불복할 경우에는 법원에 변경결정을 청구할 수 있도록 규정하고 있는바, 이와 같이 기촉법은 협의회의 심의·의결 사항에 대하여 불복하거나 이의할 수 있는 제도를 마련해 협의회의 심의·의결에 반대하는 채권금융기관으로 하여금 협의회의 의결로부터 벗어날 수 있는 제도적 장치를 마련하고 있는 점, ④ 기촉법 제30조에 의하면 금융위원회는 기업구조조정에 관련된 의무를 해태하는 채권금융기관에 대하여 시정을 요구할 수 있고 일정한 경우에는 채권금융기관 및 임직원에 대하여 제재를 부과할 수 있는 것으로 규정하는 등 협의회가 효율적으로 대상기업을 관리하는데 필요한 제반 규정을 두고 있는 점 등을 종합해볼 때, 기촉법 및 감독규정이 위탁자들이나 원고에게 헌법상 보장된 재산권의 본질적인 내용을 침해한다고 볼 수는 없다.

나) 채권금융기관의 채권행사가 제한되는 결과 특정금전신탁의 위탁자들이 수익권 행사에 제한을 받는 반면 채권금융기관 외의 일반 채권자들은 기촉법이 적용되지 않아 기업구조조정절차가 진행되는 동

안 자신들의 채권을 정상적으로 회수할 수 있게 되나, ① 이는 기촉법이 신속하고 원활한 기업구조조정이라는 목적을 달성하기 위하여 모든 채권자들이 기속되는 절차가 아니라 당해 기업에 대하여 일정액 이상 신용공여를 제공한 채권금융기관들에 의한 관리절차를 규정하고 일반채권자들의 채권을 부득이하게 제외함에 따른 반사적 효과에 불과한 점, ② 간접적으로 재산권 행사에 제약을 받는 것은 특정금전신탁 뿐 아니라 불특정금전신탁, 증권투자신탁의 수익자도 마찬가지인 점, ③ 특정금전신탁에 편입된 채권은 대부분 상당한 규모로서 그 채권의 행사여부에 따라 대상기업의 자금상황에 미치는 영향이 지대하므로, 이를 기촉법상 신용공여 대상에 포함시키지 않을 경우 자칫 대상기업의 부도 등으로 기촉법에 따른 공동관리절차가 무의미하게 되거나 형해화되어 기촉법이 사실상 그 기능을 발휘할 수 없게 될 가능성이 있는 점, ④ 특정금전신탁의 경우 수탁자는 위탁자의 운용지시에 의하여 수탁받은 자금을 운용하기는 하나, 실질적으로는 특정금전신탁 계약의 체결 및 운용방법의 결정 과정에 있어서 금융기관의 전문적인 정보력, 판단력이 상당 부분 작용하고, 금융기관에 대한 신뢰를 기초로 한 개인투자자들의 집합적인 투자에 의하여 대규모 자금동원이 가능해지는 등, 개인투자자가 금융기관을 거치지 아니하고 직접 대상기업에 투자한 경우와 상당한 차이가 있는 점 등에 비추어 볼 때, 기촉법 및 감독규정이 워크아웃제도의 본질에 반한다거나 합리적인 이유 없이 특정금전신탁의 위탁자들을 일반 채권자들과 차별하고 있다고 볼 수 없다.

다) 특정금전신탁에 의한 신용공여에 대하여 기촉법을 적용할 경우, 신규자금 지원 및 출자전환 의무의 이행과 관련한 문제가 발생하나, ① 위와 같은 의무의 분담 및 이행방식은 위탁자와 신탁자가 사전에 명확한 계약을 체결하거나, 사후에 협상을 하는 등의 방법으로 결정할 수 있는 점, ② 채권금융기관이 반대매수권 행사를 통하여 그러한 의무에서 벗어남으로써 위탁자들이 청산가치에 기초한 이익만을 회수하고 워크아웃 절차 진행을 통하여 추가로 발생할 이익 또는 일반채권자들에게 발생하는 반사적 이익을 향유하지 못하게 되거나, 위탁자들이 새로운 계약체결 등을 통하여 그러한 의무를 부담한다고 하더라도 앞서 본 바와 같이 재산권의 본질적 내용에 관한 침해라거나 합리적인 이유없는 차별이라고 볼 수 없는 점, ③ 수탁자인 원고가 그 고유재산으로 위와 같은 의무를 부담한다고 하더라도 기촉법에 따른 원고의 그와 같은 의무부담이 자본시장법 또는 특정금전신탁의 본질에 반하는 손실보전약정이라고 단정할 수 없는 점 등에 비추어 볼 때 위와 같은 문제가 발생함을 근거로 기촉법 또는 감독규정이 위헌·위법으로서 무효라고 보기 어렵다.

63. 대법원 2014. 5. 29. 선고 2014다765 판결 [부인의소]

[논점] 부동산담보신탁계약[167]에 의한 우선수익권 부여가 무상행위에 해당하는지 여부 및 신탁계약상 우선수익자의 권리가 회생채권자표에 기재되었더라도 채무자회생법 제255조 제1항에 따라 인정되는 불가쟁의 효력이 우선수익권에 미치는지 여부[168]

【이 유】

1. 상고이유 제1점에 대하여

167) 담보신탁 일반에 대해서는, (1) 임채웅, 담보신탁의 연구, 신탁법 연구, 박영사, 106면 이하, (2) 이계정, (신탁법의 제문제)담보신탁과 분양보증신탁에 관한 연구, 사법 41호, 사법발전재단, 83면 이하, (3) 이정선, 담보신탁의 특징과 법적 쟁점에 관한 연구, 고려대학교 대학원 박사학위 논문, (4) 이정선, 부동산담보신탁에서 수익권의 법적 성질, 재산법연구 제34권 제3호, 한국재산법학회, 197면 이하를 각 참고할 것.

168) 신탁과 도산에 관한 전반적인 내용에 대해서는, (1) 이은재, 신탁과 도산, 기업법연구 제34권 제3호, 한국기업법학회, 97면 이하, (2) 한민·박종현, 신탁과 도산법 문제, BFL 17호, 서울대학교 금융법센터, 23면 이하, (3) 임채웅, 도산격리의 연구, 신탁법 연구, 박영사, 283면 이하를 각 참고할 것.

채무자 회생 및 파산에 관한 법률(이하 '법'이라 한다) 제100조 제1항 제4호는 '채무자가 지급의 정지 등이 있은 후 또는 그 전 6월 이내에 한 무상행위 및 이와 동일시할 수 있는 유상행위'를 회생절차개시 이후 채무자의 재산을 위한 부인의 대상으로 규정하여 감소한 재산과 사업의 수익력을 회복하거나 채권자들 사이의 평등을 도모하고 있다. 여기에서 무상행위라 함은 채무자가 대가를 받지 않고 적극재산을 감소시키거나, 소극재산 즉 채무를 증가시키는 일체의 행위를 말하고, 이와 동일시하여야 할 행위란 상대방이 반대급부로서 출연한 대가가 지나치게 근소하여 사실상 무상행위와 다름없는 경우를 말한다. 채무자가 의무 없이 타인을 위하여 한 보증 또는 담보의 제공은, 그것이 채권자의 타인에 대한 출연 등의 직접적인 원인이 되는 경우에도, 채무자가 그 대가로서 직접적이고도 현실적인 경제적 이익을 받지 아니하는 한 무상행위에 해당한다고 해석함이 상당하다(대법원 1999. 3. 26. 선고 97다20755 판결, 대법원 2008. 11. 27. 선고 2006다50444 판결 등 참조).

원심은, 주식회사 선린건설(이하 '선린건설'이라 한다)은 이 사건 공동주택 신축사업과 관련하여 피고 농업협동조합중앙회(이하 '농협'이라 한다)와 피고 기산그대가 주식회사(이하 '기산그대가'라고 한다)를 대주로, 선린건설을 차주로, 주식회사 임광토건(이하 '임광토건'이라 한다)을 시공사 겸 채무인수인으로 하여, 선린건설이 피고 농협, 기산그대가(이하 '피고 농협 등'이라 한다)로부터 사업자금 2,200억 원을 대출(이하 '이 사건 대출'이라 한다)받는 내용의 약정을 체결한 사실, 이 사건 대출의 만기일이 2011. 9. 9. 도래하자, 임광토건과 피고 농협 등은 이 사건 대출의 만기를 6개월 연장하되 임광토건이 피고 농협 등에 이 사건 신탁부동산에 관한 우선수익권을 담보로 제공하기로 합의한 사실, 임광토건은 2011. 9. 16. 이 사건 신탁부동산의 수탁자인 피고 주식회사 하나자산신탁(변경 전 상호는 주식회사 하나다올신탁이다. 이하 변경 전, 후를 통틀어 '하나자산신탁'이라 한다)과 사이에 피고 농협 등에 새로 공동 제2순위 우선수익권을 부여하는 내용의 이 사건 부동산담보신탁변경계약을 체결한 사실, 한편 임광토건은 2011. 11. 17. 서울중앙지방법원에 회생절차개시신청을 하여 2011. 11. 24. 회생절차개시결정을 받은 사실 등을 인정한 다음, 임광토건은 이 사건 신탁부동산을 피고 하나자산신탁에 신탁한 위탁자로서 이 사건 신탁부동산의 처분 시 제1순위 우선수익권자에 대한 채무를 변제하고 남은 돈을 지급받기로 되어 있었던 점, 임광토건이 이 사건 대출의 만기를 연장하면서 이 사건 부동산담보신탁변경계약을 통해 이 사건 대출의 대주인 피고 농협 등에 공동 제2순위 우선수익권을 부여하였으나, 이 사건 대출의 차주인 선린건설로부터 그 대가를 받거나 피고 농협 등으로부터 신규로 자금을 조달받는 등의 반대급부를 취득한 바가 없는 점 등 그 판시와 같은 사정들을 종합하면, 이 사건 부동산담보신탁변경계약은 법 제100조 제1항 제4호가 정한 무상행위에 해당하여 부인의 대상이 된다고 판단하였다.

원심판결 이유를 앞서 본 법리와 기록에 비추어 보면, 원심의 위와 같은 판단은 정당한 것으로 수긍이 가고, 거기에 상고이유 주장과 같이 무상행위에 관한 법리, 부인권 행사의 요건으로서 유해성에 관한 법리를 오해하거나 필요한 심리를 하지 아니하는 등의 위법이 없다.

한편 피고들은 임광토건이 이 사건 부동산담보신탁변경계약을 체결한 것은 그 당시의 사정에 비추어 필요하고 상당하였거나 불가피한 행위로서 부인권 행사를 위한 부당성의 요건이 흠결되었다고 주장하나, 이러한 주장은 상고심에 이르러 비로소 내세우는 새로운 주장으로서 적법한 상고이유가 되지 못한다.

2. 상고이유 제2점에 대하여

기록에 의하면, 임광토건에 대한 회생절차에서 인가되어 확정된 회생계획에는 이 사건 대출의 대주인 피고 농협 등의 채권이 '회생채권 보증채무(인천 북항 부지 담보신탁물건 우선수익권)'로 분류되어 있고, 그 권리변경과 변제방법으로서 원금 및 개시 전 이자는 이 사건 신탁부동산을 환가하여 받을 수 있는 수익금으로 우선 변제하고, 변제 후 잔액이 있는 경우에는 2014년 또는 그 이후의 환가 해당연도에 전액 현금으로 변제하며, 개시 후 이자는 전액 면제하는 것으로 정해져 있는 사실을 알 수 있다.

한편 이 사건 대출의 대주인 피고 농협 등이 이 사건 신탁부동산에 관한 공동 제2순위 우선수익권을 가지게 된 원인이 비록 임광토건의 신탁행위로 말미암은 것이라 하더라도, 그 우선수익권은 법 제250조 제2항 제2호가 정한 '채무자 외의 자가 회생채권자 또는 회생담보권자를 위하여 제공한 담보'에 해당하여 회생계획이 여기에 영향을 미칠 수 없다(대법원 2001. 7. 13. 선고 2001다9267 판결 참조).

따라서 위 회생계획에서 원금 및 개시 전 이자를 이 사건 신탁부동산의 처분 대금으로 우선 변제하도록 정하고 있다고 하더라도, 이는 피고 농협 등이 이 사건 신탁부동산의 수탁자인 피고 하나자산신탁에 대하여 우선수익권을 가지고 있다면 그에 따라 우선 변제받고 남은 잔액에 한하여 임광토건에 대한 회생채권으로서 변제받을 수 있음을 정한 것으로 보아야 하고, 위 회생계획이 아무런 영향을 미칠 수 없는 피고 하나자산신탁에 대한 우선수익권을 회생채권의 내용으로 인정한 것으로 볼 수는 없다. 따라서 위 회생계획에 의하여 인정된 피고 농협 등의 권리가 임광토건의 회생채권자표에 기재되었다고 하더라도, 그러한 기재에 대하여 법 제255조 제1항에 따라 인정되는 확정판결과 동일한 효력, 즉 불가쟁의 효력은 이 사건 부동산담보신탁변경계약에 따른 피고 농협 등의 우선수익권에는 미치지 아니한다고 보아야 한다.

이에 관한 원심판결의 이유 설시에는 다소 적절하지 않은 부분이 있으나, 원고의 이 사건 부인권 행사가 회생채권자표의 불가쟁력에 의하여 허용될 수 없다는 피고들의 주장을 배척한 결론은 정당하고, 거기에 상고이유 주장과 같이 회생채권자표의 불가쟁력에 관한 법리를 오해하는 등의 위법이 없다.

64. 대법원 2014. 3. 27. 선고 2012다23412 판결 [손해배상]

[논점] 채권양도가 소송신탁에 해당하는지 여부의 판단 기준

【이 유】

소송행위를 하게 하는 것을 주목적으로 채권양도 등이 이루어진 경우 그 채권양도가 신탁법상의 신탁에 해당하지 않는다고 하여도 구 신탁법(2011. 7. 25. 법률 제10924호로 전부 개정되기 전의 것) 제7조가 유추적용되므로 무효라고 할 것이고, 소송행위를 하게 하는 것이 주목적인지의 여부는 채권양도 계약이 체결된 경위와 방식, 양도계약이 이루어진 후 제소에 이르기까지의 시간적 간격, 양도인과 양수인 간의 신분관계 등 제반 상황에 비추어 판단하여야 할 것이다(대법원 2002. 12. 6. 선고 2000다4210 판결 등 참조).

원심은, 참가인이 소외인, 워테크로부터 이 사건 소송물 채권을 양수하고 승계참가신청을 한 것은 소외인, 워테크를 위하여 소송수행을 하는 것을 주된 목적으로 삼아 이루어진 것으로서 무효라는 피고 케이지케미칼 주식회사(이하 '피고 회사'라 한다)의 주장에 대하여, 이 사건 채권양도가 소송신탁에 해당한다고 볼만한 사정을 찾을 수 없고, 오히려 이 사건 승계참가 전 소외인, 워테크가 참가인에 대하여 채무를 부담하고 있던 것으로 보일 뿐 아니라, 소외인과 피고들 사이에 수년 동안 분쟁이 계속되면서 소외인의 이 사건 청구에 대하여도 피고들이 적극적으로 다툴 것으로 예상되는 상황에서 그 승소 여부가 불분명한 이 사건 소송물에 해당하는 채권이 양도되었다고 하여 피고 회사의 소외인에 대한 채권의 행사를 면탈하려는 의도가 있었다고 단정하기도 어렵다고 하여 이를 배척하였다.

위 법리와 기록에 비추어 보면, 원심의 위와 같은 조치는 정당하고, 거기에 상고이유 주장과 같은 소송신탁에 관한 법리오해 등의 위법이 없다.

65. 대법원 2014. 2. 27. 선고 2011다59797,59803 판결 [공탁금출급권자확인][169)]

[논점] 채무자와 채무자 아닌 자가 채무자의 동일한 채무를 담보하기 위하여 자신들 소유의 부동산들을 담보신탁한 경우, 우선 채무자가 신탁한 부동산 부분의 처분대금으로 대출금을 상환하여야 하는지 여부

【이 유】

가. 원심은 그 채택 증거에 의하여 판시 사실을 인정한 다음, 판시 사정들을 근거로 하여 자신의 채무를 담보하기 위하여 부동산을 신탁하는 위탁자는 그 신탁부동산의 처분대금이 채무의 변제에 충당된다는 것을 당연한 전제로 하는 반면, 다른 사람의 채무를 담보하기 위하여 부동산을 신탁하는 위탁자는 채무자가 신탁한 부동산의 처분대금으로 채무가 전부 변제된다면 자신이 신탁한 부동산이나 그에 갈음하는 물건은 그대로 반환된다는 것을 전제로 하여 신탁계약을 체결하였다고 봄이 당사자의 의사에 부합하는 점 등에 비추어, 원고(반소피고, 이하 '원고'라고 한다)들과 원고들 보조참가인(이하 '참가인'이라고 한다) 등이 참가인의 주식회사 신한은행(이하 '신한은행'이라고 한다)에 대한 대출금 채무를 담보하기 위하여 부동산을 신탁한 후에 그 신탁부동산이 처분되어 그 처분대금에서 우선수익자인 신한은행에게 배분하는 수익금을 공제하여 이를 신한은행에게 지급하는 방식으로 대출금 채무를 상환함에 있어, 우선 참가인이 신탁한 부동산 부분의 처분대금에서 신한은행에 대한 수익금을 공제하는 방식으로 대출금을 상환하여야 한다고 판단하였다.

나. 기록에 비추어 살펴보면, 원심의 위와 같은 판단은 정당하고, 거기에 상고이유 주장과 같이 수탁자의 선관의무와 공평의무에 관한 법리를 오해하여 판결에 영향을 미친 위법이 없다.

다. 한편 부동산담보신탁이 변칙담보권에 해당한다는 가정적인 판단을 전제로 하여 공동저당권의 목적물인 채무자 소유의 부동산과 물상보증인 소유의 부동산이 함께 경매되어 그 경매대가를 동시에 배당하는 경우 채무자 소유의 부동산의 경매대가에서 공동저당권자에 대한 배당이 우선적으로 이루어져야 한다는 대법원 2010. 4. 15. 선고 2008다41475 판결의 법리가 이 사건에 대해서도 유추 적용되어야 한다고 본 원심판단의 당부는 판결 결과에 영향이 없으므로, 이에 관한 나머지 상고이유 부분은 더 나아가 판단할 필요 없이 받아들이지 아니한다.

[원심판결] 서울고등법원 2011. 6. 16. 선고 2010나52982(본소), 2010나52999(반소) 판결 [공탁금출급권자확인]

【주 문】

1. 피고(반소원고)의 이 사건 본소 및 반소에 관한 항소를 모두 기각한다.
2. 항소비용은 본소와 반소를 통틀어 피고(반소원고)가 부담한다.
3. 제1심 판결의 주문 제1항 중 "원고(반소피고) 6, 7에게 각 333,590,811원"을 "원고(반소피고) 6에게 333,590,811원, 원고(반소피고) 7에게 333,590,810원"으로 경정한다.

【청구취지】

본소 : 주식회사 다올신탁이 2009. 5. 18. 서울중앙지방법원 2009년 금제8642호로 공탁한 7,030,466,869원 중 원고(반소피고, 이하 '원고'라 한다) 1, 2에게 각 388,737,126원, 원고 3에게 684,038,193원, 원고 4

169) 이 판결에 대한 평석은, (1) 이상주, 채무자와 그 외의 자가 각각 동일한 채권을 담보하기 위하여 담보신탁을 설정한 경우 신탁재산들의 처분대금에서의 채권충당의 방식, 대법원판례해설 99호, 법원도서관, 117면 이하, (2) 오상민, 부동산 담보신탁의 공매절차에서 매각대금 정산 시 민법 제368조가 유추적용되는지 여부, 변호사 제46집, 180면 이하를 각 참고할 것.

에게 669,406,493원, 원고 5에게 684,038,193원, 원고 6, 7에게 각 333,590,811원, 원고 8에게 678,404,598원, 원고 9, 10, 11, 12에게 각 582,854,972원에 대한 각 공탁금출급청구권이 있음을 확인한다.

반소: 주식회사 다올신탁이 2009. 5. 18. 서울중앙지방법원 2009년 금제8642호로 공탁한 7,030,466,869원 중 4,205,029,790원에 대한 공탁금출급청구권이 피고(반소원고)에게 있음을 확인한다.

【항소취지】

제1심 판결을 취소한다. 원고들의 본소청구를 모두 기각한다. 주식회사 다올신탁이 2009. 5. 18. 서울중앙지방법원 2009년 금제8642호로 공탁한 7,030,466,869원 중 4,205,029,790원에 대한 공탁금출급청구권이 피고(반소원고, 이하 '피고 회사'라 한다) 에게 있음을 확인한다(피고 회사가 공탁금출급청구권이 있다고 주장하는 금액은 4,205,029,790원이므로 제1심 판결의 본소청구에 관한 부분 중 위 금액을 초과하는 부분만의 취소를 구하면 되는데, 피고 회사는 항소취지에서 제1심 판결 중 피고 회사의 패소부분의 취소를 구하고 있는바, 제1심 판결에서 원고들의 본소청구는 전부 인용되었으므로, 본소청구에 관하여 피고 회사가 취소를 구하는 패소부분은 결국 제1심 판결 중 본소청구에 관한 부분 전부라 할 것이다).

【이 유】

3. 판단

가. 부동산담보신탁의 개념과 수탁자의 수익금 정산 방식

(1) 신탁법상의 신탁은 위탁자가 수탁자에게 특정의 재산권을 이전하거나 기타의 처분을 하여 수탁자로 하여금 신탁 목적을 위하여 그 재산권을 관리·처분하게 하는 것이므로(신탁법 제1조 제2항), 부동산의 신탁에 있어서 수탁자 앞으로 소유권이전등기를 마치게 되면 신탁된 부동산의 소유권은 대내외적으로 수탁자에게 완전히 이전되고 위탁자와의 내부관계에 있어서 소유권이 위탁자에게 유보되는 것은 아니다(대법원 2005. 7. 28. 선고 2004두8767호 판결, 대법원 2008. 3. 13. 선고 2007다54276 판결 등 참조). 한편, 부동산담보신탁은 담보의 목적으로 채무자 또는 제3자가 위탁자가 되어 수탁자에게 부동산의 소유권을 이전하고 채무자가 그 채무를 불이행하면 수탁자가 담보목적 부동산을 처분하여 그 공매대금으로 채권자인 우선수익자에 대한 채무를 정산하고 잔액이 있을 때에는 수익자 또는 위탁자에게 지급하는 방법을 취하는 것으로서 신탁제도를 이용한 부동산담보방법이라고 할 수 있다. 이러한 부동산담보신탁은 ① 저당권과 달리 피담보채권과 분리하여 수익권만을 양도할 수 있고, 법원의 경매절차를 배제하고 신탁회사에서 직접 공매절차를 진행시키는 등 임의매각방법에 의하여 우선수익권을 실행함으로써 시간과 비용을 절감할 수 있고 공매대금도 높게 유지할 수 있으며, ② 양도담보나 가등기담보 등과 달리 담보목적의 신탁등기임이 신탁원부를 통하여 명확히 공시됨으로써 거래의 안전에 더욱 충실하다는 점에서 채권자의 입장에서 저당권이나 다른 변칙담보권보다 더 강력하고 안전한 담보수단이 된다.

(2) 그런데 부동산담보신탁은 신탁의 형식을 취하고 있지만 경제적인 실질은 담보라고 할 수 있는바, 이 사건과 같이 채무자뿐 아니라 제3자가 신탁부동산을 제공함으로써 위탁자가 수인이 되는 경우 신탁재산을 매각하고 그 공매대금을 우선수익자인 채권자의 채권에 충당하고 남은 잔액을 위탁자들 사이에서 어떠한 방식으로 정산하여야 하는지에 관하여는 신탁법에서 아무런 규정을 두고 있지 않으므로, 신탁계약에서도 따로 정함이 없는 경우에 어떠한 법리와 기준을 적용하여야 하는지가 문제된다. 더욱이 이 사건과 같이 일부 위탁자의 일반 채권자가 수탁자로부터 받을 당해 위탁자의 수익금에 대하여 압류전부명령 등을 받았을 경우 수익금 정산을 어떻게 하느냐에 따라 압류 전부명령의 효력이 미치는 금액의 범위가 달라지게 되어, 새로운 이해관계를 맺게 되는 제3자 입장에서도 공매대금 배분에 적용되는

법리나 기준의 내용은 매우 중요하므로, 수탁자가 위탁자들에게 분배될 정산금을 마음대로 정할 수는 없다고 할 것이고, 부동산담보신탁의 실질적 측면이나 수탁자의 선관주의의무 등 여러 가지 사정을 고려하여 가장 합리적이고도 공평타당하게 적용될 법리와 기준을 마련할 필요가 있다. 이와 관련하여 부동산담보신탁의 법적 성질을 변칙담보권으로 보는 견해와 신탁법 고유의 법리에 따라 이해해야 한다는 견해가 존재하는바, 전자는 담보신탁의 실질적 측면을 강조하는 견해로서 담보신탁의 형식에 관한 사항, 즉 신탁재산의 공시나 독립성에 관한 사항은 신탁법 등 신탁 관계법이 적용되지만 신탁재산의 공매대금 배분과 같은 실질에 관한 사항은 민법의 규정이 적용된다는 것으로서, 부동산담보신탁이 신탁 관계법의 규정이나 신탁계약만으로 해결하는 것이 곤란하거나 타당하지 않을 수 있다는 인식을 바탕으로 제기되는 견해라고 보이고, 이러한 입장을 취한다면 이 사건 공매대금의 분배 기준에 관하여 민법의 담보권에 관한 조항을 유추적용해야 한다는 해석도 가능할 것이나, 다른 한편 부동산담보신탁의 담보적 효력은 단지 신탁이라는 제도를 택했기 때문에 발생하는 것이고, 부동산담보신탁을 변칙담보권으로 이해하여 민법의 적용을 허용하겠다는 것은 신탁재산의 독립성과 같은 신탁법의 법리와 배치되는 측면이 있다는 점을 고려하면 어느 견해를 취하는 것이 타당하다고 선뜻 결론 내리기 어렵다. 이하에서는 먼저 신탁법 등 신탁 관계법과 이 사건 신탁계약의 해석을 통한 적정한 공매대금의 분배 기준을 살펴보고, 다음으로 부동산담보신탁을 변칙담보권으로 구성할 경우에 상정할 수 있는 분배 기준에 관하여 보기로 한다.

나. 신탁 관계법과 신탁계약의 해석을 통한 해결 방안

(1) 부동산담보신탁에 있어서 이 사건과 같이 신탁재산의 공매대금 분배와 관련하여 다수의 배치하는 이해관계인이 존재함에도 신탁법 등 신탁 관계법이나 신탁계약에서 별도의 정함이 없는 경우 수탁자는 어떠한 기준으로 공매대금을 분배하여야 하는지가 문제된다. 이 문제는 결국 수탁자가 부담하는 선관주의의무, 충실의무를 어떻게 해석하여야 하는지와 관련될 것이다. 현행 신탁법은 주4)충실의무에 관한 명문의 규정을 두고 있지는 않지만, 타인으로부터 신뢰를 받아 사무처리를 하는 자인 수탁자라면 당연히 충실의무를 부담한다고 예견할 수 있으며, 위탁자 또는 수익자도 수탁자의 충실의무 이행을 기대하는 것은 당연할 뿐 아니라 현행 신탁법 제28조에서 수탁자의 선량한 관리자로서의 주의의무를, 제29조에서 수탁자의 이익향수금지를 각 정하고 있고, 제31조에서 일반적으로 수탁자의 신탁재산에 관한 권리취득을 제한하고 있는 점을 고려하면 수탁자는 신탁 목적에 따라 신탁재산을 관리하여야 하고 신탁재산의 이익을 최대한 도모하여야 하는 충실의무를 부담한다고 해석할 수 있다(대법원 2005. 12. 22. 선고 2003다55059 판결 참조). 나아가 동일한 채무의 담보 목적으로 다수의 신탁계약과 다수의 수익자가 존재하는 경우 수익자 간의 이익의 충돌이 발생될 수 있으므로 이를 해결하기 위해서는 수탁자의 충실의무의 한 유형으로서 다수 수익자를 공평하게 취급하여야 할 주5)공평의무를 인정할 수 있다. 그러나 신탁계약이 항상 동일한 내용으로 정해지는 것은 아니고 구체적인 경우에 상이한 내용으로 정해질 수 있는 점을 고려하면 공평의무가 '수탁자는 모든 수익자를 항상 똑같이 취급해야 한다'는 것을 의미한다고 볼 수 없으므로, 신탁계약의 내용에 따라 실질적으로 수익자를 공평하게 취급하여야 하는 의무라고 해석함이 타당하다. 한편, 수탁자는 신탁행위에 의하여 형식상 신탁재산의 소유권자로 되지만 실질적으로는 그 신탁재산에 대한 관리권을 갖는 데 불과하므로, 수탁자는 신탁재산에 대한 관리의무를 지고, 신탁법 제28조에서도 수탁자에게 '신탁의 본지에 따라 선량한 관리자의 주의로써 신탁재산을 관리 또는 처분하여야' 할 의무가 있다고 규정하고 있는바, 이때의 선량한 관리자의 주의의무는 민법상의 선관주의의무와 같으며 수탁자가 속하는 사회적 지위나 직업 또는 신탁설정시의 특별한 사정에 의하여 일반적, 객관적으로 요구되는 주의의무라고 할 것이다. 그런데 신탁계약의 수익권은 위탁자가 설정한 내용대로 인정되는 것이므로 신탁계약에 인정되는 공평의무나 선관주의의무의 내용을 해석함에

있어서는 계약의 내용을 가장 중요한 요소로 고려하여야 할 것이고주6), 이 사건과 같이 동일한 채무의 담보 목적으로 수인의 위탁자가 동일한 수탁자에게 각자의 부동산을 담보신탁하면서 별도로 위탁자 간의 우선순위나 수익비율을 정하지 않은 경우에도 신탁계약의 전체적인 취지와 위탁자와 채권자 등 신탁계약 당사자들 간의 관계 또는 신탁의 전제로서 체결된 다른 약정의 내용 등을 종합적으로 고려하여 어떠한 방식으로 수인의 위탁자에게 정산을 하는 것이 공평의무나 선관주의의무에 부합하는지를 따져야 할 것이다.

다. 이 사건에서의 적용

(1) 앞서 본 바와 같이 이 사건 재건축계약서에는 '원고들은 참가인이 원고들에게 대여하는 이주비 및 분담금이 금융기관 차입을 통하여 조달한 것으로서 실질적인 부담주체가 원고들임을 확인한다'(제7조 (3))라는 내용이, 이 사건 대출약정서에는 '원고들은 재건축대상인 ○○빌라의 기존 소유자들과 토지출자자들로서 참가인과 함께 본건 사업의 공동건축주의 지위를 가진다'라는 내용이, 이 사건 확약서에는 '원고들은 참가인이 신한은행과 금 180억 원의 대출 및 사업약정서를 체결하고, 신한은행이 대출 및 사업약정서에 따른 대출금 중 금 105억 원을 원고들을 포함한 조합원들에 대한 이주비(금 21억 원) 및 분담금(금 84억 원) 지급 용도로 참가인에게 대여한 사실을 인지하고 있다'라는 내용이 각 기재되어 있기는 하나, 다른 한편, 이 사건 재건축계약서에는 '원고들은 자신의 이주비 및 분담금에 해당하는 금원에 대한 지급채무를 신한은행에 연대보증한다'(제7조 (1))라는 내용이 있고, 이 사건 대출약정서에는 차주를 참가인으로 기재하면서 '원고들은 각자의 이주비 및 분담금의 130%의 범위 내에서 연대보증의무를 부담한다'라는 내용이, '피담보채무라 함은 차주가 대출금의 원리금 상환채무 등 이 약정 및 사업약정을 포함한 기타 금융계약에 따라 또는 그와 관련하여 대주에게 지급하여야 할 각종 금전채무를 말하며'라는 내용이, '차주는 원고들로 하여금 피담보채무에 관하여 차주와 연대하여 보증하게 하여야 한다'라는 내용이, 이 사건 확약서에는 '1. 본인은 참가인이 대출약정서에 따라 신한은행으로부터 차입한 대출금 중 원고들 부담의 이주비 및 분담금에 대하여 참가인과 연대하여 보증한다(보증한도 : 이주비 및 분담금 합계액 130%). 3. 원고들은 신한은행의 대출 원리금 지급채무를 담보하기 위하여 본건 신축빌라의 준공완료 및 소유권보존등기 즉시 신한은행에 원고들이 취득할 예정인 본건 신축빌라를 담보목적물로 하여 신한은행의 선택에 따라 신한은행에 제1순위 근저당권을 설정(채권최고액 : 미상환 이주비 및 분담금 130%)하거나, 신한은행이 지정하는 부동산신탁회사에 부동산담보신탁을 하고, 신한은행에 동 담보신탁에 따라 제1순위 우선수익권증서(우선수익금액 : 미상환 이주비 및 분담금의 130%)를 교부할 것이다'라는 내용이 있으며, 특히, 이 사건 신탁계약서에는 '이 신탁계약은 신탁부동산의 소유권 권리와 위탁자가 이행하여야 할 책임 및 주7)채무자가 부담하여야 할 채무를 보장하기 위하여 다올신탁이 신탁부동산을 보전·관리하고 채무불이행시 환가·정산하는 데 그 목적이 있다(제1조)'라는 내용이, '우선수익자가 갖는 수익권의 범위는 원고들이 발행한 수익권증서를 근거로 한 우선수익자와 채무자 간의 여신거래로 발행하여 증감 변동된 우선수익자의 원금 및 이자(연체이자 포함)에 한한다'(제7조 ①)라는 내용이 각 기재되어 있음을 알 수 있다.

(2) 이러한 점을 종합하여 보면, 원고들은 이 사건 대출금채무를 대주인 신한은행에 대하여 주채무자로서 부담한다고 볼 수 없고 단지 위 대출금 채무 중 이주비 및 분담금 채무를 연대보증인으로서 부담하고 있을 뿐이며, 이 사건 신탁계약에 의하여 담보되는 피담보채무는 원고들이 부담하는 연대보증채무가 아니라 참가인이 부담하는 이 사건 대출 원리금 채무이므로, 원고들은 주채무자인 참가인이 부담하는 이 사건 대출금 채무를 담보하기 위해서 자신들의 부동산을 담보로 제공한 물상보증인에 유사한 지위에 있다고 할 것이다. 이처럼 원고들과 참가인의 입장에서 이 사건 신탁계약에 나타나는 목적의 상이함, 이 사건 대출약정이나 재건축계약에 의한 이 사건 신탁계약의 위탁자와 수익자와의 지위와 관

계, 자신의 채무를 담보하기 위하여 신탁계약을 체결하는 신탁자는 자신이 신탁한 재산의 매각대금이 주채무 변제에 충당되는 것을 당연히 전제하는 것인 반면 타인의 채무를 담보하기 위하여 신탁계약을 체결하는 신탁자는 주채무자가 신탁한 재산의 매각대금으로 주채무가 완제되면 자신의 신탁한 재산이나 그에 갈음하는 대위물은 자신에게 반환되는 것을 전제한다고 보는 것이 계약당사자의 의사에 부합하는 점 등에 비추어 보면 이 사건 사업부지 중 참가인 소유 토지의 공매대금으로 신한은행에 대한 이 사건 대출 원리금을 우선 상환하는 것이 신탁법상 수탁자가 부담하는 공평의무 내지 선관주의의무에 부합한다고 봄이 상당하다(뒤에서 보는 바와 같이 이 사건 담보신탁을 변칙담보권으로 보아 해결책을 모색하고자 하는 입장에 서더라도, 원고들은 물상보증인과 유사한 지위에 있고, 물상보증인은 민법 제481조, 제482조의 규정의 의한 변제자대위에 의하여 채무자 소유 부동산에 대하여 담보권을 행사할 수 있는 지위에 있으므로, 민법 제368조 제1항이 적용되지 아니한다는 점을 고려하면 주채무자가 제공한 부동산의 공매대금으로 대출금을 우선상환해야 한다고 볼 수 있는바, 이러한 해석론도 다올신탁이 부담하는 선관주의의무나 공평의무의 내용을 해석하는 기준으로 고려하지 못할 바는 아니다).

…자신의 주채무 상환을 담보할 목적으로 신탁재산을 제공하는 자와 타인의 채무를 담보하기 위하여 신탁재산을 제공하는 자 사이에는 수익금을 정산함에 있어 차등을 두어야 한다고 보는 것이 상식에 부합하는 점, 주채무자가 제공한 신탁부동산의 공매만으로도 충분히 우선수익권 충당이 가능한 상황에서는 공매방식에 관하여 신탁계약의 당사자들 사이에서 달리 정하였다거나 주채무자 아닌 자가 제공한 신탁부동산까지 일괄 공매하지 않을 경우 공매처분될 가능성이 낮다거나 낮은 가격에 공매될 수밖에 없다고 하는 등의 사정이 존재하지 않는 한 주채무자가 제공한 신탁부동산만을 공매하여 그 대금에서 우선수익권에 충당하여야 한다고 봄이 상당한 점(그 경우 주채무자가 수탁자에 대하여 주채무자 아닌 자가 제공한 신탁부동산까지 공매하도록 요구할 수 있다고 볼 수는 없다), 원고들은 대주인 신한은행으로부터 곧바로 이주비나 분담금을 대출받은 것이 아니라 참고인이 신한은행으로부터 차입한 후 참가인으로부터 이를 대출받기로 한 것이었다는 점(이 사건 재건축계약 제7조 (4)), 이 사건 신탁계약이나 대출약정 체결에 있어서도 참가인만을 주채무자로 정하였다는 점, 참가인은 원고들에 대한 이주비채권을 이미 주식회사 캔코에 양도한 점, 참가인과 원고들 사이의 구상금 내지 양수금 청구 소송에서 나타났듯 이 사건 재건축사업이 참가인의 채무불이행으로 이행불능이 되었다고 한다면 그러한 경우에까지 원고들이 참가인에 대하여 분담금채무를 부담한다고 볼 수 없는 점 등을 고려하면 피고 회사가 주장하는 바와 같이 이 사건 대출금 중 대출금 (A)에 대하여 원고들이 실질적 주채무자인지 여부는 수탁자 입장에서는 쉽게 파악하기 어려운 것이고, 수탁자가 수익금 배분을 함에 있어서 그러한 실질적인 내용까지 파악하고 이를 반영하여 배분하게 하는 것은 지나치게 과도한 의무를 지우는 것이므로, 결국 수탁자는 이 사건 신탁계약의 내용 등을 통해서 분명하고 명확하게 파악할 수 있는 범위 내에서 수익금 정산의 기준을 정하면 된다고 보아야 한다. 따라서 피고 회사의 위 주장들은 모두 받아들일 수 없다.

마. 부동산담보신탁을 변칙담보권으로 볼 경우

(1) 부동산담보신탁의 경제적 실질은 담보이고, 주채무자가 아니면서 부동산을 제공하는 위탁자의 경우 물상보증인에 준하는 지위를 갖는 측면이 있으며, 위탁자가 수인인 부동산담보신탁의 경우 공동담보 목적으로 제공된 위탁자 상호 간 또는 새롭게 이해관계를 갖게 된 자들 사이에서 이해관계 조정의 필요가 있다는 점을 감안하면 신탁 법리의 공백 또는 신탁계약에서 별도의 정함이 없음으로 인해 생기는 문세를 해결하기 위하여 부동산담보신탁을 변칙담보권으로 구성하여 담보권에 관한 민법의 규정을 적용하려는 입장도 설득력이 있는 견해라고 볼 여지가 있다. 이러한 입장에 서면, 수인의 위탁자가 제공한 신탁부동산의 공매대금을 분배하는 경우에는 민법 제368조 제1항이 유추적용된다고 볼 수 있으나, 한편, 앞서 본 바와 같이 이 사건 재건축계약서, 대출계약서, 신탁계약서 등에서 알 수 있는 바

와 같이 이 사건 신탁계약에 의하여 담보되는 채무는 참가인이 부담하는 이 사건 대출 원리금 채무로서 참가인은 자신이 부담하는 채무를 담보하기 위하여 자신의 부동산을 신탁한 수익자이자 채무자이고, 원고들은 채무자인 참가인이 부담하는 이 사건 대출금 채무를 담보하기 위하여 자신들의 부동산을 신탁한 물상보증인이 되는바, 담보신탁된 부동산 중 일부는 채무자 소유이고 일부는 물상보증인 소유인 경우 민법 제368조 제1항을 적용할 수 없고 이러한 경우 경매법원으로서는 채무자 소유 부동산의 경매대가에서 공동저당권자에게 우선적으로 배당을 하고, 부족분이 있는 경우에만 물상보증인 소유 부동산의 경매대가에서 추가로 배당을 하여야 할 것이므로(대법원 2010. 4. 15. 선고 2008다41475 판결 참조), 이러한 법리에 비추어 다올신탁으로서는 민법 제368조 제1항을 적용하여 이 사건 신탁계약의 위탁자별 수익금에 비례하여 안분한 금액으로 이 사건 대출금을 상환하여서는 아니 되고, 채무자인 참가인 소유 신탁부동산의 공매대금, 즉 참가인이 받을 수익금에서 이 사건 대출금을 우선 상환한 후 부족분이 있는 경우에만 물상보증인인 원고들이 받을 수익금에서 추가로 상환하여야 한다고 할 것이고, 이러한 결과는 앞에서 본 수탁자의 선관주의의무나 공평의무를 신탁계약의 내용 등을 종합적으로 고려하여 해석하여야 한다는 입장과 동일한 것이다.

(2) 이에 대하여 피고 회사는, 부동산담보신탁을 변칙담보권으로 보더라도 담보제공자 내지 변제자는 위탁자인 원고들이 아니라 수탁자이어서 원고들은 참가인에게 구상권 내지 변제자대위권을 행사할 수 없으므로 민법 제368조 제1항의 적용을 배제해서는 안 된다고 주장한다. 살피건대, 부동산담보신탁에 있어 형식적인 변제자는 수탁자이지만 우선수익자인 채권자와 위탁자 사이에서는 명백히 채권에 대한 담보 목적으로 신탁부동산을 제공한다는 의사가 존재하고 수탁자는 채권자에 우선수익금을 지급해야 하는 업무를 위탁받은 자에 불과하므로 위탁자를 실질적 변제자로 볼 여지가 있는 점, 앞서 본 대로 신탁부동산 공매대금의 배당과 같이 신탁법 등 관련 법령이나 신탁계약에서 특별한 정함이 없는 경우에는 담보신탁의 실질적 측면을 중시하여 다수 이해관계인 사이의 이해를 조절할 필요가 있는 점 등에 비추어 수탁자가 채권자에게 변제를 한다는 형식적인 측면에 근거한 피고 회사의 위 주장은 받아들일 수 없다.

[참고판례 5] 대법원 2010. 4. 15. 선고 2008다41475 판결 [배당이의][170]

【이 유】

1. 공동저당권이 설정되어 있는 수개의 부동산 중 일부는 채무자 소유이고 일부는 물상보증인의 소유인 경우 위 각 부동산의 경매대가를 동시에 배당하는 때에는, 물상보증인이 민법 제481조, 제482조의 규정에 의한 변제자대위에 의하여 채무자 소유 부동산에 대하여 담보권을 행사할 수 있는 지위에 있는 점 등을 고려할 때, "동일한 채권의 담보로 수개의 부동산에 저당권을 설정한 경우에 그 부동산의 경매대가를 동시에 배당하는 때에는 각 부동산의 경매대가에 비례하여 그 채권의 분담을 정한다"고 규정하고 있는 민법 제368조 제1항은 적용되지 아니한다고 봄이 상당하다(대법원 1994. 5. 10. 선고 93다25417 판결, 대법원 2008. 4. 10. 선고 2007다78234 판결 등 참조).

따라서 이러한 경우 경매법원으로서는 채무자 소유 부동산의 경매대가에서 공동저당권자에게 우선적으로 배당을 하고, 부족분이 있는 경우에 한하여 물상보증인 소유 부동산의 경매대가에서 추가로 배당을 하여야 할 것이다.

---

170) 이 판결에 대한 평석은, 이광영, 공동저당권의 목적물인 채무자 소유의 부동산과 물상보증인 소유의 부동산이 함께 경매되어 그 경매대가를 동시에 배당하는 경우 민법 제368조 제1항이 적용되는지 여부 및 그 경우의 배당 방법, 특별법연구 10권, 사법발전재단, 958면 이하를 참고할 것.

2. 원심 및 제1심의 적법한 증거조사를 거친 증거들에 의하면, 채무자 소외 1 소유의 파주시 교하읍 교하리 70-39, 70-44 각 토지(이하 '이 사건 제1부동산'이라 한다)와 물상보증인인 원고 소유의 파주시 교하읍 70-8, 70-43 각 토지(이하 '이 사건 제2부동산'이라 한다)에 관하여 소외 2 명의의 공동근저당권이 설정되어 있었고(한편, 이 사건 각 부동산상에는 금촌농업협동조합 명의의 선순위근저당권이 개별적으로 설정되어 있었다), 이 사건 제1부동산에 관하여 그 후순위로 피고 1 명의의 근저당권설정등기 및 피고 파주시 명의의 압류등기, 나머지 피고들 명의의 각 가압류등기가 경료되어 있었는데, 소외 2의 신청에 의하여 의정부지방법원 고양지원 2005타경28088호로 부동산임의경매절차가 진행되었음을 알 수 있다.

이를 앞서 본 법리에 비추어 살펴보면, 경매법원으로서는 채무자 소유인 이 사건 제1부동산의 경매대가에서 공동근저당권자인 소외 2에게 우선적으로 배당을 하고, 부족분이 있는 경우에 한하여 물상보증인 소유인 이 사건 제2부동산의 경매대가에서 추가로 배당을 하였어야 할 것이다.

그럼에도 원심은, 경매법원이 이 사건 각 부동산의 경매대가에 비례하여 안분한 금액을 공동근저당권자인 소외 2에게 배당한 후, 이 사건 제1부동산의 나머지 경매대가를 위 부동산에 관한 후순위권리자들인 피고들에게 순차로 배당하는 내용으로 배당표를 작성한 조치를 정당하다고 판단하였는바, 이와 같은 원심의 판단에는 민법 제368조 제1항의 적용 범위 등에 관한 법리를 오해한 위법이 있고, 이는 판결 결과에 영향을 미쳤음이 분명하다. 이 점을 지적하는 상고이유는 이유 있다.

66. 대법원 2014. 2. 21. 선고 2013다75717 판결 [소유권말소등기등]

[논점] 채권자취소소송에서 피보전채권의 양수가 소송신탁에 해당하는지 여부

【이 유】

1. 판결이 확정되면 기판력에 의하여 대상이 된 청구권의 존재가 확정되고 그 내용에 따라 집행력이 발생한다. 다만, 확정판결에 의한 권리라 하더라도 신의에 좇아 성실히 행사되어야 하고 그 판결에 기한 집행이 권리남용이 되는 경우에는 허용되지 않으므로 집행채무자는 청구이의의 소에 의하여 그 집행의 배제를 구할 수 있다. 이처럼 확정판결의 내용이 실체적 권리관계에 배치되어 그 판결에 의한 집행이 권리남용에 해당된다고 하기 위해서는 그 판결에 의하여 집행할 수 있는 것으로 확정된 권리의 성질과 내용, 판결의 성립 경위 및 판결 성립 후 집행에 이르기까지의 사정, 그 집행이 당사자에게 미치는 영향 등 제반 사정을 종합하여 볼 때, 그 확정판결에 기한 집행이 현저히 부당하고 상대방으로 하여금 그 집행을 수인하도록 하는 것이 정의에 반함이 명백하여 사회생활상 용인할 수 없다고 인정되는 경우이어야 한다(대법원 2001. 11. 13. 선고 99다32899 판결 등 참조). 그리고 위와 같이 확정판결에 기한 집행이 권리남용에 해당하여 청구이의의 소에 의하여 그 집행의 배제를 구할 수 있는 정도의 경우라면 그러한 판결금 채권에 기초한 다른 권리의 행사, 예를 들어 그 판결금 채권을 피보전채권으로 하여 채권자취소권을 행사하는 것 등도 허용될 수 없다고 보아야 한다.

2. 원심판결 이유와 기록에 의하면, ① 원고는 소외 1로부터 소외 1의 소외 2에 대한 공사대금채권을 양도받아 소외 2를 상대로 양수금 청구소송을 제기하였고, '소외 2는 원고에게 9,200만 원 및 이에 대한 지연손해금을 지급하라'는 판결을 선고받았으며, 위 판결은 1999. 10. 16. 그대로 확정된 사실(이하 위 판결에 따른 원고의 소외 2에 대한 채권을 '이 사건 판결금 채권'이라 한다), ② 소외 2는 2009. 8. 12. 원고를 상대로 '위 양수금 청구소송은 소외 1의 원고에 대한 소송신탁에 터 잡은 것이다'라는 등의 주장을 하며 청구이의 소송을 제기하였으나 소송신탁 사실을 인정할 만한 증거가 부족하다는 등의 이유로 2010. 9. 29. 제1심에서 패소하였고, 그 항소 및 상고도 기각되어 2012. 3. 29. 확정된 사실, ③ 위

청구이의 소송 제1심 과정에서 소외 1은 '소외 1은 1998년 10월경 당시 원고에게 3,700만 원 내지 3,800만 원 상당의 채무를 부담하고 있었고, 이에 기해 위 공사대금채권의 양도가 이루어진 것이다'라는 취지로 증언하였는데, 이와 관련하여 원고와 소외 1은 위증교사 및 위증으로 각각 기소되어 2013. 4. 3. 제1심에서 모두 유죄판결을 선고받았고, 이에 대해서 원고만이 항소 및 상고를 하였으나 모두 기각된 사실, ④ 소외 2가 2011. 6. 22. 이 사건 건물의 소유권을 취득하여 같은 날 피고들에게 각 근저당권을 설정하여 주자 원고는 2011. 12. 21. 이 사건 판결금 채권을 피보전채권으로 하여 피고들을 상대로 위 각 근저당권설정등기의 말소 등을 구하는 이 사건 채권자취소소송을 제기한 사실 등을 알 수 있다.

위와 같은 사실관계에 의하면, 우선 원고와 소외 1 사이의 위 채권양도는 소송신탁에 해당하여 무효라고 볼 여지가 있어 보이기는 한다. 그러나 앞서 본 법리에 비추어 볼 때, 그러한 사정만으로 원고의 이 사건 판결금 채권에 기초한 강제집행이나 권리의 행사가 당연히 권리남용에 해당한다고 보기는 어렵다. 채무자인 소외 2로서는 소송신탁 여부에 따라 원고와 소외 1 중 누구에게 이행할 의무를 지느냐에 차이가 있을 뿐이고, 또한 소송신탁 사실이 있다고 하더라도 그것이 이 사건 판결금 채권 사건에 대한 청구이의의 사유가 될 수도 없는 점 등에 비추어 보면, 소외 2로 하여금 이 사건 판결금 채권에 기한 강제집행이나 권리의 행사를 수인하도록 하는 것이 명백히 정의에 반하여 사회생활상 용인할 수 없는 정도라고 볼 수는 없고, 기록상 그렇게 볼 만한 다른 특별한 사정이 있다고도 보이지 않는다.

그런데도 원심은 위 채권양도가 소송신탁에 해당하여 무효로 보인다는 사정만으로, 이 사건 판결금 채권에 터 잡은 원고의 권리행사가 신의칙상 허용되지 않고 원고의 이 사건 채권자취소권의 행사도 허용될 수 없다고 판단하였다. 이러한 원심의 조치에는 확정판결에 기한 권리행사에 있어서의 권리남용에 관한 법리를 오해한 위법이 있다. 이를 지적하는 취지의 상고이유의 주장은 이유 있다.

한편 원심이 들고 있는 대법원 1983. 5. 24. 선고 82다카1919 판결은 사안이 달라 이 사건에 원용하기에는 적절하지 아니하다.

[원심판결] 대전고등법원 2013. 9. 10. 선고 2012나7333 판결 [소유권말소등기등]

【주 문】

1. 원고의 항소를 모두 기각한다.
2. 항소비용은 원고가 부담한다.

【청구취지 및 항소취지】

제1심 판결 중 원고의 피고들에 대한 패소 부분을 취소한다. 피고 1, 2와 소외 2 사이에 별지 목록 기재 부동산에 관하여 체결된 2011. 6. 22.자 각 근저당권설정계약을 취소하고, 소외 2에게, 피고 1은 대전지방법원 공주지원 2011. 6. 22. 접수 제16489호로 마친 근저당권설정등기의, 피고 2는 같은 법원 2011. 6. 22. 접수 제16490호로 마친 근저당권설정등기의 각 말소등기절차를 이행하라(원고는 피고 1, 2 외에 제1심 공동피고 1에 대하여도 별지 목록 기재 부동산에 관하여 그 명의로 마쳐진 소유권이전등기의 말소를 구하는 채권자취소청구를 하여 제1심에서 전부 승소하였고 이에 대하여 제1심 공동피고 1이 항소하였는데, 항소인인 제1심 공동피고 1이 항소 이후 진행된 이 법원의 2013. 7. 2.자 변론기일 및 같은 달 25.자 변론기일에 각 불출석하고, 위 각 변론기일에 출석한 피항소인인 원고도 제1심 공동피고 1에 대하여 아무런 변론을 하지 아니함으로써 변론기일에 총 2회 불출석하고, 이후 1개월 이내에 아무런 기일지정신청이 없으므로, 제1심 공동피고 1의 원고에 대한 항소는 민사소송법 제268조에 따라 취하된 것으로 본다).

【이 유】

3. 판단

가. 일반적으로 채무자의 사해행위에 대한 채권자취소권은 채무자가 채권자를 해함을 알고 재산권을 목적으로 한 법률행위를 하였을 때에 채권자가 그 취소 및 원상회복을 법원에 청구함을 말하는 것이므로 채무자가 법률행위를 할 당시에 그 행위로 인하여 해할지도 모르는 채권자의 보호받아야 할 정당한 채권, 즉 피보전채권이 존재하고 있어야 함은 채권자취소권의 성질상 당연하다.

나. 그런데 이 사건에 있어, 갑 제1호증의 2, 을나 제12호증의 각 기재에 변론 전체의 취지를 종합하면, 원래 소외 2에 대하여 공사대금채권을 갖고 있던 소외 1은 소외 2로부터 위 공사대금을 지급받지 못하고 있던 중이던 1998. 10.경 자신이 신용불량 상태에 있어 동거녀이던 소외 4로 하여금 대신 위 공사대금을 추심할 수 있도록 하기 위하여 당시 소외 4에 대하여 부담하고 있던 약 2,000만 원 상당의 금전채무의 변제에 갈음하여 소외 4에게 위 공사대금채권을 양도하기로 하되, 다만 소외 4의 지인인 원고로 하여금 원고 명의로 위 공사대금 청구소송을 제기할 수 있도록 하기 위하여 형식적으로 원고에게 위 공사대금채권을 양도하였던 사실, 이에 원고는 1998.경 위 1.의 가. 기재와 같이 소외 2를 상대로 양수금 청구소송을 제기하여 이 사건 판결금채권을 인정하는 일부 승소판결을 선고받았던 사실, 이후 원고가 2009.경 확정된 위 일부 승소판결에 터 잡아 소외 2의 채권에 대한 압류 및 추심명령을 신청하자, 소외 2는 2009. 8. 12. 청주지방법원 제천지원에 원고를 상대로 '위 채권압류 및 추심명령 신청은 소외 1의 원고에 대한 소송신탁을 근거로 한 것이다'라는 등의 주장을 하며 청구이의 소송(2009가단2961호)을 제기하였던 사실, 그러자 원고는 위 청구이의 소송의 변론기일이 예정되어 있던 2010. 4. 7. 소외 1에게 '소외 1은 1998. 10.경 당시 원고에게 3,700만원 내지 3,800만원 상당의 채무를 부담하고 있었고, 이에 기해 위 공사대금채권의 양도가 이루어진 것이다'라는 취지로 증언해 줄 것을 부탁하였고, 이에 소외 1은 같은 날 위 청구이의 소송의 증인으로 출석하여 원고가 교사한 내용과 같이 마치 원고에 대하여 부담하고 있는 채무의 변제를 위하여 원고에게 위 공사대금채권을 양도하였다는 취지로 증언하였던 사실, 이로 인하여 원고와 소외 1은 소외 1이 위 공사대금채권 양도경위에 관하여 사실과 달리 증언하였다는 이유로 2012. 12. 26. 서울중앙지방법원에 위증교사 및 위증 혐의로 각각 기소(2012고단7010호)되어 2013. 4. 3. 위 법원으로부터 모두 유죄의 판결을 선고받았고, 이에 원고만이 무죄의 취지로 항소하였으나 항소기각된 후 다시 상고하여, 현재 원고에 대한 위 형사사건이 대법원에 계속되어 있는 사실 등을 인정할 수 있다.

다. 위 인정사실에 의하면, 이 사건 채권자취소권의 피보전채권인 이 사건 판결금채권은 원고가 위 소송을 수임할 자격이 없음에도 소외 1 또는 소외 4로부터 소송을 하기 위한 목적으로 채권을 양도받아 소외 2를 상대로 양수금 청구소송을 제기한 이른바 소송신탁에 따른 것이라 할 것인데 원래 소송신탁은 법률이 금하는 반사회질서의 법률행위로서 신탁법 제6조에 따라 무효이다. 나아가 원고는 소송신탁에 따라 소외 2에 대하여 마치 양수금채권을 갖고 있는 것처럼 꾸며 소송을 제기하여 이 사건 채권자취소권의 피보전채권이 된 이 사건 판결금채권에 관한 일부 승소판결을 받은 다음, 강제집행과정에서 비록 법리상 받아들여질 수 없는 주장이었기는 하나 소외 2로부터 이 사건 판결금채권이 소송신탁에 따른 것임을 이유로 한 청구이의 소송이 제기되자, 소외 1로 하여금 법정에서 허위의 증언을 하게 하여 위증죄로 형사처벌을 받게 하였고, 자신도 위증교사혐의로 현재 형사재판이 진행 중이다. 그러므로 원고의 소외 2에 대한 이 사건 판결금채권에 터 잡은 권리의 행사는 위와 같은 권리의 형성 경위에 비추어 사회질서에 반할 뿐 아니라 신의칙에도 반하여 그 실현을 위한 법적 조력을 허용하지 않음이 타당하다 하지 않을 수 없다(대법원 1983. 5. 24. 선고 82다카1919 판결 참조).

라. 이에 대하여 원고는, 소외 4에게 소외 1의 소외 4에 대한 2,000만 원의 금전채무를 대신 변제하기

로 하고 소외 1의 소외 2에 대한 위 공사대금채권을 양수한 것이어서 원고의 소외 2에 대한 채권은 존재하므로 소송신탁이라고 볼 수 없다는 취지로 주장하나, 위에서 인정된 사실관계, 원고가 소외 4에게 위 2,000만 원을 지급한 시기, 명목의 불분명성 등에 비추어 갑 제11호증의 1 내지 5, 갑 제12호증의 각 기재만으로 이를 인정하기에 부족하고 달리 증거가 없다(원고는 위 주장을 자신의 위증교사 혐의에 관한 위 형사재판에서도 동일하게 주장하였던 것으로 보이나 모두 받아들여지지 않았다).

마. 따라서 이 사건 판결금채권의 권리실현을 위한 이 사건 채권자취소권의 행사는 더 나아가 살필 필요 없이 사회질서 및 신의칙에 반하여 허용할 수 없다.

[참고판례 6] 대법원 1983. 5. 24. 선고 82다카1919 판결 [손해배상]

【이 유】

1. 권리의 행사와 의무의 이행은 신의에 좇아 성실히 하여야 하고 권리를 남용하지 못한다 함은 사법질서를 지배하는 기본적 원칙이다.

이와 같은 신의칙은 비단 계약법의 영역에 한정되지 않고 모든 법률관계를 규제, 지배하는 원리로 파악되며 따라서 신의칙에 반하는 소권의 행사 또한 허용될 수 없는 것이다.

2. 기록에 의하여 원심이 확정한 사실과 원고의 주장하는 바를 간추려 보면 원고는 1970.1.경 당시 00기업을 경영하는 일방 재단법인 00학원의 이사장으로 있던 소외 김00에게 금 4,500,000원을 대여하여 그로부터 액면 금 4,500,000원의 당좌수표 1매를 발행 교부받아 소지하고 있다가 동 소외인이 부도를 내어 이를 지급받지 못하고 있던중 1974.1.경 위 김00의 채권자단의 일을 보고 있던 소외 오00에게 금 1,350,000원의 보수약정으로 00학원을 인수한 학교법인 0000학원으로부터 위 수표금을 받아 달라고 의뢰하였으나 그 수표가 위 김00의 개인수표라는 이유로 이의 지급이 거절되자 원고와 위 오00은 소송을 제기하여 이를 지급받기로 하고 피고 등의 피상속인인 망 김 00에게 같은 보수약정으로 이를 의뢰하여 동인은 1974.4.경 자신이 원고가 되고 위 0000학원을 피고로 하여 대여금 청구소송을 제기하였으나 이 대여금채무는 김00 개인 채무이고 0000학원이 인수한 00학원의 채무가 아니라 하여 그 제1,2심에서 모두 패소하기에 이르자 1976.2.3 다시 위 김00를 피고로 대여금 청구소송을 제기하여 위 수표를 증거로 제시하고 원고를 증인으로 신청하여 원고는 "김00"의 부탁으로 김00로 하여금 김00에게 금 4,500,000원을 이자 월3푼 변제기 같은 해 3.23의 약정으로 대여케 하고 그 담보로 당좌수표를 교부받아 김00에게 전하여 주었다는 허위증언을 하여 뒤에 원고는 위증죄, 김00와 오00은 위 증교사죄 등으로 기소되어 각 유죄판결이 확정되기는 하였으나 위 대여금 청구소송은 청구인용의 승소확정 판결을 받아 위 김00로부터 원리금 합계 금 14,885,900원을 지급받았으므로 위 김00는 원고와의 당초 약정에 따라 또는 횡령금으로서 이 돈을 원고에게 반환할 의무가 있고 그렇지 않다고 하더라도 위 김00는 법원을 기망하여 승소판결을 받아 그에 기하여 위 김00로부터 금 14,885,900원을 편취함으로써 김00는 김00에 대하여 동액상당의 불법행위로 인한 손해배상청구채권을 취득하게 되었는데 원고는 김00로부터 이 손해배상청구채권을 양도받았으니 피고들은 위 김00의 상속인들로서 이 돈을 지급할 책임이 있다는 것이다.

3. 소송신탁은 법률이 이를 금하고 있다는 점에서 원고와 김00간의 약정이 반사회질서의 법률행위이며 위 김00에게는 위 김00에 대한 대여금채권이 없음에도 불구하고 위 김00로 하여금 대여금채권이 있는 양 소송을 제기하게 하고 자신이 소지하고 있는 당좌수표를 증거로 제출할 수 있도록 교부하고 나아가 법정에서 허위의 증언을 함으로써 법원을 기망하여 승소확정판결을 받아 돈을 지급받게 하였다면 원고는 스스로 공동불법행위자임에도 불구하고 무효인 약정을 바탕으로 하고 또 스스로 불법행위를 자행한 사람으로서 약정에 의한 또는 부당이득에 의한 돈의 지급을 구하거나 그 불법행위로 인한 손해배

상청구권의 양도를 내세워 손해의 배상을 구하는 것은 사회질서에 반할 뿐만 아니라 정의에 비추어 용인될 수 없는 도의에 어긋나고 신의칙에 반하하는 것이라 아니할 수 없다.

그렇다면, 원심이 원고의 이와 같은 청구에 관하여 그 반사회성이나 신의칙위반 여부에 관하여 아무런 심리도 아니한 채 원고의 이 사건 청구를 받아들였음은 필경 심리를 다하지 아니하고 신의칙 등에 관한 법리를 오해하였다고 할 것이므로 원심판결은 나머지 상고이유에 대한 판단의 필요없이 파기를 면할 수 없다고 할 것이다.

67. 대법원 2014. 1. 29. 선고 2013다78556 판결 [공유물분할]

[논점] 공유물분할에 관한 소송계속 중 변론종결일 전에 공유지분의 일부가 신탁된 경우 일부 지분권을 신탁받은 자가 소송당사자가 되어야 하는지 여부

【이 유】

공유물분할청구의 소는 분할을 청구하는 공유자가 원고가 되어 다른 공유자 전부를 공동피고로 하여야 하는 고유필수적 공동소송이라고 할 것이다(대법원 2003. 12. 12. 선고 2003다44615, 44622 판결 등 참조).

기록에 의하면, 원심 소송계속 중 원심 변론종결일인 2013. 6. 13. 이전에 이 사건 제1토지의 공유자 중 1인인 원고 승계참가인 앞으로 등기된 지분 중 일부에 관하여 2013. 1. 14.부터 2013. 5. 31.까지 사이에 소외 1, 2를 비롯한 다수의 사람들 앞으로 신탁재산 귀속을 원인으로 한 각각의 지분이전등기가 경료된 사실, 그 중 소외 2 등을 제외한 일부 사람들의 지분에 관하여 2013. 2. 6.부터 2013. 5. 31.까지 사이에 신탁을 원인으로 하여 주식회사 무궁화신탁 앞으로 각각의 지분이전등기가 경료된 사실, 원심 변론종결일 이전에 원고 승계참가인으로부터 일부 지분이전등기를 경료받은 소외 2 등이나 원고 승계참가인으로부터 일부 지분이전등기를 경료받은 자들로부터 재차 일부 지분이전등기를 경료받은 주식회사 무궁화신탁이 원심 변론종결일 이전에 승계참가나 소송인수 등의 방식으로 당해 소송의 당사자가 된 적은 없는 사실 등을 알 수 있다.

사정이 이러하다면, 원심 소송계속 중 원심 변론종결일 전에 이 사건 제1토지의 공유자 중 1인인 원고 승계참가인의 공유지분의 일부가 소외 2 및 주식회사 무궁화신탁 등에게 이전되었으므로 원심 변론종결 시까지 민사소송법 제81조에서 정한 승계참가나 민사소송법 제82조에서 정한 소송인수 등의 방식으로 그 일부 지분권을 이전받은 자가 이 사건 소송의 당사자가 되었어야 함에도 그렇지 못하였으므로 이 사건 소송 전부가 부적법하게 되었다. 따라서 이를 간과한 채 본안판단에 나아간 원심판결 중 이 사건 제1토지에 관한 부분은 그대로 유지될 수 없다.

68. 대법원 2014. 1. 23. 선고 2013다72169 판결 [사해행위취소]

[논점] 근저당권이 설정된 부동산이 사해행위에 의하여 담보신탁 목적으로 이전된 후 근저당권설정등기가 말소된 경우, 사해행위 취소의 범위와 원상회복의 방법

【이 유】

2. 상고이유 제2점에 대하여

원심은, 모닝랜드가 피고와 이 사건 신탁계약을 체결한 시점은 이 사건 상가의 신축공사를 완료하여 모닝랜드 명의로 소유권보존등기와 이전등기를 마친 이후로서, 공사 진행 중인 부동산에 관하여 신탁

계약을 체결하는 것과는 달리, 이미 이 사건 상가에 관한 잠재적 수익이 실현된 상태인 점, 따라서 이 사건 신탁계약에 의하여 일반채권자들에 대한 책임재산이 증가하거나 모닝랜드의 채무변제력이 회복된다고 보기 어려운 점, 이 사건 상가는 원고를 비롯한 일반채권자들의 공동담보에 공하여지는 책임재산인데, 그것이 신탁됨으로써 일반채권자들은 이 사건 신탁계약에 의하여 우선수익자로 지정되지 않는 한 이 사건 상가에 대한 강제집행을 통하여 그들의 채권을 회수할 수 없게 되는 반면, 피고가 이 사건 신탁계약에 따라 이 사건 상가를 처분하는 경우 그 처분대금 중 신탁비용 및 우선수익자의 채권 등에 충당하고 남은 나머지 대금은 위탁자인 모닝랜드가 정산받아 사용할 수 있게 되어 실질적으로 일반채권자들의 책임재산을 감소시키는 결과를 초래하는 점, 모닝랜드가 이 사건 신탁계약을 체결하고 대출을 받게 된 이유는 이 사건 상가의 분양에 필요한 경비를 조달하기 위해서라기보다는 그와 무관한 다른 사업의 경비를 조달하기 위해서였다는 점 등 그 판시와 같은 사정을 종합하면, 이 사건 신탁계약은 이 사건 상가의 성공적인 분양을 통하여 원고를 비롯한 일반채권자들에 대한 채무변제력을 회복하기 위하여 부득이하게 이루어진 것으로 볼 수 없어서 원고 등 일반채권자들에 대한 사해행위에 해당한다고 판단하였다.

기록에 비추어 살펴보면, 원심의 이러한 판단은 정당한 것으로 수긍할 수 있고, 거기에 상고이유 주장과 같이 사해행위 취소의 예외 인정에 관한 법리를 오해한 위법이 없다.

3. 상고이유 제3점에 대하여

가. 근저당권이 설정된 부동산이 사해행위로 이전되면 그 이전이 양도담보를 위한 경우에도 사해행위는 부동산의 가액에서 근저당권의 피담보채무액을 공제한 잔액의 범위 내에서만 성립한다고 보아야 하므로, 사해행위 후 변제 등에 의하여 근저당권설정등기가 말소된 경우 그 부동산의 가액에서 근저당권의 피담보채무액을 공제한 잔액의 한도에서 사해행위를 취소하고 그 가액의 배상을 구할 수 있을 뿐이고(대법원 1999. 9. 7. 선고 98다41490 판결, 2001. 6. 12. 선고 99다20612 판결, 대법원 2002. 4. 12. 선고 2000다63912 판결 등 참조), 이러한 법리는 그 부동산이 담보신탁을 목적으로 이전된 경우에도 마찬가지라고 보아야 할 것이며, 또한 근저당권설정등기가 사해행위로 인한 소유권이전등기보다 나중에 말소된 경우뿐만 아니라 근저당권설정등기의 말소등기와 소유권이전등기가 같은 날 접수되어 함께 처리되고 그 원인일자가 동일한 경우에도 마찬가지라고 할 것이다.

나. 원심은, 모닝랜드와 피고 사이의 이 사건 신탁계약으로 이 사건 부동산 전부에 관하여 사해행위가 성립하였다는 전제 아래, 이 사건 부동산 전부에 관한 이 사건 신탁계약이 취소되어야 하고, 그 원상회복으로 피고는 모닝랜드에 이 사건 부동산에 관한 그 명의 소유권이전등기의 말소등기절차를 이행할 의무가 있다고 판단하였다.

다. 그러나 사해행위 취소의 범위와 방법에 관한 원심의 위와 같은 판단은 그대로 수긍하기 어렵다.

원심이 채용한 증거들에 의하면, 모닝랜드는 2009. 10. 1. 드림상호저축은행으로부터 8억 원을 대출받고, 같은 날 이 사건 부동산을 비롯한 이 사건 상가에 관하여 드림상호저축은행 명의의 근저당권설정등기를 마쳐준 사실, 이후 모닝랜드는 이 사건 상가를 담보신탁에 제공하고 추가자금을 융통하기 위하여 2010. 1. 13. 현대스위스이상호저축은행으로부터 25억 원을 대출받아 그중 8억 원가량은 위 근저당권의 피담보채무 변제에 사용하는 한편(모닝랜드는 위 대출신청 당시 8억 원을 드림상호저축은행에 대한 대출금 상환에 사용하겠다고 자금사용계획을 밝히기도 하였다), 피고와 사이에 현대스위스이상호저축은행을 1순위 우선수익자로 하는 이 사건 신탁계약을 체결한 사실, 이에 따라 2013. 1. 13. 해지를 원인으로 한 위 근저당권설정등기의 말소등기신청서와 2013. 1. 13. 신탁을 원인으로 한 피고 명의 소유권이전등기신청서가 2013. 1. 13. 함께 접수·처리되어 이 사건 상가에 관하여 위 근저당권설정등기가 말소된 직후에 피고 명의의 소유권이전등기가 마쳐진 사실을 알 수 있다.

위와 같은 사실관계를 앞서 본 법리에 비추어 볼 때, 이 사건 신탁계약이 사해행위에 해당하더라도, 이 사건 부동산 전부에 관하여 이 사건 신탁계약을 취소하고 이 사건 부동산 자체의 반환을 명할 수는 없고, 이 사건 부동산의 가액에서 위 근저당권의 피담보채무액 중 이 사건 부동산이 부담하는 부분을 공제한 잔액의 한도에서 이 사건 신탁계약을 취소하고 피고에 대하여 그 가액의 배상을 명하여야 할 것이다.

그럼에도 불구하고 원심은 이와 달리 판단하고 말았으니, 이러한 원심판단에는 사해행위 취소의 범위와 방법에 관한 법리를 오해하고 필요한 심리를 다하지 아니함으로써 판결에 영향을 미친 위법이 있다. 이와 같은 취지의 상고이유 주장은 이유 있다.

69. 대법원 2014. 1. 16. 선고 2012다101626 판결 [소유권이전등기절차이행등][171)]

[논점] 귀속권리자의 신탁재산반환청구권의 소멸시효기간 및 기산점

【이 유】

1. 상고이유 제1, 2점에 대하여

가. 의용 신탁법 제63조 본문[172)]은 신탁이 종료한 경우에 신탁재산이 그 귀속권리자에게 이전할 때까지는 신탁은 존속하는 것으로 간주한다고 규정하고 있는데, 이 규정은 신탁이 종료하여도 그 잔여재산을 귀속권리자에게 완전히 이전시킬 때까지 상당한 시일이 걸리므로, 귀속권리자의 권리를 보호하고 수탁자가 신탁의 나머지 업무를 마치도록 하기 위한 것에 불과하므로, 위 조항에 의하여 존속하는 것으로 간주되는 신탁은 그 목적에 한정하는 법정신탁이라 할 것인데(대법원 2002. 3. 26. 선고 2000다25989 판결 참조), 이러한 법정신탁은 어디까지나 신탁관계의 종료를 전제로 하는 것이므로 법정신탁관계가 존속한다고 하여 원래의 신탁관계가 종료되지 않는 것으로 볼 수는 없다(대법원 2005. 4. 15. 선고 2004다24878 판결 참조). 또한 귀속권리자를 위하여 신탁재산을 관리하고 이전하는 것을 목적으로 하는 법정신탁관계의 존재가 귀속권리자의 수탁자에 대한 권리행사에 장애가 될 수도 없다.

따라서 귀속권리자는 특별한 사정이 없는 한 신탁이 종료하면 바로 수탁자에 대하여 신탁행위의 내용에 따라 잔여 신탁재산을 반환할 것을 청구할 수 있다고 할 것이므로, 귀속권리자의 신탁재산반환청구권은 특별한 사정이 없는 한 원래의 신탁이 종료한 때로부터 이를 10년간 행사하지 아니하면 시효로 소멸한다.

나. 원심판결 이유에 의하면, 원심은 ① 망 소외 1(이하 '망인'이라고 한다)은 1940. 10. 31. 조선신탁주식회사(이하 '조선신탁'이라고 한다)와 그 소유의 경기 양주군 미금면 (주소 1 생략) 답 863평 및 (주소 2 생략) 답 1,725평(이하 '이 사건 신탁 토지'라고 한다)에 관하여, 신탁자 겸 수익자는 망인으로, 수탁자는 조선신탁으로, 신탁기간은 1940. 10. 31.부터 1950. 12. 31.까지로, 기간의 만료 등으로 신탁이 종료한 경우 신탁재산을 수익자에게 이전하기로 하는 내용의 부동산관리신탁계약(이하 '이 사건 신탁계약'이라고 한다)을 체결하고, 1940. 11. 28. 위 각 토지에 관하여 조선신탁 앞으로 위 신탁을 원인으로 한 소유권이전등기를 마쳐준 사실, ② 조선신탁은 수차례 상호변경을 거쳐 1999. 1. 6. 주식회사 한빛은행에 흡수 합병되었고, 주식회사 한빛은행은 2002. 5. 20. 피고로 상호를 변경한 사실, ③ 이 사건 신

171) 이 판결에 대한 평석은, 이중기, (신탁계약의 종료시기 및 귀속관계)신탁종료시의 법률관계 및 수익자의 수탁자에 대한 권리 주장의 제한 여부 : 영미의 복귀신탁법리와 신탁관계에 대한 출소제한법의 적용 한계를 중심으로, 판례실무연구XI(2014), 박영사, 625면 이하를 참고할 것.

172) 현행 신탁법 제101조 제4항.

탁 토지는 수차례 분할 및 합병을 거쳐 남양주시 (주소 3 생략) 답 2,853㎡ 외 11필지(이하 '이 사건 각 토지'라고 한다)로 분할된 사실, ④ 원고들은 망인의 상속인으로서 그 재산을 상속한 사실, ⑤ 원고들은 2011. 4. 26.에야 피고를 상대로 이 사건 각 토지에 관하여 소유권이전등기청구를 구하는 이 사건 소를 제기한 사실을 인정한 다음, 이 사건 신탁계약은 1950. 12. 31. 신탁기간의 만료로 종료하였고, 망인이나 그 상속인들의 이 사건 신탁 토지에 관한 소유권이전등기청구권의 소멸시효는 1950. 12. 31.부터 진행한다고 할 것인데, 원고들은 그로부터 10년이 경과한 후에야 이 사건 소를 제기하였으므로 원고들의 위 소유권이전등기청구권은 이 사건 소 제기 전에 이미 시효로 소멸하였다고 판단하였다.

앞에서 본 법리와 기록에 비추어 살펴보면 원심의 위와 같은 판단은 정당하고, 거기에 상고이유 주장과 같이 신탁종료로 인한 신탁재산반환청구권의 소멸시효에 관한 법리나 법정신탁의 효력 범위에 관한 법리를 오해하는 등의 위법이 없다.

70. 대법원 2013. 12. 12. 선고 2012다111401 판결 [사해행위취소]

[논점] 사해행위취소소송에서 채무자의 무자력 여부를 판단할 때 신탁재산에 대한 수익권이 적극재산으로 포함되기 위한 요건과 그 가치를 평가하는 방법

【이 유】

1. 사해행위취소소송에서 채무자의 무자력 여부를 판단하기 위하여 적극재산을 산정함에 있어서는 실질적으로 재산적 가치가 없어 채권의 공동담보로서의 역할을 할 수 없는 재산은 특별한 사정이 없는 한 이를 제외하여야 하고, 그 재산이 채권인 경우에는 그것이 용이하게 변제받을 수 있는 확실성이 있다는 것이 합리적으로 긍정되는 경우에 한하여 적극재산에 포함시켜야 한다. 그리고 이는 그 재산이 신탁재산에 대한 수익권인 경우에도 마찬가지이다(대법원 2005. 1. 28. 선고 2004다58963 판결 등 참조).

한편 신탁재산에 대한 수익권의 가치는 장차 신탁이 종료되었을 때 예상되는 신탁재산 가액에서 소요비용과 신탁보수 등을 공제하고 거기에서 다시 우선수익자들에 대한 채무를 공제한 후 남은 금액을 사해행위 당시의 현가로 할인하는 방식으로 평가하여야 하고, 단순히 사해행위 당시의 신탁재산의 시가를 기초로 그 가치를 평가해서는 아니 된다(대법원 2013. 10. 31. 선고 2012다14449 판결 참조).

2. 원심판결 이유와 원심에 이르기까지 채택된 증거에 의하면 다음 사실을 알 수 있다.

가. 원고는 2009. 3. 17.부터 인터종합건설 주식회사(이하 '인터종합건설'이라 한다)에 레미콘 등을 공급하기 시작하였는데, 인터종합건설은 2009. 9. 25. 부산 연제구 (주소 1 생략) 대 602.1㎡(이하 '이 사건 토지'라 한다)를 매수하고 같은 날 소유권이전등기를 마쳤다.

나. 인터종합건설은 피고 케이비부동산신탁 주식회사(이하 'KB부동산신탁'이라 한다) 앞으로 신탁을 원인으로 하여, 구미시 (주소 2 생략) 대 400㎡(이하 '구미 토지'라 한다)에 관하여는 2009. 12. 24.에, 이 사건 토지에 관하여는 2010. 3. 30.에 각 소유권이전등기를 마쳤다.

다. 원고가 부산지방법원에 인터종합건설을 상대로 레미콘 대금 등의 지급을 구하는 지급명령을 신청하여(2011차2303호), 2011. 2. 11. 인터종합건설은 원고에게 91,903,540원을 지급하라는 지급명령이 확정되었다.

라. 인터종합건설은 이 사건 토지에 관한 신탁계약상의 수탁자인 피고 KB부동산신탁과 우선수익자들 및 피고 1과 사이에 사업시행자를 피고 1로 변경하기로 하는 합의를 하고, 그에 따라 2011. 5. 27. 이 사건 토지에 관하여 피고 KB부동산신탁으로부터 인터종합건설 앞으로 신탁재산의 귀속을 원인으로 한 소유권이전등기를 하여 소유권을 환원시킨 다음 다시 같은 날 이 사건 매매계약을 원인으로 피고

1에게 소유권이전등기를 하고 이어서 피고 1을 신탁자로 하여 피고 KB부동산신탁 앞으로 신탁을 원인으로 한 소유권이전등기를 마쳤다.

3. 원심은, 인터종합건설은 이 사건 매매계약 당시 이 사건 토지 외에는 다른 재산이 없었던 반면 원고에 대한 물품대금채무가 존재하는 등 채무초과 상태에 있었다고 인정한 다음 그 판시와 같은 이유로 채무초과 상태에 있던 인터종합건설이 유일한 재산인 이 사건 토지를 이 사건 매매계약에 의하여 매도한 것은 원고를 비롯한 일반채권자들의 공동담보를 감소시키게 하는 사해행위에 해당하고, 수익자인 피고 1과 전득자인 피고 KB부동산신탁의 악의가 추정된다고 판단하여, 인터종합건설로부터 피고 1 앞으로 된 소유권이전등기와 피고 1로부터 피고 KB부동산신탁 앞으로 된 신탁을 원인으로 한 소유권이전등기의 각 말소를 구하는 원고의 이 사건 청구를 모두 인용하였다.

4. 그러나 위와 같은 원심의 판단은 수긍할 수 없다.

위 사실관계를 앞서 본 법리에 비추어 보면, 인터종합건설이 이 사건 토지와 구미 토지를 피고 KB부동산신탁에 신탁해 둔 상태에서의 적극재산은 그 두 토지에 대한 신탁계약상의 수익권이라 할 것이므로, 채무초과 상태에 있었는지 여부도 그 수익권에 대한 평가액을 기준으로 판단하여야 할 것이다. 따라서 원심으로서는 우선 이 사건 토지에 대한 수익권을 감정 평가하여 적극재산으로서의 가치가 있는지 여부를 확정하였어야 할 것이고(만일 위 수익권이 적극재산으로서의 가치가 없다면 인터종합건설이 신탁계약을 종료하고 이 사건 토지를 환수하여 매각하더라도 이는 적극재산의 감소가 없어 사해행위로 되지 아니한다고 보아야 할 것이다), 나아가 위 수익권이 적극재산으로서의 가치가 있는 경우라면, 구미 토지에 대한 수익권을 평가하여 그 두 토지에 대한 수익권 등 적극재산의 가액이 모든 채권자에 대한 채무를 합친 소극재산을 능가하는지 여부를 확인한 다음 나아가 이 사건 토지에 대한 수익권의 처분으로 인하여 인터종합건설이 채무초과 상태에 빠지게 되었거나 채무초과 상태가 심화되었는지 여부 등에 관하여 심리하여 이 사건 매매계약이 사해행위에 해당하는지 여부를 판단하였어야 할 것이다.

그럼에도 불구하고 원심은 신탁되어 있던 이 사건 토지를 일시적으로 환수하여 아무런 부담이 없는 상태에서의 이 사건 토지가 그대로 인터종합건설의 유일한 적극재산이라고 보고 또한 구미 토지에 대한 수익권은 고려하지도 아니한 채 이 사건 매매계약이 사해행위라고 판단하였으니, 거기에는 사해행위취소소송에서 사해행위 여부 판단 및 재산의 평가방법에 관한 법리를 오해한 나머지 필요한 심리를 다하지 아니함으로써 판결에 영향을 미친 잘못이 있다. 이러한 점을 지적하는 취지의 상고이유의 주장은 이유 있다.

아울러 원심으로서는 위와 같은 경우 사해행위취소에 따른 원상회복의 방법으로 원고가 청구하는 바와 같이 피고 1 앞으로 마쳐진 소유권이전등기와 피고 KB부동산신탁 앞으로 마쳐진 신탁을 원인으로 한 소유권이전등기를 각 말소하게 되면, 원고 등 인터종합건설에 대한 채권자는 사해행위 이전에 인터종합건설이 가지고 있던 신탁계약상 수익권 이상으로 책임재산을 확보하는 결과가 되는 것은 아닌지, 만약 그런 결과가 될 수 있다면 원물반환이 불가능하여 가액배상의 방법으로 원상회복을 명하여야 하는 것은 아닌지에 대해서도 심리할 필요가 있다는 점을 지적하여 둔다.

71. 대법원 2013. 12. 12. 선고 2013다209121 판결 [출연금반환등]

[논점] 특정금전신탁의 수탁자가 신탁자금을 이용하여 대출채권을 양수한 경우, 신용보증기금에 출연금 납부 의무가 있는지 여부 및 해당 출연금이 신탁사무처리비용에 해당하는지 여부

【이 유】

1. 주위적 피고에 대한 상고이유 제1, 2점에 관하여

원심은 제1심판결 이유를 인용하여 그 판시와 같은 사실을 인정한 다음, 신용보증기금법 시행규칙에 따라 금융기관 대차대조표의 신탁계정 중 대출금은 그 제외 과목에 해당하지 않는 한 특정금전신탁자금에 의한 대출금인지 불특정금전신탁자금에 의한 대출금인지를 불문하고 원칙적으로 신용보증기금 출연 기준 대출금(이하 '출연 기준 대출금'이라 한다)에 해당한다고 봄이 타당하고, 한편 그 판시와 같은 사정에 비추어 원고는 이 사건 각 대출약정의 실질적인 당사자이거나, 적어도 주식회사 케이티캐피탈, 동부캐피탈 주식회사 및 대출채무자와의 약정에 따라 이 사건 각 대출약정의 당사자 지위를 이 사건 각 대출약정 체결과 동시에 또는 직후에 승계하였다고 봄이 상당하므로, 이 사건 각 대출채권은 출연 기준 대출금에 해당한다고 판단하였다.

관련 법리와 기록에 비추어 살펴보면, 원심의 이러한 인정 및 판단은 정당하고, 거기에 상고이유 주장과 같이 은행의 신용공여 범위, 특정금전신탁에 있어 손익의 귀속주체, 출연 기준 대출금의 범위, 신탁보수 및 이자의 개념 등에 관한 법리를 오해하여 판결에 영향을 미친 위법이 없다.

2. 주위적 피고에 대한 상고이유 제3점에 관하여

원심은 제1심판결 이유를 인용하여 그 판시와 같은 사실을 인정한 다음, 그 판시와 같은 이유를 들어 신용보증기금 출연금 납부의무의 발생 여부는 대출 실행시기에 그 대출금이 실질적·객관적으로 출연 기준 대출금에 해당하는지에 따라 결정되어야 하는데, 이 사건 각 대출채권은 출연 기준 대출금에 해당하므로, 원고가 이 사건 각 대출채권을 추심금전채권 계정으로 회계처리 하였다가 나중에 대출금 계정으로 변경하였다고 하더라도, 원고의 신용보증기금 출연금 납부의무는 이 사건 각 대출 당시에 또는 늦어도 이 사건 각 대출채권의 양수 당시에 발생하였다고 판단하였다.

관련 법리와 기록에 비추어 살펴보면, 원심의 이러한 판단은 정당하고, 거기에 상고이유 주장과 같이 신용보증기금 출연금 납부의무의 발생요건에 관한 법리를 오해하여 판결에 영향을 미친 위법이 없다.

3. 예비적 피고에 대한 상고이유에 관하여

구 신탁법(2011. 7. 25. 법률 제10924호로 전부 개정되기 전의 것) 제42조[173] 제1항, 제2항에 따르면, 수탁자는 신탁재산에 관하여 부담한 조세·공과 기타의 비용과 이자 또는 신탁사무를 처리하기 위하여 자기에게 과실 없이 받은 손해의 보상을 수익자에게 청구할 수 있다. 또한, 원심이 인용한 제1심판결 이유에 의하면, 원고와 예비적 피고 사이에 체결된 이 사건 각 특정금전신탁계약 제15조는 '원고는 신탁재산에 대한 조세·공과 기타 신탁사무의 처리에 필요한 비용을 예비적 피고에게 청구할 수 있다'고 정한 사실을 알 수 있다. 한편 원심이 채택한 증거에 의하면, 이 사건 1, 2 특정금전신탁계약은 이 사건 1, 2 대출약정과 같은 날 체결된 사실, 이 사건 3~5 특정금전신탁계약이 이 사건 3~5 대출약정 이후에 체결되기는 하였으나, 이 사건 3 대출약정 제4조 제1항은 '차주는 제2항의 인출선행조건의 충족을 조건으로 2007. 6. 29. 또는 당사자들이 별도로 합의하여 정한 날에 대출A와 관련한 147억 원을 인출하고, 차주와 대주가 별도로 협의하여 정하는 날에 대출B와 관련한 53억 원을 각 인출한다'고 정한 사실, 이 사건 각 특정금전신탁계약서에 첨부된 예비적 피고 명의의 '특정금전신탁 운용지시서'에는 신탁재산의 운용방법으로 이 사건 각 대출의 구체적인 내용이 기재되어 있는 사실, 이 사건 각 특정금전신탁금액은 모두 이 사건 각 대출금에 미달하는 사실 등을 알 수 있다.

이러한 사실관계에, 원고가 그 은행계정에서 이 사건 각 대출을 실행한 후 이를 이 사건 각 특정금전신탁계정에 편입할 동기나 이유를 찾기 어려운 점 등의 사정을 더하여 보면, 이 사건 각 특정금전신탁은 이 사건 각 대출을 위해 설정된 것으로, 특히 이 사건 3~5 특정금전신탁의 경우에는 원고가 원심에

---

173) 현행 신탁법 제46조.

서 주장한 바와 같이 실제로 대출이 실행되기 이전에 특정금전신탁계약이 체결되었거나, 예비적 피고가 이 사건 각 대출을 위해 이미 설정된 특정금전신탁의 위탁자 중 1인의 지위를 승계하였다고 볼 여지가 충분하다.

그렇다면 이 사건 각 대출은 예비적 피고의 운용지시에 따라 실행되었다고 볼 수 있고, 다른 한편 신용보증기금법 시행규칙 제2조, 제3조에 따르면, 금융기관은 매월 말 현재 출연 기준 대출금의 월중 평균잔액에 대하여 일정 요율에 해당하는 금액을 다음 달 말일까지 주위적 피고에게 출연해야 하는바, 설령 이 사건 각 대출채권이 원고의 신용보증기금 출연금 납부의무 발생 이후에 이 사건 각 특정금전신탁에 편입되었다고 보더라도, 그 편입 이후에 원고가 이 사건 각 대출금에 대하여 납부한 신용보증기금 출연금은 예비적 피고의 신탁재산 운용에 따라 발생한 비용이라 할 것이므로, 결국 이 사건 각 특정금전신탁의 수탁자인 원고가 신탁재산에 의한 대출금에 대하여 납부한 신용보증기금 출연금은 위탁자 겸 수익자인 예비적 피고가 부담해야 할 신탁사무 처리에 관한 비용으로 봄이 타당하다.

그럼에도 원심이 이 사건 각 특정금전신탁과 이 사건 각 대출 사이의 연관성에 관하여 구체적으로 심리하지 아니한 채 그 판시와 같은 이유로 이 사건 각 대출이 예비적 피고의 운용지시에 따라 실행되었다기보다 이 사건 각 대출약정 체결 이후에 이 사건 각 대출채권이 이 사건 각 특정금전신탁에 편입된 것으로 봄이 타당하다고 하면서 원고가 납부한 신용보증기금 출연금은 신탁재산에 대한 조세·공과 기타 신탁사무의 처리에 필요한 비용에 해당하지 않는다고 판단한 데에는 신탁비용 상환청구권 등에 관한 법리를 오해하고 이 사건 각 특정금전신탁계약의 체결 경위 등에 관하여 필요한 심리를 다하지 아니함으로써 판결에 영향을 미친 위법이 있다. 이 점을 지적하는 상고이유 주장은 이유 있다.

72. 대법원 2013. 12. 12. 선고 2012다14876 판결 [소유권이전등기말소등기]

[논점] 부동산매매계약을 체결하고 잔금 지급 전에 매수인의 매매대금 조달을 위하여 매도인이 부동산을 신탁사에 신탁하였으나 매수인의 귀책사유로 매매계약이 해제되자 매도인이 신탁계약을 해지한 경우의 법률관계[174)]

【이 유】

1. 원심판결 이유 및 원심이 적법하게 채택한 증거에 의하면, ① 베스트개발 주식회사(이하 '베스트개발'이라고만 한다)는 대전상호저축은행으로부터 프로젝트 파이낸싱(PF) 대출을 받아 천안시 (주소 생략) 일대 토지를 매입하여 아파트를 건설하는 내용의 이 사건 공동주택건설사업을 추진한 사실, ② 베스트개발은 2007. 11. 19. 망 소외인(이 사건 공동원고였으나 제1심 계속 중 사망하여 그 처와 자녀들인 원고들이 망 소외인을 소송수계하였다) 및 원고 1, 2(이하 '망인 등'이라 한다)와 사이에 사업구역 내에 위치한 이 사건 부동산(토지 4필지 및 그 지상 주택 1동)을 매매대금 합계 77억 원에 매수하는 내용의 이 사건 매매계약을 체결한 사실, ③ 이 사건 매매계약서에는 토지에 관한 매매대금 76억 7천만 원 중 계약금 7억 4천만 원은 계약 시 지급하고, 나머지 잔금은 '사업승인 후 PF 대출이 실시된 때 또는 계약 후 5개월 이내' 중 먼저 도래하는 시기에 지급하며, 주택에 관한 매매대금 3천만 원은 계약금 없이 계약일로부터 7일 이내에 지급하며, 사업의 안정성을 위하여 이 사건 부동산을 신탁처리한다고 기재되어 있는 사실, ④ 망인 등은 이 사건 매매계약에 따라 2007. 11. 21. 피고와 사이에 이 사건 부동산에 관하

174) 실무에서는 이 사안과 같이 부동산 매매계약을 체결하면서 또는 그 후 매도인이 잔금을 지급받기 전에, 매수인의 요청으로 매수인의 채권자를 우선수익자로 지정하는 등의 내용으로 부동산(담보 또는 관리·처분)신탁계약을 체결하는 사례가 다수 있다. 이 경우 부동산 매매계약이 해제 기타 사유로 효력을 상실할 경우 위 부동산신탁계약에 따라 부동산 매도인(위탁자)에게 불측의 손해가 발생하지 않도록 유의해야 할 것이다.

여 '신탁기간: 신탁계약 체결 시부터 신탁부동산 처분(해지) 시까지, 위탁자: 망인 등, 수탁자: 피고, 신탁원본의 우선수익자: 대전상호저축은행(10억 100만 원), 신탁원본 및 신탁수익의 수익자: 망인 등, 매수예정자 및 채무자: 베스트개발, 채무자: 주식회사 우리경원, 대광기업, 태명에이지'로 하는 이 사건 부동산처분신탁계약을 체결하고 피고 앞으로 신탁계약을 원인으로 한 소유권이전등기를 마친 사실, ⑤ 대전상호저축은행은 같은 날 베스트개발을 비롯한 채무자 회사들에게 합계 83억 원을 대출하면서 베스트개발에 갈음하여 그중 7억 7천만 원을 이 사건 매매계약에 따른 토지에 관한 계약금 및 주택에 관한 매매대금으로 망인 등에게 지급하였고, 베스트개발은 2009. 6. 30. 나머지 채무자 회사들의 대출금 채무 전액을 중첩적으로 인수한 사실, ⑥ 이 사건 신탁계약서에는 신탁기간 중에는 원칙적으로 신탁계약을 중도해지할 수 없고(제16조), 신탁기간 만료 또는 신탁해지에 의하여 신탁이 종료하며, 신탁종료 시 수탁자는 신탁원본을 수익자에게 교부한다(제19조)고 정하고 있고, 특약사항에는 "위탁자와 매수예정자는 본 신탁계약 체결과는 별도의 약정(이하 '별도약정'이라 한다)을 체결하기로 한다"고 정하고(제2조), "별도약정이 매수예정자의 귀책사유로 무효로 되거나 취소, 해제되는 경우에는 매수예정자의 권리는 무효화되며, 위탁자는 매수예정자의 동의 없이 수탁자에게 신탁해지를 요청할 수 있다. 단, 위탁자는 우선수익자에 대한 매수예정자의 채무를 우선수익한도금액 내에서 대위변제하여야 한다. 위탁자가 대위변제하지 아니할 경우 본조 제3항에 따라 처리하기로 한다"고 정하며(제6조 제2항), "별도약정이 위탁자의 귀책사유로 무효로 되거나 취소, 해제되어 매수예정자가 신탁재산의 소유권을 이전받을 수 없는 경우 또는 신탁기간 경과에 의하여 신탁이 종료되는 경우에는 위탁자는 별도약정에 의하여 매수예정자로부터 수취한 금액 일체를 매수예정자에게 반환하고, 수탁자에게 신탁해지를 요청할 수 있다. 매수예정자의 대금 반환 청구일로부터 3개월이 경과하였음에도 불구하고 위탁자가 매수예정자에게 금액 일체를 반환하지 않을 경우에, 우선수익자와 매수예정자, 수탁자가 협의하여 수탁자의 내부규정(부동산담보신탁업무규정)에 따라 신탁부동산을 처분하기로 하며, 처분에 따른 대금의 지급순위는 다음 각 호와 같으며, 이에 따른 신탁보수 및 제반 비용은 신탁재산에서 수취하기로 한다"고 하면서 그 지급순위로 '1. 신탁보수 및 제반 비용, 2. 우선수익자의 수익한도금액, 3. 수익자의 배당액'을 정하고 있는 사실(같은 조 제3항), ⑦ 베스트개발은 2007. 4. 24. 천안시장에게 이 사건 주택건설사업계획승인을 신청하였다가 2008. 3. 25. 불승인처분을 받았고, 2008. 6. 18. 재차 승인을 신청하였다가 2010. 8. 18. 이를 취하한 채 더 이상 사업을 진행하지 못하고 있는 사실, ⑧ 망인 등은 베스트개발이 잔금지급을 지체하자 2009. 4. 14. 베스트개발에 '2009. 4. 25.까지 매매잔대금을 지급하지 아니할 경우 이 사건 매매계약을 해지한다'는 취지의 통지를 하였으나 베스트개발은 현재까지 매매잔대금을 지급하지 않고 있는 사실을 알 수 있다.

2. 원심은 이러한 사실관계를 기초로, 이 사건 매매계약은 베스트개발의 채무불이행으로 인한 망인 등의 해제권 행사로 적법하게 해제되었고(원심은 판시와 같은 사정을 들어 토지 부분에 관한 매매계약이 이행되지 아니한 이상 매매대금이 모두 지급된 주택에 관한 매매계약 역시 함께 해제할 수 있다고 판단하였다), 따라서 원고들은 매수예정자의 귀책사유로 매매계약이 무효, 취소, 해제되는 경우 위탁자에게 신탁계약 해지권을 부여한 이 사건 신탁계약 특약사항 제6조 제2항에 따라 이 사건 신탁계약을 해지할 수 있다고 판단하였다.

그리고 망인 등이 이 사건 신탁계약을 해지하기 위하여는 위 규정 단서에 따라 대전상호저축은행에 대한 베스트개발의 채무를 대위변제하여야 한다는 피고의 주장을 '망인 등의 대위변제의무 이행이 해지권 발생 그 자체의 요건 내지 정지조건이라고 보기 어렵다'는 이유를 들어 배척하고, 이 사건 신탁계약은 위 규정에 따른 해지의 의사표시가 담긴 원고들의 2011. 4. 19.자 준비서면이 피고에게 송달됨으로써 적법하게 해지되었다고 판단하여 피고에 대하여 이 사건 부동산에 관한 소유권이전등기말소등기절차의 이행을 구하는 원고들의 청구를 인용하였다.

3. 그러나 원심의 이러한 판단은 다음과 같은 이유로 그대로 수긍하기 어렵다.

가. 위 인정 사실에 의하면 이 사건 신탁계약은 부동산처분신탁이라는 명칭을 사용하고 있으나 망인 등과 베스트개발 사이에 체결된 별도약정인 이 사건 매매계약에 따라 매매대금, 매매상대방 등이 정해진 상태에서 체결된 것으로서, 이 사건 부동산의 처분 자체보다는 베스트개발이 이 사건 공동주택건설사업을 원활하고 안정적으로 추진할 수 있도록 신탁등기라는 형태로 매도인의 소유권이전등기의무를 미리 확보하는 한편 대전상호저축은행을 우선수익자로 지정하는 방식으로 이를 담보로 활용하여 망인 등을 비롯한 사업구역 내 토지 소유자들에게 지급할 매매대금 등을 마련하는 데에 주된 목적이 있다고 보아야 한다.

나. 이러한 이 사건 신탁계약의 목적에 비추어 이 사건 매매계약의 효력과 이 사건 신탁계약의 효력을 연계시킬 필요성이 있었고, 이에 따라 망인 등과 피고는 이 사건 신탁계약 특약사항 제6조 제2항, 제3항에서 이 사건 매매계약이 무효, 취소, 해제되는 경우 그 원인에 관계 없이 위탁자인 망인 등이 일방적으로 이 사건 신탁계약을 해지할 수 있도록 정하였다고 할 것이다.

그런데 이 사건 신탁계약 특약사항 제6조 제2항은 본문에서 이 사건 매매계약이 매수예정자의 귀책사유로 무효, 취소, 해제되는 경우 위탁자가 이 사건 신탁계약을 해지할 수 있다고 하면서, 단서 제1문으로 '단, 위탁자는 우선수익자에 대한 매수예정자의 채무를 우선수익한도금액 내에서 대위변제하여야 한다'고 정하고, 같은 조 제3항은 제1문에서 '이 사건 매매계약이 위탁자의 귀책사유로 무효, 취소, 해제되는 경우 위탁자는 이 사건 매매계약에 의하여 매수예정자로부터 수취한 금액 일체를 매수예정자에게 반환하고 이 사건 신탁계약을 해지할 수 있다'고 정함으로써 위탁자의 신탁계약 해지권 행사와 관련하여 일정한 제한을 가하고 있음을 알 수 있다.

이 사건 신탁이 종료되는 경우 신탁원본은 수익자에게 귀속되도록 정하고 있으므로(기본계약 제19조 참조) 비록 위탁자의 해지권 행사로 신탁이 종료되는 경우에도 우선수익자인 대전상호저축은행은 적어도 그 수익한도금액 내에서는 신탁재산에 대하여 수익자인 망인 등에 우선하는 권리를 갖는다고 할 것이고, 망인 등과 피고는 위와 같은 신탁종료 후 신탁재산의 귀속관계를 간명하게 처리하기 위하여 이 사건 신탁계약 특약사항 제6조 제2항, 제3항에서 망인 등의 해지권 행사와 관련하여 망인 등이 직접 베스트개발의 대전상호저축은행에 대한 채무를 대위변제하거나, 베스트개발에게 기지급받은 매매대금을 반환하도록(이 경우 베스트개발은 그 돈으로 대전상호저축은행에 대한 채무를 변제하게 될 것이다) 정하였다고 봄이 타당하다.

다. 동시이행의 항변권은 공평의 관념과 신의칙에 입각하여 각 당사자가 부담하는 채무가 서로 대가적 의미를 가지고 관련되어 있을 때 그 이행에 있어서 견련관계를 인정하여 당사자 일방은 상대방이 채무를 이행하거나 이행의 제공을 하지 아니한 채 당사자 일방의 채무의 이행을 청구할 때에는 자기의 채무이행을 거절할 수 있도록 하는 제도인바, 이러한 제도의 취지에서 볼 때 당사자가 부담하는 각 채무가 쌍무계약에 있어 고유의 대가관계에 있는 채무가 아니라고 하더라도, 구체적인 계약관계에서 각 당사자가 부담하는 채무에 관한 약정 내용에 따라 그것이 대가적 의미가 있어 이행상의 견련관계를 인정하여야 할 사정이 있는 경우에는 동시이행의 항변권을 인정할 수 있다 할 것이다(대법원 1999. 10. 12. 선고 98다6176 판결 참조).

앞서 본 바와 같이 망인 등이 부담하는 대위변제의무 내지 매매대금반환의무는 신탁종료 시 피고가 우선수익자에게 수익한도금액 내에서 신탁재산을 이전해야 하는 문제를 간명하게 처리하기 위하여 마련된 것인 점, 대전상호저축은행의 우선수익권은 베스트개발에 대한 대출금채권을 담보하는 기능을 수행하고 있는데 만일 망인 등의 신탁해지를 이유로 피고로 하여금 일방적으로 망인 등에게 신탁재산을 이전하도록 하게 되면 그 담보권은 형해화되고 마는 점, 그 밖에 이 사건 신탁계약의 전체적인 규정 체계 및 내용 등을 종합하여 보면, 망인 등은 이 사건 매매계약이 무효, 취소, 해제되는 경우 일단 이 사건 신탁계약을 해지할 수 있지만, 그에 따른 신탁종료를 원인으로 피고에 대하여 신탁재산의 이전을 구하기 위하여는 그와 상환으로 대전상호저축은행에 대한 베스트개발의 채무를 우선수익한도금액 내에서 대위변제하거나(이 사건 신탁계약 특약사항 제6조 제2항), 베스트개발에게 기지급받은 매매대금을 반환하여야 한다(같은 조 제3항)고 해석함이 타당하다고 할 것이다.

라. 이 사건 신탁계약 특약사항 제6조 제2항 단서 제2문은 '위탁자가 대위변제하지 아니할 경우 본조 제3항에 따라 처리한다'고 정하고, 같은 조 제3항은 '매수예정자의 대금 반환청구일로부터 3개월이 경과하였음에도 불구하고 위탁자가 매수예정자에게 금액 일체를 반환하지 않을 경우에, 우선수익자와 매수예정자, 수탁자가 협의하여 수탁자의 내부규정에 따라 신탁부동산을 처분하여 신탁보수 및 제반 비용을 공제한 나머지 금액을 우선수익자의 수익한도금액에 충당한 후 나머지 금액을 수익자에게 배당한다'고 정하고 있다.

앞서 본 바와 같이 위탁자가 이 사건 신탁계약을 해지하게 되면 수탁자의 신탁재산 이전의무와 위탁자의 대위변제의무 내지 매매대금반환의무는 동시이행관계에 놓이게 된다. 그런데 위탁자가 자신이 부담하는 대위변제의무 내지 매매대금반환의무를 이행하지 아니하는 경우 수탁자는 신탁종료에도 불구하고 장기간 신탁원본의 이전의무를 이행하지 못하는 상황에 처하게 되는데, 위 각 규정은 이러한 상황에 대비하여 수탁자로 하여금 스스로 신탁재산을 처분하여 위탁자의 대위변제의무 내지 매매대금 반환의무를 직접 이행함으로써 신탁종료에 따른 법률관계의 구속으로부터 벗어날 수 있도록 하려는 취지에서 특별히 마련된 것으로 봄이 타당하다. 따라서 망인 등과 피고가 이 사건 신탁계약 특약사항 제6조 제5항에서 다시 위와 같은 수탁자의 신탁재산 처분권을 제한하도록 정하였다 하더라도 이는 앞서 본 동시이행관계의 인정에 아무런 영향을 미칠 수 없다고 할 것이다.

마. 이 사건 기록에 의하면 피고 소송대리인은 원심에서 제출된 2011. 6. 1.자 준비서면에서 "이 사건 신탁계약 특약사항 제6조 제2항은 '대위변제'라는 표현을 쓰고 있으나 위 규정의 실질적인 내용은 신탁계약이 해지되어 신탁재산이 소멸하고 위탁자에게 신탁재산이 반환되는 경우 수익자의 권리를 보호할 방법이 없으므로, 신탁재산으로 수익금을 지급하는 대신 법률관계를 간명하게 처리하기 위하여 위탁자가 (우선)수익자에게 (우선)수익금을 지급한 후 신탁재산을 신탁자에게 귀속하도록 정하고 있는 것입니다"라고 주장하고 있음을 알 수 있는데, 이는 예비적으로나마 피고가 부담하는 신탁종료를 원인으로 한 이 사건 부동산에 관한 소유권이전등기의무와 원고들이 부담하는 대전상호저축은행에 대한 대위변제의무가 동시이행관계에 있다는 취지의 주장을 한 것으로 볼 여지도 충분하므로, 원심으로서는 피고에 대하여 위와 같은 주장에 동시이행의 항변을 하는 취지가 포함되어 있는지 석명을 구함으로써 이를 분명히 한 후 그 당부에 관하여 판단하였어야 할 것이다.

그런데도 원심은 위와 같은 피고의 주장을 단순히 망인 등의 대위변제의무 이행이 해지권의 발생요건 내지 정지조건에 해당한다는 주장으로만 파악하여 이를 배척하고 말았으니, 이러한 원심판결에는 판결에 영향을 미칠 중요한 사항에 대해 판단을 누락하였거나 석명권 행사를 게을리함으로써 필요한 심리를 다하지 아니한 위법이 있다고 하지 않을 수 없다. 이 점을 지적하는 취지의 상고이유 주장은 이유 있다.

73. 대법원 2013. 11. 28. 선고 2012다31963 판결 [사해행위취소]

[논점] 위탁자의 신탁행위에 대한 사해행위 여부 판단 시 일반 채권자들의 공동담보에 제공되는 책임재산의 범위에서 공제되는 금액이 목적물의 가격을 초과하고 있는 경우 당해 목적물의 양도가 사해행위에 해당하는지 여부

【이 유】

어느 부동산에 관한 법률행위가 사해행위에 해당하는 경우에는 원칙적으로 그 사해행위를 취소하고 소유권이전등기의 말소 등 부동산 자체의 회복을 명하여야 하는 것이나, 다만 원물반환이 불가능하거나 현저히 곤란한 경우에는 원상회복의무의 이행으로서 사해행위 목적물 가액 상당의 배상을 명하여야 하는 것이고, 이러한 가액배상에 있어서는 일반 채권자들의 공동담보로 되어 있어 사해행위가 성립하는 범위 내의 가액 배상을 명하여야 하는 것이다(대법원 2003. 12. 12. 선고 2003다40286 판결 등 참조).

한편 체육시설의 설치·이용에 관한 법률(이하 '체육시설법'이라 한다) 제27조 제1항은 "체육시설업자가 사망하거나 그 영업을 양도한 때 또는 법인인 체육시설업자가 합병한 때에는 그 상속인, 영업을 양수한 자 또는 합병 후 존속하는 법인이나 합병에 따라 설립되는 법인은 그 체육시설업의 등록 또는 신고에 따른 권리·의무(제17조에 따라 회원을 모집한 경우에는 그 체육시설업자와 회원 간에 약정한 사항을 포함한다)를 승계한다."고 규정하고, 같은 조 제2항은 "다음 각 호의 어느 하나에 해당하는 절차에 따라 문화체육관광부령으로 정하는 체육시설업의 시설 기준에 따른 필수시설을 인수한 자에게는 제1항을 준용한다."고 규정하면서 제1호로 '민사집행법에 따른 경매'를 들고 있다.

따라서 민사집행법에 따른 경매 등을 통하여 체육시설법령으로 정하는 체육시설업의 시설 기준에 따른 필수시설을 인수한 자가 승계하게 되는 체육시설법 제17조에 따라 모집한 회원에 대한 입회금액의 반환채무 금액 부분은, 민사집행법에 따른 경매절차 등에서 매각대금이 그 반환채무 금액을 감안하여 결정되는 것이 통상적이라는 점 등에 비추어 일반 채권자들의 공동담보에 제공되는 책임재산에 포함되지 않는다고 할 것이므로 그 상당액은 공제되어야 할 것이다.

그리고 위와 같이 책임재산의 범위에서 공제되는 금액이 목적물의 가격을 초과하고 있는 때에는 당해 목적물의 양도는 사해행위에 해당한다고 할 수 없다(대법원 1997. 9. 9. 선고 97다10864 판결, 대법원 2007. 7. 12. 선고 2007다24954 판결 등 참조).

원심판결 이유에 의하면 원심은, 채용 증거에 의하여 채무자인 주식회사 가오닉스스포츠센터(이하 '이 사건 채무자'라 한다)는 체육시설법이 정한 체육시설업자로 신고하고, 원심판결 별지 제1목록 부동산(이하 '제1부동산'이라 한다)의 대부분을 종합체육시설(수영장, 골프연습장, 체력단련장, 실내스키장 등)로 하여 회원제 스포츠센터인 '가오닉스스포츠센터'를 운영한 사실, 이 사건 채무자는 2009. 2. 12. 피고와 제1부동산에 관하여 부동산담보신탁계약을 체결하고 2009. 2. 13. 피고에게 위 신탁계약을 원인으로 한 소유권이전등기를 마쳐준 사실, 당시 이 사건 채무자의 재산은 적극재산으로 가액이 345억 원인 제1부동산이 있고, 소극재산으로 제1부동산에 설정된 근저당권의 피담보채무 238억 원과 민사집행법에 따른 경매절차가 이루어질 경우 매수인이 승계하게 되는 스포츠센터 회원보증금 반환채무 332억 7,400만 원이 있는 사실 등을 인정하고 있다.

원심이 인정한 사실관계를 앞서 본 법리에 비추어 살펴보면, 제1부동산에 설정된 근저당권의 피담보채무액 238억 원과 체육시설법령에서 정한 입회금액으로서 경매절차의 매수인 등이 승계하게 되는 회원보증금 반환채무 금액 332억 7,400만 원 부분은 이 사건 채무자의 책임재산의 범위에서 공제되어야 할 것이고, 책임재산의 범위에서 공제되는 금액의 합계가 제1부동산의 가액인 345억 원을 초과하고 있

으므로 채무자가 채무초과상태에서 피고에게 제1부동산을 신탁하였다고 하여 이를 두고 사해행위에 해당한다고 할 수 없을 것이다.

그럼에도 이와 달리 원심은 스포츠센터 회원들의 보증금 반환채권에 우선변제권이 인정되지 않는다는 이유만으로 일반 채권자의 공동담보에 제공되는 책임재산이 존재한다고 보아 이 사건 신탁계약이 사해행위에 해당한다고 판단하고 말았으니, 원심판결에는 사해행위 취소소송에서의 책임재산의 범위에 관한 법리를 오해하여 판결에 영향을 미친 위법이 있다. 이 점을 지적하는 상고이유 주장은 이유 있다.

[원심판결] 서울고등법원 2012. 2. 22. 선고 2011나64418 판결 [사해행위취소]

【주 문】

1. 제1심 판결을 당심에서 추가된 청구를 포함하여 다음과 같이 변경한다.

가. 원고의 피고 극동아이앤디 주식회사에 대한 소 및 원고의 피고 극동지앤에스 주식회사에 대한 소 중 별지 제2목록 기재 각 부동산에 관한 매매계약 취소 청구 부분을 각 각하한다.

나. 주식회사 가오닉스스포츠와 피고 주식회사 코람코자산신탁 사이에 2009. 2. 12. 별지 제1목록 기재 각 부동산에 관하여 체결된 부동산담보신탁계약을 1,700,638,093원의 범위 내에서 취소한다.

다. 피고 주식회사 코람코자산신탁은 원고에게 1,700,638,093원 및 이에 대하여 이 판결 확정 다음날부터 다 갚는 날까지 연 5%의 비율에 의한 금원을 지급하라.

라. 원고의 피고 극동지앤에스 주식회사에 대한 나머지 청구, 원고의 주식회사 생보부동산신탁에 대한 청구를 각 기각한다.

2. 소송총비용 중 원고와 피고 주식회사 코람코자산신탁 사이에 생긴 부분은 피고 주식회사 코람코자산신탁이 부담하고, 원고와 피고 극동지앤에스 주식회사, 주식회사 생보부동산신탁, 극동아이앤디 주식회사 사이에 생긴 부분은 원고가 부담한다.

【청구취지 및 항소취지】

1. 청구취지

별지 제1목록 기재 각 부동산에 관하여 주식회사 가오닉스스포츠와 피고 주식회사 코람코자산신탁 사이에 2009. 2. 12. 체결된 부동산담보신탁계약을 1,700,638,093원의 범위 내에서 취소한다. 피고 주식회사 코람코자산신탁은 원고에게 1,700,638,093원 및 이에 대하여 이 판결 확정 다음날부터 다 갚는 날까지 연 5%의 비율에 의한 금원을 지급하라. 별지 제2목록 기재 각 부동산에 관하여, 주식회사 가오닉스스포츠와 피고 주식회사 생보부동산신탁 사이에 2009. 3. 23. 및 2009. 4. 10. 각 체결된 각 신탁변경계약, 피고 주식회사 생보부동산신탁과 피고 극동지앤에스 주식회사 사이에 2009. 7. 1. 체결된 매매계약을 각 취소한다. 별지 제2목록 기재 각 부동산에 관하여 주식회사 가오닉스스포츠에게, 피고 극동아이앤디 주식회사는 서울중앙지방법원 강남등기소 2009. 3. 23. 접수 제20812호 및 같은 등기소 2009. 4. 10. 접수 제25951호로 마친 각 신탁변경등기의, 피고 극동지앤에스 주식회사는 같은 등기소 2009. 7. 1. 접수 제50607호로 마친 소유권이전등기의, 피고 주식회사 생보부동산신탁은 같은 등기소 2009. 7. 1. 접수 제50608호로 마친 소유권이전등기의 각 말소등기절차를 이행하라(원고는 당심에서 별지 제2목록 기재 각 부동산에 관한 피고 주식회사 생보부동산신탁과 극동지앤에스 주식회사 사이의 매매계약 취소 청구를 추가하였다).

2. 항소취지

제1심 판결 중 아래에서 취소 또는 이행을 명하는 부분에 해당하는 원고 패소 부분을 취소한다. 별지 제1목록 기재 각 부동산에 관하여 주식회사 가오닉스스포츠와 피고 주식회사 코람코자산신탁 사이에 2009. 2. 12. 체결된 부동산담보신탁계약을 1,700,638,093원의 범위 내에서 취소한다. 피고 주식회사 코람코자산신탁은 원고에게 1,700,638,093원 및 이에 대하여 이 판결 확정 다음날부터 다 갚는 날까지 연 5%의 비율에 의한 금원을 지급하라. 별지 제2목록 기재 각 부동산에 관하여, 주식회사 가오닉스스포츠와 피고 주식회사 생보부동산신탁 사이에 2009. 3. 23. 및 2009. 4. 10. 각 체결된 각 신탁변경계약을 각 취소한다. 별지 제2목록 기재 각 부동산에 관하여 주식회사 가오닉스스포츠에게, 피고 극동아이앤디 주식회사는 서울중앙지방법원 강남등기소 2009. 3. 23. 접수 제20812호 및 같은 등기소 2009. 4. 10. 접수 제25951호로 마친 각 신탁변경등기의, 피고 극동지앤에스 주식회사는 같은 등기소 2009. 7. 1. 접수 제50607호로 마친 소유권이전등기의 각 말소등기절차를 이행하라.

【이 유】

3. 이 사건 신탁계약의 취소 및 원상회복

가. 피보전채권의 성립

채권자취소권에 의하여 보호될 수 있는 채권은 원칙적으로 사해행위라고 볼 수 있는 행위가 행하여지기 전에 발생된 것임을 요하지만, 그 사해행위 당시에 이미 채권 성립의 기초가 되는 법률관계가 발생되어 있고, 가까운 장래에 그 법률관계에 터잡아 채권이 성립되리라는 점에 대한 고도의 개연성이 있으며, 실제로 가까운 장래에 그 개연성이 현실화되어 채권이 성립된 경우에는 그 채권도 채권자취소권의 피보전채권이 될 수 있다(대법원 1997. 10. 28. 선고 97다34334 판결 참조).

그런데 앞서 인정한 사실에 의하면, 원고의 가오닉스스포츠에 대한 구상금채권 성립의 기초가 된 위 신용보증약정은 이 사건 신탁계약 체결 당시 이미 체결되어 있었고, 위 신용보증약정의 주채무자인 스타맥스는 이 사건 신탁계약 체결 무렵 금융기관에 대한 대출원금을 연체하는 등 재정상태가 악화되어 가까운 장래에 원고의 가오닉스스포츠에 대한 구상금채권이 성립하리라는 점에 대한 고도의 개연성이 있었으며, 실제로 그로부터 얼마 지나지 않아 원고가 스타맥스의 대출금채무를 대위변제함으로써 위 구상금채권이 발행되었음을 알 수 있다. 그리고 을 제33호증의 1의 기재는, 이를 통해 피고 극동아이앤디가 이 사건 신탁계약 당시 스타맥스 재무상태의 악화 정도가 심각하지 않은 것으로 오해하였다는 사실이 인정될 뿐이므로, 이 사건 신탁계약 체결 당시 스타맥스의 재정상태 악화로 가까운 장래에 위 구상금채권이 성립하리라는 고도의 개연성이 있었다는 점을 인정하는 데에 방해되지 않는다. 따라서 원고의 가오닉스스포츠에 대한 구상금채권은 채권자취소권의 피보전채권이 될 수 있다.

나. 이 사건 신탁계약의 사해성 및 가오닉스스포츠의 사해의사

(1) 앞서 든 증거에 의하면, 이 사건 신탁계약이 체결될 무렵 가오닉스스포츠의 재산상태는 다음 표 기재와 같이 채무초과 상태에 있었던 사실이 인정된다(적극재산인 제1부동산의 가액은 2009. 4. 1. 신한은행이 평가한 가액을 기준으로 하고, 소극재산인 채무는 편의상 당사자들 사이에 다툼 없는 금액 및 원금을 기준으로 한다).

적극재산	가액	소극재산	가액
제1부동산	34,500,000,000원	제1부동산에 설정된 근저당권의 피담보채무	23,800,000,000원
		임대차보증금반환채무	4,549,000,000원
		스포츠센터 회원보증금반환채무	33,274,000,000원
합계	34,500,000,000원		61,623,000,000원

그렇다면, 가오닉스스포츠는 채무초과 상태에서 피고 코람코자산신탁과 이 사건 신탁계약을 체결하고 그의 유일한 재산인 제1부동산(아래에서 보는 바와 같이 제2부동산에 관하여는 2005. 12. 5. 가오닉스스포츠와 피고 생보부동산신탁 사이에 부동산담보신탁계약이 체결되고, 피고 생보부동산신탁 앞으로 신탁을 원인으로 한 소유권이전등기가 마쳐졌다. 그러므로 이 사건 신탁계약 당시 제2부동산은 가오닉스스포츠의 적극재산이라 할 수 없다.)의 소유권을 이전하였음을 알 수 있다. 제1부동산은 원고를 비롯한 일반 채권자들의 공동담보에 공하여지는 책임재산인데, 일반 채권자들은 이 사건 신탁계약의 우선수익자로 지정되지 않는 한 제1부동산에 대한 강제집행을 통해 채권을 회수할 수 없는 반면, 피고 코람코자산신탁이 제1부동산을 처분하는 경우 그 처분대금은 신탁비용 및 우선수익자의 채권 등에 우선 충당되고 남은 대금만 위탁자인 가오닉스스포츠가 정산받게 되어 실질적으로 가오닉스스포츠의 책임재산이 감소하는 결과가 발생한다. 그러므로 특별한 사정이 없는 한 이 사건 신탁계약은 원고에 대한 사해행위가 된다.

(2) 한편 채무초과 상태에 있는 채무자가 그 소유의 부동산을 채권자 중의 어느 한 사람에게 채권담보로 제공하는 행위는 특별한 사정이 없는 한 다른 채권자들에 대한 관계에서 사해행위에 해당한다. 그러나 자금난으로 사업을 계속 추진하기 어려운 상황에 처한 채무자가 자금을 융통하여 사업을 계속 추진하는 것이 채무 변제력을 갖게 되는 최선의 방법이라고 생각하고 자금을 융통하기 위하여 부득이 부동산을 특정 채권자에게 담보로 제공하고 그로부터 신규자금을 추가로 융통받았다면 특별한 사정이 없는 한 채무자의 담보권 설정행위는 사해행위에 해당하지 않는다(대법원 2002. 3. 29. 선고 2000다25842 판결 참조).

그런데 다음 (가) 내지 (마) 기재 각 사실은 당사자들 사이에 다툼이 없거나 앞서 든 증거, 을 제1호증의 1, 을 제2, 13 내지 15, 20, 21, 28호증(각 가지번호 포함)의 각 기재 및 변론 전체의 취지에 의하여 인정된다.

(가) 가오닉스스포츠는 2009. 2. 12. 피고 극동아이앤디와 대출약정을 체결한 후 이 사건 차용금 8,500,000,000원 중 6,000,000,000원은 현금으로 직접 지급받고, 나머지 2,500,000,000원은 피고 극동아이앤디가 제1부동산에 관한 근저당권자 농협중앙회(채권최고액 3,450,000,000원) 및 제2부동산에 관한 3순위 우선수익자 현대스위스상호저축은행(수익한도금액 2,730,000,000원)에 대한 주식회사 가오닉스메니지먼트(이하 '가오닉스메니지먼트'라 한다)의 채무를 직접 변제하는 방법으로 지급받았다.

(나) 가오닉스스포츠는 위 6,000,000,000원 중 일부는 체납 세금, 임직원의 퇴직금 등으로 사용하였으나 대부분은 스타맥스에 대한 채무 변제에 사용하였다(당시 가오닉스스포츠는 스타맥스에 대하여 24,190,000,000원 상당의 차용금채무가 있었다).

(다) 그런데 스타맥스는 가오닉스스포츠의 주식 81%를 보유하고 있는 대주주이다.

(라) 스타맥스의 또다른 자회사 격인 가오닉스메니지먼트는 스타맥스가 자금난에 처하자 그 유상증자에 참여하기 위해 현대스위스상호저축은행으로부터 2,100,000,000원 상당을 차용한 바 있고, 가오닉스스포츠는 가오닉스메니지먼트의 위 차용금채무를 담보하기 위해 제2부동산에 관하여 현대스위스상호저축은행을 3순위 우선수익자로 하여 부동산담보신탁계약을 체결하였던 것이다.

(마) ① 한편 가오닉스스포츠는 '체육시설의 설치·이용에 관한 법률'(이하 '체육시설법'이라 한다)이 정한 체육시설업자로 신고하고, 제1부동산의 대부분을 종합체육시설(수영장, 골프연습장, 체력단련장, 실내스키장 등)로 하여 회원제 스포츠센터인 '가오닉스스포츠센터'를 운영해 왔고, 나머지 일부 건물 및 제2부동산은 음식점, 은행, 병원 등으로 임대하고 있었다. ② 스타맥스와 가오닉스스포츠는 자금난에 처하게 되자 2008. 11.경부터 피고 극동아이앤디에게 제1, 2부동산을 위 각 부동산에 관한 근저당권 피

담보채무, 임대차보증금반환채무, 스포츠센터 회원보증금반환채무를 인수하는 조건으로 10,000,000,000원에 매수할 것을 권유하였다. ③ 스타맥스와 가오닉스는 2009. 2. 2. 피고 극동아이앤디로부터 가오닉스스포츠의 긴급 운영자금 1,000,000,000원을 차용하면서 다시 제1, 2부동산을 매수할 경우 매매대금에서 위 차용금을 공제할 수 있다고 제안하였다. ④ 피고 극동아이앤디가 매매대금이 부담스러워 매수가 곤란하다고 하자, 스타맥스와 가오닉스는 재차 피고 극동아이앤디에게 제1, 2부동산을 위 근저당권 피담보채무, 임대차보증금반환채무, 스포츠센터 회원보증금반환채무를 인수하는 조건으로 8,500,000,000원에 매수하든지 제1, 2부동산을 담보로 8,500,000,000원을 대여해 달라고 요청하였다. ⑤ 이에 피고 극동아이앤디는 제1, 2부동산의 매수 문제는 시간을 두고 검토하기로 하고 2009. 2. 12. 가오닉스스포츠에게 이 사건 차용금을 대출하기로 하는 대출약정을 체결하였다. ⑥ 가오닉스스포츠는 이 사건 차용금의 대출과 관련하여 이 사건 신탁계약, 제1신탁변경계약을 체결하면서, 피고 극동아이앤디에 대한 차용금의 이자를 3개월 이상 연체하는 경우에는 피고 극동아이앤디 또는 그가 지정하는 자가 제1, 2부동산을 매수할 권리를 갖기로 하되, 그 매매대금은 제1, 2부동산에 설정된 근저당권의 피담보채무 28,300,000,000원, 우선변제권 있는 임대차보증금반환채무 4,549,000,000원, 스포츠센터 회원보증금반환채무 33,274,000,000원을 매수인이 인수하고 가오닉스스포츠의 이 사건 차용금채무를 면제하는 것으로 갈음한다는 내용의 특약(이하 '이 사건 특약'이라 한다)을 하였다. ⑦ 그런데 가오닉스스포츠는 2009. 2. 24.경부터 3개월 이상 피고 극동아이앤디에게 이 사건 차용금에 대한 이자를 지급하지 아니하였고, 이에 피고 극동아이앤디는 이 사건 특약에 따라 2009. 6. 18. 피고 코람코자산신탁, 생보부동산신탁에게 제1, 2부동산 매수인을 피고 극동지앤에스로 하여(제2부동산의 처분에 관하여는 선순위 우선수익자들의 동의를 얻었다) 제1, 2부동산을 매수하겠다고 하면서, 그 매매대금으로 당초의 약정대로 피고 극동지앤에스가 제1, 2부동산에 관한 근저당권의 피담보채무, 임대차보증금반환채무, 스포츠센터 회원보증금반환채무를 인수하고 가오닉스스포츠의 피고 극동아이앤디에 대한 이 사건 차용금채무를 면제하겠다고 통지하였다. ⑧ 이에 따라 피고 코람코자산신탁, 생보부동산신탁은 2009. 7. 1. 피고 극동지앤에스에게 제1, 2부동산에 관하여 각 매매를 원인으로 한 소유권이전등기를 마쳐주었고, 그와 동시에 피고 극동지앤에스는 다시 제1, 2부동산을 피고 코람코자산신탁, 생보부동산신탁에게 신탁하면서 그 소유권이전등기를 마쳐주었다.

위 인정 사실을 종합하면, 가오닉스스포츠는 이 사건 신탁계약을 통해 피고 극동아이앤디로부터 조달한 이 사건 차용금을 대부분 자신의 대주주인 스타맥스에 대한 채무변제의 목적으로 사용하였음을 알 수 있다. 그리고 이 사건 신탁계약은 제1, 2부동산의 매각협상 과정에서 피고 극동아이앤디가 이를 바로 매수하는 대신 이를 담보로 가오닉스스포츠에 이 사건 차용금을 대여하였다가 가오닉스스포츠의 이행지체 시 이를 매수할 수 있는 권한을 유보하는 이 사건 특약을 두는 방식으로 체결된 것으로 보인다. 그런데 가오닉스스포츠가 그 후 이 사건 차용금의 이자를 전혀 변제하지 아니하고, 피고 극동아이앤디 역시 이 사건 특약이 정한 매수권한을 지체없이 행사함으로써 사실상 가오닉스스포츠가 피고 극동아이앤디 측에 제1, 2부동산을 바로 매도한 것과 같은 결과가 발생하였다.

이러한 사정에 비추어 볼 때, 이 사건 신탁계약은 가오닉스스포츠가 자금을 융통하여 사업을 계속 추진하는 것이 채무 변제력을 갖게 되는 최선의 방법이라고 생각하고 신규자금을 융통하기 위하여 부득이 체결하였다고 보기 어렵다.

이에 대해 피고들은, 이 사건 신탁계약을 통해 조달된 이 사건 차용금으로 가오닉스스포츠의 채무가 일부 변제되었고, 이 사건 특약의 이행으로 가오닉스스포츠의 제1, 2부동산에 관한 근저당권의 피담보채무, 임대차보증금반환채무, 스포츠센터 회원보증금반환채무, 이 사건 차용금채무 등 소극재산 합계 74,623,000,000원이 감소했는데, 당시 제1, 2부동산의 가액은 56,027,000,000원이었으므로, 이 사건 신탁계약으로 인해 일반 채권자들을 해하는 결과가 초래되지 않았다는 취지로 주장한다.

그러나 앞서 본 바와 같이 이 사건 신탁계약으로 조달된 이 사건 차용금은 대부분 가오닉스스포츠의 대주주인 스타맥스에 대한 채무를 변제하는 데에 사용되었다. 그리고 비록 이 사건 특약의 이행에 따른 가오닉스스포츠의 소극재산 감소액이 적극재산 감소액을 초과한다 하더라도, 가오닉스스포츠가 채무초과 상태에서 유일한 재산인 제1부동산을 처분하는 행위는 일반 채권자들의 공동담보에 공할 책임재산을 완전히 소멸하게 한다는 점에서 그 사해성이 부정될 수 없다. 피고들의 위 주장은 이유 없다.

(3) 또한, 채무자가 양도한 목적물에 담보권이 설정되어 있는 경우라면 그 목적물 중에서 일반 채권자들의 공동담보에 공하여지는 책임재산은 피담보채권액을 공제한 나머지 부분만이고, 피담보채권액이 목적물의 가격을 초과하고 있는 때에는 당해 목적물의 양도는 사해행위에 해당한다고 할 수 없다(대법원 1996. 10. 29. 선고 96다23207 판결 참조).

그런데 앞서 본 바와 같이 이 사건 신탁계약 체결 당시 제1부동산의 가액은 34,500,000,000원인데, 피고들의 주장에 의하더라도 제1부동산에 관하여 설정된 근저당권의 피담보채무액은 23,800,000,000원이고, 우선변제권 있는 세금, 퇴직금 등 채무액은 합계 1,187,909,938원이므로(피고들은 당심 변론종결 이후 가오닉스스포츠에는 2009년 1기 부가가치세가 7,459,721,260원, 2009년 귀속 법인세가 6,381,545,970원 각 부과되었는데, 위 각 국세도 우선변제권 있는 채무에 해당한다는 취지로 주장하였다. 그러나 앞서 본 당시 가오닉스스포츠의 사업 진행 상황과 재무구조 및 당심 법원의 강남세무서장에 대한 과세자료제출명령에 대한 회신에 나타난 가오닉스스포츠의 2007년, 2008년 각 부가가치세 및 법인세 부과액수 등에 비추어 보면, 피고들 주장의 위 부가가치세 및 법인세는 제1, 2부동산의 처분으로 인한 것으로 보일 뿐, 이 사건 신탁계약 당시 실제로 존재한 국세채무로 보이지 아니한다), 원고를 비롯한 일반 채권자들의 공동담보에 공하여지는 책임재산은 존재하였다고 보아야 한다.

이에 대하여 피고들은 가오닉스스포츠가 부담하고 있던 스포츠센터 회원보증금반환채무 33,274,000,000원도 제1부동산의 피담보채무에 포함되고, 따라서 제1부동산은 공동담보로서의 가치가 없었다고 주장한다.

앞서 본 바와 같이 가오닉스스포츠센터는 체육시설법에 따라 신고를 마친 종합체육시설이다. 그리고 체육시설법 제27조 제1항, 제2항 제1호에 의하면, 민사집행법에 따른 경매절차에 의하여 체육시설업의 시설기준에 따른 필수시설을 인수하는 자는 기존의 체육시설업자와 회원 간에 약정한 사항에 의한 회원보증금반환채무를 승계하게 된다. 그러므로 제1부동산의 대부분을 차지하는 가오닉스스포츠센터에 관한 경매가 진행되어 그 매수인이 그 필수시설을 인수할 경우, 그 낙찰대금의 산정에는 위 매수인이 승계하게 되는 회원보증금반환채무의 액수도 고려될 것으로 예상할 수 있다.

그러나 가오닉스스포츠센터의 필수시설이 인수될 경우 가오닉스스포츠의 회원보증금반환채무가 그 인수인에게 승계된다고 하여 이 사건 신탁계약 당시 제1부동산에 위 회원보증금반환채무액 상당의 담보가 이미 설정되어 있는 것과 같이 볼 수는 없다. 체육시설법의 위 각 조항이 스포츠센터 회원들의 보증금반환채권에 우선변제권까지 인정되는 것으로 규정하고 있지는 않기 때문이다. 따라서 가오닉스스포츠의 스포츠센터 회원보증금반환채무가 제1부동산의 피담보채무에 해당함을 전제로 하는 피고들의 위 주장은 이유 없다.

(4) 한편, 을 제3호증의 기재에 의하면, 스타맥스는 2009. 2. 12. 가오닉스스포츠와 이 사건 신탁계약 및 제1신탁변경계약 체결의 전제로 '가오닉스스포츠가 신탁계약이 종료된 후 제1, 2부동산으로부터 얻은 수익이 있는 경우, 스타맥스는 별지 목록 기재 채권자와 함께 채권액에 안분비례하여 동 수익에 대하여 우선적인 권리를 갖는다.'는 내용이 포함된 이익분배합의서를 작성한 사실이 인정된다.

그러나 피고들은, 위 이익분배합의서가 이 사건 신탁계약 및 이를 전제로 한 제1, 2부동산의 매수행위에 대해 가오닉스스포츠의 채권자가 문제를 제기할 것을 우려한 피고 극동아이앤디의 요구에 따라 작성되었음을 자인하고 있는데, 위 이익분배합의서에 기재된 '가오닉스스포츠의 채권자 리스트'는 공란으로 되어 있는 점, 원고 등 가오닉스스포츠의 일반 채권자들이 이에 동의하였음을 인정할 아무런 자료가 없는 점 등에 비추어 보면, 앞서 인정한 사실만으로는 가오닉스스포츠의 일반 채권자들이 이 사건 신탁계약에도 불구하고 추후 가오닉스스포츠의 수익을 나누어 가질 수 있도록 제1, 2부동산의 공동담보로서의 가치를 그대로 유지하는 방안을 마련해 놓았다고 보기 어렵다.

(5) 나아가 채무자의 사해의사를 판단함에 있어서는 사해행위 당시의 사정을 기준으로 하여야 할 것임은 물론이나, 사해행위라고 주장되는 행위 이후의 채무자의 변제 노력과 채권자의 태도 등도 사해의사의 유무를 판단함에 있어 다른 사정과 더불어 간접사실로 삼을 수 있다(대법원 2003. 12. 12. 선고 2001다57884 판결 참조).

그런데 앞서 본 바와 같이 가오닉스스포츠는 이 사건 신탁계약으로 피고 극동아이앤디로부터 조달된 이 사건 차용금의 상당 부분을 자신의 대주주인 스타맥스에 대한 채무 변제에 사용하였다(그런데도 스타맥스는 하나은행에 대한 대출원금을 변제하지 않아 결국 원고가 위 대출금채무를 대위변제하는 신용보증사고가 발생한 것으로 보인다). 그리고 스타맥스와 가오닉스스포츠 사이에 이루어진 위 이익분배합의의 내용에 비추어 보더라도 가오닉스스포츠는 이 사건 신탁계약이 그의 일반 채권자를 해할 가능성을 의식하고 있었던 것으로 보인다.

이러한 사정을 종합해 볼 때, 이 사건 신탁계약 당시 가오닉스스포츠의 사해의사는 인정된다.

그리고 신탁법 제8조 제1항은 '채무자가 채권자를 해함을 알고 신탁을 설정한 경우에는 채권자는 수탁자가 선의일지라도 민법 제406조 제1항의 취소 및 원상회복을 청구할 수 있다.'고 규정하고 있다. 따라서 이 사건 신탁계약이 사해행위에 해당하고, 채무자인 가오닉스스포츠의 사해의사가 인정되는 이상, 이 사건 신탁계약의 수탁자인 피고 코람코자산신탁의 선의 여부는 이 사건 신탁계약의 사해성 및 피고 코람코자산신탁의 원상회복의무 인정에 아무런 영향이 없다.

다. 취소의 범위 및 가액배상

근저당권이 설정되어 있는 부동산에 관하여 사해행위가 이루어진 경우 그 사해행위는 부동산의 가액에서 근저당권의 피담보채권액을 공제한 잔액의 범위 내에서만 성립하고, 사해행위가 이루어진 후에 그 근저당권설정등기가 말소되었다면 사해행위를 취소하여 그 부동산 자체의 회복을 명하는 것은 당초 일반 채권자들의 공동담보로 제공되지 않은 부분까지 회복시키는 결과가 되어 불공평하므로, 그 부동산의 변론종결 시 가액에서 근저당권의 피담보채권액을 공제한 잔액의 한도에서 사해행위를 취소하고 그 가액의 배상을 명할 수 있을 뿐이다. 한편 사해행위 취소의 범위는 특별한 사정이 없는 한 취소채권자의 채권액을 한도로 한다(대법원 2001. 9. 4. 2000다66416 판결 참조).

앞서 본 바와 같이 이 사건 신탁계약 당시 제1부동산 중 이에 관해 설정된 근저당권의 피담보채무 및 우선변제권 있는 세금, 퇴직금 등 채무 부분은 일반 채권자들의 공동담보에 공하여지는 가오닉스스포츠의 책임재산에서 제외되어야 한다. 그런데 피고 극동아이앤디가 2009. 4. 10.경 신한은행으로부터 22,000,000,000원을 대출받아 제1부동산에 관해 설정된 근저당권의 피담보채무 중 약 5,300,000,000원을 대위변제함으로써 근저당권설정등기가 일부 말소된 사실은 당시자들 사이에 다툼이 없거나 을 제6, 10, 12호증(각 가지번호 포함)의 각 기재 및 변론 전체의 취지에 의하여 인정된다. 그러므로 결국 이 사건 신탁계약은 제1부동산의 변론종결 시 가액에서 위 피담보채권액 등을 공제한 잔액 및 취소채권자인 원고의 채권액의 한도에서 취소하고, 수익자인 피고 코람코자산신탁은 그 가액을 배상해야 한다.

그런데 앞서 본 바와 같이 이 사건 신탁계약 체결 당시 제1부동산의 가액은 34,500,000,000원이고, 피고들의 주장에 의하더라도 제1부동산에 관하여 설정된 근저당권의 피담보채무액은 23,800,000,000원, 우선변제권 있는 세금, 퇴직금 등 채무액은 합계 1,187,909,938원인데, 원고의 가오닉스스포츠에 대한 구상금채권은 1,700,638,093원(= 1,709,426,729원 - 11,155,130원 + 2,361,910원 + 4,584원)에 불과한바, 제1부동산의 가액에서 피담보채권액을 공제한 잔액은 당심 변론종결일 무렵까지 다소 변동이 있다 하더라도 위 구상금채권을 훨씬 초과할 것이 명백하다.

따라서 이 사건 신탁계약은 1,700,638,093원의 한도 내에서 취소되어야 하고, 피고 코람코자산신탁은 수탁자로서 원고에게 1,700,638,093원 및 이에 대하여 이 판결 확정 다음날부터 다 갚는 날까지 민법이 정한 연 5%의 비율에 의한 지연손해금을 지급할 의무가 있다.

4. 제1, 2신탁변경계약의 사해행위 성립 인정 여부

부동산의 신탁에 있어서 수탁자 앞으로 소유권이전등기를 마치게 되면 대내외적으로 소유권이 수탁자에게 완전히 이전되고, 위탁자와의 내부관계에 있어서 소유권이 위탁자에게 유보되어 있는 것은 아니다(대법원 2002. 4. 12. 선고 2000다70460 판결 참조).

그런데 앞서 본 바와 같이 가오닉스스포츠는 제1, 2신탁변경계약 체결 전인 2005. 12. 5. 피고 생보부동산신탁과 제2부동산에 관하여 부동산담보신탁계약을 체결하고 피고 생보부동산신탁 앞으로 소유권이전등기를 마쳐주었다. 그러므로 제2부동산은 대내외적으로 피고 생보부동산신탁의 소유이다. 그런데 위 부동산담보신탁이 종료되어 제2부동산이 가오닉스스포츠의 책임재산으로 회복되었다는 점에 대한 아무런 주장·입증이 없다. 따라서 제2부동산은 가오닉스스포츠의 일반 채권자들의 공동담보에 공하여지는 책임재산이라 할 수 없고, 제1, 2신탁변경계약은 가오닉스스포츠의 책임재산에 감소를 초래하는 사해행위에 해당하지 않는다. 원고의 위 주장은 나머지 점에 관하여 나아가 살필 것 없이 이유 없다.

74. 대법원 2013. 10. 31. 선고 2012다110859 판결 [신탁위반처분행위]

[논점] 수탁자의 파산관재인이 신탁계약상 자조매각권을 행사하여 신탁재산인 토지를 매각하고 대금으로 비용상환청구권의 변제에 충당할 수 있는지 여부

【이 유】

1. 원고의 상고이유 제1점 및 원고보조참가인의 상고이유에 대하여

가. 원심이 적법하게 확정한 사실과 기록에 의하면, ① 위탁자인 원고, 동방삘딩 주식회사(이하 '동방삘딩'이라 한다) 및 소외 1(이하 합쳐서 '원고 등'이라 한다)과 수탁자인 파산선고 전 한국부동산신탁 주식회사(이하 '파산 전 회사'라 한다)는 신탁재산인 이 사건 토지에 관하여 분양형 토지신탁계약(이하 '이 사건 신탁계약'이라 한다)을 체결한 사실, ② 원고 등과 파산 전 회사가 작성한 이 사건 신탁계약서 제19조 제1항에는 '신탁재산에 속하는 금전으로 차입금 및 그 이자의 상환, 신탁사무 처리상 수탁자의 과실 없이 받은 손해, 기타 신탁사무 처리를 위한 제비용 및 수탁자의 대지급금을 충당하기에 부족한 경우에는 수익자에게 청구하고, 그래도 부족한 경우에는 수탁자가 상당하다고 인정하는 방법 및 가액으로서 신탁재산의 일부 또는 전부를 매각하여 그 지급에 충당할 수 있다'고 규정되어 있는 사실, ③ 이 사건 신탁계약의 수익자는 원고와 동방삘딩인 사실, ④ 이 사건 신탁은 2001. 8. 17. 약정한 신탁기간이 경과하여 종료되었고, 그 이후인 2003. 6. 2. 신탁재산인 이 사건 토지가 아직 귀속권리자에게 이전되지 아니한 상태에서 파산 전 회사가 파산선고를 받았으며, 파산채무자 한국부동산신탁 주식회사의 파산관재인 피고 1(이하 '피고 파산관재인'이라 한다)이 2006. 5. 19. 파산 전 회사의 파산관재인으로 선

임된 사실, ⑤ 피고 파산관재인은 수익자인 원고와 동방삘딩에 수차례에 걸쳐 이 사건 토지를 이전받음과 동시에 신탁비용과 신탁보수를 지급하여 줄 것을 요청하였으나, 원고와 동방삘딩은 이를 지급하지 아니한 사실, ⑥ 이에 피고 파산관재인은 2010. 7. 1. 법원의 허가를 받아 피고 주식회사 코코개발에 이 사건 토지와 건물을 매각하였고, 2010. 11.경 그 대금 중 일부로 신탁비용과 신탁보수의 변제에 충당하고 나머지는 신수탁자에게 반환한 사실 등을 알 수 있다.

나. 이와 같은 사실관계에 비추어 살펴보면, 이 사건 신탁계약서 제19조 제1항은 수탁자인 파산 전 회사가 이 사건 신탁이 존속하는 동안이나 이 사건 신탁이 종료된 이후에 신탁재산에 관한 비용 등을 수익자로 지정된 원고 및 동방삘딩에 청구하였음에도 이를 지급받지 못한 경우에는 신탁재산을 처분하여 그 대금으로 신탁재산에 관한 비용 등의 변제에 충당할 수 있도록 자조매각권을 파산 전 회사에 부여하는 특약이라고 해석된다(대법원 2009. 1. 30. 선고 2006다62461 판결 등 참조).

그런데 이 사건 신탁이 종료된 이후 수익자인 원고와 동방삘딩이 파산 전 회사의 청구에도 불구하고 신탁비용과 신탁보수를 지급하지 아니하였으므로, 수탁자인 파산 전 회사는 이 사건 신탁계약서 제19조 제1항에서 정한 자조매각권을 행사하여 신탁재산인 이 사건 토지를 매각한 대금으로 신탁비용과 신탁보수의 변제에 충당할 수 있다.

한편 파산자가 파산선고 시에 가진 모든 재산은 파산재단을 구성하고 그 파산재단을 관리 및 처분할 권리는 파산관재인에게 속하므로 파산관재인은 파산선고를 받은 수탁자의 포괄승계인과 같은 지위에 있고, 비록 신탁재산은 파산재단에 속하지 아니하지만, 신탁재산에 관한 약정 자조매각권과 비용상환청구권은 파산재단에 속한다. 따라서 피고 파산관재인으로서는 신탁재산인 이 사건 토지에 대하여 관리처분권이 있는지 여부와 관계없이 파산선고 당시 수탁자인 파산 전 회사가 가지고 있던 약정 자조매각권을 행사하여 이 사건 토지를 매각하고 그 대금으로 비용상환청구권의 변제에 충당할 수 있다고 할 것이다.

이와 같은 취지에서 원심이 이 사건 신탁계약서 제19조를 근거로 피고 파산관재인이 파산 전 회사가 파산선고를 받은 후 신탁비용과 신탁보수 등을 상환받기 위하여 신탁재산인 이 사건 토지를 매각할 수 있다고 판단한 것은 정당하고, 거기에 상고이유의 주장과 같이 수탁자의 파산관재인이 가지는 신탁재산에 대한 권한의 범위에 관한 법리를 오해하는 등으로 판결에 영향을 미친 위법이 없다.

상고이유의 주장은 수탁자가 파산선고를 받은 후에는 수탁자의 파산관재인은 파산재단에 속하지 아니하는 신탁재산에 대하여 구 신탁법(2011. 7. 25. 법률 제10924호로 전부 개정되기 전의 것, 이하 같다) 제42조[175]에서 정한 자조매각권을 행사할 수 없다는 취지이나, 피고 파산관재인이 이 사건 신탁계약서 제19조를 근거로 자조매각권을 행사할 수 있다는 원심의 판단이 정당한 이상, 이는 판결에 영향을 미칠 수 없는 사유를 주장하는 것에 불과하므로 받아들일 수 없다.

2. 원고의 상고이유 제2점에 대하여

앞서 본 바와 같이 피고 파산관재인이 신탁재산인 이 사건 토지에 대하여 자조매각권을 행사하여 이를 매각하고 그 대금을 비용상환청구권의 변제에 충당할 수 있는 이상, 피고 파산관재인의 이 사건 토지 매각행위가 구 신탁법 제52조[176] 제1항에 정한 취소권 행사의 대상인 신탁위반의 처분행위에 해당한다고 볼 수 없다.

따라서 이와 달리 피고 파산관재인의 이 사건 토지 매각행위가 신탁위반의 처분행위에 해당함을 전제로, 원고가 2010. 7. 20. 수원지방법원 2010비합42호 사건의 심문절차에서 피고 파산관재인에게 구술

175) 현행 신탁법 제48조.

176) 현행 신탁법 제75조.

로 이 사건 처분행위를 취소하였음에도 이를 간과한 채 이 사건 토지 매각행위가 취소되지 아니하였다고 판단한 원심판결에 채증법칙 위반이나 취소권 행사의 상대방에 관한 법리오해 등의 위법이 있다는 상고이유의 주장은 더 나아가 살펴볼 필요 없이 받아들일 수 없다.

[원심판결] 서울고등법원 2012. 10. 18. 선고 2011나64944 판결 [신탁위반처분행위]

【주 문】

1. 당심에서 변경된 원고의 피고 주식회사 코코개발, 한국자산신탁 주식회사에 대한 주위적 청구 및 당심에서 추가된 원고의 피고 파산채무자 한국부동산신탁 주식회사의 파산관재인 피고 1, 주식회사 코코개발에 대한 제2 예비적 청구를 모두 기각한다.

2. 원고의 피고들에 대한 항소를 모두 기각한다.

3. 항소 제기 이후의 소송비용 중 보조참가로 인한 부분은 원고보조참가인이 부담하고, 나머지 부분은 원고가 부담한다.

【청구취지 및 항소취지】

제1심 판결을 취소한다.

주위적 청구취지 : 별지 (1) 제1항 기재 토지(이하 '이 사건 토지'라 한다)에 관하여, 피고 주식회사 코코개발(이하 '피고 코코개발'이라 한다)은 피고 파산채무자 한국부동산신탁 주식회사(이하 '한국부동산신탁'이라 한다)의 파산관재인 피고 1(이하 '피고 파산관재인'이라 한다)에게 인천지방법원 서인천등기소 2010. 10. 1. 접수 제71127호로 마친 소유권이전등기(이하 '이 사건 제1 소유권이전등기'라 한다)의, 피고 한국자산신탁 주식회사(이하 '피고 한국자산신탁'이라 한다)는 피고 코코개발에게 인천지방법원 서인천등기소 2010. 10. 1. 접수 제71128호로 마친 소유권이전등기(이하 '이 사건 제2 소유권이전등기'라 한다)의 각 말소등기절차를 이행하라.

제1 예비적 청구취지 : 이 사건 토지에 관하여, 피고 파산관재인과 피고 코코개발 사이의 이 사건 제1 소유권이전등기를 취소하고, 피고 코코개발은 피고 파산관재인에게 이 사건 제1 소유권이전등기의, 피고 한국자산신탁은 피고 코코개발에게 이 사건 제2 소유권이전등기의 각 말소등기절차를 이행하라.

제2예비적 청구취지 : 피고 파산관재인, 코코개발은 각자 원고에게 20억 원 및 이에 대하여 2010. 7. 1.부터 다 갚는 날까지 연 20%의 비율에 의한 금원을 지급하라.

【이 유】

2. 원고의 주위적 청구에 관한 판단

가. 당심의 심판순서

원고의 주위적 청구에 관한 판단에 앞서 당심의 심판순서에 관하여 살피건대, 아래에서 보는 바와 같이 이 사건 주위적 청구원인은 이 사건 처분행위가 무권리자의 처분행위에 해당함을 이유로 한 원인무효로 인한 이 사건 제1, 2 소유권이전등기의 각 말소등기청구이고, 예비적 청구원인은 이 사건 처분행위가 신탁위반 처분행위에 해당함을 이유로 한 수익자취소청구 및 그에 따른 원상회복청구이며, 제2 예비적 청구원인은 업무상 배임 등 공동불법행위로 인한 이 사건 토지에 관한 소유권이전등기청구권 및 이 사건 건물에 대한 소유권의 확정적 상실이라는 재산상 손해의 일부에 대한 배상청구인바, 원고의 제2 예비적 청구는 주위적 청구나 제1 예비적 청구와 논리적으로 양립 불가능한 반면, 제1 예비적 청구는 주위적 청구와 논리적으로 양립 가능하지만, 이러한 경우에도 법원의 심판순서는 원고가 청구한 심판의 순서에 구속을 받게 되므로, 이하에서는 원고의 주위적 청구, 제1 예비적 청구 및 제2 예비적 청구의 순으로 판단하기로 한다.

나. 당사자의 주장 및 주된 쟁점

1) 원고는, 피고 파산관재인은 이 사건 신탁재산에 대하여 구 신탁법 제11조 제2항에 따라 임시적인 관리의무만을 부담할 뿐 구 신탁법 소정의 자조매각권 또는 그 밖의 처분권한이 없기 때문에 이 사건 처분행위는 무권리자의 처분행위로서 무효라고 주장하면서, 원고의 피고 파산관재인에 대한 이 사건 토지에 관한 이 사건 신탁종료에 따른 신탁재산의 귀속을 원인으로 한 소유권이전등기청구권(이하 '이 사건 소유권이전등기청구권'이라 한다)을 피보전권리로 하여 피고 파산관재인을 대위하여 이 사건 처분행위에 기하여 피고 코코개발 앞으로 마쳐진 이 사건 제1 소유권이전등기 및 그에 터잡아 피고 한국자산신탁 앞으로 마쳐진 이 사건 제2 소유권이전등기의 각 말소를 구한다.

2) 이에 대하여 위 피고들은, ① 피고 파산관재인은 파산 전 회사의 포괄승계인으로서 이 사건 신수탁자 선임시까지 파산 전 회사가 이 사건 신탁재산에 대하여 가지고 있던 자조매각권 기타 관리처분권을 행사할 수 있으므로, 이 사건 처분행위는 처분권 있는 자의 처분행위로서 유효하고, ② 설령 피고 파산관재인이 이 사건 신탁재산에 대한 관리처분권이 없거나 구 신탁법 제11조 제2항에 따라 제한된다 하더라도 이 사건 처분행위가 구 신탁법 제52조에 따른 수익자취소의 대상이 될 수 있음은 별론으로 하더라도 당연무효로 되는 것은 아니며, ③ 가사 이 사건 처분행위가 무권리자의 처분행위로서 무효라고 하더라도 이 사건 신수탁자의 추인에 의하여 그 행위시로 소급하여 유효하게 된다고 주장한다.

3) 결국 원고의 주위적 청구에 관한 주된 쟁점은, 피고 파산관재인이 파산 전 회사가 이 사건 신탁종료 전부터 이 사건 신탁재산에 대하여 가지고 있던 이 사건 신탁비용 및 신탁보수 지급채권의 회수를 위하여 이 사건 신탁종료 및 파산 전 회사의 파산선고 후에도 이 사건 신탁재산을 자조매각할 적법한 권한을 가지는지 여부이다.

다. 이 사건 법률관계의 개관

1) 신탁종료에 따른 귀속권리자를 위한 법정신탁의 발생

가) 신탁이 종료하거나 해지된 경우에도 신탁재산이 귀속권리자에게 이전될 때까지는 구 신탁법 제61조에 따라 귀속권리자를 수익자로 하는 신탁이 존속하는 것으로 간주되는데, 이는 신탁재산에 대한 귀속권리자의 권리보호를 신탁법적 방법으로 구성한 것으로서 법정신탁의 일종이다. 이러한 귀속권리자를 위한 법정신탁은 신탁행위에서 귀속권리자를 정하고 있을 경우에는 기존 신탁의 연장으로서의 성격을 가지는 반면, 그렇지 않을 경우에는 복귀신탁으로서의 성격을 가진다. 귀속권리자를 위한 법정신탁이 기존 신탁의 연장으로서의 성격을 가지는 경우에는 신탁목적이 신탁재산의 청산과 청산 후 재산의 귀속권리자에 대한 인도를 목적으로 한다는 점, 수탁자의 권한행사가 기존 신탁목적에 따른 관리·운용이 아니라 소극적인 청산목적에 따른 변제처분으로 변경된다는 점(다만, 수탁자의 권한범위는 신탁사무의 종결을 위해 필요한 것인지 여부에 따라 결정되므로, 예컨대 신탁채무의 변제를 위해 신탁재산의 처분이 필요한 때에는 환가를 위한 처분권이 인정될 수 있다)을 제외하고는 기존 신탁과 별반 다를 바가 없다.

나) 귀속권리자를 위한 법정신탁도 신탁의 일종이므로, 구 신탁법에 달리 정함이 있는 경우를 제외하고는 그 성질에 반하지 않는 범위 안에서 통상 신탁에 관한 규정이 준용된다.

(1) 귀속권리자를 위한 법정신탁의 존속 중에 수탁자가 파산선고 등을 받아 임무가 종료한 경우에도 신탁관계는 종료하지 않고 신수탁자를 선임함으로써 존속하고, 한편 수탁자의 파산관재인은 신수탁자가 신탁사무를 처리할 수 있게 될 때까지 신탁재산을 보관하고 신탁사무인계에 필요한 행위를 하여야 한다(구 신탁법 제11조 내지 제13조, 제15조 및 제17조 참조). 또한, 이와 같이 수탁자가 경질되는 경우

에 신수탁자는 구 신탁법 제26조, 제48조 등이 정하는 수탁자 경질의 법리에 따라 수탁자의 지위를 포괄적으로 승계하게 된다.

(2) 귀속권리자를 위한 법정신탁의 수탁자도 구 신탁법 제42조, 제43조에 따라 신탁재산 또는 수익자에 대하여 비용·손해보상청구권 및 보수청구권(이하 '비용등상환청구권'이라 한다)을 갖는데, 이러한 비용등상환청구권은 수탁자의 고유재산에 해당하여 수탁자가 파산선고를 받은 때에는 그 파산재단에 속하게 된다[채무자의 회생 및 파산에 관한 법률(이하 '통합도산법'이라 한다) 제382조 제1항, 구 신탁법 제22조 참조]. 한편, 수탁자의 비용등상환청구권은 다른 신탁채권과 달리 수탁자의 고유재산에 대하여는 행사될 수 없고 신탁재산에 대하여 행사되어야 한다는 측면에서 보면, '비용등상환청구권의 행사자로서의 수탁자의 지위(고유재산의 소유자, 즉 수탁자 개인의 지위에서 비롯된 것이다)'와 '그 상대방으로서의 수탁자의 지위(신탁재산의 소유자 내지 관리자의 지위에서 비롯된 것이다)'는 관념적으로 충분히 준별된다.

2) 이 사건 종전소송 제2심 판결의 효력

가) 이 사건 종전소송의 제1심 소송계속 중 파산 전 회사가 파산선고를 받아 그 소송절차가 중단되자 파산 후 회사의 파산관재인이 그 소송절차를 수계하였고, 한편 피고 파산관재인이 2010. 10. 19. 이 사건 신수탁자로 선임되었음은 앞에서 인정한 바와 같은바, ① 이 사건 토지 및 건물은 이 사건 신탁재산으로서 파산 후 회사의 파산재단을 구성하지 아니하여 이 사건 종전소송은 파산재단에 속하는 재산의 귀속을 다투는 소송에 해당하지 아니하므로, 파산 전 회사는 고유재산의 소유자로서의 지위에서가 아니라 신탁재산의 소유자 내지 관리자로서의 지위에서 이 사건 종전소송의 피고로 된 점, ② 구 신탁법 제11조는 피고 파산관재인에게 이 사건 신탁재산에 대한 임시적인 관리의무만을 부담시킨 것일 뿐 그로써 이 사건 신탁재산에 대한 소송수행권을 포함한 관리처분권을 부여한 것으로는 볼 수 없는 점 등에 비추어 보면, 피고 파산관재인이 신수탁자가 선임되지 아니한 상태에서 파산관재업무의 일환으로 파산법원의 감독 하에 이 사건 신탁재산 정리업무를 처리하고 있다는 사정만으로 피고 파산재인에게 수계적격을 인정할 수 없으므로, 위와 같은 경우에는 피고 파산관재인이 아니라 이 사건 신수탁자가 이 사건 종전소송의 수계절차를 밟아야 한다.

나) 결국 이 사건 종전소송의 제2심 판결은 소송수계 요건의 흠결을 간과한 채 본안에 관한 실체판결을 한 잘못이 있어 위법한바, 진정수계인인 이 사건 신수탁자에 대한 관계에서는 소송은 여전히 중단상태에 있지만, 참칭수계인인 피고 파산관재인에 대한 관계에서는 그 판결이 확정된 이상 기판력을 가지므로, 민사소송법 제218조 제3항에 따라 파산 후 회사에 대하여도 그 확정판결의 효력이 미친다.

3) 이 사건의 구체적인 법률관계

가) 이 사건 신탁이 2001. 8. 17. 종료하였고, 이 사건 신탁계약서 제26조에서 기존 수익자인 원고 및 동방뻴딩을 귀속권리자로 지정하고 있음은 앞에서 인정한 바와 같으므로, 이 사건 신탁종료로 발생하는 귀속권리자를 위한 법정신탁(이하 '이 사건 법정신탁'이라 한다)은 이 사건 신탁의 연장으로서의 성격을 가진다. 따라서 이 사건 법정신탁의 수익자는 원고 및 동방뻴딩이 되고, 전수탁자는 파산 전 회사가 되며, 신수탁자는 이 사건 신수탁자가 된다.

나) 이 사건 법정신탁의 수익자 중 한사람인 원고는 이 사건 종전소송의 제2심 판결에 기하여 피고 파산관재인에게 이 사건 소유권이전등기청구권을 가짐은 물론 통합도산법 제407조에 따라 이 사건 토지에 대하여 환취권을 가진다. 또한, 원고는 이 사건 법정신탁의 목적상 구 신탁법 제48조 제1항에 따라 이 사건 신수탁자에 대하여 이 사건 소유권이전등기청구권을 가진다[원고 및 동방뻴딩에게 이 사건 신탁재산을 완전히 이전하는 것이 이 사건 법정신탁의 목적이기 때문에 이에 대응하여 파산 전 회사의

직무권한도 잔무의 처리, 이 사건 신탁재산의 원고 및 동방뻴딩에로의 이전(권리와 점유 또는 점유만), 그 이전 완료 시까지 이 사건 신탁재산을 보전하고 적절히 수익을 올리는 것(단, 즉시 회수할 수 없는 조건으로 투자하여서는 아니 된다) 등에 한정되고, 한편 구 신탁법 제48조 제1항은 수탁자가 경질된 경우에 신수탁자는 전수탁자가 신탁행위에 의하여 수익자에 대하여 부담하는 채무를 승계한다고 규정하고 있다].

다) 이 사건 신수탁자는 구 신탁법 제26조 제1항, 제11조 제2항에 따라 파산 파산관재인에게 이 사건 토지의 양도를 청구할 수 있음은 물론 통합도산법 제407조에 따라 이 사건 토지에 대하여 환취권을 가진다.

라) 이 사건 처분행위가 무권리자의 처분행위로서 무효인 경우 당연히 이 사건 토지의 소유권이 파산 후 회사에게 복귀하는데, 이 경우 원인무효로 인한 제1, 2 소유권이전등기의 각 말소등기청구권을 피고 파산관재인과 이 사건 신수탁자 중 누가 행사할 수 있는지에 대해서는 논란의 여지가 있을 수 있다. 한편으로는 ① 이 사건 토지는 파산 후 회사의 파산재단 중 법정재단에는 해당하지 아니하나 현유재단에는 해당한다고 볼 수 있는 점, ② 위 각 말소등기청구권의 행사가 구 신탁법 제11조 제2항에 따른 피고 파산관재인의 이 사건 신탁재산에 대한 임시적인 관리의무에 포함된다고 볼 수 있는 점, ③ 피고 파산관재인은 이 사건 신수탁자에게 구 신탁법 제26조 제1항, 제11조 제2항에 따라 이 사건 토지의 양도의무를 부담하는 점 등에 비추어 피고 파산관재인이 위 각 말소등기청구권을 행사할 수 있다고 해석할 수 있다. 다른 한편으로는 ① 이 사건 신수탁자는 전수탁자인 파산 전 회사의 지위를 포괄적으로 승계할 뿐만 아니라 이 사건 종전소송의 수계절차를 밟을 수 있는 점, ② 이 사건 신수탁자는 선임 후 지체 없이 원고 및 동방뻴딩을 위하여 이 사건 신탁재산의 보전조치를 취하여야 하므로 파산 후 회사의 파산재단으로부터 이 사건 토지를 환취할 의무를 지는 점 등에 비추어 이 사건 신수탁자도 위 각 말소등기청구권을 행사할 수 있다고 해석할 수 있다.

《당사자 사이의 구체적인 권리의무관계》

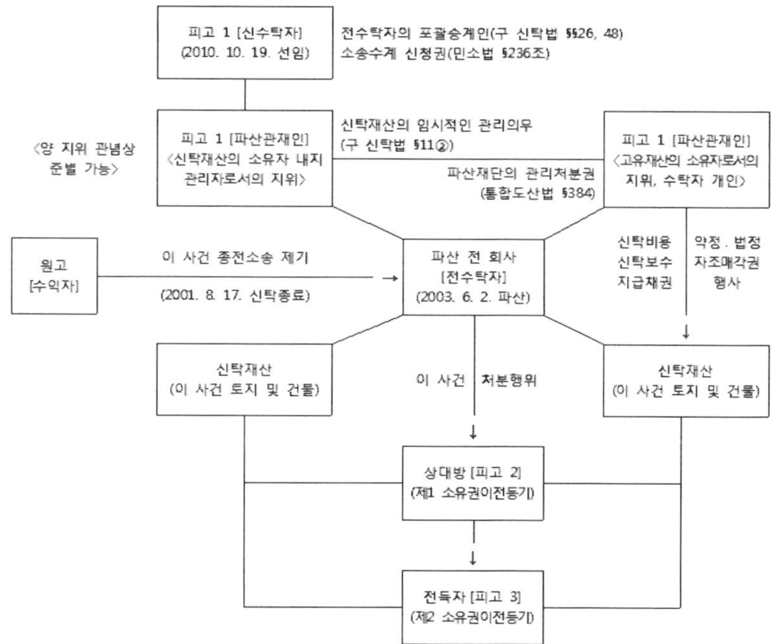

라. 판 단

1) 피보전채권의 존재

《원고의 채권자대위권 행사방안》

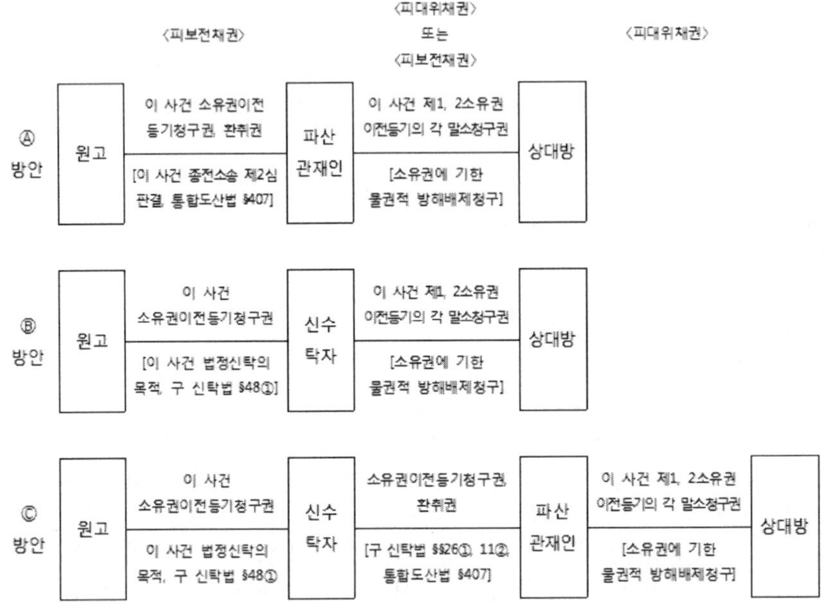

가) 파산 후 회사의 소유권에 기한 물권적 방해배제청구로서 이 사건 제1, 2 소유권이전등기의 각 말소등기청구권을 피고 파산관재인과 이 사건 신수탁자 중 누가 행사할 수 있는지에 따라 원고는 위 세 가지 중 어느 한 가지 방안으로 이 사건 채권자대위권 행사가 가능하다. 또한, 위 ⓐ 방안의 경우 이 사건 신탁종료에 따라 이 사건 소유권이전등기청구권의 이행기가 도래한 이상 그것에 동시이행의 항변권이 붙어 있다 하더라도 민법 제404조 제2항에 따라 법원의 허가를 얻어야 하는 것도 아니다. 따라서 이 사건 채권자대위권 행사에 있어 피보전채권은 인정된다.

나) 이에 대하여 피고 코코개발, 한국자산신탁은 파산채권자가 파산자에 대한 채권을 보전하기 위하여 파산재단에 관하여 파산관재인에 속하는 권리를 대위하여 행사하는 것은 법률상 허용되지 않는바, 원고가 파산 후 회사에 대한 파산채권자라 하더라도 피고 파산관재인의 권리를 대위행사하여 이 사건 제1, 2 소유권이전등기 각 말소의 본안재판을 구할 법률상의 지위에 있지 않다고 할 것이어서 원고의 주위적 청구는 부적법하여 각하되어야 한다고 항변한다. 살피건대 ① 이 사건 토지는 이 사건 신탁재산에 해당하여 파산 후 회사의 파산재단을 구성하지 아니하는 점, ② 위 세 가지 중 어떤 방안에 의하더라도 파산 후 회사 또는 이 사건 신수탁자는 고유재산의 소유자로서의 지위에서가 아니라 신탁재산의 소유자 내지 관리자로서의 지위에서 이 사건 채권자대위권의 피보전채권의 채무자 및 그 피대위채권의 채권자가 되는 점 등을 종합하면, 위 피보전채권은 파산 후 회사에 대한 파산채권에 해당하지 아니하고(통합도산법 제432조 참조), 위 피대위채권은 파산 후 회사의 파산재단을 구성하지 아니하므로, 원고의 주위적 청구는 파산채권자가 파산자에 대한 채권을 보전하기 위하여 파산재단에 관하여 파산관재인에게 속하는 권리를 대위하여 행사하는 경우에 해당하지 아니한다. 따라서 위 피고들의 위 본안전 항변은 이유 없다.

2) 채권보전의 필요성

채권자는 자기의 채무자에 대한 부동산의 소유권이전등기청구권 등 특정채권을 보전하기 위하여 채무자가 방치하고 있는 그 부동산에 관한 특정권리를 대위하여 행사할 수 있고 그 경우에는 채무자의 무자력을 요건으로 하지 아니하는 것이므로, 이 사건에서 원고는 이 사건 소유권이전등기청구권을 보전하기 위하여 피고 파산관재인 또는 이 사건 신수탁자의 자력 유무에 상관없이 이 사건 제1, 2 소유권이전등기의 각 말소등기청구권을 대위행사할 수 있다. 따라서 이 사건 채권자대위권 행사에 있어 채권보전의 필요성도 인정된다.

3) 피대위채권의 존부(이 사건 처분행위의 효력)

피고 파산관재인은 아래와 같은 이유로 이 사건 신탁재산으로서 파산 후 회사의 파산재단에 속하지 아니하는 이 사건 토지에 대하여도 이 사건 신탁계약서 제19조 제1항에 따른 자조매각권(이하 '약정자조매각권'이라 한다)은 물론 구 신탁법 제42조 제1항, 제43조에 따른 자조매각권(이하 '법정자조매각권'이라 한다)도 행사할 수 있다고 봄이 상당하므로, 이 사건 처분행위는 처분권 있는 자의 처분행위에 해당하여 유효한 것으로 된다. 따라서 이 사건 채권자대위권 행사에 있어 피대위채권은 인정되지 않는다.

가) 귀속권리자를 위한 법정신탁의 수탁자의 권한범위는 신탁사무의 종결을 위해 필요한 것인지 여부에 따라 결정될 것인데, 신탁비용 및 신탁보수 지급채무 등 신탁채무의 변제 및 그 변제를 위한 신탁재산의 처분은 신탁사무의 종결을 위해 필요불가결한 것이므로 필요한 경우에는 수탁자에게 환가를 위한 처분권이 인정될 수 있는 점, 수탁자가 가지는 비용등상환청구권은 수탁자의 고유재산에 해당하여 수탁자가 파산선고를 받은 때에는 파산재단을 구성하게 되는 점 및 비용등상환청구권의 행사자로서의 수탁자의 지위(고유재산의 소유자, 즉 수탁자 개인의 지위에서 비롯된 것이다)와 그 상대방으로서의 수탁자의 지위(신탁재산의 소유자 내지 관리자의 지위에서 비롯된 것이다)가 관념적으로 충분히 준별된다는 점은 앞에서 살핀 바와 같다.

나) 귀속권리자를 위한 법정신탁의 수탁자는 신탁재산의 소유명의가 자신에게 남아있어 자신이 신탁재산의 관리처분권을 가지고 있는 경우에는 신탁비용 및 신탁보수를 회수하기 위하여 신탁재산에 대하여 약정자조매각권을 행사할 수 있다고 함이 판례상의 확립된 해석이다. 나아가 ① 우리 판례상 기존 신탁의 수탁자의 법정자조매각권 행사가 긍정되는 이유는 수탁자가 신탁재산의 소유명의자로서 관리처분권을 보유하고 있기 때문이므로, 귀속권리자를 위한 법정신탁에서도 신탁재산의 소유명의가 수탁자에게 남아 있어 수탁자가 이에 대한 관리처분권을 보유하고 있는 경우에는 수탁자의 법정자조매각권 행사를 긍정함이 논리적 일관성의 측면에서 타당할 뿐만 아니라 이를 부정하게 되면 수탁자는 위와 같은 경우 신탁재산에 대한 비용상환청구권 강제집행조차 불가능하므로, 수익자에게 신탁재산을 이전하여 준 후 수익자를 상대로 이행소송을 제기하는 등으로 집행권원을 얻은 후에야 신탁재산에 대한 강제집행을 하여 비용등상환청구권의 실행과 만족을 얻을 수밖에 없어 수탁자에게 지나치게 가혹하고 불합리한 결과를 초래하게 되는 점, ② 기존 신탁의 수탁자는 신탁재산은 물론 자신의 고유재산까지 책임재산으로 하여 신탁채권자에 대하여 무한책임을 부담하므로, 기존 신탁이 종료하더라도 신탁재산의 소유자 내지 관리자로서의 수탁자가 신탁채권자의 채권 또는 고유재산 소유자로서의 수탁자 개인의 비용등상환청구권을 신탁재산으로 변제하여 소멸시킨 후 잔여재산을 귀속권리자에게 이전하는 것을 인정함이 공평·타당한 점, ③ 구 신탁법 제62조는 제27조와 제49조의 규정은 신탁의 종료로 인하여 신탁재산이 수익자에게 귀속한 때에 준용한다고 규정하고 있는데, 이는 기존 신탁이 종료한 후 신탁재산이 수익자에게 완전히 이전된 경우를 염두에 둔 규정이라고 해석함이 상당한 점(신탁종료 후 신탁재산이 수익자에게 이전되면, 수탁자는 신탁재산의 소유자 내지 관리자로서의 지위를 상실하므로 더 이상 법

정자조매각권 행사가 불가능해 지고, 따라서 강제집행, 경매 및 유치권밖에 행사할 수 없다. 바꾸어 말하면, 신탁종료 후 신탁재산이 아직 수탁자 명의로 남아 있던 경우 수탁자 자신이 자신에 대하여 강제집행을 하는 것이 법률상 불가능했던 것이 그 소유명의자가 수익자로 바뀜으로써 이제는 강제집행이 가능해지게 되는 것이다) 등을 종합적으로 고려해 보면, 귀속권리자를 위한 법정신탁의 수탁자는 법정자조매각권도 행사할 수 있다고 해석하는 것이 당해 법조의 문언 내용과 형식, 구 신탁법의 전반적인 체계와 취지·목적 등에 부합한다.

다) 귀속권리자를 위한 법정신탁에서 수익자의 수탁자에 대한 신탁보수 및 신탁비용 지급의무와 수탁자의 수익자에 대한 신탁재산의 소유권 이전의무가 동시이행의 관계에 있다 하더라도(앞에서 인정한 바와 같이 이 사건 종전소송의 제2심 판결도 같은 취지로 판시하였다), 양자는 인적 채무 상호간에 관한 것일 뿐이므로, 수익자가 상당한 기간 내에 수탁자에 대하여 신탁비용 및 신탁보수 지급의무의 이행을 제공할 수 있다는 등의 특별한 사정이 없는 한 수익자는 위와 같은 동시이행의 항변권이 있다는 사정만으로 수탁자가 신탁비용 및 신탁보수를 지급받기 위하여 신탁재산에 대하여 약정자조매각권 내지 법정자조매각권을 행사하는 것을 저지할 권리는 없다. 이는 수익자에 대한 인적 권리(채권적 청구권)의 문제와 신탁재산에 대한 물적 권리(물권적 청구권)의 문제를 구별하여, 전자를 동시이행의 관계로 보는 문제와 후자의 권리행사의 문제는 별개라는 점을 근거로 한다. 더구나 신탁계약에서 신탁종료 후 신탁재산에 속하는 금전으로 신탁사무처리를 위한 제비용 및 수탁자의 대금지급 등에 충당하기에 부족한 경우 수탁자에게 신탁재산의 반환에 앞서 약정자조매각권을 행사할 수 있도록 하고, 또한 약정자조매각권의 행사에 앞서 신탁재산의 수익자 겸 귀속권리자를 상대로 비용보상을 청구할 수 있도록 하는 특약(이 사건 신탁계약서 제19조 참조)을 두는 경우에는 신탁종료시 수익자 겸 귀속권리자의 비용보상의무는 신탁재산에 관하여 약정자조매각권을 가지고 있는 수탁자의 소유권이전등기의무보다 선이행되어야 한다고 봄이 상당하다.

라) 파산채무자가 파산선고 당시에 가진 모든 재산은 파산재단에 속하고, 파산재단을 관리 및 처분하는 권한은 파산관재인에게 속하므로(통합도산법 제382조 제1항, 제384조 참조), 파산관재인은 파산채무자의 포괄승계인과 같은 지위를 가지는 한편, 파산관재인의 실체적 지위는 파산채무자를 기준으로 확정된다. 다시 말해서 파산관재인은 원칙적으로 파산채무자가 가진 것과 같은 실체적 지위를 가지므로, 파산선고로 파산관재인이 파산채무자의 재산에 대한 관리처분권을 가지더라도 파산재단에 속하는 권리의무의 주체는 여전히 파산채무자 본인이 된다.

그렇다면 귀속권리자를 위한 법정신탁의 수탁자가 파산선고를 받기 전에 신탁비용 및 신탁보수를 지급받기 위하여 신탁재산에 대하여 약정·법정자조매각권을 행사할 수 있었다면, 수탁자의 파산관재인도 신탁재산을 자조매각하여 그 매각대금으로 파산재단에 속하는 비용등상환청구권의 변제에 사용할 수 있다고 보아야 한다. 근본적으로 수탁자는 파산선고를 전후하여 자신의 명의로 된 신탁재산을 보유하고 있는 한 그 권리의무의 주체라고 보아야 하는데, 이러한 수탁자가 가지는 약정·법정자조매각권이 파산선고를 받았다는 이유로 갑자기 소멸하는, 즉 수탁자와 그 파산관재인 어느 누구도 이를 행사하지 못하게 되는 근거를 도저히 찾을 수 없다.

3. 원고의 제1 예비적 청구에 관한 판단

가. 원고의 주장

원고는 이 사건 처분행위가 이 사건 신탁의 본지에 위반하는 것이라고 주장하면서, 구 신탁법 제52조에 기하여 피고 파산관재인을 상대로 이 사건 제1 소유권이전등기의 취소를 구하고, 그 원상회복으로서 피고 코코개발, 한국자산신탁을 상대로 이 사건 제1, 2 소유권이전등기의 각 말소를 구한다.

나. 수익자의 신탁위반 처분행위의 취소권(수익자취소권)

1) 수탁자가 신탁의 본지에 위반하여 신탁재산을 처분하여도 수탁자는 신탁재산에 대하여 완전한 권리를 갖고 있기 때문에 제3자는 유효하게 권리를 취득하게 되므로 신탁재산과 수익자는 손해를 입게 되는데, 구 신탁법은 수탁자의 의무위반에 대하여 원상회복청구권 등을 인정하고(제38조 참조), 수탁자가 취득한 대위물도 신탁재산에 포함시키는(제19조 참조) 이외에 수익자에게 신탁목적을 위반한 처분행위를 취소하고 신탁재산을 찾아올 수 있는 권리로서 취소권(제52조 참조)을 인정하고 있다(제52조는 수익자의 원상회복청구권을 직접 언급하고 있지는 않지만, 수익자의 원상회복청구는 인정된다). 수익자 보호를 강화하고자 영미신탁법상 신탁재산의 추급이론을 우리나라의 일반 사법체계에 따라 변용하여 수용한 것으로서, 일응 채권자취소와 유사한 면이 있으나 성질과 내용이 전혀 다른 제도이다.

2) 수익자취소권은 수익자가 자신의 명의로 행사하여야 하고, 신탁재산을 빨리 회복할 필요가 있으므로 사해행위취소권과 달리 반드시 재판상 행사할 필요는 없으며, 재판 외에서도 행사할 수 있다. 한편, 수익자취소권의 상대방에 대하여는 수탁자라는 설, 수탁자와 수탁자의 상대방이라는 설, 수탁자의 상대방 또는 전득자라는 설이 대립하고 있는데, 수탁자와 수탁자의 상대방으로 보는 것이 학설상 다수설이다.

3) 수익자취소권은 수익자 등이 취소의 원인이 있음을 안 날부터 1개월, 처분행위가 있을 날부터 1년 내에 행사하지 아니하면 소멸한다(구 신탁법 제54조). 앞서 살핀 바와 같이 수익자취소권의 행사기간은 출소기간인 제척기간이 아니라 재판상 또는 재판외의 권리행사기간인 제척기간이라고 봄이 상당하다. 수익자취소권의 제척기간이 지나치게 짧아 수익자 보호에 미흡하다는 입법론적 비판도 있으나, 수익자취소권 제도가 재판 외에서도 아무런 절차적인 제약 없이 수익자 단독의 의사표시에 의하여 제3자 사이의 법률관계를 일방적으로 취소시킬 수 있도록 하는 극히 예외적인 제도인 점을 감안해 볼 때, 취소의 대상이 되는 처분행위의 상대방 또는 전득자의 신뢰보호와 거래안전의 유지를 위하여 극히 단기의 제척기간을 둔 취지를 이해할 수 있다.

다. 판 단

1) 이 사건 제1 소유권이전등기의 취소청구 부분(수익자취소청구 부분)

기존 법률관계의 변동·형성의 효과를 발생함을 목적으로 하는 형성의 소는 법률에 명문의 규정이 있는 경우에 한하여 인정되는 것이고 법률상의 근거가 없는 경우에는 허용될 수 없는 것인바, 원고의 제1 예비적 청구 중 수익자취소청구 부분은 그 청구의 성질상 형성의 소에 해당하는데, 이를 제기할 수 있다는 아무런 법률상의 근거가 없으므로(민법 제406조는 그 규정 내용상 채권자취소소송을 제기할 수 있는 법적 근거가 될 수 있으나, 구 신탁법 제52조는 그 규정 내용상 수익자취소소송을 제기할 수 있는 법적 근거가 될 수 없다), 원고의 이 부분 청구는 아무런 근거규정 없이 제기된 부적법한 것이어서 각하를 면할 수 없다.

2) 이 사건 제1, 2 소유권이전등기의 각 말소등기청구 부분(원상회복청구 부분)

가) 아래에서 살피는 바와 같이 원고의 이 사건 수익자취소권 행사는 제척기간의 도과로 취소권이 소멸한 이후에 이루어진 것이어서 효력이 없을 뿐만 아니라 이 사건 처분행위(이 사건 제1 소유권이전등기는 처분행위에 해당하지 아니하여 수익자취소의 대상이 될 수 없으므로, 이 사건 처분행위가 그 대상인 것으로 선해하여 판단한다)도 이 사건 신탁 내지 법정신탁의 본지에 위반하지 아니하므로, 이 사건 수익자취소권 행사가 적법·유효함을 전제로 하는 원고의 제1 예비적 청구 중 원상회복청구(원고의 피고 코코개발, 한국자산신탁에 대한 이 사건 수익자취소권 행사에 따른 원상회복으로서 이 사건 제1, 2 소유권이전등기의 각 말소등기청구) 부분은 더 나아가 살필 필요 없이 이유 없다.

나) 수익자취소권은 수탁자와 그 상대방에 대한 의사표시를 요하는 형성권의 일종이므로, 취소의 의사표시가 수탁자와 그 상대방에게 도달한 때에 비로소 효력을 발생함이 사법상의 원칙이고, 수익자가 취소의 의사표시를 담은 소장부본을 수탁자와 그 상대방에게 송달함으로써 수익자취소권을 재판상 행사하는 경우에는 그 소장부본이 수탁자와 그 상대방에게 도달할 때에 비로소 수익자취소권 행사의 효력이 발생하여 수익자, 수탁자 및 그 상대방 사이에 취소의 효력이 생기므로, 취소의 의사표시가 담긴 소장부본이 1개월 또는 1년의 제척기간 내에 송달되어야만 수익자가 제척기간 내에 적법하게 수익자취소권을 행사하였다고 할 것이다..

그런데 원고는 이 사건 소제기 일인 2010. 10. 29. 무렵에는 피고 파산관재인이 이 사건 신탁의 본지에 위반함을 알면서 이 사건 처분행위를 하였다는 사실을 알았다고 봄이 상당하므로(더욱이 원고는 2010. 7. 7.경 늦어도 2010. 9. 6.경에는 이 사건 신탁의 본지에 위반하는 이 사건 처분행위가 있은 사실을 알았음을 자인하고 있다), 위 법리에 비추어 볼 때, 이 사건과 같이 원고가 수익자취소권을 재판상 행사하는 경우에는 취소의 의사표시가 담긴 이 사건 소장부본이 이 사건 수익자취소권의 행사기간인 2010. 11. 29. 내에 이 사건 처분행위의 당사자인 피고 파산관재인과 코코개발에게 각 송달되어야만 그 취소권 행사가 적법하다고 할 것인데, 이 사건 소장부본은 2011. 2. 24.에야 피고 파산관재인에게, 2011. 3. 2.에야 피고 코코개발에게 각 송달되었음이 기록상 명백하므로, 결국 원고의 이 사건 수익자취소권 행사는 그 제척기간의 경과로 인하여 취소권이 소멸된 이후에 이루어진 것으로서 효력이 없다.

이에 대하여 원고는 2010. 7. 중순경 수원지방법원 2003하합4호 파산선고 사건에서 2010. 7. 7.자 준비서면의 송달로써, 2010. 7. 20. 수원지방법원 2010비합42호 신수탁자선임신청 사건의 심문기일에서 구술로써 각 피고 파산관재인에 대하여 이 사건 수익자취소권을 행사하였다는 취지로 주장하나, 갑가 제22호증의 1, 2, 갑가 제23 내지 25호증의 각 기재만으로는 이를 인정하기에 부족하고, 달리 이를 인정할 만한 증거가 없을 뿐만 아니라 수익자취소권은 신탁위반 처분행위의 당사자인 수탁자와 그 상대방 모두에 대하여 행사하여야 함은 앞에서 살핀 바와 같은데, 원고가 피고 코코개발에 대하여는 2010. 11. 29. 이전에 이 사건 수익자취소권을 행사한 적이 없음을 자인하고 있으므로, 원고의 위 주장은 그 자체로도 받아들일 수 없다.

다) 구 신탁법 제52조 제1항에서 말하는 신탁의 본지에 위반하는 처분행위란 신탁목적을 벗어난 처분행위라고 해석되므로, 신탁본지 위반행위는 수탁자의 권한 외의 행위가 되는데, 피고 파산관재인이 이 사건 신탁재산으로서 파산 후 회사의 파산재단에 속하지 아니하는 이 사건 토지에 대하여도 이 사건 신탁비용 및 신탁보수를 회수하기 위하여 약정자조매각권은 물론 법정자조매각권도 행사할 수 있음은 앞에서 살핀 바와 같으므로, 이 사건 처분행위가 이 사건 신탁 내지 법정신탁의 본지에 위반한다고 할 수 없다.

4. 제2 예비적 청구에 관한 판단

가. 원고의 주장

파산 전 회사가 수탁자로서의 충실의무, 선관주의의무를 위반하여 이 사건 신탁사무를 처리한 결과 이 사건 신탁목적(이 사건 신탁계약서 제1조 참조)을 제대로 달성하지 못한 상태에서 파산선고를 받아 임무가 종료하였으므로, 피고 파산관재인은 구 신탁법 제11조, 제17조 등에 따라 신탁자의 선임을 법원에 청구하고, 신수탁자 선임시까지 이 사건 신탁재산을 임시적으로 보관·관리하며, 신수탁자에게 이 사건 신탁사무를 인수인계함으로써 신수탁자로 하여금 이 사건 신탁사무를 종결하여 이 사건 신탁목적을 마저 달성할 수 있도록 해주어야 할 업무상 임무가 있다. 그럼에도 피고 파산관재인은 위 업무상 임무에 위배하여 이 사건 신탁재산을 장기간 방치하였을 뿐 아니라, 피고 코코개발과 통모하여 고려산업개발의 파산 전 회사에 대한 이 사건 건물에 관한 공사대금채권, 고려산업개발의 원고 등에 대한 이 사건 토지 취득 관련 대여금채권 등의 귀속을 둘러싼 각종 법적 분쟁이 계속 중이라는 사실을 잘 알면서도 이 사건 종전소송의 제2심 판결에서 인정된 원고의 동시이행의 항변권을 부당하게 침해하면서까지 이 사건 토지 및 건물을 시가의 절반에도 못 미치는 염가로 피고 코코개발에 임의 처분함으로써(이하 '이 사건 공동불법행위'라 한다) 원고에게 이 사건 토지에 관한 소유권이전등기청구권 및 이 사건 건물에 관한 소유권을 확정적으로 상실케 하는 손해를 가하였다. 따라서 피고 파산관재인, 코코개발은 각자 원고에게 이 사건 공동불법행위에 따른 손해배상금 200억 원(=이 사건 토지 및 건물의 감정가격 290억 원-이 사건 신탁비용 및 신탁보수 합계 150억 원+이 사건 각 위약금 합계 60억 원) 중 일부인 20억 원 및 이에 대한 지연손해금을 지급할 의무(이하 '이 사건 공동불법행위에 따른 손해배상채무'라 한다)가 있다.

나. 판 단

나) 오히려 피고 파산관재인은 이 사건 종전소송이 종료한 후 이 사건 신탁의 청산절차에 착수하여 이 사건 토지 및 건물을 자조매각한 후 그 매각대금을 이 사건 신탁비용 및 신탁보수 등의 변제에 충당한 사실은 앞에서 인정한 바와 같고, 이러한 약정·법정자조매각권의 행사가 피고 파산관재인의 권한(파산 후 회사의 파산재단에 속하는 재산의 관리처분권) 범위 내의 행위로서 적법·유효함은 물론 이 사건 법정신탁의 목적에도 부합하며, 수탁자인 파산 전 회사의 권한범위를 벗어나는 것도 아니고, 귀속권리자인 원고 및 동방삘딩이 이 사건 종전소송의 제2심 판결에 기해 가지는 동시이행의 항변권을 침해하는 것도 아님은 앞에서 살핀 바와 같은데다가, 을가 제4 내지 10호증, 을가 제12 내지 34, 35 내지 39호증의 각 기재에 변론 전체의 취지를 보태어 인정되는 다음과 같은 사정, 즉 ① 이 사건 각 공매절차에서 산정한 이 사건 토지 및 건물에 대한 1회차 최저공매가격 290억 원(원고가 이 사건 토지 및 건물의 적정매각가격이라고 주장하는 금액이다)은 그 산정방법[피고 파산관재인은 공매비용의 절감을 위하여 별도의 시가감정을 실시하지 않고 이 사건 토지에 대한 기존 감정가격 중 최고액인 180억 원(2006. 10. 12.경 감정가격이다)과 이 사건 건물에 대한 기존 감정가격 중 최고액인 110억 원(2004. 6. 17.경 감정가격이다)의 합계액인 290억 원을 이 사건 토지 및 건물에 대한 1회차 최저공매가격으로 정하였다]에 비추어 이 사건 각 공매절차 진행 당시 이 사건 토지 및 건물의 정당한 시가를 반영한 것이라기보다는 그 '최저'공매가격이란 표현에도 불구하고 피고 파산관재인의 '희망'매도가격을 제시한 것으로 봄이 상당한 점(이후 유찰 등에 따른 재공매시마다 20%씩의 감액이 예정되어 있었다), ② 피고 파산관재인은 이 사건 제2, 3차 공매절차를 진행함에 있어 원고 및 동방삘딩에게 공매 완료시까지 이 사건 신탁비용 및 신탁보수를 지급하고 이 사건 토지 및 건물에 관한 소유권을 이전받을 기회를 부여한 점[즉 이 사건 제2, 3차 공매에는 "이건 공매는 신탁법 제42조에 따라 수탁자가 가지는 신탁비용 회수를 위한 자조매각권을 행사하기 위한 것이므로 낙찰자가 위 공매 낙찰 잔금을 납부하기 전까지 위탁자가 서울고등법원 2005나49890 사건의 판결에 따른 의무(위 사건 변론종결 이후 위탁자를 채무자로 제3자가 한 강제집행 말소 포함)를 파산관재인에게 전부 이행하는 경우 위 낙찰은 무효로 한다."라는 공매조건이 부가되어 있었던 점], ③ 피고 파산관재인은 이 사건 제3차 공매절차를 통해서야 겨우 피고 코코개발에 이 사건 토지 및 건물을 185억 6,000원에 매각할 수 있었던 점, ④ 이 사건 토지 및 건물의 실질적 환가대금 245억 6,000만 원(=위 매각대금 185억 6,000만 원+이 사건 각 위약금 합계 60억 원)은 1회차 최저공매가격인 290억 원의 84.7%에 달하는 점, ⑤ 피고 파산관재인은 위 환가대금 245억 6,000만 원 중 150억 원은 이 사건 신탁비용 및 신탁보수의 변제에 충당하고, 나머지 95억 6,000만 원은 이 사건 신수탁자에게 반환한 점, ⑥ 이 사건 신수탁자는 위 95억 6,000만 원을 이 사건 신탁채권인 공사대금채권(채권양수인) 10,619,664,559원과 분양대금채권 2,798,719,991원의 각 일부변제에 충당하고(위 각 채권

액에 따른 안분비례에 의하여 7,566,036,940원은 위 공사대금채권의, 1,933,963,060원은 위 분양대금반환채권의 각 변제에 충당하였다), 피고 파산관재인은 위 150억 원 중 3,858,384,550원을 파산재단의 환가비용 명목으로 위 잔여 공사대금채권(유치권자) 3,053,627,619원(=10,619,664,559원-7,566,036,940원)과 위 잔여 분양대금반환채권 864,756,931원(=2,798,719,991원-1,933,963,060원)의 각 변제에 충당한 점, ⑦ 피고 파산관재인은 2011. 3. 18.경 위 정산결과를 원고 등에게 서면으로 통지한 점, ⑧ 피고 파산관재인의 이 사건 토지 및 건물에 대한 자조매각권 실행을 위한 환가절차 및 정산절차는 모두 파산법원의 지휘·감독 아래 이루어졌고, 파산 전 회사가 수탁자로 되어 있던 다른 분양형토지신탁의 경우에도 이와 동일하거나 유사한 방식으로 청산절차를 거쳤던 것으로 보이는 점 등을 종합하면, 피고 파산관재인은 적절한 환가절차를 거쳐 이 사건 토지 및 건물을 적정가격에 자조매각하였고, 적절한 정산절차를 거쳐 그 매각대금을 이 사건 신탁비용 및 신탁보수 등의 변제에 충당하였다고 봄이 상당하다. 결국 피고 파산관재인이 이 사건 토지 및 건물에 대한 자조매각권을 행사하여 그 매각대금으로 이 사건 신탁비용 및 신탁보수를 회수함에 있어 이 사건 신탁 또는 법정신탁의 수탁자로서의 충실의무나 선관주의의무에 위배되는 어떠한 행위를 하였다고 보기는 어렵다.

75. 대법원 2013. 10. 31. 선고 2011다102059 판결 [사해행위취소]

[논점] 사해행위취소소송에서 채무자의 적극재산에 포함되는 신탁재산에 대한 수익권을 평가하는 방법

【이 유】

사해행위취소소송에서 채무자의 무자력 여부는 사해행위 당시를 기준으로 판단하여야 하는 것이므로(대법원 2001. 4. 27. 선고 2000다69026 판결 참조) 채무자의 적극재산에 포함되는 신탁재산에 대한 수익권을 평가함에 있어서도 사해행위 당시에 예상할 수 있는 여러 사정을 종합하여 평가할 것이고, 그 후에 예상하지 못한 사정이 발생하였다 하여도 이를 반영할 것은 아니다.

원심은 그 채택 증거를 종합하여, 이 사건 매매예약 당시 정우건설 주식회사(이하 '정우건설'이라고 한다)가 아파트 신축분양사업의 시행을 위하여 매수한 사업부지를 케이비부동산신탁 주식회사에 신탁하여 그 신탁재산에 대한 수익자로서의 권리를 가지고 있었고, 그 권리에 대한 평가액은 적어도 36,230,949,000원인 사실을 인정한 다음, 이 사건 매매예약 당시 정우건설이 아파트 신축분양사업을 진행하기 어려울 정도로 경영상황이 악화되어 있었다거나 아파트 신축분양사업을 원활하게 진행하여 수익을 얻는 것이 불가능하다고 볼 만한 사정이 있었다고 인정할 증거가 없으므로 위 수익권이 실질적으로 재산적 가치가 없어 채권의 공동담보로서의 역할을 할 수 없다고 볼 수 없고, 그에 대한 강제집행을 통하여 용이하게 변제를 받을 수 있으므로, 위 수익권에 대한 평가액은 정우건설의 적극재산으로 산정되어야 한다고 판단하였다.

위 법리와 기록에 비추어 살펴보면, 위와 같은 원심의 판단은 정당하고,…

[원심판결] 서울고등법원 2011. 10. 26. 선고 2010나53572 판결 [사해행위취소]

【주 문】

1. 제1심 판결을 취소한다.
2. 원고들의 청구를 모두 기각한다.
3. 소송총비용은 원고들이 부담한다.

【청구취지 및 항소취지】

1. 청구취지

피고와 소외 D 주식회사 사이에 광주시 E 공장용지 1523m에 관하여 2006. 10. 18. 체결된 매매예약을 취소하고, 피고는 소외 D 주식회사에게 위 부동산에 관하여 수원지방법원 성남지원 광주등기소 2006.10. 18. 접수 제62337호로 마친 소유권이전청구권가등기의 말소등기절차를 이행하라.

2. 항소취지

주문과 같다.

【이 유】

(2) D의 채무초과 여부

(가) 소극재산

앞서 본 바와 같이 D은 이 사건 매매예약 당시 원고 A에게 10,600,000,000원 가량의, 원고 B에게 2,000,000,000원 가량의 대여금 및 약속어음금채무를 부담하고 있었다.

(나) 적극재산

1) 이 사건 부동산

D이 이 사건 매매예약 당시 이 사건 부동산을 소유하고 있었던 사실은 당사자 사이에 다툼이 없고, 을 제14호증의 기재에 의하면, 이 사건 매매예약일에 가까 운 2005. 12. 28.경 이 사건 부동산의 가액은 582,800,000원인 사실을 인정할 수 있다.

2) 신탁 토지

가) 피고의 주장

D은 2003년경부터 광주시 K 인근 토지에 아파트 신축사업을 하기 위하여 시가 합계 464,800,000,000원 상당의 사업부지 296,945m2를 매수하여 소유권을 취득한 후 한국자산신탁 주식회사에게 신탁을 하였으므로, 위 신탁 토지를 적극재산에 산입하여야 한다.

나) 판단

D은 2003년경 아파트 신축사업의 시행을 위하여 광주시 K를 비롯한 아파트 신축공사 부지 296,945㎡를 매수한 뒤 D 명의로 소유권이전등기를 경료하다가, 2003. 3. 26. G 주식회사 명의로 신탁을 원인으로 한 소유권이전등기를 경료되었고, 2005. 6. 29. 신탁재산의 귀속을 원인으로 한 D 명의의 소유권이전등기가 경료되었다가, 같은 날 다시 G 주식회사 명의로 신탁을 원인으로 한 소유권이전등기가 경료된 사실은 당사자 사이에 다툼이 없거나, 을 제3호증, 갑 제17호증의 각 기재에 변론 전체의 취지를 종합하여 이를 인정할 수 있다.

한편 사해행위취소의 요건으로서의 무자력이란 채무자의 변제자력이 없음을 뜻하는 것이고 특히 임의 변제를 기대할 수 없는 경우에는 강제집행을 통한 변제가 고려되어야 하므로, 소극재산이든 적극재산이든 위와 같은 목적에 부합할 수 있는 재산인지 여부가 변제자력 유무 판단의 중요한 고려요소가 되어야 하는바(대법원 2006. 2. 10. 선고 2004다2564 판결 등 참조), 신탁법상의 신탁재산은 수탁자의 고유재산으로부터 구별되이 관리될 뿐만 아니라 위탁자의 재산권으로부터도 분리되어 독립성을 갖게 되는 것이고, 위 신탁재산은 신탁법 제21조 제1항 본문의 규정에 따라 원칙적으로 강제집행이나 경매가 금지되어 있으며 다만 그 단서의 규정에 따라 신탁 전의 원인으로 발생한 권리 또는 신탁사무처리상 발생한 권리에 기한 경우에만 예외적으로 강제집행이 허용되는데, 여기에서 위 신탁 전의 원인으로 발생한 권리라 함은 신탁전에 이미 신탁부동산에 저당권이 설정된 경우 등 신탁재산 그 자체를 목적으로 하는 채권이 발생되었을 때를 의미하는 것이고 신탁 전에 위탁자에 관하여 생긴 모든 채권이 이에 포함된다고 할 수 없다(대법원 1987. 5. 12. 선고 86다545, 86다카2876 판결 등 참조).

그런데 위 신탁 토지에 관하여 수탁자인 G 주식회사 명의로 신탁을 원인으로 한 소유권이전등기가 경료되기 이전에 원고들을 비롯한 채권자들이 이 사건 사업부지에 대하여 미리 저당권 등을 설정하였다는 주장·입증이 없으므로, 위 신탁 토지는 원고들을 비롯한 채권자들의 강제집행의 대상이 될 수 없다.

따라서 위 신탁 토지 자체를 D의 적극재산에 산입할 수 없다.

다) 신탁 토지에 관한 수익권

① 위에서 든 각 증거 및 을 제8호증의 기재와 당심에서의 한국감정원 부동산연구원에 대한 수익가치 감정결과에 변론 전체의 취지를 종합하면, D은 아파트 신축부지로 매수한 토지를 G 주회사에게 신탁하고 그 신탁 토지에 관한 수익권을 가지는 사실, 당초 D과 피고가 계획한대로 위 신탁 토지를 부지로 하여 그 지상에 아파트를 신축하고 이를 분양하는 사업을 진행하여 위 사업이 종료되었을 경우, 위 아파트 신축사업으로 인한 분양수입 등 총수입에서 총사업비를 뺀 수익가치 중 위 신탁재산에 대한 우선수익자들에게 귀속될 금원을 공제한 다음 위 신탁재산의 위탁자 겸 수익자인 D에게 귀속될 수익적 가치를 이 사건 매매예약일인 2006. 10.경을 기준으로 평가하면 그 수익적 가치가 36,230,949,000원(위 아파트 신축분양사업을 진행하는 동안 분양경기가 좋지 않을 경우를 예정한 경우)부터38,400,771,000원(분양경기가 좋을 경우를 예정할 경우)까지인 사실을 인정할 수 있는바, 위 인정사실에 의하면, D은 이 사건 매매예약 당시 위 신탁재산에 관하여 수익자로서의 권리를 가지고 있고, 그 권리에 대한 평가액은 적어도 36,230,949,000원이므로, 위 신탁재산에 관한 수익권에 대한 평가액 36,230,949,000원은 적극재산에 산정되어야 한다.

② 원고들의 주장에 대한 판단

㉮ 원고들의 주장

위 아파트신축분양사업은 그 진행과정에서 건설 및 분양 등과 관련하여 복잡한 절차를 거쳐야 하고 다수의 이해관계가 얽혀 있어 그 사업이 원활하게 진행되거나 수익이 발생할 수 있을지 여부가 불명확할 뿐 아니라 당초 계획에 의하면 2011. 10.경 아파트가 준공되어야 함에도 불구하고 실제로는 전혀 사업이 진행되지 않았고, 이 사건 매매예약 이후 신탁재산에 관한 우선수익자가 수회에 걸쳐 변경되고 그들의 우선수익 범위가 확대되어 만이 위 신탁재산에 대한 수익자로서 얻을 수 있는 수익가치를 예상할 수 없고, 또한 한국감정원 부동산연구원의 위 신탁재산에 대한 수익권의 평가액은 피고가 제시한 사업계획서를 기초로 하여 위 아파트 신축분양사업으로 인하여 D에게 귀속될 가능성이 있는 수익을 추정한 것에 불과할 뿐이므로, 위 신탁재산의 수익권 평가액 36,230,949,000원은 적극재산으로 산정될 수 없다.

㉯ 판단

사해행위취소의 요건으로서 무자력 여부를 판단하기 위하여 적극재산을 산정함에 있어서는 다른 특별한 사정이 없는 한 실질적으로 재산적 가치가 없어 채권의 공동담보로서의 역할을 할 수 없는 재산은 이를 제외하여야 할 것이고, 그 재산이 채권인 경우에는 그것이 용이하게 변제를 받을 수 있는 확실성이 있는 것인지 여부를 합리적으로 판정하여 그것이 긍정되는 경우에 한하여 적극재산에 포함시켜야 할 것이다(대법원 2005. 1. 28. 선고 2004다58963 판결, 2001. 10. 12. 선고 2001다32533 판결 등 참조).

이 사건에 관하여 보면, 비록 위 아파트 신축분양사업은 장기간의 시간이 소요되고 그 사업을 수행하는 과정에서 경제·정책·사회적 여건 등 많은 요인이 작용되어 그 사업의 결과를 정확하게 예견하기 어려우며 실제로 위 아파트 신축분양사업은 현재까지 예정대로 진행되고 있지는 않지만, 이 사건 매매예약 당시 D이 위 아파트 신축분양사업을 진행하기 어려울 정도로 경영상황이 악화되어 있었다거나 위 아파트 신축분양사업을 원활하게 진행하여 수익을 얻기가 불가능할 만한 정치·경제·정책·사회적 사정이 있어 이 사건 매매예약 당시 D이 위 아파트 신축분양사업을 통하여 수익을 얻을 수 없는 사정이 있었다고 인정할 아무런 증거가 없으므로, 위와 같은 사정만으로 위 신탁재산에 대한 수익권이 실질적으로 재산적 가치가 없어 채권의 공동담보로서의 역할을 할 수 없다고 볼 수 없고, D의 신탁재산에 대한 수익권채권은 압류를 할 수 없는 압류금지재산에 해당되지 아니하여 강제집행을 통하여 용이하게 변제를 받을 수 있으며,한국감정원 부동산연구원의 위 신탁재산에 대한 수익권 평가에 어떠한 위법이 있다고 볼 수 없고 달리 이를 인정할 아무런 증거가 없으므로, 원고들의 위 주장은 이유 없다.

76. 대법원 2013. 10. 31. 선고 2012다14449 판결 [사해행위취소]

[논점] 위탁자가 체결한 새로운 신탁계약에 대한 사해행위취소소송에서 위탁자의 기존의 신탁계약에 의한 수익권의 평가 방법

【이 유】

1. 원심은 그 채택 증거를 종합하여, ① 소외인이 이 사건 신탁계약 이전에 케이비부동산신탁 주식회사(이하 '케이비신탁'이라 한다)와 이 사건 토지에 관하여 담보신탁계약(이하 '기존 신탁계약'이라 한다)을 체결하고, 위탁자가 이 사건 토지에 건물을 신축할 경우 해당 건물을 수탁자에게 추가로 신탁하며, 수탁자가 신탁부동산을 환가하여 정산하는 경우 (i) 신탁계약 및 처분절차와 관련하여 발생된 비용과 신탁보수, (ii) 아래 (iii)항에 우선하는 임대차보증금, (iii) 신탁계약 체결 전 설정된 저당권자 등의 채무(채권최고액 한도 내), (iv) 수탁자 명의로 임대차계약이 체결된 임차인의 임차보증금, (v) 수탁자가 발행한 수익권증서상의 우선수익자의 채권 순으로 정산한 후 잔여액이 있을 경우 위탁자에게 지급하기로 약정한 사실, ② 이후 기존 신탁계약은 여러 차례 변경되어 이 사건 신탁계약 당시에는 HK상호저축은행 등이 우선수익자로, 소외인이 수익자로 된 사실, ③ 이 사건 신탁계약일에 가까운 2007. 5. 21.경 이 사건 토지 및 건물의 시가는 304,004,449,400원인 사실, ④ 이 사건 신탁계약 당시 소외인은 적극재산으로 기존 신탁계약에 의한 수익권 외에도 전남 무안군 등에 토지를 소유하고 있었고, 소극재산으로 기존 신탁계약상의 우선수익자들에 대한 채무를 포함하여 130,198,344,562원 상당이 있었던 사실 등을 각 인정한 다음, 이 사건 토지 및 건물의 시가에서 위 (i) 내지 (v)항의 각 금액을 공제하고 남은 잔액이 소외인의 수익권이 되는데, (ii) 내지 (iv)항 금액의 발생에 관한 원고의 주장·증명이 없으므로, 소외인의 수익권은 304,004,449,400원에서 (i)항의 금액을 공제한 금액이 되고, 전남 무안군 등의 토지를 제외한 적극재산에서 소극재산을 공제한 173,806,104,838원에서 다시 (i)항의 금액을 공제하더라도 소외인의 적극재산이 소극재산을 훨씬 초과하는 것으로 추정되며, 이 사건 신탁계약에 의하더라도 소외인의 적극재산은 역시 위 금액 상당은 된다는 이유로 이 사건 신탁계약 당시 소외인이 채무초과 상태에 있었다거나 이 사건 신탁계약으로 인하여 채무초과 상태에 이르게 되었다고 볼 수 없다고 판단하였다.

2. 그러나 원심의 이러한 판단은 다음과 같은 이유로 그대로 수긍하기 어렵다.

원심판결 이유 및 기록에 의하면, 기존 신탁계약에 의한 소외인의 수익권은, 그 신탁계약에 따라 이 사건 건물의 신축·분양 사업이 완료되는 등으로 신탁이 종료되었을 때 신탁재산에서 신탁계약 및 처분절차와 관련하여 발생한 비용과 신탁보수 등을 공제한 후 다시 수익한도금액 내에서 우선수익자들에 대한 채무를 변제하고 남은 금액이 있을 경우 이를 지급받을 수 있는 권리이고, 기존 신탁계약 이후 소외인은 이 사건 신탁계약 당시까지 이 사건 건물의 신축공사를 계속 진행하면서 이를 분양하여 온 사

실을 알 수 있다.

따라서 이 사건 신탁계약 당시 기존 신탁계약에 의한 소외인의 수익권의 가치는, 그때까지 사업을 진행하면서 발생한 비용과 신탁보수, 앞으로 예상되는 비용과 신탁보수, 분양에 따른 수익금, 앞으로 예상되는 추가 수익 등을 산정하여 신탁이 종료되었을 때 예상되는 신탁재산에서 비용과 신탁보수 등을 공제한 금액을 산정한 후 다시 수익한도금액 내에서 우선수익자들에 대한 채무를 공제하고 남은 금액을 이 사건 신탁계약 당시의 현가로 할인하는 방식으로 평가하여야 하고, 단순히 이 사건 신탁계약 당시의 이 사건 토지 및 건물의 시가를 기초로 그 가치를 평가할 수는 없다.

또한 기록에 의하면, 원심이 시가 인정의 근거로 삼은 감정평가서는 가격시점을 2004. 3. 24.로 하여 그때 이 사건 토지에 이 사건 건물이 준공되어 있음을 전제로 한 것인 반면, 이 사건 신탁계약이 체결된 것은 2007. 7. 20.로서 당시 이 사건 건물은 아직 준공되지 아니한 사실을 알 수 있는데, 위 감정평가서의 가격시점부터 3년 이상 경과한 이 사건 신탁계약 당시의 이 사건 토지 및 미완공 건물의 시가가 위 감정평가서의 평가액과 같다고 단정할 수도 없다.

그렇다면 원심으로서는 이 사건 신탁계약 당시를 기준으로 기존 신탁계약에 의한 수익권 및 이 사건 신탁계약에 의한 수익권의 가치를 감정 등의 방법을 통하여 정확히 평가·산정한 후 이를 포함한 적극재산과 소극재산을 비교함으로써 이 사건 신탁계약 당시 소외인이 채무초과 상태에 있었거나 이 사건 신탁계약으로 인하여 채무초과 상태에 이르게 되었는지를 판단하였어야 할 것이다. 그럼에도 원심은 소외인의 적극재산을 산정함에 있어서 신탁계약에 의한 수익권을 단순히 이 사건 토지 및 건물의 시가에서 앞에서 본 (i)항의 금액을 공제한 금액이라고 전제하고, 잘못된 시가에 기초하여 소외인의 적극재산을 산정한 후, 소외인의 적극재산이 소극재산을 훨씬 초과한다고 보아 이 사건 신탁계약 당시 소외인이 채무초과 상태에 있었다거나 이 사건 신탁계약으로 인하여 채무초과 상태에 이르게 되었다고 볼 수 없다고 단정하였으니, 이러한 원심의 판단에는 사해행위취소소송에서 채무자의 무자력 여부를 판단하기 위한 적극재산의 산정에 관한 법리를 오해한 나머지 필요한 심리를 다하지 아니함으로써 판결에 영향을 미친 위법이 있다. 이 점을 지적하는 상고이유의 주장은 이유 있다.

[원심판결] 서울고등법원 2012. 1. 18. 선고 2011나36840 판결 [사해행위취소]

【주 문】

1. 원고의 항소를 기각한다.
2. 항소비용은 원고가 부담한다.

【청구취지 및 항소취지】

제1심 판결을 취소한다. 소외 4와 피고 사이의 별지목록 기재 부동산들에 대한 2007. 7. 20.자 신탁계약을 취소한다. 피고는 별지목록 제1항 기재 부동산에 관하여 서울남부지방법원 영등포등기소 2007. 8. 13.접수 제37529호로 마친 소유권이전등기의 말소등기절차를, 같은 목록 제2 내지 10항 기재 각 부동산에 관하여 같은 등기소 2007. 10.2. 접수 제44836호로 마친 각 소유권보존등기의 각 말소등기절차를 이행하라.

【이 유】

(다) 적극재산

① 신탁토지에 관한 수익권

이 사건 신탁계약을 체결하기 전 A가 케이비부동산신탁 주식회사와 사이에 이 사건 토지에 관하여 담보신탁계약을 체결하면서 이 사건 토지상에 건물을 신축할 경우 추가로 신탁하기로 약정한 사실, 그 후 위 신탁계약의 우선수익자가 수차례 변경되어 최종적으로 HK상호저축은행, 솔로몬상호저축은행, 프라임상호저축은행, 대영상호저축은행, 신라상호저축은행이 우선수익권자로, A가 수익권자로 된 사실은 앞서 본 바와 같고, 을 제3호증의 기재(가지번호 포함)에 의하면 수탁자가 신탁부동산을 환가하여 정산하는 경우 ㉠ 신탁계약 및 처분절차와 관련하여 발생된 비용과 신탁보수, ㉡ 제3호에 우선하는 임대차보증금, ㉢ 신탁계약 체결전 설정된 저당권자 등의 채무(채권최고액 한도내), ㉣ 수탁자 명의로 임대차계약 체결된 임차인의 임차보증금, 수탁자가 발행한 수익권증서상의 우선수익자의 채권 순으로 정산한 후, 잔여액이 있을 경우 위탁자인 A에게 지급하기로 약정한 사실을 인정할 수 있다.

따라서 이 사건 토지 및 건물의 시가 상당액에서 위 ㉠, ㉡, ㉢, ㉣, ㉤항의 각 비용을 공제하고 남은 잔액이 있으면 이는 A의 적극재산(수익권)이 된다고 할 것인데, 을 제13호증의 기재에 의하면 이 사건 신탁계약일에 가까운 2007. 5. 21.경 이 사건 토지 및 건물의 시가가 304,004,49,400원인 사실을 인정할 있고, 한편 원고가 ㉡, ㉢, ㉣항목이 발생하였는지 여부에 관하여 아무런 주장·입증을 못하고 있으며, ㉤ 항목에 관한 부분을 A의 소극재산(앞서 본 표 순번 6 내지 8)으로 인정한 사실은 앞서 본 바와 같으므로, A의 이 부분 적극재산은 304,004,449,400원 상당에서 ㉠항목을 공제한 금액이 된다고 봄이 상당하다.

원고는 이 사건 토지 및 건물은 A의 적극재산에서 제외되어야 한다는 취지의 주장을 하나, 이 법원이 인정한 A의 적극재산은 담보신탁계약에 따른 A의 수익권인 사실은 앞서 본 바와 같으므로 이와 다른 전제에서 하는 원고의 위 주장은 받아들일 수 없다.

77. 대법원 2013. 10. 31. 선고 2013다62575 판결 [매매대금][177] [178]

[논점] 건분법에 따라 분양관리신탁계약 및 자금관리대리사무계약이 체결되어 수분양자의 승낙 하에 분양대금채권을 신탁사에게 양도하고, 수분양자가 분양대금을 전부 신탁사의 계좌로 납입하였는데, 그 후 수분양자가 신탁사를 상대로 분양계약 취소로 인한 부당이득반환으로 수분양자가 납부한 분양대금 등의 반환을 청구할 수 있는지 여부

[원심판결] 서울고등법원 2013. 7. 7. 선고 2012나51952 판결 [매매대금]

【주 문】

1. 제1심판결 중 아래에서 지급을 명하는 금원을 초과하여 지급을 명한 피고들 패소부분을 취소하고, 그 취소 부분에 해당하는 원고들의 청구를 기각한다.

가. 피고 주식회사 E는 원고들에게 30,000,000원 및 이에 대하여 2011. 7. 8.부터 다 갚는 날까지 연 6%의 비율에 의한 금원을 각각 지급하라.

나. 피고 케이비부동산신탁 주식회사는 원고들로부터 별지1 "등기현황표"의 "목적부동산"란 기재 각 부동산에 관하여 수원지방법원 용인등기소의 같은 표 중 "소유권이전등기"란 기재 각 소유권이전등기

---

177) 심리불속행기각.

178) 이 판결은 원고의 일부승소를 선고한 원심판결에 대한 상고를 심리불속행 기각함으로써 원고가 일부 승소하는 결과에 이르렀다. 다만,이후에 선고된 대법원 2017. 7. 11. 선고 2013다55447 판결[6번 판례] 등의 일련의 판결에서는 신탁사에 대한 원고의 청구를 기각하였으므로 유의할 것([실무참고 6] 자금관리 신탁사의 수분양자에 대한 원상회복 및 부당이득반환 의무 참조).

의 말소등기절차를 이행 받음과 동시에 신탁재산의 한도 내에서 원고들에게 피고 주식회사 E와 각자 30,000,000원 및 이에 대하여 2011. 6. 21.부터 다 갚는 날까지 연 6%의 비율에 의한 금원을 각각 지급하라.

2. 피고들의 나머지 항소를 기각한다.

3. 소송총비용 중 원고들과 피고 주식회사 E 사이에 생긴 부분은 위 피고가 부담하고, 원고들과 피고 케이비부동산신탁 주식회사 사이에 생긴 부분의 1/3은 원고들이, 나머지는 피고 케이비부동산신탁 주식회사가 부담한다.

4. 제1항은 가집행할 수 있다.

【청구취지 및 항소취지】

1. 청구취지

피고들은 연대하여 원고들에게 30,000,000원 및 이에 대하여 소장 부본 송달 다음날부터 다 갚는 날까지 연 20%의 비율에 의한 금원을 각각 지급하라(일부 청구임)

2. 항소취지

제1심판결을 취소하고, 원고들의 피고들에 대한 청구를 모두 기각한다.

【이 유】

2. 원고들의 주장 및 이에 대한 판단

다. 판단

2) 계약 취소로 인한 부당이득반환의무의 성립

가) 피고 E가 이 사건 분양계약 체결 당시 이 사건 분양대금채권을 피고 케이비신탁에게 양도하였고, 원고들이 이를 승낙하였으며(이 사건 분양계약 제13조 제2항), 원고들이 이 사건 분양대금을 전부 피고 케이비신탁 계좌로 납입한 사실은 앞서 본 바와 같다.

이러한 사실관계에서 이 사건 분양계약이 취소된 경우의 법률관계에 관하여 보건대, 이 사건 분양대금채권이 양도됨으로써 채무자인 원고들과 양수인인 피고 케이비신탁 사이에는 직접적인 채권·채무관계가 설정되었는바, 그 기초가 된 이 사건 분양계약이 취소되어 소급적으로 무효로 된 경우에는 특별한 사정이 없는 한 위 채권·채무관계에 의하여 원고들이 피고 케이비신탁에게 이행한 급부는 법률상 원인이 없게 되었다고 할 것이므로, 급부를 이행 받은 피고 케이비신탁은 원고들에게 이를 반환할 의무가 있다(대법원 2003. 1. 24. 선고 2000다22850 판결 참조).

그리고 피고 B는 이 사건 분양대금채권을 전부 피고 케이비신탁에게 양도함에 따라 원고들로부터 어떠한 급부도 받은 바 없기는 하지만, ① 피고 케이비신탁은 분양관리신탁계약의 수탁자로서 건축물의 분양에 관한 법률이 정한 바에 따라 분양수입금을 적정하게 관리·집행함으로써 피분양자들을 보호하기 위하여 이 사건 분양대금채권을 양수하여 수납·관리할 권리와 의무를 가지게 된 것이고, 이 사건 분양대금채권의 실질적, 종국적 귀속 주체는 시행사인 피고 E인 점, ② 뒤에서 상술하는 바와 같이 피고 케이비신탁은 이 사건 분양신탁계약 및 대리사무계약에 따라 관리하고 있는 신탁재산의 한도 내에서만 분양계약의 취소로 인한 반환의무를 부담할 뿐이므로, 그 종국적인 반환의무는 시행사이자 분양자인 피고 E에게 있다고 봄이 합당한 점 등을 고려하여 보면, 피고 E 또한 원고들에 대하여 이 사건 분양계약의 취소로 인한 부당이득반환의무를 부담한다고 봄이 타당하다.

한편 피고 E와 피고 케이비신탁의 각 부당이득반환채무는 서로 동일한 경제적 목적을 가지고 어느 일방이 채무를 이행함으로써 다른 일방의 채무도 함께 소멸되는 관계에 있으므로 각 채무가 중첩되는 범위 내에서는 서로 부진정연대채무의 관계에 있다.

3) 피고 케이비신탁의 주장에 관한 판단

가) 부당이득반환청구의 상대방이 될 수 없다.

피고 케이비신탁은, 설령 이 사건 분양계약이 적법하게 취소되었다고 하더라도 피고 케이비신탁은 제3자를 위한 계약의 수익자에 불과하거나, 이 사건 분양계약의 당사자인 피고 E와 또 다른 계약관계에 있는 제3자로서 단축급부의 상대방에 불과하므로 이 사건 분양계약의 취소로 인한 부당이득반환청구의 상대방이 될 수 없다고 주장한다.

그러나 피고 케이비신탁이 이 사건 분양대금채권을 행사하여 원고들로부터 분양대금을 지급받은 것은, 앞서 살펴본 바와 같이 원고들 및 피고들이 당사자가 된 이 사건 분양계약 체결 당시 피고 E가 이 사건 분양대금채권을 피고 케이비신탁에게 양도하였고 원고들이 이를 승낙한 것에 따른 것이고, 더욱이 피고 케이비신탁은 분양관리신탁계약의 수탁자로서 건축물의 분양에 관한 법률이 정한 바에 따라 분양수입금을 적정하게 관리·집행함으로써 피부양자들을 보호하기 위하여 이 사건 분양대금채권을 양수하여 수납·관리한 것일 뿐, 그가 양수한 분양대금채권의 행사가 피고 케이비신탁 고유의 이익을 위한 것이 아니므로 피고 케이비신탁이 제3자를 위한 계약의 수익자에 불과하다거나 지시에 의한 단축급부의 단순한 상대방에 불과하다고 할 수 없다.

따라서 이와 다른 전제에서 하는 피고 케이비신탁의 위 주장은 받아들이지 않는다.

나) 이의를 보류하지 않고 승낙하였으므로 양수인에게 대항할 수 없다.

피고 케이비신탁은, 원고들이 이 사건 분양대금채권의 양도에 관하여 이의를 보류하지 아니하고 승낙하였으므로 민법 제451조 제1항에 따라 이 사건 분양계약의 취소로서 채권양수인인 피고 케이비신탁에게 대항할 수 없다고 다툰다.

갑 제3, 4호증의 기재에 변론 전체의 취지를 종합하면, 원고들이 이의를 보류하지 않은 채 피고 E가 피분양자인 원고들에 대한 분양대금채권을 피고 케이비신탁에게 양도함에 대하여 승낙하였음을 인정할 수 있다. 그러나 ① 이 사건 분양계약이 체결됨과 동시에 분양대금채권의 양도 및 승낙이 함께 이루어졌는바, 원고들이 이 사건 분양계약 체결 당시에는 피고에게 기망 당하였다는 사실을 알지 못하여 그에 관한 이의를 보류하고 채권양도에 승낙한다는 것은 애당초 가능하지 않았던 점, ② 민법 제451조 제1항은 양수인의 신뢰를 보호하고 채권양도 거래의 안전을 보장하려는 규정인데, 앞서 살펴본 바와 같이 피고 케이비신탁이 이 사건 분양대금채권을 양수하여 수납·관리하게 된 것은 분양관리신탁계약의 수탁자로서 피분양자들을 보호하기 위한 것일 뿐 피고 케이비신탁 고유의 이익을 위한 것이 아닌 점 등을 고려하여 보면, 원고들은 이 사건 분양계약의 취소로서 채권양수인인 피고 케이비신탁에게 대항할 수 있다고 봄이 타당하다. 따라서 피고 케이비신탁의 이 부분 주장도 받아들이지 않는다.

다) 선의의 제3자에게 대항할 수 없다.

다음으로 피고 케이비신탁은, 사기를 이유로 한 법률행위의 취소는 선의의 제3자에게 대항할 수 없는데(민법 제110조 제3항), 피고 케이비신탁이 선의의 제3자에 해당하므로 이 사건 분양계약의 취소를 이유로 피고 케이비신탁에게 부당이득의 반환을 구할 수는 없다고 주장한다.

살피건대, 사기를 이유로 한 법률행위의 취소로써 대항할 수 없는 민법 제110조 제3항 소정의 제3자라 함은 사기에 의한 의사표시를 기초로 하여 새로운 이해관계를 맺은 자를 의미하고, 선의의 제3자에게 대항하지 못하게 한 취지는 이를 기초로 하여 별개의 법률원인에 의하여 고유한 법률상의 이익을 갖는 법률관계에 들어간 자를 보호하기 위한 것이므로 제3자의 범위는 권리관계에 기초하여 형식적으로만 파악할 것이 아니라 기망행위를 기초로 하여 새로운 법률상 이해관계를 맺었는지 여부에 따라 실질적으로 파악하여야 한다(대법원 2000. 7. 6. 선고 99다51258 판결 참조).

그런데 피고 케이비신탁은 수탁자로서 분양수입금의 관리·집행을 위하여 분양자인 피고 E로부터 이 사건 분양대금채권을 양수하였을 뿐 양수한 분양대금채권에 관하여 고유한 법률상의 이익을 가지는 것은 아닌 점, 뒤에서 상술하는 바와 같이 피고 케이비신탁은 신탁재산의 범위 내에서만 분양계약의 취소로 인한 반환의무를 부담할 뿐인 점 등을 고려하면, 피고 케이비신탁은 이 사건 분양계약의 취소로써 대항할 수 없는 민법 제110조 제3항 소정의 제3자에 해당한다고 볼 수 없다.

따라서 피고 케이비신탁의 이 부분 주장도 받아들이지 않는다.

라) 동시이행항변

피고 케이비신탁은 마지막으로, 이 사건 상가 중 원고들이 분양받은 해당 점포에 관하여 마쳐진 원고들 명의의 소유권이전등기가 말소될 때까지는 원고들의 청구에 응할 수 없다고 동시이행의 항변을 한다.

살피건대, 원고들이 분양받은 이 사건 상가 중 해당 점포에 관하여 원고들 명의의 소유권이전등기가 마쳐졌음은 앞서 본 바와 같고, 이 사건 분양계약이 취소되었으므로 원고들은 피고 케이비신탁에게 이 사건 분양계약의 취소에 따른 부당이득반환으로서 위 부동산에 대하여 마쳐진 원고들 명의의 소유권이전등기를 말소할 의무가 있으며, 위 소유권이전등기의 말소의무와 피고들의 원고들에 대한 분양대금 반환의무는 서로 동시이행관계에 있다.

따라서 피고 케이비신탁의 위 동시이행항변은 타당하다.

4) 부당이득반환의 범위

나) 신탁재산 한도 내에서의 반환의무 부담

피고 케이비신탁은 이 사건 분양신탁계약 및 대리사무계약에 따라 관리 중인 신탁재산의 한도 내에서만 피부양자인 원고들에게 반환의무가 있다고 주장한다.

그러므로 살피건대, ① 이 사건 분양계약서 제13조 제1항은 "신탁 및 대리사무"라는 제목 아래 피고 케이비신탁이 사업부지 신탁등기 및 분양수입금 등의 자금관리를 담당하며 그 외 매도인으로서의 책임을 지지 않는다고 정하고 있고, 제2항에는 피고 E가 피고 케이비신탁에게 분양대금채권을 양도하도록 정하고 있는바, 이는 피고 케이비신탁이 신탁 및 대리사무의 업무를 수행하는 수탁자로서 분양수입금의 관리를 위하여 분양대금채권을 양도받은 것이고, 그 업무 목적을 초과하여서는 이 사건 분양계약에 따른 책임이 없음을 명확히 한 것으로 해석되는 점, ② 이 사건 분양신탁계약에 따르면, 수탁자는 분양수입금을 사업약정 및 대리사무계약에 따라 본건 분양사업에 사용하고(제6조), 수탁자가 신탁사무의 집행에 관하여 선관주의의무를 위반하지 않는한 신탁사무의 처리와 관련하여 발생한 제반 비용이나 채무에 관하여 책임이 없고, 다만 신탁재산으로부터 지급할 수 있을 뿐이며(제14조, 제16조, 제19조, 제24조), 이 사건 분양신탁계약서는 등기된 신탁원부로서 그 내용으로 제3자에게 대항할 수 있는 점(을나 제2호증) 등을 종합하여 보면, 수탁자인 피고 케이비신탁은 달리 그 고유의 불법행위책임이 인정되는 경우가 아닌 한, 이 사건 분양신탁계약 및 대리사무계약에 따라 관리하고 있는 신탁재산의 한도 내에서만 피분양자들에게 반환책임을 부담한다고 봄이 타당하다.

그리고 수탁자가 신탁재산의 한도 내에서 책임을 부담하는 경우 채권자의 수탁자에 대한 이행판결 주문에는 수탁자의 고유재산에 대한 강제집행을 할 수 없도록 집행력을 제한하기 위하여 신탁재산의 한도에서 지급을 명하는 취지를 명시하여야 한다(대법원 2010. 2. 25. 선고 2009다83797 판결 등 참조).

[1심판결] 서울중앙법원 2012. 6. 13. 선고 2011가합59266 판결 [매매대금]

【주 문】

1. 피고들은 각자 원고들에게 각 30,000,000원 및 각 이에 대하여 2011. 7. 8.부터 다 갚는 날까지 연 20%의 비율에 의한 금원을 지급하라.

2. 소송비용은 피고들이 부담한다.

3. 제1항은 가집행할 수 있다.

【청구취지】

주문과 같다.

【이 유】

3. 판단

다. 피고들에 대한 부당이득반환청구에 관한 판단

1) 피고 리얼스페이스는 피고 케이비신탁과 이 사건 신탁계약 및 대리사무계약을 체결하였고, 이에 따라 피고 리얼스페이스는 이 사건 각 분양계약의 분양대금채권을 이 사건 각 분양계약 체결 당시 피고 케이비신탁에게 양도하였고 원고들은 이를 승낙하였으며, 그 후 원고들이 이 사건 각 분양대금을 피고 케이비신탁의 계좌로 납입하였음은 앞서 본 바와 같다.

2) 건축물의 분양에 관한 법률 및 동 시행령, 시행규칙(이하 이를 통틀어 '건축물 분양 관련 법령'이라고 한다)은 분양과 관련된 신탁계약 및 대리사무계약에 관하여 아래와 같이 규정한다.

「건축물의 분양에 관한 법률」 제4조(분양 시기 등)

① 분양사업자는 다음 각 호의 구분에 따라 건축물을 분양하여야 한다.

1. 「자본시장과 금융투자업에 관한 법률」에 따른 신탁업자와 신탁계약 및 대리사무계약을 체결한 경우 또는 금융기관 등으로부터 분양보증을 받는 경우 : 「건축법」 제21조에 따른 착공신고 후

「건축물의 분양에 관한 법률 시행령」 제3조(신탁계약 및 대리사무계약 등)

① 법 제4조 제1항 제1호에 따른 신탁계약(이하 "신탁계약"이라 한다)에는 다음 각 호의 사항이 포함되어야 한다.

1. 분양받은 자의 소유권등기 전날까지의 토지와 그 정착물의 소유권 관리에 관한 사항

2. 신탁 받은 소유권의 처분에 관한 사항 3. 신탁을 정산할 때에 분양받은 자가 납부한 분양대금을 다른 채권 및 수익자의 권리보다 우선하여 정산하여야 한다는 사항

② 법 제4조 제1항 제1호에 따른 대리사무계약(이하 "대리사무계약"이라 한다)에는 다음 각 호의 사항이 포함되어야 한다.

1. 분양받은 자를 보호하기 위한 분양수입금 관리계좌의 개설에 관한 사항

2. 분양사업자는 분양수입금 총액을 신탁업자(「자본시장과 금융투자업에 관한 법률」에 따른 신탁업자를 말한다. 이하 같다)에게 양도하여야 한다는 사항

3. 분양대금은 신탁계약 및 대리사무계약에서 정한 토지매입비, 공사비, 설계비, 감리비 또는 그 밖

의 부대사업비 등 해당 분양사업과 관련된 용도로만 사용할 수 있다는 사항

4. 그 밖에 신탁계약의 목적을 달성하기 위하여 국토해양부령으로 정하는 사항

③ 신탁업자는 제2항 제2호에 따라 양도받은 분양수입금을 별도의 독립된 계정으로 회계처리하여야 하며, 신탁계약 및 대리사무계약에서 정한 목적으로만 사용하여야 한다.

④ 신탁업자가 분양받은 자로부터의 입출금, 분양계약의 해제, 주소 관리 등 분양업무를 수행하는 경우에는 그 관리 내용을 공정하고 투명하게 전산으로 관리하여야 하고, 분양 개시일부터 3개월마다 분양사업자에게 통지하여야 한다.

「건축물의 분양에 관한 법률 시행규칙」

제2조(대리사무계약의 내용) 「건축물의 분양에 관한 법률 시행령」(이하 "영"이라 한다) 제3조 제2항 제4호에서 "국토해양부령으로 정하는 사항"이란 다음 각 호의 사항을 말한다.

1. 계약금을 포함한 분양대금의 수납·관리 등

5. 분양계약의 관리

8. 그 밖에 신탁업자와 분양사업자가 협의하여 정한 사항

3) 살피건대, 피고 케이비신탁은 위와 같은 건축물 분양 관련 법령의 규정 및 이에 따라 체결된 이 사건 신탁계약, 대리사무계약 및 각 분양계약의 각 해당 규정에 따라 이 사건 각 분양계약의 분양대금 채권을 피고 리얼스페이스로부터 양도받아 원고들로부터 이 사건 각 분양대금을 지급받았다. 그런데 건축물 분양 관련 법령에 따르면 건축물을 분양하려는 자는 건축물 분양 관련 법령의 규정에 따라 신탁계약 및 대리사무계약을 체결하여야 하는바, 실제로 피고 리얼스페이스와 피고 케이비신탁, 그리고 원고들은 건축물 분양 관련 법령에 따라 이 사건 신탁계약 및 대리사무계약, 각 분양계약을 체결하였다. 그리고 건축물 분양 관련 법령에 따르면 피고 케이비신탁은 이 사건 각 분양계약의 관리 및 계약금을 포함한 분양대금의 수납·관리를 할 의무가 있고, 위와 같은 의무는 이 사건 상가의 수분양자인 원고들을 보호하기 위한 것인바, 분양계약 및 분양대금 관리의무에는 이 사건 각 분양계약이 취소될 경우 그 원상회복으로서 피고 케이비신탁이 수분양자들로부터 직접 지급받아 보관하는 분양대금의 반환의무도 포함되었다고 봄이 상당하다. 그리고 피고 케이비신탁이 자금관리신탁사의 자격으로 참가한 이 사건 각 분양계약은 건축물 분양 관련 법령의 위와 같은 내용을 전제로 하여 이를 포함하고 있다고 할 것이므로, 결국 피고 케이비신탁은 이 사건 각 분양계약의 취소에 따른 원상회복으로서 원고들로부터 지급받은 분양대금을 원고들에게 반환할 의무가 있다(피고 케이비신탁은 이 사건 각 분양계약에 관한 각 분양계약서 제13조 제1항이 규정하는 바에 따라 계약상 의무가 없다고 주장하나, 위 각 분양계약서 제13조 제1항은 본 계약은 '건축물 분양에 관한 법률'에 의거 '피고 케이비신탁'이 사업부지 신탁등기 및 분양수입금 등의 자금관리를 담당하며 그 외 매도인으로서의 책임을 지지 않는다"라고 규정하고 있는바, 위 규정은 이 사건 각 분양계약과 관련하여 피고 케이비신탁이 고유재산으로 책임을 지지 않는다는 것을 뜻하는 것일 뿐 신탁재산의 범위 내에서도 책임을 지지 않는다는 것을 뜻하는 것은 아니라 할 것이므로 피고 케이비신탁의 이 부분 주장은 받아들이지 아니한다).

4) 한편, 피고 리얼스페이스는 이 사건 대리사무계약 및 각 분양계약에 따라 각 분양대금채권 전부를 피고 케이비신탁에게 양도하여 원고들로부터 분양대금채권에 상당하는 금원을 지급 받은 사실은 없다. 하지만 피고 리얼스페이스는 이 사건 각 분양계약의 분양자로서 이 사건 각 분양계약의 취소에 따른 원상회복의무를 계약 당사자의 지위에서 부담한다고 봄이 계약의 기본원칙에 부합하므로, 피고 리얼스페이스 또한 이 사건 계약의 취소에 따른 원상회복으로써 분양대금 반환의무를 부담한다고 봄이 상당

하다.

78. 대법원 2013. 10. 24. 선고 2010다90661, 90678 판결 [소유권이전등기등]

[논점] 분양자와 분양계약을 체결하고 분양대금을 완납한 경우 수분양자가 수탁자 대한 소유권이전등기청구권을 취득하는지 여부

【이 유】

가. 원고들이 피고에 대하여 직접 소유권이전등기를 구할 수 있는지에 관한 상고이유에 대하여

1) 제3자를 위한 계약이라 함은 통상의 계약이 그 효력을 당사자 사이에서만 발생시킬 의사로 체결되는 것과는 달리 계약 당사자가 자기들 명의로 체결한 계약에 의하여 제3자로 하여금 직접 계약 당사자의 일방에 대하여 권리를 취득하게 하는 것을 목적으로 하는 계약이므로, 어떤 계약이 제3자를 위한 계약에 해당하는지 여부는 당사자의 의사가 그 계약에 의하여 제3자에게 직접 권리를 취득하게 하려는 것인지에 관한 의사해석의 문제로서 이는 계약 체결의 목적, 계약에 있어서의 당사자의 행위의 성질, 계약으로 인하여 당사자 사이 또는 당사자와 제3자 사이에 생기는 이해득실, 거래 관행, 제3자를 위한 계약제도가 갖는 사회적 기능 등 여러 사정을 종합하여 계약 당사자의 의사를 합리적으로 해석함으로써 판별할 수 있다(대법원 1997. 10. 24. 선고 97다28698 판결, 대법원 2006. 9. 14. 선고 2004다18804 판결 등 참조).

2) 원심은 그 판시와 같은 사정을 인정한 다음, "분양대금이 완납된 피분양자에게 소유권을 이전하기 위하여 주식회사 서두리가 신탁해지를 요청하는 경우 피고는 신탁해지와 동시에 피분양자에게 소유권이전등기가 되도록 하거나 피고가 피분양자에게 직접 소유권이전등기할 수 있다."고 규정하고 있는 이 사건 사업약정 제25조 제2항은 신탁계약 해지 시 수탁자인 피고가 신탁자인 주식회사 서두리(이하 '서두리'라고 한다)에 대하여 신탁재산의 소유권을 이전하고 다시 서두리로 하여금 수분양자들에게 소유권을 이전하게 하거나 피고가 직접 수분양자들에게 소유권이전등기를 마쳐줄 수 있는 선택권을 피고에게 부여한 것일 뿐, 서두리와 피고가 제3자인 원고들로 하여금 피고에 대한 직접적인 소유권이전등기청구권을 취득하게 하려는 제3자를 위한 계약을 체결하려는 의사를 표시한 것이라고 볼 수 없고, 원고들이 주장하는 사유만으로는 원고들의 피고에 대한 직접적인 소유권이전등기청구권을 인정하기 어렵다고 판단하였다.

앞서 본 법리와 기록에 비추어 살펴보면 원심의 위와 같은 판단은 정당한 것으로 수긍이 되고, 거기에 상고이유에서 주장하는 바와 같은 제3자를 위한 계약이나 신탁법에 관한 법리를 오해한 위법 등이 없다.

[원심판결] 서울고등법원 2010. 8. 20. 선고 2009나119261(본소), 119278(반소) 판결 [소유권이전등기등]

【주 문】

1. 당심에서 변경된 원고(반소피고)들의 본소청구를 모두 기각한다.

2. 피고(반소원고)의 반소에 관한 항소를 기각한다.

3. 소송총비용은 본소, 반소, 보조참가로 인한 부분을 합하여 그 중 415는 원고(반소피고)들이, 나머지는 피고(반소원고), 피고(반소원고) 보조참가인이 각 부담한다.

【청구취지 및 항소취지】

1. 청구취지

가. 본소

피고(반소원고) 주식회사 하나다올신탁(주식회사 다올신탁에서 2010. 4. 2. 상호가 변경되었다. 이하 '피고 하나다올신탁'이라 한다)은 별지 2. 분양대금 등 내역표 중 '㉠원고'란 기재 원고(반소피고, 이하 '원고'라 한다)들로부터 해당 '㉣지급의무액'란 기재 각 돈을 지급받음과 동시에 위 내역표 중 '㉠원고'란 기재 원고들에게 해당 '㉡목적물'란 기재 각 부동산에 관하여 해당 '㉢계약일'란 기재 일자 매매를 원인으로 한 각 소유권이전등기절차를 이행하라(원고들은 당심에 이르러 청구취지를 변경하였다. 한편, 원고들이 제1심과 달리 피고 하나다올신탁에 대하여만 소유권이전등기절차의 이행을 구하는 것으로 청구취지를 변경함으로써, 결과적으로 선택적 피고 주식회사 A(이하 'A'라 한다)에 대하여는 이 사건 소를 취하한 것으로 볼 것이다.

나. 반소

원고들은 별지 4. 청구취지 목록 중 '반소 청구취지'란의 해당 원고별 지급의무액란 기재 각 돈 및 그 중 같은 목록 중 해당 미납액란 기재 각 돈에 대하여 2009. 10. 6.부터 이 사건 반소장 부본 송달일까지는 연 15%의, 그 다음날부터 다 갚는 날까지는 연 20%의 각 비율로 계산한 돈을 지급하라.

2. 항소취지

가. 본소

제1심 판결 중 본소에 관한 부분을 취소하고, 그 취소부분에 해당하는 원고들의 본소청구를 모두 기각한다.

나. 반소

제1심 판결 중 반소에 관한 부분을 반소 청구취지와 같이 변경한다.

3. 부대항소취지

가. 원고 B

제1심 판결의 본소에 관한 부분 중 원고 B 패소부분을 취소한다. 피고 하나다올신탁은, (1) 원고 B으로부터 154,961,660원을 지급받음과 동시에 원고 B에게 별지 3. 기재 순번 2번 부동산에 관하여 2006. 2. 17. 매매를 원인으로 한 소유권이전등기절차를, (2) 원고 B으로부터 501,165,470원을 지급받음과 동시에 원고 B에게 별지 3. 기재 순번 8번 부동산에 관하여 2006. 2. 17. 매매를 원인으로 한 소유권이전등기절차를 각 이행하라.

나. 나머지 원고들

제1심 판결의 본소에 관한 부분 중 위 원고들 패소부분을 취소한다. 주위적으로, 피고 하나다올신탁은 원고들로부터 별지 4. 청구취지 목록 중 '부대항소취지'란의 해당 원고별 각 돈을 지급받고, A로부터 위 목록 중 '부동산'란 기재 각 원고별 해당 부동산에 관하여 A와 사이에 체결한 2005. 9. 6.자 신탁계약에 대한 해지의 의사표시를 수령함과 동시에 위 원고들에게 위 각 해당 부동산에 관하여 위 일자 신탁계약 해지를 원인으로 한 각 소유권이전등기절차를, 예비적으로, 피고 하나다올신탁은 위 원고들로부터 별지 4. 청구취지 목록 중 '부대항소취지'란의 해당 원고별 각 돈을 지급받고, A로부터 위 목록 중 '부동산'란 기재 각 원고별 해당 부동산에 관하여 위 일자 신탁계약에 대한 해지의 의사표시를 수령함과 동시에 A에게 위 각 해당 부동산에 관하여 위 일자 신탁계약 해지를 원인으로 한 소유권이전등기절차를 각 이행하라(위 원고들은 반소에 관하여도 부대항소를 제기하였다가, 2010. 2. 10. 부대항소취지를 변경하면서 기존의 "피고의 반소청구를 기각한다" 부분을 삭제하였으므로, 반소에 관한 부대항소는 취하된 것으로 본다).

【이 유】

나. 판단

2. 본소청구에 관한 판단

나. 판단

(1) 제3자를 위한 계약 주장에 관하여

어떤 계약이 제3자를 위한 계약에 해당하는지 여부는 당사자의 의사가 그 계약에 의하여 제3자에게 직접 권리를 취득하게 하려는 것인지에 관한 의사해석의 문제로서 이는 계약 체결의 목적, 계약에 있어 당사자의 행위의 성질, 계약으로 인하여 당사자 사이 또는 당사자와 제3자 사이에 생기는 이해득실, 거래관행, 제3자를 위한 계약제도가 갖는 사회적 기능 등 제반 사정을 종합하여 계약 당사자의 의사를 합리적으로 해석함으로써 판별할 수 있다(대법원 2010. 3. 25. 선고 2009다99914 판결, 대법원 2006. 9. 14. 선고 2004다18804 판결 등 참조).

이 사건에서 보건대, 이 사건 사업약정 제25조 제2항은 '분양대금이 완납된 피분양자에게 소유권을 이전하기 위하여 A가 신탁해지를 요청하는 경우 피고 하나다올신탁은 신탁해지와 동시에 피분양자에게 소유권이전등기가 되도록 하거나 피고 하나다올신탁이 피분양자에게 직접 소유권이전등기할 수 있다'고 규정하고 있는바, 이 사건 사업약정 및 분양관리신탁계약은 수분양자들의 분양대금을 수탁자인 신탁회사가 관리하여 금융기관 등의 사업시행자에 대한 채권자들과 수분양자들에게 발생할 수 있는 손해를 방지하고 사업을 원활하게 진행하도록 하기 위한 목적으로 체결된 것이지 수분양자들에게 수탁자에 대한 어떠한 권리를 직접 부여할 목적으로 체결된 것은 아닌 점, 위 제25조 제2항의 문언 자체로도 A와 피고 하나다올신탁이 수분양자들에게 소유권이전등기청구권을 부여하는 의사를 표시하는 것으로 해석하기는 어려운 점, 분양계약서상 피고 하나다올신탁은 매도인으로서 어떠한 책임도 부담하지 않는 점, 이 사건 사업약정에 따라 수탁자인 피고 하나다올신탁은 신탁부동산의 대내외적인 소유권을 취득하게 되는 점 등을 고려해 보면, 위 제25조 제2항은 신탁해지시 수탁자인 피고 하나다올신탁이 신탁자인 A에게 신탁재산의 소유권을 이전하고 다시 A로 하여금 수분양자들에게 소유권을 이전하게 하거나 또는 피고 하나다올신탁이 직접 수분양자들에게 소유권이전등기를 마쳐줄 수 있는 선택권을 피고 하나다올신탁에게 부여한 것일 뿐, A와 피고 하나다올신탁이 수분양자들로 하여금 피고 하나다올신탁에 대한 직접 소유권이전등기청구권을 취득하게 하려는 의사를 표시한 것으로 볼 수는 없으므로, 이 사건 사업약정이 제3자를 위한 계약에 해당함을 전제로 하는 원고들의 위 주장은 이유 없다.

3. 반소청구에 관한 판단

피고 하나다올신탁은 반소로써 원고들에게 미지급 분양대금과 납부를 지연하거나 미지급한 2차 중도금 및 잔금에 대한 지연손해금의 지급을 구하므로 살피건대, 이 사건 사업약정 제19조 제2항에 의하면 A는 분양대금 채권을 피고 하나다올신탁에게 양도하기로 하였고, 이 사건 각 분양계약 제14조 제2항에서 매수인인 원고들이 그 양도를 승낙하였으므로, 특별한 사정이 없는 한 원고들은 피고 하나다올신탁에게 이 사건 각 분양계약에 따른 분양대금 및 이에 대한 지연손해금을 지급할 의무가 있는바,…

이 사건 각 분양계약에서 잔금지급일을 사용검사 승인일로 정한 점, 제3조 제1항에서 잔금에 대한 선납일수의 계산은 입점지정월의 전일까지로 하고, 같은 조 제2항에서 잔금에 대한 연체료는 입점지정기간 종료일의 다음날부터 발생하도록 한 점, 제9조 제2항에서 매도인이 입점지정기간을 매수인에게 통보하여 잔금 정산을 하고 입점하기로 한 점(다만, 위 제9조 제2항은 '매수인은 매도인과의 잔금정산 절차를 완료하고 매도인이 요구한 제반 서류를 제출한 후 입점증을 받아 입점하여야 한다'고 규정하고 있어 일응 원고들의 잔금지급의무가 A의 인도의무보다 선이행 관계에 있음을 규정한 것처럼 해석될 여지가 있으나, A는 원고들이 상가에 입점할 수 있도록 준비를 마친 후 원고들에게 그 입점지정기간을 통보하여 원고들로부터 잔금을 지급받는 것인 점에 비추어 볼 때, 위 조항은 '원고들이 A에게 잔금을 지급하고 입점증을 받음과 동시에 해당 상가에 입점할 수 있음'을 규정한 것이라고 해석함이 상당하다), 제4조 제1항에서 분양목적물에 대한 사용승인 후 보존등기 등이 완료되면 매수인은 분양대금 등을 완납하고 매도인의 보존등기가 완료되는 날로부터 60일 이내에 소유권이전등기절차를 마치기로 한 점 등을 종합하여 보면, 이 사건 각 분양계약상 매수인의 잔금지급의무는 매도인의 인도의무와는 동시이행관계에, 소유권이전등기의무와는 선이행관계에 있다고 봄이 상당하다.

79. 대법원 2013. 6. 27. 선고 2012다79347 판결 [약정금][179]

[논점] 담보신탁계약의 선순위 수익자가 어느 부동산의 처분대금에서 자신의 채권을 회수할 때 각 부동산에 존재하는 후순위 우선수익자들 사이의 형평을 고려하여야 하는지 여부

【이 유】

1. 피고 주식회사 한국토지신탁(이하 '피고 한국신탁')의 상고이유에 대하여

가. 원심판결 이유에 의하면, 원심은 그 채택 증거를 종합하여 아래와 같은 사실을 인정하였다. ① 소외 1 등 16인은 2004. 11. 5. 자신들이 1/16지분씩 공유하는 이 사건 11개 건물에 관하여 피고 한국신탁과 사이에 이 사건 신탁계약을 체결하였다. 그 주요 내용은 소외 1 등 16인이 이 사건 11개 건물을 피고 한국신탁에 신탁하고, 피고 한국신탁은 춘당종합건설 주식회사(이하 '춘당건설')가 피고 경기저축은행 주식회사(이하 '피고 경기저축은행')와 피고 진흥저축은행 주식회사(이하 '피고 진흥저축은행', 위 두 피고들을 통틀어 '피고 은행들'이라 한다)에게 부담하는 채무 내지 책임의 이행을 보장하기 위하여 이 사건 11개 건물의 소유권을 보전 관리하며, 채무불이행 시에는 이를 환가·정산하고, 채무이행 후 신탁 종료 시에는 그 소유권을 춘당건설에게 귀속시킨다는 것 등이다. 이 사건 신탁계약에 따라 피고 은행들은 이 사건 11개 건물에 관하여 1순위 우선수익자(피고 경기저축은행 18억 2,000만 원, 피고 진흥저축은행 9억 8,000만 원)가 되었고, 2004. 11. 8. 이 사건 11개 건물에 관하여 피고 한국신탁 앞으로 신탁을 원인으로 한 소유권이전등기가 각 마쳐졌다. ② 한편 춘당건설은 2004. 11. 8. 이 사건 11개 건물 중 이 사건 3개 건물(102호, 105호, 106호)에 관하여 피고 한국신탁과 사이에, 피고 은행들에 이은 제2순위의 우선수익자(5억 원)로 원고를 추가하는 이 사건 변경계약을 체결하였다. 이 사건 변경계약에는 특약사항 제9조가 추가되었는데, 그 내용은 "피고 한국신탁은 102호 매각 시 1억 5,000만 원, 105호 매각 시 1억 7,500만 원, 106호 매각 시 1억 7,500만 원을 제2순위 우선수익자에게 변제하기로 한다."는 것(제1항)과 "제1항에도 불구하고 제1순위 우선수익자의 채무변제 및 부대비용 집행 후 잔여금액이 호수별 변제금액에 미달하는 경우 제2순위 우선수익자에게 잔여금액 범위 내에서 채무를 변제하되, 수탁자는 동 신탁부동산 또는 타 신탁부동산 처분대금으로 제2순위 우선수익자의 채무가 완제될 수 있도록 제2순위 우선수익자에게 최대한 협조하여야 한다."는 것(제2항)이다. ③ 이후 춘당건설은 피고 한국신탁과 사이에, 2005. 2. 24. 이 사건 8개 건물(이 사건 11개 건물 중 이 사건 3개 건물을 제외한 나머지 건물) 중 지하 101호, 지하 102호의 2개 건물에 관하여 제2순위 우선수익자(3억 원)로 소외 2를 추가하

179) 이 판결에 대한 평석은, 오상민, 부동산 담보신탁의 공매절차에서 매각대금 정산 시 민법 제368조가 유추적용되는지 여부, 변호사 제46-1집, 서울지방변호사회, 180면 이하를 참고할 것.

는 내용의 담보신탁변경계약, 2005. 3. 15. 이 사건 8개 건물 중 201호, 202호, 701호의 3개 건물에 관하여 2순위 우선수익자(4억 5,000만 원)로 소외 3을 추가하는 내용의 담보신탁변경계약을 각 체결하였다. ④ 이 사건 8개 건물은 2004. 12. 14.부터 2005. 4. 26.까지 사이에 춘당건설의 대표이사인 소외 4 등에게 처분되었는데, 그 처분대금 합계 24억 5,900만 원 중 11억 원만이 피고 은행들의 채권에 대한 우선변제에 충당되었고, 나머지 13억 5,900만 원은 춘당건설에게 지급되었다. ⑤ 그 후 피고 한국신탁은 2008. 2. 19. 이 사건 3개 건물 중 102호 및 105호를 공매절차에 의하여 매각하였는데, 2008. 4. 30. 그 매각대금에서 부가가치세 등 제반 비용을 공제한 잔액 6억 8,000만 원을 피고 경기저축은행(2008. 4. 22. 기준으로 춘당건설에 대하여 원금 6억 원, 이자 417,834,043원의 채권이 남아있었다)에게 지급하였으며, 106호에 대한 공매는 현재까지 이루어지지 않고 있다.

이러한 사실관계를 기초로 원심은, 이 사건 8개 건물의 처분이 춘당건설 및 피고 은행들의 요청에 따라 피고 한국신탁이 공매가 아닌 수의계약 방식으로 직접 매각하는 방식으로 이루어졌고 그 처분대금의 정산도 피고 한국신탁에 의하여 이루어진 것이라는 전제하에, 그 판시와 같은 사정들을 이유로, 피고 한국신탁은 위 특약사항 제9조의 취지에 따라 이 사건 11개 건물 전체의 감정평가금액을 고려하면서 이 사건 8개 건물의 처분대금 정산과정에서 원고의 채권변제 가능성이 침해될 위험성을 최소화시키는 방향으로 최대한의 노력을 하는 신의칙상 보호의무를 부담한다고 보았다. 나아가 원심은, 피고 한국신탁은 이 사건 8개 건물의 처분대금을 정산하면서 원고의 2순위 우선수익권이 침해되지 않도록 1순위 우선수익자인 피고 은행들에 우선적으로 금액을 배분할 의무가 있었음에도 불구하고, 이에 위반하여 춘당건설에 반 이상의 금액이 배분되도록 한 결과, 이 사건 3개 건물 중 2개나 처분되고도 원고에게 2순위 우선수익금이 전혀 배당되지 못하는 손해가 발생하였고, 따라서 피고 한국신탁은 위와 같은 채무불이행으로 인하여 원고가 입은 손해를 배상할 책임이 있다고 판단하였다.

나. 그러나 앞서 본 사실관계 및 제1심 및 원심이 적법하게 채택한 증거들에 의하여 알 수 있는 아래와 같은 사정들을 종합하여 볼 때, 원심의 위와 같은 판단은 그대로 수긍하기 어렵다.

(1) 우선 원심이 “피고 한국신탁이 춘당건설 및 피고 은행들의 요청에 따라 공매가 아닌 수의계약 방식으로 이 사건 8개 건물을 직접 처분하였고 그 처분대금을 정산(배당)하였다.”고 한 부분에 관하여 본다.

이 사건 11개 건물은 기존 우정연립주택의 재건축을 통해 신축된 건물의 구분건물 중 일부로서 재건축공사를 맡은 춘당건설에 공사대금의 대물변제로 제공되었는데, 춘당건설이 유치권 등의 문제로 이 사건 11개 건물의 분양에 어려움을 겪던 와중에 이 사건 신탁계약이 체결된 것으로 보인다. 이 사건 신탁계약은 담보신탁계약으로서, 춘당건설이 피고 은행들로부터 총 20억 원(피고 경기저축은행 13억 원, 피고 진흥저축은행 7억 원)을 대출받으면서 그 담보를 위하여 체결된 것이다. 이 사건 신탁계약에서 예정하고 있는 본래의 신탁재산의 처분방법은 채무자의 채무불이행 시 우선수익자의 요청으로 수탁자가 공매 등의 절차를 통해 신탁재산을 처분하고 그 대금을 정산(배당)하는 것인데, 그 외에도 이 사건 신탁계약에서는 피고 한국신탁이 춘당건설 및 피고 은행들의 동의하에 적정한 방법으로 처분하거나(특약사항 제2조), 춘당건설이 이 사건 11개 건물을 분양하여 그 분양대금으로 피고 은행들에 대한 채무를 변제하는 방식(특약사항 제7조)도 예정하고 있었던 것으로 보인다. 그런데 이 사건 8개 건물에 관하여 피고 은행들이나 춘당선설이 피고 한국신탁에 그 처분을 요청하였다든가 피고 한국신탁이 구체적인 처분의 절차를 밟았다는 점은 이를 인정할 만한 아무런 직접적인 증거가 없다. 반면 피고 은행들이 피고 한국신탁에 건물이 분양되었다는 등의 이유로 이 사건 8개 건물에 관한 신탁을 해지하여 달라는 등의 요청을 하였던 점, 이 사건 8개 건물 중 일부 건물에 대한 2순위 우선수익자인 소외 2와 소외 3이 위와 같은 해지에 동의를 하였던 점, 일부 건물에 관해서는 ‘우정연립재건축추진위원회 소외 1 등 16인’이 매도인으로 된 공급계약서가 작성되기도 하였던 점, 이 사건 8개 건물의 처분대금이 피고 한국신탁에 입금된 흔적이 없는 점 등에 비추어 보면, 오히려 이 사건 8개 건물의 처분은 춘당건설에 의하여 이루어졌고 다만 피고 한국신탁은 춘당건설과 우선수익자들 전원의 해지요청에 따라 신탁계약을 해지해 준 것에 불과하다고 볼 여지가 크다. 비록 이 사건 8개 건물 중 일부에 관한 등기부등본에 신탁등기의 말소원인이 '신탁재산처분'이라고 기재되어 있기는 하나, 그러한 사정만으로 피고 한국신탁이 이 사건 8개 건물을 처분한 것이라고 단정하기는 어렵다고 보인다.

(2) 특약사항 제9조의 취지를 고려한다고 하더라도, 피고 한국신탁이 원고의 이익을 고려하여 이 사건 8개 건물의 처분 시 1순위 우선수익자인 피고 은행들에 우선적으로 금액이 배분되도록 하였어야 한다든가 피고 은행들의 신탁계약 해지요청을 거절하였어야 한다고 보기는 어렵다.

즉 위 특약사항 제9조 제2항의 취지는, 이 사건 3개 건물의 처분 시 피고 은행들 등 선순위 권리자의 존재로 인하여 원고에 대한 변제금액이 제1항에서 정한 각 변제금액에 미달하는 경우가 있을 수 있어, 그러한 경우에는 피고 한국신탁은 이 사건 3개 건물 중 나머지 건물 또는 이 사건 8개 건물의 처분대금에서 원고가 그 부족분을 변제받을 수 있도록 최대한 협조하겠다는 것으로 보인다. 그러나 일반적으로 "최대한 협조한다."는 것은 당사자가 그러한 의무를 법적으로 부담하지는 않고 다만 사정이 허락하는 한 그 이행을 하겠다는 취지에 불과한 것이므로(대법원 1996. 10. 25. 선고 96다16049 판결 등 참조), 피고 한국신탁이 어떠한 경우에도 원고에게 우선수익권 금액 5억 원이 변제될 수 있도록 책임을 지겠다는 것으로 볼 수는 없다(제9조 제2항 중 '타 신탁부동산'이란 '이 사건 8개 건물'을 지칭하는 것으로 읽어야 문맥상 자연스럽기는 하지만, 그렇게 해석한다고 하여 피고 한국신탁의 법적 의무가 달라지는 것은 아니다).

다만 이 사건에서 이 사건 11개 건물의 처분 순서 및 처분대금의 채무변제 충당금액에 따라 원고의 채권이 이 사건 3개 건물의 처분대금에서 변제될 수 있는지가 달라지므로, 원고는 이 사건 8개 건물의 처분 및 처분대금 충당 등에 대해서 큰 이해관계가 있고, 이러한 사정에 비추어 피고 한국신탁은 원고의 이익을 고려하여야 할 수탁자로서의 의무가 있다고 볼 여지는 있다. 그러나 ① 이 사건 8개 건물의 감정가는 24억 5,000만 원(실제 처분금액도 24억 5,900만 원임), 이 사건 3개 건물의 감정가는 12억 2,000만 원이었고 당시 피고 은행들의 채권액은 17억 원(20억 원 중 3억 원은 신탁관계 외에서 변제를 받았음)이었던 점을 고려할 때, 피고 은행들이 이 사건 8개 건물의 처분대금에서 11억 원을 변제받고, 이 사건 3개 건물의 처분대금에서 6억 원을 변제받기로 하는 것이 원고에게 과도하게 불리한 것이라고 보이지는 않는 점, ② 더욱이 이 사건 8개 건물 중 5개 건물(감정가 14억 4,000만 원, 실제 처분가 14억 6,900만 원)에는 소외 2, 소외 3의 총 7억 5,000만 원의 2순위 우선수익권이 설정되어 있었는데, 피고 한국신탁이 이들의 이익을 도외시한 채 이 사건 8개 건물의 처분대금에서 피고 은행들의 대출금 전액이 우선적으로 변제되도록 조치할 수는 없었을 것으로 보이는 점(소외 2, 소외 3이 신탁해지에 동의한 점에 비추어 보면, 춘당건설이 수령한 13억 5,900만 원 중에서 일부가 소외 2, 소외 3에게 지급되었을 가능성도 커 보인다), ③ 이 사건 8개 건물이 처분되었을 당시만 해도 이 사건 3개 건물의 감정가는 12억 2,000만 원이었고 피고 은행들의 잔여 채무는 원금 6억 원에 불과하였으므로, 이 사건 11개 건물이 동시에 처분되는 경우와 비교해 보더라도 원고의 지위가 크게 열악하게 되었다고 단정하기는 어려운 점 등을 종합하여 보면, 피고 한국신탁이 이 사건 8개 건물의 처분대금으로 피고 은행들의 채권이 우선적으로 변제되도록 하지 않았거나 피고 은행들의 신탁계약 해지요청을 거절하지 않았다고 하여 그것이 원고에 대한 관계에서 채무불이행이 된다고 단정하기는 어렵다고 할 것이다.

다. 그럼에도 원심은, 이 사건 8개 건물의 처분대금으로 1순위 우선수익자인 피고 은행들이 우선변제를 받도록 하지 않은 것이 피고 한국신탁의 채무불이행이라고 보아 이에 따른 원고의 피고 한국신탁에 대한 손해배상청구를 일부 인용하였다. 이러한 원심판결에는 법률행위의 해석에 관한 법리를 오해하였거나, 논리와 경험의 법칙에 위반하여 자유심증주의의 한계를 벗어남으로써 판결에 영향을 미친 잘못이 있다. 이 점을 지적하는 피고 한국신탁의 상고이유 주장은 이유 있다.

2. 원고의 상고이유에 대하여

가. 원심은, 원고가 2순위 우선수익권을 보유한 신탁재산은 이 사건 3개 건물에 한정되고, 이에 더하여 피고 한국신탁이 이 사건 8개 건물의 처분대금에서도 원고의 채권을 지급하기로 약정한 사실을 인정할 증거가 없으므로, 피고 한국신탁이 원고에게 약정금으로 5억 원을 지급할 의무는 없다고 판단하였다.

관련 법리와 기록에 비추어 살펴보면, 원심의 위와 같은 판단은 정당한 것으로 수긍할 수 있고, 거기에 상고이유로 주장하는 법리오해 등의 위법이 없다.

나. 원심은, 채무자 소유의 수개 부동산에 관하여 공동저당권이 설정된 경우 적용되는 민법 제368조의 법리가 이 사건과 같은 담보신탁의 경우에도 유추적용된다고 보기는 어렵다고 보아, 피고 은행들이 이 사건 3개 건물 중 102호, 105호의 처분대금으로 수령한 돈 중 5억 원이 원고에 대한 관계에서 부당이득이 되고 피고 한국신탁 또한 이에 대하여 책임이 있다는 취지의 원고의 주장을 모두 배척하였다.

채무자 소유의 수개의 부동산에 관하여 채권자들을 선순위 또는 후순위 우선수익자로 한 담보신탁계약이 체결되어 있는 경우, 당사자 사이의 약정 등 특별한 사정이 없는 한, 선순위 우선수익자가 어느 부동산의 처분대금에서 자신의 채권을 회수함에 있어 각 부동산에 존재하는 후순위 우선수익자들 사이의 형평까지 고려하여야 할 제약을 받는다고 볼 근거는 없다. 그리고 설령 선순위 우선수익자가 특정 부동산에서 다액의 채권을 회수함으로써 후순위 우선수익자들 사이에서 불공평한 결과가 발생하였다고 하더라도, 그러한 사정만으로 선순위 우선수익자가 특정 후순위 우선수익자에 대한 관계에서 부당이득을 취하였다고 볼 수도 없다. 이와 같은 법리와 기록에 비추어 살펴보면, 원심의 이 부분 판단도 정당하고, 거기에 상고이유로 주장하는 법리오해 등의 위법이 없다.

한편 원고는, 이 부분 원고의 주장과 관련하여 원심이 일부 판단을 누락하였다는 주장도 하고 있으나, 원심의 판시 내용에 비추어 볼 때 원심에서 원고가 한 이 부분 주장을 모두 배척한 취지로 보이므로 원고의 위 주장도 받아들이지 않는다.

다. 원심은, 그 판시와 같은 이유로, 피고 은행들이 피고 한국신탁의 배임행위에 가담한 것이라고 보기는 어렵다고 보아, 피고 은행들이 피고 한국신탁과 함께 공동불법행위 책임을 부담한다는 취지의 원고의 주장을 배척하였다.

관련 법리와 기록에 비추어 살펴보면, 원심의 이 부분 판단도 정당하고, 거기에 상고이유로 주장하는 법리오해 등의 위법이 없다.

라. 원심은, 그 판시와 같은 이유로, 피고 한국신탁이 신탁재산인 이 사건 8개 건물과 그 처분대가를 적절하게 관리하지 아니하여 신탁재산의 감소를 초래하였으므로 5억 원을 신탁재산에 편입할 의무가 있다는 취지의 원고의 예비적 청구에 관한 주장을 배척하였다.

관련 법리와 기록에 비추어 살펴보면, 원심의 이 부분 판단도 정당하고, 거기에 상고이유로 주장하는 법리오해 등의 위법이 없다.

[원심판결] 서울고등법원 2012. 7. 27. 선고 2010나44516 판결 [약정금]

【주 문】

1. 제1심 판결 중 피고 주식회사 한국토지신탁 부분을 다음과 같이 변경한다.

가. 피고 주식회사 한국토지신탁은 원고에게 325,000,000원 및 이에 대하여 2009. 6. 12.부터 2012. 7. 27.까지는 연 6%의, 그 다음날부터 다 갚는 날까지는 연 20%의 각 비율에 의한 금원을 지급하라.

나. 원고의 위 피고에 대한 나머지 주위적 청구 및 예비적 청구를 모두 기각한다.

2. 원고의 피고 경기저축은행 주식회사, 진흥저축은행 주식회사에 대한 항소 및 당심에서 확장된 청구를 각 기각한다.

3. 원고와 피고 주식회사 한국토지신탁 사이의 소송총비용 중 2/5는 원고가, 나머지는 위 피고가 각 부담하고, 원고의 나머지 피고들에 대한 항소비용(청구확장으로 인하여 생긴 비용 포함)은 원고가 부담한다.

4. 제1의 가.항은 가집행할 수 있다.

【청구취지 및 항소취지】

1. 청구취지

주위적으로, 피고들은 연대하여 원고에게 500,000,000원 및 이에 대한 2005. 5. 6.부터 이 사건 소장 부본 송달일까지는 연 6%의, 그 다음날부터 다 갚는 날까지 연 20%의 각 비율에 의한 금원을 지급하라(원고는 당심에서 주위적 청구취지를 확장하였다).

예비적으로, 피고 주식회사 한국토지신탁은 500,000,000원을 위 피고와 소외 1 외 15인 사이에 2004. 11. 5. 체결된 부동산 담보신탁계약의 신탁재산으로 편입하라(원고는 당심에서 예비적 청구를 추가하였다).

2. 항소취지

제1심 판결을 취소한다. 피고들은 연대하여 원고에게 500,000,000원 및 이에 대한 2008. 4. 30.부터 이 사건 소장 부본 송달일까지는 연 6%의, 그 다음날부터 다 갚는 날까지는 연 20%의 각 비율에 의한 금원을 지급하라.

【이 유】

2. 주위적 청구에 대한 판단

가. 원고의 피고 신탁에 대한 약정금청구

1) 원고의 주장

피고 신탁은 이 사건 변경계약 당시 특약사항 제9조에서 원고가 이 사건 3개 건물의 처분대금에서 채권을 전액 변제받지 못할 경우에는 피고 신탁이 이 사건 8개 건물의 처분대금에서 원고의 나머지 채권을 변제하겠다고 약정하였으므로, 원고가 이 사건 3개 건물의 처분대금에서 변제받지 못한 5억 원을 지급할 의무가 있다.

2) 이 법원의 판단

살피건대, 앞에서 본 바와 같이 원고가 2순위 우선수익권을 보유한 신탁재산은 이 사건 3개 건물에 한정되는바, 이에 더하여 피고 신탁이 위 3개 건물을 제외한 이 사건 8개 건물의 처분대금에서도 원고의 채권을 지급하기로 약정한 사실은 이를 인정할 증거가 없다. 오히려 이 사건 변경계약의 특약사항 제9조에 의하면, 피고 신탁은 이 사건 3개 건물의 처분대금에서 합계 5억 원을 원고에게 변제하기로 하되 제1순위 우선수익자의 채무변제 및 부대비용 집행 후 잔여금액 범위 내에서 변제한다고 약정한 사실, 이 사건 3개 건물 중 102호 및 105호의 처분대금은 모두 제1순위 우선수익자인 피고 경기의 우선수익금 변제를 위하여 지급되었으나, 나머지 106호는 아직 처분되지 아니한 사실은 앞서 인정한 바와 같으므로, 피고 신탁이 원고에게 약정금으로 5억 원을 지급할 의무가 있다고 보기는 어렵다. 따라서 원고의 위 주장은 이유 없다.

나. 원고의 피고들에 대한 부당이득반환청구

1) 원고의 주장

원고와 피고 은행들은 공동저당권자와 유사한 지위에 있어 민법 제368조가 유추적용되어야 한다. 이 사건 3개 건물에 대한 2순위 우선수익권자인 원고는 이 사건 3개 건물이 먼저 처분될 경우 선순위 우선수익권자인 피고 은행들의 이 사건 8개 건물에 대한 우선수익권을 대위행사할 수 있는데, 피고 은행들이 이 사건 8개 건물의 처분대금 중 일부를 소외 회사에게 지급한 것은 그 우선수익권을 일부 포기한 것과 같다. 따라서 이 사건 3개 건물의 처분대금 중에서 피고 은행들은 위 우선수익권의 일부를 포기하지 아니하였더라면 원고가 피고 은행들을 대위할 수 있었던 한도(5억 원)에서 원고에 우선하여 권리를 행사하지 못한다. 그럼에도 피고 은행들은 원고에게 귀속되어야 하는 102호, 105호의 처분대금을 수령하였고, 피고 신탁 역시 잘못된 정산방법에 의하여 피고 은행들에게 위 대금을 지급하였으므로, 피고들은 연대하여 원고에게 부당이득으로 이 사건 3개 건물의 처분대금 중 5억 원을 부당이득으로 반환할 의무가 있다.

2) 이 법원의 판단

비록 이 사건 신탁과 같은 담보 목적 신탁의 경우 우선수익자는 대상 부동산의 처분대금에서 우선적으로 변제받을 수 있는 권리를 가진다는 점에서 저당권자와 유사한 면은 있으나, 우선수익자의 위와 같은 권리는 신탁법, 자본시장과 금융투자에 관한 법률 등에 관하여 규율되는 법률관계인 신탁의 법리 및 이 사건 신탁계약에 의한 것으로서, 우선수익자는 신탁계약에 의하여 일정한 이익을 받을 권리를 가지지만, 저당권과 같은 부동산 물권을 가진다고는 할 수 없고, 별도의 준용규정도 없는 이상, 채무자 소유의 수개 부동산에 관하여 공동저당권이 설정된 경우 적용되는 민법 제368조의 법리가 이 사건과 같은 담보신탁의 경우에도 유추적용된다고 보기 어렵다. 따라서 민법 제368조가 유추적용됨을 전제로 한 원고의 위 청구는 이유 없다.

다. 원고의 피고들에 대한 손해배상청구

1) 원고의 주장

원고에 대한 이 사건 변경계약의 본지는 소외 회사의 원고에 대한 채무 또는 책임의 이행을 보장하는 것이므로, 피고 신탁은 2순위 우선수익권자인 원고가 이 사건 3개 건물의 처분대금에서 수익권리금을 모두 지급받을 수 있도록 이 사건 8개 건물의 처분에 동의하지 아니하거나, 처분에 동의하더라도 그 처분은 공개시장에서의 입찰을 통하여서 하며, 처분대금은 피고 은행들의 수익권리금 변제에 우선 충당하는 등 이 사건 변경계약에 의한 선량한 관리자로서의 주의의무를 다했어야 한다. 그럼에도 불구하고, 피고 신탁은 그 의무를 위반하여 이 사건 8개 건물을 처분 또는 신탁해지하면서 그 대금을 피고 은행들의 수익권리금 변제에 우선 사용하지 아니한 채 소외 회사에 반 이상이 지급되도록 하였고, 결국 채권을 완제받지 못한 1순위 우선수익권자인 피고 경기가 이 사건 3개 건물의 처분대금에서도 우선 변제받게 됨으로써 원고는 수익권리금 5억 원을 지급받지 못하는 손해를 입었으므로, 피고 신탁은 원고에게 위와 같은 선관주의의무의 위반 또는 업무상 배임의 불법행위로 인한 5억 원의 손해를 배상할 의무가 있다. 그리고 피고 은행들은 피고 신탁의 위와 같은 업무상 배임행위에 공모 또는 적극 가담하였으므로, 피고 신탁과 연대하여 원고에게 위 손해를 배상할 의무가 있다.

2) 이 법원의 판단

가) 손해배상책임의 성립 여부

(1) 법률행위의 해석은 당사자가 그 표시행위에 부여한 객관적인 의미를 명백하게 확정하는 것으로서, 서면에 사용된 문구에 구애받는 것은 아니지만 어디까지나 당사자의 내심적 의사의 여하에 관계없이 그 서면의 기재내용에 의하여 당사자가 그 표시행위에 부여한 객관적 의미를 합리적으로 해석하여야 하는 것이고, 당사자가 표시한 문언에 의하여 그 객관적인 의미가 명확하게 드러나지 않는 경우에는 그 문언의 내용과 그 법률행위가 이루어진 동기 및 경위, 당사자가 그 법률행위에 의하여 달성하려는 목적과 진정한 의사, 거래의 관행 등을 종합적으로 고려하여 사회정의와 형평의 이념에 맞도록 논리와 경험의 법칙, 그리고 사회일반의 상식과 거래의 통념에 따라 합리적으로 해석하여야 한다(대법원 1992. 5. 26. 선고 91다35571 판결 참조). 그리고 어떠한 의무를 부담하는 내용의 기재가 있는 문면에 '협조를 최대로 한다'라고 기재되어 있는 경우, 특별한 사정이 없는 한 당사자가 위와 같은 문구를 기재한 객관적인 의미는 문면 그 자체로 볼 때 그러한 의무를 법적으로 부담할 수 없지만 사정이 허락하는 한 그 이행을 사실상 하겠다는 취지로 해석함이 상당하다(대법원 1996. 10. 25. 선고 96다16049 판결 참조).

(2) 이 사건 변경계약의 특약사항 제9조 제2항에는 '피고 신탁은 동 신탁부동산 또는 타 신탁부동산 처분대금으로 원고의 채무가 완제될 수 있도록 최대한 협조한다'고 기재되어 있는 사실은 앞에서 인정한 바와 같은데, 앞서 인정한 사실에서 추인되는 다음과 같은 사정, 즉 ① 원고가 이 사건 변경계약을 통하여 이 사건 3개 건물에 관해서만 제2순위 우선수익자의 지위를 가지게 되었고 나머지 8개의 건물에 관하여는 어떠한 권리도 가지지 아니하나, 피고 은행들이 1순위 우선수익권을 보유한 이 사건 11개 건물의 처분 순서 및 처분대금의 채무변제 충당금액에 따라 원고의 채권이 이 사건 3개 건물의 처분대금에서 변제될 수 있는지가 달라지므로 원고가 이 사건 8개 건물의 처분 및 처분대금 충당 등에 대해서 큰 이해관계를 가지는 점, ② 이 사건 변경계약의 신탁부동산은 이 사건 3개 건물이므로, 특약사항 제9조 제2항의 '동 신탁부동산'은 이 사건 3개 건물을 지칭하고, '타 신탁부동산'은 이 사건 8개 건물을 지칭한다고 보이는 점, ③ 피고 신탁은 신탁계약서 제6조(수익권증서) 제2, 3항에 따라 신탁부동산의 가격 내에서 수익권증서를 발행하고, 우선수익자를 추가 지정할 경우에도 신탁부동산의 잔존 담보가격 내에서 수익권증서를 발행하여야 하는데, 원고가 발급받은 수익권증서에는 신탁부동산가격(유효담보금액)이 이 사건 11개 건물의 전체 감정평가금액인 3,670,000,000원으로 기재되어 있으나, 원고 이후에 수익권증서를 발급받은 소외 2, 3 등 다른 2순위 우선수익자들의 수익권증서에는 신탁부동산가격이 전혀 기재되어 있지 않은 점 등을 종합하여 보면, 위 약정의 취지는 피고 신탁이 이 사건 11개 건물 전체의 감정평가금액을 고려하면서 위 건물들의 처분대금 정산과정에서 원고의 채권변제 가능성이 침해될 위험성을 최소화시키는 방향으로 최대한의 노력을 하는 신의칙상 보호의무를 부담하는 것으로 보아야 한다. 그런데 피고 신탁은 이 사건 8개 건물의 처분대금을 정산하면서 원고의 2순위 우선수익권이 침해되지 않도록 1순위 우선수익자인 피고 은행들에게 우선적으로 금액을 배분할 의무가 있었음에도 불구하고, 이에 위반하여 소외 회사에 반 이상의 금액이 배분되도록 한 결과, 이 사건 3개 건물 중 2개나 처분되고도 원고에게 2순위 우선수익금이 전혀 배당되지 못하는 손해가 발생하였다. 따라서 피고 신탁은 위와 같은 채무불이행으로 인하여 원고가 입은 손해를 배상할 책임이 있다.

(3) 원고는, 피고 은행들도 이 사건 8개 건물의 처분 주체가 피고 신탁이라는 사실을 알고 있었고, 이 사건 8개 건물 중 마지막 건물이 매각될 당시에는 소외 회사가 부도가 난 사실을 알고 있었으므로 처분대금에서 피고 은행들의 채권 전액을 회수하여야 함에도 일부만 회수하였을 뿐만 아니라, 피고 신탁에게 신탁계약 해지 동의서를 발송하는 등 피고 신탁의 원고에 대한 업무상 배임행위에 적극 가담하였으므로 피고 신탁과 함께 공동불법행위 책임을 부담한다고 주장한다.

그러나 위와 같은 신의칙상 보호의무는 피고 신탁이 2순위 우선수익권자인 원고에 대하여 부담하는 것일 뿐이고, 1순위 우선수익권자인 피고 은행들이 부담하는 의무가 아닌 점, 피고 은행들은 이 사건 11개 건물의 처분대금에서 우선 변제를 받기만 하면 되는 것이고, 그 처분 대금에서 피고 은행들이 초과 배당을 받은 것도 없는 점에 비추어 보면, 원고가 주장하는 위와 같은 사실만으로 1순위 우선수익자인 피고 은행들이 피고 신탁의 배임행위에 가담한 것이라고 보기는 어려우므로, 원고의 위 주장은 이유 없다.

3. 예비적 청구에 대한 판단

가. 원고의 주장

수탁자는 수익자의 이익을 위하여 신탁의 본지에 따라 선량한 관리자로서 신탁재산을 관리·처분할 의무가 있고, 수탁자가 선량한 관리자의 주의의무를 위반하여 신탁재산을 멸실, 감소 기타 손해를 발생하게 한 경우에는 수익자는 수탁자에 대하여 손해배상 또는 신탁재산의 회복을 청구할 수 있다(신탁법 제38조). 피고 신탁은 신탁부동산 또는 처분대가를 적절히 관리하여 우선수익자들의 채권에 충당할 의무가 있으므로 해지권자로부터 신탁계약의 해지 요청이 있었다고 하더라도 이로 인하여 수익자의 이익이 침해된다면 이를 거부할 의무가 있다. 그럼에도 피고 신탁은 이러한 의무에 위반하여, 이 사건 8개 건물의 처분대금 2,459,000,000원을 1순위 우선수익자인 피고 은행들에 대한 채무에 충당하지 아니하고, 그 중 1,359,000,000원을 채무자인 소외 회사에 귀속되도록 하여 결국 이 사건 3개 건물의 처분대금에서 원고의 채권이 변제되지 못하였다. 따라서 피고 신탁은 선관주의의무를 위반하여 신탁재산인 이 사건 이 사건 8개 건물과 그 처분대가를 적절하게 관리하지 아니하여 신탁재산의 감소를 발생시켰으므로, 5억 원을 신탁재산에 편입할 의무가 있다.

나. 이 법원의 판단

구 신탁법(2011. 7. 5. 법률 제10924호로 개정되기 전의 것) 제38조는 '수탁자가 관리를 적절히 하지 못하여 신탁재산의 멸실, 감소 기타의 손해를 발생하게 한 경우 또는 신탁의 본지에 위반하여 신탁재산을 처분한 때에는 위탁자, 그 상속인, 수익자 및 다른 수탁자는 그 수탁자에 대하여 손해배상 또는 신탁재산의 회복을 청구할 수 있다'고 규정하고 있다. 위 규정에 의하면 수익자의 수탁자에 대한 손해배상청구권과 신탁재산 회복청구권은 선택채권의 관계에 있다고 보아야 한다. 그런데 원고가 주위적 청구로서 손해배상청구권을 선택하였고, 이 사건 102호, 105호에 관한 주장이 이유 있음은 앞서 본 바와 같다. 그리고 신탁재산의 회복 청구가 인정되기 위해서는 그 전제로서 신탁재산의 멸실, 감소 기타의 손해가 발생하여야 하는데, 원고가 2순위 우선수익권을 취득한 신탁재산은 이 사건 3개 건물에 불과하고, 이 사건 8개 건물은 원고의 신탁재산에 해당하지 않으므로 그 처분대금도 신탁재산에 해당하지 않는다. 나아가 106호 부분에 대하여는 주위적 청구에 대한 판단에서 살펴본 바와 같이 손해가 발생하지도 아니하였다. 원고의 이 부분 청구는 어느 모로 보나 이유 없다.

80. 대법원 2013. 5. 23. 선고 2010다50014 판결 [토지거래계약허가절차이행등][180]

[논점] 토지거래허가구역 내에 있는 토지에 대한 매매계약상 매수인의 권리를 확보하기 위한 부동산처분신탁계약의 효력

【이 유】

1. 직권으로 이 사건 소 가운데 피고 주식회사 코람코자산신탁(이하 '피고 신탁회사'라 한다)에 대한

180) 이 사건과 동일한 사실관계를 다루고 있는 대법원 2013. 6. 13. 선고 2011다83820 판결 및 대법원 2013. 5. 24. 선고 2010다33422 판결도 참고할 것(인터넷 종합법률정보검색 가능).

부분의 적법 여부를 판단한다.

가. 민법 제404조에서 규정하고 있는 채권자대위권은 채권자가 채무자에 대한 자기의 채권을 보전하기 위하여 필요한 경우에 채무자의 제3자에 대한 권리를 대위하여 행사할 수 있는 권리를 말하므로, 그 보전되는 채권에 대하여 보전의 필요성이 인정되어야 한다(대법원 2000. 6. 9. 선고 98다18155 판결, 대법원 2003. 4. 11. 선고 2003다1250 판결 등 참조). 여기에서 보전의 필요성은, 채권자가 보전하려는 권리와 대위하여 행사하려는 채무자의 권리가 밀접하게 관련되어 있고, 채권자가 채무자의 권리를 대위하여 행사하지 않으면 자기 채권의 완전한 만족을 얻을 수 없게 될 위험이 있어 채무자의 권리를 대위하여 행사하는 것이 자기 채권의 현실적 이행을 유효·적절하게 확보하기 위하여 필요한 것을 말하며, 채권자대위권의 행사가 채무자의 자유로운 재산관리행위에 대한 부당한 간섭이 된다는 등의 특별한 사정이 있는 경우에는 보전의 필요성을 인정할 수 없다(대법원 2001. 5. 8. 선고 99다38699 판결, 대법원 2007. 5. 10. 선고 2006다82700, 82717 판결 등 참조).

한편 국토의 계획 및 이용에 관한 법률(이하 '국토계획법'이라 한다)상의 허가구역에 있는 토지의 거래계약이 토지거래허가를 전제로 체결된 경우에는 유동적 무효의 상태에 있고 거래계약의 채권적 효력도 전혀 발생하지 않으므로 권리의 이전 또는 설정에 관한 어떠한 내용의 이행청구도 할 수 없지만, 그 계약을 체결한 당사자 사이에서는 그 계약이 효력 있는 것으로 완성될 수 있도록 서로 협력할 의무가 있으므로, 그 계약의 쌍방 당사자는 공동으로 관할 관청의 허가를 신청할 의무가 있다(대법원 1993. 1. 12. 선고 92다36830 판결 참조). 그 결과 경우에 따라서는 매수인이 토지거래허가 신청절차의 협력의무 이행청구권을 보전하기 위하여 매도인의 권리를 대위하여 행사하는 것도 허용된다고 할 수 있지만(대법원 1993. 3. 9. 선고 92다56575 판결, 대법원 1996. 10. 25. 선고 96다23825 판결 등 참조), 위에서 본 법리에 따라 그 보전의 필요성이 인정되어야 한다. 그리고 이 경우에 보전의 필요성을 판단할 때에는, 위와 같은 협력의무 이행청구권의 특수한 법적 성격과 아울러 매도인의 권리 미행사가 협력의무의 현실적 이행에 뚜렷한 장애가 되는지, 매도인이 권리를 행사하지 않는 사유는 무엇인지, 오히려 매수인의 협력의무 이행청구권의 행사가 조건 등의 장애 사유 때문에 장기간 지연되었는지 및 그 지연에 매수인에게 귀책사유가 없는지, 그리고 매도인의 권리 행사를 강제하는 것이 매도인의 재산권행사에 커다란 불이익을 가져오거나 자유로운 재산관리행위에 대한 부당한 간섭이 될 수 있는지 등의 해당 사안에서의 구체적인 여러 사정을 종합적으로 고려하여야 한다.

나. 원심이 인용한 제1심판결의 이유와 이 사건 기록에 의하면, 다음과 같은 사정들을 알 수 있다.

(1) 인천광역시장은 2006. 5. 4. 건설교통부장관의 승인을 받아 국토계획법상 도시기본계획에 해당하는 '2020년 인천도시기본계획'에서 인천 부평구 삼산동 325-90 일원 558,333㎡(168,896평, 이하 '이 사건 구역'이라 한다)를 포함한 '삼산4지구'(732,000㎡, 이하 '삼산지구'라 한다)에 관하여 전략지구계획을 수립하였다. 그러면서 삼산지구에 관한 계획 기본방향으로 '사업성 확보와 복합문화단지의 활성화를 고려하는 고품격 주거단지의 배치, 고속도로 변에 충분한 완충녹지를 조성하여 쾌적한 주거환경 조성, 주민의 복지 증진 및 삶의 질 향상을 위한 여가 공간 조성, 굴포천을 친수 공간 사업과 연계한 녹지, 체험장 등 생태하천으로 조성하는 것'으로 수립하였다. 그리고 '2020년 인천도시기본계획'상 시가지화 예정용지로 계획된 삼산지구는 인천광역시와 부천시의 경계와 중동대로에 접한 굴포천 남단 지역(약 200,216㎡)을 포함함과 아울러 굴포천 남단 지역을 단독주택용지로 하는 내용을 포함하고 있다.

(2) 이에 따라 인천광역시도시개발공사는 2006. 6. 26. 인천광역시 부평구청장에게 이 사건 구역을 포함한 인천 부평구 삼산동 325-179 일원 758,449㎡(삼산지구와 개략적으로 일치한다)에 대하여 수용·사용 방식에 의한 도시개발사업 시행을 위한 도시개발구역지정을 제안하였다. 이에 인천광역시 부평구청장은 구 도시개발법(2007. 4. 11. 법률 제8376호로 개정되기 전의 것, 이하 같다) 제7조에 따라 2006.

9. 14.부터 14일간 공람을 통해 주민 의견을 청취하고, 2006. 10. 20. 부평구 도시계획위원회의 심의를 받는 등의 절차를 진행하였다.

(3) 그 후 인천광역시 부평구청장은 2007. 1. 26. 구 도시개발법 제3조 제4항에 따라 인천광역시장에게 인천광역시도시개발공사의 위 도시개발구역지정 제안에 따른 도시개발구역지정을 제안하였고, 인천광역시는 2007. 4. 16. 위 도시개발구역지정을 위하여 인천광역시 도시계획위원회에 상정하였지만, 인천광역시 도시계획위원회는 2009. 11. 19. 위 제안 안건을 부결하였다. 이에 따라 인천광역시도시개발공사의 도시개발사업 추진이 일단은 무산된 상황이다.

(4) 한편 원고는 주택건설업 등을 목적으로 하는 주식회사로서, ① 2006. 10. 30. 원심 공동피고 소외 1로부터 토지거래허가구역 내에 있는 원심판결 별지 목록 제1항 기재 토지를 대금 1,629,795,000원에, ② 2006. 11. 22. 피고 1로부터 토지거래허가구역 내에 있는 원심판결 별지 목록 제2항 기재 토지를 대금 1,497,030,000원에, ③ 2006. 11. 21. 제1심 공동피고 소외 2로부터 토지거래허가구역 내에 있는 원심판결 별지 목록 제3항 기재 토지를 대금 1,311,552,000원에, ④ 2006. 11. 21. 원심 공동피고 소외 3으로부터 토지거래허가구역 내에 있는 원심판결 별지 목록 제4항 기재 토지를 대금 7,350,000,000원에, ⑤ 2007. 11. 11. 피고 2로부터 토지거래허가구역 내에 있는 원심판결 별지 목록 제5항 기재 각 토지를 대금 1,684,240,000원에 각각 매수하기로 하는 매매계약을 체결하고(이하 매매계약들을 통틀어 '이 사건 제1매매계약'이라 하고, 매매목적물들을 통틀어 '이 사건 토지들'이라 하며, 매도인들을 통틀어 '이 사건 매도인들'이라 한다), 위 각 매매계약 체결 다음날 이 사건 매도인들에게 약정한 계약금을 각각 지급하였다.

(5) 원고와 피고 2를 제외한 나머지 이 사건 매도인들 사이에 체결한 각 매매계약서에는, "본 매매계약은 원고가 매매목적 부동산 일대에 도시개발사업을 통한 공동주택건립사업을 추진하기 위함이며, 원고와 매도인은 토지거래허가를 득하는 것을 조건으로 매매계약을 체결함을 충분히 인지하고 상호 권리와 의무를 성실히 이행함을 그 목적으로 한다. 계약금은 계약 다음날 지급하고, 잔금은 도시개발사업구역지정 및 사업시행자지정 후 15일 이내에 지급한다."라는 내용이 포함되어 있었고, 원고와 피고 2 사이에 체결한 매매계약서에는 "본 매매계약의 목적은 매도인이 보유한 토지를 도시개발사업 및 개발사업을 시행하고자 하는 원고에게 매매하는 데 있다. 계약금은 도시개발법상 구역지정 제안서를 해당 관청에 접수한 날부터 10일 이내 또는 원고의 선택에 따라 제안서 접수 이전에, 중도금은 도시개발사업구역지정 및 사업시행자지정 완료 후 1개월 이내 또는 원고의 선택에 따라 그 이전에, 잔금은 실시계획인가 완료 후 1개월 이내에 각각 지급하기로 한다."라는 내용이 포함되어 있었다.

(6) 소외 4 외 164명[제안서의 제안자 성명란에 '(가칭) 삼산4지구 도시개발사업조합 소외 4 외 164명'으로 기재되어 있다]은 2006. 9. 25. 인천광역시 부평구청장에게 이 사건 구역 내 일부 토지소유자(지상권자를 포함한다, 이하 같다)들의 동의서를 첨부하여 이 사건 구역을 도시개발구역으로 지정할 것을 제안하였으나(이하 '제1차 제안'이라 한다), 이에 대하여 인천광역시 부평구청장은 2006. 10. 12. "구 도시개발법에서 정한 토지면적과 토지소유자의 동의 요건을 충족하지 못하였고, 도시관리계획입안 및 개발계획의 내용이 국토계획법 및 구 도시개발법에 따른 당해 광역도시계획 및 도시기본계획인 '2020년 인천도시기본계획'에 맞지 않는다."라는 이유로 제안을 반려하였다(이하 '제1차 반려'라 한다).

(7) 소외 4 외 176명[제안서의 제안자 성명란에 '(가칭) 삼산4지구 도시개발사업조합 소외 4 외 176명'으로 기재되어 있다]은 2006. 11. 13. 인천광역시 부평구청장에게 인천 부평구 삼산동 325-90 일원 745,199㎡(225,423평)에 환지방식의 도시개발사업을 시행하기 위해 위 구역 내 일부 토지소유자들의 동의서를 첨부하여 위 구역을 도시개발구역으로 지정할 것을 제안하였으나(이하 '제2차 제안'이라 한다), 이에 대하여 인천광역시 부평구청장은 2006. 11. 14. 제1차 반려 사유와 같은 이유로 제2차 제안을 반

려하였다.

(8) 나아가 소외 4는 2006. 11. 16. '(가칭) 삼산4지구 도시개발사업조합'이라는 이름으로 인천광역시 부평구청장에게 인천 부평구 삼산동 325-179 일원 740,520㎡(224,010평)에 대하여 앞서 본 바와 같은 내용으로 도시개발구역으로 지정하여 줄 것을 제안하였으나(이하 '제3차 제안'이라 한다), 이에 대하여 인천광역시 부평구청장은 2006. 12. 22. "구 도시개발법에서 정한 토지면적 및 토지소유자의 동의 요건을 충족하지 못하였고, 도시개발사업의 시행자 또는 시행예정자의 명칭이 제안자와 다르다."라는 이유로 제3차 제안을 반려하였다.

(9) 마지막으로 원고에게 토지를 매도한 주민으로 구성된 삼산4지구 도시개발사업조합(이하 '사업조합'이라 한다)은 2007. 1. 15. 인천광역시 부평구청장에게 이 사건 구역에 대하여 도시개발구역으로 지정하여 줄 것을 제안하였으나(이하 '제4차 제안'이라 한다), 인천광역시 부평구청장은 2007. 1. 22. 사업조합에 대하여 "주민이 환지방식으로 도시개발구역지정 제안 및 개발계획을 수립하기 위해서는 대상구역 내 토지소유자의 동의를 얻게 되어 있으나 접수된 문서는 동의서 사본으로서 동의자 수 산정이 불가능하고, 제4차 제안은 '2020년 인천도시기본계획'에 맞지 않는다."라는 이유로 제4차 제안을 반려하였다(이하 '제4차 반려'라 한다).

(10) 이에 대하여 사업조합은 인천지방법원 2007구합1327호로 인천광역시 부평구청장에 대하여 제4차 반려 처분의 취소를 구하는 소송을 제기하였으나, 2009. 12. 10. 패소판결을 선고받았고, 사업조합이 제기한 항소와 상고가 모두 기각되어 위 판결이 그대로 확정되었다. 이에 따라 결국 사업조합이 구 도시개발법에서 정한 토지면적 및 토지소유자의 동의 요건 등을 충족하지 못한 상황이어서 사업조합 주도로 이 사건 구역이 도시개발구역으로 지정되거나 사업조합이 도시개발사업의 시행자로 지정되지는 못한 상황이다.

(11) 한편 이 사건 매도인들은 이 사건 제1매매계약을 체결한 후, 대림산업 주식회사 및 주식회사 디케이건설(이하 대림산업 주식회사는 '대림산업', 주식회사 디케이건설은 '디케이건설'이라 하고, 두 회사를 합하여 '소외 회사들'이라 한다)과 사이에 매매목적물인 이 사건 토지들을 다시 매도하는 계약(이하 통틀어 '이 사건 제2매매계약'이라 한다)을 각각 체결하였다.

(12) 그러면서 이 사건 매도인들은 소외 회사들 및 피고 신탁회사와 사이에 이 사건 매도인들을 신탁자, 피고 신탁회사를 수탁자, 대림산업을 신탁 원본의 1순위 우선 수익자, 디케이건설을 2순위 우선 수익자, 이 사건 매도인들을 신탁 원본과 수익에 대한 수익자로 하는 부동산처분신탁계약(이하 통틀어 '이 사건 신탁계약'이라 한다)을 각각 체결하였다. 그리고 피고 신탁회사는 2006. 12. 26.부터 2007. 12. 13.까지 사이에 이 사건 신탁계약을 근거로 이 사건 토지들에 관하여 신탁예약을 원인으로 한 소유권이전청구권가등기(이하 통틀어 '이 사건 신탁가등기'라 한다)를 각각 마쳤다.

(13) 그 후 원고는 이 사건 매도인들에 대한 이 사건 토지들에 관한 토지거래허가 신청절차의 협력의무 이행청구권을 보전하기 위하여 위 토지들에 관한 처분금지가처분신청을 하여 가처분결정이 내려졌고, 결국 그에 관한 가처분등기도 마쳐졌다.

(14) 소외 회사들에 토지를 매도한 주민으로 구성된 삼산4지구 도시개발사업지주조합(이하 '지주조합'이라 한다)은 이 사건 구역 내에서 도시개발사업 시행의 주도권을 차지하기 위하여 원고와 토지매입 경쟁을 벌이고 있는데, 아직은 구 도시개발법에서 정한 토지면적 및 토지소유자의 동의 요건을 충족하지 못하고 있기 때문에, 지주조합 주도로 이 사건 구역이 도시개발구역으로 지정되거나 지주조합이 도시개발사업의 시행자로 지정되지는 못한 상황이다.

다. (1) 위 인정 사실에 의하면, 원고가 이 사건 매도인들을 대위하여 피고 신탁회사를 상대로 이 사건 신탁계약이 확정적으로 무효라는 이유로 이 사건 신탁가등기의 말소를 구하고 있는 이 사건에서, 채권자대위권의 피보전권리는 이 사건 구역에 대한 도시개발사업구역지정 및 사업시행자지정 처분을 정지조건으로 한 토지거래허가 신청절차의 협력의무 이행청구권으로서 원고와 이 사건 매도인들 사이에 체결한 이 사건 제1매매계약이 유동적 무효상태에 있음을 전제로 한 것인데, 이 사건 매도인들이 원고에게 위와 같은 정지조건부로 이 사건 토지들을 매도한 2006년 내지는 2007년경부터 현재에 이르기까지 약 6년의 기간 동안 이 사건 구역의 도시개발구역 지정이나 도시개발사업의 시행자 지정이 이루어질 것인지가 결정되지 아니함으로써 정지조건의 성취 여부가 확정되지 아니한 상태이기 때문에, 정지조건부로 토지거래허가 신청절차의 협력의무 이행청구권을 갖는 원고뿐만 아니라 위와 같이 상당히 오랫동안 의무 발생 여부에 관하여 불안정한 상황에 있었던 이 사건 매도인들의 경제적 이익도 보호할 필요성이 있다고 할 수 있고, 이에 따라 유동적 무효상태에 있는 이 사건 제1매매계약의 매수인인 원고의 채권자대위권 행사가 이 사건 매도인들의 자유로운 재산관리행위에 대한 부당한 간섭이 되지 않도록, 보전의 필요성 인정에 신중을 기할 필요가 있다고 할 것이다.

(2) 나아가 앞서 본 법리에 비추어 위 사실관계를 살펴보면 다음과 같은 사정들을 알 수 있다.

(가) 이 사건에서 정지조건의 내용은 이 사건 구역에 대한 도시개발사업구역지정과 사업시행자지정으로서 구 도시개발법에서 정한 토지면적과 토지소유자 수 각각에 따른 동의 요건을 만족하고 '2020년 인천도시기본계획'에도 맞아야 하는 등 그 성취를 위한 요건 충족이 쉽지 아니한 것으로 보인다.

(나) 원고에게 토지를 매도한 주민으로 구성된 사업조합을 중심으로 4차례에 걸쳐 인천광역시 부평구청장에 대하여 도시개발구역으로 지정하여 줄 것을 제안하였으나 이미 2007년도까지 그 제안들이 반려되었고 그 반려에 대하여 다투는 행정소송도 패소로 확정됨에 따라 지금까지 상당히 장기간이 지나도록 도시개발사업이 시작조차 되지 못하였던 점에 비추어 보아도 가까운 시일 내에 위 정지조건이 실현될 가능성이 크지 않다.

(다) 이 사건 매도인들이 소외 회사들과 사이에 이 사건 제2매매계약을 각각 체결한 다음, 소외 회사들 및 피고 신탁회사와 사이에 이 사건 신탁계약을 각각 체결하고, 이를 근거로 이 사건 신탁가등기를 마쳤다 하더라도, 이 사건 제2매매계약도 이 사건 제1매매계약과 마찬가지로 유동적 무효상태에 있고 피고 신탁회사 명의로 이 사건 신탁가등기만이 마쳐진 이상, 이 사건 제1매매계약에 대한 토지거래허가를 받는 데 현실적인 장애가 된다고 단정하기에는 부족하며, 오히려 현재까지 그 토지거래허가가 지연된 것에는 매매계약에서 원고가 추진하기로 정한 도시개발사업 시행이라는 정지조건을 제대로 성취하지 못한 원고에게 그 기본적인 책임이 있는 것으로 보인다.

(라) 이 사건 제1매매계약과 이 사건 제2매매계약 모두 토지거래허가를 받지 아니한 상황이기 때문에 유동적 무효 상태에 있어 양 계약 사이에 그 실현에 있어 우열관계에 있지 않다고 보인다.

이에 따라 이 사건 제1매매계약에는 채권적 효력이 발생하지 아니하므로 원고가 이 사건 제2매매계약 체결행위를 배임적인 이중매매 행위라고 주장하여 효력을 다툴 수 없고(대법원 1994. 6. 14. 94도612 판결, 대법원 1996. 8. 23. 선고 96도1514 판결 등 참조), 한편 이 사건 매도인들로서도 이 사건 제2매매계약에 관한 토지거래허가 신청절차의 협력의무를 부정할 수 없음에도, 과연 원고가 채권자대위권을 행사하여 이 사건 제2매매계약 및 그와 관련하여 이루어진 이 사건 신탁계약이나 신탁예약의 무효를 주장하여 이 사건 신탁가등기의 말소를 구할 수 있는지도 단정하기 쉽지 않다. 그와 같은 상태에서, 원고 자신은 이 사건 매도인들에 대한 토지거래허가 신청절차의 협력의무 이행청구권을 피보전권리로 한 처분금지가처분을 받아 놓고서 이 사건 채권자대위권을 통하여 이 사건 제2매매계약과 관련하여 가등기에 그친 이 사건 신탁가등기를 말소할 수 있다고 한다면, 이는 사실상 원고가 이 사건 제2매매계약을 배제하고 이 사건 제1매매계약에 의한 채권적 권리를 실현하는 것과 마찬가지의 결과가 된다.

위와 같은 결과는, 이 사건 구역에 대한 도시개발사업구역지정과 사업시행자지정을 정지조건으로 하는 토지거래허가 신청절차 협력의무 이행청구권의 현실적 이행을 유효·적절하게 확보하는 것에서 그치지 않고 다른 매수인인 소외 회사들에 사실상 우선하여 허가구역 내의 토지에 관한 소유권을 취득할 수 있는 지위를 부여하는 것이 될 수 있다.

(마) 그리고 위와 같은 결과를 허용한다면 이 사건 매도인들로서는 원고에 대한 협력의무 불이행에 따른 손해배상 등 책임의 부담 외에 제약이 없는 상태에서 자유롭게 상대방을 선택하여 토지를 매도하였음에도 이를 사후에 배제당하게 되어 그들의 재산관리행위에 커다란 장애가 될 수 있고, 특히 위에서 본 바와 같이 원고가 장기간에 이르도록 정지조건을 성취하지 못하여 이 사건 매도인들이 이 사건 제1매매계약을 체결하고서도 장기간 계약금 외에 대금을 전혀 받지 못하는 현실적인 불이익을 입고 있음을 고려하면, 위와 같은 결과는 이 사건 매도인들의 자유로운 재산관리행위에 대한 부당한 간섭이 된다고 볼 수 있는 특별한 사정에 해당한다고 봄이 상당하다.

(3) 따라서 위와 같은 사정들을 종합하여 보면, 원고가 이 사건 매도인들을 대위하여 피고 신탁회사를 상대로 이 사건 신탁가등기의 말소를 구하는 이 사건 소 부분은, 채권자대위권 행사에 관한 보전의 필요성을 인정할 수 없어 부적법하다고 할 수 있다.[181]

원고의 피고 신탁회사에 대한 이 사건 소 부분은 부적법하므로 이를 각하하였어야 할 것임에도, 원심은 이 사건 소가 적법한 것으로 보고 본안에 관한 판단으로 나아가 원고의 청구를 인용하였으므로 이 점에서 원심은 파기를 면할 수 없다.

[원심판결] 서울고등법원 2010. 5. 20. 선고 2009나50522 판결 [토지거래계약허가절차이행등]

【주 문】

1. 피고들의 항소를 모두 기각한다.
2. 항소비용은 피고들이 부담한다.

【청구취지 및 항소취지】

[청구취지]

1. 주위적 청구취지

원고에게,

가. 피고 1(대법원판결의 소외 1)은 별지목록 제1항 기재 각 토지에 관하여 2006. 10. 30. 매매를 원인으로 한, 피고 2(대법원판결의 피고 1)는 별지목록 제2항 기재 토지에 관하여 2006. 11. 22. 매매를 원인으로 한, 피고 3(대법원판결의 소외 3)은 별지목록 제4항 기재 토지에 관하여 2006. 11. 21. 매매를 원인으로 한, 피고 4(대법원판결의 피고 2)는 별지목록 제5항 기재 각 토지에 관하여 2007. 11. 11. 매매를 원인으로 한 각 토지거래허가신청절차를 이행하라(이하 위 피고들을 '피고 매도인들'이라고 하고, 별지목록 기재 토지를 모두 합하여 '이 사건 부동산'이라고 한다).

나. 피고 주식회사 코람코자산신탁은 별지목록 제1항 기재 각 토지에 관하여 인천지방법원 북인천등

181) 원심판결은 채권자대위권 행사를 위한 보전의 필요성을 인정한 후 피대위채권의 존부에 대한 판단까지 나아가 이 사건 신탁계약이 탈법신탁으로 무효라고 하였으나, 대법원은 이 사건 신탁계약의 유효 여부에 대해서는 명시적인 판단을 하지 않은 채, 채권자대위권 행사를 위한 보전의 필요성이 없음을 이유로 각하하여야 한다고 판시하고 있다.

기소 2006. 12. 26. 접수 제122394호로 마친 소유권이전청구권가등기의, 별지목록 제2항 기재 토지에 관하여 위 등기소 2007. 1. 11. 접수 제2941호로 마친 소유권이전청구권가등기의, 별지목록 제3항 기재 토지에 관하여 위 등기소 2006. 12. 27. 접수 제123142호로 마친 소유권이전청구권가등기의, 별지목록 제4항 기재 토지에 관하여 위 등기소 2006. 12. 28. 접수 제124082호로 마친 소유권이전청구권가등기의, 별지목록 제5항 기재 각 토지에 관하여 위 등기소 2007. 12. 13. 접수 제109429호로 마친 소유권이전청구권가등기의 각 말소등기절차를 이행하라(이하 위 소유권이전청구권가등기를 모두 합하여 '이 사건 가등기'라고 한다).

2. 예비적 청구취지

가. 원고에게, 피고 1은 별지목록 제1항 기재 각 토지에 관하여 인천광역시 부평구청장의 도시개발사업구역지정 및 사업시행자지정 처분을 조건으로 2006. 10. 30. 매매를 원인으로 한, 피고 2는 별지목록 제2항 기재 토지에 관하여 인천광역시 부평구청장의 도시개발사업구역지정 및 사업시행자지정 처분을 조건으로 2006. 11. 22. 매매를 원인으로 한, 피고 3은 별지목록 제4항 기재 토지에 관하여 인천광역시 부평구청장의 도시개발사업구역지정 및 사업시행자지정 처분을 조건으로 2006. 11. 21. 매매를 원인으로 한, 피고 4는 별지목록 제5항 기재 각 토지에 관하여 인천광역시 부평구청장의 도시개발사업구역지정 및 사업시행자지정 처분을 조건으로 2007. 11. 11. 매매를 원인으로 한 각 토지거래허가신청절차를 이행하라.

나. 피고 주식회사 코람코자산신탁은 피고 1에게 별지목록 제1항 기재 각 토지에 관하여 인천지방법원 북인천등기소 2006. 12. 26. 접수 제122394호로, 피고 2에게 별지목록 제2항 기재 토지에 관하여 위 등기소 2007. 1. 11. 접수 제2941호로, 제1심 공동피고 3(대법원판결의 소외 2)에게 별지목록 제3항 기재 토지에 관하여 기재 각 토지에 관하여 위 등기소 2006. 12. 27. 접수 제123142호로, 피고 3에게 별지목록 제4항 기재 토지에 관하여 위 등기소 2006. 12. 28. 접수 제124082호로, 피고 4에게 별지목록 제5항 기재 각 토지에 관하여 위 등기소 2007. 12. 13. 접수 제109429호로 각 마친 소유권이전청구권가등기에 대하여 각 이 사건 예비적 청구취지 추가 및 청구원인 보충신청서 부본 송달일자 해지를 원인으로 한 말소등기절차를 이행하라.

[항소취지]

제1심 판결 중 피고들 패소부분을 취소하고, 그 취소부분에 해당하는 원고의 청구를 모두 기각한다.

【이 유】

나. 피고 신탁회사의 주장에 대한 판단

(1) 이 사건 신탁계약은 도시개발사업의 추진을 목적으로 체결되었으므로 유효하다는 주장에 관하여

㈎ 주장

피고 신탁회사는 투기적 목적으로 국토계획법을 잠탈하기 위한 것이 아니라 도시개발사업의 원활한 추진을 위한 목적으로 처분신탁·관리신탁·담보신탁의 성질이 혼합되어 있는 이 사건 신탁계약을 체결한 것으로서, 이 사건 신탁계약상 1순위 우선수익자인 대림산업의 수익자 변경요청 조항이나 매수자 지정 조항은 제2매수인에게 대출해 준 금융기관의 채권담보 목적으로 이들 금융기관들을 우선수익자로 추가하거나, 2순위 우선수익자인 디케이건설이 부도 등으로 도시개발사업을 공동으로 추진할 수 없게 될 경우 대림산업 1인으로 매수자 지위를 집중하거나, 도시개발사업의 시행주체가 특수목적법인의 형태로 결정될 경우 위 법인이 매수자의 지위를 가질 수 있도록 예정한 것일 뿐, 투기적 거래를 목적으로 그 지위를 이전하는 것을 예정한 것이 아닐 뿐만 아니라, 토지거래허가구역에서의 이중매매의 경우

에도 제2매수인이 부동산처분금지가처분을 통해 이 사건 신탁계약과 동일한 우선적 지위를 누릴 수 있으며, 제2매수인이 소유권이전등기를 경료하기 위해서는 별도로 토지거래허가를 받아야 하므로, 이 사건 신탁계약은 신탁법 제5, 6조를 위반한 것이 아니어서 유효하다.

(나) 판단

살피건대, 가사 피고 신탁회사의 주장대로 이 사건 신탁계약이 위와 같은 처분신탁·관리신탁·담보신탁의 성질이 혼합되어 있다 하더라도, 이 사건 신탁계약은 이 사건 부동산에 관한 제2매수인의 소유권이전등기청구권을 보전함으로써 제2매수인에게 안전하게 소유권을 이전하는 것을 목적으로 하는 처분신탁을 주된 내용으로 하고 있을 뿐만 아니라, 토지거래허가구역 내 유동적 무효 상태인 매매계약의 당사자 간에 장차 계약을 완결시켜 효력을 발생시키도록 토지거래허가신청절차에 협력할 의무를 넘어서 제3자에 우선하는 제2매수인의 채권자적 지위 및 그 지위의 양도를 전제로 하고 있다 할 것이다.

또한, 토지거래허가구역에서의 이중매매의 경우에도 제2매수인이 부동산처분금지가처분을 통해 사실상 우선적 지위를 누릴 수 있다는 점에서 신탁계약에 의해 가등기를 마친 경우와 차이가 없다고 할 수 있지만, 앞서 인용한 제1심 판결에서 설시된 바와 같이, ① 제2매매계약에 따라 제2매수인인 대림산업과 디케이건설이 피고 매도인들에 대하여 갖게 된 소유권이전등기청구권을 보전함으로써 제2매수인에게 안전하게 소유권을 이전하는 것을 목적으로 이 사건 신탁계약이 체결된 점, ② 피고 신탁회사는 피고 매도인들로부터 이 사건 부동산에 관하여 신탁계약을 원인으로 한 소유권이전청구권가등기를 경료 받은 점, ③ 피고 신탁회사는 제2매수인이 신탁자인 피고 매도인들에게 잔금을 지급한 후 제2매수인에게 처분함을 원칙으로 하되 1순위 우선수익자가 직접 매수자를 지정할 수 있고 이에 대하여 신탁자인 피고 매도인들은 이의를 제기하지 않기로 한 점, ④ 이 사건 신탁계약상 1순위 우선수익자인 대림산업은 피고 매도인들의 동의 없이 피고 신탁회사에게 수익자의 변경을 요청할 수 있도록 되어 있는 점 등에 비추어 보면 결국 이 사건 신탁계약은 제2매매계약에 따른 제2매수인의 사실상 우선적인 채권적 지위를 확보하는 한편 매수인 내지 수익자 지위의 양도 가능성도 확보하기 위한 것이라고 볼 수 있으므로, 부동산처분금지가처분과 신탁계약에 의한 가등기가 그 효력면에서 같다고 단정할 수 없다.

따라서, 법령에 의하여 일정한 재산권을 향유할 수 없는 1순위 우선수익자에 대하여 사실상 매수인으로서의 지위를 보장해주는 이 사건 신탁계약 및 그에 따른 가등기는 신탁법 제5조 제2항, 제6조[182]에 반하여 무효이고, 위와 같이 무효로 판단하는 이상 제2매수인이 이 사건 부동산의 소유권을 취득하기 위하여 별도의 토지거래허가를 받아야 한다는 사정만으로는 이 사건 신탁계약이 유효하다고 할 수 없다 할 것이므로, 피고 신탁회사의 위 주장은 이유 없다.

(2) 이 사건 신탁계약은 유효해석의 원칙 또는 일부무효의 법리에 따라 유효하다는 주장에 관하여

(가) 주장

가사 이 사건 신탁계약이 수익자 내지 매수자 지위 변경 등을 통하여 토지거래허가제도의 규제대상인 투기적 거래를 발생하게 할 위험성이 있다고 하더라도, 법률행위의 유효해석의 원칙 또는 일부무효의 법리 등에 따라 이 사건 신탁계약 중 투기적 거래 목적의 수익자 내지 매수자 지위 변경이 가능하도록 해석되는 부분만 효력을 부인하면 충분하고, 이를 제외한 나머지 계약 부분은 여전히 유효하므로 이를 전제로 한 이 사건 가등기는 유효하다.

(나) 판단

이른바 법률행위의 유효해석의 원칙은 표시행위가 여러 가지 의미를 갖는 경우 당사자에게 가장 효

182) 현행 신탁법 제7조.

용이 있는 의미로 해석하여야 한다는 원칙이고, 한편, 민법 제137조는 '법률행위의 일부분이 무효인 때에는 그 전부를 무효로 하고, 그 무효부분이 없더라도 법률행위를 하였을 것이라고 인정될 때에는 나머지 부분은 무효가 되지 아니한다'고 규정하고 있는바, 이 사건 신탁계약이 제2매수인의 우선적인 채권자 지위 및 그 지위의 양도 가능성을 확보하기 위한 것으로서 국토계획법에 대한 탈법목적의 신탁계약으로서 무효인 이상 계약 전부를 무효로 보아야 하고, 피고 신탁회사가 주장하는 유효해석의 원칙이 적용되어 유효로 되거나, 그 무효부분이 없더라도 이 사건 신탁계약이 체결되었을 것이라고 인정되어 일부무효의 법리에 따라 나머지 부분은 유효가 된다고 보기 어려우므로, 피고 신탁회사의 위 주장은 이유 없다.

(3) 따라서, 원고들과 피고 신탁회사의 나머지 주장에 대하여 판단할 필요 없이 이 사건 신탁계약은 무효라 할 것이다.

[1심판결] 인천지방법원 2009. 4. 23. 선고 2008가합3370 판결 [토지거래계약허가절차이행등]

【주 문】

1. 원고의 피고 1(대법원 판결의 소외 1), 2(대법원 판결의 피고 1), 3(대법원 판결의 소외 2), 4(항소심 판결의 피고 3 및 대법원 판결의 소외 3), 5(항소심 판결의 피고 4 및 대법원 판결의 피고 2)에 대한 각 주위적 청구를 기각한다.

2. 원고에게,

가. 피고 1은 별지목록 제1항 기재 각 토지에 관하여 인천광역시 부평구청장의 도시개발사업구역지정 및 사업시행자지정 처분을 조건으로 2006. 10. 30. 매매를 원인으로 한,

나. 피고 2는 별지목록 제2항 기재 토지에 관하여 인천광역시 부평구청장의 도시개발사업구역지정 및 사업시행자지정 처분을 조건으로 2006. 11. 22. 매매를 원인으로 한,

다. 피고 3은 별지목록 제3항 기재 토지에 관하여 인천광역시 부평구청장의 도시개발사업구역지정 및 사업시행자지정 처분을 조건으로 2006. 11. 21. 매매를 원인으로 한,

라. 피고 4는 별지목록 제4항 기재 토지에 관하여 인천광역시 부평구청장의 도시개발사업구역지정 및 사업시행자지정 처분을 조건으로 2006. 11. 21. 매매를 원인으로 한,

마. 피고 5는 별지목록 제5항 기재 각 토지에 관하여 인천광역시 부평구청장의 도시개발사업구역지정 및 사업시행자지정 처분을 조건으로 2007. 11. 11. 매매를 원인으로 한

각 토지거래허가신청절차를 이행하라.

3. 피고 주식회사 코람코자산신탁은 원고에게,

가. 별지목록 제1항 기재 각 토지에 관하여 인천지방법원 북인천등기소 2006. 12. 26. 접수 제122394호로 마친 소유권이전청구권가등기의,

나. 별지목록 제2항 기재 토지에 관하여 위 등기소 2007. 1. 11. 접수 제2941호로 마친 소유권이전청구권가등기의,

다. 별지목록 제3항 기재 토지에 관하여 위 등기소 2006. 12. 27. 접수 제123142호로 마친 소유권이전청구권가등기의,

라. 별지목록 제4항 기재 토지에 관하여 위 등기소 2006. 12. 28. 접수 제124082호로 마친 소유권이전청구권가등기의,

마. 별지목록 제5항 기재 각 토지에 관하여 위 등기소 2007. 12. 13. 접수 제109429호로 마친 소유권이전청구권가등기의

각 말소등기절차를 이행하라.

4. 소송비용은 피고들이 부담한다.

【청구취지】

주위적 청구취지 : 주문 제3항 및 원고에게, 피고 1은 별지목록 제1항 기재 각 토지에 관하여 2006. 10. 30. 매매를 원인으로 한, 피고 2는 별지목록 제2항 기재 토지에 관하여 2006. 11. 22. 매매를 원인으로 한, 피고 3은 별지목록 제3항 기재 토지에 관하여 2006. 11. 21. 매매를 원인으로 한, 피고 4는 별지목록 제4항 기재 토지에 관하여 2006. 11. 21. 매매를 원인으로 한, 피고 5는 별지목록 제5항 기재 각 토지에 관하여 2007. 11. 11. 매매를 원인으로 한 각 토지거래허가신청절차를 이행하라(이하 위 피고들을 '피고 매도인들'이라고 하고, 별지목록 기재 토지를 모두 합하여 '이 사건 부동산'이라고 한다).

예비적 청구취지 : 주문 제2항 및 피고 주식회사 코람코자산신탁은 피고 1에게 별지목록 제1항 기재 각 토지에 관하여 인천지방법원 북인천등기소 2006. 12. 26. 접수 제122394호로, 피고 2에게 별지목록 제2항 기재 토지에 관하여 위 등기소 2007. 1. 11. 접수 제2941호로, 피고 3에게 별지목록 제3항 기재 토지에 관하여 기재 각 토지에 관하여 위 등기소 2006. 12. 27. 접수 제123142호로, 피고 4에게 별지목록 제4항 기재 토지에 관하여 위 등기소 2006. 12. 28. 접수 제124082호로, 피고 5에게 별지목록 제5항 기재 각 토지에 관하여 위 등기소 2007. 12. 13. 접수 제109429호로 각 마친 소유권이전청구권가등기에 대하여 각 이 사건 예비적 청구취지 추가 및 청구원인 보충신청서 부본 송달일자 해지를 원인으로 한 말소등기절차를 이행하라(이하 위 소유권이전청구권가등기를 모두 합하여 '이 사건 가등기'라고 한다).

【이 유】

4. 피고 신탁회사에 대한 청구

가. 신탁법 제5조 제2항은 신탁은 그 목적이 위법 또는 불능한 때에는 무효라고 규정하고, 신탁법 제6조는 법령에 의하여 일정한 재산권을 향유할 수 없는 자는 수익자로서 그 권리를 가지는 것과 동일한 이익을 향수할 수 없다고 규정하여 탈법을 목적으로 하는 신탁을 금지하고 있는바, 이러한 규정의 취지는 재산권을 향유할 수 있는 자격이 없는 사람이 이를 회피하여 그 수익자격을 얻기 위한 방편으로 신탁이 이용되는 것을 막고자 함에 있다고 할 것이다.

나. 한편, 국토의 계획 및 이용에 관한 법률상 토지거래허가제도의 입법취지는 토지의 투기적 거래를 방지하기 위한 것으로, 그 입법취지에 비추어 볼 때 토지의 소유권 등 권리를 이전 또는 설정하는 내용의 거래계약은 관할관청의 허가를 받아야만 그 효력이 발생하고 허가를 받기 전에는 물권적 효력은 물론 채권적 효력도 발생하지 아니하여 무효라고 보아야 한다. 만일 허가 전의 거래계약에 대하여 채권적 효력을 인정하게 되면, 당사자 사이에 채권적 권리관계의 이행청구나 그 이행확보를 위한 가등기설정 등이 가능해져서 매매계약상 매수인의 지위양도가 손쉽게 이루어지고 이에 따라 투기적 거래의 기회와 여건을 형성하게 되므로, 이를 방지하기 위해서는 거래계약의 채권적 효력도 부인하여 허가를 받기 전에 어떠한 내용의 이행청구나 채권적 지위의 양도도 할 수 없게끔 할 필요가 있기 때문이다(대법원 1991. 12. 24. 선고 90다12243 전원합의체 판결 참조).

다. 그런데 이 사건 신탁계약에 그 효력이 우선하는 특약상 제2매수인이 신탁대상인 이 사건 부동산의 공동매수예정자로 지정되어 있고, 계약의 목적을 매수예정자에게로 소유권이 안전하게 이전되기 위

한 처분업무의 수행이라고 명시한 점, 1, 2순위 우선수익자가 피고 매도인들이 아닌 제2매수인으로 지정되어 있는 점, 1순위 우선수익자는 피고 매도인들의 동의 없이 피고 신탁회사에게 수익자의 변경을 요청할 수 있는 점, 디케이건설이 이 사건 가등기의 등기예납비용을 납부하였고, 향후 가등기에 기한 본등기시 신탁보수를 피고 신탁회사에게 지급하기로 약정한 점 등을 종합하여 볼 때, 이 사건 신탁계약은 수탁자가 토지소유권만 보존하고 토지의 이용과 관리는 위탁자가 하는 을종관리신탁이라기보다는 제2매수인의 피고 매도인들에 대한 소유권이전등기청구권을 보전하여 주는 처분신탁이라고 보아야 한다. 또한 이러한 처분신탁은 토지거래허가를 얻지 못하여 아직 이 사건 부동산에 관하여 아무런 권리도 취득할 수 없는 제2매수인에게 선행 매수인인 원고가 확보하지 못한 채권적 지위를 확보하여 주는 한편, 제2매수인 명의로 소유권이전등기가 불가능한 이 사건 부동산에 대한 신탁가등기 설정을 통하여 피고 매도인들을 배제하고 제2매수인이 독자적으로 토지거래허가를 신청할 수 있는 지위를 얻거나, 신탁계약상 수익자의 지위양도로써 매매계약상 매수인의 지위양도를 용이하게 하는 방편으로 체결되었다고 보아야 할 것이다.

라. 그렇다면 이 사건 신탁계약은 제2매수인이 토지거래허가제를 회피하여 수익자의 지위에서 유효한 매매계약을 체결한 매수인과 동일한 이익을 향유하기 위하여 체결한 탈법목적의 신탁으로 신탁법 제5조 제2항, 제6조에 반하여 무효이고, 이러한 신탁계약에 터잡아 이루어진 피고 신탁회사 명의의 이 사건 가등기 역시 무효의 등기이다. 따라서 피고 신탁회사는 피고 매도인들에 대하여 이 사건 가등기를 말소하여야 할 의무가 있다.

[실무참고 13] 토지거래허가구역내 토지 및 농지법상 농지에 대한 신탁등기 예규(선례)[183)]

1. 신탁을 원인으로 하는 소유권이전등기신청시 토지거래허가증의 제출요부(선례변경)[등기선례 제4-609호]

국토이용관리법 제21조의 3 제1항의 규정에 의하면 토지거래허가대상을 허가구역안에 있는 토지에 대하여 대가를 받고 소유권등의 권리를 이전 또는 설정하는 경우로 정하고 있는바, 신탁법에 의한 신탁계약은 대가가 수반되는 계약이라고 볼 수 없으므로 토지거래허가구역내 토지에 대하여 신탁을 원인으로 하여 소유권이전등기신청을 하는 경우 토지거래허가증을 첨부할 필요는 없다(1996. 5. 6. 등기 3402-333 질의회답).

2. 신탁예약을 원인으로 한 신탁가등기시 토지거래허가증 등의 첨부 요부[등기선례 제200703-4호]

토지거래허가지역내의 농지에 대하여 위탁자인 소유자가 신탁회사에 신탁예약을 원인으로 신탁가등기를 신청하는 경우, 이는 대가가 수반되는 계약이라 볼 수 없으므로 토지거래계약허가증이나 농지취득자격증명을 첨부하지 않아도 되나, 가등기에 기한 본등기신청을 하는 경우 농지는 농지법상 그 소유가 허용된 자만이 취득할 수 있으므로 농지취득자격증명은 첨부하여야 한다(2007. 3. 21. 부동산등기과-957 질의회답).

3. 신탁종료로 인하여 위탁자 이외의 신탁재산의 귀속권리자 명의로 소유권이전등기신청을 하는 경우 토지거래계약허가증의 첨부 여부[등기선례 제201101-1호]

「국토의 계획 및 이용에 관한 법률」제117조에 의하여 토지거래허가구역으로 지정된 토지에 대하여 신탁

183) 위 원심판결 및 1심판결에 따르면, 아래의 등기선례에 따라 토지거래허가없이 소유권이전등기가 이루어졌다고 하더라도 부동산매매계약 후 매수인의 우선권을 확보하기 위해 매수인을 우선수익자 또는 매수예정자로 지정하는 부동산처분신탁을 한 경우 해당 신탁은 토지거래허가를 잠탈하기 위한 탈법을 목적으로 하는 것으로서 무효로 판단될 가능성이 있으므로 주의를 요한다. 또한, 이와 같이 토지 등 어느 부동산을 신탁하는 경우에는 해당 부동산이 토지거래허가구역 내의 것인지, 농지인지, 관계법령에 의해 기타 처분(신탁)에 제한(보유기간 등)이 있거나 필요한 절차(인허가, 신고 등)가 있는지 여부가 신중히 검토되어야 한다.

등기를 경료한 이후 신탁이 종료함에 따라 '신탁재산귀속'을 원인으로 위탁자 이외의 수익자나 제3자 명의로의 소유권이전 및 신탁등기말소를 신청하는 경우 신탁재산의 귀속이 대가에 의한 것인 때에는 토지거래계약허가증을 첨부하여야 한다(2011. 1. 4. 부동산등기과-6 질의회답).

4. 신탁등기와 농지취득자격증명[등기선례 제7-465호]

농지에 대하여 신탁을 원인으로 하여 소유권이전등기를 신청하는 경우에는 관리신탁, 처분신탁, 담보신탁 등 신탁의 목적에 관계없이 농지취득자격증명을 첨부하여야 한다.

5. 환지예정지 농지의 신탁등기시 농지취득자격증명 요부[등기선례 제200703-5호]

토지대장상 지목이 농지인 토지의 소유자가 신탁회사를 수탁자로 하여 소유권이전 및 신탁 등기를 신청하는 경우에는 농지법상 허용되는 경우를 제외하고는 농지취득자격증명을 첨부하여야 하며, 이는 해당 토지가 환지예정지인 경우에도 동일하다(2007. 3. 21. 부동산등기과-959 질의회답).

6. 농지전용협의를 완료한 농지를 취득한 개발사업자가 신탁을 원인으로 신탁회사를 수탁자로 하여 소유권이전등기와 신탁등기를 신청하는 경우에 농지취득자격증명서를 첨부하여야 하는지 여부(소극)[등기선례 제201304-5호]

「농지법」제34조 제2항에 따른 농지전용협의를 완료한 농지를 취득한 사업시행자가 신탁을 원인으로 하여 신탁회사 명의로 소유권을 이전하는 경우, 소유권이전등기신청서에 「농지법」 제8조 제1항에 따라 농지전용협의 완료를 증명하는 서면을 첨부하면 충분하고 농지취득자격증명서를 첨부할 필요가 없다(2013. 04. 30. 부동산등기과-974 질의회답).

[실무참고 14] 국토의 계획 및 이용에 관한 법률 제124조 제1항(토지이용의무) 관련 법령 해석

법제처 법령해석총괄과-285, 회신일자 2008. 4. 10

1. 질의요지

「국토의 계획 및 이용에 한 법률」 제119조제1호바목에 따라 공동주택을 건축·분양하기 위한 목적으로 토지거래계약 허가를 받아 토지를 매입한 주택사업자가 해당 토지의 소유권을 부동산신탁회사에게 이전하여 공동주택을 건축·분양한 후 그 수익을 받는 것을 내용으로 하는 토지개발신탁의 방식으로 토지를 이용한 경우 같은 법 제124조제1항에 따라 허가받은 목적으로 토지를 이용한 것에 해당하는지?

2. 회 답

「국토의 계획 및 이용에 한 법률」 제119조제1호바목에 따라 공동주택을 건축·분양하기 위한 목적으로 토지거래계약 허가를 받아 토지를 매입한 주택사업자가 해당 토지의 소유권을 부동산신탁회사에게 이전하여 공동주택을 건축·분양한 후 그 수익을 받는 것을 내용으로 하는 토지개발신탁의 방식으로 토지를 이용한 경우에는 같은 법 제124조제1항에 따라 허가받은 목적으로 토지를 이용한 것에 해당한다고 볼 수 없습니다.

안건번호 08-0351, 회신일자 2008-12-11

1. 질의요지

가. 「국토의 계획 및 이용에 관한 법률」(이하 "국토계획법"이라 함) 제119조제1호바목에 따라 공동주택

을 건축·분양하기 위한 목적으로 토지거래계약 허가를 받고자 하는 자가 같은 법 제118조제1항 및 제3항에 따른 토지거래계약 허가를 신청하면서 토지의 이용계획 및 자금조달계획서에 해당 토지를 신탁하여 이용하겠다고 한 경우, 같은 법 제119조제1호바목의 허가기준에 따른 토지이용 목적에 해당하는지?

나. 국토계획법 제119조제1호바목에 따라 공동주택을 건축·분양하기 위한 목적으로 토지거래계약 허가를 받아 토지를 매입한 주택사업자가 해당 토지를 담보신탁, 관리신탁, 토지신탁 또는 처분신탁 등의 방법으로 이용한 경우에 같은 법 제124조제1항에 따라 허가받은 목적대로 토지를 이용한 것으로 볼 수 있는지?

2. 회 답

가. 질의 가에 대하여

국토계획법 제119조제1호바목에 따라 공동주택을 건축·분양하기 위한 목적으로 토지거래계약 허가를 받고자 하는 자가 같은 법 제118조제1항 및 제3항에 따른 토지거래계약 허가를 신청하면서 토지의 이용계획 및 자금조달계획서에 해당 토지를 신탁하여 이용하겠다고 한 경우는 같은 법 제119조제1호바목의 허가기준에 따른 토지이용 목적에 해당하지 않습니다.

나. 질의 나에 대하여

국토계획법 제119조제1호바목에 따라 공동주택을 건축·분양하기 위한 목적으로 토지거래계약 허가를 받아 토지를 매입한 주택사업자가 해당 토지를 신탁하여 이용하였더라도 허가받은 목적사업을 직접 시행·완료하였다면, 같은 법 제124조제1항에 따라 허가받은 목적대로 토지를 이용한 것에 해당합니다.

81. 대법원 2013. 3. 28. 선고 2010다63836 판결 [회생담보권조사확정재판이의][184) 185)]

[논점] 장래 발생하는 채권이 담보목적으로 양도된 후 채권양도인에 대하여 회생절차가 개시된 경우, 회생절차가 개시된 후 발생하는 채권에 대하여 담보권의 효력이 미치는지 여부

【이 유】

1. 원심이 적법하게 채택한 증거들에 의하면, 원고와 피고가 제3채무자인 국민건강보험공단에 대한 의료비 등 채권을 담보목적물로 한 채권양도담보계약을 체결하면서 작성한 채권양도계약서에 양도채권으로 "채권양도인이 채권양도일 이후 제3채무자로부터 수령할 국민건강보험법에 의한 요양급여비용 및 의료급여법에 의한 의료급여비용", 양도금액으로 "금 일십억 원"으로 각각 기재되어 있고, 피고가 국민건강보험공단에 통지한 채권양도통지서에도 양도채권으로 "본 통지서 도달일로부터 발생한 채권으로서, 채권양도인이 국민건강보험공단으로부터 수령할 국민건강보험법에 의한 요양급여비용 및 의료급여법에 의한 의료급여비용", 양도금액으로 "금 일십억 원", 변제방법으로 "귀사의 변제방법으로서 양도된 요양급여비 및 의료급여비는 아래 계좌로 입금하여 주시기 바랍니다."라고 각각 기재되어 있고, 입금할 계좌로 원고 은행에 개설된 원고 명의 계좌번호가 기재되어 있는 사실을 알 수 있다. 그렇다면 특별한 사정이 없는 한, 채권양수인인 원고가 담보목적물 중 일부인 그 당시 현존 의료비 등 채권에 대

184) 위에서 살펴본 대법원 2014. 11. 27. 선고 2012다80231 판결[50번 판례]의 참고 부분에서 장래매출채권 신탁 유동화거래에 관한 법률의견서 예시에서 언급된 대법원 판결이다. 신탁에 관한 사안은 아니나 장래매출채권 신탁의 효력 범위와 관련하여 실무상 자주 검토되는 판결이어서 게재한다.

185) 이 판결에 대한 평석은, (1) 이상주, 집합채권양도담보에서의 담보권실행의 효력과 회생절차가 개시된 후 발생하는 채권에 대해서도 담보권의 효력이 미치는지 여부, 대법원판례해설 제95호, 법원도서관, 621면 이하, (2) 이연갑, 장래채권 양도담보와 회생담보권의 효력이 미치는 범위, 법조(2014년 8월), 법조협회, 163면 이하, (3) 박진수, 회생절차개시결정과 집합채권양도담보의 효력이 미치는 범위, 민사판례연구 36권, 박영사, 561면 이하를 각 참고할 것.

하여 담보권을 실행하여 국민건강보험공단으로부터 17,749,460원을 직접 회수하였다 하더라도, 원고가 피담보채권인 대출금채권 전액의 만족을 얻지 아니한 이상, 그 후 발생하는 의료비 등 채권에 대해서도 담보권을 실행할 수 있다고 할 것이고, 원고의 위와 같은 담보권 실행으로 인하여 그 후 발생하는 의료비 등 채권에 대하여 담보권의 효력이 미치지 아니하게 되는 것은 아니다.

원심이 이와 달리 원고가 상계권을 행사하여 위 의료비 등 채권을 회수한 시점에 담보권 실행으로 담보채권이 고정된다고 본 것은 장래 발생할 채권을 담보목적물로 하는 채권양도담보에 있어서 담보권 실행의 효력에 관한 법리를 오해하였다고 볼 수 있다.

한편 장래 발생하는 채권이 담보목적으로 양도된 후 채권양도인에 대하여 회생절차가 개시되었을 경우, 회생절차개시결정으로 채무자의 업무의 수행과 재산의 관리 및 처분 권한은 모두 관리인에게 전속하게 되는데(채무자 회생 및 파산에 관한 법률 제56조 제1항), 관리인은 채무자나 그의 기관 또는 대표자가 아니고 채무자와 그 채권자 등으로 구성되는 이른바 이해관계인 단체의 관리자로서 일종의 공적 수탁자에 해당한다 할 것이므로 (대법원 1988. 10. 11. 선고 87다카1559 판결 참조), 회생절차가 개시된 후 발생하는 채권은 채무자가 아닌 관리인의 지위에 기한 행위로 인하여 발생하는 것으로서 채권양도담보의 목적물에 포함되지 아니하고, 이에 따라 그러한 채권에 대해서는 담보권의 효력이 미치지 아니한다.[186]

원심이 인정한 사실에 의하면, 원고가 담보목적물인 의료비 등 채권에 대하여 담보권을 실행하여 국민건강보험공단으로부터 17,749,460원을 회수한 후 피고에 대한 회생절차개시 당시까지 담보목적물인 채권이 남아 있지 아니하게 되었는데, 앞서 본 법리에 의하면, 회생절차개시 후에 의료비 등 채권이 추가로 발생하였더라도 그러한 채권에 대해서는 더 이상 담보권의 효력이 미치지 아니하기 때문에, 피담보채권인 원고의 잔존 대출금채권은, 담보목적물이 존재하지 아니하는 회생채권에 해당하게 되었다고 볼 수 있다.

그렇다면 피담보채권인 원고의 대출금채권을 회생채권에 해당하는 것으로 본 원심의 판단은 결론에 있어서 정당하므로, 결국 원심판결에 위와 같은 법리오해로 판결에 영향을 미친 위법이나 집합채권양도담보의 효력 및 회생담보권에 관한 법리를 오해한 위법이 있다고 볼 수 없다.

[원심판결] 서울고등법원 2010. 7. 7. 선고 2010나1786 판결 [회생담보권조사확정재판이의]

【주 문】

1. 원고의 항소를 기각한다.
2. 항소비용은 원고가 부담한다.

【청구취지 및 항소취지】

제1심 판결을 취소한다. 서울중앙지방법원 2009. 4. 22.자 2009회확76 회생담보권조사확정 결정을 취소한다. 원고의 피고에 대한 회생담보권은 133,733,591원임을 확정한다.

---

186) 이 판결이 회생절차가 개시된 후 발생하는 채권은 '채무자가 아닌 관리인의 지위에 기한 행위로 인하여 발생하는 것'으로서 채권양도담보의 목적물에 포함되지 아니한다'는 점에 중점이 있다면, 장래매출채권이 이 사안과 같이 양도담보로 제공되었든, 아니면 신탁이 매개되어 위탁자에 대한 채권자를 우선수익자로 지정하는 방식('위탁자 담보신탁 차입방식') 또는 위에서 본 2012다80231 판결[50번 판례]의 사안과 같이 특수목적법인이 수익권을 인수하는 방식('SPC 수익권 인수거래 방식')이든, 모두 이 판결과 동일한 결론에 이르러야 하는 것은 아닌지 의문이 든다. 다만, 앞서 본 바와 같이 현재 장래매출채권에 관한 유동화거래 실무에서 발급되는 법률의견서와 실무계의 다수의견은, 'SPC 수익권 인수거래 방식'의 경우에는 이 판결이 적용되지 않고, '위탁자 담보신탁 차입방식'의 경우에는 이 판결이 적용될 수 있다고 보고 있는 듯하다.

【이 유】

나. 판단

회생채권이나 회생절차개시 전의 원인으로 생긴 채무자 외의 자에 대한 재산상의 청구권으로서 회생절차개시 당시 채무자의 재산상에 존재하는 유치권·질권·저당권·양도담보권·가등기담보권·전세권 또는 우선특권으로 담보된 범위의 것은 회생담보권으로 하는데(채무자 회생 및 파산에 관한 법률 제141조 제1항), 이 사건과 같이 채권양도담보계약에 있어서 이미 발생한 채권만이 아니라 장래 발생할 채권을 포함하여 양도담보의 목적으로 하되, 기한의 이익 상실 사유가 발생하지 않는 한 채권양도인이 채권에 대한 사용·추심권을 계속 보유하면서 추심된 자금을 사용하여 새로운 채권을 발생시키고 그것이 다시 양도담보의 목적이 되는 것이 반복되는 소위 '집합채권양도담보'의 경우 양도담보권이 회생절차 개시 후에 발생한 채권에 미치는지에 관하여 본다.

집합채권의 양도담보에 관하여 담보권자가 회생절차 개시 이전에 담보실행에 착수한 경우에는 일반적으로 그 시점에서 새로운 담보목적물의 취득을 인정할 이유는 없기 때문에 그 시점에서 담보목적물의 유동성(유동성)은 없어지고 목적물은 고정화(고정화)된다고 보아야 할 것이다.

이와 달리 담보권자가 담보실행에 착수하지 아니한 경우에는, 회생담보권의 목적물의 평가는 회생절차 개시결정의 시점에서 이루어지는 관계로 개시결정에 의한 목적물의 고정을 인정하여야 하는 점, 회생개시결정이 이루어지면 담보권자는 스스로 담보권을 실행하는 것이 불가능하게 되고 그로 인하여 유동하는 집합목적물을 고정화시키는 수단이 박탈되는 점, 담보권자는 회생개시결정 당시에 채무자가 갖고 있는 담보목적물만을 원칙적으로 담보권의 가치로 파악하여야 하는데, 만약 채무자가 회생절차에 들어와서 창출한 기업의 수익가치까지 담보권의 목적물이 된다고 한다면 채무자의 운영자금이나 변제재원의 마련이 어렵게 되어 기본적인 회생절차의 구도와 부합하지 않는 점을 고려하면 회생개시결정의 시점에서 담보목적물의 고정화가 이루어진다고 보아야 할 것이다.

이 사건의 경우, 원고가 위 회생개시결정 직전인 2008. 12. 1. 위 의료비 등 채권에 대하여 담보권을 실행하여 건강보험공단으로부터 17,749,460원을 회수함으로써 양도담보의 목적물은 0원으로 고정되어 남아있지 않게 되었고, 설령 그렇게 보지 않는다고 하더라도 회생절차 개시 후에 발생한 채권에는 집합채권양도담보의 효력은 미치지 않는 것으로 보아야 할 것인데 회생개시결정 당시 위 의료비 등 채권이 0원으로 고정되어 남아있지 않게 되었으므로 원고의 피고에 대한 위 대출금채권은 회생개시결정 당시 그 담보목적물이 존재하지 않는 일반 회생채권에 불과하다.

[1심판결] 서울중앙지방법원 2009. 10. 30. 선고 2009가합59461 판결 [회생담보권조사확정재판이의]

【주 문】

1. 서울중앙지방법원 2009. 4. 22.자 2009회확76 회생담보권확정재판을 인가한다.
2. 소송비용은 원고가 부담한다.

【청구취지】

서울중앙지방법원 2009. 4. 22.자 2009회확76 회생담보권조사확정 결정을 취소한다. 원고의 피고에 대한 회생담보권은 133,733,591원임을 확정한다.

【이 유】

나. 판단

회생채권이나 회생절차개시 전의 원인으로 생긴 채무자 외의 자에 대한 재산상의 청구권으로서 '회생절차개시 당시' 채무[87] 자의 재산상에 존재하는 유치권·질권·저당권·양도담보권·가등기담보권·전세권 또는 우선특권으로 담보된 범위의 것을 회생담보권이라 하는데(채무자 회생 및 파산에 관한 법률 제141조 제1항), 장래의 증감·변동하는 채권이 회생채권의 담보로 제공된 경우에는 위 담보채권의 결산기가 정해진 경우에는 그 결산기가 도래한 때 그 채권액이 확정될 것이나, 그와 같은 존속기간이나 결산기가 정해져 있지 않은 경우에는 당사자가 이를 확정시킬 의사를 표시한 때에 확정된다 할 것이고, 이 경우 당사자의 의사는 명시적·묵시적으로 표시될 수 있다.

이 사건의 경우, 원고가 위 회생개시결정 직전인 2008. 12. 1. 위 의료비 등 채권에 대하여 상계권을 행사함으로써 담보권실행에 착수하였던바, 그 때에 위 증감·변동하는 채권을 확정시키겠다는 원고의 의사가 표시되었다고 볼 수 있어 그 시점에 위 담보채권이 고정된다 할 것이고, 그 결과 위 '회생절차개시 당시' 위 담보채권은 모두 상계되어 남아 있지 않으므로, 원고의 피고에 대한 위 대출금채권은 그 담보목적물이 존재하지 않은 일반 회생채권에 불과하다.

82. 대법원 2013. 3. 21. 선고 2011다95564 전원합의체 판결 [양수금][187)]

[논점] 수탁자가 위탁자로부터 양수한 부가가치세 환급세액을 청구한 사례[188)]

【이 유】

1. 부가가치세법 제17조 제1항은 "사업자가 납부하여야 할 부가가치세액은 자기가 공급한 재화 또는 용역에 대한 세액(이하 '매출세액'이라 한다)에서 다음 각 호의 세액(이하 '매입세액'이라 한다)을 공제한 금액으로 한다. 다만 매출세액을 초과하는 매입세액은 환급받을 세액(이하 '환급세액'이라 한다)으로 한다."고 규정하면서, 제1호에서 '자기의 사업을 위하여 사용되었거나 사용될 재화 또는 용역의 공급에 대한 세액'을, 제2호에서 '자기의 사업을 위하여 사용되었거나 사용될 재화의 수입에 대한 세액'을 들고 있고, 제24조 제1항은 "사업장 관할 세무서장은 각 과세기간별로 그 과세기간에 대한 환급세액을 대통령령으로 정하는 바에 따라 사업자에게 환급하여야 한다."고 규정하고 있다. 한편 이러한 위임에 따른 부가가치세법 시행령 제72조 제1항은 " 법 제24조 제1항에 규정하는 환급세액은 각 과세기간별로 그 확정신고기한 경과 후 30일 내에 사업자에게 환급하여야 한다."고 규정하고 있고, 제4항은 " 법 제24조에 따라 환급되어야 할 세액은 법 제18조· 제19조 또는 이 영 제73조 제4항에 따라 제출한 신고서 및 이에 첨부된 증빙서류와 법 제20조에 따라 제출한 매입처별세금계산서합계표, 신용카드매출전표 등 수령명세서에 의하여 확인되는 금액에 한정한다."고 규정하고 있다.

이와 같이 부가가치세법령이 환급세액의 정의 규정, 그 지급시기와 산출방법에 관한 구체적인 규정과 함께 부가가치세 납세의무를 부담하는 사업자(이하 '납세의무자'라 한다)에 대한 국가의 환급세액 지급의무를 규정한 이유는, 입법자가 과세 및 징수의 편의를 도모하고 중복과세를 방지하는 등의 조세정책적 목적을 달성하기 위한 입법적 결단을 통하여, 최종 소비자에 이르기 전의 각 거래단계에서 재화 또는 용역을 공급하는 사업자가 그 공급을 받는 사업자로부터 매출세액을 징수하여 국가에 납부하고, 그 세액을 징수당한 사업자는 이를 국가로부터 매입세액으로 공제·환급받는 과정을 통하여 그 세액의 부담을 다음 단계의 사업자에게 차례로 전가하여 궁극적으로 최종 소비자에게 이를 부담시키는

---

187) 이 판결에 대한 평석은, 김동국, 부가가치세 환급세액 지급청구가 당사자소송의 대상인지 여부, 대법원판례해설 제95호, 법원도서관, 691면 이하를 참고할 것.

188) 원고는 2009. 3. 11. 소외 제이비에스건설 주식회사(이하 '소외 회사'라 한다)와 사이에 소외 회사를 위탁자로 하는 파주 헤르만하우스 2차 신축분양사업 시행을 위한 관리형 토지신탁계약 및 사업약정을 체결하면서 위 사업과 관련한 부가가치세 환급금채권을 소외 회사로부터 양수받기로 약정하였고, 원고가 피고에게 소외 회사로부터 양수한 부가가치세환급금채권을 청구한 사안이다.

것을 근간으로 하는 전단계세액공제 제도를 채택한 결과, 어느 과세기간에 거래징수된 세액이 거래징수를 한 세액보다 많은 경우에는 그 납세의무자가 창출한 부가가치에 상응하는 세액보다 많은 세액이 거래징수되게 되므로 이를 조정하기 위한 과세기술상, 조세 정책적인 요청에 따라 특별히 인정한 것이라고 할 수 있다(대법원 1992. 11. 27. 선고 92다20002 판결, 대법원 2011. 1. 20. 선고 2009두13474 전원합의체 판결 등 참조).

따라서 이와 같은 부가가치세법령의 내용, 형식 및 입법 취지 등에 비추어 보면, 납세의무자에 대한 국가의 부가가치세 환급세액 지급의무는 그 납세의무자로부터 어느 과세기간에 과다하게 거래징수된 세액 상당을 국가가 실제로 납부받았는지 여부와 관계없이 부가가치세법령의 규정에 의하여 직접 발생하는 것으로서, 그 법적 성질은 정의와 공평의 관념에서 수익자와 손실자 사이의 재산상태 조정을 위해 인정되는 부당이득 반환의무가 아니라 부가가치세법령에 의하여 그 존부나 범위가 구체적으로 확정되고 조세 정책적 관점에서 특별히 인정되는 공법상 의무라고 봄이 타당하다.

그렇다면 납세의무자에 대한 국가의 부가가치세 환급세액 지급의무에 대응하는 국가에 대한 납세의무자의 부가가치세 환급세액 지급청구는 민사소송이 아니라 행정소송법 제3조 제2호에 규정된 당사자소송의 절차에 따라야 한다.

그럼에도 이와 달리 부가가치세 환급세액의 지급청구가 행정소송이 아닌 민사소송의 대상이라고 한 대법원 1996. 4. 12. 선고 94다34005 판결, 대법원 1996. 9. 6. 선고 95다4063 판결, 대법원 1997. 10. 10. 선고 97다26432 판결, 대법원 2001. 10. 26. 선고 2000두7520 판결 등과 국세환급금의 환급에 관한 국세기본법 제51조 제1항의 해석과 관련하여 개별 세법에서 정한 환급세액의 반환도 일률적으로 부당이득반환이라고 함으로써 결과적으로 부가가치세 환급세액의 반환도 부당이득반환이라고 본 대법원 1987. 9. 8. 선고 85누565 판결, 대법원 1988. 11. 8. 선고 87누479 판결 등을 비롯한 같은 취지의 판결들은 이 판결의 견해에 배치되는 범위 내에서 이를 모두 변경하기로 한다.

2. 위 법리 및 기록에 비추어 보면, 원심이 이 사건 2008년 2기, 2009년 1기, 2009년 2기의 부가가치세 환급세액에 관하여 적용되는 구 부가가치세법(2010. 1. 1. 법률 제9915호로 개정되기 전의 것) 제24조 제1항 및 이 사건 2010년 1기의 부가가치세 환급세액에 관하여 적용되는 부가가치세법 제24조 제1항에 따라 각각 발생한 부가가치세 환급세액 지급청구권을 양수하였음을 내세우는 원고의 청구가 민사소송의 대상임을 전제로 민사소송절차에 의하여 심리·판단한 제1심판결을 취소하고 이 사건을 행정사건 관할법원인 의정부지방법원으로 이송한 조치는 정당하고, 거기에 상고이유의 주장과 같은 부가가치세 환급세액 지급청구권의 법적 성질과 소송형식에 관한 법리를 오해한 위법이 없다.

[원심판결] 서울고등법원 2011. 9. 7. 선고 2011나4102 판결 [양수금]

【주 문】

1. 제1심 판결을 취소한다.
2. 이 사건을 의정부지방법원으로 이송한다.

【청구취지】

피고는 원고에게 1,391,029,022원 및 이에 대하여 이 사건 소장 부본 송달일 다음날부터 다 갚는 날까지 연 20%의 비율에 의한 금원을 지급하라.

【항소취지】

제1심 판결 중 피고 패소 부분을 취소하고, 위 취소 부분에 해당하는 원고의 청구를 기각한다.

【이 유】[189)]

1. 기초사실

가. 소외 회사의 부가가치세환급금채권의 양도

(1) 원고는 2009. 3. 11. 소외 제이비에스건설 주식회사(이하 '소외 회사'라 한다)와 사이에 소외 회사를 위탁자로 하는 파주 헤르만하우스 2차 신축분양사업 시행을 위한 관리형 토지신탁계약 및 사업약정을 체결하면서 위 사업과 관련한 부가가치세환급금채권을 소외 회사로부터 양수받기로 약정하였다.

(2) 원고는 소외 회사로부터 2009. 3.부터 2012. 1.까지 사이에 발생하는 소외 회사의 부가가치세환급금채권을 양도받고, 2009. 4. 15. 소외 회사를 대리하여 피고 산하 파주세무서장에게 위와 같은 내용의 채권양도통지를 하여 그 통지서가 그 무렵 파주세무서장에게 도달하였다.

나. 부가가치세환급금채권의 발생

위 사업과 관련하여 피고는 2010. 3. 24. 부가가치세환급금 확정신고에 대한 경정청구분 2008년 2기 24,525,000원, 2009년 1기 3,558,270원, 2009년 2기 5,400,000원을 소외 회사에게 환급하기로 하는 경정결정을 하고, 그 다음날인 25. 위 각 환급금을 소외 회사에 지급하였다. 피고는 2010. 1.경 소외 회사로부터 2009년 2기 부가가치세환급 확정신고를 받아 2010. 2. 11. 소외 회사에 812,490,750원을 환급하였다. 피고는 2010. 4.경 소외 회사로부터 2010년 1기 부가가치세환급 예정신고를 받고 2010. 5. 7. 소외 회사에 530,773,030원을 환급하였다.

83. 대법원 2013. 1. 24. 선고 2010두27998 판결 [압류처분무효확인의소]

[논점] 신탁법에서 예외적으로 신탁재산에 대하여 강제집행 또는 경매를 할 수 있다고 규정한 '신탁사무의 처리상 발생한 권리'에 위탁자를 채무자로 하는 경우도 포함되는지 여부

【이 유】

1. 구 신탁법(2011. 7. 25. 법률 제10924호로 전부 개정되기 전의 것, 이하 '신탁법'이라 한다) 제1조 제2항[190)]은 "신탁이라 함은 위탁자가 특정의 재산권을 수탁자에게 이전하거나 기타의 처분을 하고 수탁자로 하여금 수익자의 이익을 위하여 또는 특정의 목적을 위하여 그 재산권을 관리, 처분하게 하는 법률관계를 말한다."라고 규정하고, 제21조[191)] 제1항은 "신탁재산에 대하여는 강제집행 또는 경매를 할 수 없다. 단 신탁 전의 원인으로 발생한 권리 또는 신탁사무의 처리상 발생한 권리에 기한 경우에는 예외로 한다."라고 규정하고 있다.

신탁법 제1조 제2항의 취지에 의하면 신탁법에 의한 신탁재산은 대내외적으로 소유권이 수탁자에게 완전히 귀속되고 위탁자와의 내부관계에 있어서 그 소유권이 위탁자에게 유보되어 있는 것이 아닌 점, 신탁법 제21조 제1항은 신탁의 목적을 원활하게 달성하기 위하여 신탁재산의 독립성을 보장하는 데 그 입법 취지가 있는 점 등을 종합적으로 고려하면, 신탁법 제21조 제1항 단서에서 예외적으로 신탁재산에 대하여 강제집행 또는 경매를 할 수 있다고 규정한 '신탁사무의 처리상 발생한 권리'에는 수탁자를 채무자로 하는 것만 포함되며, 위탁자를 채무자로 하는 것은 포함되지 않는다(대법원 2012. 4. 12. 선고 2010두4612 판결 등 참조).

2. 원심은 그 채용 증거를 종합하여, 주식회사 미르디앤아이(이하 '소외 회사'라 한다)는 2007. 7. 5.

189) 주요 사실관계만 기재함.

190) 현행 신탁법 제2조.

191) 현행 신탁법 제22조.

및 2007. 8. 8. 원고와 이 사건 각 부동산 등에 관하여 부동산담보신탁계약을 체결하고 그 무렵 원고에게 신탁을 원인으로 한 소유권이전등기를 마쳐 준 사실, 소외 회사가 취득세, 등록세 및 재산세를 체납하자 피고는 2009. 9. 22. 소외 회사를 체납자로 하여 신탁재산인 이 사건 각 부동산을 압류하는 이 사건 처분을 한 사실 등을 인정한 다음, 신탁법 제21조 제1항 단서에서 말하는 '신탁사무의 처리상 발생한 권리'는 수탁자가 신탁사무와 관련한 행위를 함으로써 수탁자에 대하여 발생한 권리를 의미한다고 전제하고, 이 사건 처분에 관계된 취득세, 등록세 및 재산세 채권은 위탁자인 소외 회사에 대한 채권으로서 여기에 해당한다고 할 수 없다는 이유로, 소외 회사에 대한 취득세, 등록세 및 재산세 채권에 기하여 원고 소유의 신탁재산을 압류한 이 사건 처분은 무효라고 판단하였다.

앞서 본 규정과 법리 및 기록에 비추어 살펴보면, 원심의 이와 같은 판단은 정당하고 거기에 상고이유에서 주장하는 바와 같은 신탁법 제21조 제1항 단서에 관한 법리오해 등의 잘못이 없다.

[원심판결] 대구고등법원 2010. 11. 26. 선고 2010누1843 판결 [압류처분무효확인의소]

【주 문】

1. 피고의 항소를 기각한다.
2. 항소비용은 피고가 부담한다.

【청구취지 및 항소취지】

1. 청구취지

피고가 2009. 9. 22. 별지 목록 기재 각 부동산에 대하여 한 각 압류처분이 무효임을 확인한다.

2. 항소취지

제1심 판결을 취소한다. 원고의 청구를 기각한다.

【이 유】

(2) 또한 신탁법 제21조 제1항 본문에 의하여 신탁재산에 대하여는 강제집행이 금지되어 있으므로 신탁재산인 이 사건 각 부동산에 대하여 한 이 사건 처분은 무효이다.

피고는, 신탁법 제21조 제1항 단서에 의하면 '신탁사무의 처리상 발생한 권리'에 기하여서는 신탁재산에 대하여도 예외적으로 강제집행이 허용되는데, 피고의 미르디앤아이에 대한 조세채권은 '신탁사무의 처리상 발생한 권리'에 해당하므로 이 사건 처분은 적법하다고 주장한다.

살피건대 신탁법 제21조 제1항 단서에서 정한 '신탁사무의 처리상 발생한 권리'에는 신탁설정 이후 신탁재산의 관리·처분으로 인하여 발생한 권리(신탁법 제42조에 의한 수탁자의 비용·손해배상청구권, 같은 법 제43조에 의한 보수청구권 등 신탁재산과 직접적인 관련성이 인정되는 채권) 뿐만 아니라 신탁재산 자체에서 연유하는 권리인 신탁재산에 대한 조세채권도 포함된다. 그러나 앞서 본바와 같이 신탁법에 의한 신탁관계가 설정되면 신탁재산은 수탁자에게 귀속되어 위탁자에 대한 조세채권으로 수탁자 명의의 신탁재산에 대하여 압류할 수는 없으므로(대법원 1996. 10. 15. 선고 96다17424 판결 참조) 신탁법 제21조 제1항 단서에 의하여 예외적으로 강제집행이 허용되는 신탁재산에 대한 조세채권은 '수탁자에게 부과되는 조세채권'만을 의미하는 것으로 보아야 한다. 그러므로 피고의 위탁자인 미르디앤아이에 대한 조세채권은 신탁법 제21조 제1항 단서의 '신탁사무의 처리상 발생한 권리에 기한 경우'에 해당되지 아니하므로 피고의 위 주장은 이유가 없다.

84. 대법원 2013. 1. 17. 선고 2010다71578 전원합의체 판결 [대지권지분이전등기등][192]

[논점] 토지에 대한 부동산담보신탁계약을 체결하고 신탁등기를 마친 당시 아파트 전유부분에 관하여 이미 구분소유권이 성립하여 토지만에 대한 부동산담보신탁계약이 무효인지 여부

【이 유】

1. 구분소유의 성립요건 및 성립시기에 관한 법리오해 등 주장에 대하여

집합건물의 소유 및 관리에 관한 법률(이하 '집합건물법'이라고 한다)은 "1동의 건물 중 구조상 구분된 여러 개의 부분이 독립한 건물로서 사용될 수 있을 때에는 그 각 부분은 이 법이 정하는 바에 따라 각각 소유권의 목적으로 할 수 있다."고 규정하고(제1조), 1동의 건물 중 독립한 건물로서 사용될 수 있는 건물부분, 즉 전유부분을 목적으로 하는 소유권을 구분소유권이라고 정의하고 있다(제2조 제1호, 제3호). 그리고 이와 같이 1동의 건물에 대하여 구분소유권이 성립하는 경우, 그 1동의 건물을 집합건물이라고 하고 1동의 건물 중 구분된 건물부분을 구분건물이라고 한다.

1동의 건물에 대하여 구분소유가 성립하기 위해서는 객관적·물리적인 측면에서 1동의 건물이 존재하고 구분된 건물부분이 구조상·이용상 독립성을 갖추어야 할 뿐 아니라 1동의 건물 중 물리적으로 구획된 건물부분을 각각 구분소유권의 객체로 하려는 구분행위가 있어야 한다(대법원 1999. 7. 27. 선고 98다35020 판결 등 참조). 여기서 구분행위는 건물의 물리적 형질에 변경을 가함이 없이 법률관념상 그 건물의 특정 부분을 구분하여 별개의 소유권의 객체로 하려는 일종의 법률행위로서, 그 시기나 방식에 특별한 제한이 있는 것은 아니고 처분권자의 구분의사가 객관적으로 외부에 표시되면 인정된다. 따라서 구분건물이 물리적으로 완성되기 전에도 건축허가신청이나 분양계약 등을 통하여 장래 신축되는 건물을 구분건물로 하겠다는 구분의사가 객관적으로 표시되면 구분행위의 존재를 인정할 수 있고, 이후 1동의 건물 및 그 구분행위에 상응하는 구분건물이 객관적·물리적으로 완성되면 아직 그 건물이 집합건축물대장에 등록되거나 구분건물로서 등기부에 등기되지 않았더라도 그 시점에서 구분소유가 성립한다(대법원 2006. 3. 10. 선고 2004다742 판결 등 참조).

이와 달리 구분소유는 건물 전체가 완성되고 원칙적으로 집합건축물대장에 구분건물로 등록된 시점, 예외적으로 등기부에 구분건물의 표시에 관한 등기가 마쳐진 시점에 비로소 성립한다는 취지로 판시한 대법원 1999. 9. 17. 선고 99다1345 판결, 대법원 2006. 11. 9. 선고 2004다67691 판결 등의 견해는 이 판결의 견해와 저촉되는 한도에서 이를 변경하기로 한다.

원심판결 이유에 의하면, 원심은 그 채택 증거에 의하여 판시 사실을 인정한 다음, 이 사건 아파트는 2003. 8. 25.까지 지하 2층부터 지상 12층까지 각 층의 기둥, 주벽 및 천장 슬래브 공사가 이루어져 2003. 8. 25.경에는 1동의 건물 내부의 각 전유부분이 구조상·이용상의 독립성을 갖추었고, 그보다 앞서 2002. 5. 15.경부터 피고가 이 사건 아파트를 신축하면서 그 내부의 구분건물 각각에 대하여 분양계약을 체결함으로써 구분의사를 외부에 표시하였으므로 구분행위의 존재도 넉넉히 인정된다고 보아, 이 사건 토지에 관하여 부동산담보신탁계약이 체결되고 이 사건 신탁등기가 마쳐진 2003. 9. 4.경에는 이 사건 아파트의 전유부분에 관하여 이미 구분소유권이 성립한 상태였다는 취지로 판단하면서, 당시 이 사건 아파트에 관하여 아직 건축물대장에 구분건물로 등록이 이루어지지 않았으므로 구분소유가 성립하지 않았다는 피고의 주장을 배척하였다.

앞서 본 법리와 기록에 의하면 원심의 위와 같은 사실인정과 판단은 정당하고, 거기에 구분소유의

192) 이 판결에 대한 평석은, (1) 김규완, 구분소유 관념과 구분소유권 개념 : 대법원 2013. 1. 17. 선고 2010다71578 전원합의체 판결의 평석, 민사법학 72호, 한국사법행정학회, 3면 이하, (2) 박양준, 구분소유권의 성립요건으로 집합건축물대장 등록이 필요한지 여부, 양승태 대법원장 재임 3년 주요 판례 평석, 사법발전재단, 126면 이하를 각 참고할 것.

성립요건과 성립시기 등에 관한 법리를 오해하거나 석명권을 행사하지 아니한 위법이 없다.

2. 전유부분과 대지사용권의 분리처분금지에 관한 법리오해 등 주장에 대하여

집합건물법은 제20조에서 구분소유자의 대지사용권은 그가 가지는 전유부분의 처분에 따르고, 구분소유자는 규약으로써 달리 정하지 않는 한 그가 가지는 전유부분과 분리하여 대지사용권을 처분할 수 없으며, 그 분리처분금지는 그 취지를 등기하지 아니하면 선의로 물권을 취득한 제3자에게 대항하지 못한다고 규정하고 있는데, 위 규정의 취지는 집합건물의 전유부분과 대지사용권이 분리되는 것을 최대한 억제하여 대지사용권이 없는 구분소유권의 발생을 방지함으로써 집합건물에 관한 법률관계의 안정과 합리적 규율을 도모하려는 데 있으므로(대법원 2006. 3. 10. 선고 2004다742 판결 참조), 전유부분과 대지사용권의 일체성에 반하는 대지의 처분행위는 그 효력이 없다(대법원 2000. 11. 16. 선고 98다45652, 45669 전원합의체 판결, 대법원 2010. 5. 27. 선고 2006다84171 판결 등 참조).

원심이 이 사건 신탁등기가 마쳐진 2003. 9. 4.경 이 사건 아파트의 각각의 전유부분에 관하여 이미 구분소유권이 성립한 이상 피고가 주식회사 한국토지신탁(이하 '한국토지신탁'이라고 한다)과 이 사건 토지에 관하여 체결한 부동산담보신탁계약은 집합건물법 제20조에 위배되어 무효이므로 이 사건 신탁등기는 말소되어야 한다고 판단한 것은 위 법리에 따른 것으로 정당하다. 거기에 전유부분과 대지사용권의 일체성이나 신탁행위에 관한 법리를 오해하거나 판단을 누락한 위법이 있다는 상고이유의 주장은 이유 없다.

3. 집합건물법 제20조 제3항의 선의의 제3자에 관한 법리오해 등 주장에 대하여

대지사용권은 구분소유자가 전유부분을 소유하기 위하여 건물의 대지에 대하여 가지는 권리로서 그 성립을 위해서는 집합건물의 존재와 구분소유자가 전유부분 소유를 위하여 당해 대지를 사용할 수 있는 권리를 보유하는 것 이외에 다른 특별한 요건이 필요하지 않다. 이러한 사정을 고려하면, 집합건물법 제20조 제3항의 분리처분금지로 대항할 수 없는 '선의'의 제3자라 함은 원칙적으로 집합건물의 대지로 되어 있는 사정을 모른 채 대지사용권의 목적이 되는 토지를 취득한 제3자를 의미한다(대법원 2009. 6. 23. 선고 2009다26145 판결 참조).

원심은 2003. 9. 4. 부동산담보신탁계약을 체결할 당시 이 사건 아파트가 12층 전부에 걸쳐 기둥과 지붕 및 천장 슬래브의 형태를 갖추고 있어서 집합건물로서의 모습을 갖춘 점, 부동산담보신탁계약서 특약사항 제4조에서 '별도의 신탁절차 없이 신탁부동산에 건축되는 건물(시설물, 완성 또는 미완성건물 포함)은 본 신탁계약상 신탁재산으로 본다'고 규정한 점 등의 사정에 비추어 보면, 한국토지신탁은 이 사건 토지가 집합건물의 대지로 되어 있는 사정을 알고 있었다고 봄이 상당하므로 선의의 제3자에 해당하지 않는다고 판단하였다.

원심의 위와 같은 판단은 앞서 본 법리에 따른 것으로 정당하고, 거기에 상고이유로 주장하는 법리오해 등의 위법은 없다.

[원심판결] 서울고등법원 2010. 7. 16. 선고 2010나1915 판결 [대지권지분이전등기등]

【주 문】

1. 제1심 판결을 취소한다.

2. 별지1 목록 기재 각 지분에 관하여, 피고 주식회사 한국토지신탁은 피고 1에게 서울중앙지방법원 강남등기소 2003. 9. 4. 접수 제87888호로 마친 소유권이전등기의 각 말소등기절차를 이행하고, 피고 1은 원고에게 2006. 5. 8. 별지2 목록 기재 부동산의 전유부분 취득을 원인으로 한 지분소유권 이전등기

절차를 이행하라.

3. 소송총비용은 피고들이 부담한다.

【청구취지 및 항소취지】

주문 제1항, 제2항과 같다.

【이 유】

2. 분리처분의 무효와 지분소유권 이전등기의무의 발생

가. 법리

1) 집합건물의 소유 및 관리에 관한 법률(이하 '집합건물법'이라고 한다)은 제20조에서, 구분소유자의 대지사용권은 그가 가지는 전유부분의 처분에 따르고(제1항), 구분소유자는 규약 또는 공정증서로써 달리 정하지 않는 한 그가 가지는 전유부분과 분리하여 대지사용권을 처분할 수 없으며(제2항, 제4항), 위 분리처분금지는 그 취지를 등기하지 아니하면 선의로 물권을 취득한 제3자에 대하여 대항하지 못한다(제3항)고 규정하고 있는바, 위 규정의 취지는 집합건물의 전유부분과 대지사용권이 분리되는 것을 최대한 억제하여 대지사용권 없는 구분소유권의 발생을 방지함으로써 집합건물에 관한 법률관계의 안정과 합리적 규율을 도모하려는 데 있다(대법원 2006. 3. 10. 선고 2004다742 판결 참조).

2) 한편, 구분건물이 성립하기 위해서는, 객관적, 물리적인 측면에서 구분건물이 구조상·이용상의 독립성을 갖추어야 하고, 그 건물을 구분소유권의 객체로 하려는 의사표시 즉 구분행위가 있어야 한다(대법원 1999. 7. 27. 선고 98다35020 판결 참조).

나. 판단

1) 구조상·이용상의 독립성을 갖추었는지 여부

이 사건 신탁등기 당시 이 사건 아파트가 집합건물법의 적용대상이었는지 여부, 즉, 집합건물로서 구분소유권이 성립하였는지 여부에 관하여 보건대, 독립된 부동산으로서의 건물이라고 하기 위해서는 최소한의 기둥과 지붕 그리고 주벽이 이루어지면 된다고 할 것이고(대법원 2003. 5. 30. 선고 2002다21592, 21608 판결 참조), 앞서 본 바와 같이 2003. 8. 25.경에는 이 사건 아파트의 옥탑층 콘크리트 타설 작업이 완료되었으므로 이 사건 아파트는 2003. 8. 25.까지 지하 2층부터 지상 12층까지 각층의 기둥, 주벽 및 천장 슬라브 공사가 이루어졌다고 봄이 상당하고, 따라서 2003. 8. 25.경에는 이 사건 아파트가 미완성상태이기는 하나, 원고가 낙찰받은 구분건물인 (호수 2 생략)를 포함하여 그 아래 각층의 콘크리트 골조 및 기둥, 주벽, 천장이 완공되어 이 사건 아파트 내부의 각 구분건물은 구조상·이용상 독립성의 요건을 갖추었다고 봄이 상당하다.

이와 달리 2003. 8. 18.경 골조공사를 포함한 공정율이 22.193%에 불과하다는 사정만으로는 이 사건 신탁등기가 마쳐진 2003. 9. 4.경 구조상·이용상 독립성의 요건을 갖추지 못한 것으로 볼 것은 아니다(대법원 2001. 1. 16. 선고 2000다51872 판결 참조).

2) 구분행위가 있었는지 여부

1동의 건물을 신축한 건축주가 그 건물을 구분하여 분양할 경우에는 광고 등으로 그 구분분양의 의사를 외부에 표시하였을 때에 구분행위가 있다고 볼 수 있고(대법원 2006.3.10. 선고 2004다742 판결 참조), 피고 1이 이 사건 아파트를 신축하면서 각각의 구분건물에 관하여 2002. 5. 13.경부터 분양계약을 체결하였으므로 그 무렵부터는 구분행위가 있었다고 할 것이다.

이에 대하여 피고들은, 구분소유가 성립하는 시점은 원칙적으로 건물 전체가 완성되어 당해 건물에 관한 건축물대장에 구분건물로 등록된 시점이라고 할 것이므로(대법원 1999. 7. 27. 선고 98다35020 판결, 대법원 2006. 11. 9. 선고 2004다67691 판결 등 참조), 이 사건 신탁등기 당시 이 사건 아파트에 관하여 건축물관리대장이 작성되지 않은 이상 구분소유가 성립하지 않았다고 주장한다.

살피건대, 위 98다35020 판결은 가옥대장 등록시점을 기준으로 전유부분과 공유부분을 판단하여야 한다는 취지로 이해하여야 하고, 위 2004다67691 판결은 집합건물의 공사업자가 변경된 경우 집합건물의 원시취득자를 결정하는 기준을 설시한 것으로 보아야 하며, 일반 원칙으로 구조상·이용상 독립과 구분행위가 있은 다음에 가옥대장에 등록함으로써 비로소 구분건물이 성립한다는 취지로 해석할 수는 없으므로(조용현, 대법원판례해설 60호, 법원도서관, 2004다742 판결 평석 참조), 피고들의 위 주장은 받아들이지 않는다.

3) 분리처분의 무효와 대지지분권 이전의무의 발생

그렇다면, 이 사건 신탁등기가 마쳐진 2003. 9. 4.경 이 사건 아파트의 각각의 구분건물에 관하여 이미 구분소유권이 성립한 이상, 피고 1이 피고 한국토지신탁에게 이 사건 토지에 관하여 체결한 부동산담보신탁계약은 집합건물법 제20조에 위배되어 무효이므로 이 사건 신탁등기는 말소되어야 한다.

위와 같이 이 사건 토지에 대한 피고 한국토지신탁 명의의 소유권이전등기가 말소되지 않아 이 사건 토지에 대한 소유명의가 피고 1 명의로 회복되지 않은 상태에서 이 사건 아파트의 구분건물의 전유부분에 대한 소유권보존등기만 피고 1 명의로 마쳐졌고, 대지지분에 대한 등기가 이루어지기 전에 원고가 (호수 2 생략)의 전유부분을 낙찰받아 소유권을 취득함으로써 집합건물법 제2조 제6호에 규정된 대지사용권을 취득하였으므로, 이 사건 토지 중 (호수 2 생략)의 지분에 관하여, 피고 1은 원고에게 부동산등기법 제57조의3 제1항에 의하여 (호수 2 생략) 전유부분 취득을 원인으로 한 소유권이전등기절차를 이행할 의무가 있다.

한편, 원고는 피고 1에 대한 위 지분이전등기청구권을 피보전채권으로 하여 피고 1을 대위하여 피고 한국토지신탁에 대한 이 사건 신탁등기 중 위 지분의 말소등기를 구하고 있으므로 피고 한국토지신탁은 피고 1에게 위 지분에 관하여 말소등기절차를 이행할 의무가 있다.

3. 피고들의 주장에 관한 판단

가. 선의의 제3자 주장에 관하여

1) 피고들은, 집합건물법 제20조 제3항에서는, 위 분리처분금지는 그 취지를 등기하지 아니하면 선의로 물권을 취득한 제3자에 대하여 대항하지 못한다고 규정하고 있는데, 피고 한국토지신탁이 집합건물법 제20조 제3항 소정의 '선의'의 제3자에 해당한다고 주장한다.

2) 집합건물법 제20조 제3항의 '선의'의 제3자는, 원칙적으로 집합건물의 대지로 되어 있는 사정을 모른 채 대지사용권의 목적이 되는 토지를 취득한 제3자를 의미하는데(대법원 2009. 6. 23. 선고 2009다26145 판결 참조), 앞서 본 바와 같이 2003. 9. 4. 부동산담보신탁계약을 체결할 당시 이 사건 아파트가 12층 전부에 걸쳐 기둥과 지붕 및 천장 슬라브 등 독립한 건축물로서의 요건을 갖춘 점, 부동산담보신탁계약서(갑 제4호증의2) 특약사항 제4조에서 '별도의 신탁절차 없이 신탁부동산에 건축되는 건물(시설물, 완성 또는 미완성건물 포함)은 본 신탁계약상 신탁재산으로 본다.'고 규정한 점 등의 사정에 비추어 보면, 피고 한국토지신탁은 이 사건 토지가 집합건물의 대지로 되어 있는 사정을 알고 있었다고 봄이 상당하고, 달리 피고 한국토지신탁이 집합건물법 제20조 제3항 소정의 '선의'의 제3자에 해당한다고 인정할 증거가 없다.

나. 피고 한국토지신탁이 이 사건 아파트에 관한 전체소유권을 취득하였다는 주장에 관하여

1) 피고들은, 위 부동산담보신탁계약서 특약사항 제4조에서, "신탁부동산에 건축되는 건축물은 본 신탁계약서상 신탁재산으로 본다."라고 규정하였으므로 피고 한국토지신탁이 이 사건 아파트의 집합건물 전체 소유권을 취득한 것으로 보아야 하고, 따라서 전유부분과 대지사용권이 분리처분되지 않았다고 주장한다.

2) 살피건대, 위 부동산담보신탁계약서 특약사항 제4조의 내용은 집합건물이 완성된 경우에는 집합건물도 신탁재산으로 보아 신탁등기를 마친다는 취지에 불과하고, 집합건물에 관한 신탁등기가 이루어지기 전에 위 특약사항만으로 피고 한국토지신탁이 이 사건 아파트에 관한 전유부분에 대해서까지 소유권을 취득한 것으로 볼 수는 없으므로 피고들의 위 주장은 이유 없다.

[1심판결] 서울중앙지방법원 2009. 12. 10. 선고 2009가합14765 판결 [대지권지분이전등기등]

【주 문】

1. 원고의 청구를 모두 기각한다.
2. 소송비용은 원고가 부담한다.

【청구취지】

별지 제1 목록 기재 각 부동산에 관하여, 피고 주식회사 한국토지신탁은 피고 1에게 서울중앙지방법원 강남등기소 2003. 9. 4. 접수 제87888호로 마친 소유권이전등기의 각 말소등기절차를 이행하고, 피고 1은 원고에게 2006. 5. 8. 별지 제2 목록 기재 부동산의 전유부분 취득을 원인으로 하는 지분소유권이전등기절차를 이행하라.

【이 유】

구분소유자의 대지사용권은 그가 가지는 전유부분의 처분에 따르고, 구분소유자는 규약으로써 달리 정하지 않는 한 그가 가지는 전유부분과 분리하여 대지사용권을 처분할 수 없다(집합건물법 제20조 제1항, 제2항). 한편, 집합건물의 구분소유자가 전유부분에 대한 대지사용권을 취득하는 시기는 집합건물의 성립시기와 일치한다고 할 것이고, 구분소유가 성립하는 시점은 원칙적으로 건물 전체가 완성되어 당해 건물에 관한 건축물대장에 구분건물로 등록된 시점이라고 할 것인바(대법원 2006. 11. 9. 선고 2004다67691 판결 등 참조), 결국 집합건물에서의 구분소유가 성립하기 위해서는 1동의 건물 전체가 기둥, 벽체, 지붕 등이 독립한 부동산으로서의 건물의 요건을 갖추어야 할 뿐만 아니라, 구분 소유권의 목적인 각 세대별 구분건물 부분도 독립한 건물로 볼 수 있을 정도의 구조상·이용상 독립성이나 개별성을 갖춘 후에야, 비로소 집합건물로서 '독립한 건물'이라 할 것이다.

그러므로 이 사건 신탁등기 당시 이 사건 아파트가 집합건물법의 적용대상이었는지 여부, 즉, 집합건물로서 구분소유권이 성립하였는지 여부에 관하여 보건대, 갑제5호증 내지 갑제8호증, 을가제8호증(각 가지번호 포함)의 각 기재, 이 법원의 주식회사 건축사사무소 한울건축에 대한 사실조회결과에 변론전체의 취지를 종합하여 인정되는 다음과 같은 사정, 즉, 이 사건 아파트는 2003. 8. 25.까지 지하 2층부터 지상 12층까지 각층의 콘크리트 골조, 천정슬라브 공사가 되었을 뿐이고, 위 골조공사를 포함한 공정율이 2003. 8. 18. 기준 22.193%에 불과하였고, 이 사건 신탁등기가 경료 이후인 2003. 9. 8.에 이르러서야 에어컨 배관, 창틀, 창유리, 문틀, 천정, 창호를 설치하는 공사가 진행되고 있었던 점, 피고 1은 2004. 5.경 이 사건 아파트의 사용승인신청을 한 점 등에 비추어 보면, 적어도 이 사건 신탁등기 경료 당시에는 이 사건 아파트에 대한 구분 소유권의 목적인 각 세대별 구분건물 부분도 독립한 건물로 볼 수 있을 정도의 구조상·이용상 독립성이나 개별성을 갖추었다고 볼 수 없을 뿐만 아니라 건축물관리대장이 작성되지도 않았다고 할 것이므로 이 사건 아파트에 대한 구분소유권은 성립하지 않았다고 할 것이다.

그렇다면, 구분소유권의 성립을 전제로 한 원고의 이 사건 청구는 더 나아가 살필 필요 없이 이유 없다.

85. 대법원 2012. 12. 13. 선고 2011두29144 판결 [유원시설업허가처분등취소]

[논점] 신탁사의 공매절차를 통해 유원시설업 또는 체육시설업의 영업시설 등이 이전되는 경우 종전 유원시설업 허가 또는 체육시설업 신고의 효력이 당연히 이전되는지 여부

【이 유】

3. 이 사건 신고수리의 취소를 구할 법률상 이익 내지 소의 이익이 있는지 여부

원심은, 원고가 이 사건 스포츠센터 필수 영업시설 등을 공매 등의 절차에 의하여 피고보조참가인에게 이전하여 그 소유권을 상실하였더라도 그 사유만으로 유원시설업 허가 또는 체육시설업 신고의 효력이 당연히 참가인에게 이전되었다고 볼 만한 법규상 근거가 없고, 반면에 이 사건 신고가 수리됨으로써 종전 사업자인 원고는 당해 영업을 적법하게 할 수 있는 법규상의 권리가 상실되는 점, 원고로서는 다시 매매 등을 통하여 이 사건 스포츠센터 시설 등을 갖출 수도 있으므로 관광진흥법과 체육시설법에서 정하는 시설 및 설비기준을 충족할 여지를 완전히 배제하기 어려운 점 등에 비추어 보면, 원고에게 이 사건 신고수리의 취소를 구할 법률상 이익이나 소의 이익이 없게 되었다고 단정할 수 없다고 판단하였다.

관련 법령 규정과 법리 및 기록에 비추어 살펴보면, 원심판결 이유에는 부적절한 부분이 없지 아니하나 원고가 이 사건 신고수리의 취소를 구할 법률상 이익이 있다고 본 것은 결과적으로 정당하고, 거기에 상고이유의 주장과 같은 신고수리의 취소를 구할 법률상 이익 내지 소의 이익에 관한 법리오해 등으로 판결 결과에 영향을 미친 위법이 없다.

[원심판결] 서울고등법원 2011. 11. 2. 선고 2011누4222 판결 [유원시설업허가처분등취소]

【주 문】

1. 제1심 판결을 취소한다.

2. 피고가 주식회사 태성티앤알에게 한 2009. 12. 9.자 유원시설업 신고 수리처분 및 2009. 11. 17.자 체육시설업 신고 수리처분을 모두 취소한다.

3. 소송총비용 중 보조참가로 인한 부분은 피고 보조참가인이, 나머지 부분은 피고가 각 부담한다.

【청구취지 및 항소취지】

주문과 같다.

【이 유】

피고와 참가인은, 원고가 이미 이 사건 스포츠센터의 필수 영업시설 등에 대한 소유권을 모두 상실하여 체육시설업법 및 관광진흥법에서 정하는 시설 및 설비 기준을 전혀 충족할 수 없게 되었으므로 이 사건 신고수리가 취소되더라도 종전과 같이 위 스포츠센터 영업을 적법하게 할 수 있는 법규상 권리를 회복할 수 없고, 따라서 이 사건 신고수리의 취소를 구할 법률상 이익 내지 소의 이익이 없다고

주장한다.

그러나, 원고가 이 사건 스포츠센터 필수 영업시설 등을 공매절차 등으로 참가인에게 이전하여 그 소유권을 상실하였다고 하더라도, 그 사유만으로 유원시설업 허가 또는 체육시설업 신고의 효력이 당연히 참가인에게 이전되었다고 볼 만한 법규상 근거가 없는 반면, 앞서 본 바와 같이 이 사건 신고가 수리됨으로써 참가인에게 당해 영업을 적법하게 할 수 있는 법규상의 권리를 새롭게 설정해 줌과 동시에 종전 사업자인 원고에게는 당해 영업을 적법하게 할 수 있는 법규상의 권리를 상실시키는 점, 이 사건 신고수리의 효력을 다투고 있는 원고로서는 다시 매매 등을 통하여 이 사건 스포츠센터 시설 등을 갖출 수도 있으므로, 이후에라도 체육시설업법 등에서 정하는 시설 및 설비 기준을 충족할 여지를 완전히 배제하기는 어려운 점 등에 비추어 보면, 참가인 등이 주장하는 바와 같이 원고가 체육시설업법 등에서 정하는 시설 및 설비 기준을 충족할 수 없게 되었다는 사정만으로는 원고에게 이 사건 신고수리의 취소를 구할 법률상 이익이나 소의 이익이 없게 되었다고 단정할 수는 없다. 피고와 참가인의 이 부분 주장역시 이유 없다.

[실무참고 15] 관광사업자의 지위승계 등에 관한 관광진흥법 관련 조문

제5조(허가와 신고) ① 제3조제1항제5호에 따른 카지노업을 경영하려는 자는 전용영업장 등 문화체육관광부령으로 정하는 시설과 기구를 갖추어 문화체육관광부장관의 허가를 받아야 한다. 〈개정 2008.2.29.〉

② 제3조제1항제6호에 따른 유원시설업 중 대통령령으로 정하는 유원시설업을 경영하려는 자는 문화체육관광부령으로 정하는 시설과 설비를 갖추어 특별자치도지사·시장·군수·구청장의 허가를 받아야 한다. 〈개정 2008.2.29., 2008.6.5.〉

③ 제1항과 제2항에 따라 허가받은 사항 중 문화체육관광부령으로 정하는 중요 사항을 변경하려면 변경허가를 받아야 한다. 다만, 경미한 사항을 변경하려면 변경신고를 하여야 한다. 〈개정 2008.2.29.〉

④ 제2항에 따라 대통령령으로 정하는 유원시설업 외의 유원시설업을 경영하려는 자는 문화체육관광부령으로 정하는 시설과 설비를 갖추어 특별자치도지사·시장·군수·구청장에게 신고하여야 한다. 신고한 사항 중 문화체육관광부령으로 정하는 중요 사항을 변경하려는 경우에도 또한 같다. 〈개정 2008.2.29., 2008.6.5.〉

⑤ 제1항부터 제4항까지의 규정에 따른 허가 및 신고의 절차 등에 필요한 사항은 문화체육관광부령으로 정한다. 〈개정 2008.2.29.〉

제8조(관광사업의 양수 등) ① 관광사업을 양수(讓受)한 자 또는 관광사업을 경영하는 법인이 합병한 때에는 합병 후 존속하거나 설립되는 법인은 그 관광사업의 등록등 또는 신고에 따른 관광사업자의 권리·의무(제20조제1항에 따라 분양이나 회원 모집을 한 경우에는 그 관광사업자와 공유자 또는 회원 간에 약정한 사항을 포함한다)를 승계한다.

② 다음 각 호의 어느 하나에 해당하는 절차에 따라 문화체육관광부령으로 정하는 주요한 관광사업 시설의 전부를 인수한 자는 그 관광사업자의 지위(제20조제1항에 따라 분양이나 회원 모집을 한 경우에는 그 관광사업자와 공유자 또는 회원 간에 약정한 권리 및 의무 사항을 포함한다)를 승계한다. 〈개정 2008.2.29., 2010.3.31., 2016.12.27.〉

1. 「민사집행법」에 따른 경매

2. 「채무자 회생 및 파산에 관한 법률」에 따른 환가(換價)

3. 「국세징수법」, 「관세법」 또는 「지방세징수법」에 따른 압류 재산의 매각

4. 그 밖에 제1호부터 제3호까지의 규정에 준하는 절차

③ 관광사업자가 제35조제1항 및 제2항에 따른 취소·정지처분 또는 개선명령을 받은 경우 그 처분 또는 명령의 효과는 제1항에 따라 관광사업자의 지위를 승계한 자에게 승계되며, 그 절차가 진행 중인 때에는 새로운 관광사업자에게 그 절차를 계속 진행할 수 있다. 다만, 그 승계한 관광사업자가 양수나 합병 당시 그 처분·명령이나 위반 사실을 알지 못하였음을 증명하면 그러하지 아니하다.

④ 제1항과 제2항에 따라 관광사업자의 지위를 승계한 자는 승계한 날부터 1개월 이내에 관할 등록기관등의 장에게 신고하여야 한다.

⑤ 제15조제1항 및 제2항에 따른 사업계획의 승인을 받은 자의 지위승계에 관하여는 제1항부터 제4항까지의 규정을 준용한다.

⑥ 제1항과 제2항에 따른 관광사업자의 지위를 승계하는 자에 관하여는 제7조를 준용하되, 카지노사업자의 경우에는 제7조 및 제22조를 준용한다. 〈개정 2008.3.28.〉

⑦ 관광사업자가 그 사업의 전부 또는 일부를 휴업하거나 폐업한 때에는 관할 등록기관등의 장에게 알려야 한다.

* 관광진흥법 시행령 제25조제1항

제24조(분양 및 회원모집의 기준 및 시기) ① **법 제20조제4항에 따른 휴양 콘도미니엄업 시설의 분양 및 회원모집 기준과 호텔업 및 제2종 종합휴양업 시설의 회원모집 기준은 다음 각 호와 같다.** 다만, 제2종 종합휴양업 시설 중 등록 체육시설업 시설에 대한 회원모집에 관하여는 「체육시설의 설치·이용에 관한 법률」에서 정하는 바에 따른다. 〈개정 2008.11.26., 2010.6.15., 2014.9.11.〉

1. **다음 각 목의 구분에 따른 소유권 등을 확보할 것. 이 경우 분양(휴양 콘도미니엄업만 해당한다. 이하 같다) 또는 회원모집 당시 해당 휴양 콘도미니엄업, 호텔업 및 제2종 종합휴양업의 건물이 사용승인된 경우에는 해당 건물의 소유권도 확보하여야 한다.**
   가. 휴양 콘도미니엄업 및 호텔업(수상관광호텔은 제외한다)의 경우 : 해당 관광숙박시설이 건설되는 대지의 소유권
   나. 수상관광호텔의 경우 : 구조물 또는 선박의 소유권다. 제2종 종합휴양업의 경우 : 회원모집 대상인 해당 제2종 종합휴양업 시설이 건설되는 부지의 소유권 또는 사용권
2. **제1호에 따른 대지·부지 및 건물이 저당권의 목적물로 되어 있는 경우에는 그 저당권을 말소할 것. 다만, 공유제(共有制)일 경우에는 분양받은 자의 명의로 소유권 이전등기를 마칠 때까지, 회원제일 경우에는 저당권이 말소될 때까지 분양 또는 회원모집과 관련한 사고로 인하여 분양을 받은 자나 회원에게 피해를 주는 경우 그 손해를 배상할 것을 내용으로 저당권 설정금액에 해당하는 보증보험에 가입한 경우에는 그러하지 아니하다.**
3. 분양을 하는 경우 한 개의 객실당 분양인원은 5명 이상으로 하되, 가족(부부 및 직계존비속을 말한다)만을 수분양자로 하지 아니할 것. 다만, 다음 각 목의 어느 하나에 해당하는 경우에는 그러하지 아니하다.
   가. 공유자가 법인인 경우
   나. 「출입국관리법 시행령」 별표 1 제27호차목에 따라 법무부장관이 정하여 고시한 투자지역에 건설되는 휴양 콘도미니엄으로서 공유자가 외국인인 경우
4. 삭제 〈2015.11.18.〉
5. 공유자 또는 회원의 연간 이용일수는 365일을 객실당 분양 또는 회원모집계획 인원수로 나눈 범위 이내일 것
6. 주거용으로 분양 또는 회원모집을 하지 아니할 것

[실무참고 16] 관광진흥법상 휴양콘도미니엄업에 제공되는 대지 또는 건물에 대한 부동산 담보신탁 가능 여부 관련 법제처 법령해석(06-0005)(회신일자 2006-3-10)

1. 질의요지

휴양콘도미니엄업에 제공되는 대지 또는 건물이 저당권이 아닌 부동산 담보신탁의 목적물로 되어 있는 상태에서 담보설정금액에 해당하는 보증보험에 가입하는 경우에도 「관광진흥법 시행령 제25조제1항 각호」의 규정에 의한 분양 및 회원모집의 기준을 충족하는지 여부

2. 회 답

휴양콘도미니엄업에 제공되는 대지 또는 건물이 저당권이 아닌 부동산 담보신탁의 목적물로 되어 있는 경우에는 당해 대지 또는 건물의 소유권이 위탁자인 사업자가 아니라 수탁자에게 있으므로, 담보설정금액에 해당하는 보증보험에 가입하더라도 「관광진흥법 시행령 제25조제1항」의 규정에 의한 분양 및 회원모집의 기준 중 동항제1호의 규정에 의한 소유권 확보요건을 충족하지 못한 것입니다.

3. 이 유

○ 「관광진흥법 시행령 제25조제1항」에서는 휴양콘도미니엄업 시설의 분양 및 회원모집 기준으로 당해 콘도미니엄이 건설되는 대지 및 건물의 소유권을 확보하고, 위의 대지 및 건물이 저당권의 목적물로 되어 있는 경우에는 저당권을 말소하되 저당권 설정금액에 상당하는 보증보험에 가입한 경우에는 그러하지 아니

하도록 규정하고 있는바, 이는 콘도미니엄 건설사업의 안전한 진행과 콘도미니엄의 수분양자 또는 회원의 보호를 위하여 콘도미니엄이 건설되는 대지 및 건물에 대하여 저당권이 없는 완전한 소유권의 확보를 요구하되, 수분양자 또는 회원의 피해를 예방하기 위하여 저당권 설정금액에 해당하는 보증보험에 가입한 경우에는 예외적으로 저당권 설정을 허용한 것입니다.

○ 이 사안에서 문제된 담보신탁은 소유자가 자신의 채무이행을 보장하기 위하여 소유권을 신탁회사에게 이전하고 신탁회사는 채권자를 위하여 일정 기간 신탁부동산을 관리하면서 채무가 변제되지 아니한 경우 신탁부동산을 매각하여 채권자에게 채무액을 변제하고 남은 잔액을 소유자에게 반환하는 신탁으로서, 담보제공을 목적으로 설정하는 것이기는 하나 그 형식은 신탁의 방법에 의하므로 「신탁법」이 적용된다고 보아야 할 것입니다.

○ 「민법」상 저당권의 경우 채권자는 채권의 담보로 채무자가 제공한 물건으로부터 우선변제를 받을 권리를 갖더라도, 채무자는 저당권이 실행되기 전까지는 저당권의 목적물에 대한 소유권을 그대 로 가지고 있는 반면, 「신탁법」상 신탁은 위탁자가 수탁자에게 특정의 재산권을 이전하거나 기타의 처분을 하여 수탁자로 하여금 신탁 목적을 위하여 그 재산권을 관리·처분하게 하는 것으로서 부동산의 신탁에 있어서 수탁자 앞으로 소유권 이전등기를 마치게 되면 대내외적으로 소유권이 수탁자에게 완전히 이전되는 것입니다.

○ 따라서, 휴양콘도미니엄업에 제공되는 대지 또는 건물에 부동산 담보신탁이 설정되어 있는 경우에는 저당권의 경우와 달리 당해 대지 등의 소유권이 휴양콘도미니엄업을 영위하려는 위탁자가 아니라 수탁자에게 있는 것이므로, 소유권 확보의 예외를 허용하는 명시적인 규정이 없는 이상 담보설정금액에 해당하는 보증보험에 가입하더라도 「관광진흥법 시행령 제25조제1항」의 규정에 의한 분양 및 회원모집 기준 중 동항제1호의 규정에 의한 소유권 확보요건을 충족하지 못한 것입니다.[193)]

[실무참고 17] 체육시설업자의 지위승계 등에 관한 체육시설의 설치·이용에 관한 법률 관련 조문

제10조(체육시설업의 구분·종류) ①체육시설업은 다음과 같이 구분한다.

1. 등록 체육시설업 : 골프장업, 스키장업, 자동차 경주장업
2. 신고 체육시설업 : 요트장업, 조정장업, 카누장업, 빙상장업, 승마장업, 종합 체육시설업, 수영장업, 체육도장업, 골프연습장업, 체력단련장업, 당구장업, 썰매장업, 무도학원업, 무도장업

②제1항 각 호에 따른 체육시설업은 그 종류별 범위와 회원 모집, 시설 규모, 운영 형태 등에 따라 그 세부 종류를 대통령령으로 정할 수 있다.

제12조(사업계획의 승인) 제10조제1항제1호에 따른 등록 체육시설업을 하려는 자는 제11조에 따른 시설을 설치하기 전에 대통령령으로 정하는 바에 따라 체육시설업의 종류별로 사업계획서를 작성하여 시·도지사의 승인을 받아야 한다. 그 사업계획을 변경(대통령령으로 정하는 경미한 사항에 관한 사업계획의 변경은 제외한다)하려는 경우에도 또한 같다. 〈개정 2009.3.18., 2015.2.3.〉

제19조(체육시설업의 등록) ①제12조에 따른 사업계획의 승인을 받은 자가 제11조에 따른 시설을 갖춘 때에는 영업을 시작하기 전에 대통령령으로 정하는 바에 따라 시·도지사에게 그 체육시설업의 등록을 하여야 한다. 등록 사항(문화체육관광부령으로 정하는 경미한 등록 사항을 제외한다)을 변경하려는 때에도 또한 같다. 〈개정 2008.2.29.〉

②시·도지사는 골프장업 또는 스키장업에 대한 사업계획의 승인을 받은 자가 그 승인을 받은 사업시설 중 대통령령으로 정하는 규모 이상의 시설을 갖추었을 때에는 제1항에도 불구하고 문화체육관광부령으로 정하는 기간에 나머지 시설을 갖출 것을 조건으로 그 체육시설업을 등록하게 할 수 있다. 〈개정 2008.2.29.〉

제20조(체육시설업의 신고) ①제10조제1항제2호에 따른 체육시설업을 하려는 자는 제11조에 따른 시설을 갖추어 문화체육관광부령으로 정하는 바에 따라 특별자치시장·특별자치도지사·시장·군수 또는 구청장에게 신고하여야 한다. 〈개정

---

193) 결국, 관광진흥법상의 휴양 콘도미니엄업 시설의 개발·분양을 위해 사업부지를 담보신탁한 경우에는 회원모집 전에 담보신탁을 해지해야 한다. 다만, 근저당권의 경우에는 제2호 단서에 따라 보증보험에 가입하는 것을 조건으로 근저당권을 유지할 수 있다.

2008.2.29., 2009.3.18., 2016.2.3.〉

② 제1항에 따라 체육시설업의 신고를 한 자가 신고 사항을 변경한 때에는 문화체육관광부령으로 정하는 바에 따라 특별자치시장·특별자치도지사·시장·군수 또는 구청장에게 신고하여야 한다. 〈신설 2016.2.3.〉

③ 특별자치시장·특별자치도지사·시장·군수 또는 구청장은 제1항에 따른 신고를 받은 경우에는 신고를 받은 날부터 7일 이내에, 제2항에 따른 변경신고를 받은 경우에는 변경신고를 받은 날부터 5일 이내에 신고수리 여부를 신고인에게 통지하여야 한다. 〈신설 2017.3.21.〉

④ 특별자치시장·특별자치도지사·시장·군수 또는 구청장이 제3항에서 정한 기간 내에 신고수리 여부나 민원 처리 관련 법령에 따른 처리기간의 연장 여부를 신고인에게 통지하지 아니하면 그 기간이 끝난 날의 다음 날에 신고를 수리한 것으로 본다. 〈신설 2017.3.21.〉

제27조(체육시설업 등의 승계) ①체육시설업자가 사망하거나 그 **영업을 양도한 때** 또는 법인인 체육시설업자가 합병한 때에는 그 상속인, 영업을 양수한 자 또는 합병 후 존속하는 법인이나 합병(合倂)에 따라 설립되는 법인은 그 체육시설업의 등록 또는 신고에 따른 권리·의무(제17조에 따라 회원을 모집한 경우에는 그 체육시설업자와 회원 간에 약정한 사항을 포함한다)를 승계한다.

② 다음 각 호의 어느 하나에 해당하는 절차에 따라 문화체육관광부령으로 정하는 체육시설업의 시설 기준에 따른 필수시설을 인수한 자에게는 제1항을 준용한다. 〈개정 2008.2.29., 2010.3.31., 2016.12.27.〉

1. 「민사집행법」에 따른 경매
2. 「채무자 회생 및 파산에 관한 법률」에 의한 환가(換價)
3. 「국세징수법」·「관세법」 또는 「지방세징수법」에 따른 압류 재산의 매각
4. **그 밖에 제1호부터 제3호까지의 규정에 준하는 절차**[194)]

③ 제12조에 따른 사업계획 승인의 승계에 관하여는 제1항과 제2항을 준용한다.

[참고판례 7] 대법원 2006. 6. 29. 선고 2005다49836 판결 [양수도계약무효확인]

【이 유】

1. 상고이유 제1점에 대하여

구 체육시설의 설치·이용에 관한 법률(2003. 5. 29. 법률 제6907호로 개정되기 전의 것, 이하 '구 체육시설법'이라고 한다) 제30조 제3항의 취지는, 사업계획승인을 얻은 자가 체육시설의 설치공사를 완성하여 체육시설업을 신고·등록하기 이전의 단계에서 완성 전의 체육시설에 관한 영업의 양도, 사망, 합병으로 같은 법 제12조에 의한 사업계획승인의 승계가 이루어진 경우 그 양수인, 상속인, 합병 후의 법인이 양도인 등 사업계획승인을 얻은 자의 그 승인에 따른 권리·의무 및 회원모집계약에 따른 지위를 승계한다는 것이라고 해석함이 상당하고(대법원 2004. 10. 28. 선고 2004다10213 판결 참조), 따라서 완성 전 골프장의 필수시설인 골프장부지가 근저당권의 실행으로 경락된 경우에는 체육시설의 설치공사를 완성하여 체육시설업을 등록하기 위하여 조직화된 완성 전의 체육시설에 관한 인적·물적 조직은 그 물적 조직이 사업계획승인을 받은 자의 의사에 기하지 아니하고 분리됨으로써 사업계획승인은 기존에 사업계획승인을 받은 자에게 그대로 남아 있는 것이므로 완성 전 골프장의 필수시설인 골프장부지를 경락받은 자가 사업계획승인도 당연히 승계한다고 할 수는 없고, 골프장부지를 경락받은 자가 사업계획승인도 승계하기 위해서는 당사자 사이의 양도계약 등 별도의 원인이 있어야 할 것이다.

이 사건에서는 피고 회사가 이 사건 골프장부지를 경락받아 그 대금을 납부한 것이 2001. 2. 19.이어서 구 체육시설법이 적용됨이 분명한바, 위 법리와 기록에 비추어 보면, 완성 전 체육시설의 필수시설인 이 사건 골프장부지를 경락받은 피고가 당연히 이 사건 사업계획승인을 승계한다고 할 수는 없고, 이 사건 사업계획승인에 관한 양수도계약의 무효를 주장하는 원고로서는 이 사건 사업계획승인이 누구에게 있는지에 따라 달라질 권리 및 법률관계의 근본적 해결을 위해 그 무효확인을 구할 소의 이익도

194) 주무부서인 문화체육관광부에서는 신탁재산의 공매의 경우에도 체육시설법 제27조 제1항 4호에 해당한다는 입장이다(문화체육관광부. (2014. 2. 19.), 법령해석 요청에 대한 회신(신탁공매), 스포츠산업과 292).

있다고 할 것이다. 아울러 원고가 이 사건 양수도계약의 무효확인을 구하는 것은 그로부터 발생한 권리관계의 확인을 구하는 취지이므로 이를 두고 단순한 사실관계의 확인을 구하는 것이라고 할 수 없고, 그 계약의 무효 여부에 대한 판단을 통해 이 사건 골프장시설에 대한 사업계획승인이 현재 누구에게 귀속하고 있는가를 가림으로써 인적·물적 조직인 이 사건 골프장시설을 둘러싼 복잡한 권리관계 분쟁을 해결할 근원적 기준이 제시되는 것이므로 이 사건 소가 발본색원적 해결수단에 해당하지 않는다고 할 수도 없다.

원심이 같은 취지에서, 이 사건 소는 무효확인의 이익이 없다는 피고의 본안 전 항변을 배척한 것은 정당하고, 거기에 상고이유에서 드는 골프장 사업계획승인 또는 확인의 소에 있어서의 소의 이익에 관한 법리오해의 위법이 없다. 이 부분 상고논지는 이유 없다.

86. 대법원 2012. 4. 26. 선고 2012다4817 판결 [회원가입금반환][195) 196)]

[논점] 신탁재산 공매절차에서 수회 유찰 후 수의계약으로 매각된 경우 체육시설법 제27조 제2항이 적용되는지 여부

【이 유】

원심판결 이유를 관련 법리와 기록에 비추어 살펴보면, 원심이 그 채택증거들을 종합하여 판시와 같은 사실을 인정한 후, 피고와 C은행 사이의 2009. 10. 1.자 원심 판시 이 사건 계쟁건물 부분에 관한 이 사건 매매계약이 구 체육시설의 설치·이용에 관한 법률(2010. 3. 31. 법률 제10219호로 개정되기 전의 것, 이하 '체육시설법'이라고 한다) 제27조 제2항 제4호에서 정한 절차에 포함된다고 볼 수 없으므로 피고가 주식회사 D의 원고 및 별지 선정자목록 기재 선정자들(이하 '원고 등'이라고 한다)에 대한 가입금 반환 채무의 승계인이라고 할 수 없다는 이유로 원고 등의 이 사건 가입금 반환 청구를 기각한 것은 정당하고, 거기에 체육시설법 제27조 제2항 제4호의 해석에 관한 법리를 오해한 잘못이 없다.

[원심판결] 서울고등법원 2011. 11. 9. 선고 2011나21268 판결 [회원입회금반환][197)]

【주 문】

원고(선정당사자)의 항소를 기각한다.

---

195) 이 판결과 아래의 원심판결에서도 '신탁재산의 공매'는 체육시설법 제27조 제2항 4호에 해당하지 않는다는 것인지, 해당 사안이 '수의계약'으로 매각된 경우이어서 공매 절차 중 '수의계약'은 같은 호에 해당하지 않는다는 것인지, 아니면 이 사안에서 문제된 시설물이 체육시설업자의 소유가 아니어서 처음부터 체육시설법 적용 대상이 아니라는 것인지 명확하지 않은 면이 있고, 나아가 이 판결의 사안(헬스장)과는 다른 체육시설(골프장 등)의 경우에도 이 판결과 동일한 결론에 이를 수 있는지 여부도 명확하지 않다. 이와 같은 불명확성 때문에 실무계에서는 여전히 견해가 대립되고 있는데, 이 판결 이후에도 '신탁재산 공매(수의계약 포함)'의 경우에도 체육시설법의 규정이 적용되어야 한다는 취지의 하급심 판결이 존재하고(수원지방법원 2015. 7. 8. 선고 2014구합53651 판결), 주무부서인 문화체육관광부에서는 '신탁재산 공매(수의계약 포함)'의 경우에도 체육시설법 제27조 제2항 4호에 해당한다는 입장을 견지하고 있다(문화체육관광부. (2014. 2. 19.), 법령해석 요청에 대한 회신(신탁공매), 스포츠산업과 292). 그리고 2017년 3월 20일에는 이 판결과 마찬가지로 신탁재산 공매절차에서 수의계약으로 신탁재산이 매각된 사안을 다루고 있는 다른 상고사건(일명 김천 베네치아 골프장 사건)이 전원합의체 재판부로 회부되었다고 하므로 추후 이 문제에 관한 대법원 판결의 추이를 좀 더 지켜보아야 할 것이다.

196) 이 판결에 대한 평석은, (1) 이상규, 체육시설의 신탁공매에 따른 소유권이전과 체육시설업자의 권리·의무의 승계 여부, 건설법무 제2권(2016. 6), 한국건설법무학회, 69면 이하, (2) 박종수. 신탁재산의 공매와 체육시설업의 승계-대법원 2012. 4. 26. 선고 2012다4817 판결을 중심으로-, 법조 64권 5호, 법조협회, 241면 이하, (3) 천경훈, 골프장 부지의 양도와 회원권 승계, 민사재판의 제문제 22권, 민사실무연구회, 201면 이하를 각 참고할 것.

197) 이 판결에 대한 평석은, 박경수, 체육시설법 제27조 제2항의 해석 서울고등법원 2011. 11. 9. 선고 2011나21268 판결, 대한변협신문 510호를 참고할 것.

항소비용은 원고(선정당사자)가 부담한다.

【청구취지 및 항소취지】

제1심 판결을 취소한다.

피고는 원고(선정당사자, 이하 '원고'라고만 한다) 및 별지 선정자 명단 '선정자'란 순번 2 내지 106 기재 각 선정자들에게 같은 목록 '가입금'란 기재 각 해당 금원을 지급하라.

【이 유】

(나) 그러므로 보건대, 이 법원의 판단은 다음과 같다.

① 체육시설법 제27조의 문언에 의하면, 체육시설업자가 그 회원과 맺은 약정에 따른 권리·의무의 승계에 관하여, 그 제1항은 그 업자가 사망하거나 합병되거나 영업양수가 있는 경우, 즉 영업이 그대로 이전되는 경우에 있어서는 그 양수인 등이 이를 승계하도록 규정하고, 그 제2항에서는 영업이전은 없으나 문화체육관광부령이 정하는 체육시설의 필수시설(이하 '필수시설'이라 한다)을 인수한 경우로서 그 인수가 그 각 호 중 어느 하나의 절차에 의한 경우에는 그 인수인이 이를 승계하도록 규정하고 있음은 명백하다. 체육시설법 제27조제2항에 의한 회원에 대한 권리·의무의 승계는 필수시설의 인수가 있는 경우 중에도 일정한 절차에 의한 경우에 한정되므로, 필수시설의 인수가 있다고 본다면 그 제1, 2, 3호 어디에도 해당되지 아니하는 이 사건에서 회원에 대한 권리·의무의 승계가 수반되는지 여부는 결국 이 사건 규정의 해석에 좌우된다.

먼저 이 사건 규정은 그 제1, 2, 3호에 준하는 절차로 한정하고 있는바, 그 제1, 2, 3호의 규정에 의한 절차의 공통점을 보면, 이는 모두 법률의 규정에 의하여 권리변동이 일어나는 경우로서 그 인수자의 인수조건 역시 법률의 규정에 의하여 정하여지는 절차이다. 다음으로 체육시설법 제27조제2항은 일정한 인수자로 하여금 강제적으로 회원에 대한 권리·의무를 인수하도록 함으로써 회원의 법적 지위를 보호함과 함께 그 인수가 일어나는 경우를 명확히 한정함으로써 권리변동에 있어서 항상 고려되어야 할 거래의 안전(필수시설 인수자의 승계범위 확정)을 도모하고 있다. 따라서 이 사건 규정의 해석에 있어서도 이러한 법적 가치가 함께 고려되어야 한다.

이 사건으로 돌아와 보건대, 이 사건 사실관계의 핵심인 신탁법에서 정한 신탁재산의 처분은 반드시 공매 등 경쟁을 통한 매각절차에 의하도록 법에 강제되어 있지 아니하고 그 처분방법은 위탁자와 수탁자 사이의 약정으로 정해진다(이 사건의 경우 신탁계약 제20, 21조, 특약 제7조, 을 제1호증). 또한 체육시설법이 2003. 5. 29. 법률 제6907호로 개정되어 제27조제2항이 신설될 당시(개정 당시는 제30조제2항이다) 사업자가 자금마련의 수단으로 신탁법상 신탁을 이용하고, 그 신탁재산이 공매되는 사회현상이 엄연히 존재하였다. 따라서 입법자가 이 경우까지 신탁재산인 필수시설의 인수인에게 종전 체육시설업자와 회원들 사이의 약정을 승계하도록 의도하였다면 '신탁법에서 정한 신탁재산의 공매'의 경우를 추가하여 입법으로 해결하였을 터인데 그리하지 않았다. 그리고 이 사건 매매계약처럼 수의계약에 의하여 필수시설을 양수하는 경우까지를 승계의 범위에 포함하려 하였다면 주택임대차보호법(제3조제3항)이나 상가건물임대차보호법(제3조제2항)과 같이 간명하게 입법하였을 터인데 입법자는 그러한 입법방식을 선택하지도 않았다.

나아가 신탁법상 신탁재산의 매각절차와 체육시설법 제27조제2항제1, 2, 3호에서 정한 절차의 차이점을 본다. 체육시설법 제27조제2항제1, 2, 3호에서 정한 절차는 체육시설의 소유자의 의사와 무관하게 채권자의 경매신청이나 국가의 체납처분 등에 의하여 강제로 매각되는 경우임에 반하여, 신탁재산의 경우 규범적으로 소유자인 수탁자의 의사에 의하여 매각절차가 진행된다. 또한 신탁재산이 공매 등으로 처분되더라도 체육시설법 제27조제2항제1, 2, 3호에서 정한 절차와 달리 신탁재산상의 제한물권이나 보전처분 등의 부담이 소멸하는 것도 아니다(민사집행법 제91조, 채무자회생법 제496조제1항, 국세징수법 제79조, 국세징수법 시행령 제77조 참조). 더구나 이 사건처럼 수의계약의 경우에는 승계의 범위에 관하여 당사자들의 협상이 개입할 여지가 있는 법률행위에 의한 재산권의 이전이라는 점에서 체육시설법 제27조제2항제1, 2, 3호에서 정한 절차와 중요한 차이가 있다.

한편, 파산관재인의 환가방법에 임의매각이 허용되더라도 반드시 법원의 허가를 얻도록 하고 있어(채무자회생법 제496조제2항) 법원이 임의매각 조건에 제반사정을 고려할 수가 있고, 국세징수법에서 정한 수의계약도 그 요건(국세징수법 제62조제1항제1 내지 6호, 매각대금을 체납처분에 충당하고도 잔여가 생길 여지가 없을 때, 부패 등이 쉬운 재산으로 속히 매각하지 않으면 그 가치가 감손될 우려가 있을 때, 제1회 공매 후 1년간에 5회 이상 공매하여도 매각되지 아니한 때 등)을 법으로 엄격히 정하고 있는 바, 이와 같은 경우에도 이 사건 규정이 적용될 수 있을지 여부는 별론으로 하더라도, 앞서 본 여러 사정에 비추어 적어도 당사자 사이의 약정(이 사건 신탁계약 제20조제1항)으로 신탁재산의 처분 방법을 정하고 있는 신탁재산의 매각의 경우를 이와 같이 볼 것은 아니다.

② 원고가 들고 있는 그 밖의 사정들에 대하여 본다.

앞서 인용한 제1심 판결의 기초사실 등에 의하면, 이 사건 계쟁건물 부분에 관한 피고의 매수가인 약 141억 원은 공매절차에서 6차례 저감된 최저가에 근접한 가격인데, 그 가격은 C의 분양가 300억 원 및 공매과정에서 제1차 최저입찰가 약 238억원(갑 제6호증의 2, 신탁계약 제21조제1항에 의하면 그 238억 원은 감정평가액 이상으로 보이고, 그 감정평가 과정에 가입금 반환채무나 공사대금 채무 등이 고려되었는지 여부를 알 수 있는 자료가 없다)에 훨씬 미달하는 사정을 알 수 있고, 제1심 증인 D의 증언에 변론 전체의 취지를 종합하면, 피고의 모회사로 보이는 E의료재단은 병원으로 사용하기 위하여 부동산 컨설팅 회사인 F 주식회사에게 적당한 건물의 물색을 의뢰하였고 F 주식회사 직원인 D는 물색과정에서 이 사건 계쟁건물 부분과 관련하여 C이 회원을 모집한 사정을 확인한 사실이 인정되며, 신탁법은 수탁자에게 장부비치의무를 부과하고(제33조), 이해관계인은 언제든지 그 장부를 열람할 수 있도록 정하고 있으므로(제34조), 피고는 이 사건 계쟁건물 부분에 관한 C과 회원 사이의 권리의무 관계를 이 사건 매매계약 이전에 충분히 알 수 있었을 것으로 보인다.

그러나 앞서 인용한 제1심 판결 제2의 가항에서 인정한 바와 같이 이 사건 계쟁건물 부분에 대한 공매절차에서 매각공고 당시 한국외환은행은 제한물권 등의 부담에 관하여 매도인인 한국외환은행이 책임지지 않는다는 등의 매각조건을 두었을 뿐 매수자가 원고 등과 같은 회원들의 권리·의무를 승계하여야 한다는 것을 조건으로 삼지 않은 점, 한국외환은행이 회원들에 대한 입회비 반환의무를 부담하는 것이 아니므로 매수인에 대하여 그 의무를 승계하라는 조건을 둘 수도 없고, 만일 약 120억 원(갑 제4호증)에 달하는 회원들에 대한 입회비 반환의무를 매수인이 부담하는 것을 매각조건으로 하였다면 제1차 최저입찰가격을 이 사건 계쟁건물 부분에 대한 감정가 수준으로 정하였을 것으로는 보이지 않는 점 및 앞서 본 입법자의 의사와 체육시설법 제27조제2 항제1, 2, 3호에서 정한 절차와 신탁법에서 정한 신탁재산의 매각절차에는 중대한 차이가 있는 점 등에 비추어, 피고가 이 사건 계쟁건물 부분과 관련하여 C의 입회비 반환의무 등의 권리관계가 존재한다는 사정을 알았고, 신탁법에서 신탁재산에 관한 장부를 열람할 수 있도록 보장하고 있으며, 공매절차의 수회 유찰 후 수의계약으로 이 사건 매매계약이 체결되었다는 사정만으로 바로 이 사건 매매계약이 체육시설법 제27조제2항제1, 2, 3호에 준하는 절차에 포함된다고 볼 수도 없다.

③ 다시 체육시설법 제27조제2항으로 돌아와 본다.

무릇 권리의 양도인은 자신이 가지고 있지 않은 법적 지위를 양도할 수는 없고, 양수인도 양도인이 가지고 있는 법적 지위를 초과하여 양도인으로부터 이를 취득할 수는 없다.

체육시설법 제27조제2항의 문언을 보면, 민사집행법상 경매 등에 의하여 필수시설을 인수한 자는 그 체육시설업자와 회원 사이의 약정사항을 승계한다고 정하면서 종전 소유자가 체육시설업자인지 여부에 관하여는 아무런 규정을 두지 아니하고 있다. 종전 소유자가 체육시설업자가 아니어서 회원과 아무런 약정관계가 없어도 승계가 일어나는 것처럼 읽힐 수도 있다. 그러나 이와 같이 풀이하는 것은 부당하다.

㉮ 다음과 같이 경제주체 사이에 불합리한 상황을 피할 수 없게 된다. 즉, 건물 소유자가 체육시설업자에게 건물을 임대하고 그 건물이 건물 소유자의 사정으로 경매될 때 낙찰자는 체육시설업자가 부담하는 가입금 반환채무를 고려하여 낮은 금액으로 응찰할 수밖에 없는데, 건물 소유자는 자신이 그 대가를 얻지도 않았던 가입금 반환채무의 당연승계로 인하여 건물가치(매각대금)가 하락되는 불측의 손해를 입게 되는 것이다. 이는 비단 건물 소유자의 피해에 그치는 것이 아니고, 역시 그 체육시설업자와는 무관한, 그 건물을 책임재산으로 하는 담보채권자나 일반 채권자에게도 그 피해가 고스란히 돌아간다. 나아가 건물 소유자가 위와 같은 불측의 손해를 피하기 위하여 체육시설업자에게 임대하기를 꺼리는 결과가 초래된다면 체육시설의 설치·이용을 장려하려는 체육시설법의 목적에도 반한다.

㉯ 또한, 체육시설업자가 타인 소유인 필수시설을 이용하여 정상적으로 영업을 하고 있음에도 그 체육시설업자와 회원 사이의 약정이 그들과 무관한 제3자에게 승계되는데 이는 체육시설법 제27조제2항이 추구하는 회원의 권익보호의 취지에도 어긋난다. 그 제3자가 그 체육시설업을 계속 영위할 의사가 있는지, 그 제3자가 종전의 체육시설업자보다 경제적 신용의 면에서 더 우월한지 알 수 없기 때문이다. 그럼에도 법에는 이에 대한 아무런 배려가 없다.

따라서 체육시설법 제27조제2항을 해석함에 있어서 필수시설의 전 소유자가 체육시설업자인 경우에 한하여 그 적용이 있는 것으로 이를 좁혀 해석하는 것이 법리상 타당하고, 이와 같이 해석하는 것이 체육시설법 제27조제1항과도 조화를 이룬다.

(다) 위와 같은 사정을 종합하면, 법률행위에 의하지 아니한 권리변동도 아니고 인수 목적물의 종전 소유자가 체육시설업자도 아닌 이 사건 매매계약이 이 사건 규정에서 정한 절차에 포함된다고 볼 수 없으므로, 피고가 C의 원고 등에 대한 가입금 반환채무의 승계인이라고 할 수는 없고, 달리 이를 인정할 증거가 없으므로, 원고의 이 부분 주장은 더 나아가 살필 필요 없이 이유 없다.

[실무참고 18] 체육시설법 제27조 제2항 제4호 관련 법제처 법령해석(10-0419) (회신일자 2010-12-30)

부동산 담보신탁에 따른 공개 매도절차가 「체육시설의 설치·이용에 관한 법률」 제27조 제2항 제4호에 해당하는지 여부

1. 질의요지

금융기관으로부터 자금을 빌리려는 목적 등으로 신탁회사와 체결한 신탁계약(이른바 부동산담보신탁)의 내용에 따라, 신탁회사가 채무변제 등을 위하여 실시한 공개 매도절차를 통해 제3자가 토지 등 체육시설업의 필수시설을 인수한 경우, 해당 공개 매도절차를 「체육시설의 설치·이용에 관한 법률」 제27조제2항제4호의 '그 밖에 제1호부터 제3호까지의 규정에 준하는 절차'에 해당하는 것으로 볼 수 있는지?

2. 회 답

금융기관으로부터 자금을 빌리려는 목적 등으로 신탁회사와 체결한 신탁계약의 내용에 따라, 신탁회사가 채무변제 등을 위하여 실시한 공개 매도절차를 통해 제3자가 토지 등 체육시설업의 필수시설을 인수한 경우, 해당 공개 매도절차는 「체육시설의 설치·이용에 관한 법률」 제27조제2항제4호의 '그 밖에 제1호부터 제3호까지의 규정에 준하는 절차'에 해당하는 것으로 볼 수 있습니다.

3. 이 유

먼저, 「체육시설의 설치·운영에 관한 법률」(이하 "체육시설법"이라 함) 제27조제2항에서는 「민사집행법」에 따른 경매, 「채무자 회생 및 파산에 관한 법률」에 따른 환가(換價), 「국세징수법」이나 「지방세법」 등에 따른 압류재산의 매각 등의 절차에 따라 체육시설업의 필수시설(이하 "필수시설"이라 함)을 인수한 자에게는 체육시설업의 등록 등에 따른 권리·의무를 승계하도록 규정하고, 이러한 권리·의무에는 체육시설업자와 회원 간에 약정한 사항을 포함하는 것으로 규정되어 있는바, 동 규정은 2003. 5. 29. 법률 제6907호로 일부 개정되어 2003. 8. 30. 시행된 「체육시설의 설치·운영에 관한 법률」에서 신설된 것으로서, 종전에 체육시설업자의 사망이나 영업양도 등의 경우에만 인정되던 권리·의무의 승계에 관한 내용을 경매 등의 절차에서 필수시설을 인수한 경우에도 적용하도록 확대하여 체육시설 회원 등의 권익을 보호하려는 것을 그 취지로 하고 있습니다.

즉, 체육시설법 제27조제2항은 영업양도 등으로 사업 및 시설 일체가 이전되는 경우에 준하여, 경매 등의 절차를 거쳐 필수시설만을 인수한 경우에도 체육시설업의 등록에 따른 권리·의무나 기존 체육시설업자 또는 사업계획승인을 받은 자와 회원 간에 체결된 약정까지 승계하도록 하여 체육 시설 회원의 권익을 보호하려는 취지라고 할 것이므로, 경매·환가·압류재산 매각 등과 법적으로 유사한 절차를 거치는 경우뿐만 아니라 그와 유사하게 외부에 체육시설 소유권 이전의 원인행위에 관한 내용이 알려지는 절차를 통하여 필수시설의 '소유권'이 변경되는 경우라면 체육시설 회원의 보호를 위하여 동 규정이 적용되는 것으로 해석해야 할 것입니다.

이에 따라 살펴보면, 위탁자와 담보목적의 신탁계약을 체결한 신탁회사가 위탁자의 채무변제를 위하여 실시하는 공개 매도절차(이른바 공매)는 「민사집행법」상 경매 등과 같이 채권실행의 방법이나 이에 따른 소유권 이전 등에 대하여 법률에서 특별히 규정하고 있는 절차는 아니나, 매수대상자 모집 등과 관련하여 매매절차의 진행이 일반에게 알려져 있고, 부동산신탁업자가 행하는 신탁업무는 관련 법령에 따라 국가의 엄격한 감독을 받고 있으므로 체육시설법 제27조제2항제1호부터 제3호까지에 규정된 경매, 환가, 압류재산의 매각 등에 준하는 공개성이나 절차적 공정성이 일정 정도 담보되는 경우라고 볼 수 있고, 동 절차를 통하여 체육시설업과 관련된 필수시설의 매수인이 되는 경우 필수시설의 소유권이 이전된다는 실질에 있어서는 경매 등의 절차와 크게 다르지 않다고 할 것이므로, 신탁회사가 실시하는 공개 매도절차 역시 같은 법 제27조제2항제1호부터 제3호까지에 규정된 경매 등의 절차에 준하는 것으로 볼 수 있다고 할 것입니다.

한편, 체육시설법 제27조제2항은 체육시설의 회원 보호를 위한 규정이면서 동시에 그 권리·의무 승계의 주체를 체육시설업과 관련된 '필수시설'을 인수한 자로 하여 필수시설을 인수한 후에는 체육시설업으로서의 운영이 가능하도록 하려는 취지도 있다고 할 것이므로, 소정의 절차를 통하여 필수시설의 소유권을 취득한 자라면 이에 따른 권리·의무의 승계를 인정하는 것이 동 규정의 취지에 부합하다고 할 것인바, 신탁회사가 신탁약정의 내용 등에 따라 개시한 공개 매도절차를 통하여 필수시설을 인수한 자의 경우에도 같은 조 제1항의 권리·의무 승계규정이나 회원과의 약정 승계 조항이 적용된다고 보아야 할 것입니다.

다음으로, 체육시설법 제27조제3항에서는 체육시설업 사업계획승인의 승계에 관하여 같은 조 제1항 및 제2항을 준용한다고 규정하고 있는바, 이는 경매 등의 절차에 의해 필수시설을 인수한 경우 별도의 사업계획승인을 다시 받거나 사업계획승인의 승계를 위한 별도의 절차가 없이도 필수시설의 인수만으로 사업계획승인을 승계하도록 함으로써 기존의 사업계획승인에 기초하여 모집된 회원과의 약정을 포함하는 그 승인에 따른 권리·의무를 승계하도록 하여(대법원 2009. 2. 12. 선고 2007두8201 판결 참조), 체육시설을 완성할 토지 등 물적 조직을 떠나서는 의미가 없는 사업계획승인(대법원 2004. 10. 28. 선고 2004다10213 판결 참조)과 체육시설업의 등록이나 신고에 필요한 시설을 분리시키지 않으려는 의도가 있다고 할 것이고, 신탁회사의 공개 매도절차 등에 따라 토지를 매수한 경우에도 체육시설 부분이 사업계획승인과 분리되지 않도록 할 필요성은 여전히 존재한다고 할 것이므로, 신탁회사의 공개 매도절차를 체육시설법 제27조제2항제4호의 '그 밖의 절차'에 포함되는 것으로 보아 같은 항 제1호부터 제3호까지의 경매 등의 절차와 동일하게 취급하는 것이 합리적이라고 할 것입니다.

따라서, 금융기관으로부터 자금을 빌리려는 목적 등으로 신탁회사와 체결한 신탁계약의 내용에 따라, 신탁회사가 채무변제 등을 위하여 실시한 공개 매도절차를 통해 제3자가 토지 등 체육시설업의 필수시설을 인수한 경우, 해당 공개 매도절차는 체육시설법 제27조제2항제4호의 '그 밖에 제1호부터 제3호까지의 규정에 준하는 절차'에 해당하는 것으로 볼 수 있습니다.

[실무참고 19] 체육시설법 제27조 제2항 제4호 관련 문화체육관광부(2014. 2. 19.), 법령해석 요청에 대한 회신(신탁공매), 스포츠산업과 292

경매·환가·압류재산 매각 등과 법적으로 유사한 절차를 거치는 경우뿐만 아니라 그와 유사하게 외부에 체육시설 소유권 이전의 원인행위에 관한 내용이 알려지는 절차를 통하여 필수시설의 '소유권'이 변경되는 경우라면 체육시설 회원의 보호를 위하여 동 규정이 적용되는 것으로 해석이 타당할 것임.

따라서 금융기관으로부터 자금을 빌리려는 목적 등으로 신탁회사와 체결한 신탁계약의 내용에 따라, 신탁회사가 채무변제 등을 위하여 실시한 공개 매도절차를 통해 제3자가 토지 등 체육시설업의 필수시설을 인수한 경우, 해당 공개 매도절차는 체육시설법 제27조 제2항 제4호의 '그 밖에 제1호부터 제3호까지의 규정에 준하는 절차' 에 해당하는 것으로 볼 수 있음.

87. 대법원 2012. 11. 29. 선고 2011다84335 판결 [소유권이전등기]

> [논점] 임대주택에 관하여 분양전환 완료 시까지 소유권을 보존·관리하기 위한 목적으로 부동산관리신탁이 설정된 경우, '임대사업자가 임대주택을 신탁회사로부터 반환받을 권리'가 입질 대상이 될 수 있는지 여부

【이 유】

4. 제3, 4점에 대하여

가. 원심판결 이유에 의하면, 평창토건은 분양전환 완료 시까지 이 사건 아파트에 관한 소유권을 관리·보존하기 위하여 피고 신탁회사와 사이에 을종 부동산 관리신탁계약을 체결한 후 피고 신탁회사 앞으로 그 건물 등에 관한 신탁등기 및 소유권이전등기 등을 마친 사실, 이 사건 신탁계약서에 의하면 수익자는 임대사업자인 평창토건 자신이고, 신탁원본은 이 사건 아파트와 회사가 보관하고 있는 임대보증금, 신탁부동산의 물상대위로 취득한 재산 및 기타 이에 준하는 것으로 하며, 신탁기간은 신탁계약 체결일로부터 분양전환 완료 시까지로 하고, 신탁기간 만료 등 신탁종료 시 수익자는 수탁자에게 신탁보수 등을 지급, 정산하고 신탁재산에 대한 소유권이전등기 및 신탁등기말소 등을 신청할 수 있다고 기재되어 있는 사실, 평창토건은 그 후 보조참가인 근질권자들에 대한 채무를 담보하기 위하여 이 사건 신탁

수익권을 목적으로 하는 근질권을 설정하였고 피고 신탁회사는 이를 승낙한 사실을 알 수 있다.

나. 원고들과 평창토건 사이에 분양전환을 위한 매매계약이 성립된 이상 원고들이 부담하는 분양전환가격에 따른 매매대금 지급의무와 평창토건이 부담하는 이 사건 아파트 건물 등에 관한 소유권이전등기의무 등은 동시이행의 관계에 있다고 할 것인바, 평창토건이 그 소유권이전등기 등 의무를 이행하려면 먼저 피고 신탁회사에 신탁되어 있는 이 사건 아파트를 반환받을 필요가 있다. 그런데 이 사건 신탁계약의 종료 사유인 '분양전환 완료'의 의미를 매매계약에 따라 동시이행관계에 있는 위 각 의무의 이행까지 마쳐지는 것으로 해석하면 분양전환을 위한 매매계약의 성립만으로는 아직 신탁이 종료되지 아니하여 평창토건이 이 사건 아파트를 반환받을 수 없게 되고, 이는 사실상 원고들에게 매매대금의 선이행을 강제하는 결과를 초래하게 된다. 따라서 이 사건 신탁의 목적인 분양전환의 원만한 이행이라는 측면에서, 이 사건 신탁계약에서 정한 신탁종료 사유인 '분양전환 완료'란 '임차인과 임대사업자 사이에 분양전환을 위한 매매계약이 성립된 것'을 의미하는 것으로 해석함이 상당하다.

같은 취지의 원심판단은 정당하고, 거기에 상고이유로 주장하는 바와 같은 이 사건 신탁계약의 종료사유인 '분양계약 완료'의 해석에 관한 법리오해 등의 위법이 없다.

다. 구 임대주택법(2007. 7. 19. 법률 제8534호로 개정되기 전의 것, 이하 '구 법'이라고 한다) 제12조의3 제1항은 임대사업자는 주택법에 의한 사업계획의 승인을 받아 시행하는 주택건설사업에 의하여 건설된 임대주택에 대하여는 분양전환 이전까지 저당권이나 가등기담보 등 담보물권을 설정하는 행위 등을 하여서는 아니 된다고 규정하고, 제2항은 임대사업자는 소유권보존등기 신청과 동시에 제1항의 규정에 의한 임대주택에 대하여 분양전환 이전까지 제한물권의 설정이나 압류·가압류·가처분 등이 될 수 없는 재산임을 부기등기 신청하여야 한다고 규정하며, 제3항은 제2항의 규정에 의한 부기등기일 후에 당해 임대주택에 설정받은 제한물권이나 압류·가압류·가처분 등은 무효로 한다고 규정하고 있다.

이러한 규정의 취지는, 임차인이 장차 분양전환에 의하여 유효한 소유권을 취득할 수 있도록 임대사업자의 임대주택에 관한 저당권 설정 등 일정한 처분행위를 금지하되 이러한 처분 제한으로 말미암아 제3자가 불측의 손실을 입는 것을 방지하기 위하여 일정한 금지사항의 취지를 부기등기하도록 하고, 부기등기 이후에는 임대주택에 관하여 처분금지의 대상이 되는 담보권 설정 등을 원인으로 한 등기 내지 압류·가압류·가처분 등의 효력을 부정함으로써 임대사업자의 채권자들에 우선하여 임차인들을 보호하려는 데에 있다고 할 것이다.

한편 구 법 제12조의3 제2항 및 그 위임에 의한 구 법 시행령(2008. 6. 20. 대통령령 제20849호로 전부 개정되기 전의 것) 제9조의5 제2항은 임대사업자가 국가·지방자치단체·대한주택공사 또는 지방공사이거나 당해 임대주택을 신탁회사 등에 신탁하는 경우에는 금지사항 부기등기의무의 예외를 인정하여 주고 있는데, 이는 국가 등의 경우에는 부도, 파산이나 법이 금지하고 있는 처분행위의 위험성이 없고, 일반 임대사업자의 경우에는 임대주택에 대한 신탁이 설정되면 당해 임대주택은 위탁자인 임대사업자의 재산권으로부터 분리될 뿐만 아니라 수탁자의 고유재산으로부터 구별되어 관리되고, 수탁자 고유의 이해관계로부터 분리되는 등 독립성이 확보되어 마치 금지사항 부기등기가 마쳐진 것과 동일한 효과를 누릴 수 있기 때문이라고 할 것이다.

그런데 임대사업자가 임대주택에 관하여 분양전환 완료 시까지 소유권을 보존·관리하기 위하여 이를 신탁회사에 신탁하였다고 하여 그 수익권자인 임대사업자가 임대주택을 신탁회사로부터 반환받을 권리를 자신의 채권자에게 입질하는 것까지 허용된다고 하면 그 질권자의 질권실행에 따라서는 임대사업자가 해당 임대주택의 소유권을 회복할 수 없게 될 위험에 처할 수 있고, 이는 결국 임대주택에 대한 신탁이 오히려 임차인의 우선 분양전환권을 해하는 수단으로 변질될 수 있다는 점에서 부당하다고 하지 않을 수 없다. 따라서 저당권 설정 등 처분제한 및 금지사항 부기등기 제도의 입법 목적과 신탁이 설정된 경우에는 부기등기에 대한 예외를 인정해 준 규정 취지 등에 비추어 보면, 임대주택의 분양전환 완료 시까지 소유권을 보존·관리하기 위한 목적의 부동산관리신탁이 설정된 경우에 있어서 특별한 사정이 없는 한 임대사업자가 임대주택을 신탁회사로부터 반환받을 권리는 그 성질상 입질의 대상이 될 수 없고, 이러한 권리를 목적으로 하는 권리질권은 효력이 없다고 할 것이다.

위 사실관계를 앞서 본 법리에 비추어 살펴보면, 이 사건 신탁은 분양전환 완료 시까지 이 사건 아파트에 관한 소유권의 관리·보존만을 목적으로 설정된 것이므로 원고들과 평창토건 사이에 분양전환을 위한 매매계약이 성립된 이상 그 목적 달성으로 종료되었고, 신탁이 종료된 이상 피고 한국토지신탁은 이 사건 신탁약정에 따라 수익자인 평창토건에게 신탁원본에 해당하는 이 사건 임대주택을 반환할 의무가 있으며, 이러한 반환청구권을 목적으로 하여 설정된 권리질권은 효력이 없으므로, 수익자인 평창토건은 이 사건 아파트에 관한 반환청구권의 행사에 있어서 보조참가인 근질권자들의 동의를 받을 필요가 없다고 할 것이다.

같은 취지의 원심의 판단은 정당하고, 거기에 상고이유에서 주장하는 바와 같은 임대사업자의 신탁수익권을 목적으로 한 근질권의 효력 등에 관한 법리오해 등의 위법이 없다.

라. 민법 제475조는 변제자가 채무 전부를 변제한 때에는 채권자에게 채권증서의 반환을 청구할 수 있다고 규정하고 있으나, 이러한 채권증서 반환청구권은 변제와 동시이행관계에 있지 아니하다(대법원 2005. 8. 19. 선고 2003다22042 판결).

원심판결 이유에 의하면, 원심은 이 사건 신탁계약에 기한 수익권증서는 그 성격상 유가증권 내지 지시증권이 아닌 채권증서에 해당한다고 볼 수 있는 점 등 그 판시와 같은 사정을 들어 피고 파산관재인의 수익권증서 반환의무와 피고 한국토지신탁의 신탁재산 반환의무가 동시이행의 관계에 있다고 보기 어렵다고 판단하여 피고 한국토지신탁의 동시이행 항변을 배척하였다.

앞서 본 법리와 기록에 비추어 살펴보면, 원심의 위와 같은 판단은 정당한 것으로 수긍할 수 있고, 거기에 상고이유의 주장과 같은 신탁종료 시 수익자의 수익권증서 반환의무와 수탁자의 신탁목적물 반환의무의 동시이행관계에 관한 법리오해 등의 위법이 없다.

[원심판결] 부산고등법원 2011. 8. 23. 선고 2009나19857 판결 [소유권이전등기]

【주 문】

1. 제1심 판결을 다음과 같이 변경한다.

가. 피고 파산채무자 평창토건 주식회사의 파산관재인은, 별지 1. 원고 명단 기재 원고들로부터 별지 4.의 '평형별 분양대금' 란 기재 각 금원을 수령함과 동시에 위 원고들에게,

(1) 별지 3.의 '임차부동산' 란 기재 각 부동산에 관하여 2009. 1. 30.자 매매를 원인으로 한 소유권이전등기절차를 이행하고,

(2) 울산 북구 명촌동 진장·명촌토지구획정리사업지구 내 115블럭 1-1롯트 38,214㎡ 중 별지 3.의 '대지지분' 란 기재 각 지분에 관하여 2009. 1. 30.자 매매를 원인으로 한 진장·명촌지구토지구획정리조합에 비치된 체비지매매대장상의 매수인명의변경절차를 이행하라.

나. 피고 주식회사 한국토지신탁은 평창토건 주식회사에게,

(1) 별지 3.의 '임차부동산'란 기재 각 부동산에 관하여,

(가) 울산지방법원 중부등기소 2005. 2. 4. 접수 제9031호로 마친 신탁등기의 말소등기절차를 이행하고,

(나) 2009. 1. 30.자 신탁종료를 원인으로 한 소유권이전등기절차를 이행하고,

(2) 울산 북구 명촌동 진장·명촌토지구획정리사업지구 내 115블럭 1-1롯트 38,214m² 중 25647.1908/38214 지분에 관하여 2009. 1. 30.자 신탁종료를 원인으로 한 진장·명촌토지구획정리조합에 비치된 체비지매매대장상의 매수인명의변경절차를 이행하라.

다. 원고들의 피고 파산채무자 평창토건 주식회사의 파산관재인에 대한 나머지 청구를 모두 기각한다.

2. 원고들과 피고들 사이의 소송총비용 중 50%는 원고들이, 나머지는 피고들이 각 부담하고, 보조참가로 인한 소송총비용 중 50%는 원고들이, 나머지는 피고 보조참가인들이 각 부담한다.

【청구취지 및 항소취지】

1. 청구취지

가. 피고 파산채무자 평창토건 주식회사의 파산관재인(이하 '피고 파산관재인'이라 한다) : 피고 파산관재인은 별지 1. 원고 명단 기재 원고들(이하 '원고들'이라 한다)에게, 별지 3. 목록 중 "임차부동산" 란 기재 각 부동산에 관하여 2009. 1. 21.자 청구취지 및 원인 변경 신청서 송달일자 매매를 원인으로 한 소유권이전등기절차를 이행하고, 울산 북구 명촌동 진장·명촌토지구획정리지구 115블럭 1-1롯트 38,214m² 중 별지 3. 목록 중 "대지지분" 란 기재 각 대지지분에 관하여 2009. 1. 21.자 청구취지 및 원인 변경 신청서 송달일자 매매를 원인으로 한 진장·명촌지구토지구획정리조합에 비치된 체비지매매대장상의 매수인명의변경절차를 이행하라.

나. 피고 주식회사 한국토지신탁(이하 '피고 한국토지신탁'이라 한다) : 주문 제1의 나.항과 같다.

2. 항소취지

제1심 판결을 취소한다. 원고들의 피고들에 대한 청구를 모두 기각한다.

【이 유】

(4) 피고 한국토지신탁에 대한 청구가 가능한지에 대하여

㈎ 원고들이 피고 파산관재인에게 이 사건 각 임대주택에 관한 매도청구권을 행사한 것만으로 평창토건과 피고 한국토지신탁 사이의 이 사건 신탁계약이 종료된 것으로 볼 수 없다.

㈏ 이 사건 신탁계약에 따라 평창토건이 보유한 수익권에 대한 이해관계인인 피고보조참가인 질권자들이 있는 한, 피고 한국토지신탁은 그들의 동의 없이는 피고 파산관재인에게 이 사건 각 임대주택 및 그 대지지분에 관한 소유권이전등기절차를 이행할 수 없다.

㈐ 이 사건 신탁계약상 평창토건의 신탁수익권증서반환의무와 피고 한국토지신탁의 소유권이전등기의무는 동시이행 관계에 있다 할 것인데, 평창토건이 피고 보조참가인들에게 신탁수익권증서에 관하여 근질권을 설정하여 피고 파산관재인의 피고 한국토지신탁에 대한 신탁수익권증서 반환의무가 이행불능 상태에 빠졌으므로, 피고 한국토지신탁도 피고 파산관재인에게 소유권이전등기를 해 줄 의무가 없다.

…

라. 평창토건과 피고 한국토지신탁 사이의 신탁계약이 신탁기간 도과로 종료되었는지 여부

원고들이 피고 파산관재인에 대하여 이 사건 각 임대주택과 그 대지를 원고들에게 매도할 것을 청구하여 원고들과 피고 파산관재인 사이에 이 사건 처분 당시 정해진 가격으로 매매계약이 체결됨으로써

임대주택에 관하여 분양전환완료시까지 소유권의 보존·관리를 목적으로 체결된 평창토건과 피고 한국토지신탁 사이의 이 사건 신탁계약은 그 신탁의 목적이 달성되어 원고들과 피고 파산관재인 사이의 매매계약체결일인 2009. 1. 30.에 종료되었다고 봄이 상당하다.

마. 원고들이 피고 보조참가인 근질권자들의 동의 없이 이 사건 신탁계약을 해지하고 소유권이전등기를 구할 수 있는지 여부

(1) 앞서 채용한 증거에 변론 전체의 취지를 종합하면, ① 평창토건이 피고 한국토지신탁과 사이에 이 사건 신탁계약을 체결하면서 신탁의 종료 또는 해지시 신탁부동산, 신탁금, 분양대금, 임대보증금과 임료 등의 신탁재산에서 신탁관련 채무 및 제비용과 신탁보수를 차감한 신탁수익을 교부받을 수 있는 권리를 신탁수익권으로 삼기로 약정한 사실, ② 평창토건은 피고 보조참가인 근질권자들과 사이에 신탁수익권에 대하여 근질권을 설정하면서 그 효력은 토지신탁사업의 원본수익권, 수익수익권 및 기타 모든 수익에 미치는 것으로 약정한 사실을 각 인정할 수 있다.

그런데 평창토건과 피고 보조참가인 근질권자들 사이에 신탁수익권에 대하여 질권을 설정할 당시 시행되던 구 임대주택법(2008. 3. 21. 법률 제8966호로 전부개정되기 전의 것) 제12조의3에서는 임대사업자는 사업계획의 승인을 받아 시행하는 주택건설사업으로 건설된 임대주택에 대하여는 분양전환 이전까지 저당권이나 가등기담보 등 담보물권을 설정하는 행위(제1호)와 전세권 또는 등기되는 부동산임차권을 설정하는 행위(제2호)를 금지하고 있다(제1항).

위와 같은 임대주택법의 규정내용과 위 인정사실에 의하면, 구 임대주택법에서 임대사업자에 대하여 분양전환 이전까지 임대주택에 관하여 담보물권 등을 설정하는 행위를 금지하고 있을 뿐이고 임대사업자가 임대주택을 신탁하는 것을 금지하고 있지는 않으므로 임대사업자가 임대주택을 신탁한 후 그 신탁수익권에 대하여 질권을 설정할 수 있다고 할 것이다(한편, 평창토건과 피고 한국토지신탁이 저당권 설정 등의 제한을 회피하기 위하여 신탁계약을 체결하였다거나 선량한 풍속 기타 사회질서에 위반하는 사항을 목적으로 신탁계약을 체결하였다고 볼 증거가 없고, 평창토건이 법령에 의하여 이 사건 임대주택에 관한 재산권을 취득할 수 없는 자에 해당하지도 아니하므로, 이 사건 신탁계약은 유효하다).

(2) 그러나 구 임대주택법 제12조의3에서는 임대사업자는 소유권보존등기 신청과 동시에 임대주택에 대하여 분양전환 이전까지 제한물권의 설정이나 압류·가압류·가처분 등이 될 수 없는 재산임을 부기등기 신청하도록 하면서 예외적으로 임대사업자가 국가·지방자치단체·대한주택공사 또는 지방공사이거나 그 밖에 대통령령이 정하는 경우(임대사업자가 당해 임대주택을 신탁업법 제3조의 규정에 의하여 인가를 받아 설립된 신탁회사 또는 주택법 제76조의 규정에 의하여 설립된 대한주택보증주식회사에 신탁하는 경우)에는 그러하지 아니하고(제2항), 부기등기일 후에 당해 임대주택에 제한물권을 설정받거나 압류·가압류·가처분 등을 한 경우에는 그 효력을 무효로 하고 있다(제3항).

따라서 임대사업자가 소유권보존등기 신청과 동시에 임대주택에 대하여 분양전환 이전까지 제한물권의 설정이나 압류·가압류·가처분 등이 될 수 없는 재산임을 부기등기한 이후에 그 임대주택에 압류·가압류·가처분 등을 한 경우에는 압류 등이 무효로 되므로 임대사업자가 주택건설사업으로 건설한 임대주택은 사업계획 승인 후에는 압류금지대상이 되고, 임대사업자가 임대주택을 신탁회사에 신탁함으로써 임대주택은 신탁재산으로서 위탁자인 임대사업자로부터 수탁자에게 이전되어 위탁자는 수익권을 취득하지만 신탁재산에 대한 소유권을 잃게 되므로, 이와 같이 신탁설정에 의해 그때까지 위탁자의 재산이었던 것이 위탁자로부터 분리되어 위탁자의 채권자가 신탁재산에는 압류나 가압류 등을 할 수 없게 된다. 또한 신탁재산은 수탁자와 관계에서 수탁자 명의로 되어 있으나 수탁자의 고유재산과 구별되어 수탁자의 일반채권자가 원칙적으로 강제집행을 할 수 없게 된다. 이와 같이 구 임대주택법이 임대

사업자에게 임대주택의 신탁을 허용하는 것은 위와 같은 목적을 실현하기 위한 것으로 보아야 한다.

그러므로 신탁수익권은 신탁재산을 직접적인 목적으로 하는 권리는 아니지만,[198] 평창토건과 피고 보조참가인 근질권자들 사이의 신탁수익권에 관한 근질권 중 신탁원본(임대아파트 및 대지)인 신탁재산을 교부받을 권리에 관하여 위탁자인 평창토건이 근질권자들의 동의 없이 수탁자인 피고 한국토지신탁을 상대로 임대주택 및 대지에 관한 소유권이전등기청구를 할 수 없게 되거나 소유권을 이전받을 수 없게 되는 효력을 인정하는 것은, 구 임대주택법이 신탁을 통하여 제12조의3의 입법목적과 동일한 법률효과를 얻으려는 입법취지에 어긋나고 이 사건 신탁의 목적에도 부합하지 않으므로, 적어도 이 사건 신탁계약은 위탁자인 평창토건의 수탁자인 피고 한국토지신탁에 대한 임대주택 및 대지에 관한 소유권이전등기청구권을 제약하는 한도에서는 그 효력이 없다고 해석함이 상당하다.

따라서 원고들은 위탁자인 평창토건을 대위하여 피고 보조참가인 근질권자들의 동의 없이도 수탁자인 피고 한국토지신탁을 상대로 임대주택에 관한 소유권이전등기청구 및 체비지대장상 매수인명의변경절차의 이행청구를 하거나 피고 한국토지신탁으로부터 임의로 임대주택에 관한 소유권을 넘겨받거나 체비지대장상 매수인명의변경을 받을 수 있다 할 것이다.

…

(2) 피고 한국토지신탁에 대한 청구와 관련하여, 피고 파산관재인의 이 사건 수익권증서 반환의무와 피고 한국토지신탁의 소유권이전등기의무가 동시이행관계에 있다는 주장에 대하여

이 사건 신탁계약 종료시 피고 한국토지신탁은 수익자로부터 수익권증서를 반환받고 신탁재산을 수익자에게 교부하도록 규정하고 있고, 평창토건은 이 사건 신탁계약상 위탁자의 지위뿐만 아니라 수익자의 지위도 가지고 있는 사실은 앞서 본 바와 같으나, 나아가 피고 파산관재인이 피고 한국토지신탁에게 수익권증서를 반환할 의무와 피고 한국토지신탁이 피고 파산관재인에게 신탁재산을 반환할 의무가 동시이행의 관계에 있는지에 관하여 살피건대, ① 일반적으로 변제는 채권증서반환의무와 동시이행의 관계에 있지 않고(대법원 2005. 8. 19. 선고 2003다22042 판결 참조), 다만 유가증권이나 지시증권의 경우 변제와 증권반환의무가 동시이행의 관계에 있다 할 것인데, 이 사건 신탁계약상의 수익권증서는 그 성립에 있어 증서의 발행을 요건으로 하지 않고, 배서·교부에 의하여 양도되거나 채권의 행사에 증권의 제시를 요한다고 볼 수 없으며, 수익자가 평창토건으로 특정되어 있어 유가증권 내지 지시증권으로서의 성격을 가진다고 볼 수 없으므로 그 성격은 채권증서와 같다고 보이는 점, ② 위탁자 또는 수익자가 부담하는 신탁비용 및 신탁보수 지급의무와 수탁자가 부담하는 신탁재산 이전의무가 동시이행의 관계에 있으므로(대법원 2006. 6. 9. 선고 2004다24557 판결 참조), 피고 한국토지신탁은 피고 파산관재인으로부터 신탁비용 및 신탁보수를 지급받는다면 수익권증서를 반환받지 못하더라도 불리하게 된다고 볼 수 없는 점, ③ 동시이행 항변권은 당사자 쌍방이 서로 대가적인 의무가 있는 채무를 부담할 경우에 인정되는데, 이 사건 신탁계약에 있어 수익권증서반환의무가 신탁재산반환의무와 대가관계에 있다고 볼 수 없는 점 등을 종합하면, 피고 파산관재인의 이 사건 수익권증서 반환의무와 피고 한국토지신탁의 신탁재산 반환의무가 동시이행의 관계에 있다고 인정할 수 없다.

88. 대법원 2012. 11. 29. 선고 2011다84359 판결 [소유권이전등기][199]

[논점] 임대주택에 관하여 분양전환 완료 시까지 소유권을 보존·관리하기 위한 목적으로 부동산관리신탁이 설정된 경우, '임대사업자가 임대주택을 신탁회사로부터 반환받을 권리'에 관한 신탁수익권을 목적으

198) 수탁자에 대한 권리이기 때문이다.

199) 위 대법원 2011다84335 판결[87번 판례]과 동일한 사실관계이다.

로 하는 질권의 효력

【이 유】

4. 제3, 4점에 대하여

가. 원심판결 이유에 의하면, 평창토건은 분양전환 완료 시까지 이 사건 아파트에 관한 소유권을 관리·보존하기 위하여 피고 신탁회사와 사이에 을종 부동산 관리신탁계약을 체결한 후 피고 신탁회사 앞으로 그 건물 등에 관한 신탁등기 및 소유권이전등기 등을 마친 사실, 이 사건 신탁계약서에 의하면 수익자는 임대사업자인 평창토건 자신이고, 신탁원본은 이 사건 아파트와 회사가 보관하고 있는 임대보증금, 신탁부동산의 물상대위로 취득한 재산 및 기타 이에 준하는 것으로 하며, 신탁기간은 신탁계약 체결일로부터 분양전환 완료 시까지로 하고, 신탁기간 만료 등 신탁종료 시 수익자는 수탁자에게 신탁보수 등을 지급, 정산하고 신탁재산에 대한 소유권이전등기 및 신탁등기말소 등을 신청할 수 있다고 기재되어 있는 사실, 평창토건은 그 후 보조참가인 근질권자들에 대한 채무를 담보하기 위하여 이 사건 신탁수익권을 목적으로 하는 근질권을 설정하였고 피고 신탁회사는 이를 승낙한 사실을 알 수 있다.

나. 원고들과 평창토건 사이에 분양전환을 위한 매매계약이 성립된 이상 원고들이 부담하는 분양전환가격에 따른 매매대금 지급의무와 평창토건이 부담하는 이 사건 아파트 건물 등에 관한 소유권이전등기의무 등은 동시이행의 관계에 있다고 할 것인바, 평창토건이 그 소유권이전등기 등 의무를 이행하려면 먼저 피고 신탁회사에 신탁되어 있는 이 사건 아파트를 반환받을 필요가 있다. 그런데 이 사건 신탁계약의 종료 사유인 '분양전환 완료'의 의미를 매매계약에 따라 동시이행관계에 있는 위 각 의무의 이행까지 마쳐지는 것으로 해석하면 분양전환을 위한 매매계약의 성립만으로는 아직 신탁이 종료되지 아니하여 평창토건이 이 사건 아파트를 반환받을 수 없게 되고, 이는 사실상 원고들에게 매매대금의 선이행을 강제하는 결과를 초래하게 된다. 따라서 이 사건 신탁의 목적인 분양전환의 원만한 이행이라는 측면에서, 이 사건 신탁계약에서 정한 신탁종료 사유인 '분양전환 완료'란 '임차인과 임대사업자 사이에 분양전환을 위한 매매계약이 성립된 것'을 의미하는 것으로 해석함이 상당하다.

같은 취지의 원심판단은 정당하고, 거기에 상고이유로 주장하는 바와 같은 이 사건 신탁계약의 종료사유인 '분양계약 완료'의 해석에 관한 법리오해 등의 위법이 없다.

다. 구 임대주택법(2007. 7. 19. 법률 제8534호로 개정되기 전의 것, 이하 '구 법'이라고 한다) 제12조의3 제1항은 임대사업자는 주택법에 의한 사업계획의 승인을 받아 시행하는 주택건설사업에 의하여 건설된 임대주택에 대하여는 분양전환 이전까지 저당권이나 가등기담보 등 담보물권을 설정하는 행위 등을 하여서는 아니된다고 규정하고, 제2항은 임대사업자는 소유권보존등기 신청과 동시에 제1항의 규정에 의한 임대주택에 대하여 분양전환 이전까지 제한물권의 설정이나 압류·가압류·가처분 등이 될 수 없는 재산임을 부기등기 신청하여야 한다고 규정하며, 제3항은 제2항의 규정에 의한 부기등기일 후에 당해 임대주택에 설정받은 제한물권이나 압류·가압류·가처분 등은 무효로 한다고 규정하고 있다.

이러한 규정의 취지는, 임차인이 장차 분양전환에 의하여 유효한 소유권을 취득할 수 있도록 임대사업자의 임대주택에 관한 저당권 설정 등 일정한 처분행위를 금지하되 이러한 처분 제한으로 말미암아 제3자가 불측의 손실을 입는 것을 방지하기 위하여 일정한 금지사항의 취지를 부기등기하도록 하고, 부기등기 이후에는 임대주택에 관하여 처분금지의 대상이 되는 담보권 설정 등을 원인으로 한 등기 내지 압류·가압류·가처분 등의 효력을 부정함으로써 임대사업자의 채권자들에 우신하여 임차인들을 보호하려는 데에 있다고 할 것이다.

한편 구 법 제12조의3 제2항 및 그 위임에 의한 구 법 시행령(2008. 6. 20. 대통령령 제20849호로 전부 개정되기 전의 것) 제9조의5 제2항은 임대사업자가 국가·지방자치단체·대한주택공사 또는 지방공사이거나 당해 임대주택을 신탁회사 등에 신탁하는 경우에는 금지사항 부기등기의무의 예외를 인정하여 주고 있는데, 이는 국가 등의 경우에는 부도, 파산이나 법이 금지하고 있는 처분행위의 위험성이 없고, 일반 임대사업자의 경우에는 임대주택에 대한 신탁이 설정되면 당해 임대주택은 위탁자인 임대사업자의 재산권으로부터 분리될 뿐만 아니라 수탁자의 고유재산으로부터 구별되어 관리되고, 수탁자 고유의 이해관계로부터 분리되는 등 독립성이 확보되어 마치 금지사항 부기등기가 마쳐진 것과 동일한 효과를 누릴 수 있기 때문이라고 할 것이다.

그런데 임대사업자가 임대주택에 관하여 분양전환 완료 시까지 소유권을 보존·관리하기 위하여 이를 신탁회사에 신탁하였다고 하여 그 수익권자인 임대사업자가 임대주택을 신탁회사로부터 반환받을 권리를 자신의 채권자에게 입질하는 것까지 허용된다고 하면 그 질권자의 질권실행에 따라서는 임대사업자가 해당 임대주택의 소유권을 회복할 수 없게 될 위험에 처할 수 있고, 이는 결국 임대주택에 대한 신탁이 오히려 임차인의 우선 분양전환권을 해하는 수단으로 변질될 수 있다는 점에서 부당하다고 하지 않을 수 없다. 따라서 저당권 설정 등 처분제한 및 금지사항 부기등기 제도의 입법 목적과 임대주택을 신탁회사에 신탁하는 것을 금지하고 있지 아니할 뿐만 아니라 신탁이 설정된 경우에는 부기등기에 대한 예외를 인정해 준 규정 취지 등에 비추어 보면, 임대주택의 분양전환 완료 시까지 소유권을 보존·관리하기 위한 목적의 부동산 관리신탁이 설정된 경우에 있어서 특별한 사정이 없는 한 임대사업자가 임대주택을 신탁회사로부터 반환받을 권리는 그 성질상 입질의 대상이 될 수 없고, 이러한 신탁수익권을 목적으로 하는 권리질권은 그 효력이 없다고 할 것이다.[200]

위 사실관계를 앞서 본 법리에 비추어 살펴보면, 이 사건 신탁은 분양전환 완료 시까지 이 사건 아파트에 관한 소유권의 관리·보존만을 목적으로 설정된 것이므로 원고들과 평창토건 사이에 분양전환을 위한 매매계약이 성립된 이상 그 목적 달성으로 종료되었고, 신탁이 종료된 이상 피고 한국투자신탁은 이 사건 신탁약정에 따라 수익자인 평창토건에게 신탁원본에 해당하는 이 사건 임대주택을 반환할 의무가 있으며, 이러한 반환청구권을 목적으로 하여 설정된 권리질권은 그 효력이 없으므로, 수익자인 평창토건은 그 원본수익권을 소멸시키는 이 사건 아파트에 관한 반환청구권의 행사에 있어서 보조참가인 근질권자들의 동의를 받을 필요가 없다고 할 것이다.

같은 취지의 원심의 판단은 정당하고, 거기에 상고이유에서 주장하는 바와 같은 임대사업자의 신탁수익권을 목적으로 한 근질권의 효력 등에 관한 법리오해 등의 위법이 없다.

라. 민법 제475조는 변제자가 채무 전부를 변제한 때에는 채권자에게 채권증서의 반환을 청구할 수 있다고 규정하고 있으나, 이러한 채권증서 반환청구권은 변제와 동시이행관계에 있지 아니하다(대법원 2005. 8. 19. 선고 2003다22042 판결).

원심판결 이유에 의하면, 원심은 이 사건 신탁계약에 기한 수익권증서는 그 성격상 유가증권 내지 지시증권이 아닌 채권증서에 해당한다고 볼 수 있는 점 등 그 판시와 같은 사정을 들어 피고 파산관재인의 수익권증서 반환의무와 피고 한국토지신탁의 신탁재산 반환의무가 동시이행의 관계에 있다고 보기 어렵다고 판단하여 피고 한국토지신탁의 동시이행 항변을 배척하였다.

앞서 본 법리와 기록에 비추어 살펴보면, 원심의 위와 같은 판단은 정당한 것으로 수긍할 수 있고, 거기에 상고이유의 주장과 같은 신탁종료 시 수익자의 수익권증서 반환의무와 수탁자의 신탁목적물 반환의무의 동시이행관계에 관한 법리오해 등의 위법이 없다.

---

200) 이 판결은 임대주택법의 입법취지를 고려하여, '임대사업자가 임대주택을 신탁회사로부터 반환받을 권리는 그 성질상 입질의 대상이 될 수 없고, 이러한 신탁수익권을 목적으로 하는 권리질권은 그 효력이 없다'고 판시하고 있는바, 임대주택법이 적용되지 않는 타 부동산 신탁수익권에 대한 질권의 효력을 판단한 것은 아니다.

89. 대법원 2012. 10. 11.자 2010마2066 결정 [가처분이의][201)]

[논점] 사업부지에 관한 1차 신탁계약에서 정하는 바에 따라 이후 2차 신탁계약을 체결하고 신축건물을 추가로 신탁한 행위가 사해행위에 해당하는지 여부

【이 유】

1. 채무초과상태에 있는 채무자가 그 소유의 부동산을 채권자 중의 어느 한 사람에게 채권담보로 제공하는 행위는 특별한 사정이 없는 한 다른 채권자들에 대한 관계에서 사해행위에 해당한다고 할 것이나, 자금난으로 사업을 계속 추진하기 어려운 상황에 처한 채무자가 자금을 융통하여 사업을 계속 추진하는 것이 채무변제력을 갖게 되는 최선의 방법이라고 생각하고 자금을 융통하기 위하여 부득이 부동산을 특정 채권자에게 담보로 제공하거나 신탁하고 그로부터 신규자금을 추가로 융통받았다면 특별한 사정이 없는 한 채무자의 담보권 설정 내지 신탁행위는 사해행위에 해당하지 않는다고 할 것이다(대법원 2001. 5. 8. 선고 2000다50015 판결, 대법원 2003. 12. 12. 선고 2001다57884 판결 등 참조). 그리고 채무자의 사해의사를 판단함에 있어 사해행위 당시의 사정을 기준으로 하여야 할 것임은 물론이나, 사해행위라고 주장되는 행위에 이르게 된 경위, 그 행위 이후의 채무자의 변제 노력 등도 사해의사의 유무를 판단함에 있어 다른 사정과 함께 고려되어야 하는 경우가 있다(대법원 2000. 12. 8. 선고 99다31940 판결, 대법원 2003. 12. 12. 선고 2001다57884 판결 등 참조).

2. 기록에 의하면, 신청외 회사는 이 사건 사업부지를 구입하여 그 지상에 이 사건 리조트를 신축하여 분양하는 사업을 추진하면서 금융기관으로부터 자금을 융통하기 위한 방편으로 이 사건 1, 2신탁계약의 체결에 이르게 된 사실, 신청외 회사는 위 각 신탁계약에 따라 이 사건 사업부지와 리조트의 소유명의를 순차로 수탁자인 채무자에게 이전하게 되나 이를 통해 융통한 자금으로 리조트 신축을 계속할 수 있게 되고 리조트가 완공된 후에는 채무자의 사전승낙하에 이를 분양함으로써 위와 같이 융통한 자금의 상환과 일반 채권자에 대한 변제자력의 회복을 기대할 수 있게 되는 사실, 만일 이 사건 1신탁계약 체결 당시에 장차 완공될 이 사건 리조트가 담보신탁의 목적물로 추가되거나 종전의 신탁목적물을 대체하는 것이 전제되지 않았다면 처음부터 위와 같은 자금융통을 통한 리조트신축공사의 계속은 불가능하였던 사실, 신청외 회사는 이 사건 1신탁계약 체결 후에도 이 사건 2신탁계약 체결 전까지 건물신축공사의 계속을 위하여 상당한 자금을 추가로 제공받았는데 이 역시 이 사건 2신탁계약의 체결을 전제하지 않고서는 불가능하였던 사실을 알 수 있다.

그렇다면 이 사건 리조트는 처음부터 신청 외 회사가 스스로의 자력으로 소유하고 있던 재산이 아니라 위 일련의 신탁계약과 이를 통해 융통한 자금으로 만들어진 것이라고 할 수 있으므로 이러한 전체적 취득과정을 도외시한 채 이 사건 2신탁계약을 분리해 내어 그 직전과 직후의 일반 채권자의 지위를 비교하는 것만으로 사해행위성을 판단하는 것은 타당하다고 볼 수 없다. 그럼에도 원심은 이 사건 2신탁계약이 이 사건 1신탁계약과 별개의 계약이라는 점에만 주목하여 양자 사이의 관계나 그를 전후하여 연속적으로 이루어진 자금 융통의 과정, 이를 통한 사업의 계속 등의 사정은 고려하지 않은 채, 신청외 회사가 채권자에 대하여 약정금 채권을 부담하고 있는 상태에서 유일한 부동산인 이 사건 리조트에 관하여 채무자와 사이에 이 사건 2신탁계약을 체결하고 그에 따라 이 사건 등기를 마쳐주었다는 이유만으로 이 사건 2신탁계약이 사해행위에 해당한다고 판단하였으니, 이러한 원심결정에는 사해행위에 관한 법리를 오해하여 결론에 영향을 미친 위법이 있다고 할 것이고, 이를 지적하는 재항고이유에는 정당한 이유가 있다.

---

201) 대법원 2016. 9. 23. 선고 2015다223480 판결[17번 판례]과 유사한 취지이나, 대법원 2009. 11. 12. 선고 2009다53437 판결[126번 판례]과는 다른 취지로 보이므로 3개의 판결을 비교해 볼 것.

[원심결정] 수원지방법원 2010. 12. 6.자 2010카합241 결정 [가처분이의]

【주 문】

1. 위 당사자들 사이의 이 법원 2009라840호 부동산처분금지가처분 신청사건에 관하여, 이 법원이 2010. 3. 5. 별지 목록 기재 부동산들에 대하여 한 가처분 결정을 인가한다.

2. 신청비용은 채무자가 부담한다.

【신청취지】

채권자 : 주문과 같다.

채무자 : 주문 기재 가처분 결정을 취소한다. 채권자의 가처분신청을 기각한다.

【이 유】

다. 판단

(1) 소명사실

이 사건 기록에 의하면 다음 각 사실이 소명된다.

(가) 이 사건 1신탁계약 등의 체결

1) 신청외 회사는 안산시 단원구 C 토지(이 사건 리조트의 사업부지이다. 이하 '사업부지'라고 한다) 지상에 리조트를 건축하기 위하여(이하 '이 사건 사업'이라고 한다) 2006. 12. 7. 한국캐피탈 주식회사(이하 '한국캐피탈'이라고 한다)는 신청의 회사에게 사업비로 160억 원을 대출하여 주고, 그 대출금의 관리 등을 채무자가 담당하기로 하는 내용의 사업약정 및 대리사무계약(이하 '이 사건 사업약정'이라고 한다)을 CP결하고, 같은 날 채무자와 사이에 우선수익자를 한국캐피탈로 정하고, 신탁부동산(사업부지)에 신축되는 건물이 준공되면 위탁자는 보존등기와 동시에 동 건물을 수탁자에게 추가신탁하기로 하는 내용의 분양관리신탁계약(이 사건 1신탁계약)을 체결하였다.

2) 신청외 회사는 2008. 4. 14. 주식회사 우리은행으로부터, 2008. 9. 3. 대한민국 재향군인회(이하 '재향군인회'라고 한다)로부터 각 추가대출을 받았으며, 각 같은 날 이 사건 사업약정에 위 각 금융기관을 추가하는 내용으로 변경약정을 체결하였고(재향군인회 대출금 중 일부는 사업비로 사용하고, 나머지는 재향군인회가 우리은행의 신청의 회사에 대한 대출금채권을 양수하면서 우리은행에 지급되었다), 이 사건 리조트 준공 후 지체없이 이 사건 1신탁계약을 해지하고, 신청의 회사 명의로 이 사건 리조트에 관한 소유권보존등기를 경료한 다음 이와 동시에 한국캐피탈 및 재향군인회 대출원리금 채무의 이행을 담보하기 위하여 본 사업 건축물 전체에 대하여 채무자와 사이에 부동산담보신탁계약을 체결하기로 하였다.

(나) 채권자의 신청의 회사에 대한 자금대여

1) 채권자는 2009. 5. 19. 신청의 회사와 사이에, 채권자가 신청의 회사에게 4억 원을 대여하여 주고, 신청 외 회사는 1개월 내에 이자를 포함하여 6억 원을 변제하되, 그 담보로 이 사건 리조트 내 1층 129-1, 129-2, 129-3, 129-4호(추후 완공되어 각 이 사건 부동산으로 보존등기되었다)를 제공하며 위 변제약속을 이행하지 못할 경우 이 사건 부동산에 관하여 채권자에게 소유권이전등기를 경료하여 주고, 채권자에게 18억 원을 손해배상금으로 지급하기로 약정하였고, 이에 채권자는 신청 회사에게4억 원을 지급하고, 신청의 회사는 채권자에게 액면금 6억 원, 지급기일 2009. 6. 19.로 된 약속어음을 발행, 교부하였다.

2) 그 후 신청의 회사가 변제기에 위 6억 원을 지급하지 못하게 되자 채권자와 신청외 회사는 2009. 6. 18. '신청의 회사는 신청의 회사의 귀책사유로 위(나) 의 1)항 기재 합의사항을 불이행하였음을 인정

한다. 이에 이 사건 부동산 중 129호(당시는 129-1호)는 2009. 7. 20.까지, 130호(당시는 129-2호)는 2009. 8. 20까지 채권자 또는 채권자가 지정하는 자에게 소유권이전등기를 경료하여 주고, 위(나)의 1)항 기재 합의사항의 불이행에 따른 위약금 18억 원을 9억 원으로 확정한다'는 내용으로 추가합의를 하고, 신청의 회사는 위(나)의 1)항 기재 약속어음의 지급금액을 9억 원으로, 지급기일을 2009. 7. 20.로 변경하여 주었다.

3) 신청외 회사는 2009. 7. 20.까지 129호에 관한 소유권이전등기도 경료하여 주지 못하였고, 약속어음도 지급하지 못하게 되었고, 이에 다시 채권자와 사이에2009. 7. 20. '약속어음의 지급기일을 2009. 7. 27.로 변경하고, 2009. 7. 24.까지 이 사건 부동산 중 129호에 관한 소유권이전등기를 경료하여 주기로 약정하고, 채권자에게129호 및 130호에 대한 상가분양계약서를 다시 작성, 교부하였다.

4) 위(나)의 3)항 기재 약속어음은 결국 2009. 7. 27. 부도처리되었다.

(다) 이 사건 2신탁계약 등

1) 신청 외 회사는 2009. 6. 29. 이 사건 리조트 전체에 관하여 신청의 회사 명의로 소유권보존등기를 경료하고 즉시 채무자 명의로 같은 날 신탁(이 사건 2신탁계약, 이 사건 리조트 중 이 사건 부동산을 포함하여 일부 점포는 우선수익자를 1순위 대한민국 재향군인회, 2순위 한국캐피탈 주식회사로, 나머지 점포는 우선수익자를 1순위 한국캐피탈 주식회사, 2순위 대한민국 재향군인회로 하여 각 별개의 신탁계약을 체결하였다)을 원인으로 한 소유권이전등기(이하 '이 사건 등기'라고 한다)를 경료하여 주었다.

2) 2009. 8. 18, 신청의 회사와 채무자, 소외 주식회사 D(신청의 회사의 대표이사인 E이 대표이사로 있는 회사로 신청회사와 본점소재지가 동일하다, 이하 'D'라고 한다)는 이 사건 2신탁계약의 수익자겸 채무자를 신청의 회사에서 D로 변경하였다.

3) 2010. 5. 10. 신청 외 회사, 채무자, D, 소외 주식회사 F(2009. 7. 8. 설립된 회사로 대표이사 등은 E의 처형으로 보이고, 이사 H은 E의 장모이다)은 이 사건 2신탁계약의 수익자 겸 채무자를 D에서 주식회사 F으로 다시 변경하였다.

(2) 판단

(가) 당사자 사이에 일련의 약정과 그 이행으로 최종적인 법률행위를 한 경우, 일련의 약정과 최종적인 법률행위를 동일한 법률행위로 평가할 수 없다면, 일련의 약정과는 별도로 최종적인 법률행위에 대하여 사해행위의 성립 여부를 판단하여야 하고, 이때 동일한 법률행위로 평가할 수 있는지는 당사자가 같은지 여부, 일련의 약정에서 최종적인 법률행위의 내용이 특정되어 있거나 특정할 수 있는 방법과 기준이 정해져있는지 여부, 조건 없이 최종적인 법률행위가 예정되어 있는지 여부 등을 종합하여 판단하여야 할 것인바(대법원 2009. 11. 12. 선고 2009다53437 판결 등 참조), 이 사건 1신탁계약에서 추후 사업부지에 건물이 준공되면 위탁자(신청외 회사)가 보존등기와 동시에 동 건물을 수탁자(채무자)에게 추가신탁하기로 하였고, 2008. 9. 3. 신청의 회사, 채무자, 한국캐피탈, 재향군인회 등은 신청의 회사가 이 사건 리조트를 준공한 후 지체없이 이 사건 1신탁계약을 해지하고, 신청외 회사 명의로 이 사건 리조트에 관한 소유권보존등기를 경료한 다음 이와 동시에 한국캐피탈 및 재향군인회 대출원리금 채무의 이행을 담보하기 위하여 본 사업 건축물 전체에 대하여 채무자와 사이에 부동산담보신탁계약을 체결하기로 사업약정변경계약을 체결한 사실은 앞서 본 바와 같으나, 이 사 건 2신탁계약이 담보신탁임에 반하여 이 사건 1신탁계약은 사업부지인 토지에 대한 부동산관리신탁에 지나지 않으며, 신청의 회사가 이 사건 리조트에 관한 보존등기를 경료할 때까지 한국캐피탈 및 재향군인회에 대한 각 대출원리금을 완제하였을 경우에는 이 사건 리조트에 관한 부동산담보신탁계약을 체결할 아무런 이유도 없고, 위 2008. 9. 3.자 사업약정변경계약은 단순히 채무자에게 이 사건 리조트에 관한 담보신탁계약을 체결할

의무를 부과하는 약정에 불과하므로(실제로 신청외 회사는 한국캐피탈과 재향 군인회에 대하여 각 우선수익자의 순위를 달리하여 별개의 신탁계약을 체결하였다), 이 사건 2신탁계약이 이 사건 1신탁계약과 동일한 것이라거나 계약 내용을 일부 변경한 것에 불과하다고 볼 수 없다.

따라서 채권자취소권의 피보전채권이 될 수 있는 요건을 갖추었는지 여부를 비롯하여 사해의사 등 사해행위에 대한 판단은 종전의 일련의 약정과는 별도로 이 사건 등기의 원인이 된 이 사건 2신탁계약 당시를 기준으로 판단하여야 할 것이다.

(나) 위 소명사실에 의하면, 채권자가 신청외 회사에 대하여 9억 원의 약정금 채권이 있고, 신청외 회사는 그 지급의무의 이행기가 도래한 후(채권자가 위 채권의 이 행기가 도래한 후 액면금 6억 원의 약속어음에 관하여 그 지급일을 2009. 7. 27로 연장하여 주었으므로 이 사건 2신탁계약 당시 아직 그 이행기가 도래하지 않았다고 하더라도 이미 채권 성립의 기초가 되는 법률관계가 발생되어 있고, 가까운 장래에 그 법률관계에 터잡아 채권이 성립되리라는 점에 관한 고도의 개연성이 있으며, 실제로 가까운 장래에 그 개연성이 현실화되어 채권이 성립되었으므로 위 채권이 사해행위의 피보전채권이 될 수 있다) 그 유일한 부동산인 이 사건 리조트에 관하여 채무자와 사이에 이 사건 2신탁계약을 체결하고 이 사건 등기를 경료하여 주었는바, 일응 이 사건 2 신탁계약이 사해행위에 해당한다는 점이 소명된다고 할 것이다.

(다) 채무자는 이 사건 2신탁계약으로 인하여 신청외 회사의 총재산이 실질적으로 감소되었다고 할 수 없다고 주장하나, 신탁의 경우라도 신탁재산이 위탁자의 재산권으로부터 분리되는바, 신청외 회사의 적극재산은 감소되었다고 할 것이니, 이와 다른 전제에 선 채무자의 위 주장은 이유 없다.

채무자는 또한 이 사건 2신탁계약은 신청외 회사의 갱생을 위한 행위로서 신청외 회사에게 사해의사가 인정되지 않는다고 주장하나, 신청외 회사는 이 사건 리조트를 완공한 후 이 사건 2신탁계약을 체결한 것인데 이 사건 2신탁계약 당시 신청외 회사가 재향군인회나 한국캐피탈로부터 실내인테리어공사 등을 위하여 신규로 금원을 대출받았다는 등의 사정은 소명된 바 없고(신청외 회사는 이 사건 2신탁계약 이후인2009. 7. 27 인테리어 등을 위하여 프라임상호저축은행으로부터 신규자금을 융통하고, 위 은행을 위 신탁계약의 우선수익자로 추가지정한 것으로 보인다), 신청회사는 이 사건 2신탁계약을 체결한 후 2달도 채 되지 않아 이 사건 2신탁계약에 따른 수익자를 D로 변경하여 더 이상 이 사건 2신탁계약에 따른 신탁수익을 채무자로부터 지급받을 수도 없게 되었으므로 채권자를 포함하여 신청외 회사의 다른 채권자들은 이 사건 2신탁계약이 유효한 이상 신청외 회사로부터 전혀 변제받을 길이 없어진 셈이 되어 버린 점 등을 고려하여 보면 신청외 회사의 사해의사는 인정된다고 보이고, 이 사건 1신탁계약와 이 사건 2신탁계약이 관련이 있다는 사정만으로는 신청외 회사의 사해의사를 부정하기 어렵다.

(라) 따라서 이 사건의 경우 피보전권리는 일을 소명되었다고 할 것이다.

3. 보전의 필요성에 관한 판단

다툼의 대상에 관한 가처분은 현상이 바뀌면 당사자가 권리를 실행하지 못하거나 이를 실행하는 것이 매우 곤란할 염려가 있을 경우에 허용되는 것으로서(민사집행법 제300조 제1항), 피보전권리에 관한 소명이 인정된다면 다른 특별한 사정이 없는 한 보전의 필요성도 인정되는 것으로 보아야 할 것인바(대법원 2005. 10. 17.자 2005마814결정 등 참조), 이 사건의 경우 그 보전의 필요성도 소명된다고 할 것이다.

90. 대법원 2012. 9. 13. 선고 2012다30281 판결 [임대보증금반환등]

[논점] 신탁법상 신탁으로 수탁자 앞으로 부동산 소유권이전등기를 마친 경우, 대내적으로 소유권이 위탁자에

게 유보되는지 여부

【이 유】

신탁법상의 신탁은 위탁자가 수탁자에게 특정의 재산권을 이전하거나 기타의 처분을 하여 수탁자로 하여금 신탁 목적을 위하여 그 재산권을 관리·처분하게 하는 것이므로, 부동산의 신탁에 있어서 수탁자 앞으로 소유권이전등기를 마치게 되면 대내외적으로 소유권이 수탁자에게 완전히 이전되고, 위탁자와의 내부관계에서 소유권이 위탁자에게 유보되어 있는 것은 아니다(대법원 2012. 7. 26. 선고 2012다33174 판결 등 참조).

원심은 제1심판결 이유를 인용하여, 주식회사 범양개발(이하 '범양개발'이라 한다)은 피고 대한토지신탁 주식회사(이하 '피고 회사'라 한다)와 부산 부산진구 (주소 생략) 소재 ○○○○○○○○ 137채에 관하여 부동산담보신탁계약을 체결하고 피고 회사에 그 소유권이전등기를 마쳐준 사실, 공인중개사인 예비적 피고 1의 중개로 원고 1은 ○○○○○○○○ 519호, 원고 2는 ○○○○○○○○ 803호(이하 위 2채를 합쳐 '이 사건 건물'이라 한다)를 범양개발로부터 각 임차하는 내용의 이 사건 임대차계약을 체결한 사실, 원고들이 이 사건 건물에 입주하여 거주하던 중 범양개발이 부도가 났고 피고 회사의 소제기로 인하여 원고들은 임차보증금을 반환받지 못한 채 피고 회사에 이 사건 건물을 인도함과 아울러 이 사건 건물의 점유·사용에 따른 부당이득금을 반환한 사실 등 그 판시와 같은 사실을 인정한 다음, 원고들이 피고 회사에 이 사건 임대차계약의 효력을 주장하려면 피고 회사의 사전승낙을 받아 계약을 체결하였어야 하는데 이를 인정할 아무런 증거가 없다는 등의 이유로 범양개발에 임대차계약 체결 권한이 있다는 원고들의 주장을 배척하고, 예비적 피고 1이 피고 회사의 승낙 없이 체결된 임대차계약은 피고 회사에 대하여 효력이 없다는 점 등에 대한 설명의무를 위반함으로 인하여 원고들이 임차보증금 및 피고 회사에 반환한 부당이득금 상당의 손해를 입었다고 판단하였다.

앞서 본 법리와 기록에 비추어 살펴보면 원심의 위와 같은 판단은 정당하고,…

91. 대법원 2012. 7. 12. 선고 2010다1272 판결 [저작권사용료][202)]

[논점] 위탁자가 신탁이익 전부를 향수하는 신탁에서 상당한 이유 없이 위탁자의 해지권을 배제하는 약관 조항의 효력

【이 유】

1. 상고이유 제1점에 관하여

원심은 그 채택 증거를 종합하여 판시와 같은 사실을 인정한 다음, 소외인 등이 원고의 동의 없이 원고의 '**(음악저작물 1 생략)'이라는 음악저작물 중 일부를 변경하여 '00(음악저작물 2 생략)'이라는 노래를 만들고 이를 수록한 음반과 뮤직비디오 등을 제작·발표한 것에 대하여, 원고가 원고의 음악저작물에 관한 저작재산권을 신탁받은 피고에게 그에 관한 사용허락을 하지 말고 소외인 등에 대하여 방송금지 등 법적 조치를 취할 것을 요청하였음에도, 피고는 소외인 등에 대한 법적 조치를 게을리하고 오히려 위 음악저작물에 대한 사용도 허락하였으므로, 피고의 이러한 행위는 저작권의 신탁관리에 따른 제반 의무를 다하지 못한 경우에 해당하거나 그로써 원·피고 사이의 신뢰관계가 깨어져 더 이상 계약관계를 유지할 수 없는 경우에 해당하여 신탁계약의 해지사유가 발생하였다고 판단하였다.

원심판결 이유를 관련 법리와 기록에 비추어 살펴보면 원심의 이러한 조치는 정당하고, 거기에 저작

202) 이 판결에 대한 평석은, 김병식, 저작권신탁계약의 해지 및 그에 따른 법률관계, 대법원판례해설 제94호, 법원도서관, 206면 이하를 참고할 것.

인격권과 저작재산권의 혼동으로 인한 계약해지권에 관한 법리를 오해한 잘못이 없다.

2. 상고이유 제2점에 관하여

가. 구 약관의 규제에 관한 법률(2010. 3. 22. 법률 제10169호로 개정되기 전의 것, 이하 '구 약관규제법'이라 한다) 제6조 제1항은 "신의성실의 원칙에 반하여 공정을 잃은 약관조항은 무효이다."라고 규정하고, 제9조는 "계약의 해제·해지에 관하여 정하고 있는 약관의 내용 중 다음 각 호의 1에 해당되는 내용을 정하고 있는 조항은 이를 무효로 한다."고 하면서 그 제1호에 '법률의 규정에 의한 고객의 해제권 또는 해지권을 배제하거나 그 행사를 제한하는 조항'을 규정하고 있다. 그리고 구 신탁법(2011. 7. 25. 법률 제10924호로 전부 개정되기 전의 것, 이하 같다) 제56조[203]는 "위탁자가 신탁이익의 전부를 향수하는 신탁은 위탁자 또는 그 상속인이 언제든지 해지할 수 있다."라고 규정하고 있다. 따라서 위탁자가 신탁이익의 전부를 향수하는 신탁에서 위탁자에게 인정되는 해지권을 상당한 이유 없이 배제하는 약관조항은 공평의 관점에서 보아 고객에게 부당하게 불리하고 신의성실의 원칙에 반하여 공정을 잃은 것으로서 무효라고 보아야 한다.

원심이 적법하게 인정한 사실관계와 기록에 의하면, 원고는 1992. 5. 15. 저작권신탁관리업체인 피고와 "원고는 현재 소유하고 있는 저작권 및 장차 취득하게 되는 저작권을 계약기간 중 신탁재산으로 피고에게 관리를 이전하고, 피고는 원고를 위하여 저작권을 관리하고 이로 인하여 얻어진 저작물 사용료 등을 원고에게 분배한다."는 등의 내용으로 저작권신탁관리계약(이하 '이 사건 신탁계약'이라고 한다)을 체결한 사실, 피고는 이 사건 신탁계약을 약관에 의하여 체결하였는데, 그 약관 제18조 제2항(이하 '이 사건 조항'이라 한다)은 "위탁자는 수탁자의 동의 없이 신탁계약을 해제할 수 없다."라고 되어 있는 사실을 알 수 있는바, 이 사건 조항에서 해지요건을 더욱 가중하는 이유는 저작권신탁관리업체인 피고의 우월적·독점적 지위를 보장받기 위한 것으로 보일 뿐 달리 '상당한 이유'를 발견하기 어렵다.

위와 같은 사정을 앞서 본 법리에 비추어 살펴보면, 이 사건 조항은 위탁자가 신탁이익의 전부를 향수하는 이른바 '자익신탁'에서 공평의 관점에서 보아 위탁자가 보유하는 해지의 자유를 상당한 이유 없이 제한하고 일방적으로 저작권신탁관리업체인 피고에게만 유리하게 한 약관 조항으로서, 구 약관규제법 제6조 제1항 소정의 '신의성실의 원칙에 반하여 공정을 잃은 약관조항'에 해당하여 무효라고 할 것이다.

나. 한편 구 신탁법 제58조[204]는 "신탁의 해지에 관하여 신탁행위에 특별한 정함이 있는 경우에는 전 제2조의 규정에 불구하고 그 정함에 의한다."라고 규정하고 있는바, 같은 법 제56조와는 다른 내용으로 당사자가 특약을 한 경우 그 약관 조항은 같은 법 제58조에 따른 것으로서 구 약관규제법 제9조 제1호 소정의 '법률의 규정에 의한 고객의 해지권을 배제하거나 그 행사를 제한하는 조항'에 바로 해당하는 것이 아니므로, 원심이 이 사건 조항이 구 약관규제법 제9조 제1호에 해당하여 무효라고 판단한 것은 잘못이지만, 앞서 본 바와 같이 이 사건 조항이 구 약관규제법 제6조 제1항에 해당하여 무효인 이상 원심의 위 잘못은 판결 결과에 영향이 없다.

그리고 피고의 주장에 의하더라도 1999. 1. 20. 이 사건 조항을 "위탁자는 수탁자가 저작권 신탁관리에 따른 제반 의무를 다하지 못하거나 위탁자의 개인적인 부득이한 사유로 인하여 더 이상 계약관계를 유지할 수 없을 경우 본 계약을 해지할 수 있다."(제18조 제3항)라는 내용으로 변경하는 약관(이하 '변경된 약관'이라 한다)을 주무관청의 허가를 얻어 공고함으로써 그 효력이 발생하였다는 것인바, 사정이 그러하다면 이 사건 신탁계약의 해지에 관하여는 변경된 약관 제18조 제3항이 적용되어야 하는데, 원

203) 현행 신탁법 제99조 제2항.

204) 현행 신탁법 제99조 제4항.

심이 이 사건 조항이 무효라고 하면서 "위탁자인 저작권자는 적어도 수탁자가 저작권 신탁관리에 따른 제반의무를 다하지 못하거나 부득이한 사유로 인하여 더 이상 계약관계를 유지할 수 없을 경우 신탁계약을 해지할 수 있다."라고 하여 변경된 약관 제18조 제3항과 동일한 내용으로 해지요건을 해석하였으므로, 그 점에서도 원심의 위 잘못은 판결 결과에 영향이 없다.

3. 상고이유 제4, 5, 8점에 관하여

가. 원심의 판단

원심은 그 판시와 같은 사실을 인정한 다음, 피고가 관리하는 음악저작물에 대하여 저작물사용계약 후 저작권신탁관리계약을 해지한 위탁자나 신탁관리가 종료된 음악저작물이 있는 경우, 해당 위탁자의 허락 없는 음악저작물 사용을 방지하기 위하여 피고는 사용자에게 그 위탁자나 그 음악저작물을 적어도 분기별로 통보할 의무가 있고, 피고가 이 사건 신탁계약 해지의 효력을 다투며 관리저작물 변동에 따른 통보를 게을리하고 있는 이상 피고는 원고의 음악저작물 사용에 따른 사용료 상당액을 유보하는 등의 조치를 취할 의무가 있고, 원고의 음악저작물에 대한 관리의 중단을 명하는 가처분결정이 있었음에도, 가처분결정 및 앞에서 본 주의의무를 위반하여 원고의 음악저작물에 대한 관리를 실질적으로 중단하지 아니하였을 뿐만 아니라, 원고가 피고의 회원이므로 원고의 음악저작물을 사용하여도 무방하다는 태도를 보여, 원고가 자신의 저작재산권을 행사하지 못하게 함으로써 음악저작물 사용자들이 원고의 허락 없이 그 음악저작물을 사용하도록 방치하였으므로, 피고는 위와 같은 불법행위로 인하여 원고가 입은 손해를 배상할 의무가 있다고 판단하였다.

나. 그러나 원심의 판단은 다음과 같은 이유에서 이를 그대로 수긍하기 어렵다.

(1) 피고가 영위하는 신탁관리업은 저작권법에 근거하는 것으로서 그 법적 성질은 신탁법상의 신탁에 해당하는바, 구 신탁법 제59조[205]는 " 제56조 또는 제57조의 규정에 의하여 신탁이 해지된 때에는 신탁재산은 수익자에게 귀속한다."라고 규정하고, 제61조[206]는 "신탁이 종료된 경우에 신탁재산이 그 귀속권리자에게 이전할 때까지는 신탁은 존속하는 것으로 간주한다. 이 경우에는 귀속권리자를 수익자로 간주한다."라고 규정하고, 제63조[207]는 "신탁이 종료한 경우에는 수탁자는 신탁사무의 최종의 계산을 하여 수익자의 승인을 얻어야 한다. 이 경우에는 제50조 제2항의 규정을 준용한다."고 규정하고 있으므로, 신탁행위로 달리 정하였다는 등의 특별한 사정이 없는 한, 위탁자의 해지청구 등으로 신탁이 종료하더라도 수탁자가 신탁재산의 귀속권리자인 수익자나 위탁자 등에게 저작재산권 등 신탁재산을 이전할 의무를 부담하게 될 뿐 신탁재산이 수익자나 위탁자 등에게 당연히 복귀되거나 승계되는 것은 아니고, 신탁재산을 이전할 때까지는 수탁자는 신탁사무의 종결과 최종의 계산을 목적으로 하는 귀속권리자를 위한 법정신탁의 수탁자로서 그와 같은 목적 범위 내에서 신탁재산을 계속 관리할 권한과 의무를 부담하며, 귀속권리자는 신탁수익권의 형태로서 신탁재산 등 잔여재산에 대한 권리를 보유하게 될 뿐이다.

나아가 구 신탁법에는 신탁종료 시의 수탁자의 청산의무에 관하여 아무런 규정이 없으므로,[208] 신탁행위로 달리 정하였거나 해당 신탁의 취지 등에 의하여 달리 볼 수 없는 한 수탁자는 청산의무를 부담하지 않는다고 할 것인바, 수탁자가 신탁재산에 관하여 체결한 쌍무계약에 관하여 아직 이행을 완료하

205) 현행 신탁법 제101조.

206) 현행 신탁법 제101조 제4항.

207) 현행 신탁법 제103조.

208) 현행 신탁법 하에서는, 신탁행위 또는 위탁자와 수익자의 합의로 청산절차에 따라 신탁을 종료하기로 한 경우에는 유한책임신탁의 청산에 관한 규정인 제132조 제2항, 제133조 제1항부터 제6항 및 제134조부터 제137조까지의 규정을 준용한다(제104조).

지 아니한 때에는 그 계약을 귀속권리자에게 인수시킬 수도 있는 것이고, 신탁이 종료하였다고 하여 반드시 계약을 해지하는 등으로 이를 청산하여야 하는 것은 아니다.[209)]

(2) 원심이 적법하게 채택한 증거들 및 기록에 의하면, 원고와 피고는 이 사건 신탁계약에서 "위탁자는 신탁계약이 종료되었을 때는 지체 없이 신탁증서를 반환하고 저작권의 이전을 받아야 한다."라고만 약정하였을 뿐, 신탁종료 시에 수탁자가 청산의무를 부담한다고 달리 약정한바 없음을 알 수 있고, 그 신탁 취지상으로 신탁종료 시 수탁자는 신탁사무의 처리로 인하여 제3자에게 가지거나 부담하게 된 채권·채무를 청산할 의무를 부담한다고 보기도 어렵다.

이와 같은 사정을 앞서 본 법리에 비추어 살펴보면, 원고의 해지청구로 이 사건 신탁계약이 해지되었다고 하더라도 피고로서는 원고에게 원고의 음악저작물에 대한 저작재산권 등 신탁재산을 이전할 의무를 부담하게 될 뿐 신탁재산이 원고에게 당연히 복귀되거나 승계되는 것은 아니고, 저작권을 이전할 때까지는 수탁자인 피고가 원고를 위한 법정신탁의 수탁자로서 신탁사무의 종결과 최종의 계산의 목적 범위 내에서 원고 음악저작물에 관한 저작재산권을 계속 관리할 권한과 의무를 부담하며, 원고는 신탁수익권의 형태로서 잔여재산에 대한 권리를 보유하게 될 뿐이다. 따라서 이처럼 청산의무를 부담하지 않는 이상 피고는 방송사 등 제3자와 체결한 원고 음악저작물의 저작물사용계약에 관하여 아직 이행을 완료하지 아니한 때에는 그 계약을 원고에게 인수시킬 수도 있는 것이고, 반드시 계약을 해지하는 등으로 이를 청산하여야만 하는 것은 아니다.

그렇다면 피고에게 자신과 계약을 체결한 원고 음악저작물 이용자들에 대하여 원고 음악저작물은 더 이상 피고의 관리저작물이 아님을 통보하여 원고의 허락 없이는 원고 음악저작물을 사용하지 못하도록 하여야 할 주의의무가 있다고 할 수 없을 뿐만 아니라, 피고가 그와 같은 통보를 하지 아니함으로써 방송사 등 이용자들이 원고의 허락을 받지 않고 원고의 음악저작물을 이용하였다고 하더라도 저작재산권을 이전받을 때까지는 단순한 채권자에 불과한 원고에게는 침해될 저작재산권도 없으므로, 원고의 저작재산권 침해를 이유로 한 불법행위가 성립할 여지가 없다.

(3) 또한 원심이 그 판시와 같은 이유를 들어 피고가 이 사건 신탁계약 해지 후 방송사 등 원고 음악저작물의 일부 사용자들로부터 그에 대한 사용료를 징수하였다는 취지로 판단한 것은 수긍할 수 있으나, 원고의 음악저작물에 대한 저작권이 원고에게 이전될 때까지는 피고는 원고의 음악저작물에 대한 저작재산권자 겸 원고를 위한 법정신탁의 수탁자로서 원고의 음악저작물을 계속 관리할 권한과 의무를 부담하고 거기에서 발생하는 신탁수익을 원고에게 반환할 채무를 부담하므로, 피고가 방송사 등 일부 사용자들로부터 징수한 사용료를 유보하지 않았다고 하더라도, 이는 원고에게 신탁수익을 반환하여 줄 채무를 이행하지 않은 것이 됨은 별론으로 하고, 저작재산권자도 아닌 원고의 저작재산권 행사를 방해하는 것으로 불법행위가 된다고 볼 수는 없고, 피고가 방송사 등 사용자들에게 원고가 피고의 회원이라는 태도를 보였다고 하더라도 이는 피고가 저작재산권자 겸 법정신탁의 수탁자의 지위에서 행한 것에 불과할 뿐 불법행위가 되는 것은 아니다.

(4) 나아가 "피고는 원고의 음악저작물의 사용료를 징수하여서는 아니 되고, 회원 명부 및 피고의 인터넷 홈페이지에 원고의 이름과 원고의 음악저작물을 수록하거나 게재하여서는 아니 되며, 공연·방송·유선방송·영상저작물에의 녹음·각종 음반 녹음·출판 및 음반대여의 범위에서 원고의 음악저작물을 관리하여서는 아니 된다."라는 취지의 가처분결정이 있었다고 하더라도, 당시 원고에게 침해될 저작재산권이 없었던 이상 위 가처분결정을 위반하였다는 점만으로 곧바로 불법행위가 성립하는 것도 아니다.

다. 그럼에도 이 사건 신탁계약의 해지로써 곧바로 저작재산권이 원고에게 복귀됨을 전제로, 피고가

209) 유한책임신탁이 아니고 신탁행위에 달리 정함이 없는 한, 현행 신탁법 하에서도 마찬가지로 해석될 수 있을 것이다.

가처분결정이 있었음에도 사용자들에 대한 통지의무를 이행하지 않았다거나 사용자들로부터 지급받은 사용료를 유보하지 않는 등으로 원고의 저작재산권 행사를 방해하여 원고에게 불법행위에 기한 손해배상책임을 진다고 본 원심판결은 신탁종료 시의 법률관계에 관한 법리를 오해하여 판단을 그르친 것이다. 상고이유로 이 점을 지적하는 피고의 주장은 이유 있다.

라. 다만 기록에 의하면, 원고는 주위적으로 피고가 법률상 원인 없이 원고의 음악저작물 이용자들로부터 사용료를 지급받았음을 이유로 부당이득의 반환을 구하고, 예비적으로 이 사건 신탁계약이 해지되지 않았음을 이유로 사용료의 분배를 구하고 있으며, 또한 위 주위적 청구와 선택적으로 불법행위로 인한 손해배상을 구하고 있으므로, 원고의 주위적 청구 중 원심이 일부 인용한 손해배상청구 부분을 파기하는 이상 이 부분과 선택적 청구의 관계에 있는 부당이득반환청구 부분과 예비적 청구의 관계에 있는 신탁관계에 기한 사용료 분배청구 부분도 함께 파기의 대상이 된다.

[원심판결] 서울고등법원 2009. 12. 10. 선고 2008나66254 판결 [저작권사용료]

【주 문】

1. 제1심 판결을 취소한다.

2. 당심에서 추가된 선택적 청구에 기하여, 피고는 원고에게 50,000,000원 및 이에 대하여 2006. 9. 2.부터 2009. 12. 10.까지는 연 5%, 그 다음날부터 다 갚는 날까지는 연 20%의 각 비율로 계산한 금원을 지급하라.

3. 원고의 나머지 청구를 기각한다.

4. 소송총비용 중 80%는 원고가, 20%는 피고가 각 부담한다.

5. 제2항은 가집행할 수 있다.

【청구취지 및 항소취지】

제1심 판결을 취소한다. 피고는 원고에게 468,470,721원 및 이에 대한 2006. 9. 2.부터 이 사건 소장부본 송달일까지는 연 5%의, 그 다음날부터 다 갚는 날까지는 연 20%의 각 비율에 따른 금원을 지급하라는 판결(원고는 당초 저작물사용료 상당액의 부당이득반환청구를 하다가 당심에서 불법행위를 원인으로 한 손해배상청구를 선택적으로 추가하였다).

【이 유】

4. 손해배상청구에 관한 판단

가. 이 사건 저작권신탁계약의 해지 여부

(1) 저작권신탁계약의 해지 가부

갑 제8호증의 각 기재에 의하면, 원고와 피고 사이의 최초의 신탁계약약관은 신탁계약의 기간은 계약 체결일로부터 5년으로 하고 상호 이의가 없는 한 10년 단위로 그 기간이 자동 연장되고(제3조), 위탁자는 수탁자의 동의없이 신탁계약을 해지할 수 없도록(제18조 제2항) 규정하고 있는 사실을 인정할 수 있는바, 이 사건 저작권신탁계약은 첫 계약체결일로부터 5년이 경과한 1997. 5. 15. 그 기간이 2007. 5. 15.까지로 자동연장되었다고 할 것이나(피고가 2002. 1. 14. 자동연장기간을 5년으로 단축하는 내용으로 약관을 변경하였다고 하더라도 이미 그 전에 10년으로 연장된 계약기간이 5년으로 단축되는 것은 아니라 할 것이다).

그런데, 저작권신탁관리계약은 그 실질이 신탁법상의 신탁으로서(저작재산권을 신탁재산으로 한다)

위탁자인 저작권자가 신탁이익의 전부를 향수하는 이른바 '자익(자익)신탁'이라고 할 것인바, 신탁법상의 신탁은 동법 제56조에 의하여 위탁자인 저작권자는 언제든지 신탁계약을 해지할 수 있는 점(다만 민법 제689조 제2항이 준용되어 부득이한 사유 없이 수탁자인 피고가 불리한 시기에 계약을 해지한 때에는 그 손해를 배상할 책임을 진다)에 비추어 보면, 위 약관 제18조 제2항은 약관규제에 관한 법률 제9조 제1호에 해당하여 무효이며, 위탁자인 저작권자는 적어도 수탁자가 저작권 신탁관리에 따른 제반 의무를 다하지 못하거나 부득이한 사유로 인하여 더 이상 계약관계를 유지할 수 없을 경우 신탁계약을 해지할 수 있고 이 경우 피고에 대하여 손해배상책임도 지지 않는다고 보아야 할 것이다.

(2) 원고의 신탁계약 해지 의사표시의 효력

위 1.항에서 본 바와 같이 원고의 수차례에 걸친 요구에도 불구하고 피고가 소외 1 등에 대하여 법적 조치를 게을리하거나, 원고의 명백한 반대의사에 반하여 소외 1 등에게 이 사건 저작물에 대한 사용을 허락한 행위는 저작권의 신탁관리에 따른 제반 의무를 다하지 못한 경우에 해당할 뿐 아니라, 원고와 피고 사이의 신뢰관계가 깨어져 회복되기 어려운 상태에 있었다고 보이는바, 부득이한 사유로 인하여 더 이상 계약관계를 유지할 수 없을 경우에 해당한다고 할 것이므로, 이러한 사유를 이유로 하는 원고의 2002. 1. 22.자 해지 통보에 의하여 이 사건 신탁계약은 적법하게 해지되었다고 할 것이다.

(가사 이를 달리 보더라도, 갑 제8, 9호증의 각 기재에 변론 전체의 취지를 종합하면, 피고는 2002. 1. 14.경 변경된 신탁계약약관을 공고한 사실, 이 사건 신탁계약 체결 당시의 약관(갑 제8호증)은 "수탁자는 약관을 변경하였을 때에는 지체없이 이를 공고하여야 하고, 약관변경에 이의가 있는 위탁자는 공고일로부터 3월 이내에 서면에 의하여 신탁계약을 해제할 수 있다"(제25조)고 규정하고 있는 사실, 원고는 위 통보일로부터 3월 내인 2002. 3. 4. 앞에서 든 해지사유 및 변경약관에 대한 이의를 제기하며 이 사건 저작권신탁계약을 해지한다는 의사표시가 기재된 서면을 피고에게 내용증명으로 발송하여 그 무렵 피고가 이를 수령한 사실을 각 인정할 수 있으므로, 이 사건 저작권신탁계약은 위와 같은 사유에 의하여도 2002. 3. 4.경 적법하게 해지되었다고 볼 수 있다).

나. 피고가 이 사건 가처분결정 후 원고의 저작물의 관리를 중단하였는지 여부

(1) 피고의 관리저작물 변경통보의무 등

앞에서 본 저작물사용계약의 내용에 비추어 보면, 피고는 계약체결 후 음악저작물 사용자들에게 음악저작권 위탁자 명단 및 '관리저작물' 목록을 서면 등으로 통보하며, 차후 신규계약한 위탁자명 및 '관리저작물' 목록에 대해서는 해당 분기분을 다음 분기 첫째달 말일까지 작성하여 사용자에게 통보할 의무가 있는바, 음악저작물 사용자는 최초의 저작물사용계약 또는 계약의 갱신시에 관리저작물의 목록을 확인하여 피고가 관리하지 아니하는 음악저작물을 그 저작권자의 허락 없이 사용하지 않도록 주의할 의무는 있다고 할 것이나, 저작물사용계약 당시 관리저작물에 포함되었던 음악저작물이 계약기간 중 관리저작물에서 제외되었는지 여부를 각 음악저작물 사용시마다 확인할 것을 기대할 수 없으며, 이는 집중관리제도의 취지에도 부합하지 않는다고 할 것이다.

따라서, 위와 같은 저작물사용계약 및 저작권신탁관리계약상 피고의 의무, 집중관리단체로서의 피고의 역할 등에 비추어 보면, 저작물사용계약 이후 저작권신탁관리계약을 해지한 위탁자나 신탁관리가 종료된 음악저작물이 있는 경우 해당 위탁자의 허락없는 음악저작물 사용을 방지하기 위하여, 피고는 신규계약한 위탁자의 경우에 준하여 사용자에게 적어도 분기별로 통보할 의무가 있다고 할 것이다(통보의 방법은 서면통지에 국한되지 아니하나, 피고의 홈페이지에 게시하거나 이메일 송부 등 최소한 음악저작물 사용자들이 관리저작물의 변동 여부를 인식할 수 있는 상태에 두어야 할 것이다).

한편, 이 사건 저작권신탁관리계약의 약관(갑 제8호증) 제16조에 의하면, 피고는 저작권의 귀속 등에

대하여 소송이 제기되거나 의문점이 있다고 인정되는 경우 징수한 저작권 사용료의 분배를 유보할 수 있는바, 이는 저작재산권 위탁자와 피고 사이에 저작권신탁관리계약의 해지 여부(즉, 신탁관리계약에 의하여 피고에게 이전된 저작재산권의 위탁자로의 귀속 여부)에 대한 다툼이 있는 경우에도 마찬가지라 할 것이어서, 피고가 이 사건 저작권신탁관리계약 해지의 효력을 다투며 관리저작물 변동에 따른 통보를 게을리하고 있는 이상 피고는 원고의 음악저작물 사용에 따른 사용료 상당액을 유보하는 등의 조치를 취할 의무가 있다.

(2) 음악저작물에 대한 관리중단시 피고가 취하여야 할 의무

앞에서 본 저작권신탁관리계약상 의무, 저작물사용계약의 형태, 관리저작물의 범위, 저작물사용료의 징수방식, 저작물사용계약에서의 피고와 사용자들간의 관계 등에 비추어 보면, 피고가 저작권신탁계약의 수탁자로서 저작물의 관리를 하다가 이를 중단하였다고 인정받기 위하여는, 피고가 내부적으로 관리하는 데이터베이스에 해당저작물을 '승인불가'로 입력한 것만으로는 부족하고, 여기에서 더 나아가 사용자들에게 관리저작물의 변경을 적극적으로 통보하여 사용자들이 문제된 저작물을 사용하지 않도록 적극적인 방지조치를 취하여야 하고, 사용자들이 위 변경 여부를 알지 못한 채 저작물을 사용한 경우 그 사용횟수에 따른 저작물사용료 상당액을 유보하는 등의 조치를 취하여야 할 것이다.

이 사건에서 보건대, 피고는 내부적으로만 관리하여 사용자들의 전산시스템과 연동되지도 아니하는 피고 내부 데이터베이스에 해당저작물을 '승인불가'로만 입력한 채 원고의 음악저작물이 실제로 사용되었는지를 파악하는 등의 조치도 없이 원고를 저작물사용료 분배대상에서 제외하였고, 사용자들에게 관리저작물의 변경을 통지함으로써 사용자들이 원고와의 별도의 사용계약 없이 원고의 음악저작물을 사용하는 것을 방지하는 등의 조치를 취하지 아니하였으므로, 이 사건 가처분결정이 명하는 원고의 음악저작물에 대한 관리를 중단하였다고 볼 수 없다(또한 피고는 사용자들이 위 가처분결정을 간과하고 원고와의 별도의 사용계약 없이 원고 음악저작물을 사용할 경우를 대비하여 그 사용횟수 등에 따라 산정한 사용료를 유보하는 등의 조치도 취하지 아니하였다).

그렇다면, 피고는 이 사건 가처분결정 및 앞에서 본 주의의무에 위반하여 원고의 음악저작물에 대한 관리를 실질적으로 중단하지 아니하였을 뿐 아니라, 이 사건 저작권신탁계약 해지의 효력을 다투며 원고가 피고의 회원이므로 원고의 음악저작물을 사용하여도 무방하다는 태도를 보여, 원고가 자신의 저작재산권을 행사하지 못하게 함으로써 음악저작물 사용자들이 원고의 허락없이 그 음악저작물을 사용하도록 방치하였으므로, 피고는 위와 같은 불법행위로 인하여 원고가 입은 손해를 배상할 의무가 있다.

(피고는 이 사건 가처분결정 후 원고의 음악저작물 사용은 사용자들에게 책임이 있다고 주장하나, 피고가 이 사건 가처분결정 등 관리저작물 변경의 통보를 게을리함으로써 음악저작물 사용자들이 원고측의 통지나 그 밖의 계기를 통하여 그 사실을 알았거나 알 수 있었기 전까지는 저작권침해의 고의, 과실을 인정할 수 없어 원고는 이들에 대하여 저작권침해로 인한 손해배상을 청구할 수 없게 되었다).

[1심판결] 서울중앙지방법원 2008. 6. 26. 선고 2006가합106755 판결 [저작권사용료]

【주 문】

원고의 청구를 기각한다.

소송비용은 원고가 부담한다.

【청구취지】

피고는 원고에게 468,470,721원 및 이에 대한 2006. 9. 2.부터 이 사건 소장부본 송달일까지는 연 5%

의, 그 다음날부터 다 갚는 날까지는 연 20%의 각 비율에 따른 금원을 지급하라는 판결.

【이 유】

1. 사안의 개요

이 사건은 원고가 피고에게 원고의 저작권을 신탁하였으나 신탁관리금지가처분결정을 받았으므로 피고는 원고의 저작권을 더 이상 관리할 수 없음에도 피고가 계속하여 원고의 음악저작물을 관리하며 저작물사용자들로부터 사용료를 징수하였다고 주장하며 피고에 대하여 신탁관리금지가처분결정 이후에 피고가 저작물사용자들로부터 징수한 저작물사용료 상당액을 부당이득으로 반환을 구하는 사안이다.

2. 판단

가. (1) 피고는 원고의 음악저작물을 신탁받아 관리하면서 한국방송공사, ㈜문화방송, ㈜에스비에스, ㈜내일에스앤씨, 와이더댄㈜, ㈜위즈맥스, ㈜미디어래보러토리, ㈜미디어이쩜영 등(이하, 위와 같은 음악저작물 사용업체들을 합하여 '음악저작물 사용자들'이라고 한다)과 사이에 피고가 관리하는 저작물을 음악저작물 사용자들에게 사용할 수 있도록 허락하고 그 대가로 사용료를 지급받기로 하는 내용의 저작물사용계약을 체결하였다.

(2) 피고가 음악저작물 사용자들과 체결한 저작물사용계약에 따르면, 피고는 음악저작물 사용자들이 사용하고자 하는 음악저작물에 대하여 개별적으로 사용을 허락하는 것이 아니라 피고가 신탁을 받아 관리하고 있는 음악저작물에 전부에 관하여 포괄하여 사용을 허락하고, 피고가 음악저작물 사용자들에게 저작권신탁자 명단과 신탁받은 음악저작물의 목록을 작성하여 통보하며, 신탁자와 음악저작물 목록에 변동이 있는 경우에는 분기별로 통보한다. 또한 피고는 음악저작물 사용자들로부터 그들이 사용한 음악저작물의 수와 사용횟수에 비례하여 저작물사용료를 지급받는 것이 아니라, 포괄하여 음악저작물 사용자들의 방송총수입액에 일정한 비율의 사용료율을 곱하여 계산한 금액을 저작물사용료로 지급받는다. 그에 따라 피고는 신탁받은 음악저작물이 추가되었다고 하더라도 음악저작물 사용자들로부터 그에 대한 사용료를 추가로 지급받지 아니하고, 피고가 신탁받은 음악저작물 중 일부에 대하여 신탁이 해지되거나 피고가 이를 더 이상 관리할 수 없게 되었다고 하더라도 음악저작물 사용자들이 지급할 사용료에서 신탁이 해지되거나 관리가 금지된 음악저작물에 대한 사용료를 공제하지 않는다.

(3) 피고는 원고를 포함한 저작권신탁자들의 명단과 신탁받은 음악저작물에 대한 정보를 데이터베이스화하여 전산으로 관리하고, 데이터베이스에 등록되어 있는 음악저작물에 대하여 자동화된 사용료분배프로그램에 의해 방송횟수, 방송소요시간, 방송지역, 실제연주여부 등을 기준으로 분배점수를 산정하고 음악저작물 사용자들로부터 징수한 저작물사용료를 분배점수에 따라 저작권신탁자들에게 안분하여 지급한다.

(4) 피고는 저작권신탁자가 저작권신탁관리계약을 해지한 경우에는 데이터베이스의 해당 음악저작물란에 '탈퇴'라고 입력하고, 저작권신탁관리계약이 해지되지 않았으나 음악저작물을 관리할 수 없게 된 경우에는 해당 음악저작물에 대한 데이터베이스에 '승인불가'라고 입력하며, 탈퇴 또는 승인불가로 입력된 음악저작물에 대해서는 음악저작물 사용자들에게 사용을 허락하거나 사용료를 징수할 수 없다.

(5) 피고는 법원으로부터 신탁관리금지가처분결정을 고지받게 되자 즉시 원고가 신탁한 음악저작물에 대하여 피고의 데이터베이스에 '승인불가'로 입력하였다.

(6) 원고는 그 무렵 ㈜비씨이천과 사이에 원고의 음악저작물을 신탁하여 관리하기로 하는 저작권신탁관리계약을 체결하였다.

㈜비씨이천은 2003. 6. 13. 종래 피고와 사이에 저작물 사용계약을 체결하였던 ㈜내일에스앤씨와 사

이에 ㈜비씨이천이 관리하는 음악저작물을 ㈜내일에스앤씨에게 사용할 수 있도록 허락하고 그 대가로 사용료를 지급받기로 하는 저작물 사용계약을 체결하였다. 이에 따라 ㈜비씨이천은 ㈜내일에스앤씨로부터 저작물사용료로 2003. 11. 10.에 75,802원, 2003. 11. 28.에 39,673원, 2004. 1. 19.에 49,150원, 2004. 2. 23.에 91,688원, 2004. 3. 31.에 99,571원을 수령하였다.

또한 ㈜비씨이천은 2003. 6. 23. 종래 피고와 사이에 저작물 사용계약을 체결하였던 와이더댄㈜와 사이에도 그와 같은 내용의 저작물 사용계약을 체결하고, 와이더댄㈜으로부터 음악저작물사용료를 지급받았다.

(7) ㈜비씨이천은 2004. 2. 12.무렵 종래 피고와 사이에 저작물 사용계약을 체결하였던 한국방송공사, ㈜문화방송 등에 대하여 원고가 피고 협회를 탈퇴하여 더 이상 피고 협회의 회원이 아니고 ㈜비씨이천이 원고와 저작권신탁계약을 체결하고 원고의 음악저작권을 관리하고 있으므로 ㈜비씨이천의 동의를 받아 원고의 음악저작물을 사용하라고 요구하였다. 이에 한국방송공사와 ㈜문화방송 등은 피고에게 원고의 저작권신탁의 효력에 대해 문의하였고, 피고는 2004. 3. 9.무렵 신탁행위금지가처분결정으로 인해 피고가 원고의 모든 저작물에 대한 관리와 사용료의 징수, 분배를 중단하였다고 회신하였다.

(8) 한편 한국방송공사 등의 음악저작물 사용자들은 피고가 관리하지 않는 음악저작물을 사용하는 경우에는 해당 저작권자로부터 개별적으로 사용을 허락받고 사용료 청구서를 제출받아 저작권자 개인에게 사용료를 직접 지급한다.

나. 위 인정사실에 비추어 보면, 피고는 신탁관리금지가처분결정을 고지받은 이후 원고의 음악저작물에 대하여 데이터베이스에 '승인불가'로 입력하고 더 이상 관리하지 않았고 음악저작물 사용자들로부터 원고의 음악저작물에 대한 사용료를 징수하지 않았고, 피고가 가처분결정의 이후에도 저작물사용료를 감액하지 않고 저작물사용료로 가처분결정 이전과 동일한 금액을 지급받았다고 하더라도 이는 피고와 음악저작물 사용자들 사이의 저작물 사용계약의 내용에 따른 것으로 보인다.

이와 같은 사정에 비추어 원고의 주장에 부합하는 증거(갑6의 1·2·3, 7의 1 내지 7)만으로는 피고가 신탁관리금지가처분결정을 고지받은 이후에도 원고의 음악저작물을 계속 관리하며 사용료를 징수하였다고 인정하기에 부족하고, 달리 이를 인정할 증거가 없다. 그러므로 피고가 원고의 신탁관리행위의 금지를 구하는 가처분결정을 받은 후에도 원고 저작물의 수탁자로서 저작권사용료를 징수하였음을 전제로 하는 원고의 주장은 이유 없다.

92. 대법원 2012. 7. 12. 선고 2010다108234 판결 [하자보수금][210)]

[논점] 분양형 토지신탁계약에 따른 분양에 있어서 하자담보책임의 주체

【이 유】

1. 하자보수에 갈음하는 손해배상청구에 관한 법리오해 주장에 대하여

가. 2005. 5. 26. 법률 제7502호로 개정된 집합건물의 소유 및 관리에 관한 법률(이하 '개정 집합건물법'이라 한다) 제9조 제1항은 " 제1조의 건물을 건축하여 분양한 자의 담보책임에 관하여는 민법 제667조 내지 제671조의 규정을 준용한다."고 규정하고, 부칙(1984. 4. 10.) 제6조는 "집합주택의 관리방법과 기준에 관한 주택법의 특별한 규정은 그것이 이 법에 저촉하여 구분소유자의 기본적인 권리를 해하지 않는 한 효력이 있다. 다만 공동주택의 담보책임 및 하자보수에 관하여는 주택법 제46조의 규정이 정

210) 이 판결에 대한 평석은, 이영창, 집합건물법상 하자담보책임 : 대법원 2012. 7. 12. 선고 2010다108234 판결, 이상훈 대법관 재임기념 문집, 사법발전재단, 336면 이하를 참고할 것.

하는 바에 따른다."고 규정하고 있으며, 한편 2005. 5. 26. 법률 제7520호로 개정된 주택법(이하 '개정 주택법'이라 한다) 제46조 제1항은 "사업주체는 건축물 분양에 따른 담보책임에 관하여 집합건물법 제9조의 규정에 불구하고 공동주택의 사용검사일 또는 사용승인일부터 공동주택의 내력구조부별 및 시설공사별로 10년 이내의 범위에서 대통령령이 정하는 담보책임기간 안에 공사상 잘못으로 인한 균열·침하·파손 등 대통령령으로 정하는 하자가 발생한 때에는 공동주택의 입주자 등 대통령령이 정하는 자의 청구에 따라 그 하자를 보수하여야 한다."고 규정하고, 같은 조 제3항은 "사업주체는 제1항의 규정에 의한 담보책임기간 안에 공동주택의 내력구조부에 중대한 하자가 발생한 때에는 하자발생으로 인한 손해를 배상할 책임이 있다."고 규정하고 있다.

개정 집합건물법과 개정 주택법은 입법 목적, 하자담보책임의 내용, 하자담보책임의 대상이 되는 하자의 종류와 범위, 하자담보책임을 추급할 수 있는 권리자와 그 의무자, 하자담보책임을 추급할 수 있는 권리의 행사기간 등을 서로 달리하고 있다. 따라서 개정 집합건물법 제9조에 따른 하자보수청구권 및 하자보수에 갈음하는 손해배상청구권과 개정 주택법 제46조에 따른 하자보수청구권 및 하자발생으로 인한 손해배상청구권은 독립적으로 행사할 수 있다고 할 것이다. 다만 위에서 본 바와 같이 개정 집합건물법 부칙 제6조 단서가 '공동주택의 담보책임에 관하여는 개정 주택법 제46조의 규정이 정하는 바에 따른다'고 규정하고 있고, 개정 주택법 제46조는 공동주택의 사용검사일 또는 사용승인일(이하 '사용검사일'이라고만 한다)부터 대통령령이 정하는 담보책임기간 안에 대통령령으로 정하는 하자가 발생한 때에 한하여 담보책임을 인정하고 있으므로, 개정 주택법 제46조에서 규정하는 하자에 대하여는 위 대통령령이 정하는 담보책임기간 안에 그 하자가 발생한 때에 한하여 개정 집합건물법 제9조에 따라 하자보수에 갈음하는 손해배상을 청구할 수 있고, 그 밖에 개정 주택법 제46조에서 규정하지 않는 사용검사일 전에 발생한 하자나 오시공·미시공 등의 하자에 대하여는 위 대통령령이 정하는 담보책임기간의 제한 없이 개정 집합건물법 제9조에 따라 하자보수에 갈음하는 손해배상을 청구할 수 있다고 할 것이다.

나. 원심판결 이유와 기록에 의하면 다음과 같은 사정이 인정된다. (1) 두루원 디앤씨 주식회사(이하 '두루원'이라 한다)와 원심 공동피고 새롬성원산업 주식회사(이하 '새롬성원산업'이라 한다)는 2004. 3. 경 이 사건 아파트 신축사업을 공동으로 추진하기로 약정한 후, 피고와 이 사건 아파트 건축을 위하여 신탁계약을 체결하였다. (2) 이 사건 아파트에 관하여 2006. 10. 27. 사용검사가 이루어졌는데, 이 사건 아파트에는 원심이 인용한 제1심판결 별지 기재와 같이 사용검사일 전에 발생한 하자나 오시공·미시공 등의 하자가 있고, 또한 사용검사일부터 위 담보책임기간의 만료일 이전에 발생한 주택법 제46조의 하자가 있다. (3) 원고는 주택법 등 관련 법령에 기하여 피고를 상대로 이 사건 아파트 중 177세대의 하자의 보수에 갈음하는 손해배상을 청구하는 이 사건 소를 제기하였고, 피고가 답변서에서 ' 집합건물법 제9조에 의한 하자담보추급권은 특별한 사정이 없는 한 집합건물 구분소유자에게 귀속하고, 공동주택에 하자가 있는 경우 입주자대표회의는 하자보수에 갈음한 손해배상청구권을 가지지 않는다'는 취지의 대법원판결을 들어 원고의 청구를 다투고 나서자, 두루원을 포함한 위 177세대의 구분소유자들은 2009. 10. 5. 피고에 대하여 가지는 하자의 보수에 갈음하는 손해배상청구권을 원고에게 양도하고 다음 날 피고 앞으로 그 채권양도의 통지를 하였으며, 그에 따라 원고는 2009. 12. 11. 위 구분소유자들로부터 피고에 대한 손해배상청구권을 양도받았음을 원인으로 하여 이 사건 소의 청구취지와 청구원인을 변경하였다.

다. 앞서 본 법리와 사실관계에 의하면, 위 구분소유자들은 이 사건 아파트에 발생한 위 하자들 전부에 대하여 피고를 상대로 개정 집합건물법 제9조에 따라 하자보수에 갈음하는 손해배상을 청구할 수 있다고 할 것이고, 한편 원고는 위 아파트 177세대의 구분소유자들로부터 개정 집합건물법 제9조에 따른 하자보수에 갈음하는 손해배상청구권을 양수받아 그 이행을 청구하는 것이 분명하므로, 원고의 청구를 일부 받아들인 원심의 판단은 정당한 것으로 수긍할 수 있다. 원심이 이 사건 손해배상청구의 근거법령을 개정 집합건물법 제9조가 아닌 개정 주택법 제46조 제1항, 제3항으로 적시한 것은 잘못이나, 이러한 잘못은 판결 결과에 영향이 없다.

이 부분 상고이유의 주장은 이 사건 아파트의 하자보수에 갈음하는 손해배상청구에 관하여 개정 집합건물법의 적용이 배제되고 개정 주택법령만이 적용된다는 전제에서 원심의 판단을 탓하는 것이어서 받아들일 수 없다.

2. 집합건물법상 하자담보추급권 포기에 관한 주장에 대하여

피고는, 두루원과 피고가 이 사건 신탁계약 제24조 제1호에서 신탁계약 종료 시 피고가 두루원에게 그 소유 아파트들을 현존상태대로 인도하기로 약정하였고, 이는 하자담보추급권의 포기약정에 해당한다고 주장한다.

그러나 이는 상고심에 이르러 비로소 주장하는 것으로서 적법한 상고이유가 될 수 없을 뿐 아니라, 피고 주장의 위 약정만으로는 두루원이 하자담보추급권을 포기하였다고 볼 수도 없다. 이 부분 상고이유의 주장도 받아들일 수 없다.

3. 집합건물법상 하자담보책임의 의무자에 관한 법리오해 주장에 대하여

원심판결 이유에 의하면, 이 사건 아파트를 신축함에 있어 건축허가 등 법적 절차가 모두 피고 명의로 이루어진 사실, 이 사건 아파트를 분양하면서 작성된 공급계약서에는 매도인이 피고로 되어 있을 뿐 두루원의 명칭은 계약서 어디에도 기재되어 있지 아니한 사실 등을 알 수 있으므로, 두루원이 아니라 피고가 이 사건 아파트를 건축하고 분양한 자로서 개정 집합건물법 제9조에 따른 하자담보책임을 부담한다고 할 것이다.

따라서 두루원이 실질적으로 이 사건 아파트를 건축하여 분양한 자로서 하자담보책임을 부담한다는 취지의 상고이유 주장은 받아들일 수 없다.

4. 하자보수비용이 신탁비용에 포함되는지 여부에 관한 채증법칙 위반 및 법리오해 주장에 대하여

원심은, 이 사건 신탁계약 제17조는 신탁사업을 수행하는 중 신탁재산에 발생한 제 비용을 수익자가 부담한다는 취지에 불과하고, 하자보수비용은 공사도급관계에서 공사수급인이 공사도급인에 대하여 부담하거나 건축물 분양에 따라 사업주체가 공동주택의 입주자에게 부담하는 것인 점에 비추어, 이 사건 신탁계약에서 수익자가 부담하기로 약정한 '신탁부동산의 수선, 보존, 개량비용'(제17조 제1항 제4호)에는 이 사건 아파트의 하자보수비용은 포함될 수 없고, 따라서 두루원은 피고에 대하여 하자보수비용의 상환의무나 지급의무를 부담하지 않는다는 취지로 판단하여 피고의 상계항변을 배척하였다. 기록에 비추어 보면 원심의 이러한 사실인정과 판단은 정당하고, 거기에 상고이유에서 주장하는 바와 같은 채증법칙 위반이나 법리오해 등의 위법이 없다.

[원심판결] 서울고등법원 2010. 11. 12. 선고 2010나35680 판결 [하자보수금]

【주 문】

1. 제1심 판결 중 피고 새롬성원산업 주식회사 패소부분을 취소하고, 그 취소부분에 해당하는 원고의 피고 새롬성원산업 주식회사에 대한 청구를 기각한다.

2. 제1심 판결 중 피고 주식회사 한국토지신탁과 피고 서울보증보험 주식회사에 대한 부분을 다음과 같이 변경한다.

원고에게,

가. 피고 주식회사 한국토지신탁은 284,161,432원 및 그 중 230,620,356원에 대하여는 2009. 12. 12.부터 2010. 2. 12.까지는 연 5%의, 그 다음날부터 다 갚는 날까지는 연 20%의 각 비율에 의한 지연손해금을, 그 나머지 53,541,076원에 대하여는 2009. 12. 12.부터 2010. 11. 12.까지는 연 5%의, 그 다음날부터 다 갚는 날까지는 연 20%의 각 비율에 의한 금원을 지급하고,

나. 피고 서울보증보험 주식회사는

1) 피고 주식회사 한국토지신탁과 연대하여 위 가.항 기재 금원 중 107,704,467원 및 그 중 101,000,000원에 대하여는 2008. 11. 4.부터, 나머지 6,704,467원에 대하여는 2009. 12. 12.부터, 각 2010. 2. 12.까지는 연 5%의, 그 다음날부터 다 갚는 날까지는 연 20%의 각 비율에 의한 금원을 지급하고,

2) 26,561,983원 및 이에 대하여 2009. 12. 12.부터 2010. 2. 12.까지는 연 5%의, 그 다음날부터 다 갚는 날까지는 연 20%의 각 비율에 의한 금원을 지급하라.

3. 원고의 피고 새롬성원산업 주식회사에 대한 항소를 기각한다.

4. 원고와 피고 새롬성원산업 주식회사 사이에 발생한 소송총비용은 원고가 부담하고, 원고와 피고 한국토지신탁 사이에 발생한 소송총비용 중 20%는 원고가, 80%는 위 피고가 각 부담하며, 원고와 피고 서울보증보험 주식회사 사이에 생긴 소송총비용 중 25%는 원고가, 75%는 위 피고가 각 부담한다.

5. 제2항 중 금원지급부분은 가집행할 수 있다.

【청구취지 및 항소취지】

1. 청구취지

원고에게, 피고 새롬성원산업 주식회사(이하 '피고 건설회사'라 한다), 주식회사 한국토지신탁(이하, '피고 토지신탁'이라 한다)은 연대하여 358,071,330원 및 이에 대하여 이 사건 2009. 12. 11.자 청구취지 및 청구원인 변경신청서 부본 송달 다음날부터 다 갚는 날까지 연 20%의 비율에 의한 금원을 지급하고, 피고 서울보증보험 주식회사(이하, '피고 보험회사'라 한다)는 위 피고들과 연대하여 위 358,071,330원 중 134,799,430원 및 그 중 101,000,000원에 대하여는 이 사건 소장 부본 송달 다음날부터, 나머지 금원에 대하여는 이 사건 2009. 12. 11.자 청구취지 및 청구원인 변경신청서 부본 송달 다음날부터 각 다 갚는 날까지 연 20%의 비율에 의한 금원을 지급하고, 피고 서울보증보험 주식회사는 33,063,614원 및 이에 대하여 이 사건 2009. 12. 11.자 청구취지 및 청구원인 변경신청서 부본 송달 다음날부터 다 갚는 날까지 연 20%의 비율에 의한 금원을 각 지급하라.

2. 항소취지

가. 원고 : 제1심 판결 중 아래에서 지급을 명하는 원고 패소부분을 취소한다. 원고에게, 1) 피고 토지신탁은 60,000,000원 및 이에 대하여 2009. 12. 11.자 청구취지 및 청구원인 변경신청서 부본 송달 다음날부터 다 갚는 날까지 연 20%의 비율에 의한 금원을, 2) 피고 건설회사는 피고 토지신탁과 연대하여 위 1)항 기재 금원 중 35,520,179원 및 이에 대하여 2009. 12. 11.자 청구취지 및 청구원인 변경신청서 부본 송달 다음날부터 다 갚는 날까지 연 20%의 비율에 의한 금원을, 3) 피고 보험회사는, ㈎ 피고 건설회사와 연대하여 위 2)항 기재 13,463,058원 및 이에 대하여, ㈏ 3,320,249원 및 이에 대하여, 각 2009. 12. 11.자 청구취지 및 청구원인 변경신청서 부본 송달 다음날부터 다 갚는 날까지 연 20%의 비율에 의한 금원을 지급하라.

나. 피고들 : 제1심 판결 중 피고들 패소부분을 취소하고, 그 취소부분에 해당하는 원고의 피고들에 대한 청구를 모두 기각한다.

【이 유】

3. 피고 건설회사에 대한 청구에 관한 판단

가. 원고의 주장

2005. 5. 26. 법률 제7520호로 개정된 주택법 제46조 제1항이 하자보수의무자를 '사업주체(건축법 제8조의 규정에 의하여 건축허가를 받아 분양을 목적으로 하는 공동주택을 건축한 건축주 및 제42조 제2항 제2호의 행위를 한 시공자를 포함한다)로 규정하고 있고, 이 사건 아파트는 위와 같이 개정된 주택법이 시행된 이후인 2006. 10. 27. 사용검사를 받았으므로, 이 사건 아파트 신축공사의 시공자인 피고 건설회사도 주택법 제46조 제1항, 제3항에 의하여 이 사건 아파트의 구분소유자들로부터 그 손해배상채권을 양수한 원고에게 이 사건 아파트에 발생한 하자 발생으로 인한 손해배상책임을 부담한다.

나. 판단

피고 건설회사는 피고 토지신탁으로부터 이 사건 아파트 건축을 도급받은 시공자인바, 주택법 제46조 제1항은 시공자를 포함한 사업주체의 '하자보수의무'만을 규정하고 있고, 같은 조 제3항은 내력구조부에 중대한 하자가 발생한 경우 시공자를 포함한 사업주체의 손해배상의무를 규정하고 있으며, 한편 집합건물법 제9조는 '공동주택을 건축하여 분양한 자'의 하자담보책임에 관하여 규정하고 있을 뿐이므로, 위 각 조항을 근거로 시공자에게도 하자보수에 갈음한 손해배상의무가 있다고 보기는 어렵고, 달리 이를 인정할 근거가 없으므로(대법원 2009. 1. 30. 선고 2008다12507 판결 참조), 피고 건설회사에 대하여 하자보수에 갈음한 손해배상책임을 구하는 원고의 청구는 이유 없다.

4. 피고 토지신탁에 대한 청구에 관한 판단

가. 손해배상책임의 발생

1) 피고 토지신탁은 이 사건 아파트를 건축하여 분양한 사업주체로서 주택법 제46조 제1항, 제3항에 의하여 원고에게 이 사건 아파트의 구분소유자들로부터 양도받은 위 손해배상채권의 범위 내에서 이 사건 아파트에 존재하는 하자의 보수에 갈음하는 손해를 배상할 책임이 있다.

2) 피고 토지신탁은, 원고에게 이 사건 아파트 중 33세대의 하자보수에 갈음하는 손해배상채권을 양도한 주식회사 두루원디앤씨(이하 '두루원'이라 한다)는 피고 토지신탁과 신탁계약을 체결하여 이 사건 아파트 신축사업을 시행한 실질적인 사업주체로서 이 사건 아파트를 분양받은 자가 아니므로 주택법 제46조 제1항의 하자보수청구권을 행사할 수 없다고 주장한다.

살피건대, 을 제5 내지 8호증의 각 기재에 의하면 두루원과 피고 건설회사는 2004. 3.경 이 사건 아파트 신축사업을 공동으로 추진하기로 약정한 사실, 두루원과 피고 건설회사는 피고 토지신탁과 사이에 이 사건 아파트 건축을 위하여 신탁계약을 체결한 사실, 두루원과 피고 건설회사는 이 사건 아파트 신축 후인 2007. 6.경 피고 토지신탁과 사이에 신탁계약을 종료하기 위한 가정산으로 미분양 아파트의 소유권을 두루원 및 피고 건설회사에게 각 이전하기로 약정한 사실, 그에 따라 이 사건 아파트 33세대(별지 전유세대 목록 '소유자'란에 두루원으로 기재된 세대들)의 구분소유권이 두루원으로 이전된 사실은 인정된다.

그러나 앞서 든 증거들 및 을 제12호증의 기재에 변론 전체의 취지를 종합하면, 이 사건 아파트를 신축함에 있어 건축허가 등 법적 절차는 모두 피고 토지신탁의 명의로 이루어진 사실, 이 사건 아파트를 분양하면서 작성된 공급계약서에는 매도인이 피고 토지신탁으로 되어 있을 뿐 두루원의 명칭은 계약서 어디에도 기재되어 있지 아니한 사실이 아울러 인정되는바, 두루원은 피고 토지신탁과의 관계에서는 실질적인 사업주체에 해당한다고 볼 수 있으나, 대외적으로는 피고 토지신탁이 주택법 제46조의 사업주체로서의 지위를 지닌다고 봄이 상당하다.

또한, 위에서 본 바와 같이 두루원이 이 사건 아파트의 소유자로서 수분양자에 해당하지 않는 사실은 인정되나, 주택법 제46조 및 동 시행령 제59조에 의하면 주택법 제46조의 사업주체는 입주자에 대하여 하자발생으로 인한 손해를 배상할 책임이 있다고 규정하고 있는데, 주택법 제2조에 의하면 주택법상 입주자의 개념에 주택의 소유자를 포함하면서 수분양자가 아닌 소유자를 배제하는 규정을 두고 있지는 아니한바, 주택법 제46조의 적용을 받는 사업주체는 피고 토지신탁이고, 두루원이 이 사건 아파트의 소유자인 이상 수분양자가 아니라고 하여 주택법 제46조의 하자보수청구권을 행사할 수 없다고 볼 수는 없으므로 피고 토지신탁의 위 주장은 이유 없다.

3) 피고 토지신탁은, 분양형 토지신탁계약 제17조에서 이 사건 아파트에 발생한 하자를 보수하는데 필요한 비용은 이 사건 신탁계약의 수익자인 두루원과 피고 건설회사가 부담하기로 하고, 수탁자인 피고 토지신탁으로서는 수분양자로부터 하자보수비용의 지급을 요구받은 경우 신탁재산이나 수익자로부터 그 비용을 수령하여 지급하면 되므로, 수탁자인 피고 토지신탁은 수익자인 두루원에 대하여 하자보수비용의 상환을 구할 권리가 있고, 따라서 피고 토지신탁은 두루원에 대한 위 비용상환채권으로 원고가 두루원으로부터 양수한 이 사건 아파트 중 33세대의 하자보수에 갈음한 손해배상채권과 상계한다고 주장한다.

살피건대, 갑 제10호증(을 제7호증과 같다)의 기재에 의하면, 2004. 7.경 위탁자인 피고 건설회사와 두루원은 수탁자인 피고 토지신탁과 사이에 분양형 토지신탁계약을 체결하였는데, 위 신탁계약 제13조에서 이 신탁의 수익자로 두루원과 피고 건설회사를 지정한 사실, 제17조(제비용의 지급) 제1항 제4호에서 "신탁부동산의 수선, 보존, 개량비용 및 화재보험료는 수익자의 부담으로 한다."고 규정하고, 제2항에서 "피고 토지신탁은 제1항의 비용을 신탁재산에서 지급하고, 신탁재산에서 지급할 수 없는 경우에는 수익자에게 청구·수령하여 지급할 수 있으며, 필요한 경우에는 미리 수익자에게 상당한 금액을 예탁하게 할 수 있다."고 규정한 사실은 인정된다.

그러나 한편 갑 제10호증, 갑 제12호증의 각 기재에 변론 전체의 취지를 종합하면, 신탁기간 중 또는 신탁기간 종료 후 신탁한 토지에 대한 하자담보책임은 두루원이 부담하고, 건물에 대한 하자담보책임은 원칙적으로 피고 토지신탁이 부담하되, 내부적 관계에서는 실제 공사자인 피고 새롬성원이 외부적으로 책임을 지게 되는 시행사인 피고 토지신탁에 대하여 그 비용을 부담하기로 약정한 사실을 인정할 수 있고, 위 인정사실에 덧붙여 위 분양형 토지신탁계약 제17조는 신탁사업을 수행하는 중 신탁재산에 발생한 제비용을 수익자가 부담한다는 취지에 불과한 점, 하자보수비용은 공사도급관계에서 공사수급인인 피고 건설회사가 도급인인 피고 토지신탁에 대하여 부담하거나, 건축물 분양에 따라 사업주체인 피고 토지신탁이 공동주택의 입주자에게 부담하는 것인 점 등에 비추어 보면, 신탁부동산의 수선, 보존비용에 위와 같은 하자보수비용이 포함된다고 볼 수 없다.

따라서 이 사건 신탁계약의 수익자인 두루원이 하자보수비용을 부담함을 전제로 한 위 상계항변은 이유 없다.

[1심판결] 서울중앙지방법원 2010. 2. 12. 선고 2008가합104760 판결 [하자보수금]

【주 문】

1. 원고에게,

가. 피고 새롬성원산업 주식회사는 284,161,432원 및 이에 대하여 2009. 12. 12.부터 2010. 2. 12.까지는 연 5%, 그 다음날부터 다 갚는 날까지는 연 20%의 각 비율에 의한 금원을,

나. 피고 주식회사 한국토지신탁은 피고 새롬성원산업 주식회사와 각자 가항 기재 금원 중 230,620,356원 및 이에 대하여 2009. 12. 12.부터 2010. 2. 12.까지는 연 5%, 그 다음날부터 다 갚는 날까지는 연 20%의 각 비율에 의한 금원을,

다. 피고 서울보증보험 주식회사는

(1) 피고 새롬성원산업 주식회사와 각자 위 가항 기재 금원 중 107,704,467원 및 그 중 101,000,000원에 대하여는 2008. 11. 4.부터, 나머지 6,704,467원에 대하여는 2009. 12. 12.부터,

(2) 26,561,983원 및 이에 대하여 2009. 12. 12.부터

각 2010. 2. 12.까지는 연 5%의, 그 다음날부터 다 갚는 날까지는 연 20%의 각 비율에 의한 금원을 각 지급하라.

2. 원고의 피고들에 대한 나머지 청구를 각 기각한다.

3. 소송비용 중 원고와 피고 새롬성원산업 주식회사, 주식회사 한국토지신탁 사이에 생긴 부분의 1/5은 원고가, 나머지는 피고 새롬성원산업 주식회사, 주식회사 한국토지신탁이 각 부담하고, 원고와 피고 서울보증보험 주식회사 사이에 생긴 부분의 1/4은 원고가, 나머지는 피고 서울보증보험 주식회사가 각 부담한다.

4. 제1항은 가집행할 수 있다.

【청구취지】

원고에게, 피고 새롬성원산업 주식회사, 주식회사 한국토지신탁은 각자 358,071,330원 및 이에 대하여 이 사건 2009. 12. 11.자 청구취지 및 청구원인 변경신청서 부본 송달 다음날부터 다 갚는 날까지 연 20%의 비율에 의한 금원을 지급하고, 피고 서울보증보험 주식회사는 위 피고들과 각자 위 358,071,330원 중 134,799,430원 및 그 중 101,000,000원에 대하여는 이 사건 소장 부본 송달 다음날부터, 나머지 금원에 대하여는 이 사건 2009. 12. 11.자 청구취지 및 청구원인 변경신청서 부본 송달 다음날부터 각 다 갚는 날까지 연 20%의 비율에 의한 금원을 지급하고, 피고 서울보증보험 주식회사는 33,063,614원 및 이에 대하여 이 사건 2009. 12. 11.자 청구취지 및 청구원인 변경신청서 부본 송달 다음날부터 다 갚는 날까지 연 20%의 비율에 의한 금원을 각 지급하라.

【이 유】

3. 피고 토지신탁, 건설회사에 대한 각 청구에 관한 판단

가. 손해배상책임의 발생

(1) 피고 토지신탁의 손해배상책임

(가) 앞서 인정한 사실에 의하면, 피고 토지신탁은 이 사건 아파트를 건축하여 분양한 사업주체로서 주택법 제46조 제1항, 제3항에 의하여 원고에게 이 사건 아파트의 구분소유자들로부터 양도받은 위 손해배상채권의 범위 내에서 이 사건 아파트에 존재하는 하자의 보수에 갈음하는 손해를 각 배상할 책임이 있다.

(나) 피고 토지신탁은, 원고에게 이 사건 아파트 중 33세대의 하자보수에 갈음하는 손해배상채권을 양도한 주식회사 두루원디앤씨(이하 '두루원'이라 한다)는 피고 토지신탁과 신탁계약을 체결하여 이 사건 아파트 신축사업을 시행한 실질적인 사업주체로서 이 사건 아파트를 분양받은 자가 아니므로 주택법 제46조 제1항의 하자보수청구권을 행사할 수 없다고 주장한다.

살피건대, 을 제5, 6, 7, 8호증의 각 기재에 의하면 두루원과 피고 건설회사는 2004. 3.경 이 사건 아

파트 신축사업을 공동으로 추진하기로 약정한 사실, 두루원과 피고 건설회사는 피고 토지신탁과 사이에 이 사건 아파트 건축을 위하여 신탁계약을 체결한 사실, 두루원과 피고 건설회사는 이 사건 아파트 신축 후인 2007. 6.경 피고 토지신탁과 사이에 신탁계약을 종료하기 위한 가정산으로 미분양 아파트의 소유권을 두루원 및 피고 건설회사에게 각 이전하기로 약정한 사실, 그에 따라 이 사건 아파트 33세대(별지 전유세대 목록 '소유자'란에 두루원으로 기재된 세대들)의 구분소유권이 두루원으로 이전된 사실이 인정되나, 한편 앞서 든 증거들 및 을 제12호증의 기재에 변론 전체의 취지를 종합하면 이 사건 아파트를 신축함에 있어 건축허가 등 법적 절차는 모두 피고 토지신탁의 명의로 행한 사실, 이 사건 아파트를 분양하면서 작성된 공급계약서에는 매도인이 피고 토지신탁으로 되어 있을 뿐 두루원의 명칭은 계약서 어디에도 기재되어 있지 아니한 사실이 아울러 인정되는바, 두루원은 피고 토지신탁과의 관계에서는 실질적인 사업주체에 해당한다고 볼 수 있으나, 대외적으로는 피고 토지신탁이 여전히 주택법 제46조의 사업주체로서의 지위를 지닌다고 봄이 상당하다.

또한, 위 인정사실에 의하면 두루원이 이 사건 아파트의 소유자이긴 하나 수분양자에는 해당하지 않는 사실이 인정되나, 주택법 제46조 및 동 시행령 제59조에 의하면 주택법 제46조의 사업주체는 입주자에 대하여 하자발생으로 인한 손해를 배상할 책임이 있다고 규정하고 있는데, 주택법 제2조에 의하면 주택법상 입주자의 개념에 주택의 소유자를 포함하면서 수분양자가 아닌 소유자를 배제하는 규정을 두고 있지는 아니하는바, 주택법 제46조의 적용을 받는 사업주체는 피고 토지신탁이고, 두루원이 이 사건 아파트의 소유자인 이상 수분양자가 아니라고 하여 주택법 제46조의 하자보수청구권을 행사할 수 없다고 볼 수는 없으므로 피고 토지신탁의 위 주장은 이유 없다.

(다) 피고 토지신탁은, 위 신탁계약에 따라 두루원에 대하여 하자보수비용의 상환을 구할 권리가 있으므로 이로써 원고가 두루원으로부터 양수한 이 사건 아파트 중 33세대의 하자보수에 갈음한 손해배상채권과 상계한다고 항변한다.

살피건대, 을 제7호증의 기재에 변론 전체의 취지를 종합하면 위 신탁계약에서 두루원과 피고 건설회사를 수익자로 정한 사실(제13조), 신탁부동산의 수선, 보존 비용 등은 수익자의 부담으로 하기로 한 사실, 신탁부동산의 수선, 보존 비용 등은 피고 토지신탁이 신탁재산에서 지급하고, 신탁재산에서 지급할 수 없는 경우에는 수익자에게 청구·수령하여 지급하며, 필요한 경우에는 미리 수익자에게 상당한 금액을 예탁하게 할 수 있도록 정한 사실(제17조)이 인정되는바, 피고 토지신탁은 사업주체로서 이 사건 아파트의 입주자 등에게 부담하는 하자보수에 갈음한 손해배상비용에 관하여 신탁계약의 수익자인 두루원에게 이를 구상할 수 있고, 필요한 경우에는 사전구상권을 행사할 수 있다고 봄이 상당하다.

한편, 이 사건 아파트에 별지 하자목록 기재와 같이 하자가 발생한 사실은 앞서 본 바와 같고, 피고 토지신탁이 2010. 1. 29. 이 사건 제5차 변론기일에서 원고에 대하여 두루원에 대한 사전구상권과 원고가 양수한 두루원이 소유한 33세대의 하자보수에 갈음한 손해배상채권을 대등액의 범위 내에서 상계한다는 의사를 표시한 사실은 기록상 분명하므로, 이로써 원고가 양수한 위 33세대의 하자보수에 갈음한 손해배상채권은 위 상계적상일인 2010. 1. 29.에 소급하여 피고 토지신탁의 사전구상권과 대등액의 범위에서 소멸하였다 할 것이므로 피고 토지신탁의 위 항변은 이유 있다.

(라) 따라서 피고 토지신탁은 원고에게 원고가 양수한 177세대 중 위 33세대를 제외한 144세대의 하자에 관하여만 하자보수에 갈음한 손해배상책임을 부담한다.

(2) 피고 건설회사의 손해배상책임

(가) 살피건대, 구 주택건설촉진법(2003. 5. 29. 법률 제6916호로 전부 개정되기 전의 것)은 분양자의 담보책임만을 규정하였을 뿐 시공자의 수분양자에 대한 담보책임에 관해서는 규정하고 있지 아니하였

는데, 구 주택건설촉진법이 2003. 5. 29. 법률 제6916호로 주택법으로 전면 개정되면서 주택법 제46조 제1항이 하자보수의무자를 '사업주체(건축법 제8조의 규정에 의하여 건축허가를 받아 분양을 목적으로 하는 공동주택을 건축한 건축주 및 제42조 제2항 제2호의 행위를 한 시공자를 포함한다. 이하 이 조에서 같다)'로 규정하고, 2005. 5. 26. 법률 제7520호로 개정된 주택법 제46조 제1항도 같은 내용으로 규정함으로써, 공동주택의 시공자로 하여금 보다 견실한 시공을 하도록 유도하고 공동주택 입주자들의 권리를 두텁게 보호하기 위하여 주택법 제46조 제1항에서 사업주체에 시공자를 포함시킨 것으로 보이는 점, 공동주택사업의 관행상 공동주택의 보수는 시공자를 통해서 이루어지는 것이 보통인 점, 시공자는 발주자인 사업시행자에 대하여 하자담보책임을 부담하고 있어 사업시행자가 입주자 측에게 하자담보책임을 이행한 경우 사업시행자에 대하여 구상책임을 부담하는 등 종국적으로 하자로 인한 담보책임을 부담하게 되므로 분쟁의 1회적 해결을 도모할 필요가 있는 점 등에 비추어 보면, 주택법 제46조 제1항에서 규정하는 사업주체는 사업시행자의 지위를 겸하지 아니한 단순 시공자도 포함하는 것으로 해석함이 상당하고, 이 사건 아파트는 위와 같이 개정된 주택법이 시행된 이후인 2006. 10. 27. 사용검사를 받았으므로, 이 사건 아파트 신축공사의 시공자인 피고 건설회사도 주택법 제46조 제1항, 제3항에 의하여 이 사건 아파트의 구분소유자들로부터 그 손해배상채권을 양수한 원고에게 이 사건 아파트에 발생한 하자에 대한 담보책임을 부담한다고 할 것이다.

(나) 피고 건설회사는, 두루원은 피고 토지신탁과 신탁계약을 체결하여 이 사건 아파트 신축사업을 시행한 실질적인 사업주체로서 이 사건 아파트를 분양받은 자가 아니므로 주택법 제46조 제1항의 하자보수청구권을 행사할 수 없다고 주장하나, 앞서 본 바와 같이 주택법 제46조의 적용을 받는 사업주체는 피고 토지신탁 및 시공사인 피고 건설회사이고, 두루원이 이 사건 아파트의 소유자인 이상 수분양자가 아니라고 하여 주택법 제46조의 하자보수청구권을 행사할 수 없다고 볼 수는 없으므로 피고 건설회사의 위 주장은 이유 없다.

(다) 피고 건설회사는, 두루원과 체결한 공동사업약정에 따르면 이 사건 아파트에 발생한 하자보수비용은 두루원과 피고 건설회사가 50%씩 부담하기로 약정하였으므로, 두루원에 대하여 하자보수비용의 상환을 구할 권리가 있고 이로써 원고가 두루원으로부터 양수한 이 사건 아파트 중 33세대의 하자보수에 갈음한 손해배상채권과 상계한다고 항변한다.

살피건대, 을 제6호증의 기재에 의하면 두루원과 피고 건설회사는 2004. 3.경 이 사건 아파트 신축을 위하여 공동사업약정을 체결하면서 신탁계약 체결 후 피고 토지신탁으로부터 자금집행이 되기 이전까지의 사업투입비를 각 50%씩 자금을 투자하기로 약정한 사실은 인정되나, 이는 이 사건 아파트 신축사업에 필요한 경비를 50%씩 부담하기로 약정한 것으로 볼 수 있을 뿐 두루원과 피고 건설회사가 이 사건 아파트에 발생한 하자보수비용을 50%씩 부담하기로 하였다고 볼 수는 없다.

다음으로 피고 건설회사는 신탁계약 제17조에 기한 구상권에 기하여 위 33세대의 하자보수에 갈음한 손해배상채권과 상계한다고 항변하므로 살피건대, 위 인정사실에 의하면 신탁계약에서 두루원과 피고 건설회사를 공동수익자로 정한 사실(제13조), 신탁부동산의 수선, 보존 비용 등은 수익자의 부담으로 하기로 한 사실, 피고 토지신탁은 신탁부동산의 수선, 보존 비용 등을 신탁재산에서 지급하되, 신탁재산에서 지급할 수 없는 경우에는 수익자에게 청구·수령하여 지급하며, 필요한 경우에는 미리 수익자에게 상당한 금액을 예탁하게 할 수 있도록 정한 사실(제17조)이 인정되는바, 위 인정사실에 의하면 두루원과 피고 건설회사는 피고 토지신탁이 부담하는 하자보수비용을 공동으로 부담할 의무가 있으나, 피고 건설회사에게는 하자보수비용의 사전구상권이 인정되지 않고, 피고 건설회사가 피고 토지신탁에게 이 사건 아파트에 관한 하자보수비용을 지급하지 않은 이상 공동수익자인 두루원이 공동면책되었다고 볼 수 없어 피고 건설회사에게 두루원에 대한 구상권이 발생하였다고 볼 수 없으므로 피고 건설회사의 위 항변은 이유 없다.

93. 대법원 2012. 7. 12. 선고 2010다67593 판결 [배당이의]

[논점] 신탁법에서 예외적으로 신탁재산에 대하여 강제집행 또는 경매를 할 수 있다고 규정한 '신탁사무의 처리상 발생한 권리'에 위탁자를 채무자로 하는 경우도 포함되는지 여부

【이 유】

1. 원심의 판단

가. 원심은 그 채용증거를 종합하여 다음과 같은 사실을 인정하였다.

(1) 주식회사 서울상호저축은행(이하 '서울상호저축은행'이라고 한다)은 2002. 12. 12. 주식회사 중화실버호텔(이후 '주식회사 정탑'으로 상호가 변경되었다. 이하 '소외 회사'라고 한다)로부터 이 사건 부동산에 관하여 채권최고액 60억 원의 근저당권을 설정받았다.

(2) 소외 회사는 2005. 2. 16. 주식회사 다올부동산신탁에 이 사건 부동산에 관하여 신탁을 원인으로 한 소유권이전등기를 마쳐주었다.

(3) 소외 회사가 이 사건 부동산을 과세대상으로 하는 2006년분 재산세(법정기일 2006. 7. 10. 및 2006. 9. 10.) 및 2007년분 재산세(법정기일 2007. 7. 10. 및 2007. 9. 10.)를 체납하자, 피고는 서울상호저축은행의 신청으로 진행된 이 사건 부동산의 임의경매절차에서 위 재산세와 가산금 합계 43,898,270원의 교부청구를 하였다.

(4) 집행법원은 2009. 8. 13. 피고를 당해세 교부권자로 보아 실제 배당할 금액 3,041,351,831원 중 43,898,270원을 1순위로 피고에게 배당하고, 나머지 금액을 2순위로 서울상호저축은행으로부터 근저당권을 이전받은 원고에게 배당하는 내용의 배당표를 작성하였는데, 원고는 배당기일에 피고에 대한 위 배당액 전부에 관하여 이의하였다.

나. 원심은, 신탁재산에 관하여 부과된 당해세인 재산세와 가산금 채권도 신탁재산에 대한 강제집행 또는 경매를 할 수 있는 신탁법 제21조 제1항 단서에서 규정한 '신탁사무의 처리상 발생한 권리'에 해당하므로 그 징수를 위하여 신탁재산 자체를 압류하여 체납처분절차를 진행하거나 집행법원이 신탁재산에 대한 경매절차를 진행하고 있을 때에는 교부청구를 하여 배당받을 수 있다고 전제한 다음, 신탁재산 자체에 대하여 부과된 재산세와 가산금은 당해세로서 법정기일 전에 설정된 저당권 등으로 담보된 채권보다 우선하므로 집행법원이 실제 배당할 금액을 근저당권자인 원고에 우선하여 당해세 교부권자인 피고에게 배당하는 내용의 배당표를 작성한 것은 정당하다고 판단하였다.

2. 대법원의 판단

그러나 원심의 이와 같은 판단은 다음과 같은 이유로 수긍할 수 없다.

신탁법 제1조 제2항[211)]은 "신탁이라 함은 위탁자가 특정의 재산권을 수탁자에게 이전하거나 기타의 처분을 하고 수탁자로 하여금 수익자의 이익을 위하여 또는 특정의 목적을 위하여 그 재산권을 관리, 처분하게 하는 법률관계를 말한다"라고 정하고, 제21조[212)] 제1항은 "신탁재산에 대하여는 강제집행 또는 경매를 할 수 없다. 단, 신탁 전의 원인으로 발생한 권리 또는 신탁사무의 처리상 발생한 권리에 기한 경우에는 예외로 한다"라고 정하고 있다.

211) 현행 신탁법 제2조.
212) 현행 신탁법 제22조.

신탁법 제1조 제2항의 취지에 의하면 신탁법에 의한 신탁재산은 대내외적으로 소유권이 수탁자에게 완전히 귀속되고 위탁자와의 내부관계에서 그 소유권이 위탁자에게 유보되어 있는 것이 아닌 점(대법원 2002. 4. 12. 선고 2000다70460 판결 등 참조), 신탁법 제21조 제1항은 신탁의 목적을 원활하게 달성하기 위하여 신탁재산의 독립성을 보장하는 데 그 입법취지가 있는 점 등을 종합적으로 고려하면, 신탁법 제21조 제1항 단서에서 예외적으로 신탁재산에 대하여 강제집행 또는 경매를 할 수 있다고 규정한 '신탁사무의 처리상 발생한 권리'에는 수탁자를 채무자로 하는 것만이 포함되며, 위탁자를 채무자로 하는 것은 여기에 포함되지 아니한다고 할 것이다(대법원 2012. 4. 12. 선고 2010두4612 판결, 대법원 2012. 4. 13. 선고 2011두686 판결 등 참조).

따라서 위탁자에 대한 조세채권에 기하여는 수탁자 소유의 신탁재산을 압류하거나 그 신탁재산에 대한 집행법원의 경매절차에서 배당을 받을 수 없음에도 불구하고, 원심은 이와 달리 위탁자인 소외 회사에 대한 재산세 및 가산금 채권이 신탁법 제21조 제1항 단서의 '신탁사무의 처리상 발생한 권리'에 해당하여 수탁자인 원고 소유의 신탁재산에 대한 경매절차에서 배당받을 수 있다고 판단하였다. 이러한 원심의 판단에는 신탁법 제21조 제1항 단서의 '신탁사무의 처리상 발생한 권리'에 관한 법리를 오해하여 판결 결과에 영향을 미친 위법이 있다고 할 것이다. 이 점을 지적하는 상고이유는 이유 있다.

[원심판결] 수원지방법원 2010. 7. 9. 선고 2010나5172 판결 [배당이의]

【주 문】

1. 원고의 항소를 기각한다.
2. 항소비용은 원고가 부담한다.

【청구취지 및 항소취지】

제1심판결을 취소한다. 수원지방법원 2007타경51603호 부동산임의경매 사건에 관하여 위 법원이 2009. 8. 13. 작성한 배당표 중 피고에 대한 배당액 43,898,270원을 삭제하고 원고에게 3,041,351,831원을 배당하는 것으로 경정한다.

【이 유】

2. 판단

가. 원고는, 이 사건 재산세의 납세의무자는 신탁재산인 이 사건 부동산의 위탁자인 정탑이고 이 사건 부동산은 소유권이전에 의한 신탁관계 설정으로 수탁자인 다올부동산신탁에게 귀속되었는바, 조세채권자인 피고라 하더라도 납세의무자의 재산이 아닌 이 사건 부동산에 대하여 교부청구를 하여 배당받을 수 없다 할 것이고, 또한 법정기일이 원고의 근저당권설정일 이후인 이 사건 재산세가 담보물권에 의하여 담보되는 채권에 우선하는 당해세라고 할 수도 없으므로 피고에 대한 배당은 부당하다고 주장한다.

나. 토지 및 건축물 등의 재산에 대한 재산세의 납세의무자는 그 과세기준일 현재 재산을 사실상 소유하고 있는 사람이지만(지방세법 제183조 제1항) 신탁법에 의하여 수탁자 명의로 등기·등록된 신탁재산의 경우에는 위탁자가 재산세를 납부할 의무가 있고, 수탁자는 같은 법률 제37조의 규정에 의한 납세관리인으로 본다(지방세법 제183조 제2항 제5호).

한편, 재산 자체에 대하여 부과된 지방세와 그 가산금은 법정기일 전에 설정된 저당권 등으로 담보된 채권보다 우선하게 되고(지방세법 제31조 제2항 제3호), 신탁재산에 대하여는 강제집행 또는 경매를 할 수 없지만 신탁사무의 처리상 발생한 권리에 기한 경우에는 예외적으로 강제집행 또는 경매가 허용된다(신탁법 제21조 제1항).

그리고 신탁사무의 처리상 발생한 권리라 함은 신탁재산의 관리·처분으로 인하여 발생한 권리 외에도 신탁재산 자체에서 연유하는 권리도 포함되고, 신탁재산 자체에 대하여 부과된 지방세와 가산금인 이른바 당해세의 조세채권은 신탁재산 자체에서 연유하는 권리라고 봄이 상당하며, 재산세는 당해세에 해당한다(대법원 2001. 2. 23. 선고 2000다58088 판결 참조).

따라서 당해세인 재산세를 납세의무자가 체납하는 경우 과세권자로서는 그 과세대상 재산이 비록 신탁재산이라 하더라도 그 징수를 위하여 신탁재산인 과세대상 재산 자체를 압류 또는 참가압류하거나 과세대상 재산인 신탁재산에 대하여 환가절차가 이미 진행 중인 때에는 교부청구를 할 수 있다고 해석함이 타당하다(당해세가 아닌 상속세에 관한 대법원 1996. 7. 12. 선고 96다21058 판결은 이 사건과 사안을 달리 한다고 보인다). 그와 달리 신탁재산에 대해서는 당해세채권이라 하더라도 그 체납처분이 불가능하다고 해석할 경우 신탁법상 신탁이 가능한 재산을 소유한 납세의무자가 신탁법을 이용하여 조세를 회피하고자 할 경우 과세권자의 징수권은 유명무실하게 되기 때문이다.

이 사건으로 돌아와 보건대, 위와 같은 법리에 따르면 경매법원이 피고가 교부청구한 신탁자인 정탑에 대한 지방세를 당해세로서 신탁재산인 이 사건 부동산의 매각대금에서 우선배당한 것은 정당하고, 원고의 위 주장은 이유 없다.

94. 대법원 2012. 6. 28. 선고 2010다57466 판결 [소유권이전등기말소]

[논점] 부동산담보신탁계약의 약관성 및 부동산담보신탁계약시 토지거래허가를 받지 않은 경우 동 신탁계약의 효력 여부

【이 유】

1. 상고이유 제1점에 대하여

사업자와 고객 사이에 교섭이 이루어진 약관 조항은 약관 작성상의 일방성이 없으므로 「약관의 규제에 관한 법률」(이하 '약관규제법'이라 한다)에 정한 약관에 해당하지 않는다고 할 것이나, 이 경우 원칙적으로 개개의 조항별로 교섭의 존재 여부를 살펴야 하고, 약관 조항 중 일부 조항이 교섭되었음을 이유로 그 조항에 대해서는 약관규제법의 적용이 배제되더라도 교섭되지 아니한 나머지 조항들에 대해서는 여전히 약관규제법이 적용되어야 한다(대법원 2000. 12. 22. 선고 99다4634 판결 등 참조). 또한 약관에 정하여진 사항이더라도 거래상 일반적이고 공통된 것이어서 고객이 별도의 설명 없이도 충분히 예상할 수 있었던 사항이거나, 이미 법령에 의하여 정해진 것을 되풀이하거나 부연하는 정도에 불과한 사항이라면, 그러한 사항에 관해서까지 사업자에게 명시·설명의무가 있다고 할 수는 없다(대법원 2007. 4. 27. 선고 2006다87453 판결 등 참조).

원심판결 이유에 의하면 원심은, 이 사건 신탁계약서의 조항들 중 신탁대상 부동산, 신탁기간, 수익자, 채무자 및 수익권리금, 신탁보수 등에 관한 부분은 피고가 여러 명의 상대방과 계약을 체결하기 위하여 일정한 형식으로 미리 마련한 것이라고 할 수 없으므로 약관규제법상 '약관'에 해당되는 것으로 보기 어렵고, 이 사건 신탁계약서 제1조(신탁목적)에서 정한 담보신탁계약의 개념과 같은 기본적인 사항은 담보신탁거래상 일반적이고 공통된 것이어서 별도의 설명 없이도 원고가 충분히 예상할 수 있었던 것이므로 약관규제법에 따른 설명의무의 대상이 된다고 보기는 곤란하며, 따라서 이 사건 신탁계약서 중 위와 같이 '약관' 또는 '설명의무의 대상'에 해당되지 않는 부분을 제외한 나머지 조항들만이 약관규

제법상 설명의무의 대상이 되는 약관에 해당한다고 본 다음, 구체적으로 어떠한 조항에 관하여 피고의 설명의무 위반이 있고 그로 인하여 나머지 부분만으로는 이 사건 신탁계약의 목적 달성이 불가능하거나 일방 당사자에게 부당하게 불리하다는 점에 관한 원고의 주장·입증이 없다는 이유로, 피고가 약관규제법에 정한 설명의무를 이행하지 아니하여 이 사건 신탁계약이 무효라는 원고의 주장을 배척하였다.

앞서 본 법리와 기록에 비추어 살펴보면 원심의 위와 같은 조치는 정당하고, 거기에 상고이유의 주장과 같은 심리미진, 약관 및 약관의 설명의무 위반에 관한 법리오해 등의 위법이 없다.

2. 상고이유 제2점에 대하여

구 「국토의 계획 및 이용에 관한 법률」(2009. 2. 6. 법률 제9442호로 개정되기 전의 것. 이하 '국토계획법'이라 한다) 제118조 제1항은 '허가구역 안에 있는 토지에 관한 소유권·지상권(소유권·지상권의 취득을 목적으로 하는 권리를 포함한다)을 이전 또는 설정(대가를 받고 이전 또는 설정하는 경우에 한한다)하는 계약(예약을 포함한다. 이하 '토지거래계약'이라 한다)을 체결하고자 하는 당사자는 공동으로 대통령령이 정하는 바에 따라 시장·군수 또는 구청장의 허가를 받아야 한다. 허가받은 사항을 변경하고자 하는 때에도 또한 같다.'고 규정하고 있다.

원심은, 이 사건 신탁계약은 신탁법에 따른 것으로서 국토계획법 제118조 제1항이 정한 대가를 수반하는 계약으로 볼 특별한 사정이 없는 이상 그에 대해 토지거래허가를 받지 않았다고 하여 그 효력이 없다고 할 수 없다고 판단하였다.[213]

앞서 본 관련 법률 규정과 기록에 비추어 살펴보면, 원심의 위와 같은 판단은 정당하고, 거기에 상고이유의 주장과 같은 담보신탁 및 토지거래허가대상에 관한 법리오해, 심리미진 등의 위법이 없다.

[원심판결] 서울고등법원 2010. 5. 28. 선고 2010나5139 판결 [소유권이전등기말소]

【주 문】

1. 제1심 판결 중 무효확인청구 부분을 취소하고, 그 부분에 해당하는 원고의 소를 각하한다.
2. 원고의 소유권이전등기 말소청구 부분에 대한 항소를 기각한다.
3. 소송총비용은 원고가 부담한다.

【청구취지 및 항소취지】

제1심 판결을 취소한다. 용인시 수지구 B 전 1,707㎡, C 전 1,910㎡의 각 1/2 지분에 관하여, 원고와 피고 사이에 2006. 9. 26. 체결된 부동산담보신탁계약(이하 '이 사건 신탁계약'이라 한다)은 무효임을 확인하고, 피고는 원고에게 수원지방법원 용인등기소2006. 9. 26. 접수 제189148호로 마친 소유권이전등기의 말소등기절차를 이

【이 유】

(2) 토지거래허가 필요 주장 부분

---

213) 이 사안은 매매재금 잔금이 지급되지 않은 상태에서 매도인이 매수인의 채무를 담보하기 위하여 매수인의 채권자를 우선수익자로 하여 부동산담보신탁계약을 체결한 것이다. 그런데 부동산매매계약을 체결 후 그 부동산을 확보하기 위해 매수인을 우선수익자 또는 매수예정자로 하는 처분신탁계약을 체결하고 토지거래허가없이 신탁등기 및 소유권이전등기를 경료하는 경우에는 탈법목적의 신탁에 해당한다는 하급심 판결(서울고등법원 2010. 5. 20. 선고 2009나50522 판결)([80번 판례의 원심판결]이 있다. 이 사안의 경우 대법원은 부동산담보탁계약인 이 사건 신탁계약이 '국토계획법 제118조 제1항이 정한 대가를 수반하는 계약이 아니라'는 이유로 유효한 것으로 본 것인데, 부동산을 확보하기 위해 매수자를 우선수익자 또는 매수예정자로 지정하여 부동산처분신탁계약을 체결한 경우에 대해서도 같은 이유로 유효하다고 볼 수 있을지 생각해 보아야 할 것이다.

국토의 계획 및 이용에 관한 법률 제118조 제1항에 의하면, 토지거래허가대상을 허가구역 안에 있는 토지에 관하여 대가를 받고 소유권 등의 권리를 이전 또는 설정하는 계약을 체결하는 경우로 정하고 있는데, 신탁법에 의한 신탁계약은 특별한 사정이 없는 한 위 규정이 정한 대가가 수반되는 계약이라고 볼 수 없으므로, 위 규정에 따른 토지거래허가를 받을 필요는 없다고 할 것이다.

앞서 본 바에 의하면 이 사건 신탁계약은 신탁법에 따른 것으로서 위 규정이 정한 대가를 수반하는 계약으로 볼 특별한 사정이 없는 이상 토지거래허가를 받지 않았다고 하여 그 효력이 없다고 할 수 없으므로, 원고의 이 부분 주장도 이유 없다.

(3) 약관에 관한 설명의무위반 주장 부분

계약서의 모든 조항이 약관의 규제에 관한 법률상 약관에 해당하고 그에 관하여 위 법률이 정한 설명의무를 위반한 경우 계약 전체가 무효가 될 수 있을 것이지만, 계약서 중 일부 조항만이 약관에 해당하고 그에 관한 설명의무위반으로 그 일부 조항이 계약의 내용이 되지 못할 경우에는 계약은 나머지 부분만으로 유효하게 존속하는 것이 원칙이고, 다만 유효한 부분만으로는 계약의 목적 달성이 불가능하거나 그 유효한 부분이 한쪽 당사자에게 부당하게 불리한 때에 그 계약 전체가 무효가 되는 것이다(약관의 규제에 관한 법률 제16조).

그리고, 약관의 규제에 관한 법률상 '약관'이란 그 명칭이나 형태 또는 범위에 상관없이 계약의 한쪽 당사자가 여러 명의 상대방과 계약을 체결하기 위하여 일정한 형식으로 미리 마련한 계약의 내용을 말하며(위 법률 제2조 제1호), 약관에 정하여진 사항이라고 하더라도 거래상 일반적이고 공통된 것이어서 상대방이 별도의 설명 없이도 충분히 예상할 수 있었던 사항이라면, 그러한 사항에 대하여 까지 사업자에게 설명의무가 있다고는 할 수 없다(대법원 2004. 4. 27. 선고 2003다7302 판결 등 참조).

먼저, 을 제3호증의 기재만으로는 이 사건 신탁계약서의 모든 조항이 약관에 해당한다는 점을 인정하기에 부족하고, 오히려 이 사건 신탁계약서의 형식과 내용 등에 비추어, 이 사건 신탁계약서의 내용 중 신탁 대상 부동산(별첨 1), 신탁기간(제2조 제1항, 별첨 2의1), 수익자(제3조 제1항, 별첨 2의2), 채무자 및 수익권리금(제7조 제1, 2항, 별첨 2의3, 4), 신탁보수(제17조, 별첨 3) 등에 관한 부분은 피고가 여러 명의 상대방과 계약을 체결하기 위하여 일정한 형식으로 미리 마련한 것이라고 할 수 없으므로, 약관의 규제에 관한 법률상 '약관'에 해당되는 것으로 보기 어렵다. 또한 앞서 본 바에 비추어, 이 사건 신탁계약서 제1조(신탁목적)에서 정한 담보신탁계약의 개념과 같은 기본적인 사항은 그것을 약관으로 보더라도 담보신탁거래상 일반적이고 공통된 것이어서 별도의 설명 없이도 원고가 충분히 예상할 수 있었던 사항이므로 이것이 위 법률상 설명의무의 대상이 된다고 보기는 곤란하다. 따라서 이 사건 신탁계약서의 모든 조항이 약관에 해당하고 피고가 그 전부에 관한 설명의무를 위반하였다는 취지의 원고 주장은 이유 없다.

그렇다면, 이 사건 신탁계약은 일부 조항만이 위 법률상 설명의무의 대상이 되는약관에 해당할 수 있는 경우이므로, 원고로서는 구체적으로 어떤 조항에 관하여 설명 의무위반이 있고 그로 인하여 나머지 부분만으로는 이 사건 신탁계약의 목적 달성이 불가능하거나 그 나머지 부분이 한쪽 당사자에게 부당하게 불리하다는 점을 주장·입증하여야 이 사건 신탁계약 전체를 무효로 할 수 있을 것인데, 이에 관한 주장·입증이 없으므로, 원고의 이 부분 주장도 결국 이유 없다.

95. 대법원 2012. 6. 28. 선고 2011두16865 판결 [압류처분무효확인]

[논점] 신탁법에서 예외적으로 신탁재산에 대하여 강제집행 또는 경매할 수 있다고 규정한 '신탁사무의 처리상 발생한 권리'에 위탁자를 채무자로 하는 것이 포함되는지 여부

【이 유】

2. 피고 화성시장의 상고이유에 관한 판단

신탁법상의 신탁은 위탁자가 수탁자에게 특정의 재산권을 이전하거나 기타의 처분을 하여 수탁자로 하여금 신탁 목적을 위하여 그 재산권을 관리·처분하게 하는 것이므로(신탁법 제1조 제2항[214]), 부동산의 신탁에서 수탁자 앞으로 소유권이전등기를 마치게 되면 대내외적으로 소유권이 수탁자에게 완전히 이전되고, 위탁자와의 내부관계에서 소유권이 위탁자에게 유보되는 것이 아닌 점, 신탁법 제21조[215] 제1항의 '신탁재산에 대하여는 강제집행 또는 경매를 할 수 없다. 단 신탁 전의 원인으로 발생한 권리 또는 신탁사무의 처리상 발생한 권리에 기한 경우에는 예외로 한다'는 규정은 신탁의 목적을 원활하게 달성하기 위하여 신탁재산의 독립성을 보장하는 데 그 입법 취지가 있는 점 등을 종합하면, 신탁법 제21조 제1항 단서에서 예외적으로 신탁재산에 대하여 강제집행 또는 경매할 수 있다고 규정한 '신탁사무의 처리상 발생한 권리'에는 수탁자를 채무자로 하는 것만이 포함되며, 위탁자를 채무자로 하는 것은 여기에 포함되지 않는다(대법원 2012. 4. 12. 선고 2011두8734 판결 등 참조).

한편 체납처분으로서 압류의 요건을 규정한 국세징수법 제24조 각 항의 규정을 보면 어느 경우에나 압류의 대상을 납세자의 재산에 국한하고 있으므로, 납세자가 아닌 제3자의 재산을 대상으로 한 압류처분은 그 처분의 내용이 법률상 실현될 수 없는 것이어서 당연무효이다(대법원 1993. 4. 27. 선고 92누12117 판결, 대법원 1996. 10. 15. 선고 96다17424 판결, 대법원 2006. 4. 13. 선고 2005두15151 판결 등 참조).

원심은 그 채용 증거를 종합하여, 원고는 2008. 7. 25. 및 2008. 12. 31. 소외인으로부터 이 사건 각 부동산을 포함한 건물 및 토지를 신탁 받아 건물을 신축 또는 증축하여 이를 분양하는 사업을 하기로 하는 각 분양관리신탁계약을 체결하고 같은 날 위 각 신탁계약을 원인으로 하여 원고 명의로 소유권이전등기를 마친 사실, 피고 화성시장은 소외인이 재산세 5,298,490원 및 주민세 381,338,390원 합계 386,636,880원을 체납하였음을 이유로 2010. 2. 10. 및 2010. 2. 24. 이 사건 각 부동산을 압류하였음을 통지하는 이 사건 제2 처분을 한 사실 등을 인정한 다음, 신탁법 제21조 제1항 단서에서 말하는 '신탁사무의 처리상 발생한 권리'라 함은 수탁자가 신탁사무와 관련한 행위를 함으로써 수탁자에 대하여 발생한 권리를 의미한다고 전제하고, 이 사건 제2 처분에 관계된 조세채권은 위탁자인 소외인에 대한 채권으로서 여기에 해당한다고 할 수 없다는 이유로, 피고 화성시장이 위탁자인 소외인에 대한 조세채권으로 원고 소유의 신탁재산인 이 사건 각 부동산을 압류한 이 사건 제2 처분은 당연무효라는 취지로 판단하였다.

앞서 본 규정과 법리 및 기록에 비추어 살펴보면, 원심의 이와 같은 판단은 정당하고, 거기에 상고이유에서 주장하는 바와 같은 법리오해 등의 위법이 없다.

96. 대법원 2012. 6. 14. 선고 2010두2395 판결 [취득세등부과처분취소][216]

[논점] 신탁법상 신탁으로 수탁자에게 소유권이 이전된 토지에 대한 지목 변경으로 인한 취득세 납세의무자

【이 유】

구 지방세법(2005. 12. 31. 법률 제7843호로 개정되기 전의 것, 이하 '법'이라 한다) 제105조 제1항은

214) 현행 신탁법 제2조.

215) 현행 신탁법 제22조.

216) 이 판결에 대한 평석은, 정기상, 신탁법상 신탁관계에서 토지 지목의 사실상 변경으로 인한 취득세 납세의무자, 세무와 회계 연구 1권 2호, 한국조세연구소, 243면 이하를 참고할 것.

'취득세는 부동산 등의 취득에 대하여 그 취득자에게 부과한다'고 규정하고, 제2항 본문은 '부동산 등의 취득에 있어서는 민법 등 관계 법령의 규정에 의한 등기·등록 등을 이행하지 아니한 경우라도 사실상으로 취득한 때에는 각각 취득한 것으로 보고 당해 취득물건의 소유자 또는 양수인을 각각 취득자로 한다'고 규정하며, 제5항은 '토지의 지목을 사실상 변경함으로써 그 가액이 증가한 경우에는 이를 취득으로 본다'고 규정하고 있다.[217)]

토지의 경우 위 각 규정에 의하여 취득세 과세대상이 되는 것은 토지의 소유권을 취득하거나 '소유하고 있는' 토지의 지목이 사실상 변경되어 그 가액이 증가한 경우인데(대법원 1984. 5. 15. 선고 83누696 판결 등 참조), 신탁법상의 신탁은 위탁자가 수탁자에게 특정의 재산권을 이전하거나 기타의 처분을 하여 수탁자로 하여금 신탁 목적을 위해 그 재산권을 관리·처분하게 하는 것이므로, 부동산 신탁에 있어 수탁자 앞으로 소유권이전등기를 마치게 되면 소유권이 수탁자에게 이전되는 것이지 위탁자와의 내부관계에 있어 소유권이 위탁자에게 유보되는 것은 아닌 점(대법원 2003. 1. 27.자 2000마2997 결정, 대법원 2011. 2. 10. 선고 2010다84246 판결 등 참조), 신탁법 제19조는 "신탁재산의 관리·처분·멸실·훼손 기타의 사유로 수탁자가 얻은 재산은 신탁재산에 속한다."고 규정하고 있는데, 위 규정에 의하여 신탁재산에 속하게 되는 부동산 등의 취득에 대한 취득세의 납세의무자도 원칙적으로 수탁자인 점 등에 비추어 보면, 신탁법에 의한 신탁으로 수탁자에게 소유권이 이전된 토지에 있어 법 제105조 제5항이 규정한 지목의 변경으로 인한 취득세의 납세의무자는 수탁자로 봄이 타당하고, 위탁자가 그 토지의 지목을 사실상 변경하였다고 하여 달리 볼 것은 아니다.

그럼에도 원심은, 신탁법에 의한 신탁에 의하여 수탁자에게 소유권이 이전된 토지에 대하여 위탁자가 비용과 노력을 들여 지목을 사실상 변경한 경우에는 위탁자를 법 제105조 제5항이 규정한 취득세의 납세의무자로 보아야 한다는 이유로, 수탁자를 납세의무자로 본 피고의 이 사건 취득세 부과처분이 위법하다고 판단하였으니, 이러한 원심의 판단에는 지목의 변경으로 인한 취득세의 납세의무자에 관한 법리를 오해한 위법이 있고, 이 점을 지적하는 상고이유는 이유 있다.

[원심판결] 서울고등법원 2009. 12. 23. 선고 2009누14561 판결 [취득세등부과처분취소]

【주 문】

1. 제1심 판결을 취소한다.

2. 피고가 2008. 7. 22. 원고에 대하여 한 취득세 358,596,480원, 농어촌특별세 25,958,480원의 각 부과처분을 취소한다.

3. 소송총비용은 피고의 부담으로 한다.

【청구취지 및 항소취지】

주문 기재와 같다.

【이 유】

다. 판단

그러므로 먼저, 이 사건 각 토지의 사실상 지목변경으로 인한 간주취득세의 납세의무자가 누구인지에 관하여 살피기로 한다.

지방세법 제105조 제5항은 간주취득의 발생요건에 대하여만 규정하고 있을 뿐 납세의무자에 대하여

217) 현행 지방세법 제7조 제1항, 제2항, 제4항.

는 명확히 규정하고 있지 아니한데, 같은 조 제2항은 취득세의 과세객체가 되는 부동산 취득에 관하여 민법 기타 관계 법령에 의한 등기·등록 등을 이행하지 아니한 경우라도 사실상 취득한 때에는 이를 취득한 것으로 본다고 규정하고 있고, 여기에서 사실상의 취득이라 함은 일반적으로 등기와 같은 소유권 취득의 형식적 요건을 갖추지는 못하였으나 대금의 지급과 같은 소유권 취득의 실질적 요건을 갖춘 경우를 말한다고 할 것인바(대법원 2007. 5. 11. 선고 2005두13360 판결 참조), 이와 같은 법리는 간주취득의 경우에도 적용되어야 할 것이고, 따라서 스스로의 비용과 노력으로 건물을 신축함으로써 토지의 지목을 사실상 변경하게 한 위탁자가 그 가액의 증가분을 사실상 취득한 것으로 봄이 합리적이라고 할 것이고, ② 위탁자가 사전에 사실상 지목변경 행위를 한 후 신탁을 하였을 경우와 비교할 때 이 사건의 경우처럼 위탁자가 신탁 이후에 사실상 지목 변경 행위를 하였다고 하여 수탁자에게 과세함으로써 전자와 달리 불리하게 취급할 합리적인 이유가 없으며, ③ 지방세법 제183조 제2항 제5호는 신탁법에 의하여 수탁자명의로 등기·등록된 신탁재산의 경우에는 위탁자를 재산세의 납세의무자로 규정하고 있는바, 사실상 지목의 변경으로 인하여 재산세 과세표준인 공시지가가 인상되는 경우 그 인상분에 대한 재산세도 여전히 위탁자가 납세의무자인데 가액의 증가분에 대한 취득세의 납세의무자만을 수탁자로 보아야 할 합리적인 이유가 없는 점, 설령 재산세는 보유세이고 취득세는 유통세라는 성질의 차이가 있다 하더라도 지방세법은 제110조에서 신탁법에 의한 형식적인 소유권의 취득에 대하여 비과세를 하고 있는바 이는 결국 실질적인 소유권을 취득하여 보유하고 있는 자에게 과세를 하겠다는 입법정책의 면에 있어서는 차이가 없을 뿐만 아니라, 유통세인 부가가치세의 경우에도 그 납세의무자는 원칙적으로 위탁자인 점(대법원 2003. 4. 25. 선고 99다59290 판결 참조), 신탁재산에 귀속되는 소득에 관하여 소득세법 제2조 제6항과 법인세법 제5조 제1항은 위탁자에게 소득이 귀속되는 것으로 규정하고 있는 점에 비추어 보면, 실질과세의 원칙상 신탁재산에 대하여 수탁자에게 과세를 하지 아니하는 것을 기초로 하여 세법 체계가 이루어졌다고 봄이 상당하다고 할 것이므로, 간주취득세의 납세의무자는 위탁자라고 할 것이다.

따라서, 원고가 납세의무자임을 전제로 한 피고의 이 사건 처분은 원고의 나머지 주장에 대하여 더 나아가 살펴 볼 필요 없이 위법하다 할 것이다.

[1심판결] 수원지방법원 2009. 4. 22. 선고 2008구합9691 판결 [취득세등부과처분취소]

【주 문】

1. 원고의 청구를 기각한다.
2. 소송비용은 원고가 부담한다.

【청구취지】

피고가 2008. 7. 22. 원고에 대하여 한 취득세 358,596,480원, 농어촌특별세 25,958,480원의 각 부과처분을 취소한다.

【이 유】

다. 판 단

(1) 첫 번째 주장에 관한 판단

취득세는 본래 재화의 이전이라는 사실 자체를 포착하여 거기에 담세력을 인정하고 부과하는 유통세의 일종으로 사실상 취득행위 자체를 과세객체로 하고 취득자가 재화를 사용·수익·처분함으로써 얻을 수 있는 이익을 포착하여 부과하는 것이 아니며(대법원 2004. 11. 25. 선고 2003두13342 판결 등 참조), 부동산의 신탁에 있어서 수탁자 앞으로 소유권이전등기를 마치게 되면 대내외적으로 소유권이 수탁자에게 완전히 이전되고 위탁자와의 내부관계에 있어서 소유권이 위탁자에게 유보되어 있는 것도 아니다(대법원 2005. 7. 28. 선고 2004두8767 판결 등 참조).

이 사건에 관하여 보면, 위 인정과 같이 원고가 소외 1로부터 이 사건 각 토지를 신탁받아 그 소유권이전등기까지 마친 이상 이 사건 각 토지의 소유권은 대내외적으로 수탁자인 원고에게 완전히 이전되었다고 할 것이고, 비록 원고가 직접 이 사건 각 토지의 지목을 변경하는 행위를 한 것은 아니라고 하더라도 소외 1 등의 위 지목변경 행위는 소유자인 원고가 소외 1로 하여금 이 사건 각 토지를 관리하게 한 데 따른 것으로서 위와 같이 사실상 지목이 변경된 이 사건 각 토지의 소유권 역시 원고에게 있는 것이므로, 위 지목변경으로 인한 토지의 가액증가에 대한 간주취득자 역시 원고라고 보아야 한다. 따라서 원고는 위 간주취득에 대하여 취득세 등을 납부할 의무가 있으므로 원고의 이 부분 주장은 이유 없다.

(2) 두 번째 주장에 관한 판단

조세법률주의와 조세공평의 이념에서 비롯된 엄격해석의 원칙은 과세요건에 해당하는 경우에는 물론 비과세 및 조세감면요건에 해당하는 경우에도 적용되므로, 납세자에게 유리하다고 하여 비과세요건이나 조세감면 요건을 합리적 이유 없이 확장해석하거나 유추해석하는 것은 허용되지 않는다(대법원 2007. 7. 12. 선고 2005두15021 판결 등 참조),

지방세법(2005. 12. 31. 법률 제7843호로 개정되기 전의 것, 이하 같다.) 제110조 제1호 가목은 '신탁(신탁법에 의한 신탁으로서 신탁등기가 병행되는 경우에 한한다.)으로 인한 신탁재산의 취득으로서 위탁자로부터 수탁자에게 신탁재산을 이전하는 경우의 취득'을 비과세대상으로 규정하고 있으나, 앞서 본 바와 같이 이 사건 각 토지의 사실상 지목변경에 대한 간주취득자는 바로 원고 자신이고, 소외 1이 위와 같이 사실상 지목변경된 토지의 소유권을 취득한 후 이를 수탁자인 원고에게 이전해 준 것이 아닐 뿐만 아니라, 원고의 주장과 같이 지목변경에 따른 의제된 가치증가분이 위 법 조항 소정의 신탁재산에 해당한다고 보는 것은 확장해석으로서 허용될 수 없으므로 원고의 위 간주취득은 위 법 조항이 정한 비과세대상에 해당한다고 할 수 없다. 따라서 원고의 이 부분 주장도 이유 없다.

(3) 세 번째 주장에 관한 판단

세법상 가산세는 과세권의 행사 및 조세채권의 실현을 용이하게 하기 위하여 납세자가 정당한 이유 없이 법에 규정된 신고, 납세 등 각종 의무를 위반한 경우에 법이 정하는 바에 따라 부과하는 행정상 제재로서 납세자의 고의·과실은 고려되지 아니하고 법령의 부지·착오 등은 그 의무위반을 탓할 수 없는 정당한 사유에 해당하지 아니한다(대법원 2002. 11. 13. 선고 2001두4689 판결, 대법원 2004. 6. 24. 선고 2002두10780 판결 등 참조).

이 사건에 관하여 보건대, 지방세법 제105조(납세의무자 등) 제1항은 '취득세는 부동산 등의 취득에 대하여 (생략) 그 취득자에게 부과한다', 같은 조 제2항은 '부동산 등의 취득에 있어서는 민법 등 관계 법령의 규정에 의한 등기 등을 이행하지 아니한 경우라도 사실상으로 취득한 때에는 각각 취득한 것으로 보고 당해 취득물건의 소유자 또는 양수인을 각각 취득자로 한다', 같은 조 제5항은 '토지의 지목을 사실상 변경함으로써 그 가액이 증가한 경우에는 이를 취득으로 본다'고 각 규정하고 있는바, 비록 지방세법 제105조 제5항 자체에는 간주취득세의 납세의무자에 관한 규정을 두고 있지 않으나, 앞서 같은 조 제1항이 부동산 등의 취득자가 취득세의 납세의무자임을 명시적으로 규정하고 있고 같은 조 제2항에서도 부동산 등을 사실상 취득한 경우에는 당해 취득물건의 소유자 또는 양수인이 취득자가 되어 취득세의 납세의무를 짐을 밝히고 있는 이상 지방세법에 사실상의 지목변경에 따른 간주취득세의 납세의무자에 관한 규정이 없다고 할 수 없고, 그 밖에 원고가 이 사건 각 토지에 대한 사실상의 지목변경에 직접 관여하지 않았다거나 그 지목이 사실상 변경된 시점을 알지 못하였다는 사정만으로는 단순한 법령의 부지 내지는 오해의 범위를 넘어 원고에게 그 의무의 이행을 기대하는 것이 무리라거나 그 의무를 게을리 한 점을 탓할 수 없는 정당한 사유가 있다고 할 수 없으며 달리 이를 인정할 증거도 없으므로, 원고의 이 부분 주장도 이유 없다.

97. 대법원 2012. 5. 10. 선고 2010두26223 판결 [재산세부과처분취소][218]

[논점] 위탁자가 부동산을 신탁하여 신탁재산에 대한 실질적 관리처분권과 그로부터 생기는 수익을 모두 수익자에 귀속되도록 한 경우 신탁재산에 대한 재산세 납세의무자

【이 유】

1. 조세법률주의의 원칙상 조세법규는 특별한 사정이 없는 한 법문대로 해석할 것이고 합리적 이유 없이 확장해석이나 유추해석을 하는 것은 허용되지 않는다.

구 지방세법(2005. 1. 5. 법률 제7332호로 개정된 후 2010. 3. 31. 법률 제10221호로 전부 개정되기 전의 것, 이하 '지방세법')은 제183조 제1항에서 '재산세 과세기준일 현재 재산을 사실상 소유하고 있는 자는 재산세를 납부할 의무가 있다'고 하면서도, 같은 조 제2항에서 ' 제1항의 규정에 불구하고 재산세 과세기준일 현재 다음 각 호의 1에 해당하는 자는 재산세를 납부할 의무가 있다'고 규정하면서 제5호로 '신탁법에 의하여 수탁자 명의로 등기·등록된 신탁재산의 경우에는 위탁자'[219]를 들고 있다.

원래 부동산을 신탁하여 수탁자 앞으로 소유권이전등기를 마치게 되면 그 소유권은 대내외적으로 수탁자에게 완전히 이전되고, 위탁자와의 내부관계에서조차 위탁자에게 유보되어 있는 것이 아니다. 그럼에도 지방세법이 위와 같이 신탁법에 의하여 수탁자 명의로 등기된 신탁재산에 대하여는 위탁자에게 재산세 납부의무가 있다고 명확하게 규정하고 있는 이상, 설사 신탁계약상 신탁재산에 대한 실질적 관리처분권 및 그로부터 생기는 수익이 모두 수익자에 귀속되는 것으로 되어 있다고 하더라도 그에 대한 재산세 납부의무가 위 법문과 달리 위탁자가 아닌 수익자에게 있다고 할 수는 없다.

2. 원심은 제1심판결 이유를 인용하여, 피고가 2009. 7. 24. 부동산등기부등본 및 신탁원부상 이 사건 부동산의 위탁자로 표시되어 있는 원고에게 재산세 39,645,110원의 부과처분(이하 '이 사건 처분')을 한 데 대하여, 이 사건의 경우 원고가 주식회사 코람코자산신탁(이하 '코람코신탁')에게 이 사건 부동산을 신탁하고, 단지 그 수익권만을 동양생명보험 주식회사(이하 '동양생명')에게 귀속시키기로 하는 형식을 취한 것은 사실이나, 실제로는 동양생명으로부터 이 사건 부동산 가액에 달하는 430억 원을 지급받고 그에 대한 대가로 동양생명에게 이 사건 부동산의 운용, 관리 및 최종적인 처분권한 등을 포괄적으로 이전하며, 양도효과에 따른 관련 제세공과금은 원고가, 취득효과에 따른 관련 제세공과금은 동양생명이 각 부담하기로 하는 등의 특약을 체결하였으므로, 원고는 신탁법에 기한 신탁계약의 형식을 빌렸을 뿐 사실은 동양생명으로부터 매매대금을 지급받고 이 사건 부동산을 매도한 것으로 봄이 상당하다[220]

---

218) 이 판결에 대한 평석은, 김형석, 부동산 소유사가 신탁계약의 형식을 빌어 신탁계약상의 수익자에게 부동산을 사실상 매도한 것으로 평가되는 경우의 재산세 납세의무자, 대법원판례해설 92호, 법원도서관, 203면 이하를 참고할 것.

219) 현행 지방세법하에서의 재산세 납세의무자는 수탁자이다(지방세법 제107조 제1항 3호).

220) 부동산 자체를 매각하지 않고 대신 부동산을 관리처분신탁한 후 그 수익권을 제3자에게 부여하면서 동 부동산에 관한 실질적인 통제권을 해당 수익자가 행사하는 것으로 신탁계약을 체결하고, 수익자로 지정된 제3자로부터 수탁자를 거쳐 수익권 인수대금을 지급받는 구조이다. 이 구조는 한때 부동산의 직접 양도·취득에 따른 취득세, 부가가치세 등 각종 세금을 회피하면서 부동산 매매와 유사한 효과를 얻을 수 있어 자주 이용되었지만, 여전히 부동산 자체의 매각과 비교할 때 세금문제와 진정매각(True-Sale)문제가 명확하지 않은 리스크가 있다.이 판결은 이와 같은 구조하에서도 재산세 납세의

는 이유로, 원고가 이 사건 부동산의 실질적인 소유자로서 여전히 이 사건 신탁계약의 위탁자의 지위에 있음을 전제로 한 이 사건 처분은 위법하다고 판단하였다.

3. 그러나 앞서 본 바와 같이 부동산을 신탁하여 수탁자 앞으로 소유권이전등기를 마치게 되면 그 소유권은 대내외적으로 수탁자에게 완전히 이전되고, 위탁자와의 내부관계에서조차 위탁자에게 유보되어 있는 것이 아니므로, 원심이 설시한 위와 같은 특약이 인정된다고 하여 신탁법에 의한 신탁등기가 마쳐진 재산인 이 사건 부동산의 소유관계가 달라지는 것은 아니고, 오히려 그 특약에서도 이 사건 부동산의 대내외적 소유권이 위탁자인 원고에게 있지 않음을 재확인한 것에 불과하다. 그리고 피고가 원고에게 이 사건 부동산에 관한 재산세를 부과한 이 사건 처분은 원고가 이 사건 부동산의 실질적인 소유자이기 때문이 아니라, 이 사건 부동산이 신탁법에 의하여 수탁자 명의로 등기된 신탁재산이고 원고가 그 위탁자에 해당하므로 지방세법 제183조 제2항 제5호에서 정한 바에 따라 원고가 이 사건 부동산에 관한 재산세 납부의무를 부담하기 때문이다.

그렇다면 원심이 위와 같은 사정만을 들어 이 사건 처분이 위법하다고 판단한 데에는 신탁재산의 재산세 납부의무자에 관한 법리를 오해한 잘못이 있고, 이는 판결에 영향을 미쳤음이 분명하다. 이를 지적하는 상고이유 주장은 이유 있다.

98. 대법원 2012. 5. 9. 선고 2012다13590 판결 [관리비][221]

[논점] 신탁원부 기재의 대항력 범위(관리비 부담 주체)

【이 유】

신탁법 제3조[222]는 "등기 또는 등록하여야 할 재산에 관하여는 신탁은 그 등기 또는 등록을 함으로써 제3자에게 대항할 수 있다."고 규정하고, 구 부동산등기법(2011. 4. 12. 법률 제10580호로 전문개정되기 전의 것) 제123조, 제124조는 신탁의 등기를 신청하는 경우에는 ① 위탁자, 수탁자 및 수익자 등의 성명, 주소 ② 신탁의 목적 ③ 신탁재산의 관리방법 ④ 신탁종료사유 ⑤ 기타 신탁의 조항을 기재한 서면을 그 신청서에 첨부하도록 하고 있고 그 서면을 신탁원부로 보며 다시 신탁원부를 등기부의 일부로 보고 그 기재를 등기로 본다고 규정하고 있다. 따라서 위의 규정에 따라 등기의 일부로 인정되는 신탁원부에 신탁부동산에 대한 관리비 납부의무를 위탁자가 부담한다는 내용이 기재되어 있다면 수탁자는 이로써 제3자에게 대항할 수 있다.

원심판결 이유에 의하면, 원심은 채택 증거를 종합하여 이 사건 신탁계약 제9조 제1항 및 제14조 제1항 에 의하면, 위탁자가 신탁부동산인 이 사건 각 상가의 관리비를 부담하도록 규정되어 있는 사실, 이 사건 신탁등기 신청서에 첨부된 이 사건 신탁계약서가 이 사건 신탁등기 경료 당시 신탁원부에 포함되어 이 사건 건물의 등기부에 편철된 사실을 인정한 다음, 피고는 등기된 이 사건 신탁계약에 따라 위탁자인 함○○이 원고에게 이 사건 각 상가의 관리비 납부의무를 부담한다고 대항할 수 있다는 이유로 원고의 청구를 기각하였다.

관련 법리와 기록에 비추어 살펴보면, 원심의 위와 같은 판단은 정당한 것으로 수긍이 가고, 거기에

무자는 구 지방세법에 따라 위탁자임을 판시하고 있다. 이와 같이 특정자산의 보유·매각에 대해 부과되는 조세 등을 면하기 위해 대체구조를 설계할 경우에는 의도하는 해당 특정 조세를 면할 수 있는지, 해당 특정 조세 외에 양도소득세, 부가가치세, 취득세 등 다른 조세가 부과될 가능성은 없는지 여부에 대한 조세실무(특히 과세관청의 실무 입장)를 꼭 확인하여야 할 것이다.

221) 이 판결에 대한 평석은, 오상민, 부동산등기법상 신탁등기의 대항력에 대한 검토, 저스티스 통권 제154호, 한국법학원, 131면 이하를 참고할 것.

222) 현행 신탁법 제4조. [24번 판례] 각주 부분 참조.

상고이유의 주장과 같이 이 사건 신탁계약의 해석에 관하여 논리와 경험의 법칙을 위반하고 자유심증주의의 한계를 벗어나는 등의 위법이 없다.

[원심판결] 서울고등법원 2012. 1. 13. 선고 2011나59065 판결 [관리비]

【주 문】

1. 제1심 판결을 취소한다.
2. 원고의 청구를 기각한다.
3. 소송총비용은 원고가 부담한다.

【청구취지 및 항소취지】

1. 청구취지

피고는 원고에게 144,517,930원 및 이에 대하여 2011. 4. 26.부터 2011. 5. 3.자 청구

취지 및 청구원인 변경신청서 부본 송달일까지는 연 5%의, 그 다음날부터 다 갚는 날까지는 연 20%의 각 비율에 의한 금원을 지급하라.

2. 항소취지

주문과 같다.

【이 유】

나. 판단

1) 청구원인에 관한 판단

위 인정사실에 의하면, 원고는 집합건물인 이 사건 건물의 관리주체로서, 집합건물의 소유 및 관리에 관한 법률에 따라 마련된 이 사건 건물의 관리규약에 따라 이 사건 건물의 입주자에게 관리비를 청구할 수 있다 할 것이고, 한편 신탁은 위탁자가 수탁자에게 특정의 재산권을 이전하거나 기타의 처분을 하여 수탁자로 하여금 신탁 목적을 위하여 그 재산권을 관리·처분하게 하는 것이므로(신탁법 제1조 제2항), 부동산의 신탁에 있어서 수탁자 앞으로 소유권이전등기를 마치게 되면 대내외적으로 소유권이 수탁자에게 완전히 이전되고, 위탁자와의 내부관계에 있어서 소유권이 위탁자에게 유보되어 있는 것은 아니라 할 것이며, 이와 같이 신탁의 효력으로서 신탁재산의 소유권이 수탁자에게 이전되는 결과 수탁자는 대내외적으로 신탁재산에 대한 관리권을 갖는 것이고, 다만, 수탁자는 신탁의 목적 범위 내에서 신탁계약에 정하여진 바에 따라 신탁재산을 관리하여야 하는 제한을 부담함에 불과하다고 할 것이므로(대법원 2002. 4. 12. 선고 2000다70460 판결 참조), 특별한 사정이 없는 한 이 사건 각 상가의 수탁자인 피고는 피고가 이 사건 소유권이전등기를 마친 후에는 그 소유자로서 이 사건 건물의 관리주체인 원고에게 소정의 연체료를 포함한 이 사건 각 상가의 미납관리비 및 이에 대한 지연손해금을 지급할 의무가 있다.

2) 피고의 주장에 관한 판단

먼저 피고의 첫 번째 주장에 관하여 살피건대, 이 사건 신탁계약 제9조 제1항 및 제14조 제1항에 의하면, 위탁자가 신탁부동산인 이 사건 각 상가의 관리비를 부담하도록 규정되어 있는 사실, 이 사건 신탁등기 신청서에 첨부된 이 사건 신탁계약서가 이 사건 신탁등기 경료 당시 신탁원부에 포함되어 이 사건 건물의 등기부에 편철된 사실은 앞서 본 바와 같고, 신탁 조항은 신탁자와 수탁자간의 계약이므로 이로써 제3자의 권리에 영향을 줄 수는 없지만, 그것이 등기가 된 경우에는 그 후에 신탁부동산에

관하여 이해관계를 맺은 제3자에게 대항할 수 있으므로(대법원 1975. 12. 23. 선고 74다736 판결, 대법원 2004. 4. 16. 선고 2002다12512 판결 등 참조), 피고는 등기된 이 사건 신탁계약에 따라 위탁자인 D이 원고에게 이 사건 각 상가의 관리비 납부의무를 부담한다고 대항할 수 있다 할 것이므로(한편 이 사건 신탁계약 제14조 제3항은 위탁자가 관리비를 납부하지 않을 경우 수탁자가 이를 대신 납부할 수 있음을 규정하고 있으나, 이를 수탁자가 직접 관리비 납부의무를 부담한다는 취지로 볼 수는 없다), 피고의 위 주장은 이유 있다.

99. 대법원 2012. 4. 13. 선고 2010두4124 판결 [부동산압류처분에대한무효확인]

[논점] 신탁법에서 예외적으로 신탁재산에 대하여 강제집행 또는 경매할 수 있다고 규정한 '신탁사무의 처리상 발생한 권리'에 위탁자를 채무자로 하는 경우도 포함되는지 여부

【이 유】

신탁법 제1조 제2항[223]은 '신탁이라 함은 위탁자가 특정의 재산권을 수탁자에게 이전하거나 기타의 처분을 하고 수탁자로 하여 수익자의 이익을 위하여 또는 특정의 목적을 위하여 그 재산권을 관리, 처분하게 하는 법률관계를 말한다'라고 규정하고, 제21조[224] 제1항은 '신탁재산에 대하여는 강제집행 또는 경매를 할 수 없다. 단 신탁 전의 원인으로 발생한 권리 또는 신탁사무의 처리상 발생한 권리에 기한 경우에는 예외로 한다'라고 규정하고 있다.

신탁법 제1조 제2항의 취지에 의하면 신탁법에 의한 신탁재산은 대내외적으로 소유권이 수탁자에게 완전히 귀속되고 위탁자와의 내부관계에 있어서 그 소유권이 위탁자에게 유보되어 있지 않고(대법원 2002. 4. 12. 선고 2000다70460 판결, 대법원 2007. 9. 7. 선고 2005다9685 판결 등 참조), 신탁법 제21조 제1항은 신탁의 목적을 원활하게 달성하기 위하여 신탁재산의 독립성을 보장하는 데 그 입법 취지가 있음을 종합적으로 고려하면, 신탁법 제21조 제1항 단서에서 예외적으로 신탁재산에 대하여 강제집행 또는 경매를 할 수 있다고 규정한 '신탁사무의 처리상 발생한 권리'에는 수탁자를 채무자로 하는 것만이 포함되며, 위탁자를 채무자로 하는 것은 포함되지 않는다고 해석된다.

원심은 제1심판결을 인용하여, ① 원고와 주식회사 씨앤에스부동산개발(이하 '소외 회사'라 한다)은 2004. 6. 12. 원고가 신탁법에 의하여 소외 회사로부터 토지를 신탁 받아 그 지상에 상가건물을 신축하고 위 토지와 상가건물을 신탁재산으로 하여 이를 분양 또는 임대한 후 그 이익을 소외 회사에 환원하여 주기로 하는 분양형 토지개발신탁계약을 체결한 사실, ② 그에 따라 원고가 위 상가건물을 신축하여 이를 분양하면서 소외 회사를 공급자로 하는 세금계산서를 발행한 사실, ③ 이에 관하여 소외 회사는 피고에게 부가가치세를 신고하였으나 이를 납부하지 아니하자, 피고는 2008. 10. 8. 소외 회사를 체납자로 하여 위 상가건물 중 미분양분을 압류하는 이 사건 처분을 한 사실 등을 인정한 다음, 이 사건 처분에 관계된 부가가치세 채권은 위탁자인 소외 회사에 대한 채권이어서 신탁법 제21조 제1항 단서에서 말하는 '신탁사무의 처리상 발생한 권리'에 해당하지 않는다는 이유로, 위탁자인 소외 회사에 대한 부가가치세 채권에 기하여 수탁자인 원고 소유의 신탁재산을 압류한 이 사건 처분은 무효라고 판단하였다.

앞서 본 법리 및 기록에 비추어 살펴보면, 원심의 이와 같은 판단은 정당하고, 거기에 상고이유에서 주장하는 바와 같이 신탁법 제21조 제1항 단서에 관한 법리를 오해하는 등의 위법이 없다.

---

223) 현행 신탁법 제2조.
224) 현행 신탁법 제22조.

100. 대법원 2012. 4. 13. 선고 2011두13903 판결 [압류해제신청거부처분취소등]

[논점] 신탁법에서 예외적으로 신탁재산에 대하여 강제집행 또는 경매할 수 있다고 규정한 '신탁사무의 처리상 발생한 권리'에 위탁자를 채무자로 하는 경우도 포함되는지 여부

【이 유】

신탁법상의 신탁은 위탁자가 특정의 재산권을 수탁자에게 이전하거나 기타의 처분을 하고 수탁자로 하여금 수익자의 이익을 위하여 또는 특정의 목적을 위하여 그 재산권을 관리, 처분하게 하는 법률관계로서(신탁법 제1조 제2항[225]), 부동산을 신탁하여 수탁자 앞으로 소유권이전등기를 마치게 되면 그 소유권은 대내외적으로 수탁자에게 완전히 이전되고, 위탁자와의 내부관계에서조차 위탁자에게 유보되어 있는 것이 아니다(대법원 2002. 4. 12. 선고 2000다70460 판결 등 참조).

한편 신탁법 제21조[226] 제1항은 '신탁재산에 대하여는 강제집행 또는 경매를 할 수 없다. 단 신탁 전의 원인으로 발생한 권리 또는 신탁사무의 처리상 발생한 권리에 기한 경우에는 예외로 한다'고 규정하고 있는바, 이는 신탁의 목적을 원활하게 달성하기 위하여 신탁재산의 독립성을 보장하는 데 그 입법 취지가 있다. 이를 앞서 본 신탁으로 인한 신탁재산의 소유관계 등까지 종합적으로 고려하여 보면, 신탁법 제21조 제1항 단서에서 예외적으로 신탁재산에 대하여 강제집행 또는 경매를 할 수 있다고 규정한 '신탁사무의 처리상 발생한 권리'에는 수탁자를 채무자로 하는 것만이 해당될 뿐이고 위탁자를 채무자로 하는 것은 포함되지 않는다고 할 것이다.

원심은 제1심판결 이유를 인용하여, 원고와 주식회사 경희산업개발(이하 '소외 회사')은 2006. 7. 28. 이 사건 각 부동산에 관하여 부동산 담보형 신탁계약을 체결하고, 같은 날 이 사건 각 부동산에 관하여 원고 명의의 소유권이전등기를 마친 사실, 소외 회사가 그 후 신축된 신탁부동산의 분양에 따른 분양대금에 관한 판시 부가가치세 및 피고가 소외 회사의 대표이사에 대한 상여로 소득처분하여 소득금액변동통지를 한 금액에 대한 판시 원천징수세액을 납부하지 아니하고 체납하자, 피고는 위와 같은 부가가치세 등 체납조세채권(이하 '이 사건 조세채권')에 기하여 2009. 10. 27. 이 사건 각 부동산을 압류한 사실 등을 인정하였다. 그리고 나아가, 위 부가가치세의 납세의무자 및 소득세의 원천징수의무자는 소회 회사인데 반하여, 이 사건 각 부동산은 신탁재산으로 수탁자인 원고에게 귀속되므로, 피고가 위탁자인 소외 회사에 대한 이 사건 조세채권에 기하여 수탁자인 원고 소유의 신탁재산인 이 사건 각 부동산을 압류한 이 사건 압류처분은 납세자가 아닌 제3자의 재산을 대상으로 한 것으로서 당연무효라고 판단하였다. 또한 이 사건 조세채권이 신탁법 제21조 제1항 단서가 정한 '신탁사무의 처리상 발생한 권리'에 해당한다는 피고의 주장에 대하여는 그 판시와 같은 사정을 들어 이 사건 조세채권이 위탁자인 소외 회사에 대한 채권에 불과할 뿐 '신탁사무의 처리상 발생한 권리'에 해당하지 않는다는 이유로 배척하였다.

관련 법리와 기록에 비추어 원심판결 이유를 살펴보면, 원심이 위탁자를 납세의무자로 하는 이 사건 조세채권이 신탁법 제21조 제1항 단서가 정한 '신탁사무의 처리상 발생한 권리'에 해당하지 않는다고 판단한 것은 앞서 본 법리에 따른 것이므로 정당하다. 또한 위와 같이 납세의무자 아닌 자의 재산에 대하여 이루어진 이 사건 압류처분이 당연무효라고 본 원심의 판단 역시 관련 법리에 따른 것이어서 정당하다. 원심판결에는 상고이유로 주장하는 바와 같이 신탁법 제21조 제1항 단서의 '신탁사무의 처리상 발생한 권리'에 관한 법리를 오해하거나 행정처분의 당연무효에 관한 법리를 오해하는 등으로 판결에 영향을 미친 위법이 없다.

225) 현행 신탁법 제2조.

226) 현행 신탁법 제22조.

101. 대법원 2012. 4. 12. 선고 2010두4612 판결 [예금채권압류처분에대한무효확인]

[논점] 신탁법에서 예외적으로 신탁재산에 대하여 강제집행 또는 경매할 수 있다고 규정한 '신탁사무의 처리상 발생한 권리'에 위탁자를 채무자로 하는 경우도 포함되는지 여부

【이 유】

1. 신탁법 제1조 제2항[227]은 '신탁이라 함은 위탁자가 특정의 재산권을 수탁자에게 이전하거나 기타의 처분을 하고 수탁자로 하여금 수익자의 이익을 위하여 또는 특정의 목적을 위하여 그 재산권을 관리, 처분하게 하는 법률관계를 말한다'라고 규정하고, 제21조[228] 제1항은 '신탁재산에 대하여는 강제집행 또는 경매를 할 수 없다. 단, 신탁 전의 원인으로 발생한 권리 또는 신탁사무의 처리상 발생한 권리에 기한 경우에는 예외로 한다'라고 규정하고 있다.

신탁법 제1조 제2항의 취지에 의하면 신탁법에 의한 신탁재산은 대내외적으로 소유권이 수탁자에게 완전히 귀속되고 위탁자와의 내부관계에서 그 소유권이 위탁자에게 유보되어 있는 것이 아닌 점(대법원 2002. 4. 12. 선고 2000다70460 판결, 대법원 2007. 9. 7. 선고 2005다9685 판결 등 참조), 신탁법 제21조 제1항은 신탁의 목적을 원활하게 달성하기 위하여 신탁재산의 독립성을 보장하는 데 그 입법 취지가 있는 점 등을 종합적으로 고려하면, 신탁법 제21조 제1항 단서에서 예외적으로 신탁재산에 대하여 강제집행 또는 경매를 할 수 있다고 규정한 '신탁사무의 처리상 발생한 권리'에는 수탁자를 채무자로 하는 것만이 포함되며, 위탁자를 채무자로 하는 것은 여기에 포함되지 않는다고 할 것이다.

한편 체납처분으로서 압류의 요건을 규정한 국세징수법 제24조 각 항의 규정을 보면 어느 경우에나 압류의 대상을 납세자의 재산에 국한하고 있으므로, 납세자가 아닌 제3자의 재산을 대상으로 한 압류처분은 그 처분의 내용이 법률상 실현될 수 없는 것이어서 당연무효이다(대법원 1993. 4. 27. 선고 92누12117 판결, 대법원 1996. 10. 15. 선고 96다17424 판결, 대법원 2006. 4. 13. 선고 2005두15151 판결 등 참조).

2. 원심은 그 채용 증거를 종합하여, ① 원고와 주식회사 씨앤에스부동산개발(이하 '소외 회사'라 한다)은 2004. 6. 12. 원고가 신탁법에 의하여 소외 회사로부터 토지를 신탁받아 그 지상에 상가건물을 신축하고 그 토지와 상가건물을 신탁재산으로 하여 이를 분양 또는 임대한 후 그 이익을 소외 회사에 환원하여 주기로 하는 분양형 토지개발신탁계약을 체결한 사실, ② 그에 따라 원고가 위 토지상에 상가건물을 신축하여 이를 분양하면서 소외 회사를 공급자로 하는 세금계산서를 발행한 사실, ③ 위 분양과 관련하여 소외 회사가 피고에게 부가가치세를 신고하고도 이를 납부하지 아니하자, 피고는 2008. 10. 8. 소외 회사를 체납자로 하여 신탁재산인 원고의 판시 예금채권[229]을 압류하는 이 사건 처분을 한 사실 등을 인정한 다음, 신탁법 제21조 제1항 단서에서 말하는 '신탁사무의 처리상 발생한 권리'는 수탁자가 신탁사무와 관련한 행위를 함으로써 수탁자에 대하여 발생한 권리를 의미한다고 전제하고, 이 사건 처분에 관계된 부가가치세 채권은 위탁자인 소외 회사에 대한 채권으로서 여기에 해당한다고 할 수 없다는 이유로, 소외 회사에 대한 부가가치세 채권에 기하여 원고 소유의 신탁재산을 압류한 이 사건 처분은 무효라고 판단하였다.

앞서 본 규정과 법리 및 기록에 비추어 살펴보면, 원심의 이와 같은 판단은 정당하고 거기에 상고이유에서 주장하는 바와 같은 신탁법 제21조 제1항 단서에 관한 법리오해 등의 잘못이 없다.

---

227) 현행 신탁법 제2조.

228) 현행 신탁법 제22조.

229) 위 분양형 토지신탁계약에 따라 분양되는 신탁부동산의 분양대금이 입금되는 원고 명의의 예금계좌상의 예금채권을 말한다.

102. 대법원 2012. 2. 23. 선고 2010다83700 판결 [손해배상][230) 231)]

[논점] 부동산개발사업을 위한 신디케이티드 론(syndicated loan) 거래의 참여은행과 대리은행의 법률관계 및 대리은행이 부담하는 선관주의의무의 범위

【이 유】

1. 판단누락의 위법이 있다는 상고이유에 대하여

가. 기록에 의하면, 원고가 원심에서 이 사건 융자협약이 이 사건 대출금의 용도 및 용도별 소요금액을 특정하고 있었고 피고는 이 사건 대출금이 정해진 용도대로 집행되는지를 감독할 의무만 부담하고 있을 뿐 용도를 변경하여 집행할 권한이 없음에도, 차주인 주식회사 에스디(이하 '에스디'라고 한다)의 요청에 따라 원고를 포함한 16개 금융기관(이하 '참여은행'이라고 한다)의 동의 없이 담보로 제공될 토지의 소유권 확보 용도의 자금을 다른 사업부지의 계약금으로 용도를 변경하여 집행하는 채무불이행 또는 불법행위를 하였다는 주장을 하였음에도, 원심이 이에 대하여 명시적인 판단을 하지 아니하였음은 상고이유에서 지적하는 바와 같다.

…

나. 원심이 인정한 판시 사실관계에 의하여 인정되는 다음과 같은 사정, 즉 ① 참여은행도 이 사건 사업협약 제4조 제5항, 이 사건 융자협약 제6조 제3항에 의하여 피고와 동일한 권리의무를 갖는 이 사건 사업협약의 계약당사자로 편입됨으로써 이 사건 사업협약의 계약 내용에 구속되므로, 참여은행과 피고 사이의 이 사건 대출금 집행의 관리감독사무에 관한 법률관계는 이 사건 사업협약과 이 사건 융자협약을 함께 고려하되 이 사건 사업의 금융주간 및 자문기관이자 뒤에서 보는 바와 같이 이 사건 사업협약상 이 사건 대출금의 관리자인 동부증권 주식회사(이하 '동부증권'이라고 한다)와의 관계도 고려하여 조화롭게 해석되어야 하는 점, ② 그런데 이 사건 사업협약 제9조는 이 사건 사업과 관련한 제 자금은 본 PF 대출 집행 이전까지 동부증권이 관리한다고 규정하고 있고, 제5조 제5항은 이 사건 대출금은 에스디의 최종 책임하에 본래의 적정한 용도로만 이루어져야 하며 피고 및 동부증권이 에스디가 제출한 계약서 원본 등 자료 및 계약금 입금계좌를 확인한 후 집행하기로 규정하고 있는데, 위 규정들의 내용과 참여은행이 이 사건 사업협약의 계약당사자로 편입된 점 등을 고려하면 이 사건 사업협약은 피고 및 참여은행과 동부증권 사이에서 동부증권이 이 사건 대출금의 관리를 담당하되 피고 및 참여은행이 동부증권과 함께 이 사건 대출금 집행이 본래의 적정한 용도로 이루어지는지를 관련 자료를 통해 확인한 후 집행하기로 정하였다고 볼 수 있는 점, ③ 이 사건 융자협약 제7조는 위와 같은 이 사건 사업협약을 전제로 참여은행이 자신들의 업무인 이 사건 사업협약 제5조 제5항의 대출금 집행의 관리감독사무를 피고에게 위임하는 규정이고, 이 사건 자금관리약정도 위와 같은 이 사건 사업협약을 전제로 피고와 동부증권이 이 사건 대출금 집행의 관리를 한국자산신탁 주식회사(이하 '한국자산신탁'이라고 한다)에게 위임하면서 일정한 경우(에스디가 지불예정액을 초과하는 사업부지 매입자금을 요청하거나 사업부지 매입자금 외의 일반사업비 또는 기타 경비 등의 자금인출을 요청하는 경우)에는 이 사건 대출금의 집행에 앞서 피고와 동부증권의 동의를 요하도록 하는 내용으로 체결된 점, ④ 이 사건 사업협약 제5조 제5항은 대출금이 본래의 적정한 용도로만 이루어져야 한다고 규정하고 그 용도에 따른 구체적인 금액을 특정하고 있지 않으므로 동부증권은 참여은행에 대하여 이 사건 사업이 원활하게 수행될

---

230) 부동산 개발사업에서 신탁사가 참여하는 사업부지 매입을 위한 브릿지 론의 개요를 파악할 수 있는 자료이다.

231) 이 판결에 대한 평석은, (1) 진상범, 신디케이티드 론 거래의 대리은행이 부담하는 선관주의의무의 범위, 대법원판례해설 91호, 법원도서관, 298면 이하, (2) 박 준, 신디케이티드 대출에서 대리은행이 부담하는 선관주의의무, BFL 59호, 서울대학교 금융법센터, 90면 이하를 각 참고할 것.

수 있도록 이 사건 대출금을 관리할 주의의무가 있을 뿐 에스디가 약정한 담보제공이 이루어지도록 관리할 주의의무까지 부담한다고 보기 어렵고, 동부증권과 함께 이 사건 대출금의 집행을 관리·감독하는 피고 또한 동부증권과 동일한 주의의무를 부담한다고 보는 것이 타당한 점, ⑤ 이 사건 융자협약 제7조의 '제2조에서 정한 용도'라 함은 제2조에 기재되어 있는 선순위상환자금, 매입잔금, 계약금의 지급 및 초기사업자금이라는 용도를 의미한다고 보는 것이 자연스러운 해석인 점, ⑥ 이 사건 대출과 같이 부동산개발사업의 초기 단계에서 사업부지의 매입에 사용될 자금을 단기간 대여하는 제2금융권의 브리지 론(bridge loan) PF 대출은 충분한 담보를 확보하기보다는 이후 인허가 작업이 종료되어 착공에 들어가는 시점에 제1금융권이 취급하는 본 PF 대출을 통하여 조달된 자금으로 상환될 것을 예정하기 때문에 대주를 비롯한 이해관계자들에게 가장 중요한 것은 담보제공의 범위가 아니라 본 PF 대출의 성공인 점 등을 종합하면, 동부증권과 함께 이 사건 대출금의 집행을 관리·감독하는 피고는 참여은행으로부터 이 사건 사업의 원활한 수행을 위하여 이 사건 대출금이 이 사건 융자협약 제2조에 정한 용도로 적절하게 집행되는지를 관리·감독하는 사무를 위임받았다고 할 것이고, 따라서 위 용도로 이 사건 대출금이 집행되고 이 사건 사업의 원활한 수행을 위하여 필요한 한도 내에서 동부증권과 협의하여 이 사건 대출금의 세부적 집행내역을 변경하여 집행하는 데 동의할 권한을 가진다고 봄이 상당하다.

원심판결 이유의 전반적인 취지에 비추어 보면 원심의 판단에 원고의 위 주장을 배척하는 취지가 포함되어 있다고 볼 수 있을 뿐만 아니라, 앞서 본 바와 같이 원고의 위 주장은 배척될 경우임이 분명하므로, 원심의 판단누락을 지적하는 이 부분 상고이유는 받아들일 수 없다.

원고가 상고이유에서 지적하고 있는 대법원 2006. 6. 9. 선고 2004다24557 판결[232]은 토지신탁계약의 수탁자가 위탁자의 지시에 따르는 것이 신탁의 취지에 적합하지 않은 경우의 사안에 관한 것으로서 수임자가 위임된 범위 내에서 사무를 처리한 이 사건과는 사안을 달리하므로 이 사건에 원용하기에 적절하지 아니하다.

2. 선량한 관리자의 주의의무에 관한 법리오해의 위법이 있다는 상고이유에 대하여

복수의 참여은행이 신디케이트를 구성하여 채무자에게 자금을 융자하는 신디케이티드 론(syndicated loan) 거래에서, 참여은행으로부터 신디케이티드 론과 관련된 행정 및 관리사무의 처리를 위탁받아 참여은행을 대리하게 되는 대리은행(agent bank)은 위탁받은 사무에 관하여 참여은행과 위임관계에 있다. 이 경우 구체적인 위임사무의 범위는 신디케이티드 론 계약의 대리조항(agency clause)에 의하여 정하여지는 것이지만, 참여은행과 대리은행은 모두 상호 대등한 지위에서 계약조건의 교섭을 할 수 있는 전문적 지식을 가진 거래주체라는 점에서 원칙적으로 대리은행은 대리조항에 의하여 명시적으로 위임된 사무의 범위 내에서 위임의 본지에 따라 선량한 관리자의 주의로써 위임사무를 처리하여야 하고, 명시적으로 위임받은 사무 이외의 사항에 대하여는 이를 처리하여야 할 의무를 부담한다고 할 수 없다.

원심판결 이유 및 원심이 적법하게 채택한 증거에 의하면, 이 사건 융자협약 제11조(자료제출)는 "피고와 참여은행은 본 대출과 관련하여 에스디와 보증인에게 사업진행에 관련된 자료의 제출을 요구할 수 있으며 이에 에스디와 보증인은 응하여야 한다."고 규정하고, 제12조(공동법적절차)는 "에스디에게 대출한 피고 및 참여은행 중 어느 한 저축은행에라도 이자납입이 지연되거나, 기한의 이익이 상실되었을 때에는 지체없이 참여은행은 피고에게 알려야 하며, 법적 절차는 본 융자협약서상의 모든 대출은행이 공동으로 착수하기로 하되, 법적 절차의 수행은 주간사은행인 피고가 맡기로 한다."라고 규정하며, 제14조(사후관리)는 "에스디와 보증인의 신용상태 파악 등 사후관리는 피고가 수행하기로 하며 보증인 또는 참여은행이 취득한 사후관리에 관한 정보사항은 지체없이 피고에게 알리기로 한다. 단 이것이 보증인 또

232) [168번 판례].

는 참여은행과 피고와의 관계에서 어떠한 법적 의무를 구성하지는 아니한다."라고 규정하고 있는 사실을 알 수 있을 뿐, 이 사건 융자협약 당시 참여은행이 피고에게 에스디가 약정한 매입가 414억 5,000만원 이상의 토지의 담보제공이 이루어질 수 없는 사정이 발생하는지를 감시하거나 그러한 사정이 발생하는 경우 이를 참여은행에게 알리는 사무를 위임하였다고 볼 자료를 기록에서 찾아볼 수 없다.

따라서 위와 같은 사실관계를 앞서 본 법리에 비추어 보면, 피고가 2006. 5. 3.경 에스디가 대주단에게 담보로 제공할 토지의 소유권 확보 목적으로 사용하기로 한 잔여 대출금을 다른 토지의 계약금으로 사용하는 데 동의하게 되면 매입가 414억 5,000만원 이상인 토지들의 담보제공이 이루어질 수 없게 되는 사정을 알았거나 알 수 있었다고 하더라도, 참여은행으로부터 그러한 사정이 발생하는지를 감시하여 보고하는 사무를 별도로 위임받지 않은 이상 즉시 참여은행에게 그러한 사정을 알리지 아니하였다고 하더라도 이를 두고 피고가 이 사건 대출금 집행의 관리·감독사무에 있어 선량한 관리자의 주의의무를 위반하였다고 볼 수 없다.

원심의 이유 설시에 다소 미흡한 점이 있으나, 피고가 선량한 관리자의 주의의무를 위반하지 않았다고 본 원심의 결론은 정당하고, 거기에 상고이유에서 주장하는 선량한 관리자의 주의의무에 관한 법리오해의 위법이 없다.

[원심판결] 서울고등법원 2010. 9. 15. 선고 2009나102140 판결 [손해배상]

【주 문】

1. 원고의 항소를 기각한다.
2. 항소비용은 원고가 부담한다.

【청구취지 및 항소취지】

제1심 판결을 취소한다. 피고는 원고에게 500,000,000원 및 이에 대한 이 사건 소장 부본 송달 다음날부터 다 갚는 날까지 연 20%의 비율로 계산한 돈을 지급하라.

【이 유】

3. 판단

가. 피고가 이 사건 대출금 집행에 관하여 선량한 관리자로서의 주의의무를 부담하는지 여부

살피건대, 위 인정사실에 의하여 인정되는 다음과 같은 사정들, 즉, ① 피고가 이 사건 사업을 위하여 원고를 포함한 16개 금융기관을 대주단으로 모집한 후, 주간사은행으로서 대출조건의 확정, 참여은행별 대출 분담금의 할당 등 대출업무를 주관하여 이 사건 융자협약이 체결되었고, 피고가 위와 같이 주간사은행의 역할을 한 대가로 에스디로부터 이 사건 대출금의 1%인 710,000,000원을 수령한 점, ② 이 사건 사업협약에 따른 대출은 이 사건 사업의 초기단계에서 사업부지에 관한 매매계약 체결을 위한 계약금 등에 사용될 자금을 단기간 대여하는 것으로, 개발행위에 따른 사업의 미래 수익성을 평가하여 대출이 이루어지므로 그 담보가 부족할 수밖에 없으나, 이후 사업이 진행되어 PF 대출을 받게 되면 그 대출금으로 이 사건 대출금이 우선 상환될 것을 예정하는 것이어서, 에스디가 이 사건 대출금을 적절히 집행함으로써 이 사건 사업이 정상적으로 진행되도록 하여야 할 필요가 크고, 따라서 이 사건 융자협약서 제2조는 대출자금의 용도를 한정하고, 제7조에서는 참여은행이 실행한 대출자금은 피고에 개설한 에스디 명의의 보통예금계좌에 이체하여 피고의 관리감독 하에 제2조에서 정한 용도로 집행하도록 하고 있으며, 피고는 이 사건 융자협약이 체결되기 2일 전 참여은행들에게 약정대출금을 송금하여 줄

것을 요청하면서, 피고가 대출금의 자금집행에 있어 선량한 관리자의 주의의무를 다하여 자금집행에 차질이 없도록 하겠다는 내용의 통지를 한 점, ③ 이 사건 사업협약서 제9조는 동부증권이 금융주간사로서 PF 대출 집행 이전까지 자금관리를 담당하도록 하고 있으나, 이는 PF 대출의 조건들이 구비되어 동부증권이 PF 대출을 하게 되는 경우 최종적으로 동부증권이 이 사건 사업의 금융주간사가 됨을 전제로 한 것이고, 동부증권이 PF를 하지 않은 상태에서는 피고를 포함한 대주단이 이 사건 사업의 자금관리에 관하여 가장 직접적인 이해관계를 가지며, 따라서 이 사건 사업협약서 제5조 제5항에서 이 사건 사업자금의 집행에 관하여 피고의 확인을 받도록 하고 있는 점, ④ 이 사건 융자협약서 제10조에 의하면 피고가 제6조의 담보제공의무를 이행하지 못하였을 경우 기한의 이익을 상실하도록 되어 있고, 또 제12조에 의하면 참여은행들 중 어느 한 곳에라도 에스디가 이자납입을 지연하거나 기한의 이익을 상실하였을 경우에는 참여은행들은 주간사은행인 피고에게 알려야 하며, 법적절차의 수행은 주간사은행인 피고가 맡기로 되어 있는 점, ⑤ 피고는 대주단의 주간사은행으로서 이 사건 융자협약일인 2006. 1. 27. 이 사건 대출금의 집행을 관리하기 위하여 에스디, 한국자산신탁, 동부증권과 사이에 이 사건 자금관리 약정을 체결하면서, 에스디가 위 약정에서 미리 정하여 둔 지불예정액 범위 내에서 사업부지 매입과 관련한 자금을 인출하는 외의 용도로 대출금을 사용하는 경우 피고의 동의를 얻도록 한 점 등에 비추어 보면, 피고는 이 사건 융자협약의 주간사은행으로서 원고를 포함한 참여은행들과의 관계에서 선량한 관리자의 주의로서 이 사건 대출금이 적절히 집행되도록 하여야 할 의무를 부담한다고 봄이 상당하다.

나. 피고가 선량한 관리자로서의 주의의무를 위반하였는지 여부

살피건대, 위 인정사실에 의하면 피고는 에스디, 태영, 동부증권, 한국자산신탁과 사이에 대주단에게 담보로 제공할 토지의 소유권 확보 목적으로 사용하기로 한 잔여대출금을 다른 토지의 계약금으로 사용하는데 합의한 2006. 5. 3.경에는 위와 같은 합의에 기한 자금집행으로 인하여 매입가 41,450,000,000원 이상인 토지들의 담보제공이 이루어질 수 없는 사정을 알았거나 알 수 있었다고 봄이 상당하다.

그러나 피고가 매입가 41,450,000,000원 이상인 토지들의 담보제공이 이루어질 수 없는 사정을 알았거나 알 수 있었음에도 즉시 원고 등 참여은행에게 이를 알리지 않고, 대출금의 집행을 중단한 다음 대출금 회수를 위한 절차에 착수하지 않은 것이 이 사건 대출금의 집행에 있어 선량한 관리자로서의 주의의무를 위반한 것인지에 관하여 보건대, 위 인정사실에 의하여 인정되는 다음과 같은 사정들, 즉, ① 이 사건 대출은 이 사건 사업의 초기단계에서 사업부지에 관한 매매계약을 체결하기 위한 계약금 등에 사용될 자금을 단기간 대여하는 것으로서 이 사건 융자협약에 따라 매입가 41,400,000,000원(담보감정가 25,000,000,000원) 상당의 토지들이 담보로 제공된다 하더라도 이 사건 대출금을 담보하기에 부족하나, 이 사건 사업이 정상적으로 진행되어 PF 대출을 받게 되면 그 대출금으로 이 사건 대출금이 우선 상환될 것이므로, 이 사건 대출금의 상환을 위하여는 이 사건 사업이 정상적으로 진행되게 하여 PF 대출이 이루어지도록 하는 것이 가장 중요한 점, ② 매입가 41,450,000,000원 이상인 토지들을 담보로 제공하여야 할 의무 자체는 이 사건 융자협약 제5조 1항에 의하여 에스디가 참여은행들에게 직접 부담하는 것으로, 피고가 대주단의 나머지 참여은행들에게 이와 같은 의무를 부담하는 것은 아닌 점, ③ 에스디가 이 사건 사업 진행을 위해 토지를 매입하던 중 지가의 상승 등으로 토지 매입비가 예상보다 증가됨으로써, 만약 잔여대출금을 원래대로 이 사건 사업 목적 토지 매수를 위한 계약금으로 사용하는 경우 피고를 비롯한 참여은행들에 대한 담보취득의무를 이행하지 못하게 되고, 반대로 잔여대출금을 담보취득을 위한 토지 매입에 사용하는 경우 이 사건 PF 대출이 가능하게 되는 계약율 95%를 달성할 수 없게 되어 결국 이 사건 대출의 목적 달성이 불가능해지는 상황에 처하게 되었는바, 이 사건 자금관리 약정에서 에스디가 지불예정액을 초과하는 사업부지 매입자금을 요청하거나, 사업부지 매입자금 외의

일반사업비 또는 기타 경비 등의 자금인출을 요청하는 경우에는 피고와 동부증권의 동의를 얻은 경우 한국자산신탁이 그에 응하기로 정한 것은 이 사건 사업의 추진과정에서 이 사건에 있어서와 같은 사정 변경이 있을 때 적절한 대처를 하기 위한 것으로 보이는 점, ④ 에스디가 이 사건 융자협약에 따른 담보제공의무를 이행하지 못한 경우에는 이 사건 대출금채무의 기한이익 상실사유가 되기는 하지만, 2006. 5. 3.경 이미 이 사건 대출금 중 41,455,755,175원이 집행된 상태였는바, 위와 같은 사유로 즉시 대출금의 집행을 중단하고 대출금 회수를 위한 절차에 착수하는 경우 이 사건 사업은 추진이 불가능하게 되고, 충분한 담보를 확보하지 못한 이 사건 대출금은 그 회수가 매우 곤란하게 되는 점, ⑤ 피고가 이러한 상황에서 이 사건 대출금의 기한이익을 상실시키지 않고 이 사건 사업을 계속 진행시켜 PF 대출을 받을 수 있게 하는 것이 이 사건 대출금을 회수하는 최선의 방법이라고 판단하여 이 사건 자금관리약정에 따라 태영, 동부증권 및 한국자산신탁 등 관계사와 협의 및 동의의 절차를 거쳐 이 사건 대출금을 계속 집행하기로 한 점, ⑥ 에스디는 대주단에게 매입가 41,450,000,000원 이상인 토지들을 담보로 제공하여 주지 못하였으나, 약정된 매입가의 85% 이상인 매입가 35,317,000,000원 상당의 토지들을 담보로 제공하여 준 점 등에 비추어 보면, 피고가 매입가 41,450,000,000원 이상인 토지들의 담보제공이 이루어질 수 없는 사정을 알았거나 알 수 있었음에도 즉시 이를 원고 등 참여은행에게 알리고, 대출금의 집행을 중단하고 대출금 회수를 위한 절차에 착수하지 않은 것이 이 사건 대출금의 집행에 있어 선량한 관리자로서의 주의의무를 위반한 것이라고 보기는 어렵다 할 것이므로, 원고의 주장은 이유 없다.

103. 대법원 2012. 2. 9. 선고 2011다99030 판결 [손해배상(기)]

[논점] 신탁계약의 종료와 분양계약의 면책적 승계 여부

【이 유】

원심은, 피고와 최초 수분양자들 사이의 분양계약에서 정한 이 사건 승계약정은 그 약정 취지 및 문언의 내용에 비추어 피고와 선정자 G 주식회사(이하 'G'이라고 한다) 사이의 신탁계약의 해지 또는 종료를 정지조건으로 하여 분양계약상의 지위를 피고에서 G으로 이전하기로 하는 내용의 계약인수 합의에 해당하는데, G이 피고와 신탁계약을 종료하기로 합의하면서 계약인수에 대하여 동의 내지 승낙을 하여, 분양계약상의 분양자의 지위가 피고에서 G으로 승계되었다는 이유 등으로 피고에 대하여 이 사건 건물에 대한 하자담보책임 또는 분양계약상의 채무불이행으로 인한 배상책임을 묻는 원고(선정당사자)들의 청구를 배척하였다.

관련 법리와 기록에 비추어 보면 원심의 사실인정과 판단은 정당한 것으로 수긍할 수 있고, 거기에 상고이유에서 주장하는 바와 같은 채증법칙 위반 또는 심리미진의 위법이나 채무인수에 관한 법리오해 등의 위법이 있다고 할 수 없다.

[원심판결] 서울고등법원 2011. 10. 12. 선고 2010나87322 판결 [손해배상(기)]

【주 문】

1. 제1심 판결 중 선정자 영일물산 주식회사에 관한 부분을 취소하고, 위 선정자에 관한 소를 모두 각하한다.

2. 제1심 판결 중, 선정자 영일물산 주식회사를 제외한, 원고(선정당사자)들 및 나머지 선정자들에 대한 피고 패소부분을 취소하고, 그 부분에 해당하는 원고(선정당사자)들의 청구를 모두 기각한다.

3. 원고(선정당사자)들의 항소를 모두 기각한다.

4. 소송총비용은 원고(선정당사자)들이 부담한다.

【청구취지 및 항소취지】

1. 청구취지

피고는 원고(선정당사자, 이하 '원고'라 한다)들 및 별지 목록 기재 각 선정자들(이하 원고들 및 선정자들을 통칭할 경우 '원고들 등'이라 한다)에게,

가. 별지 "청구내역표 1"의 '합계'란 기재 각 해당 금원 및 이에 대하여 이 사건 청구 취지 및 청구원인 변경신청서부본 송달 다음날부터 다 갚는 날까지 연 20%의 비율에 의한 금원을 각 지급하고,

나. 별지 "청구내역표 2"의 '배상액'란 기재 각 해당 금원 및 이에 대하여 2010. 7. 20.부터 다 갚는 날까지 연 20%의 비율에 의한 금원을 각 지급하라.

2. 항소취지

가. 원고들 : 제1심 판결 중 다음에서 지급을 명하는 원고들 패소부분을 취소한다.

피고는 원고들 등에게 별지 "청구내역표 1"의 '항소금액'란 기재 각 해당 금원 및 이에 대하여 이 사건 청구취지 및 청구원인 변경신청서부본 송달 다음날부터 다 갚는 날까지 연 20%의 비율에 의한 금원을 각 지급하라,

나. 피고 : 제1심 판결 중 피고 패소부분을 취소하고, 원고들의 청구를 모두 기각한다.

【이 유】

다. 본안에 대한 판단

1) 미분양 36개 호실에 관하여

미분양 41개 호실은, 이 사건 신탁계약이 종료됨으로써 선정자 영일물산에게 잔여신탁재산으로 교부되었고, 그에 따라 피고 명의의 신탁등기는 말소되고 선정자 영일물산 앞으로 소유권이전등기가 경료된 사실, 그 중 36개 호실(미분양 41개 호실 중 나.항에 본 5개 호실을 제외한 나머지 호실)에 대하여 선정자 영일물산이 분양계약을 체결한 사실은 기초사실에서 본 바와 같다.

한편, 집합건물법 제9조 제1항은 "집합건물을 건축하여 분양한 자"의 담보책임에 관하여 민법 제667조부터 제671조까지의 규정을 준용한다고 규정하고 있고, 제2항은 제1항의 "분양자의 담보책임에 관하여 민법에 규정된 것보다 매수인에게 불리한 특약은 효력이 없다"고 규정함으로써, 집합건물법에 의한 담보책임을 지는 주체가 "분양자"에 국한됨을 명시하고 있다.

이 사건에 관하여 보건대, 잔여신탁재산으로 선정자 영일물산에 교부되어 위 선정자가 분양계약을 체결한 위 미분양 36개 호실에 대하여, 피고는 분양계약상의 매도인 또는 집합건물법상의 분양자의 지위에 있지 않다고 할 것이므로, 이 부분 원고들의 청구는 더 나아가 살필 필요 없이 이유 없다.

[설령, 피고가 미분양 41개 호실을 신탁사업 종료와 함께 선정자 영일물산에게 교부한 행위, 또는 그에 앞서 그 중 39개 호실을 임대한 행위를 집합건물법상의 분양에 해당한다고 넓게 해석해보더라도, 아래 2)항에서 보는 바와 같이 집합건물법에 의한 피고의 담보책임은 선정자 영일물산에게 포괄적으로 승계되었으므로, 원고들의 이 부분 청구가 이유 없는 것은 마찬가지이다.]

2) 미분양 41개 호실을 제외한 나머지 호실에 관하여

이 사건 분양계약 제17조는 수탁자인 피고와 신탁자인 선정자 영일물산의 신탁계약의 해지 또는 종료와 동시에 신탁에 기한 피고의 모든 행위 및 권리·의무가 선정자 영일물산에게 면책적으로 포괄승계

되며, 분양계약에 기한 모든 권리·의무도 계약변경 등 별도의 조치 없이 선정자 영일물산에게 포괄승계된다고 규정(이하 '이 사건 승계약정'이라 한다)한 사실, 이 사건 신탁종료합의 제5조는 이 사건 신탁계약에서 발생되는 피고의 모든 권리·의무를 선정자 영일물산이 포괄승계한다고 규정한 사실은 기초사실에서 본 바와 같다.

살피건대, 이 사건 승계약정은 그 약정의 취지 및 문언의 내용에 비추어 신탁계약의 해지 또는 종료를 정지조건으로 하여 분양계약상의 지위를 피고에서 선정자 영일물산으로 이전하기로 하는 내용의 계약인수 합의에 해당한다고 할 것이다. 한편, 계약당사자로서의 지위의 승계를 목적으로 하는 계약인수는 그로부터 발생하는 채권채무의 이전 외에 그 계약관계로부터 생기는 포괄적 권리의무의 양도를 포함하는 것으로서 그 계약은 양도인과 양수인 및 잔류당사자의 동시적인 합의에 의한 삼면계약으로 이루어지는 것이 통상적이라고 할 수 있으나 관계당사자 3인 중 2인의 합의와 나머지 당사자가 이를 동의 내지 승낙하는 방법으로도 가능한 것인바, 이 사건에서는 피고와 수분양자가 체결한 이 사건 각 분양계약 제17조에 의한 2인의 합의와, 선정자 영일물산의 이 사건 신탁종료합의 제5조에 의한 동의 내지 승낙이 결합되는 방법으로 계약인수가 이루어졌다고 볼 것이다.

그렇다면, 피고가 이 사건 건물의 분양자 또는 매도인으로서 부담하는 하자담보책임 또는 채무불이행으로 인한 손해배상책임은, 계약인수에 따라 선정자 영일물산에게 포괄승계되었다고 할 것이므로, 원고들의 이 부분 청구는 나아가 살필 필요 없이 이유 없다.

104. 대법원 2011. 11. 24. 선고 2010다75921, 75938 판결 [건물명도등·소유권이전등기절차이행]

[논점] 위탁자와 수탁자가 수분양자와 신탁목적물에 대한 상가분양계약을 체결하면서 분양대금을 수탁자의 지정계좌로 납부하도록 약정하였는데, 수분양자가 지정계좌로 납부하지 않고 위탁자에게 납부한 경우 분양대금 납부의 효력 여부

【이 유】

1. 상고이유 제1점, 제2점에 대하여

원심판결 이유에 의하면 원심은 그 채택 증거에 의하여 다음과 같은 사실을 인정하였다. 즉 원고(반소피고, 이하 '원고'라고 한다)와 주식회사 메이페어(이하 '위탁회사'[233]라 한다)는 2002. 9. 13. 서울 강남구 대치동 889-56, 889-57, 889-58, 889-59 대지 및 그 지상 2층 자동차관련시설을 신탁목적물로 하여 위 대지에 건축되는 건축물을 포함한 신탁부동산을 원고가 보전·관리하도록 하는 내용의 부동산 담보신탁계약을 체결하고, 2002. 9. 25. 신탁부동산에 관하여 원고 앞으로 신탁을 원인으로 한 소유권이전등기를 마쳤다. 원고와 위탁회사는 2002. 12. 4. 소외 1과 위 부동산에 신축될 예정의 오피스텔 중 104호(이하 '이 사건 상가'라 한다)를 분양대금 406,483,500원에 분양하는 내용의 계약(이하 '이 사건 분양계약'이라 한다)을 체결하고, 소외 1로부터 계약금 38,347,500원을 받았다. 이 사건 분양계약 체결 시 분양대금 납부는 위탁회사가 지정하는 분양대금 수납대행 기관인 원고의 계좌에 반드시 본인 명의로 무통장 입금하여야 하고, 타 계좌 및 타 방법으로 납부하였을 경우 분양대금 납부로 인정되지 않으며, 이 경우 무효로 간주하고 이로 인하여 발생한 제반 손해 및 손실 등은 매수인이 책임지기로 약정하였다. 소외 1은 2004. 5. 20. 이 사건 분양계약상의 지위를 소외 2에게 양도하고, 소외 2는 2005. 3. 7. 자신의 처인 피고(반소원고, 이하 '피고'라고 한다)에게 이를 양도하였다. 신축 오피스텔은 2004. 12. 31. 준공되었고, 원고와 위탁회사는 2005. 1. 6. 이 사건 상가를 포함하여 신축된 오피스텔을 처분하기 위한 부동

---

233) 위탁자.

산 처분신탁계약을 체결하고 같은 날 위탁회사 앞으로 소유권보존등기를 마친 뒤 원고 앞으로 신탁을 원인으로 한 소유권이전등기를 마쳤다. 위탁회사는 2008. 4. 16.과 2008. 4. 30. 피고에게 중도금 등의 납부를 독촉한 후 2008. 5. 19. 이 사건 분양계약의 해제를 통보하고 이 사건 상가를 인도할 것을 요구하였다.

이러한 사실관계에 기초하여 원심은, 피고가 이 사건 상가가 준공된 이후에도 원고에 대하여 유효하게 중도금 등을 지급하지 않아 이 사건 분양계약이 해제되어 이 사건 상가를 점유할 정당한 권원을 인정할 수 없는 이상, 피고는 소유자인 원고에게 이 사건 상가를 인도하고, 부당이득으로 점유개시일인 2005. 5. 1.부터 이 사건 상가의 인도 완료일까지 임료 상당의 부당이득을 반환할 의무가 있다고 판단하였다.

기록에 의하면 피고는 위탁회사의 요청으로 위탁회사에게 중도금으로 2004. 12. 31. 5,000만 원, 2005. 1. 7. 4,500만 원, 2005. 3. 31. 88,136,000원을 각 지급한 사실을 알 수 있으므로, 비록 피고가 분양계약 시 약정한 원고의 지정계좌로 중도금을 입금하지는 않았다고 하더라도 위와 같이 중도금을 지급받은 위탁회사가 이미 지급받은 중도금을 포함한 잔금 등의 이행을 최고한 것을 적법한 최고라고 할 수 없으며, 그에 따라 이루어진 위탁회사의 이 사건 분양계약 해제도 적법하다고 할 수 없다. 따라서 원심이 위탁회사의 이 사건 분양계약 해제가 적법하다고 판단한 부분은 잘못이라 할 것이다.

그러나 관련 법리 및 이 사건 분양계약서(갑 제1호증), 부동산처분신탁계약서(갑 제6호증)를 비롯한 기록에 나타난 제반 사정에 비추어 보면, 피고가 이 사건 중도금을 지정계좌로 입금하지 아니하였을 뿐만 아니라 잔금도 지급하지 아니한 이상, 비록 피고가 위탁회사로부터 이 사건 상가를 인도받았다고 하더라도 그와 같은 사정만으로 소유자인 원고에 대한 관계에서 이 사건 상가를 점유할 정당한 권원이 있다고 볼 수 없다. 따라서 피고는 원고에게 이 사건 상가를 인도하고 임료 상당의 부당이득을 반환하여야 한다는 원심의 조치는 결론에 있어서 정당한 것으로 수긍할 수 있고, 거기에 상고이유로 주장하는 바와 같이 분양계약의 해제 및 분양계약 이행으로 상가가 인도된 경우의 법률관계에 관한 법리를 오해하는 등으로 판결 결과에 영향을 미친 위법이 없다. 이 부분 상고이유의 주장은 결과적으로 받아들일 수 없는 것이다.

2. 상고이유 제3점에 대하여

원심은, 이 사건 분양계약에 비추어 원고는 신탁계약에 기한 이 사건 상가 등의 소유자로서 분양대금을 지정된 계좌로 받을 권리(위탁회사가 일방적으로 변경할 수 없는 것이다)와 분양대금을 완납한 수분양자에게 그 소유권이전등기가 마쳐질 수 있도록 해 줄 의무를 부담하는 계약의 당사자라 할 것이고, 피고가 이 사건 분양계약 제1조 제1항에 위반하여 위탁회사에 지급한 중도금에 대하여는 원고에 대하여 그 효력을 주장할 수 없다는 이유로, 이 사건 분양계약상의 중도금 지급이 유효함을 전제로 이 사건 상가에 관한 소유권이전등기절차의 이행을 구하는 피고의 반소청구를 배척하였다.

관련 법리 및 기록에 비추어 보면 원심의 위와 같은 조치는 정당한 것으로 수긍할 수 있고, 거기에 상고이유로 주장하는 바와 같이 분양대금 완납 등에 관한 법리를 오해하는 등의 위법이 없다. 이 부분 상고이유의 주장은 이유 없다.

105. 대법원 2011. 9. 8. 선고 2010다15158 판결 [부당이득금][234)]

[논점] 신탁계약을 통하여 오피스텔 부지에 관한 채권적 대지사용권을 갖고 있었으나 우선수익자에 대한 대

234) 이 판결에 대한 평석은, 김성수, 신탁계약에 따른 토지사용권이 집합건물의 소유 및 관리에 관한 법률상 대지사용권에

출금채무를 이행하지 않아 오피스텔 신축 후 수탁자가 신탁재산인 위 부지를 처분한 경우 대지사용권도 소멸하는지 여부

【이 유】

1. 피고 1, 2, 4의 상고이유에 대한 판단

가. 대지사용권 및 신탁등기의 대항력에 관한 법리오해의 점에 대하여

대지사용권은 구분소유자가 전유부분을 소유하기 위하여 건물의 대지에 대하여 갖는 권리로서 반드시 대지에 대한 소유권과 같은 물권에 한정되는 것은 아니고 등기가 되지 않는 채권적 토지사용권도 대지사용권이 될 수 있으며, 신탁계약의 내용이 신탁등기의 일부로 인정되는 신탁원부에 기재된 경우 이를 제3자에게 대항할 수 있으나(대법원 1975. 12. 23. 선고 74다736 판결, 대법원 2004. 4. 16. 선고 2002다12512 판결 등 참조), 대지사용권은 권리로서 유효하게 존속하고 있어야 하므로 사후에 효력을 상실하여 소멸한 토지사용권은 더 이상 전유부분을 위한 대지사용권이 될 수 없다.

원심이 그 채택 증거에 의하여 판시 사실을 인정한 후, 주식회사 인버런처가 이 사건 신탁계약이나 그에 따른 토지사용승낙을 통하여 이 사건 토지에 관한 채권적 대지사용권을 갖고 있었다고 하더라도 위 회사가 우선수익자인 주식회사 한솔상호저축은행 등에 대한 대출금채무를 이행하지 아니하여 수탁자인 주식회사 한국토지신탁이 신탁재산인 이 사건 토지를 처분함에 따라 이 사건 신탁계약이 종료되고 그에 기초한 대지사용권도 소멸하였으므로, 주식회사 인버런처로부터 전유부분에 관한 소유권을 경매절차를 통해 취득한 피고들도 그 전유부분을 위한 대지사용권을 취득하였다고 볼 수 없다고 판단한 것은 위와 같은 법리에 따른 것으로서 정당하고, 여기에 상고이유로 주장하는 바와 같이 토지사용승낙에 기한 대지사용권에 관한 법리를 오해한 위법이 없다.

그리고 위와 같은 신탁계약의 종료 및 그에 따른 대지사용권의 소멸 역시 이 사건 신탁계약의 내용에 포함되어 신탁원부에 기재된 이상, 피고들이 신탁재산의 취득자인 원고에 대하여 신탁등기의 대항력을 내세워 이미 소멸한 대지사용권을 주장할 수는 없다고 할 것이므로, 원심이 이에 관하여 명시적으로 판단하지 않았다고 하더라도 판결의 결과에 영향을 미친 위법이 있다고 볼 수 없다.

나. 신의칙 및 권리남용의 점에 관한 법리오해의 점에 대하여

원심은 그 채택 증거에 의하여 판시 사실을 인정한 후, 이 사건 신탁계약에 따른 수탁자의 처분으로 이 사건 오피스텔의 부지를 매수한 원고가 대지사용권을 갖지 아니한 피고들에 대하여 전유부분의 철거를 구하는 이 사건 청구를 인용하였다.

수탁자가 신탁계약의 수익자를 위하여 신탁계약에서 정한 바대로 수탁자로서 임무를 수행한 것을 들어 신의칙에 어긋나거나 반사회적 행위로서 불법행위를 구성한다고 볼 수 없고, 집합건물 부지의 소유자가 대지사용권을 갖지 아니한 구분소유자에 대하여 철거를 구하는 것이 당연히 권리남용에 해당한다고 볼 수도 없으므로, 위와 같은 원심의 판단은 정당한 것으로 수긍할 수 있고 여기에 피고들이 상고이유로 주장하는 바와 같이 신의칙이나 권리남용에 관한 법리를 오해한 위법이 없다.

2. 피고 3의 상고이유에 대한 판단

가. 전유부분과 대지사용권의 일체성에 관한 법리오해의 점에 대하여

집합건물의 소유 및 관리에 관한 법률 제20조 제1항 및 제2항에 의하면 구분소유자의 대지사용권은 그가 가지는 전유부분의 처분에 따르고, 구분소유자는 그가 가지는 전유부분과 분리하여 대지사용권을

해당하는지와 제3자에 대한 대항 여부, 대법원판례해설 89호, 법원도서관, 500면 이하를 참고할 것. 대법원 2011. 9. 8. 선고 2011다23125 판결[105번 판례]도 동일한 취지임.

처분할 수 없으나, 구분소유자의 의사에 기하지 않고 대지사용권 발생의 원인이 된 계약에 따라 대지사용권이 소멸한 경우 이를 위 조항에서 금지하는 대지사용권의 분리처분에 해당한다고 볼 수 없고, 집합건물의 부지가 되는 토지의 소유자로서 구분소유자 아닌 자가 위 토지를 처분하였다고 하여 위 조항에 위배된다고 볼 수도 없다.

원심이 같은 취지에서 주식회사 인버런처의 대지사용권은 신탁계약의 종료로 소멸하였으므로 피고가 위 회사로부터 경매절차를 통하여 전유부분의 소유권을 양수할 당시 집합건물의 소유 및 관리에 관한 법률 제20조 제1항에 따라 전유부분의 취득에 수반하여 대지사용권을 취득할 여지가 없었고, 이 사건 토지의 수탁자일 뿐 구분소유자가 아닌 주식회사 한국토지신탁이 위 토지를 원고에게 매도한 것을 대지사용권의 분리처분으로 볼 수도 없다는 취지로 판단한 것은 정당하고, 여기에 전유부분과 대지사용권의 일체성에 관한 법리를 오해한 위법이 있다고 볼 수 없다.

나. 전유부분 철거의무의 이행불능과 소의 이익에 관한 법리오해의 점에 대하여

집합건물 부지의 소유자가 대지사용권을 갖지 아니한 구분소유자에 대하여 철거를 구하는 것이 당연히 권리남용에 해당한다고 볼 수 없고, 피고가 구분소유한 전유부분만의 철거가 사실상 불가능하다고 하더라도 이는 집행개시의 장애요건에 불과할 뿐이어서 원고의 철거청구를 기각할 사유에 해당하지 아니하므로, 이를 구할 소의 이익이 없다고 볼 수 없다. 이 부분 피고의 상고이유 주장도 받아들일 수 없다.

[원심판결] 서울고등법원 2009. 12. 1. 선고 2008나112102 판결 [부당이득금]

【주 문】

1. 제1심 판결 중 피고들에 대한 부당이득반환청구 부분을 다음과 같이 변경한다.

원고에게,

가. 피고 B은 2007. 6, 25.부터 별지 목록 제1항 기재 건물의 소유권상실일 전날까지 월 822,732원의 비율에 의한 금원을 지급하고,

나. 피고 C은 원고에게 37,285,172원을 지급하고,

다. 피고 D은 2007. 6. 25.부터 별지 목록 제3항 기재 건물의 소유권상실일 전날까지 월 822,732원의 비율에 의한 금원을 지급하고,

라. 피고 E는 2007. 7. 19.부터 별지 목록 제4항 기재 건물의 소유권상실일 전날까지 월 822,732원의 비율에 의한 금원을 지급하고,

마. 피고 F는 2007. 5.21.부터 별지 목록 제5항 기재 건물의 소유권상실일 전날까지 월 1,977,244원의 비율에 의한 금원을 지급하고,

바. 피고 G는,

(1) 2007. 7. 24부터 별지 목록 제6항 기재 건물의 소유권상실일 전날까지 월1,719,185원의 비율에 의한 금원을 지급하고,

(2) 2007. 7. 24.부터 별지 목록 제7항 기재 건물의 소유권상실일 전날까지 월1,977,244원의 비율에 의한 금원을 지급하고,

(3) 2007. 8. 1.부터 별지 목록 제8항 기재 건물의 소유권상실일 전날까지 월1,906,629원의 비율에 의한 금원을 지급하고,

(4) 2007. 8. 1.부터 별지 목록 제9항 기재 건물의 소유권상실일 전날까지 월1,782,858원의 비율에 의한 금원을 지급하고,

사. 피고 H은 2007. 6. 25.부터 별지 목록 제10항 기재 건물의 소유권상실일 전날까지 월 822,732원의 비율에 의한 금원을 지급하라.

아. 원고의 피고들에 대한 나머지 청구를 각 기각한다.

2. 건물철거청구 부분에 대한 피고 B, D, E, F, G, H의 항소를 각 기각한다.

3. 원고와 피고들 사이에 생긴 소송총비용 중 제1심 감정비용은 그 중 4/5는 원고가, 나머지 1/5은 피고들이 각 부담하고, 나머지 소송비용은 피고들이 각 부담한다.

4. 제1의 가.항 내지 사항은 가집행할 수 있다.

【청구취지 및 항소취지】

1. 원고에게,

가. 피고 B은 별지 목록 제1항 기재 건물을 철거하고, 2007. 6.25.부터 위 건물의 소유권상실일까지 월 822,732원의 비율에 의한 금원을 지급하고,

나. 피고 C은 2007. 8. 2.부터 별지 목록 제2항 기재 건물의 소유권상실일까지 월 1,977,244원의 비율에 의한 금원을 지급하고(원고는 당심에서 피고 C에 대한 별지 목록 제2항 기재 건물의 철거청구 부분을 취하하였다),

다. 피고 D은 별지 목록 제3항 기재 건물을 철거하고, 2007. 6. 25.부터 위 건물의소유권상실일까지 월 822,732원의 비율에 의한 금원을 지급하고,

라. 피고 E는 별지 목록 제4항 기재 건물을 철거하고, 2007. 7. 19.부터 위 건물의 소유권상실일까지 월 822,732원의 비율에 의한 금원을 지급하고,

마. 피고 F는 별지 목록 제5항 기재 건물을 철거하고, 2007. 5. 21.부터 위 건물의 소유권상실일까지 월 1,977,244원의 비율에 의한 금원을 지급하고,

바. 피고 G는,

(1) 별지 목록 제6항 기재 건물을 철거하고, 2007. 7.24.부터 위 건물의 소유권상실일까지 월 1,719,185원의 비율에 의한 금원을 지급하고,

(2) 별지 목록 제7항 기재 건물을 철거하고, 2007. 7. 24.부터 위 건물의 소유권상실일까지 월 1,977,244원의 비율에 의한 금원을 지급하고,

(3) 별지 목록 제8항 기재 건물을 철거하고, 2007. 8. 1.부터 위 건물의 소유권상실일까지 월 1,906,629원의 비율에 의한 금원을 지급하고,

(4) 별지 목록 제9항 기재 건물을 철거하고, 2007. 8. 1.부터 위 건물의 소유권상실일까지 월 1,782,858원의 비율에 의한 금원을 지급하고,

사. 피고 H은 별지 목록 제10항 기재 건물을 철거하고, 2007. 6.25.부터 위 건물의소유권상실일까지 월 822,732원의 비율에 의한 금원을 지급하라.

2. 항소취지

제1심 판결 중 피고들에 대한 부분을 각 취소한다.

원고의 피고들에 대한 청구를 각 기각한다.

【이 유】

집합건물법상 대지사용권은 구분소유자가 전유부분을 소유하기 위하여 건물의 대지에 대하여 가지는 권리인바, 위와 같은 대지사용권이 성립하기 위해서는 먼저 구분소유자가 당해 대지에 관한 사용권, 즉 소유권, 지상권, 임차권 등을 취득해야 할 것이므로, 이 점에 관하여 살펴본다.

L가 2002. 12. 6. 한국토지신탁과 사이에 이 사건 토지에 관하여 우선수익자를 한솔상호저축은행으로 한 부동산담보신탁계약을 체결하고, 한국토지신탁에게 위 신탁계약을 원인으로 하여 소유권이전등기를 마쳐준 사실, 2005. 3. 30. 이 사건 건물의 각 구분건물에 대하여 L 명의의 소유권보존등기가 마쳐진 사실은 앞서 본 바와 같고, 을 다. 3호증의 1 내지 3의 각 기재에 변론 전체의 취지를 종합하면, 한국토지신탁이 2003. 1.4. L에게 사용승낙 원인을 위 신탁계약으로 하여 이 사건 토지를 이 사건 건물의 대지로 사용함을 승낙한다는 내용의 사용승낙서를 작성하여 주어, L가 이를 첨부하여 2003. 3. 13.경 강남구청장으로부터 이 사건 건물 건축허가를 받은 사실은 인정된다.

그러나, L가 이 사건 건물을 완공하고 소유권보존등기를 마친 것만으로 곧바로 이 사건 토지에 대한 사용권을 취득하게 되는 것은 아니며, 오히려 L는 신탁되어 있는 이 사건 토지에 관하여 대지사용권의 기초가 되는 소유권 등을 가지고 있지는 않았고, 다만, 우선수익자에 대한 채무를 변제하여 위 신탁계약이 해지되는 것을 조건으로 하여 한국토지신탁에 대하여 이 사건 토지에 관한 소유권이전등기청구권을 가짐과 아울러 위 신탁계약 및 그에 기초한 대지사용승낙에 따라 이 사건 토지를 사실상 점유, 사용하면서 그 지상에 이 사건 건물을 건축할 수 있는 권리를 가지고 있었을 뿐이므로, L의 이 사건 토지에 대한 대지사용권은 위 신탁계약에 기한 사용권에 바탕하여 성립할 수밖에 없다 할 것이다.

그런데, L가 우선수익자인 한솔상호저축은행에 대한 채무를 이행하지 못하여 그 우선수익권의 실행으로서 이 사건 토지가 원고에게 처분된 사실은 앞서 본 바와 같고, 갑 6호증의 기재에 의하면, 위 신탁계약상 위와 같이 우선수익자의 요청으로 신탁부동산이 처분된 경우 신탁계약이 종료되는 것으로 정한 사실이 인정되는바, 이에 따르면 원고가 이 사건 토지를 매수하여 소유권을 취득함으로써 위 대지사용권 성립의 바탕이 된 신탁계약이 종료되었다 할 것이므로, 피고들이 해당 구분건물을 경락받을 당시 집합건물법 제20조 제1항에서 정하는 전유부분의 처분에 따를 대지사용권이 존재하였다고 볼 수 없다.

나아가 설령 위에서 본 대지사용권이 계속하여 존재한다고 하더라도, 이 사건 건물의 구분소유자가 아닌 한국토지신탁이 원고에게 위 대지사용권의 목적인 이 사건 토지를 처분한 것을 집합건물법 제20조 제2항에서 금지하고 있는 '구분소유자가 전유부분과 대지사용권을 분리하여 처분한 경우에 해당한다고 볼 수 없고, 위 대지사용권이 신탁계약에 기한 사용권이라는 채권적 권리인 이상 이는 대세적인 효력이 없는 것이어서 피고들이 이로써 이 사건 토지의 소유권을 취득한 원고에 대하여 대항할 수도 없다 할 것이다.

106. 대법원 2011. 7. 28. 선고 2010도7546 판결 [신탁업법위반등]

[논점] 발행회사가 새로이 발행하는 기업어음을 수탁자의 고유계정으로 매입한 후 발행회사로 하여금 그 자금으로 수탁자가 특정금전신탁계정으로 기존에 매입한 기업어음을 상환하게 한 행위가 신탁재산을 고유재산으로 편입한 것에 해당하는지 여부

【이 유】

2. 신탁업법 위반의 점에 대하여

원심판결 이유에 의하면, 원심은, 구 「신탁업법」(2008. 2. 29. 법률 제8863호로 개정되기 전의 것) 제

12조 제2항[235]은 법령과 계약에서 정한 일정한 사유를 제외하고는 신탁재산을 고유재산으로 편입하지 못하게 함으로써 고유재산과 신탁재산 사이의 이익 충돌을 방지하기 위한 것인데, 형벌법규의 해석은 엄격하여야 하고 확장해석이나 유추해석이 금지되는 죄형법정주의의 원칙에 비추어 농협중앙회가 팬택계열사의 신규 CP를 매입하고 팬택계열사는 그 자금으로 기존 CP 원금[236]의 80%를 상환한 것은 신탁재산을 고유재산으로 편입한 것에 해당하지 않는다는 이유로, 이 부분 공소사실에 대하여 무죄를 선고한 제1심판결을 유지하였다.

원심판결 이유를 기록에 비추어 살펴보면, 원심의 이러한 판단은 정당한 것으로 수긍할 수 있다.

[원심판결] 서울고등법원 2010. 5. 27. 선고 2010노398 판결 [신탁업법위반등]

【주 문】

원심판결 중 유죄부분을 파기한다.

피고인들에 대한 이 사건 공소사실 중 특정경제범죄가중처벌등에관한법률위반(배임)의 점은 각 무죄.

원심판결 중 무죄부분에 대한 검사의 피고인들에 대한 항소를 모두 기각한다.

피고인들에 대한 판결의 요지를 공시한다.

【이 유】

나. 검사의 피고인들에 대한 신탁업법위반의 점에 관한 법리오해 주장에 대한 판단

(1) 이 부분 공소사실의 요지

신탁재산과 고유재산은 엄격히 구분하여 운영하여야 하고, 신탁회사는 금전신탁운용으로 취득한 재산이 증권거래법에 의한 유가증권시장·협회 중개시장 또는 이와 유사한 시장으로서 외국에 있는 시장에서 시세가 있는 것일 때 신탁행위에 의하여 수익자에게 부담하는 채무를 이행하는데 필요한 경우에 한해 신탁행위에서 정하는 바에 따라 이를 고유재산으로 할 수 있는 것인데, 농협중앙회가 2006. 5.경 매입한 팬택계열사의 기존 CP는 특정금전신탁계정을 통해 판매한 상품으로서 판매 당시 농협중앙회 고유재산으로 원금을 보장하거나 손실을 보전할 수 있도록 신탁행위에서 정한 바가 없었다.

또한, 특정금전신탁은 투자자가 투자자산을 지정하여 투자하게 되면 신탁회사는 지정된 투자자산에만 투자하고 발생한 이익에서 제반 수수료를 공제한 후 이를 투자자에게 돌려주며, 만일 손실이 발생하면 투자자가 그 손실을 부담하게 되는 방식의 신탁상품이므로 이 상품에서 발생하는 이익이나 손실은 모두 투자결정을 하는 투자자에게 귀속되어야 하고, 신탁회사인 농협중앙회는 제반 수수료 수익만 취득할 뿐 투자이익이나 손실에는 관여할 수 없는 것이기 때문에 신탁회사인 농협중앙회가 수익자인 CP 투자자에 대하여 부담하는 채무는 존재하지 않는다.

따라서 신탁회사인 농협중앙회로서는 신탁자인 수익자의 원금보장 또는 손실보전을 위해 농협중앙회의 고유재산을 사용할 수 없음에도 불구하고, 피고인들은 공모하여 2007. 11. 23. 농협중앙회 1협의회에서 팬택계열사가 새로이 발행하는 CP 508억 8,000만 원 상당을 농협중앙회 고유계정으로 매입한 후 팬택계열사로 하여금 그 자금으로 농협중앙회가 기존에 매입한 CP 636억 원의 80%를 상환하게 함으로써 신탁재산을 위해 농협중앙회의 고유재산을 사용하였다.

(2) 원심의 판단

235) 현행 자본시장법 제104조.

236) 농협단위조합 등을 위탁자로 하여 설정된 특정금전신탁계정에서 매입한 기존 CP의 원금.

이에 대하여 원심은, 검사가 구 신탁업법(2008. 2. 29. 법률 제8863호로 개정되기 전의 것, 이하 '구 신탁업법'이라 함) 제40조 제1호, 제12조 제2항 위반죄로 공소를 제기하였는데, 구 신탁업법 제12조 제2항은 "신탁회사는 금전신탁에 관하여 그 운용에 의하여 취득한 재산이 증권거래법에 의한 유가증권시장·협회중개시장 또는 이와 유사한 시장으로서 외국에 있는 시장에서 시세가 있는 것일 때에는 신탁행위에 의하여 수익자에 대하여 부담하는 채무를 이행하기 위하여 필요한 경우에 한하여 신탁행위의 정하는 바에 의하여 이를 고유재산으로 할 수 있다."고 규정하고 있고, 제40조 제1호는 구 신탁업법 제12조 제2항의 규정에 위반한 자를 처벌하고 있으며, 위 구 신탁업법 규정들은 법령과 계약에서 정한 일정한 사유를 제외하고는 신탁재산을 고유재산으로 편입하지 못하게 함으로써 고유재산과 신탁재산 사이의 이익 충돌을 방지하기 위한 것으로 보인다고 전제한 후, 이 사건 공소사실의 요지는 농협중앙회가 팬택계열사로부터 508억 8,000만 원 상당의 신규 CP를 매입하고, 팬택계열사는 그 자금으로 기존 CP 원금의 80%를 상환하였다는 것이어서, 공소사실 자체에 의하더라도 농협중앙회가 신탁재산 인 기존 CP를 고유재산으로 취득한 것이 아님이 분명하고, 피고인들의 위와 같은 행위로 인하여 농협중앙회에서 고유재산으로 기존 CP를 매수하여 준 것과 비슷한 경제적 효과가 있다고 하더라도 그러한 사정만으로는 피고인들의 행위가 '신탁재산을 고유재 산으로 편입한 것'에 해당한다고 볼 수는 없다는 이유로, 피고인들에 대한 위 각 공소 사실은 죄가 되지 아니하는 경우에 해당하므로 형사소송법 제325조 전단에 의하여 무죄를 선고하였다.

(3) 당심의 판단

형벌법규의 해석은 엄격하여야 하고 명문규정의 의미를 피고인에게 불리한 방향으로 지나치게 확장해석하거나 유추해석하는 것은 죄형법정주의의 원칙에 어긋나는 것으로서 허용되지 않는다(대법원 2009. 12. 10. 선고 2009도3053 판결 등 참조).

원심의 위와 같은 판단을 위 법리 및 원심과 당심이 적법하게 채택하여 조사한 증거들에 비추어 면밀히 살펴보니, 원심의 판단은 정당한 것으로 수긍할 수 있고, 거기에 검사가 주장하는 바와 같은 법리오해로 판결에 영향을 미친 잘못이 있다고 할 수 없으므로, 검사의 이 부분 법리오해 주장은 이유 없다.

107. 대법원 2011. 6. 10. 선고 2011다18482 판결 [소유권이전등기][237]

[논점] 신탁회사가 신탁법을 위반하여 행한 신탁재산과 고유재산 간의 거래가 수익자에게 이익이 된다는 사정만으로 유효한 거래라고 볼 수 있는지 여부

【이 유】

1. 원고의 상고이유에 대하여

가. 상고이유 제1점에 대하여

원심판결 이유에 의하면, 원심은, 이 사건 신탁계약 제19조는 수탁자인 피고가 이 사건 신탁이 존속하는 동안이나 종료된 이후에 신탁재산에 관한 비용 등을 수익자에게 청구하였음에도 수익자가 이를 지급하지 않을 경우에는 피고가 신탁재산을 처분하여 그 대금으로 신탁재산에 관한 비용 등의 변제에 충당할 수 있게 한 규정으로 수탁자인 피고가 비용보상청구권을 가지는 경우 피고는 신탁계약 종료 후에도 이 사건 신탁계약 제19조에 따라 자조매각권을 행사할 수 있다고 해석한 다음, 이 사건 신탁계약 특약 제9조의 규정은 미분양 물건의 원활한 처분을 위하여 원고와 피고가 그 처분방법을 다양화할 수

237) 이 판결에 대한 평석은, 임우섭·주준하, 부동산신탁회사의 자금관리에 관한 법률적 쟁점, 법조 691호(2014. 4), 법조협회, 274면 이하를 참고할 것.

있다고 정한 것일 뿐 이와 별도로 수익자인 원고가 비용을 보상하지 않은 경우에까지 피고가 자조매각권을 행사하지 못하고 원고와 협의하여 할인분양 또는 임대전환을 하여야 한다는 취지는 아니므로 이로써 이 사건 신탁계약 제19조의 적용을 배제하는 것이 아니라고 판단하였다.

기록에 비추어 살펴보면, 원심의 위와 같은 판단은 정당하고, 거기에 신탁계약의 해석에 관한 법리오해 등의 위법이 없다.

나. 상고이유 제2점에 대하여

신탁법 제44조[238]의 규정은, 신탁계약이 목적 달성에 이르거나 중도에 해지되지 아니한 채 그대로 유지되는 동안에 수탁자가 비용 또는 손해의 보상이나 보수를 청구하기 위한 요건을 규정하고 있는 것으로 이를 신탁이 종료한 경우에까지 적용되는 것으로 볼 것은 아니다(대법원 2007. 9. 7. 선고 2005다9685 판결 참조).

원심이 같은 취지에서 신탁이 종료한 이 사건의 경우 신탁법 제44조에 의하여 수탁자인 피고가 비용보상청구권이나 자조매각권을 행사할 수 없다는 원고의 주장을 배척한 것은 정당한 것으로 수긍이 가고, 거기에 신탁에 관한 법리오해 등의 위법이 없다.

다. 상고이유 제3점에 대하여

원심판결 이유에 의하면, 원심은, 이 사건 신탁계약 종료에 따른 원고의 비용보상의무는 이 사건 신탁계약 제19조에 의하여 자조매각권을 갖고 있는 피고의 소유권이전등기의무보다 선이행되어야 한다고 판단하였다.

기록에 비추어 살펴보면, 원심의 위와 같은 판단은 정당하고, 거기에 이 사건 신탁종료 후 수익자의 비용보상의무와 수탁자의 신탁재산이전의무의 관계에 관한 법리오해 등의 위법이 없다.

라. 상고이유 제4점에 대하여

신탁회사가 신탁법 제31조[239] 제1항을 위반하여 행한 신탁재산과 고유재산 간의 거래는 무효라고 할 것이고, 그 거래가 수익자에게 이익이 된다는 사정만으로는 그와 같은 거래를 유효하다고 볼 수 없다(대법원 2009. 1. 30. 선고 2006다62461 판결 참조).

원심판결 이유에 의하면, 원심은, 신탁회사인 피고가 자기자금과 외부차입금을 고유계정에 혼입하여 보관 중 자기자금으로 이 사건 신탁계정에 대여하는 경우 피고는 그 대여금 상당을 다른 신탁사무 처리에 투입하거나 피고의 자체 사무 처리에 이용하지 못하게 됨에 따라 결국 외부로부터 자금을 차입하여야 한다는 이유로 피고가 고유계정에서 신탁계정에 대여한 돈이 자기자금인 경우에도 외부차입금과 같은 차입비용을 신탁재산에 관한 비용으로 보아야 한다고 판단하였다.

그러나 앞에서 본 법리에 비추어 살펴보면, 피고가 자기자금으로 이 사건 신탁계정에 대여한 거래는 신탁법 제31조 제1항을 위반한 거래로서 무효라고 할 것이므로, 피고가 자기자금을 위 신탁계정에 대여한 것으로 인하여 이 사건 신탁사무 처리를 위하여 어떤 비용을 실제로 정당하게 지급하거나 부담하게 되었는지를 주장·입증하여 비용보상을 청구할 수 있음은 별론으로 하더라도 무효인 대여금채권을 근거로 외부 차입 시 발생하는 이자 상당의 차입비용이 발생하였다고 보기 어렵다.

그럼에도 원심이, 피고가 자기자금으로 이 사건 신탁계정에 대여한 경우에도 외부차입금과 같은 차입비용이 발생한다고 판단한 데에는 신탁법 제31조 제1항의 해석·적용에 관한 법리를 오해하여 판결에 영향을 미친 위법이 있다. 이 점을 지적하는 원고의 상고이유 주장은 이유 있다.

238) 현행 신탁법 제49조.
239) 현행 신탁법 제34조.

마. 상고이유 제5점에 대하여

앞에서 본 바와 같이 이 사건 신탁계약 제19조는, 수탁자가 이 사건 신탁이 존속하는 동안이나 종료된 이후에 신탁재산에 관한 비용 등을 수익자에게 청구하였음에도 수익자가 이를 지급하지 않을 경우에는 수탁자가 신탁재산을 처분하여 그 대금으로 신탁재산에 관한 비용 등의 변제에 충당할 수 있게 함으로써 그 비용 등의 회수에 편의를 도모하기 위함에 그 목적이 있다(대법원 2005. 4. 15. 선고 2003다47621 판결 참조). 수탁자인 피고는 이 사건 신탁계약 제19조에서 정한 방법에 따라 차입금을 비롯하여 신탁사무처리를 위한 제비용을 회수할 수 있고, 피고가 반드시 자신의 고유재산으로 변제한 후에야 그 비용을 청구할 수 있는 것은 아니지만 적어도 위와 같은 비용이 신탁사무 또는 신탁종료 후의 잔존 신탁사무의 처리 내지 종결을 위하여 피고가 선량한 관리자의 주의로써 정당하게 부담하고 있는 것이라고 인정되어야 한다(대법원 2009. 1. 30. 선고 2006다62461 판결 참조).

원심판결 이유에 의하면, 원심은, 2005. 3. 30. 이후 피고의 회계처리기준 변경으로 차입금 이자가 원금에 산입되지 않게 되었더라도 그 차입금 이자가 계속 발생하고, 원고가 그 이자 지급 비용을 피고에게 상환하지도 않았고 이 사건 신탁 수입으로 기존 발생 비용을 충당하기에도 부족하였던 이상, 피고는 이자를 변제하기 위하여 다시 차입을 하였어야 할 것이고, 이에 따라 그 새로운 차입금에 대한 이자도 다시 부담하게 되었다는 이유로 그 이자에 대하여도 차입비용을 산정하여야 한다고 판단하였다.

그러나 앞에서 본 법리에 의하면, 원심으로서는 피고가 2005. 3. 30. 이후 원금에 산입되지 않게 된 이자 지급을 위하여 실제 외부차입을 하여 그 자금 조달에 필요한 비용을 부담하였는지 여부와 그 부담이 신탁종료 후 잔존 신탁사무의 처리 내지 종결을 위하여 정당하게 부담한 것인지 여부 등을 심리하였어야 한다. 그럼에도 이자 지급을 위한 실제 차입 여부를 가려봄이 없이 그 판시와 같은 사정만으로 이자에 대하여도 차입비용을 산정하여야 한다고 본 원심판단에는 신탁종료 후 비용보상의무의 범위에 관한 법리를 오해하여 그에 관한 심리를 다하지 아니함으로써 판결에 영향을 미친 위법이 있다. 이 점을 지적하는 원고의 상고이유 주장은 이유 있다.

바. 상고이유 제6점에 대하여

원심판결 이유에 의하면, 원심은, 피고가 그 지배인이었던 사람이 설립한 회사에 이 사건 주차장을 월정액으로 임대하는 배임행위를 저질러 원고에게 약 78억 원의 손해를 입혔으므로 피고가 보상받을 신탁비용에서 공제하여야 한다는 원고의 주장을 증거가 부족하다는 이유로 배척하였다.

기록에 비추어 살펴보면, 원심의 위와 같은 조치는 정당하고, 거기에 논리와 경험칙에 위배하고 자유심증주의의 한계를 벗어난 위법이나 충실의무에 관한 심리를 다하지 아니하여 판결에 영향을 미친 위법이 없다.

2. 피고의 상고이유에 대하여

가. 상고이유 제1점에 대하여

원심판결 이유에 의하면, 원심은, 수탁자인 피고가 높은 대외신용도를 바탕으로 유리한 조건으로 자금을 조달할 수 있고 그 자금차입에 필요한 비용을 최소화할 수 있다는 점은 위탁자인 원고가 신탁계약을 체결하게 된 한 원인이기도 하므로 피고가 유리한 조건으로 자금을 조달함으로 인하여 원고가 이익을 얻었다 하더라도, 이는 이 사건 신탁계약에 따라 원고가 누려야 할 이익의 범위에 포함되므로 원고가 자신이 직접 차입하였을 경우의 이자와 피고가 차입한 경우의 이자의 차액 상당을 법률상 원인 없이 부당이득하였다고는 할 수 없다고 판단하였다.

관련 법리와 기록에 비추어 살펴보면, 원심의 위와 같은 판단은 정당한 것으로 수긍이 가고, 거기에 부당이득에 관한 법리오해 등의 위법이 없다.

나. 상고이유 제2점에 대하여

원심판결 이유에 의하면, 피고는 의무 없이 타인을 위하여 사무를 관리하는 자가 아니라 이 사건 신탁계약에 따라 원고를 위하여 신탁사무를 관리하는 자이고, 이에 따라 이 사건 신탁사업을 위하여 피고의 능력 범위 내에서 가장 유리한 조건으로 자금을 차입하는 것 또한 피고의 의무에 포함되므로 민법 제739조 제1항에 따른 사무관리자의 비용보상청구권은 인정되지 않고, 피고가 위와 같은 방식으로 자금을 차입하면서 차입금 이자 외에 추가 비용을 지출하게 되었다 하더라도, 그 비용의 내용을 구체적으로 주장·입증하여 이 사건 신탁계약 제19조에 따른 비용보상을 청구하는 것은 별론으로 하고, 피고가 붙인 가산이자 전부가 유리한 조건으로 자금을 차입한 데 따른 필요비 또는 유익비로 의제된다고는 할 수 없다고 판단하였다.

관련 법리와 기록에 비추어 살펴보면, 원심의 위와 같은 판단은 정당한 것으로 수긍할 수 있고, 거기에 사무관리에 관한 법리오해의 위법 등이 없다.

[원심판결] 서울고등법원 2010. 12. 30. 선고 2009나15215 판결 [소유권이전등기]

【주 문】

1. 제1심 판결을 다음과 같이 변경한다.

가. 피고는 원고로부터 40,193,748,012원을 지급받은 다음 원고에게,

(1) 별지 목록 1, 2, 3, 5, 6, 7, 8, 9, 10 기재 각 부동산에 관하여 수원지방법원 성남지원 분당등기소 2000. 5. 4. 접수 제44931호로 마친 신탁등기 및 별지 목록 4 기재 부동산에 관하여 같은 등기소 2000. 8. 2. 접수 제78660호로 마친 신탁 등기의 각 말소등기절차를 이행하고,

(2) 별지 목록 1 내지 10 기재 각 부동산에 관하여 2000. 12. 31. 신탁종료를 원인으로 한 소유권이전등기절차를 이행하라.

나. 원고의 나머지 청구를 기각한다.

2. 소송총비용은 이를 3분하여 그 2는 원고의, 나머지는 피고의 각 부담으로 한다.

【청구취지 및 항소취지】

청구취지

피고는 원고에게,

가. 별지 목록 1, 2, 3, 5, 6, 7, 8, 9, 10 기재 각 부동산에 관하여 수원지방법원 성남지원 분당등기소 2000. 5. 4. 접수 제44931호로 마친 신탁등기 및 별지 목록4 목록 기재 부동산에 관하여 같은 등기소 2000. 8. 2. 접수 제78660호로 마친 신탁등기의 각 말소등기절차를 이행하고,

나. 별지 목록 1 내지 10 기재 각 부동산에 관하여 2000. 12. 31. 신탁종료를 원인으로 한 소유권이전등기 절차를 이행하라.

항소취지

제1심 판결 중 피고 패소부분을 취소하고, 그 취소부분에 해당하는 원고의 청구를 기각한다.

【이 유】

3. 신탁계약 종료 시의 비용보상청구권 및 자조매각권 인정 여부

1) 신탁계약 종료 후의 수탁자의 비용보상청구권에 관한 신탁법 제42조 제1항, 비용보상청구권의 실행방법에 관한 신탁법 제62조는 강행규정이라고 볼 수 없으므로, 사적 자치의 원칙상 신탁계약에서 당사자간 특약으로 신탁계약 종료 후의 비용보상의 범위나 그 방법을 약정하더라도 이는 유효하다 할 것이다.

2) 이 사건 신탁계약 제19조에는 '신탁재산에 속하는 금전으로 차입금 및 그 이자의 상환, 신탁사무처리상 피고의 과실 없이 받은 손해, 기타 신탁사무처리를 위한 제비용 및 피고의 대금지급을 충당하기에 부족한 경우에는 수익자에게 청구하고, 그래도 부족한 경우에는 피고가 상당하다고 인정하는 방법 및 가액으로서 신탁재산의 일부 또는 전부를 매각하여 그 지급에 충당할 수 있다'고 규정되어 있고, 이 사건 토지신탁의 수익자와 위탁자는 모두 원고인바, 위 규정의 취지에 의하면 수탁자인 피고는 이 사건 신탁종료 후 이 사건 신탁계약서 제19조에 의하여 신탁사무의 처리 및 종결을 위하여 정당하게 부담한 차입금 및 그 이자 채무 등의 상환을 위하여 이 사건 신탁재산의 귀속권리자로 지정된 수익자인 원고에게 그 상환에 필요한 비용의 지급을 청구할 수 있다고 할 것이고, 반드시 위와 같은 차입금 및 그 이자 채무 등을 피고의 고유재산으로 변제한 후에야 비로소 그 비용의 지급을 청구할 수 있다고 볼 것은 아니다(이 사건 환송판결(대법원 2009. 1. 30. 선고 2006다62461 판결) 참조).

3) 다음으로 이 사건 신탁계약 제19조가 위 비용보상청구권의 만족을 위하여 피고 가 신탁재산을 매각하여 이를 비용의 지급에 충당할 수 있다고 규정한 것은, 수탁자인 피고가 이 사건 신탁이 존속하는 동안이나 이 사건 신탁이 종료된 이후에 신탁재산에 관한 비용 등을 수익자에게 청구하였음에도 수익자가 이를 지급하지 않을 경우에는 피고가 신탁재산을 처분하여 그 대금으로 신탁재산에 관한 비용 등의 변제에 충당할 수 있게 함으로써 신탁재산에 관한 비용 등의 회수에 편의를 도모하기 위함에 그 목적이 있다 할 것이므로(대법원 2005. 4. 15. 선고 2003다47621 판결 참조), 수탁자인 피고가 비용보상청구권을 가지는 경우 피고는 신탁계약 종료 후에도 신탁계약 제19조에 기하여 자조매각권을 행사할 수 있다 할 것이다.

4) 이에 대하여 원고는, 이 사건 신탁계약은 신탁계약 종료 후의 비용보상 방법에 관하여는 제25조 제3호를 두어 이를 규율하고 있으므로 제19조는 신탁계약 종료 후에는 적용되지 않는다고 주장하나, 이 사건 신탁계약서 제25조 제3호의 규정은 신탁종료시 신탁사무를 처리하는 과정에서 발생한 제3자에 대한 채무의 상환방법에 관하여 신탁재산 중 금전이 남아 있으면 이를 유보할 수 있고 그 유보금이 부족하면 수익자가 예탁하거나 채권자인 제3자의 동의를 얻어 수익자가 채무를 인수한다는 취지의 규정으로서, 이 사건 신탁계약 종료시 제3자에 대한 채무정산의 한 방법으로서 금전유보 또는 수익자의 채무인수를 정한 것일 뿐이지, 수탁자인 피고에게 자조매각권을 인정하는 이 사건 신탁계약서 제19조와 같은 특약의 효력을 배제하는 것은 아니라 할 것이므로, 원고의 위 주장은 이유 없다.

5) 원고는 다시, 이 사건 신탁계약서는 피고가 다수의 고객과 계약을 체결하기 위하여 일방적으로 작성한 약관에 불과하고, 이 사건 신탁계약의 특약사항 제9조는 "분양금액은 원고와 피고가 협의하여 결정하고 분양부진으로 공사기성금, 기타 제비용 등의 지급이 어려울 때에는 피고는 원고와 협의하여 미분양 물건에 대하여 가격을 할인하여 분양하거나 임대로 전환할 수 있다"고 규정하여 분양이 부진한 경우의 처분방법에 관하여 특약을 두고 있으므로, 분양부진 시의 미분양 물건의 처분에 관해서는 위 특약사항 제9조가 우선하여 적용되고 이 사건 계약 제19조의 적용은 배제된다고 주장하나, 위 특약사항 제9조는 미분양 물건의 원활한 처분을 위하여 원고와 피고가 그 처분방법을 다양화할 수 있다고 규정한 것일 뿐 이와 별도로 수익자인 원고가 비용을 보상하지 않은 경우에까지 피고가 자조매각권을 행사하지 못하고 원고와 협의하여 할인분양 또는 임대전환을 하여야 한다는 취지는 아니라 할 것이므로, 위 주장은 이유 없다.

6) 원고는, 이 사건 신탁계약 제6조 제1항과 제2항은 분양수입금 및 금융기관 차입금으로 이 사건 신탁에 소요된 차입금 및 이자를 상환하도록 규정하고 있고, 이에 따라 분양수입금 및 금융기관 차입금으로 신탁차입금 및 이자를 상환하지 못하는 경우 피고는 이 사건 부동산 등을 담보로 추가차입하는 등으로 기존 차입금 등의 비용을 정산할 수 있을 뿐이므로, 이 사건 부동산을 자조매각하여 차입금 및 이자를 상환하는 것은 이 사건 신탁계약 위반이라고 주장하나, 이 사건 신탁계약 제6조 제1항과 제2항의 규정은 수입이 발생하였을 때 이를 사용하는 순서에 관한 것이고, 수입으로 비용을 모두 충당하지 못한 경우에 관하여 규정한 것은 아니라 할 것이므로, 위 주장은 더 나아가 살펴볼 필요 없이 이유 없다.

7) 원고는, 피고가 이 사건 건물 중 주차장을 피고의 특수관계인에게 헐값에 위탁하는 배임행위를 저질러 이와 같은 배임행위로 인하여 원고에게 약 78억 원의 손해를 가하였으므로 피고는 신탁법 제38조에 기하여 위 손해를 원고에게 배상할 의무가 있고, 신탁법 제44조는 수탁자가 제38조에 의한 손실의 보상 및 신탁재산복구의 의무를 이행한 후가 아니면 비용보상청구권 및 자조매각권을 행사할 수 없다고 규정하고 있으므로, 피고는 위 손해를 배상하기 전까지는 비용보상청구권이나 자조매각권을 행사할 수 없다고 주장한다. 살피건대 신탁법 제44조의 규정은 신탁계약이 목적 달성에 이르거나 중도에 해지되지 아니한 채 그대로 유지되는 동안에 수탁자가 비용 또는 손해의 보상이나 보수를 청구하기 위한 요건을 규정하고 있는 것으로 보아야 할 것이고, 이를 신탁이 종료한 경우에까지 적용되는 것으로 볼 것은 아니므로(대법원 2007. 9. 7. 선고 2005다9685 판결 참조), 원고의 위 주장은 더 나아가 살펴볼 필요 없이 이유 없다.

8) 원고는, 신탁법 제63조가 "신탁이 종료한 경우에는 수탁자는 신탁사무의 최종의 계산을 하여 수익자의 승인을 얻어야 한다."라고 규정하고 있는 이상, 피고는 신탁사무의 최종 계산을 하여 원고의 승인을 얻기 전까지는 비용보상청구권을 행사할 수 없다고 주장하나, 신탁종료에 의한 계산에 관한 규정인 신탁법 제63조는 신탁이 종료하면 수탁자는 신탁사무를 최종적으로 계산하여야 할 당연한 의무가 있다는 것과 그 계산을 수익자가 승인한 때에는 수탁자의 수익자에 대한 책임이 면제되어 수익자가 수탁자에 대하여 최종 계산의 내용과 다른 내용을 주장하여 최종 계산에 따른 것 이외의 권리의 이전이나 금전의 지급, 그 밖의 재산상의 책임을 물을 수 없다는 법리를 선언 하고 있는 것뿐이고, 이를 신탁이 종료한 경우에 수탁자가 비용 또는 보수를 청구하기 위한 요건을 규정하고 있는 것으로 볼 수는 없으므로(대법원 2007. 9. 7. 선고 2005다9685 판결 참조), 주장 또한 이유 없다.

3. 소유권이전등기의무와 자조매각권, 비용보상의무의 관계

1) 수탁자가 신탁종료 후 비용보상 등을 받기 위하여 신탁재산에 대하여 자조매각권을 행사할 수 있다 하더라도 그와 같은 사정만으로 신탁재산의 귀속권리자로 지정된 수익자의 신탁재산에 대한 소유권이전등기청구권이 부존재하거나 소멸한다고 볼 수는 없고, 수익자는 수탁자가 신탁재산에 대한 자조매각권을 행사하여 이를 처분하기 전에 수탁자에게 비용 등을 지급하고 신탁재산에 관한 소유권이전등기절차의 이행을 구할 수 있다(이 사건 환송판결 참조),

2) 다음으로, 앞서 본 바와 같이 이 사건 신탁계약서 제19조는 신탁종료 후 신탁재산에 속하는 금전으로 신탁사무처리를 위한 제비용 및 피고의 대금지급 등에 충당하기에 부족한 경우 수탁자인 피고에게 이 사건 신탁재산의 반환에 앞서 자조매각권을 행사할 수 있도록 규정하고 있고, 또한 그 자조매각권의 행사에 앞서 이 사건 신탁재산의 수익자 겸 귀속권리자인 원고를 상대로 비용보상을 청구할 수 있도록 규정하고 있으므로, 결국 이 사건 신탁종료시 수익자 겸 귀속권리자인 원고의 비용보상의무는 이 사건 신탁재산에 관하여 자조매각권을 갖고 있는 피고의 소유권이전등기의무보다 선이행되어야 한다고 봄이 상당하다.

3) 한편 원고는 이 사건에서 무조건의 소유권이전등기 의무이행 또는 비용보상 의무이행과의 동시이행관계를 주장하고 있고, 이에 대하여 피고는 원고 청구 전부의 기 각을 주장하고 있는바, 원고의 비용보상 의무가 선이행의무인 점은 위에서 본 바와 같으나, 원고가 선이행하여야 할 비용보상의무의 범위 및 수액에 관하여 쌍방 다툼이 있고, 이에 따라 원고가 그 선이행의무를 이행한다고 하더라도 피고가 수액 등을 다투면서 등기절차에 협력하지 않을 사정이 인정되므로, 원고의 반대의사표시가 없는 한 원고의 청구를 전부 기각할 것이 아니라 원고의 선이행의무 이행을 조건으로 한 선이행 판결을 하여야 하고 그러한 경우에는 장래이행의 소로서 미리 청구할 필요도 있다고 할 것이다(대법원 1996. 11. 12. 선고 96다33938 판결, 대법원 1993. 4. 27. 선고 92다5249 판결 등 참조).

4. 원고의 비용보상의무의 범위

가. 신탁종료 후의 비용보상 범위

이 사건 신탁계약서 제19조는, 수탁자가 이 사건 신탁이 존속하는 동안이나 이 사건 신탁이 종료된 이후에 신탁재산에 관한 비용 등을 수익자에게 청구하였음에도 수익자가 이를 지급하지 않을 경우에는 수탁자가 신탁재산을 처분하여 그 대금으로 신탁재산에 관한 비용 등의 변제에 충당할 수 있게 함으로써 신탁재산에 관한 비용 등의 회수에 편의를 도모하기 위함에 그 목적이 있다 할 것이므로(대법원 2005. 4. 15. 선고 2003다47621 판결 참조), 비록 신탁법 제61조에 의하여 이 사건 신탁이 종료한 후 신탁재산이 그 귀속권리자에게 이전할 때까지는 귀속권리자를 수익자로 보는 신탁이 존속하는 것으로 간주된다고 하더라도, 수탁자로서는 이 사건 신탁계약서 제19조에서 정한 방법에 따라 차입금을 비롯하여 신탁사무처리를 위한 제비용을 회수할 수 있다 할 것이고, 위와 같은 비용이 신탁기간 중의 신탁사무 또는 신탁종료 후의 잔존 신탁사무의 처리 내지 종결을 위하여 선량한 관리자의 주의로써 정당하게 지출 내지 부담한 것이라고 인정되는 한 그것이 신탁종료 전에 발생한 것인지 혹은 신탁종료 후에 발생한 것인지 여부에 관계없이 귀속권리자로 지정된 수익자에게 그 비용의 보상을 청구할 수 있다고 할 것이다(이 사건 환송판결 참조).

나. 차입금 이자의 보상범위

가) 을 제11호증, 제15호증의 1 내지 4, 제16호증의 각 기재에 변론 전체의 취지를 합쳐 보면 다음 사실을 인정할 수 있다.

○피고는 자신이 운영하는 다수의 신탁사업에 필요한 자금을 사업별로 조달하는 방식을 취하지 않고 신탁사업 전체를 기준으로 소요예상자금을 미리 차입하여 고유계정에 보관하고 있다가 자금을 필요로 하는 개별신탁사업의 신탁계정으로 대여하였다.

○피고와 원고는 차입금에 관하여 이 사건 신탁계약 특약사항 제5조로, 피고가 제비용을 대지급하는 경우에 이자율은 공사비 등으로 외부에서 차입하는 이자율을 적용하고 외부차입금이 발생하지 않는 경우에는 상환기간 3년의 은행보증 회사채 유통수익율에 1.5%를 가산한 이자율로 한다고 약정하였으나, 그 후 1997. 2. 28. 회사자금 대출거래약 정을 체결하여 피고가 고유계정에서 신탁계정으로 대여하는 대출금에 대해서 3년 만기 은행보증 회사채 유통수익률에 1.5%를 더한 금리를 적용하기로 약정하였다가, 다시 금융 위기 후의 상황을 반영하여 1998. 8. 1. 변경약정을 체결하여, 피고가 고유계정에서 신탁계정으로 대여하는 대출금에 대해서 대출 전일의 3년 만기 은행보증 회사채 유통수익률에 5%를 더한 금리를 적용하되, 만약 그 이율이 한국토지공사 평균조달금리인 연 19.4%를 하회하는 경우 위 연 19.4%를 적용하기로 약정하였다.

이에 따라 피고는 당초 피고가 외부에서 고유계정으로 차입할 당시 지급한 금리와 관계없이 상환기간 3년의 회사채 유통수익률에 1.5%를 더한 금리를 적용하여 피고의 고유계정에서 신탁계정으로 대여한 돈에 대한 이자를 산정하다가, 위 1998. 8. 1. 이후에는 위 변경약정의 범위 내에서 외부에서 고유계정으로 차입할 당시의 평균금리에 일정 비율을 더한 금리를 적용하여 이자를 산정하여 왔다.

나) 신탁법 제31조 제1항 본문에 의하면, 특별한 사정이 없는 한 누구의 명의로 하든지 신탁재산을 고유재산으로 하거나 이에 관하여 권리를 취득하지 못할 뿐만 아니라, 고유재산을 신탁재산이 취득하도록 하는 것도 허용되지 아니하고(대법원 2007. 11. 29. 선고 2005다64552 판결 참조), 위 규정에 위반하여 이루어진 거래는 무효라고 할 것이다. 한편 금전신탁 이외의 신탁에 있어서 수탁자가 신탁회사인 경우에는 신탁업법 제12조 제1항의 규정에 의하여, "단, 수익자에게 이익이 되는 것이 명백하거나 기타 정당한 이유가 있는 경우에는 법원의 허가를 얻어 신탁재산을 고유재산으로 할 수 있다"고 규정한 신탁법 제31조 제1항 단서마저 그 적용이 배제되어 매우 엄격한 규제가 이루어지고 있음에 비추어 볼 때, 신탁회사가 행한 신탁재산과 고유재산 간의 거래가 수익자에게 이익이 된다는 사정만으로는 그와 같은 거래를 유효하다고 볼 수는 없다.

이 사건에 있어 신탁회사인 피고는 각 신탁사업에 필요한 자금을 사업별로 조달하는 방식을 취하지 않고 신탁사업 전체를 기준으로 소요 예상자금을 미리 차입하여 고유계정에 보관하고 있다가 자금을 필요로 하는 개별 신탁사업의 신탁계정으로 대여하는 방법을 취하면서 고유계정에서 신탁계정으로 자금을 대여할 때에 차입금리에 일정 금리를 가산하였는바, 앞에서 본 법리에 비추어 살펴보면, 위와 같은 이자부 소비대차 거래는 신탁법 제31조 제1항에 위반된 거래로서 무효라고 할 것이다.

다만 피고가 외부에서 자금을 차입하여 고유계정을 거쳐 신탁계정으로 대여하였다 하더라도, 그 외부에서 차입한 자금이 최종적으로 신탁계정에 입금되어 이로써 신탁사무 처리에 지출된 이상, 피고가 외부에서 자금을 차입하면서 외부에 부담하게 된 이자, 수수료, 할인료 등 비용 상당액(이하 '차입비용'이라 한다)은 결국 신탁사무의 처리를 위하여 부담하게 된 비용에 해당하므로, 이 사건 신탁계약 제19조에 기하여 이의 보상을 원고에게 청구할 수 있다 할 것이고, 이 때 보상액을 산정함에 있어서는 피고가 원 고에게 재대여하면서 가산한 이자는 제외하여야 할 것이다.

다) 피고는 위와 같은 방식으로 외부차입금을 고유계정에 산입하였다가 신탁계정으로 대여하면서 차입비용에 붙인 가산이자는 피고가 위와 같이 이 사건 신탁사업을 위해 보다 유리한 조건으로 자금을 차입한 데 따른 필요비 또는 유익비에 해당하므로 피고는 민법 제739조 제1항의 규정에 기하여 사무관리에 따른 위 가산이자 상당의 비용보상을 청구할 수 있다고 주장하나, 피고는 의무 없이 타인을 위하여 사무를 관리하는 자가 아니라 이 사건 신탁계약에 기하여 원고를 위하여 신탁사무를 관리하는 자이고, 이에 따라 이 사건 신탁사업을 위하여 피고의 능력 범위 내에서 가장 유리한 조건으로 자금을 차입하는 것 또한 피고의 의무에 포함된다 할 것이므로, 민법 제739조 제1항의 규정에 따른 사무관리자의 비용보상청구권은 인정되지 않는다 할 것이고, 또한 피고가 위와 같은 방식으로 자금을 차입하면서 차입금 이자 외에 추가비용을 지출하게 되었다 하더라도, 그 비용의 내용을 구체적으로 주장·입증하여 이 사건 신탁계약 제19조에 따른 비용보상을 청구하는 것은 별론으로 하고, 피고가 붙인 가산이자 전부가 유리한 조건으로 자금을 차입한 데 따른 필요비 또는 유익비로 의제된다고는 할 수 없다.

다음으로, 수탁자가 높은 대외신용도를 바탕으로 유리한 조건으로 자금을 조달할 수 있고 그 자금차입에 필요한 비용을 최소화할 수 있다는 점은 위탁자인 원고가 신탁계약을 체결하게 된 한 원인이기도 하므로, 피고가 유리한 조건으로 자금을 조달함으로 인하여 원고가 이익을 얻었다 하더라도, 이는 이 사건 신탁계약에 따라 원고가 누려야 할 이익의 범위에 포함되므로 원고가 자신이 직접 차입하였을 경우의 이자와 피고가 차입한 경우의 이자의 차액 상당을 법률상 원인 없이 부당이득하였다고는 할 수 없고, 또한 피고가 위와 같이 유리한 조건으로 차입함에 따라 원고에게 이익을 제공하였다 해서 원고가 받은 이익 상당이 피고의 손해로 돌아간다고도 할 수 없다.

따라서 피고의 사무관리, 부당이득에 기한 가산이자 상당금의 보상 또는 반환 주장은 이유 없다.

다. 비용보상액의 계산

1) 인정사실

을 제6, 7,9, 18 내지 23, 25, 28 내지 41, 44, 45호증(가지번호가 있는 경우 각 가지번호 포함)의 각 기재, 선명회계법인의 당심에서의 감정결과에 변론 전체의 취지를 합쳐 보면, 다음 사실을 인정할 수 있다.

○피고는 이 사건 신탁계약 종료 이후에도 이 사건 건물을 관리하면서 이에 관하여 분양계약을 체결하거나 임대계약을 체결하는 등 이 사건 신탁계약의 본지에 따라 신탁사무를 처리하면서 비용을 지출하여 왔다.

○피고의 토지신탁사업 상세수치계산서에 의하면 2010. 6. 30. 기준으로 피고가 이 사건 신탁사무를 처리하면서 분양 및 임대 등으로 얻은 수입 및 분양형 토지신탁 원본 금액의 합계는 34,253,68,768원이고, 이 사건 신탁사무로 인하여 피고가 지출하거나 부담하게 된 금액은 매출원가용지비, 건축비, 인입부담금, 설계용역비, 감리용역비, 제세공과금, 차입금이자, 기타지급이자 및 할인료, 신탁 보수 등, 단 회사계정차이자는 뒤에서 별도로 계산하기로 하고 여기에서는 제외함) 34,760,988,166원, 판매비와 관리비6,990,823,362원, 영업외 비용 504,355,124원, 자산운용 비용 4,287,802,180원의 합계인46,543,968,832원이며, 위 비용합계액에서 수입 및 원본 합계액을 공제한 순비용은12,290,280,064원(= 46,543,968,832원 - 34,253,688,768원)이다.

(피고는, 그가 부담하는 비용으로 미지급금 9,505,950,328원도 아울러 위 상세수지계산 서에 계상하고 있으나, 미지급금이라는 것만으로는 구체적으로 위 비용이 이 사건 신탁사무 처리를 위하여 사용되거나 부담하게 된 비용임을 인정하기에 부족하고 달리 위 미지급금 상당 비용을 인정할 증거가 없다.)

○피고는 이 사건 신탁사무의 처리 및 종결을 위하여 외부로부터 자금을 차입하여 이를 고유계정에 계상하였다가 다시 이 사건 신탁계정에 대여하면서 외부 차입금에 가산이자를 더한 이자를 신탁계정 중 회사계정차이자로 계상하여 왔으며, 위와 같이 신탁계정으로 차입된 자금은 이 사건 신탁사무 처리에 사용되었다.

○피고는 2005. 3. 30, 전까지는 고유계정에서 신탁계정으로의 대여기간을 3개월로 정하여 매 만기일에 이자를 산정하여 원금에 가산하여 재대여하는 방식을 취하였고, 이에 따라 2005. 3. 30.까지는 회사계정차이자가 3개월마다 다시 대여원금에 산입되다가, 2005. 3. 30.부터는 대여기간을 1년씩 연장 가능한 것으로 하면서 재대여 방식을 없애는 것으로 지침을 변경하여, 이에 따라 그 후에는 회사계정차이자가 대여원금에 산입되지 않게 되었다.

○피고가 위와 같은 방식으로 이 사건 신탁계정에 계상한 회사계정차이자 금액은2010. 7. 30, 기준으로 32,126,395,373원이다.

2) 차입비용의 계산

가) 피고는 고유계정에서 이 사건 신탁계정으로 자금을 대여하면서 외부차입 금 리에 이자를 가산하여 대여하였고, 이와 같은 대여 행위는 신탁법 제31조에 반하여 무효이므로, 피고가 원고에게 부과한 회사계정차이자 중 차입비용 상당금은 신탁사무 처리를 위한 비용으로서 보상받을 수 있으나 이를 초과하는 부분은 무효로서 보상을 청구할 수 없음은 앞서 본 바와 같다.

그런데 피고는 장기간에 걸쳐 다수의 채권자로부터 자금을 차용하여 고유계정에 계상하는 한편 피고 자신의 자금 또한 고유계정에 계상함으로써 다양한 원천의 자금들이 고유계정에 혼입되었고, 이에 따라 피고가 고유계정에서 신탁계정으로 대여할 자금을 외부로부터 차입함에 있어 실제 지출한 이자, 수수료 등 차입비용을 구체적인 증거에 의하여 입증하는 것이 현실적으로 불가능하게 되었으므로, 결국 피고가 외부로부터 고유계정으로 차입한 각각의 차입금을 바탕으로 그 금액 및 이율을 가중평균한 가중평균차입이자율(수수료, 할인료 등 비용 포함)을 일별로 산정하여, 피고가 고유계정에서 이 사건 신탁계정으로 대여한 자금에 각 일자별 이율을 적용함으로써 피고가 이 사건 신탁계정을 위해 자금을 차입하면서 부담하게 된 비용을 계산하여야 할 것이며, 이와 같이 계산된 금액이 피고가 보상을 청구할 수 있는 차입비용이라고 봄이 상당하다.

나) 피고는 고유계정에 외부차입금 외에 자기자금도 혼입하였다가 이를 함께 이 사건 신탁계정에 대여하였는데, 피고가 자기자금을 이 사건 신탁계정에 대여하는 경우, 피고는 그 대여금 상당을 다른 신탁사무 처리에 투입하거나 피고의 자체 사무 처리에 이용하지 못하게 되고, 이에 따라 그 다른 신탁사무나 피고의 자체 사무 처리를 위해 서 결국 피고는 위 가중평균차입이자율 상당의 비용을 들여 외부로부터 추가 자금을 차입하여야 할 것이므로, 피고가 고유계정에서 신탁계정으로 대여한 금액에 관해서는 그것이 자기자금인지 외부차입금인지에 관계없이 신탁계정을 위하여 위 돈을 차입하기 위하여 위 가중평균차입이자율에 따라 계산된 이자 상당의 차입비용을 부담하게 되었다고 봄이 상당하다. 따라서 차입비용을 계산함에 있어서는 이 사건 신탁계정에 대여 된 금액 전체에 대하여 위 가중평균차입이자율을 적용하여야 할 것이다.

다) 피고는, 피고의 대출금처리기준이 변경되어 2005. 3. 30. 이후에는 회사계정차이자가 매 3개월마다 대여원금에 산입되지는 않았으나, 피고는 이 사건 신탁을 위한 차입금에 대한 이자를 지급하기 위하여 다시 차입을 하고 이에 대하여도 다시 이자를 부담하여 와 이 또한 피고의 차입비용에 해당하므로, 2005. 3. 30. 이후에 발생한 회사계정차이자 또한 대여원금에 가산하여 차입비용을 계산하여야 한다고 주장한다.

이에 살피건대, 비록 2005. 3. 30. 이후 피고의 회계처리기준이 변경되었다 하더라도 피고가 이 사건 신탁계정을 위하여 차입한 차입금에 대해서는 계속하여 이자가 발생하여 왔다 할 것이고, 원고가 그 이자 지급 비용을 피고에게 상환하지도 않았고 이 사건 신탁 수입으로써는 기발생 비용을 충당하기에도 부족하였던 이상, 피고는 위 이자를 변제하기 위하여 다시 차입을 하였어야 할 것이고, 이에 따라 그 새로운 차입금에 대한 이자도 다시 부담하게 되었다 할 것이므로, 2005. 3. 30. 이후에 발생한 회사계정차이자 또한 대여원금에 산입하여, 이에 터잡아 차입비용을 산정함이 상당하다 할 것이다.

라) 피고는, 피고가 외부차입금을 고유계정에 보관하고 고유계정 잔고를 일정 금액 이상으로 유지하면서 그 금액 상당을 운용하지 못한데 따른 기회비용 또한 역시 이 사건 신탁계정을 위해 자금을 차입하는 데 든 비용이라고 주장하나, 피고가 실제로 고유계정에서 신탁계정으로 자금을 대여함에 따라 그 대여할 자금 상당을 외부로부터 차입하면서 발생한 이자가 비용으로 인정되는 것은 별론으로 하고, 피고가 자금 운용의 편의상 고유계정 내에 일정금액 이상의 잔고를 유지하였다 해서 이로 인하여 상실한 이자 상당 금액이 이 사건 신탁계정을 위하여 자금 차입을 하기 위해 직접 부담한 비용이라고 할 수는 없으므로, 위 주장은 이유 없다.

마) 위와 같은 내용을 반영하여 이 사건 신탁계정을 위한 차입금 조달 비용 및 공제하여야 할 가산이자를 계산하는 것은 회계법인의 감정에 의하여야 할 것인바, 이에 대해서는 원고와 피고가 각기 회계법인의 용역보고서를 제출하였고, 당심에서도 선명회계법인에 감정을 촉탁하였다.

먼저 선명회계법인의 당심에서의 감정결과에 관하여 보건대, 위 회계법인은 이 사건 신탁계정의 차입금 발생일인 1996. 9. 9.부터 2009. 6. 30.까지 피고의 총 차입금 계정별원장 상의 차입·상환을 기초로 하여 이 사건 신탁계정을 비롯한 302개 신탁계정 중 특정한 신탁을 위해 차입된 것이 명확한 특정 차입금을 제외한 나머지 일반 차입금의 각 금액, 차입이자율, 차용일, 변제일에 기하여 특정일에 존재하는 차입금 잔액 전액을 분모로 하고, 각 차입금별 해당일의 이자 합계액을 분자로 하여 해당일의 가중평균차입이자율을 구하였는바, 위와 같은 가중평균차입이자율 산정은 적정한 것으로 인정된다.

다만 선명회계법인은 위 가중평균차입이자율을 적용한 차입비용 계산에 있어 감정을신청한 원고의 요청에 따라, 각 시점별로 피고의 일반차입금 잔액을 초과하는 각 신탁계정별 차입금 잔액은 피고의 고유자금에서 조달된 것으로 가정하고 이를 초과하지 않는 금액은 외부차입금에서 조달된 것으로 가정하여, 1998. 2. 13. 전까지는 외부차입금이 아닌 고유자금에서만 신탁계정으로의 차입이 이루어진 것으로 보고 그 이전의 가중 평균차입이자율은 계산하지 않았고, 그 이후의 기간에 대해서도 외부차입금에서 조달되었다고 가정한 금액에 대해서만 위 가중평균차입이자율을 적용하여 차입비용을 계산하였으나, 앞서 본 바와 같이 고유자금에 대해서도 차입비용이 발생한다고 보아야 하는 이상, 위와 같은 방식으로 차입비용을 계산한 것은 부당하다.

또한 선명회계법인은 2005. 3. 30. 이후의 회사계정차이자 미수액에 대해서는 다시 이자가 발생하지 않는 것으로 보아 차입비용을 계산하였으나, 앞서 본 바와 같이 2005. 3. 30. 이후에 발생한 회사계정차이자 또한 대여원금에 산입하여, 이에 터잡아 차입비용을 산정함이 상당하다 할 것이므로, 위와 같은 방식의 차입비용 계산은 부당하다.

한편 피고는 대주회계법인에 대하여, 1위 감정결과에 터잡아 선명회계법인과 같은 방식으로 가중평균차입이자율을 산정하되 1996. 9. 9.부터 2010. 7. 31.까지의 가중평균차입이자율을 산정하여 줄 것과, 고유자금과 외부차입금을 구별하지 않고 전체 신탁계정 차입금에 대하여 위 가중평균차입이자율을 적용할 것과, 2005. 3. 30. 이후에도 회사계정차이자를 대여원금에 산입하는 방식으로 차입비용을 계산하여 줄 것을 의뢰하였고, 이에 따라 대주회계법인은 선명회계법인이 이미 가중평균차입이자율을 산정한 1998. 2. 13.부터 2009. 6. 30.까지는 이에 따르고, 이 사건 신탁계정상 차입금이 발생한 1996. 9. 9.부터 1998. 2. 12.까지 및 2009. 6. 31.부터 2010. 7. 31.까지는 선명회계법인과 동일한 방식으로 피고의 차입금원장과 차입금관리대장에 터잡아 가중평균차입이자율을 산정한 후, 고유자금과 외부차입금을 구별하지 않고 이 사건 신탁계정상의 차입금 전체에 위 가중평균차입이자율을 적용함과 아울러 2005. 3. 30. 이후에도 회사계정차이자를 대여원금에 산입하고 이에 대해서도 가중평균차입이자율을 적용하여 차입비용을 산정하였는바(을 제45호증), 대주회계법인의 위와 같은 차입비용 산정은 앞서 본 바에 따라 정당하다고 인정된다.

바) 을 제45호증의 기재에 의하면, 대주회계법인이 가중평균차입이자율에 따라 위와 같은 방식으로 산정한 1996. 9. 9.부터 2010. 7. 31.까지의 차입비용은 27,903,467,948원임이 인정되므로, 피고가 이 사건 신탁계정상의 차입금에 위 가중평균차입이자율을 초과하는 이율을 적용하여 회사계정차이자 총액을 32,126,395,373원으로 산정하였다 하더라도, 피고는 위 27,903,467,948원만을 차입비용으로 보상청구할 수 있고, 이를 초과하는 금액은 무효이다.

3) 소결론

그렇다면 원고가 피고에게 보상하여야 할 비용은 피고가 구하는 바에 따라 회사계정차이자를 제외한 2010. 6. 30.까지의 순비용 12,290,280,064원 및 2010. 7. 31.까지의 차입비용 27,903,467,948원을 더한 40,193,748,012원이다.

라. 원고의 공제 주장에 대한 판단

1) 원고는, 피고가 이 사건 신탁계약 체결 당시 충분한 사업타당성에 대한 조사없이 이 사건 신탁사

업으로 12,456,257,000원의 수익을 올릴 수 있다고 하여 원고로 하여금 이 사건 신탁계약을 체결하게 하였고, 사업이 종료된 이후에는 무단으로 신탁재산을 운용하여 수입을 가져가고 임의로 헐값에 신탁재산을 처분하려고 시도하는 등 수탁자로서의 충실의무 및 선관주의의무를 위반하여 원고에게 손해를 입혔고, 그 손해액은 이 사건 신탁계약 체결 당시 피고가 제시한 수익금인 12,456,257,000원 상당이라고 할 것인바, 위 금액 상당을 원고의 비용보상액에서 공제하여야 한다고 주장한다.

살피건대, 피고가 수탁자로서 충실의무 및 선관주의의무를 위반하여 원고에게 손해를 입혔음을 인정할 증거가 없으므로, 위 주장은 이유 없다.

2) 원고는, 그가 2001년경 이 사건 건물 중 주차장을 직접 운영할 때에는 월88,145,000원의 수입을 올렸는데, 피고가 2002년 이를 판결에 의하여 명도받은 후 피고의 D인 E가 설립한 F 주식회사에 월 13,500,000원의 정액만을 받고 위탁하는 배임행위를 저질러, 이와 같은 배임행위로 인하여 2002년부터 2009. 8.까지 원고가 직접 주차장을 운영하였다면 발생하였을 월 88,145,000원과 피고가 실제로 얻은 월 13,500,000원 간의 차액인 합계 약 78억 원의 손해가 발생하였으므로, 피고가 보상받을 비용에서 위 손해액이 공제되어야 한다고 주장한다.

살피건대, 피고가 피고의 D이었던 사람이 설립한 회사에 이 사건 주차장을 임대하였다고 하여 그것만으로 배임이라고 할 수는 없고, 갑 제13호증의 기재에 의하면 원고가2001년도 중 이 사건 건물 중 주차장을 점유하면서 삼성물산 주식회사 등 9인과 사이에 주차장 임대계약을 체결한 사실이 인정되나, 그 각 임대계약상 명시적으로 약정된 월정액 임료 합계액은 42,380,000원에 불과하고, 그밖에는 실제 주차시간에 따라 주차료를 징수하기로 한 것이며, 원고가 실제로 위 정액 임료나 주차료를 얼마나 지급받았 는지 알 수 있는 다른 증거도 없어, 이것만으로는 피고가 과도하게 저가로 위 주차장을 임대하였다고 할 수 없으며, 달리 피고가 수탁자로서 충실의무 및 선관주의의무를 위반하여 원고에게 손해를 입혔음을 인정할 증거가 없고, 오히려 을 제38 내지 41호증의 각 기재에 의하면, 피고는 2002년 원고로부터 위 주차장을 명도받아 이를 타에 임대하였으나, 이 사건 건물에 원고 명의의 가처분이 되어 있고 주위에 주차장이 다수 들어서는 등의 사정으로 높은 임대수익을 올리지 못한 사정이 인정되므로, 원고의 위 주장은 이유 없다.

108. 대법원 2011. 5. 23.자 2009마1176 결정 [가처분이의]

[논점] 담보신탁을 통하여 전 재산인 골프장 부지와 시설에 관한 소유 명의를 신탁회사에게 이전한 행위가 사해행위에 해당하는지 여부에 대한 판단기준

【이 유】

1. 타인에 대하여 채무를 부담하는 사람이 자신이 소유한 재산 전부인 부동산에 관하여 제3자와 신탁계약을 체결하고 그에 따라 위 부동산을 수탁자인 제3자에게 신탁재산으로 이전하는 경우 위탁자에게는 그 채권자가 강제집행을 할 수 있는 책임재산이 더 이상 남아 있지 아니하므로 신탁법 제8조에서 정한 사해신탁에 해당할 수 있다. 그러나 자금난으로 사업을 계속 추진하기 어려운 상황에 처한 채무자가 자금을 융통하여 사업을 계속 추진하는 것이 채무변제력을 갖게 되는 최선의 방법이라고 생각하고 자금을 융통하기 위한 방편으로 신탁계약의 체결에 이르게 된 경우 이를 사해행위라고 보기 어려울 뿐만 아니라, 신탁계약상 위탁자가 스스로 수익자가 되는 이른바 자익신탁(자익신탁)의 경우 신탁재산은 위탁자의 책임재산에서 제외되지만 다른 한편으로 위탁자는 신탁계약에 따른 수익권을 갖게 되어 위탁자의 채권자가 이에 대하여 강제집행을 할 수 있고, 이러한 수익권은 채무자가 유일한 재산인 부동산을 매각하여 소비하기 쉬운 금전으로 바꾸는 등의 행위와 달리 일반채권자들의 강제집행을 피해

은밀한 방법으로 처분되기 어려우며, 특히 수탁자가 「자본시장과 금융투자업에 관한 법률」에 따라 인가받아 신탁을 영업으로 하는 신탁업자인 경우 공신력 있는 신탁사무의 처리를 기대할 수 있으므로, 위탁자가 사업의 계속을 위하여 자익신탁을 설정한 것이 사해행위에 해당하는지 여부를 판단할 때는 단순히 신탁재산이 위탁자의 책임재산에서 이탈하여 외견상 무자력에 이르게 된다는 측면에만 주목할 것이 아니라, 신탁의 동기와 신탁계약의 내용, 이에 따른 위탁자의 지위, 신탁의 상대방 등을 두루 살펴 신탁의 설정으로 위탁자의 책임재산이나 변제능력에 실질적인 감소가 초래되었는지, 이에 따라 위탁자의 채무면탈이 가능해지거나 수탁자 등 제3자에게 부당한 이익이 귀속되는지, 채권자들의 실효적 강제집행이나 그밖의 채권 만족의 가능성에 새로운 장애가 생겨났는지 여부를 신중히 검토하여 판단하여야 한다.

2. 이 사건 제1심 및 원심결정의 이유와 기록에 의하면, 이 사건 골프장 부지의 소유자인 태우관광개발 주식회사는 골프장 영업을 하기 위해 회원을 모집하고 시설을 설치하다가 도산하였고, 그에 따라 이 사건 토지를 포함한 위 골프장 부지 중 일부와 클럽하우스 건물 등 시설에 관하여 임의경매절차가 개시되기에 이르자 그 회원들 중 일부가 자금을 모아 오향관광개발 주식회사(이하 '오향관광개발'이라고 한다)를 설립한 후 경매절차에서 위 회사 명의로 골프장 부지 등을 매수한 사실, 오향관광개발은 태우관광개발 주식회사로부터 이 사건 골프장의 사업권 등을 양수하였다고 하는 경기관광개발 주식회사(이하 '경기관광개발'이라고 한다)와 사이에 이 사건 골프장의 경영권 문제로 다툼을 벌여 오다 2005. 11. 22. 공동사업을 하기로 합의함으로써 경기관광개발이 오향관광개발로부터 이 사건 골프장 부지와 시설 등을 임차하여 골프장 운영을 담당하게 된 사실, 당시 이 사건 골프장은 클럽하우스와 골프코스 등의 완성, 보수, 개선을 위하여 상당한 시설투자가 필요한 상태에 있었는데 오향관광개발과 경기관광개발은 이에 필요한 자금을 조달하기 위하여 2007. 8. 31. 신탁업을 영위하는 채무자에게 사실상 전 재산인 이 사건 골프장 부지 및 시설을 담보신탁하고 채무자로부터 80억 원, 그 관계회사인 외환캐피탈 주식회사로부터 40억 원, 합계 120억 원을 차용한 사실, 위 신탁계약에 따르면 위탁자인 오향관광개발과 경기관광개발은 이 사건 골프장 부지 등을 채무자에게 신탁재산으로 이전한 후에도 계속하여 이 사건 골프장을 운영하고 이에 따라 발생하는 수익도 위탁자 겸 신탁수익 수익자인 오향관광개발과 경기관광개발에게 귀속되며, 위탁자가 수탁자인 채무자 등으로부터 차용한 자금을 모두 변제하면 신탁계약이 종료되어 신탁재산은 위탁자에게 반환되고, 이를 변제하지 못하면 수탁자 겸 신탁원본 우선수익자인 채무자가 신탁재산을 처분하여 그 대금을 관련 비용 및 자신과 외환캐피탈 주식회사의 대여금에 우선 충당한 후 잔액을 위탁자에게 반환하기로 약정한 사실, 경기관광개발은 위 차용금 대부분을 골프장 개선공사에 사용하여 이 사건 골프장의 전반적 가치가 상당한 정도로 증가한 사실, 한편 채권자는 2005. 12. 말경부터 2007. 2.경까지 이 사건 골프장의 회원들로부터 총 63개의 회원권 및 주식, 1인당 5,700만 원의 대여금 채권 등을 양수받아 오향관광개발에 대하여 33억 4,800만 원의 대여금채권을 갖게 된 채권자이나, 위 대여금채권에 관하여 오향관광개발의 정관에서는 위 회사가 '이익이 발생하는 때', '주주총회의 결의에 의하여', '각 주주에게 균등하게' 상환하기로 하여 채권자들의 개별적인 권리행사나 지급청구가 허용되지 않도록 정하고 있는 사실을 알 수 있다.

이러한 사실관계에서라면, 오향관광개발이 이 사건 담보신탁을 통하여 위 회사의 전 재산인 이 사건 골프장 부지와 시설에 관한 소유 명의를 채무자에게 이전하기는 하였으나, 이는 신규 자금의 조달을 통한 골프장 시설 개선을 하지 않고는 영업을 계속할 수 없는 상황에서 이 사건 골프장 부지 등을 담보신탁의 목적물로 제공하고 이를 통해 융통한 자금으로 이 사건 골프장의 영업시설을 개선하여 사업을 계속 추진하는 것이 일반 채권자들에 대하여도 채무변제력을 갖게 되는 최선의 방법이라고 생각하여 이 사건 신탁계약의 체결에 이르게 되었다고 볼 수 있고, 이 사건 신탁의 경우 위탁자인 오향관광개발 등이 신탁수익에 대한 수익자일 뿐만 아니라 신탁원본에 대하여도 위 골프장 개선공사 자금을 제공하는 채무자 등에 대한 대출채무와 신탁에 따른 비용을 정산한 나머지를 돌려받을 수 있는 수익자의 지위에 있어 이러한 수익권을 통한 채권만족의 가능성이 남아 있으며, 특히 채권자의 오향관광개발에 대한 대여금채권은 위 회사의 설립목적에 따른 제한으로 이 사건 신탁계약 전에도 개별적인 지급청구나 이를 위한 강제집행 등 권리행사를 할 수 없도록 정관에 규정되어 있었던 이상 이 사건 신탁으로 집행상 새로운 장애가 발생하였다고 볼 수도 없으므로, 이 사건 신탁계약이 채권자를 해하는 사해행위에 해당한다고 단정하기 어렵다.

위와 같은 취지에서 원심이 이 사건 가처분신청의 피보전권리에 관한 소명이 부족하다고 보아[240] 제1심결정을 취소한 후 이 사건 가처분신청을 기각한 것은 정당하고, 여기에 채권자가 재항고이유로 주장하는 바와 같은 심리미진, 채증법칙 위반의 점이나 사해신탁의 요건에 관한 법리오해의 위법이 있다고 볼 수 없다.

109. 대법원 2011. 4. 28. 선고 2010다106337 판결 [환급금]

[논점] '입주자모집공고 전에 주택분양계약을 체결한 자가 납부한 입주금'을 보증채무 대상에서 제외하고 있는 주택분양보증약관의 규정이 약관규제법에 위반하여 무효인지 여부

【이 유】

1. 상고이유 제1점에 대하여

보통거래약관은 신의성실의 원칙에 따라 당해 약관의 목적과 취지를 고려하여 공정하고 합리적으로 해석하되, 개개의 계약당사자가 기도한 목적이나 의사를 참작함이 없이 평균적 고객의 이해가능성을 기준으로 보험단체 전체의 이해관계를 고려하여 객관적·획일적으로 해석하여야 하고(대법원 2009. 5. 28. 선고 2008다81633 판결, 대법원 2010. 11. 25. 선고 2010다45777 판결 등 참조), 특히 그 계약의 내용이 당사자 일방이 작성한 약관의 내용으로서 상대방의 법률상의 지위에 중대한 영향을 미치게 되는 경우에는 구 약관의 규제에 관한 법률(2010. 3. 22. 법률 제10169호로 개정되기 전의 것. 이하 '구 약관규제법'이라 한다) 제6조 제1항, 제7조 제2호의 규정 취지에 비추어 더욱 엄격하게 해석하여야 한다(대법원 2001. 3. 23. 선고 2000다71555 판결, 대법원 2006. 9. 8. 선고 2006다24131 판결 등 참조).

원심이 인정한 사실에 의하면, 피고는 2004. 5. 10. 주식회사 장훈건설(2004. 5. 20. 변경 전 상호 : 주식회사 장훈, 이하 '장훈건설'이라 한다)과 사이에 부산 동구 초량동 1166-1 초량동수산하버빌 아파트 2개동 270세대(이하 '이 사건 아파트'라 한다)에 관하여 체결한 주택분양보증계약(이하 '이 사건 분양보증계약'이라 한다)과 일체를 이루는 주택분양보증약관 제4조 제3호(이하 '이 사건 약관규정'이라 한다)는 "입주자모집공고 전에 주택분양계약을 체결한 자가 납부한 입주금"을 보증채무의 대상에서 제외하고 있음을 알 수 있다.

위와 같은 이 사건 약관규정의 문언, 구 주택법(2009. 2. 3. 법률 제9405호로 개정되기 전의 것. 이하 같다) 및 구 주택법 시행령(2008. 12. 9. 대통령령 제21159호로 개정되기 전의 것. 이하 같다)의 규정이 정하고 있는 피고의 주택분양보증제도는 구 주택법에 의하여 제정된 주택공급에 관한 규칙에 규정된

---

240) 원심결정 : "…나. 그러나, 채권자가 제출한 자료만으로는 채권자에게 사해행위 또는 사해신탁의 취소로 인한 소유권이전등기말소청구권이 있다는 점을 소명하기에 부족하고, 그밖에 기록을 살펴보아도 이를 소명할 자료가 없다.
다. 오히려 기록에 의하면, 채권자가 채무자를 상대로 하여 이 사건 가처분의 본안소송으로 서울중앙지방법원 2008가합101556 사해행위취소 등 청구의 소를 제기하였으나 위 법원은 2009. 6. 24. 채권자의 청구를 기각하는 판결을 선고한 사실이 소명될 뿐이다." 부분.

절차와 방법에 따라 분양계약을 체결하고, 분양대금을 납부한 선의의 수분양자들을 보호하는 데에 그 취지가 있는 점(대법원 2001. 5. 8. 선고 2000다18790 판결, 대법원 2002. 9. 6. 선고 2001다5111 판결 등 참조), 구 주택공급에 관한 규칙(2005. 3. 9. 건설교통부령 제428호로 개정되기 전의 것. 이하 '구 공급규칙'이라 한다)은 사업주체가 입주자를 모집할 수 있는 시기에 관하여 '주택이 건설되는 대지의 소유권을 확보하고 피고의 분양보증을 받는 등 일정한 요건을 충족한 경우에 착공과 동시에 입주자를 모집할 수 있다'고 규정하면서(제7조 제1항) 입주자모집 및 주택공급은 행정청의 승인을 얻어 최초 신청 접수일로부터 5일 이전에 일간신문 등에 입주자모집공고를 한 다음 주택을 공급받고자 하는 자로부터 일정한 양식에 따라 주택공급신청서를 제출받아 하고, 일반공급의 경우 원칙적으로 입주자모집공고일 현재 위 규칙 제11조 내지 제13조의 규정에 의한 순위, 순차, 순번에 의하되 추첨의 방법에 의하여 입주자를 선정하도록 하고 있으며, 입주금을 받을 수 있는 시기도 청약금, 계약금, 중도금으로 구분하여 별도로 규정하고 있으므로(제8조 제1항, 제4항, 제9조, 제10조, 제26조 제4항) 입주자모집공고 전에 위와 같이 정해진 절차와 방법에 따르지 아니하고 주택분양계약을 체결한 자는 주택분양보증제도를 통하여 보호하고자 하는 관계 법령이 정한 절차와 방법에 따라 분양계약을 체결한 자로 보기 어려운 점 등을 종합하여 보면, 이 사건 약관규정에서의 '입주자모집공고 전에 주택분양계약을 체결한 자가 납부한 입주금'이란 입주자모집공고 전에 주택분양계약을 체결한 자가 납부한 입주금 전체를 의미하는 것으로 해석하여야 하고, 입주자모집공고 전에 주택분양계약을 체결한 자가 입주자모집공고 전에 납부한 입주금으로 제한하여 해석할 것이 아니다.

같은 취지의 원심판결은 정당하고, 거기에 상고이유로 주장하는 바와 같은 약관의 해석에 관한 법리오해 등의 위법이 없다.

2. 상고이유 제2점에 대하여

구 약관규제법에서의 '고객'이라 함은 계약의 일방 당사자로서 사업자로부터 약관을 계약의 내용으로 할 것을 제안받은 자를 말하고(제2조 제3항), 주택분양보증계약은 구 주택법에 따라 주택건설을 하는 사업주체가 파산 등의 사유로 분양계약을 이행할 수 없게 되는 경우 피고가 당해 주택의 이행 또는 수분양자가 납부한 계약금 및 중도금의 환급에 대하여 이행책임을 부담하기로 하는 조건부 제3자를 위한 계약이므로 (대법원 1997. 9. 26. 선고 97다10208 판결, 대법원 2006. 5. 12. 선고 2005다68783 판결 등 참조), 주택분양보증계약의 당사자는 사업주체와 피고이고, 수분양자들은 위와 같은 조건이 성취되면 피고에게 수익의 의사표시(보증채무의 이행 청구)를 하여 그 급부를 수령하는 수익자에 불과할 뿐 구 약관규제법 제2조 제3항 소정의 '고객'에 해당한다고 할 수 없다. 따라서 이 사건 약관규정이 구 약관규제법 제6조 제2항 제1호의 '고객에 대하여 부당하게 불리한 조항'인지 여부는 무엇보다도 위 주택분양보증계약의 당사자인 사업주체들의 평균적이고 전형적인 이익을 기준으로 판단하여야 하고, 같은 법 제6조 제2항 제2호의 '고객이 계약의 거래형태 등 관련된 모든 사정에 비추어 예상하기 어려운 조항' 또는 같은 법 제7조 제3호의 '상당한 이유 없이 사업자의 담보책임을 배제 또는 제한하거나 그 담보책임에 따르는 고객의 권리행사의 요건을 가중하는 조항'인지 여부도 사업주체들을 기준으로 판단하여야 한다.

위와 같은 법리와 앞서 본 주택분양보증제도의 취지에, 사업주체는 구 주택법 등 관계 법령에 따라 사업계획승인을 얻어 주택을 건설하는 사업자로서 구 공급규칙에 따른 주택분양절차 및 주택분양보증제도에 대하여 잘 알고 이에 따라 사업을 추진해야 할 지위에 있는 자인 점, 이 사건 약관규정으로 인하여 사업주체가 입게 되는 불이익은 구 공급규정 등 관계 법령을 위반하고 주택분양계약을 체결함에 있어 주택분양보증을 받지 못함으로써 그러한 주택분양계약의 체결에 제한을 받는 것에 불과한데, 이와 같이 부적법한 주택분양계약은 구 공급규칙 등 관계 법령상 금지되어야 하므로 위 제한은 당연히 감수되어야 하는 것인 점, 피고는 주택건설에 대한 각종 보증을 함으로써 주택분양계약자를 보호하고 주택건설을 촉진하며 국민의 주거복지 향상 등에 기여하기 위하여 주택법에 의하여 설립된 법인으로서(구 주택법 제76조 제1항), 이 사건에서와 같은 주택분양보증은 같은 법 제77조 제1항 제1호에 근거하여 하는 것이므로, 같은 법에 의하여 분양계약이 허용되지 아니하는 경우에 대하여까지 위와 같은 설립 취지 또는 보증사업의 취지가 미친다고 할 수 없고, 단지 수분양자들을 보호할 필요가 있다는 사정만으로 그가 당연히 보증의 이익을 받는다고 할 것은 아닌 점 등에 비추어 보면, 이 사건 약관조항이 고객에게 부당하게 불리한 조항이라거나 고객이 이를 예상하기 어렵다거나 그로 인하여 피고의 책임의 범위가 부당하게 제한되는 것에 해당하여 무효라고 볼 수 없다.

같은 취지에서 이 사건 약관규정이 무효가 아니라고 본 원심의 판단은 정당하고, 거기에 상고이유로 주장하는 바와 같은 구 약관규제법 제6조 제1항, 제2항 제1호 및 제2호, 제7조 제3호에 관한 법리오해 등의 위법이 없다.

[원심판결] 서울고등법원 2010. 11. 16. 선고 2010나36690 판결 [환급금]

【주 문】

1. 원고들의 항소를 각 기각한다.
2. 항소비용은 원고들이 부담한다.

【청구취지 및 항소취지】

1. 청구취지

피고는 원고들에게 별지 목록 3 기재 각 금원 및 위 각 금원에 대하여 이 사건 소장부본 송달일 다음날부터 다 갚는 날까지 연 20%의 비율로 계산한 금원을 지급하라.

2. 항소취지

제1심 판결을 취소한다. 청구취지 기재와 같은 판결.

【이 유】

나. 원고들이 입주자모집공고 후에 납부한 중도금이 이 사건 약관 제4조 제3호에 해당되는지 여부

살피건대, 이 사건 약관 제4조 제3호는 '입주자모집공고 전에 주택분양계약을 체결한 자가 납부한 입주금'이라고 규정하고 있는바, 그 문언상 이를 '입주자모집공고 전에 주택분양계약을 체결한 자가 입주자모집공고 전에 납부한 입주금'으로 해석하기는 어렵다.

또한, ① 위 기초사실에서 본 구 주택공급규칙에 의하면, 사업주체가 입주자를 모집할 때에는 공개모집을 하고, 주택을 공급하는 경우에는 일정한 사항을 기재한 입주자모집공고를 최초 신청접수일로부터 5일 이전에 일간신문 등에 공고하여야 하며(제8조 제1항, 제4항), 주택을 공급받고자 하는 자는 일정한 양식에 따라 신청서를 작성하여 사업주체에게 제출하여야 하고(제9조), 사업주체가 일반공급에 의하여 입주자를 선정하는 때에는 입주자모집공고일 현재 위 규칙 제11조 내지 제13조의 규정에 의한 순위, 순차, 순번에 의하되 추첨의 방법에 의하여야 하며(제10조), 청약금은 입주자 모집시에 받고, 계약금은 입주자로 선정된 날부터 5일이 경과한 후 3일 이상의 기간을 정하여 그 기간 동안에 계약을 체결하면서 받아야 한다(제26조 제4항)고 규정하고 있는 점, ② 주택분양보증제도는 주택건설 사업주체에 대하여는 입주자를 모집함에 있어 입주자 모집시기를 완화하여 건축공사를 착공함과 동시에 입주자들을 모집할 수 있게 하는 한편, 입주자들에게는 분양보증제도가 있음으로 인하여 안심하고 주택을 분

양받도록 하여 주택분양을 활성화하기 위해 마련된 제도로서, 주택법에 의하여 제정된 주택공급에 관한 규칙이 정하는 주택의 공급조건, 방법 및 절차 등에 따라 정당하게 분양계약을 체결하고 분양대금을 납부한 선의의 수분양자들을 보호하는 데에 그 취지가 있는 점(대법원 2002. 6. 9. 선고 2001다5111 판결 참조), ③ 사전분양을 보증이행대상으로 허용하게 될 경우 부실한 주택사업체들이 분양보증이라는 제도를 담보로 사업자금을 조달하는 것이 용이하게 되는바, 이것이 만연된다면 주택사업체들의 도덕적 해이가 심각해지고 주택공급시장의 질서가 문란해질 것이며, 나아가 분양보증기관인 피고가 사실상 신용보증기관화되어 선의의 수분양자를 보호할 목적으로 만든 분양보증제도의 유지가 어려워질 위험이 있는 점 등에 비추어 보면, 사전분양을 보증이행대상으로 하지 않은 것에 상당한 이유가 있다고 보이는 점, ④ 원고들은 입주자모집공고 이후 공개 추첨 방식으로 아파트를 분양받지 않고 자신들이 원하는 동·호수를 우선 배정받으면서 분양계약을 체결하였고, 이 사건 아파트의 입주자모집공고 및 분양계약서에는 '입주자모집공고 전에 주택분양계약을 체결한 자가 납부한 입주금'은 피고의 보증이행 대상이 아님이 명백히 규정되어 있었는데, 2억 원이 넘는 아파트를 분양받으면서 입주자모집공고나 분양계약서조차 확인하지 않고 분양계약을 체결하였다는 것은 믿기 어렵고, 가사 입주자모집공고나 분양계약서를 확인하지 않았다고 하더라도 위와 같은 확인조차 없이 분양계약을 체결한 원고들에게는 중과실이 있다고 보이는 점, ⑤ 분양보증제도가 실제로 분양대금을 납부한 자 전체를 보호하기 위한 제도이고, 이 사건 약관 제4조 제3호의 도입취지가 단순히 입증책임의 전환을 위한 것이라고 보아야만 할 근거가 부족한 점 등을 종합하여 보면, 이 사건 약관 제4조 제3호의 의미를 원고들 주장과 같이 한정해석하는 것은 부당하므로, 원고들의 위 주장은 이유 없다.

다. 이 사건 약관 제4조 제3호가 약관의 규제에 관한 법률에 의하여 무효인지 여부

살피건대, 이 사건 약관은 피고가 다수의 주택건설 사업주체들과 체결하는 주택분양보증계약의 내용으로 하기 위하여 일정한 형식에 의하여 미리 마련한 것이므로 약관규제법에 의하여 규제되는 약관에 해당한다.

그러나, ① 주택분양보증계약은 주택건설 사업주체의 부도·파산 등으로 보증사고가 발생한 경우 분양계약자들의 선택에 따라 피고가 이들이 납부한 계약금과 중도금을 환급해 주거나 사업주체 대신 이 사건 아파트를 완공하여 분양계약자들에게 공급할 것을 내용으로 하는 '조건부 제3자를 위한 계약'이므로(대법원 1997. 9. 26. 선고 97다10208 판결 참조), 이 사건 분양보증계약의 당사자는 장훈건설과 피고이고, 분양계약자인 원고들은 위와 같은 조건이 성취되면 피고에게 수익의 의사표시(보증채무의 이행청구)를 하여 그 급부를 수령하는 수익자에 불과할 뿐이어서, 원고들을 약관규제법 제2조 제3항 소정의 '고객'에 해당한다고 보기 어려운 점, ② 피고와 장훈건설의 경제적 지위, 주택분양보증제도의 목적 등에 비추어 보면, 이 사건 약관 제4조 제3호가 장훈건설에게 부당하게 불리한 조항이라거나 장훈건설이 이를 예상하기 어려웠다거나 그로 인하여 피고의 책임의 범위가 부당하게 제한된다고 볼 수 없는 점, ③ 또한, 위 나.의 (2)항에서 본 바와 같은 사정에 비추어 보면, 사전분양계약자들인 원고들이 납부한 입주금에 대하여 면책을 인정하는 것이 원고들에게 부당하게 불리하다거나 상당한 이유 없이 피고의 책임을 배제하는 등의 것이라고 보기 어렵고, 그 분양절차가 주택법 및 주택공급에 관한 규칙에 상세하게 규정되어 있고, 이 사건 분양계약서 등에도 피고의 면책 사유가 명시되어 있어, 원고들이 위 면책사항의 존재를 예상하기 힘들다고 보기도 어려운 점 등을 종합하면, 이 사건 약관 제4조 제3호를 무효라고 볼 수 없으므로, 원고들의 위 주장 역시 이유 없다.

라. 피고가 이 사건 약관 제4조 제3호를 주장하는 것이 신의칙에 위배되는지 여부

살피건대, 장훈건설이 2005. 1.경 피고 부산지점 소외 3 과장에게 이 사건 아파트에 관한 분양계약서 사본 전체를 제출하였다는 내용의 갑 제139, 140호증의 각 기재는, 원고들에 대한 채무자인 장훈건설의

전 대표이사 또는 이사의 진술로서, 이를 뒷받침할 객관적 증거가 없어 믿기 어렵고, 갑 제136, 141 내지 146의 각 기재만으로는 피고가 원고들이 입주자모집공고 전 분양계약을 체결한 사전분양계약자들임을 알았다고 인정하기에 부족하며, 달리 이를 인정할 만한 증거가 없고, 가사, 피고가 이러한 사실을 알았다 하더라도, 앞서 인정한 바와 같이 이 사건 분양보증계약의 당사자는 장훈건설과 피고인 점, 이 사건 분양계약서, 약관, 입주자모집공고에서 사전분양계약자가 납부한 입주금은 피고의 분양보증 이행대상이 아니라고 명시하고 있는 점, 이 사건 주택분양보증서 특기사항란에 '입주자모집공고 및 공급계약서에 보증채무의 내용 및 보증이행대상이 아닌 채무를 명시할 것'이라고 기재되어 있는 점 등을 고려할 때, 피고에게 이 사건 분양보증계약의 수익자로서 제3자인 원고들에 대하여 그 이상의 고지의무가 있다거나 피고의 업무를 처리함에 있어서 원고들이 분양보증대상이 아님을 명확히 하여 원고들을 보호할 의무가 있다고 보기 어려우므로, 원고들의 위 주장은 이유 없다.

마. 피고가 이 사건 약관 제4조 제3호에 우선하는 별도의 약정을 하였는지 여부

살피건대, 피고가 원고들에게 보증이행 방법의 선택을 최고하고, 원고들에게 환급이행하는 것으로 보증이행 방법을 결정하였다고 통보한 사실은 앞에서 본 바와 같고, 갑 제9, 65호증(가지번호 포함, 이하 같다)의 각 기재에 변론 전체의 취지를 더하여 보면, 피고의 인터넷 홈페이지 분양계약자 조회화면에서 원고들에 관한 정보를 입력하고 검색을 하면 원고들 역시 '분양보증이 발급된 세대'로 확인이 되는 사실, 피고가 2005. 1.경 장훈건설로부터 추가로 보증수수료를 수령하면서, 원고들이 분양받은 아파트를 포함한 전체 분양세대를 보증대상으로 계산한 금액을 수수료로 지급받은 사실을 인정할 수 있다.

그러나, 주택분양보증계약의 정형성, 대량성 등에 비추어 보면, 보증사고 발생 전 피고의 분양보증의 적정성 여부에 대한 심사 범위는 사업주체가 사업계획을 승인받았는지 여부와 사업주체의 신용도에 대한 심사에 한하는 것으로 봄이 상당하고, 사전에 분양계약서를 검토하여 승인할 권한이나 의무까지 피고에게 부여되었다고는 보이지 아니하므로, 피고가 인터넷 홈페이지에서 원고들을 분양보증이 발급된 분양계약자로 게시하거나 장훈건설로부터 전체 분양세대에 대한 보증수수료를 지급받은 것은 장훈건설이 제출한 입주예정자 명단상의 수분양자가 정상적인 수분양자일 것임을 전제로 한 것에 불과한 것으로 보인다(위 홈페이지의 분양계약자 조회화면 상단에는 '아래 분양계약자 명단은 사업주체가 우리회사에 제출한 자료를 기준으로 작성되었으므로 제출시기나 제출여부에 따라서 명단이 존재하지 않을 수도 있습니다'라고 기재되어 있다). 또한, 갑 제4호증의 기재에 의하면, 피고가 원고들에게 발송한 분양보증사고에 따른 안내문에도 '우리회사의 분양보증은 주택법 및 주택공급에 관한 규칙에 의한 적법한 분양계약자를 보호하는 것을 목적으로 하는 보증입니다. 따라서 대물변제를 위한 분양계약 및 허위분양계약의 경우 등 보증약관에서 정한 보증이행대상이 아닌 채무에 해당하는 경우에는 보증책임을 부담하지 아니합니다'라고 기재되어 있는 사실을 인정할 수 있는바, 그렇다면 피고가 원고들에게 보증사고 발생사실 및 보증이행 방법을 통보한 것도, 선의의 수분양자를 확정하기 어려운 상태에서 먼저 이 사건 아파트를 분양받은 것으로 추정되는 전체 수분양자들을 상대로 보증약관에 따른 절차를 취한 것에 불과한 것으로 보인다.

결국, 원고들과 피고 사이에 이 사건 약관 제4조 제3호에 우선하는 분양보증의 합의가 있었다고 볼 수 없으므로, 원고들의 위 주장은 이유 없다.

[1심판결] 서울남부지방법원 2009. 11. 27. 선고 2008가합21007 판결 [환급금]

【주 문】

1. 원고들의 청구를 모두 기각한다.

2. 소송비용은 원고들이 부담한다.

【청구취지】

피고는 원고들에게 각 별지 목록 1기재 금원 및 위 각 금원에 대하여 이 사건 소장부본 송달일 다음날부터 다 갚는 날까지 연 20%의 비율에 의한 금원을 지급하라.

【이 유】

(1) 이 사건 약관 제4조 제3호에 해당되는지 여부

원고들은 이 사건 약관 제4조 제3호 "입주자모집공고 전에 주택분양계약을 체결한 자가 납부한 입주금"은 수분양자들이 입주자모집공고 전에 납부한 입주금을 의미하는 것일 뿐이므로, 주택분양계약을 입주자모집공고 전에 체결한 원고들도 입주자모집공고 이후에 정당하게 납부한 입주금, 즉 중도금에 대해서까지 위 약관 규정을 근거로 보증채무의 이행을 거절할 수 없으므로, 입주자모집공고 후에 납부한 별지 2 기재의 중도금은 환급이행하여야 한다고 주장한다.

살피건대, ① 위 기초사실에서 본 구 주택공급규칙에 의하면 사업주체가 입주자를 모집할 때에는 공개모집을 하고, 주택을 공급하는 경우에는 일정한 사항을 기재한 입주자모집공고를 최초 신청접수일로부터 5일 이전에 일간신문 등에 공고하여야 하며(제8조 제1항, 제4항), 주택을 공급받고자 하는 자는 일정한 양식에 따라 신청서를 작성하여 사업주체에게 제출하여야 하고(제9조), 사업주체가 일반공급에 의하여 입주자를 선정하는 때에는 입주자모집공고일 현재 제11조 내지 제13조의 규정에 의한 순위, 순차, 순번에 의하되 추첨의 방법에 의하여야 하며(제10조), 청약금은 입주자 모집시에 받고, 계약금은 입주자로 선정된 날부터 5일이 경과한 후 3일 이상의 기간을 정하여 그 기간 동안에 계약을 체결하면서 받아야 한다(제26조 제4항)고 규정하고 있는 점, ② 다음에서 보는 바와 같이 주택분양보증제도는 위와 같은 구 주택공급규칙 소정의 절차와 방법에 따라 분양계약을 체결하고 분양대금을 납부한 선의의 수분양자들을 보호하는 데에 그 취지가 있는 점 등에 비추어 보면, 이 사건 약관 제4조 제3호 "입주자모집공고 전에 주택분양계약을 체결한 자가 납부한 입주금"의 의미는 구 주택공급규칙에 의한 입주자모집공고 전에 주택분양계약을 체결한 자가 납부한 모든 입주금을 의미하는 것으로 보아야 하고, 위 입주금을 '입주자모집공고 전에' 납부한 입주금으로 제한할 근거가 없으므로, 원고의 위 주장은 이유 없다.

(2) 주택분양 보증제도의 취지에 비추어 원고들을 보호할 필요가 있는지 여부

원고들은, ① 주택분양 보증제도는 원칙적으로 주택법 및 주택법시행령에 기하여 주택공급에관한규칙 소정의 절차와 방법에 따라 분양계약을 체결하고 성실하게 분양대금을 납부한 선의의 수분양자들을 보호하는 데 그 취지가 있는 점, ② 대법원에서도 수분양자가 주택건설사업자와 분양계약을 체결하면서 분양대금을 일시불로 선납한 경우에는, 이로 인하여 주택건설사업자가 분양대금을 구분하여 받도록 한 구 주택공급에관한규칙 제18조를 위반하게 되었다고 하더라도, 주택건설사업자를 주택분양보증을 한 주택사업공제조합은 위 규정이 정하는 바에 따라 수분양자가 일시불로 납부한 분양대금 중 계약금과 중도금에 해당하는 금액을 환급하는 내용의 보증책임을 면할 수 없다(대법원 1999. 5. 28. 선고 98다26477 판결 참조)고 판시하여 주택분양보증제도의 취지에 비추어 합리적인 사유가 없는 한 피고의 보증채무의 범위를 널리 인정하고 있는 점, ③ 비록 원고들은 입주자모집공고 전에 이 사건 아파트에 대하여 분양계약을 체결하였지만 이 사건 아파트의 모델하우스도 둘러보고 장훈건설로부터 입주자모집공고 전의 분양(이하 '사전분양'이라 한다)이라는 것에 대해 아무런 설명을 듣지 못하여 이 사건 분양계약이 사전분양이라는 것을 전혀 모른 채 장훈건설과 이 사건 분양계약을 체결하였고, 이렇게 체결한 이 사건 분양계약을 성실하게 이행하였다는 점 등을 종합하면, 원고들은 보호할 만한 가치가 있는 선

의의 수분양자이므로 주택분양보증제도의 취지에 비추어 피고는 원고들에게 원고들이 납부한 중도금을 환급이행하여야 한다고 주장한다.

살피건대, ① 앞서 살펴본 주택공급에 관한 규칙에는 사업주체가 입주자를 모집할 때에는 입주자모집공고를 한 후 공개적으로 모집해야 한다고 규정되어 있는 점, ② 주택분양보증제도는 주택건설 사업주체에 대하여는 입주자를 모집함에 있어 입주자 모집시기를 완화하여 건축공사를 착공함과 동시에 입주자들을 모집할 수 있게 하는 한편, 입주자들에게는 분양보증제도가 있음으로 인하여 안심하고 주택을 분양받도록 하여 주택분양을 위해 활성화하기 위해 마련된 제도로서 주택법에 의하여 제정된 주택공급에 관한 규칙이 정하는 주택의 공급조건, 방법 및 절차 등에 따라 정당하게 분양계약을 체결하고 분양대금을 납부한 선의의 수분양자들을 보호하는 데에 그 취지가 있는데(대법원 2002. 6. 9. 선고 2001다5111 판결 참조), 사전분양을 보증이행대상으로 허용하게 될 경우 사실상 부실한 주택사업체들이 분양보증이라는 제도를 담보로 사업자금을 조달하는 길을 만들어주게 되는 것이고, 이것이 만연된다면 주택사업체들의 도덕적 해이가 심각해지고 주택공급시장의 질서가 문란해질 것이며, 나아가 분양보증기관인 피고가 사실상 신용보증기관화되어 선의의 수분양자를 보호할 목적으로 만든 분양보증제도가 형해화될 것이라는 점, ③ 앞서 본 대법원 1999. 5. 28. 선고 98다26477 판결은 주택건설사업자가 분양계약체결에 사용하는 정형화된 분양계약서에 수분양자가 분양대금을 선납하는 경우 선납일수에 따른 중간이자를 할인하여 주는 조항이 있어 수분양자가 주택건설사업자와 분양계약을 체결하면서 이를 신뢰하여 분양대금을 실제로 일시불로 선납한 경우에는 이로 인하여 주택건설사업자가 분양대금을 구분하여 받도록 한 구 주택공급에관한규칙(1995. 2. 11. 건설교통부령 제6호로 전문 개정되기 전의 것) 제18조를 위반하게 되었다고 하더라도 피고가 보증책임을 면할 수 없다는 내용으로 원고들과 같은 사전분양자들에게는 피고가 보증채무를 이행하지 않는다고 명시한 이 사건과는 그 사안이 전혀 다르다는 점, ④ 원고들은 입주자모집공고 이후 공개 추첨 방식으로 아파트를 분양받기 전에 자신들이 원하는 동·호수를 우선 배정받으면서 분양계약을 체결하였고, 분양계약서 제5조에는 "입주자모집공고 전에 주택분양계약을 체결한 자가 납부한 입주금은 피고회사의 보증이행 대상이 아닌 채무"임이 명백히 규정되어 있었으며, 원고들은 2억 원이 넘는 아파트를 분양받으면서 분양공고나 분양계약서 등을 확인하지도 않고 분양계약을 체결하였다는 것은 상식에 반하고, 가사 그렇다고 하더라도 원고들에게 중과실이 있다고 보이므로 선의의 수분양자라고 보기 어렵다는 점 등을 종합하면 원고의 위 주장은 받아들일 수 없다.

(3) 이 사건 약관이 약관의 규제에 관한 법률에 의하여 무효인지 여부

원고들은 이 사건 약관은 약관의 규제에 관한 법률(이하 '약관규제법'이라고 한다)에 의하여 규제되는 '약관'에 해당하는바 앞서 본 이 사건 약관 제4조 제3호를 입주자모집공고 전에 분양계약을 체결한 자가 납부한 입주금에 대하여 입주금 납부시기가 입주자모집공고 전후를 불문하고 피고가 이에 대한 보증책임을 지지 않는다고 해석한다면 상당한 이유 없이 피고의 보증책임을 배제 또는 제한하거나 그 보증책임에 따르는 고객인 수분양자의 권리행사 요건을 가중시키는 것으로서 약관규제법 제6조 제1항, 제2항 제1호 및 제7조 제3호에 따라 무효이며, 고객이 거래형태 등 제반 사정에 비추어 예상하기 어려운 조항에 해당하므로 약관규제법 제6조 제2항 제2호에 의해서도 무효라고 주장한다.

살피건대, 이 사건 약관은 피고가 다수의 주택건설 사업주체들과 체결하는 주택분양보증계약의 내용으로 하기 위하여 일정한 형식에 의하여 미리 마련한 것이므로 약관규제법에 의하여 규제되는 약관에 해당한다고 볼 수 있다.

그런데 위 주택분양보증계약은 주택건설 사업주체의 부도·파산 등으로 보증사고가 발생한 경우 분양계약자들의 선택에 따라 피고가 이들이 납부한 계약금과 중도금을 환급해 주거나 사업주체 대신 이

사건 아파트를 완공하여 분양계약자들에게 공급할 것을 내용으로 하는 '조건부 제3자를 위한 계약'이라 고 할 것인바(대법원 1997. 9. 26. 선고 97다10208 판결 참조), 분양보증계약의 당사자는 장훈건설과 피고이고, 분양계약자인 원고들은 위와 같은 조건이 성취되면 피고에게 수익의 의사표시(보증채무의 이행 청구)를 하여 그 급부를 수령하는 수익자에 불과하다고 봄이 상당하다.

따라서 이 사건 약관의 불공정 여부는 계약 당사자인 장훈건설과 피고를 기준으로 판단하여야 할 것인바(원고들이 이 사건 분양보증약관에 대하여 약관규제법 제2조 제3항 소정의 '고객'에 해당한다고 보기는 어렵다), 피고와 장훈건설의 경제적 지위, 분양보증제도의 목적 등에 비추어 보면, 이 사건 약관 제4조 제1항 제3호가 장훈건설에게 부당하게 불리한 조항이라고는 볼 수 없고, 가사 수익자의 이익을 고려한다고 하더라도 사전분양자들인 원고들의 이익을 보호할 만한 필요성을 인정하기 힘들며, 그 분양절차가 주택법 및 주택공급에 관한 규칙에 상세하게 규정되어 있으므로 그 거래형태를 예상하기 힘들다고 보기도 어려우므로, 원고들의 위 주장은 이유 없다.

(4) 분양보증약관과 다른 내용으로 묵시적 합의가 있었는지 여부

원고들은 피고는 자신의 인터넷 홈페이지에 원고들이 분양보증대상 분양계약자임을 스스로 게시하였고, 그동안 원고들을 상대로 보증사고의 발생사실 및 보증이행방법을 최고하는 등 원고들이 분양보증 대상 분양계약자임을 전제로 보증업무를 수행하여 왔으므로, 이는 피고가 원고들에게 이 사건 분양보증채무를 이행할 의사가 있음을 묵시적으로 표시한 것으로 보아야 하고, 원고들 또한 이를 거부할 의사가 없었으므로, 결국 원고들과 피고간에는 이 사건 분양보증약관 제4조 제3호에 우선하는 분양보증의 묵시적 합의가 있었다고 보아야 하는바, 피고는 원고들에게 이 사건 분양보증책임을 이행할 의무가 있다고 주장한다.

살피건대, 피고가 원고들에게 보증이행방법의 선택을 최고하고, 원고들에게 환급이행하는 것으로 보증이행방법을 결정하였다고 통보한 사실은 앞에서 본 바와 같고, 갑 제9호증(각 가지번호 포함)의 각 기재에 변론 전체의 취지를 보태어 보면, 피고들이 자신의 인터넷 홈페이지에 원고들이 분양보증대상 분양계약자임을 스스로 게시한 사실은 인정할 수 있다. 그러나 주택분양보증계약의 정형성, 대량성 등에 비추어 보면, 보증을 받고자 하는 신청인에 대하여 보증의 적정성 여부에 대한 심사는 사업주체가 사업계획을 승인받았는지 여부와 사업주체의 신용도에 대한 심사에 한하는 것으로 봄이 상당하고, 사전에 분양계약서를 검토하여 승인할 권한이나 의무까지 피고에게 부여되었다고는 보이지 아니하는바, 피고가 인터넷 홈페이지에 원고들을 분양보증세대로 게시한 것은 장훈건설이 제출한 입주예정자 명단상의 수분양자가 정상적인 수분양자라는 것을 전제로 이를 게시한 것에 불과한 것으로 보인다(위 홈페이지의 분양계약자 조회화면 상단에는 '아래 분양계약자 명단은 사업주체가 우리회사에 제출한 자료를 기준으로 작성되었으므로 제출시기나 제출여부에 따라서 명단이 존재하지 않을 수도 있습니다'라고 기재되어 있다). 또한, 갑 제4호증의 기재에 의하면 피고가 원고들에게 발송한 분양보증사고에 따른 안내문에도 '우리회사의 분양보증은 주택법 및 주택공급에 관한 규칙에 의한 적법한 분양계약자를 보호하는 것을 목적으로 하는 보증입니다. 따라서 대물변제를 위한 분양계약 및 허위 분양계약의 경우 등 보증약관에서 정한 보증이행대상이 아닌 채무에 해당하는 경우에는 보증책임을 부담하지 아니합니다'라고 기재되어 있는 사실을 인정할 수 있고 이에 비추어 보면, 원고들에게 보증사고 발생사실 및 보증이행 방법을 최고한 것도 선의의 수분양자를 확정할 수 없는 상태에서 먼저 이 사건 아파트를 분양받은 것으로 추정되는 전체 수분양자들에게 보증약관에 따른 절차를 취한 것에 불과한 것으로 보인다. 따라서 피고가 인터넷 홈페이지에 원고들을 분양보증세대로 게시하거나 원고들에게 보증사고 발생사실 및 보증이행 방법을 최고한 행위를 분양보증 의사표시로 의제하여 원고와 피고회사 사이에 분양보증약관 제4조 제3호에 우선하는 묵시적인 개별약정이 있었다고 볼 수는 없으므로 원고들의 위 주장은 이유 없다.

110. 대법원 2011. 4. 28. 선고 2010다89036 판결 [전부금]

[논점] 신탁사가 분양수입금을 약정된 자금집행 순서에 따라 분배(인출)하는 경우 약정에 따른 위탁자의 신탁사에 대한 분양수입금 청구채권에 대한 압류 및 전부명령의 유효성 및 해당 분양수입금 청구채권의 특정 정도

【이 유】

2. 피고의 상고이유에 대하여

나. 상고이유 제2점에 대하여

압류 및 전부명령의 목적인 채권의 표시는 이해관계인 특히 제3채무자로 하여금 다른 채권과 구별할 수 있을 정도로 기재가 되어 그 동일성의 인식을 저해할 정도에 이르지 아니한 이상 그 압류 및 전부명령은 유효하다고 보아야 한다(대법원 1965. 10. 26. 선고 65다1699 판결 참조).

원심판결 이유에 의하면, 원심은 채택 증거들을 종합하여 그 판시와 같은 사실, 즉 원고는 천도건설에 대한 서울고등법원 2007나22967호 약정금 청구사건의 집행력 있는 조정조서 정본에 터 잡아 2008. 6. 3. 대전지방법원 2008타채5036호로 이 사건 공사도급변경약정에 기하여 천도건설이 피고에 대하여 가지는 '분양수입금 청구채권' 가운데 청구금액 3,200,022,120원에 이르는 채권에 대하여 채권압류 및 전부명령(이하 '이 사건 제1전부명령'이라고 한다)을 받았고, 이 사건 제1전부명령은 2008. 6. 9. 피고에게 송달되어 그 무렵 확정된 사실, 이후 원고는 천도건설에 대한 대전지방법원 2007가합6202호 수분양권자 지위확인 청구사건의 집행력 있는 조정조서 정본에 터잡아 2008. 6. 18. 대전지방법원 2008타채5606호로 위 '분양수입금 청구채권' 가운데 청구금액 5,300,022,120원에 이르는 채권에 대하여 채권압류 및 전부명령(이하 '이 사건 제2전부명령'이라고 한다)을 받았고, 이 사건 제2전부명령은 2008. 6. 23. 피고에게 송달되어 그 무렵 확정된 사실, 이 사건 공사도급변경약정 제5조 제1항은 분양수입금의 인출배분에 관하여 1순위로 이 사건 사업의 사업시행경비, 2순위로 천도건설의 선투입비 및 일반관리비, 3순위로 지에스건설의 지급보증금액, 4순위로 지에스건설의 도급공사비 및 연체이자, 5순위로 천도건설의 개발이익을 규정하고 있는 사실, 천도건설의 일반관리비 채권은 매월 5,000만 원씩 24개월분인 12억 원이 발생되어 있는 사실 등을 인정한 다음, 피고는 전부채권자인 원고에게 일반관리비 12억 원을 지급할 의무가 있다고 판단하여 원고의 청구를 일부 인용하였다.

먼저 원심판결 이유와 기록에 의하면, ① 이 사건 각 전부명령은 그 피전부채권을 '분양수입금 청구채권'이라고 기재하고 있으나 이러한 기재와 더불어 위 분양수입금 청구채권은 이 사건 공사도급변경약정에 기하여 천도건설이 피고에 대하여 가지는 채권임을 명시하고 있어 그 채권의 발생원인과 채무자가 구체적으로 특정되어 있는 점,[241] ② 이 사건 공사도급변경약정 제5조는 '분양수입금의 인출배분'이라는 제목 아래 천도건설이 분양수입금을 지급받을 수 있음을 밝히고 있을 뿐만 아니라 그 이하의 세부 항목은 분양수입금을 배분받을 자와 배분순위를 정한 것으로 해석되므로, 이 사건 각 전부명령의

241) 이 대법원 판결에 따르면, 이 사안과 같이 자금관리대리사무계약 및/또는 토지신탁계약 등에서 미리 정해진 절차를 거쳐 신탁사가 분양수입금 또는 분양수입금이 입금되는 계좌상의 자금을 일정한 집행순위에 따라 집행하도록 약정된 경우, 위탁자 등 해당 약정의 당사자(위탁자, 시공사, 우선수익자 등)는 신탁사에 대해 해당 약정에 따라 분양수입금을 분배(지급)받을 권리(청구권, 채권)를 가지고, 동 권리는 압류 및 전부명령이 목적물이 될 수 있으므로, (장래채권 양도가능성의 요건을 충족하는 한) 해당 약정의 당사자는 (다른 당사자의 동의 등의 요건이 있는 경우에는 해당 동의를 받아) 동 권리를 양도(금전채권신탁 포함), 담보제공할 수 있을 것으로 생각된다. 다만, 이 경우에도 해당 분배가 이루어지기 위해서는 자금집행요청·우선수익자 및 시공사의 동의 등 동 약정상 자금인출을 위한 선행절차는 이행되어야 할 것이다. 실무상으로는 위와 같은 시공사의 신탁사에 대한 (공사비 상당액의) 분양수입금 분배채권, 위탁자(시행사)의 (일반관리비 상당액의) 분배채권 등이 양도, 금전채권신탁 또는 담보로 제공된 사례가 다수 존재한다.

피전부채권인 분양수입금 청구채권은 천도건설이 위에서 정한 배분순위에 따라 분양수입금을 지급받을 수 있는 채권을 말하는 것으로 보아야 하는 점, ③ 이 사건 공사도급변경약정 제5조와 이 사건 각 전부명령의 기재 내용에 의하면, 이 사건 각 전부명령이 피고에게 송달될 당시를 기준으로 그 당시에 존재하는 분양수입금 청구채권이 청구금액에 이르기까지 배분순위에 따라 원고에게 전부된 것으로 볼 수 있고, 제3채무자인 피고로서도 이 사건 공사도급변경약정 제5조에 기한 배분순위에 따라 분양수입금 청구채권이 원고에게 전부된 것임을 알 수 있으므로 피전부채권의 동일성을 인식함에 있어 어떠한 문제가 발생한다고 볼 수는 없는 점, ④ 다른 압류권자나 채권양수인 등에 대한 관계에서도 위와 마찬가지로 이 사건 각 전부명령이 피고에게 송달될 당시를 기준으로 그 당시에 존재하는 분양수입금 청구채권이 이 사건 공사도급변경약정 제5조에 기한 배분순위에 따라 원고에게 전부된 것으로 보아 그 전부명령의 유효성 여부를 판단하는 것이 불가능하지 아니한 점 등을 알 수 있는바, 사정이 이와 같다면 이 사건 각 전부명령의 피전부채권이 그 채권의 동일성을 인식할 수 없을 정도로 특정되지 않았다고 볼 수는 없다 할 것이다.

한편 기록에 의하면, 피고는 원심에서 제출한 2010. 6. 8.자 준비서면과 2010. 9. 15.자 준비서면 진술을 통해 '이 사건 각 전부명령에 기재된 분양수입금 청구채권으로 선투입비 지급채권 및 일반관리비 지급채권을 특정하였다고 볼 수 없다'는 취지로 주장하였음을 알 수 있는바, 이러한 피고의 주장은 이 사건 각 전부명령의 피전부채권이 특정되지 않아 무효라는 취지임이 분명함에도 불구하고 원심이 이에 대하여 아무런 판단도 하지 아니하였음은 피고가 상고이유에서 지적하는 바와 같다. 그러나 이 사건 각 전부명령의 피전부채권이 특정되었음은 앞서 본 바와 같으므로, 비록 원심이 위와 같은 피고의 주장에 대하여 아무런 판단도 하지 아니하였다 하더라도, 상고이유에서 주장하는 바와 같이 판결에 영향을 미친 판단누락의 위법이 있다고 할 수는 없다.

[원심판결] 서울고등법원 2010. 9. 30. 선고 2010나43698 판결 [전부금]

【주 문】

1. 원고의 항소와 피고의 항소를 모두 기각한다.
2. 당심에서 확장된 원고의 청구를 기각한다.
3. 항소비용(청구취지 확장으로 인한 비용 포함)은 각자 부담한다.

【청구취지 및 항소취지】

1. 청구취지

피고는 원고에게 7,680,000,000원 및 그 중 6,480,000,000원에 대하여는 2010. 3. 17.자 청구취지 및 청구원인변경신청서 송달일 다음날부터, 나머지 1,200,000,000원에 대하여는 2010. 7. 7.자 청구취지 확장 및 청구원인 변경신청서 부본 송달일 다음날부터 각 다 갚는 날까지 연 20%의 비율에 의한 금원을 지급하라(원고는 당심에서 청구취지를 확장하였다).

2. 항소취지

원고 : 제1심 판결 중 원고 패소부분을 취소한다. 피고는 원고에게 5,280,000,000원 및 이에 대하여 2010. 3. 17.자 청구취지 및 원인변경신청서 부본 송달일 다음날부터 다 갚는 날까지 연 20%의 비율에 의한 금원을 지급하라.

피고 : 제1심 판결 중 피고 패소부분을 취소한다. 원고의 청구를 기각한다.

【이 유】

3. 판단

가. 선투입비 채권에 관하여

이 사건 토지신탁변경계약 체결시 이 사건 사업의 자금집행순서는 천도건설, 지에스건설, 피고가 체결한 토지신탁사업약정서 제24조에 정한 바에 따르기로 약정한 사실, 천도건설, 지에스건설, 피고는 이 사건 토지신탁사업약정시 분양수입금을 이 사건 공사도급변경약정 제5조에서 정한 순위에 따라 인출 배분하기로 하면서 그 중 천도건설의 선투입비 및 일반관리비 채권은 2순위로 지급하기로 한 사실, 이 사건 공사도급변경약정 제5조 제4항에서 '선투입비는 아파트 분양 실계약률에 따라 계약률 50%시 45억 원, 최초 계약일로부터 6개월 이내에 계약률 75%시 35억 원, 12개월 이내에 계약률 95%시 10억 원을 각각 지급하기로 하되, 계약률 50%시 지급하는 45억 원은 최초계약일로부터 12개월 이내에 50% 계약률 달성시 지급하기로 한다.'고 약정한 사실 앞서 인정한 바와 같은바, 공사도급변경약정 제5조 제1항의 비고란에 선투입비를 분양율에 따라 차등지급한다고 명시한 점, 원고 주장과 같이 계약율 및 지급시기를 단순히 선투입비의 지급기한만을 명시한 것으로 보고 계약율이 달성되지 않았더라도 사업이 종료될 때 제2순위로 지급하기로 약정한 것이라면 굳이 분양개시 시점으로부터 일정기간의 계약율에 따라 차등지급할 선투입비를 명시할 필요가 없는 점, 제1순위로 인출배분되는 사업시행경비는 천도건설, 지에스건설, 피고가 함께 이 사건 토지신탁변경계약을 체결한 이후의 사업진행을 위하여 반드시 지출될 필요가 있는 금원으로 시행사인 천도건설이 그 전에 단독으로 지출한 선투입비와 동일한 성격으로 볼 수 없는 점, 천도건설과 지에스건설, 피고는 이 사건 사업의 원활한 수행을 위하여 위와 같은 약정을 한 것으로 보이는 점 등에 비추어 볼 때 천도건설의 선투입비 채권의 경우에는 소정의 분양률이 충족되는 경우에 한하여 최대 90억원까지 2순위로 지급되는 것으로 약정하였다고 봄이 상당하다.

그런데 이 법원의 지에스건설에 대한 사실조회결과에 의하면, 이 사건 사업은 2006. 9. 25.부터 아파트 분양계약이 이루어져 1년이 지난 2007. 9. 24.까지의 계약율은 분양금을 기준으로 할 때 18%, 세대수를 기준으로 할 때 32%에 불과한 사실을 인정할 수 있어 천도건설이 이 사건 공사도급변경약정에서 정한 2순위로 지급받기 위한 계약율에 미치지 못하였으므로 천도건설에게 선투입비 채권이 발생하였다고 볼 수 없고, 따라서 위 선투입비 채권자의 지위를 이전받았음을 전제로 선투입비의 지급을 구하는 원고의 이 부분 주장은 이유 없다

나. 일반관리비 채권에 관하여

(1) 피고의 일반관리비 지급의무

천도건설, 지에스건설, 피고는 분양수입금을 이 사건 공사도급변경약정 제5조에서 정한 순위에 따라 인출배분하기로 하면서 그 중 천도건설의 일반관리비 채권은 2순위로 지급하기로 한 사실, 일반관리비는 분양계약월부터 입주개시월까지 월 5천만 원씩 정액으로 지급하기로 약정하면서 선투입비와는 달리 일정한 계약율의 달성을 전제로 하지 아니한 사실은 앞서 인정한 바와 같고, 갑 제3호증의 2의 기재, 제1심 증인 박승택의 증언에 변론 전체의 취지를 종합하면, 이 사건 사업에 따른 조치원자이아파트가 2008. 10. 30.경 준공되어 현재 입주가 이루어진 사실, 천도건설의 일반관리비 채권은 매월 5,000만원씩 24개월분인 12억원이 발생되어 있는 사실을 인정할 수 있는바, 위 인정사실에 의하면, 피고는 이 사건 토지신탁변경계약, 토지신탁사업약정 및 공사도급변경약정에 따라 전부채권자인 원고에게 위 일반관리비 12억원을 지급할 의무가 있으므로, 원고의 이 부분 주장은 이유 있다.

(2) 피고의 주장에 대한 판단

(가) 피고가 천도건설에게 신탁수익 외에는 분양수입금을 지급할 의무가 없는지에 관하여

천도건설은 2006. 4. 6. 피고와 사이에 이 사건 토지신탁변경계약을 체결하였는데 위 신탁의 수익자는 천도건설이고, 수익자는 신탁계약에서 정한 방법으로 계산한 신탁수익을 취득하고, 신탁계약 종료시 그 정한 방법에 따라 신탁재산을 교부받는 것으로 약정한 사실은 앞서 인정한 바이나, 한편, 이 사건 토지신탁변경계약시 이 사건 사업의 자금집행순서는 천도건설, 지에스건설, 피고가 체결한 토지신탁사업약정서 제24조에 정한 바에 따르기로 하고, 이 사건 토지신탁변경계약 체결 전·후에 천도건설, 피고, 지에스건설이 체결하는 각종 계약 및 약정은 관련법령에서 정하는 강행규정에 위반되지 아니하는 범위 내에서 위 토지신탁변경계약과 상호 보완적 효력을 가지는 것으로 약정한 사실, 천도건설, 지에스건설, 피고는 이 사건 토지신탁사업 약정시 분양수입금을 이 사건 공사도급변경약정 제5조에서 정한 순위에 따라 인출배분하기로 하면서 그 중 천도건설의 선투입비 및 일반관리비 채권은 2순위로 지급하기로 한 사실도 앞서 본 바와 같은바, 그렇다면 피고는 이 사건 사업대상인 아파트 등을 분양하여 수령하는 분양수입금으로 신탁계약 종료시 교부하는 신탁수익에 앞서 천도건설에게 일반관리비를 지급할 의무가 있으므로 피고의 이 부분 주장은 이유 없다(따라서 천도건설의 수익권에 지에스건설의 질권이 설정되어 일반관리비를 지급할 수 없다는 피고의 주장도 이유 없다).

피고는 다시 이 사건 공사도급변경약정 제5조는 분양이나 사업이 정상적으로 진행되었을 때의 자금집행순서를 규정한 것이라고 주장하나, 자금집행순서에 관한 약정을 피고의 주장과 같이 제한적으로 해석할 아무런 근거가 없으므로 이 부분 피고의 주장도 이유 없다.

(다) 천도건설이 채권을 양도하였다는 주장에 관하여

천도건설이 이 사건 1, 2 전부명령이 있기 전 공사도급변경약정 제5조에 따른 2순위 선투입비 또는 5순위 개발이익 중 25억 2,000만원의 채권을 양도한 사실은 앞서 본 바이나, 이에 의하여 양도된 채권은 선투입비 또는 개발이익 채권에 국한되는 것이어서 원고가 구하는 분양수입금 청구채권 중 일반관리비 채권은 위 채권양도된 금액에서 제외되었으므로 피고의 위 주장도 이유 없다.

[1심판결] 서울중앙지방법원 2010. 4. 2. 선고 2009가합59706 판결 [전부금]

【주 문】

1. 피고는 원고에게 1,200,000,000원 및 이에 대하여 2010. 3. 20.부터 2010. 4. 2.까지는 연 5%, 그 다음날부터 다 갚는 날까지는 연 20%의 각 비율로 셈한 돈을 지급하라.
2. 원고의 나머지 청구를 기각한다.
3. 소송비용 중 80%는 원고가, 나머지는 피고가 각 부담한다.
4. 제1항은 가집행할 수 있다.

【청구취지】

피고는 원고에게 6,480,000,000원 및 이에 대하여 이 사건 청구취지 및 청구원인 변경신청서 송달 다음날부터 다 갚는 날까지 연 20%의 비율로 셈한 돈을 지급하라.

【이 유】

나. 판단

(1) 선투입비 채권에 관하여 보건대, 천도건설, 지에스건설, 피고는 분양수입금을 이 사건 공사도급변경약정 제5조에서 정한 순위에 따라 배분하기로 하면서 그 중 천도건설의 선투입비 및 일반관리비 채권은 2순위로 지급하기로 한 사실, 이 사건 공사도급변경약정 제5조에서 '선투입비는 아파트 분양 실계

약률에 따라 계약률 50%시 45억 원, 최초 계약일로부터 6개월 이내에 계약률 75%시 35억 원, 12개월 이내에 계약률 95%시 10억 원을 각각 지급하기로 하되, 계약률 50%시 지급하는 45억 원은 최초계약일로부터 12개월 이내에 50% 계약률 달성시 지급하기로 한다.'고 약정한 사실은 앞서 인정한 바와 같고, 위 문언 및 이 사건 사업의 원활한 수행을 위하여 3자간에 위와 같은 약정을 한 것으로 보이는 점 등에 비추어 볼 때 천도건설의 선투입비 채권의 경우에는 소정의 분양률이 충족되는 경우에 한하여 최대 90억 원까지 2순위로 지급되는 것으로 봄이 상당하다. 그런데 이 사건 사업에 따른 분양결과 위와 같은 분양률, 특히 최초계약일로부터 12개월 이내에 50%의 계약률이 달성되었음을 인정할 증거가 없으므로(오히려 증인 박승택의 증언에 의하면 분양실적이 위와 같은 기준에 미달하였음이 인정된다.), 천도건설이 피고로부터 2순위로 지급받아야 할 선투입비 채권이 발생하였다고 볼 수 없다. 따라서 전부채권자의 지위에서 위 선투입비의 지급을 구하는 원고의 이 부분 주장은 이유 없다(원고가 구하는 선투입비 채권은 앞서 본 바와 같이 소정의 분양률 조건이 충족되지 않았으므로 2순위로 지급될 수는 없지만, 1, 3, 4순위 채권에 모두 충당되고도 남는 분양수입금이 있다면 5순위로 지급될 수 있는 여지가 있긴 하나, 이 사건 사업에 따른 분양수입금에서 1, 3, 4순위 채권액을 모두 공제하고도 남게 되는 금원이 있다는 점을 뒷받침하는 자료가 없다).

(2) 일반관리비 채권에 관하여 보건대, 천도건설, 지에스건설, 피고는 분양수입금을 이 사건 공사도급변경약정 제5조에서 정한 순위에 따라 배분하기로 하면서 그 중 천도건설의 선투입비 및 일반관리비 채권은 2순위로 지급하기로 한 사실, 일반관리비는 분양률과 상관없이 분양계약월부터 입주개시월까지 월 5천만 원씩 정액으로 지급하기로 약정한 사실은 앞서 인정한 바와 같고, 갑 3호증의 2의 기재, 증인 박승택의 증언에 변론 전체의 취지를 종합하면, 위 조치원자이아파트가 2008. 10. 말경 준공되어 현재 입주가 되어 있는 사실, 천도건설의 일반관리비 채권은 매월 5,000만 원씩 24개월분인 12억 원이 발생되어 있는 사실을 인정할 수 있다. 위 인정사실에 의하면, 피고는 이 사건 토지신탁사업약정 및 공사도급변경약정에 따라 전부채권자인 원고에게 위 일반관리비 12억 원을 지급할 의무가 있으므로, 원고의 이 부분 주장은 이유 있다.

(3) 피고는, 원고가 구하는 분양수입금 청구채권이 이 사건 1, 2 전부명령에 앞서 타에 양도되었다고 주장하나, 앞서 본 바와 같이 위 채권양도는 천도건설의 2순위 선투입비 또는 5순위 개발이익 중 25억 2,000만 원에 국한되는 것이어서 원고가 구하는 분양수입금 청구채권 중 위에서 인정한 일반관리비 채권은 위 채권양도된 금액에서 제외되었다고 봄이 상당하다. 따라서 피고의 위 주장은 이유 없다.

111. 대법원 2011. 4. 28. 선고 2009다47791 판결 [소유권이전등기말소][242)]

[논점] 시공사가 시행사와 사전 협의하여 법무법인의 자문에 따라 특수목적법인을 설립하고 특수목적법인으로 하여금 시행사로부터의 부동산 양수 및 시공사의 신용보강 하에 자산담보부대출(ABL)거래를 하도록 하여 시행사에 대한 대출금 및 공사비를 회수한 경우, 부동산 양도계약에 대한 시행사 이사결 결의 하자 여부에 대한 인식의 귀속 주체.

【이 유】

1. 제1점에 대하여

상법 제393조 제1항은 주식회사의 중요한 자산의 처분 및 양도는 이사회의 결의로 한다고 규정하고

242) 신탁의 매개 하에 이루어지는 부동산 개발사업 및 부동산 매각을 통한 공사비 등의 사업비 회수 과정, 부동산 매수와 관련하여 신탁이 관여된 부동산매수자금 조달에 관한 자산담보부대출(ABL) 거래를 파악할 수 있는 자료이다.

있는바, 여기서 말하는 중요한 자산의 처분에 해당하는지 아닌지는 당해 재산의 가액, 총자산에서 차지하는 비율, 회사의 규모, 회사의 영업 또는 재산의 상황, 경영상태, 자산의 보유목적, 회사의 일상적 업무와 관련성, 당해 회사에서의 종래의 취급 등에 비추어 대표이사의 결정에 맡기는 것이 상당한지 여부에 따라 판단하여야 하고, 중요한 자산의 처분에 해당하는 경우에는 이사회가 그에 관하여 직접 결의하지 아니한 채 대표이사에게 그 처분에 관한 사항을 일임할 수 없으므로 이사회규정상 이사회 부의사항으로 정해져 있지 아니하더라도 반드시 이사회의 결의를 거쳐야 한다(대법원 2005. 7. 28. 선고 2005다3649 판결 등 참조).

원심은 제1심판결을 인용하여 그 판시와 같은 사실을 인정한 다음, 이 사건 양도계약 체결이 원고의 일상적 업무에 해당한다거나 대표이사 개인의 결정에 맡기는 것이 상당하다고 보기는 어려우므로, 이 사건 양도계약은 상법 제393조 제1항에 따라 이사회의 결의를 필요로 하는 주식회사의 중요한 자산의 처분 및 양도에 해당한다고 판단하였다.

원심의 판단은 앞서 본 법리에 따른 것으로 정당하고, 거기에 이사회결의를 필요로 하는 주식회사의 중요한 자산의 처분 및 양도의 범위에 관한 법리오해의 위법이 없다.

피고들 및 피고보조참가인의 이 부분 상고이유는 이유 없다.

2. 제2점에 대하여

이 부분 상고이유는 이 사건 양도계약 당시 원고의 이사회 회의록의 기재에 부합하는 이사의 구성내용이 원고의 등기부에 기재되어 있었던 점을 고려하면, 원심이 소외 1의 내용증명 통지만을 근거로 피고보조참가인이 이 사건 양도계약에 관한 원고 이사회결의에 하자가 존재함을 알고 있었다고 인정한 데에 채증법칙을 위반한 위법이 있다는 것이다.

그러나 이러한 상고이유의 주장은 사실심의 전권사항인 증거취사와 사실인정을 탓하는 것에 불과하고, 원심이 이 부분 사실을 인정함에 있어서 논리와 경험칙에 어긋나거나 자유심증주의의 한계를 벗어났다고 볼 수 없으므로, 적법한 상고이유가 될 수 없다.

피고들 및 피고보조참가인의 이 부분 상고이유도 이유 없다.

3. 제3점에 대하여

제1심판결을 인용한 원심판결의 이유에 의하면, 원심은 자산유동화거래를 위하여 설립된 특수목적회사로서 원고와 이 사건 양도계약을 체결한 상대방인 피고 한일유앤아이제삼차 유한회사(이하 '피고 유한회사'라 한다)가 원고 이사회결의의 하자를 알았거나 알 수 있었는지 여부가 다투어지고 있는 이 사건에서, 그 판시와 같은 사정을 종합하여 피고보조참가인은 원고 소유의 미분양 부동산을 일괄 할인분양하여 원고로부터 대여금 및 미지급 공사대금 채권을 변제받으려는 목적으로 원고와의 사전 협의를 거쳐 법무법인 정세에 그 구체적인 방안에 대한 법률자문을 구하였고, 그 법률자문에 따라 피고 유한회사를 설립한 다음 2006. 12. 27. 피고 유한회사로 하여금 이 사건 양도계약, 이 사건 대출약정 및 근질권설정계약, 이 사건 신탁계약, 매입보장약정 및 자금대여약정을 모두 체결하게 한 사실, 그런데 피고보조참가인은 소외 1 등의 2006. 10. 24. 및 2006. 10. 27.자 내용증명 통지를 통해 이 사건 양도계약에 관한 원고 이사회결의가 2006. 10. 17.자 하자 있는 원고 주주총회 결의에 기초한 것으로서 그 결의에 하자가 존재함을 알고 있었던 사실 등을 인정한 다음, [피고]보조참가인의 이익을 위해 [피고]보조참가인에 의해 설립된 피고 유한회사도 [피고]보조참가인을 위한 이 사건 양도계약, 이 사건 대출약정 및 근질권설정계약, 이 사건 신탁계약, 매입보장약정 및 자금대여약정 등 일련의 계약의 당사자인데다가 피고 유한회사의 대표자인 이사 소외 2의 피고 유한회사에 대한 출자 지분에 관한 근질권설정계약까지 설정된 점까지 더해 보면, 피고 유한회사 내지 그 대표자인 이사 소외 2 역시 원고의 2006. 10. 25.자

이사회결의의 하자를 알았거나 알 수 있었으므로 이 사건 양도계약은 적법한 이사회결의의 흠결로 무효라고 판단하였다.

원심이 확정한 사실관계에 의하면, 피고보조참가인은 이 사건 양도계약과 관련한 원고 이사회결의의 하자를 알고 있는 상태에서, 피고 유한회사의 설립 및 자산유동화계획의 수립을 주도하고 스스로의 인적·물적 기반이 없는 피고 유한회사를 대신하여 문제가 된 이 사건 양도계약의 체결 및 이행 업무를 실제로 처리하였다는 것이므로, 사정이 이와 같다면 이 사건 양도계약과 관련한 원고 이사회결의의 하자에 관한 보조참가인의 인식에 근거하여 이 사건 양도계약의 당사자인 피고 유한회사가 원고 이사회 결의의 하자를 알거나 알 수 있었다고 봄이 상당하다.

같은 취지의 원심의 판단은 수긍이 되고, 거기에 자산유동화거래를 위하여 설립된 특수목적회사의 특성이나 인식에 관한 법리오해 등 판결에 영향을 미친 위법은 없으며, 이에 관한 원심의 증거취사와 사실인정을 다투는 주장은 적법한 상고이유가 되지 못한다. 피고들 및 피고보조참가인의 이 부분 상고이유도 이유 없다.

[원심판결] 서울고등법원 2009. 6. 3. 선고 2008나88568 판결 [소유권이전등기]

【주 문】

1. 제1심 판결을 다음과 같이 변경한다.

가. 피고 한일유앤아이제삼차 유한회사가 원고로부터 30,224,130,000원을 지급받음과 동시에, 원고에게, 별지 목록 기재 각 부동산에 관하여, 피고 한일유앤아이제삼차 유한회사는 부산지방법원 부산진등기소 2006. 12. 28. 접수 제73555호로 마친, 피고 주식회사 코람코자산신탁은 같은 등기소 같은 날 접수 제73556호로 마친, 각 소유권이전등기의 말소등기절차를 이행하라.

나. 원고의 피고들에 대한 나머지 청구를 기각한다.

2. 소송총비용 중 원고와 피고들 사이에 생긴 부분 중 40%는 원고가, 나머지 60%는 피고들이 각 부담하고, 보조참가로 인한 비용 중 40%는 원고가, 나머지 60%는 피고보조참가인이 각 부담한다.

【청구취지 및 항소취지】

1. 청구취지

원고에게, 별지 목록 기재 각 부동산에 관하여, 피고 한일유앤아이제삼차 유한회사는 부산지방법원 부산진등기소 2006. 12. 28.(원고가 소장에 기재한 '2006. 12. 27.'은 오기임이 명백하다) 접수 제73555호로 마친, 피고 주식회사 코람코자산신탁은 같은 등기소 같은 날 접수 제73556호로 마친 각 소유권이전등기의 말소등기절차를 이행하라.

2. 항소취지

제1심 판결을 취소한다. 원고의 피고들에 대한 청구를 모두 기각한다.

【이 유】

가. 피고 신탁회사가 선의의 제3자이므로 소유권이전등기의 말소를 구할 수 없다는 주장

먼저 피고들은, 이 사건 양도계약이 원고 회사의 적법한 이사회 결의의 흠결로 무효라 하더라도, 피고 신탁회사의 소유권이전등기는 원고 회사의 이사회 결의의 흠결을 알지 못하고 이 사건 양도계약에 기하여 이루어진 피고 유한회사 명의의 등기를 신뢰하고 그에 터잡아 마쳐진 것으로서, 하자 있는 의사표시의 선의의 제3자 보호 법리나 계약해제의 원상회복 법리를 유추적용하여 그 말소를 구할 수 없

고, 나아가 피고 신탁회사 명의의 소유권이전등기가 말소될 수 없는 이상, 피고 유한회사의 원고에 대한 소유권이전등기의 말소의무도 이행불능이므로, 결국 원고의 청구는 모두 이유 없다고 주장한다.

살피건대, 앞서 본 바와 같이 원고의 피고 유한회사에 대한 이 사건 신탁부동산의 처분행위인 이 사건 양도계약이 무효로서 피고 유한회사 명의의 소유권이전등기가 원인무효인 이상, 이에 터잡아 이루어진 피고 신탁회사 명의의 소유권이전등기 역시 원인무효라 할 것이고, 또한 부동산등기에 대한 공신력을 인정하지 아니하는 우리나라의 법제상으로 피고들 주장과 같이 계약해제의 원상회복 법리 내지 선의의 제3자 보호의 법리가 유추적용될 수는 없다고 할 것이므로 피고들의 위 주장은 이유 없다.

나. 원고의 사전승인이 있었거나 실체관계에 부합하는 등기라는 주장

피고들은 다시, 원고와 피고 보조참가인 사이의 이 사건 공사도급계약 당시 분양업무의 수행을 피고 보조참가인의 업무로 규정하고, 공사도급계약서 제18조에서 소유권보존등기시까지 미분양 물건이 발생하여 사업비 대출원리금 또는 공사비 미지급금이 잔존하는 경우 미분양 물건을 처분신탁하여 처분신탁의 수탁자로 하여금 원고 지분의 미분양 물건을 피고 보조참가인과 협의하여 할인분양, 임대, 담보대출 등의 방법으로 처분하고 그 자금으로 사업비 대출원리금 및 공사비에 충당하도록 약정한 바 있는데, 원고로부터 피고 유한회사를 거쳐 피고 신탁회사 앞으로 마쳐진 이 사건 신탁부동산의 소유권이전등기는 이와 같은 공사도급계약서 제18조 소정의 규정을 충족하는 것으로서 실체관계에 부합하는 등기이고, 이 사건 공사도급계약의 각 조항에 관하여 원고 이사회가 사전승인하였으므로, 원고가 그 말소를 구할 수 없다고 주장한다.

그러므로 살피건대, 원고와 피고 보조참가인 사이에 이 사건 공사도급계약을 체결하면서 소유권보존등기시까지 미분양 물건이 발생하여 사업비 대출원리금 또는 공사비 미지급금이 잔존할 경우 처분신탁의 수탁자로 하여금 원고 지분의 미분양물건을 피고 보조참가인과 협의하여 할인분양, 임대, 담보대출 등의 방법으로 처분하고 그 대금으로 사업비 대출원리금 또는 공사비에 충당하도록 약정하였음(공사도급계약 제18조)은 앞서 기초사실에서 본 바와 같으나, 앞서 본 이 사건 양도계약의 당사자, 체결 경위 및 방식에 비추어 볼 때, 이 사건 양도계약이 위 공사도급계약 제18조의 규정에 따라 이루어진 것으로 볼 수 없을 뿐만 아니라, 설령 이와 달리 본다 하더라도, 이 사건 양도계약이 상법 제393조 제1항에 따라 이사회의 결의를 필요로 하는 '주식회사의 중요한 자산의 처분 및 양도'에 해당한다고 보는 이상, 공사도급계약 제18조에 따른 할인분양을 함에 있어서는 원고 이사회의 적법한 결의를 요한다[243]고 할 것임에도 이를 갖추지 못하였으므로, 피고들 명의의 각 소유권이전등기가 실체적 권리관계에 부합한다고 볼 수 없으니, 이와 전제를 달리하는 피고들의 위 주장도 이유 없다.

다. 권리남용에 해당한다는 주장

피고들은, 원고가 이 사건 신탁부동산의 소유권을 회복하게 되더라도 이 사건 공사도급계약서 제18

243) 원심판결은 할인분양을 약정하고 있는 이 사건 공사도급계약에 대한 이사회결의가 있었다고 하더라도 실제 할인분양 시에 별도로 이사회결의를 거쳐야 한다는 입장이고, 대법원 판결 또한 이를 긍정하고 있는 것으로 보인다. 이에 따르면, 실무상 대출약정서, 신탁계약서, 공사도급계약서 등 PF약정서 및 기타 사전에 체결된 약정서에서, '일정한 사유'가 발생한 경우에 대주, 시공사, 신탁사 등이 미분양 건축물을 할인분양을 한다거나 또는 할인분양 등을 할 수 있다고 규정하는 경우에도 실제 할인분양 등을 하는 시점에 다시 별도로 시행사(위탁자)의 이사회결의가 필요하다는 것이므로 실무상 주의를 요한다고 할 것이다. 다만, 원심판결에 따른다고 하더라도, 토지신탁의 경우에는 분양주체가 신탁사이므로 사전에 위 내용이 포함된 약정들에 대한 위탁자(시행사)의 이사회결의가 있는 경우에는 수탁자가 실제 할인분양 등을 하는 시점에 별도의 위탁자(시행사)의 이사회결의가 필요하지는 않을 것으로 생각된다. 또한, 이 사안에서 만일 '2006. 12. 22.자 약정'에 대한 이사회결의가 유효하게 존재하는 경우에도 '이 사건 양도계약'에 대한 별도의 이사회결의가 필요한지 여부에 대해서는 원심판결상으로는 명확하지 않다. '2006. 12. 22.자 약정'과 그 시점의 이사회결의의 내용에 달려있다고 하겠지만, 실무처리 시에는 가능한 이 판시 내용을 고려하여 '이 사건 양도계약'과 같이 구체적인 할인분양 시에도 시행사(위탁자)의 이사회결의를 받도록 하는 것이 바람직할 것이다.

조에 따라 이 사건 신탁부동산을 처분신탁하고 담보대출 또는 할인분양을 실행하여 피고 보조참가인에게 공사대금을 변제하여야 하고 그 과정에서 각종 비용을 추가로 지출하게 되는 손실만 따를 뿐 원고가 얻을 수 있는 이익은 아무 것도 없음에도 불구하고, 피고 보조참가인과의 공사대금 청구소송에서는 원고가 피고 보조참가인에게 지급하여야 할 잔존 공사대금의 수액에 대하여는 다투지 아니한 채, 피고들에게 소유권이전등기의 말소를 구하는 이 사건 청구를 하는 것은 오로지 피고들 및 피고 보조참가인에게 해악을 가하는 행위에 불과하여 권리남용으로서 허용될 수 없다고 주장하나, 피고들이 주장하는 위 사정만으로는 원고의 이 사건 청구가 권리남용에 해당한다고 볼 수 없으므로, 피고들의 위 주장도 이유 없다.

라. 동시이행항변 주장에 관한 판단

(1) 마지막으로 피고들은, 이 사건 양도계약 및 그에 기한 피고 유한회사 명의의 소유권이전등기가 무효가 될 경우 원고는 피고 유한회사로부터 지급받은 매매대금 등을 포함한 대출금 350억 원 상당을 반환할 의무가 있고, 이를 반환받을 때까지 원고의 청구에 응할 수 없다는 취지의 동시이행의 항변을 한다.

이에 대하여 원고는, 이 사건 양도계약상의 매매대금은 피고 유한회사와 사실상 경제적 동일체인 피고 보조참가인이 수령하였지 원고가 수령한 것이 아니며, 피고들이 동시이행의 의무의 이행으로 인하여 얻는 이득은 없으면서도 원고에게만 과다한 비용이 소요되거나 그 이행이 실제적으로 어려운 동시이행의무의 이행을 구하는 것은 그 항변권의 행사가 자기 채무의 이행만을 회피하기 위한 수단으로서 권리남용에 해당하여 배척되어야 한다고 주장한다.

(2) 그러므로 살피건대, 원고가 피고 유한회사와 사이에 이 사건 신탁부동산을 302억 2,413만 원에 매도하면서, 위 매매대금을 피고 보조참가인 명의의 계좌로 지급받기로 약정한 사실, 이에 따라 피고 유한회사는 피고 보조참가인 명의의 외환은행 계좌로 302억 2,413만 원을 입금하였고, 피고 보조참가인은 위 매매대금 중 2006. 12. 22.자 약정에 따른 원고에 대한 대여금 18,764,062,864원에 충당하고 남은 11,508,253,425원을 이 사건 사업의 공사대금으로 충당한 사실은 앞서 기초사실에서 본 바와 같다.

위 인정사실에 의하면, 원고가 직접 위 매매대금을 현실적으로 수령하지 않았다 하더라도, 피고 유한회사가 이 사건 양도계약 당시 원고와의 약정에 따라 매매대금을 피고 보조참가인 명의의 계좌로 입금하였고, 이에 따라 원고의 피고 보조참가인에 대한 대여금 및 공사대금채무가 위 매매대금 상당액만큼 변제된 이상, 원고로서는 위 매매대금 상당액만큼을 지급받은 것으로 볼 수 있다 할 것인바, 사정이 이와 같다면, 원고는 이 사건 양도계약이 무효가 됨에 따라 피고 유한회사에게 기지급받은 매매대금 302억 2,413만 원을 반환할 의무가 있다.

한편, 동시이행의 항변권을 규정한 민법 제536조의 취지는 공평의 관념과 신의칙에 합당하기 때문이며, 동조가 민법 제549조에 의하여 계약해제의 경우 각 당사자의 원상회복의무에 준용되고 있는 점을 생각할 때, 쌍무계약이 무효로 되어 각 당사자가 서로 취득한 것을 반환하여야 하는 경우에도 동시이행관계가 있다고 보아 민법 제536조를 준용함이 옳다 할 것이므로(대법원 1993. 9. 10. 선고 93다16222 판결 등 참조), 이 사건 신탁부동산에 관한 원고의 매매대금 반환의무와 피고 유한회사의 소유권이전등기말소의무는 동시이행관계에 있다 할 것이고, 피고 유한회사로서는 원고에 대하여 동시이행 항변권을 행사하여 위 매매대금을 반환받을 때까지는 이 사건 신탁부동산의 소유권이전등기의 말소를 거부할 권리를 갖게 되며, 따라서 피고 신탁회사도 피고 유한회사의 동시이행 항변권을 원용하여 피고 유한회사가 위 매매대금을 반환받을 때까지 이 사건 신탁부동산의 소유권이전등기의 말소를 거부할 권리를 갖게 된다 할 것이니(대법원 1995. 2. 24. 선고 94다31242 판결 참조), 피고들의 위 동시이행항변은 위 인정범위 내에서 이유 있다.

[1심판결] 서울중앙지방법원 2008. 9. 2. 선고 2007가합78659 판결 [소유권이전등기말소]

【주 문】

1. 원고에게, 별지 목록 기재 각 부동산에 관하여,

가. 피고 한일유앤아이제삼차 유한회사는 부산지방법원 부산진등기소 2006. 12. 28. 접수 제73555호로 마친,

나. 피고 주식회사 코람코자산신탁은 같은 등기소 같은 날 접수 제73556호로 마친

각 소유권이전등기의 말소등기절차를 이행하라.

2. 소송비용은 피고들이 부담한다.

【청구취지】

주문과 같다.

【이 유】

2. 판단

가. 일반론

1) 상법 제393조 제1항은 주식회사의 중요한 자산의 처분 및 양도는 이사회의 결의로 한다고 규정하고 있는바, 여기서 말하는 '중요한 자산의 처분'에 해당하는지 여부는 당해 재산의 가액, 총자산에서 차지하는 비율, 회사의 규모, 회사의 영업 또는 재산의 상황, 경영상태, 자산의 보유 목적, 회사의 일상적 업무와 관련성, 당해 회사에서의 종래의 취급 등에 비추어 대표이사의 결정에 맡기는 것이 상당한지 여부에 따라 판단하여야 할 것이고, 중요한 자산의 처분에 해당하는 경우에는 이사회가 그에 관하여 직접 결의하지 아니한 채 대표이사에게 그 처분에 관한 사항을 일임할 수 없는 것이므로 이사회 규정상 이사회 부의사항으로 정해져 있지 아니하더라도 반드시 이사회의 결의를 거쳐야 한다.

2) 한편, 주식회사의 대표이사가 그 대표권의 범위를 벗어난 행위라 하더라도, 그것이 회사의 권리능력의 범위 내에 속한 행위이기만 하면 대표권의 제한을 알지 못하는 제3자가 그 행위를 회사의 대표행위라고 믿은 신뢰는 보호되어야 하는바, 대표이사가 이사회의 결의를 거쳐야 할 대외적 거래행위에 관하여 이를 거치지 아니한 경우라도, 이와 같은 이사회 결의사항은 회사의 내부적 의사결정에 불과하다 할 것이므로, 그 거래상대방이 그와 같은 이사회 결의의 하자를 알았거나 알 수 있었을 경우가 아니라면 그 거래행위는 유효하다 할 것이고, 이 경우 거래의 상대방이 이사회 결의의 하자를 알았거나 알 수 있었음은 이를 주장하는 측이 주장·입증하여야 한다.

나. 이사회 결의의 요부에 대한 판단

살피건대, 위 기초사실 및 갑 제4호증, 제5호증의 1의 각 기재에 변론 전체의 취지를 더해 보면 알 수 있는 다음과 같은 사정들, 즉 ① 원고의 자본금은 3억 원에 불과한 점, ② 이 사건 양도계약의 대상인 오피스텔·아파트 182세대는 총 235세대 중 약 77%에 달하여 이 사건 사업의 대부분에 해당되는 점, ③ 원고는 한일건설에 이 사건 사업과 관련한 차용금 약 187억여 원의 채무, 약 160억 원(2006. 12. 28. 변제금 115억여 원+서울중앙지방법원 2007가합60597호 판결금 45억여 원)의 잔존 공사대금 채무가 있었고, 이 사건 양도계약의 매매대금은 302억 2,413만 원(부가가치세 포함)에 달하는 점, ④ 이 사건 양도계약에서 매매대금을 원고가 아닌 한일건설 명의의 계좌로 지급하도록 정한 점, ⑤ 원고의 위 182세대의 원래의 보유 목적은 '분양'이었던 점, ⑥ 이 사건 양도계약서 제5조 (2) 5.항, 제9조 (2)항은 매매대금 지급의 선행조건으로, 원고가 그의 비용으로 2006. 12. 28. 오후 12시까지 '이 계약의 체결 및 이 계

약에 따른 거래를 승인하는 양도인의 이사회 의사록 인증'을 피고 유한회사에게 직접 교부하거나, 교부되도록 하여야 한다고 규정하고 있고, ⑦ 이 사건 양도계약서 제9조 (1)항, 제6조 (5)항은 매매대금 지급의 선행조건으로, 원고가 이 사건 양도계약의 체결 및 그에 따라 이뤄지는 이 사건 신탁재산의 양도에 필요하거나 적절한 모든 회사 내 절차를 거쳤음을 확인하고, 피고 유한회사에 보장한 것이 진실하고 정확할 것이 규정되어 있는 점 등을 종합하면, 이 사건 양도계약 체결이 원고의 일상적 업무에 해당한다거나, 이와 같은 대규모의 거래를 대표이사 개인의 결정에 맡기는 것이 상당하다고 보기는 어렵다고 할 것이어서, 이 사건 양도계약은 상법 제393조 제1항에 따라 이사회의 결의를 필요로 하는 '주식회사의 중요한 자산의 처분 및 양도'에 해당한다.

다. 이사회 결의의 하자 존부에 대한 판단

나) 위 인정사실에 앞서 살펴본 바와 같은 원고의 2006. 10. 17.자 주주총회 결의의 부존재 사실을 더하여 보면, ① 원고의 2006. 10. 25.자 이사회는 2006. 10. 17.자 주주총회에서의 해임결의가 무효인 5명의 이사에 대해 아무런 소집 통지 절차를 거치지 않은 채 개최되었고, ② 상법 제391조 제1항 본문은 '이사회의 결의는 이사 과반수의 출석과 출석이사의 과반수로 하여야 한다'고 규정하고 있는바, 위 이사회 당시 원고의 적법한 이사는 등기부상 재직 이사 4명에 그 해임결의가 무효인 이사 5명 합계 9명인데, 위 이사회 결의는 9명의 이사 중 3명의 출석만으로 이뤄진 점 등을 알 수 있고, 이와 같은 이사회 소집 통지의 흠결 및 의사정족수의 하자는 그 정도가 중대하여 무효 내지 부존재에 이를 정도라 할 것이므로, 이 사건 양도계약에 대한 2006. 10. 25.자 이사회의 승인 결의는 그 효력이 없다고 할 것이다.

라. 이사회 결의 하자에 대한 피고 유한회사의 악의·과실에 대한 판단

1) 위 기초사실 및 갑 제5호증의 1, 제18호증의 1 내지 5, 제19호증, 을 제7, 16호증의 각 기재, 법무사 ○○○에 대한 사실조회 결과에 변론 전체의 취지를 더하면, 다음과 같은 사실을 인정할 수 있다.

가) 피고 유한회사의 목적은 '원고 소유의 미분양 부동산의 양수·양도·다른 신탁회사로의 신탁 및 그에 부수하는 업무' 등인 일종의 특수 목적 법인이고, 원고가 이 사건 양도계약을 체결한 주된 목적은 그 양도대금으로 한일건설에 대한 차용금, 공사대금채무를 변제하려는 것이다.

나) 피고 유한회사가 이 사건 대출약정에 따라 동양종금 등으로부터 차입한 350억 원 중 302억 2,413만 원이 이 사건 양도계약에 따른 대금 지급방법으로 한일건설 명의의 외환은행 계좌로 입금되었고, 한일건설은 위 돈을 2006. 12. 22.자 약정에 따른 원고에 대한 대여금 18,764,062,864원 및 공사대금 11,508,253,425원의 변제에 충당하였다.

다) 한일건설의 원고에 대한 공사대금 등의 지급 청구의 소에서 서울중앙지방법원 2007가합60597호는 '이유' 중 '1. 인정사실' 마.항에서 '한일건설은 이 사건 신탁부동산을 일괄 할인 분양함에 있어 금융기관의 자산담보부대출(ABL) 거래를 이용하기 위하여 법무법인에 자문을 구하였고, 그 결과 2006. 12. 19.경 법무법인의 직원 소외 2를 창립사원으로 하여 원고 소유 미분양 부동산의 양수, 양도, 다른 신탁회사로의 신탁 및 자산 또는 신탁된 자산을 담보로 하는 자금의 차입, 상환 등을 목적으로 하는 특수목적기구인 피고 유한회사가 설립되었다'라고 판시하였다.

라) 한일건설은 피고 유한회사가 '이 사건 대출약정에 따른 대출금 상환에 필요한 원리금, 비용 등에 지급할 돈이 부족할 경우 그 부족자금을 대여하고, 이 사건 신탁부동산에 대한 제반 관리책임을 부담'하기 위하여 피고 유한회사와 '자금대여약정'을 체결하고 70억 원을 한도로 대여하면서, 피고 유한회사가 이 사건 대출약정에 따라 기한의 이익이 상실되어 지연손해금이 증가하게 되는 경우에는 위 70억 원을 초과하여 대여하기로 하였으며{제2조 (2)항, 제1조 (8)항}, 피고 유한회사는 이 사건 대출약정에 따른 채무 원리금을 전부 상환한 이후에 한일건설에 차용금을 상환하고(제3조), 피고 유한회사의 이 사건

대출약정에 따른 채무가 전액 상환되기 이전에는 한일건설은 피고 유한회사의 채권자임에도 보전처분·강제집행·상계 등이 제한되는(제7조) 약정을 체결하였다.

마) 원고는 2007. 6. 28. 피고 신탁회사를 상대로 이 사건 양도계약의 무효로 인한 말소등기청구권을 피보전권리로 하여, 부산지방법원 2007카단9294호로 이 사건 부동산에 관하여 매매, 증여, 전세권·저당권·임차권의 설정 기타 일체의 처분행위를 금지하는 부동산처분금지가처분 결정을 받았고, 위 결정은 그 무렵 확정되었는데, 한일건설은 피고 신탁회사와 임대차 권리의무 승계약정을 체결한 다음 피고 신탁회사 소유 명의의 이 사건 부동산에 관하여 제3자와 임대차계약을 체결하면서 임차인들에 대한 임대차보증금의 반환을 위하여 소외 서울보증보험 주식회사와 이행보증보험계약을 체결하고 잔금 수령과 동시에 그 보험 증권을 임차인들에게 교부하고 있다.

2) 한편, 피고들은 다음과 같은 사실을 모두 자인하고 있다.

가) 원고가 이 사건 사업에 따른 분양을 하였으나, 초기 분양률이 5%에도 미치지 못할 정도의 극도의 분양부진에 빠졌고, 외환은행과의 위 2003. 4. 업무협약서에 따른 90억 원의 대출금은 중도금 일정에 맞추어 2003. 9.부터 2005. 1.까지 3개월 간격으로 총 6회에 걸쳐 상환하기로 되어 있었으나, 극도의 분양부진으로 위 대출금 상환이 불가능하게 되자 그 상환자금 마련에 부심하였다.

나) 원고는 직원 가족 등을 동원하여 가장 분양계약을 체결함으로써 외환은행으로부터 약 174억 원의 중도금 대출을 받아 기존 대출금 90억 원의 상환자금과 한일건설에 대한 공사대금 중 일부를 변제하였다.

다) 원고는 위와 같이 급한 상황을 넘긴 다음 분양수익금으로 대출금 및 한일건설에 대한 공사대금 변제를 계획하였으나, 그 후에도 극도의 부진이 계속되어 추가 분양수익은 사실상 전무하였고, 오히려 정상적인 수분양자마저 분양계약의 해지를 요청할 정도에 이르러, 중도금 대출금의 상환 압력에 직면한 원고는 한일건설의 협조를 얻어 일괄 할인 분양을 모색하게 되었다.

라) 이에 원고와 한일건설은 일괄 할인 분양 방안을 모색한 끝에 2006. 12.경 금융기관의 자산담보부대출(ABL) 거래를 이용하여 부동산을 일괄 할인 분양하기로 하였다(이상, 답변서 3-4쪽).

마) 이 사건 대출약정에 따른 대출금 350억 원과 이 사건 양도계약의 매매대금 302억 2,413만 원의 차액은 모두 ABL 관련 각종 자문 수수료 및 취득세·등록세·보유세·양도세·신탁수수료·대출금 이자 등에 사용하였다(피고들의 2008. 8. 12.자 참고서면 3쪽).

3) 위 기초사실·인정사실 및 피고들이 자인하고 있는 사실에다가, ① 이 사건 신탁부동산은 이 사건 양도계약, 이 사건 신탁계약, 매입보장약정을 통하여 원고 → 피고 유한회사 → 피고 신탁회사 → 한일건설의 순으로 양도됨으로써 한일건설이 최종적으로 양수하는 셈이 되고, 이 사건 신탁부동산 매매대금은 이 사건 대출약정, 근질권설정계약, 매입보장약정 및 자금대여약정을 통하여 피고 유한회사 → 동양종금 등 → 한일건설의 순으로 그 부담이 전가됨으로써 한일건설이 최종적으로 부담하는 셈이 되므로(이 사건 대출약정에 따른 피고 유한회사의 동양종금 등에 대한 채무의 이행을 확보하기 위하여, 피고 유한회사가 피고 신탁회사와 이 사건 신탁계약을 체결하고, 그 신탁수익에 대하여 피고 신탁회사의 동의하에 동양종금 등과 '근질권설정계약'을 체결함과 동시에, 이러한 '근질권설정계약'의 실효성을 담보하기 위하여, 피고 유한회사와 한일건설은 피고 신탁회사가 매각하지 못한 부동산을 한일건설이 분양가격의 93%로 매수하여 그 대금을 피고 신탁회사에 입금하기로 하는 '매입보장약정'을 체결하였고, 아울러 피고 유한회사의 동양종금 등에 대한 대출채무 상환에 필요한 원리금, 비용 등에 지급할 금원에 부족한 경우에 대비하여 한일건설은 동양종금 등에 대한 대출채무 상환을 위한 목적으로만 사용하여야 하는 70억 원을 피고 유한회사에 대여하고 이 사건 대출약정의 원리금이 전액 상환된 이후 상환

받기로 하는 '자금대여약정'을 체결하였는바, 이로써 피고 유한회사와 동양종금 등과의 이 사건 대출약정에 따른 대출금 상환의 부담이 한일건설에 최종적으로 귀속됨을 알 수 있다), 이 사건 신탁부동산에 관한 이 사건 양도계약은 피고 유한회사가 그 법 형식에 있어서 계약 당사자로서 매개 역할을 하고 있지만 경제적인 실질에 있어서는 원고와 한일건설이 사실상의 당사자임을 알 수 있는 점, ② 피고 유한회사는 동양종금 등과의 이 사건 대출약정에 따른 대출금 350억 원으로 원고와의 이 사건 양도계약에 따라 원고에게 지급하여야 할 매매대금 302억 2,413만 원을 이 사건 양도계약에서 미리 정한 바에 따라 한일건설의 계좌로 입금함으로써 지급하였고, 한일건설은 위 돈을 원고에 대한 대여금 및 공사대금 채권의 변제에 충당하였는바, 이로써 피고 유한회사와 동양종금 등과의 이 사건 대출약정의 경제적 이익도 앞서 본 대출금상환의 부담과 함께 한일건설에 최종적으로 귀속됨을 알 수 있는 반면, 피고들이 피고 유한회사의 설립 주체라고 주장하는 동양종금 등이 나서서 피고 유한회사를 주도적으로 설립하고 피고 유한회사로 하여금 일련의 이 사건 양도계약 등을 체결케 하며 이 사건 대출약정 등을 스스로 체결하는 데 대하여 기존 대출 원리금의 정리, 상환과 같은 기존의 특별한 이해관계가 발견되지는 않는 점, ③ 원고가 한일건설로부터 분양계약 해제로 인한 계약금 반환금 8억 9천만 원, 중도금대출금 174억 6,663만 원, 대출이자 57,432,864원, 가압류 해방 공탁금 3억 5천만 원 합계 18,764,062,864원을 차용하되, 원고가 이 사건 신탁부동산을 일괄 할인 분양하여 그 분양대금을 한일건설 단독 명의의 분양수입금 관리계좌에 입금하여 그 돈으로 위 대여금 및 공사대금 등에 충당하기로 한 원고와 한일건설과 사이의 이 사건 2006. 12. 22.자 약정에 따라 이 사건 양도계약 등이 체결된 점 등을 더하여 보면, 한일건설은 미분양·해지된 부동산에 대한 일괄 할인 분양을 통하여 원고로부터 대여금 및 미지급 공사대금 채권을 변제받으려는 목적으로, 원고와의 사전 협의를 거쳐 법무법인 **에 그 구체적인 방안에 대한 법률 자문을 구하였고, 그 법률 자문에 따라 피고 유한회사를 설립한 다음, 2006. 12. 27. 피고 유한회사로 하여금 '이 사건 양도계약, 이 사건 대출약정, 근질권설정계약, 이 사건 신탁계약, 매입보장약정 및 자금대여약정'을 모두 체결케 하였음을 넉넉히 추인할 수 있다.

4) 사정이 그러하다면, 한일건설은 소외 1 등의 2006. 10. 24. 및 2006. 10. 27.자 내용증명 통지를 통해, 이 사건 양도계약에 관한 원고 이사회 결의가 2006. 10. 17.자 하자 있는 원고 주주총회 결의에 기초한 것으로서 그 하자가 존재함을 알았다고 봄이 상당하고, 앞서 본 바와 같이 한일건설의 이익을 위해 한일건설에 의해 설립된 피고 유한회사도 한일건설을 위한 이 사건 양도계약, 이 사건 대출약정, 근질권설정계약, 이 사건 신탁계약, 매입보장약정 및 자금대여약정 등 일련의 계약의 당사자인데다가, 피고 유한회사의 대표자인 이사 소외 2의 피고 유한회사에 대한 출자 지분에 관한 '근질권설정계약'까지 설정된 점까지 더해 보면, 피고 유한회사 내지 그 대표자인 이사 소외 2 역시 원고의 2006. 10. 25.자 이사회 결의의 하자를 알았거나 알 수 있었다고 할 것이므로, 이 사건 양도계약은 적법한 이사회 결의의 흠결로 무효라 할 것이다.

112. 대법원 2011. 3. 10. 선고 2009다50353 판결 [소유권이전등기]

[논점] 수분양자에 대한 소유권이전등기를 위하여 위탁자의 신탁해지권을 인정할 경우 수익자의 이익을 침해함을 이유로 위탁자의 신탁계약상의 해지권을 제한할 수 있는 경우

【이 유】

1. 상고이유 제2점에 대한 판단

가. 원심판결 이유 및 기록에 의하면, 원심 공동피고 주식회사 노블팰리스(이하 '노블팰리스'라고 한다)는 아산시 배방면 공수리 87-8 대 1,530㎡에 지하 2층, 지상 12층 규모의 상가건물인 이 사건 건물을

신축분양하는 사업(이하 '이 사건 사업'이라고 한다)을 시행하기로 하고, 2006. 1. 24. 피고와 사이에 이 사건 사업부지를 피고에게 신탁하기로 하는 신탁계약을 체결한 사실, 같은 날 노블팰리스와 피고, 시공사 및 사업자금 대출기관은 이 사건 사업시행을 위하여 사업약정 및 자금관리 대리사무계약(이하 '이 사건 대리사무계약'이라고 한다)을 체결한 사실, 그 후 이 사건 건물이 신축되자 노블팰리스는 2007. 9. 12. 피고와 사이에 이 사건 건물을 피고에게 신탁하기로 하는 신탁계약(신탁부동산을 제외하고는 2006. 1. 24.자 신탁계약과 내용이 같다. 이하 '이 사건 신탁계약'이라고 한다)을 체결하고 같은 날 이 사건 건물에 관하여 피고에게 신탁을 원인으로 한 소유권이전등기를 경료한 사실, 한편 노블팰리스는 2007. 1. 18. 원고와 장래 신축될 이 사건 건물 중 601호, 602호, 603호 3개 점포(이하 '이 사건 점포'라고 한다)를 분양대금 301,000,000원에 원고에게 분양하는 내용의 분양계약(이하 '이 사건 분양계약'이라고 한다)을 체결한 사실, 이 사건 신탁계약 제27조 제2항(이하 '이 사건 조항'이라고 한다)은 "위탁자가 피분양자에게 소유권을 이전하기 위하여 신탁해지를 요청하는 경우 수탁자는 신탁해지와 동시에 피분양자에게 소유권이전등기가 경료되도록 하거나 피분양자에게 직접 소유권이전등기를 할 수 있다."고 규정하고 있는 사실을 알 수 있다.

나. 구 건축물의 분양에 관한 법률(2007. 8. 3. 법률 제8635호로 개정되기 전의 것, 이하 '구 건분법'이라고 한다) 제2조 제3호는 '분양사업자'라고 함은 건축법 제2조 제1항 제12호의 규정에 의한 건축주로서 건축물을 분양하는 자를 말한다고 정하고, 구 건분법 제4조 제1항 제1호는 분양사업자가 건축법의 규정에 의한 착공신고 후에 건축물을 분양하기 위하여는 신탁회사와 신탁계약 및 대리사무계약을 체결하도록 규정하고 있으며, 구 건분법 시행령(2008. 2. 29. 대통령령 제20722호로 개정되기 전의 것) 제3조 제1항은 신탁계약에는 피분양자의 소유권등기 전날까지의 토지와 그 정착물의 소유권 관리에 관한 사항, 신탁받은 소유권의 처분에 관한 사항, 신탁을 정산하는 때에 피분양자가 납부한 분양대금을 다른 채권 및 수익자의 권리보다 우선하여 정산하여야 한다는 사항을 포함하도록 정하고, 같은 조 제2항은 대리사무계약에는 피분양자 보호를 위한 분양수입금 관리계좌의 개설에 관한 사항, 분양사업자는 분양수입금 총액을 신탁회사에게 양도하여야 한다는 사항 등을 포함하도록 규정하고 있다.

또한 기록에 의하면, 위와 같은 구 건분법 및 구 건분법 시행령의 각 규정에 따라 체결된 이 사건 신탁계약 및 대리사무계약(이 사건 신탁계약 제34조 제1항은 대리사무계약은 신탁계약과 상호 보완적인 효력을 가진다고 정하고 있다)은 '수탁자가 신탁부동산의 소유권을 보전·관리하여 피분양자를 보호하고 위탁자가 부담하는 채무불이행 시 신탁부동산을 환가·처분하여 정산하는 것'을 이 사건 신탁계약의 목적으로 정하고, 위탁자인 노블팰리스는 신탁부동산을 점유·사용하면서 자신의 책임하에 분양광고 및 분양계약체결 등 분양업무를 수행하되, 신규분양계약서는 수탁자인 피고가 관리·보관하면서 노블팰리스가 분양계약체결을 위하여 요청할 경우 신규분양계약서에 관리번호를 부여한 뒤 이를 노블팰리스에게 교부하고, 분양계약 체결 시 시공사가 확인하는 등 분양업무 수행에 관하여 엄격한 절차에 따르기로 정한 사실, 한편 수탁자인 피고는 신탁부동산의 소유명의를 자신 앞으로 보유하되 위탁자에 의한 분양계약이 이루어질 경우 피분양자에게 소유권이전등기가 경료되도록 하고, 자신 앞으로 개설된 자금관리계좌로 분양대금이 입금되면 그 분양대금 및 기타 노블팰리스가 조달한 자금 등을 신탁재산으로 관리하면서 각종 비용 및 시공사에 대한 공사비를 집행하고 신탁 종료 시에는 각종 신탁비용, 대출금, 공사비 잔금, 노블팰리스의 사업수익금 등을 정하여진 순서에 따라 정산하도록 되어 있는 사실, 또한 최초의 분양계약을 체결한 이후에는 피고는 신탁부동산을 처분할 수 없으나 다만 노블팰리스의 부도, 파산, 기타 천재지변 등의 사유로 사업추진이 불가능하거나 신탁의 목적 달성이 불가능할 경우에는 신탁부동산을 처분하여 그 환가대금으로 각종 비용과 채무를 정산하되 피분양자가 분양대금의 반환을 요구하는 경우에는 그 분양대금을 우선수익자에 대한 채무나 시공사에 대한 공사대금채무 등보다 우선하여 정산하도록 정하고 있는 사실을 알 수 있다.

다. 위와 같은 구 건분법 및 구 건분법 시행령의 관련 규정과 그에 따른 이 사건 신탁계약 및 대리사무계약의 내용을 종합하여 보면, 이 사건 신탁계약은 위탁자인 노블팰리스가 자신의 책임하에 분양계약을 체결하면 수탁자인 피고는 그에 따라 분양목적물인 신탁부동산에 관한 소유권이 피분양자에게 이전되도록 하고 그 대가로 받은 분양대금을 신탁재산으로 편입·관리하면서 신탁계약에서 정한 취지에 따라 이를 집행하고 정산하는 등 신탁업무를 수행함으로써 수익자의 이익도 도모하는 것을 그 기본적인 구조로 하고 있다고 볼 수 있다.

그러한 이 사건 신탁계약의 기본 구조와 앞서 본 사실관계에 비추어 보면, 이 사건 조항은 이 사건 신탁계약으로 인하여 이 사건 건물의 소유명의가 분양자가 아닌 피고에게 귀속하게 되므로, 위탁자인 노블팰리스와 수탁자인 피고 사이에서 정한 절차와 내용에 따른 정상적인 분양계약이 이루어진 경우 소유명의자인 피고로부터 궁극적으로 피분양자에게 분양된 목적물의 소유권이전등기가 용이하게 경료될 수 있도록 하기 위하여 노블팰리스는 분양된 목적물에 관하여 신탁을 해지할 수 있는 권리를 가지고, 다만 그와 같이 신탁이 해지된 경우 피고로 하여금 분양목적물에 관한 소유권이전등기를 노블팰리스에게 경료하는 대신 피분양자에게 직접 경료하는 것도 허용하는 취지를 규정하고 있다고 해석함이 상당하다.

원심판결 이유를 보면, 원심은 이 사건 조항을 위와 같은 신탁해지권 부여의 근거규정으로 해석하였는바, 이러한 원심의 판단은 정당하고, 거기에 계약해석에 관한 법리를 오해한 등의 잘못이 있다고 할 수 없다.

2. 상고이유 제1점 및 제3점에 대한 판단

가. 원심은, 앞서 본 바와 같이 이 사건 신탁계약이 이 사건 조항에 따라 해지되었음을 전제로 피고는 원고로부터 분양대금의 잔금 270,900,000원을 지급받은 다음 노블팰리스에게 이 사건 점포에 관하여 신탁해지를 원인으로 한 소유권이전등기절차를 이행할 의무가 있다고 판단하여 원고의 피고에 대한 이 사건 예비적 청구를 인용하고, 나아가 노블팰리스는 피고와 사이에 이 사건 점포를 3.3㎡(1평)당 450만원에 분양하기로 약정하였음에도 그보다 저렴한 가격에 분양하였으므로 이 사건 조항에 따라 피고를 상대로 이 사건 점포에 관한 신탁을 해지할 권리가 발생하지 아니한다는 취지의 피고의 주장에 대하여는, 노블팰리스와 피고가 위와 같은 가격에 분양하기로 약정한 사실을 인정할 증거가 부족할 뿐만 아니라, 위와 같은 약정 사실이 인정된다고 하더라도 이는 노블팰리스와 피고 사이에서만 효력이 있을 뿐 원고와 노블팰리스 사이의 이 사건 분양계약의 효력에는 영향을 줄 수 없는 것이라는 이유로 이를 배척하였다.

나. 그러나 원심의 위와 같은 판단 및 조처는 다음과 같은 이유에서 수긍하기 어렵다.

기록에 의하면, 이 사건 대리사무계약의 계약서에는 이 사건 사업의 예상매출액과 예상비용을 세부항목별로 구체적으로 기재한 사업성 분석표가 첨부되어 있고, 위 사업성 분석표에는 이 사건 점포가 속한 지상 6층의 평당 분양가가 450만 원으로 기재되어 있는 사실, 이 사건 대리사무계약 제25조 제4항은 '미분양 물건에 대하여는 시공사 및 대전상호저축은행의 채권확보를 위하여 피고가 소유권을 보전·관리한다. 준공 후 3개월까지 미분양물건이 있음에도 예상되는 신탁수익금으로 시공사의 미지급 공사대금 및 대전상호저축은행의 대출원리금을 지급함에 부족할 경우에는 미분양 물건을 할인분양, 임대, 담보대출, 처분 등의 방법으로 미지급된 대출원리금 및 공사대금에 충당하기로 하며, 미분양 물건의 처분방법 및 가격, 절차 등에 대하여는 시공사, 피고, 대전상호저축은행이 협의하여 정하기로 한다. 이에 대하여 노블팰리스는 일체의 이의제기를 하지 않고 필요시 동 처분행위에 적극적으로 협조하여야 한다.'고 규정하여 이 사건 건물의 미분양시 할인분양을 할 수 있도록 하되 그 경우 처분가격을 시공사, 수탁자, 대출금융기관이 상호 협의하여 정하도록 하고 있는 사실, 원고는 면적 합계가 964.6919㎡(약 291.82평)인 이 사건 점포를 301,000,000원에 분양받았다는 것인데 그에 의하면 평당 분양가격은 약 1,031,460원인 사실을 알 수 있다.

사정이 위와 같다면, 비록 노블팰리스와 피고가 이 사건 대리사무계약에 의하여 이 사건 점포의 평당 분양가를 450만 원으로 약정한 것이라고 단정할 수는 없다고 하더라도, 수탁자는 수익자에 대한 관계에서 신탁의 본지에 따라 선량한 관리자의 주의로써 신탁재산을 관리·처분할 의무를 지는 점(신탁법 제28조), 앞서 보았듯이 수탁자인 피고가 분양대금을 재원으로 하여 신탁업무를 수행함으로써 피분양자의 이익 외에 수익자의 이익도 아울러 도모하고자 하는 데에 이 사건 신탁계약의 목적이 있는 점, 이 사건 대리사무계약에서 미분양 물건이 발생하는 경우 수탁자와 우선수익자 등이 협의하여 할인분양 가격을 정하도록 한 점 등을 종합하면, 위 사업성 분석표에 기재된 분양가격의 4분의 1에도 미치지 아니하는 정도의 현저한 저가에 분양이 이루어진 이 사건과 같은 경우에 있어서까지 피분양자 앞으로 신탁해지에 기한 소유권이전등기가 허용될 경우 특별한 사정이 없는 한 수익자의 이익을 심각하게 해치게 될 것임이 명백하여 이 사건 신탁계약의 본지에 반하게 되므로, 이러한 경우에도 노블팰리스에게 이 사건 조항에 기한 신탁해지권이 부여되었다고 해석할 수는 없다.

또한 위와 같이 노블팰리스에게 이 사건 조항에 기한 신탁해지권이 부여되지 아니한 이상, 노블팰리스의 위 신탁해지권을 대위하여 행사함을 전제로 하는 원고의 피고에 대한 이 사건 예비적 청구 또한 인용될 수 없는 것이다.

그럼에도 원심은, 노블팰리스와 피고가 이 사건 점포를 평당 450만 원에 분양하기로 약정한 사실을 인정할 증거가 부족하고, 위와 같은 약정 사실이 인정된다고 하더라도 이는 노블팰리스와 피고 사이에서만 효력이 있을 뿐 원고와 노블팰리스 사이의 이 사건 분양계약의 효력에는 영향을 미칠 수 없는 것이라는 이유로 원고의 예비적 청구를 인용하고 말았으니, 원심판결에는 이 사건 신탁계약의 해석 및 채권자 대위에 관한 법리를 오해하여 판결에 영향을 미친 잘못이 있다. 이 점을 지적하는 취지의 피고의 상고이유 주장에는 정당한 이유가 있다.

[원심판결] 서울고등법원 2009. 5. 28. 선고 2008나98664 판결 [소유권이전등기]

【주 문】

1. 제1심 판결을 취소한다.

2. 가. 별지 목록 기재 각 부동산에 관하여

(1) 피고 케이비부동산신탁 주식회사는 원고로부터 270,900,000원을 지급받은 다음 피고 주식회사 노블팰리스에게 2008. 2. 11. 신탁해지를 원인으로 한 소유권이전등기절차를 이행하고,

(2) 피고 주식회사 노블팰리스는 원고에게 2007. 9. 18. 매매를 원인으로 한 소유권이전등기절차를 이행하라.

나. 원고의 주위적 청구 및 피고 케이비부동산신탁 주식회사에 대한 나머지 예비적 청구를 각 기각한다.

3. 원고의 피고 케이비부동산신탁 주식회사에 대한 나머지 항소를 기각한다.

4. 원고와 피고 케이비부동산신탁 주식회사 사이의 소송총비용 중 1/2은 원고가, 나머지는 피고 케이비부동산신탁 주식회사가, 원고와 피고 주식회사 노블팰리스 사이의 소송총비용은 피고 주식회사 노블

팰리스가 각 부담한다.

【청구취지 및 항소취지】

주위적으로, 피고 케이비부동산신탁 주식회사는 원고에게 별지 목록 기재 각 부동산에 관하여 2007. 9. 18. 매매를 원인으로 한 소유권이전등기절차를 이행하라. 예비적으로, 피고 케이비부동산신탁 주식회사는 피고 주식회사 노블팰리스에게 별지 목록 기재 각 부동산에 관하여 2007. 11. 30. 신탁해지를 원인으로 한 소유권이전등기절차를 이행하고, 피고 주식회사 노블팰리스는 원고에게 별지 목록 기재 각 부동산에 관하여 2007. 9. 18. 매매를 원인으로 한 소유권이전등기절차를 이행하라.

【이 유】

3. 피고 케이비부동산신탁에 대한 청구

가. 원고는 주위적으로, 피고 케이비부동산신탁에 대하여 이 사건 분양계약을 원인으로 한 소유권이전등기절차 이행을 구하므로 보건대, 이 사건 신탁계약 제27조 제2항 및 특약사항 제4조 제1항의 문헌이나 규정형식, 신탁계약의 전체적인 내용에 비추어 보면 위 규정은 피고 케이비부동산신탁의 업무편의를 위하여 피분양자에게 직접 소유권이전등기를 행하여 줄 수 있다는 취지의 규정일 뿐 피분양자에게 어떠한 권리를 부여하고자 하는 것으로는 보이지 아니하므로 원고가 피고 케이비부동산신탁에 대하여 직접 소유권이전등기를 청구할 수 있음을 전제로 한 주위적 청구는 이유 없다.

나. 원고는 예비적으로, 피고 노블팰리스가 이 사건 각 부동산에 관한 신탁계약을 해지하여 피고 노블팰리스가 피고 케이비부동산신탁에 대하여 소유권이전등기청구권을 가짐을 전제로, 피고 케이비부동산신탁에게 이 사건 각 부동산에 관하여 피고 노블팰리스에게 신탁해지를 원인으로 한 소유권이전등기절차를 이행할 것을 피고 노블팰리스를 대위하여 구한다.

앞서 인정된 사실관계에 의하면, 원고는 이 사건 분양대금 중 30,100,000원만을 납입한 것이고 잔금 270,900,000원은 미납한 상태인 점, 이 사건 신탁계약 제27조 제2항을 위탁자인 피고 노블팰리스가 피분양자에 의한 분양대급완납이 된 경우만 수탁자인 피고 케이비부동산신탁에게 피분양자 명의의 소유권 이전을 위한 신탁해지를 요청할 수 있는 것으로 제한하여 볼 수 없는 점, 피고 노블팰리스가 이 사건 각 부동산에 관하여 한 신탁해지요청은 적어도 2008. 2. 11. 피고 케이비부동산신탁에게 송달된 것으로 보아야 하는 점을 알 수 있으므로, 결국 이 사건 각 부동산에 관한 신탁계약은 위 송달일경 해지되었다고 할 것이고 피고 케이비부동산신탁이 이 사건 분양계약의 효력 자체를 다투면서 이 사건 각 부동산에 대한 소유권이전등기절차이행을 거부하고 있는 등 다툼이 있어 미리 청구할 필요도 인정된다고 할 것이므로 피고 케이비부동산신탁은 원고로부터 이 사건 분양대금 중 잔금 270,900,000원을 지급받은 다음 피고 노블팰리스에게 이 사건 각 부동산에 관하여 2008. 2. 11. 신탁해지를 원인으로 한 소유권이전등기절차를 이행할 의무가 있다고 할 것이다.

이에 대하여 피고 케이비부동산신탁은 피고들과 우선수익자인 대전상호저축은행 등은 소위 프로젝트 파이낸싱 기법으로 사업자금을 조달하기로 하고 이 사건 건물 신축사업을 시작한 것인데 그 예정매출이익 44억 1,800만원은 지상 6층을 3.3㎡(평)당 450만원에 분양하는 등 사업계획에 따른 경우를 전제한 것이므로 피고 노블팰리스는 적어도 사업목적 달성이 불가능할 정도로 저렴한 가격에 이 사건 각 부동산을 분양해서는 안 될 의무가 있음에도 이를 위반하여 우선수익자의 동의 없이 원고에게 이 사건 각 부동산을 3.3㎡당 1,031,464원(=301,000,000원 ÷ 291.818)에 분양하여 위 사업계획을 위반하였고(만일 이 사건 각 부동산을 3.3㎡당 450만 원에 분양하였다면 총분양대금은 1,313,181,000원인데 피고 노블팰리스는 301,000,000원에 분양한 것이다), 2007. 6. 15. 대전상호저축은행에 대하여 한 이 사건 각 부동산을 합계 1,572,884,000원에 분양할 것이라는 약정에도 위반한 점 등에 비추어 보면 원고가 피고 케이비부동산신탁에게 이 사건 분양계약에서 정한 잔금 270,900,000원을 납부한다고 하더라도 피고 노블팰리스가 원고에게 그 소유권을 이전하기 위하여 피고 케이비부동산신탁을 상대로 이 사건 각 부동산에 관한 신탁을 해지할 권리가 발생하는 것은 아니므로 이와는 다른 전제에선 원고의 예비적 청구는 이유 없다고 주장한다.

그러나 피고 노블팰리스가 이 사건 각 부동산을 3.3㎡(평)당 450만원에 분양하기로 피고 케이비부동산신탁 등과 약정하였음을 각 '사업약정 및 자금관리 대리사무계약서'(을 제1호증의 1,2)만으로 인정하기에 부족한데다가(피고 노블팰리스가 2007. 6. 15. 대전상호저축은행에 대하여 이 사건 각 부동산을 합계 1,572,884,000원에 분양할 것을 약정한 사실이 인정된다고 하더라도 이는 이 사건 분양계약서상의 실질적 계약일로 보이는 2007. 1. 18. 보다 상당기간 뒤에 이루어진 것이다), 갑 제3호증, 을 제1호증의 1 내지 3의 각 기재에 의하면, 2006. 1. 24. 피고들과 우선수익자들이 이 사건 건물 신축 등을 위한 사업약정 및 자금관리 대리사무계약을 체결할 당시 분양업무(분양계약체결 등)는 피고 노블팰리스의 책임과 부담으로 수행하고, 최초 인쇄된 신규분양계약서는 피고 케이비부동산신탁이 관리·보관하되 분양계약을 위하여 피고 노블팰리스가 신규분양계약서의 교부를 요청하면 피고 케이비부동산신탁는 관리번호를 부여한 후 교부하며, 분양계약은 피고 케이비부동산신탁의 확인아래 피고 노블팰리스가 체결하기로 한 사실, 이 사건 분양계약서 역시 피고 케이비부동산신탁에서 관리번호 '20060005'를 부여하여 피고 노블팰리스에 교부한 것으로, 원본확인란에는 피고 케이비부동산신탁의 직인이 날인되어 있는 사실이 인정되는바, 그렇다면 원고는 적법한 분양권을 가진 피고 노블팰리스와 이 사건 각 부동산에 관하여 분양계약을 체결한 것이므로 설사 피고들 사이의 약정에 따라 피고 노블팰리스가 일정한 가격이상으로 분양하여야 할 의무를 부담한다고 하더라도 이는 피고들 사이에서만 효력이 있을 뿐 이 사건 분양계약의 효력에는 영향을 줄 수 없는 것이고, 앞서 보았듯이 신탁해지를 요청할 경우에 피분양자에 의한 분양대급완납이 전제로 되어야 하는 것도 아니므로 이와는 다른 전제에 선 피고 케이비부동산신탁의 위 주장은 이유 없다.

[1심판결] 서울중앙지방법원 2008. 9. 18. 선고 2008가합8213 판결 [소유권이전등기]

【주 문】

1. 피고 주식회사 노블팰리스는 원고로부터 270,900,000원을 지급받음과 동시에 원고에게 별지 목록 기재 각 부동산에 관하여 2007. 9. 18. 매매를 원인으로 한 소유권이전등기절차를 이행하라.

2. 원고의 피고 케이비부동산신탁 주식회사에 대한 주위적 청구 및 예비적 청구, 피고 주식회사 노블팰리스에 대한 나머지 청구를 각 기각한다.

3. 소송비용 중 원고와 피고 케이비부동산신탁 주식회사 사이에 생긴 부분은 원고가 부담하고, 원고와 피고 주식회사 노블팰리스 사이에 생긴 부분 중 1/2은 원고가, 나머지는 피고 주식회사 노블팰리스가 각 부담한다.

【청구취지】

주위적으로, 피고 케이비부동산신탁 주식회사는 원고에게 별지 목록 기재 각 부동산에 관하여 2007. 9. 18. 매매를 원인으로 한 소유권이전등기절차를 이행하라.

예비적으로, 피고 케이비부동산신탁 주식회사는 피고 주식회사 노블팰리스에게 별지 목록 기재 각 부동산에 관하여 2007. 11. 30. 신탁해지를 원인으로 한 소유권이전등기절차를 이행하고, 피고 주식회사 노블팰리스는 원고에게 별지 목록 기재 각 부동산에 관하여 2007. 9. 18. 매매를 원인으로 한 소유권이전등기절차를 이행하라.

【이 유】

3. 피고 케이비부동산신탁에 대한 청구

가. 주위적 청구원인 및 예비적 청구원인

(1) 이 사건 신탁계약에 의하면, 위탁자인 피고 노블팰리스가 피분양자인 원고에게 소유권을 이전하기 위하여 신탁해지를 요청할 경우 수탁자인 피고 케이비부동산신탁은 피분양자에게 소유권이전등기절차를 이행할 의무가 있는바, 피고 노블팰리스는 2007. 11.말경 피고 케이비부동산신탁에게 이 사건 부동산에 관하여 분양대금 완납을 이유로 소유권이전을 요청함으로써 신탁해지의 의사표시를 하였다.

(2) 따라서 원고는 주위적으로, 피고 케이비부동산신탁에 대하여 이 사건 분양계약을 원인으로 한 소유권이전등기절차 이행을 구한다.

(3) 피고 케이비부동산신탁은 피고 노블팰리스에게 2007. 11. 30. 신탁해지를 원인으로 한 소유권이전등기절차를 이행할 의무가 있다. 따라서 원고는 예비적으로, 피고 노블팰리스를 대위하여 피고 케이비부동산신탁에 대하여 피고 노블팰리스에게 신탁해지를 원인으로 한 소유권이전등기절차를 이행할 것을 구한다.

나. 판단

살피건대, 이 사건 신탁계약과 분양계약에 따르면, 피분양자가 분양대금을 완납하였을 경우, 피고 노블팰리스는 피분양자에게 소유권을 이전하기 위하여 피고 케이비부동산신탁에게 신탁해지를 요청할 수 있고, 이러한 요건이 충족되어야 피고 케이비부동산신탁에게 피분양자에 대한 직접적인 소유권이전의무가 발생한다고 할 것이다. 그런데 위 2.의 나. 항에서 본 바와 같이 원고가 분양대금을 완납하였다고 볼 수 없으므로, 피고 노블팰리스는 이 사건 부동산의 소유권을 원고에게 이전하기 위하여 피고 케이비부동산신탁에게 신탁해지를 요청할 수 없을 뿐만 아니라, 피고 케이비부동산신탁으로서도 원고 내지 피고 노블팰리스에게 이 사건 부동산에 관한 소유권이전등기절차를 이행할 의무가 있다고 할 수 없다. 따라서 이와 다른 전제에 선 원고의 주위적 청구 및 예비적 청구는 모두 이유 없다.

113. 대법원 2011. 2. 10. 선고 2010다84246 판결 [소유권이전등기][244)]

[논점] 수탁자(재건축조합)의 점유가 자주점유인지 여부

【이 유】

민법 제197조 제1항에 의하면 물건의 점유자는 소유의 의사로 점유한 것으로 추정되므로 점유자가 취득시효를 주장하는 경우에 있어서 스스로 소유의 의사를 입증할 책임은 없고, 오히려 그 점유자의 점유가 소유의 의사가 없는 점유임을 주장하여 점유자의 취득시효의 성립을 부정하는 자에게 그 입증책임이 있다 (대법원 1997. 8. 21. 선고 95다28625 전원합의체 판결, 대법원 2007. 12. 27. 선고 2007다42112 판결 참조). 그리고 신탁법상의 신탁은 위탁자가 수탁자에게 특정의 재산권을 이전하거나 기타의 처분을 하여 수탁자로 하여금 신탁 목적을 위하여 그 재산권을 관리·처분하게 하는 것이므로(신탁법 제1조 제2항[245)]), 부동산의 신탁에 있어서 수탁자 앞으로 소유권이전등기를 마치게 되면 대내외적으로 소유권이 수탁자에게 완전히 이전되고, 위탁자와의 내부관계에 있어서 소유권이 위탁자에게 유보

244) 이 판결에 대한 평석은, 안병욱, 재건축조합의 점유가 자주점유인지 여부, 고요한 정의의 울림 : 신영철 대법관 퇴임기념논문집 : 공의를 향한 사랑, 고민, 열정을 기리며, 사법발전재단, 95면 이하를 참고할 것.

245) 현행 신탁법 제2조.

되어 있는 것은 아니라 할 것이며, 이와 같이 신탁의 효력으로서 신탁재산의 소유권이 수탁자에게 이전되는 결과 수탁자는 대내외적으로 신탁재산에 대한 관리권을 갖는 것이다(대법원 2002. 4. 12. 선고 2000다70460 판결 참조).

원심판결 이유에 의하면, 원심은 채택 증거를 종합하여 판시와 같은 사실을 인정한 다음, 원고 조합의 원심 판결문 별지 제2 목록 기재 각 토지(이하 '이 사건 토지'라 한다) 중 각 111224.9분의 46.15 지분(이하 '이 사건 지분'이라 한다)에 관한 점유는 그 점유권원의 성질상 조합원들을 위한 관리의사에 기한 점유로서 자주점유라 할 수 없으니, 원고 조합의 점유가 자주점유임을 전제로 취득시효 완성을 원인으로 한 소유권이전등기청구권은 존재하지 않는다고 판단하였다.

그러나 원심의 이러한 판단은 앞서 본 법리에 비추어 다음과 같은 이유로 이를 수긍하기 어렵다.

원심판결 이유와 원심의 채택 증거에 의하면, 재건축조합인 원고는 그 조합원들이 점유하고 있던 이 사건 토지에 건립된 기존 아파트를 헐고 재건축아파트를 신축하기 위하여 조합원들 명의로 되어 있던 이 사건 아파트 및 토지(피고들의 피상속인 명의로 등기된 부분 제외)의 소유권에 관하여 신탁등기를 경료하고, 이 사건 토지에 관한 조합원들의 점유를 승계한 사실을 알 수 있는바, 물건의 점유자는 소유의 의사로 점유하는 것으로 추정되는 법리와 원고 재건축조합의 설립 목적 및 원고 조합이 취득시효로 인한 이전등기청구권을 행사하는 것이 그 신탁의 목적 범위 내인 점 등에 비추어 보면, 원고의 이 사건 지분에 대한 점유가 성질상 소유의 의사가 없는 권원에 바탕을 둔 점유라고 볼 수 없다.

그럼에도 불구하고 원고의 이 사건 지분에 대한 점유가 자주점유가 아니라는 이유로 취득시효를 인정할 수 없다고 판단한 원심판결에는 자주점유에 관한 법리를 오해함으로써 판결 결과에 영향을 미친 위법이 있다. 이 점을 지적하는 상고이유의 주장은 이유 있다.

그러므로 원심판결을 파기하고, 사건을 다시 심리·판단하게 하기 위하여 원심법원에 환송하기로 하여 관여 대법관의 일치된 의견으로 주문과 같이 판결한다.

114. 대법원 2011. 1. 27. 선고 2010다70117 판결 [신탁재산회복][246]

[논점] 수탁자의 선관주의의무 위반으로 인한 신탁재산 회복의무

【이 유】

신탁법상의 신탁은 위탁자가 수탁자에게 특정의 재산권을 이전하거나 기타의 처분을 하여 수탁자로 하여금 신탁 목적을 위하여 그 재산권을 관리·처분하게 하는 것이어서(신탁법 제1조 제2항[247]), 신탁의 효력으로서 신탁재산의 소유권이 수탁자에게 이전되는 결과 수탁자는 대내외적으로 신탁재산에 대한 관리권을 갖는 것이고, 다만 수탁자는 신탁의 목적 범위 내에서 신탁계약에 정하여진 바에 따라 신탁재산을 관리하여야 하는 제한을 부담함에 불과하므로, 신탁재산에 관하여는 수탁자만이 배타적인 처분·관리권을 갖는다(대법원 2002. 4. 12. 선고 2000다70460 판결, 대법원 2003. 1. 27.자 2000마2997 결정 등 참조). 한편 신탁법에서는 신탁재산의 관리·처분·멸실·훼손기타의 사유로 수탁자가 얻은 재산은 신탁재산에 속하고(제19조[248]), 수탁자는 신탁의 본지에 따라 선량한 관리자의 주의로써 신탁재산을 관리 또는 처분하여야 하며(제28조[249]), 수탁자가 관리를 적절히 하지 못하여 신탁재산의 멸실, 감소 기

246) 이 판결에 대한 평석은, 최영수, 부동산담보신탁에 있어서 수탁자의 신탁재산회복의무, 판례연구 제25집(2권), 서울지방변호사회, 167면 이하를 참고할 것.

247) 현행 신탁법 제2조.

248) 현행 신탁법 제27조.

타의 손해를 발생하게 한 경우에는 위탁자, 그 상속인, 수익자 및 다른 수탁자는 그 수탁자에 대하여 손해배상 또는 신탁재산의 회복을 청구할 수 있는 것으로(제38조[250]) 규정하고 있다.

원심판결 이유에 의하면, 원심은, 주식회사 ○○○○○엔터프라이즈(이하 '○○○○○'라 한다)는 2006. 4. 28. 피고와 사이에 ○○○○○가 신축한 수원시 장안구 ○○동 ○○○○○ 아파트 중 미분양 60세대에 관하여 피고가 신탁부동산을 관리하고 채무불이행시 환가, 정산할 것을 목적으로 하는 부동산담보신탁계약(이하 '이 사건 신탁계약'이라 한다)을 체결한 사실, 이 사건 신탁계약에는 "이 사건 신탁계약 후 ○○○○○는 신탁부동산에 대하여 피고 및 우선수익자 전원의 동의 없이는 임대차행위(신규계약체결 및 계약갱신 등 포함)를 할 수 없다(특약사항 제8조)", "신탁의 원본은 신탁부동산 또는 그 물상대위로 취득한 재산, 피고가 임대인으로서 취득·보관하는 임대차보증금, 신탁부동산의 처분대금, 위약금 등 신탁재산에 속하는 금전의 운용에 의하여 발생한 이익, 기타 이에 준하는 것으로 한다(제4조)", "이 사건 신탁계약 체결 후 신규 임대차계약은 피고의 사전 승낙을 조건으로 ○○○○○ 명의로 체결하되, 임대차보증금은 피고에게 입금하여야 한다. 다만, 우선수익자가 '임차기간 만료 또는 신탁목적물의 환가 등으로 임차인에게 임대차보증금을 반환하여야 할 사유가 발생한 경우 신탁원본에서 동 임대차보증금을 우선수익자보다 우선하여 임차인에게 지급'함을 동의한 경우에만 임대차보증금으로 우선수익자의 채권을 상환할 수 있다(제10조 제2항)"는 내용이 포함되어 있는 사실, 그 후 ○○○○○는 피고에게 위 아파트 중 7세대(이하 '이 사건 ○○아파트'라 한다)에 관한 임대차계약에 동의하여 줄 것을 요청하였고, 이에 피고는 우선수익자인 원고에게 임대차에 동의하여 줄 것을 요청하여 원고로부터 '임차기간 만료 또는 신탁목적물의 환가 등으로 임차인에게 임대차보증금을 반환하여야 할 사유가 발생하는 경우 신탁원본에서 임대차보증금을 원고보다 우선하여 지급하는 조건임'을 명시한 동의서를 교부받은 사실, 피고는 원고의 위 동의서를 첨부하여 ○○○○○에게 이 사건 ○○아파트에 관한 임대차에 동의한다는 내용의 동의서를 보냈는데, 그 동의의 조건으로 "임대차보증금은 신탁원본에서 우선적으로 지급된다"는 내용을 기재한 반면, "피고의 계좌로 임대차보증금이 입금된 경우에 한하여 피고에 대하여 임대차계약의 효력이 있다"는 취지의 기재를 하는 등 신탁재산의 보호를 위한 조치를 취하지 아니한 사실, 그 후 ○○○○○는 이 사건 ○○아파트의 임대차보증금 합계 5억 2,000만 원을 임차인들로부터 직접 수령하여 이를 신탁재산에 편입시키지 않고 전부 소비한 사실을 인정한 다음, 피고가 선량한 관리자로서의 주의의무를 게을리하여 신탁재산의 관리를 적절히 하지 못하였고, 이로 인하여 5억 2,000만 원 상당의 신탁재산의 감소를 발생시켰으므로 위 금액 상당을 이 사건 신탁계약의 신탁재산으로 편입할 의무가 있다고 판단하였다.

앞에서 본 법리와 기록에 비추어 살펴보면, 위와 같은 원심의 판단은 정당한 것으로 수긍할 수 있고, 거기에 상고이유에서 주장하는 바와 같이 필요한 심리를 다하지 아니하고 자유심증주의의 한계를 벗어나 사실을 인정하거나 부동산담보신탁에서 수탁자의 선관주의의무, 손해배상의무 및 신탁재산회복의무, 손실액 산정에 관한 법리를 오해하거나 석명 또는 지적의무를 다하지 아니하는 등의 위법이 없다.

[원심판결] 서울고등법원 2010. 7. 23. 선고 2009나92472 판결

【주 문】

1. 제1심 판결 중 예비적 청구에 관한 원고 패소부분을 취소한다.

---

249) 현행 신탁법 제32조.

250) 현행 신탁법 제43조.

2. 피고는 520,000,000원을 피고와 주식회사 ○○사이에 2006. 4. 28. 체결된 부동산담보신탁계약의 신탁재산으로 편입하라.

3. 원고의 나머지 항소를 기각한다.

4. 소송총비용 중 50%는 원고가, 나머지 50%는 피고가 각 부담한다.

【청구취지 및 항소취지】

제1심 판결을 취소한다.

주위적으로, 피고는 원고에게 520,000,000원 및 이에 대하여 이 사건 소장 부본 송달일 다음날부터 다 갚는 날까지 연 20%의 비율로 계산한 돈을 지급하라.

예비적으로, 주문 제2항과 같은 판결을 구한다.

【이 유】

2. 피고의 선량한 관리자로서의 주의의무 위반 여부

가. 법리

신탁이라 함은 위탁자와 수탁자의 특별한 신임관계에 기하여 위탁자가 특정의 재산권을 수탁자에게 이전하거나 기타의 처분을 하고 수탁자로 하여금 '수익자의 이익을 위하여' 또는 특정의 목적을 위하여 그 재산권을 관리, 처분하게 하는 법률관계를 말한다(신탁법 제1조 제2항). 신탁행위에 의하여 수익자로 지정된 자는 신탁이익의 향수를 승낙한 것으로 추정하여 신탁이익을 향수한다(제51조 제1항). 따라서 수탁자는 수익자의 이익을 위하여 신탁의 본지에 따라 선량한 관리자의 주의로써 신탁재산을 관리 또는 처분하여야 하고(제28조), 이는 신탁계약의 당사자인 위탁자에 대해서뿐만 아니라 수익자에 대하여 부담하는 의무이다. 수탁자가 선량한 관리자로서의 주의의무를 게을리 하여 신탁재산의 관리를 적절히 하지 못하여 신탁재산의 멸실, 감소 기타의 손해를 발생하게 한 경우에는 수익자는 수탁자에 대하여 손해배상 또는 신탁재산의 회복을 청구할 수 있다(제38조).

나. 판단

위 인정사실과 법리 및 아래의 ① 내지 ⑦의 사정을 종합하면, 피고는 선량한 관리자로서의 주의의무를 게을리 하여 신탁재산의 관리를 적절히 하지 못하였고, 이로 말미암아 신탁재산의 멸실, 감소가 발생하였다고 할 것이다. ① 이 사건 신탁계약의 목적은 ○○ 소유였던 신탁부동산의 소유권을 피고에게 이전하고 신탁부동산을 관리하게 함으로써 ○○의 원고 등 수익자에 대한 대출금 채무의 이행을 보장하기 위한 것이고, 원고 등 수익자에 대한 채무의 이행을 위한 책임재산은 이 사건 신탁계약에서 정한 신탁부동산 자체, 피고가 임대인으로서 취득·보관하는 임대차보증금, 신탁부동산의 처분대금, 위약금 등 신탁재산의 운용 수익 등 신탁원본이므로, 피고는 신탁원본의 유지와 증가 또는 멸실, 감소를 막기 위하여 선량한 관리자로서의 주의의무를 부담한다. ② ○○는 이 사건 신탁계약에 따라 임대차계약을 체결할 수는 있으나 피고의 사전 승낙을 받아야 하고 그 임대차보증금은 피고에게 입금하여야 하며 피고는 이를 신탁원본에 편입시켜야 하는바, 피고는○○의 선의에 기댈 것이 아니라 적극적으로 임대차보증금이 신탁원본에 편입될 수 있도록 ○○와 임차인 등에게 임대차보증금 납입계좌를 고지하는 등 임대차계약을 관리·감독하여야 한다. 특히 임대차보증금을 신탁원본에서 우선하여 임차인에게 반환하여야 할 경우에는 신탁재산의 손실이 발생하므로 더욱 엄격한 관리·감독이 필요하다. ③ 한편, 원고는 이 사건 ○○아파트에 관하여 '임차기간 만료 또는 신탁목적물의 환가 등으로 임차인에게 임차보증금을 반환하여야 할 사유가 발생하는 경우 신탁원본에서 임대차보증금을 원고보다 우선하여 지급하는 조건임'을 명시하여 임대차에 동의하였는바, 위 동의는 임대차보증금이 신탁원본에 편입됨을 전제로 한 동의였다고 할 것이다. 따라서 원고가 임대차에 동의하였다고 하여 피고의 책임이 경감되지는 않는다. ④ 피고가 ○○에 임대차에 대한 동의의 조건으로 내세운 '임대차보증금은 신탁원본에서 우선적으로 지급된다'는 내용은 임차인의 권리를 제한하는 하는 것이 아니라 피고의 임대차보증금 반환의무를 인정하는 즉 임차인들에게 우선적 권리를 부여하는 내용으로 수탁자인 피고가 동의의 조건으로 내세우기에는 부적절하며, 오히려 '피고의 계좌로 임대차보증금이 입금된 경우에 한하여 피고에 대하여 임대차계약의 효력이 있다'는 취지의 기재를 함으로써 신탁재산의 보호를 도모할 필요가 있었다. ⑤ 설령 이미 ○○가 임차인들로부터 임대차보증금을 미리 수령하였다고 하더라도 피고가 동의서에 임대차보증금의 입금계좌와 그 효력에 관한 기재를 하여 나중에 신탁재산에서 임대차보증금을 우선적으로 반환하여야 하는 사태가 발생하지 않도록 할 필요가 있었다. 또한 피고는 임대차보증금을 이 사건 신탁계약에서 정한 방법대로 운용하여야 할 입장이므로 임대차보증금의 입금여부를 확인하고, 입금하지 않은 경우에는 임차인들과 ○○에게 이를 고지하여야 하며, 경우에 따라 ○○에 대한 채권가압류 등의 조치를 취할 필요가 있었다. ⑥ 피고는 신탁의 인수를 영업으로 하는 상인이고 또한 이 사건 신탁계약에 따라 일정한 보수를 받고 있었으므로 신탁재산의 관리에 보수를 받지 않는 수탁인보다 더 큰 주의의무가 있다. ⑦ ○○는 이미 원고에 대한 대출금을 변제하지 못하여 연체이자를 부담하고 있는 등으로 피고의 계좌에 이 사건 ○○아파트의 보증금을 납입할 경제적 능력이 되지 않아 이미 위 임대보증금 5억 2,000만 원에 해당하는 신탁재산의 손실이 발생하였다고 봄이 상당하다.

3. 원고의 청구에 관한 판단

1) 수탁자가 선량한 관리자로서의 주의의무를 게을리 하여 신탁재산의 관리를 적절히 하지 못하여 신탁재산의 멸실, 감소 기타의 손해를 발생하게 한 경우에는 수익자는 수탁자에 대하여 신탁재산의 회복을 청구할 수 있음은 앞에서 본 바와 같다.

2) 위 인정사실에 의하면, 피고는 선량한 관리자로서의 주의의무를 게을리 하여 신탁재산의 관리를 적절히 하지 못하여 5억 2,000만 원 상당의 신탁재산의 감소를 발생시켰으므로, 위 금액 상당을 신탁재산에 회복할 의무가 있다. 따라서 피고는 5억 2,000만 원을 이 사건 신탁계약의 신탁재산으로 편입할 의무가 있다.

[1심판결] 서울중앙지방법원 2009. 8. 27. 선고 2009가합56288 판결 [손해배상]

【주 문】

1. 원고의 청구를 모두 기각한다.
2. 소송비용은 원고가 부담한다.

【청구취지】

주위적 청구취지 : 피고는 원고에게 520,000,000원 및 이에 대하여 이 사건 소장 부본 송달일 다음날부터 다 갚는 날까지 연 20%의 비율로 계산한 돈을 지급하라.

예비적 청구취지 : 피고는 520,000,000원을 피고와 주식회사 에이치앤유엔터프라이즈 사이에 2006. 4. 28. 체결된 부동산담보신탁계약의 신탁재산으로 편입하라.

【이 유】

2. 판단

가. 원고 주장의 요지

원고는, 피고가 이 사건 신탁계약에 따라 신탁부동산에 대한 임대차계약 체결부터 임차보증금 입금까지의 전 과정을 관리·감독하여 신탁재산이 멸실·감소되지 않도록 하여야 할 주의의무를 부담함에도 불구하고, 에이치앤유에게 발급하여 준 임대차동의서에 피고 명의 계좌로 임차보증금이 납입되어야 한다는 취지의 문구를 삽입하거나, 임대차계약 체결 당시 임차인에게 임차보증금을 피고에게 직접 지급하라고 고지하는 등의 방법으로 임차보증금이 피고에게 직접 납입되어 신탁원본이 될 수 있도록 하는 조치를 전혀 취하지 않은 결과, 에이치앤유가 임차인들로부터 임차보증금을 직접 지급 받아 이를 전부 소비함으로써 신탁재산이 되어야 할 520,000,000원이 멸실되었으므로, 신탁법 제38조에 따라, 주위적으로 우선수익자인 원고에게 이를 배상할 책임이 있고, 예비적으로 이를 이 사건 신탁계약의 신탁재산으로 편입할 의무가 있다고 주장한다.

나. 판단

그러나, 앞서 인정한 바와 같은 이 사건 신탁계약의 내용에 비추어 보더라도, 원고와 피고의 사전 동의하에 신탁대상 부동산에 관하여 자신의 명의로 임대차계약을 체결한 후 실제로 지급받은 임차보증금을 피고에게 입금할 에이치엔유의 의무(제10조 제2 항) 및 그와 같이 신탁원본으로 편입된 임차보증금(제4조)을 선량한 관리자의 주의로 보존·관리할 피고의 의무(제12조 제1항)만이 인정될 뿐, 나아가 피고에게 신탁대상 부동산에 관한 임대차계약 전 과정에 관여하여 임차보증금이 직접 피고에게 입금되어 신탁재산에 편입되도록 하여야 할 주의의무가 있다고 보기 어렵고, 달리 이를 인정할 만한 증거가 없다.

더구나, 갑 제5호증의 1 내지 4, 갑 제6호증의 1 내지 4의 각 기재에 변론 전체의 취지를 종합하면, 에이치앤유는 이 사건 아파트 1106호를 제외한 나머지 6세대에 관하여는 미리 임대차계약을 체결한 후 사후에 원고와 피고로부터 임대차계약에 대한 동의를 구하였는데, 우선수익자인 원고가 이를 알면서도 임대차계약에 동의하여 준 사실이 인정된다. 그러므로 피고가 위 6세대의 임대차계약 체결 당시 임차인에게 임차보증금을 피고에게 직접 지급할 것을 고지하는 것은 불가능하였고, 설령 피고가 임대차동의서에 피고 명의 계좌로 임차보증금이 납입되어야 한다는 취지의 문구를 삽입하였다고 하여 임차인들이 임차보증금을 피고에게 납부하였으리라고 볼 수도 없다. 뿐만 아니라 원고의 주장과 같은 신탁재산의 멸실은 피고의 선관주의의무 위반이 아니라 에이치앤유의 이 사건 신탁계약 위반으로 인하여 발생한 것이어서 피고의 위와 같은 조치 불이행과 신탁재산의 멸실 사이에 상당인과관계가 있다고 볼 수도 없으므로, 원고의 주장은 어느 모로 보나 이유 없다.

115. 대법원 2010. 12. 9. 선고 2009다81289 판결 [소유권이전등기]

[논점] 신탁계약상 상가에 관하여 유효한 분양계약이 이루어지고 그 분양대금으로 우선수익자가 채권을 변제받거나 그 변제가 확보된 상태에 이르면 위탁자는 그 부분에 관한 신탁을 일부 해지할 수 있고, 우선수익자는 그 해지에 관하여 동의의 의사표시를 하기로 하는 묵시적 약정을 하였다고 본 사례

【이 유】

1. 건축물의 분양에 관한 법률에 기하여 우선수익자에게 신탁일부해지에 관한 동의의무가 있다는 주장에 대하여

가. 구 건축물의 분양에 관한 법률(2007. 8. 3. 법률 제8635호로 개정되기 전의 것, 이하 '구 건분법'이라 한다) 제4조 제1항 제1호에 의하면 분양사업자는 착공신고 후에 건축물을 분양하기 위해서는 신탁업법에 의한 신탁회사와 신탁계약 및 대리사무계약을 체결하여야 하고, 구 건축물의 분양에 관한 법률 시행령(2008. 7. 29. 대통령령 제20947호로 개정되기 전의 것, 이하 '구 건분법 시행령'이라 한다) 제3조 제1항 제3호에 의하면 구 건분법 제4조 제1항 제1호의 규정에 의한 신탁계약에는 '신탁을 정산하는 때

에 피분양자가 납부한 분양대금을 다른 채권 및 수익자의 권리보다 우선하여 정산하여야 한다는 사항'을 포함하여야 한다.

나. 원심판결이 인용한 제1심판결의 이유에 의하면, 원심은 구 건분법(원심은 단순히 '건축물의 분양에 관한 법률'이라고 표시하고 있으나 그 문맥상 원고들이 각 분양계약을 체결할 당시 적용되던 구 건분법을 의미하는 것으로 이해된다) 시행령 제3조 제1항 제3호가 그 판시와 같은 사정에 비추어 효력규정이 아닌 단속규정에 불과하다는 이유로, 위 규정에 따라 우선수익자인 피고(탈퇴) 주식회사 롯데기공(이하 '피고 시공사'라 한다)은 이 사건 신탁일부해지에 관하여 동의의 의사표시를 할 의무가 있다는 원고들의 주장을 배척하였다.

그런데 구 건분법 부칙(2004. 10. 22.) 제1조는 "이 법은 공포 후 6월이 경과한 날부터 시행한다.", 같은 부칙 제2조는 "이 법은 이 법 시행 후 최초로 분양받을 자를 모집(공개모집의 방법에 의하지 아니하고 분양받을 자를 모집하는 경우를 포함한다)하는 건축물부터 적용한다."고 규정하고 있는바, 기록에 의하더라도 이 사건 상가에 관하여 최초의 분양받을 자의 모집이 구 건분법 시행일(2005. 4. 23.) 이후에 이루어졌음을 인정할 아무런 자료가 없고, 오히려 원심판결이 인용한 제1심판결의 이유에 따르면 원심 피고 주식회사 사람과지구어머니(이하 '이 사건 시행사'라 한다)는 이 사건 상가의 신축·분양사업을 위한 자금조달을 위하여 금융기관으로부터 대출을 받고 그 대출원리금 상환을 담보하기 위하여 2003. 10. 24. 최초로 신탁회사에 이 사건 토지를 신탁한 사실 및 2003. 10. 23.자 사업약정서(을 제1호증의 1)에 따르면 이 사건 시행사를 대출약정 체결일로부터 3개월 이내에 분양을 개시하여야 한다고 규정하고 있는 사실을 알 수 있는바, 그에 의하면 구 건분법 시행일 이전에 최초의 분양받을 자의 모집이 이루어졌을 것으로 보인다.

그렇다면 이 사건 상가의 분양에 관하여는 구 건분법이 적용될 여지가 없으므로, 구 건분법 시행령 제3조 제1항 제3호가 효력규정인지 여부와 관계없이 이 사건 상가의 분양에 관하여 구 건분법이 적용됨을 전제로 한 원고들의 주장은 배척되어야 할 것인바, 원심이 비록 이유는 달리 하였지만 원고들의 주장을 배척한 조처에 판결 결과에 영향을 미친 법리오해의 잘못 등이 있다고 할 수 없다.

2. 이 사건 신탁계약 등에 기하여 우선수익자에게 신탁일부해지에 관한 동의의무가 있다는 주장에 대하여

가. 원심판결이 인용한 제1심판결의 이유 및 기록에 의하면, 이 사건 시행사는 이 사건 상가를 신축·분양함에 있어 2007. 3. 7. 우선수익자에 대한 자신의 채무 이행을 담보하기 위하여 이 사건 상가에 관하여 피고 케이비부동산신탁 주식회사(이하 '피고 신탁회사'라 한다)와 신탁계약(이하 '이 사건 신탁계약'이라 한다)을 체결한 사실, 이 사건 신탁계약과 2003. 10. 23. 이 사건 시행사와 피고 시공사 사이에 체결된 공사도급계약, 2007. 3. 23. 이 사건 시행사, 대출 금융기관인 롯데캐피탈 주식회사, 피고 시공사 사이에 체결된 대출약정의 내용에 따르면, 이 사건 상가의 분양계약은 위 시행사가 자신의 명의와 책임하에 체결하되 그 분양대금이 입금되는 시행사 명의의 분양대금 수납계좌에는 롯데캐피탈 주식회사 앞으로 근질권이 설정되어 있고, 그 수납계좌로 입금된 분양대금은 피고 시공사가 다시 이를 자신 명의의 운영계좌로 입금 받아 그에 의해 선순위 우선수익자인 롯데캐피탈 주식회사의 대출금 채권 및 자신의 이 사건 상가에 관한 공사대금 채권 등이 변제되는 것으로 되어 있으며, 나아가 피분양자가 분양대금을 완납한 경우 우선수익자가 피분양자 앞으로 소유권이전을 서면으로 요청하는 경우 수탁자인 피고 신탁회사는 피분양자에게 직접 소유권이전등기를 경료하여 줄 수 있도록 정한 사실, 이 사건 신탁기간이 종료되기 전이라도 이 사건 시행사의 우선수익자에 대한 채무불이행 사유가 발생하는 때에는 피고 신탁회사는 우선수익자의 요청에 따라 신탁목적물인 이 사건 상가를 처분할 수 있고 그 환가대금으로 신탁보수와 각종 비용을 정산한 뒤 이 사건 시행사의 우선수익자에 대한 채무를 변제하여야 하는

사실, 한편 이 사건 각 분양계약 체결 당시에는 제1순위 우선수익자로서 롯데캐피탈 주식회사가, 제2순위 우선수익자로서 피고 시공사가 각 지정되어 있었고, 원심 변론종결일 현재에는 피고 시공사만이 우선수익자로 지정되어 있는 사실을 알 수 있다.

위 사실관계에 의하여 알 수 있는 이 사건 신탁계약의 목적 및 구조, 분양대금의 관리 및 운영, 위탁자와 수탁자, 우선수익자 등 신탁계약 당사자들의 지위와 역할 등을 종합하여 보면, 이 사건 신탁계약상 위탁자인 이 사건 시행사와 수탁자인 피고 신탁회사, 우선수익자인 롯데캐피탈 주식회사 및 피고 시공사는 이 사건 상가에 관하여 유효한 분양계약이 이루어지고 그에 따른 분양대금에 의해 우선수익자가 이 사건 시행사에 대한 채권을 변제받거나 적어도 위 시행사가 임의로 인출할 수 없도록 별도로 지정된 분양대금 수납계좌로 분양대금이 전액 입금되는 등으로 그 분양대금에 의한 우선수익자의 채권변제가 확보된 상태에 이르면, 이 사건 시행사는 피분양자에게 분양된 부동산에 관한 소유권이전등기를 경료하여 주기 위하여 그 부분에 관한 신탁을 일부 해지할 수 있고, 우선수익자는 위와 같은 신탁일부해지의 의사표시에 관한 동의의 의사표시를 하기로 하는 묵시적 약정을 하였다고 봄이 상당하다.

나. 그런데 원심판결이 인용한 제1심판결의 이유에 의하면, 이 사건 시행사, 롯데캐피탈 주식회사 및 피고 시공사는 2007. 3. 23. 대출약정을 체결함에 있어 위와 같이 분양대금 수납계좌를 지정하였음에도 원고들은 분양대금을 그 지정된 계좌로 입금하지 아니하였다는 것인바, 그렇다면 우선수익자인 피고 시공사로서는 특별한 사정이 없는 한 자신의 우선순위에 따른 채권의 변제가 확보된 상태가 되었다고 할 수 없으므로, 위 묵시적 약정에 따라 이 사건 시행사가 위 신탁을 일부해지할 수 있는 요건이 충족되었다고 할 수 없고, 피고 시공사에게 그 신탁일부해지의 의사표시에 관하여 동의의 의사표시를 할 의무가 있다고 할 수도 없다.

다. 원심판결의 이유설시 중에는 다소 적절하지 않은 부분이 없지 아니하나, 피고 신탁회사는 이 사건 신탁일부해지를 원인으로 하여 이 사건 시행사에 대하여 이 사건 각 부동산의 소유권이전등기절차를 이행하고 피고 시공사는 이 사건 각 부동산에 관한 신탁일부해지에 관한 동의의 의사표시를 할 의무가 있다는 원고들의 주장을 그 판시와 같은 이유로 배척한 원심의 조치는 결과적으로 정당하고, 거기에 원고들이 주장하는 바와 같이 판결에 영향을 미친 채증법칙 위반 또는 심리미진의 잘못 등이 있다고 할 수 없다.

3. 지정된 분양대금 수납계좌가 아닌 다른 계좌로의 분양대금 입금 사실을 알고 있었는지 여부의 증명책임에 관한 주장에 대하여

원심은 제1심판결 이유를 인용하여, 판시와 같은 사정만으로 피고 시공사가 원고들을 포함한 피분양자들의 분양대금이 위 지정된 분양대금 수납계좌가 아닌 다른 계좌로 입금되고 있는 사실을 알고 있었다고 보기 어렵고 달리 이를 인정할 증거가 없다고 판단하였는바, 그와 같은 원심의 판단은 정당하고, 거기에 상고이유 주장과 같은 증명책임에 관한 법리를 오해한 잘못이 있다고 할 수 없다.

[원심판결] 서울북부지방법원 2009. 9. 9. 선고 2009나2284 판결 [소유권이전등기]

【주 문】

1. 제1심 판결 중 피고 주식회사 사람과 지구어머니에 대한 부분을 취소한다.

피고 주식회사 사람과 지구어머니는, 원고 1에게 별지 기재 1. 부동산에 관하여 2007. 8. 16. 매매를 원인으로 한, 원고 2에게 별지 기재 2. 부동산에 관하여 2007. 11. 26. 매매를 원인으로 한 각 소유이전등기절차를 이행하라.

2. 원고들의 피고 케이비부동산신탁 주식회사에 대한 항소 및 피고 주식회사 롯데기공 승계참가인에 대한 청구를 모두 기각한다.

3. 원고들과 피고 주식회사 사람과 지구어머니 사이에 생긴 소송총비용은 피고 주식회사 사람과 지구어머니가 부담하고, 원고들과 피고 케이비부동산신탁 주식회사 사이에 생긴 항소비용 및 원고들과 피고 주식회사 롯데기공 승계참가인 사이에 생긴 소송총비용은 원고들이 부담한다.

【청구취지 및 항소취지】

주문 제1항 및 제1심 판결을 취소한다. 피고 케이비부동산신탁 주식회사(이하 피고 신탁회사라 한다)는 피고 주식회사 사람과 지구어머니(이하 피고 시행사라 한다)에게, 별지 기재 1. 부동산에 관한 2007. 2. 26.자 부동산 담보 신탁 계약 및 2008. 3. 7.자 부동산 담보 신탁 변경 계약에 대한 원고 1의 이 사건 소장 송달일자 신탁 일부 해지를 원인으로 한 소유권이전등기절차를 이행하고, 별지 기재 2. 부동산에 관한 2007. 2. 26.자 부동산 담보 신탁 계약 및 2008. 3. 7.자 부동산 담보 신탁 변경 계약에 대한 원고 2의 이 사건 소장 송달일자 신탁 일부 해지를 원인으로 한 소유권이전등기절차를 이행하라. 피고 주식회사 롯데기공(이하 피고 시공사라 한다)은 원고들의 피고 신탁회사에 대한 이 사건 소장 송달일자 신탁 일부 해지 의사표시에 관하여 각 동의의 의사표시를 하라(피고 시공사 승계참가인은 당심에 이르러 승계참가하였고, 피고 시공사는 이 사건 소송에서 탈퇴하였다).

【이 유】

2. 피고 시행사에 대한 청구에 관한 판단

위 인정사실에 의하면, 피고 시행사는, 원고 1에게 별지 기재 1. 부동산에 관하여 2007. 8. 16. 매매를 원인으로 한, 원고 2에게 별지 기재 2. 부동산에 관하여 2007. 11. 26. 매매를 원인으로 한 각 소유이전등기절차를 이행할 의무가 있다.

3. 피고 신탁회사, 시공사에 대한 청구에 관한 판단

이 법원에서 이 부분에 관하여 설시할 이유는, 제1심 판결문 제5면 8 내지 15행을 '원고들은 피고 시행사에 대한 별지 기재 각 부동산(이하 '이 사건 각 부동산'이라고만 한다)에 관한 소유권이전등기청구권을 보전하기 위하여 피고 시행사를 대위하여 이 사건 소장 송달로써 2007. 2. 26.자 이 사건 토지에 관한 부동산 담보 신탁 계약 및 2008. 3. 7.자 이 사건 상가에 관한 부동산 담보 신탁 변경 계약을 일부 해지하므로, 피고 신탁회사는 그 각 해지를 원인으로 이 사건 각 부동산의 소유권이전등기절차를 이행하고, 피고 시공사는 피고 신탁회사에게 위 각 신탁 일부 해지 의사표시에 관하여 각 동의의 의사표시를 할 의무가 있는바, 그 근거는 다음과 같다.'로 고치고, 제7면 12행의 '피고들은'을 '피고 신탁회사, 시공사는'으로, 제8면 2행의 '제8조'를 '제11조'로 고치는 이외에는 제1심 판결 이유 중 제2항 기재 부분 기재와 같으므로, 민사소송법 제420조 본문에 의하여 이를 그대로 인용한다.

[1심판결] 서울북부지방법원 2009. 2. 18. 선고 2008가단41212 판결 [소유권이전등기]

【주 문】

1. 원고들의 피고들에 대한 각 청구를 모두 기각한다.

2. 소송비용은 원고들이 부담한다.

【청구취지】

1. 별지 기재 1. 부동산에 관하여,

가. 피고 케이비부동산신탁 주식회사(이하 '피고 신탁회사'라고만 한다)는 피고 주식회사 사람과지구어머니(이하 '피고 시행사'라고만 한다)에게, 2007. 2. 26.자 부동산담보신탁계약 및 2008. 3. 27.자 부동산담보신탁변경계약에 관한 원고 1의 이 사건 소장부본 송달일자 신탁일부해지를 원인으로 한 소유권이전등기절차를 이행하고,

나. 피고 시행사는 원고 1에게 2007. 8. 16. 매매를 원인으로 한 소유권이전등기절차를 이행하라.

2. 별지 기재 2. 부동산에 관하여,

가. 피고 신탁회사는 피고 시행사에게, 2007. 2. 26.자 부동산담보신탁계약 및 2008. 3. 27.자 부동산담보신탁변경계약에 관한 원고 2의 이 사건 소장부본 송달일자 신탁일부해지를 원인으로 한 소유권이전등기절차를 이행하고,

나. 피고 시행사는 원고 2에게 2007. 11. 26. 매매를 원인으로 한 소유권이전등기절차를 이행하라.

3. 피고 주식회사 롯데기공(이하 '피고 시공사'라고만 한다)은 원고들의 피고 신탁회사에 대한 이 사건 소장부본 송달일자 신탁일부해지 의사표시에 대하여 각 동의의 의사표시를 하라.

【이 유】

나. 판단

(1) 먼저 원고가 주장하는 건축물의 분양에 관한 법률(이하 '건축물분양법'이라고만 한다) 등의 관련 규정들이 강행의 효력규정에 해당하는지 여부에 관하여 살피건대, ① 건축물분양법의 목적은 건축물의 '분양절차 및 방법'에 관한 사항을 정함으로써 '건축물 분양과정의 투명성'과 '거래 안전성'을 확보하여 분양받는 자를 보호하고 국민경제의 건전한 발전에 이바지함에 있는 점(제1조), ② 위 관련 규정에 위반한 부동산 신탁계약·대리사무계약이 그 자체의 사법상의 효력까지도 부인하지 않으면 안 될 정도로 현저히 반사회성, 반도덕성을 지닌 것이라고 할 수 없을 뿐만 아니라 반드시 부동산 신탁계약·대리사무계약의 사법상의 효력을 부인하여야만 비로소 건축물분양법의 목적을 이룰 수 있다고 볼 수도 없는 점{건축법 제8조의 규정에 의한 허가권자가 분양사업자로부터 신탁계약서 등을 구비한 분양신고를 받고 그 내용을 검토하여 분양신고의 수리 여부를 판단하면서 관련 규정의 준수 여부를 심사함(제5조)과 동시에 건축물분양법의 형사처벌 규정(제10조)을 통하여 건축물분양법의 목적이나 입법취지를 충분히 구현할 수 있다}, ③ 무효화하는 효력 규정이 명문으로 존재하지 않음에도 불구하고 개별 법규를 강행의 효력규정으로 해석하여 그 법규 위반 행위를 무효화하는 경우, 이는 절대적 무효여서 선의의 제3자 보호에 문제가 있고 그 해석 기준의 불명확성으로 법적 안정성에도 반하므로, 당해 법규에 무효화하는 효력 규정이 명문으로 존재하지 않는 이상 입법자의 객관적 의사는 단속규정으로 봄이 타당하고, 명문의 규정이 없음에도 해석으로 강행의 효력규정으로 보는 것은 특별한 사정이 없는 한 가급적이면 제한적으로 봄이 바람직 한데 건축물분양법 규정에 위반한 부동산 신탁계약·대리사무계약을 무효로 하는 명문의 규정이 건축물분양법에 존재하지 아니하는 점, ④ 건축물분양법 및 그 시행령의 관련 규정과 유사한 입법취지·목적·내용 등을 담아 의무 규정의 형식으로 규정된 구 주택건설촉진법 제32조(2002. 8. 26. 법률 제6732호로 개정되기 전의 것) 및 구 주택공급에 관한 규칙에 위반된 경우 그 사법적 효력까지 부인된다고 보고 있지는 않는 점 등을 종합하면, 건축물분양법령 중 원고가 주장하는 관련 규정은 강행의 효력규정이 아닌 단속규정에 지나지 아니하고, 따라서 위 관련 규정에 위반하여 법률행위가 이루어졌더라도 그 행위의 사법상 효력에는 아무런 영향이 없다.

따라서, 위 건축물분양법령이 강행규정임을 전제로 하는 원고들의 이 부분 주장은 이유 없다.

(2) 다음으로, 피고 시공사가 2003. 10. 23.자 공사도급계약에 따라 피고 시행사와 공동사업자의 지위

에 있는지, 또한 피고 시공사가 2006. 1. 10.자 대출약정서 제22조 제1항 제4호의 규정에 따라 피고 시행사의 신탁계약해지에 대하여 묵시적 동의의무가 있는지 살핀건대, ① 공사도급계약서(을 1호증의 3)의 특수조건 제4조는 '피고 시행사가 공사비나 사업비, 대출원리금의 상환이 불가능하거나 본 공사와 관련 없는 피고 시행사의 채무가 발생하여 사업의 계속적인 진행이 불가하다고 판단되는 경우에는 프로젝트 파이낸싱 약정에 따라 사업시행권은 피고 시공사에게 양도되고 피고 시행사의 대출원리금 잔액은 피고 시공사가 기존 약정금리로 인수하여 상환하되, 상환기간은 상호협의하여 조정할 수 있다'라고 규정하고 있으나, 위 규정만으로 피고 시공사가 피고 시행사의 공동사업자라고 할 수 없다. 그리고 ② 앞서 본 바와 같이, 위 2006. 1. 10.자 대출약정은, 피고 시행사와 롯데캐피탈 주식회사 사이의 2007. 3. 23.자 대출약정에 의하여 2006. 1. 10.자 대출약정이 해지되었으므로, 위 대출약정이 여전히 유효함을 전제로 피고 시공사에게 피고 시행사의 신탁계약해지에 대하여 묵시적 동의의무가 있다는 원고들의 주장도 이유 없다.

(3) 또한, 수분양자가 신탁계약에 기하여 우선수익자나 수탁자에 대하여 직·간접적인 권리를 취득하는지 살피건대, 이 사건 토지 및 상가에 대한 각 신탁계약의 목적은 우선수익자의 권리를 보호하고 신탁물건을 보존하여 사업을 수행하며, 대출원리금의 우선상환을 확보하는 데에 있으므로, 수분양자가 이 사건 각 신탁계약에 의하여 반사적으로 이익을 얻는 경우는 별론으로 하고 위 신탁계약이 수분양자의 권리보호에도 그 목적이 있음을 전제로 하는 원고들의 위 주장도 이유 없다.

(4) 나아가, 피고 시공사가 피고 시행사로부터 이 사건 사업권을 양도받아 피고 시행자의 수분양자에 대한 채무를 인수하였는지 살피건대, 을 4호증의 3(업무협약서)의 기재에 의하면, 피고 시공사는 2008. 1. 22. 피고 시행사 등과 사이에 업무협약서를 작성하였고, 그 업무협약서 제5조에는 '본건 사업의 분양(기분양, 미분양 물건 모두 포함)과 관련된 모든 책임 및 그로부터 발생하는 민원, 소송 등(이에 국한하지 아니함) 제반 분쟁에 대한 모든 책임은 피고 시행사가 전적으로 부담하며, 어떠한 경우에도 피고 시공사 등이 이를 인수, 승계하지 아니한다'라고 규정되어 있는 사실이 인정되는바, 위 인정사실에 의하면, 피고 시공사가 피고 시행사의 사업권을 양수하지 않았음을 명시적으로 약정한 것으로 볼 수 있으므로, 이에 어긋나는 원고들의 위 주장도 이유 없다.

(5) 마지막으로, 원고들이 분양대금 수납계좌의 제한시점 이전에 분양대금을 납부하였는지 등, 또는 피고 시행사가 이 사건 각 신탁계약을 해지할 권한이 있는지에 관하여 살핀다.

① 을 4호증의 1(대출약정서)의 기재에 의하면, 피고 시행사가 2007. 3. 23. 롯데캐피탈 주식회사와 사이에(피고 시공사의 병존적 채무인수약정) 대출약정을 체결할 당시에 분양대금 수납계좌를 국민은행계좌(계좌번호 : 생략)로 제한하였으므로, 2008. 1. 22. 분양대금 수납계좌가 위 국민은행계좌로 제한되었다는 원고들의 주장 부분은 이유 없다.

② 원고들이 분양대금을 입금한 국민은행계좌(계좌번호 : 생략)에 원고들 이외의 다른 수분양자들이 그 분양대금으로 짐작되는 돈이 입금되었고, 위 계좌에서 인출된 돈이 피고 시공사에게 입금되었다는 사정만으로, 피고 시공사가 원고들을 포함한 수분양자들의 분양대금이 위 국민은행계좌로 입금되고 있다는 사실을 알고 있었다고 보기는 어렵고, 달리 이를 인정할 증거도 없다.

③ 앞서 본 바와 같이 피고 시행사보다 우선하는 우선수익자 피고 시공사가 존재하므로, 이 사건 각 신탁계약은 위탁자인 피고 시행자가 임의로 해지할 수 없는 타익신탁이어서 그 신탁계약에 정한 해지사유가 있는 경우에만 신탁계약을 해지할 수 있다 할 것이다(신탁법 제58조, 제56조).

그런데, 갑 6호증의 2, 을 3호증(각 부동산신탁계약서)의 각 기재에 의하면, 이 사건 토지 및 상가에 대한 각 부동산신탁계약은 신탁기간의 만료, 신탁기간 중 위탁자가 우선수익자에 대한 채무를 변제하고 신탁계약을 해지하는 때, 천재지변 등 부득이한 사정이 있는 경우 수탁자의 동의를 얻거나 경제사정 변화 등 기타 상당한 사유에 의하여 신탁의 목적달성이 불가능하거나 현저히 곤란하여 수탁자와 협의하여 해지하는 때, 신탁기간 종료 전이라도 우선수익자와 위탁자간에 체결한 여신거래계약위반, 신탁계약위반 등으로 신탁부동산을 처분한 때에 각 종료되는 사실(위 각 신탁계약서 제24조 제1항, 제23조 제1항, 제2항, 제17조 제1항)을 인정할 수 있는바, 위와 같은 해지사유들에 대한 주장·입증이 없는 이 사건에 있어서 피고 시행사가 피고 신탁회사를 상대로 위 각 신탁계약을 해지할 권한이 있음을 전제로 하는 원고들의 위 주장도 이유 없다.

116. 대법원 2010. 9. 9. 선고 2010도5975 판결 [특정경제범죄가중처벌등에관한법률위반(배임)등]

[논점] 부동산 양도담보 설정의 취지로 분양계약을 체결한 자가 그 부동산에 대하여 관리신탁계약을 체결하고 신탁회사에 그 소유권을 이전한 행위가 배임죄에 해당하는지 여부

【이 유】

2. 원심판결 중 유죄로 인정된 각 배임의 점에 대한 상고이유 주장에 관한 판단

원심은, 신탁계약에 의하여 재산권이 수탁자에게 이전된 경우 그 신탁재산은 수탁자에게 절대적으로 이전하므로, 신탁계약을 체결하면서 수탁자가 위탁자 및 수익자와의 사이에 "수탁자의 권한은 등기부상 소유권 관리 및 보전에 한정되므로 그 이외의 실질적인 관리, 보전 업무 일체는 우선수익자의 책임하에 수익자가 주관하여 관리한다."고 특약하였다고 하더라도, 수탁자는 우선수익자나 수익자에 대한 관계에서 위와 같은 특약에 따른 제한을 부담할 뿐이고 제3자에 대한 관계에서는 완전한 소유권을 행사할 수 있는 점(대법원 2008. 3. 13. 선고 2007다54276 판결 등 참조), 이 사건 신탁계약에 의하면 위탁자가 수탁자에게 비용 등을 지급하지 않는 경우 수탁자는 수익자와 협의하여 당해 신탁재산을 처분하여 충당할 수 있고, 위탁자는 신탁기간 동안 신탁계약을 중도 해지할 수 없는 점 등 제1심이 들고 있는 여러 가지 사정에다가, 이 사건 신탁계약에서 위탁자를 수익자로 지정하였고, 수익권은 수탁자의 사전 동의 없이는 이를 양도하거나 질권을 설정할 수 없다고 약정하였으므로, 수탁자인 주식회사 한국토지신탁(이하 '한국토지신탁'이라 한다)의 사전 동의 없이는 위탁자 겸 수익자인 아태산업개발 주식회사(이하 '아태산업개발'이라 한다)가 피해자들에게 수익권을 양도할 수 없는 점, 피해자들은 아태산업개발에 대하여 아무런 제한이 없는 소유권이전등기청구권을 가지고 있는 상태에서 그 목적 부동산이 신탁되는 바람에 수익자로 지정된 아태산업개발이 피해자들에게 수익권을 양도하거나 신탁자인 아태산업개발이 피해자들을 수익자로 지정하는 경우에 수탁자인 한국토지신탁의 협조를 얻어 소유권이전등기를 경료받을 수 있게 되는 불리한 지위에 놓이게 된 점, 피고인은 자금을 조달하기 위하여 아태호명산빌리지 아파트에 관하여 이중, 삼중으로 분양계약을 체결하거나 차용금 또는 공사대금의 지급을 위하여 분양계약서를 중복 발행하여 그와 같은 중복 발행사실이 알려지면 사업의 진행에 중대한 차질이 예상되는 상황에 처해 있던 2005. 5. 4. 다시 위 아파트를 타에 분양할 의도로 한국토지신탁과 을종관리신탁계약을 체결하고 2005. 5. 7. 신탁등기를 마쳐 준 점 등을 아울러 고려하면, 피고인이 관리신탁계약을 체결하여 신탁회사에 소유권을 이전한 행위는 분양계약에 따라 소유권이전등기청구권을 갖고 있는 피해자들에 대한 임무위배행위로 봄이 상당하고 배임의 고의도 인정된다는 취지로 판단하였다.

또한 원심은, 그 분양계약이 담보목적이라고 하더라도 피해자들이 담보권 행사의 일환으로 소유권이전등기청구권을 행사할 수 있으므로 아태산업개발이 피해자들에게 소유권이전등기의무를 진다고 한 제1심의 설시내용과 관련하여, 이는 부가적인 판단에 불과할 뿐 아니라, 아태산업개발이 피해자들에게 소유권이전등기의무를 지게 된 구체적 사실관계는 동일하고 다만 그 분양계약의 성질을 대물변제 약정

으로 파악할 것인지 아니면 양도담보 약정으로 파악할 것인지에 관한 법률적인 평가만을 달리할 뿐이어서, 그 소유권이전등기의무의 법률적 성질을 공소사실의 취지와 다르게 양도담보 약정에 기한 것으로 평가하였다고 하더라도 그와 같은 사정이 피고인의 방어권 행사에 실질적인 불이익을 초래할 염려가 있다고 보기도 어렵고, 한편 채권자들과 부동산 양도담보 설정의 취지로 분양계약을 체결한 피고인이 그 소유권이전등기 경료 전에 임의로 그 부동산에 대하여 처분행위를 한 경우 양도담보권자의 채권에 대한 담보능력 감소의 위험이 발생한 이상 배임죄를 구성하는 것이며(대법원 1984. 8. 21. 선고 84도691 판결, 대법원 1997. 6. 24. 선고 96도1218 판결 각 참조), 피고인의 신탁등기 이전에 이미 아태호명산빌리지 아파트의 신축공사가 완공되었음은 명백하므로, 공사대금의 지급을 위하여 분양계약을 체결한 부분에 관해서도 피고인의 임무위배행위가 충분히 인정된다고 판단하고(대법원 1984. 7. 24. 선고 84도815 판결, 대법원 1985. 3. 26. 선고 85도124 판결 각 참조), 나아가 이른바 견질용으로 분양계약서가 작성·교부되었기 때문에 계약서면 자체가 담보의 목적일 뿐이어서 이에 기초하여 아태산업개발의 소유권이전등기의무가 발생하지 않는다거나, 피해자 공소외 8 주식회사(제1심 판시 별지 [범죄일람표 2] 순번 7), 공소외 9(제1심 판시 별지 [범죄일람표 2] 순번 11) 등에 대하여 인정된 피해액이 잘못되었다는 취지의 피고인의 주장을 그 판시와 같은 이유를 들어 모두 배척한 후, 이 부분 공소사실을 유죄로 판단하였다.

원심판결 이유를 기록에 비추어 살펴보면, 원심의 위와 같은 판단은 정당한 것으로 수긍할 수 있다.

[원심판결] 서울고등법원 2010. 4. 29. 선고 2010노27 판결 [특정경제범죄가중처벌등에관한법률위반(배임)등]

【주 문】

원심판결 중 유죄부분 및 공소기각 부분을 파기한다.

피고인을 징역 6년에 처한다.

원심판결 중 무죄부분에 대한 검사의 항소를 기각한다.

【이 유】

(2) 배임 부분

(가) 임무위배 행위의 성립 여부에 대한 판단

1) 피고인은 원심에서 이 부분 항소이유와 동일한 주장을 하여 원심은 판결문 30쪽-32쪽에서 "배임행위 및 배임의 고의 인정여부"라는 제목 아래, 신탁계약에 의하여 재산권이 수탁자에게 이전된 경우 그 신탁재산은 수탁자에게 절대적으로 이전하므로, 신탁계약을 체결하면서 수탁자가 위탁자 및 수익자와의 사이에 "수탁자의 권한은 등기부상 소유권 관리 및 보전에 한정되므로 그 이외의 실질적인 관리, 보전 업무 일체는 우선수익자의 책임하에 수익자가 주관하여 관리한다."고 특약하였다고 하더라도, 수탁자는 우선수익자나 수익자에 대한 관계에서 위와 같은 특약에 따른 제한을 부담할 뿐이고 제3자에 대한 관계에서는 완전한 소유권을 행사할 수 있고(대법원 2008. 3. 13. 선고 2007다54276 판결 등 참조), 신탁계약의 내용에 의하면 ① 신탁자가 수탁자에게 비용 등을 지급하지 않는 경우 수탁자는 수익자(위 신탁계약에서는 신탁자가 수익자로 시정되어 있다)와 협의하여 당해 신딕재산을 처분하여 충당할 수 있고(제9조 제3항, 제12조 제3항), ② 신탁자는 신탁기간 동안 신탁계약을 중도해지할 수 없는 점 등을 고려할 때, 피고인이 관리신탁계약을 체결하여 신탁회사에 소유권을 이전한 행위는 피고인의 채권자들이 분양계약에 따라 갖고 있는 소유권이전등기청구권을 사실상 행사할 수 없도록 만드는 것이므로, 위

채권자들에 대한 임무위배행위로 봄이 상당하고 배임의 고의도 인정된다고 판단하였다.

2) 원심이 적절하게 들고 있는 여러 가지 사정에다가, ① 이 사건 신탁계약에서 신탁자를 수익자로 지정하였고, 수익권은 수탁자의 사전 동의 없이는 이를 양도하거나 질권을 설정할 수 없다(제8조 제2항)고 약정하였으므로, 수탁자인 N의 사전 동의 없이 위탁자 겸 수익자인 피고인이 피해자들에게 수익권을 양도할 수 없는 점, ② 피해자들은 피고인에 대하여 아무런 제한이 없는 소유권이전등기청구권을 가지고 있는 상태에서, 피고인이 부동산을 신탁하는 바람에 수익자로 지정된 피고인이 피해자들에게 수익권을 양도하거나 신탁자인 피고인이 피해자들을 수익자로 지정하는 경우에 수탁자인N의 협조를 얻어 소유권이전등기를 경료받을 수 있게 되는 불리한 지위에 놓이게 되어 재산상 손해가 발생하였다고 충분히 인정되는 점, ③ 피고인은 자금을 조달하기 위하여 F 아파트에 관하여 이중, 삼중으로 분양계약을 체결하거나 차용금 또는 공사대금의 지급을 위하여 분양계약서를 중복하여 발행하여 그와 같은 중복 발행사실이 알려지면 사업의 진행에 중대한 차질이 예상되는 상황에 처해 있던 2005. 5. 4. 다시 위 아파트를 타에 분양할 의도로 N과 을종관리신탁계약을 체결하고 2005. 5. 7. 신탁등기를 마쳐 준 점을 아울러 고려하고, 원심의 위와 같은 판단을 기록과 대조하여 살펴보면, 원심의 판단은 정당한 것으로 수긍이 되고 거기에 사실을 오인하거나 법리를 오해하여 판결에 영향을 미친 위법이 없다.

3) 나아가 원심이 피고인에게 분양계약에 따른 소유권이전등기의무를 진다고 판단한 다음 그 분양계약이 담보목적이라고 하더라도 피해자들이 담보권행사의 일환으로 소유권이전등기청구권을 행사할 수 있으므로 피고인은 피해자들에게 소유권이전등기의무를 진다고 설시한 부분은 부가적인 판단에 불과할 뿐 아니라, 피고인이 피해자들에게 소유권이전등기의무를 지게 된 구체적 사실관계는 동일하고 다만 그 분양계약의 성질을 대물변제 약정으로 파악할 것인지 아니면 양도담보 약정으로 파악할 것인지에 관한 법률적인 평가만을 달리할 뿐이어서(이른바 견질용으로 분양계약서가 작성·교부되었기 때문에 계약서면 자체가 담보의 목적일 뿐이고 이에 기초하여 피고인의 소유권이전등기의무가 발생하지 않는다는 취지의 피고인 변소는 분양계약의 체결 자체가 아무런 법률효과를 발생시키지 않는다는 것이어서 이를 받아들일 수 없다), 그 소유권이전등기의무의 법률적 성질을 공소사실의 취지와 다르게 평가하였다고 하더라도 그와 같은 사정이 피고인의 방어권 행사에 실질적인 불이익을 초래할 염려가 있다고 보기도 어렵고,

한편 채권자들과 부동산 양도담보설정의 취지로 분양계약을 체결한 피고인이 그 소유권이전등기 경료 전에 임의로 그 부동산에 대하여 처분행위를 한 경우 양도담보권자의 채권에 대한 담보능력 감소의 위험이 발생한 이상 배임죄를 구성하는 것이고(대법원 1997. 6. 24. 선고 96도1218 판결, 대법원 1984. 8. 21. 선고 845691 판결 각 참조), F아파트의 사용승인이 이루어진 2005. 3. 28. 이후인 2005. 5. 4. 피고인이 이 사건 관리신탁계약을 체결하고 같은 달 7. 신탁등기를 경료하였으므로, 피고인의 신탁등기 이전에 이미 공사가 완공되었음은 명백하고, 따라서 공사대금의 지급을 위하여 분양계약을 체결한 부분에 관해서도 피고인의 임무위배행위가 충분히 인정된다(대법원 1985. 3. 26. 선고 85도124 판결, 대법원 1984. 7. 24. 선고 84도815 판결 각 참조).

117. 대법원 2010. 8. 26. 선고 2010도4613 판결 [특정경제범죄가중처벌등에관한법률위반(배임)]

[논점] 토지를 매수하여 먼저 소유권이전등기를 넘겨받은 다음 매매대금 지급을 담보하기 위해 이를 신탁회사에 처분신탁하고 신탁계약상의 수익권에 관하여 매도인에게 권리질권을 설정해 주었으나, 매매대금 일부가 미지급된 상태에서 매수인이 일부 토지에 관한 신탁계약을 해지하고 이를 제3자에게 처분한 경우 배임죄에 해당하는지 여부

【이 유】

1. 상고이유 제1점에 대하여

배임죄는 타인의 사무를 처리하는 자가 위법한 임무위배행위로 재산상 이득을 취득하여 사무의 주체인 타인에게 손해를 가함으로써 성립하는 것이므로, 그 범죄의 주체는 타인의 사무를 처리하는 신분이 있어야 하는바, 여기에서 '타인의 사무를 처리하는 자'라고 하려면 두 당사자의 관계의 본질적 내용이 단순한 채권관계상의 의무를 넘어서 그들 간의 신임관계에 기초하여 타인의 재산을 보호 내지 관리하는 데 있어야 한다(대법원 2009. 2. 26. 선고 2008도11722 판결 등 참조).

원심판결 이유에 의하면, 원심은, 그 채용 증거에 의하여 판시와 같은 사실을 인정한 다음, ① 이 사건 매매계약은 피고인이 운영하는 공소외 주식회사가 피해자로부터 먼저 이 사건 토지에 관하여 소유권이전등기를 넘겨받아 이를 다시 신탁회사에 처분신탁한 다음 그 신탁계약에 따른 토지의 처분대금으로 피해자에게 매매대금을 지급하기로 한 것이어서, 매매대금도 모두 지급받지 못한 상태에서 매수인에게 소유권을 먼저 이전하여 주는 위험을 부담하게 되는 피해자와 피고인 사이에는 고도의 신임관계가 필요불가결하게 전제되어야 하고, 피고인은 약정된 방식에 따라 이 사건 토지를 관리할 의무가 있는 점, ② 이 사건 매매계약에서는 위와 같은 신임관계를 담보하기 위한 방편으로 이 사건 토지에 관하여 신탁회사에 처분신탁을 한 후 위탁자 겸 수익자인 공소외 주식회사가 수탁자인 신탁회사에 대하여 가지는 처분대금 등에 대한 수익권에 관하여 피해자에게 권리질권을 설정하는 방법을 취한 것이므로, 피고인이 신탁회사와 사이에서 신탁계약에 따른 신탁관계를 유지하면서 처분대금을 받아 매도인인 피해자에게 권리질권의 피담보채무인 매매대금을 지급하여야 하는 의무는, 단순한 채권관계를 넘어 피고인이 피해자의 재산을 보호 또는 관리하기로 하는 피해자와 피고인 간의 고도의 신임관계를 기초로 한 것으로서 이 사건 매매계약의 본질적 내용인 점, ③ 이 사건 매매대금채무를 담보하기 위하여 설정된 질권설정계약에서 피담보채무(매매대금채무)의 지급기일인 2005. 6. 7.이 도래하는 경우 질권자는 수탁자에게 요청하여 신탁부동산에 대한 근저당권 설정 등 채권보전조치를 하거나 질권설정자로부터 수익자의 지위를 양도받기로 약정하기까지 하였으므로, 피고인은 위 지급기일 이후에는 피해자가 신탁부동산에 관한 근저당권을 취득하도록 협조하거나 피해자에게 신탁계약에서의 수익자 지위를 양도하여야 하는 의무도 있는 점 등에 비추어 볼 때, 피고인은 이 사건 매매계약 및 질권설정계약에 의하여 발생한 신임관계를 기초로 하여 신탁계약을 유지하고 그 신탁계약의 목적 달성에 적극적으로 협조함으로써 피해자의 매매대금채권 또는 권리질권이라는 재산의 보호 또는 관리를 위하여 협력하여야 하는 지위에 있으므로 '타인의 사무를 처리하는 자'에 해당한다는 취지로 판단하였다.

앞서 본 법리에 원심이 인정한 사실관계를 비추어 보면, 원심의 위와 같은 판단은 정당하고, 거기에 상고이유 주장과 같은 배임죄에서 '타인의 사무를 처리하는 자'에 관한 법리오해 등의 위법은 없다.

2. 상고이유 제2점에 대하여

배임죄에 있어 재산상의 손해를 가한 때라 함은 현실적인 손해를 가한 경우뿐만 아니라 재산상 실해 발생의 위험을 초래한 경우도 포함되고, 재산상 손해의 유무에 대한 판단은 본인의 전 재산 상태와의 관계에서 법률적 판단에 의하지 아니하고 경제적 관점에서 파악하여야 하며, 따라서 법률적 판단에 의하여 당해 배임행위가 무효라 하더라도 경제적 관점에서 파악하여 배임행위로 인하여 본인에게 현실적인 손해를 가하였거나 재산상 실해 발생의 위험을 초래한 경우에는 재산상의 손해를 가한 때에 해당되어 배임죄를 구성한다(대법원 2009. 10. 29. 선고 2009도7783 판결 등 참조).

한편, 민법 제352조는 '질권설정자는 질권자의 동의 없이 질권의 목적된 권리를 소멸하게 하거나 질권자의 이익을 해하는 변경을 할 수 없다'고 규정하고 있는바, 위 규정은 질권자가 질권의 목적인 채권의 교환가치에 대하여 가지는 배타적 지배권능을 보호하기 위한 것으로서 질권설정자와 제3채무자가 채권의 추심, 변제의 수령, 면제, 상계 등 질권자의 이익을 해하는 행위를 하였더라도 이는 질권자에 대한 관계에서는 무효이나(대법원 1997. 11. 11. 선고 97다35375 판결 참조), 특별한 사정이 없는 한 질권설정자와 제3채무자가 질권의 목적인 권리를 발생시키는 기본적 계약관계를 해제하거나 해지하는 것은 가능하다(대법원 2001. 6. 1. 선고 98다17930 판결, 대법원 2006. 1. 26. 선고 2003다29456 판결 등 참조).

원심판결 이유에 의하면, 원심은, 피고인이 2005. 11. 15. 신탁회사에 '기존 수분양자들의 부동산 이용편의를 위한 도로개설 및 산지전용허가 신청 등의 절차를 위하여 신탁계약의 일부(22필지) 해지'를 요청하여 2005. 11. 17. 일부 토지에 관한 신탁계약을 합의 해지한 다음 이를 제3자에게 매도하는 등의 방법으로 처분한 사실을 인정하였다.

앞서 본 법리에 원심이 인정한 사실관계를 비추어 보면, 위와 같은 신탁계약의 해지가 수익권에 대한 권리질권자인 피해자에 대한 관계에서 무효라고 할 수 없고, 더구나 토지신탁계약상의 수익권에 관한 권리질권자에 불과한 피해자가 그 신탁계약의 해지로 토지 소유권을 회복한 신탁자로부터 토지 소유권 자체를 취득한 제3자에게 대항할 수도 없으므로, 피고인이 신탁계약을 해지한 후 이 사건 토지를 제3자에 매도하는 등 임의로 처분함으로써 피해자의 권리질권의 목적된 권리를 소멸케 하여 피담보채권인 매매대금의 회수를 곤란하게 한 이상 피고인의 위와 같은 배임행위로 인하여 피해자에게 현실적인 손해를 가하였거나 재산상 실해 발생의 위험을 초래하였다고 보아야 한다.

원심이 같은 취지에서 피고인의 배임행위로 피해자에게 손해를 가하였다고 판단한 것은 정당하고, 거기에 상고이유 주장과 같은 배임죄에서 '손해를 가한 때'에 관한 법리오해 등의 위법은 없다.

[원심판결] 서울고등법원 2010. 4. 8. 선고 2010노162 판결 [특정경제범죄가중처벌등에관한법률위반(배임)등]

【주 문】

피고인의 항소를 기각한다.

【이 유】

(1) 일반적으로 매매잔대금 지급과 동시에 소유권이전등기를 마쳐 주는 통상의 부동산 매매계약에 있어서 부동산 매수인의 매도인에 대한 매매대금 지급의무는 자신의 채무일 뿐이어서 타인의 사무라고 볼 수 없으나, 원심이 적절히 설시하고 있는 바와 같이, 이 사건 매매계약은 매도인인 피해자가 매수인인 한국토지비션개발 주식회사(이하 '한국토지비션개발'이라 한다)에게 먼저 이 사건 각 토지에 관하여 소유권이전등기를 마쳐주고 이 사건 각 토지를 주식회사 한국토지신탁(이하 '한국토지신탁'이라 한다)에 처분신탁하여 그 처분대금으로 매매대금을 지급할 것을 전제로 한 것이어서, 매매대금 도 모두 지급받지 아니한 상태에서 매수인에게 소유권을 먼저 이전하여 주는 위험을 부담하게 되는 피해자로서는 피고인과의 고도의 신임관계가 필요불가결하게 전제되는 점, 이 사건 매매계약에서는 위와 같은 신임관계를 담보하기 위한 방편으로 이 사건 각 토지에 관하여 한국토지신탁에 처분신탁을 하고, 위탁자 겸 수익자인 한국토지비전개발이 수탁자인 한국토지신탁에 대하여 가지는 처분대금 등에 대한 수익권에 관하여 피해자에게 질권을 설정하는 방법을 취한 것이어서 피고인이 이 사건 매매계약에 따라 이 사건 각 토지를 처분신탁하고, 그 처분신탁관계를 유지하면서 처분대금을 받아 매도인인 피해자에게 나머지 매매대금을 지급할 의무는, 본질적으로 단순한 채권관계를 넘어 피고인이 피해자의 재산을 보호 내지 관리하기로 하는 피해자와 피고인 간의 고도의 신임관계를 기초로 한 것인 점에다가, 이 사건

매매계약에서 토지잔대금의 지급에 관하여 수익권에 대한 질권을 설정하고 수탁자의 분양대금으로 이를 충당하기로 약정한 것은 단순히 매매계약의 부수적인 약정이 아니라 매매계약의 매도인에게 가장 중요한 매매대금의 확보방안에 관한 것으로서 계약의 본질적인 내용에 해당한다고 평가되는 점, 이 사건 매매계약상 약정 이행의 일환으로 체결된 질권설정계약에서 피담보채무(매매대금채무)의 지급기일인 2005. 6. 7.이 도래하는 경우 질권자는 수탁자에게 요청하여 신탁부동산에 대한 근저당권 설정 등 채권보전조치를 하거나 질권설정자로부터 수익자의 지위를 양도받기로 약정(제7조 제1항, 제2조 제1항)하기까지 하였으므로, 피고인은 피해자가 신탁부동산에 관한 근저당권을 취득하도록 협조하거나 피해자에게 신탁계약에서의 수익자 지위를 양도하여야 하는 의무가 있는 점을 종합하면, 피고인은 이 사건 매매계약 및 질권설정계약에 의하여 발생한 신임관계를 기초로 하여 신탁계약을 유지하고 그 신탁계약의 목적 달성에 적극적으로 협조함으로써 피해자의 매매잔대금 청구권 또는 권리질권이라는 재산의 보호 또는 관리를 위하여 협력하여야 하는 지위에 있으므로 '타인의 사무를 처리하는 자'에 해당한다고 할 것이다.

(2) 민법 제352조는 '질권설정자는 질권자의 동의 없이 질권의 목적된 권리를 소멸하게 하거나 질권자의 이익을 해하는 변경을 할 수 없다'고 규정하고 있는바, 위 규정은 질권자가 질권의 목적인 채권의 교환가치에 대하여 가지는 배타적 지배권능을 보호하기 위한 것으로서 질권설정자가 채권의 추심, 변제의 수령, 면제, 상계 등의 질권자의 이익을 해하는 행위를 하였더라도 이는 질권자에 대한 관계에서 무효라고 할 것이나(대법원 1997. 11. 11. 선고 97다35375 판결 참조), 어떠한 권리에 관하여 질권이 설정되었다고 하더라도 질권설정자와 제3채무자가 아무런 합리적 이유 없이 질권의 목적인 권리의 소멸만을 위하여 계약관계를 합의해제 하는 등의 특별한 사정이 없는 이상, 일반적으로 질권설정자와 제3채무자가 질권의 목적된 권리를 발생시키는 기본적 계약관계를 해제하는 것까지 허용되지 않는다고 보기는 어렵다 할 것이고(대법원 2006. 1. 26. 선고 2003다29456 판결, 대법원 2001. 6. 1. 선고 98다17930 판결 각 참조), 한편 부동산과 같이 등기하여야 할 재산권에 관한 신탁은 그 등기를 함으로써 제3자에게 대항할 수 있다(신탁법 제3조 제1항).

원심이 적법하게 조사한 증거들에 의하면, 피고인이 2005. 11. 15. 한국토지신탁에게 기존 수분양자들의 부동산 이용편의를 위한 도로개설 및 산지전용허가 신청 등의 절차를 위하여 신탁계약의 일부(22필지) 해지'를 요청하고, 이에 응하여 한국토지신탁이 2005. 11. 17. 신탁계약을 일부 해지한 사실을 인정할 수 있는바(증거기록 346-351쪽), 이와 같은 신탁계약 일부 해지의 경위에 비추어 보면 피해자로서는 질권설정자와 제3채무자가 아무런 합리적 이유 없이 질권의 목적인 권리의 소멸만을 위하여 계약관계를 합의해제하였다는 이유를 들어 제3채무자인 한국토지신탁에 대해서도 신탁계약의 일부해지가 무효라고 주장할 수 있다고 반드시 단정하기 어려울 뿐 아니라, 토지의 신탁계약에 기한 수익권에 관하여 권리질권을 설정 받은 것에 불과한 피해자가 그 신탁계약이 해지되어 신탁자에게 토지의 소유권이 복귀된 후 매도되거나 대출을 받으면서 설정된 담보권이 실행되어 소유권을 이전받은 제3자에게 위와 같은 권리질권을 주장하면서 토지의 소유권 자체를 추급하여 회복시킬 수는 없다고 할 것이므로, 피고인의 배임행위에 의하여 피해자에게 현실적인 재산상 손해가 발생하였다고 충분히 인정된다.

[참고판례 8] 대법원 1997. 11. 11. 선고 97다35375 판결 [구상금]

【이 유】

민법 제352조가 질권설정자는 질권자의 동의 없이 질권의 목적된 권리를 소멸하게 하거나 질권자의 이익을 해하는 변경을 할 수 없다고 규정한 것은 질권자가 질권의 목적인 채권의 교환가치에 대하여 가지는 배타적 지배권능을 보호하기 위한 것이므로, 질권설정자와 제3채무자가 질권의 목적된 권리를 소멸하게 하는 행위를 하였다고 하더라도 이는 질권자에 대한 관계에 있어 무효일 뿐이어서 특별한 사정이 없는 한 질권자 아닌 제3자가 그 무효의 주장을 할 수는 없다고 할 것이다.

원심이 같은 취지에서 이 사건 제1차 화재보험계약에 기한 보험금청구권에 질권이 설정되어 있었으므로 이 사건 공장 내의 기계 시설 등을 양도하면서 질권자인 소외 중소기업은행의 동의 없이 위 제1차 화재보험계약을 위 성낙용이 승계하지 않기로 하는 약정은 민법 제352조에 위반되어 무효라는 원고의 주장을 배척한 원심은 정당하고 거기에 소론과 같은 위법이 있다고 할 수 없다.

118. 대법원 2010. 8. 19. 선고 2010다31877 판결 [부당이득반환등(독립당사자참가의소)]

[논점] 토지거래허가구역 내에 있는 토지에 대한 매매계약과 소유권이전을 확보하기 위한 처분신탁계약이 체결되었으나 신탁계약이 사해행위로 취소된 경우, 유동적 무효 상태에 있던 위 매매계약은 확정적으로 무효가 되었다고 한 사례

【이 유】

1. 이 사건 매매계약의 효력에 관하여

국토의 계획 및 이용에 관한 법률상의 토지거래허가를 받지 않아 거래계약이 유동적 무효의 상태에 있는 경우 그와 같은 유동적 무효 상태의 계약은 관할 관청의 불허가처분이 있을 때뿐만 아니라 당사자 쌍방이 허가신청협력의무의 이행거절 의사를 명백히 표시한 경우에는 허가 전 거래계약관계, 즉 계약의 유동적 무효 상태가 더 이상 지속된다고 볼 수 없고 그 계약관계는 확정적으로 무효가 된다고 할 것이고, 그와 같은 법리는 거래계약상 일방의 채무가 이행불능임이 명백하고 나아가 그 상대방이 거래계약의 존속을 더 이상 바라지 않고 있는 경우에도 마찬가지라고 할 것이다(대법원 1997. 7. 25. 선고 97다4357, 4364 판결 등 참조).

한편, 채무의 이행불능이란 단순히 절대적·물리적으로 불능인 경우가 아니라 사회생활에 있어서의 경험법칙 또는 거래상의 관념에 비추어 볼 때 채권자가 채무자의 이행의 실현을 기대할 수 없는 경우를 말한다(대법원 1996. 7. 26. 선고 96다14616 판결, 대법원 2003. 1. 24. 선고 2000다22850 판결 등 참조).

원심이 인정한 사실과 기록에 의하면 다음의 사실을 알 수 있다. 원고는 2006. 5.경 케이씨자산유동환전문 유한회사로부터 소외인에 대한 17,401,363,368원 및 이에 대한 지연손해금 채권을 양도받았는데, 2008. 4. 17. 현재 그 원리금 채권은 28,545,858,154원에 달한다. 그러나 소외인의 적극재산은 16,728,398,983원에 불과하여 무자력이다. 한편, 소외인은 2007. 4. 27.경 토지거래허가구역 내에 있는 인천 서구 왕길동 (상세 지번 생략) 잡종지 237,062㎡(이하 '이 사건 토지'라 한다)의 자기 소유 지분 중 237,062분의 9917.4 지분(이하 '이 사건 토지지분'이라 한다)을 독립당사자참가인(이하 '참가인'이라 한다)에게 12억 원에 매도함에 있어, 그 매도대금을 소외인에 대한 대여금 채권자인 피고에게 지급하고 피고가 이를 수령하기로 약정하였다(이하 '이 사건 매매계약'이라 한다). 이에 따라 참가인은 2007. 10. 4.까지 12억 원을 피고에게 지급하였다. 그러나 피고의 소외인에 대한 대여금채권은 존재하지 아니한다. 다른 한편, 소외인은 2007. 5. 15. 참가인을 소유권취득예정자 겸 우선수익자로 지정하여 이 사건 토지 지분을 대한토지신탁 주식회사(이하 '대한토지신탁'이라 한다)에게 신탁하기로 하고(이하 '이 사건 신탁계약'이라 한다), 그에 따른 신탁등기를 마쳤다.[251] 이에 원고가 대한토지신탁을 상대로 이 사건 신

251) 원고의 소외인에 대한 원리금채권을 보전하기 위해서 이 사건 신탁계약이 탈법목적의 신탁으로 무효에 해당함을 이유로 소외인을 대위하여 대한토지신탁을 상대로 신탁등기 및 소유권이전등기말소청구를 하는 방안도 고려해 볼 수 있을 것이다.

탁계약이 사해신탁이라고 주장하면서 그 취소 등을 구하는 소를 제기하였고, 그 소송에서 소외인과 참가인은 대한토지신탁을 보조참가하였는데, 2009. 10.경 이 사건 신탁계약을 취소하고 대한토지신탁은 소외인에게 위 신탁등기의 말소등기절차를 이행하라는 내용의 원고 승소판결이 확정되었다. 이에 참가인은 2009. 11. 27. 이 사건 토지에 적치된 폐기물 등으로 인하여 관할관청으로부터 토지거래허가를 받는 것이 불가능하다는 등의 이유로 이 사건 매매계약을 해제한다는 의사표시를 소외인에게 하였고, 피고 역시 이 사건 매매계약이 해제되었다고 주장하고 있다.

이러한 사실관계를 앞에서 본 법리에 비추어 살펴보면, 위 사해신탁취소의 판결을 받은 원고가 조만간 그 판결에 기하여 대한토지신탁 앞으로 마쳐진 신탁등기를 말소하고 소외인에 대한 위 양수금채권에 기한 강제집행에 착수할 것이 예상되는데, 소외인은 무자력이므로 이를 저지할 방도가 없다고 할 것이므로, 이 사건 매매계약에 기한 소외인의 참가인에 대한 소유권이전등기의무는 사회통념상 그 이행을 기대할 수 없어 이행불능에 이르렀다고 봄이 상당하고, 따라서 유동적 무효상태에 있던 이 사건 매매계약은 확정적으로 무효가 되었다고 보아야 할 것이다.

그런데도 원심은 이와 달리 이 사건 매매계약이 여전히 유동적 무효의 상태에 있다고 판단하였으니, 이러한 원심 판단은 잘못이다.

2. 참가인의 부당이득반환청구의 가부에 관하여

제3자를 위한 계약관계에서 낙약자와 요약자 사이의 법률관계(이른바 기본관계)를 이루는 계약이 무효이거나 해제된 경우 그 계약관계의 청산은 계약의 당사자인 낙약자와 요약자 사이에 이루어져야 하므로, 특별한 사정이 없는 한 낙약자가 이미 제3자에게 급부한 것이 있더라도 낙약자는 계약해제 등에 기한 원상회복 또는 부당이득을 원인으로 제3자를 상대로 그 반환을 구할 수 없다(대법원 2005. 7. 22. 선고 2005다7566, 7573 판결 등 참조).

이를 앞에서 본 사실관계에 대비하여 보면, 소외인과 참가인이 이 사건 매매계약에 따른 매매대금 12억 원을 피고에게 지급하기로 한 것은 제3자를 위한 계약이라고 할 것인데, 이 사건 매매계약은 위에서 본 바와 같이 확정적으로 무효가 되었으나, 그 계약관계의 청산은 요약자인 소외인과 낙약자인 참가인 사이에서 이루어져야 할 것이므로 특별한 사정이 없는 한 참가인이 수익자인 피고에게 지급한 매매대금 상당액을 피고에 대하여 부당이득으로 반환을 구할 수는 없다고 할 것이다.

그렇다면 원심이 참가인의 피고에 대한 이 사건 청구를 배척한 조치는 정당하고, 앞에서 본 원심판결의 잘못은 판결 결과에 영향이 없다. 원심판결에는 상고이유로 주장하는 바와 같은 채증법칙 위반이나 심리미진 또는 법리오해 등의 위법이 없다.

[원심판결] 서울고등법원 2010. 3. 19. 선고 2009나77015, 112710 판결 [부당이득반환등(독립당사자참가의소)]

【주 문】

1. 피고의 항소를 기각한다.

2. 독립당사자참가인의 피고에 대한 청구를 기각한다.

3. 항소심에서의 소송비용 중 항소로 인한 부분은 피고가, 참가로 인한 부분은 독립당사자참가인이 각 부담한다.

【청구취지 및 항소취지】

1. 청구취지

가. 본소 : 피고는 원고에게 12억 원 및 그 중 2억 원에 대하여는 2007. 4. 27.부터, 10억 원에 대하여는 2007. 7. 31.부터 각 이 사건 소장부본 송달일까지는 연 5%, 각 그 다음날부터 다 갚는 날까지는 연 20%의 각 비율에 의한 금원을 지급하라.

나. 독립당사자참가 : 피고는 독립당사자참가인에게 12억 원 및 그 중 2억 원에 대하여는 2007. 4. 27.부터, 5억 원에 대하여는 2007. 7. 31.부터, 5억 원에 대하여는 2007. 10. 4.부터 각 2008. 11. 12.까지는 연 5%, 각 그 다음날부터 다 갚는 날까지는 연 20%의 각 비율에 의한 금원을 지급하라(독립당사자참가인은 당심에 이르러 참가신청을 하였다).

2. 항소취지

제1심 판결 중 피고 패소부분을 취소하고, 위 취소부분에 해당하는 원고의 청구를 기각한다.

【이 유】

(2) 판단

(가) 이 사건 매매계약의 해제 및 원상회복

살피건대, 먼저 국토이용관리법상 토지거래허가구역 내에 있는 토지에 관하여 소유권 등 권리를 이전 또는 설정하는 내용의 거래계약은 관할 시장·군수 또는 구청장의 허가를 받아야만 효력이 발생하고 허가를 받기 전에는 물권적 효력은 물론 채권적 효력도 발생하지 아니하여 무효라고 보아야 할 것이다. 따라서 허가받을 것을 전제로 하는 거래계약은 허가를 받을 때까지는 법률상 미완성의 법률행위로서 소유권 등 권리의 이전 또는 설정에 관한 거래의 효력이 전혀 발생하지 않으나 일단 허가를 받으면 그 계약은 소급하여 유효한 계약이 되고, 이와 달리 불허가가 된 때에 무효로 확정되므로 허가를 받기까지는 유동적 무효의 상태에 있다고 볼 것인바, 허가를 받을 것을 전제로 한 거래계약은 허가받기 전의 상태에서는 거래계약의 채권적 효력도 전혀 발생하지 않으므로 권리의 이전 또는 설정에 관한 어떠한 내용의 이행청구도 할 수 없고, 그러한 거래계약의 당사자로서는 허가받기 전의 상태에서 상대방의 거래계약상 채무불이행을 이유로 거래계약을 해제하거나 그로 인한 손해배상을 청구할 수 없다(대법원 1997. 7. 25. 선고 97다4357,4364 판결 등 참조). 소외 1이 참가인에게 소유권을 이전하여 주기로 한 이 사건 매매계약의 목적물은 토지거래허가구역 내에 있는 토지이고 이 사건 매매계약에 관하여 관할 관청의 토지거래허가를 받지 않은 이상 이 사건 매매계약이 비록 허가받을 것을 전제로 하는 계약이라 할지라도 허가를 받기까지는 유동적 무효의 상태에 있는 것이고, 이 사건 매매계약의 당사자인 참가인과 소외 1로서는 쌍방간에 이 사건 매매계약의 목적물에 대한 권리의 이전 등에 관한 어떠한 내용의 이행청구도 할 수 없을 뿐 아니라 이 사건 매매계약상의 채무불이행을 이유로 이 사건 매매계약을 해제할 수는 없으므로, 참가인의 이 사건 매매계약이 해제되었음을 전제로 하는 위 주장은 나머지 점에 나아가 살필 필요 없이 이유 없다.

(나) 이 사건 매매계약의 효력 및 부당이득반환

1) 국토이용관리법상 토지거래허가를 받지 않아 거래계약이 유동적 무효의 상태에 있는 경우, 유동적 무효 상태의 계약은 관할 관청의 불허가처분이 있을 때뿐만 아니라 당사자 쌍방이 허가신청협력의무의 이행거절 의사를 명백히 표시한 경우에는 허가 전 거래계약관계, 즉 계약의 유동적 무효 상태가 더 이상 지속된다고 볼 수 없으므로, 계약관계는 확정적으로 무효가 된다고 할 것이고, 그와 같은 법리는 거래계약상 일방의 채무가 이행불능임이 명백하고 나아가 상대방이 거래계약의 존속을 더 이상 바라지 않고 있는 경우에도 마찬가지라고 보아야 하며, 거래계약이 확정적으로 무효가 된 경우에는 귀책사유가 있는 자라고 하더라도 그 계약의 무효를 주장할 수 있다(대법원 1997. 7. 25. 선고 97다

4357,4364 판결 등 참조).

2) 이 사건 매매계약의 목적물은 소외 1이 대한토지신탁에게 신탁하였는데 그 신탁행위가 사해신탁이라는 이유로 취소, 말소하라는 판결이 확정된 사실, 소외 1은 이 사건 토지에 관한 토지거래허가의 가능 여부에 관하여 질의만 하였을 뿐 이 사건 매매계약 이후 토지거래허가 신청을 하지 않은 사실, 위 질의에 대하여 위 서구청은 이 사건 토지는 불법개발행위(폐기물의 적치)로 사법기관에 고발된 사실이 있고, 현재까지 위 불법개발행위가 치유되지 않아 토지거래계약 허가 신청시 불허가 대상이라는 취지의 회신을 한 사실, 참가인은 소외 1에게 이 사건 매매계약을 해제한다는 의사를 표시한 사실은 앞서 본 바와 같고, 원고가 2007. 7. 18. 이 사건 매매계약의 목적물에 관한 대한토지신탁 명의의 신탁 지분에 관하여 서울중앙지방법원 2007카합2139호로 가처분결정을 받은 사실은 을 제7호증의 기재에 의하여 인정된다.

3) 그러나 갑 제4호증, 을 제1호증의 각 기재에 의하여 인정되는 다음과 같은 사실, 즉 소외 1과 참가인은 이 사건 매매계약 제5, 6조 규정을 두어 이 사건 토지 위에 건축폐기물이 적치되어 있는 것을 고려하여 매매대금을 정하고 참가인이 이 사건 매매계약에 대한 토지거래허가절차를 담당하되 소외 1은 위 절차에 협조할 의무가 있음을 명시하고 있는 사실, 위 서구청의 회신은 참가인이 위 관련사건 서울중앙지방법원 2007가합57140호 사건의 소송자료로 제출하기 위하여 위 서구청에 이 사건 토지의 현황과 토지거래허가 여부에 대하여 문의한 데 대한 회신에 불과할 뿐인 사실에다가 위 사해신탁취소 판결에 의하여 이 사건 매매계약 목적물의 소유권이 소외 1에게 회복된 후 장차 원고가 이 사건 매매계약의 목적물에 관하여 강제집행을 할 가능성이 있다고 하더라도 그러한 사정만으로 소외 1의 참가인에 대한 이 사건 매매계약의 목적물에 대한 지분소유권이전등기의무가 이행불능으로 되었다고 볼 수는 없는 점 등을 보태어 보면, 위 2)항의 사정만으로 이 사건 매매계약이 확정적으로 무효로 되었다고 할 수 없고 달리 이를 인정할 증거가 없으므로, 이 사건 매매계약은 여전히 유동적 무효 상태인 것으로 판단된다.

4) 따라서 참가인의 이 사건 매매계약이 확정적으로 무효가 되었음을 전제로 하는 위 주장은 나머지 점에 나아가 살필 필요 없이 이유 없다.

[1심판결] 의정부지방법원 2009. 7. 10. 선고 2008가합10034 판결 [부당이득반환등]

【주 문】

1. 피고는 원고에게 1,200,000,000원 및 그 중 200,000,000원에 대하여는 2007. 4. 27.부터, 500,000,000원에 대하여는 2007. 7. 31.부터, 500,000,000원에 대하여는 2007. 10. 4.부터 각 2008. 11. 12.까지는 연 5%, 각 그 다음 날부터 다 갚는 날까지는 연 20%의 각 비율에 의한 금원을 지급하라.
2. 원고의 나머지 청구를 기각한다.
3. 소송비용은 피고가 부담한다.
4. 제1항은 가집행할 수 있다.

【청구취지】

피고는 원고에게 1,200,000,000원 및 그 중 200,000,000원에 대하여는 2007. 4. 27.부터, 1,000,000,000원에 대하여는 2007. 7. 31.부터 각 이 사건 소장 부본 송달일까지는 연 5%, 각 그 다음 날부터 다 갚는 날까지는 연 20%의 각 비율에 의한 금원을 지급하라.

【이 유】

(2) 판단

(가) 이 사건 매매계약의 성질

제3자를 위한 계약이라 함은 통상의 계약이 그 효력을 당사자 사이에서만 발생시킬 의사로 체결되는 것과는 달리 계약 당사자가 자기 명의로 체결한 계약에 의하여 제3자로 하여금 직접 계약 당사자의 일방에 대하여 권리를 취득하게 하는 것을 목적으로 하는 계약인바, 인정사실에 의하면, 소외 1과 주식회사 장형기업이 그들 명의로 이 사건 매매계약을 체결하면서 제3자인 피고로 하여금 직접 주식회사 장형기업에 대하여 매매대금을 수령할 수 있는 권리를 취득하게 하는 것을 목적으로 하였다고 할 것이므로, 이 사건 매매계약 중 매매대금 지급방법에 관한 계약은 제3자인 피고를 위한 계약이라 할 것이다.

(나) 소외 1의 피고에 대한 부당이득반환 청구권 유무

제3자를 위한 계약에 있어, 계약의 일방 당사자(이하 '낙약자'라고 한다)가 계약 상대방(이하 '요약자'라고 한다)과의 약정에 따라 계약 상대방과 또 다른 계약관계를 맺고 있는 제3자(수익자)에게 직접 급부한 경우, 그 급부로써 낙약자의 요약자에 대한 급부가 이루어질 뿐 아니라 요약자의 제3자에 대한 급부로도 이루어지는 것이므로 낙약자는 제3자를 상대로 법률상 원인 없이 급부를 수령하였다는 이유로 부당이득반환청구를 할 수 없고, 또한, 제3자가 낙약자에 대해 직접청구권을 갖는 것은 제3자를 위한 계약 자체의 효과로서 발생하는 것일 뿐 낙약자와 제3자 사이에는 아무런 원인관계도 존재하지 아니하는바, 낙약자와 요약자 사이의 법률관계(이른바 기본관계)가 무효이거나 해제되었다고 하더라도 그 계약관계의 청산은 계약의 당사자인 낙약자와 요약자 사이에 이루어져야 하므로, 낙약자는 제3자에 대하여 이미 급부한 것의 원상회복 또는 부당이득을 원인으로 한 반환을 구할 수 없다.

한편, 요약자와 제3자 사이의 법률관계(이른바 대가관계)는 낙약자의 제3자에 대한 급부의 법적 원인이 되므로 유효한 대가관계가 결여된 경우에는 요약자는 제3자로부터 부당이득의 법리에 의하여 이미 이행된 것의 반환이나 급부청구권의 양도를 구할 수 있다.

돌이켜 이 사건에 관하여 보건대, 이 사건 매매계약 중 매매대금 지급방법에 관한 계약이 제3자인 피고를 위한 계약이고, 피고가 그에 대한 수익의 의사표시를 하였으며, 주식회사 장형기업이 피고에게 매매대금 명목으로 12억 원을 지급하였고, 소외 1과 피고 사이의 대여금 채권·채무 관계가 부존재하며, 이 사건 매매계약 중 이 사건 토지 소외 1 지분 일부 매매계약이 유동적 무효 상태에 있음은 앞서 본 바와 같은바, 주식회사 장형기업이 피고에게 위 12억 원을 이미 지급한 이상, 이 사건 매매계약에 따라 피고는 부존재하는 소외 1에 대한 대여금 채권에 기하여 법률상 원인 없이 주식회사 장형기업으로부터 12억 원을 지급받아 이익을 얻었고, 소외 1은 위 12억 원의 지급을 받지 못함으로 인하여 손해를 입었다고 할 것이므로, 위 유동적 무효 상태의 확정 여부나 주식회사 장형기업과 소외 1 사이의 법률관계에 기한 양자의 청구권 유무에 관계없이 소외 1은 피고에 대하여 위 12억 원의 부당이득반환 청구권을 갖는다고 할 것이다.

119. 대법원 2010. 6. 24. 선고 2007다63997 판결 [배당이의]

[논점] 수탁자가 수익자 외의 신탁채권자에 대하여 부담하는 채무에 관한 이행책임이 신탁재산의 한도 내로 제한되는지 여부

【이 유】

나. 신탁사무의 처리상 발생한 채권을 가지고 있는 채권자는 수탁자의 일반채권자와 달리 신탁재산

에 대하여도 강제집행을 할 수 있고(신탁법 제21조[252] 제1항), 수탁자의 이행책임이 신탁재산의 한도 내로 제한되는 것은 신탁행위로 인하여 수익자에 대하여 부담하는 채무에 한정되는 것이므로(신탁법 제32조[253]), 수탁자가 수익자 이외의 제3자 중 신탁재산에 대하여 강제집행을 할 수 있는 채권자에 대하여 부담하는 채무에 관한 이행책임은 신탁재산의 한도 내로 제한되는 것이 아니라 수탁자의 고유재산에 대하여도 미치는 것으로 보아야 하며[254](대법원 2004. 10. 15. 선고 2004다31883, 31890 판결 등 참조), 수탁자가 파산한 경우에 신탁재산은 수탁자의 고유재산이 된 것을 제외하고는 파산재단을 구성하지 않는다(신탁법 제22조[255]).

원심판결 이유에 의하면, 원심은, 한국부동산신탁이 소외 회사로부터 수탁받은 이 사건 신탁사업을 수행하기 위하여 수급인인 정리회사와 사이에 신축공사 도급계약을 체결하였다가 발생한 지체상금 등 이 사건 정리채권은 신탁재산에 속하는 재산으로서 파산자 한국부동산신탁의 파산재단에 포함되지 아니한다고 전제한 다음, 파산자 한국부동산신탁에 대하여 이 사건 신탁사무의 처리상 발생한 구상금채권을 가진 원고로서는 파산자 한국부동산신탁의 파산관재인을 상대로 신탁재산에 속하는 이 사건 정리채권에 대한 가압류를 구할 수 있으므로[256] 이 사건 배당이의를 구할 당사자적격을 갖는다고 판단하였는바, 기록에 비추어 살펴보면 위와 같은 원심의 인정과 판단은 모두 정당한 것으로 수긍이 가고, 거기에 파산재단 및 신탁재산에 관한 법리오해 등의 위법이 없다.

120. 대법원 2010. 5. 13. 선고 2009다98980 판결 [전부금][257]

[논점] 부동산담보신탁계약에 기하여 신탁부동산을 공매(매각)할 경우 위탁자가 신탁회사에 대하여 가지는 장래의 배당금교부채권에 대한 압류의 경합 여부의 판단기준

【이 유】

1. 원심의 판단

원심은, 소외 1과 소외 2가 주식회사 외환은행(이하 '외환은행'이라고 한다)으로부터 13,000,000,000원을 대출받으면서 2003. 1. 8. 피고와 사이에, 소외 1과 소외 2가 각 2분의 1 지분씩 공유하는 이 사건 부동산에 관하여 위탁자를 소외 1과 소외 2, 우선수익자를 외환은행으로 하는 부동산담보신탁계약(이하 '이 사건 신탁계약'이라고 한다)을 체결하고, 신탁을 원인으로 한 소유권이전등기를 마친 사실, 피고는 소외 1 등이 위 대출원리금 채무의 지급을 지체하여 기한의 이익을 상실하자 외환은행의 요청에 따라 이 사건 부동산의 환가를 위한 공매절차를 진행하여 2004. 6. 9. 소외 3과 사이에 이 사건 부동산에 관하여 대금 6,526,000,000원으로 정하여 매매계약을 체결한 것을 비롯하여 그 후에도 몇차례 매매계약을 체결하였으나 각 매수인들이 대금지급채무를 지체하자 이를 이유로 각 매매계약 해제 통지를 하고 위약금을 몰취한 사실, 피고는 결국 2006. 7. 18. 이 사건 부동산을 대금 7,600,000,000원에 매도하고 소

252) 현행 신탁법 제22조.

253) 현행 신탁법 제38조.

254) 수익자 외의 제3자에 대해서는, 현행 신탁법상의 유한책임신탁이나 당사자간의 개별 약정에 의한 유한책임특약(실무에서는 수탁자가 제3자와 체결하는 계약서(공사도급계약서, 분양계약서 등)에는 수탁자는 신탁재산을 한도로 책임을 부담한다는 취지의 유한책임특약이 포함되고 있고 당사자 사이에서는 그 유효성이 인정된다고 보는 것이 일반적인 견해이다)이 없는 한 수탁자는 고유재산으로도 책임을 부담한다.

255) 현행 신탁법 제24조.

256) 구 신탁법 제21조(현행 신탁법 제22조) 제1항 단서의 '신탁사무의 처리상 발생한 권리(이 사건 구상금채권)'에 기한 신탁재산(이 사건 정리채권)에 대한 가압류이므로 허용된다.

257) 이 판결에 대한 평석은, 손흥수, 장래 불확정채권에 대한 압류경합의 판단기준, 민사집행법연구 Ⅰ, 진원사, 430면 이하를 참고할 것.

유권이전등기를 마쳐준 사실, 한편 원고는 2004. 9. 8. 청구금액을 500,000,000원으로 하여 '이 사건 부동산에 대하여 피고가 경매(공매)하여 소외 1이 피고로부터 지급받을 배당금교부청구권(이하 '이 사건 배당금교부채권'이라고 한다) 중 청구금액에 이를 때까지의 금액'에 대하여 채권압류 및 전부명령(이하 '이 사건 전부명령'이라고 한다)을 받았고,[258] 이 사건 전부명령은 2004. 9. 13. 피고에게 송달된 후 2004. 10. 1. 확정된 사실, 고양시는 이 사건 전부명령 발령 이전인 2004. 3. 2. 소외 1의 지방세 체납액 141,470,740원을 청구금액으로 하여 이 사건 배당금교부채권을 압류하였고, 소외 4도 2004. 3. 13. 청구금액을 300,000,000원으로 하여 이 사건 배당금교부채권 중 위 청구금액 상당에 대하여 가압류결정을 받은 사실, 이 사건 전부명령이 피고에게 송달될 당시 피고가 소외 1에게 배당가능하였던 금액은 피고가 공매절차에서 수령한 위약금 등 수입액에서 공매비용 등의 지출금액을 공제한 금액 중 소외 1의 지분인 2분의 1에 해당하는 583,080,642원인 사실, 원심 변론종결 당시 피고가 소외 1에게 배당가능하였던 금액은 이 사건 부동산의 최종 매각대금과 몰수한 위약금 등의 수입액 11,663,195,848원에서 우선수익자인 외환은행에 대한 배당금 7,694,322,691원과 피고가 지출하였거나 지출이 예상되는 각종 비용을 공제한 나머지 금액 중 1,044,518,349원인 사실을 인정한 다음, 장래 불확정채권인 이 사건 배당금교부채권에 대한 이 사건 전부명령이 압류의 경합으로 인하여 무효가 되는지 여부는 나중에 확정된 피압류채권액을 기준으로 판단할 것이 아니라, 피고에게 이 사건 전부명령이 송달된 2004. 9. 13. 당시의 피압류채권액을 기준으로 판단하여야 하는데, 이 사건 전부명령 송달 당시 소외 1이 피고로부터 지급받을 수 있는 이 사건 배당금교부채권액은 583,080,642원인 반면, 고양시의 압류금액, 소외 4의 가압류금액 및 이 사건 전부명령의 압류금액은 합계 941,470,740원으로 이 사건 배당금교부채권액보다 많으므로 압류의 경합에 해당한다고 하여 이 사건 전부명령을 무효라고 판단하고, 이 사건 전부명령에 기한 원고의 전부금청구를 기각하였다.

2. 상고이유 제1점에 대하여

이 사건 전부명령 송달 당시 피고와 소외 3 사이에 2004. 6. 9.자 매매계약과 동일한 내용의 매매계약이 다시 체결되었으므로 이 사건 전부명령의 피압류채권에 위 매매대금 6,526,000,000원을 포함하여 이 사건 전부명령의 압류경합 여부를 판단하여야 한다는 상고이유의 주장은 상고심에 이르러 처음으로 제기된 새로운 주장임이 기록상 명백하므로 적법한 상고이유가 될 수 없다.

뿐만 아니라 소정의 기간 내에 이행이 없으면 계약은 당연히 해제된 것으로 한다는 뜻을 포함하고 있는 이행청구는 이행청구와 동시에 그 기간 내에 이행이 없는 것을 정지조건으로 하여 미리 해제의 의사를 표시한 것으로 볼 수 있는바(대법원 1992. 12. 22. 선고 92다28549 판결 참조), 기록에 의하면, 소외 3이 2004. 6. 9. 피고와 매매계약을 체결하면서 중도금은 2004. 7. 9., 잔금은 2004. 8. 8.까지 각 지급한 후 소유권이전등기에 필요한 서류를 교부받기로 하였는데, 중도금과 잔금을 전혀 지급하지 아니하자, 피고는 2004. 8. 3. "2004. 8. 9.까지 중도금을 지급하지 않을 경우 별다른 통지 없이 계약이 자동 해제된다"는 취지의 통지를 한 사실, 소외 3은 2004. 8. 9.까지 200,000,000원만 송금하고 나머지 중도금 및 잔금을 지급하지 아니한 사실을 알 수 있는바, 사실관계가 위와 같다면 앞서 본 법리에 비추어 볼 때, 피고와 소외 3 사이의 2004. 6. 9.자 매매계약은 피고의 해제 통지에 의하여 2004. 8. 9. 적법하게 해제되었다고 할 것이다. 결국 원심이 이 사건 전부명령의 피압류채권에 위 매매대금 6,526,000,000원을 포함하지 아니하고 압류의 경합 여부를 판단한 것에는 위 매매계약이 해제되었다는 판단이 포함되어 있으므로 이에 관한 원심판결은 정당하고, 상고이유 주장은 이유 없다.

258) 실무상으로는 위탁자의 수익권을 (가)압류하는 것이 일반적이나, 이 사안의 경우에는 압류 이전에 신탁부동산에 대한 공매절차가 개시되었으므로 장래의 배당금교부청구권을 압류한 것으로 보인다. 만일 위탁자의 수익권에 대한 압류를 하였더라도 동일한 결론에 이르렀을지 생각해 보아야 할 것이다.

3. 상고이유 제2점에 대하여

원심이 이 사건 전부명령 송달 당시 피고가 공매절차에서 받아 보유하고 있던 위약금 상당의 수입액만을 기준으로 압류의 경합 여부를 판단한 것은 다음과 같은 이유로 수긍하기 어렵다.

장래의 불확정채권에 대하여 압류가 중복된 상태에서 전부명령이 있는 경우 그 압류의 경합으로 인하여 전부명령이 무효가 되는지의 여부는 나중에 확정된 피압류채권액을 기준으로 판단할 것이 아니라 전부명령이 제3채무자에게 송달된 당시의 계약상의 피압류채권액을 기준으로 판단하여야 하고(대법원 1998. 8. 21. 선고 98다15439 판결 참조), 장래의 불확정채권에 대한 전부명령을 허용하는 것은 가까운 장래에 채권이 발생할 것이 상당한 정도로 기대되기 때문이므로, 전부명령 송달 당시 피압류채권의 발생 원인이 되는 계약에 그 채권액이 정해지지 아니하여 그 채권액을 알 수 없는 경우에는 그 계약의 체결 경위와 내용 및 그 이행 경과, 그 계약에 기하여 가까운 장래에 채권이 발생할 가능성 및 그 채권의 성격과 내용 등 제반 사정을 종합하여 그 계약에 의하여 장래 발생할 것이 상당히 기대되는 채권액을 산정한 후 이를 그 계약상의 피압류채권액으로 봄이 상당하다.

기록에 의하면, 이 사건 신탁계약에는 위탁자인 소외 1 등이 우선수익자인 외환은행에 대한 대출원리금 채무를 이행하지 아니하여 피고가 이 사건 부동산을 공매하는 경우 그 매각대금 등 수입금에서 대출원리금에 해당하는 선순위 배당금과 환가수수료 등 공매비용을 공제한 잔액이 남아있으면 이를 위탁자들에게 교부하기로 하는 약정이 포함되어 있고, 이 사건 부동산의 처분은 경쟁입찰을 원칙으로 하되, 예정가격은 원칙적으로 감정평가 전문기관의 감정평가액 이상으로 수탁자가 결정하기로 한 사실, 이 사건 신탁계약에는 이 사건 부동산이 공매되는 경우 위탁자인 소외 1이 피고에 대하여 가지는 이 사건 배당금교부채권의 액수가 정해지지 아니하였으며, 이 사건 전부명령 송달 당시 이 사건 부동산이 매각되지 아니하여 그 액수가 확정되지 아니한 사실, 피고는 공매절차를 진행하면서 이 사건 전부명령을 송달받기 이전에 두 차례에 걸쳐 각 매매대금을 6,526,000,000원으로 한 매매계약을 체결하였다가 매수인들의 대금지급채무 불이행으로 이를 모두 해제한 사실, 이 사건 전부명령 송달 당시 피고는 위 각 매매계약의 해제로 인하여 몰취한 위약금에 그 금융이자를 합한 금액에서 당시까지의 공매비용을 뺀 1,166,161,285원(이 중 소외 1의 지분액은 583,080,642원이다) 상당의 수입을 얻고 있었던 사실, 이 사건 부동산이 2006. 7. 18. 최종 매각된 후 원심 변론 종결 당시 피고가 산정한 소외 1에 대한 배당예상액은 1,044,518,349원인 사실을 알 수 있다.

사실관계가 이와 같다면 앞서 본 법리에 비추어 볼 때, 이 사건 전부명령의 피압류채권인 소외 1의 피고에 대한 이 사건 배당금교부채권은 그 채권 발생의 기초가 되는 이 사건 신탁계약에 그 액수가 정해지지 아니하였으나, 그 채권 발생의 요건이 명확히 되어 있을 뿐만 아니라, 이 사건 전부명령 당시 공매절차가 진행 중이고 그 무렵 소외 1 등이 외환은행에 대한 대출원리금 채무를 변제할 만한 사정이 있다고 볼 아무런 자료가 없어 이 사건 전부명령 당시 가까운 장래에 채권의 발생이 상당히 기대되었으며, 또한 이 사건 배당금교부채권은 이 사건 부동산의 매각대금 등 수입금에서 선순위 배당금과 공매비용을 공제하는 것을 당연한 전제로 하여 발생하는 것이므로, 이 사건 전부명령 송달 당시 이 사건 신탁계약에 의하여 장래 발생할 것이 상당히 기대되는 이 사건 배당금교부채권액은 이 사건 전부명령 송달 당시의 이 사건 부동산의 시가 상당액(위 사실관계에 비추어 볼 때, 위 해제된 매매계약상의 매매대금 6,526,000,000원 상당액이 이에 해당될 수도 있다)에 당시까지 얻은 위약금 등의 수입금을 합한 총 수입액에서 이 사건 전부명령 송달 당시에 이 사건 부동산의 매각과 배당이 진행될 것을 전제로 하여 그 당시를 기준으로 산정한 우선배당금과 예상되는 환가수수료를 포함한 공매비용을 공제한 금액 중 소외 1의 지분에 해당하는 금액이라고 봄이 상당하고, 따라서 이 사건 전부명령이 압류경합으로 인하여 무효가 되는지 여부는 이 사건 전부명령 송달 당시의 이 사건 신탁계약상의 피압류채권액인 위 금액을 기준으로 판단하여야 한다.

그렇다면 원심으로서는 이 사건 신탁계약 및 이 사건 배당금교부채권의 성격과 내용, 이 사건 전부명령 송달 당시 예상되는 이 사건 부동산의 매각대금액이나 시가 상당액, 외환은행에 대한 우선배당금액 및 환가수수료를 포함한 공매비용 등에 관하여 더 심리한 후 이 사건 전부명령 송달 당시의 이 사건 신탁계약상의 이 사건 배당금교부채권액을 산정하여야 하는데도 원심은, 이 사건 전부명령 송달 당시 피고가 공매절차에서 받아 보유하고 있던 위약금과 그 금융이자를 합한 수입금액에서 당시까지의 공매절차비용을 공제한 나머지 금액 중 소외 1의 지분에 해당하는 금액만을 이 사건 신탁계약상의 피압류채권이라고 단정하고, 이를 기준으로 이 사건 전부명령에 대하여 압류의 경합이 있다고 판단하고 말았으니, 원심판결에는 장래 불확정채권에 대한 전부명령의 압류경합에 관한 법리를 오해하고 심리를 다하지 아니하여 판결에 영향을 미친 위법이 있다. 이를 지적하는 상고이유의 주장은 이유 있다.

[원심판결] 서울고등법원 2009. 10. 15. 선고 2009나7597 판결 [전부금]

【주 문】

1. 원고의 항소를 기각한다.
2. 항소비용은 원고가 부담한다.

【청구취지 및 항소취지】

제1심 판결을 취소한다. 피고는 원고에게 500,000,000원 및 이에 대하여 2004. 9. 13.부터 소장부본 송달일까지는 연 5%, 그 다음날부터 갚는 날까지는 연 20%의 각 비율로 계산한 돈을 지급하라.

【이 유】

2. 판단

원고의 이 사건 전부명령이 유효한지, 압류의 경합 상태에서 발령된 전부명령에 해당하여 무효인지 살핀다.

가. 원고의 이 사건 전부명령이 2004. 9. 13. 피고에게 송달되어 2004. 10. 1. 확정된 사실은 앞서 인용된 부분에서 본 바와 같고, 을 제5호증의 1, 2, 을 제6호증의 각 기재와 제1심 법원의 고양시장에 대한 사실조회촉탁결과에 변론 전체의 취지를 종합하면, 원고의 이 사건 전부명령이 있기 전인 2004. 3. 2.경 고양시가 소외 1의 지방세 체납액인 141,470,740원을 청구채권액으로 하여 이 사건 채권을 압류(2006. 8. 31. 위 채권압류가 해제되었다)한 압류명령이 그 무렵 피고에게 도달되었고, 2004. 3. 13. 소외 4가 분양대금채권 300,000,000원을 청구채권으로 하여 이 사건 채권을 가압류한 가압류명령이 그 무렵 피고에게 도달된 사실, 이 사건 전부명령 송달 당시 피고가 소외 1에게 배당가능한 금액은 피고가 담보신탁 받은 이 사건 각 부동산 매수인인 소외 3으로부터 수령한 계약금 및 위약금 등 수입액에서 공매비용 등의 비용을 지출한 금액 1,166,161,285원 중 소외 1의 지분인 2분의 1에 해당하는 583,080,642원(1,166,161,285원÷2, 원 미만 버림) 상당인 사실, 이 사건 변론종결 당시 피고가 소외 1에게 배당가능한 금액은 이 사건 각 부동산의 최종매각대금과 중간매수인인 소외 3, 소외 6 주식회사 등으로부터 몰수한 위약금 등의 수입액 합계 11,663,195,848원 상당에서, 담보신탁계약상의 우선수익자인 주식회사 외환은행에 대한 배당금 7,694,322,691원과 피고가 지출하였거나 지출이 예상되는 각종 비용을 공제한 나머지 금액 중 1,044,518,349원 상당인 사실을 인정할 수 있다.

나. 민사집행법 제229조 제3항은 '전부명령이 있는 때에는 압류된 채권은 지급에 갈음하여 압류채권자에게 이전된다', 제5항은 '전부명령이 제3채무자에게 송달될 때까지 그 금전채권에 관하여 다른 채권

자가 압류, 가압류 또는 배당요구를 한 경우에는 전부명령은 효력을 가지지 아니한다'고 규정하고 있고, 제231조는 '전부명령이 확정된 경우에는 전부명령이 제3채무자에게 송달된 때에 채무자가 채무를 변제한 것으로 본다'고 규정하고 있으며, 제235조 제1항은 '채권 일부가 압류된 뒤에 그 나머지 부분을 초과하여 다시 압류명령이 내려진 때에는 각 압류의 효력은 그 채권 전부에 미친다'고 규정하고 있으며, 제291조는 가압류집행에 대하여 본집행에 관한 규정을 준용하고 있다.

따라서, 전부명령이 확정되면 피압류채권은 제3채무자에 송달된 때에 소급하여 집행채권의 범위 안에서 당연히 전부채권자에 이전되고 동시에 집행채권 소멸의 효력이 발생한다. 다만, 동일한 채권에 관하여 여러 개의 압류명령 또는 가압류명령이 있는 경우 각 압류명령 또는 가압류명령의 압류액의 합계가 압류의 대상인 채권의 액보다 많은 경우 압류의 경합에 해당하고, 전부명령이 제3채무자에게 송달될 때까지 피압류채권에 관하여 압류가 경합되면 전부명령은 무효이다.

다. 장래의 불확정채권에 대하여 압류가 중복된 상태에서 전부명령이 있는 경우 그 압류의 경합으로 인하여 전부명령이 무효가 되는지의 여부는 나중에 확정된 피압류채권액을 기준으로 판단할 것이 아니라 전부명령이 제3채무자에게 송달된 당시의 계약상의 피압류채권액을 기준으로 판단하여야 한다(대법원 1998. 8. 21. 선고 98다15439 판결 참조). 또한, 전부명령이 선행 가압류신청의 취하통지서가 제3채무자에게 송달되어 그 가압류집행의 효력이 소멸되기 전에 압류가 경합된 상태에서 발령되어 무효인 경우, 한번 무효로 된 전부명령은 그 후 채권가압류의 집행해제로 압류의 경합 상태에서 벗어났다고 하여 그 효력이 되살아나지 않는다(대법원 2008. 1. 17. 선고 2007다73826 판결 참조).

라. 앞서 본 바와 같이, 이 사건 전부명령과 고양시의 압류명령 및 소외 4의 가압류명령의 피압류채권은 제3채무자인 피고가 이 사건 각 부동산을 공매한 다음 소외 1이 피고로부터 지급받을 배당금교부청구채권인바, 이 사건 각 부동산이 최종적으로 매각된 것은 2006. 7. 18. 이므로 이 사건 전부명령과 고양시의 압류명령 및 소외 4의 가압류명령은 위 피압류채권액의 확정에 불확실한 요소가 내포되어 있는 장래의 불확정채권에 대한 압류라고 보아야 한다. 따라서, 이 사건 전부명령이 압류의 경합으로 인하여 무효가 되는지 여부는 나중에 확정된 피압류채권액을 기준으로 판단하지 아니하고, 피고에게 전부명령이 송달된 2004. 9. 13. 당시의 피압류채권액을 기준으로 판단하여야 할 것이다.

이 사건 전부명령이 송달될 당시 소외 1이 피고로부터 지급받을 수 있는 배당금 채권액은 583,080,642원 상당인 반면, 고양시의 압류명령의 압류액은 141,470,740원, 소외 4의 가압류명령의 압류액은 300,000,000원, 이 사건 전부명령의 압류액은 500,000,000원으로서 그 합계액이 941,470,740원(141,470,740원 + 300,000,000원 + 500,000,000원)인바, 압류의 대상인 위 583,080,642원의 배당금 채권액보다 위 압류채권액이 많아 압류의 경합에 해당하므로 원고의 이 사건 전부명령은 무효라고 할 것이다(이 사건 전부명령이 압류의 경합 상태에서 발령되어 무효인 이상 그 후 고양시의 채권가압류가 집행해제 되었다 하더라도 전부명령의 효력에 아무런 영향을 미치지 아니한다).

[1심판결] 서울동부지방법원 2008. 12. 12. 선고 2007가합15293 판결 [전부금]

【주 문】

1. 원고의 청구를 기각한다.
2. 소송비용은 원고가 부담한다.

【이 유】

다. 판단

원고가 전부받은 이 사건 채권, 즉 소외 1의 피고에 대한 배당금교부채권 중 원고의 청구금액 500,000,000원에 이를 때까지의 금원은 이 사건 각 부동산의 매각에 따른 수입(이 사건 각 부동산의 매각대금에 위에서 본 바와 같이 매수인들로부터 위약금으로 몰취한 금원 및 그에 대한 금융이자 등을 합한 금액)에서 피고의 환가 수수료와 매각을 위하여 지출한 각종 비용 및 우선수익자의 배당금을 공제하여야 산정될 수 있는 것인데, 위 인정사실에 의하면, 피고가 2006. 7. 18. 소외 9 및 기독교대한감리회 **교회에게 이 사건 각 부동산을 최종적으로 매도하여 매매대금을 지급받기는 하였으나, 2차 매매계약에 따라 피고가 소외 8 및 ○○교회로부터 몰취한 620,000,000원의 계약금반환을 둘러싼 소송이 이 사건 변론종결일 현재 계속 중이어서 이 사건 각 부동산의 매각에 따른 수입액 자체를 확정할 수 없으므로, 원고가 전부받은 이 사건 채권은 이행기 미도래의 채권에 해당한다고 할 것이다.

그럼에도 원고는 이 사건 전부명령에 기한 전부금의 현재 이행을 구하고 있으므로, 이와 다른 전제에 선 원고의 위 주장은 이유 없다(한편, 원고의 이 사건 청구에 장래의 이행을 구하는 취지가 포함된 것이라고 보더라도, 피고가 이 사건 전부명령에 기한 전부금채무의 존재나 그 범위 등을 다투는 등 이행기가 도래하였을 때 임의이행을 기대할 수 없는 사정이 있다고 볼 만한 자료가 없다).

121. 대법원 2010. 4. 29. 선고 2009다99129 판결 [사해행위취소등]

[논점] 매도인이 매매목적물인 부동산을 신탁하고 소유권이전등기를 마치자 매수인이 위 부동산 소유권이전등기의무의 이행불능에 따른 손해배상청구권을 피보전권리로 하여 위 신탁이 사해행위에 해당한다고 주장한 사안에서 위 신탁이 사해행위에 해당하는지 여부

【이 유】

1. 원고의 상고이유에 대한 판단

가. 상고이유 제1점에 대하여

기록에 의하면, 원고는 원심이 이 사건 사해행위취소청구의 피보전채권이 무엇인지를 밝히라고 석명준비명령을 한 데 대하여, 원심판결의 별지목록 제1항 및 제2항 기재 각 부동산에 관하여 원고에게 소유권이전등기해 줄 의무를 지는 주식회사 대림기획(이하 '대림기획'이라고만 한다)이 그 의무를 이행하지 아니한 채 위 각 부동산에 관하여 피고에게 신탁을 원인으로 한 소유권이전등기를 경료함으로써 원고에 대한 이전등기 의무가 이행불능된 데 따른 손해배상청구권이라고 주장하였고, 원심은 그 주장에 대하여 판단하였음을 알 수 있다. 그렇다면 원심판결에 이 사건 청구의 피보전채권에 관한 심리미진이나 석명 또는 지적의무 위반 등의 위법이 있다고 할 수 없다. 그리고 대림기획이 위 각 부동산을 피고에게 신탁하기에 앞서 여러 차례 신탁 등을 원인으로 한 이전등기 등을 반복한 바 있어 그 때에 이미 원고에 대한 소유권이전등기의무가 이행불능에 이르렀고 그에 따른 원고의 손해배상채권이 이 사건 사해행위취소청구에 있어서의 피보전채권이라는 주장은 상고심에서 비로소 주장하는 것으로서 적법한 상고이유가 되지 못한다.

나. 상고이유 제2점에 대하여

사해행위 당시에 채무자가 채무초과 상태에 있었다는 점은 이를 주장하는 채권자가 주장·입증하여야 한다.

원심은 그 채택 증거에 의하여 대림기획이 위 별지목록 제1항 기재 부동산을 피고에게 신탁한 2007. 8. 10. 당시에 위 별지목록의 표제부에 기재된 이 사건 건물 중 802호, 803호를 비롯하여 15개 점포를 소유하고 있었던 사실 등을 인정한 다음, 그 당시 위 별지목록 제1항 기재 부동산이 대림기획의 유일한

재산이었다고 할 수 없고, 달리 대림기획이 채무초과 상태에 있었다고 볼 수 없으므로 위 신탁계약을 원고에 대한 사해행위라고 볼 수 없다고 판단하였다.

위 법리와 기록에 비추어 살펴보면, 원심의 판단은 정당하고, 거기에 상고이유로 주장하는 바와 같은 법리오해나 채증법칙 위반 등의 위법이 없다.

2. 피고의 상고이유에 대한 판단

채권자취소권에 의하여 보호될 수 있는 채권은 원칙적으로 사해행위라고 볼 수 있는 행위가 행하여지기 전에 발생된 것임을 요한다(대법원 1978. 11. 28. 선고 77다2467 판결, 대법원 1995. 2. 10. 선고 94다2534 판결 등 참조).

한편, 매수인에게 부동산의 소유권이전등기를 해줄 의무를 지는 매도인이 그 부동산에 관하여 다른 사람에게 이전등기를 마쳐 준 때에는 매도인이 그 부동산의 소유권에 관한 등기를 회복하여 매수인에게 이전등기해 줄 수 있는 특별한 사정이 없어야 비로소 매수인에 대한 소유권이전등기의무가 이행불능의 상태에 이르렀다고 할 수 있다(대법원 1985. 9. 10. 선고 85다카507 판결 등 참조).

원심이 인정한 사실과 기록에 의하면, 대림기획은 위 별지목록 제1항 및 제2항 기재 각 부동산을 주식회사 쉐라톤무역 또는 주식회사 쉐라톤산업에게 분양하였고, 원고는 대림기획의 승낙을 받아 그 수분양자지위를 승계하였으므로 대림기획은 원고에게 위 각 부동산에 관한 소유권이전등기절차를 이행할 의무를 지고 있었던 사실, 그런데 대림기획은 2006. 12. 12. 위 별지목록 제2항 내지 제5항 기재 각 부동산을 일괄하여 피고에게 신탁하고, 2006. 12. 14. 그 이전등기를 마쳤으며, 그 후 2007. 8. 7. 위 별지목록 제1항 기재 부동산 중 49.38분의 18.453 지분을 피고에게 신탁하고, 2007. 8. 10. 그 이전등기를 마친 사실을 알 수 있다.

이러한 사실관계를 앞에서 본 법리에 비추어 살펴보면, 대림기획이 위 별지목록 제2항 기재 부동산을 2006. 12. 12. 피고에게 신탁하고 그 이전등기를 마친 것만으로는 신탁의 성질상 대림기획이 그 부동산의 소유권에 관한 등기명의를 회복하여 원고에게 이전등기해 주는 것이 불가능하게 되었다고 단정할 수 없고, 따라서 원고가 대림기획에 대하여 위 별지목록 제2항 기재 부동산의 소유권이전등기의무의 이행불능에 따른 손해배상청구권을 가진다고 단정할 수 없으며, 위 별지목록 제2항 기재 부동산과 일괄하여 위 별지목록 제3항 내지 제5항 기재 각 부동산을 피고에게 신탁, 등기한 것이 원고에 대한 관계에서 사해행위에 해당한다고 단정할 수도 없다고 할 것이다.[259]

그럼에도 원심은 이와 다른 전제에서, 대림기획이 위 별지목록 제3항 내지 제5항 기재 각 부동산을 피고에게 신탁, 등기한 것이 원고에 대한 관계에서 사해행위에 해당한다고 판단하여 그 취소와 원상회복을 구하는 원고의 이 부분 청구를 인용하고 말았으니, 원심판결에는 채권자 취소에 관한 법리를 오해하여 판결에 영향을 미친 위법이 있다고 할 것이다.[260] 이러한 취지가 포함된 상고이유의 주장은 이유 있다.

---

259) 별지목록 제2항 기재 부동산(210호 점포)에 대한 이 사건 제1신탁계약에 따른 소유권이전등기의무 이행불능으로 인한 손해배상채권을 피보전권리로 한 별지목록 제3항 내지 제5항 기재 부동산에 대한 이 사건 제1신탁계약을 사해행위로 취소를 구한다고 하더라도, 이 사건 제1신탁계약만으로는 210호 점포에 대한 소유권이전등기의무에 대한 이행불능 및 그로 인한 손해배상청구권을 단정할 수 없어 피보전권리를 인정할 수 없다는 취지로 이해된다. 그런데, 아래 대법원 98다56690 판결[참고판례 9]의 논리에 비추어 보면, 가사 이 사건 제1신탁계약으로 인해 210호 점포에 대한 이행불능으로 인한 손해배상청구권이 인정된다 하더라도, 그와 같은 손해배상채권은 이 사건 제1신탁계약에 의해 비로소 발생한 것이므로 사해행위의 피보전권리가 될 수 없다고 보아야 하지 않을까 생각된다.

260) 아래 대법원 98다56690 판결[참고판례 9]에 따르면, 가사 이 사건 제1신탁계약으로 인해 210호 점포에 대한 이행불능으로 인한 손해배상청구권이 인정된다 하더라도, 그와 같은 손해배상채권은 이 사건 제1신탁계약에 의해 비로소 발생한 것이어서 사해행위의 피보전권리가 될 수 없다고 보아야 하지 않을까 생각된다.

[원심판결] 서울고등법원 2009. 10. 28. 선고 2008나101287 판결 [사해행위취소등]

【주 문】

1. 제1심 판결 중 별지 목록 제1항 및 제2항 기재 부동산에 대한 피고 패소부분을 모두 취소하고, 그 취소부분에 해당하는 원고의 청구를 모두 기각한다.

2. 피고의 나머지 항소를 모두 기각한다.

3. 소송총비용은 이를 5분하여 그 중 2는 원고의, 나머지는 피고의 각 부담으로 한다.

【청구취지 및 항소취지】

1. 청구취지

가. 별지 목록 제1항 기재 부동산에 관하여,

(1) 피고와 주식회사 대림기획 사이에 2007. 8. 7. 체결된 신탁계약을 취소하고,

(2) 피고는 원고에게 서울남부지방법원 구로등기소 2007. 8. 10. 접수 제67385호로 마친 지분이전등기의 말소등기절차를 이행하라.

나. 별지 목록 제2 내지 5항 기재 각 부동산에 관하여,

(1) 피고와 주식회사 대림기획 사이에 2006. 12. 12. 체결된 각 신탁계약을 취소하고,

(2) 피고는 원고에게 서울남부지방법원 구로등기소 2006. 12. 14. 접수 제115716호로 마친 각 소유권이전등기의 말소등기절차를 이행하라.

2. 항소취지

제1심 판결을 모두 취소한다. 원고의 청구를 모두 기각한다.

【이 유】

1. 기초사실

가. 주식회사 대림기획(이하 '대림기획'이라 한다)은 서울 금천구 독산동 (지번 생략) 대 2,062㎡(이하 '이 사건 대지'라 한다) 지상에 별지 목록 표시와 같은 10층 ○○시장 주상복합건물(이하 '이 사건 건물'이라 한다)을 신축한 회사로서, 2000. 10. 24.경 주식회사 쉐라톤무역(이하 '쉐라톤무역'이라 한다)과 사이에 별지 목록 제1항 기재 부동산(업종 현상소, 분양면적 43.37㎡, 이하 '201호 점포'라 한다)을 131,100,000원에 분양하는 계약(이하 '이 사건 제1분양계약'이라 한다)을 체결한 후, 2001. 9.경 쉐라톤무역의 요구에 따라 수분양자명의를 주식회사 쉐라톤산업(이하 '쉐라톤산업'이라 한다)으로 변경하면서 계약일자를 2000. 12. 20.로 소급하여 기재하는 한편, 2001. 9. 22.경 쉐라톤산업과 사이에 별지 목록 제2항 기재 부동산(업종 문구점, 분양면적 42.44㎡, 이하 '210호 점포'라 한다)을 128,300,000원에 분양하는 내용의 계약(이하 '이 사건 제2분양계약'이라 한다)을 체결하였다.

라. 이후 대림기획은 2004. 4. 20.경 소외 2의 경매신청에 의하여 이 사건 건물 내 127개 점포에 대하여 대위에 의한 소유권보존등기를 경료하게 되었음에도 원고에게 201호 및 210호 점포에 대한 소유권이전등기절차를 이행하지 않은 채, 피고에게 2006. 12. 14. 210호 점포가 포함된 별지 목록 제2 내지 5항 기재 각 부동산에 관하여 서울남부지방법원 구로등기소 접수 제115716호로 2006. 12. 12.자 신탁계약(이하 '이 사건 제1신탁계약'이라 한다)을 원인으로 한 각 소유권이전등기를, 2007. 8. 10. 201호 점포에 관하여 같은 등기소 접수 제67385호로 2007. 8. 7.자 신탁계약(이하 '이 사건 제2신탁계약'이라 한다)을 원인으로 한 지분이전등기를 각 경료하였다(대림기획은 2005. 10. 21.경 대림기획의 감사인 소외 3

에게 신탁등기를 경료한 후 채권자들에 의한 처분금지가처분등기가 경료되자 2006. 4. 19. 대림기획 명의로 등기를 회복한 이래 2008.초순경까지 소외 3에게 총 2차례, 피고에게 총 2 내지 5차례에 걸쳐 신탁등기를 반복하였다).

마. 이 사건 건물은 대림기획이 소유하고 있던 유일한 부동산이었던바, 대림기획은 2006. 12.경 별지 목록 제2 내지 5항 기재 부동산에 관하여 이 사건 제1신탁계약에 기한 신탁등기를 각 경료함으로써 이 사건 건물 내 127개 점포 중 123개 점포에 관하여 피고에게 신탁등기를 경료하였고, 나머지 4개 점포에 관하여 제3자 명의로 소유권이전등기를 각 경료하였다.

바. 대림기획은 2007. 6. 8. 피고로부터 이 사건 건물 중 150호, 151호, 152호, 202호, 209호, 214호, 218호, 301호, 305호, 306호, 308호, 309호, 310호(이하 '이 사건 13개 점포'라 한다)에 관하여 2007. 5. 16.자 신탁재산의 귀속을 원인으로 한 소유권이전등기를 각 경료하였고, 그 이전인 2007. 2. 16. 이 사건 건물 중 802호와 803호에 관하여 2007. 2. 15.자 신탁재산의 귀속을 원인으로 한 소유권이전등기를 각 경료하였다.

2. 피보전채권의 성립

위 인정사실에 의하면, 대림기획이 피고에게 201호 및 210호 점포에 관하여 이 사건 각 신탁계약에 기한 소유권이전등기를 경료함으로써 원고에 대한 소유권이전등기의무의 이행이 불가능하게 된 이상, 대림기획으로서는 원고에 대하여 최소한 위 201호 및 210호 점포에 대한 분양대금 합계 259,400,000원(= 131,100,000원 + 128,300,000원) 상당의 손해배상채무를 부담하게 되었다고 봄이 상당하다 할 것이다.

이에 대하여 피고는, 대림기획이 쉐라톤무역이나 쉐라톤산업으로부터 당좌수표나 어음을 빌려 사용하면서 그 담보를 위하여 이 사건 각 분양계약을 체결해 준 것에 불과하였지 실제 분양대금을 수령한 후 위 각 점포를 분양해 준 것은 아니었고, 더구나 쉐라톤산업이 부도가 나는 바람에 당좌수표 등을 더 이상 빌릴 수 없게 된 이상 분양계약서 약정서(을 제4호증)에 의하여 이 사건 각 분양계약이 모두 무효화되었고, 원고 역시 이러한 사실을 피고나 쉐라톤산업의 대표이사인 소외 4로부터 설명을 들어 잘 알고 있었던 이상 대림기획으로서는 원고에 대하여 이 사건 각 분양계약에 기한 어떠한 의무도 부담하지 않는다는 취지로 주장한다.

살피건대, 당심의 우리은행 수신서비스센터장에 대한 사실조회결과에 의하면, 쉐라톤무역이 2001. 1. 16., 쉐라톤산업이 2001. 12. 19. 각 부도가 난 사실은 인정이 되나, 나아가 을 제1호증의 1, 2, 을 제4호증, 을 제6호증, 을 제8호증의 1 내지 6, 을 제30호증의 각 기재만으로는 피고의 위 주장사실을 인정하기에 부족하고 달리 이를 인정할 만한 증거가 없을 뿐만 아니라, 가사 그렇다고 하여도 위에서 거시한 증거들에 을 제3호증, 을 제5호증, 을 제7호증, 을 제9호증 내지 을 제11호증을 더하여도 원고가 이 사건 각 분양계약을 승계할 당시 위 계약들이 담보용에 불과하였기에 수표 등이 부도가 날 경우 이 사건 각 분양계약서가 무효화될 수 있다는 점을 알았다거나 중대한 과실로 인하여 이를 알지 못하였다는 점을 인정하기에 부족하고, 달리 이를 인정할 만한 증거가 없는 이상, 원고의 이 사건 각 분양계약상의 수분양자 지위승계에 대하여 아무런 이의를 유보하지 않고 승낙한 대림기획으로서는 201호 및 210호 점포에 대한 소유권이전등기의무를 부담하며 그 의무가 이행불능이 되었다면 이에 갈음하는 손해배상의무를 부담한다고 봄이 상당하므로 피고의 위 주장은 이유 없다.

3. 사해행위의 성립 여부

가. 201호 및 210호 점포에 대하여

원고는, 201호 및 210호 점포에 대한 소유권이전등기청구권이 대림기획의 피고에 대한 신탁으로 인하여 이행불능이 되어 손해배상청구권으로 전환되었으므로 이를 피보전채권으로 하여 위 점포들에 관한 대림기획의 피고에 대한 신탁행위 자체를 사해행위라는 이유로 취소를 구하고 있다.

살피건대, 채무자가 법률행위를 할 당시에 채권자의 채권이 특정물의 급부를 목적으로 한 것이라면 그 후 채권이 이행불능으로 인하여 손해배상청구권으로 변한다고 할지라도 그 전에 한 채무자의 법률행위를 사해행위라 하여 취소를 청구할 수 없다고 할 것인바(대법원 1957. 6. 13. 선고 4290민상3 판결, 1969. 1. 28. 선고 68다2022 판결 등 참조), 부동산의 신탁으로 인한 이행불능은 신탁이 무효이거나 취소되는 등으로 인하여 그 부동산이 신탁자 앞으로 회복될 가능성이 없음을 전제로 하는 것인데, 신탁행위를 사해행위라고 하여 취소할 수 있다고 한다면 신탁목적물에 대한 급부청구권을 가지고 있는 채권자에 대한 관계에서는 이행불능이라고 할 수 없고, 따라서 그 채권이 손해배상채권으로 변환될 수도 없다고 보아야 할 것이므로, 특정물인 201호 및 210호 점포에 관한 원고의 대림기획에 대한 소유권이전등기청구권이 대림기획의 피고에 대한 신탁으로 인하여 이행불능이 되어 손해배상청구권으로 바뀌었다고 할지라도 위 점포들에 관한 대림기획의 피고에 대한 신탁행위를 사해행위라고 하여 취소를 구할 수 없다고 할 것이다.

더구나, 210호 점포[261]에 대한 이 사건 제2신탁계약 당시 내지 그 등기가 이루어진 2007. 8. 10. 당시에 이 사건 13개 점포 및 이 사건 건물 중 802호, 803호가 대림기획의 소유로 남아 있었던 사실은 위에서 본 것과 같으므로 당시 210호 점포가 채무자인 대림기획의 유일한 재산이었다고 할 수 없고, 나아가 대림기획이 채무초과 상태에 있었다고 볼 수 없으므로 이 사건 제2신탁계약은 사해행위에 해당하지 않는다고 할 것이다.[262]

나. 별지 목록 제3 내지 5항 기재 부동산에 대하여

살피건대, 별지 목록 제3 내지 5항 기재 부동산(이하 '이 사건 3개 점포'라 한다)에 대한 2006. 12. 12.자 이 사건 제1신탁계약 당시 대림기획에게 별다른 재산이 없었던 사실은 위에서 본 것과 같다.

나아가 당시 대림기획이 채무초과 상태에 있었는지 여부에 대하여 살펴보건대, 을 제18호증 내지 을 제22호증(각 가지번호 포함)의 각 기재 및 당심의 남대문세무서장에 대한 사실조회결과에 의하면, ① 대림기획은 2002. 6.경 소외 2에게 4억 원의 어음공정증서를 작성해 주었던바, 소외 2는 위 공정증서에 기하여 이 사건 건물의 각 점포에 대하여 서울남부지방법원 2003타경32046호로 부동산강제경매를 신청하였다가 2007. 3. 20.경 이 사건 13개 점포 등에 대하여 위 경매신청을 취하하였고, 대림기획은 2007. 6. 26. 서울중앙지방법원 2007년금제10066호로 위 공정증서에 기한 채무 4억 원을, 2008. 3. 14. 위 법원 2008년금제4052호로 31,726,027원을 각 변제공탁한 사실, ② 대림기획은 소외 2가 강제경매신청을 하면서 이 사건 건물에 대한 보존등기를 대위하여 함으로 인하여 발생한 등록세 등 40,000,000원 상당의 체납세액에 대한 지급책임을 부담하고 있다가 2009. 1. 14. 이를 납부한 사실, ③ 대림기획은 2001.경 소외 5에 대하여 서울중앙지방법원 2000가단330597(본소), 2001가단137887(반소) 사건의 조정성립에 따른 금전지급채무를 부담하고 있었던바, 소외 5는 위 조정조서에 기하여 이 사건 건물의 각 점포에 대하여 서울남부지방법원 2004타경23667호로 부동산강제경매를 신청하였다가 2007. 3. 20.경 이 사건 13개 점포 등에 대하여 위 경매신청을 취하하였고, 대림기획은 2007. 6. 27. 위 법원 2007년금제1841호로 소외 5에 대한 채무변제를 위하여 44,545,589원을 변제공탁한 사실, ④ 소외 6은 대림기획에 대한 채권자로서 이 사건 건물의 각 점포에 대하여 서울남부지방법원 2004타경6624호로 부동산강제경매를 신청하였다가, 2007. 3. 20. 이 사건 13개 점포 등에 대하여 위 경매신청을 취하하였고, 대림기획은 소외 6에게

261) 위에서 설시한 사실관계에 따르면 201호 점포의 오기로 보인다.

262) 이 사건 제1신탁계약에 따라 210호 점포에 대한 이행불능이 인정되어 그로 인한 손해배상청구권을 피보전권리로 하여 이 사건 제2신탁계약에 대한 사해행위의 취소를 구한다고 하더라도 채무초과상태에 있었다고 볼 수 없으므로 201호 점포에 대한 이 사건 제2신탁계약은 사해행위에 해당하지 않는다는 취지로 이해된다.

2008. 6. 9.경 20,000,000원, 2009. 1. 7.경 3억 원, 같은 달 15.경 1억 원 등 합계 4억 3천만 원을 지급한 사실, ⑤ 대림기획은 2000. 9.경 소외 7 주식회사에 대하여 이 사건 건물의 일부 공사를 도급주었다가 서울고등법원 2005나54236(본소), 2005나54243(반소) 사건의 판결에 기하여 30,012,000원의 금전지급 채무를 부담하게 되었던바, 그 후 2008. 11. 26. 서울중앙지방법원 2008가합60631호 청구이의의 소에 기한 조정이 성립되자, 2009. 1. 15. 소외 7 주식회사를 위하여 위 법원 2009년금제85호로 33,000,000원을 변제공탁한 사실이 인정되므로, 대림기획은 2006. 12. 14.경 최소한 9억 원 이상의 채무(대림기획의 소외 2에 대한 채무 431,726,027원 + 등록세 등 40,000,000원 + 소외 5에 대한 채무 44,545,589원 + 소외 6에 대한 채무 4억 3천만 원 + 소외 7 주식회사에 대한 채무 33,000,000원을 합하면 모두 979,271,616원이 되나, 2006. 12. 14. 이후 증가된 이자 등을 감안함)를 부담하고 있었다.

따라서, 대림기획은 채무초과 상태에서 210호 이외의 유일한 재산인 이 사건 3개 점포를 피고에게 신탁한 이상 이는 부족상태에 있던 공동담보를 더욱 감소시키는 사해행위에 해당하고, 대림기획은 이 사건 제1신탁계약 체결 당시 이로 인하여 채권자들의 채권에 대한 공동담보의 부족이 심화되리라는 것을 알고 있었으며 수익자인 피고의 악의는 추정된다고 할 것이다.

이에 대하여 피고는, 이 사건 3개 점포를 포함한 이 사건 건물 중 일부 점포들의 대지권 등기를 위하여 피고 명의로 소유권이전등기를 하였을 뿐이고, 이 사건 제1신탁계약 체결 당시 채권자를 해할 의사가 없었다는 취지로 주장한다.

살피건대, 갑 제3호증, 갑 제9호증, 을 제14호증(각 가지번호 포함)의 각 기재에 변론 전체의 취지를 종합하면, ① 대림기획은 2006. 12. 14. 각 피고로부터 2006. 12. 12.자 신탁재산의 귀속을 원인으로 하여, 이 사건 대지 중 2,062분의 465.080지분 및 이 사건 3개 점포의 소유권에 대하여 각 이전등기를 경료하여 그 소유명의를 갖게 한 후 위 대지 지분 전부에 관하여 이 사건 3개 점포를 비롯한 총 55개 점포에 대한 2006. 11. 24.자 대지권 설정을 원인으로 한 소유권대지권을 각 설정한 사실, ② 대림기획은 같은 날 위와 같은 대지권 설정을 끝내자마자 피고에게 이 사건 3개 점포에 대하여 2006. 12. 12.자 신탁을 원인으로 한 소유권이전등기를 각 경료한 사실이 인정되므로, 대림기획이 이 사건 3개 점포에 대한 대지권등기를 마친 후 피고에 대한 신탁등기를 경료한 점이 명백하다고 할 것이어서 대지권등기를 위하여 이 사건 제1신탁계약을 체결하였다는 피고의 위 주장은 이유 없다.

다. 소결론

따라서, 이 사건 3개 점포에 대한 피고와 대림기획 사이의 이 사건 제1신탁계약은 사해행위에 해당하므로 이를 모두 취소하고, 그 원상회복으로 피고는 원고에게 위 점포들에 관하여 각 소유권이전등기의 말소등기절차를 이행할 의무가 있다고 할 것이다.

[참고판례 9] 대법원 1999. 4. 27. 선고 98다56690 판결 [소유권이전등기말소등]

【이 유】

2. 상고이유 제2점에 대하여

채권자취소권에 의하여 보호될 수 있는 채권은 원칙적으로 사해행위라고 볼 수 있는 행위가 행하여지기 전에 발생된 것임을 요하나, 그 사해행위 당시에 이미 채권성립의 기초가 되는 법률관계가 발생되어 있고, 가까운 장래에 그 법률관계에 기하여 채권이 성립되리라는 점에 대한 고도의 개연성이 있으며, 실제로 가까운 장래에 그 개연성이 현실화되어 채권이 성립된 경우에는, 그 채권도 채권자취소권의 피보전채권이 될 수 있다고 할 것이지만(대법원 1995. 11. 28. 선고 95다27905 판결 등 참조), 부동산을 양도받아 소유권이전등기청구권을 가지고 있는 자가 양도인이 제3자에게 이를 이중으로 양도하여 소유권이전등기를 경료하여 줌으로써 취득하는 부동산 가액 상당의 손해배상채권은 이중양도행위에 대한 사해행위취소권을 행사할 수 있는 위와 같은 피보전채권에 해당한다고 할 수 없다고 할 것이다. 또한 채권자취소권을 특정물에 대한 소유권이전등기청구권을 보전하기 위하여 행사하는 것은 허용되지 않으므로 부동산의 제1양수인은 자신의 소유권이전등기청구권 보전을 위하여 양도인과 제3자 사이에서 이루어진 이중양도행위에 대하여 채권자취소권을 행사할 수 없다고 할 것이다(대법원 1995. 2. 10. 선고 94다2534 판결, 1996. 9. 20. 선고 95다1965 판결 등 참조).

원심판결 이유에 의하면, 원심은, 원고의 피고 1에 대한 제3 예비적 청구에 관한 주장, 즉, 피고 2는 부도가 난 상황에서 사해의 의사로써 공모하여 피고 1에게 매매를 원인으로 하여 소유권이전등기를 마쳤으므로, 그로 인하여 원고 회사가 취득한 피고 2에 대한 이 사건 부동산 가액 상당의 부당이득반환채권(손해배상채권의 의미로 선해한다.)을 보전하기 위하여 피고들 사이의 위 사해행위를 취소하고 피고 1에 대하여 소유권이전등기의 말소를 구한다는 주장에 대하여 판단하기를, 원고의 주장에 의하더라도 원고 회사의 피고 2에 대한 부당이득반환채권은 피고 2가 피고 1에게 이 사건 부동산의 소유권을 이전하여 원고 회사의 피고 2에 대한 소유권이전등기청구권이 이행불능됨으로 인하여 발생하였다는 것이므로 원고 회사가 사해행위라고 주장하는 이 사건 부동산 소유권이전 당시 아직 위 부당이득반환채권이 발생하지 아니하였고 그 채권 성립에 관한 고도의 개연성 또한 없어 원고 회사는 피고 2에 대한 부당이득반환채권을 피보전채권으로 하여 채권자취소권을 행사할 수 없다 할 것이며, 한편 원고 회사가 위 소유권이전 이전에 발생한 피고 2에 대한 소유권이전등기청구권을 피보전채권으로 하여 채권자취소권을 행사하는 것이라면, 그와 같은 특정물 채권을 보전하기 위하여 피고 2와 피고 1 사이에 이루어진 소유권이전등기의 말소를 구하는 채권자취소권을 행사할 수 없다 할 것이므로 원고의 피고 1에 대한 제3 예비적 청구도 이유 없다고 판단하였는바, 원심의 위와 같은 판단은 앞서 본 법리에 비추어 정당하고, 거기에 채권자취소권의 피보전채권에 관한 법리를 오해한 위법이 있다고 할 수 없다. 논지는 이유 없다.

122. 대법원 2010. 4. 29. 선고 2009도14427 판결 [특정경제범죄가중처벌등에관한법률위반(배임)등]

[논점] 대물변제예약 이전에 체결된 신탁특약(추가신탁 예약)에 따라 위탁자가 신탁사에게 소유권이전의무를 이행한 경우, 대물변제변제 예약권자에 대한 배임죄가 성립하는지 여부

【이 유】

2. 검사의 상고이유에 대한 판단

부동산을 이중으로 매도한 경우에 매도인이 선매수인에게 소유권이전의무를 이행하였다고 하여 후매수인에 대한 관계에서 그가 임무를 위법하게 위배한 것이라고 할 수 없다(대법원 1992. 12. 24. 선고 92도1223 판결, 대법원 2009. 2. 26. 선고 2008도11722 판결 등 참조). 그리고 부동산 이중양도에 있어서 매도인이 제2차 매수인으로부터 계약금만을 지급받고 중도금을 수령한 바 없다면 배임죄의 실행의 착수가 있었다고 볼 수 없다(대법원 1983. 10. 11. 선고 83도2057 판결, 대법원 2003. 3. 25. 선고 2002도7134 판결 등 참조).

원심은 그 채택 증거에 의하여 그 판시와 같은 사실을 인정한 다음, ○○Ⅱ 상가 507호, 307호는 2006. 1. 11. 대물변제의 예약이 있은 후 2006. 9. 준공되었고, 그 후 2006. 10. 17. 우선수익자의 원리금 상환에 대한 담보목적으로 이전등기하지 못한 완성건축물을 수탁자에게 추가 신탁하기로 한 2005. 6. 27.자 특약사항 제2조[263]에 따라 추가로 신탁등기가 마쳐졌는바, 위 대물변제의 예약 후에 ○○Ⅱ 상

가 507호, 307호에 관하여 신탁등기가 경료되었다고 하더라도 이는 대물변제의 예약보다 앞선 담보신탁의 예약에 따른 것으로서 이를 대물변제 예약권자인 공소외 1에 대한 관계에서 임무위배행위라 할 수 없고, ○○Ⅰ 상가 403호, 404호는 신탁계약에 따라 신탁등기가 경료된 후에 대물변제의 예약이 체결되었고, 건축중인 ○○Ⅲ 상가 501호, 502호, 503호, 504호 및 ○○Ⅳ 빌라 601호는 ○○Ⅲ 상가부지 및 ○○Ⅳ 빌라부지에 관하여 신탁등기가 경료된 후에 대물변제의 예약이 체결되었는데, 수탁자인 공소외 2 주식회사가 신탁재산인 위 부동산들을 처분하여 그 대금으로 우선수익자의 채권변제에 충당한 이상, 위탁자인 피고인이 공소외 2 주식회사의 처분업무에 협조하였다 하더라도 이는 신탁계약에 따른 것이어서 이를 대물변제 예약권자인 공소외 1, 3에 대한 관계에서 임무위배행위에 해당한다고 할 수 없다고 판단하였다.

나아가 원심은, 피고인이 대물변제의 예약에 위배하여 2007. 6. 13. ○○Ⅲ 상가부지를 공소외 4 주식회사(대표이사 공소외 5)에 매도하고 2007. 6. 14. 계약금 20억 원을 받았으나, 중도금을 수령한 바 없어 배임의 실행에 착수하였다고 할 수 없으므로, 피고인의 위와 같은 행위는 공소외 1에 대한 관계에서 배임미수죄에도 해당하지 않는다는 취지로 판단하였다.

위 법리와 기록에 비추어 살펴보면, 원심의 판단은 정당한 것으로 수긍이 가고, 거기에 상고이유에서 주장하는 바와 같은 채증법칙 위배, 사실오인, 배임죄의 성립에 관한 법리오해 등의 위법이 없다.

[원심판결] 서울고등법원 2009. 12. 10. 선고 2009노1444 판결 [특정경제범죄가중처벌등에관한법률위반(사기·배임)등], 2009초기 467 [배상명령신청]

【주 문】

원심판결의 유죄부분 및 특정경제범죄 가중처벌 등에 관한 법률위반(사기)의 점에 대한 무죄부분을 파기한다.

피고인을 징역 1년 6월에 처한다.

이 사건 공소사실 중 E에 대한 특정경제범죄 가중처벌 등에 관한 법률위반(배임)의 점은 무죄.

배상신청인의 신청을 각하한다.

H에 대한 특정경제범죄 가중처벌 등에 관한 법률위반(배임)의 점에 대한 검사의 항소를 기각한다.

【이 유】

나. 인정 사실

(2) M 상가 507호, 307호의 처분

㈜AB(대표이사 피고인)는 2005. 6. 27. 서울 강남구 L 대 1,197.4㎡ 및 위 지상 4층 1호, 4층 2호, 1, 2, 3층 1호에 관하여, 위탁자 AB, 수탁자 한국자산신탁㈜, 우선수익자 ㈜제일상호저축은행으로 하여 부동산관리처분신탁계약(담보신탁용)을 체결하였는데, 위 계약의 내용은 다음과 같다.

위탁자가 부담하는 채무(대출금 300억 원) 내지는 책임의 이행을 보장하기 위하여 수탁자가 신탁부동산을 보전·관리하고 채무불이행시 환가정산하기로 하는데 그 목적이 있고(제1조), 위탁자는 신탁부동산 중 대지 지상에 건축중인 공사목적물이 완성되는 경우에 완성된 건축물을 보존등기함과 동시에

263) 원심판결에서 보는 바와 같이 위 특약사항 제2조는 통상적으로 사용되는 문구이다. 그런데, 대법원 판결 및 원심판결에서는 동 특약사항을 담보신탁 '예약'이라고 해석하고 있으며 이를 근거로 이 사건 신탁이 배임죄에 해당하지 않는다고 판시하고 있다. 그러나 이와 같은 내용의 특약사항을 담보신탁 '예약'이라고 할 수 있는지 좀 더 생각해 볼 필요가 있다.

완성건축물을 분양받은 수분양자에게 이전등기하고 동시에 우선수익자의 원리금 상환에 대한 담보목적으로 이전등기하지 못한 완성건축물을 수탁자에게 추가 신탁하고(특약사항 제2조), 우선수익자와 위탁자간에 체결한 여신거래약정 위반시 신탁기간 종료 전이더라도 우선수익자의 요청에 의하여 신탁부동산을 처분하고(제18조), 신탁부동산의 처분은 공개시장에서 경쟁을 통하여 처분하는 것을 원칙으로 하되(제19조), 우선수익자는 위탁자의 여신거래약정 위반, 신탁계약 위반, 경제사정의 변화 등에 따라 신탁부동산으로부터 우선수익자의 채권만족이 불가능하다고 판단되어 지원된 자금의 회수가 불가능하게 하는 위탁자에 관한 사유가 있는 경우 수탁자에게 신탁부동산을 처분할 것을 지시할 수 있으며 위탁자는 수탁자의 처분업무에 적극 협조하여야 하고, 신탁부동산의 처분은 우선수익자와 수탁자가 협의하여 정할 수 있으며 특히 우선수익자가 요구할 경우 신탁부동산의 처분대상은 우선수익자 또는 우선수익자가 지정하는 자에게 직접 소유권이전등기를 경료함과 동시에 신탁등기를 말소할 수 있고(특약사항 제3조), 수탁자가 신탁부동산을 환가하여 정산하는 경우 우선수익자의 채권 등을 변제하고 잔여액이 있을 경우 위탁자에게 지급한다(제22조 제1항, 증거기록 927).

피고인은 2006. 1. 11. H와 사이에 차용금 5억 원(변제기 3개월)을 담보하기 위하여 건축중인 서울 강남구 L에 있는 M 상가 507호, 307호(2006. 9. 준공)에 관하여 양도담보의 예약을 하였는데, M 상가 507호에 관하여 2006. 10. 17. AB 앞으로 소유권보존등기 및 한국자산신탁 앞으로 신탁등기가 된 후 2007. 1. 11. 신탁재산의 일부귀속을 원인으로 신탁등기가 말소되고 AB 앞으로 신탁재산의 일부귀속을 원인으로 소유권이전등기 및 S 앞으로 매매를 원인으로 소유권이전등기가 마쳐졌고, 위 307호에 관하여 2006. 10. 17. AB 앞으로 소유권보존등기 및 한국자산신탁 앞으로 신탁등기가 된 후 2007. 5. 4. 신탁재산의 처분을 원인으로 신탁등기가 말소되고 R 앞으로 매매를 원인으로 소유권이전등기가 마쳐졌다(증거기록 987, 991).

다. 판단

위 인정 사실에 의하면, M 상가 507호, 307호는 2006. 1. 11. 양도담보의 예약이 있은 후 2006. 9. 준공되었고, 그 후 2006. 10. 17. 우선수익자의 원리금 상환에 대한 담보목적으로 이전등기하지 못한 완성건축물을 수탁자에게 추가 신탁하기로 한 2005. 6. 27.자 특약사항 제2조에 따라 추가로 신탁등기된 것임을 알 수 있다.

일반적으로 양도담보로 제공한 물건을 다시 타에 양도하는 행위는 배임죄에 해당된다고 할 것이다. 그러나 건축 중인 건물에 대하여 담보신탁의 예약이 있은 후에 이중으로 양도담보의 예약이 체결된 경우, 담보제공자가 선담보권자에게 담보제공의무를 이행하였다고 하여 후담보권자에 대한 관계에서 그가 임무를 위법하게 위배한 것이라고 할 수 없다(대법원 1992. 12. 24. 선고 92도1223 판결 참조). 그러므로 위 양도담보의 예약 후에 M 상가 507호, 307호에 관하여 신탁등기가 경료되었다고 하더라도 이는 양도담보의 예약보다 앞선 담보신탁의 예약에 따른 것으로서 결국 선담보권자에 대한 담보제공의무를 이행한 것이 되어 적법·유효하다고 볼 것이어서, 이를 두고 피고인의 임무위배행위가 있었다고 할 수 없다.

또, O 상가 403호, 404호는 위 신탁계약에 따라 신탁등기가 경료된 후에 양도담보의 예약이 체결되었고, 건축중인 Q 상가 501호, 502호, 503호, 504호 및 Z 빌라 601호는 Q 상가부지 및 Z 빌라부지에 관하여 신탁등기가 경료된 후에 양도담보의 예약이 체결되었음을 알 수 있다.

이와 같이 신탁재산에 관하여 수탁자 앞으로 신탁등기가 경료되면 수탁자는 대내외적으로 완전한 소유권을 취득하고, 채무자의 일반채권자들은 신탁재산으로부터 변제받을 수 없고 신탁수익자가 사실상 우선변제받게 된다.

따라서, 수탁자인 한국자산신탁이 신탁재산인 M 상가 507호, 307호, 0 상가 403호, 404호, Q 상가부지 및 2 빌라부지를 처분하여 그 대금으로 우선수익자의 채권변제에 충당한 이상, 위탁자인 피고인이 한국자산신탁의 처분업무에 적극 협조하였더라도 그러한 행위는 신탁계약에 따른 것으로서, 이를 두고 H, E에 대한 관계에서 임무위배행위에 해당한다고 할 수 없다.

123. 대법원 2010. 2. 25. 선고 2009다83797 판결 [추심금][264]

[논점] 신탁행위의 정함에 따라 전수탁자가 임무를 종료하고 신수탁자가 선임된 경우, 신수탁자가 전수탁자의 지위를 포괄적으로 승계하는지 여부 및 제3자가 수탁자의 경질 이전에 이미 발생한 채권을 신수탁자에 대하여 행사할 수 있는 범위

【이 유】

1. 채무승계에 대하여(피고의 상고이유 제1점)

신탁행위의 정함에 따라 전수탁자가 임무를 종료하고 신수탁자가 선임됨으로써 수탁자가 변경된 경우에도 신수탁자는 신탁법 제26조,[265] 제48조[266] 등이 정하는 수탁자 경질의 법리에 따라 수탁자의 지위를 포괄적으로 승계하게 되고, 이 때 제3자는 수탁자의 경질 이전에 이미 발생한 채권에 관하여 계약의 당사자인 전수탁자에게 이를 행사할 수 있음은 물론, 신탁법 제48조 제3항[267]에 의하여 신탁재산의 한도 내에서 신수탁자에 대하여도 행사할 수 있다(대법원 2007. 6. 1. 선고 2005다5812, 5829, 5836 판결 등 참조).

이와 같은 법리에 비추어 원심이, 피고와 파산 전 한국부동산신탁 주식회사(이하 '파산 전 회사'라 한다) 사이의 2002. 7. 23.자 토지신탁계약 변경 및 승계약정은 신탁법에 따른 수탁자의 경질에 관한 합의라고 봄이 상당하므로, 신수탁자인 피고는 신탁법 제48조 제3항에 따라 이 사건 토지신탁계약의 신탁재산의 한도 내에서 수탁자의 경질 이전에 발생한 전수탁자인 파산 전 회사의 효림기업 주식회사(이하 '효림기업'이라 한다)에 대한 신탁사무 처리 관련 채무를 이행할 책임이 있다고 판단한 것은 정당하여 수긍이 되고, 거기에 신수탁자의 채무승계에 관한 법리오해 등의 위법이 있다고 할 수 없다.

4. 신탁법 제48조 제3항의 '신탁재산의 한도'에 대하여(피고의 상고이유 제2점)

신탁법 제48조 제3항에서 수탁자가 경질된 경우 신탁사무의 처리에 관하여 생긴 채권을 신탁재산의 한도 내에서 신수탁자에 대하여도 행사할 수 있게 한 것은 신수탁자가 전수탁자의 채무를 승계하되 신탁재산의 한도 내에서 책임을 부담하도록 한 취지이므로, 그 경우 채권자의 신수탁자에 대한 이행판결 주문에는 신수탁자의 고유재산에 대한 강제집행을 할 수 없도록 집행력을 제한하기 위하여 신탁재산의 한도에서 지급을 명하는 취지를 명시하여야 한다.

원심은 그 판결 이유에서 갑 제3호증의 5(이는 위 2002. 5. 31.경 작성한 사업정산서이다)의 기재 등에 의하여 이 사건 토지신탁계약에 따른 신탁재산의 범위를 이 사건 토지 가액 1,917,218,670원 및 위탁자인 소외인의 출연금 600만 원을 합한 1,923,218,670원으로 산정하여 피고가 그 한도에서 파산 전 회사의 효림기업에 대한 분양대행수수료 지급채무 16,812,347원과 이에 대한 지연손해금을 지급할 책임이 있다고 판단한 다음, 이를 ⊥ 주문에서는 '피고는 원고에게 1,923,218,670원의 범위 내에서 16,812,347원

264) 이 판결에 대한 평석은, 임채웅, 수탁자의 변경과 신수탁자의 책임제한에 관한 연구, 신탁법 연구 2, 박영사, 159면 이하를 참고할 것.

265) 현행 신탁법 〈삭제〉.

266) 현행 신탁법 제53조.

267) 현행 신탁법 제53조 제2항.

및 이에 대하여 2008. 7. 11.부터 2009. 10. 8.까지는 연 5%, 그 다음날부터 다 갚는 날까지는 연 20%의 각 비율로 계산한 돈을 지급하라'는 형식으로 표시하였다.

그러나 이 사건에서 신탁법 제48조 제3항의 '신탁재산의 한도'를 산정함에 있어 신탁재산의 가액을 위와 같이 2002. 5. 31.경을 기준으로 평가해야 할 아무 근거도 없을 뿐 아니라, 위와 같이 신탁재산의 한도를 금액만으로 특정하여 표시할 경우 그 주문의 기재로는 이 사건 토지신탁계약의 신수탁자인 피고가 신탁재산뿐 아니라 자신의 고유재산으로도 변제해야 할 위험이 있으므로, 위와 같은 원심의 판단 및 주문 표시는 앞서 본 법리에 비추어 수긍하기 어렵다.

따라서 원심으로서는 신탁재산의 한도를 금액으로 특정할 필요 없이, 그 주문에 신탁재산의 한도에서만 지급을 명하는 취지를 따로 명시하였어야 할 것이므로, 이와 결론을 달리 한 원심판결에는 신탁법 제48조 제3항에 관한 법리를 오해하여 판결 결과에 영향을 미친 위법이 있다고 할 것이다.

[원심판결] 서울중앙지방법원 2009. 10. 8. 선고 2009나3370 판결 [추심금]

【주 문】

1. 제1심 판결 중 아래에서 지급을 명하는 원고 패소 부분을 취소한다.
2. 피고는 원고에게 1,923,218,670원의 범위 내에서 16,812,347원 및 이에 대하여 2008. 7. 11.부터 2009. 10. 8.까지는 연 5%, 그 다음날부터 다 갚는 날까지는 연 20%의 각 비율로 계산한 돈을 지급하라.
3. 원고의 나머지 항소를 기각한다.
4. 소송총비용 중 1/5은 원고가, 나머지는 피고가 각 부담한다.
5. 제2항은 가집행할 수 있다.

【청구취지 및 항소취지】

제1심 판결을 취소한다. 피고는 원고에게 20,000,100원 및 이에 대하여 이 사건 소장 부본 송달 다음날부터 다 갚는 날까지 연 20%의 비율로 계산한 돈을 지급하라.

【이 유】

나. 판단

(1) 이 사건 분양대행계약 또는 그 종료에 따른 금원지급채무의 승계 여부

신탁법 제11조 내지 제13조, 제15조 및 제17조에 의하여 수탁자가 경질되는 경우뿐만 아니라 신탁행위의 정함에 따라 전수탁자가 임무를 종료하고 신수탁자가 선임됨으로써 수탁자가 변경된 경우에도 신수탁자는 신탁법 제26조, 제48조 등이 정하는 수탁자 경질의 법리에 따라 수탁자의 지위를 포괄적으로 승계하게 되는 것이고, 이 때 제3자는 수탁자의 경질 이전에 이미 발생한 채권에 관하여 계약의 당사자인 전수탁자에게 이를 행사할 수 있음은 물론, 신탁법 제48조 제3항에 의하여 신탁재산의 범위 내에서 신수탁자에 대하여도 행사할 수 있다(대법원 2007. 6. 1. 선고 2005다5812, 5829, 5836 판결 참조).

이 사건에 관하여 살피건대, 파산 전 회사가 이 사건 토지신탁계약의 수탁자로서 1998. 10. 20. 효림기업과 사이에 이 사건 분양대행계약을 체결하였으나, 2000. 8. 11. 효림기업에게 이 사건 분양대행계약의 계약기간 도과 등을 이유로 이 사건 분양대행계약의 해지를 통보한 후 2002. 7. 12. 피고와 사이에 이 사건 공원묘원 사업을 포함하여 파산 전 회사가 시행 중이던 토지신탁사업들을 양수한다는 내용의 토지신탁사업에 관한 양수도계약을 체결한 사실, 파산 전 회사가 2002. 7. 23. 피고, 위탁자 소외 1(대법원 판결의 소외인) 및 수익자 가칭 재단법인 양평공원과 사이에 이 사건 토지신탁계약서 제27조

를 전수탁자가 위탁자와 수익자의 동의를 얻어 수탁자를 변경할 수 있도록 변경함과 동시에 이 사건 토지신탁계약에 따른 파산 전 회사의 수탁자 지위를 피고가 포괄적으로 승계하기로 합의하였고, 위탁자와 수익자가 이에 동의하기로 약정한 사실, 이에 따라 같은 날 파산 전 회사가 위탁자 및 수익자의 동의를 얻어 이 사건 토지신탁계약의 수탁자로서의 임무를 사임하면서 피고가 이 사건 토지신탁계약의 새로운 수탁자로 선임되었고, 피고가 이 사건 토지신탁계약의 신탁재산인 이 사건 토지에 관하여 피고를 수탁자로 하여 수탁자 경질을 원인으로 한 소유권이전등기를 마친 사실은 앞서 인정한 바와 같은 바, 위 인정사실에 의하면, 피고와 파산 전 회사 등 사이의 위 2002. 7. 23.자 토지신탁계약 변경 및 승계약정은 신탁법에 따른 수탁자의 경질에 관한 합의라고 봄이 상당하고, 따라서 신수탁자인 피고는 신탁법 제48조 제3항에 따라 이 사건 토지신탁계약의 신탁재산의 범위 내에서 위와 같은 수탁자의 경질 이전에 발생한 전수탁자인 파산 전 회사의 효림기업에 대한 손해배상채무 등을 이행할 책임이 있다.

이에 대하여 피고는, 이 사건 토지신탁계약의 전수탁자인 파산 전 회사가 임무를 종료할 당시, 즉 위 2002. 7. 23.자 토지신탁계약 변경 및 승계약정 당시 이 사건 분양대행계약은 이미 종료된 상태여서 전수탁자인 파산 전 회사의 이 사건 분양대행계약에 따른 계약자로서의 지위가 신수탁자인 피고에게 승계될 수 없고, 이 사건 분양대행계약 또는 그 종료에 따른 손해배상채무 등도 피고에게 승계되지 않았다고 주장하므로 살피건대, 위 2002. 7. 23.자 토지신탁계약 변경 및 승계약정 당시 이 사건 분양대행계약이 유효하게 존속하지 않고 있었다면 이 사건 분양대행계약에 따른 계약자로서의 지위가 피고에게 포괄적으로 승계되지 않음은 피고의 주장과 같으나, 신탁사무의 처리에 관하여 생긴 채권은 신탁재산의 한도 내에서 신수탁자에 대하여도 행사할 수 있도록 규정한 신탁법 제48조 제3항의 규정 및 앞서 살핀 수탁자 경질에 관한 법리에 비추어 보면, 이 사건 분양대행계약의 계약자로서의 지위가 신수탁자인 피고에게 승계되었는지 여부와는 무관하게 피고에게로의 수탁자 경질이 이루어지기 이전에 효림기업이 전수탁자인 파산 전 회사에 대하여 이 사건 토지신탁계약에 따른 신탁사무의 처리에 관한 채권을 보유하게 되었다면 이를 신수탁자인 피고에 대해서도 행사할 수 있다고 할 것이므로, 이와 다른 전제에 선 피고의 위 주장은 받아들일 수 없다.

[1심판결] 서울중앙지방법원 2009. 1. 8. 선고 2008가단240171 판결 [추심금]

【주 문】

1. 원고의 청구를 기각한다.
2. 소송비용은 원고가 부담한다.

【청구취지】

피고는 원고에게 20,000,100원과 이에 대한 이 사건 소장부본 송달 다음날부터 다 갚는 날까지 연 20%의 비율로 계산한 돈을 지급하라.

【이 유】

1. 기초사실

가. 효림기업 주식회사(이하 '효림기업'이라 한다)는 부동산 분양대행 및 부동산 컨설팅 등을 목적으로 설립된 회사이다. 파산 전 한국부동산신탁 주식회사(이하 '파산 전 회사'라 한다)는 부동산 신탁 및 이에 관련된 개발업무 등을 목적으로 설립된 회사인데, 2003. 6. 2. 수원지방법원으로부터 파산선고를 받았다.

나. 파산 전 회사는 1998. 9. 25. 소외 1과 사이에, 소외 1 소유의 경기 양평군 양동면 ○○리 (이하

지번 1 생략) 임야 150,645㎡ 및 같은 리 (이하지번 2 생략) 임야 352,562㎡(이하 '이 사건 토지'라고 한다)를 신탁받아 여기에 집단묘지인 면적 496,200㎡ 규모의 '양평공원묘원'(이하 '이 사건 공원묘원'이라고 한다)을 조성한 후 타에 분양하고, 가칭 재단법인 양평공원을 설립하여 그 수익자가 되는 토지신탁계약(이하 '이 사건 토지신탁계약'이라 한다)을 체결하였다. 그 이후인 1998. 10. 12. 이 사건 토지에 관하여 파산 전 회사를 수탁자로 하여 신탁을 원인으로 한 소유권이전등기를 마쳤다.

다. 효림기업과 파산 전 회사는 1998. 10. 20. 이 사건 공원묘원의 묘지 11,000기에 관하여 효림기업이 그 분양업무를 대행하기로 하되, 계약기간은 계약 체결일부터 12개월 동안으로 하고, 계약보증금 5억 원, 분양대행수수료 묘지 1기당 100만 원으로 각 정하면서, 위 계약보증금에 관하여 효림기업이 1999. 8. 30.까지 전체분양묘지 11,000기 중 60%인 6,600기를 분양하지 못할 경우에는 파산 전 회사에 귀속하는 것을 내용으로 하는 분양대행계약(이하 '이 사건 분양대행계약'이라고 한다)을 체결하였다. 효림기업은 그 무렵 파산 전 회사에게 이 사건 분양대행계약에 기한 위 계약보증금 전액을 지급하였다.

라. 효림기업은 2000. 7. 18.까지 묘지 11,000기 중 430기만을 분양하였을 뿐이다. 파산 전 회사는 2000. 8. 11.경 효림기업에게 이 사건 분양대행계약의 계약기간 도과 및 분양실적 저조 등을 사유로 한 계약해지를 통보하였다.

마. 한편, 파산 전 회사는 2002. 7. 12. 피고와의 사이에 이 사건 공원묘원 사업을 포함하여 파산 전 회사가 시행 중이던 토지신탁사업 5건을 피고에게 양도하는 내용의 토지신탁사업 양수도계약을 체결하였다. 그리고 파산 전 회사와 위탁자 소외 1, 수익자 가칭 재단법인 양평공원 및 피고는 2002. 7. 23. 이 사건 토지신탁계약서 제27조를 변경하여 전 수탁자가 위탁자 및 수익자의 동의를 얻어 수탁자를 변경할 수 있도록 규정한 후, 파산 전 회사의 이 사건 토지신탁계약상 수탁자의 지위를 피고가 포괄적으로 승계하기로 하고, 위탁자와 수익자가 동의한다는 내용의 약정을 하였다. 이에 따라 피고는 같은 날 신탁재산인 이 사건 토지에 관하여 피고를 수탁자로 하여 수탁자 경질을 원인으로 한 소유권이전등기를 마치고, 파산 전 회사로부터 그 신탁사무의 인수인계를 받았다. 그런데 파산 전 회사와 피고 사이의 위 승계대상에서 이 사건 분양대행계약은 제외되었다.

바. 원고는 효림기업에 대한 3,600만 원의 보수금 및 그에 대한 이자 채권을 피보전권리로 하여 서울중앙지방법원 2006카단80240호로 효림기업의 피고에 대한 이 사건 분양대행계약에 따른 계약보증금반환채권, 손해배상채권 및 분양대행수수료지급채권 중 45,082,000원 부분에 대한 가압류 결정을 받은 후, 2007. 11. 21. 서울중앙지방법원 2007타채18108호로 위 가압류 채권 중 40,396,438원 부분에 관하여 채권압류 및 추심명령 결정(이하 '이 사건 추심명령'이라 한다)을 받았다.

3. 판단

우선 피고가 파산 전 회사의 효림기업에 대한 이 사건 분양대행계약 또는 그 종료에 따른 금원지급채무를 포괄적으로 승계하였는지에 관하여 살펴본다.

피고가 파산 전 회사의 이 사건 토지신탁계약상 수탁자의 지위를 포괄적으로 승계할 당시 이 사건 분양대행계약은 위 승계대상에서 제외된 사실은 앞서 본 바와 같다.

그런데, 기초사실에 의하면, 2002. 7. 23. 파산 전 회사는 이 사건 토지신탁계약에 따라 위탁자 및 수익자의 승낙을 받아 이 사건 토지신탁계약상 수탁자로서의 임무를 사임하였고, 피고가 이 사건 토지신탁계약에서 정한 바에 따라 새로운 수탁자로 선임되었음을 알 수 있는바, 이 사건 토지신탁의 전수탁자인 파산 전 회사가 임무를 종료할 당시 이 사건 분양대행계약이 유효하게 존속하고 있었다면, 파산 전 회사가 수탁자로서 신탁사무를 처리하면서 체결한 이 사건 분양대행계약의 계약자로서의 지위는 신수탁자인 피고에게 당연 승계된다고 할 것이므로, 파산 전 회사의 위 신탁업무 종료 당시 이 사건 분양대행계약이 유효하게 존속하였는지에 관하여도 살펴본다. 기초사실에 의하면, 이 사건 분양대행계약의 기간은 계약일인 1998. 10. 20.부터 12개월간이므로, 달리 특별한 사정이 없는 한 이 사건 분양대행계약은 1999. 10. 20. 기간만료로 종료되었다 할 것이고, 설령 효림기업과 파산 전 회사 사이의 이 사건 분양대행계약이 묵시적으로 연장되어 온 것이라 하더라도, 갑 제9호증의 1, 을 제6호증의 5의 각 기재에 의하면, 파산 전 회사의 직원인 소외 4가 2000. 4.경 이 사건 분양대행계약기간을 2001. 4. 30.로 연장하는 내용의 분양대행변경합의서안을 작성한 후 효림기업의 날인을 받았으나 파산 전 회사의 결재를 얻지 못하여, 이 사건 분양대행계약의 변경계약이 이루어지지 못한 사실을 인정할 수 있는바, 이에 의하면 최소한 위 2000. 4.경 무렵에는 이 사건 분양대행계약이 기간만료로 종료되었다 봄이 상당하다. 결국 이 사건 토지신탁의 전수탁자인 파산 전 회사가 임무를 종료할 당시인 2002. 7. 23.경에는 이 사건 분양대행계약이 이미 종료되었으므로, 전수탁자인 피산 전 회사의 이 사건 분양대행계약의 계약자로서의 지위가 신수탁자인 피고에게 당연 승계된다고 볼 수 없고, 파산 전 회사의 효림기업에 대한 이 사건 분양대행계약 또는 그 종료에 따른 금원지급채무 역시 피고에게 당연히 승계된다고 볼 수 없다.

따라서 이와 반대의 전제에 서 있는 원고의 주장은 나머지 점에 관하여 살펴볼 필요 없이 이유 없다.

124. 대법원 2010. 1. 28. 선고 2008다54587 판결 [사채상환][268)]

[논점] 해외사채 신탁계약(Trust Deed)의 법률관계

【이 유】

1. 상고이유 제1, 3점에 관하여

가. 외국적 요소가 있는 법률관계에 관하여 적용될 외국법규의 내용을 확정하고 그 의미를 해석함에 있어서는 그 외국법이 그 본국에서 현실로 해석·적용되고 있는 의미·내용대로 해석·적용하는 것이 원칙이며, 소송 과정에서 그 외국의 판례나 해석기준에 관한 자료가 제출되지 아니하여 그 내용의 확인이 불가능한 경우에만 일반적인 법해석 기준에 따라 법의 의미·내용을 확정할 수 있는 것이다(대법원 1991. 2. 22. 선고 90다카19470 판결, 대법원 2007. 7. 12. 선고 2005다39617 판결 등 참조).

나. 원심판결 이유와 기록에 의하면, 주식회사 대우(이하 '대우'라고 한다)는 1997. 3. 26. 총 발행금액 미화 5,500만 달러, 만기 2007. 12. 31.인 제F-9회 기명식 해외전환사채(이하 '이 사건 사채'라고 한다)를 영국법을 준거법으로 하여 발행하면서, 체이스 맨해튼 트러스티즈 리미티드(Chase Manhattan Trustees Limited, 이하 '체이스 맨해튼'이라고 한다)를 장래 이 사건 사채를 취득할 사채권자를 위한 수탁자로 선임하고, 체이스 맨해튼과 이 사건 사채권자 및 이 사건 사채에 관한 이해관계인들의 권리의무관계에 관하여 규정하는 신탁계약(Trust Deed)을 체결한 사실, 이 사건 사채에 관한 신탁계약서와 사업설명서에는「(1) 유럽포괄사채권(유럽포괄사채권. European Global Certificate)이 발행되는 이 사건 사채는 기명사채이다. 사채권자(사채권자, Bondholder)는 사채권자 명부에 사채의 소지자로 등록된 자를 의미한다. (2) 이 사건 사채를 표창하는 유럽포괄사채권은 청산기관(clearing system)인 유로클리어(Euroclear)와 세델 은행(Cedel Bank, soci ét éanonyme)의 공동예탁기관(common depositary) 또는 그를 위한 피지명인(nominee)의 이름으로 발행되고, 그의 명의로 사채권자 명부에 등록된다. (3) 유럽포괄사채권은 유로클리어와 세델 은행의 공동예탁기관인 체이스 맨해튼 은행(The Chase Manhattan Bank)에 예탁된다. (4) 사채권(사채권, Title to Bond)은 사채권자 명부에 사채소지자로 등록하여야만 이전되고, 적정하게 등록

268) 이 판결에 대한 평석은, (1) 오영준, 유럽포괄사채권이 발행된 기명식 해외전환사채에 관한 법률관계, BFL 44호, 서울대학교 금융법센터, 85면 이하, (2) 천창민, (특집) 외화증권 예탁법리의 정립 방향에 관한 고찰 : 대법원 2010. 1. 28. 선고 2008다54587 판결에 대한 평석을 겸하여, 국제사법연구 제20권 제2호, 한국국제사법학회, 123면 이하를 각 참고할 것.

된 사채권자만이 유럽포괄사채권에 의하여 표창되는 사채에 관하여 지급받을 권리를 갖는다. (5) 사채권을 청산기관이 지명한 자가 아닌 다른 이름으로 등록하는 것은 소정의 예외적인 경우를 제외하고는 허용되지 아니한다. (6) 청산기관의 계좌에 기입된 형태로 존재하는 이 사건 사채에 관한 권리(Title to book-entry interest in the Bonds)는 청산기관이 정한 절차에 따라 그 계좌상 기입된 명의를 변경하는 방법으로 양도한다」는 취지의 규정이 있는 사실, 위 각 규정에 따라 대우는 18개 국내외 금융기관으로 구성된 인수단으로부터 주간사 회사(Lead Manager)를 통하여 사채대금을 납입받음과 동시에 이 사건 사채 전액에 관하여 유럽포괄사채권을 발행하였고, 발행된 유럽포괄사채권은 체이스 노미니즈(Chase Nominees Limited) 명의로 이 사건 사채권자 명부에 사채권자 등록이 이루어졌으며, 그 실물은 등록대리인(Registrar)이자 공동예탁기관인 체이스 맨해튼 은행에 보관된 사실, 이 사건 사채의 인수단을 구성하는 금융기관들이 유로클리어와 세델 은행에 개설한 각 해당 계좌들에는 이 사건 사채 중 해당 액면금이 표시된 금액이 각 기입되었고, 그 계좌이체로 유럽포괄사채권에 관한 권리에 대한 유통이 시작되었는데, 유로클리어와 세델 은행에 계좌를 보유하는 자는 통상적으로는 기관투자자들이며, 그 기관투자자로부터 사채에 관한 권리를 매입하는 개인들은 기관투자자에게 다시 자신의 계좌를 개설하게 되는 사실, 원고들은 1998. 12. 14. 미국 베어스턴스 증권회사(Bear, Sterns Securities Corporation, 이하 '베어스턴스 증권'이라고 한다)로부터 베어스턴스 증권이 이 사건 사채와 관련하여 유로클리어의 계좌(계좌번호 생략)를 통하여 보유하고 있던 미합중국통화(이하 '미화'라고 한다) 96만 달러 상당의 이 사건 사채에 관한 권리 중 미화 30만 달러 상당 부분을 매입하고, 베어스턴스 증권에 원고들 명의의 계좌를 개설하여 그 내용을 기입한 사실 등을 알 수 있다.

다. 앞에서 본 법리와 위 사실관계에 비추어 보면, 이 사건 신탁계약과 이 사건 사채는 준거법인 영국법, 특히 영국의 신탁법리에 기초하여 그에 따라 이 사건 사채의 발행회사인 대우와 이 사건 사채권자 및 이 사건 사채에 관한 이해관계인들의 권리의무관계를 규율하는 구조로서, ① 청산기관인 유로클리어와 세델 은행의 공동예탁기관 또는 그를 위한 피지명인 명의로 이 사건 사채를 표창하는 유럽포괄사채권이 발행되고 그 명의인이 사채권자 명부에 사채소지자로 등록되어 있는 동안에는, 그 명의인만이 이 사건 사채의 유일한 사채권자가 되고 그 사채권은 원칙적으로 수탁자에 의하여만 행사되도록 되어 있는 한편, ② 청산기관에 계좌를 개설한 기관투자자 등과 같은 계좌보유자들은 곧바로 이 사건 사채를 취득하거나 사채권자로서의 지위를 취득하는 것이 아니라 이 사건 사채에 관한 수익적 권리를 취득하며, ③ 나아가 이러한 계좌보유자들과 다시 계좌를 개설한 개인 투자자 등은 그 계좌보유자들이 취득한 이 사건 사채에 관한 권리에서 파생하는 수익적 권리를 계좌보유자와의 계약을 통하여 취득하게 된다.

따라서, 이 사건 사채의 유일한 사채권자는 사채권자 명부에 사채소지자로 등록된 체이스 노미니즈로서, 원칙적으로 체이스 노미니즈 혹은 그 수탁자인 체이스 맨해튼만이 사채 발행회사인 대우에 대한 관계에서 권리의무관계를 맺고, 이 사건 사채의 청산기관인 유로클리어나 세델 은행에 계좌를 개설하여 미화 96만 달러 상당의 이 사건 사채에 관한 권리를 취득한 베어스턴스 증권에 다시 계좌를 개설함으로써 그 중 미화 30만 달러 상당의 이 사건 사채에 관한 권리에서 파생하는 수익적 권리를 취득한 원고들은 발행회사인 대우에 대하여 사채권자의 지위에 있다거나 직접 미화 30만 달러 상당의 금전지급청구권이 있음을 주장할 수 없다.

그렇다면, 구 증권거래법(2007. 8. 3. 법률 제8635호로 공포되어 2009. 2. 4. 시행된 자본시장과 금융투자업에 관한 법률 부칙 제2조로 폐지되기 전의 것) 제174조의3, 제174조의4[269]의 규정과 같이 증권예탁결제원의 예탁자계좌부와 예탁자의 고객계좌부에 기재된 자를 각각 예탁된 유가증권의 점유자로 보

269) 현행 자본시장법 제310조, 제311조.

고 그 예탁유가증권에 대한 공유지분을 갖는 것으로 추정하는 법리나 해석론은 이 사건 신탁계약 및 이 사건 사채에 관한 권리의무관계를 해석하는 데 적용될 여지가 없는 것이다.

원심판결의 설시에 준거법과 관련하여 다소 적절하지 않은 점이 없지 아니하나, 이와 결론을 같이 한 원심의 판단은 정당하고, 거기에 상고이유에서 주장하는 바와 같이 준거법, 법률행위의 해석, 사채권 등에 관한 법리를 오해하여 판결에 영향을 미친 잘못이 없다.

2. 상고이유 제2점에 관하여

앞에서 본 사실관계에 비추어 보면, 베어스턴스 증권은 이 사건 사채에 관한 신탁계약상의 권리의무관계를 전제로 하여 유로클리어나 세델 은행에 계좌를 개설하여 이 사건 사채에 관한 권리를 취득하였고, 원고들은 다시 베어스턴스 증권에 계좌를 개설함으로써 베어스턴스 증권이 갖고 있는 이 사건 사채에 관한 권리에서 파생하는 수익적 권리를 취득한 것이므로, 원고들이 이 사건 사업설명서나 신탁계약서의 내용을 알지 못하였다면 원고들의 계약상대방인 베어스턴스 증권에 대하여 이를 설명하지 않은 점을 탓할 수 있는지는 몰라도, 그와 같은 사정을 내세워 이 사건 신탁계약의 효력을 부정하고 원고들이 발행회사인 대우에 대하여 사채권자의 지위에 있다거나 직접 미화 30만 달러 상당의 금전지급청구권이 있음을 주장할 수는 없다.

같은 취지의 원심의 판단은 정당하고, 거기에 상고이유에서 주장하는 바와 같은 신의성실의 원칙, 신탁계약의 인적 효력 범위 등에 관한 법리오해 등의 잘못이 없다.

3. 상고이유 제4점에 관하여

원심판결 이유에 의하면, 이 사건 신탁계약에는, 「유럽포괄사채권이 발행된 이 사건 사채에 관한 권리의 소유자들(Owners of interests in the Bonds)은 (1) 유로클리어나 세델 은행이 연속하여 14 영업일 동안 또는 영구적으로 영업을 중단한 경우, (2) 미국포괄사채권이 확정사채권(definitive certificate)으로 전환되어 있는 상황에서 유럽포괄사채권으로 표창되고 있는 사채에 관한 권리를 확정사채권으로 표창되는 사채에 관한 권리 형태로 전달할 자에게 양도하라는 지시가 있는 경우, (3) 발행회사의 채무불이행이 발생한 경우에 각각 이 사건 사채를 그들의 이름으로 사채권자 명부에 등록할 권리와 개별적으로 확정사채권을 교부받을 권리를 갖는다」고 규정되어 있는 사실을 알 수 있다.

그렇다면, 발행회사인 대우의 채무불이행이 발생하는 등의 사정에 의하여 확정사채권이 발행되어 원고들에게 교부되고 이 사건 사채의 사채권자 명부에 원고들의 이름이 등록된 경우에는 원고들을 대우에 대한 관계에서 사채권자로 볼 수 있지만, 이와 같은 점에 관하여 아무런 주장·입증이 없는 이 사건에서, 단지 대우의 채무불이행 발생 후 수탁자인 체이스 맨해튼이 대우를 상대로 어떠한 권리도 행사한 사실이 없다는 사정만으로는 곧바로 원고들이 대우에 대하여 사채권자의 지위를 취득하게 된다거나 직접 미화 30만 달러 상당의 금전지급청구권을 취득하게 된다고 할 수는 없다.

같은 취지의 원심의 판단은 정당하고, 거기에 상고이유에서 주장하는 바와 같은 법률행위의 해석에 관한 법리오해 등의 잘못이 없다.

[원심판결] 서울고등법원 2008. 6. 27. 선고 2006나64865 판결 [사채상환][270]

【주 문】

1. 제1심 판결을 취소한다.

---

270) 이 판결에 대한 평석은, 심인숙, 회사분할시 유로본드 투자자의 법적 지위, 민사판례연구 32권, 박영사, 697면 이하를 참고할 것.

2. 원고들의 청구를 모두 기각한다.

3. 소송총비용은 원고들이 부담한다.

【청구취지】

피고들은 제1심 공동피고 주식회사 대우와 연대하여 원고들에게 미화 432,972달러 및 그 중 미화 300,000달러에 대하여는 2002. 3. 27.부터 이 사건 소장부본 송달일까지는 연 8.8648%, 그 다음날부터 다 갚는 날까지는 연 20%의, 미화 132,972달러에 대하여는 2002. 3. 27.부터 이 사건 2006. 4. 24.자 청구취지확장변경신청서 부본 송달일까지는 연 8.8648%, 그 다음날부터 다 갚는 날까지는 연 20%의, 각 비율로 계산한 금원을 지급하라(원고들은 당심에서 청구취지를 확장하였다).

【항소취지】

주문과 같다.

【이 유】

4. 판단

(1) 원고들은 상법, 신탁계약, 사업설명서, 분할계획서에 근거하여 청구취지 기재의 금원을 구하고 있는데, 이러한 모든 주장은 원고들이 베어스턴스 증권으로부터 이 사건 사채 30만 달러에 관한 권리를 매입하여 사채권자(Bondholder)로 되었음을 전제로 하는 것이므로, 우선 원고들이 이 사건 사채의 사채권자인지에 대하여 본다.

(2) 누가 이 사건 사채의 사채권자인가를 결정짓는 기준에 대하여 보건대, 위 인정사실에서 나타난 바와 같이 대우는 장래 이 사건 사채를 취득할 사채권자를 위하여 체이스 맨해튼 수탁회사를 수탁자로 선임하고, 수탁회사와 사이에 대우와 사채권자, 그리고 그 이해관계인의 권리의무관계를 규정하는 신탁계약을 체결하고 이 사건 사채를 발행하였으며, 대우가 이 사건 사채에 대한 투자자들에게 투자판단의 기초가 되는 정보를 제공하기 위하여 작성, 배포한 사업설명서에 이 사건 사채권자들은 신탁계약의 모든 조항들에 구속되고 그 내용을 알고 있는 것으로 간주한다고 기재되어 있으므로, 이 사건 사채에 관한 권리(interests in the Bonds)의 유통을 위하여 유로클리어나 세델에 계좌를 보유하는 자(account holder)인 베어스턴스 증권이나 그로부터 이 사건 채권에 관한 권리를 매입한 원고들은 신탁계약에서 규정하고, 사업설명서에서 그 취지를 설명한 바에 따라 신탁계약에서 정한 권리의무관계를 인정함을 전제로 그러한 권리를 취득하였으므로 신탁계약의 구속을 받는다고 봄이 상당하다. 따라서 이 사건 사채권자가 누구인지는 신탁계약의 규정의 해석에 의하여 결정된다고 할 것이며, 이와 관련하여 원칙적으로 어느 특정국가의 증권거래관련 법규의 제한을 받지 않는다고 할 것이다.

(3) 그러므로 신탁계약에서 이 사건 사채권자를 어떻게 정하였는가를 살펴보면, 이 사건 사채를 표창하는 유럽포괄사채권은 유로클리어와 세델이 공동으로 지명한 자의 이름으로 사채명부에 등록할 것이라고 규정하고 있고(위에서 본 바와 같이 사업설명서에도 이와 동일한 내용이 기재되어 있다), 실제로 이 사건 사채는 전액이 유럽포괄사채권으로만 발행되어 유로클리어와 세델이 공동으로 지명한 체이스 노미니즈가 이 사건 사채권자 명부에 사채권자로 등록되었음은 이미 본 바와 같으므로, 유럽포괄사채권이 미국 내에서 미국포괄사채권으로 재판매되었다거나(이 경우의 사채권자는 미국포괄사채권의 청산기관인 DTC가 지명한 세데 앤 코이다) 예외적인 사유의 발생으로 확정사채권이 발행되었다는(이 경우의 사채권자는, 위에서 살펴본 바와 같이 신탁계약이 정한 바에 따라, 이 사건 사채에 관한 권리를 소유하는 자들 가운데 이 사건 사채권자 명부에 사채권자로 등록하고 확정사채권을 발행받은 자이다) 사정이 없는 한, 체이스 노미니즈만이 이 사건 사채권자라고 할 것이다(청산기관이 지명하는 자만을

사채권자명부에 등록된 사채권자로 하는 것은, 이 사건 사채와 같은 유로본드의 발행인이 사채로 인하여 발생하는 법률관계를 처리함에 있어 사채를 실질적으로 매입한 수많은 해외 투자자들을 상대방으로 하기보다는 청산기관이나 그가 지명하는 자만을 상대방으로 삼아 간명히 처리하기 위한 유로본드시장의 실무관행의 소산으로 보인다).

(4) 또한, 이 사건 사채와 관련하여 유로클리어나 세델의 계좌에 기입된 형태로 존재하는 이 사건 사채에 관한 권리(Title to book-entry interests in the Bonds)가 있는 자(account holder, 베어스턴스 증권이 여기에 해당된다)나 그로부터 이 사건 사채에 관한 권리(interests in the Bonds)를 매입한 자(원고들이 여기에 해당된다)는 사채권(Title to the Bonds)을 가지는 사채권자(Bondholder)의 지위에 있는 것은 아니며, 다만 신탁계약의 규정과 사업설명서의 설명과 같이, 이 사건 사채를 표창하는 유럽포괄사채권이 발행된 후에 유로클리어나 세델의 영업이 중단되거나, 발행인의 채무불이행이 발생하는 등의 예외적인 경우에만, 이 사건 사채에 관한 권리의 소유자로서(Owners of interests in the Bonds) 그들의 이름으로 사채권자 명부에 등록할 권리와 개별적으로 확정사채권을 교부받을 자격을 갖고 있음에 불과하다고 할 것이다. 이 내용을 도표로 설시하면 아래와 같다.

지위	당사자	권리의 내용
사채권자 Bondholder	체이스 노미니즈	이 사건 사채권 Title to the Bonds
유로클리어, 세델의 계좌보유자 account holder	베어스턴스 증권 등	청산기관 계좌에 기입된 형태로 존재하는 이 사건 사채에 관한 권리 Title to book-entry interests in the Bonds
계좌보유자로부터 매입한 자 beneficial holder	원고들 등	이 사건 사채에 관한 권리 interests in the Bonds

(5) 이러한 사정을 종합하여 보면, 원고들이 이 사건 사채 30만 달러의 사채권자가 되기 위해서는, 유럽포괄사채권 중 위에서 설시한 예외적 사유로 인하여 이 사건 사채의 사채권자 명부에 해당 액수에 대한 사채권자라고 원고들의 이름이 등록되고 해당 액수만큼의 확정사채권이 발행되어 원고들에게 교부되었다는 점을 원고들이 주장, 입증하여야 하는데, 이에 대한 주장, 입증이 없으므로, 원고들이 이 사건 사채권자임을 전제로 하는 위 주장들은 더 나아가 살필 필요 없이 모두 이유 없다.

125. 대법원 2010. 1. 14. 선고 2009다55808 판결 [청구이의]

[논점] 소송행위를 주목적으로 하는 채권양도의 효력 및 소송신탁에서의 소송행위에 민사집행법에 의한 강제집행의 신청도 포함되는지 여부

【이 유】

나. 한편 원심은, 소외 1이 원고 회사에 2003. 6. 4. 2,500만 원, 2003. 11. 4. 500만 원, 2004. 1. 5. 400만 원, 2004. 1. 13. 500만 원, 2004. 1. 30. 300만 원, 2004. 2. 16. 300만 원, 2004. 3. 24. 250만 원을 대여하였다고 하더라도 그 금전대여행위는 이사회의 승인 없이 이루어진 이사의 자기거래에 해당하여 무효라고 판단하였다.

앞서 본 바와 같이 위 금전대여행위는 이사의 자기거래로서 원고 회사 이사회의 승인을 거쳐야 하는 행위라고 본 원심의 판단은 정당하나, 위 이자부 금전소비대차계약 중 이자 약정 부분이 무효로 되어 무이자부 금전소비대차로서의 효력이 인정된다고 하더라도 원고 회사로서는 아무런 불이익이 없고, 소외 1 역시 원고 회사의 운영자금으로 사용하기 위하여 위와 같이 원고 회사에 금전을 대여하였으며, 당시 대표이사인 소외 1로서는 그 운영자금을 조달할 필요가 있었던 점, 당시 원고 회사의 경영상태 등에 비추어 보면, 원고 회사나 소외 1 모두 이자 약정 부분이 무효로 된다고 하더라도 무이자부 금전소비대

차로서의 효력은 유지하려는 의사는 있었다고 봄이 타당하므로, 위 이자 약정 부분이 무효라고 하여 위 금전소비대차 전체가 무효가 된다고 본 원심의 판단은 잘못이라 할 것이다.

그러나 소송행위를 하게 하는 것을 주목적으로 채권양도가 이루어진 경우 그 채권양도가 신탁법상의 신탁에 해당하지 않는다고 하여도 신탁법 제7조[271]가 유추적용되므로 무효라고 할 것이고(대법원 2002. 12. 6. 선고 2000다4210 판결 참조), 소송신탁에서의 소송행위란 민사소송법상의 소송행위에 한정되지 않고 널리 사법기관을 통하여 권리의 실현을 도모하는 행위를 말하는 것으로서 민사집행법에 의한 강제집행의 신청도 이에 포함된다.

원심판결 이유 및 기록에 나타난 정황에 의하면, 소외 1은 소외 2와 사이에 원고 회사의 경영권을 둘러싼 분쟁이 생기자 자신의 원고 회사에 대한 대여금 채권을 형인 선정자 3에게 양도함으로써 선정자 3으로 하여금 그 양수금 채권에 기한 공정증서를 작성한 후 그에 기한 강제집행을 통하여 원고 회사로부터 그 채권을 회수할 목적으로 위 대여금 채권을 양도한 사실을 알 수 있다.

그렇다면, 소외 1이 선정자 3에게 위 각 대여금 채권을 양도한 행위는 선정자 3으로 하여금 강제집행의 신청이라는 소송행위를 하게 하는 것을 주목적으로 하는 소송신탁에 해당하여 무효라고 할 것이므로, 원심이 위 공정증서에 기한 강제집행을 불허하는 한편, 선정자 3이 위 공정증서에 기한 강제집행을 통하여 취득한 배당금을 부당이득으로서 원고 회사에 반환할 의무가 있다고 한 원심의 판단은 결론에 있어 정당하고, 따라서 앞서 본 원심의 잘못은 판결의 결과에 영향을 미친 위법이라고 할 수 없다.

126. 대법원 2009. 11. 12. 선고 2009다53437 판결 [사해신탁취소][272]

[논점] 사업약정 및 1차 신탁계약에서 정하는 바에 따라 신축 건물을 2차 신탁계약에 의해 추가신탁한 경우 2차 신탁계약의 사해행위 여부 판단 기준

【이 유】

1. 채권자취소권에 의하여 보호될 수 있는 채권은 원칙적으로 사해행위라고 볼 수 있는 행위가 행하여지기 전에 발생된 것임을 요하지만 그 사해행위 당시에 이미 채권 성립의 기초가 되는 법률관계가 발생되어 있고, 가까운 장래에 그 법률관계에 터잡아 채권이 성립되리라는 점에 대한 고도의 개연성이 있으며, 실제로 가까운 장래에 그 개연성이 현실화되어 채권이 성립된 경우에는 그 채권도 채권자취소권의 피보전채권이 될 수 있다(대법원 2001. 3. 23. 선고 2000다37821 판결 등 참조).

지방세법 제29조 제1항 제1호에 의하면, 취득세 납세의무는 취득세 과세물건을 취득하는 때에 성립하고, 지방세법 시행령 제73조 제4항에 의하면, 건축허가를 받아 건축하는 건축물에 있어서는 사용승인서 교부일(사용승인서 교부일 이전에 사실상 사용하거나 임시사용승인을 받은 경우에는 그 사실상의 사용일 또는 임시사용승인일)을 취득일로 본다고 규정하고 있는바, 원심이 인정한 사실관계에 의하면, 소외 회사는 이 사건 상가의 신축공사를 완료하고 2004. 8. 13. 사용승인을 받은 사실, 소외 회사는 2004. 9. 10. 이 사건 상가에 대한 취득세 및 농어촌특별세를 신고하고 납부기한을 2004. 9. 12.까지로 하는 고지서를 발급받았으나 소외 회사는 위 취득세 및 농어촌특별세를 납부하지 않은 사실을 알 수

---

271) 현행 신탁법 제6조.

272) 이 판결에 대한 평석은, (1) 최영수, 신축건물에 대한 추가신탁의 사해신탁 해당 여부, 판례연구 25집(2011. 09), 서울지방변호사회, 284면 이하. (2) 김세용, 대주단의 자금으로 진행되는 건물신축분양사업에서 시행사가 대주단 및 시공사와의 일련의 사업약정에 따라 건물을 담보신탁한 것이 사해행위가 되는지 여부, 대법원판례해설 제109호, 법원도서관, 109면 이하를 각 참고할 것. 대법원 2016. 9. 23. 선고 2015다223480 판결과 이 판결의 차이점에 대해서는 역시 위 김세용을 참고할 것.

있으므로, 늦어도 소외 회사가 이 사건 상가에 대하여 사용승인을 받은 2004. 8. 13. 당시에는 위 취득세 및 농어촌특별세 채권은 채권자취소권의 피보전채권이 될 수 있다고 할 것이다.

2. 당사자 사이에 일련의 약정과 그 이행으로 최종적인 법률행위를 한 경우, 일련의 약정과 최종적인 법률행위를 동일한 법률행위로 평가할 수 없다면, 일련의 약정과는 별도로 최종적인 법률행위에 대하여 사해행위의 성립 여부를 판단하여야 하고, 이때 동일한 법률행위로 평가할 수 있는지는 당사자가 같은지 여부, 일련의 약정에서 최종적인 법률행위의 내용이 특정되어 있거나 특정할 수 있는 방법과 기준이 정해져 있는지 여부, 조건 없이 최종적인 법률행위가 예정되어 있는지 여부 등을 종합하여 판단하여야 한다.

원심판결 이유와 기록에 의하면, 소외 회사는 2003. 3.경부터 이 사건 상가의 신축·분양 사업을 시행하면서, 농업협동조합중앙회(이하 '농협'이라고 한다)로부터 90억 원을 한도로 대출을 받기로 하였고, 같은 무렵 농협 및 시공사인 주식회사 ㅇㅇ종합건설과 사이에 사업약정서를 체결하였는데 동 사업약정서 제17조 제2항에서, '소외 회사는 건물 보존등기시 대출원리금 및 공사대금 미지급금이 잔존하는 경우 보존등기함과 동시에 담보신탁(또는 처분신탁)을 경료키로 한다'고 약정한 사실, 소외 회사는 2003. 3. 27. 피고와의 사이에 이 사건 상가부지가 될 토지에 대하여 부동산관리신탁계약(이하 '이 사건 제1차 신탁계약'이라고 한다)을 체결하고 2003. 3. 31. 위 토지에 관해 '2003. 3. 27. 신탁'을 원인으로 피고 앞으로 신탁등기를 마친 사실, 소외 회사는 2004. 5. 17. 피고와의 사이에 이 사건 제1차 신탁계약을 변경하여, '이 사건 상가 신축건물의 보존등기시까지 소외 회사의 농협에 대한 채무가 완제되지 않았을 경우, 보존등기와 동시에 미분양물건에 대한 담보신탁계약을 체결하기로 한다'는 약정을 한 사실, 소외 회사는 앞서 본 바와 같이 이 사건 상가에 대하여 2004. 8. 13. 사용승인을 받은 다음 2004. 9. 10. 피고와의 사이에 이 사건 상가 신축건물 61개 점포 전부에 대하여 부동산담보신탁계약(이하 '이 사건 제2차 신탁계약'이라고 한다)을 체결하고, 같은 날 61개 점포 전부에 대하여 '2004. 9. 10. 신탁'을 원인으로 피고 앞으로 신탁등기를 마친 사실을 알 수 있는바, 위 2003. 3.경 체결한 사업약정서는 소외 회사와 농협, 주식회사 ㅇㅇ종합건설 사이에 체결된 것으로서 피고는 그 당사자가 아니고, 이 사건 제1차 신탁계약은 이 사건 상가부지가 될 토지에 대한 부동산관리신탁에 지나지 않으며, 2004. 5. 17.자 변경약정과 위 사업약정서 제17조 제2항은 '이 사건 상가 신축건물의 보존등기시까지 소외 회사의 농협에 대한 채무가 완제되지 않았을 경우'라는 조건부로 담보신탁계약을 체결할 의무를 부과하는 약정에 불과하여 향후 체결할 담보신탁계약의 신탁재산, 신탁기간, 수익자 등 그 구체적인 내용에 관하여 전혀 정함이 없으므로, 이 사건 제2차 신탁계약과 종전의 일련의 위와 같은 약정은 동일한 법률행위라고 볼 수 없다.

따라서 채권자취소권의 피보전채권이 될 수 있는 요건을 갖추었는지 여부를 비롯하여 사해의사 등 사해행위에 대한 판단은 종전의 일련의 약정과는 별도로 이 사건 상가 신축건물 61개 점포에 대한 신탁등기의 원인이 된 법률행위인 이 사건 제2차 신탁계약 당시를 기준으로 판단하여야 할 것이다.

그런데도 원심이, 이 사건 제2차 신탁계약은 종전의 약정과 일련의 과정에 연속하여 체결된 계약으로서 위 취득세 등의 납세의무가 성립하기 이전에 체결된 법률행위의 이행이라고 보아 사해행위로서 채권자취소권의 대상이 될 수 없다고 판단한 데에는, 채권자취소권의 대상에 관한 법리를 오해함으로써 판결에 영향을 미친 위법이 있다고 할 것이다.

한편, 기록에 의하면, 피고는 원심에서, 채권자취소권의 제척기간이 도과하였다는 주장과 더불어 이 사건 제2차 신탁계약 당시 소외 회사가 채무초과 상태가 아니었다는 주장을 한 바 있으므로, 이 점에 대한 별도의 판단이 필요하다는 점을 지적하여 둔다.

[원심판결] 서울고등법원 2009. 6. 11. 선고 2008나102754 판결 [사해신탁취소]

【주 문】

1. 제1심 판결을 취소한다.

2. 원고의 청구를 기각한다.

3. 소송총비용은 원고가 부담한다.

【청구취지 및 항소취지】

1. 청구취지

별지 목록 기재 부동산에 관하여,

가. 피고와 소외 회사 사이에 2004. 9. 10. 체결한 신탁계약을 취소한다.

나. 피고는 소외 회사에게 수원지방법원 화성등기소 2004. 9. 10. 접수 제102368호로 마친 소유권이전등기의 말소등기절차를 이행하라.

2. 항소취지

주문과 같다.

【이 유】

1. 기초사실

가. 조세채권의 성립

○ 소외 회사는 2003. 3.경부터 화성시 태안읍 병점리 (지번 생략) 토지 등(이하 '이 사건 토지'라고 한다)에 상가를 신축하여 분양하는 사업을 시행하여, 별지 목록 기재 부동산(이하 '이 사건 부동산'이라고 한다)을 포함한 상가 건물(이하, '이 사건 상가'라고 한다)의 신축공사를 완료하고, 2004. 8. 13. 원고로부터 이 사건 상가의 사용승인을 받았다.

○소외 회사는 2004. 9. 10. 이 사건 상가에 관해 자신 앞으로 소유권보존등기를 경료하면서 등록세 69,727,980원을 납부하였다.

○소외 회사는 같은 날 원고에게 이 사건 상가의 취득가액 7,263,331,292원에 대한 취득세 및 농어촌특별세 159,793,280원을 신고하고 원고로부터 납부기한을 2004. 9. 12.까지로 하는 고지서를 발급받았다.

○그런데 소외 회사는 위 취득세 및 농어촌특별세 159,793,280원을 납부하지 않았다(이하 원고의 소외 회사에 대한 위 조세채권을 '이 사건 조세채권'이라고 한다).

나. 소외 회사와 피고 사이의 제1차 신탁계약 체결

○소외 회사는 위와 같이 2003. 3.경부터 이 사건 상가의 신축·분양 사업을 시행하면서, 농업협동조합중앙회(이하 '농협'이라고 한다)로부터 90억 원을 한도로 대출을 받기로 하였고, 같은 무렵 농협 및 시공사인 주식회사 ○○종합건설과 사이에 다음과 같은 내용의 사업약정을 체결하였다.

▷주식회사 ○○종합건설이 소외 회사의 농협에 대한 대출금 채무를 연대보증한다.

▷소외 회사는 이 사건 토지에 관해 농협 앞으로 근저당권을 설정해 주고, 그 후 이 사건 토지의 관리를 위해 이를 부동산신탁 회사에게 신탁한다.

▷이 사건 상가의 사용승인 후에 소외 회사의 농협에 대한 채무가 남아 있을 경우, 소외 회사는 이

사건 상가의 미분양 부분을 농협이 지정한 부동산신탁 회사에게 담보 또는 처분 신탁한다.

○이에 따라 소외 회사는 2003. 3. 27. 부동산신탁 회사인 피고와 사이에, 수익자를 소외 회사로 하여 이 사건 토지의 관리 등을 위한 신탁계약(이하 '이 사건 제1차 신탁계약'이라고 한다)을 체결하고, 2003. 3. 31. 이 사건 토지에 관해 피고 앞으로 신탁을 원인으로 한 소유권이전등기를 경료해 주었다.

다. 소외 회사와 피고 사이의 제2차 신탁계약 체결

○그 후 소외 회사가 위와 같은 사업약정에 따라 2004. 5. 17. 피고와 사이에 이 사건 제1차 신탁계약에 관한 추가 약정을 체결하여, 이 사건 상가의 소유권보존등기 시까지 소외 회사의 농협에 대한 채무가 남아 있을 경우, 그 소유권보존등기와 동시에 이 사건 상가 중 미분양 부분에 관해 담보신탁계약을 체결하기로 하였다.

○소외 회사는 위와 같이 2004. 8. 13. 원고로부터 이 사건 상가의 사용승인을 받았고, 2004. 9. 10. 위와 같은 추가 약정에 따라 피고와 사이에 다음과 같은 내용의 신탁계약(이하 '이 사건 제2차 신탁계약'이라고 한다)을 체결하였다.

▷신탁목적 : 신탁부동산(이 사건 상가)의 소유권 관리와 소외 회사가 부담하는 채무 내지는 책임의 이행을 보장하기 위하여 피고가 신탁부동산을 보전·관리하고 채무 불이행시 환가·정산하는 데 그 목적이 있다.

▷신탁기간 : 2004. 9. 10.부터 2007. 9. 30.까지로 하고, 소외 회사는 신탁기간 종료 전에 피고와 협의하여 그 기간을 연장할 수 있다. 신탁기간 종료 전에 우선 수익자의 요청 등에 의하여 신탁부동산을 처분한 경우에는 매수인에게 소유권이전등기를 마친 때에 신탁계약이 종료되는 것으로 본다.

▷수익자 : 제1순위 우선수익자는 농협(방배지점), 제2순위는 주식회사 ○○종합건설, 제3순위는 농협(성내동지점)이고, 소외 회사는 피고의 승낙을 얻어 수익자를 추가 지정하거나 변경할 수 있다.

▷신탁부동산의 소유권이전 및 신탁등기 : 소외 회사는 신탁계약 체결 후 지체없이 신탁부동산의 소유권이전 및 신탁내용을 공시하기 위하여 등기필증, 인감증명서, 위임장 등 신탁등기에 필요한 제반서류를 피고에게 제공하여야 한다.

○소외 회사는 위와 같은 2004. 9. 10. 농협의 동의를 얻어 이 사건 토지에 관해 자신 앞으로 신탁재산 귀속을 원인으로 한 소유권이전등기를 경료받음과 아울러 이 사건 부동산을 포함한 이 사건 상가에 관해 소외 회사 앞으로 소유권보존등기를 경료하고, 같은 날 이 사건 상가에 관해 피고 앞으로 신탁을 원인으로 한 소유권이전등기를 경료해 주었다.

3. 판단

가. 앞서 기초사실에서 본 바에 의하면, △소외 회사는 2003. 3.경부터 이 사건 상가의 신축·분양 사업을 시행하면서 그 무렵 대출채권자인 농협 및 시공사인 주식회사 ○○종합건설과 사이에 사업약정을 체결하여, 이 사건 상가의 사용승인 후에 소외 회사의 농협에 대한 채무가 남아 있을 경우 이 사건 상가를 농협이 지정한 부동산신탁 회사에게 신탁하기로 하였고, △소외 회사가 2003. 3. 27. 피고와 사이에 이 사건 제1차 신탁계약을 체결하고 이에 따라 이 사건 상가의 부지인 이 사건 토지를 피고에게 신탁하였다가 2004. 5. 17. 위와 같은 사업약정에 따라 피고와 사이에 추가 약정을 체결하여, 이 사건 상가의 소유권보존등기 시까지 소외 회사의 농협에 대한 채무가 남아 있을 경우 이 사건 상가를 피고에게 신탁하기로 하였으며, 이러한 추가 약정에 따라 소외 회사가 2004. 9. 10. 피고와 사이에 이 사건 상가를 피고에게 신탁하기로 하는 이 사건 제2차 신탁계약을 체결하고, 그에 따른 신탁등기를 피고 앞으로 경료해 준 것이다.

한편으로 앞서 기초사실에서 본 바에 의하면, 소외 회사는 2004. 8. 13. 이 사건 상가의 사용승인을 받고, 2004. 9. 10. 이 사건 상가에 관한 취득세 및 농어촌특별세를 신고하였다.

나. 그렇다면, 소외 회사와 피고 사이에 2004. 9. 10. 체결된 이 사건 제2차 신탁계약은, 그로부터 약 1년 6개월 이전인 2003. 3.경 소외 회사와 농협 사이에 체결된 사업약정, 2003. 3. 27. 위 사업약정에 따라 소외 회사와 피고 사이에 체결된 이 사건 제1차 신탁계약, 2004. 5. 17. 역시 위 사업약정에 따라 소외 회사와 피고 사이에 체결된 추가 약정을 거치는 일련의 과정에 연속하여 체결된 계약으로서, 2004. 8. 13. 사용승인을 받은 이 사건 상가를 소외 회사가 취득하여 그 취득세 등의 납세의무가 성립하기 이전에 체결된 법률행위의 이행이라고 할 것이다.

원고는 소외 회사의 위와 같은 납세의무에 기한 이 사건 조세채권을 피보전권리로 하여 이 사건 제2차 신탁계약에 관하여 채권자 취소권을 행사한다는 것인바, 위에서 본 바와 같이 이 사건 제2차 신탁계약이 위 납세의무가 성립하기 이전에 체결된 법률행위의 이행이라고 할 것인 이상, 이는 사해행위로서 채권자 취소권의 대상이 될 수 없다고 할 것이므로(대법원 2002. 4. 12. 선고 2000다43352 판결 참조), 결국 원고의 이 사건 청구는 이유 없다.

[1차 파기환송 이후의 소송경과]

서울고등법원 2010. 1. 14. 선고 2009나107398 판결 [사해신탁취소]

【주 문】

1. 피고의 항소를 기각한다.
2. 항소제기 이후의 소송총비용은 피고가 부담한다.

【청구취지 및 항소취지】

1. 청구취지

별지 목록 기재 부동산에 관하여,

가. 피고와 주식회사 아이원산업개발 사이에 2004. 9. 10. 체결한 신탁계약을 취소한다.

나. 피고는 주식회사 아이원산업개발에게 수원지방법원 화성등기소 2004. 9. 10. 접수 제102368호로 마친 소유권이전등기의 말소등기절차를 이행하라.

2. 항소취지

제1심 판결을 취소하고, 원고의 청구를 기각한다.

【이 유】

2. 본안전 항변에 관한 판단

가. 당사자의 주장

원고가 이 사건 소로써 소외 회사와 피고 사이의 이 사건 제2차 신탁계약이 사해행위라고 주장하면서 수익자인 피고를 상대로 그 취소 및 원상회복을 구함에 대하여, 피고는 이 사건 소가 원고 시장 명의로 피고를 상대로 소유권이전등기청구권을 압류한2005. 3. 21, 또는 원고 동부출장소장 명의로 피고에게 신탁부동산에 대한 채권압류 통지를 한 2006. 6. 5.로부터 1년을 경과하여 제기되었으므로 제척기간을 도과하여 부적법하다고 항변한다.

나. 살피건대, 채권자취소권의 행사에 있어서 제척기간의 기산점인 채권자가 '취소원인을 안 날'이라

함은 채권자가 채권자취소권의 요건을 안 날, 즉 채무자가 채권자를 해함을 알면서 사해행위를 하였다는 사실을 알게 된 날을 의미하고, 채권자가 취소원인을 알았다고 하기 위하여서는 단순히 채무자가 재산의 처분행위를 하였다는 사실을 아는 것만으로는 부족하고 구체적인 사해행위의 존재를 알고 나아가 채무자에게 사해의 의사가 있었다는 사실까지 알 것을 요하며, 사해의 객관적 사실을 알았다고 하여 취소의 원인을 알았다고 추정할 수는 없다고 할 것이다(대법원 2002. 9. 24. 선고 2002다23857 판결 참조).

이 사건에 관하여 보건대, 갑 제9호증, 을 제4호증의 각 기재에 의하면, 원고가2005. 3. 21. 원고 시장 명의로 피고를 상대로 소유권이전등기청구권을 압류한 사실, 2006. 6. 5. 원고 동부출장소장 명의로 피고에게 신탁부동산에 대한 채권압류 통지를 한 사실을 인정할 수 있으나, 이러한 사정만으로는 원고가 위 압류 및 통지를 할 당시 이 사건 부동산에 관한 사해행위의 존재 및 채무자인 피고에게 사해의 의사가 있었다는 사실까지 알았다고 인정하기에는 부족하고, 달리이를 인정할 증거가 없으며, 오히려, 갑 제6, 18호증의 각 기재에 변론 전체의 취지를 종합하면, 원고가 2007. 6. 18. 피 고로부터 이 사건 상가 분양이 되더라도 이 사건 조세채권을 납부할 수 없다는 설명을 듣고, 이 사건 제2차 신탁계약서를 교부받으면서 처분대금 등 정산에 있어 '제세공과금'이 누락된 것을 알게 된 사실을 인정할 수 있으므로, 원고는 특별한 사정이 없는 한 2007. 6. 18.경 사해행위의 존재 및 피고에게 사해의 의사가 있었다는 사실을 알았다고 봄이 상당하다 할 것이고, 그로부터 1년 이내인 2008. 5. 7. 이 사건 소가 제기된 사실은 기록상 명백하므로, 이 사건 소의 제척기간이 도과되었다는 피고의 위 항변은 이유없다.

3. 본안에 관한 판단

가. 당사자의 주장

(1) 원고의 주장

소외 회사는, 신탁 전에 발생한 권리로써는 신탁재산에 대하여 압류나 교부청구 등이 불가능하다는 점을 이용하여 이 사건 조세채권을 회피할 목적으로 피고와 통모하여 이 사건 상가에 관해 소유권보존등기를 경료하면서 이 사건 제2차 신탁계약을 체결하고 같은 날 신탁등기를 경료하였으므로, 이는 사해행위에 해당하여 취소되어야 한다.

(2) 피고의 주장

소외 회사는 이 사건 조세채권의 성립 이전인 2003. 3.경 농협과 사업약정을 체결 하면서 소외 회사의 대출금이 잔존하는 경우 이 사건 상가에 관한 소유권보존등기와 함께 이 사건 상가를 신탁하기로 약정하였고, 이에 따라 이 사건 제2차 신탁계약을 체결하고 그 신탁등기를 경료한 것이므로, 이는 사해행위에 해당하지 않는다.

나. 판단

(1) 채권자취소권에 의하여 보호될 수 있는 채권은 원칙적으로 사해행위라고 볼 수 있는 행위가 행하여지기 전에 발생된 것임을 요하지만 그 사해행위 당시에 이미 채권성립의 기초가 되는 법률관계가 발생되어 있고, 가까운 장래에 그 법률관계에 터잡아 채권이 성립되리라는 점에 대한 고도의 개연성이 있으며, 실제로 가까운 장래에 그 개연성이 현실화되어 채권이 성립된 경우에는 그 채권도 채권자취소권의 피보전채권이 될 수 있다(대법원 2001. 3. 23. 선고 2000다37821 판결 등 참조).

지방세법 제29조 제1항 제1호에 의하면, 취득세 납세의무는 취득세 과세물건을 취득하는 때에 성립하고, 지방세법시행령 제73조 제4항에 의하면, 건축허가를 받아 건축하는 건축물에 있어서는 사용승인서 교부일(사용승인서 교부일 이전에 사실상 사용하 거나 임시사용승인을 받은 경우에는 그 사실상의 사용일 또는 임시사용승인일)을 취득일로 본다고 규정하고 있는바, 앞서 기초사실에서 본 바에 의하면, 소외 회사는 이 사건 상가의 신축공사를 완료하고 2004. 8. 13. 사용승인을 받은 사실, 소외 회사는 2004. 9. 10. 이 사건 상가에 대한 취득세 및 농어촌특별세를 신고하고 납부기한을 2004. 9. 12.까지로 하는 고지서를 발급받았으나 소외 회사는 위 취득세 및 농어촌특별세를 납부하지 않은 사실을 알 수 있으므로, 늦어도 소외 회사가 이 사건 상가에 대하여 사용승인을 받은 2004. 8. 13. 당시에는 위 취득세 및 농어촌특별세 채권은 채권자 취소권의 피보전채권이 될 수 있다고 할 것이다.

(2) 당사자 사이에 일련의 약정과 그 이행으로 최종적인 법률행위를 한 경우, 일련의 약정과 최종적인 법률행위를 동일한 법률행위로 평가할 수 없다면, 일련의 약정과는 별도로 최종적인 법률행위에 대하여 사해행위의 성립 여부를 판단하여야 하고, 이때 동일한 법률행위로 평가할 수 있는지는 당사자가 같은지 여부, 일련의 약정에서 최종적인 법률행위의 내용이 특정되어 있거나 특정할 수 있는 방법과 기준이 정해져 있는지 여부, 조건 없이 최종적인 법률행위가 예정되어 있는지 여부 등을 종합하여 판단하여야 한다.

위 기초사실과 위 각 증거에 의하면, 소외 회사는 2003. 3.경부터 이 사건 상가의 신축·분양 사업을 시행하면서, 농협으로부터 90억 원을 한도로 대출을 받기로 하였고, 같은 무렵 농협 및 시공사인 주식회사 풍산종합건설과 사이에 사업약정서를 체결하였는데 동 사업약정서 제17조 제2항에서, '소외 회사'는 건물 보존등기시 대출원리금 및 공사대금 미지급금이 잔존하는 경우 보존등기함과 동시에 담보신탁(또는 처분신탁)을 경료키로 한다고 약정한 사실, 소외 회사는 2003. 3. 27. 피고와의 사이에 이 사건 상가부지가 될 토지에 대하여 이 사건 제1차 신탁계약을 체결하고 2003. 3. 31. 위 토지 에 관해 '2003. 3. 27, 신탁'을 원인으로 피고 앞으로 신탁등기를 마친 사실, 소외 회사는 2004. 5. 17. 피고와의 사이에 이 사건 제1차 신탁계약을 변경하여, '이 사건 상가 신축건물의 보존등기시까지 소외 회사의 농협에 대한 채무가 완제되지 않았을 경우, 보존등기와 동시에 미분양물건에 대한 담보신탁계약을 체결하기로 한다'는 약정을 한 사실, 소외 회사는 앞서 본 바와 같이 이 사건 상가에 대하여 2004. 8. 13. 사용승인을 받은 다음 2004. 9. 10, 피고와의 사이에 이 사건 상가 신축건물 61개 점포 전부에 대하여 이 사건 제2차 신탁계약을 체결하고, 같은 날 61개 점포 전부에 대하여 '2004. 9. 10. 신탁'을 원인으로 피고 앞으로 신탁등기를 마친 사실을 알 수 있는바, 위 2003. 3.경 체결한 사업약정서는 소외 회사와 농협, 주식회사 풍산종합건설 사이에 체결된 것으로서 피고는 그 당사자가 아니고, 이 사건 제1차 신탁계약은 이 사건 상가부지가 될 토지에 대한 부동산관리신탁에 지나지 않으며, 2004. 5. 17.자 변경약정과 위 사업약정서 제17조 제2항은 '이 사건 상가 신축건물의 보존등기시까지 소외 회사의 농협에 대한 채무가 완제되지 않았을 경우'라는 조건부로 담보신탁계약을 체결할 의무를 부과하는 약정에 불과하여 향후 체결할 담보신탁계약의 신탁재산, 신탁기간, 수익자 등 그 구체적인 내용에 관하여 전혀 정함이 없으므로, 이 사건 제2차 신탁계약과 종전의 일련의 위와 같은 약정은 동일한 법률행위라고 볼 수 없다.

따라서 채권자취소권의 피보전채권이 될 수 있는 요건을 갖추었는지 여부를 비롯 하여 사해의사 등 사해행위에 대한 판단은 종전의 일련의 약정과는 별도로 이 사건 상가 신축건물 61개 점포에 대한 신탁등기의 원인이 된 법률행위인 이 사건 제2차 신탁계약 당시를 기준으로 판단하여야 할 것이다.

(3) 그런데 위 기초사실 및 변론 전체의 취지에 의하면, ① 이 사건 조세채권은 이 사건 상가에 대한 소유권을 취득하는 경우 지방세법에 의하여 당연히 발생하는 법정채권으로서, 소외 회사가 2003. 3. 27.경 이 사건 상가신축사업을 시행할 때부터 채권발생이 이미 예견되어 있었던 점, ② 지방세법 제30조 제1항 제1호는 '납세의무자가 과세표준과 세액을 지방자치단체에 신고납부하는 지방세에 있어서는 이를 신고하는 때 그 세액이 확정된다.'고 규정하고 있는바, 이 사건 조세채권의 법정기일은 소외 회사가 이 사건 상가에 대한 과세표준과 세액을 신고한 2004. 9. 10이 되어, 그 뒤에 추가로 담보권을 취득

한 채권자들보다 우선적으로 채권을 징수할 수 있었던 점, ③ 그럼에도 소외 회사와 피고는 2004. 9. 10. 이 사건 제1차 신탁계약을 체결하면서 우선 징수권이 있는 이 사건 조세채권의 변제 및 정산방법에 대하여는 아무런 조항을 두지 아니하였고, 소외 회사는 같은 날 발생한 등록세만을 납부한 채 피고에게 이 사건 신탁등기(처분신탁 내지 담보신탁)를 경료함으로써 원고에 의한 압류 및 조세징수절차를 원천적으로 봉쇄한 점, ④ 이 사건 제2차 신탁계약에 의하면, 이 사건 조세채권은 그 법정기일과 상관없이 피고의 신탁비용채권, 이 사건 상가에 대하여 추가 담보를 확보하게 되는 수익증권상의 우선수익채권보다 항상 후순위가 되는바, 이는 채권상호간의 우열관계를 당사자의 합의에 의하여 마음대로 변경하는 결과를 초래하여, 사실상 조세채권 우선의 원칙을 규정한 지방세법 제31조 제2항 제3호 가목 규정 등을 잠탈하게 되는 점, ⑤ 소외 회사는 이 사건 조세채권을 비롯한 각종 조세채권을 납부하지 아니한 채 이 사건 제2차 신탁계약이 종료되기 이전에 폐업신고를 함으로써 조세납부능력을 완전히 상실하였던 점 등의 사정을 인정할 수 있는바, 이러한 사정을 종합하여 보면, 소외 회사는 위 기초사실에서 본 바와 같이 소외 회사는 채무초과 상태에서 우선 징수권이 있는 원고를 해할 의사로 이 사건 상가에 대한 이 사건 제2차 신탁계약을 체결하였다고 넉넉히 추인할 수 있다.

(4) 따라서 원고가 구하는 바에 따라 이 사건 상가 중 일부인 이 사건 부동산에 관하여 소외 회사와 피고 사이에 체결한 제2차 신탁계약은 취소되어야 하고, 그 원상회복으로서 피고는 소외 회사에 대하여 위 각 부동산의 소유권이전등기의 말소등기절차를 이행할 의무가 있다고 할 것이다.

대법원 2010. 6. 24. 선고 2010다15325 판결 [사해신탁취소]

【이 유】

1. 상고이유 제1점에 대하여

가. 채권자취소권 행사에 있어서 제척기간의 기산점인 채권자가 '취소원인을 안 날'이라 함은 채권자가 채권자취소권의 요건을 안 날, 즉 채무자가 채권자를 해함을 알면서 사해행위를 하였다는 사실을 알게 된 날을 의미한다고 할 것이므로, 단순히 채무자가 재산의 처분행위를 하였다는 사실을 아는 것만으로는 부족하고, 그 법률행위가 채권자를 해하는 행위라는 것 즉, 그에 의하여 채권의 공동담보에 부족이 생기거나 이미 부족상태에 있는 공동담보가 한층 더 부족하게 되어 채권을 완전하게 만족시킬 수 없게 되었으며 나아가 채무자에게 사해의 의사가 있었다는 사실까지 알 것을 요한다(대법원 1999. 4. 9. 선고 99다2515 판결, 대법원 2002. 11. 26. 선고 2001다11239 판결 등 참조).

나. 원심판결 이유에 의하면, 원심은 그 채택증거를 종합하여 판시와 같은 사실을 인정한 다음, 원고가 2005. 3. 21. 시장 명의로 피고를 상대로 소유권이전등기청구권을 압류한 사실, 2006. 6. 5. 동부출장소장 명의로 피고에게 이 사건 상가 중 일부에 관한 채권압류 통지를 한 사실을 인정할 수 있으나, 이러한 사정만으로는 원고가 위 소유권 이전등기청구권압류 및 채권압류 통지시 이 사건 상가 중 이 사건 소의 대상인 이 사건 부동산에 관한 사해행위의 존재 및 채무자에게 사해의 의사가 있었다는 사실까지 알았다고 인정하기에는 부족하고, 달리 이를 인정할 증거가 없으며, 오히려 원고가2007. 6. 18. 피고로부터 이 사건 상가 분양이 이루어지더라도 이 사건 조세채권을 변제할 수 없다는 설명을 듣고, 이 사건 제2차 신탁계약서를 교부받으면서 처분대금 등 정산에 있어 '제세공과금이 누락된 것을 알게 된 사실을 인정할 수 있으므로, 원고는 특별한 사정이 없는 한 2007. 6. 18.경 사해행위의 존재 및 채무자에게 사해의 의사가 있었다는 사실을 알았다고 봄이 상당하다 할 것이고, 그로부터 1년 이내인 2008. 5. 7. 이 사건 소가 제기된 사실은 기록상 명백하다는 이유를 들어, 이 사건 소의 제척기간이 도과되었다는 피고의 본안 전 항변을 배척하였다.

다. 그러나 이러한 원심의 판단은 위 법리와 기록에 비추어 그대로 수긍하기 어렵다.

원심판결 이유 및 기록에 의하면, 원고의 담당공무원은 이 사건 조세채권이 포함된 체납액을 징수하기 위하여 2005. 3. 21. 위와 같이 소외 회사의 피고에 대한 소유권이전등기청구권을 압류한 다음, 2006. 6. 5. 이 사건 상가 중 일부에 관한 채권압류 통지를 한 사실, 그 이후 원고는 2006. 7. 5. 소외 회사의 사무소로 사용되는 수원 영통구 A빌딩 제509호 점포를 압류하였는데, 당시 원고의 담당공무원은 이 사건 상가에 관하여 이미 신탁이 이루어졌을 뿐만 아니라, 소외 회사의 사무소로 사용되는 위 점포의 경우에도 선순위 근저당권 및 압류가 다수 존재하는 관계로 압류의 실익이 거의 없는 것으로 분석한 사실, 한편 원고는 경기도 토지정보과에 소외 회사의 전국 부동산 재산조회를 의뢰하여 2006. 6. 7. 이 사건 상가 이외에 재산이 없는 사실을 확인한 후, 경기도 세정과에 소외 회사의 전국 금융기관 예금재산조회를 의뢰하여 2007. 4. 25. 소외 회사의 금융재산이 없는 것을 확인하였다고 스스로 인정하고 있는 사실 등을 알 수 있다.

이러한 사실을 위 법리에 비추어 보면, 소외 회사의 재산에 대하여 체납액 징수를 위한 압류 등을 하는 과정에서 이 사건 상가에 관한 신탁등기 사실을 확인한 원고가 소외 회사의 사무소로 사용되는 위 점포에 대하여 압류를 한 2006. 7. 5. 또는 소외 회사의 전국 부동산 재산조회 및 전국 금융기관 예금재산조회를 통해 위와 같이 소외 회사에게 이 사건 상가 및 위 점포 이외에 다른 부동산 관련 재산이 없을 뿐만 아니라 금융기관 예금재산이 없는 것을 확인한 시점인 2007. 4. 25.에는 원고가 자신의 이 사건 조세채권 총액과 비교하여 소외 회사 소유의 재산가액이 그에 미치지 못하는 것을 파악할 수 있었던 것으로 보인다.

그렇다면 원고는 2006. 7. 5. 또는 늦어도 2007. 4. 25.에는 소외 회사가 원고를 해함을 알면서 사해행위를 한 사실을 알았다고 볼 가능성이 높다고 할 것이다. 그럼에도 불구하고, 원심은 이 부분을 제대로 심리하지 아니한 채 그 판시와 같은 이유만을 들어 이 사건 소의 제척기간이 도과되었다는 피고의 본안 전 항변을 그대로 배척하고 말았으니, 이러한 원심판결에는 경험의 법칙에 위배하고 채권자취소권 행사에 있어서 제척기간의 기산점에 관한 법리를 오해한 나머지 필요한 심리를 다하지 아니함으로써 판결에 영향을 미친 위법이 있다. 따라서 이를 지적하는 이 부분 상고이유의 주장은 이유 있다.

2. 상고이유 제2점에 대하여

가. 원심판결 이유에 의하면, 원심은 그 채택증거를 종합하여, 채무자인 소외 회사가 이 사건 제2차 신탁계약을 체결할 당시 적극재산으로는 수원 영통구 A빌딩 5층 509호 4억 5,000만 원 상당, 이 사건 상가 취득가액 7,263,331,292원 상당이 있었으며, 소극재산으로는 이 사건 제2차 신탁계약서 기재 우선수익 채권자 농업협동조합중앙회 방배지점에 대한 78억 원 상당의 대출채무, 주식회사 풍산종합건설에 대한 35억 4,255만 원 상당의 공사비 채무, 농업협동조합중앙회 성내동지점에 대한 50억 원 상당의 대출채무, 주식회사 하나은행에 대한 3억 7,100만 원의 대출채무, 체납된 국세 622,545,960원 상당, 수원시에 대한 체납지방세 94,298,940원 상당이 있어, 소외 회사는 이 사건 제2차 신탁계약을 체결할 당시 소극재산이 적극재산을 초과하는 채무초과 상태에 있었다고 판단하였다.

나. 그러나 이러한 원심의 판단은 기록에 비추어 그대로 수긍하기 어렵다. 원심판결 이유 자체에 의하더라도, 원심은 소외 회사의 적극재산 중 가장 중요한 비중을 차지하는 이 사건 상가의 경우 사해행위 당시의 시가가 아닌 지방세법에 따른 취득가액을 기준으로 하였을 뿐만 아니라, 피고가 소외 회사의 적극재산에 포함되어야 한다고 강하게 주장하는 이 사건 상가부지 가액 부분을 그 판시와 같은 이유만으로 적극재산에서 제외하였다. 그러나 소외 회사가 금융기관으로부터 PF대출을 받을 당시인 2003. 3. 14.경 작성된 감정평가서에 따르면 이 사건 상가의 건축 이전에도 이 사건 상가부지의 가액이

99억 6,200만 원에 이르렀던 사정 등에 비추어, 이 사건 상가 및 부지에 대한 감정평가 등을 실시하지도 않은 상태에서 원심의 판단과 같이 지방세법에 따른 취득가액인 7,263,331,292원이 이 사건 제2차 신탁계약을 체결할 당시의 이 사건 상가 및 부지의 시가라고 단정할 수는 없다고 할 것이다. 또한 원심은 소외 회사의 소극재산을 산정함에 있어서도 근저당권의 채권최고액 또는 최초 대출약정금액만을 기준으로 함으로써 이 사건 제2차 신탁계약 체결 당시 존재하는 피담보채무액 및 잔존채무액 등을 정확히 확정하지 아니한 상태에서 소외 회사의 무자력 여부를 판단하였다.

그렇다면 이러한 원심판결에는 위와 같은 부동산의 시가 및 실제의 채무액 등에 관하여 필요한 심리를 다하지 아니함으로써 판결에 영향을 미친 위법이 있다. 따라서 이를 지적하는 이 부분 상고이유의 주장도 이유 있다.

서울고등법원 2011. 3. 25. 선고 2010나59150 판결 [사해신탁취소][273)]

【주 문】

1. 제1심 판결을 취소한다.
2. 이 사건 소를 각하한다.
3. 소송총비용은 원고가 부담한다.

【청구취지 및 항소취지】

1. 청구취지

별지 목록 기재 부동산에 관하여,

가. 피고와 주식회사 아이원산업개발 사이에 2004. 9. 10. 체결한 신탁계약을 취소한다.

나. 피고는 주식회사 아이원산업개발에게 수원지방법원 화성등기소 2004. 9. 10, 접수 제102368호로 마친 소유권이전등기의 말소등기절차를 이행하라.

2. 항소취지

제1심 판결을 취소한다. 원고의 청구를 기각한다.

【이 유】

2. 본안전 항변에 관한 판단

가. 당사자의 주장

원고가 이 사건 소로써 소외 회사와 피고 사이의 이 사건 제2차 신탁계약은 소외 회사의 채권자인 원고를 해하는 사해행위라고 주장하면서 수익자인 피고를 상대로 그 취소 및 원상회복을 구함에 대하여, 피고는, 원고가 원고 시장 명의로 소외 회사의 피고에 대한 소유권이전등기청구권을 압류한 2005. 3. 21. 또는 원고 동부출장소장 명의로 피고에게 신탁부동산에 대한 채권압류 통지를 한 2006. 6. 5. 무렵에는 이 사건 제2차 신탁계약이 사해행위임을 알았다 할 것인데, 이 사건 소는 그로부터 1년을 경과하여 제기되었으므로 제척기간을 도과하여 부적법하다고 항변한다.

나. 판단

채권자취소권 행사에 있어서 제척기간의 기산점인 채권자가 '취소원인을 안 날'이라 함은 채권자가 채권자취소권의 요건을 안 날, 즉 채무자가 채권자를 해함을 알면서 사해행위를 하였다는 사실을 알게

273) 대법원 2011. 6. 24.자 2011다32471 결정(심리불속행)으로 확정됨.

된 날을 의미한다고 할 것이므로, 단순히 채무자가 재산의 처분행위를 하였다는 사실을 아는 것만으로는 부족하고, 그 법률행위가 채권자를 해하는 행위라는 것 즉, 그에 의하여 채권의 공동담보에 부족이 생기거나 이미 부족상태에 있는 공동담보가 한층 더 부족하게 되어 채권을 완전하게 만족시킬 수 없게 되었으며 나아가 채무자에게 사해의 의사가 있었다는 사실까지 알 것을 요한다(대법원 199. 4. 9. 선고 99다2515 판결, 대법원 2002. 11. 26. 선고 2001다11239 판결 등 참조).

이 사건에 관하여 보건대, 갑 제9, 10호증, 갑 제18, 19호증, 을 제4호증의 1, 2의 각 기재 및 변론 전체의 취지에 의하면, 원고의 담당공무원은 이 사건 조세채권이 포함된 체납액을 징수하기 위하여 2005. 3. 21. 위와 같이 소외 회사의 피고에 대한 소유권이전등기청구권을 압류한 다음, 2006. 6. 5. 이 사건 상가 중 일부에 관한 채권압류 통지를 한 사실, 그 이후 원고는 2006. 7. 5. 소외 회사의 사무소로 사용되는 수원 영통구 영통동 958-1 드림피아빌딩 제509호 점포를 압류하였는데, 당시 원고의 담당공무원은 이 사건 상가에 관하여 이미 신탁이 이루어졌을 뿐만 아니라, 소외 회사의 사무소로 사용되는 위 점포의 경우에도 선순위 근저당권 및 압류가 다수 존재하는 관계로 압류의 실익이 거의 없는 것으로 분석한 사실, 한편 원고는 경기도 토지정보과에 소외 회사의 전국 부동산 재산조회를 의뢰하여 2006. 6. 7. 이 사건 상가 이외에 재산이 없는 사실을 확인한 후, 경기도 세정과에 소외 회사의 전국 금융기관 예금재산조회를 의뢰하여 2007. 4. 25. 소외 회사의 금융재산이 없는 것을 확인하였다고 스스로 인정하고 있는 사실이 인정된다.

위 인정사실을 위 법리에 비추어 보면, 소외 회사의 재산에 대하여 체납액 징수를위한 압류 등을 하는 과정에서 이 사건 상가에 관한 신탁등기 사실을 확인한 원고가 소외 회사의 사무소로 사용되는 위 점포에 대하여 압류를 한 2006. 7. 5. 또는 소외 회사의 전국 부동산 재산조회 및 전국 금융기관 예금재산조회를 통해 위와 같이 소외 회사에게 이 사건 상가 및 위 점포 이외에 다른 부동산 관련 재산이 없을 뿐만 아니라 금융기관 예금재산이 없는 것을 확인한 시점인 2007. 4.25에는 원고가 자신의 이 사건 조세채권 총액과 비교하여 소외 회사 소유의 재산가액이 그에 미치지 못하는 것을 파악할 수 있었던 것으로 보이므로, 원고는 2006. 7. 5. 또는 늦어도 2007. 4. 25.에는 소외 회사가 원고를 해함을 알면서 사해행위를 한 사실을 알았다 할 것이고, 위 각 시점으로부터 1년이 지난 2008. 5. 7. 이 사건 소가 제기된 사실은 기록상 명백하므로, 이 사건 소는 제척기간이 도과된 후에 제기된 것으로서 부적법하다.

127. 대법원 2009. 9. 24. 선고 2009다41045 판결 [재단채권확인의소]

[논점] 수탁자의 파산관재인이 위탁자를 상대로 수탁자가 지급받지 못한 신탁사무처리비용의 상환을 구하는 소송을 제기하였다가 패소함으로써 상대방에게 소송비용액 지급의무를 부담하게 된 경우, 그 상대방이 파산관재인에 대하여 가지는 소송비용액 지급청구권은 구 파산법 제38조 제4호에 정한 재단채권에 해당하는지 여부

【이 유】

1. 원심은, 주식회사 ○○신탁(이하 ‘ ○○신탁’이라 한다)이 원고 소유의 토지상에 공업단지를 조성하는 사업을 추진하기 위하여 원고를 위탁자 겸 수익자로 하여 원고로부터 토지를 신탁받은 사실, ○○신탁은 대부분의 신탁사무처리비용을 외부로부터 차입하는 등으로 위 신탁사업을 진행해 오던 중 1997.경 이르러 자금사정으로 위 신탁사업을 중단한 사실, ○○신탁은 2002. 12. 30. 파산선고를 받아 피고가 파산관재인으로 선임된 사실, 피고는 수탁자인 ○○신탁이 위탁자 겸 수익자인 원고에 대하여 248억 원 상당의 신탁사무처리비용상환청구권을 가진다고 주장하면서 원고를 상대로 그 중 일부인 20억 원의 지급을 구하는 소송을 제기하였다가, 제1심부터 제3심에 이르기까지 전부 패소한 사실, 그 후

원고가 피고를 상대로 신청한 소송비용액확정 신청사건에서 위 소송으로 인하여 피고가 원고에게 지급하여야 할 소송비용액이 3,615만 원으로 확정된 사실을 각 인정한 다음, 그 판시와 같은 사정, 즉 신탁법 제22조[274]는 신탁재산은 수탁자의 고유재산이 된 것을 제외하고는 수탁자의 파산재단을 구성하지 아니한다고 규정하는 등 신탁법이 신탁재산과 고유재산은 원칙적으로 엄격하게 분리되어 관리되어야 한다고 규정하고 있는 점, 신탁법 제11조[275]는 파산선고를 받은 수탁자의 파산관재인은 신수탁자가 신탁사무를 처리할 수 있게 될 때까지 신탁재산을 보관하고 신탁사무인계에 필요한 행위를 할 수 있다고 규정하고 있는데, 피고가 원고를 상대로 제기한 위 소송은 고유재산으로 구성된 파산재단의 관리자의 지위가 아닌 신탁법·제11조에 근거한 신탁재산의 관리자의 지위에서 제기한 것으로 볼 수 있는 점, 파산법(2005. 3. 31. 법률 제7428호로 폐지되기 전의 것, 이하 같다)에서 정한 재단채권이라 함은 원칙적으로 파산채권자의 공동의 이익을 위하여 지출된 비용에 대한 청구권 또는 파산채권자의 공동의 이익을 위하여 파산관재인이 새로운 법률행위를 행한 결과 발생한 청구권 등으로서 파산법은 파산절차의 원활한 수행을 위한 비용청구권을 재단채권으로 예정하고 있는 점 등을 종합해 보면, 원고의 피고에 대한 위 소송비용액 지급청구권은 파산법 제38조 소정의 재단채권에 해당한다고 볼 수 없다고 판단하였다.

2. 그러나 원심의 이러한 판단은 다음과 같은 이유로 수긍할 수 없다.

원심이 확정한 사실관계에 의하더라도, 피고가 원고를 상대로 제기한 소송에서 행사한 것은 수탁자인 ○○신탁이 신탁법 제42조 및 제43조[276]에 근거하여 위탁자 겸 수익자인 원고에 대하여 가지는 비용상환청구권임이 분명하고, 그렇다면, 위 비용상환청구권의 행사는 수탁자가 고유재산의 소유자로서의 지위에서 행사한 것일 뿐, 신탁재산의 소유자 내지 관리자로서의 지위에서 행사한 것으로 볼 수 없으므로, 이러한 피고의 행위는 수탁자인 ○○신탁의 파산관재인의 자격으로 파산재단에 속하는 재산을 회수하기 위한 것으로서 파산재단에 관하여 한 행위로 보아야 한다. 따라서 피고가 그 소송에서 패소함으로써 상대방에 대하여 소송비용액 지급의무를 부담하게 된 이상, 그 상대방인 원고가 피고에 대하여 가지는 소송비용액 지급청구권은 파산재단에 관하여 파산관재인이 한 행위로 인하여 생긴 청구권으로서 파산법 제38조 제4호 [277]소정의 재단채권에 해당한다고 할 것이다.

그런데도 그 판시와 같은 사정을 들어 원고의 피고에 대한 위 소송비용액 지급청구권이 재단채권에 해당하지 않는다고 판단한 원심판결에는 파산법상 재단채권에 관한 법리를 오해한 위법이 있고, 이는 판결에 영향을 미쳤음이 분명하다.

[원심판결] 서울중앙지법 2009. 5. 19. 선고 2009나2728 판결 [재단채권확인의소]

【주 문】

1. 제1심 판결을 취소하고, 원고의 청구를 기각한다.
2. 소송총비용은 원고가 부담한다.

【청구취지 및 항소취지】

1. 청구취지

이 법원 2004가합48466, 서울고등법원 2005나73978, 대법원 2007다8945 비용상환청구 사건 판결들과

274) 현행 신탁법 제24조.
275) 현행 신탁법 제12조.
276) 현행 신탁법 제46조 및 제47조.
277) 현행 채무자회생법 제473조.

관련된 이 법원 2007카확1954 소송비용액확정 사건에서 피고가 상환하여야 할 소송비용액으로 확정된 금 36,150,000원의 상환채권은 파산자 주식회사 ○○신탁에 대한 재단채권임을 확인한다.

2. 항소취지

주문과 같다.

【이 유】

다. 판단

살피건대, 피고가 제기하였다가 패소한 위 소송이 ○○신탁이 파산선고를 받은 후에 제기되었을 뿐만 아니라 원고와의 신탁계약도 종료된 후임은 앞서 본 바이나, 한편, 신탁재산은 수탁자의 고유재산이 된 것을 제외하고는 수탁자의 파산재단을 구성하지 아니한다고 규정한 신탁법 제22조 등(제30조 내지 제32조 참조) 신탁재산과 고유재산은 원칙적으로 엄격하게 분리되어 관리되어야 한다고 규정하고 있는 점, 신탁법 제11조에서 파산선고를 받은 수탁자의 파산관재인은 신수탁자가 신탁사무를 처리할 수 있게 될 때까지 신탁재산을 보관하고 신탁사무인계에 필요한 행위를 할 수 있다고 규정하고 있는바, 피고가 원고에 대하여 제기한 위 소송이 고유재산으로 구성된 파산재단의 관리자의 지위가 아닌 위 법조에 근거한 신탁재산의 관리자의 지위에서 제기한 것으로 볼 수 있는 점, 여기에 파산법에서 정한 재단채권이라 함은 원칙적으로 파산채권자의 공동의 이익을 위하여 지출된 비용에 대한 청구권 또는 파산채권자의 공동의 이익을 위하여 파산관재인이 새로운 법률행위를 행한 결과 발생한 청구권 등으로서 파산절차의 원활한 수행을 위한 비용청구권을 예정하고 있는 것으로 해석되는 점 등을 종합해보면, 비록 이 사건 소송비용상환청구권이 파산 선고 후에 발생하였다고 하더라도 파산법 제38조(특히 제4호)에서 정하는 재단채권으로 볼 수 없다.

[1심판결] 서울중앙지방법원 2008. 12. 16. 선고 2008가단208245 판결 [재단채권확인의소]

【주 문】

1. 이 법원 2004가합48466, 서울고등법원 2005나73978, 대법원 2007다8945 비용상환청구 사건 판결들과 관련된 이 법원 2007카확1954 소송비용액확정 사건에서 피고가 상환하여야 할 소송비용액으로 확정된 금 36,150,000원의 상환채권은 파산자 주식회사 ○○신탁에 대한 재단채권임을 확인한다.

2. 소송비용은 피고가 부담한다.

【청구취지】

주문과 같다.

【이 유】

3. 판 단

살피건대, 위 인정사실에 의하면, 피고가 제기하였다가 패소한 위 소송은 ○○신탁이 파산한 후에 제기되었을 뿐만 아니라 원고와의 신탁계약도 종료된 후에 제기된 것이므로, 이 사건 소송비용 상환청구권은 파산 전의 원인으로 생긴 채권으로 보기 어렵고, 나아가 피고가 위 소송에서 승소하였다면 이미 신탁계약이 종료된 후 원고와 사이에 따로 정산할 것이 남아 있지 않은 상태에서 그 승소금액은 피고의 고유재산이 되어 파산재단에 속하게 될 것이었는바, 이러한 점을 고려할 때, 이 사건 소송비용 상환청구권은 파산채권이 아니라, 채무자 회생 및 파산에 관한 법률 제473조 제4호의 '파산재단에 관하여 파산관재인이 한 행위로 인하여 생긴 청구권'에 해당한다고 보아야 하므로, 이는 재단채권으로 보아야 할 것이다.

128. 대법원 2009. 7. 9. 선고 2008다19034 판결 [손해배상(기)][278]

[논점] 부동산담보신탁의 수탁자가 분양된 신탁부동산을 매각한 후 매매대금을 정산하면서 그 매각대금채권과 분양계약 해제로 인한 분양대금반환채무를 상계하거나 공탁한 것이 정당하다고 한 사례

【이 유】

2. 원고의 상고이유 제3점에 대하여

원심판결 이유에 의하면, 원심은 미분양건물을 처분하여 정산하는 경우와 달리 이미 분양된 건물 부분을 처분하여 정산하는 경우에 있어서 수분양자에 대하여 부담하는 분양대금 반환채무는 이 사건 부동산담보신탁계약 제21조 제1항에서 정한 1순위로 정산하여야 하는 채무 또는 그보다 앞선 순위로 정산하여야 할 채무에 해당하는 것으로 보아야 한다고 전제한 다음, 피고가 위탁자인 소외 1 주식회사의 요청을 받아 이미 분양된 건물 부분인 102호를 매각한 대금으로 먼저 수분양자에 대한 분양대금과 상계하거나 공탁한 행위는 위 신탁계약 제21조의 정산의무를 위반하여 원고의 우선수익권을 침해한 것이라고 볼 수 없다고 판단하여 원고의 이 부분 손해배상청구를 배척하였다.

이 사건 부동산담보신탁계약, 이 사건 대리사무계약의 관련 규정 내용 등에 비추어 살펴보면 위와 같은 원심의 판단은 정당한 것으로서 수긍할 수 있고, 거기에 이 사건 신탁계약 제21조의 해석에 관한 법리오해 등의 위법이 없다.

3. 원고의 상고이유 제4점에 대하여

원심판결 이유에 의하면, 원심은 소외 1 주식회사가 이 사건 대리사무계약을 위반하여 소외 2 주식회사와의 사이에 이 사건 극장 부분에 관한 매매계약을 체결한 사실을 피고가 알고 있었음에도 이를 방치함으로써 위 매매대금 중 31억 원이 피고가 관리하는 분양수입금 관리계좌로 입금되지 아니하였고, 그 결과 원고가 위 금원 상당을 상환받지 못하는 손해를 입게 되었다는 원고의 주장에 대하여, 소외 1 주식회사가 소외 2 주식회사와의 사이에 위 매매계약을 체결한 사실을 피고가 알았다고 인정할 증거가 없다는 이유로 원고의 이 부분 손해배상청구를 배척하였다.

원심판결 이유와 원심이 채택한 증거들에 의하면, 소외 1 주식회사가 2003. 6. 20. 피고에게 보낸 '대리사무관련 분양수익금에 대한 대출이자, 신탁수수료 및 공사비 지급의 건'이라는 제목의 문서에는 "… 극장 분양계약서상에 명기된 대로 극장 부분 매매대금 중 일금 일십억 원은 ㅇㅇ건설의 공사비 정산금액으로 당사에서 지급하기로 계약된 내용이오니 참고하시기 바랍니다"라는 문구가 기재되어 있는 사실, 소외 2 주식회사가 위 매매계약에 따라 지급한 대금 중 2003. 6. 19. 3억 원, 2003. 6. 23. 2억 원, 2003. 7. 11. 161,311,000원, 2003. 7. 18. 167,200,000원이 각 피고가 관리하는 분양수입금 관리계좌에 입금된 사실, 피고가 2003. 12. 9. 이 사건 건물 8, 9층에 관한 신탁등기를 경료한 사실을 알 수 있고, 기록에 의하면, 피고가 2003. 6. 19.부터 2003. 7. 18.까지 사이에 이 사건 극장 부분 매매대금 11억 원을 공사비 등으로 지급한 사실을 자백하였음을 알 수 있는바, 위 각 사실들을 종합하면, 피고는 2003. 6. 20.경 또는 적어도 2003. 12. 9.경에는 소외 1 주식회사와 소외 2 주식회사 사이의 위 매매계약 체결사실을 알았거나 알 수 있었다고 봄이 상당하므로 이에 반하는 원심의 사실인정은 부당하다.

그러나 원심이 채택한 증거들에 의하여 알 수 있는 다음과 같은 사정들, 즉, ① 피고는 이 사건 부동

278) 이 판결에 대한 평석은, 유현송, 담보신탁계약과 대리사무계약의 상호관계, 인권과 정의 제438호, 대한변호사협회, 104면 이하를 참고할 것.

산담보신탁계약에 따라 수탁자로서 신탁부동산의 보존·관리 등에 관한 선량한 관리자로서의 주의의무가 있으나 소외 1 주식회사가 임의로 소외 2 주식회사에게 매도한 이 사건 극장 부분은 아직 신탁등기가 경료되기 전이어서 신탁재산에 해당하지 아니하는 점, ② 이 사건 부동산담보신탁계약에 의하면 이 사건 건물의 분양업무는 소외 1 주식회사가 수행하도록 규정되어 있었고 피고는 그 분양계약에 따라 입금된 분양수입금을 관리하는 소극적 지위에 있었던 점, ③ 분양계약의 당사자가 아닌 피고로서는 소외 2 주식회사로 하여금 매매대금을 분양수입금 관리계좌로 입금하도록 강제할 방법이 없고, 소외 2 주식회사를 상대로 소유권이전청구권가등기의 말소를 구할 권원도 없었던 점, ④ 달리 피고가 소외 1 주식회사와 소외 2 주식회사 사이의 매매계약 체결을 알선하거나 적극적으로 가담한 사실을 인정할 증거가 없는 점 등을 종합하여 보면, 피고가 단순히 위 매매계약 체결사실을 알았거나 알 수 있었다는 이유만으로는 피고에게 공동불법행위로 인한 손해배상책임이 발생한다고 할 수 없다.

따라서 원심이 그 이유설시는 부적절하나 결국 원고의 이 부분 손해배상청구를 배척한 결론은 정당하므로, 원심의 조치에 판결에 영향을 미친 위법이 없다.

4. 피고의 상고이유 제1점에 대하여

가. 원심판결 이유에 의하면, 원심은 이 사건 대리사무계약 제10조 제1항에서 분양수입금 관리계좌의 자금집행순서를 1순위부터 5순위까지 규정하고 있고, 제10조 제2항은 제1항에서 규정한 각 항목에 관하여 지급시기나 개별적 지급방법 등을 정할 수 있도록 한 규정에 불과하다고 보아, 위 제2항의 규정에 따라 자금집행순서를 변경할 수 있다는 취지의 피고의 주장을 배척하고, 피고가 원고의 동의 없이 위 제1항의 자금집행순서를 위반하여 공사비를 지급한 부분에 관하여 손해배상책임을 인정하였다.

이 사건 대리사무계약 제10조 제1항, 제2항의 규정 내용, 조항의 순서 등에 비추어 보면 원심의 위와 같은 판단은 정당하고 거기에 위 대리사무계약 제10조의 해석에 관한 법리오해 등의 위법이 없다.

나. 이 사건 대리사무계약 제10조의 규정을 살펴보면, 같은 조 제1항 제3호에 규정한 '필수적 사업비'란 같은 항에 규정되어 있지 아니한 사업비 중 같은 조 제1항 제3호에 병렬적으로 규정된 '분양경비(분양대행수수료 및 광고비)'에 준하는 성격의 필수적 비용으로서, 우선수익권자인 원고와 국민은행의 동의를 그 전제요건으로 하는 비용을 의미한다 할 것이므로, 피고가 시공사들에게 지급한 계약금, 선급금은 대리사무계약 제10조 제1항 제3호에 규정된 '필수적 사업비'에 해당한다고 할 수 없다.

따라서 피고가 시공사들에게 지급한 계약금, 선급금이 이 사건 대리사무계약 제10조 제1항 제3호에 규정된 '필수적 사업비'에 해당한다는 피고의 주장을 배척한 원심의 조치는 정당하고, 거기에 상고이유에서 주장하는 위 대리사무계약 제10조의 해석에 관한 법리오해 등의 위법이 없다.

5. 피고의 상고이유 제2점에 대하여

원심판결 이유를 원심이 채택한 증거들에 비추어 살펴보면, 피고 주장의 사정만으로는 원고가 피고의 계약금, 선급금 지급에 관하여 묵시적으로 동의한 것으로 볼 수 없다고 판단한 원심의 조치는 수긍이 가고, 거기에 상고이유에서 주장하는 채증법칙 위배 또는 심리미진으로 인하여 사실을 오인한 위법이 없다.

6. 피고의 상고이유 제3점에 대하여

제3자를 위한 계약이라 함은 통상의 계약이 그 효력을 당사자 사이에서만 발생시킬 의사로 체결되는 것과는 달리 계약 당사자가 자기들 명의로 체결한 계약에 의하여 제3자로 하여금 직접 계약 당사자의 일방에 대하여 권리를 취득하게 하는 것을 목적으로 하는 계약인바, 어떤 계약이 제3자를 위한 계약에 해당하는지 여부는 당사자의 의사가 그 계약에 의하여 제3자에게 직접 권리를 취득하게 하려는 것인지에 관한 의사해석의 문제로서 이는 계약 체결의 목적, 계약에 있어서의 당사자의 행위의 성질, 계약으로 인하여 당사자 사이 또는 당사자와 제3자 사이에 생기는 이해득실, 거래 관행, 제3자를 위한 계약제도가 갖는 사회적 기능 등 제반 사정을 종합하여 계약 당사자의 합리적 의사를 해석함으로써 판별할 수 있다(대법원 1997. 10. 24. 선고 97다28698 판결 참조).

원심판결 이유와 원심이 채택한 증거들에 의하여 알 수 있는 다음과 같은 사정들, 즉, ① 이 사건 대리사무계약은 소외 1 주식회사와 피고 사이에 체결된 부동산담보신탁계약과 동시에 체결된 것으로서 부동산담보신탁계약과 밀접하게 관련되어 있는 점, ② 부동산담보신탁은 위탁자와 수탁자간의 신탁계약에 의하여 제3자인 채권자에게 수익권을 취득케 하는 점에서 민법 제539조의 제3자를 위한 계약과 유사한 구조를 가지고 있는 점, ③ 분양수입금 집행순서를 정한 이 사건 대리사무계약 제10조의 규정은 신탁계약에 의하여 수익자인 원고가 취득한 수익권의 구체적인 이행방법에 관하여 정한 것으로 볼 수 있는 점, ④ 원고가 이 사건 대리사무계약에 동의하고 기명날인함으로써 수익의 의사표시를 한 것으로 볼 수 있는 점 등을 종합하면, 이 사건 대리사무계약은 비록 소외 1 주식회사와 피고 사이에 체결된 것이기는 하지만, 최소한 분양수입금의 집행순서 위반으로 인한 손해배상청구와 관련하여서는 제3자를 위한 계약으로 봄이 상당하다.

같은 취지에서 이 사건 대리사무계약 중 분양수입금 집행순서를 정한 부분이 제3자를 위한 계약에 해당한다고 본 원심의 판단은 정당하고, 거기에 상고이유에서 주장하는 제3자를 위한 계약에 관한 법리를 오해한 위법이 없다.

피고가 상고이유에서 인용한 판례는 사안을 달리하여 이 사건에 적용하기에 적절하지 아니하다.

7. 피고의 상고이유 제4점에 대하여

가. 계약이 합의에 의하여 해제되어 원상회복의무를 부담하는 경우에도 민법 제548조가 준용되어 제3자에 대하여는 계약해제를 주장할 수 없는 것이므로(대법원 2005. 6. 9. 선고 2005다6341 판결 참조), 소외 1 주식회사가 이 사건 건물 중 102호 수분양자들과 분양계약을 합의해제하기 전에 피고가 이 사건 대리사무계약에 따라 위 수분양자들이 납부한 분양대금을 관리하며 시공사들에게 계약금, 선급금을 지급한 것은 유효하고, 위 대리사무계약 제10조가 규정한 분양수입금 집행순서에 의하면 피고가 시공사들에게 지급한 계약금, 선급금 상당액은 원고에게 지급되어야 할 금원에 해당하므로 원고에게 손해가 발생하였다고 할 것이다.

같은 취지에서 이 사건 건물 중 분양계약이 해제된 102호에 관한 분양대금은 확정된 분양수입금이 아니어서 원고에게 추가로 손해가 발생하지 아니하였다는 피고의 주장을 배척한 원심의 판단은 정당하고, 거기에 상고이유에서 주장하는 손해액 산정에 관한 법리를 오해한 위법이 없다.

나. 1, 2, 3순위 사업비용으로 지급될 금액을 특정한 후 원고의 손해액에서 이를 공제하여야 한다는 상고이유의 주장은 피고가 상고심에 이르러 비로소 주장한 것으로서 원심 변론종결 이전에는 주장한 바 없었음이 기록상 명백하며 또한 직권조사사항도 아니므로 적법한 상고이유가 될 수 없다..

[원심판결] 서울고등법원 2008. 1. 25. 선고 2005나69542 판결 [손해배상(기)]

【주 문】

1. 제1심 판결 중 피고에 대하여 원고에게 2,664,260,000원과 이에 대하여 2004. 11. 26.부터 2005. 7. 20.까지는 연 5%, 그 다음날부터 다 갚는 날까지는 연 20%의 각 비율로 계산한 돈을 초과하여 지급을 명한 피고 패소부분을 취소하고, 위 취소부분에 해당하는 원고의 청구를 기각한다.

2. 원고의 항소 및 피고의 나머지 항소를 각 기각한다.

3. 소송총비용 중 원고와 피고 사이에 생긴 부분은 그 중 50%는 원고가, 나머지는 피고가 각 부담하고, 보조참가로 인한 부분은 피고 보조참가인들이 부담한다.

【청구취지 및 항소취지】

1. 청구취지

피고는 원고에게 5,297,698,630원과 이에 대하여 2004. 11. 26.부터 다 갚는 날까지 연 20%의 비율로 계산한 돈을 지급하라.

2. 항소취지

원고 : 제1심 판결 중 아래에서 지급을 구하는 부분에 해당하는 원고 패소부분을 취소한다. 피고는 원고에게 1,270,650,225원과 이에 대하여 2004. 11. 26.부터 다 갚는 날까지 연 20%의 비율로 계산한 돈을 지급하라.

피고 : 제1심 판결 중 피고 패소부분을 취소하고, 위 취소부분에 해당하는 원고의 청구를 기각한다.

【이 유】

2. 피고의 공사비 선지급으로 인한 손해배상책임의 존부

(1) 인정사실

(가) 대리사무계약의 내용은 위 1의 나.항 기재와 같고, 원고의 소외 3 주식회사에 대한 대출금채권의 만기일은 위 1의 다.항 기재에서 본 바와 같다.

(나) 각 개별 공사도급계약에는 공사비 지급에 관하여 선급금으로 총 공사금액의 20%를 지급하기로 하거나(소외 1 주식회사와 피고보조참가인 2 주식회사 사이의 2002. 4. 22.자 도급계약), 공사 착공 후 총 공사금액의 20%를 지급하기로 하거나(소외 1 주식회사와 피고보조참가인 2 주식회사 사이의 2002. 10. 18.자 변경계약), 계약금으로 총 공사금액의 30% 이상을 지급하기로 약정되어 있었다(소외 1 주식회사와 소외 주식회사 △△케미컬 사이의 2002. 4. 15. 계약 및 소외 1 주식회사와 주식회사 ○○건설 사이의 2002. 7. 23.자 계약).

(다) 피고는 2002. 6. 24.부터 2004. 1. 9.경까지 피고보조참가인 2 주식회사에 지급해야 할 공사비 93억 5,000만원 중 17억 2,100만원을, 주식회사 ○○건설에 지급해야 할 공사비 8,700,516,000원 중 1,339,860,000원을, 피고보조참가인 1 주식회사에 지급해야 할 공사비 6,600만원 중 1,650만원을, 소외 주식회사 ◎◎디자인에 지급해야 할 공사비 1억 6,500만원 중 8,690만원을 각각 지급하였고, 소외 주식회사 △△케미컬에 지급해야할 공사비 3억 5,200만원은 전혀 지급하지 못하였다(즉, 전체 지급해야 할 공사비 18,633,516,000원 중 16.98%인 3,164,260,000원을 공사비로 지급하였다).

(라) 소외 1 주식회사는 2003. 12. 19.경 원고에게 위 1의 마.항과 같이 공사비 5억원의 공사비를 포함한 신탁보수, 제세 공과금 등의 지급을 위해 일부 변제를 조건으로 원고의 수익권 증서의 일부 해지를 요청한 바가 있고, 원고는 다른 수단을 통해 대출금채권을 확보할 수 있다는 판단 하에 그에 동의해 주었다.

(마) 소외 1 주식회사는 이 사건 대리사무계약 제10조 '제1항'에 근거하여 피고에게, ①2002. 12. 18. "소외 12 주식회사로부터 2002. 12. 초경 대출받은 5억원이 이 사건 대리사무계약에 따른 피고의 관리계좌에 입금될 예정인데, 현재 이 사건 건물의 공사가 상당부분 진행되었음에도 분양실적이 저조하여 공사비 계약금조차 지급이 연기된 상태이므로 위 5억원의 대출금은 공사업체인 피고보조참가인 2 주식

회사와 주식회사 ○○건설에 대한 공사비로 지급해달라"는 요청을 하였고(피고는 2002. 12. 20. 소외 12 주식회사에 대해 이 사건 건물 401호에 관하여 증서금액을 6억 5,000만원으로 하여 2순위의 우선수익권 증서를 발행하여 주었다), ②2003 3. 27. 피고 명의의 분양수입금 관리계좌의 잔액이 431,634,329원인 상태에서 2002. 4. 22. 피고보조참가인 2 주식회사의 공사비로 9,800만원의 지급을, ③2003. 5. 12. 위 관리계좌의 예금잔액이 232,836,233원인 상태에서 피고에 대한 신탁보수로 2,500만원, 주식회사 ○○건설에 대한 공사비로 171,050,000원, 원고에 대한 대출이자로 25,238,356원, 분양대행수수료로 1,100만원의 지급을, ④2003. 5. 15. 위 관리계좌의 잔액이 133,499,817원인 상태에서 국민은행에 대한 대출이자로 66,877,378원 및 12,841,398원, 원고에 대한 대출이자로 4,097,259원, 주식회사 ○○건설에 대한 공사비로 4,950만원의 지급을, ⑤2003. 6. 20. 위 관리계좌의 예금잔액이 324,248,663원인 상태에서 국민은행에 대한 대출이자로 88,677,942원, 원고에 대한 대출이자로 29,358,903원, 피고에 대한 신탁수수료로 5,000만원, 분양대행수수료로 1,348,556원, 분양광고홍보비로 5,000만원, 주식회사 ○○건설에 대한 공사비로 1억 890만원의 지급을, ⑥2003. 6. 23. 위 관리계좌의 잔액이 201,063,262원인 상태에서 상하수도공사비(○○시청)로 34,001,000원, 국민은행에 대한 대출이자로 88,795,502원, 원고에 대한 대출이자로 78,250,000원의 지급을 각각 요청하였고, 피고는 소외 1 주식회사의 그와 같은 요청에 따라 그와 같은 내용으로 분양수입금 관리계좌에 입금된 금원을 집행하였다. 그러나 소외 1 주식회사의 위 각 지급요청서는 국민은행만 동의한 상태였다.

(2) 대리사무계약 제10조의 의미

(가) 앞서 본 바와 같은 대리사무계약의 내용에 의하면, 이 사건 대리사무계약 제3, 4조가 피고에게 위임된 대리사무로서 ' 소외 1 주식회사와 소외 3 주식회사 명의의 대출금채무 관리 및 집행'을 제1호로, '공사비 등 사업비 집행'을 제3호로 규정하고 있고, '분양수입금 관리계좌의 집행순서'를 정하고 있는 제10조 제1항은 제3호에서 3순위로 "분양경비(분양대행수수료 및 광고비) 및 우선수익자인 '국민은행과 원고가 인정'하는 사업수행을 위한 필수적 사업비", 제4호에서 4순위로 "원고에 대한 대출원금", 제5호에서 "국민은행 대출원금 및 공사비. 단, 공사비 지급에 관한 조건은 아래와 같다"라 규정한 다음 '공사비 지급의 조건'을 구체적으로 규정하면서 가)목에서 "분양개시일로부터 3개월간 총분양금액이 310억원 미만일 경우 '공사비 중도금과 잔금'은 대물지급 또는 국민은행 대출원금 전액 상환후 지급"이라고 규정하여, 피고가 소외 1 주식회사로부터 위임받은 업무 중 '대출기관에 대한 대출금채무의 관리 및 상환' 등을 '공사비의 지급'보다는 먼저 규정하고 있음을 알 수 있다.

(나) 한편, 이 사건 대리사무계약 제4조의 수임인의 업무에 관한 규정은 제2호에서 " 소외 1 주식회사와 소외 3 주식회사 명의로 차입한 대출금의 관리 및 집행"을, 제4호에서 "분양수입금과 금융기관차입금(공사비 지급용도)의 관리를 통한 공사비 등의 사업비 집행"을 따로 규정하고 있고, 앞서 본 바와 같이 소외 1 주식회사는 2002. 12월 초경 소외 12 주식회사로부터 공사비 지급을 위하여 5억원을 대출받으면서 소외 12 주식회사에게도 수익권증서를 발행하여 주었는바(이는 이 사건 신탁계약 제6조 제3항에 의한 것으로 보인다. 한편, 을제13호증의 10, 11, 17, 21, 24, 25의 각 기재에 의하면, 그 외에도 피고는 2003. 1. 17. 소외 13 주식회사에 대해, 2003. 2. 27. 소외 14 주식회사에 대해, 2003. 8. 14. 소외 15 주식회사에 대해, 2003. 8. 25. 소외 13 주식회사에 대해, 2003. 10. 15. 소외 16 주식회사에 대해 우선순위의 차이는 있지만 각각 수익권증서를 발행하여 준 사실을 인정할 수 있다), 그러한 사정에 비추어 볼 때 이 사건 대리사무계약에 동의한 원고나 국민은행 등의 금융기관이 아닌 다른 금융기관으로부터의 자금조달을 예상하고 있었고, 그러한 자금조달은 대리사무계약 제10조 제1항 제5호에 의하여 대물 또는 국민은행에 대한 대출금 전액상환 후 지급될 공사비의 중도금 및 잔금을 제외한 나머지 공사비의 지급을 위한 것으로 볼 여지도 있다(따라서, 공사비의 계약금이나 선급금에 관하여 대리사무계약

제10조에서 정해지지 않았으므로 같은 조 제2항이 제1항의 자금집행순서보다 우선적용되는 규정이라는 피고의 주장은 받아들이기 어렵다).

(다) 또한 위 1의 다.항 기재와 같이 원고의 소외 3 주식회사 등에 대한 대출금의 변제기는 대출실행일로부터 약 1개월 이후 도래하였다가, 원고와 소외 3 주식회사 사이의 여신거래약정에 의해 해지되고, 다시 대출이 실행되는 형태였고(따라서, 원고의 대출금채권의 변제기가 도래하지 않았다는 피고의 주장은 받아들일 수 없다), 대리사무계약 제13조 제1항은 "준공시 금융기관 차입금 잔액이 있을 경우 미분양물건 전체를 보존등기와 동시에 금융기관을 우선수익자로 하는 담보신탁계약을 체결하여 금융기관의 대출채권이 보존되도록 한다"라고 규정하고 있으며(제3항도 준공시까지 미분양 등으로 인하여 금융기관의 대출금이 전액 상환되지 않을 경우를 전제로 할인분양 등에 관하여 규정하고 있다), 소외 1 주식회사는 2003. 12. 19.경 원고에게 수익권 증서의 일부해지를 요청하면서, 원고의 대출금을 "일부 상환한 후의 나머지 대출금 약 47억원에 대하여는 추후 납부될 극장 및 1층 내지 5층의 잔금을 통해 상환이 순차적으로 이루어 질 것"이라는 의사를 표시하기도 하였는바, 그렇다면 소외 1 주식회사와 피고 등은 리모델링 및 증축공사의 준공 전에 원고 등에 대한 대출금이 전액 상환될 것을 예정하고 있었거나, 그 사업의 진행과정에서 원고에 대한 대출금채무의 일부상환을 전제하고 있었다고 할 것이다(따라서, 대리사무계약 제10조에서 대리사무보수의 집행순위를 원고의 대출금 상환보다 우선하는 2순위로 정하고 있고, 제11조에서 그러한 대리사무보수를 분할지급하도록 한 점(또한 대리사무보수는 그 성질상 시기별로 발생하는 것이다) 및 준공 후 원고가 미분양부분에 관하여 담보신탁계약의 우선수익자가 되기로 하였다는 사정만으로 제2항 규정이 제1항 규정보다 우선하는 규정이라 할 수 없다).

(라) 위와 같은 사정에 더하여, 우선수익자인 원고뿐만 아니라 리모델링 공사의 시행자들인 피고보조참가인 2 주식회사 등도 대리사무계약에 동의한 점(을제13호증의 13 내지 15, 18 내지 20의 각 기재에 의하면, 피고보조참가인 2 주식회사도 2003. 1. 17. 및 2003. 2. 27. 이 사건 건물 중 지하 01호, 02호, 601호, 701호 등에 관하여 2순위 또는 3순위, 4순위로 수익권증서를 발행받았다), 더욱이 소외 1 주식회사는 2003. 12. 19.경 원고에 대하여, 이미 분양된 전유부분의 수분양자로부터 지급받은 돈으로 국민은행에게 9억 5,000만원, 원고에게 5억 5,000만원 등 대출기관에 대해 합계 17억 2,000만원을 각각 상환하였고, 공사비로 5억원, 분양대행관련 비용으로 3,000만원, 피고에 대한 신탁보수로 3억원, 세금 기타 비용으로 2억 8,500만원을 각각 지출하겠다면서 수익권증서의 일부해지를 요청한 점, 그런데 소외 1 주식회사는 위 해지요청을 한 경우 외에는 공사비 지급 등에 있어서 원고의 동의를 받지 않고 국민은행의 동의만 얻은 상태에서 "대리사무계약 제10조 '제1항'의 규정"에 따라 공사비보다 우선순위에 있는 신탁보수, 분양광고비 및 분양대행수수료, 원고 및 국민은행에 대한 대출금채무의 이자 등을 함께 지급하도록 요청하거나 공사비만의 지급을 요청한 점, 피고는 그와 같은 국민은행의 동의만 얻은 자금지급요청서를 근거로 분양수입금 관리계좌의 자금을 집행한 점, 대리사무계약 제10조 제2항이 '공사비'에 한정된 규정이 아니라 "공사비 등 사업비"에 대한 규정인 점(그렇기 때문에 소외 1 주식회사는 위와 같이 국민은행의 동의를 받은 것으로 보인다. 이 점에서 국민은행의 동의를 받아 공사비 등을 지급하였다고 하더라도 원고의 동의가 없었던 이상 피고의 그와 같은 공사비의 지급이 정당한 것이라고 보기 어렵다) 등 이 사건 변론에 나타난 제반 사정에 비추어 볼 때, 이 사건 대리사무계약 제10조는 우선 제1항에서 분양수입금의 집행의 순서로 "1순위로 대출금이자, 2순위로 신탁보수, 3순위로 분양경비 등 필수적 사업비, 4순위로 원고에 대한 대출금 상환, 5순위로 국민은행에 대한 대출금 상환과 공사비"로 규정한 다음, 그와 같이 제1항에서 정해진 각 구체적인 명목의 필수적 사업비나 공사비에 관하여 지급시기나 개별적 지급방법 등을 공사도급계약이나 개별 용역계약에서 정할 수 있다는 취지로 제2항을 둔 것이라 봄이 상당하다고 할 것이다.

(3) 피고의 주장에 대한 판단

(가) 피고는, 원고가 이 사건 건물 중 8, 9층 부분의 멸실로 인한 손실 문제가 발생하기 전에는 대출금 상환을 요구한 적이 없을 뿐만 아니라 피고로부터 분양수입내역 및 자금집행내역을 통보받고서도 피고의 공사비 및 사업비 지급에 관하여 이의를 제기한 적이 없으므로, 원고는 피고의 위 공사비 지출에 대하여 묵시적으로 동의한 것이라고 주장하므로 살피건대, 피고 주장의 위 사정만으로는 원고가 피고의 위 공사비 지출에 대하여 묵시적으로 동의한 것이라고 볼 수 없으므로, 피고의 위 주장은 이유 없다.

(나) 피고는 또한, 이 사건 대리사무계약은 피고와 소외 1 주식회사 사이에 체결된 것으로서 원고는 위 계약의 당사자가 아니므로, 피고가 위 계약상의 의무를 위반하였다고 하더라도 원고는 피고에 대하여 위 계약위반에 따른 책임을 추궁할 수 없다고 주장한다.

살피건대, 위에서 본 바와 같이 피고는 소외 1 주식회사와 사이에 이 사건 대리사무계약을 체결함에 있어 분양수입금 관리계좌의 자금집행순서에 관하여 정하면서 원고에 대한 대출원금 및 이자를 공사비보다 우선하여 지급하기로 약정하였으므로 이는 제3자를 위한 계약이라고 할 것이고, 제3자인 원고가 이 사건 대리사무계약에 동의함으로써 채무자인 피고에 대하여 계약의 이익을 받을 의사를 표시하였으므로, 원고는 피고에게 분양수입금관리계좌의 자금집행순서를 위 약정대로 이행할 것을 직접 청구할 수 있다 할 것이고, 따라서 피고는 원고에게 위 약정위반으로 인하여 원고가 입은 손해를 배상할 의무가 있으므로, 피고의 위 주장은 이유 없다.

3. 피고의 신탁부동산 매각대금의 상계처리로 인한 손해

(1) 원고가, 이 사건 건물 중 102호에 대하여 2순위의 우선수익권을 가지고 있는 사실(원고는 102호, 201호, 301호에 관하여 증서금액 20억원의 우선수익권자이다), 이 사건 건물 중 102호에 대한 공매절차에서 2004. 7. 20. ㅁㅁ분양채권자조합이 매수자로 결정된 사실, 2004. 8. 5. 소외 1 주식회사가 위 조합에 참가한 수분양자들과 사이의 각 분양계약을 합의해제한 사실, 그 후 피고는 2004. 8. 10. 위 조합이 매각대금으로 지급해야 할 중도금과 잔금 중 3,094,184,580원을 위 조합이 소외 1 주식회사에 대해 가지는 계약금반환채권과 상계처리하는 내용의 매매계약을 체결한 사실, 146,877,140원은 위 조합에 참여하지 않은 수분양자들에 대한 계약금 반환을 위하여 공탁한 사실 등은 앞서 본 바와 같다.

(2) 이 사건 신탁계약에 의하면 신탁부동산을 환가하여 정산하는 경우 우선수익권자는 그 수익권증서 금액의 범위 내에서 다른 일반 채권자들보다 우선변제권을 가지고 수탁자인 피고는 선량한 관리자의 주의의무를 다하여 정산사무를 처리하여야 한다. 그러나 우선수익권자인 원고가 리모델링 사업을 통하여 건물을 분양하여 얻은 수익금으로 대리사무계약에 따른 순서에 따라 대출금을 상환받기 위하여 소외 1 주식회사와 수탁자 사이의 대리사무계약에 동의를 하였고 건물 준공시 금융기관 차입금 잔액이 있을 경우 소외 1 주식회사는 미분양물건에 관하여 보존등기와 동시에 담보신탁계약을 체결하고 매각 등의 방법으로 대출 원리금에 충당하는 정산절차를 거치도록 되어 있으므로(대리사무계약 제13조) 소외 1 주식회사가 분양한 건물에 대하여는 우선수익권이 제한된다고 봄이 상당한 점, 대리사무계약은 근본적으로 리모델링 사업의 안정적인 수행과 분양계약자의 권리보호를 위하여 이루어지는 것이고(대리사무계약 제1조, 제2조 제1항), 소외 1 주식회사는 피고에게 분양계약의 관리 및 분양 또는 임대 수입금의 수납관리계좌의 입출금 등 자금 관리업무를 위임하였으며, 분양계약자에 대한 입출금 및 '해약' 등을 전산관리하여야 함(대리사무계약 제3조 제1항 제2호, 제9조 제2항)에 비추어 분양수입금을 관리하는 피고는 수분양자와 계약이 해제되어 소외 1 주식회사의 요청이 있을 경우 계약해제로 인한 원상회복의 범위 내에서는 이를 반환하여야 하는 점, 따라서 이미 분양이 된 건물 부분을 매각할 경우에는 분

양자는 수분양자와의 계약을 해제할 수밖에 없으므로, 이미 분양된 물건을 처분하여 담보신탁계약을 정산할 경우에는 수분양자에 대한 분양금 반환채무는 이 사건 신탁계약 제21조 제1항에서 신탁보수와 함께 1순위로 정산하여야 하는 '신탁계약 및 처분절차와 관련하여 발생된 비용'에 해당하거나 오히려 이보다도 앞선 순위로 정산되어야 할 채무로 봄이 상당한 점, 만약 위와 같이 해석하지 아니하게 되면 우선수익권자로서는 수분양자가 이미 납부한 분양금으로 건축공사를 함으로써 신탁건물의 담보가치가 분양대금 만큼 증가되거나, 우선수익권자로서 대출금의 이자 등 채권을 일부 변제받았음에도 또 다시 수분양자에게 분양금을 반환하지 아니한 채 수분양된 물건을 매각한 대금에 관하여 우선권을 행사함으로써 수분양자의 희생하에 이중의 만족을 얻게 되는 매우 불합리한 결과에 이르게 되는 점 등에 비추어 보면, 미분양건물을 처분하여 정산을 하는 경우와 달리 소외 1 주식회사가 분양한 건물을 처분하여 정산하는 경우 수탁자인 피고는 이 사건 신탁계약 제21조에 정한 처분대금의 정산시 소외 1 주식회사의 요청이 있으면 소외 1 주식회사와 수분양자들 사이의 분양계약 해제로 인한 분양대금을 우선적으로 반환할 수 있다고 봄이 상당하고, 따라서 이 사건에서 소외 1 주식회사의 상계 요청을 받고 피고가 수분양자들로 구성된 ㅁㅁ분양채권자조합의 102호 매각대금으로 분양대금과 상계하거나 공탁을 한 행위는 원고의 우선수익권을 침해하는 것이 아니라 이 사건 신탁계약에 따른 적법한 행위라고 할 것이고 신탁계약 제21조에 위반하였다고 할 수 없다.

따라서 피고가 이 사건 신탁계약 제21조에서 정한 순서에 따른 정산의무를 위반하여 원고의 우선수익권을 침해하였음을 전제로 하는 원고의 위 주장은 나아가 살펴 볼 필요 없이 이유 없다.

4. 피고의 신탁부동산 멸실로 인한 손해배상책임

(1) 이 사건 건물 8, 9층이 멸실될 당시 피고에게 통지의무가 있는지의 여부 및 소외 1 주식회사 앞으로 소유권보존등기가 경료된 후 즉시 신탁등기를 하지 않은 것이 피고의 잘못으로 인한 것인지의 여부

(가) 이 사건 신탁계약의 내용(특약사항 제4조 제1항에 " 소외 1 주식회사는 신탁부동산상에 건물을 증축하는 경우에는 준공 즉시 해당부동산을 피고에게 추가로 신탁하여야 한다"고 규정하고 있다), 대리사무계약의 내용 및 위 인정사실에 의하면, 원래 원고 등의 우선수익자, 수탁자인 피고 등은 이 사건 건물에 관한 리모델링 공사를 목적으로 하여 이 사건 신탁계약 및 대리사무계약을 체결한 것이므로, 그 예정대로 리모델링공사 및 증축공사가 진행되어 일단 8, 9층 부분이 멸실된 후 8층 내지 13층이 신축 내지 증축될 경우 이 사건 신탁계약에 따라 신축 내지 증축된 8, 9층 및 10층 내지 13층에 관하여 피고가 새로이 신탁등기를 경료한 다음 8, 9층에 관하여 수익권증서를 보유하고 있는 원고에 대하여도 새로운 수익권증서를 발행하여 줄 것을 예상하고 있었던 것이라 할 것인바, 원고도 대리사무계약에 동의함에 따라 이 사건 건물 8, 9층의 일시적 일부 멸실을 승인하였다고 할 것이다.

따라서, 피고가 원고에게 8, 9층의 멸실사실을 통지하지 않은 것을 위법하다고 볼 수는 없다(설령 멸실에 관하여 피고가 원고에게 통지할 의무가 있음을 전제로, 피고가 그 멸실사실을 원고에게 통지하였더라도, 원고가 대체담보를 확보하거나 시공사나 소외 1 주식회사로부터 확인서 등을 받았을 상당한 개연성을 인정하기 어려워 그 통지의무위반과 원고의 우선수익권 상실 사이에는 상당인과관계가 있다고 볼 수도 없다).

(나) 위 인정사실에 의하면, 소외 1 주식회사가 2003. 6. 19.경 7층의 일부와 8층 내지 12층 부분을 소외 2 주식회사에게 매도하였고(그 매매목적물 중 8, 9층 부분은 철거한 후 신축될 부분에 대한 것이라 할 것이다), 피고나 소외 1 주식회사가 예상하지 못한 주식회사 ㅇㅇ건설의 가처분집행으로 인해 소외 1 주식회사 명의의 소유권보존등기가 경료되게 되었으며, 그를 기화로 소외 2 주식회사 명의의 가등기가 경료되고, 신축된 8, 9층 부분에 관한 사용승인이 난 후에야 피고 명의로 신탁등기를 경료되

었는데, 그 후 소외 2 주식회사 명의의 소유권이전등기의 본등기가 경료됨으로써 피고 명의의 신탁등기가 직권말소되었음을 알 수 있다.

그런데, 이 사건 신탁계약상 위탁자인 소외 1 주식회사는 그 신탁계약에 따라 자기 명의로 8, 9층 및 증축부분에 관하여 소유권보존등기가 경료되었다면 즉시 피고에게 신탁을 원인으로 하는 소유권이전등기를 경료해 줄 의무가 있다고 할 것이고(대리사무계약 제4조 위임인의 업무 제11호도 "준공에 따른 보존등기 업무의 일체를 피고에게 위임하고, 동 건물에 대하여 추가로 담보신탁할 수 있도록 피고에게 제반서류를 제출"하도록 규정하고 있는바, 주식회사 ○○건설의 가처분집행으로 인해 소외 1 주식회사 명의로 소유권보존등기가 되었다면, 소외 1 주식회사는 그 사실을 피고에게 통지하여 그 소유권보존등기에 따른 추가 신탁계약 등의 조치를 취하도록 하여야 할 의무가 있다고 할 것이다), 또 소외 1 주식회사와 소외 2 주식회사는 소외 2 주식회사가 매매대금을 모두 지급하기 전에는 소유권이전등기의 본등기를 경료하여서는 아니됨에도 불구하고(소외 1 주식회사와 소외 2 주식회사 사이의 매매계약에는 소외 1 주식회사가 잔금지급과 동시에 소유권 이전에 필요한 일체의 제반서류를 소외 2 주식회사에게 제공하여야 한다고 약정하였다), 소외 1 주식회사는 그 명의로 소유권보존등기가 되었음에도 피고에게 추가조치를 위한 통지 등을 하지 아니한 것으로 보일 뿐만 아니라 오히려 매매대금을 모두 지급받기도 전에 소외 2 주식회사 명의로 본등기를 경료하여 줌으로써 결국 피고 명의의 신탁등기가 직권말소된 것이라 할 것인 점, 이 사건 건물 중 8, 9층을 포함한 증축부분에 관하여는 2003. 10. 30. 사용승인이 난 점, 이 사건 신탁계약에 의하면, 위탁자인 "소외 1 주식회사가 신탁부동산인 이 사건 건물을 계속 점유·사용하고, 신탁부동산에 대한 보존, 유지, 수선 등 실질적인 관리행위와 이에 소요되는 일체의 비용을 부담"하도록 규정되어 있는 점(제9조 제1항), 한편, 이 사건 신탁계약은 수탁자인 피고에게 신탁부동산의 보존·관리 등에 관하여 선량한 관리자의 주의의무를 부과하면서도 "위탁자인 소외 1 주식회사나 수익자에게 손해가 발생하더라도 피고의 고의·과실에 의하지 아니한 경우에는 책임을 부담하지 아니한다"고 규정하고 있는 점(제12조 제2항) 등 이 사건 신탁계약 및 대리사무계약의 내용, 피고 명의의 신탁등기가 직권말소된 경위 등 제반 사정에 비추어 볼 때, 수탁자인 피고가 주식회사 ○○건설에 의한 예상 외의 가처분집행으로 인하여 소외 1 주식회사 명의의 소유권보존등기가 경료된 직후 그와 같은 사실을 알았거나 알 수 있었던 경우 또는 소외 2 주식회사 명의의 가등기가 경료되기 전에 소외 1 주식회사와 소외 2 주식회사 사이 위 매매계약 체결사실을 알았거나 알 수 있었던 경우가 아니라면, 소외 1 주식회사 앞으로 소유권보존등기가 경료된 즉시 소외 2 주식회사 명의의 가등기가 경료되기 전에 피고 앞으로 신탁등기를 경료하지 아니한 것을 피고의 잘못으로 인한 것이라고 보기 어렵다 할 것인데, 이 사건에서 피고가 주식회사 ○○건설의 가처분집행 여부나 소외 1 주식회사와 소외 2 주식회사 사이의 매매계약 내용을 알았거나 알 수 있었다고 볼 증거가 없으므로, 8, 9층 부분의 멸실에 관하여 통지하지 않았거나, 소외 1 주식회사 명의의 소유권보존등기 경료 직후 피고 명의의 신탁등기를 하지 않은 것을 피고의 잘못으로 인한 것이라고 볼 수 없다(이는 결국 주식회사 ○○건설이나 소외 1 주식회사 및 소외 2 주식회사의 의무위반에 기인한 것이라 할 것이다).

(2) 신탁재산의 물상대위성에 근거한 피고의 의무 위반 여부

(가) 신탁법 제19조는 "신탁재산의 관리·처분·멸실·훼손 기타의 사유로 수탁자가 얻은 재산은 신탁재산에 속한다"고 규정하고 있고, 이 사건 신탁계약서 제4조도 "신탁의 원본은 신탁부동산 또는 그 물상대위로 취득한 재산, 신탁부동산의 처분대금 등"으로 한다고 규정하고 있어, 신탁부동산의 처분대금으로 수탁자인 피고가 지급받은 금원은 별도의 압류 등의 절차 없이 신탁재산이 된다고 할 것이다.

(나) 그런데, 물상대위는 담보목적물이 멸실 또는 훼손될 경우 그 목적물에 갈음하는 금전 기타 물건 등의 교환가치에 대한 것이므로, 담보권의 효력이 그 교환가치에 미치기 위해서는 그 교환가치와 신탁

목적물 사이에 특정성과 동일성이 인정되어야 할 것인바, 비록 앞서 본 바와 같이 원고 등의 우선수익자와 수탁자인 피고 등이 이 사건 건물 중 8, 9층의 멸실 후 신축을 예상한 상태에서, 일단 이 사건 건물 중 멸실되기 전의 8, 9층 부분도 신탁목적물로 포함한 다음 그 부분에 대하여 수익권증서를 발행하고, 나중에 8, 9층이 신축되면, 피고는 소외 1 주식회사와 사이에 새로운 신탁계약을 체결하고, 그 후 원고는 피고로부터 새로운 수익권증서를 발행받는 것을 전제로 하고 있었다고 하더라도, 8, 9층의 멸실로 인하여 그 부분에 관한 원고의 우선수익권은 소멸되었다고 할 것이고, 또한 소외 1 주식회사와 소외 2 주식회사 사이에 체결된 매매계약의 목적물 중 이 사건 건물 8, 9층은 멸실된 후 새로이 신축된 것인 이상, 그 부분에 대해 소외 1 주식회사와 피고 사이에 새로운 신탁계약이 체결되고, 피고 앞으로 신탁을 원인으로 하여 신탁등기가 된 다음, 그에 대해 원고 등을 우선수익자로 하는 새로운 수익권증서가 발행되고, 신탁원부에 의해 그 담보목적과 피담보채권 등 담보수익권에 관하여 공시되지 아니하였다면, 신축된 8, 9층에 관한 매매대금을 멸실 전의 8, 9층 부분에 관한 우선수익자의 물상대위의 효력이 미치는 특정성과 동일성이 인정되는 교환가치라고 보기 어렵다고 할 것이다.

따라서, 소외 1 주식회사와 소외 2 주식회사 사이의 8, 9층을 포함한 증축부분에 관한 매매계약이 이 사건 신탁계약 등을 위반한 것이라고 하더라도 그 부분이 신탁부동산으로 편입되지 아니하였으므로, 멸실 전 기존 8, 9층에 대한 원고의 우선수익권이 그 후 신축된 8, 9층에 관한 매매계약에 기한 매매대금에 대해서까지 물상대위의 효력이 미친다고 볼 수는 없다 할 것이다.

[1심판결] 서울중앙지방법원 2005. 7. 20. 선고 2004가합66273 판결 [손해배상(기)]

【주 문】

1. 피고는 원고에게 4,027,048,405원 및 이에 대하여 2004. 11. 26.부터 2005. 7. 20.까지는 연 5%, 그 다음날부터 다 갚는 날까지는 연 20%의 각 비율로 계산한 돈을 지급하라.
2. 원고의 나머지 청구를 기각한다.
3. 소송비용 중 1/5은 원고가, 나머지는 피고가 각각 부담한다.
4. 제1항은 가집행할 수 있다.

【청구취지】

피고는 원고에게 5,297,698,630원 및 이에 대하여 2004. 11. 26.부터 다 갚는 날까지 연20%의 비율로 계산한 돈을 지급하라.

【이 유】

2. 피고의 공사비 선지급으로 인한 손해배상책임의 존부

(2) 대리사무계약 제10조의 의미

(가) 앞서 본 바와 같은 대리사무계약의 내용에 의하면, 이 사건 대리사무계약 제3, 4조가 피고에게 위임된 대리사무로서 '소외 ⟡▷⟡과 ▷♥♥♥♥ 명의의 대출금채무 관리 및 집행'을 제1호로, '공사비 등 사업비 집행'을 제3호로 규정하고 있고, '분양수입금 관리계좌의 집행순서'를 정하고 있는 제10조 제1항은 제3호에서 3순위로 "분양경비(분양대행수수료 및 광고비) 및 우선수익자인 '◇♠♠♠과 원고가 인정'하는 사업수행을 위한 필수적 사업비", 제4호에서 4순위로 "원고에 대한 대출원금", 제5호에서"◇♠♠♠ 대출원금 및 공사비. 단, 공사비 지급에 관한 조건은 아래와 같다"라 규정한다음 '공사비 지급의 조건'을 구체적으로 규정하면서 가)목에서 "분양개시일로부터 3개월간 총분양금액이 310억원 미만일

경우 '공사비 중도금과 잔금'은 대물지급 또는 ◇♠♠♠ 대출원금 전액 상환후 지급"이라고 규정하여, 피고가 소외 ♤▷♤로부터 위임받은 업무 중 '대출기관에 대한 대출금채무의 관리 및 상환' 등을 '공사비의 지급'보다는 먼저 규정하고 있음을 알 수 있다.

(나) 한편, 이 사건 대리사무계약 제4조의 수임인의 업무에 관한 규정은 제2호에서 "소외 ♤▷♤과 ▷♥♥♥♥ 명의로 차입한 대출금의 관리 및 집행"을, 제4호에서"분양수입금과 금융기관차입금(공사비 지급용도)의 관리를 통한 공사비 등의 사업비집행"을 따로 규정하고 있고, 앞서 본 바와 같이 소외 ♤▷♤은 2002. 12월 초경 ▷☆☆☆☆☆☆☆은행으로부터 공사비 지급을 위하여 5억원을 대출받으면서 ▷☆☆☆☆☆☆☆은행에게도 수익권증서를 발행하여 주었는바(이는 이 사건 신탁계약 제6조 제3항에 의한 것으로 보인다. 한편, 을제13호증의 10, 11, 17, 21, 24, 25의 각 기재에 의하면, 그외에도 피고는 2003. 1. 17. ★■■■■■은행에 대해, 2003. 2. 27. ♤◎◎◎◎은행에 대해, 2003. 8. 14. 연합♤▷♤에 대해, 2003. 8. 25. ★■■■■■은행에 대해, 2003. 10. 15. ★♡♡♡♡♡♡은행에 대해 우선순위의 차이는 있지만 각각 수익권증서를 발행하여 준 사실을 인정할 수 있다), 그러한 사정에 비추어 볼 때 이 사건 대리사무계약에 동의한 원고나 ◇♠♠♠ 등의 금융기관이 아닌 다른 금융기관으로부터의 자금조달을 예상하고 있었고, 그러한 자금조달은 대리사무계약 제10조 제1항 제5호에 의하여 대물 또는 ◇♠♠♠에 대한 대출금 전액상환 후 지급될 공사비의 중도금및 잔금을 제외한나머지 공사비의 지급을 위한 것으로 볼 여지도 있다(따라서, 공사비의 계약금이나 선급금에 관하여 대리사무계약 제10조에서 정해지지 않았으므로 같은조 제2항이 제1항의 자금집행순서보다 우선적용되는 규정이라는 피고의 주장은 받아들이기 어렵다).

(다) 또한 위 1의 다.항 기재와 같이 원고의 ▷♥♥♥♥ 등에 대한 대출금의 변제기는 대출실행일로부터 약 1개월 이후 도래하였다가, 원고와 ▷♥♥♥♥ 사이의 여신거래약정에 의해 해지되고, 다시 대출이 실행되는 형태였고(따라서, 원고의 대출금채권의 변제기가 도래하지 않았다는 피고의 주장은 받아들일 수 없다), 대리사무계약 제13조 제1항은 "준공시 금융기관 차입금 잔액이 있을 경우 미분양물건 전체를 보존등기와동시에 금융기관을 우선수익자로 하는 담보신탁계약을 체결하여 금융기관의 대출채권이 보존되도록 한다"라고 규정하고 있으며(제3항도 준공시까지 미분양 등으로 인하여 금융기관의 대출금이 전액 상환되지 않을 경우를 전제로 할인분양 등에 관하여 규정하고 있다), 소외 ♤▷♤은 2003. 12. 19.경 원고에게 수익권 증서의 일부해지를 요청하면서, 원고의 대출금을 "일부 상환한 후의 나머지 대출금 약 47억원에 대하여는 추후납부될 극장 및 _층 내지 5 층의 잔금을 통해 상환이 순차적으로 이루어 질 것"이라는 의사를 표시하기도 하였는바, 그렇다면 소외 ♤▷♤과 피고 등은 리모델링 및 증축공사의 준공 전에 원고 등에 대한 대출금이 전액 상환될 것을 예정하고 있었거나, 그 사업의 진행과정에서 원고에 대한 대출금채무의 일부상환을 전제하고 있었다고 할 것이다(따라서, 대리사무계약 제10조에서 대리사무보수의 집행순위를 원고의 대출금 상환보다 우선하는 2순위로 정하고 있고, 제11조에서 그러한 대리사무보수를 분할지급하도록 점(또한 대리사무보수는 그 성질상 시기별로 발생하는 것이다) 및 준공 후 원고가 미분양부분에 관하여 담보신탁계약의 우선수익자가 되기로 하였다는 사정만으로 제2항규정이 제1항 규정보다 우선하는 규정이라 할 수 없다).

(라) 위와 같은 사정에 더하여, 우선수익자인 원고뿐만 아니라 리모델링 공사의 시행자들인 ♤♤리모델링 등도 대리사무계약에 동의한 점(을제13호증의 13 내지15, 18 내지 20의 각 기재에 의하면, ♤♤리모델링도 2003. 1. 17. 및 2003. 2. 27.이 사건 건물 중 지하 01호, 02호, 601호, 701호 등에 관하여 2순위 또는 3순위, 4순위로 수익권증서를 발행받았다), 더욱이 소외 ♤▷♤은 2003. 12. 19.경 원고에 대하여, 이미 분양된 전유부분의 수분양자로부터 지급받은 돈으로 ◇♠♠♠에게 9억 5,000만원, 원고에게 5억 5,000만원 등 대출기관에 대해 합계 17억 2,000만원을 각각 상환하였고, 공사비로 5억원, 분양대행

관련 비용으로 3,000만원, 피고에 대한 신탁보수로3억원, 세금 기타 비용으로 2억 8,500만원을 각각 지출하겠다면서 수익권증서의 일부해지를 요청한 점, 그런데 소외 ☆▷☆은 위 해지요청을 한 경우 외에는 공사비 지급등에 있어서는 원고의 동의를 받지 않으면서도, ◇♠♠♠의 동의만 얻은 상태에서 "대리사무계약 제10조 '제1항'의 규정"에 따라 공사비보다 우선순위에 있는 신탁보수, 분양광고비 및 분양대행수수료, 원고 및 ◇♠♠♠에 대한 대출금채무의 이자 등을 함께 지급하는 경우나 공사비만을 지급을 요청한 점, 피고는 그와 같은 ◇♠♠♠의 동의만 얻은 자금지급요청서를 근거로 분양수입금 관리계좌의 자금을 집행한 점, 대리사무계약 제10조 제2항이 '공사비'에 한정된 규정이 아니라 "공사비 등 사업비"에 대한 규정인 점(그렇기 때문에 소외 ☆▷☆은 위와 같이 ◇♠♠♠의 동의를 받은 것은 것으로 보인다. 이 점에서 ◇♠♠♠의 동의를 받아 공사비 등을 지급하였다고 하더라도 원고의 동의가 없었던 이상 피고의 그와 같은 공사비의 지급이 정당한 것이라고 보기 어렵다) 등 이 사건 변론에 나타난 제반 사정에 비추어 볼 때, 이 사건 대리사무계약 제10조는 우선 제1항에서 분양수입금의 집행의 순서로 "1순위로 대출금이자, 2순위로 신탁보수, 3순위로 분양경비 등 필수적 사업비, 4순위로 원고에 대한 대출금 상환, 5순위로 ◇♠♠♠에 대한 대출금 상환과 공사비"로 규정한 다음, 그와 같이 제1항에서 정해진 각 구체적인 명목의 필수적 사업비나 공사비에 관하여 지급시기나 개별적 지급방법 등을 공사도급계약이나 개별 용역계약에서 정할 수 있다는 취지로 제2항을 둔 것이라 봄이 상당하다고 할 것이다.

라. 피고의 대리사무계약 위반 및 그로 인한 원고의 손해

그럼에도 불구하고, 피고는 원고의 동의 없이 이 사건 대리사무계약 제10조 제1항이 정한 분양수입금 관리계좌의 자금집행 순서를 위반하여 공사비로 3,164,260,000원을 지급하였는바, 만일 피고가 대리사무계약 제10조 제1항의 규정을 준수하여 공사비보다 원고의 대출금채권 상환에 먼저 분양수입금을 사용하였다면, 원고는 ▷♥♥♥♥에 대한 대출금채권의 1의 다.항 기재와 같은 각 변제기에 위와 같이 지급된 공사비 상당의 금액을 우선적으로 변제받았을 것이므로, 피고의 위와 같은 대리사무계약 위반행위로 인하여 원고는 2,664,260,000원(= 지급 공사비 총액 3,164,260,000원 - 원고가공사비로 지급할 것에 동의한 5억원)의 손해를 입었다고 할 것이다.

3. 피고의 신탁부동산 매각대금의 상계처리로 인한 손해

(1) 원고가, 이 사건 건물 중 102호에 대하여 2순위의 우선수익권을 가지고 있는 사실(원고는 102호, 201호, 301호에 관하여 증서금액 20억원의 우선수익권자이다), 이 사건 건물 중 102호에 대한 공매절차에서 2004. 7. 20. ☆☆☆존분양채권자조합이 매수자로 결정된 사실, 2004. 8. 5. 소외 ☆▷☆이 위 조합에 참가한 수분양자들과 사이의 각 분양계약을 합의해제한 사실, 그 후 피고는 2004. 8. 10. 위 조합이 매각대금으로 지급해야 할 중도금과 잔금 중 3,094,184,580원을 위 조합이 소외 ☆▷☆에 대해 가지는 계약금반환채권과 상계처리하는 내용의 매매계약을 체결한 사실, 146,877,140원은 위 조합에 참여하지 않은 수분양자들에 대한 계약금 반환을 위하여 공탁한 사실 등은 앞서 본 바와 같다.

(2) 부동산담보신탁에서의 우선수익자의 지위

앞서 본 이 사건 신탁계약의 내용에 의하면, 이 사건 신탁계약은 채권자인 수익자를 위한 담보라는 특정의 목적을 달성하기 위하여 "채무자인 위탁자가 부동산의 소유권을 수탁자에게 이전하고, 그 부동산을 관리하다가 채무자의 채무불이행시 수탁자가 그 신탁부동산을 처분하여 그 대금으로 채권자에게 변제하는 것을 목적으로 하는 것을 내용으로 하는 것이기 때문에(이 사건 신탁계약 제2, 8, 9조 참조), 채권자인 우선수익자는 채무자인 위탁자가 자신에 대한 채무를 이행하지 않을 경우 신탁부동산의 처분을 요청할 수 있고(제17조), 그 요청에 따라 신탁부동산이 환가처분되는 경우 우선수익자는 "신탁부동산의 가격 내에서 발행된 수익권 증서"를 근거로 신탁부동산의 환가대금에 관하여 그 수익권증서 금액

의 범위 내에서 다른 채권자들보다 우선변제권을 가진다고 할 것이다(제6, 7조, 제21조). 그러므로, 채권자가 가지는 부동산담보신탁계약상의 수익권은 담보목적의 수익권이므로 일종의 변칙담보인 담보수익권이라 할 수 있고(다만, 신탁부동산이 처분되기 이전에는 환가대금 등 신탁수익의 발생을 요건로 하는 장래의 권리라 할 수 있을 것이다), 한편으로 담보의 목적과 피담보채권 등 담보신탁의 내용이 신탁원부 등에 의해 공시되므로 다른 특별한 사정이 없는 한 저당권과 유사한 성질을 가진다고 할 것이다. 따라서, 이 사건 신탁계약에서의 우선수익자인 원고는 이 사건 건물 중 자신이 우선수익권을 가지는 전유부분의 처분대금 등에 관하여는 일반채권자보다는 우선하여 변제받을 권리를 가진다고 할 것이므로, 신탁사무에 대해 선량한 관리자로서의 주의의무를 부담(이 사건 신탁계약 제12조)하는 수탁자인 피고가 이 사건 건물의 환가대금의 정산 등에 관한 신탁사무를 잘못 수행하여 원고의 우선변제권을 침해하였다면 이는 불법행위가 된다고 할 것이다.

(3) 분양계약금 반환채무가 신탁계약 및 처분절차와 관련된 비용인지의 여부

(가) 이 사건 신탁계약 제21조 제1항이 신탁보수와 함께 "신탁계약 및 처분절차와 관련된 비용"을 1순위로 규정하고 있고, 제14조도 신탁부동산 및 신탁이익에 대한 제세공과금, 유지관리비 및 금융비용과 함께 "기타 신탁사무의 처리에 필요한 제비용"이라고 규정하고 있는 점에 비추어 볼 때, "신탁계약 및 처분절차와 관련된 비용" 또는"기타 신탁사무의 처리에 필요한 제비용"이라 함은 신탁보수와 같이 신탁계약 또는 처분절차의 과정에서 직접적으로 발생하는 비용, 예컨대, 환가처분의 보수, 수탁자가 신탁재산의 관리에 소요한 비용, 환가처분을 위한 감정비용, 매각공고를 위한 비용과 같이 환가처분을 위해 필수적으로 소요되는 비용, 그와 같이 환가처분을 한 다음 환가된 부동산을 명도한다거나 이전등기를 하기 위해 지출된 비용 등을 말하는 것으로 해석함이 상당하다고 할 것이므로, 우선 이 점에서 이 사건과 같이 ♤♤♤존분양채권자조합의소외 ♤▷♤에 대한 분양계약해제로 인한 계약금 등 반환채무는 담보신탁계약 제20조 제1항이나 제14조 제1항에서 규정하는 "신탁재산 및 처분절차와 관련한 비용"이라 보기 어렵다(한편, 피고는, 또한 담보신탁계약 제21조의 신탁부동산 처분대금의 정산순서에 관한 규정은, 그 자금이 정상적으로 입금되어 더 이상 반환의 여지가 없는 경우에 적용되는 규정이고, 중도해제되는 경우 등 원상회복의무가 있는 등에는 적용되지 않는다고 주장하기도 하나, 그와 같이 해석할 아무런 근거가 없다).

(나) 한편, 이 사건 대리사무계약은 "분양계약의 관리 및 분양수입금의 관리계좌의 입출금 등 자금관리업무"를 피고에게 위임되는 사무로 규정하고 있고(제3조 제1항 제2호, 제4조 중 위임인인 소외 ♤▷♤의 업무 중 제6호, 수임인인 피고의 업무 중 제4호), 분양수입금의 입·출금을 피고의 통장으로 하도록 규정(제7조 제2항)하고 있어 이 사건 신탁계약과 이 사건 대리사무계약은 불가분의 일체를 이루는 것이라고 볼 여지도 있으나, 이 사건 신탁계약과 대리사무계약은 그 목적과 주요 내용이 상이한 점, 이 사건 신탁계약에서는 분양사무에 대하여 특별히 규정하고 있지 않은 점, 이 사건 대리사무계약에서 분양의 주체를 소외 ♤▷♤로 명시하고 있는 점(제7조 제1항) 등에 비추어 볼 때 이 사건 건물의 분양사무는 이 사건 신탁계약에 따른 신탁업무에 부수된 사무일 뿐이지, 신탁재산을 직접 관리·처분하는 등의 업무와 동일한 성격을 가진 신탁업무의 하나라고 보기는 어렵다(신탁업법 제13조 제1항 제8호[279]는 "신탁회사는 신탁업에 부수하는 '재산의 취득, 관리, 처분 또는 대차, 재산의 정리 및 청산, 채권의 추심, 채무의 이행' 등에 관한 대리사무"를 영위할 수 있다고 규정하고 있는데, 이 사건 대리사무계약도 위 신탁업법 규정에 의하여 체결된 것으로 보인다).

(다) 그리고, 앞서 본 바와 같이 소외 ♤▷♤과 ♤♤♤존분양채권자조합 사이의 분양계약에 관한 해

279) 현행 자본시장법 제41조.

제합의는 공매절차가 진행되어 매수자가 결정된 후 이루어졌는데(피고는, 소외 ♤▷♤과 ♤♤♤존분양채권자조합과 사이의 이 사건 건물 102호에 대한 분양계약이 해제되지 않는 이상 102호에 대한 공매매각을 할 수 없었고, 그와 같이102호에 대한 분양계약을 해제하고 102호를 공개매각하는 경우라면 소외 ♤♥◈◈◈는 수분양자들에게 분양계약금 등을 반환하지 않을 수 없다고 할 것이므로, 그 분양계약금 등 반환채무는 신탁재산처분에 관련된 비용이라는 취지로도 주장하나, 이 사건에서 소외 ♤▷♤과 위 조합 사이의 분양계약에 관한 해제합의는 공매절차에서 위 조합이 매수자로 결정된 이후에 이루어진 것이므로, 이 사건 건물 중 102호에 대한 공매를 위해서 수분양자들과 사이에서 분양계약의 해제가 먼저 이루어져야 함을 전제로 한 피고의 위 부분 주장은 받아들일 수 없다), 이러한 경우에도 이 사건과 같은 해제로 인한 계약금 반환채무와 매각대금채권의 상계를 허용하게 된다면, 공매절차에 의한 신탁부동산의 환가로 인하여 조건부 권리에서 현실적 권리로 강화된 우선수익권자의 우선변제권을 부당하게 침해하게 되는 바(이 사건에서와 같이 부동산담보신탁계약에서의 우선수익자는 대부분 위탁자에 대한 금전을 대여한 채권자들이고, 앞서 본 바와 같이 부동산담보신탁계약상의 우선수익권자는 신탁부동산의 환가대금에 대해 저당권자와 유사한 우선변제권을 가지고 있다고 할 것인데, 이 사건에서와 같이 원고가 우선수익권을 가지고 있는 신탁부동산에 대한 공매절차가 진행되어 그 절차에서 매수자가 결정되었다면, 우선수익권자인 원고로서는 그 환가대금에서 우선변제받을 수 있다고 기대하게 되고, 그러한 환가로 인하여 우선수익권은 조건부 권리에서 현실적인 권리로 전환된다고 할 것임에도, 전혀 예상하지 못했던 기존 분양계약의 해제로 인한 계약금반환채무 등이 원고의 우선수익권보다 우선하게 된다면, 담보권으로서의 우선수익권은 유명무실하게 되는 결과가 된다), 그러한 결과는 자신의 채권의 우선변제권을 확보하기 위해 부동산담보신탁계약상의 우선수익권자가 된 채권자의 지위를 지나치게 약화시키는 것으로 허용될 수 없다 할 것이다.

4. 피고의 신탁부동산 멸실로 인한 손해배상책임

(1) 이 사건 건물 8, _층이 멸실될 당시 피고가 통지의무가 있는지의 여부 및 소외 ♤▷♤ 앞으로 소유권보존등기가 경료된 후 즉시 신탁등기를 하지 않은 것이 피고의 잘못으로 인한 것인지의 여부

(가) 이 사건 신탁계약의 내용(특약사항 제4조 제1항에 "소외 ♤▷♤은 신탁부동산상에 건물을 증축하는 경우에는 준공 즉시 해당부동산을 피고에게 추가로 신탁하여야 한다"고 규정하고 있다), 대리사무계약의 내용 및 위 인정사실에 의하면, 원래 원고 등의 우선수익이자, 수탁자인 피고 등은 이 사건 건물에 관한 리모델링 공사를 목적으로 하여 이 사건 신탁계약 및 대리사무계약을 체결한 것이므로, 그 예정대로 리모델링공사 및 증축공사가 진행되어 일단 8, _층 부분이 멸실된 후 _층 내지 __층이 신축 내지 증축될 경우 이 사건 신탁계약에 따라 신축 내지 증축된 8, _층 및 __층 내지 __층에 관하여 피고가 새로이 신탁등기를 경료한 다음 8, _층에 관하여 수익권증서를 보유하고 있는 원고에 대하여도 새로운 수익권증서를 발행하여 줄 것을 예상하고 있었던 것이라 할 것인바, 원고도 대리사무계약에 동의함에 따라 이 사건 건물 8, _층의 일시적 일부 멸실을 승인하였다고 할 것이다. 따라서, 피고가 원고에게 8, _층의 멸실사실을 통지하지 않은 것을 위법하다고볼 수는 없다(설령 멸실에 관하여 피고가 원고에게 통지할 의무가 있음을 전제로, 피고가 그 멸실사실을 원고에게 통지하였더라도, 원고가 대체담보를 확보하거나 시공사나 소외 ♤▷♤로부터 확인서 등을 받았을 상당한 개연성을 인정하기 어려워 그 통지의무위반과 원고의 우선수익권을 상실 사이에는 상당인과관계가 있다고 볼 수도 없다).

(나) 위 인정사실에 의하면, 소외 ♤▷♤이 2003. 6. 19.경 _층의 일부와 _층 내지 __층 부분을 ♣▲▲▲에게 매도하였고(그 매매목적물 중 8, _층 부분은 철거한 후 신축될 부분에 대한 것이라 할 것이다), 피고나 소외 ♤▷♤이 예상하지 못한 ㅁ▷▷▷의 가처분집행으로 인해 소외 ♤▷♤ 명의의 소유권보존등기가 경료되게 되었으며, 그를 기화로 ♣▲▲▲ 명의의 가등기가 경료되고, 신축된 8, _층 부

분에 관한 사용승인이 난 후에야 피고 명의로 신탁등기를 경료되었는데, 그 후 ♣▲▲▲ 명의의 소유권이전등기의 본등기가 경료됨으로써 피고 명의의 신탁등기가 직권말소되었음을 알 수 있다. 그런데, 이 사건 신탁계약상 위탁자인 소외 ♤▷♤은 그 신탁계약에 따라 그의 명의로 8, _층 및 증축부분에 관하여 소유권보존등기가 경료되었다면 즉시 피고에게 신탁을 원인으로 하는 소유권이전등기를 경료해 줄 의무가 있다고 할 것이고(대리사무계약 제4조 위임인의 업무 제11호도 "준공에 따른 보존등기 업무의 일체를 피고에게 위임하고, 동 건물에 대하여 추가로 담보신탁할 수 있도록 피고에게 제반서류를 제출"하도록 규정하고 있는바, ㅁ▷▷▷의 가처분집행으로 인해 소외 ♤▷♤ 명의로 소유권보존등기가 되었다면, 소외 ♤▷♤은 그 사실을 피고에게 통지하여 그 소유권보존등기에 따른 추가 신탁계약 등의 조치를 취하도록 하여야 할 의무가 있다고 할 것이다), 또 소외 ♤▷♤과 ♣▲▲▲는 ♣▲▲▲가 매매대금을 모두 지급하기 전에는 소유권이전등기의 본등기를 경료하여서는 아니됨에도 불구하고 (소외 ♤▷♤과 ♣▲▲▲ 사이의 매매계약에는 소외 ♤▷♤이 잔금지급과 동시에 소유권 이전에 필요한 일체의 제반서류를 ♣▲▲▲에게 제공하여야 한다고 약정하였다), 소외 ♤▷♤은 그 명의로 소유권보존등기가 되었음에도 피고에게 추가조치를 위한 통지 등을 하지 아니한 것으로 보일 뿐만 아니라 오히려 매매대금을 모두 지급받기도 전에 ♣▲▲▲ 명의로 본등기를 경료하여 줌으로써 결국 피고 명의의 신탁등기가 직권말소된 것이라 할 것인 점, 이 사건 건물 중 8, _층을 포함한 증축부분에 관하여는 2003. 10. 30. 사용승인이 난 점, 이 사건 신탁계약에 의하면, 위탁자인 "소외 ♤▷♤이 신탁부동산인 이 사건 건물을 계속 점유·사용하고, 신탁부동산에 대한 보존, 유지, 수선 등 실질적인 관리행위와 이에 소요되는 일체의 비용을 부담"하도록 규정되어 있는 점(제9조 제1항), 한편, 이 사건 신탁계약은 수탁자인 피고에게 신탁부동산의 보존·관리 등에 관하여 선량한 관리자의 주의의무를 부과하면서도 "위탁자인 소외 ♤▷♤ 및 수익자에게 손해가 발생하더라도 피고의 고의·과실에 의하지 아니한 경우에는 책임을 부담하지 아니한다"고 규정하고 있는 점(제12조 제2항) 등 이 사건 신탁계약 및 대리사무계약의 내용, 피고 명의의 신탁등기가 직권말소된 경위 등 제반 사정에 비추어 볼 때, 수탁자인 피고가 ㅁ▷▷▷에 의한 예상 외의 가처분집행으로 인하여 소외 ♤▷♤ 명의의 소유권보존등기가 경료된 직후 그와 같은 사실을 알았거나 알 수 있었던 경우 또는 ♣▲▲▲ 명의의 가등기가 경료되기 전에 소외 ♤▷♤과 ♣▲▲▲ 사이 위 매매계약 체결사실을 알았거나 알 수 있었던 경우가 아니라면, 소외 ♤▷♤ 앞으로 소유권보존등기가 경료된 즉시 ♣▲▲▲ 명의의 가등기가 경료되기 전에 피고 앞으로 신탁등기를 경료하지 아니한 것을 피고의 잘못으로 인한 것이라고 보기 어렵다 할 것인데, 이 사건에서 피고가 ㅁ▷▷▷의 가처분집행여부나 소외 ♤▷♤과 ♣▲▲▲ 사이의 매매계약 내용을 알았거나 알 수 있었다고 볼증거가 없으므로, 8, _층 부분의 멸실에 관하여 통지하지 않았거나, 소외 ♤▷♤ 명의의 소유권보존등기 경료 직후 피고 명의의 신탁등기를 하지 않은 것을 피고의 피고의 잘못으로 인한 것이라고 볼 수 없다(이는 결국 ㅁ▷▷▷이나 소외 ♤▷♤ 및 ♣▲▲▲의 의무위반에 기인한 것이라 할 것이다).

(2) 신탁재산의 물상대위성에 근거한 피고의 의무 위반 여부

(가) 신탁법 제19조는 "신탁재산의 관리·처분·멸실·훼손 기타의 사유로 수탁자가 얻은 재산은 신탁재산에 속한다"고 규정하고 있고, 이 사건 신탁계약서 제4조 도 "신탁의 원본은 신탁부동산 또는 그 물상대위로 취득한 재산, 신탁부동산의 처분대금 등"으로 한다고 규정하고 있어, 신탁부동산의 처분대금으로 수탁자인 피고가 지급받은 금원은 별도의 압류 등의 절차 없이 신탁재산이 된다고 할 것이다.

(나) 그런데, 물상대위라 함은 담보목적물이 멸실 또는 훼손되더라도 그 목적물에 갈음하는 금전 기타 물건 등의 교환가치에 대한 것이므로, 담보권의 효력이 그 교환가치에 미치기 위해서는 그 교환가치와 신탁목적물 사이에 특정성과 동일성이 인정되어야 할 것인바, 비록 앞서 본 바와 같이 원고 등의

우선수익자와 수탁자인 피고 등이 사건 건물 중 8, _층의 멸실 후 신축을 예상한 상태에서, 일단 이 사건 건물 중 멸실되기 전의 8, _층 부분도 신탁목적물로 포함한 다음 그 부분에 대하여 수익권증서를 발행하고, 나중에 8, _층이 신축되면, 피고는 소외 ♤▷♤과 사이에 새로운 신탁계약을 체결하고, 그 후 원고는 피고로부터 새로운 수익권증서를 발행받는 것을 전제로 하고 있었다고 하더라도, 8, _층의 멸실로 인하여 그 부분에 관한 원고의 우선수익권은 소멸되었다고 할 것이고, 또한 소외 ♤▷♤과 ♣▲▲▲ 사이에 체결된 매매계약의 목적물중 이 사건 건물 8, _층은 멸실된 후 새로이 신축된 것인 이상, 그 부분에 대해 소외♤▷♤과 피고 사이의 새로운 신탁계약이 체결되고, 피고 앞으로 신탁을 원인으로 하여 신탁등기가 된 다음, 그에 대해 원고 등을 우선수익자로 하는 새로운 수익권증서가 발행되고, 신탁원부에 의해 그 담보목적과 피담보채권 등 담보수익권에 관하여 공시되지 아니하였다면, 신축된 8, _층에 관한 매매대금을 멸실 전의 8, _층 부분에 관한 우선수익자의 물상대위의 효력이 미치는 특정성과 동일성이 인정되는 교환가치라고 보기어렵다고 할 것이다 따라서, 소외 ♤▷♤과 ♣▲▲▲ 사이의 8, _층을 포함한 증축부분에 관한 매매계약이 이 사건 신탁계약 등을 위반한 것이라고 하더라도 그 부분이 신탁부동산으로 편입되지 아니하였으므로, 멸실 전 기존 8, _층에 대한 원고의 우선수익권이 그 후 신축된 8, _층에 관한 매매계약에 기한 매매대금에 대해서까지 물상대위의 효력이 미친다고 볼 수는 없다 할 것이다.

129. 대법원 2009. 6. 11. 선고 2008다64959 판결 [부동산소유권확인및소유권이전등기절차이행]

[논점] 신탁계약상 비용보상청구의 범위

【이 유】

1. 상고이유 제1점에 대하여

원심판결 이유에 의하면, 원심은 그 채택 증거들을 종합하여, 원고가 1995. 6. 29. 한국부동산신탁 주식회사(이하 '파산 전 회사'라고 한다)와 사이에, 위탁자 겸 수익자를 원고로, 신탁기간을 2000. 12. 31.까지로 정하여, 파산 전 회사가 원고로부터 이 사건 토지를 신탁받아 그 지상에 이 사건 건물을 신축한 후 이 사건 토지 및 건물을 신탁재산으로 하여 이를 임대·관리·운용한다는 내용의 신탁계약(이하 '이 사건 신탁계약'이라고 한다)을 체결한 사실, 파산 전 회사가 삼성중공업 주식회사(이하 '삼성중공업'이라고 한다)와 도급계약을 체결하여 이 사건 건물을 준공하였고, 그 후 2000. 11. 29. 이 사건 건물에 관하여 파산 전 회사 명의의 소유권보존등기가 경료된 사실, 이 사건 건물 및 토지에 관하여 2003. 4. 25. 이 사건 전체 신탁건물로의 집합건물등기가 이루어진 사실을 인정한 다음, 이 사건 신탁계약은 2000. 12. 31. 신탁기간 만료로 종료되었으므로, 수탁자인 파산 전 회사의 소송수계인인 피고는 이 사건 신탁계약에서 정한 바에 따라 원고에게 신탁재산인 이 사건 전체 신탁건물 중 일부인 원심판결 별지목록 기재 각 부동산에 관하여 신탁기간 만료를 원인으로 소유권이전등기절차를 이행하고, 위 각 부동산을 인도할 의무가 있다고 판단하는 한편, 피고가 동시이행 항변을 하고 있는 원심판결 별지 정산표의 지출란 순번 1의 공사비 현금지급액 중 66,500,798,990원, 순번 28의 이자비용 중 98,026,383,858원, 순번 29의 추가이자비용 33,519,182,347원, 순번 34의 기술신용보증기금 미상환 차입금 중 16,454,469,808원은 모두 이 사건 신탁계약 종료 이후 발생한 금융비용 내지 지연손해금으로서 신탁법 제61조에 의하여 신탁 종료 후 존속하는 것으로 간주되는 법정신탁의 목적 달성에 필요한 비용으로 볼 수 없다는 이유로 위 각 비용에 기한 피고의 동시이행 항변을 배척하고, 나아가 삼성중공업의 임의경매신청에 의해 개시된 이 사건 전체 신탁건물 중 6개 건물에 대한 경매절차에서 삼성중공업과 기술신용보증기금에 각 배당된 금원은 모두 이 사건 신탁계약 종료일 이후 발생한 공사대금 또는 구상금 채권의 지연손해금에 변제 충당되었다고 봄이 상당한데, 법정신탁의 목적 달성에 필요한 비용으로 볼 수 없어 피고가 원고에 대하여 그 상환을 청구할 수 없는 위 지연손해금의 미변제로 인하여 임의경매가 개시된 결과, 신탁재산인 위 6개 건물이 타에 매각됨으로써 원고는 적어도 그 매각대금 188,611,000,000원 상당의 손해를 입게 되었다는 이유로, 위 매각대금 전액을 원고가 피고에게 상환할 신탁비용·보수 금액에서 공제해야 한다고 판단하였다.

그러나 원심판결 이유에 의하면, 이 사건 신탁계약 제18조 제1항은 "신탁재산의 채무 및 제 비용은 다음 각 호에 게기한 것으로 한다"고 하면서, 다음 각 호로 "1. 신탁재산에 대한 조세, 공과금 및 등기비용 2. 토지대금 3. 공사대금 4. 설계감리비용 5. 차입금, 임대보증금 등의 상환금 및 그 이자 6. 신탁부동산의 수선, 보존, 개량비용 및 보험료 7. 신탁사무처리에 필요한 비용 8. 신탁보수 9. 기타 전 각 호에 준하는 비용"을 규정하고 있고, 제19조는 "신탁재산에 속하는 금전으로 제18조 제1항의 제 비용 및 파산 전 회사의 대지급금을 충당하기에 부족한 경우에는 수익자에게 청구하고, 수익자가 지급능력이 없거나 정당한 사유 없이 거부 또는 지체하는 경우에는 신탁법 제42조 제1항을 준용한다"고 규정하고 있는 사실을 알 수 있고, 한편, 신탁법 제42조 제1항은 "수탁자는 신탁재산에 관하여 부담한 조세, 공과 기타의 비용과 이자 또는 신탁사무를 처리하기 위하여 자기에게 과실 없이 받은 손해의 보상을 받음에 있어서 신탁재산을 매각하여 다른 권리자에 우선하여 그 권리를 행사할 수 있다"고 규정하고 있는바, 이 사건 신탁계약 제19조는, 수탁자가 이 사건 신탁이 존속하는 동안이나 이 사건 신탁이 종료된 이후에 신탁재산에 관한 비용 등을 수익자에게 청구하였음에도 수익자가 이를 지급하지 않을 경우에는 수탁자가 신탁재산을 처분하여 그 대금으로 신탁재산에 관한 비용 등의 변제에 충당할 수 있게 함으로써 신탁재산에 관한 비용 등의 회수에 편의를 도모하기 위함에 그 목적이 있다 할 것이므로, 비록 신탁법 제61조[280]에 의하여 이 사건 신탁이 종료한 후 신탁재산이 그 귀속권리자에게 이전할 때까지는 귀속권리자를 수익자로 보는 신탁이 존속하는 것으로 간주된다고 하더라도, 수탁자로서는 이 사건 신탁계약 제19조에서 정한 방법에 따라 차입금을 비롯하여 신탁사무처리를 위한 제 비용을 회수할 수 있다 할 것이고, 위와 같은 비용이 신탁기간 중의 신탁사무 또는 신탁종료 후의 잔존 신탁사무의 처리 내지 종결을 위하여 선량한 관리자의 주의로써 정당하게 지출 내지 부담한 것이라고 인정되는 한, 그것이 신탁종료 전에 발생한 것인지 혹은 신탁종료 후에 발생한 것인지 여부에 관계없이 귀속권리자로 지정된 수익자에게 그 비용의 보상을 청구할 수 있다고 할 것이다. 그리고 원심이 들고 있는 대법원 2002. 3. 26. 선고 2000다25989 판결은, 수탁자가 " 신탁법 제61조에 근거하여" 신탁종료 후 신탁재산의 귀속권리자를 상대로 비용보상청구를 한 부분에 대하여 판단한 것으로서, 신탁법 제61조가 규정하는 귀속권리자의 지위에서 부담하는 비용보상의무의 범위는 법정신탁 기간 중 법정신탁의 목적 달성에 필요한 비용만 보상할 의무를 부담한다는 취지일 뿐, 신탁법 제61조를 근거로 하지 아니한 비용보상청구권의 범위에 대해서까지 판시한 것은 아니다. 따라서 수탁자의 소송수계인인 피고가 귀속권리자 및 수익자의 지위를 함께 갖고 있는 원고를 상대로 하여 이 사건 신탁계약 제19조에 터잡아 비용보상청구를 하는 이 사건에 위 대법원 판례를 그대로 적용하여 원고의 비용보상의무의 범위를 정하는 것은 타당하지 아니하다(대법원 2009. 1. 30. 선고 2006다62461 판결 참조).

그럼에도, 원심은, 피고가 동시이행 항변을 하고 있는 위 각 비용이 신탁기간 중의 신탁사무 또는 신탁종료 후의 잔존 신탁사무의 처리 내지 종결을 위하여 선량한 관리자의 주의로써 정당하게 지출 내지 부담한 것인지에 대하여 심리하지 아니한 채, 그 비용이 신탁계약 종료 이후 발생한 금융비용 내지 지연손해금으로서 법정신탁의 목적 달성에 필요한 비용이 아니라는 이유로 원고가 그에 관하여 비용보상을 할 의무가 없다는 취지로 판단하고, 또한 법정신탁의 목적 달성에 필요한 비용으로 볼 수 없는 지연

280) 현행 신탁법 제101조.

손해금의 미변제로 인하여 위 경매절차가 개시되어 신탁재산 중 일부가 타에 매각됨으로써 원고가 그 매각대금 전액에 해당하는 손해를 입게 되었다는 이유로, 위 매각대금 전액을 원고의 비용보상의무의 범위에서 공제해야 한다는 취지로 판단하고 말았으니, 이러한 원심의 판단에는 신탁종료 후 수익자 겸 귀속권리자의 비용보상의무의 범위에 관한 법리를 오해하여 판결에 영향을 미친 위법이 있다.

[원심판결] 서울고등법원 2008. 7. 11. 선고 2006나18701 판결 [부동산소유권확인및소유권이전등기절차이행]

【주 문】

1. 당심에서 교환적으로 변경된 청구에 따라, 피고는 원고로부터 7,134,184,588원을 지급받음과 동시에 원고에게,

가. 별지목록 기재 각 부동산에 관한 서울중앙지방법원 2008카단2282호 소유권이전등기청구권가압류결정, 같은 법원 2008카단3264호 소유권이전등기청구권가압류결정, 수원지방법원 성남지원 2008카단2634호 소유권이전등기청구권가압류결정, 서울중앙지방법원 2008카단3333호 소유권이전등기청구권가압류결정, 별지목록 475항 기재 부동산에 관한 서울중앙지방법원 2008카단55332호 소유권이전등기청구권가압류결정, 별지목록 379항 기재 부동산에 관한 서울중앙지방법원 2008카단53730호 소유권이전등기청구권가압류결정에 의한 각 소유권이전등기청구권가압류의 집행 해제를 조건으로, 별지목록 기재 각 부동산에 관하여 2000. 12. 31. 신탁기간 만료를 원인으로 한 소유권이전등기절차를 이행하고,

나. 별지목록 기재 각 부동산을 인도하라.

2. 원고의 나머지 청구를 기각한다.

3. 소송총비용은 이를 2분하여 그 1은 원고가, 나머지는 피고가 각 부담한다.

【청구취지 및 항소취지】

1. 청구취지

피고는 원고에게 별지목록 기재 각 부동산에 관하여 2000. 12. 31. 신탁기간 만료를 원인으로 한 소유권이전등기절차를 이행하고, 별지목록 기재 각 부동산을 인도하라(원고는 제1심에서 성남시 분당구 야탑동 341 잡종지 27,308.1㎡(이하 '이 사건 토지'라 한다)에 관하여는 주위적 및 예비적으로 소유권이전등기의 말소등기절차의 이행을, 이 사건 토지 지상 철골철근콘크리트조 지하 4층 지상 7층 건물(이하 '이 사건 건물'이라 한다)에 관하여는 주위적 및 예비적으로 소유권이전등기절차의 이행을 각 구하다가, 이 사건 토지 및 건물에 관하여 집합건물등기가 마쳐지자 당심에서 그 전체 집합건물(이하 '이 사건 전체 신탁건물'이라 한다) 중 일부인 별지목록 기재 각 부동산에 관하여 신탁계약 만료를 원인으로 한 각 소유권이전등기절차의 이행을 구하는 것으로 소를 교환적으로 변경하였다.

2. 항소취지

제1심판결을 취소한다. 원고의 청구를 모두 기각한다.

【이 유】

3. 본안에 관한 판단

가. 원고의 청구원인에 관한 판단

위 인정 사실에 의하면, 이 사건 신탁계약은 2000. 12. 31. 신탁기간의 만료로 인하여 종료되었다고 할 것이므로, 수탁자 파산 전 회사의 소송수계인인 피고는 이 사건 신탁계약에서 정한 바에 따라 위탁

자인 원고에게 신탁재산인 별지목록 기재 각 부동산에 관하여 위 신탁기간의 만료를 원인으로 한 소유권이전등기절차를 이행하고, 별지목록 기재 각 부동산을 인도할 의무가 있다.

나. 피고의 주장에 관한 판단

(1) 동시이행의 항변

(가) 피고는, 별지 정산표 '피고 주장 금액'란 기재와 같이 이 사건 신탁계약에 따른 신탁업무를 수행하면서 지출한 신탁비용과 신탁보수 합계 319,086,248,775원(= 신탁수입과 지출의 수지차 185,452,408,553원 + 차입금 합계 130,798,840,222원 + 신탁보수 2,835,000,000원)을 지급받기까지는 원고의 이 사건 청구에 응할 수 없다고 동시이행의 항변을 한다.

살피건대, 신탁이 종료한 경우 위탁자 또는 수익자의 수탁자에 대한 보수 또는 비용 상환의무와 수탁자의 수익자에 대한 신탁재산의 이전의무는 동시이행의 관계에 있게 된다고 할 것이다(대법원 2006. 6. 9. 선고 2004다24557 판결 참조).

(나) 나아가 원고가 상환할 신탁비용 및 신탁보수의 범위에 관하여 본다.

별지 정산표 중 피고가 주장하는 수입·지출 항목 중 아래에서 살피는 항목을 제외한 나머지 항목은 원고가 피고에게 상환하여야 할 금액임을 모두 인정하고 있으므로, 아래에서는 원고가 다투는 항목에 관하여 살핀다.

1) 공사비 현금지급액(지출란 1번) 중 66,500,798,990원, 이자비용(지출란 28번) 중 98,026,383,858원, 추가이자비용(지출란 29번) 중 33,519,182,347원피고는 2002. 4. 1.부터 2007. 12. 31.까지 사이에 발생한 위 각 금원의 상환을 구함에 대하여, 원고는 위 각 금원이 신탁종료일 이후에 발생한 것으로 상환범위에 속하지 않는다고 다툰다.

살피건대, 신탁법 제61조 본문은 "신탁이 종료한 경우에 신탁재산이 그 귀속권리자에게 이전할 때까지는 신탁은 존속하는 것으로 간주한다."고 규정하고 있는바, 이는 신탁이 종료하여도 그 잔여재산을 귀속권리자에게 완전히 이전시킬 때까지 상당한 시일이 걸리므로, 귀속권리자의 권리를 보호하고 신탁의 나머지 업무를 마치도록 하기 위한 것에 불과하고, 특히 귀속권리자가 위탁자일 때에는 수탁자는 위탁자 또는 그가 지시하는 자에게 남은 재산을 이전하거나 대항요건 등을 갖추도록 하는 직무 권한만 갖는다 할 것이므로, 위 법조항에서 존속하는 것으로 간주되는 신탁은 그 목적에 한정하는 법정신탁이라 할 것이며, 따라서 그 신탁목적 달성에 필요한 비용만 그 법정신탁 기간 중의 비용으로 귀속권리자가 상환하여야 한다. 그런데 원래의 신탁기간 중에 발생한 비용의 대출이자 등 금융비용은 신탁법 제61조에 의하여 존속하는 것으로 간주되는 법정신탁의 목적 달성에 필요한 비용이라고 볼 수는 없다(대법원 2002. 3. 26. 선고 2000다25989 판결 참조).

그런데, 이 사건 신탁계약이 2000. 12. 31. 신탁기간 만료로 종료되었음은 앞서 본 바와 같고, 당심법원의 삼성중공업 대표이사에 대한 사실조회결과에 의하면, 2002. 4. 1. 이후 삼성중공업에게 공사대금조로 지급된 금원은 모두 이 사건 건물 신축공사대금의 지연손해금인 사실을 인정할 수 있는바, 피고가 주장하는 위 각 금원은 모두 이 사건 신탁계약 종료일인 2000. 12. 31. 이후에 발생한 기술신보대위변제금, 타사업차입금 및 공사대금에 관한 금융비용 내지 지연손해금으로서 모두 법정신탁의 목적 달성에 필요한 비용의 범위에 들어가지 아니한다고 할 것이므로, 피고의 이 부분 주장은 이유 없다.

3) 기술신보 미상환 차입금(지출란 34번) 107,682,428,715원

피고는 기술신보에 대한 미상환 차입금 107,682,428,715원의 상환을 구함에 대하여, 원고는 위 4개 금융기관에 대한 대출금 745억 원 및 이에 대한 이 사건 신탁계약 종료일인 2000. 12. 31.까지의 대출이자

와 보증수수료 합계 91,227,958,907원에 한하여 상환의무가 있고 나머지 16,454,469,808원은 신탁종료 이후의 금융비용에 해당하여 상환의무가 없다고 다툰다.

살피건대, 파산 전 회사가 기술신보의 보증 하에 중소기업은행 등 4개 금융기관으로부터 745억 원을 대출받은 점, 이 사건 신탁계약이 2000. 12. 31. 기간 만료로 종료된 점은 앞서 본 바와 같고, 을 10호증의 20 내지 29의 각 기재, 당심 법원의 기술신보 이사장에 대한 사실조회결과에 변론 전체의 취지를 종합하면, 파산 전 회사의 위 각 대출금 745억 원에 대한 2000. 12. 31.까지의 지연이자 합계 및 보증수수료 합계는 별지 '기술신용보증기금 보증 차입금에 대한 신탁종료일 기준 보증수수료 및 연체이자 산출표' 기재와 같이 각 15,202,684,924원 및 1,525,273,983원이 되는 사실을 인정할 수 있는바, 앞서 본 바와 같이 원래의 신탁기간 중에 발생한 비용의 대출이자 등 금융비용은 신탁법 제61조에 의하여 존속하는 것으로 간주되는 법정신탁의 목적 달성에 필요한 비용이라고 볼 수 없는 법리 등에 비추어 보면, 원고가 위 각 대출금에 관하여 피고에게 상환할 금원은 합계 91,227,958,907원(= 대출원금 74,500,000,000원 + 지연이자 15,202,684,924원 + 보증수수료 1,525,273,983원)이 된다고 할 것이다. 따라서 피고의 이 부분 주장은 위 인정 범위 내에서 이유 있다.

(다) 결국 원고가 피고에게 지급하여야 할 신탁비용 및 신탁보수는 별지 정산표 기재와 같이 지출 최종합계액 344,814,270,599원에서 수입 합계액 372,059,456,425원을 공제한 금액에 앞서 인정한 차입금 합계액 114,344,370,414원과 신탁보수미수금 2,835,000,000원을 합산한 89,934,184,588원이 된다고 할 것이므로, 피고의 동시이행 주장은 위 금액 범위 내에서 이유 있다.

(라) 이에 대하여 원고는, 이 사건 전체 신탁건물 중 위 임의경매절차에서 매각된 3층 301호, 지4층 201호, 지4층 202호, 지4층 203호, 1층 501호, 지2층 1101호의 반환이 불가능하게 됨으로써 그 매각대금에 해당하는 189,248,704,637원 상당은 정산할 신탁비용에서 공제되어야 한다고 주장한다.

살피건대, 신탁법 제38조는 수탁자가 관리를 적절히 하지 못하여 신탁재산의 멸실, 감소 기타의 손해를 발생하게 한 경우에는 위탁자는 수탁자에 대하여 손해배상을 청구할 수 있다고 규정하고 있고, 앞서 인정한 사실관계에 나타난 위 경매 배당금의 변제 내역, 삼성중공업의 공사대금채권 및 기술신보의 구상금채권 중 잔존 지연손해금 액수에 비추어 보면 위 경매 배당금 중 삼성중공업과 기술신보에게 배당된 금원은 모두 이 사건 신탁계약 종료일 이후에 발생한 지연손해금에 충당되었다고 봄이 상당한바, 피고가 원고에 대하여 그 상환을 청구할 수 없는 위 지연손해금의 미변제로 인하여 임의경매가 개시된 결과 신탁재산인 위 3층 301호, 지4층 201호, 지4층 202호, 지4층 203호, 1층 501호, 지2층 1101호가 타에 매각되어 원고는 적어도 그 매각대금 상당의 손해를 입게 되었다고 할 것인데, 위 매각부분의 매각대금이 188,611,000,000원인 사실은 앞서 본 바와 같으므로, 위 손해액 188,611,000,000원 상당은 원고가 상환할 금원에서 공제되어야 할 것이다. 다만, 피고가 별지 정산표 기재와 같이 지출합계액에서 위 경매 배당금 중 106,448,704,637원을 미리 공제하고 있으므로, 위 정산금 89,934,184,588원에서 추가로 공제되어야 할 원고의 손해액은 82,800,000,000원(= 실제 배당할 금액 189,248,704,637원 - 106,448,704,637원)에 한한다고 할 것이다. 따라서 원고의 이 부분 주장은 위 인정 범위 내에서 이유 있다.

(마) 다시 원고는, 이 사건 전체 신탁건물에 관한 근저당권, 압류, 가압류 등의 피보전채권액 294,186,004,543원 중 위 임의경매절차에서의 매각대금 189,248,704,637원을 제외한 잔여 채권 104,937,299,906원도 정산할 신탁비용에서 공제되어야 한다고 주장하나, 이 사건 전체 신탁건물 위에 근저당권, 압류, 가압류가 되어 있다는 사정만으로 원고에게 그 피보전채권 상당액의 손해가 당연히 발생하였다고 볼 수는 없으므로, 원고의 이 부분 주장은 이유 없다.

130. 대법원 2009. 5. 14. 선고 2008다70701 판결 [사해행위취소]

[논점] 자금난으로 사업을 계속 추진하기 어려운 상황에 처한 채무자가 자금을 융통하여 사업을 계속 추진하는 것이 채무 변제력을 갖는 최선의 방법이라 생각하고 신탁수익권을 특정채권자에게 담보로 제공하고 신규자금을 추가로 융통받은 경우, 채무자의 담보권설정행위가 사해행위에 해당하는지 여부

【이 유】

2. 사해의사에 관한 주장에 대하여

채무초과 상태에 있는 채무자가 그의 유일한 재산을 채권자 중의 어느 한 사람에게 채권담보로 제공하는 행위는 특별한 사정이 없는 한 다른 채권자들에 대한 관계에서 사해행위에 해당한다고 할 것이나, 자금난으로 사업을 계속 추진하기 어려운 상황에 처한 채무자가 자금을 융통하여 사업을 계속 추진하는 것이 채무 변제력을 갖게 되는 최선의 방법이라고 생각하고 자금을 융통하기 위하여 부득이 그 재산을 특정 채권자에게 담보로 제공하고 그로부터 신규자금을 추가로 융통받았다면 특별한 사정이 없는 한 채무자의 담보권 설정행위는 사해행위에 해당하지 않으며, 다만 사업의 계속 추진과는 아무런 관계가 없는 기존 채무를 아울러 피담보채무 범위에 포함시켰다면, 그 부분에 한하여 사해행위에 해당할 여지가 있다(대법원 2001. 10. 26. 선고 2001다19134 판결, 대법원 2002. 3. 29. 선고 2000다25842 판결 등 참조).

원심판결 이유 및 기록에 의하면, 소외 주식회사는 그 소유의 이 사건 토지상에 아파트를 건축하여 분양하는 사업을 추진하던 중 2002. 3. 6. 대한토지신탁과 사이에 이 사건 토지 및 그 지상에 건축될 아파트를 신탁재산으로 하여 대한토지신탁으로 하여금 이를 분양하게 한 뒤 그로부터 생긴 수익금을 교부받기로 하는 내용의 분양형 토지신탁계약을 체결하였고, 이에 따라 대한토지신탁은 관할관청으로부터 이 사건 사업의 주체를 소외 주식회사에서 대한토지신탁으로 변경하는 사업계획 변경승인을 받은 뒤 2002. 7. 4. 피고와 사이에 위 아파트 건축공사에 관하여 공사도급계약을 체결하였는데, 위 분양형 토지신탁계약상 공사대금 등 이 사건 사업에 소요되는 일체의 비용에 대한 최종적인 부담 주체는 소외 주식회사이고, 소외 주식회사에 귀속될 수익금은 대한토지신탁의 신탁보수나 피고의 공사대금 등 이 사건 사업에 소요된 제반비용을 공제한 나머지 금액에 국한되는 사실을 알 수 있다. 그렇다면, 소외 주식회사로서는 이 사건 사업의 원만한 추진을 통해 더 많은 이익을 추구하거나 손실을 최소화하여야 한다는 점에서 위 분양형 토지신탁계약의 체결을 전후하여 사정이 전혀 달라질 것이 없고, 비록 위 분양형 토지신탁계약으로 인하여 이 사건 사업의 주체가 외형상 대한토지신탁으로 변경되었다 하더라도 마찬가지이다. 따라서 소외 주식회사가 시공사인 피고에 대하여 각종 채무를 부담하고 그 채무의 우선변제를 위하여 대한토지신탁으로부터 장차 받게 될 수익금에 관하여 근질권을 설정하여 준 것이 다른 일반채권자에 대한 채무의 변제력을 갖게 되는 최선의 방법으로서 부득이한 것이었고, 또한 그것이 이 사건 사업의 계속적인 추진에 필요한 합리적인 범위 내에서 이루어졌다면, 그와 같은 근질권 설정행위는 사해행위에 해당한다고 할 수 없다.

원심은 그 채용증거들을 종합하여 판시와 같은 사실을 인정한 다음, 소외 주식회사가 이 사건 토지에 관한 제한물권을 해지하지 못할 경우 대한토지신탁과의 신탁계약을 유지할 수 없게 되어 결국 이 사건 사업을 계속 수행할 수 없는 상황에서 피고로부터 이 사건 토지에 관한 제한물권 등의 해지에 필요한 자금을 융통하여 사업을 계속 추진하는 것이 일반채권자들에 대한 채무의 변제력을 갖게 되는 최선의 방법이라고 생각하고 자금을 융통하기 위하여 부득이 이 사건 수익권을 피고에게 담보로 제공하고 그로부터 신규자금을 차용하여 이 사건 토지상의 제한물권을 해지한 다음 대한토지신탁과의 분양형 토지신탁계약을 통하여 이 사건 사업을 계속 추진한 것으로 보이고, 나아가 소외 주식회사가 ① 이 사

건 토지의 제한물권 해지비용으로 차용한 10억 원, 이 사건 사업과 관련한 차입금 2억 1천만 원 및 피고가 이 사건 토지 내의 건물철거 및 명도 등의 비용으로 투입한 19,641,750원의 합계 1,229,641,750원의 채무, ② 사업계획승인조건에 따라 기부채납하여야 할 도로의 매입에 관하여 종국적인 책임을 부담하고 있던 소외 주식회사를 대신하여 피고가 그 매입비용을 지출한 것과 관련한 5억 원의 채무, ③ 마감자재 수준 상승 및 토목공사비의 증가로 인한 증액공사비 합계 6억 9,300만 원을 피담보채무로 하여 피고에게 이 사건 근질권을 설정하여 준 것은 이 사건 사업의 계속적인 추진에 필요한 합리적인 범위 내에서 이루어진 것으로서 사해행위에 해당하지 아니한다고 판단하였는바, 위 법리와 기록에 비추어 살펴보면, 원심의 이러한 사실인정과 판단은 정당한 것으로 수긍할 수 있고, 거기에 상고이유의 주장과 같은 사해행위, 분양형 토지신탁과 공사도급계약에 관한 법리오해, 채증법칙 위반, 심리미진, 이유불비 등의 위법이 있다고 할 수 없다.

[원심판결] 부산고등법원 2008. 8. 28. 선고 2007나18874 판결 [사해행위취소]

【주 문】

1. 제1심 판결을 다음과 같이 변경한다.

가. 피고와 주식회사 한주산업건설 사이에 대한토지신탁 주식회사에 대한 토지신탁수익권(증서번호 A)에 관하여 2002. 12. 23. 체결한 근질권설정계약은 채권최고액 2,422,641,750원을 초과하는 부분에 한하여 이를 취소한다.

나. 원고의 나머지 주위적 청구 및 예비적 청구를 기각한다.

2. 소송총비용 중 1/3은 원고가, 2/3는 피고가 각 부담한다.

【청구취지】

1. 주위적 청구취지

피고와 주식회사 한주산업건설(이하 '한주산업'이라 한다) 사이에 한주산업의 대한토지신탁 주식회사(이하 '대한토지신탁'이라 한다)에 대한 토지신탁수익권(증서번호 A)에 관하여 2002. 12. 23. 체결된 근질권자 피고, 채권최고액 30억 원의 근질권설정계약을 취소한다.

2. 예비적 청구취지

피고는 한주산업의 대한토지신탁에 대한 토지신탁수익권(증서번호 A)에 관하여2002. 12. 27. 설정 받은 2순위 근질권의 피담보채무 중 2,337,632,834원 부분이 존재하지 아니함을 확인한다.

【항소취지】

제1심 판결을 취소한다. 원고의 청구를 모두 기각한다.

【이 유】

2. 본안전 항변에 대한 판단

피고는, 원고가 2003. 8. 26. 무렵 이 사건 수익권에 관하여 이 사건 근질권이 설정된 것을 알았음에도 그로부터 1년이 경과한 2005. 5. 10.에야 이 사건 소를 제기하였으므로, 이 사건 소는 제척기간 경과 이후에 제기되어 부적법하다고 항변한다.

살피건대, 채권자취소권 행사에 있어서 제척기간의 기산점인 채권자가 '취소원인을 안 날'이라 함은 채권자가 채권자취소권의 요건을 안 날, 즉 채무자가 채권자를 해함을 알면서 사해행위를 하였다는 사실을 알게 된 날을 의미한다고 할 것이므로, 단순히 채무자가 재산의 처분행위를 하였다는 사실을 아는 것만으로는 부족하고, 그 법률행위가 채권자를 해하는 행위라는 것 즉, 그에 의하여 채권의 공동담보에 부족이 생기거나 이미 부족상태에 있는 공동담보가 한층 더 부족하게 되어 채권을 완전하게 만족시킬 수 없게 되었으며 나아가 채무자에게 사해의 의사가 있었다는 사실까지 알 것을 요한다(대법원 2003. 12. 12. 선고 2003다40286 판결 참조).

이 사건으로 돌아와 보건대, 원고가 부산지방법원 2003타채5060호로 이 사건 수익권에 관하여 채권압류 및 전부명령 신청을 하였고, 대한토지신탁이 2003. 8. 26. 위 법원의 진술최고에 따라 위 법원에 이 사건 수익권에 관하여 1, 2순위 질권이 설정되어 있다고 진술한 사실은 당사자 사이에 다툼이 없으나, 이러한 사정만으로는 원고가 이 로 인하여 원고 채권의 공동담보에 부족이 생 기거나 이미 부족상태에 있는 공동담보가 한층 더 부족하게 되었다거나, 한주산업에게 사해의 사가 있었다는 사실까지 알았다고 쉽사리 단정하기 어렵고 달리 이를 뒷받침할 별다른 증거가 없으므로, 피고의 위 항변은 이유 없다.

3. 본안에 대한 판단

가. 사해행위여부

2) 한주산업의 무자력 상태

갑2호증, 갑6호증의 1, 갑16호증의 각 기재, 제1심 법원의 대한토지신탁에 대한 사실조회결과, 제1심 증인 I의 일부 증언에 변론 전체의 취지를 종합하면, 이 사건 근질권설정계약이 체결된 2002. 12. 23. 당시 한주산업의 자산은 이 사건 수익권(약 77억원)뿐이었고 한주산업은 2002 년 1기 부가세 확정신고를 하지 않고 법인 주사무소가 존재하지 않아 2002. 8. 13. 사업자등록이 직권말소되기까지 하였던 반면, 채무는 으뜸상호저축은행에 대한 40억 원 및 이에 대한 지연손해금(합계 약 52억 원), 세명종건으로부터 인수한 4,965,230,000원, 원고에 대한 1,024,055,753원 및 지연손해금 등 합계 약 100억 원 이상에 이르는 사실이 인정되므로, 한주산업은 무자력 상태인 것으로 판단된다.

3) 이 사건 수익권에 대한 근질권설정행위의 사해행위 여부

나) 사해의사 여부에 대한 판단

(1) 살피건대, 채무초과 상태에 있는 채무자가 그 소유의 부동산을 채권자 중의 어느 한 사람에게 채권담보로 제공하는 행위는 특별한 사정이 없는 한 다른 채권자들에 대한 관계에서 사해행위에 해당한다고 할 것이나, 자금난으로 사업을 계속 추진하기 어려운 상황에 처한 채무자가 자금을 융통하여 사업을 계속 추진하는 것이 채무 변제력을 갖게 되는 최선의 방법이라고 생각하고 자금을 융통하기 위하여 부득이 부동산을 특정 채권자에게 담보로 제공하고 그로부터 신규자금을 추가로 융통받았다면 특별한 사정이 없는 한 채무자의 담보권 설정행위는 사해행위에 해당하지 않으며, 다만 사업의 계속 추진과는 아무런 관계가 없는 기존 채무를 아울러 피담보채무 범위에 포함시켰다면, 그 부분에 한하여 사해행위에 해당할 여지는 있다(대법원 2002. 3. 29. 선고 2000다25842 판결 등 참조)고 할 것이다.

이 사건으로 돌아와 보건대, 위 인정사실에 비추어 보면 일을 한주산업은 이 사건 토지에 대한 제한물권을 해지하지 못할 경우 대한토지신탁과의 신탁계약을 유지할 수 없게 되어 결국 이 사건 사업을 계속 수행할 수 없는 상황에서, 피고로부터 이 사건 토지의 제한물권 등의 해지에 필요한 자금을 융통하여 사업을 계속 추진하는 것 이 채무 변제력을 갖게 되는 최선의 방법이라고 생각하고 자금을 융통하기 위하여 부득이 이 사건 수익권을 피고에게 담보로 제공하고 그로부터 신규자금을 대여받아 이 사건 토지상의 제한물권을 해지한 다음 대한토지신탁과의 분양형 토지신탁계약을 통하여 이 사건 사업을 계속 추진한 것으로 보인다. 그러나, 이처럼 이 사건 근질권설정행위가 변제자력 확보를 위한 행위로서 사해의사가 인정되지 아니하여 사해행위에 해당하지 않는다는 판단을 받기 위해서는, 그 담보제공

행위가 사업계속 추진에 필요한 합리적인 범위를 넘어서는 안될 것이고 담보제공을 통하여 채무자가 받은 급부와 담보물 가액 사이에 적정한 균형이 유지되어야 하며, 아울러 사업을 계속하여 추진할 수 있게 된 채무자가 실제로 채권자들에 대하여 변제노력을 하는지 여부도 고려되어야 할 것이다. 이하에서는 피고가 이 사건 근질권의 피담보채권으로 주장하는 각 항목별로 위 요건을 충족시키는지 여부를 살펴보기로 한다.

(2) 이 사건 근질권의 피담보채권에 대한 검토

(가) 이 사건 토지의 제한물권 해지비용 10억 원, 이 사건 사업과 관련한 차입금 2억 1천만 원 및 피고가 선투입한 19,641,750원의 합계 1,229,641,750원

…의 각 기재에 변론 전체의 취지를 종합하면, 위 금액은 이 사건 토지의 제한물권 등을 해지하고 이 사건 토지 내의 건물철거 및 명도를 위해 사용되는 등 한주산업이 대한토지신탁과 분양형 토지신탁계약을 체결하고 이 사건 사업을 계속하는데 필요불가결한 금액으로 판단되므로, 이는 사업계속 추진에 필요한 합리적인 범위 내로서 이 사건 근질권의 피담보채권으로 포함시킬 수 있다.

이에 대하여 원고는, 당초 한주산업이 대한토지신탁에 대하여 2순위 질권설정을 요청하면서 부산 F 사업추진비로 피고로부터 차용한 13억 원에 대한 채무담보를 질권설정 요청사유로 특정한 이상, 이는 통정허위표시에 해당하여 무효로서 피담보채권에 포함되어서는 안 된다고 주장한다. 그러나, 을10호증의 1의 기재, 제1심 증인 J의 증언에 변론 전체의 취지를 종합하면, 이 사건 1, 2단지 아파트 공사와 관련하여 이 사건 토지의 제한물권 해지를 위하여 금원을 대여했다고 밝히면서 이 사건 수익권에 2순위 근질권설정을 요청할 경우 대한토지신탁에서 원가상승으로 인한 수익성악화를 우려하여 결재되지 않을 가능성이 있어 부득이 F 사업장에 관한 대여금이라고 했을 뿐 실제로 피담보채권으로 포함시키려 한 것은 피고가 한주산업에 대여하거나 비용으로 지출한 위 1,229,641,750원인 사실이 인정되므로, 원고의 위 주장은 이유 없다.

(나) 기부채납도로 매입비용 관련 채무 5억 원

대한토지신탁은 한주산업과 분양형 토지신탁계약을 체결하면서 특약사항 제11조(신탁등기)에 '한주산업은 사업계획승인조건 상 기부채납도로는 본 사업지의 신탁등기하고, 사업부지에 편입되는 국·공유지는 본 사업의 분양승인 전까지 매입하여 신탁등기하여야 한다'고 명시하였고, 피고와 공사도급계약을 체결하면서도 특약사항 제8조 (사업계획 승인조건 이행)에서 '사용검사에 필요한 진입로 관련사항은 피고가 사용검사 신청 전까지 처리하여 사용검사에 지장이 없도록 하여야 하며, 만약 이행이 지연되거나 이행이 어렵다고 대한토지신탁이 판단하는 경우 피고에게 지급할 공사비에서 대한 토지신탁이 지급·처리할 수 있다'고 정한 것은 앞서 본 바와 같고, …의 각 기재, 제1심증인 J, 당심 증인 K의 각 증언, 제1심 법원의 대한토지신탁에 대한 사실조회결과에 변론 전체의 취지를 종합하면, 이처럼 대한토지신탁이 한주산업 뿐 아니라 피고에게까지 기부채납도로의 매입의무를 부과한 것은 한주산업이 기부채납도로를 매입하여 신탁등기를 하지 못하자 피고에게 위 도로의 매입 및 신탁등기를 하도록 이행보증시킨 것인데, 위 도급계약체결 직후인 2002. 7. 5. 피고가 한주산업과 체결한 약정서 제3조 제2항에서 기부채납도로 편입부지 매입비용과 각종 민원처리비용은 본 약정서와는 별도로 한주산업이 부담해야 한다고 명시했을 뿐 아니라(기록 제144면), 2002. 12. 14. 피 고가 한주산업과 체결한 약정서 중 제4조 제2항에 따르면, 기부채납도로 편입부지 매입비용과 각종 민원비용은 한주산업의 책임 하에 한주산업 또는 대한토지신탁의 자금으로 처리하도록 명시한 사실, 피고는 기부채납도로의 감정가가 정해질 무렵인 2003. 7. 7.경 대한토지신탁으로부터 도로부지매입대금조로 720,277,000원을 미리 지급받은 다음 2003년 5월경부터 2004년 4월경에 이르기까지 기부채납도로의 매입을 위하여 원금 573,614,390원과 이

자 149,443,350원의 합계 723,057,740원을 지급하였는데, 대한토지신탁은 피고에게 지급한 위 금액을 공사비에서 공제한 사실(기록 제374면)이 인정되는바, 이를 종합해 볼 때 피고가 지출한 금액 중 대한주택보증에 근질권설정을 요청한5억 원 역시 이 사건 사업의 계속에 합리적으로 필요한 범위 내인 것으로 판단된다.

(다) 마감자재 수준 상승으로 인한 증액공사비 155,367,166원과 아파트단지 토목공사비의 증가로 인한 증액공사비의 합계 693,000,000원

…의 각 기재 및 영상, 제1심 증인 N, 당심 증인 K의 각 증언에 변론 전체의 취지를 종합하면, 이 사건 1단지 아파트는 원래 1999. 12. 30, 울산남구청장으로부터 지하2층, 지상 15층, 115세대, 건축면적 1,765,0424㎡, 연면적 27,779.94㎡으로 사업계획을 승인받았다가 그 이후 2002. 1. 15. 지하 1층, 지상 15층, 108세대, 건축면적1,50.3076㎡, 연면적 20,803,1933㎡으로 변경되었고, 2단지 아파트는 원래 1999. 12. 30. 울산남구청장으로부터 지하 2층, 지상 11층, 80세대, 건축면적 1,422.0332㎡, 연면적 15,947.2086㎡으로 사업계획을 승인받았다가 그 이후 2002. 1. 15. 지하 1층, 지상11층, 76세대, 건축면적 1,257.8472㎡, 연면적 12,277.6930㎡으로 변경된 후 다시2002. 6. 19. 75세대, 건축면적 1,228,9290㎡, 연면적 12,123.8475㎡으로 변경승인을 받은 사실, 피고가 2002. 2. 16. 한주산업과 이 사건 1, 2단지 아파트 신축공사를 맡기로하면서 체결한 협약서에 따르면 공사비는 평당 180만 원(부가세 별도)으로 하고 아파트 내부 마감기준은 현대 IPARK(남구 옥동) 기준으로 하기로 명시하였으나(제3조, 제5조), 그 이후 2002. 7. 4. 대한토지신탁과 체결한 도급계약에서는 내부 마감기준이 현대 IPARK 수준 이상으로 상향조정되었으며 2002. 1. 15. 사업변경승인을 받은 종전 설계내용을 기준으로 하여 공사대금이 산정되었으나 공사대금은 종전에 기준으로 정하여 건축연면적에 평당 공사비 180만 원을 곱한 금액이 그대로 유지된 사실, 또한, 이 사건 토지는 기존 설계내용에 따라 지하 2층의 깊이로 굴착공사가 마쳐져 있었으므로 추가로 PIT층 보강공사 등이 필요하게 되었으나 오히려 2002년 7월경 총 공사비를19,725,670,800원에서 19,385,507,900원으로 감액하는 내용의 공사도급변경계약이 체결된 사 실(을36호증), 이처럼 공사대금을 전액 지급받지 못하게 될 위험이 있자 피고는2002. 7. 5.경 한주산업과 체결한 약정서 제1조에서 마감자재 수준상승과 토목공사비 증가로 인한 추가공사비를 피고로부터 지급받기로 하였을 뿐 아니라, 2002. 12. 14. 한주산업과 체결한 약정서(을4호증의 1) 제2조에 따르면, 한주산업은 피고가 대한토지신탁과 체결한 공사도급계약금액(평당 180만 원) 이외에 마감자재 수준상승과 단지토목 공사비의 증가 및 하도급업체 선정과 관련한 추가 공사비로 6억 3,000만원을 추인하고 이를 대한토지신탁의 기성금 지급과 별도로 피고에게 지급하기로 명시한 사실, 이에 따라 이미지벽체비용 97,599,600원, 온돌마루판 추가비용 14,891,301원, 홈오토메이션 기능설치로 인한 배관·배선 추가비용 42,876,265원이 각 증가하고 PIT층의 공사 등으로 합계 6억 9,300만 원의 추가공사비가 발생한 사실이 각 인정되는데, 이 금액 역시 사업의 계속에 합리적으로 필요한 범위 내인 것으로 판단된다.

(라) 기타 미확정 채무 및 공사비 채무로서 설계상의 누락 또는 시공 및 안전 상의 이유 등으로 추가된 공사비 868,786,822원

피고는, 설계상 누락 및 자재비 상승 등으로 인한 공사비 증가부분도 모두 피담보채무에 포함되어야 한다는 취지로 주장하나, 한주산업과 피고 사이의 2002. 7. 5.자 및 2002. 12.14.자 각 약정서(을4호증의 1)에 비추어 보더라도 위와 같이 향후 가될 불확정 공사비에 대해서까지 근질권의 피담보채무에 포함시키기로 했다고 단정하기는 어려울 뿐 아니라, 갑13호증의 1, 2의 각 기재에 변론 전체의 취지를 종합하면 피고는 이처럼 증가된 공사비에 대하여는 한주산업이 아닌 대한토지신탁에 공사비 추가지급을 요청하여 층간소음재 및 학교담장공사에 관한 공사대금은 일부 지급받아 가기까지 한 사실이 인정되는 점에 비추어 볼 때, 이러한 자재비 상승분까지 사업계속 추진에 필요한 합리적인 범위에 해당한다고

보기도 곤란하므로, 피고의 위 주장은 받아들일 수 없다.

(마) 위 채무에 따른 이자, 지연손해금, 질권실행비용 등 167,139,680원

피고는, 이 사건 근질권의 피담보채무는 3,436,959,114원에 달하므로 그 이자 상당액도 포함되어야 한다고 주장하나, 피담보채무액에 대한 이자 등 상당액은 사업계속추진에 필요한 합리적 범위 내에 해당한다고 보기도 어려우므로, 피고의 위 주장은 이유 없다.

(3) 책임재산의 감소가 없는지 여부

피고는, 이 사건 사업을 위한 금원대여 및 공사의 진행 등이 이루어지는 이상 주산업의 책임재산이 감소되지 않는다는 취지로 주장하나, 설령 피고의 주장과 같이 고의 공사진행 등으로 인하여 한주산업이 이 사건 수익권에서 얻을 수익금액이 늘어날 가능성이 있다고 하더라도 이미 채무초과상태에 있는 한주산업으로부터 피고가 한주산업의 유일한 재산인 이 사건 수익권에 근질권을 설정받게 되면 특별한 사정이 없다면 다른 채권자들에 대한 관계에서 사해행위가 될 수 있을 뿐 아니라, 이 사건 사업이 종료된 이후 발생할 수익금액의 액수 즉, 이러한 책임재산의 증감여부에 따라 사해행위의 성립여부가 좌우되는 것도 적절하지 않으므로, 피고의 위 주장도 역시 이유 없다.

4) 피고의 선의 항변

피고는, 이 사건 1, 2단지 아파트 공사를 검토하기 이전에 한주산업과 거래한 사실이 없었고 한주산업의 채무내역에 관하여 통지받은 사실도 없었으므로, 이 사건 근질권설정계약이 한주산업의 일반채권자를 해한다는 것을 알지 못하였다는 취지로 항변하나, 피고의 위 주장을 뒷받침할만한 별다른 증거가 없는 이상 이를 받아들일 수 없다.

5) 소결

따라서, 한주산업과 피고 사이의 이 사건 수익권에 대한 근질권설정계약은 사업 계속 추진에 필요한 합리적인 범위에 해당하는 것으로 판단되는 채권최고액2,422,641,750원(1,229,641,750원 + 5억 원 + 6억 9,300만 원)을 초과하는 범위에 한하여 사해행위에 해당하므로 이를 취소할 것이다.

131. 대법원 2009. 3. 26. 선고 2008다30048 판결 [토지인도등][281]

[논점] 신탁의 해지에 관하여 신탁법과 달리 정할 수 있는지 여부 및 신탁의 해지에 관한 신탁계약 조항의 해석

【이 유】

재건축조합의 조합원들이 재건축을 목적으로 재건축조합을 설립하여 대지 등에 관한 공유지분을 재건축조합에게 신탁한 경우, 이러한 신탁은 위탁자 자신이 수익자가 되는 이른바 자익(자익)신탁으로서 특별한 사정이 없는 한 "위탁자가 신탁이익의 전부를 향수하는 신탁"에 해당하므로, 신탁법(이하 '법'이라 한다) 제56조[282]에 의하여 원칙적으로 위탁자가 언제든지 해지할 수 있지만(대법원 2003. 8. 19. 선고 2001다47467 판결 참조), 신탁계약의 당사자는 신탁의 해지에 관하여 그와 달리 정할 수 있다(법 제58조[283]).

원심은, 그 채택증거를 종합하여 재건축조합인 원고와 그 조합원들 사이에 체결된 부동산신탁계약

281) 대법원 2007. 10. 11. 선고 2007다43894 판결[150번 판결], 대법원 2003. 8. 19. 선고 2001다47467 판결[190번 판례]과 비교해 볼 것.

282) 현행 신탁법 제99조 제2항.

283) 현행 신탁법 제99조 제3항.

(이하 '이 사건 신탁계약'이라 한다) 제5조 제2항(이하 '이 사건 약정'이라 한다)이 "위탁자 겸 수익자는 재건축사업 승인 이전까지는 수탁자와 합의에 의하여, 사업계획승인 이후에는 관계 법령의 허용 범위 내에서 본 신탁계약을 해지 또는 변경할 수 있다"라고 규정하고 있는 사실을 인정한 다음, 이 사건 약정은 재건축사업 승인 이전까지 법 제56조 소정의 임의해지권을 제한하고자 하는 취지의 규정으로 볼 여지가 있으나, 이는 위탁자가 수탁자의 귀책사유 없이 위탁자측 사정에 의하여 신탁계약을 해지하고자 하는 경우에 법 제56조 소정의 임의해지권을 제한하고자 하는 취지의 규정에 불과한 것으로, 수탁자의 귀책사유로 인하여 신뢰관계가 깨어졌기 때문에 위탁자가 위 법조에 따라 신탁계약을 임의해지하고자 하는 경우에는 적용되지 않으므로, 이 사건 약정을 들어 위탁자인 조합원의 해지권이 언제나 제한된다고 볼 수는 없다고 판시하면서 대법원 2002. 3. 26. 선고 2000다25989 판결을 인용하였다.

그러나 원심의 위와 같은 판단은 다음과 같은 이유에서 이를 수긍할 수 없다.

우선, 원심은 이 사건 약정이 사업계획승인 이후의 해지권에 관하여 "관계 법령의 허용 범위 내에서 해지할 수 있다"고 명시하고 있고, 이 사건에서 사업계획승인 이후의 신탁계약 해지 가능 여부가 문제가 되었음에도, 사업계획승인 이후의 해지권이 제한되는지 여부에 대하여 판단을 하지 않고 있다. 또한 설사 위 판단에 사업계획승인 이후의 해지권이 제한되지 않는다는 취지의 판단이 포함된 것이라고 하더라도, 원심이 들고 있는 대법원판결은 거기서 다룬 신탁계약의 약정의 내용이 이 사건 약정과 전혀 다르고 사안도 달라 이 사건에 원용하기에 적절하지 않다.

계약에 나타난 당사자의 의사해석이 문제되는 경우에는 문언의 내용, 그와 같은 약정이 이루어진 동기와 경위, 약정에 의하여 달성하려는 목적 등을 종합적으로 고찰하여 논리와 경험칙에 따라 합리적으로 해석하여야 한다(대법원 2006. 5. 12. 선고 2005다68295 판결 참조).

위 법리에 따라 이 사건 약정의 의미를 살펴보건대, 재건축사업을 추진하기 위하여 반드시 조합원의 재산권을 조합에 신탁해야 할 필요가 없음에도 원고와 조합원들이 이 사건 신탁계약을 체결한 이유는 안정적 소유권 확보, 일괄 처리에 따른 사업수행의 용이성 등 재건축사업의 원활한 추진을 목적으로 한 것으로 보이는 점, 따라서 재건축사업을 원활하게 추진하기 위하여는 그 사업의 종료시까지 신탁관계를 유지하는 것이 바람직하고, 이 사건 약정은 재건축사업 종료시까지 신탁관계를 유지하기 위하여 조합원의 해지권을 제한하는 약정으로 보이는 점, 이와 같이 조합원의 해지권을 제한하는 약정에서 법 제56조의 자유로운 임의해지권을 인정하는 것은 모순된다는 점, 사업계획승인 전에는 합의에 의해 신탁계약을 해지할 수 있도록 하면서, 사업계획승인으로 이제 실제로 사업을 시행하게 되어 신탁관계를 유지할 필요성이 더 높아졌음에도 사업계획승인 전보다 신탁계약을 더 쉽게 해지할 수 있도록 약정한다는 것은 특별한 사정이 없는 한 이해될 수 없는 점 등을 종합하면, 이 사건 약정은 원고와 조합원들 사이에 법 제56조에서 정하는 위탁자의 임의해지권을 제한하기 위한 법 제58조의 특약이라고 할 것이고, 이 사건 약정 중 '관계 법령'에는 법 제56조가 포함되지 않는다고 할 것이다.

따라서 이 사건 약정이 법 제58조의 신탁해지에 관한 특약이 아니라고 판단한 원심판결에는 이 사건 약정에 관한 이 사건 신탁계약 당사자의 계약상의 의사해석 및 증거가치의 판단을 그르치고, 법 제58조의 신탁계약의 해지권 제한에 관한 특약의 법리를 오해하여 판결 결과에 영향을 미친 위법이 있다. 이 점을 지적하는 상고이유의 주장은 이유 있다.

132. 대법원 2009. 2. 26. 선고 2008도11722 판결 [특정경제범죄가중처벌등에관한법률위반(배임)등]

[논점] 신탁목적물에 대한 부동산관리처분 신탁계약(담보신탁용)을 체결하고 소유권이전등기까지 경료해 준

위탁자가 수탁자의 동의없이 신탁목적물인 아파트를 제3자에게 매도하여 제3자로 하여금 아파트를 임대하고 보증금을 받게 한 경우 위탁자의 위 처분행위가 배임죄를 구성하는지 여부

【이 유】

2. 피해자 한국자산신탁 주식회사(이하 "한국자산신탁"이라 한다)에 대한 배임의 점에 관하여

가. 이 사건 공소사실의 요지는, 피고인은 2005. 6. 30. 서울 강남구 삼성동 9-21에 있는 주식회사 진흥상호저축은행 영동지점에서 피해자 한국자산신탁에게 제1심판결 별지 범죄일람표 (Ⅰ) 기재 위 아파트 27세대를 신탁하는 내용의 부동산관리처분신탁계약을 체결하고 같은 날 위 각 아파트에 대한 소유권을 위 피해자에게 이전하였으므로 위 신탁계약의 내용에 따라 피해자의 사전승낙 없이 위 아파트를 임대하는 등 권리를 설정하거나 현상을 변경하여 아파트의 가치를 저감하는 행위를 하여서는 아니될 임무가 있음에도 불구하고, 그 임무에 위배하여 피해자의 승낙을 받지 아니하고 2005. 7. 중순경 위 아파트를 공소 외 2 주식회사에 매도하여 공소 외 2 주식회사로 하여금 아파트를 임대하고 보증금을 받게 함으로써 합계 1,068,000,000원 상당의 재산상 이익을 취득하게 하고 피해자에게 동액 상당의 손해를 가하였다는 것이다.

나. 이에 대하여 원심은 제1심판결을 인용하여, 피고인이 피해자 한국자산신탁과 체결한 관리처분신탁계약의 제9조는 "위탁자(피고인)는 신탁부동산을 사실상 계속 점유 사용하고, 신탁부동산의 실질적 보존과 일체의 관리행위 및 이에 따른 일체의 비용을 부담한다. 위탁자는 수탁자의 사전 승낙이 없는 경우에는 신탁부동산에 대하여 임대차 등 권리의 설정 또는 그 현상을 변경하는 등의 방법으로 신탁부동산의 가치를 저감하는 행위를 하여서는 아니 된다. 위탁자는 신탁부동산의 멸실 훼손 등 사고가 발생하거나 발생이 예상되는 경우에는 즉시 이를 수탁자에게 통지하여야 한다"고 규정하고 있으므로, 피고인은 이 사건 부동산을 계속 점유하고 보존 및 관리하는 업무만을 해야 할 뿐이고 한국자산신탁의 승낙 없이 신탁부동산에 대하여 임대차 등 권리의 설정 또는 그 현상을 변경하는 등의 방법으로 신탁부동산의 가치를 저감하는 행위를 하여서는 아니될 임무가 있다고 할 것인데, 그 임무에 위배하여 공소사실 기재와 같이 피해자의 승낙을 받지 아니한 채 임의로 아파트를 공소 외 2 주식회사에 매도하여 공소외 2 주식회사로 하여금 아파트를 임대하고 보증금을 받게 하여 스스로 재산상의 이익을 취득하거나 제3자로 하여금 이를 취득하게 하고 신탁부동산의 가치를 저감하고 한국자산신탁의 임대차 및 입주자 관리, 수익금 운영, 처분 등의 업무를 방해하여 손해를 가한 이상 피고인에 대하여 배임죄가 성립한다고 판단하였다.

다. 그러나 원심의 위와 같은 판단은 수긍하기 어렵다.

배임죄는 타인의 사무를 처리하는 자가 위법한 임무위배행위로 재산상 이득을 취득하여 사무의 주체인 타인에게 손해를 가함으로써 성립하는 것이므로 그 범죄의 주체는 타인의 사무를 처리하는 신분이 있어야 한다. 여기에서 "타인의 사무를 처리하는 자"라고 하려면 두 당사자의 관계의 본질적 내용이 단순한 채권관계상의 의무를 넘어서 그들간의 신임관계에 기초하여 타인의 재산을 보호 내지 관리하는 데 있어야 하고, 그 사무가 타인의 사무가 아니고 자기의 사무라면 그 사무의 처리가 타인에게 이익이 되어 타인에 대하여 이를 처리할 의무를 부담하는 경우라도 그는 타인의 사무를 처리하는 자라고 볼 수 없다(대법원 1987. 4. 28. 선고 86도2490 판결 등 참조).

기록에 의하면, 공소 외 1 주식회사는 2005. 6. 30. 피해자 한국자산신탁과 부동산관리처분신탁계약을 체결하고 신탁목적물에 대하여 위 피해자 앞으로 소유권이전등기를 경료하여 준 사실, 위 신탁계약은 담보신탁용으로서 그 계약의 목적은 위탁자(공소 외 1 주식회사)가 부담하는 채무 내지 책임의 이행을 보장하기 위하여 수탁자(위 피해자)가 신탁부동산을 보전·관리하고 채무불이행시 환가정산하는 데

있는 사실(위 계약 제1조), 그런데 위 신탁계약의 제9조는 위탁자가 신탁부동산을 사실상 계속 점유·사용하고, 신탁부동산의 실질적 보존과 일체의 관리행위 및 이에 따른 일체의 비용을 부담하며, 위탁자는 수탁자의 사전 승낙이 없는 경우에는 신탁부동산에 대하여 임대차 등 권리의 설정 또는 그 현상을 변경하는 등의 방법으로 신탁부동산의 가치를 저감하는 행위를 하여서는 아니된다고 규정하고 있는 사실을 알 수 있다.

이러한 사실관계와 기록상 나타나는 공소 외 1 주식회사와 위 피해자간의 위 신탁계약의 내용 및 앞서 본 법리 등을 종합하여 보면, 위 신탁계약은 부동산에 관하여 담보를 위하여 체결된 것으로서, 위 피해자에게 소유권이전등기가 경료됨으로써 공소 외 1 주식회사가 이 사건 아파트를 유효하게 처분할 가능성이 없게 되어 그 목적은 그 요부에 있어서 달성되었고, 위탁자인 공소 외 1 주식회사가 신탁목적물인 이 사건 아파트를 계속 점유·사용하면서 그 보존 및 관리의 비용을 부담하고 이 사건 아파트의 가치를 유지하는 것은 기본적으로 공소 외 1 주식회사 자신을 위한 그의 사무라고 할 것이다. 그리고 신탁목적물의 가치를 저감하는 행위를 하여서는 안 된다는 공소외 1 주식회사의 한국자산신탁에 대한 의무는 단순히 신탁계약상의 채무에 그치며, 공소 외 1 주식회사와 한국자산신탁의 관계의 본질적 내용이 신임관계에 기초하여 위 피해자의 재산을 보호하거나 관리할 공소 외 1 주식회사의 의무에 있다고 보기 어렵다. 따라서 피고인이 배임죄의 주체가 되는 "타인의 사무를 처리하는 자"의 지위에 있다고 할 수 없다.

그러므로 이와 달리 피고인이 타인의 사무를 처리하는 자임을 전제로 한 원심판결은 배임죄의 성립요건인 타인의 사무에 관한 법리를 오해하여 판결에 영향을 미친 위법이 있다 할 것이다.

133. 대법원 2009. 1. 30. 선고 2006다62461 판결 [소유권이전등기][284) 285)]

[논점] 신탁회사가 신탁법을 위반하여 행한 신탁재산과 고유재산 간의 거래가 수익자에게 이익이 된다는 사정만으로 유효한 거래라고 볼 수 있는지 여부

【이 유】

1. 수탁자의 비용보상청구권의 점에 대하여

원심이 적법하게 확정한 사실과 기록에 의하면, 위탁자인 원고와 수탁자인 피고가 분양형 토지신탁계약(이하 '이 사건 신탁계약'이라고 한다)을 체결하면서 작성한 이 사건 신탁계약서 제19조에는 "신탁재산에 속하는 금전으로 차입금 및 그 이자의 상환, 신탁사무 처리상 피고의 과실 없이 받은 손해, 기타 신탁사무처리를 위한 제비용 및 피고의 대금지급을 충당하기에 부족한 경우에는 수익자에게 청구하고, 그래도 부족한 경우에는 피고가 상당하다고 인정하는 방법 및 가액으로 신탁재산의 일부 또는 전부를 매각하여 그 지급에 충당할 수 있다"고 규정되어 있는 사실, 이 사건 신탁종료 후 이 사건 신탁재산에 속하는 금전으로 차입금 및 그 이자의 상환 등 신탁사무의 처리에 필요한 제비용 및 피고의 대금지급 등에 충당하기에는 부족한 사실 및 이 사건 신탁계약서 제25조에는 이 사건 신탁종료시 신탁재산을 교부받을 귀속권리자로 수익자가 지정되어 있고, 이 사건 토지신탁수익권증서에는 원고가 수익자로 지정되어 있는 사실 등을 알 수 있다. 따라서 수탁자인 피고는 이 사건 신탁종료 후 이 사건 신탁계약서 제19조에 의하여 신탁사무의 처리 및 종결을 위하여 정당하게 부담한 차입금 및 그 이자 채무 등의 상환을 위하여 이 사건 신탁재산의 귀속권리자로 지정된 수익자인 원고에게 그 상환에 필요한 비용의

---

284) 대법원 2011다18482 판결[107번 판례]의 환송판결임.

285) 이 판결에 대한 평석은, 임채웅, 신탁법상 수탁자의 자조매각권 및 비용상환청구권에 관한 연구, 신탁법 연구 2, 박영사, 142면 이하를 참고할 것.

지급을 청구할 수 있다고 할 것이고, 반드시 위와 같은 차입금 및 그 이자 채무 등을 피고의 고유재산으로 변제한 후에야 비로소 그 비용의 지급을 청구할 수 있다고 볼 것은 아니다.

원심의 이유설시에 미흡한 점이 없지 아니하나 같은 취지의 결론은 정당하다.

원심판결에는 원고가 상고이유에서 주장하는 바와 같이 수탁자의 비용보상청구권의 성립요건에 관한 법리 등을 오해하여 판결에 영향을 미친 위법이 없다.

2. 이 사건 신탁계약서 제19조, 제25조 제3호의 해석의 점에 대하여

기록에 비추어 살펴보면, 원심이, 이 사건 신탁계약서 제19조는 수탁자인 피고가 이 사건 신탁이 존속하는 동안이나 이 사건 신탁이 종료된 이후에 신탁재산에 관한 비용 등을 수익자로 지정된 원고에게 청구하였음에도 원고가 이를 지급하지 않을 경우에는 피고가 신탁재산을 처분하여 그 대금으로 신탁재산에 관한 비용 등의 변제에 충당할 수 있도록 '자조매각권(자조매각권)'을 부여하는 특약이라고 해석한 다음, 이 사건 신탁계약서 제25조 제3호의 규정은 신탁종료시 신탁사무를 처리하는 과정에서 발생한 제3자에 대한 채무의 상환방법에 관하여 신탁재산 중 금전이 남아 있으면 이를 유보할 수 있고 그 유보금이 부족하면 수익자가 예탁하거나 채권자인 제3자의 동의를 얻어 수익자가 채무를 인수한다는 취지의 규정으로서, 이 사건 신탁계약 종료시 제3자에 대한 채무정산의 한 방법으로서 금전유보 또는 수익자의 채무인수를 정한 것일 뿐이지, 수탁자인 피고에게 자조매각권을 인정하는 이 사건 신탁계약서 제19조와 같은 특약의 효력을 배제하는 것은 아니라는 취지로 판단한 것은 정당하다.

원심판결에는 원고가 상고이유에서 주장하는 바와 같은 신탁계약의 해석에 관한 법리오해 등의 위법이 없다.

3. 신탁종료 후 신탁법 제42조 제1항[286]에 의한 자조매각권 행사의 점에 대하여

원심은 이 사건 신탁계약서 제19조를 근거로 한 피고의 주장을 받아들여 수탁자인 피고가 이 사건 신탁종료 이후에도 비용보상 등을 받기 위하여 이 사건 신탁재산을 매각할 수 있음을 이미 인정하고 있다. 따라서 이와 별도로 신탁법 제42조 제1항에서 정한 자조매각권에 기하여 이 사건 신탁재산을 매각할 수 있다는 피고의 상고이유의 주장은 판결에 영향을 미칠 수 없는 사유를 주장하는 것에 불과하여 적법한 상고이유가 될 수 없다.

4. 수익자의 신탁재산에 대한 소유권이전등기청구권의 점에 대하여

수탁자가 신탁종료 후 비용보상 등을 받기 위하여 신탁재산에 대하여 자조매각권을 행사할 수 있다 하더라도 그와 같은 사정만으로 신탁재산의 귀속권리자로 지정된 수익자의 신탁재산에 대한 소유권이전등기청구권이 부존재하거나 소멸한다고 볼 수는 없고, 수익자는 수탁자가 신탁재산에 대한 자조매각권을 행사하여 이를 처분하기 전에 수탁자에게 비용 등을 지급하고 신탁재산에 관한 소유권이전등기절차의 이행을 구할 수 있다고 할 것이다.

같은 취지에서 원심이 이 사건 신탁종료시 수탁자인 피고가 이 사건 신탁재산에 대하여 자조매각권을 갖고 있다 하더라도 이 사건 신탁재산의 귀속권리자로 지정된 수익자인 원고는 피고에게 비용 및 보수 등을 지급하고 이 사건 신탁재산에 대한 소유권이전등기절차의 이행을 구할 수 있다는 취지로 판단한 것은 정당하다.

원심판결에는 피고가 상고이유에서 주장하는 바와 같은 신탁종료 후 수탁자의 자조매각권과 수익자의 소유권이전등기청구권 간의 우열에 관한 법리오해 등의 위법이 없다.

---

286) 현행 신탁법 제48조 제2항.

5. 수익자의 비용보상의무와 수탁자의 소유권이전등기의무와의 관계의 점에 대하여

앞서 본 바와 같이 이 사건 신탁계약서 제19조는 신탁종료 후 신탁재산에 속하는 금전으로 신탁사무 처리를 위한 제비용 및 피고의 대금지급 등에 충당하기에 부족한 경우 수탁자인 피고에게 이 사건 신탁재산의 반환에 앞서 자조매각권을 행사할 수 있도록 규정하고 있고, 또한 그 자조매각권의 행사에 앞서 이 사건 신탁재산의 수익자 겸 귀속권리자인 원고를 상대로 비용보상을 청구할 수 있도록 규정하고 있으므로, 결국 이 사건 신탁종료시 수익자 겸 귀속권리자인 원고의 비용보상의무는 이 사건 신탁재산에 관하여 자조매각권을 갖고 있는 피고의 소유권이전등기의무보다 선이행되어야 한다고 봄이 상당하다.

이와 결론을 같이 한 원심의 판단은 정당하다.

원심판결에는 원고가 상고이유에서 주장하는 바와 같은 선이행관계 내지 동시이행관계에 관한 법리오해 등의 위법이 없다.

6. 비용보상의무의 범위의 점에 대하여

가. 앞에서 본 바와 같이 이 사건 신탁계약서 제19조는, 수탁자가 이 사건 신탁이 존속하는 동안이나 이 사건 신탁이 종료된 이후에 신탁재산에 관한 비용 등을 수익자에게 청구하였음에도 수익자가 이를 지급하지 않을 경우에는 수탁자가 신탁재산을 처분하여 그 대금으로 신탁재산에 관한 비용 등의 변제에 충당할 수 있게 함으로써 신탁재산에 관한 비용 등의 회수에 편의를 도모하기 위함에 그 목적이 있다 할 것이므로(대법원 2005. 4. 15. 선고 2003다47621 판결 참조), 비록 신탁법 제61조[287]에 의하여 이 사건 신탁이 종료한 후 신탁재산이 그 귀속권리자에게 이전할 때까지는 귀속권리자를 수익자로 보는 신탁이 존속하는 것으로 간주된다고 하더라도, 수탁자로서는 이 사건 신탁계약서 제19조에서 정한 방법에 따라 차입금을 비롯하여 신탁사무처리를 위한 제비용을 회수할 수 있다 할 것이고, 위와 같은 비용이 신탁기간 중의 신탁사무 또는 신탁종료 후의 잔존 신탁사무의 처리 내지 종결을 위하여 선량한 관리자의 주의로써 정당하게 지출 내지 부담한 것이라고 인정되는 한 그것이 신탁종료 전에 발생한 것인지 혹은 신탁종료 후에 발생한 것인지 여부에 관계없이 귀속권리자로 지정된 수익자에게 그 비용의 보상을 청구할 수 있다고 할 것이다.

기록에 의하면, 수탁자인 피고는 이 사건 신탁종료일인 2000. 12. 31. 이후에 잔존 신탁사무의 처리를 위하여, 신탁종료 전 차입금채무에 대한 이자, 이 사건 신탁재산 중 건물에 부과되는 교통유발부담금, 매월 1천만 원 상당의 건물관리비, 신탁종료 후 분양이 이루어진 건물에 대한 분양수수료, 설계변경에 따른 설계용역비용 등의 비용을 지출하거나 이 사건 신탁재산 중 토지매매 잔대금과 관련하여 시공회사로부터 금 3,146,722,270원 상당을 차입하는 등 2005. 12. 31. 현재 30,387,984,952원의 채무를 부담하고 있고, 연간 2,765,306,630원 상당의 각종 비용이 해마다 추가로 발생한다는 취지의 주장을 하고 있으므로, 원심으로서는 피고가 실제 위와 같은 비용을 지출하거나 채무를 부담하였는지 여부와 그 지출이나 부담이 신탁기간 중의 신탁사무 또는 신탁종료 후의 잔존 신탁사무의 처리 내지 종결을 위하여 정당하게 지출하거나 부담한 것인지 여부 등을 심리하여 이 사건 신탁재산의 귀속권리자로 지정된 수익자인 원고의 피고에 대한 비용보상의무의 범위를 정하여야 할 것이다.

원심이 들고 있는 대법원 2002. 3. 26. 선고 2000다25989 판결은, 수탁자가 '신탁법 제61조에 근거하여' 신탁종료 후 신탁재산의 귀속권리자를 상대로 비용보상청구를 한 부분에 대하여 판단한 것으로서, 신탁법 제61조가 규정하는 귀속권리자의 지위에서 부담하는 비용보상의무의 범위는 법정신탁 기간 중

287) 현행 신탁법 제101조.

법정신탁의 목적 달성에 필요한 비용만 보상할 의무를 부담한다는 취지일 뿐, 신탁법 제61조를 근거로 하지 아니한 비용보상청구권의 범위에 대해서까지 판시한 것은 아니다. 따라서 수탁자인 피고가 귀속권리자 및 수익자의 지위를 함께 갖고 있는 원고를 상대로 하여 이 사건 신탁계약서 제19조에 터잡아 비용보상청구를 하는 이 사건에 위 대법원판례를 그대로 적용하여 원고의 비용보상의무의 범위를 정하는 것은 타당하지 아니하다.

그런데도 원심은 이 사건 신탁종료일인 2000. 12. 31.을 기준으로 하여 피고의 차입원리금을 17,963,967,427원으로 확정하고 이에 대하여 그 다음날부터 완제일까지 민법에서 정한 연 5%의 비율에 의한 지연손해금을 가산하여 원고의 피고에 대한 비용보상의무의 범위를 정하는 한편, 피고가 신탁종료 이후에 신탁사무의 처리 및 종결을 위하여 비용을 지출하였다거나 채무를 부담하였다고 주장하는 사항에 관하여는 그것이 단지 법정신탁의 목적 달성에 필요한 비용이 아니라는 이유를 들어 원고가 그에 관하여 비용보상을 할 의무가 없다는 취지로 판단하고 말았으니, 이러한 원심의 판단에는 신탁종료 후 수익자 겸 귀속권리자의 비용보상의무의 범위에 관한 법리를 오해하여 판결에 영향을 미친 위법이 있다.

이 점을 지적하는 피고의 상고이유의 주장은 이유 있다.

나. 수탁자의 충실의무 위반 부분

신탁법 제31조[288] 제1항 본문에 의하면, 특별한 사정이 없는 한 누구의 명의로 하든지 신탁재산을 고유재산으로 하거나 이에 관하여 권리를 취득하지 못할 뿐만 아니라, 고유재산을 신탁재산이 취득하도록 하는 것도 허용되지 아니하고(대법원 2007. 11. 29. 선고 2005다64552 판결 참조), 위 규정에 위반하여 이루어진 거래는 무효라고 할 것이다. 한편, 금전신탁 이외의 신탁에 있어서 수탁자가 신탁회사인 경우에는 신탁업법 제12조[289] 제1항의 규정에 의하여, "단, 수익자에게 이익이 되는 것이 명백하거나 기타 정당한 이유가 있는 경우에는 법원의 허가를 얻어 신탁재산을 고유재산으로 할 수 있다."고 규정한 신탁법 제31조 제1항 단서[290]마저 그 적용이 배제되어 매우 엄격한 규제가 이루어지고 있음에 비추어 볼 때, 신탁회사가 행한 신탁재산과 고유재산 간의 거래가 수익자에게 이익이 된다는 사정만으로는 그와 같은 거래를 유효하다고 볼 수는 없다.

원심판결 이유에 의하면, 신탁회사인 피고는 각 신탁사업에 필요한 자금을 사업별로 조달하는 방식을 취하지 않고 신탁사업 전체를 기준으로 소요 예상자금을 미리 차입하여 고유계정에 보관하고 있다가 자금을 필요로 하는 개별 신탁사업의 신탁계정으로 대여하는 방법을 취하고 있는데, 고유계정에서 신탁계정으로 자금을 대여할 때에는 차입금리에 연 1.5% 내지 5%의 금리를 가산하고 있음을 알 수 있다.

앞에서 본 법리에 비추어 살펴보면, 위와 같은 이자부 소비대차 거래는 신탁법 제31조 제1항에 위반된 거래로서 무효라고 할 것이다. 다만, 피고는 고유계정에서 신탁계정으로 대여한 무효의 대여금채권을 근거로 비용보상청구권을 주장하는 것이라기보다는 신탁사무의 처리를 위하여 외부 금융기관 등으로부터 차입한 신탁 관련 차입금채무를 피고가 부담·변제하거나 그 차입금을 가지고 신탁사무의 처리 등에 사용하였음을 근거로 하여 비용보상청구권을 주장하는 것으로 선해할 수 있으므로, 원심으로서는 이 점을 명확히 할 필요가 있다고 할 것이고, 위와 같이 볼 수 있는 경우 피고가 원고에게 갖는 비용보상청구권의 범위를 산정함에 있어서는 위와 같이 피고가 원고에게 대여하면서 가산한 이자는 제외하여야 할 것이다.

---

288) 현행 신탁법 제34조.

289) 현행 자본시장법 제104조 제1항.

290) 현행 신탁법 제31조 제2항에서는, 제1항에 대한 예외사유로, 신탁행위로 허용한 경우(1호), 수익자에게 그 행위에 관련된 사실을 고지하고 수익자의 승인을 받은 경우(2호), 법원의 허가를 받은 경우(3호)만을 규정하고 있다.

이와 달리 원심이, 피고가 고유계정에서 신탁계정으로 자금을 재대여하고 일부 금리를 가산한 것은 신탁법 제31조 제1항에 반하여 무효라고 할 수 없다는 이유로 위와 같은 가산 이자도 피고의 비용보상 의무의 범위에 속한다는 취지로 판단한 데에는, 신탁법 제31조 제1항의 해석·적용에 관한 법리를 오해하여 판결에 영향을 미친 위법이 있다.

이 점을 지적하는 원고의 상고이유의 주장은 이유 있다.

[원심판결] 서울고등법원 2006. 8. 16. 선고 2005나58269 판결 [소유권이전등기]

【주 문】

1. 제1심 판결을 다음과 같이 변경한다.

가. 피고는 원고로부터 18,210,874,838원 및 이에 대한 2001. 1. 1.부터 다 갚는 날까지 연 5%의 비율에 의한 금원을 지급받은 다음 원고에게,

(1) 별지 목록 1, 2, 3, 5, 6, 7, 8, 9, 10 기재 각 부동산에 관하여 수원지방법원 성남지원 분당등기소 2000. 5. 4. 접수 제44931호로 마친, 별지 목록 4 기재 부동산에 관하여 같은 등기소 2000. 8. 2. 접수 제78660호로 마친 각 신탁등기의 말소등기절차를,

(2) 별지 목록 1 내지 10 기재 각 부동산에 관하여 2000. 12. 31. 신탁종료를 원인으로 한 소유권이전등기절차를

각 이행하라.

나. 원고의 나머지 청구를 기각한다.

2. 소송총비용은 이를 2분하여 그 1은 원고의, 나머지는 피고의 각 부담으로 한다.

【청구취지 및 항소취지】

1. 청구취지

피고는 원고에게,

가. 별지 1 ,2, 3, 5, 6, 7, 8, 9, 10 목록 기재 각 부동산에 관하여 수원지방법원 성남지원 분당등기소 2000. 5. 4. 접수 제44931호로 마친, 별지 4 목록 기재 부동산에 관하여 같은 등기소 2000. 8. 2. 접수 제78660호로 마친 각 신탁등기의 말소등기절차를,

나. 별지 1 내지 10 목록 기재 각 부동산(이하 '이 사건 각 부동산'이라고 한다)에 관하여 2000. 12. 31. 신탁종료를 원인으로 한 소유권이전등기절차를

각 이행하라.

2. 항소취지

제1심 판결 중 피고 패소부분을 취소하고, 그 취소부분에 해당하는 원고의 청구를 기각한다.

【이 유】

3. 신탁계약 종료시의 자조매각권(자조매각권)의 인정 여부

(1) 신탁법 제42조 제1항에 의한 자조매각권

먼저 신탁법 제42조 제1항이 수탁자에게 신탁계약 종료 후의 자조매각권을 인정하고 있는지에 관하여 살피건대, ① 신탁법은 수탁자의 비용보상청구권 등의 만족방법으로 제42조 제1항에서 자조매각권

및 우선권을, 제49조에서 강제집행권·경매권 및 유치권을 규정하고 있는데, 제49조는 수탁자가 변경된 경우 전수탁자의 비용보상청구권의 집행을 위한 규정인 점, ② 한편 신탁종료 후의 법률관계에 관한 신탁법 제62조는 전수탁자의 강제집행권 등에 관한 제49조만을 준용하고 있을 뿐 수탁자의 자조매각권에 관한 제42조를 준용하지 않고 있는 점, ③ 신탁관계가 종료되면 신탁자와 수탁자 사이의 신뢰관계가 소멸하고 수탁자는 수익자에 대하여 신탁재산을 반환할 의무를 부담하게 되는데, 이러한 상황에서 수탁자에게 자조매각권을 인정하게 되면 수탁자가 임의로 비용을 과다계상하는 등 수익자에게 손해를 입힐 우려가 있어 수탁자에게 자조매각권을 인정하는 것은 공평의 관념상 타당하지 않다는 점 등을 종합하면, 신탁법은 신탁관계가 종료된 후의 수탁자에게는 그 비용보상청구권 등의 만족을 위한 자조매각권은 인정하지 않고 수탁자가 변경된 경우의 전수탁자와 마찬가지로 강제집행권·경매권 및 유치권만을 부여하고 있다고 할 것이다.

따라서 신탁계약이 기간만료로 종료한 이 사건에서, 피고는 신탁법 제42조 제1항에 의한 자조매각권을 행사할 수는 없다.

(2) 신탁계약 제19조에 의한 자조매각권

다음으로 피고가 신탁계약 제19조에 의하여 이 사건 신탁계약 종료 후에도 자조매각권을 행사할 수 있는지에 관하여 살피건대, 신탁계약 종료 후의 수탁자의 비용보상청구권 실행방법에 관한 신탁법 제62조는 강행규정이라고 볼 수 없고, 사적 자치의 원칙상 신탁계약에서 당사자간 특약으로 신탁계약 종료 후의 비용보상 방법으로 수탁자의 자조매각권을 인정할 수 있다고 할 것인바, ① 이 사건 신탁계약 제19조는 그 행사시기에 관하여 아무런 제한을 두지 않고 있는 점, ② 위 제19조는 신탁법 제42조와 유사한 내용으로 신탁계약기간 중에만 수탁자인 피고의 자조매각권을 인정하려고 하였다면 굳이 위와 같은 규정을 둘 필요가 없는 점 등을 종합하면, 위 제19조는 신탁관계가 종료된 이후에도 수탁자가 비용보상을 받는 방법으로 자조매각권을 행사할 수 있도록 하는 당사자간 특약이라고 보아야 할 것이므로, 피고는 이 사건 신탁계약 제19조에 의한 자조매각권을 가지고 있다고 할 것이다.

이에 대하여 원고는, 이 사건 신탁계약은 신탁계약 종료 후의 비용보상 방법에 관하여는 제25조 제3호를 두어 이를 규율하고 있으므로 제19조는 신탁계약 종료 후에는 적용되지 않는다고 주장하므로 살피건대, 위 제25조 제3호는 신탁종료시 신탁사무를 처리하는 과정에서 발생한 제3자에 대한 채무의 상환방법에 관하여 신탁재산 중 금전이 남아 있으면 이를 유보할 수 있고 그 유보금이 부족하면 수익자가 예탁하거나 채권자인 제3자의 동의를 얻어 수익자가 채무를 인수한다는 취지의 규정인바, ① 신탁사무를 처리하는 과정에서 발생한 수탁자의 제3자에 대한 채무에 관하여 수탁자는 자기의 고유재산으로도 그 이행책임을 부담하여야 하는 무한책임을 부담하고 있고(대법원 2004. 10. 15. 선고 2004다31883, 31890 판결), ② 본래 신탁사무를 처리하는 과정에서 발생한 수탁자의 제3자에 대한 채무는 소극적인 신탁재산으로 신탁종료시 적극재산과 함께 수익자가 이를 인수하여야 하지만 채권자인 제3자 및 수익자가 이에 동의하지 않는 경우 채무인수가 이루어질 수 없으므로, 만약 위 제25조 제3호를 이 사건 신탁계약 종료시 제3자에 대한 채무를 정산하는 방법에 관한 절대적 규정으로 해석하게 되면, 제3자 또는 수익자가 채무인수에 동의하지 않을 경우 수탁자는 신탁재산을 보유하고 있음에도 수익자에게는 신탁재산을 반환하고 제3자에 대해서는 모든 채무를 이행한 후 비용보상으로 방법으로 다시 신탁법 제49조에 의한 강제집행 또는 경매를 할 수밖에 없는 수탁자에게 일방적으로 불리한 약정이 된다고 할 것이다.

따라서 위 제25조 제3호의 약정취지는 이 사건 신탁계약 종료시 제3자에 대한 채무정산의 한 방법으로서 금전유보 또는 수익자의 채무인수를 정한 것일 뿐이지, 수탁자인 피고에게 자조매각권을 인정하는 제19조와 같은 특약의 체결 가능성마저 부정하는 것은 아니라고 할 것이어서, 위 제25조 제3호의 존재를 이유로 위 제19조의 특약의 효력을 부정하는 원고의 주장은 이유 없다.

(3) 소유권이전등기의무와 자조매각권의 관계

한편, 위에서 인정한 바와 같이 피고에게 신탁계약 제19조에 의한 자조매각권이 인정된다고 하더라도, 이 자조매각권은 피고의 원고에 대한 비용보상청구권을 실현하기 위한 방법에 지나지 않는 것으로, 피고는 원고가 스스로 비용을 보상하기 전이라도 자조매각권을 행사하여 스스로 변제에 충당할 수 있을 뿐, 자조매각권의 존재 자체만으로 이 사건 신탁계약 종료로 인한 원고의 소유권이전등기청구권이 소멸하는 것은 아니라고 할 것이므로, 원고는 피고가 자조매각권을 행사하기 전에 스스로 비용 및 보수를 지급하고 소유권이전등기를 청구할 수 있다고 할 것이다.

4. 비용보상의무와 소유권이전등기의무의 관계

(1) 살피건대, 설사 신탁법상 신탁종료시 수탁자의 소유권이전등기의무와 수익자의 비용보상의무가 상호 동시이행관계에 있다고 하더라도, 신탁계약에서 신탁종료시 수탁자의 비용보상을 위하여 수탁자에게 자조매각권을 인정하는 특약을 두는 경우 그 수탁자의 자조매각권은 채권담보를 위하여 소유권이전등기를 마친 양도담보권과 유사한 것이므로(대법원 2005. 4. 15. 선고 2003다47621 판결), 담보권의 성질상 위와 같은 경우에는 피담보채무인 수익자의 비용보상의무가 수탁자의 소유권이전등기의무에 선행하는 선이행의무로 전환된다고 할 것이어서, 이 사건 원고의 비용보상의무는 피고의 소유권이전등기의무에 대하여 선이행의 관계에 있다고 할 것이므로, 이 부분에 관한 피고의 주장은 이유 있다.

(2) 나아가 원고가 선이행을 조건으로 미리 청구할 필요가 없다는 피고의 주장에 관하여 살피건대, 이 사건과 같이 원고가 무조건의 이행 또는 동시이행관계를 주장(원고는 청구취지에서는 무조건의 소유권이전등기청구를 하고 있으나 준비서면 등에서는 동시이행관계를 주장하고 있다)하는 사건에 대하여 선이행관계에 있음이 판명된 경우, 원고가 그 선이행의무를 변제한다고 하더라도 피고가 수액 등을 다투면서 등기절차에 협력하지 않을 사정이 있을 때에는 원고의 반대의사표시가 없는 한 원고의 청구를 전부 기각할 것이 아니라 원고의 선이행채무 이행을 조건으로 한 선이행판결을 하여야 하고 그러한 경우에는 장래이행의 소로서 미리 청구할 필요도 있다고 할 것인바(대법원 1996. 11. 12. 선고 96다33938 판결, 1993. 4. 27. 선고 92다5249 판결 등 참조), 아래에서 보는 바와 같이 피고가 원고의 비용보상의무의 범위에 관하여 다투고 있는 이상, 원고가 선이행을 조건으로 피고의 소유권이전등기를 미리 청구할 필요가 있다고 할 것이므로, 피고의 이 부분 주장은 이유 없다.

5. 비용 및 보수의 범위

가. 시적 범위

신탁법 제61조는 그 신탁재산이 귀속권리자에게 이전할 때까지 그 신탁이 그대로 존속하는 것으로 보는 법정신탁으로, 신탁행위에서 그 귀속권리자를 정하고 있을 때에는 본래신탁의 연장으로 볼 수 있고, 귀속권리자가 위탁자 또는 그 상속인일 때에는 당사자의 의견을 추정하거나, 형평의 원칙에 따라, 위탁자에게 남은 재산의 복귀를 목적으로 하는 이른바 복귀신탁에 해당한다고 할 것인바, 이 사건 신탁종료로 인한 귀속권리자가 위탁자인 원고인 이상, 이 사건 신탁종료로 인한 신탁법 제61조에 의한 법정신탁은 복귀신탁이라고 할 것이다.

한편, 귀속권리자가 위탁자 또는 그 상속인인 복귀신탁에서 수탁자는 위탁자 또는 그 상속인이나 이들이 지시하는 자에게 남은 재산을 이전하거나 대항요건 등을 갖추도록 하는 직무권한만 갖는다고 할 것이므로, 그 신탁목적 달성에 필요한 비용만 그 법정신탁 기간 중의 비용으로 귀속권리자가 상환하여야 하는바, 원래의 신탁기간 중에 발생한 비용에 대한 신탁종료 후의 대출이자 등 금융비용은 신탁법

제61조에 의하여 존속하는 것으로 간주되는 법정신탁의 목적 달성에 필요한 비용이라고 볼 수는 없다고 할 것이므로(대법원 2002. 3. 26. 선고 2000다25989 판결), 결국 이 사건 신탁계약 종료 이후의 차입금 또는 이자는 원고의 비용보상의무 범위에 포함되지 않는다.

나. 구체적 범위

(1) 을제6호증, 을제18, 19호증의 각 1의 기재 및 변론 전체의 취지를 종합하면, 이 사건 신탁계약 종료일인 2000. 12. 31. 현재 피고가 이 사건 신탁계약에 의해 원고로부터 받아야 할 비용 등은 피고의 차입원리금 등 17,963,967,427원, 신탁보수 246,907,411원, 합계 18,210,874,838원인 사실을 인정할 수 있으므로, 원고는 피고에게 위 합계금액 및 이에 대하여 이 사건 신탁계약 종료 다음날인 2001. 1. 1.부터 다 갚는 날까지 민법에 정한 연 5%의 법정지연손해금을 지급할 의무가 있다고 할 것이다.

(2) 이에 대하여 원고는, 피고가 외부로부터 차입한 자금을 자신의 고유계정에 입금하였다가 이 사건 신탁사업의 신탁계정으로 대여하면서 외부로부터 차입하여 온 금리에 추가금리를 가산하였는데 이는 신탁법 제31조에 반하여 신탁재산에 관하여 권리를 취득한 것으로서 무효이므로, 보상의 대상이 되는 차입원리금은 피고가 외부로부터 차입한 원금 및 이자로 한정되어야 한다고 주장한다.

살피건대, 을제11호증, 을제15호증의 1 내지 4, 을제16호증의 각 기재 및 변론 전체의 취지를 종합하면, 신탁회사인 피고는 각 신탁사업에 필요한 자금을 사업별로 조달하는 방식을 취하지 않고 신탁사업 전체를 기준으로 소요예상자금을 미리 차입하여 고유계정에 보관하고 있다가 자금을 필요로 하는 개별 신탁사업의 신탁계정으로 대여하는 방법을 취하고 있는데 이는 ① 수탁자가 높은 대외신용도를 바탕으로 유리한 조건으로 자금을 조달할 수 있고, ② 특정 신탁사업에서 자금을 필요로 하는 시점에 즉시 자금집행이 가능하며, ③ 신탁계정에서 고유계정으로 자금을 상환하는 경우 중도상환수수료를 부담하지 않고, ④ 자금차입에 수반되는 비용을 최소화할 수 있기 때문인 사실, 금융감독위원회가 제정한 '신탁겸영은행 및 부동산신탁회사 회계처리기준' 중 2. 부동산신탁회사 회계처리기준 제5조는 '신탁회사 명의로 차입하는 자금은 신탁사업을 위한 것이라 하더라도 고유계정의 차입금으로 계리한다.'고 하고, 제6조는 '고유계정이 신탁계정에 자금을 대여한 경우 잔여 만기에 따라 1년 기준으로 단기신탁계정대 또는 장기신탁계정대에 계상한다.'고 규정하고 있어 피고와 같은 신탁회사가 고유계정으로 자금을 차입한 후 개별 신탁사업의 신탁계정으로 재대여하는 형식의 자금조달방법을 인정하고 있는 사실, 한편 피고는 고유계정에서 신탁계정으로 자금을 대여할 때 1.5% 내지 5%의 금리를 가산하고 있는데 이는 ① 고유계정에서 일시 자금을 보관하는 동안 발생하는 예금이자에 부과되는 교육세, 농어촌특별세, ② 자금을 피고의 고유계정으로 보관하고 있다가 신탁계정으로 대여하는 기간 사이에 대출금리와 예금금리의 차이로 인하여 발생하는 손실, ③ 피고가 자금을 차입할 때 수반되는 각종 비용(회사채·기업어음 발행비용 등), ④ 리스크 프리미엄(risk premium ; 차입금 회수가 불가능한 신탁사업이 있을 경우를 대비하여 이를 상쇄하기 위하여 가산하는 금리) 등이 감안되었기 때문인 사실을 인정할 수 있는바, 그렇다면 피고가 고유계정에서 신탁계정으로 자금을 재대여하고 일부 금리를 가산한 것이 신탁법 제31조에 반하여 무효라고 할 수 없으므로, 원고의 위 주장은 이유 없다.

(3) 또한 원고는, 피고가 이 사건 신탁계약 체결 당시 충분한 사업타당성에 대한 조사 없이 이 사건 신탁사업으로 12,456,257,000원의 수익을 올릴 수 있다고 하여 원고로 하여금 이 사건 신탁계약을 체결하게 하였고, 사업이 종료된 이후에는 무단으로 신탁재산을 운용하여 수입을 가져가고 임의로 헐값에 신탁재산을 처분하려고 시도하는 등 수탁자로서의 충실의무 및 선관주의의무를 위반하여 원고에게 손해를 입혔고, 그 손해액은 이 사건 신탁계약 체결 당시 피고가 제시한 수익금인 12,456,257,000원 상당이라고 할 것인바, 위 금액 상당을 원고의 비용보상액에서 공제하여야 한다고 주장하므로 살피건대, 피고가 수탁자로서 충실의무 및 선관주의의무를 위반하여 원고에게 손해를 입혔음을 인정할 증거가 없으

므로, 위 주장 역시 이유 없다.

134. 대법원 2009. 1. 30. 선고 2006다60991 판결 [가처분이의]

[논점] 신탁종료 후 신탁재산의 귀속권리자로 지정된 수익자가 비용보상의무 등을 이행하지 않은 상태에서 그 신탁재산에 대하여 처분금지가처분을 신청할 피보전권리 및 보전의 필요성이 있는지 여부

【이 유】

1. 상고이유 제2점에 대하여

수탁자가 신탁종료 후 비용보상 등을 받기 위하여 신탁재산에 대하여 자조매각권을 행사할 수 있다 하더라도, 그와 같은 사정만으로 신탁재산의 귀속권리자로 지정된 수익자의 신탁재산에 대한 소유권이전등기청구권이 부존재하거나 소멸한다고 볼 수는 없고, 수익자는 수탁자가 비용보상 등을 받기 위하여 신탁재산에 대한 자조매각권(자조매각권)을 행사하여 이를 처분하기 전에 수탁자에게 비용 등을 지급하고 신탁재산에 관한 소유권이전등기절차의 이행을 구할 수 있다고 할 것이다.

같은 취지에서 원심이, 이 사건 신탁계약서 제19조는 신탁종료 이후에도 수탁자가 비용보상 등의 방법으로 자조매각권을 행사할 수 있도록 하는 당사자간 특약이라고 해석되므로 수탁자인 채무자는 이 사건 신탁계약 제19조에 의하여 이 사건 신탁재산에 대한 자조매각권을 가지고 있다고 할 것이지만, 이 사건 신탁재산의 귀속권리자로 지정된 수익자인 채권자는 이 사건 신탁종료 후 채무자가 이 사건 신탁재산에 대하여 자조매각권을 행사하기 전에 비용 및 보수 등을 지급하고 채무자에게 소유권이전등기를 청구할 권리가 있다는 취지로 판단한 것은 정당하다.

2. 상고이유 제1점에 대하여

원심은 이 사건 신탁계약서 제19조를 근거로 한 채무자의 주장을 받아들여 수탁자인 채무자가 이 사건 신탁종료 이후에도 비용보상 등을 받기 위하여 이 사건 신탁재산을 매각할 수 있음을 이미 인정하고 있다. 따라서 이와 별도로 신탁법 제42조 제1항[291]에서 정한 자조매각권에 기하여 이 사건 신탁재산을 매각할 수 있다는 채무자의 상고이유의 주장은 판결에 영향을 미칠 수 없는 사유를 주장하는 것에 불과하여 적법한 상고이유가 될 수 없다.

3. 상고이유 제3점에 대하여

수탁자가 신탁종료 후 비용보상 등을 받기 위하여 신탁재산에 대하여 자조매각권을 행사할 수 있는 경우, 신탁재산의 귀속권리자로 지정된 수익자는 수탁자에 대하여 비용보상의무 등을 아직 이행하지 아니한 상태라 하더라도 신탁재산에 대한 소유권이전등기청구권을 보전하기 위하여 그 신탁재산에 대하여 처분금지가처분을 신청할 피보전권리가 있다고 할 것이고, 나아가 수탁자가 채무변제를 받고서도 신탁재산을 처분하는 것을 방지할 필요가 있는 경우 등에는 그러한 목적을 달성하기 위하여 필요한 범위 내에서 그 보전의 필요성도 인정할 수 있다.

위 법리와 원심판결 이유 및 기록에 비추어 살펴보면, 이 사건 신탁재산의 귀속권리자로 지정된 수익자인 채권자가 이 사건 신탁종료 후 신탁재산에 대한 소유권이전등기청구권을 보전하기 위하여 이 사건 신탁재산에 대하여 처분금지가처분을 구하고 있는 이상 그 피보전권리에 관한 소명은 있다고 할 것이다.

그러나 채권자가 구하는 이 사건 처분금지가처분은 채무자가 이 사건 신탁재산에 대한 정당한 자조

291) 현행 신탁법 제48조 제2항.

매각권 행사의 일환으로 행하는 처분까지 금지시키기 위하여 발령될 수는 없는 것이고, 다만 채무자가 채권자로부터 신탁 관련 채무를 전액 변제받고서도 신탁재산을 부당히 처분할 염려가 있는 경우 등에 한하여 그 보전의 필요성을 인정하여 발령될 수 있는 것이다. 그런데 이 사건 신탁종료일인 2000. 12. 31. 이후 원심 변론종결일인 2006. 3. 8.까지에 이르기까지 이미 약 5년 2월 남짓의 기간이 경과한 이 사건에서, 채권자는 비용보상의무의 범위를 다투기만 할 뿐 적어도 원심이 인정한 이 사건 신탁종료일까지의 비용 및 보수 원금 약 182억 원 정도조차도 상당한 기간 내에 변제할만한 자력이 있다거나 이 사건 신탁재산의 가액이 위 비용 및 보수 상당액을 상회하고도 남는다고 인정할 만한 아무런 소명자료를 제출하지 않고 있는 점, 더구나 수탁자인 채무자는 이 사건 신탁종료일인 2000. 12. 31. 이후에도 잔존 신탁사무의 처리를 위하여 채무를 부담하고 각종 비용 등을 지출하느라 2005. 12. 31. 현재 30,387,984,952원의 채무를 부담하고 있고 연간 2,765,306,630원 상당의 각종 비용이 해마다 추가로 발생한다는 취지의 주장을 하고 있는바, 그 중 채무자가 신탁종료 후의 잔존 신탁사무의 처리 내지 종결을 위하여 정당하게 지출하거나 부담한 액을 원심 인정의 비용 및 보수 상당액에 더할 경우 채권자가 이행하여야 할 채무액은 더욱 증가할 가능성이 있는 점, 이와 같이 이미 이 사건 신탁재산의 가액을 초과한 신탁 관련 채무를 부담하고 있을 가능성이 있는 채권자가 채무자에게 그 채무 전액을 상당한 기간 내에 임의로 상환하고 이 사건 신탁재산의 소유권을 이전받을 것으로 기대할 수 있다고 단정하기는 어렵고 달리 이를 인정할 만한 소명이 없는 점, 이러한 상황하에서 채권자의 이 사건 처분금지가처분신청을 인용할 경우 수탁자인 채무자의 신탁재산에 대한 정당한 자조매각권 행사까지도 곤란해져 신탁 관련 채무의 조속한 정산에 지장을 초래할 뿐만 아니라, 차입금 등 신탁 관련 채무에 대한 이자나 지연손해금 및 각종 비용 등의 지속적인 증가로 채권자 및 채무자 쌍방에게 불이익한 결과를 초래할 수 있는 점 및 기타 원심판결 이유와 기록에 나타난 여러 사정 등을 종합하여 보면, 채권자의 이 사건 처분금지가처분신청은, 비록 채무자가 채권자의 비용보상의무 등의 범위에 관하여 다투고 있다 하더라도 그러한 사정만으로 이 사건 신탁재산에 대한 자조매각권이 있는 채무자가 채권자로부터 신탁 관련 채무를 전액 변제받고서도 신탁재산을 부당히 처분할 염려 등이 있어 이를 가처분으로 금지시켜야 할 보전의 필요성이 있다고 단정하기 어렵다고 할 것이다.

그런데도 원심은 채무자가 채권자로부터 신탁 관련 채무의 변제를 받고서도 신탁재산을 부당히 처분할 염려 등이 있어 보전의 필요성을 인정할 수 있는지에 대하여 심리하지 아니한 채, 단지 채무자가 채권자의 비용보상의무 등의 범위에 관하여 다투고 있다는 사정만으로 보전의 필요성이 있다고 단정하고 말았으니, 이러한 원심의 판단에는 보전의 필요성에 관한 법리를 오해하여 필요한 심리를 다하지 아니함으로써 판결에 영향을 미친 위법이 있다.

이 점을 지적하는 상고이유의 주장은 이유 있다.

135. 대법원 2008. 12. 24. 선고 2006두8372 판결 [부가가치세부과처분취소][292)]

[논점] 분양형 토지신탁계약에서 건물을 신축하는 도중에 신탁계약이 종료된 경우, 그 신축 중인 건물의 소유권 귀속 주체

【이 유】

2. 상고이유 제2점 및 제3점

가. 원심판결 및 원심이 채용한 증거들에 의하면, 코레트신탁이 1997. 12. 23. 부도가 나서 더 이상

292) 판시내용 중 신탁재산의 관리·처분에 따른 부가가치세의 납세의무자는 대법원 2017. 5. 18. 선고 2012두22485 전원합의체 판결[14번 판례]에 따라 '수탁자'로 변경됨.

신탁계약상의 업무수행이 불가능하게 되고 이 사건 건물의 공사가 중단된 상태로 방치되어 오다가 1998. 12. 31. 신탁기간이 만료하였고, 신탁기간의 연장신청도 없었음을 알 수 있으므로, 결국 이 사건 토지 위에 건물을 신축하여 이를 제3자에게 분양한다는 원고와 코레트신탁 사이의 신탁계약의 목적 달성은 불가능하게 되어 이로써 이 사건 신탁계약은 종료하였다고 보아야 하고, 이는 신탁계약에 따른 원고와 코레트신탁 사이의 비용정산 문제가 남아 있다 하더라도 마찬가지라고 할 것이다(대법원 2004. 12. 24. 선고 2003두13427 판결 참조).

원심이, 이 사건 신탁계약은 원고가 계약을 해지함으로써 종료되었다고 본 잘못은 있으나 위 신탁계약이 종료되었다고 한 결론에 있어서는 정당하고, 거기에 신탁계약의 종료에 관한 법리오해 등의 위법이 없다. 원고의 이 부분 상고이유는 받아들일 수 없다.

다. 구 부가가치세법 제6조 제4항 제1문은 "사업자가 사업을 폐지하는 때에 잔존하는 재화는 자기에게 공급하는 것으로 본다"고 규정하고 있는데, 토지소유자가 부동산신탁회사에게 토지를 신탁하고 부동산신탁회사가 그 토지 위에 건물을 신축하여 이를 분양한 후 그 수입으로 투입비용을 회수하고 수익자에게 수익을 교부하는 내용의 분양형 토지신탁계약에서, 건물을 신축하는 도중에 신탁계약이 종료된 경우 완공 전 건물의 소유권 귀속에 관하여 특별한 약정이 없는 한 신탁재산인 신축 중인 건물은 신탁법 제60조[293]에 따라 위탁자나 그 상속인에게 귀속되었다고 보아야 할 것이다(대법원 2004. 12. 24. 선고 2003두13427 판결, 대법원 2007. 9. 7. 선고 2005다9685 판결 등 참조).

원심이 채용한 증거들에 의하면, 이 사건 신탁계약에서 건물의 신축 도중 신탁계약이 종료되어 이를 제3자에게 분양할 수 없게 된 경우 신축 중인 건물을 누구에게 귀속시킬 것인가에 대하여는 아무런 약정이 없음[294]을 알 수 있으므로, 결국 이 사건 건물은 신탁법 제60조에 따라 위탁자인 원고에게 귀속된 것이고, 그 후 사업을 폐지하는 때에 원고의 잔존하는 재화에 해당한다고 할 것이다.

원심이, 이 사건 건물이 원고와 코레트신탁 사이의 약정에 따라 원고에게 귀속된 것으로 본 잘못은 있으나 위 건물이 원고에게 귀속된 원고의 폐업시의 잔존재화라는 결론에 있어서는 정당하고, 거기에 폐업시 잔존재화의 자가공급 의제에 관한 법리오해 등 위법이 없다. 원고의 이 부분 상고이유는 받아들일 수 없다.

136. 대법원 2008. 12. 24. 선고 2006두17895 판결 [부가가치세매입세액불공제(환급)거부처분취소]

[논점] 신탁사가 관여된 복합상가 신축 및 분양사업의 시공회사가 대출약정상 기한의 이익상실에 따라 위탁자인 시행회사로부터 시행권을 양도받은 경우 부가가치세법상 '사업의 양도'에 해당한다고 한 사례

【이 유】

구 부가가치세법(2006. 12. 30. 법률 제8142호로 개정되기 전의 것. 이하 '법'이라 한다) 제6조 제6항 제2호 본문 및 구 부가가치세법 시행령(2006. 2. 9. 대통령령 제19330호로 개정되기 전의 것. 이하 '시행령'이라 한다) 제17조 제2항에서 부가가치세가 부과되는 재화의 공급에 해당하지 아니하는 것으로 정하여진 "사업의 양도"라 함은 사업장별로 사업용 재산을 비롯한 물적·인적 시설 및 권리의무 등을 포괄적

293) 현행 신탁법 제101조.

294) 토지신탁은 수탁자가 사업부지의 소유자 겸 신축 건물의 건축주로서 그의 명의로 건물을 신축, 소유권보존등기 및 분양을 하는 것을 내용으로 하고, 신탁계약이 해지되는 경우 신탁재산은 위탁자에게 당연히 복귀하지 않고 수탁자는 신탁재산을 신탁재산 귀속권리자에게 이전해 줄 계약상의 의무를 부담하는 것이라는 점에서 신축중인 건물의 소유권 귀속에 관한 법리나 신탁계약의 내용상으로도 신축중인 건물은 수탁자의 소유로 귀속한다는 당사자간의 합의가 있는 것으로 해석하는 것이 타당할 것으로 생각된다.

으로 양도하여 사업의 동일성을 유지하면서 경영주체만을 교체시키는 것을 말하고, 여기에 해당하는 경우라면 종전의 종업원이 그대로 인수인계되지 아니하였다고 하여도 사업의 양도로 인정하는 데에 장애가 될 수 없다(대법원 1992. 5. 26. 선고 91누13014 판결, 대법원 2008. 2. 29. 선고 2006두446 판결 참조).

원심판결 이유에 의하면, 원심은 그 채용 증거들을 종합하여, 주식회사 명진건영(이하 '명진건영'이라 한다)은 주식회사 에스비제이(이하 '에스비제이'라 한다)와 이 사건 복합상가의 신축 및 분양사업(이하 '이 사건 사업'이라 한다)을 공동으로 시행하기 위한 공동사업시행계약을 체결한 후 2003. 3. 18. 시공회사인 원고, 자금관리신탁사인 케이비부동산신탁 주식회사(이하 '케이비부동산신탁'이라 한다)와 이 사건 사업의 추진을 위한 구체적인 사업약정을 체결한 사실, 그 사업약정내용에 의하면 명진건영은 시공사인 원고와 평당 400만 원으로 정한 공사도급계약을 체결하고, 수탁회사인 케이비부동산신탁 앞으로 사업부지에 관하여 담보신탁등기를 경료하며, 이 사건 사업을 위하여 효성캐피탈 주식회사(이하 '효성캐피탈'이라 한다)로부터 대출받은 대출원리금 상환에 대한 기한의 이익을 상실하는 경우 이 사건 사업시행권을 원고에게 양도하기로 한 사실, 그 후 명진건영은 원고와 공사도급계약을 체결하고 케이비부동산신탁과 대리사무계약을 체결하여 이 사건 사업을 영위하였으나 사업부진 등으로 대출금상환을 연체하게 된 사실, 이에 원고는 위 2003. 3. 18.자 사업약정에 따라 2004. 3. 29. 이 사건 사업의 공동사업자인 명진건영 및 에스비제이로부터 이 사건 사업에 대한 사업시행권, 사업부지상의 건축허가권 등을 포함한 제반 권리, 사업부지상의 지상 및 지하를 포함하여 진행 중인 공사 부분, 건축주 및 설계변경허가 등 각종 인허가권, 이미 분양계약을 체결한 수분양자들로부터 받게 될 분양대금, 제3자와 체결한 용역계약에 따른 권리, 명진건영의 효성캐피탈에 대한 대출금채무의 인수 등 이 사건 사업과 관련된 일체의 권리의무를 10,136,301,161원에 양수하기로 하는 이 사건 양도계약을 체결한 사실, 원고는 이 사건 양도계약에 따라 수분양자들에 대하여 그들이 명진건영과 체결한 분양계약을 승계하였으나 일부 수분양자들에 대하여는 그들로부터 사업시행자 변경을 이유로 계약해지를 통보받고서 중도금 등을 반환하였으며, 또한 에스비제이로부터 분양대행업무를 승계하지 않고(명진건영과 에스비제이의 공동사업시행약정에 의하면 이 사건 사업과 관련된 분양업무를 이 사건 사업의 공동사업자로서의 에스비제이가 아닌 별도 사업자로서의 에스비제이에게 대행시키기로 약정하였다) 2004. 6. 21. 주식회사 강경엔지니어링과 새로이 분양대행용역계약을 체결한 사실을 인정한 후, 그 인정사실에 나타나는 다음과 같은 사정, 즉 ① 원고가 명진건영과 에스비제이로부터 양수한 것은 사업시행자로서의 지위와 건축공사의 기반이 되는 사업부지 및 관련 건축물의 소유권과 그로부터 파생되는 각종 권리, 의무 등의 물적 요소에 한정될 뿐, 인적 요소의 양수에 대하여는 이 사건 양도계약상 별다른 언급이 없는 점, ② 수분양자들이 명진건영과 체결한 분양계약을 원고가 승계하였으나 그 중 일부 수분양자들의 경우 사업시행자 변경을 이유로 계약해지를 통보하여 원고가 중도금 등을 반환하였을 뿐만 아니라, 원고는 에스비제이로부터 분양대행업무를 승계하지 않고 주식회사 강경엔지니어링과 새로이 분양대행용역계약을 체결한 점, ③ 명진건영과 같이 건설업을 운영하는 법인의 경우 법인의 등기부상 소재지를 그 사업장으로 하는바(시행령 제4조 제1항 제3호), 이 사건 사업의 복합상가에 대하여는 별도의 등기가 마쳐지지 아니하여 과세대상으로서의 사업장이 존재하지 아니하므로 이를 하나의 독립된 사업단위로 보기 어려운 점 등의 제반 사정을 종합하여 보면, 이 사건 양도는 부가가치세법상의 독립적이고도 유기적인 사업의 양도에 해당한다고 보기 어렵다고 판단하였다.

그러나 이러한 원심의 판단은 앞서 본 법리와 다음과 같은 사정에 비추어 수긍하기 어렵다.

원심이 적법하게 확정한 사실관계 및 기록에 의하면, 원고는 이 사건 사업의 공동사업자인 명진건영 및 에스비제이로부터 이 사건 사업에 대한 사업시행권, 효성캐피탈에 대한 대출금채무, 이 사건 양도계약 당시 체결되어 있던 분양계약과 용역계약에 따른 권리의무, 건축허가권 등의 각종 인허가권, 지상 및 지하를 포함하여 진행 중인 공사 부분 등 이 사건 사업과 관련된 일체의 권리의무를 포괄적으로 양수하여 이 사건 사업을 계속하여 실시하였고, 다만 그 과정에서 종업원 등의 인적 설비는 이를 승계하지 아니한 사실을 알 수 있다. 그리고 원심이 인정한 사실관계에 의하더라도, 명진건영과 에스비제이는 상당한 인적 설비 등이 요구된다고 볼 수 있는 신축공사에 관하여는 공사도급계약에 의하여 시공사인 원고로 하여금 이를 실시하도록 하였고, 분양대금 등 자금의 관리에 관하여는 수탁회사인 케이비부동산신탁에게 위임하였다는 것이므로, 명진건영 및 에스비제이가 이 사건 사업을 추진함에 있어서 인적 설비는 핵심적인 구성요소가 아니라 할 것이어서, 그러한 인적 설비에 대한 승계가 이루어지지 않았다는 사유는 이 사건 양도를 사업의 양도로 인정하는 데에 장애가 되지 아니한다.

그 밖에 원심이 이 사건 양도가 사업의 양도에 해당하지 않는다고 본 사유 중 ① 원고가 수분양자들의 계약해지에 따라 중도금 등을 반환하였다는 점은 원고가 명진건영이 체결한 분양계약상의 권리·의무를 승계하였기 때문이므로 이는 오히려 이 사건 양도가 사업의 양도임을 나타내는 사정에 해당하고, 또한 원고가 에스비제이로부터 분양대행업무를 승계하지 않았다는 점은 이 사건 사업의 공동사업자로서의 에스비제이의 업무와 그로부터 분양대행권을 위임받은 별도 사업자로서의 에스비제이의 업무가 분리된 것임을 간과한 것이다. 나아가 ② 이 사건 복합상가에 대하여 별도의 등기가 마쳐지지 아니하여 과세대상으로서의 사업장이 존재하지 않는다는 점은 건설업의 경우에 법인이 아닌 공동사업자의 사업장은 개인과 마찬가지로 그 업무를 총괄하는 장소이므로(대법원 2000. 9. 29. 선고 99두1373 판결 참조), 이 사건 사업의 사업장은 이 사건 복합상가에 대한 등기 여부와 관계없이 이 사건 사업과 관련된 업무를 총괄한 장소가 사업장이 된다고 할 것이다. 따라서 원심이 들고 있는 위와 같은 사정들은 이 사건 양도가 사업의 양도에 해당한다고 인정하는 데에 영향을 미치지 아니한다.

그렇다면 이 사건 양도는 사업의 동일성을 유지하면서 경영주체만을 교체시킨 것으로서 "사업의 양도"에 해당한다고 할 것이다. 이와 달리 판단한 원심판결에는 법 제6조 제6항 제2호 소정의 재화의 공급으로 보지 아니하는 사업의 양도에 관한 법리를 오해한 위법이 있고, 이를 지적하는 피고의 상고이유는 이유가 있다.

[원심판결] 서울고등법원 2006. 10. 18. 선고 2005누27491 판결 [부가가치세매입세액불공제(환급)거부처분취소]

【주 문】

1. 제1심 판결을 취소한다.
2. 피고가 2004. 5. 11. 원고에 대하여 한 2004년 제1기분 부가가치세 매입세액 금 1,013,630,116원에 대한 환급거부처분을 취소한다.
3. 소송총비용은 피고의 부담으로 한다.

【청구취지 및 항소취지】

주문과 같다.

【이 유】

라. 판단

(1) 부가가치세의 과세대상이 되는 재화나 용역의 공급행위라고 하더라도 공급의 대상인 재화나 용

역이 부가가치세의 성질상 재화나 용역으로 볼 수 없거나 그 공급의 내용이 부적당한 경우에는 이를 비과세대상으로 하는 것인데, 법이 사업의 양도를 재화의 공급으로 보지 아니하고 비과세대상으로 보고자 하는 취지는 사업의 양도는 특정 재화의 개별적 공급을 과세요건으로 하는 부가가치세에 있어서 공급의 본질적 성격에 맞지 아니할 뿐만 아니라, 일반적으로 거래금액 및 그에 관한 부가가치세액이 커서 양수자는 거의 예외 없이 매입세액을 공제받을 것이 예상되므로 이와 같은 거래에 대하여도 매출세액을 징수하도록 하는 것은 사업양수자에게 불필요한 자금압박을 주게 되어 이를 피하여야 한다는 조세 내지 경제정책상의 배려에 연유하는 데 있는 것이다.

그리고 여기에서 재화의 공급으로 보지 아니하는 '사업의 양도'라 함은 사업장별로 사업용 재산을 비롯한 물적 · 인적 시설 및 권리의무 등을 포괄적으로 양도하여 사업의 동일성을 유지하면서 경영주체만을 교체시키는 것을 말하고, 그 사업은 인적·물적시설의 유기적 결합체로서 경영주체와 분리되어 사회적으로 독립성을 인정받을 수 있어야 한다(대법원 2004. 12. 10. 선고 2004두10593 판결, 1998. 7. 10. 선고 97누12778 판결 등 참조).

그런데 이와 같은 사업의 양도에 있어서의 사업장이라 함은 단순히 장소상의 구분을 말하는 것이 아니라 사업단위별이라는 뜻으로 새겨야 한다. 따라서 같은 장소 내의 사업이라고 하더라도 두 종목 이상의 사업을 서로 구분하여 운영하다가 그 중 한 종목의 사업을 포괄하여 양도한 경우에는 이를 사회적으로 독립성을 인정받을 수 있는 사업의 양도에 해당한다고 할 수가 있고(대법원 1983. 10. 25. 선고 83누104 판결 참조), 한편 양도자가 하나의 사업으로 운영한 사업이라고 하더라도 그 사업대상이 객관적으로 구분될 수가 있고 또 부문별로 독립하여 사업단위가 될 수 있어 실질적으로 수개의 사업과 동일시 될 수 있는 경우에는 각 부문별로 구분하여 양도되더라도 그것이 포괄적으로 이루어지는 한 위 법령에서 가리키는 동일성이 유지되는 사업의 양도에 해당한다고 할 수가 있다.

(2) 이 사건의 쟁점은 명진건영과 에스비제이가 공동시행자로서 추진하던 복합상가 신축공사의 신축현장과 함께 그와 관련된 제반 권리, 의무를 원고가 양수한 것(통상 거래 현장에서는 이러한 경우를 새로운 시행자가 현장을 인수한다고 표현한다.)이 과연 부가가치세법상의 '사업의 양도'에 해당하는 것인가에 있다.

그런데 위 인정사실에서 나타난 다음과 같은 사정, 즉 ① 원고가 명진건영, 에스비제이로부터 양수한 것은 사업시행자로서의 지위와 건축공사의 기반이 되는 사업부지 및 관련 건축물의 소유권과 그로부터 파생되는 각종 권리, 의무 등의 물적 요소에 한정되고, 나아가 이와 결합하여 하나의 유기체로 인정받기 위한 인적 요소의 양수에 대하여는 이 사건 양도계약 상 별다른 언급이 없는 점, ② 수분양자들이 명진건영과 체결한 분양계약을 원고가 승계하였으나 그 중 일부 수분양자들의 경우 사업시행자 변경을 이유로 계약해지를 통보하여 원고가 중도금 등을 반환하였을 뿐 아니라, 원고는 에스비제이로부터 분양대행업무를 승계하지 않고 주식회사 강경엔지니어링과 새로이 분양대행용역계약을 체결한 점, ③ 부가가치세는 사업장마다 신고, 납부하여야 하고(법 제4조 제1항), 여기서 사업장이란 "사업자 또는 그 사용인이 상시 주재하여 거래의 전부 또는 일부를 행하는 장소"를 의미하는바, 명진건영과 같은 건설업을 운영하는 법인의 경우 법인의 등기부상 소재지(지점소재지를 포함한다)를 그 사업장으로 하는데(법 시행령 제4조 제1항 제3호), 쟁점사업의 복합상가에 대하여는 별도의 등기가 마쳐지지 아니하여 과세대상으로서의 사업장이 존재하지 아니하므로 이를 하나의 독립된 사업단위로 보기 어려운 점 등의 제반사정을 종합하여 보면, 이 사건 양도는 부가가치세법상의 독립적이고도 유기적인 사업의 양도에 해당한다고 보기 어렵다.

따라서 원고의 나머지 주장에 대하여 나아가 살펴볼 필요 없이, 이 사건 양도를 '사업의 양도'라는 전제 하에서 한 피고의 이 사건 처분은 부당하다.

137. 대법원 2008. 10. 27.자 2007마380 결정 [가처분이의][295]

[논점] 위탁자의 채권자가 신탁종료에 기한 신탁부동산 반환청구권을 피보전권리로 하여 처분금지가처분을 구한 사안에서, 우선수익자의 채권회수를 위해 신탁계약에서 정한 바에 따라 신탁부동산의 처분절차에 착수한 이상 위 가처분의 피보전권리의 발생을 기대하기 어렵다고 본 사례

【이 유】

원심결정 이유에 의하면, 원심은 그 채용 증거들을 종합하여, 항고외 1 주식회사와 채무자 사이에 2003. 3. 31. 체결된 이 사건 부동산을 비롯한 그 판시 (건물명 생략)타운 건물에 관하여 신탁기간은 2003. 3. 31.부터 우선수익자의 채권 소멸시까지로 하고, 우선수익자는 한국상호저축은행 등 항고외 1 주식회사에 대한 4인의 대출은행, 수익자는 항고외 1 주식회사로 하는 이 사건 부동산담보신탁계약에 따라 (건물명 생략)타운 건물에 관하여 채무자 앞으로 신탁을 원인으로 한 소유권이전등기가 마쳐진 사실, 이 사건 신탁계약에 의하면, 신탁의 목적은 신탁부동산의 소유권 관리 및 위탁자가 부담하는 채무 내지 책임의 이행보장을 위하여 수탁자가 신탁부동산을 보전·관리하고 위탁자의 채무불이행시 이를 환가·정산하는데 그 목적이 있고, 위탁자는 신탁부동산에 대한 점유·사용과 실질적인 관리행위 및 이에 소요되는 일체의 비용부담을 책임지되 수탁자의 사전 승낙이 없는 한 신탁부동산에 대하여 임대차·저당권 설정·전세권 설정 등 소유권을 제한하는 행위나 그 현상을 변경하는 등의 방법으로 가치를 저감하는 행위를 하지 못하고, 수탁자는 위탁자가 우선수익자와 채무자 간에 체결한 여신거래계약이나 신탁계약을 위반하거나 기타 경제사정의 변화 등 상당한 사유로 신탁부동산으로부터 우선수익자의 채권 확보가 불가능하다고 판단할 때에는 신탁기간 만료 전에도 우선수익자의 요청으로 공개시장에서 경쟁을 통해 신탁부동산을 처분할 수 있으며(제18조, 제19조), 위탁자는 천재지변 기타 부득이한 사정 이외에는 원칙적으로 신탁해지를 할 수 없는 반면, 수탁자는 신탁의 목적 달성이나 신탁사무의 수행이 불가능하거나 현저히 곤란한 상당한 사유가 있는 때에는 위탁자와 협의하여 신탁해지가 가능하고(제24조), 신탁은 신탁기간 만료, 신탁기간 중 위탁자가 우선수익자에게 채무를 변제하고 신탁계약을 해지할 때, 위탁자나 수탁자가 신탁계약 제24조에 의해 신탁계약을 해지할 때, 신탁 전의 원인으로 발생한 권리실행 또는 우선수익자의 요청에 의한 수탁자의 신탁부동산 처분으로 종료하고, 신탁기간 만료 또는 신탁해지로 신탁계약이 종료하는 경우 수탁자는 위탁자에게 신탁부동산을 현상대로 인도하도록(제25조) 규정한 사실, 채권자는 항고외 1 주식회사와 항고외 2에 대한 대여금채권에 기하여 그 담보조로 항고외 1 주식회사로부터는 (건물명 생략)타운 건물 내 이 사건 부동산 중 1309호의, 항고외 2로부터는 항고외 1 주식회사의 동의 아래 그가 분양받은 이 사건 부동산 중 501호의, 각 수분양권을 취득 혹은 양수한 사실 등을 인정하였다.

위 인정 사실을 기초로 원심은, 이 사건 부동산에 관하여 항고외 1 주식회사 및 항고외 2에 대한 소유권이전등기청구권을 보전하기 위하여 그들을 대위하여 이 사건 신탁계약 종료시에 항고외 1 주식회사가 채무자에 대하여 가지는 신탁재산 귀속을 원인으로 한 소유권이전등기절차이행청구권을 피보전권리로 하여 그 처분금지가처분을 구하는 이 사건 신청에 대하여, 신탁법 제55조, 제60조[296] 및 이 사건 신탁계약에 따라 장래 신탁계약이 해지 등의 사유로 종료될 경우 항고외 1 주식회사는 이를 원인으로 채무자에 대하여 이 사건 부동산에 관한 소유권이전등기절차의 이행을 청구할 권리를 가지고, 이러한 장래의 조건부·부담부 청구권도 가처분의 피보전권리가 될 수 있으므로 이 사건 가처분신청은 그 피보전권리에 대한 소명이 있고, 나아가 신탁 종료 이후 채무자가 이 사건 부동산을 처분하는 것을 방

295) 이 결정에 대한 평석은, 임채웅, 신탁재산에 대한 가처분에 관한 연구, 신탁법 연구 2, 박영사, 247면 이하를 참고할 것.
296) 현행 신탁법 제98조, 제101조.

지하기 위해 그 보전의 필요성도 인정된다고 판단함으로써, 이와 달리 신탁법 제21조[297] 제1항을 근거로 이 사건 신청을 기각한 제1심결정을 취소하고, 가처분결정을 인가하였다.

먼저, 신탁법상의 신탁재산은 수탁자에게 귀속되면서도 그 고유재산과 구별되는 독립적인 성질을 가지는 것이어서, 신탁법 제21조 제1항 본문의 규정에 따라 원칙적으로 강제집행이나 경매 등이 금지되고, 다만 그 단서의 규정에 따라 신탁 전의 원인으로 발생한 권리 또는 신탁사무처리상 발생한 권리에 기한 경우에 한하여 예외적으로 강제집행이 허용되는 것이긴 하다. 그렇지만 이 사건 가처분의 피보전권리는 이 사건 신탁관계의 성립을 전제로 신탁계약에서 정한 신탁종료사유의 발생에 따라 신탁관계가 적법하게 해소될 경우 위탁자가 수탁자로부터 반환받게 되는 신탁부동산의 소유권이전등기청구권이라 할 것이어서, 이 사건 신탁계약에 기한 신탁관계의 성립·유지 및 신탁사무의 처리와 모순관계에 있지 아니하다. 따라서 이 사건 가처분은 신탁계약상 수익자나 수탁자의 권리 혹은 신탁부동산의 독립성을 침해하는 내용의 신탁법 제21조 제1항 본문에서 정한 신탁부동산 자체에 대한 강제집행의 사전 조치로서의 보전처분에는 해당하지 아니한다고 보아야 할 것이다. 이 점에 관하여 이와 전제를 달리하는 재항고이유의 주장은 이유 없다.

그러나 원심의 인정 사실과 기록에 의하면, 채무자는 항고외 1 주식회사의 우선수익자들에 대한 대출채무 연체에 따라 신탁계약 제18조, 제19조에 기한 우선수익자의 권리행사로서 신탁부동산의 공매절차에 착수하였으나, 이 사건 부동산의 경우 가처분등기 때문에 공매절차에 착수하지 못하고 있는 사실 및 우선수익자의 대출금채권 회수를 위하여 신탁부동산을 공매로 처분할 경우 그 처분대금은 신탁계약 관련비용 및 보수채무와 우선담보채권에 뒤이어 우선수익자의 채권까지 변제한 다음 잔액이 있으면 비로소 수익자(수익자가 없으면 위탁자)에게 지급·정산하는 것으로 되어 있는 사실을 알 수 있다. 사정이 이러하다면, 앞서 본 바와 같이 이 사건 피보전권리인 신탁종료에 기한 신탁부동산 반환청구권은 우선수익자의 채권 소멸을 원인으로 하는 신탁기간의 만료와 신탁기간 중 위탁자의 우선수익자에 대한 채무변제에 기한 신탁계약의 해지에 기하여 발생하는 것인데, 그 공통의 전제가 되는 위탁자인 항고외 1 주식회사의 우선수익자들에 대한 채무변제가 이루어지지 못해 그 채권 회수를 위해 신탁계약에서 정한 바에 따라 신탁부동산의 처분절차에 착수한[298] 이상 달리 위 채무의 변제가 예상된다는 등의 다른 사정이 없는 한 이 사건 가처분의 피보전권리인 신탁부동산 반환청구권의 발생은 합리적으로 기대하기 어려운 상태에 있다고 보아야 할 것이다.

그렇다면 결국, 이 사건 가처분신청은 그 피보전권리의 장래의 발생 내지 보전의 필요성에 대한 소명이 부족하다고 볼 수밖에 없고, 이는 원심의 설시처럼 이 사건 가처분등기에도 불구하고 신탁계약에서 정한 적법한 권리행사로서 이루어지는 채무자의 이 사건 부동산 처분행위의 효력에는 법률상 영향을 미치지 아니한다 하여 달리 볼 것은 아니다.

그럼에도 불구하고, 원심이 위에서 본 가처분의 효력에 관한 일반적인 법리만을 들어 이 사건 가처분의 피보전권리의 현실적인 성립가능성 및 그 보전의 필요성 여부에 관한 구체적 사정을 살피지 아니한 채 만연히 채권자의 신청을 인용한 것은, 가처분의 피보전권리 및 보전의 필요성에 관한 법리를 오해하여 필요한 심리를 다하지 아니함으로써 재판 결과에 영향을 미친 위법이 있다 할 것이다.

재항고이유 중 이 점을 지적하는 취지의 주장은 이유 있다.

297) 현행 신탁법 제22조.

298) 신탁계약상 위탁자의 (후순위)수익권, 신탁해지 및 신탁재산 귀속을 원인으로 하는 소유권이전등기청구권에 대한 가압류, 압류가 이루어졌더라도 우선수익자와 수탁자는 신탁계약에서 정하는 바에 따라 신탁재산을 환가하여 우선수익자의 채권 등에 충당할 수 있다.

138. 대법원 2008. 9. 25.자 2006마459 결정 [회계장부등열람등사허용가처분][299]

[논점] 신탁업법(자본시장법)상 장부열람권에 관한 규정이 '신탁법'에 규정된 신탁자의 수탁자에 대한 신탁사무에 관한 서류 열람청구권을 제한하는 근거가 되는지 여부

【이 유】

'신탁법' 제34조[300]에서 정하고 있는 신탁사무에 관한 서류의 열람청구권 등은 신탁계약상 각종 권리의무의 귀속주체 혹은 이해관계인에게 신탁사무의 처리에 관한 감독권의 보장을 통해 정당한 권리의 확보 및 의무부담의 적정을 도모하기 위한 것으로 특히 수익자의 이러한 감독권의 행사는 신탁계약의 목적인 수익권의 본질에 속하는 것이어서 합리적 이유 없이 이를 제한할 수 없는 것이다. 반면에 '신탁업법'[301]은 신탁을 업으로 영위하는 신탁회사의 건전한 경영과 수익자의 보호를 목적으로 그 인가와 업무·회계·감독 등을 규율하는 법률로서, 같은 법 제17조의10[302]에서 신탁재산에 관한 장부·서류의 열람 또는 등·초본의 교부청구권을 위 법률에 정한 일정한 방법으로 수익자에게 보장하는 한편, 같은 법 제43조 제1항에서 이를 어기는 신탁회사에 대해 과태료를 부과하도록 규정하고 있는데, 이는 특히 신탁회사에 대하여 신탁재산에 관한 특정 장부·서류의 열람 등에 관한 규율준수의 실효성을 확보하여 같은 법의 입법 목적을 달성하기 위한 것으로 보아야 할 것이다. 그렇다면 이와 같이 그 입법의 취지와 목적을 달리하는 '신탁업법'의 단속적·규제적 규정을 들어 '신탁법'이 규율하는 사법적인 신탁관계의 본질에서 비롯되는 수익자 등의 신탁사무에 관한 감독권을 제한하는 근거로 삼을 수는 없을 것이다.[303]

원심 및 원심이 일부 인용한 제1심결정의 이유와 기록에 의하면, 재항고인 1 주식회사와 상대방 사이에 위 재항고인을 위탁자 겸 수익자로, 상대방을 수탁자로 하고, 재항고인들이 소유하는 이 사건 토지를 상대방에게 신탁하여, 그 지상에 아파트를 건설하여 분양대금 혹은 임대보증금 등으로 신탁관계를 정산하기로 하는 내용의 이 사건 부동산개발신탁계약이 체결된 사실, 위 신탁계약 체결 이후 상대방이 재항고인들에게 정기적으로 신탁사업의 수행과 관련한 대차대조표, 손익계산서, 합계잔액시산표 등 재무제표를 송부하여 오다가 사업의 완료에 즈음하여 최종 사업수지표를 보내면서 사업 완료의 승인을 요청하자, 재항고인들이 상대방의 사업비 집행내역에 의문을 제기하면서 '신탁사업과 관련한 신탁계약일부터 현재까지 분개장, 전표, 각 지출거래 및 수입거래 관련 영수증과 송장 기타 증빙자료' 등 회계관련 서류(이하 '회계서류'라고 한다)의 확인을 요구하였으나 상대방이 이에 적극적으로 응하지 아니한다는 이유로 '신탁법' 제34조 제1항 등의 규정을 근거로 위 회계서류를 4주 내에 재항고인들에게 송부할 것을 요구하는 내용의 이 사건 가처분신청을 한 사실을 알 수 있다.

원심은 이러한 사실관계를 토대로, 이 사건과 같이 수탁자가 신탁회사인 경우에는 '신탁법'의 특별법인 '신탁업법'이 적용되는데,[304] 상대방이 재항고인들에게 '신탁업법'에서 정한 재무제표 등 서류를 열람하도록 하거나 이를 교부한 이상 재항고인들이 '신탁법'에 근거하여 회계서류의 제공을 구할 피보전

---

299) 이 판결에 대한 평석은, (1) 천대엽, 신탁법 제34조의 신탁사무 관련 서류 열람 등 청구권, 대법원판례해설 77호, 법원도서관, 343면 이하, (2) 임채웅, 신탁수익자의 서류열람청구권에 관한 연구(평석대상 결정 : 대법원 2008. 9. 25.자 2006마459 결정), 신탁법 연구 2, 박영사, 115면 이하를 참고할 것.

300) 현행 신탁법 제40조.

301) 현행 자본시장법.

302) 현행 자본시장법 제113조.

303) 신탁법과 자본시장법의 관계에 대해서는 일반법과 특별법의 관계에 있다고 보는 것이 일반적인 견해이다. 나아가 이 대법원 판결은 일반법인 신탁법 제34조와 특별법인 구 신탁업법(현행 자본시장법) 제17조의10의 관계에 대하여 신탁업자에 대해서도 특별법인 구 신탁업법 제17조의10와 함께 일반법인 신탁법 제34조도 함께 적용된다고 판단하고 있다(병행적용설).

304) 원심판결은 신탁업자에 대해서는 특별법인 구 신탁업법 제17조의10만이 적용되고 일반법인 신탁법 제34조는 적용되지 않는다고 판단하고 있다(특별법적용설).

권리 및 보전의 필요성에 대한 소명이 없다는 이유를 들어 이 사건 가처분신청을 기각하였다.

먼저, 이 사건 신탁사업의 수행과 관련하여 상대방이 작성·보관중인 회계서류의 소유권이 수탁자가 아닌 위탁자에게 귀속된다고 하는 취지의 재항고이유의 주장은 법률상 혹은 계약상 아무런 근거가 없어 이를 받아들일 수 없으므로, 위 주장을 전제로, '신탁법' 제28조,[305] '상법' 제29조, 제33조 등에 근거하여 상대방에게 위 회계서류의 제공을 요구할 권리가 있다고 하는 재항고인들의 주장은 더 나아가 살펴볼 필요 없이 이유 없다.

그러나 앞서 본 관련 법령의 해석에 의하면, 재항고인들이 '신탁법' 제34조 제1항에 근거하여 회계서류 등 이 사건 신탁사무 관련 서류에 대하여 행사할 수 있는 열람청구권의 경우, 그 권리의 행사가 신의칙에 반하는 권리의 남용에 해당한다고 하는 등의 특별한 사정이 없는 한 상대방이 이를 거부할 수 없고, '신탁업법' 제17조의10의 규정은 이와 입법 목적이 상이한 '신탁법' 제34조 제1항의 권리행사에 영향을 미칠 수 없음에도 불구하고, 원심이 위 '신탁업법'의 규정을 내세워서 '신탁법' 제34조 제1항에 근거한 재항고인들의 권리주장이 배척될 수 있다고 판단한 것은 잘못이라 할 것이다.

다만, 재항고인들은 이 사건 가처분신청으로서 위 회계서류를 '송부'할 것을 구하고 있으나, 이러한 신청취지는 '신탁법' 제34조 제1항에서 보장하는 '열람'청구권의 범위를 초과하는 것이고, 재항고인들의 주장 및 제출한 소명자료만으로는 그러한 가처분신청을 인용할 수 있는 피보전권리와 그 보전의 필요성에 대한 소명이 있다고 볼 수 없다.

그렇다면 원심이 이 사건 가처분신청을 배척한 결론 자체는 정당하다 할 것이니, 결국 원심결정에는 재항고이유의 주장처럼 관련 법령의 해석을 그르쳐 재판결과에 영향을 미친 위법이 없다.

[원심결정] 서울고등법원 2006. 4. 14.자 2006라227 결정 [회계장부등열람등사허용가처분]

【주 문】

1. 이 사건 항고를 기각한다.
2. 항고비용은 신청인들의 부담으로 한다.

【신청취지 및 항고취지】

제1심 결정을 취소한다. 피신청인은 신청인들에게 별지 목록 기재 장부 및 서류를 4주 내에 송부하라.

【이 유】

신청인들은, 신탁업법 제17조의10은 같은 법 제17조 내지 제17조의9와 함께 금전, 유가증권, 금전채권 신탁에 관한 규정이므로, 이 사건과 같은 부동산신탁에는 적용되지 아니한다고 주장한다.

그러나, 신탁업법 제17조의10은 적용대상을 "수익자" 및 "신탁회사"라고만 하고 있을 뿐 금전, 유가증권, 금전채권 신탁에 관한 수익자 및 신탁회사에 한정하지 않고 있다.

뿐만 아니라, 신탁업법이 신탁법에 비하여 회계장부 열람청구권을 제한하고 있는 취지는, 신탁회사로 하여금 매월의 영업보고서 및 매 영업년도의 업무보고서를 금융감독원장에게 제출하도록 하는 한편(신탁업법 제19조), 신탁업무에 대한 회계처리를 금융감독위원회가 정한 기준에 따라 하도록 하며(신탁업법 제20조 제2항), 특히 부동산신탁회사는 '조직 및 인력에 관한 사항', '재무 및 손익에 관한 사항', '자금 조달·운용에 관한 사항' 및 '부동산 신탁사업의 단계별 진행상황'에 관하여 공시를 하도록 하고 있는(신탁업감독규정 제27조 제1항) 등 금융감독위원회가 수익자 보호를 위하여 신탁회사를 엄격히 관

305) 현행 신탁법 제32조.

리·감독하고 있으므로(신탁업법 제24조의2), 수익자의 수탁자에 대한 감시의 필요성이 적다는 점 등에 기인한 것인바, 그러한 취지가 금전, 유가증권, 금전채권 신탁에만 한정되고 부동산신탁의 경우는 제외된다고 해석할 아무런 근거가 없다.

따라서, 신탁업법 제17조의 10이 이 사건과 같은 부동산신탁에 적용되지 않는다는 취지의 신청인들의 위 주장은 받아들일 수 없다.

[1심결정] 서울중앙지방법원 2006. 1. 25.자 2005카합4278 결정 [회계장부등열람등사허용가처분]

【주 문】

1. 이 사건 신청을 기각한다.
2. 소송비용은 신청인들의 부담으로 한다.

【신청취지】

피신청인은 신청인들에게 별지 목록 기재 장부 및 서류를 4주 내에 송부하여야 한다.

【이 유】

신청인들은 신탁법 제34조 제1항 소정의 이해관계인의 서류열람청구권 및 신탁계약상의 부수적 권리를 피보전권리로 하여 신청취지와 같은 가처분결정의 발령을 구하고 있으므로 살피건대, 피신청인이 신탁을 업으로 하는 신탁회사이므로 신탁자인 신청인들로서는 수탁자가 신탁을 업으로 하는 신탁회사인 경우에 적용되는 특별법인 신탁업법에 의해서만 장부, 서류의 열람을 청구할 수 있다고 봄이 상당한데, 기록상 피신청인이 신청인들에게 신탁업법 및 관련 법령에서 정한 장부 및 서류를 열람하도록 하거나 이를 교부한 바 있을 뿐만 아니라, 신청인들의 요청이 있을 경우 피신청인의 판단에 따라 위 범위를 넘는 장부 및 서류를 열람 및 교부한 바 있는 사실이 소명되므로, 이 사건 신청은 신청인들이 별지 목록 기재 장부 및 서류의 열람, 등사를 구할 피보전권리 및 보전의 필요성에 대한 소명이 부족하여 이유 없어 이를 기각하기로 한다.

139. 대법원 2008. 9. 11.자 2006마272 결정 [소송수계신청기각결정에대한이의]

[논점] 고유재산 소유자로서의 파산자가 신탁재산 소유자 내지 관리자로서의 파산자에 대하여 갖는 비용상환청구권을 목적물로 하는 근질권의 행사로서 신탁재산 소유자 내지 관리자로서의 파산자에게 직접 비용의 상환을 구하는 소송의 경우 파산재단에 속하는 재산에 관한 소송이라 할 수 없어 파산관재인에게 수계적격이 없다고 한 사례

【이 유】

1. 재항고이유 제1점 및 제3점에 대하여

원심은, 이 사건 소송은 파산재단에 속하는 재산에 관한 소송으로 파산관재인이 수계할 수 있다는 소송수계신청인의 주장에 대하여, 파산자 주식회사 코레트신탁(이하 '파산자'라고 한다)은 신탁재산 소유자 내지 관리자로서의 지위와 고유재산 소유자로서의 지위를 겸하고 있고, 동양종합금융증권 주식회사(이하 '동양증권'이라고 한다) 앞으로 설정된 근질권의 목적물이 된 비용상환청구권은 고유재산 소유자로서의 파산자가 신탁재산의 소유자 내지 관리자로서의 파산자에 대하여 갖는 청구권인데 근질권자인 동양증권으로서는 고유재산 소유자로서의 파산자에게 귀속되어 있는 이 사건 비용상환청구권에 대한 질권의 행사로서 신탁재산 소유자 내지 관리자로서의 파산자를 상대로 하여 자신의 채권액 한도에

서 직접 비용의 상환을 구하고 있을 뿐이므로 이 사건 소송을 파산재단에 속하는 재산의 귀속을 다투는 소송이라거나 소송수계신청인의 승소에 의해 비로소 비용상환청구권이 파산재단의 재산에 속하게 되는 소송이라고 볼 수 없으므로 파산관재인에게 수계적격이 없다는 이유로 소송수계신청인의 주장을 배척하였는바, 기록에 비추어 살펴보면 원심의 그와 같은 판단은 정당하고, 거기에 구 파산법(2005. 3. 31. 법률 제7428호로 폐지) 제60조[306]에 대한 법리나 파산관재인의 소송수계에 대한 법리 오해 등의 위법이 없다.

또한 원심은, 수탁자가 파산선고를 받아 임무가 종료되고 새로운 수탁자가 선임되지 아니한 경우 신탁법 제11조[307]에 따라 파산관재인이 그 업무의 일환으로 법원의 감독하에 신탁재산 정리업무를 처리하고 있으므로 수계적격이 있다는 소송수계신청인의 주장에 대하여, 신탁법 제11조 제2항, 제1항에 수탁자가 파산선고를 받아 임무가 종료된 경우 새로운 수탁자가 신탁사무를 처리할 수 있게 될 때까지 파산관재인이 신탁재산을 보관하고 신탁사무인계에 필요한 행위를 하여야 한다고 규정되어 있기는 하나, 민사소송법 제236조에 수탁자의 임무가 종료된 경우 계속중인 소송이 중단되고 새로운 수탁자가 소송절차를 수계하여야 한다고 명시되어 있는 점에 비추어 보면, 위 신탁법 제11조의 규정은 파산관재인에게 신탁재산에 대한 임시적인 관리의무만을 부담시킨 것일 뿐 그로써 신탁재산에 대한 소송수행권을 포함한 관리처분권을 부여한 것으로는 볼 수 없으므로 위 규정만으로 소송수계신청인에게 수계적격이 있다고 볼 수 없고, 새로운 수탁자가 선임되지 아니한 상태에서 소송수계신청인이 파산관재업무의 일환으로 법원의 감독하에 신탁재산 정리업무를 처리하고 있다는 사정만으로도 역시 소송수계신청인에게 수계적격을 인정할 수 없다는 이유로 이를 배척하였는바, 기록에 비추어 살펴보면 원심의 판단은 정당하고, 거기에 신탁법 제11조에 대한 법리 오해 등의 위법이 없다.

2. 재항고이유 제2점에 대하여

원심은, 파산자는 이 사건 신탁사업을 정리하여 신탁재산의 매각대금으로 당해 신탁사업 관련 비용을 모두 회수하였는바, 신탁사업을 매각한 대금으로서 파산자의 비용에 충당된 금원은 파산자의 고유재산을 구성하게 되므로 동양증권이 파산자와 체결한 근질권설정계약에 의해 피고의 비용에 충당된 금원의 지급을 구하는 것은 고유재산의 소유자의 지위에 있는 파산자를 상대로 하는 것이므로 파산관재인이 소송을 수계할 수 있다는 소송수계신청인의 주장에 대하여, 이 사건 청구는 동양증권이 비용상환청구권에 대한 질권의 행사로서 직접 신탁재산 소유자 내지 관리자로서의 파산자를 상대로 비용의 상환을 구하는 소송으로서 위 근질권설정계약에 의한 청구로 볼 수 없다는 이유로 이를 배척하였는바, 기록에 비추어 살펴보면 원심의 판단은 정당하고, 거기에 질권의 소멸에 관한 법리오해, 심리미진, 판단유탈 등의 위법이 없다.

140. 대법원 2008. 9. 11. 선고 2006다19788 판결 [수익금교부]

[논점] 파산으로 인하여 수탁자로서의 임무가 종료된 자와 그 파산관재인에게 상고를 제기할 권한이 있는지 여부

【이 유】

원심판결 이유와 기록에 의하면, 원고(동양현대종합금융 주식회사가 소를 제기하였으나 2001. 12. 1. 원고에 흡수합병되어 원고가 소송을 수계하였다)가 피고를 상대로 고유재산 소유자로서의 피고가 신탁

306) 현행 채무자회생법 제347조.

307) 현행 신탁법 제12조.

재산 소유자 내지 관리자로서의 피고에 대하여 보유하고 있는 원심판결 별지 목록 제11, 21, 22, 24항 기재 각 신탁사업의 비용상환청구권에 대한 근질권자로서 신탁재산 소유자 내지 관리자 지위의 피고에게 직접 위 비용상환청구권의 이행을 구하는 이 사건 소를 제기하여 2002. 10. 1. 제1심에서 원고 승소 판결이 선고되고, 피고가 항소를 제기하여 소송대리인을 선임하여 항소심(이 사건 원심) 소송을 수행케 하던 중, 피고가 2002. 12. 30. 10:00 서울중앙지방법원으로부터 파산선고를 받아 성기창이 그 파산관재인으로 선임된 사실, 파산자 피고의 파산관재인(이하 '피고의 파산관재인'이라고 한다)은 2003. 1. 23. 원심에 피고에 대한 소송수계신청을 하였으나 2006. 2. 9. 원심으로부터 그 신청을 기각한다는 결정을 받았고, 피고 역시 같은 날 원심으로부터 사실상 항소를 기각하는 내용의 판결을 선고받았으며 그 원심판결이 같은 달 22일 피고의 소송대리인에게 송달된 사실, 파산자 피고의 파산관재인은 2006. 2. 27. 소송수계신청을 기각한 결정에 관하여 불복한다는 취지의 재항고장을 제출하였고 피고 및 피고의 파산관재인은 상고기간 내인 같은 해 3. 7. 원심판결 중 피고 패소 부분 전부에 관하여 불복한다는 취지의 상고장을 제출한 사실을 알 수 있다.

이에 의하면, 원고와 피고 사이의 이 사건 소송절차는 원심판결 정본이 피고의 소송대리인에게 송달된 2006. 2. 22. 중단되었는데(민사소송법 제236조, 제238조), 수탁자의 자격으로 이 사건 소송의 당사자가 되어 있는 피고는 신탁법 제11조[308] 제1항에 따라 파산으로 인하여 수탁자로서의 임무가 종료되어 소송절차까지 중단된 이상 상고를 제기할 권한이 없다. 또한, 민사소송법 제236조에 따르면 수탁자가 그 자격으로 당사자가 되어 있는 소송이 계속되던 도중에 수탁자의 임무가 종료되는 경우 소송절차는 새로운 수탁자가 수계하도록 되어 있으므로 피고의 파산관재인은 이 사건 소송을 수계할 적격이 없다고 할 것이어서(신탁법 제11조 제2항, 제1항에 의하면 수탁자가 파산선고를 받아 임무가 종료된 경우 새로운 수탁자가 신탁사무를 처리할 수 있게 될 때까지 파산관재인이 신탁재산을 보관하고 신탁사무인계에 필요한 행위를 하여야 한다고 규정되어 있기는 하나, 이로써 파산관재인에게 신탁재산에 대한 소송수행권을 포함한 관리처분권을 부여한 것으로는 볼 수 없다) 피고의 파산관재인의 상고 역시 아무런 효력이 없다고 할 것이다.

141. 대법원 2008. 8. 11. 선고 2008다24487 판결 [사해행위취소등][309]

[논점] 국세징수법 제30조에 기한 사해행위취소의 대상을 조세채무자가 체납자의 지위에서 또는 체납처분절차가 개시된 후에 한 신탁으로 제한 해석할 수 있는지 여부

【이 유】

1. 제1점에 대하여

국세징수법 제30조가 규정하는 사해행위의 취소의 소도 민법 제406조가 정하는 사해행위취소의 소의 일종임이 명백하고, 그 요건이나 행사를 민법의 규정과 달리 보아야 하는 특별한 규정이 없으며(대법원 1991. 11. 8. 선고 91다14079 판결, 대법원 2000. 10. 13. 선고 2000다28001 판결, 대법원 2003. 12. 12. 선고 2003다30616 판결 등 참조), 국세징수법 제30조가 세무공무원이 체납처분을 집행함에 있어서 체납자의 법률행위에 대한 사해행위의 취소를 구할 수 있다고 규정하고 있다 하더라도 이를 조세채무자가 반드시 체납자의 지위에서 또는 체납처분절차가 개시된 후 법률행위를 하는 경우에만 사해행위취소권을 행사할 수 있다고 제한 해석할 수는 없다.

---

308) 현행 신탁법 제12조.

309) 이 판결에 대한 평석은, 김동석, 국세징수법 제30조의 해석상 국세면탈을 위한 사해행위가 성립하려면 행위 당시 체납처분절차가 개시되어 있을 것을 요하는지 여부, 대법원판례해설 77호, 법원도서관, 307면 이하를 참고할 것.

원심판결을 위 법리에 비추어 살펴보면, 원심이 제이유백화점 주식회사(이하 '제이유백화점'이라 한다)의 2005 사업연도 법인세 납세의무는 그 과세기간인 2005. 12. 31.이 종료함으로써 성립되었고, 이 사건 신탁계약은 그 이후인 2006. 2. 10. 체결되었으므로, 제이유백화점이 체납한 법인세액 상당의 원고의 조세채권은 이 사건 사해행위취소 소송의 피보전채권이 된다고 판단한 다음, 위 법인세가 이 사건 신탁계약 이후에 납기일이 도래한 것이어서 이 사건 신탁계약 당시에는 제이유백화점에 대한 체납처분절차가 개시되지 아니한 상태였으므로 이 사건 신탁계약이 사해행위가 될 수 없다는 취지의 피고의 주장을 그 판시와 같은 이유로 배척한 것은, 위 법리에 따른 것으로서 정당하고, 원심판결에 상고이유 주장과 같은 국세징수법 제30조 및 채권자취소권에 있어서의 피보전채권에 관한 법리오해의 위법 등이 없다.

2. 제3점에 대하여

원심은 그 채용증거들을 종합하여, 제이유네트워크 주식회사(이하 '제이유네트워크'라 한다)는 2005. 1. 14.경 피고 보조참가인으로부터 8억 5,000만 원의 자금을 대출받아 이 사건 각 부동산을 경락받으면서 위 대출금채무의 담보를 위하여 피고와 사이에 이 사건 각 부동산에 관하여 우선수익자를 피고 보조참가인으로 한 부동산담보신탁계약을 체결하고 이 사건 각 부동산을 피고에게 신탁한 사실, 그 뒤 제이유백화점은 2006. 2.경 제이유네트워크와 사이에 제이유네트워크의 피고 보조참가인에 대한 대출금채무를 인수함과 아울러 그 담보를 위하여 제이유네트워크로부터 이 사건 각 부동산을 이전받아 이를 피고에게 담보신탁함으로써 사실상 제이유네트워크와 피고 사이의 종전 신탁계약의 위탁자 지위를 제이유백화점이 승계하기로 약정한 사실, 그리하여 제이유백화점은 2006. 2. 10. 피고와 사이에 새로이 이 사건 신탁계약을 체결하였고, 같은 달 13. 제이유네트워크의 피고 보조참가인에 대한 채무를 인수하는 방편으로 피고 보조참가인과 사이에 대출금을 8억 5,000만 원으로 하는 여신거래약정을 체결한 사실, 한편 같은 날 이 사건 각 부동산에 관하여, 피고는 제이유네트워크 앞으로 신탁재산의 귀속을 원인으로 하여 소유권이전등기를 마쳐 주었고, 제이유네트워크는 다시 제이유백화점 앞으로 매매를 원인으로 하여 소유권이전등기를 마쳐 주었으며, 제이유백화점은 다시 신탁을 원인으로 하여 피고에게 소유권이전등기를 마쳐준 사실을 인정한 다음, 이 사건 신탁계약은 제이유백화점이 제이유네트워크의 피고 보조참가인에 대한 채무를 인수하면서 그 담보를 위하여 제이유네트워크와 피고 사이의 종전 신탁계약과 동일한 내용의 새로운 신탁계약을 체결한 것이고, 제이유백화점이 제이유네트워크로부터 이 사건 각 부동산을 이전받은 목적도 위와 같이 피고와 새로운 신탁계약을 체결하기 위한 것이었으나, 제이유백화점이 그러한 의도로 이 사건 각 부동산의 소유권을 이전받아 신탁한 것이라고 하여 제이유백화점의 책임재산에 아무런 변동이 없었다고는 할 수 없고, 제이유백화점이 이 사건 각 부동산의 소유권을 취득한 시점에서 이 사건 각 부동산은 그 소유권취득으로 의도한 바와는 무관하게 전체 채권자들을 위한 공동담보가 되는 것이며, 제이유백화점은 이 사건 신탁계약을 통하여 채권자들의 공동담보가 되는 유일한 가치 있는 책임재산인 이 사건 각 부동산을 채권자 중 1인인 피고 보조참가인에 대한 채무의 이행을 담보하기 위하여 피고에게 신탁함으로써 채권의 공동담보에 부족이 생기게 하였으므로 이는 사해행위에 해당한다고 판단하였다.

그러나 원심의 판단은 다음과 같은 이유에서 이를 수긍하기 어렵다.

채권자취소권은 사해행위로 이루어진 채무자의 재산처분행위를 취소하고 그 원상회복을 구하기 위한 권리로서 사해행위에 의해 일탈된 채무자의 책임재산을 총채권자를 위하여 채무자에게 복귀시키기 위한 것인바, 원심이 인정한 사실관계에 의하더라도, 이 사건 신탁계약은 제이유백화점이 제이유네트워크와 사이에 사실상 제이유네트워크와 피고 사이의 종전 신탁계약의 위탁자 지위를 제이유백화점이 승계하기로 한 약정에 따라 제이유백화점이 제이유네트워크의 피고 보조참가인에 대한 채무를 인수하면서 그 담보를 위하여 제이유네트워크와 피고 사이의 종전 신탁계약과 동일한 내용의 새로운 신탁계약을 체결한 것이고, 제이유백화점이 제이유네트워크로부터 이 사건 각 부동산을 이전받은 목적도 위와 같이 피고와 새로운 신탁계약을 체결하여 사실상 위탁자의 지위를 승계받기 위한 것이었으므로, 이는 신탁계약의 위탁자 지위의 승계라는 단일한 의사에 기한 일련의 행위로서 이를 일괄하여 그 전체의 사해성 여부를 파악하여야 한다고 봄이 상당한데, 원심의 채용증거 및 원심이 배척하지 아니한 증거들에 의하면, 이 사건 신탁은 담보제공을 위한 부동산담보신탁으로서 이에 의하면 제이유백화점은 위탁자 및 수익자로서 신탁수익 또는 이 사건 각 부동산의 환가대금에서 우선수익자인 피고 보조참가인의 채권 등에 순차 변제하고 남는 잔여액을 지급받을 수 있는 권리가 있는데, 이 사건 각 부동산의 감정평가금액은 2,228,659,200원으로 보이는 반면, 제이유백화점이 피고 보조참가인과의 여신거래약정으로 부담하게 된 채무는 그 원금이 8억 5,000만 원에 불과한데다 이 사건 신탁에 따른 우선수익자인 피고 보조참가인의 수익한도금액 역시 1,190,000,000원일뿐이어서 제이유백화점이 제이유네트워크로부터 위와 같이 이 사건 각 부동산에 관한 위탁자 지위를 승계받음에 따라 향후 원고를 비롯한 총채권자들의 채권의 공동담보가 증가하게 될 가능성이 높아 제이유백화점의 일반채권자들 입장에서도 제이유백화점이 위와 같이 위탁자 지위를 승계받기 전과 비교하여 더 불리해지는 것도 아니므로 제이유백화점의 이 사건 신탁계약은 다른 특별한 사정이 없는 한 사해행위에 해당하지 않는다고 보아야 한다.

그럼에도 원심이 이와 달리 이 사건 신탁계약이 사해행위에 해당한다고 판단한 것은 사해행위에 관한 법리를 오해한 나머지 판결에 영향을 미친 위법이 있다 할 것이므로, 이를 지적하는 상고이유는 이유 있다.

[원심판결] 서울고등법원 2008. 3. 13. 선고 2007나44417 판결 [사해행위취소등]

【주 문】

1. 제1심 판결을 취소한다.

2. 가. 피고와 제이유백화점 주식회사 사이에 별지 목록 기재 각 부동산에 관하여2006. 2. 10, 체결된 신탁계약을 취소한다.

나. 피고는 제이유백화점 주식회사에게 별지 목록 기재 각 부동산에 관하여 대구지방법원 포항지원 2006. 2. 13. 접수 제10960호로 마친 각 소유권이전등기의 말소등기절차를 이행하라.

3. 소송총비용 중 원고와 피고 사이에 생긴 부분은 피고가 부담하고, 보조참가로 인한 부분은 피고보조참가인이 부담한다.

【청구취지 및 항소취지】

주문과 같다.

【이 유】

2. 당원의 판단

가. 피보전채권

법인세는 과세기간이 종료하는 때에 납세의무가 성립하는 조세인바(국세기본법 제21조 제1항 제1호), 위 인정사실에 의하면, 소외 회사의 2005. 사업연도에 대한 법인세는 과세기간의 종료일인 2005. 12. 31. 성립하였고, 이 사건 신탁계약은 그 이후인 2006. 2. 10. 체결되었으므로, 소외 회사가 체납한 법인세액 상당의 원고의 조세채권은 이 사건 사해행위취소 소송의 피보전채권이 된다 할 것이다.

나. 사해행위의 성립여부

(1) 위 인정사실에 의하면, 소외 회사는 이 사건 신탁계약에 의하여 이 사건 각 부 동산의 소유권을 피고에게 이전하여 줄 당시 이 사건 각 부동산 외에는 별다른 가치 있는 재산이 없었던 반면 24억 원이 넘는 법인세 채무와 함께 아래에서 보는 보조참가인에 대한 8억5,000만 원 상당의 대출금채무를 부담하고 있었으므로 이 사건 각 부동산을 피고에게 신탁함으로써 채무초과 상태에 빠졌거나 혹은 기존의 채무초과 상태가 한층 더 심화되었다 할 것이고, 소외 회사는 위와 같이 거액의 채무를 부담한 상태에서 총채권자의 공동담보가 되는 유일한 가치 있는 책임재산인 이 사건 각 부동산을 채권자 중 1인인 보조참가인에 대한 채무의 이행을 담보하기 위하여 피고에게 신탁하고 피고 앞으로 소유권을 이전하여 주었으니, 이 사건 신탁계약은 소외 회사가 원고를 비롯한 다른 채권자들을 해함을 알고서 한 사해행위에 해당한다고 봄이 상당하다.

(2) 피고 및 보조참가인의 주장에 대한 판단

(가) 피고는, 위 법인세는 이 사건 신탁계약 이후에 납기일이 도래한 것으로서 이 사건 신탁계약 당시에는 소외 회사에 대한 체납처분절차가 개시되지 아니한 상태였는데, 국세징수법 제30조의 해석상 국세 면탈을 위한 사해행위가 성립하려면 행위 당시에 체납처분절차가 개시되어 있을 것을 요한다고 해석해야하므로, 이 사건 신탁계약은 사해행위가 될 수 없다는 취지의 주장을 한다.

살피건대, 국세징수법 제30조는 '세무공무원은 체납처분을 집행함에 있어서 체납자가 국세의 징수를 면하고자 재산권을 목적으로 한 법률행위를 한 경우에는 민법과 민사소송법의 규정을 준용하여 사해행위의 취소를 법원에 청구할 수 있다.'고 규정하고 있는바, 위 조문에서 '체납처분을 집행함에 있어서'의 의미는 사해행위의 취소를 요구할 수 있는 시점(사해행위취소권의 행사시기)을 정한 것이지 사해행위의 성립시기를 제한한 것은 아니라고 할 것이고(국세징수법 기본통칙 30-0 참조), 국세징수법 제30조가 민법의 사해행위 취소권에 관한 규정과 사해행위의 성립요건을 달리하는 특칙을 규정한 것이라고 볼 수도 없으며, 나아가 사해행위 당시 조세채권이 성립조차 되어있지 않은 경우에도 그 이전에 조세채권 발생의 기초적 법률관계가 존재하고 가까운 장래에 조세채권이 성립할 고도의 개연성이 있으며 후에 실제로 그 개연성이 현실화되어 조세채권이 성립한 경우에는 사해행위취소권의 피보전채권이 될 수 있는 것이므로(대법원 2001. 3. 23. 선고 2000다37821 판결 참조), 위 주장은 이유 없다.

(나) 피고와 보조참가인은, 이 사건 신탁계약 당시 소외 회사는 조세채무의 성립 사실을 모르고 있었고 후에 법인세액을 신고하면서 비로소 알게 되었으므로 이 사건 신탁계약 당시 원고를 해하려는 사해의사가 없었다는 취지로 주장하나, 을가3호증의 1, 2의 각 기재만으로는 이를 인정하기에 부족하고 달리 그와 같이 볼 자료가 없으며, 오히려 갑7호증의 기재에 의하면, 피고는 이 사건 신탁계약일로부터 불과 1개월 남짓 후인2006. 3. 30. 2005년도 법인세 과세표준과 세액을 신고하면서 소외 회사의 2005년도 소득을 137,054,396,017원으로, 납부할 법인세액을 2,419,731,113원으로 신고한 사실이 인정되는바, 위와 같이 전년도 사업을 통하여 거액의 소득을 발생시킨 소외 회사가 위 과세표준과 세액 신고 이전에 그에 따른 법인세 납세의무의 성립에 대한 인식이 없었다고는 볼 수 없다 할 것이므로, 위 주장은 이유 없다.

(다) 피고와 보조참가인은, 이 사건 각 부동산의 소유자였던 제이유네트워크가 보조참가인에 대한 대출금채무의 담보를 위하여 이 사건 각 부동산을 피고에게 신탁하였는데, 그 후 소외 회사가 제이유네트워크로부터 보조참가인에 대한 대출금채무를 인수하면서 그 담보를 위한 신탁계약상의 위탁자 지위도 그대로 승계하기로 하였고, 이를 위하여 형 식상 소외 회사가 제이유네트워크로부터 이 사건 각 부동산의 소유권을 이전받았다가 다시 피고에게 신탁을 원인으로 이전하고 피고와 사이에 신탁계약도

새로이 체결한 것 일뿐이어서 이 사건 신탁계약으로 인하여 실질적으로 소외 회사의 책임재산에 아무런 변동이 없었으므로, 이 사건 신탁계약은 사해행위라고 할 수 없다는 취지로 주장한다.

살피건대, 갑2호증의 1 내지 7, 갑3호증의 1 내지 7, 을가1호증의 1 내지 4, 을가2호증의 1 내지 4을 나2호증의 각 기재를 종합하면, 제이유네트워크는 2005. 1. 14.경 보조참가인으로부터 8억5,000만 원의 자금을 대출받아 이 사건 각 부동산을 경락받으면서 위 대출금채무의 담보를 위하여 피고와 사이에 이 사건 각 부동산에 관하여 우선수익자를 보조참가인으로 한 부동산담보신탁계약을 체결하고 이 사건 각 부동산을 피고에게 신탁한 사실, 그 뒤 소외 회사는 2006. 2.경 제이유네트워크와 사이에 제이유네트워크의 보조참가인에 대한 대출금 채무를 인수함과 아울러 그 담보를 위하여 제이유네트워크로부 터 이 사건 각 부동산을 이전받아 이를 피고에게 담보신탁함으로써 사실상 제이유네트 워크와 피고 사이의 종전 신탁계약의 위탁자 지위를 소외 회사가 승계하기로 약정한 사실, 그리하여 소외 회사는 2006. 2. 10. 피고와 사이에 새로이 이 사건 신탁계약을 체결하였고, 같은 달 13. 제이유네트워크의 보조참가인에 대한 채무를 인수하는 방편으로 보조참가인과 사이에 대출금을 8억5,000만 원으로 하는 여신거래약정을 체결한 사실, 한편 같은 날 이 사건 각 부동산에 관하여, 피고는 제이유네트워크 앞으로 신탁재산의 귀속을 원인으로 하여 소유권이전등기를 마쳐 주었고, 제이유네트워크는 다시 소외 회사 앞으로 매매를 원인으로 하여 소유권이전등기를 마쳐 주었으며, 소외 회사는 다시 신탁을 원인으로 하여 피고에게 소유권이전등기를 마쳐준 사실이 인정된다.

위 인정사실에 의하면, 이 사건 신탁계약은 소외 회사가 제이유네트워크의 보조참가인에 대한 채무를 인수하면서 그 담보를 위하여 제이유네트워크와 피고 사이의 종전 신탁계약과 동일한 내용의 새로운 신탁계약을 체결한 것이고, 소외 회사가 제이유네트워크로부터 이 사건 각 부동산을 이전받은 목적도 위와 같이 피고와 새로운 신탁계약을 체결하기 위한 것이었다고 할 것이나, 소외 회사가 그러한 의도로 이 사건 각 부동산의 소유 권을 이전받아 신탁한 것이라고 하여 소외 회사의 책임재산에 아무런 변동이 없었다고는 할 수 없고, 소외 회사가 이 사건 각 부동산의 소유권을 취득한 시점에서 이 사건 각 부동산은 그 소유권취득으로 의도한 바와는 무관하게 전체 채권자들을 위한 공동담보가 되는 것이며, 소외 회사는 앞서 본 바와 같이 이 사건 신탁계약을 통하여 채권자들의 공동담보가 되는 유일한 가치 있는 책임재산인 이 사건 각 부동산을 채권자 중 1인인 보조참가인에 대한 채무의 이행을 담보하기 위하여 피고에게 신탁함으로써 채권의 공동담보에 부족이 생기게 하였으므로 이는 사해행위에 해당한다 할 것이니, 위 주장은 이유없다.

(라) 피고는 끝으로, 이 사건과 같은 담보신탁은 형식적으로만 부동산의 소유권이 수탁자에게 이전될 뿐 위탁자가 채무를 이행하면 다시 위탁자에게 반환되는 것이므로 사해행위가 될 수 없다는 취지의 주장을 하나, 부동산의 신탁에 있어서는 그 신탁의 종류를 불문하고 수탁자 앞으로 소유권이전등기를 마치게 되면 대내외적으로 소유권이 수탁자에게 완전히 이전되는 것이고 위탁자와의 내부관계에 있어서 소유권이 위탁자에게 유보되어 있는 것도 아니며, 다만 신탁재산을 개발하여 수익을 증대하기 위한 목적으로 이루어지는 개발신탁과 같이 채무자가 부동산을 신탁하면서 그 신탁의 수익자가 되어 신탁계약상의 채권을 취득하고 이와 같은 채권의 취득이 실질적으로 보아 채무자의 전체 책임재산의 감소 또는 공동담보의 부족을 초래하지 않는 것으로 평가될 수 있는 경우에는 사해행위에 해당하지 않는다 할 것이나, 이 사건 신탁계약과 같이 수익자가 채무자가 아니라 채무자의 채권자 중 1인으로 되는 담보신탁의 경우에는 신탁으로 말미암아 공동담보의 부족이 발생하는 때에는 사해행위가 성립한다 할 것이고, 후에 채무자가 채무를 이행함으로써 신탁재산을 반환받을 가능성이 있다 하여도 사해행위의 성립에 아무런 지장이 없다 할 것이므로, 위 주장 역시 이유 없다.

다. 소결론

그렇다면, 피고와 소외 회사 사이의 이 사건 신탁계약은 사해행위에 해당하므로 이를 취소하고, 그 원상회복으로서 피고는 소외 회사에게 이 사건 각 부동산에 관하여 이 사건 각 소유권이전등기의 말소등기절차를 이행할 의무가 있다.

142. 대법원 2008. 3. 27. 선고 2007다85157 판결 [사해신탁취소등][310]

[논점] 위탁자의 채권자가 신탁행위에 대한 사해행위취소로 인한 원상회복청구권을 피보전권리로 하여 수탁자를 상대로 그 신탁부동산에 대한 처분금지가처분을 받은 경우, 수탁자가 신탁계약의 해제 또는 해지 등의 사유로 위탁자에게 신탁부동산을 반환하는 것이 가처분의 처분금지 효력에 저촉되는지 여부

【이 유】

채권자취소권은 사해행위로 이루어진 채무자의 재산처분행위를 취소하고 그 원상회복을 구하기 위한 권리로서 사해행위에 의해 일탈된 채무자의 책임재산을 총채권자를 위하여 채무자에게 복귀시키기 위한 것이지 채권자취소권을 행사하는 특정 채권자에게만 독점적 만족을 주기 위한 권리가 아니므로, 채권자가 채무자의 부동산에 관한 사해행위를 이유로 수익자를 상대로 그 사해행위의 취소 및 원상회복을 구하는 소송을 제기하여 그 소송계속 중 위 사해행위가 해제 또는 해지되고 채권자가 그 사해행위의 취소에 의해 복귀를 구하는 재산이 벌써 채무자에게 복귀된 경우에는, 특별한 사정이 없는 한, 그 채권자취소소송은 이미 그 목적이 실현되어 더 이상 그 소에 의해 확보할 권리보호의 이익이 없어지는 것이고(대법원 2003. 7. 11. 선고 2003다19558 판결 참조), 이는 그 목적재산인 부동산의 복귀가 그 이전등기의 말소 형식이 아니라 소유권이전등기의 형식을 취하였다고 하여 달라지는 것은 아니라고 할 것이다.

그런데 이 사건 소는 원고가 주식회사 포디스건축(이하 '포디스건축'이라고 한다)과 피고가 2004. 11. 3. 남양주시 와부읍 덕소리 462-64 대 1,674㎡(이하 '이 사건 토지'라고 한다)에 관한 신탁계약을 하여 그 토지를 피고 앞으로 이전한 행위가 사해행위라고 주장하면서 그 신탁계약의 취소와 위 토지의 원상회복을 구하는 것임이(다만, 이 사건 토지가 뒤에서 보는 바와 같이 신탁계약 해지에 의해 일단 포디스건축으로 원상회복된 다음 다시 타에 양도되자 원고는 그로써 원상회복이 불가능하게 되었다는 이유로 항소심에서 원상회복에 갈음하는 가액배상청구로 소변경을 하였다) 기록상 분명한데, 원심이 채택한 증거에 의하면, 이 사건 소송이 진행중이던 2006. 5. 15.에 위 신탁계약이 해지되고, 이에 따라 피고는 이 사건 토지에 관하여 포디스건축에게 2006. 5. 16.자로 위 신탁등기를 말소함과 동시에 신탁재산 귀속을 원인으로 한 소유권이전등기를 경료해줌으로써 위 신탁계약에 의해 이전받았던 부동산의 소유권을 복귀시켜준 사실을 알 수 있는바, 위와 같은 사정을 앞서 본 법리에 비추어 보면, 원고가 이 사건 소에 의해 실현하고자 한 목적은 이 사건 부동산이 포디스건축에게 복귀됨으로써 이미 달성되었기에 더 이상 권리보호의 이익이 없어졌다고 할 것이고, 포디스건축이 그 후 다른 법률행위에 의해 이 사건 부동산을 다시 양도하였다 하더라도 이 사건 사해행위의 취소에 의해 그 원상회복을 구할 수는 없다 할 것이다.

한편, 원심이 채택한 증거에 의하면, 원고는 위 신탁계약의 해지 이전에 피고를 상대로 사해행위취소로 인한 소유권이전등기 말소등기청구권을 피보전권리로 하여 이 사건 토지에 관하여 처분금지가처분을 받은 사실을 알 수 있기는 하나, 기록에 의하면, 그 가처분은 위 신탁계약 해지 이전인 2006. 3. 14. 민사집행법 제307조에 따른 특별사정을 이유로 피고의 담보제공하에 취소되었을 뿐 아니라, 목적

310) 이 판결에 대한 평석은, 차문호, 계약의 해지에 대한 채권자취소소송 가능 여부 등, 대법원판례해설 75호, 법원도서관, 79면 이하를 참고할 것.

물에 대한 처분금지가처분결정이 내려진 경우 가처분에 의한 처분금지의 효력은 가처분채권자의 권리를 침해하는 한도에서만 생기는 것인데(대법원 1984. 4. 16.자 84마7 결정 참조), 앞서 본 채권자취소제도의 목적에 비추어 보면, 채권자가 수익자를 상대로 사해행위취소로 인한 원상회복을 위하여 소유권이전등기 말소등기청구권을 피보전권리로 하여 그 목적부동산에 대한 처분금지가처분을 발령받은 경우, 그 후 수익자가 계약의 해제 또는 해지 등의 사유로 채무자에게 그 부동산을 반환하는 것은 위 가처분채권자의 피보전권리인 채권자취소권에 의한 원상회복청구권을 침해하는 것이 아니라 오히려 그 피보전권리에 부합하는 것이므로 위 가처분의 처분금지 효력에 저촉된다고 할 수 없는 것이므로(대법원 2006. 8. 24. 선고 2004다23110 판결 참조), 피고의 신탁계약의 해지에 따른 채무자에게로의 소유권이전이 위 가처분의 처분금지 효력에 저촉되어 무효라고 할 수도 없다.

원심은 이 사건 신탁계약이 해지되고 신탁등기가 말소됨으로써 취소 및 원상회복의 대상이 존재하지 아니함을 인정하면서도 이 사건 소를 각하하지 아니하고 청구를 기각함으로써 본안에 관하여 나아가 판단하고 있는바, 원심의 이러한 판단에는 채권자취소소송에서의 소의 이익에 관한 법리를 오해하여 판결의 결론에 영향을 미친 위법이 있다고 할 것이다.

[원심판결] 서울고등법원 2007. 10. 24. 선고 2006나112108 판결 [사해신탁취소등]

【주 문】

1. 원고의 항소 및 당심에서 교환적으로 변경된 원고의 청구를 모두 기각한다.
2. 제1심 판결 중 피고 "대한주택보증보험 주식회사"를 "대한주택보증 주식회사"로 경정한다.
3. 항소비용 및 교환적으로 변경된 청구에 관하여 생긴 당심 소송비용은 원고가 부담한다.

【청구취지 및 항소취지】

제1심 판결 중 원고의 패소부분을 취소하고, 피고와 제1심 공동피고 (상호 2 생략) 주식회사(이하 (상호 2 생략) 회사라 한다) 사이에 남양주시 와부읍 덕소리 462-64 대 1,674m²에 관하여 2004. 11. 3. 체결된 신탁계약을 취소한다. 피고는 원고에게 금 6억 원 및 이에 대하여 2004. 7. 13.부터 2006. 1. 2.까지는 연 6%, 그 다음날부터 다 갚을 때까지는 연 20%의 각 비율로 계산한 돈을 지급하라(원고는 제1심에서 위 토지에 관하여 피고 앞으로 마쳐진 의정부지방법원 남양주등기소 2004. 11. 3. 접수 제95185호 소유권이전등기의 말소를 구하다가 당심에서 이를 교환적으로 변경하여 위와 같은 가액배상을 구하고 있다)

【이 유】

살피건대, 갑제10, 13 내지 15호증의 각 기재에 변론 전체의 취지를 종합하면, (상호 2 생략) 회사는 2006. 9. 29. 신탁재산의 귀속을 원인으로 피고로부터 이 사건 토지에 관한 소유권이전등기를 경료 받은 후 같은 날 위 주상복합건물 신축사업의 시공자인 세양건설산업 주식회사에게 대물변제를 원인으로 소유권이전등기를 마쳐 주었고, 세양건설산업 주식회사는 같은 날 다시 피고에게 신탁계약을 원인으로 한 소유권이전등기를 경료한 사실, 이 사건 토지 중 8m²가 2006. 12. 20. 남양주시 와부읍 덕소리 462-90으로, 16m²가 위 같은 리 462-91로 각 분할된 후 2007. 3. 5. 이 사건 토지 중 잔존토지 1,650m²가 남양주시 와부읍 덕소리 462-31 대 767m²와 함께 남양주시 와부읍 덕소리 462-50 대 2,509m²로 합병된 사실을 각 인정할 수 있고 반증이 없다.

살피건대, 이 사건 신탁계약의 취소, 그리고 원상회복방법인 이 사건 신탁등기의 말소가 이행불능 내지 현저히 곤란하게 되었음을 이유로 가액배상을 구하는 원고의 위 주장은 이 사건 신탁계약 및 신탁등기가 존재하고 있음을 당연한 전제로 하고 있는바, 위 인정사실과 같이 (상호 2 생략) 회사와 피고가 이 사건 제1심 변론종결 전인 2006. 5. 15. 이 사건 신탁계약을 해지하고, 이 사건 신탁등기를 말소함으로써 취소 및 원상회복의 대상이 더 이상 존재하지 않게 된 이상, 비록 그 이후에 이루어진 세양건설산업 주식회사 앞으로의 소유권이전등기, 피고 앞으로의 신탁등기 및 이 사건 토지의 합병 등으로 인하여 원고가 책임재산의 회복이라는 이 사건 소 제기의 목적을 달성할 수 없다고 하더라도 원고의 위 주장은 더 나아가 살필 필요가 없이 이유가 없다.

143. 대법원 2008. 3. 27. 선고 2006다7532,7549 판결 [소유권말소등기등·독립당사자참가의소]

[논점] 신탁계약에서 수탁자의 과실로 확대된 신탁비용에 대한 비용상환청구권이 인정되는지 여부 및 신탁계약에 있어서 위탁자 또는 수익자가 부담하는 신탁비용 및 신탁보수 지급의무와 신탁종료시에 수탁자가 부담하는 신탁재산을 이전할 의무가 동시이행관계에 있는지 여부

【이 유】

1. 신탁비용액의 산정에 대하여

가. 신탁법 제1조[311] 및 제28조[312]에 의하면, 신탁이란 수탁자가 수익자의 이익을 위하여 또는 특정의 목적을 위하여 위탁자로부터 이전받은 재산권을 관리, 처분하는 법률관계로서 수탁자는 신탁의 본지에 따라 선량한 관리자의 주의로써 신탁재산을 관리 또는 처분하여야 하고, 신탁법 제42조[313]에 의하면, 수탁자가 신탁사무의 처리에 있어서 부담하게 되는 비용 또는 과실 없이 입게 된 손해에 관하여 신탁재산 또는 수익자에 대하여 보상을 청구할 수 있는 한편, 신탁법 제44조, 제38조[314]에 의하면, 수탁자가 신탁재산의 관리를 적절히 하지 못하여 신탁재산의 멸실, 감소 기타의 손해를 발생하게 한 경우에는 수탁자는 위탁자 등에게 그 손해를 배상할 의무가 있고 이러한 손실보상의무를 이행한 후에만 위탁자 등에 대한 비용상환청구권을 행사할 수 있도록 규정하고 있는바, 위 규정의 취지에 의하면, 수탁자가 신탁의 본지에 따라 신탁사업을 수행하면서 정당하게 지출하거나 부담한 신탁비용 등에 관하여는 신탁자에게 보상을 청구할 수 있지만, 수탁자가 선량한 관리자의 주의를 위반하여 신탁비용을 지출한 경우에는 그 과실로 인하여 확대된 비용은 신탁비용의 지출 또는 부담에 정당한 사유가 없는 경우에 해당하여 수탁자는 비용상환청구를 할 수 없다고 봄이 상당하다.

그런데 토지개발신탁에 있어서는 장기간에 걸쳐 사업이 진행되고 부동산 경기를 예측한다는 것이 쉽지 않은 일이어서 경우에 따라 대규모의 손실이 발생할 수 있는 것인데, 수탁자가 부동산신탁을 업으로 하는 전문가로서 보수를 지급받기로 한 후 전문지식에 기초한 재량을 갖고 신탁사업을 수행하다가 당사자들이 예측하지 못한 경제상황의 변화로 신탁사업의 목적을 달성하지 못한 채 신탁계약이 중도에 종료되고, 이로 인하여 위탁자는 막대한 신탁비용채무를 부담하는 손실을 입게 된 사정이 인정된다면, 신탁비용의 지출 또는 부담에서의 수탁자의 과실과 함께 이러한 사정까지도 고려하여 신의칙과 손해의 분담이라는 관점에서 상당하다고 인정되는 한도로 수탁자의 비용상환청구권의 행사를 제한할 수 있다고 할 것이다(대법원 2006. 6. 9. 선고 2004다24557 판결 참조).

나. 원심은 그 채택 증거에 의하여 그 판시와 같이 이 사건 신탁비용을 수익자가 부담하는 것을 전제로 하여, 수탁자인 파산 전의 주식회사 코레트신탁(이하 '코레트신탁'이라고 한다)이 이 사건 신탁사

311) 현행 신탁법 제2조.

312) 현행 신탁법 제32조.

313) 현행 신탁법 제46조.

314) 현행 신탁법 제43조, 제49조.

업을 위하여, ① 복개공사비, 모델하우스 부지 임차 및 시공비, 설계비, 감리비, 지질조사 및 측량비, 세금·보증보험료·지방채매입대금·인지세, 광고 및 분양기획비용 등으로 4,323,100,730원을 지출하고, ② 위 비용 및 공사선급금의 지급을 위하여 33,163,562,551원을 차용하고 그 이자로 1995. 11. 29.부터 1999. 10. 14.까지 12,783,150,863원을 지출하고, ③ 복개공사준비작업을 위한 노임 400,000원을 지출한 사실 등을 인정한 다음, 그 전부를 신탁비용으로 인정하였다.

다. 그러나 원심의 판단은 앞서 본 법리에 비추어 다음과 같은 이유로 그대로 받아들이기 어렵다.

원심이 인정한 사실관계에 의하더라도, 수탁자인 코레트신탁이 지출한 비용 중 직접 이 사건 사업을 위하여 제공된 것은 위 ①의 4,323,100,730원과 ③의 노임 400,000원이라고 할 것인데, 코레트신탁은 그 비용지출을 위해 무려 8배에 가까운 위 ②의 33,163,562,551원을 차용하고 그 이자로 12,783,150,863원을 지출하였다는 것이어서 특별한 사정이 없는 한 그 차용금채무의 부담 및 이자의 지출 전부가 이 사건 사업을 위한 것이었다고 쉽사리 단정할 수는 없다고 할 것이다. 따라서 원심으로서는 코레트신탁이 위와 같이 실제로 지출된 사업비용에 비하여 현저히 많은 차용금을 차용하게 된 이유나 목적 내지 경위, 그 차용금의 구체적인 용도 등을 따져 보아 정당하다고 인정되는 신탁비용액을 산정하였어야 한다고 할 것이다. 나아가, 그와 같이 정당하다고 인정되는 신탁비용액이 산정된다고 하더라도, 코레트신탁은 부동산신탁을 업으로 하는 전문가로서 보수를 지급받기로 한 후 전문지식에 기초한 재량을 가지고 신탁사업을 수행하는 자인데 이 사건 신탁사업이 종료됨으로써 수익자인 독립당사자참가인(이하 '참가인'이라고 한다)이 막대한 신탁비용상환의무를 지게 되는 점 등을 고려할 때 신의칙 및 손해의 공평분담이라는 취지에서 수익자인 참가인이 상환할 신탁비용액을 상당하다고 인정되는 범위 내로 제한할 여지가 있는지를 살펴 보았어야 한다고 할 것이다.

그럼에도 불구하고, 원심은 이러한 점에 대해 심리·판단하지 아니한 채 코레트신탁이 지출한 비용 전부를 이 사건 신탁비용액으로 인정하고 말았으니, 원심판결에는 수탁자의 비용상환청구권에 관한 법리를 오해하여 필요한 심리를 다하지 아니함으로써 판결에 영향을 미친 위법이 있다고 할 것이다. 이 점에 관한 상고이유의 주장은 이유 있다.

2. 수탁자로서의 손해배상책임에 대하여

수탁자는 신탁의 본지에 따라 선량한 관리자의 주의로써 신탁재산을 관리 또는 처분하여야 하고, 수탁자가 관리를 적절하게 하지 못하여 신탁재산의 멸실, 감소, 기타 손해를 발생하게 한 경우 또는 신탁의 본지에 위반하여 신탁재산을 처분한 때에는 수익자 등이 그 손해배상을 청구할 수 있다고 할 것이나, 수탁자가 과다한 비용을 지출한 경우에 있어서는, 앞에서 본 법리에 따라 그 비용 중 어느 만큼을 정당한 비용으로 인정하고 어느 범위에서 수익자 등에게 상환의무를 인정할 것인가 하는 비용액 인정만이 문제될 뿐이고, 정당한 비용액을 넘는 부분을 수익자 등의 손해로 볼 것은 아니라고 할 것이다.

원심판결의 이유에 다소 적절하지 아니한 점이 있으나, 참가인의 이 부분 청구를 배척한 결론에 있어서는 정당하다고 할 것이므로 이 점에 관한 상고이유의 주장은 결국 이유 없다.

3. 신탁종료에 따른 법률관계에 대하여

위탁자 또는 수익자가 부담하는 신탁비용 및 신탁보수 지급의무와 신탁종료시에 수탁자가 신탁재산의 귀속권리자인 수익자나 위탁자 등에 대하여 부담하는 신탁재산을 이전할 의무는 모두 신탁관계에서 발생된 채무들인바, 수탁자가 신탁종료 전에는 신탁법 제42조 제1항, 제43조[315]에 의하여 비용 및 보수청구권에 관하여 신탁재산을 매각하여 그 매각대금으로 다른 권리자에 우선하여 변제에 충당할 수 있

315) 현행 신탁법 제46조, 제48조.

고, 신탁종료 후에 신탁재산이 수익자 등에게 귀속한 후라도 신탁법 제62조, 제49조[316]에 의하여 비용보상청구권 또는 보수청구권에 기하여 신탁재산에 대하여 강제집행을 하거나 경매를 할 수 있으며 이를 위하여 신탁재산을 유치할 수 있는 점에 비추어, 신탁비용 및 신탁보수 지급의무는 적어도 신탁관계를 청산하는 신탁재산의 반환시까지는 변제됨이 형평에 맞는다는 점을 참작하여 보면, 위탁자 또는 수익자가 부담하는 신탁비용 및 신탁보수 지급의무와 신탁종료시에 수탁자가 신탁재산의 귀속권리자인 수익자나 위탁자 등에 대하여 부담하는 신탁재산을 이전할 의무는 이행상 견련관계에 있다고 인정되고, 따라서 양자는 특별한 사정이 없는 한 동시이행의 관계에 있다고 해석함이 공평의 관념 및 신의칙에 부합한다고 할 것이다(대법원 2006. 6. 9. 선고 2004다24557 판결 등 참조).

기록에 의하면, 이 사건 1994. 10. 24.자 신탁계약 제18조는 신탁사무처리를 위한 제비용은 수익자가 부담하되 코레트신탁은 위 비용을 신탁재산에서 지급하고, 지급할 수 없는 경우에는 수익자에게 청구, 수령하여 지급할 수 있다고 규정하고, 1995. 11. 25.자로 변경된 이 사건 신탁계약의 특약사항 제7조는 신탁원본 및 수익은 총사업비, 수익자의 수익권금액, 공사비잔여액, 제2순위 수익자 및 신탁자의 수익권을 순차적으로 정산한다고 규정하고 있으나, 신탁법 제63조 전문[317]이 "신탁이 종료한 경우에는 수탁자는 신탁사무의 최종의 계산을 하여 수익자의 승인을 얻어야 한다"고 규정하고 있는 점에 비추어 볼 때, 위 특약사항 제7조는 단순히 정산의 순서를 정한 것일 뿐이라고 할 것이고, 수탁자가 위 신탁계약 제18조의 규정에 따라 신탁재산에서 신탁사무처리비용을 지급하지 아니하여 신탁재산이 남아 있는 채로 신탁이 종료된 경우에 있어서는 위 신탁계약 제18조의 규정이 적용될 여지가 없다고 할 것이므로 이로써 수익자의 신탁재산반환청구권이 배제되는 것으로 볼 수는 없다고 할 것이고, 달리 이를 인정할 자료를 찾아 볼 수도 없다. 따라서 이 사건에서 원고 또는 참가인의 신탁비용 또는 신탁보수 지급의무와 코레트신탁의 신탁재산이전의무는 동시이행의 관계에 있다고 할 것이다.

그럼에도 불구하고 원심은, 참가인이 정산하여야 할 코레트신탁의 총사업비가 이 사건 신탁재산의 가액을 초과하는 경우에는 코레트신탁이 수익자에게 신탁재산에 대한 권리이전의 의무가 발생하지 않는다고 판단하고 말았으니, 원심판결에는 신탁이 종료된 경우에 있어서의 수탁자의 비용 및 보수청구권과 수익자의 신탁재산이전청구권의 상호관계에 관한 법리를 오해하였거나 채증법칙에 위반하여 사실을 오인함으로써 판결에 영향을 미친 위법이 있다고 할 것이다. 이 점에 관한 상고이유의 주장은 이유 있다.

[원심판결] 서울고등법원 2005. 12. 23. 선고 2005나15859, 2005나15866 판결 [소유권말소등기등·독립당사자참가의소]

【주 문】

1. 원고와 독립당사자참가인의 항소를 각 기각한다.
2. 항소비용 중 본소로 인한 부분은 원고의, 참가로 인한 부분은 독립당사자참가인의 각 부담으로 한다.

【청구취지 및 항소취지】

1. 본 소

가. 피고 파산자 주식회사 B은 원고에게 별지목록 기재 각 토지에 관하여, 선택적으로,

(1) 부산지방법원 사하등기소 1995. 10. 27. 접수 제82508호로 경료한 신탁을 원인으로 한 소유권이전

316) 현행 신탁법 제102조, 제54조.
317) 현행 신탁법 제103조 제1항.

등기의 말소등기절차를 이행하라.

또는,

(2) 1999. 12. 31. 신탁기간 만료를 원인으로 한 소유권이전등기절차를 이행하라.

나. 피고 C는 원고에게 위 각 토지에 관하여 부산지방법원 사하등기소 1998. 2. 21. 접수 제7111호로 경료한 근저당권설정등기의 말소등기절차를 이행하라.

다. 피고 D는 원고에게 금 500,000,000원 및 이에 대하여 이 사건 소장 송달 다음날부터 완제일까지 연 20%의 비율에 의한 금원을 지급하라.

2. 독립당사자참가

가. 원고는 별지목록 기재 각 토지에 관하여 부산지방법원 사하등기소 1994. 12. 31. 접수 제70863호 및 같은 등기소 1995. 10. 27. 접수 제82508호로 경료한 각 신탁등기의 말소등기청구권 및 1999. 12. 31.자 신탁종료를 원인으로 한 소유권이전등기청구권이 독립당사자참가인에게 귀속됨을 확인한다.

나, 피고 주식회사 B은 독립당사자참가인에게, 위 각 토지에 관하여

(1) 부산지방법원 사하등기소 1994. 12. 31. 접수 제70863호 신탁등기 및 같은 등기소 1995. 10. 27. 접수 제82508호로 경료한 신탁등기의 각 말소등기절차를 이행하고,

(2) 1999. 12. 31.자 신탁종료를 원인으로 한 소유권이전등기절차를 이행하라.

【이 유】

2. 원고 및 참가인의 신탁재산 반환 청구에 대한 판단

가. 당사자들의 주장

(1) 원고의 주장

(가) 이 사건 신탁계약은, 피고 명이 「이 사건 신탁사업의 신탁자로서 신탁의 본지에 따라 선량한 관리자의 주의로써 신탁사무를 처리하여야 할 의무」를 다하지 않는 등 피고 B의 귀책사유로 인하여 신탁사업의 이행이 불가능하게 되었고, 신탁수익 역시 기대할 수 없게 되는 등 신탁의 목적을 달성하지 못한 채 신탁기간이 만료되어 종료되었다

(나) 따라서, 피고 B은 원고에게 이 사건 토지에 관하여 신탁을 원인으로 하여 경료한 피고 B 명의의 소유권이전등기의 말소등기절차를 이행하거나 또는 신탁종료를 원인으로 한 소유권이전등기 절차를 이행할 의무가 있다.

(2) 참가인의 주장

(가) 「E를 1순위 수익자로 추가하기」로 한 1995. 11. 15.자 수익자 변경 약정은 실제로는 원고로 하여금 신탁수익을 미리 회수할 수 있도록 하기 위한 방편으로 이루어진 것에 불과하므로, 이는 ① 통정허위의 의사표시 또는 공서양속에 위반되는 행위로서 무효이거나, ② 위 변경 약정에 대한 참가인의 동의의 의사표시는 사기 또는 착오에 의한 것이므로 이를 취소하며, ③ 그렇지 않다 하더라도 피고 B과 E 사이의 2002. 5. 25.자 상계합의에 의하여 E의 위 1순위 수익권은 소멸하였다.

(나) 따라서, 참가인은 이 사건 신탁계약의 유일한 1순위 수익자이므로, 이 사건 신탁계약서 제25조 제1호에 따라, 이 사건 토지에 관하여, ① 원고는 관리·처분 신탁계약을 원인으로 하여 1994. 12. 1. 경료된 신탁등기 및 이 사건 신탁계약을 원인으로 하여 1995. 10. 27. 경료된 신탁등기의 각 말소등기청구권, 1999. 12. 31.자 신탁종료를 원인으로 한 소유권이전등기청구권이 모두 참가인에게 귀속함을 확

인하고, ② 피고 B은 참가인에게 위 각 신탁등기의 말소등기 절차 및 위 소유권이전등기 절차를 이행할 의무가 있다.

(3) 피고 B의 주장

(가) 이 사건 신탁계약에 의하면, 신탁비용은 위탁자 또는 수익자의 부담으로 하고, 수탁자는 신탁재산을 매각하여 신탁비용의 지급에 충당할 수도 있으므로, 신탁계약이 종료된 경우에는 수익자에 대한 신탁재산의 반환에 앞서 피고 B에 대한 신탁비용의 정산이 먼저 이루어져야 한다. 또한, 1995. 11. 15.자 수익권 변경약정에 의하여 변경된 특약사항 제7조에 의하면, 참가인은 신탁원본에서 먼저 총사업비를 정산한 후 남는 재산이 있는 경우에만 E와 공동으로 제1순위 수익자로서 권리를 주장할 수 있을 뿐이다.

(나) 그런데, 피고 B이 이 사건 신탁사업을 위하여 지출한 비용 및 신탁 보수만으로도 신탁재산인 이 사건 토지의 가액을 초과하므로, 이 사건 토지는 모두 피고 B의 신탁비용 및 신탁보수에 충당되어 잔존 부분이 없고, 따라서 수익자인 원고나 참가인은 위 토지의 반환 또는 이전을 구할 수 없다.

나. 신탁계약이 종료된 경우 신탁재산의 정산 방법

(1) 위 인정사실에 의하면, 이 사건 신탁계약은 중도에 해지된 바 없이 1999. 12. 31. 신탁기간이 만료됨으로써 종료되었는바, 신탁계약이 종료된 경우의 신탁재산의 정산에 관한 이 사건 신탁계약의 내용 및 신탁법의 관련 규정은 다음과 같다.

(가) 신탁계약 제25조(신탁종료시 신탁재산의 교부) 신탁계약이 종료된 경우 수탁자는 최종계산을 마친 다음 수익권 증서와 상환으로 신탁재산을 다음 각호의 방법에 따라 수익자에게 교부한다.

1. 신탁부동산에 대하여 수탁자는 신탁등기의 말소 및 수익자에게 소유권이전등기를 행한 후 현존하는 상태대로 수익자에게 인도한다.

2. 신탁부동산 이외의 신탁재산에 대하여는 수탁자가 정하는 방법에 의하여 금전으로 환가하여 교부한다. 다만, 수탁자가 상당하다고 인정할 경우에는 그 재산의 일부 또는 전부를 현존하는 상태대로 교부할 수 있다.

(나) 신탁계약 제18조(제비용의 지급) 다음 각호의 비용은 수익자의 부담으로 한다.

1. 신탁재산에 대한 조세, 공과금 및 등기비용
2. 설계, 감리비용 및 공사대금
3. 차입금, 임대보증금 등의 상환금 및 그 이자
4. 신탁부동산의 수선, 보존, 개량비용 및 화재보험료
5. 분양(처분) 사무처리에 필요한 비용
6. 기타 전 각호에 준하는 비용

(다) 신탁계약 제19조(신탁재산 환가에 의한 제비용의 충당) 신탁재산에 속하는 금전으로 차입금 및 그 이자의 상환, 신탁사무처리상 B의 과실 없이 받은 손해, 기타 신탁사무처리를 위한 제비용 및 수탁자의 대지급금을 충당하기에 부족한 경우에는 수익자에게 청구하고, 그래도 부족한 경우에는 수탁자가 상당하다고 인정하는 방법 및 가액으로서 신탁재산의 일부 또는 전부를 매각하여 그 지급에 충당할 수 있다.

(라) 신탁법 제42조(수탁자의 비용, 손해보상청구권) ① 수탁자는 신탁재산에 관하여 부담한 조세, 공과 기타의 비용과 이자 또는 신탁사무를 처리하기 위하여 자기에게 과실 없이 받은 손해의 보상을

받음에 있어서 신탁재산을 매각하여 다른 권리자에 우선하여 그 권리를 행사할 수 있다.

② (생략)

(2) 한편, 신탁재산의 정산 방법에 관하여 이 사건 신탁계약의 특약사항 제7조에서 신탁원본 및 수익을 ① 총사업비공사비(그 중 250억 원 제외), 차입금, 사무처리비용, 신탁보수, 기타 사업추진비용 등, ② 참가인의 수익권(수익한도액 : 216억 원) 및 E의 수익권(수익한도액 : 72억 원), ③ 공사비 중 잔여 250억 원, ④ E의 수익권(수익한도액: 72억 원), ⑤ 원고의 수익권의 순서에 따라 순차적으로 정산하는 것으로 정하고 있는 사실은 앞서 인정한 바와 같다.

(3) 위와 같은 이 사건 신탁계약의 내용 및 신탁법의 규정을 종합하면, 신탁계약이 종료된 경우에 수익자인 원고와 참가인은 원칙적으로 '신탁원본 및 수익에서 먼저 총사업비를 정산하고도 남은 부분이 있는 경우'에만 그 순위에 따라 잔존하는 신탁원본 및 수익의 교부를 수탁자인 피고 B에게 청구할 수 있다고 판단된다(이에 대하여 원고는 "피고 B이 신탁재산 관리의무를 위반한 채 막대한 신탁비용만 낭비함으로써 원고 또는 수익자에게 손해를 입게 하였으므로, 피고 B은 사업비를 정산하기에 앞서 신탁법의 관련 규정에 따라, 위탁자인 원고에게 그 손해를 배상하거나 신탁재산을 원상회복 할 의무가 있다"고 주장하나, 피고 B이 위와 같은 선관주의의무를 위반한 것으로 볼 수 없음은 뒤에서 보는 바와 같다).

(4) 한편, 신탁법 제22조는 「신탁재산은 수탁자의 고유재산이 된 것을 제외하고는 수탁자의 파산재단을 구성하지 아니한다」고 규정하고, 신탁법 제11조는 「수탁자가 파산선고를 받은 경우 그 임무는 종료하며, 수탁자의 파산관재인은 새로운 수탁자가 신탁사무를 처리할 수 있게 될 때까지 신탁재산을 보관하고 신탁사무인계에 필요한 행위를 하여야 한다」고 규정하고 있다.

그런데 이 사건 토지는 신탁재산이므로, 비록 피고 B이 파산하였더라도 이는 파산재단을 구성하지 아니하고, 파산관재인은 단지 신탁재산의 보관 및 신탁사무인계에 필요한 행위를 할 수 있을 뿐 신탁재산의 관리처분권이 파산관재인에게 귀속되는 것은 아니므로, 여전히 피고 B이 신탁재산에 관한 관리처분권자로서 수익자 등에게 계약 내용에 따라 신탁재산을 정산할 의무를 가진다.

(5) 소결

그러므로 이하에서는, 이 사건 신탁계약이 종료된 시점을 기준으로 하여 원고 및 참가인에게 교부되어야 할 신탁원본 및 수익(즉 신탁원본 및 수익에서 위 특약사항 제7조의 총사업비를 정산하고도 남는 부분)이 잔존하고 있는지 여부에 관하여 본다.

다. 이 사건 신탁계약의 신탁원본 및 수익

(1) 이 사건 신탁계약의 내용

(가) 제11조(신탁원본) 신탁원본은 다음 각호와 같다.

① 신탁부동산 및 신탁금

② 신탁부동산 분양대금(계약금 및 중도금 포함)

③ 신부동산의 물상대위로 취득한 재산

④ 차입금 채무 및 신탁부동산의 분양(처분)과 관련하여 취득한 보증금 등의 상환채무

⑤ 기타 전 각호에 준하는 자산 및 채무

(나) 제12조(신탁수익) 신탁부동산에서 발생한 분양금(계약금 및 중도금 포함), 보증금, 신탁재산에 속하는 금전의 운용수익 및 이에 준하는 것을 신탁수익으로 한다.

(2) 이 사건 신탁원본 및 수익

이 사건 신탁계약에서 신탁재산은 이 사건 토지 및 그 지상 신축건물로 정하였는데(제1조 제2항), 건물 신축공사는 일부 토공사가 진행되다가 완전히 중단되어 있는 사실은 앞에서 본 바와 같다.

한편 제1심 감정인 U의 감정결과에 의하면, 이 사건 토지의 가액은 금10,363,000,000원인 사실이 인정되나, 위 일부 진행된 건물 공사 부분이 재산으로서의 가치를 가진다는 점에 관하여서는 이를 인정할 아무런 증거가 없으므로, 결국 이 사건 신탁원본으로는 그 가액이 금 10,363,000,000원인 이 사건 토지만이 존재하고, 이 사건 신탁원본 이외에 별도의 신탁수익은 존재하지 않는다.

라. 이 사건 신탁사업의 총사업비

(1) 먼저, 특약사항 제7조에 따라 이 사건 신탁원본에서 피고 B에게 최우선으로 정산되는 총사업비(공사비, 차입금, 사무처리비용, 신탁보수, 기타 사업추진비용 등)에 관하여 살펴본다.

(가) 을 제22호증의 1 내지 5, 을 제23호증의 1 내지 77, 을 제25, 26호증의 각 1내지 14, 을 제27호증의 1 내지 20, 을 제28호증의 1, 2, 을 제29호증의 1 내지 8, 을 제31호증의 1 내지 12, 을 제32호증의 1 내지 13, 을 제34호증의 1, 2, 을 제35호증의 14, 15, 16의 각 기재에 변론 전체의 취지를 종합하면, 다음과 같은 사실을 인정할 수 있다.

① 피고 B은 이 사건 신탁사업을 위하여, ㉮ 복개공사비로 금1,204,50000원, ㉯ 모델하우스 부지 임차 및 시공 비용 등으로 금 792,012,530원, ㉰ 설계비로 금 1,285,600,000원, ㉱ 감리비로 금 147,100,000원, ㉲ 지질조사 및 측량비로 금 59,530,700원, ㉳ 세금, 보증보험료, 지방채 매입대금, 인지세 등으로 금 195,393,090원, ㉴ 광고 및 분양기획비용으로 금 638,964,410원 등 합계 금 4,323,100,730원을 지출하였다.

② 또한 피고 B은 이 사건 신탁사업을 위하여 지출한 위 비용과 공사 선급금으로 사용하기 위하여, ㉮ 금융기관으로부터 금 24,547,207,830원, ㉯ 피고 B의 고유계정으로부터 금 2,420,162,407원, ㉰ 피고 B의 다른 신탁 사업계정으로부터 금6,196,192,314원 등 합계 금 33,163,562,551원을 차용하였는데, 그 차용금에 대한 이자로 1995. 11. 29.부터 1999. 10. 14.까지 합계 금 12,783,150,863원을 지출하였고, 그 외에 기타 비용으로 복개공사 준비작업을 하면서 노임 400,000원을 지출하였다.

(나) 다음으로, 피고 B이 수탁자로서 이 사건 신탁계약에 의하여 지급받아야 할 신탁보수에 대하여 본다.

① 살피건대, 갑 제5호증의 1, 2의 각 기재에 의하면, 원고와 피고 B 및 참가인은 이 사건 신탁계약에서 피고 B이 받아야 할 신탁보수에 관하여 다음과 같이 약정한 사실을 인정할 수 있다.

1. 신탁보수는 '공사기간 중 보수'와 '분양기간 중 보수'로 구분한다.

2. 공사기간 중 보수는 총건설비(공사비 + 설계감리비 + 공사간접비 + 모델하우스 건립비)를 기준으로 100분의 5에 해당하는 금액으로 하며, 공사비에는 하천복개비 및 아파트 인테리어비용을 포함한다.

3. 전2항의 신탁보수는 매 지급하는 건설비용 등에 따라 지급하는 것을 원칙으로 하되, 구체적 지급기준에 대하여는 별도 협의하여 정할 수 있다.

4. (생략)

5. 위 2항의 공사기간 중 신탁보수 중 8억 원에 대하여는 1995년 중 지급키로 한다.

② 위와 같은 약정의 내용 및 앞에서 인정한 사실관계를 종합하여 총사업비에 포함되는 신탁보수를 계산하면 금 243,654,573원이 된다.

계산식 : 4,873,091,463원(기성 공사비 1,383,948,233원 + 복개공사비 1,204,500,000원 + 모델하우스 관

련비용 792,012,530원 + 설계비 1,285,600,000원 + 감리비 147,100,000원 + 지질조사, 측량비 59,530,700원 + 기타비용 400,000원) × 5/100

(3) 이익 공제

한편, 피고 B이 이 사건 신탁사무를 처리하는 가운데, 차입금 예금운용이자, 부가가치세 환급액 등으로 합계 금 779,756,192원(예금운용이자 40,769,572원 + 부가가치세 환급액 666041,899원 + 기타 72,944,721원)의 이익을 얻은 사실은 피고 B이 스스로 인정하고 있으므로, 위 금액은 위 총비용에서 공제하여야 한다.

마. 참가인의 피고 B에 대한 손해배상채권에 관한 주장에 관한 판단

(1) 참가인의 주장

(가) 피고 B은 이 사건 신탁 사업에 있어서, 건축허가조차 얻지 못한 상태에서 외부 차입금으로 서둘러 선급금과 부대공사비용 등을 지출함으로써 이에 대한 이자부담을 가중시켰고, 건축허가 부관사항을 이행하지 못하여 본공사에 착수하지도 못한 채 공사가 중단된 상태에서 신탁계약이 종료됨으로써 설계비, 감리비, 토목공사비, 모델하우스비, 측량비, 광고, 분양기획비 등의 비용을 지출하고도 아무런 성과를 남기지 못하였으며, 기성공사 부분도 토공사 일부를 진행한 데 불과하여 그 상태로는 이 사건 토지에 대하여 아무런 가치 증가가 없고 오히려 원상회복의 비용 부담만 남게 되었다.

(나) 결국 피고 B은 신탁법 제28조에서 정하는 '신탁의 본지에 따른 선량한 관리자의 주의로써 신탁재산을 관리하여야 할 의무'를 소홀히 함으로써 신탁재산에 손해를 발생하게 하였으므로, 신탁법 제38조에 따라 참가인(수익자)에게 그 손해를 배상할 의무가 있고, 그 손해의 범위는 피고 B이 아무런 수익을 내지도 못하면서 부주의하게 지출한 신탁 비용 및 보수 상당액이다.

(다) 따라서, 참가인은 이 사건 소로써 피고 B에 대하여 「위 손해배상청구권을 자동채권으로 하여 피고 B의 참가인(수익자)에 대한 비용 및 보수청구권과 상계한다」는 의사를 표시하는바, 결국 피고 B이 이 사건 토지에서 최우선으로 정산되어야 한다고 주장하는 신탁 비용 및 보수는 참가인의 위와 같은 상계의 의사표시에 의하여 소멸됨으로써 참가인의 수익권보다 우선하여 정산되어야 할 피고 B의 총사업비 채권은 존재하지 않으므로, 이 사건 토지는 모두 참가인에게 반환되어야 한다.

(2) 신탁법의 관련 규정

제28조(수탁자의 신탁사무처리의무) 수탁자는 신탁의 본지에 따라 선량한 관리자의 주의로써 신탁재산을 관리 또는 처분하여야 한다.

제38조(수탁자의 손해배상의무) 수탁자가 관리를 적절히 하지 못하여 신탁재산의 멸실, 감소 기타의 손해를 발생하게 한 경우 또는 신탁의 본지에 위반하여 신탁재산을 처분한 때에는 위탁자, 그 상속인, 수익자 및 다른 수탁자는 그 수탁자에 대하여 손해배상 또는 신탁재산의 회복을 청구할 수 있다.

제42조(수탁자의 비용, 손해보상청구권) ① 수탁자는 신탁재산에 관하여 부담한 조세, 공과 기타의 비용과 이자 또는 신탁사무를 처리하기 위하여 자기에게 과실 없이 받은 손해의 보상을 받음에 있어서 신탁재산을 매각하여 다른 권리자에 우선하여 그 권리를 행사할 수 있다.

② (생략)

제43조(보수청구권) 전조의 규정은 수익자가 신탁재산으로부터 보수를 받을 경우에 그 보수에 관하여 이를 준용한다. 수탁자가 수익자로부터 보수를 받을 경우에도 또한 같다.

제44조(권리행사요건) 전2조에 규정된 수탁자의 권리는 수탁자가 제38조 또는 제39조의 규정에 의한

손실의 보상 및 신탁재산복구의 의무를 이행한 후가 아니면 행사할 수 없다.

(3) 판 단

(가) 먼저, 피고 B이 선량한 관리자의 주의로써 신탁재산을 관리할 의무를 위반하였는지 여부에 관하여 보건대, 앞서 인정한 사실관계에 나타난 다음과 같은 사정 즉, ① 이 사건 신탁계약의 수탁자인 피고 B은 위탁자인 원고와의 협의를 거쳐 이 사건 공사에 관한 설계 및 허가·분양 등의 업무를 처리한 점, ② M에서 설계 등의 용역을 진행하고 있는 동안에도 피고 B은 이 사건 공사의 착공을 준비하기 위하여 하천 복개공사를 시행하였고, 분양 및 모델하우스 사업자선정 등의 작업을 하였으며, 이 사건 공사에 관한 부관부 건축허가(1997. 9. 13.자)를 받게 되자, 1997. 10. 3. 및 1998. 1. 12.경 위 부관에서 소유권을 확보하도록 한 매입 대상 국유지에 대하여 용도폐지를 신청하고, 1998. 2. 25.경에는 이에 따른 현황측량 결과를 관할구청에 제출하는 등 신탁계약에 의한 수탁자의 업무를 적정하게 수행하고 있었다고 보이는 점, ③ 피고 B이 E에게 선급금을 지급한 것도, 위탁자인 원고와 시공자인 E 사이의 사전약정에 따른 것으로서 수탁자가 임의로 그와 같이 지급하였다고는 볼 수 없는 점, ④ 참가인도 원고의 요청에 따라 피고 B이 지출할 공사비 중 금 250억 원 범위내의 금액까지는 참가인의 수익권보다 후순위로 하는 대신, E를 자신과 같은 공동 1순위의 수익자로 지정하는 데 동의(1995. 11. 15.자 변경약정)함으로써, 피고 B으로부터 E에게 지급될 공사 선급금 중 60억 원이 원고에게 대여되는 것에 대하여 양해가 이루어진 것으로 추인되는 점, ⑤ 이 사건 신탁계약에 의하면, 신탁사업의 비용은 신탁재산에서 집행하거나 위탁자인 원고를 비롯한 수익자가 부담하여야 함에도 불구하고, 원고는 자금사정이 열악하다는 이유로 그 의무를 이행하지 아니하였고, 수익자인 참가인 역시 이 사건 신탁사업의 비용집행을 위한 금원을 전혀 출연하지 아니하였으므로, 피고 B으로서는 이 사건 신탁사업을 계속 추진하기 위하여는 외부 차입금에 의존할 수밖에 없었던 점, ⑥ 특히 1997. 말 경의 외환위기로 인하여 위와 같은 차입금에 대한 이자가 대폭 상승함으로써 피고 B으로서는 금융 부담이 더욱 가중되었고, 원고의 부도로 이 사건 신탁계약(제18조)에 따라 원고로부터 비용예납을 받는 것이 현실적으로 불가능하였던 점 등을 고려하면, 비록 결과적으로 이 사건 신탁사업의 목적 달성에 실패하였지만, 피고 B이 이 사건 신탁사업의 수탁자로서 신탁재산의 관리에 관한 선량한 관리자의 주의의무를 위반하였다고 보기 어렵다.

(나) 그러므로, 피고 B이 이 사건 신탁 사업을 수행함에 있어서 선량한 관리자의 의무를 소홀히 하였다고 볼 수 없고, 따라서 이를 전제로 한 참가인의 위 상계에 관한 주장은 이유 없다.

바. 소 결

(1) 그렇다면, 이 사건 신탁계약 종료로 인하여 위 특약사항 제7조에 따라, 신탁원본 및 수익을 정산함에 있어, 최우선으로 정산되는 총사업비(공사비 250억 제외)는 금 16,570,549,974원이 된다.

내역 :	
① 복개공사비, 설계비 등 합계	4,323,100,730원
② 차입금에 대한 지출 이자	12,783,150,863원
③ 기타 노임	400,000원
④ 피고 B의 신탁보수	243,654,573원
⑤ 이익 공제액	- 779,756,192원

(2) 그런데, 이 사건 신탁원본으로는 그 가액이 금 10,363,000,000원인 이 사건 토지만이 존재하고 있음은 앞서 본 바와 같으므로, 위 신탁원본으로는 피고 B이 지출한 신탁 비용 및 B에게 지급하여야 하는 보수를 정산하기에도 부족하다.

(3) 이와 같이 이 사건 신탁계약의 특약사항 제7조에 의하여 참가인의 수익권에 우선하여 정산하여야 할 피고 B의 총사업비가 이 사건 신탁재산을 초과하게 된 경우에는 신탁법 제42조의 규정 및 이 사

건 신탁계약 제18조의 약정 취지에 비추어 볼 때, 수탁자에게 신탁재산에 대한 원상회복의무가 발생하는 것으로 볼 수 없으므로, 참가인 및 원고의 이 사건 토지에 대한 소유권이전등기 또는 말소등기 청구는, 이 사건 신탁계약에 의하여 E가 가지고 있는 1순위 공동 수익권이 무효인지 여부에 관한 참가인의 주장에 관하여 나아가 판단할 필요도 없이 모두 이유 없다(또한, 참가인은 "이 사건 토지에 설정된 근저당권의 피담보채무를 참가인이 인수하게 될 경우, 그 가액은 피고 B이 최우선적으로 정산할 것을 주장하고 있는 총투입비용을 초과하므로, 피고 B은 참가인이 위 피담보채무를 인수할 것을 조건으로 참가인에게 이 사건 토지에 관한 소유권이전등기절차를 이행할 의무가 있다"고 주장하기도 하나, 위와 같이 피고 B에 신탁재산의 반환의무를 인정하지 않는 이상, 참가인의 위 주장 역시 받아들일 수 없다.)

3. 원고의 피고 공사에 대한 근저당권설정등기 말소청구에 관한 판단

가. 원고의 주장

피고 B은 신탁의 본지에 반하여 신탁재산을 처분할 수 없음에도 불구하고, 이 사건 신탁사업과는 무관하게 자신의 피고 공사에 대한 구상금채무를 담보하기 위하여 임의로 이 사건 토지에 대하여 근저당권설정계약을 체결하였으므로, 이 계약은 신탁법 제30조, 제38조의 규정에 따라 무효이다. 또한, 피고 공사는 이러한 사정을 알면서도 근저당권을 설정받음으로써 피고 B의 배임행위에 적극 가담하였으므로, 위 근저당권설정계약은 민법 제103조의 반사회질서 행위에 해당하여 무효이다. 따라서, 이 계약에 따른 위 근저당권 설정등기는 원인무효로서 말소되어야 한다.

나. 판단

(1) 갑 제1호증의 1 내지 5, 을 제4호증의 각 기재에 의하면, 피고 명이 1998. 2. 19.에 이르러 피고 공사와의 사이에 이 사건 토지에 관하여 채권최고액을 금 11,523,890,000원으로 한 근저당권설정계약을 체결하고, 1998. 2. 21. 그 설정등기를 경료한 사실은 인정된다.

(2) 그러나, 을 제21호증의 1의 기재만으로는 피고 B이 이 사건 신탁 사업과는 무관하게 자신의 피고 공사에 대한 다른 채무를 담보하기 위하여 이 사건 토지에 관한 근저당권을 설정한 것이라고 인정하기에 부족하고 달리 이를 인정할 증거가 없다.

(3) 오히려 갑 제5호증의 1, 을 제5, 6, 7호증, 병 제17호증의 1, 3의 각 기재에 변론 전체의 취지를 종합하면, 다음과 같은 사실을 인정할 수 있다.

(가) 이 사건 신탁계약 제4조의 규정

① 피고 B은 건물건축 및 신탁사무 수행에 필요한 자금을 신탁재산으로 충당하거나 원고(위탁자) 및 수익자의 부담으로 하여 차입할 수 있다. 이 경우 자금차입은 피고 B을 수탁자로 하는 다른 신탁재산에서 차입하는 것을 포함한다.

② 피고 B은 제1항의 차입금을 담보하기 위하여 신탁재산인 토지와 준공 후의 건물에 저당권 또는 근저당권을 설정할 수 있다.

(나) 피고 B은 이 사건 신탁사업을 비롯한 여러 신탁사업을 수행하는데 필요한 자금을 금융기관 등으로부터 차입하여 마련하였는데, 1998. 2.경 제일은행으로부터 기존 차입금 61,753,000,000원의 상환을 요구받게 되었다.

(다) 이에 피고 B은 피고 공사와의 사이에 「피고 공사의 지급보증 아래 제일은행으로부터 자금을 신규 차입하여 기존 차입금을 상환하되, 피고 공사에 대한 장래 구상금채무를 담보하기 위하여 기존 차입금이 사업비용으로 투입되어 있는 해당 신탁사업의 신탁재산에 관하여 위 차용금에서 해당 신탁사업 투입액에 따라 안분한 금액을 피담보채권액으로 한 담보권을 설정하여 주기」로 약정하였다.

(라) 그리하여 피고 B은 1998. 2. 21. 제일은행으로부터 금 61,753,000,000원의 자금을 차입하여 그 중 금 69억 원 가량을 그 전에 이 사건 신탁사업 수행을 위하여 선급금 등으로 지출한 기존 차입금에 대한 상환 및 연장의 용도로 사용하였는바, 피고 B은 위 약정에 따라 자신의 피고 공사에 대한 장래 구상채무를 담보하기 위하여 이 사건 토지에 관하여 채권최고액을 금 11,523,890,000원으로 한 위 근저당권 설정계약을 체결하였다.

(4) 앞서 본 이 사건 신탁계약에 의하면, 이 사건 신탁사업에 소요되는 비용은 최종적으로 위탁자인 원고 또는 수익자가 부담하여야 하고, 이 사건 신탁계약은 신탁사업에 필요한 자금을 조달함에 있어 신탁재산을 담보로 제공하는 경우도 예정하고 있으므로, 피고 B이 이 사건 신탁사업을 위하여 필요한 비용을 차용하여 충당하고 그 기존 차입금의 상환 및 연장을 위하여 새로운 자금을 차입하면서 피고 공사에게 이 사건 근저당권을 설정하여 준 행위는 이 사건 신탁사업의 수행을 위한 목적에서 이루어진 것으로서 유효하다.

그러므로, 이와 달리 「수탁자인 피고 B이 자신의 고유사업을 위한 기존 차입금 상환용 자금을 신규 차입하기 위한 방편으로 피고 공사로부터 지급보증을 받으면서 위와 같은 근저당권설정등기를 경료하여 주었음」을 전제로 한 원고의 위 주장은 받아들일 수 없다.

따라서, 원고의 피고 공사에 대한 청구는 이유 없다.

4. 원고의 피고 D에 대한 손해배상청구에 관한 판단

가. 원고의 주장

(1) 피고 B은 이 사건 신탁계약에 따라 선량한 관리자로서 그 계약내용을 성실히 이행할 의무가 있음에도 이를 게을리한 채, 업무능력이 없는 설계용역업체를 선정함으로써 설계도면 작성 및 건축허가가 일정보다 지연되었고, 건축허가 부관사항 또한 제대로 이행하지 아니함으로써 시공사인 E로 하여금 이 사건 공사를 진행할 수 없게 하였으며, 과도한 차입경영으로 인한 경영상의 어려움이 발생하여 사업자금을 조달하지 못하게 되자 이 사건 신탁사업의 시공사인 E에게 선급금 반환을 요구하고 공사 중단을 지시하는 등 신탁의 본지에 따라 선량한 관리자의 주의로써 신탁재산을 관리할 의무를 위반하였고, 그 결과 이 사건 신탁사업이 아무런 수익을 내지 못한 채 종료되었다.

(2) 결국 원고는 피고 B의 위와 같은 의무 위반으로 인하여, 판매비, 일반관리비, 영업외 비용 및 특별손실 등 제비용 20,523,536,629원과 예상수익금 40,000,000,000원 합계 금 60,523,536,629원의 손해를 입었는바, 신탁법 제40조에 따라 수탁자인 법인의 이사는 수탁자와 연대하여 손해배상책임을 부담하므로, 이 사건 신탁기간 동안 피고 B의 대표이사였던 피고 D는 원고에게 위 손해액 중 일부인 금 500,000,000원을 지급할 의무가 있다.

나. 판 단

신탁법 제40조는 「수탁자인 법인이 그 임무에 위반한 때에는 이에 관여한 이사나 이에 준하는 자는 연대하여 그 책임을 진다」고 규정하고 있으나, 앞서 참가인의 피고 B에 대한 손해배상에 관한 주장에서 살펴 본 것과 같은 사정 및 원고는 E로부터 여신을 제공받기 위하여 수탁자인 피고 B으로 하여금 E에게 금 120억 원의 선급금을 지급하도록 하였고, 피고 B은 위 선급금을 마련하기 위하여 외부로부터 거금의 자금을 차입하게 됨으로써 결과적으로 이 사건 신탁사업수지의 약화를 초래하게 된 단초를 제공한 당사자인 점 등을 종합하면, 피고 B이 위탁자인 원고에 대하여 선관주의의무를 위반하였다고 보기 어렵고 달리 이를 인정할 증거도 없다.

따라서, 원고의 피고 D에 대한 청구는 더 나아가 볼 것도 없이 이유 없다.

144. 대법원 2008. 3. 13. 선고 2007다54276 판결 [건물철거등]

[논점] 수탁자의 권한을 제한하는 신탁계약상의 특약에도 불구하고 수탁자가 제3자에 대한 관계에서 그 신탁재산에 관한 완전한 소유권을 행사할 수 있는지 여부

【이 유】

1. 신탁법상의 신탁은 신탁설정자(위탁자)와 신탁을 인수하는 자(수탁자)의 특별한 신임관계에 기하여 위탁자가 특정의 재산권을 수탁자에게 이전하거나 기타의 처분을 하고 수탁자로 하여금 일정한 자(수익자)의 이익을 위하여 또는 특정의 목적을 위하여 그 재산권을 관리, 처분하게 하는 법률관계를 말하고, 신탁계약에 의하여 재산권이 수탁자에게 이전된 경우 그 신탁재산은 수탁자에게 절대적으로 이전하므로, 이 사건 신탁계약을 체결하면서 수탁자인 원고가 위탁자 겸 수익자와의 사이에 "수탁자의 권한은 등기부상 소유권 관리 및 보전에 한정되므로 그 이외의 실질적인 관리, 보전 업무 일체는 우선수익자의 책임하에 수익자가 주관하여 관리한다"고 특약하였다고 하더라도, 원고는 우선수익자나 수익자에 대한 관계에서 위와 같은 특약에 따른 제한을 부담할 뿐이고 제3자인 피고에 대한 관계에서는 완전한 소유권을 행사할 수 있다.

같은 취지에서, 위와 같은 특약이 있었음을 들어 원고의 이 사건 철거 등의 청구에 응할 수 없다는 피고의 주장을 배척한 원심판결은 정당한 것으로 수긍되고, 거기에 판결 결과에 영향을 미친 신탁법상의 신탁행위에 관한 법리오해, 심리미진 등의 위법이 없다.

[원심판결] 수원지방법원 2007. 7. 6. 선고 2006나27854 판결 [건물철거등]

【주 문】

1. 피고의 항소를 기각한다.

2. 항소비용은 피고가 부담한다.

【청구취지 및 항소취지】

1. 청구취지

피고는 원고에게 용인시 수지구 C 임야 28,906m 중 별지 도면 표시 47, 48, 49, 50, 47의 각 점을 순차로 연결한 선내 ㉰부분 지상 목조 스레트지붕 창고 5m, 같은 도면 표시 51, 52, 53, 54, 55, 56, 51의 각 점을 순차로 연결한 선내 ㉱부분 지상 목조 기와지붕 요사채 62m, 같은 도면 표시 57, 58, 59, 60, 61, 62, 57의 각 점을 순차로 연결한 선내 ㉲부분 지상 세멘벽돌조 슬래브지붕 방 및 욕실 31m, 같은 도면 표시 41, 63, 64, 65, 41의 각 점을 순차로 연결한 선내 ㉳부분 지상 세멘벽돌조 기와지붕 산신각 9m, 같은 도면 표시 66, 67, 68, 69, 66의 각 점을 순차로 연결한 선내 ㉴부분 지상 세멘벽돌조 기와지붕 대웅전 30m, 같은 도면 표시 70, 71, 72, 73, 70의 각 점을 순차로 연결한 선내 ㉵부분 지상 세멘블록조 스레트지붕 방앗간 9m, 같은 도면 표시74, 75, 76, 77, 74의 각 점을 순차로 연결한 선내 ㉶부분 지상 샌드위치판넬조 샌드위치판넬지붕 식당 74m, 같은 도면 표시 78, 79, 80, 81, 78의 각 점을 순차로 연결한 선내 ㉷부분 지상 목조 스레트지붕 축사 4m, 같은 도면 표시 45, 44, 82, 46, 45의 각 점을 순차로 연결한 선내 ㉸부분 지상 세멘벽돌조 슬래브지붕 화장실 4m를 각 철거하고, 같은 도면 표시 37, 38, 39, 28, 37의 각 점을 순차로 연결한 선내 ㉮부분 주차장93m, 같은 도면 표시 37, 40, 41, 42, 43, 82, 46, 25, 27, 39, 38, 37의 각 점을 순차 연결한 선내 ㉯부분 임야 1,659m를 인도하라.

2. 항소취지

제1심 판결을 취소한다. 원고의 청구를 기각한다.

【이 유】

(1) 피고는, 이 사건 전전 소유자인 D와 이 사건 토지의 전 소유자인 디에스디삼호 주식회사(이하 '소외회사'라 한다)가 이 사건 토지에 관하여 매매계약을 체결할 당시 양 당사자 사이에 이 사건 건물들의 이전 부지 및 그 부지에 이르는 진입도로를 개설하여 이를 피고에게 제공하기로 합의하였는바, 위 합의는 민법 제539조 소정의 제3자를 위한 계약으로서 수익자인 피고가 그 후 D와 소외회사에게 수익의 의사표시를 하여 소외회사로부터 이 사건 토지를 신탁받은 원고 역시 피고에게 위 합의를 이행할 의무가 있으므로, 원고가 위 합의상의 의무를 이행하기 전에는 원고의 청구에 응할 수 없다는 취지의 주장을 하므로 살피건대, 갑 제5호증의 기재에 의하면, 소외회사가 2004. 2. 3. D와 사이에 이 사건 토지에 관하여 매매계약을 체결하면서, D는 피고에게 용인시 E 소재 토지 중 소외회사가 원하는 곳에 사찰부지 1,200평을 제공해 주고(제10조), 소외회사는 피고에게 사찰까지 통할 수 있는 도로를 최소 폭 6m로 하여 설치해 주기로(특약사항 1, 2항) 합의한 사실은 인정되나, 설령 위 합의가 제3자를 위한 계약에 해당한다 하더라도 위 합의에 근거하여 피고가 D에 대하여 이 사건 건물들의 이전 부지의 제공을, 소외회사에 대하여 그에 이르는 진입도로의 제공을 각 청구할 수 있을 뿐, 원고에 대하여 위 합의상의 의무를 청구할 수 없을 뿐만 아니라(위탁자가 수탁자에게 부동산의 소유권을 이전하여 당사자 사이에 신탁법에 의한 신탁관계가 설정되면 단순한 명의신탁과는 달리 신탁재산은 수탁자에게 완전히 귀속되어 신탁 후에도 여전히 위탁자의 재산이라고 볼 수는 없다), D 및 소외회사의 위 합의상의 의무가 피고의 이 사건 건물들의 철거 및 이 사건 토지의 인도 의무와 동시이행관계에 있다거나 그 보다 선이행관계에 있다고 인정할 아무런 증거도 없으므로 위 주장은 어느 모로 보나 더 나아가 살펴 볼 필요 없이 이유 없다.

(2) 피고는, 만약 원고에게 위 합의상의 의무가 인정되지 않는다면 피고의 소외회사에 대한 권리는 손해배상청구권으로 변경되고, 이 경우 소외회사의 원고에 대한 신탁행위는 소외회사가 피고를 해함을 알고 신탁을 설정한 경우에 해당하여 결국 사해신탁으로서 취소되어야 한다고 주장하므로 살피건대, 소외회사가 피고를 해함을 알고 이 사건 토지를 원고에게 신탁하였다거나, 그 신탁행위로 인하여 소외회사의 책임재산이 감소되었다는 등 위 신탁행위가 사해신탁임을 인정할 아무런 증거가 없으므로 위 주장도 더 나아가 살펴 볼 필요 없이 이유 없다.

(3) 피고는, 원고와 소외회사 사이의 신탁계약(이하 '이 사건 신탁계약'이라 한다)이 2005. 12. 31.로 종료되어 더 이상 원고가 이 사건 토지의 소유자가 아니므로 그로써 원고의 피고에 대한 이 사건 청구권원이 소멸하였다고 주장하나, 을 제13호증의 기재에 의하면, 애초 신탁계약 기간 만료일이 2005. 12. 31.인 사실은 인정되나, 한편, 갑 제7호증의 기재에 의하면, 원고와 소외회사가 2006. 5. 18.경 신탁계약 기간을 2010. 12. 31.로 연장하기로 약정한 사실을 인정할 수 있으므로, 위 주장도 이유 없다.

(4) 피고는, 이 사건 신탁계약의 특약사항 제3조는, 수탁자의 권한은 등기부상의 소유권 관리 및 보전에 한정되고, 그 이외의 실질적인 관리, 보전업무 일체는 우선수익자의 책임 하에 수익자가 주관하여 관리한다고 규정하고 있는바, 피고에 대하여 이 사건 건물들의 철거 및 이 사건 토지의 인도를 구하는 이 사건 청구는 신탁재산에 대한 실질적인 관리, 보전업무에 속하는 것으로 원고에게는 특약사항 제3조에 의거 이를 청구할 권한이 없다고 주장하나, 변론 전체의 취지에 의하면, [소외회사가 이 사건 토지의 위탁자 겸 수익자로서 수탁자인 원고에게 소유권에 기한 방해배제청구로서 이 사건 소의 제기를 의뢰하였다고 봄이 상당하므로],[318] 위 주장도 이유 없다.

---

318) 신탁의 법리에 비추어 볼 때 이 부분 설시 내용은 타당하지 않다.

145. 대법원 2008. 2. 28. 선고 2005다51334 판결 [환매대금]

[논점] 투자신탁의 수탁자가 보관하고 있는 신탁재산에 속한 채권을 자동채권으로 하는 상계권의 행사자

【이 유】

3. 상고이유 제4점에 대하여

구 증권투자신탁업법(1998. 1. 13. 법률 5505호로 개정되기 전의 것, 이하 같다)상의 증권투자신탁[319]에 있어서 수탁회사는 위탁회사로부터 신탁재산을 구성하는 유가증권의 보관을 위탁받아 위탁회사의 명칭을 기재하는 등으로 신탁의 공시를 하여 관리하여야 하는 점(구 증권투자신탁업법 제17조 제5항, 신탁법 제3조 제2항), 위탁회사는 신탁재산인 유가증권 등에 관한 의결권 등의 모든 권리를 행사할 수 있는 권리를 갖고 있으나, 다만 그 행사를 수탁회사를 통하여 하여야 하는 것에 불과한 점(구 증권투자신탁업법 제25조), 위탁회사는 수탁회사에 대하여 유가증권 등의 취득·매각 등에 관하여 운용지시를 할 권한이 있는 반면, 수탁회사는 독자적인 운영권한 없이 원칙적으로 위탁회사의 운용지시에 따라야 하는 수동적인 지위에 있는 점(구 증권투자신탁업법 제24조, 제38조) 등 여러 규정의 취지에 비추어 볼 때, 구 증권투자신탁업법상 증권투자신탁의 위탁회사가 신탁재산을 운용하는 과정에서 신탁재산을 구성하거나 구성할 유가증권의 매매 등과는 별도로 신탁재산의 가치를 보전하거나 증대시키기 위하여 대외적으로 제3자와 사이에 채무부담을 수반하는 계약을 체결한 경우, 만일 그에 따른 채무부담의 효력이 당연히 수탁회사에게 미친다고 보게 되면, 소정의 수수료를 받고 수동적으로 위탁회사의 운용지시에 따라 업무를 영위하는 지위에 있음에 불과한 수탁회사가 제3자에 대하여 신탁재산의 한도를 넘어서서 고유재산을 가지고 채무를 이행하여야 하는 책임을 질 수 있게 되어 부당하므로,[320] 그와 같이 채무부담을 수반하는 계약은 수탁회사로부터 대리권을 수여받았다는 등의 특별한 사정이 없는 한 그 결과가 사후에 신탁재산에 편입하는 때에 비로소 신탁재산의 손익에 반영됨에 그치고 그 계약의 효력이 바로 수탁회사에게 미친다고 할 수는 없다.

위 법리와 기록에 비추어 살펴보면, 원심이 제1심판결을 인용하여, 원고가 구하는 이 사건 환매대금은 피고 한국투자증권이 위탁회사로서 듀얼턴 4호에의 이익 귀속을 위하여 스스로 당사자가 되어 체결한 이 사건 환매계약에 기한 금원일 뿐이고 듀얼턴 4호 투자자들의 신탁재산에 관한 것은 아니라는 점, 피고 한국투자증권이 듀얼턴 4호의 위탁회사로서 투자구조 재구성을 통한 수익을 듀얼턴 4호에 귀속시키기 위한 과정에서 이 사건 환매계약상의 채무를 부담한다고 하여 그것이 반드시 듀얼턴 4호의 신탁재산에 손실을 초래한다고 할 수 없다는 점 등에 비추어 보면, 위탁회사인 피고 한국투자증권과 원고 사이에 체결된 이 사건 환매계약이 민법 제103조에 위반되어 무효라고 볼 수 없다고 판단한 것은 정당하고, 거기에 상고이유 제4점에서 주장하는 바와 같은 구 증권투자신탁업법 및 민법 제103조에 관한 법리오해, 이유모순 등의 위법이 없다.

5. 상고이유 제7점에 대하여

구 증권투자신탁업법에 따른 증권투자신탁에 의하여 위탁회사가 투자자(수익자)들로부터 모은 자금 등을 신탁하여 수탁회사가 보관하고 있는 신탁재산은 신탁법 및 증권투자신탁업법의 법리에 의하여 대외적으로 수탁회사가 그 소유자가 되므로, 특별한 사정이 없는 한 신탁재산에 속한 채권을 자동채권으로 하는 상계권 역시 수탁회사가 법률행위의 주체로서 행사하여야 하고, 이 경우 수동채권은 수탁회사가 부담하는 채무이어야 한다(대법원 2002. 12. 26. 선고 2002다12734 판결 등 참조).

---

319) 현행 자본시장법상 투자신탁.

320) 현행 자본시장법에 따르면 투자신탁의 경우 수탁회사(신탁업자)는 집합투자재산(투자신탁재산)으로 그 이행책임을 지므로 (동법 제80조 제2항) 자본시장법 하에서는 반드시 타당한 근거는 아니다.

위 법리와 기록에 비추어 살펴보면, 이 사건 투자구조가 직접투자로 바뀌었다고 하여 수탁회사가 보유하는 듀얼턴 4호의 신탁재산인 이자쿠폰이 피고 한국투자증권의 고유재산에 귀속되었다고 볼 수 없을 뿐만 아니라, 이 사건 환매대금채무는 수탁회사의 채무가 아니라 위탁회사인 피고 한국투자증권 자신의 고유채무이므로, 피고 한국투자증권은 수탁회사가 보유하는 듀얼턴 4호의 신탁재산인 이자쿠폰상의 지급청구권을 자동채권으로 하여 원고의 피고 한국투자증권에 대한 이 사건 환매대금채권과 상계할 수 없다.

같은 취지의 원심의 판단은 정당하고, 거기에 상고이유 제7점에서 주장하는 바와 같은 신탁재산의 귀속, 증권투자신탁에 있어서 상계 등에 관한 법리오해 등의 위법이 없다.

146. 대법원 2007. 12. 27. 선고 2005다23674 판결 [매매대금등]

[논점] 신탁계약의 종료와 분양계약상 분양자 지위의 면책적 승계 여부

【이 유】

2. 신탁계약의 종료 여부 및 계약인수 여부 등에 대하여

기록에 비추어 살펴보면, 원심이 그 채용 증거들을 종합하여 그 판시와 같은 사실을 각 인정한 다음, 피고 D과 피고 E 사이에 체결된 이 사건 신탁계약은 2000. 11. 10. 신탁기간의 만료로 종료되거나 가사 그렇지 않다고 하더라도 2002. 6. 18. 목적달성으로 종료된 것으로 보아야 한다고 판단한 것은 정당하고, 원고들이 상고이유에서 주장하는 채증법칙위반, 심리미진, 신탁의 종료나 목적달성에 관한 법리오해 등의 위법이 없다.

또한 원심이 확정한 사실관계와 기록에 의하면, 원고들과 피고 D 그리고 피고 E는 이 사건 각 분양계약 당시 "피고 E와 피고 D 사이의 신탁계약의 해지 또는 종료와 동시에 신탁에 기한 피고 D의 모든 행위 및 권리·의무는 피고 E에게 포괄승계되며 아울러 본 계약에 기한 원고들의 피고 D에 대한 모든 권리와 의무도 계약변경 등 별도의 조치 없이 위탁자인 피고 E가 승계한다."는 약정(이 사건 각 분양계약서 제21조)을 함으로써 이 사건 신탁계약의 해지 또는 종료를 불확정기한으로 한 면책적 계약인수약정을 하였다고 보이고, 여기서 말하는 "이 사건 신탁계약의 해지 또는 종료"란 이 사건 신탁계약 자체의 해지 또는 종료를 의미할 뿐 피고 D과 피고 E 사이에 신탁법 제61조에 의한 법정신탁관계까지 모두 해소될 것을 의미하는 것은 아니므로, 원심이 같은 취지에서 이 사건 신탁계약이 종료된 이상 피고 D과 피고 E 사이에 법정신탁관계가 존속하는지의 여부에 관계없이 이 사건 각 분양계약에 기한 피고 D의 원고들에 대한 모든 권리·의무는 면책적으로 피고 E에게 이전되었고, 따라서 원고들과 피고 D 사이에서는 이 사건 분양계약으로 인한 채권채무관계가 더 이상 존재하지 아니한다고 판단한 것은 정당하고, 원고들이 상고이유에서 주장하는 채증법칙위반, 심리미진, 법정신탁 등에 관한 법리오해 등의 위법이 없다.

[원심판결] 서울고등법원 2005. 3. 30. 선고 2002나43587 판결 [매매대금등]

【주 문】

1. 제1심 판결 중, 다음에서 지급을 명하는 피고 주식회사 E에 대한 원고들의 패소부분을 취소한다.

피고 주식회사 E는,

가. 원고 C에게 298,935,760원 및 위 금원 중 100,000,000원에 대하여는 1999. 7. 16.부터 2005. 3. 30까지는 연 5%, 그 다음날부터 완제일까지는 연 20%의 171,873,560원에 대하여는 2000. 11. 13.부터

2005. 3. 30까지는 연 5%, 그 다음날부터 완제일까지는 연 20%의, 9,857,800원에 대하여는 2000. 7. 25.부터 2005. 3. 30.까지는 연 5%, 그 다음날부터 완제일까지는 연 20%의, 17,204,400원에 대하여는 2000. 12. 1.부터 2005. 3. 30.까지는 연 5%, 그 다음날부터 완제일까지는 연 20%의 각 비율에 의한 금원을,

나. 원고 A, B에게 각 154,486,900원 및 위 각 금원 중 50,000,000원에 대하여는 1999. 5. 14부터 2005. 3. 30까지는 연 5%, 그 다음날부터 완제일까지는 연 20%의, 90,000,000원에 대하여는 1999. 8. 10.부터 2005. 3. 30까지는 연 5%, 그 다음날부터 완제일까지는 연 20%의, 4,928,900원에 대하여는 2000. 7. 27.부터 2005. 3. 30까지는 연 5%, 그 다음날부터 완제일까지는 연 20%의, 9,558,000원에 대하여는 2000. 12. 21.부터 2005. 3. 30까지는 연 5%, 그 다음날부터 완제일까지는 연 20%의 각 비율에 의한 금원을 각 지급하라.

2. 원고들의 피고 주식회사 D에 대한 항소와 피고 주식회사 E에 대한 나머지 항소를 모두 기각한다.

3. 소송총비용 중 원고들과 피고 D 사이에 생긴 부분은 원고들의, 원고들과 피고 주식회사 E 사이에 생긴 부분은 위 피고의 각 부담으로 한다.

4. 제1항의 금원지급 부분은 가집행할 수 있다.

【청구취지 및 항소취지】

제1심 판결을 취소한다. 피고들은 연대하여, (1) 원고 C에게 ① 금 100,000,000원 및 이에 대한 1999. 7. 16.부터 소장부본 송달일까지는 연 5%, 그 다음날부터 완제일까지는 연 25%의, ② 금 171,873,560원 및 이에 대한 2000. 11. 13.부터 소장부본 송달일까지는 연 5%, 그 다음날부터 완제일까지는 연 25%의, ③ 금 9,857800원 및 이에 대한 2000. 7. 25.부터 소장부본 송달일까지는 연 5%, 그 다음날부터 완제일까지는 연 25%의, ④ 금 17,204,400원 및 이에 대한 2000. 12. 21.부터 소장부본 송달일까지는 연 5%, 그 다음날부터 완제일까지는 연 25%의, (2) 원고 A, B에게 각 ① 금 50,000,000원 및 이에 대한 1999. 5. 14.부터 소장부본 송달일까지는 연 5%, 그 다음날부터 완제일까지는 연 25%의, ② 금 90,000,000원 및 이에 대한 1999. 8. 100부터 소장부본 송달일까지는 연 5%, 그 다음날부터 완제일까지는 연 25%의, ③ 금 4,928,900원 및 이에 대한 2000. 7. 27.부터 소장부본 송달일까지는 연 5%, 그 다음날부터 완제일까지는 연 25%의, ④ 금 9,558,000원 및 이에 대한 2000. 12. 21.부터 소장부본 송달일까지는 연 5%, 그 다음날부터 완제일까지는 연 25%의, 각 비율에 의한 금원을 각 지급하라.

【이 유】

4. 피고들 사이의 신탁의 종료로 인한 권리의무의 승계

(1) 이 사건 신탁의 종료 및 최종계산의 승인

(가) 위 인정 사실에 의하면 피고와 E가 연장한 신탁기간이 2000. 11. 10.까지이고 연장된 신탁기간을 다시 연장하기로 합의한 바가 없었으므로 이 사건 신탁은 그 신탁기간의 만료로 종료되었다 할 것이다.

(나) 가사 2000. 11. 10. 이 사건 신탁이 종료되지 않았다 하더라도, 피고 D과 피고 E 사이에 이 사건 신탁계약에서 정한 신탁사업을 수행한 후 2002. 6. 18. 신탁사무에 관한 최종계산을 한 이상 신탁목적의 달성으로 이 사건 신탁은 종료되었다고 보아야 할 것이다.

(다) 비록 이 사건에서 2000. 11. 10. 이후에도 토시나 건물 등 신탁재산이 그 귀속권리자(피고 E나 수분양자 등)에게 이전되지 않은 부분이 있고, 더 나아가 피고 D과 피고 E의 2002. 6. 18.자 최종계산 이후에도 피고 D 명의로 남아 있는 신탁재산이 있어 신탁법 제61조 규정에 의한 법정신탁관계가 존속한다고 하더라도, 법정신탁에서 수탁자의 직무권한은 전무의 처리, 신탁재산의 귀속권리자에의 이전,

대항요건의 구비, 이들이 완료될 때까지 신탁재산을 보전하고 적절히 수익을 얻는 것에 한정되고 또한 법정신탁은 어디까지나 신탁관계의 종료를 전제로 하는 것이며, 더군다나 2002. 6. 18. 최종계산을 한 바도 있으므로 법정신탁관계가 존속한다고 하더라도 이 사건 신탁이 종료되지 아니한 것으로 볼 수는 없다고 봄이 상당하다.

(2) 신탁종료로 인한 분양계약상 권리의무의 승계

앞에서 본 바와 같이 피고 D과 피고 E 사이의 신탁계약은 2000. 11. 10. 기간 만료로 인하여 또는 적어도 2002. 6. 18. 신탁목적의 달성으로 종료되었으므로, 특별한 사정이 없는 한 이 사건 분양계약으로 인한 원고들과 피고 D 사이의 법률관계는 이 사건 분양계약 제21조 약정에 따라 이 사건 신탁의 종료와 동시에 피고 E에게 승계 되고, 피고 D은 이 사건 분양계약관계에서 탈퇴하여, 원고들과 피고 D 사이에서는 이 사건 분양계약으로 인한 채권채무관계가 더 이상 존재하지 아니한다 할 것이다.

나아가 계약인수에 의하여 이전되는 권리, 의무는 포괄적이어서 불법행위에 따른 손해배상책임이나 사용자책임도 그것이 이 사건 분양계약의 성립 및 이행 과정에서 발생한 기망 행위로부터 발생하는 의무로서 이 사건 분양계약관계와 관련성이 인정되는 이상 피고 E에 모두 승계 되었다고 봄이 상당하다.

147. 대법원 2007. 12. 13. 선고 2007다53464 판결 [수표금][321)]

[논점] 수표의 배서양도가 피배서인으로 하여금 소송행위를 하게 하는 것을 주된 목적으로 하는 소송신탁에 해당하여 무효라고 한 사례

【이 유】

2. 수표의 숨은 추심위임배서가 소송행위를 하게 하는 것을 그 주된 목적으로 하는 경우에는 신탁법 제7조[322)]에 위반하는 권리이전행위이므로 무효라 할 것이고(대법원 1982. 3. 23. 선고 81다540 판결 등 참조), 소송행위를 하게 하는 것이 주목적인지의 여부는 추심위임배서에 이르게 된 경위와 방식, 추심위임배서가 이루어진 후 제소에 이르기까지의 시간적 간격, 배서인과 피배서인 간의 신분관계 등 여러 상황에 비추어 판단하여야 한다(대법원 2004. 3. 25. 선고 2003다20909, 20916 판결 등 참조).

원심이 적법하게 확정한 사실과 기록에 의하면, 소외 회사는 1999. 1. 8. 설립된 법인으로 쥴리앙(JULLIEN)이란 브랜드로 의류제조 및 판매업을 영위하였는데, 피고는 2001. 3. 23. 소외 회사와 사이에 대리점계약을 체결하고 소외 회사의 김천대리점을 운영한 사실, 쥴리앙이란 브랜드는 소외 6이 1983년경 소외 7 주식회사를 운영하면서 출시한 것이고, 소외 6은 소외 회사의 대표이사인 소외 8의 이모이며, 소외 6의 조카인 소외 2도 소외 회사의 이사로 재직한 사실, 소외 회사는 2001년 6월경부터 반품처리 및 이에 따른 정산문제로 인하여 각 대리점들과 다툼이 시작되어 2002년 5월경에는 그 다툼이 격화되었고, 피고 역시 반품 물품에 대한 정산문제로 소외 회사와 대립하다가 2002년 4월경 소외 회사에게 교부한 이 사건 각 수표를 비롯하여 피고 발행의 수표들에 대하여 지급은행인 조흥은행 김천지점에 피사취 신고를 한 사실, 소외 회사는 물품 공급의 중단으로 대리점들과 대항하다가 2002. 7. 25. 대리점주들과 사이에 피사취 신고를 해지하고 소외 회사는 2002년 가을 신상품을 공급하기로 합의하였으나, 피고를 포함한 대리점주들이 위 피사취 신고를 해지하지 않자 같은 해 8. 10.자로 소외 회사가 피사취 신고를 해지한 대리점에 한하여 가을 신상품을 공급하겠다는 내용의 공문을 보낸 사실, 피고는 2002. 8.

321) 대법원 2003. 1. 24. 선고 2000다37937 판결, 대법원 1973. 3. 28. 선고 72다2489 판결, 대법원 1969. 7. 8. 선고 69다362 판결도 같은 취지임(모두 인터넷 종합법률정보에서 검색 가능).

322) 현행 신탁법 제6조.

29. 그 발행의 수표들에 대하여 피사취 신고를 해지하면서 가을 신상품의 선수금 명목으로 이 사건 각 수표의 발행일을 2002. 9. 21.로 정정하여 소외 회사에게 교부하였으나, 소외 회사가 가을 신상품을 공급하지 않자 이 사건 각 수표에 대하여 다시 조흥은행 김천지점에 피사취 신고를 한 사실, 이 사건 각 수표 앞면 우측 상단에는 '500만 원 이하'라는 문구가 기재되어 있고, 발행인란 아래 부분에 "발행한도 금액을 초과한 수표는 발행인이 직접 은행에 제시하는 경우에 한하여 수납합니다."라는 문구가 기재되어 있어, 이 사건 각 수표의 액면금은 위 한도액을 초과하여 발행됨으로써 그 지급 거절이 충분히 예견되었음에도, 원고는 2002. 9. 17. 제일은행 압구정동 지점을 통하여 이 사건 각 수표를 지급제시하였고, 2002. 9. 23. 피사취신고 및 발행한도액 초과발행을 이유로 이 사건 각 수표의 지급이 거절된 사실, 한편 소외 회사는 피고 운영의 김천대리점을 포함하여 전국에 소재하는 8개 대리점과 사이에 반품 정산과 관련한 분쟁을 겪으면서 2001. 11. 26.부터 2002. 9. 20.까지 이들 8개 대리점으로부터 선수금 명목으로 이 사건 어음을 포함하여 액면 합계 444,094,327원의 약속어음 및 가계수표 25장을 교부받았는데, 원고는 액면금 합계 235,134,000원인 14장의 약속어음 및 가계수표를, 소외 3은 액면금 합계 128,960,327원인 6장의 약속어음 및 가계수표를, 소외 4는 액면금 합계 60,000,000원인 3장의 약속어음을, 소외 5는 액면금 합계 20,000,000원인 2장의 약속어음을 소외 회사로부터 배서양도받는 등 위 25장은 모두 제3자에게 배서양도되었으나 그 발행인인 소외 회사의 8개 대리점과 사이에 위와 같은 반품처리와 관련된 분쟁으로 인하여 피사취 또는 무거래를 이유로 지급거절된 사실, 2002. 10. 17. 전주지방법원 군산지원 2003가단19365호로 옥순남에 대한 원고 명의의 어음금 소송이 제기된 후, 2003. 2. 26.부터 2003. 4. 2.까지 단기간에 소외 회사의 대리점주들이 소재하는 각 법원에 대리점주들이 각 발행한 약속어음 및 가계수표와 관련하여 원고, 소외 3, 5, 4 등의 명의로 10여 개의 어음금 및 수표금 소송이 단계적으로 일괄하여 제기되었는데, 소외 5 명의 이외의 소송에서 소송대리인을 소외 5로 지정하여 소송대리허가신청 및 소송위임장을 같이 접수하는 등 소외 회사의 이사인 소외 2가 원고 등이 배서양도를 받았다고 주장하는 어음 또는 수표금 소송 전부를 소외 회사의 실질적 사주 소외 6의 지시에 따라 소장 작성에서부터 변호사 선임까지 실질적으로 주관하고 있는 사실, 원고와 소외 2는 디스플레이 소품개발과 원단납품 관계로 알게 된 사이임에 불과하고, 원고 스스로 친지들로부터 금원을 차용하여 조성한 자금을 포함한 자신의 전재산으로 소외 회사에게 어음할인을 해 주었다고 밝히면서도, 아무런 담보를 확보하지 않고 어음 내지 수표를 취득하지도 않은 채 어음할인금으로 2002. 2. 28. 127,000,000원을 송금하거나, 소외 회사의 대리점주가 발행한 약속어음 및 가계수표가 피사취를 원인으로 지급거절되었음에도 아무런 대책을 강구함이 없이 2002. 9. 10. 할인금 명목으로 소외 회사에 90,000,000원을 다시 송금하고 있으며, 자신 명의로 진행된 소송들에 대하여 그 진행 사항조차 파악하고 있지 못하고 있는 등 어음할인업자로서는 이해할 수 없는 행동을 하고 있는 사실, 원고는 2004. 8. 18. 형사사건 피의자로 경찰에서 조사를 받으면서 자신은 부산에 거주하고 있어 소외 2가 어음을 부산으로 가지고 오면 현금으로 어음할인을 했다고 주장하다가 이 사건에서 피고가 어음할인 관련 금융거래내역이 없음을 지적하자 위와 같은 주장을 번복하고 자신 명의의 보관어음계좌 및 예금계좌 거래내역을 제출하고 있으나, SC제일은행 서울 압구정지점(지점번호 : 442)에 개설된 위 계좌들의 거래내역에 위 약속어음 및 가계수표를 보관어음계좌에 위탁하거나 추심을 의뢰할 경우 각 입력구분란 'FBT', 관리점번호 '442'라고 기재되어 위 압구정지점 창구에서 거래를 하였고, 원고가 이 사건 어음 할인금 명목으로 소외 회사에서 송금하였다는 2002. 9. 10.자 90,000,000원에 대하여도 원고 명의 계좌 출금내역에서 창구 거래를 뜻하는 'FBT'와 압구정지점을 뜻하는 '442'가 기재된 것으로 볼 때, 원고 명의로 위 계좌를 개설하기는 하였으나 원고 외에 제3자에 의하여 위 은행거래가 이루어진 것으로 보이는 사실을 인정할 수 있다.

위 인정 사실에 나타난 바와 같이 이 사건 각 수표를 비롯한 25장의 약속어음 및 가계수표가 그 수취인인 소외 회사로부터 양도되기 전에 그 약속어음 및 가계수표의 발행인인 대리점들과 사이에 반품 관련 정산대금과 관련하여 분쟁이 계속되고 있었던 점, 소외 회사와 피고 사이에 미수금에 관한 견해 차이가 좁혀지지 않았을 뿐만 아니라, 그와 같은 상황에서 2002년 가을 신상품이 피고에게 공급되지 않아 그 선수금 명목으로 소외 회사에게 교부한 이 사건 각 수표에 기하여 소외 회사가 피고에게 직접 지급을 청구할 경우 피고가 가을신상품 미지급을 이유로 원인관계 부존재의 항변을 할 것이라는 것을 쉽게 예상할 수 있는 점, 이 사건 각 수표(발행한도액이 500만 원으로 제한되어 있음에도 액면금 1,000만 원으로 발행되어 있다)를 비롯한 14장의 약속어음 및 가계수표의 할인 경위에 대한 원고의 진술이나 할인과 관련한 원고의 행태를 쉽게 이해하기 어려운 점, 약속어음 및 가계수표의 양수인이라고 하는 원고, 소외 3, 5, 4 등이 특정한 시기에 발행인인 대리점주들을 상대로 일괄 소송을 제기하고 있고, 이에 소외 회사의 이사인 소외 2가 주도적으로 관여하고 있는 점, 소외 2와 소외 회사 실질적 사주인 소외 6과의 관계 등에 비추어 볼 때, 소외 회사가 피고와의 분쟁으로 인한 인적 항변에 의하여 수표금을 지급받지 못하게 될 것이 예상되자 원고를 통한 이 사건 소를 제기하여 쉽게 승소판결을 받아 수표금을 지급받기 위하여 원고를 피배서인으로 하여 이 사건 각 수표상에 양도배서하였다고 봄이 상당하고, 이와 같은 배서양도는 원고로 하여금 소송행위를 하게 하는 것을 주된 목적으로 하는 소송신탁에 해당하여 무효라고 할 것이다.

따라서 이 사건 각 수표의 배서양도가 소송신탁에 해당한다는 피고의 항변에 대하여 그 판시와 같은 이유로 이를 배척한 원심판결에는 소송신탁에 관한 법리를 오해하거나 채증법칙을 위배한 위법이 있다고 할 것이고, 이러한 위법은 판결 결과에 영향을 미쳤다고 할 것이다. 이 점을 지적하는 상고이유의 주장은 이유 있다.

148. 대법원 2007. 11. 29. 선고 2005다64552 판결 [약정금등][323]

[논점] 특정금전신탁과 불특정금전신탁의 구별 기준 및 특정금전신탁에 관한 원본 보전이나 이익 보족 약정의 효력, 신탁회사가 신탁재산을 고유재산으로 취득하는 것이 허용되는지 여부, 고유재산을 신탁재산이 취득하도록 하는 것이 허용되는지 여부

【이 유】

1. 원고의 상고이유에 대하여

가. 이 사건 제1, 2신탁계약의 법적 성질 및 이 사건 제2신탁계약의 운용방법에 관한 해석의 점

금전신탁은 신탁행위에 의하여 위탁자로부터 금전을 수탁받은 신탁회사가 이를 대출, 유가증권, 기타 유동성 자산 등에 운용한 후 신탁기간 종료시에 수익자에게 금전의 형태로 교부하는 신탁의 일종으로서, 신탁된 금전은 금융기관의 고유재산이 아닌 신탁재산에 속하게 되고 신탁행위 또는 관계 법령에서 정한 바에 따라 자금운용이 이루어져야 하며, 실적배당주의가 적용되어 원칙적으로 원본과 이익이 보장되지 아니할 수 있다는 점 등에서, 예금된 금원이 금융기관의 고유재산에 속하게 되고 예금에 관한 금융기관의 자금운용 방법에 원칙적으로 제한이 없으며, 원금 및 약정이율에 따른 이자의 지급이 보장되는 금전의 소비임치계약인 예금과 차이가 있다.

---

323) 이 판결에 대한 평석은, (1) 오영준, 가. 금전신탁과 예금, 특정금전신탁과 불특정금전신탁의 구별, 나. 특정금전신탁에 관한 원본이나 이익 보족 약정의 효력, 대법원판례해설 72호, 법원도서관, 52면 이하, (2) 임채웅, 금전신탁의 연구-특정금전신탁과 불특정금전신탁을 중심으로-, 신탁법 연구, 박영사, 235면 이하, (3) 김경환, 특정금전신탁에 있어서의 원본 내지 이익보장 약정, 민사판례연구 31권, 박영사, 665면 이하, (4) 유중원, 특정금전신탁의 법률관계, 판례연구 22집, 서울지방변호사회, 148면 이하를 각 참고할 것.

한편, 구 신탁업법(1998. 1. 13. 법률 제5502호로 개정되기 전의 것, 이하 같다) 제11조, 구 신탁업법 시행령(1998. 4. 1. 대통령령 제15756호로 개정되기 전의 것, 이하 같다) 제3조 제1항 제1호, 구 신탁업법 시행규칙(1998. 5. 20. 재정경제부령 제21호로 개정되기 전의 것, 이하 같다) 제1조, 구 신탁업무운용요강(1996. 10. 21. 및 1996. 12. 26. 각 개정된 것, 이하 같다) 제4조, 제6조, 제8조, 제8조의2의 규정을 종합하여 보면, 특정금전신탁은 위탁자가 신탁재산의 운용방법을 특정하는 금전신탁으로서, 수탁자는 위탁자가 지정한 방법대로 자산을 운용하여야 하고 다른 신탁상품과는 합동운용할 수 없으며 원본 보전과 이익 보족이 금지되어 있는 반면, 불특정금전신탁은 위탁자가 신탁재산의 운용방법을 특정하지 않고 수탁자에게 일임하는 금전신탁으로서 수탁자는 관계 법령에서 정하고 있는 방법과 대상의 제한 범위 내에서 자유롭게 자산운용을 하고 다른 신탁상품과도 합동운용할 수 있으며 관계 법령이 정하는 바에 따라 원본 보전과 이익 보족이 허용된다는 점 등에서 특정금전신탁과 차이가 있다.[324]

원심판결 이유에 의하면, 원심은 그 채용 증거를 종합하여 그 판시와 같은 사실을 인정한 다음, 이 사건 제1, 2신탁은 신탁재산의 운용대상을 위탁자가 지정하도록 하고 있고, 이에 따라 신탁재산의 운용대상을 이 사건 제1신탁의 경우에는 '기타 재정경제원장관의 인가를 받은 유가증권의 인수 또는 매입'으로, 이 사건 제2신탁의 경우에는 '기타 재정경제원장관의 인가를 받은 유가증권의 인수 또는 매입' 및 '국·공채, 회사채의 인수 또는 매입'으로 각 특정하고 있으며, 신탁재산의 운용으로 인한 수익 및 손실이 모두 수익자에게 귀속하도록 하고 있는 점 등에 비추어 이 사건 제1, 2신탁은 모두 특정금전신탁이라 할 것이고, 신탁보수를 신탁계약서에 명시하지 아니하였다는 사정만으로 이를 예금계약이라거나 불특정금전신탁이라고 볼 수는 없다는 취지로 판단하였다.

위 법리와 기록에 비추어 살펴보면, 원심의 위와 같은 사실인정과 판단은 정당한 것으로 수긍할 수 있고, 거기에 상고이유에서 주장하는 바와 같은 신탁계약의 법적 성질 및 처분문서에 표시된 의사표시의 해석에 관한 법리오해, 심리미진, 채증법칙 위반 등의 위법이 없다.

나. 이 사건 제1, 2신탁계약에 부수한 수익률보장약정의 효력의 점

구 신탁업법 제11조, 구 신탁업무운용요강 제8조, 제15조의2는, 불특정금전신탁에 한하여 원본에 손실을 초래할 경우 또는 미리 정한 최소액의 이익을 얻지 못할 경우 이를 보전하거나 보족하는 계약을 할 수 있도록 규정하는 한편, 특정금전신탁에 대하여는 수익률보장약정을 금지하고 있고, 구 신탁업법 제17조의3, 구 신탁업법 시행령 제6조 제11호, 제11조, 구 신탁업법 시행규칙 제1조, 제5조는 불특정금전신탁에 관하여 손실보전 또는 이익보족약정을 할 경우라 하더라도 이를 수익증권 및 신탁계약서 또는 신탁증서에 기재하고 신탁회사의 대표자가 기명·날인하여야 하며 그 비율도 일정한 비율을 초과하지 못하고 특별유보금을 적립하도록 규정하는 등 그 요건 및 절차를 엄격히 규정하고 있다.[325] 원래 특정금전신탁은 위탁자가 지정한 운용방법에 따른 자산운용에 의하여 그 수익률이 변동함으로써 항상 위험이 따르고, 그 위험은 신탁회사가 신탁재산에 대하여 선량한 관리자로서의 주의의무를 다하지 아니하였다는 등의 특별한 사정이 없는 한 수익자가 부담하여야 하므로, 그 신탁재산의 운용 결과에 대한 손익은 모두 수익자에게 귀속되는 자기책임주의와 실적배당주의를 그 본질로 한다고 할 것이고, 만일 지정된 운영방법에 따른 자산운용에 의하여 손실이 발생하였음에도 불구하고 원본의 보전이나 일정한 이익이 보족된다면, 수익자는 항상 지정된 운용방법에 따른 자산운용에 수반하는 위험은 회피하고 이익만을 취득하게 되어 위와 같은 자기책임주의 및 실적배당주의에 반하는 것은 물론, 개별 수익보장을 위하여 신탁회사의 고유재산이나 영업이익에서 손실을 보전하는 것을 강요하게 되므로 신탁회사의 재

324) 현행 자본시장법 제103조 제3항, 자본시장법 시행령 제103조, 제104조, 금융투자업규정 제4-82조 제1항.
325) 현행 자본시장법 제55조, 제103조 제3항, 자본시장법 시행령 제104조 제1항, 금융투자업규정 제4-82조 제1항.

정을 불실하게 만들고 다른 거래 상대방을 불이익하게 한다. 따라서 특정금전신탁에 관한 원본 보전이나 이익 보족의 약정은 모두 특정금전신탁의 본질과 기능에 반하고 건전한 신탁거래질서를 해치는 것으로서 강행법규인 구 신탁업법 제11조의 규정에 반하여 무효라고 할 것이다.[326)]

같은 취지에서 원심이 이 사건 제1, 2신탁계약 체결 후 이 사건 제1, 2신탁에 관하여 별도로 체결된 수익률보장약정이 무효라고 판단하였음은 정당하고, 거기에 상고이유에서 주장하는 바와 같은 구 신탁업법 제11조[327)]의 강행법규성에 관한 법리오해 등의 위법이 없다.

다. 수익률보장약정의 무효 주장이 금반언의 원칙에 반하는지 여부의 점

강행법규에 위반한 자가 스스로 그 약정의 무효를 주장하는 것이 신의칙에 위반되는 권리의 행사라는 이유로 그 주장을 배척한다면, 이는 오히려 강행법규에 의하여 배제하려는 결과를 실현시키는 셈이 되어 입법 취지를 완전히 몰각하게 되므로 달리 특별한 사정이 없는 한 위와 같은 주장은 신의칙에 반하는 것이라고 할 수 없고, 한편 신의성실의 원칙에 위배된다는 이유로 그 권리의 행사를 부정하기 위해서는 상대방에게 신의를 공여하였다거나 객관적으로 보아 상대방이 신의를 가짐이 정당한 상태에 있어야 하며, 이러한 상대방의 신의에 반하여 권리를 행사하는 것이 정의관념에 비추어 용인될 수 없는 정도의 상태에 이르러야 한다(대법원 1999. 3. 23. 선고 99다4405 판결, 대법원 2004. 6. 11. 선고 2003다1601 판결 등 참조).

같은 취지에서 원심이 이 사건 제1, 2신탁계약 체결 후 별도로 이 사건 제1, 2신탁에 관하여 체결된 수익률보장약정이 무효라는 피고의 주장이 금반언의 원칙에 위반한 것이라고 볼 수 없다고 판단하였음은 정당하고, 거기에 상고이유에서 주장하는 바와 같이 금반언의 원칙에 관한 법리오해 등의 위법이 없다.

라. 불법행위로 인한 손해배상청구권의 소멸시효 기산점 및 시효중단의 점

민법 제766조 제1항에서 말하는 '손해'란 위법한 행위로 인한 손해 발생의 사실을, '가해자'란 손해배상청구의 상대방이 될 자를 의미하고, '안 날'이란 피해자나 그 법정대리인이 위 손해 및 가해자를 현실적이고도 구체적으로 인식함을 뜻하는 것이므로, 결국 여기에서 말하는 '손해를 안 날'이란 불법행위의 요건 사실에 대한 인식으로서 위법한 가해행위의 존재, 가해행위와 손해의 발생 사이에 상당인과관계 등이 있다는 사실까지 피해자가 알았을 때를 의미한다(대법원 1997. 12. 26. 선고 97다28780 판결, 대법원 2005. 5. 12. 선고 2005다8538 판결 등 참조).

위 법리와 기록에 비추어 살펴보면, 원심이 그 채용 증거를 종합하여 원고가 1999. 10. 22.경 피고에 대하여 "이 사건 제1, 2신탁계약 당시 원리금 및 약정이율을 보장하는 확약서를 통한 가입 유도 및 임의의 약정을 통한 대우캐피탈 기업어음 매입 등 신탁법 제38조에서 정하는 선량한 관리자로서의 주의의무를 다했다고 볼 수 없으므로 대우채권 지급에 대한 원만한 해결이 안 될 때에는 손해배상청구를 하겠다."는 내용을 통지하고, 1999. 11. 15. 다시 위와 같은 내용의 통지를 하면서 "1999. 11. 25.까지 당사 특정금전에 대한 원만한 해결이 안 될 시 피고 및 운용자에 대한 손해배상청구 등 민·형사상의 책임을 물을 수밖에 없다."는 내용을 통보한 사실과 그 당시 이미 주식회사 대우를 비롯한 대우그룹 전체가 부도위기에 처해 있다는 점이 대외적으로 부각되었던 사실을 인정한 다음, 원고로서는 늦어도 1999. 11. 15.경에는 피고의 불법행위 및 그로 인한 손해발생에 대하여 현실적이고도 구체적으로 인식하였다

326) 현행 자본시장법 하에서는, 자본시장법에서 허용하는 경우를 제외하고는, 특정금전신탁과 불특정금전신탁 모두 손실 보전이나 이익 보장이 금지된다(현행 자본시장법 제55조, 제103조 제3항, 자본시장법 시행령 제104조 제1항, 금융투자업규정 제4-82조 제1항).

327) 현행 자본시장법 제103조 제3항, 자본시장법 시행령 제104조 제1항.

고 할 것이고, 이 사건 소는 그로부터 3년이 경과한 후인 2002. 12. 31. 제기되었으므로 신탁가입 부당 권유 등을 이유로 하는 불법행위로 인한 손해배상청구권은 이미 시효로 소멸하였다고 판단하였음은 정당하고, 거기에 상고이유에서 주장하는 바와 같이 소멸시효의 기산점에 관한 법리오해나 채증법칙 위반 등의 위법이 없다.

마. 불법행위로 인한 손해배상채무의 승인의 점

소멸시효 중단사유로서의 채무의 승인은 시효이익을 받을 당사자인 채무자가 소멸시효의 완성으로 권리를 상실하게 될 자에 대하여 그 권리가 존재함을 인식하고 있다는 뜻을 표시함으로써 성립한다고 할 것이며, 그 표시의 방법은 아무런 형식을 요구하지 아니하고, 또 그 표시가 반드시 명시적일 것을 요하지 않고 묵시적인 방법으로도 가능한 것이기는 하지만, 그 묵시적인 승인의 표시는 적어도 채무자가 그 채무의 존재 및 액수에 대하여 인식하고 있음을 전제로 하여 그 표시를 대하는 상대방으로 하여금 채무자가 그 채무를 인식하고 있음을 그 표시를 통해 추단하게 할 수 있는 방법으로 행해져야 할 것이다(대법원 1992. 4. 14. 선고 92다947 판결, 대법원 2005. 2. 17. 선고 2004다59959 판결 등 참조).

위 법리와 기록에 비추어 살펴보면, 원심이 피고가 원고에게 신탁이익을 지급한 것은 이 사건 제1, 2 신탁계약상의 채무를 이행한 것일 뿐 불법행위로 인한 손해배상채무가 있다는 뜻을 표시한 것은 아니므로, 위 신탁이익의 지급이 불법행위로 인한 손해배상채무의 승인이라고 할 수 없다는 취지로 판단하였음은 정당하고, 거기에 상고이유에서 주장하는 바와 같은 채무승인에 관한 법리오해 등의 위법이 없다.

2. 피고의 상고이유에 대하여

가. 이 사건 제1신탁계약의 해석의 점

특정금전신탁의 당사자가 신탁회사로 하여금 위탁자로부터 지정받은 운용방법과 달리 신탁업무운용요강, 은행신탁업무의 종류 및 방법서에서 규정하고 있는 신탁재산의 운용방법 중 하나를 선택하여 신탁자금을 운용할 수 있도록 약정한 예외사유 중의 하나인 '사정변경으로 인하여 지정방법대로의 운용이 신탁재산에 손실을 초래할 것이 명백히 예상되는 경우'라 함은, 신탁 당시에 예견하지 못하였던 사정으로 인하여 위탁자가 지정한 운용방법의 대상이 되는 전체 자산의 거래시장이 일반적·전반적으로 침체되어 위탁자가 지정한 방법에 따라 신탁자금을 운용하여서는 손실을 볼 수밖에 없음이 명백한 경우 등을 의미하는 것이라고 해석된다. 만일 단순히 신탁회사가 신탁재산으로 취득한 특정 자산의 가격이 예기치 않게 하락세에 있게 되어 이를 계속 보유하게 되면 손실을 초래할 것이 명백한 경우 등을 위 예외사유에 포함되는 것으로 해석하게 되면, 비록 신탁재산으로 취득한 특정 자산의 가격이 하락세에 있더라도 신탁회사는 지정된 운용방법의 대상에 속하는 다른 종목 내지 종류의 자산을 운용하여 수익을 올릴 수 있는 가능성이 존재함에도 불구하고 지정되지 않은 다른 운용방법을 임의로 선택할 수 있는 권리를 갖게 되어 위탁자 스스로 자산운용에 따른 위험과 손익을 고려하여 운영방법을 지정하도록 한 특정금전신탁의 취지가 훼손될 뿐만 아니라, 신탁재산의 운용 결과에 대한 손익을 모두 수익자에게 귀속시키는 자기책임주의와 실적배당주의 근거 역시 흔들리게 되므로, 그와 같은 경우는 위 예외사유에 해당된다고 할 수 없다.

위 법리와 기록에 비추어 살펴보면, 원심이 그 채용 증거를 종합하여 그 판시와 같은 사실을 인정한 다음, 피고가 1998년 11월경 동아건설산업 주식회사(이하 '동아건설'이라고 한다) 기업어음(이하 '동아건설 CP'라고 한다)의 상환가능성이 거의 없어졌기 때문에 원고의 손해를 방지하기 위하여 이 사건 제1신탁재산에서 동아건설 CP를 편출할 필요성이 있었다 하더라도, 그러한 사정만으로는 이 사건 제1신탁계약의 계약서 제4조 제1항 단서에서 피고로 하여금 원고로부터 지정받은 운용방법과 달리 신탁업무운용요강, 은행신탁업무의 종류 및 방법서에서 규정하고 있는 신탁재산의 운용방법 중 하나를 선택하여 신탁자금을 운용할 수 있도록 한 '신탁계약 후 사정변경으로 인하여 지정한 방법대로의 운용이 신탁재산에 손실을 초래할 것이 명백히 예상되는 경우'에 해당한다고 인정하기에 부족하므로, 피고가 제1신탁재산에 원고가 지정한 운용방법을 위반하여 대우중공업 회사채를 편입한 것은 수탁자로서의 선관주의의무 위반에 해당한다는 취지로 판단하였음은 정당하고, 거기에 상고이유에서 주장하는 바와 같은 신탁계약의 해석에 관한 법리오해, 심리미진 및 채증법칙 위반 등의 위법이 없다.

나. 신탁재산과 고유재산 간의 거래의 점

신탁법 제31조[328]제1항, 구 신탁업법 제12조[329] 제1항의 규정에 의하면, 신탁회사는 금전신탁에 관하여 그 운용에 의하여 취득한 재산이 거래소의 시세가 있는 것이고, 신탁행위에 의하여 수익자에 대하여 부담하는 채무를 이행하기 위하여 필요한 경우에 한하여 신탁행위로 정하는 바에 의하여 신탁재산을 고유재산으로 취득할 수 있을 뿐, 그 이외의 경우에는 특별한 사정이 없는 한 누구의 명의로 하든지 신탁재산을 고유재산으로 하거나 이에 관하여 권리를 취득하지 못할 뿐만 아니라, 고유재산을 신탁재산이 취득하도록 하는 것도 허용되지 아니한다고 해석된다.

위 법리와 기록에 비추어 살펴보면, 피고가 이 사건 제1신탁재산을 운용하는 도중 1998년 11월경에 이르러 이 사건 제1신탁재산에서 동아건설 CP를 편출하여 피고의 고유재산에 편입시키고, 대신 피고의 고유재산인 대우중공업 주식회사(이하 '대우중공업'이라고 한다) 회사채를 이 사건 제1신탁재산에 편입한 행위는 관계 법령에 의하여 금지된 자기거래 행위로써 허용되지 아니한다.

같은 취지의 원심의 판단은 정당하고, 거기에 상고이유에서 주장하는 바와 같이 수탁자의 채무불이행에 관한 법리오해나 심리미진 등의 위법이 없다.

다. 묵시적 추인의 점

채권의 포기 내지 채무의 면제는 반드시 명시적인 의사표시만에 의하여야 하는 것이 아니고 채권자의 어떠한 행위 내지 의사표시의 해석에 의하여 그것이 채권의 포기라고 볼 수 있는 경우에도 이를 인정하여야 할 것이기는 하나, 이와 같이 인정하기 위하여는 당해 권리관계의 내용에 따라 이에 대한 채권자의 행위 내지 의사표시의 해석을 엄격히 하여 그 적용 여부를 결정하여야 하는 것이다(대법원 1987. 3. 24. 선고 86다카1907, 1908 판결, 대법원 2005. 4. 15. 선고 2004다27150 판결 등 참조).

따라서 특정금전신탁에 있어서 신탁회사의 선관주의의무 위반 등으로 인한 손해배상청구권의 묵시적 포기를 인정하기 위해서는 단순히 위탁자 또는 수익자(이하 '수익자 등'이라고 한다)가 거래 내용과 손실 발생 여부를 알고서도 신탁회사에게 아무런 이의를 제기하지 않았다거나 선관주의의무 등을 위반하여 취득한 신탁자산의 운용수익을 일부 지급받았다는 사정만으로는 부족하고 수익자 등이 이의를 제기하지 않거나 운용수익을 일부 지급받은 동기나 경위 등 그러한 행위를 하게 된 전후 사정뿐만 아니라, 그와 같은 행위를 함에 있어서 수익자 등이 신탁회사에 대하여 손해배상청구권을 행사할 수 있음에도 불구하고 이를 포기한다는 점을 충분히 인식할 수 있는 상황에 있었는지, 수익자 등이 손해배상청구권을 포기할 만한 동기나 이유가 있었는지 여부 등 여러 사정을 종합적으로 검토하여 신중하게 판단하여야 한다.

원심판결 이유에 의하면, 원심은 채용 증거를 종합하여 그 판시와 같은 사실을 인정한 다음, 원고가 피고로부터 이 사건 제1신탁계약의 만기일인 1999. 11. 29.까지 신탁원본 3,069,152,187원 및 신탁이익 2,245,074,556원(대우중공업 회사채에 대한 이자 포함)을 수령하고, 그 후부터 2002. 12. 26.경까지 대우

328) 현행 신탁법 제34조.

329) 현행 자본시장법 제104조.

중공업 회사채에 대한 원본 및 이익 합계 206,295,984원을 수령하면서 별다른 이의제기를 하지 아니한 것으로 보이나, 1999. 8. 14. 피고로부터 이 사건 제1신탁재산에 대우중공업 회사채의 편입사실을 통보받은 후 1999. 8. 30. 피고에게 이 사건 각 신탁재산 중 대우그룹 유가증권의 보유내역 등에 관한 자료를 요청한 이래 1999. 10. 22.과 1999. 11. 15. '대우채권'과 관련하여 피고가 주의의무를 다하지 아니한 사실을 지적함과 아울러 원만한 해결이 되지 않을 경우 법적 책임을 묻겠다는 의사를 명시적으로 표시하였을 뿐만 아니라, 원고가 최초로 이 사건 제1신탁재산에 대우중공업 회사채가 편입되어 있다는 사실을 통보받은 시기는 이 사건 제1신탁계약의 만기일인 1999. 11. 28. 전으로 원고로서는 만기에 이르러서는 대우중공업 회사채가 편입되어 있다 하더라도 수익률보장약정에 따라 약정금액 전부가 지급될 것이라고 기대하였을 것인 점 등에 비추어 볼 때, 원고가 피고로부터 대우중공업 회사채의 편입사실을 통보받고도 일정기간 별다른 이의를 제기하지 않았다거나 대우중공업 회사채에 대한 원본과 이자를 수령하였다는 사실만으로 원고가 대우중공업 회사채를 이 사건 제1신탁재산에 편입하는 것을 추인 내지 승인하였다고 볼 수 없다는 취지로 판단하였다.

위 법리와 기록에 비추어 살펴보면, 원심의 위와 같은 사실인정과 판단은 정당한 것으로 수긍할 수 있고, 거기에 상고이유에서 주장하는 바와 같이 묵시적 추인에 관한 법리오해, 심리미진, 채증법칙 위반 등의 위법이 없다.

라. 손해배상의 범위 등의 점

신탁회사가 지정된 운용방법을 위반하고 자기거래 금지의무에 위반하여 신탁재산에 귀속된 자산을 신탁회사의 고유재산으로 귀속시키고 대신 신탁회사의 고유재산에 속한 자산을 신탁재산에 귀속시킨 경우, 신탁회사가 배상하여야 할 손해의 범위는 신탁회사의 선관주의의무 위반 및 자기거래 금지의무 위반과 상당인과관계 있는 손해에 한한다.

원심판결 이유와 기록에 의하면, 피고는 1998. 8. 12. 동아건설 CP를 이 사건 제1신탁재산으로 취득하였는데, 채권금융기관들은 같은 해 8. 24. 동아건설에 대한 기업개선작업추진을 위한 소집통보를 한 후 같은 해 8. 31. 동아건설을 기업개선작업 대상으로 확정한 다음 같은 해 9. 1. 채권상환청구 등의 채권행사와 보증채무이행청구 등을 유예하기로 결정한 점, 동아건설은 그 이후 재정상태가 개선되지 못한 채 2000. 11. 4. 회사정리절차개시결정을 받고 2001. 5. 11. 파산선고를 받게 된 사실, 피고는 1998년 11월경 이 사건 제1신탁재산에서 편출하여 피고의 고유재산으로 편입시킨 동아건설 CP(액면가 1,943,908,000원, 만기 1998. 9. 1.)로부터 그 이후 총 71,621,331원 상당을 회수함에 그친 반면, 피고의 고유재산에서 편출하여 이 사건 제1신탁재산으로 편입시킨 대우중공업 회사채(액면가 1,931,540,000원)로부터는 그 이후 총 713,362,810원 상당을 회수하거나 회수 가능한 상태에 있는 사실 등을 알 수 있다.

앞에서 본 법리에 비추어 살펴보면, 위와 같이 피고가 동아건설 CP의 상환가능성이 불투명해진 1998년 11월경 동아건설 CP를 다른 방식으로 처분하여 수익을 올릴 것을 기대하기 어려운 상황하에서 이 사건 제1신탁재산에서 동아건설 CP를 편출하고 대우중공업 회사채를 이 사건 제1신탁재산으로 편입함으로써 채권회수율을 높인 행위는, 그 자체만을 놓고 볼 경우 특정금전신탁의 실적배당주의 및 자기책임주의 원칙에 따라 동아건설 CP의 상환불능에 대하여 수익자인 원고가 부담해야 할 손실을 결과적으로 감소시킨 것이므로, 피고의 위와 같은 행위가 선관주의의무 위반이나 자기거래 금지의무 위반에 해당한다 하더라도 그로 말미암아 원고가 손해를 입었다고 보기 어렵다.

그러나 원심판결 이유와 기록에 의하면, 동아건설은 1998년 초경부터 재정상태가 악화되어 부도위기에 처하게 된 점, 동아건설 발행의 회사채에 대한 신용등급은 1997. 12. 31.경에는 CCC, 1998. 5. 12.경에는 CC 또는 CCC 등급이었고, 동아건설 CP에 대한 1997년 12월경의 신용평가는 B+였으나 그 이후로는 그에 대한 신용평가가 없었던 점, 동아건설은 1998년 1월경에 주요 채권은행들로부터 2,200억 원의, 1998년 4월경에 1,400억 원의 각 협조융자를 받았음에도 같은 해 5. 6.경에 다시 채권금융기관에 협조융자를 요청한 점, 피고를 포함한 채권금융기관들은 같은 해 5. 21.경 동아건설의 긴급자금 추가지원에 대한 공동대책 마련을 위해 동아건설에 대한 채권금융기관 협의체를 결성하고 자금관리단을 구성하였으나 별다른 실효를 거두지 못하였고, 같은 해 5. 26.경에는 일부 채권금융기관들이 동아건설에 대해 CP의 조기결제를 요구하는 등으로 계속적인 자금압박을 가하였으며, 같은 해 6. 9.경에는 은행감독원이 동아건설의 주거래은행인 서울은행의 여신한도 초과 대출 요청을 거부하였던 점, 이러한 상황에서 피고가 같은 해 8. 12. 동아건설 CP를 이 사건 제1신탁재산으로 매입한 지 20일 만에 동아건설이 기업개선작업 대상으로 확정되어 채권행사가 곤란하게 된 점 등을 알 수 있는바, 위와 같은 여러 사정을 참작하여 볼 때, 피고가 동아건설의 위기가 외부적으로 표출된 시점인 1998. 8. 12. 곧 기업개선작업 대상으로 확정되고 채권상환이 유예될 상황에 있었던 동아건설 CP를 이 사건 제1신탁재산으로 매입한 행위는 선관주의의무 위반에 해당한다 할 것이고, 따라서 피고는 그로 인한 손해를 배상할 책임이 있다.

나아가 원고가 피고의 동아건설 CP 매입행위로 인하여 입은 손해의 범위는 피고가 1998. 8. 12. 동아건설 CP 매입에 투입한 1,943,908,000원 및 그에 대한 상법 소정의 연 6%의 비율에 의한 지연손해금에서 그 이후 원고가 이 사건 제1신탁과 관련하여 회수하였거나 회수가능한 합계 713,362,810원을 공제 내지 변제충당한 금원이 될 것인데, 피고의 대우중공업 회사채 편입행위로 인하여 원고가 손해를 입었다고 본 원심은 1998년 11월경 이 사건 제1신탁재산에 편입된 위 대우중공업 회사채의 액면가 1,930,887,581원 및 그에 대한 상법 소정의 연 6%의 비율에 의한 지연손해금에서 그 이후 원고가 이 사건 제1신탁과 관련하여 회수하였거나 회수 가능한 합계 713,362,810원을 공제 내지 변제충당하여 손해배상액을 산정하고 있다. 그런데 피고가 1998. 8. 12. 동아건설 CP 매입에 투입한 1,943,908,000원의 액수는 1998년 11월경 이 사건 제1신탁재산에 편입된 위 대우중공업 회사채의 액면가 1,930,887,581원의 액수보다 더 큼이 명백하므로, 원고가 피고의 동아건설 CP 매입행위로 입은 손해액은 원심이 피고에게 대우중공업 회사채의 편입행위에 대하여 배상을 명한 손해액보다 더 큰 계산 결과가 나올 수밖에 없다.

그렇다면 원심이 1998. 8. 12.자 동아건설 CP의 매입행위가 피고의 선관주의의무 위반 행위에 해당하는지 여부를 살피지 아니한 채 피고가 1998년 11월경 이 사건 제1신탁재산에서 동아건설 CP를 편출하고 대우중공업 회사채를 이 사건 제1신탁재산으로 편입한 행위가 선관주의의무 위반 등에 해당된다는 이유로 바로 손해배상책임을 인정하고 나아가 손해배상액을 산정한 것은 잘못이라 하겠지만, 원심은 원고가 피고의 동아건설 CP 매입행위로 입은 손해액보다 더 적은 손해액을 지급하도록 명하여 결과적으로 피고에게 더 유리한 판단을 한 것이므로, 피고만이 이 사건 손해배상액 산정의 위법 여부를 상고이유로 다투는 이 사건에서 원심의 위와 같은 잘못을 원심판결의 파기사유로 삼을 수는 없고, 달리 원심의 위와 같은 판단에 피고가 상고이유에서 주장하는 바와 같은 판결에 영향을 미친 손해의 범위에 대한 법리오해 및 심리미진 등의 위법이 있다고 할 수 없다.

[원심판결] 서울고등법원 2005. 9. 15. 선고 2005나2945 판결 [약정금등]

【주 문】

1. 제1심 판결을 다음과 같이 변경한다.

가. 원고의 주위적 청구를 기각한다.

나. 피고는 원고에게 1,760,228,421원 및 그 중 1,386,459,341원에 대하여 2004. 9. 21.부터 2005. 9. 15.까지는 연 6%의, 그 다음날부터 다 갚는 날까지는 연 20%의 각 비율로 계산한 돈을 지급하라.

다. 원고의 나머지 제1예비적 청구 및 제2예비적 청구를 각 기각한다.

2. 소송비용은 제1, 2심 모두 이를 5분하여 그 중 3은 원고의, 나머지는 피고의 각 부담으로 한다.

3. 위 제1항의 나. 부분 중 제1심에서 가집행이 선고되지 아니한 부분은 가집행할 수 있다.

【청구취지 및 항소취지】

1. 청구취지

주위적 청구 : 피고는 원고에게 3,897,450,866원 및 그 중 1,713,636,166원에 대하여는 1999. 11. 29.부터, 2,159,219,428원에 대하여는 2000. 1. 10.부터 각 이 사건 소장부본 송달일까지는 연 6%의, 그 다음날부터 다 갚는 날까지는 연 20%의 각 비율로 계산한 돈을 지급하라.

제1예비적 청구 : 피고는 원고에게 3,425,810,406원 및 그 중 1,930,887,581원에 대하여는 1998. 11. 25.부터, 1,494,922,825원에 대하여는 1997. 1. 9.부터 각 이 사건 소장부본 송달일까지는 연 6%의, 그 다음날부터 다 갚는 날까지는 연 20%의 각 비율로 계산한 돈을 지급하라(채무불이행으로 인한 손해배상청구).

제2예비적 청구 : 피고는 원고에게 3,425,810,406원 및 그 중 1,930,887,581원에 대하여는 1998. 11. 25.부터, 1,494,922,825원에 대하여는 1997. 1. 9.부터 각 이 사건 소장부본 송달일까지는 연 5%의, 그 다음날부터 다 갚는 날까지는 연 20%의 각 비율로 계산한 돈을 지급하라(불법행위로 인한 손해배상청구).

2. 항소취지

원고 : 제1심 판결을 청구취지와 같이 변경한다.
피고 : 제1심 판결 중 피고 패소부분을 취소하고, 위 취소부분에 해당하는 원고의 청구를 기각한다.

【이 유】

2. 주위적 청구에 대한 판단

(2) 이 사건 각 신탁계약상의 수익률 보장약정의 효력 여부

(가) 먼저 이 사건 각 신탁이 특정금전신탁인지 불특정금전신탁인지에 관하여 보면, 앞서 본 바와 같이 이 사건 각 신탁계약은 신탁재산의 운용대상을 위탁자가 지정하도록 되어 있고(각 신탁계약서 제4조), 이에 따라 신탁재산의 운용대상을 이 사건 제1신탁의 경우에는 "기타 재정경제원장관의 인가를 받은 유가증권의 인수 또는 매입"으로, 이 사건 제2신탁의 경우에는 "기타 재정경제원장관의 인가를 받은 유가증권의 인수 또는 매입" 내지 "국·공채, 회사채의 인수 또는 매입"(이 사건 제2신탁의 운용대상이 하나로 지정되었는지, 둘로 지정되었는지에 대해서는 뒤에서 자세히 본다)으로 각 특정하고 있으므로 이 사건 신탁계약은 각 특정금전신탁계약이라 할 것이다(갑제1, 2호증의 각 1의 기재에 의하면, 이 사건 각 신탁계약서에 신탁보수가 명시되어 있지 아니한 사실을 인정할 수 있으나, 앞서 본 신탁계약의 운용방법 및 운용으로 인한 수익 및 손실이 모두 수익자에게 귀속되는 점 등에 비추어 신탁보수를 명시하지 아니하였다는 점만으로 이 사건 신탁계약을 예금계약이라거나 불특정금전신탁이라고 할 수 없다).

(나) 다음으로 이 사건 신탁과 같은 특정금전신탁에 있어서의 수익률 보장약정이 유효한지 여부에 관하여 보건대, 앞서 본 신탁업 관련 법령 및 운용요강에 따르면, 불특정금전신탁에 한하여 손실보전 또는 이익보족계약을 할 수 있을 뿐 특정금전신탁에 대하여는 수익률 보장약정을 금지하고 있고(신탁업법 제11조, 신탁업무운용요강 제8조, 제15조의 2), 불특정금전신탁에 있어 손실보전 또는 이익보족약정을 할 경우라 하더라도 이를 수익증권에 기재하고 신탁회사의 대표자가 기명날인하여야 하며 그 비율도 일정한 비율을 초과하지 못하고 특별유보금을 적립하도록 규정(신탁업법 제17조의 3, 신탁업법 시행령 제11조, 신탁업법 시행규칙 제1조, 제5조)하는 등 그 요건 및 절차를 엄격히 규정하고 있는바,

이러한 신탁업법 관련 법령 및 업무요강의 문언 내용과 입법취지 등을 종합하여 볼 때, 이 사건과 같은 특정금전신탁계약에 있어서의 수익률 보장약정을 금지하는 규정은 강행규정이라 할 것이고, 따라서 이를 위반하여 신탁자와 수탁자 사이에 개별적으로 이루어진 수익률 보장약정은 공정한 신탁거래질서를 해하는 것으로서 허용되지 않는다고 할 것이다.

또한, 이 사건 신탁계약서상 원본의 보전 및 이익의 보족을 하지 아니하고(계약서 제6조), 수익 및 손실은 전부 수익자에게 귀속(계약서 제7조)한다고 명시하고 있음에 비추어 이 사건 각 신탁계약은 원금의 손실도 가져올 수 있는 이른바 실적배당주의를 그 본질로 한다고 할 것인데, 이 사건 각 신탁계약과 같은 개별적인 수익률 보장약정을 체결한 후 만일 손실이 발생하게 되고, 그에 대하여 수익률 보장약정에 따라 수탁자가 수익자에 대하여 원본 및 일정한 수익을 보장해야 할 경우 결국 수탁자의 고유재산에서 보전될 수밖에 없어 이를 허용한다면 신탁재산과 고유재산을 엄격히 구별하는 신탁의 본질적인 성격에 반하는 되는 점 및 특정금전신탁에 있어 수익률 보장약정을 허용할 경우 신탁상품시장을 혼란스럽게 할 우려가 있을 뿐만 아니라 시장참여자 또는 투자자들에게 상품의 특징을 제대로 알려 투명하고 건전한 투자풍토를 조성하는데도 방해가 될 것이고, 이는 종국적으로 신탁산업 및 금융산업의 발전에도 좋지 않은 영향을 가져올 것인 점 등 제반 사정에 비추어 보더라도 이 사건 특정금전신탁계약에 있어서의 수익률 보장약정은 무효라고 할 것이다.

(다) 원고는 또, 이 사건 수익률 보장약정이 무효라 하더라도 피고가 이 사건 신탁계약에서 원고가 지정한 방법과 달리 이 사건 신탁재산을 운용함으로써 마치 불특정금전신탁처럼 운용하다가 다시 특정금전신탁임을 내세워 이에 부수한 수익률 보장약정이 무효라고 주장하는 것은 금반언의 원칙에 위반한 것이라고 주장하므로 보건대, 앞서 본 바와 같이 강행법규에 위반하여 무효인 수익률 보장약정을 체결한 경우에 강행법규를 위반한 수탁자 스스로가 그 약정의 무효를 주장함이 신의칙에 위반되는 권리의 행사라는 이유로 그 주장을 배척한다면, 이는 오히려 강행법규에 의하여 배제하려는 결과를 실현시키는 셈이 되어 입법취지를 완전히 몰각하게 되므로, 달리 특별한 사정이 없는 한 위와 같은 주장이 신의성실의 원칙에 반하는 것이라고 할 수 없는바(대법원 1999. 3. 23. 선고 99다4405 판결 참조), 설령 피고가 원고가 지정한 방법과 달리 신탁재산을 운용하였다는 사정이 있다 하더라도 그러한 사정만으로는 이 사건 수익률 보장약정이 무효라는 피고의 주장이 금반언의 원칙에 위배된다고 할 수 없으므로 원고의 위 주장은 이유 없다.

따라서 이 사건 각 신탁계약상의 수익률 보장약정이 유효함을 전제로 한 원고의 위 주장은 나머지 점에 나아가 살필 필요 없이 이유 없다(피고의 무권대리 항변 및 비진의 의사표시 항변에 대하여도 판단하지 아니한다).

3. 제1예비적 청구에 대한 판단

가. 이 사건 제1신탁계약에 있어서의 채무불이행 책임의 성립 여부

(1) 원고의 주장

원고는, 피고가 1998년 11월경 이 사건 제1신탁계약에 위반하여 위 계약상의 신탁금 운용대상인 '기타 재정경제원장관의 인가를 받은 유가증권'이 아닌 대우중공업 회사채를 이 사건 제1신탁재산에 편입하여 결국 대우중공업의 재정상태 악화와 그에 따른 회사분할 등으로 그 회사채를 상환받지 못한 결과 원고가 대우중공업 회사채 편입액인 1,930,887,581원 상당의 손해를 입었으므로, 피고는 원고에게 채무불이행으로 인한 위 손해를 배상할 의무가 있다고 주장한다(원고는 또한, 피고가 이 사건 제1신탁재산에 대우중공업 회사채를 편입하기 전 동아건설 CP를 편입한 것에 대해서도, 수탁자인 피고로서는 투자대상 기업의 신용등급을 정확하게 판단하여 수탁자인 원고에게 손해가 생기는 일이 없도록 해야 할 의

무가 있음에도, 1998년 7월경 이미 재정상태가 악화되어 있어 신용등급이 낮았고 그 얼마 후인 1998. 8. 31. 기업개선작업 대상으로 선정되는 등으로 투자대상으로 적절하지 않은 동아건설 CP를 이 사건 제1신탁재산으로 편입하여 결과적으로 상환될 수 없는 유가증권을 신탁재산으로 운용하였으므로 수탁자로서의 선관주의의무를 다하지 않은 것이라고 주장한다).

(2) 판단

그러므로 먼저 피고가 대우중공업 회사채를 이 사건 제1신탁재산에 편입한 것이 신탁계약상의 채무불이행에 해당하는지에 관하여 보건대, 이 사건 제1신탁계약에서 정한 신탁금의 운용대상은 '기타 재정경제원장관의 인가를 받은 유가증권의 인수 또는 매입'이라 할 것인데 피고가 1998년 11월경 위 계약상의 운용대상에 속하지 않는 대우중공업 회사채를 제1신탁재산으로 편입한 사실은 앞서 본 바와 같은바, 이러한 피고의 신탁재산 운용행위는 이 사건 제1신탁계약에 위반한 것이라 할 것이므로, 피고는 원고에게 특별한 사정이 없는 한 이 사건 제1신탁계약상의 채무불이행으로 인한 손해배상책임을 부담한다고 할 것이다(따라서 피고가 위 대우중공업 회사채 편입전 동아건설 CP를 매입한 행위가 신탁계약 수탁자로서의 선관주의의무에 위반하였는지 여부에 대하여는 나아가 살필 필요가 없으며, 가사 동아건설 CP 매입이 선관주의의무 위반이라고 하더라도 그 후 매입가격이상으로 상환 및 환출되었고 그 환출대금 전액에 상당하는 대우중공업 회사채가 환입된 이상 손해가 발생하였다고도 할 수 없어 이에 대하여는 판단하지 아니한다).

(3) 피고의 주장 및 판단

(가) 이에 대하여 피고는, 이 사건 제1신탁재산으로 동아건설 CP를 편입한 것이 수탁자로서의 선관주의의무 위반이 아니라는 전제하에(당시 동아건설에 대한 회계법인의 감사보고서상 동아건설이 대규모 공사를 수급받아 진행하고 있고 순이익 발생규모가 커 CP의 회수가능성에 대하여 우려할 필요가 없다고 평가되어 있었고, 피고 자체의 신용조사에서도 높은 평점을 받고 있었으므로 이 사건 제1신탁계약에 동아건설 CP를 편입한 것을 들어 선관주의의무 위반이라고 할 수 없다고 주장한다), IMF 외환위기로 인하여 동아건설의 상황이 예상 밖으로 점차 악화되어 이 사건 제1신탁재산에 손실이 초래될 것이 명백해짐에 따라 피고가 동아건설 CP를 환출한 후 대우중공업의 회사채를 환입함에 있어, 첫째, 원고의 직원과 사이에 사전 협의를 통하여 동아건설 CP를 대우중공업 회사채로 교체하는 것에 대하여 합의를 하였고, 둘째, 당시 경제상황에 비추어 위와 같은 신탁재산 운용은 이 사건 제1신탁계약 제4조 제1항 단서에 따른 것이라고 할 것이며, 셋째, 동아건설 CP를 계속 운용하였을 경우보다 대우중공업 회사채를 운용함으로써 회수한 돈이 더 많아 현실적으로 원고의 손해를 줄이는 자산운용이 되었으므로 수탁자로서의 선관주의의무를 위반하였다고 할 수 없고(나아가 대우중공업 회사채를 환입함으로써 결과적으로 손해가 전혀 발생하지 아니하였다고 주장하기도 한다), 넷째, 원고가 1999. 8. 14. 피고로부터 대우중공업의 회사채 편입사실을 통보받고도 아무런 이의를 제기하지 않았을 뿐만 아니라 2002. 12. 2. 경까지 5차례에 걸쳐 위 회사채에 대한 이자를 수령함으로써 대우중공업 회사채의 이 사건 제1신탁재산으로의 편입을 추인 내지는 승인하였으므로, 결국 피고에게 채무불이행 책임이 없다고 주장한다.

(나) 피고가 제1신탁재산에 동아건설 CP를 편입한 것이 수탁자로서의 선관주의의무 위반인지 여부와 관계없이 대우중공업 회사채를 위 신탁재산에 편입한 행위가 채무불이행에 해당한다고 할 것임은 앞서 본 바와 같으므로, 동아건설 CP를 환출하고 대우중공업 회사채를 환입함에 있어 피고 주장과 같이 채무불이행 책임을 인정하지 않을 만한 사유가 인정되는지에 관하여 본다.

첫째, 피고가 동아건설 CP를 환출하고 대우중공업 회사채를 이 사건 제1신탁재산에 편입함에 있어 원고와 사이에 위 신탁재산의 교체에 대하여 합의하였다거나 나아가 위 신탁재산의 운용대상에 '국·공채, 회사채의 인수 또는 매입'를 추가하기로 하였다는 점을 인정할 아무런 증거가 없다.

둘째, 신탁금의 운용방법과 관련하여 이 사건 제1신탁계약서 제4조 단서에서, '원고가 지정한 방법대로 운용할 수 없는 잔액이 있는 경우, 신탁계약 후 사정변경으로 인하여 지정한 방법대로의 운용이 신탁재산에 손실을 초래할 것이 명백히 예상되는 경우에는 피고가 신탁업무운용요강 및 은행신탁업무의 종류 및 방법서에서 규정하고 있는 신탁재산의 운용방법 중 하나를 선택하여 신탁자금을 운용할 수 있다'고 규정하고 있는 사실은 앞서 본 바와 같으나, 1998년 11월경에 이르러 동아건설 CP에 대한 상환가능성이 거의 없어졌기 때문에 원고의 손해를 방지하기 위하여 이 사건 제1신탁재산 중에 편입된 동아건설 CP를 환출할 필요성이 있었다 하더라도 이러한 사정만으로는 '신탁계약 후 사정변경으로 인하여 지정한 방법대로의 운용이 신탁재산에 손실을 초래할 것이 명백히 예상되는 경우'라고 인정하기에 부족하고 달리 위 경우에 해당한다고 인정할 만한 증거가 없다. 나아가 가사 동아건설 CP를 환출하면서 대우중공업 회사채를 환입한 것이 이 사건 제1신탁계약 제4조 단서에 따른 자산운용에 해당한다 하더라도, 당시는 대우중공업을 비롯한 대우그룹 전체의 자금사정이 극히 악화되어 있는 상태였고, 금융감독위원회는 1998. 10. 28.경 대우그룹을 비롯한 대기업의 회사채 발행을 제한하였으며, 1998. 10. 29.자 노무라증권의 보고서로 인하여 대우중공업의 회사채 발행계획이 취소되기까지 한 상황이었음은 앞서 인정한 바와 같으므로(을제26호증의 2의 기재만으로는 위 인정을 뒤집기에 부족하다), 피고로서는 대우중공업 회사채의 경우 만기에 상환되지 않을 가능성이 충분하다는 사정을 쉽게 인식할 수 있었다 할 것이고, 그럼에도 불구하고 원고에게 위 사실을 통지하고 동의를 구한다거나 다른 선택을 할 수 있는 기회를 제공하는 등의 조치를 전혀 취함이 없이, 더욱이 수탁재산과 수탁자의 고유재산은 명백히 구분되어야 한다는 신탁계약의 본질에 반하는 방법으로 피고 자신이 보유하고 있던 대우중공업 회사채를 이 사건 제1신탁재산에 환입한 사정 등을 종합하여 볼 때, 대우중공업 회사채를 이 사건 제1신탁재산에 편입한 행위는 수탁자로서의 선관주의의무를 위반한 것이라고 할 것이다.

셋째, 앞서 인정한 바와 같이 대우중공업 회사채의 신탁재산 편입 자체가 이 사건 제1신탁계약상의 채무불이행에 해당한다고 보는 이상 대우중공업 회사채를 매입, 운용함으로써 결과적으로 동아건설 CP를 계속 운용하는 것보다 신탁재산상의 손해를 감소시켰다 하더라도 이러한 사정만으로 피고가 채무불이행 책임을 면한다고 할 수 없고, 또한 위 채무불이행으로 인한 손해가 존재하지 않는다고 할 수도 없다(그로 인한 손해액과 반대로 현실적으로 이익을 취득함으로써 이를 손해액에서 공제하여야 한다는 주장에 대하여는 뒤에서 본다).

넷째, 원고가 대우중공업 회사채 편입을 사후에 추인 내지는 승인하였는지에 관하여 보면, 원고가 피고로부터 이 사건 제1신탁계약의 만기일인 1999. 11. 29.까지 신탁원본 3,069,152,187원 및 신탁이익 2,245,074,556원(대우중공업 회사채에 대한 이자 포함)을 수령하고, 그 후부터 2002. 12. 26.경까지 대우중공업 회사채에 대한 원본 및 이익 합계 206,295,984원(2000. 12. 13. 신탁이익 12,000,745원, 2001. 1. 31. 신탁이익 1,345,768원, 2001. 8. 10. 신탁원본 133,902,474원 및 신탁이익 17,355,566원, 2002. 12. 26. 신탁원본 9,121,712원 및 신탁이익 32,569,719원)을 수령한 사실은 앞서 인정한 바와 같고, 위 신탁계약 만기일 이후부터 마지막으로 신탁이익을 수령한 2002. 12. 26.경까지 별다른 이의제기를 하지 않은 것으로 보이기는 하나, 한편 앞서 인정한 바와 같이 1999. 8. 14. 피고로부터 이 사건 제1신탁재산에 대우중공업 회사채의 편입사실을 통보받은 후 1999. 8. 30. 피고에게 이 사건 각 신탁재산 중 대우그룹 유가증권의 보유내역 등에 관한 자료를 요청한 이래 1999. 10. 22.과 1999. 11. 15. '대우채권'과 관련하여 피고가 주의의무를 다하지 아니한 사실을 지적함과 아울러 원만한 해결이 되지 않을 경우 법적 책임을 묻겠다는 의사를 명시적으로 표시하였을 뿐만 아니라 원고가 최초로 이 사건 제1신탁재산에 대우중공업 회사채가 편입되어 있다는 사실을 통보받은 시기는 이 사건 제1신탁계약의 만기일인 1999. 11. 28.

전으로 원고로서는 만기에 이르러서는 대우중공업 회사채가 편입되어 있다 하더라도 수익률 보장약정에 따라 약정금액 전부가 지급될 것이라고 기대하였을 것인 점 등에 비추어 볼 때, 원고가 피고로부터 대우중공업 회사채의 편입사실을 통보받고도 일정기간 별다른 이의를 제기하지 않았다거나 대우중공업 회사채에 대한 원본과 이자를 수령하였다는 사실만으로 원고가 대우중공업 회사채를 이 사건 제1신탁재산에 편입하는 것을 추인 내지 승인하였다고 인정하기에 부족하고, 달리 이를 인정할 증거가 없으며, 나아가 대우중공업 회사채 편입으로 인한 채무불이행 책임을 묻는 원고의 청구가 금반언의 원칙에 반한다고도 할 수 없다.

그렇다면, 이 사건 제1신탁재산에 대우중공업 회사채를 편입한 것이 앞서 적시한 바와 같은 이유로 채무불이행에 해당하지 아니한다는 피고의 주장은, 그에 앞선 동아건설 CP의 편입이 선관주의의무 위반에 해당하는지 여부에 나아가 판단할 필요 없이 모두 이유 없다.

나. 이 사건 제2신탁계약에 있어서의 채무불이행 책임의 성립 여부

(1) 당사자의 주장

원고는, 이 사건 제2신탁계약에서 신탁재산의 운용대상으로 '기타 재정경제원장관의 인가를 받은 유가증권의 인수 또는 매입'으로 명시적으로 약정하였음에도 불구하고 피고가 위 계약에 위반하여 주식회사 대우 회사채를 제2신탁재산으로 편입하였고, 결국 주식회사 대우의 재정상태 악화와 그에 따른 회사분할 등으로 인하여 그 회사채를 상환받지 못하게 됨으로써 원고가 주식회사 대우 회사채 편입액인 1,494,922,825원 상당의 손해를 입었는바, 주식회사 대우 회사채 편입은 이 사건 제2신탁계약을 바로 위반한 것이거나 위 신탁계약에 기한 수탁자로서의 선관주의의무 등을 위반한 것이므로 피고는 원고에게 채무불이행으로 인한 위 손해를 배상할 의무가 있다고 주장하고, 이에 대하여 피고는, 이 사건 제2신탁계약시 신탁재산의 운용방법으로 '기타 재정경제원장관의 인가를 받은 유가증권의 인수 또는 매입' 뿐만 아니라 '국·공채, 회사채의 인수 또는 매입'도 지정하였으므로, 이 사건 제2신탁재산으로 주식회사 대우 회사채를 편입한 것이 계약상의 의무를 위반한 것이라 할 수 없고, 또한 수탁자로서 선관주의의무를 위반한 바도 없으며, 그렇지 않다고 하더라도 원고가 1999. 8. 14. 피고로부터 주식회사 대우의 회사채 편입사실을 통보받고도 아무런 이의를 제기하지 않고 오히려 2001. 8. 10. 및 2002. 12. 26. 각 이자를 수령함으로써 주식회사 대우 회사채의 이 사건 제2신탁재산으로의 편입을 추인 내지는 승인하였으므로 피고는 채무불이행책임을 부담하지 않는다고 주장한다.

(2) 판단

그러므로 먼저 이 사건 제2신탁계약시 '국·공채, 회사채의 인수 또는 매입'을 자산운용방법으로 지정하였는지에 관하여 보건대, 이 사건 제2신탁계약서 제4조의 신탁금 운용대상을 기재하는 란에 고무인으로 '기타 재정경제원장관의 인가를 받은 유가증권의 인수 또는 매입'만 날인되어 있는 사실(피고가 보관하고 있는 이 사건 제2신탁계약서 원본상에는 제4조의 위 고무인 날인 밑에 볼펜으로 '국·공채, 회사채의 인수 또는 매입'이라고 기재되어 있으나 그 부분은 사후에 기재된 것으로 보인다), 당시 개정된 신탁업무운용요강 제8조의 2 제1항에는 "계약시 신탁자금의 운용방법을 계약서에 명기"하도록 규정하고 있었던 사실은 앞서 본 바와 같으나, 한편 이 사건 제2신탁계약서의 별첨에는 '기타 재정경제원 장관의 인가를 받은 유가증권의 인수 또는 매입'뿐만 아니라 '국·공채, 회사채의 인수 또는 매입'에도 체크(∨표시)가 되어 있는 사실(원·피고는 이 사건 각 신탁계약에서 그 각 계약서 원본을 2통을 작성하여 원·피고가 각각 1통씩 보관하도록 약정하였는데, 원고가 보관하고 있는 이 사건 제2신탁계약서 원본의 별첨란에도 '국·공채, 회사채의 인수 또는 매입'에 체크표시가 되어 있다), 이 사건 제2신탁계약서는 본문에 별지를 첨부하는 형태가 아니라 전체가 1장으로 된 용지를 3부분으로 나누어서 그 왼쪽과 가운데

면은 신탁금의 운용대상을 고무인으로 날인한 부분을 포함한 계약내용이 기재되어 있고, 그 오른쪽 면은 그 신탁금의 운용대상을 구체화한 별첨으로 그 운용대상을 체크(∨)하도록 구성되어 있는 사실, 이 사건 제2신탁계약 체결일 당일 이 사건 제2신탁계약에 의한 운용대상으로 바로 주식회사 대우의 회사채가 편입되었던 사실, 1996. 12. 26. 신탁업무운용요강 제8조의 2 제2항이 신탁재산 운용방법 중 2 이내의 방법을 지정하는 것으로 개정되었고, 이 사건 제2신탁계약은 그와 같은 신탁업무운용요강이 개정된 때로부터 10여 일이 지난 후에 체결된 사실은 앞서 본 바와 같은바, 이 사건 제2신탁계약 체결 전후의 상황, 이 사건 제2신탁계약서(별첨 포함)의 구성, 표시방법 및 내용 등 이 사건 변론에 나타난 제반 사정을 종합하여 볼 때, 이 사건 제2신탁계약상 신탁재산 운용방법으로 '기타 재정경제원장관의 인가를 받은 유가증권의 인수 또는 매입'과 '국·공채, 회사채의 인수 또는 매입'의 2가지가 지정되었다고 할 것이므로, 피고가 이 사건 제2신탁재산으로 주식회사 대우 회사채를 편입한 사실을 들어 위 계약상의 자산운용방법을 위반하였다고 할 수 없다.

다음으로, 이 사건 제2신탁재산으로 주식회사 대우 회사채를 편입한 것이 수탁자로서의 선관주의의무를 위반한 것인지에 관하여 보면, 앞서 살펴본 바와 같이 이 사건 제2신탁계약 체결일인 1997. 1. 9. 당일 주식회사 대우의 회사채가 신탁재산으로 편입되었는데, 그 후에 불어닥친 IMF 외환위기로 대우그룹 계열사 전체에 대한 유동성 부족현상이 가속화되고 이러한 사정이 1998. 10. 29. 노무라증권에 의하여 대우그룹 자금난이 공식적으로 알려진 후 주식회사 대우의 신용등급이 하향조정되고 부도위기까지 몰린 사실을 인정할 수 있을 뿐 이 사건 제2신탁재산으로 주식회사 대우 회사채를 편입할 당시 피고가 선관주의의무를 위반하였다고 인정할 아무런 증거가 없고(오히려 그 무렵 주식회사 대우의 경영상태나 그에 대한 신용평가는 양호한 상황이었다), 나아가 그 후 피고가 주식회사 대우의 회사채를 환출하고 다른 건전한 자산을 편입시키지 아니하였다고 하더라도 앞서 본 경제상황에 비추어 이로써 수탁자로서의 선관주의의무를 위반하였다고 단정할 수 없고 달리 이를 인정할 증거도 없다.

따라서, 피고에게 이 사건 제2신탁계약상의 채무불이행책임이 있다는 원고의 주장은 피고의 승인 주장에 대하여 나아가 살필 필요 없이 모두 이유 없다.

다. 손해배상의 범위

(1) 채무불이행으로 인한 재산상 손해는 채무불이행 행위로 인하여 발생한 재산상의 불이익 즉 채무불이행 행위가 없었더라면 존재하였을 재산상태와 채무불이행 행위가 있은 후의 재산상태의 차이라고 할 것이므로, 피고의 이 사건 제1신탁계약상의 채무불이행으로 인하여 원고가 입은 손해는 원칙적으로 피고가 대우중공업 회사채를 편입한 장부가 1,930,887,581원에서 현재 이 사건 제1신탁재산에 남아있는 대우중공업 회사채의 실제가치 213,203,818원{대우중공업 회사채(장부가 1,486,749,376원)의 실제가치 0원, 대우중공업이 분할되어 설립된 대우종합기계 회사채의 실제가치 213,203,818원}을 공제한 1,717,683,763원(1,930,887,581원 - 213,203,818원)이라 할 것인데, 그 후 원고가 이 사건 제1신탁재산에 편입되어 있던 대우중공업, 대우종합기계, 대우조선해양의 각 회사채에 대해 발생한 쿠폰이자 합계 269,264,605원과 위 각 회사채 상환금액 합계 230,980,105원(2001. 4. 12. 중도상환받은 장부가 28,683,714원의 대우중공업 회사채에 대해서는 그 날 바로 같은 액수의 대우종합기계 회사채가 매입되었으므로 제외한다)을 수령하였으므로 이를 위 손해액에서 공제하여야 할 것인바, 위 각 회사채 상환금액에 대하여는 그 성격상 전액 손해액 원금에 충당하고, 위 쿠폰이자에 대하여는 각 그 지급일을 기준으로 하여 법정변제충당의 법리에 따라 손해액 원금에 대하여 그때까지 발생하는 상법에 정한 연 6%의 비율에 의한 지연손해금에 먼저 충당하고 잔액이 있을 경우 손해액 원금에 충당하는 방법으로 별지 3 기재와 같이 공제하면, 원고가 최종적으로 쿠폰이자를 수령한 2004. 9. 20. 현재 손해액은 원금 1,386,459,341원 및 지연손해금 373,769,080원 합계 1,760,228,421원이 된다.

(2) 이에 대하여 피고는, 피고에게 채무불이행으로 인한 손해배상책임이 인정된다 하더라도, 이 사건 제1신탁재산에서 동아건설 CP를 환출하고 대우중공업 회사채를 환입할 당시 사상초유의 IMF 외환위기로 인하여 동아건설이 부도위기로 내몰리고 동아건설 CP 가격이 급락하였던 사정을 참작하여 손해배상액을 산정함에 있어 외환위기로 인한 손실기여분이 공제되어야 한다고 주장한다.

그러므로 보건대, 가사 이 사건 대우 회사채 환입 무렵 우리나라가 IMF 외환위기로 동아건설이 부도사태로 내몰리고 그로 인하여 동아건설 CP의 실제가치가 하락하였다고 하더라도, 피고가 임의로 이를 계약상 운용내상이 아닌 대우중공업 회사채로 교체함으로써 생긴 손해에 대하여 책임을 면할 수 없으며(피고는 동아건설 CP를 대우중공업 회사채가 아니라 계약상 운용대상이 되는 유가증권 중 높은 수익이 예상되는 것으로 교체하였어야 했다), 나아가 손해액 산정에 있어 외환위기로 인한 기여분을 공제할 근거도 없다고 할 것이므로 피고의 위 주장은 이유 없다.

[1심판결] 서울중앙지방법원 2004. 11. 24. 선고 2002가합87627 판결 [약정금등]

【주 문】

1. 원고의 주위적 청구를 기각한다.

2. 피고는 원고에게 1,217,439,053원 및 이에 대하여 1998. 11. 25.부터 2004. 11. 24.까지는 연 6%의, 그 다음날부터 다 갚는 날까지는 연 20%의 각 비율로 계산한 돈을 지급하라.

3. 원고의 나머지 제1예비적 청구 및 제2예비적 청구를 각각 기각한다.

4. 소송비용은 중 3/5은 원고가, 2/5는 피고가 각각 부담한다.

5. 제2항은 가집행할 수 있다.

【청구취지】

주위적 청구 : 피고는 원고에게 3,897,450,866원 및 그 중 1,713,636,166원에 대하여 1999. 11. 29.부터, 2,159,219,428원에 대하여 2000. 1. 10.부터 각 이 사건 소장부본 송달일까지는 연 6%의, 그 다음날부터 다 갚는 날까지는 연 20%의 각 비율로 계산한 돈을 지급하라.

제1예비적 청구 : 피고는 원고에게 3,425,810,406원 및 그 중 1,930,887,581원에 대하여 1998. 11. 25.부터, 1,494,922,825원에 대하여 1997. 1. 9.부터 각 이 사건 소장부본 송달일까지는 연 6%의, 그 다음날부터 다 갚는 날까지는 연 20%의 각 비율로 계산한 돈을 지급하라(채무불이행에 기한 손해배상청구).

제2예비적 청구 : 피고는 원고에게 3,425,810,406원 및 그 중 1,930,887,581원에 대하여 1998. 11. 25.부터, 1,494,922,825원에 대하여 1997. 1. 9.부터 각 이 사건 소장부본 송달일까지는 연 5%의, 그 다음날부터 다 갚는 날까지는 연 20%의 각 비율로 계산한 돈을 지급하라(불법행위에 기한 손해배상청구).

【이 유】

2. 주위적 청구에 대한 판단

가. 원고의 주장 내용

원고는, 피고가 이 사건 각 신탁계약을 체결할 무렵 원고에 대해 확약서로서 그 각 신탁계약의 만기일에 약정된 확정금액(제1신탁계약상 7,225,000,000원, 제2신탁계약상 2,176,500,000원)을 지급할 것을 약속하는 이른바 수익률 보장약정을 하였는바, 이 사건 각 신탁계약은 형식상 특정금전신탁일 뿐 그 실질은 예금계약이거나 불특정금전신탁이므로 이 사건 각 신탁계약에 관해 수익률 보장약정이 가능하고, 설령 이 사건 각 신탁계약이 특정금전신탁이고 이 사건 각 신탁계약 당시 구 신탁업법(1998. 1. 13.

법률 제2064호로 개정되기 전의 법) 제11조에서 원본보존 및 이익보족계약을 금지하고 있었더라도 그 규정은 단속규정에 불과할 뿐이어서 이 사건 각 수익률 보장약정은 유효하다고 할 것이므로 피고는 원고에게 앞서 본 바와 같이 이미 피고가 지급한 돈을 제외한 나머지 돈{이 사건 제1신탁에 기하여 1,713,636,166원(계약기간 만기일에 지급할 것을 약정한 7,225,000,000원 - 실제 지급한 5,511,363,834원), 제2신탁에 기하여 2,159,219,428원(계약기간 만기일에 지급할 것을 약정한 2,176,500,000원 - 실제 지급한 17,280,572원)} 및 각 그에 대한 확정지연이자 합계 24,595,272원{앞서 본 바와 같이 이 사건 각 신탁계약에 기하여 피고가 그 각 신탁계약 만기일 후 원고에게 일부 지급한 돈에 대하여 이 사건 제1신탁계약 만기일 또는 이 사건 제2신탁계약 만기일부터 그 각 일부 지급일까지 상법상의 연 6%의 지연이율을 적용하여 계산한 돈의 합계(제1신탁과 관련하여 22,272,885원 + 제2신탁과 관련하여 2,322,387원)}을 지급할 의무가 있다고 주장하면서 주위적 청구로써 그 금원의 지급을 구하고 있다.

나. 판단

(2) 이 사건 각 신탁계약상의 수익률 보장약정의 효력 여부

(가) 이 사건 각 신탁계약은 앞서 본 바와 같이 그 계약 자체에서 신탁재산의 운용대상을 "기타 재정경제원장관의 인가를 받은 유가증권의 인수 또는 매입"(이 사건 제1신탁의 경우) 또는 "기타 재정경제원장관의 인가를 받은 유가증권의 인수 또는 매입" 내지 "국·공채, 회사채의 인수 또는 매입"으로(이 사건 제2신탁의 경우. 이 사건 제2신탁에서 신탁재산의 운용대상이 하나로 지정되었는지, 둘로 지정되었는지의 여부에 대해서는 뒤에서 본다) 특정하고, 신탁재산의 운용대상을 위탁자가 지정하도록 되어 있으므로(각 신탁계약서 제4조) 이를 각 특정금전신탁계약이라 할 것이며(이 사건 각 신탁계약서에 신탁보수가 명시되어 있지 않다는 점만으로 이 사건 각 신탁계약을 불특정금전신탁이라고 보기 어렵다), 신탁업법 제11조, 신탁업무운용요강 제8조, 제15조의 2에서 특정금전신탁에 대해 수익률 보장약정을 금지하고 있을 뿐만 아니라 신탁업법 시행령 제11조, 신탁업법 시행규칙 제1조, 제5조 등에서 불특정금전신탁의 경우에 있어서도 원본 보전 및 수익률 보장약정을 하더라도 일정한 비율을 초과하지 못하도록 하고 있고 특별유보금을 적립하도록 규정하고 있으며, 신탁업법 제17조의 3, 신탁업법 시행령 제6조에서 신탁계약서 또는 신탁증서에 수익률 보장약정을 명시하도록 규정하고 있고 나아가 수익률 보장약정을 금지하는 특정금전신탁에 관한 규정을 위반할 경우 벌칙규정을 두고 있는바, 그와 같은 신탁업법 및 관련 규정의 문언 내용과 입법취지 등에 비추어 볼 때 이 사건과 같은 특정금전신탁계약에 있어서 신탁자와 수탁자 사이에 개별적으로 이루어진 수익률 보장약정은 공정한 신탁거래질서를 해하는 것으로 허용되지 않는다고 할 것이다.

(나) 또한 이 사건 각 신탁계약서에는 위탁자인 원고의 지시에 의해 운용되는 "수익은 전부 수익자에게 귀속"되고(제7조), 수탁자인 피고는 신탁보수만 받도록 규정되어 있으며(제10조), 신탁재산의 손실 또한 위탁자에게 귀속되도록 규정되어 있는 점(계약서 제11조에는 이익계산시 손실은 원본으로부터 차감하도록 되어 있다) 등에 비추어 볼 때 이 사건 각 신탁계약은 원금의 손실도 가져올 수 있는 이른바 실적배당형 상품이라 할 것이고(따라서 이 사건 각 신탁계약이 실질에 있어서 예금계약 또는 불특정금전신탁과 같다는 원고의 주장은 받아들일 수 없다), 특정금전신탁이 실적배당형 상품이고 위탁자가 지정하는 재산을 매입하여 수탁자가 이를 운용하는 간접투자의 형식을 취한다는 점에서 증권투자신탁과 유사한 실질을 가지고 있는 점, 특정금전신탁의 경우 운용방법을 수익자인 위탁자가 지정하도록 하고 있어 수익자가 신탁재산의 운용방법 및 그에 따른 결과를 예상할 수 있으므로 그 운용에 따른 모든 위험부담을 수익자가 지는 것이 이 사건 각 신탁계약의 취지에 부합하는 점, 이 사건 각 신탁계약과 같은 개별적인 수익률 보장약정을 체결한 후 만일 손실이 발생하게 되고, 그에 대하여 수익률 보장약정에 따라 수탁자가 수익자에 대하여 원본 및 일정한 수익을 보장해야 할 경우 결국 수탁자의 고유재산에서

보전될 수밖에 없어 이를 허용한다면 신탁재산과 고유재산을 엄격히 구별하는 신탁의 본질적인 성격에 반하는 되는 점, 특정금전신탁계약에 대하여 신탁의 본질에 반하는 수익률 보장약정을 허용할 경우 신탁상품시장을 혼란스럽게 할 우려가 있을 뿐만 아니라 시장참여자 또는 투자자들에게 상품의 특징을 제대로 알려 투명하고 건전한 투자풍토를 조성하는데도 방해가 될 것이고, 이는 종국적으로 신탁상품의 발전 및 금융산업발전에도 좋지 않은 영향을 가져올 것인 점 등 제반 사정에 비추어 보더라도 특정금전신탁계약에서의 수익률 보장약정은 무효라고 할 것이다. 따라서 이 사건 각 신탁계약에서의 수익률 보장약정이 유효함을 전제로 한 원고의 주위적 청구는 나머지 점에 관하여 더 나아가 살펴 볼 필요없이 받아들일 수 없다 할 것이다.

3. 제1예비적 청구에 대한 판단

가. 이 사건 제1신탁계약에 기한 채무불이행 책임의 성립 여부

(1) 원고의 주장 내용

원고는, 피고가 동아건설이 기업개선작업의 대상이 된 후인 1998년 11월경 원고와 협의하거나 원고에게 통보하지도 않고 임의적으로 제1신탁계약상의 신탁금 운용대상인 '기타 재정경제원장관의 인가를 받은 유가증권'이 아닌 대우중공업 회사채를 신탁재산에 편입하여 결국 대우중공업의 재정상태 악화와 그에 따른 회사분할 등으로 인하여 그 회사채를 상환받지 못하게 된 결과 원고로 하여금 대우중공업 회사채 편입액인 1,930,887,581원 상당의 손해를 입게 하였다고 주장하며 그 배상을 구하고 있다(원고는 동아건설 CP의 이 사건 제1신탁재산 편입에 대해서도, 수탁자인 피고로서는 투자대상 기업의 신용등급을 정확하게 판단하여 수탁자인 원고에게 손해가 생기는 일이 없도록 해야 할 의무가 있음에도, 1998년 7월경 재정상태가 악화되어 있어 신용등급이 낮았고 그 얼마 후인 1998. 8. 31. 기업개선작업 대상으로 선정되는 등으로 투자대상으로 적절하지 않은 동아건설 CP를 이 사건 제1신탁재산으로 편입하여 결과적으로 상환될 수 없는 신탁재산을 운용하였으므로 수탁자로서의 선관주의의무를 다하지 않은 것이라고 주장하고 있다).

(2) 판단

(가) 앞서 본 바와 같이 이 사건 제1신탁계약에서 정한 신탁금의 운용대상은 '기타 재정경제원장관의 인가를 받은 유가증권의 인수 또는 매입'임에도 불구하고 그 운용대상이 아닌 대우중공업 회사채를 제1신탁재산으로 편입한 것은 이 사건 제1신탁계약으로 정한 원·피고 사이의 합의에 반하므로 피고는 이 사건 제1신탁계약의 수탁자로서의 의무를 위반하였다고 할 것이다.

(나) 이에 대하여 피고는, 이 사건 제1신탁재산으로 동아건설 CP를 편입한 것은 소외 안건회계법인의 동아건설에 대한 제46기(1997. 1. 1.부터 1997. 12. 31.까지) 감사보고서를 근거하였던 것으로, 그 감사보고서에서 당시 동아건설이 채권금융기관으로부터 협조융자를 받는 입장이긴 하였으나 이미 미화 9,626,389,147.48달러에 이르는 리비아 대수로 공사, 미화 596,675,000달러에 이르는 라오스 수력발전 공사 등 대규모의 공사를 수급받아 진행하고 있었고, 1997년도 당기순이익이 83억 원이나 발생하는 등 동아건설의 사업전망을 고려할 때 CP의 회수가능성을 우려할 정도는 아니라고 판단하였을 뿐만 아니라 피고 자체의 동아건설에 대한 신용조사에서도 1998년 신용평점은 투자기피대상 신용평가인 40점보다 높은 55점에 이르렀는바, 동아건설 CP를 이 사건 제1신탁재산으로 편입한 결과로 인하여 손해를 입은 것은 IMF라는 특수한 상황에 기인한 것이지 피고의 잘못된 투자판단에 의한 것이 아닌 주의의무를 다한 신탁금의 운용이라고 주장하면서(피고는 당초에는 동아건설의 주거래은행이 아니었기 때문에 1998. 9. 24.자로 채권금융기관에 대한 기업개선작업을 추진하기 위한 소집통보가 있기 전까지는 동아건설의 부실에 대해서 알지 못했다고 주장하다가 2004. 10. 18.자 준비서면에서 이와 같이 주장을 변경

하였다), 피고가 동아건설 CP를 환출한 후 대우중공업의 회사채를 이 사건 제1신탁재산으로 환입한 것은 동아건설의 상황이 예상 밖으로 점차 악화되어 이 사건 제1신탁재산에 손실을 초래할 것이 명백하였기 때문이었는데, 원고의 직원과 사이에 동아건설 CP를 대우중공업 회사채로 교체하는 것에 대하여 사전에 협의를 하였을 뿐만 아니라 그러한 사정은 이 사건 제1신탁계약 제4조 제1항 단서에 따른 것이므로 피고는 수탁자로서의 의무를 위반하지 않았다는 취지로 주장한다.

살피건대, 피고가 원고와 사이에 동아건설 CP 대신 대우중공업 회사채를 이 사건 제1신탁재산에 편입하기로 합의하였음을 인정할 아무런 증거가 없고, 앞서 채택한 증거들에 의하면, 동아건설은 1998년 1월에 주요 채권은행들로부터 2,200억 원의, 1998년 4월경에 1,400억 원의 각 협조융자를 받았고, 1998. 5. 6.경에 다시 채권금융기관에 협조융자를 요청하였으며, 한편 1998. 5. 21.에는 피고를 포함한 채권금융기관들이 동아건설의 긴급자금 추가지원에 대한 공동대책 마련을 위해 동아건설에 대한 채권금융기관 협의체를 결성하고 자금관리단을 구성하기도 하였으며, 1998. 5. 26.경에는 채권금융기관들이 동아건설에 대해 CP의 조기결제를 요구하는 등으로 계속적인 자금압박으로 재정상태가 상당히 곤란하였고, 또 1998. 6. 9.경에는 금융감독원(당시에는 은행감독원이었다)이 동아건설의 주거래은행인 서울은행의 여신한도 초과 대출 요청을 거부한 사실, 동아건설 회사채에 대한 1998. 5. 12.자 신용평가는 CC 또는 CCC 등급이었던 사실, 동아건설 CP에 대한 1997년 12월경의 신용평가는 B+였으나 그 이후로는 그에 대한 신용평가가 없었던 사실 등 비추어 볼 때 금융기관인 피고로서도 동아건설의 위기상황에 대하여 알고 있었다고 보이고, 그러한 피고가 동아건설의 위기가 외부적으로 표출된 시점인 1998. 7. 23.부터 1998. 8. 12.까지 반복적으로 동아건설 CP를 매입하여 이 사건 제1신탁재산에 편입한 것은 수탁자로서의 선관주의의무를 다한 것이라고 보기 어렵다.

또한, 앞서 본 바와 같이 1998년 11월경에 이르러 동아건설 CP에 대한 상환가능성이 거의 없어졌기 때문에 원고의 손해를 방지하기 위하여 이 사건 신탁재산 중에 편입된 동아건설 CP를 교체할 필요성이 생겼을 경우라 하더라도 수탁자인 피고로서는 수익자인 원고의 의사를 확인하여 동의를 구하는 등 사전에 적절하고도 충분한 협의를 하거나 원고에게 그 사실을 통지하여 원고로 하여금 다른 선택을 할 수 있는 기회를 부여하였어야 할 것이고, 그러한 원고와의 협의를 거치지 못할 정도로 급박한 경우였다 하더라도(그렇게 급박한 경우에 해당한다는 증거도 없다) 적어도 이 사건 제1신탁계약에서 정한 신탁재산의 운용범위 내의 다른 자산을 편입하는 등의 조치를 취했어야 할 것임에도(이 사건 제1신탁계약에 적용되는 1996. 12. 26. 개정 전의 신탁업무운용요강 제8조의 2 제2항도 이 사건 제1신탁계약 제4조 단서와 같은 규정과 유사한 취지의 규정을 두고 있는데, 그 조항에는 위탁자가 지정한 방법 이외의 다른 방법으로 신탁자금을 운용하기 위해서는 계약서에 그 다른 방법을 명시한 경우에 한하는 것으로 규정하고 있다) 원고에게 아무런 통지나 원고와의 협의도 없이, 더욱이 수탁재산과 수탁자의 고유재산은 명백히 구분되어야 한다는(신탁법 제20조, 제21조, 제23조, 제25조, 신탁업법 제12조 참조) 신탁계약의 본질에 반하는 방법으로 피고 자신이 보유하고 있던 대우중공업 회사채를 이 사건 제1신탁재산에 임의적으로 환입한 행위는 수탁자로서의 선량한 관리자의 주의의무를 다하였거나 이 사건 제1신탁계약 제4조 단서에 해당하는 경우라고 보기 어렵다.

또한 이 사건 제1신탁계약 제20조에서 '이 계약에 규정되어 있지 않은 사항은 신탁법 및 신탁업법의 규정에 의한다'고 규정하고 있음은 앞서 본 바와 같고, 당시 시행 중인 신탁법 제28조는 '수탁자는 신탁의 본지에 따라 선량한 관리자의 주의로서 신탁재산을 관리 또는 처분하여야 한다'고 규정하고 있으며, 신탁법 제38조는 '수탁자가 관리를 적절히 하지 못하여 신탁재산의 멸실, 감소 기타의 손해를 발행하게 한 경우 또는 신탁의 본지에 위반하여 신탁재산을 처분한 때에는 위탁자는 수탁자에 대하여 손해배상 또는 원상회복을 청구할 수 있다'고 규정하고 있어 수탁자로서는 신탁재산의 운용에 있어서 선량한 관리자의 주의의무를 다하여 신탁재산에 손해가 발생하지 않도록 운용할 의무가 있다고 할 것이므로(이 사건 제1신탁계약 제7조에도 수탁자의 선관주의의무를 규정하고 있다) 설령 원고의 손실을 최소화하기 위해 동아건설 CP를 이 사건 제1신탁재산에서 환출 또는 매도하는 것이 필요한 조치였다 하더라도 상환가능성이 높고 높은 수익이 예상되는 다른 자산을 대상으로 신탁금을 운용하였어야 할 것이지 앞서 본 바와 같이 당시 대우중공업을 비롯한 대우그룹 전체의 자금사정이 극히 악화되어 있는 상태였고, 금융감독위원회는 1998. 10. 28.경 대우그룹을 비롯한 대기업의 회사채 발행을 제한하였으며, 나아가 노무라증권의 보고서로 인하여 대우중공업의 회사채 발행계획이 취소되기까지 한 상황하에서 대우중공업 회사채의 경우 만기에 상환되지 않을 가능성이 충분하다는 사정을 쉽게 인식할 수 있었으면서도(을제26호증의 2의 기재만으로는 대우중공업의 경영상태가 어려웠다는 사실을 뒤집기에 부족하다) 이미 1997. 5. 6. 발행되어 피고 자신이 운용하고 있던 대우중공업 회사채를 이 사건 제1신탁재산에 환입한 것은 수익자의 손실을 최소화하여야 할 수탁자로서의 선량한 관리자의 주의의무를 다한 것이라고 볼 수 없다.

따라서 대우중공업 회사채의 편입에 관한 합의가 있었다거나 그 편입이 이 사건 제1신탁계약 제4조 단서 규정에 의한 것이어서 채무불이행에 해당하지 않는다는 피고의 주장은 받아들이기 어렵고, 결국 피고로서는 동아건설 CP 매입, 동아건설 CP 환출과 대우중공업 회사채 환입 등 일련의 잘못된 행위로 인해 원고가 입은 손해를 배상할 의무가 있다고 할 것이다.

(다) 이에 대하여 피고는, 이 사건 제1신탁재산으로 동아건설 CP를 계속 운용하였을 때에 비하여 대우중공업 회사채를 운용하여 회수한 돈을 더 많으므로 이 사건 제1신탁재산에 대우중공업 회사채를 편입한 것으로 인하여 원고에게 손해가 발생하지 않았다는 취지로 주장하나, 앞서 본 바와 같이 대우중공업 회사채를 편입한 그 자체가 이 사건 제1신탁계약을 명백히 위반한 피고의 채무불이행에 해당한다고 할 것임은 물론 피고가 동아건설 CP를 이 사건 제1신탁재산으로 편입한 것도 수탁자로서의 선관주의의무를 위반한 행위로 보는 이상, 동아건설 CP의 회수율과 대우중공업 회사채의 회수율을 비교하여 후자의 회수율이 높았으므로 원고에게 손해가 없다는 피고의 위 부분 주장은 나머지 점에 관하여 살펴볼 필요 없이 받아들이기 어렵다. 다만, 동아건설 CP의 경우 잘못 매입하였지만 환출되어 장부상 환출대금에 상당하는 대우중공업 회사채가 환입되었으므로 동아건설 CP의 매입대금 부분 등(이자 포함)은 이 사건 손해액 산정에서 고려하지 않는다.

(라) 피고는 또한 원고가 1999. 8. 14. 피고로부터 대우중공업의 회사채 편입사실을 통보받고도 아무런 이의를 제기하지 않지 않았고 오히려 2002. 12. 2.경까지 5차례에 걸쳐 이자를 수령한 것은 대우중공업 회사채의 이 사건 제1신탁재산으로의 편입을 승인한 것이므로 원고는 피고에게 채무불이행책임을 추궁할 수 없다고 주장한다.

살피건대, 앞서 채택한 증거들에 의하면, 원고가 피고로부터 이 사건 제1신탁계약의 만기일인 1999. 11. 29. 신탁원본 3,069,152,187원 및 신탁이익 2,245,074,556원(대우중공업 회사채에 대한 1999. 11. 29.까지의 이자 합계 176,035,201원(1999. 2. 6. 50,002,217원, 1999. 5. 6. 63,016,492원, 1999. 8. 6. 63,016,492원)도 포함되어 있다)을 수령하였음은 물론 만기일이 지난 후부터 2002. 12. 26.경에 이르기까지 대우중공업 회사채에 대한 원본 및 이익 합계 206,295,984원(2000. 12. 13. 신탁이익 12,000,745원, 2001. 1. 31. 신탁이익 1,345,768원, 2001. 8. 10. 신탁원본 133,902,474원 및 신탁이익 17,355,566원, 2002. 12. 26. 신탁원본 9,121,712원 및 신탁이익 32,569,719원)을 수령한 사실 등을 인정할 수 있고, 이 시건 제1신탁계약 만기일 다음날인 1999. 11. 29.부터 마지막으로 신탁이익을 수령한 2002. 12. 26.경까지 별다른 이의제기를 하지 않은 것으로 보이기는 하나, 다른 한편 앞서 본 바와 같이 원고가 1999. 8. 14. 피고로부터 이 사건 제1신탁재산에 대우중공업 회사채의 편입사실을 통보받은 후 1999. 8. 30. 피고에게 이 사건 각 신탁재산 중 대우그룹 유가증권의 보유내역 등에 관한 자료를 요청하였고, 1999. 10. 22.과 1999. 11. 15. 그와 같이 '대우채권'의 지급을 요청하면서 피고가 이 사건 신탁계약 당시 신탁법 제38조의 주의의무를 다하지 않은 사실을 지적하였으며, 나아가 대우채권에 대한 지급이 원만히 해결되지 않을 경우 민·형사상 책임을 추궁하겠다는 의사를 명시적으로 표시한 사실 또한 인정할 수 있을 뿐만 아니라, 그에 더하여 원고가 최초로 이 사건 제1신탁재산에 대우중공업 회사채가 편입되어 있다는 사실을 통보받은 시기가 이 사건 제1신탁계약의 만기일인 1999. 11. 28. 이전인 점, 이 사건 제1신탁계약의 만기일의 다음날인 1999. 11. 29. 지급받은 신탁이익에는 대우중공업 회사채에 대한 이자 외에 나머지 신탁재산의 운용으로 인한 것이 대부분인 점, 이 사건 제1신탁계약에는 앞서 본 수익률 보장약정이 부가되어 있었고, 이 사건 외의 다른 신탁계약에 근거해서는 그 수익률 보장약정에 따라 약정금액 전부가 지급되었으므로 있어 원고의 입장에서는 그 수익률 보장약정에 따라 피고가 이 사건 제1신탁계약에서의 약정금액 전부를 지급해 줄 것이라고 기대하였을 것인 점 등에 비추어 볼 때 원고가 이 사건 제1신탁기간 만기일 전에 피고로부터 대우중공업 회사채의 편입사실을 통보받고도 별다른 이의를 제기하지 않았다거나 1999. 8. 30.경 피고에게 대우그룹 유가증권의 보유내역에 대한 자료를 요청하였다거나 또는 이 사건 제1신탁계약 만기일 후에도 대우중공업 회사채에 대한 이자 일부를 지급받았다고 하더라도 그러한 사정만으로 원고가 대우중공업 회사채를 이 사건 제1신탁재산에 편입하는 것을 승인하였다고 보기 어렵고, 달리 이를 인정할 증거가 없다.

(마) 결국 피고가 이 사건 제1신탁재산에 동아건설 CP 및 대우중공업 회사채를 편입한 것은 이 사건 제1신탁계약의 수탁자로서의 주의의무를 위반한 채무불이행에 해당한다고 할 것이다.

나. 이 사건 제2신탁계약에 기한 채무불이행 책임의 성립 여부

(1) 당사자의 주장 내용

원고는, 이 사건 제2신탁계약에서 신탁재산의 운용대상으로 '기타 재정경제원장관의 인가를 받은 유가증권의 인수 또는 매입'으로 명시적으로 약정하였음에도 불구하고 피고가 그에 위반하여 주식회사 대우 회사채를 제2신탁재산으로 편입하였고, 결국 주식회사 대우의 재정상태악화와 그에 따른 회사분할 등으로 인하여 그 회사채를 상환받지 못하게 된 결과 원고로 하여금 주식회사 대우의 회사채 편입액 1,494,922,825원 상당의 손해를 입게 한 것은 이 사건 제2신탁계약을 바로 위반한 것이거나 이 사건 제2신탁계약에 기한 선관주의의무 등을 위반한 채무불이행에 해당한다고 주장하고 있고, 이에 대하여 피고는 (가) 이 사건 제2신탁계약을 체결하기 직전인 1996. 12. 26. 앞서 본 7가지의 신탁재산 운용방법 중 하나의 방법을 지정하여 신탁자금을 운용하도록 되어 있던 신탁업무운용요강 제8조의 2 제2항이 그 신탁재산 운용방법 중 2 이내의 방법을 지정하는 것으로 개정되었고, 그에 따라 원·피고가 합의하여 이 사건 제2신탁재산의 운용방법으로 '국·공채, 회사채의 인수 또는 매입' 및 '기타 재정경제원장관의 인가를 받은 유가증권의 인수 또는 매입'으로 2가지를 지정하였던 것인데, 다만 '국·공채, 회사채의 인수 또는 매입'을 표시하는 고무인이 없어 신탁계약서 제4조의 공란에는 기존에 사용하던 '기타 재정경제원장관의 인가를 받은 유가증권의 인수 또는 매입'을 표시하는 고무인만 날인하되, 신탁계약서의 별첨에는 위 두 부분 모두에 체크(∨표시)를 하였던 것이므로 이 사건 제2신탁재산으로 주식회사 대우 회사채를 편입한 것은 원·피고 사이의 합의에 의한 것이고, (나) 그렇지 않다고 하더라도 원고가 1999. 8. 14. 피고로부터 주식회사 대우의 회사채 편입사실을 통보받고도 아무런 이의를 제기하지 않고 오히려 2001. 8. 10. 및 2002. 12. 26. 각 이자를 수령하였으므로 주식회사 대우 회사채의 이 사건 제2신탁재산으로의 편입을 승인한 것이므로 피고는 채무불이행책임을 부담하지 않는다고 주장한다.

(2) 판단

이 사건 제2신탁계약서 제4항의 신탁금 운용대상을 기재하는 공란에 고무인으로 '기타 재정경제원장

관의 인가를 받은 유가증권의 인수 또는 매입'만 날인되어 있는 사실(피고가 보관하고 있는 이 사건 제2신탁계약서 원본상에는 제4조에 그 고무인 밑에 볼펜으로 '국·공채, 회사채의 인수 또는 매입'이라고 기재되어 있으나 그 부분은 사후에 기재된 것으로 보인다), 당시 개정된 신탁업무운용요강 제8조의 2 제1항에는 "계약시 신탁자금의 운용방법을 계약서에 명기"하도록 규정하고 있었던 사실은 앞서 본 바와 같으므로 다른 특별한 사정이 없는 한 이 사건 제2신탁계약의 운용대상은 그 문언에 따라 기타 재정경제원장관의 인가를 받은 유가증권의 인수 또는 매입으로 한정되었다고 해석하여야 할 것이나, 한편 이 사건 제2신탁계약 체결일 직전인 1996. 12. 26. 신탁업무운용요강 제8조의 2 제2항이 신탁재산 운용방법 중 2 이내의 방법을 지정하는 것으로 개정되었고, 이 사건 제2신탁계약서의 별첨에는 '기타 재정경제원 장관의 인가를 받은 유가증권의 인수 또는 매입'뿐만 아니라 '국·공채, 회사채의 인수 또는 매입'에도 체크(∨표시)가 되어 있었으며(원·피고는 이 사건 각 신탁계약에서 그 각 계약서 원본을 2통을 작성하여 원·피고가 각각 1통씩 보관하도록 약정하였는데, 앞서 본 바와 같이 원고가 보관하고 있는 이 사건 제2신탁계약서 원본의 별첨란에도 '국·공채, 회사채의 인수 또는 매입'에 그와 같이 체크표시가 되어 있다), 이 사건 제2신탁계약 체결일 당일 이 사건 제2신탁계약에 의한 운용대상으로 바로 주식회사 대우의 회사채가 편입되었던 사실 역시 앞서 본 바와 같으며, 이 사건 제2신탁계약서는 계약사항을 기재한 본문과 그에 따른 특정사항을 별지 또는 별개의 문서에 작성하여 그 본문에 그 별지를 첨부하는 형태가 아니라 전체가 1장으로 된 용지를 3부분으로 나누어서 그 왼쪽과 가운데 면은 신탁금의 운용대상을 고무인으로 날인한 부분을 포함한 계약내용이 기재되어 있고, 그 오른쪽 면은 그 신탁금의 운용대상을 구체화한 별첨으로 그 운용대상을 체크(∨)하도록 구성되어 있는 점, 이 사건 제2신탁계약은 그와 같은 신탁업무운용요강이 개정된 1996. 12. 26.로부터 10여 일이 지난 후에 체결된 점, 신탁재산 운용방법을 2가지로 지정할 수 있도록 신탁업무요강이 개정된 것은 신탁회사 또는 신탁업을 겸하는 금융기관의 건의에 의한 것이었고 그러한 신탁재산 운용방법의 확대는 궁극적으로 수탁자의 이익을 위한 것이라고 할 것인 점 등 이 사건 제2신탁계약 체결 전후의 상황, 이 사건 제2신탁계약서(별첨 포함)의 구성이나 그 표시 내용 등 이 사건 변론에 나타난 제반 사정에 비추어 볼 때 이 사건 제2신탁계약의 운용방법은 '기타 재정경제원장관의 인가를 받은 유가증권의 인수 또는 매입'과 '국·공채, 회사채의 인수 또는 매입'의 2가지로 지정되었다고 봄이 상당하다.

따라서 피고가 이 사건 제2신탁재산으로 주식회사 대우 회사채를 편입한 것은 그 계약에 따른 것이라 할 것이고(또한 편입 당시인 1997. 1. 9. 무렵 주식회사 대우의 경영상태나 그에 대한 신용평가는 양호한 상황이었다), 달리 이 사건 제2신탁재산으로 주식회사 대우 회사채를 편입한 것이 수탁자로서의 선관주의를 위반하였다고 인정할 증거가 없으므로 이 사건 제2신탁계약상의 채무불이행책임을 주장하는 원고의 이 부분 청구는 받아들일 수 없다(그와 같이 이 사건 제2신탁재산에 주식회사 대우의 회사채를 편입한 것이 정당한 자산운용으로 인정되므로 피고의 다른 주장에 대해서는 살펴보지 아니한다).

149. 대법원 2007. 10. 12. 선고 2006다42566 판결 [약속어음양도배서및교부]

[논점] 신탁재산의 멸실·훼손으로 인하여 수탁자가 부담하는 손해배상금이 신탁법에 따라 직접 신탁재산에 귀속하는 경우, 그 멸실·훼손된 재산이 물상대위에 의하여 수탁자에게 귀속되는지 여부

【이 유】

1. 상고이유 제1점에 대하여

신탁법 제55조[330]는 신탁행위로 정한 사유가 발생한 때를 신탁 종료 사유의 하나로 규정하고 있는 바, 원심은 원고와 피고가 이 사건 신탁계약 당시 신탁기간을 1996. 9. 13.부터 1998. 9. 13.까지로 정하

였고, 신탁기간의 만료 또는 기타 사유로 인하여 신탁이 종료한 때에는 피고는 최종 계산서를 작성하여 원고의 승인을 얻은 후 신탁계약서 및 신탁증서를 회수하고 신탁재산을 원고에게 교부하기로 약정한 사실을 인정하였으므로, 이 사건 신탁은 1998. 9. 13. 기간의 만료로 종료되었다고 할 것이다.

원심이 이 사건 신탁이 1998. 9. 13. 기간의 만료로 종료되었다고 판단한 조치는 정당하고, 거기에 상고이유로 주장하는 바와 같은 채증법칙 위배, 처분문서의 증명력 및 자백의 구속력에 관한 법리오해 등의 위법이 있다고 할 수 없다.

2. 상고이유 제2점에 대하여

신탁법 제19조[331]는 "신탁재산의 관리·처분·멸실·훼손 기타의 사유로 수탁자가 얻은 재산은 신탁재산에 속한다."고 규정하고 있는바, 이는 신탁재산의 형태가 변하더라도 당초 신탁재산에 속하는 것은 물론 수탁자가 신탁재산의 권리주체라는 지위에서 얻게 되는 모든 재산도 신탁재산이 된다는 것을 밝힌 것이고, 이 규정에 따라 수탁자가 신탁재산의 관리를 적절히 하지 못하여 신탁재산이 멸실·훼손되는 등의 손해가 발생한 때에 수탁자가 부담하는 손해배상금이 직접 신탁재산에 귀속된다고 하더라도, 그 멸실·훼손된 재산이 물상대위에 의하여 수탁자에게 귀속되는 것이라고는 할 수 없다.

원심이 이와 같은 취지에서 신탁법 제19조에 의해 이 사건 어음 중 30억 원 부분이 피고에게 귀속되었다는 피고의 주장을 배척한 조치는 정당하고, 거기에 신탁법상의 물상대위에 관한 법리를 오해한 위법이 있다고 할 수 없다.

3. 상고이유 제3점에 대하여

민법 제399조는 "채권자가 그 채권의 목적인 물건 또는 권리의 가액 전부를 손해배상으로 받은 때에는 채무자는 그 물건 또는 권리에 관하여 당연히 채권자를 대위한다."고 규정하고 있는바, 채권의 목적인 물건 또는 권리가 가분적인 것이라는 등의 특별한 사정이 있는 경우는 별론으로 하고 그 밖의 경우에는 성질상 채무자가 채권의 목적인 물건 또는 권리의 가액의 일부를 손해배상한 것만으로는 채권자를 대위할 수 없다고 할 것이다.

이 사건 신탁계약상의 채권의 목적은 이 사건 어음이고, 어음은 그에 표창되는 권리와 분리할 수 없어 일부배서가 허용되지 않는 등 가분적인 것이 아니라고 할 것인데, 피고가 이 사건 신탁계약상의 채무불이행을 원인으로 하여 원고에게 손해배상한 금원은 이 사건 어음의 액면가액에 미치지 못하므로, 위 법리에 따라 피고는 이 사건 어음에 관하여 원고를 대위할 수 없다고 할 것이다.

원심이 같은 취지에서 손해배상자의 대위에 의하여 이 사건 어음 중 30억 원 부분이 피고에게 귀속되었다는 피고의 주장을 배척한 조치는 정당하고, 거기에 상고이유로 주장하는 바와 같은 손해배상자의 대위에 관한 법리오해 등의 위법이 있다고 할 수 없다.

4. 상고이유 제4점에 대하여

앞에서 본 바와 같이, 피고가 신탁계약상의 채무불이행으로 인한 손해배상을 명한 확정판결에 따라 원고에게 지급하였더라도 이를 이 사건 어음의 가액 전부를 손해배상한 경우에 해당하는 것으로 볼 수 없는 이상, 수탁자인 피고는 이 사건 신탁이 종료된 당시에 남아있던 신탁재산인 이 사건 어음을 위탁자 겸 수익자인 원고에게 권리이전하여 줄 의무가 있다고 할 것이므로, 피고가 위와 같이 손해배상을 하였다거나 원고가 이 사건 어음의 수령을 거부한 바 있었다거나 또는 그 후에 피고가 이 사건 어음에 기하여 정리회사 주식회사 진로의 관리인을 상대방으로 한 정리채권확정소송에서 승소판결을 받았다

330) 현행 신탁법 제98조.
331) 현행 신탁법 제27조.

는 등의 사정이 있다고 하더라도, 원고가 피고에게 위와 같은 신탁계약 종료에 따른 신탁재산의 권리이전의무의 이행을 구하는 것을 가리켜 신의칙 또는 형평의 원칙에 반하거나 금반언의 원칙에 반하는 것이라고는 할 수 없다.

같은 취지의 원심판결은 정당하고, 거기에 상고이유로 주장하는 바와 같은 채증법칙 위배 또는 신의칙, 형평의 원칙 및 금반언의 원칙에 관한 법리오해 등의 위법이 있다고 할 수 없다.

5. 상고이유 제5점에 대하여

가. 초과보수청구권에 기한 유치권 주장에 대하여

앞에서 본 법리와 기록에 의하여 살펴보면, 원심이, 이 사건 신탁계약은 1998. 9. 13. 기간의 만료로 종료되었고 또한 정리채권확정의 소가 계속중이라는 등의 사정만으로는 이 사건 어음의 이자 또는 지연손해금 채권이 현실화되었다고 볼 수 없으므로 이에 기한 유치권은 성립되지 아니한다고 판단한 조치는 정당하고, 거기에 채증법칙 위배 또는 신탁보수에 관한 법리오해 등의 위법이 있다고 할 수 없다.

나. 비용보상청구권에 기한 유치권 주장에 대하여

수탁자가 신탁의 본지에 따라 신탁사업을 수행하면서 정당하게 지출하거나 부담한 신탁비용 등에 관하여는 신탁자에게 보상을 청구할 수 있는 것이지만, 신탁법 제38조[332]의 규정에 따라 수탁자가 관리를 적절히 하지 못하여 신탁재산의 멸실·감소 기타의 손해를 발생하게 한 경우에 그로 인한 손해배상을 하는 것을 가리켜 신탁처리비용이라고는 할 수 없다고 할 것이다.

원심이 같은 취지에서 신탁보수청구권에 기한 피고의 유치권 주장을 배척한 조치는 정당하고, 거기에 상고이유로 주장하는 바와 같은 신탁비용보상청구권에 관한 법리오해 등의 위법이 있다고 할 수 없다.

[원심판결] 서울고등법원 2006. 5. 16. 선고 2005나71323 판결 [약속어음양도배서및교부]

【주 문】

1. 항소를 기각한다.
2. 항소비용은 피고의 부담으로 한다.

【청구취지 및 항소취지】

1. 청구취지 : 피고는 원고에게 별지목록 기재 약속어음에 양도배서하고 위 약속어음을 교부하라.
2. 항소취지 : 원심판결을 취소한다. 원고의 청구를 기각한다.

【이 유】

2. 주장 및 판단

가. 신탁의 종료 시기

(1) 원고는 2004. 12. 7. 피고에게 신탁해지 통고를 하기는 하였으나 이 사건 신탁계약은 그 이전인 1998. 9. 13. 기간만료로 종료하였다고 주장한다.

살피건대, 갑제1호증의 기재에 변론의 전취지를 종합하면, 이 사건 신탁계약 당시 신탁기간은 1996. 9. 13.부터 1998. 9. 13.까지로 정한 사실이 인정되므로, 이 사건 신탁계약은 1998. 9. 13. 기간만료로 종료하였다 할 것이다.

(2) 이에 대하여 피고는, 원고가 2004. 12. 7. 피고에게 해지통고를 하기 전까지 피고에 대하여 이 사

332) 현행 신탁법 제43조.

건 어음을 반환하여 줄 것을 요청한 바가 전혀 없고, 그 이전에도 피고에 대하여 원금과 이자의 지급을 요청한 바는 있어도 이 사건 신탁계약의 해지를 통고한 바는 없으므로, 이 사건 신탁계약은 해지통고에서 정한 해지예정일인 2004. 12. 15.에야 종료되었다는 취지로 다툰다.

살피건대, 갑제1호증의 기재에 변론의 전취지를 종합하면, 이 사건 신탁계약 당시 원, 피고는 계약기간 만료 전에 원, 피고의 합의에 의하여 신탁기간을 연장할 수 있도록 약정한 사실(제2조)이 인정되고, 원고가 2004. 12. 7. 피고에게 이 사건 신탁계약을 해지한다는 내용의 통지를 한 사실은 기초사실에서 본 바와 같다.

그러나, 갑제1호증, 갑제3호증의 1, 2, 갑제4호증, 갑제7호증, 을제3호증의 각 기재에 변론의 전취지를 종합하면, 이 사건 신탁계약 당시 원, 피고는 원칙적으로 계약기간 중에는 중도해지를 할 수 없도록 하고(제12조), 신탁기간의 만료로 신탁이 종료한 때에는 피고는 최종계산서를 작성하여 수익자인 원고의 승인을 얻은 후 신탁계약서 및 신탁증서를 회수하고 신탁재산을 금전으로 교부하는 것을 원칙으로 하되, 다만 운용신탁재산 중 환가 및 회수가 곤란한 경우 또는 부득이한 사정이 있는 경우에는 운용신탁재산을 현상대로 교부하고(제14조), 만기 이후에 해지할 경우 만기일 이후에 대하여는 변동되는 정기예금 1년제 금리 범위 내에서 실적 배당하기로 하며(제15조 제1항), 이 사건 계약에 규정되어 있지 않은 사항은 신탁법 등 관련법규에 의하도록(제19조) 약정한 사실, 이 사건 신탁금으로 피고가 1997. 6. 12. 취득한 무보증어음 100억 원(이후 원고가 어음원금 중 3억 5천만 원을 수령하였음을 자인하고 있는 이 사건 어음과 같은 어음이다)의 발행인인 진로식품은 1997. 4. 21. 부도유예협약의 적용대상이 되었다가 1997. 9. 8. 부도처리되었고 어음면상 보증을 한 주식회사 진로(이하 진로라고만 한다)도 1997. 9. 9. 부도처리되어 무보증 100억 원 어음의 편출은 불가능하게 된 사실, 원고는 만기 직후인 1998. 9. 26. 피고가 신탁재산의 운용을 잘못하였다면서 피고에 대하여 신탁원금 100억 원과 그에 대한 연 11.5%의 비율에 의한 이자를 지급하여 줄 것을 요청하였으나, 피고는 무보증어음 100억 원의 취득이 원고의 운용지시에 따른 것임을 들어 원리금 전액의 지급을 거절하고 잔존재산으로서 무보증어음 100억 원을 교부하겠다는 의사를 표명한 사실이 인정되고, 한편 신탁법 제55조는 신탁행위로 정한 사유가 발생한 때 신탁이 종료된다고 하고 있고, 같은 법 제61조는 신탁이 종료된 경우에 신탁재산이 그 귀속권리자에게 이전할 때까지는 신탁은 존속하는 것으로 간주하고 이 경우 귀속권리자를 수익자로 간주한다고 하고 있으며, 같은 법 제30조는 신탁재산은 수탁자의 고유재산 또는 다른 신탁재산과 구별하여 관리하여야 하고, 다만 신탁재산이 금전인 경우에는 고유재산 또는 다른 신탁재산에 속하는 금전과 각각 별도로 그 계산을 명확히 함으로써 족하다고 규정하고 있다.

위 인정사실과 관련 신탁법 규정에 의하면, 이 사건 신탁은 금전을 신탁재산으로 수탁하여 유가증권 등으로 운용한 후에 만기인 1998. 9. 13.에 금전으로 수익자에게 교부하는 내용의 신탁이라 할 것이고, 다만 실질적으로 투자처를 투자가인 수익자 자신이 선택하는 것과 다름없어 투자가의 자기책임의 원칙에 따라 투자 손실을 수익자가 부담하도록 하는 의미에서 만기에 운용자산 중 금전으로 환가가 곤란한 잔여신탁재산은 수탁자로 하여금 귀속권리자인 수익자에게 양도하고 나면 그 부분 원금의 반환책임을 면하게 한 것이라 할 것이며, 다만 신탁종료 후 잔여신탁재산의 귀속권리자에의 귀속시기까지 귀속권리자를 보호하기 위하여 신탁법 제61조를 두어 신탁의 존속을 간주한 것이라 할 것인데, 이러한 경우 수탁자의 직무권한은 신탁재산의 수익자에로의 권리이전 및 이전완료시까지 신탁재산의 보존 등에 한정된다고 본다.

그러므로, 원고가 무보증어음 100억 원을 반환받지 아니한 상태에서 피고와의 사이에 피고의 신탁재산 운용행위의 정당성을 따지는 분쟁을 하다가 2004. 12. 7.에야 피고에게 무보증어음 100억 원의 반환을 구하면서 위와 같은 해지 통지를 하였다 하여도, 앞서 본 바와 같이 만기 직후 원고로부터 원리금의 지급을 요청받은 피고로서는 만기까지의 신탁이익을 계산하여 원고에게 제시하여야 하는 한편 당시 진로식품과 진로가 각 부도를 냄에 따라 즉시 환가 및 회수가 곤란한 신탁재산이었던 무보증어음 100억 원을 수익자인 원고에게 귀속시키기 위하여 이를 양도 배서하여 교부할 의무가 이미 발생하였다 할 것이고, 귀속권리자인 원고가 2004. 12. 7.에야 그 반환을 구하는 통지를 하고 이 사건 소를 제기하였다는 사정만으로는 이 사건 신탁계약이 그 때까지 연장되어 종료되지 아니하였다고 볼 수는 없으므로, 위 주장은 이유 없다.

나. 이 사건 어음의 반환의무

이 사건 계약이 1998. 9. 13. 기간만료로 종료하였고, 이 사건 어음이 당시에는 환가 및 회수 불가능한 재산이었으며, 그와 같은 경우 피고는 잔존 신탁재산으로서 이 사건 어음을 이전하여 줄 의무만 남게 됨은 앞서 본 바와 같으므로, 피고는 원고에게 이 사건 신탁계약에 따라 이 사건 어음에 양도배서하고 이를 교부할 의무가 있다.

다. 피고의 주장에 대한 판단

(1) 이 사건 어음 중 일부에 대한 권리 취득 주장

(가) 주장

피고는, 1997. 6. 12. 진로식품 발행의 무보증어음을 상환처리하고 아남건설 발행의 보증어음 30억 원을 편출하여 그 대가로 상환 가능성이 낮은 무보증어음 100억 원을 편입하였는데, 위와 같은 신탁재산 관리의무위반으로 인한 원고의 손해를 배상하라는 서울고등법원 2003나47340호 판결의 취지에 따라 원고에게 손해배상금 439,273,217원 및 이에 대한 지연손해금을 지급하였으므로, 신탁법 제19조의 물상대위의 법리에 따라 위 손해배상금이 신탁재산으로 편입되고, 그 반대해석상 피고가 이 사건 어음 중 1997. 6. 12. 추가 편입된 부분인 이 사건 어음 중 일부인 30억 부분에 대하여 권리를 취득하였는바, 어음의 일부 배서가 허용되지 아니하므로 이 사건 어음 전부에 대한 배서양도 및 교부를 구하는 원고의 청구에 응할 수 없다고 주장한다.

(다) 판단

신탁법 제19조는 신탁재산의 관리·처분·멸실·훼손 기타의 사유로 수탁자가 얻은 재산은 신탁재산에 속한다고 규정하고 있는데, 이는 신탁재산이 신탁목적에 의하여 내부적으로 결합된 통일성과 개개의 재산의 변동에 의해서도 변하지 아니하는 자기동일성을 갖고 있으며 또한 수탁자의 고유재산으로부터의 독립성을 갖기 때문에 신탁이 설정된 후 신탁재산의 형태가 변하더라도 당초 신탁재산에 속하는 것은 물론 수탁자가 신탁의 권리주체라는 지위에서 얻게 되는 모든 재산도 신탁재산이 된다는 것을 밝힌 규정이라고 할 것이고, 따라서 이는 수탁자가 신탁재산의 관리를 적절히 하지 못하여 신탁재산에 손해가 발생한 때에 수탁자가 부담하는 손해배상금도 직접 신탁재산에 귀속된다는 의미일 뿐이고 위와 같이 손해배상을 하였다 하여 막바로 이 사건 어음 중 30억 원 부분의 권리가 피고에게 귀속한다고 볼 수는 없으므로, 피고가 이 사건 어음의 일부에 관하여 권리를 취득하였음을 전제로 하는 피고의 위 주장은 이유 없다.

(2) 손해배상자의 대위 주장

피고는 위와 같이 손해배상금을 지급함으로써 민법 제399조 소정의 대위권을 취득하고 따라서 이 사건 어음 중 30억 원 부분은 피고에게 귀속한다고 주장한다.

그러나, 민법 제399조는 채권자가 채무자로부터 채무불이행을 이유로 하는 손해배상으로 채권의 목적인 물건 또는 권리의 가액을 배상받았음에도 채권자에게 그 물건 또는 권리를 귀속시켜 두는 것이 채권자에게 이중의 이득을 얻게 하는 경우 배상을 받은 채권자의 채권의 목적인 물건 또는 권리를 법률상 당연히 채무자에게 이전하는 것으로서 채권자와 채무자의 공유관계가 생기지 않도록 채권자는 그 물건 또는 채권의 가액의 전부를 배상하여야 하는데, 앞서본 바와 같이 원고가 피고로부터 손해배상금 439,273,217원 및 그 지연손해금을 지급받았다 하여도 이를 피고의 채무불이행을 이유로 하는 손해배상으로 채권자인 원고가 채권의 목적인 물건 또는 권리의 가액전부를 손해배상으로 받은 경우에 해당한다고 볼 수 없으므로, 위 주장도 이유 없다.

(3) 신의칙 등 위반 주장

피고는, 이미 원고에게 서울고등법원 2003나47340호 판결에 의한 금액을 지급하였고 위 확정판결이 재심절차에 의하여 번복되지 않는 이상 원고로부터 지급한 금액을 반환받을 수 없는 상황에 있으므로 원고가 피고를 상대로 이 사건 어음이 신탁재산에 속함을 전제로 하여 양도배서 및 교부 청구를 하는 것은 신의칙 내지 형평에 비추어 보아도 부당하다고 주장하나, 피고가 주장하는 사정만으로는 수익자인 원고가 신탁재산인 이 사건 어음의 양도배서 및 교부를 구하는 것이 신의칙이나 형평에 반한다고 할 수는 없으므로, 피고의 위 주장도 이유 없다.

피고는, 원고가 이 사건 신탁계약의 만기 이후 이 사건 어음의 수령을 거부하다가 피고로부터 위와 같이 손해배상금을 수령한 이후에야 이 사건 어음의 이전을 구하는 것은 신의칙 내지 금반언의 원칙에 반한다고 주장하나, 원고가 피고 주장과 같이 이 사건 어음의 수령을 거부하였다고 볼 아무런 증거가 없는데다 오히려 아래에서 보는 바와 같이 피고가 이 사건 어음에 대한 유치권 등을 주장하며 반환을 거부하고 있는 것으로 보이고 또한 위 손해배상의 수액과 이 사건 어음의 액면가 및 원, 피고의 분쟁경위 등에 비추어 볼 때, 피고 주장과 같은 사유만으로 원고의 이 사건 어음의 양도배서 및 교부 청구가 신의칙 내지 금반언의 원칙에 반한다고 볼 수 없으므로, 위 주장은 이유 없다.

(4) 유치권 행사 주장

(가) 당사자들의 주장

피고는, 원고에 대하여 변제기가 도래한 보수청구권 및 신탁사무처리에 따른 비용회수청구권을 가지고 있고 이를 행사하기 위하여 신탁재산인 이 사건 어음을 유치할 수 있는 권리가 있으므로, 원고의 청구에 응할 수 없다고 주장하고, 이에 대하여 원고는 보수청구권은 만기까지만 발생하는 것이고, 가사 만기 이전에 보수청구권이 발생한다 하여도 피고가 이 사건 신탁계약상 신탁재산의 적정한 관리의무를 위반하여 신탁재산을 감소하게 하는 등 신탁계약상 채무를 이행하지 아니한 이상 보수청구권이 발생할 여지가 없으며, 피고는 신탁보수를 포함한 신탁사무와 관련된 최종계산서를 작성하여 원고의 승인을 얻은 연후에야 유치권 주장을 할 수 있고 또한 이 사건 신탁재산으로는 이 사건 어음 이외에도 피고의 은행고유계정에 금원이 예치되어 있어 그 금원으로 보수에 충당되는 것이므로 이 사건 어음에 대한 유치권은 성립할 수 없다고 다투고, 이에 대하여 피고는 다시 1997. 9. 18.부터의 신탁보수는 2005. 5. 31.을 기준으로 385,342,465원이고 초과보수는 향후 진로에 대한 정리채권확정의 소송이 확정되면 은행고유계정에 예치된 금액을 훨씬 초과하게 될 것으로 예상되며, 또한 수탁자가 보수청구권과 관련하여 신탁재산에 우선권을 행사하는 경우 어떠한 신탁재산을 그 대상으로 삼을지 여부에 관하여는 전적으로 수탁자의 선택에 달려 있는 것인데 피고는 이 사건 어음을 선택하여 유치권을 행사하는 것이라고 주장한다.

(나) 판단

① 기본보수청구권에 기한 유치권 주장에 대한 판단

갑제1호증, 을제1호증의 1의 각 기재에 변론의 전취지를 종합하면, 이 사건 신탁계약 당시 피고는 신탁종료시 신탁재산 및 수익 중에서 신탁보수를 수령하거나 원고에게 신탁보수를 별도로 청구할 수 있도록 약정하였고, 피고의 신탁보수는 신탁기간 중에는 매 이익계산기간 중의 신탁원본의 평균 잔액에 대하여 기본보수(신탁원본 평균잔액의 0.5%) 및 수익보수(수탁 당시 정기예금 1년제 금리를 초과하는 수익의 15%)로 계산하기로 하였으며(제9조), 피고는 신탁계약 개시일인 1996. 9. 13.부터 1997. 9. 17.까지 기간 사이에 발생한 신탁보수금 76,548,396원(= 기본보수 50,684,931원 + 수익보수 25,863,465원)을 신탁재산 중에서 공제하여 수령한 사실, 피고는 1997. 9. 18. 이후 은행고유계정에서 보수를 공제하여 수령하지 아니한 사실이 인정되고, 피고가 이 사건 신탁계약상 신탁재산의 적정한 관리의무를 위반하여 신탁재산을 감소하게 하였다는 이유로 손해배상금 439,273,217원 및 그 지연손해금의 지급을 명하는 판결이 선고되어 2004. 9. 7. 확정되었음은 앞서 본 바와 같다.

한편, 신탁법 제44조[333]는 수탁자의 보수청구권은 수탁자가 같은 법 제38조[334]에 의한 손실의 보상 및 신탁재산복구의 의무를 이행한 후가 아니면 행사할 수 없다고 하고 있는데, 이는 공평의 원칙상 신탁재산의 복구가 있기까지 보수청구권을 인정하지 아니하고 보수청구권의 행사요건으로서 신탁재산의 복구를 규정한 것으로 보아야 하고, 이를 신탁재산의 관리의무를 다하지 아니한 수탁자에게 그 복구되는 금액이나 그 비중에 상관없이 보수청구권을 인정하지 아니하는 것으로 보기는 어렵다 할 것이므로, 피고에게는 일응 만기까지의 보수청구권은 인정된다 할 것이다.

그러나, 수탁자의 비용, 손해보상청구권의 우선권에 관하여 규정한 신탁법 제42조는 수탁자의 비용 및 손실보상청구권을 확보하여 주기 위하여 수탁자에게 다른 채권자들보다 우선권을 인정하는 취지일 뿐 수탁자의 비용이나 손실을 보상받음에 있어 반드시 강제집행의 방법만을 사용하도록 강제하는 규정은 아니고(대법원 2003. 5. 16. 선고 2003다11134 판결 참조), 신탁법 제42조, 제43조, 제49조, 제62조[335] 각 규정에 따르면, 신탁의 종료로 인하여 신탁재산이 수익자 등에게 귀속한 때에는 수탁자는 신탁재산 중에 금전이 있으면 그 금전으로 보수를 받지만, 신탁재산 중에 금전이 없을 경우에는 보수를 받을 권리에 기하여 신탁재산에 대하여 강제집행을 하거나 경매를 할 수 있고 이러한 경우에 한하여 신탁재산을 유치할 수 있다고 할 것인데, 이 사건 신탁의 은행고유계정에는 2002. 3. 31. 기준으로 1,118,734,663원이 예치되어 있음은 피고도 인정하고 있다.

따라서, 피고 주장 자체로도 1997. 9. 18.부터 이 사건 만기 이후인 2005. 5. 31.까지의 기본보수는 385,342,465원이라는 것이고, 그 수액은 이 사건 신탁재산 중 은행고유계정의 금전을 넘지 아니하여서 굳이 이 사건 어음을 경매할 필요가 없어 보이는 이 사건의 경우 기본보수는 다른 특별한 사정이 없는 한 신탁재산 중 은행고유계정의 금원으로 충당된다고 봄이 상당하므로 기본보수청구권에 기한 유치권 주장은 이유 없다.

② 비용회수 청구권에 기한 유치권 주장

피고는 앞서 본 손해배상 판결에 따라 원고에게 2004. 9. 8.까지 1,504,033,097원을 지급하였는바, 장래 정리채권확정의 소가 피고 승소로 확정될 개연성이 상당하고 그에 따라 무보증어음 100억 원의 실제가치를 0으로 보고 손해배상을 명한 판결에 기하여 지급한 위 돈은 피고에게 반환되어야 할 것이고, 따라서 1,504,033,097원 외에 각 지급한 날 이후의 연 6%의 비율에 의한 지연손해금은 모두 신탁처리비용으로서 피고에게 보상되어야 할 것이므로, 피고는 그 비용회수를 위하여 이 사건 어음을 유치할 수 있다고 주장한다.

---

333) 현행 신탁법 제49조.

334) 현행 신탁법 제43조.

335) 현행 신탁법 제46조, 제47조, 제48조, 제54조, 제102조.

살피건대, 신탁법 제42조[336]에 따라 수탁자는 신탁재산에 관하여 부담한 조세, 공과 기타의 비용과 이자 또는 신탁사무를 처리하기 위하여 자기에게 과실 없이 받은 손해의 보상을 받음에 있어 신탁재산을 매각하여 다른 권리자에 우선하여 그 권리를 행사할 수 있다고 하고 있고, 이를 위하여 신탁재산을 유치할 수 있음을 규정하고 있으므로, 피고는 이 사건 신탁기간 내지 만기 이후 이 사건 신탁재산에 관하여 발생한 비용을 반환받을 권리가 있다 할 것이나, 피고가 수탁인으로서의 의무를 위배하였음을 이유로 한 위 손해배상 판결에 따라 지급한 금원을 신탁처리비용이라 할 수는 없으므로, 위 주장은 이유 없다.

③ 정리채권확정의 소송의 확정에 따른 초과보수(수익보수)에 기한 유치권 주장

피고는, 이 사건 신탁계약 기간 중 무보증어음 100억 원을 매입하고 보증을 받는 등 운용행위를 하였고, 이후 그 가치를 계속 유지 보전하는 행위로서 아래와 같이 정리채권확정의 소를 제기하는 행위를 하였으며, 이는 신탁계약에서 수익보수의 지급을 위하여 예정한 운용행위라 할 것이고 무보증어음 100억 원에서 발생하는 이자 기타 지연손해금은 신탁수익이라 할 것인데, 진로식품이나 진로가 모두 부도가 나기는 하였으나 가까운 장래에 정리채권확정의 소가 확정되면 진로로부터 이 사건 어음 원금 9,650,000,000원 및 1998. 1. 14.부터 2003. 5. 13.까지의 개시전 이자 10,700,792,466원을 지급받을 개연성이 높으므로, 위 신탁수익에 대하여 신탁보수를 산정하면, 1998. 1. 14.부터 만기인 1998. 9. 13.까지의 원금 9,650,000,000원에 대한 정기예금 1년제 금리 상당액 8%를 초과한 금액의 15%에 상당하는 수익보수는 123,342,405원이고, 만기이후인 1998. 9. 14.부터 2003. 5. 13.까지의 개시전 이자 약 9,364,568,124원에서 정기예금 1년제 금리 상당액을 공제한 나머지인 수익보수는 5,762,606,481원이라 할 것인데, 무보증어음 100억 원의 변제기인 1997. 9. 12.이 경과하고, 이 사건 신탁계약에 대하여 원고로부터 해지통보를 받은 날인 2004. 12. 15.에 피고의 보수청구권의 범위도 확정되고 그 변제기도 도래하였으며 다만 진로의 부인권 행사로 회수만이 사실상 지연되고 있을 뿐이므로, 이미 발생하고 변제기가 도래한 위 보수청구권에 기하여 유치권을 행사한다고 주장한다.

살피건대, 을제7호증의 기재에 변론의 전취지를 종합하면, 피고는 진로를 상대로 서울지방법원 2003가합77771호로 피고가 진로에 대하여 20,350,792,466원의 정리채권을 가지고 있다면서 정리채권확정의 소를 제기하여 승소판결을 받았고, 진로가 항소하였으나 2005. 7. 13. 서울고등법원 2004나91856호로 진로의 항소를 기각하는 판결이 선고되었으며 진로가 다시 상고하여 현재 상고심에 소송이 계속 중인 사실은 인정된다.

그러나, 정리채권확정의 소가 계속 중이고 승소의 개연성이 높다는 사정만으로는 무보증어음 100억 원의 이자나 지연손해금 채권이 이미 발생하고 있다고 볼 수는 없는 것이고, 따라서 그에 따라 보수청구권도 발생하여 그 변제기에 있다고도 볼 수 없으므로, 이를 전제로 한 피고의 유치권 주장은 이유 없다.

(원고의 이 사건 어음을 이전받을 채권이 이 사건 신탁계약의 만기인 1998. 9. 13. 이미 발생하였음은 앞서 본 바와 같으므로, 채권자의 물건의 반환의무가 먼저 이행기에 이른 이상 그 의무의 이행을 자기 채권의 변제기까지 지연시킨 경우에는 유치권이 인정되지 아니한다고 보는 것이 공평과 유치권제도의 목적에 반한다 할 것인 점을 고려하면, 장래에 정리채권확정의 소에서 피고가 승소하여 피고 주장과 같은 보수청구권이 발생한다 하여도 이는 피고가 어음을 이전할 의무의 이행을 자기 채권의 변제기까지 지연시킨 경우에 해당하여 유치권의 보호를 받을 수 없게 된다 할 것이다.

또한 이 사건 신탁계약의 종료에 따라 남은 신탁재산을 이전하거나 대항요건 등을 갖추도록 하는 것만이 이 사건 신탁의 만기 이후 신탁목적이라고 보아야 할 것이고 수탁자의 직무권한은 신탁재산의 수

336) 현행 신탁법 제48조 제2항.

익자로의 권리이전, 이전완료시까지 신탁재산의 보존을 위한 행위에 국한된다고 보아야 하는데, 피고가 주장하는 위 수익은 어음소지인으로서 어음 보증인인 진로에 대하여 금원의 지급을 구하는 것이고 이 사건 어음은 이 사건 신탁계약 만기 시에 이미 원고에게 양도 교부되었어야 하므로, 결국 피고가 이 사건 어음의 반환을 거부하고 얻은 위 수익은 신탁재산을 무단으로 이용한 수익과 마찬가지로 그 이익 전부가 신탁재산에 귀속하도록 하는 것이 공평의 원칙에 부합하고, 이를 피고가 계약의 본지에 따라 얻은 운용수익임을 전제로 보수를 산정함은 부당하다 할 것이다.)

[1심판결] 서울중앙지방법원 2005. 7. 22. 선고 2005가합16268 판결 [약속어음양도배서및교부]

【주 문】

1. 피고는 원고에게 별지 목록 기재 약속어음에 양도배서하고 위 약속어음을 교부하라.
2. 소송비용은 피고가 부담한다.

【청구취지】

주문과 같은 판결 및 가집행선고

【이 유】

2. 주장 및 판단

가. 청구원인에 대한 판단

위 인정사실에 의하면, 이 사건 신탁계약은 원고의 해지 의사표시에 의하여 2004. 12. 15. 종료하였다고 할 것이므로, 특별한 사정이 없는 한 수탁자인 피고는 이 사건 신탁계약에 따라 수익자인 원고에게 환가 및 회수가 곤란한 신탁재산으로 보이는 이 사건 어음을 양도배서하여 교부할 의무가 있다.

나. 피고의 주장에 대한 판단

(1) 이 사건 어음 중 일부에 대한 권리 취득 주장

(가) 주장

피고는, 1997. 6. 12. 진로식품 발행의 무보증어음을 상환처리하고 아남건설 발행의 보증어음 30억원을 편출하여 그 대가로 상환 가능성이 낮은 무보증어음 100억 원을 편입하였는데, 위와 같은 신탁재산 관리의무위반으로 인한 원고의 손해를 배상하라는 서울고등법원 2003나47340호 판결의 취지에 따라 원고에게 손해배상금 439,272,217원 및 이에 대한 지연손해금을 지급하였으므로, 신탁법 제19조에 물상상대위성의 법리에 따라 위 손해배상금이 신탁재산으로 편입되고, 그 반대해석상 피고가 이 사건 어음 중 1997. 6. 12. 추가 편입된 부분에 대하여 권리를 취득하였으며, 어음의 일부 배서가 허용되지 아니하므로, 이 사건 어음 전부에 대한 배서양도 및 교부를 구하는 원고의 청구에 응할 수 없다고 주장한다.

(다) 판단

신탁법 제19조는 신탁재산의 물상대위성과 관련하여 신탁재산의 관리·처분·멸실·훼손 기타의 사유로 수탁자가 얻은 재산은 신탁재산에 속한다고 규정하고 있는데, 위 규정의 취지는 신탁이 설정된 후 신탁재산의 형태가 변하더라도 당초 신탁재산에 속하는 것은 물론 수탁자가 신탁의 권리주체라는 지위에서 얻게 되는 모든 재산도 신탁재산이 된다는 것을 밝힌 규정이라고 할 것이고, 위 규정에서 말하는 기타의 사유로 수탁자가 얻은 재산에는 수탁자가 신탁재산의 관리를 적절히 하지 못하여 신탁재산에 손해가 발생한 때에 수탁자가 부담하는 손해배상금도 포함된다고 할 수 있으나, 위 인정사실에서와 같이 위 2003나47340호 판결이 피고가 이 사건 신탁계약에 따른 관리의무의 위반으로 인하여 원고가 입은 손해의 배상을 명하면서 그 범위를 산정함에 있어 신탁재산으로 편입된 진로식품 무보증어음의 실제 가치를 0원으로 평가하였다고 하여 신탁재산으로 편입된 그 부분 어음이 관리의무를 적절히 하지 못한 수탁자인 피고에게 귀속된다고 볼 아무런 근거는 없으므로(피고가 원고에게 지급한 위 손해배상금을 신탁재산으로 볼 수는 있을지언정 위 손해배상금을 진로식품의 무보증어음을 편입하기 위하여 지출한 1,983,575,343원의 변형물로 볼 수는 없다), 피고가 이 사건 어음의 일부에 관하여 권리를 취득하였음을 전제로 하는 피고의 위 주장은 이유 없다.

(2) 신의칙 등 위반 주장

피고는, 이미 원고에게 서울고등법원 2003나47340호 판결에 의한 금액을 지급하였고 위 확정판결을 재심절차에 의하여 번복되지 않는 이상 원고로부터 위 손해배상액을 반환받을 수 없는 상황에 있는바, 원고가 피고를 상대로 이 사건 어음이 신탁재산에 속함을 전제로 하여 양도배서 및 교부 청구를 하는 것은 신의칙 내지 형평에 비추어 보아도 부당하다고 주장하나, 피고가 주장하는 사정만으로는 수익자인 원고가 신탁재산인 이 사건 어음의 양도배서 및 교부를 구하는 것이 신의칙이나 형평에 반한다고 할 수는 없으므로, 피고의 위 주장도 이유 없다.

(3) 유치권 행사 주장

(가) 당사자들의 주장

피고는, 원고에 대하여 변제기가 도래한 보수청구권을 가지고 있고, 이를 행사하기 위하여 신탁재산인 이 사건 어음을 유치할 수 있는 권리가 있으므로, 원고의 청구에 응할 수 없다고 주장하고, 이에 대하여 원고는 피고가 이 사건 신탁계약상 신탁재산의 적정한 관리의무를 위반하여 신탁재산을 감소하게 하는 등 신탁계약상 채무를 이행하지 아니한 이상 보수청구권이 발생할 여지가 없으며 가사 보수청구권이 발생한다고 하더라도 피고는 신탁보수를 포함한 신탁사무와 관련된 최종계산서를 작성하여 원고의 승인을 얻은 연후에야 유치권 주장을 할 수 있고 또한 이 사건 신탁재산으로는 이 사건 어음 이외에도 피고의 은행고유계정에 금원이 예치되어 있어 그 금원으로 보수에 충당되는 것이므로 이 사건 어음에 대한 유치권은 성립할 수 없다고 다투고, 이에 대하여 피고는 다시 1997. 9. 18.부터의 신탁보수는 2005. 5. 31.을 기준으로 기본보수가 385,342,465원이고 초과보수는 향후 진로식품에 대한 정리채권확정의 소송이 확정되면 증가할 것이 예상되며 또한 수탁자는 보수청구권과 관련하여 신탁재산에 우선권을 행사하는 경우 어떠한 신탁재산을 그 대상으로 삼을지 여부에 관하여는 전적으로 수탁자의 선택에 달려 있는 것인데 피고는 이 사건 어음을 선택하여 유치권을 행사하는 것이라고 주장한다.

(나) 판단

신탁법 제42조, 제43조, 제49조, 제62조 각 규정에 의하면, 신탁의 종료로 인하여 신탁재산이 수익자 등에게 귀속한 때에는 수탁자는 신탁재산 중에 금전이 있으면 그 금전으로 보수를 받지만, 신탁재산 중에 금전이 없을 경우에는 보수를 받을 권리에 기하여 신탁재산에 대하여 강제집행을 하거나 경매를 할 수 있고 이러한 권리를 행사하기 위하여 신탁재산을 유치할 수 있다고 할 것이다.

한편, 이 사건 신탁계약상 피고의 신탁보수는 매 이익계산기간 중의 신탁원본의 평균 잔액에 대하여 기본보수(신탁원본 평균잔액의 0.5%) 및 수익보수(수탁 당시 정기예금 1년제 금리를 초과하는 수익의 15%)를 매년 수탁응당일, 신탁만료일 및 신탁종료시에 신탁재산 및 수익 중에서 수령하거나 신탁자에게 청구할 수 있는 것으로 되어 있는 사실은 앞서 본 바와 같고, 피고가 신탁계약 개시일인 1996. 9. 13.부터 1997. 9. 17.까지 기간 사이에 발생한 신탁보수금 76,548,396원(= 기본보수 50,684,931원 + 수익보수 25,863,465원)을 신탁재산 중에서 공제하여 수령하여 온 사실, 현재 신탁재산 중에는 이 사건 어음 이외에도 은행고유계정에 385,342,465원을 초과하는 금액이 예치되어 있는 사실은 당사자 사이에 다툼이 없다.

위와 같은 법리와 인정사실에 의하면, 가사 피고가 이 사건 신탁계약에 기하여 1997. 9. 18.부터 2005. 5. 31.까지 385,342,465원의 기본보수청구권을 갖는다고 하더라도 위 기본보수는 다른 특별한 사정이 없는 한 신탁재산 중 은행고유계정의 금전으로 먼저 충당된다고 봄이 상당하다고 할 것이므로, 결국 기본보수와 관련한 피고의 유치권 주장은 다른 점에 관하여 나아가 살펴 볼 필요 없이 이유 없다.

또한 피고가 주장하는 수익보수에 관하여 보건대, 이 사건 신탁계약 제15조에 의하면 이 사건 신탁을 만기 후에 해지할 경우 만기일 이후에 대하여는 정기예금 1년제 금리 범위 내에서 실적배당하고, 정기예금 1년제 금리를 초과한 이익은 신탁보수로 취득하기로 한 사실은 앞서 본 바와 같은바, 이 사건 신탁계약의 만기일 이후 정기예금 1년제 금리 이상의 이익이 발생하였다는 점을 인정할 아무런 증거가 없으므로, 피고의 이 부분 유치권 주장도 나아가 살펴 볼 필요 없이 이유 없다.

150. 대법원 2007. 10. 11. 선고 2007다43894 판결 [토지인도등][337]

[논점] 대지 등의 공유지분을 재건축조합에 신탁한 경우, 그 신탁의 해지 가능 여부

【이 유】

부동산에 관한 점유취득시효기간이 경과하였다고 하더라도 그 점유자가 자신의 명의로 등기하지 아니하고 있는 사이에 먼저 제3자 명의로 소유권이전등기가 경료되어 버리면, 특별한 사정이 없는 한 그 제3자에 대하여는 시효취득을 주장할 수 없으나, 그 제3자가 취득시효기간 만료 당시의 등기명의인으로부터 신탁 또는 명의신탁받은 경우라면 종전 등기명의인으로서는 언제든지 이를 해지하고 소유권이전등기를 청구할 수 있고, 점유시효취득자로서는 종전 등기명의인을 대위하여 이러한 권리를 행사할 수 있으므로, 그러한 제3자가 소유자로서의 권리를 행사하는 경우 점유자로서는 취득시효완성을 이유로 이를 저지할 수 있다(대법원 1995. 9. 5. 선고 95다24586 판결 참조).

한편, 재건축조합의 조합원들은 재건축을 목적으로 비법인사단인 재건축조합을 설립하여 대지 등에 관한 공유지분을 재건축조합에게 신탁한 것인데, 이러한 신탁은 위탁자 자신이 수익자가 되는 이른바 자익신탁으로서 특별한 사정이 없는 한 "위탁자가 신탁이익의 전부를 향수하는 신탁"에 해당하므로, 신탁법 제56조[338]에 의하여 원칙적으로 위탁자가 언제든지 해지할 수 있다(대법원 2003. 8. 19. 선고 2001다47467 판결 참조).

원심은 그 채용 증거들을 종합하여, 피고들은 원고의 조합원들이 공동으로 소유하고 있던 이 사건 토지들 중 각 그 판시와 같은 부분(이하 '이 사건 계쟁 부분'이라고 한다)을 시효취득하게 되었는데, 그 후 원고의 조합원들이 재건축을 목적으로 원고 조합을 설립하여 이 사건 토지들에 관한 자신들의 지분을 원고 조합에 신탁한 사실을 인정한 후, 나아가 그 판시와 같은 사유들을 근거로 하여 재건축사업을 위한 신탁행위는 그 신탁이 비록 자익적 신탁이라고 하더라도 신탁법 제58조[339]에서 규정하고 있는 해지권을 제한하는 특별한 정함이 있는 경우에 해당하는 것으로 보아야 하므로, 신탁계약한 이 사건 토지들 중 일부인 이 사건 계쟁 부분에 관하여 이미 피고들의 점유취득시효가 완성되어 있는 상태였다고 하더라도 원고 조합원들이 이 사건 신탁계약을 해지할 수는 없는 것으로 보아야 한다고 판단하여, 앞서 본 법리들을 전제로 한 피고들의 항변을 배척하고 이 사건 계쟁 부분에 대한 소유권자로서 피고들

337) 대법원 2009. 3. 26. 선고 2008다30048 판결[131번 판례] 및 대법원 2003. 8. 19. 선고 2001다47467 판결[190번 판례]과 비교해 볼 것.

338) 현행 신탁법 제99조 제2항.

339) 현행 신탁법 제99조 제4항.

을 상대로 그 판시와 같이 설치된 담장의 철거 및 이 사건 계쟁 부분의 인도를 구하는 원고의 청구를 받아들였다.

그러나 원심의 위와 같은 판단은 다음과 같은 이유에서 수긍하기 어렵다.

즉, 원심은 원고에게 신탁등기가 마쳐짐으로써 원고 조합원들의 피고들에 대한 소유권이전등기의무가 이행불능이 되었다는 것을 해지권을 제한하는 특별한 정함이 있는 경우에 해당한다는 판단의 근거 중 하나로 들고 있으나, 오히려 그 역(역)으로 이 사건 신탁계약의 해지가 제한된다고 볼 수 있어야만 비로소 이행불능이 되는 것이므로 이는 적절한 근거가 될 수 없다.

다음으로 원심은 이 사건 계쟁 부분에 대한 신탁계약의 해지를 허용하게 되면 이 사건 재건축사업의 시행이 현저히 곤란하게 될 우려가 있음을 그 판단의 근거로 들고 있으나, 이 사건 계쟁 부분은 이 사건 재건축 사업부지의 상단에 위치하여 피고들 주택의 담장부지 등으로 사용되고 있는데 그 형태와 면적 등 원심이 인정한 사실만으로는 원고가 이를 인도받지 않으면 이 사건 재건축사업의 시행이 현저히 곤란하게 될 우려가 있다고 인정하기 어렵고, 달리 기록을 살펴보아도 그와 같은 우려가 있다는 사실을 인정할 별다른 증거가 없다.

마지막으로 원심은 신탁계약 종료 후 원고 조합원들은 이 사건 토지들의 지분이 아니라 그 대상물로서 대지권을 포함하는 아파트에 관한 권리를 취득하게 되는데 그 중 피고들이 시효취득한 부분을 특정할 방법이 없다는 점을 그 판단의 근거로 들고 있으나, 신탁계약 종료 후 원고 조합원들이 위와 같은 권리를 취득하게 되더라도 피고들은 그와 관계없이 여전히 이 사건 계쟁부분에 대한 시효취득만을 주장할 수 있을 뿐이므로, 이 역시 적절한 근거가 될 수 없다.

또한, 원심은 그 판단에 대한 근거로 재건축조합은 조합의 본질상 부득이한 사유가 없는 한 조합원의 임의탈퇴를 허용하지 않는 것으로 보아야 한다는 대법원 1997. 5. 30. 선고 96다23887 판결을 들고 있으나, 이 사건 계쟁 부분에 대한 신탁계약을 해지한다고 하여 원고 조합원들이 원고 조합에서 임의탈퇴를 하게 되는 것으로 볼 수 없으므로 위 대법원 판결은 이 사건에 원용하기에 적절하지 않은 것이다.

이상 살펴 본 바와 같이 원심이 내세우는 사유들만으로는 이 사건 계쟁 부분에 대한 신탁계약의 해지를 제한하는 특별한 정함이 있는 것으로 볼 수 없으므로, 이와 달리 판단한 원심판결에는 채증법칙 위배 내지 재건축사업을 위한 신탁계약의 해지에 관한 법리오해로 인하여 판결 결과에 영향을 미친 위법이 있다. 이 점을 지적하는 상고이유의 주장은 이유 있다.

151. 대법원 2007. 9. 20. 선고 2005다48956 판결 [상환금반환][340] [341]

[논점] 수탁자가 수익자에 대하여 갖는 고유의 채권을 자동채권으로 하여 수익자가 신탁종료시 수탁자에 대하여 갖는 원본반환채권 등과 상계하는 것이 신탁법상 금지되는지 여부

【이 유】

신탁법 제20조[342]가 "신탁재산에 속하는 채권과 신탁재산에 속하지 아니하는 채무와는 상계하지 못

340) 이 판결에 대한 평석은, (1) 오영준, 가. 신탁법 제20조의 규정 취지 및 신탁재산 독립의 원칙의 의미, 나. 수탁자 개인이 수익자에 대하여 갖는 고유의 채권을 자동채권으로 하여 수익자가 신탁종료시 수탁자에 대하여 갖는 원본반환채권 내지 수익채권 등과 상계하는 것이 허용되는지 여부, 대법원판례해설 72호, 법원도서관, 21면 이하, (2) 최수정, 상계금지의 원칙의 적용 범위, 서강법학연구 9권 2호, 서강대학교 법학연구소, 191면 이하를 각 참고할 것.

341) 현행 신탁법 제25조상의 상계제한 전반에 대해서는, (1) 김상용 감수, 신탁법 해설, 법무부, 207면 이하, (2) 최수정, 신탁법, 박영사, 278면 이하를 각 참고할 것.

342) 현행 신탁법 제25조.

한다."고 규정한 취지는, 수탁자가 신탁의 수탁자로서 상대방에 대하여 갖고 있는 채권은 상대방이 수탁자 개인에 대하여 갖고 있는 반대채권과 법형식상으로는 상계 가능한 대립관계에 있는 것처럼 보이지만, 이 경우 수탁자에 의한 상계를 허용하게 되면 수탁자 고유의 채무를 신탁재산으로 소멸시켜 수탁자가 신탁재산으로부터 이익을 향수하는 결과를 초래하므로, 이를 금지함으로써 신탁재산의 감소를 방지하고 수익자를 보호하기 위함이라고 해석된다.

그런데 수탁자 개인이 수익자에 대하여 갖는 고유의 채권을 자동채권으로 하여 수익자가 신탁종료시 수탁자에 대하여 갖는 원본반환채권 내지 수익채권 등(이하 '원본반환채권 등'이라고 한다)과 상계하는 것은, 우선 신탁법 제20조가 금지하는 상계의 유형에 해당하지 아니할 뿐만 아니라, 위와 같은 상계로 인하여 신탁재산의 감소가 초래되거나 초래될 위험이 전혀 없는 점, 수익자는 상계로 소멸하는 원본반환채권 등과 대등액의 범위 내에서 자신의 채무를 면하는 경제적 이익을 향수하게 되는 점, 신탁법 제42조[343] 자체가 수탁자에게 자기의 고유재산으로 일단 신탁재산에 속하는 채무를 변제한 다음 그 비용을 신탁의 이익이 귀속하는 신탁재산 또는 수익자로부터 보상받을 수 있는 권리를 인정하고 있는 점, 수탁자가 수익자와의 거래로 생긴 채권 등을 자동채권으로 하여 수익자의 수탁자에 대한 원본반환채권 등과 상계할 것을 기대하는 것이 거래통념상 법적으로 보호받을 가치가 없는 비합리적인 기대라고 볼 수 없는 점 등에 비추어 볼 때, 수탁자의 위와 같은 상계는 수익자의 반대채권과의 상계를 통한 채권회수를 둘러싸고 신탁재산에 속하는 채권과 수탁자 고유의 채권이 경합하는 관계에 있어 이익상반행위에 해당한다거나 일반 민법상의 권리남용에 해당한다는 등의 특별한 사정이 없는 한 적법·유효한 것으로서 허용된다.

그리고 신탁재산 독립의 원칙은 신탁재산의 감소 방지와 수익자의 보호 등을 위하여 수탁자의 고유재산과 신탁재산은 분별하여 관리되어야 하고 양자는 별개 독립의 것으로서 취급되어야 한다는 것을 의미함에 그칠 뿐, 신탁재산 자체가 그 소유자 내지 명의자인 수탁자와 구별되는 별개의 법인격을 가진다는 것까지 의미하는 것은 아니므로, 수탁자가 수익자에 대하여 갖는 고유의 채권을 자동채권으로 하여 수익자가 신탁종료시 수탁자에 대하여 갖는 원본반환채권 등과 상계하는 것이 신탁관계에 신탁재산 독립의 원칙이 적용된다는 이유만으로 신탁법상 금지된 것이라고 할 수는 없다.

원심판결 이유에 의하면, 원심은 대우중공업 주식회사(이하 '대우중공업'이라고 한다)가 1992. 10. 9.부터 1999. 4. 6.까지 사이에 피고로부터 이 사건 각 수익증권을 여러 차례 매입한 후 2002. 10. 4. 피고를 상대로 이 사건 각 수익증권에 대한 환매청구권을 행사한 사실, 피고는 당초 대우중공업 발행의 원심 판시 별지 3 기재 각 회사채를 신탁재산으로 매입하였다가 그 중 원심 판시 별지 1 기재 각 회사채는 수탁회사인 서울은행에 지시하여 서울은행으로 하여금 2000. 1. 22. 한투일차유동화전문 유한회사에게 양도하게 하였고, 원심 판시 별지 2 기재 각 회사채는 2000. 6. 27. 한국투자신탁운용 주식회사에게 영업양수도 계약에 따라 양도한 사실, 한투일차유동화전문 유한회사 및 한국투자신탁운용 주식회사는 2002. 2. 20. 위와 같이 양수한 각 회사채 채권 중 지연손해배상금채권 및 그에 대한 지연이자채권 부분(이하 '이 사건 양수금채권'이라고 한다)을 피고에게 각 양도하고, 2002. 2. 22. 원고에게 각 채권양도를 통지한 사실, 피고는 2002. 10. 9. 이 사건 양수금채권을 자동채권으로 하여 대우중공업의 피고에 대한 이 사건 각 수익증권의 환매대금채권과 상계한다는 내용을 통지하고, 위 통지는 그 무렵 대우중공업에 도달한 사실을 확정한 다음, [투자신탁에 있어서는 수익자가 위탁자, 위탁회사가 수탁자가 되는 신탁관계가 형성되고],[344] 신탁재산은 실체적으로 수탁자의 고유재산과 구별되는 특성을 가지고 있으며(신탁재산의

343) 현행 신탁법 제46조.

344) 원심판결은 투자신탁의 수익증권을 매입하는 경우 수익자와 집합투자업자 사이에 신탁관계가 형성된다고 판시하고 있다.

독립성), 수탁자가 신탁재산에 속하는 채무를 그의 고유재산과 같이 다루어 수동채권으로 삼아 상계하는 것은 신탁법 제20조의 취지에 반하므로 허용되지 아니한다고 판단하고, 피고의 대우중공업에 대한 이 사건 양수금채권은 신탁재산에 속하지 아니하는 채권으로서 수탁자인 피고 고유의 채권이므로, 신탁재산과 관련된 대우중공업의 환매대금채권과의 상계는 허용되지 아니한다는 이유로 피고의 상계항변을 배척하였다.

그러나 앞에서 본 법리에 비추어 살펴보면, 위 사실관계하에서 원심의 판단과 같이 피고의 대우중공업에 대한 이 사건 양수금채권이 위탁회사(수탁자)인 피고 고유의 채권이고, 수익자(위탁자)인 대우중공업의 피고에 대한 환매대금채권이 신탁재산에 속하는 채무라고 볼 경우,[345] 피고가 이 사건 양수금채권을 자동채권으로 하여 대우중공업의 환매대금채권과 상계하는 것은 신탁법 제20조가 규정하는 상계금지나 신탁재산 독립의 원칙에 위반되지 아니한다. 그럼에도 불구하고, 원심은 신탁법 제20조와 신탁재산 독립의 원칙을 근거로 들어 피고의 상계항변을 배척하였는바, 이러한 원심의 판단에는 신탁법 제20조가 규정하는 상계금지 및 신탁재산 독립의 원칙에 관한 법리를 오해한 나머지 판결에 영향을 미친 위법이 있다. 이 점을 지적하는 상고이유의 주장은 이유 있다.

[원심판결] 서울고등법원 2005. 6. 30. 선고 2004나35320 판결 [상환금반환]

【주 문】

1. 제1심 판결을 취소한다.

피고는 원고에게 1,773,690,522원 및 이에 대하여 2002. 10. 10.부터 2005. 6. 30.까지는 연 6%, 2005. 7. 1.부터 다 갚는 날까지는 연 20%의 각 비율로 계산한 금원을 지급하라.

2. 소송비용은 제1, 2심 모두 피고의 부담으로 한다.

3. 제1항 중 금원 지급부분은 가집행할 수 있다.

【청구취지 및 항소취지】

1. 청구취지

피고는 원고에게 1,773,690,522원 및 이에 대하여 2002. 10. 10.부터 제1심 판결 선고일까지는 연 6%, 그 다음날부터 다 갚는 날까지는 연 20%의 각 비율로 계산한 금원을 지급하라.

2. 항소취지

주문 제1항과 같다.

【이 유】

2. 상계의 적법 여부에 대한 판단

가. 당사자의 주장

피고는, 피고가 2002. 10. 9. 피고의 대우중공업에 대한 1,773,690,522원의 양수금채권을 자동채권으로 하여 대우중공업의 위 환매대금채권과 대등액의 범위에서 상계하였으므로 환매대금채권은 전부 소멸하였다고 주장하고, 원고는 신탁재산 독립의 원칙상 원고 주장의 상계는 허용되지 않으므로 피고는

345) 이 대법원 판결은 투자신탁의 수익증권을 매입하는 경우 수익자와 집합투자업자 사이에 신탁관계가 형성되는지 여부에 대해 명시적인 판단을 하지는 않고, 설령 신탁관계가 형성된다고 하더라도 신탁법상 금지된 상계가 아니라고 판시하고 있다. 참고로 대법원은 투자신탁의 수익증권을 매입하는 경우 수익자와 집합투자업자(위탁회사) 사이에 금전신탁관계가 형성되지 않는다는 취지로 판시한 바 있다(대법원 2001. 12. 24. 선고 2000도4099 판결[214번 판례]).

대우중공업 명의로 개설된 환매대금 계좌에서 상계처리 명목으로 다시 출금한 그 금액을 원고에게 지급할 의무가 있다고 다툰다.

나. 판단

(2) 상계 허용 여부

(가) 투자신탁에 있어 수익자와 위탁회사는 신탁법상의 신탁관계에 있고(신탁법상으로는 수익자가 위탁자, 위탁회사가 수탁자가 된다), 구 증권투자신탁업법(2003. 10. 4. 법률 제6987호 간접투자자산운용업법으로 폐지되었다) 제17조 제1항도 위탁회사는 선량한 관리자로서 '신탁재산'을 관리할 책임을 지며, 수익자의 이익을 보호하여야 한다고 규정하고 있다.

그리고 신탁법상 신탁은 위탁자가 법률행위에 의하여 수탁자에게 재산권을 귀속시키는 동시에 수익자를 위하여 또는 일정한 목적을 위하여 그 재산을 관리·처분하게 하는 법률관계이다(제1조)

즉, 수탁자가 재산권의 명의자가 되고 재산의 관리·처분권한을 취득하지만 그 권한은 자기를 위하여 주어진 것은 아니고, 타인을 위하여 일정한 목적에 따라 행사하여야 하므로 신탁재산은 실체적으로 수탁자의 고유재산과 구별되는 특성을 가지고 있다(신탁재산의 독립성).

신탁법 제20조는 수탁자가 상계에 의하여 신탁재산을 자기를 위하여 사용하지 못하도록 하고 신탁재산이 형식적으로 수탁자의 명의로 되어 있더라도 수탁자 개인의 재산에서 독립하여 존재한다는 것을 명확히 하기 위하여 '신탁재산에 속하는 채권'과 '신탁재산에 속하지 아니하는 채무'와는 상계하지 못하다고 규정하고 있다.

(나) 그리고 신탁재산에 속하는 채무와 신탁재산에 속하지 아니하는 채권과 상계가 허용되느냐 여부는 명문의 규정이 없으나, 신탁재산은 수탁자의 고유재산과 독립된 위치를 부여받는 존재이므로, 수탁자가 신탁재산에 속하는 채무를 그의 고유재산과 같이 다루어 수동채권으로 상계하는 것은 신탁법 제20조의 취지에 반하므로 역시 허용되지 아니한다 할 것이다.

(다) 위와 같은 법리에 비추어 볼 때 이 사건에서 피고의 대우중공업에 대한 양수금채권은 신탁재산에 속하지 아니하는 채권으로서 수탁자인 피고 고유의 채권이므로, 신탁재산과 관련된 환매대금채권과의 상계는 허용되지 아니한다 할 것이다.

152. 대법원 2007. 9. 20. 선고 2007다43719 판결 [손해배상(기)][346)]

[논점] 우선수익권자의 동의하에 위탁자가 분양한 신탁대상 건물을 위탁자의 여신거래계약 위반으로 처분하여 정산하는 경우 처분대금의 정산시 위탁자와 수분양자들 사이의 분양계약 해제로 인한 분양대금의 반환 순위

[원심판결] 부산고등법원 2007. 6. 13. 선고 2006나9736 판결 [손해배상(기)]

【주 문】

1. 제1심 판결 중 피고 패소 부분을 취소한다.
2. 위 취소부분에 대한 원고의 청구를 기각한다.
3. 소송총비용은 원고가 부담한다.

346) 원고의 상고를 심리불속행 기각함.

【청구취지 및 항소취지】

1. 청구취지

피고는 원고에게 1,862,565,146원 및 그 중 925,238,937원에 대하여 2004. 11. 26.부터 다 갚는 날까지 연 21%의 비율로 계산한 돈을 지급하라.

2. 항소취지

주문과 같다.

【이 유】

3. 주장 및 판단

가. 주장

원고는, 공개매각에 따른 매각대금의 정산은 이 사건 신탁계약 제21조 제1항에서 정하여진 순서에 따라 정산하여야 함에도 불구하고 피고는 이를 위반하여 보보스존분양 채권자조합으로부터 매매대금을 전액 납입받지 않고 그 일부를 소외 캐피탈 사이의 분양계약 해제로 인한 분양금 반환채무와 상계하고 나머지 대금만 납입받아 결국 우선수익권자인 원고에게 대출원리금 일부를 변제받지 못하게 하는 손해를 입혔다고 주장하고, 이에 대하여 피고는 원고는 이 사건 신탁계약의 우선수익권자인 동시에 대리사무계약에 관하여 동의하였는바, 대리사무계약 제1, 2조에 의하면 이 사건 신탁계약과 대리사무계약은 이 사건 건물의 리모델링 사업의 원활한 진행을 위해 소외 캐피탈이 피고에게 이 사건 건물을 담보신탁한 후 대리사무를 수행하도록 하는 내용으로 전체적으로 유기적 일체로 대리사무계약과 이 사건 신탁계약을 해석하여야 하며, 이 사건 건물 중 분양건물에 관한 계약이 해제된 경우 그에 따른 원상회복반환 채무는 이 사건 신탁계약 제21조 제1항 제1호에서 정한 신탁계약 및 처분절차와 관련하여 발생된 비용"에 해당하거나, 제14조 제1항의 기타 신탁사무의 처리에 필요한 제비용"에 해당하므로 그 반환채무는 우선수익권보다 선순위채권으로서 이를 상계한 것은 정당하다고 주장한다.

나. 판단

이 사건 신탁계약에 의하면 신탁부동산을 환가하여 정산하는 경우 우선수익자는 그 수익권증서 금액의 범위 내에서 다른 일반 채권자들보다 우선변제권을 가지고 수탁자인 피고는 선량한 관리자의 주의의무를 다하여 정산사무를 처리하여야 한다. 그러나 우선수익권자인 원고가 리모델링 사업을 통하여 건물을 분양하여 얻은 수익금으로 대리사무계약에 따른 순서에 따라 대출금을 상환받기 위하여 소외 캐피탈과 수탁자 사이의 대리사무계약에 동의를 하였고 건물 준공시 금융기관 차입금 잔액이 있을 경우 소외 캐피탈은 미분양물건에 관하여 보존등기와 동시에 담보신탁계약을 체결하고 매각 등의 방법으로 대출원리금에 충당하는 정산절차를 거치도록 되어 있으므로(대리사무계약 제13조) 소외 캐피탈이 분양한 건물에 대하여는 우선수익권이 제한된다고 봄이 상당한 점, 대리사무계약은 근본적으로 리모델링 사업의 안정적인 수행과 분양계약자의 권리보호를 위하여 이루어지는 것이고(대리사무계약 제1조, 제2조 제1항), 소외 캐피탈은 피고에게 분양계약의 관리 및 분양 또는 임대 수입금의 수납관리계좌의 입출금 등 자금관리업무를 위임하였으며, 분양계약자에 대한 입출금 및 해약 등을 전산관리 하여야 함(대리사무계약 제3조 제1항 제2호, 제9조 제2항)에 비추어 분양수입금을 관 리하는 피고는 수분양자와 계약이 해제되어 소외 캐피탈의 요청이 있을 경우 계약해제로 인한 원상회복의 범위 내에서는 이를 반환을 하여야 하는 점, 따라서 우선수익자의 요청에 따라 이미 분양이 된 건물 부분을 매각할 경우에는 분양자는 수분양자와의 계약을 해제할 수밖에 없으므로, 이미 분양된 물건을 처분하여 담보신탁계약을 정산할 경우에는 수분양자에 대한 분양금 반환채무는 이 사건 신탁계약 제21조 제1항에서 신탁보수와 함께 1순위로 정산하여야 하는 신탁계약 및 처분절차와 관련된 비용에 해당하거나 오히려 이보다도 앞선 순위로 정산되어야 할 채무로 봄이 상당한 점, 만약 위와 같이 해석하지 아니하게 되면 우선수익권자로는 수분양자가 이미 납부한 분양금으로 건축공사를 함으로써 신탁건물의 담보가치가 분양대금 만큼 증가되거나, 우선수익권자로서 대출금의 이자 등 채권을 일부 변제받았음에도 또 다시 수분양자에게 분양금 을 반환하지 아니한 채 수분양된 물건을 매각한 대금에 관하여 우선권을 행사함으로써 수분양자의 희생하에 이중의 만족을 얻게 되는 매우 불합리한 결과에 이르게 되는 점 등에 비추어 보면, 미분양건물을 처분하여 정산을 하는 경우와 달리 우선수익권자의 동의하에 소외 캐피탈이 분양한 건물을 소외 캐피탈의 여신거래계약 위반으로 처분하여 정산하는 경우 수탁자인 피고는 이 사건 신탁계약 제21조에 정한 처분대금의 정산시 소외 캐피탈의 요청이 있으면 소외 캐피탈과 수분양자들 사이의 분양계약 해제로 인한 분양대금을 우선적으로 반환할 수 있다고 봄이 상당하고, 따라서 이 사건에서 소외 캐피탈의 상계 요청을 받고 피고가 수분양자들로 구성된 보보스존분양채권자조합의102호 매각대금에서 분양대금을 공제한 나머지만을 지급받고 소유권이전등기를 마쳐주고 그 납입금만으로, 원고에게 배당을 한 행위는 원고의 우선수익권을 침해하는 것이 아니라 이 사건 신탁계약에 따른 적법한 행위라고 할 것이고 신탁계약 제21조에 위반하였다고 할 수 없다(원고에게 대출금 채무를 모두 변제받지 못하는 손해가 발생한 한 이유는 피고의 부당한 상계로 인한 것이 아니라 소외 캐피탈이 8, 9층을 철거하고 증축된 부분에 관한 추가 신탁의무를 이행하지 못하여 담보의 부족이 발생하였기 때문으로 보인다.).

따라서 피고가 이 사건 신탁계약 제21조에서 정한 순서에 따른 정산의무를 위반하여 원고의 우선수익권을 침해하였음을 전제로 하는 원고의 위 주장은 나아가 살펴 볼 필요 없이 이유 없다.

153. 대법원 2007. 9. 7. 선고 2005다9685 판결 [소유권이전등기말소]

[논점] 수탁자의 비용·손해보상청구권과 보수청구권의 행사요건을 정한 신탁법 규정이 신탁이 종료한 경우에도 적용되는지 여부

【이 유】

1. 원고의 상고이유에 대하여

가. 신탁법 제19조[347]는 "신탁재산의 관리, 처분, 멸실, 훼손 기타의 사유로 수탁자가 얻은 재산은 신탁재산에 속한다."고 규정하고 있으므로, 토지 소유자가 부동산신탁회사에게 토지를 신탁하고 부동산신탁회사가 그 토지상에 건물을 신축하여 이를 분양한 후 그 수입으로 투입비용을 회수하고 수익자에게 수익을 교부하는 내용의 분양형 토지신탁계약에서, 토지와 신축 건물을 신탁재산으로 정하여 분양하되 건물 신축을 위한 차용금채무도 신탁재산에 포함시키기로 약정하였으나 건물을 신축하는 도중에 신탁계약이 해지된 경우, 완공 전 건물의 소유권 귀속에 관하여 특별한 정함이 없는 한, 신축중인 건물도 신탁재산에 포함되는 것으로 보아야 할 것이고,[348] 따라서 신탁이 종료되면 수탁자는 신탁법 제59조 또는 제60조[349]에 의하여 신축중인 건물에 관한 권리를 수익자 또는 위탁자나 그 상속인에게 귀속시켜야 한다고 할 것이다.

---

347) 현행 신탁법 제27조.

348) 토지신탁은 수탁자가 사업부지의 소유자 겸 신축 건물의 건축주로서 그의 명의로 건물을 신축, 소유권보존등기 및 분양을 하는 것을 내용으로 하고, 신탁계약이 해지되는 경우 신탁재산은 위탁자에게 당연히 복귀하지 않고 수탁자는 신탁재산을 신탁재산 귀속권리자에게 이전해 줄 계약상의 의무를 부담하는 것을 내용으로 한다는 점과 신축중인 건물의 소유권 귀속에 관한 법리에 비추어 보더라도 신축중인 건물은 신탁계약의 내용상으로도 신탁재산을 구성한다고 할 것이다.

349) 현행 신탁법 제101조.

나. 기록에 의하면, 원고는 파산 전 한국부동산신탁 주식회사(이하 '파산 전 회사'라고 한다)와 사이에 분양형 토지신탁계약을 체결하고, 원고 소유의 이 사건 토지를 파산 전 회사에게 신탁하여 파산 전 회사는 그 지상에 이 사건 건물을 신축, 분양하여 그 수익금에서 투입비용을 회수하고 원고에게 수익을 교부하기로 약정한 사실, 위 계약 내용상 이 사건 토지와 건물을 신탁재산으로 규정하고, 건물 신축을 위한 차입금도 신탁재산에 포함시키기로 한 사실, 그러나 신탁사업을 이행하는 과정에서 건물신축자금의 차용 문제, 시공사의 부도 등으로 건물의 신축공사가 중단되고, 그러한 상태에서 수익자 겸 위탁자인 원고가 신탁법 제56조[350]에 의하여 신탁계약을 해지함에 따라 이 사건 신탁계약이 종료된 사실을 알 수 있다.

사정이 이와 같다면, 이 사건 신탁계약에 따라 수탁자의 명의로 신축중인 건물도 신탁재산에 포함된다고 봄이 상당하므로, 신탁계약이 해지됨에 따라 파산 전 회사는 신탁법 제59조에 의하여 신축중인 건물에 관한 권리를 수익자인 원고에게 귀속시킬 의무가 있다고 할 것이다.

그럼에도 불구하고, 원심은 완공 전 건물은 신탁 해지에 따라 수익자에게 귀속될 신탁재산에 포함되지 않는다고 판단하고 말았으니, 원심판결에는 신탁 종료시의 신탁재산의 반환 범위에 관한 법리를 오해함으로써 판결에 영향을 미친 위법이 있다고 할 것이다. 이 점을 지적하는 원고의 상고이유는 이유 있다.

2. 피고의 상고이유에 대하여

가. 상고이유 제1점에 관하여

신탁법 제56조는 "위탁자가 신탁이익의 전부를 향수하는 신탁은 위탁자 또는 그 상속인이 언제든지 해지할 수 있다. 이 경우에는 민법 제689조 제2항의 규정을 준용한다."고 규정하고 있으며, 민법 제689조 제2항은 "당사자 일방이 부득이한 사유 없이 상대방의 불리한 시기에 계약을 해지한 때에는 그 손해를 배상하여야 한다."고 규정하고 있는바, 수탁자가 위탁자로부터 신탁보수를 지급받기로 약정하였다는 것만으로는 수익자 겸 위탁자가 신탁법 제56조의 규정에 따라 임의해지권을 행사하는 것을 저지하거나 제한할 수 없다고 할 것이다.

원심이 같은 취지에서 이 사건 신탁계약은 위탁자 겸 수익자인 원고의 신탁법 제56조에 의한 임의해지권의 행사로 종료되었다고 판단한 것은 정당하고, 거기에 상고이유의 주장과 같은 신탁법 제56조의 임의해지권 행사요건에 관한 법리오해의 위법이 없다.

나. 상고이유 제2점 내지 제4점에 관하여

(1) 신탁법 제63조[351]는 "신탁이 종료한 경우에는 수탁자는 신탁사무의 최종의 계산을 하여 수익자의 승인을 얻어야 한다. 이 경우에는 제50조 제2항의 규정을 준용한다."고 규정하고, 수탁자가 경질된 경우의 신탁사무의 계산과 사무의 인계에 관한 제50조[352] 제2항은 "수익자 또는 신탁관리인이 전항의 계산을 승인한 때에는 전수탁자의 수익자에 대한 인계에 관한 책임은 이로써 면제된 것으로 간주한다. 단, 부정행위가 있었던 때에는 예외로 한다."라고 규정하고 있는바, 이러한 신탁법 제63조의 규정은 신탁이 종료되면 수탁자는 신탁사무의 최종의 계산을 하여야 할 당연한 의무가 있다는 것과 그 계산을 수익자가 승인한 때에는 수탁자의 수익자에 대한 책임이 면제되어 수익자가 수탁자에 대하여 최종 계산의 내용과 다른 내용을 주장하여 최종 계산에 따른 것 이외의 권리의 이전이나 금전의 지급, 그 밖의 재산상의 책임을 물을 수 없다(대법원 2003. 1. 10. 선고 2002다50415 판결 참조)는 법리를 선언하고 있

350) 현행 신탁법 제99조 제2항.
351) 현행 신탁법 제103조 제1항.
352) 현행 신탁법 제103조.

는 것일 뿐이고, 이를 신탁이 종료한 경우에 수탁자가 비용 또는 보수를 청구하기 위한 요건을 규정하고 있는 것으로 볼 수는 없다고 할 것이다.

한편, 신탁법 제38조[353]는 "수탁자가 관리를 적절히 하지 못하여 신탁재산의 멸실, 감소 기타의 손해를 발생하게 한 경우 또는 신탁의 본지에 위반하여 신탁재산을 처분한 때에는 위탁자, 그 상속인, 수익자 및 다른 수탁자는 그 수탁자에 대하여 손해배상 또는 신탁재산의 회복을 청구할 수 있다."고 규정하고, 제42조 제1항[354]은 "수탁자는 신탁재산에 관하여 부담한 조세·공과 기타의 비용과 이자 또는 신탁사무를 처리하기 위하여 자기에게 과실 없이 받은 손해의 보상을 받음에 있어서 신탁재산을 매각하여 다른 권리자에게 우선하여 그 권리를 행사할 수 있다."고 규정하고, 제2항 본문[355]은 "수탁자는 수익자에게 전항의 비용 또는 손해의 보상을 청구하거나 상당한 담보를 제공하게 할 수 있다."고 규정하며, 제43조[356]는 "전조의 규정은 수익자가 신탁재산으로부터 보수를 받을 경우에 그 보수에 관하여 이를 준용한다. 수탁자가 수익자로부터 보수를 받을 경우에도 또한 같다."라고 규정하면서, 제44조[357]에서는 " 전2조에 규정된 수탁자의 권리는 수탁자가 제38조 또는 제39조[358]의 규정에 의한 손실의 보상 및 신탁재산복구의 의무를 이행한 후가 아니면 행사할 수 없다."고 규정하고 있는바, 신탁이 종료한 경우에는 위탁자 또는 수익자의 수탁자에 대한 보수 또는 비용 상환의무와 수탁자의 수익자에 대한 신탁재산의 이전의무가 동시이행의 관계에 있게 되는 점(대법원 2006. 6. 9. 선고 2004다24557 판결 참조) 등을 고려할 때, 위와 같은 신탁법 제44조의 규정은, 신탁계약이 목적 달성에 이르거나 중도에 해지되지 아니한 채 그대로 유지되는 동안에 수탁자가 비용 또는 손해의 보상이나 보수를 청구하기 위한 요건을 규정하고 있는 것으로 보아야 할 것이고, 이를 신탁이 종료한 경우에까지 적용되는 것으로 볼 것은 아니라고 할 것이다.

(2) 위 법리와 기록에 의하여 살펴보면, 원고가 이 사건 신탁계약을 해지하고 수탁자인 파산 전 회사에 대하여 신탁재산의 이전을 구하자 피고는 이 사건 신탁계약에 따른 보수 및 비용을 지급받거나 상환받을 때까지는 원고의 청구에 응할 수 없다고 항변하였고, 원고는 다시 파산 전 회사가 수탁자로서의 의무를 다하지 아니하여 원고가 손해를 입었으므로 이를 자동채권으로 하여 상계한다고 재항변하였음을 알 수 있는바, 피고의 위 항변에는 파산 전 회사의 신탁재산 이전의무와 원고의 보수 및 비용상환의무의 동시이행을 구하는 취지가 포함되어 있다고 볼 것이고, 한편 이 사건 신탁계약이 적법하게 해지되었음은 앞에서 본 바와 같은바(신탁법 제44조가 적용될 여지가 없고, 또한 신탁법 제63조에 의하여 수탁자의 보수 및 비용상환청구권의 행사가 제한되는 것으로 볼 수도 없다), 이 경우 위탁자 또는 수익자의 수탁자에 대한 보수 또는 비용상환의무와 수탁자의 수익자에 대한 신탁재산의 이전의무가 동시이행의 관계에 있다는 것 또한 앞에서 본 바와 같으므로, 원심으로서는 이 사건 신탁계약에 따른 파산 전 회사의 보수 및 비용의 상환청구권의 유무와 그 수액, 그리고 원고가 주장하는 손해배상청구권의 유무와 그 수액을 심리·판단하여 피고의 항변과 원고의 재항변의 당부를 판단하였어야 한다고 할 것이다.

그럼에도 불구하고, 원심은 이와 다른 전제에서, 파산 전 회사 또는 피고가 신탁사무의 최종의 계산을 하여 수익자인 원고의 승인을 얻지 아니하였고 신탁사무의 관리 부적절로 인한 손해를 배상하지도 아니하였다는 이유만으로 피고의 위 항변을 배척하고 말았으니, 원심판결에는 신탁법 제44조 및 제63

353) 현행 신탁법 제43조.
354) 현행 신탁법 제48조.
355) 현행 신탁법 제46조 제4항.
356) 현행 신탁법 제48조 제2항.
357) 현행 신탁법 제49조.
358) 현행 신탁법 제43조.

조 등에 관한 법리를 오해하여 판결에 영향을 미친 위법이 있다고 할 것이다. 이 점에 관한 상고이유의 주장은 이유 있다.

[원심판결] 서울고등법원 2004. 12. 28. 선고 2003나57217 판결 [소유권이전등기말소]

【주 문】

1. 제1심 판결을 다음과 같이 변경한다.

피고들은 원고에게 별지 토지목록 기재 각 토지에 관하여 춘천지방법원 홍천등기소 1997. 8. 4. 접수 제12943호로 마친 각 소유권이전등기에 관하여 각 2002. 7. 25.자 신탁계약해지를 원인으로 한 말소등기절차를 이행하라.

2. 당심에서 추가된 원고의 청구를 기각한다.

3. 소송비용 중 원고의 소유권이전등기말소청구로 생긴 부분은 제1, 2심 모두 피고들의 부담으로 하고, 당심에서 추가된 원고의 청구에 관한 소송비용은 원고의 부담으로 한다.

【청구취지 및 항소취지】

1. 청구취지

가. 선택적으로, 피고들은 원고에게 별지 토지목록 기재 각 토지에 관하여 춘천지방법원 홍천등기소 1997. 8. 4. 접수 제12943호로 마친 각 소유권이전등기에 대하여 2002. 7. 25. 신탁계약해지를 원인으로 한(또는 2002. 8. 2. 신탁종료를 원인으로 한) 각 말소등기절차를 이행하라. 또는, 피고들은 원고에게 위 각 토지에 관하여 2002. 7. 25. 신탁계약해지를 원인으로 한(또는 2002. 8. 2. 신탁종료를 원인으로 한) 각 소유권이전등기절차를 이행하라.

나. 피고들은 원고에게, 소외 홍천군수가 1997. 10. 6. 별지 건물목록 기재 건물에 대하여 한 건축허가(허가번호 제97-2호)상의 건축주 명의를 원고로 변경하는 절차를 이행하고, 위 건축허가에 따라 피고가 신축중인 위 건물을 인도하라.(원고는 당심에 이르러 나.항 기재 청구취지를 추가하였다)

2. 항소취지

원고 : 제1심 판결 중 원고 패소부분을 취소하고, 청구취지 제1의 가.항 기재와 같은 판결을 구함.

피고들 : 제1심 판결 중 피고들 패소부분을 취소하고, 그 부분에 해당하는 원고의 청구를 기각한다는 판결을 구함.

【이 유】

2. 원고의 이 사건 각 등기의 말소 청구에 관한 판단

가. 위 인정사실에 의하면, 이 사건 계약의 수탁자인 파산 전 회사는 이 사건 계약 제9조에 따라 선량한 관리자의 주의의무로써 신탁사업의 목적을 달성하도록 노력하여야 할 의무가 있음에도 불구하고, 피고 측의 내부 사정이나 금융위기 등에 의한 자금조달의 차질로 인하여(이 사건 계약서 제4조에 의하면, 파산 전 회사가 신탁재산인 이 사건 각 토지를 차입금의 담보로 제공하여 저당권 또는 근저당권을 설정할 수 있고 나아가 그 비용을 신탁재산에서 충당할 수 있다고 약정한 바 있으나, 이 사건 각 토지를 담보로 자금을 차입하는 등의 조치도 취하지 아니하였다) 시공사인 소외 2 회사에게 기성 공사대금을 지급하지 못하여 공사를 진행시키지 못하였으며, 부실한 소외 7 회사에 공사를 맡기는 등(소외 7 회사로부터 공사도급계약에 따른 이행보증금을 받지 아니하고 지연배상도 포기한 것으로 보인다) 이 사건 계약에 따른 선량한 관리자로서의 주의의무를 다하지 못한 것으로 인정된다.

나. 원고는 파산 전 회사의 위와 같은 귀책사유로 인하여 당초의 신탁사업의 목적이 이행불능에 이르렀음을 이유로 이 사건 계약을 해제한다는 취지의 이 사건 소장을 제출하여 그 소장 부본이 2002. 7. 25. 파산 전 회사에 송달되었음은 기록상 명백한바, 신탁법 제15조, 제55조의 규정을 종합하여 보면, 신탁의 목적을 달성할 수 없을 때에는 신탁이 절대적으로 종료하나, 그 목적의 달성이 가능하지만 단지 수탁자의 귀책사유 등으로 인하여 신뢰관계가 무너진 경우에는, 위탁자 등의 청구에 따라 법원이 수탁자를 해임하거나 또는 위탁자가 수탁자에 대하여 손해배상 등을 청구할 수 있을 뿐, 이행불능을 원인으로 하여 신탁계약을 해지할 수는 없다고 할 것이므로(대법원 2002. 3. 26. 선고 2000다25989 판결 참조), 원고가 파산 전 회사의 귀책사유로 인한 이행불능을 원인으로 민법상의 채무불이행의 일반원칙에 따라 이 사건 계약을 해지할 수는 없다고 할 것이다.

그러나 한편 신탁법 제56조에 의하면, "위탁자가 신탁이익의 전부를 향수하는 신탁은 신탁자가 언제든지 해지할 수 있다"고 규정되어 있는바, 이 사건 신탁은 원고가 신탁이익의 전부를 향수하는 자익신탁이므로, 위 법 제56조에 따라 이 사건 계약은 위 소장 부본 송달일인 2002. 7. 25.에 원고의 신탁해지의 의사표시로 해지되었다고 할 것이다. {이 사건에서 원고는 명시적으로 위 법 제56조에 의한 임의해지권을 행사한다는 주장을 하지는 않았지만, 위 법 제56조의 규정에 의하면, 완전한 자익신탁의 경우 신탁계약의 해지를 함에 있어 해지의 의사표시만 있으면 되고 다른 요건이 불필요하므로, 비록 원고가 다른 사유를 들기는 하였어도 해지의 의사표시를 분명히 한 이상, 이 사건 계약은 위 법 제56조에 의하여 해지되었다고 보아야 할 것이다. 다만 이 사건 계약서(갑 제2호증) 제21조에 의하면, "계약서 제18조 소정의 신탁수익에서 손실이 잔존하는 경우에는 신탁계약을 해지할 수 없으며, 수익자는 수탁자인 파산 전 회사와 협의하여 그 손실을 상환한 후 신탁계약을 해지할 수 있다"고 되어 있어 신탁계약의 임의해지를 금하는 취지의 약정이 있으나(신탁법 제58조에 의하면, 신탁의 해지에 관하여 특별한 정함이 있는 경우에는 위 법 제56조의 규정에 불구하고 그 정함에 의한다고 규정되어 있다), 위 약정은 위탁자가 수탁자의 귀책사유 없이 위탁자 측 사정에 의하여 신탁계약을 해지하고자 하는 경우에 위 법 제56조 소정의 임의해지권을 제한하고자 하는 취지의 규정으로서, 이 사건의 경우와 같이 위탁자 측 사정에 의한 것이 아니라 수탁자인 파산 전 회사의 귀책사유로 인하여 위 법 제56조에 따라 신탁계약의 임의해지를 하는 경우에는 적용되지 아니한다고 볼 것이다}

그 뿐만 아니라 이 사건 계약에서 그 신탁기간을 신탁계약 체결일인 1997. 8. 2.부터 5년을 초과할 수 없는 것으로 하고, 신탁기간이 만료한 경우 신탁계약이 종료되는 것으로 약정한 사실은 위에서 본 바이므로, 이 사건 계약은 2002. 8. 2.자로 위 신탁기간의 만료로 인하여도 종료되었다고 할 것이다.

따라서 특별한 사정이 없는 한 이 사건 계약의 해지(내지 신탁의 종료)에 따라 신탁재산의 회복을 위하여, 파산 전 회사의 소송수계인인 피고들은 원고에게 이 사건 각 토지에 관하여 경료된 이 사건 각 등기의 말소등기절차를 이행할 의무가 있다고 할 것이다.

다. 이에 대하여 피고들은, ① 이 사건 계약상 파산 전 회사는 개발행위에 따른 보수로 이 사건 공사의 총 건설비의 5%에 해당하는 금액을 지급받기로 약정하였으므로(제19조), 원고가 파산 전 회사에게 이 사건 공사 결과 신축된 미완성 건물에 대한 기성 공사대금의 5%에 상당하는 보수를 지급할 의무가 있고, ② 이 사건 공사대금 등 위 사업과 관련한 비용 일체를 원고가 부담하기로 약정하였는데, 2002. 12. 31. 현재 파산 전 회사가 이 사건 공사를 위하여 금융기관으로부터 차입하여 지출한 비용(금융이자 포함)이 금 5,402,449,259원에 이르고, 그 중에서 기성 공사비만도 금 3,143,259,922원이 된다고 주장하면서, 파산 전 회사가 받을 신탁보수나 지출한 비용과 이자 등을 지급받기 위하여 피고들은 이 사건 계약 제18조 제3항(또한 신탁법 제42조 제1항, 제43조)에 따라 신탁재산인 이 사건 각 토지 등을 매각하여 우선변제를 받아야 하므로 원고의 이 사건 각 등기 말소청구의 이행을 거절한다고 항변한다(위 주장에는 원고의 이 사건 각 등기 말소청구에 대하여 파산 전 회사가 신탁사무에 관하여 지출한 비용을 지급받는 것과 상환이행을 주장하는 취지도 포함되어 있는 것으로 볼 수 있고, 제1심은 그와 같이 판단하였다).

피고들의 주장과 같이 이 사건 신탁이 종료됨으로써 파산 전 회사가 이 사건 계약에 따른 기성 공사대금 상당의 보수지급청구권과 파산 전 회사가 정산한 공사대금이나 기타 지출한 비용과 이자의 지급청구권을 가지는지 문제가 되고, 이 점에 관하여 원고가 다투고 있으며, 나아가 원고도 다음과 같은 손해를 입었으므로, 파산 전 회사가 위 청구권을 가진다고 하더라도 파산 전 회사 또는 그 소송수계인인 피고들로부터 원고가 입은 손해의 전보를 받거나 신탁종료에 따른 최종 계산을 마치고 원고가 승인하기 전에는 위 지급에 응할 수 없다는 취지로 주장하고 있다.

(1) 먼저, 이 사건 계약의 기본내용이 된 사업계획서에 따른 준공 예정일인 1999. 4.경의 예상 분양가액 17,425,227,000원에서 예상 건설소요비용 10,045,506,000원을 공제한 예상수익 7,379,721,000원과 1997. 8. 2.부터 66개월 동안의 이 사건 각 토지에 관한 임대수익 상당액인 330,000,000원의 합계인 7,709,721,000원 상당의 손해가 발생하였는데, 이는 피고의 채무불이행으로 인하여 발생한 손해이다.

(2) 또한, 파산 전 회사의 선량한 관리자로서의 주의의무 위반 또는 신탁계약의 본지에 벗어난 업무처리로 인하여 원고가 소외 2 회사에 대한 차용원리금 채무의 변제를 위하여 금전을 지출하였을 뿐만 아니라, 그 나머지 채무의 변제에 갈음하여 그보다 훨씬 고가인 부동산의 소유권을 이전하는 등 합계 1,433,663,274원 상당의 손해가 발생하였다.

(3) 원고가 이 사건 계약에서 신탁사업과 관련하여 발생되는 부가가치세 환급금을 파산 전 회사의 예금계좌로 입금하기로 약정하였으므로, 위 약정에 따라 원고가 홍천세무서로부터 환급받은 1997년도 분부터 2002년도 분의 국세(부가가치세) 환급금 합계 228,458,200원을 파산 전 회사의 계좌로 각 입금하였는데(갑 21호증의 1 내지 7), 위 부가가치세 환급금은 본래 위탁자인 원고에게 지급되어야 할 것이지만 파산 전 회사의 신탁사업 추진에 의한 목적달성을 신뢰하여 원고가 위 약정에 따라 파산 전 회사에게 지급한 것이므로, 원고가 위 금 228,458,200원 상당의 손해를 입었다.

(4) 마지막으로 위 제1의 나.항에서 본 바와 같이, 이 사건 신탁약정 당시 원고가 이 사건 각 토지상의 제한물권을 말소하고 근린대책 등을 해결하여 파산 전 회사에게 완전한 소유권을 확보하여 주기로 약정한 바에 따라, 원고가 이 사건 각 토지의 종전 임차인이던 소외 3, 4와의 임대차계약을 기한전에 해지하고 그들에게 임대차보증금의 반환, 시설비 및 영업손실의 보상금조로 400,000,000원을 지급하였는데, 그 금액에서 임차인들에 대한 임대차보증금(소외 3 20,000,000원, 소외 4 10,000,000원)을 공제한 금 370,000,000원(400,000,000원 - 20,000,000원 - 10,000,000원) 상당의 영업손실 등에 대한 보상금 지출은 이 사건 계약의 해지로 인한 손해이다.

(5) 그 밖에 파산 전 회사가 소외 2 회사와 소외 7 회사로부터 공사도급계약 소정의 계약이행보증금을 제대로 수령하지 아니하였고 위 각 회사로부터 지급받아야 할 지체상금의 청구를 포기함으로써 발생하게 된 손해도 파산 전 회사의 임무해태로 인한 원고의 손해에 해당한다.

그러므로 보건대, 이 사건 계약상 신탁계약이 종료된 경우 수탁자는 최종계산에 관하여 수익자의 승인을 얻은 후 수익권증서와 상환으로 계약서 제18조 소정의 신탁수익을 수탁자가 정하는 방법으로 교부하도록 약정하였음은 위에서 본 바와 같고(갑 제2호증의 제23조), 또 신탁법 제63조에 의하면, “신탁이 종료한 경우에는 수탁자는 신탁사무의 최종의 계산을 하여 수익자의 승인을 얻어야 한다”고 규정되어 있는바, 이 사건에서 원고의 신탁해지 내지 이 사건 계약상의 신탁기간 만료로 인하여 이 사건 신탁이 종료된 후 파산 전 회사 내지 그 수계인인 피고들이 위 약정과 법률규정에 따라 신탁사무의 최종

계산을 하여 수익자인 원고의 승인을 얻는 정산절차를 거쳤음을 인정할 증거가 없으므로, 피고들이 신탁재산의 회복을 구하는 원고의 이 사건 청구에 대하여 위 보수나 비용 등의 상환을 주장하여 그 이행을 거절할 수 없다고 할 것이다.

그리고 이 사건 계약 제18조 제3항과 신탁법 제42조 제1항, 제43조에 의하면, 수탁자인 파산 전 회사는 신탁보수나 신탁재산에 관하여 지출한 비용 등의 보상을 받음에 있어 신탁재산을 매각하여 다른 권리자에 우선하여 그 권리를 행사할 수 있다고 되어 있으나, 한편 위 법 제44조에 의하면, "위 제42조 소정의 수탁자의 권리는 수탁자가 제38조의 규정에 의한 손실의 보상 및 신탁재산복구의 의무(제38조에 의하면, 수탁자가 관리를 적절히 하지 못하여 신탁재산의 멸실, 감소, 기타의 손해를 발생하게 한 경우에는 위탁자가 수탁자에 대하여 손해배상 또는 신탁재산의 회복을 청구할 수 있도록 되어 있다)를 이행한 후가 아니면 행사할 수 없다"고 규정되어 있으므로, 위 신탁법 제44조의 적용을 배제하기로 하는 특약이 있음을 인정할 자료가 없는 이 사건에 있어서 피고들이 신탁재산을 매각하여 우선변제를 받기 위하여는 위탁자인 원고가 입은 손해가 있다면 이를 배상하고 또 신탁재산의 회복의무가 있다면 이 역시 먼저 이행하여야 한다고 할 것이다(다만 파산 전 회사가 먼저 신탁재산을 회복하여 준 경우에도 수익자인 원고에 대하여 정당한 비용 등의 청구권이 있다면 강제집행 등의 방법에 의하여 우선변제권을 여전히 행사할 수 있을 것이다).

결국 파산 전 회사 또는 피고들이 자신의 비용 등의 청구권과 원고들이 입은 손해를 최종 계산하여 원고의 승인을 받는 정산절차를 거치지 아니하였을 뿐만 아니라 원고가 이 사건 신탁과 관련하여 원고가 과실 없이 입은 상당한 손해를 배상하기 전까지는 피고들이 파산 전 회사의 비용 등 청구권을 내세워 신탁재산의 회복을 구하는 원고의 이 사건 청구를 거부할 수는 없다고 볼 것이므로(따라서 신축중인 이 사건 건물의 기성고 비율이 얼마이고, 피고들에게 정당한 기성고에 따른 보수나 비용 등의 상환청구권이 있는지, 또 이에 대하여 원고가 입은 손해가 얼마인지 정산하는 것은 최종 계산과 승인에 의할 것이고, 그것이 이루어지지 않는 경우에는 소송상 확정될 수밖에 없을 것이다), 피고들의 위 주장은 받아들일 수 없다.

154. 대법원 2007. 9. 7. 선고 2005다28884 판결 [비용상환]

[논점] 신탁계약에 부가된 특약에 의하여 시공사가 부담하는 수탁자에 대한 신탁비용 등의 상환채무와 공사도급계약에 의하여 수탁자가 부담하는 공사대금지급채무가 채무자회생법 제119조의 쌍무계약에 해당하는지 여부

【이 유】

1. 상고이유 제1, 2점에 대하여

구 회사정리법(2005. 3. 31. 법률 제7428호 채무자 회생 및 파산에 관한 법률 부칙 제2조로 폐지, 이하 '구 회사정리법'이라고 한다) 제103조[359] 제1항에서 규정하는 쌍무계약이라 함은 쌍방 당사자가 상호 대등한 대가관계에 있는 채무를 부담하는 계약으로서, 본래적으로 쌍방의 채무 사이에 성립·이행·존속상 법률적·경제적으로 견련성을 갖고 있어서 서로 담보로서 기능하는 것을 가리키는 것이고, 이와 같이 본래적으로 법률적·경제적 견련관계가 없는데도 당사자 사이의 특약으로 쌍방의 채무를 상환 이행하기로 한 경우 등은 여기서 말하는 쌍무계약이라고 할 수 없다(대법원 2000. 4. 11. 선고 99다60559 판결, 2007. 3. 29. 선고 2005다35851 판결 등 참조).

359) 현행 채무자회생법 제119조.

위 법리와 기록에 비추어 살펴보면, 원심이 채용 증거를 종합하여 그 판시와 같은 사실을 인정한 다음, 이 사건 신탁계약의 당사자는 위탁자인 청전개발 주식회사(이하 '청전개발'이라고 한다)와 수탁자인 주식회사 코레트신탁(이하 '코레트신탁'이라고 한다)이고, 이 사건 공사도급계약의 당사자는 도급인인 코레트신탁과 수급인인 피고로서 서로 당사자가 다르고, 피고는 코레트신탁의 요구에 따라 이 사건 신탁계약의 특약사항으로서 청전개발이 코레트신탁에게 부담하는 신탁비용 및 차입금 상환채무 등을 포괄적으로 보증하기로 약정한 것에 불과하므로, 그와 같이 신탁계약에 부가된 특약에 의하여 피고가 부담하는 신탁비용 등의 상환채무와 이 사건 공사도급계약에 의하여 원고가 부담하는 공사대금지급채무 상호간에는 구 회사정리법 제103조가 규정하는 쌍무계약상의 대가적 견련관계가 있다고 볼 수 없다는 취지로 판단하였음은 정당하고, 거기에 상고이유에서 주장하는 바와 같이 구 회사정리법 제103조가 규정하는 쌍무계약에 관한 법리오해, 심리미진 또는 채증법칙 위반 등의 위법이 없다.

155. 대법원 2007. 6. 1. 선고 2005다5812,5829,5836 판결 [손해배상(기)·소유권이전등기등][360)]

[논점] 신탁행위의 정함에 따라 전수탁자가 임무를 종료하고 신수탁자가 선임된 경우, 신수탁자가 전수탁자의 지위를 포괄적으로 승계하는지 여부 및 제3자가 수탁자의 경질 이전에 이미 발생한 채권을 신수탁자에 대하여 행사할 수 있는 범위

【이 유】

3. 영업양도에 기한 불법행위로 인한 손해배상채무의 승계에 관하여

상법상의 영업양도는 일정한 영업목적에 의하여 조직화된 업체, 즉 인적·물적 조직을 그 동일성은 유지하면서 일체로서 이전하는 것을 의미하고, 영업양도가 이루어졌는가의 여부는 단지 어떠한 영업재산이 어느 정도로 이전되어 있는가에 의하여 결정되어야 하는 것이 아니고 거기에 종래의 영업조직이 유지되어 그 조직이 전부 또는 중요한 일부로서 기능할 수 있는가에 의하여 결정되어야 하므로 영업재산의 일부를 유보한 채 영업시설을 양도했어도 그 양도한 부분만으로도 종래의 조직이 유지되어 있다고 사회관념상 인정되면 그것을 영업의 양도라 볼 것이지만, 반면에 영업재산의 전부를 양도했어도 그 조직을 해체하여 양도했다면 영업의 양도로 볼 수 없다고 할 것이다(대법원 2001. 7. 27. 선고 99두2680 판결, 2003. 5. 30. 선고 2002다23826 판결 등 참조).

위 법리 및 기록에 비추어 살펴보면, 피고는 부실화된 소외 회사의 64개 신탁사업장 중 상대적으로 우량한 13개 사업장의 업무만을 선별하여 이전받을 목적으로 채권금융기관들 주도하의 기업개선협약 내용에 따라 신설된 회사로서, 2001. 3. 21. 피고와 구 수탁자라 할 수 있는 소외 회사 그리고 신탁자이자 수익자인 주식회사 화신공영(이하 '화신공영'이라고만 한다)을 포함한 3자 사이에 '토지신탁계약 변경 및 승계계약'을 체결하여 기존 신탁계약의 내용에 "수탁자는 신탁자의 동의를 얻어 수탁자를 변경할 수 있다."라는 일종의 수탁자 경질에 관한 내용을 추가함과 동시에 신탁계약에 따른 소외 회사의 당사자 지위를 피고가 포괄적으로 승계하기로 합의하였고, 이에 따라 이후 원심이 판시하는 바와 같은 내용의 2001. 4. 9.자 토지신탁사업양수도 계약이 체결되고 자산 및 부채의 이전업무를 수행함에 있어서도 위 신설 목적을 감안하여 피고 회사로 이전되는 채권과 채무를 면밀히 검토하여 특정하는 방식으로 부실자산이 이전되지 않도록 소외 회사와의 단절에 치중하였고, 거기서 특정되지 아니한 소외 회사의 고유재산을 비롯한 물적 조직, 거래관계나 영업력 등 무형자산은 거의 이전되지 아니한 사실을 알아볼 수 있는바, 이와 같은 소외 회사의 구조조정과정이나 신탁사업의 이관과정에 비추어 볼 때 소외 회사

360) 이 판결에 대한 평석은, 안수현, 영업양도의 「동일성 요건」 검토, 상사판례연구 21집 2권, 한국상사판례학회, 3면 이하를 참고할 것.

와 피고 사이에 일정한 영업목적에 의하여 조직화된 업체, 즉 인적·물적 조직을 그 동일성은 유지하면서 일체로서 이전하려는 합의가 있었다고 추단할 수는 없다. 또한, 원심은 소외 회사의 대표이사이던 박병선이 2001. 3. 20. 피고가 설립된 이후부터 2001. 6. 13.까지 피고의 대표이사로 재직하였으며 소외 회사의 직원들 대부분도 2001. 3. 20.부터 피고의 직원으로 그대로 근무한 사실을 인정한 다음 이에 터잡아 인적 조직도 이전되었다고 보는 듯하나, 기록상 이와 관련된 자료들 중 원심 증인 (이름 생략)의 증언 및 을 제102호증의 1, 2 등에 비추어 살펴보면, 소외 회사 직원의 절반 정도가 2001. 3. 및 2001. 4.경 두 차례로 나뉘어 피고 회사에 신규채용 형식으로 고용되었으며, 본건 신탁사업을 수행하던 직원들 중 일부는 본인의 거절로 채용되지 못한 사실도 있고, 이처럼 대규모 신규채용을 한 이유는 신탁업 인가요건상 요구되는 3년 이상의 운용 경력을 갖춘 전문인력을 확보하고 위와 같이 인수한 신탁사업을 신속하게 진행하기 위한 필요에서 비롯된 것이며, 일부 직원들은 그 담당 업무도 바뀌었고, 소외 회사는 호봉제에 의한 근로계약의 체제를 갖추고 있었으나 피고는 연봉제에 의한 근로계약 체제를 갖추고 있는 사실 정도를 알아볼 수 있을 뿐, 달리 소외 회사의 인적 조직이 물적 조직과 결합된 상태에서 그대로 이전되었다고 볼 만한 자료는 없다. 따라서 원심 판시의 2001. 8. 8.자 광고가 상법 제44조 소정의 '채무인수의 광고'에 해당하는지 여부 등 영업양도의 효력 인정에 관한 나머지 쟁점에 대하여 나아가 살펴볼 필요도 없이, 상법상 영업양도의 법리에 따라 소외 회사의 판시 불법행위책임이 피고에게 승계된다고 할 여지는 없다.

다만, 신탁법 제11조 내지 제13조, 제15조 및 제17조[361]에 의하여 수탁자가 경질되는 경우뿐만 아니라 신탁행위의 정함에 따라 전수탁자가 임무를 종료하고 신수탁자가 선임됨으로써 수탁자가 변경된 경우에도 신수탁자는 신탁법 제26조, 제48조[362] 등이 정하는 수탁자 경질의 법리에 따라 수탁자의 지위를 포괄적으로 승계하게 되는 것이고, 이 때 제3자는 수탁자의 경질 이전에 이미 발생한 채권에 관하여 계약의 당사자인 전수탁자에게 이를 행사할 수 있음은 물론, 신탁법 제48조 제3항에 의하여 신탁재산의 범위 내에서 신수탁자에 대하여도 행사할 수 있는 것인바(대법원 2006. 3. 9. 선고 2004다57694 판결 참조), 이 사건의 경우에 있어서 위 2001. 3. 21.자 토지신탁계약 변경 및 승계계약이 이러한 수탁자 변경 내지 경질에 관한 합의에 다름 없으므로(참고로, 이 사건 신탁사업과 관련한 가장 중요한 신탁재산인 수탁토지의 등기부를 조회해 보더라도 그 소유권이전등기원인이 '2001. 3. 21. 수탁자 경질'임을 알아볼 수 있다), 신수탁자인 피고는 신탁법 제48조 제3항이 정하는 바에 따라 신탁재산의 한도 내에서 전수탁자인 소외 회사의 불법행위로 인한 손해배상채무를 이행할 책임이 있다고 볼 여지가 있을 뿐이다.

그럼에도 불구하고, 상법상의 영업양도에 해당함을 전제로 책임재산에 대한 아무런 유보도 없이, 피고에게 전수탁자인 소외 회사의 불법행위로 인한 손해배상채무를 이행할 책임이 있다고 한 원심판결에는, 상법상 영업양도에 관한 법리를 오해한 나머지 판결 결과에 영향을 미친 위법이 있다고 할 것이다. 이 점을 지적하는 피고의 상고이유의 주장은 이유 있다.

[원심판결] 서울고등법원 2004. 12. 7. 선고 2004나22577, 22584, 22591 판결 [손해배상(기)·소유권이전등기등]

【주 문】

1. 별지 (1) 원고 명단 순번 1 내지 639 기재 원고들에 대한 제1심 판결을 다음과 같이 변경한다.

가. 피고는 위 원고들에게 별지 (3) 손해내역표의 '인용금액'란 기재 각 금원 및 이에 대한 2001. 5.

361) 현행 신탁법 제12조 내지 제14조, 제16조 및 제21조.

362) 현행 신탁법 제53조.

26.부터 2004. 12. 7.까지 연 5%, 그 다음날부터 완제일까지 연 20%의 각 비율에 금원을 지급하라.

나. 위 원고들의 나머지 청구를 각 기각한다.

2. 당심에서의 청구변경에 따라, 별지 (1) 원고 명단 순번 640 내지 649 기재 원고들에 대한 제1심 판결을 다음과 같이 변경한다.

가. 피고는 위 원고들에게 별지 (3) 손해내역표의 '인용금액'란 기재 각 금원 및 이에 대한 2001. 5. 26.부터 2004. 12. 7.까지 연 5%, 그 다음날부터 완제일까지 연 20%의 각 비율에 금원을 지급하라.

나. 위 원고들의 나머지 청구를 각 기각한다.

3. 소송총비용은 10분하여 그 9는 원고들이, 나머지는 피고가 각 부담한다.

4. 제2의 가항 중 제1심에서 가집행이 선고되지 않은 부분은 가집행할 수 있다.

【청구취지 및 항소취지】

1. 청구취지

피고는 원고들에게 별지 (2) 청구금액표 '청구금액'란 기재 각 금원 및 위 각 금원에 대하여 2001. 5. 26.부터 이 사건 소장부본 송달일까지 연 6%, 그 다음날부터 완제일까지 연 20%의 각 비율에 의한 금원을 지급하라.

2. 항소취지

원고들: 제1심 판결 중 원고들 패소부분을 취소한다, 피고는 별지 (1) 원고 명단 순번 1 내지 639 기재 원고들에게 별지 (2) 청구금액표 '항소금액'란 기재 각 금원 및 위 각 금원에 대하여 2001. 5. 26.부터 이 사건 소장부본 송달일까지 연 6%, 그 다음날부터 완제일까지 연 20%의 각 비율에 의한 금원을 지급하라, 피고는 별지 (1) 원고 명단 순번 640 내지 649 기재 원고들에게, 주위적으로 별지 (4) 부동산목록 1 내지 10 '부동산표시' 기재 각 부동산에 관하여 별지 (2) 청구금액표 순번 640 내지 649 기재 '계약체결일'란 기재 각 해당일자 매매를 원인으로 한 소유권이전등기절차를 이행하라, 예비적으로 제1심 판결을 변경하여 별지 (4) 부동산목록 1 내지 10 '부동산표시' 기재 각 부동산에 관하여 별지 (5) 미납잔금표 미납잔금란 기재 각 금원 및 이에 대한 같은 목록 '최종잔금납입일'란 같은 순번 기재 각 일자의 다음날부터 완제일까지 연 17%의 비율에 의한 금원을 지급받음과 동시에 별지 (4) 부동산목록 1 내지 10 '부동산표시'기재 각 부동산에 관하여 별지 (2) 청구금액표 순번 640 내지 649 기재 '계약체결일'란 기재 각 해당일자 매매를 원인으로 한 소유권이전등기절차를 각 이행하고, 위 원고들이 위 위 금원을 지급하여 소유권이전등기가 이행됨을 조건으로 별지 (2) 청구금액표 '청구금액'란 기재 각 금원을 지급하라.

{별지 (1) 원고 명단 순번 640 내지 649 기재 원고들은 항소취지 기재와 같은 주위적 청구 및 예비적 청구를 하였다가 당심에서 예비적 청구의 일부였던 부분을 조건부이행이 아닌 단순이행을 구하는 것으로 확장하여 이것만을 청구하는 것으로 위의 청구취지 기재와 같이 청구를 변경하였다}

피고: 제1심 판결 중 피고 패소부분을 취소한다, 그 취소부분에 해당하는 원고들의 청구를 모두 기각한다.

【이 유】

(나) 배상채무와 승계

위 인정사실에 의하면, 소외 회사는 이 사건 아파트에 대한 분양광고를 하면서 이 사건 아파트 단지 내에서 온천수가 용출되고, 이 사건 아파트 중 32평형, 43평형, 53평형 및 64평형의 거실바닥재를 '단풍

나무 원목 바닥재'로 시공하며, 아파트 단지 내에 풍부한 유실수단지를 조성하고, 아파트 단지에 인접하여 서울대학교가 이전할 예정이며, 일산↔금촌을 연결하는 4차선 도로가 2001년까지 8차선 도로로 확장될 것이라는 허위 과장광고를 게재하여 원고들을 기망하였다 할 것이므로, 소외 회사는 이로 인해 원고들이 입은 모든 손해를 배상할 의무가 있다할 것인데, 피고는 2001. 4. 9. 소외 회사와 사이에 이 사건 아파트 및 그 부지에 관한 토지신탁사업 양수도 계약을 체결하여 이 사건 아파트에 관한 소외 회사의 영업을 양수하였고, 이에 따라 소외 회사로부터 이 사건 아파트의 분양계약과 관련한 소외 회사의 지위를 포괄적으로 승계하였으며, 한편, 위에서 본 피고의 2001. 8. 8.자 신문광고는 수분양자들을 광고의 대상으로 하고 입주의무 등 분양계약을 이행한다는 것 외에도 소외 회사가 분양 당시에 한 약속을 지키겠다고 다짐하는 내용으로 되어 있는 점, 피고는 양수한 영업을 계속하기 위하여 수분양자들을 설득할 필요가 있어서 위와 같은 광고를 게재하게 된 것으로 보이는 점, 피고는 소외 회사의 분양자로서의 지위를 승계한 점, 수분양자인 원고들로서는 소외 회사가 한 분양광고의 허위 여부를 대부분 입주시기가 되어야 알 수 있었을 것인 점, 위 신문광고의 내용 중에 온천이라는 표시를 사용한 것에 대한 사과가 포함되어 있기는 하나 이는 법령상의 제한을 이유로 하고 있을 뿐이고 온천수가 용출되지 않는다는 내용이 아니어서 이 부분에 관한 책임이 없다는 취지가 담긴 것이 아닌 점 등에 비추어 피고는 위 광고로써 원고들을 비롯한 수분양자들에게 이 사건 아파트에 관한 영업으로 인한 채무 전부를 인수할 것을 광고하였다고 할 것이고(한편, 피고의 다음과 같은 주장, 즉 원고들이 소외 회사의 부실화로 인하여 피고가 설립된 경위를 알고 있어서 피고의 채무인수가 있는 것이라고 신뢰하지 않았고, 그 신뢰를 보호할 필요가 없다는 등의 주장은 위 광고의 해석에 관한 주장으로 보고 이를 받아들이지 아니한다), 영업으로 인하여 발생한 채무란 영업상의 활동에 관하여 발생한 모든 채무를 말한다고 하여야 할 것이어서 불법행위로 인한 손해배상채무도 이에 포함되므로(대법원 1989. 3. 28. 선고 88다카12100 판결 참조), 피고는 특별한 사정이 없는 한 원고들이 소외 회사의 분양광고에 관한 기망행위로 입은 모든 손해를 배상할 의무가 있다.

(다) 피고의 주장

1) 이에 대하여 피고는, 피고가 2001. 4. 9. 소외 회사가 운영하던 토지신탁사업 일체를 양수받은 것이 아니라, 당시 소외 회사가 운영하여 64개 토지신탁사업장 중에서 상대적으로 우량한 13개 사업장만을 선별하여 피고가 이를 이관받은 것으로써, 피고는 소외 회사가 운영하던 사업 중 일부의 자산과 부채를 양도받는 자산양도방식에 의해 소외 회사로부터 사업을 이관받은 것이므로 이는 상법상의 영업양도가 아닐 뿐 아니라, 피고와 소외 회사는 이 사건 아파트 및 그 부지에 대한 토지신탁사업 양수도 계약을 체결함에 있어서도 소외 회사로부터 피고에게 이전되는 자산 및 부채를 특정하여 제한적으로 양수도계약을 체결하였는데, 소외 회사가 이 사건 아파트의 분양계약과 관련하여 원고들에 대하여 부담하는 손해배상채무는 피고가 양수하는 소외 회사의 채무 범위에 포함되지 아니하였으므로, 피고는 원고들에게 소외 회사의 이 사건 아파트의 분양계약에 따른 손해배상책임을 이행할 의무가 없다고 주장한다.

살피건대, 앞에서 본 바와 같이 피고는 2001. 4. 9. 소외 회사와 사이에 이 사건 아파트 및 그 부지에 관한 토지신탁사업 양수도 계약을 체결한 점, 피고는 신수탁자로서 소외 회사가 수탁자로서 신탁사업과 관련하여 기체결한 제 계약서상의 지위와 권리·의무를 포괄적으로 승계하기로 약정하였을 뿐 아니라, 소외 회사의 대표이사를 포함한 직원들 대부분이 그대로 피고 회사에 계속 근무한 점, 피고는 파주시청으로부터 2001. 5. 25. 이 사건 아파트에 관한 임시사용승인을 받아 원고들에게 입주통보를 하고, 원고들로부터 분양잔대금을 지급받고 이 사건 아파트에 관한 소유권이전등기를 경료하여 주었으며, 아파트 입주지연에 따른 손해배상금을 잔금에서 공제하는 방식으로 원고들에게 지급하는 등 분양계약에 따라 소외 회사가 하였을 것으로 예정된 영업활동을 그대로 한 점, 그 밖에 이 사건 아파트 상가 내 스포츠센터, 사우나시설 및 셔틀버스를 입주자대표회의에 인계하여 주었으며, 소외 회사가 게재한 광고내용을 이행하기 위하여 일성리조트 주식회사로부터 콘도미니엄 회원권을 구입하여 이 사건 아파트 입주자대표회의에 인계한 점 등에 비추어 보면, 피고가 소외 회사로부터 이 사건 아파트 및 그 부지에 대한 토지신탁사업에 관하여 그 인적, 물적 조직을 동일성을 유지하면서 일체로서 포괄적으로 양수하여 양도인인 소외 회사가 하던 것과 같은 토지신탁사업 및 아파트건축과 분양사업을 계속하고 있다고 봄이 상당하여, 피고는 상법상의 영업양수인에 해당하므로, 피고의 위 주장은 이유 없다(피고가 소외 회사가 운영하던 64개 부동산신탁사업장 중 13개 사업장만을 제한적으로 양수하였다고 하더라도, 이 사건 아파트 및 그 부지에 대한 토지신탁사업 등이 포괄적으로 양도된 이상, 피고는 이 사건 아파트 및 그 부지에 대한 사업에 관한 영업양수인의 지위에 있다고 볼 것이다).

2) 피고는, 신탁법 제48조 제3항은 "신탁사무의 처리에 관한 채권은 신탁재산의 한도 내에서 신수탁자에 대해서도 행사할 수 있다"라고 규정하고 있으므로, 수탁자의 경질이 있는 경우 제3자에 대하여 신수탁자가 부담하는 채무의 범위는 신탁재산의 한도 내로 제한된다고 할 것이고, 또한 신수탁자는 적법하게 발생한 채권에 대해서만 책임을 부담하며, 전수탁자가 신탁재산의 관리를 게을리함으로써 발생한 채무에 대해서는 책임을 부담하지 않는다고 할 것인데, 피고가 소외 회사로부터 이 사건 아파트 및 그 부지에 관한 토지신탁사업을 양수하여 수탁자의 지위를 이전받았으나, 신탁법 제48조 제3항의 규정에 따라 소외 회사가 이 사건 아파트의 분양계약과 관련하여 원고들에게 부담하는 불법행위로 인한 손해배상채무에 대하여는 피고가 그 책임을 부담하지 아니할 뿐 아니라, 피고는 소외 회사로부터 이 사건 아파트 및 그 부지에 관한 토지신탁사업을 양수하여 2002. 8. 현재 총 1,097억원의 사업손실을 보게 되어 적극재산이 남아있지 아니하므로 원고들에 대하여 책임을 부담할 수도 없다고 주장하므로 보건대, 신탁법 제48조 제3항에 의하면, 신탁사무의 처리에 관한 채권은 신탁재산의 한도 내에서만 신수탁자에 대하여 행사할 수 있고, 또 신수탁자는 적법하게 발생한 채권에 대해서만 책임을 부담하게 되어 있으나, 위 규정은 신탁법상 종전 수탁자의 임무가 종료되어 신탁법에 따른 수탁자 경질이 이루어진 경우의 책임제한에 관한 규정이고, 이 사건과 같이 피고가 소외 회사와 영업양수도 계약을 체결하고 소외 회사의 영업으로 인한 채무를 인수할 것을 광고함으로써 이로 인한 책임을 부담하는 경우에 위 신탁법상의 규정에 의하여 피고의 책임이 제한되는 것은 아니므로, 피고의 위 주장은 이유 없다.

156. 대법원 2007. 6. 1. 선고 2005다5843 판결 [가압류이의]

[논점] 분양형 토지신탁계약에 있어서 수탁자의 허위·과장의 분양광고로 인하여 수분양자에게 손해가 발생한 경우, 수분양자가 가지는 불법행위에 기한 손해배상채권이 신탁법상 '신탁사무의 처리상 발생한 채권'에 해당하는지 여부

【이 유】

4. 신탁법 제21조 제1항 단서의 해석에 관하여

'신탁사무의 처리상 발생한 채권'을 가지고 있는 채권자는 수탁자의 일반채권자와는 달리 신탁재산에 대하여 강제집행을 할 수 있는데(신탁법 제21조[363] 제1항), 여기서 말하는 '신탁사무의 처리상 발생한 채권'에는 신탁재산의 관리 또는 처분 등 신탁업무를 수행하는 수탁자의 통상적인 사업활동상의 행위로 인하여 제3자에게 손해가 발생한 경우 피해자인 제3자가 가지는 불법행위에 기한 손해배상채권도

363) 현행 신탁법 제22조.

포함되는 것으로 봄이 상당하다. 왜냐하면, 신탁자 또는 수탁자의 고유재산으로부터 신탁재산의 독립성을 보장하려는 것이 신탁법의 고유한 목적임을 감안한다 하더라도, 오늘날 수탁자의 사무가 전통적인 영역인 단순한 재산 관리의 수준을 넘어서서 활발한 대외적인 활동을 수반하기에 이른 만큼 그에 상응하여 피해자에 대한 보호방안의 필요성을 외면하기 어렵고, 다른 한편으로 대리인이나 고용인이 그 자신의 일반적인 권한 내에서 행동한 경우 본인이나 사용자에게 책임을 귀속시킬 수 있듯이 그 자신의 일반적인 권한 내에서 행동하는 수탁자는 비록 신탁자 개인에게 책임을 귀속시킬 수는 없다고 하더라도 신탁재산에 대하여는 책임을 귀속시킬 수 있다고 보는 것이 공평에 부합한다고 할 것이기 때문이다. 그리고 이러한 이유에서 피해자인 제3자로 하여금 신탁재산에 대한 강제집행을 할 수 있도록 허용하는 것이므로, 신탁업무를 수행하는 수탁자의 통상적인 사업활동상의 행위로 인하여 제3자에게 손해가 발생한 경우인 이상, 신탁재산에 속하는 공작물의 숨은 하자에서 생기는 불법행위에 기한 손해배상채권이나 신탁사무의 처리로서 매각한 신탁재산의 숨은 하자에 대한 담보책임과 같이 신탁재산 자체에서 연유하는 권리와 대비하여 원심이 지적하는 바와 같은 이른바 '신탁재산에 기인하지 않은 불법행위로 인한 손해배상채권' 중에서 그 불법행위로 증가된 신탁재산의 가치와 채권자의 손실 사이에 어떠한 대가적인 관련이 없는 경우라 할지라도 '신탁사무의 처리상 발생한 채권'에 해당하지 않는다고 보아 신탁재산에 대하여 강제집행이 허용되지 않는다고 할 수는 없다.

위 법리 및 기록에 비추어 살펴보면, 이 사건 분양형 토지신탁계약에 있어서 신탁사무란 신탁재산인 토지상에 아파트를 신축한 다음 이를 일반분양하여 그 개발이익을 신탁자에게 다시 환원하는 것이고, 따라서 그 판시와 같은 허위 내지 과장의 분양광고로 인하여 수분양자인 채권자들에게 손해가 발생하였다면 이는 수탁자의 통상적인 사업활동상의 행위로 인하여 수분양자인 신청인들에게 손해가 발생한 경우에 해당하므로, 채권자들이 가지는 이와 같은 불법행위에 기한 손해배상채권은 그것이 비록 위자료청구권이라 할지라도 신탁법 제21조 제1항 단서 소정의 '신탁사무의 처리상 발생한 채권'으로 보아야 할 것이다.

그럼에도 불구하고, 이와 다른 전제에 서서 코레트신탁의 허위, 과장광고로 입은 정신적 고통에 대한 채권자들의 위자료채권은 신탁재산과 직접적인 관련성이 있거나 신탁재산 자체로부터 연유하지 아니하였고, 또한 불법행위로 채권자들이 입은 고통과 대가적 관련성이 있는 신탁재산의 가치증가를 가져오지도 않았으므로 그에 기한 신탁재산에 대한 강제집행은 허용할 수 없다고 한 데에는, 신탁재산에 대하여 강제집행할 수 있는 채권의 범위에 대한 법리를 오해한 나머지 판결 결과에 영향을 미친 위법이 있다고 할 것이다. 이 점을 지적하는 상고이유의 주장도 이유 있다.

157. 대법원 2007. 5. 31. 선고 2007다13312 판결 [수익자명의변경절차이행][364]

[논점] 수탁자의 동의 없이 위탁자가 일방적으로 수익자를 변경할 수 있는지 여부

【이 유】

1. 신탁법상의 신탁은 신탁설정자(이하 '위탁자'라 한다)와 신탁을 인수하는 자(이하 '수탁자'라 한다)의 특별한 신임관계에 기하여 위탁자가 특정의 재산권을 수탁자에게 이전하거나 기타의 처분을 하고 수탁자로 하여금 일정한 자(이하 '수익자'라 한다)의 이익을 위하여 또는 특정의 목적을 위하여 그 재산권을 관리, 처분하게 하는 법률관계를 말하는 것으로(신탁법 제1조 제2항[365]), 수익자는 신탁이익을 향

364) 이 판결에 대한 평석은, 최수정, 수익자변경을 통해서 본 신탁계약의 특질, 민사판례연구 31권, 박영사, 695면 이하를 참고할 것.

365) 현행 신탁법 제2조.

수할 권리를 포함하여 신탁법상의 여러 가지 권리, 의무를 갖게 되므로, 이러한 지위에 있게 되는 수익자를 정하는 것은 위탁자와 수탁자 간의 신탁계약 내용의 중요한 요소에 해당한다 할 것이어서, 수익자의 변경에는 계약 당사자인 위탁자와 수탁자의 합의가 있어야 하고, 미리 신탁계약에서 위탁자에게 일방적인 변경권을 부여하는 취지의 특약[366]을 하지 않은 한 수탁자의 동의 없이 위탁자가 일방적으로 수익자를 변경할 수는 없다 할 것이다.

이와 달리 신탁계약의 본질 및 신탁법 제28조[367]가 정한 '수탁자의 신탁재산 관리, 처분에 관한 선관주의의무에 비추어 수탁자는 위탁자의 수익자 변경에 관한 지시에 따라야 할 의무가 있다고 보아야 한다는 상고이유의 주장은 받아들일 수 없다.

[원심판결] 부산고등법원 2007. 1. 18. 선고 2006나10231 판결 [수익자명의변경절차이행]

【주 문】

1. 제1심 판결을 취소한다.
2. 원고의 청구를 기각한다.
3. 소송총비용은 원고가 부담한다.

【청구취지 및 항소취지】

1. 청구취지

피고는 별지 목록 기재 각 부동산에 관하여 피고 보조참가인 주식회사 지오빌드와 피고 사이에 체결된 2002. 11. 7. 분양형 토지신탁계약상의 수익자가 원고임을 확인한다.

2. 항소취지

주문과 같다.

【이 유】

3. 판단

가. 신탁이라 함은 신탁설정자(이하 '위탁자'라 한다)와 신탁을 인수하는 자(이하 '수탁자'라 한다)와 특별한 신임관계에 기하여 위탁자가 특정의 재산권을 수탁자에게 이전하거나 기타의 처분을 하고 수탁자로 하여금 일정한 자(이하 '수익자'라 한다)의 이익을 위하여 또는 특정의 목적을 위하여 그 재산권을 관리, 처분하게 하는 법률관계를 말하는데, 이 사건 신탁계약상의 수익자는 신탁계약에서 정한 방법으로 계산한 신탁수익을 취득하고, 신탁계약 종료시 그 정한 방법에 따라 신탁재산을 교부받을 수 있는 지위에 있는 자로서(이 사건 신탁계약 제13조 제2, 3항) 위탁자 자신이 수익자가 될 수 있고(자익신탁), 제3자를 수익자로 지정할 수 있다(타익신탁).

한편, 수익자는 수탁자에 대한 관계에 있어서 신탁법상 여러 가지 권리, 의무가 있으므로 신탁계약

366) 현행 신탁법에서는 신탁행위로 수익자 지정·변경권을 가지는 자를 정할 수 있다는 규정을 신설하였으나(제58조), 구 신탁법 하에서도 실무상으로는 신탁계약에서 어느 당사자에게 수익자 지정·변경권을 부여하거나 어느 당사자의 그러한 권리를 제한하는 규정을 두고 있는 경우가 일반적이었다. 다만, 현행 신탁법 규정의 신설에도 불구하고 실무에서는 여전히 수익자의 지정·변경에는 우선수익자 및/또는 수탁자의 동의(승낙)을 요한다고 내용이 특약 및/또는 약관 형태로 규정되어 있는 경우가 일반적이므로[단, 유언대용신탁의 경우에는 우선수익자 및/또는 수탁자의 동의(승낙)을 요하지 않는 수익자 지정·변경권을 위탁자 또는 일정한 자가 유보하기도 한다] 추가 수익자 지정, 수익권 양도, 질권 설정 등을 이유로 수익자 지정·변경권을 유보하고자 한다면 특약사항에 반드시 이점을 명시해야 할 것이다.

367) 현행 신탁법 제32조.

에서 정한 수익자를 변경함에는 신탁행위에 정함이 있고 수익자변경권이 위탁자나 수탁자에게 부여되어 있는 경우이거나 이해관계인 전원의 합의가 있는 경우에만 인정된다.

나. 그러므로 이 사건 신탁계약상 수익자 변경에 관한 정함이 있는 경우로서 위탁자인 지오빌드에게 수익자변경권이 유보되어 있는지 여부에 관하여 살피건대, 을1호증의 기재에 의하면, 위탁자인 지오빌드와 수탁자인 피고 사이에 체결된 이 사건 신탁계약의 내용 중, 이 사건 신탁계약의 수익자는 지오빌드이지만, 제3자의 동의를 얻으면 제3자를 수익자로 할 수 있고(계약서 제13조), 지오빌드와 수익자 또는 그 상속인은 수익자의 변경이 있는 경우 지체없이 그 사유를 서면으로 피고에게 제출하고 소정의 절차를 취하여야 한다고(계약서 제27조) 규정되어 있으나, 위 규정들은 이 사건 신탁계약에서 수익자를 변경할 수 있고 또 그 절차에 관한 규정으로 볼 수는 있을지언정 위 규정들만으로는 수익자변경권이 위탁자인 지오빌드에게 부여되어 있는 경우라고 해석하기 어렵고, 오히려 위 증거에 의하면, 수익자는 신탁계약에서 정한 방법으로 계산한 신탁수익을 취득하고(계약서 제13조 제2항), 신탁계약 종료시 그 정한 방법에 따라 신탁재산을 교부받으며(계약서 제13조 제3항), 신탁재산에 속하는 금전 운용방법에 관한 일정한 사항에 관하여 수탁자로부터 그 처리결과를 통보받을 수 있고(계약서 제16조 제4항), 신탁재산에 대한 조세, 공과금, 공사대금 등 제비용을 부담할 의무가 있고(계약서 제17조), 수탁자에 대한 신탁보수를 신탁재산에서 지급하지 못하는 경우 이를 지급할 의무가 있고(계약서 제20조), 수탁자가 신탁계약의 일부를 변경하고자 할 경우 그에 대한 동의권이 있으며(계약서 제28조), 계약에서 정하지 아니한 사항의 처리에 대한 협의권을 가지는(계약서 제29조) 등 수탁자에 대한 관계에 있어서 여러 가지 권리, 의무를 갖게 되어 수익자 변경은 계약당사자의 지위 이전과 유사한 점, 수익자의 지위에서 파생되는 수익권의 양도, 승계, 질권설정에도 수탁자의 승낙을 받도록 한 점, 자익신탁에서 타익신탁으로 변경함에 따라 수탁자에게 사무처리의 번잡과 혼란을 초래할 수 있고 그 변경에 아무런 시간적 제약을 두지 아니한 점 등에 비추어 볼 때, 이 사건 신탁계약상 수익자의 변경에는 수탁자인 피고 등 이해관계인 전원의 합의를 요한다 할 것이다.

다. 따라서 위탁자인 지오빌드는 수탁자인 피고의 승낙 또는 동의를 받지 아니하고는 수익자를 제3자로 변경할 수 없다고 할 것인바, 원고와 지오빌드 사이의 2005. 7. 22.자 조정에 따라 지오빌드가 제3자인 원고의 동의만을 받아 이 사건 신탁계약상의 수익자를 지오빌드에서 원고로 변경하기로 하는 의사를 표시하였다 하더라도 수탁자인 피고의 승낙이나 동의를 받았음을 인정할 아무런 증거가 없는 이 사건에 있어서 신탁계약상의 수익자가 지오빌드에서 원고로 변경되었다고 볼 수 없다.

[1심판결] 부산지방법원 2006. 5. 10. 선고 2006가합251 판결 [수익자명의변경절차이행]

【주 문】

1. 피고는 별지 목록 기재 각 부동산에 관하여 피고 보조참가인 주식회사 ㅁㅁㅁ와 피고 사이에 체결된 2002. 11. 7. 분양형 토지신탁계약상의 수익자가 원고임을 확인한다.

2. 소송비용은 피고의 부담으로 한다.

【청구취지】

주문과 같다.

【이 유】

3. 판단

이 사건 신탁계약상의 수익자는 신탁계약에서 정한 방법으로 계산한 신탁수익을 취득하고, 신탁계약

종료시 그 정한 방법에 따라 신탁재산을 교부받을 수 있는 지위에 있는 자로서(이 사건 신탁계약 제13조 제2, 3항), 소위 '제3자를 위한 계약'상의 수익자라고 봄이 상당하다 할 것이다.

따라서 제3자를 위한 계약상의 수익자 지정·변경권에 관하여 살피건대, 을 1호증의 기재에 의하면, 요약자인 000와 낙약자인 피고 사이에 체결된 기본관계인 이 사건 신탁계약은, 이 사건 신탁계약의 본래 수익자는 000이지만, 제3자의 동의를 얻으면 제3자를 수익자로 할 수 있고(계약서 제13조), 000와 수익자 또는 그 상속인은 수익자의 변경이 있는 경우 지체 없이 그 사유를 서면으로 피고에게 제출하고 소정의 절차를 취하여야 한다고(계약서 제27조) 규정하고 있는바, 위 규정들에다가, 수익자는 피고의 승낙 없이 수익권을 양도, 승계, 질권설정할 수 없다고 명시하고 있는 계약서 제15조 등 이 사건 신탁계약의 제 규정들 및 신탁법 등 관계법령을 모두 종합하여 보면, 000와 피고는, ① 000에게 수익자 지정권 내지 변경권을 부여하고(000 또는 수익자로 지정된 제3자가 피고에게 수익자 지정 또는 변경 사실을 서면으로 알리면 충분하고, 피고는 000의 결정을 용인 내지 수인할 의무가 있다), 다만 수익자는 이 사건 신탁계약 제17조에서 규정하는 각 비용을 지급하여야 하는 등의 부담이 있으므로 제3자를 수익자로 지정하기 위해서는 제3자의 동의를 요하며, ② 반면에 수익자가 자신의 수익권 중 일부만을 제3자에게 양도, 승계 또는 질권설정하고자 하는 경우에는 이중지급의 위험 등 이행상의 여러 가지 문제가 발생할 수 있음을 고려하여 미리 피고의 승낙을 받아야 하는 것으로 약정하였다고 봄이 상당하다 할 것이고, 을 2 내지 6호증의 기재는 위 인정에 방해가 되지 아니하며, 달리 반증이 없다.

그렇다면, 000는 제3자의 동의를 받음을 전제로, 피고의 동의 또는 승낙 없이도 수익자를 제3자로 변경할 수 있다고 할 것인바, 원고와 000 사이의 2005. 7. 22.자 조정에 따라 000가 원고의 동의를 받아 이 사건 신탁계약상의 수익자를 000에서 원고로 변경하기로 하는 의사를 표시하였고, 원고가 수익자의 지위에서 또는 000를 대신하여 이 사건 신탁계약 제27조에 따라 이 사건 소장 부본의 송달로써 수익자 변경 사실을 피고에게 통지한 이상, 이 사건 신탁계약상의 수익자는 000에서 원고로 변경되었다고 볼 것이다.

158. 대법원 2007. 1. 11. 선고 2006다34206 판결 [양수금]

[논점] 채권양도계약이 소송행위를 하게 하는 것을 주목적으로 하여 체결된 것인지 여부의 판단 기준

【이 유】

2. 또한 원심은, 원고가 이 사건 각 토지의 매수대금의 지급에 관한 자료를 제출하지 못한 점, 이미 80년 동안 도로로 사용되고 있어 사용·수익이 불가능한 상태임을 알면서도 이를 매수한 것은 피고들에 대한 부당이득반환청구에 그 중요한 목적이 있다고 보이고, 그 목적은 이 사건 소를 제기함으로써만 달성될 수 있을 것인 점, 소외 3이 피고들에 대한 부당이득반환청구권을 원고에게 양도하고 피고에게 통지한 직후 원고가 이 사건 소를 제기한 점 및 원고가 2003.경부터 이 사건 각 토지 외에도 도로로 장기간 사용되고 있는 토지들을 매수하여 국가나 지방자치단체를 상대로 종전 소유자의 임료 상당의 부당이득반환청구권을 양수받아 이와 같은 유사소송을 많이 제기하고 있는 점 등에 비추어 보면, 원고가 이 사건 각 토지를 매수하고 위 각 토지와 관련한 부당이득반환청구권을 양수한 것은 소송행위를 하게 하는 것을 주목적으로 한 매매 및 채권양수라 할 것이어서 신탁법 제7조가 유추적용되어 무효라고 판단하였다.

그러나 원심의 이러한 판단 역시 다음과 같은 이유로 수긍할 수 없다.

소송행위를 하게 하는 것을 주목적으로 채권양도 등이 이루어진 경우 그 채권양도가 신탁법상의 신

탁에 해당하지 않는다고 하여도 신탁법 제7조가 유추적용되므로 무효라고 할 것이고, 소송행위를 하게 하는 것이 주목적인지의 여부는 채권양도계약이 체결된 경위와 방식, 양도계약이 이루어진 후 제소에 이르기까지의 시간적 간격, 양도인과 양수인간의 신분관계 등 제반 상황에 비추어 판단하여야 한다(대법원 2004. 3. 25. 선고 2003다20909, 20916 판결 등 참조).

위 법리와 기록에 의하여 살펴보면, 원심이 들고 있는 바와 같이 소외 3이 원고에게 이 사건 각 토지의 점유·사용으로 인한 부당이득반환청구권을 양도하고 피고들에게 통지한 것은 2004. 5.경이고 그 직후인 2004. 6. 3. 원고가 이 사건 소를 제기하였음은 분명하나, 한편 원고는 소외 3으로부터 2003. 5. 9. 이 사건 각 토지를 매수하고 같은 해 7. 15. 소유권이전등기를 경료하였음을 알 수 있으므로 위 매수시점을 기준으로 하면 이 사건 소제기는 약 1년 후에 한 것이어서 그 시간적 간격이 극히 짧다고만은 할 수 없을 것이고, 원심이 들고 있는 다른 여러 사정들, 즉 매수대금의 지급에 관한 자료가 제출되지 않았다거나, 부당이득반환청구의 목적은 소의 제기에 의해서만 달성될 수 있다거나, 원고가 이 사건 외에도 도로로 사용되고 있는 다른 토지들을 여럿 매수하여 유사소송을 많이 제기하고 있다는 점 역시 이 사건 매매 및 채권양도·양수가 소송행위 주목적의 신탁행위에 준한다고 볼 근거로 삼기에는 부족하다 아니할 수 없으며, 그 밖에 달리 소외 3이 원고에게 이 사건 각 토지를 매도하고 부당이득반환청구권을 양도한 것이 원고로 하여금 소송행위를 하게 하는 것을 주목적으로 한 것이라고 볼 사정이 있음을 인정할 증거를 찾을 수 없다.

그럼에도 불구하고, 원심은 그 판시와 같은 이유로 소외 3과 원고 사이의 이 사건 각 토지 매매 및 부당이득반환청구권 양도·양수가 소송행위를 하게 할 것을 주목적으로 한 것으로서 신탁법 제7조가 유추적용되어 무효라고 판단하였으니, 원심판결에는 소송신탁에 관한 법리를 오해하거나 채증법칙을 위배하여 사실을 오인한 위법이 있고, 이러한 위법은 판결에 영향을 미쳤다 할 것이다.

159. 대법원 2006. 12. 22. 선고 2006다21002 판결 [손해배상(지)][368)]

[논점] 편집저작물의 작성권에 관한 특약 없이 음악저작물의 저작재산권을 신탁받은 자가 편집저작물의 작성권 침해를 이유로 손해배상을 청구할 수 있는지 여부

【이 유】

1. 저작재산권 신탁 후 저작자가 체결한 이용허락계약의 효력에 대하여

기록에 비추어 살펴보면, 원심이 그 채용 증거를 종합하여 그 판시와 같은 사실을 인정한 다음, 원고가 2003. 7. 1.경 신보인세제(신보인세제)를 시행하기 이전에는 원심판결의 [별지] 목록 기재 각 음악저작물 중 위탁 여부란 "0"표시의 음악저작물(이하 '이 사건 음악저작물'이라 한다)의 각 작사자 및 작곡자(이하 '이 사건 저작자들'이라 한다)에게 '저작자 자신이 신보음반의 제작자에 대하여 음악저작물의 이용을 허락할 수 있는 권리'를 묵시적으로 유보시킨 채 이 사건 저작자들로부터 이 사건 음악저작물에 대한 저작재산권을 신탁받은 것이므로, 그 신탁 후 이 사건 저작자들과 피고 000 사이에 체결된 이 사건 음악저작물에 대한 이용허락계약의 효력을 다툴 수 없다는 취지로 판단하였음은 정당한 것으로 수

368) 이 판결에 대한 평석은, (1) 오영준, 가. 음반제작자가 저작자의 이용허락을 얻어 제작한 원반을 이용하여 스스로 편집음반을 제작·판매하는 것이 음반제작자가 저작인접권자로서 갖는 복제·배포권의 범위에 당연히 포함되는지 여부, 나. 음악저작물에 관한 이용허락계약에 있어서 그 이용허락의 범위가 불명확한 경우 그 구체적인 범위, 대법원판례해설 66호, 법원도서관, 9면 이하, (2) 임채웅, 저작권의 신탁에 관한 연구-분리신탁과 신탁계약에서의 위탁자의 권리유보를 중심으로-, 신탁법연구, 박영사, 396면 이하, (3) 배대헌, 이른바 '곡비'지급에 따른 음악저작물의 이용허락계약과 신탁계약의 효력, (계간)저작권 77호, 한국저작권위원회, 53면 이하를 각 참고할 것.

긍할 수 있고, 거기에 상고이유에서 주장하는 바와 같은 저작재산권의 신탁이나 저작재산권신탁계약의 해석 등에 관한 법리오해, 채증법칙 위반 및 심리미진 등의 위법이 없다.

3. 음반의 복제 등의 범위 및 편집저작물 작성권 침해 여부에 대하여

기록에 비추어 살펴보면, 원심이 그 채용 증거를 종합하여 그 판시와 같은 사실을 인정한 다음, 이 사건 편집음반은 가수의 노래와 반주는 바꾸지 않고 재생시간을 고려하여 수록된 곡과 곡 사이의 브릿지 부분과 전주와 후주 부분 중 일부를 생략하고 있으나, 그와 같이 생략된 부분은 이 사건 저작자들의 창작 부분이라기보다는 저작물을 편곡하여 원반을 제작하는 과정에서 프로듀서 등의 창작활동으로 형성된 부분이고, 이 사건 편집음반에 수록된 곡들은 모두 이 사건 저작자들이 자신의 저작물을 가창하도록 허락하였던 '베이비복스'에 의하여 실연된 것으로서 이 사건 음악저작물이 원래 서로 다른 음반에 수록된 곡들 및 다른 신곡 2곡과 혼재되어 이 사건 편집음반에 수록되었다는 사정만으로 이 사건 저작자들의 고유한 음악적 영감 등이 변질되거나 음악적 느낌이 저감되었다고 보기 어렵다는 이유로, 이 사건 편집음반의 제작이 음반의 복제의 범위를 벗어나 전혀 새로운 음반을 만들어 냄으로써 이 사건 음악저작물에 대한 이용허락의 범위를 일탈한 것이라는 원고의 주장을 배척하였음은 정당하고, 거기에 상고이유에서 주장하는 바와 같은 음반의 복제 및 음악저작물에 대한 이용허락의 범위에 관한 법리오해나 심리미진 등의 위법이 없다.

그리고 이 사건 저작자들의 이 사건 음악저작물에 대한 이용허락의 범위에 이 사건 편집음반의 제작·판매도 포함되어 있음은 앞서 살펴본 바와 같고, 저작권법 제41조[369] 제2항은 저작재산권의 전부를 양도하는 경우에 특약이 없는 때에는 같은 법 제21조[370]의 규정에 의한 2차적 저작물 또는 편집저작물을 작성할 권리는 포함되지 아니한 것으로 추정한다고 규정하고 있는바, 기록을 살펴보아도 원고가 이 사건 저작자들로부터 이 사건 음악저작물에 대한 저작재산권을 신탁받으면서 이 사건 음악저작물에 관한 편집저작물을 작성할 권리까지 이전받았다고 인정할 만한 자료가 없으므로, 이 사건 편집음반이 편집저작물에 해당하는지 여부는 별론으로 하고, 이 사건 음악저작물의 저작재산권을 신탁받은 원고가 편집저작물 작성권을 침해당하였음을 이유로 피고들에게 그 손해의 배상을 구할 수는 없다. 이 점을 다투는 상고이유의 주장은 이유 없다.

160. 대법원 2006. 12. 22. 선고 2004두1483 판결 [시정조치등취소]

[논점] 특정금전신탁을 통한 부당지원행위[371) 372)]

---

369) 현행 저작권법 제45조.

370) 현행 저작권법 제22조.

371) 특정금전신탁을 통한 부당지원행위에 대해 다루고 있는 사안으로는, 대법원 2006. 11. 9. 선고 2004두12049 판결, 대법원 2006. 9. 22. 선고 2004두3250 판결, 대법원 2006. 7. 27. 선고 2004두1186 판결, 대법원 2006. 2. 10. 선고 2003두15171 판결(모두 인터넷 종합법률정보에서 검색 가능)도 참고할 것.

372) 이 사안을 포함하여, 실무상 위탁자에게 법률상 금지되거나 제한된 행위(예를 들면, 독점규제법상 행위 제한, 법령상 금지된 계열사 또는 특수관계인간의 거래 등)를 위탁자가 특정금전신탁(그 실질에 있어서 특정금전신탁과 명확한 한계 설정이 어려운 사모집합투자기구의 경우에도 유사한 문제점이 제기될 수 있다)을 통해 우회적으로 하는 경우, 관련 법령의 규정(독점규제법 제7조의2 등) 또는 그 금지·제한취지에 비추어 해당 특정금전신탁을 단순한 도관으로 보아 위탁자가 직접 금지·제한된 행위를 한 것으로 해석될 수 있다. 현행 신탁법은 그 목적이 선량한 풍속 기타 사회질서에 위반하는 경우, 위법 또는 불능한 때에는 신탁을 무효로 하고 있고(제5조), 탈법을 목적으로 하는 신탁을 금지하고 있으며(제7조), 현행 자본시장법에서도 금융투자업자가 자본시장법상의 금지 또는 제한을 회피할 목적으로 신탁계약을 이용하는 행위를 불건전영업행위로 금지하고 있다(투자매매업자 및 투자중개업자의 경우 현행 자본시장법 제71조, 자본시장법 시행령 제68조 제5항 제11호, 신탁업자의 경우 현행 자본시장법 제108조, 자본시장법 시행령 제109조 제3항 제8호 등). 또한, 현행 자본시장법상 증권의 사모·공모 여부(증권신고서 제출 여부), 주식대량보유보고의무(5%룰) 해당 여부 및 그 주체, 집합투자

【이 유】

1. 원고들의 상고이유에 대한 판단

가. 원고 삼성생명보험 주식회사(이하 '원고 삼성생명'이라 한다)의 삼성자동차 주식회사(이하 '삼성자동차'라 한다) 및 원고 삼성에버랜드 주식회사(이하 '원고 삼성에버랜드'라 한다) 발행의 기업어음 매입 행위 부분에 대하여

독점규제 및 공정거래에 관한 법률(이하 '법'이라 한다) 제23조 제1항 제7호 소정의 현저히 유리한 조건의 거래인지 여부는 급부와 반대급부 사이의 차이는 물론 지원성 거래규모와 지원행위로 인한 경제상 이익, 지원기간, 지원횟수, 지원시기, 지원행위 당시 지원객체가 처한 경제적 상황 등을 종합적으로 고려하여 구체적·개별적으로 판단하여야 한다 (대법원 2006. 2. 10. 선고 2003두15171 판결 참조).

원심은 채택 증거들을 종합하여, 원고 삼성생명이 1997. 4. 1.부터 1998. 3. 31. 사이에 조흥은행 등 8개 은행의 특정금전신탁 계정에 각각 100억 원, 200억 원 또는 500억 원씩 총 1,800억 원을 예치하고, 같은 무렵 수탁자인 조흥은행 등 8개 은행들은 위 원고의 계열회사인 삼성자동차 및 원고 삼성에버랜드가 발행한 액면가 100억 원, 200억 원, 또는 224억 원인 기업어음을 11.71% 내지 18.50%의 할인율로 2회 내지 6회에 걸쳐 매입하였으며, 원고 삼성생명이 1997. 8. 28.부터 같은 해 10. 16. 사이에 위 8개 은행들 중 상업은행의 특정금전신탁 계정에 3차례에 걸쳐 각각 185억 원, 150억 원 또는 200억 원씩 총 535억 원을 예치하고, 수탁자인 상업은행은 1998. 3. 31. 삼성자동차가 발행한 액면가 1억 2,700만 원, 3억 400만 원, 13억 400만 원인 기업어음을 14.70%의 할인율로 매입한 사실, 특정금전신탁은 위탁자의 지시에 의해 운용되는 것을 특징으로 하고 있으며, 그 계약서에는 투자대상에 대하여 개략적인 지정을 하거나 아무런 지정을 하지 않더라도 수탁은행은 향후 특정금전신탁과 같은 거액 자금의 유치를 위하여 원고 삼성생명과 같은 기관고객의 요구에 따르지 않을 수 없는 사실, 위 8개 은행들이 매입한 삼성자동차 및 원고 삼성에버랜드 발행의 기업어음들은 그 할인율이 정상금리보다 훨씬 낮고 원고 삼성생명이 위 8개 은행들의 특정금전신탁에 가입한 날짜 및 금액과 은행들이 매입한 위 기업어음들의 회전기간 및 금액 등이 대부분 일치하는 사실, 원고 삼성생명이 가입한 특정금전신탁에 편입된 자산에는 삼성자동차 등의 기업어음이 반드시 포함되어 있지는 않으나 수탁은행의 기업어음 매입을 위한 내부품의서에 특정금전신탁자금이 그 매입자금임을 표시하고 있으며 수탁은행은 당해 특정금전신탁자금이 아닌 다른 신탁자금 등을 이용하여 원고 삼성생명이 지정하는 기업의 어음을 매입할 여지도 있는 사실, 원고 삼성생명과 수탁은행들 사이에는 일정기간 시중의 기업어음 할인율에 변동이 있더라도 수탁은행이 당초 약정된 할인율로 기업어음을 계속 회전매입하기로 하는 소위 '옵션 CP거래 약정'이 맺어진 경우가 많은 사실 등을 인정한 다음, 원고 삼성생명이 위 수탁은행들에 특정금전신탁을 하고 위 수탁은행들과 옵션 CP거래 약정을 맺어 그들로 하여금 자신의 특정금전신탁자금을 원천으로 자신이 지정하는 삼성자동차 및 원고 삼성에버랜드 발행의 기업어음을 정상할인율보다 낮은 할인율로 매입하도록 하였으며, 1998. 3. 31. 매입한 3건의 삼성자동차 발행 기업어음은 소위 '자투리 CP'로서 위와 같은 맥락에서 수탁자인 상업은행이 적어도 원고 삼성생명의 묵시적 지시에 따라 행동한 것으로 전제하고, 위 기업어음 중에서 원고 삼성생명이 위 8개 은행들 중 한일은행을 통하여 매입한 1997. 9. 29.부터 같은 해 12. 29.까지를 회전기간으로 하는 액면가 224억 원인 원고 삼성에버랜드 발행 기업어음을 제외한 다른 모든 이 사건 기업어음 매입행위는, IMF 경제위기 이후인 것으로서 정상금리에 대비하여 상당한 차이가 있어 현저한 지원행위에 해당하고 이로 인하여 삼성자동차 및 원고 삼성에버랜드가 당해 시장에

기구의 사모·공모 여부 등을 결정할 때 특정금전신탁의 수탁자를 기준으로 하지 않고 위탁자를 기준으로 정하는 경우가 있으므로 특정금전신탁을 투자기구로 활용하는 경우에는 (그에 따르는 조세효과를 포함하여) 여전히 관계 법령상 금지·제한된 행위로 평가 받을 가능성이 있는지 여부에 대한 검토가 반드시 필요하다.

서 유력한 사업자로서의 지위를 형성 또는 유지·강화할 우려가 있으므로 부당한 지원행위라고 판단하였다.

위에서 본 법리와 기록에 비추어 살펴보면, 원심의 사실인정과 판단은 정당한 것으로 수긍이 가고, 거기에 상고이유로 주장하는 바와 같은 채증법칙 위배로 인한 사실오인이나 처분의 이유 제시에 관한 법리오해 또는 부당지원행위에 관한 법리오해 등의 위법이 있다고 할 수 없다.

161. 대법원 2006. 12. 7. 선고 2004다49945 판결 [계약금반환등]

[논점] 신탁계약의 종료와 분양자 지위의 면책적 승계 여부

【이 유】

1. 상고이유 제1점에 관하여

가. 원심판결 이유를 기록에 비추어 살펴보면, 원심이 그 채용 증거들을 종합하여 그 판시와 같은 사실을 인정한 다음, 피고와 주식회사 바이뉴테크먼트(이하 '소외 회사'라 한다) 사이에 체결된 이 사건 신탁계약은 2000. 11. 10. 신탁기간의 만료로 종료되거나 가사 그렇지 않다고 하더라도 2002. 6. 18. 목적달성으로 종료된 것으로 보아야 한다고 판단한 것은 정당하고, 거기에 상고이유의 주장과 같은 채증법칙 위배로 인한 사실오인, 심리미진, 신탁의 종료나 목적달성에 관한 법리오해 등의 위법이 없다.

나. 또한 원심이 확정한 사실관계와 기록에 의하면, 원고들과 피고 및 소외 회사는 이 사건 각 분양계약 당시 "소외 회사와 피고 사이의 신탁계약의 해지 또는 종료와 동시에 신탁에 기한 피고의 모든 행위 및 권리 의무는 소외 회사에게 일괄 승계되며 아울러 본 계약에 기한 원고들의 피고에 대한 모든 권리와 의무도 계약 변경 등 별도의 조치 없이 위탁자인 소외 회사가 승계한다."는 약정(이 사건 각 분양계약서 제21조)을 함으로써 이 사건 신탁계약의 해지 또는 종료를 불확정기한으로 한 면책적 계약인수약정을 하였다고 보이고, 여기서 말하는 "이 사건 신탁계약의 해지 또는 종료"란 이 사건 신탁계약 자체의 해지 또는 종료를 의미할 뿐 피고와 소외 회사 사이에 신탁법 제61조에 의한 법정신탁관계까지 모두 해소될 것을 의미하는 것은 아니라고 할 것이므로, 원심이 같은 취지에서 이 사건 신탁계약이 종료된 이상 피고와 소외 회사 사이에 법정신탁관계가 존속하는지의 여부에 관계없이 이 사건 각 분양계약에 기한 피고의 원고들에 대한 모든 권리 의무는 면책적으로 소외 회사에게 이전되었고, 따라서 아직까지 피고가 원고들에 대하여 이 사건 각 분양계약에 기한 권리 의무를 부담함을 전제로 하는 원고들의 이 사건 청구는 모두 이유 없다고 판단한 것은 정당하고, 거기에 상고이유의 주장과 같은 채증법칙 위배로 인한 사실오인, 심리미진, 신탁계약의 종료나 법정신탁에 관한 법리오해 등의 위법이 없다.

[원심판결] 서울고등법원 2004. 8. 24. 선고 2003나38063 판결 [계약금반환등]

【주 문】

1. 제1심 판결 중 피고 패소부분을 취소하고, 위 취소부분에 대한 원고들의 청구를 모두 기각한다.
2. 소송비용은 제1, 2심 모두 원고들의 부담으로 한다.

【청구취지 및 항소취지】

1. 청구취지

피고는 원고 A에게 70,683,600원, 원고 B에게 89,602,200원, 원고 C에게 54,843,200원 및 각 이에 대하여 이 사건 2002. 6. 17.자 청구취지 및 원인변경 신청서 부본 송달 다음날부터 완제일까지 연 25%의

비율에 의한 금원을 지급하라.

2. 항소취지

주문과 같다.

【이 유】

가. 신탁의 종료로 인한 권리의무의 승계

(1) 신탁의 종료 여부

갑 제4호증, 을 제10호증의 1, 2의 각 기재에 의하면, 피고와 소외 회사 사이의 이 사건 신탁계약 상 신탁의 종료 사유로는 ① 신탁의 목적을 달성한 경우, ② 신탁의 목적을 달성할 수 없는 경우, ③ 신탁기간이 만료한 경우, ④ 신탁계약이 해지된 경우를 들고 있고(1996. 12. 24.자 계약서 제24조 및 1998. 5. 21.자 계약서 제23조), 사실을 인정할 수 있는바, 이 사건 신탁계약에서 정한 4가지 신탁종료사유는 신탁법 제55조에서 신탁종료사유로 들고 있는 '신탁행위로 정한 사유가 발생한 때' 또는 '신탁의 목적을 달성하였거나 달성할 수 없게 된 때'에 해당하고, 피고와 소외 회사가 연장한 신탁기간이 2000. 11. 10.까지이고 연장된 신탁기간을 다시 연장하기로 합의한 바가 없었으므로 이 사건 신탁은 그 신탁기간의 만료로 종료되었고, 가사 이 사건 신탁이 2000. 11. 10. 종료되지 않았다 하더라도, 피고와 소외 회사 사이에 이 사건 신탁계약에서 정한 신탁사업을 수행한 후 2002. 6. 18. 신탁사무에 관한 최종계산을 한 이상 신탁목적의 달성으로 이 사건 신탁은 종료되었다 할 것이다.

신탁이 종료된 경우에 신탁재산이 그 귀속권리자에게 이전할 때까지는 신탁은 존속하는 것으로 간주하지만(신탁법 제61조), 이러한 법정신탁은 신탁종료를 전제로 하고, 법정신탁에서 수탁자의 직무권한은 잔무의 처리, 신탁재산의 귀속권리자에의 이전, 대항요건의 구비, 이들이 완료될 때까지 신탁재산을 보전하고 적절히 수익을 얻는 것에 한정되는바, 비록 이 사건에서 2000. 11. 10. 이후에도 토지나 건물 등 신탁재산이 그 귀속권리자(소외 회사나 수분양자 등)에게 이전되지 않은 부분이 있고, 더 나아가 최종계산 이후에도 피고 명의로 보유한 신탁재산이 있어 법정신탁관계가 존속한다 하여 이 사건 신탁이 종료되지 아니한 것으로 볼 수는 없다.

(2) 권리의무의 승계

갑 제1호증의 1 내지 3의 기재에 의하면, 원고들과 피고 및 소외 회사 사이에 체결된 분양계약에서(계약서 제21조) 피고와 소외 회사 사이의 신탁계약이 해지되거나 종료한 경우 그와 동시에 신탁에 기한 피고의 모든 행위 및 권리·의무가 소외 회사에게 포괄 승계됨과 아울러 이 사건 분양계약에 기한 피고의 원고들에 대한 모든 권리와 의무도 계약변경 등 별도의 조치 없이 위탁자인 소외 회사가 승계하기로 약정한 사실을 인정할 수 있는바, 위 약정은 일종의 계약인수로서 신탁종료시 이 사건 분양계약에 기하여 원고들이 피고에 대하여 갖는 취소권을 포함한 모든 권리와 의무가 소외 회사에게 승계되고 그 때부터 피고는 이 사건 분양계약에 기한 법률관계에서 탈퇴하게 됨을 정한 취지라고 봄이 상당하므로, 이 사건 분양계약으로 인한 원고들과 피고 사이의 법률관계는 위 약정에 따라 이 사건 신탁의 종료와 동시에 소외 회사에게 승계되고 피고는 이 사건 분양계약관계에서 탈퇴하여, 원고들과 피고 사이에서는 이 사건 분양계약으로 인한 채권채무관계가 더 이상 존재하지 아니한다고 할 것이다.

이에 대하여 원고들은, 피고는 이 사건 분양계약 체결 당시 원고들에게 이 사건 분양계약서 제21조에 관하여 설명하여 주지 않았으므로 약관의규제에관한법률(이하 '약관규제법'이라 한다) 제3조 제3항에 의하여 위 약관을 계약의 내용으로 주장할 수 없고, 이 사건 분양계약서 제21조는 그 뜻이 명백하지 아니하고 공정을 잃은 약관조항으로서 약관규제법 제6조 제2항에 의하여 무효이거나 약관규제법 제5조 제2

항에 의하여 고객인 원고들에게 유리하게 해석하여야 하며, 피고와 소외 회사 사이의 2002. 6. 18.자 신탁계약합의해지는 사회질서에 반하는 것으로서 무효라고 주장하므로 살피건대, 약관에 정하여진 사항이라고 하더라도 거래상 일반적이고 공통된 것이어서 상대방이 별도의 설명 없이도 충분히 예상할 수 있었던 사항이거나 이미 법령에 의하여 정하여진 것을 되풀이하거나 부연하는 정도에 불과한 사항이라면, 그러한 사항에 대해서까지 약관 작성자에게 명시·설명의무가 있다고는 할 수 없는바, 이 사건 분양계약서 제21조는 신탁회사가 분양형 토지신탁계약을 체결함에 있어 일반적이고 공통적으로 사용하고 있는 조항으로 상대방이 별도의 설명 없이도 충분히 예상할 수 있었던 사항이고, 신탁법 제60조에 정하여진 것("신탁이 종료된 경우에 신탁재산의 귀속권리자가 신탁행위에 정하여 있지 아니한 때에는 그 신탁재산은 위탁자 또는 그 상속인에게 귀속한다")을 부연하는 정도에 불과한 사항이라고 보이므로 그러한 사항에 대해서까지 약관 작성자인 피고에게 명시·설명의무가 있다고는 할 수 없고, 이 사건 분양계약서 제21조가 그 뜻이 명백하지 아니하거나 공정을 잃은 조항이라거나, 피고와 소외 회사의 신탁계약해지 약정이 사회질서에 반하는 것이라고 볼 근거가 없으므로, 원고들의 위 주장은 모두 이유없다.

(3) 소결

따라서 원고들과 피고 사이에서는 이 사건 분양계약으로 인한 채권채무관계가 존재하지 아니하므로, 이를 전제로 한 원고들의 이 사건 청구는 모두 이유 없다 할 것이다.

나. 가사 원고들과 피고 사이에 이 사건 분양계약에 기한 채권채무관계가 존속한다 하더라도, (1) 이 사건 건물의 분양과정에서 피고측에서 수분양자들이 분양대금의 일부를 우대금리로 융자받도록 알선해 준다는 내용의 광고는 그 내용이 분양계약서에 기재되지 않은 점 등에 비추어 볼 때 상거래에서의 일반적인 선전 혹은 청약의 유인에 불과할 뿐 분양계약의 내용으로 되었다고 볼 수는 없으므로, 이 점에 관하여 원고들이 주장하는 기망 혹은 착오에 의한 계약의 취소는 인정될 수 없고, (2) 분양계약서의 문언상 업종유지의무는 수분양자들 혹은 수분양자들의 위임을 받아 점포를 관리운영하는 소외 회사나 그 위임을 받은 회사에 있는 것이지 피고에게 있는 것은 아니라 할 것이고, 입주자들이 자치적으로 업종을 변경한 것에 대하여 피고에게 책임을 물을 수는 없는 것이며, (3) 이 사건 대지에 관하여 근저당권설정등기와 압류 및 가압류등기가 경료되어 있다 하더라도 피고가 원고들에게 대지를 사용하게 할 의무에 어떠한 영향을 미친다고 보기 어렵고, (4) 피고가 원고들에게 이전하여야 할 이 사건 상가 지분이 소외 회사에게 이전되었다 하더라도 이는 신탁사업이 종료된 경우 소외 회사에게 신탁재산을 귀속시키기로 한 신탁계약에 기한 것으로서 미리 예정되어 있던 것이고, 원고들로서는 신탁의 종료에 의하여 분양계약상의 권리의무를 승계한 소외 회사에게 소유권이전등기를 구할 수 있는 것이므로 원고들에 대한 소유권이전의무가 이행불능 상태에 있다고 할 수도 없는 것이며, (5) 원고 C이 분양계약상 약정되지 않은 시설비를 소외 회사에게 지급한 것에 대하여 피고에게 표현대리의 책임을 물을 수는 없는 것이므로, 결국 원고들이 이 사건 청구원인으로 내세우는 분양계약의 취소 또는 해제에 관한 주장들은 모두 이유 없다.

162. 대법원 2006. 11. 23. 선고 2004다3925 판결 [감리비]

[논점] 수탁자가 파산한 경우 신탁사무의 처리상 발생한 채권을 가진 채권자가 파산재단에 대하여 파산채권자로서 권리를 행사할 수 있는지 여부

【이 유】

나. 신탁법 제21조 해석 및 파산채권 해당 여부에 관한 법리오해의 점

수탁자가 신탁사무를 처리하는 과정에서 수익자 이외의 제3자에게 채무를 부담하는 경우 그 이행책

임은 신탁재산의 한도 내로 제한되는 것이 아니라 수탁자의 고유재산에 대하여도 미친다. 신탁법 제21조[373]는 수탁자의 일반채권자에 대하여 신탁재산에 대한 강제집행을 금지하는 한편, 신탁사무의 처리상 발생한 채권을 가지고 있는 채권자는 수탁자의 고유재산뿐 아니라 신탁재산에 대하여도 강제집행을 할 수 있다는 취지이므로, 수탁자에 대하여 신탁사무의 처리상 발생한 채권을 가진 채권자는 수탁자가 파산할 경우 파산선고 당시의 채권 전액에 관하여 파산재단에 대하여 파산채권자로서 권리를 행사할 수 있다[374](대법원 2004. 10. 15. 선고 2004다31883, 31890 판결 참조).

원심이, 원고가 코레트신탁의 파산 선고 당시 가지고 있던 이 사건 감리비 채권은 코레트신탁의 신탁사무 처리상 발생한 권리로서, 파산 선고 당시 코레트신탁의 재산 전체를 책임재산으로 하는 파산채권에 해당한다고 판단한 것은 정당하고, 거기에 신탁법 제21조 해석 및 파산채권 해당 여부에 관한 법리오해 등의 위법이 없다.

[원심판결] 서울고등법원 2003. 12. 5. 선고 2002나72653 판결 [감리비]

【주 문】

1. 제1심 판결 중 원고 주식회사 한진에스케이에 대한 부분을 취소하고, 위 원고의 이 사건 소를 각하한다.

2. 제1심 판결 중 원고 주식회사 신한국엔지니어링건축사무사사무소에 대한 부분을 다음과 같이 변경한다.

위 원고는 피고에 대하여 195,078,400원 및 이에 대한 1998. 5. 17.부터 2003. 12. 5.까지는 연5%, 그 다음날부터 완제일까지는 연20%의 각 비율에 의한 금원의 파산채권이 있음을 확정한다.

위 원고의 나머지 청구를 기각한다.

3. 소송총비용은, 피고와 원고 주식회사 신한국엔지니어링건축사무사사무소 사이에 생긴 부분은 이를 3분하여 그 1은 위 원고의, 나머지는 피고의 각 부담으로 하고, 피고와 원고 주식회사 한진에스케이 사이에 생긴 부분은 위 원고의 부담으로 한다.

【청구취지 및 항소취지】

1. 청구취지

가. 원고 주식회사 신한국엔지니어링종합건축사무소 : 선택적으로, 피고는 원고에게 금 303,450,400원 및 이에 대하여 1998. 5. 17.부터 2002. 10. 30.까지는 연 5%, 그 다음날부터 완제일까지는 연 25%의 각 비율에 의한 금원을 지급하라는 판결, 또는 원고는 파산자 코레트신탁에 대하여 위 금원에 대한 파산채권이 있음을 확정한다(위 원고는 이 법원에 이르러 선택적 청구를 추가하였다).

나. 원고 주식회사 한진에스케이 : 피고는 원고에게 금 11,718,000원 및 위 각 금액에 대하여 1998. 5. 17.부터 이 사건 판결선고일 까지는 연 5%, 그 다음날부터 다 갚는 날까지는 연 25%의 각 비율에 의한 금액을 지급하라.

2. 항소취지

가. 항소취지

제1심 판결 중 피고 패소부분을 취소하여 이에 해당하는 원고들의 청구를 모두 기각한다.

---

373) 현행 신탁법 제22조.

374) 현행 신탁법 제22조.

나. 부대항소취지

제1심판결 중 원고 신한국엔지니어링건축사사무소 패소부분을 취소한다.

피고는 위 원고에게 108,372,000원 및 이에 대하여 1998. 5. 17.부터 항소심 판결시까지는 연 5%, 그 다음날부터 완제일까지는 연 25%의 각 비율에 의한 금원을 지급하라.

【이 유】

4. 원고들의 감리비 채권이 파산채권인지 여부에 관한 판단

피고는 신탁재산은 파산채권을 구성하지 아니하므로 이 사건 감리비 채권은 파산채권이 아니라고 주장한다.

가. 을 제7호증(분양형 토지신탁 계약서)의 기재에 의하면, 파산자는 소외 최태식, 류명호, 한덕희로부터 목포시 축복동 3가 2 철도용지 62.8㎡외 6필지의 토지와 그 지상 건물을 신탁 받아 위 건물을 철거한 후 이 사건 건물을 신축하고, 토지와 건물을 신탁재산으로 하여 이를 분양하는 것을 목적으로 신탁계약을 체결한 사실을 인정할 수 있고, 파산자가 이 사건 소송계속 중에 파산선고를 받은 사실은 앞서 본 바와 같다.

나. 신탁재산은 수탁자에게 완전히 그 권리가 이전되어 대외관계에서 수탁자가 권리자로서 법률관계를 형성해 나가지만, 한편 이는 수익자를 위한 재산이므로 신탁법은 제21조(강제집행의 금지), 제22조(수탁자의 파산과 신탁재산), 제25조(신탁재산의 독립성)[375] 등의 규정을 두어 수탁자 개인의 재산인 고유재산과 구분하여 수탁자 개인의 채권자로부터 신탁재산을 보호하고 있다.

그리고 신탁법 제21조가 수탁자 개인의 채권자에 대하여 신탁재산에 대한 강제집행을 금지하면서도 다만, 신탁사무처리상 발생한 권리를 예외적으로 강제집행할 수 있도록 규정하고 있지만, 이는 수탁자가 신탁사무처리를 위하여 제3자에게 부담하는 채무는 원칙적으로 수탁자 개인의 채무임을 전제로 하고, 다만, 신탁사무처리상 수탁자가 부담하는 채무를 가진 자까지 수탁자 개인의 채무자라는 이유로 신탁재산에 대한 강제집행을 금지하는 것이 불합리하여 예외를 인정하는 것으로 해석할 것이지, 수탁자의 책임을 제한하는 규정으로 볼 수 없다.

다. 그러므로, 원고가 파산채권이라고 주장하는 이 사건 감리비 채권은 신탁사무처리상 발생한 것이라 하더라도 수탁자 개인의 채무로서 수탁자가 파산하는 경우 파산자 재산 전체를 책임재산으로 하는 파산채권에 해당한다고 할 것이다.

163. 대법원 2006. 10. 13. 선고 2005두2926 판결 [부가가치세부과처분취소][376]

[논점] 시공회사가 수탁자와 미분양분에 관한 분양계약을 체결한 다음 수분양자와 위 분양계약상의 권리·의무를 승계하는 계약을 체결하고 수탁자로부터 수분양자에게로 바로 소유권이전등기가 경료되게 한 경우, 수탁자는 시공회사에게, 시공사는 수분양자에게 각각 공급한 것이라고 한 사례

【이 유】

부가가치세법 제6조 제1항, 제9조, 부가가치세법 시행령 제14조[377] 등의 취지를 종합하면, 재화의 공

375) 현행 신탁법 제22조, 제24조, 제23조.

376) 이 판결에 대한 평석은, (1) 이동철, 사업자가 건물을 매도하기로 하는 매매계약을 체결한 다음, 매매대금이 청산되거나 거래상대방 명의로의 이전등기를 경료하기 전에 거래상대방으로 하여금 사실상 소유자로서 당해 건물에 대한 배타적인 이용 및, 대법원판례해설 65호, 법원도서관, 63면 이하, (2) 유철영, 건축물의 양도와 부가가치세법상 재화의 공급, 조세판례백선 2(2016), 박영사, 522면 이하를 각 참고할 것.

급이란 계약상 또는 법률상의 모든 원인에 의하여 재화를 인도 또는 양도하는 것을 말하는 것으로서 부가가치세의 성질에 비추어 보면 그 인도 또는 양도는 재화를 사용·소비할 수 있도록 소유권을 이전하는 행위를 전제로 하는 것이라고 할 것인바(대법원 1995. 2. 10. 선고 93누18396 판결, 1996. 6. 11. 선고 96누3371 판결 등 참조), 사업자가 건물을 매도하기로 하는 매매계약을 체결한 다음, 매매대금이 청산되거나 거래상대방 명의로의 이전등기를 경료하기 이전이라도, 거래상대방으로 하여금 사실상 소유자로서 당해 건물에 대한 배타적인 이용 및 처분을 할 수 있도록 그 점유를 이전하였다면, 이는 부가가치세법싱 재화의 공급에 해딩한다 할 것이다.

원심이 확정한 사실관계에 의하면, 시공회사인 영창건설 주식회사(이후 주식회사 이엔씨로 상호변경)는 원고로부터 토지신탁을 받은 수탁회사인 주식회사 한국토지신탁과 사이에 시공회사가 이 사건 건물을 신축하되, 그 신축 건물에 미분양분이 생길 경우 시공회사가 미분양분 전체를 6개월 이내에 최초 분양가격으로 인수하기로 하는 내용의 공사도급계약을 체결한 다음 그 신축공사를 완료하였는데, 미분양분이 예상보다 많이 발생하자, 시공회사는 수탁회사와 사이에 공사대금채권과 상계하거나 분양대금을 현실로 지급하는 등의 방법으로 미분양분 101개 호실 전체를 인수하되 원래의 약정보다 인수시기를 유예받기로 하는 내용의 이 사건 인수합의를 하였고, 이에 따라 다시 수탁회사와 이 사건 호실에 관하여 개별적인 분양계약을 각 체결한 다음, 위와 같은 상계 및 시공회사의 현실 지급 등을 통하여 위 각 분양대금 중 상당부분을 지급하고, 나머지 각 잔금은 지급하지 아니한 상태에서 실수요자들을 물색하여, 실수요자들과 사이에 시공회사가 수탁회사와의 사이에 체결된 분양계약상의 권리의무를 실수요자에게 포괄양도하기로 하는 내용의 이 사건 승계계약을 체결하면서 실수요자들로부터 시공회사가 수탁회사에게 위와 같은 상계 및 현실 지급을 통하여 지급한 분양대금 상당의 금액을 지급받고, 그 후 실수요자로부터 위 잔금 상당의 금액까지 지급받으면서 수탁회사로부터 실수요자에게로의 소유권이전등기가 경료되게 하였다는 것이고, 더구나 원고는 수탁회사가 이 사건 호실에 관하여 시공회사와 분양계약을 체결하고 위와 같이 상계처리된 금액 또는 현실로 지급된 금액을 공급가액으로, 공급자를 원고로,[378] 공급받는 자를 시공회사로 하는 세금계산서를 각 발행하여 시공회사에게 교부하여 주기까지 하였다는 것이며, 한편 시공회사는 이 사건 인수합의 또는 분양계약을 통하여 이 사건 호실에 대하여 간이인도의 방법으로 그 점유를 이전받은 것으로 보이는바, 위와 같이 시공회사가 이 사건 호실을 포함한 미분양분 전체를 인수하여 실수요자와 사이에 이 사건 승계계약을 체결하고 실수요자 명의로의 소유권이전등기가 경료되게 하기까지의 제반 사정들을 종합하여 보면, 이 사건 호실의 소유자인 수탁회사는, 비록 이 사건 호실을 분양받기로 한 시공회사로부터 분양대금 전부를 지급받지 아니하였고 따라서 시공회사 명의의 소유권이전등기도 경료하지 아니하였지만, 시공회사로 하여금 사실상 소유자로서 이 사건 호실을 배타적으로 이용 및 처분할 수 있도록 그 점유를 이전한 것으로 보인다.

그렇다면 앞서 본 법리에 비추어 볼 때, 수탁회사의 이러한 점유 이전은 부가가치세법상 수탁회사가 시공회사에게 재화인 이 사건 호실을 공급한 것이라 할 것이고, 나아가 시공회사가 실수요자들과 이 사건 승계계약을 체결할 당시 이미 시공회사는 수탁회사로부터 이 사건 호실에 관하여 배타적인 이용 및 처분을 할 수 있도록 점유를 이전받아 있었다는 것이므로, 비록 시공회사가 실수요자들과 사이에 위 분양계약상의 권리의무를 실수요자에게 양도한다는 내용의 이 사건 승계계약을 체결하였다 하더라도, 그 실질은 시공회사가 사실상 소유자로서 이 사건 호실을 실수요자에게 매도하는 계약을 체결한 것이나 다름없다 할 것이고, 이에 기하여 실수요자가 이 사건 호실에 관한 소유권이전등기까지 마쳤다

377) 현행 부가가치세법 제9조, 제15조, 부가가치세법 시행령 제18조, 제28조.

378) 대법원 2017. 5. 18. 선고 2012두22485 전원합의체 판결[14번 판례]에 따르면, 수탁회사가 시공회사와 분양계약을 체결하는 것과 관련하여서는 수탁자를 공급자로 하여야 할 것이다.

는 것이므로 이는 부가가치세법상 시공회사가 이 사건 호실을 다시 실수요자에게 공급한 것이라 할 것이다.

따라서 이 사건 호실에 관하여 실수요자에 대한 공급자를 시공회사가 아닌 원고[위탁자]로 기재한 이 사건 세금계산서는 사실과 달리 기재된 것이어서 이를 이유로 한 이 사건 가산세 부과처분은 적법하다 할 것이므로, 이와 같은 결론의 원심 판단은 정당하고, 거기에 상고이유 주장과 같은 계약인수 및 재화의 공급에 관한 법리오해 등의 위법이 없다 할 것이다.

[원심판결] 서울고등법원 2005. 1. 19. 선고 2004누4514 판결 [부가가치세부과처분취소]

【주 문】

1. 원고의 항소를 기각한다.
2. 항소비용은 원고의 부담으로 한다.

【청구취지 및 항소취지】

제1심 판결을 취소한다. 피고가 2002. 10. 10. 원고에 대하여 한 부가가치세 2000년도 제2기분 27,925,210원, 2001년도 제1기분 22,632,010원의 부과처분을 각 취소한다.

【이 유】

(1) 먼저 처음부터 원고 공사와 실수요자 사이에 재화의 공급이 있었다는 취지의 주장에 관하여 살펴본다. 수탁회사가 시공회사와 사이에 이 사건 호실에 관하여 각 분양계약을 체결하고 그 분양대금채권과 시공회사에 대한 미지급공사대금채무를 상계하거나 현금으로 지급받음으로써 그 분양대금 중 극히 소액을 제외한 나머지가 모두 청산된 이상 대물변제분에 관하여 소액의 잔금이 아직 지급되지 않았다고 하여도 시공회사가 자신의 책임하에 이 사건 호실을 제3자에게 처분하거나 스스로 이용하는 것이 가능해졌다 할 것이므로 부가가치세법 제9조에 따른 재화의 공급이 이미 이루어진 것으로 보아야 한다. 따라서 이와는 달리 처음부터 원고 공사와 시공회사 사이에는 재화의 공급이 없었고 처음부터 원고 공사와 실수요자 사이에 재화의 공급이 있었다는 점을 전제로 하는 원고의 위 부분 주장은 이유없다.

(2) 다음으로 승계계약에 대한 주장에 관하여 살펴본다. 건물에 관한 분양계약이 부가가치세의 부과처분 이전에 합의해제되고 이미 수령한 분양대금이 반환되었다면 재화의 공급이 처음부터 없었던 것이 되므로 그 분양계약에 관하여 부가가치세를 부과할 수 없다고 볼 것이기는 하다(대법원 1998. 3. 10. 선고 96누13941 판결 참조). 그러나 이 사건 인수합의 중 미분양분을 시공회사의 알선으로 실수요자에게 분양할 수 있다는 약정은 미분양분 중 인수분 28개 호실에 관하여 인수합의에 따른 인수시기가 도래하기 전에는 시공회사의 알선으로 수탁회사와 실수요자 사이에 직접 분양계약을 체결할 수 있도록 한다는 취지일 뿐(갑3호증의 기재에 의하면, 그 경우에도 시공회사가 분양대금의 납부책임을 지도록 되어 있다) 인수분에 관하여 수탁회사와 시공회사 사이에 분양계약이 이루어진 후 실수요자에게 다시 분양될 경우 수탁회사와 시공회사 사이의 분양계약을 해제하고 수탁회사와 실수요자 사이에 새로이 분양계약을 체결한다는 취지가 아니고, 나아가 이 사건 승계계약은 수탁회사와 시공회사 사이에 이루어진 기존의 분양계약을 해제하고 분양대금을 반환한 후 수탁회사와 실수요자 사이에 새로 분양계약을 체결한다는 내용이 아니라 편의상 시공회사가 수탁회사의 동의하에 수분양자의 지위를 실수요자에게 양도하여 수탁회사로부터 시공회사를 거치지 않고 실수요자 앞으로 직접 소유권이전등기를 경료한다는 것으로서 이는 법률행위의 형식에 관계없이 시공회사가 수탁회사로부터 공급받은 이 사건 호실을 실수요자에게 다시 공급한 것으로 볼 것이지 수탁회사와 시공회사 사이의 분양계약을 합의해제하고 수탁회사가

실수요자에게 이 사건 호실을 새로이 분양한 것으로 볼 것은 아니므로 위 부분 주장도 이유없다(시공회사는 미분양분의 취득에 따른 취득세 등의 부담을 회피하기 위하여 승계계약의 형식을 취한 것으로 보인다. 이 사건 인수합의가 분양대행과 유사하다고 하여도 분양대행자가 분양자에게 분양대금을 선급하고 자신의 계산과 책임하에 실수요자에게 건물을 분양하면서 분양자로부터 실수요자 명의로 직접 소유권이전등기를 경료하는 경우 그 경제적 실질은 분양대행자가 분양자로부터 건물을 매수한 후 실수요자에게 미등기전매한 것으로서 분양자와 분양대행자 사이 및 분양대행자와 실수요자 사이에 두 번에 걸친 재화의 공급이 있었다고 보아야 할 것이다).

164. 대법원 2006. 9. 22. 선고 2004다50235 판결 [가처분취소]

[논점] 신탁이 해지되어 수탁자가 위탁자에게 신탁재산의 소유권을 이전하면서 소유권이전등기 대신 수탁자의 소유권이전등기를 말소한 경우에도 위탁자가 신탁재산의 소유권을 다시 취득하는지 여부

【이 유】

1. 가처분이 집행된 이후에 가처분의 대항을 받는 이른바 가처분절차에 있어서의 소송상태가 반영 부착된 물권을 취득하는 가처분 목적물의 양수인은 구 민사집행법(2005. 1. 27. 법률 제7358호로 개정되기 전의 것) 제288조 제1항, 제301조에 의한 사정변경으로 인한 가처분결정의 취소 신청을 할 수 있는 신청인적격이 있다.

또한, 신탁법상의 신탁은 위탁자가 수탁자에게 특정의 재산권을 이전하여 수탁자로 하여금 신탁 목적을 위하여 그 재산권을 관리·처분하게 하는 것이어서(신탁법 제1조 제2항),[379] 신탁의 효력으로서 신탁재산의 소유권이 수탁자에게 이전되고, 그 결과 수탁자는 신탁재산에 관한 배타적인 처분·관리권을 가지게 되며(대법원 2003. 1. 27.자 2000마2997 결정 참조), 신탁이 해지되어 신탁이 종료되면 신탁관계는 장래를 향하여만 그 효력을 잃게 되고, 수탁자가 신탁재산의 귀속권리자인 위탁자에게 신탁재산인 부동산의 소유권을 이전하면서 소유권이전등기의 방법에 의하지 아니하고 수탁자의 소유권이전등기를 말소하는 방법에 의하더라도, 위탁자는 수탁자의 소유권에 기하여 다시 소유권을 취득하는 것이다.

그러므로 신탁 해지로 신탁재산인 부동산의 소유권을 다시 이전받은 위탁자는 수탁자를 채무자로 한 가처분결정에 관하여 사정변경으로 인한 취소 신청을 할 수 있는 신청인적격을 가지며, 위탁자로부터 순차로 목적 부동산의 소유권을 전득한 자도 마찬가지로 위 가처분결정에 관하여 사정변경으로 인한 취소 신청을 할 수 있다.

2. 원심이 적법하게 인정한 사실과 기록에 의하면, 다음과 같은 사실을 알 수 있다.

가. 피신청인은 이 사건 가처분 목적 부동산의 소유자였던 주식회사 세원기공(이하 '세원기공'이라 한다)에 대한 공사대금 채권자로서, 세원기공이 1999. 3. 25. 위 부동산을 주식회사 한국토지신탁(이하 '한국토지신탁'이라 한다)에게 신탁하여 1999. 3. 31. 한국토지신탁 명의로 소유권이전등기를 경료하자, 위와 같은 신탁행위는 사해행위에 해당한다고 주장하며 한국토지신탁에 대한 사해신탁행위 취소를 원인으로 한 소유권이전등기의 말소등기청구권을 피보전권리로 하여 1999. 4. 21. 이 사건 가처분결정을 받았고 같은 날 이에 따른 가처분 등기가 마쳐졌다.

나. 신청인의 아버지인 망 조00은 1994. 3. 19. 세원기공과 사이에, 망인 소유의 성남시 수정구 [생략] 대지 및 그 지상 건물과 이 사건 가처분 목적 부동산 중 별지 제1, 2 목록 기재 각 부동산(이하 '교환목적 부동산'이라 한다)을 교환하기로 하는 계약을 체결하였다가 교환계약이 이행되지 않고 있던 중 사

---

379) 현행 신탁법 제2조.

망하고, 망인의 상속인 중 신청인을 제외한 손00, 조00, 조00, 조00(이하 '상속인들'이라 한다)는 1999. 5. 1. 교환 목적 부동산에 관하여 사해행위취소를 원인으로 한 소유권이전등기 말소청구권을 피보전권리로 한 가처분결정(이하 '후행 가처분'이라 한다)을 받았고 1999. 5. 4. 가처분등기가 마쳐졌다.

다. 그 후, 이 사건 가처분에 대한 서울동부지방법원 99카합1626 가처분이의 사건에서, 피신청인과 한국토지신탁은 1999. 10. 8. 한국토지신탁은 피신청인에게 이 사건 가처분 목적 부동산에 대한 신탁을 원인으로 한 소유권이전등기의 말소등기절차를 이행하고, 피신청인은 위 소유권이전등기가 말소된 날로부터 7일 이내에 이 사건 가처분등기의 말소등기절차를 이행한다는 내용으로 재판상화해를 하였다.

라. 피신청인은 위 재판상화해에 기하여 서울동부지방법원 강동등기소에 한국토지신탁 명의 소유권이전등기의 말소등기신청을 하였으나, 등기관은 1999. 11. 29. 후행 가처분권자인 상속인들의 승낙서를 첨부하지 않았다는 이유로 이를 각하하였다.

마. 상속인들은 세원기공과 한국토지신탁을 상대로 소를 제기하여, 서울동부지방법원 99가단15925, 20422(병합) 사건에서, 한국토지신탁에 대하여는 세원기공에 대한 교환계약에 기한 소유권이전등기청구권을 보전하기 위하여 세원기공을 대위하여 교환 목적 부동산에 대한 신탁해지의 의사표시를 하고 이를 원인으로 한 말소등기청구를 하여 의제자백에 의한 승소 판결을 받아 위 판결이 확정되고, 세원기공에 대하여는 상속인들 앞으로 교환 목적 부동산에 대한 교환을 원인으로 한 소유권이전등기 청구를 하여 위 사건의 항소심인 서울지방법원 99나90603, 90610(병합) 사건에서 전부 승소 판결을 받고, 이에 대한 세원기공의 상고가 기각됨에 따라 위 승소 판결이 확정되었다.

바. 상속인들은 위 확정판결에 기하여 한국토지신탁 명의의 소유권이전등기의 말소등기신청을 하기 위하여, 2001. 8.경 피신청인에게 이에 대한 동의 및 가처분해제를 요청하며 동의서 및 가처분해제 신청서 양식을 보내왔으나, 피신청인은 이를 거부하였다.

사. 그 후 신청인은 교환 목적 부동산 중 별지 제1목록 기재 부동산(이하 '이 사건 각 부동산'이라 한다)에 관하여 상속인들에 대한 상속회복청구권을 보전하기 위해 상속인들을 대위하여 위 확정판결에 기한 한국토지신탁 명의의 소유권이전등기의 말소등기신청 및 상속인들 앞으로의 교환을 원인으로 한 소유권이전등기신청을 하였는데, 이 사건 가처분권자인 피신청인의 승낙서 등이 첨부되지 않았음에도 2003. 6. 14. 위 한국토지신탁명의의 소유권이전등기가 말소되고, 같은 날 상속인들 명의의 소유권이전등기가 각 경료되었으며, 그 후 신청인은 다시 이 사건 각 부동산을 상속인들로부터 매수하거나 증여받아 이 사건 각 부동산에 관한 신청인 명의의 소유권이전등기를 경료하였다.

3. 위 인정 사실을 앞서 본 법리에 비추어 살펴보면, 세원기공은 수탁자인 한국토지신탁으로부터 신탁해지를 원인으로 이 사건 각 부동산의 소유권을 이전받으면서 등기절차는 한국토지신탁으로부터 소유권이전등기를 이전받는 방법이 아니라 한국토지신탁의 소유권이전등기를 말소하는 방법에 따랐던 것이므로, 세원기공은 이 사건 각 부동산에 관한 한국토지신탁의 소유권에 기하여 다시 소유권을 이전받은 자로서 한국토지신탁을 채무자로 한 가처분결정에 관하여 사정변경을 이유로 한 취소 신청을 할 수 있고, 세원기공으로부터 상속인들을 거쳐 이 사건 각 부동산의 소유권을 취득한 신청인도 이 사건 가처분결정에 관하여 사정변경으로 인한 취소 신청을 할 수 있는 신청인적격이 있다.

따라서 원심이 이와 달리 신청인은 가처분채무자인 한국토지신탁의 일반승계인 또는 가처분 목적 부동산의 특정승계인이라고 할 수 없으므로 신청인적격이 없다는 이유로 신청인의 사정변경으로 인한 가처분취소 신청을 각하한 제1심판결을 정당하다고 하여 이를 유지한 것은 사정변경으로 인한 가처분 취소 신청의 신청인적격에 관한 법리를 오해한 탓이어서 이 점에 대한 지적은 이유 있다.

이와 같이 이 사건 신청인적격이 인정되는 이상, 법원으로서는 본안에 대한 심리에 들어가 세원기공과 한국토지신탁 사이의 신탁계약의 해지가 적법하게 이루어진 것인지, 이 사건 가처분권자인 피신청인의 승낙서 등이 첨부되지 않은 이 사건 말소등기가 실체관계에 부합하는 등기로서 유효한 것인지 등을 심리하여 피신청인의 가처분에 사정변경이 발생하였는지 여부에 관하여 판단할 필요가 있으므로, 민사소송법 제437조, 제425조, 제418조에 의하여 원심판결을 파기하여 제1심판결을 취소하고, 다시 사건의 본안에 대하여 심리케 하기 위하여 사건을 제1심법원으로 환송하기로 관여 대법관의 의견이 일치되어 주문과 같이 판결한다.

[원심판결] 서울고등법원 2004. 9. 3. 선고 2004나11065 판결 [가처분취소]

【주 문】

1. 신청인의 항소를 기각한다.
2. 항소비용은 신청인의 부담으로 한다.

【신청취지 및 항소취지】

제1심 판결을 취소한다. 피신청인과 주식회사 한국토지신탁 사이의 서울동부지방법원 99카합890호 부동산처분금지가처분 신청사건에 관하여 위 법원이 1999. 4. 21. 별지 제3목록 기재 각 부동산에 대하여 한 가처분결정 중 별지 제1목록 기재 각 부동산에 관한 부분을 취소한다.

【이 유】

2. 본안전 항변에 대한 판단

신청인이 이 사건 가처분결정의 채무자인 한국토지신탁의 승계인이라고 주장하면서 사정변경을 이유로 이 사건 가처분결정 중 별지 제1목록 기재 각 부동산에 관한 부분의 취소를 구하는 데 대하여, 피신청인은, 사정변경에 의한 가처분취소 신청은 가처분채무자나 그 일반승계인 또는 특정승계인만이 할 수 있는데 신청인은 이에 해당되지 아니하여 신청인 적격이 없으므로, 이 사건 신청은 부적법하다는 취지로 항변한다.

살피건대, 사정변경을 이유로 한 가처분취소 신청은 당해 가처분의 가처분채무자 또는 그 일반승계인이나 가처분의 목적물인 부동산을 가처분채무자로부터 이전받은 특정승계인 등 당사자의 지위에 있는 자만이 할 수 있는 것인데, 신청인은 이 사건 가처분결정의 목적물 중 별지 제1목록 1, 3 내지 5항 기재 각 부동산 및 같은 목록 2항 기재 부동산 중 2분의 1 지분의 소유권에 관하여 가처분채무자인 한국토지신탁으로부터 이를 이전받은 것이 아니라, 앞에서 본 바와 같이 위 각 부동산에 관한 한국토지신탁 명의의 소유권이전등기가 말소된 후 세원기공으로부터 ***, ***, ***을 거쳐 순차 이전받았는바(위 각 소유권이전등기의 말소등기 및 이전등기의 적법 여부는 별론으로 한다), 그렇다면, 신청인은 이 사건 가처분결정과 관련하여 한국토지신탁의 일반승계인 또는 특정승계인에 해당한다고 볼 수 없고, 달리 신청인에게 사정변경을 이유로 이 사건 가처분결정 중 별지 제1목록 기재 각 부동산에 관한 부분의 취소를 구할 수 있는 신청인 적격이 있음을 인정할 만한 아무런 자료를 찾아볼 수 없으므로(설사 신청인이 피신청인에 대하여 위 각 부동산에 관한 이 사건 가처분결정에 따른 피신청인 명의의 위 각 가처분등기의 말소를 구할 수 있는 권리가 있다고 가정하더라도, 이는 별도의 소송에 의하여야 할 것이지, 이 사건 가처분결정의 당사자나 당사자의 지위를 승계한 자가 아닌 신청인이 이 사건 가처분결정에 관하여 사정변경을 이유로 그 취소를 구할 수는 없는 것이다), 이를 지적하는 피고의 위 항변은 이유 있다.

165. 대법원 2006. 9. 14. 선고 2004다18804 판결 [전부금]

[논점] 부동산처분신탁계약 및 자금관리대리사무계약에서 '건설비 등을 건축주의 요청에 의하여 부동산신탁회사가 당사자에게 직접 지급함을 원칙으로 한다'라는 취지로 약정한 경우, 수급인은 부동산신탁회사에 직접 공사대금지급청구를 할 수 없다고 본 사례

【이 유】

1. 사실관계

원심판결 이유 및 기록에 의하면 다음 사실이 인정된다.

가. 엡스이공일 주식회사(2002. 3. 12. 상호가 주식회사 원앤올디앤씨로 변경되었다. 이하 상호변경 전후를 불문하고 '원앤올'이라고만 한다)는 인천 남구 주안동 141-8 등 그 일대 8필지(이하 '이 사건 신탁부동산'이라고 한다)의 토지상에 지상 14층 지하 5층의 '엡스201' 이라는 패션상가(그 후 '주안청소년복합타운'으로 이름이 변경되었다. 이하 '이 사건 상가건물'이라고 한다)를 건축하여 분양하기로 하고, 2002. 2. 5. 피고와의 사이에 '부동산처분신탁계약'을, 그리고 같은 달 20.에 피고 및 주식회사 근하건설(이하 '근하건설'이라고만 한다)과 '자금관리대리사무계약'을 체결하였다.

나. 위 부동산처분신탁계약의 내용은 아래와 같다.

(1) 원앤올은 피고에게 이 사건 신탁부동산에 대한 소유권이전 및 신탁등기를 하고(제3조 제1항), 피고는 그 등기명의를 보존·관리하고 이를 14,283,360,000원 이상으로 처분하여 그 처분대금을 원앤올에게 교부하는 업무를 행하며(제1조, 제7조), 그 대가로 피고는 원앤올로부터 소정의 신탁보수를 받는다(제16조).

(2) 원앤올은 신탁등기 후 신탁부동산 분양을 실시하되, 분양 주체는 원앤올과 피고 공동명의로 하고, 분양대금은 피고의 예금계좌로 관리한다(특약 제4조).

(3) 본 사업 수행에 따른 건설비, 판매비, 신탁사무처리비용, 기타 본 계약과 관련된 제반 비용 및 개발비는 원앤올의 요청에 의하여 피고가 당사자에게 직접 지급함을 원칙으로 한다(특약 제6조 제1항). 본 사업 수행에 따른 다음의 필수경비는 분양금(토지 및 건물대금을 가리킨다. 특약 제5조)의 범위 내에서 그 비용 발생시마다 다음 순서에 따라 집행한다(특약 제6조 제3항). ① 본 사업 수행에 따른 제세공과금(부담금 포함), ② 분양대행수수료, ③ 신탁보수(자금관리대리사무보수 포함), ④ 설계·감리비, ⑤ 금융비용, ⑥ 광고·홍보비, ⑦ 기타 원앤올과 피고 등이 협의하여 필요하다고 인정하는 필수경비. 필수경비 집행 후의 잔여 가처분자금은 2개월마다 다음과 같은 순서로 집행한다(특약 제6조 제4항). ① 공사비(잔여 가처분자금의 60%), ② 금호개발 주식회사의 기성금 미지급액(4,206,000,000원 이내), ③ 근저당권자인 국민은행, 국제화재, 경인상호신용금고, 진흥상호신용금고에 대한 채무액, ④ 잔여공사비, ⑤ 기타 사업추진비용, ⑥ 위탁자 원앤올의 사업수익 정산금.

다. 자금관리대리사무계약의 내용은 아래와 같다.

(1) 원앤올은 건축주로서 건축허가 등 인·허가 업무, 공사도급계약의 체결, 금융기관으로부터의 사업자금의 차입 등의 업무를 수행한다(제3조).

(2) 공사비는 원앤올의 요청에 의하여 피고가 근하건설에게 직접 지급한다(제5조 제4항).

(3) 분양대금은 토지 및 건물대금과 개발비로 구분하여 피고 명의의 예금계좌로 관리한다(제7조 제1항).

(4) 본 사업 수행에 따른 건설비, 판매비, 신탁사무처리비용, 기타 본 계약과 관련된 제반 비용 및 개

발비는 원앤올의 요청에 의하여 피고가 당사자에게 직접 지급함을 원칙으로 한다(제9조 제1항). 본 사업 수행에 따른 다음의 필수경비는 분양금의 범위 내에서 그 비용 발생시마다 다음 순서에 따라 집행한다(제9조 제3항). ① 본 사업 수행에 따른 제세공과금(부담금 포함), ② 분양대행수수료, ③ 신탁보수(자금관리대리사무보수 포함), ④ 설계·감리비, ⑤ 금융비용, ⑥ 광고·홍보비, ⑦ 기타 원앤올·피고·근하건설이 협의하여 필요하다고 인정하는 필수경비. 필수경비 집행 후의 잔여 가처분자금은 2개월마다 다음과 같은 순서로 집행한다(제9조 제4항). ① 공사비(잔여 가처분자금의 60%), ② 금호개발 주식회사의 기성금 미지급액(4,206,000,000원 이내), ③ 근저당권자인 국민은행, 국제화재, 경인상호신용금고, 진흥상호신용금고에 대한 채무액, ④ 잔여공사비, ⑤ 기타 사업추진비용, ⑥ 위탁자 원앤올의 사업수익 정산금.

라. 한편, 원앤올은 2000년 월일불상경 근하건설에게 이 사건 상가건물의 건축을 도급하는 계약을 맺는 한편, 2000. 9. 20. 원고와의 사이에 위 건축공사의 감리업무를 500,000,000원(부가가치세 별도)에 계약하였다.

마. 그 후 감리업무는 2002. 2. 28. 중단되었으나, 원앤올은 2002. 4. 11. 원고에게 미지급된 감리비 채권이 74,860,000원 있음을 확인하여 주면서, 감리비 결제를 위하여 이미 원고에게 교부하였던 소외 삼웅건설산업 주식회사의 약속어음이 부도처리될 경우 20,000,000원을 추가로 원고에게 지급하기로 약정하였고, 이 때 원고에게 지급기일을 2002. 6. 15.로 기재한 액면금 74,860,000원의 약속어음 공증을 하였는데, 근하건설은 그 지급을 연대보증한다는 취지에서 원앤올과 함께 위 어음의 공동발행인이 되었다.

바. 그 후 원고는 2002. 7. 2.에 위 약속어음 공정증서에 기하여 원앤올에 대한 채권의 존재를 주장하면서, 원앤올이 피고에 대하여 가지는 신축공사의 공사대금 지급청구채권 중 74,860,000원에 이를 때까지의 청구채권에 대한 압류 및 전부명령을 인천지방법원 2002타채2215호로 발령받았고(이하 '제1차 전부명령'이라고 한다), 2002. 7. 5.에는 역시 위 약속어음 공정증서에 기하여 근하건설에 대한 채권의 존재를 주장하면서, 근하건설이 피고에 대하여 가지는 신축공사대금 지급청구채권 중 74,860,000원에 이를 때까지의 청구채권에 대한 압류 및 전부명령을 대전지방법원 홍성지원 2002타채513호로 발령받았다(이하 '제2차 전부명령'이라고 한다).

사. 원고는 2002. 8. 14. 피고로부터 위 감리비 중 일부인 30,000,000원을 수령하였다.

2. 주위적 청구에 관한 상고이유에 대하여

가. 제3자를 위한 계약이라 함은 통상의 계약이 그 효력을 당사자 사이에서만 발생시킬 의사로 체결되는 것과는 달리 계약 당사자가 자기들 명의로 체결한 계약에 의하여 제3자로 하여금 직접 계약 당사자의 일방에 대하여 권리를 취득하게 하는 것을 목적으로 하는 계약이므로, 어떤 계약이 제3자를 위한 계약에 해당하는지 여부는 당사자의 의사가 그 계약에 의하여 제3자에게 직접 권리를 취득하게 하려는 것인지에 관한 의사해석의 문제로서 이는 계약 체결의 목적, 계약에 있어서의 당사자의 행위의 성질, 계약으로 인하여 당사자 사이 또는 당사자와 제3자 사이에 생기는 이해득실, 거래 관행, 제3자를 위한 계약제도가 갖는 사회적 기능 등 제반 사정을 종합하여 계약 당사자의 의사를 합리적으로 해석함으로써 판별할 수 있다(대법원 1997. 10. 24. 선고 97다28698 판결 참조).

나. 그런데 특약 제6조 제1항 및 자금관리대리사무계약 제9조 제1항에서 자금집행의 방법으로 원앤올의 요청에 의하여 피고가 당사자에게 직접 지급함을 원칙으로 한다고 하고, 자금관리대리사무계약 제5조 제4항에서 공사비는 원앤올의 요청에 의하여 피고가 근하건설에게 직접 지급하기로 한 것은, 피고가 피고 명의의 예금계좌를 개설하여 그 계좌로 분양대금을 받아 자금관리를 하기로 하였기 때문으로 보이고, 여기에 도급계약의 당사자도 아닌 피고가 근하건설에 대한 공사대금지급채무를 인수할 뚜

렷한 이유가 없는 점, 위 각 조항은 원앤올과 피고 사이에 근하건설 또는 제3자에게 직접 권리를 취득하게 하는 것을 목적으로 하는 것이라기보다는 자금집행의 순서 또는 방법을 정한 것으로 보이는 점 등을 더하여보면 근하건설은 위 각 조항에 의해서 피고에게 직접 공사대금지급청구를 할 수 없고, 따라서 그러한 공사대금지급청구권이 있음을 전제로 하는 제2차 전부명령은 무효라고 할 것이다.

다. 원심판결 이유에 의하면, 원심은 근하건설의 공사비채권 중 이 사건 청구취지 금액 상당에 관하여 원앤올측에서 지급요청을 한 바가 없는 이상 부동산처분신탁계약에 기해서도 피고는 근하건설에 대한 지급을 할 지위에 있지 않다고 하면서 제2차 전부명령에 따른 전부금의 지급을 구하는 원고의 주위적 청구를 기각하였는바, 그 설시된 이유는 적절치 않으나 위에서 본 것과 같이 원앤올의 요청이 있는지의 여부에 관계없이 근하건설의 피고에 대한 공사대금지급청구권이 존재하지 않는 이상 주위적 청구를 기각한 원심의 판단은 결과적으로 정당하고 거기에 판결 결과에 영향을 미친 채증법칙 위배로 인한 사실오인이나 전부명령에 관한 법리오해의 위법이 없다.

3. 예비적 청구에 관한 상고이유에 대하여

가. 앞서 본 법리와 기록에 비추어 살펴보면, 특약 제6조 제1항 및 자금관리대리사무계약 제9조 제1항이 제3자를 위한 계약으로 볼 수 없으므로 원고는 감리계약의 당사자가 아닌 피고에게 직접 감리비의 지급을 청구할 수는 없다.

나. 원심판결 이유에 의하면, 원심은 원앤올이 액면금 74,860,000원의 약속어음 공정증서를 원고에게 발행한 것은 원고에 대한 감리비 잔금채무의 액수를 그만큼 확인하여 준 것이므로 이는 '원앤올의 요청'에 준한다고 볼 수가 있고 따라서 원고의 피고에 대한 감리비지급청구권은 위 금액 범위 내에서 인정되지만, 원고가 원앤올에 대한 감리비지급청구권을 집행채권으로 삼아 제1차 전부명령을 발령받았으므로 이 전부명령의 효력발생에 의하여 원고가 원앤올 및 피고에 대하여 가지는 감리비지급청구권은 소멸하였다는 이유로 원고의 예비적 청구를 기각하였는바, 원심이 원고의 피고에 대한 감리비지급청구권이 인정된다고 본 것은 잘못이나 원고의 예비적 청구를 기각한 것은 결과적으로 정당하므로 거기에 판결 결과에 영향을 미친 채증법칙 위배로 인한 사실오인이나 법리오해 등의 위법이 없다.

[원심판결] 서울고등법원 2004. 3. 16. 선고 2003나19420 판결 [전부금]

【주 문】

1. 당심에서 교환적으로 변경된 청구에 관하여, 원고의 주위적 및 예비적 청구를 모두 기각한다.
2. 소송총비용은 원고가 부담한다.

【청구취지 및 항소취지】

1. 청구취지

피고는 원고에게 주위적 및 예비적으로 64,860,000원 및 이에 대한 소장부본 송달 다음날부터 다 갚는 날까지 연 25%의 비율에 의한 금원을 지급하라(청구취지 금액에는 변화가 없으나, 원고는 아래 이유 중 2.에서 보는 바와 같이 당심에 와서 그 청구를 교환적으로 변경하였다).

2. 항소취지

제1심 판결을 취소하고, 원고의 청구를 기각한다.

【이 유】

3. 판단

나. 주위적 청구에 대한 판단

근하건설이 이 사건 상가건물 건축공사 도급계약의 상대방 당사자인 원앤올에 대해서 공사비 지급청구권을 가지는 것은 당연할 것이지만, 과연 원고 주장처럼 피고도 근하건설에 대하여 공사비지급의무를 부담하는지 여부에 관하여 살펴본다.

원고는, 원앤올과 피고 사이의 부동산처분신탁계약 등의 계약에 따라 피고가 근하건설에 대하여 직접 지급의무를 부담한다고 주장하고 있으나, 위 1. 나.항에서 본 것처럼 위 부동산처분신탁계약에 의하면, 위 사업 수행에 따른 건설비 등의 비용을 피고가 당사자에게 직접 지급하는 것은 어디까지나 '원앤올의 요청에 의하여' 하도록 약정되어 있다. 즉 '피고가 당사자에게 직접 지급'이라는 위 계약상의 문구는, 신탁이라는 형식을 통하여 부동산 개발사업을 하는 원앤올이 그 자금관리를 피고에게 모두 맡김에 따른, 제3자에 대한 금전지급의 방식을 약정하는 표현일 뿐이고, 그 채무는 원칙적으로 원앤올의 채무이며, 원앤올이 확인해 주는 데 따라서 피고가 직접 지급을 담당하는 지위에 있게 될 뿐이라고 보아야 한다.

이 사건에 있어서는, 피고가 지적하는 바와 같이, 근하건설의 공사비 채권 중 이 사건 청구취지 금액 상당에 관하여 원앤올 측에서 지급요청을 한 바가 없는 이상(공사비 채권액 자체가 확정되지 않은 것으로 보인다), 위 부동산처분신탁계약에 기하여서도 피고는 근하건설에 대한 지급을 할 지위에 있지 않다고 보아야 한다. 이는, 과거에 원앤올의 요청에 의하여 피고가 근하건설에게 공사비 중 그 요청액을 이미 지급한 적이 있었다고 하더라도 마찬가지이다.

뿐만 아니라, 위 1.나.(4)항에서 본 바와 같이 공사비는 부동산처분신탁계약에서 정한 필수경비를 제하고 남은 돈이 있을 때에 지급하게 되어 있는데, 제2차 전부명령 당시에 그러한 잔액이 있었다는 점에 대한 입증도 없다.

다. 예비적 청구에 대한 판단

원고의 주장처럼, 원고가 피고에 대하여 직접 감리비 지급청구권을 가지는지 여부에 관하여 보건대, 원고가 감리계약의 상대방 당사자인 원앤올이 아니라 피고에 대하여 지급청구권을 가지기 위하여 필요한 '원앤올의 요청'이라는 것은 그 형식이 어떠하든 간에 원래 채무자인 원앤올이 자신의 자금관리대리자인 피고에 대하여 제3자에 대한 관계에서 원앤올이 지급해야 할 채무액이 얼마라는 것을 확인해 주는 행위를 가리키는 것이라고 볼 것이다.

이 사건에 있어서, 위 1.마.항에서 인정한 바와 같이, 원앤올이 액면 74,860,000원의 약속어음 공정증서를 원고에게 발행하여 준 것은, 원고에 대하여 원앤올이 부담하는 감리비 잔금채무의 액수를 그만큼 확인하여 준 것이라고 보아야 할 것이므로, 위에서 말하는 '원앤올의 요청'에 준하는 것이 존재한다고 볼 수 있을 것이고, 따라서 원고의 다른 주장, 즉 제3자를 위한 계약 주장 등에 나아가 살펴볼 필요 없이, 원고의 피고에 대한 감리비 지급청구권은 위 금액 범위 내에서 인정된다고 볼 것이다.

그러나, 원고가 원앤올에 대하여 가지는 감리비 채권과 피고에 대하여 가지는 감리비 채권은 별개의 것이 아니라 하나의 사실관계에서 발생한 하나의 채무가 위 부동산처분신탁계약에 따라 그 지급의무자를 달리하는 것일 뿐인데, 위 1.바.항에서 인정한 바와 같이, 원고는 자신의 원앤올에 대한 감리비 채권을 집행채권으로 삼아 제1차 전부명령을 발령받았으므로, 이 전부명령의 효력발생에 의하여 원고가 원앤올 및 피고에 대하여 가지는 감리비 채권은 소멸하였다고 보아야 할 것이고, 이를 지적하는 피고의 항변은 이유 있다.

166. 대법원 2006. 7. 13. 선고 2004다10756 판결 [채무부존재확인]

[논점] 음악저작물의 저작권자로부터 저작권을 신탁적으로 양도받은 자가 신탁법 및 저작권법상의 등록을 하지 않았더라도 저작권침해자에 대하여 손해배상을 청구할 수 있는지 여부

【이 유】

저작권법 제2조 제7호, 제67조[380]가 음(음)을 음반에 맨 처음 고정한 음반제작자는 그 음반을 복제·배포할 권리를 가진다고 규정하면서도 같은 법 제62조[381]에서 음반제작자 등의 저작인접권에 관한 규정이 저작권에 영향을 미치는 것으로 해석되어서는 아니 된다고 규정하고 있고, 같은 법 제42조[382] 제3항에서 저작재산권자의 저작물 이용허락에 의하여 저작물을 이용할 수 있는 권리는 저작재산권자의 동의 없이 제3자에게 이를 양도할 수 없다고 규정하고 있고 있는 점에 비추어 볼 때, 저작권자가 자신의 저작재산권 중 복제·배포권의 처분권한까지 음반제작자에게 부여하였다거나, 또는 음반제작자로 하여금 저작인접물인 음반 이외에 저작권자의 저작물에 대하여까지 이용허락을 할 수 있는 권한 내지 저작물의 이용권을 제3자에게 양도할 수 있는 권한을 부여하였다는 등의 특별한 사정이 인정되지 않는 한, 음반제작자에 의하여 제작된 원반(원반) 등 저작인접물에 수록된 내용 중 일부씩을 발췌하여 이른바 '편집앨범'을 제작하고자 하는 자는 그 음반제작자의 저작인접물에 대한 이용허락 이외에 저작권자로부터도 음악저작물에 대한 이용허락을 얻어야 한다 (대법원 2002. 9. 24. 선고 2001다60682 판결 참조).

원심은 그 채용 증거를 종합하여 그 판시와 같은 사실을 인정한 다음, "이 사건 음악저작물의 저작권자들이 음반제작자들에게 음악저작물에 대한 이용허락을 하면서, 음반제작자들에게 제3자가 그 음악저작물을 이용하는 것을 허락할 수 있거나 그 이용권을 제3자에게 양도할 수 있는 포괄적인 권한까지 부여한 바 있고, 우리나라 음악저작물의 거래관행상으로도 음악저작물의 저작권자와 음반제작자 사이에 그와 같은 관행이 있었다."는 원고들의 주장에 대하여, 원고들이 제출한 증거만으로는 이를 인정하기 부족하고 달리 이를 인정할 만한 증거가 없다는 이유로 이를 배척하고, "원고들이 이 사건 음악저작물의 저작권자들이나 그들과 신탁계약을 맺은 피고로부터 저작물에 관한 이용허락을 받지 않은 채 음반제작자로부터만 이용허락을 받아 이 사건 편집음반을 복제·배포한 것은 이 사건 음악저작물에 대한 피고의 저작권을 침해하는 행위에 해당한다."고 판단하였다.

기록에 의하면, 원심의 이러한 사실인정은 정당하고 그 판단 또한 위와 같은 법리에 따른 것으로 정당하다. 원심판결에는 상고이유로 주장하는 바와 같은 채증법칙 위배로 인한 사실오인이나 음반제작자가 갖는 음반의 복제·배포권 및 이용허락권에 관한 법리오해 등의 위법이 없다.

그리고 신탁법 제3조 제1항[383]의 취지는 등기 또는 등록하여야 할 재산권에 관하여 신탁재산이라는 뜻을 등기 또는 등록하지 않으면 제3자에게 신탁재산임을 주장할 수 없다는 취지에 불과한 것이고, 저작권법 제52조[384]에 따른 저작재산권의 양도등록은 그 양도의 유효요건이 아니라 제3자에 대한 대항요건에 불과하고, 여기서 등록하지 아니하면 제3자에게 대항할 수 없다고 할 때의 '제3자'란 당해 저작재산권의 양도에 관하여 양수인의 지위와 양립할 수 없는 법률상 지위를 취득한 경우 등 저작재산권의 양도에 관한 등록의 흠결을 주장함에 정당한 이익을 가지는 제3자에 한하고, 저작재산권을 침해한 사람은 여기서 말하는 제3자에 해당되지 않는다(대법원 2002. 11. 26. 선고 2002도4849 판결 참조). 따라

380) 현행 저작권법 제2조 제6호, 제78조, 제79조.

381) 현행 저작권법 제65조.

382) 현행 저작권법 제46조 제3항.

383) 현행 신탁법 제4조 제1항. 2014다61814 판결[24번 판례] 각주 부분 참조.

384) 현행 저작권법 제54조.

서 이 사건 음악저작물의 저작권자들로부터 그 저작권을 신탁적으로 양도받은 피고가 그에 관하여 신탁법 및 저작권법상의 등록을 하지 않았다 하더라도 저작권을 침해한 원고들에 대하여 저작권침해를 이유로 한 손해배상을 구하는 데에는 아무런 지장이 없다.

원심이 위와 같은 취지로 원고들의 이 부분 주장을 배척한 것은 정당하고, 거기에 신탁 공시의 효력 및 저작물의 양도등록과 제3자의 범위에 관한 법리오해 등의 위법이 없다.

[원심판결] 서울고등법원 2004. 1. 27. 선고 2003나1832 판결 [채무부존재확인]

【주 문】

1. 제1심 판결 중 아래의 금전을 초과하는 채무의 부존재를 확인하는 부분에 관한 원고들 패소부분을 취소한다.

원고들이 별지 목록 기재 각 음악저작물을 수록한 각 콤팩트디스크(CD)를 제작하여 주식회사 롯데리아에 납품하여 배포한 것과 관련하여, 피고의 저작권을 침해하였음을 원인으로 하여 153,904,800원을 초과하는 손해배상채무가 존재하지 아니함을 확인한다.

2. 원고들의 나머지 항소를 각 기각한다.

3. 소송총비용 중 4/5는 원고들이, 나머지는 피고가 각 부담한다.

【청구취지 및 항소취지】

제1심 판결을 취소한다.

원고들이 별지 목록 기재 각 음악저작물을 수록한 각 콤팩트디스크(CD, 이하 'CD'라고 한다)를 제작하여 주식회사 롯데리아(이하 '롯데리아'라고 한다)에 납품하여 배포한 것과 관련하여, 피고의 저작권을 침해하였음을 원인으로 하여200,076,240원의 손해배상채무는 존재하지 아니함을 확인한다.

【이 유】

(3) 대항할 수 있는 제3자에 관한 주장에 대하여

신탁법 제3조 제1항의 규정의 취지는 등록하여야 할 재산권에 관하여 그 이전 기타 처분의 등록 이외에 별도로 신탁재산이라는 취지를 등록하지 아니하면 제3자에게 신탁재산임을 주장할 수 없다는 취지의 규정에 불과하므로 원고들이 이를 근거로 피고에게 이 사건 음악저작물의 침해로 인한 손해배상채무가 없다고 주장할 수는 없고, 또한 저작재산권의 양도에 관하여 저작권법 제52조 제1호에서 정한 저작재산권의 양수인에게 대항할 수 있는 "제3자의 범위"는 당사자 및 그 포괄승계인을 제외한 모든 사람을 의미하는 것이 아니라 그 저작재산권의 귀속 자체에 관하여 법률상 이익이 있는 자, 즉 당해 저작재산권의 양수인의 지위와 양립할 수 없는 법률상 지위를 가진 제3자에 한하는 것으로 해석하여야 할 것이므로, 저작재산권자인 이 사건 저작자로부터 이 사건 음악저작물에 대한 이용허락을 받지 아니함으로써 저작재산권을 침해하고 있는 원고들은 비록 저작인접권자인 음반제작자로부터 원반 또는 음반을 이용한 복제, 배포권한을 부여받았다고 하더라도 위 법 규정에서 말하는 "제3자"라고 볼 수 없으므로 원고들의 위 주장도 이유 없다.

167. 대법원 2006. 6. 27. 선고 2006다463 판결 [부당이득금]

[논점] 소송신탁으로 인정되기 위한 요건으로서 수탁자가 반드시 직접 소송을 수행할 것이 요구되는지 여부

【이 유】

1. 소송행위를 하게 하는 것을 주목적으로 채권양도 등이 이루어진 경우, 그 채권양도가 신탁법상의 신탁에 해당하지 않는다고 하여도 신탁법 제7조[385]가 유추적용되므로 무효라고 할 것이고, 소송행위를 하게 하는 것이 주목적인지의 여부는 채권양도계약이 체결된 경위와 방식, 양도계약이 이루어진 후 제소에 이르기까지의 시간적 간격, 양도인과 양수인간의 신분관계 등 제반 상황에 비추어 판단하여야 할 것인바(대법원 2004. 6. 25. 선고 2004다8371 판결 등 참조), 위와 같은 법리는 토지의 점유·사용으로 인한 부당이득반환청구의 소를 제기할 목적으로 그 토지에 관하여 소유권이전등기를 경료한 경우에도 마찬가지로 적용된다 할 것이고(대법원 1970. 3. 31. 선고 70다55 판결 등 참조), 소송을 주목적으로 신탁한 것인지 여부를 정함에 있어서는 수탁자가 반드시 직접 소송을 수행함을 요하지 아니하고 소송대리인에게 위임하는 경우에도 이를 인정할 수 있다 할 것이다(대법원 1995. 4. 7. 선고 94다55811 판결 등 참조).

2. 원심은 그 채용 증거들을 종합하여, 소외 1이 2004. 6. 23.경 원고들에게 소외 1의 피고에 대한 김해시 (상세 주소 생략) 도로 1,381㎡(이하 '이 사건 토지'라고 한다)의 점유·사용으로 인한 부당이득반환채권을 양도하고 피고에게 위 채권양도사실을 통지하였으며, 2004. 6. 30. 이 사건 토지에 관하여 1990. 2. 24. 매매를 원인으로 한 원고들 명의의 소유권이전등기를 경료해 준 사실을 인정한 다음, 이 사건 토지는 일반공중의 통행에 공하는 도로로서 도로 이외에 다른 용도로는 전혀 사용할 수 없는 점, 원고들은 이 사건 토지의 매매경위, 매매대금, 자금의 출처 등에 대하여 밝히지 못하다가 원심에 이르러서야 2004. 6. 18. 이 사건 토지에 관하여 매매대금을 4,000만 원으로 정하여 계약 당일 계약금 1,000만 원을, 2004. 6. 22. 잔금 3,000만 원을 각 지급하기로 하는 매매계약을 체결하였다고 주장하면서 그에 관한 자료를 제출하였으나, 위 매매계약은 매매계약 체결일부터 잔금 지급일까지 불과 4일밖에 되지 않아 일반적인 거래관행에 비추어 극히 이례적이고, 매매대금 지급내역과 관련하여서는 원고들 명의로 이루어진 금융자료가 전혀 제출되지 않았으며, 제출된 다른 사람들 명의의 금융자료가 이 사건 토지의 매매와 관련된 것이라는 점에 부합하는 증거도 전혀 제출되지 않은 점, 한편 원고들은 취득세 및 등록세 납부를 위하여 거래가격을 신고하면서 실제 매매대금이라고 주장하는 4,000만 원의 약 10배에 달하는 3억 6,500만 원을 신고하였고, 이를 기준으로 하여 취득세 및 등록세를 부과받았는데, 그 세액이 매매대금 4,000만 원의 절반이 넘는 2,117만 원에 달하는 점, 원고들은 소외 1로부터 이 사건 토지에 관한 소유권이전등기를 경료받은 후 1달이 지난 2004. 7. 31. 이 사건 소를 제기하였는데, 원고 1의 아들 소외 2도 소외 3으로부터 이 사건 토지의 인근 토지로서 이 사건 토지와 동일하게 김해읍 도시계획가로 일부 변경 및 결정에 의해 김해시 소로2류에 편입되고 김해군 및 이를 승계한 피고에 의해 도로로서 점유, 관리되어 온 도로부지에 관한 소유권이전등기를 경료받은 후 이 사건 제1심 소송대리인과 동일한 변호사를 소송대리인으로 선임하여 그 소유권이전등기 경료일로부터 불과 15일만이고 이 사건 소 제기일과 같은 날에 피고를 상대로 위 도로부지에 관하여 부당이득반환청구의 소를 제기한 점 등에 비추어 보면, 소외 1이 원고들에게 이 사건 토지에 관하여 그 소유 명의를 이전하고 위 토지의 점유·사용에 따른 부당이득반환채권을 양도한 것은 원고들 명의로 피고에 대한 차임 상당의 부당이득반환청구의 소를 제기하기 위한 목적으로 이루어진 것이라고 봄이 상당하다는 이유로, 피고의 소송신탁 주장을 받아들여 원고들의 청구를 배척하였다.

3. 위에서 본 바와 같은 법리 및 기록에 비추어 살펴보면, 원심의 증거취사와 사실인정 및 판단은 정당한 것으로 수긍이 가고, 거기에 상고이유로 주장하는 바와 같은 채증법칙 위반으로 인한 사실오인이

---

385) 현행 신탁법 제6조.

나 심리미진, 이유불비 또는 소송신탁에 관한 법리오해 등의 위법이 있다고 할 수 없다.

168. 대법원 2006. 6. 9. 선고 2004다24557 판결 [소유권이전등기등][386]

[논점] 토지신탁계약에 있어서 수탁자의 과실로 인하여 확대된 신탁비용에 대하여 비용상환청구권이 인정되는지 여부 및 위탁자 또는 수익자가 부담하는 신탁비용 및 신탁보수 지급의무와 신탁종료시에 수탁자가 부담하는 신탁재산을 이전할 의무가 동시이행의 관계에 있다고 한 사례

【이 유】

2. 상고이유 제2점에 대하여

가. 신탁법 제28조[387]에 의하면, 수탁자는 신탁의 본지에 따라 선량한 관리자의 주의로써 신탁재산을 관리 또는 처분하여야 하고, 이러한 주의의무는 민법상 위임에 있어서 수임인의 주의의무와 같은 개념으로 이해할 수 있으며, 따라서 토지신탁계약의 수탁자는 우선적으로 위탁자의 지시에 따라 사무처리를 하여야 하나, 그 지시에 따라 신탁사업을 추진하는 것이 신탁의 취지에 적합하지 않거나 경제성이 없는 것으로 판단되어 위탁자에게 불이익할 때에는 그러한 내용을 위탁자에게 알려주고 그 지시를 변경하도록 조언할 의무를 진다고 할 것이다(위임에 관한 대법원 2005. 10. 7. 선고 2005다38294 판결 참조).

나. 원심판결 이유 및 기록에 의하면, 원고들은 1997. 2.경 소외 한국부동산신탁 주식회사와 사이에 이 사건 토지에 관한 토지신탁 기본약정을 체결하였다가 파기하고, 이 사건 오피스텔의 건축설계도면을 마련한 상태에서 1997. 11. 5. 피고들과 사이에 이 사건 토지에 지하 6층, 지상 16층, 건축연면적 38,211.19㎡ 규모의 중대형의 오피스텔을 신축·분양하고, 건축은 피고 서진이 도급받아 시공하며, 신탁사업의 소요자금은 피고 케이비가 금융기관의 차입금(총사업비의 70% 이내)과 분양수입금으로 조달하되 분양수입금 중에서 공사대금에 앞서 위 차입금을 우선하여 변제하고, 위탁자 겸 수익자인 원고들의 수익은 건물이 준공된 후 지상 2, 3층 전체와 지하 1층 분양면적 중 200평의 소유권을 이전하는 방식에 의하여 대물로 지급받되 정산 후 수익부분은 원고들의 수익으로 하기로 하는 내용의 토지신탁 기본약정을 체결한 사실, 피고 서진은 1997. 12. 22.경 원고들 명의로 창원시장으로부터 위 오피스텔에 관한 건축허가를 받았고 나아가 1998. 1. 19. 원고들과의 약정을 통하여 원고들에게 신축 오피스텔 건물의 지상 2, 3층과 지하 1층 약 200평을 수익으로 보장하고 이 사건 토지신탁사업에 따라 신탁사업 종료시까지 발생하는 비용과 제세공과금은 피고 서진의 부담으로 하되 사업종료시 순수이익은 피고 서진이 갖기로 한 사실, 피고 케이비는 1998. 1. 23. 원고들과 사이에 위 1997. 11. 5.자 약정에 기초하여 그 약정과 같은 내용(건축연면적은 38,213.38㎡로 조정함)으로 분양형 토지신탁계약을 체결한 사실, 피고 서진이 1997. 12.경 모델하우스를 완공한 후 사전분양에 들어갔으나 1998. 5. 중순경까지 총 175실 중 6실만이 분양되는 등 분양에 실패하자 피고 케이비는 기존의 건축설계에 의한 오피스텔 신축 및 분양사업은 수익성이 없다고 판단하고 공사도급계약체결을 미루어 왔고, 그 후 피고 케이비는 피고 서진의 요청에 따라 1999. 3. 4. 신축 오피스텔을 중소형 중급 오피스텔로 설계변경하는 것을 조건으로 하여 피고 서진과 사이에 공사도급계약을 체결하였으나, 피고 서진은 1999. 6. 10. 주식회사 동평토건에게 토공 및 흙막이 가시설 공사를 하도급 준 후 공사를 수행하다가 1999. 11.경 공사를 중단한 사실, 위 분양 당시는 이른바 IMF 경제위기하에서 지역경제가 침체되어 있었고 당초 계획한 오피스텔은 중대형의 고

386) 이 판결에 대한 평석은, 문형배, 토지신탁상 수탁자의 손해배상의무와 보상청구권, 판례연구 19집, 부산판례연구회, 133면 이하를 참고할 것.

387) 현행 신탁법 제32조.

급 오피스텔로 분양가가 높았기 때문에 오피스텔 사전 분양에 실패하였던 것으로, 오피스텔 분양사업을 성공적으로 수행하기 위해서는 건축규모를 중소형 중급 오피스텔로 변경하여 공사원가를 대폭 줄이고, 분양가를 합리화하며, 상가규모를 축소하는 등의 방향으로 건축설계를 변경할 필요성이 있었던 사실, 원고들과 피고 케이비 사이의 신탁계약에 의하면, 원고들의 동의를 얻어야 신탁계약의 내용을 변경할 수 있었으므로 피고들은 원고들에게 수차례 설계변경의 필요성을 설명하고 그에 대한 동의를 구하기 위하여 노력한 사실, 그러나 수익감소를 우려한 원고들의 설계변경에 대한 반대로 설계변경이 이루어지지 못하고 원고들은 피고 케이비에게 2000. 12.경 최종적으로 설계변경에 동의하지 않겠다는 의사를 전하고 2001. 3.경 신탁계약을 해지한다는 의사표시를 한 사실을 알 수 있다.

다. 위 사실을 위 법리에 비추어 살펴보면, 이 사건 토지신탁사업의 총사업비 중 적어도 30% 이상은 분양수입으로 충당하기로 되어 있을 뿐 아니라 나머지 70%에 해당하는 차입금도 분양수입에서 변제하는 것으로 되어 있었으므로 성공적인 분양 및 이를 통한 분양수입금의 형성이 이 사건 토지신탁사업을 추진하기 위한 전제가 되어 있는 것으로 보이는데 실제 분양률은 3.4%(6실/175실)에 불과하여 위와 같은 분양의 결과만으로는 사실상 이 사건 토지신탁사업을 추진할 수 없는 상태에 이르렀고, 이와 같이 중대형의 고급 오피스텔 분양이 실패한 원인은 당초의 예상과 달리 당시 IMF 경제위기로 인하여 지역경제가 침체되었기 때문인바, 이는 경제사정의 변화 등으로 말미암아 당초의 예상과는 달리 신탁사업의 수익성이 떨어져 이를 계속 수행하는 경우 손실의 발생이나 확대가 예상되는 경우라 할 것이므로, 수탁자인 피고 케이비로서는 그 사업의 추진을 중지하고 위탁자와 사업계획의 변경 등을 협의하는 것이 오히려 수탁자로서의 선관주의의무를 다하는 결과가 된다고 할 것이고, 나아가 수탁자의 입장에서 중소형 중급 오피스텔로 설계를 변경하여 사업을 추진하는 방안에 대하여도 검토하고 위탁자 겸 수익자인 원고들과 협의하였으나 원고들이 부동의함에 따라 그 변경이 불가능하게 되었으므로, 피고 케이비가 이 사건 토지신탁사업을 중단하고 이를 추진하지 아니한 것에 대하여 수탁자로서의 주의의무를 위반한 잘못이 있다고 할 수 없고 따라서 위 신탁계약상의 채무를 불이행한 책임이 있다고 할 수 없다.

다만, 피고 케이비가 신탁사업을 수행하는 과정에서 제반 비용을 지출 또는 부담함에 선량한 관리자로서의 주의의무를 다하지 못하였다고 볼 여지가 있음이 아래에서 보는 바와 같으나, 피고 케이비의 이러한 과실 내지 부주의는 피고 케이비의 원고들에 대한 비용상환청구 또는 보수청구의 범위를 제한하는 고려 요소가 될지언정 원고들에 대하여 별도의 손해배상책임을 부담하는 채무불이행이 된다고 볼 수는 없다.

라. 한편, 위 사실에 의하면, 피고 서진은 위 1997. 11. 5.자 약정에 따라 원고들에 대하여 이 사건 토지신탁사업에 의하여 추진되는 오피스텔을 시공할 의무를 부담할 뿐만 아니라, 원고들은 이 사건 토지를 제공하고 피고 서진은 신탁사업비용을 부담하여 이 사건 오피스텔 신축 및 분양사업을 공동으로 수행할 것을 약정하는 취지의 위 1998. 1. 19.자 약정에 의하여 실질적인 동업관계가 이루어짐에 따라 그 약정에 따른 의무를 부담한다 할 것이다.

그러나 위 1997. 11. 5.자 약정에 의하여 피고 서진이 부담하는 오피스텔 시공 의무나 위 1998. 1. 19.자 약정에 의하여 피고 서진이 신탁사업비용을 부담하여 이 사건 오피스텔 신축 및 분양사업을 추진하는 의무는 모두 피고 케이비와 체결된 이 사건 토지신탁계약이 정상적으로 이행되는 것을 전제로 한 것으로 보이고, 또한 위 1998. 1. 19.자 약정에 의하여 원고들과 피고 서진 사이에 형성된 동업관계는 민법상의 조합이라 할 것인데 경제계의 사정변경에 따른 조합 재산상태의 악화나 영업부진 등으로 조합의 목적 달성이 매우 곤란하다고 인정되는 객관적인 사정이 있는 경우와 같이 부득이한 사유가 있는 때에는 각 조합원은 조합의 해산을 청구할 수 있음을 참작하여 보면(대법원 1991. 2. 22. 선고 90다카26300 판결 참조), 앞서 본 바와 같이 경제사정의 변화로 인한 분양의 실패로 인하여 공사비 등에 충당할 자금이 부족하여 수익성이 떨어지게 되었고 그 결과 피고 케이비가 이 사건 토지신탁사업을 중단하기에 이르렀으며, 분양이 가능한 오피스텔 신축사업을 계속 추진하기 위하여는 설계변경이 필요한 상황에서 원고들의 거부로 설계변경에 따른 사업추진도 어려워져 더 이상 이 사건 토지신탁사업의 추진이 불가능하여진 이 사건에 있어서, 피고 서진이 종전 설계에 따른 오피스텔 신축공사를 시행하지 아니한 것에는 잘못이 있다 할 수 없고 따라서 위 1997. 11. 5.자 약정이나 위 1998. 1. 19.자 약정에 따른 공사 시공의무를 위반한 채무불이행 책임이 있다고 할 수 없다(다만 피고 서진이 실질적인 동업관계의 당사자로서 조합의 해산에 따른 청산책임을 지는지의 여부는 별론으로 한다).

마. 따라서 원심이 위와 같은 취지에서 피고들의 채무불이행 책임을 인정하지 않은 것은 정당하고, 거기에 상고이유에서 주장하는 바와 같이 채무불이행에 관한 법리를 오해하여 판결에 영향을 미친 위법이 있다고 할 수 없다.

3. 상고이유 제3점에 대하여

가. 비용상환청구권과 보수청구권의 행사 범위에 관하여

(1) 신탁법 제1조 및 제28조[388]의 규정에 의하면, 신탁이란 수탁자가 수익자의 이익을 위하여 또는 특정의 목적을 위하여 위탁자로부터 이전받은 재산권을 관리, 처분하는 법률관계로, 수탁자는 신탁의 본지에 따라 선량한 관리자의 주의로써 신탁재산을 관리 또는 처분하여야 하고, 신탁법 제42조[389]에 의하면, 수탁자가 신탁사무의 처리에 있어서 부담하게 되는 비용 또는 과실 없이 입게 된 손해에 관하여 신탁재산 또는 수익자에 대하여 보상을 청구할 수 있는 한편, 신탁법 제44조, 제38조[390]에 의하면, 수탁자가 신탁재산의 관리를 적절히 하지 못하여 신탁재산의 멸실, 감소 기타의 손해를 발생하게 한 경우에는 수탁자는 위탁자 등에게 그 손해를 배상할 의무가 있고 이러한 손실보상의무를 이행한 후에만 위탁자 등에 대한 비용상환청구권을 행사할 수 있도록 규정하고 있는바, 위 규정의 취지에 의하면, 수탁자가 신탁의 본지에 따라 신탁사업을 수행하면서 정당하게 지출하거나 부담한 신탁비용 등에 관하여는 신탁자에게 보상을 청구할 수 있는 것이지만, 수탁자가 선량한 관리자의 주의를 위반하여 신탁비용을 지출한 경우에는 이러한 과실로 인하여 확대된 비용은 신탁비용의 지출 또는 부담에 정당한 사유가 없는 경우에 해당하여 수탁자는 비용상환청구를 할 수 없다고 봄이 상당하며, 이와 더불어 토지개발신탁에 있어서는 장기간에 걸쳐 사업이 진행되고 부동산 경기를 예측한다는 것이 쉽지 않은 일이어서 경우에 따라 대규모의 손실이 발생할 수 있는 것인데, 수탁자가 부동산신탁을 업으로 하는 전문가로서 보수를 지급받기로 한 후 전문지식에 기초한 재량을 갖고 신탁사업을 수행하다가 당사자들이 예측하지 못한 경제상황의 변화로 신탁사업의 목적을 달성하지 못한 채 신탁계약이 중도에 종료되고, 이로 인하여 위탁자는 막대한 신탁비용채무를 부담하는 손실을 입게 된 사정이 인정된다면, 신탁비용의 지출 또는 부담에서의 수탁자의 과실과 함께 이러한 사정까지도 고려하여 신의칙과 손해의 분담이라는 관점에서 상당하다고 인정되는 한도로 수탁자의 비용상환청구권의 행사를 제한할 수 있다고 할 것이다.

(2) 또한, 신탁보수약정이 있는 경우에 신탁사무를 완료한 수탁자는 위탁자에게 약정된 보수액을 전부 청구할 수 있는 것이 원칙이지만, 신탁사무가 중도에 종료된 경우에는 신탁사무처리의 내용 및 경과, 신탁기간, 중단된 신탁사무로 인하여 발생하는 위탁자의 손실, 기타 변론에 나타난 제반 사정을 고려하여 약정된 보수액이 부당하게 과다하여 신의성실의 원칙이나 형평의 원칙에 반한다고 볼 만한 특별한 사정이 있는 경우에는 예외적으로 상당하다고 인정되는 범위 내의 보수액만을 청구할 수 있다고 할 것이다(위임의 보수에 관한 대법원 2002. 4. 12. 선고 2000다50190 판결 참조).

---

388) 현행 신탁법 제2조 및 제32조.

389) 현행 신탁법 제46조.

390) 현행 신탁법 제49조, 제43조.

나. 원심의 판단

원심판결 이유에 의하면, 원심은 원고들의 신탁토지에 관한 소유권이전등기청구에 대하여 피고 케이비가 ① 공사기성금 600,000,000원, ② 설계비 675,000,000원, ③ 감리비 158,345,000원, ④ 광고선전비 500,000,000원, ⑤ 모델하우스 건립 및 철거비 500,000,000원, ⑥ 금융비용 593,384,665원, ⑦ 신탁보수 27,355,000원, ⑧ 부동산컨설팅 용역비 57,200,000원, ⑨ 기타지출 787,237원, 합계 3,112,071,902원(원심은 3,262,400,182원이라고 하고 있으나 이는 오산으로 보인다.)에서 매입부가세 환급금 150,328,280원을 뺀 2,961,743,622원의 청구권을 주장하며 동시이행항변을 하자, 피고 케이비의 청구금 중 부동산컨설팅 용역비 57,200,000원을 제외한 나머지 비용 및 보수의 청구권을 인정하고(2,904,543,622원), 그 범위에서 피고 케이비의 동시이행항변을 받아들였다.

다. 이 법원의 판단

(1) 위 신탁법의 관계 규정과 원심판결 이유 및 기록에 의하여 인정되는 이 사건 사업의 추진 경과 및 원고들과 피고 케이비 사이의 약정 내용에 비추어 볼 때, 피고 케이비는 원고들에 대하여 오피스텔 건축, 분양 및 사업자금조달 등의 사업을 시행하는 과정에서 정당하게 부담하게 된 비용 또는 과실 없이 입게 된 손해에 관한 보상을 청구할 수 있다고 할 것이고, 기록에 의하면, 피고 케이비는 원고들과 사이에 분양형 토지신탁계약을 체결하고 신탁사업을 추진하면서 원심이 인정한 위 ① 내지 ⑥ 및 ⑨의 비용을 지출 또는 부담한 사실이 인정되나, 원심과 같이 그 전액을 그대로 피고 케이비의 원고들에 대한 청구권으로 인정할 것이 아니라, ① 우선 피고 케이비가 피고 서진에게 일괄 지급한 광고선전비 500,000,000원, 모델하우스 건립 및 철거비 500,000,000원 및 피고 케이비가 스스로 부담하였다고 하는 금융비용 593,384,665원 등에 대하여는 그 비용이 실제로 신탁사업을 위하여 정당하게 사용된 것인지 좀 더 심리해 볼 필요가 있다 할 것이고, ② 나아가 기록에 의하면, 피고 케이비는 부동산신탁을 전문으로 하는 회사로서 전문지식에 기초한 재량을 갖고 신탁사업을 전개한 사실, 이 사건 토지신탁계약은 1997. 11. 5. 토지신탁 기본약정을 체결한 후 사업 도중에 이른바 IMF 경제위기로 이 사건 오피스텔의 사전분양에 실패하면서 2002. 12. 30. 이 사건 토지가 원상복구되어 종료될 때까지 5년 여 기간 동안 별다른 성과없이 진행되다가 중단된 사실, 이로 인하여 원고들은 아무런 수익도 얻지 못한 채 상당한 금액의 신탁비용채무만을 부담하게 된 사실이 인정되는바, 신탁비용에 관한 위 법리에 비추어 살펴보면, 피고 케이비로서는 원고들로부터 위탁받은 신탁사업을 수행하면서 경제사정의 변화를 참작하여 비용이 과다하게 지출되지 않도록 주의하고 금융기관으로부터의 차입금 규모도 필요한 최소한의 범위에서 이루어지도록 주의할 의무가 있었음에도 이를 소홀히 하여 방만하게 비용을 지출 또는 부담한 점이 없지 않은 것으로 보이므로, 원심으로서는 피고 케이비가 신탁비용의 지출이나 부담에 있어서 이러한 주의의무 위반이 있었는지 여부를 심리하여야 하며, ③ 뿐만 아니라 이 사건 토지신탁사업이 원고들과 피고 케이비가 예상하지 못하였던 이른바 IMF 경제위기로 오피스텔 사전분양에 실패한 것이 주된 원인이 되어 중도에서 종료되고, 이로 인하여 원고들이 상당한 규모의 신탁비용채무를 부담하게 되는 점까지도 함께 참작하여, 신의칙 및 손해의 분담이라는 취지에서 상당하다고 인정되는 범위 내에서 원고들의 비용상환채무를 인정하여야 할 것이다.

한편, 원고들은 피고 케이비는 시공계약을 불이행한 피고 서진으로부터 공사이행보증금을 지급받아 이로써 신탁비용에 충당하였어야 하고 그 범위에서 원고들에게 신탁비용을 청구할 수는 없다고 주장하고, 기록에 의하면 피고 서진은 피고 케이비와의 공사도급계약 체결시 피고 케이비에게 공사이행보증금을 지급하며 피고 서진이 시공계약상의 채무를 이행하지 아니한 경우에는 공사이행보증금을 피고 케이비에게 귀속시키기로 약정하였음에도 피고 케이비는 공사도급계약 체결시 피고 서진으로부터 공사이행보증금을 지급받지 아니한 사실이 인정되는바, 피고 케이비가 피고 서진으로부터 공사이행보증금을 지급받았더라면 피고 서진이 시공계약상의 채무를 이행하지 아니한 결과 피고 케이비에 대하여 손해배상책임을 지게 되는 경우에 피고 케이비는 공사이행보증금을 몰취하여 신탁비용의 일부에 충당할 가능성이 있었다고 할 것이므로, 원심으로서는 피고 케이비가 공사도급계약 당시 공사이행보증금을 수령하지 아니하였음에 정당한 사유가 있었는지 및 피고 서진이 피고 케이비와의 관계에서 시공계약상의 채무를 불이행하여 손해배상책임을 부담하는지 여부 등에 관하여도 심리하여, 피고 서진에게 시공계약상의 채무불이행 책임이 인정됨에도 불구하고 피고 케이비가 정당한 사유 없이 공사이행보증금을 지급받지 않아 이로부터 신탁비용을 상환받을 수 없게 된 것이라면, 이러한 점도 참작하여 원고들의 비용상환채무의 범위를 제한하여야 할 것이다.

(2) 또한, 신탁보수에 관하여도, 위와 같이 이 사건 신탁사업이 5년 여의 신탁기간 동안 별다른 성과 없이 진행하다가 중단된 사실 등을 고려하여 원심으로서는 앞서 본 법리에 따라 약정된 보수액이 부당하게 과다하여 신의성실의 원칙이나 형평의 원칙에 반한다고 볼 만한 특별한 사정이 있는지를 심리하여 상당하다고 인정되는 범위 내의 보수액만을 인정하여야 할 것이다.

(3) 따라서 이에 이르지 아니하고 피고 케이비가 이 사건 신탁업무를 위하여 위와 같은 제반 비용을 지급하였다는 사실만을 인정하여 원고들이 피고 케이비에게 그 비용과 신탁보수 전액을 지급할 의무가 있다고 판단하고 피고 케이비에게 그 금액을 지급받음과 동시이행으로 이 사건 토지에 관한 소유권이전등기절차의 이행을 명한 원심판결에는, 수탁자의 비용상환청구권 및 보수청구권에 관한 법리오해 및 심리미진의 위법이 있다고 할 것이다.

4. 상고이유 제4점에 대하여

가. 동시이행의 항변권은 공평의 관념과 신의칙에 입각하여 각 당사자가 부담하는 채무가 서로 대가적 의미를 가지고 관련되어 있을 때 그 이행에 있어서 견련관계를 인정하여 당사자 일방은 상대방이 채무를 이행하거나 이행의 제공을 하지 아니한 채 당사자 일방의 채무의 이행을 청구할 때에는 자기의 채무이행을 거절할 수 있도록 하는 제도인바, 이러한 제도의 취지에서 볼 때 당사자가 부담하는 각 채무가 쌍무계약에 있어 고유의 대가관계에 있는 채무가 아니라고 하더라도, 구체적인 계약관계에서 각 당사자가 부담하는 채무에 관한 약정 내용에 따라 그것이 대가적 의미가 있어 이행상의 견련관계를 인정하여야 할 사정이 있는 경우에는 동시이행의 항변권을 인정할 수 있다 할 것이다(대법원 1999. 10. 12. 선고 98다6176 판결 참조).

나. 이러한 법리와 아울러, 위탁자 또는 수익자가 부담하는 신탁비용 및 신탁보수지급의무와 신탁종료시에 수탁자가 신탁재산의 귀속권리자인 수익자나 위탁자 등에 대하여 부담하는 신탁재산을 이전할 의무는 모두 신탁관계에서 발생된 채무들일 뿐 아니라, 또한 수탁자가 신탁종료 전에는 신탁법 제42조 제1항, 제43조[391]에 의하여 비용 및 보수청구권에 관하여 신탁재산을 매각하여 그 매각대금으로 다른 권리자에 우선하여 변제에 충당할 수 있고, 신탁종료 후에 신탁재산이 수익자 등에게 귀속한 후라도 신탁법 제62조, 제49조[392]에 의하여 비용보상청구권 또는 보수청구권에 기하여 신탁재산에 대하여 강제집행을 하거나 경매를 할 수 있고 이를 위하여 신탁재산을 유치할 수 있는 점에 비추어, 신탁비용 및 신탁보수 지급의무는 적어도 신탁관계를 청산하는 신탁재산의 반환시까지는 변제됨이 형평에 맞는다는 점을 참작하여 보면, 위탁자 또는 수익자가 부담하는 신탁비용 및 신탁보수 지급의무와 신탁종료시에 수탁자가 신탁재산의 귀속권리자인 수익자나 위탁자 등에 대하여 부담하는 신탁재산을 이전할 의무는 이행상 견련관계에 있다고 인정되고, 따라서 양자는 동시이행의 관계에 있다고 해석함이 공평의 관

391) 현행 신탁법 제46조, 제48조.

392) 현행 신탁법 제102조, 제53조 제3항, 제54조.

념 및 신의칙에 부합한다고 할 것이다.

다. 따라서 원심이, 2002. 12. 30. 이 사건 신탁관계가 종료되었음을 원인으로 하는 피고 케이비의 이 사건 토지에 대한 소유권이전의무와 원고들의 피고 케이비에 대한 신탁비용과 신탁보수 등의 지급의무가 서로 동시이행관계에 있다고 본 것은 정당하고, 거기에 상고이유에서 주장하는 바와 같이 동시이행에 관한 법리를 오해한 위법이 있다고 할 수 없다.

[원심판결] 부산고등법원 2004. 4. 8. 선고 2003나6002 판결 [소유권이전등기등]

【주 문】

1. 당심에서 교환적으로 변경된 청구에 기하여 피고 1 주식회사는 원고들로부터 별지 목록 2의 ③항 기재 금원을 각 지급받음과 동시에 원고들에게 창원시 (상세지번 생략) 대 2,920.8㎡에 대한 별지 목록 1 기재 각 소유지분에 관하여 2002. 12. 30. 신탁종료를 원인으로 한 소유권이전등기 절차를 이행하라.

2. 원고들의 항소 및 당심에서 변경된 청구 중 나머지 청구를 모두 기각한다.

3. 항소비용 및 당심에서 생긴 소송비용은 원고들의 부담으로 한다.

【청구취지】

1. 피고 1 주식회사는 원고들에게 창원시 (상세지번 생략) 대 2,920.8㎡에 대한 별지 목록 1 기재 각 소유 지분에 관하여 2002. 12. 30. 신탁종료를 원인으로 한 소유권이전등기절차를 이행하라(원고들은 제1심에서 2003. 3. 28. 신탁계약 해지를 원인으로 한 소유권이전등기절차의 이행을 구하다가 당심에서 청구를 교환적으로 변경하였다).

2. 피고들은 연대하여 원고 1에게 26,996,000원, 원고 2에게 80,989,000원, 원고 3에게 91,113,000원, 원고 4에게 30,371,000원, 원고 5에게 40,495,000원, 원고 6에게 134,982,000원, 원고 7에게 80,989,000원, 원고 8에게 121,484,000원, 원고 9에게 60,741,000원, 원고 10에게 60,742,000원, 원고 11에게 40,495,000원, 원고 12에게 40,495,000원 및 각 이에 대한 2003. 3. 22.자 청구취지 및 원인 정정신청서 송달일부터 다 갚는 날까지 연 25%의 비율에 의한 금원을 각 지급하라.

3. 피고 1 주식회사는 2003. 1. 1.부터 제1항 기재 소3권이전등기 절차이행 완료일까지 매월 원고 1에게 457,566원, 원고 2에게 1,372,700원, 원고 3에게 1,544,287원, 원고 4에게 514,762원, 원고 5에게 686,350원, 원고 6에게 2,287,833원, 원고 7에게 1,372,700원, 원고 8에게 2,059,050원, 원고 9에게 1,029,525원, 원고 10에게 1,029,525원, 원고 11에게 686,350원, 원고 12에게 686,350원의 비율에 의한 금원을 각 지급하라.

【항소취지】

제1심 판결 중 원고 패소부분을 취소하고, 청구취지와 같은 판결을 구한다.

【이 유】

2. 채무불이행 또는 불법행위로 인한 손해배상청구에 대한 판단

가. 원고들의 주장

(1) 피고 1 회사는, ① 원고들과 1998. 1. 23. 분양형 토지신탁계약을 체결하여 1998. 2.경부터 30개월 내에 이 사건 공사를 마치기로 약정하였음에도(갑 제8호증, 분양형 토지신탁계약서, 이하 '신탁계약서'라 한다, 특약 제5조) 1999. 3. 4.에서야 비로소 피고 2 회사와 공사도급계약을 체결하였고, 피고 2 회사

가 이 사건 공사를 진행하지 않았음에도 이를 그대로 방치한 과실, ② 이 사건 공사의 중요사항에 대하여 사전에 원고들과 협의하여야 하고(갑 제5호증, 토지신탁기본약정서, 이하 '신탁약정서'라 한다, 제3조 제2항), 신탁계약을 변경하고자 할 때에는 수익자인 원고들의 동의를 얻어야 함에도(신탁약정서 제30조), 원고들과 상의 없이 피고 2 회사와 사이에 이 사건 공사에 대하여 원고들의 수익분을 110억여원에서 30억여원으로 감축하는 내용의 설계변경을 하기로 한 과실, ③ 2000. 1. 19. 피고 2 회사에 대하여 시공권 해지통보를 한 후, 피고 2 회사에게 그 책임을 물어 공사도급계약서에서 정한 계약보증금(공사계약금액의 10%에 해당하는 3억 2,800만 원)의 납부 촉구 또는 손해배상청구 등의 채권회수조치를 취해야 함에도 불구하고 이를 게을리 하였고, 새로운 시공회사를 선정하여 이 사건 공사를 계속하려는 노력을 하지 않은 과실, ④ 1999. 3. 4. 피고 2 회사와 설계변경에 대하여 약정하고, 이후 피고 2 회사에게 시공권 해지통보까지 한 이후인 2000. 11. 25.에 이르러서야 원고들에게 설계변경에 대한 의견을 제시해 달라는 내용의 통지를 한 과실 등, 이 사건 신탁계약의 수탁자로서 선량한 관리자의 주의의무를 다하지 못한 과실이 있어 원고들에 대하여 채무불이행 또는 불법행위의 책임이 있다.

(2) 피고 2 회사는, 1997. 11. 5. 이 사건 토지신탁 기본약정시부터 사실상 시공업체로 선정되는 등 이 사건 신탁관계의 당사자로 깊이 관여하였고, 원고들에게 원고들의 수익분을 보장하고, 원고들이 수탁자인 피고 1 회사에 대하여 부담할 모든 비용 등을 자신의 대물분으로 먼저 지불하기로 약정하였음에도, ① 일부 터파기공사만을 진행한 채 2000. 1. 17. 부도처리되어 이 사건 공사가 중단되게 한 과실, ② 피고 1 회사와 사이에 원고들의 수익보장이 안 되는 내용의 설계변경을 약정한 과실 등이 있으므로, 역시 원고들에 대하여 채무불이행 또는 불법행위의 책임이 있다.

(3) 또한, 이 사건 신탁계약이 체결된 것은 IMF 관리체제 이후였기 때문에 계약 이후 급격한 경제사정의 변동이 없었음에도, 건축사업 전문가인 피고들은 이 사건 신축분양사업과 관련한 경제적, 기술적인 문제를 간과하여 사업성 검토를 잘못한 과실이 있다.

(4) 피고들은 위와 같은 귀책사유에 의한 공동채무불이행 또는 공동불법행위에 의한 책임이 있으므로 연대하여 원고들의 손해를 배상하여야 하는바, 원고들은 이 사건 신탁계약에 기해 피고 1 회사에게 소유권이전등기를 마쳐 준 1998. 1. 24.부터 이 사건 토지의 소유권행사를 하지 못하는 손해를 입었으므로, 피고들은 원고들에게 사용가치 상당의 손해로서 이 사건 토지의 월임료 상당액인 13,727,000원(감정인 조학래의 감정결과 중 신탁등기일과 가까운 1999. 1.을 기준으로 한 임료)을 원고들의 각 소유지분별로 나눈 금액을 지급하여야 하는데, 피고 2 회사는 이 사건 토지를 복구하고 점유를 푼 2002. 12. 말까지, 피고 1 회사는 소유권이전등기 이행절차 완료일까지 매월 위 금액 비율에 의한 금원을 지급하여야 한다.

나. 판 단

(1) 원고들이 피고들의 귀책사유로 주장하는 내용은, 결국 피고들이 최초의 건축설계대로 공사를 진행하지 않고 건축설계를 변경하여 시공하려고 하였다는 데에서 출발한다.

(2) 살피건대, 을가 제11, 15, 16호증의 각 기재에 의하면, 원고들 명의로 건축허가를 받았던 최초의 건축설계안은 중대형의 고급 오피스텔로 건축하여 높은 수익을 올리는 방향으로 구성된 것인데, 막상 분양을 해 본 결과, 공급가격이 평당 470만 원 선으로 창원시에 입주된 다른 오피스텔의 실거래가격에 비하여 평당 200만 원 이상 높았고, 다른 오피스텔의 밀집지역과 거리가 상당히 떨어져 있어 상권형성의 입지조건이 좋지 않은 점과 당시 전반적인 경기침체로 창원시내 다른 오피스텔도 거래현황이 부진하였던 사정 등으로 분양이 거의 되지 않는 상황에 처하게 된 사실을 인정할 수 있으므로, 그 상황에서 일반분양률을 높이기 위하여는 건축규모를 중소형 중급 오피스텔로 변경하여 공사원가를 대폭 줄이고,

분양가를 합리화하며, 상가규모를 축소하는 등의 방향으로 건축설계를 변경할 필요성이 있었다고 봄이 상당하다.

(3) 위와 같은 지역 경제 사정과 분양계약 상황 등으로 당초 계획을 그대로 추진해서는 처음의 기대와 달리 수익의 발생이 거의 어려울 것으로 예상되는 경우 수탁자로서는 그 사업의 추진을 중지하고 신탁자와 사업계획의 변경 등을 협의하는 것이 오히려 수탁자로서의 선량한 관리자로서의 주의의무를 다하는 결과가 되는 점, 피고 1 회사는 원고들의 동의를 얻어 신탁계약의 일부를 변경할 수 있는데(신탁계약서 제30조), 피고들이 원고들에게 설계변경의 필요성을 수 차례 설명하고, 그에 대한 동의를 구하기 위하여 노력한 점 등을 고려하여 보면, 수탁자인 피고 1 회사가 이 사건 신탁사업을 기존 설계에 따라 계속 진행하지 아니한 일련의 행위가 토지신탁계약상 수탁자로서의 주의의무를 위반한 것이라거나 또는 불법행위를 구성하는 위법한 행위라고 할 수는 없다.

(4) 또한 앞에서 살핀 당사자들 사이에 체결된 각 계약의 내용과 피고 1 회사와 정식으로 신탁계약이나 분양대행계약이 체결되기도 전에 피고 2 회사가 스스로 건축설계비, 모델하우스설치비 등을 지출하여 위 사업을 적극 추진하여 온 점 등 사정을 종합하여 보면, 피고 2 회사는 적어도 원고들과의 관계에서는 이 사건 신탁계약의 단순한 시공자에 불과한 것이 아니라 이 사건 오피스텔 건물 분양을 통하여 사업 수익을 얻고자 한 실질적인 수익자의 지위를 겸하고 있었던 사실을 인정할 수 있으므로, 수익을 얻기 위하여는 설계 변경이 불가피하였던 것으로 인정되는 이상 원고들과 설계변경에 대한 합의를 이루지 못하여 설계도면이 확정되지도 아니한 상태에서까지 종전의 설계에 따른 공사를 진행해야 할 의무를 인정하기는 어렵고, 따라서 피고 2 회사가 이 사건 공사를 중단한 것이 원고들과의 계약상 의무위반이라고 보기 어려울 뿐 아니라 불법행위를 구성하는 위법한 행위라고 할 수도 없다.

(5) 또한, 원고들은 전문가인 피고들에게 이 사건 신탁사업의 사업성 검토를 잘못한 과실이 있다고 주장하나, 이 사건 신탁사업이 당초 예상과는 달리 분양실적이 극도로 부진하였다는 것만으로 피고들에게 그 사업성 검토에 있어 손해배상책임을 부담하여야 할 과실이 있었다고 단정할 수는 없고, 달리 그 주장과 같은 과실을 인정할 수 있는 증거가 없다.

(6) 그렇다면, 피고들에게 계약상의 채무불이행 책임이나 불법행위 책임이 있음을 전제로 하여 손해배상을 구하는 원고들의 주장은 더 나아가 살필 필요 없이 모두 이유 없다.

3. 피고 1 회사에 대한 소유권이전등기청구에 대한 판단

가. 신탁계약 종료에 의한 소유권이전등기의무

앞서 본 바와 같이 이 사건 공사가 수년간 제대로 진행된 바 없고, 이 사건 토지가 공사 이전의 모습으로 복구됨에 따라 원고들과 피고 1 회사 사이의 이 사건 신탁계약은 그 목적을 달성할 수 없는 객관적 사유가 발생하였고, 그에 따라 이 사건 토지가 원상회복된 2002. 12. 30. 이 사건 신탁계약 관계가 종료된 사실은 당사자 사이에 다툼이 없다.

그렇다면, 피고 1 회사는 원고들에게 이 사건 토지에 대하여 위 신탁종료를 원인으로 한 소유권이전등기 절차를 이행할 의무가 있다.

나. 피고 1 회사의 동시이행 항변

(1) 이에 대하여 피고 1 회사는, 자신이 이 사건 신탁 업무를 수행하면서 투자한 비용이 ① 공사기성금 600,000,000원, ② 설계비 675,000,000원, ③ 감리비 158,345,000원, ④ 광고선전비 500,000,000원, ⑤ 모델하우스 건립 및 철거비 500,000,000원, ⑥ 금융비용 593,384,665원, ⑦ 신탁보수 27,355,000원, ⑧ 부동산컨설팅 용역비 57,200,000원, ⑨ 기타지출 787,237원, 합계 3,262,400,182원에서 매입부가세 환급금

150,328,280원을 뺀 2,961,743,622원에 이르므로, 원고들로부터 위 금원을 지급받기까지는 원고들의 소유권이전등기청구에 응할 수 없다고 동시이행 항변을 한다.

(2) 그러므로, 먼저 원고들이 피고 1 회사에게 위와 같은 비용을 지급할 의무가 있는지에 대하여 살피건대, 을가 제21호증의 1 내지 23의 각 기재에 변론 전체의 취지를 종합하면, 피고 1 회사가 이 사건 신탁업무를 위하여 위와 같은 제비용을 지급하였고, 위 ⑦과 같은 신탁보수가 발생한 사실을 인정할 수 있고, 이 사건 신탁계약상 수익자인 원고들이 수탁자인 피고 1 회사에게 신탁보수와 제비용을 지급할 의무가 있음은 앞에서 본 바와 같으므로, 원고들은 피고 1 회사에게 각 지분에 따라 위 금원을 지급할 의무가 있다고 할 것이다(다만, 위 ⑧ 부동산컨설팅 용역비는 원고들과 피고 1 회사 사이에 협의되지 않은 설계변경안과 관련된 비용으로서, 원고들에게 위 비용에 대한 지급의무를 인정하기는 어려우므로 이를 제외한다).

(3) 이에 대하여 원고들은, 피고 1 회사가 피고 2 회사의 귀책사유를 들어 도급계약을 해지하였으므로 피고 2 회사에게 공사이행보증금 32억 8,000만 원 상당을 청구하여 위 비용에 충당하면 될 것이라고 주장하나, 우선 위 항목중 ⑥ 금융비용 593,384,665원, ⑦ 신탁보수 27,355,000원 등은 이 사건 공사도급계약의 해지에 따른 손해배상과는 무관한 것이고, 나머지 항목들 중에 공사도급계약의 해지에 따른 손해배상 등으로 지급 또는 반환을 청구할 수 있는 부분이 있다고 하더라도 이는 동시에 이 사건 토지신탁으로 인하여 발생한 제비용의 성질도 함께 가지고 있어 이를 누구로부터 어떤 명목으로 회수할 것인지는 피고 1 회사의 선택에 달린 것이지 반드시 피고 2 회사에게서 위 손해를 우선적으로 전보받아야 할 의무가 있는 것은 아니므로 원고들의 위 주장은 이유 없다.

(4) 또한 원고들은, 피고 2 회사가 1998. 1. 19. '지주대물보장 및 조세공과금 등에 대한 시공사와의 약정'을 통하여 원고들에게, 이 사건 신탁계약상 피고 1 회사가 원고들에게 청구할 수 있도록 정한 모든 금액에 대하여 원고들의 수익을 보장하기 위해 피고 2 회사가 먼저 자신의 대물로서 피고 1 회사에게 청구금액을 지불한다고 약정한 바 있으므로, 원고들은 피고 1 회사에게 위 비용을 지급할 의무가 없다고 주장하나, 그 약정의 효력이 약정당사자도 아닌 피고 1 회사에게까지 미친다는 점을 인정할 아무런 자료가 없으므로 위 주장도 이유 없다.

다. 원고들의 상환의무 범위 및 동시이행관계

(1) 따라서, 원고들은 피고 1 회사에게 신탁사무와 관련한 비용과 신탁보수로서 합계 2,904,543,622원(=2,961,743,622원 - 57,200,000원)을 지급할 의무가 있는데, 이를 별지 목록 1 기재 지분비율로 나누면 원고들이 각자 지급해야 할 금액은 별지 목록 2의 ③항 기재와 같다.

(2) 한편, 위 신탁종료를 원인으로 한 피고 1 회사의 이 사건 토지에 대한 소유권이전의무와 원고들의 비용 지급의무는 이행상의 견련관계를 인정하는 것이 공평의 원칙에 부합하므로 서로 동시이행 관계에 있다고 봄이 상당하다.

(3) 이에 대하여 원고들은, 신탁법 제44조가 수탁자는 위탁자의 손실보상 및 신탁재산의 복구 의무를 이행한 후가 아니면 자신의 비용상환 청구권을 행사할 수 없다고 규정하고 있으므로, 피고 1 회사가 먼저 이 사건 토지에 대한 소유권이전등기절차를 이행할 의무가 있다고 주장하나, 위 법 조항이 규정하는 수탁자의 선이행의무는 수탁자의 신탁재산 관리에 과실이 있는 경우(같은 법 제38조, 제39조)에 한하여 인정되는 반큼, 수탁자인 피고 1 회사에게 이 사건 토지에 대한 관리에 과실이 있다고 보기 어려운 이 사건에 대하여는 적용할 수 없으므로, 원고들의 위 주장은 이유 없다.

라. 소 결

그렇다면, 피고 1 회사는 원고들로부터 별지 목록 2의 ③항 기재 각 금원을 지급받음과 동시에 원고들에게 이 사건 토지에 대한 별지 목록 1 기재 각 소유지분에 관하여 2002. 12. 30. 신탁종료를 원인으로 한 소유권이전등기 절차를 이행할 의무가 있다.

169. 대법원 2006. 5. 12. 선고 2004두312 판결 [시정명령등취소][393)]

[논점] 취득한 주식을 신탁한 경우, 독점규제법 제9조 제2항에서 정한 '처분'에 해당하는지 여부

【이 유】

1. 상고이유 제1점에 대하여

구 독점규제 및 공정거래에 관한 법률(2002. 8. 26. 법률 제6705호로 개정되기 전의 것, 이하 '공정거래법'이라 한다) 제9조 제2항은 같은 법 제14조 제1항의 규정에 따라 지정된 상호출자제한 기업집단에 속하는 회사가 회사의 합병, 영업전부의 양수, 담보권의 실행, 대물변제의 수령으로 인하여 자기의 주식을 취득 또는 소유하고 있는 계열회사의 주식을 취득 또는 소유하게 된 경우에 당해 주식을 취득 또는 소유한 날부터 6개월 이내에 처분하도록 규정하고 있는바, 공정거래법 제9조 제1항이 계열회사 사이의 상호출자를 금지하고 있는 취지가 그로 인하여 회사의 자본적 기초가 위태롭게 되고, 기업의 지배구조가 왜곡되며, 기업집단이 쉽게 형성·확장되는 것을 방지하고자 하는 데 있는 점, 공정거래법 제9조 제2항의 취지도 회사의 합병 등으로 부득이하게 계열회사 사이에 상호출자의 상태가 발생하게 된 경우 조속히 이를 해소함으로써 계열회사 사이에 상호출자의 상태가 유지되는 것을 막고자 하는 데 있는 점, 공정거래법 제7조의2가 같은 법의 규정에 의한 주식의 취득 또는 소유는 취득 또는 소유의 명의와 관계없이 실질적인 소유관계를 기준으로 하도록 규정하고 있는 점 등에 비추어 보면, 공정거래법 제9조 제2항에서 말하는 '처분'이란 회사의 합병 등으로 취득 또는 소유하게 된 계열회사의 주식에 대하여 그 의결권행사를 잠정적으로 중단시키는 조치를 취하거나 그 주식을 다른 금융기관 등에 신탁하는 것만으로는 부족하고, 상호출자의 상태를 완전히 해소할 수 있도록 그 주식을 다른 사람에게 실질적으로 완전히 소유권이전하여 주는 것을 의미한다고 할 것이다.

원심판결 이유를 기록과 위 법리에 비추어 살펴보면, 원심이 그 채용 증거들을 종합하여 그 판시와 같은 사실을 인정한 다음, 원고가 동양현대종합금융 주식회사를 흡수 합병하면서 취득하게 된 계열회사인 동양생명보험 주식회사의 주식 8,681,060주(이하 '이 사건 주식'이라 한다)를 2002. 5. 31. 주식회사 국민은행(이하 '국민은행'이라 한다)에 신탁하고 그 신탁계약에 따라서 대외적 소유권을 이전하여 주었다고 하더라도, 그 신탁계약의 내용이나 성질 등을 고려하여 볼 때, 그것을 가지고 원고가 국민은행에 이 사건 주식을 공정거래법 제9조 제2항에 따라서 '처분'하였다고 볼 수는 없다고 판단한 것은 정당하고, 거기에 상고이유의 주장과 같은 공정거래법 제9조 제2항 소정의 '처분'에 관한 법리오해 등의 위법이 없다.

[원심판결] 서울고등법원 2003. 10. 16. 선고 2002누18991 판결 [시정명령등취소]

【주 문】

1. 원고의 청구를 기각한다.
2. 소송비용은 원고의 부담으로 한다.

393) 이 판결에 대한 평석은, 하명호, 독점규제 및 공정거래에 관한 법률 제9조 제2항에서 정한 처분의 의미, 대법원판례해설 61호, 법원도서관, 204면 이하를 참고할 것.

【청구취지】

피고가 2002. 10. 28. 원고에 대하여 한 별지 기재 시정명령 및 과징금부과처분을 취소한다.

【이 유】

다. 판단

(가) 위 인정사실에 의하면, 공정거래법 제7조의 2의 규정에 의하면 공정거래법의 규정에 의한 주식의 취득 또는 소유는 취득 또는 소유의 명의와 관계없이 실질적인 소유관계를 기준으로 한다고 규정하고 있고, 공정거래법이 상호출자를 금지하는 취지가 당해 기업간의 자금을 서로 주고 받음으로써 실질적인 출자 없이 가공적으로 자본금을 늘리거나 계열기업을 확장하는 수단으로 상호출자가 이용되기 때문에 주식회사의 자본충실을 기하고 기업구조의 왜곡 및 경제력 집중을 방지하고자 하는데 있다고 할 것이므로, 공정거래법 제9조 제2항 소정의 '처분'은 단지 상호출자된 주식의 의결권 행사만을 잠정적으로 저지하거나 신탁계약을 체결하는 것만으로는 부족하고, 상호출자의 상태를 완전히 해소하여 임의적 회복이 불가능하도록 상호출자된 주식에 대한 완전한 소유권이전이 된 상태를 의미하는 것으로 보아야 할 것인 점, 위 신탁계약에 의하면 공정거래법 등의 개정으로 원고가 적법하게 이 사건 주식을 보유할 수 있게 되는 경우 당연히 신탁계약이 종료되고, 수탁자인 국민은행은 원고에게 이 사건 주식을 현물로 반환하도록 되어 있는 점, 위 신탁계약은 수탁자인 국민은행이 이 사건 주식을 처분하는데 있어서 위탁자인 원고가 처분가격, 처분 상대방 등의 결정에 대하여 영향력을 행사할 수 있도록 되어 있으며, 수탁자인 국민은행은 이 사건 주식이 처분될 때까지 신탁보수를 받고 이를 관리하여 주는 것에 불과하여 실질적인 소유권을 행사하지 못하도록 되어 있는 점, 위 신탁계약 제19조에서 신탁계약의 해지를 제한하고 있다고 하더라도 신탁법 제56조[394]는 위탁자가 신탁이익의 전부를 향수하는 신탁은 위탁자 또는 그 상속인이 언제든지 해지할 수 있다고 규정하고 있고, 위 신탁계약은 사법상의 계약으로서 합의해제가 가능하다고 할 것이므로 원고와 국민은행 사이의 합의에 의하여 언제든지 위 신탁계약을 종료시킬 수 있는 점 등을 종합적으로 고려하여 볼 때 원고가 국민은행에게 이 사건 주식을 신탁한 행위는 공정거래법 제9조 제2항 소정의 '처분'에 해당한다고 볼 수 없다.

170. 대법원 2006. 5. 12. 선고 2005다68783 판결 [소유권보존등기말소등]

[논점] 주택분양보증약정의 법적 성질

【이 유】

1. 상고이유 제1, 2점에 대하여

자기의 비용과 노력으로 건물을 신축한 자는 그 건축허가가 타인의 명의로 된 여부에 관계없이 그 소유권을 원시취득하게 된다(대법원 2002. 4. 26. 선고 2000다16350 판결 등 참조). 따라서 건축주의 사정으로 건축공사가 중단된 미완성의 건물을 인도받아 나머지 공사를 하게 된 경우에는 그 공사의 중단 시점에 이미 사회통념상 독립한 건물이라고 볼 수 있는 정도의 형태와 구조를 갖춘 경우가 아닌 한 이를 인도받아 자기의 비용과 노력으로 완공한 자가 그 건물의 원시취득자가 될 것이고, 이러한 법리는 구 주택건설촉진법[395](2003. 5. 29. 법률 제6916호로 전문 개정되기 전의 것) 및 같은 법 시행령 소정의 주택분양보증계약에 기하여 수분양자를 위한 주택분양보증인이 된 자가 위 보증채무의 이행으로 분양 이행의 방법을 선택함으로써 사업주체로부터 중단된 공사를 이어 받아 자기의 비용과 노력으로 건물을

394) 현행 신탁법 제99조 제2항.

395) 현행 주택법.

완공한 경우에도 마찬가지로 적용된다 할 것이다.

원심판결 이유를 위 법리 및 기록에 비추어 살펴보면, 원심이 그 채택 증거를 종합하여, 피고 주식회사 유니버스토건(이하 '피고 유니버스토건'이라고 한다)은 2002. 11. 8. 서울특별시 강남구청장으로부터 이 사건 대지상의 아파트 신축사업계획을 승인받아 위 아파트 신축사업을 진행하는 한편, 같은 해 11. 22. 원고와 사이에 주택분양보증계약을 체결하여 피고 유니버스토건이 부도, 파산 등으로 주택분양계약을 이행할 수 없는 경우에 원고가 주택의 분양이행 또는 납부한 입주금의 환급을 책임지기로 약정한 사실, 피고 유니버스토건은 2003. 7. 22.경 부도로 공사를 중단하게 되었는데 당시 공사의 정도는 지하주차장 기초 골조공사가 진행 중이었을 뿐, 조적공사는 전혀 진행되지 않고 있었던 사실, 원고는 위 주택분양보증상의 보증책임을 분양이행의 방법으로 이행하고자 기존의 시공사인 주식회사 한진중공업으로 하여금 잔여공사를 계속하도록 하여 2004. 5.경 이를 완공하고 같은 해 5. 27. 주택법 제29조[396]에 근거한 분양보증인으로서 강남구청으로부터 사용승인을 받은 사실을 각 인정한 다음, 피고 유니버스토건의 파산으로 중단되었다가 원고에 의하여 완공된 이 사건 아파트의 위 중단 당시 공사의 진행정도 등에 비추어 비록 원고가 이 사건 아파트의 건축허가 명의자는 아니지만 그에 상관없이 원고가 이 사건 아파트 전체에 관한 소유권을 원시취득하였다고 본 조치는 정당하다고 수긍이 가고, 거기에 상고이유에서 주장하는 바와 같은 채증법칙 위배로 인한 사실오인, 논리비약, 이유불비 등의 위법이 없다.

2. 상고이유 제3, 4, 5, 6점에 대하여

주택분양보증인이 보증채무의 이행으로 분양이행의 방법을 선택하였다 해도 그 결과 수분양자에 대하여 분양계약의 기본적인 사항을 이행할 의무를 부담하게 될 뿐 사업주체에 대하여 그가 미완성 건물의 소유권을 취득할 수 있도록 이를 완공하여 제공해 주어야 할 의무를 부담하는 것은 아니라 할 것이고, 따라서 사업주체가 아직 독립한 건물로서의 형태와 구조를 갖추지 아니한 상태에서 공사를 중단한 이후에 주택분양보증인이 자기의 비용과 노력으로 잔여 공사를 실시하여 건물을 완공하였다면 앞서 본 법리에 비추어 그 건물의 원시취득자는 주택분양보증인이라고 보아야 할 것인데, 이는 주택분양보증약관에서 보증채무의 이행에 따른 주택분양보증인과 사업주체 사이의 구상권에 관한 규정을 두고 있다 하여 달리 볼 것이 아니다. 한편, 주택분양보증은 그 성질상 조건부 제3자를 위한 계약으로서(대법원 1997. 9. 26. 선고 97다10208 판결 참조) 제3자의 지위에 있는 수분양자는 주택분양보증계약의 내용에 따라 수익의 의사표시에 의하여 주택분양보증인에 대한 분양계약상의 권리를 취득함과 동시에 그와 반대급부의 관계에 있는 의무를 부담하게 될 수도 있는데(대법원 1957. 3. 16. 선고 4289민상536 판결 참조), 이 사건 주택분양보증약관 제8조 제4항에서 수분양자는 분양이행의 보증채무를 이행하는 주택분양보증인에게 직접 잔여 분양대금을 납부하도록 정하고 있는 이상 원고가 위 약관에 기한 그 자신의 권리의 행사로서 이 사건 아파트의 수분양자들로부터 잔여 분양대금을 받아 공사대금에 충당한 사실을 들어 사업주체의 비용과 노력으로 이 사건 아파트를 완공한 것으로 볼 수는 없다 할 것이다.

원심이 이 점과 관련한 피고 그랜드캐피탈 주식회사(이하 '피고 그랜드캐피탈'이라고 한다)의 주장을 배척한 다음, 피고 유니버스토건의 파산 이후 아직 독립한 건물로서의 형태와 구조를 갖추지 못한 상태에서 원고가 주택분양보증인으로서 이를 인도받아 완공한 이 사건 아파트의 원시취득자가 원고임을 전제로, 피고 그랜드캐피탈이 피고 유니버스토건에 대한 판시 각 채권담보의 목적으로 위 피고들 사이에 작성한 분양계약서를 근거로 이 사건 아파트 중 19세대에 대하여 피고 유니버스토건을 채무자로 하여 받은 판시 처분금지가처분결정 및 그 가처분등기촉탁에 기하여 피고들 명의로 각 경료한 이 사건 각 소유권보존등기 및 가처분등기는 모두 원인무효이거나 그에 기초한 것으로써 말소되어야 한다고 하여 위 각 소유권보존등기의 말소 및 그에 관한 승낙의 의사표시를 명한 조치는, 비록 그 이유의 설시에

396) 현행 주택법 제49조.

있어 다소 부족한 점은 있으나 결론에 있어서 정당하고, 거기에 상고이유에서 주장하는 바와 같은 위법이 없다. 이 사건 주택분양보증계약의 체결 당시 이 사건 대지상에 건축 중이거나 건축된 건물을 피고 유니버스토건이 원고에게 신탁하기로 약정한 바 있다 하더라도 이는 위 피고가 독립한 건물로서의 이 사건 아파트에 대한 소유권을 원시취득하였음을 전제로 그 소유권의 신탁을 약정한 것일 뿐 위 피고가 공사의 중단으로 이 사건 아파트에 대한 소유권을 원시취득하지 못한 이 사건에 있어서 위 규정을 근거로 위 피고가 아파트의 원시취득자라거나 그와 같은 취지의 소유권 귀속에 관한 원·피고 사이의 약정이 존재하는 것으로는 볼 수 없고, 상고이유에서 지적하는 것처럼 피고 유니버스토건의 부도 이후 원고가 이 사건 주택건설사업의 명의자를 변경하지 않은 사실이 있다 하여 달리 볼 수도 없다. 따라서 이 점에 관한 상고이유의 주장도 받아들일 수 없다.

[원심판결] 서울고등법원 2005. 11. 1. 선고 2005나30971 판결 [소유권보존등기말소등]

【주 문】

1. 피고의 항소를 기각한다.

2. 항소비용은 피고의 부담으로 한다.

【청구취지】

피고는 원고에게, 제1심 공동피고 주식회사 유니버스토건의 별지 2. 목록 기재 각 부동산에 관하여 서울중앙지방법원 강남등기소 2004. 5. 10. 접수 제36797호로 경료한 소유권보존등기의 각 말소등기에 대하여 각 승낙의 의사표시를 하라.

【항소취지】

제1심 판결 중 피고에 대한 부분을 취소한다. 원고의 피고에 대한 청구를 기각한다.

【이 유】 397)

생략

[1심판결] 서울중앙지방법원 2005. 3. 16. 선고 2004가합53956 판결 [소유권보존등기말소등]

【주 문】

1. 원고에게,

가. 피고 주식회사 유니버스토건은 별지 2. 목록 기재 각 부동산에 관하여 서울중앙지방법원 강남등기소 2004. 5. 10. 접수 제36797호로 경료한 소유권보존등기의 각 말소등기절차를 이행하라.

나. 피고 그랜드캐피탈 주식회사는 위 각 말소등기에 대하여 각 승낙의 의사표시를 하라.

2. 소송비용은 피고들이 부담한다.

【청구취지】

주문과 같다.

【이 유】

2. 판 단

---

397) 1심판결을 인용함.

가. 청구원인에 대한 판단

살피건대, 자기 비용과 노력으로 건물을 신축한 자는 그 건축허가가 타인의 명의로 된 여부에 관계없이 그 건물의 소유권을 원시취득한다 할 것인바(대법원 2002. 4. 26. 선고 2000다16350 판결 참조), 이 사건의 경우, 위 인정사실에 의하면, 피고 유니버스토건이 이 사건 아파트의 신축사업계획승인을 받았으므로 구 주택건설촉진법(법률 제6250호) 제33조 제4항(사업계획의 승인을 얻은 때에는 건축법상의 건축허가를 받은 것으로 본다)에 의하여 피고 유니버스토건 명의로 건축허가를 받았다고 인정할 수 있으나, 한편, 피고 유니버스토건의 파산으로 인하여 원고가 이 사건 아파트 신축공사를 이어받게 되었는데 그 당시 공사는 지하 주차장 기초 골조공사가 진행 중이었고 조적공사는 진행되지 아니하여 지하부분은 독립한 건물로서의 요건을 갖추지 아니한 점, 원고가 주식회사 한진중공업을 시공자로 정하여 나머지 공사를 모두 완료한 후 사용검사를 신청하여 승인을 받은 점 등에 비추어 보면, 피고 유니버스토건 명의의 건축허가에도 불구하고, 원고는 별지 2. 목록 기재 아파트 19세대를 포함한 이 사건 아파트 전체에 관한 소유권을 원시취득하였다 할 것이다.

그렇다면, 위 아파트 19세대에 관한 주문 제1항 기재 각 소유권보존등기의 명의자인 피고 유니버스토건은 소유자인 원고의 이 사건 방해제거청구에 응하여 원고에게 위 소유권보존등기를 말소할 의무가 있고, 말소될 소유권보존등기상의 소유권에 대하여 가처분등기를 경료한 피고 그랜드캐피탈은 등기상 이해관계 있는 제3자로서 소유권자인 원고에 대하여 위 말소등기절차에 필요한 승낙을 할 의무가 있다.

나. 피고 그랜드캐피탈의 주장에 대한 판단

이에 대하여 피고 그랜드캐피탈은, 원고가 피고 유니버스토건의 부도 이후 이 사건 아파트 공사를 승계하여 시공한 것은 보증책임을 이행한 것으로 이러한 경우 주택보증약관에 '원고는 구상권을 취득한다'고 규정되어 있으므로, 원고가 구상권을 취득하는 것은 별론으로 하고, 위 아파트 19세대에 관하여 소유권을 취득하지는 못한다는 취지로 주장한다.

살피건대, 갑 제2호증의 2의 기재에 의하면 주택보증약관 제11조 제1항에 '보증회사(원고)가 보증채무를 이행한 때에는 주채무자(피고 유니버스토건)에 대하여 구상권을 가진다'고 규정되어 있으나, 위 약관상 구상권 취득 규정이 있다 하여 원고가 위 아파트 19세대의 소유권을 취득하지 못한다고 볼 아무런 이유가 없을 뿐만 아니라, 오히려 분양보증약정에 따른 보증의무의 이행으로 보증회사가 소유권을 취득하는 경우 보증회사는 수분양자로부터 잔여입주금을 받을 수 있을 뿐이지(위 약관 제8조 제4항 참조), 이미 건설사업자에게 납부된 금원을 수분양자에게 추가로 청구할 수는 없으므로(대법원 2002. 12. 26. 선고 2000다46160 판결 참조), 이러한 경우 보증회사는 초과지출부분에 대하여 주채무자에게 구상할 필요가 있다고 할 것이므로, 결국 피고 그랜드캐피탈의 위 주장은 이유 없다.

또한, 피고 그랜드캐피탈은 피고 유니버스토건으로부터 양도담보의 목적으로 별지 2. 목록 기재 아파트 19세대를 분양받았는바, 위 아파트 19세대의 양도담보권자인 피고 그랜드캐피탈은 분양보증한 원고에게 분양보증계약상의 의무이행을 요구할 수 있는바, 원고의 피고 그랜트캐피탈에 대한 이 사건 청구는 위 아파트 19세대에 관하여 분양보증계약상 권리주장을 할 수 있는 자에 대한 청구로 신의칙상 허용되지 아니한다고 주장한다.

살피건대, 주택법 및 같은법 시행령의 규정에 의한 원고의 주택분양보증제도는 위 법률에 의하여 제정된 주택공급에관한규칙 소정의 절차와 방법에 따라 분양계약을 체결하고 분양대금을 납부한 선의의 수분양자들을 보호하는 데에 그 취지가 있으므로, 주택분양보증을 한 원고는 특별한 사정이 없는 한 주택건설사업자로부터 주택을 분양받은 수분양자들이 계약금 및 중도금을 납부할 것을 전제로 그들이 납부한 분양대금의 환급이나 주택의 분양에 대한 보증책임을 부담한다고 봄이 상당하고, 주택건설사업자에 대한 채권자가 그 채권을 담보하거나 회수하기 위한 방편으로 주택건설사업자와의 사이에 분양계약을 체결하면서 기존의 채권으로 분양계약에 따른 분양대금의 지급에 충당하기로 약정한 경우에는 주택분양보증을 한 원고는 기존의 채권으로 충당된 분양대금 상당액의 환급이나 분양에 대한 보증책임을 부담한다고 할 수 없으므로(대법원 2001. 5. 8. 선고 2000다18790 판결 참조), 결국 원고는 양도담보의 목적으로 분양계약을 체결한 피고 그랜트캐피탈에 대하여 분양보증계약상의 보증책임을 부담하지 아니하므로, 원고가 피고 그랜트캐피탈에 대하여 위 보증책임을 부담함을 전제로 하는 피고 그랜트캐피탈의 위 주장은 더 이상 살펴볼 필요 없이 이유 없다.

171. 대법원 2006. 3. 9. 선고 2004다57694 판결[398]

[논점] 전수탁자가 파산한 경우 신수탁자의 지위의 승계 범위

【이 유】

2. 피고인수참가인에 대한 상고에 관하여

신탁관계에서는 신탁재산이 중심이 되고 수탁자는 신탁재산의 명의인 또는 관리인에 지나지 않기 때문에 특정 수탁자가 그 임무를 종료한 경우에도 신탁관계는 종료되지 않고 신수탁자를 선임함으로써 존속된다 할 것인바, 신탁법 제26조 제1항[399]이 수탁자의 경질이 있은 때에는 전수탁자는 지체 없이 신탁재산을 신수탁자에게 양도하여야 한다고 규정하고, 제48조[400] 제1항 및 제3항 이 수탁자가 경질된 경우에 신수탁자는 전수탁자가 신탁행위에 의하여 수익자에 대하여 부담하는 채무를 승계하고, 신탁사무의 처리에 관하여 생긴 채권은 신탁재산의 한도 내에서 신수탁자에 대하여도 행사할 수 있다고 규정하며, 제50조[401] 제1항 이 수탁자가 경질된 경우에는 신, 구수탁자와 기타 관계자는 신탁사무의 계산을 하고 수익자 또는 신탁관리인의 입회하에 사무를 인계하여야 한다고 규정하고 있는 점 및 수탁자가 경질된 경우에 있어서 전수탁자가 신탁사무 중 일부만을 신수탁자에게 이전한다면 더 이상 수탁자가 아닌 전수탁자가 신탁사무 중 일부를 처리하게 되는 결과가 발생하게 되는 점 등에 비추어 볼 때, 전수탁자가 신탁사무의 처리와 관련하여 체결한 계약관계가 수탁자로서 임무를 종료할 당시에도 존속하고 있었다면 전수탁자의 그 계약상의 지위는 포괄적으로 신수탁자에게 이전된다고 할 것이고(수탁자의 경질 이전에 이미 발생한 채권에 관하여는 계약의 당사자인 전수탁자에게 행사할 수 있음은 물론, 신탁법 제48조 제3항 에 의하여 신탁재산의 범위 내에서 신수 탁자에 대하여도 행사할 수 있다), 이는 신탁법 제11조 내지 제13조,[402] 제15조[403] 및 제17조[404]에 의하여 수탁자가 경질되는 경우뿐만 아니라, 신탁행위의 정함에 따라 전수탁자가 임무를 종료하고 신수탁자가 선임됨으로써 수탁자가 변경된 경우에도 마찬가지라고 할 것이다.

기록에 의하면, 파산 전 회사는 이 사건 토지신탁의 수탁자로서 1998. 10. 20. 원고와 사이에 이 사건 분양대행계약을 체결하였다가, 2000. 8. 11. 기간만료 및 분양실적저조를 사유로 원고에게 이 사건 분양대행계약에 대하여 해지통지를 한 사실, 원고가 이 사건 분양대행계약에 대한 해지통지가 부적법함

398) 이 판결에 대한 평석은, 임채웅, 수탁자 지위의 승계 및 분양대행권의 성격게 관한 연구, 신탁법 연구, 박영사, 168면 이하를 참고할 것.

399) 현행 신탁법 삭제. 수탁자가 변경되는 경우 그 효과에 대해서는 현행 신탁법 제53조 및 제55조에서 규정함.

400) 현행 신탁법 제53조.

401) 현행 신탁법 제55조.

402) 현행 신탁법 제12조 내지 제14조.

403) 현행 신탁법 제16조.

404) 현행 신탁법 제21조.

을 주장하면서 이 사건 분양대행계약에 기한 분양대행권이 원고에게 있음의 확인을 구하는 이 사건 소송이 계속되던 중에 파산 전 회사는 2002. 7. 23. 토지신탁계약에 따라 위탁자 및 수익자의 승낙을 받아 이 사건 토지신탁에 관한 수탁자로서의 임무를 사임하였고, 피고인수참가인이 토지신탁계약에 따라 이 사건 토지신탁의 새로운 탁자로 선임된 사실을 알 수 있는바, 이 사건 토지신탁의 전수탁자인 파산 전 회사가 임무를 종료할 당시 이 사건 분양대행계약이 유효하게 존속하고 있었다면, 파산 전 회사가 수탁자로서 신탁사무를 처리하면서 체결한 이 사건 분양대행계약의 계약자로서의 지위는 신수탁자인 피고인수참가인에게 당연 승계된다고 할 것이다.

이와 달리 수탁자가 변경되는 경우에 일부 사무를 제외한 나머지 신탁사무만을 이전하는 것이 가능함을 전제로, 피고인수참가인이 포괄 승계하는 파산 전 회사의 이 사건 공원묘원 사업자로서의 지위 중에서 이 사건 분양대행계약을 제외하기로 하는 약정이 계약자유의 원칙상 허용된다고 하여, 피고인수참가인이 이 사건 분양대행계약상 계약자의 지위를 승계하였음을 전제로 하는 원고의 이 사건 청구를 배척한 원심판결에는 신탁법상 수탁자의 경질 또는 변경의 효과에 관한 법리를 오해함으로써 판결에 영향을 미친 위법이 있다고 할 것이다. 이 점에 관한 상고이유의 주장은 이유 있다.

[원심판결] 서울고등법원 2004. 9. 21. 선고 2003나32041 판결

【주 문】

1. 원고의 항소를 기각한다.
2. 항소비용은 원고의 부담으로 한다.

【청구취지 및 항소취지】

제1심 판결을 취소한다.

피고 및 인수참가인에 대하여, 원고와 피고 사이에 별지 목록 기재 공원묘지에 관하여 1998. 10. 20. 체결된 분양대행계약에 기한 분양대행권이 원고에게 있음을 확인한다.

【이 유】

다. 원고의 피고에 대한 청구에 관한 판단

본안에 들어가기에 앞서 직권으로 살피건대, 2003. 8. 29.자 원고의 소송절차수계신청서에 첨부된 수계전의 피고에 관한 법인등기부등본의 기재에 의하면, 신탁회사인 수계전의 피고가 2002. 8. 24. 금융감독위원회로부터 신탁업 영업의 인가를 취소당하여 같은 날 그 해산등기가 마쳐진 사실이 인정되는바(신탁업법 제32조 에 의하면, "신탁회사가 영업의 인가를 취소 당한 때에는 이로 인하여 해산한다"고 규정되어 있다), 위 피고가 해산됨으로써 신탁법 제11조 제1항에 의하여 그 수탁자의 임무는 종료되었다고 할 것이므로(그 후 위 피고는 2003. 6. 2. 수원지방법원으로부터 파산선고를 받았다), 이미 수탁자의 임무가 종료된 피고를 상대로 원고가 신탁사업의 일환인 분양대행권 존재의 확인을 구할 이익이 있다고 볼 수 없다.

또한 위에서 본 바와 같이, 수계전의 피고는 이 사건 공원묘원 사업 및 이 사건 토지의 소유권을 인수참가인에게 양도하여 이미 이 사건 공원묘원의 사업권을 상실하였는바, 인수참가인으로부터 사업권을 다시 환원받을 수 있다는 특별한 사정이 없는 이상, 수계전 및 후의 피고로서는 공원묘원의 사업권에서 파생되는 분양대행계약에 기한권리·의무를 더 이상 행사할 수 있는 지위에 있지 못하게 되므로, 원고가 피고를 상대로 이 사건 분양대행계약의 유효를 주장하여 분양대행권의 존재확인을 받더라도 분양대행권을 더 이상 행사할 수 없다 할 것이고, 또 그 확인판결로써 위 사업을 양수한 인수참가인에 대하여 직접 분양대행권을 주장할 수 있는 것도 아니라 할 것인바(뒤에서 보는 바와 같이 수계전의 피고가 인수참가인에게 이 사건 공원묘원의 사업권 및 신탁재산을 양도하면서 이 사건 분양대행계약을 승계대상에서 제외하였으나, 인수참가인이 이를 승계하였다고 하더라도 피고에 대한 확인판결에 기하여 곧바로 인수참가인에게 분양대행권을 주장하여 이를 행사할 수 있는 것은 아니다), 이러한 경우 원고로서는 피고를 상대로 당초의 분양대행계약에 기하여 기간만료 또는 계약종료로 인한 정산이나 이행불능 등 채무불이행을 원인으로 손해배상의 청구를 할 수 있음은 별론으로 하고, 원고가 이 사건 소로써 인수참가인 이외에 피고를 상대로 분양대행권의 확인을 구하는 것은 더 이상 유효 적절한 수단이 될 수 없으므로, 원고의 피고에 대한 이 사건소는 그 확인의 이익이 있다고 볼 수 없다.

이에 대하여 원고는, 원고가 수계전의 피고에 대하여 이 사건 분양대행계약과 관련하여 분양보증금 반환채권, 분양대행수수료 청구권 등의 권리를 가지고 있는데, 채무초과의 상태에 있던 채무자인 위 피고가 인수참가인에게 이 사건 공원묘원 사업을 양도하고 신탁재산인 이 사건 토지의 소유권이전등기를 2002. 7. 13. 인수참가인 명의로 경료하여 준 것은 채권자인 원고를 해하는 사해행위로서 취소되어야 하고, 그 신탁재산이 다시 피고에게 귀속될 것이므로 원고는 피고를 상대로 분양대행권 존재의 확인을 구할 이익이 있다고 주장하나, 수계전의 피고의 수탁임무 종료와 해산은 법령과 당국의 처분에 따른 적법한 것이고, 그로 인하여 인수참가인에게 이 사건 사업권 및 신탁재산을 양도한 것은 사해행위가 될 수 없으므로, 원고의 위 주장은 이유 없다.

그밖에 원고는, 자신이 전(前) 수탁자인 수계전의 피고와 사이에 그 수탁업무 중 묘지분양대행계약을 체결한 자로서 신탁법 제37조 소정의 "수탁자에 갈음하여 신탁사무를 처리하는 자"에 해당되고, 한편 신탁법 제49조 에 기하여 위 피고는 원고와의 분양대행계약에 따라 원고에 대하여 부담하는 의무를 이행하면 그 의무이행과 관련된 비용에 관하여는 전(前) 수탁자로서 이 사건 신탁재산에 대하여 강제집행할 수 있는 권리를 가지고 있는바, 원고가 이 사건에서 피고를 상대로 위 분양대행계약이 해제되지 아니하고 존속하여 분양대행권이 존재함의 확인을 받아야만 위 신탁법 제37조 소정의"수탁자에 갈음하여 신탁사무를 처리하는 자"에 해당되어 피고의 위 신탁법 제49조에 기한 권리를 대위행사할 수 있는 지위에 있게 되므로 여전히 피고를 상대로 분양대행권의 존재 확인을 구할 이익이 있다는 취지로 주장하나, 원고가 수탁자인 수계전의 피고와 사이에 그 수탁업무 중 하나에 불과한 묘지의 분양대행에 관한 계약을 체결하였다는 것만으로 원고가 신탁법 제37조 소정의 "수탁자에 갈음하여 신탁사무를 처리하는 자"가 된다고 볼 수는 없으므로 위 주장도 이유 없다.

다. 원고의 인수참가인에 대한 청구에 관한 판단

(1) 원고는 수계전의 피고가 한 이 사건 분양대행계약의 해제는 부적법하고 그 계약관계가 계속 존속하고 있음을 전제로 인수참가인이 이 사건 분양대행계약을 승계하였다고 주장하고 있으므로, 먼저 인수참가인이 이 사건 분양대행계약을 승계하였는지에 관하여 살펴본다.

수계전의 피고와 인수참가인 사이에 체결된 2002. 7. 12.자 토지신탁사업양수도 계약서(갑 제16호증) 제5조에 의하면, 인수참가인이 위 피고로부터 이 사건 공원묘원 사업을 포함하여 위 피고가 시행하는 토지신탁사업 5건(나머지 4건은 거제 **아파트, 곤지암 임**파트, 남양주 ○○아파트, 수원 **아파트 사업임) 전체를 포괄적으로 양수하는 내용의 토지신탁사업양수도계약을 체결함에 있어서 위 피고가 신탁사업과 관련하여 제3자와 체결한 공사도급계약, 설계.감리계약, 분양대행계약 및 분양계약 등 각종 제 계약에 관하여 인수참가인이 이를 승계하기로 약정한 사실은 인정된다.

그러나 한편 위 2002. 7. 12.자 계약서 제17조에 의하면, "이 계약에 명시되지 아니한 사항은 위 피고, 인수참가인, 한국감정원, 한국자산관리공사가 2001. 11. 2. 체결했던 [별지6]의 합의서 내용에 따르기로 한다"고 약정한 사실을 인정할 수 있는바, 위 [별지6]의 합의서(을 제19호증, 제1심에 제출된 기록 제423면의 참고자료와 같다)에 의하면, 이 사건 공원묘원 사업과 관련해서는 대한종합금융, **건설 주식회사, 위 피고, 인수참가인 등의 협의를 통해 이관 관련조건을 별도 합의하도록 되어 있다.

또 위 2002. 7. 12.자 계약서 제8조 제2항에 의하면, "단, 이 사건 공원묘지 사업에 관하여는 [별지7] 토지신탁사업약정서에 의한다"고 약정한 사실을 인정할 수 있는바, 위 [별지7] 토지신탁사업약정서(을 제17호증의 8 : 갑 제26호증의 1, 2와 같다, 이하 '2002. 3. 31.자 약정서'라고 한다. 이는 수계전의 피고와 인수참가인을 포함하여 위탁자 고**, 수익자 재단법인 ****, *** 성***** 주식회사, 근질권자 대한종합금융 주식회사 등 6인 사이에 체결되었던 것이다) 제3조에 의하면, "이 사건 공원묘원 사업과 관련하여 위 피고가 이미 체결한 공사도급계약, 설계·감리계약 등 각종 제계약을 인수참가인이 승계하되, 다만 이 사건 분양대행계약은 승계대상에서 제외한다"고 약정한 사실이 인정된다.

수계전의 피고와 인수참가인 사이의 위 약정내용에 비추어 보면, 이 사건 공원묘원 사업과 관련하여 위 피고와 체결된 각종 계약 중에서 이 사건 분양대행계약만은 승계대상에서 제외하기로 한 위 2002. 7. 12.자 계약서 제17조 , 제8조 제2항 및 이에 따른 2002. 3. 31.자 약정서 제3조 는 위 피고의 토지신탁사업 5건 전체에 관한 포괄적 양수를 내용으로 하는 위 2002. 7. 12.자 계약서 제5조 에 우선하는 개별약정이라고 볼 것이고, 따라서 위 피고와 인수참가인, 위탁자 사이의 이러한 약정에 따라 인수참가인이 포괄적으로 승계한 이 사건 공원묘원 사업자로서의 지위 중에서 분양대행계약은 그 승계대상에서 제외되었다고 할 것이다.

이에 대하여 원고는, 수계전의 피고와 인수참가인 사이에 체결된 토지신탁사업의 양수도계약은 신탁법 소정의 "수탁자의 경질"에 해당되고, 신탁법 제48조 제1항에는 "수탁자가 경질된 경우에 신수탁자는 전수탁자가 신탁행위에 의하여 수익자에 대하여 부담하는 채무를 승계한다"고 규정되어 있는 등 신탁법 제11조, 48조, 49조, 50조 등의 규정취지에 비추어 볼 때, 신수탁자인 인수참가인은 전수탁자인 위 피고가 행한 신탁사무 일체를 포괄적으로만 인수할 수 있는 것이지 신탁사무의 일부인 분양대행계약만을 특정하여 배제한 채 인수할 수는 없는 것이라고 주장한다.

그러나 신탁법의 제반규정에 비추어 보더라도 신탁법이 당사자 사이의 약정에 의하여 일부 사무를 제외한 나머지 신탁사무를 이전하는 것을 금지하고 있다고 볼 수는 없고(신탁법 제48조 제1항은 수익자에 대하여 부담하는 채무만의 승계를 규정하고 있고, 단지 제3항에서 "신탁사무의 처리에 관하여 생긴 채권은 신탁재산의 한도 내에서 신수탁자에 대하여도 행사 할 수 있다"고 규정하고 있을 뿐이다), 위탁자 고**, 전수탁자인 위 피고, 신수탁자인 인수참가인 사이에 이 사건 분양대행계약을 승계대상에서 제외하기로 약정하는 것은 계약자유의 원칙상 허용된다고 할 것이다.

원고는 또, 인수참가인이 이 사건 공원묘원사업을 인수함에 있어서 원고가 지급했던 이 사건 분양대행계약의 보증금 5억 원과 그 위약금 등을 감안한 10억 원을 우발손실 항목으로 책정하여 둔 점 등에 비추어 인수참가인은 이 사건 분양대행계약을 승계한 것이라고 주장하는바, 수계전의 피고와 인수참가인 사이에 작성된 이 사건 공원묘원 사업에 관한 신탁사업인계.인수서인 갑 제21호증의 1 제13면 "ix 우발손실내역"란에는, 본안소송 계속중인 이 사건 분양대행계약에 관하여 원고가 위 피고에게 납부했던 분양대행계약 보증금 5억 원 등을 감안하여 금 10억 원이 우발손실 항목으로 책정되어 있고, 그 제19, 21면에 위 분양대행보증금 5억 원이 유동부채로 책정되거나 신탁사업의 수입금액란에 기재되어 있는 사실은 인정되나, 이는 단지 원고와 위 피고 사이의 이 사건 분양대행계약에 관한 보증금 반환 등의 정산 또는 손해배상의 문제가 발생할 때에 대비하여 유보하여 둔 것으로 볼 것이고, 그러한 사정만으로는 인수참가인이 이 사건 분양대행계약을 승계하기로 한 것이라 볼 수 없다.

나아가 위와 같이 인수참가인이 이 사건 분양대행계약은 승계대상에서 제외하기로 약정하게 된 경위에 관하여 보건대, 수계전의 피고로부터 토지신탁사업정리계획의 수립에 관한 용역을 의뢰받은 소외 주식회사 *******은 위 피고가 시행하는 토지신탁사업의 양수인으로 인수참가인을 선정하고 이 사건 공원묘원 사업의 분양대행사에 관하여는 부적합한 분양대행사로 인하여 분양과 관련한 문제가 야기되었던 사업이고 그 분양대행계약이 위 피고의 계약해지로 종료되었으므로 공신력 있는 분양대행사의 선정이 필요하다는 결론으로 용역결과를 보고한 사실, 이에 따라 위 피고와 인수참가인은 2001. 11. 2. 이 사건 공원묘원 사업을 포함한 5건의 토지신탁사업을 우선적으로 이관하되, 이 사건 공원묘원과 관련하여서는 이관 관련조건을 별도로 협의키로 합의하였고, 그 후 이 사건 공원묘원 사업 중 이 사건 분양대행계약은 승계대상에서 제외하기로 하는 위 2002. 3. 31.자 약정서를 체결하였으며, 위 피고의 토지신탁사업 5건을 포괄적으로 양도한다는 위 2002. 7. 12.자 계약일 이후인 2002. 7. 24.에도 위 2002. 3. 31.자 약정서를 공증한 사실(앞에서 본 바와 같이 2002. 3. 31.자 약정서는 위 피고와 인수참가인을 포함하여 위탁자 고**, 수익자 재단법인 ****, *** 성***** 주식회사, 근질권자 대한종합금융 주식회사 등 6인 사이에 체결되었던 것으로서 피고의 담당직원이었던 신**가 순차로 위 6인의 날인을 모두 받은 무렵인 2002. 7. 24. 공증한 것으로 보인다)을 인정할 수 있다(이는 원고와 인수참가인 사이에 다툼이 없거나, 제1심 증인 고**, 당심 증인 신**의 각 증언, 기록 407면 이하 인수참가인의 2002. 10. 30.자 소송절차인수신청에 대한 답변서에 첨부된 참고자료 등 변론전체의 취지에 의하여 인정할 수 있다).

또 위 2002. 7. 12.자 계약서 제5조에 의하면, 수계전의 피고와 인수참가인 사이의 사업양수도계약 시 "수탁자인 위 피고와 이해관계인 사이에 당사자 사이의 의견불일치 등으로 인하여 승계계약이 이루어지지 아니할 경우 인수참가인은 승계계약 미이행시점으로부터 30일 이내에 해당 신탁사업을 양수도대상사업에서 제외할 수 있다. 이해관계인이 위 피고를 상대로 소송을 제기할 경우에는 인수참가인이 위 피고의 비용부담 하에 소송을 진행한다"고 약정한 사실이 인정되는데, 위 약정 당시에는 이미 2001. 11. 21. 제기되었던 원고의 이 사건 소송이 진행중이었으며, 따라서 소송계속중이던 이 사건 분양대행계약은 인수참가인이 승계하지 않았을 것이고, 2002. 7. 24.에 이르러 위 2002. 3. 31.자 약정서를 공증한 것은 위 약정에 따라 인수참가인이 승계계약 미이행시점으로부터 30일 이내에 이 사건 공원묘원 사업을 양수도대상사업에서 제외한다는 것을 명확히 한 것이라고도 볼 수 있다 할 것이다.

결국 이와 달리 인수참가인이 이 사건 분양대행계약을 승계하였음을 전제로 한 원고의 인수참가인에 대한 주장은 더 나아가 살펴볼 필요 없이 받아들일 수 없다.

172. 대법원 2005. 12. 22. 선고 2003다55059 판결 [질권확인][405)]

[논점] 수탁자의 비용상환청구권이 권리질의 목적이 될 수 있는지 여부 및 수탁자의 비용상환청구권에 관한 질권자가 신탁법에 의하여 신탁재산에 대한 자조매각권을 직접 행사할 수 있는지 여부

【이 유】

1. 상고이유 제1점에 대하여

확인의 소는 원고의 법적 지위가 불안·위험할 때에 그 불안·위험을 제거함에 확인판결로 판단하는 것이 가장 유효·적절한 수단인 경우에 인정된다(대법원 1994. 11. 22. 선고 93다40089 판결 등 참조).

원심이 인정한 사실에 의하면, (주)코레트신탁(이하 '코레트신탁'이라 한다)은 1998. 7. 1. 원고 등 14개 금융기관과 사이에 25개 신탁사업과 관련하여 코레트신탁이 차입한 대출원리금 등을 피담보채권으

405) 이 판결에 대한 평석은, (1) 임채웅, 신탁법상 비용상환청구권, 자조매각권 및 도산법상 부인권의 성격, 신탁법 연구, 박영사, 263면 이하, (2) 이연갑, 수탁자의 보상청구권과 충실의무, 민사판례연구 30권, 박영사, 271면 이하를 각 참고할 것.

로 하여 코레트신탁이 신탁종료시에 관련 신탁사업의 신탁계약 및 신탁법 제42조에 의하여 신탁재산에 대하여 갖는 비용·손해보상청구권(이하 '비용상환청구권'이라 한다)에 관하여 근질권계약을 체결하였는데, 피고는 2001. 4.경 코레트신탁으로부터 위 신탁사업 중 7개의 신탁사업을 양수하면서 코레트신탁의 비용상환청구권을 함께 양수하였으나, 코레트신탁의 비용상환청구권과 관련된 원고 등의 채권을 무담보채권으로 분류하여 피고에게 이전하되 관련 신탁사업의 종료 후 정산방법은 법률적 해석에 따르기로 한 코레트신탁에 대한 제2차 기업개선계획 등에 근거하여 코레트신탁과 원고 사이의 위 근질권설정계약의 효력을 부인하고 있고, 피고가 양수한 위 신탁사업은 아직 종료되지 않은 상태이어서 원고로서는 당장 질권자로서 질권의 목적인 권리를 행사할 수도 없는 상황이므로, 원고의 이 사건 확인청구는 원고의 권리 또는 법률상의 지위에 현존하는 불안·위험을 제거하는데 가장 유효·적절한 수단이 된다고 할 것이다.

같은 취지의 원심 판단은 정당하고, 거기에 상고이유에서 주장하는 바와 같은 확인의 이익에 관한 법리오해의 위법이 없다.

또, 질권의 목적인 채권의 양도행위는 민법 제352조 소정의 질권자의 이익을 해하는 변경에 해당되지 않으므로 질권자의 동의를 요하지 아니한다 할 것인바 , 질권자인 원고의 동의 없이 코레트신탁의 비용상환청구권이 피고에게 이전될 수 없음을 전제로 이 사건 소의 확인의 이익이 없다는 취지의 상고이유의 주장도 받아들일 수 없다.

2. 상고이유 제2, 3점에 대하여

신탁재산에 관한 조세, 공과(공과), 기타 신탁사무를 처리하기 위한 비용은 신탁재산의 명의자이자 관리자인 수탁자가 제3자에 대하여 부담하게 되는바, 수탁자로서는 위와 같은 채무를 신탁재산으로 변제할 수도 있고, 자신의 고유재산에 속하는 금전으로 변제할 수도 있는데, 신탁사무가 정당하게 행해진 한 위와 같은 비용은 실질적으로 신탁재산의 채무이기 때문에 자신의 고유재산으로써 이를 변제한 수탁자는 신탁재산으로부터 보상을 받을 수 있어야 할 것이다. 신탁법 제42조[406]에서 규정하고 있는 수탁자의 비용상환청구권은 수탁자가 신탁사무의 처리에 있어서 정당하게 부담하게 되는 비용 또는 과실 없이 입게 된 손해에 관하여 신탁재산 또는 수익자에 대하여 보상을 청구할 수 있는 권리라고 할 것인바, 수탁자가 재임중에는 신탁재산의 관리인이 수탁자 자신이어서 신탁재산에 대하여 비용상환청구권 강제집행과 같은 방법으로 행사할 수는 없고(수탁자의 임무가 종료한 후에는 신수탁자를 상대로 보상청구권을 행사하여 신탁재산에 대하여 강제집행을 할 수 있다.), 같은 조 제1항에서 규정하고 있는 바와 같이 신탁재산을 매각하여 그 매각대금으로 다른 권리자에 우선하여 비용상환청구권의 변제에 충당할 수 있을 뿐이지만, 수탁자의 신탁재산에 대한 비용상환청구권은 수탁자가 개인적으로 갖는 권리로서 독립성을 인정할 수 있으므로 양도될 수도 있고 권리질의 목적도 될 수 있다.

다만, 수탁자가 신탁법 제42조 제1항에 의하여 신탁재산에 대하여 행사하는 소위 자조매각권(자조매각권)은 수탁자가 신탁재산의 명의인으로서 관리처분권을 가지는 데에 근거한 것이고, 수탁자가 자조매각권을 행사함에 있어서는 신탁재산의 관리인으로서 신탁의 목적에 따라 신탁재산을 처분하여야 하는 제한이 따르는 것이므로 개인으로서의 수탁자가 신탁재산에 대하여 가지는 비용상환청구권에 관한 질권자라고 하더라도 신탁재산에 대하여 자조매각권을 직접 행사할 수는 없다.

같은 취지에서 코레트신탁이 신탁종료시에 신탁재산에 대하여 갖는 비용상환청구권을 목적으로 한 이 사건 근질권설정계약이 유효하다고 한 원심의 판단은 정당하고, 거기에 상고이유에서 주장하는 바와 같은 수탁자의 비용상환청구권의 성질 및 이에 대한 질권 설정의 가부에 관한 법리오해로 인하여

406) 현행 신탁법 제46조.

판결 결과에 영향을 미친 위법이 있다고 할 수 없으며, 신탁법 제42조 소정의 수탁자의 비용상환청구권이 단순히 수탁자의 신탁재산에 대한 자조매각권 및 우선변제충당권을 내용으로 하는 일종의 형성권 내지 공제권능에 불과하여 질권의 목적인 권리가 될 수 없다는 취지의 상고이유의 주장은 받아들이지 않는다.

3. 상고이유 제4점에 대하여

수탁자의 충실의무는 수탁자가 신탁목적에 따라 신탁재산을 관리하여야 하고 신탁재산의 이익[407]을 최대한 도모하여야 할 의무로서, 신탁법상 이에 관한 명문의 규정이 있는 것은 아니지만 일반적으로 수탁자의 신탁재산에 관한 권리취득을 제한하고 있는 신탁법 제31조를 근거로 인정되고 있다.[408]

이 사건에서 수탁자인 코레트신탁이 자신의 고유재산인 비용상환청구권에 관하여 근질권을 설정한 행위는 신탁재산이나 수익자의 이익과 수탁자의 이익이 상반되는 행위가 아니어서 수탁자로서의 충실의무에 위반된 행위라고 할 수 없다.

같은 취지의 원심의 판단은 정당하고, 거기에 상고이유에서 주장하는 바와 같은 수탁자의 충실의무 위반에 관한 법리오해 등의 위법은 없다.

4. 상고이유 제5점에 대하여

파산법상의 부인권은 파산채권자의 공동담보인 파산자의 일반재산을 파산재단에 원상회복시키기 위하여 인정되는 제도로서, 파산관재인이 부인권을 행사하면 그 부인권 행사의 효과는 파산재단과 상대방과의 사이에서 상대적으로 발생할 뿐이고 제3자에 대하여는 효력이 미치지 아니한다.

같은 취지에서 원고 등과 코레트신탁 사이의 이 사건 근질권설정계약이 파산법 제64조[409] 제1호 소정의 부인할 수 있는 행위에 해당되고 그에 대하여 코레트신탁의 파산관재인이 부인권을 행사하였으니, 피고가 양수한 신탁사업과 관련한 코레트신탁의 비용상환청구권에 관한 근질권설정계약의 효력도 부인되어야 한다는 취지의 피고의 주장을 배척한 원심의 판단은 정당하고, 거기에 상고이유에서 주장하는 파산법상의 부인권 행사의 효력에 관한 법리오해 및 심리미진으로 인하여 판결 결과에 영향을 미친 위법은 없다.

5. 상고이유 제6점에 대하여

원고가 이 사건에서 근질권자로서 피고에 대하여 행사할 수 있는 비용상환청구권은 피고가 코레트신탁으로부터 양수한 신탁사업에 관한 것이고, 원고가 근질권자로서 코레트신탁에 대하여 행사하는 비용상환청구권은 피고에게 양도되지 아니한 신탁사업에 관한 것으로서 그 내용을 달리하는 것이고, 원고가 코레트신탁의 파산절차에서 주장한 권리내역은 코레트신탁의 신탁재산에 대한 비용상환청구권 중에서 원고가 다른 공동근질권자들과의 관계에서 권리를 행사할 수 있는 금액을 주장한 것으로 보일 뿐이므로 원고가 피고의 비용상환청구권에 대하여 행사할 수 있는 근질권의 범위도 그 금액에 한정되는 것이라고 할 수는 없다.

원심은 원고가 코레트신탁의 파산절차에서 코레트신탁의 비용상환청구권에 관한 근질권자로서 회수할 수 있는 채권액을 6억 7,100만 원으로 신고하였으니 이 사건 확인청구도 위의 범위로 제한되어야 한다는 피고의 주장에 대하여 명시적인 판단을 하지는 않았으나, 피고가 코레트신탁으로부터 양수한 비용상환청구권이 신탁종료시에야 확정될 수 있는 것임을 이유로 원고가 피고에 대하여 행사할 수 있는

407) 충실의무는 신탁재산이 아니라 '수익자를 위해 행위하여야 할 의무'로 보는 것이 보다 타당할 것이다(현행 신탁법 제33조).
408) 현행 신탁법에서는 수탁자의 충실의무를 규정하고 있다(제33조).
409) 현행 채무자회생법 제391조.

채권의 범위를 정하지 않은 채 근질권설정계약상의 채권최고액의 범위 내에서 위 비용상환청구권에 관하여 근질권을 가진다고 한 원심의 판단에는 위와 같은 피고의 주장을 배척하는 취지가 포함되어 있다고 볼 수 있으므로 원심의 판단에 상고이유에서 주장하는 바와 같은 질권의 범위에 관한 법리오해, 심리미진, 판단유탈 등으로 인하여 판결 결과에 영향을 미친 위법이 있다고 할 수 없다.

[원심판결] 서울고등법원 2003. 8. 29. 선고 2002나51106 판결 [질권확인]

【주 문】

1. 피고의 항소를 기각한다.

2. 당심에서의 청구감축에 따라 제1심판결의 주문 제1항은 다음과 같이 변경되었다.

별지 신탁사업표시 1, 3 내지 8항 기재 각 신탁사업과 관련하여, 위 각 항의 다)호 기재 신탁재산에 대한 피고의 비용상환청구권에 관하여 채권최고액 59,154,000,000원의 근질권이 원고에게 있음을 확인한다.

3. 항소비용은 피고와 보조참가인들의 부담으로 한다.

【청구취지 및 항소취지】

1. 청구취지

별지 신탁사업표시 1, 3 내지 8항 기재 각 신탁사업에 기한, 별지 신탁사업표시 1, 3 내지 8항의 각 나)호 기재 수익자 및 별지 신탁사업표시 1, 3 내지 8항의 각 다)호 기재 신탁재산에 대한 피고의 비용상환청구권에 관하여 채권최고액 59,154,000,000원의 근질권이 원고에게 있음을 확인한다(원고는 당심에서 청구취지를 감축하였다).

2. 항소취지

제1심판결 중 피고 패소부분을 취소하고, 그 취소부분에 해당하는 원고의 청구를 기각한다.

【이 유】

2. 당사자의 주장 및 판단

가. 확인의 이익

(1) 원고는, 피고가 코레트신탁으로부터 위 신탁사업들을 양수함으로써 원고와 코레트신탁간의 근질권설정계약의 목적인 비용상환청구권도 양수하였다고 주장하면서 피고를 상대로 위 청구취지 기재와 같은 근질권의 확인을 구한다.

(2) (가) 이에 대하여 피고(보조참가인들 포함, 이하 '피고'라고만 한다)는 우선, 원고가 코레트신탁의 비용상환청구권을 질권으로 가지고 있다면, 질권자인 원고의 동의 없이 비용상환청구권이 피고에게 이전될 수 없는 것이므로, 피고에게 이 사건 확인을 구할 이익이 없다고 항변하나, 앞서 인정한 각 사실에 의하면, 피고는 코레트신탁과 원고 사이의 비용상환청구권에 설정된 질권으로 담보된 피담보채무를 무담보채권으로 분류하여 인수하였으나 향후 원고가 설정한 질권의 효력 등에 대한 법률적 해석에 따라 관련 신탁사업의 종료 후 정산방법을 정하기로 하여 신탁사업을 양수한 것으로 봄이 상당하고(원고가 2차 기업개선계획에 대하여 반대의 의사를 표시하였다고 하더라도 위 계획은 원고가 참여한 채권기관협의회 소정의 절차에 따라 적법하게 결의된 것이므로 그에 따라 체결된 기업개선약정의 내용도 원고에 대하여 효력이 미친다고 볼 것이어서 위 기업개선약정에 포함된 질권의 목적이 된 비용상환청구권의 이전에 원고도 동의하였다고 보아야 한다), 법원에 위 질권의 효력 등에 대한 법률적 해석을 구하고 피고

에 대하여 그 질권의 확인을 구하는 이 사건 소에 확인의 이익이 있으므로 위 항변은 이유 없다.

(나) 피고는 또, 위 비용상환청구권은 아직 신탁관계가 종료되지 않아 이행기가 도래하지 않았으므로 이를 목적으로 하는 원고의 근질권은 현재의 권리를 그 대상으로 하지 않고 있어 확인의 이익이 없다고 항변하나, 조건부 권리나 기한부 권리도 현존하는 권리이고, 이를 목적으로 하는 질권 또한 현재의 권리라 할 것이므로, 위 항변도 이유 없다.

(다) 피고는 마지막으로, 원고가 비용상환청구권의 질권자로서 비용상환청구 또는 수익금교부청구와 같은 이행청구를 할 수 있음에도 불구하고 이 사건 확인청구를 하는 것은 그 확인의 이익이 없다고 항변하나, 2차 기업개선계획에서 비용상환청구권과 관련된 채권을 무담보채권으로 분류하되, 관련신탁사업의 매각 및 해지 등 종료 후 정산방법은 법률적 해석 등에 따르기로 하였음은 앞서 보았고, 위 관련신탁사업이 모두 종료되었다고 인정할 증거가 없는 이상, 이 사건 확인청구가 원고의 권리 또는 법률상의 지위에 현존하는 불안, 위험을 제거하는데 가장 유효, 적절한 수단이라 할 것이므로, 위 항변도 이유 없다.

나. 본안에 대한 판단(제1심에서 기각된 수익자에 대한 비용상환청구부분은 원고가 항소하지 않았으므로 따로 판단하지 아니한다)

(1) 앞서 인정한 사실에 의하면, 코레트신탁으로부터 신탁사업을 양수한 피고는 특별한 사정이 없는 한 코레트신탁이 원고에게 질권을 설정한 신탁재산에 대한 코레트신탁의 질권부 비용상환청구권을 양수하였다고 할 것이다(다만 질권의 효력 등에 대해서는 법률적 해석에 따르기로 하였음은 앞서 본 바와 같다).

(2) 이에 대하여 피고는 아래와 같은 사유를 주장하면서 비용상환청구권에 질권을 설정한 이 사건 근질권설정계약은 물권법정주의에 반하여 무효라고 주장한다.

(가) 피고는, '별지 신탁사업표시 1, 3 내지 8 기재 신탁사업과 관련하여 수탁자가 보유한 비용상환청구권'이 이 사건 근질권의 목적으로 되어 있으나, '별지 신탁사업과 관련하여'만으로는 근질권의 목적이 특정되었다고 할 수 없으므로 이 사건 근질권은 무효라고 주장하나, 일정한 거래관계에서 발생하는 증감변동하는 권리는 그 발생기초인 거래관계, 급부의 목적물 및 양도범위를 명시하는 방법으로 다른 권리와 구별하여 그 동일성을 인식할 수 있을 정도로 규정되어 있으면 그 권리는 특정된 것으로 볼 수 있는바, 이 사건 근질권의 목적으로 '별지 신탁사업표시 1, 3 내지 8 기재 신탁사업과 관련하여 수탁자가 보유한 비용상환청구권'이라고 명시한 이상 이 사건 근질권의 목적은 특정되었다 할 것이므로, 위 주장은 이유 없다.

(나) 피고는, 이 사건 근질권을 인정하면 질권설정의 방법으로 토지의 교환가치에 대한 담보권 취득을 허용하게 되는 결과가 되어 부동산질권을 허용하지 않는 우리 법제와 모순된다고 주장하나,[410] 이 사건 근질권의 목적은 신탁재산 자체가 아니라 수탁자가 신탁재산에 갖고 있는 비용상환청구권이므로, 위 주장은 이유 없다.

(다) 피고는, 법 제42조 제1항 소정의 비용상환청구권은 수탁자가 신탁재산으로부터 비용을 공제할 수 있는 공제권능에 불과하므로 질권이 설정될 수 없다는 취지로 주장하나, 수탁자가 비용에 대하여 수익자에게 청구할 수 있는 점(동조 제2항), 수탁자의 임무종료 후에는 신탁재산에 대해 강제집행을 하는 것이 인정되고 있는 점(법 제49조 제1항), 법 제3조(신탁의 공시), 제20조(상계금지), 제21조(강제집행 금지), 제22조(수탁자의 파산과 신탁재산), 제23조(신탁재산의 불혼동), 제24조(부합, 혼화, 가공), 제25조

410) 부동산 신탁수익권에 대한 근질권의 효력을 부인하는 근거와 유사한 주장이다.

(신탁재산의 독립성), 제30(수탁자의 분별관리의무), 제31조(수탁자의 권리취득의 제한) 등은 신탁재산의 독립성을 보장하고 있는 점(대법원 1987. 5. 12. 선고 86다545 판결은 신탁재산은 수탁자의 고유재산으로부터 구별되어 관리될 뿐만 아니라 위탁자의 재산권으로부터도 분리되어 독립성을 갖게 된다고 판시하고 있다), 법 제42조가 그 표제를 '수탁자의 비용, 손해보상청구권'이라고 명시하고 있는 점 등에 비추어 수탁자는 신탁재산에 대한 소유자 내지 관리자로서의 지위와 고유재산의 소유자로서의 지위를 겸유하고 있다고 볼 여지가 있고, 그렇다면 위 비용상환청구권은 수탁자의 신탁재산에 대한 청구권으로서의 성질을 갖는다(다만, 수탁자가 위 두 지위를 겸유하는 관계로 수탁자 재임 중에는 개인으로서의 수탁자가 신탁재산의 명의자인 수탁자에 대하여 갖는 채권적 청구권이면서 동시에 신탁재산을 임의로 매각할 수 있는 형성권적 성질도 갖는다고 할 것이다)고 봄이 상당하므로, 위 주장은 이유 없다.

(라) 피고는, 자조매각권(법 제42조 제1항에 의하여 수탁자가 비용을 상환받을 목적으로 신탁재산을 매각할 수 있는 권리)은 제3자가 대신 행사할 수 없으므로 이를 포함하는 비용상환청구권이 질권의 설정될 수 없다는 취지로 주장하나, 법 제42조에서 정한 비용상환청구권에는 신탁재산이 금전인 경우 고유재산의 소유자인 수탁자 지위에서 신탁재산의 관리자인 지위에 있는 수탁자에게 금전을 추심할 수 있는 권리가 포함된다고 봄이 상당한데, 자조매각권은 위와 같은 권리를 담보한다 할 것이고, 위와 같이 추심할 수 있는 권리에 질권이 설정된 이상 위 담보권에도 질권의 효력이 미친다고 보아야 할 것이며(더욱이 위 근질권설정계약 제6조 제2항에서는 질권자가 질권을 실행하여 수탁자에게 신탁부동산의 매각을 청구할 수 있음을 명시하였다), 또한 수탁자가 자조매각을 이행하지 않는 경우 질권자는 민법 제389조 제1항 및 민사집행법 제261조에 따라 간접강제의 방식으로 매각을 구할 수도 있어 보이므로, 자조매각권 자체의 양도가 불가능하여 위 근질권설정계약 자체가 무효로 된다는 위 주장은 이유 없다.

(마) 피고는, 위 근질권설정계약서에 질권설정계약 체결일자 및 질권설정계약내용 통지일의 선후에도 불구하고 각 질권자는 동순위로 한다는 규정(제2조 제4호)이 물권법정주의에 반하는 것이므로 위 근질권은 무효로 보아야 한다고 주장하나, 위 근질권은 다수의 질권자가 동시에 수탁자가 신탁재산에 대하여 갖는 비용상환청구권에 대하여 하나의 문서로 설정계약을 체결한 것이므로 각 질권자는 당연히 동순위가 된다고 할 것이고,[411] 이 사건에서 문제되는 것은 수탁자의 신탁재산에 대한 비용상환청구권이므로 수익자들에 대한 통지가 위 근질권설정의 대항요건이 된다고 볼 수도 없으므로, 위와 같은 조항이 있다 하여 위 근질권이 무효로 된다고 보기는 어렵다.

---

411) 실무상 자금을 선·후순위 대출(차입) 구조로 같은 날에 조달하는 경우, 하나의 계약서로 선·후순위 질권을 설정하고 계약서에 선·후순위를 명시하는 경우가 많은데, '질권의 순위는 그 설정의 선후에 의한다'는 민법 제333조 및 물권법정주의와의 관계에서 이와 같은 선·후순위 약정이 그 효력을 인정받을 수 있을지 문제된다. 이 판시 내용에 의하면 이 경우 당사자들의 선·후순위 약정에도 불구하고 모두 동순위로 인정받을 가능성이 존재한다. 이와 같은 가능성을 고려하여 선순위 질권설정계약서와 후순위 질권설정계약서를 분리하여 시차를 갖고 전자의 체결 및 대항요건 완료 후 후자의 체결 및 대항요건을 구비하도록 하는 것(약정서에 이점을 명확히 기재함)을 고려해 볼 필요가 있을 것이다(다만, 질권설정계약서와는 별도로 대출약정서 및/또는 채권자간 약정 등에서 담보물로부터의 회수금 충당순서 등을 정하는 것이 일반적이므로 질권의 순위 여부에도 불구하고 대출약정서 및/또는 채권자간 약정에 따라 변제의 충당이 이루어지게 될 것이므로 사실상 채권회수에 있어 선·후순위가 확보될 수 있을 것으로 생각된다). 또한, 양도담보의 경우에는 (신탁적 소유권이전설에 따라) 선·후순위 양도담보가 인정되지 아니하므로 수익권에 대한 후순위 양도담보 역시 인정되지 않는다고 보는 것이 실무의 다수 의견으로 이해된다(다만, 당사자 사이에 채권적 효력은 인정할 수 있다는 견해도 존재한다). 이와 같은 문제점을 신탁수익권에 대한 담보설정과 관련하여 살펴보면, 자익신탁 후 수익권에 대해 동일한 계약으로 선·후순위 질권을 설정하는 경우에는 당사자의 의사에 반하여 동순위로 해석될 가능성이 있게 된다. 또한 수익권에 대한 선·후순위 양도담보는 허용되지 않는다. 반면, 타익신탁을 설정하고 채권자를 선·후순위 수익자로 지정하는 방법으로 담보를 제공하는 경우에는 이와 같은 수익권에 대한 선·후순위 질권 및 양도담보의 문제를 해소할 수 있다는 장점이 있다. 특히, 타익신탁의 방법에 의한 담보제공의 경우에는 위탁자(담보제공자)의 도산으로부터 절연된다는 점에서 위탁자(담보제공자)에게 도산절차가 개시되는 경우 회생담보권 또는 별제권으로 인정되어 그 권리행사의 범위 및/또는 시기, 방법에 있어 채무자회생법에 의한 제한이 따르는 수익권에 대한 질권 및 양도담보 제공에 비해 상대적으로 담보의 안정성을 확보할 수 있다고 할 것이다.

(바) 피고는, 수탁자는 법 제42조 제1항에 따라 언제든지 신탁재산을 매각, 환가할 수 있는데 이는 질권의 목적물이 된 권리의 처분을 제한한 민법 제352조 규정과 상충되므로 위 근질권이 무효라고 주장하나, 위 근질권설정계약에서 질권의 목적물이 된 것은 신탁재산 자체가 아니라 수탁자의 신탁재산에 대한 비용상환청구권이므로, 수탁자가 임의로 신탁재산을 매각, 환가할 수 있다 하여 위 근질권이 무효로 된다고 볼 수는 없다.

(사) 피고는, 질권자는 민법에 따라 제3채무자에게 직접 비용상환청구권을 행사하거나 민사집행법이 정하는 추심, 전부, 환가 등의 방법에 의하여 권리실행을 할 수 있는데, 원고는 위와 같은 권리를 갖지 못하고, 위 근질권설정계약서에도 질권설정자가 비용을 회수하여 질권자들에게 안분하여 지급할 의무를 규정하고 있으므로(제6조 제3항) 원고의 질권은 대세적 효력을 갖지 못하고 단지 채권적 효력을 가진 것에 불과하여 무효라는 취지의 주장을 하나, 비용상환청구권에 질권을 설정한 질권자는 그 질권의 실행으로 고유재산의 소유자로서 채권자 지위에 있는 수탁자가 신탁재산의 소유자 내지 관리인으로서 채무자 지위에 있는 수탁자를 상대로 가지는 비용상환청구권을 직접 행사할 수 있다 할 것이고(다만, 수탁자가 위 지위를 겸유하는 관계로 질권자가 수탁자에게 자신의 채권을 행사하는 듯한 모습을 띠게 된다), 자조매각권에도 앞서 본 바와 같은 강제이행 방법이 있을 수 있으므로 원고는 민법 또는 민사집행법에서 정한 방법에 의하여 질권을 실행할 수 있다고 볼 것이고, 또한 위 근질권설정계약서 제6조 제3항에서 정한 질권실행 방법은 민법에서 예정하고 있는 질권의 실행방법과 상이한 것으로 볼 여지가 있지만, 이는 수탁자가 두 지위를 겸유하고 있음을 고려하여 질권실행의 편리를 도모할 목적으로 추가한 당사자 사이의 특약으로 보이므로, 위와 같은 조항이 추가되어 있다 하여 위 근질권 자체가 무효로 된다고 볼 수는 없다.

(3) 피고는, 수탁자가 신탁사무가 종료되기 전에 비용상환청구권에 대하여 질권을 설정한 이 사건 근질권설정계약은 신탁재산의 이익만을 위하여 행동하여야 한다는 수탁자의 충실의무에 위반하여 무효라고 주장하나, 수탁자의 신탁재산에 대한 비용상환청구권은 수탁자가 갖는 고유재산상의 권리로서 이 사건 근질권설정 이전에 이미 신탁재산에 설정된 부담이고, 근질권설정으로 신탁재산에 새로이 부담을 지우는 것이 아니고, 질권자라 하더라도 수탁자가 보유하고 있는 권리 이상을 취득하는 것도 아니어서 코레트신탁의 근질권설정으로 수탁자의 충실의무를 위반하였다고 볼 수는 없으므로, 위 주장은 이유 없다.

(4) 피고는, 자신이 가지는 신탁재산에 대한 매각·환가권능은 법 제42조 제1항에 따라 가지는 것에 불과하여 위 부분에 관한 질권확인청구는 부당하다는 취지로 주장하나, 피고는 코레트신탁의 신탁사업을 양수함으로써 양수한 비용상환청구권 이외에 수탁자로서 자신이 지출한 비용 등에 대하여는 위 법 규정에 따라 비용상환청구권을 가질 수도 있다 할 것이나, 원고의 이 사건 질권확인청구는 코레트신탁으로부터 양수한 비용상환청구권이라 할 것이므로, 위 주장은 이유 없다.

(5) 피고는, 수탁자가 관리를 적절히 하지 못하여 신탁재산의 멸실, 감소 기타의 손해를 발생하게 한 경우, 신탁의 본지에 위반하여 신탁재산을 처분한 때 또는 수탁자가 신탁재산을 고유재산 또는 다른 신탁재산과 구별하여 관리하지 못한 경우에는 위탁자, 수익자 등은 그 수탁자에 대하여 손해배상 또는 신탁재산의 회복을 청구할 수 있고, 이러한 청구가 있는 경우에 수탁자가 손실의 보상 및 신탁재산복구의 의무를 이행한 후가 아니면 수탁자는 비용상환청구권을 행사할 수 없으므로, 코레트신탁이 위와 같은 손해배상 등을 이행하였음을 입증하지 않은 원고의 이 사건 청구는 이유 없다고 주장하나, 설령 전수탁자인 코레트신탁이 위와 같은 이유로 비용상환청구권의 행사의 제한을 받는다고 하더라도 원고가 이 사건 확인청구를 함에 있어 아무런 장애가 될 수 없으므로, 위 주장은 그 자체로 이유 없다.

(6) 피고는, 코레트신탁이 위 신탁사업을 추진하기 위하여 투입한 비용은 법 제42조 제1항의 비용에

해당하지 않으므로 이 사건 청구는 이유 없다고 주장하나, 토지(개발)신탁의 경우 수탁자가 자금을 차입하여 신탁토지상에 건축을 하는 것이 신탁의 목적이고, 위 투입비용은 위와 같은 신탁목적에 사용된 것으로 보이므로, 위 투입비용도 위 규정 소정의 비용에 해당한다 할 것이어서, 위 주장은 이유 없다.

(7) 피고는, 이 사건 근질권설정계약은 파산자인 코레트신탁이 파산채권자를 해함을 알고 한 행위로서 파산법 제64조 제1호 소정의 부인할 수 있는 행위에 해당하여 그 효력이 없다고 주장하나, 설사 이 사건 근질권설정계약이 파산법 제64조 제1호 소정의 부인할 수 있는 행위에 해당한다고 하더라도 코레트신탁의 파산관재인만이 이 사건 근질권설정계약에 대하여 부인할 수 있고, 부인의 효과는 파산관재인과 부인의 상대방 사이에서만 생기고 제3자에 대하여는 효력이 미치지 아니하며, 원고가 피고를 상대로 이 사건 근질권확인을 받는다 하더라도 그것이 코레트신탁의 파산관재인이 이 사건 근질권설정계약에 관하여 부인권을 행사하는데 장애가 된다고 볼 수도 없으므로, 피고가 이를 이유로 원고의 이 사건 근질권 확인청구를 다툴 수는 없다 할 것이어서, 위 주장도 이유 없다.

173. 대법원 2005. 11. 10. 선고 2005다33718 판결 [사해행위취소]

[논점] 자금난으로 사업을 추진하기 어려운 상황에 처한 채무자가 자금을 융통하여 사업을 추진하는 것이 채무 변제력을 갖게 되는 최선의 방법이라고 생각하고 자금을 융통하기 위하여 부득이 부동산을 신탁하고 신규자금을 융통받은 것이 사해행위에 해당하는지 여부

【이 유】

채무초과상태에 있는 채무자가 그 소유의 부동산을 채권자 중의 어느 한 사람에게 채권담보로 제공하는 행위는 특별한 사정이 없는 한 다른 채권자들에 대한 관계에서 사해행위에 해당한다고 할 것이나, 자금난으로 사업을 계속 추진하기 어려운 상황에 처한 채무자가 자금을 융통하여 사업을 계속 추진하는 것이 채무 변제력을 갖게 되는 최선의 방법이라고 생각하고 자금을 융통하기 위하여 부득이 부동산을 특정 채권자에게 담보로 제공하거나 이를 신탁하고 그로부터 신규자금을 추가로 융통받았다면 특별한 사정이 없는 한 채무자의 담보권 설정 내지 신탁행위는 사해행위에 해당하지 않는다고 할 것이다(대법원 2001. 5. 8. 선고 2000다50015 판결, 2003. 12. 12. 선고 2001다57884 판결 등 참조).

이러한 법리에 바탕을 두고 원심이 인용한 제1심판결의 이유를 기록에 비추어 살펴보면, 원심이 이 사건 근저당권 설정 및 관리처분신탁은 자금난으로 이 사건 건물의 리모델링 사업을 추진하기 어려운 상황에 처한 주식회사 에이에스피홀딩스가 자금을 융통하여 사업을 추진하는 것이 채무 변제력을 갖게 되는 최선의 방법이라고 생각하고 자금을 융통하기 위하여 부득이 이 사건 각 부동산 지분을 피고에게 담보로 제공함과 아울러 신탁하고 그로부터 신규자금을 융통받은 것으로 사해행위에 해당하지 않는다고 판단한 제1심 판결을 그대로 유지한 조치는 정당하고, 거기에 채증법칙 위배 또는 심리미진으로 인한 사실오인, 이른바 갱생목적의 담보제공 내지 신탁행위가 사해행위에 해당하는지에 관한 법리오해 등의 위법이 있다고 할 수 없다.

[원심판결] 서울고등법원 2005. 5. 10. 선고 2004나66683 판결 [사해행위취소][412]

[1심판결] 서울중앙지방법원 2004. 8. 18. 선고 2003가합60728 판결 [사해행위취소]

【주 문】

1. 원고의 청구를 모두 기각한다.

412) 1심판결의 이유를 원용하여 원고의 항소를 기각함.

2. 소송비용은 원고의 부담으로 한다.

【청구취지】

별지 목록 기재 토지 중 1,600.1분의 1,391.781 지분과 별지 목록 기재 건물 중 17,270.43분의 15,005.627 지분에 관하여,

1. 피고와 소외 주식회사 A 사이에 체결된 2002. 5. 20.자 근저당권설정계약 및 신탁계약을 각 취소한다.

2. 피고는 소외 주식회사 A에게 서울지방법원 2002. 5. 20. 접수 제41361호로 마친 근저당권설정등기 및 같은 법원 같은 날 접수 제41362호로 마친 소유권이전등기의 각 말소등기절차를 이행하라.

【이 유】

3. 이 사건 근저당권 설정 및 신탁계약의 사해행위 해당 여부에 관한 판단

가. 이 사건 각 부동산 지분은 일반채권자의 책임재산이 아니라는 주장에 관한 판단

피고는, 이 사건 각 부동산 지분이 처음부터 F가 리모델링 사업을 추진하기 위하여 매수한 것이고, 위 사업 추진을 위하여 매수 직후인 2001. 10. 8.부터 이 사건 근저 당권 설정 및 신탁계약 체결시까지 계속하여 대한토지신탁 주식회사 앞으로 신탁을 원인으로 한 이전등기가 되어 있었던 상태였으므로, 이를 일반채권자의 공동담보에 공하여진 책임재산이라고는 볼 수 없어 사해행위가 성립하지 않는다고 주장한다.

살피건대, F가 리모델링 사업을 위하여 이 사건 각 부동산 지분을 매수하였고, 위 사업을 위하여 매수 직후부터 대한토지신탁 주식회사 앞으로 신탁 등기를 해놓았다는 사실은 앞서 인정한 바와 같으나, 한편, F는 위와 같이 신탁 등기를 마치고 삼성중공업 주식회사와 리모델링 사업을 추진하다가 이견이 생겨 그 사업추진이 중단되었던 사실, 이후 F는 새로이 피고 및 대우건설과 접촉하여 다시 위 사업을 계속 추진하기로 하고 사업약정 등을 맺으면서 곧바로 위 대한토지신탁과의 신탁계약을 해지하고 피고 앞으로 신탁등기를 마쳐준 사실 또한 앞에서 인정한 바와 같다. 위 인정사실에 의하면 이 사건 근저당권 설정 및 신탁계약 체결 당시 이 사건 각 부동산 지분이 위 대한토지신탁 앞으로 신탁등기가 되어 있었기는 하나, F는 언제든지 대한토지신탁과의 신탁계약을 해지하여 그 명의를 회복할 수 있는 상태였음이 인정되는바, 단지 형식적으로 신탁등기가 계속 남아있었다는 이유만으로 이 사건 각 부동산 지분이 F의 책임재산이 아니었다고는 볼 수 없으므로 피고의 위 주장은 이유 없다.

나. 사해행위 해당 여부

(1) 당사자의 주장

원고는, 피고가 일반채권자들을 배제한 채 위 사업약정과 이 사건 근저당권 설정 및 신탁계약을 통해 리모델링 사업의 성공 여부와는 관계없이 자신의 대출금채권 확보 외에도 신탁 및 관리보수, 수수료 수입 등의 독점적인 이익을 누리게 되었고, F의 수익권에 질권을 설정함으로써 위 신탁계약을 해지할 수도 없게 하면서 경우에 따라서는 이 사건 각 부동산 지분을 처분할 권리까지 가지게 되었으므로, 이는 사실상 F가 대출의 형식을 통해 이 사건 각 부동산 지분을 처분한 것과 같은 결과가 되어 일반채권자들에 대한 사해행위가 된다고 주장하는 반면, 피고는 이 사건 근저당권 설정 및 신탁계약은 종전에 F가 추진해오던 리모델링 사업을 계속 시행하기 위한 일환으로 행하여진 것이므로 결과적으로 F의 채무변제력을 증강시켜 일반채권자의 공동담보를 충실히 하게 되어 사해행위에 해당하지 않는다고 주장한다.

(2) 판단

살피건대, 이미 채무초과상태에 있는 채무자가 그 소유의 부동산을 채권자 중의 어느 한 사람에게 채권담보로 제공하는 행위는 특별한 사정이 없는 한 다른 채권자들에 대한 관계에서 사해행위에 해당한다고 할 것이나, 자금난으로 사업을 계속 추진하기 어려운 상황에 처한 채무자가 자금을 융통하여 사업을 계속 추진하는 것이 채무 변제력을 갖게 되는 최선의 방법이라고 생각하고 자금을 융통하기 위하여 부득이 부동산을 특정 채권자에게 담보로 제공하고 그로부터 신규자금을 추가로 융통 받았다면 특별한 사정이 없는 한 채무자의 담보권 설정행위는 사해행위에 해당하지 않는다고 할 것이고(대법원 2001. 5. 8. 선고 2000다50015 판결 참조), 이러한 이른바 갱생목적의 담보제공행위인지 여부를 판단함에 있어서는 담보를 제공하고서라도 신규자금을 추가로 융통받을 수밖에 없었던 사정이 있었는지, 제공된 담보가 신규로 대출된 자금만을 담보하는 것인지 기존의 채무도 포함하여 담보하는 것인지, 신규로 대출된 자금의 사용용도, 담보제공 행위 전 채무자의 자산상태와 이후 예상되는 채무자의 변제자력을 비교해 볼 때 사업의 계속 추진이 채권자에게 이익이 되는지 등의 사정을 종합적으로 고려하여 판단하여야 할 것이다.

이러한 관점에서 이 사건에 관하여 보건대, 앞에서 인정한 사실관계에 의하면 F는 처음부터 이 사건 각 부동산 지분을 매수하여 리모델링 사업을 통해 자산가치를 높인후 재분양하는 사업을 추진하여 왔던 점, F가 보유하고 있는 자산으로는 이 사건 부동산을 제외하고는 별다른 재산이 없어 위 사업의 추진을 위해서는 외부로부터의 자금조달이 필수적이었는데 F는 피고와 사업약정, 이 사건 근저당권 설정 및 신탁계약을 체결함으로써 피고로부터 200억 원에 달하는 사업자금을 차용할 수 있었던 점, 위 사업약정에 의하면 피고로부터 대출받은 자금은 임차인 퇴거를 위한 보증금의 환불, 다른 금융기관의 채무변제 등 위 리모델링 사업추진 초기에 소요되는 필수 경비에만 충당되도록 정해져 있고, 그 자금의 집행절차도 F가 피고에게 자금집행을 요청하면 피고가 이를 검토하여 지출하되 집행요청이 부당할 경우 집행을 유보할 수 있도록 되어 있어 F가 위 대출금을 리모델링 사업과 무관한 용도에 임의로 사용할 수는 없게 되어 있었던 점, 그 결과 실제로 대출된 자금 대부분이 임차보증금의 반환, 다른 금융기관의 채무변제 등 사업추진에 필요한 경비로 지출되었던 점 등이 인정되고, 또한, 갑 제4호증의 1, 2, 을 제36, 39호증의 각 기재에 의하면, 별지 목록 기재 각 부동산의 2001. 11. 5. 기준 감정평가액은 약 230억 원이었는데, 이 사건 근저당권 설정 및 신탁계약 당시 이 사건 각 부동산 지분에는 약 169억 원에 해당하는 선순위 근저당권이 설정(피고로부터 대출받은 자금으로 말소한 근저당권 약 153억 원 + 아직 말소되지 않은 주식회사 신세계푸드시스템과 주식회사 동양제과의 근저당권 합계 약 16억 원)되어 있었고, 여기에 건물에 입주하여 있던 임차인들에게 반환해 주어야 할 임차보증금 및 집행비용 등 을 참작해보면 이 사건 각 부동산 지분으로 인해 일반채권자들이 공동담보로서 누릴수 있었던 이익은 60억 원을 넘지 않았을 것으로 보이는 반면, F가 추진하던 리모델링사업이 성공적으로 완료되었다면 F는 약 73억 원의 개발이익을 얻을 수 있었던 것으로 예측된 사실이 인정되는바, 이러한 사정들을 종합적으로 고려해보면 F가 피고로부터 자금을 대출받기 위해 이 사건 근저당권 설정 및 신탁계약을 체결한 행위는 자금난으로 사업을 계속 추진하기 어려운 상황에 처한 채무자가 자금을 융통하여 사업을 계속 추진하는 것이 채무 변제력을 갖게 되는 최선의 방법이라고 생각하고 자금을 융통하기 위하여 부득이 부동산을 특정 채권자에게 담보로 제공하고 그로부터 신규자금을 추가로 융통 받은 소위 갱생목적의 담보제공행위에 해당한다고 볼 것이고, 이는 피고가 사업약정 및 이 사건 근저당권 설정 및 신탁계약을 통해 일반채권자들을 배제한 채 대출금의 확실한 회수보장과 신탁 및 관리보수, 수수료 수입 등의 독점적 경제적 이득을 누리게 되었다고 하여 달리 볼 것이 아니다.

따라서, 이 사건 근저당권 설정 및 신탁계약이 사해행위에 해당한다는 원고의 위 주장은 이유 없다.

174. 대법원 2005. 10. 28. 선고 2005다49782 판결 [소유권이전등기][413]

[논점] 건물의 완공과 토지 및 건물의 분양이 당시 외부적 상황, 원고 등의 비협조, 채권자와 원고 등의 처분금지가처분 등에 의하여 지연된 사건에서 수탁자의 책임을 부정한 사례

[원심판결] 서울고등법원 2005. 7. 27. 선고 2004나85875 판결 [소유권이전등기]

【주 문】

1. 원고(선정당사자)의 항소를 기각한다.
2. 항소비용은 원고(선정당사자)의 부담으로 한다.

【이 유】

3. 판 단

가. 이 사건 수탁자로서의 피고의 의무

이 사건 신탁사업과 같은 분양형 토지신탁사업의 경우에는 실적배당주의에 의하여 운용되어 신탁사업의 결과 발생하는 이익은 물론 그 손실 역시 모두 위탁자에게 귀속됨이 원칙이고, 특히 소요자금을 차입금 내지 분양대금으로 충당하여 신탁사업을 추진하는 경우에는 신탁사업의 진행 및 손익의 발생이 부동산 경기에 따라 크게 달라지므로, 앞에서 인정한 바와 같이 이 사건 신탁계약을 체결할 당시에 예상한 바와 달리 이 사건 신탁사업에 따라 큰 손실이 발생하였다고 하여 곧바로 수탁자인 피고측이 위탁자인 원고 등에게 그 손해를 배상하여야 하는 것이 아니라, 신탁의 본지에 따라 선량한 관리자의 주의로써 신탁재산을 관리 또는 처분하였는지 살펴보아야 할 것이다.

나. 이 사건 건물 공사관리 잘못으로 인한 신축지연과 분양부진 부분에 대한 판단

(1) 먼저, 이 사건 건물의 신축지연과 이 사건 토지 및 건물의 분양부진이 피고측의 과실로 인한 것인지에 관하여 살피건대, 이 사건 건물이 당초 예상한 1997. 11. 30.보다 약 4년이 경과한 후인 2001. 11. 29. 완공되었고, 이 사건 토지 및 건물의 분양실적이 당초 예상과는 달리 부진하였던 사실은 앞서 본 바와 같다.

(2) 그러나, ① 원고 등이 피고측에게 시공사와 분양대행사를 직접 추천한 사실, ② 이 사건 신탁사업기간 중 발생한 외환위기에 따라 금융비용이 증가하고, 부동산경기가 침체하는 시기에 이 사건 건물 공사와 분양이 이루어진 사실, ③ 원고 등은 이 사건 건물공사가 위와 같은 사정으로 지연되고, 분양이 저조할 것으로 예상되자, 분양활성화를 위하여 1997. 5. 8. 피고측에게 이 사건 건물 중 2 내지 4층에 에스컬레이터를 설치하고, 냉방시스템을 당초의 개별냉방에서 중앙냉방식으로 변경하는 내용의 설계변경을 요청한 사실, ④ 피고측은 이에 석원건설과 사이에 공사도급계약을 변경하여 이 사건 건물을 신축한 사실은 앞서 본 바와 같고, 갑 제1호증, 갑 제4호증의 1 내지 8, 갑 제13호증의 5, 갑 제15호증의 각 기재(갑 제15호증의 기재 중 믿지 아니하는 부분 제외) 에 변론 전체의 취지를 종합하면, ① 원고 등과 피고측은 이 사건 신탁계약을 체결하

면서 신탁사업에 소요되는 제비용을 신탁재산에서 지급하고, 지급할 수 없는 경우에는 원고 등에게 청구, 수령하여 지급할 수 있으며, 필요한 경우에는 미리 원고 등에게 상당한 금액을 예탁하게 할 수 있도록 약정하였고, 이에 피고측은 추가 자금조달이 어려워지자 원고 등에세 사업자금의 지급을 요구하였으나, 원고 등이 이를 이행하지 아니 한 사실, ② 피고측은 시공사인 석원건설의 자금조달의 어려

---

413) 원고의 상고를 심리불속행 기각함.

움과 연대시공보증인인 태화건설 주식회사의 부도 등으로 이 사건 건물공사가 중단되던 1999. 6. 25. 석원건설에게 공사재개를 요청하는 등 지속적으로 공사완공을 요구한 사실, ③ 원고 등은 수탁자가 대한부동산신탁에서 피고로 변경됨에 있어 사업지연 및 기타 손해발생에 대하여 아무런 이의도 제기하지 아니한 사실, ④ 원고 등이 하나파이낸스로부터 차용한 금원을 변제하지 못하자, 하나파이낸스로부터 대여금채권을 양수한 F이 이 사건 건물에 관하여 처분금지가처분신청을 하고, 원고 등도 이 사건 건물에 관하여 처분금지가처분신청을 하여, 각 처분금지가처분등기가 기입되는 등 피고측이 분양을 하는데 어려움이 있었던 사실 등을 인정할 수 있다.

(3) 그렇다면, 이 사건 건물의 완공과 이 사건 토지 및 건물의 분양이 당시 외부적 상황, 원고 등의 비협조 및 채권자와 원고 등의 처분금지가처분 등에 의하여 지연되었다고 봄이 상당하고, 이와 달리 피고측에게 선량한 관리자로서의 주의의무를 다하지 못한 잘못이 있다고 단정하기 어려우므로, 원고의 이 부분 주장은 이유 없다.

다. 공사비 과다지급 및 지체상금 미징구 부분에 대한 판단

(1) 다음으로, 피고측이 석원건설에게 이 사건 건물공사대금을 과다하게 지급하고, 지체상금을 징구하지 아니하여 원고 등에게 손해를 가하였는지 살피건대, 석원건설이 이 사건 건물공사를 당초 예상기간보다 약 4년이나 지체하였는데, 피고측은 석원건설에게 지체상금을 징구하지 아니한 채 도급 당시의 공사대금인 7,271,000,000원을 초과하는 7,874,817,742원을 공사대금으로 지급한 사실은 앞서 본 바와 같다.

(2) 그러나, ① 이 사건 건물공사를 진행하던 중 원고 등의 요청에 따라 설계를 변경하고 공사도급계약을 변경하여 공사대금을 9,020,000,000원으로 증액한 후 계속 공사를 진행한 사실, ② 원고 등이 피고측에게 공사대금 등의 사업자금을 제때에 지급하지 아니하여 피고측이 자금조달에 어려움을 겪었던 사실은 앞서 본 바와 같고, 을 제53호증의 1 내지 4의 각 기재에 변론 전체의 취지를 종합하면, ① 피고측은 원고 등의 요청에 따라 석원건설과의 공사도급계약을 변경하면서 공사대금 증액부분에 대하여 주식회사 예울종합건축사사무소에서는 2,048,000,000원을 증액하는 것이 타당하다는 의견을 제시하였으나, 피고측은 이보다 공사비절감요소를 검토하여 이보다 적은 1,749,00,000원만을 증액한 사실, ② 피고측은 석원건설의 사업부진 등의 이유로 이 사건 건물공사가 지연되자, 1998. 7. 20. 원고 등에게 이 사건 신탁사업을 중단하는 것이 손해를 최소 화할 수 있다는 취지로 이 사건 신탁계약의 해지를 통보하였으나, 원고 등이 위 공사 의 중단을 원하지 아니하여 공사가 계속된 사실, ③ 석원건설은 피고측을 상대로 추가공사대금의 지급을 구하는 소를 제기하였으나(서울남부지방법원 2002가합7283), 석원건설의 기성 공사대금에서 하자보수금과 지체상금 등을 합산한 금액을 공제한 금원이 기지급공사대금을 초과한다는 주장을 하였고, 이에 위 법원이 석원건설의 일부 추가공사를 인정하면서도, 기지급공사대금과 압류채권액의 합계액이 더 많다는 이유로 더 나아가 피고의 주장에 대하여 판단할 필요 없이 석원건설의 청구를 기각한 사실(위 사건은 현재 서울고등법원 2004나60364호로 항소심 계속 중이다)을 인정할 수 있다.

(3) 그렇다면, 피고측은 원고 등의 설계변경의 요구로 석원건설과 공사도급계약을 변경하면서 검토를 통하여 공사대금 증액부분을 결정하였고, 증액된 공사대금 중 일부는 석원건설의 기성고 등을 참작하여 지급하지 아니하였으며, 피고측이 원고 등의 공사 계속 요구에 따라 자금조달이 어려운 석원건설에게 지체상금을 공제하지 아니한 채 공사대금을 지급한 것으로, 이 사건 건물공사의 지연 중 석원건설로 인한 부분을 쉽사리 판단할 수 없는 상황하에서 지체상금을 청구하지 아니하였다고 하여 이를 포기하였다고 단정하기는 어렵다고 할 것이므로, 피고측이 석원건설에게 공사대금을 과다하게 지급하고, 지체상금을 징구하지 아니하였다는 원고의 이 부분 주장은 이유 없다.

라. 이 사건 신탁사업비 차입 및 집행상의 과실 부분에 대한 판단

(1) 다음으로, 피고측이 이 사건 신탁사업비를 높은 이율로 무리하게 차입하는 등 집행상의 과실로 인하여 원고 등에게 손해를 가하였는지 살피건대, 원고 등, 피고측, 하나파이낸스, 석원건설 및 동신종합건설 사이의 1996. 8. 26.자 사업약정에서 피고측이 소요자금의 50%를 금융기관으로부터 차입하기로 약정한 사실은 앞서 본 바와 같다.

(2) 그러나, 원고 등은 이 사건 신탁계약 당시 신탁사업의 제비용을 신탁재산에서 지급할 수 없는 경우에는 원고 등이 지급하도록 약정하였음에도, 원고 등이 이를 이행하지 아니한 사실은 앞서 본 바와 같고, 을 제30호증의 1 내지 28, 을 제48호증의 1내지 3, 을 제52호증의 1의 각 기재에 변론 전체의 취지를 종합하면, ① 신탁회사가 사업 소요자금의 50%만을 차입하도록 약정한 것은 위 사업약정 당시 부동산신탁업 인가권자인 재정경제원장관이 금융기관에 대하여 부동산신탁전업회사에 대하여 사업 소요자금의 50%의 범위 내에서 신탁자금을 대출할 것을 통보한 것에 기인한 사실(재정경제원장관은 피고측이 사업자금을 차입할 때인 1997. 1. 14. 위 지침을 변경하여 금융기관에 대하여 소요자금의 70%를 대출할 수 있음을 통보하였다), ② 피고측은 사업자금을 차입함에 있어 동양종합금융 주식회사 등으로부터 어음할인의 방법(일단 어음할인으로 차용한 후 만기에 차입금을 변제하지 못하면, 만기와 이율을 조정하여 다시 어음을 발행하는 방법)을 사용하였는데, 연 이율이 최저 9%에서 최고 40% 정도로 당시 다른 금융기관들의 금리와 비교하여 볼 때, 이율이 부당하게 높았다고 단정할 수 없는 사실(이 중 대부분의 이율은 연 15%를 초과하지 아니하였다)을 인정할 수 있다.

(3) 그렇다면, 피고측이 사업자금을 차입함에 있어 사업자금의 50% 이상을 차용한 것은 재정경재원의 대출지침에 의한 것이고, 피고측이 이를 불이행한 것은 원고 등의 이 사건 신탁계약상의 사업자금 지급의무불이행에 기인한 것이며, 그 차입금의 이율이 과다하게 높았다고 단정하기에는 어려우므로, 피고측이 무리하게 사업비를 차입하여 원고 등에게 손해를 가하였다는 원고의 이 부분 주장은 이유 없다.

175. 대법원 2005. 7. 29. 선고 2004다61327 판결 [수익금교부]

[논점] 수탁자가 위탁자를 통하여 간접적으로 지출한 신탁비용이 그 지출에 정당한 사유가 없으므로 신탁수익에서 우선 공제되어야 할 비용에 포함되지 않는다고 판단한 사례

【이 유】

1. 원심은, 이 사건 신탁계약상 신탁수익권의 정산시기를 신탁계약의 최종 종료일로 한정하지 않고 합의에 의해서라면 어느 시점에서라도 가정산을 할 수 있도록 약정한 점, 계산 결과 신탁수익금이 발생한 경우 2주일 내에 현금으로 수익금을 교부하도록 약정한 점, 또한 이 사건 건물의 일부가 매도되어 이전된 경우 이를 일부 종료사유로 약정한 점 등에 비추어 볼 때, 이 사건 신탁수익권의 정산시점을 이 사건 신탁계약의 일부 종료사유가 발생한 이후인 2002. 10. 31.로 정할 수 있다고 판단하였다.

기록에 의하면, 이 사건 신탁계약은 신탁기간 만료일인 2001. 6. 30.이 경과함으로써 이미 종료되었고, 신탁계약이 종료된 경우 지체없이 수익금을 정산하기로 약정한 사실을 인정할 수 있으며, 한편 신탁계약이 종료됨으로써 이미 정산의무가 발생한 이상 그 이후의 어느 시점을 정산시점으로 삼는다고 하여 반드시 부당하다고 볼 수는 없을 뿐만 아니라, 오히려 계약 종료일 이후에 이루어진 수입·지출 내역까지 반영하여야만 비로소 최종적이고 정확한 수익금 산정이 가능하다는 점 등을 감안하여 볼 때, 비록 그 이유설시에 있어서는 부적절하나 원심이 이 사건 신탁계약 종료일 이후로서 2002. 10. 31.을 이 사건 신탁수익금 산정의 기준시점으로 삼은 조치는 수긍할 수 있고, 거기에 상고이유로 주장하는

바와 같은 신탁법 제30조, 제32조,[414] 구 신탁업법(2005. 1. 17. 법률 제7337호로 개정되기 전의 것) 제10조 제2항, 신탁업감독규정 제6조[415] 등의 법령 위반이나 신탁수익금 정산시점에 관한 법리오해 등의 위법이 있다고 할 수 없다.

2. 원심은, 신탁사무처리를 위한 비용으로서 이 사건 신탁수익에서 우선적으로 공제되어야 할 비용은 원칙적으로 수탁자인 피고가 신탁사무의 처리를 위하여 직접 지출한 비용에 국한되고, 이와 달리 피고가 신탁자를 통해서 간접적으로 비용을 지출한 경우에는 비용을 과다계상하는 등의 방법으로 신탁자와 수탁자가 통모하여 질권자인 원고의 이익을 해할 우려가 있다는 점을 감안할 때, 신탁자를 통하여 신탁비용을 지출하여야 할 정당한 사유가 있는 때에 한하여 예외적으로 공제대상에 포함될 수 있다고 전제한 다음, 이 사건 건물에 대한 공사비용은 이 사건 건물의 유지·관리를 위해 지출된 비용으로서 이 사건 신탁계약 제9조에 의하여 그 유지관리책임은 피고가 아닌 신탁자가 부담하도록 약정하였으므로 이를 신탁사무처리를 위한 비용으로 볼 수 없고, 분양대행 수수료 및 홍보비용 등도 이 사건 신탁계약 별첨특약 제2조에서는 피고가 신탁자인 엠닷컴의 요청에 의하여 해당업체에게 직접 지급하도록 되어 있음에도 해당업체에게 직접 지급하지 않고 신탁자에게 지급하였을 뿐만 아니라, 이러한 방식으로 비용을 지출할 수밖에 없었던 정당한 사유에 대한 아무런 입증이 없는 이상 이를 공제대상에 포함시킬 수는 없다는 이유로, 위 비용들과 기타 신탁사무처리 비용으로 볼 수 없는 비용들을 제외한 나머지 비용들만을 신탁수익에서 공제하는 방법으로 이 사건 신탁수익금을 산정하였는바, 기록에 비추어 살펴보면, 원심의 위와 같은 증거취사와 사실인정 및 판단도 정당한 것으로 수긍할 수 있고, 거기에 상고이유로 주장하는 바와 같은 채증법칙 위배나 신탁수익금 산정에 관한 법리오해 등의 위법이 없다.

[원심판결] 서울고등법원 2004. 10. 8. 선고 2003나57392 판결 [수익금교부]

【주 문】

1. 피고의 항소를 기각한다.
2. 항소비용은 피고의 부담으로 한다.

【청구취지 및 항소취지】

1. 청구취지

피고는 원고에게 1,434167,040원 및 이에 대하여 2001. 12. 12.부터 제1심 판결선고일까지는 연 18.25%, 그 다음날부터 완제일까지는 연 25%의 각 비율로 계산한 금원을 지급하라.

2. 항소취지

제1심 판결 중 피고 패소부분을 취소하고, 그 부분에 해당하는 원고의 청구를 기각한다.

【이 유】

3. 이 사건 신탁수익권의 범위

(1) 이 사건 별첨특약 제4조에 의하여 피고가 우선 정산받기로 되어 있는 피고의 비용은, 원칙적으로 피고가 신탁부동산에 관한 소유권이전등기를 경료한 후 대외적으로 신탁부동산에 대한 소유자의 지위에서 자신의 사무인 신탁부동산의 처분에 관한 사무를 처리하기 위하여 체결한 각종 계약의 당사자에게 직접 지급하였거나 엠닷컴을 대신하여 직접 지출한 비용을 말한다고 할 것이고, 예외적으로 신탁부

---

414) 현행 신탁법 제37조, 제38조.
415) 현행 자본시장법 제103조 제3항, 자본시장법 시행령 제104조.

동산의 처분에 관한사무 중 자신이 직접 처리하지 아니하고 신탁자인 엠닷컴으로 하여금 처리하게 한 경우를 포함하더라도, 엠닷컴에 그 비용을 송금하여 지출하도록 한다면, 자신이 직접 신탁사무처리를 위한 채무부담계약의 당사자가 되지 아니하고 신탁부동산의 처분으로 인한 신탁의 수익 범위 내에서만 엠닷컴에게 금원을 지불하여 비용을 처리하게 함으로써 신탁사무처리로 인한 채무를 직접 부담하지 않아도 되는 이익이 있는 피고와, 실제 소요비용 이상의 금원을 신탁사무처리 비용 명목으로 수령함으로써 신탁수익권에 대한 질권의 설정 후에도 사실상 신탁수익금을 수령하는 효과를 거둘 수 있는 엠닷컴과의 통모에 의하여 이 사건 신탁수익권에 대한 질권자인 원고의 권리를 잠탈할 우려가 있으므로, 이 같은 방식의 금원 지출은 피고가 엠닷컴을 통하여 신탁의 비용을 지출해야 할 정당한 사유가 있었다는 것을 입증한 경우 등에 한하여 이 사건 신탁의 비용으로 인정되어야 한다고 봄이 상당하다 할 것이다(다만, 피고의 엠닷컴에 대한 금원 지급시기가 원고의 질권취득 이전이라면 엠닷컴에 대한 신탁수익금의 지급으로서 질권자인 원고에게 대항할 수 있다).

위와 같은 법리를 토대로 피고가 주장하는 비용의 각 항목을 살펴 본다.

(2) 이 사건 신탁의 비용으로 인정되지 않는 항목

(가) 이 사건 분양대행 수수료 및 홍보비용

…의 각 기재에 의하면, ① 엠닷컴이 2000. 6.경부터 광고업체 및 홍보대행업체 등과 이 사건 건물에 대한 광고계약 및 홍보이벤트 대행계약을 체결하였고, 2000. 9. 7. 분양대행사에게 이 사건 건물의 분양을 위한 분양대행업무를 위임한 사실, ② 피고는 2001. 4. 6.경부터 엠닷컴에 분양대행수수료 명목으로 금3,267,304,748원을 송금한 사실, ③ 엠닷컴은 위 분양대행사 및 광고업체, 홍보대행업체에 위 금원 중 일부 분양대행수수료 및 광고료, 용역비를 지급한 사실을 인정할 수 있으나, 이 사건 별첨특약 제2조에 의하면 이 사건 신탁부동산에 대하여 엠닷컴이 처분대행계약을 체결하여 분양업무를 수행하되 분양과 관련하여 발생하는 광고비, 분양대행수수료 등 분양경비의 지급은 본건 처분이 완성되는 경우 엠닷컴의 요청에 의하여 피고가 해당업체에 직접 지급하도록 되어 있는데도, 피고가 위 분양대행수수료 및 광고비 등을 해당업체에 직접 지급하지 아니하고 엠닷컴에 송금하여 준 것은 위 별첨특약 제2조에 반할 뿐만 아니라, 피고가 위 분양대행수수료 및 광고비 등을 해당업체에 직접 지급하지 않고 엠닷컴에게 송금하여 주어야만 했던 정당한 사유가 있었음에 관한 아무런 입증이 없으므로, 이 사건 분양대행 수수료 및 홍보 비용은 이 사건 신탁수익권보다 우선하여 정산하여야 하는 이 사건 신탁의 비용으로 인정하지 않는 것이 상당하다(뒤에서 보는 바와 같이 이를 이 사건 신탁의 비용으로 인정하지 않을 경우의 이 사건 신탁수익권의 액수가 금5,960,664,930원이므로, 설사 피고의 주장대로 이 사건 분양대행 수수료 및 홍보비용을 이 사건 신탁의 비용으로 인정하고 이 사건 신탁계약의 수익에서 공제하여 계산하더라도 이 사건 신탁수익권의 액수가 금2,693,360,182원(= 5,960,664,930원 - 3,267,304,748원)에 달하여, 여전히 원고의 피담보채권액을 초과한다.

(나) 이 사건 공사비용

…의 각 1 내지 3, 을 212, 231, 235호증의 각 1 내지 4, 을238호증의 1 내지 5의 각 기재에 의하면 ① 엠닷컴은 이 사건 건물에 관하여 2000. 9. 26. 비계설치 및 해체공사, 2000. 12. 18. 보수공사, 2001. 1. 24. 외부치장 마감공사, 2001. 1. 29. 수배전 및 용량증설공사, 2001. 1. 30. 현장 가설 사무실 설치공사, 2001. 2. 3. 간선보강 및 내선철거공사, 2001. 2. 7. 승강기 설치공사, 2001. 4. 2. 기계설비 및 소방설비 공사를 설비공사 업체에 도급주어 공사를 시행하게 한 사실, ② 피고는 엠닷컴에 2001. 5. 24.경부터 공사대금 명목으로 금원을 송금한 사실, ③ 엠닷컴은 위 공사의 도급인들에게 일부 공사대금을 지급한 사실을 인정할 수 있으나, 이 사건 신탁계약 제9조에 의하면 피고는 신탁기간동안 신탁부동산

의 등기부상 소유권 명의만을 보존(을종관리신탁)하고, 임대차 및 유지관리행위 일체(계약서 별첨 '관리책임 주체 및 범위'에 의하면 시설관리, 청소, 방역, 경비, 수선, 화재보험가입 등 보존행위를 포함한다)는 엠닷컴의 책임하에 행하도록 되어 있으므로, 엠닷컴이 도급준 위 공사들은 이 사건 건물의 유지관리를 위한 행위로서, 위 공사로 인한 비용은 신탁기간 동안 신탁부동산의 등기부상 소유권 명의만을 보존(을종관리신탁)하는 피고가 신탁사무의 처리와 관련하여 부담할 비용으로 보기 어려우므로, 이 사건 공사비용은 이 사건 신탁수익권보다 우선하여 정산하여야 하는 이 사건 신탁의 비용으로 인정하지 않는 것이 상당하다.

(다) 일부 세금 및 공과금

…의 기재에 의하면 피고가 엠닷컴에 2001. 9. 27. 제세공과금 명목으로 금20,000,000원, 2001. 8. 31. 법인세 명목으로 금100,000,000원을 각 지급한 사실을 인정할 수 있으나, 앞서 본 바와 같이 신탁재산에 관한 제세공과금은 원칙적으로 엠닷컴의 부담으로 하고 피고가 대지급한 경우에는 엠닷컴으로부터 그 금원 및 이에 대한 지연손해금을 반환받을 수 있는바(이 사건 신탁계약 제15조), 피고가 원고에게 지급한 위 각 금원은 원래 엠탓컴이 부담하여야 할 것일 뿐만 아니라, 설사 위 각 금원이 이 사건 별첨특약 제4조 2호 소정의 신탁사무처리를 위한 제세공과금에 해당한다고 가정하더라도, 피고가 위 세금을 대납하지 아니하고 엠닷컴에 세금비용 명목으로 금원을 지급해야만 했던 정당한 사유가 있었음에 관한 아무런 입증이 없으므로, 위 일부 세금 및 공과금은 이 사건 신탁수익권보다 우선하여 정산하여야 하는 이 사건 신탁의 비용으로 인정하지 않는 것이 상당하다.

(라) 미지급 분양대행수수료 및 공사대금

앞서 본 바와 같이 이 사건 분양대행 수수료와 공사대금이 이 사건 신탁수익금채권보다 우선하여 정산하여야 하는 이 사건 신탁의 비용으로 인정되지 않는 이상 미지급 분양대행 수수료 및 공사대금도 이 사건 신탁수익권보다 우선하여 정산하여야 하는 이 사건 신탁의 비용으로 인정하지 않는 것이 상당하다.

(3) 이 사건 신탁의 비용으로 인정되는 항목

(가) 이 사건 반환청약금 등

이 사건 반환청약금 등은 피고가 받은 건물 분양대금 중 계약의 무효나 취소, 해제 등으로 인하여 피고가 수분양자에게 직접 환급한 것이므로 그 반환금은 신탁사무처리와 관련하여 피고가 지출한 금원으로서 이 사건 신탁수익권보다 우선하여 정산하여야 하는 이 사건 신탁의 비용으로 인정하는 것이 상당하다(이는 그 성격상 이 사건 신탁의 수익에 포함되지 않는 것으로 볼 수도 있으나, 그 정산 결과는 마찬가지이다).

…의 각 기재에 의하면, 이 사건 반환청약금 등의 액수의 합계는 별지 기재와 같이 금951,297,605원이다.

(나) 이 사건 선순위권리 말소비용

을35 내지 52호증(각 가지번호 포함)의 각 기재에 의하면, 이 사건 건물의 분양을 촉진하기 위한 목적으로 이 사건 건물 부분들 중 분양된 부분에 설정되어 있는 근저당권 등 선순위권리의 피담보채무 등을 변제하기 위하여 피고가 직접 그 근저당권자인 소외 주식회사 진흥상호신용금고와 코미트신용금고 주식회사에 모두 금10,508,093,356원을 지급한 사실을 인정할 수 있는바, 이는 이 사건 신탁의 비용(이 사건 별첨특약 제4조 1호)으로 인정된다(피고는 이 사건 건물 중 미분양상가들에 관하여 설정되어 있는 근저당권 피담보채무액 금4,420,000,000원도 이 사건 신탁의 비용으로 공제되어야 한다고 주장하나, 이 사건 건물의 일부가 매도되어 그 소유권이전등기가 마쳐졌고, 또한 피고가 그 일부에 관하여는 근저당권을 말소하여 주었기 때문에 그 건물 부분에 관한 이 사건 신탁계약이 일부 종료된 것으로 인정하여 정산금을 산정하는 이상, 위 피담보채무액은 이 사건 신탁수익권보다 우선하여 정산하여야 하는 이 사건 신탁의 비용으로 인정하지 않는 것이 상당하므로, 피고의 위 주장은 이유 없다).

(다) 신탁보수

…의 각 기재에 의하면, 피고는 신탁보수로 금317,853,750원을 수령한 사실을 인정할 수 있는바, 이는 이 사건 신탁수익권보다 우선하여 정산하여야 하는 이 사건 신탁의 비용(이 사건 별첨특약 제4조 2호)으로 인정된다(원고는, 피고 주장의 분양대금에서 신탁보수요율인 1.5%를 곱한 금액을 초과한 신탁보수는 인정할 수 없다고 주장하나, 앞서 본 바와 같이 이 사건 신탁계약에서 피고의 신탁보수로는 처분신탁보수, 을종관리신탁보수, 계약해지보수, 수분양자의 귀책사유로 인한 위약금 귀속시의 보수를 약정하고 있고, 분양가격총액의 1.5%를 정한 것은 처분신탁보수일 뿐이므로, 원고의 주장은 오로지 처분신탁보수만이 신탁보수임을 전제로 하는 것이어서 위 약정의 취지에 어긋나고, 달리 피고가 수령한 위 신탁보수가 초과 지급되었다고 볼만한 사정이 없으므로, 원고의 위 주장은 이유 없다).

(라) 피고가 납부한 세금과 등기비용

…의 각 기재에 의하면, 피고는 2007. 7. 31. 이 사건 건물의 에스컬레이터 취득세 금6,157,000원을 세무서에 납부하고, 2001. 7. 25.경부터 소유권이전 업무에 따른 등기 비용 등 법무사 용역비로 소외 B, C, D에게 합계 금1,540,770원을 지급한 사실을 인정할 수 있는바, 이는 제세공과금, 등기비용 등 신탁사무 처리를 위하여 소요된 비용(이 사건 별첨특약 제4조 2호)으로서 이 사건 신탁수익권보다 우선하여 정산하여야 하는 이 사건 신탁의 비용으로 인정하는 것이 상당하다.

(마) 이 사건 미매입상가 매입비용

…의 각 기재에 의하면, 엠닷컴은 이 사건 별첨특약 제8조에 따라 2000. 9. 30, 경부터 이 사건 미매입상가를 자신의 이름으로 직접 매수하였고, 피고는 2001. 3. 23. 미매입상가 구입 명목으로 엠닷컴에게 금1,000,000,000원을 송금한 사실을 인정할 수 있고, 엠닷컴이 이 사건 신탁계약 체결시까지 매수하지 못하고 있는 이 사건 건물의 각 부분을 이 사건 신탁계약 체결일로부터 2개월 이내에 매수하여 피고 앞으로 처분신탁등기를 완료하기로 한 사실, 이러한 미매입상가 매입비용은 피고가 수익금에서 우선변제하기로 되어 있는 사실은 앞에서 본 바와 같으므로(이 사건 별첨특약 제4조 1호), 이 사건 미매입상가 매입비용 금1,000,000,000원은 이 사건 신탁수익권보다 우선하여 정산하여야 하는 이 사건 신탁의 비용으로 인정하는 것이 상당하다(원고는, 피고가 신탁 수익으로 매수한 미매입상가들을 매입가격보다 훨씬 낮은 가격으로 분양한 점을 들어 피고 주장의 미매입상가 비용 지출의 정당성에 관하여 다투나, 엠닷컴이 매수한 각 미매입상가의 면적과 분양대상 부동산의 면적 사이에 차이가 존재하는 경우 매입가격과 분양가액 사이에는 차이가 발생할 수 있고, 집합건물인 이 사건 신탁부동산을 리모델링하기 위해서는 미매입상가를 모두 매입하여야 하는 사정들을 감안하면, 일부 미매입상가를 분양가격보다 고가로 구입하였다는 사정만으로 피고의 미매입상가 비용 지출이 정당하지 않다고 볼 수는 없다).

(바) 기타 비용

을15호증의 1 내지 4의 각 기재에 의하면, 피고가 엠닷컴에 2000. 12. 28. 분양대금 일시지급이란 명목으로 금300,000,000원을 지급한 사실을 인정할 수 있는바, 위 금원은 원고의 질권취득 이전에 지급된 것이어서 원고의 질권에 대항할 수 있으므로, 이 사건 신탁수익권보다 우선하여 정산하여야 하는 이 사건 신탁의 비용으로 인정된다.

176. 대법원 2005. 7. 28. 선고 2004두8767 판결 [재산세등부과처분취소]

[논점] 신탁법에 의한 신탁등기나 등록이 마쳐지지 않은 신탁재산에 대한 구 지방세법상 재산세의 납세의무자 및 신탁 목적을 위하여 수탁자 앞으로 소유권이전등기가 마쳐진 건축물에 대한 구 지방세법상 공동시설세의 납세의무자

【이 유】

1. 상고이유 제1, 2, 5점에 대하여

구 지방세법(2005. 1. 5. 법률 제7332호로 개정되기 전의 것, 이하 '구 지방세법'이라 한다)은 제182조[416] 제1항에서 재산세 과세기준일 현재 재산세 과세대장에 재산의 소유자로 등재되어 있는 자를 재산세 납세의무자로 규정하면서, 같은 조 제5항에서 신탁법에 의하여 수탁자 명의로 등기·등록된 재산에 대하여는 위탁자[417]를 납세의무자로 보도록 하는 규정을 두고 있는바, 이는 신탁법에 의한 신탁재산을 수탁자 명의로 등기하는 경우 취득세와 등록세는 비과세[418]하면서 재산세 등은 등기명의자인 수탁자에게 부과하는 것이 실질과세의 원칙에 반한다는 비판을 수용하여 신탁법에 의하여 수탁자 명의로 등기된 경우에는 위탁자에게 재산세 납부의무를 부과하도록 하기 위한 규정으로서, 신탁법 제3조는 등기 또는 등록하여야 할 재산권에 관한 신탁은 그 등기 또는 등록을 함으로써 제3자에게 대항할 수 있도록 규정하고 있는 점 등과 아울러 살펴보면 신탁법에 의한 신탁등기나 등록이 마쳐진 재산에 대하여만 적용되는 예외규정이라 보아야 하므로 신탁재산이라고 하더라도 신탁법에 의한 신탁등기나 등록이 마쳐지지 아니한 것에 대하여는 적용되지 않는다.

같은 취지에서 원심이 이 사건 재산세의 과세기준일인 2001. 5. 1. 당시 이 사건 건물 중 1층 1호 15.44㎡ 등 101개의 구분점포에 관하여는 이 사건 토지의 공유자들 중 일부가 파산자 한국부동산신탁 주식회사(이하 '파산자 회사'라 한다)를 상대로 신탁해지로 인한 소유권이전등기청구권을 피보전권리로 하여 처분금지가처분신청을 하고, 그 인용결정에 따른 기입등기의 촉탁에 따라 파산자 회사 명의의 소유권보존등기가 마쳐져 있을 뿐, 신탁등기는 마쳐지지 않았고, 나머지 구분점포에 관하여는 건축물관리대장상 파산자 회사의 소유로 등재되어 있을 뿐 미등기 상태에 있었으므로, 구 지방세법 제182조 제5항의 예외규정이 아닌 같은 법 제182조 제1항의 원칙 규정에 의하여 재산세 과세기준일 현재 재산세 과세대장에 재산의 소유자로 등재되어 있는 파산자 회사가 재산세 및 그에 따른 도시계획세[419] 및 지방교육세의 각 납세의무자가 된다고 판단한 것은 옳고, 거기에 상고이유에서 주장하는 바와 같은 재산세 등의 납세의무자나 신탁법의 해석에 관한 법리오해의 위법이 없다.

그리고 당사자가 부동산등기법 제23조 제1항의 구비서류를 첨부하여 신탁등기를 신청하지 않고 위 인정과 같은 경위로 소유권보존등기가 마쳐진 일부 구분점포에 대하여, 형식적심사권만을 가지는 등기공무원이 당사자들의 의사를 확인할 수도 없는 상태에서 신탁등기를 촉탁할 수도 없으므로 이 점에 대한 원심의 판단을 탓하는 주장도 이유 없다.

또한, 신탁재산의 실질적인 이익을 향유하는 수익자가 신탁계약의 내용에 따라 별도로 설정될 수는 있다 해도 구 지방세법의 위 규정은 이와 같은 경우를 따로 고려하지는 않고 신탁등기가 되어 있으면 신탁자를, 그렇지 않은 경우에는 수탁자를 납세의무자로 규정하고 있을 뿐인바, 부동산의 신탁에 있어서 수탁자 앞으로 소유권이전등기를 마치게 되면 대내외적으로 소유권이 수탁자에게 완전히 이전되므

---

416) 현행 지방세법 제107조.

417) 현행 지방세법에서는 '수탁자'.

418) 현행 지방세법 제9조 제3항. 2011. 1. 1.부터 취득세와 등록세가 취득세로 통합되었다.

419) 현행 지방세법 제112조에 따른 '재산세 도시지역분'.

로 위와 같은 규정이 없다면 수탁자가 재산세 납세의무자로 되어야 하는 점을 고려해 보더라도 신탁등기가 마쳐진 경우에만 위탁자를 납세의무자로 하여 부과된 이 사건 각 처분이 국세기본법상의 실질과세원칙에 반한다고 할 수 없다.

원심이 파산자 회사가 건축주명의변경절차를 거치고 직접 건축비용을 부담하여 이 사건 건물을 완공함으로써 이 사건 건물을 원시취득하였다고 한 부분이 수탁자가 신탁의 목적범위를 넘어서서 고유재산으로 이 사건 건물을 취득하였다고 판단한 것은 아니므로 이 점을 지적하는 주장도 이유 없다.

따라서 원심이 이 사건 각 처분이 실질과세원칙에 반한다고 볼 수 없다는 이유로 원고들의 주장을 배척한 결론은 정당하고, 거기에 실질과세의 원칙에 관한 법리오해의 위법이 없다.

3. 상고이유 제4점에 대하여

구 지방세법 제239조[420] 제1항은 '공동시설로 인하여 이익을 받는 자'를 공동시설세[421]의 납세의무자로 규정하고 있고, 건축물의 경우에는 그 소유자가 '공동시설로 인하여 이익을 받는 자'에 해당할 것인데 부동산의 신탁에 있어서 수탁자 앞으로 소유권이전등기를 마치게 되면 대내외적으로 소유권이 수탁자에게 완전히 이전되고 위탁자와의 내부관계에 있어서 소유권이 위탁자에게 유보되어 있는 것도 아니므로 비록 신탁 목적을 위하여 수탁자 앞으로 소유권이전등기가 마쳐졌더라도 공동시설세의 납세의무자는 수탁자가 된다.

같은 취지에서 원심이 이 사건 공동시설세의 과세기준일인 2001. 5. 1. 당시 이 사건 건물의 공부상 또는 사실상의 소유자인 파산자 회사가 이 사건 공동시설세의 납세의무자가 된다고 한 판단은 정당하고, 거기에 상고이유에서 드는 바와 같은 공동시설세에 관한 법리오해 등의 위법이 없다.

177. 대법원 2005. 6. 10. 선고 2004다42296 판결

[논점] 신탁기간 내에 피담보채무가 발생한 이상 피담보채무가 이행되지 않더라도 신탁기간이 만료되면 신탁계약을 종료하기로 합의한 것으로 볼 수 없다고 한 사례

【이 유】

1. 원심이 인정한 사실관계는 대체로 다음과 같다.

(1) 한***산신탁 주식회사(이하 '한***산신탁'이라 한다)는 1996. 가을 무렵부터 소외 대*건설 주식회사(이하 '대*건설'이라 한다)와 전주시 ○○구 ○○동 ******의 1 외 35필지 20,175.77㎡(이하 '○○아파트 사업부지'라 한다)를 매수하여 그 ○○아파트를 건축하여 분양하는 사업에 관하여 논의를 하던 중, 1997. 5.경 해*제과 주식회사(2001. 9. 28. 하**테크 주식회사로 상호 변경, 이하 '하**테크'라 한다)에게 시공사로서 이 사업계획에 함께 참여할 것을 제의하였고, 위 3개 회사는 1997. 6. 12. 대*건설이 하**테크로부터 금 50억 원을 차용하여 ○○아파트 사업부지의 매매대금을 완납하여 소유권을 취득하게 되면, 한***산신탁이 ○○아파트 사업부지를 신탁받은 다음 하**테크에게 그 ○○아파트 및 부대근린시설을 건설하는 공사를 도급 주고, 위 공사가 완료되면 이를 한***산신탁이 분양하기로 하는 사업을 하기로 약정하였다.

(2) 위 사업을 진행하기 위하여 한***산신탁과 대*건설은 그 무렵 토지신탁약정(이하 '○○아파트 사업부시 신탁약정'이라 한다)을 체결하였고, 하**테크는 1997. 6. 16. 위 약정에 따라 대*건설에게 액면금 50

420) 현행 지방세법 제143조.
421) 현행 지방세법상 지역자원시설세.

억원의 약속어음 1장을 교부하였으며, 한***산신탁은 1997. 6. 17. 대*건설과 ○○아파트 사업부지에 대한 처분신탁계약을 체결하고 1997. 6. 21. 대*건설로부터 신탁을 원인으로 한 소유권이전등기를 마쳤다.

(3) 하**테크는 1997. 8. 29. 한***산신탁에게 재료비 및 노무비에 사용한다는 명목으로 선급금 지급을 신청하면서, 선급금은 노임지급 및 자재확보 등 계약목적 달성을 위하여 사용할 것이며 만약 용도 이외에 사용할 때에는 관계 규정에 의거 한***산신탁으로부터 반환청구를 받으면 즉시 이에 응할 것을 내용으로 하는 확약서 및 각서를 함께 제출하였고, 이에 한***산신탁은 ○○아파트 사업부지 토지신탁약정에 따라 1997. 8. 30. 하**테크와 사이에 ○○아파트 건축사업에 대하여 공사도급계약(이하 이 사건 공사도급계약이라 한다)을 체결하였는데, 그 주요 내용은 다음과 같다. ① 공사대금은 26,357,000,000원(부가가치세 포함), 계약이행보증금은 계약금액의 10%인 금 2,635,700,000원, 선급금은 공사계약금액의 20%에 상당하는 5,271,000,000원으로 정한다. ② 수급인인 하**테크는 이 사건 공사도급계약을 체결한 후 즉시 한◇◇◇산신탁에게 계약이행보증금을 현금 또는 국가를당사자로하는계약에관한법률시행령 제37조 제2항 각 호의 1에 해당하는 증권 또는 보증서로 납부하여야 하고, 하**테크가 이 사건 공사도급계약상의 의무를 이행하지 아니한 경우에는 위 계약이행보증금은 도급인인 한***산신탁에게 귀속되며, 선급금을 수령하기 전에 한***산신탁에게 국가를당사자로하는계약에관한법률시행령 제37조 제2항 각 호의 1에 해당하는 증권 또는 보증서를 제출하여야 한다. ③ 한***산신탁은 하**테크가 정당한 이유 없이 약정한 착공기일을 경과하고도 공사에 착수하지 아니할 경우에는 이 사건 공사도급계약의 전부 또는 일부를 해제 또는 해지할 수 있다.

(4) 하**테크가 1997. 9. 10.까지 공사도급계약에 따른 계약이행보증금 및 선급금에 대한 보증서를 발급받지 못하자, 한***산신탁은 1997. 9. 12. 그 보증서를 대신하여 위 계약이행보증금 및 선급금 반환채무의 각 이행을 담보하기 위하여 이 사건 담보부동산에 관하여 하**테크와 사이에 부동산관리, 처분 신탁계약(이하 '이 사건 담보신탁계약'이라 한다)을 체결하였고(수익자는 위탁자인 하**테크로 정하였다), 또한 추가적으로 위 신탁계약으로 하**테크가 취득하는 수익권에 대하여도 근질권설정계약(이하 '이 사건 근질권설정계약'이라 한다)을 체결한 후 하**테크에게 선급금 5,271,000,000원을 지급하였다.

(6) 하**테크는 1997. 11. 1.경 부도가 나 ○○아파트 건축사업 공사를 중지하게 되었다.

(7) 한***산신탁은 하**테크에게 1998. 3. 20. 무렵 ○○아파트 건축사업의 공사포기 및 선급금을 반환하여 줄 것을 요청하였고, 1998. 8. 19.에는 정당한 이유 없이 약정한 착공기일을 경과하고도 공사에 착수하지 아니하고 있으므로 이 사건 공사도급계약을 해제하고 하**테크가 수령한 선급금 및 미지급 계약이행보증금의 담보로 한***산신탁이 관리, 처분 신탁받은 이 사건 담보 부동산을 처분할 예정이라는 내용이 담긴 통지서를 보내어 그 무렵 위 통지서가 하**테크에게 도달하였다.

(8) 한***산신탁은 몇 차례의 추가적인 이행 최고 끝에 1999. 4. 17. 서울지방법원에 하**테크를 상대로 위 선급금 및 미지급 계약보증금의 지급을 구하는 소를 제기하여 2000. 10. 6. 가집행이 가능한 일부 승소 판결(선급금 52억 7,100만원은 전액 인용되었고, 계약이행보증금은 손해배상의 예정으로 인정되어 20%를 초과하는 부분이 감액된 결과 5억 2,714만원이 인용되었다)을 선고받았고, 위 판결에 대하여 쌍방이 항소하였다.

(9) 한편 위 항소심이 서울고등법원에서 계속 중이던 2001. 5. 3. 하**테크에 대하여 서울지방법원 2001회5 호 결정으로 회사정리절차가 개시되어 그 관리인으로 같은 날 원고 및 D이 선임되었다가 그 후 원고 단독으로 변경되었으며, 2001. 8. 29. 정리계획이 인가되었다.

(10) 한***산신탁은 정리회사 하**테크 주식회사에 대한 채권 중 이 사건 선급금에 대하여 원금채권으로 5,271,000,000원, 이자채권으로 3,836,941,412원, 계약이행보증금에 대하여 원금채권으로 2,635,700,000

원, 이자채권으로 1,436,998,081원을 각 정리채권으로 신고하였는데, 원고는 2001. 7. 20. 정리채권 조사기일에 위 각 채권에 대하여 소송 중이라는 이유로 전액 부인하였고, 이에 따라 한***산신탁이 위 항소심에서 정리채권확정의 소로 청구를 교환적으로 변경한 결과 2002. 7. 23. 원고 일부 승소의 판결(선급금 52억 7,100만원 전액과 계약이행보증금 중 40%인 10억 5,428만원의 지급의무가 인정되었다)이 선고되었고, 위 판결에 대하여 쌍방이 상고한 결과 2003. 6. 13. 대법원에서 상고기각의 판결이 선고되었다.

(11) 하**테크와 한***산신탁이 체결한 이 사건 담보신탁계약에는, '신탁기간을 계약체결일로부터 5년간으로 하며, 위탁자(하**테크)는 신탁종료 전에 수탁자(한◇◇◇산신탁)와 협의하여 그 기간을 연장할 수 있다'(제2조 제1항), '제1항의 신탁기간에도 불구하고 제15조의 규정에 의거, 신탁부동산을 처분한 경우에는 매수인에게 소유권이전등기를 경료한 때를 이 계약의 종료시점으로 간주한다'(제2조 제2항), '다음 각 호의 1에 해당하는 경우에는 신탁기간 종료 전이라도 수탁자(한***산신탁)는 신탁부동산을 처분할 수 있다. 1. 위탁자(하**테크)가 계약이행 및 선급금 보증 채무의 이행을 지체하거나 이행할 의사가 없다고 판단될 경우'(제16조 제1항 제1호), '이 계약은 신탁기간 만료, 신탁기간 중 위탁자(하**테크)가 채권자(한***산신탁)에 대한 채무를 변제하고 이 계약을 해지하는 때, 제22조 제1항에 의한 신탁해지, 제20조 제5항 및 제16조 제1항 제1호 내지 제2호에 의한 신탁부동산의 처분에 의하여 종료한다'(제23조 제1항)는 규정들이 포함되어 있다.

(12) 한***산신탁은 이 사건 소송이 계속 중이던 2003. 6. 2. 수원지방법원에서 파산선고를 받았고, 피고들이 파산관재인으로 선임되었다.

2. 원심의 판단

원심은 위 인정사실에 기초하여 이 사건 신탁계약서상 계약종료 사유로서 신탁기간 만료와 하**테크의 임의적 채무변제, 이행지체 또는 이행의사가 없음을 이유로 한 신탁부동산 처분이 병렬적으로 규정되어 있는 점, 신탁기간을 협의하여 연장할 수 있도록 규정되어 있는 점 등에 비추어 보면, 이 사건 담보신탁계약에 나타난 당사자의 의사는, 이 사건 피담보채무의 이행 여부와 관계 없이 신탁기간이 만료되면 신탁계약을 종료하기로 한 것이라고 봄이 상당하다고 한 뒤에, 이 사건 담보신탁계약의 신탁기간이 연장되었다는 점을 인정할 아무런 증거가 없는 이상, 위 신탁계약은 계약체결일인 1997. 9. 12.로부터 5년이 경과한 2002. 9. 12. 신탁기간이 만료하여 종료되었다고 하여 원고의 이 사건 소유권이전등기절차를 인용하였다.

3. 대법원의 판단

그러나, 원심의 위와 같은 판단은 아래와 같은 이유로 수긍하기 어렵다.

처분문서는 그 성립의 진정함이 인정되는 이상 법원은 그 기재 내용을 부인할 만한 분명하고도 수긍할 수 있는 반증이 없는 한 그 처분문서에 기재되어 있는 문언대로의 의사표시의 존재 및 내용을 인정하여야 하고, 당사자 사이에 계약의 해석을 둘러싸고 이견이 있어 처분문서에 나타난 당사자의 의사해석이 문제되는 경우에는 문언의 내용, 그와 같은 약정이 이루어진 동기와 경위, 약정에 의하여 달성하려는 목적, 당사자의 진정한 의사 등을 종합적으로 고찰하여 논리와 경험칙에 따라 합리적으로 해석하여야 하는 것이다(대법원 1995. 2. 10. 선고 94다16601 판결, 1997. 12. 12. 선고 97다5060 판결, 2000. 4. 11. 선고 2000다4517, 4524 판결 , 2001. 2. 27. 선고 99다23574 판결, 2002. 2. 26. 선고 2000다48265 판결 등 참조).

원심이 확정한 사실관계에 의하면, 이 사건 담보신탁계약의 목적은 수급인인 하**테크가 이 사건 공사도급계약을 체결한 후 즉시 한***산신탁에게 계약이행보증금 및 선급금반환채무를 담보하기 위하여 현금 또는 국가를당사자로하는계약에관한법률시행령 제37조 제2항 각 호의 1에 해당하는 증권 또는 보증서로 납부하여야 함에도 보증서를 발급받지 못하게 되자 계약이행보증금, 선급금반환채무를 담보하기 위하여 체결된 것으로서 계약서 제1조에서도 '위탁자인 해*제과(주)가 ○○아파트 개발사업과 관련하여 채권자인 한***산신탁 주식회사에게 부담하여야 할 채무(계약이행 및 선급금 보증 미발급으로 인한 이행채무)의 이행을 보장하기 위하여 수탁자가 신탁부동산을 보전·관리하고 채무불이행시 신탁부동산을 환가, 처분 및 정산'한다는 목적을 분명히 밝히고 있는 점, 이 사건 신탁은 위와 같이 담보목적으로 이루어진 것이었지만 한***산신탁은 이 사건 부동산을 취득하면서 부동산관리처분신탁계약서 용지를 사용하였으므로 이 사건 계약서상 신탁기간의 규정은 관리처분신탁 계약서상의 신탁기간으로 이해함이 상당하고, 따라서 위 신탁기간을 위탁자의 채무불이행과는 관련이 없이 신탁계약이 종료되는 사유로 보기는 어려운 점, 또한 일반적으로 신탁기간은 신탁목적 달성에 보통 소요될 것으로 예상되는 기간을 기준으로 하고 있는 점 등에 비추어 보면, 비록 이 사건 신탁계약서에 신탁종료사유로 신탁기간을 5년으로 기재하였다 하더라도 위와 같은 의사표시에 나타난 계약당사자의 진정한 의사는 이 사건 신탁의 목적이 되는 피담보채무가 5년 이내에 발생하지 않는 경우에는 신탁기간의 만료로 신탁이 종료하는 것으로 해석하여야 하겠지만, 이 사건과 같이 신탁기간 내에 피담보채무가 발생한 이상 특별한 사정이 없는 한 피담보채무가 이행되지 않더라도 신탁기간이 만료되면 신탁계약을 종료하기로 합의한 것으로는 볼 수 없다고 함이 논리와 경험칙에 따른 합리적인 의사표시의 해석이라고 할 것이다.[422]

178. 대법원 2005. 5. 27. 선고 2005다5454 판결

[논점] 수탁자가 파산한 경우 신탁채권자가 파산재단에서 배당받을 수 있는지 여부

【이 유】

원심은 당사자 사이에 다툼 없는 판시 각 사실을 인정한 후, 원고가 수탁자인 한*부동산신탁 주식회사(이하 "한*부동산신탁")의 파산선고시에 가지고 있던 이 사건 부당이득반환채권은 한*부동산신탁이 신탁사업의 수행으로 신탁재산인 이 사건 토지위에 건물을 신축하기 위하여 공사를 도급하는 등 신탁재산을 관리 또는 처분하는 과정에서 발생된 권리로서 신탁법 제21조 제1항 단서에서 말하는 신탁사무의 처리상 발생한 권리에 해당하여 예외적으로 신탁재산에 대하여 강제집행을 하는 것은 가능하다 할 것이나, 신탁법상의 신탁재산은 수탁자의 고유재산으로부터 구별되어 독립성을 갖게 되는 것으로서 신탁사무의 처리상 발생한 비용은 수탁자의 고유재산에서 변제할 필요가 없고, 따라서 원고는 이 사건 부당이득반환채권을 수탁자의 고유재산으로 구성되는 파산재단에서 배당받을 수 있는 파산채권으로 신고할 수 없다는 이유로 원고의 주위적 청구를 기각하였다.

그러나, 신탁사무의 처리상 발생한 채권을 가지고 있는 채권자는 수탁자의 일반채권자와 달리 신탁재산에 대하여도 강제집행을 할 수 있는데(신탁법 제21조[423] 제1항), 수탁자의 이행책임이 신탁재산의 한도 내로 제한되는 것은 신탁행위로 인하여 수익자에 대하여 부담하는 채무에 한정되는 것이므로(신탁법 제32조),[424] 수탁자가 수익자 이외의 제3자 중 신탁재산에 대하여 강제집행을 할 수 있는 채권자에 대하여 부담하는 채무에 관한 이행책임은 신탁재산의 한도 내로 제한되는 것이 아니라 수탁자의 고유재산에 대하여도 미치는 것으로 보아야 하고, 또한 수탁자가 파산한 경우 신탁재산은 수탁자의 고유

422) 이에 따라 실무상 담보목적으로 채권자에게 신탁수익권을 제공하기 위하여 채권자를 우선수익자로 지정하는 경우(담보신탁)에는 통상 신탁기간을, (1) '0000년 00월 00일부터 0000년 00월 00일까지로 한다. 다만, 여신거래채무(권)이 존속하는 경우에는 여신거래채무(권)의 상환이 완료된 날까지로 연장된다.' 또는 (2) '0000년 00월 00일부터 여신거래채무(권)의 상환이 완료되는 날까지로 한다.'와 같이 정하고 있다.

423) 현행 신탁법 제22조.

424) 현행 신탁법 제38조.

재산이 된 것을 제외하고는 파산재단을 구성하지 않는 것이지만(신탁법 제22조),[425] 신탁사무의 처리상 발생한 채권을 가진 채권자는 파산선고 당시의 채권 전액에 관하여 파산재단에 대하여 파산채권자로서 권리를 행사할 수 있는 것이다.(대법원 2004. 10. 15. 선고 2004다31883, 31890 판결 참조).

이러한 법리에 비추어 보면 위와 같은 이유로 원고의 주위적 청구를 기각한 원심 판결에는 신탁법 제32조의 수탁자의 책임에 관한 법리를 오해함으로써 판결에 영향을 미친 위법이 있다 할 것이므로, 이 점을 지적하는 상고이유의 주장은 이유 있다.

179. 대법원 2005. 4. 15. 선고 2004다24878 판결 [매매대금]

[논점] 분양형 토지신탁계약의 종료와 신탁에 기한 법률관계의 승계약정의 효력

【이 유】

원심은 그 채용한 증거들을 종합하여, 피고가 주식회사 OOO(아래에서는 'OOO'라고 한다)와 사이에 서울 종로구 OOO 외 2필지를 신탁받아 그 지상에 15층, 지하 7층의 건물(이하 'OOO'라 한다)을 신축·분양하기로 하는 내용의 분양형 토지신탁계약을 체결하고, 그 신탁기간을 2000. 11. 10.까지로 약정한 사실, 원고들은 피고로부터 OOO 지하 2층 및 7, 9층에 위치한 점포들을 각 분양받은 사실, 위 각 분양계약 체결 당시 피고와 원고들 외에 OOO도 참여하면 3면 계약으로, '신탁자인 OOO와 수탁자인 피고 사이에 체결된 신탁계약의 해지 또는 종료와 동시에 신탁에 기한 피고의 모든 행위 및 권리·의무는 OOO에 포괄 승계되며, 아울러 이 사건 분양계약에 기한 피고의 원고들에 대한 모든 권리와 의무도 계약변경 등 별도의 조치 없이 신탁자인 OOO가 승계한다'는 취지의 약정을 한 사실 등 판시사실들을 인정하였다.

그런 다음 원심은, 위와 같은 권리의무 승계약정(이하 '이 사건 승계약정'이라 한다)은 일종의 불확정기한부 계약인수약정으로서, 일단 피고와 OOO 사이의 신탁 계약이 종료되면, 그에 대한 원고들의 예측 가능성이나 피고 등의 원고들에 대한 통보 여부, 신탁재산의 귀속 여하나 소유권등기명의의 복귀유무 등과 관계 없이, 원고들이 피고에 대하여 가지는 계약취소권 등 각 분양계약상의 제반 권리·의무가 이 사건 승계약정에 따라 OOO에 승계되고, 그 때부터 피고는 각 분양계약에 기한 법률관계에서 탈퇴하게 된다는 취지라고 봄이 상당하다고 판시하면서, 위 신탁계약은 2000. 11. 10. 기간 만료로 종료하였거나 적어도 2002 6. 18 피고와 OOO가 최종 계산을 마침으로써 신탁 목적의 달성에 따라 종료하였고, 비록 위 각 시점 이후에도 원고들이 분양받은 점포들이 피고 명의로 남아 있어 신탁법 제61조 본문의 규정에 의한 법정신탁관계가 존속한다고 하더라도 법정신탁은 어디까지나 신탁관계의 종료를 전제로 하는 것으로, 수탁자의 직무권한도 귀속권리자 앞으로의 신탁재산 이전 등 남은 업무의 처리 및 그 완료시까지의 신탁재산 보전·수익에 한정되는 것이어서 법정신탁관계가 존속한다고 하여 이 사건 승계약정에서 말하는 신탁계약의 종료에 해당하지 않는 것으로 볼 수는 없으며, 이 사건 승계약정이 피고에게 일방적으로 유리하여 무효라거나 분양과정에서의 사기 등 피고의 부정행위로 말미암아 그 적용이 배제된다고 볼 수도 없으므로, 위 각 분양계약에 기한 원고들과 피고 사이의 법률관계는 계약의 성립 및 이행 과정에서의 기망행위 등 불법행위에 기인한 손해배상책임까지 포함하여 OOO에 적법·유효하게 승계되며, 따라서 원고들과 피고 사이에서는 더 이상 이 사건 분양계약으로 인한 채권채무관계가 존재하지 않는다고 판단하였다.

기록에 의하면, 위 승계약정은 그 약정 취지 및 문언의 내용에 비추어 신탁계약의 해지 또는 종료

425) 현행 신탁법 제24조.

를 정지조건으로 하여 분양계약상의 분양자 지위를 OOO로 이전하기로 하는 내용의 계약인수로서, 매도인의 사기 또는 하자담보책임에 의한 취소 또는 해제의 법률관계와 그로 인한 부당이득반환의무 및 매도인의 불법행위에 의한 손해 배상 의무까지도 이전하기로 한 것이라고 봄이 상당하고, 위 승계약정이 민법 제103조 또는 약관의 규제에관한법률에 위반하여 무효라 하기는 어려우므로, 위 분양계약이 사기로 인하여 취소되거나 하자담보책임에 의하여 해제될 수 있는 법률행위에 해당하는지 여부에 관계없이 분양계약으로 인한 원고들과 피고의 모든 채권채무관계가 신탁의 종료와 동시에 OOO에게 면책적으로 이전되었다고 본 원심의 판단은 정당하여, 거기에 원고들이 상고이유로 주장한 것처럼 심리미진 또는 채증법칙 위배로 인한 사실 오인, 신탁의 기간종료와 연장·목적 달성·법정신탁관계·계약인수의 범위 등에 관한 법리오해, 이유모순·불비, 판단유탈 등으로 판결 결과에 영향을 미친 위법이 없다.

또한 위 각 분양계약이 취소 또는 해제되었으므로, 그 일부인 이 사건 승계약정도 소급하여 효력을 상실하였다거나 위 분양형 토지신탁계약과 별도로 분양형 건물신탁계약이 체결되어 현재까지 효력이 지속되고 있다는 원고들의 주장은 상고심에서, 그것도 상고이유서 제출기간이 지난 다음에 비로소 나온 것으로서 적법한 상고이유가 될 수 없을 뿐 아니라, 이 사건 승계약정은 계약의 취소·해제권을 포함하여 위 각 분양계약상의 지위를 인수하는 약정이므로 위 각 분양계약이 취소·해제되었다 하여 이 사건 승계약정까지 당연히 소급하여 효력을 잃는 것으로 볼 수도 없다.

[원심판결] 서울고등법원 2004. 4. 2. 선고 2002나48261 판결 [매매대금]

【주 문】

1. 제1심 판결 중 피고 패소부분을 취소하고 그 취소 부분에 해당하는 원고들의 청구를 모두 기각한다.
2. 원고들의 항소를 각 기각한다.
3. 소송비용은 제1, 2심 모두 원고들의 부담으로 한다.

【청구취지 및 항소취지】

1. 청구취지

피고는 원고 A에게 189,248,400원, 원고 B에게 203,904,000원 및 위 각 금원에 대하여 2001. 1. 19.부터 제1심 판결 선고일 까지는 연 5%, 그 다음날부터 다 갚는 날까지는 연 25%의 각 비율로 계산한 돈을 지급하라.

2. 항소취지

원고들 : 제1심 판결 중 아래에서 추가로 지급을 구하는 금원에 해당하는 원고들 패소부분을 취소한다.

피고는 원고 A에게 92,606,400원, 원고 B에게 112,572,000원 및 위 각 금원에 대하여 2001. 1. 19.부터 2002. 7. 25.까지는 연 5%의, 그 다음날부터 다 갚는 날까지는 연 25%의 각 비율로 계산한 돈을 지급하라

피고 : 주문 제1항과 같다.

【이 유】

3, 판 단

가. 신탁의 종료 여부

(3) 이 사건 신탁의 종료 및 최종계산의 승인

(가) 위 1998. 5. 21.자 분양형 토지신탁(변경)계약 제23조에서 정한 4가지 신탁종료사유는 신탁법 제55조에서 신탁종료사유로 들고 있는 '신탁행위로 정한 사유가 발생한 때 또는 '신탁의 목적을 달성하였거나 달성할 수 없게 된 때에 해당한다고 할 것인바, 위 인정 사실에 의하면 피고와 D가 연장한 신탁기간이 2000. 11. 10.까지이고 연장된 신탁기간을 다시 연장하기로 합의한 바가 없었으므로 이 사건 신탁은 그 신탁기간의 만료로 종료되었다 할 것이다.

(나) 가사 2000. 11. 10. 이 사건 신탁이 종료되지 않았다 하더라도, 피고와 D 사이에 이 사건 신탁계약에서 정한 신탁사업을 수행한 후 2002. 6. 18. 신탁사무에 관한 최종계산을 한 이상 신탁목적의 달성으로 이 사건 신탁은 종료되었다고 보아야 할 것이다.

(다) 비록 이 사건에서 2000. 11. 10. 이후에도 토지나 건물 등 신탁재산이 그 귀속권리자(D나 수분양자 등)에게 이전되지 않은 부분이 있고, 더 나아가 피고와 D와의 2002. 6. 18.자 최종계산 이후에도 피고 명의로 남아 있는 신탁재산이 있어 신탁법 제61조 규정에 의한 법정신탁관계가 존속한다고 하더라도, 법정신탁에서 수탁자의 직무권한은 전무의 처리, 신탁재산의 귀속권리자에의 이전, 대항요건의 구비, 이들이 완료될 때까지 신탁재산을 보전하고 적절히 수익을 얻는 것에 한정되고 또한 법정신탁은 어디까지나 신탁관계의 종료를 전제로 하는 것이며 더군다나 2002. 6. 18. 최종계산을 한 바도 있으므로 법정신탁관계가 존속한다고 하더라도 이 사건 신탁이 종료되지 아니한 것으로 볼 수는 없다고 봄이 상당하다.

나아가 피고와 D와 사이의 최종계산서인 I 신탁계약해지합의서(을 제57호증) 제4조 제4항 기재에 따르면, 피고가 최종계산 이후에도 보관하는 현금 및 미분양 부동산은 피고가 소송결과에 따라 D에 대하여 가질 수도 있는 구상권 또는 비용상환청구권에 대한 담보의 의미를 지닐 뿐, 피고가 제3자와의 관계에서 신탁이 존속하거나 이 사건 분양계약 당사자임을 전제로 계약상의 의무를 이행하고자 보유하고 있는 것은 아니라고 볼 것이다.

나. 신탁종료로 인한 분양계약상 권리의무의 승계

(1) 계약 인수

원고들과 피고, D는 각 분양계약 체결 당시 피고와 D 사이의 신탁계약이 해지되거나 종료한 경우 그와 동시에 신탁에 기한 피고의 모든 행위 및 권리·의무가 D에게 포괄 승계 됨과 아울러 이 사건 각 분양계약에 기한 피고의 원고들에 대한 모든 권리와 의무도 계약변경 등 별도의 조치 없이 위탁자인 D가 승계하기로 약정(분양계약 제 21조)하였음은 앞서 본 바와 같은 바, 그와 같은 분양계약서 작성 경위, 작성 당사자들 상호간 관계 및 그 규정 내용 등에 비추어 볼 때 분양계약 제21조의 규정은 일종의 계약인수를 정한 것으로 봄이 상당하고, 계약인수가 이루어진 경우 인수인이 계약 당사자로서의 지위를 그대로 승계하고 양도인은 계약관계에서 탈퇴하게 되므로, 계약인수 후에는 특별한 사정이 없는 이상 잔류 당사자와 양도인 사이에는 계약관계가 존재하지 아니하게 되고 계약상 이미 발생한 채권, 채무뿐만 아니라 장래에 발생할 채권, 채무와 계약에 따르는 취소권이나 해제권은 모두 인수인에게 이전된다고 할 것이다.

(2) 권리의무의 승계

위에서 본 바와 같이 피고와 D 사이의 신탁계약은 2000. 11. 10. 기간 만료로 인하여 또는 적어도 2002. 6. 18. 신탁목적의 달성으로 종료되었으므로, 특별한 사정이 없는 한 이 사건 각 분양계약으로 인한 원고들과 피고 사이의 법률관계는 위 분양계약 제21조 약정에 따라 이 사건 신탁의 종료와 동시에 D에게 승계 되고, 피고는 이 사건 분양계약관계에서 탈퇴하여, 원고들과 피고 사이에서는 이 사건 각 분양계약으로 인한 채권채무관계가 더 이상 존재하지 아니한다 할 것이다.

나아가 계약인수에 의하여 이전되는 권리, 의무는 포괄적이어서 불법행위에 따른 손해배상책임도 그것이 이 사건 각 분양계약의 성립 및 이행 과정에서 발생한 기망 행위(피고의 기망행위가 인정되는지 여부는 별론으로 한다.)로부터 발생하는 의무로서 이 사건 분양계약관계와 관련성이 인정되는 이상 D에 모두 승계 되었다고 봄이 상당하고, 그러한 포괄승계를 규정한 위 분양계약 제21조가 피고에게 일방적으로 유리한 것이라고 볼 수도 없는 이상 민법 제103조 규정에 위반되는 것도 아니라 할 것이다.

(3) 원고들의 추가적 주장에 대한 판단

(가) 원고들은, 원고들이 분양 받은 점포는 신탁종료로 위탁자에게 복귀 등기된 사실이 없고 여전히 피고 명의로 소유권이전등기가 남아 있는 상태이며, 원고들로서는 신탁이 종료한다는 통보를 받은 바 없어 언제 신탁계약이 종료하는지를 알 수 없었으므로, 분양계약 제21조는 2002. 6. 19. D로 복귀 등기된 점포들의 수분양자에 대하여만 적용되는 것이지, 분양 받은 지하 2층 및 지상 7, 9층 점포에 대하여 여전히 피고명의로 소유권이전등기가 남아 있는 상태에 있는 원고들에게는 적용되지 않는다고 주장한다.

그러나 이 사건 각 분양계약 제21조의 규정취지는 일종의 계약인수로서 신탁법 제55조 또는 신탁계약 제22조, 제23조가 정한 신탁종료 내지 신탁계약의 해지가 발생한 경우에 위탁자(D), 수탁자(피고) 및 수분양자들인 원고들 사이에 신탁사업의 진행 정도 또는 이행단계를 묻지 않고 신탁 및 분양계약에 기한 피고의 모든 행위와 그에 따른 권리, 의무를 일률적으로 D가 포괄승계하기로 정하였음은 앞서 본 바와 같은데, 이러한 분양계약상의 계약인수는 신탁계약의 해지 또는 종료 시 당연히 이루어지는 것이지 별도로 신탁재산의 귀속이나 그 복귀등기가 있어야만 이루어진다고 해석할 수도 없다.

나아가 신탁계약이 종료 또는 해지된 경우 신탁재산의 귀속 및 신탁 사무의 계산 등 신탁사업 청산의 일환으로, 신탁재산의 귀속을 원인으로 하여 신탁등기를 말소하고 위탁자에게 소유명의를 회복시켜 주는 업무가 뒤따르게 되나, 이는 어디까지나 신탁계약의 종료 내지 해지를 근거로 하여 발생하는 신탁재산의 귀속 및 신탁사무의 계산의 한 방법으로 이루어지는 것에 불과하여 비록 피고 명의로 소유권이전등기가 남아있고 위탁자인 D로의 복귀동기가 경료되지 않았다고 하여 신탁관계가 종료되지 않았다고 할 수는 없고, 점포에 대한 소유명의가 피고에게 남아 있는 경우에는 분양계약 제21조의 적용이 없다고 제한하여야 할 아무런 이유가 없다고 할 것이다.

또한 이 사건 분양계약 제21조에서 정한 '신탁계약의 해지 또는 종료는 일종의 불확정 기한으로서 원고들이 이를 정확히 예측할 수 없다거나 피고 등이 신탁종료를 통보하지 아니하였다 하여 그 효력이 없다고 할 수도 없을 뿐만 아니라, 위 약정이 피고에게 일방적으로 유리한 것이라고 볼 수도 없으므로 결국 원고들의 위 주장은 이유 없다.

180. 대법원 2005. 4. 15. 선고 2003다47621 판결 [건물명도][426]

[논점] 수탁자가 신탁계약에 따른 신탁재산의 처분권을 행사하기 위하여 신탁재산을 점유하고 있는 수익자에 대하여 부동산의 인도를 청구할 수 있는지 여부

【이 유】

1. 원심의 사실인정 및 판단

원심판결 이유에 의하면, 원심은 그 채용 증거들을 종합하여, 피고는 1996. 8. 31. 원고와 사이에 '피고'는 성남시 분당구 서현동 256 잡종지 5,311.6㎡(이하 '이 사건 토지'라 한다)를 원고에게 신탁하여 원

426) 이 판결에 대한 평석은, 김용상, 수탁자가 신탁계약에 근거한 신탁재산의 처분권을 행사하기 위하여 신탁재산을 점유하고 있는 수익자에 대하여 그 인도를 구할 수 있는지 여부, 대법원판례해설 55호, 법원도서관, 11면 이하를 참고할 것.

고가 이를 인수하되, 위 토지상에 지하 3층, 지상 8층 규모의 자동차전문테마빌딩(이하 '이 사건 건물'이라 한다)을 신축한 후 위 토지와 건물을 신탁재산으로 하여 이를 분양(처분) 및 관리·운용한다.'는 내용의 신탁계약(이하 '이 사건 신탁계약'이라 한다)을 체결하고, 위 토지에 관하여 원고 명의로 신탁을 원인으로 한 소유권이전등기를 마친 사실, 이 사건 신탁계약 당시 원·피고는 '신탁재산에 속하는 금전으로 차입금 및 그 이자의 상환, 신탁사무 처리상 원고의 과실 없이 받은 손해, 기타 신탁사무처리를 위한 제비용 및 원고의 대금지급을 충당하기에 부족한 경우에는 수익자에게 청구하고, 그래도 부족한 경우에는 원고가 상당하다고 인정하는 방법 및 가액으로서 신탁재산의 일부 또는 전부를 매각하여 그 지급에 충당할 수 있다.'는 약정(계약서 제19조)을 한 사실, 원고는 이 사건 신탁계약에 따라 1999. 12. 27. 이 사건 건물을 준공하고, 2000. 5. 4. 원고 명의로 소유권보존등기를 마친 사실, 원고는 피고에게 이 사건 신탁계약이 2000. 12. 31. 그 기간만료로 종료되므로 그 때까지 지출한 신탁차입금 등 개발비용 185억 원을 2001. 1. 5.까지 상환하라고 통보하였으나 피고가 이를 이행하지 않자 2001. 2. 15.자 및 같은 달 2.자로 같은 달 28.까지 위 개발비용을 상환하지 않으면 신탁재산을 환가하여 개발비용을 회수할 것임을 통보한 사실, 피고는 원심판시 별지 목록 제1항 기재 부동산 중 원심판시 별지 도면 표시 부분과 원심판시 별지 목록 제2 내지 13항 기재 부동산(위 부동산 중 원심판시 별지 목록 제5항 기재 부동산을 이하 '이 사건 사무실'이라 한다)을 점유하고 있는 사실을 각 인정한 다음, 부동산의 신탁에 있어서 수탁자 앞으로 소유권이전등기를 마치게 되면 대내외적으로 소유권이 수탁자에게 완전히 이전되므로 특별한 사정이 없는 한 피고는 원고에게 그 점유 부분을 명도할 의무가 있다고 판단하는 한편, 이 사건 신탁계약이 종료되어 신탁재산인 이 사건 토지 및 건물의 소유권이 피고에게 귀속되었으므로 원고는 피고에게 그 소유권이전등기를 해 주어야 할 의무가 있는데 이러한 의무를 부담하는 원고가 피고를 상대로 신탁재산의 명도를 구하는 것은 신의칙에 반하는 것으로 허용될 수 없다는 피고의 주장에 대하여, 신탁계약이 종료된 이상 원고는 신탁종료시의 손실보전을 규정한 신탁계약 제19조에 따라 이 사건 토지와 건물을 처분하여 신탁차입금 등 비용에 충당할 수 있는데 피고가 그 비용을 모두 지급하였다고 인정할 증거가 없으므로 이 사건 신탁계약의 종료로 인하여 원고가 피고에 대하여 위 점유 부분에 관하여 소유권이전등기의무를 부담한다고 단정할 수 없고, 오히려 원고가 제출한 증거들에 의하면 원고가 주장하는 미지급 개발비용이 160억 원 이상인 반면 피고는 이를 지급하지 않은 상태에서 그 금액을 다투면서 오직 이 사건 건물의 분양을 통하여 위 비용을 지급하려 하고 있으므로 원고의 명도청구가 신의칙에 위배된다고 할 수 없다고 판단함으로써 피고의 위 주장을 배척하였다.

2. 이 법원의 판단

원고와 피고가 이 사건 신탁계약을 체결하면서 작성한 신탁계약서 제19조에 '신탁재산에 속하는 금전으로 차입금 및 그 이자의 상환, 신탁사무 처리상 원고의 과실 없이 받은 손해, 기타 신탁사무처리를 위한 제비용 및 원고의 대금지급(이하 '신탁재산에 관한 비용 등'이라 한다)을 충당하기에 부족한 경우에는 수익자에게 청구하고, 그래도 부족한 경우에는 원고가 상당하다고 인정하는 방법 및 가액으로서 신탁재산의 일부 또는 전부를 매각하여 그 지급에 충당할 수 있다.'고 규정한 것은 수탁자인 원고가 이 사건 신탁이 존속하는 동안이나 이 사건 신탁이 종료된 이후에 신탁재산에 관한 비용 등을 수익자에게 청구하였음에도 수익자가 이를 지급하지 않을 경우에는 원고가 신탁재산을 처분하여 그 대금으로 신탁재산에 관한 비용 등의 변제에 충당할 수 있게 함으로써 신탁재산에 관한 비용 등의 회수에 편의를 도모하기 위함에 그 목적이 있다 할 것이므로, 수탁자인 원고가 신탁계약서 제19조의 규정에 의하여 신탁재산에 대하여 처분권을 행사하는 것은 채권담보를 위하여 소유권이전등기를 마친 양도담보권자가 채무자의 이행지체시에 담보계약에 의하여 취득한 목적 부동산에 대하여 처분권을 행사하는 것과 유사하다 할 것이어서, 양도담보권자가 목적 부동산에 대한 처분권을 행사하기 위한 환가절차의 일환으로서 즉, 담보권의 실행으로서 채무자에 대하여 그 목적 부동산의 인도를 구할 수 있는 것(대법원 1991. 11. 8. 선고 91다21770 판결, 2001. 1. 5. 선고 2000다47682 판결 등 참조) 과 마찬가지로 수탁자인 원고도 위와 같은 처분권을 행사하기 위한 환가절차의 일환으로서 신탁재산을 점유하고 있는 수익자에 대하여 그 인도를 구할 수 있다고 할 것이다.

원심이 적법하게 인정한 사실과 기록에 의하면, 이 사건 신탁의 최초 수익자는 피고로서(신탁계약서 제13조), 이 사건 신탁은 2000. 12. 31. 그 기간만료로 종료되었는데, 원고는 피고에게 이 사건 신탁계약이 2000. 12. 31. 그 기간만료로 종료되므로 그 때까지 지출한 신탁차입금 등 개발비용을 2001. 1. 5.까지 상환하라고 통보하였으나 피고가 이를 이행하지 않자 2001. 2. 15.자 및 같은 달 2.자로 같은 달 28.까지 개발비용을 상환하지 않으면 신탁재산을 환가하여 개발비용을 회수할 것임을 통보하였음에도 피고는 원심 변론종결일까지 개발비용을 상환하지 않고 있음을 알 수 있는바, 사정이 이와 같다면 원고는 신탁계약서 제19조의 규정에 의하여 신탁재산인 이 사건 토지 및 건물을 처분하여 그 대금으로 신탁재산에 관한 비용 등에 해당하는 범위 내에서 개발비용의 변제에 충당할 수 있다 할 것이어서 그 처분권을 행사하기 위한 환가절차의 일환으로서 이 사건 사무실을 점유하고 있는 피고에 대하여 그 명도를 구할 수 있다 할 것이므로, 피고가 원고에 대하여 이 사건 토지 및 건물에 관하여 신탁종료를 원인으로 한 소유권이전등기청구권을 갖고 있다는 사정만으로 원고의 이와 같은 명도청구가 신의칙에 위반된다고 볼 수는 없다 할 것이고, 이는 피고가 원고를 상대로 이 사건 토지 및 건물에 대한 처분금지가처분결정을 받았다고 하더라도 달리 볼 것은 아니다.

원심은 피고의 신의칙 위반의 주장을 배척함에 있어 일부 부적절하거나 애매한 표현을 사용하기는 하였으나, 그 전체적인 취지는 위와 같은 법리에 따른 것으로 보여지므로 원심의 위와 같은 판단은 정당한 것으로 수긍이 가고, 거기에 신의성실의 원칙에 관한 법리오해, 판단누락, 심리미진 등의 위법이 있다고 할 수 없다. 상고이유의 주장은 모두 받아들일 수 없다.

181. 대법원 2005. 3. 11. 선고 2004다67646 판결 [소유권이전등기]

[논점] 토지신탁사업약정상의 신탁(예정)재산에는 포함되어 있으나 신탁계약의 신탁부동산 목록에 그 기재가 누락되었던 토지상 건물을 수탁자가 신탁계약서에 추가로 기재하고 수탁자 앞으로 소유권이전등기를 경료한 경우 원인무효의 등기로 본 사례

【이 유】

1. 원심은, 주식회사 C(이하 'C'이라 한다)은 1997. 3. 25. 동아건설 주식회사(이하 '동아건설'이라 한다) 및 대한부동산신탁 주식회사(이하 '이 사건 신탁회사'라 한다)와 사이에 ① C은 사업지의 신탁자 겸 수익자로서 분양형토지신탁계약 체결전까지 사업지의 소유권을 제외한 제3자의 제한권리를 말소하고, 사업승인 등 대관청 인·허가 업무 등을 수행하며, 이 사건 신탁회사는 자금조달 업무, 분양업무 등을 수행하고, 동아건설은 공사 및 시공관련 민원 업무를 수행한다(제2조), ② C은 사업지의 소유권을 제외한 제3자의 제한권리 일체를 말소하기 위한 자금으로서 이 사건 신탁회사의 담보신탁을 이용하여 주식회사 하나파이낸스(이하 '하나파이낸스'라 한다)로부터 70억 원을 차용하고, 동아건설의 지급보증으로 금융기관으로부터 자금을 차용하여 사용하며, 이 사건 신탁회사는 신탁원부 상에 하나파이낸스 및 동아건설을 우선수익자로 지정하고, C은 사업지에 대하여 사전결정심의 및 사업승인을 득한 후 이 사건 신탁회사와 분양형토지신탁계약을 체결한다(제3, 4조), ③ C이 채무상환 만기일까지 금융기관에 대한 대출원리금을 상환하지 못하여 동아건설이 이를 대위변제한 경우와 C이 국토이용계획변경 및 아파트사업 사전결정 등 대관청 인·허가를 토지신탁사업약정일로부터 12개월 내에 취득하지 못할 경우 이 사

건 신탁회사는 즉시 사업지 및 사업의 부지(지상건축물 일체 포함)를 임의 처분하여 신탁제비용 공제 후 우선수익권자의 우선수익 채권을 변제하여야 한다(제4조)는 내용 등의 토지신탁사업약정을 체결하여 남양주시 D 외 19필지 상에 아파트 건축사업을 시행하기로 한 사실, 토지신탁사업약정서에는 별지 목록으로 토지인 판시 사업지 및 사업의 부지만 첨부되었고, 지상건물 목록은 따로 첨부되어 있지 아니한 사실, 위 사업지 및 사업의 부지 중 원고 명의로 소유권이전등기가 되어 있는 부동산들은 원고가 C 회장이었던 E으로부터 명의신탁 받아 둔 것이고, 이 사건 건물은 사업지 중 일부(별지 제2목록 기재 11, 15~18번 토지) 지상에 축조되어 있는 사실, 원고는 토지신탁사업약정의 체결 다음날인 1997. 3. 26, 이 사건 신탁회사와 사이에 이 사건 신탁계약을 체결하였는데, 그 별지로 첨부된 신탁재산의 목록에는 사업지 및 사업외 부지와 사업지 위에 있는 건물 1동(별지 제2목록 기재 26번)이 포함되어 있지만 이 사건 건물은 포함되어 있지 아니한 사실, 이 사건 건물을 포함하여 별지 제2목록 기재 부동산 중 원고 소유인 부동산은 원고가 1991. 1. 30, 주식회사 F으로부터 매수한 것이었는데, 원고는 이를 매수하면서 다시 주식회사 F에게 위 토지 및 지상 건물 일체를 20년간 전세보증금 25억 원에 임대하기로 약정한 사실 등을 인정하였다.

위 인정사실에 터잡아 원심은, 이 사건 신탁계약 당사자 사이의 의사 합치가 없음에도 불구하고 경료된 이 사건 신탁계약을 원인으로 한 이 사건 건물에 관한 피고 명의의 소유권이전등기(이하 '이 사건 소유권이전등기'라 한다)는 특별한 사정이 없는 한 원인무효라고 한 다음, 이 사건 신탁계약의 체결 과정 및 경위에 비추어 볼 때 이 사건 건물은 이 사건 신탁계약의 목적인 신탁재산에 포함되었지만 별지 목록에 그 기재가 누락되었던 것뿐이므로 이 사건 신탁회사가 이 사건 건물을 이 사건 신탁계약서에 추가로 기재한 것은 이 사건 신탁계약의 내용에 부합하도록 정정한 것에 불과하므로 이 사건 소유권이전등기가 실체관계에 부합하는 유효한 등기라는 피고 주장에 대하여, C과 이 사건 신탁회사는 토지신탁사업약정 상 신탁재산의 범위에 아파트 건설에 사용될 사업지 외에도 C이 이 사건 신탁회사에 대하여 부담하게 될 장래의 채무에 대한 담보 목적으로 사업의 부지와 위 사업지 및 사업의 부지의 지상에 있는 건물 일체를 포함시킴으로써 토지신탁사업약정 상 신탁재산에는 사업지 상에 존재하는 이 사건 건물도 포함되었다고 볼 수 있고, 따라서 그 구체적인 이행을 위하여 원고와 이 사건 신탁회사 사이에 체결된 이 사건 신탁계약 상의 신탁재산에 이 사건 건물을 포함시켜야 할 당위성이 있었던 점은 인정되나, 그러한 당위성은 C이나 이 사건 신탁회사의 입장에서 요구되는 것이고, 토지신탁사업약정의 당사자가 아닌 원고가 별개의 계약인 이 사건 신탁계약을 체결하면서 이 사건 건물을 신탁재산으로 포함시킨다는 의사를 표시한 적이 없는 이상, 토지신탁사업약정 상 지상 건물 일체를 신탁재산에 포함시키기로 한 C의 의사표시를 원고의 의사표시와 동일시할 만한 특별한 사정이 인정되지 않는다면 이 사건 건물이 이 사건 신탁계약서 상 신탁재산으로 기재되지 아니한 것이 단순히 기재 누락에 불과하고 이 사건 신탁회사가 이를 임의로 추가 기재한 것이 원고의 표시된 의사에 합치되는 정당한 것이라거나 이 사건 소유권이전등기가 실체관계에 부합하는 유효한 등기라 할 수 없고, 이 점은 원고가 이 사건 건물을 C의 회장으로부터 명의신탁받았다는 점과 토지신탁사업약정 및 이 사건 신탁계약의 체결과정만으로는 토지신탁사업약정 상의 C의 의사표시를 원고의 의사표시와 동일시하기에 부족하다고 보아, 이 사건 신탁계약서에 이 사건 건물을 추가 기재한 것이 원고와의 합치된 의사에 기한 정당한 수정이고, 그에 따른 이 사건 소유권이전등기가 실체적 권리관계에 부합한다고 할 수 없다고 판단하였다.

기록에 비추어 살펴보면, 원심의 사실인정과 판단은 정당한 것으로 수긍이 되고, 거기에 상고이유의 주장과 같이 법률행위의 해석이나 소유권이전등기의 효력에 관한 법리오해 등의 위법이 있다 할 수 없다.

182. 대법원 2004. 12. 23. 선고 2003다44486 판결 [정리채권자표기재무효확인등]

[논점] 우선수익권이 위탁자에 대한 회생계획에 의해 영향을 받는지 여부

【이 유】

(1) 신탁자가 어음거래약정상의 채무에 대한 담보를 위하여 자기 소유의 부동산에 대하여 수탁자와 담보신탁용 부동산관리·처분신탁계약을 체결하고 채권자에게 신탁원본 우선수익권을 부여하고 나서 수탁자 앞으로 신탁을 원인으로 한 소유권이전등기를 경료하였다면, 위탁자의 신탁에 의하여 신탁부동산의 소유권은 수탁자에게 귀속되었다고 할 것이고, 그 후 신탁자에 대한 회사정리절차가 개시된 경우 채권자가 가지는 신탁부동산에 대한 수익권은 회사정리법 제240조 제2항에서 말하는 '정리회사 이외의 자가 정리채권자 또는 정리담보권자를 위하여 제공한 담보'에 해당하여 정리계획이 여기에 영향을 미칠 수 없다 할 것인바(대법원 2001. 7. 13. 선고 2001다9267 판결 등 참조), 이러한 법리와 관계 법령을 기록에 비추어 살펴보면, 원심이 그 판시와 같은 사정 등에 비추어 이 사건에 있어서와 같이 정리계획안의 '장래의 구상권' 항목에 물상보증인 등의 책임을 제한하는 듯한 불명확한 기재가 있고, 이러한 항목을 포함한 정리계획안 전체에 대하여 집단적 의사표시로서 정리채권자가 단순히 동의한 것만으로는 물상보증인 등의 책임이 제한된다고 볼 수 없으므로, 이 사건 정리계획상의 '장래의 구상권' 항목에 의하여 피고의 한국부동산신탁에 대한 권리행사의 범위가 정리계획안에서 확정된 "변제예정액"의 범위로 제한된다고 볼 수 없다고 판단한 것은 정당한 것으로 수긍이 가고, 거기에 상고이유에서 주장하는 바와 같이 채증법칙을 위배하여 사실을 잘못 인정하였거나 법리를 오해하는 등의 위법이 있다고 할 수 없다.

(2) 회사정리법 제240조 제2항은 정리계획은 정리채권자 또는 정리담보권자가 회사의 보증인 기타 회사와 함께 채무를 부담하는 자에 대하여 가진 권리와 회사 이외의 자가 정리채권자 또는 정리담보권자를 위하여 제공한 담보에 영향을 미치지 아니한다고 규정하고 있지만, 정리계획에서 출자전환으로 정리채권의 변제에 갈음하기로 한 경우에는 신주발행의 효력발생일 당시를 기준으로 하여 정리채권자가 인수한 신주의 시가를 평가하여 그 평가액에 상당하는 채권액이 변제된 것으로 보아야 하고, 이러한 경우 주채무자인 정리회사의 채무를 보증한 보증인들로서는 정리채권자에 대하여 위 변제된 금액의 공제를 주장할 수 있다(대법원 2003. 1. 10. 선고 2002다12703,12710 판결 등 참조).

원심판결 이유에 의하면, 원심은, 이 사건 정리계획은 정리채권자가 출자 전환의 연기를 요청하는 경우에는 출자전환을 연기하도록 규정하고 있는데, 이와 같이 출자전환의 규정을 둠에 있어서 정리채권자로 하여금 출자전환 연기신청을 할 수 있도록 한 것은 정리계획에 따른 출자전환으로 인하여 정리채권자가 자금력이 있는 물상보증인 등에 대하여 정리절차 밖에서 채권행사를 할 기회를 획일적으로 박탈당하지 않도록 함에 그 취지가 있다 할 것이므로, 정리채권자로서는 출자전환이 이루어지기까지는 정리절차 외에서 물상보증인 등으로부터 채권전액에 대하여 권리행사를 할 수 있다고 보아야 할 뿐만 아니라, 이 사건에 있어서는 실제로 신주발행이 이루어진 사실을 인정할 증거가 없다 할 것이므로 피고가 수탁자로부터 받은 수익금으로 출자전환이 예정된 부분에 대하여 충당하였다고 하더라도 부당이득이 성립한다고 할 수 없다고 판단하였는바, 앞서 본 법리와 기록에 비추어 살펴보면, 원심의 이러한 판단은 정당하고(기록에 의하면 피고가 출자전환 연기요청을 한 점을 엿볼 수 있으므로 정리계획안의 출자전환예정일에 이미 신주발행의 효력이 발생하였다고 볼 수도 없다), 거기에 상고이유에서 주장하는 바와 같이 출자전환에 의한 채권소멸, 그 범위 및 부당이득의 성립에 관한 사실을 잘못 인정하였거나 법리를 오해한 위법이 있다고 볼 수 없다.

183. 대법원 2004. 10. 15. 선고 2004다31906 판결 [지체상금청구]

[논점] 수탁자가 신탁사무를 처리하는 과정에서 채무를 부담하는 경우, 그 책임의 범위가 신탁재산의 한도 내로 제한되는지 여부[427]

【이 유】

1. 원심은 채용증거에 의하여 판시 사실을 인정하고서, 파산자 한국부동산신탁 주식회사(이하 '한국부동산신탁'이라 한다)는 원고에게 판시와 같이 입점 지연에 따른 지체상금을 지급할 의무가 있다고 판단한 다음, 피고들의 주장, 즉 판시 건물(이하 '이 사건 건물'이라 한다)의 수분양자들로 구성된 비상대책위원회의 위원장이 이 사건 건물의 분양 당시의 어려운 사정을 고려하여 입점 지연에 따른 지체상금을 청구하지 않기로 합의를 하였거나 적어도 묵시적으로 동의를 하였다는 주장에 대하여 이를 인정할 증거가 없다는 이유로 배척하였는바, 기록에 의하여 살펴보면 원심의 위와 같은 사실인정과 판단은 정당하여 수긍이 되고, 거기에 상고이유 제1점의 주장과 같은 채증법칙 위배나 의사표시의 해석에 관한 법리오해의 위법이 없다.

2. 신탁사무의 처리상 발생한 채권을 가지고 있는 채권자는 수탁자의 일반채권자와는 달리 신탁재산에 대하여 강제집행을 할 수 있는데(신탁법 제21조[428] 제1항), 한편 수탁자의 이행책임이 신탁재산의 한도 내로 제한되는 것은 신탁행위로 인하여 수익자에 대하여 부담하는 채무에 한정되는 것이므로(신탁법 제32조[429]), 수탁자가 수익자 이외의 제3자 중 신탁재산에 대하여 강제집행을 할 수 있는 채권자(신탁법 제21조 제1항)에 대하여 부담하는 채무에 관한 이행책임은 신탁재산의 한도 내로 제한되는 것이 아니라 수탁자의 고유재산에 대하여도 미치는 것으로 보아야 한다. 그리고 수탁자가 파산한 경우에 신탁재산은 수탁자의 고유재산이 된 것을 제외하고는 파산재단을 구성하지 않는 것이지만(신탁법 제22조), 신탁사무의 처리상 발생한 채권을 가진 채권자는 파산선고 당시의 채권 전액에 관하여 파산재단에 대하여 파산채권자로서 권리를 행사할 수 있는 것이다.

원심은, 원고가 한국부동산신탁의 파산선고 시에 가지고 있던 이 사건 지체상금 등 채권은 한국부동산신탁의 신탁사무의 처리상 발생한 권리로서 신탁재산인 이 사건 토지와 건물에 대하여 강제집행할 수 있는 것이지만 그렇다고 하여 파산재단에 대하여 일반 파산채권자로서 권리를 행사할 수 없게 되는 것은 아니라는 이유로 위 채권 전액이 파산채권임을 확정한다고 판단하였는바, 원심의 위와 같은 판단은 앞서 본 법리에 따른 것으로서 정당하고, 거기에 상고이유 제2점의 주장과 같은 신탁법 제22조에 관한 법리오해 등의 위법이 없다.

[원심판결] 부산고등법원 2004. 4. 29. 선고 2003나6330 판결 [지체상금청구]

【주 문】

1. 당심에서 교환적으로 변경된 파산채권확정 청구 중, 신고채권액 초과금 8,194,026원 부분과, 금 68,937,710원에 대한 지연손해금 중 2003. 7. 13.부터 완제일까지의 지연손해금 부분의 소를 각하한다.

2. 당신에서 교환적으로 변경된 파산채권확정 청구에 의하여, 원고의 파산자 한국부동산신탁 주식회사에 대한 일반파산채권은 금 39,748,080원이고, 후순위파산채권은 금223,242원임을 확정한다.

3. 원고의 나머지 청구를 기각한다.

---

427) 2007다63997 판결[119번 판례]의 각주 부분도 참고할 것.

428) 현행 신탁법 제22조.

429) 현행 신탁법 제38조.

4. 소송총비용은 이를 2분하여 그 1은 원고가, 나머지는 피고가 각 부담한다.

【청구취지 및 항소취지】

1. 청구취지

원고의 파산자 한국부동산신탁 주식회사에 대한 일반파산채권은 금 68,937,710원이고, 후순위파산채권은 금 68,937,710원에 대한 2003. 6. 2.부터 완제일까지 연 20%의 비율에 의한 금원임을 확정한다(원고는 제1심에서 한국부동산신탁 주식회사를 상대로 약정지체상금을 구하다가, 한국부동산신탁 주식회사가 파산함에 따라 당심에서 소송수계인인 피고를 상대로 한 파산채권확정 청구로 소를 교환적으로 변경하였다).

2. 항소취지

제1심 판결 중 피고 패소부분을 취소하고, 위 취소부분에 해당하는 원고의 청구를 기각한다.

【이 유】

다. 피고의 주장에 대한 판단

피고는, 원고의 입점지연에 따른 지체상금 등 채권은 한국부동산신탁이 이 사건 토지를 신탁받은 사무와 관련하여 발생한 권리인데, 이 사건 건물 및 토지는 신탁재산으로서 파산재단을 구성하지 않을뿐더러, 원고는 위 신탁재산에 대한 강제집행을 통해 채권의 만족을 얻을 수 있으므로, 원고의 채권은 파산재단에서 배당받을 수 있는 파산 채권이 아니라는 취지로 주장한다.

신탁법 제21조 제1항은 '신탁재산에 대하여는 강제집행 또는 경매를 할 수 없다. 다만, 신탁 전의 원인으로 발생한 권리 또는 신탁사무의 처리상 발생한 권리에 기한 경우에는 예외로 한다.' 제22조는 '신탁재산은 수탁자의 고유재산이 된 것을 제외하고 는 수탁자의 파산재단을 구성하지 아니한다'고 규정하고 있다. 먼저, 신탁법 제21조 제 1항은, 신탁재산은 수탁자의 고유재산과는 독립한 별개의 재산이므로, 수탁자의 채무에 대해서는 전혀 책임을 부담하지 않지만, 신탁재산 자체가 부담하는 채무, 예컨대 신탁관계가 발생하기 전에 발생한 권리, 또는 원고의 지체상금 등 채권과 같이, 신탁재산의 관리 또는 처분을 하는 과정에서 발생한 권리에 기하여서는 예외적으로, 신탁재산에 대하여 강제집행 또는 경매를 할 수 있다는 것이고, 위 제22조는 수탁자가 파산하면

수탁자의 고유재산은 파산재단을 구성하지만, 신탁재산은 수탁자의 파산재단에 포함되지 아니한다는 취지이다.

살피건대, 신탁법의 위 규정에 의하면, 원고는, 신탁재산에 대하여 강제집행할 수 없는 한국부동산신탁의 일반채권자들과 달리, 예외적으로 신탁재산에 대하여 강제집행 할 수 있고, 신탁재산은 파산재단에 속하지도 아니하나, 신탁법의 위와 같은 규정으로 인해 원고와 같이 신탁사무의 처리와 관련하여 발생한 권리를 취득한 자에 대한 수탁자의 책임을 신탁재산에 한정시킨다고 해석할 수는 없다.

왜냐하면, 첫째, 신탁법 제32조는, 수탁자가 신탁행위로 인하여 수익자에 대하여 부담하는 채무에 관하여는 신탁재산의 한도 내에서 이행의 책임을 진다고 규정하고 있는바, 이는 신탁재산의 관리과정에서 발생하는 실질적·경제적 이해관계는 모두 수익자에게 귀속되어, 수탁자는 신탁으로 인한 불이익을 부담하지 아니하므로, 수탁자가 수익자에게 부담하는 급부의무는 신탁재산을 한도로 이행책임을 지며, 수탁자의 고유재산에 관하여는 그 채무를 부담하지 아니한다는 수탁자의 물적유한책임을 규정한 것인데, 원고는 신탁계약상의 수익자가 아니어서 신탁법 제32조가 적용되지 않기 때문이다(수탁자인 한국부동산신탁이 원고에 대하여 신탁재산의 안도 내에서의 이행책임만 부담한다고 하기 위해서는, 신탁법 제32조와 같은 명문의 규정이 있어야 할 것이다).

둘째, 피고의 주장은, 원고처럼 신탁재산의 사무처리와 관련하여 발생한 권리에 기하여 신탁재산으로부터 만족을 얻을 수 있는 자가 파산재단으로부터도 배당받기 위한 파산채권확정의 소를 제기하는 행위는, 파산자에 대한 일반채권자의 권리를 침해할 수 있음을 전제로 하는 듯하나, ① 신탁계약상의 수익자도 아닌 원고가 신탁재산과 관련하여 한국부동산신탁과 분양승계계약을 직접 체결하여 이 사건 지체상금 등 채권을 가지게 된 이상, 한국부동산신탁과의 법률행위를 통해 채권을 가진 일반채권자와 달리볼 아무런 이유가 없는 점, ② 원고는 별제권자의 경우처럼 신탁재산에 대하여 우선변제권을 가지고 있지도 않으며, 신탁재산에 대하여 원고와 같은 권리를 가진 자가 경합하는 등의 이유로 원고가 신탁재산으로부터 어느 정도의 채권 만족을 얻을 수 있는지 전혀 알 수 없는 점, ③ 원고가 신탁재산으로부터 채권의 일부를 변제받는다면 파산재단으로부터는 나머지만 배당받으면 될 것이고, 파산재단으로부터 먼저 일부 배당받는 경우에도 그 나머지만 신탁재산으로부터 변제받으면 되는 점 등에 비추어 보면, 원고 가 이 사건 지체상금 등 채권에 기하여 신탁재산에 대하여도 강제집행할 수 있다고 하여, 일반채권자의 채권을 부당히 침해하는 것은 아니기 때문이다.

따라서, 피고의 위 주장은 이유 없다.

184. 대법원 2004. 10. 15. 선고 2004다31883,31890 판결 [매매대금반환·약정금][430) 431)]

[논점] 수탁자가 신탁사무를 처리하는 과정에서 채무를 부담하는 경우, 그 책임의 범위가 신탁재산의 한도 내로 제한되는지 여부[432)]

【주 문】

상고를 모두 기각한다. 상고비용은 피고들이 부담한다.

【이 유】

2. 신탁사무의 처리상 발생한 채권을 가지고 있는 채권자는 수탁자의 일반채권자와 달리 신탁재산에 대하여도 강제집행을 할 수 있는데(신탁법 제21조[433)] 제1항), 한편 수탁자의 이행책임이 신탁재산의 한도 내로 제한되는 것은 신탁행위로 인하여 수익자에 대하여 부담하는 채무에 한정되는 것이므로(신탁법 제32조[434)]), 수탁자가 수익자 이외의 제3자 중 신탁재산에 대하여 강제집행을 할 수 있는 채권자(신탁법 제21조 제1항)에 대하여 부담하는 채무에 관한 이행책임은 신탁재산의 한도 내로 제한되는 것이 아니라 수탁자의 고유재산에 대하여도 미치는 것으로 보아야 한다. 그리고 수탁자가 파산한 경우에 신탁재산은 수탁자의 고유재산이 된 것을 제외하고는 파산재단을 구성하지 않는 것이지만(신탁법 제22조[435)]), 신탁사무의 처리상 발생한 채권을 가진 채권자는 파산선고 당시의 채권 전액에 관하여 파산재단에 대하여 파산채권자로서 권리를 행사할 수 있는 것이다.

원심은, 원고들이 한국부동산신탁의 파산선고시에 가지고 있던 이 사건 지체상금 등 채권은 한국부동산신탁의 신탁사무의 처리상 발생한 권리로서 신탁재산인 이 사건 토지와 건물에 대하여 강제집행할

---

430) 이 판결에 대한 평석은, 이중기, 신탁채권자에 대한 수탁자의 책임의 범위 : 책임재산한정특약의 효력과 신탁의 도산절차상 처리를 중심으로, 민사판례연구 28권, 박영사, 494면 이하를 참고할 것.

431) 대법원 2004. 10. 15. 선고 2004다31906 판결[183번 판례] 및 그 원심판결의 사실관계와 동일한 사업장에서 문제된 사안으로 양자의 사안 및 판시내용이 유사하다.

432) 2007다63997 판결[119번 판례]의 각주도 참고할 것.

433) 현행 신탁법 제22조.

434) 현행 신탁법 제38조.

435) 현행 신탁법 제24조.

수 있는 것이지만 그렇다고 하여 파산재단에 대하여 파산채권자로서 권리를 행사할 수 없는 것은 아니라는 이유로 위 채권 전액이 파산채권임을 확정한다고 판단하였는바, 원심의 위와 같은 판단은 앞서 본 법리에 따른 것으로서 정당하고, 거기에 상고이유 제2점의 주장과 같은 신탁법 제22조에 관한 법리오해 등의 위법이 없다.

185. 대법원 2004. 7. 22. 선고 2002다46058 판결 [부인등][436]

[논점] 우선수익권이 위탁자에 대한 회생계획에 의해 영향을 받는지 여부

【이 유】

2. 상고이유 제3주장에 관한 판단

신탁법상의 신탁은 위탁자가 특정의 재산권을 수탁자에게 이전하거나 기타의 처분을 하고 수탁자로 하여금 수익자의 이익을 위하여 또는 특정의 목적을 위하여 그 재산권을 관리, 처분하게 하는 법률관계를 말하므로, 신탁자가 채무에 대한 담보를 위하여 자기 소유의 부동산에 대하여 수탁자와 담보신탁용 부동산관리·처분신탁계약을 체결하고 채권자에게 신탁원본 우선수익권을 부여하고서 수탁자 앞으로 신탁을 원인으로 한 소유권이전등기를 경료한 경우, 위탁자의 신탁에 의하여 신탁부동산의 소유권은 수탁자에게 귀속되었다고 할 것이고, 그 후 신탁자에 대한 회사정리절차가 개시된 경우 채권자가 가지는 신탁부동산에 대한 수익권은 회사정리법 제240조[437] 제2항에서 말하는 '정리회사 이외의 자가 정리채권자 또는 정리담보권자를 위하여 제공한 담보'에 해당하여 정리계획이 여기에 영향을 미칠 수 없고, 따라서 채권자가 정리채권 신고기간 내에 신고를 하지 아니함으로써 정리계획에 변제의 대상으로 규정되지 않았다 하더라도, 이로써 실권되는 권리는 채권자가 신탁자에 대하여 가지는 정리채권 또는 정리담보권에 한하고, 수탁자에 대하여 가지는 신탁부동산에 관한 수익권에는 아무런 영향이 없다고 할 것이다(대법원 2003. 5. 30. 선고 2003다18685 판결, 2001. 7. 13. 선고 2001다9267 판결들 참조).

이 사건에서 쌍용종금이 이 사건 신탁계약상의 우선수익권을 정리담보권으로 신고하였다가 관리인이 정리담보권에 대한 이의제기를 하였음에도 불구하고 1개월 이내에 정리담보권확정의 소를 제기하지 아니하였다 하더라도, 쌍용종금의 피고 회사에 대한 우선수익권은 그 회사정리절차로 인하여 아무런 영향을 받지 아니한다 할 것이므로, 정리담보권 확정절차를 이행하지 아니하여 쌍용종금의 피고 회사에 대한 우선수익권이 실권되었음을 전제로 한 원고의 예비적 청구를 받아들이지 아니한 원심의 그 판단은 위의 법리에 따른 것으로서 정당하고, 거기에 회사정리법 제240조 제2항에 관한 법리를 오해하였다는 잘못이 없다.

186. 대법원 2004. 4. 16. 선고 2002다12512 판결 [임대차보증금]

[논점] 신탁원부 기재의 대항력 범위

【이 유】

1. 원심판결이 인용한 제1심판결 이유 및 기록에 의하면, 00주식회사(이하 '소외 회사'라 한다)는 1997. 8. 2. 파산 전의 B 주식회사(2003. 6. 2. 파산선고를 받았다. 이하 편의상 '피고'라 한다)와 사이에

436) 이 판결에 대한 평석은, 홍성준, 회생절차상 부인권과 회생절차의 종결, 민사판례연구 29권, 박영사, 443면 이하를 참고할 것.

437) 현행 채무자회생법 제250조.

서 소외 회사가 판시 토지와 그 지상의 신축 중인 아파트를 피고에게 신탁하고 피고는 위 아파트가 완공되면 이를 임대한 후 신탁이 종료되면 위 토지와 아파트 등으로부터 신탁사무상 발생하는 제비용 및 신탁보수를 공제한 잔여 부분을 수익자인 소외 회사에게 교부하기로 하는 내용의 임대형토지신탁계약(이하 '이 사건 신탁계약'이라 한다)을 체결한 사실, 이 사건 신탁계약에는 신탁이 종료될 경우 피고는 소외 회사에게 신탁수익을 교부하여야 하고(제23조 제1항) 임대보증금의 상환채무는 임차인의 동의를 얻어 소외 회사가 승계하고 피고는 그 책임을 면하며(제23조 제2항) 그 외에도 피고는 채권자의 동의를 얻어 소외 회사에게 차입금 및 기타의 채무를 승계시키고 자기 책임을 면하는 것으로(제23조 제3항) 규정되어 있는 사실, 원고는 1997. 10. 18. 소외 회사와 피고를 공동임대인으로 하여 위 토지상에 건축 중인 아파트 101동 310호(이하 '이 사건 아파트'라고 한다)를 임대보증금은 29,800,000원, 임차기간은 입주지정기간 만료일로부터 1년으로 정하여 임차한(이하 '이 사건 임대차계약'이라 한다) 사실, 위 아파트가 완공되자 소외 회사는 1998. 1. 16. 이 사건 아파트에 관하여 피고를 수탁자로 하는 소유권보존등기를 마쳤는데 위 등기부에 편철된 신탁원부 중 신탁조항 제2항(신탁재산의 관리방법)에는 "신탁토지상에 별지1의 건물(이 사건 아파트와 상가 등을 말한다)을 건축하여 임대하고 조세, 공사비, 차입금, 기타 신탁사무 처리상 발생하는 제비용과 신탁보수를 제한 잔여부분을 수익권으로 하여 신탁의 종료시에 이를 수익자에게 교부함"이라고 기재되어 있고, 신탁조항 제5항(신탁재산의 범위) "사, 호에는 "신탁부동산의 임대와 관련하여 취득한 보증금 등의 상환채무가 기재되어 있는 사실, 원고는 위 임대보증금을 모두 지급하고 1998. 1. 26. 이 사건 아파트에 입주하였는데 1999. 1. 25. 위 임대기간이 만료된 사실, 피고는 2000. 4. 7. 이 사건 아파트에 관하여 소외 회사에게 1999. 6. 11. 신탁해지를 원인으로 한 소유권이전등기절차를 마친 사실이 인정된다.

신탁법 제3조는 "등기 또는 등록하여야 할 재산에 관하여는 신탁은 그 등기 또는 등록을 함으로써 제3자에게 대항할 수 있다."고 규정하고, 부동산등기법 제123조, 제124조는 신탁의 등기를 신청하는 경우에는 ① 위탁자, 수탁자 및 수익자 등의 성명, 주소 ② 신탁의 목적 ③ 신탁재산의 관리방법 ④ 신탁종료사유 ⑤ 기타 신탁의 조항을 기재 한 서면을 그 신청서에 첨부하도록 하고 있고 그 서면을 신탁원부로 보며 다시 신탁원부를 등기부의 일부로 보고 그 기재를 등기로 본다고 규정하고 있는바, 따라서 위의 규정에 따라 등기의 일부로 인정되는 신탁원부에 신탁재산인 부동산의 임대로 인하여 발생한 보증금반환채무가 신탁종료시 위탁자에게 귀속된다는 내용이 기재되어 있다면 위탁자는 이로써 임차인에게 대항할 수 있을지라도, 위에서 본 이 사건의 사실관계에 의하면 원고가 피고 및 소외 회사와 임대차계약을 체결할 당시까지도 이 사건 아파트에 관한 피고 명의의 소유권보존등기 및 신탁등기가 마쳐지지 않았기 때문에 피고로서는 위 신탁등기를 전제로 하는 신탁원부의 내용으로써 원고에게 대항할 수 없을 뿐 아니라[438](대법원 2001. 11. 9. 선고 2001다58054(본소), 2001다58061(반소) 판결 참조), 나아가 이 사건에서 신탁원부에 기재된 신탁조항에 신탁계약의 종료시 신탁재산의 임차인에 대한 보증금반환채무가 그 임차인의 동의를 요하지 않고 소외 회사에게 귀속된다는 내용이 포함되어 있다고는 보기 어렵다고 할 것이다.[439]

같은 취지에서 신탁원부의 대항력에 의하여 보증금반환채무가 면제되었다는 피고의 항변을 배척한 원심의 조치는 정당하고, 거기에 신탁계약종료 후 보증금반환채무의 귀속에 관한 법리오해의 위법이 없다.

---

438) 이에 따르면, 신탁등기 및 소유권이전등기가 경료된 이후에 체결되는 임대차계약의 경우에만 신탁원부 기재의 대항력을 주장할 수 있다는 취지로 읽히는데 타당한 해석인지 의문이다.

439) 2014다61814 판결[24번 판례]의 각주도 참조.

187. 대법원 2004. 3. 25. 선고 2003다20909, 20916 판결 [양수금]

[논점] 소송행위 수행을 주목적으로 하는 채권양도의 효력 및 그에 해당하는지 여부의 판단 기준

【이 유】

2. 피고의 상고이유 제3점에 대하여

가. 원심판결의 이유에 의하면, 원심은 그 채택한 증거들을 종합하여 나산유통은 이 사건 지하철공사로 인하여 나산유통이 피고에 대하여 가지는 위 불법행위로 인한 손해배상채권 중 1,100,000,000원의 채권을 원고 신00에게 1998. 11. 27., 25,000,000,000원의 채권을 원고 시계절실업에게 1998. 11. 28. 각 양도하고, 피고에 그 양도사실을 각 통지하여 1998. 11. 30. 위 통지가 피고에 각 도달한 사실을 인정한 다음, 피고는 원고들에게 나산유통이 위 지하굴착공사 및 발파작업으로 인하여 입은 손해에 대한 배상금을 지급할 의무가 있다고 판단하고, 이어 나산유통과 원고들간의 위 채권양도가 소송행위를 주목적으로 하는 것이어서 무효라는 취지의 피고의 주장에 대하여, 소송행위를 주목적으로 하는 것이라는 점을 인정할 만한 증거가 없고, 오히려 원고 시계절실업은 나산유통에 대하여 합계 25,230,967,880원(재고상품대금 19,233,922,827원 + 영업비 1,497,094,053원 + 임대보증금 4,499,951,000원)의 채권을 가지고 있는 총 728명으로 구성된 나산유통 채권단협의회가 채권자들을 대표하여 위 채권을 회수하고 유통사업을 영위할 목적으로 그 임원인 원고 신00을 그 대표이사로 하여 설립한 회사이고, 원고 신00은 나산유통에 대하여 합계 1,100,000,000원의 임대보증금 반환채권 및 손해배상청구권을 가지고 있는 자인 사실을 인정할 수 있으므로 이는 다수 당사자가 권리를 행사하는 불편함을 없애고 채권의 효율적인 회수를 위하여 채권양도를 한 것이라는 이유로 피고의 위 주장을 배척하였다.

소송행위를 하게 하는 것을 주목적으로 채권양도 등이 이루어진 경우, 그 채권양도가 신탁법상의 신탁에 해당하지 않는다고 하여도 신탁법 제7조가 유추적용되므로 무효라고 할 것이고, 소송행위를 하게 하는 것이 주목적인지의 여부는 채권양도계약이 체결된 경위와 방식, 양도계약이 이루어진 후 제소에 이르기까지의 시간적 간격, 양도인과 양수인간의 신분관계 등 제반 상황에 비추어 판단하여야 할 것이다(대법원 2002. 12. 6. 선고 2000다4210 판결 참조).

기록에 비추어 살펴보면, 나산유통과 원고들 사이의 위 각 채권양도가 소송행위를 하는 것을 주목적으로 하는 것이 아니라고 본 원심의 판단은 위 법리에 따른 것이어서 옳고, 거기에 채증법칙 위배, 심리미진으로 인한 사실오인의 위법이 있다거나 소송신탁에 관한 법리오해의 위법이 있다고 할 수 없다.

나. 채권양도에 있어 사회통념상 양도 목적 채권을 다른 채권과 구별하여 그 동일성을 인식할 수 있을 정도이면 그 채권은 특정된 것으로 보아야 할 것이고, 채권양도 당시 양도 목적 채권의 채권액이 확정되어 있지 아니하였다 하더라도 채무의 이행기까지 이를 확정할 수 있는 기준이 설정되어 있다면 그 채권의 양도는 유효한 것으로 보아야 하는바, 기록에 의하면 이 사건 양도대상채권은 '나산유통의 백화점 건물붕괴에 따른 손해배상(건물 및 영업권 등) 채권' 중 위 판시 금액으로 양도계약서(갑 제2호증의 1 및 갑 제15호증의 1)에 기재되어 있고, 이는 '나산유통이 피고의 공사로 인하여 하자가 생김으로 입은 건물 자체 및 영업권 등에 관련된 일체의 손해배상채권'을 의미하는 것으로 해석되고 따라서 사회통념상 다른 채권과 동일성을 인식할 수 있을 정도로 특정된 것으로 볼 수 있을 뿐만 아니라, 이와 같은 채권은 조건부 채권이나 장래의 채권에 해당한다고 볼 수도 없다.

188. 대법원 2003. 12. 12. 선고 2001다57884 판결 [사해행위취소등][440) 441)]

[논점] 채무자가 토지에 집합건물을 지어 분양하는 사업을 추진하던 중 자금난으로 공사를 계속할 수 없게되자 사업을 계속하기 위한 방법으로 신탁계약을 체결하고 건물의 신축공사를 완료한 경우, 그 신탁행위가 사해행위에 해당하지 않는다고 한 사례

【이 유】

1. 원심의 판단

가. 원심은 제1심판결을 원용하여 다음과 같은 사실을 인정하였다.

(1) 소외 주식회사 한성기린건설(이하 '채무자'라 한다)은 1994. 3.경 그 소유의 이 사건 토지에 자신이 직접 시행자 및 시공자가 되어 지하 7층, 지상 28층의 공동주택 547세대와 판매시설 200여 개의 이 사건 건물의 건축을 시작하였다.

(2) 원고들은 채무자로부터 특정 부분 공사를 도급받은 자들로서 약정기간 내에 공사를 완성하였다.

(3) 채무자는 이 사건 건물의 분양수입금으로 원고들을 포함한 수급인들 약 94개 업체에 공사대금을 결제해 왔는데, 1996. 12.경 이 사건 건축공사가 45.8% 정도 진행된 상태에서, 이 사건 건물 중 아파트는 547세대 중 411세대(분양률 75%)가 분양되었으나, 상가는 200개 중 22개(분양률 9.45%)만 분양되어, 미지급 공사비는 2,761,864,000원이고, 미회수 지급 어음금은 7,382,780,000원에 이르게 되었고, 당시 채무자의 총 자산은 이 사건 건물부지 9,800,000,000원 상당을 포함하여 38,917,738,188원 상당인데 반하여, 부채는 이 사건 건축공사에 대한 미지급 어음금과 미지급 공사비를 포함하여 51,579,699,990원 상당이었다.

(4) 위와 같이 채무자의 자금사정이 악화되고, 예상외로 상가의 분양실적이 저조한 관계로 부도의 위기에 처하여 공사를 추진할 수 없게 되자, 채무자는 자금융통의 편의를 위하여 1996. 12. 21. 피고와 다음과 같은 내용의 이 사건 신탁계약을 체결하였다.

① 신탁목적 : 이 사건 토지를 피고에게 신탁하고, 피고가 이를 인수한다. 이 신탁의 목적은 위 토지 위에 이 사건 건물을 건설하고 토지와 건물을 신탁재산으로 하여 이를 분양(처분)하는 데에 있다.

② 신탁공시 : 채무자와 피고는 신탁계약체결 후 토지에 대하여 신탁을 원인으로 한 소유권이전등기 및 신탁등기를 한다.

③ 건물의 건축 : 피고는 채무자로 하여금 건물을 건축하게 한다.

④ 건물의 인도 및 신탁공시 : 피고는 건물의 준공검사 후 지체없이 채무자로부터 건물을 인도받아 신탁재산으로 소유권보존등기 및 신탁등기를 행한다.

⑤ 건축주명의 변경 : 채무자는 토지신탁등기가 완료된 후 사업주체를 피고로 변경하는 절차를 취한다.

⑥ 소요자금의 조달 : 피고는 분양수입금과 15,000,000,000원의 범위 내에서 금융기관으로부터 차입한 금원으로 소요자금을 조달하기로 한다.

---

440) 이 판결에 대한 평석은, 이우재, 개발신탁의 사해행위 판단 방법, 대법원판례해설 46호, 법원도서관, 527면 이하를 참고할 것.

441) 부동산신탁의 사해신탁(사해행위) 일반에 대해서는, (1) 진상훈, 개정 신탁법이 부동산사해신탁 관련 보전처분에 미치는 영향, 21세기 민사집행법의 현황과 과제 : 김능환 대법관 화갑기념, 민사집행법 실무연구 Ⅲ(통권 제5권), 민사집행법연구회, (2) 김인수, 상사신탁에 비추어 본 신탁법 제8조 사해신탁 법리의 재구성 - 토지개발신탁을 대상으로 하여, 상사판례연구 제22집 제3권, (3) 진상훈, 부동산신탁의 유형별 사해행위 판단방법, 민사집행법연구 : 한국민사집행법학회지 4권, 한국사법행정학회를 각 참고할 것.

⑦ 신탁자금의 집행 : 신탁자금은 1. 신탁재산에 대한 조세, 공과금 및 등기비용, 2. 피고의 차입금이자 상환 및 신탁보수, 3. 기타 신탁사업비, 4. 공사비의 50% 범위 내 해당금액, 5. 피고의 차입금 상환, 6. 잔여공사비, 7. 기타 비용의 순서에 따라 집행한다.

(5) 이 사건 신탁계약에 따라 채무자는 이 사건 건축공사의 건축허가 명의를 피고로 변경하고, 이 사건 토지에 관하여 신탁을 원인으로 하여 피고 명의로 소유권이전등기도 경료하였다.

(6) 한편, 피고는 이 사건 신탁계약에 따라 1996. 12. 23. 채무자와 이 사건 건물의 총 공사금액을 42,412,600,000원으로 하되 이미 기성완료한 금 19,910,459,000원을 공제하고 채무자가 그 기성부분 결재를 위하여 지급하여야 할 미지급 공사비 2,761,864,000원과 미회수 지급어음 7,382,780,000원에 잔여공사비 22,502,141,000원을 합한 32,646,785,000원을 도급금액으로 하고, 미지급 기성 10,144,644,000원의 지급은 1차 5,000,000,000원은 도급계약체결후 지급, 2차 금5,144,644,000원은 지급기일도래시, 인수후 추가 기성금부분금은 매 2개월 단위, 감리자의 확인과 도급자 기성검사 후 지급하기로 하고, 공사기간은 착공(인수후) 1996. 12.부터 준공 1997. 11.까지로 하는 도급계약을 체결하였다.

이에 따라 피고는 채무자에게 공사대금 명목으로 1996. 12. 24. 4,500,000,000원을 지급한 것을 비롯하여 1997. 12. 16.까지 수차에 걸쳐 총 20,143,476,000원을 지급하였다.

(7) 그 후 이 사건 건물은 1997. 10. 25. 준공검사를 받고, 1997. 12. 9. 피고 명의로 소유권보존등기가 경료되었다.

(8) 채무자는 1997. 12. 15.에서 같은 달 17. 사이에 총 1,130,000,000원을 결제하여야 하는데, 피고는 이 사건 건물의 상가가 분양이 되지 아니하는 데다가 분양금 2,700,000,000원이 입금된 소외 3·3종금사가 1997. 12. 3. 영업정지처분을 받아 위 금원을 인출할 수 없게 되고, 채무자에게 공사대금 명목으로 지원한 신탁지원금이 그 한도인 15,000,000,000원을 초과하였다는 이유로 채무자에게 자금지원을 중단하였고, 그 결과 채무자는 1997. 12. 17. 부도가 났다.

(9) 한편, 채무자가 부도처리된 1997. 12. 17. 당시 원고들의 채무자에 대한 공사대금잔여채권은 총 2,810,326,830원이다.

나. 원심은 이러한 사실관계에 기초하여, 이 사건 신탁계약 당시 부채가 자산을 훨씬 초과하여 이미 채무초과의 상태에 있었던 채무자가 원고들에 대한 공사대금 채무를 변제하지 아니한 채 그의 유일한 재산인 이 사건 부동산에 관하여 제3자인 피고와 사이에 신탁계약을 체결하고 피고 명의로 소유권이전등기를 경료한 것은 이미 부족상태에 있는 공동담보를 한층 더 부족하게 한 행위로서 사해행위가 되고, 채권자들인 원고를 해함을 알고서 한 것이라고 추인되며, 채무자가 채권자를 해함을 알고 신탁을 설정한 경우에는 채권자는 수탁자가 선의이더라도 민법 제406조 제1항의 사해행위취소 및 원상회복을 청구할 수 있다고 판단하였다.

나아가 채무자가 비록 자금부족 상태에 있었지만 공사대금 채권자인 원고들뿐만 아니라 수분양자들을 보호하기 위하여 회사를 회생시킬 방법을 다각도로 모색하던 중 피고에게 신탁을 의뢰하였고, 이에 피고는 공사대금을 지원하여 채무자의 부도를 면하게 하고 원만히 공사를 진행하여 많은 이익을 남길 수 있게 된다는 판단에 따라 신탁약정을 체결하였으며, 실제 위 신탁계약을 체결한 후에 채무자에게 원고들에 대한 공사대금을 전부 지급하여 채무자가 원고들에 대한 공사대금 채무를 모두 변제하였으므로 채무자는 선의이고 이 사건 신탁은 사해신탁이 아니라는 피고의 주장에 대하여, 피고가 이 사건 신탁계약 체결 후 1996. 12. 24.부터 1997. 12. 16.사이에 채무자에게 합계 201억 원 이상을 지급한 사실은 인정되나, 채무자가 이로써 원고들에 대한 공사대금 채무를 변제하였음을 인정할 증거가 없고, 또 위 신탁계약체결 이전에 채무자의 피고에 대한 신탁의뢰 사실이 신문지상을 통하여 보도되고, 또 공사현장의 건물 외벽에 '대한부동산신탁'이라는 대형글씨를 써 붙였던 사실은 인정되나, 신탁관계가 대외적으로 공표되었다는 사실만으로 이 사건 신탁이 사해신탁이 아니라고 볼 수 없고, 오히려, 피고는 이 사건 신탁계약의 목적에 따라 토지를 인수하고 건물을 신축한 후 이를 분양하여 처분하고자 하였을 뿐 채무자에게 지급한 위 공사대금이 채권자들인 원고들을 비롯한 수급인에게 지급되는지 여부에 관하여는 일체 관여하지 아니하였고 실제로 원고들에게 지급된 바도 없으며, 채무자는 이 사건 공사 외에도 대구 달성주공아파트 신축공사, 부산 금정구 금사동 새마을금고 공사 등 다른 공사를 벌려 두어 부도의 위기를 맞고 있는 상태에서 이 사건 부동산을 피고에게 신탁하고 피고로부터 수령한 위 금원을 공사대금의 지급에 사용하지 아니한 채 대부분 채무자가 발행한 당좌수표의 결제용 등 채무자를 위하여 사용하다가 급기야 부도를 내는 등 원고들의 공사대금 지급채무를 회피하기 위하여 이 사건 신탁을 이용한 사실을 인정할 수 있을 뿐이라고 하여 피고의 위 주장을 배척하였다.[442]

2. 대법원의 판단

그러나 원심의 위와 같은 판단은 다음과 같은 이유에서 수긍하기 어렵다.

가. 먼저 이 사건 신탁이 사해행위인지에 관하여 본다.

(1) 앞서 본 신탁계약의 내용에 의하면, 건축중인 건물의 건축주명의와 그 대지의 소유명의가 피고로 변경되지만, 이를 바탕으로 채무자가 잔여공사에 대한 수급인으로 되어 피고로부터 잔여공사에 필요한 비용인 22,502,141,000원뿐 아니라 이미 완성된 부분에 대한 공사대금인 10,144,644,000원을 지급받기로 하였고, 채무자와 피고는 신탁부동산에서 발생한 분양금, 보증금, 신탁재산에 속하는 금전의 운용수익 및 이에 준하는 것도 신탁수익으로 하고(신탁계약 제12조, 제13조), 여기에서 채무자가 부담하기로 한 신탁계약 제18조의 제비용을 차감하는 방식으로 매년 12월 말일과 신탁종료시에 신탁계산을 하여 그 수익을 채무자에게 교부하며(신탁계약 제20조), 피고는 신탁보수로 개발업무신탁보수는 공사도급금액 및 설계감리비의 100분의 3.5, 분양업무신탁보수는 분양수입금의 100분의 1을 취득하기로 한 사실(신탁계약 제21조)을 인정할 수 있고, 한편 이 사건 건물이 완공되지 아니할 경우 이미 분양받은 사람들에 대한 채무불이행으로 인한 손해배상채무까지 증가하게 되어 총 채무는 증가하는데도, 오히려 토지는 지상건물로 인하여 법정지상권 등의 부담이 발생할 여지가 있을 뿐만 아니라, 건물은 공정률이 45.8%에 불과하여 강제집행이 용이하지 아니하므로, 적정 가격으로 매각될 가능성은 없는 등, 결국 책임재산은 줄어들고 채무만 증가할 가능성이 있는 상황이었던 반면에, 원심이 인정한 바에 따르더라도 채무자와 피고는 이 사건 신탁을 통하여 건물을 완공하여 분양할 경우 신탁계산 전의 예상분양수익만도 108억 원 정도를 예상하고 있었음을 알 수 있고, 실제로 수차에 걸쳐 피고로부터 공사완공에 필요한 201억 원 이상의 현금이 지급되어, 이로 인하여 건물이 완공될 수 있었다.

(2) 더구나 이 사건 신탁은 신탁법상의 신탁으로서, 신탁재산은 위탁자의 재산권으로부터 분리될 뿐만 아니라 수탁자의 고유재산으로부터 구별되어 관리되고(신탁법 제22조, 제23조, 제30조,[443] 대법원 1987. 5. 12. 선고 86다545, 86다카2876 판결, 2002. 12. 6.자 2002마2754 결정), 수탁자 고유의 이해관계로부터 분리되므로 수탁자의 일반채권자의 공동담보로 되는 것은 아니어서 수탁자의 채권자가 신탁재

442) 다만, 원심판결은 그 원상회복의 방법에 관하여 "사해행위의 취소는 거래의 안전에 미치는 영향이 크므로 취소의 범위는 책임재산의 보전을 위한 범위 내로 한정되어야 하는바, 이 사건의 경우 신탁계약체결 당시의 목적 부동산이 대지 및 건축 중인 건물이었고 그 후 수익자인 피고가 자본을 투하하여 건축공사를 완료함으로써 이 사건 건물은 당초 신탁계약체결 당시와 비교하여 볼 때 그 가치가 크게 증가되었을 뿐 아니라 이 사건 대지의 소유권도 집합건물에 대한 대지권으로 바뀌었고 그 중 상당 부분이 분양되어 선의의 전득자가 생겼으므로 위 목적 부동산 전부를 원래의 상태로 회복시키는 것이 적절하지 아니하므로 위 목적 부동산 자체의 반환에 갈음하여 원고들의 피보전채권액을 한도로 하여 사해행위를 취소하고 그 취소부분에 상응하는 가액배상만을 허용할 수 밖에 없다'고 판시하였다.

443) 현행 신탁법 제24조, 제26조, 제37조.

산에 강제집행을 할 수도 없으며(신탁법 제21조,[444] 대법원 2003. 5. 16. 선고 2003다11134 판결), 심지어 수탁자의 고유재산이 된 것을 제외하고는 수탁자의 파산재단을 구성하지 아니하는 등(신탁법 제22조[445]) 독립성을 갖게 되고, 또한 신탁의 공시를 한 신탁재산을 수탁자가 신탁의 본지에 위반하여 처분한 때에는 수익자는 상대방 또는 전득자에 대하여 그 처분을 취소할 수 있을 뿐 아니라(신탁법 제52조[446]), 신탁행위로 정한 사유가 발생한 때 또는 신탁의 목적을 달성하였거나 달성할 수 없게 된 때에는 신탁은 종료하고(신탁법 제55조[447]) 신탁이 종료된 경우에 신탁재산의 귀속권리자가 신탁행위에 정하여 있지 아니한 때에는 그 신탁재산은 위탁자 또는 그 상속인에게 귀속하는데(신탁법 제60조[448]), 이 사건 신탁계약에서는 '신탁의 목적을 달성할 수 없는 경우, 신탁의 목적을 달성한 경우, 신탁기간이 만료한 경우'에는 신탁이 종료하고(신탁계약 제24조), 신탁종료시에는 일정한 방법으로 신탁재산을 수익자(채무자)에게 반환하기로 한 사실(신탁계약 제25조)을 인정할 수 있다.

(3) 그리고 피고는 신탁업법[449]에 의하여 설립된 신탁회사로서 일정한 자본금을 갖추어야 하고, 관할 관청의 관리·감독을 받으며(신탁업법 제2조, 제3조, 제4조 및 제5장 참조), 또한 신탁의무의 위반으로 인하여 수익자에게 생기게 될 손해의 담보로서 일정한 금액에 상당하는 현금 또는 국채를 공탁하여야 하고, 이 공탁금 또는 공탁물에 대하여는 수익자의 우선변제권이 인정되는 등(신탁업법 제16조, 제17조), 관계법에 의하여 위탁자(신탁설정자)나 수익자의 보호를 위한 제도적 장치가 마련되어 있음도 간과해서는 안될 것이다.

(4) 이처럼 이 사건 신탁으로 인하여 소유권이 수탁자에게 이전되지만, 이 사건 신탁은 신탁법상의 신탁으로서 신탁재산을 소비하기 쉽게 현금화하는 것이 아니고, 부동산등기부의 일부인 신탁원부에 위탁자, 수탁자, 수익자 등과 신탁의 목적, 신탁재산의 관리방법, 신탁종료 사유, 기타 신탁의 조항을 기재하도록 되어 있으므로 결국 신탁에 관한 모든 사항이 공시되어 위탁자의 채권자도 위탁재산의 운용상태를 확인·감시할 수 있고, 심지어 이 사건 신탁이 이루어졌음이 이 사건 공사현장에도 공시되었다.

따라서 위탁자의 채권자들인 원고들로서는 쉽사리 신탁계약의 내용을 알 수 있으므로, 경우에 따라 위탁자 겸 수익자인 채무자가 피고로부터 지급받을 공사대금이나 신탁수익, 또는 신탁종료 후 반환받을 재산을 집행재산으로 삼을 수 있었고, 그 책임재산으로서의 가치는 결코 신탁 전의 신탁재산의 가치보다 적다고 보여지지 않는다.

(5) 따라서 원심은 이 사건 신탁계약이 사해행위에 해당하는지 여부에 대한 판단을 하기 위해서 이 사건 건물의 신축공사가 45.8% 정도 진행된 상태에서의 집행가능한 책임재산으로서의 이 사건 토지 및 미완공 건축물의 가치와 채무자가 이 사건 신탁을 통하여 이 사건 토지 위에 이 사건 건물을 완공·분양함으로써 얻을 수 있는 재산적 가치에 대하여 심리하여 이를 비교형량하였어야 할 것이다.

나. 다음으로 채무자의 사해의사에 관하여 본다.

(1) 원심은 피고가 채무자에게 지급한 공사대금을 채무자가 원고들을 비롯한 하수급업체들에게 지급하였음을 인정할 증거가 없고, 오히려 채무자가 발행한 당좌수표의 결제에 사용하였다고 하면서, 그러한 점을 이유로 채무자가 이 사건 신탁을 이용하여 원고들에 대한 공사대금 지급채무를 회피하려고 한 사해의사를 인정할 수 있다고 판단하였다.

---

444) 현행 신탁법 제22조.
445) 현행 신탁법 제24조.
446) 현행 신탁법 제75조.
447) 현행 신탁법 제98조 제1호.
448) 현행 신탁법 제101조.
449) 현행 자본시장법.

(2) 그러나 채무자의 사해의사를 판단함에 있어 사해행위 당시의 사정을 기준으로 하여야 할 것임은 물론이나, 사해행위라고 주장되는 행위 이후의 채무자의 변제 노력과 채권자의 태도 등도 사해의사의 유무를 판단함에 있어 다른 사정과 더불어 간접사실로 삼을 수도 있는 것인바(대법원 2000. 12. 8. 선고 99다31940 판결), 원고들은 채무자가 부도처리되기 이전인 1997. 12. 15.까지의 지급기일로 된 채무자의 어음에 대해서는 모두 결제를 받은 사실을 스스로 인정하고 있으며, 기록에 의하면 채무자의 하수급업체들은 일반적으로 3~4개월 이후의 시점을 만기일로 한 어음을 공사대금으로 지급 받아온 사실을 인정할 수 있는바, 이러한 점을 고려해 볼 때, 원고들을 비롯한 하수급업체들은 채무자로부터 적어도 신탁계약 체결 당시까지 지급되지 않고 있던 공사대금은 물론 신탁계약 이후에 발생한 공사대금까지 신탁계약 체결 이후에 계속 변제받아 왔음을 알 수 있을 뿐 아니라, 대물변제로써 이 사건 건물의 일부를 분양받기도 하였고, 채무자 부도 후에는 채무자의 피고에 대한 이 사건 신탁계약에 의한 신탁수익권을 양수하기도 하였다.

이처럼 채무자가 피고와의 이 사건 신탁계약 체결 이후에 계속적으로 원고를 비롯한 하수급업체들과 일반채권자들에게 채무를 변제해 온 사실에 비추어, 채무자가 피고와의 사이에 이 사건 신탁계약을 체결한 것은, 당시 보유하고 있던 자산만으로는 도저히 원고들을 비롯한 하수급업체들과 일반채권자들에 대한 채무를 변제할 수 없고, 이 사건 건물이 완공되지 못하면 수분양자들마저 그 권리를 잃게 될 위험이 있기 때문에, 어떠한 방법으로든 이 사건 건물의 신축공사를 완료하는 것이 원고들을 비롯한 채권자들과 수분양자들을 위한 것이라는 판단하에 이루어진 것으로 보여질 뿐, 이 사건 신탁을 이용하여 원고들의 채무를 회피하고자 한 것이라고 보이지는 않는다.

(3) 또한 비록 채무자가 피고로부터 지급받은 공사대금을 원고들에게만 지급한 것이 아니고, 그 중 일부를 채무자의 당좌수표의 결제 등에 사용한 것은 사실이지만 이는 채무자의 다른 공사현장의 하수급업체들과 일반채권자들에 대한 채무를 변제하기 위한 것으로 보이는바, 그렇다면 이 사건 토지 및 건물은 원고들뿐만 아니라 다른 공사현장의 하수급업체들 및 일반채권자들에 대해서도 공동담보인 재산임이 분명하고, 사해의사 여부는 일반채권자들에 대한 관계에서 판단되어야 하는 법리에 비추어 볼 때 채무자가 피고로부터 지급받은 공사대금을 이 사건 건물 신축현장의 하수급업체들인 원고들에게 모두 지급하지 아니하였다는 사정만으로 채무자의 사해의사를 인정할 수는 없다.

다. 결국 이 사건 신탁은 채무자가 이 사건 토지에 집합건물을 지어 분양하는 사업을 추진하던 중 이미 일부가 분양되었는데도, 공정률 45.8%의 상태에서 자금난으로 공사를 계속할 수 없게 되자, 건축을 계속 추진하여 건물을 완공하는 것이 이미 분양받은 채권자들을 포함하여 채권자들의 피해를 줄이고 자신도 채무변제력을 회복하는 최선의 방법이라고 생각하고, 사업을 계속하기 위한 방법으로 신탁업법상의 신탁회사인 피고와의 사이에 이 사건 신탁계약을 체결한 것으로서, 자금난으로 공사를 계속할 수 없었던 채무자로서는 최대한의 변제력을 확보하는 최선의 방법이었고 또한 공사를 완공하기 위한 부득이한 조치였다고 판단되므로, 사해행위에 해당되지 않는다고 볼 여지가 충분히 있다.

라. 그럼에도 불구하고 원심은 판시와 같은 이유로 채무자의 이 사건 신탁행위를 사해행위에 해당한다고 판단하였는바, 이러한 원심판결에는 사해행위, 사해신탁 및 신탁법에 관한 법리를 오해하거나 필요한 심리를 다하지 않은 위법이 있다고 할 것이다.

이 점을 지적하는 상고이유는 정당하다.

[원심판결] 부산고등법원 2001. 7. 31. 선고 99나11557 판결 [사해행위취소등]

【주 문】

1. 제1심판결의 지연손해금 지급부분 중 각 인용금액에 대하여 이 판결확정 다음 날부터 다 갚을 때까지 연 5%의 비율에 의한 금원을 초과하는 피고 패소부분을 취소하고, 그 부분에 해당하는 원고들의 청구를 모두 기각한다.

2. 피고의 나머지 항소를 기각한다.

3. 소송비용은 제1, 2심 모두 피고의 부담으로 한다.

4. 제1심판결의 주문 제5항의 가집행선고는 이를 취소한다.

【청구취지 및 항소취지】

1. 청구취지

주위적 청구취지 : 1. 피고와 소외 주식회사 한성기린건설 사이에 별지 부동산목록 기재 부동산에 관하여 1996. 12. 21.(토지부분) 및 1997. 12. 9(건물부분) 체결한 신탁계약을 취소한다. 2. 피고는 원고에게 제1항 기재 부동산 중 토지부분에 관하여 부산지방법원 부산진등기소 199612. 21. 접수 제60595호로 경료한 소유권이전등기의, 건물부분(토지권포함)에 관하여 같은 등기소 1997. 12. 9. 접수 제60992호로 경료한 소유권보존등기의 각 말소등기절차를 이행하라.

예비적 청구취지 : 피고는, 원고 동양산업 주식회사에게 금 448,027 441원, 원고 대신산업설비 주식회사에게 금 461184,584원, 원고 대림전기 주식회사에게 금 432144159 원, 원고 000에게 금 340,90714원, 원고 합자회사 한영설비공사에게 금 814,295,169 원, 원고 000에게 금 150,823,581원, 원고 000에게 금 16294,752원 및 각 이에 대하여 1997. 12. 15.부터 이 사건 청구취지 정정부본 송달일까지 연 5푼의, 그 다음날부터 완제에 이르기까지 연 2할 5푼의 각 율에 의한 돈을 지급하라.

2. 항소취지

제1심판결 중 피고 패소부분을 취소하고 그에 해당하는 원고들의 청구를 모두 기각한다.

【이 유】

2. 판단

(1) 사해행위의 성립

(가) 제1심판결 제2의 가.항 기재 인정사실에 의하면, 이 사건 신탁계약당시 부채가 자산을 훨씬 초과하여 이미 채무초과의 상태에 있었던 소외 주식회사 한성기린건설이 원고들에 대한 공사대금 채무를 변제하지 아니한 채 그의 유일한 재산인 이 사건 부동산에 관하여 제3자인 피고와 사이에 신탁계약을 체결하고 피고 명의로 소유권이전등기를 경료한 것은 이미 부족상태에 있는 공동담보를 한층 더 부족하게 한 행위로서 사해행위가 된다고 봄이 상당하고, 채권자들인 원고를 해함을 알고서 한 것이라고 추인되며, 채무자가 채권자를 해함을 알고 신탁을 설정한 경우에는 채권자는 수탁자가 선의이더라도 민법 제406조 제1항의 사해행위취소 및 원상회복을 청구할 수 있다고 할 것이다.

(나) 이에 대하여 피고는, 소외 회사가 비록 자금부족 상태에 있었지만 공사대금 채권자인 원고들 뿐만 아니라 수분양자들을 보호하기 위하여 회사를 회생시킬 방법을 다각도로 모색하던 중 피고에게 신탁을 의뢰하였고, 이에 피고는 공사대금을 지원하여 소외 회사의 부도를 면하게 하고 원만히 공사를 진행하여 많은 이익을 남길 수 있게 된다는 판단에 따라 신탁약정을 체결하였으며, 실제 위 신탁계약을 체결한 후에 소외 회사에게 원고들에 대한 공사대금을 전부 지급하여 소외 회사가 원고들에 대한

공사대금 채무를 모두 변제하였으므로 소외 회사는 선의이고 이 사건 신탁은 사해신탁이 아니라는 취지의 주장을 한다.

살피건대, 피고가 이 사건 신탁계약 체결후 1996. 12. 24.부터 1997. 12. 16. 사이에 소외 회사에게 합계 금 201억 원 이상을 지급한 사실은 앞에서 본 바와 같으나, 소외 회사가 이로써 원고들에 대한 공사대금 채무를 변제하였음을 인정할 증거가 없고(피고가 변제의 증거로 들고 있는 갑 제13호증의 24, 51의 기재에 의하더라도 소외 회사가 부도나기 전 1996. 7.부터의 공사비가 지급되지 아니하였다. 다만 위 서증에 기재된 1997년은 1996년의 오기로 인정된다), 또 을 제1, 6호증의 기재에 의하면, 위 신탁계약체결 이전에 소외회사의 피고에 대한 신탁의뢰 사실이 신 문지상을 통하여 보도되고, 또 공사현장의 건물 외벽에 '대한부동산신탁'이라는 대형글씨를 써 붙였던 사실은 인정되나, 신탁관계가 대외적으로 공표되었다는 사실만으로 소외 회사가 선의이고 이 사건 신탁이 사해신탁이 아니라고 보기에 부족하며 달리 이를 인정할 만한 증거가 없다. 오히려, 갑 제13호증의 16, 24, 제1심 증인 000의 증언에 의하면, 피고는 이 사건 신탁계약의 목적에 따라 토지를 인수하고 건물을 신축한 후 이를 분양하여 처분하고자 하였을 뿐 소외회사에 지급한 위 공사대금이 채권자들인 원고들을 비롯한 수급인에게 지급되는지 여부에 관하여는 일체 관여하지 아니하였고 실제로 원고들에게 지급된 바도 없으며, 소외 회사는 이 사건 공사 외에도 대구 00아파트 신축공사, 부산 금정구 00공사 등 다른 공사를 벌여 두어 부도의 위기를 맞고 있는 상태에서 이 사건 부동산을 피고에게 신탁하고 피고로부터 수령한 위 금원을 공사대금의 지급에 사용하지 아니한 채 대부분 소외 회사가 발행한 당좌수표의 결제용 등 소외 회사를 위하여 사용하다가 급기야 부도를 내는 등 원고들의 공사대금 지급채무를 회피하기 위하여 이 사건 신탁을 이용한 사실을 인정할 수 있을 뿐이므로, 결국 피고의 위 주장은 받아들일 수 없다.

(다) 그리고 피고는, 원고들의 공사대금 채권은 이 사건 신탁계약 이전에 모두 지급되었고 위 신탁계약 이후에 발생된 공사대금 채권은 피보전채권이 될 수 없으므로 결국 이 사건 신탁계약을 취소하기 위한 피보전채권이 존재하지 아니한다고 주장한다.

그러나, 위에서 본 바와 같이 원고들의 공사대금 채권이 위 신탁계약 이전에 전부 지급되었다는 점을 인정할 만한 증거가 없으며, 다만 제1심판결 제2의 가.항에서 든 증거들에 의하면, 원고들의 이 사건 공사대금채권 전부가 이 사건 신탁계약 체결 당시에 확정되어 있었던 것은 아니고 위 계약체결 당시에는 원고 000과 000를 제외한 나머지 원고들에 대하여 합계 금 10억 원 정도의 기성고가 발생되어 있었을 뿐인 점은 인정되나, 다른 한편, 위에서 든 각 증거들 및 갑 제16호증의 1, 2, 갑 제17호증, 당심증인 000의 증언, 당심의 피고 000에 대한 본인신문결과에 의하면, 원고들과 소외 회사는 이미 이 사건 신탁계약이 체결되기 전부터 공사도급계약을 체결하여 원고들의 공사가 진행되고 있었고 신탁계약 체결후에도 피고가 소외 회사로 하여금 공사를 계속하도록 함으로써 당초 수급인들이었던 원고들이 하수급인으로서 공사를 계속 시행하게 하였으며, 실제로 위 신탁계약 체결일로부터 6개월 내지 10개월 이내에 모든 공사를 마쳐 원고들의 이 사건 공사대금채권이 확정되었고, 피고도 그러한 사정을 알고 있었던 것으로 인정되는바, 그렇다면, 이러한 원고들의 이 사건 공사대금채권은 비록 이 사건 신탁계약 체결 이전에 전부 확정적으로 발생되었던 것이 아니라고 하더라도 그 사해행위 당시에 이미 채권 성립의 기초가 되는 법률관계가 발생되어 있었고, 가까운 장래에 그 법률관계에 터잡아 채권이 성립되리라는 점에 대한 고도의 개연성이 있었으며, 실제로 가까운 장래에 그 개연성이 현실화되어 채권이 성립된 경우에 해당하므로 이 사건 채권자취소의 피보전채권이 될 수 없다는 피고의 위 주장 또한 이유 없다.

(2) 취소의 범위 및 방법

(가) 사해행위의 취소는 거래의 안전에 미치는 영향이 크므로 취소의 범위는 책임재산의 보전을 위한 범위 내로 한정되어야 하는바, 이 사건의 경우 신탁계약 체결 당시의 목적 부동산이 대지 및 건축중

인 건물이었고 그 후 수익자인 피고가 자본을 투하하여 건축공사를 완료함으로써 이 사건 건물은 당초 신탁계약 체결 당시와 비교하여 볼 때 그 가치가 크게 증가되었을 뿐 아니라 이 사건 대지의 소유권도 집합건물에 대한 대지권으로 바뀌었고 그 중 상당 부분이 분양되어 선의의 전득자가 생겼으므로 위 목적 부동산 전부를 원래의 상태로 회복시키는 것이 적절하지 아니하므로 위 목적 부동산 자체의 반환에 갈음하여 원고들의 피보전채권액을 한도로 하여 사해행위를 취소하고 그 취소부분에 상당하는 가액배상만을 허용 할 수밖에 없다(원고들은 예비적 청구로서 피고에 대하여 각 채권금액의 지급을 구하나, 원고들이 구하는 청구의 순위에도 불구하고 사해행위취소와 아울러 원상회복에 갈음한 가액배상을 명하는 것이다).

(나) 나아가 채권자취소의 범위 및 가액배상의 수액에 관하여 보건대, 이 사건 토지의 현황은 그 위에 이 사건 건물이 건축중이었고 그 가액은 금 98억 원 상당이었음은 제1심판결 제2 가. (3)항에서 본 바와 같고, 이 사건 건물이 신축되어 있는 당심의 변론종결 당시에도 그 가액이 원고들의 피보전채권액의 합계인 금2,810,326,830원을 초과한다고 보여지며, 한편 소외 회사가 피고로부터 받을 공사대 금채권도 금 4,026,482,000원에 이르고 있으므로(총 공사도급금액 32,646,785,000원 -실제 지급한 공사금 20,143,476,000원 - 상계처리액 8476,827,000원, 피고가 이를 자인하고 있다), 피고가 소외 회사와 이 사건 토지에 관한 1996. 12. 21.자 신탁계약을 위 채권금액 금 2,810,326,830원의 한도 내에서만 취소할 것이고, 피고는 원고들에게 이 사건 사해행위취소에 따른 원상회복에 갈음한 가액배상으로서 각자 채권액의 범위 내에서 지급할 의무가 있다 할 것이다.

(다) 그런데 피고는, 소외 회사가 피고로부터 지급받을 공사대금채권이 금 4,026,482,000원이 남았다고 하더라도 소외 회사가 이 사건 공사를 완전히 마무리 짓지 못한 채 부도가 났고, 이로 인하여 피고가 전체 공사의 10%에 이르는 잔여공사를 소외 한국건설(주)에 금 3,619,000,000원으로 도급주었으므로 잔여 공사대금은 소외 회사의 공사대금채권에서 공제되어야 할 것이고, 또 피고는 소외 회사의 공사지연으로 인하여 수분양자들에게 지체상금으로 합계금 1,293,775,329원을 지급하였으므로, 이 또한 공제하면 피고의 수익이나 소외 회사에 지급할 공사대금채무는 없게 되고, 따라서 원고들에게 원상회복으로 배상할 금액도 없다는 취지로 주장하나, 소외 한국건설이 이 사건 공사 중 잔여공사를 위 금액으로 도급받아 시공하였다는 점에 부합하는 을 제18호증 내지 22호증의 1, 2의 기재와 당심증인 000의 증언 등은 이를 그대로 믿기 어렵고(갑 제25호증의 1 내지 5, 갑 제26, 27호증의 각 1, 2, 갑 제28, 29호증, 갑 제30호증의 1 내지 4, 갑 제31, 32, 33호증의 각 1, 2의 각 기재, 당심증인 000의 증언을 종합하면, 그 중에서는 잔여공사라기 보다는 목욕탕 등 내부시설이나 개조공사에 해당되는 것이 많이 있다) 달리 이를 인정할 증거가 없으며, 또 채권자가 사해행위취소 및 원상회복을 구함에 있어 채무자의 수익자에 대한 채권액수는 그 권리행사의 범위를 제약하는 요소가 될 수 없으므로 피고가 수분양자들에게 준공지연으로 인하여 지체상금을 지급하였다고 하더라도 이로써 채권자인 원고들의 권리범위에 영향을 줄 수 없을 뿐만 아니라 소외 회사 가 그만의 귀책사유에 의하여 지체상금 전액을 책임져야 한다는 점에 관한 입증도 없으므로(위 지체상금 전액을 소외 회사의 공사대금채권에서 공제하는 경우에도 원고들의 채권금액 총액에 근접한다), 피고의 위 주장은 어느 모로 보나 받아들일 수 없다.

189. 대법원 2003. 11. 14. 선고 2003다34885 판결 [수분양자지위확인등]

[논점] 주택분양보증계약에 의해 보호되는 분양계약의 범위

【이 유】

1. 주택건설촉진법 및 같은법시행령의 규정에 의한 주택사업공제조합의 주택분양보증제도는 위 법

률에 의하여 제정된 주택공급에관한규칙 소정의 절차와 방법에 따라 분양계약을 체결하고 분양대금을 납부한 선의의 수분양자들을 보호하는 데에 그 취지가 있으므로, 주택분양보증을 한 주택사업공제조합은 특별한 사정이 없는 한 주택건설 사업자로부터 주택을 분양받은 수분양자들이 계약금 및 중도금을 납부할 것을 전제로 그들이 납부한 분양대금의 환급이나 주택의 분양에 대한 보증책임을 부담한다고 봄이 상당하고, 주택건설사업자에 대한 채권자가 그 채권을 담보하거나 회수하기 위한 방편으로 주택건설사업자와의 사이에 공개모집의 방법에 의하여 분양되지 아니하고 남은 주택에 관한 분양계약을 체결하면서 기존의 채권으로 분양계약에 따른 분양대금의 지급에 충당하기로 약정한 경우에는 주택분양보증을 한 주택공제조합은 기존의 채권으로 충당된 분양대금 상당액의 환급이나 분양에 대한 보증책임을 부담한다고 할 수 없다(대법원 2001. 5. 8. 선고 2000다18790 판결 참조).

원심은, 이 사건 분양보증계약은 소외 주택사업공제조합(피고가 그 권리·의무를 포괄적으로 승계하였다)이 주택건설촉진법 및 같은법시행령의 규정에 의하여 체결한 것으로서, 주택분양보증약관상 '대물변제 등 조합원이 채무변제를 위하여 체결한 분양계약에 의한 손해'는 보상하지 아니하는 것으로 규정되어 있는데, 원고들이 체결한 이 사건 분양계약은 주택건설사업자인 소외 주식회사 청구주택(이하 '청구주택'이라고 한다)에 대한 기존의 채권을 회수하기 위한 방편으로 공개모집에 의하지 않은 방법으로 체결된 것이므로 약관의 규정 및 주택분양보증제도의 취지에 따라 원고들은 위 조합 또는 그 승계인인 피고에 대하여 주택분양계약상의 권리를 주장할 수 없고, 따라서 위 조합이 주택분양보증계약에 의하여 책임을 지게 되는 경우에 당해 신탁부동산을 분양(처분)할 수 있도록 하기 위하여 체결한 이 사건 분양신탁계약에 기하여 피고를 상대로 수분양 아파트에 관한 소유권이전등기절차의 이행을 구할 수 없다는 이유로 원고들의 주위적 청구를 배척하였다.

위 법리와 기록에 의하면, 원심의 위와 같은 사실인정 및 판단은 정당하고, 거기에 채증법칙 위배나 분양보증계약 또는 분양신탁계약에 관한 법리오해의 위법이 없다.

2. 이 사건 분양계약이 청구주택에 대한 회사정리절차가 개시된 후 정리법원의 허가를 받아 이루어졌고 그와 같은 내용의 정리계획에 대하여 정리법원의 인가결정이 있었다고 하더라도 그 효력은 정리채권자와 정리회사에 대하여 미칠 뿐이고 피고에 대하여 당연히 그 효력이 미친다고 할 수 없다고 한 원심의 판단은 정당하고(대법원 1997. 4. 8. 선고 96다6943 판결, 1990. 11. 13. 선고 90다카13427 판결 등 참조), 거기에 상고이유의 주장과 같은 법리오해의 위법이 없으며, 원고들의 이 부분 주장 속에 피고가 청구주택의 권리의무를 포괄적으로 승계하였다는 취지의 주장이 포함되어 있다고 볼 수는 없으므로 그 점에 대하여 판단유탈의 위법이 있다는 상고이유의 주장은 이유 없다.

3. 원심은, 위 조합이 청구주택과 사이에 이 사건 아파트의 부지와 그 지상에 건축중인 주택 및 부대복리시설을 신탁부동산으로 하는 신탁계약을 체결한 것은 원고들이 이 사건 분양계약을 체결하기 시작한 1998. 11.보다 훨씬 이전인 1997. 7. 23.이고, 피고가 2001. 12. 19. 다시 주택분양신탁계약을 체결한 것은 1997. 7. 23.자 신탁계약시 누락된 일부 사업부지를 추가하기 위한 것에 불과하므로, 이 사건 신탁계약이 사해신탁에 해당한다고 할 수 없다고 판단하였다.

기록에 의하면, 원심의 위와 같은 사실인정 및 판단은 정당하고, 거기에 채증법칙 위배나 심리미진 또는 사해신탁에 관한 법리오해의 위법이 없다.

원심이 확정한 사실에 의하면, 청구주택이 부도가 난 것은 1997. 12. 27.경이므로 원심이 1997. 7. 23.자 신탁계약의 체결시점을 청구주택이 부도가 나기 2년 이전이라고 한 것은 잘못이나, 이 사건 신탁계약이 사해신탁에 해당하지 아니한다는 결론이 정당한 이상, 원심의 위와 같은 잘못은 판결에 아무런 영향이 없다.

4. 기록과 원심판결 이유를 대조하여 보면, 원심은 (1) 피고가 청구주택으로부터 이 사건 분양계약상의 채무를 포괄적으로 인수하였고, (2) 피고가 이 사건 분양계약의 효력을 부인하는 것은 신의칙에 위반되며, (3) 피고가 청구주택의 재산에 대하여 독점적 권리를 취득하는 것은 채권자평등원칙에 위반된다는 원고들의 주장에 대하여 판단을 유탈하였다.

그러나 원심이 확정한 사실과 기록에 의하면, (1) 피고가 청구주택으로부터 이 사건 분양계약상의 채무를 포괄적으로 인수하였다는 주장은 피고가 청구주택의 관리인인 E으로부터 1999. 12. 8. '양도각서'와 '사업주체 명의변경 동의서'를 제출받았다는 점을 근거로 한 것인데, 피고가 E으로부터 위와 같은 서류를 받은 것은 피고가 분양이행의 방법으로 분양보증계약상의 보증채무를 이행하면서 그 구상권을 확보하기 위하여 청구주택으로부터 이 사건 아파트 건설사업장 및 분양계약상의 권리를 양도받기 위한 것일 뿐 청구주택의 채무까지 포괄적으로 인수한 것이라고 볼 수 없고, 또 상고이유 주장과 같이 피고가 이 사건 분양계약을 보증대상으로 인정하기로 하는 묵시적 합의 내지 추인을 한 것이라고 볼 수도 없으며, (2) 신의칙 위반의 주장에 대하여 보면, 이 사건 분양계약은 청구주택에 대한 회사정리절차에서 청구주택의 관리인과 원고들 사이에 체결된 것으로 피고는 그 계약의 당사자나 보증인이 아니며, 달리 위 분양채무를 이행하겠다는 신뢰를 원고들에게 제공하였다고 볼 만한 사정도 없으므로, 피고가 위 분양계약에 따른 채무의 이행을 거절하는 것이 신의칙에 위반된다고 할 수 없고, (3) 채권자평등원칙 위반 주장에 관하여 보면, 피고가 이 사건 아파트에 관하여 소유권보존등기를 경료한 것은 청구주택과 체결한 신탁계약에 기한 것으로서 적법하고, 그 신탁계약이 사해신탁이 아닌 이상, 피고가 이 사건 아파트에 관하여 소유권보존등기를 경료한 것을 두고 채권자평등의 원칙을 침해하였다고 할 수도 없다.

[원심판결] 서울고등법원 2003. 6. 11. 선고 2002나46869 판결 [수분양자지위확인등]

【주 문】

1. 당심에서 교환적으로 변경된 원고들의 주위적 청구 및 예비적 청구를 모두 기각한다.
2. 소송비용은 원고들의 부담으로 한다.

【청구취지 및 항소취지】

제1심 판결 중 원고 패소부분을 취소한다.

주위적 청구취지 : 피고는, 원고 A에게 별지목록 1 기재 아파트에 관하여 1998. 11. 11. 매매를 원인으로 한, 원고 B에게 별지목록 2 기재 아파트에 관하여 1999. 4. 9. 매매를 원인으로 한, 원고 C에게 별지목록 3 기재 아파트에 관하여 1998. 11. 11. 매매를 원인으로 한, 원고 동극건업 주식회사에게 별지목록 4기재 아파트에 관하여 1998. 11. 12. 매매를 원인으로 한, 원고 D에게 별지목록 5 기재 아파트에 관하여 1998. 11. 16. 매매를 원인으로 한, 각 소유권이전등기절차를 이행하라.

예비적 청구취지 : 별지목록 1 내지 5 기재 각 아파트에 관하여, 피고와 주식회사 청구주택 사이에 2001. 12. 19. 체결된 주택분양신탁계약을 취소한다. 피고는 주식회사 청구주택에게 위 각 아파트에 관하여 청주지방법원 제천지원 2002. 8. 8. 접수 제19750호로 마친 소유권보존등기의 말소등기절차를 이행하라.

(원고들은 제1심에서는, 피고에 대하여 별지목록 1 내지 5기재 각 아파트에 관하여 원고들이 각각 그 수분양자임을 확인하고, 그 각 공급대금 지급채무 잔존액의 확인을 구하였으나, 당심에서는 위와 같이 소를 교환적으로 변경하였다)

【이 유】

2. 주위적 청구에 대한 판단

가. 원고들의 주장의 요지

청구주택과 피고 사이에 체결된 주택분양 신탁계약 및 이에 따른 주택분양보증은 청구주택이 부득이한 사유로 분양계약을 불이행할 경우에 분양보증을 한 피고가 이를 대신 이행하여 청구주택과 사이에 적법하게 분양계약을 체결한 입주자들에게 분양계약상의 주택공급의무를 이행하기로 하는 조건부 제3자를 위한 계약이므로, 청구주택으로부터 아파트를 분양받은 자들은 피고에 대하여 수익의 의사표시를 하여 기존의 분양계약상의 권리를 행사할 수 있다. 이 사건에 있어 청구주택이 부도로 인하여 분양계약을 제대로 이행하지 못함으로써 계약상의 조건이 성취되었고 법원으로부터 적법하게 대물변제 승인을 받은 원고들이 당심에서 청구취지 및 청구원인을 변경하면서 피고에 대하여 수익의 의사표시를 하였으므로, 원고들은 분양계약상의 권리를 행사할 수 있고, 따라서 피고는 원고들에게 청구취지 기재와 같이 별지목록 기재 각 아파트에 관하여 매매를 원인으로 한 소유권이전등기절차를 이행할 의무가 있다.

나. 판단

(1) 먼저, 이 사건 주택분양 신탁계약 또는 주택분양보증에 의하여, 피고가 원고들에 대하여 주택분양계약상의 의무를 부담하게 되는지 여부에 관하여 살펴본다.

이 사건 주택분양 신탁계약은 소외 조합이 주택분양보증에 의하여 책임을 지게 되는 경우에 신탁부동산을 분양(처분)할 수 있도록 하는 것이며, 이에 따라 체결된 주택분양보증의 약관 제2조 제5항에서는 소외 조합이 '대물변제 등 조합원이 채무변제를 위하여 체결한 분양계약에 의한 손해'는 보상하지 아니하는 것으로 규정하고 있는 사실은 앞서 본 바와 같고, 한편 주택건설촉진법 및 동법 시행령의 규정에 의한 소외 조 합의 주택분양보증제도는 위 법률에 의하여 제정된 주택공급에관한규칙 소정의 절차와 방법에 따라 분양계약을 체결하고 분양대금을 납부한 선의의 수분양자들을 보호하는 데에 그 취지가 있는 것이므로, 주택분양보증을 한 소외 조합은 특별한 사정이 없는한 주택건설사업자로부터 주택을 분양받은 수분양자들이 계약금 및 중도금을 납부할 것을 전제로 그들이 납부한 분양대금의 환급 또는 주택의 분양에 대하여 보증책임을 부담한다고 봄이 상당하고, 주택건설사업자에 대한 채권자가 그 채권을 담보하거나 회수하기 위한 방편으로 주택건설사업자와의 사이에 공개모집의 방법에 의하여 분양되지 아니하고 남은 주택에 관한 분양계약을 체결하면서 기존의 채권으로 분양계약에 따른 분양대금의 지급에 충당하기로 약정한 경우, 주택분양보증을 한 소외 조합은 기존의 채권으로 충당된 분양대금 상당액의 환급이나 분양에 대한 보증책임을 부담한다고 할 수 없는 것이다(대법원 2001. 5. 8. 선고 2000다18790 판결 등 참조)

그런데, 위에서 인정한 바와 같이, 원고들은 청구주택에 대한 기존의 채권을 회수하기 위한 방편으로 공개모집에 의하지 않은 방법으로 분양계약을 체결하였는바, 그렇다면 원고들은 위 약관 규정 및 주택분양보증제도의 취지에 따라 소외 조합 또는 그 승계인인 피고에 대하여 주택분양보증에 기한 주택분양계약상의 권리를 주장할 수는 없는 것이다(분양대금 중 일부만을 기존의 채권으로 충당한 경우에도 마찬가지이다).

(2) 나아가, 원고들은 이 사건의 경우에는 정리법원으로부터 적법하게 대물변제 허가를 받아 청구주택과 이 사건 각 분양계약을 체결하였으므로 피고가 그 주택분양보증책임을 부담하여야 한다는 취지로 주장하고 있으나, 비록 위 각 분양계약이 정리법원의 허가를 받아 이루어졌고 그와 같은 내용의 정리계획에 대하여 정리법원의 인가결정이 있었다고 할지라도, 그 효력은 정리채권자와 정리회사에 대하여

미칠 뿐이고 피고에 대하여도 당연히 그 효력이 미친다고 할 수 없으므로(대법원 1997. 4. 8. 선고 96다6943 판결, 대법원 1990. 11. 13. 선고 90다카13427 판결, 대법원 1988. 2. 23. 선고 87다카2055 판결 등 참조), 원고들의 위 주장도 이유없다.

(3) 따라서, 더 나아가 살펴볼 필요 없이 원고들의 이 사건 주위적 청구는 이유없다.

3. 예비적 청구에 대한 판단

가. 원고들의 주장

청구주택이 1997. 12. 27.경 부도를 내고 1998. 10. 27.경 정리절차개시결정을 받았으며, 청구주택이 법원으로부터 대물변제 허가를 받아 원고들과 1999. 4. 9.까지 이 사건 각 분양계약을 체결한 이후에, 2001. 12. 19. 피고는 청구주택과 사이에 주택분양신탁계약을 체결하고 이에 기하여 2002. 8. 8. 별지목록 기재 아파트에 관하여 피고 명의의 각 소유권보존등기를 경료하였는바, 위 각 소유권보존등기는 채무자인 청구주택이 공사대금 채권자인 원고들을 해함을 알고 위와 같이 신탁계약을 체결하고 경료한 것으로, 이는 신탁법 제8조 소정의 사해신탁에 해당한다. 따라서, 위 신탁계약의 수탁자인 피고가 선의라 하더라도, 위 신탁계약은 취소되어야 하며 그 원상회복으로서 피고 명의의 위 각 소유권보존등기는 말소되어야 한다.

나. 판단

살피건대, 채무자인 청구주택이 채권자인 원고들을 해함을 알고 신탁을 설정하였다는 원고들의 주장을 인정할만한 증거가 없고, 오히려 앞서 본 바와 같이 원고들이 주장하는 2001. 12. 19.자 신탁계약은 피고(소외 조합)가 주택건설촉진법 등 관련 법령에 따라 1997. 7. 23. 청구주택과 신탁계약을 체결한 이후 이에 누락된 사업부지 중 일부를 추가하기 위하여 체결된 것에 불과하며, 1997. 7. 당시는 청구주택이 부도가 나기2년 이상 이전의 시점인 점을 고려할 때, 2001. 12. 19.자 신탁을 들어 사해신탁이라고 보기 어렵다.

따라서, 이 사건 신탁계약이 사해신탁임을 전제로 하는 원고들의 이 사건 예비적 청구는 더 살필 필요도 없이 이유없다(한편, 피고는 원고들의 위 사해행위에 관한 예비적 청구는 당초의 수분양자 지위 확인청구와 그 청구의 기초에 변동이 있으므로 그 변경이 허용될 수 없다고 주장하나, 원고들이 청구주택으로부터 별지목록 기재 각 아파트를 분양받은 수분양자임을 전제로 그 지위의 확인을 구하다가 당심에서 청구주택이 원고들에게 분양한 후 피고와 사해신탁계약을 체결하고 소유권보존등기를 경료하였다고 주장하며 이의 말소를 청구하고 있는 이 사건에 있어, 각 청구는 분양계약을 둘러싼 동일한 사실관계에 기초한 것으로서 그 분쟁의 해결방법만을 달리하는 경우에 해당하여 청구의 기초에 변경이 있다고 볼 수 없다).

190. 대법원 2003. 8. 19. 선고 2001다47467 판결 [소유권이전등기]

[논점] 점유취득시효기간이 경과한 후 신탁에 의한 소유권이전등기가 이루어진 경우 수탁자가 그 점유자가 시효취득을 주장할 수 없는 새로운 이해관계인에 해당하는지 여부 및 재건축조합을 설립하여 대지 등의 공유지분을 신탁한 경우 그 신탁의 해지 가능 여부

【이 유】

1. 주위적 청구에 관한 원고의 상고이유를 본다.

부동산에 관한 점유취득시효기간이 경과하였다고 하더라도 그 점유자가 자신의 명의로 등기하지 않고 있는 사이에 먼저 제3자 명의로 소유권이전등기가 마쳐져 버리면, 특별한 사정이 없는 한 점유자가

그 제3자에 대하여는 시효취득을 주장할 수 없는 것인바(대법원 1993. 9. 28. 선고 93다22883 판결, 1995. 9. 5. 선고 95다24586 판결 등 참조), 신탁법상의 신탁은 위탁자가 수탁자에게 재산권을 이전하거나 기타의 처분을 하여 수탁자로 하여금 신탁의 목적을 위하여 재산의 관리 또는 처분을 하도록 하는 것으로서, 부동산의 신탁에 있어서 신탁자의 위탁에 의하여 수탁자 앞으로 그 소유권이전등기가 마쳐지게 되면 대내외적으로 소유권이 수탁자에게 완전히 이전되고, 위탁자와의 내부관계에 있어서 소유권이 위탁자에게 유보되어 있는 것도 아니며, 다만 수탁자는 신탁의 목적 범위 내에서 신탁계약에 정하여진 바에 따라 신탁재산을 관리하여야 하는 제한을 부담함에 불과하므로(대법원 1991. 8. 13. 선고 91다12608 판결, 1994. 10. 14. 선고 93다62119 판결, 2002. 4. 12. 선고 2000다70460 판결 참조), 부동산에 관한 점유취득시효기간이 경과한 후 원래의 소유자의 위탁에 의하여 소유권이전등기를 마친 신탁법상의 수탁자는 그 점유자가 시효취득을 주장할 수 없는 새로운 이해관계인인 제3자에 해당하고, 그 수탁자가 해당 부동산의 공유자들을 조합원으로 한 비법인사단인 재건축조합이라고 하여 달리 볼 것도 아니다.

원심이 같은 취지에서, 점유취득시효 기간의 경과 후 그 당시의 소유자(재건축조합인 피고의 조합원들)로부터 신탁법상의 신탁에 의한 소유권이전등기를 마친 제3자인 피고에 대하여 직접 점유취득시효 완성에 따른 소유권이전등기절차의 이행을 구하는 원고의 이 사건 주위적 청구를 배척한 조치는 정당하고, 거기에 원고의 상고이유 주장과 같은 법리오해 등의 위법이 없으며, 원고가 내세우는 대법원판결들은 사안을 달리하는 것이어서 이 사건에 원용하기에 적절한 것이 아니다.

그리고 원고는, 피고의 조합원들은 임의탈퇴가 허용되지 아니하여 원칙적으로 재건축이 종료될 때까지 피고에 대하여 신탁해지를 주장할 수 없으므로, 점유자인 원고로서는 당연히 피고에 대하여 막바로 시효취득 주장을 할 수 있다고 보아야 한다는 취지의 주장도 내세우고 있으나, 뒤에서 설시하는 바와 같이 피고의 조합원들은 피고에 대하여 신탁해지를 주장할 수 있으므로 위 주장은 받아들일 수 없다.

2. 제1차 예비적 청구에 관한 피고의 상고이유를 본다.

가. 민사재판에 있어서는 다른 민사사건 등의 판결에서 인정된 사실에 구속받는 것이 아니라 할지라도 이미 확정된 관련 민사사건에서 인정된 사실은 특별한 사정이 없는 한 유력한 증거가 되므로, 합리적인 이유 설시 없이 이를 배척할 수 없고, 특히 전후 두개의 민사소송이 당사자가 같고 분쟁의 기초가 된 사실도 같으나 다만 소송물이 달라 기판력에 저촉되지 아니한 결과 새로운 청구를 할 수 있는 경우에 있어서는 더욱 그러하다(대법원 1995. 6. 29. 선고 94다47292 판결 등 참조).

원심은, 이 사건 대지에 대한 원고 또는 전 점유자의 점유가 타주점유라는 피고의 주장에 대하여, 피고가 내세우는 여러 사정들 중 일부의 사정은 이를 인정할 만한 증거가 없고 나머지 사정만으로는 자주점유의 추정이 깨어졌다고 볼 수 없다는 이유로 위 주장을 배척하였는바, 원고와 피고가 이 사건 대지의 시효취득을 분쟁의 기초로 하여 서로 다투었던 대법원 1995. 9. 5. 선고 95다24586 사건의 각 심급 판결 및 이 사건 기록을 앞서 본 법리에 비추어 살펴보면, 원심의 위와 같은 조치는 정당하고, 거기에 피고의 상고이유 제1점의 주장과 같은 채증법칙 위반이나 이유모순 등의 위법이 없다.

나. 원심은 앞서 본 바와 같이 피고가 원고의 점유취득시효 완성 후 이 사건 대지에 관하여 신탁법상 이전등기를 마친 자로서 새로운 이해관계를 가진 제3자에 해당한다고 판단하였음이 분명하므로, 이 점에 관하여 원심이 피고를 새로운 이해관계를 가진 제3자로 보지 아니한 잘못이 있다는 상고이유의 주장은 원심판결을 오해한 것에 불과하다.

또한, 피고의 조합원들은 재건축을 목적으로 비법인사단인 피고를 설립하여 이 사건 대지 등에 관한 공유지분을 피고에게 신탁한 것인데, 이러한 신탁은 위탁자 자신이 수익자가 되는 이른바 자익(자익)신탁으로서 특별한 사정이 없는 한 "위탁자가 신탁이익의 전부를 향수하는 신탁"에 해당하므로(이른바 분양형토지개발신탁의 사안에 관한 대법원 2002. 3. 26. 선고 2000다25989 판결 참조), 신탁법 제56조[450]에 의하여 원칙적으로 위탁자가 언제든지 해지할 수 있고, 이 사건의 경우 신탁법 제58조[451]가 규정하는 바 '신탁의 해지에 관하여 신탁행위에 특별한 정함'이 있다고 볼 만한 자료가 기록상 전혀 나타나지 않을 뿐만 아니라, 신탁법 제59조[452]에 의하면, 위 제56조에 의하여 신탁이 해지된 때에는 신탁재산이 수익자 겸 위탁자인 피고의 조합원들에게 귀속되는 것이다. 이에 반하는 상고이유의 주장 역시 받아들일 수 없다.

결국, 이 사건 대지의 점유자인 원고가 조합원들의 피고에 대한 신탁해지권을 대위행사할 수 있다고 판단한 원심판결에는 피고의 상고이유 제2점의 주장과 같은 신탁 및 신탁해지에 관한 법리오해 등의 위법이 있다고 할 수 없다.

191. 대법원 2003. 6. 10. 선고 2001두2720 판결 [등록세부과처분취소]

[논점] 신탁계약에 의하여 신탁계약에 의하여 건물을 신축·완공하여 수탁자 명의로 등기가 경료된 경우 구 지방세법 소정의 등록세 중과세 대상인지 여부

【이 유】

1. 구 지방세법(1998. 12. 31. 법률 제5615호로 개정되기 전의 것, 이하 같다) 제128조[453]는 다음 각 호의 1에 해당하는 것에 대하여는 등록세를 부과하지 아니한다고 하면서 제1호 (가)목에서 신탁(신탁법에 의한 신탁으로서 신탁등기가 병행되는 것에 한한다)으로 인한 재산권 취득의 등기로서 '위탁자로부터 수탁자에게 이전하는 경우의 재산권 취득의 등기'를 들고 있는바, 이 규정의 해석상으로는 위탁자로부터 수탁자에게 재산권이 이전됨으로써 재산권 취득이 일어나는 경우의 등기 또는 등록만이 등록세 비과세대상이라 할 것이고, 토지의 수탁자가 신탁계약에 따라 그 토지상에 건물을 신축한 다음 자신의 명의로 소유권보존등기를 하면서 신탁등기를 병행한 데 지나지 않는 경우에는 그 등기가 위 규정 소정의 등록세 비과세대상에 해당한다고 할 수 없다.

같은 취지의 원심판결은 정당하고, 거기에 상고이유에서 주장하는 바와 같은 법리오해의 위법이 없다.

2. 구 지방세법 제138조 제1항[454] 본문은 다음 각 호의 1에 해당하는 등기를 하는 때에는 등록세의 세율을 제131조 및 제137조에 규정한 세율의 5배로 한다고 규정하고, 제3호[455]에서 대도시 내에서의 법인의 설립과 지점 또는 분사무소의 설치 및 대도시 내로의 법인의 본점·주사무소·지점 또는 분사무소의 전입에 따른 부동산등기와 그 설립·설치·전입 이후의 부동산등기를 들고 있는바, 등록세는 재산권 기타 권리의 취득, 이전, 변경 또는 소멸에 관한 사항을 공부에 등기 또는 등록하는 경우에 등기 또는 등록이라는 단순한 사실의 존재를 과세대상으로 하여 그 등기 또는 등록을 받는 자에게 부과하는 조세로서, 그 등기 또는 등록의 유·무효나 실질적인 권리귀속의 여부와는 관계가 없는 것이고, 이와 같은 법리는 구 지방세법 제138조 제1항 제3호 소정의 중과세의 경우에도 마찬가지이므로(대법원 1983. 2. 22. 선고 82누509 판결, 1986. 2. 25. 선고 85누858 판결 참조), 신탁법상의 신탁계약에 의하여 수탁자

450) 현행 신탁법 제99조 제2항.
451) 현행 신탁법 제99조 제4항.
452) 현행 신탁법 제101조.
453) 현행 지방세법상 취득세 비과세 근거 조항인 제9조 제3항.
454) 현행 지방세법상 취득세 중과 근거 조항인 제13조 제2항.
455) 현행 지방세법 제13조 제2항 제1호.

인 부동산신탁회사 명의로 등기가 경료된 경우에 그 등기가 구 지방세법 제138조 제1항 제3호 소정의 중과세 대상에 해당하는지 여부를 판단함에 있어서는 수탁자를 기준으로 하여야 할 것이고, 이것이 대도시 내로의 인구유입에 따른 인구집중을 막기 위한 구 지방세법 제138조 제1항 제3호의 입법 취지에도 부합하는 해석이라 할 것이다(헌법재판소 2002. 3. 28.자 2001헌바24, 51 결정도 같은 취지이다).

같은 취지의 원심판결은 정당하고, 거기에 상고이유에서 주장하는 바와 같이 등록세 중과에 관한 법리오해 등의 위법이 없다.

[원심판결] 서울고등법원 2001. 3. 13. 선고 2000누9559 판결 [등록세부과처분취소]

【주 문】

1. 원고의 항소를 기각한다.
2. 항소비용은 원고의 부담으로 한다.

【청구취지 및 항소취지】

제1심 판결을 취소한다.

피고가 1999. 1. 10. 원고에 대하여 한 등록세 1,731,648,200원의 부과처분 중 금 563,130,300원을 초과하는 부분 및 교육세 214,228,270원의 부과처분을 취소한다.(원고는 제1심에서는 청구취지 중 등록세 부분을 1,168,517,900원의 부과처분을 취소하는 것으로 하였다가 당심에 이르러 원래의 부과처분 중 원고가 인정하는 부분을 초과하는 부분의 취소를 구하는 것으로 청구취지를 변경하였으나, 이는 청구취지를 변경하는 것이라기보다는 청구취지를 정정하는 것에 불과하므로 따로이 판단하지 않는다.)

【이 유】

(1) 제①주장에 대한 판단 : 등록세는 재산권 기타 권리의 취득, 이전, 변경 또는 소멸에 관한 사항을 공부에 등기 또는 등록하는 경우 그 등기 또는 등록행위 자체를 과세물건으로 하는 조세로서, 그 등기 또는 등록의 유･무효나 실질적인 권리귀속 여부는 등록세 과세대상이 되는 데에 아무런 영향이 없다 할 것이고, 이와 같은 법리는 구 지방세법 제138조 제1항 규정에 의한 중과세의 경우에도 마찬가지다(대법원 1983. 2. 22. 선고 82누509 판결, 1986. 2. 25. 선고 85누858 판결 참조). 이 사건의 경우 이 사건 건물에 대한 소유권보존등기의 등기행위 자체를 원고가 한 이상, 이 사건 건물이 신탁재산에 해당하여 그 실질적인 소유권이 위탁자에게 있다 하더라도, 원고가 등록세의 납세의무자이고, 구 지방세법 제138조 제1항에 의한 등록세의 중과는 이러한 등록세의 납세의무를 전제로 세율을 증가하여 등록세액을 중과하는 것에 불과하므로, 그 성립 여부는 수탁자를 기준으로 판단하여야 하고, 원고 주장과 같이 등록세 중과만을 따로 떼어내어 원고가 아닌 위탁자를 기준으로 판단하여야 한다고는 도저히 볼 수 없다[원고가 들고 있는 바와 같이 취득세 중과는 그 성립 여부를 실질적인 소유자를 기준으로 하나, 이는 취득세의 성질에 비추어 취득세 자체도 실질적인 소유자에게 부과되는 데 따른 것이지, 취득세 중과에 한하여 그 납세자나 과세요건의 판단 기준이 되는 상대방을 달리하는 것은 아니며, 원고와 같은 회사의 경우 그 자체의 설립 목적을 위하여 활동함으로써(원고의 경우 부동산신탁업을 위하여 이 사건과 같이 신탁계약을 체결하고 이에 따라 신탁등기를 하는 것) 인구와 경제력의 집중효과를 나타내지 않는다고 볼 수 없고, 따라서 수탁자인 원고를 기준으로 등록세 중과의 성립 여부를 판단하는 것이 꼭 대도시 내로의 인구집중을 막기 위한 입법취지에 부합하지 않는다고도 할 수 없다.]. 그렇다면 위 소유권보존등기가 원고의 설립 이후 5년 이내에 취득한 부동산의 등기인 이상, 이는 등록세 중과 대상인 등기에 해당하므로, 이와 반대되는 제①주장은 이유 없다.

(2) 제 ②주장에 대한 판단 : 이 사건 건물의 신축에 관한 한 기본적 법률관계는 원고와 소외 회사 사이의 도급이고, 이러한 도급관계에 있어 건축주 명의를 원고로 하여 원고 명의로 소유권보존등기를 마친 점 등에 비추어 보면, 이 사건 건물 자체는 원고가 원시취득하였고, 다만 당사자의 약정 등에 따라 이를 신탁재산으로 삼으려 한 것으로 판단된다. [이와 같이 보지 않고, 원고 주장과 같이 이 사건 건물을 소외 회사가 원시취득하고 이를 원고에게 신탁하는 방법으로 원고로 하여금 위 소유권보존등기를 한 것으로 보고, 따라서 위 소유권보존등기가 구 지방세법 제128조 제1호 가목이 들고 있는 '위탁자로부터 수탁자에게 이전하는 경우의 재산권 취득의 등기'에 해당한다고 본다면, 이 사건과 같은 등기 행태는 위와 같이 소외 회사가 소유권보존등기를 하고 이어 원고에게 신탁을 위한 소유권이전등기를 하는 경우에 비하여 소유권보존등기와 관련한 등록세 자체를 면하게 되는 부당한 결과가 된다.] 그리고 만약 소외 회사가 소유권보존등기를 하고 이어 원고에게 신탁을 위한 소유권이전등기를 하였다면, 소외 회사가 등록세의 납부의무를 지는 외에는 등록세 중과를 받지 않는 것은 물론 원고도 등록세 자체의 납부의무가 면제되어 결국 등록세 중과는 받지 않았을 것으로 보이나, 이러한 결과는 그들이 등록세의 과세대상인 등기행위 자체의 선택을 달리한 데 따른 것일 뿐이므로(이에 따라 '소외 회사가 등록세 납부의무를 지는 것'에서 '원고가 중과 등록세 납부의무를 지는 것'으로 납세의무자가 달라지게 되었다), 이를 부당하다고 볼 수 없고, 따라서 이를 시정하기 위하여 앞서 본 해석론을 달리할 이유가 되지 못한다. 그렇다면 위 소유권보존등기가 구 지방세법 제128조 제1호 가목 소정의 '위탁자로부터 수탁자에게 이전하는 경우의 재산권 취득의 등기'에 해당한다고 볼 수 없으므로 제②주장은 이유 없다.

(3) 제③주장에 대한 판단 : 구 지방세법 제138조 제1항 단서 및 이에 따른 같은 법 시행령 제101조 제1항 제5호를 보면, 주택건설촉진법 제6조의 규정에 의하여 건설부에 등록된 주택건설사업자라도 '주택건설용으로 취득·등기하는 부동산'에 한하여 구 지방세법 제138조 제1항의 등록세 중과 규정이 적용되지 않는 것에 불과하므로, '주택건설용으로 취득·등기하는 부동산'이 아니라 이러한 부동산을 기초로 건설된 주택 등 건물 자체인 이 사건 건물의 경우 위 단서 조항이 적용된다고 보기 어려울 뿐만 아니라, 앞서 본 바에 따르면 이 사건 처분은 이 사건 건물 중 주택 부분을 제외한 나머지 부분만을 과세대상으로 한 것이어서 주택은 이 사건 처분의 대상이 되지도 않은 것이므로 제③주장 역시 이유 없다.

(4) 제④주장에 대한 판단 : 구 지방세법 제138조는 일반적으로 법인이 대도시내에서 부동산을 취득하고 그에 터잡은 활동을 할 경우에는 인구와 경제력의 집중효과가 다른 경우보다도 훨씬 크므로 그 경우 상대적으로 높은 등록세를 부과하도록 하고 있는 것에는 합리적인 이유가 충분하다고 할 것이어서 그로써 헌법상의 평등권, 조세평등주의, 실질과세의 원칙에 위배된다고 보여지지 않고, 중과세의 정도에 비추어 볼 때 헌법상의 거주.이전의 자유나 직업선택의 자유 및 재산권을 본질적으로 침해한다고 볼 수 없고, 나아가 그 입법형식에서도 헌법상의 위임입법의 한계를 벗어났다고도 보기 어려울 뿐만 아니라, 가사 헌법위반의 소지가 있다고 하여도 위 법률조항이 헌법재판소에서 위헌으로 결정되기 전까지는 관련 소송에서 무효라고 주장할 수 있는 것은 아니므로 결국 제④주장은 어느 모로나 이유 없다.

[1심판결] 서울행정법원 2000. 7. 11. 선고 99구34808 판결 [등록세부과처분취소]

【주 문】

1. 이 사건 소를 각하한다.
2. 소송비용은 원고·피고의 부담으로 한다.

【청구취지】

피고가 1999. 1. 10. 원고에 대하여 한 등록세 1,731,648,200원의 부과처분 중 금 563,130,300원을 초과하는 부분 및 교육세 214,228,270원의 부과처분을 취소한다.

【이 유】

사실관계가 앞서 인정한 바와 같다면, 원고는 일부 주택조합들이 미처 결성되지 못하였거나 설립인가를 받지 못한 상황에서 공동주택건설사업을 주체적으로 추진하면서 그 업무의 일환으로 위 공동주택의 부지로 선정된 이 사건 부동산을 임시방편으로 원고명의로 경낙받아 그에 따른 부동산등기를 하였다고 할 것인바, 이러한 경우 그것이 원고법인의 설립이후 5년 이내에 취득한 부동산의 등기인 이상 이는 등록세중과세의 대상인 등기에 해당한다로 할 것이고, 이렇게 해석하는 것이 등기 또는 등록이라는 단순한 사실의 존재를 과세물건으로 하여 부과되는 등록세의 특성에 비추어 볼 때 대도시내로의 인구집중을 막기 위한 입법취지에 부합하지 않는다고 할 수 없으므로, 이와 달리 이 사건과 같은 원고의 부동산 취득은 대도시내로의 인구집중을 유발하는 부동산 취득이 아니므로 중과세대상이 되지 않는다는 원고의 주장은 받아들이지 아니한다. 등록세는 재산권 기타 권리의 취득, 이전, 변경 또는 소멸에 관한 사항을 공부에 등기 또는 등록하는 경우 그 등기 또는 등록행위 자체를 과세물건으로 하는 조세로서, 그 등기 또는 등록의 유·무효나 실질적인 권리귀속 여부는 등록세 과세대상이 되는 데에 아무런 영향이 없다 할 것이고, 이와 같은 법리는 지방세법 제138조 제1항 규정에 의한 중과세의 경우에도 마찬가지라 할 것이므로(대법원 1983. 2. 22. 선고 82누509 판결, 1986. 2. 25. 선고 85누858 판결 참조) 원고법인이 이 사건 부동산을 실제 취득할 의사가 있었는지 여부는 위 결론을 좌우할 사정이 될 수 없다 할 것이다(대법원 1996. 7. 26. 선고 95누14855 판결).

192. 대법원 2003. 5. 30. 선고 2003다18685 판결 [정리채권자표기재무효확인등][456]

[논점] 위탁자가 자신의 채무를 담보하기 위하여 수탁자로 하여금 신탁부동산상에 근저당권설정등기를 경료하도록 한 후 위탁자에 대한 회사정리절차가 개시된 경우 근저당이 정리계획 등에 의해 영향을 받는지 여부

【이 유】

1. 원심의 판단

원심판결 이유에 의하면, 원심은 그 채용 증거를 종합하여, 피고는 1998. 3.경부터 주식회사 성원(이하 '성원'이라 한다)에 대하여 1,763,962,019원 상당의 물품대금채권을 보유하고 있었던 사실, 성원은 1998. 7. 15. 부도를 내어 동일자로 거래은행으로부터 지급정지처분이 내려진 사실, 피고는 그 직후인 1998. 8. 8. 위 물품대금채권의 변제를 위하여 성원으로부터 성원 소유인 이 사건 아파트 80세대에 관한 임차권(임대아파트 분양권)을 갖는 것으로 합의하고 그에 따라 위 아파트를 임대차보증금 17억 6,000만 원으로 하여 임차하는 내용의 임대차계약을 체결한 사실, 성원은 1998. 8. 10. 원고 토지신탁회사에게 이 사건 아파트 80세대를 포함하여 논산시 두마면 엄사리 282 외 1필지상에 신축한 계룡엄사 성원임대아파트 전부에 관하여 신탁(을종 부동산관리신탁)을 원인으로 한 소유권이전등기를 경료한 사실, 원고는 1998. 8. 14. 피고에게 이 사건 아파트에 관하여 성원의 피고에 대한 채무를 담보하기 위하여 채권최고액 17억 6,000만 원으로 한 이 사건 근저당권설정등기를 경료해 준 사실, 원·피고는 위 근저당권의 피담보채무를 채무자인 성원이 채권자인 피고에 대하여 기왕, 현재 부담하고 있는 채무 또는 장래 부담하게 될 단독 또는 연대채무나 보증채무, 기타 상거래로 인하여 생기는 모든 채무로 하기로

456) 이 판결에 대한 평석은, 김상준, 신탁자에 대한 회사정리절차가 개시된 경우 토지신탁회사가 신탁자를 위하여 기존에 제공한 물상담보의 효력, 대법원판례해설 44호, 법원도서관, 552면 이하를 참고할 것.

약정한 사실, 성원은 1999. 1. 8. 서울지법으로부터 회사정리절차 개시결정을 받았다가 1999. 9. 3. 회사정리절차가 진행 중이었던 성원기업 주식회사(이후 광토건설 주식회사로 상호가 변경되었다. 이하 '정리회사'라 한다)에 흡수합병된 사실, 이에 피고는 1999. 2. 9. 위 임대차보증금채권을 성원에 대한 정리채권으로 신고하였고 그 정리채권조사기일인 1999. 4. 1. 관리인이 이의를 하지 아니하여 그 채권은 정리채권으로 확정된 사실, 한편 피고는 성원과의 위 임대차계약에 터잡아, 1999. 9. 6. 및 같은 달 26. 대한민국(소관 : 육군참모총장)에게 이 사건 아파트 80세대를 임대하는 내용의 임대차계약을 체결하면서 정리회사로부터 임차인 명의변경에 대한 동의를 얻지 못하면 대한민국이 위 임대차계약을 해지할 수 있도록 하는 특약을 하였는바, 정리회사의 관리인이 그 임차인 명의변경을 계속 거부하는 바람에, 위 임대차계약은 대한민국에 의하여 해지된 사실, 이에 피고는 2000. 3. 28. 정리회사의 관리인을 상대로 정리회사 측의 계약위반으로 인하여 이 사건 아파트를 대한민국에 전대하지 못함으로써 입게 된 손해의 배상을 구하는 소(인천지방법원 2000가합3824호)를 제기한 사실, 위 사건의 재판과정에서 위 관리인은 성원과 피고 사이의 이 사건 임대차계약 체결행위는 성원이 거래은행으로부터 지급정지를 당한 후에 행한 정리채권자 등을 해하는 행위라는 이유로 회사정리법 제78조 제1항 제2호의 규정에 따라 부인권을 행사하는 항변을 한 사실, 위 법원은 2000. 11. 29. 이러한 관리인의 항변을 받아들여 관리인의 부인권 행사에 따라 이 사건 임대차계약의 효력이 상실되었고 따라서 피고에게 유효한 임차권이 있음을 전제로 하는 피고의 손해배상청구를 기각하였으며 이 판결은 2000. 12. 21. 확정된 사실 등을 각 인정한 다음, 위 인정 사실에 의하면 성원의 피고에 대한 이 사건 임대차보증금채무와 물품대금채무 모두가 이 사건 근저당권설정등기의 피담보채무에 해당된다고 전제하고, 그런데 성원에 대한 회사정리절차에서 피고가 성원에 대한 채권 중 위 임대차보증금채권만 정리채권으로 신고하였고 위 물품대금채권은 정리채권으로 이를 신고하지 아니하여 성원은 위 물품대금채권에 관하여 회사정리법 제241조의 규정에 의하여 면책되었으며, 이 사건 제1심에서 제1심 공동원고인 정리회사 관리인과 피고 사이에 위 정리채권자표 기재 중 피고가 정리채권으로 신고한 임대차보증금 부분이 무효임을 확인하는 판결이 선고됨으로써 피고의 임대차보증금 채권은 무효로 되었으므로, 결국 이 사건 근저당권의 피담보채무는 모두 면책되었거나 무효로 되었다는 이유로, 피고에게 그 등기의 말소를 명하였다.

2. 이 법원의 판단

나. 상고이유 제2점에 관하여

(1) 회사정리법(이하 '법'이라 한다) 제241조[457] 본문은 정리계획의 인가가 있는 때에는 계획의 규정 또는 같은 법의 규정에 의하여 인정된 권리를 제외하고 회사는 모든 정리채권과 정리담보권에 관하여 그 책임을 면한다고 규정하고 있고, 한편 법 제240조[458] 제2항에서는 정리계획은 정리채권자 또는 정리담보권자가 회사의 보증인 기타 회사와 함께 채무를 부담하는 자에 대하여 가진 권리와 회사 이외의 자가 정리채권자 또는 정리담보권자를 위하여 제공한 담보에 영향을 미치지 아니한다고 규정하고 있는바, 이는 정리계획에 따라 회사의 채무가 면책되거나 변경되더라도 보증인이나 물상보증인 등의 의무는 면책되거나 변경되지 아니한다는 취지를 규정한 것으로서 여기서 '회사 이외의 자가 정리채권자 또는 정리담보권자를 위하여 제공한 담보'라고 함은 정리채권자 등이 회사에 대한 채권을 피담보채권으로 하여 제3자의 재산상에 가지고 있는 담보물권을 말한다고 할 것인데, 법 제240조 제2항의 규정 취지에 비추어 보면 법 제241조의 규정에 따라 채권자의 권리가 실권된 경우에도 법 제240조 제2항의 규정이 마찬가지로 적용되어 실권된 채권의 권리자의 보증인이나 물상보증인에 대한 권리에는 영향을 미치

457) 현행 채무자회생법 제251조.
458) 현행 채무자회생법 제250조.

지 않는 것으로 보아야 할 것이다(대법원 2001. 6. 12. 선고 99다1949 판결, 2001. 7. 13. 선고 2001다9267 판결 등 참조).

한편, 신탁법상의 신탁은 위탁자가 수탁자에게 특정의 재산권을 이전하거나 기타의 처분을 하여 수탁자로 하여금 신탁 목적을 위하여 그 재산권을 관리·처분하게 하는 것이므로(신탁법 제1조 제2항),[459] 부동산의 신탁에 있어서 수탁자 앞으로 소유권이전등기를 마치게 되면 대내외적으로 소유권이 수탁자에게 완전히 이전되고, 위탁자와의 내부관계에 있어서 소유권이 위탁자에게 유보되어 있는 것은 아니라 할 것이며, 이와 같이 신탁의 효력으로서 신탁재산의 소유권이 수탁자에게 이전되는 결과 수탁자는 대내외적으로 신탁재산에 대한 관리권을 갖는 것이고, 다만, 수탁자는 신탁의 목적 범위 내에서 신탁계약에 정하여진 바에 따라 신탁재산을 관리하여야 하는 제한을 부담함에 불과하다고 할 것인데(대법원 2002. 4. 12. 선고 2000다70460 판결 참조), 신탁자가 자기 소유의 부동산에 대하여 수탁자와 부동산관리신탁계약을 체결하고 수탁자 앞으로 신탁을 원인으로 한 소유권이전등기를 경료해 주어 대내외적으로 신탁부동산에 관한 소유권을 수탁자에게 완전히 이전한 다음 수탁자로 하여금 신탁부동산에 관하여 다시 신탁자의 채권자의 채권을 위하여 근저당권설정등기를 경료하도록 하였다면, 수탁자는 결국 신탁자를 위한 물상보증인과 같은 지위를 갖게 되었다고 할 것이고 그 후 신탁자에 대한 회사정리절차가 개시된 경우 채권자가 신탁부동산에 대하여 갖는 근저당권 등 담보권은 법 제240조 제2항에서 말하는 '정리회사 이외의 자가 정리채권자 또는 정리담보권자를 위하여 제공한 담보'에 해당하여 정리계획이 여기에 영향을 미칠 수 없다고 할 것일 뿐만 아니라 앞서 본 바와 같이 채권자가 정리채권 신고기간 내에 신고를 하지 아니함으로써 정리계획에 변제의 대상으로 규정되지 않았다 하더라도, 이로써 실권되는 권리는 채권자가 신탁자에 대하여 가지는 정리채권 또는 정리담보권에 한하고, 수탁자에 대하여 가지는 신탁부동산에 관한 담보권과 그 피담보채권에는 아무런 영향이 없다고 할 것이다(대법원 2001. 7. 13. 선고 2001다9267 판결, 2002. 12. 26. 선고 2002다49484 판결 등 참조).

돌이켜 이 사건에 관하여 살피건대, 성원과 원고 사이의 이 사건 신탁계약(을종 부동산관리신탁)이 신탁법 제8조 소정의 사해신탁에 해당한다거나 또는 원고가 그 신탁계약을 해제하였다는 등의 다른 특별한 사정이 없는 한 이 사건 신탁계약은 유효한 것이라고 할 것이고, 대내외적으로 이 사건 아파트에 관한 적법한 소유권을 보유하게 된 원고가 성원을 위하여 피고에게 이 사건 근저당권을 설정해 준 것이라면, 원고는 결국 성원을 위한 물상보증인에 해당된다고 할 것이므로, 성원에 대한 회사정리절차가 개시된 후 비록 피고가 그 피담보채무인 자신의 이 사건 물품대금채권을 정리채권 신고기간 내에 신고를 하지 아니함으로써 정리계획에 변제의 대상으로 규정되지 않았다 하더라도, 법 제240조 제2항의 규정 취지에 따라 원고에 대하여는 여전히 유효하게 이 사건 근저당권의 피담보채권인 이 사건 물품대금채권의 존재를 주장할 수 있다고 할 것이어서 이러한 피담보채권이 잔존하는 한 이 사건 근저당권설정등기를 말소할 수는 없을 것이다.

(2) 한편, 법 제145조[460]가 확정된 정리채권과 정리담보권에 관한 정리채권자표와 정리담보권자표의 기재는 정리채권자, 정리담보권자와 주주 전원에 대하여 확정판결과 동일한 효력이 있다고 규정한 취지는, 정리채권자표와 정리담보권자표에 기재된 정리채권과 정리담보권의 금액은 정리계획안의 작성과 인가에 이르기까지의 정리절차의 진행과정에 있어서 이해관계인의 권리행사의 기준이 되고 관계인집회에 있어서 의결권 행사의 기준으로 된다는 의미를 가지는 것으로서, 위 법조에서 말하는 확정판결과 동일한 효력이라 함은 기판력이 아닌 확인적 효력을 가지고 정리절차 내부에 있어 불가쟁의 효력이

459) 현행 신탁법 제2조.
460) 현행 채무자회생법 제255조.

있다는 의미에 지나지 않고, 이미 소멸된 채권이 이의 없이 확정되어 정리채권자표에 기재되어 있더라도 이로 인하여 채권이 있는 것으로 확정되는 것이 아니므로 이것이 명백한 오류인 경우에는 정리법원의 경정결정에 의하여 이를 바로잡을 수 있으며, 그렇지 아니한 경우에는 무효확인의 판결을 얻어 이를 바로잡을 수 있다고 할 것이나(대법원 1991. 12. 10. 선고 91다4096 판결 참조), 원심이 인정한 사실관계에 의하면, 피고의 성원에 대한 이 사건 임대차보증금채권은 그 정리채권 신고시점이나 채권조사기일인 1999. 4. 1.에 관리인 등으로부터의 이의가 없어 그 정리채권자표가 확정될 당시까지도 유효하게 성립되어 존속하고 있었던 것인데, 다만 그 이후에 피고가 제기한 관련 민사소송 진행과정에서 정리회사의 관리인이 피고의 청구에 대한 항변으로 회사정리법상 부인권을 행사하였고 이러한 항변을 그 법원이 받아들여주는 판결이 확정되는 바람에 사후적으로 그 채권의 소멸 여부가 비로소 다툼의 대상이 되었음을 알 수 있는바, 이처럼 채권조사기일 당시 유효하게 존재하였던 채권에 대하여 관리인 등으로부터의 이의가 없는 채로 정리채권자표가 확정되어 그에 대하여 불가쟁의 효력이 발생한 경우에는 관리인으로서는 더 이상 부인권을 행사하여 그 채권의 존재를 다툴 수 없게 되었다고 할 것이고, 나아가 관리인이 사후에 한 그러한 부인권 행사의 적법성을 용인하는 전제에서 정리채권으로 이미 확정된 정리채권자표 기재의 효력을 다투어 그 무효확인을 구하는 것 역시 허용될 수 없다고 할 것이다.

그리고 피고와 정리회사 관리인 사이의 확정판결에서 관리인의 부인권 행사가 용인되었고 더 나아가 그러한 부인권 행사로 말미암아 피고가 정리채권으로 신고한 임대차보증금채권의 존재가 부정되어 그 부분 정리채권자표의 기재가 무효로 선언되었다고 하더라도 그러한 판결들의 효력이 그 임대차보증금채권을 피담보채권으로 하는 이 사건 근저당권설정등기의 말소 여부를 논하는 원고와 피고 사이의 이 사건에도 당연히 미치는 것은 아니라고 할 것이므로, 원심으로서는 위 확정판결들에도 불구하고 원·피고 사이의 이 사건 근저당권말소청구사건에서 관리인의 부인권 행사의 적법성과 이 사건 임대차보증금채권에 관한 정리채권자표 기재의 효력 등을 따져보아 피고의 성원에 대한 이 사건 임대차보증금채권의 존부에 관하여 더 심리를 하였어야 할 것이고, 만일 그러한 부인권 행사의 효력을 인정할 수 없는 것이라면 다른 특별한 사정이 없는 한 피고의 이 사건 임대차보증금채권 역시 이 사건 근저당권의 피담보채권으로서 유효하게 존속하고 있다고 볼 수밖에는 없을 것이다.

(3) 그렇다면 이 사건 근저당권의 피담보채권이라는 피고의 이 사건 물품대금채권과 임대차보증금채권은 원고와 피고 사이에서는 다른 특별한 사정이 없는 한 모두 유효하게 존재하고 있다고 볼 여지가 있어 그 권리의 소멸이나 무효를 이유로 하여서는 이 사건 근저당권설정등기의 말소를 명할 수 없다고 할 것임에도, 이와 결론을 달리한 원심판결에는 판결 결과에 영향을 미친 근저당권의 피담보채무의 존부 등에 관한 법리를 오해한 위법이 있다고 할 것이므로, 이 점을 지적하는 취지의 상고이유의 주장은 이유 있다.

193. 대법원 2003. 5. 16. 선고 2003다11134 판결

[논점] 신탁해지로 신탁재산이 당연히 위탁자에게 복귀하는지 여부 및 수탁자가 비용이나 손실을 보상받음에 있어 반드시 강제집행의 방법만이 허용되는지 여부

【이 유】

1. 신탁재산의 처분 요건에 대한 심리미진 및 신탁계약 해지 후 신탁재산 처분의 금지 주장에 대하여

원심은 그 채택 증거들을 종합하여 그 판시와 같은 사실을 인정한 다음, 신탁계약이 해지된 이상 수탁자인 소외 한국부동산신탁 주식회사(이하'소외 회사'라 한다)는 신탁종료시의 손실 보전을 규정한 신탁계약 제21조에 따라 이 사건 토지를 처분하여 손실을 충당할 수 있다고 할 것이므로 이를 두고 이

사건 신탁계약의 본지에 위배되는 행위라고 할 수 없다고 판단하였는바, 원심판결 이유를 기록에 비추어 살펴보면 원심의 사실인정과 판단은 정당한 것으로 수긍이 가고 거기에 상고이유에서 주장하는 바와 같은 심리미진으로 인한 사실 오인이나 신탁재산 처분의 요건 또는 신탁계약 해지 후 신탁재산의 처분 가능성 여부에 관한 법리 오해 등의 위법이 있다고 할 수 없다.

2. 신탁종료시 신탁재산의 복귀 주장에 대하여

신탁은 위탁자가 수탁자에게 재산권을 이전하거나 기타의 처분을 하여 수탁자로 하여금 신탁의 목적을 위하여 재산의 관리 또는 처분을 하도록 하는 것이어서 부동산의 신탁에 있어서 신탁자의 위탁에 의하여 수탁자 앞으로 그 소유권이전등기를 마치게 되면 대내외적으로 소유권이 수탁자에게 완전히 이전되고, 위탁자와의 내부관계에 있어서도 소유권이 위탁자에게 유보되어 있는 것은 아니므로 신탁의 해지 등 신탁종료의 사유가 발생하더라도 수탁자가 신탁재산의 귀속권리자인 수익자나 위탁자 등에게 새로이 목적부동산의 소유권 등 신탁재산을 이전할 의무를 부담하게 될 뿐, 신탁재산이 수익자나 위탁자 등에게 당연히 복귀되거나 승계된다고 할 수 없다(대법원 1994. 10. 14. 선고 93다62119 판결 등 참조). 그리고 신탁재산인 부동산에 관한 권리의 이전으로 인하여 그 권리가 신탁재산에 속하지 아니하기로 된 경우에 하는 신탁등기 말소의 신청은 부동산등기법 제168조에 따라 이전등기의 신청과 동일한 서면으로써 이를 하여야 하고, 이 경우 등기관은 동일순위의 사항란에 먼저 수탁자로부터 제3자로의 소유권이전등기를 기재한 후 이어 신탁등기의 말소등기를 기재하고 그 가운데로 횡선을 그어 두 등기를 구분하는 방법에 의하여 등기를 실행하여야 하며(부동산등기법 제168조[461] 제1항, 제2항, 부동산등기법 시행규칙 제88조,[462] 신탁등기사무처리예규 등 참조), 만약 신탁등기의 말소만을 먼저 신청한 경우라면 등기관은 부동산등기법 제55조 제4호[463](신청서가 방식에 적합하지 아니한 때)에 의하여 이를 각하하여야 할 것이므로, 이 사건의 경우에서 보는 것처럼 등기관이 이 사건 토지 등기부에 먼저 신탁등기의 말소등기를 기재하고 그 다음 순위로 매수인들 명의의 소유권이전등기를 기재한 것은(신청인인 수탁자와 매수인들이 위 2개의 등기를 동일한 서면으로 신청하였는지 여부는 기록상 확실치 않다) 어느 모로 보나 부적절하다고 할 것이나, 부동산등기법상 신탁등기와 신탁에 의한 소유권이전등기는 구별되고, 위 말소등기의 기재 상 '신탁재산의 처분'을 등기원인으로 하여 '신탁등기'를 말소한다는 취지가 명기되어 있으며, 그에 따라 신탁등기만이 주말된 반면 신탁에 의한 소유권이전등기는 주말되어 있지 않는바, 이러한 등기부상의 기재에 따르면 이는 신탁등기만을 말소한다는 취지일 뿐이지 나아가 신탁에 의한 소유권이전등기마저 말소한다는 취지가 아님이 명백할 뿐 아니라 가사 상고이유에서 주장하는 것처럼 위 일련의 이 사건 등기과정에서 먼저 수탁자 명의의 이전등기가 말소된 후 매수인들 명의의 이전등기가 경료된 것으로 보일 여지가 있는 외관이 만들어졌다고 하더라도 이는 등기관의 등기실행상의 오류에 불과할 뿐 그 등기신청인들의 의사에 비추어 볼 때 위 매수인들 명의로 경료된 소유권이전등기는 결국 실체관계에 부합하는 것으로서 유효하다고 보아야 할 것이다. 원심이, 이 사건 신탁계약이 소외 회사의 위 해지의 의사표시에 의하여 적법하게 해지됨으로써 신탁법 제59조, 제60조[464]에 따라서 이 사건 토지의 소유권은 원고에게 당연히 복귀되었고, 가사 그렇지 않더라도 이 사건 부동산의 신탁으로 인한 소유권 이전등기가 말소된 이상 소유권은 신탁자인 원고 앞으로 복귀되었고, 따라서 그 이후 등기의무자도 아닌 수탁자에 의하여 피고 백***개발 주식회사, 김○○, 홍○○(이하'피고 백***개발 등'이라 한다) 앞으로 경료된 소유권이전등기는 무효라는 취지의 원고의 주장에 대하여 그 판시와 같은

---

461) 현행 부동산등기법 제87조.

462) 현행 부동산등기규칙 제144조.

463) 현행 부동산등기법 제29조 제5호.

464) 현행 신탁법 제101조.

이유로 이를 배척한 것은 결국 위 법리에 따른 것으로서 정당하고 거기에 상고이유에서 주장하는 바와 같은 신탁법 및 부동산등기법에 관한 법리 오해나 판단 유탈등의 위법이 있다고 할 수 없다.

3. 신탁재산의 임의처분 금지의 주장에 대하여

원심은, 신탁법 제21조[465] 제1항 단서 및 같은 법 제42조[466]의 취지에 비추어 수탁자는 신탁재산을 임의매각하여 비용이나 손실을 전보 받을 수는 없고, 강제집행의 절차에 의하여만 이를 전보받을 수 있는 것이므로 소외 회사가 이 사건 토지를 피고 백***개발 등에게 임의로 매매한 것은 무효이고, 따라서 피고 백***개발 등 명의로 경료된 소유권이전등기 및 그에 기한 나머지 피고들명의로 경료된 소유권이전등기도 모두 무효라는 원고의 주장에 대하여, 신탁법 제21조 제1항 은 신탁재산의 독립성을 유지하기 위하여 수탁자 내지는 위탁자의 채권자가 신탁재산에 강제집행을 하지 못하도록 하는 것이고, 같은 법 제42조는 오히려 수탁자의 비용 및 손실보상청구권을 확보하여 주기 위하여 수탁자에게 다른 채권자들보다 우선권을 인정하는 취지일 뿐, 수탁자의 비용이나 손실을 보상받음에 있어 반드시 강제집행의 방법만을 사용하도록 강제하는 규정이 아니라는 이유로 이를 배척하였는바, 원심판결 이유를 관계법령의 규정내용에 비추어 살펴보면 원심의 판단은 정당한 것으로 수긍이 되고, 거기에 상고이유에서 주장하는 바와 같은 신탁법의 법리를 오해하거나 헌법을 위반하는 등의 위법이 있다고 할 수 없다.

[원심판결] 서울고등법원 2003. 1. 14. 선고 2002나46388 판결

【주 문】

1. 원고의 항소를 모두 기각한다.
2. 항소비용은 원고의 부담으로 한다.

【청구취지 및 항소취지】

원고에게,

가. 피고 백선종합개발 주식회사, A, B는 별지목록 기재 부동산 중 각 1/3지분에 관하여 대전지방법원 보령등기소 2001. 12. 19. 접수 제26761호로 마친 소유권이전등기의,

나. 피고 초이스종합개발 주식회사는 위 부동산 중 1/3지분에 관하여 같은 등기소 같은 날 접수 제26762호로 마친 소유권이전등기의,

다. 피고 주식회사 생보부동산신탁은 위 부동산에 관하여 같은 등기소 같은 날 접수 제26763호로 마친 소유권이전등기의 각 말소등기절차를 이행하라.

【이 유】

나. 신탁재산의 소유권복귀 여부

(1) 신탁은 위탁자가 수탁자에게 재산권을 이전하거나 기타의 처분을 하여 수탁자로 하여금 신탁의 목적을 위하여 재산의 관리 또는 처분을 하도록 하는 것이어서 부동산의 신탁에 있어서 신탁자의 위탁에 의하여 수탁자 앞으로 그 소유권이전등기를 마치게 되면 대내외적으로 소유권이 수탁자에게 완전히 이전되고, 위탁자와의 내부관계에 있어서도 소유권이 위탁자에게 유보되어 있는 것은 아니므로 신탁의 해지 등 신탁종료의 사유가 발생하더라도 수탁자가 신탁재산의 귀속권리자인 수익자나 위탁자 등에게 새로이 목적부동산의 소유권 등 신탁재산을 이전할 의무를 부담하게 될 뿐, 신탁재산이 수익자나 위탁자

---

465) 현행 신탁법 제22조.

466) 현행 신탁법 제48조.

등에게 당연히 복귀되거나 승계된다고 할 수 없다(대법원 1994. 10. 14. 선고 93다62119 판결 등 참조).

(2) 이 사건 신탁계약이 해지되었다는 점에는 당사자 사이에 다툼이 없으나, 소외 회사 명의의 위 소유권이전등기가 말소되거나 원고 명의로 재차 소유권이전등기가 경료되지 않는 한 위 해지에도 불구하고 이 사건 토지는 여전히 소외 회사의 소유로 남아있다고 할 것이므로, 위 해지로서 이 사건 토지의 소유권이 당연히 원고에게 복귀함을 전제로 하는 원고의 위 주장은 이유없다(다만, 부동산등기법 제168조는 신탁재산인 부동산에 관한 권리의 이전으로 인하여 그 권리가 신탁재산에 속하지 아니하기로 된 경우에는 신탁등기의 말소를 신청하되 그 신청은 처분의 상대방으로의 이전등기 신청과 동일한 서면으로 하도록 정하고 있으므로, 등기관은 소외 회사로부터 피고 백선종합개발 등으로의 소유권이전등기를 경료함에 있어 소외 회사 명의의 등기 다음으로 위 피고들 명의 소유권이전등기를 기재한 후 동일순위의 사항란에 신탁등기의 말소등기를 기재하고 횡선을 그어 구분하는 방법에 의하여 등기를 실행하였어야 함에도 갑 제2호증, 갑 제7호증의 1 내지 7의 각 기재에 의하면 등기관이 이 사건 토지 등기부에 위 피고들 명의의 소유권이전등기를 기재하면서 그 선순위로 신탁등기의 말소등기를 기재함으로써 마치 위 이전등기과정에서 먼저 소외 회사 명의의 이전등기가 말소된 후 위 피고들 명의의 이전등기가 경료된 듯한 외관을 만들어 낸 것은 잘못이라 할 것이나 위와 같은 등기 실행상의 오류만으로 위 신탁등기의 말소등기에 의하여 소외 회사 명의의 소유권이전등기까지 말소되었다고 볼 것은 아니어서 위 피고들 명의로 경료된 소유권이전등기가 무효라고 할 수 없다).

다. 신탁재산처분의 신탁계약위반 여부

신탁계약이 해지된 이상 소외 회사는 신탁종료시의 손실 보전을 규정한 신탁계약 제21조에 따라 이 사건 토지를 처분하여 손실을 충당할 수 있다고 할 것이므로(앞에서 본 바와 같이 위 C에서 분할된 별지목록 기재 제3, 4, 5, 8토지는 당초 소외 회사에 처분신탁된 토지였을 뿐만 아니라, 위 사업계획의 변경 및 부지편입으로 이 사건 신탁계약의 대상에 포함된 것이라고 보더라도 마찬가지이다), 이를 두고 이 사건 신탁계약의 본지에 위배되는 행위라고 할 수 없다고 할 것이고, 달리 소외 회사의 이 사건 토지의 처분행위가 위 신탁계약의 본지에 위배된다는 점을 인정할 만한 증거가 없으므로 원고의 위 주장도 이유 없다.

라. 신탁재산의 매매 가능 여부

신탁법 제21조 제1항은 신탁재산의 독립성을 유지하기 위하여 수탁자 내지는 위탁자의 채권자가 신탁재산에 강제집행을 하지 못하도록 하는 것이고, 같은 법 제42조는 오히려 수탁자의 비용 및 손실보상청구권을 확보하여 주기 위하여 수탁자에게 다른 채권자들보다 우선권을 인정하는 취지일 뿐, 수탁자의 비용이나 손실을 보상받음에 있어 반드시 강제집행의 방법만을 사용하도록 강제하는 규정이 아니므로 원고의 위 주장도 이유 없다.

194. 대법원 2003. 5. 16. 선고 2002다2423 판결 [양수금]

[논점] 신탁방식에 의한 오피스텔 신축 및 분양사업에 관한 토지신탁사업약정을 맺은 후 외환위기로 신탁회사가 사업자금 차입 곤란 등으로 공사선급금 등의 지급 확보책을 제시하지 못한 경우, 시공회사가 이를 이유로 자신의 선이행의무인 토지대금의 대여 및 지급보증 의무의 이행을 거절할 수 있다고 본 사례

【이 유】

1. 쌍무계약의 당사자 일방이 계약상 선이행의무를 부담하고 있는데, 그와 대가관계에 있는 상대방

의 채무가 아직 이행기에 이르지 아니하였지만 이행기의 이행이 현저히 불투명하게 된 경우에는 민법 제536조 제2항 및 신의칙에 의하여 그 당사자에게 반대급부의 이행이 확실하여 질 때까지 선이행의무의 이행을 거절할 수 있다(대법원 1997. 7. 25. 선고 97다5541 판결, 1999. 7. 9. 선고 98다13754, 13761 판결 등 참조).

2. 원심판결 이유에 의하면, 원심은 제1심판결 이유를 일부 인용하여 다음과 같은 사실을 인정하였다.

가. 동주공영 주식회사(이하 '동주공영'이라고 한다)는 1996. 10. 10. 오피스텔을 신축할 목적으로 한국토지공사로부터 고양시 일산구 장항동 754 대 3,752.6㎡(이하 '이 사건 토지'라고 한다)를 대금 85억 14,717,000원에 매수하는 매매계약을 체결하고 계약금 8억 51,471,700원을 지급하였는데, 1차 중도금의 지급을 지체하던 중인 1997. 10. 10. 주식회사 한국토지신탁(이하 '한국토지신탁'이라고 한다) 및 피고와 사이에 이 사건 토지 위에 지하 5층 지상 15층의 오피스텔 건물을 신축·분양하는 사업을 토지신탁의 방식으로 추진하기로 하고, 그 기본약정으로, ① 동주공영은 한국토지신탁과 분양형 토지신탁계약을 체결하기 전까지 이 사건 토지의 소유권을 확보하고(제4조 제2항), ② 한국토지신탁과 피고 사이의 공사도급계약은 분양형 토지신탁계약 체결 후 체결하며(제6조 제1항), ③ 한국토지신탁은 피고에게 총 공사대금의 20% 상당의 금원을 선급금으로 지급하고(제8조 제1항), 총 공사대금의 50%까지는 3개월 단위로 기성검사 후 기성비율에 따라 지급하며(제9조 제1항), ④ 한국토지신탁은 분양수입금 및 차입금(사업비의 60% 범위 내)으로 소요자금을 조달하고(제14조), ⑤ 피고는 동주공영이 이 사건 토지의 소유권을 확보할 수 있도록 약정 체결 후 1차 중도금에 상당한 16억 원을 대여하고, 한국토지공사에 대하여 동주공영을 위하여 토지대금 지급을 보증하며, 향후 기일이 도래하는 토지분할대금을 대여하고(제16조 제1항), ⑥ 한국토지신탁은 토지신탁계약 체결 전에는 사회경제적 여건 변동으로 사업을 수행하는 것이 부적절한 것으로 판단되는 경우 약정을 해지할 수 있으며, 이 경우 각자가 지출한 비용(모델하우스 설치비 포함)과 관련하여 손해배상을 청구하지 아니한다(제23조)는 내용의 토지신탁사업약정(이하 '이 사건 약정'이라 한다)을 체결하였다.

나. 이에 따라 피고는 다음날인 같은 달 11. 동주공영에게 16억 원을 대여하였고, 동주공영은 신축건물의 설계를 의뢰하고 부지를 임차하여 모델하우스를 건축하고 각종 홍보물을 제작하는 등으로 상당한 비용을 들여 분양을 준비하였으나, 같은 해 11.경 외환위기로 IMF 관리체제로 들어가면서 분양률이 저조할 것으로 예상될 뿐만 아니라, 한국토지신탁으로서는 금융기관으로부터 기존 차입자금의 상환 독촉에 시달리느라 신규 사업자금의 차입이 어렵고 금융비용도 증가되어 사업을 계속 추진할 경우 당초 예상과는 달리 상당한 손실이 발생할 것으로 보이자, 한국토지신탁은 이 사건 약정의 해지 또는 사업추진의 보류를 주장하였고, 이에 피고가 한국토지신탁에 대하여 총 공사대금의 20%에 상당한 선급금 및 50% 상당의 기성공사금의 지급을 보장하지 않으면 토지대금의 지급보증이나 추가 대여를 할 수 없다고 하면서 지급보증의무 등의 이행을 거절하였다.

다. 그 후 한국토지신탁은 1998. 7. 2. 동주공영 및 피고에게 이 사건 토지의 소유권 확보, 신축 오피스텔의 분양성 제고 및 사업수지 보전을 위한 구체적인 대처방안의 마련을 요구하였다가, 같은 해 10. 1. 동주공영 및 피고에게 이 사건 토지에 대한 소유권 미확보 등으로 사업추진이 불가능하다는 이유로 약정서 제23조에 기하여 이 사건 약정을 해지한다는 통고를 하였다.

3. 원심은 이와 같은 사실관계에 기초하여, 쌍무계약인 이 사건 약정상 피고의 토지대금 지급보증의무가 선이행의무로 되어 있으나, 한국토지신탁으로서는 분양실적이 저조할 것으로 예상될 뿐만 아니라 신규자금의 차입이 사실상 불가능한 관계로 선급금 및 기성공사금의 지급 확보책을 제시하지 못하고 있는바, 이러한 경우 선이행의무를 부담하고 있는 피고로서도 이와 같은 사정을 들어 그 의무의 이행

을 거절할 수 있고, 이와 관련하여 피고에게 어떠한 귀책사유가 있다고 볼 수 없다고 판단하였다.

4. 앞서 본 법리를 전제로 하여 기록에 비추어 살펴보면, 원심의 이와 같은 사실인정과 판단은 정당한 것으로 수긍이 가고, 거기에 채증법칙 위배로 인한 사실오인이나 채무불이행, 해제 및 손해배상책임 등에 관한 법리오해의 위법이 있다고 할 수 없다.

[원심판결] 서울고등법원 2001. 12. 18. 선고 2001나18690 판결 [양수금]

【주 문】

1. 원고의 항소를 기각한다.
2. 항소비용은 원고의 부담으로 한다.

【청구취지 및 항소취지】

제1심판결을 취소한다. 피고는 원고에게 금 3,558,294,200원 및 이에 대한 1999. 5. 18.부터 이 사건 소장부본 송달일까지는 연 6푼, 그 다음날부터 완제일까지는 연 2할 5푼의 각 비율에 의한 금원을 지급하라.

【이 유】

2. 판 단

가. 지급보증의무 불이행으로 인한 손해배상청구에 대한 판단

이 부분에 관하여 당원이 설시할 이유는 제1심판결의 10쪽 제10행 이하를 아래와 같이 고치는 이외에는 제1심판결의 2. 채무불이행으로 인한 손해배상청구에 대한 판단란의 기재와 같으므로 민사소송법 제390조에 의하여 이를 그대로 여기에 인용하기로 한다.

"민법 제536조 제2항 소정의 선이행의무를 지고 있는 당사자가 상대방의 이행이 곤란할 현저한 사유가 있는 때에 자기의 채무이행을 거절할 수 있는 경우란 선이행의무를 지게 된 채권자가 계약성립 후 채무자의 신용불안이나 재산상태의 악화 등 사정으로 반대급부를 이행받을 수 없는 사정변경이 생기고 이로 인하여 당초의 계약내용에 따른 선이행의무를 이행케 하는 것이 공평과 신의칙에 반하게 되는 경우를 말하는 것이고, 이와 같은 사유는 당사자 쌍방의 사정을 종합하여 판단하여야 할 것인바(대법원 1990. 11. 23. 선고 90다카24335 판결 참조), 위 인정사실에 의하면, 토지신탁이 이 사건 사업약정을 해지한 이유는 형식적으로는 피고가 한국토지공사에게 잔대금에 대한 지급보증의무를 이행하지 않은 것으로 볼 수 있으나 실질적으로는 토지신탁 측으로서도 경제사정의 급격한 악화로 인하여 이 사건 분양사업에 대한 전망이 불투명하고 사업을 진행할 수 있는 자력이 부족하게 되는 등 사회경제적인 여건변동으로 이 사건 사업을 수행하는 것이 부적절한 것으로 판단한 데에 있었다고 보여지고, 또한 쌍무계약인 이 사건 사입약징상 피고의 이 사건 지급보증의무가 선행의무로 되어 있으나 이 사건 오피스텔에 대한 신규 분양이 저조하고 기 수분양자의 대금납부가 지연될 것으로 예상되는 상황하에서는 토지신탁의 자금동원력이 이 사건 사업의 성패를 좌우할 요체라 할 것인데 후행의무인 선급금 및 공사대금 지급의무를 부담하고 있는 토지신탁이 선급금 등의 지급을 위한 신규자금의 차입이 난망함은 물론이고 기존 차입자금의 상환독촉에 시달리고 있을 뿐만 아니라 선급금 및 공사대금의 지급확보책도 제시하지 못하고 있었으므로 이러한 경우에는 선행의무를 부담하고 있는 피고로서도 위와 같은 사정을 들어 그 의무의 이행을 거절할 수 있다 할 것이므로 이 사건 사업약정이 해지된 것이 피고의 귀책사유로 인한 것이라고 볼 수 없을 뿐만 아니라, 한편 이 사건 사업약정 제23조에서 'A 또는 피고가 사업약정서상의

의무를 이행하지 아니하거나 위반하는 경우, 기타 사회경제적 여건변동, A 또는 피고의 금융거래정지 등으로 본 사업을 수행하는 것이 부적절한 것으로 판단되는 경우에는 토지신탁은 A과의 토지신탁계약 체결 전 사업약정을 해지할 수 있으며, 이 경우 신탁계약 체결 전까지 A, 토지신탁, 피고가 각자 진행한 비용(모델하우스 설치비 포함)등에 대하여 상대방에게 소요비용 등의 손해배상을 청구하지 않기로 합의(이하 '이 사건 합의'라 한다)한 사실, 원고는 위 해지에 의하여 신탁계약에 이르지 못하고 중단되게 된 이 사건 사업의 추진을 위하여 지출한 비용 상당액을 피고에 대하여 손해배상으로서 구하고 있는 사실은 앞서 본 바이므로, 위 사실관계에 의하면, A은 이 사건 합의에 의하여 이미 위 비용 등의 손해배상청구권을 포기하였다할 것이니, 어느 모로 보나 원고의 위 청구는 이유 없다 할 것이다."

나. 협력의무 등 불이행으로 인한 손해배상청구에 대한 판단

원고는 또한, 이 사건 사업약정 제3조에서는 A, 피고, 토지신탁 사이에 업무분담 및 협력의무에 관하여 토지신탁은 모델하우스의 건립을 포함한 분양업무의 수행 등을 하고 A과 피고는 토지신탁의 분양업무를 지원하도록 하고 있으며 건축허가는 위 3자간의 협력하에 수행하도록 규정하고 있는데도 위와 같이 원고 혼자서 모델하우스 건립, 분양 및 설계에 필요한 비용을 지출하였으므로 위 규정에 따라 협력의무가 있는 피고로서는 토지신탁과 연대하여 위 비용 상당액을 A에게 상환할 의무가 있다 할 것인데 이를 이행하지 아니하였으므로 피고는 그로 인한 A의 피고에 대한 손해배상채권을 양수한 원고에게 위 비용 상당액을 지급할 의무가 있다고 주장한다.

그러므로 살피건대, 갑 제9호증의 기재에 의하면, 이 사건 사업약정서 제3조에서 A과 토지신탁 및 피고는 이 사건 사업의 목적달성을 위하여 업무를 분담하고 상호 협력하며, 분양업무 및 분양금 등 자금수납은 토지신탁이 나머지 당사자들과 협력하여 수행 하고 건축계획에 따른 사업승인 등 대관청 인·허가업무는 A이 나머지 당사자들과 협력하여 수행하기로 약정한 사실은 이를 인정할 수 있으나, 한편 이 사건 사업약정이 토지신탁에 의하여 적법하게 해지되었고 그 경우에는 신탁계약 체결 전까지 위 3자가 진행한 비용(모델하우스 설치비 포함)은 상대방에게 소요비용 등의 손해배상을 청구하지 아니하기로 하는 이 사건 합의를 한 사실이 앞서 본 바와 같으므로, A이 위 설계 비, 홍보물 등 제작비, 부지 임차료 및 모델하우스 건립비 상당을 위 협력의무에 기하여 우선 지출하였고 가사 위 의무의 불이행에 피고의 귀책사유가 있다고 하더라도 그로 인한 손해배상청구권 또한 이 사건 합의에 의하여 이미 포기된 것이라 할 것이므로, 원고의 위 청구도 이유 없다.

다. 불법행위로 인한 손해배상청구에 대한 판단

이 부분에 관하여 당원이 설시할 이유는 제1심판결의 '3, 불법행위로 인한 손해배상청구에 대한 판단 란의 기재와 같으므로, 민사소송법 제30조에 의하여 이를 그대로 여기에 인용하기로 한다.

라. 원고의 재항변에 대한 판단.

이에 대하여 원고는, 이 사건 사업약정서 제23조는 약관의규제에관한법률(이하 '약관규제법'이라고만 한다) 제2조 제1항 소정의 약관에 해당되므로 같은 법 제7조 제1호, 제2호, 제6조 제1항의 취지에 비추어 피고의 고의 또는 중과실에 의한 채무불이행의 경우에는 이 사건 합의의 효력이 미치지 아니하거나 그렇게 해석되는 범위 내에서는 그 효력이 없으므로 위 비용 상당의 손해배상청구권은 포기된 바 없다고 주장한다.

그러므로 살피건대, 앞서 본 갑 제8호증의 기재와 갑 제43호증의 기재에 변론의 전취지를 종합하면, 토지신탁에서는 1997. 4. 24. 내부규정에 의하여 토지신탁사업약정서 표준(안)을 마련하여 다수의 상대방과의 토지신탁사업약정시에 이를 사용하면서 필요시 이를 개정하여 오고 있는 사실을 인정할 수 있으므로, 위 인정사실에 의하면 이 사건 사업약정서는 일응 약관규제법 소정의 약관에 해당된다 할 것

이나 한편 위 증거들에 의하면 이 사건 합의를 규정하고 있는 이 사건 사업약정서 제23조에서는 당초의 표준(안)에서 위탁자, 시공사, 토지신탁을 해지권행사의 주체로 규정하고 있는 것과는 달리 위탁자와 시공사를 이 사건 사업약정을 해지할 수 있는 주체에서 제외하고 토지신탁만을 해지권 행사의 주체로 남겨 둔 사실을 인정할 수 있는바, 사업자와 고객 사이에 교섭이 이루어진 조항은 약관 작성상의 일방성이 없으므로 약관규제법 소정의 약관에 해당하지 않는다고 할 것인데(대법원 2000. 12. 22. 선고 99다4634 판결 참조), 위 인정사실에 의하면 비록 수정된 이 사건 사업약정서 제23조가 고객인 A 및 피고에게 불리하게 된 것이라고 하더라도 교섭에 의하여 약관 작성상의 일방성이 없게 됨으로써 위 조항에 대하여는 약관규제법의 적용이 배제된다 할 것이므로, 위 주장은 이유 없다.

원고는 가사 위 조항이 약관규제법 소정의 약관에 해당하지 아니한다고 하더라도 고의 또는 중과실에 의한 채무불이행이나 불법행위로 인한 손해배상청구권은 이 사건 합의에서 포기하는 대상에 포함되지 아니하고 만일 이를 포기하기로 하는 내용으로 해석되는 범위 내에서는 이는 신의칙 내지 사회질서에 위배되는 불공정행위 또는 불법행위를 조장하는 것으로 무효라고 주장하나, 이 사건 합의가 관계 당사자 사이에 적법하게 이루어졌고 약관규제법의 적용대상으로도 볼 수 없는 한 그 효력이 관계 당사자의 고의 또는 중과실에 의한 채무불이행 또는 불법행위로 인한 손해배상청구권에 대하여는 그 적용이 배제되거나 그 경우에는 효력이 없다고 볼 만한 아무런 법적 근거가 없을 뿐만 아니라 이 사건 사업약정은 피고의 귀책사유와 무관하게 해지된 이상 그 경우에 손해배상청구권을 포기한 것으로 해석하는 것이 신의칙 내지 사회질서에 반한다고도 볼 수 없으므로, 위 주장 역시 이유 없다.

195. 대법원 2003. 4. 25. 선고 99다59290 판결 [공탁금출급청구권확인]

[논점] 수탁자가 신탁재산의 처분에 따라 매수인으로부터 거래징수한 부가가치세 상당액이 신탁재산에 속하는지 여부

【이 유】

1. 원심 판단의 요지

가. 원심이 내세운 증거에 의하여 적법하게 인정한 사실은 다음과 같다.

(1) 시대물산 주식회사(이하 '시대물산'이라 한다. 제1심 공동피고이었으나 원고 승소판결이 확정되었다.)는 1997. 3. 3. 한국부동산신탁 주식회사(이하 '한국부동산신탁'이라 한다)와 사이에 주식회사 뉴코아가 원고에 대하여 부담하고 있던 대출원리금 합계 185억 원을 담보하기 위하여 시대물산 소유의 이 사건 부동산을, 신탁기간은 1997. 3. 4.부터 신탁종료일까지, 신탁원본의 우선수익자는 원고, 수익권리금은 185억 원으로 정하여 신탁하기로 하는 부동산관리·처분신탁계약(이하 '이 사건 신탁계약'이라 한다)을 체결하고, 이에 따라 이 사건 부동산에 관하여 신탁약정을 원인으로 하여 한국부동산신탁 앞으로 소유권이전등기를 마쳤다.

(2) 한편, 시대물산과 한국부동산신탁 사이에 한국부동산신탁이 이 사건 부동산을 보전·관리하되 주식회사 뉴코아가 위 대출원리금상환채무를 이행하지 아니하거나 우선수익자인 원고의 요청이 있는 경우에 이 사건 부동산을 환가·정산한 매각대금에서 신탁계약 및 그 처분절차와 관련하여 발생한 비용과 신탁보수 및 주택임대차보호법에 의하여 보호되는 임대차보증금과 선순위 저당권자의 피담보채권 등을 공제한 나머지 금액을 우선수익자의 원금, 이자 및 지연손해금채권에 충당한 후 잔액이 있을 경우에 이를 위탁자인 시대물산에게 지급하기로 약정하였다.

(3) 원고는 위 대출원리금채무를 변제받지 못하자 한국부동산신탁에 대하여 이 사건 부동산의 환가

를 요청하였고, 한국부동산신탁은 1998. 7. 20. 롯데쇼핑 주식회사(이하 '롯데쇼핑'이라 한다)에게 이 사건 부동산을 합계 18,131,993,688원(토지가격 3,806,697,116원, 건물가격 13,022,996,884원, 건물분 부가가치세 상당액 1,302,299,688원)에 매각하였고, 수령한 위 매각대금 18,131,993,688원 중 한국부동산신탁의 신탁보수 및 신탁사무처리비용으로 105,353,651원, 선순위채권(종합토지세 체납액)으로 86,363,250원을 공제한 나머지 17,940,276,787원에서 이 사건 부동산 중 건물의 매각에 따른 부가가치세 상당액인 1,302,299,688원을 공제한 나머지 16,637,977,099원을 우선수익자인 원고에게 지급하였다.

(4) 한국부동산신탁은 1998. 10. 26. 피고(소관청 : 반포세무서장)로부터 같은 달 22. 피고의 시대물산에 대한 합계 145,769,800원의 체납 조세채권에 기하여 '한국부동산신탁이 시대물산에게 지급할 미지급 정산금 채권' 중 체납액 전액을 압류하였다는 통지를 받게 되자 위 1,302,299,688원 및 이에 대하여 그 동안 발생된 이자 25,831,271원 합계 1,328,130,688원에서 공탁관련 비용으로 759,200원을 공제한 나머지 1,327,371,759원을 채권자 불확지를 이유로 피공탁자를 '원고 또는 시대물산 또는 피고'로 정하여 변제 공탁하였다.

(5) 한국부동산신탁은 1998. 7. 22. 롯데쇼핑에 대하여 공급자는 위탁자인 시대물산, 공급받는 자는 롯데쇼핑, 공급가액 및 세액으로 위 건물가격 및 그 10%에 해당하는 금액을 각 기재한 후 자신의 사업자등록번호를 기재한 세금계산서를 작성하여 교부하였고, 롯데쇼핑은 1998년 2기분 부가가치세 예정신고를 함에 있어 이 사건 부동산 중 건물의 매입에 따라 한국부동산신탁에게 지급한 건물분 부가가치세 1,302,299,688원을 매출세액에서 공제하여야 할 매입세액으로 신고하였다.

(6) 피고는 1998. 11. 7. 이 사건 부동산을 롯데쇼핑에 양도함에 따른 부가가치세 납세의무자가 시대물산임을 전제로 하여, 이 사건 부동산의 양도에 따른 시대물산에 대한 부가가치세 등 합계 1,692,989,594원의 조세채권를 보전하기 위하여 추가로 이 사건 공탁금 중 기존 압류금액을 뺀 나머지 전액에 관하여 국세확정 전 보전압류를 하였다.

나. 위와 같은 사실을 토대로 하여 원심은, 수익자가 특정되어 있는 신탁재산의 관리·처분에 따라 생기는 수익은 모두 수익자에게 귀속되므로 신탁재산의 양도를 과세대상으로 하는 부가가치세는 그 수익을 향유하는 수익자에 대하여 부과할 것이어서 부가가치세의 납세의무자는 수탁자나 위탁자가 아니라 수익자라고 전제한 다음,[467] 한국부동산신탁이 이 사건 부동산을 롯데쇼핑에 매도함에 있어서 롯데쇼핑으로부터 수령한 매매대금 중 부가가치세 상당액은 한국부동산신탁이 수익자인 원고를 위하여 이 사건 부동산 중 건물의 매각에 따라 장차 원고에게 부과될 부가가치세 상당액을 롯데쇼핑으로부터 거래징수한 것으로, 이와 같이 상대방으로부터 거래징수한 부가가치세 상당액도 신탁재산에 속하여 우선수익자인 원고에게 지급되어야 할 것이라고 판단하였다.

2. 상고이유에 대한 판단

나. 제2점

신탁계약에 따라 신탁재산을 처분하여 수탁자가 얻은 매매대금은 신탁재산에 속하는 것이고(신탁법 제19조),[468] 한편 재화의 공급에 따라 사업자가 공급받는 자로부터 받은 부가가치세액 상당의 금원은 부가가치세 납부의무 이행을 위하여 일시 보관하는 것이 아니라 매매대금과 일체로 되어 사업자의 소유로 귀속되는 것으로서 사업자는 일정한 과세기간 종료 후에 그 기간 동안 발생한 매출세액과 매입세액 여하에 따라 매출세액의 징수 여부에 관계없이 자신의 책임 하에 부가가치세 납부의무를 이행하는 것이므로(대법원 1999. 11. 26. 선고 99도1969 판결 참조), 수탁자가 신탁재산의 처분에 따라 매수인으

467) 대법원 2017. 5. 18. 선고 2012두22485 전원합의체 판결[14번 판례]에 의하여 부가가치세 납부의무자는 수탁자로 변경됨.
468) 현행 신탁법 제27조.

로부터 거래징수한 부가가치세 상당액은 매매대금의 일부로서 신탁재산에 속한다고 보아야 할 것이고,[469] 수탁자가 거래징수한 부가가치세 상당액을 재화의 공급가액과 별도로 부채과목인 예수금계정으로 회계처리한다고 하여 달리 볼 것이 아니다.

원심이, 한국부동산신탁이 롯데쇼핑으로부터 수령한 매매대금 중 부가가치세 상당액은 매매대금과 함께 신탁재산에 속한다고 판단한 조치는, 앞서 본 법리에 따른 것으로서 정당한 것으로 수긍할 수 있고, 거기에 심리미진이나 신탁재산의 범위에 관한 법리오해의 위법이 없다.

다. 제3점

원심 인정 사실과 기록에 의하면, 이 사건 신탁계약에 있어서 신탁부동산 및 신탁이익에 대한 제세공과금 기타 신탁사무의 처리에 필요한 제 비용은 위탁자가 부담하고, 위탁자가 비용 등을 지급시기에 납부하지 않는 경우에는 수탁자가 대신 납부할 수 있으며, 이 경우에 수탁자는 대지급금과 지연손해금을 위탁자 또는 우선수익자에게 지급할 금전 또는 재산 중에서 우선 취득할 수 있고(계약서 제15조), 수탁자가 신탁부동산을 환가하여 정산하는 경우의 순서는 신탁계약 및 처분절차와 관련하여 발생하는 비용과 신탁보수(계약서 제22조 제1항 제1호), 주택임대차보호법에 의하여 보호되는 임대차보증금과 선순위 저당권자 등의 채무(같은 조항 제2호), 수탁자가 발행한 수익권증서상 우선수익자의 원금, 이자 및 지연손해금 중 수익권리금 한도액(같은 조항 제3호)으로 하며, 위 각 채무를 변제한 후 잔여액이 있을 경우는 이를 위탁자에게 지급하도록(같은 조항 제4호) 약정한 사실을 알 수 있는바, 위 각 약정의 취지에 비추어 보면, 이 사건 신탁계약서 제15조 소정의 '신탁부동산에 대한 제세공과금'이라 함은 신탁부동산의 관리·처분과 관련하여 수탁자가 납세의무자로 되어 납부할 필요가 있는 조세나 공과금을 말하고, 이 사건 신탁계약서 제22조 제1항 제1호 소정의 '신탁계약 및 처분절차와 관련하여 발생하는 비용'이라 함은 이 사건 신탁계약서 제15조 소정의 제세공과금 기타 비용 등을 수탁자가 대지급한 경우의 그 금액 및 수탁자가 신탁부동산을 처분하는 절차를 실행함에 있어서 지출하는 비용으로서 위탁자가 수탁자에게 지급할 의무가 있는 비용(예컨대, 공매를 위한 감정평가수수료나 신문공고료)을 말한다고 할 것인데, 이 사건 신탁재산 처분에 따른 부가가치세의 납세의무자는 수탁자가 아니라 수익자임이 위에서 본 바와 같아서 수탁자가 부가가치세를 납부할 필요가 없는 것이므로, 이 사건 부가가치세에 상당하는 금액이 신탁재산에 대한 제세공과금 또는 수탁자에게 우선 정산되어야 할 비용에 해당한다고 볼 수 없다.[470]

이 사건 부가가치세 상당액이 신탁재산으로서 우선수익자인 원고에게 우선 정산되어야 함을 전제로 하고 있는 원심 판단은 같은 취지로서 정당한 것으로 수긍되고, 거기에 심리미진이나 신탁계약 해석에 관한 법리오해 등 상고이유에서 주장하는 위법이 없다.

---

469) 대법원 2017. 5. 18. 선고 2012두22485 전원합의체 판결[14번 판례]('수탁자가 위탁자로부터 이전받은 신탁재산을 관리·처분하면서 재화를 공급하는 경우 수탁자 자신이 신탁재산에 대한 권리와 의무의 귀속주체로서 계약당사자가 되어 신탁업무를 처리한 것이므로, 이때의 부가가치세 납세의무자는 재화의 공급이라는 거래행위를 통하여 그 재화를 사용·소비할 수 있는 권한을 거래상대방에게 이전한 수탁자로 보아야 하고, 그 신탁재산의 관리·처분 등으로 발생한 이익과 비용이 거래상대방과 직접적인 법률관계를 형성한 바 없는 위탁자나 수익자에게 최종적으로 귀속된다는 사정만으로 달리 볼 것은 아니다')에 따르더라도 부가가치세 상당액은 신탁재산에 속한다고 보아야 할 것이다.

470) 대법원 2017. 5. 18. 선고 2012두22485 전원합의체 판결[14번 판례]의 판시에 따르면, 이 경우 해당 부가가치세는 이 사건 신탁계약서 제15조 소정의 '신탁부동산에 대한 제세공과금'이나 제22조 제1항 제1호 소정의 '신탁계약 및 처분절차와 관련하여 발생하는 비용'에 포함되는 것으로 보아야 하고, 이에 따라 이 사건에서도 부가가치세 상당액이 신탁재산에 해당한다고 하더라도 동 금액은 우선수익자인 원고에게 정산되지 않을 것이다.

196. 대법원 2003. 4. 25. 선고 2000다33034 판결 [공탁금수령권자확인][471)]

[논점] 부가가치세 환급청구권이 신탁재산에 해당되는지 여부

【이 유】

1. 상고이유 제2, 3점에 대하여

부가가치세는 사업상 독립적으로 재화 또는 용역을 공급하는 자 즉 사업자가 이를 납부할 의무를 지는 것으로서(부가가치세법 제2조 제1항[472)]), 사업자만이 부가가치세의 납세의무자 및 환급청구권자라고 할 것이다 .

한편, 신탁법상의 신탁은 위탁자가 수탁자에게 특정의 재산권을 이전하거나 기타의 처분을 하여 수탁자로 하여금 신탁 목적을 위하여 그 재산권을 관리·처분하게 하는 것인바(신탁법 제1조 제2항[473)]), 수탁자가 신탁재산에 대한 개발행위를 하거나 신탁재산을 관리·처분함에 있어 재화 또는 용역을 공급하거나 공급받게 되는 경우 수탁자 자신이 계약당사자가 되어 신탁업무를 처리하게 되는 것이나, 그 신탁재산의 개발·관리·처분 등으로 발생한 이익과 비용은 최종적으로 위탁자에게 귀속하게 되어 실질적으로는 위탁자의 계산에 의한 것이라고 할 것이다 .

이렇게 볼 때 신탁법에 의한 신탁 역시 부가가치세법 제6조 제5항[474)] 소정의 위탁매매와 같이 '자기(수탁자) 명의로 타인(위탁자)의 계산에 의하여' 재화 또는 용역을 공급하거나 또는 공급받는 등의 신탁업무를 처리하고 그 보수를 받는 것이므로, 신탁재산의 개발·관리·처분 등 신탁업무를 처리함에 있어서의 사업자 및 이에 따른 부가가치세 납세의무자는 위탁자라고 봄이 상당하고, 따라서 부가가치세의 신고내용상 매입세액이 매출세액을 초과하는 경우 그 차액 상당의 부가가치세 환급청구권은 당연히 부가가치세 납세의무자인 위탁자에게 귀속된다고 할 것이고, 이러한 해석이 국세기본법 제14조에 규정된 실질과세의 원칙에 반한다고 할 수 없다.

원심이, 이 사건 토지개발신탁의 수탁자인 원고가 신탁받은 이 사건 토지상에 건물을 신축하는 등 개발행위를 함에 있어 그 관련 용역을 공급받으면서 세금계산서상의 '공급받는 자'를 위탁자로서 사업자등록명의자인 소외 주식회사 중일(이하 '소외 회사'라 한다)로 기재하고 원고의 등록번호를 부기한 매입용 세금계산서를 교부 받아 소외 회사 명의로 이 사건 부가가치세 확정신고 및 환급청구를 한 이상, 이 사건 부가가치세 환급청구권의 귀속권자는 소외 회사라고 판단한 것은 앞서 본 관계 법령의 규정 및 법리에 따른 것으로 정당하고, 거기에 상고이유에서 주장하는 바와 같은 부가가치세 환급청구권의 귀속 및 실질과세의 원칙에 관한 법리오해의 위법이 있다고 할 수 없다.

2. 상고이유 제1점에 대하여

신탁법 제19조[475)]는 "신탁재산의 관리·처분·멸실·훼손 기타의 사유로 수탁자가 얻은 재산은 신탁재산에 속한다."고 규정하고 있는바, 앞서 본 바와 같이 부가가치세 환급청구권은 일정한 과세기간 동안에 매입세액이 매출세액을 초과하는 경우 사업자에게 그 차액에 상당하는 세액의 환급청구가 인정되는 권리로서, 신탁법상의 신탁에 있어서 신탁재산의 개발·관리·처분 등의 거래에 대한 부가가치세 납부의무자 및 환급청구권의 귀속권자는 사업자인 위탁자이고,[476)] 비록 공급하는 자에게 지급한 매입세액 상

---

471) 이 판결은 대법원 2017. 5. 18. 선고 2012두22485 전원합의체 판결[14번 판례]에 의해 변경됨.

472) 현행 부가가치세법 제2조 제3호, 제3조 제1호.

473) 현행 신탁법 제2조.

474) 현행 부가가치세법 제10조 제7항.

475) 현행 신탁법 제27조.

476) 대법원 2017. 5. 18. 선고 2012두22485 전원합의체 판결[14번 판례]에 의해 부가가치세의 납부의무자는 수탁자로 변경됨.

당액을 수탁자가 신탁재산에 속한 자금으로 지급하였다고 하더라도 그와 같은 이유만으로 부가가치세 환급청구권이 바로 신탁재산의 개발·관리·처분 등으로 수탁자가 얻은 재산이라고 할 수는 없으므로, 이와 같은 경우에 국가에 대하여 가지는 부가가치세 환급청구권은 위 법조 소정의 신탁재산에 속한다고 할 수 없다.[477]

다만, 위탁자와 수탁자 사이에서 위탁자가 가지는 부가가치세 환급청구권을 수탁자에게 양도하여 신탁재산에 포함시키기로 하는 약정이 있었다면, 수탁자가 위탁자에 대하여 가지는 환급청구권 이전채권을 신탁재산으로 볼 여지는 있을 것이나, 이 경우에도 국가에 대한 환급청구권 자체는 수탁자가 이를 위탁자에게 이전하기까지는 신탁재산에 해당한다고 볼 수 없다.

원심판결의 이유 설시에 다소 미흡한 점이 있으나 이 사건 부가가치세 환급청구권이 신탁재산에 포함되지 아니한다고 본 결론은 정당하고, 거기에 상고이유에서 주장하는 바와 같은 신탁재산에 관한 법리오해, 채증법칙 위반, 심리미진 등의 위법이 있다고 할 수 없다.[478]

197. 대법원 2003. 4. 8. 선고 2001다38593 판결 [손해배상(기)][479]

[논점] 투자신탁의 신탁재산에 관한 법률행위의 주체

【이 유】

1. 원심은 그 거시 증거들을 종합하여, 피고 현투증권 주식회사(구 상호 국민투자신탁 주식회사에서 현대투자신탁증권 주식회사로 바뀌었다가 다시 상호변경되었다, 이하 '피고 현투증권'이라 한다)와 원고는 1996. 11. 주로 러시아 국공채관련 해외금융상품에 투자·운용할 목적으로 판시와 같은 각 증권투자신탁계약(피고 현투증권이 위탁회사, 원고가 수탁회사이다.)을 체결한 사실, 한편 피고 현투증권은 위 투자에 의한 투자원리금이 상환될 시점에서 미 달러화가 평가절하되는 등으로 인한 위험을 피하기 위하여, 원고 은행과 사이에 모두 5건의 선물환(선물환)계약을 체결하였는데, 각 선물환거래에 포괄적으로 적용될 선물환거래약정서의 은행란에 원고, 거래처란에 피고 현투증권이 각 표시되어 있었으며, 위 5건의 선물환계약 중 하나인 이 사건 선물환계약(계약체결일 : 1996. 11. 25. 결제일 : 1998. 11. 13. 약정내용 : 2년 후인 결제일에 피고 현투증권이 원고에게 미화 2,300만 $를을 매도하고 그 대가로 한화 202억 1,700만 원을 지급받기로 함.)을 위한 거래성립확인서의 미화 매입자란에는 원고 은행 국제금융부, 미화 매도자란에는 피고 현투증권 및 원고 은행 증권투자부가 각 표시되어 있었던 사실, 한편 원고는 위의 선물환거래로 말미암아 부담하게 될 위험(이른바, 환리스크)을 피하기 위하여 위 선물환계약 직후 미국 체이스맨하탄은행과 사이에, 별도의 선물환거래약정(이른바, 커버계약인바, 계약체결일과 결제일은 이 사건 선물환계약과 동일하고 내용은 2년 후인 1998. 11. 13.에 원고가 위 미국 은행에 미화 2,300만 $를 매도하고 그 대가로 한화 202억 5,150만 원을 지급받기로 한 것이어서 위 두 계약이 그대로 이행될 경우 원고는 약 3,450만 원의 차익을 얻도록 되어 있었다.)을 체결해 둔 사실, 그 후 원고, 피고 현투증권, 피고 현대투자신탁운용 주식회사(이하 '피고 투신운용'이라 한다)는 1998. 2. 28. 피고 현투증권과 원고 사이의 위 증권투자신탁계약에 기한 위탁회사를, 피고 현투증권에서 피고 투신운용으

---

477) 이 판결 이후 실무상 사용되는 대부분의 토지신탁계약서에서는 수탁자가 위탁자로부터 신탁재산에 관한 부가가치세 환급채권을 양수하여 신탁재산에 포함시키고 있었다.

478) 이 판결은 대법원 2017. 5. 18. 선고 2012두22485 전원합의체 판결[14번 판례]에 의해 변경되었는바, 이제는 신탁재산에 관한 부가가치세 환급채권은 신탁재산에 해당할 것이다.

479) 이 판결에 대한 평석은, 이중기, 투자신탁에서의 위탁회사의 지위 : 펀드를 위한 비현명대리권을 중심으로, 민사판례연구 26권, 박영사, 383면 이하를 참고할 것.

로 변경하기로 하는 계약을 맺은 사실, 그 뒤 러시아국이 1998. 8. 17. 채무지급유예(모라토리엄)를 선언하여 피고 투신운용이 이 사건 선물환계약을 이행하기 어렵게 되자, 원고에 대하여 위 계약상의 의무이행을 거절한다는 의사표시를 한 사실, 이로 인하여 원고는 위 선물환계약에 따른 미화를 피고 투신운용으로부터 지급받지 못한 채 미국 체이스맨하탄은행에 대하여는 위 반대의 선물환거래약정(커버계약)에 의한 미화지급의무를 이행하여야 하게 됨으로써 손해를 입은 사실(위 선물환계약과 커버계약에서의 예정환율은 각각 1$당 879원과 880.5원 정도였는데 원고가 커버계약을 이행한 때의 환율은 1$당 1,316원 남짓으로 급등함으로써 거액의 환차손이 생겼다.)을 각 인정한 다음, 이 사건 선물환계약이 피고측의 책임 있는 사유로 해제되었음을 이유로 그 손해배상을 구하는 원고의 청구가 정당하다고 판단하는 한편, 그와 같은 이행의무가 존재하지 않거나 존재하더라도 감액되어야 한다는 취지의 피고측의 항쟁을 모두 배척하고, 원고가 청구하는 바에 따라 원고가 위 선물환계약에 의하여 피고측으로부터 지급받았어야 할 미화금액의, 결제약정일 당시의 환율에 의한 금액의 지급을 명하였다.

…

3. 증권투자신탁계약에 따른 신탁재산의 대외적 소유명의자는 수탁회사이고[480] 위탁회사는 내부적인 의사결정자일 뿐 그에 따른 대외적 법률행위는 수탁회사를 통하여 하여야 하므로, 위탁회사 자신이 신탁재산에 관한 법률행위의 주체가 되거나 이행책임을 부담할 수 없는 것인바(대법원 2002. 11. 22. 선고 2001다49241 판결), 이 사건의 원심판결이 위와 같은 증권투자신탁의 법리에 배치되는 명시적인 판단을 하였거나 그와 같은 잘못된 전제하에 판단을 하였다고 볼 수 없으므로, 거기에 상고이유 제2점이 지적하는 바와 같은 증권투자신탁의 당사자에 관한 법리오해나 판례위반이 있다고 할 수 없다.

한편, 원심이 적법하게 인정한 사실관계에 따르면, 피고들과 원고 은행 사이의 이 사건 선물환계약은 피고들의 명의로 신탁재산의 보전을 위하여 체결된 것일 뿐이어서 그 결과를 사후에 신탁재산에 편입하는 때에 비로소 신탁재산의 손익에 반영될 뿐이지 그 계약내용 자체가 당연히 신탁재산에 관한 것이라고는 할 수 없고, 나아가 원고가 신탁재산의 수탁회사의 지위를 겸하고 있었다는 사정 및 피고측이 주장하는 이 사건 약관내용이나 증권투자신탁의 법리만으로는 피고들의 명의로 이루어진 이 사건 선물환계약이 자동적으로 신탁재산에 관한 계약이 되거나 또는 원고에 대한 피고들의 책임이 신탁재산에 의하여서만 담보되는 것으로 볼 수 없으므로,[481] 결국 원심 판단에는 상고이유 제3점이 지적하는 바와 같은 증권투자신탁재산에 관한 각 법리오해의 위법도 없다.

[원심판결] 서울고등법원 2001. 5. 22. 선고 2000나20023 판결 [손해배상(기)]

【주 문】

1. 피고들의 항소를 기각한다.
2. 항소비용은 피고들의 부담으로 한다.

---

480) 증권투자신탁(현행 자본시장법상 투자신탁형 집합투자기구)은 위탁회사(집합투자업자)와 수탁회사(신탁업자) 사이의 신탁관계이다(현행 자본시장법 제188조).

481) 현행 자본시장법에 따르면, 집합투자업자와 신탁업자는 투자대상자산의 취득·처분 등을 한 경우, 자본시장법 제64조 제1항에 따라 손해배상책임을 지는 경우 외에는, 그 투자신탁재산으로 그 이행 책임을 부담한다(현행 자본시장법 제80조 제2항). 실무상 이 규정은 ('그 투자신탁재산만으로…'가 아닌 '그 투자신탁재산으로…'라고 규정되어 있어 이견이 없는 것은 아니나) 집합투자기구의 집합투자업자와 신탁업자의 제3자에 대한 유한책임을 선언한 것으로 해석되고 있으며(다만, 이와 같은 자본시장법 규정을 집합투자업자 또는 신탁업자가 집합투자기구의 계산으로 체결하는 계약서 등에 명시하는 것이 통상적이다), 이점에서 (유한책임신탁이 아닌 신탁의 경우) 수익자에 대한 유한책임만을 규정하고 있는 신탁법 규정과 차이가 있다.

【청구취지 및 항소취지】

1. 청구취지

피고들은 연대하여 원고에게 금 10,051,805,000원 및 이에 대하여 1998. 11. 14.부터 이 사건 소장부본 송달일까지는 연 6%, 그 다음날부터 완제일까지는 연 25%의 각 비율에 의한 금원을 지급하라는 판결.

2. 항소취지

제1심 판결을 취소하고, 원고의 청구를 모두 기각한다는 판결을 구함.

【이 유】

다. 피고들의 주장에 대한 판단

1) 피고들이 이 사건 선물환계약의 당사자가 아니라는 주장

피고들은 증권투자신탁의 계약구조에 따라 피고 투신증권은 신탁재산의 운용에 관하여 수탁자에게 지시한 자에 불과할 뿐, 그 지시에 따라 체결한 이 사건 선물환계약의 당사자가 될 수 없으며, 이 사건 선물환계약은 원고가 당사자 쌍방의 지위를 겸유하여, 한편으로는 위 각 증권투자신탁계약의 수탁회사의 지위에서 미화의 매도인(원고의 증권투자부)이 되고, 다른 한편으로는 원고의 고유재산의 운용주체로서 미화의 매수인(원고의 국제금융부)의 지위에서 체결된 것이고, 이 사건 선물환계약서(갑제1호증의 2)상에 피고 투신증권 국제사업본부장의 기명날인이 되어 있는 것은 계약당사자 쌍방이 원고가 되는 외관상의 특이성으로 인한 오해의 소지를 없애고, 이 사건 선물환계약이 위탁자인 피고 투신증권의 운용지시에 따라 적법하게 체결된 것임을 증명하기 위한 것으로서, 운용지시서의 작성, 송부에 갈음하는 의미에 불과한 것이라고 주장한다.

살피건대, 위에서 본 바와 같이 이 사건 선물환계약서상의 미화의 매수인란에 원고의 국제금융부, 미화의 매도인란에 피고 투신증권 및 원고의 증권투자부의 각 담당자의 서명날인이 되어 있는 사실은 인정되나, ① 이 사건 선물환계약의 전제가 된 피고 투신증권과 원고 사이의 투자신탁계약상, 피고 투신증권은 원고에게 투자신탁재산의 운용에 관한 일체의 사항을 결정하여 지시할 권한(여기에는 환율 및 이자율 변동과 주식의 가격변동으로 인한 투자신탁재산의 위험을 방지하기 위하여 선물환계약을 체결할 권한도 포함된다)을 보유하는 반면, 원고는 피고 투신증권의 지시에 따라 유가증권의 보관 등 사실행위적 업무만을 수행하고, 그 대가로 소액의 수수료를 받을 뿐이고, 이 사건 선물환계약이 신탁재산 원본 및 이익분배금에 대한 환위험을 회피하기 위한 목적으로 체결된 것인데, 위탁회사에게는 수익자에 대하여 선량한 관리자로서 신탁재산을 관리할 의무가 있어 환위험을 회피하여 신탁재산의 가치를 유지할 적극적인 의무가 있는 반면, 수탁회사에게는 위탁회사의 지시에 따라 신탁재산을 보관할 의무를 부담할 뿐 환위험을 회피할 적극적인 의무가 있다고 볼 수 없는 점, ② 이 사건 선물환계약도 2호신탁의 운용을 위한 피고 투신증권의 운용지시로 체결된 점, ③ 단일한 법률행위의 주체가 대립하는 두 개의 의사표시를 하고 그 결과 단일의 주체에 대립하는 법률효과가 모두 귀속된다는 것은 법률체계상 예상하기 어려운 점, ④ 신탁재산을 위한 선물환계약은 위탁회사와 수탁은행 사이에 체결되는 것이 통례인 점 등 앞서 살핀 선물환거래약정서, 이 사건 각 선물환계약서의 문면과 그 작성경위, 증권투자신탁의 기본 구조, 약관의 내용, 이 사건 각 선물환계약의 목적과 그 체결경위, 원고와 피고의 지위, 투자신탁업계의 실무관행 등 제반 사정을 종합하면, 이 사건 선물환계약의 미화 매도인란에 원고의 증권투자부 담당자의 서명날인이 기재되어 있는 것은 이 사건 선물환계약이 위 신탁재산을 위한 거래임을 명시하는 의미에 불과하고, 이 사건 선물환계약의 미화 매도인은 피고 투신증권이라 할 것이므로, 피고들의 위 주장은 이유 없다.

(2) 신탁재산의 범위내에서만 이행책임이 있다는 주장

피고들은 원고가 이 사건 선물환계약의 미화 매도인 및 매수인의 지위를 겸하고 있음을 전제로 이 사건 선물환계약의 이행은 물론 그 불이행으로 인한 손해배상책임도 신탁재산으로서만 이행되어야 하고 피고의 고유재산으로 배상할 것을 명할 수는 없는 것이라고 주장하나, 위에서 본 바와 같이 피고들 주장의 전제가 되는 선물환계약상 원고의 중첩적 지위가 인정되지 아니할 뿐 아니라 증권투자신탁업법상 위탁회사가 신탁재산의 투자·운용과 관련하여 대외적인 법률행위를 하는 과정에서 제3자에 대하여 부담하는 이행 또는 손해배상 책임까지도 면할 수 있는 근거는 없으므로 위 피고들의 주장은 어느모로 보아도 이유 없다.

198. 대법원 2003. 1. 27.자 2000마2997 결정 [신탁재산관리방법변경신청][482]

[논점] 법원이 신탁재산관리방법을 변경하기 위한 요건과 그 한계

【이 유】

1. 원심은, 신청인이 1997. 11. 5. 피신청인과 사이에, 신청인 소유의 용인시에 있는 토지 38필지 185,056㎡를 피신청인에게 신탁하고, 피신청인은 그 지상에 아파트 29개동 1,701세대분을 신청인에게 도급주어 신축하도록 하면서 이를 분양하여 얻는 분양수입금에서 조세, 공사비, 차입금, 기타 제비용과 신탁보수를 공제한 나머지를 신탁수익으로 하여 신탁종료시 신청인에게 교부하기로 하는 소위 분양형 토지신탁계약을 체결한 사실, 피신청인은 수분양자들로부터 계약금과 중도금을 받았으면 그 신탁수입재산을 신탁계약 제16조에 따라 이를 공사대금과 신탁보수의 지급 및 차입금채무의 상환에 우선 충당하여야 함에도 불구하고 1999. 6. 30. 현재 금 251,182,570,036원 중 신탁보수, 공사기성금, 이익선배당 등으로 지급한 금원 외에는 금 52,386,782,807원을 피신청인이 맡은 다른 신탁사업에 임의 전용하였고, 외환은행과 하나은행으로부터의 금 1,200억 원의 차입금채무(위 채무담보를 위하여 발행된 어음에 신청인이 배서하였다.)에 대하여 원금 일부인 금 5,323,357,753원과 이자 금 28,652,505,472원만을 상환하고 나머지는 상환하지 않은 채 금 47,859,176,627원을 예금의 형태로 보유하고 있는 사실, 피신청인은 현재 경영 및 자금상태 악화로 인하여 대주주인 한국감정원 및 채권단에 의하여 이른바 워크아웃(기업개선작업)이 진행중인 사실을 인정한 다음, 피신청인이 전용한 금액은 부실채권화되었고, 위와 같은 피신청인의 신탁재산의 부적절한 운용이 방치될 경우에는 신청인의 이익에 현저한 위험이 발생할 우려가 있어 이로써 위 신탁계약은 신탁행위 당시 예견하지 못하였던 특별한 사정으로 인하여 신탁재산의 관리방법이 수익자의 이익에 적합하지 아니하게 되었다고 보아, 앞으로는 아파트의 분양수입금을 피신청인 명의로 개설된 은행예금계좌에 보관함과 동시에 피신청인이 전용한 금원을 회수하여 역시 피신청인 명의로 개설된 은행예금계좌에 보관하되, 피신청인이 위 예금을 포함하여 이 사건 신탁과 관련하여 은행예금계좌에 입금된 예금을 인출하거나 이를 지출하고자 하는 경우에는 미리 신청인의 동의를 얻어야 하도록 신탁재산관리방법을 변경하는 결정을 하였다.

2. 그러나 원심의 판단은 다음과 같은 이유로 수긍하기 어렵다.

가. 신탁법 제36조 제1항[483]은 신탁행위 당시에 예견하지 못한 특별한 사정으로 신탁재산의 관리방법이 수익자의 이익에 적합하지 아니하게 된 때에는 위탁자, 그 상속인, 수익자 또는 수탁자는 그 변경을 법원에 청구할 수 있다고 규정하고 있는바, 이는 위와 같은 사정변경이 있는 경우에 원래의 관리방법대로의 구속력을 인정하는 것은 신의칙 및 공평의 원칙에 반하는 결과가 되기 때문에 법원의 재판에

482) 이 결정에 대한 평석은, (1) 윤경, 신탁재산관리방법 변경의 요건과 한계, 대법원판례해설 44호, 법원도서관, 9면 이하, (2) 임채웅, 수동신탁 및 수탁자의 권한 제한에 관한 연구, 신탁법 연구, 박영사, 100면 이하를 각 참고할 것.

483) 현행 신탁법 제88조 제3항

의한 관리방법의 변경을 인정한 것으로서, 정해진 관리방법 자체가 적합하지 아니하게 된 것이 아니라 수탁자가 정해진 관리방법에 위반하여 재산을 관리한 결과 수익자의 이익이 침해되거나 침해될 우려가 생긴 것에 불과한 경우는 여기서 말하는 '예견하지 못한 특별한 사정'에 해당한다고 할 수 없다.

그리고 위 법조항에 의한 관리방법의 변경을 하는 경우에도 신탁법의 취지나 신탁의 본질에 반하는 내용의 변경을 할 수는 없다고 할 것인데, 신탁법상의 신탁은 위탁자가 수탁자에게 특정의 재산권을 이전하거나 기타의 처분을 하여 수탁자로 하여금 신탁 목적을 위하여 그 재산권을 관리·처분하게 하는 것이어서(신탁법 제1조 제2항[484]), 신탁의 효력으로서 신탁재산의 소유권이 수탁자에게 이전되는 결과 수탁자는 대내외적으로 신탁재산에 대한 관리권을 갖는 것이고, 다만 수탁자는 신탁의 목적 범위 내에서 신탁계약에 정하여진 바에 따라 신탁재산을 관리하여야 하는 제한을 부담함에 불과하므로(대법원 2002. 4. 12. 선고 2000다70460 판결), 신탁재산에 관하여는 수탁자만이 배타적인 처분·관리권을 갖는다고 할 것이고, 위탁자가 수탁자의 처분·관리권을 공동행사하거나 수탁자가 단독으로 처분·관리를 할 수 없도록 실질적인 제한을 가하는 것은 신탁법의 취지나 신탁의 본질에 반한다고 할 것이다.[485]

나. 그런데 원심은, 수탁자가 아파트분양수입금을 이 사건 신탁계약 제16조(신탁재산에 관한 자금의 운용방법)에 따라 아파트 공사대금이나 은행차입금의 상환에 우선 사용하여야 함에도 다른 신탁사업에 대출을 하여 부실채권화함으로써 신탁재산의 감소 또는 그 위험을 초래한 것은 위탁자가 예견하지 못한 특별한 사정이 된다고 하였으나, 위 신탁계약 제16조 소정의 자금 운용방법 자체가 수익자의 이익에 부적합하게 된 것이 아니고, 단지 수탁자가 신탁계약에서 정한 자금 운용방법에 위반하여 자금을 운용한 결과 위탁자에 대한 손해발생의 위험이 초래된 것에 불과하므로, 이에 대하여 위탁자가 다른 방법으로 권리구제를 강구할 수 있을지언정[486] 이로써 신탁법 제36조 제1항에서 정한 관리방법 변경의

---

484) 현행 신탁법 제2조

485) 이 결정에서의 '위탁자가 수탁자의 처분·관리권을 공동행사하거나 수탁자가 단독으로 처분·관리를 할 수 없도록 실질적인 제한을 가하는 것은 신탁법의 취지나 신탁의 본질에 반한다.'는 설시 부분과 관련하여, ① 법원 외에 당사자들이 신탁재산관리방법을 변경하는 경우에도 문제가 되는지, ② 신탁 설정시부터 이와 같은 내용이 포함된 경우에도 문제가 되는지, ③ 수탁자의 권리·권한을 제한하는 주체가 위탁자인 경우에만 문제가 되는지, ④ 어느 정도의 제한이 여기에 해당하는지 여부 등이 명확하지 않은 측면이 있다. 이에 따라 '관리신탁'(특히 수탁자가 소유권명의만을 관리하는 '을종관리신탁')이나 '담보신탁' 또는 이른바 '수동신탁' 및 '신탁계약상 우선수익자의 수탁자에 대한 동의나 지시에 관한 조항'이 여기서 설시한 수탁자의 관리·처분권에 대한 실질적인 제한에 해당하는 것인지 및 그 효력 여부에 대해 논란이 있다. 그러나, 수탁자는 신탁의 목적 범위 내에서 신탁계약에 정하여진 바에 따라 신탁재산을 관리·처분하여야 하는 제한을 부담하게 되는데(대법원 2002. 4. 12. 선고 2000다70460 판결), 신탁계약에서 위탁자 또는 제3자가 신탁목적물에 대한 일정한 권한을 행사하도록 정하거나 우선수익자의 수탁자에 대한 동의나 지시에 관한 약정을 하였다면 그와 같은 제한은 신탁계약의 당사자 사이의 대내적인 채권적인 제한으로써 신탁 목적의 일부에 해당하는 것이므로 수탁자는 대내적으로 그러한 제한 하에 신탁목적물을 관리·처분권을 보유하게 되는 것이고, 이 경우에도 대외적으로 당해 신탁목적물의 법률상 관리·처분권자는 여전히 수탁자이다. 따라서 이와 같은 채권적인 제한이 포함된 신탁계약도 신탁법상의 신탁으로서 유효하다고 해석하여야 할 것이다. 참고로, 이 판결 이후 대법원 판결에서 '위탁자가 수탁자의 처분·관리권을 공동행사하거나 수탁자가 단독으로 처분·관리를 할 수 없도록 실질적인 제한을 가하는 것'에 해당한다고 보아 그 효력을 부정한 사례를 발견할 수 없었다. 특히 신탁계약 실무 또한 담보목적으로 우선수익권이 제공되는 거의 모든 신탁계약에서, ① 우선수익자의 처분지시에 의한 신탁재산의 매각과 ② 위탁자의 수탁자에 대한 수탁자 명의 계좌상 자금집행 요청, 우선수익자의 자금집행 동의(자금집행요청과 함께 제출), 수탁자의 자금집행의 절차에 따른 분양수입금에 관한 자금집행 등 수탁자의 신탁재산에 관한 관리·처분권 및 분입금에 관한 자금집행을 제한하는 규정을 포함하고 있다. 그러나 대법원 판결에서 이와 같은 조항을 '위탁자가 수탁자의 처분·관리권을 공동행사하거나 수탁자가 단독으로 처분·관리를 할 수 없도록 실질적인 제한을 가하는 것'으로 보아 그 효력을 부정한 사례를 발견하지도 못하였고, 오히려 이와 같은 조항이 유효함을 전제로 판시하고 있는 것으로 보인다. 따라서, 이 결정에서 설시하는 부분이 적절하다 하더라도 일단 이 사안과 같이 '법원에 의한 신탁재산관리방법 변경의 경우'에 한하여 또는 '위탁자에 의한 수탁자의 관리·처분권 제한의 경우'에 한하여 적용되는 것으로 이해하고 그 외에 신탁계약 내용 일반으로 확대하여 적용되는 것으로 이해하여서는 안 될 것으로 생각된다.

486) 수탁자 해임 청구(현행 신탁법 제16조 제3항), 신탁위반 법률행위의 취소·수탁자에 대한 유지청구(동 제75조), 신탁재산 원상회복·손해배상(동 제43조) 등의 방법을 고려해 볼 수 있을 것이다.

요건을 갖추었다고 할 수는 없다.

다. 또한 기록에 의하면, 신청인은 피신청인이 아파트분양수입금을 신탁계약 제16조에 위반하여 임의로 다른 신탁사업에 대여함으로써 회수가 어려운 부실채권으로 만들었으므로 피신청인이 관리하는 이 사건 신탁 관련 예금계좌를 위탁자인 신청인의 명의로 바꾸어 달라는 신청[487]을 하고 있고, 이에 대하여 원심은 피신청인이 관리하는 예금계좌의 명의는 피신청인 명의로 하되 그 예금의 인출 및 지출에 대하여는 미리 신청인의 동의를 얻어야 하는 것으로 관리방법 변경[488]을 하고 있는바, 위탁자가 수탁자의 신탁재산에 대한 관리·처분권을 공동행사하거나 수탁자의 관리·처분권 행사에 위탁자의 사전 동의를 얻도록 제한을 가하는 것은 신탁법의 취지나 신탁의 본질에 반하는 것이므로, 법원은 이러한 내용의 관리방법 변경을 할 수는 없다.

라. 그럼에도 불구하고, 원심은 판시와 같은 이유로 신청인의 이 사건 신청을 일부 인용하였으니, 거기에는 신탁법 제36조 제1항에 관한 법리를 그르쳐 결정에 영향을 미친 위법이 있다. 이 점을 지적하는 재항고이유의 주장은 이유 있다.

199. 대법원 2003. 1. 10. 선고 2002다50414 판결

[논점] 신탁사무의 최종 승인과 수탁자의 책임면제 여부

【이 유】

1.원심판결 이유에 의하면 원심은, 이 사건 신탁계약서 제24조 제2항의 임대, 분양업무보수에 관한 규정의 의미는 피고가 실제로 임대, 분양업무를 수행하지 않더라도 임대, 분양업무보수를 지급하기로 약정한 것으로 보기에는 어렵고, 오히려 피고가 실제로 임대, 분양업무를 수행하는 경우에만 그에 대한 신탁보수로 임대보증금의 100분의 1을 지급하기로 약정한 것으로 봄이 상당하다고 할 것인바, 피고가 행한 공공임대주택입주자모집공고 승인신청, 임대보증금과 임대료·상가의 분양금액 등의 산정, 입주자모집공고안의 작성, 상가공급신고신청, 상가분양공고안의 작성, 임대차계약서와 상가공급 계약서의 작성 및 원고에 대한 제공 등의 업무처리는 '피고가 신탁부동산의 분양(처분), 임대방법, 금액 및 조건 등은 사업계획서를 기초로 하여 원고와 피고가 협의하여 결정한다'고 규정한 이 사건 신탁계약서 제8조 제1호에 의하여 피고가 기본적으로 처리할 신탁업무에 속하거나 원고의 임대, 분양업무를 지원하기 위한 부수적인 업무에 불과할 뿐 이를 가리켜 피고가 임대, 분양업무를 실질적으로 수행하였다고는 보기 어렵다고 할 것이고, 달리 이를 인정할 만한 아무런 증거도 없으며, 오히려 원고가 이 사건 신탁계약 당시 임대, 분양업무는 원고가 수행하기로 한 특약사항에 따라 임대, 분양 컨설팅을 의뢰하고 모델하우스신축공사를 체결하였으며, 광고대행계약과 임대, 분양대행계약 등을 체결하고 임대, 분양신청자와 계약을 체결하고 그 계약과 관련된 제반 업무를 처리함으로써 임대, 분양신청자와 계약을 체결하고 그 계약과 관련된 제반업무를 처리함으로써 임대, 분양업무를 실제로 수행하였다고 할 것이므로, 피고가 실제로 임대, 분양업무를 수행하지 않고서도 신탁재산에서 임대, 분양업무보수로 합계 금 92,818,800원을 수령해 간 것은 위 제24조 제2항에 위반하는 것으로서 부당하다고 할 것이어서 피고는 원고에게 위 임대, 분양업무보수금을 반환할 의무가 있다고 판단한 다음, 원고가 2000. 8. 8. 피고와 사이에 이 사건

487) 이 사건에서 분양수입금은 신탁재산에 해당하므로 신탁업자인 피신청인이 신탁재산이 입금되는 예금주 명의를 제3자 명의로 변경하거나 제3자와 공동명의로 하는 것은 신탁재산 보관·관리를 재위탁하는 것이므로 허용될 수 없을 것으로 생각된다(현행 자본시장법 제42조 동 시행령 제45조 제2호 바목).

488) 위탁자의 동의를 받도록 한 것이어서 문제가 된 것으로 읽힌다. 이 결정에 따르더라도 위탁자 외에 우선수익자 등 제3자의 동의를 받도록 하는 것은 허용되어야 할 것으로 생각된다.

신탁계약을 해지하면서 신탁사업종료에 따른 수입과 지출내역 및 그 결과인 신탁수익에 관한 계산내역을 승인하는 문서인 부동산신탁 계약승인서를 작성하여 피고에게 교부한 이상 임대, 분양업무보수금 등 신탁보수에 대하여 최종적인 정산이 이루어졌다고 할 것이므로, 원고의 청구에 응할 수 없다는 피고의 주장에 대하여, 원고는 2000년 4월경 피고에게 피고가 1999년 8월경까지 신탁재산에서 일방적으로 수령해 간 임대, 분양업무보수금을 반환하라고 내용증명을 보내는 등 계속 항의를 하다가 원고 회사의 자금사정이 악화되자, 2000년 8월경 피고로부터 신탁계약을 해지하고 신탁수익금 및 신탁재산을 인수하라는 제안을 받고, 우선 신탁수익금이라도 지급받아 원고 회사의 자금사정을 해결할 목적으로 2000. 8. 8. 피고와 사이에 이 사건 신탁계약서 제28조에 의하여 부동산신탁 계약승인서, 신탁계약해지증서, 신탁재산인수서 등을 작성한 후 이 사건 신탁계약을 해지하기로 합의한 사실, 그런데 당시 부동산신탁 계산승인서에 의하면 신탁수익은 금 267,627,236원, 신탁수익교부액은 금 193,787,236원, 신탁수익 유보액은 주택사업공제조합에 대한 출자금담보차입금 중 미상환액 금 70,840,000원을 포함한 금 73.840.000원, 신탁보수는 금 143,159,800원으로 기재되어 있으나, 임대, 분양업무보수는 피고가 이미 이를 신탁재산에서 수령해 갔기 때문에 이에 관하여는 아무런 기재가 없는 사실은 인정할 수 있으나, 원고가 피고에게 이 사건 임대, 분양업무보수금에 대해 계속 항의를 하면서 그 반환을 요구한 점과 원고가 이 사건 신탁계약을 해지하게 된 경위, 그리고 부동산신탁계산승인서의 기재내용 등에 비추어 보면 원고가 이 사건 신탁계약을 해지하면서 피고에게 부동산신탁 계약승인서를 교부하였다는 사실만으로는 원·피고 사이에 피고 주장과 같이 피고가 임대, 분양업무보수금을 신탁재산에서 수령해 가는 것으로 정산이 이루어졌다고 단정할 수 없고, 달리 이를 인정할 만한 아무런 증거가 없다는 이유로, 피고의 위 주장을 배척하였다.

2. 그러나, 원심이 이 사건 신탁계약을 해지하면서 원고가 신탁수익에 관한 계산내역을 승인함으로써 임대, 분양업무보수금 등 신탁보수에 대하여 최종적인 정산이 이루어졌으므로 피고는 원고에게 위 임대, 운영업무보수금을 반환할 의무가 없다는 취지의 피고의 주장을 배척한 것은 다음과 같은 이유로 수긍하기 어렵다. 신탁법 제63조, 제50조 제2항에 의하면,[489] 신탁이 종료한 경우 수탁자는 신탁사무의 최종의 계산을 하여 수익자의 승인을 얻어야 하고, 수익자가 위 계산을 승인한 때에는 수탁자의 수익자에 대한 책임은 면제된 것으로 간주된다고 할 것이므로, 수탁자가 한 신탁사무의 최종 계산을 승인한 신탁자는 수탁자에 대하여 최종 계산의 내용과 다른 내용을 주장하여 최종 계산에 따른 것 외의 권리의 이전이나 금전의 지급 그 밖의 재산상의 책임을 물을 수 없다고 할 것이다.

기록에 의하면, 원·피고 사이에 임대, 분양업무보수금 지급책임을 둘러싸고 다툼이 발생하자 피고는 원고로부터 당초 지급받으려고 하였던 임대, 분양업무보수금 중 금 39,826,000원을 감면해 주고 2000. 7. 28.까지 나머지 합계 금 92,818,800원을 신탁재산에서 지급받은 사실, 원고는 2000년 8월경 피고로부터 신탁계약을 해지하고 신탁수익금 및 신탁재산을 인수하라는 제안을 받고, 피고로부터 신탁수익금을 지급받아 당시 어려웠던 회사의 자금사정을 해결할 목적으로 2000. 8. 8. 피고와 사이에 이 사건 신탁계약을 해지하기로 합의한 사실, 피고는 이 사건 신탁계약을 해지하면서 위탁재산에 관한 수입·지출현황(지출현황에는 피고가 원고로부터 지급받은 위 임대, 분양업무보수금을 포함한 신탁보수 금 143,159,800원이 기재되어 있음), 신탁수익금, 신탁수익교부액, 신탁수익유보액 등 신탁사무에 관한 최종 계산의 내용을 담은 부동산신탁 계산서를 제출하였고, 원고는 피고로부터 위 최종 계산서의 내용에 따라 신탁수익에서 유보액을 공제한 나머지 금 193,787,236원을 지급받고 최종 계산을 승인한 사실을 알 수 있는바, 그렇다면 이 사건 신탁계약을 해지하면서 원·피고 사이에 이루어진 위와 같은 계산의 승인은, 원·피고 사이에 임대, 분양업무보수금 지급책임 여부 및 책임범위를 둘러싸고 다툼이 계속되던 중에 그것이 이루

489) 현행 신탁법 제103조.

어진 점, 원고가 계산을 승인하면서 아무런 이의를 유보하지 아니한 점, 피고가 원고에게 제출한 계산서에 임대, 분양업무보수금을 포함한 신탁보수를 비롯한 위탁재산에 관한 수입·지출현황 등 신탁사무에 관한 최종 계산의 내용이 자세히 담겨져 있는 점, 원고가 위와 같이 신탁수익금을 지급받고 계산을 승인하게 된 경위 등 기록에 나타난 제반 사정에 비추어 보면, 위 임대, 분양업무보수금을 포함한 신탁보수를 비롯한 신탁재산의 관리·처분에 관하여 최종적인 정산을 한 것으로 볼 수 있다 할 것이고, 따라서 원고는 신탁법 제63조에 의하여 위 계산서와 다른 내용을 주장하여 피고에 대하여 이미 지급한 신탁보수의 반환을 구할 수 없다고 할 것이다.

그럼에도 불구하고, 원고가 신탁수익에 관한 계산내역을 승인함으로써 임대, 분양업무보수금 등 신탁보수에 대하여 최종적인 정산이 이루어졌으므로 피고는 원고에게 위 임대, 부양업무보수금을 반환할 의무가 없다는 취지의 피고의 주장을 배척한 원심판결에는 부동산신탁 계산승인서의 성질 및 신탁법 제63조에 관한 법리오해의 위법이 있다고 할 것이므로, 이 점을 지적하는 상고이유의 주장은 이유 있다.

200. 대법원 2003. 1. 10. 선고 2002다12741 판결 [손해배상(기)]

[논점] 증권투자신탁에 의하여 수탁회사가 보관하고 있는 신탁재산에 속한 채권을 자동채권으로 하는 상계권의 행사자

【이 유】

증권투자신탁업법에 따른 증권투자신탁에 의하여 위탁회사가 투자자(수익자)들로부터 모은 자금 등을 신탁하여 수탁회사가 보관하고 있는 신탁재산은 신탁법 및 증권투자신탁업법의 법리에 의하여 수탁회사가 그 대외적인 소유자가 되며, 따라서 그 재산에 의한 상계권 역시 수탁회사에 속하고, 증권투자신탁업법의 각 규정에 따라 위탁회사는 신탁재산을 관리, 운용할 책임이 있으나, 같은 법 제25조 제1항 단서에 의하여 의결권 외의 권리는 수탁회사를 통하여 이를 행사하도록 되어 있으므로, 위탁회사는 상계권에 관해서도 역시 수탁회사에게 지시하고 수탁회사가 그 지시에 따라 상대방에게 행사하여야 하는 것이다.

그럼에도 원심이 위탁회사도 상계권을 행사할 수 있다고 판단하였음에는 위와 같은 법리를 오해한 잘못이 있다고 할 것이지만, 나아가 신탁재산의 독립의 원칙 및 신탁법 제20조 및 증권투자신탁업법 제17조 제4항의 규정취지 등에 비추어 수익자가 가입한 신탁재산에 대한 수익증권환매청구권 등과 이와 다른 신탁재산의 그 수익자에 대한 채권은 서로 상계할 수 없다는 취지에서 피고의 상계주장을 배척한 결론에 있어서는 정당하여 이와 같은 잘못은 판결결과에 영향을 미치지 아니하였으므로 피고의 상고이유 주장은 받아들이지 아니한다.

201. 대법원 2002. 12. 26. 선고 2002다49484 판결 [부당이득금][490)]

[논점] 위탁자가 채권 담보목적으로 제3자를 수익자로 지정한 경우, 위탁자의 회생계획에 의해 그 수익권이 영향을 받는지 여부

【이 유】

1. 원심판결의 요지

490) 이 판결에 대한 평석은, 이주현, 신탁법상 신탁계약을 체결하면서 담보 목적으로 채권자를 수익자로 지정한 경우 그 수익권이 정리계획에 의하여 소멸되는 정리담보권인지 여부, 대법원판례해설 42호, 법원도서관, 584면 이하를 참고할 것.

원심은, 소외 한신공영 주식회사(이하 '한신공영'이라 한다)가 1996. 10. 31. 소외 한국부동산신탁 주식회사(이하 '수탁회사'라고 한다)와 사이에 분양형 토지(개발)신탁계약(이하 '이 사건 신탁계약'이라 한다)을 체결하면서, 한신공영이 피고에 대하여 부담하고 있던 어음거래약정에 기한 할인어음 대출금 채무를 담보할 목적으로 금 270억 원을 한도로 피고를 제1순위 수익자로, 한신공영을 제2순위 수익자로 지정하여 신탁계약을 체결한 사실, 한신공영은 1997. 12. 16. 회사정리절차 개시결정을 받아 원고가 관리인으로 선임되었고 1998. 6. 30. 정리계획인가결정을 받았는데, 피고는 1998. 1. 9. 원고에게 위 어음거래약정에 기한 할인어음 대출금 채권 등 합계 금 19,030,421,928원을 정리채권으로 신고하였을 뿐, 별도의 정리담보권 신고는 하지 않았던 사실, 한편 피고는 2000. 9. 30. 수탁회사로부터 이 사건 신탁계약의 제1순위 수익자로서 금 48억 원을 중간배당금으로 지급받은 사실을 인정한 다음,

한신공영과 수탁회사가 피고를 제1순위 수익자로 지정하여 이 사건 신탁계약을 체결한 것은 이 사건 신탁계약이 체결됨으로써 한신공영이 취득한 수익권을 피고에게 위 대출금채권의 양도담보로 제공하는 것과 같다 할 것이어서, 피고는 정리채권 신고 당시 대출금채권을 정리담보권으로 신고했어야 함에도 불구하고 단순히 정리채권으로만 신고하였으므로, 이 사건 수익권에 설정된 양도담보권은 회사정리법 제241조에 의하여 소멸되고 그 결과 피고는 수탁회사로부터 이 사건 신탁계약에 따른 수익금을 배당받을 아무런 권리가 없게 되었음에도 불구하고 금 48억 원을 배당받았으므로 이는 법률상 원인 없이 얻은 이익에 해당하여 수탁회사로부터 배당받은 위 돈을 원고에게 반환하여야 한다는 원고의 주장에 대하여,

양도담보는 채권담보의 목적으로 물건의 소유권 또는 기타 재산권을 채권자에게 이전하여 그 담보목적 범위 내에서만 소유권 또는 재산권을 행사케 하는 것으로서 소유권 또는 재산권을 채권자에게 양도담보로 제공하기 이전에 채무자가 이를 보유하고 있어야 함이 전제되어야 할 것인데, 개발형 부동산신탁계약상의 수익권은 신탁계약을 체결함으로써 비로소 창설되는 것으로서 신탁계약에서 수익자로 지정된 자에게 애당초 귀속되는 것이므로, 신탁계약에서 위탁자가 아닌 제3자가 수익자로 지정된 경우에는 그 제3자에게 수익권이 처음부터 귀속하고 제3자를 수익자로 지정한 목적이 위탁자의 제3자에 대한 채무의 담보목적으로 이루어진 것이라 하더라도 달리 볼 것이 아니므로, 이 사건 수익권은 금 270억 원의 한도 내에서는 피고에게 처음부터 귀속되었다 할 것이고, 따라서 위 금액을 한도로 하는 이 사건 수익권은 피고의 한신공영에 대한 대출금채권의 담보의 목적으로 수탁회사가 제공한 담보라고 볼 수 있을지언정, 일단 한신공영에게 귀속되었던 이 사건 수익권이 위 금액의 한도 내에서 피고에게 양도담보로 제공하기 위하여 이전된 것이라고 볼 수 없으므로 이와 다른 견해를 전제로 하는 원고의 위 주장은 나머지 점에 나아가 살필 것도 없이 이유 없다고 판단하여, 원고의 청구를 기각하였다.

2. 대법원의 판단

회사정리법 제123조[491] 제1항 본문에 의하면, "정리채권 또는 정리절차 개시 전의 원인으로 생긴 회사 이외의 자에 대한 재산상의 청구권으로서 정리절차개시 당시 회사 재산상에 존재하는 유치권, 질권, 저당권, 양도담보권, 가등기담보권, 전세권 또는 우선특권으로 담보된 범위의 것은 정리담보권으로 한다." 고 규정하고 있으므로, 정리담보권으로 신고하지 아니하였을 때 회사정리법 제241조[492]에 의하여 소멸되는 정리담보권이 되기 위해서는 그 담보권이 정리절차개시 당시 회사 재산을 대상으로 하는 담보권이어야만 한다 할 것인데, 신탁법상의 신탁을 함에 있어서는 그 위탁자가 당연히 수익권자가 되는 것이 아니고 위탁자와 전혀 별개의 존재인 수익자를 지정하여야만 하는 것이며, 위탁자가 자신을 수익자로

491) 현행 채무자회생법 제141조.
492) 현행 채무자회생법 제251조.

지정하는 경우에도 위탁자와 수익자의 지위는 전혀 별개의 것이라고 보아야 할 것이므로(신탁법 제1조 제2항[493] 참조), 특히 담보신탁이 아니라[494] 분양형 토지(개발)신탁의 경우에 신탁계약시에 위탁자인 정리 전 회사가 제3자를 수익자로 지정한 이상, 비록 그 제3자에 대한 채권담보의 목적으로 그렇게 지정하였다 할지라도 그 수익권은 신탁계약에 의하여 원시적으로 그 제3자에게 귀속한다 할 것이지, 위탁자인 정리 전 회사에게 귀속되어야 할 재산권을 그 제3자에게 담보 목적으로 이전하였다고 볼 수는 없는 것이어서, 그 경우 그 수익권은 정리절차개시 당시 회사 재산이라고 볼 수 없다 할 것이고, 따라서 그 제3자가 정리절차에서 그 수익권에 대한 권리를 정리담보권으로 신고하지 아니하였다고 하여 회사정리법 제241조에 의하여 소멸된다고 볼 수는 없다 할 것이다(물론 신탁계약시에 위탁자인 정리 전 회사가 자신을 수익자로 지정한 후 그 수익권을 담보 목적으로 제3자에게 양도한 경우에는 그 수익권을 양도담보로 제공한 것으로서 정리절차개시 당시 회사 재산에 대한 담보권이 된다고 볼 것이다).[495]

위 법리에 비추어 기록을 살펴보면, 원심의 이유 설시에 일부 미흡한 점이 있기는 하나, 이 사건 신탁계약에 기하여 피고가 취득한 수익권에 대한 권리를 정리담보권으로 신고하지 아니하였어도 회사정리법 제241조에 의하여 소멸되는 정리담보권에 해당하지 아니한다고 본 원심의 결론은 정당한 것으로 수긍이 가고, 거기에 상고이유에서 주장하는 바와 같은 수익권 및 양도담보에 관한 법리오해 등의 위법이 있다고 할 수 없다. 상고이유는 받아들이지 아니한다.

202. 대법원 2002. 12. 26. 선고 2002다12734 판결 [수익금지급]

[논점] 투자신탁에 의하여 수탁회사가 보관하고 있는 신탁재산에 속한 채권을 자동채권으로 하는 상계권의 행사자

【이 유】

2. 제2점에 대하여

증권투자신탁업법[496]에 따른 투자신탁에 의하여 위탁회사[497]가 투자자(수익자)들로부터 모은 자금 등을 신탁하여 수탁회사[498]가 보관하고 있는 신탁재산은 신탁법 및 증권투자신탁업법의 법리에 의하여 대외적으로 수탁회사가 그 소유자가 되므로, 특별한 사정이 없는 한 신탁재산에 속한 채권을 자동채권으로 하는 상계권 역시 수탁회사가 행사하여야 하고, 이 경우 수동채권은 수탁회사가 부담하는 채무이어야 하되, 이와 같은 상계는 신탁법 및 증권투자신탁업법의 관계 규정에 의한 제한을 받아야 하는바, 증

493) 현행 신탁법 제2조.

494) 신탁의 도산절연에 관한 다른 대법원 판결들에 비추어 볼 때 이 판결의 이 부분('담보신탁이 아니라')설시에 별다른 의미를 부여하기는 어려울 것으로 생각된다. 담보신탁은 그 실질적인 목적이 채무를 담보하기 위하여 채권자를 수익자로 지정하는 타익신탁 유형을 총칭하는 실무상 용어이며, 토지신탁의 경우에도 얼마든지 담보목적으로 채권자에게 수익권을 부여할 수 있기 때문이다(이 사안에서도 그와 같은 목적이었음을 이 판결에서 이미 인정하고 있다). 다른 대법원 판결들과 도산실무에서는 담보신탁의 경우에도 도산절연성이 인정됨을 전제로 하고 있다.

495) 위탁자가 자익신탁 후 채권자를 위하여 그 수익권에 양도담보권 또는 질권을 설정하는 경우에는 해당 수익권은 위탁자의 도산절차로부터 절연되지 않게 되므로 해당 채권자를 수익자로 지정하는 타익신탁 방식으로 담보를 제공하는 경우가 위탁자의 도산절차로부터의 절연 측면에서 더 안정적인 구조라고 할 수 있다. 한편, 현행 신탁법에서 인정되는 담보권신탁의 경우에는(현행 신탁법 제2조) 수탁자에게 담보권을 설정하여 줌으로써 추후 피담보채권이 양도되는 경우 담보권 자체의 이전절차(담보권의 부수성)가 별도로 필요없다는 장점(일종의 영미법상 '담보대리인' 역할)이 있으나, 담보권 신탁의 경우에는 수탁자가 위탁자에 대한 관계에서 담보권자의 지위를 갖게 되므로 위탁자의 도산절차에서 수탁자는 회생담보권자 또는 별제권자의 지위에 있게 되어 도산절연성을 확보하지 못한다[실무참고 1] 참조.

496) 현행 자본시장법.

497) 현행 자본시장법상의 집합투자업자.

498) 현행 자본시장법상의 신탁업자.

권투자신탁업법의 관계 규정에 따라 위탁회사는 선량한 관리자로서 신탁재산을 관리·운용할 책임이 있으나, 같은 법 제25조 제1항 단서[499]에 의하여 의결권 외의 권리는 수탁회사를 통하여 이를 행사하도록 되어 있으므로, 상계권에 관하여도 위탁회사가 수탁회사에 지시하여 수탁회사로 하여금 일정한 내용으로 상계권을 행사하게 할 수는 있을 것이나, 스스로 신탁재산에 속한 채권에 관하여 상계권을 행사할 수는 없다(대법원 2002. 11. 22. 선고 2001다49241 판결, 2002. 12. 10. 선고 2001다43410 판결 등 참조).

그러므로 위탁회사인 피고가 그 명의로 상계를 하였음을 전제로 한 주장은 상계에 관한 다른 요건에 더 나아가 따져볼 것 없이 허용될 수 없다.

따라서 위탁회사도 그 명의로 상계권을 행사할 수 있다고 본 원심은 이러한 법리를 오해한 셈이나, 그 판시와 같은 이유에서 피고의 상계항변을 배척한 결론은 정당하므로, 위와 같은 잘못이 판결 결과에 영향을 미치지는 아니하였다.

[원심판결] 서울고등법원 2002. 1. 11. 선고 2001나35978 판결 [수익금지급]

【주 문】

1. 제1심 판결 중 아래에서 지급을 명하는 금원에 해당하는 원고 패소부분을 취소한다.

피고는 원고에게 5,345,102,388원 및 이에 대한 1999. 4. 1.부터 2002. 1. 11.까지는 연 6%의, 그 다음날부터 다 갚는 날까지는 연 25%의 각 비율에 의한 금원을 지급하라.

2. 원고의 나머지 항소를 기각한다.

3. 소송비용은 제1, 2심을 합하여 원고가 10%, 피고가 90%를 부담한다.

4. 제1항 중 금원지급부분은 가집행할 수 있다.

【청구취지 및 항소취지】

제1심 판결을 취소한다.

피고는 원고에게 5,834,175,000원 및 이에 대하여 1999. 4. 1.부터 이 사건 소장부본 송달일까지는 연 6%의, 그 다음날부터 다 갚는 날까지는 연 25%의 각 비율에 의한 금원을 지급하라.

【이 유】

다. 이 사건 계약이전결정의 효력

(1) 금융구조개선법상의 계약이전제도

금융기관이 청산·파산을 하게 되면 당해 금융기관으로부터 대출받은 다수의 기업에 대해 대출금을 조기에 회수함으로써 건전한 기업의 연쇄도산을 초래할 위험이 있다. 더욱이 금융기관의 파산은 금융제도의 신뢰성을 약화시켜 다른 금융기관에 대한 연쇄적 예금인출사태로 이어져 전체적인 금융위기를 맞게 된다. 이러한 문제를 해결하기 위하여 부실금융기관 정리의 방법으로, 구 금융구조개선법에 의하여 금감위가 부실금융기관에 대하여 계약이전의 결정을 할 수 있는 제도를 두고 있다(제14조 제2항). 그런데, 금융구조개선법상의 계약이전결정제도는 그 연혁이 되는 보험업법상의 계약이전제도(보험회사가 보유하는 보험계약 중 개개의 계약이 아니라 책임준비금 산출의 기초가 동일한 동일 종류의 계약 전부를 이전하며, 보험계약자 보호의 측면에서 '이전할 보험계약에 관한 준비금'에 상당하는 재산도 이전하도록 하고 있다.)와 달리, '보험단체'라는 개념이 존재하지 않기 때문에 이전대상이 되는 자산과 부

---

499) 현행 자본시장법 제80조, 제87조.

채간의 유기적 관계가 단절되어 있으며, 특히 실제 운용에 있어서도 이른바 자산부채 이전방식(p&a)의 아이디어가 혼합되어 이 사건 수익증권저축계약상의 권리와 같이 이전되는 예금채무와 관련성이 없는 자산도 포함하여 가능한 한 많은 자산을 계약이전 하려는 형태를 취하고 있다.

(2) 계약이전제도의 법적 성질 및 법률효과

(가) 행정처분인 계약이전결정은 행정처분의 상대방에 대하여 공법상의 의무를 발생시키는 하명(下命)과 같은 행정행위와는 달리 형성적 행정행위의 일종으로서 일정한 범위 내에서 사법상의 효력의 발생을 목적으로 한다고 볼 수 있다.

(나) 그리고 처분의 상대방에 있어서는, 구 금융구조개선법 제14조 제2항 에 의하면 '금감위가 부실금융기관에 대하여 계약이전의 결정을 할 수 있다'고만 규정하고 있어 그 처분의 상대방이 부실금융기관에 한한다고 볼 여지가 있으나, 동법 시행령(1998. 4. 1.개정)에서 금감위는 계약이전의 결정을 하고자 할 때에는 해당 부실금융기관의 의견을 듣고, 당해 계약이전을 받을 금융기관의 동의를 얻어야 하며(제5조의4 제1항), 금감위가 그 결정을 한 때에는 결정의 내용을 쌍방의 금융기관에 통지하여야 한다(동조 제2항)고 정하고 있는바, 이러한 점에 비추어 보면, 계약이전결정의 상대방은 부실금융기관과 인수금융기관의 양자로 봄이 타당하다.

(다) 한편, 계약이전결정의 효력 내용에 있어서도, 그 결정에서 이전 대상으로 정한 계약(자산, 부채)의 이전에 관한 부실금융기관과 인수금융기관의 합의를 갈음하는 것으로 봄이 상당하다. 따라서 그 갈음된 합의의 당사자 사이에서 합의에 따른 의무이행이 있게 되며(따라서 부실금융기관과 인수금융기관 사이에서는 계약이전결정에 따른 의무이행을 소송상 구할 수 있다.), 이러한 의미에서 사법상의 효력이 있다.

(라) 다음으로, 계약이전의 대상에는 부실금융기관의 예금채무를 비롯한 채무와 부실금융기관이 가지는 자산(부동산, 대출채권 등)이 있는바, 이에 관한 이전(승계)을 위해서 특별한 요건이 필요한지 여부가 문제된다. 원칙적으로 앞서 본 바와 같이 계약이전결정은 행정처분의 상대방인 부실금융기관과 인수금융기관에 대하여 그 계약이전의 합의의 효력이 있는 것에 불과하고, 또한 계약이전결정은 회사합병과 같은 포괄승계가 아니라 집단적인 권리, 의무의 특정승계라는 법적 성질을 지니는 것이므로, 그 이전의 대상이 되는 권리가 제3자와 관련되어 있거나 공시의 원칙에 의하여, 민법 등 관계 법률에서 그 권리 등의 이전에 일정한 요건을 요구하고 있는 경우에는 그러한 요건의 생략을 위해서는 별도의 근거 규정이 필요한 것으로 본다. 한편, 구 금융구조개선법에 있어서는 법적 효력에 관한 특례 규정이 없으며, 개정 금융구조개선법에 의하더라도 저당권의 특례, 지명채권 대항요건의 특례 규정만을 두고 있는 바(그 효력도 계약이전에 의하여 부실금융기관과 인수금융기관에게 부여된 의무 중 하나인 일간지공고에 의하여 발생하는 효력으로 규정하고 있다.), 그 이외의 권리 등의 이전 문제는 동 권리에 요구되는 민법 등 관련 법령의 해석에 의하여 해결되어야 할 것이다.

(3) 소결론

(가) 우선 금감위의 1998. 6. 29.자 이 사건 계약이전결정의 효력에 관하여 보건대, 이는 구 금융구조개선법에 근거하고 있는바, 이 사건 계약이전결정으로써 부실금융기관으로 지정된 동▼은행과 인수금융기관으로 지정된 원고와 사이에 이 사건 수익증권저축계약상의 권리를 포함한 이전대상이 되는 일정한 자산·부채 등의 이전에 관한 합의가 성립한다. 그리고 이 사건 수익증권저축계약상의 권리이전에 필요한 절차는 별도로 요구되는바, 이 사건 수익증권저축계약의 내용 및 법적 성질, 투신업법 및 민법 등의 관련 법령이 요구하는 요건에 관하여는 아래 '라.항' 이하에서 살펴본다.

(나) 원고는 금감위가 1998. 9. 30. 이 사건 수정결정을 하였는데, 위 수정결정 부칙 제2조 제2항 은

'본 수정계약이전 결정 전 행한 제반조치 중 본 수정계약이전 결정에 부합되는 것은 본 수정계약이전 결정에 의해 행한 것으로 본다'라고 규정하고 있어 결국 이 사건 계약이전결정은 위 수정결정이 있은 때에 비로소 완성되어 그 효력이 발생하는 것이라고 주장하나, 갑 8호증의 1 내지 3의 각 기재에 의하면 금감위가 이 사건 계약이전결정 후인 1998. 9. 30. 수정결정을 하면서 그 결정 부칙에 원고 주장과 같은 내용을 포함시킨 사실은 인정할 수 있으나, 위 수정결정은 이 사건 계약이전결정에 포함된 내용 중 이전대상자산 범위를 일부 변경하고, 자산 인수 후 발생하는 부실자산의 처리기간을 변경하는 등 일부 내용을 수정한 것일 뿐으로, 이 사건 계약이전결정은 완성되지 아니하였다가 이 사건 수정결정에 의하여 비로소 완성된 것이 아니고, 이미 이 사건 계약이전결정 당시 독립한 결정으로서 존재하였고, 이 사건 수정결정은 그를 정정, 보완한 것에 불과하므로, 이 사건 계약이전결정의 효력이 구 금융구조개선법에 의하여 정하여져야 함은 당연하고, 그와 달리 이 사건 계약이전결정의 효력이 개정 금융구조개선법에 의하여 정하여져야 함을 전제로 하는 원고의 위 주장도 이유 없다. (가사 개정 금융구조개선법에 근거한다고 본다고 하더라고, 계약이전결정의 효력과 관련한 개정법의 효력은 지명채권대항요건을 갖춘 것으로 보는 것에 불과한바, 이 사건 권리의 이전에 관하여 필요한 요건에 대하여는 아래 '라. 항'에서 보는바와 같이 지명채권양도의 대항요건을 갖추는 것만으로 당연히 이전되지는 아니한다.)

(다) 가사, 이 사건 계약이전결정이 부실금융기관인 동▼은행과 인수금융기관인 원고 사이에서 계약이전의 합의에 갈음하는 사법상 효력이 없다고 할지라도, 앞서 본 바와 같이 동▼은행으로부터 원고 및 성업공사에 이전될 자산 및 부채 등에 대하여 '계약이전 대상 자산·부채 및 각주사항 명세서'(이전대상 자산에 이 사건 수익증권저축계약상의 권리가 포함되어 있음)에 대하여 1998. 9. 30. 동▼은행과 원고가 그 내용을 확인하는 확인서에 각 기명날인하였는바, 적어도 위 확인서의 작성에 의하여 동▼은행과 원고 사이에 이 사건 수익증권저축계약상의 권리의 양도합의가 있었다고 봄이 상당하다.

라. 이 사건 수익증권저축계약상의 권리 이전에 필요한 요건(당사자의 합의 외)

이 사건 수익증권저축계약상의 권리 이전을 위해서는 양도인인 동▼은행과 양수인인 원고 사이의 권리 이전의 합의 이외에 어떠한 요건이 필요한지에 관하여 보건대, 먼저 이전대상이 되는 권리는 수익증권저축계약에 의하여 발생된 권리이므로 수익증권저축계약의 법률관계를 검토하고, 다음으로 수익증권저축계약상의 양도제한 및 그 적용의 한계를 살펴보고, 마지막으로 양도를 위해 필요한 요건과 절차는 무엇이며 이를 갖추고 있는지에 관하여 순서대로 살핀다.

(1) 동▼은행의 수익증권저축의 법률관계 가입

수익증권저축은 투자신탁의 위탁(판매)회사가 저축자로부터 저축금을 받아 그 저축금으로 저축자가 지정한 수익증권을 매입하여 보관, 관리, 운용하고 저축통장 또는 증서를 교부함으로써 성립한다. 이러한 수익증권저축제도는, ① 수익증권의 판매 및 환매를 실물교부방식에 의할 경우 발생할 수 있는 수익증권의 분실, 도난 등의 위험과 수익증권의 일부 환매시 수익증권분할에 따른 문제를 해소하고, ② 수익증권거래를 저축형식으로 하게 됨에 따라 저축의 시기와 액수별로 임의식, 거치식, 목적식의 다양한 종류의 저축을 수요에 맞게 설계할 수 있어 소액투자자들의 수익증권 매입이 용이해지며, ③ 수익증권저축에 의할 경우 수익자가 환매시 수수료를 면제받게 되는 경제적 이점 등으로 인하여 거의 대부분의 증권투자신탁에서 활용되고 있다. 그런데 수익증권저축계약은 반드시 증권투자신탁에서 수익자와 접점을 이루게 되는 위탁(판매)회사가 체결하게 되고, 동▼은행은 피고와의 수익증권저축계약을 통해서 이 사건 수익증권을 피고로부터 매입하여(동▼은행은 수익증권을 매입함으로서 이 사건 증권투자신탁의 법률관계에 수익자로서 들어서게 됨) 이를 피고로 하여금 보관, 관리케 하고 있는바, 동▼은행과 피고 사이에는 수익증권저축계약상의 저축자와 회사의 법률관계가 성립됨과 아울러, 이 사건 증권투자신탁에서의 수익자와 위탁회사의 법률관계가 성립되게 된다(피고는 투신업법상 판매업무를 함께 하는 위탁회사에 해당한다).

(2) 수익증권저축의 법률관계

수익증권저축의 법률관계에 있어서, 먼저 동▼은행이 이 사건 수익증권의 매입을 완료함으로써 매입의 법률관계는 종료하였고, 매입한 수익증권을 피고가 보관, 관리하는 법률관계가 성립·존속하고 있다.

(가) 수익증권 보관의 법률관계

수익증권 보관의 법률관계는 혼장임치에 해당하는바, 그 구체적 내용은 수익증권의 소유권은 수익자(투자자)에게 보유좌수/전체좌수의 비율로 귀속되고, 수익자는 위탁(판매)회사에 대하여 동종·동량의 수익증권의 반환청구권을 가지게 된다는 것이다. 그런데, 보관·관리의 방법과 관련하여 수익증권저축통장을 이용하는 점과 관련하여, 수익증권예탁 및 대체결제제도의 성질을 가지는 것으로 이해할 수 있다. 즉 수익자(예탁자)가 매입한 수익증권의 보관·관리를 위하여 예탁기관에 해당하는 위탁(판매)회사에 증권의 보관·관리를 위탁하고, 위탁(판매)회사는 인도(간이인도)받은 수익증권을 혼합보관하고, 혼합보관된 증권에 관한 권리의 이전·변경·소멸을 계좌부(통장)상 대체방식에 의하여 관리하는 것으로 볼 수 있다. 다만, 증권예탁제도의 경우는 고객계좌부에 기재된 자가 그 유가증권을 점유하는 것으로 보며, 계좌부의 대체 기재가 증권의 양도 또는 질권 설정을 목적으로 하는 경우에는 증권의 교부가 있었던 것과 동일한 효력을 가지는 것으로 증권거래법에서 규정하고 있지만, 수익증권저축통장제도에 있어서는 그 근거 규정이 없으므로 이에 대한 합리적인 해석의 방법으로 보완이 요구된다고 볼 수 있다.

(나) 저축재산 인출의 법률관계

저축자(수익자)의 저축재산은 수익증권으로 구성되어 있고, 저축자(수익자)는 수익증권의 환매를 청구하여 환매대금을 인출할 수 있고, 수익증권을 현물로 인출할 수 있다. ① 환매에 의한 금전의 인출 수익자로서 환매청구권을 행사(환매청구권을 행사하기 위해서는 수익증권의 교부, 제시가 필요한데, 저축자로서 혼장임치된 수익증권반환청구권을 행사한 다음 이를 다시 간이인도하는 것으로 이론 구성할 수 있다.)하고, 환매의무의 이행으로 입금된 환매대금을 인출하게 된다. ② 수익증권의 인출 저축자(수익자)가 수익증권 현물의 인출을 요구하는 경우에는 위탁(판매)회사는 특별한 사유가 없는 한 수익증권으로 지급하여야 한다. ③ 이익배당금 및 상환금 지급의 인출 위탁(판매)회사가 수탁회사로부터 이익배당금 또는 상환금(신탁관계의 종료시)을 인도받는 경우 이를 저축통장에 입금하게 되는바, 이는 위탁(판매)회사가 수익증권저축계약에 따른 수익증권 관리의무라고 볼 수 있으며, 이 경우 저축자는 저축통장에 입금된 이익배당금 및 상환금을 인출할 수 있게 된다.

(3) 수익증권저축의 양도제한 및 그 적용 배제

(가) 양도제한의 약관과 그 취지

투신업법 및 투자신탁약관에서 수익증권의 양도성과 그 양도방법을 규정하고 있음에도, 이 사건 수익증권저축약관(표준약관에 의함)에서는 저축통장은 위탁회사의 승인 없이 양도하지 못하도록 명시하고 있다.(약관 제21조 , 갑 2호증) 앞서 본 바와 같이 증권투자신탁의 거의 대부분이 수익증권저축제도를 채용하고 있으므로, 수익증권저축약관에서 저축통장의 양도를 제한한 것은 결국 수익증권의 양도를 제한한 것으로 보아야 할 것이다. 양도제한의 취지는 위탁(판매)회사 입장에서 양도에 따른 권리귀속 불명에 따른 업무 부담을 피하고자 하는데 있으며, 양도제한이 긍정되는 이유는 수익증권의 유통시장이 활발하게 형성되어 있지 않고 수익자는 위탁회사에 대한 환매청구권을 행사함으로써 투자금을 회수할 수 있기 때문에 특별한 사정이 없다면 수익증권저축에 있어서 수익증권의 양도를 제한한다 하더라도 저축자(수익자)의 권리행사를 부당하게 제한하는 것으로 되지는 않기 때문이다.

(나) 수익증권저축계약상의 양도제한 약관의 적용 배제

수익증권저축계약상의 권리의 양도를 금지하는 약관은 당사자의 합의에 해당하여 양수인이 위 약관의 존재를 알고 있다면 이는 유효하다고 볼 수 있지만, 이 사건에서는 다음에서 보는 이유에 비추어 그 약관이 적용되지 않는다고 봄이 상당하다. ① 압류, 전부명령과의 균형의 문제 위의 양도제한의 약관에도 불구하고, 저축자인 동▼은행의 채권자가 압류, 전부명령을 받을 경우 이는 유효하다고 할 것인데, 한편 이 사건 양도의 원인으로 볼 수 있는 계약이전결정도 당사자의 임의의 양도합의와는 그 성질을 달리하고 부실금융기관의 정리를 위하여 건전자산을 인수금융기관에 이전시켜 공적 자금의 투입을 최소화하기 위한 것이므로 압류, 전부명령의 유효와의 균형상으로 보아서 양도제한의 약관의 적용이 배제되는 경우로 볼 수 있다. 즉 금융구조개선법에 근거한 계약이전결정에 의한 경우에도 언제나 위탁회사의 승인을 요하도록 할 경우, 위탁회사가 승인을 거부하고 있는 동안 부실금융기관의 채권자가 압류, 전부명령 등을 발부받은 경우에는 그 채권자의 권리가 인수금융기관에 우선하게 되는 결과를 가져오는데 이는 불합리하다. ② 피고의 불이익 부담의 문제 양도제한 약관을 둔 취지는 양도를 허용하게 되면 위탁회사의 입장에서 업무처리의 간이성을 위하여 도입한 수익증권저축계약의 이점이 없어질 수 있기 때문인데, 이 사건에 있어서는 권리의 이전 여부가 불명확하다는 등의 문제점이 없으므로 양도가 허용된다고 하더라도 피고의 불이익이 크지 않다고 할 것이다. ③ 수익자의 권리 양도의 필요성 문제 앞서 본 바와 같이 수익증권의 환매가 허용되는 한도 내에서 수익증권 양도의 필요성이 없어서 수익증권저축계약상의 양도제한 약관의 유효성이 시인될 수 있지만, 대중투자자를 대상으로 한 공모펀드와는 달리 사모펀드의 경우에는 양도의 필요성이 인정되고 있는바(극소수의 수익자로서 특별한 목적을 위하여 설립한 투자신탁의 경우, 환매가 있게 되면 투자신탁계약의 종료를 가져오는 경우가 많을 것이므로 양도를 통하여 투자신탁의 존속이 가능하다), 이 사건 투자신탁의 경우도 수익자가 동▼은행을 포함한 3개의 금융기관으로서 환매 이외의 방법으로 수익증권을 양도할 필요성이 있다.

(4) 수익증권저축계약상 권리의 양도 방법

그렇다면, 위에서 본 바와 같이 수익증권저축계약상의 양도제한의 약관이 이 사건에 있어서 그 적용이 없다고 할 것인바, 이 경우 그 수익증권저축계약상의 권리를 양도하는 방법이 문제된다.

(가) 투신업법 및 신탁약관상의 수익증권 양도의 방법

수익자가 위탁(판매)회사에 대하여 수익증권저축계약(약관 제10조 : 저축재산의 인출)에 따라 수익증권의 인출을 요구하고, 인출한 수익증권을 양수인에게 교부하는 방법으로 수익증권을 양도할 수 있다. 이러한 경우에는 수익증권의 교부가 수익증권 양도의 효력발생요건으로 보게 되므로, 위탁(판매)회사가 수익증권의 인출을 거부할 경우에는 수익자(양도인)는 판매회사를 상대로 수익증권 반환을 소송상 청구하여야 한다. 위의 방법의 경우 양도제한의 약관은 그 적용 대상이 아니므로 앞서 본 양도제한 약관의 적용 배제 사유를 논할 필요가 없는 것이다. 그런데 이 방법만이 가능하다고 볼 경우에는 동▼은행이 피고에 대하여 이 사건 수익증권의 인도를 소송상 청구하여 승소한 다음 원고에게 수익증권을 교부하고, 원고가 다시 환매대금 혹은 상환금의 지급을 구하는 소송을 다시 제기해야 하는 등 절차가 복잡하게 된다. 또한 동▼은행의 소송 계속 중 동▼은행의 채권자가 보전처분 또는 강제집행을 할 경우 원고의 권리 확보가 곤란해질 우려가 있고 이는 계약이전결정을 통하여 신속하게 부실금융기관을 정리하고 공적자금의 투입을 최소화하는데 지장을 초래하게 된다.

(나) 계약당사자의 합의에 의한 수익증권저축계약상의 권리 이전

수익증권저축계약의 당사자인 동▼은행과 피고, 그리고 양수인인 원고, 3자의 합의에 의하여 수익증권저축계약상의 권리를 양도할 수 있다. 이는 민법에 있어서 계약상의 지위 이전에 3 당사자의 합의를

요건으로 하고 있는 것과 동일하며, 구체적으로는 피고가 권리이전을 승인하여 통장의 명의를 이체기재하는 방법(실제적으로는 피고가 원고에 대하여 새로운 수익증권통장을 교부해 주는 방법)에 의하는 것이다. 위의 방법과 관련하여 살피건대, 갑 4호증, 갑 5호증의 1, 2, 갑 6호증의 1, 2, 갑 13, 14호증의 각 1, 2, 을 1, 2, 3호증의 각 기재에 변론의 전취지를 종합하면, ① 원고는 이 사건 계약이전결정이 있자 동▼은행의 피고에 대한 이 사건 수익증권저축현황을 파악하기 위하여 피고에게 협조요청공문으로써 금감위의 계약이전결정으로 원고가 인수은행으로 선정되었다고 하면서 이 사건 수익증권저축과 관련된 일정사항에 대해 통보하여 줄 것을 요청한 사실, ② 피고는 원고의 위 요청에 따라 이 사건 수익증권저축의 자산구성현황 및 기준가격과 평가금액 및 중도해지 가능여부 등 이 사건 수익증권저축의 운용현황을 원고에게 통보한 사실, ③ 원고가 피고에게 이 사건 수익증권저축계약상의 저축자 명의를 원고로 변경해 달라는 요구를 하였으나 피고가 동▼은행에게 회사채지급보증채권이 있는데 앞으로 양채권을 상계할 예정이라고 주장하면서 원고의 명의변경 요구에 응하지 아니하다가, 피고는 1999. 3. 31. 원고 명의로 수익증권 저축통장을 발행하면서 명의변경이 원고의 권리 주장을 인정하는 것이 아니라는 내용의 통지를 한 사실, ④ 피고는 1999. 3. 16.과 같은 달 31. 파산자 동▼은행의 파산관재인에게 이 사건 수익증권저축계약상의 저축금채권과 피고의 동▼은행에 대한 회사채 지급보증채권을 1999. 3. 31.자로 대등액에서 상계하겠다는 통지를 한 사실을 인정할 수 있고 반증이 없다. 위 인정사실에 비추어 볼 때 먼저 원고가 피고에게 이 사건 수익증권저축의 운용현황 통보요청을 하고 피고가 원고의 이러한 요청에 따라 이 사건 수익증권저축의 운용현황을 원고에게 통보하여 준 것은 이 사건 계약이전결정에 따라 원고가 동▼은행으로부터 이전 받을 구체적인 자산 및 부채 내용을 확정하기 위한 동▼은행의 자산 및 부채에 대한 실사, 평가 과정에서 이루어진 것으로 피고의 위와 같은 현황통보는 이 사건 계약이전결정에 따라 원고가 동▼은행으로부터 이전 받을 구체적인 자산 및 부채의 명세서를 작성하기 위한 원고의 업무 편의를 위한 것이라고 봄이 상당하며, 권리이전에 관한 피고의 묵시적 승인(합의)으로 보기 어렵다. 다음으로, 피고가 원고 명의의 수익증권 저축통장을 새로 발행해 준 행위는 앞서 본 바와 같이 피고가 원고의 권리 주장을 인정하는 것이 아니라는 단서의 의사표시를 하고 피고가 동▼은행에 대해 가지는 이 사건 회사채채권에 기한 상계를 유보한 점에 비추어 보면 권리 이전에 관한 동▼은행과 원고, 피고 3 당사자의 합의가 있었다고 보기 어렵다고 할 것이다.

(다) 수익증권저축계약에 기한 수익증권반환청구권을 양도하는 방법

투신업법 및 증권투자신탁약관(표준약관)에 의하면, 증권투자신탁에 있어서 '수익자'라 함은 투자신탁계약에 의하여 발행되는 수익증권의 소유자이고, 그 '수익증권'은 수익권을 증권으로 표시한 것이라고 정의하여, 수익자의 권리를 증권적 권리로 구성하고, 수익자의 권리(지위)의 양도는 수익증권 양도의 방법에 의하도록 하고 있다. 한편, ① 무기명식 수익증권에 표창된 투자신탁 수익권의 양도는 양도인과 양수인의 의사의 합치와 수익증권의 교부만으로 이루어지고, ② 기명식 수익증권에 표창된 투자신탁 수익권의 양도는 당사자간의 의사합치와 수익증권의 교부만으로 효력이 발생하지만, 위탁회사 기타 제3자에게 수익증권의 양도를 대항하기 위해서는 수익증권의 양수인이 그 성명과 주소를 위탁회사에 비치된 수익증권원부에 등록하고 성명을 수익증권에 기재하여야 한다. 그런데 수익증권이 실제로 발행되어 수익자가 이를 소지하고 있는 것이 아니라, 수익자는 판매회사와 수익증권저축계약을 체결하고 수익증권이 저축재산이 되므로, 이러한 수익증권저축계약과 관련하여 수익증권의 양도가 이루어지는 경우로 볼 수 있다면, 그러한 경우 수익증권저축계약상 권리의 양도가 있다고 볼 수 있을 것이다. 앞서 본 바와 같이 이 사건 계약이전결정에 의하여 권리 이전의 합의는 있다고 볼 것이므로, 결국 수익증권 양도의 요건에 해당하는 증권의 교부로 볼 수 있는 행위가 있다면 이 사건 수익증권저축계약상의 권리가 양도되었다고 볼 수 있다. 그리고 수익증권도 동산과 마찬가지로 취급되므로 그 증권의 교부는

동산의 점유이전의 요건을 갖추면 가능하다고 볼 것인데, 민법 제190조 는 동산의 점유이전방법의 하나로서 목적물반환청구권 양도의 방법을 규정하고 있다. 앞서 본 바와 같이 수익증권저축계약은 수익증권의 혼장임치계약이므로 수익자는 위탁회사에 대하여 수익증권에 대한 공유지분과 수익증권반환청구권을 가지게 된다. 따라서 동▼은행은 피고에 대하여 가지고 있는 수익증권반환청구권을 양도하는 방법으로 수익증권의 점유이전을 할 수 있고, 이 경우 지명채권양도의 규정이 준용될 것이다. 따라서 양도인인 동▼은행이 양수인인 원고와 사이의 수익증권저축계약에 기한 수익증권반환청구권 양도합의와 양도인인 동▼은행의 양도통지가 있게 되면, 수익증권의 교부(점유이전)로 보아서 수익증권 양도의 효력발생요건이 갖추어진 것으로 보게 된다. (일반적인 지명채권양도에 있어서는 양도인의 양도통지는 대항요건에 해당하나, 양도통지가 있어야 수익증권의 점유이전이 있는 것으로 보게 되므로 이러한 의미에서 양도통지는 수익증권의 점유이전의 요건이 되어 수익증권저축계약상 권리 이전의 효력발생요건이 된다. 이렇게 보아야만 권리이전의 선후에 따른 효력의 선후를 논할 때 확정일자 있는 양도통지 여부로 결정될 수 있을 것이다.) 그리고 위 수익증권저축계약에 기한 수익증권반환청구권 양도합의와 그 양도통지와 관련하여서는, 양수인이 저축자(수익자)로부터 저축통장을 인도받은 때 반환청구권의 양도합의가 있는 것으로 볼 수 있고, 양수인이 이를 위탁(판매)회사에 제출하면서 통장의 명의개서를 요구하는 경우에는 양도인으로부터 양도통지의 권한을 넘겨받아서 양도통지를 한 것으로 보아서 양도통지의 요건을 갖춘 것으로 봄이 상당하다. 다만 위의 법리를 적용함에 있어서, 수익증권저축계약이 체결된 경우를 기명식 수익증권의 경우와 동일하게 보아서, 수익증권저축통장에서의 이체기재를 수익증권원부의 기재(수익증권이 실제 발행되지 않았으므로 수익증권에 성명을 기재하는 것을 불필요하다)와 동일시하여 통장의 이체기재는 위탁회사에 대한 대항요건이 된다고 볼 수 있다.

마. 소결론

(1) 이 사건에 있어서 이 사건 계약이전결정에 의하여 수익증권저축계약상의 권리양도에 관한 동▼은행과 원고의 합의의 효력이 있게 되고, 원고가 저축자인 동▼은행으로부터 수익증권저축통장을 넘겨받는 행위에서 수익증권반환청구권 양도의 합의가 있게 되며, 원고가 1999. 3. 15. 그 통장을 제시하며 위탁회사인 피고에 대하여 수익증권통장의 이체기재를 요구한 때에 반환청구권의 양도통지가 있은 것으로 보아서, 결국 이 시점에 수익증권의 점유이전이 있게 되는 것과 동일하게 볼 수 있어 이 사건 수익증권저축계약상의 권리가 원고에게 이전되었다고 볼 것이다. 그리고 위탁회사에 대한 대항요건과 관련하여서는 피고가 정당한 사유 없이 통장의 이체기재를 거부할 경우에는 위탁회사인 피고는 양수인인 원고에 대하여 대항요건이 갖추어지지 않았다는 주장을 신의칙상 할 수 없다고 봄이 상당하며, 상계권의 행사와 관련하여서는 채무자는 그 권리의 양도 이전에 발생한 사유로서 양수인에게 대항할 수 있다 할 것인바(통장의 이체기재가 있다고 하더라도 상계권이 소멸하지 않는다), 그렇다면 피고가 다음 항에서 살펴보는 상계권 행사를 유보하면서 수익증권통장의 이체기재(원고 명의의 새로운 통장의 발행)를 한 경우에도 위탁회사인 피고에 대한 대항요건은 갖추어졌다고 볼 것이다. 따라서 원고는 이 사건 수익증권저축계약상의 권리자로서 피고에 대항할 수 있다 할 것이다.

(2) 한편, 이 사건 투자신탁의 만기가 도래함으로써 이 사건 수익증권저축계약상의 저축재산에 해당하는 이 사건 수익증권은 그 만기 상환금에 해당하는 5,345,102,388원의 금전으로 변경되었다고 할 것이다. (원고는 만기의 수익금의 지급을 구하고 있을 뿐, 환매가 가능한 시점인 1998. 10. 1.이후 환매청구권을 행사한 바 없으며, 그러한 주장도 하고 있지 않다.) 원고는 이 사건 계약이전결정시인 1998. 6. 29.을 기준으로 한 이 사건 수익증권의 평가금액의 지급을 구하나, 앞서 본 바와 같이 원고가 저축통장의 명의변경을 요구한 1999. 3. 15.에 이르러 이 사건 수익증권저축계약상의 권리가 원고에게 이전되었으며 또한 원고가 그 이후에도 환매청구권을 행사한 바 없으므로, 피고는 원고에게 이 사건 만기의 상

환급에 상당하는 5,345,102,388원 및 이에 대하여 만기일 이후인 1999. 4. 1.부터의 지연손해금을 지급할 의무가 있다 할 것이다.

3. 피고의 상계 항변

가. 당사자의 주장

(1) 피고의 상계항변 주장

피고는, 그가 동▼은행(엄밀히 따지면 파산자 동▼은행이라 할 것이나, 이하에서는 편의상 '동▼은행'이라고만 한다)에 대하여 가지는 위 '1. 마.'에서 본 피고가 동▼은행에 대하여 가지는 경향건설 제34회 회사채 및 동▼파이낸스 1회 회사채에 대한 지급보증채권인 이 사건 회사채채권을 자동채권으로 하여 이 사건 저축금지급채무(계좌번호 1XXXX-XX-XXXXX-3)와 대등액에서 상계한다는 취지로 항변한다.

(2) 원고는 위 상계항변에 대하여 아래와 같이 주장하면서 다툰다.

(가) 이 사건 회사채는 투자신탁재산에 속하는 것인데 투자신탁재산은 법률적으로 수탁회사에게 귀속되는 것이므로 이 사건 회사채의 귀속주체는 수탁회사인 서울은행이지 위탁회사인 피고라고 할 수 없어 피고가 이 사건 회사채채권으로 이 사건 저축금지급채무에 대한 상계권을 행사할 수 없다.

(나) 가사 피고가 이 사건 회사채의 채권자라 하더라도, 피고의 동▼은행에 대한 이 사건 회사채채권은 금전채권인 반면, 동▼은행의 피고에 대한 이 사건 수익증권저축계약상의 권리는 금전채권이라 볼 수 없으므로 피고의 이 사건 상계는 채권의 동종성이라는 상계요건을 갖추지 못하여 허용되지 아니한다. 즉, 저축자(수익자)인 동▼은행이 위 수익증권저축계약상의 환매청구권을 행사하거나 투자신탁의 만기가 도래하지 않는 이상 동▼은행은 여전히 피고에 대하여 수익증권반환청구권이라는 물건인도청구권을 가지고 있으므로 피고가 이를 수동채권으로 삼아 상계할 수는 없다.

(다) 설사 신탁재산에 속하는 이 사건 회사채채권이 피고에게 귀속된다고 하더라도 신탁재산 독립의 원칙과 이를 위한 신탁재산 보호에 관한 규정들{①신탁재산에 속하는 채권과 당해 신탁재산에 속하지 아니하는 채무는 상계하지 못한다.(신탁법 제20조) ②위탁회사는 자기 채무에 대하여 수익자의 명의로 이를 부담하게 하거나 신탁재산으로 이를 변제할 수 없다.(투신업법 제17조 제3항) ③위탁회사에 대한 채권은 그 위탁회사의 신탁재산에 속하는 채권과 상계할 수 없다.(투신업법 제17조 제4항)}에 따라 위탁회사의 신탁재산에 속하는 채권인 이 사건 회사채채권과 신탁재산에 속하지 아니하는 피고의 이 사건 저축금지급채무는 서로 상계할 수 없는 것이다.

나. 채권의 상호대립 요건 충족 여부

피고가 주장하는 상계를 하기 위해서는 피고가 상계의 자동채권으로 주장하는 이 사건 회사채채권과 수동채권에 해당하는 동▼은행의 피고에 대한 이 사건 수익금 지급청구권이 대립하고 있어야 하고, 이러한 채권의 상호대립 요건이 충족되기 위해서는 자동채권은 원칙적으로 상계자 자신이 피상계자에 대하여 가지는 채권이어야 한다.(이러한 점에서 채권의 귀속주체에 관한 쟁점으로 이해될 수 있다.) 이하에서, 이 사건 회사채채권과 이 사건 수익금지급 청구권이 상계의 요건으로서 상호대립의 요건을 충족하고 있는지, 피고가 상계를 위하여 이 사건 회사채채권을 행사할 수 있는지에 관하여 증권투자신탁의 구조 및 법률관계, 상계에 있어서 자동채권은 반드시 상계권자가 가지는 채권이어야 하는지 여부와 관련하여 살펴본다.

(1) 증권투자신탁의 구조

증권투자신탁은 다수의 투자자들이 제공한 자금을 집합하여 투자펀드를 조성하고, 이를 전문적인 투자관리자가 관리·운용하고 그 수익을 투자자들에게 분배하는 집단적 간접투자수단인 집합투자기구

(collective investment scheme)의 일종으로, 유가증권을 그 투자대상으로 하는 집합증권투자기구의 하나이다. 그리고, 투자자들이 제공한 자금에 의한 조성된 집합재산을 투자관리자가 관리·운용하게 되므로, 투자자들의 집합재산과 투자관리자의 고유재산을 법적으로 분리할 필요가 있는바, 증권투자신탁은 그 도구로써 '신탁'이라는 법적 형식을 이용하는 것이다. 그런데, 증권투자신탁에서는 투자관리자인 위탁회사가 신탁재산을 직접 보관하는 것이 금지되고 공신력 있는 수탁회사로 하여금 보관하도록 강제되고 있다. 이는 자금의 운용은 투자전문가인 위탁회사가 하되, 신탁재산의 보관은 수탁회사가 맡도록 함으로써, ① 신탁재산의 안전한 보관, ② 운용효율성의 제고, ③ 수익자 보호의 기능을 하도록 하는 것이다. 즉 전통적인 신탁에서는 수탁자가 신탁재산에 대한 소유권을 가지면서 신탁재산에 대한 관리의무를 부담함에 반하여, 증권투자신탁에서는 전통적인 수탁자의 지위가 신탁재산의 운용자인 위탁회사와 신탁재산의 보관주체인 수탁회사로 분리되게 된다. 따라서 증권투자신탁은, 신탁이 가지고 있는 재산의 ① 명목상 소유권(title)과 ② 관리권(management)을 ③ 수익적 향유권(beneficial interests)으로부터 분리할 수 있는 능력을 활용하여 명목상 소유권을 수탁회사에게, 관리권을 위탁회사에게, 수익적 향유권을 투자자인 수익자에게 부여하고 있다고 볼 수 있다.

(2) 신탁재산 독립의 원칙 및 신탁재산의 보호

한편, 투자자들이 제공한 집합재산은 신탁재산으로 법적 구성되는데, 이 신탁재산은 투자자들의 집합투자를 목적으로 형성된 것이므로 증권투자신탁관계의 당사자로부터 독립되어 보호되어야 한다.

(가) 수탁회사와의 관계

신탁재산은 법적인 소유명의는 수탁회사에게 있지만, 실질상 집합투자라는 신탁의 목적에 제공된 특별한 재산의 집합체로서 개념상 수탁자의 고유재산과 구별되고 실제적으로도 분별관리되어야 한다.(신탁법 제30조) 또한 수탁회사가 위탁회사로부터 신탁재산의 보관을 위탁받은 때에는 그 재산이 신탁재산이라는 사실과 보관을 위탁한 위탁회사의 명칭을 명기하여 신탁재산을 관리하여야 하고(투신업법 제17조 제5항), 수탁자회사의 채권자는 신탁재산에 대하여는 강제집행을 할 수 없으며(신탁법 제21조), 신탁재산은 수탁회사의 파산재산 구성재산에서 제외되고(신탁법 제22조), 신탁재산에 속하는 채권과 당해 신탁재산에 속하지 아니하는 채무는 상계하지 못한다(신탁법 제20조).

(나) 위탁회사와의 관계

위탁회사는 신탁재산의 법적 소유자가 아니므로, 위탁회사의 파산은 신탁재산에 대하여 아무런 영향이 없고(다만, 투자신탁계획의 창설자이며 투자신탁운용의 핵심적인 역할을 하는 운용자의 파산은 투자신탁의 종료를 가져올 것이다.), 위탁회사의 채권자는 신탁재산에 대하여 강제집행을 할 수 없음은 당연하다. 그런데, 투신업법은 위탁회사가 자기 채무에 대하여 수익자의 명의로 이를 부담하게 하거나 신탁재산으로 이를 변제할 수 없도록 하고(제17조 제3항), 위탁회사에 대한 채권은 그 위탁회사의 신탁재산에 속하는 채권과 상계할 수 없다(제17조 제4항)는 규정을 두고 있는바, 이는 신탁재산의 운용권한, 즉 신탁재산에 대한 실질적 처분권이 위탁회사에 있는 점을 감안하여 불필요한 분쟁의 소지를 방지하기 위한 주의적 규정으로 볼 수 있다.

(다) 수익자와의 관계

신탁재산은 수익자로부터 독립되어 있는바, 투자신탁의 안정적인 투자운용을 위하여 투자신탁원본은 자본적 성격을 지니고 유지되어야 하므로, 수익자는 신탁재산에 대한 직접적인 권리를 주장할 수 없고, 투자신탁 존속 중에는 위탁회사에 대한 환매청구권만을 행사할 수 있다. 그러나 투자신탁관계가 종료하게 되면 수익자는 상환금 지급청구권을 가지게 되며 이러한 의미에서 신탁재산은 수익자들의 귀속재산의 성질을 지닌다고 볼 수 있다.

(라) 신탁재산 상호간의 독립의 원칙

신탁재산은 앞서 본 바와 같은 투자신탁의 당사자(고유재산)로부터 독립되어 있을 뿐만 아니라, 신탁재산 상호간에도 독립의 원칙이 유지된다. 수탁회사는 신탁재산 별로 분별하여 관리하여야 하며(신탁법 제30조), 신탁재산에 속하는 채권과 당해 신탁재산에 속하지 아니하는 채무는 상계하지 못한다(신탁법 제20조).

(3) 신탁재산의 편입된 개개의 재산권 행사의 주체

신탁재산은 위에서 본 바와 같이 법적 소유명의자는 수탁회사이고, 그 운용주체는 위탁회사인바, 신탁재산에 편입된 개개의 재산권(유가증권 등)의 행사 주체가 문제될 수 있다. 투신업법상 위탁회사는 수익자들로부터 위탁받은 신탁재산을 투자·운용하고 그와 관련하여 수탁회사에 대하여 유가증권 등의 취득·매각 등에 관하여 필요한 지시를 하며, 수탁회사는 단지 위탁회사의 지시에 따른 업무만을 수행한다. 한편, 실무관행상으로도 수탁회사가 유가증권에 대한 매매계약을 직접 체결하는 것이 아니라, 위탁회사가 유가증권의 매매주문을 증권회사에 내고 수탁회사는 단지 결제만을 담당하고 있다. 투신업법은 "위탁회사는 신탁재산인 유가증권 등에 관한 의결권 등 모든 권리를 행사할 수 있다. 다만, 의결권 이외의 권리는 수탁회사를 통하여 이를 행사하여야 한다.(제25조)"고 규정하고 있다. 따라서 대외적인 권리행사의 주체는 거래의 안전을 위해서 수탁회사가 권리행사의 주체가 되고(소송에서 당사자적격 등), 다만, 수탁회사와 위탁회사의 관계에서는 수탁회사는 위탁회사의 지시에 따라 행동하게 되며, 또한 권리행사의 결과에 대한 계산은 모두 신탁재산(수탁회사의 고유재산이 아님)에 귀속되게 된다.

(4) 상환금 지급의무의 주체 등

한편, 수익자가 가지는 권리인 환매청구권 행사에 따른 환매대금 지급청구권과 이익배당금 및 상환금 지급청구권은 모두 종국적으로는 신탁재산의 운용성과에 따라서 신탁재산을 처분하여 조성한 자금으로 지급하게 된다. 위탁회사가 수익자에 대하여 수익권에 상응하는 환매대금 지급의무와 상환금 지급의무를 부담하게 되지만, 수탁회사가 투자신탁회계기간의 종료에 따른 이익분배금 또는 투자신탁계약기간의 종료에 따른 상환금 등을 위탁회사의 청구에 따라 지체 없이 위탁회사에 인도할 의무를 부담함으로써 종국적으로는 수익자의 권리는 신탁재산의 계산으로 귀속되게 되는 것이다.

(5) 상계권자가 반드시 자동채권의 법적 권리자이어야 하는지 여부

앞서 본 바와 같이, 채권의 상호대립 요건이 충족되기 위해서는 자동채권은 원칙적으로 상계자 자신이 피상계자에 대하여 가지는 채권이어야 하는데, 자동채권이 상계자 자신이 피상계자에 대하여 가지는 채권이어야 한다는 원칙이 언제나 절대적으로 요구되는 것은 아니다. 즉 민법 제434조 는 "보증인은 주채무자의 채권에 의한 상계로 채권자에게 대항할 수 있다."고 규정하고 있으며, 민법 제418조 제2항은 "상계할 채권이 있는 연대채무자가 상계하지 아니한 때에는 그 채무자의 부담부분에 한하여 다른 연대채무자가 상계할 수 있다."고 규정하여 연대채무자 또는 보증인은 다른 연대채무자나 주채무자가 채권자에 대하여 가지는 채권으로 상계할 수 있음을 인정하여 위 원칙이 절대적이지 아니하고 예외가 있음을 보여주고 있다.

(6) 소결론

위 (1) 내지 (3)에서 본 바와 같이, 이 사건 회사채채권은 신탁재산의 일부로서 법적 소유명의는 수탁회사이고 그 운용(실질적인 권리행사)의 주체는 위탁회사이지만, 회사채채권의 취득, 매각, 추심 등의 경제적 및 법률효과는 모두 수탁회사와 위탁회사에 귀속되는 것이 아니라 신탁재산으로 귀속되게 된다. 다만, 신탁재산이 독립한 법인격을 가지지 못하므로 법적 소유명의는 수탁회사 앞으로 두면서, 신탁법리에 의해 수탁회사의 고유재산과 구별하여 신탁재산을 독립적으로 보호하고 있는 것이다. 또한,

위 (4), (5)에서 본 민법상의 보증채무와 증권투자신탁에서 위탁회사가 수익자에 대하여 부담하는 의무(수익자의 권리에 대응)의 구조를 비교해 보면, ① 보증채무는 주채무와 동일한 급부를 내용으로 하는 것으로서 보증채무의 이행이 있게 되면 주채무가 소멸하고 보증인은 주채무자에 대하여 구상권을 취득하는바, 보증채무가 구상권을 통해서 종국적으로 주채무자의 재산으로 향하고 있으며, ② 증권투자신탁에 있어서 수익자가 가지는 권리인 환매청구권의 행사에 따른 환매대금 지급청구권과 이익배당금 및 상환금 지급청구권은 모두 신탁재산의 운용성과에 따라서 신탁재산을 처분하여 조성한 자금으로 지급하게 되며, 이러한 의미에서 수익자의 위 권리는 모두 신탁재산을 향하고 있는 것이다. 즉 위탁회사는 자신의 수익자에 대한 의무(환매대금 지급의무, 이익배당금 및 상환금 지급의무)의 이행에 있어서 사전 또는 사후에 신탁재산의 처분에 따른 자금을 수탁회사로부터 인도받아 이행하게 되는 것이며, 이는 보증인이 보증채무를 이행할 경우 주채무자에 대하여 구상권을 가지는 구조와 유사하다고 볼 수 있다. 따라서, 수익자에 대해 증권투자신탁상의 의무를 부담하고 신탁재산에 대한 관리·운용권한을 가지는 위탁회사는 당해 투자신탁재산(펀드)에 속하는 개개의 권리인 회사채채권의 대외적인 법적 소유명의가 수탁회사임에도 불구하고 이를 자동채권으로 하여 당해 투자신탁과 관련한 수익자의 권리(환매대금 지급청구권, 이익배당금 및 상환금 지급청구권)를 수동채권으로 하여 상계권을 행사함에 있어서 위 양 채권의 상호대립의 요건을 충족한다고 볼 것이다. 위와 같은 관점에서, 증권투자신탁에서 수익자가 위탁회사에 대하여 가지는 권리(채권)와 신탁재산에 속하는 채권 중 그 채무자가 수익자인 채권은 민법 제434조 의 유추적용에 의하여 상계의 요건 중 하나인 채권의 상호대립의 요건을 충족한다고 볼 수 있다. 다만, 위 채권의 상호대립의 요건은 앞서 본 바와 같이 동일한 신탁재산을 기초로 하고 있어야만 충족될 수 있는 것이다. 즉 위탁회사가 동일하다고 하더라도 신탁재산 상호간 독립되어 있음에 비추어 투자신탁(펀드)이 상이한 경우에는 채권의 상호대립의 요건은 충족되지 못한다고 할 것이다. 그런데, 이 사건에 있어서는 이 사건 회사채채권이 신탁재산의 일부로 편입된 투자신탁(펀드)은 수동채권에 해당하는 동▼은행의 수익증권저축금 지급채권과는 투자신탁(펀드)을 달리하고 있으며, 다만 각 투자신탁(펀드)의 위탁회사가 피고로 동일할 뿐인바, 신탁재산은 앞서 본 바와 같이 신탁재산 상호간에도 독립되어 있음에 비추어 볼 때, 이는 채권의 상호대립의 요건을 충족하지 못하다고 할 것이다.

다. 채권의 동종성 요건

동▼은행과 피고 사이에 체결된 이 사건 각 수익증권저축계약에 의하면, 동▼은행과 같은 저축자(수익자)는 저축재산의 인출방법으로 수익증권의 인도를 구할 수도 있고 환매청구권의 행사를 통하여 수익증권을 환매한 대금의 지급을 구할 수도 있는바, 동▼은행이 가지는 수익증권인도청구권은 금전채권인 이 사건 회사채채권과 채권의 동종성이 없다고 볼 여지가 있다. 그런데, 수익증권저축계약의 저축자가 수익증권인도청구권을 행사한다고 하더라도 그 인도를 통하여 수익증권의 보유자로서 증권투자신탁에서 수익자의 지위를 취득하는 결과를 가져오게 되며, 이 경우 수익자로서는 환매청구권을 행사하거나, 신탁의 만기에 이르러 상환금의 지급을 구할 수 있을 뿐이므로 결국 이는 금전채권으로 귀착된다고 할 것이다. 따라서 위탁회사가 수익증권저축계약의 당사자가 되는 구조에서, 비록 수익증권저축계약이 체결되어 있다고 하더라도 위탁회사가 저축자에 대하여 부담하는 수익증권저축계약상의 의무는 금전지급채무의 성질을 가지는 것으로 볼 수 있어, 채권의 동종성 요건은 충족될 수 있다고 할 것이다.

라. 증권투자신탁의 본질과 관련한 문제

(1) 피고 주장의 상계의 처리과정

이 사건 상계의 처리과정은, 상계로 인하여 이 사건 수익증권저축금채무의 대상펀드의 수익증권 계좌수(지분)가 줄어들게 되고, 그 지분에 해당하는 당해 투자신탁(펀드)의 재산가치에 상당하는 금원을 일부해지에 따른 해지대금 혹은 투자신탁종료 후 상환금의 형태로 위탁회사인 피고가 인도받아서 이를 상계로 소멸할 이 사건 회사채채권(자동채권)이 속한 펀드에 그 대등액을 현금으로 입금하는 것으로 처리하고, 부실화된 이 사건 회사채를 상각하지 아니한다는 취지로 피고의 주장을 요약할 수 있다. 그런데, 피고의 입장에서는 부실화된 이 사건 회사채채권을 그 평가액으로 상각할 수 있으므로 위와 같은 입금처리를 할 의무를 부담한다고 볼 수 없으며, 그러한 입금처리는 피고가 운용하는 펀드의 실적을 높일 수 있게 되어 피고의 영업에 유리한 결과를 가져오기 위한 것으로 볼 수 있는바, 따라서 피고 주장과 같은 입금처리를 위하여 상계가 허용되어야 한다는 주장은 이유 없다. 또한 이 사건과 같이 피고가 위탁회사로 운용중인 다수의 투자신탁(펀드)이 동▼은행이 발행·보증한 회사채를 보유하고 있는 경우, 과연 어느 투자신탁(펀드)이 보유하고 있는 회사채로 상계할지 여부도 불분명하게 된다.

(2) 실적배당의 원칙에 반한다.

증권투자신탁에 있어서 그 신탁재산의 운용 결과에 대한 손익이 모두 수익자에게 귀속되는 실적배당주의와 그 실적이 오로지 수익증권 구좌수라는 투명한 기준에 의하여 수익자에게 균분되는 수익자평등대우주의에 비추어 볼 때, 만약 위탁회사가 신탁재산의 운용을 잘못하여 부실한 회사채 등에 투자하였다면 수익자로서는 그러한 손실을 감수하여야 함은 증권투자신탁제도의 본질상 당연한 것이다. 그런데, 피고의 주장과 같이 이 사건 상계를 적법한 것으로서 허용하게 되면 이 사건 회사채채권이 부실화됨으로써 이를 신탁재산으로 편입하고 있는 투자신탁(펀드)의 청산가치가 감소되어야 함에도 불구하고 그대로 유지하게 되는 결과를 가져오므로, 이는 증권투자신탁의 실적배당의 원칙에 반한다고 할 것이다.

마. 소결론

그렇다면, 피고의 이 사건 상계는 먼저 수동채권에 해당하는 이 사건 수익금 지급청구권과 자동채권에 해당하는 이 사건 회사채채권이 그 투자신탁(펀드)를 달리하고 있어 채권의 상호대립의 요건을 충족하지 못하고 있고, 또한 증권투자신탁의 본질인 실적배당의 원칙에 비추어도 상계가 허용되지 않아야 할 것인바, 결국 이 사건 상계는 이유 없다.

203. 대법원 2002. 12. 6. 선고 2000다4210 판결 [배당이의][500]

[논점] 다수의 채권자가 채권의 효율적인 회수를 위하여 채권자단의 대표에게 자신들의 채권을 양도하고 그 양도된 채권을 피담보채권으로 한 근저당권을 양수인 명의로 설정받은 경우, 제반 사정에 비추어 그 채권양도는 소송신탁에 해당하지 않는다고 한 사례

【이 유】

3. 상고이유 제2, 3, 6주장에 관하여

소송행위를 하게 하는 것을 주목적으로 채권양도 등이 이루어진 경우 그 채권양도가 신탁법상의 신탁에 해당하지 않는다고 하여도 신탁법 제7조[501]가 유추적용되므로 무효라고 할 것이고(대법원 1969. 7. 8. 선고 69다362 판결, 1996. 3. 26. 선고 95다20041 판결 등 참조), 소송행위를 하게 하는 것이 주목적인지의 여부는 채권양도계약이 체결된 경위와 방식, 양도계약이 이루어진 후 제소에 이르기까지의

500) 이 판결에 대한 평석은, 윤경, 소송신탁의 판단기준 및 임의적 소송담당의 허용한계, 쥬리스트(Jurist) 389호, 청림인터렉티브, 54면 이하를 참고할 것.

501) 현행 신탁법 제6조.

시간적 간격, 양도인과 양수인간의 신분관계 등 제반상황에 비추어 판단하여야 할 것이다(대법원 1991. 11. 12. 선고 91다26522 판결, 1997. 5. 16. 선고 95다54464 판결 등 참조).

기록 중의 증거들에 의하니, 이 사건 채권양도가 소송신탁에 해당한다고 볼 만한 사정에 관한 별다른 입증자료가 없는 반면, 오히려 피고들 및 그들에게 채권양도를 한 제약회사들은 모두 동일한 채무자에 대하여 물품대금채권을 가지고 있는 채권자들로서 자신 명의로 담보를 설정받을 수 있지만, 다수 당사자가 권리를 행사하는 불편함을 없애고 채권의 효율적인 회수를 하기 위하여 채권자단의 대표인 피고들에게 자신의 채권을 양도하여 근저당권자를 피고들 명의로 하였던 사실, 피고들은 1995. 10. 27. 채권양수를 하고, 그 양수채권액을 포함한 채권자 전원의 채권합계액 중 위의 최고액을 한도로 같은 달 30. 근저당권 설정등기를 하였는데, 그 근저당권에 기한 임의경매신청을 한 날짜는 1997. 10. 29.이어서 그 시간적 간격이 짧지 않은 사실, 채무자들은 다른 제약회사들이 이미 가지고 있거나 장래 발생할 채권을 피고들 앞으로 채권양도를 하고, 그 채무를 근저당권의 피담보채무에 포함시키기로 하는 약정에 대하여 이를 용인하고, 그 합의의 당사자로 되었던 사실을 알 수 있으므로, 앞서 든 법리에 비추어 볼 때, 위의 채권양도는 소송행위를 하게 하는 것이 주목적이었다고 볼 수는 없다.

같은 전제에서, 원심판결이 원고의 주장을 받아들이지 아니한 것은 정당하다.

204. 대법원 2002. 12. 6.자 2002마2754 결정 [항고각하]

[논점] 신탁재산이 수탁자의 일반채권자의 공동담보로 되는지 여부

【이 유】

1. 재항고이유 제1점에 대하여

신탁법상의 신탁재산은 위탁자의 재산권으로부터 분리될 뿐만 아니라 수탁자의 고유재산으로부터 구별되어 관리되는 독립성을 갖게 되는 것이며(대법원 1987. 5. 12. 선고 86다545, 86다카2876 판결), 그 독립성에 의하여 수탁자 고유의 이해관계로부터 분리되므로 수탁자의 일반채권자의 공동담보로 되는 것은 아니다.

따라서 경매목적물이 정리회사의 고유재산이 아니라 신탁재산이라면 회사정리법 제67조[502]에 따른 경매절차의 금지 내지 중지조항이 적용될 것은 아니다 .

같은 취지로 판단한 원심은 정당하고 거기에 재항고이유에서 주장하는 바와 같은 회사정리절차나 신탁재산에 관한 법리오해의 위법이 없다.

205. 대법원 2002. 11. 26. 선고 2002다42209 판결 [손해배상(기)]

[논점] 신탁계약 해지에 대한 수탁자의 손해배상책임을 인정한 사례

【이 유】

1. 원심판결 이유 및 기록에 의하면 다음과 같은 사실을 인정할 수 있다.

가. 원고는 1995. 6. 24. 피고 및 C 주식회사(이하 'C'이라 한다)와 사이에 피고가 원고로부터 서울 강동구 D 외 5필지 2,755㎡(이하 '이 사건 토지'라 한다)를 수탁받아 C을 수급인으로 하여 지하 7층, 지상 30층 규모의 주상복합건물을 신축하여 분양하기로 하는 내용의 토지신탁사업 기본약정(이하 '이 사건

---

502) 현행 채무자회생법 제58조.

기본약정'이라 한다)을 체결하였다.

나. 이 사건 기본약정에 따라 피고와 C은 1995. 6. 30. 위 신축공사에 대하여 도급금액을 33,580,500,000원으로 잠정적으로 정하되, 건축 인·허가 후 본 계약시 피고와 C이 협의하여 조정할 수 있도록 하는 내용의 가계약을 체결하였다.

다. 이 사건 기본약정을 기초로 원고와 피고 사이에 1996. 6. 12. 원고가 이 사건 토지에 건물을 신축하여 분양하는 것을 목적으로 이 사건 토지를 피고에게 신탁하기로 하는 내용의 분양형 토지신탁 기본협정이 체결된 다음, 이에 의거하여 원고와 피고 및 C사이에 1996. 6. 29. 이 사건 토지에 관하여 위탁자 겸 수익자를 원고로, 수탁자를 피고로, 우선수익자를 C로 하는 분양형 토지신탁계약(이하 '이 사건 신탁계약'이라 한다)이 체결되었다.

라. 이 사건 신탁계약 당시 피고가 건물 건축공사, 신탁부동산의 관리·운용 기타 신탁사무에 대하여 선량한 관리자의 주의로서 처리한 경우에는 원고 또는 수익자에게 손해가 발생되더라도 그 책임을 지지 아니하기로 약정하였다.

마. 그 후 원고는 C로부터 차용한 금원으로 이 사건 토지를 매수하여 피고 앞으로 신탁등기를 마쳤다.

바. 피고가 이 사건 신탁계약 체결일인 1996. 6. 29. C에게 이 사건 신탁사업의 여건이 변화되고, 업무감독기관인 재정경제원이 총 사업비의 50% 범위 내에서만 신탁자금을 차입할 수 있도록 업무지침을 변경하였음을 이유로, 신탁자금차입에 의한 기성지급율을 50%로 축소하는 것으로 이 사건 기본약정의 내용을 변경할 것을 요구함에 따라 그 협상이 진행되었으나 결국 합의점을 찾지 못하고 협상이 결렬되어 결국 피고와 C 사이에 공사도급계약이 체결되지 못하였다.

사. C은 1998. 10. 22.경 피고에게 이 사건 신탁사업을 추진할 의사가 없다는 이유로 이 사건 기본약정을 해지한다고 통지하였다.

아. 또한 C은, 원고가 차용한 위 토지대금을 상환기일 내에 변제하지 아니하자, 1998. 10. 24.경 원고에 대하여, 피고의 약정 불이행 및 원고의 대여금 미상환 등으로 이 사건 신탁사업이 정상적으로 추진되기 어렵다는 이유로 이 사건 기본약정을 해지한다고 통지하였다.

자. 한편 C은 서울지방법원 98파10052호로 이 사건 신탁계약의 해지명령을 신청하여, 1999. 5. 12. 위 법원으로부터 이 사건 신탁계약의 해지를 명하는 결정을 받고 위 결정이 그 무렵 확정되었다.

2. 원고는, 주위적으로 피고의 채무불이행으로 인하여 이 사건 기본약정 및 신탁계약이 해지되었으므로 피고는 이로 인한 손해를 배상할 책임이 있다고 주장하였는바, 원심은 판시와 같은 사정에 비추어 볼 때, 피고가 수탁자로서 선량한 관리자의 주의의무를 다하여 충실히 신탁사업을 수행하여야 할 의무가 있음에도 C에게 이 사건 기본약정에 따른 계약조건의 변경을 무리하게 요구하면서 신탁사업의 수행을 지연 또는 거부함으로써 이로 인하여 이 사건 기본약정 및 신탁계약이 해지되었고, 원고 주장의 비용 중 일부는 피고의 채무불이행으로 인한 손해에 해당하므로 피고는 원고에게 이를 배상할 책임이 있다고 판단하였다.

원심판결 이유를 기록에 비추어 살펴보면, 원심의 판단은 수긍할 만하고 거기에 상고이유로 주장하는 바와 같이 변론주의를 위반하거나 이 사건 신탁계약의 해석을 그르치고 채증법칙을 위반하여 사실을 오인한 위법이 있다고 할 수 없다.

206. 대법원 2002. 11. 22. 선고 2001다49241 판결 [수익증권저축금반환]

[논점] 투자신탁에 의하여 수탁회사가 보관하고 있는 신탁재산에 속한 채권을 자동채권으로 하는 상계권의

행사자

【이 유】

증권투자신탁업법[503]에 따른 투자신탁에 의하여 위탁회사[504]가 투자자(수익자)들로부터 모은 자금 등을 신탁하여 수탁회사[505]가 보관하고 있는 신탁재산은 신탁법 및 증권투자신탁업법의 법리에 의하여 대외적으로 수탁회사가 그 소유자가 되며, 따라서 신탁재산에 속한 채권을 자동채권으로 하는 상계권 역시 수탁회사가 행사하여야 하는 것이고, 이 경우 수동채권은 수탁회사가 부담하는 채무이어야 하되, 이와 같은 상계는 신탁법 및 증권투자신탁업법의 관계 규정에 의한 제한을 받는다고 할 것이다. 증권투자신탁업법의 관계 규정에 따라 위탁회사는 선량한 관리자로서 신탁재산을 관리, 운용할 책임이 있으나, 같은 법 제25조 제1항 단서[506]에 의하여 의결권 외의 권리는 수탁회사를 통하여 이를 행사하도록 되어 있으므로,[507] 상계권에 관해서도 위탁회사가 수탁회사에게 지시하여 수탁회사로 하여금 일정한 내용으로 상계권을 행사하게 할 수는 있을 것이나, 스스로 신탁재산에 속한 채권에 관하여 상계권을 행사할 수는 없다.

이와 결론을 같이 하는 원심 판단은 옳고, 거기에 상고이유에서 지적하는 바와 같은 각 법리오해의 잘못이 있다고 할 수 없다.

원심은 나아가, 신탁재산독립의 원칙에 비추거나 신탁재산에 관한 상계금지를 규정한 신탁법 제20조[508]와 증권투자신탁업법 제17조 제4항의 규정 취지 등에 비추어도 수익자가 가입한 신탁재산에 대한 수익증권환매청구권 등과 다른 신탁재산의 그 수익자에 대한 채권은 서로 상계될 수 없다는 취지로 판단하고 있는바, 이는 위탁회사인 피고가 수탁자가 보관하고 있는 신탁재산에 속한 채권을 자동채권으로 하여 상계할 수 있음을 전제로 하는 가정적, 부가적 판단이라 할 것인데, 위탁회사인 피고는 그와 같은 상계를 할 수 없음이 위에서 본 바와 같은 이상 이 부분 판단의 당부는 판결의 결과에 영향을 미치지 못한다. 따라서 이 점에 관한 상고이유는 당부를 판단할 필요 없이 받아들일 수 없다.

207. 대법원 2002. 10. 25. 선고 2002다25464 판결

[논점] 수탁자가 선량한 관리자로서의 주의의무를 위반했다고 볼 수 없다고 한 사례

【이 유】

1. 제1주장에 관하여.

원심은 그의 채용증거들을 종합하여, 피고와 신동양간의 분양형 토지신탁 기본협정의 체결사실과 그 협정내용, 원고와 피고 및 신동양 3자간의 토지신탁사업약정의 체결사실과 그 약정내용, 원고가 대한보증보험주식회사로부터 신동양의 한국토지공사에 대한 매매대금채무의 담보를 위한 이행보증보험증권을 발급받아 한국토지공사에 제출한 경위, 원고와 신동양간의 신탁수익권에 대한 질권설정계약의 체결과 피고의 질권설정의 승낙, 신동양과 피고간의 신동양을 위탁자 겸 최초의 수익자, 피고를 수탁자로 한 분양형토지신탁의 계약사실 및 그 신탁계약의 내용, 원고와 피고간의 공사도급계약의 체결사실, 건물분양의 부진으로 인한 공사의 중지 등에 관하여 원심판시와 같은 기초사실을 인정하였다.

503) 현행 자본시장법.
504) 현행 자본시장법상의 집합투자업자.
505) 현행 자본시장법상의 신탁업자.
506) 현행 자본시장법 제80조, 제87조.
507) 현행 자본시장법 제184조.
508) 현행 신탁법 제25조.

원고는 피고가 신동양과의 신탁계약 체결 후 원고에게 공사중단을 요청하는 등으로 신탁사업을 사실상 중단, 해지함으로써 원고가 취득한 질권의 목적인 신탁수익권이 발생하지 아니하도록 하여 원고로 하여금 손해를 입게 하였으므로 피고는 원고에 대하여 채무불이행책임 또는 불법행위책임이 있다고 주장하였다. 이에 대하여 원심은, 피고가 1997. 7. 29. 신동양과 사이에 토지신탁계약을 체결한 후 1998. 5. 무렵 원고에게 공사중지를 요청하고, 그 달 30일에는 신동양과의 분양대행계약을 해지하였다가 그 해 8. 18. 에 이르러는 원고와의 공사도급계약을 해지하는 등으로 이 사건 신탁사업을 원래의 목적대로 수행하지 않고 이를 중도에 그만두었다는 사실을 인정한 후, 한편, 이 사건 신탁사업은 차입금과 분양수입금에 의하여 자금을 조달하기로 되어 있었는데 이 사건 신탁계약 직후 우리나라가 국제통화기금 관리체제에 돌입하게 됨에 따라 경제사정이 크게 악화되어 차입금에 대한 금리가 급격히 상승하였을 뿐 아니라 차입 자체도 상당히 어렵게 되었으며 더욱이 이 사건 건물에 대한 분양실적이 크게 저조하였던 사실, 피고는 토지대금을 제외한 사업비를 50%의 범위 내에서만 차입금으로 조달하기로 약정함에 따라 건물분양이 이루어지지 않게 되면 나머지 사업비는 신동양의 차입금에 의존할 수밖에 없는데 신동양은 1997. 12. 무렵 이미 도산하여 사업비를 차입하는 것이 사실상 불가능하였던 사실, 따라서 이 사건 신탁사업에 필요한 자금(차입금 및 분양수입금)을 조달하는 것이 극히 어려웠고 조달한다 하여도 그 이자부담을 감당하기가 매우 힘들었다는 등의 사실을 인정하였다.

원심은 나아가, 당시의 경제사정에 비추어 자금부족으로 이 사건 신탁사업을 계속 수행하기도 어려웠을 뿐더러 이를 계속 수행한다 하여도 오히려 손실이 더 커질 가능성이 상당히 높았다고 보이는데, 이 사건과 같은 토지신탁은 실적배당주의에 의하여 운용되어 신탁사업의 결과 발생하는 이익과 손실이 모두 위탁자·수익자에게 귀속되기 때문에 만약 손실이 발생하는 경우에도 이는 궁극적으로 수탁자가 아니라 위탁자·수익자가 부담하게 되므로 수탁자로서는 경제사정의 변화 등으로 말미암아 당초의 예상과는 달리 신탁사업의 수익성이 떨어져 이를 계속 수행하는 경우 손실의 발생이나 확대가 예상되는 때에는 이를 해지하거나 중단하는 것만이 선량한 관리자로서의 주의의무를 다하는 결과로 되는 점을 고려할 때, 수탁자인 피고가 위와 같은 상황 하에서 신탁사업을 중단하게 된 일련의 행위가 이 사건 토지신탁사업약정이나 토지신탁계약 또는 질권설정계약 상의 의무를 위반한 것이라거나 또는 불법행위를 구성하는 위법한 행위라고 볼 수는 없다고 판단하여 피고가 채무불이행 또는 불법행위에 의하여 원고의 질권을 침해하였음을 이유로 한 원고의 손해배상 주장을 받아들이지 아니하였다.

기록 중의 증거들과 대조하여 살펴보니, 원심의 그 사실인정 및 판단은 모두 정당하고, 거기에 증거법칙을 위반하여 사실을 잘못 인정한 위법이 없으며, 위의 기본협정과 각 계약조항들을 그 관련 사실에 비추어 본즉, 원심의 그 판단도 정당하고 그 판단에는 계약의 해석에 관한 법리를 오해한 위법이 없다.

2. 제2주장에 관하여.

민법 제451조 제1항이 채권양도에 대하여 이의를 보류하지 않고 승낙을 한 채무자에 대하여 양도인에 대한 항변사유를 제한한 취지는 이의를 보류하지 않은 승낙이 이루어진 경우 양수인은 양수한 채권에 아무런 항변권도 부착되지 아니한 것으로 신뢰하는 것이 보통이므로 채무자의 '승낙이라는 사실에 공신력을 주어 양수인의 신뢰를 보호하고 채권양도나 질권설정과 같은 거래의 안전을 꾀하기 위한 것임은 상고이유의 주장과 같다.

그러나, 채무자로서는 채권양도나 질권설정에 대하여 승낙을 할 당시 양도인에 대한 대항사유가 이미 존재하고 있거나 가까운 장래에 발생할 가능성이 있음을 예상할 수 있는 경우에만 비로소 채권양도나 질권설정에 대하여 이의를 보류하고 승낙을 할 수 있으므로 채권양도나 질권설정 후에 비로소 양도인에 대한 대항사유가 발생하였고, 채권양도나 질권설정에 대한 승낙 당시 채무자가 그와 같은 대항사유가 상당한 정도로 발생할 가능성이 있음을 인식하지 못한 이상 채무자로서는 그와 같은 양도인에 대한 대항사유를 양수인이나 질권자에게 주장할 수 있다고 할 것이다(대법원 2002. 3. 29. 선고 2000다13887 판결, 2001. 6. 15. 선고 99다72453 판결 참조).

같은 취지의 원심의 판단은 정당하고, 거기에 질권설정시 이의를 보류하지 아니하고 한 채무자의 승낙의 효력에 관한 법리를 오해한 위법이 없다.

3. 제3주장에 관하여

기록에 의한즉, 원고는 원심에 이르기까지 피고가 원고와의 공사도급계약을 해지하고 신동양과의 분양대행계약을 해지하는 등으로 신탁사업을 사실상 중단, 해지함으로써 신동양의 신탁수익권에 대한 질권자인 원고에게 손해를 입혔다고 주장하였을 뿐 피고는 민법 제352조 위반으로 인한 손해배상책임이 있다는 주장을 한 바가 없을 뿐만 아니라 이 사건 사실관계에서 그 주장을 받아들이지 아니한다는 전제에서 나온 원심판결에 원고의 민법 제352조 위반으로 인한 손해배상책임 주장에 대한 판단을 빠뜨린 위법이 없다.

4. 제4주장에 관하여.

원고는 원고와 신동양이 신탁수익권에 대한 질권설정계약 당시 질권설정기간 중 신탁계약의 중도해지나 신탁기간 만료로 신탁계약이 종료되는 경우 상가의 미분양 등으로 설정자가 채무를 상환하지 못하였을 때에는 설정자는 수탁자와 협의하여 질권자의 대위변제분의 채권회수를 위하여 해당 신탁재산을 매각하여 질권자에게 우선변제하기로 약정하였고 이에 대하여 설정자인 피고가 이의를 유보하지 아니하고 질권설정에 동의한 이상 위의 질권설정계약은 피고에게도 효력이 있으므로 피고는 위의 우선변제의 약정에 따라 원고에게 이 사건 부동산을 매각한 돈 5,099,400,000원 중 4,350,383,820원을 우선하여 지급할 의무가 있다고 주장하였다.

이에 대하여, 원심은 원고와 신동양이 신탁수익권에 관하여 질권설정계약을 체결할 당시 작성된 질권설정계약서 제8조 제1항에 '질권설정기간 중에 신탁계약의 중도해지 또는 신탁기간만료로 인하여 신탁계약이 종료하는 경우 상가의 미분양 등으로 설정자가 채무를 상환하지 못하였을 때에는 설정자는 수탁자와 협의하여 질권설정자 분의 미분양된 신탁재산상에 지체없이 근저당권을 설정하거나 질권자 대위변제분의 채권회수를 위하여 해당 신탁재산을 매각하여 질권자에게 우선 변제한다고 규정되어 있고, 피고가 그 내용의 질권설정계약의 체결에 동의하였다고 인정하였다.

원심은 나아가, 이 사건 토지신탁사업약정상 수탁자는 신탁에 따라 발생하는 차입금, 이자 등 제반 비용의 상환청구권이나 신탁보수청구권에 관하여 신탁재산으로부터 질권자보다도 우선적으로 변제받도록 되어 있고, 이러한 비용상환청구권 등의 우선변제권 대상인 신탁재산은 최초 신탁설정시의 신탁재산 뿐 아니라 이 사건과 같은 분양형토지신탁계약에 있어서는 분양수입금과 같이 신탁재산의 관리·처분 등으로 말미암아 수탁자가 얻게 되는 일체의 재산을 포함하는 것인 점, 만약 위의 규정을 원고의 주장처럼 질권자의 채권에 대하여 피고의 비용상환청구권 등 보다도 우선하여 이를 변제받을 수 있도록 한 것이라고 해석하게 되면, 신탁재산을 이루는 부동산이 분양되어 분양수입금으로 바뀌면 수탁자가 그 비용상환청구권 등에 관하여, 그리고 분양이 되지 않으면 질권자가 그 채권에 관하여 최우선변제권을 갖게 되어 신탁재산이 분양되었는지의 여부에 따라 그 우선변제의 순위가 달라지게 되는 부당한 결과에 이르는 점 및 질권설정계약 제8조 제2항에서 신탁계약의 중도해지에 의하여 질권을 해지하는 경우에는 분양계약자의 권리보전 및 신탁회사의 권리·의무 정산 후에 질권을 해지할 수 있다고 규정한 점 등의 여러 가지 사정에 비추어 볼 때, 위의 질권설정계약 제8조 제1항은 질권자의 채권과 수탁자의 비용상환청구권 등과 사이의 우선변제 순위에 관하여 규정한 것이 아니라, 수탁자의 비용상환청구권 등을 변제하고 남은 신탁재산이 부동산인 경우 그 부동산에 대하여 질권자에게 우선변제권을 확보해주기 위한 방법에 관하여 규정한 것에 불과하다고 판단하였다.

기록중의 증거들에 의하니, 그 약정내용, 그 약정에 관련된 정황에 관한 사실인정은 정당하고 그 인정사실관계에서는 원심의 그 판단이 정당하고 거기에 계약의 해석에 관한 법리를 오해한 위법이 없다.

208. 대법원 2002. 10. 25. 선고 2002다37337 판결 [소유권이전등기말소][509]

[논점] 수탁자가 신탁재산을 신탁계약 과정에 참여한 시공사에게 양도하였다는 사정만으로 위 매도행위 자체가 신탁의 본지에 반하는 신탁재산의 처분이라거나 그 행위가 무효가 되는 반사회질서의 법률행위라고 볼 수는 없다고 한 사례

[원심판결] 서울고등법원 2002. 5. 30. 선고 2000나47738 판결 [소유권이전등기말소]

【주 문】

1. 원심판결 중 원고의 피고 고려산업개발 주식회사의 소송수계인 정리회사 고려산업개발 주식회사의 관리인 도영회에 대한 청구 부분을 취소하고, 그 부분에 해당하는 원고의 소를 각하한다.

2. 원고의 피고 주식회사 코레트신탁에 대한 항소를 기각한다.

3. 원고와 피고 고려산업개발 주식회사의 소송수계인 정리회사 고려산업개발 주식회사의 관리인 도영회 사이의 제1, 2심 소송비용과 원고와 피고 주식회사 코레트신탁 사이의 항소비용은 모두 원고의 부담으로 한다.

【청구취지 및 항소취지】

원심판결을 취소하고, 원고에게, 피고 주식회사 코레트신탁(이하 '피고 코레트신탁'이라고만 한다)은 별지 목록 기재 각 부동산에 관하여 창원지방법원 진주지원 1996. 9. 25. 접수 제40379호로 경료된 각 소유권이전등기의, 피고 고려산업개발 주식회사의 소송수계인 정리회사 고려산업개발 주식회사의 관리인 도영회는 별지 목록 기재 제1 내지 7의 각 부동산에 관하여 같은 지원 1999. 6. 17. 접수 제29281호로 경료된 각 소유권이전등기의 각 말소등기절차를 이행하라.

【이 유】

2. 원고의 주장 및 판단

원고는, 수탁자인 피고 코레트신탁은 선량한 관리자의 주의로써 신탁재산을 관리하면서 이 사건 건물의 신축 및 분양이라는 신탁의 목적달성을 위한 의무를 성실히 이행하여야 함에도 자신의 사정으로 인해 이 사건 신탁사업을 위한 자금조달이 어려워지자 임의로 이 사건 양도 토지들을 시공사인 정리회사의 적극 가담하에 위 정리회사에게 처분하는 신탁의 본지에 반하는 배임행위를 함으로써 결국 이 사건 신탁계약의 목적달성을 불가능하게 하였는바, 이에 원고는 이 사건 소장 부본의 송달로 피고 코레트신탁과의 이 사건 신탁계약을 해지하였으므로 이 사건 토지들에 관하여 경료된 피고 코레트신탁의 소유권이전등기와 이 사건 양도토지들에 관한 정리회사 명의의 각 소유권이전등기는 모두 원인 무효의 등기이어서, 피고 코레트신탁은 소유자인 원고에게, 정리회사는 피고 코레트신탁을 대위한 원고에게, 위 각 소유권이전등기의 말소등기절차를 이행할 의무가 있다고 주장한다.

살피건대, 신탁은 위탁자가 수탁자에게 재산권을 이전하거나 기타의 처분을 하여 수탁자로 하여금

509) 원고의 상고를 심리불속행으로 기각함.

신탁의 목적을 위하여 재산의 관리 또는 처분을 하도록 하는 것이어서 부동산의 신탁에 있어서 위탁자의 신탁에 의하여 수탁자 앞으로 그 소유권이전등기를 마치게 되면 대, 내외적으로 소유권이 수탁자에게 완전히 이전되고, 위탁자와의 내부관계에 있어서 소유권이 위탁자에게 유보되어 있는 것은 아니므로 신탁의 해지 등 신탁종료의 사유가 발생하더라도 수탁자가 신탁재산의 귀속권리자인 수익자나 위탁자 등에게 새로이 목적부동산의 소유권 등 신탁재산을 이전할 의무를 부담하게 될 뿐, 신탁재산이 수익자나 위탁자 등에게 당연히 복귀되거나 승계된다고 할 수 없는 것이므로 설사 원고의 주장과 같은 사유로 이 사건 신탁계약이 적법하게 해지되었다고 하더라도 곧바로 원고가 이 사건 토지들에 대한 소유권을 회복하였음을 전제로 피고 코레트신탁에게 신탁에 의한 소유권이전등기의 말소등기를 청구할 수는 없다 할 것이어서 원고의 피고 코레트신탁에 대한 이 사건 청구는 그 주장 자체에 있어 벌써 이유 없고 따라서 정리회사에 대한 청구는 그 대위의 권원을 인정할 수 없어 부적법하다고 할 것이다.

3. 원고의 주장에 의하면, 원고는 이 사건 토지들에 관하여 원고 명의의 소유권이전등기가 이미 경료된 바 있었음을 근거로 내세워, 위 신탁계약의 해지에 따른 원상회복의무로서 피고 코레트신탁에 대하여 소유권이전등기절차의 이행을 구하는 대신에 위와 같이 위 피고 명의의 소유권이전등기의 말소를 구하고 있음이 분명하다. 그러므로 여기서, 원고가 위와 같은 사유를 들어 피고 코레트신탁에 대하여 신탁계약을 해지하고 그에 따른 소유권이전등기절차의 이행을 막바로 구하는 경우를 상정하여 보더라도, 아래에서 보는 바와 같이 이 사건 양도토지들에 관하여 정리회사 명의로 경료된 각 소유권이전등기가 사회질서에 반하는 무효의 등기로서 말소되어야 한다는 등의 원고의 주장이 받아들여지지 않는 이상, 이 사건 토지들 중 별지목록 기재 제8토지를 제외한 이 사건 양도토지들에 대한 피고 코레트신탁의 소유권이전등기의무는 이행불능이 되었다 할 것이어서, 결국 이 사건 양도 토지들에 대한 이 사건 결론에 전혀 소장이 없다 할 것이다. 다만, 위 같은 목록 제8토지에 관하여는 이와 달리 볼 여지가 있으나, 위 피고가 이 사건 신탁사업의 수행으로 상당한 손실을 입었음이 분명한 이 사건에서, 원고가 그 손실 상당액의 정산을 거치지 않고 위 토지의 소유권이전등기만을 청구하는 것은 쉽게 받아들일 바 못된다. 이하에서는 이 사건 양도토지들에 국한하여 그 법률관계를 판단해 보기로 한다.

가. 원고의 피고 코레트신탁에 대한 청구에 관한 판단

(1) 위 기초 사실에서 인정된 사실관계에 의하면, 피고 코레트신탁은 원고 및 정리회사와의 위 1996. 9. 18.자 토지신탁사업약정과 원고와의 같은 달 24.자 이 사건 신탁계약에 따라 이 사건 사업비(토지신탁사업약정서 제2조 제1항, 그 총사업비 규모는 약정하여 둔 바가 없으나 위 사업비 중 대부분은 이 사건 건물건축공사 비용일 것이므로 적어도 피고 코레트신탁과 정리회사 사이의 공사도급금액인 396억여 원을 초과하는 400억 원 이상이 될 것으로 보인다.) 중 50% 즉, 약 200억 원 가량을 조달해야 할 이 사건 신탁사업상의 기본적인 의무가 있음에도 1998. 5. 31. 정리회사가 공사비 미지급을 이유로 위 건물건축공사를 중단할 당시 겨우 금융기관 차입금으로 115억 여 원만을 조달한 상태에서(여기에 당시까지의 아파트 분양수입금을 포함한다고 하더라도 200억 원에 훨씬 미치지 못한다.) IMF 환란사태에 따른 대출금리의 인상 등을 이유로 자금차입의 어려움만을 내세워, 오히려 위탁자인 원고에게 공사비 조달을 요구하는 등 자신의 귀책사유로 위 신탁계약상의 기본 채무를 이행하지 않은 채 이 사건 토지들 중 거의 대부분인 이 사건 양도토지들을 정리회사에게 처분하여 버림으로써 이 사건 토지들 위에 아파트 및 상가를 지어 이를 분양한 후 그 수익금을 위탁자인 원고와 사이에 정산하기로 하는 본래의 이 사건 신탁계약의 목적 달성을 불가능한 상태에 빠지게 한 사실이 인정되고, 위와 같은 사유를 들어 원고가 이 사건 소장 부본의 송달로 이 사건 신탁계약을 해지하였음은 기록상 명백하므로 일응 피고 코레트신탁은 그 원상회복으로서 원고에게 이 사건 토지들에 대한 소유권이전등기절차를 이행할 의무가 있다고 할 것이나, 뒤에서 보는 바와 같이 피고 코레트신탁과 정리회사 사이의 위 1999. 6. 16.자 신탁

재산 매매 및 사업권양도계약이 무효로 인정되지 않는 이상 이 사건 양도토지들에 대한 피고 코레트신탁의 위 소유권이전등기의무는 이행불능상태에 있다고 할 것이고 결국, 원고의 위 피고에 대한 청구는 이유 없다 할 것이다.

(2) 원고는 다시, 피고 코레트신탁은 신탁의 본지에 반하여 정리회사에게 이 사건 양도토지들을 처분하였으므로 신탁법 제38조(수탁자가 신탁의 본지에 위반하여 신탁재산을 처분한 경우에는 위탁자는 수탁자에 대하여 신탁재산의 회복을 청구할 수 있다는 규정임)에 따라 그 신탁재산의 회복으로서 피고 코레트신탁은 원고의 이 사건 청구에 응할 의무가 있다고 주장하나, 이 역시 뒤에서 보는 바와 같이 피고 코레트신탁과 정리회사 사이의 위 1999. 6. 16.자 신탁재산 매매 및 사업권양도계약이 무효가 되지 않는 이상 이 사건 양도토지들에 대한 피고 코레트신탁의 등기이전의무는 이행불능 상태에 있다고 할 것이어서 역시 이유 없다 할 것이다(이 경우 수익자인 원고는 정리회사에 대하여 신탁법 제52조의 규정에 따라, 신탁공시가 된 이 사건 양도토지들에 대한 처분을 취소할 수 있다고 할 것이나 이 역시 제척기간의 도과로 이유 없음은 아래에서 보는 바와 같다).

(3) 이에 대해, 피고 코레트신탁은, 이 사건 건물의 건축공사 현장 출입로 주변의 민가 6채를 전부 철거하지 않으면 공사장의 진입로가 확보되지 않아 그 공사진행이 힘든 상황이었는데 원고가 위 민가들을 매입하여 공사장 진입로를 확보하여 주기로 하고 정리회사로부터 그 매입비용까지 지급받고도 위 의무를 이행하지 않았고, IMF 환란이라는 경제 사정의 변화로 금융기관으로부터의 자금 차입이 어려워져 위탁자인 원고에게 건물 건축 공사비 등의 신탁비용의 지급을 구하였으나 원고가 이에 응하지 않았기 때문에 신탁계약 제18조 제2항의 의무 위반 또는 신탁계약 제23조 제3항의 해지 사유를 근거로 이미 원고에게 1999. 4. 19. 이 사건 신탁계약의 해지를 통보한 바 있으므로 이 사건 신탁계약은 이미 원고측의 귀책사유로 해지된 것이라고 다투므로 살피건대, 먼저 위 진입로 문제에 관하여 보면, 원고가 공사장 진입로 주변에 있던 민가 6채의 매입, 철거문제를 해결하기로 하고 정리회사로부터 3억 5천만원을 수령한 후 민가 4채는 매입 후 철거하였으나 나머지 2채에 대하여는 보상 가격 등이 맞지 않아 매입, 철거하지 못한 사실은 원고도 이를 인정하나, 피고 코레트신탁의 주장과 같이 위 나머지 민가 2채의 철거가 이루어지지 않으면 이 사건 건물의 공사현장에의 출입이 불가능 내지는 곤란을 받을 상황에 있었다는 점에 관하여는 을 제1호증의 1, 2, 을 제2호증의 5, 9, 을 제9호증의 각 기재만으로는 이를 인정하기 부족하고 달리 이를 인정할 증거가 없으므로 피고 코레트신탁의 위 주장은 이유 없고, 나머지 주장에 관하여 보면, 1997. 연말의 소위 IMF 환란이라는 금융위기를 맞아 국내의 많은 기업들이 부도가 나고 그 경영에 상당히 어려움을 겪은 것은 사실이나 평소 긴축적인 경영을 하여 부채를 줄이고 건전한 재정상태를 유지하여 온 기업들은 오히려 그 경영실적이 호전된 경우도 있었던 만큼 위 IMF 환란 사태 자체가 피고 코레트신탁이 주장하는 것처럼 이 사건 신탁계약 제23조 제3항 소정의 "경제사정의 변화"에 해당하여 이를 이유로 무조건 이 사건 신탁계약을 해지할 수 있다거나, 나아가 피고 코레트신탁이 이 사건 신탁계약상의 자신의 기본 의무를 이행하지 아니한 채 위탁자인 원고에게 그 신탁비용 지급을 요구할 수 있는 근거가 된다고도 볼 수 없으므로 결국 위 주장도 이유 없다 할 것이다.

나. 정리회사에 대한 청구에 관한 판단

(1) 반사회적 법률행위 주장에 관하여

원고는, 피고 코레트신탁은 이 사건 신탁계약에 따라 선량한 관리자의 주의로써 신탁재산을 관리하면서 이 사건 건물의 신축 및 분양이라는 신탁의 목적달성을 위한 의무를 성실히 이행하여야 함에도 불구하고 자신의 경제적 어려움으로 인하여 자금 조달이 어려워지자 원고와의 협의 없이 임의로 시공사인 정리회사에게 이 사건 양도토지들을 처분함으로써 신탁의 본지에 반하는 배임행위를 하였고, 정리회사 역시 이러한 사정을 잘 알면서 그에 적극 가담하였으므로 위 토지들에 관하여 정리회사 앞으로 경료된 각 소유권이전등기는 그 원인행위가 사회질서에 반하는 법률행위로서 무효이고, 따라서 정리회사는 피고 코레트신탁을 대위한 원고에게 그 소유권이전등기의 말소등기절차를 이행할 의무가 있다고 주장한다.

살피건대, 위 기초 사실에 든 증거에 변론의 전취지를 종합하면, 위와 같이 정리회사가 이 사건 건물 건축공사를 진행하다가 피고 코레트신탁의 공사비 미지급을 이유로 1998. 5. 31. 전체공정 중 약 40% 정도를 마친 상태에서 공사를 전면 중단하기에 이르자 이 사건 건물 중 아파트의 수분양자 약 330여 세대는 잔여공사의 조속한 재개 내지 능력 있는 시공회사인 정리회사가 이 사건 토지들을 인수하여 이 사건 건물을 완공하여 줄 것을 촉구하는 한편, 위 요구가 받아들여지지 않을 경우 분양계약을 해제하겠다고 주장하면서 관계 관청 등에 각종 민원 등을 제기한 사실, 피고 코레트신탁은 사실상 공사비 조달 능력을 상실한 상태에서 이 사건 신탁재산을 제3의 사업시행자에게 매각하여 이 사건 신탁사업을 계속하려 하였으나 이 역시 IMF 환란으로 초래된 어려운 경제상황 속에서 인수 희망자가 전혀 나타나지 않아 성사되지 않았고, 위 공사중단 사태를 계속 방치할 경우 수분양자들의 계약해제로 인해 수분양자들이 이미 납부한 분양대금 약 60억 여 원 전체를 반환해야 하는 것은 물론 그들에게 약 21억 원 상당의 손해배상금까지 추가로 지급해야 하고, 계약해제를 하지 않은 수분양자들에 대하여는 입주지연에 따른 연 17%의 지체배상금을 물어야 하는 형편에 처하게 되었고, 나아가 정리회사에 대한 미지급 공사금 30억 원 및 금융기관 차입금 약 116억 여 원에 대한 시중금융기관 연체이율에 따른 지연이자 지급 문제와 그 외에도 공사지연에 따른 추가 감리비, 추가보증비용의 발생 등으로 막대한 사업손실을 입게 된 형편에 놓이게 된 사실, 이에 피고 코레트신탁은 위와 같은 손실을 최소화하는데 최선이고 기타 다른 사업계속수단 등이 없다는 판단하에 아파트 수분양자들의 동의서를 첨부하여 1999. 6. 16. 이 사건 양도토지들이 포함된 이 사건 신탁 재산 및 사업권을 정리회사에게 일괄적으로 양도한 사실, 이 사건 신탁계약은 이 사건 토지들 위에 이 사건 건물을 신축하여 분양(처분)하는 것을 목적으로 하는 것이고, 피고 코레트신탁은 이 사건 신탁계약상의 수탁자의 지위에서 정해진 일정액의 신탁보수만을 받고 신탁업무를 수행하는 위치에 있는 반면, 원고는 이 사건 신탁계약의 수익자로서 위 분양사업이 원만히 진행되어 수익을 남기는 경우 그 이익 전체를 가지게 되지만 만약 분양이 여의치 못하여 그 상태를 기준으로 수탁자인 피고 코레트신탁과 사이에 정산을 하여야 할 경우에는 피고 코레트신탁이 이 사건 신탁계약 수행을 위하여 차용한 모든 차입금 및 그 이자의 상환채무에 대하여 최종적인 책임을 져야 하는 입장에 있게 되는, 즉 이 사건 신탁사업의 모든 과실의 궁극적 귀속자인 지위에 있는 사실 등이 인정되는바, 사실관계가 이러하다면 비록 피고 코레트신탁이 자신의 기본의무를 이행하지 않고 이 사건 공사를 중단되도록 한 데에는 그 책임을 면할 수 없다고 하겠으나 그 후 위에서 본 제반 사정하에서 그 손실을 최소화하기 위해 이 사건 신탁재산을 정리회사에게 매도하여 그 잔여공사가 시행되게 한 것은 궁극적으로는 위탁자인 원고에게도 이익이 되는 행위라고 할 것이므로, 단지 수탁자인 피고 코레트신탁이 그 기본 신탁재산인 이 사건 양도토지들을 이 사건 신탁계약 과정에 참여한 시공사인 정리회사에게 양도하였다는 사정만으로 위 매도 행위 자체가 원고 주장과 같이 신탁의 본지에 반하는 신탁재산의 처분이라거나 그 행위가 무효가 되는 반사회질서의 법률행위라고 볼 수는 없는 것이라 하겠다. 결국, 원고의 정리회사에 대한 위 주장은 이유 없다 할 것이다.

(2) 신탁법 제52조[510]에 기한 취소권 주장에 관하여

원고는 다시, 피고 코레트신탁은 신탁의 본지에 위반하여 신탁의 공시를 한 이 사건 양도토지들을

510) 현행 신탁법 제75조.

처분하였으므로 이 사건 신탁계약의 수익자인 원고가 그 처분을 취소하고 그 원상회복으로서 정리회사는 원고에게 그 소유권이전등기의 말소등기절차를 이행할 의무가 있다고 주장한다.

살피건대, 위와 같은 이 사건 양도토지들에 관한 피고 코레트신탁과 정리회사 사이의 처분행위가 신탁의 본지에 반하지 않음은 위에서 본 바와 같으므로 원고의 위 주장은 나아가 살필 필요 없이 이유 없다 할 것이나, 가사 신탁의 본지에 반하는 처분이라고 하여도 신탁위반의 처분행위에 해당함을 사유로 하는 취소권의 행사는 신탁법 제54조에 의하여 수익자가 그 취소원인이 있음을 안 때로부터 1월[511] 내에 행사하여야 하는 것인바, 원고로서는 이 사건 소를 제기할 무렵인 1999. 6. 21.경 피고 코레트신탁이 신탁의 본지에 반하여 정리회사에게 이 사건 양도토지들을 매각한 사실을 알았다고 봄이 상당한데 위와 같은 사유를 든 그 취소권의 행사는 그로부터 1월 이상이 경과한 후인 2000. 3. 21.자 이 사건 원심 준비서면의 진술로서 이루어졌음이 기록상 명백하므로 원고의 위 취소권의 행사는 이미 그 제척기간을 도과하여 부적법하다고 할 것이어서, 원고의 위 주장도 이유 없다.

209. 대법원 2002. 7. 26. 선고 2000다17070 판결 [사채원금][512]

[논점] 사채원리금 지급대행계약이 신탁계약인지 여부(묵시적 신탁계약의 인정여부)

【이 유】

1. 원심의 판단

가. 원심은, 제1심판결을 인용하여 다음과 같은 사실을 인정하였다.

(1) 영진약품공업 주식회사(이하 '소외 회사'라고 한다)는 1994. 12. 5. 권면총액은 금 50억 원, 이율은 11%, 원금은 사채발행일로부터 3년 만기 일시상환, 이자는 발행일로부터 상환일 전일까지 3개월마다 후급, 사채원리금 지급장소는 피고의 충무로지점, 지급보증기관은 원고(당시의 상호는 대한보증보험 주식회사)로 된 이 사건 제59회 무기명식 이권부 보증사채를 발행하였다.

(2) 소외 회사는 피고와 사이에 사채원리금 지급대행계약을 맺어 원리금지급업무의 대행사무를 피고의 충무로지점에서 취급하기로 하고, 위 대행사무 수행에 있어서 계약서의 조항 이외에 관계법과 피고의 규정 및 소외 회사의 내규에 따라 처리하기로 하며, 소외 회사는 각종 사채의 발행에 관한 명세표 및 사채의 견양, 기타 피고의 대행사무 수행에 필요한 서류를 피고에게 인도하고, 사채원리금의 지급대상자는 채권 및 이권의 소지자로 하며, 소외 회사는 지급할 원리금 상당액을 지급개시일 1일 전에 피고의 충무로지점에 인도하되 무이자로 하고, 만약 소외 회사가 원리금 지급기일의 업무개시 시간까지 지급할 자금을 피고에게 인도하지 아니할 때에는 그 지급불능 사실을 지급보증기관에게 통보하며, 소외 회사가 발행하는 사채가 종전 사채의 원리금변제자금을 마련하기 위한 '차환발행'인 경우에는 그 사실을 지체 없이 피고 은행에 통지하기로 하는 일방, 원금상환이 개시된 날로부터 3개월이 경과한 날 또는 소외 회사의 약정위반으로 인하여 피고의 업무수행이 어렵게 된 경우 등에 한하여 계약을 종결할 수 있다고 약정하였다.

(3) 한편, 소외 회사는 원고와 사채보증보험약정을 체결하여 원고가 소외 회사 발행의 사채원리금의 지급을 보증하였는데, 그 약정에서도 사채원리금 지급장소는 피고의 충무로지점임을 확인하였고, 소외

---

511) 현행 신탁법 제76조(취소권의 제척기간)에서는 '…취소의 원인이 있음을 안 날부터 3개월,…'.

512) 이 판결에 대한 평석은, (1) 정순섭, 사채원리금 지급대행계약의 법적성질론, 증권법연구 5권 1호, 319면 이하, (2) 임채웅, 묵시신탁과의제신탁의 연구(대상판결 : 대법원 2002. 7. 26. 선고 2000다17070 판결), 신탁법 연구, 박영사, 35면 이하를 각 참고 할 것.

회사가 주간사회사인 동양증권 주식회사와 맺은 소외 회사 제59회 보증사채 총액인수 및 매출계약서도 위와 같은 약정을 전제로 하고 있는바, 피고는 여기에서도 사채의 납입 및 원금의 상환과 이자 지급을 맡을 곳으로 명기되어 있다.

(4) 이를 토대로 하여 소외 회사는 증권거래법 제8조에 따라 증권관리위원회(현재의 금융감독위원회)에 유가증권신고서를 제출하였는바, 여기에서도 위의 제반 사항과 특히 원리금지급대행기관이 피고의 충무로지점임을 명기하였고, 신문공고 및 발행된 사채권의 이면에도 원리금 지급장소가 피고의 충무로지점임을 명시하였다.

(5) 그런데 소외 회사는 제59회 보증사채의 만기가 도래하였으나 원금을 상환할 자금이 부족하자 1997. 11. 19. 개최된 이사회에서 이를 차환하기 위하여 제97회 무기명식 이권부 보증사채 권면총액 금 37억 원을 발행하기로 결의하고, 그 납입장소 및 사채원리금 지급장소를 피고의 충무로지점으로 하였으며, 이에 따라 피고와 사이에 위와 동일한 내용의 사채원리금 지급대행계약을 체결하였고, 한편 원고와 사이에 위와 동일한 내용의 사채보증보험약정을 체결하였다. 제97회 보증사채를 총액인수한 증권회사로부터 납입된 금 3,356,270,000원이 1997. 12. 4. 피고 은행 충무로지점의 별단예금구좌(을 제4호증의 기재에 의하면, '사채원리금 지급기금'의 별단예금구좌이다)에 납입 완료되었고, 이에 따라 위 지점은 소외 회사의 요청에 따라 사채납입확인서를 작성하여 소외 회사에게 교부하여 주었다.

(6) 제59회 보증사채의 원리금상환기일인 1997. 12. 5. 사채권자들을 대리한 증권예탁원은 피고에게 이 사건 사채원리금의 지급을 청구하였으나 거절당한데다가 같은 날 소외 회사의 부도가 발생하자, 원고로부터 이 사건 제59회 보증사채에 따른 보험금 5,137,500,000원을 수령하였다.

(7) 소외 회사는 1997. 12. 4. 17:55경 별단예금에 입금된 위 금 3,356,270,000원을 1일 금 1,300,000원의 이자가 발생되는 당좌계좌로 이체하였고, 1997. 12. 5. 오전 중에 소외 회사의 부도에 대비하여 위 금원에 대한 다른 채권자로부터의 압류를 피하여 이를 원고에게 지급하고 그 금원으로 원고가 사채원리금을 대지급할 수 있도록 위 당좌계정에서 한미은행으로 금 31억 원, 상업은행으로 금 9,000만 원을 각 이체하였다. 그러나 원고가 위 금원은 사채원리금 지급자금이므로 지체 없이 원상복구시킬 것을 요구하자 소외 회사가 이를 수락하였고, 피고측에서도 원고가 원상복구를 강력히 요구하자 소외 회사에 대하여 피고에게 재입금시킬 것을 요구한 결과, 이에 따라 소외 회사는 같은 날 16:00경 한미은행에 이체되었던 금 31억 원을 피고 은행에 재입금하였다.

(8) 1997. 12. 5. 17:55경 소외 회사의 부도가 발생하자 피고는 1997. 12. 8. 위 금 31억 원을 포함한 소외 회사의 피고에 대한 예금 원리금 합계 금 5,269,131,130원의 채권과 피고의 소외 회사에 대한 대출원리금 9,961,939,964원의 채권을 대등액에서 상계처리하였다.

나. 원심은, 원고의 주장, 즉 피고는 사채원리금 지급자금으로 별단예금에 입금된 금원을 소외 회사의 요구에 의하여 소외 회사의 당좌예금으로 이체할 수 없고 이를 당좌예금으로 이체한 경우 이로써 사채권자에게 대항할 수 없을 뿐만 아니라 사채권자들이 이로 인하여 입게 된 손해를 배상할 책임을 부담한다는 주장에 대하여 소외 회사가 이 사건 사채를 발행하면서 피고와 사이에 체결한 사채원리금 지급대행계약은 "상환기일에 이르러 소외 회사(요약자)로부터 피고(낙약자)에게 그 원리금 지급자금이 입금되면, 피고는 이를 별단예금계정으로 관리하면서 사채권자(수익자)를 위하여 보관하다가 정당한 사채권자(이 사건과 같은 무기명식 사채의 경우에는 사채권 또는 이권의 소지자)의 청구가 있으면 이를 사채권자에게 지급하기로 한다."는 내용의 '제3자를 위한 계약'으로 봄이 상당하고, 사채권자들로서는 채무자인 피고에 대하여 위 계약의 이익을 받을 의사를 표시함으로써 직접 위 별단예금에 대한 지급청구권을 취득한다고 전제한 다음, 이 사건 사채는 무기명식 이권부 보증사채로서 사채원리금 상환

기일에 사채권을 소지한 자에게 원리금이 지급되는 것이어서 상환기일에 이르러서야 비로소 정당한 사채권자가 확정될 수밖에 없는 것이므로 사채권자들이 상환기일에 이르러 사채권을 소지하고 피고에 대하여 사채원리금의 지급을 구한 시점에 비로소 수익의 의사표시가 있다고 보아야 할 것이고, 비록 상환기일 이전에 사채원리금 지급자금이 피고의 별단예금에 일시적으로 입금된 사실이 있다고 하더라도 사채권자가 수익의 의사표시를 하지 않은 이상 위 별단예금의 처분권은 소외 회사에 있다 할 것이므로, 피고가 정당한 처분권자인 소외 회사의 요구에 따라 위 별단예금을 당좌예금으로 이체한 것에 어떠한 위법이 있다고 할 수 없다고 하여, 원고의 위 주장을 배척하였다(다만, 별단예금에서 일단 피고의 당좌계정으로 이체되었다가 다른 은행으로 다시 이체된 후 상환기일에 피고에 대한 사채원리금의 청구가 있은 후에 사채원리금 지급자금용으로 목적이 특정되어 피고에게 재입금된 금 31억 원에 대하여는, 피고의 소외 회사에 대한 반대채권으로 상계할 수 없는 것이라고 하여 원고의 청구를 인용하였고, 이 부분에 대하여 피고는 상고하지 아니하였다).

2. 상고이유에 대한 판단

구 증권거래법 제8조, 제18조[513]와 유가증권발행신고등에관한규정(현재의 유가증권의발행및공시등에관한규정)[514] 등에 의하면, 일정 금액 이상의 보증사채권을 모집 또는 매출하는 경우에는 당해 유가증권에 관한 신고서를 증권관리위원회(현재의 금융감독위원회)에 제출하여야 하고 그 신고서는 일정기간 일정장소에 비치하여 공중의 열람에 공여하도록 하며, 그 신고서에는 다른 내용과 함께 '기타 투자자 보호를 위하여 필요한 사항'을 기재하여야 하고, 보증사채의 원리금 지급대행계약을 체결한 경우에는 그 계약서 사본을 위 신고서에 첨부하여야 하는 것으로 규정되어 있는바, 이는 이른바 기업공시의 일환으로서 유가증권의 발행 또는 유통과 관련하여 일반투자자 등에게 투자 판단에 필요한 제반 정보를 제공함으로써 그들의 합리적·경제적인 의사결정을 할 수 있도록 지원하고, 나아가 증권시장에서 공정하고 투명한 거래가 형성될 수 있도록 하기 위한 것이다.

이와 같은 보증사채의 모집 또는 매출에 관한 제도의 취지와 사채원리금 지급대행사무를 금융기관의 업무로 하는 취지 및 이 사건 사채원리금 지급대행 계약서(갑 제2호증)에 의하면, 소외 회사는 사채원리금의 지급사무를 피고 은행에게 위탁하고 피고 은행은 이를 수탁하며(제1조), 피고 은행은 계약서의 각 항 이외에 관계법, 피고 은행의 규정 및 소외 회사의 내규에 따라 대행사무를 취급하고(제3조 제1항), 소외 회사는 원리금 지급자금(지급할 원리금 상당액)을 지급개시일 1일 전에 피고 은행 충무로지점에 인도하여야 하고(제6조 제1항), 피고 은행은 위 자금으로 사채권자로 확정된 자에게 그 사채원리금을 지급하고 그 지급 내역 등을 소외 회사에게 통지하며(제7조, 제8조, 제9조), 원금상환이 개시된 날부터 3월이 경과한 날 또는 피고 은행이 사실상 대행사무를 수행할 필요가 없게 되어 피고 은행이 해지통고를 한 때에 계약이 종결하고(제14조), 계약이 종결한 때에는 피고 은행이 5일 이내에 종결통지서 및 원리금지급계산서와 함께 미지급 자금을 소외 회사에게 교부한다(제16조)고 약정되어 있는 점 등을 종합하여 보면, 이 사건 사채원리금 지급대행계약은 소외 회사가 발행한 사채의 사채권자에게 그 원리금을 지급하기 위하여 소외 회사가 사채원리금 지급자금을 피고 은행에게 인도하고 피고 은행은 이를 인도받아 보관, 관리하면서 사채권자에게 그 사채원리금을 지급하는 것을 목적으로 하는 것으로서 신탁계약으로서의 성질을 가지고, 그렇다면 소외 회사가 피고 은행에게 인도하는 사채원리금 지급자금은 신탁재산에 해당하고 수익자인 사채권자의 이익 향수(향수)의 의사는 추정되는 것이므로, 피고 은행은 소외 회사로부터 인도받은 사채원리금 지급자금을 그 신탁의 본지에 따라 관리할 의무가 있고, 피고 은행이 사채권자의 이익과 관계없이 소외 회사의 청구만에 의하여 위 사채원리금을 반환하거나 그 지

513) 현행 자본시장법 제119조 이하.

514) 현행 증권발행공시규정.

급자금의 반환채권을 수동채권으로 하여 자신의 소외 회사에 대한 채권과 상계하는 것은 신탁의 법리상 허용되지 아니한다고 할 것이다.[515)]

원심은 이와 같은 사채원리금 지급자금의 특수성을 간과한 채 사채원리금 지급자금에 관한 별단예금도 통상의 예금과 같은 성격을 가지되 다만, 제3자를 위한 예금계약으로 보고 수익자인 사채권자가 상환청구를 하기 전까지는 그 자금을 입금한 발행회사가 임의로 인출할 수 있다고 판단하였으니, 거기에는 사채원리금 지급자금의 법적 성격에 관한 법리를 오해하여 판결에 영향을 미친 위법이 있다고 할 것이다.

210. 대법원 2002. 4. 12. 선고 2000다70460 판결 [임대차보증금반환][516)]

[논점] 임대차의 목적이 된 주택을 담보목적으로 신탁법에 따라 신탁한 경우에도 수탁자는 주택임대차보호법 제3조 제2항에 의하여 임대인의 지위를 승계한다고 한 사례

【이 유】

주택임대차보호법 제3조 제2항은 "임차주택의 양수인(기타 임대할 권리를 승계한 자를 포함한다.)은 임대인의 지위를 승계한 것으로 본다."라고 규정하는바, 위 규정에 의하여 임대인의 지위를 승계한 것으로 보게 되는 임차주택의 양수인이 되려면 주택을 임대할 권리나 이를 수반하는 권리를 종국적·확정적으로 이전받게 되는 경우라야 할 것이고(대법원 1993. 11. 23. 선고 93다4083 판결 참조), 신탁법상의 신탁은 위탁자가 수탁자에게 특정의 재산권을 이전하거나 기타의 처분을 하여 수탁자로 하여금 신탁목적을 위하여 그 재산권을 관리·처분하게 하는 것이므로(신탁법 제1조 제2항[517)]), 부동산의 신탁에 있어서 수탁자 앞으로 소유권이전등기를 마치게 되면 대내외적으로 소유권이 수탁자에게 완전히 이전되고, 위탁자와의 내부관계에 있어서 소유권이 위탁자에게 유보되어 있는 것은 아니라 할 것이다(대법원 1991. 8. 13. 선고 91다12608 판결, 1994. 10. 14. 선고 93다62119 판결 참조).

이와 같이 신탁의 효력으로서 신탁재산의 소유권이 수탁자에게 이전되는 결과 수탁자는 대내외적으로 신탁재산에 대한 관리권을 갖는 것이고, 다만, 수탁자는 신탁의 목적 범위 내에서 신탁계약에 정하여진 바에 따라 신탁재산을 관리하여야 하는 제한을 부담함에 불과하다고 할 것이다.

원심이 적법하게 인정한 사실관계 및 원심이 채용한 을 제1호증의 2(신탁계약서)의 기재에 의하면, 원고가 주식회사 대승으로부터, 위 회사가 신축한 임대아파트 중 1세대를 임차하여 임차주택의 인도와 전입신고를 마침으로써 주택임대차보호법 제3조 제1항 소정의 대항요건을 갖춘 후, 주식회사 대승이 피고의 전신인 주택사업공제조합에게 위 아파트를 신탁법에 따라 신탁하여 신탁을 원인으로 한 소유권이전등기를 마쳤는데, 주식회사 대승과 주택사업공제조합이 체결한 신탁계약에서 신탁재산의 관리에 관하여 위탁자(주식회사 대승)가 신탁부동산을 사용·관리할 수 있다고 정하였으나(제4조 제1항) 한편, 위탁자의 경영악화 및 관리가 적정하지 못하게 된 경우를 비롯하여 수탁자가 요구할 때에는 언제나 위탁자는 수탁자에게 신탁재산의 관리를 넘겨야 하고(제4조 제1항, 제8항), 위탁자가 일정세대 이상의 임

515) 이 판결의 논리에 따른다면, 부동산 개발사업에서 자금관리대리사무계약에 따라 분양수입금을 분양자가 아닌 신탁사의 명의로 개설된 계좌로 입금받아 신탁사의 이름으로 보관·관리하는 자금관리사무 등 특정목적(용도)을 위해 제3자 명의로 자금을 관리하는 경우(escrow 등)도 신탁계약으로 이론 구성할 수 있을지 검토해 볼 필요가 있을 것이다. 다만, 이 판결 이후에는 대법원이 묵시적인 신탁을 인정한 사례를 발견하지는 못하였는바, 현재까지는 이 판결이 대법원에서 묵시적 신탁계약을 인정한 유일한 사안으로 보인다.

516) 이 판결에 대한 평석은, 조한창, 신탁법에 따른 신탁등기와 주택임대차보호법에 의한 임대인 지위의 승계, 대법원판례해설 40호, 법원도서관, 410면 이하를 참고할 것.

517) 현행 신탁법 제2조.

대보증금 및 월임료를 변경할 때에는 수탁자의 동의를 받아야 하고(제4조 제2항), 위탁자는 임대계약자 현황 및 변경사항을 수탁자에게 통보하도록(제4조 제3항) 약정하였으며, 위 신탁계약서는 등기신청서에 첨부되어 신탁원부로 되었음을 인정할 수 있다.

그렇다면 주식회사 대승은 위 신탁계약서로서 기존 임대차계약상 임대인으로서의 지위를 포함하여 이 사건 임대아파트에 대한 관리권을 수탁자인 주택사업공제조합에게 이전하되, 다만 수탁자의 의사와 이익에 반하지 않는 범위에서 그 관리권의 일부를 자신이 행사하기로 약정하였다고 볼 것이며, 이와 같이 수탁자에게 이 사건 임대아파트의 관리권이 이전된 이상 피고는 주택임대차보호법 제3조 제2항에 의하여 원고와 주식회사 대승 사이의 임대차계약상 임대인의 지위를 승계하였다고 보아야 할 것이고, 위 신탁등기가 채권담보의 목적으로 이루어진 이른바 담보신탁이라거나, 실질적으로 주식회사 대승이 원고를 비롯한 아파트 임차인들에 대한 임대차계약 관련 업무를 수행하고, 주택사업공제조합이나 피고는 이에 관여하지 아니하였다 하여 이와 달리 볼 수 없다고 할 것이다.

따라서 원심의 판단은 정당하고, 거기에 주택임대차보호법 및 신탁법에 관한 법리오해의 위법이 있다고 할 수 없으며, 다만, 원심이 위 신탁계약서상 신탁재산의 관리에 관한 조항에 대하여 판단하지 아니한 흠이 있지만, 피고가 임대차계약상 임대인의 지위를 승계하였다는 결론에 있어서 정당하므로, 판결 결과에 영향을 미친 위법이 있다고 할 수 없다.

211. 대법원 2002. 3. 26. 선고 2000다25989 판결 [소유권이전등기등][518]

[논점] 수탁자의 배임행위 등으로 신뢰관계가 무너진 경우 이행불능을 이유로 신탁계약을 해지할 수 있는지 여부 및 신탁법상 신탁계약을 임의 해지할 수 있는 경우

【이 유】

1. 원심은 그 채택 증거를 종합하여 다음과 같은 사실을 인정하였다.

가. 원고는 1996. 12. 19. 피고와 사이에, 원고 소유의 이 사건 부동산 지상에 지하 2층, 지상 8층 규모의 아파트 5동 477세대를 건축하여 분양하는 사업을 목적으로 이 사건 부동산을 피고에게 위탁하기로 하는 분양형토지개발신탁계약(이하 '이 사건 신탁계약'이라 한다)을 체결하고, 1996. 12. 24. 이 사건 부동산에 관하여 피고 명의의 소유권이전등기를 경료하였다.

나. 피고는 1996. 12. 24. 원고의 동의하에 이 사건 신탁계약에 따른 신탁사업(이하 '이 사건 신탁사업'이라 한다)의 시행을 위하여 소외 1 주식회사과 아파트 447세대 신축 공사를 공사대금 30,767,928,000원에 도급하기로 하는 건설공사도급계약을 체결하면서 공사비 선급금으로 150억 원을 지급하기로 약속하였다.

다. 피고는 1996. 12. 26. 소외 1 주식회사에 공사비 선급금으로 150억 원을 지급하였는데, 이는 당시 소외 1 주식회사을 포함한 소외 2 주식회사, 소외 3 주식회사등의 이른바 기업그룹의 회장인 소외 4이 1994. 1.경부터 1995. 7.경까지 사이에 위 금고에서 약 1,100억 원을 불법 대출받은 혐의에 대하여 검찰의 수사를 받게 되어 위 불법 대출금을 급히 상환하여야 할 처지가 되자, 소외 4의 동생으로서 소외 1 주식회사의 사실상 경영자인 소외 5이 피고로부터 공사 선급금 명목으로 자금을 지원받아 위 불법 대출금을 상환하고 기타 기업 그룹의 긴급 운영 자금으로 사용할 의도로 당시 피고의 대표이사인 소외 6,

518) 이 판결에 대한 평석은, 이주현, 신탁법상의 신탁 자체를 해지할 수 있는 경우 및 그 해지의 제한(특히 수탁자의 신탁계약이 이행불능을 이유로 한 계약 해지가 가능한지 여부), 신탁법 제61조에 따른 법정신탁 기간 동안 발생한 비용의 범위, 그리고 신탁자가 신탁기간 중에 신탁계약을 임의 해지한 경우 해지수수료를 지급하기로 신탁계약에 정한 경우 해지수수료 인정 여부, 대법원판례해설 40호, 법원도서관, 426면 이하를 참고할 것.

상무이사인 소외 7 등에게 위와 같은 사정을 설명하였고, 소외 6 등이 이를 승낙하여 이루어진 것이다.

라. 1998. 3.경 소외 1 주식회사은 부도가 났고, 피고의 대표이사를 비롯한 임직원들은 1998. 6.경 피고의 소외 1 주식회사에 대한 선급금 부정 지급 등에 따른 배임 혐의로 구속되어 피고의 경영에 공백이 생겨 이 사건 신탁사업은 더 이상 진행되지 못하게 되자, 원고는 1998. 9. 9. 피고에게 이 사건 신탁계약을 해지할 뜻을 통지하였다.

2. 먼저 원심이 위 선급금 지급과 관련하여 피고의 책임을 인정한 데에 채증법칙 위배 또는 심리미진 등의 위법이 있다는 취지의 상고이유에 관하여 본다.

원심은, 위 인정 사실에 의하면 피고는 경영과 재무구조가 부실한 소외 1 주식회사을 시공업체로 선정한 뒤, 소외 1 주식회사이 공사 선급금을 이 사건 신탁사업과는 무관한 용도로 사용할 것을 알면서도 채권 확보에 대한 대책도 없이 선급금 지급 규정을 어기면서 선급금 명목으로 150억 원의 거액을 일시금으로 지급하는 배임행위를 하였고, 급기야 소외 1 주식회사이 1998. 3.경 부도가 나 공사는 착공되지도 않은 상태에서 1998. 6. 이후에는 피고의 대표이사 등 임직원들마저 그와 같은 배임 등의 혐의로 구속되어 이 사건 신탁사업을 더 이상 수행할 수 없게 된 점을 알 수 있다고 판단하여 신탁사업이 장기간 수행되지 않은 원인과 관련하여 피고의 책임을 인정하였다.

기록과 대조하여 살펴보면, 위와 같은 원심의 사실인정은 모두 정당하고 이에 상고이유에서 주장하는 바와 같은 채증법칙 위배 또는 심리미진 등의 위법이 있다고 할 수 없다.

3. 이어서 상고이유 중 이 사건 신탁계약의 해지에 관한 주장을 본다.

가. 신탁법 제15조, 제55조[519]의 규정을 종합하여 보면, 신탁의 목적을 달성할 수 없을 때에는 신탁이 절대적으로 종료하나, 그 목적의 달성이 가능하지만, 단지 수탁자의 배임행위 등으로 인하여 신뢰관계가 무너진 경우에는, 위탁자 등의 청구에 따라 법원이 수탁자를 해임하거나 또는 위탁자가 수탁자에 대하여 손해배상 등을 청구할 수 있을 뿐, 이행불능을 원인으로 하여 신탁계약을 해지할 수는 없다고 할 것이다.

그런데 원심은, 피고가 이 사건 신탁계약을 이행하면서 신탁사업과 무관한 용도로 사용되는 것을 알면서 채권확보책도 없이 거액의 선급금을 지급하는 배임행위를 하는 등 수탁자에게 요구되는 선량한 관리자의 주의의무를 위배함으로써 원·피고 간의 신뢰관계가 무너졌고, 또한 피고의 대표이사 등이 배임 혐의로 구속된 후부터는 이 사건 신탁사업의 수행은 사실상 불가능해졌으므로, 이 사건 신탁계약은 피고의 귀책사유로 말미암아 이행불능 상태에 빠졌다 할 것이고, 따라서 이 사건 신탁계약은 그와 같은 사유를 원인으로 한 원고의 1998. 9. 9.자 해지의 의사표시로 적법하게 해지되었다고 판단하였는바, 기록과 위 법리에 비추어 보면, 원심이 판시한 위 이유만을 가지고서는 수탁자인 피고를 해임할 수는 있을지언정, 이 사건 신탁계약 자체를 해지할 수는 없다고 할 것이어서, 그 판시와 같은 이유를 들어 이 사건 신탁계약의 해지를 인정한 원심판결에는 신탁계약의 해지에 관한 법리를 오해한 잘못이 있다.

나. 그러나 신탁법 제56조[520]에 의하면, 위탁자가 신탁 이익의 전부를 향수하는 신탁은 위탁자가 언제든지 해지할 수 있다고 할 것인바, 이 사건 신탁계약의 경우 원고가 신탁 이익 전부를 향수함이 명백하므로 이 사건 신탁계약은 1998. 9. 9.자 원고의 해지의 의사표시로 해지되었다고 할 것이다.

다. 이 사건 신탁계약 제22조 제1항은 “제19조 제2항의 신탁수익에서 손실이 잔존하는 경우에는 신탁계약을 해지할 수 없다.”라고 규정하고, 제2항은 “제1항의 규정에 불구하고 수익자는 부득이한 사유

519) 현행 신탁법 제16조, 제98조.

520) 현행 신탁법 제99조 제2항.

가 있는 경우 '을'(피고를 말함)과 협의하여 제1항의 손실을 상환한 후 신탁계약을 해지할 수 있다."라고 규정하고 있는바, 위 규정은 위탁자인 원고가 수탁자인 피고의 귀책사유 없이 위탁자인 원고측 사정에 의하여 신탁계약을 해지하고자 하는 경우에 신탁법 제56조 소정의 임의해지권을 제한하고자 하는 취지의 규정으로서, 수탁자인 피고의 귀책사유로 인하여 신뢰관계가 깨어졌기 때문에 위탁자인 원고가 위 법조에 따라 신탁계약을 임의해지하고자 하는 경우에는 적용되지 않는다고 보아야 할 것이다. 만일 위 계약규정이 수탁자의 귀책사유로 인하여 위탁자와 수탁자의 신뢰관계가 깨어진 경우에까지 위탁자의 임의해지권을 제한하는 취지의 규정이라면, 이 계약규정은 뒤에서 보는 같은 규정 제5항의 해지수수료까지 함께 고려하면 위탁자에게 지나치게 불리한 것으로서 형평의 원칙이나 신의칙에 위배되기 때문이다. 따라서 위 신탁계약 제22조를 들어 원고의 해지권이 제한된다는 피고의 주장은 이유 없다.

라. 피고는 원고가 이 사건 신탁 부동산에 대한 제한물권을 해제하고 공사장 진입로를 설치하여야 하는 의무도 이행하지 않았으며, 건설업자로 소외 1 주식회사를 선정하고 선급금을 지급한 것도 원고의 요청에 의한 것이고, 원고가 이 사건 공사의 착공연기신청을 하는 등 원고측의 사정에 의하여 이 사건 신탁사업의 진행이 지체되었으므로 원고가 이 사건 신탁사업의 지연책임을 모두 피고에게만 돌려 이 사건 신탁계약을 해지하는 것은 신의성실의 원칙에 위반되어 허용되지 않는다고 주장하였는바, 원심은 이 사건 부동산의 근저당권 설정등기가 1997. 6. 18.까지 모두 말소되었고, 피고가 주장하는 업무들은 주로 수탁자로서 사업을 주관하는 피고의 책임으로 이루어져야 할 사항들이며, 이 사건 신탁사업이 사실상 수행 불가능하게 된 것은 피고의 임직원들이 원고에 대한 배임행위를 하여 구속된 것 때문이라고 판단하여 피고의 위 주장을 배척하였는바, 기록과 대조하여 살펴보면 원심의 판단은 정당하다.

마. 결국, 해지의 원인에 관한 원심의 판단에는 앞에서 본 바와 같은 잘못이 있지만 이 사건 신탁계약이 1998. 9. 9.자 원고의 해지의 의사표시로 해지되었다는 원심의 결론은 정당하고 이에 상고이유에서 주장하는 바와 같은 법리오해, 채증법칙 위배 등의 위법이 있다고 할 수 없다.

4. 이어서 상고이유 중 피고의 손실금액에 대한 원심 판단에 관한 상고이유를 본다.

가. 원심은, 이 사건 신탁계약이 1998. 9. 9. 해지됨에 따라 그 원상회복으로서, 피고는 원고에게 이 사건 신탁 부동산에 관한 소유권이전등기절차를 이행할 의무가 있고, 원고는 피고에게 해지일인 1998. 9. 9.을 기준으로 하여 신탁자금 수지내역에 따른 손실 상당액을 반환할 의무가 있으며, 쌍방의 의무는 동시이행관계에 있다고 판단한 후, 그 채택 증거를 종합하여 원고가 피고에게 반환하여야 할 손실액은 총 금 1,553,323,870원이라고 판단하였는바, 기록과 대조하여 살펴보면 손실액 산정에 관한 원심의 사실인정 및 법률판단은 모두 정당하고 이에 상고이유에서 주장하는 바와 같은 채증법칙 위배, 법리오해 등의 위법이 있다고 할 수 없다.

나. 신탁법 제61조[521] 본문은 "신탁이 종료한 경우에 신탁재산이 그 귀속권리자에게 이전할 때까지는 신탁은 존속하는 것으로 간주한다."고 규정하고 있는바, 이는 신탁이 종료하여도 그 잔여재산을 귀속권리자에게 완전히 이전시킬 때까지 상당한 시일이 걸리므로, 귀속권리자의 권리를 보호하고 신탁의 나머지 업무를 마치도록 하기 위한 것에 불과하고, 특히 귀속권리자가 위탁자 또는 그 상속인일 때에는 수탁자는 위탁자 또는 그 상속인이나 이들이 지시하는 자에게 남은 재산을 이전하거나 대항요건 등을 갖추도록 하는 직무권한만 갖는다 할 것이므로, 위 법조항에서 존속하는 것으로 간주되는 신탁은 그 목적에 한정하는 법정신탁이라 할 것이고, 따라서 그 신탁목적 달성에 필요한 비용만 그 법정신탁기간 중의 비용으로 귀속권리자가 상환하여야 한다 하겠는데, 원래의 신탁기간 중에 발생한 비용의 대출이자 등 금융비용은 신탁법 제61조에 의하여 존속하는 것으로 간주되는 법정신탁의 목적 달성에 필

521) 현행 신탁법 제101조 제4항.

요한 비용이라고 볼 수는 없다고 할 것이다.

따라서 이 사건 신탁계약 존속중에 피고가 지출한 비용의 대출이자로서 이 사건 신탁계약 해지일인 1998. 9. 9. 이후에 발생한 부분은 신탁법 제61조에 근거하여 원고가 피고에게 반환 의무를 지는 것이 아니라고 본 원심의 판단은 정당하고 이에 상고이유에서 주장하는 바와 같은 법리오해 등의 위법이 있다고 할 수 없다.

다. 신탁계약 제22조 제5항은, "제2항과 제4항의 경우 '을'(피고를 말함)은 수익자에게 해지로 인하여 발생된 손해의 배상 및 해지수수료를 청구할 수 있다. 이 경우 손해배상액은 실손해액으로 산정하고, 해지수수료는 신탁 부동산 가액(토지가액과 건물완성분의 합계액)의 1,000분의 2로 한다."라고 규정하고 있는바, 위에서 본 제22조 제1항 및 제2항과 마찬가지로 제22조 제5항 역시 위탁자인 원고가 수탁자인 피고의 귀책사유 없이 위탁자인 원고측 사정에 의하여 신탁계약을 해지하는 경우에 한하여 적용되는 규정이고, 수탁자인 피고의 귀책사유로 인하여 신뢰관계가 깨어졌기 때문에 위탁자인 원고가 신탁계약을 해지하는 경우에는 적용되지 않는다고 보아야 할 것이므로, 해지수수료도 위 손실액에 포함시켜야 한다는 피고의 주장을 배척한 원심의 판단은 정당하고 이에 상고이유에서 주장하는 바와 같은 법리오해 또는 채증법칙 위배 등의 위법이 있다고 할 수 없다.

[원심판결] 서울고등법원 2000. 4. 19. 선고 99나57753 판결 [소유권이전등기등]

【주 문】

항소를 기각한다.

항소비용은 피고의 부담으로 한다.

【청구취지 및 항소취지】

1. 청구취지

피고는 원고에게 별지 목록 기재 부동산에 관하여 1998. 9. 9자 신탁 해지를 원인으로 한 소유권 이전 등기 절차를 이행하라.

2. 항소취지

제1심 판결 중 피고 패소부분을 취소하고, 위 취소부분에 해당하는 원고의 청구를 기각한다.

【이 유】

1. 신탁계약의 체결과 해지

나. 판단

(1) '신탁'이라 함은 위탁자와 수탁자의 특별한 신뢰관계에 기하여 위탁자가 특정의 재산권을 수탁자에게 이전하거나 기타의 처분을 하고 수탁자로 하여금 수익자의 이익을 위하여 또는 특정의 목적을 위하여 그 재산권을 관리, 처분하게 하는 법률관계를 말하고(신탁법 제1조 제2항), 수탁자는 신탁의 본지에 따라 선량한 관리자의 주의로써 신탁재산을 관리 또는 처분하여야 한다(신법 제28조).

이 사건에 관하여 보건대, 수탁자인 피고는 신탁자 겸 수익자인 원고로부터 이 사건 부동산의 소유권을 이전 받아 그 위에 아파트를 지어 그 토지와 건물을 분양하여 건축비용과 신탁수수료 등을 뺀 나머지 수익을 수익자에게 귀속시키는 신탁계약을 체결하였다.

신탁법상 신탁의 의미와 이 사건 신탁계약의 목적이 위와 같다면, 신탁재산인 이 사건 부동산의 소유권이 피고에게 이전된 후로는 수탁자인 피고는 신탁의 본지에 따라 아파트 시공업체의 선정, 자금집행, 제반 인허가 절차의 진행에 관한 관리업무를 적정하게 진행하여야 할 의무가 있다.

그러나, 앞서 인정한 사실에 따르면, 피고는 경영과 재무구조가 부실한 소외1회사를 시공업체로 선정한 뒤, 이 공사선급금을 이 사건 신탁사업과는 무관한 용도로 사용할 것을 알면서도 채권확보에 대한 대책도 없이 선급금지급규정을 어기면서 선급금 명목으로 150억 원의 거액을 일시금으로 지급하는 배임행위를 하였고, 급기야 소외1회사가 1998. 3.경 부도가 나 공사는 착공되지도 않은 상태에서 1998. 6. 이후에는 피고의 대표이사 등 임직원들마저 그와 같은 배임 등의 혐의로 구속되어 이 사건 신탁사업을 더 이상 수행할 수 없게 된 점을 알 수 있다.

그렇다면 피고는 이 사건 신탁계약을 이행하면서 수탁자에게 요구되는 선량한 관리자의 주의의무를 위배함으로써 신뢰관계가 무너졌다고 할 수밖에 없고, 또한 피고의 대표이사 등이 구속된 후부터는 이 사건 신탁사업의 수행은 사실상 불가능해졌으니, 이 사건 신탁계약은 피고의 귀책사유로 말미암아 이행불능상태에 빠졌다고 할 것이다.

(2) 따라서 이 사건 신탁계약은 그와 같은 사유를 원인으로 한 원고의 1998. 9. 해지의 의사표시로 적법하게 해지되었으므로, 피고는 원고에게 원상회복으로 이 사건 부동산에 관하여 위 날짜 신탁해지를 원인으로 한 소유권이전등기절차를 이행할 의무가 있다. (피고는, 원고가 이 사건 신탁계약을 체결하고 나서도 이 사건 부동산에 설정된 근저당권 설정등기를 말소하지 않는가 하면, 2차례에 걸쳐 사업계획을 변경하여 그만큼 착공이 늦어지게 되었고, 진입로 개설에 따른 분쟁을 해결하지 못하여 이 사건 신탁사업은 더 이상 진행될 수 없었던 것이므로 이 사건 신탁계약의 이행불능책임은 원고에게 있으므로 원고의 신탁계약해지는 신의칙에 반하여 무효라고 주장하나, 이 사건 부동산의 근저당권 설정등기가 1997. 6. 18.까지 모두 말소되었음은 앞서 본 바와 같고, 그밖에 피고가 주장하는 업무들은 주로 수탁자로서 신탁사업을 주관하는 피고의 책임으로 이루어져야 할 사항들이며, 가사 견해를 달리하여 위 업무들이 원고들의 책임으로 이루어져야 할 업무이고, 원고의 위 업무지연으로 신탁사업이 지연되었다 하더라도, 피고 임직원들이 원고에 대한 배임행위로 구속된 것 때문에 신탁사업이 사실상 수행불능이 된 것이므로 결국 이 사건 신탁계약의 이행불능의 책임은 피고에게 있다고 보아야 하므로, 피고의 주장은 어느 모로 보나 이유 없다)

(3) 피고는 이 사건 신탁계약 체결시 손실이 잔존하는 때에는 계약을 해지할 수 없기로 약정하였으므로(갑1호증, 제22조) 원효는 피고에게 손실을 보상한 후에만 이 사건 신탁계약을 해지할 수 있다고 주장하나, 이는 신탁에 따른 손실이 남아 있을 때에는 신탁자가 계약을 해지할 수 없게 한 취지라기보다는 법정 혹은 약정 해지 사유로 계약이 종료될 때 수익 또는 손실을 정산한다는 취지로 해석되므로 위 주장은 이유없다.

2. 동시이행

가. 피고는 피고가 신탁사업을 시행하면서 지출한 비용에서 수익을 뺀 손실금을 원고로부터 지급받지 않는 한 원고의 청구에 응할 수 없다고 동시이행의 항변을 한다.

살피건대, 피고는 신탁이 종료될 때에 원고에게 신탁수익의 계산서를 제출하고 그 때 손실이 잔존하는 때에는 신탁계약을 해지할 수 없다고 약정한 사실은 앞서 본 바와 같으므로, 이 사건 신탁계약의 해지에 따른 원상회복으로서 원고는 피고에게 해지일인 1998. 9. 9.을 기준일로 하여 신탁자금 수지내역에 따른 손실 상당액을 반환할 의무가 있고, 그와 같은 원고의 손실액 반환의무와 피고의 소유권이전등기반환외무는 동시이행의 관계에 있다 할 것이다(피고는 신탁법 제61조에 따라 신탁이 종료된 경우에도 신탁재산이 귀속할 때까지는 신탁관계는 종료하지 아니하므로, 이 사건 부동산이 원고에게 이전되지 아니한 이상 위 신탁해지 이후부터 현재까지의 모든 비용에 대하여도 정산하여야 한다고 주장하나, 신탁법 제61조는 신탁의 종료로 귀속할 재산이 있는 경우에 당해 재산에 관하여만 신탁이 존속하는 것으로 간주하는 것이고, 아래에서 살펴볼 피고 주장의 비용들은 모두 이 사건 부동산에 관하여 발생한 비용이 아니므로 위 주장은 이유없다).

212. 대법원 2002. 3. 15. 선고 2000다52141 판결 [수분양자지위부존재확인]

[논점] 신탁계약에 의하여 아파트의 소유권이 수탁자에게 대내외적으로 완전히 이전되어 그 분양권도 수탁자에게 귀속되었다고 한 사례

【이 유】

1. 원심의 판단 요지

가. 인정 사실

(1) 피고는 주식회사 안산주택(이하 '안산주택'이라 한다)에 파주시 법원읍 법원리 산 174-3 임야 7,233㎡를 6억 원에 매도하고, 그 대금 중 1억 원만 현금으로 지급받고, 나머지 5억 원은 안산주택이 건축할 아파트 옆에 영유아보육시설을 지어주는 것으로 갈음하기로 약정하고, 안산주택은 피고로부터 매수한 임야와 그에 인접한 같은 읍 가야리 산 15-1 임야 1,091㎡ 지상에 2개 동 180세대의 율곡 3차 아파트(이하 '이 사건 아파트'라 한다)를 신축·분양하기 위해 사업계획승인을 받아 신축공사에 착수하고, 1997. 3.경부터 그 분양을 시작하였다.

(2) 안산주택은 그 후 공사자금 조달목적으로 1997. 5. 9. 원고와 분양형 토지신탁계약을 체결하였는데, 그 주요내용은, 안산주택을 시공자로 하여 이 사건 아파트를 건축하고(신탁계약서 제3조, 특약 제4조), 원고는 사업계획서에 정한 분양금액 및 조건으로 신탁재산을 분양할 수 있으며, 신탁사업 수행에 필요한 공사대금 등은 원고가 부담하고(신탁계약서 제8조, 제12조), 안산주택이 분양업무를 수행하되, 원고는 분양수입금의 수납 및 자금관리의 업무를 수행하며, 안산주택의 분양업무를 지원하는(특약 제8조) 등으로 되어 있다.

(3) 이 신탁계약에 따라 1997. 5. 19. 사업부지인 토지 2필지에 관하여 원고 앞으로 신탁을 원인으로 한 소유권이전등기를 경료한 다음 같은 달 30. 관할 행정청에 원고와 안산주택을 공동사업주체로 변경신고하여 승인을 받았다.

(4) 이 사건 아파트의 분양계약은 공동사업주체인 원고와 안산주택을 공동매도인으로 기재한 아파트공급계약서에 의하여 체결되었는데, 원고는 1997. 8. 말 분양업무의 편의를 고려하여 안산주택에 원고 대표이사의 직인이 날인된 아파트공급계약서 160매와 원고 대표이사의 직인이 날인되지 아니한 아파트공급계약서 20매(이 사건 아파트 180세대 전부에 대한 분양계약서이다.)를 교부해 주었고, 안산주택은 이를 이용하여 분양계약을 체결한 뒤 분양대금을 받아 원고에게 송금해 왔으며, 반면 원고는 가끔 분양 현황을 확인하였을 뿐 분양업무에는 관여하지 아니하였다.

(5) 그런데 안산주택은 1998. 4. 초순경부터 자금난에 시달리는 등 이 사건 아파트의 건설사업을 계속 수행할 수 없을 것으로 예상되자, 같은 달 18. 피고와 사이에 원고로부터 교부받은 원고 대표이사 직인이 날인된 아파트공급계약서를 이용, 이 사건 아파트 중 8세대에 관한 분양계약을 체결하면서, 그 8세대의 분양대금은 영유아보육시설을 지어주기로 한 채무 5억 원으로 갈음하기로 약정하고, 이 약정에 기하여 피고에게 이 사건 아파트 8세대에 대한 분양대금을 완납하였다는 취지의 입금표를 작성해 주었다.

(6) 그 후 안산주택은 기성고 30~35% 정도의 상태에서 1998. 4. 30. 최종 부도를 내고 공사를 중단하였고, 같은 해 5. 2. 원고에게 이 사건 아파트 사업과 관련한 모든 권리를 포기한다는 내용의 공사포기각서 및 권리포기각서를 작성해 주었다.

나. 판 단

(1) 이 사건 아파트의 분양권자는 원고이고 안산주택은 이 사건 아파트를 처분할 권한이 없었다는 이유로, 안산주택으로부터 이 사건 아파트 8세대를 분양받았다는 피고에게는 수분양자로서의 권리·의무가 존재하지 아니함의 확인을 구하는 원고의 주위적 청구에 대하여

(가) 이 사건 아파트의 분양권자가 원고이고 안산주택은 이 사건 아파트를 처분할 권한이 없었다는 취지의 원고 주장사실을 인정할 수 없고, 오히려 이 사건 신탁계약을 체결하게 된 경위, 그 신탁계약 및 특약상으로 분양업무는 안산주택이 수행하고 원고는 안산주택의 분양업무를 지원하는 것으로 규정된 점, 안산주택과 원고가 공동사업주체로 신고된 점, 원고 대표이사의 직인이 날인된 아파트공급계약서 160매가 안산주택에 교부된 사실, 그 계약서에도 안산주택과 원고가 공동매도인으로 기재된 점, 사실상으로도 안산주택이 분양계약을 독자적으로 체결하고 그 분양대금을 받아 원고에게 입금한 점 등을 종합하면, 이 사건 아파트의 분양계약에 관하여는 원고와 안산주택이 공동매도인의 지위에 있었고, 나아가 원고가 아파트공급계약서를 일괄 교부한 이상 원고가 안산주택으로 하여금 자신을 대리하여 이 사건 아파트의 분양계약을 체결할 수 있는 권한을 수여한 것으로 보아야 하므로, 피고는 적법한 권한을 가진 안산주택과 이 사건 아파트의 분양계약을 체결한 것으로서 이 분양계약은 유효하다.

(나) 가사 원고가 안산주택에 신탁의 내용에 부합하는 분양계약, 즉 수분양자가 분양대금을 전액 납부할 의무를 부담하는 내용의 분양계약을 체결할 권한만 위임한 것이고, 대물변제 목적의 분양계약을 체결할 권한까지 부여한 것은 아니라고 해석한다 하더라도, ① 원고 대표이사의 직인이 날인된 아파트공급계약서 160매를 교부받아 이를 이용하여 분양계약을 체결하였고, ② 사실상 안산주택이 분양계약을 독자적으로 체결하고 그 분양대금을 직접 받아왔으며, ③ 원고는 안산주택이 이 사건 아파트의 분양계약을 체결할 때 전혀 관여하지 아니한 점에 비추어 보면, 피고로서는 원고 대표이사의 직인이 날인된 아파트공급계약서에 의하여 분양계약을 체결하면서 공동매도인이자 원고의 대리인으로서의 지위에 있는 안산주택에 이 사건 아파트 8세대의 분양에 관한 일체의 권한이 있다고 믿을 수밖에 없었을 것이고, 비록 아파트공급계약서 자체에 이 사건 아파트의 건설사업이 안산주택과 원고 사이의 부동산신탁계약에 따른 것이고, 분양대금의 수령권이 원고에게 있다는 점이 명시되어 있다 해도, 그와 같은 사유만으로 안산주택에 대물변제를 목적으로 분양계약을 체결할 권한이 없었다는 점을 피고가 알고 있었다고 인정하기에 부족하므로, 권한을 넘은 표현대리의 법리에 의하여 피고는 분양계약의 유효를 주장할 수 있다.

(2) 안산주택과 피고가 체결한 분양계약이 유효한 것이라 하더라도, 분양계약상 분양대금의 수령권한은 원고에게만 있으므로, 피고는 원고에게 이 사건 아파트 8세대 분양대금 4억 98,845,000원을 지급할 의무가 존재함의 확인을 구하는 원고의 예비적 청구에 대하여

안산주택과 피고가 대물변제의 목적으로 체결한 분양계약이 유효한 이상, 피고는 원고에게 분양대금을 지급할 의무가 없다.

2. 이 법원의 판단

가. 신탁관계의 법리와 기록에 비추어 보면, 이 사건 아파트는 원고와 안산주택의 신탁계약으로 인하여 원고에게 대내외적으로 완전히 소유권이 이전되어 그 분양권 역시 원고에게 귀속되고, 안산주택이 이 사건 아파트의 분양업무를 관장하게 된 것은 결국 원고의 소유인 이 사건 아파트에 관한 분양업

무를 원고가 안산주택에 위임하였기 때문인 것이지, 안산주택 자신이 이 사건 아파트를 분양하거나 처분할 권한을 가지고 있기 때문이 아니라고 보아야 할 것이므로, 원고가 안산주택에 그 자신의 채무의 대물변제조로 이 사건 아파트를 분양하여 줄 권한까지 부여한다는 것은 극히 이례적이고, 또 이 사건 아파트들은 신탁재산으로서 신탁자나 수탁자의 다른 재산과 명백하게 구별되어야 하므로, 신탁자인 안산주택의 재산과는 전혀 별개로 유지 관리되어야 하며, 신탁재산의 독립성이라는 면에서 신탁재산과 관련 없는 신탁자 자신의 채무 변제에 갈음하여 이 사건 아파트를 제공한다는 것은 허용될 수 없음에 비추어 보아도, 특별한 사정이 없는 한 원고가 안산주택에 부여한 대리권의 범위에 이 사건 분양계약과 같이 안산주택이 자신의 채무 변제에 갈음하여 이 사건 아파트를 분양하여 줄 권한까지 포함된 것으로 볼 수는 없다.

따라서 원고가 안산주택에 그 자신의 채무 변제를 위하여 이 사건 아파트를 대물변제할 수 있는 대리권을 수여한 것으로 보아야 한다는 원심의 판단은 잘못이라고 하지 않을 수 없다.

그러나 원심이 가정적으로 판단한 표현대리 부분에 관하여 관련 증거들을 기록에 비추어 살펴보면, 이 사건 분양계약 당시의 사정에 관한 원심의 사실인정은 정당한 것으로 수긍이 가고, 거기에 논리칙과 경험칙에 위배하여 사실을 오인한 위법이 있다고 할 수 없으며, 사실관계가 이와 같다면, 원심이 그 판시와 같은 사정을 들어 피고로서는 안산주택이 원고를 대리하여 이 사건과 같은 형태의 분양계약을 체결할 대리권도 있다고 믿을 만한 정당한 사유가 있다고 판단한 것은 정당하고, 거기에 상고이유에서 주장하는 바와 같은 판단유탈, 이유불비, 이유모순, 표현대리에 관한 법리오해 등의 위법이 있다고 할 수 없다.

따라서 원심이 예비적으로 이 사건 분양계약이 표현대리 행위에 해당한다는 피고의 주장을 받아들여 원고의 주위적 청구를 배척한 것은 정당하고, 이처럼 표현대리가 성립하는 이상 앞서 본 바와 같은 대리권의 범위에 관한 원심의 판단 잘못은 판결 결과에 영향을 미치는 바 없으므로, 주위적 청구에 관한 원심의 판단을 비난하는 상고이유는 받아들일 수 없다.

나. 이 사건 아파트공급계약서 제4조 제1항에 의하더라도, 이 사건 아파트공급계약상 중도금 및 잔금을 반드시 원고 명의 계좌로 무통장 입금하여야만 하는 것으로 볼 수는 없고, 따라서 대물변제로 안산주택에 중도금 및 잔금을 전부 납입한 것으로 약정한 이상 그 납입의 효력을 부정할 수 없으므로, 같은 취지에서 원고의 예비적 청구를 기각한 원심의 조치는 정당하고, 거기에 중도금과 잔금의 수령권에 관한 판단유탈, 이유모순 내지 이유불비, 대물변제에 관한 법리오해, 증거 없이 경험칙에 위배하여 사실을 오인한 위법 등이 있다고 할 수 없다.

이 점에 관한 상고이유 역시 받아들이지 아니한다.

213. 대법원 2001. 12. 27. 선고 2001다32236 판결 [소유권이전등기]

[논점] 특정물에 대한 소유권이전등기청구권을 보전하기 위하여 사해신탁취소권을 행사할 수 있는지 여부

【이 유】

1. 이 사건 신탁계약에 관한 법리오해의 주장에 대하여

원심이 적법하게 확정한 사실관계에 의하면, 이 사건 신탁계약의 수익자는 소외 주식회사 삼신종합건설(이하 '소외 회사'라 한다)이라고 할 것이므로 이 사건 아파트의 수분양자들이 신탁계약의 수익자임을 전제로 하는 원고의 주장은 받아들일 수 없을 뿐만 아니라, 이 사건 신탁계약은 수탁자인 피고들이 그 명의로 이 사건 대지에 관한 신탁등기를 하여 아파트 신축공사를 완료하고 사용검사를 받아 수

분양자들에게 소유권이전등기를 경료하여 줄 수 있게 될 때까지 이를 관리하고, 그 임무가 종료되면 신탁자인 소외 회사에게 신탁재산을 반환하는 것을 그 본지로 하는 것이지, 피고들이 수분양자들에게 직접 소유권이전등기를 경료하여 줄 의무까지 포함하는 것은 아니라 할 것이고, 따라서 피고들은 이 사건 신탁계약에 따라 수분양자 등에게 이 사건 대지지분이나 아파트에 관한 소유권이전등기절차를 이행할 의무를 부담한다고 할 수 없다.

이는, 이 사건 신탁계약의 수탁자인 피고들이 이 사건 아파트의 수분양자들을 대표하는 자들이라고 하여도 달리 볼 것은 아니다.

같은 취지의 원심의 판단은 정당하고, 거기에 상고이유로 주장하는 바와 같은 신탁계약의 법리를 오해한 위법은 없다.

2. 사해신탁행위에 관한 판단유탈의 주장에 대하여

신탁법 제8조 소정의 사해신탁의 취소는 민법상의 채권자취소권과 마찬가지로 책임재산의 보전을 위한 것이므로 피보전채권은 금전채권이어야 하고, 특정물에 대한 소유권이전등기청구권을 보전하기 위하여 행사하는 것은 허용되지 않는다고 할 것이다(대법원 1996. 9. 20. 선고 95다1965 판결, 1999. 4. 27. 선고 98다56690 판결 등 참조).

이 사건 신탁계약이 소외 회사와 피고들이 공모하여 채권자인 원고를 해함을 알고서 한 법률행위로서 신탁법 제8조 제1항 소정의 사해신탁에 해당한다는 주장은, 금전채권이 아닌, 매매로 인한 이 사건 대지의 지분권에 관한 소유권이전등기를 구하는 이 사건에서는 주장하는 것이 무의미하거나 허용되지 아니하는 것이어서 원심이 이에 대한 판단을 하지 아니하였다고 하더라도 판결 결과에 영향을 미친 판단유탈의 위법이 있다고 할 수 없다.

[원심판결] 서울지방법원 2001. 4. 20. 선고 2000나54375 판결 [소유권이전등기]

【주 문】

1. 제1심 판결을 취소한다.
2. 원고의 청구를 기각한다.
3. 소송총비용은 원고의 부담으로 한다.

【청구취지 및 항소취지】

1. 청구취지

피고들은 원고에게 남양주시 [지번 생략] 대 29,243m 중 5,848,600분의 14,439 지분에 관하여 1996. 6. 5. 매매를 원인으로 한 소유권이전등기절차를 이행하라.

2. 항소취지

주문과 같다.

【이 유】

3. 판단

피고들은 소외회사와 체결한 신탁계약의 내용에 따라서만 제3자인 수분양자들에 대하여 의무를 부담하고 권한을 행사할 수 있다고 할 것인바, 이 사건 신탁계약은 위에서 본 바와 같이 이 사건 아파트 신축공사를 완료하고 사용검사를 받아 일반수분양자들에게 소유권이전등기를 경료해 줄 수 있게 될 때까지 피고들 명의로 신탁등기를 해서 이를 관리하고, 위와 같은 임무가 종료되어 일반수분양자들에게 소유권이전등기를 경료하여 줄 수 있게 되면 신탁자인 소외회사에게 신탁재산을 반환하는 것을 그 본지(本旨)로 하는 것이지, 원칙적으로 피고들이 수분양자들에게 직접 소유권이전등기까지 경료하여 줄 의무까지 포함하는 것은 아니라 할 것이다.

따라서, 피고들이 위 신탁계약에 따라 수분양자 등에게 이 사건 아파트에 관한 소유권이전등기절차를 이행할 의무까지 부담한다는 것을 전제로 한 원고의 위 주장은 이유없다(이 사건 신탁계약에 의하면 예외적으로 소외회사가 분양계약을 이행할 수 없다고 판단될 경우 피고들은 수익자(소외회사)의 동의를 얻어 이를 임의로 일반수분양자들에게 소유권이전등기를 하는 등 처분할 수 있다고 되어 있으나, 위에서 본 바와 같이 원고는 소외회사가 피고들에게 교부한 이 사건 아파트의 수분양자 명단에 등재되어 있지 않기 때문에 결국 원고는 이 사건 신탁계약의 수분양자로 지정된 자가 아니라 할 것이므로, 원고가 소외회사에 대하여 위 아파트 102동 412호 및 101동 506호에 관하여 소유권이전등기 청구권을 가짐은 별론으로 하고, 피고들에 대하여 소유권이전등기를 청구할 권원은 없다고 할 것이므로 어느 모로 보나 원고의 위 주장은 이유 없다.

214. 대법원 2001. 12. 24. 선고 2000도4099 판결 [새마을금고법위반]

[논점] 투자신탁의 수익증권을 매입하는 행위가 금전신탁에 해당하는지 여부

【이 유】

2. 금전신탁에 관한 사실오인 내지 법리오해의 점에 대하여

새마을금고법시행령 제24조는 금고의 여유자금은 연합회에의 예탁, 금융기관에의 예탁 또는 신탁회사에의 금전신탁, 국채·지방채 및 연합회장이 정하는 유가증권의 매입의 방법에 의하여 이를 운용할 수 있다고 정하고 있는바, 신탁이라 함은 신탁설정자(위탁자)와 신탁을 인수하는 자(수탁자)와의 특별한 신임관계에 기하여 위탁자가 특정의 재산권을 수탁자에게 이전하거나 기타의 처분을 하고 수탁자로 하여금 일정한 자(수익자)의 이익을 위하여 또는 특정의 목적을 위하여 그 재산권을 관리, 처분하게 하는 법률관계를 말하므로(신탁법 제1조 제2항[522]), 증권투자신탁업법에 의하여 증권투자신탁회사가 발매하는 수익증권을 매입하는 행위는 위 시행령에서 말하는 신탁회사에의 금전신탁에 해당하지 않는다.[523]

---

522) 현행 신탁법 제2조.

523) 투자신탁의 수익증권 투자자와 집합투자업자(자산운용사)의 법률관계에 대해, 투자자가 집합투자업자가 발행한 수익증권을 매입함으로써 투자자와 집합투자업자간에는 금전신탁관계가 성립한다는 견해도 있으나(서울고등법원 2005. 6. 30. 선고 2004나35320 판결), 이 판결은 (비록 형사사건이기는 하나) 수익증권의 매입은 금전신탁에 해당하지 않는다고 판시하고 있다[투자자와 집합투자업자간에 신탁관계가 인정되는지 여부에 관한 견해의 대립은, 광장신탁법연구회, 주석신탁법(2판), 박영사, 494면 각주 1 참조]. 다만, 이 판결을 증권투자신탁회사는 '신탁회사'가 아니므로 증권투자신탁회사가 발행하는 수익증권을 매입하는 행위는 '신탁회사'에의 금전신탁에 해당하지 않는다는 점에 중점을 둔 것으로 볼 여지도 있으나, 이 판결 이유에서는 수탁자의 자격이 아닌 '신탁의 내용(정의)'에 중점을 두고 있으므로, 이 판결은 수익증권의 매입은 금전신탁에 해당하지 않는다고 판시한 것으로 이해된다. 수익증권의 매입을 금전신탁으로 해석하는 경우에는 특정금전신탁은 집합투자기구의 수익증권에 투자하는 방법으로 자금을 운용할 수 없지 않나 하는 문제가 발생한다. 현행 자본시장법상 신탁업자는 신탁재산의 보관·관리를 재신탁을 할 수 없는데, 수익증권 매입을 금전신탁으로 해석할 경우에는 특정금전신탁에 의한 수익증권의 매입·운용은 재신탁행위에 해당할 수 있기 때문이다. 다만, 이 문제에 대해서는 현행 자본시장법상 금전신탁의 운용대상에 '수익증권'을 명시적으로 규정하고 있고(동법 제105조 제1항, 동법 시행령 제106조 제1항 3호), 수익증권에는 집합투자기구의 집합투자업자가 발행하는 수익증권도 포함되므로(동법 제4조 제4항, 제189조) 현행 자본시장법상 특정금전신탁은 수익증권에 투자·운용할 수 있다는 해석이 있을 수 있다. 실무상으로는, (특히 보험사·증권사가 수탁한) 특정금전신탁이 부동산집합투자기구 등 집합투자기구의 수익증권을 매입하여 자산을 운용하는 사례가 다수 존재한다.

관련 증거들을 기록에 비추어 살펴보면, 원심이 피고인들이 이사회의 결의를 얻지 아니하고 금고의 여유자금을 판시와 같은 주식형 수익증권에 예탁하였다고 인정한 것은 옳고, 거기에 사실오인 내지 법리오해의 위법은 없다. 이 점을 지적하는 상고이유는 받아들이지 아니한다.

215. 대법원 2001. 11. 9. 선고 2001다58054(본소), 2001다58061(반소)[손해배상(기)·매매대금반환]

[논점] 신탁원부 기재의 대항력 범위

【이 유】

3. 상고이유 제3점에 대하여

가. 원심판결 이유에 의하면, 원심은 피고 C은 신탁법에 의하여 인가를 받은 부동산신탁전업회사로서 부동산의 소유자로부터 토지의 소유권 등을 신탁법에 따라 수탁받아 그 부동산의 개발, 관리, 처분 등 각종 행위를 하는 것을 영업으로 하는바, 신탁관계법리에 따라서 수탁자는 신탁계약서상 정해진 목적 범위 내에서 신탁기간 동안 선량한 관리자의 주의를 가지고 신탁사무를 처리하고 신탁 목적의 달성 또는 신탁계약의 해지에 의하여 신탁관계를 종료함으로써 신탁관계를 둘러싼 모든 권리 의무는 종료되는 것인데, 1998. 5. 2. 위탁자인 피고 B의 신탁계약해지요청에 의거하여 1998. 6. 16. 이 사건 신탁사업에 대한 정산을 완료하고 1998. 6. 30. 신탁계약을 해지함으로써 신탁을 종료하였을 뿐 아니라, 이 사건 신탁관계의 신탁원부상 신탁관계에서 발생한 채무를 수익자가 부담하도록 규정하고 있는 이상, 결국 위 신탁관계가 종료됨에 따라 피고 C이 원고에 대하여 부담하는 모든 채무는 소멸하였다는 피고 C의 주장에 대하여, 수탁자는 수익자에 대하여 신탁재산을 한도로 유한책임을 지지만, 제3자에 대하여는 무한책임을 지고, 그 후 신탁관계가 종료되어도 채권자에 대하여 계속 채무를 이행할 책임을 부담하는 것이며, 또한 신탁법 제3조는 "등기 또는 등록하여야 할 재산에 관하여는 신탁은 그 등기 또는 등록을 함으로써 제3자에게 대항할 수 있다."고 규정하고, 부동산등기법 제123조, 제124조는 신탁의 등기를 신청하는 경우에는 ① 위탁자, 수탁자 및 수익자 등의 성명, 주소, ② 신탁의 목적, ③ 신탁재산의 관리방법, ④ 신탁종료사유, ⑤ 기타 신탁의 조항을 기재한 서면을 그 신청서에 첨부하도록 하고 있고, 그 서면은 이를 신탁원부로 보며, 신탁원부는 이를 등기부의 일부로 보고 그 기재는 이를 등기로 본다고 규정하고 있는바, 이 사건에 관하여 보건대, 을 제15호증(이 사건 점포의 등기부등본)의 기재에 의하면 피고 C이 이 사건 점포에 관하여 소유권보존등기를 경료한 시점은 1998. 4. 14.인 것으로 인정되는데 반하여, 앞에서 본 바와 같이 원고와 피고들 사이의 이 사건 점포에 관한 상가공급계약의 체결 시점은 1997. 11. 6.이므로 위 상가공급계약의 체결 당시 피고 C 주장의 신탁원부가 작성되어 등기소에 비치되어 있는 장부인 신탁원부편철장에 편철되었다고 보기 어려울 뿐 아니라,[524] 을 제16호증(신탁원부)의 기재에 의하면 위 신탁조항에 신탁계약의 종료 또는 해지 후 위 상가공급계약에 의하여 발생하는 채무를 수익자가 부담한다는 조항이 포함되어 있지도 않은 사실이 인정된다는 이유로, 피고 C의 위 주장을 배척하였는바, 기록에 의하여 살펴보면 원심의 위와 같은 사실인정 및 판단은 수긍이 가고, 거기에 주장과 같은 판결에 영향을 미친 신탁관계종료 후의 법률관계에 관한 법리오해의 위법이 없다.

나. 원심판결 이유에 의하면, 원심은 피고들은 1998. 6. 29. 향후 이 사건 상가의 분양 및 분양대금의 수납 등과 관련한 피고 C의 권리, 의무를 피고 B이 포괄적으로 인수하기로 합의하고, 피고 C은 1999. 1. 7.경 그 내용을 원고에게 통지함으로써 신탁계약의 해지와 함께 위 피고의 이 사건 신탁사업과 관련한 모든 권한과 의무 및 책임은 위탁자인 피고 B이 부담하게 되었다는 피고 B의 주장에 대하여, 판시

---

524) 이 부분 설시 내용은, 신탁사 명의로 소유권보존등기 및 신탁등기가 경료된 이후에 체결되는 상가공급계약의 경우에만 신탁원부 기재의 대항력을 주장할 수 있다는 취지로 읽히는데 타당한 해석인지 의문이다.

증거에 의하면 피고들 사이에 위와 같은 약정을 한 사실은 인정되나, 위와 같이 계약관계로부터 생기는 포괄적인 권리의무를 양도하기로 하는 계약인수약정은 채권자인 원고가 승낙하지 않은 이상 원고에 대하여 효력을 발생할 수 없는 것이므로, 원고가 위 약정을 승낙하였다는 점에 관하여 아무런 입증이 없는 이 사건에 있어서 위 약정의 효력이 원고에게도 미친다고 할 수 없다는 이유로, 피고 C의 위 주장을 배척하였는바, 기록에 의하여 살펴보면 원심의 위와 같은 판단은 수긍이 가고, 거기에 주장과 같은 판결에 영향을 미친 신탁관계종료 후의 법률관계에 관한 법리오해의 위법이 없다.

216. 대법원 2001. 7. 27. 선고 2001다13709 판결 [사해행위취소등]

[논점] 공사대금을 지급받지 못한 아파트 공사 수급인이 신축 아파트에 대한 유치권을 포기하는 대신 수분양자들로부터 미납입 분양대금을 직접 지급받기로 하고, 그 담보를 위해 도급인과의 사이에 당해 아파트를 대상으로 수익자를 수급인으로 하는 신탁계약을 체결한 행위가 사해행위에 해당하지 않는다고 한 사례

【이 유】

1. 원심이 그 채택 증거를 종합하여 인정한 사실은 다음과 같다.

가. 주식회사 세림건설은 1995. 1. 9. 피고보조참가인과 울산벽산강변타운 아파트 신축공사를 공사대금 29,707,700,000원(부가가치세 별도)에 피고보조참가인에게 도급하기로 하는 계약을 체결하였다.

나. 피고보조참가인이 1998년 9월경 위 아파트 신축공사를 완공하였으나, 세림건설은 자금사정의 악화로 공사대금을 결제하지 못하여 피고보조참가인으로부터 완공된 아파트를 인도받지 못하고 준공검사도 받을 수 없었다.

다. 피고보조참가인과 세림건설은 1998. 11. 12. 공사대금을 일부 감액하는 한편 미지급 공사대금 8,787,111,000원의 결제를 위하여, 세림건설이 위 아파트 중 이미 분양된 77세대의 분양잔금채권을 피고보조참가인에게 양도하고 미분양 아파트 8세대 및 미분양 상가 8개 점포에 관한 관리처분권을 피고보조참가인 또는 피고보조참가인이 선임하는 자에게 위임하되, 이를 담보하기 위하여 피고보조참가인 또는 피고보조참가인이 지정하는 자에게 위 아파트 85세대에 관한 신탁등기를 마친 후 이에 대한 분양잔금 및 분양대금을 피고보조참가인이 직접 납부받아 이를 공사대금에 충당하고 분양대금이 완납되는 즉시 피고보조참가인이 직접 위 신탁등기를 해지하고 수분양자에게 소유권이전등기를 경료해 주는 방식으로 공사대금을 지급하기로 약정하였다.

라. 세림건설은 위 약정에 따라 1998. 11. 20. 피고보조참가인이 지정하는 피고와 사이에 피고보조참가인을 수익자로 하여 위 아파트 85세대에 관한 신탁계약을 체결한 후, 피고보조참가인의 협력을 얻어 1998. 11. 27. 준공검사를 마치고, 같은 날 세림건설 명의의 소유권보존등기를 경료하는 한편, 1998. 12. 2. 위 아파트 85세대에 관하여 피고 명의로 1998. 11. 20.자 신탁계약을 원인으로 한 소유권이전등기를 경료하였다.

마. 원고는 세림건설에 대하여 합계 497,849,980원의 취득세 및 농어촌특별세 채권을 갖고 있다.

2. 원고가 위 아파트 85세대 중 17세대에 관하여 세림건설과 피고 사이의 위 1998. 11. 20.자 신탁계약은 사해행위라고 주장하면서 그 신탁계약의 취소와 그 신탁계약을 원인으로 한 피고 명의의 각 소유권이전등기의 말소등기절차의 이행을 구함에 대하여, 원심은 위 인정 사실에 의하면 피고보조참가인은 위 아파트에 대한 유치권을 행사함으로써 사실상 세림건설의 일반채권자보다 우선하여 자신의 공사대금채권을 변제받을 수 있는 지위에 있었던 이상, 그 공사대금을 변제받기 위한 방편으로 수분양자들로

부터 분양대금을 직접 지급받기로 하고 이를 담보하기 위하여 피고가 세림건설과 사이에 피고보조참가인을 위한 신탁계약을 체결하였다고 하여 이를 세림건설의 책임재산을 감소케 하는 사해행위라고 할 수 없을 뿐 아니라 세림건설에게 일반채권자를 해한다는 사해의사가 있었다고도 할 수 없다고 판단하여 위 신탁계약이 사해행위임을 전제로 하는 원고의 청구를 기각하였다.

4. 상고이유 제3점에 관한 판단

원심이 적법하게 인정한 위 사실들에 의하면 1998. 11. 12. 피고보조참가인과 세림건설이 미지급공사대금의 결제방법에 관한 약정을 할 당시 피고보조참가인이 위 아파트 신축공사를 완료하였음에도 불구하고 세림건설이 자금부족으로 공사대금 중 87억 원 이상을 지급하지 못하고 있었으므로 피고보조참가인이 세림건설 및 아파트 수분양자들에 대하여 유치권을 행사하여 아파트의 인도를 거절할 경우 세림건설로서는 아파트 수분양자들에 대한 분양계약상의 아파트 인도채무를 이행할 수 없게 되어 수분양자들로부터 분양대금을 지급받거나 미분양아파트를 새로 분양하는 데에 큰 어려움이 있을 것으로 예상되는 상황이었으므로 아파트 분양대금을 피고보조참가인이 직접 수령하는 대신 아파트 분양대금을 완납한 수분양자에게는 피고보조참가인이 유치권을 행사하지 않고 아파트를 인도하도록 약정하는 한편 이 약정의 이행을 확실하게 하기 위하여 세림건설이 피고보조참가인이 지정하는 자에게 미분양 상태이거나 분양대금이 완납되지 않은 아파트 85세대를 신탁하기로 약정하고, 1998. 11. 20. 세림건설은 피고보조참가인 회사의 직원으로서 피고보조참가인이 지정한 피고와 위 아파트 85세대에 관하여 피고보조참가인과 세림건설 사이에 약정된 업무를 처리하기 위한 이 사건 신탁계약을 체결하였음을 알 수 있다.

따라서 이 사건 신탁계약에 의하여 피고보조참가인은 위 아파트 85세대의 분양대금으로부터 자신의 공사대금채권을 우선적으로 변제받을 수 있는 지위를 확보함으로써 위 아파트 85세대에 관한 담보권을 획득한 것과 같은 경제적 효과를 얻게 되었다고 할 것이나, 피고보조참가인이 위와 같은 지위와 경제적 효과를 얻은 것은 분양대금이 완납된 아파트에 대하여는 유치권을 포기하여 수분양자에게 아파트를 인도하기로 하는 대신 얻은 것이고, 이로 인하여 피고보조참가인의 지위가 아파트 전체에 대한 담보권인 유치권을 행사할 수 있는 지위보다 강화된 것이 아니며, 세림건설로서는 수분양자들에게 분양계약에 따른 아파트 인도의무를 이행할 수 있게 됨으로써 피고보조참가인의 유치권 행사로 인하여 분양사업 수행이 불가능해 지는 상황을 막을 수 있게 된 반면 세림건설에 대한 일반채권자들에게도 피고보조참가인이 아파트 전체에 대한 유치권을 행사하여 세림건설의 분양사업 수행이 불가능해 지는 경우와 비교할 때 더 불리해지지는 않게 되었다고 할 것이다.

그렇다면 이와 같은 이유에서 원심이 이 사건 신탁계약의 사해성과 세림건설의 사해의사를 인정하지 않은 것은 정당하고 이에 상고이유에서 주장하는 바와 같은 사해행위에 관한 법리를 오해한 위법이 있다고 할 수 없다. 상고이유 제3점에 관한 주장 역시 이유 없다.

217. 대법원 2001. 7. 13. 선고 2001다9267 판결 [근저당권말소등]

[논점] 위탁자에 대하여 회사정리절차가 개시된 경우, 타익신탁의 수익권이 정리계획의 영향을 받는지 여부

【이 유】

2. 상고이유 제2점에 대하여

회사정리법 제240조[525] 제2항에 의하면, "정리계획은 정리채권자 또는 정리담보권자가 회사의 보증인 기타 회사와 함께 채무를 부담하는 자에 대하여 가진 권리와 회사 이외의 자가 정리채권자 또는 정

525) 현행 채무자회생법 제250조.

리담보권자를 위하여 제공한 담보에 영향을 미치지 아니한다."고 규정하고 있다.

원심판결 이유에 의하면, 소외 신원종합개발은 피고 엘지투자증권과 체결한 어음거래약정상의 채무에 대한 담보를 위하여, 1998년 1월 초순경 신원종합개발 소유의 부동산에 대하여 피고 한국부동산신탁 주식회사(이하 '피고 한국부동산신탁'이라고 한다)와의 사이에 담보신탁용 부동산관리·처분신탁계약을 체결하고 피고 엘지투자증권에게 수익권리금 9억 5,000만 원의 신탁원본 우선수익권을 부여하고, 1998. 1. 13. 피고 한국부동산신탁 앞으로 원심 판시 부동산에 관하여 신탁을 원인으로 한 소유권이전등기를 경료하였는데, 그 후 위 신원종합개발은 1998. 12. 16. 회사정리절차가 개시되어 1999. 7. 21. 정리계획이 인가되었으며, 피고 엘지투자증권은 정리채권 신고기간에 신원종합개발에 대한 채권을 신고하지 아니함으로써 정리계획에 변제의 대상으로 규정되지 아니하였다는 것이다.

그런데 신탁법상의 신탁은 위탁자가 특정의 재산권을 수탁자에게 이전하거나 기타의 처분을 하고 수탁자로 하여금 수익자의 이익을 위하여 또는 특정의 목적을 위하여 그 재산권을 관리, 처분하게 하는 법률관계를 말하므로, 위탁자인 신원종합개발의 신탁에 의하여 이 사건 신탁부동산의 소유권은 수탁자인 피고 한국부동산신탁에게 귀속되었다고 할 것이고, 피고 엘지투자증권이 그 신탁부동산에 대하여 수익권을 가지게 된 원인이 비록 소외 신원종합개발의 신탁행위로 말미암은 것이라 하더라도, 그 수익권은 회사정리법 제240조 제2항에서 말하는 '정리회사 이외의 자가 정리채권자 또는 정리담보권자를 위하여 제공한 담보'에 해당하여 정리계획이 여기에 영향을 미칠 수 없다고 할 것이고, 따라서 피고 엘지투자증권이 정리채권 신고기간 내에 신고를 하지 아니함으로써 정리계획에 변제의 대상으로 규정되지 않았다 하더라도, 이로써 실권되는 권리는 피고 엘지투자증권이 정리회사인 소외 신원종합개발에 대하여 가지는 정리채권 또는 정리담보권에 한하고, 피고 한국부동산신탁에 대하여 가지는 위 신탁부동산에 관한 수익권에는 아무런 영향이 없다고 할 것이다.

그럼에도 불구하고 원심은, "피고 엘지투자증권이 가지는 수익권은 신탁자인 신원종합개발이 제공한 담보라고는 할 수 있을지언정 이를 가리켜 피고 한국부동산신탁이 제공한 담보에 해당하는 것으로 볼 수 없다."고 판단하였으니, 원심판결에는 신탁법상의 신탁의 경우 신탁재산의 귀속에 관한 법리 내지는 정리계획이 영향을 미칠 수 없는 권리의 범위에 관한 법리를 오해하여 판결에 영향을 미친 위법이 있다고 하지 않을 수 없다.

218. 대법원 2001. 2. 23. 선고 2000다68924 판결 [부당이득금]

[논점] 업무집행조합원의 조합 재산에 관한 임의적 소송신탁 가부

【이 유】

1. 체납처분으로서 압류의 요건을 규정하는 국세징수법 제24조 각 항의 규정을 보면, 어느 경우에나 압류의 대상을 납세자의 재산에 국한하고 있으므로, 납세자가 아닌 제3자의 재산을 대상으로 한 압류처분은 그 처분의 내용이 법률상 실현될 수 없는 것이어서 당연무효이다(대법원 1996. 10. 15. 선고 96다17424 판결 등 참조).

그리고 민법상 조합의 채권은 조합원 전원에게 합유적으로 귀속하는 것이어서 특별한 사정이 없는 한 조합원 중 1인에 대한 채권으로써 그 조합원 개인을 집행채무자로 하여 조합의 채권에 대하여 강제집행을 할 수 없고(대법원 1997. 8. 26. 선고 97다4401 판결 참조), 조합 업무를 집행할 권한을 수여받은 업무집행 조합원은 조합재산에 관하여 조합원으로부터 임의적 소송신탁을 받아 자기 이름으로 소송을 수행할 수 있다(대법원 1997. 11. 28. 선고 95다35302 판결 등 참조).

2. 원심판결 이유에 의하면, 원심의 사실인정과 판단의 요지는 다음과 같다.

가. 인정 사실

(1) 원고와 소외 주식회사 경성건설(이하 '경성건설'이라고 한다)을 포함한 6개 회사는 공동으로 1995. 12. 29.경 피고와 사이에 피고가 발주한 대전고·지검 청사에 관한 이 사건 신축공사를 총공사금액 25,768,862,000원, 공사기간 착공일로부터 950일로 하는 내용의 공사도급계약을 체결하면서, 같은 날 계약금액 23억 9,200만 원, 착공일 1995. 12. 30., 공사기간 착공일로부터 270일로 하는 1차 계약을 체결하였다.

(2) 이 사건 도급계약 체결 당시 원고 등 6개 회사는 국가를당사자로하는계약에관한법률 제25조 및 같은법시행령 제72조에 의하여 공동수급에 따른 상호간의 권리의무와 공동사업의 운영에 관한 내용을 규정한 공동수급표준협정서(갑 제2호증, 이하 '공동협정서'라고 한다.)에 연명으로 기명날인하여 이를 발주자인 피고에게 제출하였는데, 그 주요 내용은 아래와 같다.

제1조(목적) 이 공동협정서는 원고 등 6개 회사가 재정, 경영 및 기술능력, 인원 및 기자재를 동원하여 공사, 물자 또는 용역에 대한 계획, 입찰, 시공 등을 위하여 공동연대하여 이 사건 신축공사 관련사업을 영위할 것을 약속하는 협약을 정함에 그 목적이 있다.

제3조(공동수급체의 구성원) 공동수급체의 구성원은 원고 등 6개 회사로 하고, 공동수급체의 대표자는 원고로 하며, 대표자는 발주자 및 제3자에 대하여 공동수급체를 대표하고, 대금의 청구, 수령 및 공동수급체의 재산을 관리할 권한을 가진다.

제6조(책임) 공동수급체의 구성원은 발주자에 대한 계약상의 의무이행에 대하여 연대하여 책임을 지고, 공동수급체의 하수급자 및 납품업자에 대하여도 공동연대로 책임을 진다.

제9조(구성원의 출자비율) 공동수급체의 출자비율은 원고 32%, 경성건설 15%, 주식회사 신호상사 15%, 계룡건설산업 주식회사 15%, 주식회사 금성백조주택 15%, 동원건설 주식회사 8%로 정한다.

제10조(손익의 배분) 도급계약을 이행한 후 이익 또는 손실이 발생하였을 경우에는 제9조에서 정한 비율에 따라 배당하거나 분배한다.

제11조(권리의무의 양도제한) 구성원은 이 공동협정서에 의한 권리의무를 제3자에게 양도할 수 없다.

제12조(중도탈퇴에 대한 조치) ① 공동수급체의 구성원은 발주자 및 구성원 전원의 동의가 없으면, 입찰 및 당해 계약의 이행을 완료하는 날까지 탈퇴할 수 없다.

(3) 원고 등 6개 회사는 1차 계약 체결 이후 피고와 사이에 1996년경 계약금액 60억 9,380만 원의 2차 계약을, 1996. 12. 24.경 계약금액 6억 7,300만 원, 착공일 같은 달 26일, 준공일 같은 달 31일로 하는 3차 계약을, 1997. 6. 10.경 계약금액 48억 3,450만 원, 착공일 같은 달 11일, 공사기간 착공일로부터 240일로 하는 4차 계약을, 같은 해 12월 27일경 계약금액 27억 3,800만 원, 착공일 같은 달 29일, 공사기간 착공일로부터 180일로 하는 5차 계약을, 1998. 3. 5.경 계약금액 29억 9,700만 원, 착공일 같은 달 9일, 준공일 같은 해 11월 10일로 하는 6차 계약을, 같은 해 6월 19일경 계약금액 6,818,188,000원, 착공일 같은 달 24일, 준공일 같은 해 11월 10일로 하는 7차 계약을 각 체결하였다.

(4) 그런데 원고 등 6개 회사는 4, 5차 계약에 따라 일부 공사를 완공함에 따라 피고에 대하여 그 기성고에 따른 공사대금채권을 가지고 있었는데, 경성건설이 1998. 3. 5.경 부도가 나 1997년도 수시분 부가가치세를 체납하게 되자, 피고 산하 동대전세무서장은 경성건설의 지분비율에 따라 1998. 3. 26.경 4차 계약에 따른 기성고 공사대금채권 중 234,011,700원, 같은 해 4월경 5차 계약에 따른 기성고 공사대금채권 중 1,953만 원 합계 253,541,700원(234,011,700원 + 19,530,000원)을 압류한 후 이를 체납세액에 충

당하였다.

(5) 한편, 경성건설이 1998. 3. 5.경 부도처리되자, 원고 등 6개 회사는 같은 해 4월 20일경 피고에게 경성건설의 부도로 인한 시공포기 의사에 따라 원고가 경성건설의 지분을 이전받기로 하는 내용의 시설공사계약 변경요청을 하였고, 피고가 이에 동의함에 따라 경성건설의 지분 전부가 원고에게 이전되어 이 사건 도급계약과 관련하여 원고의 지분비율은 47%로 증가하였고, 경성건설의 지분은 전부 소멸하게 되었다.

나. 판단

위와 같은 공동수급체의 구성 경위와 그 약정내용 및 그 후의 경과 등을 종합하여 원심은, 원고 등 6개 회사가 공동협정서에 터잡아 그들 상호간에 금전 기타 재산 및 노무를 출자하여 이 사건 신축공사 관련사업을 공동으로 시행하기로 하는 내용의 약정을 함으로써 그들 사이에는 민법상 조합이 성립되었다고 판단하고서, 그 후 피고 산하 동대전세무서장이 그 조합의 구성원인 경성건설의 부가가치세 체납을 이유로 원고 등 6개 회사의 조합재산인 253,541,700원의 공사대금채권에 대하여 압류처분을 한 것은 체납자 아닌 제3자 소유의 재산을 대상으로 한 것으로서 그 처분의 내용이 법률상 실현될 수 없는 것이어서 당연무효이고, 따라서 피고가 무효인 이 사건 압류처분에 기하여 253,541,700원을 체납세액에 충당한 것은 법률상 원인 없이 그 금액 상당의 이익을 얻고 그로 인하여 원고 등 6개 회사에 그 상당의 손해를 입힌 것으로서 부당이득이 된다는 이유로 그 반환을 구하는 원고의 청구를 인용하였다.

219. 대법원 2000. 5. 30. 선고 98두10950 판결 [취득세등부과처분취소]

[논점] 금전신탁의 수탁자가 신탁금전으로 매수한 부동산이 취득세 및 등록세의 비과세 대상인 신탁재산에 해당하는지 여부

【이 유】

구 지방세법(1997. 8. 30. 법률 제5406호로 개정되기 전의 것) 제110조[526]는 취득세의 비과세 대상을 열거하면서 제1호로 “신탁(신탁법에 의한 신탁으로서 신탁등기가 병행되는 것에 한한다)으로 인한 신탁재산의 취득으로서 다음 각 목의 1에 해당하는 취득”이라고 규정한 다음, (나)목에서 “신탁의 종료 또는 해지로 인하여 수탁자로부터 위탁자에게 신탁재산을 이전하는 경우의 취득”이라고 규정하고 있고, 제128조는 등록세[527]의 비과세 대상으로서 제1호로 “신탁(신탁법에 의한 신탁으로서 신탁등기가 병행되는 것에 한한다)으로 인한 재산권 취득의 등기 또는 등록으로서 다음 각 목의 1에 해당하는 등기·등록”이라고 규정한 다음, (나)목에서 위탁자만이 신탁재산의 원본의 수익자가 된 신탁재산을 수탁자가 수익자에게 이전할 경우의 재산권 취득의 등기 또는 등록이라고 규정하고 있는바, 위 각 조항에서의 신탁재산은, 신탁시에 신탁등기가 병행된 신탁재산을 말한다 할 것이므로 처음에 금전을 신탁하였다가 나중에 그 돈으로 매수한 부동산은 위 지방세법 조항에서 말하는 비과세 대상으로서의 신탁재산에 해당되지 않는다 할 것이다.

원심이 인정한 사실과 기록에 의하면, 수탁자가 신탁받은 금전으로 이 사건 부동산을 매수하여 자기 명의로 등기하였다가 나중에 위 부동산에 관하여 원고 앞으로 신탁재산 귀속을 원인으로 한 소유권이전등기를 경료하였음을 알 수 있으므로, 이 사건 부동산은 위 조항에서 말하는 비과세 대상인 신탁재산에 해당하지 않는다 할 것이다.

---

526) 현행 지방세법 제9조 제3항.

527) 2011년 1월 1일 이후부터 취득세에 통합되었다.

원심판결이 위 부동산이 비과세 대상인 신탁재산에 해당하지 않는다고 판단한 결론은 정당하고, 거기에 상고이유의 주장과 같은 법리오해나 심리미진의 위법이 있다고 할 수 없다. 상고이유의 주장은 이유 없다.

220. 대법원 1999. 11. 9. 선고 99다50101 판결 [소유권이전등기말소][528]

[논점] 채무자가 제3자에 대한 채무 담보 목적으로 신탁법에 의하여 신탁한 부동산의 매도행위가 사해행위에 해당하나 매수인이 채무자를 대위하여 제3자에 대한 채무를 변제하고 신탁계약을 해지하여 소유권을 이전받은 경우, 위 사해행위 취소의 범위와 원상회복의 방법

【이 유】

채무자의 부동산 매도행위가 사해행위에 해당하면 채권자는 채권자취소권을 행사하여 그 매매계약을 취소하고 소유권이전등기의 말소 등 부동산 소유권 자체의 회복을 구할 수 있는 것이 원칙이지만, 채무자가 제3자에 대한 채무 담보의 목적으로 신탁법에 의하여 신탁한 부동산을 매도한 행위가 사해행위에 해당하는 경우 매수인이 채무자를 대위하여 제3자에 대한 채무를 변제하고 신탁계약을 해지하여 그 부동산의 소유권을 이전받았다면, 그 매매계약을 취소하여 신탁계약이 해지되기 전의 상태로 원상회복하는 것은 현저히 곤란하고, 그렇다고 부동산의 소유권 자체를 채무자에게 환원시키는 것은 당초 일반 채권자들의 공동담보로 되어 있지 아니한 부분까지 회복시키는 결과가 되어 공평에 반하므로, 결국 채권자는 부동산의 가액에서 매수인이 대위변제한 채무액을 공제한 잔액의 한도 내에서 매매계약의 일부 취소와 그 가액의 배상을 청구할 수밖에 없다고 보아야 한다. 매수인 앞으로 소유권이전등기가 마쳐지기 전에 채무자 앞으로 신탁재산의 귀속을 원인으로 한 소유권이전등기가 마쳐지는 중간과정을 거쳤다 하여 달리 볼 것은 아니다.

원심은 같은 취지에서, 채무초과 상태에 있는 세아공영 주식회사가 부도 직전에 재산적 가치가 있는 유일한 재산인 한국부동산신탁 주식회사에 신탁한 이 사건 부동산(시가 약 26억 원 상당)을 피고에게 매도한 것은 사해행위에 해당하나, 이 사건 부동산은 세아공영 주식회사가 신세계종합금융 주식회사에 대한 25억 원의 대출금 채무를 담보하기 위하여 신탁법에 의하여 한국부동산신탁 주식회사에 신탁한 것으로 피고는 세아공영 주식회사로부터 이를 매수함에 있어 약정에 따라 그 대금의 일부로 세아공영 주식회사를 대위하여 신세계종합금융 주식회사에 대한 위 25억 원의 대출금 채무를 변제하고 신탁계약을 해지하여 세아공영 주식회사 앞으로 신탁재산의 귀속을 원인으로 한 소유권이전등기를 마친 다음 피고 앞으로 매매를 원인으로 한 소유권을 이전등기를 마친 것이므로, 세아공영 주식회사의 채권자인 원고는 채권자취소권의 행사로써 피고에 대하여 이 사건 부동산에 관한 소유권이전등기의 말소를 구하여 소유권 자체를 세아공영 주식회사 앞으로 환원시킬 수는 없고, 다만 이 사건 부동산의 가액에서 피고가 대위변제한 채무액을 공제한 잔액에 대하여 배상을 청구할 수 있을 뿐이라고 판단하였는바, 살펴보니 원심의 판단은 정당하고, 거기에 상고이유의 주장과 같은 채권자취소권의 행사로 인한 원상회복의 대상과 범위에 관한 법리오해의 위법이 없다.

221. 대법원 1999. 9. 7. 선고 98다41490 판결 [보증금반환등]

[논점] 채무자가 유일한 재산인 저당권이 설정되어 있는 부동산을 신탁한 후 그 저당권설정등기가 말소된

528) 이 판결에 대한 평석은, 이은영, 채권자취소권에 의한 매매의 일부취소, 민사판례연구 23권, 박영사, 216면 이하를 참고할 것.

경우, 사해행위 취소의 범위와 원상회복의 방법

【이 유】

2. 제2점에 대하여

원심 및 원심이 인용한 제1심판결 이유에 의하면, 원심은 위 인정 사실에 이어, 성**은 1995. 12. 8. 그의 유일한 재산인 위 대지와 건물(이하 '이 사건 부동산'이라 한다)을 신탁하기로 하여 피고와 사이에 '① 신탁의 목적: 토지개발신탁(임대형), ② 신탁재산: 이 사건 부동산(그 당시 위 건물은 약 90%의 공정이 진행된 상태임), ③ 신탁재산의 개발 및 관리방법: 신탁토지에 신탁건물을 건축하며 임대·분양 및 관리에 관한 일체의 업무를 수행함, ④ 신탁 종료의 사유: 신탁기간의 만료, 신탁 목적의 달성 또는 신탁계약의 중도해지, ⑤ 신탁기간: 신탁계약 체결일로부터 5년간, ⑥ 신탁 종료시 신탁재산의 교부: 신탁 종료시 수익자인 성이춘 또는 그가 지정하는 제3자에게 신탁계산을 거쳐 위 신탁재산 또는 정산금을 지급함'을 내용으로 하는 신탁계약을 체결하고, 같은 해 12. 11. 위 신탁재산에 관하여 신탁을 원인으로 하는 피고 명의의 소유권이전등기를 마친 사실, 위 신탁계약을 체결할 당시 위 신탁재산의 가액은 토지의 경우 금 3,566,984,000원, 건물의 경우 금 4,078,131,000원 합계 금 7,645,115,000원 상당이었고, 위 신탁계약 체결 후 1995. 12. 12.부터 1997. 2. 20.까지 사이에 별지 근저당권목록 기재와 같이 위 신탁재산에 설정된 12개의 근저당권이 말소되었는데 그 피담보채무액의 합계는 금 4,780,000,000원인 사실을 인정한 다음, 그 인정 사실들과 같은 경위로 성**이 원고들에게 위와 같이 채무를 부담하고 있으면서도 이를 변제하지 아니한 채 그의 유일한 재산인 이 사건 부동산에 관하여 피고와 사이에 위와 같은 신탁계약을 체결하고 피고 명의로 소유권이전등기를 경료하였으니 위 신탁계약은 채권자인 원고들을 해함을 알고서 한 사해행위라고 봄이 상당하다고 판단하였다.

기록에 의하면, 원심의 위와 같은 판단은 수긍이 가고, 거기에 상고이유의 주장과 같은 신탁행위 및 사해행위에 대한 법리오해의 위법이 있다고 할 수 없다. 이 점에 관한 상고이유의 주장도 이유 없다.

3. 제3점에 대하여

부동산에 관한 법률행위가 사해행위에 해당하는 경우에는 원칙적으로 그 사해행위를 취소하고 소유권이전등기의 말소 등 부동산 자체의 회복을 명하는 것이 원칙이지만, 저당권이 설정되어 있는 부동산에 관하여 사해행위가 이루어진 경우에 그 사해행위는 부동산의 가액에서 저당권의 피담보채권액을 공제한 잔액의 범위 내에서만 성립한다고 보아야 할 것이므로, 사해행위 후 변제 등에 의하여 저당권설정등기가 말소된 경우, 사해행위를 취소하여 그 부동산의 자체의 회복을 명하는 것은 당초 일반 채권자들의 공동담보로 되어 있지 아니하던 부분까지 회복을 명하는 것이 되어 공평에 반하는 결과가 되므로, 그 부동산의 가액에서 저당권의 피담보채무액을 공제한 잔액의 한도에서 사해행위를 취소하고 그 가액의 배상을 구할 수 있을 뿐이고, 그와 같은 가액 산정은 사실심변론 종결시를 기준으로 하여야 할 것이다(대법원 1998. 2. 13. 선고 97다6711 판결 참조).

원심판결 이유에 의하면, 원심은, 사해행위인 이 사건 신탁계약이 체결된 이후에 위 신탁재산에 설정되어 있던 12개의 근저당권이 말소되었으므로 피고는 신탁재산인 이 사건 부동산의 가액 합계 금 7,645,115,000원에서 말소된 근저당권의 피담보채무액 합계 금 4,780,000,000원을 공제한 나머지 금 2,865,115,000원 중에서 원고들의 채권에 대한 보전의 필요성이 인정되는 범위인 그들의 채권액 합계 금 668,000,000원 부분에 한하여 위 신탁계약을 취소하고 그 원상회복으로서 원고 하**에게 그 채권액 금 328,000,000원, 원고 김**에게 그 채권액 금 340,000,000원을 반환할 의무가 있다고 판단하였다.

기록과 위에서 본 법리에 비추어 살펴보면 원심의 그와 같은 판단은 정당하고, 기록상 이 사건 부동산 가액이 위 신탁계약 체결 후 특별히 저하되었다고 볼 만한 자료를 찾아 볼 수 없는 이상 원심 판시의 이 사건 부동산 가액은 원심 변론종결 당시의 가액이라고 이해되므로, 상고이유의 주장과 같은 부동산 평가시점이나 공제액수 등의 원상회복 범위에 관한 심리미진의 위법이 있다고 할 수 없다. 이 점에 관한 상고이유의 주장 역시 이유 없다.

222. 대법원 1999. 1. 18. 선고 97마1002 결정 [신탁해지]

[논점] 이해관계인에 의한 신탁해지명령신청이 인용된 사례

【이 유】

1. 재항고이유 제1, 3점에 대하여,

신탁법 소정의 신탁이익이라 함은 신탁재산의 관리·처분으로 인하여 생긴 수익이나 신탁종료시 남은 신탁재산을 취득할 수 있는 권리를 말하는 것이고, 수탁자는 그가 공동수익자의 1인이 되는 때를 제외하고는 누구의 명의로도 신탁의 이익을 향수할 수 없는 것이므로(신탁법 제29조), 수탁자가 신탁의 목적 자체에 해당하는 신탁재산의 처분권을 가지고 있다거나 수탁자의 승락이 없으면 수익자의 수익권을 처분할 수 없도록 약정하였다고 하여 수탁자가 수익자와 공동으로 신탁이익을 향수한다고 볼 수 없다.

따라서, 같은 취지에서 재항고인이 이 사건 신탁계약의 수익자로서 신탁이익의 전부를 향수하고 있다고 판단한 원심결정은 정당하고, 거기에 재항고이유에서 주장하는 바와 같이 신탁이익에 관한 법리오해나 채증법칙 위반으로 인한 사실오인 등의 위법이 있다고 볼 수 없다.

2. 재항고이유 제2점에 대하여,

신탁법 제57조[529]는 수익자가 신탁이익의 전부를 향수하는 경우에 신탁재산으로써가 아니면 그 채무를 완제할 수 없을 때 기타 정당한 사유가 있는 때에는 이해관계인은 법원에 당해 신탁의 해지를 청구할 수 있다고 규정하고 있는바, 이 경우 채무의 발생이 신탁행위 전이거나 후이거나를 가리지 아니하고, 위 규정은 신탁재산으로써가 아니면 그 채무를 완제할 수 없는 경우를 정당한 사유의 대표적인 예로 들고 있을 뿐이며, 조세포탈의 목적 등이 없이 이 사건 신탁행위가 이루어졌다고 하여 위 법조 소정의 정당한 사유가 없다고 할 수는 없다.

그리고, 신탁법 제21조[530] 제1항은 신탁관계가 유지되고 있는 동안에는 신탁전의 원인으로 발생한 권리 또는 신탁사무의 처리상 발생한 권리에 기하지 않고는 막바로 당해 신탁재산에 대하여 강제집행 또는 경매를 할 수 없음을 규정하는 것이고, 사해신탁을 규정한 신탁법 제8조나 사해행위의 취소에 대하여 규정한 국세징수법 제30조는 납세자가 탈세를 목적으로 신탁행위를 한 경우에 이를 취소시켜 신탁재산을 신탁자 앞으로 원상회복시키기 위한 제도를 규정한 것으로서, 위 각 규정들은 신탁법 제57조의 규정에 의한 신탁해지명령제도와는 그 제도적 취지와 요건을 달리하는 것이므로, 이 사건 청구가 받아들여질 경우 위 신탁법 제8조나 같은 법 제21조 제1항 또는 국세징수법 제30조의 각 규정취지가 무의미하게 된다는 재항고이유의 주장은 받아들일 수 없다.

따라서, 원심이 위와 같은 취지에서 수익자인 000[재항고인]에 대한 국세채권자인 나라가 신탁법 제57조의 규정에 의한 이해관계인으로서 이 사건 신탁해지명령을 청구할 수 있다고 판단한 것은 정당하고, 거기에 재항고이유로 주장하는 바와 같이 판례위반 또는 법리오해 등의 위법이 있다고 할 수 없다.[531]

---

529) 현행 신탁법 제100조.

530) 현행 신탁법 제22조.

531) 이 판결의 사안에 적용되었던 구 신탁법 제57조(신탁의 해지)는 '수익자가 신탁이익의 전부를 향수하는 경우에 신탁재산으로써가 아니면 그 채무를 완제할 수 없을 때 기타 정당한 사유가 있는 때에는 법원은 수익자 또는 이해관계인의 청구에

223. 대법원 1997. 11. 28. 선고 95다35302 판결 [손해배상(기)]

[논점] 업무집행조합원에 대한 조합재산에 관한 임의적 소송신탁의 가부

【이 유】

1. 조합계약의 성립에 관한 심리미진, 채증법칙 위배로 인한 사실오인, 조합계약에 관한 법리오해의 점에 관하여

가. 원심의 사실인정과 판단의 요지

원심판결 이유에 의하면, 원심은 그 채용 증거들에 의하여, (1) 서울 [생략] 308의 55 대 271평(이하 '이 사건 토지'라고 한다)은 원래 원고들 5인과 원심 공동원고 최00을 포함한 30여 명의 상인들이 시장 부지로 일정 부분씩을 특정하여 점유하고 있던 국유지였는데 1966.경 국가로부터 각자 점유 부분을 매수하면서 다만 그 소유권이전등기는 절차의 편의상 상인들 일부로 설립된 주식회사 00물산(후에 00상가 주식회사로 상호가 변경되었다.) 명의로 경료하였다가 그 중 199.21/271지분에 관하여는 불하받은 각 상인의 개인 명의로 일부씩 지분소유권이전등기를 경료하였으나, 원고들을 포함한 16인(이하 '원고 등 16인'이라 한다)이 불하받은 나머지 71.79/271지분(이하 '이 사건 지분'이라 한다)에 관하여는 1983. 9.경 00상가 주식회사로부터 소외 이00에게로 제소전화해절차를 통하여 소유권이전등기가 경료되었다가, 다시 소외 홍00에게 소유권이전등기가 경료되었고, (2) 원고 등 16인은 이 사건 지분이 자기들이 불하대금을 내고 매수한 실질적으로 자기들 소유인데, 이에 관하여 이00 앞으로 경료된 지분소유권이전등기는 소외 최00가 위 회사의 적법한 대표이사가 아님에도 불구하고 대표권을 행사하여 원고 등 16인의 승낙 없이 이루어진 원인무효의 등기라고 주장하며 이00을 상대로 회사 명의로 준재심의 소를 제기하는 등 다투어 오다가 원고 A에게 자신들을 대리하여 이러한 분쟁을 처리할 것을 위임하여, 원고 A이 1987. 4. 29. 이00, 홍00과 사이에 원고 등 16인이 홍00에게 금 50,000,000원을 지급하고 모든 분쟁을 종결지어 이 사건 지분의 소유권을 넘겨받기로 합의하였으며, (3) 한편 이와 동시에 원고 등 16인은 이 사건 토지상에 타인의 자본을 끌어들여 상가 건물을 건축하기로 합의하고 원고 A에게 피고와 건축에 관하여 합의할 권한도 일괄하여 위임함으로써 원고 등 16인을 대리한 원고 A이 같은 날 피고와 사이에, 원고 등 16인이 이 사건 토지를 상호 출자함과 아울러 원래의 토지 중 나머지 지분을 소유한 다른 상인들의 동의를 얻어 그들 소유의 나머지 토지 및 이에 인접한 국유지로서 상인들이 연고권을 갖고 있는 같은 동 308의 54 등 토지를 상인들 공동 명의로 불하받은 뒤 그 일단의 토지상에 피고의 비용으로 지상 5층, 지하 1층 연건평 약 2,000평의 상가 건물을 건축한 다음 지상 2층 이상은 피고의 소유로, 지상 1층과 지하 1층 중 일부는 원고 등 토지 소유자들의 소유로 하고, 또한 원고 등 16인이 홍00에게 지급키로 한 금 50,000,000원을 후에 정산할 것을 조건으로 피고가 대신 지급하되, 원고 등 16인은 피고의 상가 건물 신축공사에 대한 보장책으로 이 사건 지분에 관하여 피고 명의로 소유권이전등기를 경료하고, 다만 피고는 이를 제3자에게 매도하거나 담보로 제공할 수 없으며 상가 건물이 준공되면 즉시 그에 관하여 원고 등 16인 명의로 소유권이전등기를 환원하여 주기로 합의하였고, (4) 피고는 약정 당일 원고 등 16인을 대신하여 홍00에게 금 50,000,000원을 지급하였으며, 원고 등 16인은 1988. 11. 3.경 이 사건 지분에 관하여 피고 명의로 소유권이전등기를 경료하였다고 인정하였다.

의하여 신탁의 해지를 명할 수 있다.'고 규정하였던 반면, 현행 신탁법 제100조(법원의 명령에 의한 신탁의 종료)에서는 '신탁행위 당시에 예측하지 못한 특별한 사정으로 신탁을 종료하는 것이 수익자의 이익에 적합함이 명백한 경우에는 위탁자, 수탁자 또는 수익자는 법원에 신탁의 종료를 청구할 수 있다.'고 규정하고 있는바, 현행 신탁법 하에서는 해지청구권자와 사유를 좁게 인정하고 있다. 현행 신탁법 하에서는 위 판결과 같은 사안에 대해 동일한 결론이 내려지기는 어려울 것으로 생각된다.

그리고 이러한 사실관계를 바탕으로 원심은, 원고 등 16인은 이 사건 지분에 관하여 각 특정한 비율로 사실상의 지분소유권을 취득하였다고 할 것이나, 한편 원고 등 16인이 취득한 이 사건 지분만으로는 그 지상에 상가를 건축하는 것이 사실상 불가능하므로 원고 등 16인이 공동으로 각기 자기의 지분권을 상호 출자하는 한편, 이 사건 토지의 나머지 지분소유권자들의 동의를 얻어 그들의 소유 토지 및 인근 국유지까지 불하받아 그 일단의 토지상에 상가 건물을 건축하는 공동 사업을 경영하기로 합의하고, 이러한 원고 등 16인이 공동 사업을 위하여 피고와 건축공사 약정을 체결하고 그 일단의 토지를 제공하는 일환으로 이 사건 지분에 관하여 자신들 앞으로 소유권이전등기를 경료하는 대신 곧바로 이 사건 지분 전부를 피고에게 명의신탁하여 피고 단독 명의로 소유권이전등기를 경료하게 하였고, 피고가 원고 등 16인 대신 홍00에게 금 50,000,000원을 변제함으로써 원고 등 16인이 피고에게 공동으로 같은 액수의 채무를 부담하였으며, 건축공사 후에는 피고로부터 지상 1층과 지하 1층을 취득하기로 약정하였던 것인바, 이와 같이 원고 등 16인은 상가 건축이라는 공동 목적을 달성하기 위하여 재산의 출자, 채무 부담, 장래의 권리 취득 약정 등 일련의 행위를 하면서 원고 A을 업무집행자로 정하여 원고 등 16인을 위하여 피고와 사이의 업무를 처리하도록 한 것이라 할 것이어서, 이와 같은 원고 등 16인의 법률관계는 그들이 이 사건 토지에 관한 각 지분권을 상호 출자하고 채무를 공동 부담함으로써 이 사건 토지 일대의 지상에 상가 건물을 건축하려는 공동 사업을 경영하는 내용의 조합계약을 체결한 것이라고 보고(원고 등 16인은 원고 A에게 이 사건 토지의 소유권 분쟁을 해결하는 데 대한 비용으로 장차 건축될 건물 중 원고 등 16인의 몫인 지하 층 점포 중 20평을 양도하기로 약정하였던 사실을 엿볼 수 있어 이러한 점에서도 원고 등 16인의 관계는 조합공동체적인 관계를 갖고 있었다고 보인다.), 원고들이 그 주장과 같은 피고의 약정 위배로 인하여 피고에 대하여 손해배상채권을 갖고 있다고 하더라도, 이러한 채권은 원고 등 16인과 피고 사이에 성립된 건축공사 약정의 법적 성질에 관계없이 조합원 전원인 원고 등 16인이 준합유하는 관계에 있다고 할 것이며, 이와 같은 합유재산에 관한 소는 이른바 고유필요적 공동소송으로서 전 조합원이 공동으로 제기하여야 할 것인바, 그 중 일부에 불과한 원고들 6인(그 중 원심 공동원고 최00은 상고하지 아니하였다.)만이 제기한 이 사건 소는 당사자적격을 흠결한 것으로 위법하다고 판단하였다.

나. 이 법원의 판단

그러나 원심이 원고 등 16인이 조합계약을 체결하였다고 인정한 부분과 이 사건 소가 당사자적격을 흠결하여 위법하다고 판단한 부분은 아래와 같은 이유로 수긍하기 어렵다.

갑 제2, 3, 4호증, 제6호증의 1, 2, 제7호증, 제8호증, 제9호증의 10, 11의 각 기재에 의하면, 이 사건 지분의 실질적 소유자들인 원고 등 16인이 원고 A에게 이 사건 지분에 관하여 경료된 이00 명의의 소유권이전청구권 보전의 가등기와 이에 기한 본등기 및 홍00 명의의 소유권이전등기의 각 말소소송에 관한 분쟁의 해결을 위임하여, 원고 A이 1987. 4. 29. 홍00과 사이에 원고 등 16인이 홍00에게 금 50,000,000원을 지급하는 것으로 모든 분쟁을 종결짓고 이 사건 지분의 소유권을 넘겨받기로 합의한 사실은 이를 인정할 수 있으나, 나아가 원고 등 16인이 원고 A에게 타인의 자본을 유치하여 그 자본으로 이 사건 토지와 그 인접 국유지 등 지상에 상가 건물을 신축하고 신축 건물의 일부를 이 사건 토지의 실질적 지분에 상응하게 분배받기로 하는 내용의 계약 체결을 위임하였다고 인정할 만한 증거는 기록상 찾아볼 수 없다.

그럼에도 불구하고, 원심이 원고 등 16인이 상가 건축이라는 공동 목적을 달성하기 위하여 원고 A을 업무집행자로 정하고 이 사건 토지의 각 지분권을 상호 출자하고 채무를 공동 부담함으로써 이 사건 토지 일대에 상가 건물을 건축하려는 공동 사업을 경영하는 내용의 조합계약을 체결하였다고 인정한 것은 채증법칙을 위반하여 사실을 잘못 인정한 것이고, 이러한 잘못된 사실관계를 바탕으로, 원고 등

16인이 피고에 대하여 가지는 손해배상채권은 조합원 전원인 원고 등 16인의 준합유에 속하고, 합유재산에 관한 소는 고유필요적 공동소송으로서 조합원 전원이 공동으로 제기하여야 할 것이라 하여 그 중 6인만이 제기한 이 사건 소는 당사자적격을 흠결한 것으로 위법하다고 판시한 것도 법리를 오해하여 판단을 그르친 것이라고 할 것이다(원고들의 이 사건 청구는 조합채권임을 전제로 하고 있지 않다).

그러나 한편 갑 제1호증, 갑 제5호증의 1, 2, 3, 을 제1호증의 1의 각 기재에 변론의 전취지를 종합하면, 원고 A은 1987. 4. 24.경 피고와 소외 이00로부터 금 50,000,000원을 받아 홍00에게 지급하고 같은 날 이 사건 지분에 관하여 홍00 명의로 경료되어 있던 소유권이전등기를 피고와 이00 공동 명의로 경료하여 주었고, 원고 등 16인은 1987. 6. 26. 직접 자신들의 이름으로 피고 및 이00와 사이에 원고 등 16인이 이 사건 지분을 각 출자함과 아울러 나머지 지분을 소유한 다른 상인들의 동의를 얻어 그들 소유의 나머지 토지 및 이에 인접한 국유지로서 상인들이 연고권을 갖고 있는 같은 동 308의 54 등 토지를 상인들 공동 명의로 불하받은 뒤, 그 일단의 토지상에 피고와 이00의 자금으로 지상 5층, 지하 1층 연건평 약 2,000평의 상가 건물을 신축한 다음 지상 2층 이상은 피고와 이00의 소유로, 지상 1층과 지하 1층의 면적 중에서 각 토지 평수의 50%에 상응하는 부분을 원고 등 토지 소유자들의 소유로 하고, 또한 피고가 홍00에게 지급한 금 50,000,000원은 경상비로 처리하되, 원고 등 16인은 피고의 상가 건물 신축공사에 대한 보장책으로 이 사건 지분에 관하여 피고 명의로 소유권이전등기를 경료하여 두며, 다만 피고는 이를 제3자에게 매도하거나 담보로 제공하지 않기로 약정(갑 제5호증의 1)한 사실, 이00가 1988. 11. 3. 자신이 투자하였던 자금을 피고로부터 회수하고 이 사건 지분에 관한 소유권이전등기를 전부 피고 명의로 경료하여 주었고, 피고는 같은 달 5. 개인적으로 소외 박00으로부터 금 150,000,000원을 차용하면서 담보로 이 사건 지분에 관하여 소유권이전청구권 보전의 가등기를 경료하여 주었다가 그 차용원리금을 변제하지 못하여 박00으로부터 이 사건 지분에 관하여 가등기에 기한 본등기 청구의 소를 제기당한 결과 패소 확정되어 1993. 11. 8. 박00 명의의 소유권이전의 본등기가 경료된 사실을 알 수 있다.

사실관계가 이와 같다면, 원고 등 16인은 1987. 6. 26. 자신들이 직접 피고 및 이00와 사이에 원고 등 16인은 이 사건 지분을 출자하고, 피고 및 이00는 홍00에게 지급한 금 50,000,000원의 합의금과 건축비를 출자하여 이 사건 토지 및 그 인접 지상에 지하 1층, 지상 5층의 상가를 신축하여 그 중 지상 1층과 지하 1층에서 원고 등 16인을 비롯한 토지 소유자들에게 각 출자 면적의 50%씩 분배하고 그 나머지와 2층 이상은 피고와 이00의 소유로 하기로 하는 사업을 공동으로 경영하기로 하는 내용의 조합계약을 체결하였다고 보아야 할 것이고, 그 후 이00는 피고로부터 자신의 투하 자금을 회수한 후 조합을 임의 탈퇴하였다고 할 것이며, 피고는 조합의 상가 신축이라는 사업의 집행을 위한 업무집행조합원으로서 조합재산인 이 사건 지분을 보유하던 중 개인적인 자금의 융통을 위하여 박00에게 담보로 제공하였다가 채무원리금을 갚지 못하여 결국에는 그 소유권마저 잃게 한 손해를 초래한 것이라 할 것이다.

그리고 피고와 같이 조합의 업무를 집행하는 조합원이 개인적인 자금의 융통을 위하여 조합재산을 담보로 제공하였다가 그 소유권을 잃게 한 경우에는 이로 인하여 손해를 입은 것은 조합재산을 상실한 조합체이므로, 이로 인하여 조합원들이 그 재산에 대한 합유지분을 상실하였다고 하여도 이는 개인으로서 입은 손해가 아니라 조합원의 지위에서 입은 손해에 지나지 아니하므로, 결국 피해를 입은 조합원으로서는 조합관계를 벗어난 개인의 지위에서 그 손해의 배상을 구할 수는 없다고 할 것이다(대법원 1996. 9. 20. 선고 94다52881 판결 참조).

그런데 기록에 의하면, 원고들은 이 사건 소송에서 피고의 약정 위반으로 인하여 자신들이 출자한 이 사건 토지의 각 지분을 상실하는 손해를 입었다며 조합원 개인의 지위에서 피고에게 각 출자 지분의 시가 상당액의 손해의 배상을 구하고 있음이 명백한바, 원고들의 청구는 이 점에서 결국 이유 없는 것으로 돌아가 배척되어야 할 것이다.

2. 업무집행조합원의 조합채권 행사에 관한 심리미진, 석명권 불행사의 점에 관하여

기록에 의하면, 원고 A은 상가 건물의 부지를 마련하기 위하여 다른 상인들의 건축 동의와 이 사건 토지의 인접 국유지 등에 대한 공동 매수신청을 하고, 한편 피고는 건축 자금의 조달을 위하여 노력하여 왔으며, 다른 조합원들은 이를 용인하여 온 사실을 알 수 있으므로, 조합원들이 묵시적으로나마 원고 A과 피고를 조합의 업무집행자로 정하였다고 보아야 할 것이다.

그리고 조합 업무를 집행할 권한을 수여받은 업무집행조합원은 조합재산에 관하여 조합원으로부터 임의적 소송신탁을 받아 자기 이름으로 소송을 수행하는 것이 허용된다고 할 것이나(대법원 1984. 2. 14. 선고 83다카1815 판결 참조), 원고 A은 이 사건 소송에서 조합의 업무집행조합원으로서 피고에 대하여 조합채권을 행사하는 것이 아니라, 조합원 개인의 지위에서 다른 일부 조합원들과 더불어 자신이 출자한 지분 상당의 손해배상을 구하고 있음이 기록상 명백하므로, 원심이 원고 A이 업무집행조합원으로서 조합채권을 행사하는 것인지 여부에 관하여 심리를 하지 않았다고 하더라도, 여기에 심리미진이나 석명의무 위배의 위법이 있다고 할 수 없다.

224. 대법원 1997. 5. 16. 선고 95다54464 판결 [소유권이전등기]

[논점] 공사의 수급인이 건축중인 도급인 소유의 주택 및 부지를 매수한 후 공사대금을 지급받을 목적으로 제3자에게 그 매매계약상의 지위를 양도하는 계약이 제반 사정에 비추어 소송신탁에 해당한다고 본 사례

【이 유】

1. 피고 이00의 상고이유를 판단한다.

가. 원심판결 이유에 의하면 원심은, 원고의 이 사건 청구는 이 사건 주택 4동에 관한 원고와 피고 등 사이의 1989. 3. 5.자 양도약정을 전제로 하는 것이나 그 양도약정은 오로지 소송제기만을 목적으로 하는 것이므로 이에 응할 수 없다는 취지의 피고 이00의 주장에 대하여 이에 부합하는 을 제1, 2, 3호증, 갑 제10호증의 2, 3, 갑 제13호증의 1, 8, 10, 12, 갑 제14호증의 10, 11, 갑 제15호증의 2, 갑 제16호증의 각 일부 기재는 갑 제17호증의 3, 7, 8의 각 기재에 비추어 믿지 아니하며, 그 밖에 달리 아무런 증거가 없다는 이유로 이를 배척하고, 그 내세운 증거에 의하여, 이 사건 주택 4동의 부지 등은 원래 피고 함0의 소유인데, 동 피고는 1983. 2. 5.경 소외 김00, 김00에게 이 사건 주택 4동의 부지 등을 대금 219,000,000원에 매도함에 있어, 그 계약금으로 금 21,000,000원을 지급받고 나머지 대금은 위 소외인들이 같은 해 5. 5.까지 위 토지상에 위 피고 또는 그가 지정하는 사람 명의로 건축허가를 받아 주택 55동을 신축한 다음 이를 담보로 한 은행융자금으로 일부를 지급받고, 그 나머지는 위 피고와 공동으로 위 주택을 분양하여 그 분양대금에서 지급받기로 하되, 위 소외인들이 위 기일을 도과할 때에는 위 토지에 대한 소유권이전등기청구권을 포함하여 주택신축을 위한 일체의 권리를 포기하고, 위 피고의 소유로 귀속시키기로 약정한 사실, 이에 따라 위 소외인들은 주택 55동 중 일부는 피고 함0 명의로, 일부는 위 피고의 지정에 따라 피고 함00 명의로 각 건축허가 신청을 하였으나 그 중 피고 함0 명의로 5동, 피고 함00 명의로 4동의 건축허가를 받았을 뿐 나머지에 대하여는 건축허가를 받지 못하였으므로 우선 허가받은 위 주택 9동의 건축공사에 착수하였으나 위 소외인들은 기초공사를 진행하던 중 자금사정으로 위 공사를 중단한 채 피고 함0에 대한 잔대금 지급기일인 1983. 5. 5.을 도과함으로써 그 권리의무 일체를 상실하게 된 사실, 그 후 1984. 3. 28. 소외 00건설 주식회사가 피고 함0으로부터 위 토지 등을 대금 313,724,000원에 매수하면서 그 대금은 같은 해 6. 28.까지 지급하기로 약정하고 위 주택건축공사를 속행하여 전체 공정의 약 85%에 상당하는 공사를 하였으나 위 회사 역시 자금난으로 그 공사를 완

공하지 못하였고, 피고 함0에게 그 대금을 지급하지 못한 사실, 그런데 위 회사로부터 공사의 일부를 하도급받아 시공하던 피고 이00, 박00가 위 회사를 이어서 공사를 속행하겠다는 제의를 함에 따라, 피고 함0은 1984. 10. 24.경 피고 이00, 박00에게 위 주택 9동 및 그 부지를 대금 64,390,000원에 매도하기로 하면서 피고 이00, 박00는 당시까지 위 회사가 지고 있던 자재외상대금 및 체불노임을 책임지고 정산하고 같은 해 11. 30.까지 위 주택 9동의 건축을 완공하여 피고 함0 또는 그가 지정하는 사람 명의로 소유권보존등기를 하고 이를 분양하되 그 분양대금의 50%씩을 위 매매대금에 충당하고, 만일 같은 해 12. 30.까지 위 매매대금이 완제되지 아니할 때에는 피고 이00, 박00의 부담하에 위 주택 등을 담보로 은행융자를 받아 위 매매대금을 지급하기로 하되, 그 매매대금이 완제되면, 위 주택 9동 등을 피고 이00, 박00 또는 위 주택을 분양받은 자들에게 소유권이전등기를 마쳐 주기로 약정한 사실, 이에 따라 피고 이00, 박00가 위 주택 9동의 건축공사를 속행하였는데, 피고 박00는 1985. 2. 7.경 피고 이00으로부터 금 6,000,000원을 지급받고 위 매매계약에 따른 일체의 권리의무를 피고 이00에게 양도·포기하였으므로 피고 이00이 나머지 공사를 속행하여 1985. 4. 19.경 완공한 후 준공검사를 받아 건축허가 명의에 따라 그 중 이 사건 주택 중 3동에 관하여는 1985. 6. 24., 1동에 관하여는 같은 해 7. 9. 피고 함창식 앞으로 소유권보존등기를 마친 사실, 그 후 피고 이00은 1989. 3. 5.경 그가 투입한 공사대금 81,277,970원을 원고로부터 지급받기로 하는 대신 피고 함0과의 위 1984. 10. 24.자 매매계약에 따른 일체의 권리의무를 원고에게 양도하여 위 주택 9동 등에 관하여 원고에게로 소유권이전등기 하여 주기로 하면서, 위 공사대금은 원고가 피고 함0을 상대로 위 주택 9동 등에 관한 소유권이전등기청구소송을 제기하여 승소판결을 받은 다음 지급받기로 약정하고, 같은 달 23. 피고에게 그 양도통지를 한 사실을 인정한 다음, 피고 이00은 원고에게 그가 구하는 바에 따라 이 사건 주택 4동에 관하여 1989. 3. 5.자 매매를 원인으로 한 소유권이전등기를 이행하여 줄 의무가 있다고 판단하였다.

나. 그러나 원심이 원고의 피고 이00 등에 대한 1989. 3. 5.자 양도약정이 오로지 소송제기만을 목적으로 한 것이라는 피고 이00의 주장을 배척한 것은 쉽게 수긍하기 어렵다.

이 사건 소가 제기된 경위와 경과를 기록에 비추어 살펴보면, 원고는 피고 함0, 이00, 박00를 상대로 이 사건 주택 4동을 제외한 나머지 주택 5동과 그 부지에 대하여 수원지방법원 89가합8517호로 소유권이전등기청구소송을 제기하여 1989. 12. 29. 피고 이00, 박00에 대하여는 위 1989. 3. 5.자 양도각서를 근거로 승소판결을 받았으나 피고 이00, 박00와 피고 함0 사이의 1984. 10. 24.자 매매계약상의 선이행의무인 매매대금지급채무의 불이행을 이유로 피고 함0에 대한 원고의 대위청구는 기각되었고, 서울고등법원 90나7403호로 항소가 기각됨으로써 위 판결이 확정된 사실, 그런데 피고 이00은 원고가 소송을 하여 받아 주겠다고 약속한 공사대금이 계속 해결되지 않고, 위 소송 등에 증인으로 출석하여 달라는 등 협력을 요구하여 오므로 이를 거절하다가 원고와의 거래를 중단하기로 하여 위 소송중인 1989. 10. 11.경 원고에게 위 양도각서 및 양도통지서가 원고의 일방적인 속임수에 의하여 작성, 발급된 것이므로 위 양도약정 일체를 파기한다는 내용의 문서(갑 제10호증의 2)를 내용증명으로 보낸 사실, 원고는 위 수원지방법원 89가합8517호 소송 이외에도, 피고 함0으로부터 위 토지 및 주택 등을 매수하여 그 지상에 단독주택의 신축공사를 하던 위 김00, 김00과 함께 1985. 10. 23.경 소급된 날짜인 1983. 3. 1.자로 위 토지 등에 관하여 피고 함0과의 사이에 체결된 위 매매계약상의 권리, 의무를 원고에게 양도하였다는 내용의 계약서를 작성한 다음 1985. 11. 19. 위 소외인들과 원고의 공동명의로 피고 함0에게 양도통지를 하고, 그 매수인의 지위를 양수하였다는 이유로 1986. 1. 초순경 피고 함0을 상대로 수원지방법원 86가합40호, 86가합763호, 87가합505호 등의 각 소유권이전등기청구소송을 제기하였으나 1988. 3. 4. 모두 패소한 사실, 원고는 위에서 본 바와 같이 1985. 10. 23. 위 김00, 김00에게 원고가 위 소외인들과 동업한 것인 양 동업계약서를 작성하여 주면 자신이 피고 함0을 상대로 잔대금을 공탁하고 소유권이전등기청구소송을 제기하여 승소하면 위 토지상에 건축공사를 계속하여 그 이득금 중 3분의 1을 달라고 요구하여 위 김00의 승낙을 받고 즉석에서 1983. 3. 1.자 부동산매매계약서 및 1983. 11. 1.자 동업계약서를 허위로 각 작성하여 그 무렵 수원지방법원에 자신이 원고가 되어 피고 함0을 상대로 위 토지에 관한 위 소유권이전등기청구소송을 제기하였다는 범죄사실과 1987. 12. 15. 소외 김00으로부터 소송목적으로 소외 장00에 대한 채권을 허위로 양도받아 양수금반환청구소송을 하였다는 등의 범죄사실로 1990. 5. 16. 서울지방법원 남부지원에서 변호사법위반 등으로 징역 2년을 선고받고, 항소하여 1990. 9. 19. 서울형사지방법원에서 징역 1년 6월을 선고받아 1990. 12. 26. 상고기각으로 위 판결이 확정된 후 복역한 사실, 그런데 피고 함찬이 피고 함00과 공동으로 소외 이00 등 15인을 상대로 수원지방법원 88가합13307호로 가옥명도소송을 제기하여 승소판결을 받고 그 판결이 확정된 후 1992. 9. 17. 위 확정판결의 강제집행으로 위 이00이 점유하고 있던 주택 1동을 철거하여 버리자 원고는 위 1989. 3. 5.자 양도각서 및 위 법원 89가합8517호 판결을 근거로 하여 1993. 9. 6. 피고 이00, 박00가 피고 함0에게 지급할 매매대금의 일부로서 피고 함0을 공탁물수령자로 하여 금 10,000,000원을 공탁하고, 이 사건 주택 등의 양수인임을 이유로 피고 이00, 박00를 대위하여 1994. 6. 28. 피고들에게 이 사건 주택 4동의 소유권이전등기를 청구하는 이 사건 소를 제기하기에 이르른 사실을 알 수 있다.

위와 같은 사실에다가 앞서 원심이 인정한 사실관계를 함께 살펴보면, 원고가 피고 함0을 상대로 한 수원지방법원 86가합40호, 86가합763호, 87가합505호 등의 각 소유권이전등기청구소송은 원고가 1985. 10. 23. 위 김00, 김00과 사이에 소송을 제기하여 승소하면, 그 건축공사의 이득금 중 3분의 1을 받을 목적으로 소송신탁을 받은 다음 1986년 초경 위 법원에 위 소외인들로부터 1983. 3. 1.자로 위 토지 및 주택 등을 양수하였다는 것을 내세워 제기한 대위소송인데 모두 패소하였고, 같은 내용으로 변호사법위반으로 처벌받고 나자 이번에는 원고가 1989. 3. 5. 피고 이00, 박00와 사이에 그들이 지출한 공사비 8,000여 만 원 상당을 받게 해주겠다고 한 다음 역시 피고 함0 등을 상대로 같은 법원 89가합8517호로 위 소외인들로부터 위 주택 및 그 부지를 양수하였다는 것을 내세워 대위소송을 제기한 것이며, 그 소송에서는 피고 함0에게 대금이 미지급되었다는 이유로 기각이 되자 이번에는 대금이 모두 지급되었음을 이유로 다시 같은 내용의 이 사건 소송(다만, 소송목적물은 위에서 본 바와 같이 다름)을 제기하고 있음을 알 수 있고, 따라서, 원고가 피고 함0으로부터 위 토지 및 주택 등을 매수한 위 김00, 김00으로부터 위 토지 및 주택 등을 양수하였다고 하였다가 소송에서 패소하자 다시 피고 함0으로부터 위 주택 9동 및 그 부지를 매수한 피고 이00, 박00로부터 이를 양수하였다면서 이 사건 소송을 제기하고 있는 점, 위 각 소송의 제기를 위한 일련의 절차가 위 각 소외인들로부터 양수하였다는 때로부터 단기간 내에 원고의 주도 아래 급속히 이루어진 점, 원래 원고는 이 사건 공사시행과는 관련이 없었으며, 원고가 피고 함0을 상대로 수차 소송을 하는 과정에서 피고 이00, 박00가 위 주택 9동 및 그 부지를 매수한 사실을 알게 되자 피고 이00, 박00에게 접근하여 이 사건 양도·양수계약이 체결되었으며, 원고는 승소시 위 소외인들의 공사대금을 받아준다고 함으로써 실제로 계약금 등을 지급하거나 중도금 또는 잔금의 지급기일을 정한 바 없이 양도각서만 작성한 점, 원고는 위 김00, 김00과의 사이에 허위의 동업계약서를 작성하고 소송에서 승소하면 건축공사 이득금의 3분의 1을 받기로 한 다음 위와 같이 피고 함0을 상대로 소유권이전등기청구소송을 제기하였다가 변호사법위반죄로 실형을 복역한 전력이 있는 점 등에 비추어 보면 위 주택 9동 및 그 부지에 관한 원고와 피고 이00, 박00 사이의 1989. 3. 5.자 양도계약의 주된 목적은 진정한 의미에서의 권리의 양도·양수가 아니라 소외 김00, 김00을 대위하여 피고 함0을 상대로 소송을 해 본 원고를 내세워 소를 제기하려는 데 있는 것이어서 이는 소송행위를 하게 하는 것을 주된 목적으로 하는 신탁이라고 보아야 할 것이다.

그럼에도 불구하고, 원심이 피고 이00의 위 주장에 부합하는 증거들을 분명하게 수긍할 만한 합리적인 이유 없이 믿을 수 없다고 배척하여 버렸음은 소송행위를 하게 하는 것을 주된 목적으로 하는 신탁에 관한 법리를 오해하고, 채증법칙을 위배하여 사실을 오인한 위법이 있다 할 것이고, 이러한 위법은 판결 결과에 영향을 미쳤음이 분명하므로 이 점을 지적하는 피고 이황종의 상고이유 주장은 이유 있다.

225. 대법원 1996. 10. 15. 선고 96다17424 판결 [압류등기말소][532)]

[논점] 위탁자가 상속받은 재산을 신탁한 경우, 그 재산상속에 따라 위탁자에게 부과된 상속세 채권이 신탁법 소정의 '신탁 전의 원인으로 발생한 권리'에 해당하는지 여부

【이 유】

체납처분으로서의 압류의 요건을 규정하고 있는 국세징수법 제24조 각 항의 규정을 보면 어느 경우에나 압류의 대상을 납세자의 재산에 국한하고 있으므로, 납세자가 아닌 제3자의 재산을 대상으로 한 압류처분은 그 처분의 내용이 법률상 실현될 수 없는 것이어서 당연무효라 할 것인데(당원 1993. 4. 27. 선고 92누12117 판결 참조), 위탁자가 수탁자에게 부동산의 소유권을 이전하여 당사자 사이에 신탁법에 의한 신탁관계가 설정되면 단순한 명의신탁과는 달리 신탁재산은 수탁자에게 귀속되고, 신탁 후에도 여전히 위탁자의 재산이라고 볼 수는 없으므로(당원 1993. 4. 27. 선고 92누8163 판결 참조), 위탁자에 대한 조세채권에 기하여 수탁자 명의의 신탁재산에 대하여 압류할 수 없다 할 것이다.

또한 국세기본법 제35조에 의하여 인정되는 국세의 우선권은 납세자의 재산에 대한 강제집행, 경매, 체납처분 등의 강제환가절차에서 국세를 다른 공과금 기타 채권에 우선하여 징수하는 효력을 의미할 뿐이고, 그 이상으로 납세자의 총재산에 대하여 조세채권을 위한 일반의 선취특권이나 특별담보권을 인정하는 것은 아니므로, 국세의 우선권을 근거로 이미 제3자 앞으로 소유권이 이전된 재산권을 압류할 수는 없다 할 것이고, 이는 당해 재산에 대하여 부과된 국세의 경우도 마찬가지 라 할 것이다.

한편 신탁법 제21조[533)] 제1항은 신탁재산에 대하여 신탁 전의 원인으로 발생한 권리 또는 신탁사무의 처리상 발생한 권리에 기한 경우에만 강제집행 또는 경매를 허용하고 있는바, 신탁대상재산이 신탁자에게 상속됨으로써 부과된 국세라 하더라도 신탁법상의 신탁이 이루어지기 전에 압류를 하지 아니한 이상, 그 조세채권이 위 신탁법 제21조 제1항 소정의 '신탁 전의 원인으로 발생한 권리'에 해당된다고 볼 수는 없고, 신탁자가 국세징수를 피하기 위해 위 제도를 악용하고 있다는 등의 사유는 그와 같은 경우를 대비하여 신탁법 제8조 또는 국세징수법 제30조 등의 사해행위취소 등의 제도가 있는 점을 고려해 볼 때, 그런 이유만으로 신탁법을 달리 해석할 근거는 되지 못한다 할 것인바, 당해 재산에 대하여 부과된 국세의 우선권만을 내세워 신탁 이후에도 압류할 수 있다는 논지는 받아들일 수 없다.

그렇다면 신탁법상의 신탁이 이루어진 후에 신탁자에 대한 상속세 채권에 기하여 신탁재산을 압류한 이 사건 압류처분은 당연무효라 할 것이고, 이와 같은 취지로 판시한 원심의 판단은 옳고, 거기에 소론과 같은 위법이 있다고 할 수 없다.

226. 대법원 1996. 6. 11. 선고 94다34968 판결 [부당이득금]

[논점] 신탁한 금전으로 취득한 토지를 신탁약정에 따라 위탁자가 이전받은 경우, 구 지방세법 소정의 취득세

532) 이 판결에 대한 평석은, 한강현, 위탁자가 상속받은 재산을 신탁한 경우, 그 상속재산에 따라 위탁자에게 부과된 상속세 채권이 신탁법 제21조 제1항 소정의 '신탁 전의 원인으로 발생한 권리'에 해당하는지 여부, 대법원판례해설 27호), 법원도서관, 302면 이하를 참고할 것.

533) 현행 신탁법 제22조.

비과세대상이라고 한 사례

【이 유】

1. 원심판결의 요지

원심은 1988. 4. 19. 결성된 소외 00연합직장주택조합(이하 '소외 조합'이라 한다)의 조합원들인 이 사건 선정자들이 소외 조합과의 사이에 신탁법 규정에 의한 신탁계약을 체결하고, 선정자들이 출연한 자금을 신탁재산으로 하여 수탁자인 소외 조합이 이를 아파트의 건축에 필요한 토지의 매입, 건축공사대금의 지급 등에 사용한 뒤 그 공사가 완료되면 신탁재산을 선정자들에게 이전하기로 약정한 사실, 소외 조합은 위 신탁계약에 따라 그 자금을 이용하여 1988.경부터 1991.경까지 사이에 서울 서초구 반포동 274의 145 전 301㎡ 등 98필지의 토지를 매수하여 소외 조합의 명의로 신탁재산의 처분에 의한 신탁을 원인으로 한 각 소유권이전등기를 경료하고, 그 무렵 해당 토지에 대한 취득세를 피고에게 납부한 사실, 소외 조합은 위 98필지의 토지가 환지 합병된 이 사건 토지상에 아파트를 건축하는 공사를 완공하여 1991. 12. 21. 관할 관청으로부터 가사용 승인을 받게 되었고, 선정자들은 그 무렵 위 아파트의 동, 호수를 배정받아 입주한 뒤 1992. 8. 12. 위 아파트에 관하여 각 조합원 개인의 이름으로 소유권보존등기와 대지권의 등기를 경료함과 아울러 같은 날 이 사건 토지의 각 22,281.6분의 38.32지분에 관하여 같은 해 8. 5. 신탁재산의 인계를 원인으로 소외 조합에서 선정자들 앞으로 각 지분소유권이전등기를 경료한 사실, 선정자들은 1992. 1. 20. 위 신축 아파트에 대한 취득세로 금 508,116,110원을 피고에게 자진신고 납부하였는데, 위 세액은 아파트 공사금액 금 18,623,394,192원, 토지가격 금 6,742,980,650원, 착공불 선급금 39,430,947원 등 합계 금 25,405,805,789원을 과세표준으로 하여 여기에 지방세법 제112조 제1항에 규정된 1,000분의 20의 세율을 곱한 금액이므로 위 취득세 중에는 이 사건 토지의 가격에 대한 취득세 상당액인 금 134,859,613원이 포함되어 있는 사실을 인정한 다음, 그 판시와 같이 선정자들의 이 사건 토지에 대한 취득시기를 어떻게 판정할 것인가에 관계없이 이 사건 토지의 승계취득은 신탁계약의 목적사업이 완료하여 신탁관계가 종료함에 따라 수탁자인 소외 조합이 위탁자인 선정자들에게 신탁계약의 취지에 따라 신탁재산을 인계하는 것에 불과한 것으로서, 이와 같은 형식적인 소유권의 취득에 대하여는 취득세를 부과하지 않음이 지방세법 제110조 제1항 제4호의 규정에 의하여 명백한 터이므로, 선정자들은 어느 모로 보나 이 사건 토지의 취득에 관하여 취득세를 납부할 의무를 부담하지 아니한다 할 것이라고 판단하여 피고가 이 사건 토지에 대한 취득세 상당액을 법률상 원인 없이 이득하였음을 이유로 하는 이 사건 부당이득반환청구를 인용하고 있다.

2. 상고이유에 대한 판단

먼저 원심이 신탁법 및 지방세법의 법리를 오해하여 이 사건 토지 취득을 비과세대상으로 본 위법이 있다는 점에 관하여 살핀다.

취득세를 부과하지 아니하는 경우의 하나를 규정하고 있는 지방세법 제110조 제1항 제3호는 1991. 12. 14. 개정되면서 "위탁자로부터 수탁자에게 신탁재산(취득세의 과세대상이 되는 재산을 말한다. 이하 이 조에서 같다.)을 이전하는 경우의 취득"이라고 하여 괄호 부분을 신설하였고, 제4호는 종전대로 "신탁의 종료 또는 해제로 인하여 수탁자로부터 신탁재산을 위탁자 또는 상속인에게 이전하는 경우의 취득"을 각 규정하고 있었는바(위 각 규정은 그 후 1994. 12. 22. 다시 개정된 바 있다.), 논지는 위 괄호 부분이 신설됨으로써 취득세 비과세대상이 되는 신탁재산에서 금전신탁에 의하여 취득한 재산은 제외되었고, 이는 제4호의 적용에 있어서도 동일하므로 이 사건 토지의 취득은 비과세대상이 아니라는 것이다.

우선 위 제110조 제1항 제3호는 신설된 괄호 부분을 제외하더라도 위탁자가 수탁자에게 신탁재산을

"이전"하는 것을 전제로 하고 있고, 이 경우 신탁재산이 금전인 때에는 그 이전은 취득세부과대상이 아니므로 결국 위 "이전"은 취득세 부과대상이 되는 재산의 취득만을 의미하는 것임이 분명하다.

그러므로 위탁자가 수탁자에게 금전을 신탁하고 수탁자가 신탁약정에 따라 부동산을 취득하는 경우 그 부동산도 역시 신탁법 제19조[534]의 규정에 의하여 신탁재산에 속한다고는 할 수 있으나, 그 취득은 위탁자로부터 수탁자에게 신탁재산이 "이전"되는 경우가 아니므로, 위 제3호가 정하는 비과세대상이 될 수 없는 것이다.

그렇다면 위 괄호 부분은 당연한 사리를 다시 규정한 것에 불과하다고 할 수밖에 없다.

다만 관점을 달리하여 입법자가 굳이 위 괄호 부분을 신설한 것에 대하여 소론과 같이 신탁법률관계에서 발생하는 취득에 대한 취득세 비과세대상을 오로지 위탁자가 취득세 과세대상이 되는 재산을 수탁자에게 이전한 경우만을 전제로 하여 적용할 의도에서 비롯된 것이라고 해석할 여지는 있다.

그러나 세법 규정의 명확성의 요청은 조세법률주의의 핵심적 내용이고, 세법은 문언 그대로 엄격하게 해석하여야 함이 조세법의 기본원칙이라는 점과 세법의 해석, 적용에 있어서는 과세의 형평과 당해 조항의 합목적성에 비추어 납세자의 재산권이 부당하게 침해되지 아니하도록 하여야 한다는 국세기본법 제18조 제1항의 세법 해석의 기준에 따르면 위와 같은 견해는 위 기본원리에 어긋나는 해석으로 채택할 수 없는 것이라고 할 것이다.

따라서 선정자들의 이 사건 토지의 취득이 지방세법 제110조 제1항 제4호 소정의 비과세대상에 해당한다고 한 원심의 판단은 이 사건 취득에 대하여 개정 조항이 적용될 것인지, 혹은 종전 조항이 적용될 것인지의 여부에 관계없이 정당하고 거기에 소론과 같은 법리오해 등의 위법은 없다. 이 점에 관한 논지는 이유 없다.

그러나 취득세는 신고납세방식의 조세로서 이러한 유형의 조세에 있어서는 원칙적으로 납세의무자가 스스로 과세표준과 세액을 정하여 신고하는 행위에 의하여 납세의무가 구체적으로 확정되고, 그 납부행위는 신고에 의하여 확정된 구체적 납세의무의 이행으로 하는 것이며, 국가나 지방자치단체는 그와 같이 확정된 조세채권에 기하여 납부된 세액을 보유하는 것이므로, 납세의무자의 신고행위가 중대하고 명백한 하자로 인하여 당연무효로 되지 아니하는 한 그것이 바로 부당이득에 해당한다고 할 수 없는바(당원 1995. 2. 28. 선고 94다31419 판결, 1995. 6. 30. 선고 94다50212 판결 등 참조), 이 사건 토지의 취득이 지방세법 제110조 제1항 제4호 소정의 비과세대상에 해당함에도 선정자들이 취득세를 신고납부하였고, 피고가 이를 수령하였다는 사정만으로는 그 신고행위의 하자가 중대하고 명백한 것이라고 단정할 수 없는 것이므로, 원심이 위 신고행위의 당연무효 여부에 대하여 심리판단하지 아니하고 위와 같은 이유만으로 납세의무의 확정력이 배제된 것으로 보아 부당이득이 성립한 것으로 판단한 데에는 자진신고 납세방식의 조세에 있어서의 부당이득의 법리를 오해하였거나 그 성립요건에 대한 심리를 다하지 아니한 위법이 있다고 할 것이므로, 이 점을 지적하는 논지는 이유가 있다.

227. 대법원 1994. 10. 14. 선고 93다62119 판결 [건축명도등]

[논점] 신탁의 해지 등 신탁종료사유의 발생으로 신탁재산이 수익자나 위탁자에게 당연히 복귀되거나 승계되는지 여부

【이 유】

2. 상고이유 제2점,

534) 현행 신탁법 제27조.

가. 원심판결 이유에 의하면 원심은, 소외 회사의 소유로 있던 이 사건 건물에 관하여 1991. 6. 7.자로 같은 해 4. 30. 명의신탁 해지를 원인으로 한 망 이00 명의의 소유권이전등기와 1991 .6. 7. 신탁을 원인으로 한 수탁자 원고 명의의 소유권이전등기가 차례로 되었다가 위 이00이 사망한 후인 1992. 5. 8.자로 같은 해 4.15. 신탁해지 및 1991. 8. 12. 협의분할에 의한 재산상속을 원인으로 한 승계참가인 명의의 소유권이전등기가 된 사실과 피고 이00은 1989. 8. 1. 소외 회사로부터 이 사건 건물의 제2부분을 임차한 이래 이를 점유하면서 다방업을 하고 있으며, 피고 이00 역시 1989. 8. 1. 소외 회사로부터 이 사건 건물의 제4부분을 임차한 이래 이를 점유하면서 식당업을 하고 있는 사실 및 피고 이00의 이 사건 건물 제2부분에 대한 점유와 피고 이00의 이 사건 건물 제4부분에 대한 점유는 그 건물 부분에 대한 시설비 등을 반환받기 위한 유치권의 행사로서 행하여지고 있는 사실을 인정하고, 피고들이 유치권의 행사로서 각 해당부분을 점유하고 있다 하더라도 그 점유사용으로 인한 이득은 법률상 원인 없이 얻은 이득으로서 위 이00, 이 사건 건물의 수탁자인 원고 및 위 이00의 상속인인 승계참가인에 대하여 이를 반환할 의무를 부담한다 할 것이고, 원고가 수탁자로서 소유권을 보유하고 있었던 동안 발생한 부당이득반환채권은 역시 신탁해지로 인하여 승계참가인에게 귀속되었다 할 것이라고 판단하여 원고 명의로 소유권이전등기가 경료된 1991. 6. 8.부터 그 명도완료시까지의 점유사용으로 인한 차임상당의 이득을 부당이득으로 반환하여야 한다고 판시하였다.

나. 신탁은 위탁자가 수탁자에게 재산권을 이전하거나 기타의 처분을 하여 수탁자로 하여금 신탁의 목적을 위하여 재산의 관리 또는 처분을 하도록 하는 것이어서 부동산의 신탁에 있어서 신탁자의 위탁에 의하여 수탁자 앞으로 그 소유권이전등기를 마치게 되면 대내외적으로 소유권이 수탁자에게 완전히 이전되고, 위탁자와의 내부관계에 있어서 소유권이 위탁자에게 유보되어 있는 것은 아니므로 신탁의 해지등 신탁종료의 사유가 발생하더라도 수탁자가 신탁재산의 귀속권리자인 수익자나 위탁자 등에게 새로이 목적부동산의 소유권 등 신탁재산을 이전할 의무를 부담하게 될 뿐, 신탁재산이 수익자나 위탁자 등에게 당연히 복귀되거나 승계된다고 할 수 없다 할 것이다(당원 1991.8.13. 선고 91다12608 판결 참조).

사실이 원심이 인정한 바와 같아서 이 사건 건물이 원고에게 신탁된 것이라면 신탁등기가 된 때부터 신탁이 해지되어 승계참가인 명의로 이전등기가 될 때까지는 이 사건 건물의 소유권은 대내외적으로 원고에게 완전히 귀속되었다 할 것이고, 따라서 그 동안에 피고들이 법률상 원인 없이 이 사건 건물을 점유함으로 인하여 부담하게 되는 임료 상당의 부당이득반환채무에 대한 청구권은 원고가 이를 갖는 것이고, 그 후 신탁이 해지되었다 하더라도 이미 발생한 부당이득반환청구채권은 원고가 신탁재산의 관리로 얻은 재산으로서 신탁재산에 속하는 것이므로(신탁법 제19조[535]) 당연히 위탁자의 상속인인 승계참가인에게 승계된다고는 할 수 없고, 수탁자인 원고로서는 신탁계약의 본래 목적에 따라 잔여신탁재산으로서 이를 귀속권리자인 승계참가인에게 양도하여 대항요건을 갖추는 등의 이전절차를 취하여야 할 의무를 부담하는 데 지나지 아니하므로 원고가 이러한 이전절차를 밟지 아니하였다면 승계참가인이 피고들에 대하여 그 부당이득반환청구채권을 행사할 수 없다고 하여야 할 것이다.[536]

따라서 원심이 이 사건 건물의 소유명의가 원고 앞으로 되어 있던 동안인 1991. 6. 8.부터 1992. 5. 8.까지 사이의 승계참가인의 피고들에 대한 부당이득반환청구를 인용하기 위하여는 먼저 원고와 승계참가인 사이에 그 부당이득반환청구채권의 이전절차를 밟았는지의 여부를 심리한 연후에 이에 터잡아 이에 관한 청구의 당부를 판단하였어야 할 터인데 이에 이르지 아니한 채 원고가 수탁자로서 소유권을

---

535) 현행 신탁법 제27조.

536) 이 판결은 '명의신탁'이 이루어진 경우에도 신탁법상 소송신탁 규정을 유추적용하고 있다. 91다16143 판결[229번 판례]도 참조.

보유하고 있었던 동안 발생한 부당이득반환청구채권이 신탁해지로 인하여 승계참가인에게 귀속되었다고 단정하였음은 신탁해지의 효과와 부당이득반환청구채권의 귀속에 관한 법리를 오해하여 심리를 다하지 아니한 위법이 있다고 할 것이고 이 점을 지적하는 논지는 이유 있다.

228. 대법원 1991. 11. 12. 선고 91다26522 판결 [토지인도][537]

[논점] 점유취득시효의 항변을 받자 소송을 취하한 후 원고를 달리하여 다시 동일한 내용의 토지인도청구소송이 제기된 경우 소송신탁인지 여부에 관한 판단기준

【이 유】

원심판결 이유에 의하면 원심은 소외 전00 소유이던 판시 토지 3,257평방미터에 대하여 1989.8.31. 원고 앞으로 같은 해 6.30.자 매매를 원인으로 하는 소유권이전등기가 경료된 사실을 확정한 다음, 원고 명의의 위 소유건이전등기가 소송신탁에 해당하여 무효라고 하는 피고들의 주장에 대하여 판단하시를, 원심증인 정00의 증언만으로는 이를 인정하기에 부족하고 달리 이를 인정할 증거 없다 하여 위 주장을 배척하고 있다.

그러나 원심의 그와 같은 조치는 다음과 같은 이유로 얼른 수긍하기 어렵다.

신탁법 제7조[538]는 수탁자로 하여금 소송행위를 하게 하는 것을 주된 목적으로 하는 신탁은 무효라고 규정하고 있는데, 이 사건에서 원고 명의의 위 소유권이전등기가 원고로 하여금 소송행위를 하게 하는 것을 주된 목적으로 하는 이른바 소송신탁에 해당하는 것인가의 여부는 동 등기가 경료된 제반 사정을 토대로 하여 이를 판단해야 할 것인바, 우선 원심이 배척하지 아니한 원심증인 정00은 판시 토지의 이웃에 위치한 토지의 소유자로서 그 진술에 의하면, 위 토지의 전소유명의자인 위 전00이 피고들을 상대로 판시 토지의 피고들 점유부분의 인도를 구하는 소송을 제기한 바 있는데, 당시 동인의 지능이 약간 낮았던 관계로 동 소송에서 그의 언니이자 원고의 처인 소외 전00가 그 소송대리인으로서 소송행위를 하던 중 소가 취하되고, 그 후 원고가 판시 토지를 매수하였다고 하여 위와 같이 소유권이전등기를 한 후 스스로 이 사건 소를 제기하였으니 동인들 사이의 매매는 위장매매로 볼 수밖에 없다는 취지로 진술하고 있다.

한편 그 밖에 기록에 의하여 이 사건 소가 제기된 경위와 경과를 살펴보면,위 전00은 1989.5.28. 피고들을 상대로 위와 같이 소송을 제기하여 그의 언니이자 원고의 처인 위 전00가 소송대리인으로서 소송행위를 하는 외에 변론기일소환장 등의 소송서류는 원고가 위 전00의 동거자자격으로 수령한 바 있는 사실, 그런데 피고들이 위 소송에서 1989.6.29 자 답변서 및 같은 해 8.21.자 준비서면에서 각 점유부분에 대한 20년 간의 점유시효취득항변을 하자 위 전00은 같은 해 8.31. 위 토지에 대하여 원고 앞으로 위와 같이 소유권이전등기를 해 주고 같은 해 9.1. 위 소송을 취하하였으며(피고들이 소취하에 부동의함으로써 소송은 계속되어, 위 전00은 그 소송에서 결국 패소하였다.), 원고는 같은 해 9.5. 자로 피고들에게 위 토지의 매수사실을 통지한 후 1990.2.12.자로 이 사건 소를 제기한 사실, 위 전00은 지능이 낮아 자기 소유의 재산에 대한 관리능력이 없어 평소 형부인 원고가 이를 관리해 온 사실 등을 인정할 수 있는 바, 원고 명의의 소유권이전등기 경료 경위 및 등기경료후 이 사건 소제기에 이르기 까지의 시간적 간격, 원고와 위 전00의 신분관계 등 이 사건을 둘러싼 제반 정황이 이와 같고, 나아가 피고들이 위와 같이 소송신탁의 주장을 하고 있음에도 원고 또는 그 소송대리인은 원고의 판시 토지 취득원인에

537) 이 판결에 대한 평석은, 송흥섭, 소송신탁의 판정기준, 대법원판례해설 16호, 법원도서관, 213면 이하를 참고할 것.
538) 현행 신탁법 제6조

대하여 아무런 답변을 하지 못하고 있음을 기록상 엿볼 수 있음에 비추어 볼 때, 이 사건에서 원고 명의의 위 소유권 이전등기는 피고들의 시효취득의 항변을 차단하고자 원고를 내세워 판시 토지의 인도소송을 제기할 목적으로 경료된 것이 아닌가 하는 강한 의심을 갖게 한다고 하지 아니할 수 없다.

사정이 이와 같다면, 원심으로서는 이 사건에서 위와 같이 소송 도중에 원고가 위 토지를 취득하게 된 원인이 과연 무엇인지를 밝히지 아니하고는 피고들의 위와 같은 소송신탁의 주장을 쉽게 배척하지 못할 것이다.

원심이 위와 같은 제반 정황에도 불구하고 원고 명의의 위 소유권이전등기가 소송신탁에 해당한다는 피고들의 주장에 대하여 위 증인 정00의 증언만으로는 이를 인정하기 어렵다고 하여 동 주장을 배척하고 만 것은 결국 소송신탁에 대한 법리를 오해하거나 또는 이 점에 대한 심리를 다하지 아니한 위법의 소치라 할 것이어서, 이를 지적하는 논지는 이유 있다 할 것이다.

229. 대법원 1991. 8. 13. 선고 91다16143 판결 [부당이득금반환]

[논점] 소송행위를 하는 것을 주된 목적으로 하는 명의신탁의 경우와 소송신탁 규정의 유추적용 여부

【이 유】

원심판결 이유에 의하면 원심은 원고가 이 사건에서 문제가 된 토지를 취득 등기한 것은 소송행위를 하는 것을 주된 목적으로 한 것이기 때문에 신탁법 제 7조[539]의 규정에 따라 무효라고 판시하였는바 위 신탁법 제7조의 입법취지는 신탁법에 의한 신탁의 경우뿐만 아니라 소송행위를 하는 것을 주된 목적으로 하는 명의신탁의 경우에도 유추적용되어야 할 것이다(대법원 1970.3.31. 선고 70다55 판결 참조). 신탁법 제7조가 적용되기 위하여는 신탁법에 의한 신탁행위가 있어야 한다는 취지의 상고논지는 받아들일 수 없는 것이다.

230. 대법원 1991. 8. 13. 선고 91다12608 판결 [소유권확인]

[논점] 신탁기간의 만료 등 신탁종료사유의 발생으로 당연히 목적부동산의 소유권이 위탁자에게 복귀되는지 여부

【이 유】

1. 원고소송대리인의 상고이유 제1점에 대한 판단

원심은, 부동산의 신탁에 있어서 신탁자의 위탁에 의하여 수탁자 앞으로 그 소유권이전등기를 경료하게 되면 대내외적으로 소유권이 수탁자에게 완전히 이전되고, 신탁기간의 만료 등 신탁종료의 사유가 발생하더라도, 수탁자가 수익자나 위탁자에게 목적부동산의 소유권을 이전할 의무를 부담하게 됨에 불과할 뿐, 당연히 목적부동산의 소유권이 수익자나 위탁자에게 복귀된다고 볼 수는 없는 것인 바, 이와 같은 이치는 부동산물권변동에 관하여 등기를 대항요건으로 하고 있던 구 민법 시행 당시에 신탁기간이 만료된 경우에도 다를 바 없고, 수탁자 명의의 등기가 마쳐진 등기부가 멸실되어 그 회복등기기간이 경과하였더라도 마찬가지라고 보아야 할 것이므로, 이 사건 토지 중 원고의 피상속인인 소외 망 정완석으로부터 소외 조선신탁주식회사에게 신탁된 토지에 관하여 수탁자 앞으로 소유권이전등기가 경료되어 있었던 등기부가 멸실됨으로써, 신탁종료에 따라 신탁자인 위 망인 앞으로의 소유권이전등기가 아직 경료되지 않았음이 명백한 이상, 위 토지에 관한 신탁관계는 여전히 존속한다고 할 것이고, 위

539) 현행 신탁법 제6조.

토지의 소유권도 위 조선신탁주식회사의 권리의무를 승계한 소외 주식회사 한일은행에 있다고 할 것이므로, 신탁기간의 만료로 이 사건 토지에 대한 소유권이 당연히 위 망 정완석에게 복귀되었음을 전제로 한 원고의 주위적 청구는 이유가 없는 것이라고 판단하였다.

관계법령의 규정내용에 비추어보면 원심의 이와 같은 판단은 정당한 것으로 수긍이 되고, 원심판결에 소론과 같이 신탁관계의 종료로 인한 소유권의 귀속에 관한 법리를 오해한 위법이 있다고 볼 수 없으므로, 논지는 이유가 없다.

231. 대법원 1987. 5. 12. 선고 86다545,86다카2876 판결 [가압류이의]

[논점] 신탁법 소정의 '신탁 전의 원인으로 발생한 권리'의 의미

【이 유】

원심판결 이유에 의하면, 소외 방영희 소유의 이 사건 부동산을 1985.12.1 피신청인에게 신탁하여 그 원인으로 소유권이전등기가 경료되고 위 신탁관계가 신탁원부 제1호에 등재된 사실을 인정하고 신청인이 방영희에 대한 계약금반환 채권에 기하여 위 부동산의 가압류를 신청한데 대하여 신탁법상의 신탁재산은 수탁자에게 귀속되는 일방 그 고유재산과도 구별되어 독립성을 갖게 되는 것이어서 이에 대하여는 신탁법 제21조[540] 제1항 본문의 규정에 따라 원칙적으로 강제집행이나 경매가 금지되어 있고 다만 그 단서의 규정에 따라 신탁전의 원인으로 발생한 권리 또는 신탁사무처리상 발생한 권리에 기한 경우에만 예외적으로 강제집행이 허용되는데 여기에서 위 신탁전의 원인으로 발생한 권리라 함은 신탁 전에 이미 신탁부동산에 저당권이 설정된 경우등 신탁재산 그 자체를 목적으로 하는 채권[541]이 발생되었을 때를 의미하는 것이고 신탁 전에 위탁자에 관하여 생긴 모든 채권이 이에 포함된다고 할 수 없다고 판단하였다.

원심의 위 판단은 정당하다. 소론은 신탁법 제21조 제1항의 규정은 수탁자 개인의 채권자가 신탁재산에 대하여 강제집행을 할 수 없다는 취지이고, 위탁자의 채권자가 강제집행을 한 경우에는 위 법문에 저촉되지 아니한다는 것이나 이는 독자적인 견해이다. 원심이 판시한 바와 같이 신탁재산은 수탁자의 고유재산으로부터 구별되어 관리될 뿐만 아니라 위탁자의 재산권으로부터도 분리되어 신탁법 제21조 제1항 단서의 예외의 경우에만 강제집행이 허용될 뿐인 것이다. 논지는 이유없다.

232. 대법원 1983. 6. 14. 선고 83누131 판결 [증여세부과처분취소]

[논점] 체비지 대장상에 부동산 매수인 명의변경이 상속세법 제32조의 2 소정의 신탁에 해당하는지 여부

【이 유】

이 사건 과세요건 성립당시 시행중이던 상속세법 제32조의 2,[542] 소정의 신탁재산이라 함은 신탁법 제1조 제2항, 제2조에 의하여 신탁이 설정된 재산을 말하는 것인바(당원 1979.1.16 선고 78누396 판결 참조) 원심이 적법히 확정한 사실에 의하면 이 사건 체비지는 소외 A가 1973.12.28 그의 아들 B 명의를

---

540) 현행 신탁법 제22조.

541) 따라서 위탁자의 채권자가 일반채권을 갖고 있는 경우에는 해당하지 않는다. 단, 해당 일반채권자가 신탁 전에 신탁재산에 대하여 압류·가압류를 한 경우에는 처분금지효에 의하여 압류·가압류의 범위 내에서는 신탁에 의한 권리이전을 대항할 수 없으므로, 해당 일반채권이 신탁재산 자체를 목적으로 하는 채권이 아니더라도 본압류로의 이행 또는 강제집행이 가능하다고 보아야 할 것이다(신탁법 해설, 법무부, 187-188면).

542) 현행 상속세 및 증여세법 제33조.

빌려 공개입찰 방법으로 낙찰받아 1980.8.경 이건 토지를 포함한 동인이 낙찰받은 여러필지의 토지를 분산하여 그 위에 건물을 짓기 위하여 이 사건 체비지에 관하여는 위 B의 매부인 원고 앞으로 명의변경을 하였다는 것이니 이와 같이 체비지 대장상 부동산의 매수인 명의만이 변경된 것만으로 원고에게 실질상 이익이 있다 할 수 없어서 이는 신탁법 소정의 신탁이라고 할 수 없다 할 것이다. 이와 같은 취지에서 이에 위 상속세법 제32조의 2를 적용하지 아니한 원심의 조치는 정당하고(소론은 필경 원심이 인정하지 아니한 사실을 내세워 이를 비난하는 취지에 지나지 아니하고)거기에 위 법 제32조의 2의 규정의 법리를 오해하여 그 적용을 잘못한 위법은 없다. 논지는 이유없다.

233. 대법원 1975. 12. 23. 선고 73도3012 판결 [배임]

[논점] 탈법목적의 신탁

【이 유】

변호인의 상고이유의 요지는 공소외 손승곤은 중국인으로서 본건 토지를 동업자인 피고인명의로 불하받아 피고인 명의로 신탁한 소위는 강행법규위반으로서 민법103조에 의하여 무효이므로 동 토지에 대하여 위 손승곤에 대하여 하등의 의무를 지는 것이 아니고 또 외국인토지법 5조와 5조의 3에 의하면 외국인은 내무부장관의 허가없이 토지에 관한 권리를 취득할 수 없고 내무부장관의 허가 없는 취득행위는 무효이며 또 신탁법 5조[543]에 의하면 선량한 풍속 기타 사회질서에 위반한 사항을 목적으로 신탁할 수 없으며 동법6조[544]에 의하여는 법령에 의하여 일정한 재산권을 향유할 수 없는 자는 수익자로서 그 권리를 가지는 것과 동일한 이익을 향유할 수 없게 되어 있음으로 위 손승곤이 사실상의 소유자로서 소유권자와 동일하게 사용 수익처분의 이익을 하는 것을 내용으로 한 동인과 피고인과의 위 계약은 외국인인 손승곤이가 내무부장관의 허가를 회피하기 위하여 한 탈법행위로서 무효이므로 피고인이 본건 부동산을 처분한 행위는 배임죄에 해당되지 않는다고 하여야 할 것이다라는데 있는바,

살피건대 외국인토지법 5조에 의하면 외국인은 토지에 관한 권리를 취득하고자 할 때에는 저당권을 제외하고는 대통령령이 정하는 바에 따라 내무부장관의 허가를 받어야 하고 동 5조의 3의 규정에 의하면 위 허가를 받지않는 토지에 관한 권리의 취득행위는 그 효력을 발생하지 못할 뿐만 아니라 그와 같은 행위에 대하여 동법 13조에 의하면 일년 이하의 징역 또는 100만원 이하의 벌금에 처하도록 되어 있으며, 신탁법 5조의 규정에 의하면 신탁은 공서양속 또는 강행법규에 위반되는 사실을 목적으로 할 수 없음은 물론이거니와 신탁의 목적이 위법 또는 불능한 경우에는 그 신탁은 무효이며 동 6조에 의하면 탈법을 목적으로 하는 신탁이 금지되어 법령에 의하여 일정한 재산권을 향유할 수 없는 자는 수익자로서 그 권리를 가진자와 동일한 이익을 향유할 수 없게 되어 있는 바 이상을 종합하면 저당권을 제외하고는 토지에 관한 권리는 외국인은 대통령령이 정하는 바에 따른 내무부장관의 허가를 받지 않고는 취득할 수도 없고 또 권리자와 동일한 이익을 얻기 위하여 신탁할 수도 없다고 할 것이며 이와같은 취득행위 또는 신탁행위는 효력이 발생되지 않는다고 하여야 할 것임은 소론과 같으나 그러나 토지에 대한 권리를 대통령령에 따르는 내무부장관의 허가없이 취득하기 위해서도 아니고 또는 권리취득자와 동일한 이익을 향유하기 위해서도 아니고 단순히 장차 그 요건이 구비되었을 때 취득할 것을 내용으로 하고 그 목적을 달성하기 위하여 채권관계를 설정하는 소위는 외국인토지법 또는 신탁법의 위 각 법조의 취지에 어긋나는 것이라고는 할 수 없고 또 이와 같은 채권의 관계설정행위가 공서양속에 위반되는 행위라고도 할 수 없으며,

---

543) 현행 신탁법 제5조 제1항.
544) 현행 신탁법 제7조.

한편 본건에 관해서 원심이 확정한 사실에 의하며는 본건 토지는 원래가 귀속재산이었으나 피고인은 양조공장을 공동경영하던 공소의 손00의 의뢰를 받고 편의상 피고인 명의로 불하를 받어 불하대금은 위 공동경영하던 양조장 (배당비율은 피고인이 1/9 손00이 8/9)의 수익금으로 완납하고 피고인 명의로 이전등기를 마친사실 및 장차 손00의 요구가 있으면 언제든지 이전등기절차를 이행할 것을 약정하였는데 그후 피고인은 그 토지중 101평을 임의로 매각하여 위 손00에게 금 400만원 상당의 손해를 입히게 한 사실이 명백한데 일건 기록을 정사하여도 본건 토지에 대하여 위와 같이 피고인 명의로 등기를 한 것이 위 손00이 본건 토지의 소유권을 대통령령에 따르는 내무부장관의 허가없이 취득하기 위해서 또는 소유권자와 동일한 이익을 받기 위해서 하였다고 인정함에 족한 흔적을 찾아볼 수 없어서 동인과 피고인의 위 약정을 무효라고 단정하기 곤란하므로 피고인은 위 손00을 위하여 위 약정의 취지에 따라서 본건 토지의 소유권을 보유하고 동인이 장차 필요한 요건을 구비하고 이전 절차의 이행을 요구할시에는 이에 응하여야 할 의무가 있다고 할 것이고 이와 같은 의무의 이행은 피고인 자신의 사무인 동시에 동 손00을 위한 동인의 사무라고도 할 수 있음으로 동 취지를 전재로 한 원판결은 정당하고 하등 배임죄의 법리를 오해하였다고 할 수 없음으로 논지는 이유없다.

234. 대법원 1975. 12. 23. 선고 74다736 판결 [전세금]

[논점] 수탁자가 "신탁이 종료할 때에는…신탁재산에 부대하는 채무는 수익자가 변제하여야 한다"는 약정하에 신탁재산의 관리로서 제3자에게 위 전세권을 설정한 후 신탁계약이 종료된 경우에 위 전세권 소멸로 인한 전세금반환 의무자

【이 유】

1. 원심판결은 그 이유에서 원고는 1970.12.2 소외 안산산업주식회사(이하 '소외회사'라 한다)로 부터 동 회사 소유인 이 사건 건물중 1층 213평 9홉 2작 가운데 70평을 임대보증금 7,000,000원을 제공하고 임차하여 목욕탕 영업을 경영하고 있었던 바 소외 회사는 1971.5.4 피고에게 이 사건 건물을 신탁하여 동 건물에 관하여 피고명의로 위 같은 날자에 신탁행위를 원인으로 한 소유권이전등기가 경료되었으며 신탁원부에는 (가) 신탁부동산의 관리는 피고가 정하는 관리방법에 따라 피고가 행한다.

(나) 신탁기간은 1971.5.4(1973은 오기로 본다)부터 1975.5.3까지로 하며 신탁기간의 만료 및 기타 사유로 인하여 신탁이 종료할 때에는 신탁재산은 신탁원본 수익자에게 귀속하며 신탁재산에 부대하는 채무는 수익자가 변제하여야 한다 라는 요지의 신탁조항이 기재되어 있는 사실, 한편 피고는 그 신탁을 받은 본건 건물을 관리함에 있어서 동 건물중 위탁자인 소외회사가 원고에게 종전에 임대한 바 있었던 위 1층 213평 9홉 2작중 70평 부분에 관하여는 1971.5.18 원고 및 위탁자인 소외 회사와 합의하여 피고는 소외 회사와 원고와의 1970.12.2자 임대차 계약상의 임대인(소외회사)의 권리의무를 승계하기로 하는 일방, 같은 날자로 동 건물 부분에 관하여 원고와 전세금 7,000,000원 전세기간 1972.5.31로 한 전세권 설정계약을 체결하고서 원고에게 서울민사지방법원 서대문등기소 1971.5.24 접수 제31736호로써 전세설정등기를 경료한 바 있었으나, 1972.8.4 이 사건 건물에 관하여 피고와 소외회사의 위 신탁계약이 해제되므로써 피고는 소외 회사에게 위 같은 날자 신탁일부해제에 인한 신탁재산 인계를 원인으로 한 소유권이전등기를 경료한 사실을 인정한 다음, 원고의 위 전세권은 1972.5.31 전세기한 만료로써 소멸하였으니 피고는 원고에 위 전세금 7,000,000원을 반환할 의무가 있다는 주장에 대하여, 이 사건 건물 부분에 관한 원고의 위 전세권은 그 전세기한 만료로써 소멸하였음은 원고 주장과 같으나, 한편 신탁등기 신청서에 첨부되는 부동산등기법 제123조 소정의 서면은 동법 제124조에 의한 신탁원부로서 동 원부에 기재된 사항은 등기로 보게 되는 것이니 이 사건 건물에 관한 피고와 소외 회사와의 1971.5.4자

신탁은 1972.8.4자로 종료됨으로써 동 건물 소유권이 위탁자였던 소외 회사에게 인계되었음이 명백한 이 사건에 있어서 신탁재산이었던 이 사건 건물 부분에 부대하는 채무인 이 사건 전세권 소멸에 의한 전세금 반환 채무는 위 신탁원부 기재의 신탁조항에 의거하여 소외 회사가 변제할 의무있는 것이라 할 것인 바, 갑 제1호증은 피고가 소외 회사로부터 신탁을 받은 이 사건 건물을 관리함에 있어서 동 건물 부분에 관한 원고의 종전의 건물 사용관계를 승낙하고 이를 바탕으로 하여 원고에게 그 부분 전세권을 설정할 목적으로 작성되었던 문서인 것이라고 해석되는 외에 동 호증이 피고가 위 등기로서의 효력을 갖는 신탁조항에 불구하고 원고에게 설정한 바 있는 위 전세권 소멸의 경우에 그 전세금반환의무를 지겠다는 뜻으로 작성된 것이라고는 할 수 없으므로 원고의 이 사건 전세권 소멸에 의한 전세금반환채권은 오로지 위 신탁조항에 의거하여 소외 회사에 대하여 행사할 수 있을 뿐이요 피고에 대하여는 행사할 수 없다고 판시하였다.

2. 신탁법 제3조[545]에 의하면 등기 또는 등록하여야 할 재산에 관하여는 신탁은 그 등기 또는 등록을 함으로써 제3자에게 대항할 수 있다고 규정하고 부동산등기법 제123조 제124조에 의하면 신탁의 등기를 신청하는 경우는 (1) 위탁자, 수탁자 및 수익자등의 성명 주소 (2) 신탁의 목적 (3) 신탁재산의 관리방법 (4) 신탁종료사유 및 (5) 기타 신탁조항을 기재한 신탁원부를 그 신청서에 첨부하도록 되어 있고 이 신탁원부는 등기부의 1부로 보고 그 기재는 등기로 본다고 규정하고 있다.

이 사건 원피고간의 전세계약이 피고가 수탁자의 지위에서 신탁재산의 관리로서 한 것인 점과 그 신탁계약이 종료된 점 및 신탁조항인 "신탁이 종료할 때에는……신탁재산에 부대하는 채무는 수익자가 변제하여야 한다"는 점이 신탁원부에 기재되어 신탁등기가 경료되어 있었음은 당사자 사이에 다툼이 없으므로 본건 전세계약의 기간만료로 인한 전세금 반환채무는 신탁계약이 종료된 오늘에 있어서는 신탁자이며 수익자인 소외 안산산업주식회사에 있다 할 것이니 수탁자였던 피고에게 대하여 그 반환을 청구할 수 없다고 해석되므로 이러한 취지에서 한 원심의 판단은 정당하고 거기에 소론과 같은 위법 있음을 발견할 수 없다.[546]

소론은 소위 신탁 조항은 신탁자와 수탁자간의 계약이므로 이로써 제3자의 권리에 영향을 줄 수 없는 것이라 하나 그것이 신탁당사자간의 계약이라 할지라도 등기가 된 경우는 제3자에 대항할 수 있는 것임은 위에 본 법조에 의하여 분명하며 수탁자가 신탁사무 처리에 관하여 채무를 부담하는 경우가 없는 것은 아니나 신탁계약으로 신탁종료의 경우에 이 신탁사무처리상의 채무에 관하여 특별한 약정을 하고 이것이 등기되었다면 신탁재산에 관하여 거래한 제3자는 그런 사유를 알고서 거래하였다고 볼 것이므로 예기치 않은 손해가 있다고도 할 수 없을 것이다.

235. 대법원 1975. 2. 10. 선고 74다1689 판결 [소유권이전등기]

[논점] 신탁관계가 종료되지 아니하였다는 이유로 소유권이전등기의 말소청구를 기각한 전소의 기판력이 전소의 사실심 변론종결 후의 신탁계약해지를 원인으로 한 소유권이전등기청구의 후소에 미치는가 여부

【이 유】

제1점. 원고는 서울민, 형사지방법원 수원지원 69가799호로 이 사건 토지에 관하여 피고 한일은행에 대하여는 신탁계약의 종료를 원인으로 한 소유권이전등기의 말소절차와 나머지 이건 피고 등에 대하여는 매매를 원인으로 한 소유권이전등기절차이행의 소를 각 제기하였다가 1.2.3심에서 모두 원고가 패

545) 현행 신탁법 제4조.

546) 전세권이 성립한 후 목적물의 소유권이 이전되는 경우 전세권자와 구 소유자간의 전세권 관계가 신 소유자에게 이전되므로 (대법원 2000. 6. 9. 선고 99다15122 판결 등 참고) 굳이 신탁원부의 대항력을 언급할 필요가 있을지 의문이다.

소한 바 그 소송에서의 사실심 변론종결인은 1971.9.9이고 위 판결이 확정된 날자는 1972.3.28이고 위 소송에서는 이 사건 토지가 피고 한일은행에 신탁된 재산이고 그 신탁이 종료된 것으로 볼 수 없으니 피고 한일은행에 대한청구는 그 이유없고 그 나머지 피고 등에 대한 청구에 대하여는 이건 토지에 대한 신탁이 종료되지 아니하였으니 위 나머지 피고 등으로서는 소유권을 회복하여 이를 원고에게 이전할 수 없다는 전제아래 원고와 위 한일은행외의 나머지 피고등 간에 이 사건 토지에 대한 매매사실의 유무를 판단함이 없이 원고청구를 기각하였음이 일건 기록상 분명한바, 그렇다면 우선 피고 한일은행에 대한 전소는 신탁계약종료를 원인으로 하였음에 반하여 본소는 전소의 사실심 종결일인 1971.9.9 이후의 신탁계약해지(이건 소장송달로써)를 원인으로 하고 있어서 등기청구권의 발생원인을 달리하고 있으니 신탁종료사실을 인정할 증거없다고 하여 원고의 청구가 기각된 전소의 확정판결의 기판력이 이건 소장송달로서 신탁계약을 해지하여 이전등기를 구하는 본소에 미치지 않는다고 할 것이다. 또 이건 신탁관계는 1964.11.4이미 기간만료로서 종료되었음에도 불구하고 전소에서 원고가 이를 입증하지 못하여 패소한 것인데 이미 종료된 신탁관계를 또 다시 해지한다는 것은 새로운 청구원인이 될 수 없어 역시 피고 한일은행에 대한 전소의 기판력이 본소에 미칠 수밖에 없다고 주장하나 신탁법 61조에 의하면 신탁이 종료된 경우에 신탁재산이 그 귀속권리자에게 이전할 때까지는 신탁은 존속하는 것으로 간주하고 이 경우에는 귀속권리자를 수익자로 간주한다는 취지의 규정이 있어 신탁기간의 종료로 인하여 신탁관계가 절대적으로 소멸하는 것이 아니고 수탁자가 신탁재산을 귀속권리자에게 이전하기까지는 신탁재산을 보호하기 위하여 일종의 법정신탁관계의 성립을 인정하여 그 이후에도 귀속권리자를 수익자로 하는 신탁관계가 존속하는 것이라고 할 것인 바, 전소에서는 이건 신탁관계가 종료되지 아니하였다고 판단한 것을 본소에서는 전 소송의 사실심종결 이후의 신탁계약의 해지를 원인으로 하여 이건 청구를 하고 있으니 이는 전소의 사실심종결 이후에 생한 새로운 사실을 그 청구원인으로 하고 있음이 분명하니 논지는 이유없다. 다음 피고 한일은행 이외의 이건 피고 등에 대한 전소에서의 원고 청구기각의 확정판결의 기판력이 동 피고 등에 대한 본소에 미친다고 볼 수 있을 것인지에 관하여 판단한다. 전소에 있어서 원고의 위 피고 등에 대한 청구기각의 원인은 이건 토지에 대한 신탁이 종료되지 아니하였으니 위 나머지 피고 등으로서는 소유권을 회복하여 이를 원고에게 이전할 수 없다는 전제아래 원고와 동 피고 등 간에 이건 토지에 대한 매매사실의 유무를 판단함이 없이 청구를 기각하였던 것이므로 결국 매매를 원인으로 한 소유권이 전등기청구권의 존부에 관하여 실질적인 판단이 없었음이 분명하므로 전소의 확정판결의 기판력은 본소에 미치지 않는다고 할 것이니 논지는 이유없다.

236. 대법원 1970. 3. 31. 선고 70다55 판결 [토지인도등]

[논점] 보상청구라는 소송행위를 주목적으로 하여 소유권이전등기를 한 경우 소유권이전등기의 효력

【이 유】

원고 소송대리인의 상고이유에 대하여 살피건대, 원판결에 의하면, 원심은 그 적시된 증거에 의하여 다음과 같은 사실을 인정하였다. 즉, 본건 부동산은 원래 망 소외 1의 소유였으나 원판시와 같은 경위로 인하여 원판결 첨부 제1목록 기재 부동산중 (가)부분은 1963.3.21 소외 2 명의로 소유권보존등기가 되었고, 위의 제1목록 중 (나) (다)부동산은 소외 2, 소외 3, 소외 4, 소외 5 4인의 공동명의로 소유권 이전등기가 되었으며, 제2목록기재의 부동산에 대하여는 위의 소외 5, 소외 3, 소외 4 소외 6 4인의 공동명의로 소유권 이전등기가 되어 있던 바, 원고와 위의 망 소외 1의 장손으로서 본건 부동산에 대한 소유자라고 칭하는 위의 소외 5(동인은 법률상 위 망인의 장손이 아닐 뿐 아니라, 재산상속인 도 아니다)과는 약정하기를 「본건 부동산은 위와 같이 소외인들과의 공동명의로 되어 있으나 과거부터 이미 도로부지로 되

어 도로로 사용 중이므로 이를 원고명의로 소유권이전등기를 한 다음 원고명의로 천안시를 상대로 보상금청구소송을 하여 그 보상금을 반분하기로 한다는 내용의 약정을 함과 동시에 위와 같은 원고명의로의 보상금청구소송(본건소송)을 할 목적을 위하여서의 원고명의로의 소유권 이전등기는 원고가 매수한 것 같이 가장하여 그 공동소유자들을 상대로 소유권이전등기청구소송을 하되 위 소외 5 이외의 자에게 대한 소송서류를 위 소외 5가 수령하여 적법한 송달로 가장하고, 소외 5는 공판기일에 출석하지 아니하므로서 의제자백에 의한 원고의 승소판결을 받아 원고명의로 소유권이전등기를 하기로 한다.」라는 취지의 약정을 하였다는 사실과 원고는 위와 같은 합의에 의하여 원판시와 같이 각 소송을 제기하고, 그 피고들에게 대한 소송서류를 위 소외 5가 수령하고 공판기일에 출석하지 아니하므로서 원고 승소판결을 얻어, 그 판결에 의하여 본건 부동산을 원고 명의로 소유권 이전등기를 하였다(위의 소송당시위 소송사건의 피고로 되어있는 소외 2는 3, 4년부터 행방불명이며, 소외 4은 6.25 사변시에 생사불명이 되었고, 소외 6은 그 당시 해병대에 입대 중으로서 위의 소송사건을 알지 못하고, 소외 3 역시 위의 소송을 전연 알지 못하였다)는 사실들을 인정하고 위와 배치된 원판시의 증거는 믿을 수 없다고 배척하였는 바, 기록을 검토하여도 위법이 있다할 수 없으므로 원판결에 증거취사와 사실인정에 위법이 있다는 논지는 이유없을 뿐 아니라, 원심의 판단 전취지로 보아 원심은 소론의 증인 소외 5의 증언은 믿을 수 없다고 배척한 것이라 인정못할 바 아니므로 증거에 대한 판단유탈이 있다는 논지는 이유없으며, 위와 같은 원심의 인정사실로 보아 원심이 본건 부동산에 관한 원고 명의로의 소유권 이전등기는 본건 보상청구라는 소송행위를 목적으로 한 것인즉 무효라고 아니할 수 없다는 취지로 판단하였음에 위법이 있다 할 수 없은즉, 위와 반대된 견해로서 원판결을 공격하는 논지는 채용할수 없다 할 것이다.

237. 서울중앙지방법원 2014. 2. 11. 선고 2012가합19104 판결 [사해행위취소][547) 548)]

[논점] 건축물 신축·분양을 위한 사업약정 및 1차 신탁계약에서 정하는 바에 따라 신축 건물을 2차 신탁계약에 따라 추가 신탁한 경우 2차 신탁계약의 사해행위 여부 판단 기준

【주 문】

1. 피고 B 주식회사는 원고에게 1,071,50,000원 및 이에 대한 2008. 6. 1.부터 2012. 4. 27.까지는 연 5%의, 그 다음날부터 다 갚는 날까지는 연 20%의 각 비율에 의한 금원을 지급하라.

2. 원고의 피고 케이비부동산신탁 주식회사에 대한 주위적 청구와 예비적 청구를 모두 기각한다.

3. 소송비용 중 원고와 피고 케이비부동산신탁 주식회사 사이에 생긴 부분은 원고가 부담하고, 원고와 피고 B 주식회사 사이에 생긴 부분은 피고 B 주식회사가 부담한다.

4. 제1항은 가집행할 수 있다.

【청구취지】

주위적 청구: 주문 제1항 및 별지 목록 기재 부동산에 관하여 피고 케이비부동산신탁 주식회사와 피고 B 주식회사 사이에 2008. 9.2. 체결된 신탁계약을 취소한다. 피고 케이비부동산신탁 주식회사는 피고 B 주식회사에게 별지 목록 기재 부동산에 관하여 수원지방법원 동수원등기소 2008. 9. 2. 접수 제93468호로 마친 소유권이전등기의 말소등기절차를 이행하라.

예비적 청구: 피고들은 각자 원고에게 1,071,50,000원 및 이에 대하여 2008. 6.1.부터 피고 B 주식회사

547) 서울고등법원 2014. 9. 5. 선고 2014나2010852 판결에 의해 원고의 항소가 기각되어 확정됨.

548) 대법원 2016. 9. 23. 선고 2015다223480 판결[17번 판례], 대법원 2012. 10. 11. 선고 2010마2066 결정[89번 판례], 대법원 2009. 11. 12. 선고 2009다53437 판결[126번 판례]과 비교해 볼 것.

는 이 사건 소장 부본 송달일까지, 피고 케이비부동산신탁 주식회사는 이 사건 청구취지 및 청구원인 변경신청서 부본 송달일까지는 연 5%의, 각 그 다음날부터 다 갚는 날까지는 연 20%의 각 비율에 의한 금원을 지급하라.

【이 유】

3. 피고 케이비부동산신탁에 대한 청구에 관한 판단.

가. 주위적 청구에 관한 판단

1) 원고의 주장

원고는 주위적으로, 피고 B은 채무초과상태에 있던 2008. 9. 2. 제2차 신탁계약을 체결하여 유일한 재산인 이 사건 건물을 피고 케이비부동산신탁에게 신탁하고 제1순위 우선수익자로 주식회사 하나은행을, 제2순위 우선수익자로 주식회사 한화건설을 지정 하는 방법으로 이 사건 건물을 위 각 우선수익자들에게 담보로 제공하였으므로 제2차 신탁계약은 일반채권자를 해하는 사해행위에 해당한다고 주장하면서, 피고 B에 대한 투자금채권을 피보전채권으로 하여 제2차 신탁계약의 취소 및 위 신탁계약을 원인으로 마친 피고 케이비부동산신탁 명의의 소유권이전등기의 말소를 구한다.

2) 판단

가) 피보전채권의 존부

(1) 앞서 인정한 사실에 의하면, 원고는 이 사건 투자계약에 따라 피고 B에 대하여 2,143,100,000원 및 이에 대한 2008. 6. 1.부터의 지연손해금의 지급을 구할 채권이 있다.

(2) 이에 대하여 피고 케이비부동산신탁은, 원고와 D가 피고 B과 체결한 이 사건 투자계약은 통정허위표시에 따른 것으로서 무효이고, 원고는 단지 E 주식회사가 이 사건 건물에 입점 예정이었던 영화관에 관하여 분양계약을 체결하고 그에 따라 피고 B 에게 지급한 분양대금의 계약금 2,143,100,000원을 원고와 D가 피고B에 지급한 투자금이라고 주장하고 있을 뿐이라고 항변한다.

갑 제4 내지 6, 30, 31호증, 을 제5호증의 각 기재와 변론 전체의 취지를 종합하면E 주식회사가 2008. 2.경 피고 B로부터 이 사건 건물 6층부터 9층까지 들어서는 영화관을 대금 총 21,431,000,000원, 계약금 2,143,100,000원에 분양받는 분양공급계약을 체결한 사실, 2008. 2. 27, 피고 케이비부동산신탁이 관리하는 이 사건 사업 관련 계좌에 E 주식회사의 명의로 2,143,100,000원이 입금된 사실, 원고와 D가 이 사건 투자계약을 체결하면서 작성한 합의서의 제1면 하단에는 “본건 합의서는 원고의 참석 없이 사전에 고소인 D가 자필로 원고, D로 서명하여 F과 작성한 합의서”라고 기재되어 있는 사실을 인정할 수 있다. 그러나 E 주식회사는 원고가 대표이사로 있는 회사인 사실은 앞서 본 바와 같고, 갑 제4, 5호증의 각 기재와 변론 전체의 취지를 종합하면, 위 합의서에는 원고와 D가 2,143,100,000원을 피고 B과 주식회사 돈피엠에 투자하고 위 투자금은 원고, D의 명의로 이 사건 건물의 영화관에 대한 분양계약을 체결하는데 사용하며, 피고 B과 주식회사 돈피엠은 이 사건 건물 중 영화관 부분을 제3자에게 재분양하고 2008. 5. 31.까지 위 투자금의 2배 상당액을 원고와 D에게 반환함과 동시에 위 분양계약의 명의를 이전받는다는 내용이 기재되어 있는 사실 또한 인정할 수 있는바, 이 사건 투자계약 체결 당시 원고와 D는 피고 B에게 2,143,100,000원을 투자하면서 이 사건 건물 중 영화관 부분에 관한 분양계약을 체결하고 위 투자금을 분양대금의 일부 사용하기로 예정하고 있었으므로, 원고가 대표이사로 있는 E 주식회사 명의로 이 사건 건물 중 영화관 부분에 관한 분양계약이 체결되고 마찬가지로 E 주식회사 명의로 그 분양대금 중 계약금으로 2,143,100,000원이 입금되었다고 하더라도 이는 이 사 건 투자계약의 내용과 서로 모순되지 않고, 위 합의서 제1면 하단에 기재된 내용이 사실이라고 하더라도 타인에게 대리권을 수여하여 계약서를 작성하는 것이 가능한 이상 원고가 합의서 작성 당시 실제로 참석하지 않았다는 것만으로는 위 합의서에 기재된 약정의 효력을 인정하는 데 장애가 될 수 없으므로, E 주식회사 명의로 피고 B과 이 사건 건물 중 영화관 부분에 관한 분양계약이 체결되어 그 계약금 상당액인 2,143,100,000원이 E 주식회사 명의로 입금되었고 위 합의서에 원고의 참석 없이 D가 위 합의서를 작성하였다는 내용이 기재되어 있다는 점만으로는 이 사건 투자계약이 통 정허위표시에 따른 것임을 인정하기에 부족하고, 달리 이를 인정할 증거가 없다. 피고 케이비부동산신탁의 위 항변은 이유 없다.

나) 사해행위 해당 여부

(1) 채무자가 책임재산을 감소시키는 행위를 함으로써 일반 채권자들을 위한 공동담보의 부족상태를 유발 또는 심화시킨 경우에 그 행위가 채권자취소의 대상인 사해행위에 해당하는지는, 그 목적물이 채무자의 전체 책임재산 가운데서 차지하는 비중, 무자력의 정도, 법률행위의 경제적 목적이 갖는 정당성 및 그 실현수단인 당해 행위의 상당성, 행위의 의무성 또는 상황의 불가피성, 채무자와 수익자 간 통모 여부와 같은 공동담보의 부족 위험에 대한 당사자의 인식의 정도 등 그 행위에 나타난 여러 사정을 종합적으로 고려하여 그 행위를 궁극적으로 일반 채권자를 해하는 행위로 볼 수 있는지에 따라 최종 판단하여야 한다(대법원 2010. 9. 30. 선고 2007다2718 판결, 대법원2012. 9. 13. 선고 2012다43546 판결 등 참조).

채무초과 상태에 있는 채무자가 그 소유의 부동산에 관하여 채권자 중 일부 사람만 을 수익자로 하는 신탁계약을 체결하고 신탁을 원인으로 하여 소유권이전등기를 하는 것은 특정 채권자에게 담보권을 설정하여 주는 경우와 마찬가지로 특별한 사정이 없는 한 다른 채권자들에 대한 관계에서 사해행위에 해당한다. 그러나 채무자가 자금난으로 사업을 계속 추진하기 어려운 상황에서 자금을 융통하여 사업을 계속 추진하는 것이 채무변제력을 갖게 되는 최선의 방법이라고 판단하고 자금을 융통하기 위하여 부득이 부동산을 특정 채권자에게 담보로 제공하거나 신탁하고 그로부터 신규 자금을 추가로 융통받았다면 특별한 사정이 없는 한 그 경우의 담보권 설정 또는 신탁행위는 사해행위에 해당하지 않는다(대법원 2001. 5.8. 선고 2000다50015 판결, 대법원 2012. 10. 11.자 2010마2066 결정 등 참조).

(2) 원고는, 제2차 신탁계약은 이 사건 건물이 거의 다 완공된 후 체결되었고 제2차 신탁계약 체결 후 새로 융통받은 자금이 없으며 제2차 신탁계약 체결 후 도리어 이 사건 건물의 가치가 감소하였고, 이 사건 사업약정 및 제2차 신탁계약에 따르면 피고B은 이 사건 건물의 사용승인을 받은 후에 이를 추가로 담보신탁할 의무가 있을 뿐인데 피고 B은 사용승인을 받기도 전에 제2차 신탁계약을 체결하였으며, 피고 케이비부동산신탁은 미등기 상태였던 이 사건 건물에 관하여 처분금지가처분 결정을 받아 피고B 명의의 소유권보존등기를 마치는 방법을 사용하여 신탁에 따른 소유권이전등기를 마쳤는바, 이러한 점에 비추어 볼 때 제2차 신탁계약은 피고 B의 변제자력을 확보하기 위한 행위가 아니라 이 사건 사업과 관련된 특정 채권자들의 이익만을 위한 사해행위라고 주장한다.

(3) 제2차 신탁계약 체결 전인 2008. 6.경 이 사건 건물의 극장 부분 소방시설 공사를 제외한 나머지 건축공사가 모두 완료된 사실, 미등기 상태였던 이 사건 건물에 관하여 피고 케이비부동산신탁이 처분금지가처분 결정을 받았고, 그로 인하여 피고 B 명의로 소유권보존등기가 마쳐진 뒤 피고 케이비부동산신탁이 제2차 신탁계약을 원인으로 하여 소유권이전등기를 마친 사실, 이 사건 사업약정 및 제1차 신탁계약의 각 계약서에는 피고 B은 이 사건 건물이 '사용승인을 받은 때' 또는 '준공된 때' 이 사건 건물을 추가로 신탁하여야 한다고 기재되어 있는 사실, 이 사건 건물은 이 사건 변론종결일 현재까지 사용승인을 받지 못한 사실은 앞서 본 바와 같고, 갑 제2, 3, 16호증의 각 기재와 변론 전체의 취지를 종합하면 제2차 신탁계약 체결 후 이 사건 사업약정에서 정한 대출금을 초과하여 추가로 대출이 이루어

진 바가 없는 사실, 주식회사 경일감정평가법인이 작성한 감정보고서에는 2008. 10. 3. 현재 이 사건 건물 및 토지의 시가가 179,651,000,000원으로 기재되어 있고, 피고 케이비부동산신탁이 2012. 3. 27. 최초 이 사건 건물 및 그 부지에 관하여 공매를 실시할 당시 공매예정가격은265,079,000,000원이었으나, 유찰이 거듭된 후인 2012. 4. 27, 제27회차 공매예정가격은 17,131,000,000원인 사실을 인정할 수 있다.

(4) 그러나 앞서 인정한 사실과 변론 전체의 취지를 종합하여 알 수 있는 다음과 같은 사정에 비추어 볼 때, 위와 같은 사정만으로는 피고 B과 피고 케이비부동산신탁 사이에 체결된 제2차 신탁계약이 일반채권자를 해하는 사해행위에 해당한다고 보기 어렵다.

(가) 이 사건 건물을 이 사건 사업에 관한 주식회사 하나은행 및 주식회사 한화건설의 채권을 담보하기 위하여 추가로 피고 케이비부동산신탁에 신탁하는 것은 이 사건 사업약정을 체결할 당시부터 이미 예정되어 있었고, 피고 B은 이 사건 사업약정 및 제1차 신탁계약에 따라 이 사건 건물이 건축이 완료된 후 이를 피고 케이비부동산신탁에게 신탁할 의무를 부담하고 있었으므로, 피고 B이 제2차 신탁계약을 체결한 행위는 의무에 따른 행위의 성격을 띠고 있다.

(나) 피고 B은 이 사건 사업을 제외하고는 제2차 신탁계약 당시 추진 중인 별개의 사업이나 특별한 다른 재산 또한 없어 피고 B의 입장에서는 이 사건 사업을 계속 진행하여 이 사건 건물을 분양함에 따라 수익을 얻는 것이 채권자들에 대한 변제력을 확보하는 최선의 방법이었다고 할 것인데, 만약 이 사건 건물을 추가로 신탁하는 것을 거절할 경우 이 사건 사업의 채권자들이 이미 담보신탁된 이 사건 토지를 공매하는 등 채권보전조치를 취하여 이 사건 사업을 더 이상 진행할 수 없었을 것이라고 보이고, 비록 이 사건 건물의 소유권이전등기 명의가 피고 케이비부동산신탁에게 이전된다고 하더라도 이 사건 사업약정에서 예정한 신탁계약에 따른 것인 이상 피고 B이 계속해서 분양 업무를 수행하여 이 사건 사업을 진행할 수 있으므로, 피고 B이 제2차 신탁계약을 체결한 행위는 이 사건 사업을 계획대로 계속 진행한다는 정당한 목적을 실현하기 위한 상당한 수단으로서 불가피하게 이루어진 것이라고 평가할 수 있다.

(다) 만약 피고 B이 이 사건 사업약정 당시 사업 부지만을 신탁하기로 하고 이 사건 건물을 추가로 신탁하기로 약정하지 않았더라면 케이비자산은행과 주식회사 하나은행으로부터 이 사건 사업에 필요한 대출금을 확보하지 못하였을 가능성이 높고, 이 사건 건물은 처음부터 피고 B이 스스로의 자력으로 소유하고 있던 재산이 아니라 이 사건 건물을 장래 담보신탁하기로 하는 내용이 포함된 이 사건 사업약정 및 제1차 신탁계약을 통하여 융통한 자금으로 만들어진 것이므로, 피고 B이 이 사건 건물의 소유권을 취득한 이러한 전체 과정을 도외시한 채 제2차 신탁계약을 분리해 놓고 단순히 그 직전과 직후의 일반 채권자의 지위를 비교하는 것만으로 사해행위 여부를 판단하는 것은 타당하지 않다.

(라) 제2차 신탁계약 체결 전에 이미 이 사건 건물이 거의 완공된 상태였고 제2차 신탁계약 체결 후 피고 B이 추가로 융통받은 자금이 없다고 하더라도, 앞서 본 바와 같이 피고 B이 이 사건 건물에 관하여 신탁계약을 체결하지 않을 경우 이 사건 사업이 중단되리라고 예상할 수 있고, 그 경우 피고 B이 분양을 통하여 변제자력을 확보할 가능성이 없어지는 것이므로 위와 같은 사정만을 들어 제2차 신탁계약이 피고 B의 변 제자력 확보에 기여하는 바가 없다고 할 수는 없다.

(마) 제2차 신탁계약 체결 후 실시된 공매 절차에서 유찰이 거듭된 결과 공매예정가격이 하락하였다고 하여 그와 같은 공매 유찰 및 예정가격 하락이 제2차 신탁계약 때문에 발생한 것이라고 볼 수는 없고, 피고 B이 제2차 신탁계약 체결 당시 그와 같은 공매예정가격 하락을 예견할 수 있었다고 볼 수도 없으며, 제2차 신탁계약을 체결하지 않았더라면 더 높은 가격에 이 사건 건물을 처분할 수 있었으리라고 볼 근거도 없다(제2차 신탁계약을 체결하지 않은 채 이 사건 건물을 경매 기타 방법으로 처분하려고 하였다면 이미 담보신탁된 이 사건 토지와 별개로 이 사건 건물만을 매각할 수밖에 없다는 점을 고

려하면 더욱 그러하다).

(바) 비록 이 사건 사업약정 및 제1차 신탁계약에서 이 사건 건물에 관한 사용승인을 받은 때 이 사건 건물을 추가 신탁하기로 정하였다고 하더라도, 이는 신축건물의 경우 사용승인을 받은 뒤에야 건축물대장이 작성되고 이를 기초로 소유권보존등기가 마쳐지는 점과 신탁계약은 신탁을 원인으로 하는 소유권이전등기를 마치는 것을 내용으로 하는 점을 고려하여 사용승인 또는 준공이라는 용어를 사용하여 그 시점을 신탁계약을 체결 시점으로 정한 것으로 보이고, 피고 케이비부동산신탁이 채권자로서 권리를 행사하여 이 사건 건물에 관한 처분금지가처분결정을 받는 것을 피고 B이 저지할 수도 없으므로, 이 사건 건물 신축공사가 거의 완료되어 독립된 부동산으로 볼 수 있는 상태에 이르렀으나 사용승인이 지연되고 있는 상황에서 피고 케이비부동산신탁이 처분금지가처분결정을 받는 방법으로 소유권보존등기를 마치고 제2차 신탁계약을 체결하였다는 점만으로 피고 B이 일반채권자를 해할 의도로 제2차 신탁계약을 체결하였다고 보기는 어렵다.

다) 소결론

그러므로 제2차 신탁계약이 사해행위에 해당함을 전제로 하는 원고의 주장은 더 나아가 살펴볼 필요 없이 이유 없다.

238. 서울중앙지방법원 2013. 2. 20. 선고 2012가합18477 판결 [관리비][549]

[논점] 신탁원부 기재의 대항력 범위

【주 문】

1. 피고 케이비부동산신탁 주식회사는 원고에게 810,867,756원 및 이 중 780,227,480원에 대하여는 2012. 4. 6.부터, 30,640,276원에 대하여는 2012. 11. 22.부터 각 2013. 2. 20.까지 연 5%, 그 다음날부터 다 갚는 날까지 연 20%의 각 비율로 계산한 돈을 지급하라.

2. 원고의 피고 케이비부동산신탁 주식회사에 대한 나머지 청구 및 피고 에스케이건설 주식회사에 대한 청구를 각 기각한다.

3. 소송비용 중 원고와 피고 케이비부동산신탁 주식회사와 사이에 발생한 부분 중 3%는 원고가, 나머지는 피고 케이비부동산신탁 주식회사가 각 부담하고, 원고와 피고 에스케이건설 주식회사 사이에 발생한 부분은 원고가 부담한다.

4. 제1항은 가집행할 수 있다.

【청구취지】

피고들은 연대하여 원고에게 828,641,874원 및 이 중 795,480,867원에 대하여는 이 사건 소장부본 송달일 다음날부터, 33,161,007원에 대하여는 이 사건 청구취지 및 청구원인 변경신청서 송달일 다음날부터 각 다 갚는 날까지 연 20%의 비율로 계산한 돈을 지급하라.

【이 유】

2. 원고의 피고 케이비신탁에 대한 청구에 관한 판단

가. 원고의 주장

원고는, 신탁법에 따른 부동산 신탁에 있어서 수탁자 앞으로 소유권이전등기를 마치게 되면 대내외

549) 서울고등법원 2014. 1. 9. 선고 2013나24520 판결에 의해 피고의 항소가 기각되어 확정됨.

적으로 소유권이 수탁자에게 완전히 이전되는 것이므로 제412호, F02-1호, A01호에 관하여 소유권이전등기를 경료한 수탁자인 피고 케이비신탁은 위 각 상가에 관하여 미납된 관리비 및 연체료 합계 828,641,874원을 지급할 의무가 있다고 주장한다.

나. 청구 원인에 관한 판단

앞서 인정한 사실에 의하면, 원고는 집합건물인 이 사건 상가의 관리주체로서, 집합건물의 소유 및 관리에 관한 법률에 따라 마련된 이 사건 상가의 관리규약에 따라 이 사건 건물의 입주자에게 관리비를 청구할 수 있다 할 것이고, 한편 신탁은 위탁자가 수탁자에게 특정의 재산권을 이전하거나 기타의 처분을 하여 수탁자로 하여금 신탁목적을 위하여 그 재산권을 관리·처분하게 하는 것이므로(신탁법 제1조 제2항), 부동산의 신탁에 있어서 수탁자 앞으로 소유권이전등기를 마치게 되면 대내외적으로 소유권이 수탁자에게 완전히 이전되고, 위탁자와의 내부관계에 있어서 소유권이 위탁자에게 유보되어 있는 것은 아니라 할 것이며, 이와 같이 신탁의 효력으로서 신탁재산의 소유권이 수탁자에게 이전되는 결과 수탁자는 대내외적으로 신탁재산에 대한 관리권을 갖는 것이고, 다만, 수탁자는 신탁의 목적 범위 내에서 신탁계약에 정하여진 바에 따라

신탁재산을 관리하여야 하는 제한을 부담함에 불과하다고 할 것이므로(대법원 2002. 4. 12. 선고 2000다70460 판결 참조), 특별한 사정이 없는 한 이 사건 각 상가의 수탁자인 피고는 피고가 이 사건 소유권이전등기를 마친 후에는 그 소유자로서 이 사건 건물의 관리주체인 원고에게 소정의 연체료를 포함한 이 사건 각 상가의 미납관리비 및 이에 대한 지연손해금을 지급할 의무가 있다.

다. 피고 케이비신탁의 항변에 관한 판단

1) 제412호 미납 관리비·연체료 청구에 대한 항변에 관한 판단

가) 이 사건 변경등기가 경정등기임을 전제로 한 신탁원부 대항력 항변에 관한 판단

(1) 피고 케이비신탁의 주장

피고 케이비신탁은, 이 사건 부동산담보신탁등기에 편철된 신탁원부 중 이 사건 분양보증 신탁조항을 이 사건 부동산담보신탁계약의 계약조항으로 변경하는 내용의 이 사건 변경등기가 이루어졌는데, 이 사건 변경등기는 아래와 같은 이유로 실질적으로 경정등기에 해당하여 소급하여 그 효력을 갖는다고 할 것이므로, 이 사건 부동산담보신탁계약의 계약조항은 제412호에 관한 관리비 등 제반경비를 위탁자인 D가 부담하는 것으로 규정하고 있는바, 피고 케이비신탁은 경정 후 신탁원부를 가지고 원고에게 대항할 수 있다는 취지로 항변한다.

① 피고 케이비신탁은 이 사건 부동산담보신탁등기 신청을 하면서 등기신청서와 함께 이 사건 부동산담보신탁계약의 계약서를 첨부하여 제출하였을 뿐 이 사건 분양보증 신탁조항을 제출하지 않았는데, 담당 등기관의 과오로 인하여 이 사건 부동산담보신탁계약의 계약조항이 아닌 이 사건 분양보증 신탁조항이 신탁원부에 기재된 것인바, 이는 부동산등기법 제32조의 직권경정등기 사유에 해당하고 이러한 경우에는 경정 전후의 등기의 동일성을 요하지 아니하므로, 이 사건 변경등기는 실질적으로 경정등기에 해당한다.

② 피고 케이비신탁이 이 사건 부동산담보신탁등기 신청을 하면서 법무사의 착오로 이 사건 분양보증 신탁조항 및 이 사건 부동산담보신탁계약의 계약서를 동시에 제출하였다고 하더라도, 이는 이 사건 분양보증 신탁조항이 기재된 신탁원부와 이 사건 부동산담보신탁계약의 계약내용이 불일치하여 구 부동산등기법(2011. 4. 12. 법률 제10580호로 전문개정되기 전의 것, 이하 '구 부동산등기법'이라 한다) 제55조 제7호에 규정한 '신청서에 적힌 사항이 등기원인을 증명하는 서면과 일치하지 아니한 경우에 해당하므로 담당등기관은 위 신청을 각하하였어야 함에도 이를 간과하고 등기를 수리하였다. 이와 같이 각

하 사유가 있음에도 등기를 수리한 경우 이는 등기와 실체관계 사이에 원시적 불일치가 있는 경우에 해당하여 신청착오에 따른 경정등기가 가능하므로, 이 사건 변경등기는 실질적으로 경정등기에 해당한다.

(2) 판단

살피건대, 피고 케이비신탁은 이 사건 부동산담보신탁등기에 편철된 신탁원부에 대하여 이 사건 분양보증 조항이 이 사건 부동산담보신탁계약의 계약조항으로 변경하는 내용의 경정등기를 신청하였으나 위와 같이 신탁원부의 내용을 변경하는 이 사건 변경등기가 경료된 사실은 앞서 본 바와 같은바, 이와 같이 이 사건 변경등기가 '변경등기'로서 경료된 이상 피고 케이비신탁이 주장하는 사유가 인정된다고 하더라도 이를 실질적인 경정등기로 보아 그 소급효를 인정하기 어려울 뿐만 아니라, 이 법원의 영등포등기소에 대한 사실조회 회신결과 만으로는 피고 케이비신탁이 이 사건 부동산담보신탁등기를 신청함에 있어 이 사건 부동산담보계약의 계약서를 첨부하였음에도 담당 등기관의 과오로 이 사건 분양보증 신탁조항을 신탁원부로 편철하였다고 인정하기 부족하고, 달리 이를 인정할 만한 증거가 없으며, 오히려, 갑 제4호증의 1의 기재에 의하면, D 및 피고 케이비신탁으로부터 이 사건 부동산담보신탁등기 신청을 위임받은 법무사 E가 이 사건 분양보증 신탁조항이 기재된 신탁원부를 영등포 등기소에 제출하여 위 신탁원부에 접수인까지 날인받은 사실이 인정되는바, 이 사건 변경등기에 대하여 직권경정등기의 요건을 갖추고 있지 못하고 있다고 할 것이고, 나아가, 신청착오에 의 한 권리내용의 경정등기가 허용되기 위해서는 경정 전후의 등기 사이에 '동일성 또는 유사성'이 인정되어야 할 것인바, 앞서 인정한 사실에 의하면, 이 사건 분양보증 신탁조항과 이 사건 부동산담보신탁계약의 계약조항은 신탁의 목적, 신탁 부동산의 관리방법 등에 있어서 그 내용에 중대한 차이가 있어서 그 동일성 또는 유사성이 인정되기 어렵다고 할 것이고, 나아가 이 사건 변경등기를 경정등기로 보아 소급효를 인정한다면 이 사건 부동산담보신탁등기에 편철된 신탁원부를 신뢰하였던 원고가 이 사건 변경등기의 소급효에 의하여 피고 케이비신탁에게 관리비를 청구하지 못하는 부당한 결과가 발생한다고 할 것이므로 이러한 점에 있어서도 이 사건 분양보증 신탁조항과 이 사건 부동산담보신탁계약의 계약조항 간의 동일성 또는 유사성을 인정하기 어렵다고 할 것이어서, 이 사건 변경등기는 신청착오에 의한 경정등기의 요건 또한 갖추지 못하고 있다고 할 것이므로, 피고 케이비신탁의 항변은 어느 모로 보나 이유 없다.

나) 이 사건 분양보증 신탁조항에 따른 신탁원부 대항력 항변에 관한 판단

피고 케이비신탁은, 가사 이 사건 변경등기의 소급효가 인정되지 않는다고 하더라도, 일반적인 분양보증에 있어서 수탁자는 신탁목적물의 소유권을 수분양자에게 이전하거나 수분양자가 납부한 분양대금을 환급해 줄 의무만을 부담할 뿐 수탁자는 신탁목적물에 관한 관리비 등의 납부의무를 부담하지 않는바, 이러한 일반적인 분양보증의 목적 및 본질과 이 사건 분양보증 신탁조항 내용에 비추어 보면, 제412호에 부과된 미납 관리비 및 연체료는 위탁자인 D가 부담하고 수탁자인 피고 케이비신탁은 이를 부담하지 않는다고 할 것이므로, 이 사건 분양보증 신탁조항이 기재된 신탁원부의 대항력에 따라 피고 케이비신탁은 원고에게 대항할 수 있다는 취지로 항변한다.

살피건대, 을가 제9호증의 1 내지 3의 각 기재만으로는 일반적인 분양보증의 경우 수탁자는 신탁목적물의 등기상 소유권을 수분양자에게 이전하거나 수분양자가 납부한 분양대금을 환급해 줄 의무만을 부담할 뿐이므로 수탁자의 관리비 납부의무가 문제될 여지가 없거나 관리비 납부의무가 문제되는 경우라 하더라도 이는 위탁자가 부담하는 것이라는 점을 인정하기 부족하고, 달리 이를 인정할 만한 증거가 없을 뿐만 아니라, 앞서 인정한 사실에 의하면, 이 사건 분양보증 신탁조항을 제412호에 부과된 관리비 등을 수탁자가 아닌 위탁자가 부담한다는 취지의 조항으로 볼 수 없다고 할 것이므로, 피고 케이비신탁의 위 항변은 이유 없다.

다) 소결론

따라서, 제412호 미납 관리비·연체료 부분에 관한 피고 케이비신탁의 항변은 모두 이유 없다.

2) F02-1호 및 A01호 미납 관리비·연체료 청구에 대한 항변에 관한 판단

피고 케이비신탁은, 이 사건 부동산관리처분신탁계약에 의하면 신탁재산에 관한 제세공과금 및 신탁사무의 처리에 소요된 일체의 비용은 D의 부담으로 한다고 규정하고 있으므로, 원고의 F02-1호 및 A01호에 관하여 부과된 미납 관리비·연체료 청구에 대하여 이 사건 부동산관리처분신탁계약의 계약조항이 기재된 신탁원부의 대항력에 의하여 대항할 수 있다는 취지로 항변한다.

살피건대, 신탁법 제3조는 "등기 또는 등록하여야 할 재산에 관하여는 신탁은 그 등기 또는 등록을 함으로써 제3자에게 대항할 수 있다."고 규정하고, 구 부동산등기 법 제123조, 제124조는 신탁의 등기를 신청하는 경우에는 ① 위탁자, 수탁자 및 수익자 등의 성명, 주소 ② 신탁의 목적 ③ 신탁재산의 관리방법 ④ 신탁종료사유 ⑤ 기타 신탁의 조항을 기재한 서면을 그 신청서에 첨부하도록 하고 있고 그 서면을 신탁원부로 보며 다시 신탁원부를 등기부의 일부로 보고 그 기재를 등기로 본다고 규정하고 있다. 따라서 위의 규정에 따라 등기의 일부로 인정되는 신탁원부에 신탁부동산에 대한 관리비 납부의무를 위탁자가 부담한다는 내용이 기재되어 있다면 수탁자는 이로써 제3자에게 대항할 수 있다(대법원 2012. 5. 9. 선고 2012다13590 관리비 판결 참조).

이 사건에 돌아와 보건대, 이 사건 부동산관리신탁등기에 편철된 신탁원부에는 이 사건 부동산관리처분신탁계약의 계약서가 포함되어 있는 사실, 이 사건 부동산관리처분신탁계약에 의하면 '이 신탁재산에 관한 제세공과금 및 신탁사무의 처리에 소요된 일체의 비용은 수익자인 D의 부담으로 하고 이를 수탁자인 피고 케이비신탁에게 지급하여야 한다'고 규정(제7조 제1항)하고 있는 사실은 앞서 본 바와 같은바, 위 조항은 F02-1호 및 A01호에 관한 관리비 등의 채무는 위탁자이자 수익자인 D가 부담한다는 취지의 규정이라고 할 것이므로, 피고 케이비신탁은 이 사건 부동산관리처분신탁계약에 따라 위탁자인 D가 원고에게 위 각 상가의 관리비 납부의무를 부담한다고 대항할 수 있다고 할 것이어서, 피고 케이비신탁의 위 항변은 이유 있고, 결국 원고의 F02-1호 및 A01호에 관한 관리비·연체료 청구는 이유 없다고 할 것이다.

239. 서울고등법원 2012. 11. 29. 선고 2011나102006, 2011나102013(병합) 판결 [매매대금반환][550]

[논점] 건분법에 따라 분양관리신탁계약 및 자금관리대리사무계약이 체결되어 수분양자의 승낙 하에 분양대금채권을 신탁사에게 양도하고, 수분양자가 분양대금을 전부 신탁사의 계좌로 납입하였는데, 그 후 수분양자가 신탁사를 상대로 분양계약 취소로 인한 부당이득반환으로 수분양자가 납부한 분양대금 등의 반환을 청구할 수 있는지 여부

【주 문】

1. 제1심 판결 중 피고 주식회사 G, H 주식회사에 대한 부분을 다음과 같이 변경한다.

가. 원고들에게,

1) 피고 주식회사 G는 각 152,279,576원 및 이에 대하여 2009. 9. 28.부터 2012. 11. 29.까지는 연 6%, 그 다음날부터 다 갚는 날까지는 연 20%의 각 비율로 계산한 돈을 지급하고,

2) 피고 H 주식회사는 신탁재산의 한도 내에서 피고 주식회사 G와 각자 위 1)항 기재 돈 중 각

550) 이 판결은 상고없이 확정되었으나, 대법원 2017. 7. 11. 선고 2013다55447 판결[6번 판례]에서는 이 판결과 결론을 달리하고 있다.

152,279,576원 및 이에 대하여 2011. 4. 21.부터 2012. 11. 29.까지는 연 6%, 그 다음날부터 다 갚는 날까지는 연 20%의 각 비율로 계산한 돈을 지급하라.

나. 원고들의 피고 주식회사 G, H 주식회사에 대한 나머지 청구를 각 기각한다.

2. 원고들의 피고 C, 주식회사 D, 주식회사 E, 주식회사 F에 대한 항소를 각 기각한다.

3. 소송총비용 중 원고들과 피고 주식회사 G, H 주식회사 사이에 생긴 부분은 피고 주식회사 G, H 주식회사가 부담하고, 원고들과 피고 C, 주식회사 D, 주식회사 E, 주식회사 F 사이에 생긴 부분은 원고들이 부담한다.

4. 제1의 가.항은 가집행할 수 있다.

【청구취지 및 항소취지】

1. 청구취지

[주위적 청구취지]

피고 H 주식회사, 주식회사 G는, 각자 원고들에게 각 152,279,576원 및 이에 대하여2009. 9. 26.부터 이 사건 소장 부본 송달일까지는 연 6%, 그 다음날부터 다 갚는 날까지는 연 20%의 각 비율로 계산한 돈을 지급하라.

피고들은 각자 원고들에게 각 1,000,000원 및 이에 대하여 이 사건 소장 부본 송달일부터 다 갚는 날까지 연 20%의 비율로 계산한 돈을 지급하라.

[예비적 청구취지]

피고들은 각자 원고들에게 각 118,959,967원 및 이에 대하여 이 사건 소장 부본 송달 다음날부터 다 갚는 날까지 연 20%의 비율로 계산한 돈을 지급하라.

2. 항소취지

[원고들] 제1심 판결을 청구취지와 같이 변경한다.

[피고 H 주식회사] 제1심 판결 중 피고 H 주식회사의 패소 부분을 취소하고, 위 취소부분에 해당하는 원고들의 피고 H 주식회사에 대한 청구를 모두 기각한다.

【이 유】

3. 판단

2) 계약취소로 인한 부당이득반환의무의 성립

가) 피고 G는 이 사건 각 분양계약 체결 당시 이 사건 각 분양대금 채권을 피고H에게 양도하였고 원고들이 이를 승낙하였으며(이 사건 각 분양계약 제13조 제2항), 원고들은 이 사건 분양대금을 전부 피고 H 계좌로 납입한 사실은 기초사실에서 본 바와 같다.

이러한 사실관계에서 이 사건 각 분양계약이 취소된 경우의 법률관계에 관하여 보건대, 이 사건 각 분양대금채권이 양도됨으로써 채무자인 원고들과 양수인인 피고 H 사이에는 직접적인 채권·채무관계가 설정되었는바, 그 기초가 된 이 사건 각 분양계약이 취소되어 소급적으로 무효로 된 경우에는 특별한 사정이 없는 한 위 채권·채무관계에 의하여 원고들이 피고 H에게 이행한 급부는 법률상 원인이 없게 되었다고 할 것이므로, 급부를 이행받은 피고 H은 원고들에게 이를 반환할 의무가 있다(대법원 2003. 1. 24. 선고 2000다22850 판결 참조).

그리고, 피고 G는 이 사건 각 분양대금채권을 전부 피고 H에게 양도함에 따라 원고들로부터 어떠한 급부도 이행받은 사실이 없기는 하지만, ① 피고 H은 분양관리신탁계약의 수탁자로서 건축물의 분양에 관한 법률이 정한 바에 따라 분양수입금을 적정하게 관리·집행함으로써 피분양자들을 보호하기 위하여 이 사건 분양대금채권을 양수하여 수납·관리할 권리와 의무를 가지게 된 것이고, 이 사건 분양대금채권의 실질적, 종국적 귀속 주체는 시행사인 피고 G인 점, ② 뒤에서 상술하는 바와 같이 피고 H은 이 사건 분양신탁계약 및 대리사무계약에 따라 관리하고 있는 신탁재산의 한도 내에서만 분양계약의 취소로 인한 반환의무를 질 뿐이므로, 그 종국적인 반환의무는 시행사이자 분양자인 피고 G에게 있다고 봄이 합당한 점 등을 고려하여 보면, 피고 G도 또한 원고 들에 대하여 이 사건 각 분양계약의 취소로 인한 부당이득반환의무를 부담한다고 할 것이다.

한편, 피고 G와 피고 H의 각 부당이득반환채무는 서로 동일한 경제적 목적을 가지고 어느 일방이 채무를 이행함으로써 다른 일방의 채무도 함께 소멸되는 관계에 있으므로 각 채무가 중첩되는 범위 내에서는 서로 부진정연대채무의 관계에 있다.

나) 피고 H의 주장에 관한 판단

(1) 먼저 피고 H은, 원고들이 이 사건 각 분양대금채권의 양도에 관하여 이의를 보류하지 아니하고 승낙을 하였으므로 민법 제451조 제1항에 따라 이 사건 각 분양계약의 취소로서 채권양수인인 피고 H에게 대항할 수 없다고 주장한다. 살피건대, ① 이 사건 각 분양계약이 체결됨과 동시에 분양대금채권의 양도 및 승낙이 함께 이루어졌는바, 원고들이 이 사건 각 분양계약 체결 당시에는 피고 G에게 기망당하였다는 사실을 알지 못하여 그에 관한 이의를 보류하고 채권양도에 승낙한다는 것은 애당초 가능하지 않았던 점, ② 민법 제451조 제1항은 양수인의 신뢰를 보호하고 채권양도 거래의 안전을 보장하려는 규정인데, 피고 H은 분양관리신탁계약의 수탁자로서 건축물의 분양에 관한 법률이 정한 바에 따라 분양수입금을 적정하게 관리·집행함으로써 피분양자들을 보호하기 위하여 이 사건 분양대금채권을 양수하여 수납·관리한 것일 뿐, 피고 H 고유의 이익을 위하여 이를 양수한 것은 아닌 점 등을 고려하여 보면, 원고들은 이 사건 각 분양계약의 취소로서 채권양수인인 피고 H에게 대항할 수 있다고 할 것이므로, 피고 H의 이 부분 주장은 받아들일 수 없다.

(2) 다음으로 피고 H은, 사기를 이유로 한 법률행위의 취소는 선의의 제3자에게 대항할 수 없는데(민법 제110조 제3항) 피고 HH이 "선의의 제3자"에 해당하므로 이 사건 각 분양계약의 취소로써 피고 H에게 대항할 수 없다고 주장한다.

살피건대, 사기를 이유로 한 법률행위의 취소로써 대항할 수 없는 민법 제110조 제3항 소정의 제3자라 함은 사기에 의한 의사표시를 기초로 하여 새로운 법률원인으로써 이해관계를 맺은 자를 의미하고(대법원 1997. 12. 26. 선고 96다44860 판결 등 참조), 이에 해당하는지 여부는 형식적으로만 판단할 것이 아니라 권리관계에 기초하여 실질적으로 판단하여야 할 것인데, 앞서 본 바와 같이 피고 H은 수탁자로서 분양수입금의 관리·집행을 위하여 분양자인 피고 G로부터 이 사건 분양대금채권을 양수하였을 뿐 양수한 분양대금채권에 관하여 고유한 법률상의 이익을 가지는 것은 아닌 점, 뒤에서 상술하는 바와 같이 피고 H은 신탁재산의 범위 내에서 분양계약의 취소로 인한 반환의무를 질 뿐인 점 등을 고려하면, 피고 H은 이 사건 각 분양계약의 취소로써 대항할 수 없는 민법 제110조 제3항 소정의 제3자에 해당한다고 볼 수 없으므로, 피고 H의 이 부분 주장도 받아들일 수 없다.

3) 부당이득반환의 범위

가) 기본 법리 및 당사자들 주장의 요지

(1) 부당이득을 반환함에 있어서 선의의 수익자는 그가 받은 이익이 현존하는 한도에서 그 반환 의무를 지고 악의의 수익자는 그가 받은 이익에 이자를 붙여 반환할 의무가 있다(민법 제748조). 여기서

'악의'라고 함은 자신의 이익 보유가 법률상 원인 없는 것임을 인식하는 것을 말하고, 그 이익의 보유를 법률상 원인이 없는 것이 되도록 하는 사정, 즉 부당이득반환의무의 발생요건에 해당하는 사실이 있음을 인식하는 것만으로는 부족하다. 그리고 악의의 수익자라는 점에 대하여는 이를 주장하는 측에서 입증책임을 진다(대법원 2010. 1. 28. 선고 2009다24187,24194 판결 등 참조).

한편 수익자가 이익을 받은 후 법률상 원인 없음을 안 때에는 그 때부터 악의의 수익자로서 이익반환의 책임이 있고(민법 제749조 제1항), 선의의 수익자가 패소한 때에는 그 소를 제기한 때부터 악의의 수익자로 본다(같은 조 제2항).

(2) 원고들이 피고 H, G가 악의 수익자에 해당함을 전제로 기 납부한 분양대금과 최종 납부일부터 발생한 이자의 지급을 구함에 대하여, 피고 H은 피고 H이 선의 수익자이므로 이자를 반환할 의무는 없고 나아가 이 사건 분양신탁계약 및 대리사무계약에 따라 관리 중인 신탁재산의 한도 내에서만 반환의무가 있다고 주장한다.

나) 반환 범위에 관한 판단

(1) 먼저 악의 수익자 여부에 관하여 보건대, ① 피고 G에 대하여는, 앞서 본 제3의 가., 나.,항에서 인정한 사실관계, 기망의 정도 등에 비추어 보면 악의 수익자임을 넉넉히 인정할 수 있으나, ② 피고 H에 대하여는, 이 사건 각 분양계약서에 이 사건 각 주차장 분양계약서가 첨부되어 있다는 사정만으로는 피고 H이 악의 수익자임을 인정하기에 부족하고, 달리 이를 인정할 증거가 없다.

(2) 다음으로 피고 H이 이 사건 분양신탁계약 및 대리사무계약에 따라 관리 중인 신탁재산의 한도 내에서만 반환의무를 부담하는 지에 관하여 보건대, ① 이 사건 각 분양계약서 제13조 제1항은 "신탁 및 대리사무"라는 제목 아래 피고 H이 사업부지 신탁등기 및 분양수입금 등의 자금관리를 담당하며 그 외 매도인으로서의 책임을 지지 않는다고 정하고 있고, 제2항에는 피고 G가 피고 H에게 분양대금채권을 양도하도록 정하고 있는바, 이는 피고 H이 신탁 및 대리사무의 업무를 수행하는 수탁자로서 분양수입금의 관리를 위하여 분양대금채권을 양도받은 것이고, 그 업무 목적을 초과하여서는 이 사건 분양계약에 따른 책임이 없음을 명확히 한 것으로 해석되는 점, ② 이 사건 분양신탁계약에 따르면, 수탁자는 분양수입금을 사업약정 및 대리사무계약에 따라 본건 분양사업에 사용하고(제6조), 수탁자가 신탁사무의 집행에 관하여 선관주의의무를 위반하지 않는 한 신탁사무의 처리와 관련하여 발생한 제반 비용이나 채무에 관하여 책임이 없고, 다만 신탁재산으로부터 지급할 수 있을 뿐이며(제14조, 제16조, 제19조, 제24조), 이 사건 분양신탁계약서는 등기된 신탁원부로서 그 내용으로 제3자에게 대항할 수 있는 점(을나 1호증) 등을 종합하여 보면, 수탁자인 피고 H은 이 사건 분양신탁계약 및 대리사무계약에 따라 관리하고 있는 신탁재산의 한도 내에서만 반환책임이 있다고 할 것이므로, 피고 H의 이 부분 주장은 이유 있다.

그리고 수탁자가 신탁재산의 한도 내에서 책임을 부담하는 경우 채권자의 수탁자에 대한 이행판결 주문에는 수탁자의 고유재산에 대한 강제집행을 할 수 없도록 집행력을 제한하기 위하여 신탁재산의 한도에서 지급을 명하는 취지를 명시하여야 한다(대법원2010. 2. 25. 선고 2009다83797 판결 등 참조)

240. 서울중앙지방법원 2012. 3. 22. 선고 2010가합88922 판결

[논점] 신탁계약이 사해행위에 해당하는 경우 신탁계약의 일부취소와 가액배상을 명한 사례

【주 문】

1. 원고의 청구를 기각한다.

2. 소송비용 중 보조참가로 인한 비용을 포함하여 모두 원고가 부담한다.

【청구취지】

피고와 피고보조참가인 사이에 별지 목록 기재 각 부동산에 관하여 2009. 8. 28. 체결된 부동산 담보신탁계약을 7,591,237,724원 및 이에 대한 2010. 9. 15.부터 이 사건 변론종결일까지 연 20%의 비율로 계산한 금원의 범위 내에서 취소한다.

피고는 원고에게 7,591,237,724원 및 이에 대한 2010. 9. 15.부터 이 사건 변론종결일까지 연 20%의 비율로 계산한 금원과 이에 대한 이 판결 확정일 다음 날부터 다 갚는 날까지 연 20%의 비율로 계산한 돈을 지급하라.

【이 유】

3. 판단

가. 피보전채권의 성립

1) 우선 원고가 이 사건 채무인수약정에 따라 참가인의 대출금채무 합계 21,836,081,432원을 대위변제한 사실은 앞서 본 바와 같으므로, 참가인은 특별한 사정이 없는 한 원고에게 위 대위변제금에서 원고가 공제를 자인하는 한***도시개발의 자본감소에 따른 환급금 13,264,885,000원과 원고의 출자 부담액 979,958,708원[원고는 2010. 7. 23. 한***도시개발로부터 자본감소에 따른 환급금으로 13,264,885,000원을 받음으로써 위 대위변제한 금원 일부를 회수하였고, 아울러 이 사건 업무협약에 대한 특약 제2조 제3항 (나)목에 의하여 참가인의 대출금 205억 원 중 979,958,708원은 원고가 부담하기로 약정하였음을 전제로, 대위변제금에서 위 각 금원을 공제한 잔액만을 구상금채권에 포함하고 있다]을 공제한 나머지 구상금 7,591,237,724원(= 21,836,081,432원 - 13,264,885,000원 - 979,958,708원)을 지급할 의무가 있고, 나아가 앞서 든 증거들에 의하면, 원고가 참가인 등을 상대로 서울중앙지방법원 2010카합39425 호로 구상금 청구 등의 소를 제기하여 2011. 5. 6. 위 법원으로부터 참가인은 원고에게 위 구상금 7,591,237,724원과 이에 대하여 원고가 구하는 바에 따라 참가인 등에 대하여 당해 소장부본이 최종 송달된 다음 날인 2010. 9. 15.부터 다 갚는 날까지 소송촉진 등에 관한 특례법이 정한 연 20%의 비율로 계산한 지연손해금을 지급하라는 취지의 가집행 선고 있는 판결을 선고받은 사실을 인정할 수 있으므로 2) 참가인은 위 구상금에 대하여 위 2010. 9. 15.부터의 지연손해금을 아울러 지급할 의무가 있다 할 것이다.

2) 이에 대하여 피고와 참가인(이하 '피고 등'이라 한다)은, ① 이 사건 사업의 시행법인인 한***도시개발에 대한 실제 출자자는 참가인이 아닌 원고로서, 그 출자금 마련을 위한 대출 역시 원고가 참가인의 명의를 빌려 행한 것이기에(원고가 위 대출금채무의 실질적인 차주이고 참가인은 명의대여자에 불과하다), 원고와 참가인 사이에서 대출금채무의 이행책임은 원고만이 부담하므로, 사해행위의 피보전채권으로서 원고의 참가인에 대한 구상금채권을 존재하지 아니하며, ② 설사 원고에게 참가인에 대한 구상금채권이 인정된다 할지라도, 당해 구상금채권은 이 사건 신탁계약 체결 이후에 비로소 발생하였을 뿐만 아니라 신탁계약 체결 당시 가까운 장래에 구상금채권이 발생하리라는 점에 대한 고도의 개연성이 있었다고 보기도 어려워 위 구상금채권은 피보전채권이 될 수 없다는 취지로 주장하므로, 이하 가), 나)항에서는 이에 대해 살펴본다.

가) 원고의 참가인에 대한 구상금채권의 성립 여부에 대한 피고 등의 주장에 관하여

앞서 든 증거들에 의하여 인정되는 다음과 같은 사정들, 즉 ① 이 사건 업무협약 제4조 제3항은 '당사자들은 이 사건 업무협약 제3조 제2항에 따라 원고의 신용 제공에 따른 참가인의 원고에 대한 구상의무를 담보할 목적으로 한***도시개발로 하여금 참가인의 출자금액에 해당하는 금액을 원고가 인정하

는 별도의 금융상품으로 관리·운영하고, 그 금융상품의 원금과 수익에 관한 한***도시개발의 권리에 대한 담보를 원고 또는 원고가 지정하는 자에게 제공하도록 한다.'라고 규정함으로써 원고의 참가인에 대한 구상금채권의 성립을 전제하고 있는 점, ② 나아가 이 사건 채무인수약정의 구체적 내용을 살펴보더라도, ㉮ 제2조 제3항은 '이 사건 채무인수의 효력이 발생하는 경우에도 참가인은 원고와 함께 이 사건 채무를 중첩적으로 부담하고, 원고와 참가인은 연대하여 상호저축은행에 채무를 상환 및 지급하여야 할 의무를 부담한다.'라고 규정하고 있으며, ㉯ 제4조의 경우 '원고는, 채무를 이행함으로써 참가인에 대하여 취득하는 구상권, 대위권 기타 일체의 권리를 상호저축은행의 사전 서면 동의가 없는 한 여신거래약정에 따라 참가인이 상호저축은행에 부담하는 대출 원리금 등 모든 채무가 전액 변제될 때까지는 행사하지 않기로 한다.'라고 규정함으로써, 역시 참가인과 원고가 그 내부관계에서 각자 위 대출금채무의 일정 부분을 부담하는 것을 전제로 원고의 대위변제에 따른 참가인에 대한 구상금채권의 취득을 예정하고 있는 점, ③ 원고가 참가인의 지분을 인수하기로 한 것은 이 사건 사업 참여 초기부터 일관되게 합의되었던 내용이지만, 원고와 참가인 및 상호저축은행 사이의 2008. 10. 31.자 이 사건 채무인수약정과 2008. 12. 29.자 이 사건 업무협약 제2조의 내용을 종합하면, 원고가 상호저축은행에 대한 참가인의 차입금채무를 인수함에 있어서 원고의 자력이 충분함에도 면책적 인수가 아닌 중첩적 인수라고 명시하고 있고, 한편 2008. 12. 29.자 이 사건 업무협약 제2조 제1항은 원고가 참가인의 지분을 인수하여야 한다는 대원칙을, 제2항과 제3항은 금융완결 여부에 따른 지분인수방법 또는 원고와 참가인의 정산방법에 관하여 규정하고 있는 것으로볼 수 있는데, 이를 분석해 보면, 비록 2009. 9. 30.까지 금융완결이 이루어지는 경우 원고는 참가인의 출자지분을 매수함에 있어서 참가인이 출자한 출자원금(18,413,740,000원), 이자, 비용을 매매대금으로 한다고 규정하여, 결국 참가인으로서는 자신이 출자의무를 이행하기 위하여 지출하였거나 부담하게 된 것 외에는 아무런 이득도 얻지 못하도록 규정하고 있는 것처럼 이해될 여지도 있어 이 점은 의문이나, 매매대금으로 참가인의 차입금을 변제하여야 한다고 규정하거나 또는 금융완결이 이루어지지 않는 경우 참가인의 잔여재산분배청구권과 담보권을 원고에게 귀속시키고, 이를 가지고도 변제하기에 부족한 부분에 대해서는 대위변제하기로 한다고 규정하여, 원고가 참가인의 출자지분을 매수하는 경우에도 참가인의 상호저축은행에 대한 차입금변제책임은 여전히 참가인에게 남게 됨을 전제로 하고 있는 점 등 원고와 참가인 사이에 체결된 이 사건 업무협약과 채무인수약정의 구체적인 내용 및 그 전반적인 취지를 비롯하여 앞서 본 기초 사실에서 드러나는 이 사건 사업의 성격과 원고와 참가인 상호간의 관계, 당시의 정황 등 제반 사정들에 비추어 볼 때,3) 피고 등의 주장처럼 원고와 참가인 사이에서 위 대출금채무의 이행책임을 원고만이 부담하고 참가인은 이에 대한 일체의 구상의무를 면하는 것으로 약정하였다고 보기는 어렵고, 피고가 제출한 증거들만으로는 이를 인정하기 부족하며, 달리 이를 인정할 증거가 없다 할 것이므로, 원고의 참가인에 대한 구상금채권 자체가 존재하지 아니한다는 취지의 피고 등의 이 부분 주장은 이유 없다.

나) 원고의 참가인에 대한 구상금채권이 사해행위의 피보전채권이 될 수 있는지에 대한 피고 등의 주장에 관하여

(1) 채권자취소권에 의하여 보호될 수 있는 채권은 원칙적으로 사해행위라고 볼 수 있는 행위가 행하여지기 전에 발생한 것임을 요하지만, 그 사해행위 당시에 이미 채권 성립의 기초가 되는 법률관계가 발생하여 있고, 가까운 장래에 그 법률관계에 기하여 채권이 성립하리라는 점에 대한 고도의 개연성이 있으며, 실제로 가까운 장래에 그 개연성이 현실화되어 채권이 성립한 경우에는, 그 채권도 채권자취소권의 피보전채권이 될 수 있다.

(2) 이러한 법리에 비추어 보건대, 앞서 본 사실관계에 의하면, ① 이 사건 신탁계약 체결 당시에는 비록 원고의 참가인에 대한 구상금채권이 현실적으로 발생하지는 않았으나, 이미 위 구상금채권 성립

의 기초가 된 이 사건 채무인수약정이 체결되어 있어 채권 성립의 기초가 되는 법률관계가 발생되어 있었고, ② 나아가 뒤에서 보는 바와 같이 참가인은 이 사건 신탁계약 체결 무렵 상호저축은행을 비롯한 상당수의 채권자에 대하여 1,150억 원을 상회하는 채무를 부담하고 있었을 뿐만 아니라 당시 이 사건 부동산에 관하여 근저당권자 등의 신청에 의한 경매개시결정이 내려지고 상당수의 가압류가 이루어질 정도로 재정상태가 악화된 상황이었던 것으로 보이는 점에 비추어, 가까운 장래에 참가인의 상호저축은행에 대한 채무불이행으로 원고가 위 채무인수약정에 따라 참가인의 대출금채무를 대위변제하고 구상금채권을 취득하게 되리라는 점에 대한 고도의 개연성이 있었다고 볼 수 있으며(피고가 제출한 증거들만으로는 이 사건 신탁계약 체결 당시 참가인의 재정상태 악화로 가까운 장래에 위 구상금채권이 성립하리라는 고도의 개연성이 있었다는 점을 인정하는 데 방해가 되지 아니한다), ③ 실제로 위 신탁계약 체결 이후 얼마 지나지 않은 2009. 11. 5.경 무렵부터 원고가 상호저축은행에 위 대출금채무의 이자 등을 변제하기 시작한 이래 그로부터 얼마 후인 2010. 4. 15. 위 대출금채무 전액을 대위변제함으로써 그 개연성이 현실화되어 원고가 참가인에 대하여 구상금채권을 취득하게 되었음이 인정되는 이상, 위와 같은 구상금채권은 채권자취소권의 피보전채권이 될 수 있다 할 것이어서, 이를 다투는 피고 등의 위 주장 역시 이유 없다.

나. 사해행위 및 사해의사

1) 가) 이 사건과 같은 부동산 담보신탁계약의 경우 (위탁자가 채권의 담보를 위하여 그의 채권자에게 신탁부동산으로부터 수익권리금 한도 내에서 우선변제를 받을 권리를 부여하고, 위탁자가 피담보채무를 모두 변제한 경우 신탁부동산의 소유권을 회복할 수 있다는 점에서) 그 실질은 부동산에 물적 담보를 설정하는 경우와 동일한 것으로서, 일반 채권자들은 담보신탁계약의 우선수익자로 지정되지 않는 한 당해 부동산에 대한 강제집행을 통해 채권을 회수할 수 없는 반면, 수탁자가 위 부동산을 처분하는 경우 그 처분대금을 신탁비용 및 우선수익자의 채권 등에 우선 충당되고 남은 대금만 위탁자가 정산받게 되어 실질적으로 위탁자의 책임재산이 감소하는 결과가 발생한다. 한편 채무자가 위와 같이 책임재산을 감소시키는 행위를 함으로써 일반채권자들을 위한 공동담보의 부족상태를 유발 또는 심화시킨 경우에 그 행위가 채권자취소의 대상인 사해행위에 해당하는지는, 행위목적물이 채무자의 전체 책임재산 가운데에서 차지하는 비중, 무자력의 정도, 법률행위의 경제적 목적이 갖는 정당성과 그 실현수단인 당해 행위의 정당성, 행위의 의무성 또는 상황의 불가피성, 공동담보의 부족 위험에 대한 당사자의 인식 정도 등 그 행위에 나타난 여러 사정을 종합적으로 고려하여, 그 행위를 궁극적으로 일반채권자를 해하는 행위로 볼 수 있는지에 따라 최종 판단하여야 한다(대법원 2010. 9. 30. 선고 2007다2718 판결 등 참조).

나) 이러한 법리에 비추어 이 사건에 관하여 보건대, 앞서 든 증거들에 의하면, 이 사건 신탁계약 체결 당시 참가인의 재산상태는 별지 표 1.의 기재와 같이 이 사건 부동산을 포함한 적극재산이 141,130,738,000원, 소극재산이 115,349,817,261원 상당이며, 위 신탁계약 체결 시점에 근접한 2009. 8. 5.을 기준으로 위 부동산의 가액은 139,853,982,000원 상당으로서 위 부동산이 참가인의 적극재산 중 대부분을 차지하고 있었던 사실을 인정할 수 있는바, 결국 참가인이 위 부동산에 관하여 신탁계약을 체결하고 그 소유권을 피고에게 이전함으로써 일응 잔여 적극재산이 원고의 채권에도 미치지 못하게 되었으므로 소극재산이 적극재산을 초과하여 원고를 비롯한 일반 채권자들의 공동담보에 부족상태를 가져왔다 할 것이고, 당시 제반 정황에 비추어 볼 때, 참가인 역시 위 신탁계약으로 인하여 공동담보가 부족하게 됨으로써 채권자의 채권을 완전하게 만족시킬 수 없게 되리라는 사실을 인식하였다고 봄이 상당하므로, 이 사건 신탁계약은 특별한 사정이 없는 한 원고에 대한 사해행위에 해당한다. 4), 5)

2) 가) 이에 대하여 피고 등은, 이 사건 신탁계약 체결 시점을 전후하여 참가인은 별지 표 2. 및 같은

표 3.의 기재와 같이 채무초과 상태에 있지 않아 사해행위가 성립할 수 없다는 취지로 주장하므로, 이하에서는 이에 대해 살펴본다.

나) 사해행위취소의 요건으로서 무자력이란 채무자의 변제자력이 없음을 뜻하는 것이고 특히 임의 변제를 기대할 수 없는 경우에는 강제집행을 통한 변제가 고려되야 하므로, 소극재산이든 적극재산이든 위와 같은 목적에 부합할 수 있는 재산인지가 변제자력 유무 판단의 중요한 고려요소가 되어야 하는바, 채무자의 적극재산을 산정함에 있어서는 다른 특별한 사정이 없는 한 실질적으로 재산적 가치가 없어 채권의 공동담보 역할을 할 수 없는 재산은 제외하여야 할 것이고, 특히 그 재산이 채권인 경우에는 그것이 용이하게 변제를 받을 수 있는 것인지를 합리적으로 판정하여 그것이 긍정되는 경우에 한하여 적극재산에 포함하여야 한다(대법원 2006. 2. 10. 선고 2004다2564 판결 등 참조).

다) 이러한 법리에 비추어 먼저 피고 등이 주장하는 적극재산에 대하여 구체적으로 살피건대, 이 법원의 우***법인에 대한 사실조회 결과를 비롯하여 앞서 든 증거들에 의하여 인정되는 다음과 같은 사정들, 즉 ① 이 사건 부동산 수익권의 가치의 경우, ㉮ 부동산 담보신탁계약의 특성상 신탁계약이 종료되고, 정산이 마쳐지기까지는 그 환가 가능 여부와 환가 액수 및 시기 등을 특정하기 어려워, 신탁계약 체결 당시를 기준으로 단순히 위 부동산의 가액에서 우선수익자의 대출금 원본 및 근저당권의 피담보채무 등을 공제한 나머지를 수익권의 가치로 보아 이를 쉽사리 책임재산으로 인정할 수는 없고, ㉯ 나아가 앞서 본 바와 같이 피고가 이 사건 부동산 매각대금 122,959,705,000원을 엔**프트로부터 지급받아 그 중 110,502,228,332원을 우선수익자에게 대출 원리금의 일부 변제 명목으로 지급하고도 변론종결일 현재까지 3순위 및 4순위 우선수익자의 대출 원금 합계 8,797,145,530원이 미지급된 상태인 이상, 실제 위 매각대금 중 수익자인 참가인보다 선순위에 있는 우선수익자의 대출금채무와 신탁보수 등을 모두 변제하면 참가인에게 배분될 금원은 피고 등이 주장하는 가액에 훨씬 못 미치는 3,348,149,470원[= 위 나머지 매각대금 12,457,476,668원(= 122,959,705,000원 - 110,502,228,332원)에서 신탁보수 등 공매부대비용을 공제한 잔액 12,145,295,000원 - 3, 4순위 우선수익자의 대출 원금 8,797,145,530원] 상당에 불과하여(피고 등도 2011. 10. 12.자 준비서면에서 위 부동산 매각대금으로 우선수익자의 대출금채무를 모두 변제하면 3,348,149,470원이 남는다는 취지로 주장한 바 있다), 이를 적극재산으로 인정하더라도 뒤에서 보는 바와 같이 위 신탁계약 체결 이후 참가인이 부담하는 소극재산의 가액과 비교할 때 참가인의 채무초과 상태를 인정함에는 아무런 영향을 끼치지 못하는 점, ② 나아가 ㉮ 장·단기대여금과 매출채권의 경우 참가인의 재무재표상으로도 이를 투자자산으로 계산한 후 손상차손6)을 하거나 대손충당으로 설정할 정도로 그 회수 가능성이 불투명하여 실질적인 재산 가치가 거의 없는 것으로 보일 뿐만 아니라, ㉯ 장·단기 금융상품 중 단기금융상품의 경우에는 그 대부분을 차지하는 기업은행에 대한 9,684,600,000원 상당의 금융상품은 제3자에게 질권이 설정되어 있으며, 장기금융상품 역시 그 대부분이 삼성생명 등 보험회사에 대한 것으로서 임직원에 대한 연금보험 등의 성격을 띠고 있는 것으로 보이는바, 결국 이들 모두 일반 채권자들의 공동담보에 공할 책임재산으로 보기는 어려운 점, ③ 그 밖에 피고 등이 주장하는 현금 및 현금성 자산의 경우 그 구체적인 존부와 자산의 형태, 가액 등 불분명하고, 주식회사 클럽제*에 대하 보증금채권과 한***도시개발에 대한 주식의 경우 그 환가 가능성이 불투명할 뿐만 아니라 각 법인의 현황, 자산 상태 등에 비추어 그 회수가 가능성 또한 거의 없다고 보이는 점(클럽제*는 2011. 3. 31.경 폐업하였으며, 앞서 본 바와 같이 한***도시개발은 금융완결이 성사되지 아니한 이후 72.04%의 자본감소가 이루어졌다) 등 제반 사정에 비추어 볼 때, 결국 피고 등이 이 사건 신탁계약 체결을 전후하여 참가인이 채무초과 상태에 빠지지 아니하였다는 취지로 주장하며 내세우는 별지 표 2.와 같은 표 3.에 기재된 적극재산 중 이 사건 부동산(내지 앞서 본 위 부동산의 실제 매각대금 중 참가인보다 우선하는 우선수익자 등의 채권액 등을 공제한 잔존 가액) 및 광주시 A 소재 부동산을

제외한 나머지 재산은 이를 적극재산으로 포함할 수 없다 할 것이다.

결국, 이 사건 신탁계약 체결 이후 변론종결일 현재에 이르기까지 참가인의 재산상태는 적극재산이 총 4,624,905,470원(= 앞서 본 위 부동산 매각대금 중 우선수익자의 대출금채무 등을 공제한 잔액 3,348,149,470원 + 광주시 A 소재 부동산의 가액 1,276,756,000원) 상당으로서, 위 표 3.에서 보는 바와 같이 피고 등이 주장하는 이 사건 신탁계약 체결 후 잔존하는 소극재산의 가액 25,687,795,500원이 위 적극재산의 가액을 초과하여 채무초과 상태에 있음은 분명하므로, 피고 등의 이 부분 주장은 이유 없다.

3) 가) 나아가 피고 등은, 당시 이 사건 부동산에 관하여 근저당권자 등의 신청에 따라 경매개시결정이 내려졌으며 그 밖에도 여러 건의 가압류와 근저당권이 설정되어 있어, 참가인으로서는 위 부동산의 소유권의 보존하여 그 목적사업인 부동산임대업을 계속 영위하기 위해서는 위와 같은 기존채무를 조속히 변제할 필요가 있었기에, 그 채무 변제자금을 마련하기 위하여 피고와 사이에 이 사건 신탁계약을 체결하고 신***저축은행 등으로부터 신규자금을 대출받게 되었던 것이고, 이후 참가인은 당해 대출금으로 72,859,342,511원에 달하는 기존채무를 변제함으로써 이 사건 부동산에 관한 경매를 방지하여 그 소유권을 계속 유지할 수 있게 되었는바, 이러한 제반 사정을 고려할 때, 위 신탁계약은 원고에 대한 사해행위가 되지 아니하며 참가인에게 사해의사가 있었다고 볼 수도 없다는 취지로 주장하므로, 이하에서는 이에 대하여 살펴본다.

나) 채무초과 상태에 있는 채무자가 그 소유의 부동산을 채권자 중의 어느 한 사람에게 채권담보로 제공하는 행위는 특별한 사정이 없는 한 다른 채권자들에 대한 관계에서 사해행위에 해당한다. 그러나 자금난으로 사업을 계속 추진하기 어려운 상황에 있는 채무자가 자금을 융통하여 사업을 계속 추진하는 것이 채무 변제력을 갖게 되는 최선의 방법이라 생각하고 자금을 융통하기 위하여 부득이 부동산을 특정 채권자에게 담보로 제공하거나 이를 신탁하고 그로부터 신규자금을 추가로 융통 받았다면 특별한 사정이 없는 한 채무자의 담보권 설정이나 신탁행위는 사해행위에 해당하지 않는다. 한편 채무자의 사해의사를 판단함에 있어 사해행위 당시의 사정을 기준으로 하여야 할 것임은 물론이나, 사해행위라고 주장되는 행위 이후 채무자의 변제 노력과 채권자의 태도 등도 사해의사의 유무를 판단함에 있어 다른 사정과 더불어 간접사실로 삼을 수 있다(대법원 2000. 12. 8. 선고 99다31940 판결 , 대법원 2001. 5. 8. 선고 2000다50015 판결 , 대법원 2003. 12. 12. 선고 2001다57884 판결 등 참조).

다) 이러한 법리에 비추어 보건대, 참가인이 적극재산의 대부분을 차지하는 이 사건 부동산에 관한 신탁계약을 체결하고 그 소유권을 이전함으로써 채무초과 상태에 빠진 사실은 앞서 본 바와 같고, 나아가 앞서 든 증거들에 의하여 인정되는 다음과 같은 사정들, 즉, ① 이 사건 신탁계약은 당초 에***야건설이 주채무자로서 신***저축은행 등에 부담하는 대출금채무를 담보하기 위한 목적에서 체결된 것으로서 위 신탁계약의 주채무자 역시 에***야건설이었던 점(피고 등은 참가인이 에***야건설의 명의를 차용하여 위 대출계약 및 신탁계약을 체결하였던 것으로서 실제 주채무자는 참가인이라는 취지로 주장하나, 이를 인정할 만한 아무런 증거가 없다), ② 위 대출계약상 에***야건설은 대출금 인출의 선행조건으로서 위 대출금 인출일 당일까지 이 사건 부동산에 관하여 일체의 담보물권 등을 해지하기로 약정하였고[을 제2호증 대출약정서 제4조 제2항 의 (2). 참조], 이후 이러한 약정에 따라 2009. 9. 초순경 일부 채권자들에 대한 채무를 변제하고 당해 채권자들이 설정해 놓은 위 부동산에 관한 근저당권설정등기와 그 밖의 경매개시결정등기, 가압류등기 등을 말소하였던 것으로 보이는 점, ③ 한편 위와 같이 변제된 채권 대부분은 에***야건설을 비롯하여 여타 다른 제3자가 주채무자인 채권들로서 참가인이 주채무자인 채권들이 아니었을 뿐만 아니라(참가인은 연대보증인 혹은 물상보증인으로서 위 채권들을 변제하였다), 그 중 상당수는 이 사건 부동산의 소유권 보전을 위하여 시급히 그 변제가 이루어져야 하는 채무였다고 보이지고 아니하는 점, ④ 나아가 참가인이 위 신탁계약 체결 시점을 전후하여 향후 우선수익

자에 대한 채무 변제를 통해 위 부동산의 소유권을 회복하기 위하여 실현 가능한 대책을 세우거나 여타 다른 채권자들에 대한 채무 변제를 위해 적절한 방안을 강구 한 바는 없는 것으로 보이는 점, ⑤ 오히려 참가인은 이 사건 신탁계약 이후 2010년도에 1,379억 원 상당의 당기순손실이 발생하는 등 위 신탁계약 이전보다 재정상태가 더욱 악화되었고, 이에 따라 원고는 물론이고 우선수익자를 비롯한 상당수의 채권자에 대한 채권을 제대로 변제하지 못하였던 점, ⑥ 그러한 상황에서 결국 이 사건 부동산은 위 신탁계약에 따른 우선수익자의 처분 요청에 따라 제3자인 엔**프트에 매각되었고, 그 매각대금 중 대부분이 우선수익자에 대한 채무 변제에 사용되었던 점 등 제반 사정을 종합해 볼때, 설사 참가인이 위 신탁계약 체결 이후 위 대출금으로 기존 채무를 일부 변제하였다 할지라도, 그러한 사정만으로 참가인이 자금을 융통하여 사업을 계속 추진하는 것이 채무 변제력을 갖게 되는 최선의 방법이라고 생각하고 신규자금을 융통하기 위하여 부득이 이 사건 신탁계약을 체결하였다고 보기는 어렵고, 피고가 제출한 증거들만으로는 이를 인정하기 부족하며, 달리 이를 인정할 증거가 없다 할 것이므로, 피고 등의 위 주장은 이유 없다.

다. 원상회복의 방법 및 가액배상의 범위

1) 부동산에 관한 법률행위가 사해행위에 해당하는 경우에는 원칙적으로 그 사해행위를 취소하고 소유권이전등기의 말소 등 부동산 자체의 회복을 명하는 것이 원칙이지만, 저당권이 설정되어 있는 부동산에 관하여 사해행위가 이루어진 경우에 그 사해행위는 부동산의 가액에서 저당권의 피담보채권액을 공제한 잔액의 범위 내에서만 성립한다고 보아야 하므로, 사해행위 후 변제 등에 의하여 저당권설정등기가 말소된 경우, 사해행위를 취소하여 그 부동산 자체의 회복을 명하는 것은 당초 일반 채권자들의 공동담보로 되어 있지 아니하던 부분까지 회복을 명하는 것이 되어 공평에 반하는 결과가 되므로, 그 부동산의 가액에서 저당권의 피담보채무액을 공제한 잔액의 한도에서 사해행위를 취소하고 그 가액의 배상을 구할 수 있을 뿐이고, 그와 같은 가액 산정은 사실심변론 종결 시를 기준으로 하여야 한다. 나아가 수익자가 사해행위로 취득한 부동산을 이미 처분한 경우, 취소채권자가 수익자의 전득자에 대한 처분행위까지 취소할 것인지는 오로지 취소채권자가 선택할 수 있고, 만일 취소채권자가 수익자의 전득자에 대한 처분행위까지 취소를 구하지 않는다면 이 경우도 원물반환이 불가능한 경우에 해당한다고 보아야 할 것이며, 한편 사해행위의 목적인 부동산에 수 개의 저당권이 설정되어 있다가 사해행위 후 그 중 일부 저당권만이 말소된 경우에도 사해행위의 취소에 따른 원상회복은 가액배상의 방법에 따른 수밖에 없을 것이고, 그 경우 배상하여야 할 가액은 그 부동산의 가액에서 말소된 저당권의 피담보채권액과 말소되지 아니한 저당권의 피담보채권액을 모두 공제하여 산정하여야 하며, 나아가 사해행위 취소의 범위는 특별한 사정이 없는 한 취소채권자의 채권액을 한도로 하되, 채권자의 채권액에는 사해행위 이후 사실심 변론종결 시까지 발생한 이자나 지연손해금이 포함된다(대법원 2001. 9. 4. 2000다66416 판결, 대법원 2001. 12. 27. 선고 2001다33734 판결, 대법원 2007. 7. 12. 선고 2000다65197 판결 등 참조).

2) 이러한 법리에 비추어 보건대, 앞서 든 증거들에 의하면, 이 사건 신탁계약 체결 당시 이 사건 부동산에 상당수의 근저당권이 설정되어 있었고, 위 신탁계약 체결 이후 2010년경에 이르기까지 그 중 일부 근저당권(주식회사 현***스***저축은행, **카드 주식회사 등의 근저당권)이 해지를 원인으로 말소되었을 뿐만 아니라 위 부동산이 엔**프트에 처분된 사실을 인정할 수 있으므로, 특별한 사정이 없는 한 위 부동산의 변론종결 시 가액에서 위 피담보채권액 등을 공제한 잔액 및 취소채권자인 원고의 채권액의 한도에서 이 사건 신탁계약을 취소하고, 피고는 그 가액을 배상하여야 할 것이다.

3) 가) 이에 대하여 피고 등은, 신탁법 등에 따를 때 피고는 (악의·중과실이 아닌) 수익자가 받은 이익을 공제한 범위 내에서만 원상회복의무를 부담하므로, 이 사건 신탁계약에 따라 피고가 신탁 받은

이 사건 부동산을 매각한 매각대금 중 우선수익자인 신***저축은행 등에 대출금채무를 변제하고 매각에 소요된 제반 비용을 공제한 잔액에 관해서만 원고에게 반환할 의무가 있다는 취지로 주장하므로, 이하에서는 이에 대하여 살펴본다.

나) 현행 신탁법 제8조 제2항 은 사해신탁의 취소와 원상회복은 악의나 중과실 등이 아닌 수익자가 이미 받은 이익에 영향을 미치지 아니한다는 취지로 규정하고 있을 뿐만 아니라, 사해행위의 취소는 취소소송의 당사자 사이에서 상대적으로 취소의 효력이 있는 것으로 당사자 이외의 제3자는 다른 특별한 사정이 없는 이상 취소로 인하여 그 법률관계에 영향을 받지 않는다 할 것이고(대법원 2004. 8. 30. 선고 2004다21923 판결, 대법원 2005. 11. 10. 선고 2004다49532 판결 등 참조), 채권자가 사해행위의 취소와 함께 수익자 또는 전득자로부터 책임재산의 회복을 명하는 사해행위취소의 판결을 받은 경우 그 취소의 효과는 채권자와 수익자 또는 전득자 사이에만 미치므로, 수익자 또는 전득자가 채권자에 대하여 사해행위의 취소로 인한 원상회복 의무를 부담하게 될 뿐, 채무자와 사이에서 그 취소로 인한 법률관계가 형성되거나 취소의 효력이 소급하여 채무자의 책임재산으로 회복되는 것은 아니다(대법원 2001. 5. 29. 선고 99다9011 판결 등 참조).

다) 이러한 법리에 비추어 보건대, 피고가 위 신탁계약 체결 이후 이 사건 부동산을 매각하여 그 매각대금 중 일부를 참가인의 채권자인 우선수익자에게 대출 원리금의 변제 목적으로 지급한 사실은 앞서 본 바와 같고, 이러한 피고의 변제로 인하여 변제와 동액 범위 내에서 참가인에 대한 채무가 감소하게 되어 피고로서는 그 변제한 액수의 범위 내에서 이미 참가인에게 반환의무를 이행한 것과 다름없다 할 것이므로, 피고의 우선수익자에 대한 위와 같은 채무 변제행위가 실효되어 피고가 이를 반환받았다는 점에 대한 아무런 주장·입증도 없는 이상, 위와 같은 변제는 피고와 우선수익자 사이의 준법률행위로서 유효하다 할 것이고 그와 같은 변제의 효력이 참가인과 피고 사이에 체결된 이 사건 신탁계약의 취소로 소급적으로 소멸된다고 볼 수는 없다. 따라서 피고의 원고에 대한 가액배상 및 사해행위 취소의 범위를 산정함에 있어 우선수익자가 위와 같은 변제로 받은 이익 역시 위 부동산의 가액에서 공제하여야 할 것인바, 결국 위 부동산의 변론종결 시 가액에서 앞서 본 피담보채권액 등뿐만 아니라 우선수익자가 실제 변제받은 위 금액을 공제한 잔액 및 취소채권자인 원고의 채권액의 한도에서 이 사건 신탁계약을 취소하고, 피고는 그 가액을 배상하여야 한다.

라) 그런데 앞서 본 사실관계에 의할 때, 이 사건 변론종결일에 근접한 시점의 이 사건 부동산의 가액은 대략 1,365억 원에서 1,398억 원 내외에 이를 것으로 추인되고, 피고가 위 부동산 매각대금 중 110,502,228,332원을 우선수익자에게 대출 원리금으로 변제한 사실은 앞서 본 바와 같으며, 앞서 든 증거들에 의하면 위 부동산에 관하여 설정되어 있던 근저당권의 피담보채권을 비롯한 전세금, 임대차보증금 등 채권액의 합계는 87,988,504,703원(= 근저당권의 피담보채무 및 등기된 임차권과 전세권의 보증금 등 반환채무 합계 82,589,253,453원 + 나머지 임대차보증금반환채무 5,399,251,250원) 상당인 사실을 인정할 수 있는바, 결국 위 부동산의 가액에서 위 우선수익자에게 변제한 변제금 및 근저당권의 피담보채권액 등을 공제하면 아무런 잔액이 남지 아니함은 계산상 명백하다 할 것이다.

라. 소결

따라서 이 사건 변론종결일 현재 원고의 구상금채권의 액수와 무관하게 피고는 원고에게 가액배상 의무를 부담하지 아니한다 할 것이므로, 피고와 참가인 사이의 이 사건 신탁계약을 위 구상금채권액의 한도 내에서 취소하고 피고에게 위 구상금채권액에 상응하는 가액배상의무가 있음을 전제로 한 원고의 위 주장은 이유 없다.

241. 서울고등법원 2010. 9. 30, 선고 2009나106937 판결 [분양대금반환][551]

[논점] 상가에 관한 부동산담보신탁계약 및 대리사무계약이 체결되어 수분양자가 분양대금을 전부 신탁사의 계좌로 납입하였는데, 그 후 수분양자가 분양자를 대위하여 신탁사를 상대로 분양계약 취소로 인한 부당이득반환으로 수분양자가 납부한 분양대금 등의 지급을 청구할 수 있는지 여부

【주 문】

1. 제1심 판결을 다음과 같이 변경한다.

가. 피고는 신탁재산의 한도 내에서, 원고(선정당사자)에게 188,493,877원, 별지 기재 선정자 송○○에게 235,949,173원 및 위 각 금원에 대하여 2009. 7. 7.부터 2010. 9. 30.까지는 연 5%의, 그 다음날부터 다 갚는 날까지는 연 20%의 각 비율로 계산한 돈을 지급하라.

나. 원고(선정당사자) 및 위 선정자의 나머지 청구를 기각한다.

2. 소송총비용은 이를 5분하여 그 1은 원고(선정당사자) 및 위 선정자가 부담하고, 나머지 4는 피고가 부담한다.

3. 제1항의 금원지급 부분은 가집행할 수 있다.

【청구취지 및 항소취지】

1. 청구취지

피고는 원고(선정당사자, 이하 '원고'라고만 한다)에게 188,493,877원, 별지 기재 선정자 송○○에게 235,949,173원 및 위 각 금원에 대하여 2006. 11. 28.부터 이 사건 소장부본 송달일까지는 연 5%의, 그 다음날부터 다 갚는 날까지는 연 20%의 각 비율로 계산한 돈을 지급하라.

2. 힝소취지

제1심 판결 중 피고 패소부분을 취소하고, 그 취소부분에 해당하는 원고 및 위 선정자의 청구를 기각한다.

【이 유】

다. 채권자대위청구

원고는 예비적 청구원인으로, 원고 등이 소외 회사와 체결한 이 사건 각 분양계약이 취소됨에 따라, 원고 등은 소외 회사에 대하여 그 분양대금의 반환을 구할 수 있는 채권을 갖고, 소외 회사는 피고에 대하여 피고 명의의 분양수입금관리계좌로 수납된 위 분양대금의 반환을 구할 수 있는 채권을 가지므로, 피고는 무자력인 소외 회사를 대위한 원고 등에게 위 분양대금을 반환할 의무가 있다고 주장한다. 원고의 위 주장에 관하여 앞서 본 기초사실과 위에서 든 증거들에 의하여 살펴보면 아래와 같다.

1) 소외 회사는 2006. 10. 31.부터 2006. 11. 27.까지 원고 등과 사이에 이 사건 상가의 점포들을 분양하는 이 사건 각 분양계약을 체결하고, 피고가 수분양자인 원고의 분양대금 188,493,870원 및 역시 수분양자인 선정자의 분양대금 235,949,173원을 피고 명의의 분양수입금관리계좌로 수납하였는데, 원고 등이 이 사건 각 분양계약을 취소하고 그에 따른 원상회복을 구하는 소를 제기하여 그 청구를 인용하는 판결이 확정되었으므로 원고는 소외 회사에 대하여 위 분양대금 188,493,870원 및 이에 대한 지연손해금의 지급을 구할 수 있는 채권을 갖고, 선정자는 소외 회사에 대하여 위 분양대금 235,947,173원 및

551) 이 판결은 상고없이 확정되었으나, 대법원은 분양계약 해제의 경우에 관한 유사한 사안인 2012다21621 판결[49번 판례]에서 이 판결과 결론을 달리하고 있다.

그에 대한 지연손해금의 지급을 구할 수 있는 채권을 갖는다.

2) 그런데 이 사건 각 분양계약 체결 이전인 2005. 5. 13. 소외 회사와 피고가 대리사무계약을 체결하여, 이 사건 사업의 목적 달성을 위해 소외 회사의 업무 일부를 피고가 대리한다고 하면서, 피고가 행한 대리사무의 법률효과는 소외 회사에 귀속하고, 이 사건 사업의 자금관리를 위하여 피고 명의의 분양수입금관리계좌를 개설하기로 약정하였다(제1조, 제4조 ①, 제3조 ①). 또한 이 사건 각 분양계약 체결 이전인 2005. 5. 18. 소외 회사와 피고가 이 사건 사업의 시공사 및 대출금융기관과 사업약정을 체결하여, 소외 회사가 피고에게 사업부지(앞서 기초사실에서 본 화성시 ○○읍 ○○리 ***-* 외 9필지)를 신탁하고, 소외회사가 이 사건 상가의 분양업무를 수행하며, 소외 회사가 피고에게 이 사건 상가의 분양대금을 수납·관리·운용·집행하는 자금관리업무를 위임하고, 이 사건 상가의 준공 후 대출금융기관에게 상환할 원리금이 잔존하는 경우 소외 회사가 피고에게 사업부지와 이 사건 상가 중 미분양 건물을 신탁하기로 약정하였다. 위 사업약정에서는, 이 사건 상가의 분양대금을 피고 명의의 분양수입금관리계좌로 수납하고, 수분양자를 보호하고 피고의 업무범위를 명확히 하기 위하여 이 사건 상가의 분양계약서에 '자금관리사인 피고는 매도인인 소외 회사를 대리하여 분양대금을 수납한다'는 문구를 명시하기로 하였다(제16조 ③). 위에서 본 바에 의하면, 소외 회사와 피고는 대리사무계약을 체결하면서 자금관리업무를 '위임'하고 '대리'하여 분양대금을 수납하며 '대리사무의 법률효과'가 '귀속'된다고 하였는바, 이는 소외 회사가 사업부지 및 이 사건 상가를 피고에게 신탁하는 한편, 소외 회사가 수분양자와 사이에 신탁재산인 이 사건 상가를 분양하는 계약을 체결하면서 그 분양대금을 수납·관리·운용·집행하는 자금관리업무를 피고에게 위임하여, 피고가 분양계약자인 소외 회사를 대리하여 수분양자의 분양대금을 피고 명의의 분양수입금관리계좌로 수납함으로써 수분양자가 분양계약자인 소외 회사에게 분양대금을 지급한 효과를 발생토록 하는 것이라고 할 것이다.

3) 한편으로 소외 회사와 피고는 위와 같이 2005. 5. 18. 이 사건 사업의 시공사 및 대출금융기관과 사업약정을 체결하여, 대출원금, 분양수입금 등 이 사건 사업과 관련한 수입금 일체를 피고 명의의 분양수입금관리계좌에 입금하고, 이 사건 상가의 분양 개시 이후 분양수입금관리계좌에 입금된 수입금 중 공사비를 제외한 모든 사업비의 지출은 시공사와 대출금융기관의 확인을 득한 소외 회사의 서면요청에 의하여 피고가 집행하며, 위와 같은 사업비 지출은 일정한 순위에 따라 집행하기로 하였다(제18조, 제19조). 위 사업약정에서는 위와 같은 사업비 지출의 집행 순위에 관하여, 이 사건 상가의 준공 이전에는, ①순위로 제세공과금, 설계·감리비, 광고홍보비, 분양경비 등 필수적 사업추진비 및 대출금융기관의 대출금 이자, ②순위로 대출금융기관의 대출원금, 추가부지매입비 15억 원, ③순위로 공사대금, ④순위로 소외 회사의 사업수익금 및 운영비를 집행하기로 하였다. 또한 이 사건 상가의 준공 이후에는, ①순위로 대출금융기관의 대출금 이자, 피고의 신탁처리비용 및 신탁보수, ②순위로 제세공과금, 등기비용, 설계·감리비, 분양경비 등 필수적 사업경비, ③순위로 대출금융기관의 대출 원금, ④순위로 피고의 대리사무보수, ⑤순위로 공사비, ⑥순위로 소외 회사의 수익금을 집행하기로 하였다. 위와 같은 사업약정에 의하면, 소외 회사가 수분양자와 사이에 신탁재산인 이 사건 상가를 분양하는 계약을 체결하고, 수분양자들의 분양대금을 피고가 자신 명의의 분양수입금관리계좌로 수납하여 관리하면서 이를 일정한 순서에 따라 집행하는데, 이는 신탁재산인 이 사건 상가의 분양대금을 소외 회사가 임의로 사용할 수 없게 함으로써 피고와 시공사 및 대출금융기관이 위 분양대금에 대하여 갖는 이익을 보호하고자 하는 것이어서, 소외 회사가 분양계약을 체결하여 수분양자로부터 분양대금을 지급받을 수 있는 지위에 있고 피고는 앞서 본 바와 같이 분양계약자인 소외 회사를 대리하여 수분양자의 분양대금을 수납하는 지위에 있다고 하더라도, 소외 회사로서는 피고에 대하여 그 명의의 분양수입금관리계좌로 수납된 분양대금의 반환을 아무런 제한 없이 요구할 수는 없다고 할 것이다.

4) 그런데 다른 한편으로 이 사건 각 분양계약 체결 이전인 2004. 6. 29. 소외 회사와 피고가 신탁계약을 체결하여, 사업부지를 신탁부동산으로 하고, 소외 회사가 피고에게 위 신탁부동산을 신탁하며, 신탁의 원본을 위 신탁부동산 또는 그 물상대위로 취득한 재산, 위 신탁부동산의 처분대금 등 위 신탁부동산에 속하는 금전의 운용에 의하여 발생한 이익 및 기타 이에 준하는 것으로 하였다. 또한 이 사건 각 분양계약 체결 이전인 2005. 8. 11. 소외 회사와 피고가 다시 신탁계약을 체결하여, 사업부지 및 이 사건 상가 13개 동 가운데 101동을 제외한 나머지 12개 동을 신탁부동산으로 하고, 소외 회사가 피고에게 위 신탁부동산을 신탁하며, 신탁의 원본을 위 신탁부동산 또는 그 물상대위로 취득한 재산, 위 신탁부동산의 처분대금 등 위 신탁부동산에 속하는 금전의 운용에 의하여 발생한 이익 및 기타 이에 준하는 것으로 하였다. 위와 같이 이 사건 상가 중 101동이 신탁부동산에서 제외되었는데, 이는 이 사건 상가에 관한 교통영향평가 이행조건이 충족되지 못하여 101동에 관하여 소유권보존등기를 마칠 수 없었기 때문이었고, 소외 회사와 피고는 앞서 본 바와 2005. 5. 18. 시공사 및 대출금융기관과 사업약정을 체결하면서 이 사건 상가의 준공 후 대출금융기관에게 상환할 원리금이 잔존하는 경우 소외 회사가 피고에게 사업부지와 이 사건 상가 중 미분양 건물을 신탁하기로 약정한 바가 있었다. 위에서 본 바에 의하면, 소외 회사와 피고는 사업부지와 이 사건 상가 전체를 신탁재산으로 하기로 약정하였고, 신탁의 원본을 사업부지와 이 사건 상가 및 그 처분대금으로 하면서 소외 회사가 이 사건 상가를 분양하기로 하였으므로, 소외 회사가 이 사건 상가를 분양하면 그 분양대금이 이 사건 상가 자체를 대체하여 신탁재산이 된다고 할 것이다.[552)]

5) 이와 같이 소외 회사가 이 사건 상가를 분양함에 있어서 소외 회사가 수분양자와 사이에 분양계약을 체결하면 피고가 앞서 본 바와 같이 분양계약자인 소외 회사를 대리하여 수분양자의 분양대금을 피고 명의의 분양수입금관리계좌로 수납함으로써 수분양자가 소외 회사에게 분양대금을 지급한 효과가 발생하게 되는데, 그러한 수납 이후 위와 같은 분양계약이 취소된다면 소외 회사는 수분양자에 대하여 그 분양대금을 반환할 의무를 부담하게 되고, 한편으로 수분양자는 이 사건 상가에 관하여 수분양자로서의 지위를 상실하게 된다. 위와 같이 분양계약이 취소된 경우 피고가 그 명의의 분양수입금관리계좌로 수납된 분양대금을 소외 회사에게 반환하고 소외 회사가 이를 다시 수분양자에게 반환하면 이 사건 상가가 미분양 상태에서 신탁재산으로 남게 되어, 원래 이 사건 상가 자체가 신탁재산이었다가 이의 분양으로 그 분양대금이 신탁재산이 된 후 다시 분양계약의 취소로 이 사건 상가 자체가 신탁재산으로 환원되는 것에 불과하다고 할 것이다. 그런데 위와 같이 분양계약이 취소된 경우에 피고가 그 명의의 분양수입금관리계좌로 수납된 분양대금을 소외 회사에게 반환하지 않는다면, 수분양자가 이 사건 상가에 관하여 수분양자로서의 지위를 상실한 상태에서 피고가 그 명의의 분양수입금관리계좌에 수납된 분양대금을 그대로 보유하게 되어, 이 사건 상가 자체에 더하여 위와 같이 수납된 분양대금도 신탁재산으로 남게 되는 부당한 결과가 초래된다고 할 것이다. 또한 앞서 본 바와 같이 피고가 분양계약자인 소외 회사를 대리하여 수분양자의 분양대금을 피고 명의의 분양수입금관리계좌로 수납함으로써 수분양자가 분양계약자인 소외 회사에게 분양대금을 지급한 효과가 발생하고 피고의 이와 같은 분양대금 수납은 소외 회사의 위임에 따라 이루어지는 것이므로, 소외 회사가 수분양자와 사이에 체결한 분양계약이 취소되어 소급적으로 무효가 되는 경우에 있어서는 소외 회사를 대리하는 피고가 그 분양대금을 수납할 법률상 원인이 없게 되는 것이라고 할 것이다. 이상과 같은 사정에 비추어 보면, 소외 회사가 수분양자와 사이에 체결한 분양계약이 취소되어 소급적으로 무효가 되는 경우에 있어서는, 소외 회사는 자신을 대리하여 분양대금을 수납한 피고에 대하여 위와 같은 분양계약의 취소를 이유로 하여 그 분양대금의 반환을 요구할 수 있다고 할 것이다.

552) 이 사안은 상가도 신탁된 건이다.

6) 위와 같이 분양계약이 취소되어 소외 회사가 피고에 대하여 분양대금의 반환을 요구할 수 있는 경우 그 분양대금에 관하여 피고와 시공사 및 대출금융기관이 갖는 이익이 문제될 수 있으나, 이 사건 상가의 분양대금은 앞서 본 바와 같이 신탁재산인 이 사건 상가를 분양하여 그 대가로 지급받는 처분대금으로서 이 사건 상가 자체를 대체하여 신탁재산이 되는 것이므로 그러한 처분대금으로서의 분양대금에 관하여 피고와 시공사 및 대출금융기관이 갖는 이익은 이 사건 상가를 분양하는 계약이 유효한 것을 전제로 하여 기대할 수 있는 이익이라고 할 것이다. 또한 소외 회사와 피고는 앞서 본 바와 같이 2005. 5. 18. 시공사 및 대출금융기관과 사업약정을 체결하여, 최초 인쇄된 분양계약서 양식을 피고가 보관하면서 소외 회사가 요구할 경우 피고가 그 분양계약서 양식에 관리번호를 부여하여 이를 소외 회사에게 교부하고, 소외 회사는 위와 같이 교부받은 분양계약서 양식을 사용하여 분양계약을 체결하며, 소외 회사가 분양현황을 전산으로 관리하고 피고와 시공사 및 대출금융기관이 그 분양현황을 수시로 확인할 수 있게 하도록 약정하였다. 위와 같이 피고가 보관하면서 관리번호를 부여하는 분양계약서 양식에 의해서 분양계약을 체결하도록 하는 한편 피고와 시공사 및 대출금융기관이 분양현황을 수시로 확인할 수 있게 한 것은, 소외 회사가 수분양자와 사이에 체결하는 분양계약의 유효성을 담보하고자 하는 것으로서, 이에 따라 피고와 시공사 및 대출금융기관은 위와 같은 유효성에 관하여 어느 정도 예측할 수도 있다고 할 것이다. 나아가 위와 같이 분양계약이 취소될 경우에 있어서는 앞서 본 바와 같이 수분양자가 이 사건 상가에 관하여 수분양자로서의 지위를 상실하고 이 사건 상가 자체가 미분양 상태에서 신탁재산으로 환원되어, 소외 회사나 피고가 이 사건 상가 자체를 다시 분양하거나 처분할 수 있어 신탁재산의 전체적이 가치는 그대로 유지된다고 할 것이다. 이상과 같은 사정에 비추어 보면, 소외 회사와 피고가 앞서 본 바와 같이 시공사 및 대출금융기관과 사업약정을 체결하여 분양수입금관리계좌에 입금된 모든 사업비의 지출을 일정한 순위에 따라 집행하기로 약정하고 당시 분양계약이 취소되는 경우에 관하여 명시적으로 약정하지는 않았다고 하더라도, 위와 같이 분양계약이 취소되어 소외 회사가 피고에 대하여 그 분양대금의 반환을 요구하고 피고가 이에 따라 분양대금을 소외 회사에게 반환하는 것은, 그 분양대금에 관하여 피고 및 시공사와 대출금융기관이 갖는 이익이나 권리를 침해하는 것이라고 할 수 없다고 할 것이다(대법원 2009. 7. 9. 선고 2008다19034 판결 참조).

7) 따라서 소외 회사는 피고에 대하여 그 명의의 분양수입금관리계좌로 수납한 원고의 분양대금 188,493,870원 및 선정자의 분양대금 235,949,173원의 반환을 구할 수 있는 채권을 갖는다고 할 것이므로, 피고는 무자력인 소외 회사를 대위한 원고 등에게 위 분양대금 상당액을 지급할 의무가 있다고 할 것이다.

이에 대하여 피고는, 위 분양수입금관리계좌의 잔액 한도에서만 분양대금을 반환할 의무가 있다고 주장한다.

살피건대 신탁법 제32조 는 "수탁자가 신탁행위로 인하여 수익자에 대하여 부담하는 채무에 관하여는 신탁재산의 한도 내에서 이행의 책임을 진다"고 규정하고 있고, 소외 회사와 피고는 앞서 본 바와 같이 소외 회사가 피고에게 이 사건 상가를 신탁하기로 하면서 소외 회사가 이 사건 상가를 분양하기로 하여 이와 같은 분양이 이루어질 경우 그 분양대금이 이 사건 상가 자체를 대체하여 신탁재산이 되고, 또한 이 사건 상가의 분양대금 등 일체의 사업비에서 소외 회사의 수익금을 지출하기로 하였으므로, 위와 같이 분양계약의 취소에 따라 피고가 소외 회사에게 분양대금을 반환하는 것은 수탁자인 피고가 신탁행위로 인하여 수익자인 소외 회사에 대하여 부담하는 채무라고 할 것이다. 한편으로 위와 같이 신탁재산의 한도 내에서 이행의 책임을 지는 경우에 있어서 신탁재산은 위탁자가 수탁자에게 신탁한 부동산 및 금전 등 재산 전체이지, 앞서 본 바와 같이 피고가 소외 회사를 대리하여 분양대금을 수납하는 분양수입금관리계좌의 잔액에 한정되는 것은 아니므로, 결국 피고는 원고 등에게 위와 같은 신탁재산의 한도 내에서 위 분양대금 상당액을 지급할 의무가 있다고 할 것이다. 따라서 피고의 위 주장은 위와 같은 범위 내에서 이유 있다.

8) 그렇다면 피고는 신탁재산의 한도 내에서, 원고에게 188,493,870원, 선정자에게 235,949,173원 및 위 각 금원에 대하여 원고 등이 소외 회사를 대위하여 분양대금의 반환을 구하는 의사표시를 한 2009. 7. 6.자 준비서면을 피고가 수령한 다음날인 2009. 7. 7.부터 피고가 이행의무의 존부 및 범위에 대하여 항쟁함이 상당하다고 인정되는 당심 판결 선고일인 2010. 9. 30.까지는 원고 등이 구하는 바에 따라 민법 소정의 연 5%의, 그 다음날부터 다 갚는 날까지는 「소송촉진 등에 관한 특례법」 소정의 연 20%의 각 비율로 계산한 지연손해금을 지급할 의무가 있다.

[1심판결] 서울중앙지방법원 2009. 10. 9. 선고 2008가합109963 판결 [분양대금반환]

【주 문】

1. 피고는 원고(선정당사자)에게 188,493,877원, 선정자 B에게 235,949,173원 및 위 각 금원에 대하여 2009. 7. 7.부터 2009. 10. 9.까지는 연 5%의, 그 다음날부터 다 갚는 날까지는 연 20%의 각 비율에 의한 금원을 지급하라.
2. 원고(선정당사자)의 나머지 청구를 기각한다.
3. 소송비용은 피고가 부담한다.
4. 제1항은 가집행할 수 있다.

【청구취지】

피고는 원고(선정당사자, 이하 '원고'라고만 한다)에게 188,493,877원, 선정자 B에게 235,949,173원 및 위 각 금원에 대하여 2006. 11. 28.부터 이 사건 소장 부본 송달일까지는 연 5%의, 그 다음날부터 다 갚는 날까지는 연 20%의 각 비율에 의한 금원을 지급하라.

【이 유】

나. 부당이득반환청구

1) 원고의 주장

① 피고는 이 사건 대리사무계약에 따라 원고 등으로부터 이 사건 각 분양계약에 기한 분양대금을 입금받아 이를 보관하고 있었으나 원고 등이 이 사건 각 분양계약을 취소한 이상 피고가 위 분양대금을 보유하는 것은 법률상 원인이 없으므로 이를 반환할 의무가 있다. ② 또한 피고는 이 사건 사업약정 및 이 사건 대리사무계약에 기한 분양대금 관리의 일환으로 원고에게 직접 결과적으로 오납된 이 사건 각 분양계약의 분양대금을 반환할 의무가 있다. ③ 예비적으로, 피고는 이 사건 상가 중 101동 건물에 대하여는 아직 신탁을 원인으로 하는 소유권이전등기를 마치지 아니하였으므로, 선정자B에게 위 상가 101동 108호의 분양대금으로 지급받은 169,117,741원을 반환할 의무가 있다.

2) 판단

① 주장에 대하여 보건대, 피고는 이 사건 각 분양계약의 당사자가 아니고 소외 회 사로부터 수탁받은 부동산에 대하여 그 부동산의 담보가치가 유지·보전되도록 관리를 할 지위에 있으며, 그 신탁업무의 일환으로 원고를 비롯한 분양계약자들로부터 분양대금을 입금받아 이 사건 대리사무계약에 의하여 이를 보관하고 있는 것에 불과한 사실은 앞에서 본 바와 같으므로, 이 사건 각 분양계약이 취소되었더라도 피고가 원고에게 직접 부당이득반환의무를 부담한다고 보기는 어렵고, 달리 이를 인정할 만한 증

거가 없다.

2) 주장에 대하여 살피면, 이 사건 대리사무계약 제3조 제1항 가.호에서 피고가 이 사건 사업 관련 소외 회사의 명의로 차입하는 자금 및 상가 분양수입금 등의 수납·관리·운용·집행 등 자금관리업무를 담당한다고 규정된 사실은 앞에서 본 바와 같다.

그러나 갑 제5호증의 1, 2의 각 기재만으로 위와 같이 피고가 원고에게 직접 부당이득반환의무를 부담한다고 보기는 어렵고, 달리 이를 인정할 만한 증거가 없다.

마지막으로 그 주장에 대하여 보건대, 원고는 이 사건 상가 중 101동 부분에 관한 피고 명의의 신탁등기가 마쳐지지 아니한 이상 피고는 위 101동에 관하여 체결된 분양계약의 분양대금을 수령할 수 없다는 취지의 주장을 하나, 피고는 신탁등기가 마쳐졌는지 여부와 관계없이 이 사건 대리사무계약에 따라 이 사건 상가에 관한 분양대금을 수령할 권한이 있다고 할 것이고, 이와 달리 볼 만한 증거도 없다.

따라서 원고의 위 주장은 모두 이유 없다.

다. 채권자대위청구

1) 원고의 주장

원고는 예비적 청구원인으로서, 피고는 적어도 이 사건 각 분양계약의 취소로 인하여 오납된 분양대금을 소외 회사에게 반환할 의무가 있으므로, 원고는 소외 회사에 대한 분양대금반환채권을 피보전채권으로 무자력인 소외 회사를 대위하여 소외 회사의 피고에 대한 분양대금반환채권을 대위한다고 주장한다.

2) 판단

앞서 본 바와 같이 이 사건 상가의 분양 개시 후 분양수입금관리계좌에 입금된 수입금(이하 '분양수입금'이라고 한다) 중 공사비를 제외한 모든 사업비의 지출은 시공사와 대출기관들의 확인을 얻어 서면으로 요청하여야 한다고 되어 있는데, 이 사건의 경우 소외 회사가 피고에 대하여 위와 같은 절차를 거쳤다고 인정할 만한 증거는 없다.

그러나 다음과 같은 사정에 비추어 볼 때, 분양계약이 취소된 경우 그 분양계약에 기하여 피고 명의의 분양수입금관리계좌에 납입된 분양대금을 위와 같은 절차를 거쳐야만 집행할 수 있는 이 사건 사업약정상의 '분양수입금'에 포함된다고 해석할 수 없다.

① 사업시행자, 시공자, 수탁자 및 대출 금융기관(이하 '사업관련자'라고 한다) 사이에 대규모 상가 등을 분양하고 그 분양대금 등 수입금을 기반으로 각자의 수익을 얻기 위하여 이 사건 사업약정, 대리사무계약 및 담보신탁계약과 같은 형태의 계약을 체결할 경우, 사업관련자의 의사는 분양이 정상적으로, 즉 분양이 법률상 하자 없이 이루어 지고 그에 따라 분양대금이 납입되는 것을 전제로 하는 것이지 분양계약 자체에 하자가 있어 처음부터 무효라든가 추후에 취소되어 무효로 되는 때까지도 그 분양대금을 분양수입금에 포함시키는 것이라고 보기는 어렵다(완전하게 성립한 계약의 효력이 그 후의 사유에 따라 소멸되는 계약해제의 경우와는 구별되어야 한다).

② 만약 처음부터 하자가 있는 분양계약에 따라 지급된 분양대금도 분양수입금에 포함된다고 본다면, 분양계약이 무효나 취소가 되어도 수분양자는 분양대금을 반환받지 못하는 한편 사업관련자는 그 분양대금으로 수익을 얻을 수도 있어 현저하게 형평에 반하게 된다.

③ 이 사건 사업약정에서 피고도 분양계약 현황을 지속적으로 파악할 수 있도록 하고(제16조 제2항), 분양대금을 분양수입금관리계좌로만 입금하도록 하면서 수분양자 보호 등을 위해 계약서상 일정한 문구를 명시하도록 한 점(제16조 제3항), 이 사건 대리사무계약에서 분양계약자의 권리보호 등을 위하여

소외 회사가 사업부지에 관한 완전한 소유권을 확보하도록 하고 이를 피고에게 담보신탁하도록 한 점(제2조)을 고려하면, 수분양자의 권리보호도 이 사건 사업약정과 이 사건 대리사무계약의 목적에 포함된다고 보아야 한다.

④ 건축물의 분양에 관한 법률 시행령(2007. 6. 28. 대통령령 제20120호로 개정되기 전의 것) 제3조 제1항 제3호에서는 신탁을 정산하는 때에 피분양자가 납부한 분양대금을 다른 채권 및 수익자의 권리보다 우선하여 정산하여야 한다는 사항을 신탁계약에 포함시키도록 규정하였다.

따라서 소외 회사가 피고에게 분양계약 취소를 이유로 해당 분양대금의 지급을 청구할 경우, 피고는 소외 회사에게 취소된 계약에 기하여 지급받은 분양대금 상당액을 반환할 의무가 있다고 보아야 할 것이고, 원고는 무자력인 소외 회사를 대위하여 피고에게 위 분양대금 상당액의 반환을 구할 수 있다.

라. 소결론

피고는 소외 회사의 채권자인 원고에게 188,493,870원(= 87,978,380원 + 100,515,490원), 선정자 B에게 235,949,173원(= 33,415,716원 + 33,415,716원 + 169,117741원) 및 위 각 금원에 대하여 소외 회사를 대위하여 분양대금의 반환을 구하는 의사가 담긴 원고의 2009. 7. 6.자 준비서면을 피고가 수령하였음이 명백한 다음날인 2009. 7. 7.부터 피고가 이행의무의 존부 및 범위에 대하여 항쟁함이 상당한 이 사건 판결선고일인2009. 10. 9.까지는 민법 소정의 연 5%의, 그 다음날부터 다 갚는 날까지는 소송촉진등에 관한 특례법 소정의 연 20%의 각 비율에 의한 지연손해금을 지급할 의무가 있다.

242. 서울중앙지방법원 2009. 8. 11. 선고 2009나8283 판결[553)]

[논점] 토지거래허가구역 내의 토지에 대한 부동산 매매계약이 토지거래허가를 받지 못하여 확정적으로 무효가 된 경우 부동산 매매계약상의 매수인의 권리확보를 위해 체결된 신탁계약이 목적 달성 불능으로 종료하는지 여부

【주 문】

1. 피고의 항소를 기각한다.
2. 항소비용은 피고가 부담한다.

【청구취지 및 항소취지】

1. 청구취지

피고는 원고에게 인천 강화군 B 임야 3,306m에 관하여 인천지방법원 강화등기소 2007. 7. 20. 접수 제19915호로 마친 소유권이전등기의 말소등기절차를 이행하라.

2. 항소취지

제1심 판결을 취소한다. 원고의 청구를 기각한다.

【이 유】

나. 판단

1) 이 사건의 쟁점

토지거래허가지역 내의 토지에 관하여 소유권 등 권리를 이전 또는 설정하는 내용의 거래계약을 체결한 경우, 그 거래계약이 처음부터 허가를 배제하거나 잠탈하는 내용의 계약으로서 확정적으로 무효

553) 피고가 상고하였으나 대법원 2009. 11. 26. 선고 2009다71572 판결에 의해 심리불속행 기각됨.

인 경우를 제외하고는 허가를 받을 때까지는 법률상 미완성의 법률행위로서 유동적 무효 상태에 있다가 일단 허가를 받으면 그 계약은 소급하여 유효한 계약이 되는 것인바, 토지거래허가지역 내의 토지에 관한 이 사건 매매계약은 일응 유동적 무효 상태에 있다고 할 것인데, 이하에서는 과연 이 사건 매매계약이 원고의 주장과 같이 확정적으로 무효가 되었는지 여부에 관하여 살펴본다.

2) 관련 법리

토지거래허가지역 내의 토지에 관한 매매계약을 체결한 경우, 이와 같은 계약을 체결한 당사자 사이에는 유동적 무효 상태에 있는 계약이 효력 있는 것으로 완성될 수 있도록 서로 협력할 의무, 구체적으로는 당해 계약을 유효하게 하는 토지거래허가를 신청하는데 있어 협력할 의무가 있다고 할 것이고(대법원 1997. 12. 26. 선고 97다. 41318,41325 판결 참조), 한편 국토이용관리법상 토지거래허가를 받지 않아 거래계약이 유동적 무효의 상태에 있는 경우, 유동적 무효 상태의 계약은 관할 관청의 불허가처분이 있을 때뿐만 아니라 당사자 쌍방이 허가신청협력의무의 이행거절 의사를 명백히 표시한 경우에는 허가 전 거래계약관계, 즉 계약의 유동적 무효 상태가 더 이상 지속된다고 볼 수 없으므로, 계약관계는 확정적으로 무효가 된다고 할 것인데, 그와 같은 법리는 거래계약상 일방의 채무가 이행불능임이 명백하고 나아가 상대방이 거래계약의 존속을 더 이상 바라지 않고 있는 경우에도 마찬가지라고 보아야 할 것이고(대법원 1997. 7. 25. 선고 97다4357,4364 판결), 나아가 거래계약상 일방이 가지고 있는 토지거래허가신청 협력의무가 이행불능임이 명백하고 상대방이 거래계약의 존속을 바라지 않는 경우라도 위와 같은 이치로 유동적 무효 상태의 거래계약이 확정적으로 무효가 된다고 볼 것이다.

또한, 당사자 일방의 허가신청협력의무가 이행불능에 빠졌는지 여부를 판단할 때에는 일반적인 채무의 이행불능의 개념과 같이, 단순히 절대적·물리적으로 불능인 경우가 아니라 사회생활에 있어서의 경험법칙 또는 거래상의 관념에 비추어 볼 때 허가신청협력의무의 이행의 실현을 기대할 수 없는 경우를 말한다고 봄이 상당하다(대법원2003. 1. 24. 선고 2000다22850 판결 참조)

3) 이 사건의 판단

돌이켜 이 사건에 관하여 살피건대, 갑 제1호증, 을 제1 내지 3호증, 을 제7호증의 3의 각 기재 및 강화군수에 대한 사실조회결과에 변론 전체의 취지를 종합하면, 피고보조참가인은 2006. 9.경 강화군과 사이에 이 사건 토지를 포함한 이 사건 토지 일대를 C로 개발하기로 기본협약을 체결하고, 2007. 7.경에는 원고와 사이에 이 사건 매매계약을 체결한 사실, 그러나 피고보조참가인을 주축으로 시행하려던 C 개발사업(이하 '이 사건 사업'이라 한다)의 진행이 제반여건의 악화로 부진하자, 강화군은 2008. 10.경 피고보조참가인과 사이에 체결한 기본협약의 해지를 통보하여 왔고, 현재 차기 사업자 선정을 준비 중인 사실, 그 과정에서 강화군은 2009. 1. 23.경 피고보조참가인에게 위 양자 사이의 기본협약 해지 후 새로운 개발사업을 유치하기 위해 다각도로 투자상담을 진행하여 새로운 사업자 선정을 위한 노력을 기울이고 있으나, 여러 사정으로 새로운 사업유치에 가시적인 성과가 없음을 밝히면서, 이 사건 사업 추진이 본격적으로 진행되어 협의시 사업이 성공적으로 진행될 수 있도록 피고보조참가인에게 이미 매수하거나 매매계약을 체결한 사업부지 및 이를 둘러싼 이해관계인에 관하여 적극적인 협조를 당부하는 내용의 공문을 보낸 사실이 인정된다.

위 인정사실에서 인정되는 다음과 같은 사정 즉, ① 피고보조참가인은 이 사건 사업을 감독 내지는 지원하는 지위에 있는 동시에 이 사건 토지의 토지거래허가여부를 결정하는 관할관청이기도 한 강화군으로부터 체결한 이 사건 사업에 관한 기본협약을 해지당하였고, 나아가 강화군이 차기 사업자를 물색하는 정황 및 피고보조참가인에게 차기 사업자가 생기면 기존에 진행하여 왔던 사업부지 매입 관련 업무를 승계하라는 취지의 공문을 보낸 태도에 비추어, 피고보조참가인이 더 이상 이 사건 사업을 추진하거나 차후에라도 이 사건 토지에 관한 토지거래허가를 신청하거나, 강화군으로부터 허가처분을 받을 것을 기대하기에 어려운 것으로 보이는 점, ② 피고보조참가인은 이 사건 매매계약 체결 이후로, 특히 원고의 이 사건 소 제기 이후에 '이 사건 사업을 계속 추진할 것이고 아직 토지거래허가를 위한 신청을 할 여지가 있다'는 취지로 다툰 이후로도 당심 변론종결일에 이르는 상당한 기간 동안 토지거래허가를 전혀 신청하지 아니한 점, ③ 한편 피고 및 피고보조참가인은 이 사건 변론에서 토지거래허가신청의 전 단계로 이 사건 사업의 대상구역이 될 토지 소유자의 일정 비율 이상의 동의를 구하는 것이 선행되어야 하므로 허가를 신청하고 있지 않을 뿐이라고도 주장하나, 피고보조참가인이 주변 토지를 매입하거나 토지소유자의 동의를 구하는 등 사업부지 확보를 진행하고 있는지 여부에 대해서 아무런 입증을 하지 않고 있는 반면, 앞서 살펴본 바와 같이 피고보조참가인이 이 사건 사업을 계속하여 추진하지는 못할 것으로 보이는 점, ④ 나아가 강화군과 피고보조참가인이 나름의 노력으로 차기 사업자를 물색하고 있으나, 그마저도 별다른 진전을 보이지 않고 있는 점 등 이 사건 사업 추진을 둘러싼 제반 사정에 다가, ⑤ 피고보조참가인과 강화군 사이의 2006. 9.경 기본협약 체결 이후로 근 3년이 경과하는 기간 동안 이 사건 사업이 거의 추진되지 않아 피고보조참가인이 이 사건 토지에 관한 토지거래허가를 신청할 것을 기대할 수 없는 상황에서, 언제까지라도 이 사건 매매계약이 유동적 무효 상태에 머물러 있다고 한다면 매도인인 원고는 매수인에게 매매대금의 지급을 청구할 수도 없고 나아가 매매계약의 확정적 무효조차 주장할 수 없게 되어 원고의 재산권 행사를 과도하게 제한하는 가혹한 결과가 초래되는 점을 보태어 보면, 이 사건에 있어 경험법칙 또는 거래상의 관념에 비추어 볼 때 매수인인 피고보조참가인의 이 사건 토지에 관한 토지거래허가신청협력의무의 이행의 실현을 기대할 수 없다고 보여, 그 협력의무가 이행불능임이 명백하다 할 것이고, 나아가 상대방인 원고가 이 사건 매매계약의 존속을 더 이상 바라지 아니하여, 유동적 무효 상태에 있었던 이 사건 매매계약은 확정적으로 무효가 되었다고 보아야 할 것이다.

따라서, 이 사건 신탁계약 역시 이 사건 매매계약이 확정적으로 무효가 됨으로써 이 사건 토지의 소유권을 피고보조참가인에게 이전함에 관한 신탁목적을 달성하지 못하게 되었으므로, 신탁법 제55조[554]에 따라 종료되었다고 할 것이고, 결국 피고는 원고에게 이 사건 토지에 관한 소유권이전등기의 말소등기절차를 이행할 의무가 있다.

243. 서울중앙지방법원 2008. 10. 16. 선고 2007가합61019 판결 [소유권말소등기][555]

[논점] 건축을 계속하여 아파트를 완공하는 것이 채무변제력을 회복하는 최선의 방법이라고 생각하고 사업을 계속하기 위한 방법으로 신탁계약을 체결한 경우 사해신탁 여부

【주 문】

1. 원고의 피고들에 대한 청구를 모두 기각한다.
2. 소송비용은 원고가 부담한다.

【청구취지】

1. 별지목록 기재 부동산에 관하여, 피고 ○○자산신탁 주식회사와 소외 주식회사 ○○주택 사이의 2007. 1. 12.자 신탁계약을 취소한다.

2. 별지목록 기재부동산에 관하여,

554) 현행 신탁법 제98조.
555) 항소없이 확정됨.

가. 피고 ○○○부동산신탁 주식회사는 피고 주식회사 ○○기업에게 2007. 6. 27. 대구지방법원 서부지원 고령등기소 접수 제7626호로 마친 소유권이전등기의 말소등기절차를 이행하라.

나. 피고 ○○자산신탁 주식회사는 소외 주식회사 ○○주택에게 2007. 1. 12. 대구지방법원 서부지원 고령등기소 접수 제638호로 마친 소유권이전등기의 말소등기절차를 이행하라.

【이 유】

2. 원고의 피고들에 대한 주장에 대한 판단

나. 판단

(1) 신탁법상의 신탁의 경우 신탁재산은 수탁자의 공유재산으로부터 구별되어 관리되고 수탁자 고유의 이해관계로부터 분리되므로 수탁자의 책임재산이 되는 것이 아니라 여전히 위탁자 또는 수익자의 책임재산으로서의 성질을 보유하고, 또한 수탁자가 사인이 아니라 신탁회사인 경우에는 신탁업법에 의하여 그 자격요건과 업무에 대한 감사가 엄격히 규정되어 위탁자나 수익자의 보호가 철저한 점 등에 비추어 신탁법상의 신탁이 사해행위인가 여부를 판단함에 있어서는 위탁자가 채무초과인 상태에서 당해 신탁행위로 인하여 위탁자 명의의 책임재산 또는 공동담보가 감소되었는가라는 일면만을 보아서는 아니되고, 실질적으로 신탁으로 말미암아 책임재산의 가치의 감소가 있었는가를 고려하여야 할 것이고, 이는 결국 신탁계약의 목적과 내용을 통하여 판단하여야 한다.

(2) 또한, 위 인정사실에 의하면 제1신탁계약은 ○○주택과 ○○투자증권 사이의 사업약정 및 대출약정에 기하여 ○○투자증권에 대한 대출금채무를 담보하기 위한 목적을 겸하여 체결된 것이므로 위 사업약정 및 대출약정과 서로 불가분의 관계를 갖고 연속한 일련의 행위로 이루어진 것이라고 할 것이고, 제1신탁계약에서는 이 사건 신탁계약이 체결될 것을 전제로 하고 있었다고 할 것이므로 이 사건 신탁계약이 사해행위에 해당하는지 여부는 신탁계약 자체의 목적이나 체결 경위뿐만 아니라 위 사업약정 및 대출약정의 체결 경위, 그 대출금의 사용용도 등을 종합하여 판단하여야 할 것이다.

(3) 살피건대, 위 인정사실 및 을 제21호증 내지 을 제29호증, 을 제56호증의 1 내지 31의 각 기재 및 증인 최○○의 증언에 변론 전체의 취지를 종합하면 ① 제1신탁계약에 따라 이 사건 각 부동산의 소유명의가 피고 ○○자산신탁으로 변경되기는 하였으나 당시 이를 바탕으로 ○○주택이 ○○투자증권으로부터 위 사업약정 및 대출약정에 기하여 이 사건 공사를 완공하기 위하여 그에 필요한 잔여 공사자금 110억 원(그 후 변경 대출약정에 기하여 50억 원을 추가로 대출받아 160억 원)을 지급받은 점, ② 이 사건 신탁계약의 목적 역시 ○○주택이 이 사건 공사의 완공을 위하여 ○○투자증권으로부터 차용한 채무의 지급을 담보하기 위한 것인 점, ③ ○○투자증권과의 사업약정에서 ○○주택이 이 사건 사업의 정산 후 손익에 대하여 권리를 가지는 것으로 정하고 있고, 이 사건 신탁계약상으로도 제1순위 우선수익자인 ○○투자증권이 위 채권의 만족을 얻은 후에는(○○주택은 2007. 1. 23. 피고 ○○자산신탁과 사이에 서○○을 제2순위 우선수익자로 추가하고 그 수익한도금액을 100억 원으로 정하는 부동산관리처분신탁변경계약을 체결하였으나, 이는 이 사건 신탁계약이 체결된 이후의 일이므로 이 사건 신탁계약의 사해행위 여부를 판단함에 있어서는 고려하지 않는다) ○○주택이 잔존 수익에서 신탁원본 및 수익을 수취할 권리를 가지는 것으로 정하고 있는 점(○○투자증권이 제1순위 우선수익자로서 만족을 얻을 채권은 위 잔여 공사자금 상당의 대여금채권이라고 할 것이므로 결국 ○○아파트의 완공으로 인한 개발이익은 ○○주택의 것이다), ④ 2005. 6.경 당시 이 사건 공사는 공정률이 50~60% 정도에 ○○아파트가 완공되지 못할 경우 적정 가격으로 매각될 가능성이 낮고 이러한 매각에 장기간이 소요될 경우 관리를 위한 추가비용이 소요될 가능성이 있는 반면, ○○주택, ○○투자증권은 이 사건 신탁계약을 ○○아파트를 완공하여 분양할 경우 그 개발로 인한 이익을 약 53억 4,600만 원 정도로 예상

하고 있었던 점, ⑤ ○○주택이 ○○투자증권으로부터 지급받은 위 160억 원을 실제 사업시행을 위한 권리정리, 공사관련 대금 등으로 사용하여 이 사건 공사를 완공한 점 등을 인정할 수 있다.

(4) 위에서 살핀 사정등에 비추어 보면, 이 사건 신탁계약은 채무자인 ○○주택이 이 사건 공사를 추진하던 중 공정률 약 60%의 상태에서 자금난으로 공사를 계속할 수 없게 되자 건축을 계속 ○○아파트를 완공하는 것이 채무변제력을 회복하는 최선의 방법이라고 생각하고 사업을 계속하기 위한 방법으로 신탁업법상의 신탁회사인 피고 ○○자산신탁과의 사이에 이 사건 신탁계약을 체결한 것으로서, ○○주택이 이 사건 공사를 완공함으로써 얻을 수 있는 재산적 가치가 신탁 전의 신탁재산의 가치보다 적다고 보이지 않고, ○○주택의 입장으로서도 이 사건 신탁계약은 공사를 완공하기 위한 부득이한 조치일 뿐 그 체결에 있어서 일반채권자를 해한다는 사해의사가 있었다고 보기는 어렵다.

(5) 따라서 ○○주택과 피고 ○○자산신탁 사이의 이 사건 신탁계약이 사해행위에 해당한다는 원고의 주장은 이유 없고, 위 신탁계약이 사해행위가 아닌 이상, 피고 ○○자산신탁으로부터 적법한 공매절차를 거쳐 이 사건 각 부동산을 매수한 피고 ○○○부동산신탁에 대한 청구도 더 나아가 살펴볼 필요 없이 이유 없다.

244. 서울중앙지방법원 2007. 12. 7. 선고 2007가단144238 판결 [구상금][556)]

[논점] 수탁자가 파산한 경우 신탁사무의 처리상 발생한 채권을 가지고 있는 채권자는 파산선고 당시의 채권 전액에 관하여 파산채권자로서의 권리를 행사할 수 있는지 여부 및 신탁재산에 대한 강제집행을 할 수 있는지 여부

【주 문】

1. 피고는 원고에게 13,784,034,279원과 그 중 8,403,666,971원에 대하여 2001. 11. 6.부터 2003. 4. 16.까지는 연 18%, 2003. 4. 17.부터 2007. 5. 7.까지는 연 16%, 2007. 5. 8.부터 갖는 날까지는 연 20%의 각 비율로 계산한 돈을 지급하라.

2. 소송비용은 피고가 부담한다.

3. 제1항은 가집행할 수 있다.

【청구 취지】

주문과 같다.

【이 유】

2. 본안전 항변에 관한 판단

가. 원고는 피고 회사의 파산관재인인 피고에게 대위변제금잔액 및 확정지연손해금 합계 13,784,034,279원의 지급을 구하고 있고, 이에 대하여 피고는 위 각 채권은 모두 피고 회사의 신탁사무의 처리상 발생한 채권으로 수탁자인 피고 회사가 파산하였더라도 신탁재산에 대하여 강제집행을 할 수 있지만, 위 채권과 관련된 신탁재산인 이 사건 토지가 임의경매되어 이미 매각되어 원고가 배당받아 일부 회수하였고 다른 신탁재산이 존재하지 아니하여 이에 기한 강제집행을 할 수 없으므로, 결국 이 사건 소는 소의 이익이 없어 부적법하다고 주장한다.

살피건대, 이행의 소에 있어 그 승소판결에 기한 강제집행이 불가능하다는 사유만으로는 소의 이익

---

556) 항소없이 확정됨.

이 없다고 할 수 없으므로(대법원 1995. 10. 12. 선고 94다47483 판결 등 참조), 피고의 위 주장은 이유 없다.

나. 다음으로, 피고는 원고가 이 사건 구상금 채권을 피고 회사의 파산채권으로 신고하였고 피고가 이에 대하여 이의하지 아니하여 위 채권은 피고 회사에 대한 파산채권으로 확정되어 확정채권에 관한 채권표에 기재되었는바, 이러한 채권표의 기재는 확정판결과 동일한 효력을 가지는 것이므로, 이와 별도로 위 채권에 관한 집행권원을 얻을 필요는 없어 이 사건 소는 부적법하다는 취지로 주장한다.

신탁재산은 수탁자의 고유재산이 된 것을 제외하고는 파산재단을 구성하지 않으므로 수탁자가 파산한 경우 신탁사무의 처리상 발생한 채권을 가지고 있는 채권자는 파산선고 당시의 채권 전액에 관하여 파산채권자로서의 권리를 행사할 수 있음은 물론, 신탁재산에 대하여 강제집행을 할 수도 있는 것인데, 확정된 파산채권에 관한 채권표 의 기재가 파산채권자 전원에 대하여 확정판결과 동일한 효력을 가진다 하더라도 이는 기판력이 아닌 확인적 효력으로 파산절차 내부에서 불가쟁의 효력이 있다는 의미에 지나지 아니하고 이를 집행권원으로 신탁재산에 대한 강제집행을 할 수는 없으므로, 결국 신탁사무의 처리상 발생한 채권을 가지고 있는 채권자는 채권표의 기재와 별도로 신탁재산의 소유자 등에 대하여 위 채권의 이행을 구하는 소를 제기할 필요가 있다 할 것이어서, 피고의 위 주장도 이유 없다.

3. 청구원인에 관한 판단

신탁사무의 처리상 발생한 채권을 가지고 있는 채권자는 수탁자의 일반채권자와 달리 신탁재산에 대하여도 강제집행을 할 수 있고(신탁법 제21조[557] 제1항), 수탁자가 파산 한 경우 신탁재산은 수탁자의 고유재산이 된 것을 제외하고는 파산재단을 구성하지 않으며(신탁법 제22조[558]), 이때 신탁재산의 보관 및 신탁사무인계에 필요한 행위를 할 권한은 신수탁자가 신탁사무를 처리할 수 있게 될 때까지 수탁자의 파산관재인에게 귀속되는바(신탁법 제11조 제2항[559]), 위와 같은 신탁재산의 보관 및 신탁사무인계에 필요한 행위에는 신탁재산을 처분하거나 새로운 의무를 부담하는 행위는 포함되지 않지만, 수탁자의 신탁사무의 처리상 발생한 채무로서 신수탁자가 신탁사무의 처리를 시작하기 전에 그 이행기가 도달한 경우, 파산관재인이 채무불이행으로 인한 지연손해금의 발생 또는 신탁재산에 대한 강제집행을 피하기 위하여 위 채무를 이행하는 것은 신탁재산의 보관 및 신탁사무인계에 필요한 행위에 포함된다고 할 것이다. 따라서 신탁사무의 처리상 발생한 채권을 가지고 있는 채권자는 수탁자가 파산한 경우 파산선고 당시의 채권 전액에 관하여 파산채권자로서의 권리를 행사할 수 있음은 물론, 신수탁자가 신탁사무를 개시하기 전까지는 수탁자의 파산관재인을 상대로 신탁재산에 대한 강제집행을 하기 위하여 그 채권의 이행청구를 할 수도 있다 할 것이고, 이러한 경우 수탁자의 파산관재인은 신탁재산에 대한 관리자로서의 지위와 고유재산으로 구성되는 파산재단의 대표자로서의 지위를 겸하고 있으며, 만약 채권자가 신탁사무의 처리상 발생한 채권에 관한 집행권원으로 파산재단을 구성하는 수탁자의 고유재산 또는 다른 신탁관계로 인한 신탁재산에 강제집행을 한다면 파산관재인은 청구이의의 소를 제기하는 방법으로 이를 저지할 수 있는 것이다.

그런데 이 사건 신탁의 수탁자인 피고 회사의 파산관재인인 피고는 이 사건 신탁재산에 신수탁자가 선임되어 신탁사무를 개시하였다는 사정이 없는 이상 이 사건 신탁재산의 보관 및 신탁사무인계에 필요한 행위를 할 권한을 가진다 할 것이므로, 원고에게 위 신탁사무의 처리상 발생한 채권인 위 대위변제금 잔액 및 확정손해금채권의 합계 13,784,034,279원(= 8,403,666,971원 + 5,380,367,308원) 및 그 중 대위변제금 잔액8,403,666,971원에 대하여 대위변제일인 2001. 11. 6.부터 2003. 4. 16.까지는 연 18%의, 그

557) 현행 신탁법 제22조.

558) 현행 신탁법 제24조.

559) 현행 신탁법 제12조 제4항.

다음날부터 이 사건 소장 부본 송달일인 2007. 5. 7.까지는 연 16%의 각 비율에 의한 약정지연손해금을, 그 다음날부터 갚는 날까지는 소송촉진 등에 관한 특례법에 정한 연 20%의 비율에 의한 법정지연손해금을 지급할 의무가 있다.

245. 서울중앙지방법원 2007. 11. 7. 선고 2005가단248464 판결 [소유권이전등기][560]

[논점] 수탁자가 파산한 경우 파산관재인의 업무 범위

【주 문】

1. 원고(선정당사자)의 피고 1에 대한 주위적 청구를 기각한다.
2. 원고(선정당사자)의 피고 2 내지 피고 106에 대한 예비적 청구를 모두 각하한다.
3. 소송비용은 원고(선정당사자)가 부담한다.

【청구취지】

주위적으로 피고 1은 창원시 DD 대 14595.4m2에 관하여, 예비적으로 피고 2 내지 피고 106(이하 '나머지 피고들'이라 한다)은 위 부동산 중 별지 '공유자지분비율'의 기재에 따른 나머지 피고들의 각 지분에 대하여, 원고(선정당사자) 및 선정자들(이하 '원고'(선정당사자) 및 선정자들을 통틀어 '원고들'이라 한다)에게, 별지 '원고들 지분비율'에 기재된 원고들별 지분에 따라, 별지 '원고들 지분목록' 기재 '계약일자 매매를 원인으로 하는 소유권이전등기절차를 각 이행하라(단, 별지 '공유자지분비율' 기재 '61. DE'은 '61. BL'의 오기인 것으로 판단되고, 2 별지 공유자지분비율' 기재 '62. DF'은 이 사건 소 제기 이전인 2001. 11. 3.에 이미 사망한 것으로 밝혀져, 원고들이 이 사건에 서 2006. 12. 22.자 당사자표시정정신청서를 제출함에 따라, 위 DF의 상속인들인 '피고BM, 피고 DB, 피고 DC'으로 갈음하게 되었으며, 이들에 대해서는 각 상속분에 따라 각 지분 '13223/4378620'에 대하여 구하는 것이 된다).

【이 유】

2. 피고 1에 대한 주위적 청구

가. 원고들의 피고 1에 대한 청구는, 원래 원고들이 한국부동산신탁 주식회사(이하 '파산전 회사'라 한다)와 계약(이하 '이 사건 계약'이라 한다)을 체결하였음을 근거로 하고, 파산전 회사가 파산되었으므로 그 관재인인 피고 1에게 이 사건 계약에 따른 이행을 구하고 있는 것이다.

나. 살피건대, 이 사건 계약은 파산전 회사가 신탁사업의 일환으로 수탁자의 지위에서 원고들과 체결한 것이라 할 것인데, 소장 기재에 따르면 파산전 회사에 대해 파산이 선고됨으로써 파산전 회사의 수탁자로서의 임무는 종료되고(신탁법 제11조 제1항), 그 파산관재인은 신수탁자가 신탁사무를 처리할 수 있게 될 때까지 신탁재산을 보관하고 신탁사무인계에 필요한 행위만을 할 수 있는 것인 바(신탁법 제11조 제2항), 원고가 청구하고 있는 부동산에 관한 소유권이전등기절차의 이행은 신탁재산의 근본적인 감소를 가져오는 것으로, 이를 들어 신탁재산의 보관업무나 신탁사무인계에 필요한 행위라 할 수 없다. 따라서 원고의 이 사건 주위적 청구는 그 주장 자체로서 이유 없다.

다. 당사자들의 대리인들은 이 사건의 심리과정에서, 대규모사업의 경우 신수탁자를 구하기 어렵다는 점, 신수탁자를 선임한다고 하더라도 선임을 거쳐 신수탁자가 신탁사무를 처리할 수 있게 될 때까지 장시간이 소요될 수도 있으므로 그 동안은 수탁자의 파산관재인이 수탁자의 업무를 수행할 수밖에 없으며, 현실적으로도 불가피한 일이라는 취지의 주장을 하기도 하였다.

560) 항소없이 확정됨.

그러나, 위와 같은 각 점들은 대리인들의 주장에 그치고 있을 뿐 그에 대한 근거도 제시되지 않았을 뿐더러, 가령 현실적으로 그와 같은 점이 있다고 하더라도, 파산관재인이란 파산재단과 관련한 권한만 부여되는 것인데다가(수탁자의 파산관재인에게는 신탁재산에 대해서는 일반적인 권한이 부여되지 않고, 위에서 본 권한만 갖는다), 파산관재인은 실질적으로는 파산채권자들의 이익을 대변하는 지위에 서게 되어, 신탁재산에 대한 채권자들의 이해와 상반되는 위치에 놓일 개연성이 높은 자이므로, 실제 실무상으로 수탁자의 파산관재인이 신탁사업을 수행하는 일이 있다고 하더라도 그 정당성을 인정할 수 없다. 만일 신수탁자의 선임이 어렵다면 그러한 신탁은 더 이상 계속될 수 없는 것이 되어 청산절차를 밟아 문제를 해결함이 옳을 것이다.

246. 서울중앙지방법원 2007. 11. 1. 선고 2006가합100528 판결 [사해행위취소]

[논점] 자금난으로 사업을 계속 추진하기 어려운 상태에서 새로이 자금을 융통하여 사업을 계속 추진하는 것이 채무변제력을 갖게 되는 최선의 방법이라고 생각하고 자금 융통을 위해 부득이하게 담보신탁의 목적으로 제공한 경우 사해행위 여부

【주 문】

1. 원고의 청구를 기각한다.
2. 소송비용은 원고의 부담으로 한다.

【청구취지】

별지 목록 기재 각 부동산에 관하여, 피고와 주식회사 ○○ 사이에 2006. 3. 31. 체결된 신탁계약을 취소하고, 피고는 주식회사 ○○에게 대전지방법원 남대전등기소 2006. 3. 31. 접수 제21750호로 마친 소유권이전등기의 말소등기절차를 이행하라.

【이 유】

2. 당사자의 주장에 대한 판단

가. 본안전 항변

(1) 원고가 ○○에 대해 이 사건 약속어음금채권을 가짐을 전제로, 이 사건 각 부동산에 관해 ○○와 피고 사이에 체결된 이 사건 신탁계약이 사해행위라고 주장하면서 그 취소 및 원상회복으로서 피고 명의의 소유권이전등기의 말소를 구함에 대하여,

피고는 이 사건 약속어음금채권에 대해서는 국가가 원고에 대한 증여세 등 조세채권에 기해 체납압류처분을 하였음을 전제로 위 약속어음금채권에 관한 추심권능을 상실한 원고가 제기한 이 사건 소는 부적법하다고 주장한다.

(2) 살피건대, 을 제1호증의 1 내지 3의 각 기재에 의하면, 대한민국 산하 ○○세무서는 원고가 체납한 2003년 수시분 증여세, 2001년분 양도소득세, 2002년분 증권거래세 등 합계 10,744,649,920원의 조세채권에 기하여 2006. 6. 14. 원고의 ○○에 대한 이 사건 약속어음금채권 등 지급채권을 압류하였고, 같은 해 7. 20. ○○에게 위 압류통지가 송달된 사실을 인정할 수 있으나, 국세징수법 제24조 제2항 에 의하여 국세확정 전의 압류로서 채권을 압류한 경우에는 그 국세가 확정되었을 때 국가는 피압류채권에 대하여 추심권을 취득하는데 불과하고(대법원 1997. 4. 22. 선고 95다41611 판결 등 참조), 이로 인하여 조세채무자인 채권자가 제3채무자에 대하여 가지는 피압류채권이 국가에 이전되거나 귀속되는 것은 아니라 할 것인 점, 이 사건 사해행위취소소송은 원고가 피압류채권 자체의 이행을 구하거나 만

족을 얻기 위한 것이 아니고, 모든 채권자의 이익을 위해 채권자의 지위에서 제3채무자의 책임재산 감소행위의 효력을 부인함으로써 제3채무자 명의의 책임재산을 확보하기 위한 것으로서 추심권능을 상실한 채권자에게 이를 인정하더라도 압류채권자인 국가의 이익을 해하는 것이 되지 아니하는 점 등에 비추어 볼 때, 원고가 이 사건 약속어음금채권에 관해 압류처분을 받은 것이 위 약속어음금채권을 피보전채권으로 하여 수익자인 피고를 상대로 한 사해행위취소소송을 제기하는 데에 아무런 장애사유가 된다고 볼 수 없어, 피고의 위 주장은 이유 없다.

나. 사해행위의 성립 여부

(1) 당사자의 주장

(가) 원고는, ○○와 피고 사이의 이 사건 신탁계약 체결당시 ○○는 원고에 대해 거액의 이 사건 약속어음금채무 등을 부담하는 등 채무초과상태로서 이 사건 각 부동산 외에 다른 재산이 없는 상태였고, 이 사건 약정에서 ○○가 원고에게 이 사건 약속어음금채무 등을 변제할 때까지는 이 사건 각 부동산 등의 재산을 제3자에게 처분하지 아니할 것을 약정하였음에도 불구하고, ○○가 피고에게 이 사건 신탁계약에 따라 이 사건 각 부동산에 관하여 소유권이전등기를 마쳐줌으로써 위 약정을 위반하였고, 또한 위 신탁계약은 선순위 수익권자의 이익을 위한 담보신탁으로서 원고를 비롯한 일반채권자들의 이익을 해하는 것이 되므로, 이 사건 신탁계약은 사해행위가 된다고 주장한다.

(나) 이에 대하여 피고는, ○○는 이 사건 신탁계약 체결당시 무자력상태가 아니었고, 이 사건 신탁계약은 ○○가 자금난을 극복하고 이 사건 신축사업을 완료하기 위한 불가피한 선택이었고, ○○는 이 사건 신탁계약을 통하여 주식회사 하나은행으로부터 300억원 이상을 신규로 대출받아 이 사건 신축사업과 관련된 채무를 변제함으로써 이 사건 각 부동산에 관해 진행 중이던 경매절차를 종료시키고 다수의 보전처분을 해제시키는 외에 사업비로 사용함으로써 추후 위 신축사업을 계속 진행하여 수분양자들에 대한 분양의무를 이행하고, 원고를 비롯한 채권자들에 대한 채무변제력을 확보할 수 있게 되었으므로, 이 사건 신탁계약은 사해행위에 해당되지 아니한다고 주장한다.

(2) 판단

(가) 먼저 ○○의 무자력성에 관하여 보건대, 이 사건 신탁계약 체결당시 ○○가 이 사건 신축사업과 관련하여 부담하던 채무의 규모는 이 사건 1, 2차양도약정상에 나타난 것만도 총 353억 33,255,770원(=330억 95,228,570원+22억 37,997,200원)에 이르는 점, ○○는 이 사건 신축사업을 위해 존속하는 회사로서 사업부지인 이 사건 각 부동산 외에는 별다른 재산이 없는 것으로 보이는 점은 앞서 인정된 바와 같고, 위 각 증거 및 변론 전체의 취지에 의하면, 이 사건 신탁계약 체결당시 이 사건 신축사업과 관련된 채무에 기하여 이 사건 각 부동산 관해서는 주식회사 한국외환은행(채권최고액 156억원), 진흥상호저축은행 주식회사(채권최고액 30억원) 명의의 근저당권이 설정되어 있는 외에 ○○건설(청구금액 93억 45,415,303원) 명의의 가압류, 서울특별시 명의의 체납압류 등 수십건의 압류 및 가압류가 집행되어 있었고, 특히 주식회사 한국외환은행은 2004. 6. 4. 위 근저당권에 기해 이 사건 각 부동산에 관하여 대전지방법원 2004타경19913 호로 부동산임의경매신청을 하여 경매절차가 진행 중이던 사실, 위 경매사건에서 이 사건 각 부동산에 대한 감정가격은 200억원을 넘지는 않았던 것으로 보이는 사실에 의하면, 위 신탁계약 체결당시 ○○는 이미 채무초과상태에 있었다고 봄이 상당하다.

(나) 다음으로 이 사건 신탁계약이 채무자인 ○○의 변제자력을 더욱 악화시키거나 원고 등 일반채권자의 이익을 해하는 행위가 되는지에 관하여 보건대,

위 각 증거, 갑 제12, 13호증, 을 제2호증의 각 기재 및 변론 전체의 취지에 의하면, ○○는 이 사건 신탁계약을 체결하기 전날인 2006. 3. 30. ○○건설, 피고, 주식회사 하나은행(이하 '하나은행'이라 한

다)과 사이에, 이 사건 신축사업을 원활히 추진하기 위하여 하나은행이 ○○에게 기존 근저당권 및 가압류 등 말소비용, 사업비 등의 용도로 300억원의 대출을 실행하고, ○○는 위 대출금채무를 담보하기 위해 피고에게 이 사건 각 부동산을 신탁하되, 대출약정에 의한 위 대출금의 인출일부터 30일 이내에 이 사건 각 부동산에 관해 설정된 근저당권을 말소하고, 임의경매절차를 정지·취소시키며, 위 각 부동산에 관해 설정된 가압류 등의 부담을 제거하기로 하며, 또한 ○○건설은 시공사로서 건축기한 내 이 사건 상가의 준공을 책임지기로 하는 내용의 공동사업약정을 체결한 사실, 이 사건 신탁계약은 '부동산담보신탁'으로서, 신탁부동산의 소유권 관리와 ○○가 이행하여야 할 책임 및 부담하여야 할 채무를 보장하기 위하여 피고가 이 사건 각 부동산을 보전·관리하고 채무불이행시 환가·정산하는 것을 신탁의 목적으로 하고(제1조), 신탁기간은 2006. 3.부터 신탁계약 해지일까지로 하며(제2조), 신탁원본은 이 사건 각 부동산 또는 그 물상대위로 취득한 재산, 위 각 부동산의 처분대금 및 처분절차와 관련하여 발생되는 위약금 등 신탁재산에 속하는 금전의 운용에 의하여 발생한 이익, 기타 이에 준하는 것으로 하고(제4조), 신탁수익은 이 사건 각 부동산으로부터 발생하는 임대료 등 기타 이에 준하는 것으로 하며(제5조), 신탁원본의 1순위 우선수익자는 하나은행, 2순위 우선수익자는 ○○건설로 하고(제3조), 피고는 ○○ 또는 우선수익자의 요청이 있는 경우에 이 사건 신탁계약을 증명하기 위한 수익권증서를 발행하여 교부할 수 있는데, 그에 따른 1순위 우선수익권 증서금액은 50,700,000,000원, 2순위 우선수익권 증서금액은 77,141,064,000원으로 하며(제6조), 우선수익자가 갖는 수익권의 범위는 피고가 발행한 수익권증서를 근거로 한 우선수익자와 채무자인 ○○ 간의 여신거래로 발생하여 증감 변동된 우선수익자의 원금 및 이자(연체이자 및 일체의 부대채무 포함)에 한하고(제7조), 비용부담 및 신탁보수에 관해서는 신탁부동산 및 신탁이익에 대한 제세공과금, 유지관리비 및 금융비용 등과 기타 신탁사무의 처리에 필요한 제비용 및 신탁사무처리에 있어서 피고의 책임 없는 사유로 발생한 손해는 ○○가 부담하고, 신탁보수는 담보관리보수와 환가처분보수로 구분하여 소정의 계산식에 의해 계산된 금액을 지급하며(제14, 16조), 처분대금 등의 정산과 관련하여 수탁자가 신탁부동산을 환가하여 정산하는 경우에는 신탁계약과 관련된 비용 및 보수, 신탁등기전 대항력 있는 소액임대차보증금, 신탁등기 전 대항력 있는 임대차보증금, 근저당권, 전세권, 등기된 임차권 등의 피담보채권, 수탁자에게 반환의무 있는 임대차보증금 중 위의 것에 해당하지 않는 것, 우선수익자의 채권, 순차 변제하고 잔여액이 있을 경우 그 잔여분을 ○○에게 지급하도록(제21조) 규정하고 있는 사실, ○○는 위 사업약정 및 신탁계약을 체결한 후 하나은행으로부터 지급받은 대출금으로 위 신축사업 관련채무를 변제함으로써 2006. 4. 5.부터 같은 달 24. 사이에 이 사건 각 부동산에 설정된 근저당권을 모두 말소시키고, 압류, 가압류, 가처분을 해제시켰으며, 진행 중이던 임의경매절차도 종료시켰고, 남은 대출금은 사업비로 사용함으로써 이 사건 신축사업을 계속 진행하고 있는 사실, 이 사건 약정의 내용 중에는 "자연인이 이 사건 약속어음의 지급기일 이전에 P/F를 완료하는 경우" 또는 "자연인이 인수하기로 한 채무 중 웅비산업개발의 이행보증금 5억원은 P/F 완료 후 1개월 이내에 변제" 등의 기재가 있어 자연인이 장래 소위 '프로젝트파이낸싱(P/F)'을 통해 외부로부터 신규로 자금을 유치할 수 있음을 전제로 하고 있었던바, 원고로서도 이를 위한 이 사건 각 부동산의 담보 제공을 어느 정도 예상하고 있었던 것으로 보이는 사실을 인정할 수 있다.

앞서 본 바와 같이 자연인은 이 사건 약정에서 원고에게 이 사건 약속어음금채무를 변제하기 전에는 이 사건 각 부동산을 제3자에게 처분하지 않기로 약정하였고, 위 인정사실에 의하면 이 사건 신탁계약에 의해 하나은행, ○○건설이 이 사건 각 부동산에 관한 우선수익자가 됨으로써 외관상 원고에 대한 ○○의 채무변제력이 감소된 것으로 보이나, 한편, 채무초과상태에 있는 채무자가 그 소유의 부동산을 채권자 중의 어느 한 사람에게 채권담보로 제공하는 행위는 특별한 사정이 없는 한 다른 채권자들에 대한 관계에서 사해행위에 해당한다고 할 것이나, 자금난으로 사업을 계속 추진하기 어려운 상황에 처한 채무자가 자금을 융통하여 사업을 계속 추진하는 것이 채무 변제력을 갖게 되는 최선의 방법이라고 생각하고 자금을 융통하기 위하여 부득이 부동산을 특정 채권자에게 담보로 제공하거나 이를 신탁하고 그로부터 신규자금을 추가로 융통받았다면 특별한 사정이 없는 한 채무자의 담보권 설정 내지 신탁행위는 사해행위에 해당하지 않는다고 할 것인데(대법원 2001. 5. 8. 선고 2000다50015 판결 등 참조), 위 인정사실 및 앞서 인정된 사실관계로부터 추단되는 다음과 같은 사정들, 즉, 채무자인 ○○는 원고가 이 사건 신축사업을 시행하기 위해 설립한 회사로서, 이 사건 각 부동산을 주된 재산으로 하여 위 신축사업을 개시하였다가 분양실적이 저조하여 분양계약금 등을 받아 충당하고자 했던 사업비의 조달이 용이하지 않자 원고 스스로 위 신축사업의 사업권을 포기하면서 원고 내지 ○○가 시공사인 ○○건설 등 신축공사 관련채권자에 대해 부담하던 채무와 수분양자들에 대한 분양채무 일체를 비상대책위원회측이 대신 변제하는 조건으로 비상대책위원회측과 사이에 이 사건 1차양도약정을 하였고, 비상대책위원회측도 위 신축사업을 계속 진행할 능력이 되지 않자 원고의 동의 하에 위와 유사한 조건으로 자연인측과 사이에 이 사건 2차양도약정을 한 것이어서 이 사건 신탁계약 체결당시 원고는 여전히 이 사건 신축사업의 최초시행자의 지위에서 ○○ 등과 함께 ○○건설 등 신축공사 관련채권자에 대해 채무를 부담하고 있었던 상태로서 위 신축공사 관련채무가 변제되는 경우 원고에게도 채무의 부담이 감소되는 이익이 발생되는 것으로 보이는 점, ○○를 경영하던 자연인측은 이 사건 신축사업을 양도받아 시행하던 중 자금이 부족한 반면, 이미 발생된 거액의 채무부담과 함께 사업부지인 이 사건 각 부동산에 관해 임의경매절차가 진행 중이어서 위 각 부동산이 제3자에게 경락되는 경우에는 사실상 위 신축사업의 진행이 불가능한 상황에서 하나은행으로부터 신규로 대출을 받아 사업부지와 관련된 채무를 변제함으로써 이 사건 신축사업 진행의 전제가 되는 사업부지를 확보하고 사업비를 마련할 목적으로 이 사건 신탁계약을 체결하게 된 점, 그리하여 ○○는 하나은행으로부터 대출받은 자금을 이용하여 이 사건 신탁계약을 체결한 후 이 사건 각 부동산에 관해 설정된 물적담보를 말소하고, 임의경매절차를 취하시켰으며, 채권자들의 보전처분을 해제시킴으로써 사업부지를 확보하여 위 신축사업을 계속 진행하게 된 점, 이 사건 신탁계약의 목적은 피고가 이 사건 각 부동산을 보전·관리하여 ○○의 채무 또는 책임의 이행을 보장하는 것이고, 위 신탁계약에서는 ○○가 수익자로 되어 있기 때문에 ○○는 위 신탁계약을 통하여 장래 얻을 수 있는 수익권을 취득하였으므로 ○○의 담보재산이 전혀 없게 되었다고 볼 수는 없는 점, 이 사건 신탁계약을 통해 하나은행 등이 이 사건 각 부동산에 관해 우선수익자로 되기 이전에 이미 위 각 부동산에는 원고에 우선하여 담보권을 갖는 다수의 근저당권자가 있었던바, 일반채권자로서 원고가 위 각 부동산에 대해 갖는 이익은 위 신탁계약 전후로 큰 변동이 없는 것으로 보이는 점 등에 비추어 볼 때, 이 사건 신탁계약은 ○○가 자금난으로 사업을 계속 추진하기 어려운 상태에서 새로이 자금을 융통하여 사업을 계속 추진하는 것이 채무변제력을 갖게 되는 최선의 방법이라고 생각하고 자금 융통을 위해 부득이하게 이 사건 각 부동산을 피고에게 담보신탁의 목적으로 제공하고, 이를 통하여 하나은행으로부터 신규 대출을 받는 과정에서 이루어진 것으로서, 원고를 비롯한 채권자들을 해하는 사해행위에 해당한다고 볼 수 없다 할 것이므로, 원고의 위 주장은 이유 없다.

247. 서울중앙지방법원 2007. 8. 30. 선고 2007가합786 판결 [예금반환][561)]

[논점] 신탁법에서 예외적으로 신탁재산에 대하여 강제집행 또는 경매할 수 있다고 규정한 '신탁사무의 처리상 발생한 권리'에 위탁자를 채무자로 하는 경우도 포함되는지 여부

561) 피고보조참가인이 항소하였으나 서울고등법원 2008. 7. 25. 선고 2007나106438 판결에서 1심판결 이유를 그대로 인용하며 기각함. 상고없이 확정됨.

【주 문】

1. 피고는 원고에게 440,373,584원 및 이에 대하여 2006. 9. 11.부터 2007. 1. 11.까지는 연 4%, 그 다음날부터 다 갚는 날까지는 연 20%의 각 비율로 계산한 돈을 지급하라.

2. 소송비용 중 보조참가로 인한 부분은 피고보조참가인이, 그 나머지 부분은 피고가 각 부담한다.

3. 제1항은 가집행할 수 있다.

【청구취지】

주문과 같다.

【이 유】

2. 본안전 항변에 관한 판단

가. 당사자의 주장요지

피고보조참가인은, 이 사건 예금채권이 국세체납으로 인하여 압류처분되었는바, 이와 같이 채권이 국세징수법에 기하여 압류처분된 경우 채권자는 압류처분된 채권의 지급청구에 관한 소송수행권을 상실한다고 할 것이어서 원고가 압류된 채권의 지급을 구하는 이 사건 소는 당사자적격을 결여한 부적법한 소라고 항변하고, 이에 대하여 원고는 국세체납자는 중앙이티피임에도 불구하고 원고 명의로 되어 있는 이 사건 예금채권을 압류한 것은 위법하여 무효라는 취지로 주장한다.

나. 이 사건 예금채권 압류의 효력

체납처분으로서의 압류의 요건을 규정하고 있는 국세징수법 제24조 각 항의 규정을 보면 어느 경우에나 압류의 대상을 납세자의 재산에 국한하고 있으므로, 납세자가 아닌 제3자의 재산을 대상으로 한 압류처분은 그 처분의 내용이 법률상 실현될 수 없는 것이어서 당연무효라고 할 것인바(대법원 1996. 10. 15. 선고 96다17424 판결 등 참조), 이에 대하여 피고보조참가인은, ① 이 사건 예금계좌는 원고 명의로 개설되었으나, 중앙이티피의 분양수입금 등을 관리하는 계좌로 원고는 단순히 중앙이티피의 자금을 관리하는 대리인의 지위에 있다 할 것이므로 그 명의가 외관상 원고로 되어 있다 하더라도 이 사건 예금채권의 실지 귀속은 중앙이티피에 속한다고 할 것이고, ② 설사 이 사건 예금채권이 원고 명의로 된 신탁재산이라 하더라도 중앙이티피에 대한 조세채권은 이 사건 부동산의 분양 등에서 발생한 것으로 신탁법 제21조 제1항 단서에 규정하는 '신탁사무의 처리상 발생한 권리에 기한 경우'에 해당하여, 신탁재산에 대한 압류는 가능하므로 위 압류는 어느 모로 보나 적법하다고 주장한다.

살피건대, 우선 위 ① 주장과 관련하여, ㉠ 신탁법 제19조(물상대위성)에는 "신탁재산의 관리·처분·멸실·훼손 기타의 사유로 수탁자가 얻은 재산은 신탁재산에 속한다"고 규정하고 있고, 이 사건 신탁계약서 제1조(신탁목적)에 따르면 이 사건 신탁목적은 위탁자 중앙이티피의 대출금융기관에 대한 대출금 담보를 목적으로 신탁재산을 원고가 보전·관리하는데 있고, 같은 계약서 제4조(신탁의 원본)에는 "신탁의 원본은 신탁부동산 또는 그 물상대위로 취득한 재산, (중략) 신탁부동산의 처분대금, (중략) 기타 이에 준하는 것으로 한다"고 규정하고 있는데, 이 사건 예금계좌는 이 사건 부동산을 처분한 분양대금 등이 입금된 계좌인 사실은 앞서 본 바와 같은바, 원고와 중앙이티피 사이에 체결된 계약의 명칭에 불구하고 신탁재산인 이 사건 부동산 처분대금이 입금된 이 사건 예금채권은 담보목적의 신탁재산에 속한다고 봄이 상당한 점, ㉡ 이 사건과 같이 위탁자의 대출금융기관에 대한 대출금을 담보하기 위하여 제3자에게 재산을 담보신탁한 경우에 있어, 국가의 조세채권이 담보목적으로 이미 제3자 명의로 된 재산에 대하여 그 담보권에 당연히 우선한다고 보기는 어려운 점, ㉢ 금융실명거래 및 비밀보장에 관한 법률 제3조 제1항에 따라 금융기관은 거래자의 실지 명의에 의하여 금융거래를 하여야 하므로, 원칙적으로 예금명의자를 예금주로 보아야 하고, 다만 특별한 사정으로 예금의 출연자와 금융기관 사이에 예금명의인이 아닌 출연자에게 예금반환채권을 귀속시키기로 하는 명시적 또는 묵시적 약정이 있는 경우에만 그 출연자를 예금주로 하는 금융거래계약이 성립되는바(대법원 2005. 6. 24. 선고 2005다17877 판결), 이 사건에 있어 예금의 출연자(중앙이티피)와 금융기관(피고) 사이에 예금명의인이 아닌 출연자에게 예금반환채권을 귀속시키기로 하는 명시적 또는 묵시적 약정을 하였다는 특별한 사정을 찾아 볼 수 없는 점 등의 사정을 고려하여 볼 때, 이 사건 예금채권이 중앙이티피의 소유라고 보기 어려워 이를 전제로 한 피고보조참가인의 이 부분 주장은 이유 없다.

다음으로 위 ② 주장과 관련하여, 신탁법 제21조 제1항 단서의 의미는 신탁사무의 처리상 발생한 수탁자에 대한 권리를 가지고 있는 채권자는 수탁자의 일반 채권자와는 달리 신탁재산에 대하여 예외적으로 강제집행을 할 수 있다는 취지인바, 우선 피고보조참가인이 체납처분의 기초로 삼은 조세채권은 수탁자인 원고를 체납처분자로 한 것이 아니라 위탁자인 중앙이티피에 대한 것이고, 나아가 중앙이티피와 원고 사이의 이 사건 신탁계약은 중앙이티피의 대출금융기관에 대한 대출금 채무를 담보할 목적으로 체결한 담보신탁이며, 이 사건건 부동산에 대한 분양업무는 여전히 중앙이티피가 담당하고 있는 사실은 앞서 본 바와 같은바, 중앙이티피의 이 사건 부동산 분양과 관련한 부가가치세 및 중앙이티피의 법인수익에 대한 법인세 또는 중앙이티피의 근로자에 대한 근로소득 원천징수세액 등은 이 사건 신탁계약상 '신탁사무의 처리상 발생한 권리'라고 할 수도 없으므로, 피고보조참가인의 이 부분 주장 역시 이유 없다.

따라서 이 사건 예금채권에 대한 피고보조참가인의 압류는 적법한 근거 없이 체납자 아닌 제3자의 재산에 대하여 한 압류로서 무효라고 할 것이므로, 피고보조참가인의 위 항변은 이유 없다.

248. 서울중앙지방법원 2007. 7. 10. 선고 2006가단476952 판결 [구상금][562)]

[논점] 수탁자가 파산한 경우 신탁사무의 처리상 발생한 채권을 가지고 있는 채권자는 파산선고 당시의 채권 전액에 관하여 파산채권자로서의 권리를 행사할 수 있는지 여부 및 신탁재산에 대한 강제집행을 할 수 있는지 여부

【주 문】

1. 피고는 원고에게 969,110,286원 및

가. 그 중 816,478,988원에 대하여 2001. 12. 28.부터 2003. 4. 16.까지는 연 18%, 그 다음날부터 2007. 1. 8.까지는 연 16%의,

나. 나머지 152,631,298원에 대하여는 2003. 8. 1.부터 2007. 1. 8.까지는 연 6%의, 각 그 다음날부터 갚는 날까지는 연 20%의 각 비율에 의한 돈을 지급하라.

2. 소송비용은 피고가 부담한다.

3. 제1항은 가집행할 수 있다.

【청구취지】

주문과 같다.

【이 유】

2. 본안전 항변에 관한 판단

562) 항소없이 확정됨.

나. 다음으로, 피고는 원고가 이 사건 확정지연손해금 및 추가보증료 채권을 코레트신탁의 파산채권으로 신고하였고 피고가 이에 대하여 이의하지 아니하여 위 채권은 코레트신탁에 대한 파산채권으로 확정되어 확정채권에 관한 채권표에 기재되었는바, 이러한 채권표의 기재는 확정판결과 동일한 효력을 가지는 것이므로, 이와 별도로 위 채권에 관한 집행권원을 얻을 필요는 없어 이 사건 소는 부적법하다는 취지로 주장한다.

그러므로 보건대, 뒤에서 보는 바와 같이, 신탁재산은 수탁자의 고유재산이 된 것을 제외하고는 파산재단을 구성하지 않으므로 수탁자가 파산한 경우 신탁사무의 처리상 발생한 채권을 가지고 있는 채권자는 파산선고 당시의 채권 전액에 관하여 파산채권자로서의 권리를 행사할 수 있음은 물론, 신탁재산에 대하여 강제집행을 할 수도 있는 것인데, 확정된 파산채권에 관한 채권표의 기재가 파산채권자 전원에 대하여 확정판결과 동일한 효력을 가진다 하더라도 이는 기판력이 아닌 확인적 효력으로 파산절차 내부에서 불가쟁의 효력이 있다는 의미에 지나지 아니하고 이를 집행권원으로 신탁재산에 대한 강제집행을 할 수는 없으므로, 결국 신탁사무의 처리상 발생한 채권을 가지고 있는 채권자는 채권표의 기재와 별도로 신탁재산의 소유자 등에 대하여 위 채권의 이행을 구하는 소를 제기할 필요가 있다 할 것이어서, 피고의 위 주장도 이유 없다.

3. 본안에 관한 판단

신탁사무의 처리상 발생한 채권을 가지고 있는 채권자는 수탁자의 일반채권자와 달리 신탁재산에 대하여도 강제집행을 할 수 있고(신탁법 제21조[563] 제1항), 수탁자가 파산한 경우 신탁재산은 수탁자의 고유재산이 된 것을 제외하고는 파산재단을 구성하지 않으며(신탁법 제22조[564]), 이때 신탁재산의 보관 및 신탁사무인계에 필요한 행위를 할 권한은 신수탁자가 신탁사무를 처리할 수 있게 될 때까지 수탁자의 파산관재인에게 귀속되는바(신탁법 제11조 제2항[565]), 위와 같은 신탁재산의 보관 및 신탁사무인계에 필요한 행위에는 신탁재산을 처분하거나 새로운 의무를 부담하는 행위는 포함되지 않지만, 수탁자의 신탁사무의 처리상 발생한 채무로서 신수탁자가 신탁사무의 처리를 시작하기 전에 그 이행기가 도달한 경우, 파산관재인이 채무불이행으로 인한 지연손해금의 발생 또는 신탁재산에 대한 강제집행을 피하기 위하여 위 채무를 이행하는 것은 신탁재산의 보관 및 신탁사무인계에 필요한 행위에 포함된다고 할 것이다. 따라서 신탁사무의 처리상 발생한 채권을 가지고 있는 채권자는 수탁자가 파산한 경우 파산선고 당시의 채권 전액에 관하여 파산채권자로서의 권리를 행사할 수 있음은 물론, 신수탁자가 신탁사무를 개시하기 전까지는 수탁자의 파산관재인을 상대로 신탁재산에 대한 강제집행을 하기 위하여 그 채권의 이행청구를 할 수도 있다 할 것이고, 이러한 경우 수탁자의 파산관재인은 신탁재산에 대한 관리자로서의 지위와 고유재산으로 구성되는 파산재단의 대표자로서의 지위를 겸하고 있으며, 만약 채권자가 신탁사무의 처리상 발생한 채권에 관한 집행권원으로 파산재단을 구성하는 수탁자의 고유재산 또는 다른 신탁관계로 인한 신탁재산에 강제집행을 한다면 파산관재인은 청구이의의 소를 제기하는 방법으로 이를 저지할 수 있는 것이다.

그런데 이 사건 신탁의 수탁자인 코레트신탁의 파산관재인인 피고는 이 사건 신탁재산에 신수탁자가 선임되어 신탁사무를 개시하였다는 사정이 없는 이상 이 사건 신탁재산의 보관 및 신탁사무인계에 필요한 행위를 할 권한을 가진다 할 것이므로, 원고에게 위 신탁사무의 처리상 발생한 채권인 위 대위변제금 잔액 및 확정손해금채권의 합계 969,110,286원(= 816,478,988원 + 152,631,298원) 및 그 중 대위변제금

563) 현행 신탁법 제22조.

564) 현행 신탁법 제24조.

565) 현행 신탁법 제12조 제4항.

잔액816,478,988원에 대하여 대위변제일인 2001. 12. 28.부터 2003. 4. 16.까지는 연 18%, 그 다음날부터 이 사건 소장 부본 송달일인 2007. 1. 8.까지는 연 16%의 각 비율에 의한 약정지연손해금을, 그 다음날부터 갚는 날까지는 소송촉진 등에 관한 특례법에 정한 연 20%의 비율에 의한 법정지연손해금을 지급할 의무가 있고, 나머지 확정손해금 152,631,298원에 대하여는 최종회수일 다음날인 2003. 8. 1.부터 이 사건 소장 부본 송달일인 2007. 1. 8까지는 상법에 정한 연 6%의, 그 다음날부터 다 갚는 날까지는 소송촉진 등에 관한 특례법에 정한 연 20%의 각 비율에 의한 지연손해금을 지급할 의무가 있다.

249. 서울고등법원 2005. 6. 3. 선고 2004나75694 판결 [사해행위취소][566]

[논점] 사해신탁의 제척기간 및 자금력이 부족했던 채무자가 사업부지 지분 등에 대한 매매계약을 완결지음과 동시에 동 사업부지상 아파트신축사업 추진을 위한 자금조달 방법으로써 프로젝트파이낸싱 대출을 받고 위 프로젝트파이낸싱 대출의 일환으로 불가피하게 위 사업부지 지분 등을 담보신탁한 경우 사해행위 해당 여부

【주 문】

1. 제1심 판결을 취소한다.
2. 원고의 청구를 기각한다.
3. 소송비용은 제1, 2심 모두 원고의 부담으로 한다.

【청구취지 및 항소취지】

1. 청구취지

피고와 A 사이에 별지 목록 기재 각 부동산의 각 1/3지분(이하 '이 사건 각 부동산 지분이라 한다)에 관하여 2001. 12. 19. 체결된 신탁계약은 이를 취소한다.

피고는 이 사건 각 부동산 지분에 관하여 대전지방법원 보령등기소 2001. 12. 19. 접수 제26763호로 마친 각 소유권이전등기의 말소등기절차를 이행하라.

2. 항소취지

주문과 같다.

【이 유】

2. 본안전 항변에 대한 판단

가. 이 사건 신탁행위가 신탁법 제8조에 규정된 사해신탁에 해당하므로 취소되어야 한다는 원고의 이 사건 소에 대하여, 피고는 채무자인 A가 이 사건 각 부동산 지분에 관하여 피고에게 신탁을 원인으로 한 소유권이전등기를 마쳐 준 2001. 12. 19. 무렵 원고는 이미 이 사건 신탁행위가 사해행위가 된다는 점을 알았다고 할 것이므로, 그로부터 1년이 훨씬 지난 후에 제기된 이 사건 소는 제척기간을 도과한 부적법한 소라고 주장한다.

나. 살피건대, 신탁법에 규정된 사해신탁도 민법상의 사해행위와 그 본질적인 성격을 같이 하므로 민법의 제척기간에 관한 규정이 당연히 적용된다고 할 것이고, 이 사건 소가 A와 피고 사이에 이 사건 신탁행위가 있었던 2001. 12. 19.로부터 1년이 훨씬 지난 2003. 10. 2. 제기된 사실은 기록상 명백하다.

그러나 나아가 원고가 2001. 12. 19, 무렵 위와 같이 A와 피고 사이에 이 사건 신탁행위가 있었다는

566) 상고없이 확정됨.

점을 알았는지 여부에 관하여 보면, 이를 인정할 만한 아무런 증거가 없고, 오히려 원고가 이 사건 각 부동산 지분에 관하여 2003. 7. 21. 서울지방법원2003카합221호로 사해행위취소로 인한 소유권이전등기 말소청구권 보전을 위한 가처분 결정을 받아 그 가처분등기를 마친 뒤 약 2개월이 경과된 시점에 이 사건 소를 제기한 사정(증거 : 갑 제6호증의 1내지 8) 에 비추어 보면, 원고는 2003. 7. 21.경에 이르러서야 비로소 이러한 사실을 알았다고 봄이 상당하므로, 피고의 본안전 항변은 이유 없다.

3. 본안에 대한 판단

(1) 신탁행위가 사해행위가 될 수 있는지 여부

(가) 비록 신탁법상 신탁재산은 신탁자의 재산권으로부터 분리될 뿐만 아니라 수탁자의 고유재산으로부터도 구별되어 관리되는 독립성을 갖고 있고, 신탁이 종료된 경우에는 신탁재산의 귀속권리자가 따로 정해져 있지 아니한 때에는 그 신탁재산은 신탁자에게 복귀하기는 하나, 신탁자가 수탁자에게 부동산의 소유권을 이전하여 당사자 사이에 신탁법에 의한 신탁관계가 설정되면 단순한 명의신탁과는 달리 신탁재산은 수탁자에게 귀속되어 신탁 후에는 신탁자의 재산이라고 볼 수 없고, 신탁자의 채권자가 신탁재산에 대하여 강제집행을 할 수도 없는바, 신탁법에 의하여 공시된 신탁이라고 하더라도 이는 엄연한 처분행위로서 신탁자의 일반채권자들에 대한 관계에 있어서는 사해행위가 될 수 있다고 할 것이다.

(나) 따라서 이 사건에서 채무초과상태에 있는 A가 그의 유일한 재산인 이 사건 각 부동산 지분을 피고에게 신탁한 행위는 특별한 사정이 없는 한 원고 등 일반채권자의 이익을 침해하는 사해행위로서 취소의 대상이 된다.

(2) 이 사건 신탁행위의 사해행위성 여부

(가) 그러나 이 사건 신탁행위는 앞서 본 바와 같이 A 등과 피고, 보조참가인 사이의 프로젝트파이낸싱 대출계약에 따라 ① A 등의 이 사건 각 부동산의 소유권 취득, ② A 등과 피고 사이의 이 사건 신탁행위, ③ 보조참가인의 A 등에 대한 대출의 성립의 각 과정이 서로 불가분의 관계를 가지고 연속적인 일련의 행위로서 이루어졌는바, 이 사건 각 부동산 지분이 처음부터 A가 소유하고 있던 재산이 아니라 위 프로젝트파이낸싱 계약에 의하여 보조참가인으로부터 대출을 받음으로써 비로소 취득할 수 있었던 재산이라는 점에 비추어, 대출행위나 부동산 취득행위와 분리하여 이 사건 신탁행위 하나만 놓고 그것이 사해행위가 되는지 여부를 판단하는 것은 옳지 않고, 이 사건 신탁행위는 그에 선행된 이 사건 매매계약 및 대출행위와 포괄하여 그것이 원고 등 일반채권자를 해하는 사해행위인지 여부를 판단하여야 할 것이다.

(나) 그런데, 자금난으로 사업을 계속 추진하기 어려운 상황에 처한 채무자가 자금을 융통하여 사업을 계속 추진하는 것이 채무변제력을 갖게 되는 최선의 방법이라 생각하고 자금을 융통하기 위하여 부득이 부동산을 특정채권자에게 담보로 제공하고 그로부터 신규자금을 추가로 융통 받았다면 채무자의 그러한 담보권 설정행위는 사해행위에 해당하지 않는다고 할 것이다(대법원 2001. 5. 8. 선고 2000다50015 판결 등 참조).

이 사건에서 보면, ① 이 사건 각 부동산은 A 등에게 매각될 당시 그 감정가액이 실제 공매된 가격에 비하여 상당히 높은 수준이었는데, 이는 기성고율 30.7%에서 중단된 상태로 있던 그 지상의 아파트신축사업이 취득자에 의하여 계속 추진되어 완성된다면 위 부동산으로부터 얻을 수 있는 장래의 잠재적 기대이익이 위 공매가격보다 상당히 크다는 점을 반영한 것으로서, 위 아파트신축사업을 계속 추진하려고 한 A로서는 위 부동산을 매수함으로써 그 시점에 잠재적으로나마 위 부동산 지분의 시가인 50억 70,300,706원(이 사건 각 부동산의 감정가액 152억 10,902,120원 × A의 지분 1/3, 원 미만 버림) 상당의 적극재산의 증가가 있었다고 볼 수 있고, ② 자금력이 부족했던 A 등은 이 사건 매매계약을 완결지음과 동시에 위 아파트신축사업 추진을 위한 자금조달 방법으로써 진흥상호저축은행으로부터 프로젝트파이낸싱 대출을 받은 것인데, 이 사건 신탁계약은 위 프로젝트파이낸싱 대출의 일환으로 불가피하게 이루어진 담보제공행위로서, 당시 피담보채무로서 채권자에게 귀속될 개발이익금까지 미리 고려된 위 대출금 총액은 위 부동산 감정가액의 2/3 정도에 불과하고, 특히 그 중 A의 내부적 부담은 34억원(이 사건 대출금 채무 102억 × A의 지분 1/3) 정도로 보이는바, 이는 산술적으로 앞서 본 바의 위 아파트신축사업 재개시점에 평가된 A의 위 부동산에 관한 잠재적 지분가치보다 적은 금액으로서 일응 A에게 유리한 것으로 평가되며, ③ 나아가 이 사건 신탁계약에 따라 이 사건 각 부동산 지분의 소유명의는 수탁자인 피고에게 이전되었으나, A는 신탁약정에 따라 위 부동산을 계속 점유사용하면서 그 지상의 아파트신축사업을 지속적으로 추진할 수 있는 것이므로, 그 사업추진 여하에 따라 완공된 아파트를 분양하여 위 부동산에 관한 잠재적 수익을 실현시킴으로써 이 사건 대출금 채무를 포함한 기존채무에 대한 변제자력을 회복할 것으로 기대할 수 있으며, ④ 실제로도 A는 이 사건 대출금 중 55억 14,624,083원을 이 사건 각 부동산의 매매잔대금으로 지급하고 위 부동산 지분의 소유권을 취득하였으며, 나머지 대출금도 모두 위 아파트신축사업과 관련된 기성공사대금 채무의 변제에 충당하면서 위 사업을 계속적으로 추진한 것으로 보이는 점 등을 종합해 보면, A가 피고와 이 사건 신탁계약을 체결한 것은 당시 아무런 재산이 없어 도저히 원고를 비롯한 일반채권자들에 대한 채무를 변제할 수 없는 상태에서 잠재적 평가액보다도 상당히 저렴한 가격으로 이 사건 각 부동산 지분을 취득하여 그 지상에 아파트신축사업을 계속 추진함으로써 기대이익을 창출하는 것이 자신의 채무변제력이나 자력을 회복하는데 유리하다는 판단 아래 이를 가능케 하는 수단으로 부득이하게 이루어진 것으로 보일 뿐, A가 위 신탁을 이용하여 원고 등 채권자를 해하고 그의 채무를 회피하고자 한 것으로는 볼 수 없어, 이와 같이 A에게 사해의사를 인정할 수 없으므로 이 사건 신탁행위를 사해행위라고 보기 어렵다.

250. 인천지방법원 2004. 11. 17. 선고 2003가합13044 판결 [손해배상약정금청구 및 사해신탁취소][567)]

[논점] 신탁법에 규정된 사해신탁의 취소에도 민법 제406조 제2항에 정한 제척기간의 규정이 적용되는지 여부

【주 문】

1. 피고 동방산업 주식회사는 원고 A에게 금 240,639,750원, 원고 B에게 금 239,092,750원 및 위 각 금원에 대한 1998. 8. 31.부터 2004. 1. 8.까지는 연 5%, 그 다음날부터 다 갚는 날까지는 연 20%의 각 비율에 의한 금원을 각 지급하라.

2. 원고들의 피고 파산자 한국부동산신탁 주식회사의 파산관재인 김00, 안00에 대한 소를 각하한다.

3. 소송비용 중 원고들과 피고 동방산업 주식회사 사이에 생긴 부분은 피고 동방산업 주식회사가, 원고들과 피고 파산자 한국부동산신탁 주식회사의 파산관재인 김00, 안00 사이에 생긴 부분은 원고들이 각 부담한다.

4. 제1항은 가집행할 수 있다.

【청구취지】

주문 제1항과 같은 판결 및 피고 동방산업 주식회사와 소외 한국부동산신탁 주식회사 사이에 별지

567) 원고가 항소하였으나 서울고등법원 2005. 6. 14. 선고 2005나154 판결에 의해 항소기각됨. 상고없이 확정됨.

목록 기재 각 부동산에 관하여 1996. 8. 17. 체결된 신탁계약을 취소하고, 피고 파산자 한국부동산신탁 주식회사의 파산관재인 김00, 안00은 원고들에게 위 각 부동산에 관하여 인천지방법원 서인천등기소 1996. 9. 18. 접수 제140557호로 마친 각 소유권이전등기의 말소등기절차를 이행하라는 판결.

【이 유】

(1) 살피건대, 먼저 민법 제406조 제2항에 의하면, 사해행위취소의 소는 사해행위라고 주장하는 법률행위가 있은 날로부터 5년 내에 제기하여야 하고, 위 5년의 기간은 제척기간으로서 그 기간이 도과된 후에 제기된 사해행위취소의 소는 부적법한 것으로 각하되어야 할 것인바, 피고 동방산업이 1996. 8. 17. 한국부동산신탁과 사이에 이 사건 신탁계약을 체결한 사실은 앞서 본 바와 같고, 원고들의 이 사건 소는 위 신탁계약 체결일로부터 5년이 경과된 이후인 2003. 12. 31. 제기되었음이 기록상 명백하므로 (위 신탁계약에 따른 소유권이전등기일인 1996. 9. 18.을 기준으로 하더라도 5년이 경과되었음은 명백하다.) 원고들의 이 사건 소는 제척기간이 도과된 이후에 제기된 것으로서 부적법하다.

이에 대하여 원고들은, 신탁행위와 관련된 사해행위의 취소에 관하여는 신탁계약의 특수성을 고려하여 신탁법 제8조에서 사해신탁의 경우 수탁자가 선의일지라도 민법 제406조 제1항의 취소 및 원상회복을 청구할 수 있도록 규정하고 있는데, 이처럼 신탁법에서 민법 제406조 제1항에 대응하는 규정만을 두고, 제척기간에 관한 민법 제406조 제2항에 대응하는 규정을 두고 있지 않으므로 사해신탁의 경우에는 민법이 정한 사해행위취소의 소에 관한 제척기간 규정이 적용되지 않는다고 주장한다.

그러나 신탁법 제8조가 규정하고 있는 사해신탁의 취소도 민법상의 채권자취소권과 마찬가지로 책임재산의 보전을 위한 것이므로 피보전채권은 금전채권이어야 하고, 특정물에 대한 소유권이전등기청구권을 보전하기 위하여 행사하는 것은 허용되지 않는 점(대법원 2001. 12. 27. 선고 2001다32236 판결 참조), 위 신탁법 규정에서도 '민법 제406조 제1항의 취소 및 원상회복 청구'라고 명시하고 있는 점 등에 비추어 보면, 신탁법에 규정된 사해신탁도 민법상의 사해행위와 그 본질적인 성격을 같이 한다 할 것이고, 또한 신탁법 제8조는 민법 제406조 제1항에 대한 특칙의 형태로 규정되어 있는바, 제척기간에 대하여 이러한 특칙의 규정이 없는 이상 오히려 민법의 제척기간에 관한 규정이 당연히 적용된다고 해석함이 상당하다 할 것이므로 원고들의 위 주장은 이유 없다.

(2) 가사 사해신탁의 경우에는 민법이 정한 사해행위취소의 소에 관한 제척기간 규정이 적용되지 않는다고 하더라도, 앞서 본 바와 같이 이 사건 신탁계약은 피고 동방산업이 이 사건 상가건물을 신축하여 분양하는 사업을 추진하던 중 이미 위 상가건물의 일부가 분양된 상태에서 자금난으로 인하여 공사를 중단할 위기에 처하자 위 상가건물의 신축공사를 계속 추진하여 건물을 완공하는 것이 이미 분양받은 원고들을 포함하여 채권자들의 피해를 줄이고 자신도 채무변제력을 회복하는 최선의 방법이라고 생각하고 사업을 계속하기 위한 방법으로 체결된 것으로, 자금난으로 인하여 공사를 계속할 수 없었던 피고 동방산업으로서는 이 사건 신탁계약이 최대한의 변제력을 확보하는 최선의 방법이었고, 또한 공사를 완공하기 위한 부득이한 조치였다고 할 것이어서 결국 이 사건 신탁계약은 사해행위에 해당한다고 볼 수 없으므로(대법원 2003. 12. 12. 선고 2001다57884 판결 참조) 이 점에 있어서도 원고들의 위 주장은 이유 없다.

251. 서울고등법원 2004. 7. 15. 선고 2004나4395 판결 [소유권이전등기말소등][568]

[논점] 자금난으로 아파트를 안정적으로 분양할 수 없었던 시행자가 최대한의 변제력을 확보하기 위한 방편

568) 상고없이 확정됨.

으로 부동산처분신탁계약을 체결하는 행위가 사해행위에 해당하는지 여부

【주 문】

1. 제1심 판결 중 피고 주식회사 세*에 대한 원고 패소부분을 취소한다.

피고 주식회사 세*는 원고에게 별지 목록 기재 부동산에 관하여 1999. 10. 8. 매매를 원인으로 한 소유권이전등기절차를 이행하라.

2. 원고의 피고 케*비부동산신탁 주식회사에 대한 항소를 기각한다.

3. 원고와 피고 주식회사 세*에 생긴 소송비용은 제1,2심을 합하여 같은 피고의, 원고와 피고 케♡비부동산신탁 주식회사 사이에 생긴 항소비용은 원고의 각 부담으로 한다.

【청구취지 및 항소취지】

제1심 판결을 취소한다.

피고 케*비부동산신탁 주식회사(이하 '피고 신탁회사'라고 한다)와 피고 주식회사 세*(이하 '세*'라고 한다) 사이에 2001. 12. 29. 별지 목록 기재 부동산에 관하여 체결한 신탁계약을 취소하고, 피고 신탁회사는 피고 세*에게 위 부동산에 관하여 서울지방법원 의정부지원 2001. 12. 29. 접수 제119070호로 경료한 소유권이전등기의 말소등기절차를 이행하고, 피고 세*는 원고에게 위 부동산에 관하여 1999. 10. 8. 매매를 원인으로 한 소유권이전등기절차를 이행하라.

【이 유】

3. 피고 신탁회사에 대한 청구에 관한 판단

(1) 피고 세*에 대한 그*아트의 공사대금채권 및 소외 회사의 대출금채권의 존재여부

채권자취소권 채무자가 채권자를 해함을 알면서 자기의 일반재산을 감소시키는 행위를 한 경우에 그 행위를 취소하여 채무자의 재산을 원상회복시킴으로써 모든 채권자를 위하여 채무자의 책임재산을 보전하는 권리이고 등기청구권과 같은 특정물 채권을 보전하기 위하여 행사하는 것은 허용되지 않는다고 할 것인바,

원고가 이 사건 채권자취소권 행사의 피보전권리로서 주위적으로 주장하는 그◇아트의 피고 세*에 대한 공사대금채권이 있는지 살피건대, 앞서 인정한 기초사실에 의하면 피고 세*가 그*아트에게 위 대물변제약정에 따라 1997. 6. 13. 공사대금채무의 변제에 갈음하여 그*아트의 대표이사인 C에게 이 사건 부동산을 분양하는 방법으로 양도함으로써 그*아트의 피고 세*에 대한 공사대금채권은 소멸하였고,

예비적으로 주장하는 소외 회사의 피고 세*에 대한 2000. 11. 23.자 대출금 20억원의 채권이 있는지 살피건대, 이 법원에 계속 중인 2004나4371 사건에서 위 대출금채권이 이 ○○아파트 중 일부 세대에 관한 같은 날자 수분양권 양도방법에 의한 대출변제약정에 의하여 소멸하였고, 대신 위 대물변제 약정에 따른 소유권이전등기청구권만이 남아 있는 사실은 이 법원에 현저한 사실이므로, 결국 소외 회사의 피고 세*에 대한 권리는 특정물 채권이라고 할 것이어서 원고는 이를 보전하기 위하여 이 사건 신탁계약의 취소 및 그 원상회복을 구하는 채권자취소권을 행사할 수 없다 할 것이다.

(나) 이 사건 신탁계약이 사해신탁인지 여부

나아가 이 사건 신탁계약이 사해신탁인지의 점에 관하여 살피건대, 이 ○○아파트가 준공될 무렵 피고 세*의 자금사정이 악화되자, 국민은행이 이 ○○아파트 및 그 부지에 대하여 위 근저당권을 실행하는 경우 회수할 수 있는 채권액이 현저히 부족할 것을 우려하여 피고 세*와 사이에 이 ○○아파트를

분양하여 그 대금으로 위 근저당권의 피담보채권에 변제하기로 합의하고 이에 따라 이 사건 신탁계약을 체결한 사실, 국민은행의 위 근저당권은 그 채권최고액이 금 10,145,200,000원이고, 이 사건 각 부동산에도 그 효력이 미치는 사실은 앞서 본 바와 같으며, 일반적으로 경매의 경우 적정 가격보다 낮게 매각되어 결국 책임재산이 줄어들 가능성이 있는 반면 처분신탁을 통하여 안정적으로 이 ○○아파트를 분양하면 그 최저처분가격인 금 21,188,444,000원에서 1순위 근저당권자로서 우선수익자인 국민은행의 우선수익 최고한도 금 8,054,000,000원 뺀 나머지 금 13,134,444,000원 이상을 피고 세*의 일반채권자에 대한 책임재산으로 확보할 수 있는 점, 이 사건 신탁은 신탁법상의 신탁으로서 신탁재산을 소비하기 쉽게 현금화하는 것이 아니고 부동산등기부의 일부인 신탁원부에 위탁자, 수탁자, 수익자 등과 신탁의 목적, 신탁재산의 관리방법, 신탁종료사유, 기타 신탁의 조항을 기재하도록 되어 있으므로 결국 신탁에 관한 모든 사항이 공시되어 위탁자의 채권자도 위탁재산의 운용상태를 확인·감시할 수 있어 위탁자의 채권자들인 원고로서는 쉽사리 신탁계약의 내용을 알 수 있고, 경우에 따라서는 위탁자 겸 수익자인 피고 세*가 피고 신탁회사로부터 지급받을 신탁수익 또는 신탁종료 후 반환받을 재산을 집행재산으로 삼을 수 있어 그 책임재산으로서의 가치가 결코 신탁전의 신탁재산의 가치보다 적다고 보여지지 않는 점 등을 종합하면, 피고 세*가 피고 신탁회사와 사이에 이 사건 신탁계약을 체결한 것은 자금난으로 이 ○○아파트를 안정적으로 분양할 수 없었던 피고 세*로서는 최대한의 변제력을 확보하는 부득이한 조치였고, 또한 이로 인하여 원고를 포함한 피고 세*의 일반채권자에 대한 책임재산의 감소가 없다고 판단되므로 이 사건 신탁계약은 사해신탁에 해당되지 않는다고 할 것이다.

252. 서울고등법원 2003. 7. 15. 선고 2001나17840 판결 [수익금지급][569]

[논점] 위탁회사[570]가 투자신탁재산으로 수탁회사를 통하여 보관하고 있는 회사채에 대한 처분권의 귀속주체 및 위탁회사가 회사채보증채권을 자동채권으로 하여 수익증권저축자(수익자)에 대한 저축금(수익금)지급채무와 상계하는 것이 증권투자신탁업법 제17조 제4항에서 금지하고 있는 상계에 해당하지 않는다고 본 사례

【주 문】

1. 제1심 판결 중 아래에서 지급을 명하는 부분에 해당하는 원고 패소 부분을 취소한 원고에게, 피고 대한투자신탁 주식회사는 금 10,578,401,592원, 피고 한국투자신탁 주식회사는 금 3,293,100,001원 및 위 각 금원에 대하여 1999. 12. 29.부터 2003. 7. 15.까지는 연 6%, 그 다음날부터 다 갚는 날까지는 연 20%의 각 비율로 계산한 금원을 지급하라.

2. 원고의 나머지 항소를 기각한다.

3. 소송총비용은 피고들의 부담으로 한다.

4. 제1항은 가집행할 수 있다.

【청구취지 및 항소취지】

제1심 판결을 취소한다. 원고에게, 피고 대한투자신탁 주식회사는 금 10,578,401,592원, 피고 한국투자신탁 주식회사는 금 3,293,100,000원 및 위 각 금원에 대하여 1999. 12. 29.부터 다 갚는 날까지 연 25%의 각 비율로 계산한 금원을 지급하라.

---

569) 상고없이 확정됨.

570) 현행 자본시장법상 집합투자업자.

【이 유】

나. 판단

(1) 구 금융산업의구조개선에관한법률(1998. 9. 14. 법률 제5549호로 개정되기 전의 것, 아래에서는 구 금융산업구조개선법이라고 한다) 제1조는 '이 법은 금융기관의 합병·전환 또는 정리 등 금융산업의 구조개선을 지원하여 금융기관간의 건전한 경쟁을 촉진하고 금융업무의 효율성을 높임으로써 금융산업의 균형있는 발전에 이바지함을 목적으로 한다'고 규정하고, 그 법 제2조 제3호는 금융감독위원회 등이 채무가 재산을 초과하고 정상적인 경영이 어렵다고 판단하여 지정하는 금융기관과 예금자의 예금채권이나 다른 금융기관으로부터의 차입금의 지급이 정지상태에 있거나 외부로부터의 자금지원이나 별도차입 없이는 예금채권 등의 지급이 어렵다고 인정한 금융기관을 부실금융기관으로 정하고 있으며, 그 법 제10조 제1항은 '금융감독원 원장은 금융기관의 자기자본 비율이 일정 수준에 미달하는 등 재무상태가 불건전하다고 인정하는 때에는 해당 금융기관에 대하여 주의, 경고, 자본금의 증액 또는 감액, 보유자산의 처분, 점포·조직의 축소, 고위험 자산의 취득금지, 영업의 일부정지 등 필요한 경영개선조치를 명하거나 이의 이행계획을 제출할 것을 명할 수 있다'고 규정하고, 그 법 제11조 제1항은 '금융감독위원회는 예금자보호 및 신용질서의 안정을 위하여 필요하다고 인정하는 때에는 부실금융기관에 대하여 제10조 제1항에서 규정하는 경영개선조치를 명하거나 주식의 일부 소각(일부 주주 소유 주식 전부의 소각을 포함한다) 또는 병합, 임원의 직무집행정지 및 관리인의 선임, 합병, 영업의 전부 또는 일부의 양도, 제3자에 의한 당해 금융기관의 인수 등 필요한 경영개선명령을 할 수 있다'고 규정하며, 그 법 제14조 제2항은 '금융감독위원회는 부실금융기관이 다음 각 호의 1에 해당하는 경우에는 당해 부실금융기관에 대하여 계약이전의 결정, 6월의 범위 내에서의 일정기간의 영업정지 등 필요한 처분을 할 수 있으며, 재정경제부장관에게 영업의 인가·허가 등의 취소를 요청할 수 있다고 규정하면서 제3호에서 '채무가 재산을 현저히 초과함으로써 제11조의 규정에 의한 경영개선명령의 이행 또는 부실금융기관의 합병 등이 이루어지기 어렵다고 판단되거나 예금자보호 등을 위하여 긴급한 조치가 필요하다고 인정되는 경우'를 들고 있고, 구 금융산업의구조개선에관한법률시행령(1998. 4.1 대통령령 제15754호로 개정되어 1998. 9. 22. 대통령령 제15894호로 개정되기 전의 것) 제5조의4 제1항은 '금융감독위원회는 법 제14조 제2항의 규정에 의하여 계약이전의 결정을 하고자 할 때에는 해당 부실금융기관의 의견을 듣고, 당해 계약이전을 받을 금융기관의 동의를 얻어야 한다', 제2항은 '금융감독위원회가 제1항의 결정을 한 때에는 결정의 내용을 쌍방의 금융기관에 통지하여야 한다', 제3항은 '법 제14조 제2항의 규정에 의한 계약이전은 금융감독위원회의 결정에 의하여 그 효력이 발생한다. 이 경우 계약이전을 한 부실금융기관이 그 계약에 관하여 가진 권리와 의무는 계약이전을 받은 금융기관이 이를 승계한다', 제4항은 '제3항의 결정을 통지받은 부실금융기관은 지체없이 중앙의 일간지 2개 이상에 그 취지와 당해 계약이전에 관한 결정의 요지를 공고하여야 한다. 다만, 당해 부실금융기관의 주된 사무소가 서울특별시 외의 지역에 소재하는 경우에는 중앙의 일간지와 주된 사무소가 소재하는 지방의 일간지 각 1개 이상에 공고하여야 한다'고 각 규정하고 있다.

(2) 위와 같은 구 금융산업구조개선법 및 같은법 시행령의 각 규정의 입법취지와 인정되는 사실관계 등에 비추어 볼 때, 금융감독위원회가 구 금융산업구조개선법 제14조 제2항에 의하여 대동은행에 대하여 내린 이 사건 계약이전결정은 금융거래에서 발생한 계약상의 지위를 이전하는 형식으로 부실금융기관의 자산 및 부채 중 특정 부분을 제3자인 인수금융기관에게 양도 및 인수하게 하되, 이전되는 부채와 자산 가치와의 차액을 정산하는 부실금융기관 정리방식 중의 하나로서 이루어진 것으로서 그 성질은 금융감독위원회의 일방적인 결정에 의하여 금융거래상의 계약상의 지위가 이전되는 사법상의 법률효과를 가져오는 행정처분에 해당한다 할 것이고(대법원 2002. 4. 12. 선고 2001다38807 판결 참조), 그

제도의 취지와 승계의 효력 발생에 관한 규정에 비추어, 원래의 수익증권 저축계약상 채권자였던 대동은행과 피고들 사이의 이 사건 수익증권저축계약 약관에 채권양도를 제한하는 규정이 포함되어 있었다 하더라도, 그에 의하여 이전의 효력에 장애가 생기는 것은 아니라 할 것이다(대법원 2002. 12. 26. 선고 2002다12727 판결 참조).

(3) 따라서 위 계약이전결정에 의하여 대동은행의 각 수익증권저축 계약상 지위를 이전받은 원고로서는 피고들에 대하여 만기가 도래한 이 사건 각 수익증권 저축계약상 저축재산의 인출을 요구할 수 있다 할 것이다.

3. 피고 대한투자신탁 주식회사의 상계항변에 대한 판단

가. 피고 대한투자신탁 주식회사는, 그가 대동은행에 대하여 가지는 위 각 회사채보증채권을 자동채권으로 하여 이 사건 1999. 10. 13.자 준비서면의 송달로써 이 사건 대한스파트 저축계약과 기업발전저축계약에 의한 저축재산 지급채무와 대등액에서 상계한다는 취지로 항변한다.

나. 살피건대, 증권투자신탁업법에 따른 투자신탁에 의하여 위탁회사가 투자자(수익자)들로부터 모은 자금 등을 신탁하여 수탁회사가 보관하고 있는 신탁재산은 신탁법 및 증권투자신탁업법의 법리에 의하여 대외적으로 수탁회사가 그 소유자가 되므로, 특별한 사정이 없는 한 신탁재산에 속한 채권을 자동채권으로 하는 상계권 역시 수탁회사가 행사하여야 하고, 이 경우 수동채권은 수탁회사가 부담하는 채무이어야 하되, 이와 같은 상계는 신탁법 및 증권투자신탁업법의 관계 규정에 의한 제한을 받아야 하는바, 증권투자신탁업법의 관계 규정에 따라 위탁회사는 선량한 관리자로서 신탁재산을 관리·운용할 책임이 있으나, 같은 법 제25조 제1항 단서에 의하여 의결권 외의 권리는 수탁회사를 통하여 이를 행사하도록 되어 있으므로, 상계권에 관하여도 위탁회사가 수탁회사에 지시하여 수탁회사로 하여금 일정한 내용으로 상계권을 행사하게 할 수는 있을 것이나, 스스로 신탁재산에 속한 채권에 관하여 상계권을 행사할 수는 없다(대법원 2002. 12. 10. 선고 2001다43410 판결, 2002. 11. 22. 선고 2001다49241 판결 등 참조)고 할 것이다.

다. 그렇다면, 위탁회사인 피고 대한투자신탁 주식회사가 그 자신이 부담하는 채무인 위 두 저축계약상 저축재산 반환채무를 수동채권으로 삼아 수탁회사인 서울은행의 회사채 보증채권을 자동채권으로 하여 그 자신의 명의로 상계를 하였음을 전제로 한 주장은 상계에 관한 다른 요건에 더 나아가 따져볼 것 없이 허용될 수 없다고 할 것이므로(대법원 2002. 12. 26. 선고 2002다12727 판결), 위 피고의 상계항변은 받아들이지 아니한다.

[제1심판결] 서울지방법원 2001. 2. 8. 선고 99가합61465 판결 [수익금지급]

【주 문】

1. 원고의 피고들에 대한 청구를 모두 기각한다.
2. 소송비용은 원고가 부담한다.

【청구취지】

원고에게 피고 대한투자신탁 주식회사는 금 10,578,401,592원, 피고 한국투자신탁 주식회사는 금 3,293,100,001원 및 위 각 금원에 대하여 1999. 12. 28.부터 다 갚는 날까지 연 25%의 비율에 의한 금원을 각 지급하라.

【이 유】

나. 위 각 회사채의 귀속주체 (쟁점 1)

(1) 투신업법상 증권투자신탁이란 투자자들이 유가증권 등에 대한 직접 투자로 인하여 입게 될 위험을 분산시킴으로써 투자자들로 하여금 유가증권 등에 대한 투자를 용이하게 할 목적으로 유가증권 등의 투자·운용을 전문으로 하는 위탁회사가 투자자들로부터 자금 등을 수입하여 이를 하나의 기금(신탁재산)으로 형성한 다음 수탁회사에게 위 신탁재산의 보관을 위탁하여 수탁회사로 하여금 이를 보관하게 한 후 당해 위탁회사의 지시에 따라 여러 종목의 주식, 회사채 등의 유가증권 등에 대하여 투자·운용하고, 그에 따른 수익권을 분할하여 당해 투자자에게 취득시키는 것(투신업법 제2조 제1항 참조)을 말한다.

(2) 이러한 증권투자신탁에 있어서 위탁회사는 ① 선량한 관리자로서 신탁재산을 관리할 책임을 지며(같은 법 제17조 제1항), ② 수탁회사에게 신탁재산의 보관을 위탁하여야 하지만 수탁회사가 신탁재산을 보관함에 있어 그 재산이 신탁재산이라는 사실과 보관을 위탁한 위탁회사의 명칭을 명기하여야 하고(같은 법 제17조 제5항), ③ 신탁재산을 투자·운용하며(같은 법 제18조), 그와 관련하여 수탁회사에 대하여 유가증권 등의 취득·매각 등에 관하여 필요한 지시를 하여야 하고(같은 법 제24조), ④ 신탁재산인 유가증권 등에 관한 의결권 등 모든 권리를 행사할 수 있으며(같은 법 제25조 제1항), ⑤ 신탁재산에 관한 영업보고서와 업무보고서를 제출할 의무 및 신탁재산운용보고서를 작성하여 제공할 의무를 부담하는(같은 법 제26조 제1항, 제27조 제4항)데 반해, 수탁회사는 ① 신탁재산의 운용과 관련한 위탁회사의 지시에 따라야 할 의무가 있고(같은 법 제24조), ② 위와 같은 위탁회사의 지시에 따라 유가증권 등의 매입대금지급, 유가증권 등의 매각에 따른 증권의 인도, 투자유가증권 등의 이자 및 배당의 수령 등의 업무를 영위한다(같은 법 제38조).

(3) 한편, 실무관행상으로도 수탁회사가 유가증권에 대한 매매계약을 직접 체결하는 것이 아니라, 위탁회사가 유가증권의 매매주문을 증권회사에 내고 수탁회사는 단지 결제만을 담당하고 있는 것이다.

(4) 위와 같은 증권투자신탁의 의의·위탁회사와 수탁회사의 분담업무·실무관행 등을 종합하여 보면, 투자자로부터 투자관리를 신탁받은 위탁회사가 그 업무 중에서 비교적 덜 중요한 부분만을 수탁회사에게 처리하게 하는 것에 불과하고, 수탁회사의 주된 의무는 신탁재산의 보관·관리·계산에 한정되는 것이어서, 위탁회사와 수탁회사 사이의 신탁관계는 신탁재산의 '보관·관리'를 주된 목적으로 하는 수동적인 신탁(passive trust, 소극신탁)에 해당한다 할 것이므로, 결국 증권투자신탁에 있어서 위탁회사와 수탁회사 사이의 신탁관계는 수탁자가 신탁재산에 대한 '처분권'까지를 갖는 신탁법에 있어서의 신탁관계(능동적인 신탁, 적극신탁)와는 그 성질을 달리하는 것이다.

{※ 수탁회사는 위탁회사의 법령 또는 신탁약관에 위반되는 신탁재산운용지시에 대한 철회·변경 또는 시정요구권을 가지나(같은 법 제41조 제1항), 이는 위탁회사의 자의적인 신탁재산운용을 방지하여 수익자를 보호하기 위한 것으로서, 그것만으로 위 신탁관계의 성질이 변하는 것은 아니라 할 것이다.}

(5) 따라서 위탁회사인 피고 대투가 투자신탁재산운용의 일환으로 수탁회사(서울은행)로 하여금 인수하게 하여 수탁회사를 통하여 보관하고 있는 위 각 회사채에 대한 '처분권'은 위탁회사인 피고 대투에게 귀속된다 할 것이다. 즉, 수탁회사가 위 각 회사채의 명의상 채권자로 되어 있다 할지라도, 수탁회사는 위 각 회사채에 대한 위탁회사의 운용(처분)지시를 따라야 할 의무를 부담하는 것이므로, 위 각 회사채에 대한 실질적인 권리자는 위탁회사인 피고 대투라고 할 것이다(더구나, 아래에서 보는 바와 같이 피고 대투가 위 각 회사채보증채권으로 이 사건 저축금지급채무와 상계를 하려는 것은 위 각 회사채가 속한 신탁재산이 부실해지는 것을 방지함으로써 그 신탁재산을 보호하기 위한 것이므로, 수탁회사로서는 위탁회사인 피고 대투의 위와 같은 상계지시를 거부할 수 없다고 할 것인바, 이러한 점에 비추어 보아도 피고 대투는 위 각 회사채에 대한 처분권 등을 보유한 실질적 권리자라 할 것이고, 또한

위 각 회사채보증채권을 자동채권으로 하는 상계는 허용되어야 하는 것이다).

{※ 덧붙어 살피건대, 투신업법 제17조 제4항은 '위탁회사에 대한 채권은 그 위탁회사의 신탁재산에 속하는 채권과 상계할 수 없다.'라고 규정하고 있는바, 이 조항은 위탁회사의 신탁재산에 속하는 채권의 귀속주체(채권자)가 위탁회사임을 전제로 한다고 할 것이다. 왜냐하면, 원고가 주장하는 것처럼 위탁회사의 신탁재산에 속하는 채권의 귀속주체(채권자)를 수탁회사라고 한다면 위 조항은 '위탁회사에 대한 채권(즉, 위탁회사의 채무)은 수탁회사의 채권과 상계할 수 없다.'라고 해석되어 아무런 의미도 없는 것을 규정해 놓은 것으로 되기 때문이다.}

다. 채권의 동종성 여부 (쟁점 2)

위에서 판단한 바와 같이, 원고는 대동은행이 보유하고 있던 기업발전 저축계약상의 권리를 1999. 3. 31.자로 이전받은 것인바, 아래에서는 원고가 이전받은 권리와 위 각 회사채보증채권의 동종성 여부에 관하여 보기로 한다.

(1) 증권투자신탁에 있어서 수익자의 권리

증권투자신탁에 있어서 위탁회사로부터 수익증권을 매입하여 보유한 수익자는 위탁회사에 대하여 여러 가지 권리를 가지는데, 그 중 가장 본질적인 권리는 수익증권환매청구권 및 상환금등지급청구권이라 할 것이다.

그런데 수익자가 수익증권의 환매를 청구하면 위탁회사는 환매청구가 있는 날의 다음 영업일의 기준가격으로 환산한 현금을 지급하여야 할 의무를 부담하게 되므로, 수익증권환매청구권은 결국 금전의 급부(지급)를 목적으로 하는 금전채권으로 볼 수 있고, 상환금등지급청구권이 금전채권임은 명백하다 할 것이어서, 수익자가 위탁회사에 대하여 가지는 권리는 본질적으로 금전채권이라 할 것이다.

(2) 수익증권저축에 있어서 저축자의 권리

한편, 실제 증권투자신탁거래에 있어서는 투신업법이 예정하고 있는 것처럼 수익자가 위탁회사로부터 수익증권을 직접 매입하여 보유하는 형태가 아니라, 수익자가 수익증권저축에 가입하면 위탁회사는 그 저축금을 받아 수익증권을 매입하여 이를 저축계좌에 보관·관리하는 형태로 대부분의 거래가 이루어지고 있다는 점은 이미 살핀 바와 같고, 이러한 수익증권저축에 있어서 저축자는 위탁회사에 대하여 저축금지급청구권 또는 수익증권인도청구권(수익증권반환청구권)이라는 선택채권을 가지게 되는바{위 1의 마의 (5)항 참조}, 수익증권인도청구권은 저축자가 위탁회사에게 수익증권을 보관시키는 수익증권저축의 특질에서 비롯된 것이라 할 것이다.

그런데 수익증권이 무액면유가증권인 관계로 유통시장이 형성되기 어렵기 때문에 저축자가 위탁회사로부터 실제로 수익증권을 인도받았다 하더라도 결국, 그 수익증권을 환가하기 위하여는 위탁회사에게 환매를 청구하는 것 외에는 별다른 방법이 없다는 점, 저축자가 위탁회사에 대하여 수익증권을 요구하는 경우라도 위탁회사에게 특별한 사정이 있으면(이 사건에서와 같이 위탁회사가 저축자에 대하여 상계권을 행사하려는 것도 특별한 사정에 해당한다고 볼 여지가 있다.) 그 요구를 거절할 수 있다는 점 등을 감안한다면, 수익증권인도청구권은 저축자의 '부수적인' 권리에 불과하다 할 것이어서, 수익증권저축에 있어서도 저축자가 위탁회사에 대하여 가지는 권리는 본질적으로 금전채권인 것으로 보아야 할 것이다.

(3) 따라서 원고가 대동은행으로부터 이전받은 권리는 수익증권반환청구권으로서 위 각 회사채보증채권과는 서로 다른 종류를 목적으로 하는 채권이므로 상계가 허용될 수 없다는 원고의 위 주장은 쉽게 받아들이기 어렵다.

(4) 또한, 원고는 대동은행으로부터 저축금지급청구권 또는 수익증권반환청구권이라는 선택채권을 이전받은 것인데(즉, 원고가 주장하는 것처럼 대동은행으로부터 수익증권반환청구권만을 이전받은 것은 아니다.), 선택채권에서 채무를 이행하려면 '특정'을 통해 단순채권으로 변경되어야만 하는 것이고, 그 특정은 주로 '선택'에 의하여 이루어지며, 선택의 효과는 채권이 발생한 때에 소급하여 효력이 생기는(즉, 채권이 발생한 때로부터 선택된 급부만을 목적으로 하는 채권이 성립하고 있었던 것으로 되는) 것인바, 위에서 살핀대로 원고는 이 사건 소제기로 인한 선택권의 행사로써 대동은행으로부터 이전받은 선택채권을 저축금지급청구권으로 특정한 것이고, 그 선택의 효과는 채권이 발생한 때(즉, 대동은행이 기업발전 저축계약을 체결할 때에) 소급하여 효력이 생김으로써, 원고는 당초부터 저축금지급청구권인 금전채권을 대동은행으로부터 이전받은 것으로 된다 할 것이어서, 원고가 대동은행으로부터 금전채권이 아닌 수익증권반환청구권을 이전받았음을 전제로 하는 원고의 위 주장은 이유 없다.

(5) 나아가, 원고가 대동은행으로부터 기업발전 저축계약상의 권리를 이전받을 당시(1999. 3. 31.) 원고가 이전받은 권리와 위 각 회사채보증채권이 서로 목적을 달리하는 채권이라고 가정한다 하더라도, 그 이전(이전) 이후 원고가 이 사건 소제기로 인한 선택권의 행사로써 (원고는 저축금지급청구권이라는 금전채권을 갖게 되어) 위 양채권은 결국, 동종의 목적을 가지게 된 것이고, 또한 양채권이 동종의 목적을 가지게 되기 이전부터 위 각 회사채보증채권은 변제기(대동은행이 파산함으로써 기한의 이익을 상실한 1998. 10. 23.)에 도달하여 있었으므로, 양채권은 상계할 수 있다고 봄이 상당하다(※ 대법원 1982. 6. 22. 선고 82다카200 판결, 1987. 7. 7. 선고 86다카2762 판결, 대법원 1996. 7. 9. 선고 96다16612 판결 등의 법리를 유추적용).

라. 양채권의 변제기 (쟁점 3)

원고는, 그가 대동은행으로부터 기업발전 저축계약상의 권리를 양도받을 당시 피고 대투의 위 각 회사채보증채권 및 기업발전 저축계약에 따른 채무는 각각 변제기에 있지 아니하였으므로, 위 양채권은 상계할 수 없다는 취지로 주장한다.

살피건대, (1) 원고가 대동은행으로부터 기업발전 저축계약상의 권리를 이전받을 당시(1999. 3. 31.) 피고 대투의 위 각 회사채보증채권이 이미 변제기에 도달하였음은 바로 위에서 살핀 바와 같고, (2) 위 권리이전 당시 피고 대투의 기업발전 저축계약에 따른 채무(수동채권)가 변제기에 도달하지 아니하였더라도 위 각 회사채보증채권(자동채권)이 이미 변제기에 도달한 이상 양채권의 상계는 허용되는 것이므로(위에서 인용한 각 대법원판결례 참조), 원고의 위 주장은 결국 이유 없다.

{※ 이와 관련하여 원고는, 수익증권저축약관에 의하면 수익자가 저축기간의 종료에도 불구하고 저축재산의 인출을 청구하지 아니하는 경우에는 인출청구시까지 저축기간이 계속된 것으로 보고 있는바, 위탁회사(피고 대투)는 수익증권의 환매를 강제할 아무런 권한이 없는 것으로 되어, 피고 대투가 스스로 기한의 이익을 포기하고서 기업발전 저축계약에 따른 채무를 변제할 수 있는 성질의 것이 아니므로, 위 (2)에 기재된 법리가 적용될 수 없다는 취지로 주장하는 것으로 보인다. 그러나 같은 약관에 의하면 (저축기간이 종료한 후) 위탁회사가 필요하다고 인정하는 경우에는 당해 저축재산을 인출하여 회사가 정하는 방법으로 처리할 수 있다고 되어 있고, 한편, 원고가 대동은행으로부터 기업발전 저축계약상의 권리를 이전받을 시점(1999. 3. 31.)에는 그 저축기간도 종료한 것이므로, 피고 대투로서는 위 저축계좌에서 저축재산을 인출하여 위 각 회사채보증채권과 상계처리할 수 있다고 보아야 할 것이므로, 원고의 위 주장은 받아들일 수 없다.}

마. 투신업법상 상계금지 여부 (쟁점 4)

피고 대투가 이 사건에서 주장하고 있는 상계가 투신업법 제17조 제4항이 금지하는 상계에 해당하는지 여부에 관하여 살펴보기로 한다.

(1) 신탁재산의 관리는 적극적으로 그 재산을 증식시키는 것도 중요하지만 소극적인 감소나 유용을 막는 것도 중요한바, 투신업법은 신탁재산의 소극적인 감소나 유용을 막기 위한 제도적 장치로서 아래와 같은 규정들을 두고 있다.

(가) 위탁회사는 선량한 관리자로서 신탁재산을 관리할 책임을 진다(투신업법 제17조 제1항).

(나) 위탁회사는 자기채무에 대하여 …… 신탁재산으로 이를 변제하지 못한다(같은 조 제3항).

(다) 위탁회사에 대한 채권은 그 위탁회사의 신탁재산에 속하는 채권과 상계할 수 없다(같은 조 제4항).

(2) 따라서 투신업법 제17조 제4항은 위탁회사가 신탁재산에 속하는 채권으로 그 신탁재산과 관계없이 발생한 자신의 고유채무(또는 별개의 신탁재산에 속하는 채무)와 상계하는 것을 금지함으로써 신탁재산의 감소나 유용을 막으려는 취지로 해석된다.

즉, 위탁회사가 신탁재산에 속하는 채권으로 그 신탁재산과 관계없이 발생한 자신의 고유채무(또는 별개의 신탁재산에 속하는 채무)와 상계하는 것을 허용하게 되면, 신탁재산에 속하는 채권은 소멸하여 신탁재산이 감소하게 되는 반면, 위탁회사의 고유채무(또는 별개의 신탁재산에 속하는 채무)도 소멸하게 되어 위탁회사(또는 별개의 신탁재산, 이는 곧 별개의 투자신탁재산을 조성한 수익자전체와 같은 의미가 된다.)가 그로 인한 이익을 부당하게 향유하게 되므로, 이러한 결과를 방지함으로써 '신탁재산 독립의 원칙'(신탁재산과 고유재산의 독립 및 신탁재산들 간의 독립)을 관철하려는 것이 바로 투신업법 제17조 제4항의 취지라 할 것이다.

(3) 그런데 피고 대투가 이 사건에서 주장하고 있는 상계는, 위탁회사(피고 대투)가 신탁재산에 속한 상태에서 불실화된 채권(위 각 회사채보증채권)으로 별개의 신탁재산의 운용실적에 따라 지급되는 수익증권저축금지급채무(이 사건 저축금지급채무, 이는 신탁재산의 운용으로 인하여 발생한 채무가 아니어서 별개의 신탁재산에 속하는 채무라고 할 수 없다.)와 상계하여 신탁재산의 감소를 막으려는 것으로서, 투신업법 제17조 제4항이 금지하고 있는 상계에 해당한다고 할 수 없다.

왜냐하면, 피고 대투는 위와 같은 상계를 통하여 별개의 신탁재산의 운용실적에 따라 지급되는 수익증권저축금지급채무(이 사건 저축금지급채무)에 대한 현금지급의무를 면하고, 그 채무지급에 사용될 현금을 위 각 회사채보증채권이 속한 신탁재산계정에 편입시킴으로써 그 신탁재산의 불실(감소)을 막아 오히려 신탁재산을 보호하려는 것이고, 그와 같은 상계가 허용된다 하더라도 별개의 신탁재산에 속하는 채무가 소멸하는 것이 아니어서{소멸하는 것은 별개의 신탁재산의 운용실적에 따라 지급되는 특정수익자(대동은행에서 원고로 변경)에 대한 수익증권저축금지급채무이다.} 별개의 투자신탁재산을 조성한 수익자전체가 그로 인한 이익을 부당하게 향유하게 되는 것도 아니기 때문이다. {※ 또한 그와 같은 상계가 허용되면, 위탁회사(피고 대투)가 신탁재산과 관계없이 발생한 자신의 고유채무 소멸로 인하여 부당한 이익을 향유하게 된다고 보는 견해가 있을지도 모르나, 위에서 본 바와 같이 위탁회사(피고 대투)는 그와 같은 상계를 통하여 지급을 면한 현금을 위 각 회사채보증채권이 속한 신탁재산계정에 편입시키는 것이므로, 고유채무 소멸로 인한 부당한 이익을 향유하는 것으로 볼 수 없다고 할 것이다.}

(4) 한편, 피고 대투가 이 사건에서 주장하는 상계로 인하여 소멸하는 수동채권의 채권자인 특정수익자(대동은행에서 원고로 변경)의 입장에서 보면, 그가 비록 수익증권저축금채권을 현금으로 지급받지 못한다 하더라도 위와 같은 상계로 인하여 그의 위탁회사에 대한 채무(위 각 회사채보증채무)도 대등액에서 소멸하는 것이므로, 결국 그도 위 상계로 인하여 어떤 손해를 입게 되는 것은 아니다.

(5) 나아가, 이 사건에서와 같이 특정수익자가 위탁회사에게 자금을 납입하여 수익증권저축계약을

체결함으로써 그 저축계약에 따른 저축금지급채권 또는 수익증권인도채권을 가지는 반면에 위탁회사도 (별개의 투자신탁계약에 기하여 조성된 신탁재산운용의 일환으로) 위 특정수익자에 대한 채권을 가지는 경우, 위탁회사가 위 특정수익자에 대한 채권으로 위 특정수익자에 대한 저축금지급채무와 상계하지 못하게 하면, 파산선고를 받는 등으로 자력이 충분하지 못한 당해 특정수익자는 저축금지급채권을 추심함으로써 그 추심액 상당의 현실적 이득을 얻게 되는 반면, 위 특정수익자에 대한 채권이 속한 신탁재산은 위 특정수익자로부터 채권추심을 제대로 하지 못하는 관계로 그 가치가 감소함으로써(즉, 신탁재산이 불실하게 되어) 그 신탁재산을 조성한 전체수익자가 그 만큼의 손해를 부담할 수밖에 없게 되어, 그 신탁재산을 조성한 전체수익자에 대한 손해를 예방함으로써 신탁재산에 대한 선량한 관리자로서의 의무를 다하려는 위탁회사의 노력을 방해하는 결과가 된다고 할 것이다.

(6) 결국, 어느 면에서 보더라도 피고 대투가 이 사건에서 주장하고 있는 상계는 신탁재산독립의 원칙에 반하지 아니하므로, 투신업법 제17조 제4항이 금지하는 상계에 해당한다 할 수 없다.

바. 신탁법상 상계금지 여부 (쟁점 5)

피고 대투가 이 사건에서 주장하고 있는 상계가 신탁법 제20조에서 금지하고 있는 상계에 해당되는지 여부에 관하여 살피건대, 신탁법 제20조 역시 신탁재산의 부당한 감소나 유용을 막음으로써 신탁재산독립의 원칙을 관철하기 위한 규정이라 할 것이고, 투신업법은 신탁법의 특별법으로서 투신업법 제17조 제4항은 신탁법 제20조를 투신업법상 신탁관계의 구조에 맞게 내용을 수정한 것이라 할 것이어서, 피고 대투가 이 사건에서 주장하고 있는 상계가 투신업법 제17조 제4항에서 금지하는 상계에 해당하지 않는다면, 이는 곧 신탁법 제20조가 금지하는 상계에도 해당하지 않는다는 결과로 된다.

사. 소결론

요약하면, 피고 대투는 원고에 대하여 기업발전 저축계약상의 권리양도를 승인함에 있어 상계의 이의를 유보하였으므로, 그 권리양도 이전에 성립하여 변제기에 도달한 대동은행(양도인)에 대한 위 각 회사채보증채권을 자동채권으로 한 상계로써 원고에게 대항할 수 있고, 피고 대투가 1999. 10. 14.경 원고에게 위와 같은 상계의 의사를 표시하였음은 위에서 인정한 바와 같으며{위 1.의 자.의 (2)항 참조}, 또한 그 상계의사표시 당시 상계적상이 모두 갖추어졌음은 위에서 판단한 바와 같다{즉, 양채권이 대립하는 당사자 사이의 채권이고(쟁점 1), 동종의 목적을 가지며(쟁점 2), 모두 변제기에 있고(쟁점 3), 허용되는 상계에 해당한다(쟁점 4, 5)}.

따라서 원고의 이 사건 저축금지급채권과 피고 대투의 위 각 회사채보증채권은 피고 대투의 위 상계의사표시에 따라 상계적상 발생시점인 1999. 7. 20.(변제기가 늦게 도래한 수동채권의 변제기로서, 이 사건 소장부본 송달일임) 그 대등액에서 소멸하였다고 할 것이므로, 피고 대투의 위 상계항변은 이유 있다{※ 위 상계로 인하여 소멸하는 자동채권의 내역 및 그 근거는 별지 〈상계충당내역표〉 기재와 같음}.

253. 광주고등법원 2000. 7. 26. 선고 98나2531 판결 [사해행위취소][571]

[논점] 위탁자가 신탁수익권의 근질권자에 대한 피담보채무의 변제에 갈음하여 근질권자의 동의를 얻어 신탁계약을 해지하고 위탁자 명의로 소유권이전등기를 마침과 동시에 근질권자에게 소유권이전등기를 경료하여 준 경우 사해행위가 성립하는지 여부

【주 문】

1. 원심판결을 취소한다.

571) 대법원 2000. 11. 10. 선고 2000다48005 판결에 의해 상고기각.

2. 원고의 청구를 기각한다.

3. 소송비용은 제1, 2심 모두 원고의 부담으로 한다.

【청구취지】

피고와 소외 주식회사 마하공영 사이의 1997. 9. 2. 별지 (1) 기재 각 토지(이하 '이 사건 각 토지'라 한다)에 대한 매매계약을 취소한다. 피고는 원고에게 이 사건 각 토지에 관하여 전주지방법원 군산지원 1997. 9. 5. 접수 제43668호로 마친 소유권이전등기의 말소등기절차를 각 이행하라.

【항소취지】

주문과 같다.

【이 유】

다. 판 단

위 인정 사실에 의하면, 위 마하공영의 위와 같은 부도로 인하여 피고는 위 마하공영이 위 성원파이낸스로부터 어음할인형식으로 대출받은 채무에 관하여 위 성원파이낸스에 대하여 그 어음의 발행인 또는 배서인으로서 책임을 지게 되어 위 마하공영에 대하여 위 어음액면금 상당액의 대여금채권 또는 구상금채권이 있다 할 것이어서, 피고가 위 마하공영에 대하여 가지는 채권이 허위라고 볼 수는 없어 이 점을 주장하는 원고의 주장은 이유 없다.

그리고 부동산의 신탁에 있어서 신탁자의 위탁에 의하여 수탁자 앞으로 그 소유권이전등기를 마치게 되면 대내외적으로 소유권이 수탁자에게 완전히 이전되는 것이므로, 위 마하광영이 원래 이 사건 각 토지에 관하여 가지고 있던 권리는 위 신탁계약의 존속에 따른 수익권이나 위 수익권에 대한 근질권자인 피고에게 그 피담보채무를 변제하는 조건으로 위 신탁계약을 해지함으로써 소유권을 회복할 수 있는 소유권이전등기청구권에 불과하여 피고에게 위 근질권상의 채무를 변제하지 않는 이상 그 명의로의 소유권회복은 불가능하므로 위 마하공영은 이 사건 각 토지에 관하여 담보물권에 유사한 권리를 가지는 것으로 봄이 상당하고, 한편 채권자 취소권에 있어 사해의사의 의미는 채무자의 재산처분행위에 의하여 그 재산이 감소되어 채권의 공동담보에 부족이 생기거나 이미 부속상태에 있는 공동담보가 한층 더 부족하게 됨으로써 채권자의 채권을 완전하게 만족시킬 수 없게 된다는 사실을 인식하는 것을 말하는 것(대법원 1998. 5. 12. 선고 97다57320 판결 참조)이고, 사해행위의 취소에 따른 취소 및 원상회복의 범위는 원칙적으로 채무자의 사해행위로 인하여 감소된 재산의 범위에 그쳐야 하므로, 가사 피고의 위 대물변제가 사해행위에 해당한다 하더라도 피고가 위 마하공영에 대하여 가지는 채권은 공동담보로 회복되는 범위에서 제외하여야 할 뿐 아니라, 앞서 본 바와 같이 피고는 위 한국부동산신탁에게 이 사건 각 토지에 대하여 그 앞으로 근저당권설정등기를 청구할 권리가 있었고, 위 한국부동산신탁이 이 사건 각 토지를 처분하면 그 매각대금에 대하여 우선변제권을 행사할 수 있었으나 위와 같은 경위로 위 마하공영으로부터 이 사건 각 토지를 대물변제받기로 약정하고 그 이행을 위하여 위와 같이 이전등기를 마친 점이나, 이 사건 각 토지의 시가가 근질권의 채권최고액인 금 90억 원, 더 나아가서는 위 대여원금 55억 원에도 미치지 못하는 점 등 여러 사정을 종합하여 보면, 피고와 위 마하공영 사이의 위 대물변제계약이 위 마하공영의 총재산을 감소시킨다고 보기는 어렵고(대법원 1999. 11. 9. 선고 99다50101 판결 및 1996. 9. 20. 선고 95다1965 판결 참조), 또한 위와 같은 사정하에서는 피고가 위 대물변제행위를 사해행위로 인식하였다고 보기도 어렵다.

부 록

신탁법 조문

1. 현행 신탁법[572) 573)]

제1장 총 칙

제1조(목적) 이 법은 신탁에 관한 사법적 법률관계를 규정함을 목적으로 한다.

제2조(신탁의 정의) 이 법에서 "신탁"이란 신탁을 설정하는 자(이하 "위탁자"라 한다)와 신탁을 인수하는 자(이하 "수탁자"라 한다) 간의 신임관계에 기하여 위탁자가 수탁자에게 특정의 재산(영업이나 저작재산권의 일부를 포함한다)[574)]을 이전하거나 담보권의 설정 또는 그 밖의 처분을 하고 수탁자로 하여금 일정한 자(이하 "수익자"라 한다)의 이익 또는 특정의 목적을 위하여 그 재산의 관리, 처분, 운용, 개발, 그 밖에 신탁 목적의 달성을 위하여 필요한 행위를 하게 하는 법률관계를 말한다.

제3조(신탁의 설정) ① 신탁은 다음 각 호의 어느 하나에 해당하는 방법으로 설정할 수 있다. 다만, 수익자가 없는 특정의 목적을 위한 신탁(이하 "목적신탁"이라 한다)은 「공익신탁법」에 따른 공익신탁을 제외하고는 제3호의 방법으로 설정할 수 없다. 〈개정 2014.3.18.〉

1. 위탁자와 수탁자 간의 계약
2. 위탁자의 유언
3. 신탁의 목적, 신탁재산, 수익자(「공익신탁법」에 따른 공익신탁의 경우에는 제67조제1항의 신탁관리인을 말한다) 등을 특정하고 자신을 수탁자로 정한 위탁자의 선언

② 제1항제3호에 따른 신탁의 설정은 「공익신탁법」에 따른 공익신탁을 제외하고는 공정증서(公正證書)를 작성하는 방법으로 하여야 하며, 신탁을 해지할 수 있는 권한을 유보(留保)할 수 없다. 〈개정 2014.3.18.〉

③ 위탁자가 집행의 면탈이나 그 밖의 부정한 목적으로 제1항제3호에 따라 신탁을 설정한 경우 이해관계인은 법원에 신탁의 종료를 청구할 수 있다.

④ 위탁자는 신탁행위로 수탁자나 수익자에게 신탁재산을 지정할 수 있는 권한을 부여하는 방법으로 신탁재산을 특정할 수 있다.

⑤ 수탁자는 신탁행위로 달리 정한 바가 없으면 신탁 목적의 달성을 위하여 필요한 경우에는 수익자의 동의를 받아 타인에게 신탁재산에 대하여 신탁을 설정할 수 있다.[575)]

제4조(신탁의 공시와 대항)[576)] ① 등기 또는 등록할 수 있는 재산권에 관하여는 신탁의 등기 또는 등록을 함으로써 그 재산이 신탁재산에 속한 것임을 제3자에게 대항할 수 있다.[577)]

② 등기 또는 등록할 수 없는 재산권에 관하여는 다른 재산과 분별하여 관리하는 등의 방법으로 신탁재산임을 표시함으로써 그 재산이 신탁재산에 속한 것임을 제3자에게 대항할 수 있다.

③ 제1항의 재산권에 대한 등기부 또는 등록부가 아직 없을 때에는 그 재산권은 등기 또는 등록할 수 없는 재산권으로 본다.

④ 제2항에 따라 신탁재산임을 표시할 때에는 대통령령으로 정하는 장부에 신탁재산임을 표시하는 방법으로도 할 수 있다.

제5조(목적의 제한) ① 선량한 풍속이나 그 밖의 사회질서에 위반하는 사항을 목적으로 하는 신탁은 무효로 한다.

② 목적이 위법하거나 불능인 신탁은 무효로 한다.

---

572) 공익신탁법 생략.

573) 수탁자가 신탁업자인 경우(실무상 은행, 부동산신탁사, 보험회사, 증권회사 등이 수탁자인 경우)에는 자본시장법상 신탁업 및 신탁업자에 관한 규정도 반드시 함께 검토할 것.

574) 신탁법에도 불구하고 신탁업자의 경우에는 수탁가능재산이 제한된다(현행 자본시장법 제103조).

575) 수탁자가 위탁자의 지위에서 신탁재산을 재신탁할 수 있는 근거규정이다. 다만, 현행 자본시장법상의 신탁업자의 경우에는 원칙적으로 신탁재산의 재신탁이 허용되지 않고 있다(현행 자본시장법 제42조, 동 시행령 제2호 바목). 따라서 현재로서는, 신탁을 영업으로 하지 않는 것으로 해석되고 있는 주택조합이나 재건축조합 등이 조합원으로부터 금전 또는 부동산을 신탁받아 후 금융기관 등의 채권자에게 우선수익권을 부여하기 위해 신탁사에 신탁재산을 재신탁하는 경우에 의미가 있는 것으로 보인다.

576) 신탁원본인 자산(부동산, 주식, 사채, 채권 등)별로, 해당 자산의 이전에 필요한 요건에 더하여 신탁법상 신탁의 공시와 대항요건을 모두 구비할 수 있도록 해당 신탁계약서에 반영하고 관련 절차를 확인하여야 한다.

577) 구 신탁법 하에서는 '신탁의 내용을 제3자에게 대항'할 수 있는 것으로 해석될 여지가 있었으나, 현행 신탁법에서는 '신탁재산임을 제3자에게 대항'할 수 있다는 점을 명확히 하였다.

③ 신탁 목적의 일부가 제1항 또는 제2항에 해당하는 경우 그 신탁은 제1항 또는 제2항에 해당하지 아니한 나머지 목적을 위하여 유효하게 성립한다. 다만, 제1항 또는 제2항에 해당하는 목적과 그렇지 아니한 목적을 분리하는 것이 불가능하거나 분리할 수 있더라도 제1항 또는 제2항에 해당하지 아니한 나머지 목적만을 위하여 신탁을 유지하는 것이 위탁자의 의사에 명백히 반하는 경우에는 그 전부를 무효로 한다.

제6조(소송을 목적으로 하는 신탁의 금지) 수탁자로 하여금 소송행위를 하게 하는 것을 주된 목적으로 하는 신탁은 무효로 한다.

제7조(탈법을 목적으로 하는 신탁의 금지) 법령에 따라 일정한 재산권을 향유할 수 없는 자는 수익자로서 그 권리를 가지는 것과 동일한 이익을 누릴 수 없다.

제8조(사해신탁) ① 채무자가 채권자를 해함을 알면서 신탁을 설정한 경우 채권자는 수탁자가 선의일지라도 수탁자나 수익자에게 「민법」 제406조제1항의 취소 및 원상회복을 청구할 수 있다. 다만, 수익자가 수익권을 취득할 당시 채권자를 해함을 알지 못한 경우에는 그러하지 아니하다.

② 제1항 단서의 경우에 여러 명의 수익자 중 일부가 수익권을 취득할 당시 채권자를 해함을 알지 못한 경우에는 악의의 수익자만을 상대로 제1항 본문의 취소 및 원상회복을 청구할 수 있다.

③ 제1항 본문의 경우에 채권자는 선의의 수탁자에게 현존하는 신탁재산의 범위 내에서 원상회복을 청구할 수 있다.

④ 신탁이 취소되어 신탁재산이 원상회복된 경우 위탁자는 취소된 신탁과 관련하여 그 신탁의 수탁자와 거래한 선의의 제3자에 대하여 원상회복된 신탁재산의 한도 내에서 책임을 진다.

⑤ 채권자는 악의의 수익자에게 그가 취득한 수익권을 위탁자에게 양도할 것을 청구할 수 있다. 이때 「민법」 제406조제2항을 준용한다.

⑥ 제1항의 경우 위탁자와 사해신탁(詐害信託)의 설정을 공모하거나 위탁자에게 사해신탁의 설정을 교사·방조한 수익자 또는 수탁자는 위탁자와 연대하여 이로 인하여 채권자가 받은 손해를 배상할 책임을 진다.

제2장 신탁관계인

제9조(위탁자의 권리) ① 신탁행위로 위탁자의 전부 또는 일부가 이 법에 따른 위탁자의 권리의 전부 또는 일부를 갖지 아니한다는 뜻을 정할 수 있다.

② 제1항에도 불구하고 목적신탁의 경우에는 신탁행위로 이 법에 따른 위탁자의 권리를 제한할 수 없다.

제10조(위탁자 지위의 이전)[578] ① 위탁자의 지위는 신탁행위로 정한 방법에 따라 제3자에게 이전할 수 있다.

② 제1항에 따른 이전 방법이 정하여지지 아니한 경우 위탁자의 지위는 수탁자와 수익자의 동의를 받아 제3자에게 이전할 수 있다. 이 경우 위탁자가 여럿일 때에는 다른 위탁자의 동의도 받아야 한다.

③ 제3조제1항제2호에 따라 신탁이 설정된 경우 위탁자의 상속인은 위탁자의 지위를 승계하지 아니한다. 다만, 신탁행위로 달리 정한 경우에는 그에 따른다.

제11조(수탁능력) 미성년자, 금치산자, 한정치산자 및 파산선고를 받은 자는 수탁자가 될 수 없다.

제12조(수탁자의 임무 종료) ① 다음 각 호의 어느 하나에 해당하는 경우 수탁자의 임무는 종료된다.

1. 수탁자가 사망한 경우
2. 수탁자가 금치산선고 또는 한정치산선고를 받은 경우
3. 수탁자가 파산선고를 받은 경우
4. 법인인 수탁자가 합병 외의 사유로 해산한 경우

② 제1항제1호, 제2호 또는 제4호에 따라 수탁자의 임무가 종료된 경우 수탁자의 상속인, 법정대리인 또는 청산인은 즉시 수익자에게 그 사실을 통지하여야 한다.

③ 제1항제3호에 따라 수탁자의 임무가 종료된 경우 수탁자는 다음 각 호의 구분에 따라 해당 사실을 통지하여야 한다.

1. 수익자에게 수탁자의 임무가 종료된 사실
2. 파산관재인에게 신탁재산에 관한 사항

④ 제1항제1호, 제2호 또는 제4호에 따라 수탁자의 임무가 종료된 경우 수탁자의 상속인, 법정대리인 또는 청산인은 신수탁자(新受託者)나 신탁재산관리인이 신탁사무를 처리할 수 있을 때까지 신탁재산을 보관하고 신탁사무 인계에 필요

578) 구 신탁법 하에서는 부동산신탁의 경우에는 탈세 등의 이유로 등기예규에 의해 위탁자 지위 변경을 허용하지 아니하였기 때문에 위탁자의 변경을 위해서는 신탁을 해지한 후 다시 신탁하는 방법에 의하였다. 현행 신탁법 하에서는 주택조합이나 재건축조합 등에 있어 조합원 지위 이전의 경우 특히 유용하게 활용될 수 있을 것으로 생각된다.

한 행위를 하여야 하며, 즉시 수익자에게 그 사실을 통지하여야 한다.

⑤ 수탁자인 법인이 합병하는 경우 합병으로 설립된 법인이나 합병 후 존속하는 법인은 계속 수탁자로서의 권리·의무를 가진다. 수탁자인 법인이 분할하는 경우 분할에 의하여 수탁자로 정하여진 법인도 또한 같다.

제13조(신탁행위로 정한 수탁자의 임무 종료) ① 신탁행위로 정한 수탁자의 임무 종료 사유가 발생하거나 수탁자가 신탁행위로 정한 특정한 자격을 상실한 경우 수탁자의 임무는 종료된다.

② 제1항에 따라 임무가 종료된 수탁자는 즉시 수익자에게 그 사실을 통지하여야 한다.

제14조(수탁자의 사임에 의한 임무 종료) ① 수탁자는 신탁행위로 달리 정한 바가 없으면 수익자와 위탁자의 승낙 없이 사임할 수 없다.

② 제1항에도 불구하고 수탁자는 정당한 이유가 있는 경우 법원의 허가를 받아 사임할 수 있다.

③ 사임한 수탁자는 즉시 수익자에게 그 사실을 통지하여야 한다.

제15조(임무가 종료된 수탁자의 지위) 제13조제1항 또는 제14조제1항에 따라 임무가 종료된 수탁자는 신수탁자나 신탁재산관리인이 신탁사무를 처리할 수 있을 때까지 수탁자의 권리·의무를 가진다.

제16조(수탁자의 해임에 의한 임무 종료) ① 위탁자와 수익자는 합의하여 또는 위탁자가 없으면 수익자 단독으로 언제든지 수탁자를 해임할 수 있다. 다만, 신탁행위로 달리 정한 경우에는 그에 따른다.

② 정당한 이유 없이 수탁자에게 불리한 시기에 제1항에 따라 수탁자를 해임한 자는 그 손해를 배상하여야 한다.

③ 수탁자가 그 임무에 위반된 행위를 하거나 그 밖에 중요한 사유가 있는 경우 위탁자나 수익자는 법원에 수탁자의 해임을 청구할 수 있다.

④ 제3항의 청구에 의하여 해임된 수탁자는 즉시 수익자에게 그 사실을 통지하여야 한다.

⑤ 해임된 수탁자는 신수탁자나 신탁재산관리인이 신탁사무를 처리할 수 있을 때까지 신탁재산을 보관하고 신탁사무 인계에 필요한 행위를 하여야 한다. 다만, 임무 위반으로 해임된 수탁자는 그러하지 아니하다.

제17조(신탁재산관리인 선임 등의 처분) ① 수탁자의 임무가 종료되거나 수탁자와 수익자 간의 이해가 상반되어 수탁자가 신탁사무를 수행하는 것이 적절하지 아니한 경우 법원은 이해관계인의 청구에 의하여 신탁재산관리인의 선임이나 그 밖의 필요한 처분을 명할 수 있다. 다른 수탁자가 있는 경우에도 또한 같다.

② 제1항에 따라 신탁재산관리인을 선임하는 경우 법원은 신탁재산관리인이 법원의 허가를 받아야 하는 사항을 정할 수 있다.

③ 제1항에 따라 선임된 신탁재산관리인은 즉시 수익자에게 그 사실을 통지하여야 한다.

④ 신탁재산관리인은 선임된 목적범위 내에서 수탁자와 동일한 권리·의무가 있다. 다만, 제2항에 따라 법원의 허가를 받아야 하는 사항에 대하여는 그러하지 아니하다.

⑤ 제1항에 따라 신탁재산관리인이 선임된 경우 신탁재산에 관한 소송에서는 신탁재산관리인이 당사자가 된다.

⑥ 법원은 제1항에 따라 선임한 신탁재산관리인에게 필요한 경우 신탁재산에서 적당한 보수를 줄 수 있다.

제18조(필수적 신탁재산관리인의 선임) ① 법원은 다음 각 호의 어느 하나에 해당하는 경우로서 신수탁자가 선임되지 아니하거나 다른 수탁자가 존재하지 아니할 때에는 신탁재산을 보관하고 신탁사무 인계에 필요한 행위를 하여야 할 신탁재산관리인을 선임한다.

1. 수탁자가 사망하여 「민법」 제1053조제1항에 따라 상속재산관리인이 선임되는 경우
2. 수탁자가 파산선고를 받은 경우
3. 수탁자가 법원의 허가를 받아 사임하거나 임무 위반으로 법원에 의하여 해임된 경우

② 법원은 제1항 각 호의 어느 하나에 해당하여 수탁자에 대하여 상속재산관리인의 선임결정, 파산선고, 수탁자의 사임허가결정 또는 해임결정을 하는 경우 그 결정과 동시에 신탁재산관리인을 선임하여야 한다.

③ 선임된 신탁재산관리인의 통지의무, 당사자 적격 및 보수에 관하여는 제17조제3항, 제5항 및 제6항을 준용한다.

제19조(신탁재산관리인의 임무 종료) ① 신수탁자가 선임되거나 더 이상 수탁자와 수익자 간의 이해가 상반되지 아니하는 경우 신탁재산관리인의 임무는 종료된다.

② 신탁재산관리인은 법원의 허가를 받아 사임할 수 있다.

③ 법원은 이해관계인의 청구에 의하여 신탁재산관리인을 해임할 수 있다.

④ 법원은 제2항 또는 제3항의 결정을 함과 동시에 새로운 신탁재산관리인을 선임하여야 한다.

제20조(신탁재산관리인의 공고, 등기 또는 등록) ① 법원은 다음 각 호의 어느 하나에 해당하는 경우 그 취지를 공고하고, 등기 또는 등록된 신탁재산에 대하여 직권으로 지체 없이 그 취지의 등기 또는 등록을 촉탁하여야 한다.

1. 제17조제1항에 따라 신탁재산관리인을 선임하거나 그 밖의 필요한 처분을 명한 경우

2. 제18조제1항에 따라 신탁재산관리인을 선임한 경우
3. 제19조제2항에 따라 신탁재산관리인의 사임결정을 한 경우
4. 제19조제3항에 따라 신탁재산관리인의 해임결정을 한 경우

② 제19조제1항에 따라 신탁재산관리인의 임무가 종료된 경우 법원은 신수탁자 또는 이해가 상반되지 아니하게 된 수탁자의 신청에 의하여 제1항에 따른 등기 또는 등록의 말소를 촉탁하여야 한다.

③ 신탁재산관리인이나 수탁자는 고의나 과실로 제1항 또는 제2항에 따른 등기 또는 등록이 사실과 다르게 된 경우 그 등기 또는 등록과 다른 사실로써 선의의 제3자에게 대항하지 못한다.

제21조(신수탁자의 선임) ① 수탁자의 임무가 종료된 경우 위탁자와 수익자는 합의하여 또는 위탁자가 없으면 수익자 단독으로 신수탁자를 선임할 수 있다. 다만, 신탁행위로 달리 정한 경우에는 그에 따른다.

② 위탁자와 수익자 간에 신수탁자 선임에 대한 합의가 이루어지지 아니한 경우 이해관계인은 법원에 신수탁자의 선임을 청구할 수 있다.

③ 유언에 의하여 수탁자로 지정된 자가 신탁을 인수하지 아니하거나 인수할 수 없는 경우에는 제1항 및 제2항을 준용한다.

④ 법원은 제2항(제3항에 따라 준용되는 경우를 포함한다)에 따라 선임한 수탁자에게 필요한 경우 신탁재산에서 적당한 보수를 줄 수 있다.

제3장 신탁재산

제22조(강제집행 등의 금지) ① 신탁재산에 대하여는 강제집행, 담보권 실행 등을 위한 경매, 보전처분(이하 "강제집행등"이라 한다) 또는 국세 등 체납처분을 할 수 없다. 다만, 신탁 전의 원인으로 발생한 권리 또는 신탁사무의 처리상 발생한 권리에 기한 경우에는 그러하지 아니하다.

② 위탁자, 수익자나 수탁자는 제1항을 위반한 강제집행등에 대하여 이의를 제기할 수 있다. 이 경우 「민사집행법」 제48조를 준용한다.

③ 위탁자, 수익자나 수탁자는 제1항을 위반한 국세 등 체납처분에 대하여 이의를 제기할 수 있다. 이 경우 국세 등 체납처분에 대한 불복절차를 준용한다.

제23조(수탁자의 사망 등과 신탁재산) 신탁재산은 수탁자의 상속재산에 속하지 아니하며, 수탁자의 이혼에 따른 재산분할의 대상이 되지 아니한다.

제24조(수탁자의 파산 등과 신탁재산) 신탁재산은 수탁자의 파산재단, 회생절차의 관리인이 관리 및 처분 권한을 갖고 있는 채무자의 재산이나 개인회생재단을 구성하지 아니한다.

제25조(상계 금지) ① 신탁재산에 속하는 채권과 신탁재산에 속하지 아니하는 채무는 상계(相計)하지 못한다. 다만, 양 채권·채무가 동일한 재산에 속하지 아니함에 대하여 제3자가 선의이며 과실이 없을 때에는 그러하지 아니하다.

② 신탁재산에 속하는 채무에 대한 책임이 신탁재산만으로 한정되는 경우에는 신탁재산에 속하지 아니하는 채권과 신탁재산에 속하는 채무는 상계하지 못한다. 다만, 양 채권·채무가 동일한 재산에 속하지 아니함에 대하여 제3자가 선의이며 과실이 없을 때에는 그러하지 아니하다.

제26조(신탁재산에 대한 혼동의 특칙) 다음 각 호의 경우 혼동(混同)으로 인하여 권리가 소멸하지 아니한다.[579]

1. 동일한 물건에 대한 소유권과 그 밖의 물권이 각각 신탁재산과 고유재산 또는 서로 다른 신탁재산에 귀속하는 경우
2. 소유권 외의 물권과 이를 목적으로 하는 권리가 각각 신탁재산과 고유재산 또는 서로 다른 신탁재산에 귀속하는 경우
3. 신탁재산에 대한 채무가 수탁자에게 귀속하거나 수탁자에 대한 채권이 신탁재산에 귀속하는 경우

제27조(신탁재산의 범위) 신탁재산의 관리, 처분, 운용, 개발, 멸실, 훼손, 그 밖의 사유로 수탁자가 얻은 재산은 신탁재산에 속한다.

제28조(신탁재산의 첨부) 신탁재산과 고유재산 또는 서로 다른 신탁재산에 속한 물건 간의 부합(附合), 혼화(混和) 또는 가공(加工)에 관하여는 각각 다른 소유자에게 속하는 것으로 보아 「민법」 제256조부터 제261조까지의 규정을 준용한다. 다만, 가공자가 악의인 경우에는 가공으로 인한 가액의 증가가 원재료의 가액보다 많을 때에도 법원은 가공으로 인하여 생긴 물건을 원재료 소유자에게 귀속시킬 수 있다.

제29조(신탁재산의 귀속 추정) ① 신탁재산과 고유재산 간에 귀속관계를 구분할 수 없는 경우 그 재산은 신탁재산에 속한 것으로 추정한다.

579) 수탁자에 대한 채권(자행예금등)이 신탁재산인 경우에는 위 규정에 의해 혼동이 발생하지 아니한다.

② 서로 다른 신탁재산 간에 귀속관계를 구분할 수 없는 경우 그 재산은 각 신탁재산 간에 균등하게 귀속된 것으로 추정한다.

제30조(점유하자의 승계) 수탁자는 신탁재산의 점유에 관하여 위탁자의 점유의 하자를 승계한다.

제4장 수탁자의 권리·의무[580)]

제31조(수탁자의 권한) 수탁자는 신탁재산에 대한 권리와 의무의 귀속주체로서 신탁재산의 관리, 처분 등을 하고 신탁 목적의 달성을 위하여 필요한 모든 행위를 할 권한이 있다. 다만, 신탁행위로 이를 제한할 수 있다.

제32조(수탁자의 선관의무) 수탁자는 선량한 관리자의 주의(注意)로 신탁사무를 처리하여야 한다. 다만, 신탁행위로 달리 정한 경우에는 그에 따른다.

제33조(충실의무) 수탁자는 수익자의 이익을 위하여 신탁사무를 처리하여야 한다.

제34조(이익에 반하는 행위의 금지) ① 수탁자는 누구의 명의(名義)로도 다음 각 호의 행위를 하지 못한다.

1. 신탁재산을 고유재산으로 하거나 신탁재산에 관한 권리를 고유재산에 귀속시키는 행위
2. 고유재산을 신탁재산으로 하거나 고유재산에 관한 권리를 신탁재산에 귀속시키는 행위
3. 여러 개의 신탁을 인수한 경우 하나의 신탁재산 또는 그에 관한 권리를 다른 신탁의 신탁재산에 귀속시키는 행위
4. 제3자의 신탁재산에 대한 행위에서 제3자를 대리하는 행위
5. 그 밖에 수익자의 이익에 반하는 행위

② 제1항에도 불구하고 수탁자는 다음 각 호의 어느 하나에 해당하는 경우 제1항 각 호의 행위를 할 수 있다.[581)] 다만, 제3호의 경우 수탁자는 법원에 허가를 신청함과 동시에 수익자에게 그 사실을 통지하여야 한다.

1. 신탁행위로 허용한 경우
2. 수익자에게 그 행위에 관련된 사실을 고지하고 수익자의 승인을 받은 경우
3. 법원의 허가를 받은 경우

③ 제1항에도 불구하고 수탁자는 상속 등 수탁자의 의사에 기하지 아니한 경우에는 신탁재산에 관한 권리를 포괄적으로 승계할 수 있다. 이 경우 해당 재산의 혼동에 관하여는 제26조를 준용한다.

제35조(공평의무) 수익자가 여럿인 경우 수탁자는 각 수익자를 위하여 공평하게 신탁사무를 처리하여야 한다. 다만, 신탁행위로 달리 정한 경우에는 그에 따른다.

제36조(수탁자의 이익향수금지) 수탁자는 누구의 명의로도 신탁의 이익을 누리지 못한다. 다만, 수탁자가 공동수익자의 1인인 경우에는 그러하지 아니하다.

제37조(수탁자의 분별관리의무) ① 수탁자는 신탁재산을 수탁자의 고유재산과 분별하여 관리하고 신탁재산임을 표시하여야 한다.

② 여러 개의 신탁을 인수한 수탁자는 각 신탁재산을 분별하여 관리하고 서로 다른 신탁재산임을 표시하여야 한다.

③ 제1항 및 제2항의 신탁재산이 금전이나 그 밖의 대체물인 경우에는 그 계산을 명확히 하는 방법으로 분별하여 관리할 수 있다.

제38조(유한책임) 수탁자는 신탁행위로 인하여 수익자에게 부담하는 채무에 대하여는 신탁재산만으로 책임을 진다.[582)]

제39조(장부 등 서류의 작성·보존 및 비치 의무) ① 수탁자는 신탁사무와 관련된 장부 및 그 밖의 서류를 갖추어 두고 각 신탁에 관하여 그 사무의 처리와 계산을 명백히 하여야 한다.

② 수탁자는 신탁을 인수한 때와 매년 1회 일정한 시기에 각 신탁의 재산목록을 작성하여야 한다. 다만, 재산목록의 작성 시기에 관하여 신탁행위로 달리 정한 경우에는 그에 따른다.

③ 수탁자는 제1항 및 제2항의 장부, 재산목록 및 그 밖의 서류를 대통령령으로 정하는 기간 동안 보존하여야 한다.

---

580) 자본시장법상 신탁업자에 적용되는 규정(금융투자업자 공통규정 및 현행 자본시장법 제102조 이하 등 신탁업자 개별규정)도 함께 참고할 것.

581) 신탁업자에게는 이와 같은 예외가 인정되지 아니한다(현행 자본시장법 제104조 제1항).

582) 수익자 외의 제3자에 대해서는, 현행 신탁법상의 유한책임신탁이나 당사자간의 개별 약정에 의한 유한책임특약(실무에서는 수탁자가 제3자와 체결하는 계약서(공사도급계약서, 분양계약서 등)에는 수탁자는 신탁재산을 한도로 책임을 부담한다는 취지의 유한책임특약이 포함되고 있고 당사자 사이에서는 그 유효성이 인정된다고 보는 것이 일반적인 견해이다)이 없는한 수탁자는 고유재산으로도 책임을 부담한다.

④ 제3항에 따라 장부, 재산목록 및 그 밖의 서류를 보존하는 경우 그 보존방법과 그 밖에 필요한 사항은 대통령령으로 정한다.

제40조(서류의 열람 등) ① 위탁자나 수익자는 수탁자나 신탁재산관리인에게 신탁사무의 처리와 계산에 관한 장부 및 그 밖의 서류의 열람 또는 복사를 청구하거나 신탁사무의 처리와 계산에 관하여 설명을 요구할 수 있다.

② 위탁자와 수익자를 제외한 이해관계인은 수탁자나 신탁재산관리인에게 신탁의 재산목록 등 신탁사무의 계산에 관한 장부 및 그 밖의 서류의 열람 또는 복사를 청구할 수 있다.

제41조(금전의 관리방법) 신탁재산에 속하는 금전의 관리는 신탁행위로 달리 정한 바가 없으면 다음 각 호의 방법으로 하여야 한다.

1. 국채, 지방채 및 특별법에 따라 설립된 법인의 사채의 응모·인수 또는 매입
2. 국채나 그 밖에 제1호의 유가증권을 담보로 하는 대부
3. 은행예금 또는 우체국예금

제42조(신탁사무의 위임)[583] ① 수탁자는 정당한 사유가 있으면 수익자의 동의를 받아 타인으로 하여금 자기를 갈음하여 신탁사무를 처리하게 할 수 있다. 다만, 신탁행위로 달리 정한 경우에는 그에 따른다.

② 제1항 본문의 경우 수탁자는 그 선임·감독에 관하여만 책임을 진다. 신탁행위로 타인으로 하여금 신탁사무를 처리하게 한 경우에도 또한 같다.

③ 수탁자를 갈음하여 신탁사무를 처리하는 자는 수탁자와 동일한 책임을 진다.

제43조(수탁자의 원상회복의무 등) ① 수탁자가 그 의무를 위반하여 신탁재산에 손해가 생긴 경우 위탁자, 수익자 또는 수탁자가 여럿인 경우의 다른 수탁자는 그 수탁자에게 신탁재산의 원상회복을 청구할 수 있다. 다만, 원상회복이 불가능하거나 현저하게 곤란한 경우, 원상회복에 과다한 비용이 드는 경우, 그 밖에 원상회복이 적절하지 아니한 특별한 사정이 있는 경우에는 손해배상을 청구할 수 있다.

② 수탁자가 그 의무를 위반하여 신탁재산이 변경된 경우에도 제1항과 같다.

③ 수탁자가 제33조부터 제37조까지의 규정에서 정한 의무를 위반한 경우에는 신탁재산에 손해가 생기지 아니하였더라도 수탁자는 그로 인하여 수탁자나 제3자가 얻은 이득 전부를 신탁재산에 반환하여야 한다.

제44조(분별관리의무 위반에 관한 특례) 수탁자가 제37조에 따른 분별관리의무를 위반하여 신탁재산에 손실이 생긴 경우 수탁자는 분별하여 관리하였더라도 손실이 생겼으리라는 것을 증명하지 아니하면 그 책임을 면하지 못한다.

제45조(수탁법인의 이사의 책임) 수탁자인 법인이 제43조 및 제44조에 따라 책임을 지는 경우 그 책임의 원인이 된 의무위반행위에 관여한 이사와 그에 준하는 자는 법인과 연대하여 책임을 진다.

제46조(비용상환청구권) ① 수탁자는 신탁사무의 처리에 관하여 필요한 비용을 신탁재산에서 지출할 수 있다.

② 수탁자가 신탁사무의 처리에 관하여 필요한 비용을 고유재산에서 지출한 경우에는 지출한 비용과 지출한 날 이후의 이자를 신탁재산에서 상환(償還)받을 수 있다.

③ 수탁자가 신탁사무의 처리를 위하여 자기의 과실 없이 채무를 부담하거나 손해를 입은 경우에도 제1항 및 제2항과 같다.

④ 수탁자는 신탁재산이 신탁사무의 처리에 관하여 필요한 비용을 충당하기에 부족하게 될 우려가 있을 때에는 수익자에게 그가 얻은 이익의 범위에서 그 비용을 청구하거나 그에 상당하는 담보의 제공을 요구할 수 있다. 다만, 수익자가 특정되어 있지 아니하거나 존재하지 아니하는 경우 또는 수익자가 수익권을 포기한 경우에는 그러하지 아니하다.[584]

⑤ 수탁자가 신탁사무의 처리를 위하여 자기의 과실 없이 입은 손해를 전보(塡補)하기에 신탁재산이 부족할 때에도 제4항과 같다.

⑥ 제1항부터 제5항까지의 규정에서 정한 사항에 대하여 신탁행위로 달리 정한 사항이 있으면 그에 따른다.

제47조(보수청구권) ① 수탁자는 신탁행위에 정함이 있는 경우에만 보수를 받을 수 있다. 다만, 신탁을 영업으로 하는 수탁자의 경우에는 신탁행위에 정함이 없는 경우에도 보수를 받을 수 있다.

② 보수의 금액 또는 산정방법을 정하지 아니한 경우 수탁자는 신탁사무의 성질과 내용에 비추어 적당한 금액의 보수를 지급받을 수 있다.

③ 제1항의 보수가 사정의 변경으로 신탁사무의 성질 및 내용에 비추어 적당하지 아니하게 된 경우 법원은 위탁자, 수익자 또는 수탁자의 청구에 의하여 수탁자의 보수를 증액하거나 감액할 수 있다.

---

583) 신탁업자의 경우에는 사무의 위탁이 제한된다(현행 자본시장법 제42조, 동 시행령 제45조 제2호 바목).

584) 실무상 담보목적의 신탁인 경우에는 우선수익자가 신탁보수와 비용을 부담하지 아니함을 명시하고 있다.

④ 수탁자의 보수에 관하여는 제46조제4항을 준용한다. 다만, 신탁행위로 달리 정한 사항이 있으면 그에 따른다.

제48조(비용상환청구권의 우선변제권 등) ① 수탁자는 신탁재산에 대한 민사집행절차 또는 「국세징수법」에 따른 공매절차에서 수익자나 그 밖의 채권자보다 우선하여 신탁의 목적에 따라 신탁재산의 보존, 개량을 위하여 지출한 필요비 또는 유익비(有益費)의 우선변제를 받을 권리가 있다.

② 수탁자는 신탁재산을 매각하여 제46조에 따른 비용상환청구권 또는 제47조에 따른 보수청구권에 기한 채권의 변제에 충당할 수 있다. 다만, 그 신탁재산의 매각으로 신탁의 목적을 달성할 수 없게 되거나 그 밖의 상당한 이유가 있는 경우에는 그러하지 아니하다.

제49조(권리행사요건) 수탁자는 제43조 및 제44조에 따른 원상회복의무 등을 이행한 후가 아니면 제46조 또는 제47조에 따른 권리를 행사할 수 없다.

제50조(공동수탁자) ① 수탁자가 여럿인 경우 신탁재산은 수탁자들의 합유(合有)로 한다.

② 제1항의 경우 수탁자 중 1인의 임무가 종료하면 신탁재산은 당연히 다른 수탁자에게 귀속된다.

③ 제1항의 경우 신탁행위로 달리 정한 바가 없으면 신탁사무의 처리는 수탁자가 공동으로 하여야 한다. 다만, 보존행위는 각자 할 수 있다.

④ 수탁자가 여럿인 경우 수탁자 1인에 대한 의사표시는 다른 수탁자에게도 효력이 있다.

⑤ 수탁자가 여럿인 경우 신탁행위로 다른 수탁자의 업무집행을 대리할 업무집행수탁자를 정할 수 있다.

제51조(공동수탁자의 연대책임) ① 수탁자가 여럿인 경우 수탁자들은 신탁사무의 처리에 관하여 제3자에게 부담한 채무에 대하여 연대하여 변제할 책임이 있다.

② 수탁자가 여럿인 경우 그 중 일부가 수탁자로서의 의무를 위반하여 부담한 채무에 대하여 그 행위에 관여하지 아니한 다른 수탁자는 책임이 없다. 다만, 다른 수탁자의 의무위반행위를 저지하기 위하여 합리적인 조치를 취하지 아니한 경우에는 그러하지 아니하다.

제52조(신수탁자 등의 원상회복청구권 등) 신수탁자나 신탁재산관리인도 제43조에 따른 권리를 행사할 수 있다.

제53조(신수탁자의 의무의 승계) ① 수탁자가 변경된 경우 신수탁자는 전수탁자(前受託者)가 신탁행위로 인하여 수익자에게 부담하는 채무를 승계한다. 수탁자가 여럿인 경우 일부의 수탁자가 변경된 경우에도 또한 같다.

② 신탁사무의 처리에 관하여 발생한 채권은 신탁재산의 한도 내에서 신수탁자에게도 행사할 수 있다.

③ 제22조제1항 단서에 따른 신탁재산에 대한 강제집행등의 절차 또는 국세 등 체납처분의 절차는 신수탁자에 대하여 속행(續行)할 수 있다.

제54조(전수탁자의 우선변제권 등) ① 전수탁자의 비용상환청구권에 관하여는 제48조제1항 및 제49조를 준용한다.

② 전수탁자는 제46조의 청구권에 기한 채권을 변제받을 때까지 신탁재산을 유치(留置)할 수 있다.

제55조(사무의 인계) ① 수탁자가 변경된 경우 전수탁자와 그 밖의 관계자는 신탁사무의 계산을 하고, 수익자의 입회하에 신수탁자에게 사무를 인계하여야 한다.

② 수익자가 제1항의 계산을 승인한 경우에는 전수탁자나 그 밖의 관계자의 수익자에 대한 인계에 관한 책임은 면제된 것으로 본다. 다만, 부정행위가 있었던 경우에는 그러하지 아니하다.

제5장 수익자의 권리·의무

제1절 수익권의 취득과 포기

제56조(수익권의 취득) ① 신탁행위로 정한 바에 따라 수익자로 지정된 자(제58조제1항 및 제2항에 따라 수익자로 지정된 자를 포함한다)는 당연히 수익권을 취득한다. 다만, 신탁행위로 달리 정한 경우에는 그에 따른다.

② 수탁자는 지체 없이 제1항에 따라 수익자로 지정된 자에게 그 사실을 통지하여야 한다. 다만, 수익권에 부담이 있는 경우를 제외하고는 신탁행위로 통지시기를 달리 정할 수 있다.

제57조(수익권의 포기) ① 수익자는 수탁자에게 수익권을 포기하는 취지의 의사표시를 할 수 있다.

② 수익자가 제1항에 따른 포기의 의사표시를 한 경우에는 처음부터 수익권을 가지지 아니하였던 것으로 본다. 다만, 제3자의 권리를 해치지 못한다.

제58조(수익자지정권등) ① 신탁행위로 수익자를 지정하거나 변경할 수 있는 권한(이하 "수익자지정권등"이라 한다)을 갖는 자를 정할 수 있다.

② 수익자지정권등을 갖는 자는 수탁자에 대한 의사표시 또는 유언으로 그 권한을 행사할 수 있다.

③ 수익자지정권등이 유언으로 행사되어 수탁자가 그 사실을 알지 못한 경우 이로 인하여 수익자로 된 자는 그 사실로써 수탁자에게 대항하지 못한다.

④ 수익자를 변경하는 권한이 행사되어 수익자가 그 수익권을 상실한 경우 수탁자는 지체 없이 수익권을 상실한 자에게 그 사실을 통지하여야 한다. 다만, 신탁행위로 달리 정한 경우에는 그에 따른다.

⑤ 수익자지정권등은 신탁행위로 달리 정한 바가 없으면 상속되지 아니한다.

제59조(유언대용신탁) ① 다음 각 호의 어느 하나에 해당하는 신탁의 경우에는 위탁자가 수익자를 변경할 권리를 갖는다. 다만, 신탁행위로 달리 정한 경우에는 그에 따른다.

1. 수익자가 될 자로 지정된 자가 위탁자의 사망 시에 수익권을 취득하는 신탁
2. 수익자가 위탁자의 사망 이후에 신탁재산에 기한 급부를 받는 신탁

② 제1항제2호의 수익자는 위탁자가 사망할 때까지 수익자로서의 권리를 행사하지 못한다. 다만, 신탁행위로 달리 정한 경우에는 그에 따른다.

제60조(수익자연속신탁) 신탁행위로 수익자가 사망한 경우 그 수익자가 갖는 수익권이 소멸하고 타인이 새로 수익권을 취득하도록 하는 뜻을 정할 수 있다. 이 경우 수익자의 사망에 의하여 차례로 타인이 수익권을 취득하는 경우를 포함한다.

제2절 수익권의 행사

제61조(수익권의 제한 금지) 다음 각 호에 해당하는 수익자의 권리는 신탁행위로도 제한할 수 없다.

1. 이 법에 따라 법원에 청구할 수 있는 권리
2. 제22조제2항 또는 제3항에 따라 강제집행등 또는 국세 등 체납처분에 대하여 이의를 제기할 수 있는 권리
3. 제40조제1항에 따라 장부 등의 열람 또는 복사를 청구할 수 있는 권리
4. 제43조 및 제45조에 따라 원상회복 또는 손해배상 등을 청구할 수 있는 권리
5. 제57조제1항에 따라 수익권을 포기할 수 있는 권리
6. 제75조제1항에 따라 신탁위반의 법률행위를 취소할 수 있는 권리
7. 제77조에 따라 유지를 청구할 수 있는 권리
8. 제89조, 제91조제3항 및 제95조제3항에 따라 수익권의 매수를 청구할 수 있는 권리
9. 그 밖에 신탁의 본질에 비추어 수익자 보호를 위하여 필요하다고 대통령령으로 정하는 권리

제62조(수익채권과 신탁채권의 관계) 신탁채권은 수익자가 수탁자에게 신탁재산에 속한 재산의 인도와 그 밖에 신탁재산에 기한 급부를 요구하는 청구권(이하 "수익채권"이라 한다)[585]보다 우선한다.

제63조(수익채권의 소멸시효) ① 수익채권의 소멸시효는 채권의 예에 따른다.

② 제1항에도 불구하고 수익채권의 소멸시효는 수익자가 수익자로 된 사실을 알게 된 때부터 진행한다.

③ 제1항에도 불구하고 신탁이 종료한 때부터 6개월 내에는 수익채권의 소멸시효가 완성되지 아니한다.

제3절 수익권의 양도[586]

제64조(수익권의 양도성) ① 수익자는 수익권을 양도할 수 있다. 다만, 수익권의 성질이 양도를 허용하지 아니하는 경우에는 그러하지 아니하다.

② 제1항에도 불구하고 수익권의 양도에 대하여 신탁행위로 달리 정한 경우에는 그에 따른다. 다만, 그 정함으로써 선의의 제3자에게 대항하지 못한다.

제65조(수익권 양도의 대항요건[587]과 수탁자의 항변) ① 수익권의 양도는 다음 각 호의 어느 하나에 해당하는 경우에만 수탁자와 제3자에게 대항할 수 있다.

---

585) 신탁종료시의 귀속재산에 관한 권리도 수익채권에 포함되는 것인지, 그렇다면 귀속재산에 관한 권리와 수익권을 구분하고 있는 판례가 이후 어떠한 견해를 취할지 지켜볼 필요가 있다.

586) 실무상 신탁계약에서는 수익자의 지정, 수익권 양도, 수익권 담보제공의 경우에는 수탁자의 동의를 요하고, 나아가 우선수익자의 동의까지 요하도록 규정하는 것이 일반적이므로 이와 같은 거래시에는 반드시 신탁계약의 내용을 확인해야 할 것이다. 특히 부동산신탁계약서에 위와 같은 내용이 포함된 경우에는 신탁원부 변경등기시에 해당 동의서의 제출이 필요할 수 있으므로 주의를 요한다.

587) 현행 신탁법 하에서는 신탁원부상 수익자의 변경은 수익권 양도의 대항요건이 아님을 명확히 규정하고 있으나, 실무에서는 현행 신탁법 시행 이후에도 구 신탁법 하에서와 마찬가지로 수익권이 양도되는 경우에는 현행 신탁법상의 대항요건 구비 및 신탁원부의 변경절차가 모두 이루어지고 있다.

1. 양도인이 수탁자에게 통지한 경우
2. 수탁자가 승낙한 경우

② 제1항 각 호의 통지 및 승낙은 확정일자가 있는 증서로 하지 아니하면 수탁자 외의 제3자에게 대항할 수 없다.

③ 수탁자는 제1항 각 호의 통지 또는 승낙이 있는 때까지 양도인에 대하여 발생한 사유로 양수인에게 대항할 수 있다.

④ 수탁자가 이의를 보류하지 아니하고 제1항제2호의 승낙을 한 경우에는 양도인에게 대항할 수 있는 사유로써 양수인에게 대항하지 못한다. 다만, 수탁자가 채무를 소멸하게 하기 위하여 양도인에게 급여한 것이 있으면 이를 회수할 수 있고, 양도인에 대하여 부담한 채무가 있으면 그 성립되지 아니함을 주장할 수 있다.

제66조(수익권에 대한 질권)[588] ① 수익자는 수익권을 질권의 목적으로 할 수 있다. 다만, 수익권의 성질이 질권의 설정을 허용하지 아니하는 경우에는 그러하지 아니하다.

② 제1항에도 불구하고 수익권을 목적으로 하는 질권의 설정에 대하여 신탁행위로 달리 정한 경우에는 그에 따른다. 다만, 그 정함으로써 선의의 제3자에게 대항하지 못한다.

③ 수익권을 목적으로 하는 질권의 설정에 관하여는 수익권 양도의 대항요건과 수탁자의 항변사유에 관한 제65조를 준용한다. 이 경우 제65조 중 "양도인"은 "수익자"로, "양수인"은 "질권자"로 보고, 같은 조 제1항 중 "수익권의 양수 사실"은 "수익권에 대하여 질권이 설정된 사실"로 본다.

④ 수익권을 목적으로 하는 질권은 그 수익권에 기한 수익채권과 이 법 또는 신탁행위에 따라 그 수익권을 갈음하여 수익자가 받을 금전이나 그 밖의 재산에도 존재한다.

⑤ 수익권의 질권자는 직접 수탁자로부터 금전을 지급받아 다른 채권자에 우선하여 자기 채권의 변제에 충당할 수 있다.

⑥ 질권자의 채권이 변제기에 이르지 아니한 경우 질권자는 수탁자에게 그 변제금액의 공탁을 청구할 수 있다. 이 경우 질권은 그 공탁금에 존재한다.

제4절 신탁관리인[589]

제67조(신탁관리인의 선임) ① 수익자가 특정되어 있지 아니하거나 존재하지 아니하는 경우 법원은 위탁자나 그 밖의 이해관계인의 청구에 의하여 또는 직권으로 신탁관리인을 선임할 수 있다. 다만, 신탁행위로 신탁관리인을 지정한 경우에는 그에 따른다.

② 수익자가 미성년자, 한정치산자 또는 금치산자이거나 그 밖의 사유로 수탁자에 대한 감독을 적절히 할 수 없는 경우 법원은 이해관계인의 청구에 의하여 또는 직권으로 신탁관리인을 선임할 수 있다. 다만, 신탁행위로 달리 정한 경우에는 그에 따른다.

③ 수익자가 여럿인 경우 수익자는 제71조의 방법에 따른 의사결정으로 신탁관리인을 선임할 수 있다. 수익권의 내용이 다른 여러 종류의 수익권이 있고 같은 종류의 수익권을 가진 수익자(이하 "종류수익자"라 한다)가 여럿인 경우에도 또한 같다.

④ 법원은 제1항 또는 제2항에 따라 선임한 신탁관리인에게 필요한 경우 신탁재산에서 적당한 보수를 줄 수 있다.

제68조(신탁관리인의 권한) ① 신탁관리인은 수익자의 이익이나 목적신탁의 목적 달성을 위하여 자기의 명의로 수익자의 권리에 관한 재판상 또는 재판 외의 모든 행위를 할 권한이 있다. 다만, 신탁관리인의 선임을 수탁자에게 통지하지 아니한 경우에는 수탁자에게 대항하지 못한다.

② 신탁관리인은 신탁에 관하여 수익자와 동일한 지위를 가지는 것으로 본다.

③ 제67조제1항에 따라 선임된 신탁관리인이 여럿인 경우 신탁행위로 달리 정한 바가 없으면 공동으로 사무를 처리한다.

④ 신탁관리인이 개별 수익자를 위하여 제67조제2항에 따라 각각 선임된 경우에는 각 신탁관리인은 해당 수익자를 위하여 단독으로 사무를 처리한다. 이 경우 개별 수익자를 위하여 선임된 여럿의 신탁관리인들은 해당 수익자를 위하여 공동으로 사무를 처리한다.

---

588) 실무상 부동산신탁의 수익권에 대한 질권설정의 경우에는 현행 신탁법상의 대항요건 구비 외에 수탁자가 질권자와 질권설정 취지를 기재 및 날인한 기존 수익권증서 또는 새로운 수익권증서를 질권설정자가 질권자에게 교부하도록 하는 사례가 다수 있다.

589) 증권을 발행하고 해당 증권의 원리금을 담보하기 위해 담보목적의 신탁을 하는 경우에는 신탁의 수익자를 해당 증권의 소유자로 하고 신탁관리인을 지정하는 방법으로 이 규정을 활용할 수 있다. 이후 증권이 전전 양도된 경우에도 최종 권리자가 수익자로서 수익을 지급받아 증권 원리금에 충당할 수 있게 되므로 담보물권의 부수성이 완화 된다. 한편, 담보물권의 부수성 완화라는 측면에서는, 담보권 신탁이나 담보부사채신탁법에 따른 담보부사채신탁과 유사하나, 담보권 신탁과 담보부사채신탁은 수탁자가 담보권자의 지위를 가지기 때문에 위탁자의 도산절차로부터 절연되기 어려운 반면, 위 규정에 따른 신탁관리인을 활용하는 경우에는 위탁자의 도산절차로부터 절연될 수 있다는 장점이 있다.

⑤ 제67조제3항 전단에 따라 선임된 신탁관리인이 여럿인 경우에는 선임 시 달리 정하지 아니하면 공동으로 사무를 처리한다.

⑥ 제67조제3항 후단에 따라 선임된 신탁관리인은 자신을 선임한 종류수익자만을 위하여 단독으로 사무를 처리한다. 이 경우 하나의 종류수익자를 위하여 선임된 여럿의 신탁관리인들은 그 종류수익자를 위하여 공동으로 사무를 처리한다.

⑦ 제67조제3항에 따라 신탁관리인을 선임한 경우에도 수익자는 제71조의 방법에 따른 의사결정으로 사무를 처리할 수 있다.

제69조(신탁관리인의 임무 종료) ① 제67조제1항에 따라 선임된 신탁관리인은 수익자가 특정되거나 존재하게 되면 임무가 종료된다.

② 제67조제2항에 따라 선임된 신탁관리인은 다음 각 호의 어느 하나에 해당하는 경우 임무가 종료된다.

1. 미성년자인 수익자가 성년에 도달한 경우
2. 수익자가 한정치산선고·금치산선고의 취소심판을 받은 경우
3. 그 밖에 수익자가 수탁자에 대한 감독능력을 회복한 경우

③ 제1항 또는 제2항에 따라 신탁관리인의 임무가 종료된 경우 수익자 또는 신탁관리인은 수탁자에게 신탁관리인의 임무 종료 사실을 통지하지 아니하면 수탁자에게 대항하지 못한다.

제70조(신탁관리인의 사임 또는 해임에 의한 임무 종료) ① 신탁관리인은 선임 시에 달리 정하지 아니하면 신탁관리인을 선임한 법원 또는 수익자의 승낙 없이 사임하지 못한다.

② 제1항에도 불구하고 신탁관리인은 정당한 이유가 있는 경우 법원의 허가를 받아 사임할 수 있다.

③ 사임한 신탁관리인의 통지의무 및 계속적 사무의 관리에 관하여는 제14조제3항 및 제15조를 준용한다.

④ 신탁관리인을 선임한 법원 또는 수익자는 언제든지 그 신탁관리인을 해임할 수 있다. 다만, 수익자가 정당한 이유 없이 신탁관리인에게 불리한 시기에 해임한 경우 수익자는 그 손해를 배상하여야 한다.

⑤ 해임된 신탁관리인의 통지의무 및 계속적 사무의 관리에 관하여는 제16조제4항 및 제5항을 준용한다.

⑥ 법원은 신탁관리인의 사임허가결정이나 임무 위반을 이유로 해임결정을 함과 동시에 새로운 신탁관리인을 선임하여야 한다. 이 경우 새로 선임된 신탁관리인은 즉시 수익자에게 그 사실을 통지하여야 한다.

⑦ 제1항, 제2항, 제4항 및 제6항의 경우 수익자, 신탁관리인, 그 밖의 이해관계인은 기존 신탁관리인의 사임 또는 해임, 새로운 신탁관리인의 선임 사실을 수탁자에게 통지하지 아니하면 그 사실로써 수탁자에게 대항하지 못한다.

제5절 수익자가 여럿인 경우 의사결정590)

제71조(수익자가 여럿인 경우 의사결정 방법) ① 수익자가 여럿인 신탁에서 수익자의 의사는 수익자 전원의 동의로 결정한다. 다만, 제61조 각 호의 권리는 각 수익자가 개별적으로 행사할 수 있다.

② 신탁행위로 수익자집회를 두기로 정한 경우에는 제72조부터 제74조까지의 규정에 따른다.

③ 제1항 본문 및 제2항에도 불구하고 신탁행위로 달리 정한 경우에는 그에 따른다.

제72조(수익자집회의 소집) ① 수익자집회는 필요가 있을 때 수시로 개최할 수 있다.

② 수익자집회는 수탁자가 소집한다.

③ 수익자는 수탁자에게 수익자집회의 목적사항과 소집이유를 적은 서면 또는 전자문서로 수익자집회의 소집을 청구할 수 있다.

④ 제3항의 청구를 받은 후 수탁자가 지체 없이 수익자집회의 소집절차를 밟지 아니하는 경우 수익자집회의 소집을 청구한 수익자는 법원의 허가를 받아 수익자집회를 소집할 수 있다.

⑤ 수익자집회를 소집하는 자(이하 "소집자"라 한다)는 집회일 2주 전에 알고 있는 수익자 및 수탁자에게 서면이나 전자문서(수익자의 경우 전자문서로 통지를 받는 것에 동의한 자만 해당한다)로 회의의 일시·장소 및 목적사항을 통지하여야 한다.

⑥ 소집자는 의결권 행사에 참고할 수 있도록 수익자에게 대통령령으로 정하는 서류를 서면이나 전자문서(전자문서로 제공받는 것에 동의한 수익자의 경우만 해당한다)로 제공하여야 한다.

제73조(수익자집회의 의결권 등) ① 수익자는 수익자집회에서 다음 각 호의 구분에 따른 의결권을 갖는다.

1. 각 수익권의 내용이 동일한 경우: 수익권의 수
2. 각 수익권의 내용이 동일하지 아니한 경우: 수익자집회의 소집이 결정된 때의 수익권 가액

② 수익권이 그 수익권에 관한 신탁의 신탁재산에 속한 경우 수탁자는 그 수익권에 대하여 의결권을 행사하지 못한다.

---

590) 2016다204585 판결[21번 판례]의 각주 부분도 참조.

③ 수익자는 수익자집회에 출석하지 아니하고 서면이나 전자문서(소집자가 전자문서로 행사하는 것을 승낙한 경우만 해당한다)로 의결권을 행사할 수 있다. 이 경우 수익자 확인절차 등 전자문서에 의한 의결권행사의 절차와 그 밖에 필요한 사항은 대통령령으로 정한다.

④ 수익자가 둘 이상의 의결권을 가지고 있을 때에는 이를 통일하지 아니하고 행사할 수 있다. 이 경우 수익자집회일 3일 전에 소집자에게 서면 또는 전자문서로 그 뜻과 이유를 통지하여야 한다.

⑤ 의결권을 통일하지 아니하고 행사하는 수익자가 타인을 위하여 수익권을 가지고 있는 경우가 아니면 소집자는 수익자의 의결권 불통일행사를 거부할 수 있다.

⑥ 수익자는 대리인으로 하여금 의결권을 행사하게 할 수 있다. 이 경우 해당 수익자나 대리인은 대리권을 증명하는 서면을 소집자에게 제출하여야 한다.

⑦ 수탁자는 수익자집회에 출석하거나 서면으로 의견을 진술할 수 있고, 수익자집회는 필요하다고 인정하는 경우 수익자집회의 결의로 수탁자에게 출석을 요구할 수 있다.

⑧ 수익자집회의 의장은 수익자 중에서 수익자집회의 결의로 선임한다.

제74조(수익자집회의 결의) ① 수익자집회의 결의는 행사할 수 있는 의결권의 과반수에 해당하는 수익자가 출석하고 출석한 수익자의 의결권의 과반수로써 하여야 한다.

② 제1항에도 불구하고 다음 각 호의 사항에 관한 수익자집회의 결의는 의결권의 과반수에 해당하는 수익자가 출석하고 출석한 수익자의 의결권의 3분의 2 이상으로써 하여야 한다.

1. 제16조제1항에 따른 수탁자 해임의 합의
2. 제88조제1항에 따른 신탁의 변경 중 신탁목적의 변경, 수익채권 내용의 변경, 그 밖에 중요한 신탁의 변경의 합의
3. 제91조제2항 및 제95조제2항에 따른 신탁의 합병·분할·분할합병 계획서의 승인
4. 제99조제1항에 따른 신탁의 종료 합의
5. 제103조제1항에 따른 신탁의 종료 시 계산의 승인

③ 수익자집회의 소집자는 의사의 경과에 관한 주요한 내용과 그 결과를 적은 의사록을 작성하고 기명날인 또는 서명하여야 한다.

④ 수익자집회의 결의는 해당 신탁의 모든 수익자에 대하여 효력이 있다.

⑤ 수익자집회와 관련하여 필요한 비용을 지출한 자는 수탁자에게 상환을 청구할 수 있다. 이 경우 수탁자는 신탁재산만으로 책임을 진다.

제6절 수익자의 취소권 및 유지청구권

제75조(신탁위반 법률행위의 취소) ① 수탁자가 신탁의 목적을 위반하여 신탁재산에 관한 법률행위를 한 경우 수익자는 상대방이나 전득자(轉得者)가 그 법률행위 당시 수탁자의 신탁목적의 위반 사실을 알았거나 중대한 과실로 알지 못하였을 때에만 그 법률행위를 취소할 수 있다.

② 수익자가 여럿인 경우 그 1인이 제1항에 따라 한 취소는 다른 수익자를 위하여도 효력이 있다.

제76조(취소권의 제척기간) 제75조제1항에 따른 취소권은 수익자가 취소의 원인이 있음을 안 날부터 3개월, 법률행위가 있은 날부터 1년 내에 행사하여야 한다.

제77조(수탁자에 대한 유지청구권) ① 수탁자가 법령 또는 신탁행위로 정한 사항을 위반하거나 위반할 우려가 있고 해당 행위로 신탁재산에 회복할 수 없는 손해가 발생할 우려가 있는 경우 수익자는 그 수탁자에게 그 행위를 유지(留止)할 것을 청구할 수 있다.

② 수익자가 여럿인 신탁에서 수탁자가 법령 또는 신탁행위로 정한 사항을 위반하거나 위반할 우려가 있고 해당 행위로 일부 수익자에게 회복할 수 없는 손해가 발생할 우려가 있는 경우에도 제1항과 같다.

제7절 수익증권[591)]

제78조(수익증권의 발행) ① 신탁행위로 수익권을 표시하는 수익증권을 발행하는 뜻을 정할 수 있다. 이 경우 각 수익권의

591) 현행 자본시장법에서는 '신탁업자는 금전신탁계약에 의한 수익권이 표시된 수익증권을 발행할 수 있다'고 규정하고 있는바(동법 제110조 제1항), 동 규정의 해석과 관련하여, 금전신탁에 한하여 수익증권을 발행할 수 있다고 해석하는 견해와 동 규정은 금전신탁 외의 신탁의 수익증권 발행을 금지하지는 않고 있으므로 금전신탁 외의 신탁에서도 신탁법에 따라 수익증권의 발행이 가능하다는 견해가 있으나, 실무상으로는 금전신탁 외의 신탁의 경우에 신탁업자가 발행하는 각종 증서(수익권증서 등)는, 그 내용 및 양도성 등에 비추어 볼 때, 이를 신탁법 및 자본시장법상의 수익증권이 아니라는 것을 전제로 하고 있는 것으로 보인다.

내용이 동일하지 아니할 때에는 특정 내용의 수익권에 대하여 수익증권을 발행하지 아니한다는 뜻을 정할 수 있다.
② 제1항의 정함이 있는 신탁(이하 "수익증권발행신탁"이라 한다)의 수탁자는 신탁행위로 정한 바에 따라 지체 없이 해당 수익권에 관한 수익증권을 발행하여야 한다.
③ 수익증권은 기명식(記名式) 또는 무기명식(無記名式)으로 한다. 다만, 담보권을 신탁재산으로 하여 설정된 신탁의 경우에는 기명식으로만 하여야 한다.
④ 신탁행위로 달리 정한 바가 없으면 수익증권이 발행된 수익권의 수익자는 수탁자에게 기명수익증권을 무기명식으로 하거나 무기명수익증권을 기명식으로 할 것을 청구할 수 있다.
⑤ 수익증권에는 다음 각 호의 사항과 번호를 적고 수탁자(수탁자가 법인인 경우에는 그 대표자를 말한다)가 기명날인 또는 서명하여야 한다.

1. 수익증권발행신탁의 수익증권이라는 뜻
2. 위탁자 및 수탁자의 성명 또는 명칭 및 주소
3. 기명수익증권의 경우에는 해당 수익자의 성명 또는 명칭
4. 각 수익권에 관한 수익채권의 내용 및 그 밖의 다른 수익권의 내용
5. 제46조제6항 및 제47조제4항에 따라 수익자의 수탁자에 대한 보수지급의무 또는 비용 등의 상환의무 및 손해배상의무에 관하여 신탁행위의 정함이 있는 경우에는 그 뜻 및 내용
6. 수익자의 권리행사에 관하여 신탁행위의 정함(신탁관리인에 관한 사항을 포함한다)이 있는 경우에는 그 뜻 및 내용
7. 제114조제1항에 따른 유한책임신탁인 경우에는 그 뜻 및 신탁의 명칭
8. 제87조에 따라 신탁사채 발행에 관하여 신탁행위의 정함이 있는 경우에는 그 뜻 및 내용
9. 그 밖에 수익권에 관한 중요한 사항으로서 대통령령으로 정하는 사항

⑥ 수탁자는 신탁행위로 정한 바에 따라 수익증권을 발행하는 대신 전자등록기관(유가증권 등의 전자등록 업무를 취급하는 것으로 지정된 기관을 말한다)의 전자등록부에 수익증권을 등록할 수 있다. 이 경우 전자등록의 절차·방법 및 효과, 전자등록기관의 지정·감독 등 수익증권의 전자등록 등에 관하여 필요한 사항은 따로 법률로 정한다.
⑦ 제88조제1항에도 불구하고 수익증권발행신탁에서 수익증권발행신탁이 아닌 신탁으로, 수익증권발행신탁이 아닌 신탁에서 수익증권발행신탁으로 변경할 수 없다.

제79조(수익자명부) ① 수익증권발행신탁의 수탁자는 지체 없이 수익자명부를 작성하고 다음 각 호의 사항을 적어야 한다.

1. 각 수익권에 관한 수익채권의 내용과 그 밖의 수익권의 내용
2. 각 수익권에 관한 수익증권의 번호 및 발행일
3. 각 수익권에 관한 수익증권이 기명식인지 무기명식인지의 구별
4. 기명수익증권의 경우에는 해당 수익자의 성명 또는 명칭 및 주소
5. 무기명수익증권의 경우에는 수익증권의 수
6. 기명수익증권의 수익자의 각 수익권 취득일
7. 그 밖에 대통령령으로 정하는 사항

② 수익증권발행신탁의 수탁자가 수익자나 질권자에게 하는 통지 또는 최고(催告)는 수익자명부에 적혀 있는 주소나 그 자로부터 수탁자에게 통지된 주소로 하면 된다. 다만, 무기명수익증권의 수익자나 그 질권자에게는 다음 각 호의 방법 모두를 이행하여 통지하거나 최고하여야 한다.

1. 「신문 등의 진흥에 관한 법률」에 따른 일반일간신문 중 전국을 보급지역으로 하는 신문(이하 "일반일간신문"이라 한다)에의 공고(수탁자가 법인인 경우에는 그 법인의 공고방법에 따른 공고를 말한다)
2. 수탁자가 알고 있는 자에 대한 개별적인 통지 또는 최고

③ 제2항 본문에 따른 통지 또는 최고는 보통 그 도달할 시기에 도달한 것으로 본다.
④ 수익증권발행신탁의 수탁자는 신탁행위로 정한 바에 따라 수익자명부관리인을 정하여 수익자명부의 작성, 비치 및 그 밖에 수익자명부에 관한 사무를 위탁할 수 있다.
⑤ 수익증권발행신탁의 수탁자는 수익자명부를 그 주된 사무소(제4항의 수익자명부관리인이 있는 경우에는 그 사무소를 말한다)에 갖추어 두어야 한다.
⑥ 수익증권발행신탁의 위탁자, 수익자 또는 그 밖의 이해관계인은 영업시간 내에 언제든지 수익자명부의 열람 또는 복사를 청구할 수 있다. 이 경우 수탁자나 수익자명부관리인은 정당한 사유가 없다면 청구에 따라야 한다.

제80조(수익증권의 불소지) ① 수익권에 대하여 기명수익증권을 발행하기로 한 경우 해당 수익자는 그 기명수익증권에 대하여 증권을 소지하지 아니하겠다는 뜻을 수탁자에게 신고할 수 있다. 다만, 신탁행위로 달리 정한 경우에는 그에 따른다.

② 제1항의 신고가 있는 경우 수탁자는 지체 없이 수익증권을 발행하지 아니한다는 뜻을 수익자명부에 적고, 수익자에게 그 사실을 통지하여야 한다. 이 경우 수탁자는 수익증권을 발행할 수 없다.
③ 제1항의 경우 이미 발행된 수익증권이 있으면 수탁자에게 제출하여야 하고, 수탁자에게 제출된 수익증권은 제2항의 기재를 한 때에 무효가 된다.
④ 제1항의 신고를 한 수익자라도 언제든지 수탁자에게 수익증권의 발행을 청구할 수 있다.

제81조(수익증권발행신탁 수익권의 양도) ① 수익증권발행신탁의 경우 수익권을 표시하는 수익증권을 발행하는 정함이 있는 수익권을 양도할 때에는 해당 수익권을 표시하는 수익증권을 교부하여야 한다.
② 기명수익증권으로 표시되는 수익권의 이전은 취득자의 성명 또는 명칭과 주소를 수익자명부에 적지 아니하면 수탁자에게 대항하지 못한다.
③ 제78조제1항 후단에 따라 특정 수익권에 대하여 수익증권을 발행하지 아니한다는 뜻을 정한 수익증권발행신탁의 경우 해당 수익권의 이전은 취득자의 성명 또는 명칭과 주소를 수익자명부에 적지 아니하면 수탁자 및 제3자에게 대항하지 못한다.
④ 수익증권발행신탁에서 수익권을 표시하는 수익증권을 발행하는 정함이 있는 수익권의 경우 수익증권의 발행 전에 한 수익권의 양도는 수탁자에 대하여 효력이 없다. 다만, 수익증권을 발행하여야 하는 날부터 6개월이 경과한 경우에는 그러하지 아니하다.

제82조(수익증권의 권리추정력 및 선의취득) ① 수익증권의 점유자는 적법한 소지인으로 추정한다.
② 수익증권에 관하여는 「수표법」 제21조를 준용한다.

제83조(수익증권발행신탁 수익권에 대한 질권) ① 수익증권발행신탁의 경우 수익권을 질권의 목적으로 할 때에는 그 수익권을 표시하는 수익증권을 질권자에게 교부하여야 한다.
② 제1항에 따라 수익증권을 교부받은 질권자는 계속하여 수익증권을 점유하지 아니하면 그 질권으로써 수탁자 및 제3자에게 대항하지 못한다.
③ 제78조제1항 후단에 따라 특정 수익권에 대하여 수익증권을 발행하지 아니한다는 뜻을 정한 수익증권발행신탁의 경우 해당 수익권에 대한 질권은 그 질권자의 성명 또는 명칭과 주소를 수익자명부에 적지 아니하면 수탁자 및 제3자에게 대항하지 못한다.
④ 수익증권발행신탁에서 수익권을 표시하는 수익증권을 발행하는 정함이 있는 수익권의 경우 수익증권 발행 전에 한 수익권에 대한 질권의 설정은 수탁자에 대하여 효력이 없다. 다만, 수익증권을 발행하여야 하는 날부터 6개월이 경과한 경우에는 그러하지 아니하다.

제84조(기준일) ① 수익증권발행신탁의 수탁자는 기명수익증권에 대한 수익자로서 일정한 권리를 행사할 자를 정하기 위하여 일정한 날(이하 "기준일"이라 한다)에 수익자명부에 적혀 있는 수익자를 그 권리를 행사할 수익자로 볼 수 있다.
② 기준일은 수익자로서 권리를 행사할 날에 앞선 3개월 내의 날로 정하여야 한다.
③ 기준일을 정한 수탁자는 그 날의 2주 전에 이를 일반일간신문에 공고하여야 한다. 다만, 수탁자가 법인인 경우에는 그 법인의 공고방법에 따른다.
④ 신탁행위로 달리 정한 경우에는 제1항부터 제3항까지의 규정을 적용하지 아니한다.

제85조(수익증권 발행 시 권리행사 등) ① 무기명수익증권을 가진 자는 그 수익증권을 제시하지 아니하면 수탁자 및 제3자에게 수익자의 권리를 행사하지 못한다.
② 수익증권발행신탁의 수익권을 여러 명이 공유하는 경우 공유자는 그 수익권에 대하여 권리(수탁자로부터 통지 또는 최고를 받을 권한을 포함한다)를 행사할 1인을 정하여 수탁자에게 통지하여야 한다.
③ 제2항의 통지가 없는 경우 공유자는 수탁자가 동의하지 아니하면 해당 수익권에 대한 권리를 행사할 수 없고, 공유자에 대한 수탁자의 통지나 최고는 공유자 중 1인에게 하면 된다.
④ 수익증권발행신탁의 수익자가 여럿인 경우 수익자의 의사결정(제61조 각 호에 따른 권리의 행사에 관한 사항은 제외한다)은 제72조부터 제74조까지의 규정에 따른 수익자집회에서 결정한다. 다만, 신탁행위로 달리 정한 경우에는 그에 따른다.
⑤ 수익증권발행신탁의 경우 위탁자는 다음 각 호의 권리를 행사할 수 없다.
1. 제16조제1항 및 제21조제1항에 따른 해임권 또는 선임권
2. 제16조제3항, 제67조제1항, 제88조제3항 및 제100조에 따른 청구권
3. 제40조제1항에 따른 열람·복사 청구권 또는 설명요구권
4. 제79조제6항에 따른 열람 또는 복사 청구권

⑥ 제71조제1항 단서에도 불구하고 수익증권발행신탁의 경우 신탁행위로 다음 각 호의 어느 하나에 해당하는 뜻을 정할

수 있다.

1. 다음 각 목의 권리의 전부 또는 일부에 대하여 총수익자 의결권의 100분의 3(신탁행위로 100분의 3보다 낮은 비율을 정한 경우에는 그 비율을 말한다) 이상 비율의 수익권을 가진 수익자만 해당 권리를 행사할 수 있다는 뜻
   가. 제40조제1항에 따른 열람·복사 청구권 또는 설명요구권
   나. 제75조제1항에 따른 취소권
   다. 제88조제3항에 따른 신탁의 변경청구권
   라. 제100조에 따른 신탁의 종료명령청구권
2. 6개월(신탁행위로 이보다 짧은 기간을 정한 경우에는 그 기간을 말한다) 전부터 계속하여 수익권을 가진 수익자만 제77조제1항에 따른 유지청구권을 행사할 수 있다는 뜻

⑦ 수익증권발행신탁의 경우 제46조제4항부터 제6항까지 및 제47조제4항을 적용하지 아니한다. 다만, 신탁행위로 달리 정한 경우에는 그에 따른다.

제86조(수익증권의 상실) ① 수익증권은 공시최고(公示催告)의 절차를 거쳐 무효로 할 수 있다.

② 수익증권을 상실한 자는 제권판결(除權判決)을 받지 아니하면 수탁자에게 수익증권의 재발행을 청구하지 못한다.

제6장 신탁사채

제87조(신탁사채) ① 다음 각 호의 요건을 모두 충족하는 경우 신탁행위로 수탁자가 신탁을 위하여 사채(社債)를 발행할 수 있도록 정할 수 있다.

1. 수익증권발행신탁일 것
2. 제114조제1항에 따른 유한책임신탁일 것
3. 수탁자가 「상법」상 주식회사나 그 밖의 법률에 따라 사채를 발행할 수 있는 자일 것

② 제1항에 따라 사채를 발행하는 수탁자는 사채청약서, 채권(債券) 및 사채원부에 다음 각 호의 사항을 적어야 한다.

1. 해당 사채가 신탁을 위하여 발행되는 것이라는 뜻
2. 제1호의 신탁을 특정하는 데에 필요한 사항
3. 해당 사채에 대하여는 신탁재산만으로 이행책임을 진다는 뜻

③ 사채 총액 한도에 관하여는 대통령령으로 정한다.

④ 제1항에 따른 사채의 발행에 관하여 이 법에서 달리 정하지 아니하는 사항에 대하여는 「상법」 제396조 및 제3편제4장 제8절(「상법」 제469조는 제외한다)을 준용한다.

제7장 신탁의 변경

제88조(신탁당사자의 합의 등에 의한 신탁변경) ① 신탁은 위탁자, 수탁자 및 수익자의 합의로 변경할 수 있다. 다만, 신탁행위로 달리 정한 경우에는 그에 따른다.

② 제1항에 따른 신탁의 변경은 제3자의 정당한 이익을 해치지 못한다.

③ 신탁행위 당시에 예견하지 못한 특별한 사정이 발생한 경우 위탁자, 수익자 또는 수탁자는 신탁의 변경을 법원에 청구할 수 있다.

④ 목적신탁에서 수익자의 이익을 위한 신탁으로, 수익자의 이익을 위한 신탁에서 목적신탁으로 변경할 수 없다.

제89조(반대수익자의 수익권매수청구권) ① 다음 각 호의 어느 하나에 해당하는 사항에 관한 변경에 반대하는 수익자는 신탁변경이 있은 날부터 20일 내에 수탁자에게 수익권의 매수를 서면으로 청구할 수 있다.

1. 신탁의 목적
2. 수익채권의 내용
3. 신탁행위로 수익권매수청구권을 인정한 사항

② 수탁자는 제1항의 청구를 받은 날부터 2개월 내에 매수한 수익권의 대금을 지급하여야 한다.

③ 제2항에 따른 수익권의 매수가액은 수탁자와 수익자 간의 협의로 결정한다.

④ 제1항의 청구를 받은 날부터 30일 내에 제3항에 따른 협의가 이루어지지 아니한 경우 수탁자나 수익권의 매수를 청구한 수익자는 법원에 매수가액의 결정을 청구할 수 있다.

⑤ 법원이 제4항에 따라 수익권의 매수가액을 결정하는 경우에는 신탁의 재산상태나 그 밖의 사정을 고려하여 공정한 가액으로 산정하여야 한다.

⑥ 수탁자는 법원이 결정한 매수가액에 대한 이자를 제2항의 기간만료일 다음 날부터 지급하여야 한다.

⑦ 수탁자는 수익권매수청구에 대한 채무의 경우 신탁재산만으로 책임을 진다. 다만, 신탁행위 또는 신탁변경의 합의로 달리 정한 경우에는 그에 따른다.

⑧ 제1항의 청구에 의하여 수탁자가 수익권을 취득한 경우 그 수익권은 소멸한다. 다만, 신탁행위 또는 신탁변경의 합의로 달리 정한 경우에는 그에 따른다.

제90조(신탁의 합병) 수탁자가 동일한 여러 개의 신탁은 1개의 신탁으로 할 수 있다.

제91조(신탁의 합병계획서) ① 신탁을 합병하려는 경우 수탁자는 다음 각 호의 사항을 적은 합병계획서를 작성하여야 한다.

1. 신탁합병의 취지
2. 신탁합병 후의 신탁행위의 내용
3. 신탁행위로 정한 수익권의 내용에 변경이 있는 경우에는 그 내용 및 변경이유
4. 신탁합병 시 수익자에게 금전과 그 밖의 재산을 교부하는 경우에는 그 재산의 내용과 가액
5. 신탁합병의 효력발생일
6. 그 밖에 대통령령으로 정하는 사항

② 수탁자는 각 신탁별로 위탁자와 수익자로부터 제1항의 합병계획서의 승인을 받아야 한다. 다만, 신탁행위로 달리 정한 경우에는 그에 따른다.

③ 제1항의 합병계획서를 승인하지 아니하는 수익자는 합병계획서의 승인이 있은 날부터 20일 내에 수탁자에게 수익권의 매수를 서면으로 청구할 수 있다. 이 경우 제89조제2항부터 제8항까지의 규정을 준용한다.

제92조(합병계획서의 공고 및 채권자보호) ① 수탁자는 신탁의 합병계획서의 승인을 받은 날부터 2주 내에 다음 각 호의 사항을 일반일간신문에 공고하고(수탁자가 법인인 경우에는 해당 법인의 공고방법에 따른다) 알고 있는 신탁재산의 채권자에게는 개별적으로 이를 최고하여야 한다. 제2호의 경우 일정한 기간은 1개월 이상이어야 한다.

1. 합병계획서
2. 채권자가 일정한 기간 내에 이의를 제출할 수 있다는 취지
3. 그 밖에 대통령령으로 정하는 사항

② 채권자가 제1항의 기간 내에 이의를 제출하지 아니한 경우에는 합병을 승인한 것으로 본다.

③ 이의를 제출한 채권자가 있는 경우 수탁자는 그 채권자에게 변제하거나 적당한 담보를 제공하거나 이를 목적으로 하여 적당한 담보를 신탁회사에 신탁하여야 한다. 다만, 신탁의 합병으로 채권자를 해칠 우려가 없는 경우에는 그러하지 아니하다.

제93조(합병의 효과) 합병 전의 신탁재산에 속한 권리·의무는 합병 후의 신탁재산에 존속한다.

제94조(신탁의 분할 및 분할합병) ① 신탁재산 중 일부를 분할하여 수탁자가 동일한 새로운 신탁의 신탁재산으로 할 수 있다.

② 신탁재산 중 일부를 분할하여 수탁자가 동일한 다른 신탁과 합병(이하 "분할합병"이라 한다)할 수 있다.

제95조(신탁의 분할계획서 및 분할합병계획서) ① 제94조에 따라 신탁을 분할하거나 분할합병하려는 경우 수탁자는 다음 각 호의 사항을 적은 분할계획서 또는 분할합병계획서를 작성하여야 한다.

1. 신탁을 분할하거나 분할합병한다는 취지
2. 분할하거나 분할합병한 후의 신탁행위의 내용
3. 신탁행위로 정한 수익권의 내용에 변경이 있는 경우에는 그 내용 및 변경이유
4. 분할하거나 분할합병할 때 수익자에게 금전과 그 밖의 재산을 교부하는 경우에는 그 재산의 내용과 가액
5. 분할 또는 분할합병의 효력발생일
6. 분할되는 신탁재산 및 신탁채무의 내용과 그 가액
7. 제123조에 따라 유한책임신탁의 채무를 승계하는 분할 후 신설신탁 또는 분할합병신탁이 있는 경우 그러한 취지와 특정된 채무의 내용
8. 그 밖에 대통령령으로 정하는 사항

② 수탁자는 각 신탁별로 위탁자와 수익자로부터 제1항의 분할계획서 또는 분할합병계획서의 승인을 받아야 한다. 다만, 신탁행위로 달리 정한 경우에는 그에 따른다.

③ 제1항의 분할계획서 또는 분할합병계획서를 승인하지 아니한 수익자는 분할계획서 또는 분할합병계획서의 승인이 있은 날부터 20일 내에 수탁자에게 수익권의 매수를 서면으로 청구할 수 있다. 이 경우 제89조제2항부터 제8항까지의 규정을 준용한다.

제96조(분할계획서 등의 공고 및 채권자보호) ① 수탁자는 신탁의 분할계획서 또는 분할합병계획서의 승인을 받은 날부터 2주 내에 다음 각 호의 사항을 일반일간신문에 공고하고(수탁자가 법인인 경우에는 그 법인의 공고방법에 따른다) 알고 있는 신탁재산의 채권자에게는 개별적으로 최고하여야 한다. 제2호의 경우 일정한 기간은 1개월 이상이어야 한다.

1. 분할계획서 또는 분할합병계획서
2. 채권자가 일정한 기간 내에 이의를 제출할 수 있다는 취지
3. 그 밖에 대통령령으로 정하는 사항

② 채권자가 제1항의 기간 내에 이의를 제출하지 아니한 경우에는 신탁의 분할 또는 분할합병을 승인한 것으로 본다.

③ 이의를 제출한 채권자가 있는 경우 수탁자는 그 채권자에게 변제하거나 적당한 담보를 제공하거나 이를 목적으로 하여 적당한 담보를 신탁회사에 신탁하여야 한다. 다만, 신탁을 분할하거나 분할합병하는 것이 채권자를 해칠 우려가 없는 경우에는 그러하지 아니하다.

제97조(분할의 효과) ① 제94조에 따라 분할되는 신탁재산에 속한 권리·의무는 분할계획서 또는 분할합병계획서가 정하는 바에 따라 분할 후 신설신탁 또는 분할합병신탁에 존속한다.

② 수탁자는 분할하는 신탁재산의 채권자에게 분할된 신탁과 분할 후의 신설신탁 또는 분할합병신탁의 신탁재산으로 변제할 책임이 있다.

제8장 신탁의 종료

제98조(신탁의 종료사유) 신탁은 다음 각 호의 어느 하나에 해당하는 경우 종료한다.

1. 신탁의 목적을 달성하였거나 달성할 수 없게 된 경우
2. 신탁이 합병된 경우
3. 제138조에 따라 유한책임신탁에서 신탁재산에 대한 파산선고가 있은 경우
4. 수탁자의 임무가 종료된 후 신수탁자가 취임하지 아니한 상태가 1년간 계속된 경우
5. 목적신탁에서 신탁관리인이 취임하지 아니한 상태가 1년간 계속된 경우
6. 신탁행위로 정한 종료사유가 발생한 경우

제99조(합의에 의한 신탁의 종료) ① 위탁자와 수익자는 합의하여 언제든지 신탁을 종료할 수 있다. 다만, 위탁자가 존재하지 아니하는 경우에는 그러하지 아니하다.

② 위탁자가 신탁이익의 전부를 누리는 신탁은 위탁자나 그 상속인이 언제든지 종료할 수 있다.

③ 위탁자, 수익자 또는 위탁자의 상속인이 정당한 이유 없이 수탁자에게 불리한 시기에 신탁을 종료한 경우 위탁자, 수익자 또는 위탁자의 상속인은 그 손해를 배상하여야 한다.

④ 제1항부터 제3항까지의 규정에도 불구하고 신탁행위로 달리 정한 경우에는 그에 따른다.

제100조(법원의 명령에 의한 신탁의 종료) 신탁행위 당시에 예측하지 못한 특별한 사정으로 신탁을 종료하는 것이 수익자의 이익에 적합함이 명백한 경우에는 위탁자, 수탁자 또는 수익자는 법원에 신탁의 종료를 청구할 수 있다.

제101조(신탁종료 후의 신탁재산의 귀속) ① 제98조제1호, 제4호부터 제6호까지, 제99조 또는 제100조에 따라 신탁이 종료된 경우 신탁재산은 수익자(잔여재산수익자를 정한 경우에는 그 잔여재산수익자를 말한다)에게 귀속한다. 다만, 신탁행위로 신탁재산의 잔여재산이 귀속될 자(이하 "귀속권리자"라 한다)를 정한 경우에는 그 귀속권리자에게 귀속한다.[592)]

② 수익자와 귀속권리자로 지정된 자가 신탁의 잔여재산에 대한 권리를 포기한 경우 잔여재산은 위탁자와 그 상속인에게 귀속한다.

③ 제3조제3항에 따라 신탁이 종료된 경우 신탁재산은 위탁자에게 귀속한다.

④ 신탁이 종료된 경우 신탁재산이 제1항부터 제3항까지의 규정에 따라 귀속될 자에게 이전될 때까지 그 신탁은 존속하는 것으로 본다. 이 경우 신탁재산이 귀속될 자를 수익자로 본다.

⑤ 제1항 및 제2항에 따라 잔여재산의 귀속이 정하여지지 아니하는 경우 잔여재산은 국가에 귀속된다.

제102조(준용규정) 신탁의 종료로 인하여 신탁재산이 수익자나 그 밖의 자에게 귀속한 경우에는 제53조제3항 및 제54조를 준용한다.

제103조(신탁종료에 의한 계산) ① 신탁이 종료한 경우 수탁자는 지체 없이 신탁사무에 관한 최종의 계산을 하고, 수익자

---

592) 수익자가 귀속권리자를 겸하는 경우에 귀속권리자의 권리와 수익권의 관계가 문제될 수 있다. 특히 수익권의 일부를 구성하는 수익채권과의 관계에서 명확한 기준 정립이 필요할 것으로 생각된다.

및 귀속권리자의 승인을 받아야 한다.

② 수익자와 귀속권리자가 제1항의 계산을 승인한 경우 수탁자의 수익자와 귀속권리자에 대한 책임은 면제된 것으로 본다. 다만, 수탁자의 직무수행에 부정행위가 있었던 경우에는 그러하지 아니하다.

③ 수익자와 귀속권리자가 수탁자로부터 제1항의 계산승인을 요구받은 때부터 1개월 내에 이의를 제기하지 아니한 경우 수익자와 귀속권리자는 제1항의 계산을 승인한 것으로 본다.

제104조(신탁의 청산) 신탁행위 또는 위탁자와 수익자의 합의로 청산절차에 따라 신탁을 종료하기로 한 경우의 청산절차에 관하여는 제132조제2항, 제133조제1항부터 제6항까지 및 제134조부터 제137조까지의 규정을 준용한다.

제9장 신탁의 감독

제105조(법원의 감독) ① 신탁사무는 법원이 감독한다. 다만, 신탁의 인수를 업으로 하는 경우는 그러하지 아니하다.

② 법원은 이해관계인의 청구에 의하여 또는 직권으로 신탁사무 처리의 검사, 검사인의 선임, 그 밖에 필요한 처분을 명할 수 있다.

제10장 삭제 〈2014.3.18.〉

제11장 유한책임신탁

제1절 유한책임신탁의 설정

제114조(유한책임신탁의 설정) ① 신탁행위로 수탁자가 신탁재산에 속하는 채무에 대하여 신탁재산만으로 책임지는 신탁(이하 "유한책임신탁"이라 한다)을 설정할 수 있다. 이 경우 제126조에 따라 유한책임신탁의 등기를 하여야 그 효력이 발생한다.

② 유한책임신탁을 설정하려는 경우에는 신탁행위로 다음 각 호의 사항을 정하여야 한다.

1. 유한책임신탁의 목적
2. 유한책임신탁의 명칭
3. 위탁자 및 수탁자의 성명 또는 명칭 및 주소
4. 유한책임신탁의 신탁사무를 처리하는 주된 사무소(이하 "신탁사무처리지"라 한다)
5. 신탁재산의 관리 또는 처분 등의 방법
6. 그 밖에 필요한 사항으로서 대통령령으로 정하는 사항

제115조(유한책임신탁의 명칭) ① 유한책임신탁의 명칭에는 "유한책임신탁"이라는 문자를 사용하여야 한다.

② 유한책임신탁이 아닌 신탁은 명칭에 유한책임신탁 및 그 밖에 이와 유사한 문자를 사용하지 못한다.

③ 누구든지 부정한 목적으로 다른 유한책임신탁으로 오인(誤認)할 수 있는 명칭을 사용하지 못한다.

④ 제3항을 위반하여 명칭을 사용하는 자가 있는 경우 그로 인하여 이익이 침해되거나 침해될 우려가 있는 유한책임신탁의 수탁자는 그 명칭 사용의 정지 또는 예방을 청구할 수 있다.

제116조(명시·교부 의무) ① 수탁자는 거래상대방에게 유한책임신탁이라는 뜻을 명시하고 그 내용을 서면으로 교부하여야 한다.

② 수탁자가 제1항을 위반한 경우 거래상대방은 그 법률행위를 한 날부터 3개월 내에 이를 취소할 수 있다.

제117조(회계서류 작성의무) ① 유한책임신탁의 경우 수탁자는 다음 각 호의 서류를 작성하여야 한다.

1. 대차대조표
2. 손익계산서
3. 이익잉여금처분계산서나 결손금처리계산서
4. 그 밖에 대통령령으로 정하는 회계서류

② 다음 각 호의 요건을 모두 갖춘 유한책임신탁은 「주식회사 등의 외부감사에 관한 법률」의 예에 따라 감사를 받아야 한다. 〈개정 2017.10.31.〉

1. 수익증권발행신탁일 것
2. 직전 사업연도 말의 신탁재산의 자산총액 또는 부채규모가 대통령령으로 정하는 기준 이상일 것

제118조(수탁자의 제3자에 대한 책임)[593] ① 유한책임신탁의 수탁자가 다음 각 호의 어느 하나에 해당하는 행위를 한

경우 그 수탁자는 유한책임신탁임에도 불구하고 제3자에게 그로 인하여 입은 손해를 배상할 책임이 있다. 다만, 제3호 및 제4호의 경우 수탁자가 주의를 게을리하지 아니하였음을 증명하였을 때에는 그러하지 아니하다.

1. 고의 또는 중대한 과실로 그 임무를 게을리한 경우
2. 고의 또는 과실로 위법행위를 한 경우
3. 대차대조표 등 회계서류에 기재 또는 기록하여야 할 중요한 사항에 관한 사실과 다른 기재 또는 기록을 한 경우
4. 사실과 다른 등기 또는 공고를 한 경우

② 제1항에 따라 제3자에게 손해를 배상할 책임이 있는 수탁자가 여럿인 경우 연대하여 그 책임을 진다.

제119조(고유재산에 대한 강제집행 등의 금지) ① 유한책임신탁의 경우 신탁채권에 기하여 수탁자의 고유재산에 대하여 강제집행등이나 국세 등 체납처분을 할 수 없다. 다만, 제118조에 따른 수탁자의 손해배상채무에 대하여는 그러하지 아니하다.

② 수탁자는 제1항을 위반한 강제집행등에 대하여 이의를 제기할 수 있다. 이 경우 「민사집행법」 제48조를 준용한다.

③ 수탁자는 제1항을 위반한 국세 등 체납처분에 대하여 이의를 제기할 수 있다. 이 경우 국세 등 체납처분에 대한 불복절차를 준용한다.

제120조(수익자에 대한 급부의 제한) ① 유한책임신탁의 수탁자는 수익자에게 신탁재산에서 급부가 가능한 한도를 초과하여 급부할 수 없다.

② 제1항에 따른 급부가 가능한 한도는 순자산액의 한도 내에서 대통령령으로 정하는 방법에 따라 산정한다.

제121조(초과급부에 대한 전보책임) ① 수탁자가 수익자에게 제120조제1항의 급부가 가능한 한도를 초과하여 급부한 경우 수탁자와 이를 받은 수익자는 연대하여 초과된 부분을 신탁재산에 전보할 책임이 있다. 다만, 수탁자가 주의를 게을리하지 아니하였음을 증명한 경우에는 그러하지 아니하다.

② 제1항의 초과부분을 전보한 수탁자는 선의의 수익자에게 구상권(求償權)을 행사할 수 없다.

제122조(합병의 효과에 대한 특칙) 유한책임신탁에 속하는 채무에 대하여는 합병 후에도 합병 후 신탁의 신탁재산만으로 책임을 진다.

제123조(분할의 효과에 대한 특칙) 유한책임신탁에 속하는 채무에 대하여 분할 후의 신설신탁 또는 분할합병신탁에 이전하는 것으로 정한 경우 그 채무에 대하여는 분할 후의 신설신탁 또는 분할합병신탁의 신탁재산만으로 책임을 진다.

제2절 유한책임신탁의 등기

제124조(관할 등기소) ① 유한책임신탁의 등기에 관한 사무는 신탁사무처리지를 관할하는 지방법원, 그 지원 또는 등기소를 관할 등기소로 한다.

② 등기소는 유한책임신탁등기부를 편성하여 관리한다.

제125조(등기의 신청) ① 등기는 법령에 다른 규정이 있는 경우를 제외하고는 수탁자의 신청 또는 관공서의 촉탁이 없으면 하지 못한다.

② 제17조제1항 및 제18조제1항에 따라 신탁재산관리인이 선임되면 법령에 다른 규정이 있는 경우를 제외하고는 신탁재산관리인이 등기를 신청하여야 한다.

제126조(유한책임신탁등기) ① 유한책임신탁등기는 다음 각 호의 사항을 등기하여야 한다.

1. 유한책임신탁의 목적
2. 유한책임신탁의 명칭
3. 수탁자의 성명 또는 명칭 및 주소
4. 신탁재산관리인이 있는 경우 신탁재산관리인의 성명 또는 명칭 및 주소
5. 신탁사무처리지
6. 그 밖에 대통령령으로 정하는 사항

---

593) 현행 자본시장법에 따르면, 집합투자업자와 신탁업자는 투자대상자산의 취득·처분 등을 한 경우, 자본시장법 제64조 제1항에 따라 손해배상책임을 지는 경우 외에는, 그 투자신탁재산으로 그 이행 책임을 부담한다(현행 자본시장법 제80조 제2항). 실무상 이 규정은 ('그 투자신탁재산만으로…'가 아닌 '그 투자신탁재산으로…'라고 규정되어 있어 이견이 없는 것은 아니나) 집합투자기구의 집합투자업자와 신탁업자의 제3자에 대한 유한책임을 선언한 것으로 해석되고 있으며(다만, 이와 같은 자본시장법 규정을 집합투자업자 또는 신탁업자가 집합투자기구의 계산으로 체결하는 계약서 등에 명시하는 것이 통상적이다), 이점에서 (유한책임신탁이 아닌 신탁의 경우) 수익자에 대한 유한책임만을 규정하고 있는 신탁법 규정과 차이가 있다.

② 제1항의 등기는 유한책임신탁을 설정한 때부터 2주 내에 하여야 한다.

③ 유한책임신탁의 등기를 신청하기 위한 서면(전자문서를 포함한다. 이하 "신청서"라 한다)에는 다음 각 호의 서면을 첨부하여야 한다.〈개정 2014.5.20.〉

1. 유한책임신탁을 설정한 신탁행위를 증명하는 서면
2. 수탁자가 법인인 경우에는 그 법인의「상업등기법」제15조에 따른 등기사항증명서
3. 제117조제2항에 따라 외부의 감사인을 두어야 하는 경우에는 그 선임 및 취임승낙을 증명하는 서면
4. 제3호의 감사인이 법인인 경우에는 그 법인의「상업등기법」제15조에 따른 등기사항증명서

제127조(유한책임신탁의 변경등기) ① 제126조제1항 각 호의 사항(제5호는 제외한다)에 변경이 있는 경우에는 2주 내에 변경등기를 하여야 한다.

② 신탁사무처리지에 변경이 있는 경우에는 2주 내에 종전 신탁사무처리지에서는 변경등기를 하고 새로운 신탁사무처리지에서는 제126조제1항 각 호의 사항을 등기하여야 한다. 다만, 같은 등기소의 관할구역 내에서 신탁사무처리지를 변경한 경우에는 신탁사무처리지의 변경등기만 하면 된다.

③ 제126조제1항 각 호의 사항의 변경은 제1항 또는 제2항에 따라 등기하지 아니하면 선의의 제3자에게 대항하지 못한다. 등기한 후라도 제3자가 정당한 사유로 이를 알지 못한 경우에도 또한 같다.

④ 제1항 또는 제2항에 따라 변경등기를 신청할 때에는 신청서에 해당 등기사항의 변경을 증명하는 서면을 첨부하여야 한다.

제128조(유한책임신탁의 종료등기) ① 유한책임신탁이 종료되거나 제114조제1항의 취지를 폐지하는 변경이 있는 경우에는 2주 내에 종료등기를 하여야 한다.

② 제1항에 따라 유한책임신탁의 종료등기를 신청할 때에는 신청서에 종료 사유의 발생을 증명하는 서면을 첨부하여야 한다.

제129조(유한책임신탁의 합병등기 또는 분할등기) 유한책임신탁이 합병하거나 분할한 후에도 유한책임신탁을 유지하는 경우 그 등기에 관하여는 제126조부터 제128조까지의 규정을 준용한다.

제130조(부실의 등기) 수탁자는 고의나 과실로 유한책임신탁의 등기가 사실과 다르게 된 경우 그 등기와 다른 사실로 선의의 제3자에게 대항하지 못한다.

제131조(등기절차 및 사무) 이 장에 규정된 등기의 등기절차 및 사무에 관하여는 이 법 및 다른 법령에서 규정한 것을 제외하고「상업등기법」의 예에 따른다.

제3절 유한책임신탁의 청산

제132조(유한책임신탁의 청산) ① 유한책임신탁이 종료한 경우에는 신탁을 청산하여야 한다. 다만, 제98조제2호 및 제3호의 사유로 종료한 경우에는 그러하지 아니하다.

② 제1항에 따른 청산이 완료될 때까지 유한책임신탁은 청산의 목적범위 내에서 존속하는 것으로 본다.

제133조(청산수탁자) ① 유한책임신탁이 종료된 경우에는 신탁행위로 달리 정한 바가 없으면 종료 당시의 수탁자 또는 신탁재산관리인이 청산인(이하 "청산수탁자"라 한다)이 된다. 다만, 제3조제3항에 따라 유한책임신탁이 종료된 경우에는 법원이 수익자, 신탁채권자 또는 검사의 청구에 의하거나 직권으로 해당 신탁의 청산을 위하여 청산수탁자를 선임하여야 한다.

② 제1항 단서에 따라 청산수탁자가 선임된 경우 전수탁자의 임무는 종료한다.

③ 제1항 단서에 따라 선임된 청산수탁자에 대한 보수에 관하여는 제21조제4항을 준용한다.

④ 청산수탁자는 다음 각 호의 직무를 수행한다.

1. 현존사무의 종결
2. 신탁재산에 속한 채권의 추심 및 신탁채권에 대한 변제
3. 수익채권(잔여재산의 급부를 내용으로 한 것은 제외한다)에 대한 변제
4. 잔여재산의 급부
5. 재산의 환가처분(換價處分)

⑤ 청산수탁자는 제4항제2호 및 제3호의 채무를 변제하지 아니하면 제4항제4호의 직무를 수행할 수 없다.

⑥ 청산수탁자는 제4항 각 호의 직무를 수행하기 위하여 필요한 모든 행위를 할 수 있다. 다만, 신탁행위로 달리 정한 경우에는 그에 따른다.

⑦ 청산수탁자는 청산수탁자가 된 때부터 2주 내에 청산수탁자의 성명 또는 명칭 및 주소를 등기하여야 한다.

제134조(채권자의 보호) ① 청산수탁자는 취임한 후 지체 없이 신탁채권자에게 일정한 기간 내에 그 채권을 신고할 것과 그 기간 내에 신고하지 아니하면 청산에서 제외된다는 뜻을 일반일간신문에 공고하는 방법(수탁자가 법인인 경우에는 그 법인의 공고방법을 말한다)으로 최고하여야 한다. 이 경우 그 기간은 2개월 이상이어야 한다.

② 청산수탁자는 그가 알고 있는 채권자에게는 개별적으로 그 채권의 신고를 최고하여야 하며, 그 채권자가 신고하지 아니한 경우에도 청산에서 제외하지 못한다.

제135조(채권신고기간 내의 변제) ① 청산수탁자는 제134조제1항의 신고기간 내에는 신탁채권자에게 변제하지 못한다. 다만, 변제의 지연으로 인한 손해배상의 책임을 면하지 못한다.

② 청산수탁자는 제1항에도 불구하고 소액의 채권, 담보가 있는 신탁채권, 그 밖에 변제로 인하여 다른 채권자를 해칠 우려가 없는 채권의 경우 법원의 허가를 받아 변제할 수 있다.

③ 제2항에 따른 허가신청을 각하하는 재판에는 반드시 이유를 붙여야 한다.

④ 변제를 허가하는 재판에 대하여는 불복할 수 없다.

제136조(청산절차에서 채무의 변제) ① 청산수탁자는 변제기에 이르지 아니한 신탁채권에 대하여도 변제할 수 있다.

② 제1항에 따라 신탁채권에 대한 변제를 하는 경우 이자 없는 채권에 대하여는 변제기에 이르기까지의 법정이자를 가산하여 그 채권액이 될 금액을 변제하여야 한다.

③ 이자 있는 채권으로서 그 이율이 법정이율에 이르지 못하는 경우에는 제2항을 준용한다.

④ 제1항의 경우 조건부채권, 존속기간이 불확정한 채권, 그 밖에 가액이 불확정한 채권에 대하여는 법원이 선임한 감정인의 평가에 따라 변제하여야 한다.

제137조(제외된 채권자에 대한 변제) 청산 중인 유한책임신탁의 신탁채권자가 제134조제1항의 신고기간 내에 그 채권을 신고하지 아니한 경우에는 그 채권은 청산에서 제외된다. 이 경우 청산에서 제외된 채권자는 분배되지 아니한 잔여재산에 대하여만 변제를 청구할 수 있다.

제138조(청산 중의 파산신청) 청산 중인 유한책임신탁의 신탁재산이 그 채무를 모두 변제하기에 부족한 것이 분명하게 된 경우 청산수탁자는 즉시 신탁재산에 대하여 파산신청을 하여야 한다.

제139조(청산종결의 등기) 유한책임신탁의 청산이 종결된 경우 청산수탁자는 제103조에 따라 최종의 계산을 하여 수익자 및 귀속권리자의 승인을 받아야 하며, 승인을 받은 때부터 2주 내에 종결의 등기를 하여야 한다.

제12장 벌 칙

제140조(신탁사채권자집회의 대표자 등의 특별배임죄) 신탁사채권자집회의 대표자 또는 그 결의를 집행하는 사람이 그 임무에 위배한 행위로써 재산상의 이익을 취하거나 제3자로 하여금 이를 취득하게 하여 신탁사채권자에게 손해를 가한 경우에는 7년 이하의 징역 또는 2천만원 이하의 벌금에 처한다.

제141조(특별배임죄의 미수) 제140조의 미수범은 처벌한다.

제142조(부실문서행사죄) ① 수익증권을 발행하는 자가 수익증권을 발행하거나 신탁사채의 모집의 위탁을 받은 자가 신탁사채를 모집할 때 중요한 사항에 관하여 부실한 기재가 있는 수익증권 또는 사채청약서, 수익증권 또는 신탁사채의 모집에 관한 광고, 그 밖의 문서를 행사한 경우에는 5년 이하의 징역 또는 1천500만원 이하의 벌금에 처한다.

② 수익증권 또는 신탁사채를 매출하는 자가 그 매출에 관한 문서로서 중요한 사항에 관하여 부실한 기재가 있는 것을 행사한 경우에도 제1항과 같다.

제143조(권리행사방해 등에 관한 증뢰·수뢰죄) ① 신탁사채권자집회에서의 발언 또는 의결권의 행사에 관하여 부정한 청탁을 받고 재산상의 이익을 수수(收受), 요구 또는 약속한 사람은 1년 이하의 징역 또는 1천만원 이하의 벌금에 처한다. 〈개정 2014.1.7.〉

② 제1항의 이익을 약속, 공여 또는 공여의 의사를 표시한 사람도 제1항과 같다.

제144조(징역과 벌금의 병과) 제140조부터 제143조까지의 징역과 벌금은 병과할 수 있다.

제145조(몰수·추징) 제143조제1항의 경우 범인이 수수한 이익은 몰수한다. 그 전부 또는 일부를 몰수하기 불가능한 경우에는 그 가액을 추징한다.

제146조(과태료) ① 다음 각 호의 어느 하나에 해당하는 자 또는 그 대표자에게는 500만원 이하의 과태료를 부과한다.

1. 제12조제2항·제3항 및 제13조제2항을 위반하여 수익자에게 임무 종료 사실을 통지하지 아니한 수탁자, 수탁자의 상속인, 법정대리인 또는 청산인
2. 제12조제3항을 위반하여 파산관재인에게 신탁재산에 관한 사항을 통지하지 아니한 수탁자

3. 제12조제4항을 위반하여 수익자에게 신탁재산의 보관 및 신탁사무 인계에 관한 사실을 통지하지 아니한 수탁자의 상속인, 법정대리인 또는 청산인
4. 제14조제3항을 위반하여 수익자에게 사임한 사실을 통지하지 아니한 수탁자
5. 제16조제4항을 위반하여 수익자에게 해임된 사실을 통지하지 아니한 수탁자
6. 제17조제3항 및 제18조제3항을 위반하여 수익자에게 선임된 사실을 통지하지 아니한 신탁재산관리인
7. 제34조제2항 단서를 위반하여 수익자에게 법원의 허가를 신청한 사실을 통지하지 아니한 수탁자
8. 제39조에 따른 장부, 재산목록, 그 밖의 서류의 작성·보존 및 비치 의무를 게을리한 수탁자
9. 이 법을 위반하여 정당한 사유 없이 장부 등 서류, 수익자명부, 신탁사채권자집회 의사록 또는 재무제표 등의 열람·복사를 거부한 수탁자, 수익자명부관리인 또는 신탁사채를 발행한 자
10. 제40조제1항에 따른 설명요구를 정당한 사유 없이 거부한 수탁자
11. 제78조제2항을 위반하여 정당한 사유 없이 수익증권 발행을 지체한 수탁자
12. 제78조제5항 또는 제87조제2항을 위반하여 수익증권 또는 채권에 적어야 할 사항을 적지 아니하거나 부실한 기재를 한 수탁자
13. 이 법에 따른 수익자명부 또는 신탁사채권자집회 의사록을 작성하지 아니하거나 이를 갖추어 두지 아니한 수익증권발행신탁의 수탁자, 수익자명부관리인 또는 신탁사채를 발행한 자
14. 제79조제5항을 위반하여 수익자명부를 갖추어 두지 아니한 수탁자
15. 제80조제2항을 위반하여 수익자에게 신고를 받은 사실을 통지하지 아니한 수탁자
16. 제81조제2항에 따른 수익자명부에 기명수익증권으로 표시된 수익권을 취득한 자의 성명 또는 명칭과 주소의 기재를 거부한 수탁자
17. 제87조제2항을 위반하여 사채청약서를 작성하지 아니하거나 이에 적어야 할 사항을 적지 아니하거나 또는 부실한 기재를 한 수탁자
18. 수익자명부·신탁사채원부 또는 그 복본, 이 법에 따라 작성하여야 하는 신탁사채권자집회 의사록, 재산목록, 대차대조표, 손익계산서, 이익잉여금처분계산서, 결손금처리계산서, 그 밖의 회계서류에 적어야 할 사항을 적지 아니하거나 또는 부실한 기재를 한 수탁자
19. 제87조제4항에서 준용하는 「상법」 제396조제1항을 위반하여 신탁사채원부를 갖추어 두지 아니한 수탁자
20. 제87조제4항에서 준용하는 「상법」 제478조제1항을 위반하여 사채전액의 납입이 완료하지 아니한 채 사채를 발행한 수탁자 또는 사채모집의 위탁을 받은 회사
21. 제87조제4항에서 준용하는 「상법」 제484조제2항을 위반하여 사채의 변제를 받고 지체 없이 그 뜻을 공고하지 아니한 사채모집의 위탁을 받은 회사
22. 제87조제4항에서 준용하는 「상법」 제499조를 위반하여 사채권자집회의 결의에 대하여 인가 또는 불인가의 결정이 있다는 사실을 지체 없이 공고하지 아니한 수탁자
23. 사채권자집회에 부실한 보고를 하거나 사실을 은폐한 수탁자 또는 사채모집의 위탁을 받은 회사
24. 제92조제1항을 위반하여 합병에 대한 이의를 제출할 수 있다는 사실을 공고하지 아니한 수탁자
25. 제92조 또는 제96조를 위반하여 신탁을 합병하거나 분할하거나 분할합병한 경우 수탁자
26. 이 법에 따른 유한책임신탁의 설정, 변경, 종결 또는 청산의 등기를 게을리한 수탁자
27. 제133조제5항을 위반하여(제104조에 따라 준용되는 경우를 포함한다) 잔여재산을 급부한 청산수탁자
28. 제138조를 위반하여 파산신청을 게을리한 청산수탁자

② 제115조제1항을 위반하여 유한책임신탁의 명칭 중에 "유한책임신탁"이라는 문자를 사용하지 아니한 자에게는 300만원 이하의 과태료를 부과한다.

③ 다음 각 호의 어느 하나에 해당하는 자에게는 100만원 이하의 과태료를 부과한다.

1. 제115조제2항을 위반하여 유한책임신탁 및 그 밖에 이와 유사한 명칭을 사용한 자
2. 제115조제3항을 위반하여 다른 유한책임신탁으로 오인할 수 있는 명칭을 사용한 자

④ 제1항부터 제3항까지의 규정에 따른 과태료(제1항제26호에 따른 과태료는 제외한다)는 대통령령으로 정하는 바에 따라 법무부장관이 부과·징수한다.

제147조(외부의 감사인 등의 의무위반행위) 제117조제2항에 따라 외부의 감사인을 선임한 경우 감사인 등의 의무위반행위에 대한 벌칙 및 과태료에 관하여는 「주식회사 등의 외부감사에 관한 법률」을 준용한다. 이 경우 "회사"는 "신탁"으로 본다. 〈개정 2017.10.31.〉

[부칙 생략]

[신탁법시행령]

제1조(목적) 이 영은 「신탁법」에서 위임된 사항과 그 시행에 필요한 사항을 규정함을 목적으로 한다.

제2조(신탁재산의 표시 방법) 「신탁법」(이하 "법"이라 한다) 제4조제4항에서 "대통령령으로 정하는 장부"란 다음 각 호의 장부를 말한다. 이 경우 제2호의 건축물대장과 제4호의 토지대장 및 임야대장은 「공간정보의 구축 및 관리 등에 관한 법률」 제76조의3에 따른 부동산종합공부로 대체할 수 있다. 〈개정 2014.1.17., 2015.6.1., 2018.2.9.〉

1. 법 제79조제1항에 따른 수익자명부
2. 「건축법」 제20조에 따른 가설건축물대장 및 같은 법 제38조에 따른 건축물대장
3. 「상법」 제352조에 따른 주주명부 및 같은 법 제352조의2에 따른 전자주주명부
4. 「공간정보의 구축 및 관리 등에 관한 법률」 제71조제1항에 따른 토지대장 및 임야대장
5. 「도시개발법」 제2조제1항제2호에 따른 도시개발사업, 「농어촌정비법」 제2조제5호, 제10호 및 제18호에 따른 농업생산기반 정비사업, 생활환경정비사업 및 한계농지등의 정비사업, 「도시 및 주거환경정비법」 제2조제2호가목 및 나목에 따른 주거환경개선사업 및 재개발사업 등 법령에 따른 환지(換地) 방식의 사업을 할 때 환지, 체비지(替費地) 및 보류지(保留地)의 관리를 위하여 작성·관리하는 장부

제3조(신탁사무와 관련된 서류의 보존기간 등) ① 법 제39조제3항에서 "대통령령으로 정하는 기간"이란 다음 각 호의 구분에 따른 기간을 말한다.

1. 신탁의 재산목록과 그 부속 명세서, 재무제표와 그 부속 명세서 및 신탁재산의 운용 내역서: 해당 신탁이 종료된 때부터 10년
2. 제1호에 규정되지 아니한 서류: 해당 신탁이 종료된 때부터 5년

② 법 제39조제4항에 따라 신탁사무와 관련된 장부, 재산목록 및 그 밖의 서류를 보존하는 경우에는 다음 각 호의 구분에 따른 방법으로 한다. 이 경우 마이크로필름의 형태로 보관하거나 전산정보처리조직에 의하여 보존할 수 있다.

1. 신탁의 재산목록과 그 부속 명세서, 재무제표와 그 부속 명세서 및 신탁재산의 운용 내역서: 수탁자의 사무소·영업소 또는 법 제114조에 따른 유한책임신탁(이하 "유한책임신탁"이라 한다)의 신탁사무를 처리하는 주된 사무소(이하 "신탁사무처리지"라 한다)에 비치·보관
2. 제1호에 규정되지 아니한 서류: 수탁자의 사무소·영업소(수탁자를 위하여 해당 서류를 보관하는 자의 사무소·영업소를 포함한다) 또는 유한책임신탁의 신탁사무처리지에 보관

제4조(수익자집회 소집 시 제공할 서류) 법 제72조제6항에서 "대통령령으로 정하는 서류"란 다음 각 호의 구분에 따른 사항을 적은 서류를 말한다.

1. 수익자집회에서 수탁자, 신탁재산관리인 또는 신탁관리인을 선임하려는 경우에는 다음 각 목의 사항
   가. 수탁자, 신탁재산관리인 또는 신탁관리인 후보자의 성명 또는 명칭
   나. 수탁자, 신탁재산관리인 또는 신탁관리인 후보자의 경력
   다. 후보 추천 사유
   라. 신탁관리인 후보자가 수탁자 또는 수탁자 후보자와 공정한 업무 수행에 영향을 미칠 특별한 이해관계가 있는 경우에는 그 내용
2. 수익자집회에서 수탁자, 신탁재산관리인 또는 신탁관리인을 해임하려는 경우에는 다음 각 목의 사항
   가. 해임하려는 수탁자, 신탁재산관리인 또는 신탁관리인의 성명 또는 명칭
   나. 해임 사유
3. 법 제55조제2항 또는 제103조제1항에 따라 신탁사무에 관한 계산(이하 이 호에서 "신탁계산"이라 한다)을 승인하려는 경우에는 다음 각 목의 사항
   가. 신탁계산의 내용 및 결과
   나. 법 제117조제2항에 따라 외부감사를 받았을 때에는 감사인이 작성한 감사보고서
4. 법 제88조에 따라 신탁을 변경하려는 경우에는 다음 각 목의 사항
   가. 신탁변경의 이유 및 내용
   나. 신탁변경의 효력발생일
   다. 신탁변경으로 인하여 수익권 또는 수익채권의 내용에 변경이 있거나 그 가치에 중대한 영향을 줄 우려가 있을 때에는 그 내용 및 적절성에 관한 사항
5. 법 제90조에 따라 신탁을 합병하려는 경우에는 법 제91조제1항 각 호의 사항

6. 법 제94조제1항에 따라 신탁을 분할하거나 같은 조 제2항에 따라 신탁을 분할합병하려는 경우에는 법 제95조제1항 각 호의 사항
7. 법 제99조제1항에 따라 합의하여 신탁을 종료하려는 경우에는 다음 각 목의 사항
   가. 신탁 종료의 이유
   나. 신탁재산의 잔여재산이 있는 경우에는 그 내용 및 잔여재산수익자 또는 신탁재산의 잔여재산이 귀속될 자(이하 "귀속권리자"라 한다)
8. 제1호부터 제7호까지의 사항 외의 사항에 관한 안건을 목적으로 하려는 경우에는 해당 안건의 내용과 제안 이유에 대한 설명

제5조(전자문서에 의한 의결권의 행사) ① 법 제73조제3항에 따라 수익자가 전자문서로 의결권을 행사(이하 "전자투표"라 한다)하는 경우 수익자의 확인과 의결권의 행사는 「전자서명법」 제2조제3호에 따른 공인전자서명을 통하여 하여야 한다.

② 수익자의 전자투표를 승낙한 수익자집회 소집자(이하 "소집자"라 한다)는 소집의 통지나 공고에 다음 각 호의 사항을 적어야 한다.

1. 전자투표를 할 인터넷 주소
2. 전자투표를 할 기간(전자투표의 종료일은 수익자집회 전날까지로 한다)
3. 그 밖에 수익자의 전자투표에 필요한 기술적인 사항

③ 전자투표를 한 수익자는 해당 수익권에 대하여 그 의결권 행사를 철회하거나 변경하지 못한다.

④ 소집자는 전자투표의 효율성 및 공정성을 확보하기 위하여 전자투표를 관리하는 기관을 지정하여 수익자 확인절차 등 의결권 행사절차의 운영을 위탁할 수 있다.

⑤ 소집자, 제4항에 따라 지정된 전자투표를 관리하는 기관 및 전자투표의 운영을 담당하는 자는 수익자집회에서의 개표 시까지 전자투표의 결과를 누설하거나 직무상 목적 외에 사용해서는 아니 된다.

제6조(수익증권의 기재사항) 법 제78조제5항제9호에서 "대통령령으로 정하는 사항"이란 다음 각 호의 사항을 말한다.

1. 신탁기간의 정함이 있는 경우에는 그 기간
2. 법 제47조제1항에 따라 수탁자에게 보수를 지급하는 경우에는 수탁자 보수의 계산방법, 지급방법 및 지급시기
3. 기명수익증권을 발행한 경우로서 수익권에 대한 양도의 제한이 있을 때에는 그 취지 및 내용
4. 법 제101조제1항에 따라 신탁이 종료되었을 때에 잔여재산수익자 또는 귀속권리자를 정한 경우에는 그 성명 또는 명칭
5. 유한책임신탁인 경우에는 신탁사무처리지

제7조(수익자명부의 기재사항) 법 제79조제1항제7호에서 "대통령령으로 정하는 사항"이란 다음 각 호의 사항을 말한다.

1. 위탁자의 성명 또는 명칭 및 주소
2. 수탁자의 성명 또는 명칭 및 주소
3. 법 제17조제1항 및 제18조제1항·제2항에 따라 신탁재산관리인을 선임한 경우에는 그 성명 또는 명칭 및 주소
4. 법 제67조제1항부터 제3항까지의 규정에 따라 신탁관리인을 선임한 경우에는 그 성명 또는 명칭 및 주소
5. 법 제78조제1항 후단에 따라 특정 내용의 수익권에 대하여 수익증권을 발행하지 아니한다는 뜻을 정한 경우에는 그 내용
6. 법 제79조제4항에 따라 수익자명부관리인을 정한 경우에는 그 성명 또는 명칭 및 주소
7. 법 제80조제1항 단서에 따라 수익증권의 불소지 신고를 허용하지 아니하기로 정한 경우에는 그 취지
8. 기명수익증권을 발행한 경우 수익권에 대한 양도의 제한이 있을 때에는 그 취지 및 내용
9. 법 제83조제3항에 따라 질권이 설정된 경우에는 질권자의 성명 또는 명칭 및 주소와 질권의 목적인 수익권
10. 수익권에 대하여 신탁이 설정된 경우에는 신탁재산이라는 뜻
11. 유한책임신탁인 경우에는 그 뜻과 신탁의 명칭

제8조(사채 총액의 한도) 법 제87조제3항에 따른 사채(社債) 총액의 한도는 최종의 대차대조표에 의하여 유한책임신탁에 현존하는 순자산액의 4배로 한다. 다만, 최종의 대차대조표가 없는 경우에는 사채의 발행 시점에 유한책임신탁에 현존하는 순자산액의 4배로 한다.

제9조(합병계획서의 기재사항) 법 제91조제1항제6호에서 "대통령령으로 정하는 사항"이란 다음 각 호의 사항을 말한다.

1. 합병할 각 신탁의 위탁자의 성명 또는 명칭 및 주소
2. 합병할 각 신탁의 수탁자의 성명 또는 명칭 및 주소
3. 합병한 각 신탁의 신탁행위의 내용 및 설정일

4. 합병할 각 신탁의 신탁재산의 목록 및 내용
5. 합병할 각 신탁이 유한책임신탁인 경우에는 그 명칭 및 신탁사무처리지

제10조(합병의 공고·최고 사항) 법 제92조제1항제3호에서 "대통령령으로 정하는 사항"이란 합병 후 신탁채무의 이행 계획을 말한다.

제11조(분할계획서·분할합병계획서의 기재사항) 법 제95조제1항제8호에서 "대통령령으로 정하는 사항"이란 다음 각 호의 사항을 말한다.

1. 분할된 신탁과 분할 후 신설신탁 또는 분할합병신탁의 위탁자의 성명 또는 명칭 및 주소
2. 분할된 신탁과 분할 후 신설신탁 또는 분할합병신탁의 수탁자의 성명 또는 명칭 및 주소
3. 분할된 신탁과 분할 후 신설신탁 또는 분할합병신탁이 유한책임신탁인 경우에는 그 명칭 및 신탁사무처리지

제12조(분할·분할합병의 공고·최고 사항) 법 제96조제1항제3호에서 "대통령령으로 정하는 사항"이란 분할 또는 분할합병 후 신탁채무의 이행 계획을 말한다.

제13조(유한책임신탁의 신탁행위로 정할 사항) 법 제114조제2항제6호에서 "대통령령으로 정하는 사항"이란 신탁의 사업연도를 말한다.

제14조(유한책임신탁의 회계서류 등) ① 법 제117조제1항제4호에서 "대통령령으로 정하는 회계서류"란 다음 각 호의 서류를 말한다.

1. 자본변동표
2. 신탁의 재산목록과 그 부속 명세서
3. 법 제78조제1항에 따라 수익증권을 발행하는 경우에는 수익증권기준가격 계산서

② 법 제117조제2항제2호에서 "대통령령으로 정하는 기준 이상"이란 다음 각 호의 어느 하나에 해당하는 경우를 말한다.

1. 자산총액이 100억원 이상인 경우
2. 부채총액이 70억원 이상이고 자산총액이 70억원 이상인 경우

제15조(유한책임신탁의 수익자에 대한 급부가 가능한 한도) ① 법 제120조제2항에 따른 급부가 가능한 한도는 급부를 할 날이 속하는 사업연도의 직전 사업연도 말일의 순자산액에서 신탁행위로 정한 유보액과 급부를 할 날이 속하는 사업연도에 이미 급부한 신탁재산의 가액(價額)을 공제한 금액을 말한다.

② 제1항을 적용할 때 유한책임신탁의 수익권이 그 유한책임신탁의 신탁재산에 속하게 된 경우에는 그 수익권은 해당 유한책임신탁의 순자산으로 계산하지 아니한다.

제16조(유한책임신탁등기의 기재사항) 법 제126조제1항제6호에서 "대통령령으로 정하는 사항"이란 신탁행위로 정한 종료사유가 있는 경우 그 종료 사유를 말한다.

제17조(과태료의 부과기준) 법무부장관은 법 제146조에 따른 과태료의 금액을 정하는 경우 해당 위반행위의 동기와 그 결과, 위반기간 및 위반 정도 등을 고려하여야 한다.

[부칙 생략]

2. 구 신탁법[594)]

제1장 총 칙

제1조 (목적과 정의) ①본법은 신탁에 관한 일반적인 사법적 법률관계를 규율함을 목적으로 한다.
②본법에서 신탁이라 함은 신탁설정자(이하 위탁자라 한다)와 신탁을 인수하는 자(이하 "수탁자"라 한다)와 특별한 신임관계에 기하여 위탁자가 특정의 재산권을 수탁자에게 이전하거나 기타의 처분을 하고 수탁자로 하여금 일정한 자(이하 수익자라 한다)의 이익을 위하여 또는 특정의 목적을 위하여 그 재산권을 관리, 처분하게 하는 법률관계를 말한다.

제2조 (신탁의 설정) 신탁은 위탁자와 수탁자간의 계약 또는 위탁자의 유언에 의하여 설정할 수 있다.

제3조 (신탁의 공시) ①등기 또는 등록하여야 할 재산권에 관하여는 신탁은 그 등기 또는 등록을 함으로써 제삼자에게 대항할 수 있다.
②유가증권에 관하여는 신탁은 대통령령의 정하는 바에 의하여 증권에 신탁재산인 사실을 표시하고 주권과 사채권에 관하여는 또한 주주명부 또는 사채원부에 신탁재산인 사실을 기재함으로써 제삼자에게 대항할 수 있다. 〈개정 1997.12.13.〉

제4조 (신탁영업) 신탁의 인수를 업으로 하는 때에는 이를 상행위로 한다.

제5조 (목적의 제한) ①신탁은 선량한 풍속 기타 사회질서에 위반하는 사실을 목적으로 할 수 없다.
②신탁은 그 목적이 위법 또는 불능한 때에는 무효이다.
③신탁의 목적이 2개 이상이고 그중 전2항에 저촉하는 것이 있는 경우에 저촉하지 아니하는 목적만을 분리할 수 있을 때에는 그 신탁은 저촉하지 아니하는 목적을 위하여 유효하게 성립한다. 단, 분리할 수 있어도 전2항에 저촉하지 아니하는 목적만의 수행이 위탁자의 의사에 반하는 것이 명백한 때에는 무효이다

제6조 (탈법을 목적으로 하는 신탁의 금지) 법령에 의하여 일정한 재산권을 향유할 수 없는 자는 수익자로서 그 권리를 가지는 것과 동일한 이익을 향수할 수 없다.

제7조 (소송을 목적으로 하는 신탁의 금지) 수탁자로 하여금 소송행위를 하게 하는 것을 주목적으로 하는 신탁은 무효이다.

제8조 (사해신탁) ①채무자가 채권자를 해함을 알고 신탁을 설정한 경우에는 채권자는 수탁자가 선의일지라도 민법 제406조제1항의 취소 및 원상회복을 청구할 수 있다.
②전항의 규정에 의한 취소와 원상회복은 수익자가 이미 받은 이익에 영향을 미치지 아니한다. 단, 수익자가 변제기가 도래하지 아니한 채권의 변제를 받은 경우 또는 수익자가 그 이익을 받은 당시에 채권자를 해함을 알았거나 중대한 과실로 이를 알지 못한 경우에는 예외로 한다.

제9조 (점유하자의 승계) ①수탁자는 신탁재산의 점유에 관하여 위탁자의 점유의 하자를 승계한다.
②전항의 규정은 금전 기타의 물건 또는 유가증권의 급부를 목적으로 하는 유가증권에 이를 준용한다.

제2장 신탁관계인

제10조 (수탁능력) 미성년자, 금치산자, 한정치산자 및 파산선고를 받은 자는 수탁자가 될 수 없다. 〈개정 2005.3.31.〉

제11조 (수탁자의 임무종료) ①수탁자가 사망하거나 파산, 금치산 또는 한정치산의 선고를 받은 경우에는 그 임무는 종료한다. 수탁자인 법인이 해산한 때도 또한 같다.
②전항의 경우에 수탁자의 상속인, 법정대리인, 파산관재인 또는 청산인은 신수탁자가 신탁사무를 처리할 수 있게 될 때까지 신탁재산을 보관하고 신탁사무인계에 필요한 행위를 하여야 한다. 법인이 합병된 경우에 합병으로 인하여 설립된 법인 또는 합병 후 존속하는 법인도 또한 같다.

제12조 (수탁자의 자격상실) 신탁행위에 의하여 특정자격에 기하여 수탁자가 된 자는 그 자격을 상실함으로써 그 임무는 종료한다.

제13조 (수탁자의 사임) ①수탁자는 수탁행위에 특별한 정함이 없는 한 수익자와 위탁자의 승낙없이 그 임무를 사임할 수 없다.
②수탁자는 정당한 이유가 있는 경우에는 전항의 규정에 불구하고 법원의 허가를 얻어 사임할 수 있다.

---

594) 2011. 7. 25. 전부개정 전 신탁법.

제14조 (수탁자의 관리의 계속) 제12조 또는 전조제1항의 규정에 의하여 임무가 종료한 수탁자는 신수탁자가 수탁사무를 처리할 수 있게 될 때까지 수탁자의 권리의무를 가진다.

제15조 (수탁자의 해임) 수탁자가 그 임무에 위반하거나 기타 중요한 사유가 있는 경우에는 법원은 위탁자, 그 상속인 또는 수익자의 청구에 의하여 수탁자를 해임할 수 있다.

제16조 (법원의 관리인 선임 등의 처분) 제13조제2항 또는 전조의 규정에 의하여 수탁자가 사임하거나 해임된 경우에 법원은 신탁재산의 관리인의 선임 기타 필요한 처분을 명할 수 있다

제17조 (신수탁자의 선임) ①수탁자의 임무가 종료한 경우에는 이해관계인은 신수탁자의 선임을 법원에 청구할 수 있다.

②전항의 규정은 유언에 의하여 수탁자로 지정된 자가 신탁을 인수하지 아니하거나 인수할 수 없는 경우에 준용한다.

③전2항의 규정은 신탁행위에 특별한 정함이 있는 때에는 적용하지 아니한다.

④법원은 선임된 수탁자에게 사정에 의하여 신탁재산에서 상당한 보수를 줄 수 있다.

제18조 (신탁관리인) ①수익자가 특정되어 있지 아니하거나 아직 존재하지 아니하는 경우에는 법원은 이해관계인의 청구에 의하여 또는 직권으로써 신탁관리인을 선임하여야 한다. 단, 신탁행위로써 신탁관리인을 지정한 때에는 예외로 한다.

②선임된 신탁관리인은 전항의 수익자를 위하여 자기의 명의로써 신탁에 관한 재판상 또는 재판외의 행위를 할 권한을 가진다.

③전조제4항의 규정은 신탁관리인에게 준용한다.

제3장 신탁재산

제19조 (물상대위성) 신탁재산의 관리·처분·멸실·훼손기타의 사유로 수탁자가 얻은 재산은 신탁재산에 속한다.

제20조 (상계금지) 신탁재산에 속하는 채권과 신탁재산에 속하지 아니하는 채무와는 상계하지 못한다.

제21조 (강제집행의 금지) ①신탁재산에 대하여는 강제집행 또는 경매를 할 수 없다. 단, 신탁전의 원인으로 발생한 권리 또는 신탁사무의 처리상 발생한 권리에 기한 경우에는 예외로 한다.

②전항의 규정에 위반하여 행한 강제집행 또는 경매에 대하여는 위탁자, 그 상속인, 수익자 및 수탁자는 이의를 신청할 수 있다. 민사집행법 제48조의 규정은 이 경우에 준용한다.〈개정 2002.1.26.〉

제22조 (수탁자의 파산과 신탁재산) 신탁재산은 수탁자의 고유재산이 된 것을 제외하고는 수탁자의 파산재단을 구성하지 아니한다.

제23조 (신탁재산의 불혼동) 신탁재산이 소유권이외의 권리인 경우에 수탁자가 그 목적인 재산을 취득하여도 그 권리는 혼동으로 인하여 소멸하지 아니한다.

제24조 (부합, 혼화, 가공) 신탁재산에 관하여 부합, 혼화 또는 가공이 있은 경우에는 각 신탁재산과 고유재산은 각각 다른 소유자에게 속하는 것으로 간주하여 민법 제256조 내지 제261조의 규정을 준용한다. 단, 가공자가 악의인 경우에는 가공으로 인한 가액의 증가가 원재료의 가격보다 많은 때에도 법원은 가공으로 인하여 생긴 물건을 원재료소유자에게 귀속시킬 수 있다.

제25조 (신탁재산의 독립성) 신탁재산은 수탁자의 상속재산에 속하지 아니한다.

제26조 (신탁재산의 이전) ①수탁자의 경질이 있은 때에는 전 수탁자는 지체없이 신탁재산을 신수탁자에게 양도하여야 한다.

②수탁자가 수인있는 경우에 그 1인의 임무가 종료한 때에는 신탁재산은 당연히 다른 수탁자에게 귀속된다.

제27조 (강제집행의 속행) 제21조제1항의 단서에 기한 신탁재산에 대한 강제집행 또는 경매절차는 신수탁자에 대하여 이를 속행할 수 있다.

제4장 수탁자의 권리의무

제28조 (수탁자의 신탁사무처리의무) 수탁자는 신탁의 본지에 따라 선량한 관리자의 주의로써 신탁재산을 관리 또는 처분하여야 한다.

제29조 (수탁자의 이익향수금지) 수탁자는 누구의 명의로도 신탁의 이익을 향수하지 못한다. 단, 수탁자가 공동수익자의 1인인 때에는 예외로 한다.

제30조 (수탁자의 분별관리의무) 신탁재산은 수탁자의 고유재산 또는 다른 신탁재산과 구별하여 관리하여야 한다. 단,

신탁재산이 금전인 경우에는 고유재산 또는 다른 타신탁재산에 속하는 금전과 각각 별도로 그 계산을 명확히 함으로써 족하다.

제31조 (수탁자의 권리취득의 제한) ①수탁자는 누구의 명의로 하든지 신탁재산을 고유재산으로 하거나 이에 관하여 권리를 취득하지 못한다. 단, 수익자에게 이익이 되는 것이 명백하거나 기타 정당한 이유가 있는 경우에는 법원의 허가를 얻어 신탁재산을 고유재산으로 할 수 있다.

②전항의 규정에 불구하고 수탁자가 상속이나 기타 포괄명의에 의하여 신탁재산에 관하여 권리를 승계하는 것은 무방하다. 제23조의 규정은 이 경우에 준용한다.

제32조 (유한책임) 수탁자가 신탁행위로 인하여 수익자에 대하여 부담하는 채무에 관하여는 신탁재산의 한도내에서 이행의 책임을 진다.

제33조 (장부비치의무) ①수탁자는 장부를 비치하고 각 신탁에 관하여 그 사무의 처리와 계산을 명백히 하여야 한다.

②수탁자는 신탁을 인수한 때와 매년 1회 일정의 시기에 각 신탁의 재산목록을 작성하여야 한다.

제34조 (서류의 열람) ①이해관계인은 언제든지 전조의 서류의 열람을 청구할 수 있다.

②위탁자, 그 상속인 및 수익자는 신탁사무의 처리에 관한 서류의 열람을 청구하거나 신탁사무의 처리에 관하여 설명을 요구할 수 있다.

제35조 (금전의 관리방법) 신탁재산에 속하는 금전의 관리는 신탁행위로 특별한 정함이 있는 경우를 제외하고는 다음의 방법에 의하여야 한다.

1. 국채, 지방채 및 특별법에 의하여 설립된 회사의 사채의 응모, 인수 또는 매입
2. 국채 기타 전호의 유가증권을 담보로 하는 대부
3. 우편저금
4. 은행에의 예금

제36조 (신탁재산관리방법의 변경) ①신탁행위 당시에 예견하지 못한 특별한 사정으로 신탁재산의 관리방법이 수익자의 이익에 적합하지 아니하게 된 때에는 위탁자, 그 상속인, 수익자 또는 수탁자는 그 변경을 법원에 청구할 수 있다.

②전항의 규정은 법원이 정한 관리방법에 이를 준용한다.

제37조 (신탁사무의 위임) ①수탁자는 신탁행위에 특별한 정함이 있는 경우를 제외하고는 정당한 사유가 있는 때에 한하여 수익자의 동의를 얻어 타인으로 하여금 자기에 갈음하여 신탁사무를 처리하게 할 수 있다.

②전항의 경우에 수탁자는 선임, 감독에 관하여서만 책임을 진다. 신탁행위에 의하여 타인으로 하여금 신탁사무를 처리하게 한 때에도 또한 같다.

③수탁자에 갈음하여 신탁사무를 처리하는 자는 수탁자와 동일한 책임을 진다.

제38조 (수탁자의 손해배상의무) 수탁자가 관리를 적절히 하지 못하여 신탁재산의 멸실, 감소 기타의 손해를 발생하게 한 경우 또는 신탁의 본지에 위반하여 신탁재산을 처분한 때에는 위탁자, 그 상속인, 수익자 및 다른 수탁자는 그 수탁자에 대하여 손해배상 또는 신탁재산의 회복을 청구할 수 있다.

제39조 (분별관리의무위반) ①전조의 규정은 수탁자가 제30조의 규정에 위반하여 신탁재산을 관리한 경우에 준용한다.

②전항의 경우에 신탁재산의 손실이 생긴 때에는 수탁자는 분별하여 관리하였더라도 손실이 생겼으리라는 것을 증명하지 아니하면 불가항력을 이유로 그 책임을 면할 수 없다.

제40조 (수탁법인의 이사의 책임) 수탁자인 법인이 그 임무에 위반한 때에는 이에 관여한 이사나 이에 준하는 자는 연대하여 그 책임을 진다.

제41조 (보수) 수탁자는 영업으로써 신탁을 인수하는 경우를 제외하고는 특약이 없으면 보수를 받을 수 없다.

제42조 (수탁자의 비용, 손해보상청구권) ①수탁자는 신탁재산에 관하여 부담한 조세, 공과기타의 비용과 이자 또는 신탁사무를 처리하기 위하여 자기에게 과실없이 받은 손해의 보상을 받음에 있어서 신탁재산을 매각하여 다른 권리자에 우선하여 그 권리를 행사할 수 있다.

②수탁자는 수익자에게 전항의 비용 또는 손해의 보상을 청구하거나 상당한 담보를 제공하게 할 수 있다. 단, 수익자가 특정되어있지 아니하거나 존재하지 아니하는 때에는 예외로 한다.

③전항의 규정은 수익자가 그 권리를 포기한 경우에는 적용하지 아니한다.

제43조 (보수청구권) 전조의 규정은 수익자가 신탁재산으로부터 보수를 받을 경우에 그 보수에 관하여 이를 준용한다. 수탁자가 수익자로부터 보수를 받을 경우에도 또한 같다.

제44조 (권리행사요건) 전2조에 규정된 수탁자의 권리는 수탁자가 제38조 또는 제39조의 규정에 의한 손실의 보상 및 신탁재산복구의 의무를 이행한 후가 아니면 행사할 수 없다.

제45조 (공동수탁자) ①수탁자가 수인있는 때에는 신탁재산은 그 합유로 한다.

②전항의 경우에 신탁행위에 특별한 정함이 있는 때를 제외하고는 신탁사무의 처리는 수탁자가 공동으로 하여야 한다. 단, 그 1인에 대하여 행한 의사표시는 다른 수탁자에 대하여도 효력이 있다.

제46조 (공동수탁자의 연대책임) 수탁자가 수인있는 경우에 신탁행위에 의하여 수익자에 대하여 부담하는 채무는 연대채무로 한다. 신탁사무의 처리에 관하여 부담하는 채무도 또한 같다.

제47조 (신수탁자의 손해배상청구권) 제38조와 제39조에 규정하는 권리는 신수탁자도 이를 행사할 수 있다.

제48조 (신수탁자의 의무의 승계) ①수탁자가 경질된 경우에 신수탁자는 전수탁자가 신탁행위에 의하여 수익자에 대하여 부담하는 채무를 승계한다.

②전항의 규정은 제26조제2항의 경우에 이를 준용한다.

③신탁사무의 처리에 관하여 생긴 채권은 신탁재산의 한도내에서 신수탁자에 대하여도 행사할 수 있다.

제49조 (전수탁자의 강제집행권) ①전수탁자는 제42조제1항에 규정하는 비용 또는 손해의 보상을 받을 권리 또는 제43조에 규정하는 보수를 받을 권리에 기하여 신탁재산에 대하여 강제집행을 하거나 경매를 할 수 있다.

②전수탁자는 전항의 권리를 행사하기 위하여 신탁재산을 유치할 수 있다.

제50조 (사무의 인계) ①수탁자가 경질된 경우에는 신, 구수탁자와 기타 관계자는 신탁사무의 계산을 하고 수익자 또는 신탁관리인의 입회하에 사무를 인계하여야 한다.

②수익자 또는 신탁관리인이 전항의 계산을 승인한 때에는 전수탁자의 수익자에 대한 인계에 관한 책임은 이로써 면제된 것으로 간주한다. 단, 부정행위가 있었던 때에는 예외로 한다.

제5장 수익자의 권리의무

제51조 (수익자의 이익향수) ①신탁행위에 의하여 수익자로 지정된 자는 신탁이익의 향수를 승낙한 것으로 추정하여 신탁이익을 향수한다. 단, 신탁행위에 특별한 정함이 있는 경우에는그 정함에 의한다.

②수익권이 부담있는 경우에는 수익자로 지정된 자의 신탁이익향수의 의사표시가 있어야한다.

③수익자는 수익권을 포기할 수 있다.

제52조 (신탁위반의 처분행위의 취소) ①제3조의 규정에 의하여 신탁의 공시를 한 신탁재산을 수탁자가 신탁의 본지에 위반하여 처분한 때에는 수익자는 상대방 또는 전득자에 대하여 그 처분을 취소할 수 있다.

②제3조의 신탁의 공시방법이 규정되지 아니한 신탁재산에 관하여는 상대방과 전득자가 그 처분이 신탁의 본지에 위반하는 사실을 안 때 또는 중대한 과실로 알지 못한 때에 한하여 전항의 취소를 할 수 있다.

제53조 (동전) 수익자가 수인있는 경우에는 그 1인이 전조의 규정에 의하여 한 취소는 다른 수익자를 위하여도 효력이 있다.

제54조 (취소권의 제척기간) 제52조에 규정하는 취소권은 수익자 또는 신탁관리인이 취소의 원인이 있음을 안 때로부터 1월내에 행사하지 아니하면 소멸한다. 처분한 때로부터 1년을 경과한 때에도 또한 같다.

제6장 신탁의 종료

제55조 (신탁의 종료) 신탁행위로 정한 사유가 발생한 때 또는 신탁의 목적을 달성하였거나 달성할 수 없게 된 때에는 신탁은 종료한다.

제56조 (신탁의 해지) 위탁자가 신탁이익의 전부를 향수하는 신탁은 위탁자 또는 그 상속인이 언제든지 해지할 수 있다. 이 경우에는 민법 제689조제2항의 규정을 준용한다.

제57조 (동전) 수익자가 신탁이익의 전부를 향수하는 경우에 신탁재산으로써가 아니면 그 채무를 완제할 수 없을 때 기타 정당한 사유가 있는 때에는 법원은 수익자 또는 이해관계인의 청구에 의하여 신탁의 해지를 명할 수 있다.

제58조 (동전) 신탁의 해지에 관하여 신탁행위에 특별한 정함이 있는 경우에는 전2조의 규정에 불구하고 그 정함에 의한다.

제59조 (신탁종료후의 신탁재산의 귀속) 제56조 또는 제57조의 규정에 의하여 신탁이 해지된 때에는 신탁재산은 수익자에게 귀속한다.

제60조 (동전) 신탁이 종료된 경우에 신탁재산의 귀속권리자가 신탁행위에 정하여 있지 아니한 때에는 그 신탁재산은 위탁자 또는 그 상속인에게 귀속한다.

제61조 (동전) 신탁이 종료된 경우에 신탁재산이 그 귀속권리자에게 이전할 때 까지는 신탁은 존속하는 것으로 간주한다. 이 경우에는 귀속권리자를 수익자로 간주한다.

제62조 (동전) 제27조와 제49조의 규정은 신탁의 종료로 인하여 신탁재산이 수익자 기타의 자에게 귀속한 때에 준용한다.

제63조 (신탁종료에 의한 계산) 신탁이 종료한 경우에는 수탁자는 신탁사무의 최종의 계산을 하여 수익자의 승인을 얻어야 한다. 이 경우에는 제50조제2항의 규정을 준용한다.

제7장 신탁의 감독

제64조 (법원의 감독) ①신탁사무는 법원이 감독한다. 단, 신탁의 인수를 업으로 하는 경우는 예외로 한다.

②법원은 이해관계인의 청구에 의하여 또는 직권으로써 신탁사무의 처리의 검사, 검사역의 선임 기타 필요한 처분을 명할 수 있다.

제8장 공익신탁

제65조 (공익신탁) 학술, 종교, 제사, 자선, 기예 기타 공익을 목적으로 하는 신탁은 이를 공익신탁으로 하며 그 감독에 관하여는 다음의 7조의 규정에 의한다.

제66조 (인수) 공익신탁을 인수함에는 수탁자는 주무관청의 허가를 얻어야 한다.

제67조 (조항의 변경) 공익신탁에 관하여 신탁행위 당시에 예견하지 못한 특별한 사정이 생긴 때에는 주무관청은 신탁의 본지에 반하지 아니하는 한 신탁조항의 변경을 명할 수 있다.

제68조 (수탁자의 사임) 공익신탁의 수탁자는 정당한 이유가 있는 경우에 한하여 주무관청의 허가를 얻어 그 임무를 사임할 수 있다.

제69조 (감독) 공익신탁은 주무관청이 감독한다.

제70조 (검사, 공고) ①주무관청은 필요한 경우에는 언제든지 공익신탁사무의 처리의 검사,재산의 공탁 기타 필요한 처분을 명할 수 있다.

②수탁자는 매년 1회 일정시기에 있어서의 신탁사무와 재산의 상황을 주무관청에 보고하여야 한다.

제71조 (주무관청의 권한) 공익신탁에 관하여는 제15조, 제17조, 제18조제1항, 제2항, 제31조제1항 단서에 규정하는 권한은 주무관청에 속한다. 단, 제15조 내지 제17조의 규정에 의한 권한은 직권으로써 이를 행사할 수 있다.

제72조 (공익신탁의 계속) 공익신탁이 종료하는 경우에 신탁재산의 귀속권리자가 없는 때에는 주무관청은 그 신탁의 본지에 따라 유사한 목적을 위하여 신탁을 계속시킬 수 있다.

[부칙 생략]

편저자 약력

편저자 **전 경 준**

- 사법시험 38회(1996)
- 사법연수원 28기(1999. 1.)
- 육군법무관(1999. 2. ~ 2002. 3.)
- 변호사(2002. 4. ~ 현재)

판례 신탁법

저　　자 전 경 준　　2018년 6월 7일 초판 인쇄
발 행 인 양 진 수　　2018년 6월 15일 초판 발행
발 행 처 진 원 사

서울시 송파구 법원로 9길 26, C동 1107호 (문정동, H비즈니스파크)
전화 : 02) 916-1850 / 팩스 : 02) 916-3442
신고번호 제 2018 - 000026호
http://www.jinwonsa.co.kr
http://www.lawbookstore.co.kr
e-mail : hhansin@hanmail.net

저자와의 협의하에 인지생략

ISBN : 978-89-6346-530-2　93360　　정가 40,000 원